DICTIONARY OF ETYMOLOGY & USAGE

語源活用 英韓辞典

崔鳳守・監修・金永泰・編

明文堂

영어 단어는 암호(暗號)가 아니다

——머리말을 대신해서——

한자(漢字)의 〈明〉자는 日(해)과 月(달)을 합해서 된 자이므로 〈밝을 명〉자다. 해와 달이 합쳤으니 밝음에 틀림없다. 이와 같이 〈변〉이나 〈받침〉만 보아도 미루어 그 뜻을 알 수 있는 한자가 많이 있다. 영어 단어도 이와 같은 방법으로 알 수 없을까? 한자의 〈변〉과 〈받침〉에 해당하는 것이 영어 단어의 접두사(接頭辭)와 어미(語尾; 또는 접미사)다. 접두사와 어미를 알고 약간의 어근(語根)을 안다면 1단어가 10배, 20배로 활용된다. 보기로써 tractor를 들자. tractor는 기계화된 농장에 있는 〈트랙터〉로 누구나 다 아는 단어이다. 이 단어는 trahere (끌다, draw)란 라틴어에서 온 tract에다 -or (명사어미)를 붙인 것이다. 이 tract는 attract, contract, detract, extract, subtract 등 수많은 단어를 이루고 있다. 이 단어들의 at-, con-, de-, ex-, sub- 등 접두사만 알면 그 뜻을 미루어 알 수 있다. 가장 복잡해 보이는 subtract를 보자. sub-는 under 즉 〈밑〉이란 뜻으로 subway (지하철도), submarine (잠수함) 등에 쓰인다. subtract는 〈밑에서 당긴다〉 즉 〈공제(控除)한다〉란 복잡한 뜻이 있다. 〈월급(月給)에서 미리 공제한다〉의 〈공제〉란 뜻이다. 또 이들 각각의 단어는 어미만 알면 몇 배로 활용된다. retract를 예로 들면, retractable, retraction, retractile, retractility, retractation, retractive, retractor 등이 있다 (자세한 뜻은 본문에서 보라).

이와 같이 영어 단어를 합리적이며 과학적인 방법으로 분석(分析), 종합(綜合)하는 것이 가장 능률적인 학습방법이다. 그런데 분석, 종합에 가장 필요한 접두사, 어미, 어근은 그리 쉽게 외워지지 않는다. 이 〈어원활용 사전〉에서는 분석할 수 있는 모든 기본단어를 접두사, 어미, 어근으로 분석, 표시해 놓았다. 따라서 단어 하나를 찾을 때마다 그 분석을 보게 되므로 이 사전을 며칠만 쓰면 스스로 접두사, 어미를 외우게 되고 분석하는 버릇이 생겨 모든 단어를 분석해 보게 되어, 처음 보는 단어에도 당황하지 않는다.

단어는 절대로 알파베트(alphabet)를 아무렇게나 늘어놓아 만들어진 암호나 기호가 아니다. 가령 ambition 이란 철자가 〈야심〉을 뜻하게 된 데는 로마시대의 정치제도와 관련이 있다 (본문 참조). 12개월의 각각의 이름 January 에서 December 까지 모두 그 나온 유래가 있다. 이와 같은 유래와 변천을 이해함으로써 단어 학습은 한없는 재미와 깊이를 느끼게 된다.

우리는 영어 학습에 많은 정력과 돈을 소비했다. 이 노력의 최후의 목적은 외국문헌―잡지, 신문, 예술, 학술서적 등―을 제대로 읽어 이를 섭취하는 데 있다. 그런데 이 목적을 달성한 사람이 몇 분이나 될까. 실로 비참할 정도의 노력에 비해 성과가 극히 적다. 이 원인의 일부는 맹목적인 단어 암기법의 폐단에도 있다. 이 사전은 이러한 폐단을 없애고자 시도하였다. 물론 이 방법이 우리 나라에서는 처음 보는 일이나 이웃 나라 일본에서는 저명한 영어 학자들의 노력으로 널리 보급되어 대호평(大好評)을 받고 있다.

끝으로 이 〈어원활용 영한사전〉이 영어 공부하는 많은 사람들의 벗이 되어 주길 빌어 마지 않는다.

편 자 씀

일 러 두 기

1. 설명순서 : ① 표제어, ② 발음, ③ 품사표시, ④ 어형변화(명사의 불규칙적인 복수형, 불규칙 동사의 과거, 과거분사형 따위), ⑤ 뜻 풀이, ⑥ 빈도수, ⑦ 반대어, ⑧ 동음 이의어(同音異義語), 특히 혼동하기 쉬운 말, ⑨ 어원, ⑩ 숙어, 속담, 예문, ⑪ 동의어, ⑫ 참고(어원에 대한 보다 상세한 설명, 어법, 표현상의 설명 따위), ⑬ 동계어, ⑭ 어원적으로 관련이 있는 어휘(☞로 표시).

2. 표제어 : 대체로 Thorndike 박사의 기본 단어 빈도수 표시에 따라 10,000 단어까지 빈도수를 표시하여 수록하는 것을 원칙으로 하고, 아주 흔히 쓰이기 때문에 누구나 익혀 아는 것은 싣지 않았으며, 시대의 변천에 따라 흔히 쓰이게 된 단어나 특히 어원적으로 재미 있는 단어와, 보통 영어사전으로도 쓸 수 있도록 자주 쓰이는 단어 10,000 이상을 수록했으므로 영문 읽기에 불편이 없을 것이다.

a) 표제어는 고딕체 활자로 표시하고 파생어, 복합어는 한 자 안으로 닥아 썼다. 파생어, 복합어는 alphabet 차례와 같지 않은 경우도 있다.

b) 철자는 주로 영국(英國)식으로 썼고, 지면을 절약하기 위하여 미국(美國)식으로 쓸 때 줄여도 되는 글자는 ( ) 속에 넣어 표시하거나 따로 적었다.

3. 발 음

a) 주로 영국 표준 발음을 만국발음표 문자로 적었다. 미국식 발음에 특히 차이가 있는 것은 따로 표시했으나, 대체로 따로 적지 아니함을 원칙으로 하였다.

b) 품사에 따라 발음이 다른 것은 따로 적어 두었다.

c) ( ) 속의 글자로 표시된 소리는 빨리 읽을 때 나지 아니함을 뜻한다.

보기 : **abomination**[əbɔ̀minéiʃ(ə)n]

4. 뜻 풀이

a) 같은 품사 안에서 뜻이 현저히 다른 것은 semicolon(;)으로 구분했다.

b) 영어 풀이를 괄호 속에 넣어 영영(英英)사전을 겸하게 했다.

c) 뜻 풀이 끝에 〔 〕 속에 표시한 영자는 그 뜻에 있어서 그 단어가 지배하는 전치사나 부사이다.
　보기: **assert**[əsə́:t] 圈 단언하다(afirm); 주장하다(claim).
　　　keep[ki:p] 圈 … 못하게 하다[from].

d) 뜻 풀이 가운데 ( ) 속에 있는 우리말은 괄호 직전의 말과 바꾸어 읽거나 이어서 읽으면 된다.
　　acquit[əkwít] 圈 석방하다, (임무를) 다 하다.

5. 어 원

a) 어원은 될 수 있는 한 간략하게 썼으나 그 단어의 원형을 찾아 볼 수 있는 어원 가운데서 가장 옛 것에서부터 적어 〔 〕 속에 표시하였으며, A←B 는 A가 B에서 유래됨을 뜻한다. 어원의 부분은 이태릭체로 적고 그 바로 뒤에 그 어원의 영어풀이 및 우리말 풀이의 차례로 하는 것을 원칙으로 하였다. 어원 풀이는 먼저 체계적으로 풀이한 다음에 학습자의 편의를 도모하기 위한 간편한 형식을 덧붙였거나 한국말로 그 단어의 어원적인 뜻을 다시 정리해 두었다.

어원 풀이에 접두사와 어미의 기능을 표시해 두어 단어를 찾는 중에 절로 접두사, 어미를 외울 수 있게 해 두었다.

b) 〔 〕 속의 *cf*.는 그 단어와 어원적으로 관련이 있는 영어 단어나 외국어 단어를 참고하라는 뜻이다.

c) 보충적인 어원 설명이나, 그 단어의 배경이나, 그 단어에 관련된 여러 가지 이야기는 참고란에 다시 적었다.

6. 숙 어

숙어는 이태릭 고딕체로 적되, 거기 나오는 표제어는 ～ 표로 나타내었다.
　보기: frank[fræŋk] 圈 솔직한, … 의.
　　　to be ～ with you는 to be frank with you 의 뜻이다.

속담은 보통 활자로 적고 표제어는 이태릭체로 표시했다.

7. 빈 도 수

그 단어의 중요성을 알기 위한 하나의 방편으로서 표제어 중 10,000 단어에 대한 빈도수를 뜻 풀이 끝에 아라비아 숫자로 적었다. 이것은 미국 Columbia 대학의 Thorndike 교수가 조사, 발표한 것으로 1은 쓰이는 도수가 가장 많은 1,000 단어, 2는 그 다음으로 많이 쓰이는 1,000 단어, ……, 10은 10 번째로 많이 쓰이는 1,000단어를 표시한 것이다.

8. 어원 참조

☞ 표시 뒤에 있는 단어는 어원적으로 관련이 있는 다른 표제어의 단어를 뜻한다. 표제어를 이해한 후에 ☞ 표 뒤에 든 여러 단어를 관련시켜서 많은 단어의 뜻을 미루어 알 수 있도록 하면 한 단어로써 많은 단어를 한꺼번에 외울 수 있다.

보기: **rejection**

☞ abject, conjecture, deject, inject, interject, object, subject

표제어 rejection은 ☞에 표시된 각각의 표제어에도 다시 표시되어 서로 관련을 갖게 했다.

9. 주로 쓰인 언어명의 연대구분 및 약자

《중 홀런드》	1100~1500	《고프》	1100년 이전
《중세 독》	1100~1500	《고대 독》	1100년 이전
《고대 홀런드》	1200년 이전	《중프》	1400~1600년
《고영》	1400년 이전		

《영》영국어　　　　《미》미국어　　　　《래틴》래틴어
《그》그리이스어　　《이태》이태리어　　《포르투》포르투갈어
《헤브류》헤브류어　《켈트》켈트어　　　《앵글로·프》영불어
《산스크릿》범어(梵語)　《아라》아라비아어　《독》독일어
《프》프랑스어　　　《덴마》덴마크어　　《노르웨이》노르웨이어
《스웨덴》스웨덴어　《아이스》아이슬란드어　《폐어》폐지되어 안 쓰이는 말
《영 속》영국 속어　《미 속》미국 속어　　《시》시(詩)

圕 명사　　대 대명사　　통 동사　　형 형용사　　부 부사
전 전치사　　접 접속사　　감 감탄사　　*pl.* 복수　　*cf.* 비교

10. 부 록

접두사와 부록을 어미에 자세히 수록하였다. 이것은 본문 어원 속에도 나와 있는 것을 다시 정리하여 놓았으니 자주 이용하여 주기 바란다.

英語工夫의 빠른 길

英語工夫를 하고 있는, 또 이미 한 사람들의 수는 참으로 많다. 그러나 英文을 제대로 읽어 이용할 수 있는 사람의 수는 퍽 적다. 이는 單語 실력의 부족에 그 대부분의 원인이 있다.

종래의 單語工夫가, 單語를 기계적으로 하나하나 외우는 까닭에, 그 많은 노력에 비해서 성과가 적다. 한개의 단어를 배울 때마다, 반드시 그 단어를 分析하여, 그 뜻을 완전히 파악하고, 다시 다른 여러 가지 접두사, 접미사(어미)를 붙여 活用하도록 해야 한다.

이 사전은, 지금까지 우리 나라에서 그리 볼 수 없었던 單語를 분석, 종합하는 힘을 기르는 데 가장 좋은 책이라고 믿는다. 이 사전을 항상 이용함으로써 영어공부를 하는 이는 저도 모르게 많은 단어에 自信이 생기고, 英文읽기에 재미를 갖게 될 것이다.

모쪼록 많은 사람들이 이와 같은 능률적인 學習方法으로 英語實力을 얻어 우리 文化발전에 이바지하길 바란다.

최 봉 수 씀

A

abandon[əbǽndən] [동] 포기하다 (give up), 버리다. [반] maintain 4
〔《고프》 *à bandon* at liberty …의 마유대로←《래틴》 *ad-* +*bandum* at order 명령에 따라〕
~ ***oneself to*** …에 맡기다, …에 빠지다, …에 잠기다. He *abandoned himself to* pleasures. 그는 환락(歡樂)에 젖었다. ☞ ban, banns

abate[əbéit] [동] 감(減)하다(make less), 줄다. 6
〔《고프》 *abattre* beat down 타도하다←《래틴》 *ad-* to, down+*battre* beat 때리다〕 ☞ batter, bate

abbot[ǽbət] [명] 수도원장 (修道院長), 승원장(僧院長). 7
〔《래틴》 *abbāt-* father←《그》 *abbas* ←《아랍》 *abbā* father〕
abbess[ǽbis] [명] 수녀원장.
abbey[ǽbi] [명] 수도원, 수녀원, 승원(僧院), (수도원이 변한) 대사원(大寺院). 6
the Abbey =Westminster Abbey 웨스트민스터 사원《London에 있는 고딕식 건축의 유명한 사원》.
[동의어] 수도원, 수녀원의 뜻을 갖는 단어에는 이 밖에도 cloister, convent, monastery, nunnery, priory 따위가 있다. 이들 중 cloister, convent가 가장 널리 쓰이는데, **cloister**는 특히 속세(俗世)에서 떠남을 나타내고 **convent**는 집단생활을 나타낸다. **monastery**는 수도승(修道僧 monk)이 사는 수도원, **nunnery**는 수녀(修女 nun)가 사는 수녀원을 뜻하나, 오늘날에는 nunnery 대신 convent를 많이 쓴다. **abbey**는 abbot나 abbess가 관리하는 곳, **priory**는 prior, prioress (abbot, abbess의 바로 아래의 계급)가 관할하는 곳을 각각 나타낸다.

abbreviate[əbríːvieit] [동] 생략하다(abridge), 줄이다 (make shorter).
〔《래틴》 *abbreviatus*←*abbreviare* ←*ab-ad-* to+*brevis* short+ *-ate*; make short 줄이다〕
abbreviation[əbrìːviéiʃ(ə)n] [명] 생략(省略), 약어(略語).
☞ brief, brevity, abridge

abdomen[ǽbdəmen, æbdóu-] [명] 복부(腹部), 배(belly). 9
〔《래틴》 *abdōmen*〕
abdominal [æbdɔ́min(ə)l] [형] 복부(腹部)의, (호흡 따위의) 복식의. 9

abed[əbéd] [부] 잠자리에.
〔*a-* on+bed〕

abhor[əbhɔ́ː] [동] 대단히 미워하다(hate), 염오(厭惡)하다. [반] love. 4
〔《래틴》 *ab-* away from+*hor* to dread 두려워하다, 겁이 나서 몸을 움추리다〕
abhorrence[əbhɔ́rəns] [명] 증오, 염오.
abhorrent[əbhɔ́rənt] [형] 몹시 미워하는, 몹시 싫어하는.
☞ horrid, horror, horrible

abide[əbáid] [동] (abode 또는 abided) 머무르다(stay), 기다리다 (wait for). [반] leave 4
〔《고영》 *ābīdan*← *ā-* +*bīdan* to bide 기다리다 ←*ābycgan* to pay for 치르다, 견디다〕
~ ***by***(규칙, 법령, 결정, 약속 따위)를 잘 지키다. He *abides by* his promise. 그는 약속을 참 잘 지킨다.
[참고] abide가 견디다(put up with, endure)의 뜻으로 쓰일 때는 구어체(口語體)이고 일반적으로 부정문이나 의문문에 쓰인다. I can't *abide* that fellow. 저런 놈은 참을 수 없다. ☞ abode
abiding[əbáidiŋ] [형] 영속적인. [명] 주거(住居), 체류.

abject[ǽbdʒekt] [형] 천한(mean), 비겁한(servile). 7
〔《래틴》 *ab-* away+*ject* to throw, throw away 던져 버리다〕
☞ inject, object, reject, subject, jet
abjectly[æbdʒéktli] [부] 천하게, 비굴하게.

able[éibl] [형] … 할 수 있는, 유능한, 자격이 있는. 1
〔《고프》 *habile, able* able 할 수 있는←《래틴》 *habilis* easy to handle, active 다루기 쉬운, 활동적인 ←《래틴》 *habēre* to have 갖다〕
[동의어] **able**은 일반적인 능력을 나타내고, **capable**은 특수능력(얻다, 취하다, 감당하다 따위)을 나타낸다. 명사 앞에 붙여서 사용하면 able은 유능

abnormal   2   **abridge**

한의 뜻이 되나, capable 은 두뇌가 좋다는 뜻에만 사용된다.
ability[əbíliti] 명 능력, 수완; *pl.* 재능(才能). 4
[《래틴》*habilitas* aptness 적합함←*habilis*] ☞ enable,
unable, inability, habit, capable
abnormal[æbnɔ́:m(ə)l] 형 이상한(unusual), 병적인; 변칙(變則)의. ⊕ normal. 9
[《래틴》*abnormis*←*ab*- away from+*norma* rule 규칙; 기준에 어긋나는]
abnormality[æ̀bnɔ:mǽliti] 명 이상(異常), 변태.
abnormally[æbnɔ́:məli] 부 이상하게, 병적으로.
abnormity[æbnɔ́:miti] 명 =abnormality, 기형(畸型). ☞ norm, normal
aboard[əbɔ́:d] 부,전 배에, 《미》기차에, 버스(비행기)에. ⊕ ashore 육지에. 4
[《영》*a-* on+*board* 판자, 갑판(甲板); 널 위에, 갑판에]
All ~! 다들 타세요! 발차(합니다)! *keep the land* ~ 육지를 따라 항해하다. *go* ~ *a ship* 배에 타다. *fall* ~ *(of)*… …충돌하다. ☞ board
abode[əbóud] 명 처소(dwelling), 주소, 거주, 명 abide 의 과거(분사). 4
[*abide* 에서] ☞ abide
abolish[əbɔ́liʃ] 타 폐지하다, 무효로 하다(cancel). ⊕ establish. 5
[《프》*aboliss*-←*abolir*←《래틴》*abolēre* destroy 파괴하다]
abolishment[əbɔ́liʃmənt] 명 폐지.
abolition[æ̀bəlíʃ(ə)n] 명 (법률, 제도 따위의) 폐지. 8
A-bomb[éibɔm] 명 =atomic bomb 원자폭탄(原子爆彈).
참고 clim*b*, lim*b*, thum*b* 처럼 어미 *-m*- 다음의 *-b* 는 발음하지 않는다.
☞ bomb, H-bomb
abominate[əbɔ́mineit] 타 몹시 싫어하다(detest). ⊕ enjoy.
[《래틴》*ab-* away+*ōmen* 불길한 징조+*ate* 나쁜 징조가 있는 데서 피해 가다]
abominable[əbɔ́minəbl] 형 지긋지긋하게 미운(detestable), 몹시 싫은(hateful); 《속어》 언어도단의. 6
abomination[əbɔ̀mineíʃ(ə)n] 명 혐오, 지긋지긋한 행동. 9
☞ omen, ominous

abound[əbáund] 자 굉장히 많다, …이 풍부하다 (be plentiful). 5
[《래틴》*ab*- away+ *-und* to rise in waves←*unda* wave]
~ *in*[*with*]…이 많다, 풍부하다.
abundance[əbʌ́ndəns] 명 풍부(plenty), 다수. 3
[《프》*abondance*←《래틴》*abundantia*]
abundant[əbʌ́ndənt] 형 풍부한(plentiful), 많은. 3
[《래틴》*abundans*, *abundāre*]
참고 abound → abundance, pronounce → pronunciation, renounce → renunciation.
☞ plentiful, undulate, redound, surround
about[əbáut] 전, 부 …에 대(관)하여 (concerning), …의 둘레에 (around), …에 종사하여 (engaged in), …쯤(approximately), … 주위에 (on all sides), 거의(almost). 1
[《고영》*ābūtan*, *onbūtan*←*on* on+*be* by+*ūtan* outward; *ūt* out…에서, … 주위에]
be ~ *to* 막 … 하려고 하다(be going to). ☞ by, out
above[əbʌ́v] 전, 부 …보다 위에(higher than), 이상으로(over), 머리 위에(overhead). ⊕ below. 1
[《고영》*ābufan* ← *on* on + *be* by+ *ufan* upward; *cf.*《독》*auf*]
~ *all*(*things*) 무엇보다도 더 (more than anything else), 특히. *Above all* beware of idleness. 특히 게으름 피우지 않도록 조심해라. ☞ by, out
abreast[əbrést] 부, 전 옆으로 나란히 (side by side), 병행하여(equally advanced), 뒤멀어지지 않고.
[*a-* on+*breast* 가슴을 가지런히, 어깨를 나란히]
keep ~ *of* [*with*] (the times). (시대에) 뒤멀어지지 않고 따라가다. We must *keep abreast of* progress in science. 과학의 발달에 뒤멀어지지 않도록 해야한다.
주의 keep abreast 뒤에 오는 전치사는 of 가 보통이나 전치사를 생략하여 써도 된다. ☞ breast
abridge[əbrídʒ] 타 단축하다(shorten), 요약하다(condense), (권리, 자유 따위를) 박탈하다(deprive). 10

[《고프》 abreger, abregier ← 《래틴》 abbreuiāre shorten ← ab- ad- to+ brevis short; make short 단축하다]

abridgement[əbrídʒmənt] 명 단축, 적요(摘要), 박탈. ☞ abbreviate, brief

abroad[əbrɔ́ːd] 부 해외로 (overseas), 널리(widely). 3
[《중영》 abrood←a- on+brood broad. 넓은 곳; 넓은, 밖으로]
go ~ 양행(洋行)하다. *set* ~ (소문을) 퍼뜨리다. ☞ broad

abrupt[əbrʌ́pt] 형 갑작스러운(sudden), 불의의(unexpected), 가파른 (sloping up sharply).
[《래틴》 abrumpere ← ab- off+rumpere break; broken off 부러진, 꺾인]

abruption[əbrʌ́pʃ(ə)n] 명 갑자기 중단됨, 분열(分裂)

abruptness[əbrʌ́ptnis] 명 갑작스런 중단, 험준(嶮峻)함.

absence[ǽbs(ə)ns] 명 없음, 결석, 방심(放心). 반 presence 출석. 3
[《래틴》 absentia← ab- away+sentia be; being away 눈 앞에 없음, 멀리 떠나 있음]
~ *of mind* 방심(放心). *in one's* ~ …이 없는 틈에.

absent[ǽbs(ə)nt] 형 결석의, 없는 (lacking). [æbsént] 동 결석하다. 반 present. 3
~ *oneself from* …에 결석하다.

absent-minded [ǽbs(ə)ntmáindid] 형 얼빠진. *cf.* absence of mind.

absolute[ǽbs(ə)luːt] 형 절대 (絕對)의 (positive), 완전한(perfect), 전제 (專制)의(despotic). 반 relative 2
[《래틴》 ab- from + solute←solvere loosen; set free 놓아 주다 속박이 없는→마음 대로의 → 절대적인 으로 뜻이 발전했다]
the ~ 《명사용법》절대; 우주; 신.

absolutely[ǽbs(ə)luːtli] 부 절대로, 무조건, 단연, 전혀. 7

absoluteness[ǽbs(ə)luːtnis] 명 절대 (성), 무제한, 완전, 전제.

absolution [ǽbs(ə)lúːʃən] 명 면제, 해제; 사면(赦免).

absolve[əbzɔ́lv] 동 놓아주다(release). ☞ solve, resolute, dissolve, etc. 6

absorb[əbsɔ́ːb] 동 흡수하다(suck in), 마음을 빼앗다(occupy wholly).

⊕ exude 스며나오(게 하)다. 6
[《래틴》 absorbēre ← ab- from + sorbēre sup up; swallow, sup up from 삼키다, 빨아올리다]
be ~*ed in* …에 열중하다, …에 몰두하다. *He is absorbed in* thought. 그는 생각에 잠겨 있었다. *be* ~*ed by* …에 합병(흡수)되다.

absorbent[əbsɔ́ːbənt] 형 흡수성의. 명 흡수제.

absorption[əbsɔ́ːpʃ(ə)n] 명 흡수, 몰두, 전심(專心). 7
참고 absorb → absor*ption*, describe → descri*ption*, subscribe→subscri*ption*.

abstain[əbstéin] 동 …을 끊다, 절제(節制)하다 (refrain from). ⊕ indulge …에 빠지다. 7
[《래틴》 abstinēre←abs- from+tinēre hold; refrain from …을 삼가다]

abstention[æbsténʃ(ə)n] 명 삼가함, 회피(回避).
~ *from alcoholic liquor* 금주. ~ *from voting* 투표기권.

abstinence[ǽbstinəns] 명 금욕,금주. *total* ~ 절대금주.

abstinent[ǽbstinənt] 형 삼가는, 금욕의, 금주의. ☞ contain, detain, maintain, retain, sustain

abstract[ǽbstrækt] 형 추상적인 (not concrete), 이상적인(ideal), 난해한 (difficult). 명 추상, 적요. [æbstrǽkt] 동 추상하다, 뽑아내다, 제거하다. ⊕ concrete 8
[《래틴》 abs- away+trahcte draw; draw away 뽑아내다]
in the ~ 추상적으로, 이론적으로. *make an* ~ 발췌하다.

abstraction[æbstrǽkʃ(ə)n] 명 추상 (적개념), 추출(抽出). 10
☞ tract, tractor, contract, detract, subtract

absurd[əbsɔ́ːd] 형 불합리한(unreasonable), 우수꽝스러운 (foolish), 어리석은. ⊕ rational. 6
[《래틴》 ab- (강조의 접두사)+surd deaf 귀먹은; 귀먹은 → 잘 못 알아 듣는→불합리한→우수꽝스러운]

absurdity[əbsɔ́ːditi] 명 불합리, 모순, 어리석은 것. ☞ dumb 9

abuse[əbjúːz] 동 남용(濫用)하다, 학대하다(maltreat), 욕하다. [əbjúːs] 명

abyss

《동사와의 발음구별에 주의》, 남용, 욕설.
[《래틴》 *abūsus* ← *abūti* ← *ab-* away,
amiss + *ūti* use; 올바른 사용법에서 어긋나다]　3
　personal ~ 인신공격.
abusive[əbjúːsiv] 형 욕하는, 남용하는.
[abuse + *ive*] ☞ use
abyss[əbís] 명 심연(深淵 chasm), 지옥(hell), 끝없는 구렁.　6
[《그》 *a-* without + *byss* bottom; bottomless 밑 없는]
abysmal[əbízm(ə)l] 형 끝없는, 나락(奈落)의, 심연의.
　~ *degradation* 끝없는 타락.
academy[əkǽdəmi] 명 학원(school), 학사원(學士院), 학회.　6
[《래틴》 *acadēmīa* ← 《그》 *akadēmeia*; 고대 그리스 전설 속에 나오는 *Akademus*라는 영웅의 이름을 따서 부른 숲에서 유래. Plato(플라톤)이 이 숲에서 철학을 강의하면서 이 학원을 *acadēmeia*라고 불렀다. 여기에서 일반적으로 학원을 academy라 하게 되었다]
　A~ *Award* 《미》 아가데미상 《미국의 영화 예술 과학 협회가 해마다 그 전년도의 영화 각 부문의 최우수자에게 주는 상: Oscar 상이라고도 함》.
　the Military A~ 육군사관학교. *the Naval A*~ 해군사관학교. *the Air Force A*~ 공군사관학교.
academic[ækədémik] 형 학원의, 학문상의. [academy + *ic*]　8
academical[ækədémik(ə)l] 형 학원의, 대학의. 명 대학제복.
accede[æksíːd] 동 동의(同意)를 표하다 (agree), 취임하다.
[《래틴》 *ac-* to + *-cede* come; come to 가까이 오다]
access[ǽkses] 명 접근, 면접, 출입구.
[《래틴》 *ac-* to + *cēde* go … 에 접근하다]　5
　~ *to* 가까이 가게 하다, 만나 볼 수 있다. Students must have *access to* good books. 학생은 좋은 책을 가까이 하지 않으면 안 된다.
accessible[æksésəbl] 형 접근할 수 있는, 얻기 쉬운.
accessory, accessary[æksésəri] 형 부속의, 보조적인. 명 종범, 종범. (보통 복수) 부속품, 악세서리.　10
　반 principal 주되는, 주범.
☞ proceed, recede

참고 미국에서는 명사, 형용사 모두 accessory가 보통이다. 종범(從犯)의 뜻으로는 accessary를 보통 쓴다.
accelerate[æksélərèit] 동 가속(加速)하다, 촉진하다(hasten), 빨라지다.
[《래틴》 *ac- ad-* to + *celerare* quicken ← *celer* quick 촉진하다]
　~ *growth* 성장을 빠르게 하다.
accent[ǽks(ə)nt] 명 액센트, 강조, 어조. [ǽksént] 동 강하게 발음하다, 강조하다(emphasize).　4
[《래틴》 *ac- ad-* to + *cent*; 《그》 *prosodia*의 래틴어역으로 "기악에 맞추어 부르는 노래"가 원 뜻]
　동계어 **chant** 노래. 동 노래하다, 찬송하다. **chanson** 명 《프》 노래, 상송. **cant** 명, 동 의젓한 체 하는 말씨(로 말하다).
accept[æksépt] 동 받아 들이다, 승낙하다(consent). 반 refuse.　2
[《래틴》 *acceptāre* ← *accipere* receive 받다 ← *ac- ad-* to + *capere* take; take 취하다]
acceptable[ækséptəbl] 형 받아들일 수 있는, 만족한.　9
acceptance[æksépt(ə)ns] 명 수납, 수령(受領), 승락.　6
acceptation[ækseptéiʃ(ə)n] 명 (보통의) 어의(語義). ☞ captive
　concept, conceive, deceive, receive
accident[ǽksidənt] 명 사고(event), 우연(chance).　3
[《래틴》 *accident-*, *accidere* happen ← *ac- ad-* to + *-cident* ← *cadere* fall; fall to…, happen 떨어지다, 일어나다]
　by ~ 우연히, 뜻밖에 (by chance).
　~ *of birth* 부귀; 빈촌에 태어난 팔자
　inevitable ~ 불가항력.
　without ~ 무사히.
accidental[ǽksidéntəl] 형 우연한, 임시의. 명 우연한 것.　7
accidentally[ǽksidéntəli] 부 우연히, 덧붙여서
accidence[ǽksid(ə)ns] 명 어형론(語形論) ["단어에 사고가 있던 것을 연구하는 학문"의 뜻] ☞ precedent, cascade, cadance, chance, event
accommodate[əkɔ́mədeit] 동 수용하다 (admit), 적응시키다(adapt), 융통하다 (supply), 조정하다(settle).
[《래틴》 *accommodāre* fit, adapt ← *ac- ad-* to + *com- cum* with + *modus*

measure; fit 적합하게 하다]
~ *oneself to* …에 순응하다. 6
accommodation [əkɔmədéiʃ(ə)n] 명 수용, 준비, 편의. ☞ mode, commode
accompany [əkʌ́mp(ə)ni] 타 동반하다 (gowith), 첨부하다(attach), 빈주(件奏)하다. 2
[《고프》 *a ad-* to + *compaing, compain* companion 같이 가다]
☞ company, companion
(*be*) ~*ied by* (또는 **with**) 동반하다, 연달아 일어나다.
accomplice [əkɔ́mplis] 명 공범자(共犯者). 10
[*a* + 《프》*complice* ← *com- cum* together + *plic- plicāre* weave 짜다; weave together 함께 짜다, 공모(共謀)하다]
accomplish [əkɔ́mpliʃ] 타 성취하다(fulfill), 완성하다(complete).
[《라틴》 *ac- ad-* to + *complish* complete 완성하다] 2
accomplished [əkɔ́mpliʃt] 형 완성된, 다재다능한. 7
accomplishment [əkɔ́mpliʃmənt] 명 성취, pl. 재능, 취미(attainment). 7
☞ complete
accord [əkɔ́:d] 명, 타 일치(하다), 조화(하다), 주다(give). 반 discord 4
[《라틴》 *ac- ad-* to + *cord- cor* heart to heart "마음의 방향으로, 즉 일치하다"는 뜻]
of one's own ~ 자발적으로. *with one* ~ 일제히.
accordance [əkɔ́:dəns] 명 일치, 조화(調和). 6
in ~ *with* …… 과 일치해서.
accordant [əkɔ́:d(ə)nt] 형 적합한(agreeing), (음이) 조화하는.
according [əkɔ́:diŋ] 부 따라서(therefore).
~ *as* …에 따라, … 에 비례하여.
~ *to* …에 따라, …에 의하면.
참고 ~as는 proportionately (…에 비례해서)의 뜻으로 그 다음에 절이 오고, ~to는 by(…에 의하면)의 뜻으로 다음에 명사나 대명사의 목적격이 온다.
accordingly [əkɔ́:diŋli] 부 그에 따라 (conformably), 그러므로(consequently, so). 3
☞ concord, discord, agree
accordion [əkɔ́:diən] 명 아코디언, 손풍금

[《이》 *accordare* tune an instrument + *-ion* ← 《라틴》 *accordāre*]
accost [əkɔ́st] 타 가까이 가서 말을 건네다, 자진해서 인사하다. 10
[《라틴》 *ac- ad-* to + *costa* rib, side; go to the side of 옆으로 닥아가다. cost는 coast 해안과 어원이 같다]
참고 accost는 오늘 날 나쁜 뜻으로 많이 쓴다. She *accosted* the gentleman. 그 매춘부는 신사를 꾀었다. ☞ coast
account [əkáunt] 타 계산하다, …라고 생각하다(consider), 설명하다(explain). 명 계산, 기술(description), 설명, 이유, 이익, 평가, 견적, 자세한 이야기. 1
[《고프》 *a* to + *count* ← 《라틴》 *ad-* to + *com- cum* together + *putāre* think; to count 세다]
of much (no) ~ 소중한(보잘것 없는). *on* ~ *of* …때문에. *take into* ~ 염두에 두다, 참작하다. *turn to* ~ 이용하다(utilize).
accountable [əkáuntəbl] 형 책임있는, 변명할 수 있는.
accountant [əkáuntənt] 명 회계원, 계리사, 주계(主計).
~ *general* 회계과장, 경리국장.
certified public ~ 《미》공인 계리사 (보통 C.P.A로 약한다. 영국에서는 chartered accountant C.P.)
☞ count, recount, computation
accumulate [əkjú:mjuleit] 타 쌓다, 축적(蓄積)하다(amass), 쌓아 올리다(heap up, pile up). 반 dissipate 낭비하다.
~*d fund* 적립금. 8
[《라틴》 *ac- ad* to + *cumulus* heap 쌓아 올리다]
accumulation [əkjù:mjuléiʃ(ə)n] 명 축적, 축재.
통계에 **cumulus** [kjú:mjuləs] 명 적운(積雲), [《라틴》 *cumulus* heap 산더미], **cumulus-nimbus** [kjú:mjuləs-nímbəs] 명 적란운(積亂雲), 뭉게구름. ☞ cumulate
accurate [ǽkjurit] 형 정확한(correct), 엄정한(exact). 7
[《라틴》 *ac- ad* to + *cūrāre* care for ← *cūra* care; taken care of …을 소중히 한 → 소홀히 하지 못하는 → 정확한]
반 inaccurate.
to be ~ 정확히 말하자면.
accuracy [ǽkjurəsi] 명 정확(correctness), 정밀도. 반 inaccuracy. 8

with ~ 정확히.
☞ cure, curate, curé, manicure, pedicure, procure

accursed[əkə́:sid], **accurst** [əkə́:st] [형] 저주받은(cursed), 지긋지긋한(abominable), 불행한. [반] blessed. 5
[《고영》 *ā-* (접두사)+*cursian* curse]
☞ curse

[참고] accursed [əkə́:sid]는 명사 앞에 쓰이는 형태. 미국에서는 [əkə́:st]로 발음하기도 한다. accurst는 그것만 단독으로 사용된다, 구어체(口語體)로 사용되면, 곤란한 입장을 나타내어 confounded (당황한)보다 약간 강한 뜻을 갖는다.

accuse [əkjú:z] [동] 고소하다(charge), 비난하다(blame). 3
[《래틴》 *accūsāre* call to account. 답변을 구하다 ← *ac- ad* to + *causa*, *caussa* suit at law 소송; 답변을 구하다]
~ ***one of murder***(as a murderer) 사람을 살인죄로 (살인자로) 고소하다.

[동의어] 고소하다, 비난하다의 뜻을 갖는 단어에는 accuse, charge, impeach, arraign 등이 있다. **accuse**는 행동이나 외면적인 것에 대하여 행하는 비난이나고발(告發)을 나타내고, **charge**는 성격이나 성질에 대한 것 따위의 내면적인 것을 대상으로 삼는다. 따라서 accuse한 것의 시비는 법정에서 가릴 수 있고, charge된 것의 시비는 제3자의 판단에 맡겨진다. accuse보다 좁은 뜻으로 쓰이는 impeach와 arraign에 있어서 **impeach**는 정치가의 비난이나 국사범에 쓰여 죄를 고발할 뿐인데 비하여, **arraign**은 일반적 행동이나 사상을 비난하고 스스로 판결한다는 뜻을 갖고 있다.

[보기] We *accuse* a person *of* murder. 살인죄로 고소하다. We *charge* a person *with* dishonesty. 정직하지 못하다고 비난하다. Statesmen are *impeached for* misdemeanors in the administration of government. 정치가는 정부 시정면의 부정으로 비난을 받는다.
Our Saviour was *arraigned* before Pilate. 구세주께서 필라토 총독 앞에 고발되시었다.
accuse는 *accuse*(a person) *of* (a crime)으로 of를, charge는 *charge*(a person) *with* (a dishonour)로 with를 그 다음에 사용한다.
☞ cause, charge, impeach, arraign

accusation[ӕkju(:)zéiʃ(ə)n] [명] 비난, 고발, 고소(告訴). 6

accuser [əkjú:zə] [명] 고발인, 비난자, 원고(原告). [반] the accused (형사)피고인(被告人). 10

accustom [əkʌ́stəm] [동] 길들이다(familiarize), 습관이 되게 하다(habituate), 익게 하다. 3
[《고프》 *a- ad-* to+*custume* custom; custom 습관을 들이다]
~ ***oneself to*** …에 길이 들다, …에 익숙하게 하다. ***be*** (또는 ***get, become***) ~***ed to*** …에 익숙하다.
☞ custom, customer, costume

ache [eik] [발음주의] [동] 아프다(suffer pain). [명] 고통(pain). 3
[《고영》 *acan* drive; 《고영》의 *œce* pain 고통에서 유래된 중세영어의 *ache*와 혼동하였음]

head-ache [hédeik] [명] 두통(頭痛).

stomach-ache [stʌ́məkeik] [명] 위통(胃痛).

ac ieve[ətʃí:v] [동] 성취하다(finish successfully), 수행하다(perform), (명성을)얻다(attain). 4
[《고프》 *achever* finish ←*à chef* to a head←《래틴》 *caput* head; bring to a head or end, 머리 즉 끝까지 가져오다. *-chieve*와 chief는 같은 말]

achievement[ətʃí:vmənt] [명] 업적(feat), 성공, 달성(심), 학력. 7
~ ***quotient*** 학력지수(指數).
☞ chief, chef, handkerchief, cape, captain, capital, mischief

acid [ǽsid] [명] 산(酸). [형] 신(sour). 5
[《래틴》 *acidus* piercing; 찌르는→쓰라린→신]

acknowledge [əknɔ́lidʒ] [동] 인정하다(admit), 자백하다(confess), 감사하다(own with gratitude). 4
[《중영》 *aknowen* ←《고영》 *oncnāwan*; 16세기 이후 사용]

acknowledgement[əknɔ́lidʒmənt] [명] 승인, 감사, 자백. 8

acorn [éikɔ:n] [명] 도토리, 상수리. 5
[《고영》 *œcorn* fruit of the field← *œcer* field; fruit to the field 야생과실]

acquaint [əkwéint] [동] 알리다 (make

known), 정통하게 하다(make familiar), 보도하다(inform). 3
[《고프》 acointer, acointier acquaint with←《래틴》 ad-to+cognitāre←cognitus, known thoroughly …에 알려져 있다]
(be) ~ed with …에 정통하고 있다.
acquaintance [əkwéint(ə)ns] 명 잘 아는 사이, 지기(知己), 안면.
☞ quaint

acquiesce [æ̀kwiés] 동 묵인하다(accept tacitly).
[《래틴》 acquiescere rest in←ac- ad to+quaere rest; rest 쉬다→아무것도 안하다→가만히 있다→묵인하다]

acquire [əkwáiə] 동 얻다(gain), 습득(習得)하다(obtain). 3
[《래틴》 acquierēre get←ac- ad to +quoerere seek; get to something sought 찾고 있던 것에 도달하다] 반 lose 잃다.

acquirement [əkwáiəmənt] 명 획득, 획득물, pl. 학식, 예능.

acquisition [æ̀kwizíʃ(ə)n] 명 획득(물). [acquire+-ion(명사어미)]
☞ question, query

acquit [əkwít] 동 석방하다(set free), (임무를 다)하다(discharge). 9
[《고프》 aquiter settle a claim←ac- ad to+quiētāre ← quiētus discharged, free, rest; 휴식을 하게 하다]
☞ quiet, quit

acre [éikə] 명 에이커(면적단위, 약 4046. 8km²); pl. 토지, 농토.
[《고영》 œcer pasture, field; field밭
참고 acre=field의 원뜻을 지금은 God's acre)=God's field 부속교회의 묘지: broad acre(=wids lands)따위의 표현에 남아 있다.

acrobat [ǽkrəbæt] 명 곡예사(tumbler).
[《그》 akrobatos walking on tiptoe, climbing aloft←akros pointed 뾰족한, highest 최고의+batos←bainein walk]
☞ come

across [əkrɔ́(:)s] 전 …의 저쪽에, …을 가로 건너서. 부 십자 모양으로. 1
[《영·스칸》 a- on+cross: on cross의 축소형]
come ~ 우연히 만나다, (문득)발견하다. with a rifle ~ one's shoulder 총을 메고. ☞ cross

act [ækt] 동 행하다(do), 출연하다(play),

작용하다(function). 명 행위(deed), 법령(law), (연극의)막(幕). 1
[《프》《래틴》 actus done, agere do, drive]
Act(또는 ~)of God 불가항력(不可抗力).
the Acts (of the Apostles) 《성경》 사도행전(使徒行傳).

action [ǽkʃ(ə)n] 명 행동, 소송(suit), 전투(battle), 연기(演技). 2

active [ǽktiv] 형 활동적인, 현역의, 능동적. 반 passive 3

activity [æktívəti] 명 활동, 활기(活氣), 활약. [active+-ity] 7
☞ agent, react

actor [ǽktə] 명 배우. 5

actress [ǽktris] 명 여자 배우.

actual [ǽktju(ə)l] 형 실제의(real), 현실의, 사실상의. 반 ideal 이상적. 2

actually [ǽktju(ə)li] 부 정말(really), 사실(in fact). 6

acute [əkjúːt] 형 날카로운(sharp), 격렬한(intense), 예민한(keen), 급성의. 반 chronic 만성의, dull 둔한. 7
[《래틴》 acūtus acuere sharpen 날카롭게 하다]

acutely [əkjúːtli] 부 날카롭게.

A.D. [éi díː, ǽnou dɔ́minai] 서기(西紀); cf. B.C. 기원전.
[《래틴》 Anno Domini in the year of the Lord 주 예수·크리스토 탄생 후]

Adam [ǽdəm] 명 아담(인간의 시조); cf. Eve, Adam's apple 결후(結喉).

adapt [ədǽpt] 동 (습관, 언행을) 적합하게 하다(fit), (발명을)응용하다, 번안(飜案)하다, 각색(脚色)하다. 8
[《래틴》 ad- to+apt fit; make apt or fit 17세기 초에 수입된 단어]

adaptation [æ̀dæptéiʃ(ə)n] 명 적합함, 적응, 개작, 각색. 8
☞ apt, aptitude, inept

add [æd] 동 더하다, 덧붙이다. 1
[《래틴》 addere put to←ad to+dere put; put to 보태다]
~ to 증가시키다(increase).
~ up(또는 together) 합계하다(sum).
to ~ to …에 덧붙여.

addition [ədíʃ(ə)n] 명 부가(附加), 덧셈, 덧붙인 것. [add+-ion] 2
in ~ to …에다가(덧붙여서), …이 외에

additional [ədíʃ(ə)nl] 형 덧붙인, 추가

의, 덧붙인 것, 과외 수업.　5
☞ date, donation, dot, anecdote, abscond

addict[ədíkt] 图 …에 빠지게 하다(give over), 몰두하게 하다, (몸과 마음을) 내맡기다(give up). 图 [ǽdikt] 상용자(常用者).　3
〔《라틴》 *addictus* ← *addīcere* assign 맡기다 ← *ad-* to + *dīcere* say〕

address[ədrés] 图 (편지의)겉 주소를 쓰다, 연설하다, (일을)착수하다(apply oneself to). 图 주소(direction), 연설, 접대; *pl*. 구혼(courtship).　2
〔《고프》 *adrecier* straighten, address ← *a-* to + *drecier* straighten, direct dress; direct 지시하다〕

참고 미국에서는 [ǽdres]로 발음하여 "주소"를 뜻하는 경우가 있으나 일반적인 발음은 모두 [ədrés]로 한다.
☞ direct, dress

adequate[ǽdikwit] 图 적당한(suitable), 충분한(enough).　8
〔《라틴》 *adæquatus* ← *adæquāre* ← *ad-* to + equal; make equal to …과 같게 하다〕 ⓑ inadequate
☞ equal, equate

adhere[ədhíər] 图 달라붙다(stick), 고수(固守)하다(hold).　8
〔《라틴》 *adhærēre* ← *ad-* to + *hærʳre* stick; stick to 달라붙다〕

adherence[ədhíərəns] 图 고수(固守), 집착. 〔adhere + *-ence*〕

adherent[ədhíərənt] 图 달라붙는. 图 자기편, 당원, 신자.

adhesion[ədhíːʒ(ə)n] 图 점착(粘着), 유착=adherence.
〔《라틴》 *adhæssio* ← *adhærēre* adhere〕

동의어 adherence, attachment, adhesion은 집착을 나타내는 말이다. **adherence**와 **attachment**는 주로 정신적인 집착을 나타내는데 adherence는 사상적인, attachment는 감정적인 뜻이 있다. 이에 반하여 **adhesion**은 물질적인 뜻에 주로 쓰인다.
☞ cohere

adieu[ədjúː] 圖 안녕(goodbye). 图(*pl*. **adieux**[ədjúːz]) 하직, 작별 (인사) (farewell).　7
〔《프》 *a-* to + *dieu* God ← 《라틴》 *ad-* to + *Deum* God; I commit you to God. 나는 그대를 하나님께 맡기노라〕

참고 불어(佛語)로 **adieu**[adjø]는 영원한 이별을 나타내기 때문에 보통 작별 인사로는 **au revoir**[o rəvwάːr] see you again! 이나, **au matin**[o matɛ̃]을 쓴다. 스페인어로는 **adios**[ɑːdjóːs]라고 하는데 adieu, adios는 모두 **goodbye**[God be with ye]이지만 원 뜻은 같다.

bid ~ to …에 작별 인사를 하다.
☞ divine, deity

adjacent[ədʒéis(ə)nt] 图 인접한(neighboring).　7
〔《라틴》 *ad-* near + *jacere* lie; lying near 가까이에 있는〕 ⓑ apart

adjective[ǽdʒiktiv] 图 《문법》 형용사. 图 형용사의, 부속의.　8
〔《라틴》 *adjectīvus* put near to ← *adjectus* ← *adjicere* add to ← *ad-* near + *jacere* throw; that which thrown to (a noun) 명사에 덧붙인 것 → 형용사〕
참고 adverb[*ad-* to + *verbum* verb; 동사에 붙음]
☞ jet, abject, reject, object, subject

adjoin[ədʒɔ́in] 图 (…에) 인접하다(lie adverb contiguous).　5
〔《고프》 *adjoindre* ← *ad-* to + *jungere* join; lie next to〕

adjourn[ədʒə́ːrn] 图 연기하다(put off), 휴회하다(suspend), 산회(散會)하다; 회장을 옮기다.　9
〔《고프》 *ajorner* ← 《라틴》 *ad-* to + *jurnus* day ← *diurnus* daily; put off till another day 다음 낱까지 연기를 하다〕

동의어 ① "휴회, 산회(散會)"를 나타내는 말에는 adjourn, prorogue, dissolve가 있다. **adjourn**은 토의를 다음 낱까지 연기한다는 뜻이 있고 **prorogue**는 의회에서 의원들에 의하여 결정된 회기말 휴회로 그 회기에 상정되지 못한 모든 안건은 폐기된다는 뜻이 있다. 한편 **dissolve**는 그 단체가 완전히 해산하게 된다는 뜻이다. ② 보통 "연기한다"는 뜻으로 쓰이는 단어는 **postpone** 또는 숙어로 해서 **put off**을 쓰며 **adjourn**은 주로 입법기관의 회합 따위에 사용된다. ☞ journal, journey, diary, dissolve, postpone

adjunct[ǽdʒʌŋkt] 图 부속물, 종속물; 보조자, 조수.　10
〔《라틴》 *adjunctus* ← *adjugere* adjoin〕

~ *professor* 《미》 조교수(助敎授).
☞ adjoin

adjust[ədʒʌ́st] 통 조절하다(settle), 정리하다(put in order). 6
[《프》 *ajuster*← *a-* to+ *juste* just←《래틴》 *ad-* to+ *justus* just, exact; make just 맞추다]

adjustment[ədʒʌ́stmənt] 명 정리, 조절. 8

administer[ədmínistə] 통 관리하다(manage), 처분하다(dispense), 집행하다(execute), (약을) 주다(apply as a remedy). 7
[《래틴》 *administrāre* ← *ad-* to + *ministrāre* serve←*minister* servant; to serve 시중들다]

administration[ədmìnistréiʃ(ə)n] 명 관리, 운영, 행정(부). [administer+ -ion] 5

administrator[ədmínistreitə] 명 위정자(爲政者), 관재인, 관리인. 10
☞ minister

admiral[ǽdmirəl] 명 해군대장, 제독(提督), 함대 사령관. 5
[《고프》 *amiral, amirail, amire*←《래틴》 *admiraldus* prince, chief←《아라》 *amīr* prince ← *amīr-al-bahr* prince of the sea 바다의 왕자; *al-*은 alcohol, algebra 등의 *al-*과 같은 것]
참고 Admiral of the Fleed 해군 원수, Vice-Admiral 해군 중장, Rear-Admiral 해군 소장, Commodore 준장.
☞ General, Marshal

admire[ədmáiə]통 감탄하다(regard with wondering esteem and pleasure), 탄복하다(esteem highly), 《미》 …하고 싶어하다. 2
[《래틴》 *ad-* at + *mīrāri* wonder; wonder at 감탄하다] ⓐ despise

admirable[ǽdmirəbl] 형 탄복할 만한, 훌륭한(excellent). 6

admiration[ædmiréiʃ(ə)n] 명 감탄, 찬미, 경이(驚異). 4

admirer[ədmáiərə] 명 찬미자, 숭배자; (특히 여자에 대한)사모자(思慕者), 구혼자.

admit[ədmít] 통 (사람을)넣다(let in), 허락하다, 인정하다(acknowledge). 2
[《래틴》 *ad-* to+ *mit* send; send to, let to 보내다, 넣다] ⓐ exclude 쫓아내다, 거절하다.

동의어 "허락하다, 인정하다"의 뜻으로 쓰이는 단어에는 admit, allow, permit, grant가 있다. **admit**는 무의식적으로 승낙하거나 싫으면서도 어쩔 수 없다는 뜻이 있고, **allow**는 의식적으로 반가워한다는 뜻이 포함되어 있다. 이에 비하여 **permit**는 비교적 중요한 일을 승낙하는 때에 쓰이기 때문에 더 형식적이고 강한 뜻을 갖는다. **grant**는 admit, allow보다 "인정한다"는 뜻이 훨씬 강하여 기정 사실, 진리, 분명한 일들을 인정하는 때 쓰인다.

admission[ədmíʃ(ə)n] 명 입장(료), 입회(금), 입학, 승인, 고백. 5

admittance[ədmít(ə)ns] 명 입장(入場), 입장 허가. 10

동의어 입장(入場)을 나타내는 admittance, admission은 모두 같은 어간에 다른 어미를 붙여 만든 단어로 **admittance**는 단순히 어떤 장소나 건물에 입장함을 말하고, **admission**은 목적이 있어서 입장함을 나타내어 권리와 의무가 수반하게 된다. 즉, 구경하려고 극장에 들어간다거나, 공부하려고 학교에 들어가는 따위의 경우에는 모두 admission을 사용한다.

☞ missile, missionary, commit, omit, remit, submit, allow, permit, grant

admonish[ədmɔ́niʃ]통 훈계하다(reprove), 알리다(remind), 권고하다(advise), 타이르다, 경고하다(warn), 명하다, 주의시키다(remind). 6
[《고프》 *ad-* to+ *monnish* warn; warn to 경고하다]

admonition[ædməníʃ(ə)n] 명 설유(說喩), 훈계, 잔언, 경고, 견책(譴責). 10
[《고프》 *amonition*←《래틴》 *admonitio* ←*admonēre*]
☞ monitor

ado[ədú:] 명 소동(fuss), 고심(苦心 difficulty). 8
[《중영》 *at do*(=to do); 아이슬란드어나 스웨덴 등의 북부어의 부정형을 나타내는 *at* to 가 줄어서 ado가 되었다)
much ~ about nothing 태산 명동 서일필(泰山鳴動鼠一匹).

adopt[ədɔ́pt] 통 채용하다, 양자(양녀)로 삼다. 3
[《래틴》 *adoptāre* ← *ad-* to + *optāre* wish, choose] ⓐ reject 각하(却下)하다.

adopted[ədɔ́ptid] 형 양자로 삼은, 채

용한.
adoption[ədɔ́pʃ(ə)n] 图 입양(入養), 채용, (외국어의) 차용.
[통계어] option 선택(권), optional 선택의.

adore[ədɔ́:] 통 숭배하다(worship), 동경하다.
[《래틴》 adōrāre ← ad- to + ōrāre pray, speak ← ōs ← ōris mouth; speak to, ask for …에 말을 걸다, …을 구하다] ⓑ abhor

adoration[ædɔ:réiʃ(ə)n] 图 숭배, 동경(憧憬). ☞ oral, oration

adorn[ədɔ́:n] 통 장식하다 (decorate), 드러나게 하다.
[《래틴》 adornāre deck ← ad- to + ornāre deck 장식하다]

adornment[ədɔ́:nmənt] 图 장식, 꾸밈. ☞ ornament

adult[ædʌlt, ədʌ́lt] 图, 图 어른(의), 성인(成人)(의).
[《래틴》 adultus grown up ← ad- to + olescere ← alere nourish 기르다; grown up 성장한]
[통계어] **adolescent**[ædəléʃ(ə)nt] 图, 图 청년(의), 청춘(의).

adulterate[ədʌ́ltəreit] 통 섞다, 품질을 낮추다(corrupt, debase). [ədʌ́ltərit] 图 혼합한, 간통(姦通)의.
[《래틴》 adulterātus ← adulterāre corrupt ← ad- to + alter other, differ; make different 변조하다, 날조하다, 위조하다 → 섞다, 품질을 낮추다; 16세기 이후에 쓰임] ☞ alter

adultery[ədʌ́lt(ə)ri] 图 간통(姦通), 간음, 불의.
[《증영》 avoutrie ← adulterie (래틴어를 본딴 형태) ← 《래틴》 adulter ← avoutrie, adulterium 간통]

advance[ədvá:ns] 图 나아가다(go forward), 승진시키다(promote), 전진하다(progress), 촉진하다(help on), 값을 올리다(raise). 图 전진, 승진, 진보, 가불(假拂), 등귀(騰貴). 图 앞선.
[《래틴》 ad- from + ante before]
in ~ of… …보다 앞서서, …보다 진보하여. His idea is *in advance of* the time. 그의 사상은 시대에 앞서 있다.

advanced[ədvá:nst] 图 전진한, 앞선.
advancement[ədvá:nsmənt] 图 전진, 진보, 향상, 전도금.

☞ ante-, advantage, van, progress

advantage[ədvá:ntidʒ] 图 이익(benefit), 우위(優位)(superiority), 유리, 편의(便宜). 통 이익을 주다(benefit).
ⓑ disadvantage
[《프》 avantage ← avant before ← 《래틴》 ad- + ante; 래틴어에서 잘 못 사용한 단어]
have(또는 *get*) *the ~ of* …보다 (에서) 뛰어나다. *take ~ of* …을 이용하다. *to one's ~* …에 유익하게.

advantageous[ædvəntéidʒəs] 图 유리한(profitable, favourable).
☞ advance

advent[ædvənt] 图 (중요한 인물, 사건의) 출현(arrival).
[《래틴》 adventus ← advenire approach 접근하다 ← ad- to + venire come; coming or arrival 오는 것, 도착]
☞ venture, adventure, convent, invent
the Advent 예수 재림(再臨).
[참고] Advent는 "예수의 강림(降臨)"이나 "X-mas 전의 일요일 넷을 포함한 사주일간의 축제 기간"을 뜻한다.

adventure[ədvéntʃə] 图 모험 (dangerous or exciting deed or event), 투기(投機 hazardous enterprise). 통 모험하다(risk).
[《래틴》 adventūra ← adventūrus about to happen ← advenire approach 접근하다]

adventurer[ədvéntʃərə] 图 모험가, 사기군.
adventurous[ədvéntʃ(ə)rəs] 图 모험을 좋아하는, 모험적인.
☞ advent, venture

adverb[ædvə:b] 图 《문법》 부사(副詞).
[《래틴》 adverbium ← ad- to + verbum word, verb; used to qualify a verb] ☞ verb, adjective

adverse[ædvə:s] 图 역(逆)의 (antagonistic), 반대의(opposite), 불리(不利)한(unfavourable), 불행한.
[《래틴》 adversus ← advertere turn opposite to …의 반대 쪽에 향해진]

adversity[ədvə́:siti] 图 역경; 불운, 불행.

adversary[ædvəs(ə)ri] 图 적(敵), 상대자, 반대자.
☞ verse, version, convert, invert

advertise[ædvətaiz] 통 광고하다.

[《프》 *advertir* warn 경고하다 ←《라틴》 *advertere* turn to; …의 쪽으로 향하게 하다] ④ suppress

advertisement[《영》ədvə́:tismənt, 《미》ǽdvətâizmənt] 명 광고, 선전. 7
☞ adverse

advice[ədváis] 명 충고(recommendation), 권고(counsel); *pl*. 통지, 보고 (information). 2
[《라틴》 *ad-* according to + *vidēre* see; accouing to my opinion 나의 견지(見地)로는]

advisable[ədváizəbl] 형 타당한(proper), 현명한(prudent).

advise[ədváiz] 동 충고하다(give advice to), 권하다(recommend), 통지하다(inform). 2

adviser[ədváizə] 명 충고자, 고문(顧問), 상담 상대자. 8
☞ vision, television

advocate[ǽdvəkit] 명 주창자(主唱者), 옹호자. [ǽdvəkeit] 동 변호하다(plead for), 옹호하다(support). 7
[《라틴》 *ad-* to + *vocāre* call; cal upon, call to, call in 도와 줄 사람을 청하다] ☞ vocal, vocation

aerial[έəriəl] 형 공기의, 대기의, 공기 같은, 공중의, 항공에 관한. 명 공중선, 안테나(antenna). 7
[《라틴》 *aerius* dwelling in the air← *aer*←(그) *aerios* air] ☞ air

aeroplane[έərəplein] 명, 동 비행기(로 가다), 여행하다. 《미》=airplane. 10
[《그》 *aero-* air+plane]
[참고] 최근에는 aero-, air-를 생략하여 plane이라고만 하는 때가 많다. *cf*. omnibus→bus 버스.

afar[əfɑ́:] 부 멀리(faraway). 5
[《고영》 *a-* on+*far*]

affable[ǽfəbl] 형 사근 사근한(courteous and amiable), 붙임성 있는(sociable), 정다운(mild and gracious). 10
[《라틴》 *af- ad-* to + *fārī* speak; easy to be spoken to 쉽게 말을 걸 수 있는]

affair[əfέə] 명 사건(matter), 연애 사건 (love-affair), 사변, (막연히)물건; *pl*. 사무(business). 2
[《고프》 *afeire, afaire* business ← *a faire* to do←《라틴》 *ad-* to + *facere* do; (something) to do 할 일]
☞ fact, satisfaction, affect

affect[əfékt] 동 영향을 미치다(influence), 감동시키다(touch), (병이) 감염하다(attack), 애용하다(fancy), 척 하다(pretend). 3
[《라틴》 *af- ad-* to + *facere* do, act; act upon 작용하다]

affectation[ǽfekteiʃ(ə)n] 명 척하는 것, 뽐내는 태도. 9

affection[əfékʃ(ə)n] 명 영향, 병(病) (disease), 애착(love), 애정, 감동, 성질(disposition). 3

affectionate[əfékʃ(ə)nit] 형 정다운 (tender), 자애(慈愛)로운. 5
☞ fact, defect, disaffect, infect

affinity[əfíniti] 명 인척(姻戚) (관계) (relationship in marriage), 친척 관계 (kinship), 비슷함(conformity). 9
[《라틴》 *af- ad-* to, near + *fīnis* boundary, end 가장자리; at the border, near, related 경계(境界)에, 가까이에, 핏줄이 이어져서] ☞ finis

affirm[əfə́:m] 동 단언하다(assert positively), 긍정하다(confirm). 5
[《라틴》 *af- ad-* to + *firm* strong; make firm 고정시키다] ④ deny

affirmative[əfə́:mətive] 형 확언하는, 단언하는, 긍정의. 명 긍정(문). ④ negative ☞ firm, infirm

afflict[əflíkt] 동 괴롭히다(distress). 5
[《라틴》 *af- ad-* to+*flīct* strike, dash; strike down to the ground 때려 눕히다. 16 세기에 쓰기 시작함]
be ~ed with …으로 고생하다, …으로 피로워하다.

affliction[əflíkʃ(ə)n] 명 고뇌(苦惱), 고생, 고통. 5
☞ conflict, inflict, profligate

afford[əfɔ́:d] 동 주다(give), 공급하다, (…할) 여유가 있다. 3
[《고영》 *geforthian* further, promote 촉진하다← *ge-* + *ford* forth 마련하다; *-ford* is forth와 같은 말]
④ deny 거절하다.
can(또는 *be able to*) ~ 할 여유가 있다. I *can* ill *afford to* pay lst class. 나는 일등차비를 치르기 힘들다. I *can't afford to* be idle. 놀고 있을 여유가 없다.
(주로 부정문에 많이 쓴다)
☞ forth, further

affright[əfráit] 명, 동 《고어》 공포(를 겪게 하다)(frighten). 5

〔《고영》 ā- (강조) + *fyrhtan* terrify 무섭게 하다←*fyrhto* fright 공포〕

affront[əfrʌ́nt] [동] 모욕하다 (insult openly), 부딪치다 (face, dare). [명] 모욕(侮辱). 10

〔《래틴》 *affrontāre*←*af- ad-* to+*frontem* ← *frons* forehead, brow 이마〕

afire[əfáiə] [부] 불타서(on fire), (격정으로)달아올라.

〔《영》 *a-* on+*fire*〕 ☞ fire

afloat[əflóut] [부] 바다 위에(at sea), (물 위에)떠서(floating about), (토지, 배가)침수(浸水)하여, (소문이)유포하여, 빚지지 않고(out of debt), 파산하지 않고. 6

〔《고영》 *a-* on + *float*; on float〕 [반] aground ☞ float

afoot[əfút] [부] 일어나서, 움직이고, 진행중에(in progress). 10

〔《고영》 *a-* on+*foot*; on foot 걸어서〕 ☞ foot

afraid[əfréid] [형] 두려워하는(fearful), 무서워하는(frightened), 근심(걱정)하는, 염려하는(of something). 1

〔《래틴》 *affrayed* frightened←*affray*〕 [반] bold 대담한.

***be* ~ (*that*)** …을 섭섭하게 생각하다, …라 생각하다.

afresh[əfréʃ] [부] 새로이(anew), 다시(again).

〔《영》 *a-* on(또는 of) + fresh〕 ☞ anew, fresh

after[ɑ́:ftə] [전] …의 뒤에, …을 따라, …하기 때문에, …에도 불구하고. [부] 뒤에, 뒤로. [접] …의 뒤에, …한 후에. [형] 뒤의. 1

〔《고영》 *æftan* behind ← *æfter* after ←*af-* off+ *-ter*(비교급 어미); more off 더 멀어져서〕 [반] before 앞에.

~ *all* 결국, 마침내, …에도 불구하고. [참고] above all은 "무엇보다도"의 뜻으로 above all things "그 중에서도 특히"와 같다. after all은 all things considered, nevertheless 즉 "결국"의 뜻이다.

afternoon[ɑ́:ftənú:n] [명] 오후. [반] morning 오전. 1

***Good* ~!** 《오후의 인사; 보통 오후 세시에서 다섯시 사이에 사용한다》 안녕하세요, 안녕!

afterwards[ɑ́:ftəwədz] [부] 후에, 그 후(subsequently). 〔《고영》 *æfterweard* behind 후의〕 9

again[əgé(i)n] [부] 다시 (once more), 그만큼 더(more), 그 위에(besides), 더욱 더, 또한편(on the other hand). 1

~ *and* ~ 여러번, 자꾸, 되풀이해서.

***as large*(또는 *many, much*) ~ *as* …** …의 두배로.

against[əgé(i)nst] [전] …에 반대하여(in opposition to), 거슬러, 등져서, …을 배경으로 하여, …에 기대어. 1

〔against는 《중영》에서는 *ayeines*로 쓰이다가 뒤에 -t를 붙여 썼다. again은 《중영》에서는 *ayein*이었다〕

age[eidʒ] [명] 연령, 일생(life time), 세대(generation). [동] 나이를 먹다(become old). 1

〔《래틴》 *ævum* life, period 인생〕

***be*(또는 *come*) *of* ~** 성인(成人)이다(성인이 되다). ***of* ~** 늙은. ***for one's* ~** 나이에 비하면. ***under* ~** 미성년.

agent[éidʒ(ə)nt] [명] 원인이 된 것, 행위자, 대리인, 스파이. 4

〔《래틴》 *agent-* ← *agere* do, drive, conduct ; 16 세기 이후에 사용됨〕 ☞ act, agile

agency[éidʒ(ə)nsi] [명] 발동력(force), 작용, 중개(仲介), 대리점. 5

aggravate[ǽgrəveit] [동] 악화하다(make worse), 무겁게 하다. 7

〔《래틴》 *ag- ad-* to+*gravis* heavy; add to a load 짐을 보태다〕

aggregate[ǽgrigeit] [동] 모으다(collect), 모이다, 《미》합계 …가 되다. [형][ǽgrigit] 합계의, 모아놓은.

〔《래틴》 *ag- ad-* to + *greg* ← *grex* flock 집단; collect into a flock 한떼가 되게 모으다〕

☞ congregate, egregious, gregarious

aggress[əgrés] [동] 침략하다, 공격하다 (attack).

〔《래틴》 *ag- ad-* to + *gradi* to step; advance to, attack …쪽으로 나아가다, 공격하다〕

aggression[əgréʃ(ə)n] [명] 침략, 공격.

〔《래틴》 *aggressio*〕

aggressive[əgrésiv] [형] 침략적, 공격적, 공세의(offensive). 9

☞ grade, progress, congress, egress, ingress, ingredient, regress

agile [ǽdʒail] [형] 경쾌한(quick), 민첩한(nimble).

〔《래틴》 *agilis* nimble ←*agere* drive;

agility[ədʒíliti] 명 민첩, 경쾌.

agitate[ǽdʒiteit] 동 흔들다(move with a violent, irregular action), 선동히다(excite), 흥분시키다. ⓐ compose 진정시키다. 7

[((래틴)) *agitātus, agitāre* keep driving about 쉬지 않고 움직이는 ← *agere* drive]

agitation[ædʒitéiʃ(ə)n] 명 (인심의) 동요, 선동, 교란, 소요(騷擾). 7

agitator[ǽdʒiteitə] 명 선동자, 정치 운동자, 선전원.

참고 우리가 쓰는 "아지트"라는 말은 agitation point라는 뜻. ☞ agent, act

ago[əgóu] 부 지금부터 ...전에(past). 1

[((고영)) *āgān* pass away← *a- + go*; passed away 지나간]

not long ~ 앞서, 요새.

agony[ǽgəni] 명 고민(anguish), 격정(激情 intensity), 고통(extreme pain), 죽음의 고통(death struggle). ⓐ ecstasy 광희(狂喜), 황홀함. 4

[((그)) *agōnia* contest 다툼← *agōn* contest for a prize 경쟁, 쟁탈전]

agree[əgríː] 동 동의하다(consent), 일치하다(coincide), 약속하다(promis), 적합하다(fit). ⓐ differ 다르다, disagree 반대하다. 2

[((래틴)) *a-* to, at + *gre* good will, pleasure]

agreeable[əgríːəbl] 형 뜻에 맞는, 비위에 드는, 기분좋은(pleasing, pleasant), 일치하는(according). ⓐ disagreeable 기분나쁜. 3

agreement[əgríːmənt] 명 동의, 협약, 일치(concord). 5

agrément[agremɑ̃] 명 제약, 협정. (프 외교) 아그레망(외교 사절, 특히 대사나 공사의 파견에 대하여 상대국에게 미리 구하는 승인).

☞ grateful, grace, disagree

agriculture[ǽgrikʌltʃə] 명 농업(farming), 농학. 3

[((래틴)) *agri cultūra← agri, ager* field + *cultūra* cultivation; cultivating the field 농지경작(農地耕作)]

The Department (또는 Ministry) of Agriculture and Forestry 농림부.

agricultural[ægrikʌltʃurəl] 형 농업의, 농학의. 4

통계어 **agrarian**[əgréəriən] 형 토지의. **acre**[éikə] 명 에이커.

☞ acre, culture

ahead[əhéd] 부 앞쪽에 (in front), 앞으로 (forward), 잘서서 (in advance). ⓐ aback 3

[((영)) *a-* on, in + *head*; on head 머리쪽으로→앞서서]

☞ afloat, aback, afresh, etc.

aid[eid] 동 조력하다(help), 촉진(促進)하다(further). 명 도움(help), 조력자(助力者 helper, assistant). ⓐ hinder 방해하다. 2

[*ad-* to + *juvāre* help 돕다]

first ~ 구급료법(救急療法), 응급치료. *in* ~ *of* ...을 도와서. *with*(또는 *by*) *the* ~ *of* ...의 도움을 받아서.

aide[eid] = **aide-de-camp**[éid-də-kɑ̃] 명 《프 군대》 부관(副官), 막료(幕僚).

ail[eil] 동 괴롭히다(trouble), 병을 앓다(be ill). 6

[((중영)) *eilen* ← ((고영)) *eglan* pain ← *egle* troublesome, pain, trouble 아프게하다, 괴롭히다]

ailing[éiliŋ] 형 병든, 괴로워하는.

aim[eim] 동 겨누다(direct), 목표하다(purpose). 명 겨냥, 목표물, 목적(intention). ⓐ shun 피하다. 2

[((고프)) *esmer*← *a-* to + *esmer* estimate, aim ← ((래틴)) *æstimāre* estimate, aim at, intend 대중하다]

~ *and end* 최후의 목적.

☞ estimate, esteem

air[ɛə] 명 공기, 공중, 대기, 모양(manner), 미풍(微風 breeze); 《음악》 곡(曲), 멜로디(melody). 동 공기에 쐬다, 자랑삼아 보이다(display). 1

[((고프)) *air*←((래틴)) *āer*←((그)) *aē̆r* air, mist]

air-conditioning[ɛə-kəndíʃ(ə)niŋ] 명 공기조절.

air force[ɛə fɔːs] 명 공군.

airy[ɛ́əri] 형 바람을 쐬는, 공허한, 가벼운, 쾌활한. 5

aisle[ail] 명 (청중석 사이의)통로(通路), 측면의 복도. 5

[((고프)) *ele* wing, wing of a building ← ((래틴)) *āla* wing; wing 날개→양 옆에 있는 것→측면의 복도. isle[ail] 명 "섬"과 혼동하여 -s-를 적어 쓴 것]

akin[əkín] 형 동족의(of the same kin), 비슷한(resembling). 반 alien 성질이 다른.
[《영》 *a-* of+*kin*; of kin 동족의]
Pity is ~ to love. 《격언》 동정이 애정으로. ☞ kin

alarm[əlá:m] 동 경보하다(warn), 깜짝 놀라게 하다. 명 경보, 놀람, 경보기(警報器).
[《고프》 *alarme* ← 《이》 *all'arme* to arms ← 《라틴》 *ad-* to + *illa* those, your+*armas* arms; to your arms "무기를 들어라"하는 명령에서] =alarum[əléərəm,-lú:r-, -lǽr-]

alarm-clock[əlá:mklɔk] 명 자명종시계; 젊은 여성과 동행하는 보호자. =alarum-clock ☞ arm

album[ǽlbəm] 명 앨범, 사진첩.
[《라틴》 *album* white tablet 기입하기 위한 흰 판자]

통계어 **albumen**[ǽlbjumin] 명 계란의 흰자, 흰자질(albumin).
[《라틴》 *albūmen ōuī, album ōuī* white of egg←*albus*]

albumin[ǽlbjumin] 명 흰자질, 단백질(蛋白質).

alcohol[ǽlkəhɔl] 명 알콜(spirit), 주정(酒精), 술.
[《라틴》 *alcohol* pure spirit 순 알콜← 《아라》 *al-* the+*kohl, kuhl* collyrium 안약; 원래 눈까풀에 바르던 곱고 흰 antimony 가루를 뜻함→희고 고움→알콜]
~ lamp (미) 알콜 램프. (영)=spirit lamp. *methyl ~* 메칠알콜.

alcoholic[ǽlkəhɔ́lik] 형 알콜성의. 명 알콜 중독자.
☞ algebra, alkali, spirit

alderman[ɔ́:ldəmən] 명 (*pl.* -men) 시 참사회원(市參事會員).
[《고영》 *aldormon, ealdororman←ealdor* parent, head of a family *←eald, ald, old+man*] ☞ old, elder

ale[eil] 명 맥주(beer보다 고상한 말).
[《고영》 *alu, ealu*]

alert[ələ́:t] 형 빈틈없는(watchful), 민첩한(nimble), 활발한(lively). 명 경계 경보(警戒警報).
[《이》 *all'erta alla* at the+*erta* watch; at or on the watch 지키다, 주의하고 있다] ☞ erect

algebra[ǽldʒibrə] 명 대수학(代數學).

[《아라》 *al-* the+*jabara* set, bind together; the reunion of broken parts 쪼각을 한데 모우다]

alien[éiljən] 형 외국의, 이방의(foreign), 외국인의, 아주다른(wholly different in nature). 명 외인(foreigner).
[《라틴》 *aliēnus* strange, stranger 모르는 사람←*alius* another; 다른, 타국의]

통계어 **alias**[éiliæs] 부 별명으로. 명 별명. [《라틴》 *aliās* otherwise←*alius* another 따로]

alibi[ǽlibai] 명 현장에 없었음을 입증하는 것, 알리바이, 변명.
[《라틴》 *alibi* in another place←*alialius+ -bi* (접미사: *i-bi* there), *ubi* where; elsewhere 다른 곳에 있는]

alienate[éiljəneit] 동 멀리하다(estrange), 양도하다(convey).

alight[əláit] 동 내리다, 착륙하다, 내려 앉다(descend).
[《고영》 *alīhtan←ā-* out, off+*līhtan* make light; make light 가볍게 하다→(내려서)말을 가볍게 하다→내리다. alight 타오르는 (on fire); *a-* on+ljght; light 밝게 타고 있는]
~ on one's feet 뛰어내려서 서다. ☞ light, afloat, afresh

alike[əláik] 형 《보어로 써서》 한가지(similar), 똑 같은(equal). 부 한가지로, 똑같이(similarly). 반 unlike.
[《고영》 *onlīc* like←*on-* on+*l.c* like 닮은]
☞ like, similar
share and share ~ 고르게.
young and old ~ 노소를 막론하고.

alive[əláiv] 형 《명사 앞에 안씀》 살아있는(living), 활동하는, 활발한(active), 우글우글한(swarming). 반 dead.
[《고영》 *on-* in+*life* life; in life 살아있는] ☞ life
(*as*) *sure as I am ~* 아주 확실하게.

alkali[ǽlkəlai,-li] 명 (*pl.* -es, -s) 알 칼리. *cf.* acid 산(酸).
[《아라》 *al-* the+*qalī* ashes of saltwort, which abounds in soda 퉁퉁마디를 태운 재, 소다 분이 많음; "퉁퉁마디"의 재→소다→알칼리]
☞ alcohol, algebra

alkaloid[ǽlkəlɔid] 형 알칼리 비슷한. 명 알카로이드.

all[ɔ:l] 형 모든(whole), 전체의. 부 전

allay 15 **almanac**

연(completely), 모두(wholly). 때 모든 것(the whole number, amount or quantity). 명 전부. 1
〔《고영》 sl. eal, pl. ealle〕
  above ~ 무엇보나도, 특히. after ~ 결국. ~ at once 모두 한꺼번에, 갑자기(all of a sudden). ~ but …이외는 모두(all except). ~ in ~ 전부, 가장 소중하여.
☞ almost, alone, almighty

allay[əléi] 동 진정시키다(calm), (고통을)멀다(appease). 8
〔《고영》 ālecgan←ā-(접두사)+lecgan lay, place; lay down, put down 내리다, 낮추다=멀다〕 ☞ lay

allege[əléd3] 동 (증거없이 사실이라고) 단언하다(affirm, assert), 강하게 주장하다. 6
〔《고프》 esligier←《래틴》 ex- out + litigāre contend 다투다; esligier를 래틴어화하여 adlēgīare라고 쓴 것이 래틴어의 allēgāre(adduce 단언하다)와 관련된 것으로 취급되어 이와 같은 뜻도 갖게 되었다〕

alleged[əléd3d] 형 제멋대로 주장된, 확실한 것으로 취급된.

allegiance[əlí:dʒ(ə)ns] 명 충성(loyalty), 헌신(devotion). 5
〔《래틴》 al- ad- to+lige, liege liege 군주; the duty of a subject to his liege 신하의 군주에 대한 의무〕
☞ liege

alley[æli] 명 (공원, 숲 등의) 오솔길 (shady walk), 샛길(byway), 《미》 뒷골목(back-lane). 5
〔《고프》 alee gallery 복도 ← aler go 현대 프랑스어의 aller go와 어원이 같다. going, passage 가는 것, 길〕

alliance[əláiəns] 명 동맹(同盟 union of interests), 결연, 혈연, 공통점(affinity) 7
〔《고프》 aliance〕 ☞ ally
  in ~ with … …과 연합하여, …과 동맹하여.

alligator[æligeitə] 명 (아메리카 산의) 악어; 《군대》 수륙 양용 탱크(amphibian). cf. crocodile(아프리카, 남아시아산)악어. 7

allot[əlɔ́t] 동 배당하다(distribute in portion), 분배하다(assign). 8
〔《고프》 a+lot←《래틴》 ad- to + 《고영》 hlot; divide by lot 추첨으로 나누어 주다〕 ☞ lot

allotment[əlɔ́tmənt] 명 배당 (apportionment), 몫(portion).

allow[əláu] 동 허락하다, 하게하다(permit), 인정하다(admit), (일정한 액수를)주다(grant), …을 참작하다(take into consideration). ⓑ forbid
〔《래틴》 allocāre allot←al- ad- to+ locāre place ← locus place 장소〕
  ~ for 메어주다, (사정을)참작하다.
  ~ me to(do) 죄송합니다만…하겠읍니다. ~ of 용인하다, 허락하다.
  Such conduct allows of no excuse.
  이런 행동은 변명이 있을 수 없다.

allowance[əláuəns] 명 수당(手當), 급여액(給與額), 허가, 에누리(deduction), 여유, pl. 참작. 7
  make ~(s) for …을 참작하다.

allude[əlú:d,-l(j)ú:d] 동 언급하다(refer), 암시하다(suggest). 7
〔《래틴》 allūdere ← al- ad- with + lūdere play; play with, jest 농삼아 말하다〕

allusion[əlúʒən,-l(j)ú:-] 명 암시, 풍자(諷刺), 언급. 7
〔《래틴》 allusio←allūdere play with; allude + -ion〕 ☞ ludicrous

allure[əl(j)úə, -lúə] 동 유혹하다(tempt with a bait), 명 매력(charm). 5
〔《래틴》 ad- to+lure 미끼, tempt with a lure 미끼로 낚다〕 ☞ lure

ally[əlái, æl-] 동 동맹하다(unite by marriage or treaty).
[ǽlai, əlái] 명 동맹국, 동맹자. 8
〔《래틴》 ad- to + ligāre bind; bind up together 함께 묶다〕

allied[ǽlaid, əláid] 형 동맹한, (A-) 연합국의, 유사한. 8
참고 allied는 명사 앞에 있을 때 보통 [ǽlaid]로 발음한다.
☞ alliance, ligature

almanac[ɔ́:lmənæk] 명 역서(曆書), 달력; 연감. cf. calendar 달력. 8
〔《아라》 almanākh←al- the- +manākh climate; the climate 기후〕
☞ alcohol, algebra, chemistry
동의어 calendar는 날자나 요일, 월(月), 년(年), 시(時)를 결정해 주는 제도(制度)나 이것을 적어 둔 표를 말한다. almanac는 이 외에 천문학적인 사항, 달의 만삭(滿朔), 조수(潮水)의 간만(干滿), 일출, 일몰의 시각 등을 적어

둔 책력(冊曆)을 뜻한다.

almighty[ɔːlmáiti] 웹 전능의(omnipotent), 《속어》 대단한(very great). 學 굉장히.
[《고영》 ealmihtig, ælmihtig ← eal all + mihtig mighty; all mighty 전능한]
the Almighty 전능하신 신(神).
☞ all, mighty

almost[ɔ́ːlmoust] 學 거의(nearly).
[《고영》 ealmæst, ælmæst ← eal all + mæst most]

alms[ɑːmz] 웹 《단. 복수형 같음》 동냥(charitable gift), 의연금.
[《고영》 ælmæsse ←《래틴》 eleemosyna ←《그》 eleēmosynē pity 동정 ←eleos pity] ☞ eleemosynary

참고 alms나 riches(재산, 부유)는 어원적으로 보면 원래 단수였던 것이나 오늘날에는 복수 구문이 되는 것이 보통이다. 보기: Your *alms* are asked. 동냥해 주시오, 기부를 부탁합니다.

aloft[əlɔ́ft, -ɔ́ː-] 學 위에(on high), 높이(high up), 천국에.
[《아이스》 *a lopt* on high, in the air ← *á* 《고영》 *on* in + *lopt* air; in the air 공중에] ☞ loft
go ~ 천국에 가다, 죽다.

alone[əlóun] 웹 홀로의(apart from others), 고독한(solitary), 다만 …뿐(only). 學 다만 …뿐, 오로지, 홀로, 단독으로 (by oneself). ⓟ together 함께.
[《중영》 *al*- entirely + *one*, *oon* one; entirely one 오직 하나의]
let ~ … …은 말할 것도 없이.
It takes too much time, *let alone* the expenses. 비용은 고사하고 시간이 너무 걸린다.
☞ all, one, only, atone

참고 alone의 -one은 one의 옛 발음[oun]이 그대로 남은 것이다. 이와 비슷한 보기로는 *only* 의 on-, atone의 -one이 있다. 또 형용사로 쓰일 때 수식하는 명사의 뒤에 온다.

동의어 "홀로 있음"을 나타내는 말. alone은 자기 혼자 따로 떨어져 있는 객관적 사실을 강조하고, solitary는 가까운 벗이 없어 쓸쓸하다는 뜻을 나타낸다. lonely는 solitary하면서 벗을 그리워하는 정을 더 강조한 것이며, lonesome은 처량한 기분을 더욱 강하게 나타낸다. lone은 주로 시(詩)에 쓰이는 말이다. forlorn과 desolate는 사람이나 장소의 처량하고 음산함을 특히 세게 표시하고 있는데 desolate가 forlorn보다 고독감을 더 강하게 나타낸다.

☞ solitary, lonely, lonesome, lone, forlorn, desolate

along[əlɔ́ŋ] 웹 …의 연(沿)해서, …을 따라. 學 연하여, 죽.
[《고영》 *andlang* ← *and*-(접두사 over against) + *lang* long; over against in length, long from end to end 길게 연하여, 죽]
all ~ 처음부터, 죽(all the time). He intended to deceive me *all along*. 그는 처음부터 나를 속일 생각이었다.

alongside[əlɔ́ŋsáid] 學, 웹 (…의)가에 닿아(by the side of), (…의)옆에(beside) 《주로 선박에 쓰인다》.
[along + side]
~ *of* …과 나란히 《of 없이 쓰는 때는 전치사》
A boat came *alongside of* the wharf. 한 척의 배가 부둣가에 닿았다. He walked *alongside of* her. 그는 그 여자와 나란히 걸었다.
☞ along, side

aloof[əlúːf] 學 떨어져서(away, at a distance from).
[*a*- on + *loof* 《홀런드》 *loef* luff 바람이 불어오는 쪽; keep to the windward 바람이 불어오는 쪽에서→ 바람을 맞지 않도록 떨어져서]
keep(또는 *hold*, *stand*) ~ *from* …을 멀리하고, 초월하여. *Keep aloof from* such fellows. 그런 녀석들과 멀리 하라.

aloud[əláud] 學 소리내어(with voice), 큰 소리로(loudly). ⓟ silently
[*a*- 《고영》 *on* + *loud* 《고영》 *hlūd*; on loud 소리 높여)
참고 aloud는 loudly와 뜻이 같은 때도 있으나 보통 "소리내어(audibly)"의 뜻으로 aloud(이때 반대어는 silently 또는 in a whisper)를 사용하고, 큰 소리로"의 뜻으로는 loudly를 사용한다. 구어(口語)에선 aloud 대신에 out loud 를 쓰는 때도 있다.
보기: Please read the letter *aloud*. 편지를 소리내어 읽어주시오. He cried *loudly* for help. 그는 살려 달라고 고

함을 질렀다. He read the letter *out loud*. 그는 편지를 소리내어 읽었다.
☞ loud

alphabet[ǽlfəbet] 명 알파베트, 자모(字母); 초보. 8
[《래틴》 alphabētum←(그) α(alpha) +β (bēta) ←《헤브류》 aleph ox, the first letter+house, the second letter; 그리이스어의 첫 두 글자에서)
phonetic ~ 음표문자(音標文字).
Roman ~ 로마자(字).
참고 예수 탄생지인 Bethlehem의 *Beth*와 alpha*bet*의 *-bet*는 어원이 같다. *Beth* house + *lehem* bread. 따라서 헤브류어로 "the house of food or bread"의 뜻이 된다.

Alpine[ǽlpain] 형 알프스산의, 고산(高山)의. 명 고산식물. 8
[《래틴》 *Alpīnus*]
alp[ælp] 명 높은 산(very high mountain), 알프스의 목장.
[《래틴》 *Alpes* the Alps ← *albus* with를 연상하여]
the Alps 알프스 산맥.

already[ɔːlrédi] 부 이미, 벌써, 앞서 (previously). 반 yet 아직. 1
[《중영》 *al-* quite + ready]
☞ all, ready
참고 의문, 부정문에서는 흔히 "이미"라는 뜻으로 yet를 쓴다. already를 의문, 부정문에 쓰면 의외라는 뜻을 나타낸다. 보기: Is he back *already*? 벌써 돌아왔어 (놀람군)?

also[ɔ́ːlsou] 부 (…도) 또한(too), 역시 (besides). 1
[《중영》 *al-* quite+*so*←《고영》 *ealswā* ← *eal* all, quite + *swā* so; quite so 정말 그렇게. also가 줄어서→as]
☞ all, so, as

altar[ɔ́ːltə] 명 제단(祭壇),제상(祭床). 3
[《고영》 *altāre*←《래틴》 *altāre* high place, altar ← *altus* high; high place 높은 장소]
☞ altitude, alto, exalt

alter[ɔ́ːltə] 동 변경하다 (또는 되다) (change, vary), 개조하다. 반 fix 3
[《래틴》 *alterāre*← *alter* other; make other or different 다른 것으로 만들다]
alteration[ɔ̀ːltəréiʃ(ə)n] 명 변경, 개조, 변화. 7
☞ alien, alibi, alias

alternate[ɔ́ːltə(ː)neit, ǽl-] 동 교대하다, 교대로 …하다.
[《영》ɔ(ː)ltə́ːnit, (미)ɔ́ːltənit] 형 교대교대의, 번갈아 있는, 교호(交互)의 (intermittent). 6
alternately[ɔ(ː)ltə́ːnitli] 부 교대교대로, 번갈아.
alternation[ɔ̀ːltə(ː)néiʃ(ə)n, ǽl-] 명 교호(交互), 교대.
alternative[ɔːltə́ːnətiv] 형,명 교대할 (자), 둘 중 하나(를 택해야 할), 달리 취할(길). [alternate+ *-ive*] 9

although, altho[ɔːlðóu] 접 (비록)…하더라도(though). 1
[《중영》 *al-* quite+*thogh* though]
☞ all, already, though

altitude[ǽltitjuːd] 명 (산, 천체 따위의) 고도(高度), 수직거리, 해발(海拔 sea-level), *pl.* 높은 곳(height). 6
[《래틴》 *altitūdo* height← *altus* high]
☞ altar

altogether[ɔ̀ːltəgéðə] 부 전혀, 전연 (thoroughly), 전적으로(wholly), 전부해서(on the whole). 명 전체(whole).
반 partially 부분적으로. 3
[《중영》 *al-* quite+together].
☞ all, together, already

aluminium[ǽljumínjəm] 《미》 **aluminum**[əljúːminəm] 명 알루미늄. 10
[《래틴》 *alumen*, *alum* 명반(明礬)]

alumnus[əlʌ́mnəs] 명 (*pl.* *-ni*) 학생, 《미》 졸업생(graduate), 동창생.
[《래틴》 *alvmnus* pupil, foster-son 양자← *alere* nourish 기르다]
an alumni meeting 동창회.

alumna[əlʌ́mnə] 명 (*pl.* *-nae* [-niː]) 《미》 alumnus의 여성.
참고 남녀 공학의 졸업생은 남성 복수형 alumni를 사용한다. 이와 같이 변화가 대단히 복잡하기 때문에 graduate, graduates를 쓰는 경향이 많다.

always[ɔ́ːlweiz, -wəz] 부 항상(at all times), 변함 없이(invariably), 언제나(perpetually). 1
[《고영》 *ealne* every + *weg* way (대격), 《중영》 *alles* every + *weis* way (소유격); every way 어떤 면에서도]

nearly ~ 대개는, 대체적으로는.
not ~ 반드시 …라고는 할 수 없다 (부분 부정). The rich are *not always* happy. 부자라고 해서 반드시 행복한

amain

것은 아니다.
참고 어순(語順)은 조동사 및 be 동사가 있으면 그 다음, 다른 동사가 있으면 그 앞이 된다. ☞ all, way

amain[əméin] 🔽 (시) 힘껏 (with might), 전속력으로(at full speed), 황급히(in great haste). 7
[《영》 a- on+main power]
☞ main

amateur[ǽmətəː, -tjuə, ǽmətɔ́ː] 🔽 아' 마츄어, 애호가. 🔽 professional 직업선수, 전문가. 9
[《라틴》 amator lover←amare love; lover 애호가]
~ theatricals 소인극.
동의어 "애호가"의 뜻을 갖는 단어로 amateur와 dilettante가 있는데 amateur는 전문적인 기술을 습득하지 않고 예술이나 기술, 운동의 어떤 분야에 종사하는 사람을 말한다. 물론 운동부문에 있어서는 직업선수에 못지 않는 기술을 가진 자도 있다. 따라서 이 때의 amateur는 보수를 받지 않고 경기에 참가하는 사람을 말한다. 한편 dilettante는 예술면에서 전문적이 아닌 애호가를 말하며 때때로 경멸하는 어조를 띤다.
☞ dilettante, amiable

amateurship[ǽmətəːʃip] 🔽 아마츄어의 자격.

amative[ǽmətiv] 🔽 다정한(disposed to love), 색골의.
[《라틴》 amatus, amare love]

amaze[əméiz] 🔽 몹시 놀라게 하다(astonish greatly), 대경 실색하게 하다 (overwhelm with bewildered wonder). ⓐ compose 진정시키다. 3
[《고영》 āmasian ← āmasod←ā-(접두사)+masian perplex 당황하게 하다; make perplexed 당황하게 하다]
be ~ed at …… …에 대경실색하다.
I was amazed at the idea of his trial. 나는 그가 해본다는 말에 대경실색했다. ☞ maze

amazement[əméizmənt] 🔽 놀라움 (bewilderment). 5
in ~ 대경실색하여. to one's ~ 놀라운 일은.

amazing[əméiziŋ] 🔽 놀랄만한, 굉장한.

ambassador[æmbǽsədə] 🔽 대사(大使), 사절(使節). 5
[《라틴》 ambactus servant 하인, emissary 사자(使者)]

~ at large 무임소 대사; 특사.
~ extraordinary and plenipotentiary 특명 전권대사. ordinary (또는 resident) ~ 변리대사(辨理大使), 상임대사(常任大使), 주차대사(駐剳大使). ☞ embassy, envoy, minister

amber[ǽmbə] 🔽,🔽 호박(琥珀)(의), 호박색(의). 5
[《고프》 ambre←(스) ambar←(아라) anbar(발음 [ambar]), ambergris rich perfume 향료; 수지(樹脂)가 변한 호박(琥珀)은 ambergris와는 근본적으로 다른 데도 모양이 비슷한 탓으로 amber라고 하게 되었다]

ambiguous[æmbíɡjuəs] 🔽 애매한 (doubtful), 분명하지 못한(obscure).
[《라틴》 ambiguus←ambigere←amb- about+agere drive, go; drive about 이리 저리 방황하게 하다]

ambiguity[æmbiɡjúː(ː)iti] 🔽 애매, 모호(模糊), 불명확; 두 가지 뜻.
[《라틴》 ambiguitas←ambigere; ambiguous+ -ity] 🔽 ambition, agent

ambition[æmbíʃ(ə)n] 🔽 야심(eager desire for success, power or fame), 대망(大望), 패기(覇氣). 3
[《라틴》 ambire ← amb- around+ire go; going round 걸어다니다]
참고 옛날 로마에서는 입후보자(candidates candidus(white)]가 자기가 유능하다는 것을 알리기 위하여 흰 gown을 걸치고 거리를 돌아다녔다(ambire). 이와 같이 어떤 야심을 갖고 돌아다니는 것을 ambitiō라 하게 되고 나중에는 야심을 뜻하게 되었다. ☞ candidate

ambitious[æmbíʃəs] 🔽 야심있는, 패기만만한(aspiring). 4

ambulance[ǽmbjuləns] 🔽 구급차(救急車), 야전병원.
[《프》(hôpital)ambulant walking(hospital)←(라틴)ambulāre walk;walking hospital→ mobile hospital 이동병원]

ambush[ǽmbuʃ] 🔽 매복(埋伏), 복병(伏兵). 🔽 매복하다. 8
[《고프》embusche (명사)←embuissier, embuschier. (동사) go into the woods ← busche bush 숲 (원래 튜튼어계); gointo the woods 숲 속에 들어가 기다리다→매복하다] ☞ bush

amen[áːmén, éimén] 🔽, 🔽 아멘(기독교에서 기도 끝에 말하는 말); (So be it! 그렇게 될지어다!) 6

[《래틴》 āmēn←《헤브》 āmēn certainly, truly ←āman confirm 확실히 하다]

amend[əménd] 圈 (행실 따위를)고치다 (change), 개선하다(improve), 수정하다(rectify). 5
[《래틴》 ēmendāre free from fault←ē- from+mendum fault; free from fault 결점을 없애다]

amendment[əméndmənt] 圈 수정(안), 개정(改正), 개심. 4

amends[əméndz] 圈 (원래 복수였으나 지금은 단수 구문) 배상(賠償 reparation). [《고프》 amende reparation ←amender]
make ~ (for …) (…을)배상하다, 메우다.
You must *make amends for* the injuries. 피해자에 대한 배상을 해야 한다. ☞ mend, emend

America[əmérikə] 圈 미국(the United States of America, the U.S.A. the United States), 아메리카(대륙). 2
[《래틴》 *Americus Vespucius*; Amerigo Vespucci(1451~1512; 이태리의 항해자)가 1497년 부터 세번 신세계를 찾아 1499년 처음으로 남미에 다달았다. America는 그의 래틴 이름 *Americus* 에서 온 말].
참고 America라 하면 보통 아메리카주(洲)를 뜻한다. 미국 이라는 뜻으로는 일반적으로 the United States(of America)를 사용하며 구어에서 the States라고도 하나 이는 외국에서 많이 쓰는 말이다. 그러나 the United States에는 형용사가 없기 때문에 "미국의, 미국사람, 미국어"를 나타내는 말로는 American을 쓴다.
North (South) ~ 북(남)아메리카.

Americanize, -ise[əmérikənaiz] 圈 미국에 귀화하게 하다, 미국화하다, 미국식 영어를 쓰다.

amiable[éimjəbl, -iə-] 圈 서글서글한, 귀여운(lovable). 6
[《고프》 *amiable* friendly, lovable←《래틴》 *amīcābilis* friendly ← *amīcus* friend ← *amāre* love; 원래 friendly의 뜻 뿐이던 것이 《래틴》 *amiable* lovable ← *amābilıs* 와 혼동되었음]

amicable[ǽmikəbl] 圈 우호적(友好的 friendly), 평화적. 10

[《래틴》 *amīcābilis* friendly]
☞ amiable, amateur
참고 프랑스어의 "친구"를 나타내는 *ami(e)* 도 같은 어원.

amid[əmíd] 圈 한가운데에(in the midst of), 한창 …하는데. 5
[《고영》 *on+middan* in the middle of←*middan*←*midde* middle; in the middle of]

amiss[əmís] 圄 잘못되어(faultily), 빗나가서(astray). 圈 잘못된(improper), 고장난(faulty). 7
[《중영》 *on + misse* in error 잘못하여 ←《아이스》 *ā* 《고영》 *on* in+*mis* wrongly; 잘못하여] ☞ miss

ammonia[əmóunjə] 圈 (화학) 암모니아.
[《그》 *ammon*(리비아의 태양신 Ammon); *sal ammoniac*를 Ammon의 신전에서 처음 얻었다는 전설에서] 9

ammunition[æ̀mjunísj(ə)n] 圈 (군대) 탄약, 군수품(軍需品). 7
[《프》 *la munition*←《래틴》 *mūnītus*←*mūnīre* defend; store for defence 방어용 무기. la munition이 l'amunition으로 발음되어 amunition 이란 말이 중세 프랑스의 군인간에 쓰였었다 *cf.* nickname, newt.]
☞ munition

amoeba, 《미》ameba[əmí:bə] 圈 (*pl.* -s [-z], -bae[-bi:]) (동물) 아메바.
[《그》 *amoibē* change; change 변하다]

among[əmʌ́ŋ] 圈 속에, 가운데(섞여서), … 사이에. 1
[《중영》 *amonge*←《고영》 *on* in+*gemang* crowd, mingling 혼잡←*gemengan* mingle 섞다; in the crowd 여럿 가운데 섞여서]

amongst[əmʌ́ŋst] 圈 =among. 6
[《중영》 *amonge*+-s(부사어미)+-t(여잉음「餘剰音」)]
참고 among, amongst는 셋 이상의, 여럿 가운데라는 뜻. between은 둘 사이의 뜻. ☞ between

amount[əmáunt] 圈 총계 …가 되다 (add up to), …과 같아지다. 圈 총액 (sum total of sums), 양(quantity).
[《고프》 *amonter* increase, ascend 증대하다 ← *a* towards+*mont* mountain, large heap ←《래틴》 *ad-* to+*montem*←*mons* mountain; towards a mountain 산으로→rise to, mount

to 도함 …에 오르다].
☞ mount, mountain
ampere[ǽmpɛə] 圏 암페아(전류의 강도를 재는 단위).
[프랑스의 전기기사 A. M. Ampere (1755~1836)의 이름에서]
☞ ohm, volt
amphibian[æmfíbiən] 圏 양서류(兩棲類)의, 물뭍의, 수륙 양용의. 圏 양서류, 물뭍동물, 수륙양용 비행기.
[《그》 *amphibios* living a double life ←*amphi* on both sides+*bios* life; living a double life 이중 생활을 하는, 양쪽에서 사는]
amphibious[æmfíbiəs] 圏 수륙양용의, 이중 인격의, 양서류의.
ample[ǽmpl] 圏 충분한(quite enough), 넓은(large), 풍부한(plentiful). 3
[《라틴》 *amplus* spacious 넓직한]
⑩ scanty
amplify[ǽmplifai] 圏 확대하다(expand), 부연(敷衍)하다.
[《라틴》 *amplus* ; ample+-*fy* make : make ample 넓게하다]
amuse[əmjúːz] 圏 재미나게 하다(entertain), 즐겁게 하다. 4
[《고프》 *amuser* cause to muse or waste time ← *a*- to+*muser* gaze at, muze ← 《라틴》 *ad*- to+*musus* muzzle 코끝, mouth 입; cause to muse (보고서)생각에 잠기게 하다] ⑩ bore 따분하게 하다.
amusement[əmjúːzmənt] 圏 오락, 여흥(entertainment). 5
~ *park* 유원지. ☞ muse
analogy[ənǽlədʒi] 圏 유추법(類推法), 유사(類似 likeness).
[《그》 *analogia* equality of ratio 비율의 같음 ← *anā* upon, throughout +*logia* ← *lógos* word, statement← *lēgein* speak; 미루어 말하다]
analyse -lyze[ǽnəlaiz] 圏 분해하다 (separate into elements), 분석하다 (study the factors in detail), (문장을)해부하다, 해석(解析)하다. ⑩ compose 조성하다.
analysis[ənǽlisis] 圏 (*pl.* -ses[-siːz]) 분해, 분석, 해부, 해석(解析) (문장의). ⑩ synthesis 종합.
[《그》 *analysis* ← *analyein* unloose, resolve 풀다 ←*ana* back up+*lyein* loosen; loosen up 풀어 헤치다]

analytic(al)[ænəlítik(əl)] 圏 분해하는, 분석적. ⑩ synthetic(al) 종합적. [analaysis+-*ic*+-*al*]
analytics[ænəlítiks] 圏 《수학》 해석학, 《논리》 분석론.
anarchy[ǽnəki] 圏 무정부상태, 난세 (亂世), 무질서(chaos). 9
[《그》 *an*-(부정의 접두사 not)+*archos* ruler; without a ruler, 통치자가 없는 상태]
anarchism[ǽnəkiz(ə)m]圏무정부주의.
anatomy[ənǽtəmi] 圏 해부(학). 7
[《라틴》 *ana* up+*temnein* cut; cut up 완전히 자르다] ☞ atom, tome
[통계어] **atom** 圏원자. [*a*- not+-*tomos* cut; uncut 이 이상 자를수 없는 것]
ancestor[ǽnsistə] 圏 선조(forefather). ⑩ descendant 자손. 4
[《라틴》 *ante* before+*cessus cēdere* go; gone before 먼저 가버린(사람)→ 조상] [predecessor, proceed ☞ cede, concede, precede, recede
~ *worship* 조상숭배.
ancestry[ǽnsistri] 圏 《집합적》 선조, 조상(ancestors), 가계(家系 lineage), 가문(家門), 계통.
anchor[ǽŋkə] 圏 닻; 힘으로 믿는 것. 圏 닻을 내리다. 3
[《고영》 *ancor*←《라틴》 *ancora*←《그》 *ankyra* bent hook 굽어러진 고리; anchor라 적음은 라틴어의 *ancora*를 잘 못 적은 anchora에서 말미암은 것]
☞ angle
be(또는 *lie*,*ride*) *at* ~ 정박(碇泊)하다. *cast*(또는 *drop*) ~ 닻을 내리다. *weigh* ~ 닻을 올리다, 출범(出帆)하다. *come to* (an) ~ 정박하다, 자리잡다, 안정하다. *let go the* ~ 닻을 내리다, 《명령》닻내렸!
anchorage[ǽŋkəridʒ] 圏 투묘(投錨), 정박, 정박소. 10
ancient[éinʃ(ə)nt] 圏 고대의, 오랜(old). 圏고인(故人), 노인. ⑩ modern 2
[《중영》 *ancien*←《프》 *ancien*←《라틴》 *antiānus* ancient ←*ante* before+-*ānʼ us* (형용사 어미)] ☞ ante-
the ~*s* 고대문명국인(특히 고대 그리이스, 로마인).
anecdote[ǽnikdout] 圏 일화(逸話 brief interesting narrative), 비화(秘話), 기담(奇談). 7

[《그》 an- not+ek out+dotos given; not given out 알려지지 않은 (이야기)]   ☞ date, donate, dot, add

anew[ənjúː] 튀 또 다시(over again), 새로이(afresh).   7
[a- of+new]   ☞ new

angel[éindʒ(ə)l] 명 천사(같은 사람), 수호신.   2
[《그》 ángelos messenger 사자(使者)]
fallen ~ 타락한 천사.

angelic[ændʒélik] 형 천사 같은.   8
☞ evangel

anger[ǽŋgə] 명 노여움, 분노(憤怒). 통 노하게 하다.   2
[《중영》 anger←(고노) angr affliction, sorrow 고뇌, 슬픔]

angrily[ǽŋgrili] 튀 화가나서.

angry[ǽŋgri] 형 성난, 화난, 염증(炎症)을 일으킨(inflamed).   2
[통의어] 노여움을 나타내는 단어에는 anger, ire, rage, fury, indignation, wrath 따위가 있다. 이 가운데 **anger** 는 가장 평범한 뜻을 나타내어 문맥을 떠나 생각할 때에는 어느정도 화가 났는지 들어나지 않는다. **ire**는 고답적인 말로, 크게 화난 표정이 나타나 있는 경우에 사용한다. **rage**는 너무 화가 나서 정신이 이상해질 정도이어서 도저히 참을 수 없음을 나타낸다. **fury**는 rage 보다 그 뜻이 더 강하여 정신 이상의 징조가 나타나는 수도 있다. **indignation**은 야비하고 욕된 일을 보고 느낀 의분 따위, 정당하고 강렬한 분노를 뜻한다. **wrath**는 rage나 indignation 정도의 노여움으로 말미암아 복수할 생각이 난다는 뜻이다.

angle[ǽŋgl] 명 각(角), 모서리, 모퉁이 (corner), 각도. 통 낚시질하다.   4
[《그》 ankylos bent 굽은]
☞ anchor

angler[ǽŋglə] 명 낚싯군.

angular[ǽŋgjulə] 형 모가 난, 야윈.   10

anguish[ǽŋgwiʃ] 명 격통(激痛 extreme pain), 괴로움(distress).
⊕ ecstasy
[《라틴》 angustus narrow, difficult ← angere choke; chokingly narrow 질식할 만큼 갑갑한]

animal[ǽnim(ə)l] 명 동물, 짐승(brute, beast). 형 동물의, 짐승 같은(brutal), 욕정적(肉慾的 carnal).   1
[《라틴》 animal living creature ← *anima* breath 호흡, life 생명]
the ~ *kingdom* 동물계.

animate[ǽnimeit] 통 생명을 불어 넣다 (give natural life), 활기를 띠게 하다 (make alive). [ǽnimit,-et] 형 살아 있는(living), 생생한(alive).   6
⊕ inanimate 활기 없는.
[《라틴》 *animāre* endue with life ← *anima* breath, soul, life; endued with life 생명을 부여 받은]

animosity[ænimɔ́siti] 명 악의(ill will), 증오(hostility).   9
[《라틴》 *animōsus* vehement 열정적 ←*animus* mind, courage, passion 열정]

ankle, ancle[ǽŋkl] 명 발목, 복사뼈.   4
[《고영》 anclēo(w)]
☞ angle, anchor

annals[ǽnlz] 명 pl. 연대기(chronicles), 역사(history).   8
[《라틴》 *annālēs*(형용사 복수)←*librī annālēs* yearly books, chronicles, 연대기, 연감 ←*annus* year]

annex[ənéks] 통 첨부하다(append, affix), 병합(併合)하다.   7
[《라틴》 an- ad- to + *nectere* bind; bind to …에 잇다]   ☞ connect

annexable[ənéksəbl] 형 덧붙일 수 있는, 병합할 수 있는.

annihilate[ənáiəleit] 통 전멸시키다 (destroy completely).   9
[《라틴》 an- ad to + *nihil* nothing; reduce to nothing 전멸시키다]
⊕ preserve 보존하다.
☞ nihil, nihilism, nihilist

anniversary[ænivə́ːs(ə)ri] 명 기념일, 기념 축전. 형 기념일의, 연례(年例)의. 5
[《라틴》 *anni-* year + *vertere*, turn 돌아오다]
☞ annual, annals, version, verse, convert

Anno Domini[ǽno(u) dɔ́minai] 튀 예수 기원 후 (=in the year of the Lord).
〈약자〉 A.D.: A.D. 1962 서기1962년.
⊕ B.C. 서력 기원전.
[라틴 말임]   ☞ A.D.

announce[ənáuns] 통 고(告)하다 (give notice), 발표하다(publish), 방송하다.
[《라틴》 an- ad- to+ *nuntiāre* bring tidings 소식을 전하다]   5

announcer[ənáunsə] 명 아나운서, 방

송원. ☞ nuncio, denounce, enunciate, pronounce, renounce

annoy[ənɔ́i] [통] 곤란케 하다(vex), 귀찮게 하다(irritate), 괴롭히다. 5
[《래틴》 *in-* in + *odium* hatred; in hate 미워서]
annoyance[ənɔ́iəns] [명] 성가심, 곤란, 귀찮음.

annual[ǽnju(ə)l] [형] 매년의, 한해 한번의(yearly), 일년생의(lasting only one year). [명] 일년생 식물; 연감(年鑑). 3
[《래틴》 *annualis* yearly ← *annus* year; yearly 해마다의]
☞ anniversary, annals, perennial
annuity[ən(j)ú:əti] [명] 연금(年金).
[annual+*-ity*]

annul[ənʌ́l] [통] 무효로 하다(annihilate), 취소하다(cancel).
[《래틴》 *annulāre* bring to nothing ←*an- ad-* to+*nullus* no one]
☞ null

anoint[ənɔ́int] [통] 기름을 바르다, 기름을 발라 신성하게 하다. 6
[《고프》 *en* upon+*oindre* smear 기름칠하다]

anon[ənɔ́n] [부] 곧(soon), 또 다시 (at another time). 5
[《고영》 *on an-* in one moment←*on* on, in+*ān* one; immediately 곧, 즉시]
☞ on, an, one

another[ənʌ́ðə] [형] 또 하나의 (additional), 다른(different). [대] 또하나의 것(사람)(one more). 1
[《래틴》 *an* one + other]
☞ an, a, other
one after ~ 자꾸자꾸, 속속. ***one*** ~ 서로.

answer[ɑ́:nsə] [통] 대답하다(reply), 응하다(respond), 책임지다(undertake responsibility). [명] 대답, 해답(solution). 1
[《고영》 *andswerian*, answer, speke in reply ←*and-* against, in reply+*swerian* speak, swear; speak in reply 대답하다]
[반] question 질문(하다).
☞ and, swear, anti-
~ ***to*** 일치하다, 맞다, 부합하다. This does not *answer to* the description given. 이것은 이쪽 주문과는 맞지 않는다.

ant[ænt] [명] 개미. 4
[《중영》 *ante*]

antagonist[æntǽgənist] [명] 적수(enemy), 반대자(opponent).
[반] supporter 지지자.
[《그》 *ant- anti* against+*agōnizomai* I struggle←*agōn* contest 투쟁; against 내가 싸우는(상대)]
☞ agony, anti-

antarctic[æntɑ́:ktik] [형] 남극(南極)의, 남극 지방의. [반] arctic
[《그》 *antarktikos*←*anti-* opposite to +*arktikos* arctic; opposite to the arctic 북극의 반대측] ☞ anti, arctic

antenna[ænténə] [명] (*pl*. **-tennae**[-ni:], **-s**[-z]) 안테나, 촉각(觸角).
[《래틴》 *antennoe*(*antenna* sail yard 활대의 복수형)]
[참고] 라디오나 텔레비젼의 안테나(aerial)의 복수는 antennas를 쓰고, 동물의 촉각을 나타내는 복수형은 antennae 이다.

anterior[æntíəriə] [형] 먼저의 (antecedent), 앞의(before). 9
[《래틴》 *anterior* former, more in front←*ante* before]

anthem[ǽnθəm] [명] 성가(聖歌), 찬송가(hymn), 축가. 8
[《래틴》 *anti-* over against + *phonē* voice, sound; sound over against 맞추어 소리내다; 성가대가 반반씩 나누어 교대로 노래하는 일에서]
National Anthem 국가(國歌). 미국의 The Star-Spangled Banner, 프랑스의 La Marseilles 따위. ***the Royal Anthem*** 영국국가. "God Save the Queen (또는 King)"

anti[ǽnti] 《미》 또한 [ǽntai] [명] 반대론자. [형] 반(反) …의. 10
[《그》 *anti* against]
[참고] 접두사 anti-, ant- 와 같은 어원.

antic[ǽntik] [형] 괴상한(grotesque). [명] 괴기한 것. 10
[《래틴》 *antiquus* old; *antico*를 16세기에 수입해서 쓰면서 grotesque(괴기한)의 뜻이 됨]
antics[ǽntiks] [명] 우수꽝스러운 짓.
☞ antique

anticipate[æntísipeit] [통] 예기하다(expect), 앞지르다(foresee and do beforehand), 쓸데없는 걱정을 하다. 7
[《래틴》 *anti-* before + *capere* take; take beforehand 미리 취하다]

anticipation[æntìsipéiʃ(ə)n] 명 예상, 예기, 선견(先見), 선수(先手). 8
in ~ of … …을 예상하여.
☞ ante-, captive, receive, recipient, conceive

antidote[ǽntidout] 명 해독제(解毒劑), 교정수단(矯正手段). 9
[(그) *antidoton* ← *anti* against + *doton*, a thing given as remedy 교정수단으로 주어진] ☞ anti

antique[æntíːk] 형 고대의(of old times), 구식의(old fashioned). 명 고물(anything old), 골동품. 6
[(라틴) *antiquus, antīcus* ← *ante-* before + *-icue*(접미사); old, ancient 옛적의]

antiquity[æntíkwiti] 명 고색(古色 ancientness), 고대(ancient times), 고대인, 유물, 고적. 6
[antique+-*ity*] ☞ ante-

antitoxic[æ̀ntitɔ́ksik] 형 항독성(抗毒性)의.
[(그) *anti* against + *toxicos* arrow poison ← *toxicos* for or of the bow ← *toxos* bow, 활 arrow, 화살; against arrow poison 화살에 바른 독을 없애는]
☞ anti-, toxic, toxin, intoxicate

antonym[ǽntənim] 명 반대어(反對語). ⓐ synonym 동의어.
[(그) *anti-* opposite + *onoma* name, opposite word or name 반대어] 또는 이름.
☞ name, synonym, onomatopoeia

anxiety[æŋzáiəti] 명 걱정(care), 불안(misgiving), 열망(熱望 eagerness).
[(라틴) *anxietas* ← *anxius*; anxious 참조] 8

anxious[ǽŋkʃəs] 형 걱정하는(uneasy), 간절히 바라는(eager). ⓐ easy 2
[(라틴) *anxius* distressed ← *angere* choke, cause pain; choking 질식 하게하는, distrssed 걱정되는]
참고 "걱정하는"의 뜻에는 about, for; "열망하는"의 뜻에는 for, to-infinitive, that clause가 보통 뒤따른다.

any[éni] 형, 대 (긍정문, 의문, 조건) 누구든지, 무엇이든지, 어느 것이든지, 얼마든지, (부정) 아무(것)도, 어느 것도, 조금도, (의문, 조건) 얼마든지, 약간은. 1
[(교영) *ǣnig* ← *ān* one + *-ig* -y]
☞ one, a, an
if ~ 혹시 있다 하더라도, 만약 있다면.

anybody[énibɔdi] 대 《긍정, 의문》 누구든지, 《부정》 아무도. 명 약진 중요한 인물, *pl.* 이름도 없는 사람들, 바보들. [any+body] ☞ body 3

anyhow[énihau] 분 어떻게든지(by any means), 어차피(in any case), 아무렇게나(carelessly). [any+how] 6

anyone[éniwʌn] 대 누구든지, 아무라도(anybody), 아무도. [any+one] 3

apace[əpéis] 분 《아어》 급속히(with speed), 재빨리(swiftly). 8
[(영) *a-* on + *pace* step; on quick step 잰 걸음으로] ☞ pace

apart[əpáːt] 분 멀어져서(separately), 따로(independently), 쪼각쪼각(in two or more parts). ⓑ together 함께. 2
[(라틴) *ad-* + *pars* to the one part or side 한쪽으로, 멀어져서]

apartment[əpáːtmənt] 명 《영》 방(room) *pl.* 한 세대가 들어있는 방(a suit o. rooms); 《미》 아파트의 방, 개인이나 한 세대(世帶)가 살게 딴 방에서 분리된(apart) 것. ☞ part
~ *house* 《미》 아파트, 공동주택.

apathy[ǽpəθi] 명 무감각(want of feeling), 불감증(indifference). 9
[(그) *apatheia* ← *a-* not + *pathos* suffering, not suffering 느끼지 않는]
☞ pathos, antipathy, sympathy

aperture[ǽpətjuə] 명 구멍(opening), 틈(gap). 8

apiece[əpíːs] 분 하나하나, 각자(each). [*a*(부정관사)+piece; 한개] 5
☞ piece

apology[əpɔ́lədʒi] 명 사과(謝過), 변명.
[(그) *apo-* off + *logos* speech; 변명, 공격을 막는 말] 7

apologize[əpɔ́lədʒaiz] 동 사과하다, 변명하다(defend). [apology+-*ize*]
☞ apo-, -logy, logos

apostle[əpɔ́sl] 명 (A-)사도(使徒), 창자(唱道者). 9
[(그) *apostolos* one who is sent off ← *apo* off + *stellen* send; 파견된 사람]

appal(1)[əpɔ́ːl] 동 아연 실색하게 하다(dismay), 소름이 끼치게 하다(terrify). 7
[(라틴) *ad* to + *pallidus* pale; make

pale 새파랗게 질리게 하다]
☞ pale, pallid

apparatus[æpəréitəs] 명 (pl. apparatus, -es) 장치, 기계, 한벌의 도구, 기관(器官). 7
[《래틴》 ad- for+parāre make ready; preparations 준비된 것]
☞ parade, prepare, pare

apparent[əpǽrənt] 형 명백한(evident), 분명한(visible). 반 dubious 4
☞ appear

appeal[əpíːl] 동 공소(控訴)하다(suit), 호소하다(petit). 명 공소, 상소, 호소; 매력. 3
[《래틴》 appellāre←ap- ad to+pellāre speak; address, call upon, speak to 말을 걸다] ☞ spell

appear[əpíə] 동 나타나다(come or be in sight), 분명해지다(become clear, be obvious), …같다(seem). 반 vanish
[《래틴》 appārēre←ap- forth+pārēre come in sight; come forth in sight 나타나다] 1

appearance[əpíərəns] 명 출현(出現), 외관, 형세, 풍채. [appear + -ance] 2
to(또는 by) all ~s 보기에는, 아무리 보아도.

appease[əpíːz] 동 (싸움, 노여움을) 달래다(soothe), 진정시키다(pacify), (식욕, 갈증을)충족시키다.
[《래틴》 ad- to+pācem peace; bring to peace 평화롭게 하다]
☞ peace, pacify, pacific

appendage[əpéndidʒ] 명 부속물. 9
[append+-age]

append[əpénd] 동 덧붙이다(attach, afix), 부록으로 달다.
[《래틴》 ap- ad- to+pendēre hang; hang to 달아두다, 부착하다]

appertain[æpətéin] 동 소속하다(belong), 관련하다(relate). 10
[《래틴》 ap- ad- to+pertināre belong; belong to 소속하다] ☞ rertain

appetite[ǽpitait] 명 식욕, 욕구(craving), 기호(嗜好), 육욕(肉慾). 3
반 inappetence 식욕결핍(食慾缺乏), 무욕(無慾).
[《래틴》 ap- ad to+petere seek; strive for, seek to …을 구하다→욕망]
with a good ~ 맛있게.
☞ compete, petition

applaud[əplɔ́ːd] 동 박수갈채하다(cheer), 칭찬하다. 반 censure 6
[《래틴》 applaudere←ap- ad- at+plaudere applaud, clap; clap hands 박수하다]

applause[əplɔ́ːz] 명 박수갈채, 칭찬. 5
[《래틴》 applaudere applaud]
☞ plaudit

apple[ǽpl] 명 사과(나무). 1
[《중영》 appel←《고영》 æppel, æpl]
Adam's ~ 목젓, Jew's ~ 가지(茄).

apply[əplái] 동 적용하다(put to use), 전심해서 종사하다, 사용하다(use), 지원하다. 2
[《래틴》 ap- ad to+plicāre fold, twine; fold to 접다→속박하다→전심해서 종사하다]
~ for 지원(志願)하다, 신청하다.
~ oneself to 열심히 일하다.

appliance[əpláiəns] 명 기구(器具 instrument), 장치(device). 9
[apply + -ance]

applicant[ǽplikənt] 명 신입자(申込者), 지원자(candidate).

application[æplikéiʃ(ə)n] 명 적용, 신청, 지원, 3
[《래틴》 applicātio←opplicāre apply]
☞ ply, reply, complicate, imply

appoint[əpɔ́int] 동 (시일,장소를) 지정하다; 임명하다(assign to a position). 반 cancel. 2
[《근래》 ap- ad- to+punctāre mark by a point; arrange, settle, 정비하다, 조정하다]

appointment[əpɔ́intmənt] 명 지정, 임명; (만나는)약속; pl. 장비, 설비. [appoint+ -ment] 4
☞ point, disappoint

appraise[əpréiz] 동 평가하다(estimate), 감정하다. 10
[《래틴》 ad- at+pretium price; set a value on 평가하다]
☞ appreciate, praise, price

appreciate[əpríːʃieit] 동 감상(鑑賞)하다, 평가하다(esteem fully the worth of), 감사하다(feel grateful for), 인식하다(recognize), 감지 (感知) 하다 (detect), 등귀(騰貴)하다(increase in price). 반 depreciate 멸시하다, 하락(下落)하다. 5
[《래틴》 appretiāre value at a price

apprehend [æprihénd] 통 체포하다, 파악하다 (grasp with the understanding), 깨닫다 (become aware). 6
〔《라틴》 *ap- ad-* to, at + *rehendere* grasp; lay hold of〕

apprehension [æprihénʃ(ə)n] 명 체포, 이해(력), 우려(憂慮). 〔apprehend + *-ion*〕 7

apprehensive [æprihénsiv] 형 직감적 (直感的), 지각적 (知覺的 perceptive), 이해를 잘하는 (intelligent), 걱정하는 (fearful). 〔apprehend + *-ive*〕 10
☞ comprehend, prehensile, apprentice

참고 《원뜻》 잡다. 사람을 잡다→체포 (하다). 생각을 파악하다→이해 (하다). 어떤 일 (걱정따위)이 마음을 잡다→불안, 염려.

apprentice [əpréntis] 명 제자, 견습생, 도제 (徒弟). 통 도제로 보내다, 제자로 쓰다. 9
〔《라틴》 *apprendere* learn 배우다의 뜻에서 ← *apprehendere* lay hold of 잡는다 : a learner 배우는 자〕

approach [əpróutʃ] 통 접근하다 (come near), 거의 …과 같다 (amount), 교섭을 시작하다 (make advance to). 명 접근, 예비수단 (豫備手段) ; 근사 (近似) ; 입구, 어귀. 2
〔《라틴》 *ap- ad* to + *prope* near ; draw near to 접근하다〕 [ximate
☞ propinquity, reproach, appro-

approbate [ǽpro(u)beit] 통 《미》 시인 (찬성)하다 (approve), 허가하다 (license). 〔《라틴》 *approbātus* (*approbāre* approve의 과거분사)〕

approbation [æprəbéiʃ(ə)n] 명 허가, 시인, 추천. 9
〔《프》 *approbation* ← 《라틴》 *approbātiōnem* approval ← *approbātus* ; approbate 참조〕
☞ approve, prove, probe, probity

appropriate [əpróuprieit] 통 전용 (專用) 하다 (take exclusive possession of), 훔치다 (steal), (특수한 일에)충당하다. [əpróupriit] 형 적당한 (fit), 타당한 (proper), 특정한 (belonging peculiarly). 7
〔《라틴》 *ap- ad-* to + *proprius* one's own; 자기것을 만들다〕

appropriation [əpròupriéiʃən] 명 전용, 사용 (私用), 도용 (盜用), 충용 (充用). 〔appropriate + *-ion*〕 8
☞ proper, property, propriety, imprporiate

approve [əprú:v] 통 좋다고 하다, 인가하다 (sanction officially, ratify), (…임을)증명하다 (prove). 2
〔《라틴》 *approbāre ← ap- ad* to + *probāre* test, try, esteem as good ← *probus* good; esteem as good 좋다고 보다〕 반 reprove
~ *of* … …을 시인하다, …에 찬성하다.

approval [əprú:v(ə)l] 명 찬성, 승인. 7
〔approve + *-al*〕 ☞ approbation, prove, probe, probable

approximate [əpróksimeit] 통 접근하다 (시키다) (bring near, cause to approach), …가까워지다 (approach). 7 [əpróksimit] 형 근사한, 개략의, 거의 정확한.
〔《라틴》 *ap- ad* to + *proximus ← prope* near의 최상급 ; draw most near to 아주 가까이 가다〕

approximately [əpróksimitli] 부 대략, 거의. 9
☞ approach, proximate, proximo

April [éipril] 명 4월. 5
〔《라틴》 *Aprīlis ← aprīre* open ; 이때에 지상에 새 과실이 나오기 시작한다 (open to produce)해서 이런 이름을 지었다고 함〕
~ *fool* 4월 바보 (4월1일 만우절에 속아 넘어가는 사람). *April-fool day* = *All Fools' Day* 만우절 (萬愚節).

apron [éiprən] 명 에이프런, 앞치마. 3
〔《고프》 *naperon* large cloth ← *nape* cloth ← 《라틴》 *mappa* napkin cloth, table-cloth ; 원래 *naperon*이던 것이 *a a napron* apron을 잘못 띠워 써서 an apron이 되었다〕 *cf. adder* 뱀.
☞ map

apt [æpt] 형 적당한, 재치있는 (dexterous), 머리가 좋은. 반 inapt 5
〔《라틴》 *aptus* ; 16세기 이후 사용. *aptus*는 *apiscī* reach, get의 과거분사로 쓰였으나 원래는 *apere* fit, join together〕

arbiter 26 **aristocracy**

(*be*) ~ *to* … …하기 쉽다, …하는 경향이 있다.

aptitude[ǽptitju:d] 图 적성(適性), 재능, 경향.

[((라틴)) *aptus* + *-tude;* attitude와 어원이 비슷함] ☞ attitude

arbiter[á:bitə] 图 조정자(調停者), 《야구》 심판자, 결재자.

[((라틴)) *arbiter* witness, judge, umpire] ☞ arbitrate

arbitrary[á:bitrəri] 图 제멋대로의, 임의(任意)의(subject to individual will or judgement), 독단적(despotic), 전제적(專制的 absolute). 8

[((라틴)) *arbitrārius* ← *arbitrāre* act as umpire← *arbiter;* acting as umpire 심판처럼구는→전단하는]

arbor[á:bɔː,-bə] 图 나무, 교목(喬木 tree), 축(軸 axle).

[((라틴)) *arbor* tree, beam; 나무, 활대, 축(軸)]

Arbor Day 《미, 남오스트렐리아》 식목일. ☞ herb

arbour, 《미》 **arbor**[á:bə] 图 정자(bower), 나무(넝쿨) 따위로 그늘진 격자(格子)창(latticework, trellis), 6

[((라틴)) *herbārium* herb-garden, orchard ← *herba* grass, herb; grass-covered place 풀에 덮인 장소]
☞ herb

arc[ɑːk] 图 호(弧 bowlike curve), 활끝. 7

[((프)) *arc*←((라틴)) *arcum*←*arcus* bow, arch, arc 의 대격; 16세기 이후 사용] ☞ arch, arrow, archery

arch[ɑːtʃ] 图 아아취(활 모양의 문), 활꼴, 반원형. 图 아아취를 만들다, 반원형으로 하다. 2

[((고프)) *arche* chest, box 상자 에서; ((라틴)) *arcus* bow, arch 활 모양에서, *arcus*가 *arca*로 변하여 arche와 혼용(混用)된 듯]

archer[á:tʃə] 图 사수(射手 bow man). [arch+ *-er*] 8

archery[á:tʃəri] 图 궁술(弓術), 사수대(射手隊) [archer+ *-y*]

archbishop[á:tʃbíʃəp] 图 《구교》 대주교(大主教), 《신교》 대감독(大監督), 《불교》 대승정(大僧正). 8

[((그)) *archiepiskopos* ← *archi-* chief + *episkopos* bishop; chief bishop 대주교]

☞ arch-, bishop, episcopal

architect[á:kitekt] 图 건축가, 설계자 (designer). 7

[((그)) *architektōn* chief builder or artificer ← *archi-* chief + *tektōn* carpenter, builder; chief carpenter 수 대목]

arctic[á:ktik] 图 북극(지방)의(polar). 图 (the A-) 북극(지방). 5

[((고프)) *artique* ←((라틴)) *arcticus*← ((그)) *arktikos* near the constellation of the Bear, northern←((그)) *arktos* bear: the Bear 웅좌(熊座)가 있는 근처, 즉 북쪽의. 북극성은 소웅좌의 한 별] ⓐ antarctic 남극의.

☞ antarctic

ardent[á:d(ə)nt] 图 타는듯한(burning), 열렬한(passionate), 열심의 (eager). ⓐ indifferent 냉담한. 8

[((라틴)) *ardentem* ← *ardēre* burn 의 현재분사 대격; burning 타는듯한]

~ *spirits* 화주(火酒)(brandy, whisky, gin 따위).

ardour, 《미》 **ardor**[á:də] 图 열심, 작열(灼熱), 열정. 8

[((라틴)) *ardōrem* ← *ardor* burning, fervour 의 대격 ← *ardēre;* burning 작열]

arduous[á:djuəs] 图 굉장히 힘든(laborious), 어려운(difficult), 험한(steep and lofty), 힘쓰는(energetic). 9

[((라틴)) *arduus* steep, difficult, high + *-ous*(접미사)]

argue[á:gju:] 图 논의하다(reason), 증명하다(prove). ⓐ acquiesce묵인하다.

[((라틴)) *argūtus* clear; make clear 분명히 밝히다→논의하여 밝히다→논의하다] 5

~ *with*(a person) *on* (또는 *about*) … …에 대하여(사람과) 토론하다.

argument[á:gjumənt] 图 논(論 reasoning), 의론(discourse), 논증(論證), 요지(要旨 summary). 3

[((라틴)) *argumentum*에서; argue+ *-ment*]

arise[əráiz] 图 (arose, arisen) 일어나다(rise), 발생하다(originate), 《고어》 일어서다(get up). ⓐ sink 가라앉다. 3

[((고영)) *ārisān* ← *a-* (접두사) + *risan* rise] ☞ rise

aristocracy[ǽristɔ́krəsi] 图 귀족정치

(국), 귀족(사회). 9
[《그》 *aristokratia* ← *aristo-* *arīstos* best+*kratein* be strong, rule; ruling by the best men 최상의 사람들 (귀족)에 의한 지배, 통치]
aristocrat[ǽristəkræt, ərís-] 图 귀족 (noble). 8
aristocratic[ǽristəkrǽtik] 휑 귀족 (정치)의; 당당한(grand). 7
[aristocrat+-*ic*(형용사 어미)]
☞ democracy, autocracy
arithmetic[ərίθmətik] 图 산수; 계산 (reckoning). 7
[《그》 *arithmētikē* (*techne*);(the art) of counting 세는법→산수]
mental ~ 암산(暗算).
ark[ɑ:k] 图 《성서》 방주(方舟), 《시어》 함, 궤(chest). 5
[《고영》 *arc*← 《레틴》 *arca* chest, box, *cf*. 《레틴》 *arcēre* keep 보존하다]
Noah's ~ 노아의 방주(Noah가 대홍수 the Deluge를 피한 배)
arm[ɑ:m] 图 팔(upper limb), 가지(branch), 완력(power, might); *pl.* 무기(weapon), 무공(exploits), 군사(軍事) military service or science). 图 무장시키다(하다), 장비하다; 강희하다, 전투상태로 들어가다. 1
[① 팔; 《중영》 *arm* ← 《고영》 *earm*. ② 무장하다; 《레틴》 *armāre* furn sh with arms←*arma* arms]
armada[ɑ:mǘ:də, ɑ:méidə] 图 함대(艦隊) fleet). 9
[《스페》 *armada* armed fleet←*armado*(*armar* arm 무장하다의 과거분사) ←*armāre* army와 같은 뜻)
the (*Invincible* ~ *Spanish*) *Armada* 무적함대(無敵艦隊)(1588년 영국을 정벌하려다가 전멸했다).
armadillo[ɑ̀:mədίlou] 图 《동물》 알마딜로 (남미, 열대산).
[《스페》 *armadillo* the little armed one ← 《레틴》 *armar* arm 무장하다; the little armed one 무장한 작은 동물; 갑옷 비슷한 단단한 껍질이 있기 때문에]
armament[ά:məmənt] 图 (특히 해군의)군비(軍備), 병기(兵器), (군함, 요새의)장비.
armature[ά:mətjuə] 图 갑주(甲冑), 《생물》 방호기관(가시, 껍질 따위).
[*armour*와 어원은 같다(doublet)]

armchair[ά:mtʃέə] 图 암체어, 안락의자. [arm+chair: chair with arms 양쪽 팔거리가 있는 의자] 9
arm-hole[ά:mhoul] 图 겨드랑 밑. 10
armistice[ά:mistis] 图 휴전(truce), 일시의 휴전(a temporary suspension of hostilities by agreement). [《프》 *armistice*←《레틴》 *armi*- *arma* arms +*stāre* stand still of the arms 무장의 정지상태→휴전] ☞ solstice
참고 armistice는 최근세에 이르러 solstice의 조어법을 따라 새로 만든 단어이다. solstice의 어원: *sol* sun+ -*stice* stand still 하지와 동지.
armour, 《미》 **armor**[ά:mə] 图 갑주 (甲冑), 장갑(裝甲). 图 장갑하다, 갑옷을 입다. [《레틴》 *armāre* arm 무장하다] 3
armoury, 《미》 **armory**[ά:məri] 图 《영》 병기고(兵器庫 arsenal), 《미》 조병창(造兵廠), (집합적) 무기, 병기류(兵器類). [*armour* + -*y*; 프랑스어의 *armoiries* 휘장(徽章)과 혼동한 것 같다] 9
army[ά:mi] 图 육군, 군대(armed forces), 대군(大群 host). 1
[《레틴》 *armāta* 무장하다 ← *arma* arms] ☞ alarm
cf. navy 해군. air force 공군. ~ marine corps 해병대.
aromatic[ǽro(u)mǽtik] 휑 향기좋은 (fragrant). 图 향료(香料), 방향식물 (芳香植物). 8
[《그》 *aroma* sweet spice 좋은 향기 + -*atic*]
around[əráund] 튐 사방에(on every side), 주위에(nearby). 전 ⋯의 주위에 (along the circumference of), ⋯을 둘러싸고(enveloping), (몇 시)쯤 (not far from in amount or number). 1
[*a*- on+round] ☞ round
turn ~ 뒤로 돌아서다. *look* ~ *in wonder* 놀라 주위를 두리번거리다.
주의 미국에서는 around를 부사로 쓸 때 "빙 둘러서, 주위에 (all round. round about)"의 뜻을 나타내거나 "이리저리, 근처에 (about)"의 뜻을 나타내기도 한다. 대체로 미국영어에서는 around와 round를 구별하지 않는 경향이 있다. 영국영어에서는 보통 정지상태를 around로써, 움직이는 위치는

arouse[əráuz] 통 깨우다(awaken), 자극하다(excite), 분기(奮起)시키다(stir up). ⑨ compose 진정시키다. 5
[a- (접두사)+rouse] ☞ rouse

arrange[əréindʒ] 통 정돈하다(put in order); 조정하다; 준비하다. 2
[(라틴) a- ad- to+rangier, rengier range 정돈하다] ⑨ derange 혼란하게 하다. ☞ rank

arrangement[əréindʒmənt] 명 정리, 배열; 협정; 낙착; 준비; 장치, 설비; 변곡, 각색(脚色); (《수학》) 순열(順列). [arrange+-ment] 5

arrant[ǽrənt] 형 터무니 없는(notoriously bad). 7
[errant가 변한것] ☞ errant
참고 이와 비슷한 예로는 person을 변형한 parson 따위가 있다.

array[əréi] 통 꾸미다(adorn with dress), 배열하다(dispose in order). 4
[(라틴) ar- ad- to +(고·저독)(고대 프리지안) rēde ready; get ready 준비하다] ☞ ready

arrest[ərést] 통 체포하다, 구속하다, 멈추다(stop), (관심을)끌다(attract). 명 정지(停止), 체포, 구속, 억류. 4
⑨ release 놓아준다.
[(라틴) a- ad- to re- back+stāre stand; to stop 멈추게 하다] ☞ rest

arrive[əráiv] 통 도착하다 (reach a place). ⑨ depart 출발하다. 1
[(라틴) arripāre ←ar- ad- to+rīpa shore 해변, bank: come to shore bank 해변에 당도하다]

arrival[əráivəl] 명 도착, 도착물. 3
⑨ departure 출발. [arrive+-al]
 ☞ rival, river

arrogant[ǽrəgənt] 형 오만한(very proud), 거만한(haughty). ⑨ modest 9
[(라틴) ar- ad to + rogare ask; ask 구하다: 권리도 없는데 구하다 → 전방지게 굴다]

arrogance, -cy[ǽrəgəns, -si] 명 오만(傲慢), 거드름. 8

arrogate[ǽrəgeit] 통 참칭(僭稱)하다.

arrow[ǽrou] 명 화살,화살표. cf. bow 활. ☞ arc, archer, arcade 2
[(중영) (고영) arwe, earh←arhw←(라틴) arcus bow "활"과 관계가 있다]

arrow-head[ǽrouhed] 명 화살촉.

art[ɑ:t] 명 예술, 기술(skill), 학예(學藝 learning, science); pl. 술책(術策 cunning, artifice). 1
[(라틴) ars skill; "Ars longa vita brevis." Art is long; life is short]
 ☞ inert

artisan[ɑ́:tizæn, (미) ɑ́:tizæn] 명 직공, 기술자(mechanic). 9
[(라틴) arītus←arti- (ars의 어간); workman]
주의 artisan은 주로 기술공(技術工), mechanic은 기계공(機械工)을 뜻한다.

artery[ɑ́:təri] 명 (해부) 동맥(動脈), 간선(도로). cf. vein 정맥. 7
[(그) artēria wind-pipe, artery; 기관(氣管), 동맥]
main ~ 대동맥.

article[ɑ́:tikl] 명 조항(條項 item); 기사(記事), 물품(commodity); 《문법》 관사(冠詞). 통 조목별로 나누어 쓰다. 1
[(라틴) articulus(artus joint, limb 의 축소형); little joint 작은 관절(關節)]

artillery[ɑːtíləri] 명 대포(cannon), 포병(砲兵), 포술(砲術 gunnery). 7
[(고프) artiller 1e equipment of war ←(라틴) artillāre make machines ←arti-(ars art의 어간)+-lery]
 ☞ art, artifice

as[(강) æz, (보통 약하게)əz] 부,접,전 (원인, 이유) …이므로, …때문에(because, seeing, that); (때) …할 때, …하면서, …함에 따라, …하자(when, while); (닮음) …처럼(to the same degree in which, in the same manner in which); (자격) …으로(서); (예) 예를 들면 …같은(for instance). 대 (such, same을 선행사로 한 관계 대명사)…과 같은(that, who, which). 1
[(중영) as, als, alse, also, al, so←(고영) eal swā also; also의 축소형]
 ☞ also, so
~ a(general) rule= ~ a general thing 일반적으로, 대체로, 보통.
~ … ~ any 누구에게도 못지 않게.
~ … ~ ever 여전히, 변함이 없이.
~ … ~ possible 될 수 있는대로.

ascend[əsénd] 통 올라가다(go up,move upward), 오르다. 3
[(라틴) ascendere climb up←ad up toward +scandere climb; climb up 올라 가다] ⑨ descend 내려가다.

ascension[əsénʃ(ə)n] 명 상승(上昇)

즉위(即位), 승천(昇天). [《라틴》 ascensio←ascendere ascend]

ascertain[æ̀sə(:)téin] 통 확실히 하다(find out for a certainty), 규명하다. 7
[《라틴》 a- ad- to+certain certain; make certain 확실히 하다]
ascertainable[æ̀sətéinəbl] 형 확인할 수 있는, 탐지할 수 있는. [ascertain + -able(형용사 어미)]
☞ certain

ascribe[əskráib] 통 (원인·동기 따위를) …으로 돌리다(attribute), (결과를) …의 탓으로 하다. 7
[《라틴》 as- ad to +scribere write; write down to one's account …의 탓이라고 쓰다] ☞ scribe, describe, prescribe, subscribe

aseptic[eiséptik, æs-] 형 면독성(免毒性)의, 방부제(防腐劑).
[《영》 a- not+septic] ☞ septic

ash(es)[ǽʃ(iz)] 명 재(보통 복수 또는 물질명사); pl. 유골. 3
[《고영》 asce, æsce, axe]

ashamed[əʃéimd] 형 부끄러운(affected by shame), 수줍어하는(abashed). 2
반 proud 뽐내는, 거만함.
[《고영》 a- extremely+scamian shame; 퍽 부끄러운] ☞ shame

ashore[əʃɔ́:] 부 육지로, 땅 위으로, 해안에. 4
[《영》 a- on+shore] ☞ shore

aside[əsáid] 부 곁에(to or toward the side), 떨어져서(away, out of the way), 따로(apart). 3
[《영》 a- on+side] ☞ side, beside
~ from … 《미》 …은 따로하고, …은 제외하고.

ask[ɑ:sk, 《미》 æ-] 통 asked[ɑ:s(k)t] 묻다(inquire), 간청하다(request), 부탁하다(beg). 반 answer 1
[《고영》 āscian, āhsian, ācsian]
~ for(사람을) 찾아오다, (물건을) 청하다, 요구하다.
동의어 "질문하다"의 뜻으로 쓰이는 단어에는 ask, inquire, question, interrogate, query 따위가 있다. ask는 한가지 질문만 한다는 뜻이고 inquire는 하나 내지 여러 질문을 하는 경우에 쓰이되 사실이나 진리에 대한 의문을 풀려고 한다는 뜻이다. question과 interrogate는 자꾸 반복해서 질문을 여럿 하는 경우에 쓴다. interrogate는 체계적으로 공식적인 질문을 한다는 뜻을 지니고 있다. query는 ask 대신 쓰이는 때도 많으나 보통 권위 있는 해답을 얻고 싶어 한다는 뜻을 나타낸다. "간청하다"를 나타내는 단어에는 ask request solicit가 있다. 이 가운데 ask는 가장 보편적인 말로서 반응이 있을 것을 기대하고 있는 경우, 특히 유리한 결과를 가져오리라고 생각하는 경우에 사용하는 때가 많다. request는 서로 대등한 입장에서 사용되는데 ask보다 공손하고 의례(儀禮)적인 뜻이 강하기 때문에 가능성이 희박한 일을 요청할 때 쓰는 때가 많다. 한편 solicit는 계약을 맺거나 거래를 하고서 어떤 일에 대한 상대방의 관심을 환기한다는 뜻이 내포되어 있다.

asleep[əslí:p] 형 잠자는(dormant). 부 잠들어, 마비되어. 반 awake 깨어서. 2
[a- on+sleep] ☞ sleep
be fast(또는 sound) ~ 잠이 깊이 들다. fall ~ 잠들다.

aspect[ǽspekt] 명 외모(countenance, mien), 외관(appearance), 견지(見地), 국면(phase), 《문법》(동사의) 상(相). 5
[《라틴》 as- ad to, at+specere look; looked at. 바라다 본(모양)]
☞ spectacle, spy, expect, prospect, respect, conspicuous

asphalt[ǽsfælt] 명 아스팔트, [ǽsfǽlt] 통 아스팔트로 덮다. 8
[《프》 asphalte←《라틴》←《그》 asphaltos, asphalton]

aspire[əspáiə] 통 열망(熱望)하다(desire with eagerness), 동경하다(long), 솟아 오르다. 6
[《라틴》 a- ad to + spīrāre breathe; breathe to …쪽을 향해 숨을 들이쉬다]

aspirant[əspáiərənt, ǽspir-] 명 큰 뜻을 품은 자, (지위 따위의) 열망자(熱望者). 형 큰 뜻을 품은.

aspiration[æ̀spəréiʃ(ə)n] 명 큰 뜻, 포부. ☞ conspire, expire, inspire, respire, spirit. 8

ass[æs] 명 당나귀(donkey), 바보(fool).
[《고영》 assa←《라틴》 asinus] 3
make an ~ of … …을 놀려주다.

assail[əséil] 통 습격하다(attack violently), 논란하다. 5
[《라틴》 assilīre←ad- to+salīre leap; leap to 덤벼들다]. 반 defend 막다.

assailant[əséilənt] 명 공격자(one who assails), 공격. 형 공격의. 7
☞ salient, assault

assassin[əsǽsin] 명 암살자, 자객. 10
[(프) assassin ← (아라) hashāshīn, hashshasin hashish-eaters 마취약 복용자←hashīsh hemp 인도 대마(大麻); those addicted to hashish 일종의 최면약을 마신 사람]
참고 hashāshīn이라는 것은 13세기 십자군 원정 당시 팔레스타인에 있던 광신적인 회교도의 비밀결사의 이름이다. 이 결사의 두령(頭領)은 부하들에게 "해쉬슈"라는 마취약을 먹여서 사기를 올린 다음 십자군 지도자들을 암살하게 하였다. 이후 이 결사의 이름이 암살자를 뜻하는 말로 사용되게 되었다. hashish, hasheesh [hǽʃiːʃ,hǽʃiʃ] (인도 대마의 잎, 줄기 따위를 말려서 만든)마취약, 최면약(씹거나 피운다) ← 《아라》 hashīy dry 말리다.

assault[əsɔ́ːlt] 명, 동 습격(violent, attack)(하다), 돌격(하다). 4
[(래틴) ad- to+saltus(salīre leap의 과거분사에서 온 명사); leaping on 덤벼들기] ☞ assail

assay[əséi] 명, 동 (금속의)분석시험(을 하다)(analysis), 분석물(分析物). 9
[(고프) asai, essai trial; 심리(審理)] ☞ essay

assemble[əsémbl] 동 모으다(collect), 모이다(congregate), (기계 등을)짜 맞추다. 3
[(래틴) as- ad- to+simul together; collect together 한데 모으다]

assemblage[əsémblidʒ] 명 모임, 집회, 집단, 집합. 10

assembly[əsémbli] 명 집합, 집회, 단체; (A-)(미국 주의회의)하원. 3
☞ simulate, simultaneous

assent[əsént] 명, 동 동의(하다)(agree), 찬성(하다). 반 dissent 7
[(고프) as- ad to + sentīre feel, perceive; feel with … …과 생각이 같다] ☞ sense, consent, dissent
give one's ~ to … …에 동의하다.
with one ~ 만장일치(滿場一致)로.
통의어 "찬성하다"의 뜻을 갖는 단어에는 assent consent accede agree subscribe 따위가 있다. assent 는 어떤 의견이나 제안에 찬성한다는 뜻으로 완전히 이해한 후의 행동을 나타낸다. consent 는 남의 요청 또는 희망하는 일에 찬성한다는 뜻으로 찬성자의 의사나 심정을 특히 나타낸다. accede 는 제안된 것을 개인적으로 받아들인다는 뜻이 포함되어 있다. agree 는 처음에는 의견 차이가 있는 일에 의견 일치를 본다는 뜻이다. subscribe 는 assent 나 consent와 비슷한 뜻이 있으면서도 특히 마음속으로 부터 찬성한다는 뜻으로 쓰인다.

assert[əsə́ːt] 동 단언하다(affirm); 주장하다(claim). 반 deny 4
[(래틴) as- ad- to+serere join, connect; 결합시키다]

assertion[əsə́ːʃ(ə)n] 명 단언; 주장. 8
☞ series

assiduous[əsídjuəs] 형 부지런한(diligent), 꾸준한(persistent). 10
[(래틴) assiduus←assidēre sit near ← as- at, near+sedēre sit; sitting by (언제나)곁에 있는]

assiduity[æsidjúːti] 명 근면(勤勉). [assiduous+ -ity] ☞ sit, sedentary

assign[əsáin] 동 할당(割當)하다(allot), (시일 따위를)지정하다(fix), …에 돌리다(ascribe). 3
[(래틴) as- ad- to+signāre mark 표적하다←signum mark, sign 표적; mark out to …에(주도록) 표적을 하다→할당하다]

assignment[əsáinmənt] 명 할당; 지적, 숙제; (미) 임명, 임무. 9
☞ sign, design, resign

assimilate[əsímileit] 동 비슷하게 하다 (make similar), 비기다(liken, compare), 동화(同化)하(게 하)다. 8
반 dissimiliate 다르게 하다.
[(래틴) as- ad- to+similāre make similar←similis similar; make similar to …과 비슷하게 하다]

assimilation[əsìmiléiʃ(ə)n] 명 동화(작용), 융합. [assimiliate+ -ion] 9
☞ similar, dissimilar, resemble

assist[əsíst] 동 돕다(help, aid), (…에) 참석하다(attend) (프랑스 어법). 명 원조. 반 resist 저항하다. 2
[(래틴) assistere←as- ad- to + sistere cause to stand ← stā e stand; cause to stand to 지켜나가게 하다→돕다]

assistance[əsístəns] 명 조력, 원조, 참석한 사람들. 4

assistant[əsístənt] 형 보조(補助)의. 명 조수, 보조자. 6

~ *professor* 조교수. ~ *stationmaster* 역조역(驛助役). ~ *secretary* 서기관 보(補). *shop* ~ 점원(店員).

associate[əsóuʃieit] 통 가입하다(join), 연합하다(unite), 제휴(提携)하다(combine), 연상(聯想)하게 하다(connect in thought). [əsóuʃiit, əsóuʃieit] 형, 명 조합원(의), 동료(의), 연합(된). 3 반 dissociate 분리하다.

[《라틴》 *as- ad-* to + *sociāre* join← *socius* companion; join to …에 가입하다]

~ *oneself with* … …을 지지(찬성)하다, …에 참가하다, …과 교제하다. *be ~d with* … …과 관련되다, …을 연상케 하다.

association[əsòusiéiʃ(ə)n, -ʃiéi-] 명 연합, 협회; 교제, 연상. 4
☞ society, sociable, dissociate

assort[əsɔ́ːt] 통 분류하다(classify), (여러가지를)갖추다(make up of a variety of goods), 어울리다(match). 9

[《고프》 *assortir* ← *a-* to + *sorte* sort; group in sorts 여러 종류로 나누어 모으다]

assortment[əsɔ́ːtmənt] 명 분류, 구색을 갖춤. 9

assume[əsjúːm, -súːm] 통 (역할, 임무, 책임 따위를)맡다(undertake), …인 척 하다(pretend); 횡령하다(usurp); 가정하다(suppose). 3

[《라틴》 *assūmere* ← *as- ad-* to + *sūmere* take←*emere* take; take to or upon oneself …의 마음대로 취하다]

~*ing that* … …라 하면.

assumption[əsʌ́mpʃ(ə)n] 명 인수(引受), 횡령; 가정(假定), 억설(臆說). 8

[《라틴》 *assumptus*]

on the ~ that … …라는 가정하에.
☞ consume, resume, presume

assure[əʃúə] 통 확실하게 하다(cause to believe); 보증하다(confirm), 확인하다(make certain). 2

[《라틴》 *as- ad* to+*seūr* sure]

assurance[əʃúərəns] 명 보증; (생명)보험; 확신. 5

참고 "보험"을 뜻하는 말은 보통 insurance이다. 영국에서 생명보험을 (life) assurance라고 하는 관례가 있으나 그 외의 경우에는 영국에서도 insurance를 사용한다. 미국에서는 어느 경우에나 insurance.

assured[əʃúəd] 형 보증된, 확실한, 자신 있는, 보험에 든.

the ~ (생명)보험 기입자.

assuredly[əʃúədli] 부 확실히. 9
☞ sure, insure, ensure, secure

astonish[əstɔ́niʃ] 통 놀라게 하다(astound). 3

[《고프》 *estoner* ← 《라틴》 *extonāre* ← *ex-* out + *tonāre* thunder; thunder out 크게 고함지르다]

astonishing[əstɔ́niʃiŋ] 형 놀라운. 6
astonishment[əstɔ́niʃmənt] 명 놀라움, 놀라운 일. 5
astound[əstáund] 통 깜짝 놀라게 하다 (stun with bewildered wonder). 8

[《중영》 *astonien*←《라틴》 *extonāre*]

astray[əstréi] 부 길을 잃어서, 방황하여. 형 길 잃은. 8

[*a-* on+*stray*; on stray 방황하여]
☞ stray

go ~ 방황하다, 타락하다.

astrology[əstrɔ́lədʒi] 명 점성학(占星學), 원시 천문학(天文學).

[《프》 *astrologie*←《라틴》 *astrologia* ← 《그》 *astrologia*←*astro-* star+*-logia*(*logos* discourse에서); the discourse of stars 별의 학문]
☞ astro-, aster

동의어 원래 그리이스 어로는 **astrology** 나 **astronomy**나 둘다 천문학을 뜻하여 전자는 별의 운행에 대하여 연구하는 학문을, 후자는 별을보고 인간의 운명을 알려는 점성학적인 분야를 나타내었다. astrology가 라틴어에서는 천문학, 점성학을 다 뜻하였으나 뒤에 완전히 두 단어의 뜻하는 바가 달라지게 된 것이다.

astronomy[əstrɔ́nəmi] 명 천문학(天文學). [《그》 *astronomia* ← *astron* star + *-nomia*(*nomos* law에서) ← *nemein* distribute; the law of stars 별의 법칙]
☞ asteric, star, name

asunder[əsʌ́ndə] 부 따로 따로(into parts), 뿔뿔이 멀어져서(apart). 《미》 형 따로 멀어진(situated apart). 6

[《영》 *a-* on+*sunder* apart]
☞ sunder, sundry

asylum[əsáiləm] 명 피난소(避難所), (불구자, 미치광이, 노인, 극빈자, 병

자 따위의) 보호 수용소.
[((그)) *asylon*(*asylos* unharmed, safe 안전한의 중성형)←*a*- not+*sylē* right of seizure; 잡을 권리가 없는(장소). 원래 사원(寺院)과 같은 신성한 장소로 빚진 사람이나 죄인이 이 곳에 도망하여 들어 가면 잡지 못하게 하였다]
lunatic ~ 정신병원. *orphan* ~ 고아원.

at[(강) æt, (보통 약하게) ət] 전 …에 있어서, …에서, …에, …하는 중, …을 (목표로), …을 보고(듣고), (얼마)로. 1
[((고영)) æt]
~ *all* 조금도, 도대체, 적어도. ~ *any rate* 어쨌든. ~ *last* 마침내. ~ *least* 적어도. ~ *length* 마침내, 상세하게. ~ *one's desk* 집무중(執務中), 공부하는 중. ~ *dinner* 식사중.

atheism[éiθiiz(ə)m] 명 무신론, 신앙이 없는 생활. 10
[((그)) *a*- not + *theos* god; without god]

athlete[ǽθli:t] 명 경기자, 운동가. 10
[((그)) *athlētēs*←*athleein* contend for a prize 상품 타려고 다투다←*athlos* contest, *athlon* prize]
~*s foot* 무좀.

athletic[æθlétik] 형 경기의, 체육의, 운동경기의(of sport). 명 *pl*. 경기. 5
~ *meet*(*ing*) 운동회.

athwart[əθwɔ́:t] 부 (비스듬히)가로 질러서(across especially obliquely), 방해되게(so as to thwart). 전 …을 가로 질러(across), …에 어긋나게(against). 10
[*a*- on+thwart]

Atlantic[ətlǽntik] 형 대서양의, (아프리카 북서부의) 아트라스 산맥(the Atlas Mountains)의, 거인 아트라스(Atlas)의. 명 (the A-) 대서양. 2
[((그)) ((래틴)) *Atlanticus* of Mount Atlas; 아프리카 북서부의 아트라스 산맥의 이름에서 대서양을 이름 지었음]

atlas[ǽtləs] 명 지도책 (collection of maps in a volume), (A-)((그리이스 신화)) 지구를 양 어깨로 받치고 있는 신 (神).
참고 옛날 지도책 표지에 아트라스 신이 지구를 양 어깨에 짊어지고 있는 그림이 있었기 때문에 지도책을 atlas라 하게 되었다 한다. map은 한장의 지도.

atmosphere[ǽtməsfiə] 명 대기(大氣), 분위기, 환경, (천체를 둘러싼)까스체, 느낌, 기분. 5
[((그)) *atmos*+*sphere* 범위; a sphere of air round the earth 지구 주위의 공기 층] ☞ sphere, hemisphere

atom[ǽtəm] 명 원자, 미분자(微分子), 미진(微塵 pariticle). 8
[((그)) *atomos* ← *a*- not+*tomos* cut← *temnein* cut; an indivisible particle 그 이상 나눌 수 없는 것→원자]
to ~*s* 산산이 부서지게. *not an* ~ *of* ……은 털끝 만큼도 없다.

atomic(**al**)[ətɔ́mik(əl)] 형 원자의, 극히 미세(微細)한. 8
~ *bomb* (또는 A-bomb) 원자탄. ~ *energy* 원자력. ~ *fission*(원자 분열). ~ *pile* 원자로(原子爐). ~ *age* 원자시대.
☞ tome, anatomy, Hydrogen bomb

atone[ətóun] 동 속죄하다 (make amends).
[at one 에서 (발음은 (중영) 때 같이 [oun]); reconcile 화해시키다]

atonement[ətóunmənt] 명 속죄, (the A-) 예수의 속죄. 10

atrocity[ətróːsiti] 명 포학, 폭행, 흉행. 9
[((래틴)) *atrōci*- ← *atrox* cruelty 잔학함]

attach[ətǽtʃ] 동 붙이다(fasten), 소속시키다(join), 붙다(adhere), 애착을 갖게 하다. 반 detach 떼다.
[((고프)) *attacker* ← *a*- ad to + *tach* tack, small nail; bind or fasten 매달다. attack의 자매어]

attache[ətəʃei, (미)ǽtəʃei] 명 (대사, 공사의)수행원.

attachment[ətǽtʃmənt] 명 부착(물)(附着物), 애착. 8
☞ attack, detach, tack

attack[ətǽk] 명, 동 공격(하다) (assail, assault), 착수(하다)(set to work upon, setting to work upon some task). 반 defend 막다. 2
[((프)) *attaquer*←(이태) *attacare*; ((고프))의 *attacher* attach와 자매어. *attacare battaglia* join battle 전투에 참가하다에서 온 뜻]
be ~ *by*(*with*) …에 습격당하다.
동의어 "공격하다"는 뜻을 갖는 단어에는 attack assail assault 따위가 있다. attack,에는 침략한다는 뜻이 있어서 정복할 상대에 대한 공격의 시작을

나타낸다. assail에는 여러 번 타격이나 사격을 가하여 저항을 무찌른다는 뜻이 있고, assault에는 정면으로 부딪쳐서 맹렬하고 다급히 공격함으로써 압도하려 한다는 뜻을 가졌다.
☞ attack, take

attain[ətéin] 동 …을 달성하다 (gain, achieve), (자연히 또는 노력하여) 도달하다(reach, come up). 반 abandon 단념하다. 3
[(래틴) *at- ad-* to+*tangere* touch; touch or reach 도달하다, 접촉하다]

attainable[ətéinəbl] 형 도달할 수 있는, 이룰 수 있는.

attainment[ətéinmənt] 명 도달, 달성, 학식, 예능(藝能).
☞ tact, intact, tangible, intangible, contact, contagion, tangent

attempt[ətémpt] 동 시도하다(try), 공격하다. 명 시도(trial). 2
[(래틴) *attentāre*←*at- ad-* to+*tentāre* try 시도하다] ☞ tempt
~ *one's own life* 자살을 피하다.

attend[əténd] 동 시중들다(wait upon), (식 따위에)참석하다 (be present at), 동반하다 (go with), …에 주의하다 (pay attention). 1
[(래틴) *attendere*←*at- ad-* to+*tendere* stretch; stretch towards (마음이) …쪽으로 미치다→…에 관심을 갖다→…에 주의하다]
~ *at* 출석하다, 참석하다, 출근하다. ~ *to* …에 관심을 갖다, 주의하다, (일을) 부지런히 하다. ~ *on*(또는 *upon*) 시중들다, 간호하다.

attendance[əténdəns] 명 출석, 출근, 참석, 전 참석자; 시종인. 5

attendant[əténdənt] 형 시중드는, 부수적인, 참석한. 명 참석자, 시종, 수행원. 5

attention[ətén∫(ə)n] 명 주의, 보살핌, 친절. 감 차렷 ! 2
give(또는 *pay*) ~ *to* … …에 주의하다.

attentive[əténtiv] 형 귀를 기울이는, 주의 깊은, 은근한. 5
☞ tend, extend, intend

ttest[ətést] 동 증명하다(testify), …을 증명하다(prove); 맹세하다 (put on oath); 보충병에 편입하다(enrol). 6
[(래틴) *attestāri*← *at- ad-* to+*testāri* be witness ← *testis* witness; be a witness to … …에 대한 증인이 되다]
☞ testament, testify, testimony

attic[ǽtik] 명 지붕 밑 다락방(garret). 5
[(래틴) *atticus*←(그) *attikos*; Attic 식 건축물에 볼 수 있으므로]
참고 "지붕 밑의 다락방"을 나타내는 단어에는 attic과 garret가 있다. **garret**는 보통 시인이나 화가가 사는 궁상 맞은 지붕밑방을 나타내고 그 외의 경우에는 **attic**을 사용한다.

Attic[ǽtik] 형 애티카(Attica 그리이스 남동부의 주)의, 아테네(식)의, 고전적인(classic), 우아한(elegant).
[(래틴) *atticus*←(그) *attikos*]

attire[ətáiə] 동 (옷을) 차려입다(dress up). 명 복장, 의상. 반 strip. 4
[(래틴) *at- ad-* to+*tire, tiere* row, file; put in file→arrange 정돈하다→차려입다] ☞ tier

attitude[ǽtitju:d] 명 자세 (posture), 태도. 5
[(래틴) *aptitūdinem* ← *aptitūdo* ← *aptus* apt; aptitude와 같은 어원]
☞ aptitude

attorney[ətə́:ni] 명 대리인(legal agent), 변호사(solicitor). 5
[(래틴) at- *ad-* to + *torner* turn; one appointed or constituted 임명 또는 지명 받은 자]
☞ lawyer, solicitor
~ *at law* (미) 변호사(lawyer).
district (또는 *circuit*) ~ (미) 지방 검사. ~ *general* 법무 장관, 검찰 총장.

attract[ətrǽkt] 동 잡아끌다(draw to), 유인하다(allure), 매혹하다(entice). 4
[(래틴) *at- ad-* to+*trahere* draw; draw to …으로 끌다]

attraction[ətrǽk∫(ə)n] 명 끌어 당김, 인력(引力), 매력. 5

attractive[ətrǽktiv] 형 인력(引力)이 있는, 사람을 끄는(alluring), 애교 있는 (charming). 4

attribute[ətríbju(:)t] 동 (성질 따위를 …에) 있다고 하다(ascribe), (결과를 …에) 돌리다(refer), (어떤 일을 어떤 때 또는 장소의) 것으로 하다(assign). [ǽtribju:t] 명 속성(屬性), 특성. 5
[(래틴)*at- ad-* to+*tribuere* assign; assign to …에 돌리다]
☞ tribute, contribute, distribute

auburn[ɔ́:bə(:)n] 혱, 휑 적갈색 (의) (reddish-brown). 9
[《고프》 *alborne, auborne* blond ←《래틴》 *alburnus* whitish ← *albus* white]

auction[ɔ́:kʃ(ə)n] 휑 경매(競賣 public sale). 동 경매하다. 9
[《래틴》 *auctus* increase 증가하다; public sale of property to the highest bidder 부르는 값이 차차 많아져서 (increase) 최고 입찰자에게 낙찰되므로] ☞ eke

audacious[ɔ:déiʃəs] 휑 대담한(bold), (특히) 뻔뻔스러운(brazen, impudent). 빈 timid
[《래틴》 *audacia* ← *audax, audacis* bold←*audēre* dare; bold 대담한]

audacity[ɔ:dǽsiti] 휑 대담무적(大膽無敵), 방약무인(傍若無人). 8
[audacious+ -*ity*]

audible[ɔ́:dibl] 휑 들리는(heard), 들을 수 있는 (capable of being heard). 빈 inaudible. 8
[《래틴》 *audībilis* that can be heard ←*audīre* hear]

audience[ɔ́:djəns] 휑 청중(assembly of hearers), 청취(act or state of listening), 알현(謁見 formal interview). 4
[《래틴》 *audientia* hearing]

audio-visual aids [ɔ́:dio(u)víʒəl eidz] 휑 시청각 교육기구 (영화·사진·텔레비전·라디오·녹음기 따위).

audit[ɔ́:dit] 휑 회계 검사, 감사(監査). 동 회계 검사를 하다.

auditor[ɔ́:ditə] 휑 회계 검사관, 방청객, 《미》청강생. 10
[《래틴》 *audītus* hearing ← *audīre* hear]

auditorium[ɔ̀:ditɔ́:riəm] 휑 (*pl.*-ria) 관람석, 《미》강당, 회관; (승원의) 설교장(說教場).

auditory[ɔ́:dit(ə)ri] 휑 귀(耳)의, 청각의. 휑 청중.

aught[ɔ:t] 때 《anything의 고어체》 어떤 것. 분 조금이라도. 7
[《고영》 *āht, awiht* ← *ā-* ever +*wiht* creature, thing]
for ~ *I care* 아무래도 좋다.

augment[ɔ:gmént] 동 증가하(게 하)다 (increase), 늘다, 증대하다(enlarge). [ɔ́:gmənt] 휑 《미》 증가(increase). 7
[《래틴》 *augmentāre* ← *augēre* increase 증가하다]
☞ auction, author, auxiliary

August[ɔ́:gəst] 휑 8월; *cf.* July, January. 2
[《래틴》 *Augustus Caesar* 황제의 이름에서. 처음에는 6월이었다]

august[ɔ:gʌ́st] 휑위엄있는(majestic), 당당한(imposing), 고귀한(of venerably majestic grandeur).
[《래틴》 *augustus* venerable]

aunt[ɑ:nt, 《미》 ænt] 휑 백모, 숙모(sister of one's parents, an uncle's wife), 아주머니. 빈 uncle. 2
[《래틴》 *amita* father's sister]

austere[ɔ:stíə] 휑 엄한(rigorous), 삼엄한(strict). 8
[《고프》 *austere*←《래틴》 *austērus*←《그》 *austēros* making the tongue dry and harsh ← *auein* parch 바싹 마른]

authentic[ɔ:θéntik] 휑 믿을만한(credible), 확실한, 진정한(genuine). 7
[《그》 *authentikos* warranted ← *authentēs, authoentēs* one who does things with his own hands 무엇이나 자기 손으로 하는 사람] ☞ auto

author[ɔ́:θə] 휑 작가(writer), 창조자(creator), 저작물. 3
[《래틴》 *auctor* originator 창시자]
☞ auction

authoress[ɔ́:θəris] 휑 여류 작가, 규수 작가.

authoritative[ɔ:θɔ́riteitiv] 휑 권위 있는, 당국으로부터의, 명령적인. 9
[authority+ -*ate*+ -*ive*]

authority[ɔ:θɔ́riti] 휑 권위, 권한;(보통 복수) 당국(當局), (문제 해결의)근거, 대가, 권위자. [author+ -*ity*] 2

authorize[ɔ́:θəraiz] 동 권한을 주다, 정당하다고 인정하다(justify). 7
[author+-*ize*]

the Authorized Version 흠정 성서 (欽定聖書; 1611년 영국 왕 James I의 명령으로 편집된 영역성서. King James Version 이라고도 한다)
☞ augment, auction, auxiliary

auto[ɔ́:to(u)] 휑, 동 《미속》 자동차 (를 타다, 로 가다). 5
[automobile의 약자. *auto-* ←《그》 *autos* self의 어간]

autobiography[ɔ̀:to(u)baiɔ́grəfi] 휑 자서전.

[《그》 *auto-* + *-bio-* life + *graphein* write; the life of a person written by himself 자서전]
☞ auto-, biography, -graphy, amphibious

autocracy[ɔ:tɔ́krəsi] [명] 독재권, 독재정치, 독재정부.
[《그》 *auto-* + *-cracy* rule; ruling by oneself] ┌tocracy
☞ aristocracy, democracy, plu-

autocrat[ɔ́:təkræt] [명] 독재자, 전제군주.

autograph[ɔ́:təgrɑ:f] [명] 자필(自筆), 자서(signature). [동] 자필로 쓰다, 자서하다.
[《그》 *auto-* +*graphein* write; self written 자기 스스로 쓴]
[참고] 우리말에서 쓰는 "사인"은 autograph이고, 사인을 해달라고 조르는 사람은 autograph hound이다.

automatic(al)[ɔ:təmǽtik(əl)] [형] 자동의, 기계적인. [명] 자동식 기계, 자동권총. [《그》 *auto-* +*matos*] 7

automation[ɔ:təméiʃ(ə)n] [명] 오오토메이션(사람의 노동력을 쓰지 않고 기계의 자동적인 조작으로 해나가는 생산방식). [*autom(atic)* + *(oper)ation*; 1919년에 생긴 단어]

automobile[ɔ́:təməbi:l, ɔ:təmóubi:l] [명], [동] 《주로 미국》 자동차(를 타다); *cf.* motor-car. 2
[《프》 *auto-* self+*mobile* moving; self-moving 자동의→자동차]
☞ motor-car, car, auto

autumn[ɔ́:təm] [명] 가을(미국에서는 fall), 성숙기, 쇠퇴기. 2
[《래틴》 *autumnus, auctumnus*]
[참고] 보통 영국에서는 8·9·10월, 북미주에서는 9·10·11월, 호주에서는 9월 21일에서 12월 21일까지를 가을이라 함.

autumnal[ɔ:tʌ́mn(ə)l] [형] 가을의; 중년의, 인생의 한창 때를 지난. 10
~ ***tints*** 추색(秋色), 단풍.

auxiliary[ɔ:gzíljəri, ɔ:k-] [형] 보조의(assistant, subsidiary). [명] 보조자(one who assists); *pl.* (외국에서의) 원군(援軍), 《문법》 조동사(auxiliary verb).
[《래틴》 *auxiliārius* helping ← *auxilium* help ← *augere* increase 증가시키다] ☞ augment 10

avail[əvéil] [동] 소용되다(be useful), 이익되게 하다(profit, benefit). [명] 이익, 효용(use, profit). 5
[《중영》 *availen* ← 《고프》 *a-* to + *valoir* to be of use]

available[əvéiləbl] [형] 이용할 수 있는, 유효한, 《미》 유력한 (후보자). 8
☞ prevail, valid, valiant

avarice[ǽvəris] [명] 탐욕(貪慾), 허욕(虛慾). 6
[《래틴》 *avāritia* greediness← *avārus* greedy ← *avēre* wish, desire; greediness 탐욕]

avaricious[ævəríʃəs] [형] 욕심많은, 탐욕스러운.

avenge[əvéndʒ] [동] 복수하다, 원수를 갚다, 보복하다. 5
[《래틴》 *ad-* to+*vindicāre* claim to, avenge]
[동의어] "복수하다"의 뜻을 갖고 있는 단어 avenge, revenge 중에서 **avenge**는 잘못한 자에게 정당하고 적합한 벌을 가하는 경우에 쓰고, **revenge**는 어떤 일에 대하여 그와 비슷한 방식으로 같은 정도의 보복을 가하는 경우에 많이 쓰인다.

avenger[əvéndʒə] [명] 복수하는 사람.

avenue[ǽvinju:] [명] 가로수 있는 길, 두 줄로 서 있는 가로수; 《미》 (남북으로 통한) 큰 거리; *cf.* street. 2
[《래틴》 *a-* *ad-* to + *venīre* come; come to …에 가까이 가다→집으로 가까이 가는 길]
☞ revenue, venture, adventure

aver[əvə́:] [동] 단언하다(affirm confidently), 주장하다(declare positively), 《법률》 증언하다(verify). 10
[《래틴》 *a-* *ad-* to + *vērus* true; affirm to be true 진실이라고 단언함]

average[ǽv(ə)ridʒ, -edʒ] [명] 평균; 해손(海損). [형] 평균의, 보통의. [동] 평균하다, 평균이 …이다. [반] extreme. 3
on an(또는 ***the***) ~ 평균하여, 대체로.

averse[əvə́:s] [형] 싫은(disliking, unwilling), 반대하는. [반] desirous 좋아하는. 9
[《래틴》 *avertere* avert]

aversion[əvə́:ʃ(ə)n] [명] 싫음, 증오. 9
[averse+ *-ion*]

avert[əvə́:t] [동] (눈·생각을) 돌리다, 비키다(turn away), (타격·위험을)피하다, 막다(prevent). 8
[《래틴》 *āvertere*←*a-* *ad-* off, away

+*vertere* turn; turn away 돌리다]
☞ verse, version, convert, invert

avoid[əvɔ́id] [동] 피하다 (keep away from), 비키다, 무효로 하다(annul). 2
[《고프》 *esvuidier* ←*es*-《래틴》*ex*- out +《고프》 *vuit, vuide* empty, void; empty out 비우다] ☞ void

await[əwéit] [동] 기다리다(wait for), 예기하다(expect). 2
[《래틴》 *a*- *ad*- to + *waitier* wait←《고대 독》*wahtēn* watch] ☞ wait
[참고] await는 타동사이지만, wait는 자동사이므로 목적어를 취할 때에는 반드시 전치사를 함께 쓴다.

awake[əwéik] [동] (awoke, awaked 또는 awoke) 눈뜨다 (cease to sleep), 일으키다(rouse from sleep), 각성시키다(stir up). [형] 잠이 깨어 있는(not sleeping). [반] asleep 잠자는. 2
[《고영》 *a*- +wake 잠을 깨고]
~ ***to a fact*** (어떤 일을) 처음으로 알아채다.
awaken[əwéik(ə)n] [동] 깨다, 각성시키다. 4
awakening[əwéik(ə)niŋ] [명] 잠이 깸, 각성(覺醒). [형] 각성하는.
☞ wake, waken
[참고] awaken은 "각성시킨다, 어떤 사실을 깨닫는다" 따위 비유적인 뜻으로 쓰이는 것이 보통이다.

award[əwɔ́:d] [명] 심판, 판정(判定 judgement), 상품(anything given esp. as a prize). [동] 심사하여 주다. 7
[《래틴》 *a*- *ex*- out+*warder* ward 지키다] ☞ ward, guard

aware[əwέə] [형] 알고 있는 (knowing) [of]. [반] ignorant. 5
[《고영》 *gewær* aware ← *ge*- (접두사)+*wær* cautious 조심하는]
be* ~ *of …을 알고 있다.
☞ wary, beware

away[əwéi] [부] 떨어져서(not at or near), 저쪽으로. [반] near. 1
[《고영》 *onweg*← *on* + *weg* way; on the way(… 으로 가는)도중에→떨어져서, 저쪽으로]
to* ~ *with …을 폐하다(abolish).
turn ~ 외면하다.

awe[ɔ:] [명] 두려움(dread), 위엄(威嚴 respect combined with fear or reverence). [동] 두렵게 하다. 4
[《중영》 *aȝe, aghe, awe*←《고영》 *ege* awe]
awful[ɔ́:ful] [형] 무서운(dreadful), 두려운. [awe+ *-ful*] 2
awfully[ɔ́:fuli] [부] 두려워서, 끔찍해서. [ɔ́fli] 굉장히.

awhile[ə(h)wáil] [부] 잠시 (for a short time). [반] forever. 3

awkward[ɔ́:kwəd] [형] 보기싫은, 거북한, 어색한(clumsy). [반] dexterous 민첩한, 솜씨있는. 6
[《중영》 *awkward, awkwart* ← *awk* wrong+ *-ward* 방향으로 ← 《아이스》 *öfugr* contrary; 반대 쪽을 향한, 거꾸로 된→어색한; -ward는 forward, onward의 -ward와 같은 것]
☞ ward
awkwardly[ɔ́:kwədli] [부] 보기 싫게, 어색하게, 버릇 없이.

ax(e)[æks] [명] 도끼(hatchet). [동] 도끼질 하다. 2
[《중영》 *ax, ex*]

axis[ǽksis] [명] (*pl.* axes[ǽksi:z]) 추축(樞軸), 굴대. 6
[《래틴》 *axis*]

axle[ǽksl] [명] 굴대, 축, 차축(車軸). 6
[《중영》 *axel*]

ay, aye[ai] [부] 좋다, 그렇다(yes). [명] 찬성(투표자). 5
[*yea*의 변형]
the ~s and noes 찬성과 반대(투표).
[참고] ① aye[ei] [부] 《고》 영원히, 항상(always). [《중영》 *ay*←《아이스》 *ei* ever]
② 회합 따위에서 사회자가 의견을 물으면 참석자는 aye[ai]라고 대답함으로써 찬성한다는 뜻을 표시한다.

azure[ǽʒə] [명] 하늘 빛, 곤색(blue). [형] 하늘 빛의. 6
[《고영》 *azur* azure←《아라》 *lāzward*←《페르샤》 *lājuward* lapis lazuli[lǽpis lǽzjulai] 유리(瑠璃; 담청빛 보석)]

B

babble[bǽbl] [동] 사르르 소리나다, 종알대다(chatter). [명] 지껄임, 속삭임, 헛소리(idle talk). 4
[《중영》 *babelen* chatter: 어미의 *-le*는 동작이 되풀이됨을 나타낸다. 애기가 말을 하려고 *ba*, *ba*하는 것을 본딴 것]

babe[beib] [명] 애기(baby). [《중영》 *bab;* 애기의 말하려는 소리에서. *cf.* babble]

baby[béibi] [명] 애기. [《중영》 *babi;* babe에 축소어미 -y를 붙인 것] 1
smell of the ~ 젖내나다.

bachelor[bǽtʃ(ə)lə] [명] 미혼 남자, 총각, 학사. [반] spinster, old maid. 6
[《래틴》 *baccalāris* ← *baccalāria* a small farm의 소유주]
[참고] 분명한 어원은 알 수 없으나 knight(기사)를 지원하는 사람이라는 뜻에서 동업조합(gild)이나 대학(university)의 하급 연소자(年少者)라는 뜻이 생기고 여기에서 젊은 총각이라는 뜻이 된 것 같다. 또 대학의 하급생이라는 뜻은 본래는 대학 과정을 처음 받기 시작하는 사람이던 것이 오늘날의 학사와 같은 뜻이 된 듯하다. 석사(碩士)학위를 받은 사람은 Master라고 하며 각각 B.A.(Bachelor of Arts 文學士), M. A.(Master of Arts 文學碩士)로 그 전문 분야를 명시해서 부른다.

bachelor girl 《회화》 [명] 독립해서 사는 미혼의 직업부인.

back[bæk] [명] 뒤, 배후. [부] 뒤에; [형] 뒤의. [동] 후퇴하다(move back), 후원하다. [반] front, forth. 1
[《중영》 *bak*←《고영》 *bæc*]
behind one's ~ 등 뒤에 숨어서.
there and ~ 왕복(往復). ***go*** ~ ***on*** … 《속어》 …과의 약속을 어기다(break a promise to).
break the ~ ***of*** …에 이기다, 곤란한 일을 해내다.

backbone[bǽkboun] [명] 등뼈, 중축(中軸 chief support)[back+bone] 6
to the ~ 뼈도 남기지 않고, 철저히.

background[bǽkgraund] [명] 배경, 이면(裏面). [반] foreground 8
[back+ground]

backward[bǽkwəd] [형] 후방의, 뒤떨어진. [반] forward 앞으로. 3
[back + *ward* · 《고영》 *weard* toward]

backwards[bǽkwədz] [부] 뒤로, 도로, 되돌아, 거꾸로. [backward+ -(*e*)*s* 부사적 역할의 소유격 어미] 6
[주의] 미국에서는 backward를 부사로 쓴다.

bacon[béik(ə)n] [명] 베이콘(燻肉), 구운 고기; *cf.* pork. 4
[《고대 독》 *bacho* buttock 엉덩이; 《고영》 *bæc* back와 관계가 있다]
bacon and eggs 베이콘 한 조각에 반숙한 달걀을 얹은 요리(영, 미의 아침 식사에 많이 나온다).

bacteria[bæktíəriə] [명] 박테리아, 세균(細菌 bacterium의 복수형). 7
[《래틴》 *bacterium*의 복수형 ← 《그》 *baktērion* ← *baktron* staff 막대기; small staff 작은 작대기 같은 모양이라고 해서]
[동계어] **bacillus**[bəsíləs] [명] 간상균(杆狀菌)
[참고] 단수형 bacterium은 거의 사용하지 않음. *cf.* data.

bad[bæd] [형] (worse[wəːs], worst[wəːst]) 나쁜, 서투른, 지독한(severe). [명] 나쁜 것. [반] good. 1
[《중영》 *badde*←《고영》 *bæddel* hermaphrodite 남녀 양성을 다 지닌 것, 반음양(半陰陽)]
[동의어] **bad**는 "장난을 좋아하는"에서 "타락하는"에 이르는 여러가지 뜻을 갖는 가장 보통의 단어. **evil**은 "도덕적으로 나쁜, 불길한 일을 초래할 경향이 있는" 따위의 뜻이 있어서 bad보다 뜻이 강하다. **wicked**는 "악덕한, 부정의"의 뜻으로 evil보다 강한 뜻. **ill**은 "비도덕적인"의 뜻으로 evil보다 약간 약한 뜻을 나타내며 일정한 숙어를 이루어 쓰는 때가 많다. **naughty**는 단순히 "장난을 좋아하는, 말을 안 듣는" 정도의 뜻.

badly[bǽdli] [부] (worse, worst)몹시, 나쁘게. [bad+*ly*] [반] be well off
be ~ ***off*** 형편이 넉넉지 못하다.

badness[bǽdnis] [명] 나쁜 상태, 해로

움. [bad+ -ness] ⓑ goodness
badge[bædʒ] 圀 기장(記章), 뺏지. 6
[《중영》 bage, bagge]
baffle[bǽfl] 圀 좌절(挫折)시키다, 곤란하게 하다. 7
bag[bæg] 圀 푸대, 지갑, 손가방. 됭 푸대에 넣다. 1
[《중영》 bagge←《고대 노르만》 baggi bag, pack, bundle 보따리 묶음]
mail ~ 우편 푸대. *hand* ~ 핸드 백.
baggage[bǽgidʒ] 圀 《미》 수하물(手荷物); *cf.* 《영》 luggage. 7
[《고프》 bagage collection of bundles; 보따리 여럿을 모은 것]
㊟ 집합명사이므로 복수는 없다. 따라서 자기가 가지고 가는 수하물을 하나, 둘 셀 때에는 a piece of, … two pieces of …로 나타낸다. *cf.* a piece of furniture.
bail[beil] 圀 보석(금)(保釋金). 됭 보석시키다.
[《래틴》 bājulāre to keep custody← bājulus porter, carrier; to keep custody 보호하다]
bait[beit] 圀 미끼, 유혹. 됭 미끼로 꾀이다. 5
[《중영》 beiten to make to bite; 물어 뜯게 하는 것] ☞ bite
bake[beik] 됭 (빵 따위를)굽다. *cf.* batch.
[《중영》 baken←《고영》 bacan; 원 뜻은 roast]
baker[béikə] 圀 빵집. [bake+ -er] 4
bakery[béikəri] 圀 빵집; 《미》 빵, 과자류 판매점. [baker +-y]
balance[bǽləns] 圀 균형, 잔액, 저울. 됭 저울질하다(weigh), 평균하다(take the mean). 2
[《래틴》 bilanx having two scales← bi-= bis- double+lanx dish; 접시 둘 있는 것]
hold the ~ 결정권을 가지다.
~ *of power* 세력 균형.
unbalance[ʌnbǽləns] 圀 불균형. 됭 균형이 깨어지다. [*un*- not+balance]
unbalanced[ʌnbǽlənst] 圀 균형이 안 맞는. [unbalance +-ed]
☞ bi-, bicycle
balcony[bǽlkəni] 圀 발코니, 노대(露台). 10
[《이태》 balcone, stage 에서]

bald[bɔ:ld] 圀 대머리의, 벗겨진. 6
[《중영》 balled; 원 뜻은 white, shining]
㊟ bold[bould] "대담한"과 혼동하지 않도록 하라.
bale[beil] 圀 큰 보퉁이, 가마니에 싼 화물. 8
[《프》 bale ball, pack; round package]
balk, baulk[bɔ:k] 圀 장애,방해. 됭 방해하다. 9
[《중영》 balken ←《고영》 balca ridge; to put a balk or bar in a man's way 방해하다]
ball¹[bɔ:l] 圀 공; 야구(baseball). 됭 공처럼 만들다. 1
[《중영》 bal(le)←《고프》 balle←《고대 독》 ballo ball; 원 뜻은 부풀어서 공처럼 된 것] ☞ baloon, ballot
balloon[bəlú:n] 圀 경기구(輕氣球), 풍선. 8
㊀ 원래 football용의 공을 뜻하였으나 1783년 Montgolifier 형제가 경기구를 발명한 후 그를 뜻하게 되었다.
ballot[bǽlət] 圀, 됭 무기명 비밀 투표(를 하다). 8
[《이태》 ballotare ← ballota a little ball used for voting←balla ball의 축소 명사]
㊀ 처음에는 비밀투표를 할 때 사용하는 작은 공(ballotta)를 뜻하였으나, 차차 그런 목적에 쓰이는 것은 무슨 꼴을 했든 ballot라고 하게 되고 마침내 비밀 투표의 뜻을 갖게 되었다. ☞ ball
ball²[bɔ:l] 圀 무도회(gathering of people for dancing).
[《프》 bal←baller dance ←《래틴》 ballāre dance]
ballad[bǽləd] 圀 민요(民謠), 노래가락. 6
[《래틴》 ballāre dance; 춤에 맞는 노래]
ballet[bǽlei] 圀 발레, 무용극(단).
[《프》 ballet, bal dance; 프랑스어의 어미 t 는 발음하지 않는다]
ballerina[bælərí:nə] 圀 발레리나, 무희.
ballet-dancer[bǽleidɑ̀:nsə] 圀 발레단의 무희.
㊟ 다 같은 "발레"이지만 배구(排球)의 발레는 volley-ball[vɔ́libɔ:l] 이다. 발음과 철자법의 다름을 주의하라.

balm[bɑ:m] 圈 향유; 진통제. ⓟ stench 악취. 5
[《그》*balsamon* balsam 나무에서 나는 향료]
balmy[bɑ́·mi] 阁 향기로운, 향긋한 7
[balm+ -y(형용사 어미)]
bamboo[bæmbúː] 圈 대(竹). 6
[《말라야》*bambu*; 1662년에는 *mambu* 로 적음]
~ *shoot*(또는 *sprout*) 죽순(竹筍).
banana[bənɑ́:nə] 圈 바나나. 4
[《스페》*banana*(*banano*의 열매); 아프리카(기니아)에서 유래]
ban[bæn] 嗵 (banned, banning) 금지하다(forbid), 추방하다(banish). 圈 금지(령), 추방. 10
[《스칸디나비아》*bana* forbid 금지하다] ☞ abandon
band[bænd] 圈 띠, 끈(belt), 대(隊) (group), 악대(樂隊). 嗵 묶다, 단결하다. 1
[《중영》band←《고대 독》*binta*←*bintan* bind; 원래는 어떤 것을 다른 것에 매어 놓는다는 뜻]
bandage[bǽndidʒ] 圈, 嗵 붕대(를 감다). [band+ -*age*(명사 어미)] 8
bandit[bǽndit] 비적(匪賊), 악당. 9
[《이태》*bandito* outlaw 범법자; *bandire* banish 추방하다←《래틴》*banire* han 추방하다]
劷고 복수형이 banditti가 되는 것은 이태리어의 복수형을 그대로 쓴 것이다.
☞ ban, banish, outlaw
lang[bæŋ] 嗵 쾅 치다, 쾅 소리가 나다. 圈 쾅 치는 것. 6
[《고 노르만》*banga* hammer 쾅 두드리다]
劷고 shut the door 문을 닫다(보통 뜻), close the door 문을 닫다(밖에 들리지 않도록 빈틈 없이), bang the door 문을 쾅하고 닫다, slam the door 아무지게 문을 닫다.
banish[bǽniʃ] 嗵 추방하다(expel), 쫓아내다. 3
[《래틴》*bannire* put under a ban 금지하다; outlaw 법의 보호를 박탈]
banishment[bǽniʃmənt] 圈 추방, 귀양. [banish+ *-ment*] 5
☞ ban, bandit
bank[bæŋk] 圈 제방, 축; 은행. 嗵 은행에 맡기다. 1
[《중영》*banke* 둑 ← 《스칸디나비아》

banke; 《프》*banque* 환전 업자(換錢業者)의 책상 또는 걸상; bench와 같은 어원]
banker[bǽŋkə] 圈 은행가. 5
[bank+ -*er*]
劷고 은행원은 a bank clerk라고 한다.
bank-note[bǽŋknout] 圈 지폐, 은행권.
bankrupt[bǽŋkrʌpt] 圈 파산자(破産者). 圈 파산의. 嗵 파산시키다. 8
[《중세 독》*banc* bench+《래틴》*rupta* broken]
bankruptcy[bǽŋkrəptsi] 圈 파산, 파탄. [bankrupt+ -*cy*(명사 어미)]
☞ bench, banquet
banner[bǽnə] 圈 기(旗 flag). 圈 (미) 주되는, 일류의(leading, foremost). 3
[《중영》*banere* ←《고프》*banere* ←《래틴》*baneria, banderia*←*bandum* banner]
banquet[bǽŋkwit] 圈 연회, 잔치(dinner, feast). 嗵 잔치를 벌리다(entertain at a banquet). 3
[《프》*banquet*←《이태》*banchetto*(feast, bench; *banco* bench의 축소형) ←《중세 독》*banc* bench, table]
劷고 bench, table을 뜻한 banquet가 잔치를 뜻하게 된 경위는 board를 참조하라. ☞ bank, bench
bantam[bǽntəm] 圈 몸집이 작은 남자. 圈 작은.
[《자바》*Bantam*에서 온 새 → 대단히 작은 새]
bantam(-**weight**) 圈 (권투) 밴탬급 (《영》 116 1b. 이하, 《미》 118 1b. 이하의 체중을 갖는 권투 등급).
baptize[bæptáiz] 嗵 세례(洗禮)하다. 8
[《래틴》*baptizāre*―《그》*baptizein*― *baptein* dip 적시다; 물에 적시다]
baptism[bǽptizm] 圈 세례. 7
[《그》*baptisma, baptismos* dipping 적시기]
baptist[bǽptist] 圈 침례교회원. 圈 침례교의. 8
[《그》*baptistes* dipper 적시는 사람]
St. John the Baptist 세례자 요한.
bar[bɑ:] 圈 막대기, 빗장, 술집, 법정 (法廷 court). 嗵 막다(prevent), 막아서 반대하다, 제외하다. 2
[《래틴》*barra* bar]
劷고 법정에서 판사석이 난간(bars)으

로 다른 부분과 구분되어 있다고 해서 "법정"의 뜻이 생기고, 법정에 관계하는 사람이라는 뜻으로 "변호사들, 법조계(法曹界)"라는 뜻과 호텔이나 식당에서 손님을 접대하는 곳을 가로 막은 막대기(bar)에서 그 근처를 bar라고 하게 되었다.

☞ barrack, barrel, barricade, barrier

barbarous[bá:b(ə)rəs] [형] 야만의, 잔인한. [반] civilized. 5
〔《그》 *barbaros* foreign; 원 뜻은 stammering 말을 더듬는; 그리스아인이 외국어의 이상한 발음을 가리킨 말→알 수 없는 말→외국인→야만인〕

barbarian[bɑ:bέəriən] [명] 야만인. [형] 야만스러운, 잔인한. 7
〔babarous를 참조〕

barbarism[bá:bərizm] [명] 야만, 무지, 야비한 말투.

[동의어] **barbarian**은 "야만인의"의 뜻: barbarian custom 야만인의 관습. **barbaric**은 "닮지 않는, 난폭한, 거치른"의 뜻으로 좋은 의미로 쓰이며 **barbarous**는 나쁜 의미로 쓰여 "무지막지한, 잔학한(cruel)"의 뜻이다.

barber[bá:bə] [명] 이발사, 이발소. 5
〔《래틴》 *barba* beard; 수염 깎는 사람〕

[참고] 이발사는 보통 hair-dresser라고 하며 이발소는 hair-dresser's shop이라고 한다. 이발소를 《영》 barber's shop, 《미》 barber shop 이라고도 하며 또 농조로 말할 때는 tonsorial[tɔnsɔ́:riəl] parlor라고 한다. 마찬가지로 이발사를 tonsorial artist라고 하며 이발소 표지인 빨갛고 하얀 막대기는 barber('s) pole이라고 하며 빨강은 혈관을, 하얀은 붕대를 나타낸다고 한다. 옛날에는 이발사가 외과의사를 겸했던 데서 생긴 표지라고 한다.

bare[bεə] [형] 벗은(naked); 텅빈(empty). [동] 벗기다. [반] clad 옷을 입은. 2
〔《중영》 *bar*←《고영》 *bær*〕

lay (something) ~ 폭로하다.

barefoot[bέəfut] [형] 맨발의. [부] 맨발로. 〔bare+foot〕 7

barely[bέəli] [부] 겨우, 간신히, 숨김없이. 〔bare+ *-ly*(부사 어미)〕 7

bargain[bá:gin] [명] 거래, 매매 계약, 값이 싼 물건. [동] 거래하다. 3
〔《래틴》 *barcāniāre* change about〕

a good ~ 특히 싸게 사는 것. ***into the*** ~ 덧붙여서, 게다가(besides).

[참고] 큰 백화점의 지하층에서는 싸구려로 상품을 파는 경우가 많기 때문에 bargain basement 라고 불리어진다. *cf.* basement

barge[bɑ:dʒ] [명] 짐 싣는 큰 나룻배, 바닥이 편평한 짐배. 6
〔《중영》《고프》 *barge*←《래틴》 *barga* (*barca* bark의 변형)〕

bark[bɑ:k] [동] (개, 여우 따위가)짖다, 나무 껍질을 벗기다. [명] 짖는 소리, 나무 껍질. 2
〔《고영》 *beorcan* bark 짖다〕

[참고] 개의 짖는 소리 : snarl [snɑ:l] 으르렁거리다. yelp[jelp] 깽깽거리다, 멍멍 짖다. whine[hwain] 낑낑거리다. howl[haul] 컹컹 짖다, 멀리를 보고 짖다. growl[graul] 화나서 으르렁대다. *cf.* dog.

barley[bá:li] [명] 보리. *cf.* wheat 밀. 4
〔《고영》 *bærlic* ← *bere* barley+ *-lic* (*-ly*, kind); of barley 보리 종류의〕

barn[bɑ:n] [명] 광, 창고, 헛간, 《미》 외양간. 2
〔《중영》 *berne* ← 《고영》 *bern* ← *bere* barley + *ern*, *ærn* a place for storing 보리를 저축하는 곳〕

barnyard[bá:n-jɑ:d] [명] 헛간 마당, 뒷마당. 7

barometer[bərɔ́mitə] [명] 청우계, 기압계.
〔《그》 *baro-*(*baros* weight)+*metron* measure ; 공기의 무게를 재는 기구〕

[참고] -meter를 쓴 복합어에는 gas-meter 깨스 사용계, water-meter 수도 사용계, parking-meter (자동차의)주차 시간 계(駐車時間計), speedometer 속도계, taximeter 자동차 요금 자동 표시기, thermometer 한란계, watt-meter 전력계 등 많다. ☞ meter

barrack[bǽrək] [명] 《보통 복수》 바라크, 병영(兵營). [동] 병사(兵舍)에 수용하다.
〔《래틴》 *barra* bar와 관계가 있는 말, 판자(bar)로 지은 일시적인 집이라는 뜻인 듯〕

[참고] 보통 barracks로 복수형으로 쓰여 단수로 취급되는 때가 많다. The *barracks* was(또는 were) a large, ugly building(또는 large, ugly buildings).

☞ bar, barrel

barrel[bǽrəl] [명] (허리가 불룩한)나무통(cask). [동] 통에 넣다. 3
〔《래틴》 ***barra*** bar; 통을 만드는 나무

☞ bar, barrack, barricade, barrier

barren[bǽrən] 휑 임신 못하는, 불모(不毛)의. 휑 황무지(荒蕪地). ⓑ fertile 비옥한. 3

barricade[bǽrikéid] 명, 통 방책(防柵)(을 세우다).
[《스페》 *barricada* barricade←*barrica* barrel←*barra* bar; 원 뜻은 흙을 넣은 통 또는 《라틴》 *barra* bar 지름 막대 + -*ade*(명사 어미)]

barrier[bǽriə] 명 장애(obstacle), 울타리. 통 울을 막다. 5
[bar+ -*ier*(명사 어미)]
☞ bar, barrel, barrack

barter[báːtə] 명, 통 물물교환(을 하다).
[《고프》 *bareter*, *barater* cheat, exchange 속이다, 교환하다] 10
~ *system* 바터 제도(相互求償制).

base[beis] 명 토대(foundation), 기지; 베이스(壘). 통 기초를 두다. 휑 비천(卑賤)한(not noble). 2
[《중영》 *bass*←《고프》 *bas* low←《라틴》 *bassus* low 천한; 《중영》 *bas*←《프》 *base*←《라틴》 *basis*←《그》 *basis* step, pedestal, base←*ba* go+-*si*- (어미); 걷는 곳 즉 지면(地面)]

baseball[béisbɔːl] 명 야구. [base + ball] 6

basement[béismənt] 명 (건축물의)최하층, 지하실. cf. cellar.
[base + -*ment*]

basely[béisli] 부 천하게, 비열하게.
[base 휑 + -*ly*]

baseness[béisnis] 명 천한 것. [base + -*ness*]

basic[béisik] 휑 기초적인(fundamental). [base 휑 + -*ic*]

basis[béisis] 명, *pl*. bases[-z] 명 기초, 근거(bottom or foundation). 4
[《라틴》 *basis*←《그》 *basis*] ☞ base
주의 base[beis]의 복수형→bases[béisiz] basis[béisis]의 복수형 → bases [béisiːz]
동의어 base는 지하의 구조가 아니고 땅위에 있는 기초. basis는 추상적인 경우에 많이 쓴다. foundation은 하부구조, 특히 땅속의 기초를 나타내며 그 위에 세워진 것의 안정성과 영속성을 시사한다. groundwork의 뜻은 foundation과 비슷하나 비유해서 말할 때 많이 쓰인다.

bashful[bǽʃful] 휑 부끄럼타는(shy), 수줍어하는. ⓑ bold. 5
[abashful과 혼동한 듯; abase와 base를 혼동해서 쓴 것과 같음]
☞ abash

basin[béisn] 명 대야(open dish); 분지 (盆地). 3
[《라틴》 *bac(c)hīnus* basin ← *bacca* water vessel 물 담는 그릇]

basket[bǽskit] 명 바구니, 광주리. 통 바구니에 넣다. 1
[《중영》 *basket*]

basketball[bǽskitbɔːl] 명 농구(籠球).
[미국 Massachusetts주 Springfield의 James A. Naismith 박사의 창안(1891년)]

bass[beis] 명 《음악》 저음(低音), 남성 저음부(가수). 휑 저음의. 7
[base와 같은 단어이나 《이태》 *basso* base와 맞추어 쓴 것]

bastard[bǽstəd] 명 서자(庶子), 사생아.
[《중영》 *bastard*《고프》 *fils de bast* the son of a pack-saddle, not of a bed 침대에서 생긴 아이가 아니고 짐 안장(荷鞍)에서 생긴 아이←*bast* pack-saddle + -*ard*(명사 어미); 중세영어에서 윌리암 1세의 별명으로 쓰였다] 6

bat¹[bæt] 명 박쥐.
[《중영》 *bakke* 대신 쓰이게 되었다. ←《덴마》 *bakke* 에서]

bat²[bæt] 명 (야구용)배트, 타구봉(打球棒). 통 배트로 치다. 3
[《고영》 *bat(a)* staff 곤봉]

bath[bɑːθ, 《미》-æ-] 명 (*pl*. -s[-ðz]) 목욕, 멱감기. 3
[《고영》 *bæth* a place of warmth]

bathe[beið] 통 목욕하다, 멱 감기다, 적시다. [《고영》 *bathian* bathe←*bæth* bath] 3
☞ bask
참고 명사 [-θ]가 동사 [-ð]로 변하는 것으로는 bath 명 →bathe 통, breath [breθ] 명 숨→breathe[briːð] 통 숨 쉬다, mouth[mauθ] 명 입→mouth[mauð] 통 입에 넣다, tooth[tuːθ] 명 이 →teethe[tiːð] 통 이가 나다, wreath [riːθ] 명 화환→wreathe[riːð] 통 화환을 만들다, 따위가 있다.

baton[bǽtn] 명 곤봉, 지휘봉, 바톤.
[《라틴》 *bastōnem* basto stick 곤봉]

batter[bǽtə] 통 난타하다, 혹평(酷評)하다. 7

[《중영》 bateren ← 《래틴》 battere (battuere beat 치다)의 보편적인 형태]

batter[bǽtə] 명 (야구, 크리케트 따위의) 타자(打者). [bat²+-er]

battery[bǽtəri] 명 (법률) 구타(殴打) (보통 assault and …의 숙어로 사용한다);《군대》 포병중대, 포대, 전지(電池), (야구의) 배터리(투수와 포수). 5
[《프》 batterie beating 구타]

battle[bǽtl] 명 전투(fight). 동 싸우다 (against, with). 반 truce. 1
[《래틴》 baltuālia 병사나 무기사들의 검술 또는 전투연습←battuere beat]

battalion[bətǽljən] 명 《군대》 보병대대, (복수일 때가 많다) 대부대. 9
[《이태》 battaglione ←bataglia battle] ☞ battle

battle(-) field[bǽtlfi:ld] 명 싸움터.

battlement[bǽtlmənt] 명 (보통 복수) 총 쏘는 구멍이 있는 흉벽(胸壁). cf. parapet. 9
[《고프》 bastir build의 파생어와 혼동]

battleship[bǽtlʃip] 명 전투함(戰闘艦), 전함. 10

bawl[bɔ:l] 동 고함치다(cry and shout loudly). 8
[《아이스》 baula low as a cow (《스웨덴》 böla below] ☞ below

bay[bei] 명 만(灣), 궁지(窮地), 짖는 소리(deep bark). 동 짖다(bark with a deep bound). 1
[《프》 baie inlet 만←《래틴》 baia harbour 항구; 《중영》 bayen←《고프》baier yelp 짖다; 궁지(窮地)의 뜻은 《고프》 a 《래틴》 ad-+baier yelp에서]

at ~ 궁지에 빠진, 적에게 쫓기는.

bayonet[bé(i)ənit] 동 총검으로 찌르다. 명 총검(銃劍). 7
[《프》 baionette, bayonette knife; 17세기 이후에 쓰임; 프랑스의 Bayonne 지방에서 처음 만들어 졌다고 해서]

baza(a)r[bəzá:] 명 자선시장(慈善市場), 공설시장, 직매점.
[《페르샤》 bāzār market 시장]

bazooka[bəzú:kə] 명 《미》 2인용 대전차(對戰車) 보병(步兵) 로케트 포(砲). [라디오 방송 희극 성우 Bob Burns가 로케트포의 소리를 흉내 낸 데에서 유래된 듯하다]

B.B.C.= B(ritish) B(roadcasting) C (orporation) 영국 방송협회.

B.C.=B(efore) C(hrist) 서양 기원 전. cf. A.D.

B.C.G=B(acillus) C(almette) G(uérin) 결핵예방 주사약.

be[bi:, bi] 동 …이다, 있다, …에 존재하다. 1
[《중영》 been, beon←《고영》 bēon]

~ + -ing …하고 있(는 중이)다[진행형]. ~ +타동사의 과거분사 …당하다(수동태). ~ + to-infinitive …할 예정이다, …해야 한다. have been to-infinitive …에 다녀 오다. have been in(또는to) …에 간 적이 있다.

~ what ·may …이 무엇이든, Be the matter what it may, always speak the truth. (무슨 일에 있어서나 항상 진심을 말하여라)

beach[bi:tʃ] 명 해안(seashore), 물가. 2
[pebbles, shingles "조약돌, 자갈"을 뜻하는 16세기 영국 방언(方言)에서]

beacon[bí:k(ə)n] 명 항로 표지, 횃불. 10
[《고영》 bēacn, bēcn sign, signal 신호] ☞ beckon

bead[bi:d] 명 연주(連珠), 꿴 구슬, 물방울. 3
[《고영》 bed. gebed prayer←biddan pray 기도하다]

count(또는 *tell, say*) *one's* ~*s* (염주알을 헤아리며)기도 드리다 (say one's prayers).

참고 원 뜻은 기도하다(pray)였으나 기도 드릴 때 무식한 사람들이 몇번 기도했나를 외워 두기 위하여 쓴 염주(念珠)를 뜻하게 되었다. 오늘날에는 염주 처럼 작은 구슬을 bead라고 한다. *Beads* of sweat stood on his forehead. (구슬 같은 땀이 그의 이마에 솟았다)

beak[bi:k] 명 (사나운 새의)입부리(bill), 부리 모양의 물건. 5
[《래틴》 beccus]

beam[bi:m] 명 광선, 저울대, 대들보. 동 빛나다, 방긋 웃다. 2
[《고영》 bēam(광선); 《고영》 bēam tree 나무. cf.《독》 baum tree]

bean[bi:n] 명 콩(대두, 완두콩 따위); 꾸중. 2
[《중영》 bene, 《고영》 bēan]

참고 긴 콩알을 bean이라고 하고 둥근 콩알을 pea라고 하는다.

bear[bɛə] 동 (bore, born 또는 borne) 견디다, 참다(suffer), 가지고 가다

(carry), 낳다(bring forth), 지탱하다 (support). 圀 곰. 1
[《중영》 beren, 《고영》 beran carry 운반하다, 《래틴》 ferre carry와 같은 어원; 《중영》 bere, 《고영》 bera 곰]
~ *in mind* 기억하다(remember), 명심하다. ~ *oneself*(*nobly*)(고상하게)굴다. ~ *witness to* …을 증언하다.
참고 ① 과거분사의 born은"태어나다, 출생하다"의 뜻으로만 쓰인다 : She was *born* in 1919. (그녀는 1919년에 났다). borne는 "낳다"의 뜻으로 쓰인다 : She has *borne* him five children. (그녀는 그와의 사이에 아이를 다섯 낳았다). ② "자식을 낳다"의 뜻으로는 bear a child보다 have a child를 쓰는 것이 보통이다 : Did you ever *have* a child? 애를 낳아본 적이 있느냐? ③ "견디다, 참다"의 뜻으로 bear를 쓸 때는 주로 부정문(否定文)인 때가 많다 : I cant *bear* that man. 저 사람은 참을 수 없다.

bearable[bέərəbl] 휑 견딜만한(endurable). [bear+ -*able*]
bearer[bέərə] 囮 운반인, 가지고 온 사람. [bear+ -*er*] 5
bearing[bέəriŋ] 囮 태도(manner), 관계, 행동, 방향, 산출. [bear+-*ing*] 2
☞ birth
beard[biəd] 囮 턱수염. *cf*. m(o)ustache(코 수염). 2
[《중영》 berd, 《고영》 beard, *cf*. 《독》 bε̄rt, 《래틴》 barba]
beast[bi:st] 囮 짐승(four-legged animal, 특히 wild animal), 짐승 같은 사람. 1
[《래틴》 *bestia* beast 짐승; *cf*. 《프》 bete와 동어원]
beastly[bí:stli] 휑 짐승 같은, 더러운. [beast+ -*ly*] 8
bestial[béstjəl] 휑 짐승 같은. [beast + -*al*]
beat[bi:t] 圐 (연달아)치다, 쳐부수다. 囮 치는 것, 박자, 고동(鼓動), (순경의)순찰 구역. 1
[《중영》 beten 《고영》 bēatan]
beaten[bí:tn] 휑 얻어 맞은, 때려 눕혀진. [beat+ -*en*] 6
beating[bí:tiŋ] 囮 치는것, 때리기. 7 [beat+ -*ing*]
beauty[bjú:ti] 囮 미(美), 미인. 1

[《래틴》 *bellus* fair lovely]
beautiful[bjú:tiful] 휑 아름다운, 예쁜, 훌륭한. ⓑ ugly [beauty+ -*ful*] 1
동의어 "아름다운"이라는 뜻을 나타내는 가장 보편적인 닦어는 **beautiful**이다. 사람에 대해 말할 때에는 보통 여자에게 beautiful을, 남자에는 handsome을 쓴다. handsome은 용모가 수려하고 단정함을 나타낸다. lovely는 아름다울 뿐 아니라 애정을 느끼게 하는 때. pretty는 "귀여운"의 뜻으로 많이 쓴다.
beautifully[bjú:tifuli] 튀 아름답게, 훌륭히. [beautiful+ -*ly*]
beauteous[bjú:tiəs] 휑 《아어》 =beautiful. [beauty+ -*ous*] 6
beau[bou] 囮 (*pl*. beaux[-z]) 멋쟁이 (남자), 애인. 6
[《래틴》 *bellus* fair]
beautify[bjú:tifai] 圐 아름답게 하다. [beauty+ -*fy*(make)] 8
beauty-art 囮 미용술.
beauty-parlor[bjú:tipὰ:lə], -**shop** [-ʃɔp] 囮 미장원.
beautician[bju:tíʃən] 囮 미용사. 《영》 beauty-specialist. [beauty+ -*ician*(사람)]
because[bikɔ́z,(주로 미국)-kɔ́:z] 젭 왜냐하면(for), …인 까닭으로(since). 튀 (… of) …때문에(owing to). 1
[be- by+cause] ☞ cause
I didn't go out *because of* the rain. (비 때문에 외출하지 않았다)
beckon[bέk(ə)n] 圐 (손짓, 몸짓 따위로)부르다, 신호하다. 6
[《고영》 bē̆acnian make signs 신호하다←bē̆acn sing] ☞ beacon
become[bikʌ́m] 圐 (became, become) …이 되다, …에 어울리다(suit). 1
ⓑ misbecome 어울리지 않다.
[《고영》 *becuman* arrive, happen, trun out, be fall←be-+*come*; *cf*. 《독》 *bequem* suitable]
becoming[bikʌ́miŋ] 휑 알맞는, 어울리는. 囮 적응(適應). 7
becomingly[bikʌ́miŋli] 튀 적당히, 알맞게, 어울리게.
bed[bed] 囮 침대, 강바닥; 모판(苗床). 圐 심다, 자다. 1
[《고영》 *bed*, *bedd*; *cf*. 《독》 *bett*]
go to ~ (잠)자리에 들다, 자려 가다. *take to one's* ~ 병 들어 자리에 눕다,

bedchamber[bédtʃeimbə] 명 《고어》 침실(bedroom). 10
bedroom[bédrum] 명 침실. 4 [bed+room]
bedside[bédsaid] 명 침대의 곁, (환자의)머리맡. [bed+side]
bedtime[bédtaim] 명 취침 시각. 8 [bed+time]
bee[biː] 명 꿀벌, 매우 부지런한 사람. 1
[《중영》 bee: cf. 《독》 biene]
 the queen(working) ~ 여왕(일)벌.
beehive[bíːhaiv] 명 벌집. [bee+hive]
beeline[bíːlain] 명 일직선, 가장 가까운 길. [벌이 집에 돌아 갈 때 가장 가까운 길을 택한다고 해서] 「家」
beekeeper[bíːkiːpə] 명 양봉가(養蜂
beech[biːtʃ] 명 너도밤나무(목재). 6
[《고영》 bōēce, bæce←bōc: 측참나무 껍질은 글을 적는데 쓰였다]
☞ book, buckwheat
beef[biːf] 명 (pl. beeves[biːvz]) 쇠고기; cf. pork(돼지 고기), mutton (양고기), veal(송아지 고기). 3
[《중영》 beef]
beefsteak[bíːfstéik] 명 두껍게 다진 고기, 비프스테이크.
beer[biə] 명 맥주. cf. ale, porter, stout, lager. 5
 draught ~ 생(生)맥주. *bottled* ~ 병(瓶)맥주. *be in* ~ 맥주에 취하다. Life is not all *beer* and skittles. 《속담》 인생은 재미 있는 일만 있는 것은 아니다.
beetle[bíːtl] 명 딱정벌레, 얼빠진 친구. 명 튀어 나온(projecting). 동 튀어나오다(project). 5
[《고영》 bitela biting one←bitan bite+ol; 물어뜯는 것] ☞ bite
befall[bifɔ́ːl] 동 (befell, befallen) (사건이)일어나다(happen), (일이)생기다(come to pass). 4
[《고영》 befeallan←be- around, near +feallan fall; 가까이 일어서다]
☞ fall
befit[bifít] 동 적합하다(suit), 어울리다. [be- completely+fit(적합하다)] 8
☞ fit
before[bifɔ́ː, bifɔ̀ə] 부 앞에(ahead), 이전에(previously). 전 …보다 먼저, …의 앞에(in front of). 접 …보다 먼저, 보다는 차라리(rather than), 1

부 behind, after.
[《고영》 beforan←be-(강조 하는 접두사)+foran before]
 ~ *long* 얼마 안되어(soon). *the day*[*night*] ~ *yesterday* 그저께[밤](에).
주의 before long과 long before (훨씬 이전에)를 혼동하지 않도록 주의하라.
beforehand[bifɔ́ːhænd] 부 이전에, 미리. 부 afterwards 나중에. 5
[beform+hand] ☞ fore, former
befriend[bifrénd] 동 …의 편을 들다, 돕다. [be-+friend] ☞ friend 8
beg[beg] 동 빌다(ask for money, clothes, food), 간청하다. 2
[《고프》 begard mendicant 거지]
 I *beg* your pardon. ↗한번 더 말씀해주시겠어요? I *beg* your pardon.↘ 미안합니다(I am sorry). 용서하세요 (Please excuse me).
beggar[bégə] 명 거지, 극빈자. 동 가난하게 하다. 3
beggary[bégəri] 명 거지 신세, 극빈 상태. ℃eggar+ -y]
beget[bigét] 동 (begot, begotten) 낳다, 아버지가 되다(be the father of), 생기게 하다(produce); cf. bear. 6
[《고영》 begitan get ← be- around, near+gitan get] ☞ get
주의 beget은 "아버지가 되다"의 뜻에 쓰이고, bear는 "어머니가 되다"의 뜻에 쓰인다.
begin[bigín] 동 (began, begun); 시작하다(start), 착수하다(take the first step). 부 end, finish 1
 to ~ *with* 무엇 보다도 먼저(firstly).
beginner[bigínə] 명 초보자, 개조(開祖)(originator). [begin+ -(n)er(사람을 나타내는 명사 어미)] 9
beguile[bigáil] 동 속이다, 소일하다 (make time pass pleasantly). 5
[be- 동사를 만드는 접두사)+guile deceit 속임] ☞ guile
behalf[biháːf] 명 이익 《숙어로써만 쓰인다》. 4
[《고영》 be- by+healf side; side 편을 들어]
 in (또는 *on*) ~ *of* … ① …을 위하여 (in the interest of, in order to help). ② …대신(in place of). He did all he could *in behalf of* the accused. 그는 피고를 위하여 최선을 다했다.

He spoke *on behalf of* the committee. 그는 위원회를 위하여(대표하여) 발언했다.

behave[bihéiv] 통 처신하다, 행동하다 (act). 4
[*be-* by+*have* : 원 뜻은 have oneself in hand "자기 자신을 손아귀에 넣다" 즉 control oneself "자기 자신을 억제하다"는 뜻이 되어 차차 "자기 뜻대로 행동하다, 처신하다"로 변했다]
~ *oneself well* 예의 범절을 갖추어 행동하다.
참고 -have의 발음 [heiv]는 have가 [hæv]로 소리나기 전의 옛 발음을 나타낸다.

behavio(u)r[bihéivjə] 명 행동, 처신, 품행. [behave + *-our*; (프) avoir wealth, ability와 혼동해서 생겼다] 7
동의어 behaviour와 conduct. **behaviour**는 그 사람의 개성이 나타나거나 가정교육의 결과로 나타나는 태도, 특히 남의 앞에서 취하는 태도나 행동을 말한다. **conduct**는 특히 도덕적인 면에서 살펴본 사람의 행동을 말한다.

behind[biháind] 부 뒤에, 나중에, 늦어서. 전 …의 뒤에. 명 엉덩이. 반 ahead, before. 1
[(고영) *behindan* ← *be-*(접두사) + *hindan* hind 뒤]
~ *the times* 시대에 뒤떨어져서.
~ *time* 시간에 늦다(late). ☞ hind

behold[bihóuld] 통 (beheld) 보다(see, look at). 2
[(고영) *behealdan* hold ← *be-*(접두사)+*healdan* hold; hold in view 시야에 붙들다] ☞ hold

being[bí:iŋ] 통 be의 현재분사. 명 존재, 생물, 인생, 인간. 1
[*be*+ *-ing* : 존재하는 것]
come into ~ 생기다. *for the time* ~ 당분간.

believe[b.lí:v] 통 믿다, 신앙하다, 생각하다(think). 반 doubt. 1
[(중영) *beleven*(접두사 be-는 ge-의 변형)←(고영) *gelēfan* believe; 원 뜻은 hold dear 소중해 하다; lief [li:f] 부 (기뻐하며)와 관계가 있다. cf. (독) *glauben*]
~ *in* …을 믿다.

belief[bilí:f] 명 신념, 신앙(信仰), 신용. 반 disbelief 3
[(고영) *ge-lēafa*의 ge-를 be-로 바꿈]

believer[bilí:və] 명 믿는 사람, 신자 (信者). [believe+ *-er*(사람을 나타내는 명사 어미)] 8
동의어 믿음을 나타내는 belief, faith, trust, confidence. **belief**는 어떤 사실이 진실이라고 생각하고 받아들이는 뜻으로 가장 보편적인 단어이고, **faith**는 사람이나 사물을 전적으로 믿거나, 맹목적으로 받아 들임을 말하며 종교의 교의를 믿는 경우에도 쓴다. **trust**는 사람의 신용, 실력, 정직함에 대하여 강하게 신뢰(信賴)함을 나타내며, **confidence**는 이성이나 판단에 의하여 얻은 확신을 말한다.

bell[bel] 명 종(鐘), 방울. 통 방울을 달다. 1
[(고영) *belle* bell; 큰 소리가 나기 때문에 생긴 말; cf. (고영) *bellan* roar] ☞ bellow
~ *the cat* 남을 위해 어려운 고비를 당하다.
[Aesop의 우화(寓話) : 고양이의 목에 방울을 달려던 쥐의 이야기에서 생긴 숙어] ☞ bellow

belle[bel] 명 미인(美人). 형 어여쁜; cf. beau. 10
[(래틴) *bellus* fair, fine; a fair lady 미녀]

bellow[bélou] 통 (황소가)큰 소리로 울다, 짖다. 명 포효(咆哮), 고함. 4
[(중영) *belwen*(13세기경); (고영) *bellan* roar 큰 소리치다와 혼동해서 생긴 듯]
주의 below[bilóu] 전, 부 …보다 아래에. billow[bílou] 명 큰 파도. ☞ bell

bellows[bélouz] 명 (단수·복수 동형)풀무. 「의 복수형」
[(중영) *beli, bely, below* bag←*below*
참고 두 손으로 쓰는 것은 a pair of bellows, 대장간에 있는 것은 (the) bellows라고 한다.

belly[béli] 명 배, 허리, 복부(腹部).
[(고영) *bælg, belg* bag, skin] 6
참고 stomach 가 고상하고 보통 쓰는 말. abdomen 은 의학용어로 쓰인다. ☞ bellows

belong[bilɔ́ŋ] 통 에 속하다(… to). 1
[*be-*(강조의 접두사)+(중영) *longen* belong ← (고영) *longian* go along with]

belongings[bilɔ́ŋiŋz] 명 *pl.* 소유물,

재산, 재능. [belong+ -ing+ -s]
☞ long, along
beloved[bilʌ́v(i)d] 혱, 몡 가장 사랑하는(것). 3
[be-(접두사)+love+ -(e)d]
참고 형용사 및 명사로 쓸 때는 보통 [bilʌ́vid]가 된다. He lost his *beloved* [bilʌ́vid] pipe. 과거분사로 쓸 때는 보통 [bilʌ́vd]. He is *beloved*[bilʌ́vd] by all. 그는 모든 사람의 사랑을 받는다. ☞ love

below[bilóu] 튀 밑에, 아래에. 젼 …보다 아래에(lower than), …할 가치가 없는(unworthy of). ⓔ above
[be-(강조의 접두사)+low] ☞ low

belt[belt] 몡 띠(band), 혁대, 지대(地帶 zone). 통 띠를 매다(gird on). 2
[((래틴)) balteus belt]

bench[bentʃ] 몡 긴 의자, 벤취. 2
[((중영)) benche ← ((고영)) benc; cf. ((독)) bank]

bend[bend] 통 (bend)굽(히)다, (활 따위를)잡아 당기다, 굴복하다(yield). 몡 굴복(bending), 활례(bow). 2
[((고영)) bendan: 원 뜻은 활에 줄을 치다; cf. ((고영)) bend band←binden bind]

bent[bent] 통 bend의 과거분사. 혱 굽은, 열심인. 몡 성벽(性癖), 경향 (inclination). ☞ bind 2

beneath[biníːθ] 젼 …의 아래에, …보다 못하여. 튀 아래에. 2
[((고영)) beneothan below←be- by+ neothan below]
참고 below, under의 구식 단어로 아어(雅語)로 쓴다.
☞ nether, Netherland

benefit[bénifit] 몡 이익, 특전, 은혜. 통 이익이 되(게 하)다(give or receive profit). 2
[((중영)) benfet←((고프)) binefet←((래틴)) benefactum, benefacere ← bene well+facere do; 좋은 일을 하다]

benefaction[bènifǽkʃ(ə)n] 몡 기부행위, 자선. [((래틴)) benefactio←benefacere] ☞ benefit

benefactor[bénifæktə] 몡 은인, 보호자, 후원자. [((래틴)) benefactor doer of good← bene well+factor doer←facere do; 좋은 일을 하는 사람] 9

beneficence[binéfis(ə)ns] 몡 선행(善行), 은혜, 자선.

[bene well+ficence do, make]
beneficent[binéfis(ə)nt] 혱 은혜를 베푸는.

beneficial[bènifíʃ(ə)l] 혱 유익한(…to) (helpful). 8

benevolence[binévələns] 몡 자비심, 박애. [((래틴)) benevolentia kindness ←bene well+volentem←volens wishing←volo I wish] 9

benevolent[binévələnt] 혱 인정 있는, 자선적. ☞ voluntary

참고 **malefaction**[mælifǽkʃ(ə)n] 몡 나쁜 일. [((래틴)) malefacere ←male evil+facere do]

malefactor 몡 나쁜 사람, 범인(犯人).
maleficence 몡 나쁜 일, 해로움, 유독.
maleficent 혱 해로운. **malevolence** 몡 악의, 나쁜 마음. **malevolent** 혱 악의 있는, 남의 불행을 좋아하는.
☞ fact, faction

benumb[binʌ́m] 통 감각을 잃게 하다, 마비시키다. 10
[((고영)) beniman←be-(동사를 만드는 접두사)+niman take; -b는 dumb 따위의 단어와 맞추어 붙여 쓴 것; cf. thumb]

통계어 **numb**[nʌm] 혱 무감각의, 마비된, 얼은, 무딘.
[((중영)) nomen seized, caught with, overpowered 붙들린→무기력해진→무감각의]

bequeath[bikwíːð] 통 유증(遺贈)하다, 남기다. 7
[((중영)) becwethan assert, bequeath be-(접두사)+cwethan say; 유언을 해서 주다] ☞ quoth

bequest[bikwést] 몡 유증(遺贈), 유산, 유물. [((중영)) biqueste, biquiste ←biquide←be-(접두사)+((고영)) cwide saying←cwethan say]

통계어 **quoth**[kwouθ] 통 말하다, 왈 (曰 said). 5

참고 bequest의 -quest는 quest, request와 형태상으로는 같으나 아무런 관계도 없다.

bereave[biríːv] 통 (bereaved 또는 bereft) (생명, 희망, 이성「理性」따위를) 빼앗다(of), 잃게 하다(deprive). 9
ⓔ replenish 보충하다.
[((고영)) berēafian dispossess ← be-(접두사)+rēafian rob; rob away 빼앗다]

berry / **bestow**

be ~*d of*(a child) (자식을)잃다.
the ~ *family* 유족(遺族).
[참고] 이 단어는 과거분사로 쓰이는 것이 보통이다. bereaved는 "가까운 사람이 죽다"란 뜻. bereft는 그 외의 경우에 쓴다.
He was *bereft* of reason. 그는 이성을 잃었다.

bereavement[birí:vmənt] 명 사별(死別). [bereave+ -ment]

[통계어] **reave**[ri:v] (고) 통 약탈하다, (특히 과거분사형으로 써서) 빼앗다 (bereave) [… of]; cf. 《독》 *rauben*. 보기: children *reaved*(또는 *reft*) of their parents. 부모를 잃은 아이들.

berry[béri] 명 장과(漿果), (딸기, 커피 따위의)열매, (게, 새우 따위의)알. 2 [《고영》 *berie*; 《독》 *beere*; 원래의 어간은 *bas*- edible fruit: 먹을 수 있는 열매]
[참고] strawberry 화단 딸기. mulberry 오디. gooseberry 구우스베리(딸기의 일종).

berth[bə:θ] 명 (선실, 침대차 따위의)침대, 정박소. 통 정박하게 하다, 닻을 내리다. 9
[《고영》 *byr*- 적당한 + -*th*(어미); 적당한 장소]

beseech[bisí:tʃ] 통 (besought) 탄원하다(ask very earnestly), 희구(希求)하다(demand urgently). 5
[《중영》 *besechen* ← *be*-(접두사)+*sechen*(북부어 *seken* seek의 남부어형); seek after 찾다] ☞ seek

beseem[bisí:m] 통 어울리다, 적당하다.
[《중영》 *besemen* ← *be*-(접두사)+*semen* seem, satisfy; 어울리다, 만족하게 하다] ☞ seem 9

beseemingly[bisí:miŋli] 부 적당하게.
[beseem+ -*ing*+ -*ly*]

beset[bisét] 통 (beset; besetting) 포위하다(surround), 폐쇄하다. 6
[《고영》 *besettan* ← *be*-(접두사)+*settan* set]
~*ting sin* 사람이 빠지기 쉬운 죄.
Laziness is her *besetting sin*. 게으름은 그녀가 빠지기 쉬운 죄악이다.
☞ set

beside[bisáid] 전 …의 옆에(by), …와 견주면(compared with), …을 떠나서 (away from). 1
[《중영》 *beside*←*be*-by+*side*; by the side of … …의 곁에]
~ *oneself* 정신을 잃고(widely excited), 몹시 화나서(mad).

besides[bisáidz] 전 … 이외에도(in addition to), 《부정(否定)구문에서》 …을 제외하고(except). 부 그 밖에도(in addition), 뿐만 아니라(moreover). 4
His house is *beside* the river. 그의 집은 강가에 있다. There were many others, *besides* me. 나 외에도 많이 있었다.
[어미의 -s는 명사의 소유격으로 부사적인 역할을 한다. cf. nowadays, forwards, towards, once, twice, hence, thence, etc.]

besiege[bisí:dʒ] 통 포위하다, 공격하다.
[*be*- +siege 포위하다 ←(고프)*siege* seat, throne] 5

besiegement[bisí:dʒmənt] 명 포위.
[besiege+ -*ment*]

besieger[bisí:dʒə] 명 포위자, pl. 공격군. [besiege+ -*er*] ☞ siege

best[best] 형 (good, well, better의 최상급)가장 좋은, 가장 많은(most), 최대의(largest). 부 (well, better의 최상급)가장 잘. 명 최상, 최선, 전력. cf. better. 반 worst. 1
[《중영》 *best*←《고영》 *betst* ← *bet-ist* ← *bat* good] ☞ better
~ *seller* 베스트 셀러; 가장 잘 팔리는 책. *the* ~ *part of* …의 대부분. *had* ~ *do* … …하는 것이 제일이다 (ought to do …). *at(the)* ~ 아무리 잘 보아도, 기껏해야, 고작. *at its*(또는 *one's*) ~ 전성기에 있는, 만발한.
The cherry-blossoms are *at their best*. 벚꽃은 만발했다. *do one's* ~ 최선을 다하다. *get*(또는 *have*)*the* ~ *of* … …을 이기다(win). *make the* ~ *of* … …을 크게 이용하다. *make the* ~ *of one's way* 될 수 있는 대로 빨리 가다. *to the* ~ *of one's (knowledge)* (아는)한은.

bestir[bistə́:] 통 분기시키다.
[《고영》 *bestyrian* heap up; 쌓아 올리다→일으키다]
~ *oneself* 분기하다, 노력하다.
☞ stir

bestow[bistóu] 통 (에)주다(give, grant) [on], 두다(put). 반 take 3
[*be*-+*stow* ←《고영》 *stōwigan*← *stōw* place 장소, (장소에)두다]

bestowal[bistó(u)əl] 명 증여(贈與)(물), 처치. ☞ stow
bet[bet] 명 내기, 내기한 돈. 동 내기하다. 6
[《중영》 *abet* abet 사주(使嗾)하다의 줄인 형태]
make a ~ 내기를 하다. *I* ~ *you* 《미속》 확실히. *you* ~! 《속어》꼭, 틀림 없이.
bethink[biθíŋk] 동 곰곰이 생각하다, 생각나다(remember). 8
[《고영》 *bethencan* ← *be-* +*thencan* think] ☞ think
betimes[bitáimz] 부 때 마침, 일찍(early), 얼마 안 되어(soon). 8
[*be-* by+*time*; by the proper time 알맞은 시간까지] ☞ time, besides
betray[bitréi] 동 배신하다, 누설하다, 밀고하다. 3
[*be-*(접두사)+《고프》 *trair* betray←《래틴》 *trādere* hand over 양도하다]
~ *oneself* 본성을 나타내다, 비밀을 드러내다.
betrayal[bitréi(i)əl] 명 배신, 밀고.
[betray+ *-al*]; *cf*. portray 동 《인물, 풍경을》그리다. portrayal 명 묘사, 초상. bury 동 매장하다. burial 명 매장, 장례. 9
☞ traitor, treason, tradition
letter[bétə] 형 (good, well의 비교급) 보다 나은. 부 (well의 비교급)보다 잘. 동 개선(改善)하다, 보다 나아지다. 1
ⓥ worse. ☞ best
[《중영》 *better*, *bet*(부사) ← 《고영》 *betera*(형용사), *bet*(부사) ← 《튜톤》 *bat* good]
(*be*) ~ *off* 훨씬 살림이 넉넉해진. *no*~*than* ……에 지나지 않는. *get the* ~ *of* ……을 넘어뜨리다(defeat), 이기다(overcome). ~ *part*(또는 *half*) *of* ……의 태반(more than half of). *one's* ~ *half* (회화) 아내(또는 드물게 "남편"). *had* ~ (*do*)(하는)편이 좋다. *You had better* go now. 지금 가는 것이 좋다.
betterment[bétəmənt] 명 개량, 개선, 향상, 출세.
between[bitwí:n] 전 …사이에, …사이를. 부 중간에. 1
[《고영》 *betwēonan*, *betwēonum* between←*be-* by + *twēonum*—*twēone* double의 복수 대격)←*twā* two; 둘 사이에]

주의 보통 between은 "둘 사이에"를, among은 "셋 이상의 사이에"를 나타내나, 셋 이상인 경우에도 개별적으로 둘 씩 분리해서 생각할 때에는 between을 쓴다. 보기: A treaty *between* three nations(3국간의 조약)은 실제로는 AB, BC, CA의 각각 두 나라 사이에 맺어진 조약이라고 생각된다.
far ~ 굉장히 사이를 벌려서 (at wide intervals)
참고 twain[twein]=two. -tween과 같은 뜻으로 시에서나 고어로 쓰인다. 미국의 소설가 Mark Twain은 그 필명을 과거 자기가 수로안내인(水路案內人)으로 the Mississippi 강에서 지낼 때 물 깊이를 재면서 "Mark one!" "Mark two!"하고 외쳤던 일을 따서 Mark Twain이라고 했다고 한다.
☞ twain, two, twin
betwixt[b twíkst] 전, 부 (고)=between.[《고영》 *betwix*, *betwux*, *betweox*, *betweohs*←*betwīh* between←*be-* by+ *twīh* two each] 7
beverage[bévəridʒ] 명 음료(飮料), 마시는 것. 7
[《고프》 *bevrage* ← *bevre*, *boire* drink 마시다←《래틴》 *bibere* drink]
주의 어떠한 종류이든 마실것을 통틀어 beverage라 한다. Tea, coffee, beer, wine and milk are *beverages*. 차, 커피, 술, 맥주, 우유 따위는 마시는 것이다. *cf*. vehicle 차(車), garment 의복.
bewail[biwéil] 동 울며 슬퍼하다. 6
[*be-*(접두사)+*wail* lament 슬퍼하다 ←《중영》 *weilen*←《아이스》 *væla*, *vala* wail: 원 뜻은 wo! 하고 소리치다] ☞ wail, woe
beware[biwéə] 동 경계하다, 조심하다 (be careful). 4
[*be-* +*ware* ← 《중영》 *war* ← 《고영》 *wǣr* cautious 조심하는]
통계어 ware 《시》 형 조심스러운. 동 (…의 남용을)삼가하다. wary 형 신중한, 조심하는.
주의 beware는 명령법과 부정사로만 사용한다. *Beware of* pickpockets! 소매치기 조심! ☞ wary, aware
bewilder[biwíldə] 동 당황하게 하다, 어쩌구니 없게 하다(puzzle). 7
[*be-* +*wilder*←《중영》, 《고영》 *wilde*

bewitch 49 **bill**

wild: 원 뜻은 the wild(황무지)에 끌어 넣다→(길을 잃고)당황하게 하다. wilder의 어원은 wilderness에서]
bewilderment[biwíldəmənt] 명 당황, 낭패. [bewilder+ -ment]
참고 **belated**[biléitid] 형 저물은, 늦은(편지 따위) (too late). [be- +late + -ed] **benighted**[bináitid] 형 저물은, 밤이된, 미개의, 문맹(文盲)의. [be- +night+ -ed] ☞ wild, wilderness
bewitch[biwítʃ] 타 마술을 걸다, 매혹하다, 매우 기쁘게 하다. 7
[be- +witch←《중영》wicche 마술사]
☞ witch
bewitchment[biwítʃmənt] 명 매력, 매혹.
beyond[bijɔ́nd] 전 …건너편에, 지나서, …이상으로. 부 저쪽에. 2
[《중영》beyonde, 《고영》begeondan beyond←be- (bi by)+geond across, beyond←geon yon 저쪽]
~ *description* 무어라 말할 수 없는. ~ *one's power* 도저히 힘이 미치지 않는. ~ *doubt* 물론, 의심할 여지 없이. ~ *measure* 굉장히 (very great). *the* ~ 저승. ~ *one's grasp* 도저히 알 수 없는. *go* ~ *oneself* 도가 지나치다. ☞ yonder
bias[báiəs] 명 비뚤어짐, 기울어짐, 버릇, 편견. 6
[《프》*biais* slant, slope 기울어짐]
Bible[báibl] 명 (the Bible) 그리스도교의 성서(聖書) (B-, b-), 권위 있는 책 (authoritative book), (a Bible) 성경 한 권. 4
[《중영》 *bible*←《프》 *bible*←《래틴》 *biblia*←《그》 *biblia* collection of writings=*biblion* little book의 복수형 ← *biblos* papyrus; 고대 에짚트와 그리시아, 및 로마에서는 papyrus의 속 껍질을 종이 대신에 썼다. 원 뜻은 책→그리스도의 가르치심을 모은 책→성경]
참고 성서는 *Old Testament*(구약성서)와 *New Testament*(신약성서)로 되어 있다.
biblical[bíblik(ə)l] 형 성경의. [bible + -ic- + -al]
bibliography[bìblióɡrəfi] 명 서지학 (書誌學), 문헌(목록). [《그》*biblio-*←*biblion* book 책+*grphein* write]
☞ Bible, -graph

bicycle[báisikl] 명, 자 자전거(를 타다). [《프》 *bi-* two+《그》 *kyklos* circle; 바퀴 둘. 1868년 이후 사용] 4
tricycle[tráisikl] 명 삼륜(三輪)오토바이 세발 사전거.
[《프》 *tri-* three+*cycle*]
참고 일상 용어에서는 bicycle을 생략하여 bike[baik] (*cf.* microphone→mike), cycle[saikl], wheel[(h)wi:l]이라고 한다. 모두 동사로 써도 되나 cycle을 동사로 쓰는 것이 보통이다. "자전거에 걸터 타다"는 get on a bicycle, "자전거에서 내리다"는 get off a bicycle, "자전거를 타고 가다"는 ride a bicycle이라 하다.
☞ bi-, cycle, tri-
bid[bid] 타 (bade 또는 bid, bidden 또는 bid) 명령하다(command), 말하다 (tell), 값을 붙이다(offer). 명 입찰(入札), 붙인 가격. 《회화》 초대(invitation), 시도(試圖). 2
[《중영》 *bidden* ask의 형태, *beden* command의 뜻←《고영》 *biddan* pray와 *bēodan* command를 혼동하여]
bidder[bídə] 명 입찰자(入札者).
bidding[bídiŋ] 명 입찰, 명령. 9
[bid+ -*ing*]
주의 과거형 bade는 [beid] 또는 [bæd]로 발음된다. "명령하다, 시키다, 말하다"의 뜻일 때에는 bade(과거), bidden(과거분사)으로 변하고 "가격을 붙이다, 입찰하다"의 뜻일 때는 bid, bid로 변화가 없다. 그러나 오늘날에 있어서는 "명령하다, 시키다, 말하다"의 뜻은 bid 대신 tell, ask 따위로써 나타내는 것이 보통이다.
bier[biə] 명 관대(臺), 유해(遺骸), 주검.
[《중영》 *beere, bære*←《고영》 *bær, bēr*←*bær-* ← *beran* carry 운반하다; (시체를 넣어서)운반하는 것] 8
big[big] 형 커다란(large), 성장한(grown up), 중요한(important), 거만한 (very proud), 임신한, (…에) 가득찬, 중요한, 존대한. ⓑ little. 1
[《중영》 big, bigge]
~ *Ben* 영국 국회의사당 탑 위에 있는 큰 시계종(또는 이 시계종 소리가 들리는 곳에서 난 순 서울 태생). ~ *heart* 너그러운 마음. ~ *words* 허풍, 큰 소리. ~ *Four* 4대국(미·소·영·불). *Big Three* 3대국(미·영·소).
bill[bil] 명 계산서, 어음, 증서, 《미》

billiards 　　　　　50　　　　　**bit**

지폐, (비둘기 따위의)부리. 　1
[《앵글로·프렌취》 *bille*←《래틴》 *billa* writing—*bulla* sealed document 봉인을 한 서류; 《중영》 *bile*←《고영》 *bile* 부리]

billiards[bíljədz] 圐 (단수 및 복수 구문) 당구(撞球). 　10
[《프》 *billard* 당구 또는 당구봉 ←*bille* log, stick 막대기 +-*ard*(어미)]

billion[bíljən] 圐 《영·독》 조(兆), 《미》 10억(億).
[*bi*- 《래틴》 *bis*- twice) +*million*: milion의 제곱. million을 본 따 만든 단어] ☞ million, trillion, quadrillion, quintillion, etc.

billow[bílou] 圐 큰 파도 (great wave), 《시》 바다(the sea). 동 크게 파동하다. *cf.* breaker[bréikə] 산산이 깨어지는 파도. surf[sə:f] 바닷가로 밀려 오는 물결. 　5
[《고 스칸디》 *bylgja* billow]
☞ belly, bellows

bin[bin] 圐 뚜껑 있는 큰 통, 큰 푸대, 저장소. 　8
[《중영》 *binne*, 《고영》 *binn* manger 큰 통]

bind[baind] 동 (bound)맺다, 묶다, 의무를 지우다. 圐 끈, 줄. 반 loose. 2
[《중영》 *binden*, 《고영》 *bindan*]
～ *oneself to*(do) (…한다)고 맹세하다(promise).

binder[báində] 圐 묶는 사람, 붕대, 묶을 것. [bind+-*er*]

binding[báindiŋ] 圐 제본, 장정, 묶을 것. 혱 구속력이 있는, 의무적인. [bind+ -*ing*]

biography[baiɔ́grəfi] 圐 전기(傳記).
[《그》 *biographia* ← *bio*- bios life+ *graphein* write; a written account of life 전기]

biographer[baiɔ́grəfə] 圐 전기작가(傳記作家). [biography+ -*er*]

biographical[bàiəgrǽfik(ə)l] 혱 전기의. [biography+ -*cal*]
☞ bio-, -graph, biology

biology[baiɔ́lədʒi] 圐 생물학. 　7
[《그》 *bio*- bios life+ -*logia* discoursing 학문←*logos* discourse; 생물(life)을 연구하는 학문]

biological[bàiəlɔ́dʒikəl] 혱 생물학의. [biology+ -*cal*] 　9

biologist[baiɔ́lədʒist] 圐 생물학자. [biology+ -*ist*]

bird[bə:d] 圐 새, 《속어》 (막연히) 녀석, 소년. 　1
[《중영》 *brid*(r의 위치가 i와 바뀌었음), 《고영》 *bridd* bird, 특히 young bird]
～*'s-eye view* 조감도(鳥瞰圖). *early* ～ 일찍 일어나는 사람.

birdman[bə́:dmən] 圐 (*pl.* -men) 비행가(飛行家).

birth[bə:θ] 圐 출생(being born), 출산, 가문(家門)(descent). 반 death. 2
[《중영》 *burth*, *birth* ← 스칸디나비아어에서 유래]
by ～ 날 때 부터의. *give* ～ *to* … …을 낳다. ☞ bear

birthday[bə́:θdei] 圐 탄생일. [birth +day] 　2

birthplace[bə́:θpleis] 圐 출생지. [birth+place] 　7

biscuit[bískit] 圐 《영》 비스킷=《미》 cracker, 《미》 과자 모양의 빵. 6
[《래틴》 *bis* twice+*cuit* cooked 두번 굽는 과자]

bishop[bíʃəp] 圐 승정(僧正), 주교(主教). 　4
[《고영》 *biscop*←《래틴》 *episcopus*← 《그》 *episkopos* overseer 감독←*epi*- upon+*skopos* one that watches; episcopal과 같은 어원에서]
참고 bishop이 감독하고 있는 교구(教區)를 diocese[dáiəsi:s]라고 하며, 그 사원(寺院)을 cathedral[kəθí:drəl] 이라 한다. *cf.* diocese, see, cathedral
☞ episcopal, scope, telescope, epicenter

bit[bit] 圐 사소한 것, 작은 조각(small piece), 송곳(boring piece). 반 mass
[《중영》 *bite*, 《고영》 *bita*←*bītan* bite; 물어 뜯은 것→적은 양(量)] 　1
☞ bite
주의 bite의 과거·과거분사와 혼동하지 않도록 하라.
～ *by* ～ =*by* ～*s* 점차로(slowly). *not a* ～ 조금도 그렇지 않다, 괜찮아요(not at all).

bite[bait] 동 (bit, bitten 또는 bit)물다, 찌르다. 圐 무는것, 한 입(의 음식). 　2
[《중영》 *biten*, 《고영》 *bītan* bite; *cf.* 《독》 *beissen*]

biting[báitiŋ] 혱 찌르는 듯한(sarcastic), 날카로운(sharp).

bitter[bítə] 형 쓴. 명 쓴맛, 고난. 2
⑩ sweet
[《중영》 biter, biter, bitor biting←
《고영》 bītan bite; "물어 뜯는 듯한"
의 뜻]

bitterly[bítəli] 부 심하게, 비통하게.
[bitter+-ly] 2

bitterness[bítənis] 명 쓴맛, 고난, 비통함. [bitter+ -ness] 6

black[blæk] 형 검은, 어두운(dark), 나쁜(not good). 명 검정, 흑의(黑衣), 흑인(negro). 동 검게 하다, 더럽히다. ⑩ white. 1
[《중영》 blak, 《고영》 blac, blæc]
~ market 암시장(闇市場). ~ tea 홍차.

blackboard[blǽkbɔ:d] 명 흑판. 4
[black+board]
참고 notice-board[nóutis-bɔ:d] 《영》
명 게시판. bulletin board 《미》 명 게시판. billboard 《미》 명 광고판, 게시판. sign-board[sáin-bɔ:d] 명 간판.
☞ board

blacken[blǽk(ə)n] 동 검게 하다, 더럽히다. ⑩ whiten.
[black+ -en(동사 어미)] 7

blackness[blǽknis] 명 검정, 암흑, 악. ⑩ whiteness. 10
[black+ -ness(명사 어미)]

blacksmith[blǽksmiθ] 명 대장장이; cf. whitesmith 양철직공. 3
[black(다루는 금속의 빛깔이 검다고 해서)+smith←《고영》 smith a worker with the hammer]
참고 쇠(iron)는 주석(tin)에 비하여 검다고 하여 black metal 이라고 하고 주석은 white metal 이라고 하였다.
☞ smith

bladder[blǽdə] 명 방광(膀胱), 기포(氣胞). 9
[《중영》 bladdre, 《고영》 blǽddre, blǽdre bladder] ☞ blow

blade[bleid] 명 풀잎(leaf), 칼날. 2
[《중영》 blade, 《고영》 blæd leaf; cf. 《독》 blatt]

blame[bliem] 동 비난하다 (find fault with), …의 탓으로 돌리다. 명 질책 (叱責). ⑩ praise 2
[《중영》 blamen←《고프》 blasmer blame←《래틴》 blasphēmāre speak ill, blame←《그》blasphemein blaspheme]
☞ blaspheme

blameless[bléimlis] 형 험 잡을데 없는, 결백한(innocent). ⑩ blameful 비난할 만한. 6

blanch[blɑ:ntʃ, 《미》-æ-] 동 (희게) 바래다 (make white), 표백하다, 칭백해지다 (become pale). 7
[《프》 blanchir whiten←blanc white; blank를 참조]

blank[blæŋk] 형 백지의, 공백의 (empty). 명 백지, 여백. [《프》 blanc white←《고대 독》 blanch white; cf. 《프》 blanc[blɑ̃] white; Mont Blanc White Mountain] 3

blankly[blǽŋkli] 부 멍하게(in a blank manner), 단호하게. 「로움.

blankness[blǽŋknis] 명 공백, 단조

blanket[blǽŋkit] 명 담요. 동 담요로 싸다. [《중영》 blanket←《앵글로·프렌취》 blanket (blanc white의 축소형); cf. blank] 4

blasphemy[blǽsfimi] 명 모독하는 말, 폭언(violent language). 7
[《래틴》 blasphemia←《그》 blasphēmia←blas- blabes- hurtful 해로운 +phemi I say]

blaspheme[blæsfí:m] 동 모독하다, 욕하다(curse and swear), 폭언하다. 8
[《래틴》 blasphēmāre←《그》 blasphemein speak ill of←blasphemos speaking evil] ☞ blasphemy

blasphemous[blǽsfiməs] 형 모독적인, 불경(不敬)의.

blast[blɑ:st, 《미》-æ-] 명 한줄기 바람, 폭발(explosion). 동 폭발하다(blow up), 시들게 하다. 3
[《중영》 blast 《고영》 blǽst blowing]
☞ blaze

blaze[bleiz] 명 화염(bright flame), 섬광. 동 불타다, 널리 알리다. 2
[《중영》 blase, 《고영》 blǽse flame; 《중영》 blasen←《아이스》 blāsa blow, sound an alarm 공포하다]

blazing[bléiziŋ] 형 타오르는, 혁혁한, 드러나는. [blaze+ -ing]

blazon[bléizən] 명 방패의 무늬. 동 드러나게 하다, 공포하다. 10
[《중영》 bla sen proclaim 공포하다, 《중영》 blason shield 방패 ←《고프》 blason]

bleach[bli:tʃ] 동 표백하다(make white), 희어지다(become white). 6
[《중영》 blechen, 《고영》 blǽcan←

blāc shining, bright, pale; *cf.* bleak]

bleak[bliːk] [형] 황량한(bare), 쓸쓸한(cold and cheerless). [《중영》 *bleik*←《아이스》 *bleikr* pale] 6

bleed[bliːd] [동] (bled) 출혈하다(lose blood), 피를 흘리다(run blood). 4
[《중영》 *bleden*, 《고영》 *blēdan*←*blōd* blood] ☞ blood
[참고] blood 피→bleed 피를 흘리다. food 식량→feed 먹이를 주다. brood 한 배의 새끼→breed 새끼를 낳다.
make one's heart ～ 애처로와 가슴쓰리게 하다.
☞ tooth, goose, foot, blood, etc.

blemish[blémiʃ] [명] 오점, 흠, 결점(defect). [동] 흠을 내다. 7
[《중영》 *blemisshen*←《고프》 *blemis-*←*ble(s)mir* wound, stain ← *bleme*, *blesme* wan, pale]

blend[blend] [동] 혼합하다(mix). [명] 혼합물(mixture). [반] sort 분류(分類)하다. 4
[《중영》 *bleden* mix]

bless[bles] [동] 축복하다, 신성하게 하다, 행복하게 하다(make happy). [반] curse 저주(咀呪)하다. 1
[《중영》 *blessen*←《고영》 *blētsian* consecrate 깨끗이 하다 ←*blod* blood 제단에 희생을 하거나 피(blood)를 뿌려 축복하다]
blessed[blésid] [형] 신성한(holy, sacred), 행복한(happy). 1
[주의] bless의 과거·과거분사형 blessed의 발음은 [blest]. 형용사로 쓰인 때의 발음인 [blésid]와 구별한 것. blest는 과거·과거분사로 쓰거나 시에서 형용사로 쓰인다.
blessedness[blésidnis] [명] 행운, 행복. [blessed+ *-ness*]
blessing[blésiŋ] [명] 축복, 식사 전후의 기도, 하느님의 은혜. 2
☞ blessed

blind[blaind] [형] 눈이 보이지 않는, 장님의. [동] 눈을 멀게 하다. [명] 눈을 가리는 것. 1
[《고영》 *blind*; *cf.* 《독》 *blind*]
blindfold[bláin(d)fould] [동] 눈을 가리다, 눈을 속이다. [형] 눈을 가린. [부] 눈을 가리고. 9
[《중영》 *blindfolden*←*blindfelden*을 잘못 적음 ←《고영》 *blind* blind+ *fellan* strike]
blindness[bláin(d)nis] [명] 맹목, 무분별. 5

blink[bliŋk] [동] (눈을)깜박이다. [명] 일순간. 8
[《중영》 *blenken* shine, glance, 《고영》 *blanc* white와 관계가 있음]

bliss[blis] [명] 더할 나위없는 기쁨(very great joy), 최고의 행복. 4
[《고영》 *blis*, *blīths*←*blīthe* blithe] ☞ blithe
blissful[blísful] [형] 지극히 행복한(very happy), 행복에 넘친. 10
☞ blithe

blister[blístə] [명] 물집, 수포(水泡). [동] 물집이 생기다. 6
[《중영》 *blester*, *blister*(13세기 이후 사용)←《고프》 *blestre*. 원 뜻은 blowing out 부르트다] ☞ blast, bladder

blithe[blaið] [형] 즐거운(gay, cheerful), 행복한. 7
[《중영》 *blithe*←《고영》 *blithe* sweet, happy] ☞ bliss

blizzard[blízəd] [명] 눈보라(severe snow storm with violent wind).

block[blɔk] [명] 덩어리(bulky piece), 나무토막(log of wood), 일구획(一區劃), 방해물. [동] 방해하다, 통로를 막다. 2
[《중영》 *blok*←《고프》 *bloc*←《중세 독》 *bloch* block]
Blocked! 《게시》 통행금지!
[주의] "일구획"을 나타내는 block은 영국에서는 여러 점포, 사무실, 주택 등이 있는 큰 건물 하나를 뜻하거나 서로 연결된 여러 건물을 말하나, 미국에서는 거리와 거리 사이에 끼인 건물을 뜻한다.
[참고] 경제 용어로 흔히 쓰이는 블록은 프랑스어에서 빌린 단어 bloc[blɔk] 즉, "일정한 목적을 위하여 결합한 국가나 사람의 집단"이다.
blockade[blɔkéid] [명] 봉쇄, 《미》 교통차단. [동] 봉쇄하다.
[block+ *-ade* (명사어미)] 7
[참고] **barricade**[bǽrikéid] [명] 방책(防柵). [*barra* bar+*-ade*] **cannonade**[kǽnənéid] [명], [동] 포격(하다). [cannon+ *-ade*] **cavalcade**[kǽvəlkéid] [명] 기마대(騎馬隊). [caval+ *-ade*] **motorcade**[móutəkéid] [명] 《미》 자동차 행렬. [motor-car+cavalcade]
☞ block

blond, 《여성》 **blonde**[blɔnd] [형] 금발의. [명] 금발·푸른 눈·흰 살결의 여자. 9

brunet[bruːnét] 거므스름한 살결, 머리, 눈의 여자.
[《프》 *blond* (남성), *blonde* (여성) light yellow]

blood[blʌd] 명 피, 혈통(family line), 혈기(血氣 passion). [*blut*] 1
[《중영》 *blo(o)d* 《고영》 *blōd*; *cf.* 《독》
blood-corpuscle[blʌ́dkɔ́ːpʌsl] 명 혈구(血球).
bloodless[blʌ́dlis] 형 핏기 없는(pale), 창백한.
bloodshed[blʌ́dʃed] 명 유혈(流血)(의 참사). 9
blood-thirsty[blʌ́dθəːsti] 형 피에 굶주린, 잔인한, 살벌한. 1
bloody[blʌ́di] 형 피의, 피투성이의, 잔학한. 통 피로 물들이다, 피투성이로 만들다. ☞ bleed 3

bloom[bluːm] 명 꽃(flower), 한창 때 (the time of greatest beauty or perfection). 통 꽃이 피다. 반 fade 시들다.
[《중영》 *blome*←《아이스》 *blōm, blōmi* flower; *cf.* 《독》 *blume*; 《래틴》 *flos* flower] ☞ blossom, flower
in full ~ 만발한.
주의 bloom은 특히 관상용(觀賞用) 식물의 꽃을 말하고, blossom은 특히 과수(果樹)의 꽃을 말한다.
blooming[blúːmiŋ] 형 한창 피는, 꽃 같은.
blossom[blɔ́səm] 명 (특히) 과실이 는 꽃. 통 꽃 피다. 2
[《중영》 *blosme, blostme* 《고영》 *blōstma* blossom] ☞ bloom
in ~ 활짝 핀. *in full* ~ 만발한.
blot[blɔt] 명 오점(spot), 결점(fault). 통 더럽히다(spot), 흡수하다. ◆ cleanse[klenz] 청결하게 하다. 4
[《중영》 *blot←blotten*(동사)←《고프》 *blotte, bloste* a spot of ground, clod 흙덩어리]
blotting-paper[blɔ́tiŋpèipə] 명 압지(押紙).
blouse[blauz] 명 (부인·아이들의) 블라우스, 샤쓰 식의 옷. 7
[《프》 *blouse* a frock much used by work men; 18세기 이후 사용]
blow[blou] 통 (blew, blown)불다. 명 한번 분 바람, 타격(hard stroke). 1
[《고영》 *blāwan* puff 불다; *cf.* 《독》 *blahen*. 《중영》 *blowe* strike]

blue[bluː] 형 푸른, 푸른색의. 명 파랑. 1
[《중영》 *blew*; *cf.* 《독》 *blau*]
blue-print[blúːprint] 명 청사진(靑寫眞). 통 면밀한 계획을 세우다.
bluff[blʌf] 명 절벽의, 험한. 명 절벽, 허세(虛勢). 5
[《홀런드》 *blaf* flat, broad]
blunder[blʌ́ndə] 통 맹목적으로 행동하다, 큰 실수를 하다. 명 큰 실수(bad, foolish or careless mistake). 3
[《중영》 *blondren* confuse, move blindly or stupidly] ☞ blend, blind
~ *away* …을 우연히 발견하다.
blunt[blʌnt] 형 둔한(dull), 퉁명스런. 명 굵은 바늘. 통 둔하게 하다. 4
bluntness[blʌ́ntnis] 명 둔함.
blush[blʌʃ] 통 얼굴을 붉히다. 명 부끄러운 얼굴 빛, 분홍색. ◆ cheek 뻔뻔스러움. 3
[《고영》 *blyscan* shine ← *āblysian* blush—*blȳsa* torch, flame 불꽃]
주의 brush와 혼동하지 않도록 하라.
brush[brʌʃ] 솔.
blushingly[blʌ́ʃiŋli] 부 얼굴을 붉히며, 부끄러운 듯이.
boar[bɔ, bɔə] 명 숫돼지, 산 돼지(고기).
[《고영》 *bār*]
board[bɔːd] 명 널판자, 게시판, 식탁, 회의, 위원, 국(局), 선내(船內). 통 하숙하다(시키다), 배(비행기, 기차, 뻐스 따위에)올라타다. 1
[《고영》 *bord*, board, side of ship, shield]
on ~ 배(차)에 타고서. *go on* ~ 승선하다, 승차하다. ~ *with*… …에 하숙하다.   「숙박인.
참고 뜻의 변천은 다음과 같다. 판자→ (판자로 만든 것) ① 식탁→(식탁에 차린 (식사)… ~ *and lodging* 식사를 제공하는 하숙. *bed and* ~ 숙박과 식사, 부부관계. *a groaning* ~ 음식을 가득히 차린 식탁. ② 탁자→(탁자를 가운데 놓고 앉은)회의원, 위원, 중역(重役)→(탁자를 가운데 놓고 일하는) 위원회, 국(局), 처(處), 원(院) … *a* ~ *of directors* 중역회, 이사회. *a* ~ *meeting* 간부회의. *the* ~ *of education* 교육위원회. *the Board of Trade* 《영》통상부(通商部). ③ 게시판, 판, 대(台) … black*board* 칠판. bulletin *board* 게시판. notice-*board* 게시판. ironing *board* 다리미 판. side*board*

살갗. ④ 두꺼운 종이… card *board* 볼지(紙). ⑤ 뱃전(舷側), 배안. ⑥ 무대 →배우… on the ~s 배우가 되어.
boarder[bɔ́:də] 명 하숙생; *cf.* lodger
boarding-house[bɔ́:diŋhàus] 명 하숙집, 기숙사.
boast[boust] 통 자랑하다(speak proudly). 명 자랑.　　　　　　　2
[《앵글로·프렌취》 *bost* boast 자랑]
boastful[bóustf(u)l] 형 자랑하는, 허풍떠는.
boat[bout] 명 보우트, 작은 배, 《속어》 배(ship). 통 보우트놀이 하다, 보우트로 가다; *cf.* ship, vessel.　　1
[《고영》 *bāt*]
boatswain[bóusn] 명 수부장.
[boat+swain ←《아이스》 *sveinn* lad 젊은이; 배의 젊은이→수부장]
boat-train[bóut-trein] 명 임항열차(배와 연락되는).
참고 boat는 오늘 날 노, 돛, 발동기 따위로 움직이는 작은 배를 말하는 것이 보통이다. vessel(배)의 뜻으로 쓰는 것은 되도록 피한다.
참고 ferry ~ 나룻배, 연락선. life-구조선. row ~ = rowing ~ 젓는 배. sail ~ = sailing ~ 돛단 배, 범선(帆船). steam ~ 기선. gun ~ 포함(砲艦), whale ~ 고래 잡는 배. motor ~ 모우터 보우트. speed ~ 쾌속정. Cross-Channel ~ 영·불해협(英佛海峽)연락선.
bob[bɔb] 명 (시계, 저울의)추(錘), 낚시 찌, 단발(斷髮). 통 갑자기 아래 위로 움직이다, 머리를 까딱하고 인사하다.　　　　　　　　3
[《중영》*bob(b)en* strike; 까딱까딱하고 움직 이는 모습을 흉내낸 단어]
body[bɔ́di] 명 신체, 몸뚱이, 시체, 단체.
[《고영》 *bodig*; 원 뜻은 cask]　1
a heavenly ~ 천체(天體).
bodily[bɔ́dili] 형 신체상의, 육체의, 구체적. 부 육체적으로, 송두리째, 그대로, 몽땅. [body+ -*ly*]　6
bog[bɔg] 명 늪, 소(沼)(wet, soft ground).　　　　　　　　5
[《아일런드》 *bog* soft 물렁물렁한; 《게일》 *bogan*←*bog* soft, moist]
boil[bɔil] 통 끓다(bubble up), 삶다. 명 비등(沸騰), 비등점.　　　2
[《래틴》 *bullire* bubble up, boil ← *bulla* bubble 거품; *cf.* 《프》 *bouillir*]

boiler[bɔ́ilə] 명 끓이는 기구, 보일러, 기관(汽罐).　　　　　　　6
boisterous[bɔ́ist(ə)rəs] 형 몹시 거칠고 사나운(violent), 떠들썩한(noisy), 거치른(rough).　　　　　　　6
[《노르웨이》] *baust-a* act with voilence 사납게 굴다]
bold[bould] 형 대담한(fearless), 뚜렷한(clear and easy to see), 철면피의. ⓐ shy 수줍은.　　　　2
[《고영》 *beald, bald, balth*]
I'll be ~ to … =I make ~ to …대담하게 …하다, 실례를 무릅쓰고 …하다.
boldly[bóuldli] 부 대담하게, 철면피하게, 드러나게.
boldness[bóuldnis] 명 대담, 철면피. 6
bolt[boult] 명 화살, 문빗장(bar), 탈주(脫走). 통 빗장을 걸다, (바쁘게)삼키다(swallow quickly), 도망하다(run away).　　　　　　　　3
[《고영》 *bolt* 철침(鐵針), arrow 화살; *cf.* 《독》 *bolz*]
bomb[bɔm] 명 폭탄, 수류탄. 통 폭탄을 투하하다.　　　　　　　9
[《래틴》 *bombus* 공중에서 멀어드릴 때에 나는 "윙"하는 소리에서 "폭탄"의 뜻이 생긴 것. 마지막 -b는 발음하지 않는다. *cf.* lamb, comb, thumb, etc.]
bombard[bɔmbá:d] 통 포격(砲擊)하다, 질문을 퍼붓다.　☞ bomb
bomber[bɔ́mə] 명 폭격자, 폭격기; *cf.* fighter 전투기.
bond[bɔnd] 명 속박, 채권(債券).　3
[《고영》 *bindan* bind; band와 같은 어원]
bondage[bɔ́ndidʒ] 명 노예상태(slavery). 속박. [bond+ -*age*]　6
　　　　　☞ band, bind
bone[boun] 명 뼈, *pl.* 골격, 유해(遺骸), 시체.　　　　　　　1
[《고영》 *bān* bone, especially of a limb: 특히 팔 다리뼈]
to the ~ 뼈도 남기지 않고, 철저히.
bony[bóuni] 형 뼈가 많은, 뼈가 굵은, 뼈처럼 생긴.
bonnet[bɔ́nit] 명 보네트(부인, 아동 용 모자의 일종), (자동차 엔진 부분의) 덮개 (《미》 hood).　　　4
[《고프》 *bonet*(1047년 경) (보네트나 캡을 만든 재료의 이름)]

bonus[bóunəs] 명 상여금(賞與金), 보우너스.
[《라틴》 *bonus* good] ☞ bounty

book[buk] 명 책, 서적, 권(卷), 장부. 동 예약하다, 써 넣다(write down). 1
[《중영》 *book* 《고영》 *bōc* book, beech-tree; beech(측참나무)와 같은 어원. 측참나무 판자나 껍질에 글짜를 새겨 쓴 것이 책의 시초였다」 ☞ Bible, beech

booking-office[búkiŋɔ̀fis] 명 《영》출찰구(出札口) (《미》 ticket-office).

bookish[búkiʃ] 형 서적상의, 책에 골몰한, 딱딱한(태도).

book-keeping[búkkì:piŋ] 명 부기(簿記).

booklet[búklit] 명 소형의 책. 10

book-worm[búkwə:m] 명 좀, 독서가.

boom[bu:m] 명 윙윙 울리는 소리, 벼락 경기(景氣). 8
[《중영》 *bommen*; 소리를 흉내 낸 말; *cf.* 《독》 *bummen*] ☞ bomb

boon[bu:n] 명 은혜(blessing), 혜택(advantage). 형 유쾌한 (merry or jolly). 5
[《프》 *bon* good←《라틴》 *bonus* good 형용사의 뜻은 현재 boon companion 〈술 친구〉에서만 볼 수 있다」

boot[bu:t] 명 《보통 복수》《미》 장화, 《영》 반장화. 2
[《고프》 *bote*; *cf.* 《프》 *botte*]

bootblack[bú:tblæk] 명 《보통 거리의》구두닦기. 《영》 shoeblack. [*boot+black*; boots(구두)를 black(검게)하다→구두닦기」
참고 "구두를 닦는다"는 black shoes, clean shoes, shine shoes로 나타낸다. black white shoes 라고 하면 이상하므로 "흰 구두"는 clean, shine을 쓴다.

booth[bu:ð, 《미》 bu:θ] 명 매점, 전화실, 투표장. 5
[《중에》 *bōth*←《고에》 *boe* dwell]
polling ~ 투표장(천막을 친).

booty[bú:ti] 명 전리품(戰利品). 7
[《프》 *butin* booty, prey←《중 홀란드》 *hüte*; *cf.* 《독》 *beute*]

border[bɔ́:də] 명 경계, 변두리, 가(edge). 동 접(接)하다, 가장자리를 붙이다. 반 interior, inland 내부, 오지(奧地). 2
[《고프》 *bordeüre* edging ← 《라틴》 *bordus*←《고대 독》 *bord* side]
주의 boarder "하숙생"과 혼동하지 않도록.

동의어 **border**는 표면상의 경계선 및 그 일대. **margin**은 어떤 분명한 특징으로 구분되는 경계. **frontier**는 국가간의 국경, 정치적, 군사적인 경계. **boundary**는 지리학상의 경계(선). **edge**는 어떤 표면이 갑자기 끝난 곳. ☞ board

bore[bɔ:, bɔə] 동 싫증나게 하다; 구멍을 뚫다. 명 귀찮은 것(사람), 싫증나는 일. ☺ please 기쁘게 하다. 2
[《고영》 *borian* bore]

born[bɔ:n] 동 bear(낳다)의 과거분사. 형 타고난, 태어난, …으로(에서) 난. 1 ☞ bear

borough[bʌ́rə] 명 자치시(自治市), 도시 선거구. 6
[《고영》 *burh*, *burg* fort 요새; *cf.* 《독》 *burg*]
참고 스코틀랜드 지방의 지명에 붙은 -*burgh*[-bərə] 보기 Edin*burgh*[édinbərə], Canter*bury* [kǽntəbəri]의 -*burry*, 독일어 지명의 -*burg*, 보기 Ham*burg* [hǽmbə:g]는 모두 borough와 동 어원이다.

borrow[bɔ́rou] 동 빌리다, 모방하다 (copy). ☺ lend 빌려주다. 3
[《고영》 *borgian* give a pledge 담보물을 주다←*borg*, *borh* pledge←*borgan* keep, protect의 약한 형태)] ☞ borough

bosom[búzəm] 명 마음(heart), 품, 가슴(breast), 속. 2
[《중영》 *bosom* 《고영》 *bōsm*; *cf.* 《독》 *busen*]
~ *friend* 친구(close friend).

boss[bɔs] 명 왕초, 사장, 정당의 지도자. 동 왕초 노릇하다. 6
[《홀란드》 *baas* master; 원래의 뜻은 uncle]

botany[bɔ́təni] 명 식물학(植物學). 10
[《라틴》 *botanicus* ← 《그》 *botanikos* belonging to plants←*botanē* grass 풀 ←*boskein* feed 풀을 먹이다」

both[bouθ] 형 양쪽의. 대 둘 다. 부 … 도 …도. 1
[《중영》 *bāthe*←《아이스》 *bāthir* both]
~ … *and* — … 도 — 도(둘 다). *Both brother and sister are dead.* (오빠도 동생도 둘 다 죽었다)

bother[bɔ́ðə] 동 성가시게 하다, 괴롭히다(annoy). 명 귀찮음(trouble). 감 시끄러워. 4
~ *you* 귀찮다니까!

bottle[bɔ́tl] 명, 통 병(에 넣다). 2
[《래틴》 buticula bottle ←but(t)is cask, butt]

bottleneck[bɔ́tlnek] 명 좁은 통로, 애로; A labor shortage is a *bottleneck*. 노동력 부족이 애로이다.

bottom[bɔ́təm] 명 밑(the lowest part), 바닥, 기슭. ⓐ top 꼭대기, peak 산 꼭대기 1
[《고영》 botm; cf. 《독》 boden]
at (the) ~ 마음속으로는, 근본은.
get(또는 *go*) *to the*~ *of* ……의 진상을 밝히다.
☞ fundamental, profound

bottomless[bɔ́təmlis] 형 밑이 없는, 매우 깊은. [bottom+ -less without]

bough[bau] 명 큰 가지; cf. branch, twig. 3
[《고영》 bōg, bōh arm 팔; 원래 나무의 어깨나 팔에 해당하는 부분. bow (이물)와 같은 어원; cf. 《독》 bug]
주의 bow(이물[船首], 절하다)와 발음이 같다. ☞ branch, twig, bow

bounce[bauns] 명 뛰어오르다, 뛰다.
명 뛰는 힘, 반발력(反撥力). 7
[《중영》 bunsen beat, thump 탁 치다]

bound[baund] 명 pl.경계(outside edge), 한계(limit). 형 속박을 받는(bind의 과거분사에서), …행의 [for, to]. 동
…을 제한하다, 뛰어오르다.
[① 《래틴》 bodina limit; ② 형용사의 뜻은 bind(동사)의 과거분사에서]
keep within ~*s* 도를 넘지 않는다.
be ~ *to*(동사) (동사)할 의무가 있다, (동사)하려 하다.
a northbound train 북행 열차.
a steamer bound for San Francisco 샌프랜시스코행 기선.

boundary-line[báundərlain] 명 경계선.

boundless[báundlis] 형 끝 없는. 4
[bound+ -less]

bounty[báunti] 명 인자, 박애, 장려금. 4
[《래틴》 bonita- (bonitās goodness의 대격)←bonus good]

bountiful[báuntifəl], **bounteous** [báuntiəs] 형 너그러운(generous), 아낌 없이 주는(giving freely). 7, (10)
[bounty+ -ful(형용사 어미)]
☞ beauty, bonus, boon

bouquet[búkei] 명 꽃다발 (bunch of flowers), 포도주의 향기. 6
[《프》 bouquet←《고프》 bosquet a little wood(bos wood의 축소 형)←《래틴》 boscus, buscus a wood]

통계어 **bosk**[bɔsk], **bosket, bosquet** [bɔ́skit] 명 숲, 덤불. ☞ bush

bourgeois[búəʒwa:] 명 중산 계급, 유산 계급, 부르조아.

bout[baut] 명 한참(a period of activity), 발작(fit), 승부(fight) [with]. 8
[《저지 독》 bugt bend 고비]
a drinking ~ 연회(宴會). *a boxing* ~ 권투시합.

bow¹[bau] 명 (때때로 복수) 이물(船首); cf. stern 고물. 1
[《아이스》 bogr shoulder; shoulder of a ship 배의 어깨→이물. bough "큰 가지"와 같은 어원. ☞ bough

bow²[bau] 명, 동 절(하다). [bou] 명 활. cf. arrow 화살. 1
[《고영》 būgan bend 허리를 굽히다; 《중영》 bowe←《고영》 boga bow; 활이 굽은 모양을 따서]

통계어 **rainbow**[réinbou] 명 무지개.

bowel[báuəl] 명 pl. 장(腸), 내장, 속.
[《래틴》 bottelum sausage← botutus sausage의 축소형] 4

bower[báuə] 명 정자(亭子) (summerhouse), 나무그늘, 내실. 3
[《고영》 būr chamber 방←būan dwell 살다; cf. 《독》 bauer 새장]

bowl[boul] 명 나무공. 동 공을 굴리다, 디굴디굴 굴러가다. 2
[《고영》 bolla(바리; 둥근 모양에서)]

box[bɔks] 명 상자, 궤짝, 선물, 관람석, 타자석(打者席), 따귀를 때림(slap). 동 상자에 넣다, 권투하다, 따귀를 치다, 손(주먹)으로 때리다.
[《래틴》 buxum(회양목으로 만든 물건→상자): 상자는 원래 회양목으로 만들었다. 《중영》 box beat 때리다]

boxer[bɔ́ksə] 명 권투가.

box-office 명 (극장의)표 파는 데.

box-tree 명 회양목.

boxwood 명 회양목재(木材).
참고 box "상자"는 box "회양목"과 같은 것으로서 원래 box "회양목재"로 만든 뚜껑이 있는 보석함 따위를 가리켰다. 차차 재료, 크기, 용도에 구애하지 않고 널리 "그릇"이나 "그릇의 역할을 하는 것" 또는 "그 속에 든 것"까지도 box라 하게 되었다.

boy[bɔi] 명 소년, 자식(son), 급사. 1
[《중영》 boi, boy boy]

~ *friend* (미) 사랑하는 이(여자가 본), 애인으로서의 남자 친구.
주의 "보이 프렌드"니 "걸 프렌드"니 하는 우리 말의 표현과는 뜻이 아주 다르다.

the Boy Scouts 소년단; *cf. the Girl Guides.*

boyhood[bɔ́ihud] 명 소년시대. *cf.* girlhood, childhood, etc. [boy+ -*hood*(명사어미)] 7

boyish[bɔ́iiʃ] 형 소년다운, 원기 있는; 어린애 같은. [boy+ -*ish*]

boycott[bɔ́ikɔt] 명 보이코트(refuse to have anything to do with), 배척. 동 보이코트하다.
[1880년 아일랜드에서 Boycott 대위라는 토지 관리인이 받은 대접에서 유래된 단어]

brace[breis] 동 졸라매다(fasten tightly), 긴장하게 하다. 명 한 쌍(pair), *pl.* (양복바지의)결빵. ((미)) suspender). 반 loose 4
[((고프)) *brace* the two arms←(래틴) *brāchia* (*brāchium* arm의 복수형); embrace 두 팔로 꽉 안다]

~ *oneself up* 긴장하다.

bracelet[bréislit] 명 팔찌, ((속어)) 수갑(手匣). [((프)) *bracelet* (*bracel* armlet 팔찌의 축소형)]

bracket[brǽkit] 명 까치발, *pl.* 괄호. 동 괄호에 넣다. 9
[((프)) *braguette* the front part of a pair of breeches 승마용 바지의 앞자락; 모양이 비슷하다고 해서 ←(래틴) *brācæ* breeches]
주의 round ~s 둥근 괄호( ). =parenthesis[pərénθisis]; square ~s 모난 괄호[ ]. 수학이나 음악의 큰 괄호{ }도 brackets.

braid[breid] 동 짜다 (weave), 꼬다 (twist). 명 땋은 머리, 납작하게 짠 노끈. 반 undo 풀다. 4
[((고영)) *bregdan*, *brēdan* braid, weave 꼬다]

brain[brein] 명 뇌(腦), ((보통 복수)) 두뇌, 지력(智力 intelligence); *cf.* head. 3
[((중영)) *brayne*(고영) *brægn* brain; *cf.* (그) *brechmos* the top of the head]

brake[breik] 명, 동 제동기(를 걸다), 브레이크. 3

[((홀란드)) *breken* break] ☞ break

branch[brɑ:ntʃ] 명 가지, 분파(分派), 지류(支流). 동 갈라지다(divide into branches). 1
[((래틴)) *branca* the paw of an animal 동물의 손 발: 가지를 동물의 손 발에 비유해서 말함]
동의어 "가지"를 나타내는 가장 보편적인 단어는 **branch**이고, main branch(큰 가지)를 특히 **bough**라고 하고, very small branch(잔 가지)를 **twig**라고 한다. 또 limb은 큰 가지를, sprig는 잔가지를 나타낸다. *cf.* bough, twig, trunk.

brand[brænd] 명 낙인(烙印), 상표, 타다 남은 나무. 동 낙인을 찍다, 오명을 씌우다. 3
[((고영)) *brand* burning, sword *brinnan* burn 태우다] ☞ burn

brandy[brǽndi] 명 부랜디(火酒). 8
[((홀란드)) *brande-wijn* ← *branden* burn+*wijn* wine; burnt wine 쉽게 불이 붙기 때문]

brass[brɑ:s] 명 놋쇠, 황동(黃銅). 형 놋쇠의, 황동악기의. 2
[((고영)) *bræs* ((아이스)) *brasa* harden by fire 불로 굳게 하다와 관계가 있는 듯]

~ *band* 취주악단(吹奏樂團).

brazen[bréizn] 형 황동으로 만든, 떠들썩한, 뻔뻔스런. 동 뻔뻔스럽게 굴다.
[((고영)) *bræsen*←*bræs*] ☞ brass

brave[breiv] 형 용감한. 동 용감하게 부닥치다(defy). 반 timid 1
[((이태)) *bravo*; 원 뜻은 wild, fierce]

bravery[bréivəri] 명 용기, 용감성. 5
[brave+ -*ery*]
통계어 **bravo**[brɑ́:vóu] 명 갈채하는 소리. 감 잘 했다! (Well done!), 최고다! (Excellent!)
[((이태)) *bravo* brave]

bravado[brəvɑ́:dou] 명 허세(虛勢).
[((스페)) *bravada*, *bravata* boast, brag] ☞ barbarous

brawl[brɔ:l] 명 언쟁 (noisy quarrel), 싸움. 동 싸우다. 6
[((중영)) *brawlen* quarrel, boast, *brallen* cry, make a noise]

breach[bri:tʃ] 명 파약, 위반. 동 (성벽을)깨뜨리다, *cf.* break. 6
[((고영)) *brece*←*brecan* break; *cf.*((독)) *brechen*]

bread[bred] 명 빵, 식량, 생계. 1
[《고영》 *brēad* crumb, morsel 빵 부스러기, 빵조각; *cf.* 《독》 *brot*. 옛날에는 빵을 loaf라고 했다]
~ *and butter*[brédnbʌ̀tə] 버터 빵 (bread with butter on it).

breadth[bredθ; -tθ] 명 폭(幅)(width), 넓이(extent). ⑨ length 길이. 3
☞ **broad**

break[breik] 통 (broke, broken)부수다, (약속을)깨뜨리다, 중지하다, (말을)길들이다. 명 파괴, 갈라진 틈. ⑨ mend 고치다.
[《고영》 *brecan*(과거 *bræc*, 과거분사 *brocen*); *cf.* 《독》 *brechen*]
~ *away* 도망치다. ~ *down* 파괴하다, 압도하다. ~ *in* 길들이다, (도적이)침입하다. ~ *in (up)on* 습격하다. ~ *into* 침입하다, 갑자기 …하기 시작하다. ~ *off* 꺾이다. ~ *out* 탈출하다, (전쟁, 유행병, 화재 따위가)갑자기 일어나다. ~ *through* 돌파하다. ~ *wind* 방구를 뀌다

breakfast[brékfəst] 명, 통 아침 밥(을 먹다). 1
[break+fast 단식; 전날 밤부터 하나도 먹지 않다가(단식), 처음으로 먹는 것이 아침 식사이므로]

breakwater[bréikwɔ̀ːtə] 명 방파제(防波堤).

broken[bróukən] 통 break의 과거분사. 형 부서진, 쇠약한, 변칙(變則)의.

broken-hearted[bróukənhɑ́ːtid] 형 슬픔에 가슴이 메어지는.

breast[brest] 명 가슴. 통 용감하게 대항하다(face). 2
[《중영》 *brest*, *breest* 《고영》 *brēost*; *cf.* 《독》 *brust*]
make a clean ~ *of* 깨끗이 고백하다(confess everything).
동의어 **breast**는 사람의 상반신, 특히 chest의 앞 부분, 부인의 젖가슴을 말한다. **heart**는 비유해서 말할 때의 가슴(추상적), **chest**는 흉곽을 말하며 갈비 뼈(rib)와 가슴 뼈에 둘러 싸인 부분을 말하며 X-rays를 찍을 때의 "가슴"은 이것을 가리킨다. **bosom**은 주로 비유해서 말하며 구식 단어이다. **bust**는 인체의 전면 상부(보통 부인의 흉부)를 나타내어 양재용어로도 많이 쓰인다.

breath[breθ] 명 숨, 호흡. 2
[《고영》 *brǣth* odor. exhaustion; *cf.* 《독》 *brodem, broden, brodel* vapour]
at a ~ 단숨에. *out of* ~ 숨이 차서. *take* ~ 숨을 돌리다.

breathe[briːð] 통 호흡하다, 숨을 돌리다, 쉬게 하다. 2
[《고영》 *brǣthan*←*brǣth* breath]
~ *again*(또는 *freely*) 안도의 한숨을 쉬다. ~ *one's last* 숨을 거두다.

breathing[bríːðiŋ] 명 호흡(법). 형 호흡의, 살아 있는 것같은. ☞ **breath**

breathless[bréθlis] 형 숨차하는, 숨이 막히는 듯한. 7
[breath+ -less without]

breech[briːtʃ] 명 엉덩이. *pl.* [brítʃiz] (승마용)짧은 바지. 6
[《고영》 *brēc* breeches; breeches로 하면 사실상의 이중 복수(double plural)가 된다]
주의 breach "위반"과 혼동하지 않도록 하라.

breed[briːd] 통 (bred) 낳다(give birth), 사육하다(raise), 원인이 되다(cause). 명 종족; *cf.* brood, bleed, blood. 3
[《고영》 *brēdan* produce or cherish a brood←*brōd* brood; 한 배 새끼를 낳다(기르다); *cf.* 《독》 *brüten*]

breeder[bríːdə] 명 양육자. 10

breeding[bríːdiŋ] 명 번식, 사육, 예의 범절.

well-bred[wélbréd] 형 본 잘 받은, 범절이 있는. ☞ **brood**

breeze[briːz] 명 미풍(微風). 3
[《고프》 *brise* 북풍 바람←《스페》 *brisa*, 《포르투》 *briza* north wind; *cf.* 《프》 *bise* 북풍, 겨울]

breezy[bríːzi] 형 미풍이 부는, 상쾌한 (gay, cheerful).

brethren[bréðrin] 명 *pl.* 동포, 동업자; *cf.* brothers. 4
[《중영》 *bretheren* (brother의 특수 복수형); *cf.* child—children, cow—kine 《고어 · 방언》]

brew[bruː] 통 양조하다, 음모를 꾸미다. 6
[《고영》 *brēowan*]

brewer[brúː(ː)ə] 명 양조업자, 음모가.

brewery[brúəri] 명 양조장. [소규모의 것은 brew-house]

bribe[braib] 명 뇌물. 통 뇌물을 주다, 매수하다. 5
[《고프》 *bribe* a piece of bread given

brick 59 **Britain**

to a beggar; 거지에게 준 빵조각]
bribee 圀 수회자. **briber** 圀 증회자.
bribery[bráibəri] 圀 증(수)회[贈(收)賄]. [bribe+ -ery]
brick[brik] 圀, 통 벽돌(을 쌓다). 2
[《프》 *brique* brick, fragment, bit←《중 홀런드》 *bricke*←《홀런드》 *breken* break; 깨어진 조각→벽돌]
like a ~ =*like* ~s 맹렬히, 활발히.
bricklayer[brìkléiə] 圀 벽돌직공.
bride[braid] 圀 색시, 신부(新婦); *cf.* bridegroom 신랑. 2
[《고영》 *bryd* bride: *cf.*《독》 *braut*《프》 *fiancée*]
bridal[bráidl] 圀 혼례(wedding). 圀 신부의, 혼례의. [원래 *bride-ale*] 6
☞ ale

bridegroom[bráidgru(:)m]圀신랑. 6
[원래 *bridegoom*(*groom*과 혼동해서 r이 들어 감)←《고영》 *brȳd-guma* bride-man←*guma*((《래틴》 *homo* man) 글자 뜻대로는 "신부의 사내"]
bridesmaid 圀 신부 들러리.
bridesman 圀 신랑 들러리.
bridge[bridʒ] 圀 다리, 브리지(船橋), 콧대. 1
[《중영》 *brigge*, *brugge*《고영》 *brycg*; *cf.*《독》 *brücke*](頭俊).
bridgehead[brídʒhed] 圀 교두보(橋
bridle[bráidl] 圀 구속, 말 굴레, 고삐. 통 구속하다. 3
[《고영》 *bridel*←*bregd-an* pull twitch 잡아 당기다; 말을 잡아 댕기는 것]
☞ braid
brief[bri:f] 圀 잠시의(short), 간결한 (concise). 圀 요점. 통 요약하다. 2
[《래틴》 *brevis* short←《그》 *brachus* short]
in ~ 요컨대(in short), 간단히 말하면. 「보고서.
briefing[brí:fiŋ] 圀 (요령만 간추린)
brevity[brèviti] 圀 (시간의)짧음, 간결. [《프》 *brieveté*←《래틴》 *brevitatem* shortness←*brevis* short]
brigade[brigéid] 圀 (군) 여단(旅團).
[《프》 *brigade* crew, troop←《이태》 *brigada* troop←*brigare* strive, fight]
brigadier (genera) [brìgədíə(dʒènərəl)] 圀 여단장, 《미》육군준장.
bright[brait] 圀 밝은, 찬란히 빛나는, 영리한(clever). ⓐ dark 1
[《중영》 *bright*←《고영》 *beorht*, *berht*,

bryht]
brighten[bráitn] 통 밝게 하다, 빛나게 하다, 명랑하게 하다. [bright+ -en] 4
참고 whiten[*white*| *en*] 희게 하다, darken[*dark*+ -en] 어둡게 하다, broaden[*broad*+ -en] 넓히다, weaken[*weak*+ -en] 약하게 하다.
brightly[bráitli] 閉 밝게, 빛나서.
brightness[bráitnis] 圀 빛남, 밝기, 총명. 5
brilliant[bríljənt] 圀 빛나는 (shining-brightly), 뛰어난. 4
[《래틴》 *beryllus* beryl 녹주석(綠柱石); 원 뜻은 녹주석처럼 번쩍이다.]
brilliantly 閉 찬란하게, 휘황하게.
brilliance, -cy [bríljəns, -si] 圀 광휘(光輝), 재간(才幹).
brim[brim] 圀 가장자리, 변두리(edge of a cup, glass, hat, etc) 4
[《중영》 *brim*, *brimme* edge of the sea]
full to the ~ 넘칠 듯한, 가득찬.
brimful[brímf(u)l] 圀 가득찬, 넘칠 듯한. [brim+ -ful]
bring[briŋ] 통 가지고(데리고)오다(carry, fetch), 야기(惹起)하다 (cause), …하게 하다. 1
[《고영》 *bringan*, *brengan*; *cf.*《독》 *bringen*]
brink[briŋk] 圀 (낭떠러지의) 가장자리 (the edge of a steep place), 벼랑, 물가, 찰나, 위기. 5
[《중영》 *brink*←《덴마크》 *brink* verge; 가장자리]
on the ~ *of* …하려는 찰나에.
brisk[brisk] 圀 활발한(active, lively), 빠른(quick). ⓐ dull 5
[《이태》 *brusco* tart, harsh 신랄한, 거칠은]
briskness[brísknis] 圀 활발, 활기. [brisk+ -ness]
bristle[brísl] 圀 굳센 털. 통 털이 일어서다, 격분하다. 7
[《중영》 *bristle*, *berstle*, *birstle*←《고영》 *byrst* bristle의 축소형; *cf.*《독》 *borste*]
Britain[brítn] 圀 영제국(英帝國 the British Empire), 브리튼 섬(Great Britain); *cf.* England. 3
[프랑스의 북서부 브르타뉴(Brittany) 지방을 옛날에는 Little Britain이라고

부르고 그 맞은편에 있는 영국을 Great Britain이라고 불렀다)
　Great — 대영제국(영국 본토, 자치령 및 식민지를 포함한 전체의 속칭).
British[bríti∫] 영 영국의, 영국인의, 브리튼족(族)의.　2
　the ~ (전체적인 이름)영국인; *cf.* English. *the* ~ *Commonwealth of Nations* 대영연방(大英聯邦) (the British Empire); 또는 연합왕국(聯合王國 the United Kingdom 〈of Great Britain and Northern Ireland〉)과 그 자치령.
brittle[brítl] 형 잘 부서지는(fragile). 8
　[《고영》 *brēotan* break]
brittleness[brítlnis] 명 부서지기 쉬움. [brittle + -ness]
broad[brɔːd] 형 폭 넓은(wide), 분명한(plain), 드러난(coarse), 포용력(包容力)이 큰, 너그러운. 반 narrow　1
　[《고영》 *brād*; *cf*. 《독》 *breit*]
　참고 broad와 wide의 차이; **broad**는 표면의 넓이를 강조한다. *broad shoulders*(넓은 어깨), *broad plain*(넓은 평야). **wide**는 거리나 간격의 크기에 중점을 두고 말할 때 쓴다. *two feet wide*(이보 간격), *a wide world*(넓은 세상).
　in the ~ *daylight* 백주(白晝)에.
breadth[bredθ] 명 폭, 넓이.　3
　[《중영》 *brede* breadth+ -th ←《고영》 *brædu* ←*brād* broad]
　참고 어미의 -th는 long → length와 맞추어 쓴 것. strong 형 →strength 명; long 형 →length 명; wide 형 → width 명; high 형 →height 명.
broadcast[brɔ́ːdkàːst] 형 막 뿌리는, 널리 퍼진, 방송의. 통 방송하다. 명 방송. [broad + cast]　10
broaden[brɔ́ːdn] 통 넓히다, 넓어지다 (make or become broad).
　[broad+ -en(동사어미)]　「대담하게.
broadly[brɔ́ːdli] 부 널리, 노골적으로,
broil[brɔil] 통 불에 굽다, 쬐다. 명 불에 굽기.　7
broker[bróukə] 명 중개인(仲介人), 중개업자, 전당포.　10
　[《앵글로·프렌취》 *brocour* agent; 원 뜻은 wine seller]
bronze[brɔnz] 명, 형 청동(青銅) (으로 만든).　6
　[《이태》 *bronzo*, *bronzino* made of bronze ←《라틴》 *Brundusium* 이태리의 *Brindisi*에서 청동 거울을 만들었다고 해서]
　~ *statue* 동상(銅像). *the* ~ *age* 청동기시대(青銅器時代; 1800~1000 B. C.)
brooch[brout∫] 명 흉침(胸針), 브로취.
　[《라틴》 *brocca* pointed stick ←*broca* spike 브로취를 매다는 바늘]　8
brood[bruːd] 명 한 배의 병아리, 한 떼의 새끼. 통 심사 숙고하다, 알을 품다; *cf*. breed.　4
　[《고영》 *brōd*; *cf*. 《독》 *brut*]
brook[bruk] 명 개울(small stream), 시내.　1
　[《고영》 *brōc*; *cf*. 《독》 *bruch*]
brooklet[brúklit] 명 작은 개울. [brook+ -*let*]
broom[bruːm] 명 비(箒). 통 비로 쓸다, 쓸어내다.　3
　[《고영》 *brōm* plant broom: 옛날에는 비를 *broom* "금작아 풀"로 만들었다고 해서] *cf*. box, brush.
brother[brʌ́ðə] 명 (*pl*. brothers, brethren)형제, 동료(comrade). 반 sister *cf*. brethren.　1
　[《고영》 *brōthor*; *cf*. 《독》 *bruder*]
brow[brau] 명 이마(forehead), (산, 절벽의)끝(edge of a steep place), 《보통 복수》 눈썹(eyebrow).　2
　[《고영》 *brū*]
　knit one's ~*s* 눈썹을 찌푸리다.
brown[braun] 명, 형 갈색(의). 통 갈색으로 만들다.
bruise[bruːz] 명 타박상(打撲傷). 통 때려서 상처를 내다.　4
　[《고영》 *brysan* bruise; 《고프》 *bruiser, briser* break의 영향을 받은 듯]
brush[brʌ∫] 명 솔, 붓(毛筆). 통 솔질하다, 휙 스쳐 가다.　2
　[《고프》 *broce* brushwood]
brute[bruːt] 명 짐승, 야수(野獸)(beast). 형 야만의.　4
　[《라틴》 *brūtus* stupid]
brutal[brúːtl] 형 짐승같은, 잔인한 (savage, cruel). [brute+ -*al*]　6
brutality[bruːtǽliti] 명 짐승같은 짓, 잔인성(cruelty). [brulal+ -*ity*]
bubble[bʌ́bl] 명 물거품. 통 거품 일다, 중얼거리다.　3
　[거품이 나는 소리를 흉내 낸 단어]
buck[bʌk] 명 숫사슴. *cf*. stag, hind.

㉑ doe 암 사슴.
[《고영》 *buc* male deer, *bucca* (he-goat); *cf.* 《독》 *bock*]

bucket[bΛ́kit] 명 바께쓰, 물통. 통 《미》 물통으로 푸다.
[《고영》 *būc* 물병 + -et (앵글로·프렌 취계 축소 어미)]

buckle[bΛ́kl] 명 혁대고리, 박클. 통 고리로 죄다, 양보하다, 전력을 다하게 하다.
[*buccula*(*bucca* cheek의 축소형)]

bud[bΛd] 명 싹, 봉오리, 어린이. 통 싹트다, 봉오리 지다.
[《중영》 *bodde*, *budde* bud, *budden* to bud; *cf.* 《독》 *butte*]

budget[bΛ́dʒit] 명 예산(안), (서류)한 뭉치. 통 예산을 짜다.
[《프》 *bougette*(*bouge* bag의 축소형) 처음에는 가죽 주머니, 또는 지갑을 가리키던 것이 차차 그 속에 든 것을 가리키게 되고 마침내 그 속에 든 돈의 명세(明細)를 뜻하게 되었다.〕
주의 budget를 원래 "가죽부대"를 나타내는 만큼 "예산을 의회에 제출하다"는 open the *budget* 로 한다.

buff[bΛf] 명 (소, 물소의)연한 황색 가죽, 누르스름한 빛깔.
[《프》 *buffle* buffalo←《래틴》 *bŭfalus*] ☞ buffalo

buffalo[bΛ́fəlou] 명 물소, (미국산) 들소. [《이태》 *buffalo* a kind of wild ox]

buffet[bΛ́fit] 명 구타, 타격, 학대. 통 구타하다(give a blow to), (물결, 운명 따위가)희롱하다.
[《중영》 *boffet*, *buffet* blow←《고프》 *buffe*(특히 뺨을 치는 것)]

bug[bΛg] 명 《영》 빈대(bedbug), 《미》 곤충(insect).
[《고영》 *budda* beetle, insect]

buggy[bΛ́gi] 명 《영》 바퀴 둘 달린 무개마차(無蓋馬車), 《미》 바퀴 둘 또는 네 개 달린 경장마차(輕裝馬車), 《미속》 자동차.

bugle[bjú:gl] 명 군대용 나팔. 통 군대용 나팔을 불다.
[《고프》 *bugle* wild ox←《래틴》 *būculus* young ox←*bos* ox의 이중 축소형 bugle-horn의 -horn을 생략한 형태; 원 뜻은 들소의 뿔로 만든 나팔]

bugler[bjú:glə] 명 나팔수. [bugle + -er]

build[bild] 통 (built) 세우다, 건축하다, 만들다(construct). 명 구조, 골격(shape, style).
[《중영》 *bulden*←《고영》 *byldan* build ←*bold* house] ☞ bower

built[bilt] 통 build의 과거·과거분사. 형 짜 맞추는.

bulb[bΛlb] 명 구근, 전구, 눈알.
[《프》 *bulbe*←《래틴》 *bulbus* bulb←《그》 *bolbos*←*bulbous* root, onion]

bulk[bΛlk] 명 크기(size), 대다수.
[《중영》 *bolke* heap]

bulky[bΛ́lki] 형 부피가 큰(large), 멋없이 큰(clumsy).

bull[bul] 명 황소. ㉑ cow.
[《중영》 *bole*, *bule*; *cf.* 《독》 *bulle*]

bullock[búlək] 명 (세살 이상의)숫소, 거세(去勢)한 소.
[《고영》 *bulluc* bullock]

bully[búli] 명 골목대장, 난폭한 자. 통 약자를 구박하다.
[《중 흘런드》 *boel* lover: 원 뜻은 애인]

bulldozer[búldouzə] 명 땅 고르는 기계, 위협자.

bullet[búlit] 명 소총탄, 추(錘).
[《중영》 *boule* bowl+ -ette(축소 어미); small bowl 작은 공] 「彈」의.

bullet-proof[búlit-pru:f] 형 방탄(防

bulletin[búlitin, bùlití:n] 명 공보(official report), 회보(會報 magazine published by a society).
[《이태》 *bullettino* ticket, pass←*bulla* boss, knob, seal]

bulletin(-)board[búlitin-bɔ̀:d] 명 게시판.

통계어 **bull**[bul] 명 로마 교황의 교서, 칙서(勅書). [《래틴》 *bulla* knob, seal]

bulwark[búlwək] 명 성채(城砦), 보루(堡壘), 방파제, 보호.
[《예》 *bulværk*; *cf.* 《독》 *boll-werk*, 《프》 *boulevard*]

bump[bΛmp] 명 충돌, 쿵 하는 소리. 통 쿵 하고, 통 충돌하다.
〔충돌하는 소리를 흉내 낸 단어〕

bumper[bΛ́mpə] 명 한잔 가득, 《속어》 풍년, 대만원.

bumperettes[bΛmpərέts] 명 《미》 (자동차 뒷쪽의)소완충기(小緩衝器).

bunch[bΛntʃ] 명 송이, 다발, 묶음. 통 묶다, 다발을 짓다.
[《중영》 *bunche*]

bundle[bʌ́ndl] [명] 꾸러미, 보따리. [동] 묶다, 싸다(wrap). 3
〔《고영》 *bund-* ←*bindan* bind〕

buoy[bɔi] [명] 부표(浮標), 구명(救命)부이(life-buoy). [동] 뜨게 하다. 8
〔《홀런드》 *hoei* buoy←《고프》 *buie* fetter 칼, 구속←《래틴》 *boiæ*(가죽으로 된 목에 두르는 띠)〕
[주의] 원 발음은 boy[bɔi] "소년"과 같으나 글자가 하나 더 있는데 주의하라. 우리 말에서는 소리를 잘 못 전하여 "부이"라고 부르고 있으나 이것은 틀린 것이다.
buoyant[bɔ́iənt] [형] 뜨는 성질의, 탄력이 있는. 8

burden[bə́:dn] [명] 무거운 짐 (a load, *esp.* very heavy), 귀찮은 일. [동] 짐을 지우다(load too heavily).
[반] lighten 덜다. 3
〔《고영》 *byrthen* load〕

bureau[bju(ə)róu, bjúərou] [명] (*pl.* bureaus 또는 bureaux) 국(局), 성(省), 부(部), 서랍 달린 사무용 책상. 3
〔《프》 *bureau* desk←《고프》 *burel* coarse woolen stuff ←《래틴》 *burrus* reddish←《그》 *purros* reddish← *pur* fire; 책상 위에 갈색의 천을 깔았던 일에서〕
bureaucracy[bju(ə)rɔ́krəsi, -róu-] [명] 관료정치. 〔《프》 *bureaucratie;* bureau+ *-cracy*〕

burglar[bə́:glə] [명] 밤도둑, 강도. 8
〔《저지 래틴》 *burgulāre* break into a house 가택 침입을 하다〕
☞ borough
burglary[bə́:gləri] [명] 강도죄, 침입.

burn[bə:n] [동] 타다, 태우다, 데다. [명] 화상(火傷). [반] cool. 1
〔《중영》 *bernen, brennen; cf.* 《독》 *brennen*〕
burner[bə́:nə] [명] 태우는 사람, 연소기(燃燒器). 8
burnt[bə:nt] [동] burn의 과거, 과거분사. [형] 불탄, 덴.

burst[bə:st] [동] (burst) 터지다(explode), 파열하다(break). [명] 폭발(explosion), 파열, 돌발. 2
〔《고영》 *berstan* burst, asunder 폭발하다; *cf.* 《독》 *bersten*〕
~ *into*(tears) (울음)을 터뜨리다.
~ *with*(laughing) (웃음)을 크게 웃다.
~ *out* laughing(또는 into laughter) 갑자기 폭소하다.
[주의] ~ into 뒤에는 명사, out 뒤에는 현재분사가 온다.

bury[béri] [동] 묻다, 매장하다, 덮어두다(cover). [반] dig. 2
〔《고영》 *byrigan, byrgan* bury〕
burial[bériəl] [명] 매장, 장례. 〔《중영》 *buriel, biriel* tomb 묘〕 4
burial-ground[bériəl-gràund], **burial-place**[bériəl-plèis] [명] 매장지, 묘지.

bus[bʌs] [명] (*pl.* buses, busses) 뻐스, 합승마차. 9
〔《래틴》 *(omni)bus* for all←*omnis* all; 계급 차별을 하지 않고 모두 함께 타는 차〕
[참고] 1828년경 프랑스에서, 1929년 런던에서 처음 사용했다. 처음의 뻐스는 마차이었다.

bush[buʃ] [명] 수풀(thicket), 덤불. 2
〔《래틴》 *boscus* bush〕
bushy[búʃi] [형] 관목(灌木)이 무성한, 털 투성이의.

bushel[búʃl] [명] 부셸(8갤론, 약 두말 한 홉). 3
〔《래틴》 *bustellus* small box←*buxida* (*buxis* box의 대격); 작은 상자〕

business[bíznis] [명] 직업(occupation), 거래, 장사(trade), 용건(subject).
〔busy+ *-ness*〕 1
[동계어] **busyness**[bízinis] [명] 분주함, 다망.
[주의] 두 단어의 발음·철자법의 차이에 주의하라. ☞ busy

bust[bʌst] [명] 가슴(chest), 젖가슴(woman's breast), 흉상(胸像), 반신상(半身像). 5
〔《래틴》 *bustum* the trunk of the body〕

bustle[bʌ́sl] [동] 대소동을 하다, 분주(奔走)하다(hurry). [명] 대소동(noisy movement). [반] quiet 조용해지다. 7

busy[bízi] [형] 바쁜, 부지런히 일하는. [동] 바쁘게 일하다. [반] free. 1
〔《고영》 *bisig* active〕

but[bʌt, 《약》 bət] [부] 단지(…일 뿐)(only). [전] …이외에는(except). [접] 그러나, 《관계 대명사》 …이 아닌(사람)(that ~ not). 1
〔《고영》 *be-ūtan, būtan, būta* without ←*be-* by+*ūtan* without←*ūt* out〕
~ *for*… …이 아니면, …이 없었더라면 (if it were not for …; if it had

not been for …). **cannot** ~ (do) 하지 않고는 못배기다. ***last ~ one*** 끝에서 두번째. ***never*** …~ … …하면 반드시 … 하다. ***not that*** … ~ ***that*** … … 때문이 아니고 … 때문이다.
Not that I dislike the work, *but that* I have no time. 그 일이 싫은 것이 아니고 시간이 없다.

butcher[bútʃə] [명] 고기 파는 사람(가게), 백정(白丁). [동] 참살하다(kill cruelly), 도살하다(kill for food). 3
〔《고프》 *bochier*(원 뜻은 염소를 죽이는 사람)←*boc* goat←《독》 *bock* goat〕 ☞ buck
butchery[bútʃəri] [명] 도살장, 도살업, 학살.

butler[bʌ́tlə] [명] 식당 지배인, 하인 감독. 8
〔《중영》 *boteler* one who attends to bottles; 술병을 돌보는 사람←*botel* bottle〕 ☞ bottle

butt[bʌt] [명] (총의)개머리, (나무의)뿌리, 꽁초, 끄트머리(butt-end). 6
〔《중영》 *but, butte* short〕
[주의] **butts**[bʌts] [명] 《복》 표적, 과녁, 사격장. 6

butter[bʌ́tə] [명],[동] 빠터(를 바르다), 아첨(하다). 1
〔《그》 *boutyron*←*bous* ox, butter〕

butterfly[bʌ́təflai] [명] 나비, 놈팽이. 3
〔《고영》 *buttor-flēoge* butter-fly; 나비의 배설물이 빠터같다고 해서 붙인 것〕

button[bʌ́tn] [명],[동] 단추(를 걸다 또는 달다). 2
〔《고프》 *boton* bud, button← *boter* push(out): 밖으로 밀려 나온(push) 둥근 것〕
buttons[bʌ́tnz] [명] 《단수 취급》 (호텔 따위의)보이, 급사(단추가 많이 달린 제복을 입고 있다고 해서).
unbutton[ʌ́nbʌ́tn] [동] 단추를 빼다, 단추를 따다. 〔*un*-(반대의 뜻을 나타내는 접두사)+button〕

buy[bai] [동] (bought[bɔːt]) 사다, (희생을 하고)확보하다. [반] sell 1
〔《고영》 *byg*- ←*bycgan*〕
buyer[báiə] [명] 사는 사람, 구입계(購入係). 〔buy+ -*er*〕 6

buzz[bʌz] [동] (벌 따위가)왱왱 소리내다, 수선대다. [명] 왱 하는 소리, 지껄임. 3
〔소리를 흉내 낸 단어〕
buzzer[bʌ́zə] [명] 기적(汽笛), 사이렌, 신호. 〔buzz+ -*er*〕

by[bai] [전] …의 옆에(near), …을 따라(along), …까지에는(before), …하는 동안(during), …에 의해서, …만큼. [부] 곁을, 앞을 지나서. 1
〔《고영》 *bī,big*; 원래는 beside, near의 뜻을 나타내는 장소의 전치사〕
(***all***) ~ ***oneself*** 홀로(alone). ~ ***accident***(또는 ***chance***)우연히. ~ ***all means*** 어떻게 해서든지. ~ ***and*** ~ 차차, 얼마 안되어. ~ ***far*** 훨씬(더).

by(e)[bai] [명] 지엽(枝葉). [형] 부속의, 이차적인, 간접의. 5
by the ~ 그런데(by the way).
bye-bye[báibái] [감] 안녕! (good-by(e)!) 〔어린이들이 쓰는 작별 인사〕

bygone[báigɔ(ː)n] [형] 과거의, 지나간(gone by). [명] *pl*. 과거. 10

by(-)law[báilɔː] [명] (지방 단체 따위의) 규칙, 세칙(細則). 「외자(局外者).

bystander[báistændə] [명] 제 삼자, 국
〔*by* near+*stand*+-*er*, 근처에 서 있는 사람〕

byword[báiwəːd] [명] 속담(proverb), 조소(嘲笑)의 대상.
〔《고영》 *bīword*〕

C

cab[kæb] [명] 여객마차, 택시(taxi), (기관차의)기관수실, 《영속》 주해서, 자습서. [동] 《속》 택시로 가다(go by taxi), 자습서를 사용하다. 〔*cab*(*riolet*)의 준말〕 6
[동계어] **cabriolet**[kæ̀brioulέi] [명] 말 한 마리가 끄는 포장 달린 두바퀴 마차.
〔《프》 *cabriolet*←*cabriole* leap of goat ←《이태》 *capriola* kid←*caprio* wild goat←《래틴》 *caper* goat; 염소 처럼 잘 뛰고 가볍다고 해서〕 ☞ taxicab

cabbage[kǽbidʒ] [명] 양배추, 카베쓰. 4

[《중영》 *cabache*←《프》 *caboche* great head←《라틴》 *caput* head; cf. 《이태》 *capocchia* head of a nail]
참고 캬베쓰의 원뜻은 head인데 재미나는 것은 캬베쓰의 중심부의 딱딱한 심을 head 또는 heart라고 하고 속이 찬 캬베쓰를 a cabbage with a good head라고 하는 점이다.

cabin[kǽbin] 명 오두막 집(hut), 선실(船室). 3
~ *de luxe*[də lúks] 특등 선실. ~ *class* 이등 선실. (cf. first class 일등 선실. tourist class 삼등 선실) ~ *boy* (선실을 돌보는)급사.

cabinet[kǽbinit] 명 사실(私室), 캐비네트, 내각. 4
[《프》 *cabinet*; cabin+-*et*(축소 어미)]

cable[kéibl] 명 (삼 또는 철사의) 굵은 줄(둘레 10인치 이상의), 해저전선, 해외 전보(cablegram). 동 해외 전보를 치다. 4
[《라틴》 *capere* take, hold]
cable-car[kéibl-ka:] 명 케이블·카.

cactus[kǽktəs] 명 (*pl*. cactases, cacti [kǽktai]) 선인장. 10
[《라틴》 *cactus* pricky plant 가시 돋힌 식물]

café[kæféi, kæféi] 명 《영》 (간단한 식사를 할 수 있는)다방, 《유럽》 요리점.
[《프》 *café*←《이태》 *caffè* coffee]

cage[keidʒ] 명 새장, 우리(檻), 감옥(prison). 동 새장에 넣다. 3
[《라틴》 *cavus* hollow; 원 뜻은 "텅 빈 것". 새장 안이 비어 있으므로
☞ cave, cavern

cake[keik] 명 과자, 작은 덩어리, (비누 따위의) 한개(… of). 1
[《중영》 *cake*; cf. 《독》 *kuchen*]
~ *and ales* 과자와 맥주, 잔치, 인생의 쾌락; cf. Life is not all *beer and skittles*. 인생에는 재미있는 것만 있는 것은 아니다.

calamity[kəlǽmiti] 명 재난(great misfortune), 참사 (terrible event).
반 felicity. 6
[《라틴》 *calamitas* misfortune 재난]

calculate[kǽlkjuleit] 동 계산하다(count), 기대하다(rely upon), 예상하다. 《미》 …라고 생각하다(think). 7
[《라틴》 *calculāre*; reckon← *calculus* pebble←*calx* stone; 원 뜻은 돌(calculus)을 써서 셈하다]

calculation[kælkjuléiʃən] 명 계산, 타산, 예상. 10
[통계에] **calculus**[kǽlkjuləs] 명 (*pl*. calculi) (의) 결석(結石), 《수》 계산법, 미적분학. [《라틴》 *calculus* pebble
참고 *calculus*는 처음에 draughts(서양 장기의 일종)를 할 때 "득점을 계산하는데 쓰는 돌"을 뜻하였으나 차차 "수를 셀 때 쓰는 돌"을 뜻하게 되고 마침내 "세는 것, 계산"을 뜻하게 되었다.

calendar[kǽlində] 명 달력, 연중행사표.
☞ almanac 5
[《라틴》 *calendārium* an account book kept by money-changers 환전상(換錢商)의 장부←*calendæ* calends 초하루; 옛날 로마의 환전상이 처음으로 매월 초하루(calends)에 이자를 지불하기로 되어 있었다. 따라서 초하루마다 펼쳐 보게 되는 장부를 calendārium이라 하게 되고 그 장부만 보면 날자도 알게 된다고 해서 달력의 뜻을 갖게 되었다]
주의 calender[kǽlində] 명 (롤라 식) 윤 내는 기계.
[《프》 *calandre* ←《라틴》 *calendra*←*cylindrus* cylinder] ☞ cylinder

calf[ka:f] 명 (*pl*. calves)송아지, 새끼, 장딴지(腓). 4
[《중영》 *kalf*←《고영》 *cealf*; 원 뜻은 "부풀어 오른 것". 차차 "임부(姙婦)의 배, 태아, 갓난 새끼"의 뜻을 갖게 되었다. "새끼"라고 함은 소, 코끼리, 고래, 하마(河馬) 따위의 큰 동물의 새끼를 뜻한다]

calico[kǽlikou] 명 《영》 당목, 캬리코, 《미》 옥양목. 8
[《인도》*Calicut*(Malabar해안의 도시)]
참고 동인도(東印度)의 Malabar 해안의 Calicut에서 처음으로 만들어진 무명베를 말한다. 현재는 거의 유럽에서 만들어지는 같은 종류의 베를 calico라고 한다.

call[kɔ:l] 동 부르다, 전화를 걸다, 방문하다, 시키다. 명 부르는 소리, 외침(cry, shout), 방문, 요구, 소집, 신호. 1
[《중영》 *callen*]
~ *at* …(집, 장소)[*on*(사람)]〔집에〕〔사람을〕방문하다. ~ *for* …을 부르다, 데리러 가다. ~ *forth* …을 환기하다, 용기를 북돋우다. ~ *out* 도전하다. ~ *up* 생각나게 하다. 전화를 걸다.

calling[kɔ́:liŋ] 명 점호, 하느님의 뜻, 천직(天職), 직업(profession).

calm[kɑ:m] 형 평온한(quiet), 고요한(still), 진정된. 동 조용하게 하다(되다)(make or become calm). 명 평정, 무풍(無風). ⓑ stormy. 2
[(프) *calme* ← (그) *kauma* the midday heat of the sun 해가 뜨겁게 쬐이는 낮동안 쉬는 뜻에서 "휴식, 평온"의 뜻이 됨]

calorie[kǽləri] 명 칼로리(열량의 단위, 특히 음식물의) 9
[(래틴) *calor* heat 열]

calorific[kæ̀lərífik] 형 열이 생기는.
[(래틴) *calōrificus* making hot ← *calori-* + *-fic- facere* make]

camel[kǽməl] 명 약대, 낙타(駱駝). 4
[(헤브류) *gāmāl*; cf. (아라비아) *jamal*]
참고 dromedary[drʌ́mədəri] 명 (아라아 산의) 혹하나 달린 약대(뛰는 것이 상당히 빠르다)
[(래틴) *dromad-*(*dromas* dromedary 어간)←(그) *dramein* run]

camera[kǽmərə] 명 사진기, 카메라. 8
[(래틴) *camera* chamber 방, 암실; 암실이 있는 것, 즉 사진기]

cameraman[kǽmərəmæ̀n] 명 사진사, (영화) 촬영기사.
주의 신문의 사진기자는 보통 photographer라 한다. ☞ chamber

bicameral[baikǽmərəl] 형 양원제(兩院制)의. [*bi-* two + *camera* + *-al*(형용사 어미) 상, 하 양원제의]

camp[kæmp] 명 야영(지), 진영(陣營), 출정군. 동 야영하다. 2
[(래틴) *campum*(*campus* field held by an army의 대격); 야영지]
go ~ing 야영하러 가다, 캠핑가다(spend a holiday in tents, etc.). *~ out* 캠프하다, 노숙(露宿)하다(live in a tent or in the open air).
참고 래틴어의 *campus*가 영어에 그대로 쓰여서 campus[kǽmpəs]가 되어 미국에서 "학교구내, 학생생활"을 뜻하게 되었다. *campus* life 학생 생활.

campaign[kæmpéin] 명 전쟁(military operations), (정치적, 사회적) 운동 (operations). 동 운동을 일으키다. 4
[(프) *campaigne* open field ←(이태) *campagna* field, campaign ←(래틴) *campānia* open field ← *campus* field; 연습에 적합한 넓은 들] ☞ champion

can¹[(강)kæn, (약) kən] 조 (could)
...할 수 있다(be able to), ...해도 좋다(may), 《의문》...할 수가 있나? 《부정》...할 리가 없다. 1
[(고영) *can(n)*; *cunnan* know의 1인칭·3인칭 단수 현재형에서 온 것, 우리말의 "...할 줄 안다"는 "...할 수 있다"와 뜻이 통하는데 그와 꼭 같은 뜻의 변천이 일어난 것이다]
cannot but(do so) = *cannot help* (doing so)(그렇게 하지)않을 수 없다. *cannot … too…* 아무리 ...하게 ...해도 지나치지 않다.
[동계어] **uncouth**[ʌnkú:θ] 형 서투른, 어색한, 쓸쓸한, 기묘한. [*un-* not + *-couth* known; 알려지지 않은] 7
☞ cunning, know, uncouth

can²[kæn] 명 (미) 통조림(tin), (영)(손잡이, 뚜껑, 귀 따위가 있는)쇠그릇. 동 통조림으로 하다. [mug.]
[(고영) *canne* can; cf. (독) *kanne*

canal[kənǽl] 명 운하(運河), 도랑. 동 운하를 파다. 3
[(래틴) *canālis* channel 수로]
the Canal Zone 파나마 운하지대.
☞ channel

canary[kənɛ́əri] 명 카나리아, 카나리아 군도산의 포도주. 8
[(프, 스페인) ←(래틴) *insula Canaria* (one of the Canary Islands) ← *canis* dog]
참고 카나리아 군도의 이름은 래틴어의 *canis* dog에서 온것; 원래 카나리아 군도에서 큰 개가 난다고 해서 그렇게 부른 것이 차차 거기에서 나는 새, 포도주 따위의 거기에서 처음 시작된 춤(dance)도 canary라 하게 되었다.

cancel[kǽns(ə)l] 동 (줄을 그어)지워버리다(cross out), 말살하다(wipe out). 명 말살, 취소, 해제. 7
[(프) *canceller* ←(래틴) *cancellāre* 창살같이 하다 ← *cancellus* grating 창살; 서류에 줄을 여러번 그어 지울 때 격자 무늬같이 된다고 해서 생긴 말]

cancellation[kæ̀nsəléiʃən] 명 취소, 소인(消印).

cancer[kǽnsə] 명 암(癌), 악폐. 7
[(래틴) *cancer* crab 게, eating tumour 썩어 드는 부스럼; 암이 생긴 경우 그 종양(腫瘍)이 생긴 근처의 정맥이 부어 오른 모양이 꼭 게의 발 같다고 해서 생긴 말]

candidate[kǽndidit] 명 후보자, 지원자.

[《래틴》 candidātus white-robed 흰 옷 입은←candidus white; 흰 옷을 입은 사람] 4

참고 옛날 로마의 관직에 대한 후보자는 흰 toga라고 부르는 웃옷을 입고 다니면서 시민의 신임을 얻으려고 했다. 그후 후보자를 candidate라 함.

☞ ambition

candid[kǽndid] 형 솔직한, 정직한 (honest). [《래틴》 *candidus* white, shining←*candēre* shine]

candle[kǽndl] 명 초, 촛불(light given by a candle), 촉광. 2

[《래틴》 *candēla* candle ← *candēre* shine]

candle-power[kǽndlpàuə] 명 촉광.
candle-stick[kǽndlstik] 명 촛대. 7
[통계어] chandel er[ʃǽndəliə] 명 샨델리아, 꽃 전등.

chandler[tʃɑ́:ndlə, (미) -ɔ́-] 명 (초, 기름, 비누, 펭키 따위의)잡화상.

cando(u)r[kǽndə] 명 솔직, 공명무사. [《래틴》 *candōrem* brightness←*candēre* shine] ☞ candid, candle

candy[kǽndi] 명 (설탕을 재료로 한)과자, 캔디. (영) sweets. 2

[《프》 *sucre candi* sugar-candy←《이태》 *candi* candy←《아라비아》 *qand* sugar]

cane[kein] 명 지팡이, 대, 막대기. 동 체찍질하다(punish with a cane), 수숫대를 쓰다. 3

[《그》 *kanna* reed 갈대]

sugar-cane[ʃúgə-kein] 명 사탕수수.

☞ cannon, canal, canyon

canine[kéinain, 《칫과》 kǽnain] 형 개의. 명 송곳니(犬齒). 10

[《래틴》 *canīnus←canis* dog]

☞ canary, hound

canker[kǽŋkə] 명 구암(口癌), 혓바늘, 부스럼, 해독. 동 썩어 들다, 괴롭히다.

[《래틴》 *cancrum(cancer* crab 게의 대격)] ☞ cancer 8

cannibal[kǽnib(ə)l] 형 식인종(食人種). 명 사람을 잡아 먹는. 9

[《스페인》 *canibal* ← *Caribal* native of the Carribbean Islands←《서인도, (하이티)》 *carib* brave]

참고 이 단어는 원래 canibal로 적었다. Columbus 시대에 서인도 제도의 카리브 섬 주민을 일컬은 것임.

cannon[kǽnən] 명 대포(a large gun) (지금은 gun이 보통). (영) musket 소총(小銃). 3

[《래틴》 *canna* reed, tube, pipe]

☞ gun, shell, cane

canoe[kənú:] 명 통나뭇 배. 동 통나뭇 배를 타다. 4

[《스페인》 *canoa* ← 《서인도(하이티)》 boat, 카리브섬 토어.]

canon[kǽnən] 명 종규(宗規 church law), 교회 법규, 규범(規範 criterion), (음악) 둔주곡(遁走曲). 9

[규칙의 뜻 (그) *kanōn* rule←*canē* straight cane; 교회의 존엄성]

☞ cannon, canal

canvas[kǽnvəs] 명 (올이 굵은 삼베), 텐트 천, 화포(畫布). 3

[《래틴》 *cannabis* hemp 대마]

canvass[kǽnvəs] 동 세밀히 검토하다, 비판하다. 명 유세(遊說). [canvas에서; 원 뜻은 canvas를 써서 "체로 쳐낸다"의 뜻. 체를 가지고 쳐내다→정밀히 검사하다.

canyon[kǽnjən] 명 깊은 협곡(峽谷). 10

[《스페인》 *cañón* tube, hollow←《래틴》 *canna* reed, pipe]

☞ cane, canal, cannon

cap[kæp] 명 (데가 없는)모자, 뚜껑. 동 뚜껑을 덮다, 모자를 씌우다, …을 능가하다. 1

[《래틴》 *cappa* cap]

☞ cape, capital, captain, chief

capable[kéipəbl] 형 …할 수 있는 유능한(able to do things well), …의 자격이 있는. 3

[《래틴》 *capere* hold, contain]

incapable[inkéipəbl] 형 …할 수 없는, 능력이 없는. [*in*- not+capable] 8

capability[kèipəbíliti] 명 능력(power), 자격, 수완.

capacity[kəpǽsiti] 명 재능, 역량(力量 ability), 수용력. [《래틴》 *capere* hold, contain] 4

capacious[kəpéiʃəs] 형 드넓은, 담뿍 담을 수 있는. 6

☞ capable

cape[keip] 명 곶, 갑(岬 headland),소매 없는 외투. 3

[《래틴》 *caput* head 곶.]

the Cape (of Good Hope) 희망봉 (喜望峰). ☞ cap, capital, captain

caper[kéipə] 동 껑둥거리다(jump about playfully), 뛰어놀다. 명 뛰어다님. 7

capillary [(래틴) *capra* she-goat; 염소처럼 뛰어 다니다] ☞ cab, capricious

capillary[kəpíləri] 혱, 몡 모세관(毛細管)(의). 8
[(래틴) *capillāris* hairy ← *capillus* hair]

capital[kǽpitl] 혱 수위(首位)의, 주요한(principal), 죽어야 마땅한(punishab'e by death), 굉장한(very good). 몡 서울(首都), 큰 글자, 자본. 2
[(프) *capital* ← (래틴) *capitālis* belonging to the head ← *capit-*(*caput* head의 어간)]

make ~ of … …을 이용하다.
Capital! 옳지! 좋다!

capitalism[kǽpitəlizm] 몡 자본주의.
capitalist[kǽpitəlist] 몡 자본주, 자본주의자. 9
capitalistic[kæpitəlístik] 혱 자본주의적, 자본가의.
capitalize[kǽpitəlaiz] 툉 자본화하다; 큰 글자로 쓰다.

☞ captain, cape, decapitate, chief

caprice[kəprí:s] 몡 변덕(whim), 일시적 기분; 공상적인 작품, 《음악》광시곡(狂詩曲).
[(이태) *capro* he-goat에서 온 것으로 염소처럼 이랬다 저랬다 하는]

capricious[kəpríʃəs] 혱 변덕이 심한, 일정하지 못한. ⓟ constant. 10

☞ caper

capsule[kǽpsju:l] 몡 캡슬(a small case of covering); (식물) 꼬투리, 씨주머니, (유리 병의)덮개. 10
[(래틴) *capsula* (*capsa* case의 축소형)]

☞ case

captain[kǽptin] 몡 수령 (chief, leader), 우두머리, 육군 대위, 해군 대령, 선장(船長), (야구 따위의)주장(主將). 1
[(래틴) *capit-* (*caput* head의 어간)]
[통계어] **chieftain**[tʃí:ftən] 몡 (산적 따위의)괴수, 추장.
[(고프) *chevetaine* ← (래틴) *capitān-*(*e*)*us* captain]

captive[kǽptiv] 몡, 혱 포로(의), 사로잡힌. 4
[(래틴) *captīvus* captive ← *captus* take; caught 사로잡힌]

captivity[kæptívəti] 몡 감금, 포로(의 신세). 4

captor[kǽptə] 몡 포획자(捕獲者).
[(래틴) *captor* taker]

capture[kǽptʃə] 몡 포획, 나포(拿捕), 포획물. 툉 포획하다(catch), (상품 따위를)획득하다. 3
[(래틴) *captūra* taking] ☞ catch

car[ka.] 몡 차(車), 자동차(motorcar, automobile, auto, motorcar, motor, car), 전차(tramcar, streetcar), 차량(車輛 carriage). 1
[(래틴) *carrus* two-wheeled cart 두바퀴 차]
참고 "자동차"를 뜻하는 단어에는 automobile, auto, motorcar, motor, car 따위가 있으나 car를 쓰는 것이 가장 보편적인 경향이다. car fare(전차 요금, 뻐스 요금), car tracks(전차선로) 따위에서의 car는 streetcar(전차)나 bus의 뜻이다.

caramel[kǽrəmel] 몡 캐라멜; 엷은 갈색.
[(래틴) *cannamellis* sugar cane ← (래틴) *canna* cane] ☞ cane 9

caravan[kǽrəvæn] 몡 (사막의)대상(隊商), 포장마차. 6
[(페르샤) *kārwān* caravan]
참고 van[væn] 몡 포장마차(대형의).
[(cara)van] *cf.* bus ← (omni)bus, phone ← (tele)phone, photo ← photo-(graph).

carbon[ká:bən] 몡 탄소(炭素). 8
[(래틴) *carbōnem* coal]

carbide[ká:baid] 몡 탄화물, 카바이드.
[carb(on)+ -*ide*]

carbohydrate[ká:bouháidreit] 몡 탄수화물. [carbo(n) + hydrate 수화물(水化物)] ☞ hydrogen 7

carbureter, -tor[ká:bjuretə] 몡 카뷰레타, (자동차 엔진의)탄화기(炭化器), (발동기의)기화기(氣化器). 9
[carb(on) + -*ur-* + -*et*+ -*or*; sulphuret에서 유추하여 만든 단어]

carcass[ká:kəs] 몡 (짐승의)시체(dead body). 8

card[ka:d] 몡 카아드, 딱지, 트럼프(playing card), 마분지(cardboard); *pl.* 트럼프 놀이, 술책(術策). 2
[(래틴) *charta* ← (그) *chartē*(*s*) a leaf of papyrus; carte를 잘못적은 것]
참고 우리 나라에서 말하는 트럼프는 영어로는 cards라고 한다. Let's play *cards*. 트럼프 칩시다. trump는 "(트럼프의)잡이 패, 최후 수단"의 뜻이다. 또 의사가 말하는 "카르테"는 독일어 Karte에서 유래한 것으로 card와 같은 어원에서 생긴 단어이다. ☞ chart

cardboard[ká:dbɔ:d] [명] 두꺼운 종이, 마분지. ☞ card, board

cardigan[ká:digən] [명] 카디간, 털 쉐타. [1855년 크리미아 전쟁에서 이름을 떨친 *Earl of Cardigan*(1797~1868)의 이름을 따서]

cardinal[ká:dinəl] [형] 기본적인, 주요한 (chief, most important); 심홍색(深紅色)의. [명] 추기경(樞機卿)《로마 교황의 최고 고문, 대주교급에서 승진됨》; 심홍(深紅); *pl.* 기수 (基數 cardinal numbers). 6
[《래틴》 *cardinālis* principal, chief← *cardin-*(*cardo* hinge 정첩, 돌쩌귀의 어간); 문이 잘 열리려면 돌쩌귀가 좋아야 하므로 문에는 돌쩌귀가 꼭 필요한 것이 된다. 여기에서 "기본적, 주요한"의 뜻이 생겼다]
[참고] 교회내의 가장 중요한 지위에 있는 사람의 뜻에서 "추기경"이 되고 또 추기경이 입는 옷의 색갈이 짙은 다홍색이라고 해서 "심홍(색의)"이 됨.

care[kɛə] [명] 걱정(anxious feeling), 조심(watchfulness), 주의(serious attention), 보호(protection), 책임(responsibility), 걱정거리(cause of anxiety). [동] 염려하다, 근심하다, 관심을 갖다. [반] ease 1
[《고영》 *caru, cearu* anxiety]
~ ***of*** (c/o로 씀)… 기류(寄留), …방(方). ***take ~ of*** … …을 돌보다, …을 소중히 하다. ***with ~*** 조심해서, 취급주의. ~ ***for*** … ① …을 좋아하다 (have a liking for). Does she really *care for* her husband? Does she love him? 남편을 좋아합니까? 《…을 좋아하다의 뜻은 보통 의문문·부정문에서》. ② …을 돌보다(look after, take charge of). ~ ***to*** … 하고자 하다(be willing to), 바라다(wish), 좋아하다 (like).
[동의어] "걱정"을 나타내는 단어는 **care**가 가장 보편적인 단어이다. **concern**은 자기가 좋아한다거나 이해 관계가 대단한 일에 대한 걱정을 나타내며 care보다 주관적인 뜻이 강하고 anxiety보다 약하다. **solicitude**는 남의 행복이나 안전에 대하여 concern보다 더 심각하게 걱정함을 나타내고 anxiety를 나쁜 일에 쓰는 경우가 많은데 반하여 solicitude는 좋은 일에 쓰는 때가 많다. **worry**는 어떤 일에 대한 정신적 고통 또는 마음의 동요, 특히 쓸데없는 걱정을 말하고, **anxiety**는 worry보다 더 불안한 감정, 특히 예상할 수 있는 나쁜 일에 대한 걱정을 나타낼 때 쓰인다.

care-free[kɛ́ə-fri:] [형] 즐거운, 걱정없는, 태평한. 1

careful[kɛ́əfəl] [형] 조심하는, 소중히 하는, 걱정인, 애쓴. [반] careless 부주의한. [care+ *-ful* with]
[동의어] "조심하는"의 뜻을 나타내는 동의어. **careful**은 일이나 책임에 대하여 잘못이나 손실을 입지 않기 위하여 조심한다는 뜻, **scrupulous**는 진실이나 정확성에 대하여 양심적으로 굴려고 조심한다는 뜻이다. **cautious**는 일어날지도 모르는 위험이나 해에 대하여 조심해서 경계한다는 뜻으로 careful보다 소극적인 표현이다. **prudent**는 cautious에 비하여 더 자주 쓰이는데 경제적인 또는 실제면에 있어서의 일처리를 신중히 해서 잘못을 피하려고 한다는 뜻이다.

careless[kɛ́əlis] [형] 부주의한, 경솔한, 걱정없는. [care+ *-less* without] 3

caretaker[kɛ́əteikə] [명] 문지기, 집 보는 사람.

career[kəríə] [명] 경력, 직업. 4
[《래틴》 *carrāria*(*via*) road for cars 차 다니는(길)]
☞ car, carry, charge

caress[kərés] [명],[동] 애무(하다). [반] beat 때리다. 6
[《래틴》 *cārus* dear, beloved 귀여워하는] ☞ charity, cherish

cargo[ká:gou] [명] 뱃짐, 화물. 4
[《스페》 *cargo* freight, load ←《래틴》 *carricāre* load a car]

caricature[kæ̀rikətjúə] [명] (풍자적)만화.
[《이태》 *caricature* over-loaded 짐을 너무 많이 실은 ←《래틴》 *carricāre* charge 짐을 싣다; carry 참고]
[동의어] "만화"의 뜻이 있는 동의어. **caricature**는 그림이나 글, 연극 따위로 사람이나 사물의 특색을 과장한 것을 뜻하며, 정치나 시사 문제의 풍자만화는 **cartoon**이라고 한다.

carnal[ká:nəl] [형] 육체의, 육욕적인, 속세의(worldly). [반] spiritual 정신적인.
[《래틴》 *carnālis* fleshly 육체적←*carn*←*caro* flesh 살, 육체] 10
~ ***desire***(또는 ***appetite, lust***) 육

욕, 성욕. ~ *knowledge* 성교(性交).
carnation[kɑːnéiʃən] 圏, 圏 분홍색
(의), 살색(의), 석죽화. 〔《라틴》 *car
nātiōnem* fleshness ← *carn*-(*caro*
어간)〕 ☞ carnal
carnival[kɑːniv(ə)l] 圏 사육제(謝肉
祭) 《사순절(四旬節) Lent(부활제전야
이전의 40일간)의 직전 3 일간. 카톨릭
교국에서는 사순절에 고기를 먹지 않기
때문에, 순절 전의 마지막 고기 사먹는
날을 이렇게 부른다》, 잔치 소동.
〔《라틴》 *carnelvāle* removal of fresh
고기의 제거〕
carnivorous[kɑːniv(ə)rəs] 圏 육식하
는, 육식류(肉食類)의. 〔《라틴》 *carni
vorus* flesh-eating 육식하는〕
carol[kǽrəl] 圏 (축제일에 부르는)축가,
송가(頌歌). 圏 기뻐 노래하다(sing
with joy). 7
〔《고프》 *carole* a singing dance〕
Christmas ~ 크리스마스 축가.
carpenter[kɑːpintə] 圏 대공(大工), 목
수. 圏 목수 일을 하다. 3
〔《라틴》 *carpentum* carriage 수레; 옛
날에는 수레를 만드는 사람을 이렇게 불
렀으나 차차 목공일을 하는 목수를 칭
하게 되었다〕
carpentry[kɑːpintri] 圏 목수 일, 목
공(일).
carpet[kɑːpit] 圏 양탄자. 圏 융단을 깔
다.
〔《라틴》 *carpīta* thick cloth〕
carrot[kǽrət] 圏, 圏 당근(빛의), 주황빛
(의). 8
carry[kǽri] 圏 운반하다(transport), 수
행하다(finish); 메다; 가져 가다; 행하
다(conduct), 지탱하다(support), 계
속하다(continue). 1
〔《라틴》 *carrus* car; (수레에 싣고)운
반하다〕
[동의어] "운반하다"의 뜻을 나타내는
동의어. **carry**는 "운반하다"의 뜻을 나
타내는 일반적인 단어인데 이에 비하여
bear는 비유해서 쓰는 때가 많고 "무게
를 지탱한다"는 뜻이 강하다. **convey**는
carry 보다 형식적인 말로 운반한 것을
실지로 전달함을 나타낸다. **trans-
port**는 화물이나 사람을 특히 먼 목
적지까지 수송한다는 뜻이고, **transmit**
는 물건을 전달, 처리한다는 뜻이다.
carriage[kǽridʒ] 圏 마차, 운임, 태
도. 〔carry+ -age〕 2

carrier[kǽriə] 圏 운반인, 매개물, 운
반장치, 운송업자. 〔carry+ -er〕 5
☞ charge, car
cart[kɑːt] 圏, 圏 짐마차(로 나르다). 3
〔《고영》 *cræt*, *crat*〕
carve[kɑːv] 圏 조각하다, (길을)내다,
저며내다(cut). 3
〔《고영》 *ceorfan* cut; *cf.* 《독》 *kerben*〕
[주의] curve(곡선)와 혼동하기 쉽다.
cascade[kæskéid] 圏 작은 폭포(water-
fall), 갈라진 폭포. 6
〔《라틴》 *cāscāre* totter 멀어지다〕
☞ case
case[keis] 圏 상자(box), 사건(affair),
실정(matter), 환자(patient), 실례(實
例 example). 圏 상자에 넣다. 1
["상자" 《라틴》 *capsa* box ← *capere*
hold; "사건"《라틴》 *cāsus* fall, case←
cadere fall〕

in ~ ① …인 경우에는, ② …하면 안
되니(lest). *in* ~ *of* …의 경우에(in
the event of). *in the* ~ *of* …에 관
해서는(as regards). *in nine* ~*s out
of ten* 십중 팔구는.
☞ cash, casket, cashier, chance,
accident, casual
casement[kéismənt] 圏 들창, 창문
(door처럼 여닫게 되어 있는 창문).
〔case+ -ment〕 6
cash[kæʃ] 圏 현금(ready money). 圏
현금으로 바꾸다. 3
~ *down* 현금을 지불하다.
〔《프》 *casse* case; 원 뜻은 "현금을 넣
어 두는 상자"를 뜻하였음〕 ☞ case
cashier[kæʃíə] 圏 출납계《미국 은행
의 지배인》. [kəʃíə] 圏 (관직을)면(免)
하다(dismiss). ["출납계" cash+ -ier;
"파면하다"《라틴》 *quassāre* shatter〕 6
cask[kɑːsk, 《미》-æ-] 圏 통(barrel for
holding liquids). 7
〔《스페》 *casco* skull, cask ← *cascar*
burst, open 터뜨리다←《라틴》 *quassāre*
break〕
casket[kɑːskit, 《미》-ǽ-] 圏 (보석·귀
중품의)함, 《미》관(棺)(coffin). 8
〔원래는 cask의 축소형이던 것을 《프》
cassette small casket와 혼동한 것〕
☞ case
cast[kɑːst, 《미》-ǽ-] 圏 던지다(throw),
벗다; 주조(鑄造)하다; 배역(配役)하다.
圏 던지기, 주조물; 배역(配役). 2
〔《아이스, 스웨덴》 *kasta* throw〕

~ *a vote*(또는 *ballot*) 투표하다. ~ *about for* 물색하다(look round for). ~ *back* 회상하다(recollect).

caste[kɑ:st, (미)-æ-] 명 (인도 사성의) 계급(제도), 세습적인 계급, 신분. 9
[((래틴)) *castus* pure 순결한; 인도의 계급 제도의 포르투갈 이름]

castle[kɑ:sl, (미)-æ-] 명 성(城), 대저택. 타 성을 쌓다. 2
[((래틴)) *castellum*(*castrum* fortified place 요새의 축소형)]
An Englishman's house is his castle. (속담) (영국인의 집은 그 성이다; 아무도 침범치 못한다). Build *castle* in the air(또는 in Spain) (공중 누각을 쌓다; 공상하다).
통계어 château[ʃɑ:tou,ʃǽtou] 명 (*pl.* châteaux [-z]) (프랑스의)성(城), 대저택. chatelaine[ʃǽtəlein] 명 여성주.
[((래틴)) *castellan* 명 여성주, 부인용 머장식 쇠사슬; 성주 부인이 열쇠를 관리한데서). **castellan**[kǽstələn] 명 성주, 성의 파리인.

casual[kǽʒju(ə)l] 형 우연의(accidental), 임시의, 아무렇게나 여기는(careless), 되는 대로의. ⊕ regular 정기적인. 6
[((래틴)) *cāsuālis* happening by chance 우연히 일어나는←*cāsus* chance]

casually[kǽʒjuəli] 부 우연히, 별로 생각 없이.

casualty[kǽʒju(ə)lti] 명 재난; *pl.* (전쟁 따위의)사상자 수; 조난자.
☞ chance

cat[kæt] 명 고양이. 2
[(고영) *cat*; *cf.* (독) *kater*, *katze*, (래틴) *cātus*] ☞ caterpillar
~*-and-dog life* 사이가 나쁜(부부)생활. *rain* ~*s and dogs* 비가 억수같이 퍼붓다.

cat's-paw[kǽts-pɔ:] 명 앞잡이(로 쓰인 사람).
make a ~ *of* …을 앞잡이로 쓰다.
참고 불에 묻어 놓은 밤이 먹고 싶으나 뜨겁기 때문에 고양이의 발(paw)을 써서 드러 내었다는 이야기에서 유래한 숙어 (이솝 이야기).

catalogue[kǽtəlɔɡ] 명 목록(目錄 list). 타 목록을 만들다. 5
[((그)) *katalogos* enrolment 등록← *kata* fully+*legein* say]
☞ logic, logical

cataract[kǽtərækt] 명 대폭포, 심한 소낙비. *cf.* cascade. 6
[((래틴)) *cata-* down+*ract* break]
참고 cascade[kæskéid] [((래틴))*cadere* fall] 명 작은 폭포. ☞ catastrophe

catastrophe[kətǽstrəfi] 명 돌연한 재앙, 파탄, 대단원(大團員). 8
[((그)) *katastrophē* sudden turn←*kata* down+*strephein* turn; turning down 파탄]
참고 그리이스극에서 "대단원"을 뜻하는 단어. 그리이스극의 종말은 대개 비극으로 끝나기 때문에 거기에서 "파멸"이라는 뜻이 생겼다. ☞ cataract, strophe

catch[kætʃ] 타 (caught[kɔ:t]) 잡다 (capture), 붙잡다(seize), …에 맞다 (hit), (옷 따위를)걸치다, (주의를)끌다, (뜻을)이해하다. 명 포획(물); 술책; 걸쇠, 웃격. 1
[((래틴)) *capere* seize 잡다]
~ *a cold* 감기들다. ~ *a train* 기차 시간에 대어가다.

catcher[kǽtʃə] 명 잡는 사람, 《야구》 캐쳐. 「띠는.

catching[kǽtʃiŋ] 형 전염하는, 눈에

caterpillar[kǽtəpilə] 명 번데기, 쐐기, 무한궤도(無限軌道). ☞ cat 6

cathedral[kəθí:drəl] 명 대성당(大聖堂), 본산(本山). 4
cf. bishop, diocese, see, throne, church, chapel.
[((래틴))*cathedrālis ecclesia* cathedral church, or one which has a bishop's throne ← ((래틴)) *cathedra* throne← ((그)) *kathedra* seat 좌석 ←*kath-kata-* down+*edra* seat ←*ezomai* I sit]
참고 bishop(주교)의 seat(법좌「法座」)가 있는 diocese(감독교구「監督敎區」)의 으뜸가는 교회를 cathedral이라고 한다. ☞ chair, sit

Catholic[kǽθəlik] 형 구교의, 카톨릭의(Roman Catholic). 명 천주교도, 카톨릭교도. *cf.* Protestant 신교도(의). 4
[((그)) *katholicos* universal ←*katholou* on the whole 일반적으로 ← *kata* according to+*olos* whole]
참고 Catho ic은 원래 9세기의 동서교회 분열 후 Eastern(Orthodox) Christian Church에 대하여 로마의 Western (Roman) Christian Church를 가리킨 것. 지금은 16세기 the Reformation (종교개혁) 후의 Protestant(신교도)

에 대한 Roman Catholic Church(로마 카톨릭 교회)를 가리킨다.
catholic[kǽθəlik] 혱 보편적인(universal), 관대한(broad-minded).
🕮 주의 Catholic과 catholic의 뜻은 아주 다르다.
cattle[kǽtl] 명 (집합적)가축(livestock), (특히)소(oxen). 1
〔(중영) catel property, livestock, cattle 가축←(래틴) capitāle capital, property 재산, 자본; 소는 자본이고 재산인 까닭에 cattle이라 하면 소를 뜻하게 되었다〕 ☞ capital, chattle
cause[kɔːz] 명 원인, 이유(reason), 주장, 목적. 통 원인이 되다, …하게 하다. ⊕ effect 1
〔(프) cause←(래틴) causa, caussa cause〕.
in the ~ of justice 정의를 위하여.
plead a ~ 사유를 진술하다.
동의어 언젠가는 일어나고 말 결과에 대한 원인은 **cause**로 나타내고, cause로 말미암아 일어나는 결과에 대한 설명은 **reason**으로 나타낸다. **motive**는 동기나 감정 또는 욕망을 나타낸다. 뒤에 일어나는 사건에 대한 원인이 되는 먼저 일어난 일은 **antecedent**이며, 결과가 어떻게 됨을 결정할 요건이 되는 원인은 **determinant**이다.
causative[kɔ́ːzətiv] 혱, 명 원인이 되는, 사역(使役)(동사).
caution[kɔ́ːʃ(ə)n] 명 조심(carefulness), 경고(warning). 통 경고하다(warn). ⊕ rashness. 6
〔(래틴) cavēre beware 주의하다〕
☞ wise
cautious[kɔ́ːʃəs] 혱 조심성 있는(careful), 용의주도한. [caution+-ous]6
cavalier[kæ̀vəlíə] 명 기사(騎士); 멋장이(gallant). 혱 호방한, 안하무인의. 〔(래틴) caballus horse〕 6
통계어 **chevalier**[ʃèvəlíə] 명 기사(knight). [ʃəvǽljei] (프랑스의 Légion d'honneur 훈장 따위를 받은)훈작사(勳爵士). 〔(프) chevalier←cheval horse←(래틴) caballus〕
cavalry[kǽv(ə)lri]명(집합적) 기병. 10
참고 cavalry는 집합적 의미를 나타내는 것으로, 그 멤버 한 사람을 가리키는 단어는 a cavalryman이다. 오늘날 cavalry라는 것은 기병대를 말하는 것이 아니고 장갑차를 타고 활약하는 기동부대원을 말한다. *cf.* infantry 보병(집합체), an infantryman 보병(개인).
cave[keiv] 명 동굴. 통 동굴을 만들다. 2 〔(래틴) cavus hollow 속이 빈, 속이 빈 것→동굴〕
~ in (지붕, 굴이)붕괴하다, (땅, 벽이)푹 꺼지다(fall in or down).
cavern[kǽvən] 명 (지하의)동굴, 암굴(large cave). 〔(래틴) caverna- cavus hollow〕 6
cavity[kǽviti] 명 오목 파진 곳(hole), 요부(凹部 hollow place); (신체의)강(腔). 〔(래틴) cavus hollow〕 7
the mouth ~ 구강(口腔). *the nasal ~* 비강(鼻腔). ☞ cage
cease[siːs] 통 그치다(stop), 끝나다. ⊕ start. 2
〔(래틴) cessāre loiter, go slowly, cease 그치다←cessus yield〕
통계어 **cede**[siːd] 통 양도하다, 양보하다(give up). **decease**[disíːs] 통 사망하다. 〔(래틴) dē- from+cēdere go away〕 5
ceaseless[síːslis] 혱 끊임없는(going on without a stop). [cease+-less] 9
☞ accede, concede, precede, proceed, recede
ceiling[síːliŋ] 명 천장판자, 최고한도. 4 [ceil[siːl] 명 천장을 바르다+-ing(명사 어미)←(프) ciel roof, heaven←(래틴) cælum heaven〕
celebrate[séləbreit] 통 축하하다(commemorate), 칭송하다. 2
〔(래틴) celebrātus, celebrāre solemnize, frequent, honour 명예롭게 하다←celeber populous 사람이 많은〕
celebrated[séləbreitid] 혱 칭송받는, 유명한(famous).
celebration[sèləbréiʃ(ə)n] 명 축하, 축전(祝典), 칭송. [celebrate+-ion(명사 어미)] 5
in ~ of …을 축하하여.
celebrity[silébriti] 명 명성(fame), 명사(名士).
celestial[siléstjəl] 혱 하늘의, 천국의, 거룩한, 수려(秀麗)한(very beautiful). ⊕ terrestrial, infernal 4
〔(래틴) cælestis←cælum heaven하늘〕
참고 하늘(heaven)에는 신(神)이 있다고 해서 "거룩한, 수려한"의 뜻이 됨. 명사로 써서 "천인(天人), 중화(中華)인"의 뜻을 나타내기도 한다.

☞ ceiling

cell[sel] 图 작은 집(방)(a small room), 세포, 전지(電池). 3
[((래틴)) *cella* small room, hut 작은 집 또는 방; *cf. cēlāre* hide]

cellar[sélə] 图 지하실, 지하 저장소; *cf.* basement 지하실. 3
[((래틴)) *cellārium* cellar←*cella* cell]
참고 지하의 저장소 즉 연료나, 식료품 따위를 두는 곳을 말하며 특히 "포도주의 지하 저장소" 또는 "저장해 둔 포도주"의 뜻이 될 때도 있다.
☞ celluloid, conceal

cellophane[séləfein] 图 셀로판 (종이).
[*cell(ul)o(se)*+*phanein* appear; 상품 이름]

celluloid[séljuloid] 图 셀룰로이드.
[*cellula* small cell+ *-oid*; 상품 이름]

cellulose[séljulous] 圈 세포의. 图 《식물》섬유소. 9
[*cellul-* little cell+ *-ose*]
☞ cell, cellar

cement[simént] 图 시멘트, 양회(洋灰). 图 양회로 붙이다. 4
[((래틴)) *cæmentum* stone-chipping 돌을 깎은 가루←*cædere* cut]

cemetery[sémitri] 图 매장지, (특히)공동묘지. *cf.* churchyard (교회 안의) 묘지. 5
[((그)) *koimētērion* sleeping place, cemetery 영면의 장소 ← *koimaō* fall asleep 잠들다]

censer[sénsə] 图 향로(香爐).
☞ incense
[((래틴)) *incensum* incence 향←*incendere* kindle]
주의 censor와 혼동하지 않도록.

censor[sénsə] 图 (출판물, 통신, 연예 따위의)검열관. 图 검열하다.
[((래틴)) *censor* taxer 세금 매기는 사람 ←*censēre* give an opinion; 의견을 말하는(사람)]

censure[sénʃə] 图 비난(blame), (특히 관공서의)견책(譴責). 图 비난하다, 혹평하다, 견책하다. 반 applause. 5
[((래틴)) *censūra* opinion ← *censēre* give an opinion, value 의견을 말하다, 평가하다] ☞ censor, census

census[sénsəs] 图 인구(또는 호구)조사, 국세조사.[((래틴)) *census* registering 등록←*censēre*] 10
참고 옛날 로마에서 세금을 매기기 위하여 인구와 국민의 재산을 조사한 것을 census라 했다.

cent[sent] 图 100 (단위로서의), 센트 (1/100달라). 1
[((래틴)) *centum* hundred의 준말]
per ~ 퍼어센트(%), 100에 대하여.

percentage[pə(:)séntidʒ] 图 100분율; 수수료. [per cent + *-age*(명사어미)]9

centimetre, -er[séntimi:tə] 图 센치 (cm) (1/100m). [*centi-* hundred + *metre* measure 측정, 자] 9

century[séntʃuri] 图 1세기(즉 100년).
[((프)) *centurie*←((래틴)) *centuria* a body of a hundred men, number of one hundred 백명, 백개 ← *centum* hundred] 2

centre, -er[séntə] 图 중심(middle point), 중앙. 图 집중하다(bring to the centre), 한 가운데 두다. 1
[((그)) *kentron* sharp point, spike 날카로운 끝←*kenteō* I goad on 찌르다]

central[séntrəl] 圈 중심의, 중앙의, 주요한(chief, principal). [centre+ *-al*(형용사 어미)] 2

centralize[séntrəlaiz] 图 중심에 모우다, 중앙집권제로 하다. 반 decentralize 지방분권(地方分權)하다. [*central* + *-ize* (동사 어미)]

centralization[sèntrəlaizéiʃ(ə)n] 图 집중, 중앙집권. [centralize+ *-ation* (명사 어미)]

통계어 **centrifugal**[sentrífjug(ə)l] 图 원심성(遠心性)의, 원심력의. [((래틴)) *centri-* (*centrum*의 어간)+ *fugere* fly; flying from centre 중앙에서 달아나는]

centripetal[sentrípitl, séntripi:tl] 圈 구심성(求心性)의, 구심력의.
[((래틴)) *centri-*(위를 보라)+ *petere* seek; tending towards a centre 중심을 향하는]

cereal[síəriəl] 圈 곡식의. 图 (보통 복수)곡식. 8
[((래틴)) *cereālis* of Ceres ← *Ceres* goddess of agriculture; 농업의 여자신 *Ceres*[síəri:z]에서]

ceremony[sérimən] 图 의식(儀式), 예의(禮儀). 4
[((래틴)) *cærimōnia* ceremony, rite 의식, 예의]

stand on ~ 지나치게 예의 법절을 차리다. *without* ~ 사양치 않고, 파탈

(擺脫)하여.
ceremonial[sèrimóunjəl] 형 예식의, 형식의. 명 의식.
ceremonious[sèrimóunjəs] 형 의식적인, 예의 바른, 어색한.
certain[sə́:tin] 형 확실한(sure), 일정한(definite), 어떤, 약간의, 확신하는. ⓑ doubtful, uncertain 의심스러운. 1
[《래틴》 certus sure+ -anus(어미)]
for ~ 확실히. *make* ~ 확인하다.
certainly[sə́:t(i)nli] 부 확실히. 5
certainty[sə́:t(i)nti] 명 확실성, 확신. 8
for(또는 *to*, *of*) *a* ~ 확실히(without any doubt).
동의어 어떤 일이 진실이라고 확신하는 때는 **certainty**, 객관적인 증거가 없는데도 맹목적으로 믿는 때는 **certitude**로 나타낸다. certainty보다 약하나 장차 일어날 일에 대한 자신은 **assurance**로, 또 의심을 품고 있다가 확신을 갖게 되는 경우와 만족할 만한 이유나 증거가 있을 때의 확신은 **conviction**으로 나타낸다.
certificate[sə(:)tífikit] 명 증명서.
[sətífikeit] 타 증명서를 주다. 5
certify[sə́:tifai] 타 (문서로)증명하다, 보증하다. [《래틴》 *certificāre* make sure 보증하다+ *-fic- facere* make] 10
uncertain[ʌnsə́:t(i)n] 형 불확실한, 일정치 못한. [*un-* not+certain] 4
uncertainty[ʌnsə́:tnti] 명 부정, 의혹. 9
chafe[tʃeif] 타 비벼 녹이다(rub), 껍질을 벗기다, 초조해 하다. 6
[《래틴》 *calefacere* to warm 따뜻하게 하다←*calēre* glow 빛나다 + *facere* make]
chaff[tʃɑ:f] 명 왕겨, 여물, 놀림. 동 놀려주다(make fun of). 5
[《고영》 *ceaf*, *chæf* husk of grain 왕겨; cf. 《독》 *kaff*]
chain[tʃein] 명 사슬, 연속, 속박. 타 사슬로 매다, 속박하다. ⓑ loose 1
[《래틴》 *catēna* chain]
chain-store[tʃéin-stɔ̀:] 명 《미》 연쇄점(連鎖店).
chair[tʃɛə] 명 의자; 교수직(教授職), 의장(직); 《미》 전기 사형 의자. cf. bench 벤치, stool(등 없는)의자. 1
[《그》 *kathēdra* seat]
참고 안락의자에 앉을 때처럼 편안히 앉는 것은 sit *in* a chair, 딱딱한 의자에 앉는 것은 sit *on* a chair.
☞ cathedral
chairman[tʃɛ́əmən] 명 (*pl*. chairmen) 의장, 회장. 5
참고 의장이 여성인 때는 보통 Madam Chairman이라고 한다. 물론 chairwoman이라는 단어도 있다.
chaise[ʃeiz] 명 《영》 유람마차. 10
[《프》 *chaise* chair, chaise 걸상, 마차; 《프》 *chaire* seat를 파리식으로 고친 것]
chalk[tʃɔ:k] 명 분필, 초오크. 동 분필로 쓰다(표를 하다). 4
[《래틴》 *calc-←calx* lime 석회의 어간]
challenge[tʃǽlindʒ] 명, 동 도전(挑戰)(하다), 누구냐고 묻다. 6
[《래틴》 *calumnia* false accusation 부당한 비난]
동계어 **calumny**[kǽləmni] 명 비방(誹謗), 무고죄. [《래틴》 *calumnia←calui*, *caluere* deceive 속이다]
chamber[tʃéimbə] 명 방(room), 회관(hall), 회의소. 2
[《래틴》 *camera*, *camara* (vaulted) room 방←《그》 *kamara* a vaulted place 지붕 있는 곳]
~ *concert* 실내 음악회. ~ *music* 실내악. ~ *of commerce* 상업회의소. *the lower*(*the upper*) ~하 (또는 상)원.
chamberlain[tʃéimbəlin] 명 시종(侍從), 청지기. 7
chambermaid[tʃéimbəmeid] 명 (호텔의)하녀, 《미》 (일반적인)하녀, (부인에 딸린) 시녀. cf. housemaid 하녀, 식모.
☞ camera
champagne[ʃæmpéin] 명 샴페인(고급포도주). 7
[《프》 프랑스 동부 지방의 *Champagne* 지방에서 나는 포도주. *champagne*: *champaigne*의 Picard 지방어]
주의 champaign[tʃǽmpein] 명 평야(平野)와 혼동하지 않도록. [《프》 *champaigne* plain 들]
champion[tʃǽmpjən] 명 전사(戰士 fighter), 선수권 소유자, 우승자, 옹호자(advocate). 타 옹호하다(defend). 4
[《래틴》 *campiō* combatant, fighter ←*campus* place of military exercise 연병장]
championship[tʃǽmpjənʃip] 명 선수권, 옹호. [champion+ *-ship*]
☞ camp, campus, campaign

chance[tʃɑ:ns, 《미》-æ-] [명] (좋은)기회 (opportunity), 요행(luck), 가능성 (possibility). [형] 우연한(casual). [동] 우연히 일어나다(happen by accident), 우연히 …하다. 1
〔《래틴》 *cadentia* failing, chance 기회←*cadere* fall, happen〕
by ~ 우연히(by accident). ~ ***on*** (또는 ***upon***) 우연히 만나다(찾아내다) (happen to find or meet).
☞ case, accident

chancel[tʃɑ́:ns(ə)l] [명] (교회의) choir와 목사의 자리.
〔《래틴》 *cancellus* chancel, screen 칸막이; 격자창(格子窓)으로 칸을 막았었다고 해서〕
chancellor[tʃɑ́:ns(ə)lə] [명] 《영》 대신, 사법관, 《미》 총장(總長), 《독》수상(首相). 〔《래틴》 *cancellārium* chancellor ←《래틴》 *cancellī* grating 격자; 격자창으로 칸을 막은 판사석 가까이에 섰던 관리라는 뜻에서〕 6
the Chancellor of the Exchequer 《영》 재무부 장관. ***the Lord*** ~ 대법관. ***University*** ~ 대학 명예 총장 《실무는 Vice Chancellor가 본다》.
☞ cancell, cancellation

change[tʃeindʒ] [명] 변화, 교환, 갈아탐; 거스름돈, 잔돈(small coins). [동] 변화하다, 바꾸다, 갈아 타다. [반] retain 보류하다, 지니다. 1
〔《래틴》 *cambīre* exchange 교환하다; *cf.* 《프》 *change*〕
[동의어] 가장 보통으로 사용되고 완전히 달라짐을 나타내는 뜻은 **change**, 사람이나 외관을 부분적으로 바꾸는 뜻은 **alter**로 나타낸다. 불규칙적이고 여러 가지로 change되는 것은 **vary**라고 한다. 부분적으로 천천히 또는 제한적인 변화를 초래하는 경우에는 **modify**를, 물건이나 사람의 형태, 성질, 기능을 완전히 또는 근본적으로 바꾸는 때에는 **transform**을, 또 새로운 용도나 기능에 맞게 아주 바꾸는 것은 **convert**를 써서 나타낸다.
changeable[tʃéindʒəbl] [형] 변하기 쉬운. 〔change + *-able*(형용사 어미)〕
changeful[tʃéindʒfəl] [형] 변화가 많은.

channel[tʃǽn(ə)l] [명] 해협(strait보다 큰 것), 수로(水路), 경로(經路). *cf.* strait 해협. 3
〔《중영》 *chanel, canel*←《고프》 *chanel, canel* canal 운하 ← 《래틴》 *canālis* canal ; canal과 자매어〕
the (***English***) ***Channel*** 영국 해협.
☞ canal

chant[tʃɑ:nt] [명] 노래(song), 성가(聖歌). [동] 노래하다. 5
〔《프》 *chanter* sing 노래하다←《래틴》 *cantāre*(*canere* to sing의 반복사(反復詞)〕
chanson[ʃɑ̃(ŋ):sɔ̃:(ŋ)] [명] 샹송, 노래. 〔《프》 *chanson*〕
chanticleer[tʃæntiklíə] [명] 수탉《cock의 의인명(擬人名)》. 〔《고프》 *chanter* to sing, crow + *cler* clear; clear singer; "Reynard the Fox"에 나오는 수탉 이름에서〕

chaos[ké(i)ɔs] [명] 혼돈, 대혼란(complete disorder). *cf.* cosmos 우주. 6
〔《그》 *chaos* abyss 혼돈; 원 뜻은 심연(深淵); *cf.* 《그》 *chaskein* gape 벌어지다〕
chaotic[ke(i)ɔ́tik] [형] 혼돈한, 무질서한. ☞ chasm

chap[tʃæp] [명] (보통 복수) 금, 손틈. [동] 손이 트(게 하)다.
〔《중영》 *chappen* cut, gape open like a wound made by cut 벌어짐, 벤 상처〕

chapel[tʃǽpl] [명] (학교, 병원, 궁전, 저택 따위의)예배당, 《영》 영국국교 이외의 교회; 예배. *cf.* church 교회. 3
〔《래틴》 *cappella*←*cāpa, cappa* cape, hooded cloak 두건 있는 외투; 원 뜻은 St. Martin(프랑스 Tours의 주교; 316 ?—397 ?)의 *cappa* cape를 보존하던 성당〕 ☞ cape
chaperon(**e**)[ʃǽpəroun] [명] 샤프론(젊은 부인이 사교계에 처음 나갈 때 둘러리가 되는 사람). 〔《프》 *chaperon* protector←*chape* cope 승려의 외투← 《래틴》 *cāpa* 두건은 머리를 보호하는 것이므로, 그것에서 보호한다는 뜻이 되고 다시 "젊은 부인을 보호하는 사람"으로 되었다〕 10
chaplain[tʃǽplin] [명] (대 저택, 육해군, 학교, 병원 따위의 부속 예배당의) 목사, 군목(軍牧), (형무소의)교회사.
〔《래틴》 *capellanus* one connected with a chapel, chapel에 소속한 사람 ←*capella* chapel〕 ☞ cap, cape

chapter[tʃǽptə] [명] 장(章), (인생의)한

때(의 일), 승회(僧會)《회원은 cannon 이라 하고 dean이 감독한다》,《미》(동창회, 조합 따위의)지부(支部). 图 장(章)을 나누다. 4
[《레틴》 *capitulum* chapter, a little head←*caput* head의 축소형]
a ~ *of accidents* 잇달은 불행.
☞ capital

character[kǽriktə] 图 인격,성격,특징; 인물; 명성(good name); 문자. 2
[《그》 *charaktēr* an engraved or stamped mark 새긴 또는 찍은 표←*charassein* scratch, engrave 긁다,새기다]
[동의어] 사람의 생각이나 행동의 옳고 그름을 결정하는 도덕상의 성질은 character, 남에게 주는 인상을 결정하는 개성이나 인격은 personality, 어떤 개인을 다른 사람과 구별할 수 있게 하는 특수한 성질은 individuality로 나타낸다.

characteristic[kæriktərístik] 图 독특한, 특유의. 图 특색(special mark), 특성. 5
[동의어] 사람이나 물건의 특유한 성질을 나타내며 다른 것과 구별됨을 나타내는 말은 characteristic이다. "같은 종류의 다른 것과 구별할 수 있는 성질을 지닌"의 뜻은 individual로 나타내고, 보다 분명하고 가치 있게 구별됨을 나타내는 말은 distinctive이다.

characterize[kǽriktəraiz] 图 특성을 나타내다, …의 특색을 표사하다. 9
[character+ -*ize*(동사 어미)]

charcoal[tʃáːkoul] 图 숯, 목탄(木炭). 8

charge[tʃaːdʒ] 图 책임지게 하다, 꾸짖다(accuse), …의 대가를 청하다(ask as a price), 돌격하다, 탄환을 재다. 图 요금,책임,부담,위탁,명령,돌격. 1
[《레틴》 *carricāre* load a car 차에 짐을 싣다←《레틴》 *carrus* car]
☞ car, chariot
free of ~ 무료로. *in* ~ *of*… ① …을 맡은, ② …에게 맡겨진, the nurse *in charge of* a child 아이들을 맡은 보모(保母), the child *in charge of* a nurse 보모에게 맡겨진 아이. *make a* ~ *against* … …을 비난하다. *on the* ~ *of*… …의 죄로(혐의로). *put* … *under a person's* ~ …을 사람에게 맡기다. *take* ~ (일이)수습할 수 없게 되다. *take* ~ *of* … …을 맡다, …

을 돌보다(take care of).
charger[tʃáːdʒə] 图 장교용 말(馬), 쟁반, 고소인, 충전기. [charge+ -*er* (사람을 나타내는 명사 어미)] 7

overcharge[óuvətʃáːdʒ] 图 부담하요구를 하다, 짐을 너무 많이 싣다, 과장하다. 图 과중한 부담(요구). [over +charge]

undercharge[ʌndətʃáːdʒ] 图 돈을 적게 청구하다.

chariot[tʃǽriət] 图 (옛날의 이륜)전차(戰車), 훌륭한 차. 图 전차를 몰다. 3
[《프》 *chariot* (*char* car의 증대어「增大語」)←《레틴》 *carrus* car] ☞ car

charity[tʃǽriti] 图 자선, 너그러움, 자선사업, 희사(喜捨). 3
[《레틴》 *cāritātem* love←*cārus* dear 사랑하는]

charitable[tʃǽritəbl] 图 자비로운, 관대한, 자선적인; 남을 나쁘게 평하지 않는. ☞ cherish 7

charm[tʃaːm] 图 마력(魔力), 매력. 图 매혹하다, 마술에 걸어 …하게 하다. 2
[《고프》 *charme* enchantment 매혹←《레틴》 *carmen* song, enchantment]
charmed[tʃáːmd] 图 마술에 걸린, 저주 받은.
bear a ~ *life* 불사신(不死身)이다.
charming[tʃáːmiŋ] 图 즐거운(delightful), 매혹적인, 애교 있는.
[참고] 정열의 스페인 무희 Carmen의 이름은 charm과 같은 어원에서 온 것이다.

chart[tʃaːt] 图 해도(海圖), 지세도, 약도, 도표. 5
[《레틴》 *charta* paper←《그》 *chartā* a leaf of paper 종이 한 장] ☞ card
charter[tʃáːtə] 图 헌장(憲章),특허장, 특권. 图 특허하다, (배, 비행기, 뻐스 따위를)전세내다. [《레틴》 *cartula* small paper of document 서류 쪽지←*charta*] 4
[참고] card, chart, charter는 같은 어원에서 나온 단어.

chase[tʃeis] 图 쫓다(run after), 추적하다(pursue), 사냥하다(hunt). 图 추적, 사냥. 2
[《고프》 *chacier*, *chacer* pursue]
☞ catch
[주의] chaise[ʃeiz] (유람마차)와 혼동하지 않도록.
chaser[tʃéisə] 图 추적자,

chasm[kǽz(ə)m] 명 (땅, 바위 따위의) 갈라진 틈·(crack, cleft), (감정, 의견의) 차이(wide difference), 간격(gap). 8
[(래틴) *chasma* gulf 간격←(그) *chasma* a yawning cleft 크게 벌어진 간격] ☞ chaos

chaste[tʃeist] 형 순결한(pure), 정숙한(virtuous). 반 corrupt. 5
[(래틴) *castus* chaste] ☞ caste

chastity[tʃǽstiti] 명 순결, 절개, 청초. 9

chat[tʃæt] 명 잡담, 한담(friendly talk). 동 재잘거리다. 5
[(중영) *chatern, chiteren* chatter]
have a ~ with …와 잡담하다.

chatter[tʃǽtə] 동 재잘거리다(talk too much). 명 수다. [chat와 같은 어원] 4

chauffeur[ʃóufə, ʃo(u)fə́:] 명 (자가용차의) 운전수. *cf.* driver 운전수. 8
[(프) *chauffeur* stoker 화부(火夫)←*chauffer* heat 열하다; 증기 자동차 시대에 생긴 단어] ☞ chafe

chauvinism[ʃóuviniz(ə)m] 명 맹목적(또는 배타적)애국심. *cf.* jingoism 대외 강경주의, 저돌적 주전론(猪突的主戰論).
[(프) *chauvinisme*; 프랑스 제일 공화국, 제국시대에 Napoleon을 열광적으로 숭배했기 때문에 동료간에 놀림감이 되었던 *Nicolas Chavin*이라는 병사의 이름에서 생긴 단어]

chauvinist[ʃóuvinist] 명 맹목(배타)적 애국자. *cf.* jingoist 저돌적 대외 강경론자(猪突的 對外强硬論者).

cheap[tʃi:p] 형 싼(low in price). 부 싸게(cheaply). *cf.* inexpensive 비용이 덜 드는. 반 dear 비싼. 2
[(고영) *cēap* price; 본래는 명사로 good cheap, good bargain 싸게 산 물건의 good을 생략한 형태로 "싸게 산 물건"이 "싼"이라는 뜻을 갖게 됨]

cheapen[tʃi:p(ə)n] 동 싸게 하다, 싸지다.

cheat[tʃi:t] 동 속이다(swindle), 사기하다, (시험 볼 때)컨닝하다. 명 사기(fraud), 사깃군(swindler). 4
[*escheat*를 줄인 말; escheat[istʃí:t] 명 (법률) (재산의)복귀(復歸). 동 (재산을)몰수하다, 복귀시키다]
동의어 가장 혼히 쓰이고 이익을 얻기 위해 남을 속인다는 뜻을 갖는 것은 **cheat**, 법률 용어로 주로 쓰이며 남의 권리, 재산 따위를 뺏기 위하여 부정 수단을 쓴다는 뜻을 갖는 것은 **defraud** 이다. 자기를 신용하게 함으로써 돈 따위를 사취하는 것은 **swindle**, 사기나 나쁜 동기로 속이는 것이 아니고 계략이나 수단을 부려 속임은 **trick**로 나타낸다.

check[tʃek] 동 막다(hinder), 억제하다 (hold back), 대조하다(examine), 수 하물로 부치다. 명 저지(沮止); (미) 수표(手票) ((영) cheque); (미)계산서 ((영) bill), 대조, 격자(格子)무늬. 2
[(중영) *chek* a stop 저지←(고프) *eschec* 장기에서 "장군아!"←(페르샤) *shāh* king, king at chess; *cf.* Shah [ʃɑ:]. 명 페르샤(이란)왕의 존칭]
참고 원래 이 단어는 chess(서양 장기)가 유럽에 처음 들어왔을 때 같이 들어온 것으로 "장군아!"하는 장기 용어이었다. 이 말을 쓰면 장기의 king이 위험하니 주의하라는 경고가 되어 지지 않으려면 어떻게든지 적의 공격을 막아야 했기 때문에 차차 "막다"는 뜻을 갖게 되었다. 막으려는 노력은 잘 "대조해서 맞추어 본다"는 뜻을 낳고 나중에는 "대조가 끝난 것→점표, 수표"의 뜻을 갖게 되었다.
keep a ~ on=*keep in ~* 통제하다(control). ☞ cheque, chess

checker[tʃékə] 명 격자무늬, 바둑판 무늬; *pl.* 서양 장기 ((영) chequers). *cf.* chess 서양 장기.

cheek[tʃi:k] 명 볼, 뺨; 건방진 언사 (saucy speech). 동 건방진 소리를 하다. 2
[(고영) *cēace* cheek]
have the ~ to … 뻔뻔스럽게…하다.

cheer[tʃiə] 명 좋은 기분, 원기, 갈채. 동 기쁘게 하다, 갈채하다. 반 gloom. 2
[(래틴) *cara* face; good cheer, good face "원기 있는 얼굴"에서 good을 생략한 것] 「명) 잘해!
~ up 격려하다, 원기가 나다. ((명)

cheerful[tʃíəfəl] 형 기분 좋은(happy and contented), 즐거운, 유쾌한. 2

cheerless[tʃíəlis] 형 즐거움이 없는, 불쾌한.

cheery[tʃíəri] 형 기분 좋은, 싹싹한, 쾌활한. 6
동의어 **cheerful**은 마음 속에 쾌활한 기분이 넘치고 있다는 뜻이고, **cheery**는 실속은 어떻든 겉으로 보기에는 유쾌해

cheese[tʃi:z] 명 치이즈, 전락(乾酪). 2
[《중영》 chese←《래틴》 cāseus cheese;
cf. 《독》 käse]
참고 보통 셀 수 없는 명사로 취급되나
특히 일정한 형태로 굳은 치이즈 덩어
리는 a cheese라고 함.
cheese-cake[tʃí:zkeik] 명 치즈 과자.
chemical[kémik(ə)l] 형 화학의. 명 (보
통 복수) 화학제품. 8
[alchemical "연금술자"의 준말]
chemistry[kémistri] 명 화학. 9
 applied ∼ 응용화학.
chemist[kémist] 명 화학자, 《영》 약
제사. [alchemist의 준말] 8
참고 alchemy[ǽlkimi] 연금술(錬金術)
은 비금속을 금으로 바꾸려던 중세의
화학을 말하며, 이것이 발달하여 후일
의 화학이 되었다.
cheque[tʃek] 명 수표(手票). ☞ check
cherish[tʃériʃ] 동 소중히 하다. (마음에)
품다(keep in the mind). 반 abandon.
[《고프》 cherir hold dear 소중히 하다
←《래틴》 cārus dear] 5
동의어 사상이나 감정을 소중히 가슴 속
에 품고 있다는 cherish로 나타내며,
사상이나 감정을 소중히 여기며 마음속
으로 이를 키워나감을 foster로 나타낸
다. 이에 비겨 좋지 않는 것을 옹호하
거나 나쁜 생각이나 의도를 갖는다는
것은 harbour로 나타낸다.

☞ caress, charity
cherry[tʃéri] 명 벗나무, 벗나무 열매. 2
[《그》 kerasos cherry tree 벗 나무]
cerise[səríːz] 명,형 벗꽃 색(의), 분홍
색(의).
cherry-blossom 명 벗꽃.
cherub[tʃérəb] 명 (pl. cherubs, che-
rubim) 케빕(9천사 중의 두번째 천사,
지식을 맡아 봄), 《미》 애기 천사. 7
[《헤브류》 k'rūv (pl. k'rūvim) a
mystic figure 신비한 인물]
chess[tʃes] 명 서양장기(32개의 말을 써
서 둘이 두는). 10
[check와 같은 어원] ☞ check
chest[tʃest] 명 큰 상자, 가슴, 흉강. 2
cf. breast 가슴, 품.
[《그》 kistē chest, box 가슴, 상자;
cf. 《독》 kiste]
 ∼ of drawers 《영》 농, 옷장.
☞ box, casket
chestnut[tʃésnʌt] 명 밤, 밤나무, 밤색,

[《그》 kastanon chestnut] 3
chew[tʃu:] 동 씹다, (…을)숙고하다.
명 씹기. 6
[《고영》 cēowan chew, eat; cf. 《독》
kauen]
chewing-gum[tʃú:iŋgʌm] 명 츄잉껌.
chicken[tʃíkin] 명 병아리, 닭고기, 《미
속》 닭. 2
[《고영》 cicen; cf. 《독》 küchlein]
chick[tʃik] 명 새끼, 병아리(chicken),
아이. 3
chief[tʃi:f] 명 우두머리(head), 장(長),
추장. 형 최고의(most important), 주
요한(principal). 부 주로, 특히. 1
[《고프》 chef, chief head ←《래틴》
caput head]
통계어 프랑스 말의 chef[ʃef]도 chief
와 같은 어원인데 영어에서 갖는 뜻은
"head cook, cook"와 같다.
동의어 사람이나 물건이 가장 중요하다
거나 뛰어난 것은 chief, 사람이나 물
건의 크기, 지위, 중요성으로 보아 가
장 뛰어난 것은 principal, 물건이 크
기, 세력, 중요성에 있어서 가장 뛰어
남은 main으로 각각 나타낸다. 남을
솔선해서 이를 지도할 수 있을 만큼 중
요함은 leading, 중요성으로 보아 같은
종류 또는 계급의 다른 어느 것 보다
중요하다는 것은 capital, "퍽 중요한,
퍽 큰, 퍽 많은"은 major로 각각 나타
낸다.
chieftain[tʃíːftən] 명 (산적의)괴수,
추장. 10
☞ capital, handkerchief, cap, cape
child[tʃaild] 명 (pl. children) 애기,
자손, 어린이. 반 man 1
[《고영》 cild]
childhood[tʃáildhud] 명 어린시절. 4
 in one's second ∼ 노망이 나셔서,
다 늙어서.
childish[tʃáildiʃ] 형 어린이의, 애기
같은, 노망이 난. 6
chill[tʃil] 명 냉기(冷氣), 냉담, 오한.
형 차거운, 냉정한. 동 싸늘하게 하다,
싸늘해지다. 반 warm. 3
[《고영》 cele, ciele coldness 추위]
 take the ∼ off(술, 물 따위를)약간
데우다.
chilly[tʃíli] 형 쌀쌀한, 냉정한. 8
chime[tʃaim] 명 (교회의) 한 쌍의 종
(set of bells), 종소리. 동 (종이)울
(리)다. 4

[(래틴) *cymbalum* ← 《그》 *kymbalon* cymbal]

~ *in* 맞장구 치다. ~ *in with* …에 맞추다(agree with).

동계어 **cymbal**[símb(ə)l] 명 《보통 복수》 심발(악기명). [《중영》 *cimbale*← 《래틴》 *cymbalum* ← 《그》 *kymbalon* cymbal← *kymbē* cup: 컵 처럼 생겼다 고 해서]

chimney[tʃímni] 명 굴뚝, 연통. *cf.* funnel 연통, 깔때기. 2

[(래틴) *camīnus* fire-place, oven← 《그》 *kaminos* oven, furnace, 가마, 벽난로]

참고 외국의 chimney는 대단히 크기 때문에 사람이 들어 갈 수 있다. 따라서 Santa Claus가 굴뚝으로 들어 간다는 것도 이상한 이야기가 아니다. 또 chimney는 원래 fireplace "벽 난로"의 뜻이었다. 따라서 오늘날 chimney corner, chimney place(mantle-piece)는 각각 "옛날의 커다란 벽난로 속에 있는 기분 좋은 구석자리, 또는 벽난로"를 뜻한다.

chin[tʃin] 명 턱. 4

[(고영) *cin*; *cf.* 《독》 *kinn*]

~ *oneself* 턱걸이하다.

china[tʃáinə] 명 자기(磁器), 《집합적》 도자기. *cf.* japan 칠기(漆器). 2

China[tʃáinə] 명 중국. 명 중국의.

china-ware[tʃáinəwɛə] 명 사기 그릇.

Chinese[tʃáiní:z] 명 중국의. 명 중국인, 중국어. 5

the ~ *classics* 한문(사서 오경 따위). ~ *ink* 먹(墨). ~ *lantern*(종이)초롱. ~ *wall* 만리장성(萬里長城).

chink¹[tʃiŋk] 명 짤랑(하는 소리). 동 짤랑하고 소리나다.

[소리를 본떠서 생긴 단어]
☞ clink, clank

chink²[tʃiŋk] 명 쪼개진 틈, 균열(cleft). 동 균열을 메꾸다. 7

[(중영) *chine* + -*k*(어미)←(고영) *cinu* chink← *cīnan* split 쪼개다]

chip[tʃip] 명 쪼각, 토막(small piece), 부스러기. 동 깎다. 4

[chap, chop와 동계어]

a ~ *of the old block* 아버지를 닮은 아이. *the* ~*s* 돈(money).
☞ chop, chap

chirp[tʃə:p] 명 (참새 따위의)쩩쩩 소리. 동 쩩쩩 울다. 5

[《중영》 *chirpen, chirken*; *chirmen* chirp]

chisel[tʃízl] 명 (조각용의)끌, 정. 동 끌로 파다, 조각하다. 6

[(래틴) *cīsum*—*cædere* cut; *cf.* (프) *ciseau*]

chivalry[ʃívəlri] 명 기사도(騎士道), 의협심, 《집합적》 기사들(knights). 6

[(래틴) *caballus* horse]

chivalrous[ʃívəlrəs] 명 기사도의, 의협심 많은, 용맹한(gallant). 9
☞ cavalry, cavalier

chlorophyl(l)[klɔ́rəfil] 명 《식물》 엽록소, 잎파랑이. 9

[*chloro*- + -*phyll* ← 《그》 *chlōros* green 푸른+*phyllon* leaf; green leaf(를 만드는 요소)]

chocolate[tʃɔ́k(ə)lit] 명, 형 초콜렛(빛의), 짙은 갈색(의). 4

[《스페인》 *chocolate*←《멕시코》 *chocolatl* chocolate]

choice[tʃɔis] 명 선택(selection), 좋아하는 물건. 형 정선(精選)한. *cf.* choose 동 선택하다. 2

[《프》 *choisir* choose 선택하다 *cf.* 《프》 *choix*]

동의어 선택의 뜻으로 널리 쓰이는 단어는 **choice** 이다. 권력을 쥔 사람으로부터 허용된 선택권을 받는 선택권은 **option**으로 나타내고, 둘 또는 그 이상의 것 가운데 하나를 골라 잡는 것은 **alternative**로 나타낸다. 선입감으로 또는 자기의 취미에 따라 선택함은 **preference** 이고, 광범위한 대상 가운데서 조심스럽게 식별해서 선택함은 **selection** 이라고 한다. ☞ choose

choir, quire[kwáiə] 명 (교회의)찬양대, 합창대(chorus). 4

[(래틴) *chorus*←《그》 *choros* dance]
☞ chorus, chorister

choke[tʃouk] 동 질식시키다(suffocate), 숨막히다(fill up), 막다(block up). 명 질식, (파이프의)막힌 곳. 4

cholera[kɔ́lərə] 명 콜레라, 호열자. 8

[「(래틴) *cholera* bile 담즙(膽汁), 호열자」]

choose[tʃu:z] 동 (chose, chosen)선택하다, 골라내다, …으로 정하다(decide).

[《고영》 *cēosan* choose. *cf.*《독》*kiesen*]

cannot ~ *but*(원형 부정사) …하지 않을 수 없다(must, have to): He *cannot choose but go.* 그는 가지

않을 수 없다. 1
[통의어] "선택하다"의 뜻으로 가장 일반적으로 쓰이는 단어는 choose. 어떤 이유가 있어서 자기가 가장 좋아하는 사람이나 물건을 신중히 선택할 때는 select를 쓰고, select보다는 부드러운 어감이 나고 자기의 취미나 희망에 따라 조심해서 선택할 때에는 pick 를 쓴다. 여러 사람이 투표해서 어떤 직책을 맡도록 선출한다거나 형식에 구애되어 말할 때 choose 대신 쓰이는 것이 elect, 단순히 이것 보다 저것이 좋다는 식으로 생각하는 것은 prefer로 나타낸다. ☞ choice

chop[tʃɔp] 통 (도끼, 칼 따위로)찍다 (cut by blows), 잘라내다. 명 절단 (切斷), 잘라 낸 조각, 두껍게 저민 고깃점. 3
[chap의 변한 형태] ☞ chap, chip

chopstick[tʃɔ́pstik] 명 (보통 복수) 젓가락.

chophouse[tʃɔ́phaus] 명 간이(簡易)서양요리점. (mutton chop, pork chop (보통 갈비)따위를 불고기하는 요리집)

chopsuey, chop-sooy[tʃɔ́p-súi] 명 잡채(미국식 중국 요리의 일종), 중국요리점.

chorus[kɔ́:rəs] 명 합창(대), 합창곡. 통 합창하다. 7
[(라틴) chorus band of dancers or singers←(그) choros dance, band of dancers or singers]
[참고] 고대 그리이스에서는 노래를 부르면서 춤을 함께 추는 풍습이 있었다. chorus는 원래 "합창 무용대"라고 할 수 있었며 종교의식이나 연극에서 노래하며 춤추었다. 당시 chorus는 비극과 희극의 일부로 되어 각 극마다 다른 무도장에서 술의 신 Dionysus[dàiənáisəs] 의 제단(祭壇)을 중심으로 노래 부르며 춤 추었다. 이 무도장은 orchestra라고 불리었고 여기에 나오는 배우는 hypokrites라고 했는데 이것은 오늘 날의 orchestra, hypocrite의 어원이 되고 있다.
☞ orchestra, hypocrite, choir

choral[kɔ́rəl] 형 합창(대)의, 합창곡의.

chorea[koríə] 명 (의학) 무도병(舞蹈病)(St. Vitus's Dance). [(그) khoreia dance 무용]

chorister[kɔ́ristə] 명 (교회의) 찬양대원, (미) 성가대 지휘자(choir leader).

Christ[kraist] 명 기독, 예수 크리스트, 구세주(Messiah). 감 저런! 젠장! 3
[(그) christos anointed 머리에 기름을 발라 신성하게 한←chriō I rub 나는 비비나, annoint]
[참고] Christ의 원 뜻은 "기름을 부어 거룩하게 만든 사람 (The Annointed One)"이었다.처음에는 Jesus the Christ (Jesus the Anointed)와 같이 칭호로 쓰이다가 the가 빠지게 되어 Jesus Christ 라는 고유명사로 쓰이게 되었다.
cf. Buddha (The Enlightened One) 해탈한 자.

christen[krísn] 통 세례를 받게 하다, 이름짓다. [christ+ -en] 10

Christendom[krísndəm] 명 기독교계, 전기독교도, 기독교국. [(고영) cristendōm; Christen+-dom] 10

Christmas[krísməs] 명 크리스마스, 성탄절. [Christ+Mass 의식(儀式), 제전(祭典)] ☞ mass 1

Michaelmas[míklməs] 명 미카엘제 (祭)(9월 29일). [(중영) michelmesse ←Michel+messe←(헤브류) Mikhael (Who is like unto God?)+(라틴) missa 미사]

Candlemas[kǽndlməs] 명 성촉제(聖燭祭) (2월 2일).

Lammas[lǽməs] 명 수확제(收穫祭) (옛날에는 8월 1일에 지냄). [(고영) hálf-mæsse loaf-mass; 당시 추수의 첫 곡식으로 이 날 빵을 만들어 바쳤다] ☞ mass

chrism[kríz(ə)m] 명 성향유(聖香油). [(라틴) chrisma holy oil]
☞ Christ, cream

chronic[krɔ́nik] 형 오래 걸리는, 만성의. 반 acute 급성의 10
[(그) chronikos concerning time 시간에 관련되는 ← chronos time 시간]

chronicle[krɔ́nikl] 명 연대기(年代記). 통 기록하다. [(고프) cronique←(라틴)←(그) khronika 연대기← chronos time] ☞ chronic 5
[주의] chronicle의 첫 글자를 크게 써서 신문 이름에 사용하기도 한다.

chronicler[krɔ́niklə] 명 연대기 작자, 기록자.

chronology[krənɔ́lədʒi] 명 연대기, 연대학, 연표(年表). [(그) chronos time + -logia←logos discourse 논설]
☞ logic

chronologic(al)[krɔ̀nəlɔ́dʒik(əl)] 형 연대순(年代順)의.

anachronism[ənǽkrəniz(ə)m] 명 시대착오. [《그》 *anachronizein* refer to a wrong time←*ana* up, back, wrong+*chronos* time]

chrysanthemum[krisǽnθ(ə)məm] 명 국화(菊花).
[《그》 *chrysanthemon* marigold 금잔화, 홍황초←*chrysos* gold+*anthemon* bloom 꽃; 금빛 나는 꽃]

chuckle[tʃʌ́kl] 명 껄껄 웃음. 동 껄껄대고 웃다, 만족해 하다. 6
[소리를 본 따서 생긴 말]

church[tʃə:tʃ] 명 교회, 예배(당). *cf.* chapel, cathedral, abbey. 1
[《고영》 *cir(i)ce*←《그》 *kyriakon* church←*kyriakos* belonging to the Lord 주(主)의 것인←*kyrios* lord 주←*kylos* strength 힘]
참고 영국에서는 영국국교 교회만을 church라 한다.

churchyard[tʃə́:tʃjɑ́:d] 명 교회내의 묘지, 경내(境內). 6
동의어 옛날에는 묘지로 사용되었고 지금도 농촌에서는 묘지로 쓰고 있는 교회내의 묘지는 churchyard라고 하나, 교회에 속하지 않는 공동묘지는 cemetery라고 한다. 또 단순히 죽은 사람을 매장하는 곳이라는 정도의 뜻으로 burial[bériəl] ground를 쓸 때도 있다.

cicada[sikéidə] 명 *pl.* cicadas [-z], cicadae[-i:] 매미.
[《래틴》 *cicada*]

cider[sáidə] 명 사과주(사과 즙을 발효케 하여 만든 술). 7
[《중영》 *sicer, cyder*←《프》 *cidre*←《래틴》 *sicera*←《그》 *sikera* strong drink←《헤브류》 *shēkār* strong drink 강한술]
주의 우리 나라에서 말하는 사이다와는 다르며, 한국의 사이다를 영어로 말하려면 aerated cider-like drink 라고나 할까?

cigar[sigɑ́:] 명 여송연(呂宋煙), 씨가아, 잎담배 만 것. 5
[《스페인》 *cigarro*; *cf.* 《프》 *cigare*]

cigarette[sìɡərét] 명 궐련(卷煙), 만 담배. [《프》 *cigarette*←*cigare* cigar + -*ette*(축소 어미)] 10
참고 미국에서는 cigaret 라고도 쓴다. 물부리는 궐련용이면 cigarette-holder, 여송연용이면 cigar-holder라고 말하는 매가 많다. 영어의 pipe는 담뱃대나 마도로스 파이프 모양의 것을 말한다.

cilia[síliə] 명 *pl.* 속눈썹(eye-lashes), 잔털. 10
[《래틴》 *cilia* (*cilium* eyelid 눈 껍질의 복수형)]

cinder[síndə] 명 석탄 재, 뜬 숯. 7
[《고영》 *sinder* scoria 석탄 재를 《프》 *cendre*(재)와 혼동해서 쓴 것. 8세기부터 사용함; *cf.* 《독》 *sinter* 찌꺼기]
통계어 **Cinderella**[sìndərélə] 명 신델레라(동화에 나오는 여주인공; 거만한 계모와 배다른 두 언니의 학대를 받다가 왕비가 된 소녀), 숨은 미인.

cinema[sínimə] 명 영화관(motion-picture theater), 영화(moving pictures). *cf.* movies 영화(관).
[*cinematograph*를 줄인 것; 《그》 *kinēma(tos)* motion 운동+ -*graph*←*graphein* write]

Cinemascope[sínimǝskòup] 명 《영화》 1927년 프랑스에서 처음 발명된 대형 영화(wide screen)의 일종. 좌우로 압축작용을 하는 특수 렌즈를 써서 보통 영화와의 화면의 비가 세로 1:1.33, 가로 1:2.55가 되게 한.

Cinerama[sinirǽmə] 명 《영화》 대형 영화의 일종. 세개의 렌즈와 필름, 여섯개의 마이크를 써서 촬영 및 영사하게 되어 있음. 화면의 세로:가로는 1:2.

circle[sə́:kl] 명 원(圓), 주기(周期), 집단, 사회. 동 회전하다, 둘러싸다(encircle). 반 square 정방형. 1
[《래틴》 *circulus*(*circus* small ring, 원, 고리의 축소형)]

circuit[sə́:kit] 명 회로(回路), 순회(巡回). [《래틴》 *circuitum* a going round 순회←*circum* round+*īre* go] 4

circular[sə́:kjulə] 형 원형의, 순환하는, 돌아가는. [《래틴》 *circularis* round] 4

circulate[sə́:kjuleit] 동 돌(리)다, 퍼뜨리다, 퍼지다. 8

circulation[sə̀:kjuléiʃən] 명 순환. 7

circumference[səkʌ́mf(ə)r(ə)ns] 명 원주, 원둘레, 주위. 8
[《래틴》 *circumferentia* boundary of a circle←*circum-ferre* carry round ←*ferre* bear 운반하다]
통계어 **circumlocution**[sə̀:kəmləkjú:ʃən] 명 완곡(婉曲)히 말하는 것.
[《래틴》 *circumlocūtio* periphrasis 말

cistern　　　　　　　　　　　81　　　　　　　　　　　claim

을 둘러서 말하는 법 ← *circum-loquī* speak in a round about way←*loquī* speak]

circumscribe[sə́:kəmskraib] 图 주위에 선을 긋다, 제한되다(limit). [((래틴) *circumscrībere*←*circum-* round+*scrībere* write; 주위에 선을 긋다, 제한하다]

circumspect[sə́:kəmspekt] 囮 조심스러운, 신중한. [((래틴) *circumspectus* prudent 조심스러운←*circum* round+*specere* look의 과거분사]

circumstance[sə́:k(ə)mstəns] 图 (보통 복수) (주위의)사정, 환경. *pl.* 사는 형편; (사건의)자초 지종. [((래틴) *circum-stāre* ← *circum* round + *stāre* stand; 주위에 있는] **3**

☞ stand, stance, circle

circus[sə́:kəs] 图 원형 흥행장, 곡마단, 《영》 원형광장. [((래틴) *circus* ring, circle] **5**

☞ circle

cistern[sístən] 图 물탱크(water-tank), 수조(水槽). **6**

[((래틴) *cisterna* reservoir for water 물 저장소 ← *cista* chest ← (그) *kistē* box]

cite[sait] 图 예를 들다, 인용하다, 《법》 소환(召喚)하다. **8**

[((래틴) *citāre*(*ciāre* rouse, call 이르키다, 부르다의 반복사)]

citation[saitéiʃən] 图 예문, 인용(quoting), 인용구(quotation), 소환, 《미》 감사장.

참고 quote는 남의 말을 그대로 인용할 때 쓰고 cite는 자기가 말하는 사항에 대한 증거로 예를 드는 경우에 쓴다.

☞ excite, incite, recite

city[síti] 图 도시, 시(市); *cf.* town **1**

[((래틴) *cīvitās* city, state, citizenship ←*cīvis* citizen; citizen을 보라]

City editor 《영》 신문사의 경제부장. ~ *editor* 《미》 신문사의 사회부장. *the City* (*of London*) 런던시내. ~ *article* (신문의) 상업경제 기사.

citizen[sítizn] 图 시민, 국민; *cf.* subject 신민(臣民). [((중영) *citesein* ←(고프) *citeain*←*cité* city+ *-ain*(어미); city를 보라] **2**

[동의어] 국민, 시민의 뜻을 갖는 것으로 국가에 대한 충성을 다할 의무가 있고 출생 또는 귀화함으로써 완전한 시민권을 갖고 있는 사람은 **citizen**이라고 하며, 임금이나 영주(領主), 추장 개인이 주권을 갖는 나라의 신민(臣民)은 **subject**, 모국에서 멀리 떨어져 타국에서 사는 동국인은 **national**, 이민 나라에서 태어난 사람 또는 토민은 **native**라고 한다.

citizenship[sítiznʃip] 图 시민권, 국적(國籍). [citizen+ *-ship*(추상명사 어미)] **10**

civic[sívik] 囮 시민(권)의, 시의, *pl.* 공민(학과)의. [((래틴) *cīvicus* ← *cīvis* citizen 시민] **9**

civil[sívil] 囮 시민의, 공중의, 민사(民事)의 (*cf.* criminal 형사의), 민간의, 공손한(polite). ⓐ military [(프) *civil*←((래틴) *cīvīlis* belonging to citizens 시민의←*cīvis* citizen 시민] **3**

~ *servant* 문관(文官), 공무원. ~ *service* 문관근무. ~ *war* 내란. *the* ~ *War* 《영》 Charles 1세와 의회간의 싸움(1646~49); 《미》 남북전쟁(1861~65).

[동의어] "공손한"의 뜻을 갖는 것으로, 단지 난폭한 행동은 하지 않는다는 정도는 polite 함, 즉 polite보다 약간 소극적인 뜻을 갖는 단어가 civil이다. 이에 비겨 언제나 예의 바르고, 사교시에 civil보다 적극적으로 예절을 잘 지키는 뜻은 polite로 나타내고, 그 보다 훨씬 더 적극적으로 남의 감정이나 희망까지 생각해 주는 때에는 courteous를 쓴다. 약한 자를 도우고 특히 여자에게 헌신적으로 애쓸 때는 chivalrous로, 남자가 여자에게 특히 공손함은 gallant로 나타낸다.

civilian[sivíljən] 囮 민간의, 문관의, 군속(軍屬)의. 图 일반시민, 비전투원(non-combatants), 군속. [civil+*-ıan* (사람을 나타내는 명사 어미)]

civilize[sívilaiz] 图 교화하다, 개화하다. [civil+ *-ize*(동사 어미)] **6**

civilization[sìvilaizéiʃən] 图 개화, 교화, 문명(文明). *cf.* culture 문화. [civilize+ *-ation*(추상 명사 어미)] **7**

civilized[sívilaizd] 囮 개화한, 교양이 높은.

uncivilized[ʌnsívilaizd] 囮 야만의, 미개의. [*un-* not+civilized]

claim[kleim] 图 (당연한 권리로)요구하다(demand); 주장하다, …할 가치가 있

다(deserve). 圀 요구, 권리(right). 2
[(래틴) *clāmāre* call out; 큰 소리로
부르다→주장하다]
통계어 acclaim[əkléim] 圄 갈채하다.
[((래틴) *ac- ad-* to+*claim* cry out;
…에게 소리지르다] declaim[dikléim]
圄 낭독하다, 연설하다. [((래틴) *dēcl-
āmāre* make clear, declare←*dē* fully
+*clārus* clear; 분명히 말하다]
exclaim[ikskléim] 圄 외치다. [((프)
exclamer←(래틴) *exclāmāre*←*ex* out
+*clāmāre* call; call out 외치다] pro-
claim[prəkléim] 圄 선언하다. [((프)
proclamer←(래틴) *proclāmāre*←*prō*
forth+*clāmāre* cry out; cry out forth
선언하다] reclaim[rikléim] 圄 교정
(矯正)하다; 개간하다; 메우다, 반환을
요구하다. [*re-* again+*claim*←*clāmā-
re* cry out]
clam[klæm] 圀 대합(蛤), ((미속)) 말이
없는 사람. 6
[*clam*(*shell*)에서; ←*clam* clamp 꽉
죄다] ☞ clamp
clamber[klǽmbə] 圄 기어오르다(climb).
[((중영)) *clameren*, *clambren*; 15세기
이후 사용] 10
주의 보통 clamber up의 숙어로 사용
한다. ☞ clamp
clamo(u)r[klǽmə] 圀 소란, 떠들썩한 불
평. 圄 떠들다. 4
[(래틴) *clāmōrem* an outcry 부르짖
음←*clāmāre* cry out 외치다]
~ *for* 떠들썩하게 요구하다.
~ *against* 시끄럽게 반대하다.
~ *down* 야유하여 말못하게 하다.
clamorous[klǽm(ə)rəs] 圉떠들석한. 8
clamourously[klǽmərəsli] 甼 떠들썩
하게.
clamp[klæmp] 圀 죄임쇠, 걸쇠. 圄 죄
다. 9
[(홀런드) *klampe* holdfast]
clan[klæn] 圀 씨족(氏族 tribe), 일족
(一族), 도당(徒黨). 9
[(게일) *clann* offspring, children 자
손]
clang[klæŋ] 圀 쨍랑 쨍랑, 땡그렁. 圄
땡그렁하고 울(리)다《무기, 종, 갑옷,
마치 따위의 소리》. 5
[((래틴) *clangere* resound 울리다; 소
리를 본딴 단어]
참고 clang과 비슷하게 소리를 본뜬 단
어로는 clank[klæŋk] 圀, 圄 《무거운

사슬 따위가》 땡그렁 《하고 울(리)다》.
clink[kliŋk] 圀, 圄 땡그렁 《가벼운 금
속, 유리 따위》 《하고 울(리)다》. clack
[klæk] 圀, 圄 딱 《나무 토막이 부딪치
는 소리》 《하고 소리내다, 나다》. click
[klik] 圀, 圄 딸깍 《열쇠 따위가 열리는
소리》 《하고 소리 내다, 나다》.
clap[klæp] 圄 찰싹하고 치다, 박수하다.
圀 박수. 3
[((중영)) *clappen*; 소리를 본 딴 단어]
주의 "군중은 박수갈채 했다"는 The
crowd cheered *clapped*. 라고 말하나
"박수가 별로 없었다"는 말은 There
weren't many *claps*. 보다도 There
wasn't much *clapping*. 으로 나타내
는 것이 보통이다.
clash[klæʃ] 圀, 圄 쨍그렁《하고 소리나
다》, 쨍《하고 소리나다》, 충돌《하다》,
종《따위를 일제히 울리다》. *cf.* clack,
crash, dash. 5
[소리를 본 딴 단어]
clasp[klɑ:sp] 圀 자물쇠, 걸쇠(buckle),
악수, 포옹(embrace). 圄 꽉 껴안다
(hold in the arms), 꽉 죄다(fasten
with a hook). 3
[((중영)) *claspe*, *clapse* (명사); *cla-
spen*, *clapsen*(동사)]
~ *another's hand* 상대방의 손을
꽉 쥐다. ~ *hands* 굳게 악수하다. ~
one's hands 깍지 끼다《절망, 기원,
감동을 나타낸다》.
class[klɑ:s] 圀 계급, 등급, 학급, 종류
(kind). 圄 분류하다. 1
[((프) *classe* rank 등급←(래틴) *clas-
sem* class, assembly]
classic[klǽsik] 圉 일류의, 유서 깊은,
전통적인. 圀 대예술가, 고전작품, *pl*.
고전어《그리스어, 래틴어 따위》. 4
classical[klǽsik(ə)l] 圉 고전적인, 고
전어의, 고전주의의. ⓐ romantic 낭
만주의의.
classify[klǽsifai] 圄 분류하다(arran-
ge in classes). [(래틴) *classis* class
+ *-fy*(동사 어미)] 10
classification[klǽsifikéiʃ(ə)n] 圀 분
류(법). 7
classmate[klɑ́:smeit] 圀 동급생, 동
창생.
참고 옛날 로마 시민은 그 재산의 정도
에 따라 여섯계급(*classis*)으로 나누었
다. 그 가운데 특히 "최고계급에 관한"
의 뜻을 나타내는 형용사 *classicus*에

서 classic라는 단어가 생겼다. 따라서 classic의 뜻은 최고계급에 대한→최고의→훌륭한→고전의 라는 변천을 거치게 된 것이다.

주의 대중음악(popular music)에 대한 순수 음악을 클라식이라 하나 영어로는 classical music라고 한다. classic에는 "전통적인, 유명한", classical에는 "고전어, 고전문학의" 정도의 뜻의 차이가 있다고 생각할 수 있다.

clatter[klǽtə] 동 덜거덕 거리다, 딸깍딸깍 하다. 5
[《고영》 *clatrung* clattering: 소리를 본 딴 단어]

clause[klɔːz] 명 《문법》 절(節), 《음악》 악구(樂句), (조약의)조항(條項). 5
[《라틴》 *clausa* passage from a book, clause 귀절←*claudere* shut, end]

claw[klɔː] 명 (새, 짐승의)발톱, (게, 새우의)가위. 동 긁다, 할퀴고 듣다(tear and scratch). cf. talon(사나운 짐승이나 새의)발톱. nail(사람의)발톱. hoof(소, 말의)발굽. 5
[《중영》 *clau, clee* ← 《고영》 *clawu, clēa* claw; cf. 《독》 *klaue*]

clay[klei] 명 진흙(soft, sticky kind of earth), (죽으면 흙이 되는)육체. [《고영》 *clǣg*] 2
☞ ashes, bones, cleave, glue

clean[kliːn] 형 청결한(cleanly), 더럽지 않은(not dirty), 깨끗한(neat), 순결한(pure). 부 깨끗이(cleanly), 완전히(completely). 동 깨끗하게 하다(make clean). 반 dirty 더러운. 1
[《고영》 *clǣne* clear, pure 깨끗한, 맑은]

동의어 보통 세탁을 한다든지 솔질을 해서 더러움을 없앤다는 경우에는 일반적으로 clean을 사용하고 약이나 하제(下劑)를 써서 깨끗이 씻어낼 때는 cleanse를 쓴다. 특히 cleanse는 비유해서 쓰기도 한다.

cleaner[klíːnə] 명 청소부(淸掃夫), 청소기, 크리닝 직공(dry-cleaner). 8
cleanly[klénli] 형 깨끗한 것을 좋아하는, 깨끗한. [klíːnli] 부 깨끗하게.
cleanliness[klénlinis] 명 청결, 결백.
cleanse[klenz] 동 깨끗이 씻다(clean or pure), 맑게 하다. [《고영》 *clǣnsian* make clean 깨끗이 하다←*clǣne* clean]
☞ clean 4

unclean[ʌnklíːn] 형 불결한(dirty), 부정한. 6

clear[kliə] 형 맑게 갠(bright), 투명한, 분명한(plain), 방해가 없는(easy or safe to pass along). 부 완전히(completely). 동 제거하다, 깨끗하게 하다(make or become clear). 1
[《라틴》 *clārus* bright, clear, loud]
keep ~ *of* ……을 멀리하다, …을 피하다(keep away from). ~ *up* 정돈하다, 결제하다, 제거하다, (문제, 의문을)풀다.

clearance[klíərəns] 명 제거, 정리, 해제, 통관수속, 여유. [clear+ -*ance*(추상 명사 어미)]

clarify[klǽrifai] 동 맑히다(make or become clear), 맑아지다. [《라틴》 *clārificāre* make clear 맑히다←*clārus* clear+ -*fic*- (*facere* make)]
clarification[klæ̀rifikéiʃ(ə)n] 명 맑힘, 정화(淨化). [clariey+ -*ation*(추상명사 어미)]

cleave[kliːv] 동 (clove 또는 cleft, cloven 또는 cleft) 쪼개다(divide), 찢다(spilt), 쪼개지다. 4
[《고영》 *clēofan*; cf. 《독》 *klieben*]
~ *down* 베어 넘어뜨리다.
cleft[kleft] 동 cleave의 과거·과거분사. 형 찢긴, 쪼개진. 명 찢어진 곳.
[《아이스》 *kluft*←*kljūfa*]

clench[klentʃ], **clinch**[klintʃ] 동 (쇠못, 징 따위의)끝을 때려 꼬부리다, (이를)악물다, (주먹을)꽉 쥐다, (주로 clinch) 서로 잡아 붙들다. 명 《동사의 뜻의 명사형》. 9

clergy[klə́ːdʒi] 명 《집합적》 목사들, 성직자, 성직(聖職). 반 laity 속인(俗人). 8
[《중영》 *clergie* learning←《라틴》 *clēricus* clerk] ☞ clerk

clergyman[klə́ːdʒimən] 명 (*pl.*-men) (영국국교의)목사, (미) 성직자. 반 layman. cf. parson, rector, vicar, curate, priest, minister, ecclesiastic 《모두 목사를 뜻하나 각각 찾아 보도록》.
참고 infantry[ínfəntri] 《집합적》 보병→infantryman 《개인》 보병(한 사람). cavalry[kǽvəlri] 《집합적》 기병(騎兵) →cavalryman 《개인》 기병(한 사람).

cleric[klérik] 명 교사(clergyman 보다 넓은 뜻); cf. clerk 《고어》 목사. 형 목사의(clerical).

[《래틴》 *clēricus* clerk]
clerical[klérik(ə)l] 형 목사의, 서기의.
[《래틴》 *clericalis*]
clerk[klɑːk, (미) kləːk] 명 서기, 집사, 교회서기; (고어) 목사, 학자; (미) 점원, 사무원. [《래틴》 *clēricus*←(그) *klērikos* one of the clergy 목사, 집사←*klēros* lot, clergy, 운명, 성직자; cleric의 자매어(姉妹語); 처음에는 목사를 뜻하였으나 글을 아는 것은 목사뿐이었기 때문에 목사→글을 아는 사람→서기→사무원으로 뜻이 변함] 2
clever[klévə] 형 똑똑한, 재치있는(skilful), 교묘한. ⑲ stupid 4
[동의어] 머리도 영리하고 솜씨도 좋다는 뜻의 일반적인 단어로 비교적 인격면은 생각하지 않는 것이 clever이다. 숙련됨을 나타내거나 창의력이 있음을 나타내되 교활하다거나 사기성이 농후함을 나타내기 위해 쓰이기도 하는 것은 **cunning**이고, 창의력이 있고 생각이 교묘하게 잘 도는 것은 **ingenious**로 나타낸다. 실제적인 면에서 빈 틈이 없고 사물의 본질을 쉽게 알아내는 능력이 있는 것은 **shrewd**로 나타낸다.
cleverly[klévəli] 부 영리하게, 재치있게, 교묘하게. 「교묘함.
cleverness[klévənis] 명 영리함, 재치,
client[kláiənt] 명 소송의뢰인. *cf.* customer 단골 손님. 7
[《래틴》 *clientem, cliens, cluens* hearer, one who listens to advice 충고를 듣는 사람←*cluere* hear]
☞ acclivity, climax, incline, decline, clinical
cliff[klif] 명 낭떠러지, 절벽. 3
[《고영》 *clif* rock, cliff; *cf.* 《독》 *klippe*]
[주의] cliff는 특히 바닷가에 솟은 절벽을 말한다.
climate[kláimit] 명 (어떤 지방의)기후, 풍토(기후상으로 본), 지방 분위기. 3
[《그》 *klimat-* (*klima* slope, zone, c imate, 지역, 기후)←*klinein* lean, slope 경사지다]
climactic[klaimǽktik] 형 차차 높아지는, 절정(絕頂)의.
climatic[klaimǽtik] 형 기후상의.
climax[kláimæks] 명 최고조(最高潮), 정점(頂點), 최고점. [《그》 *klimax* ladder, staircase 계단←*klinein* slope]
⑲ base 밑바닥. 8

clime[klaim] 명 《시》 풍토(climate), 토지, 지방. [《래틴》 *clima*; *climate*를 보라] 5
climb[klaim] 동 기어 오르다(go up), (해, 비행기, 연기 따위가) 올라 가다 (mount slowly). 명 기어오름. ⑲ drop. [《고영》 *climban*; 원 뜻은 꽉 잡다, 매달리다] ☞ cleave 2
~ *down* 기어 내려 가다, 양보하다 (give in).
climber[kláimə] 명 등산자, 야심가, 기어 오르는 것. ☞ clamber
cling[kliŋ] 동 (clung) 매달리다(hold fast to), 꼭 붙들다(stick),집착하다. 5
[《고영》 *clingan* adhere, shrivel 매달리다, 주름살지다]
[주의] cling, stick 따위의 뒤에는 to+명사가 오는 때가 많다.
clip[klip] 명 클리프(종이 끼우개). 동 가위로 베다, 쥐다, 끼우다, 《속어》 빠르게 날다. 4
[《중영》 *klippen* ← 《아이스》 *klippa* clip, shear hair]
clipper[klípə] 명 쾌속선(快速船), 대형 장거리 여객기, 《보통 복수》 가위, 이발 기계.
clipping[klípiŋ] 명 깎은 풀, 깎은 털, 클립핑(신문, 잡지 따위를 오려 모은 것)
cloak[klouk] 명 (소매 없는)외투; 덮어 씌운 천(covering). 동 외투를 입(히)다, 감추다(hide or cover). 2
[《래틴》 *cloca* bell, horseman's cape which resembled a bell in shape, 종(처럼 생긴 외투)]
under the ~ *of* ······을 핑게로하여, ···의 탈을 쓰고. ~ *room* 명 휴대품 맡는 곳. ☞ clock
clock[klɔk] 명 시계 (벽걸이, 탁상시계). *cf.* watch 팔뚝시계, 회중시계.
[《중 홀런드》 *clocke* 또는 《고대 북프》 *cloque*←《래틴》 *cloc(c)a* bell ←《아일》 *clog* bell, clock] 1
[주의] 시간을 표시하는 o'clock (···시「時」)는 of the clock가 축소된 것.
clockwise[klɔ́kwaiz] 형, 부 오른 쪽으로 도는(돌게). ⑲ counter-clockwise [clock+ -wise in the fashion of ···식으로; 시계(가 도는)식으로→시계 바늘 방향으로]
clod[klɔd] 명 덩어리(hard lump of earth or clay). 7
[《고영》 *clod* a lump of earth]

cloister[klɔ́istə] 圀 수도원, 은둔생활.
튐 들어 앉아 있게 하다(shut up). 9
[《라틴》 *claustrum* enclosure 포위←
clausus(*claudere* shut 가두다의 과거
분사)] ☞ abbey

close[klous] 圀 가까운(near), 친밀한
(intimate). 튐 바로 옆에, 밀접해서.
[klouz]튐 닫다(shut), 접근하다(come
near), 끝내다. 圀 종결(end). 1
[《라틴》 *claudere* shut]

㊟ [klous] 圀, 튐; [klouz] 圀,튐의
차이를 주의.
~ *in*(또는 *upon*)둘러싸다(surround), 닥아오다(come nearer). ~ *up* (사람이)육박하다, 폐쇄하다(shut completely). ~ *by* 바로 옆에. ☞ clause

[동의어] 열려 있는 것을 닫듯이 깨끗이
끝내거나 끝나는 것은 **close**. 끝내다,
끝나다의 뜻을 가장 단순하게 표현하
는 것은 **end** 이다. 어떤 결정에 이름
으로써 정식으로 끝내다 또는 끝나다
는 **conclude**, 특히 최후의 손질을 해
서 뜻대로 끝낸다는 일반적인 단어는
finish, 특히 모자라는 부분을 채워서
완료한다는, finish 보다 약간 형식적인
단어는 **complete**, 한계에 이르도록 끝
내다, 또는 끝나다는 **terminate** 이다.

closely[klóusli] 튐 다가가서, 밀접히,
엄밀히.

closeness[klóusnis] 圀 치밀함, 접근,
정확, 인색함. 10

closet[klɔ́zit] 圀 사실(私室), 작은 방
(small room), 벽장. 《영》 cupboard
or storeroom, 변소(water-closet). 3
[《고프》 *closet*(*clos* enclosed place 밀
폐된 장소)의 축소형]

㊟ 변소에 W.C.라고 쓴 것은 water-closet 수세식 변소를 줄여서 쓴 것.
closet의 변소라는 뜻과 혼동치 않으
려고 "사실, 벽장"의 뜻으로는 별로 안
쓰이게 되었다.

㊂ 공중변소는 public latrine, street
latrine 《영》; rest-room, comfort
station 《미》 이라고 한다. Gentlemen
은 남자용 변소, Women, Ladies 는
여자용 변소를 말한다.

☞ clause, inclose, include, exclude,
conclude

cloth[klɔθ] 圀 (*pl.* cloths[klɔθs, klɔːðz, klɔːθs]) 베 쪼각, 옷감, 천. 1
[《중영》 *cloth*, *clath* ←《고영》 *clāth*;
cf. 《독》 *kleid*]

clothe[klouð] 튐 (clo:hed[klouðd]또
는 clad). 옷을 입다, 덮다(cover with). [《고영》 *clāth*; *cf.* 《독》 *kleiden*]

clothes[klouðz, 《속어》 klouz] 圀 *pl.*
옷, 침구(bed-clothes). 1

clothing[klóuðiŋ]圀《집합적》의복류,
옷가지, 덮개(covering). 6

㊟ cloths와 clothes의 차이에 주의
할 것.

cloud[klaud] 圀 구름, 대군(大群 mass
of things moving together), 흐림, 암
운(暗雲). 튐 흐리게 하다, 어두워지다.
[《고영》 *clūdc* a round mass, mass of
rock] 1

clouded[kláudid] 圀 구름에 덮인, 우
울한.

cloudy[kláudi] 圀 구름이 많은, 몽롱
한, 애매한, 우울한. 3

clover[klóuvə] 圀 토끼풀, 클로버.
[《고영》 *clāfre*, *clǣfre* trefoil 토끼풀,
세잎(三葉); *cf.* 《독》 *klee*]
four-leaved ~ 네잎 클로버《행복의
상징》

clown[klaun] 圀 시골뜨기(rustic),어리
광대(道化師 jester). 7
[《아이스》 *klunni* clumsy boorish fellow 시골뜨기] ☞ clump

club[klʌb] 圀 곤봉, 골프 막대기, (트럼
프의)클로브, 구락부. 튐 곤봉으로 때
리다, 클럽을 만들다, 협력하다(join
together for a common cause).
cf. cudgel [kʌ́dʒ(ə)l] 곤봉《옛날 시
골의 무기》. 2
[《아이스》 *klubba*, *klumba* club 몽둥
이; 클럽, 구락부의 뜻은 17세기 이후
생김] ☞ golf

clump¹[klʌmp] 圀 숲(a group of trees),
덤불(thicket), 명어리(lump). 9
[16세기 이후 사용;《중세 독》*klumpe*,
klompe]

clumpy[klʌ́mpi] 圀 덩어리가 많은,
(숲이)울창한. 8

clump²[klʌmp] 圀 무거운 발자욱 소리,
타격.튐 쾅 하고 밟다. 9

clumsy[klʌ́mzi] 圀 어색한(awkward),
재치 없는(not skilful). ⓐ clever 영리
한. 8
[《중영》 *clumsed*, *clomsed* benumbed;
마비된 손 가락은 어색하고 재주를 부
릴 수 없다고 해서]

clumsily[klʌ́mzili] 튐 어색하게, 재
치 없이. 9

clumsiness[klÁmzinis] 圀 졸렬함, 어색함.

cluster[klÁstə] 圀 (포도 따위의)송이(bunch), (같은 종류의 사람 또는 물건의)집단. 통 떼지어 모이다(모으다). 3
[(고영) *cluster, clyster* bunch]

clutch[klʌtʃ] 통 꽉 붙잡다(seize eagerly). 圀 꽉 붙잡음, 파악(把握).
⑮ loose 놓다, release 석방하다. 5
[(중영) *clucchen, clicchen*←(고영) *clyccan*]
~ *at* …을 붙잡으려 하다.
A drowning man will *clutch at* a straw. 물에 빠진 사람은 지푸라기도 붙잡으려 한다.

coach[koutʃ] 圀 네마리가 끄는 네 바퀴 마차, 객차, (미)침대차; (야구, 수험 준비의)지도자, 가정교사(tutor), 감독(trainer). 통 지도하다, 마차로 운반(여행)하다. 2
[(프) *coche* coach 마차; 1553년경 부터 항가리어이었던 듯. 항가리의 Raab 근처의 *kocs*(*i*)라는 마을에서 처음 만들었다고 해서 coach라고 한다.]
coachman[kóutʃmən] 圀 마찻군, 마부.
참고 "지도자, 지도하다"는 학생을, 마부가 말을 몰듯이 마음대로 부린다는 뜻으로 쓴 학생용어에서 생긴 뜻이다.

coal[koul] 圀 석탄. 통 석탄을 공급하다(싣다). 1
[(고영) *col*; cf. (독) *kohle*]
call (또는 *haul*) *a person over the* ~*s* (for something)(어떤 일로) 심히 꾸중하다. *hard* ~ (미속) 무연탄. *soft* ~ (미속) 유연탄.

coarse[kɔːs, kɔəs] 圀 조잡(粗雜)한(rough), 너절한, 난폭한(rude), 천한(vulgar). ⑮ fine, refined 훌륭한. 3
[*course*←*in course* anything in ordinary character 평범한 것; of course "물론"의 course 와 같음]
coarsely[kɔ́ːsli] 圀 조잡하게, 천하게.
coarseness[kɔ́ːsnis] 圀 조잡, 열등(劣等), 천함. ☞ course

coast[koust] 圀 해안, 연안(沿岸 seashore). 통 해안을 따라 항행하다. 1
[(래틴) *costa rib* 이랑, (논, 밭의)두렁; *cf.* (프) *côte*]
the C~ (미)태평양연안(the Pacific coast). *cf. the Shore* (미) 대서양연안(the Atlantic seaboard).

coastal[kóustl] 圀 해안의, 근해(近海의). 「航路船」.
coaster[kóustə] 圀 연안 항로선(沿岸
coastline[kóustlain] 圀 해안선. ☞ shore

coat[kout] 圀 (양복의)웃저고리, 상의, 코오트, 껍질. 통 저고리로 덮다, 저고리를 입다, 덮어 씌우다. 1
[(중영), (고프) *cotte* coat←(중세 독) *kotte, kutte* coarse mantle 누추한 외투; *cf.* (프) *cotte*]
cut one's ~ *according to one's cloth.* 제 팔자에 맞게 살다.
coating[kóutiŋ] 圀 칠, 입힘, 껍질, 피복(被覆)

coax[kouks] 통 (사람을)달래다, 어르다, 감언 이설로 꾀다. 8
[*cokes* fool 바보]

cob[kɔb] 圀 발이 짧고 튼튼한 승마(乘馬용 말, 백조(白鳥)의 수컷(cob-swan), 옥수수 속(corn-cob), (석탄)덩어리. 9
[(중영) *cob, cobbe*]

cobbler[kɔ́blə] 圀 구두 수선공, 엉터리 직공. *cf.* shoe maker 구두 제조업자.
[*cobble*[kɔ́bl] 통 (구두 따위를)수선하다 + -*er*] 5

cobweb[kɔ́bweb] 圀 거미줄, 거미집.
cf. spider 거미. 8
[(중영) *copweb, coppeweb* ← *coppe* spider거미+*web* 그물 ←(고영) *āttorcoppa* spider←*āttor* poison 독 +*cop* head]

cobwebbed[kɔ́bwebd] 圀 거미줄이 치인.

cock[kɔk] 圀 수탉, (사내)수컷, (매스, 수도 따위의)꼭지(faucet), 왕초(leader). 통 위로 쳐들다. *cf.* hen 암탉. 2
[(중영) *cok*←(고영) *cocc*; 탉의 우는 소리에서] ☞ cuckoo
주의 ① 미국에서는 수탉은 rooster [rúːstə]라고 한다. ② peacock 공작, woodcock 멧도요와 같이 새를 나타내는 합성어가 되기도 하고 cock robin 처럼 수컷임을 알리는 형용사적 인 용법도 있다.

cocoa[kóukou] 圀 코코아(카카오 cacao 나무 열매의 가루). 7
coco(a)-nut[kóukə-nʌt] 圀 야자(椰子)의 열매. [(포르투, 스페인) *coco* bugbear 귀신: cocoa-nut 의 밑 바닥이 꼭 귀신 처럼 생겼다고 해서] 6

cocoon[kəkúːn] 圀 고치(繭). 10
[(프) *cocon*]

cocoonery[kəkúːnəri] 명 양잠소(養蠶所).

cod[kɔd] 명 《생선》 대구(codfish). 동 《속어》 속이다.

code[koud] 명 법전(法典), 규약, 신호법. 동 암호로 전보치다. 8
[《프》 *code*←《라틴》 *cōdex* tablet, book 책]
civil ~ 민법. *criminal* ~ 형법. ~ *telegram* 암호전보. *the Morse* ~ 모르스 기호.

coffee[kɔ́fi] 명 커피. *cf*. café. 2
[《터기》 *qahveh*←《아라비아》 *qahwah* coffee]
black ~ (우유를 안 탄)짙은 커피.
~ *break* 집무중의 짧은 휴게시간.

coffin[kɔ́fin] 명 관(棺). 동 입관(入棺)하다. 5
[《고프》 *cofin* chest 곽, 상자←《라틴》 *cophinum*←《그》 *kophinos* basket 바구니]

coil[kɔil] 동 둘둘 말다(wind in circles), 사려 감다. 명 소용돌이, 고리. 5
[《라틴》 *colligere* gather together]
☞ collect

coin[kɔin] 명 화폐, 주화(鑄貨). 동 주조(鑄造)하다, (새 단어를)만들어 내다. *cf*. note 지폐. 2
[《라틴》 *cuneum* ← *cuneus* wedge 쐐기의 힘으로 찍은것→주화]
~ *money* 《속》 벼락 부자가 되다.

coinage[kɔ́inidʒ] 명 화폐주조, 주조화폐, 신조어(新造語). 8

coincide[kò(u)insáid] 동 부합하다(agree), (우연히)일치하다.
[《라틴》 *co*- (*con*- *cum*, with)+*incidere* fall upon←*in* upon+*cadere* fall; fall upon with 부합하다] ⊕ differ 달라지다, 다르다.

coincidence[ko(u)ínsid(ə)ns] 명 일치, 부합. 9
통계어 **incident**[ínsid(ə)nt] 형 일어나기 쉬운. 명 사건, 부대적인 사물.
[《라틴》 *in* on+*cadere* fall; fall on 마주치다] **incidence**[ínsid(ə)ns] 명 추락, 부담. 5
☞ incident, accident

cold[kould] 형 추운, 냉정한(calm), 냉담한, 쌀쌀한(unfriendly). 명 추위, 냉기(冷氣), 감기. ⊕ hot, warm. 1
[《중영》 *cold, kald*←《고영》 *ceald*: *cf*. 《독》 *kalt*]

catch (*a*) ~ 감기 들다. ~ *in the head* (또는 *nose*) 콧물 감기. *a* ~ *on the chest* (또는 *lungs*) 기침 감기. ~ *war* 냉전(冷戰).

coldly[kóuldli] 부 춥게, 쌀쌀하게.
coldness[kóuldnis] 명 추위, 차거움, 쌀쌀함.

collapse[kəlǽps] 명, 동 붕괴(하다)(fall down), 허물어지다, 쇠약(해지다). ⊕ recover 회복하다. 8
[《라틴》 *collapsus* fall together 붕괴하다 *con*- *cum*, together+*lābī* slip]
통계어 **lapse**[læps] 명 경과, 실수, 타락. 동 (죄악에)빠지다.
[《라틴》 *lapsāre* slip←*lābī* glide, slip 미끄러지다] **elapse**[ilǽps] 동 (시간이)경과하다. [《라틴》 *ēlapsus* (*ēlabī* glide away 미끄러져 가다)←*ē*- away+*lābī* glide] **relapse**[rilǽps] 동 되돌아 가다, 타락하다. 명 퇴보, 타락. [《라틴》 *relapsus* (*relabī* slide back) ← *re*- back+*lābī* slide]
☞ lapse, elapse, relapse

collar[kɔ́lə] 명 칼라, 깃. 동 멱살을 움켜 잡다, 붙들다. 2
[《라틴》 *collāre* band for the neck 목에 매는 띠←*collum* neck]

colleague[kɔ́liːɡ] 명 (주로 관직·공무상의)동료. 8
[《라틴》 *collēga* partner in the office 관공서의 동료←*col*- *con*-, *cum* with+*legere* choose 선택하다]
통계어 **college**[kɔ́lidʒ] 명 대학. ☞ college

collect[kəlékt] 동 모으다 (bring together), 수집하다, 징수하다, (생각을)집중하다, 모이다. ⊕ scatter. 2
[《라틴》 *collectāre*←*collecta*←*colligere* collect←*col*- *con*-, *cum* with+*legere* gather]
~ *oneself* 정신을 가다듬다.

collected[kəléktid] 형 모은, 진정된.
collection[kəlékʃ(ə)n] 명 수집(蒐集), 수집물, 모은 돈. 3
collective[kəléktiv] 형 집합적, 집단적인, 공동의(common).
collector[kəléktə] 명 수집가. 9
college[kɔ́lidʒ] 명 《영》(Oxford, Cambridge 처럼 여럿이 모여 University 를 이루어 자치적인 전통이 오래고 특색이 많은)학부(學府), 《미》(단과)대학, *cf*. university 대학교. 2

[《래틴》 collēgium society of colleagues 동료의 모임←collēga colleague]
collegiate[kəlíːdʒiit] 혱 대학의, 단체 조직의, 고등정도의.

참고 college의 어원이 갖는 뜻 "동료의 모임, 단체"는 다음의 여러 경우에서도 찾아 볼 수 있다. the electoral college 《미》 대통령 선거 위원단. the College of Cardinals=Sacred College 대주교단(大主敎團) (로마 교황의)고등 자문 기관(高等諮問機關) (로마 교황을 선거하기도 한다). the College of Surgeons 윗과 의사회(外科醫師會).
☞ colleague, collect

collide[kəláid] 동 (…과)충돌하다(with, against).

[《래틴》 collīdere dash together 충돌하다←col- con-, cum together+lædere strike, hit 맞추다]

collision[kəlíʒ(ə)n] 명 충돌(clashing), 알력. [《래틴》 collīdere; collide + -ion] 9
come into(또는 **be in**) ~ **with** (…과)충돌하다(하고 있다).

colon[kóulən] 명 《구두점》 콜런(ː). 9
[《그》 kōlon limb, clause]

참고 그리시아어의 kōlon은 팔다리(limb)의 뜻이던 것이 차차 문장의 팔다리 즉 구절(clause)을 뜻하게 되고, 나중에는 그 구절을 자르는 점을 나타내는 (ː)을 colon이라 부르게 되었다.

동계어 **semicolon**[sémikóuən] 명 세미콜런(;).

주의 colon은 또 결장(큰 창자의 일부)의 뜻이 있다.

colonel[káːn(ə)l] 명 육군 대령《연대장》.
[《프》 colonel, ← 《이태》 colonello colonel, a little column 작은 기둥← 《래틴》 columna column 기둥] 7

참고 보병연대의 제일중대는 연대의 선두에 서기 때문에 la compagnie colonelle라고 불리어지고 연대장(육군 대령)이 일 중대에서 지휘를 하다고 해서 colonel 이라고 부른다는 설과 연대를 받들어 나아가는 사람이 연대장이므로 "연대의 기둥(column)"이라는 뜻으로 colonel이라 하게 되었다는 설이 있다. 발음이 [káːn(ə)l]로 되는 까닭은 한때 스페인 식으로 coronel이라 적었기 때문이며 뒤에 프랑스어의 영향을 받아 지금 처럼 적게 되었다.

참고 Colonel Henderson 처럼 이름과 붙여서 말할 때에는 중령(lieutenant-colonel)인 경우에도 존경하는 뜻을 나타내기 위하여 colonel을 쓸 수 있다.
Colonel Commandant 여단장《준장, 여단장 직책의 대령》(=brigadier); lieutenant-colonel 중령; major 소령.
☞ general, captain, column

colony[káləni] 명 식민지; 이민(移民), 이민단, 거류민; 《동·식물의》집단. 2
[《래틴》 colōnus farmer 농부←colere cultivate 땅을 갈다, 경작하다]

colonial[kəlóunjəl] 혱 식민(지)의.
명 식민지 주민. [colony+-al(형용사 어미)] 5

colonist[káːlənist] 명 해외 이주민; 식민지 개척자. [colony+-ist(사람을 나타내는 명사 어미)] 4

colonize[káːlənaiz] 동 이민하다, 옮겨 심다. [colony+-ize(동사 어미)]

colonization[kàːlənaizéiʃən] 명 식민지 개척(settlement).

colossal[kəlás(ə)l] 혱 거대한(gigantic), 굉장한. 7
[《래틴》 colossus, ← 《그》 kolossos large statue 거대한 입상(立像)+-al(형용사 어미)]

참고 Colossus는 B.C. 280년 경에 Rhodes 항구 어구에 세운 거대한 Apollo 신상(神像). 세계의 일곱가지 기적의 하나. ☞ gigantic

colossus[kəlásəs] 거상(巨像), 거인. [《그》 kolossos]

colour, 《미》 **color**[kálə] 빛, 색갈, 물감, 외관, 특색, 안색(complexion); pl. 기(旗), 화구(畫具). 동 색칠하다 (paint), 물들(이)다(dye), 얼굴을 붉히다(redden)[up]. 1

[《래틴》 colōrem←color tint 색조(色調); cf. 《프》 color]

주의 **collar**[kálə]와 혼동 안 하도록.

동의어 색을 뜻하는 가장 일반적인 단어는 **colour**이다. colour가 짙고 열음을 말할 때는 **shade**를 쓰고, tint나 colour를 좀더 우아하고 품위 있게 나타내고 싶을 때나 복합색 또는 원색을 섞은 색갈을 말할 때는 **hue**를 써도 된다. 원색에 대한 어떤 색의 색감은 **tint**라고 말하며, 전면적으로 엷게 색이 퍼진 것을 **tinge**라고 한다.

coloured[káləd] 혱 색칠한, 유색의; 《미》 흑인의; …색의. 4

colouring[káləriŋ] 명 색칠(하는 법),

colourless[kʌ́lәlis] 형 색이 없는, 흐릿한, 흰하지 못한, 중립의(neutral). [colour+ -less without] ⑩

colt¹[koult] 명 망아지 (보통 네살 까지, 순종은 다섯살 까지), 풋내기(tiro), 미경험자. *cf.* filly 망아지(암컷). ③
《고영》 *colt* young camel or ass 새끼 약대, 새끼 나귀]
참고 foal[foul] 망아지(를 낳다). horse[hɔːs] 말. mare[mɛә] 암말. pony[póuni] 작은 말(키가 4피트 8인치 이하).

colt²[koult] 명 콜트식 자동 권총(Colt revolver의 준 말).

column[kɔ́ləm] 명 (신문의)난(欄), 둥근 기둥(tall, upright pillar), 《군대》종대(縱隊). ③
[《고프》 *colomne* → 《래틴》 *columna*; *cf.* 《그》 *kolónos*]
in our(또는 *these*) ~*s* (신문용어) 본란에서, 본지(本紙)에서.

columnist[kɔ́ləm(n)ist] 명 《미》(신문의)시평란에 기고하는 사람. [column+ -*ist*(사람을 나타내는 어미)]

comb[koum] 명 빗, (닭의)벼슬. 동 빗으로 빗다, 철저히 수색하다. ④
[《고영》 *camb* comb, crest 빗, 벼슬; *cf.* 《독》 *kamm*]

combat[kɔ́mbәt] 명 전투(fight), 격투(struggle), 논쟁. 동 싸우다, 투쟁하다, (악에 대항하여)항쟁하다(oppose). 자 submit 복종하다. ④
[《래틴》 *cum* with + *bat(t)re* fight ← *battuere* beat 때리다, 치다]
~ *plane* 전투기. *single* ~ 결투(duel), 일대 일로 싸우는 것.
참고 combat를 동사로 쓸 때에는 추상적인 일을 비유해서 쓰는 때가 많다. *combat* a tendency(또는 movement, opinion) 경향(운동, 의견)에 대항하다.

combatant[kɔ́mbәt(ә)nt, kʌ́m-] 형 전투에 나아가는, 싸우는(fighting). 명 전투원, 투사(fighter). [combat+ -*ant* (사람을 나타내는 어미)] ⑩

non-combatant[nʌ́nkɔ̀mbәt(ә)nt] 명, 형 비전투원(의).

[통계어] **batter**[bǽtә] 동 난타하다, 때려 부수다. [《프》 *battre*← 《래틴》 *batt(u)ere* beat]
☞ batter, battle, battalion

combine[kәmbáin] 동 결합하다, 연합하다(co-operate), 합병하다. 자 separate 분리하다. ③
[《래틴》 *combīnāre*, unite, join together ← *com- cum* together + *bīnus* twofold 두배의; 합하여 두배가 되게 하다]

combination[kɔ̀mbinéiʃ(ә)n] 명 결합, 연합, 배합, 단결, 화합, 콤비네이션(샤쓰와 속 바지가 붙는 속옷). ③

combustion[kәmbʌ́stʃ(ә)n, kom-] 명 《화학》 연소(燃燒), (유기물의)산화, 흥분. ⑦
[《래틴》 *combustiōnem* burning up 연소← *combustus combūrere* burn up← *com- cum* together + *ūrere* burn]

combustible[kәmbʌ́stibl] 형 타기 쉬운, 흥분하기 쉬운. 명 (보통 복수) 잘 타는 물건.

come[kʌm] 동 (came, come)오다, 일어나다(happen), …이 되다(become), (생각이) 나다, …에 이르다(reach). 자 go ①
[《고영》 *cuman*; *cf.* 《독》 *kommen*]
~ *about* 일어나다(happen). ~ *across* 우연히 찾아내다, 만나다(meet). ~ *by* 손에 넣다(obtain). ~ *from* …의 출신이다(출생지), …에서 생기다(result). ~ *of* …에서 오다, …의 출신이다(가문). ~ *on* 등장하다, …가 까이 오다, 《명령》자, 가자. ~ *to* 결국 …이 되다(amount). ~ *to oneself* = ~ *to on's senses* 본 정신이 돌아 오다, 정신을 차리다. ~ *up to* …에 달하다(reach), …과 꼭 같다(be equal to). ~ *up with* …에 따르다(over take), 제안하다(propose), 암시하다(suggest). ~ *upon* … …을 만나다, 우연히 …을 발견하다, 습격하다, …의 신세를 지다.

comedy[kɔ́midi] 명 희극(적인 장면 또는 사건). 자 tragedy. *cf.* comic 희극의, 희극배우. ⑤
[《그》 *kōmōdia* comedy ← *cōmōdos* comic actor 희극배우 ← *cōmo* banquet 잔치 + *aidos* singer ← *aeidein* sing; 술의 신 Dionysus의 제전 때에 술 취한 사람들이 춤추고 노래하며 떠들석하게 거리에 돌아 다녔기 때문에]
[통계어] **ode**[oud] 명 송시(頌詩), 부(賦). [《그》 *ōdē* song ← *aeidein* sing 노래하다]

comedian[kәmíːdiәn] 명 희극배우,

희극작가. [comedy+ -an(사람을 나타내는 명사 어미)]
☞ comic, comical

comely[kámli] 형 보기 좋은(pleasing to the eye), 잘 생긴(good-looking), 아름다운(beautiful). 6
[《고영》 *cymlic* beautiful ← *cyme* exquisite 절표한+ -*lic* ly]

comeliness[kámlinis] 명 얼굴이 잘 생김(beauty). 8

comet[kómit] 명 혜성(彗星). 7
[《라틴》 *comēta*←《그》 *komētēs* long-haired, a tailed star 꼬리 있는 별← *komē* hair]

comfort[kámfət] 명 위안, 안락(ease). 통 위로하다(console). 반 trouble, discomfort. 2
[《라틴》 *confortāre* strengthen 힘을 북돋우다←《라틴》 *con- cum* together +*fortis* strong] ☞ force
~ *station* (미) 변소.

[동의어] 원기를 북돋우거나 진정시키거나 희망을 준다는 가장 일반적인 단어는 **comfort**이다. comfort보다 형식적이고 손실이나 실망을 덜게한다는 뜻이 있는 것은 **console**, 우울함, 쓸쓸함, 권태 따위를 없애어 준다는 뜻으로는 **solace**, 불행이나 불쾌함을 일시적으로라도 덜어 준다는 뜻에는 **relieve**, 고통을 없애거나 덜어 준다는 뜻에는 **soothe**를 각각 쓸 수 있다.

comfortable[kámfətəbl] 형 기분 좋은, 마음편한, 위안의. 2
[동의어] 아무런 고통을 주지 않고 안락하고 만족한 것은 **comfortable**로 나타내고, 작으만하고 따뜻해서 기분좋은 것은 **cosy, cozy**로 나타낸다. 작으면서도 편안하고 위안을 충분히 준다거나 살아가기가 안락한 것 같은 것은 **snug**라고 해도 된다. 마음을 탁 놓고 휴양하는 것 같은 기분은 **restful** 이라고 말할 수 있다.
☞ force, enforce, fort, reinforce

comfortably[kámfətəbli] 부 기분 좋게, 마음 편히.

discomfort[diskámfət] 명 불쾌, 불안, 불편, 곤란. 10

uncomfortable[ʌnkámfətəbl] 형 불편한, 기분 나쁜. 5

[통계어] **force**[fɔːs] 명 힘, 병력, 기력. 통 억누르다. **fort**[fɔːt] 명 보루(堡壘), 요새(要塞), 포대(砲臺), [《라틴》 *fortis* strong] **fortissimo**[fɔːtísimou] 부 《음악》 극히 강하게 또 크게. [《이태》 *fortissimo* strongest ← *forte* strong+ -*issimo*(최상급 어미)]

comic[kómik] 형 희극의, 우수꽝스런. 반 tragic
[《라틴》 *cōmicus* ←《그》 *kōmikos* *kōmos*에 속하는←*kōmos* banquet 잔치]
~ *paper* 만화신문, 만화잡지.

comical[kómik(ə)l] 형 우수꽝스런, 까부는. ☞ comedy, tragic 10

comma[kómə] 명 《구두점》 코마(,).
[《그》 *komma* piece cut off 잘라진 토막, clause 구절←*koptein* hew 새기다, 자르다]
~ *bacillus* 호열자균

[참고] 그리스어의 komma는 "잘라진 토막"의 뜻이었다. 차차 "귀절, 구두점"을 뜻하게 됨. ☞ period

command[kəmáːnd] 통 명령하다(order), 지휘하다(lead), (감정을)지배하다(control, restrain), (경치를)바라다 보다 (overlook). 명 명령, 지휘, 지배력, 바라다 보는 위치. 1
[《라틴》 *commendāre* entrust to 맡기다 ←*com- cum* together + *mandāre* entrust to 맡기다, command]
have a good ~ of(English) (영어를)자유 자재로 쓰다. *in ~ of* ……을 지휘하여. *take ~ of* ……을 지휘하다.

[주의] "이 언덕에서 바라다 보는 경치가 참 좋아"의 "바라다 보는 경치"는 장소를 주어로 하는 표현을 해야 한다. The hill *commands* a good view. 결코 사람을 주어로 해서 You can *command* a good view. 로 하지 못한다.

[동의어] 군사, 주권자의 명령처럼 절대적인 권한을 정식으로 행사하여 명령하는 경우에 order보다 형식적인 단어로 **command**를 쓴다. command처럼 강압적이 아니고 사적인 명령을 나타내는 보통 단어가 **order**이다. 지시를 내린다거나 지도를 한다는 뜻에서 **direct**, direct 보다 더 자세한 지시를 내린다는 뜻에서 **instruct**, order 보다 뜻이 약하게 "시키다"정도의 뜻에 **bid**, 회화에서 **tell**을 각각 쓸 수 있다.

commander[kəmáːndə] 명 지휘관, 사령관, 《해군》 중령. [command+-*er* (사람을 나타내는 명사 어미)] 4
lieutenant ~ 해군 소령. *wing ~*

공군 중령.
commander-in-chief[kəmáːnd(ə)rintʃíːf] 명 최고 사령관.
commanding[kəmáːndiŋ] 형 (풍채가) 당당한, 관록이 있는.
[통계어] **mandate**[mǽndeit] 명 명령, 지령, 위임 통치. [(라틴) *mandāre* entrust←*manus* hand+*dare* give]
manual[mǽnju(ə)l] 형 손의. 명 작은 책, 편람, 집총훈련.
[(라틴) *manuālis*←*manus* hand]
☞ commend, demand
commemorate[kəméməreit] 동 기념하다, 축하하다(celebrate), 기념이 되다. 9
[(라틴) *commemorāre* call to mind 기념하다 *com- cum* together + *memorāre* mention←*memor* mindful 잊지 않는]
commemoration[kəmèməréiʃ(ə)n] 명 축하, 기념(식).
[통계어] **memory**[méməri] 명 기억(력), 추억, 기념. [(라틴) *memoria* memory ←*memor* mindful 잊지않는] 2
☞ memory, memorial, memorize
commence[kəméns] 동 시작하다(begin), (석사)학위를 받다. 3
[(라틴) *com- cum* together+*initiāre* begin] ☞ initiate
commencement[kəménsmənt] 명 개시, 시작(beginning).
the ~ (Cambridge, Dublin, 및 미국 각 대학의)학위수여식(수여일), 졸업식.
☞ initiate
commend[kəménd] 동 맡기다(entrust), 칭찬하다(praise). 3
[(라틴) *commendāre* entrust to]
☞ command
~ *oneself* (또는 *itself*) *to* ……에 좋은 인상을 주다.
commendation[kɔ̀mendéiʃ(ə)n] 명 추천, 칭찬. 8
comment[kɔ́ment] 명 논평(remark), 비평(criticism), 주해. 동 논평하다, 비평하다, 주해하다. 6
[(프) *commenter*←(라틴) *commentāre* ←*commentus comminiscī* devise 고안하다 ← *com- cum* with+*min-* think←*mens* mind]
commentary[kɔ́mənt(ə)ri] 명 비평, 주석(註釋). [comment+ -*ary*]
commentator[kɔ́menteitə] 명 주석하는 사람, (라디오) 시사 해설 방송하는

사람. ☞ mental, mind
commerce[kɔ́mə(ː)s] 명 상업, 무역, 교제, (고어) 성교. 2
[(프) *commerce*←(라틴) *commercium* trade 무역←*com- cum* with+*merc-* (*merx* merchandice 상품)+ -ium(어미)]
commercial[kəməːʃ(ː)l] 형 상업상의, 상업의. 명 (미) 상업방송. [commerce + -*ial*] 3
commercialize[kəməːʃəlaiz] 동 상업화하다, 상품화하다.
[통계어] **mercer**[məːsə] 명 포목장수, 포목, (특히)명주. [(프) *mrcier*←(라틴) *mercērius* trader 상인←*merx*]
mercery[məːsəri] 명 명주, 명주상(점).
mercenary[məːsin(ə)ri] 형 욕심이 앞선, 일정한 돈으로 고용한. 명 외국인 용병(傭兵). [(프) *mercenaire*←(라틴) *mercēnārius* hireling 고용인 ← *merx* merchandise] **merchandise**[məːtʃ(ə)ndaiz] 명 상품. [(중영) *marchandise* ←(프) *marchan-dise*←*marchand* m- erchant] **merchant**[məːtʃənt] 명 상인, (영) 도매상인, (미) 소매상인. 형 상인의, 상업의.
[(중영) *marchant*←(라틴) *mercārī* trade 장사하다] ☞ merchant, mercantile, merchandise, market
commission[kəmíʃ(ə)n] 명 위임, 임무, 명령, 위임장(委任狀), 수수료, (범죄를)저질음. 동 위임하다, 임명하다(appoint). 3
[(라틴) *commissio*: commit 참조]
put in ~ (군함을) 취역시키다.
commissioner[kəmíʃ(ə)nə] 명 (정부가 임명한)위원, 사무관, 감독관, (지방 또는 국의)장관.[commission+-*er*] 4
참고 동사어미 -t가 -ssion으로 변하는 것. admit 동→admission 명 remit 동→ remission 명, submit 동→submission 명 따위.
commit[kəmít] 동 위탁하다(entrust), 인도하다(hand over), (죄, 잘못을)저지르다, 위태롭게 하다. 3
[(라틴) *committere* send out, begin, entrust←*com- cum* with + *mittere* send, put forth]
~ *no nuisance* 소변 금지(통행인에게의 경고). ~ *suicide* 자살하다. ~ *to memory* 암기하다. ~ *to paper*(또는 *writing*) 적어 두다. ~ *to*

fire(또는 ***earth, waves***) 화장(또는 매장, 수장)하다. ~ ***to oblivion*** 잊어버리다.

[동계어] **missile**[mísail, mísil] [명] 쏘는 무기. 〔《래틴》 *missilis* 던질 수 있는 것←*mittere* send, throw〕 **mission** [míʃ(ə)n] [명] 사절단, 전도(傳道), 사명. 〔《래틴》 *missio* sending←*mittere*〕 **missionary**[míʃən(ə)ri] [명] 전도사, 선교사. [형] 전도의. **missive**[mísiv] [명] 신서(信書), 공문서.

〔《래틴》 *mittere* send〕

committee[kəmíti] [명] 위원회(회의), 《집합적》 위원. [kɔ̀mitíː] 위탁받은 사람, 후견인(後見人). 〔commit+ *-ee* (사람을 나타내는 명사 어미)〕 3

[참고] -ee에 대해서는 absent*ee*, grant*ee*, employ*ee*, refug*ee* 따위를 참조하라.

[주의] "그는 위원이다"는 He is *on* the *committee*.라 하거나 He is *a member of* the *committee*.라고 하는 것이 좋다.

joint ~ 협의위원.

commode[kəmóud] [명] 장롱, 세면대, 요강.

〔《고프》 *commode* convenient 편리한 ←《래틴》 *commodus* ← *com-* ←*cum* with+*modus* measure, mode〕

commodious[kəmóudiəs] [형] (집, 방이)넓은(having plenty of space). 10

〔《프》 *commodieux* useful 쓸모 있는 《래틴》 *commodus* fit 알맞은〕

commodity[kəmɔ́diti] [명] 상품, 필수품 (useful article). 7

〔commode+ *-ity*(명사어미)〕

[동계어] **mode**[moud] [명] 방법, 양식. 〔《프》 *mode*←《래틴》 *modum* measure, manner〕

common[kɔ́mən] [형] 일반의(general), 공중(公衆)의(public), 공통의, 보통의 (usual, ordinary, average). [명] 공유지(共有地), *pl*.평민(common people). [반] rare 드문. 1

〔《래틴》 *commūnis* common ← *com-cum* together+*mūnis* ready to serve〕

in ~ 공동으로, 보통의. ***in*** ~ ***with*** … …과 마찬가지로. ***the Common*** 하원 의원 전체《the House of Commons 하원(下院)》.

[동의어] "일반적인, 공통의"의 뜻을 갖는 가장 평범한 단어로 나쁜 뜻으로 사용했을 때 "열등의"의 뜻이 있는 것이 **common**이며, common보다 뜻이 강하고 종류, 계급, 단체 따위 전부를 넣어 대규모에 걸친 경우에 쓰는 것이 **general**이다. 일상 생활이나 습관적인 표준에 일치한다(평범하다)는 뜻을 나타내는 것은 **ordinary**이다. 널리 사람에게 알려진, 인정 받기 쉬운의 뜻으로는 **familiar**를 쓸 수 있고, 일반 대중이 좋아 하는, 호감을 사고 있는, 유행의 따위의 뜻을 나타내는 것은 **popular**라 하겠다.

commonly[kɔ́mənli] [부] 일반적으로, 보통(usually). 7

commonplace[kɔ́mənpleis] [명] 흔해빠진 말투, 평범한 일(물건), 평범함. [형] 평범한(ordinary), 진부한.

〔common+place←《래틴》 *loci communes* common topics 공통의 화제〕

commonwealth[kɔ́mənwelθ] [명] 국가 (body politic), (특히)공화국(republic), 연방(Federated States), 《미》 주(州) 《공식적으로는 Massachusetts, Pennsylvania, Virginia, Kentucky에서만 씀》. 〔common+wealth〕 ☞ wealth

the British ~ ***of Nations*** 영연방.

commune[kɔ́mjuːn] [명] (중세의 유럽의)최소 자치구(自治區), (중공의)인민공사(人民公社). [kəmjúːn] [동] 다정하게 이야기하다, 친하게 사귀다〔with〕.

〔《고프》 *communer*←《래틴》*commūnis*; common을 보라〕 6

~ ***with oneself***(또는 ***one's own heart***)깊이 생각하고 살피다.

[참고] the (Paris) Commune ① 프랑스 공포시대의 혁명 자치 정부(1792~94); ② (빠리를 지배했던)공산주의 혁명 정부(1872년 3월18일~5월28일).

communicate[kəmjúːnikeit] [동] 전달하다, (병을)전염시키다, 나누다(share), 연락이 있다〔with〕. 6

〔《래틴》 *commūnicātus*←*commūnicāre* share 공유하다←*commūnis*; common을 보라〕

communication[kəmjùːnikéiʃ(ə)n][명] 전달, 보도, 통신(correspondence), 편지(letter), 통첩(message), 교통(기관).

〔communicate+ *-ion*〕 4

means of ~ 교통기관.

communion[kəmjúːnjən] [명] 친한 교제, (영혼의)연락, (종교상의)단체. 7

〔commune+ *-ion*〕

communique[kəmjúːnikei] [명] 커뮤니케, 공보(公報 official bulletin).

[((프)) *communiqué* communicated 전달된(것), *communiquer* communicate ←(라틴)*commūnicāre* make common]
communism[kɔ́mju(:)niz(ə)m] 명 공산주의. [((프)) *communisme*; commune + *-ism*("주의"를 나타내는 명사어미)]
communist[kɔ́mjunist] 명 공산주의자.
community[kəmjúːniti] 명 공동사회, 공중(public), (재산 따위의)공동 소유, (사상, 이해관계의)공통. *cf.* society 사회. [((라틴)) *commūnis* common; commune+ *-ity*] 4
~ *center* (미) (한 지역의 사람들이 모이는) 공회당. ~ *chest* (또는 *fund*) (미) 공공 사업 금고(기부금으로 이루어짐). ~ *singing* 단체합창.
excommunicate[èkskəmjúːnikeit] 타 (종교)파문(破門)하다. 8
[èkskəmjúːnikit] 형 파문당한.
[((라틴)) *excommūnicāre* 추방하다←*ex* out of+*commūnis* common]
주의 이상 여러 단어들은 모두 common 에서 파생된 단어들이니 관련시켜서 생각하라.
commotion[kəmóuʃ(ə)n] 명 동요(agitation), 작은 소동(riot). 7
[((프)) *commotion*←((라틴)) *commōtiōnem commotio*←*commōtus commovēre* disturb 소란하게 하다 ← *com-cum* 강조의 뜻+*movēre* move]
☞ move
compact¹[kəmpǽkt] 형 (물질이)치밀한 (close), 꽉 찬(dense), 간결한(terse, brief). 타 꽉 채우다, 간결하게 하다.
[kɔ́mpækt] 명 콤팩트(휴대용 분첩).
[((라틴)) *compactus com- cum* together + *pangere* fasten; fastened together 꽉 끼어 놓은] 5
☞ pact, impact, impinge
compact²[kɔ́mpækt] 명 계약(agreement), 맹약. 5
[((라틴)) *compactum* ← *compactus, compacisci* agree with 동의하다← *com- cum* together+*pacisci* make a bargain 계약하다] ☞ pact
companion[kəmpǽnjən] 명 벗, 동료 (associate, sharer). 자 짝이 되다, 동반하다(accompany). 반 antagonist [((라틴)) *com-* + *panis* bread] 2
companionable[kəmpǽnjənəbl] 형 붙임성있는, 사귀기 쉬운(sociable). [companion+ *-able*]
companionship[kəmpǽnjənʃip] 명 교제, 우의(友誼). [companion+ *-ship* (추상 명사 어미)] 8
☞ company, accompany
company[kʌ́mp(ə)ni] 명 교제, 사귄벗, 손님(guest); 일행; 회사, 상회, (군대) 보병중대. *cf.* battalion 대대, regime 연대.
[((라틴)) *compāniem, compāniēs* 식사를 같이 하는 사람 ← ((라틴)) *com-cum* together+*pānis* bread 빵]
참고 ① 오신손님(guest, guests)의 뜻으로 쓸 때 company를 쓸 때가 많다. 이 뜻의 경우에 companies라고 하지 못한다. ② Smith and Company 스미스 상회 (Smith와 그의 동료들의 모임(회사)의 뜻) → Smith & Co.[kou, kʌ́mp(ə)ni]로 생략해서 쓰는 것이 보통이다.
~ *manners* 손님 앞에서의 예절. *in* ~ (*with*) ……과 함께(together). *keep* ~ (*with*) ……과 친하게 지내다 (결혼하려고 교제중인 남녀에 대하여 말한다). *part* ~ *with* ……과 갈리다, …과 절교하다.
통계어 **pantry**[pǽntri] 명 식료품실, 식기 두는 방. [((라틴)) *pānētāria* 빵 두는 곳 ←*pānēta* 빵 만드는 사람 ← ((라틴)) *pānis* bread 빵] **accompany** [əkʌ́mp(ə)ni] 타 같이 가다, 반주하다. [*ac-*←((라틴)) *ad-*+*com*+company]
☞ companion
compare[kəmpɛ́ə] 타 비교하다[with], 견주다[to], 맞먹다. 반 contrast 2
[((라틴)) *comparāre* adjust 조정하다← *compar* co-equal 맞먹는 ← *com- cum* together+*par* equal 같다]
comparable[kɔ́mp(ə)rəbl] 형 (…과) 견줄만한, (…에)비길만한. [compare + *-able*]
comparative[kəmpǽrətiv] 형 비교의, 비교적인. 명 비교급. 5
[compare+ *-ative*]
comparison[kəmpǽrisn] 명 비교, 대조, 견줄만한 것, 《수사학》비유(比喩). *cf.* simile 직유(直喩), metaphor 은유(隱喩). [compare+ *-ison*]
in ~ *with* ……과 비교하면(compared with). ☞ par
compartment[kəmpάːtmənt] 명 구획

(區劃 separate division), 칸막이, (기차의)칸을 막은 좌석《세 사람 또는 네 사람의 좌석이 두줄로 마주 보고 있고 문을 통해 복도와 통하게 되어 있다》. [《라틴》 com- cum together + partīre share, part←pars part 부분] 10
통계어 apartment[əpɑ́:tmənt] 몡 방, 《미》(아파트의)한 세대가 사는 방들. [《프》 appartement←《라틴》 ad- partem←ad to+pars part] part[pɑ:t] 몡 부분. 통 나누다. [《프》 part←《라틴》 partem pars part]

☞ part, apartment, department, impart

compass[kʌ́mpəs] 몡 둘레(circuit), 한계(range), 범위(extent), 나침판. pl. 콤파스. ☞ pace, pass 2 [《프》 compas circuit, circle, limit 둘레, 원, 한계 ←《라틴》 compassus circuit ←《라틴》 com- cum with+passus pace, passage, 발자욱, 자취]

compassion[kəmpǽʃ(ə)n] 몡 불쌍한 생각(pity), 동정(sympathy). ⓑ malevolence 악의, 적의. 5
[com- cum with+passio suffering 피로움←patī endure 견디다]

compassionate[kəmpǽʃənit] 혱 불쌍히 생각하는,동정적인. [kəmpǽʃəneit] 통 불쌍히 여기다, …에 동정하다. 8
[compassion+ -ate] ☞ passion

compel[kəmpél] 통 억지로 …하게 하다(force), 강요하다(enforce). ⓑ coax 달래다, cajole 감언 이설로 꾀다. 3
[《라틴》 com- cum together+pellere drive]

~ attention 주의하지 않을 수 없게 하다.

compulsion[kəmpʌ́lʃ(ə)n] 몡 강제(強制). [《프》 compulsion←《라틴》compulsio; compel을 보라]

통계어 expel[ikspél] 통 쫓아내다.
[《라틴》 expellere ← ex out+pellere drive] **expulsion**[ikspʌ́lʃ(ə)n] 몡 없앰, 쫓아 냄, 제명. **propel**[prəpél] 통 추진하다. [《라틴》 prōpellcre←prō forward+pellere] **propulsion**[prəpʌ́lʃ(ə)n] 몡 추진, 전진. **impel**[impél] 통 추진시키다, 억지로 …하게 하다. [《라틴》 impellere ← im- in on +pellere drvie] **impulsion**[impʌ́lʃ(ə)n] 몡 충동, 자극.

☞ pulse, pulsate, repel, repulsion

compensate[kɔ́mpenseit] 통 배상하다 (make up for), 보충하다 (make amends) [for]. 9
[com- cum together + pensāre←pendere weigh]

compensation[kɔmpenséiʃ(ə)n] 몡 배상, 보수, 보충. 8
통계어 pensive[pénsiv] 혱 생각에 잠긴, 애수에 찬.

compete[kəmpí:t] 통 경쟁하다(contend), 다투다[with], 어깨를 겨누다.
ⓑ combine 연합하다. 8
[《라틴》 competere←com- con together+petere strive after 다투다]

통계어 petition[pitíʃ(ə)n] 몡 청원(請願), 탄원(서), 신청. 통 탄원하다, 신청하다, 원하다. [《중영》 petition←《라틴》 petītus petere]

competition[kɔmpitíʃ(ə)n] 몡 경쟁 (rivalry), 시합. [compete+ -ion] 6
competitive[kəmpétitiv] 혱 경쟁의, 경쟁적인. [compete+ -ive] 9
competitor[kəmpétitə] 몡 경쟁자, 적수(敵手).
주의 여성의 경우에는 competitress 또는 competitrix.

competence[kɔ́mpit(ə)ns] 몡 능력 (ability), 상당한 수입, 재산. 10
[《프》 competēnce←《라틴》 competentia agreement 일치←com-+petere] **competent**[kɔ́mpit(ə)nt] 혱 유능한 (capable), 요구에 맞는(adequate), 충분히 자격있는. [《라틴》 competere be sufficient for 충분하다 ← com- +petere] 9

the ~ authorities 일을 맡아 보는 해당 관청, 주무(主務)관청.

complacent[kəmpléisnt] 혱 만족한 (self-satisfied). 10
[《라틴》 commplacēre to please 즐겁게 하다←com- cum 강조의 뜻을 갖는 접두사+placēre please]
complacence[kəmpléisns], **complacency**[kəmpléisnsi] 몡 자기 만족, 안심. ☞ placate

complain[kəmpléin] 통 불평하다(grumble), 우는 소리를 하다, 아프다고 호소하다. ⓑ rejoice 2
[《고프》 complaign- ← complaindre ←《라틴》 complangere bewail 비탄에 잠기다 ← com- cum with+plangere beat the breast 가슴을 치다]

complaint[kəmpléint] [명] 불평, 《법률》 고소, 항고, 병(ailment). [《고프》 *complainte*←*complaindre* complain]
[동계어] **plain**[plein] [동] 《고어·시》 슬퍼하다. [《고프》 *plaindre*;(com)plain의 줄인 말] **plaint**[pleint] [명] 《고어·시》 슬픔, 비가(悲歌), 고솟장. [《래틴》 *planctus*←*plangere* beat]
plaintive[pléintiv] [형] 슬퍼 보이는, 우는 소리 하는. [《고프》 *plaintif*←《래틴》 *plangere*]

complement[kɔ́mplimənt] [명] 보충, 《문법》 보어. 7
[《래틴》 *complēmentum* that which completes 보충하는 것 ← *complēre* fulfil 성취하다] ☞ complete
[주의] compliment "인사, 아첨, 찬사"와 어원은 같으면서 철자가 다른 단어이다.
complementary[kɔ̀mpliméntəri] [형] 보충하는.
[동계어] **plenary**[plí:nəri] [형] 완전한, 전원 출석한, 전권(全權)을 가진.
[《래틴》 *plēnārius* entire←*plēnus*]

complete[kəmplí:t] [형] 전부의, 완전한. [동] 끝내다(finish), 채우다. [반] incomplete, imperfect 불완전한, partial 부분의. 1
[《래틴》 *com-* *cum* together+*plēre* to fill 채우다]
[동의어] 어떤 사물을 완성하는데 또는 이룩하는데 필요한 모든 것이 포함되어 있음을 나타내는 말은 **complete**이다. 충분함을 나타내는 가장 일반적인 단어는 **full**이고, 예외 없이 모든 것을 포함한 또는 "일반적으로의"뜻을 갖는 것은 **total**, 모든 부분이 갖추어져 있고 통일을 이루고 있음을 나타내는 말은 **whole**이다. whole 보다 뜻이 강하고 하나도 빠진 것이 없는 "전부의"라는 뜻을 갖는 단어는 **entire**이다. entire는 또 정신적인 일에 대하여 사용할 수도 있다. 위험한 일을 겪은 뒤에 온전하게 남아 있다는 뜻으로 **intact**를 쓸 수 있다.
completely[kəmplí:tli] [부] 완전히, 온통 (entirely).
completion[kəmplí:ʃ(ə)n] [명] 완성, 완료, 만기(滿期). 10
incomplete[ìnkəmplí:t] [형] 불완전한, 불충분한. [《래틴》 *incomplētus*←*in* not+*complētus*] 10

☞ compliment, implement, complement

complex[kɔ́mpleks] [형] 복합(複合)의 (composite), 복잡한(complicated). [명] 합성물, 콤플렉스《잠재의식; 본능을 지나치게 억눌러 생긴 일종의 정신이상》 7
[《래틴》 *complexus* entwined round 포옹된←*com-* *cum* together+*plectere* plait 엮다, 주름잡다] 7
inferiority ~ 병적인 열등감.
[동의어] **complex**는 서로 관계가 있는 많은 부분으로 짜여져 있음을 말하고 **complicated**는 대단히 complex 해서 분해, 해결, 이해하기 곤란하다는 뜻이다. **intricate**는 너무 복잡하게 엉클어져서 무엇인지 분간하기 어렵다는 뜻이고 **involved**는 사정, 관념의 각 부분이 너무 복잡하게 섞여 있다는 뜻이다.
complexion[kəmplékʃ(ə)n] [명] 안색(顏色), 모양. [《프》 *camplexion* appearance 모습←《래틴》 *complexiōnem* ←*complexio* comprehending 포함←*complexus* surrounded, entwined] 5
[참고] 인간의 성질과 체질을 결정하는 네 가지 체액(體液 humours)이 서로 엉클어진 상태를 complexion 이라 하였으나 차차 "성질, 체질"을 뜻하게 되고 마침내 성질을 나타내는 "안색, 모습"의 뜻이 되었다.
complexity[kəmpléksiti] [명] 복잡함 (intricacy). [complex+ *-ity*(추상명사 어미)] 10

complicate[kɔ́mplikeit] [동] 복잡하게 하다(make complex). 8
[《래틴》 *complicāre* fold together←*com-* *cum* together+*plicāre* fold 접다, 개다, 안다]
complicated[kɔ́mplikeitid] [형] 복잡한.
complication[kɔ̀mplikéiʃ(ə)n] [명] 복잡(화), 분규, 《의학》병발증(併發症). 10
[동계어] **implicate**[ímplikeit] [동] 엉키게 하다, 끌어넣다. [《래틴》 *im-* *in* in+*plicāre* fold]
mplication[ìmplikéiʃ(ə)n] [명] 엉킴, 말 밖의 뜻, 관계되어 있는 것.
☞ apply, imply, reply

compliment[kɔ́mplimənt] [명] 찬사, 경의, *pl.* 인사(greetings).
[kɔ́mpliment, kɔ̀mpliment] [동] 칭찬하다, 아첨하다, 인사하다, 선사하다. 5
[《프》 *compliment* ← 《이태》 *complimento* compliment←*complire* fill up

채우다←(래틴) *complēre* fill up]
complimentary[kòmplimént(ə)ri] 형 칭찬하는, 아첨 잘하는(flattering). [compliment+ *-ary*]

~ *ticket* 우대권(優待券).

☞ complement, complete, comply
comply[kəmplái] 동 (명령, 요구 따위에) 응하다(agree), (규칙을)좇다(yield). 반 refuse 5

[(래틴) *complēre*; *com-* together + *plere* fill up]

참고 이 단어는 complete, complement, compliment와 같은 계통의 단어이나 어미가 ply, pliant와 비슷하기 때문에 그 뜻은 ply, pliant의 영향을 받았다.
compliable[kəmpláiəbl] 형 말을 잘 듣는, 온순한.
compliance[kəmpláiəns] 명 (요구, 명령 따위의)승락, 순종, 맹종.
compliant[kəmpláiənt] 형 순종하는 (yielding).

☞ complete, complement, compliment, supply, ply, pliant, complex
compose[kəmpóuz] 동 짜맞추다, 구성하다(make up), 조직하다(arrange in order), (시·글·곡을)짓다, (기분을)진정시키다(make calm), (싸움을)조정하다(adjust). 4

[(래틴) *cum* together + (프) *poser* put]

be ~*d of* ······으로 성립되다. ~ *oneself* 마음을 진정시키다.
composed[kəmpóuzd] 형 마음이 안정된, 침착한. 「자, 조정하는 사람.
composer[kəmpóuzə] 명 작곡가, 작
composite[kɔ́mpəzit, (미) kəmpɔ́zit] 형 혼성(混成)의, 합성의. 명 합성물, 복합물.
composition[kɔ̀mpəzíʃ(ə)n] 명 구성, 구조, 합성, 혼성, 작문(법), 작곡(법), 배합(arrangement), 기질(氣質), 타협 (compromise), (인쇄) 식자(植字). 4

[(래틴) *composition-*←(래틴) *compositiōnem*←*compositio* putting together 구성←*compositus*←*compōnere*]

☞ compound
compositor[kəmpɔ́zitə] 명 (인쇄) 식자공(植字工).
composure[kəmpóuʒə] 명 태연함, 침착함. ☞ compound, component, pose, expose, depose 8
compound[kəmpáund] 동 섞어 만들다 (mix), 타협하다, 타협하게 하다. [kɔ́mpaund] 형 합성의, 혼성의, 복잡한, 화합한(combined), 모여 있는 (collective). 명 혼합물, 화합물. 타 analyse 분석하다. 5

[(래틴) *compōnere* compound, put together ← *com-* cum together + *pōnere* put]

☞ compose, expound, exponent
통계어 **component**[kəmpóunənt] 형 구성 분자의. 명 성분. [(래틴) *component-*←*compōnere*]
compost[kɔ́mpɔst, (미) kɔ́mpoust] 명 혼합(인조)비료, 퇴비, 혼합물. [(고프) *compost* mixture 혼합물←(래틴)*compositum*←*compositus*←*compōnere*]
expound[ikspáund] 동 자세히 설명하다, 해석하다. 9

[(래틴) *ex* out+*pōnere* put; put out, explain]
comprehend[kɔ̀mprihénd] 동 (충분히) 이해하다(understand fully and completely), 깨닫다, 포함하다(take in, include). 반 misunderstand 오해하다. 4

[(래틴) *comprehendere* grasp 파악하다←*com-* cum together+*prehendere* to seize 잡다]

☞ apprehend, apprehension
comprehensible[kɔ̀mprihénsəbl]형 이해할 수 있는, 포함할 수 있는. [comprehend+ *-ible*]
comprehension[kɔ̀mprihénʃ(ə)n] 명 이해(력), 포함.
comprehensive[kɔ̀mprihénsiv] 형 이해력이 있는, 넓은, 포용(包容)력이 큰. [comprehend+ *-ive*] 8
통계어 **prehensile**[prihénsail] 형 (동물의 발, 꼬리 따위가)붙잡기 좋은. [(래틴) *prehensus* (*prehendere* lay hold of)+ *-ile*((래틴) *-ilis*)]
apprehend[æ̀prihénd] 동 잡다, 파악하다, 이해하다. 6

[(프) *appréhender*←(래틴) *apprehendere* lay hold of←*ap- ad-* to+ *prehendere* grasp]
apprehension[æ̀prihénʃ(ə)n] 명 체포, 이해, 걱정. 7
compress[kəmprés] 동 압축하다(press tightly), (사상, 말 따위를)간추리다. 반 expand 확장하다. 8

[(래틴) *compressāre* oppress 압박하

다 ←*com- cum* together + *pressāre* (*premere* press 누르다)]

☞ press, impress, express, depress

compression[kəmpréʃ(ə)n] 명 압축, 요약(要約).

compressor[kəmprésə] 명 압축기.

동계어 **express**[iksprés] 동 (감정 따위를)나타내다. 형 분명히 드러난. 명 급행. [《고프》*expres*←*ex* out+*premere* press; press out 나타내다 / 정.

expression[ikspréʃ(ə)n] 명 표현, 표정.

impress[imprés] 동 인상을 주다, (도장을)찍다. [《래틴》*impressāre* (*imprimere* press upon)←*im-* in on+*premer*]

impression[impréʃ(ə)n] 명 인상, 흔적. [impress+ion 동작, 상태를 나타내는 어미]

comprise[kəmpráiz] 동 포함하다(contain), (부분으로)이루어지다. **7**

[《고프》*compris comprendre* comprehend 포함하다←《래틴》*comprehendere*]

☞ comprehend, apprehand, surprise

동계어 **surprise**[səpráiz] 명 놀라움. 동 놀라게 하다.

[《고프》*sorprise*, *surprise* a taking unawares 놀라게 함←《래틴》*super* upon+*prehendere* seize]

compromise[kɔ́mprəmaiz] 명 타협(妥協), 절충안(middle course). 동 타협하다, (명예, 신용 따위를)손상하다. **7**

[《프》*compromis* mutual promise 협약←《래틴》*com- cum* mutually 상호간의+*prōmittere* promise약속하다]

☞ promise

compulsory[kəmpʌ́ls(ə)ri] 형 강제적인, 의무적인(obligatory). 반 voluntary **8**

~ *education* 의무교육. ~ (*military*) *service* 의무병역, 징병. ~ *subject* 필수과목.

☞ compel, expel, impel, propel ⌜repel

compute[kəmpjúːt] 동 계산하다, (얼마로)예상하다. **8**

[《래틴》*computāre* reckon 계산하다 ←*com- cum* ogether+*putāre* clear up, reckon]

computation[kɔ̀mpju(ː)téiʃ(ə)n] 명 계산, 평가. [compute+ *-ion*]

동계어 **repute**[ripjúːt] 명 소문, 명성, 신용.

[《래틴》*reputāre*←*re-* again+*putāre* think; think again, repute]

reputation[rèpjutéiʃ(ə)n] 명 소문, 명성. **4**

putative[pjúːtətiv] 형 추측의, 상상의, 소문에 들리는. [《프》*putatif*←《래틴》*putātivus*←*putātus* (*putāre* think, suppose)← ☞ impute, repute

comrade[kɔ́mrid, kʌ́m-, -reid] 명 동료, 동지(companion), 전우(friend). **4**

[《프》*camarade*←《래틴》*camera* chamber]

참고 공산당원들이 "동무!"하고 부르는 것은 comrade. 따라서 Comrade는 "공산당원"을 뜻한다.

☞ camera, chamber

concave[kɔnkéiv, kɔ́nkeiv] 형 오목한. 명 요면(凹面), 가운데가 오목한 면. 반 convex 볼록한. **7**

[《프》*concave*←《래틴》*concavus* hollow 오목한←*con- cum* with+*cavus* hollow 오목한]

☞ cave, cavern, cavity

conceal[kənsíːl] 동 숨기다(hide), 감추다. 반 reveal **3**

[《고프》*conceler*←《래틴》*concēlāre* hide 숨다←*con- cum* completely 완전히+*cēlāre* hide]

concealment[kənsíːlmənt] 명 숨김, 감춤, 숨어 있는 곳. [conceal+ *-ment* (추상명사 어미)] ☞ cell, cellar **10**

concede[kənsíːd] 동 양보하다, 승인하다(admit), (권리를)주다. **9**

[《래틴》*concēdere* retire 물러 가다, yield←*con- cum* together+*cēdere* yield]

concession[kənséʃ(ə)n] 동 양보, 면허, 특권, 양도. [《래틴》*concessiōnem*←*concessus*←*concēdere*] **9**

동계어 **recede**[risíːd] 동 물러가다, 나 빠지다. [《래틴》*recēdere* go back ←*re-* back+*cēdere* go]

recession[riséʃ(ə)n] 명 후퇴, 물러남, 오목한 곳. **proceed**[prəsíːd] 동 나아가다, 계속해서 하다. [《고프》*proceder*←《래틴》*prōcēdere*←*prō* before +*cēdere* go]

procession[prəséʃ(ə)n] 명 행렬, 진행, 전진. **succeed**[səksíːd] 동 성공하다, 뒤를 잇다, 계속하다.

[《프》*succéder*←《래틴》*succēdere* follow after←*suc- sub* next+*cēdere* go] **success**[səksés] 명 성공.

succession[səkséʃ(ə)n] 명 계속, 상속.
☞ cease, cede, succeed, proceed, recede, decease

conceit[kənsíːt] 명 독단, 자부심(vanity). ⓐ modesty 5
[《중영》 conceit(e); conceive를 보라]
out of ~ *with*… …에 싫증이 나서.

conceited[kənsíːtid] 형 자존심이 센, 자랑의. ☞ conceive 9

conceive[kənsíːv] 동 (아이를)배다, 상상하다(imagine), …라 생각하다(think), (계획이)생각나다(devise). 3
[《중영》 *conce(i)ven*←《래틴》 *concipere* conceive←*con- cum* altogether + *capere* take]

conceivable[kənsíːvəbl] 형 생각할 수 있는. ⓐ 할 수 없는.

inconceivable[ìnkənsíːvəbl] 형 생각
☞ concept, conception, conceit, percept

concentrate[kɔ́nsentreit] 동 집중하다, 전심(專心)하다. ⓐ disperse 7
[《래틴》 *con- cum* together + *centrum* centre 중앙] ☞ centre

concentration[kɔ̀nsentréiʃ(ə)n] 명 집중, 정신통일. 8

concentre[kənséntə] 동 일점에 모우다(모이다). [《프》 *concentrer*←《래틴》 *con- + centrum*]

concentric[kənséntrik] 형 동심(同心)의, 집중적인.
~ *circles* 《수학》 동심원(同心圓).
☞ centre, epicentre

concept[kɔ́nsept] 명 《철학》 개념.
[《래틴》 *conceptus*←*concipere* conceive]

conception[kənsépʃ(ə)n] 명 임신(姙娠), 상상력, 개념, 착상(design). 7
[《프》*conception*←《래틴》*conceptiōnem*←*conceptus*]
☞ conceive, conceit, idea, percept

conceptional[kənsépʃ(ə)nəl] 개념의, 개념에 관한.

concern[kənsə́ːn] 동 …에 관계하다(relate to), 걱정하다, 관심을 갖다. 명 관계, 걱정, 사업. 2
[《프》 *concerner* ←《래틴》 *concernere* mix, refer to←*con- cum* with + *cernere* separate, decree, observe 떨어지다, 관찰하다]
as ~*s* … …에 대해서는, …에 관해서는(as to …). *be* ~*ed* 관심을 갖다, 걱정하다. ~ *oneself* 걱정하다, 관계하다. *as* (또는 *so*) *far as* (he) *is* ~*ed*(그 사람)만은. *with* ~ 걱정해서. *without* ~ 무관심하게.

concerned[kənsə́ːnd] 형 걱정스러운(anxious), 관계하고 있는. 9

concerning[kənsə́ːniŋ] 전 …에 대해서, …에 관하여. 4

unconcern[ʌ̀nkənsə́ːn] 명 무관심, 침착함. 8

unconcerned[ʌ̀nkənsə́ːnd] 형 관계없는, 침착한, 예사의.

concert[kɔ́nsə(ː)t] 명 협상. [kɔ́ːnsət] 명 음악회. [kənsə́ːt] 동 협조하다. 4
[《프》 *concerter* agree together 합의하다←(이태)*concertare* agree or sing together←《래틴》 *con- cum* together +*certāre* contend 경쟁하다]

concerto[kəntʃə́ːtou, -tʃéə-] 명 《음악》 협주곡. [(이태) *concerto*←*concertare*]

concession[kənséʃ(ə)n] 명 양보, 면허, 특권. 9
[《프》*concession*←《래틴》*concessiōnem*→*concessus*(*concēdere* concede 양보하다)] ☞ concede

concise[kənsáis] 형 간결한. ⓐ diffuse
[《프》 *concis*←《래틴》 *concīsus* brief, cut short 짧막한←*con- cum* 강조의 뜻+*cædere* cut]

concisely[kənsáisli] 부 간결하게, 간단 명료하게.

concision[kənsíʒ(ə)n] 명 분리, 간단명료함(conciseness). [《래틴》 *concisiōnem*; *concise*+ *-ion*(명사어미)]

통계어 incise [insáiz] 동 절개하다.
[《프》 *inciser*←《래틴》*incīsus* cut into 잘라 드는 *in* in+*cædere* cut]

incision[insíʒ(ə)n] 명 벤 자리, 절개(切開). precise[prisáis] 형 정확한, 명백한, 규칙적인. [《고프》 *precis* strict 엄격한 ←《래틴》 *præcīsus* cut off 베어 낸 ← *præ* in front 앞에 + *cædere* cut] pricision[prisíʒ(ə)n] 명 정확함, 정밀도.
☞ decide, incise, precise, cement

conclude[kənklúːd] 동 끝내다, (조약을)맺다(arrange), 《미》 결론을 맺다 (resolve). ⓐ begin 3
[《래틴》 *conclūdere* shut up, close, end 끝내다←*con- cum* together+ *-clūdere*←*claudere* shut 닫다]

~ a treaty 조약을 맺다.

conclusion[kənklúːʒ(ə)n] 圈 종결(終結 end), 종국(終局 final result), 결론. (조약 따위의)체결. 〔《중·영》―《래틴》 *conclusiōnem*, *conclūsus*(*conclūdere*); conclude 참조〕 5
in ~ 마지막으로, 끝으로(lastly).
foregone ~ 처음부터 뻔한 결과. *try ~s* 실험해보다.

conclusive[kənklúːsiv] 圈 결정적(decisive), 단호한(convincing).

圖圈圖 **exclude**[iksklúːd] 图 제외하다(shut out), 물리치다. 〔《래틴》 *exclūdere←ex* out+*claudere* shut〕

exclusion[iksklúːʒ(ə)n] 圈 제외, 배척. **include**[inklúːd] 图 품다, 포함하다. 〔《래틴》 *includere←in* in+*claudere* shut〕 **preclude**[priklúːd] 图 제외하다, 막다. 〔《래틴》 *præclūdere←præ* in front+*claudere* shut〕 **preclusion**[priklúːʒ(ə)n] 圈 제외, 방지.

seclude[siklúːd] 图 떼어놓다, 은퇴하다. 〔《래틴》 *sēclūdere← sed* apart 떼어서 + *claudere*〕 **seclusion**[siklúːʒ(ə)n] 圈 은퇴, 한적한 곳. ☞ close, clause

concord[kɔ́ŋkɔːd] 圈 (의견, 이해의)일치(agreement), 조화 (harmony), (국제간의)협조, 《문법》일치. 7
〔《프》 *concorde* ← 《래틴》 *concordia* agreement←*con- cum* together+*cor* heart 마음〕

concordance[kənkɔ́ːd(ə)ns] 圈 색인(索引), 일치.

concordant[kənkɔ́ːd(ə)nt] 圈 조화하는, 어울리는. 4
〔《래틴》 *concordāre* agree←*concord-*; concord 참조〕

圖圈圖 **accord**[əkɔ́ːd] 图 일치하다, 조화하다, 허용하다. 〔《래틴》 *ac- ad* to +*cord-* (*cor* heart의 어간)〕

discord[dískɔːd] 圈 불일치, 불화(不和). 〔《래틴》 *discordāre←dis-* apart 떼어서+*cord-*(*cor* heart의 어간)〕

cordial[kɔ́ːdiəl] 圈 마음속에서 울어나는, 진심의(hearty). 〔《프》 *cordial* hearty ← 《래틴》 *cordi-*(*cor*의 격 변화어간) + *-ālis*(어미)〕

concrete[kɔ́nkriːt] 圈 구체적, 고체의. 圈 구체적인 것, 콩크리트. 圈 콩크리트를 사용하다, 굳게 하다(solidify). 6
ⓐ abstract 추상적. liquid 액체의

〔《래틴》 *concrescere* grow together← *con- com* together+*crescere* grow〕

concretely[kɔ́nkriːtli] 图 구체적으로.

concreteness[kɔ́nkriːtnis] 圈 구체적인 것.

concretion[kənkríːʃ(ə)n] 圈 굳음, 응결, 구상(具象).

圖圈圖 **crescent**[krésnt] 圈 초생달. 圈 초생달 모양의. 〔《래틴》 *crescent ←crescere* grow "차차 커가는(growing)달"의 뜻〕 ☞ increase, decrease

condemn[kəndém] 图 비난하다(blame). (죄·사형을)선고하다(sentence). 3
〔《고프》 *condemner←《래틴》 condemnāre* condemn wholly 유죄로 확정하다*←con- cum* wholly+*damnāre* condemn〕

condemnation[kɔ̀ndemnéiʃ(ə)n] 圈 비난; 유죄의 선고. ☞ damn 8

condense[kəndéns] 图 압축하다(compress), (렌즈가 빛을)모으다, 단축하다. ⓐ expand 확대하다. 6
〔《프》 *condenser←《래틴》 condensāre ←condensus* very thick 대단히 짙은*←con- cum* very+*densus* dense〕

condensation[kɔ̀ndenséiʃ(ə)n] 圈 응축(凝縮), 응결. 9

condenser[kəndénsə] 圈 응축장치, 《전기》축전기(蓄電器), 《광학》빛을 모으는 장치. ☞ dense 7

condescend[kɔ̀ndisénd] 图 굽실거리다, 겸손히 하다. 9
〔《프》 *condescendre* ← 《래틴》 *condēscendere* grant 용납하다*←con- cum* with+*dēscendere* descend 내려가다〕

condescension[kɔ̀ndisénʃ(ə)n] 圈 겸손, 공손함.
〔《래틴》 *condescensiōnem←condēscendere*〕 ☞ descend

condition[kəndíʃ(ə)n] 圈 상태(state), 지위(position), 사정, 조건. 圈 …한 조건을 내어걸다, …의 요건(要件)이 되다. 1
〔《프》 *condition←《래틴》 conditiōnem ←conditio* condition*←condīcere* talk over together 토론하다 *← con- cum* together+*dīcere* speak〕
in ~ (*to do a thing*) (…하기에) 적합한 상태에. *out of* ~ 맞지 않는 상태에. *change* (또는 *alter*) *one's* ~ 결혼하다.

conditional[kəndíʃ(ə)n(ə)l] 圈 조건부의, …을 조건으로 하는.

unconditional[ʌ̀nkəndíʃənəl] 형 무조건의, 무제한의, 절대적인.
☞ indicate, diction

conduct[kɔ́ndəkt] 명 행동(behaviour), 품행, 지도(leading), 관리. 타 인도하다(lead), 지휘하다(direct), 관리하다(manage), 행동하다(behave). 2
[(라틴) conductus defence, guard 보호, 방위←condūcere lead to 이끌다←con- cum together + dūcere lead]
동의어 자기의 행정적 수완, 지식, 지혜를 써서 사물을 직접 지도, 감독한다는 뜻은 conduct로, 실제면에서의 세부적인 감독, 지시가 아니라 일반적인 명령, 지도를 한다는 뜻은 direct로 나타낸다. 이에 비겨 세부에 이르기 까지 사무나 사업을 처리한다는 뜻은 manage로 나타낸다. 특히 manage는 자기가 취급하고 있는 일이 퍽 어렵고 힘든다는 뜻을 나타내기도 한다. 규약이나 규칙에 따라 엄중히 지시하고 때에 따라서는 완전히 지배함을 뜻하기도 하는 단어에 control이 있다.

conductor[kəndʌ́ktə] 명 지휘자, (전차, 뻐스의)차장, 《미》 기차 차장((영) guard), 안내인(guide), 도체(導體). 2

conduce[kəndjúːs] 타 (어떤 결과를) 가져오다, 도움이 되다. 「참조」
[(라틴) condūcere lead to; conduct

conducive[kəndjúːsiv] 형 도움이 되는. [conduce + -ive(형용사 어미)]
☞ duct, duke, deduce, reduce

cone[koun] 명 원추(圓錐), 원뿔(모양), 솔방울. 6
[(라틴) cōnus←(그)kōnos cone 원추]

confederate[kənféd(ə)rit] 형 연합한(united). 명 공모자, 동맹국. [kənfédəreit] 타 동맹하(게 하)다. 7
[(라틴) confæderātus united by a covenant 맹약으로 연합된 ← con- cum together + fæderāle ← fæder-, fædus treaty 조약, 맹약]

confederacy[kənféd(ə)rəsi] 명 연합(league), 동맹국. [confederate + -cy (추상명사 어미)] 6

confederation[kənfèdəréiʃ(ə)n] 명 연합, 동맹, 연방, 연합국. [confederate + -ion(명사어미)] 9
☞ federal

confer[kənfə́ː] 타 수여(受與)하다(grant), 협의하다(consult); (라틴) 참조(參照)하다(compare). (cf. 로 약함). 4

[(라틴) conferre bring together, collect 모으다, bestow 주다←con- cum together + ferre bring]

conference[kɔ́nf(ə)r(ə)ns] 명 상의, 협의(회), 회의. 4

통계어 **infer**[infə́ː] 타 추측해서 논하다, (결론으로)듯하다. [(프) inférer ← (라틴) inferre←in in + ferre]

inference[ínf(ə)r(ə)ns] 명 추리, 추정, 결론, 함축(含蓄).

refer[rifə́ː] 타 언급하다, 조회하다. [(라틴) referre←re- back + ferre]

reference[réf(ə)r(ə)ns] 명 참고, 참조, 관계, 조회(照會).

defer[difə́ː] 타 (남의 의견을)잘 듣다, (사람에)경의를 표하여 양보하다. 「경.

deference[déf(ə)r(ə)ns] 명 복종, 존

confess[kənfés] 타 자백하다, 고백하다, 참회하다. ⓟ deny 3
[(라틴) confessus←con- cum fully + fatērī acknowledge 승인하다]

confession[kənféʃ(ə)n] 명 자백, 고백. [confess + -ion(명사 어미)] 5

통계어 **profess**[prəfés] 타 공언하다, …인 체 하다. [(라틴) profitērī avow 공언하다←prō forth + fatērī speak]

profession[prəféʃ(ə)n] 명 공언, 직업.

confessor[kənfésə] 명 고백하는 사람, 고해를 듣는 신부. 9

confide[kənfáid] 타 신용하다(trust), 신뢰하다, 믿고 맡기다(entrust), 비밀을 털어놓다(impart). ⓟ conceal 9
[(라틴) confīdere trust fully 신임하다←con- cum fully + fīdere trust]
☞ faith

confidant[kɔ̀nfidǽnt] 명 ((여성)confidante) (사랑 따위의 비밀을 말할 수 있는) 마음을 주고 받는 친구(bosom friend). [(프) confidant(e)←(이태) confidente←(라틴) confīdentem confīdere] 9

confidence[kɔ́nfid(ə)ns] 명 신임; 자신(自信 self-reliance), 배짱(boldness), 비밀. 3

take(a person) *into* one's ~ (사람에게)비밀을 털어 놓다, 비밀을 알려주다.

confident[kɔ́nfid(ə)nt] 형 확신하는, 자신있는, 대담한(bold), 자부심이 센, 독단적인. 5

confidential[kɔ̀nfidénʃ(ə)l] 형 크게 신임하는, 믿고 있는; 비밀의. 9

confine[kənfáin] 명 (보통 복수) 경계(boundary), 한계. 동 가두다(shut up), 제한하다(restrain). 반 liberate, loose 석방하다.

[《프》 confiner keep within limits ←《중프》confin near←《라틴》confīnus bordering on 경계를 접한←con- cum with+fīnis boundary 경계]

confinement[kənfáinmənt] 명 금고(禁錮), 구류(拘留), 감금(監禁). 「confine+ -ment(추상명사 어미)」

confiner[kənfáinər] 명 가두는 것(사람), 제한하는 것 (사람). [confine+ -er(명사 어미)]

☞ final, finale, define

confirm[kənfə́:m] 동 확실히 하다(make firm), 확립하다(establish firmly), 강하게 하다(fortify), 확정하다(ratify).

[《라틴》 confirmāre make firm←con- cum fully+firmāre streng-then ←firmus firm 확고한]

confirmation[kònfərméiʃ(ə)n] 명 확인, 확증(proof). [confirm+ -ation]

confirmed[kənfə́:md] 형 확인한, 고질이 된(habitual), 만성의(chronic).
a ~ disease 고질(固疾).

[동계어] **infirm**[infə́:m] 형 약한, 허약한, 우유부단의. [《라틴》 infirmus not strong←in- not+firmus firm]

infirmity[infə́:miti] 명 허약함, 병, 결점. **affirm**[əfə́:m] 동 단언하다, 시인하다. [《라틴》 affirmāre ← af- ad to+firmāre make firm←firmus]

affirmation[æ̀fəméiʃ(ə)n] 명 확언, 시인. ☞ firm, infirm, afirm

confiscate[kɔ́nfiskeit] 동 (사유물을 정부가)몰수하다, 압수하다.

[《라틴》 confiscātus confiscāre confiscate ← con- cum together + fiscus purse 지갑; 국고에 넣기 위하여 몰수하다]

confiscation[kɔ̀nfiskéiʃ(ə)n] 명 몰수.

[동계어] **fiscal**[físk(ə)l] 형 국고(國庫)의, 《주로 미국》재정의, 회계의(보기: fiscal year 회계년도). [《고프》 fiscal ←《라틴》 fiscālis←《라틴》 fiscus money basket, purse]

conflagration[kɔ̀nfləgréiʃ(ə)n] 명 대화재(great fire).

[《프》 conflagration ←《라틴》 conflagrātiōnem great burning 대화재←con- cum together+flagrāre burn]

[동계어] **flagrant**[fléigr(ə)nt] 형 극악무도한, 악명이 높은. [《고프》 flagrant properly burning ←《라틴》 flagrant-(flagrāre의 현재분사 어긴)]

conflict[kɔ́nflikt] 명 투쟁(struggle), 모순, 충돌. [kənflíkt] 동 충돌하다, 모순되다. 반 agreement

[《라틴》 conflictus colligere strike together 함께 치다 ← con- cum together+flīgere strike]

[동계어] **inflict**[inflíkt] 동 (타격, 상처를)가하다. [《라틴》 inflictus inflīgere ←in- upon+flīgere strike]

infliction[inflíkʃ(ə)n] 명 가(加)함, 형벌, 고초. **afflict**[əflíkt] 동 괴롭히다(distress). [《라틴》 afflictus afflīgere strike to the ground ← af- ad to+flīgare] **affliction**[əflíkʃ(ə)n] 명 고뇌, 고통.

[동의어] 이해 관계나 의견이 맞지 않아서 생기는 "분규나 투쟁"은 **conflict**로 나타내고, 서로 적의가 있는 것이 아니라 단지 보다 나은 자리를 차지하려 애쓰는 투쟁은 **contest**라 한다. 모든 종류의 투쟁을 나타낼 수 있는 가장 일반적인 단어가 **fight** 인데, 이것은 특히 육체적인 싸움, 격투 따위를 강조해서 말할 때 쓰이기도 한다. 육체적 또는 그 밖의 대단한 투쟁은 **struggle**이라 하고, 격렬한 언쟁은 **contention** 이라고 하는 것이 보통이다.

conform[kənfɔ́:m] 동 (기준에)맞추다(submit to), 적합하게 하다(adapt), 좇다. 반 reform 개정하다.

[《프》 conformer←《라틴》 conformāre fashion like 맞추다←con- together+formāre form 만들다←forma form 형태]

conformity[kənfɔ́:miti] 명 (외형의) 닮음, 일치, 적합함.
[conform+ -ity(추상명사 어미)]

☞ form, reform, deform, inform

confound[kənfáund] 동 혼동(混同)하다, 당황하게 하다. 반 compose

[《라틴》 confundere←con- cum together+fundere pour 쏟다]

☞ fuse, confuse

confront[kənfrʌ́nt] 동 직면하다, 대항하다(oppose).

[《프》 confronter 직면하게 하다 ←《라틴》 con- cum together+front, fro-

confuse 102 conjecture

ns front] ☞ front
confuse[kənfjúːz] 통 혼란하게 하다, 혼동하다, 당황하게 하다. ⓐ compose, arrange 정리하다. 5
[《중영》 *confūs* ← 《라틴》 *confūsus confundere* confound 혼동하다]
☞ confound
confusion[kənfjúʒ(ə)n] 명 혼란, 혼동, 낭패. 3
[통계어] **infuse**[infjúːz] 통 쏟다, 주입(注入)하다. 배어들게 하다(imbue).
[《라틴》 *infūsus infundere* ← *in* in + *fundere* pour] **infusion**[infjúːʒ(ə)n] 명 주입물(注入物). **refuse**[rifjúːz] 통 거절하다(deny). [《고프》 *refuser*←《라틴》 *refundere*←*re*- back + *fundere* pour] **refusal**[rifjúːz(ə)l] 명 거절, 취사 선택의 권리.
congeal[kəndʒíːl] 통 얼(게) 하)다(freeze), 응결하다(solidify), 응결(凝結)하게 하다. ⓐ melt 10
[《프》 *congeler*←《라틴》 *congelāre*← *con*- together + *gelāre* freeze; freeze together]
congenial[kəndʒíːniəl] 형 성질(취미, 정신)이 같은, 마음이 맞는. 7
ⓐ uncongenial 마음이 맞지 않는.
[《라틴》 *con*- *com* with + *genial*← (*genius*의 형용사형)]
☞ genial, genius, genus
congest[kəndʒést] 통 충만하다(시키다), 충혈하다(시키다).
[《라틴》 *congestus* ← *congere* bring together, heap up together 모으다← *con*- *cum* together + *gerere* bear, carry 가져오다]
congested[kəndʒéstid] 형 충혈(充血)된, 혼잡한(overcrowded).
congestion[kəndʒéstʃ(ə)n] 명 《의학》 충혈(充血), 밀집(密集), (화물 따위의) 폭주(輻輳), 혼잡. 10
congratulate[kəŋɡrǽtjuleit] 통 축하하다(felicitate), 축사를 하다(wish joy to). 5
[《라틴》 *congrātulari* wish much joy ←*con*- together + *grātulāri* wish joy ←*grātus* pleasing]
congratulation[kəŋɡrǽtjuleiʃ(ə)n] 명 축하, *pl*. 축사. 7
주의 남에게 "축하 합니다"라고 인사할 때에는 "Congratulations!"라고 말한다.
☞ grace, grateful, gratitude

congregate[kɔ́ŋɡrigeit] 통 모으다, 모이다. 8
[《라틴》 *congregāre*의 과거분사에서 ←*con*- *cum* together + *gregāre* assemble a flock 모으다←*greg*-, *grex* flock 무리]
congregation[kɔ̀ŋɡriɡéiʃ(ə)n] 명 회합(assembly), 집합(gathering), (교회의)신도의 모임. 5
[통계어] **segregate**[séɡriɡeit] 통 분리하다, 격리하다. [《라틴》 *sēgregāre*의 과거분사에서 + *sē*- apart 떼어서 + *greg*- (*grex*의 어간)] **segregation**[sèɡriɡéiʃ(ə)n] 명 분리, 격리(隔離).
☞ gregarious
congress[kɔ́ŋɡres] 명 (대표자, 사절, 위원들의) 대회의. 2
[《라틴》 *congressus congredī* meet together ← *con*- together + *gradī* advance 나아가다]
주의 첫 글자를 크게 쓰고 관사가 없을 때에는, 미국 국회를 뜻한다.
congressional[kəŋɡréʃ(ə)n(ə)l] 형 회의의, 집회의, (미국)국회의.
Congressman[kɔ́ŋɡresmən] 명 《미》국회의원(특히 하원의). *cf.* senator 상원의원.
[통계어] **aggress**[əɡrés] 통 침략하다(드물게 쓴다). [《라틴》 *ag*- *ad* to + *gradī*] **aggression**[əɡréʃ(ə)n] 명 침략, 침범, 공격. **progress**[próuɡres] 명 진행 (forward movement), 발달. 통 진행하다, 발달하다. [《라틴》 *prō* forward+*gradī*] **progression**[prəɡréʃ(ə)n] 명 진행; 《수학》 급수(級數). ☞ ingress, egress
conjecture[kəndʒéktʃə] 명 추측, 억측. 통 추측하다. 7
[《프》 *con*- *cum* together + *jacere* throw]
[통계어] **inject**[indʒékt] 통 주사하다. [《라틴》 *injectus*(*injicere*의 과거분사) ← *in* in + *jacere* throw; throw in] **injection**[indʒékʃ(ə)n] 명 주사(액). **reject**[ridʒékt] 통 배척하다, 거절하다. [《라틴》 *rejectus* ← *re*- back + *jacere*] **rejection**[ridʒékʃ(ə)n] 명 거절, 배제(排除), 구토, 기각, 부결. **deject**[didʒékt] 통 실망하게 하다.
[《라틴》 *dējectus*←*dē* down+*jacere*] **dejection**[didʒékʃ(ə)n] 명 실망, 배설(물). **interject**[ìntə(ː)dʒékt] 통

갑자기 말을 하다. [《래틴》 *interjicere* ← *inter* between + *jacere*]

interjection[ìntə(ː)dʒékʃ(ə)n] 閏 감탄, 《문법》 감탄사.
☞ abject, subject, object

conjugate[kɔ́ndʒugeit] 固 《문법》 (동사를) 활용(活用)하다. [kɔ́ndʒugit] 固 (쌍이 되어) 결합한. 10
[《래틴》 *conjugātus conjugāre* unite ← *con- cum* together + *jugāre* join, marry]

conjugation[kɔ̀ndʒugéiʃ(ə)n] 閏 《문법》 (동사의) 활용, (어형의) 변화, 결합.
[《래틴》 *conjugatiō* yoking together 결합, conjugation ← *conjugātus conjugāre*] 9

conjunct[kəndʒʎŋ(k)t] 囵 결합(연결)된, 접속의, 공동의. 8
[《중영》 ← 《래틴》 *conjungere* join together 결합하다 ← *con- cum* together + *jungere* join]

conjunction[kəndʒʎŋ(k)ʃ(ə)n] 閏 결합, 합동(association), 연락(connection), 《문법》 접속사.

conjoin[kəndʒɔ́in] 固 결합하다, 잇달다. [《고프》 *conjoindre* ← 《래틴》 *conjungere*; conjunct 참조]
☞ join, junction, injunction

conjure¹[kʎndʒúə] 固 기원(祈願)하다, 간청하다. 7
[《중영》 *conjuren* ← 《프》 *conjurer* ← 《래틴》 *conjūrāre* ← *con- cum* together + *jūrāre* swear 맹세하다]

conjure²[kʎndʒə] 固 마법으로 ⋯하다, 요술부리다. 7
[conjure¹와 같은 어원]
~ *away* 마법으로 내쫓다.

conjurer[kʎndʒ(ə)rə] 閏 《보통 비유해서》 요술장이, 마술사.

connect[kənékt] 固 연결하다(join), 연상하다(associate), 이어지다(unite), 관계를 갖다. ⊕ disconnect 2
[《래틴》 *connectere* ← *con- cum* together + *nectere* bind 매다]

connection, 《영》 **connexion**[kənékʃ(ə)n] 閏 관계, 관련(association), 연락, 교제(intercourse). 3
have a (또는 *no*) ~ *with* ⋯ ⋯과 관계가 있다 (또는 없다). *have* ~ *with* ⋯과 정을 통하다, ⋯과 남녀 관계를 맺다. ☞ nexus

conquer[kɔ́ŋkə] 固 정복하다, 처부수다 (defeat), 극복하다. ⊕ surrender 2
[《고프》 *conquerre* ← 《래틴》 *conquīrere* seek after 추구하다 ← *con- cum* together + *quærere* seek]

[동의어] 육체적이기니 지적, 도덕적 힘으로 정복한다는 뜻으로 승리가 영구적인 것이 되고 defeat 보다 뜻이 강한 것이 **conquer**이다. conquer 보다 뜻이 강하며 한 번의 전투나 전쟁에서 적을 완전히 압도한다거나 적의 계책을 처부순다는 뜻으로 **vanquish**를 쓴다. 적을 처부수어 승리를 얻는다는 일반적인 단어는 **defeat**이고 defeat 보다 한층 통속적이고 개인적인 뜻을 나타내는 말에 **beat**가 있다. defeat는 지는 편이 당하게 된 형편에 치중해서 말하는 것이고, **beat**는 상대를 처부순 힘을 강조한다. 노력을 기울여 상대방을 압도한다거나 곤란이나 감정에 이겨낸다는 뜻으로 **overcome**을 쓸 수도 있다.

conqueror[kɔ́ŋk(ə)rə] 閏 정복자(征服者), 싸움에 이긴 사람. 4
[conquer + -*or*(-*er*)]

conquest[kɔ́ŋkwest] 閏 정복. 3

conscience[kɔ́nʃ(ə)ns] 閏 양심, 도의심 (moral sense). 3
[《래틴》 *cum* together + *scīre* know]

conscientious[kɔ̀nʃiénʃəs] 囵 양심적인, 성실한. 9
[conscience + -*ous*(형용사 어미)]
☞ science

conscientiously[kɔ̀nʃiénʃəsli] 囘 양심적으로.

conscientiousness[kɔ̀nʃiénʃəsnis] 閏 양심적인 것.

conscious[kɔ́nʃəs] 囵 자각하고 있는 (aware), 의식이 있는, 의식적인, 알고 있는. ⊕ unconscious 4
무의식적. [《래틴》 *conscius* aware 알고 있는 + -*ous*(어미) ← *conscīre* to be aware of ← *con-* + *scīre* know] 4

consecrate[kɔ́nsikreit] 固 (어떤 목적, 사람에) 바치다(devote), (신에게) 삼가 바치다. 5
[《래틴》 *consecrāre* render sacred ← *con- cum* with, wholly + *sacrāre* consecrate]

consecration[kɔ̀nsikréiʃ(ə)n] 閏 헌신, 봉납(奉納). 7
[동계어] **desecrate**[désikreit] 固 ⋯의 신성함을 더럽히다. [《래틴》 *dēsecrāre* 의 과거분사에서 ← *dē* fully + *sacrāre*]

desecration[dèsikréiʃ(ə)n] [명] 신성모독(神聖冒瀆). ☞ sacred

consecutive[kənsékjutiv] [형] 계속적, 연속적(successive). 10
〔《중프》 *consecutif*←《래틴》*consecūtus consequī* follow together+ *-if* (《래틴》 *-ivus*) ← *con- cum* together+ *sequī* follow〕

consecution[kɔ̀nsikjúːʃ(ə)n] [명] 연속, 전후관계, 《문법》일치.
☞ consequence, sequence

consent[kənsént] [동] 승낙하다(agree), 응하다. [명] 동의, 승낙, (의견, 감정의) 일치. [반] dissent 이의를 말함. 2
〔《래틴》 *consentīre* agree to←*con- cum* with+*sentīre* feel〕
***with one* ～** 만장일치로.
[동계어] **dissent**[disént] [동] 의견을 달리하다. [명] 이의를 말함. 〔《래틴》 *dis-* apart+*sentīre*〕
dissension[disénʃ(ə)n] [명] 의견차이, 의견 충돌, 분쟁. **assent**[əsént] [동] 동의(찬성)하다. [명] 동의, 찬성. 〔*as- ad* to + *sentīre* feel, perceive〕
☞ sense

consequence[kɔ́nsikwəns] [명] 결과(result), 결론(conclusion); 중요성(importance), 사회적 지위. [반] cause 3
〔《프》 *conséquence*←《래틴》 *consequentia* ← *consequī* follow together← *con- cum* together+*sequī* follow; 어떤일 뒤에 오는 것〕
consequent[kɔ́nsikwənt] [형] 결과의, 필연적인. [명] 당연한 결과. 5
〔《프》 *conséquent* ←《래틴》 *consequentem consequī*〕 ☞ consequence
consequently[kɔ́nsikwəntli] [부] 그 결과로서, 그러므로, 따라서.
☞ consecutive, sequence, subsequent

conserve[kənsə́ːv] [동] 보존하다(preserve), 보호하다. [명] 《보통 복수》설탕절임(preserve), 잼(jam). 8
〔《래틴》 *conservāre* preserve ← *con- cum* fully+*servāre* keep; fully〕
[참고] conserve 현재 있는 그대로 보존하다. preserve 잃지 않도록 보존하다.
conservation[kɔ̀nsə(ː)véiʃ(ə)n] [명] (하천, 숲의)보호, 관리, 보존, 존속(preservation). 7
〔《래틴》 *conservātiōnem*〕
conservative[kənsə́ːvətiv] [형] 보존력이 있는, 보수적인. [명] 보수적인 사람. 7
conservatory[kənsə́ːvət(ə)ri] [형] 보존하는. [명] 온실.
〔《래틴》 *conservatōrius*〕
☞ serve, preserve, reserve

consider[kənsídə] [동] 잘 생각하다, 고려하다, 팁을 주다(tip), …라 생각하다.
〔《고프》 *considerer*←《래틴》 *consīderāre* contemplate the stars 별을 보고 생각하다 ← *con- cum* together+ *sīder-* ←*sīdus* star〕 2
[동의어] 어떤 사물에 대하여 사전에 깊이 깊이 생각해보는 것이 **consider**이고, 사건 전반에 결쳐 주의 깊게 들여다보며 consider한다는 뜻으로 **contemplate**를 쓰는데 후자는 전자 보다 형식적인 단어이다. 진지하게 계속해서 생각한다는 뜻으로 **meditate**를 쓸 수 있는데, 이 단어는 내성적으로 생각에 골몰함을 뜻하기도 한다. 계속해서 고요히 생각에 잠기는 경우에는 **muse**를, 화가 났거나 걱정에 잠겨서 meditate 한다는 뜻으로 **brood**를, 이리 저리 여러 면으로 주의 깊게 생각한다는 뜻으로 **ponder**를, 주로 과거의 일을 조용히 심사 숙고하는 때에는 **reflect**를 각각 쓸 수 있다.
all things* ～*ed 아무리 생각해 보아도. **～ *as* …** …하다고 생각하다. **～*ing his age*** 나이에 비해.
considerable[kənsíd(ə)rəbl] [형] 고려해야 할, 무시하지 못하는, 중요한. [명] 다량. 〔《래틴》 *consīderābilis*; consider+ *-able*〕 4
considerableness[kənsíd(ə)rəblnis] [명] 주의할 일, 중요성.
considerably[kənsíd(ə)rəbli] [부] 상당히. 8
considerate[kənsíd(ə)rit] [형] 인정있는, 눈치 있는. 〔《래틴》 *consīderātus* (*consīdrāre*의 과거분사)〕
consideration[k(ə)nsìdəréiʃ(ə)n] [명] 숙려(熟慮), 고찰, 연구, 참작, 중요성, 보수. 〔《래틴》 *consīderātiōnem*; consider+ *-ation*〕 4
***in* ～ *of* …** …을 고려하여, …을 위하여. ***take into* ～** 고려하다, 참작하다.
considering[kənsíd(ə)riŋ] [전] …을 생각하면, …으로서는. [접] …을 생각하면, …하므로(seeing that).
[동계어] **sidereal**[saidíəriəl] [형] 별의, 성좌(星座)의(of the constellation).

[《래틴》 sider*ā*lis 별의 ← sider- si-dus] ☞ desire

consign[kənsáin] 통 교부(交付)하다, 인도(引渡)하다, 맡기다, 위탁하나, 부치다(send). 7

[《프》 consigner←《래틴》 consign*ā*re attest 증명하다, record 등록하다←con- cum together + sign*ā*re mark 표하다]

consignment[kənsáinmənt] 명 위탁, 탁송(託送), 위탁물. 3

통계어 **resign**[rizáin] 통 사직하다.

[《래틴》 re- back + sign*ā*re sign]

resignation[rèzignéiʃ(ə)n] 명 사직, 사표, 포기, 단념.

☞ sign, design, insignia

consist[kənsíst] 통 …으로 되다[of], …에 있다[in], 양립(兩立)하다, 일치하다[with]. 2

[《래틴》 consistere stand together, 양립하다←con- cum together + sistere ←st*ā*re stand]

consistent[kənsíst(ə)nt] 형 모순이 없는, 언행이 일치하는, 한결 같은(constant), 철저한.

inconsistent[ìnkənsíst(ə)nt] 형 일치하지 않는, 모순되는, 절개가 없는. 9

통계어 **insist**[insíst] 통 주장하다, 강조하다, 고집하다 (on, upone, that).

[《래틴》 insistere←in + sistere set, stand; set in, stand in] **insistence** [insíst(ə)ns], **insistency** [insíst(ə)nsi] 명 주장, 강요. **resist**[rizíst] 통 저항하다 (withstand).

[《래틴》 resistere←re- back + sistere] **resistance**[rizíst(ə)ns] 명 반항, 저항. **assist**[əsíst] 통 돕다. 명 참석자.

[《래틴》 assistere ← as- ad to + sistere] **assistance**[əsíst(ə)ns] 명 도움(help), 원조(aid), 참석한 사람들.

☞ state, stand

console[kənsóul] 통 위로하다(comfort). ⓑ afflict 괴롭히다. 8

[《프》 consoler←《래틴》 consōlāri comfort 위로하다 ← con- cum with + sōlāri comfort]

consolation[kɔ̀n əléiʃ(ə)n] 명 위로, 위안, 위안이 되는 것. 6

~ **money** 위자료(慰藉料).

☞ solace

consonant[kɔ́nsənənt] 형 일치하는 (agreeing), 어울리는(harmonious), 명 자음(子音). ⓑ vowel 모음(母音). 8

[《프》 consonant accordant 일치하는 ←《래틴》consonant- consonāre←con- cum together + son*ā*re sound 소리내다; 같이 소리내다] 「화(調和).

consonance[kɔ́nsənəns] 명 일치, 조.

통계어 **assonant**[ǽsənənt] 형 협음 (協音)의. [《래틴》 assonant- assonans sounding alike ← as- ad- to + son*ā*re] **assonance**[ǽsənəns] 명 소리의 일치. **resonant**[réz(ə)nənt] 형 반향(反響)하는, 메아리 치는.

[re- back + son*ā*re sound ← sonus 소리] **resonance**[réz(ə)nəns] 명 (물리) 공명(共鳴), 반향, 메아리(echo).

☞ sound

consort[kɔ́nsɔːt] 명 배우자(配偶者 spouse). 통 교제하다(associate), 일치하다(agree). 6

[《래틴》 consort- consors 재산을 같이 갖는 사람 ← con- cum together + sort- sors (lot, share 몫의 어간)]

conspicuous[kənspíkjuəs] 형 눈에 뜨이는(easily seen), 저명한(eminent), 현저한(remarkable). ⓑ obscure 6

[《래틴》 conspicuus ← conspicere ← con- cum fully + specere see; seen fully]

conspire[kənspáiə] 통 (비밀히)공모하다(make a secret plan together), 협력하다. 6

[《래틴》 conspīrāre ← con- cum together + spīrāre breathe; breathe together 함께 숨쉬다]

conspiracy[kənspírəsi] 명 음모. 5

통계어 **inspire**[inspáiə] 통 숨을 들여쉬다, (사상을)불어 넣다.

[in- into + impire breathe]

inspiration[ìnspiréiʃ(ə)n] 명 들숨 (吸氣 inhalation), 영감(靈感).

expire[ikspáiə] 통 숨을 내어쉬다, 만기가 되다. [《고프》 expirer←《래틴》 ex out + spīrāre breathe]

expiration[èkspai(ə)réiʃ(ə)n] 명 날숨(呼氣), (기한의)만료(滿了).

☞ spirit, spirant

constable[kʌ́nstəbl, (미) kɔ́n-] 명 순경, 경관(policeman). 6

[《고프》 constable←《래틴》comes stabulī count of the stable 마부(馬夫)의 우두머리; 로마 시대의 벼슬 이름으로 말을 다스리는 사람. cf. marshal,

steward, sergeant] ☞ count, stable
constant[kɔ́nst(ə)nt] 형 끊임 없는, 불변의(steady), 충실한, 일정한. 명 《수학》상수(常數). ⓐ inconstant
[《라틴》 constant←constans←constans←constāre←con- cum together+stāre stand]
constancy[kɔ́nst(ə)nsi] 명 굳은절개, 정조; 불변.
constantly[kɔ́nst(ə)ntli] 부 끊임 없이, 항상.
통계어 **instant**[ínstənt] 명 즉시, 찰나, 순간. 형 시급한. ☞ stand, state
constellation[kɔ̀nstiléiʃ(ə)n] 명 성좌(星座), 기라성(綺羅星) 같은 사람들 (galaxy).
[《프》 constellation←《라틴》 constellātiōnem ← con- com together+stellātus←stellāre←stella star]
통계어 **stellar**[stélə] 형 별의, 별이 총총한 밤의. [《라틴》 stellaris starry←stella]
constitute[kɔ́nstitju:t] 동 구성하다(compose), 성립하다(establish). 지명하다(appoint). ⓐ dissolve
[《라틴》 constitus←constituere cause to stand together 함께서게 하다←con- cum together+statuere set up]
constituent[kənstítjuənt] 형 구성의 (component), 헌법 개정(제정)권이 있는. 명 구성요소, 선거인.
constitution[kɔ̀nstitjú:ʃ(ə)n] 명 구성; 체질, 체격; 헌법.
[《라틴》 constitūtiōnem; constitute+-ion(명사 어미)]
constitutional[kɔ̀nstitjú:ʃn(ə)l] 형 구성상의; 체격의; 헌법상의, 합법의.
통계어 **institute**[ínstitju:t] 동 설치하다, 시작하다. 명 학회, 연구소. (미) 강습회. [《라틴》 institūtus←instituere ←establish 설치하다←in in+statuere place] **institution**[ìnstitjú:ʃ(ə)n] 명 설립, 제정; 학회. ☞ stand, state
constrain[kənstréin] 동 강제하다(compel), 《보통 수동태》억누르다(repress). [《라틴》 con- together + stringere draw tight 꽉 잡아 끌다]
be~ed to(do) 어쩔 수 없이(하다). ~ing force 속박력. ~ oneself 무리를 하다, 자제하다. feel ~ed 는 수 없다고 생각하다.
constraint[kənstréint] 명 강제, 압박, 어색함.
통계어 **restrain**[ristréin] 동 억제하다, 구속하다. [《라틴》 re- back+stringere bind 매다, 묶다] **restraint**[ristréint] 명 억제, 금지, 삼가함.
☞ strain, stringent
construct[kənstrʌ́kt] 동 건설하다, 세우다(erect); 구성하다. ⓐ destroy
[《라틴》 constructus ← construere ← con- ←cum together+struere build, pile 쌓다]
construction[kənstrʌ́kʃ(ə)n] 명 건설; 건물; 구조, 건축양식, (어귀의)해석. under(또는 in course of) ~ 건설중.
constructive[kənstrʌ́ktiv] 형 건설적, 구조적.
통계어 **instruct**[instrʌ́kt] 동 가르치다, 명령하다. [《라틴》 in- in+struere build; build into, instruct] **instruction**[instrʌ́kʃ(ə)n] 명 교수, 훈육, pl. 지도. **destroy**[distrɔ́i] 동 파괴하다, 없애다. [《라틴》 dē- down + struere build, pile] **destruction**[distrʌ́kʃ(ə)n] 명 파괴, 멸망.
☞ structure, instruct, destroy
consul[kɔ́ns(ə)l] 명 영사(領事).
[《라틴》 consulere consut와 관계가 있다]   ☞ consult
acting (honorary) ~ 대리 (명예) 영사. vise ~ 부영사.
consulate[kɔ́nsjulit] 명 영사직, 영사관.   ☞ counsel, consult
참고 ambassador[æmbǽsədə] 명 대사(大使). embassy[émbəsi] 명 대사관, 대사의 임무. minister[mínistə] 명 공사(公使), 대신; 목사. legation[ligéiʃ(ə)n] 명 공사관(公使館).
consult[kənsʌ́lt] 동 의견을 듣다, 참고하다, 고려하다, 상의하다, 진찰을 받다. ⓐ dictate 명령하다.
[《라틴》 consultāre 상담하다]
통의어 의사나 변호사 따위의 의견을 들을 때에는 **consult**를 쓰고 대등한 사람의 의견을 들을 때에는 **consult with**를 쓰나 미국에서는 이 구별이 엄수되고 있지 않다. 보통 대등한 사람과 의견이나 정보를 교환한다는 뜻으로 쓰는 말에 **confer**가 있다.
~one's pillow 밤새 깊이 생각하다. ~ one's own reason 자기의 이성에 묻다. ~ a dictionary(또는 map)

사전을 뒤시디(또는 지도를 조사하다).
consultant[kənsʌ́ltənt] [명] 상의할 상대, 고문. 〔《래틴》 *consultantem←consultāre*〕
consultation[kɔ̀ns(ə)ltéiʃ(ə)n] [명] 상담, 진찰, 회의, 참고. 7
☞ consul, sell
consume[kənsjú:m] [동] 소비하다(use up). 낭비하다(waste). [반] produce 4
〔《래틴》 *consūmere* ← *con-* ← *cum* wholly+*sūmere* take up; take up wholly 완전히 취하다〕
be ~d with envy 부러움에 마음타다.
consumer[kənsjú:mə] [명] 소비자, 직접 수요자. 9
consuming[kəns(j)ú:miŋ] [형] 소비하는.
consumption[kənsʌ́m(p)ʃ(ə)n] [명] 소비, 소모(waste), 폐병(肺病). 〔《래틴》 *consumptīonem←comsumptus←consāmere*〕 6
[동계어] **assume**[əs(j)ú:m] [동] 맡다(undertake), 가정하다. 〔《래틴》 *as- ad-* to+*sūmere* take〕
assumption[əsʌ́m(p)ʃ(ə)n] [명] 가정, 인수함. **presume** [priz(j)ú:m] [동] 가정하다, 상상하다. 〔《래틴》 *pre-* before+*sūmere* take; take beforehand 미리 갖다, 가정하다〕
presumption[prizʌ́m(p)ʃ(ə)n] [명] 불손함, 건방짐, 억측. **resume**[riz(j)ú:m] [동] 다시 차지하다, 다시하다.
〔《래틴》 *re-* again+*sūmere* take〕
resumption[rizʌ́m(p)ʃ(ə)n] [명] 다시 시작함, 회복, 회수.
contact[kɔ́ntækt] [명] 접촉(touching), 《미》 *pl.* 교제. [동] 《주로 학술어로》 접촉시키다, 《미》 (남에게)가까이 하다.
[반] isolation 7
〔《래틴》 *contactus←contingere←con-←cum* together+*tangere* touch 접촉하다〕
come in(to) ~ with ……과 접촉하다, 만나다.
contagion[kəntéidʒ(ə)n] [명] 접촉전염, 전염병. *cf.* infection 공기 전염. 10
contagious[kəntéidʒəs] [형] 접촉전염의, 옮는(catching). *cf.* infectious 공기 전염의. 8
~ disease (접촉)전염병.
☞ tact, intact, tangent
contain[kəntéin] [동] 넣다(hold), 포함하다, (감정을)누르다(restrain). [반] exclude 제외하다. 1
〔《고프》 *contenir*←《래틴》 *continēre← con- ←cum* together+*tenēre* hold 포함하다〕
[동의어] 내용이나 부분으로서 함유(含有)한다는 뜻은 **contain**으로 나타내는데 비하여 갖는 힘과 수용력이 있다는 점을 특히 강조해서 말할 때는 **hold**를 쓴다. 비좁지 않게 넉넉히 넣을 수 있다는 뜻은 **accomodate**로 나타낼 수 있다.
container[kəntéinə] [명] 그릇, 용기(容器).
containing[kəntéiniŋ] [형] 억제하는; 《군》 견제하는.
containment[kəntéinmənt] [명] (정책 따위의) 견제.
[동계어] **entertain**[èntətéin] [동] 잘 대접하다, 즐겁게 하다. 〔《래틴》 *inter-* among + *tenēre* hold; hld or keep among 사이에서 유지하다→대접하다〕
entertainment[èntətéinmənt] [명] 대접, 오락. **maintain**[meintéin] [동] 유지하다, 주장하다, 부양하다. 〔《래틴》 *manū* ← hand + *tenēre*; hold in the hand 수중에 지니다〕 **maintenance** [méintinəns] [명] 유지, 부양, 주장.
retain[ritéin] [동] 보류하다, 잃지않고 갖고 있다. 〔《래틴》 *re-* back+*tenēre*; hold back 보류하다〕 **retention**[riténʃ(ə)n] [명] 보류, 유지. **sustain**[səstéin] [동] 받다, 지탱하다, 견디다, 유지하다. 〔《래틴》 *sus-* up+*tenēre*; hold up〕 **sustenance** [sʌ́stinəns] [명] 생계(生計), 음식, 유지.
contaminate[kəntǽmineit] [동] 더럽히다, 부정하게 하다. 8
〔《래틴》 *contāmināre←contāmin-* *contāmen* ← *contagion* 오염 ← *con-* ← *cum* together+*template templum* a temple〕
contamination[kəntæ̀minéiʃ(ə)n] [명] 더럽힘, 오물(汚物).
contemn[kəntém] [동] 경멸하다, 멸시하다(despise). 10
〔《중프》 *contemner*←《래틴》*contemnere* ← *con- cum* wholly + *temnere* despise 멸시하다〕 ☞ contempt
contemplate[kɔ́ntempleit] [동] 잘 보다(look at seriously), 깊이 생각하다, 기대하다(expect), …하려고 생각하다(intend), 명상하다 (meditate). *cf.* consider 생각하다, 고려하다, 6

[《래틴》 *contemplāri* ← observe, consider←*con*- with←*templum* an open space for observation 관찰하기 위한 빈 터]

참고 본래 augur 복점관(卜占官)이 관찰하기 위하여 마련해 놓은 빈 터를 말한다. 복점관이 관찰하는→길흉을 점치기 위하여 새의 동작을 잘 보다→"짙게 보다, 깊이 생각하다"로 되는 뜻의 바지에 주의하라. ☞ temple

contemplation[kɔ̀ntempléiʃ(ə)n] 명 응시(凝視), 명상(瞑想), 기도(企圖). 5

contemplative[kɔ́ntempləʹtiv] 형 명상에 잠기는, 묵묵히 생각하는. 7

contemporary[kəntémp(ə)rəri] 형 ···과 같은 시대의, 그 당시의, 현대의. 명 동시대의 사람, 동기생. 7

[《래틴》 *con*- with + *temporārius*-temporary←*tempor-tempus* time] ☞ temporary

contempt[kəntém(p)t] 명 멸시(despise), 모욕, 치욕(disgrace). ⓐ respect 4

[《래틴》 *con- temptus* scorn 멸시←*contemnere* contemn을 보라]

contemptible[kəntém(p)tibl] 형 천한, 형편 없는. 7

contemptuous[kəntém(p)tjuəs] 형 멸시하는, 거만한. ☞ contemn 7

contend[kənténd] 동 다투다(strive), 싸우다(struggle), 논쟁하다(argue), (강하게)주장하다(maintain). ⓐ concede 양보하다. 4

주의 content "내용, 만족"과 혼동하지 않도록.

[《래틴》 *contendere* ←*con*- fully+*tendere* strive; strive fully 힘껏 다투다]

동의어 서로 적이 되어 다툰다는 뜻으로 contend를 쓰는데, 남과 맞서서 이기려고 노력을 기울인다는 뜻으로는 compete를 사용한다. compete에는 특히 경쟁의 뜻이 강조된다.

contention[kənténʃ(ə)n] 명 언쟁, 논쟁(quarrel), 경쟁. 10

contentious[kənténʃəs] 형 잘 다투는, 말이 많은. 10

통계어 **attend**[əténd] 동 시중 들다, 참석하다. [《래틴》 *at- ad-* to+*tendere* stretch 뻗다] **attention**[əténʃ(ə)n] 주의, 친절. **extend**[ikténd] 동 넓히다, ···에 이르다. [《래틴》 *ex-* out+*tendere* stretch] **extension**[iksténʃ(ə)n] 명 확장, 증축. **intend**[inténd] 동 ···할 작정이다, 의미하다. [《래틴》 *in* to + *tendere* stretch] **intention**[inténʃ(ə)n] 명 의사, 의미, 개념. ☞ tend

content[kɔ́ntent, kəntént] 명 내용(물), 취지, 용량(容量). [kəntént] 명 만족(satisfaction), *pl.* 목차(目次). 형 만족한. 동 만족을 주다(satisfy). ⓐ discontent 2

[《프》 *content* satisfied 만족한←*contentus continēre* contain을 보라]

~ *oneself with* ···에 만족하다.
to one's heart's ~ 마음껏. *cry* ~ *with* ···에 만족하다.

contented[kənténtid] 형 만족한(content). 7

contentment[kənténtmənt] 명 만족.

discontent[dìskəntént] 명 불평, 불만. 형 불평의. ☞ contain 4

contest[kɔ́ntest] 명 논쟁, 싸움(struggle), 경쟁. [kəntést] 동 논쟁하다(argue), 다투다(contend). ⓐ resign 포기하다. 3

[《프》 *contester* ← 《래틴》 *contestārī* call to witness 증명을 요구하다←*con*- together+*testārī* witness 증명하다←*testis* witness 증명]

주의 context[kɔ́ntekst] 명 문맥(文脈)과 혼동하지 않도록 하라. ☞ contend

continent[kɔ́ntinənt] 명 대륙(大陸), 육지, 본토(本土 mainland). 형 자제하는, 금욕의, 정숙(貞淑)한. 3

[《프》 *continent* moderate 적당한, 절제하는←《래틴》 *continent←continēre* contain 참조]

the Continent 유럽 대륙. *the Dark Continent* 아프리카 대륙. *the New Continent* 신 대륙《남·북 아메리카 대륙》

continental[kɔ̀ntinéntl] 형 대륙(성)의. 명 대륙사람. 8

주의 Continental로 첫 글자를 쓰면 "유럽식의, 유럽 대륙의 사람"을 뜻하게 된다.

☞ contain, continue, countenance

continue[kəntínju:] 동 계속하다(keep on), 잇따르다(go on), 머물다, 여전히 ···하다. ⓐ discontinue 1

[《프》 *continuer* ← 《래틴》 *continuāre* continue←*continus* holding together ←*continēre* hold together, contain

갖고 있다, 포함하다]
continual[kəntínju(ə)l] 휑 끊임 없는, 계속적인, 번번한.

동의어 끊임 없이 계속함은 **continue**로 나타낸다. continue보다 계속기간을 중시하는 일반적인 단어로 **last**가 있는데 이것은 특정기간 또는 보통 이상의 긴 시간을 계속한다는 뜻을 나타낸다. 자연의 파괴력에 견디어낸다는 뜻으로 **endure**가 있고, last보다 뜻이 강한 단어에 **persist**가 있어서 예기한 기간 또는 유달리 긴 시간 계속해서 존재한다는 뜻을 나타낸다.

continuance[kəntínjuəns] 휑 연속, 존속, 계속(기간). 7
continuation[kəntìnjuéiʃ(ə)n] 휑 계속, 속편(續篇 sequel), 존속, 연장(延長), 《속어・복수》 반 즈봉. 8
continuity[kɑ̀ntinjú(:)iti] 휑 연속(상태), 계속(성).
continuous[kəntínjuəs] 휑 끊임 없는, 계속된, 연이은. 4
discontinue[dìskəntínju(:)] 통 중지하다, 그만두다. 9

☞ contain, continent

contour[kɑ́ntuə] 휑 윤곽, 지형선(地形線), 등고선(等高線), 등심선. 통 윤곽을 그리다. 9
[《프》 contour←(이태) contorno circuit 주위 ← con- ←cum together + tornāre round off, turn; turn을 보라]
contract[kɑ́ntrækt] 휑 계약(서), 청부(請負), 약혼. [kəntrǽkt] 통 계약하다, 약혼하다, 줄(이)다. 3
["계약"(중프) contract ←(래틴) contractum ←contractus drawing together 줄임, contract—con- together + trahere draw; "줄(이)다"《래틴》 contractus 에서]
contracted[kəntrǽktid] 휑 수축(收縮)된, 찌푸린(눈썹 따위), 줄인, 계약한.
contractile[kəntrǽktail] 휑 수축성의. [contract 줄다+-ile(형용사 어미)]
contraction[kəntrǽkʃ(ə)n] 휑 수축, 단축, 축소.
contractor[kəntrǽktə] 휑 계약한 사람, 청부업자, 수축근(收縮筋). 10

통계어 **attract**[ətrǽkt] 통 당기다, 유인(誘引)하다. [《래틴》 at ractus attrahere←attract—at- ad- to + trahere draw] **attraction**[ətrǽkʃ(ə)n] 휑 유인, 인력. **detract**[ditrǽkt] 통 떼어내다, 감(減)하다. [《래틴》 dētractus← dētrahere –dē away + trahere draw; takeaway]
detraction[ditrǽkʃ(ə)n] 휑 비방(誹謗). **subtract**[səbtrǽkt] 통 빼다, 들어내다. [《래틴》 subtractus←subtrahere sub beneath + trahere; draw away underneath] **subtraction**[səbtrǽkʃ(ə)n] 휑 제거, 삭감, 《수학》 뺄셈. ☞ tract

contradict[kɑ̀ntrədíkt] 통 부인하다 (deny), 반박하다, (사실과 진술 내용이)모순되다(be contrary). 8
[《래틴》 contrādictus←contādicere← contrā against+dīcere speak; speak against 반박하다]
~ *oneself* 모순된 말을 하다.
contradiction[kɑ̀ntrədíkʃ(ə)n] 휑 부인, 반박, 모순. 8
in ~ *to* …… 과 정반대로.
통계어 **interdict**[ìntə(:)díkt] 통 금지하다, 방해하다. [íntə(:)dikt] 휑 금지, 금지 명령. [《래틴》 inter- between + dīcere speak]
interdiction[ìntə(:)díkʃ(ə)n] 휑 금지, 정지. ☞ diction
contrary[kɑ́ntrəri] 휑 반대의(opposite), 불리한. 휑 정반대. 부 반대로, 거꾸로. [kəntrɛ́əri] 휑 심술 사나운. 3
[《래틴》 contrārius←contrary←contrā against]
on the ~ 꼭 반대로, 이에 반하여.
to the ~ 그와 반대로, 그렇지 않으면.
contrast[kəntrǽst] 통 대조하다, 대조가 되다. [kɑ́ntræst] 휑 대조, 큰 차이. [《래틴》 contrā against+stāre stand]
in ~ *with* …… ……과 대조되어, ……과는 현저히 달라서. ☞ stand, state 4
contribute[kəntríbju(:)t] 통 기부하다, 공헌하다, 기고(寄稿)하다. 5
[《래틴》 contribuere ← con- together +tribuere bestow 주다]
contribution[kɑ̀ntribjúːʃ(ə)n] 휑 기부, 공헌, 기부금, 투고(投稿).
contributor[kəntríbjutə] 휑 출자(出資)한 사람, 기부한 사람, 공헌자.
통계어 **attribute**[ətríbju:t] 통 (성질이 …에)있다고 하다, (결과를 …으로) 돌리다. [ǽtribju:t] 휑 속성(屬性). [《래틴》 at- ad- to+tribuere assign 정하다] **attribution**[æ̀tribjúːʃ(ə)n]

명 속성, (부속의)권한. ☞ tribute
contrite[kɔ́ntrait] 형 회개(悔改)하는, 잘못을 뉘우치는. 9
[(프) contrit ← 《래틴》contrītus ← thoroughly bruised 완전히 멍든 ← con- together+terere rub 비비다]
contrition[kəntríʃ(ə)n] 명 회한, 회오.
contrive[kəntráiv] 동 고안하다 (design), 발명하다 (invent), 설계하다 (plan), 적당히 …하다(manage). 6
[(중영) controuen, contreuen←(고프) controver←find out←con-《래틴》con-+trover find; 글자를 잘못 적어서 contrive가 됨.] 「한 사람.
contriver[kəntráivə] 명 고안자, 계획
contrivance[kəntráiv(ə)ns] 명 고안, 연구, 계책(計策), 장치, 짜임새. 8
control[kəntróul] 명, 동 지배(하다) (govern), 통제(하다), 관리하다. 2
[(고프) contre-rol(l)e 사본(寫本)← contre over against+rol(l)e roll 두루마리←《래틴》contrā against+rotulus roll; 관공서의 문서를 정확하게 하기 위한 사본→통제, 지배]
~ oneself 자기의 감정을 억누르다, 자제(自制)하다.
controller[kəntróulə] 명 관리인, 감독관. ☞ role, roll
controversy[kɔ́ntrəvə:si] 명 논쟁, 논전(dispute). 6
[《래틴》contrōversia← quarrel ← contrō- contrā against+versus←vertere turn 돌다; turn against 반대편이 되다]
controversial[kɔ̀ntrəvə́:ʃ(ə)l] 형 논쟁의, 토론을 좋아 하는.
convent[kɔ́nv(ə)nt] 명 수녀원, 수도원, 이승원(尼僧院). cf. monastery 수도원, nunnery 수녀원, abbey. 5
[《래틴》conventus←assembly←conventus←convenire]
convention[kənvénʃ(ə)n] 명 (정치, 종교상의)회의, 대회(assembly), 관례 (custom), 협정, 약정(約定 agreement), 인습(usage). 4
[(프) convention←compact 협약←《래틴》conventiōnem←conventus ← convenire]
conventional[kənvénʃ(ə)n(ə)l] 형 회의의, 협정상의, 관습적인, 인습에 사로 잡힌, 판에 박은. 9
참고 뜻의 변천에 주의하라. 모인 사람들(회의)→그 사람들에 의한 협정, 약속→일반적인 사람들, 국가들 간의 약속, 협정→사회생활의 관습에 대한 약속→인습, 관례. ☞ abbey
convenient[kənví:njənt] 형 편리한(handy), 수고가 덜 드는(saving trouble). ⊕ inconvenient 3
[《래틴》convenientem ← convenīre come together, suit]
convenience[kənví:njəns] 명 편리, 편의, 편리한 것. [《래틴》conveientia; convenient+ -ence (명사어미)] 5
☞ convene
converse[kənvə́:s] 동 담화하다(talk). [kɔ́nvə:s] 명 담화, 교제, 전환(轉換), 역(逆). 형 전환한, 거꾸로의. 5
[《래틴》con- with + versārī live- vertere turn; live with 함께 살다]
conversant[kɔ́nvəs(ə)nt] 형 (…에)통달한, (사람과)친히 사귀는, (…에)관계있는. 10
conversation[kɔ̀nvəséiʃ(ə)n] 명 담화, 회화, 회담. 3
~ piece 풍속화(風俗畵).
conversational[kɔ̀nvəséiʃn(ə)l] 형 회화의, 좌담의, 이야기를 잘 하는.
convert[kənvə́:t] 동 바꾸다(change), 전환하다, 전향하다, 개종(改宗)하다. [kɔ́nvə:t] 명 개종자(改宗者), 전향자(轉向者). [(고프) convertir←《래틴》con- wholly + vertere turn; turn wholly] 4
주의 다른 종교에서 같은 종교로 개종하여 오는 것은 convert 개종자라고 하나 같은 종교에서 개종하여 이교도가 되면 pervert 배교자(背敎者)라고 한다.
convertible[kənvə́:tibl] 형 바꿀 수 있는. 명 pl. 바꿀 수 있는 것, 동의어 (同意語). 「invert
☞ divert, controversy, version,
convex[kɔ́nvéks] 형 볼록한, 철면(凸面)의. ⊕ concave 오목한. 8
[《래틴》convexus←vaulted 볼록한← con- together+vehere draw]
convey[kənvéi] 동 (무거운 것을)운반하다(carry), 운송하다(transport), 전달하다(transmit). 4
[(앵글로 프) conveier←《래틴》conviāre←accompany←con together + via way; accompany on the way 가지고 가다]

conveyance[kənvó(i)əns] [명] 운반, 전달, 운수기관, 양도(증서). 7
☞ via, voyage, envoy, obvious, convoy

convict[kənvíkt] [동] 유죄를 입증하다, 유죄를 선고하다. [kɔ́nvikt] [명] (기결) 죄수. [반] acquit 6
〔《중영》←《래틴》 *convictus←convincere* ← prove guitly 유죄를 입증하다〕
☞ convince

conviction[kənvíkʃ(ə)n] [명] 《법률》 유죄의 판결; 확신, 참회(懺悔). 9
summary ~ 즉결재판(即決裁判).

convincing[kənvínsiŋ] [형] 확신하게 하는, 납득이 되는.
☞ victor, vincible

convocation[kɔ̀nvəkéiʃ(ə)n] [명] (회의, 의회의)소집, 집회. 9
〔《래틴》 *convocātiōnem←convocāre←con-* together+*vocāre* call 부르다; call together〕

convoy[kənvɔ́i] [동] (군대 따위가)호송하다, 호위하다. [kɔ́nvɔi] [명] 호송, 호위대, 호위선, 피호송자(被護送者). 10
〔《중영》 *convoien*←《고프》 *convoier*←《래틴》 *conviāre* accompany 같이 가다; convey "운반하다"와 같은 어원〕
☞ convey, via, voyage, envoy, obvious

convulse[kənvʌ́ls] [동] 진동시키다, 《보통 수동태》 경련(痙攣)이 일어나게 하다.
〔《래틴》 *convulsus←convellere* pluck up, convulse ← *con-* with, severely +*vellere* pluck; 몹시 뜯다→진동시키다〕

convulsion[kənvʌ́lʃ(ə)n] [명] (자연계의)격동(激動), 변동, 동란, 《보통 복수》 경련, 웃음의 발작. 9

convulsive[kənvʌ́lsiv] [형] 경련이 있는, 발작적인.

cook[kuk] [명] 요리인. [동] 요리하다, 삶다, 날조하다. 1
〔《중영》*coken*←cook 요리하다←《고영》 *cōk* cook 요리인〕

cooker[kúkə] [명] 요리도구.

cookery[kúkəri] [명] 요릿법.

cooky[kúki] [명] (배의)쿡 《선원들 용어》, (보통 여자)요리사(料理士). 7

cool[ku:l] [형] 서늘한 (not very cold), 차거운, 냉정한, 침착한(calm). [명] 시원한 때(곳), 냉기(冷氣 coolness) [동] 식(히)다. [반] warm. 1
〔《고영》 *cōl; cf.* 《독》 *kühl*〕
get ~ 서늘해지다, 식다.

coolness[kú:lnis] [명] 차거움, 냉정함, 침착함. 〔cool+*-ness*(추상명사 어미)〕 8

co(-)operate[ko(u)-ɔ́pəreit] [동] 협력하다(work together), 공동으로 하다(act together). 9
〔《래틴》*co-operātus←co-operārī←co-* with+*operārī* work; work together〕
[주의] corporate[kɔ́:p(ə)rit] [형] 법인조직(法人組織)의, 단체적, 합성적(合成的)과 혼동하지 않도록 하라.

co-operation[ko(u)-ɔ̀pəréiʃ(ə)n] [명] 협력, 공동(共同), 《경제》 공동조합. 8
[주의] **corporation**[kɔ̀:pəréiʃ(ə)n] [명] 사단법인, 《미》 (주식)회사와 혼동하지 않도록 하라.

co-operative[ko(u)-ɔ́p(ə)rətiv] [형] 공동의, 조합의. 〔*co-operate+ -ive*〕 9
[참고] co-operate는 coöperate, cooperate로 쓰기도 한다. "oo"는 [u(:)]로 발음하는 때가 많기 때문에(보기 ;book, good, etc.) cooperate로는 안 쓰는 것이 보통이다. ☞ operate

co(-)ordinate[ko(u)-ɔ́:dinit] [형] 동격의, 동등한. [명] 대등한 것(사람), 《수학》 좌표(座標). [ko(u)-ɔ́:dineit] [동] 대등하게 하다. 9
〔《래틴》*co- cum* with+*ordinātus ordināre* order 차례를 정하다〕
[동계어] **ordinate**[ɔ́:d(i)nit] [명] 《수학》 종좌표(縱座標), Y대. 〔《래틴》 *ordinātus ← ordināre* set in order〕

subordinate[səbɔ́:d(i)nit] [형] 하위(下位)의, 종속하는, 부하의. [명] 부하, 《문법》 종속절. [səbɔ́:dineit] [동] 아래에 두다, 가볍게 보다, 종속시키다.
〔《래틴》 *sub* below+*ordināre*〕

cope[koup] [동] 다투다(struggle successfully with), 이기다. 7
〔《중영》 *co(u)pen* fight←《고프》*coper* ←《래틴》 *colpus* blow←《그》 *kolaphos* blow on the ear 귀를 때리다〕
[참고] 군사혁명을 뜻하는 "쿠데타"는 **coup d'état**[kú:deitá:] 《프》 =stroke of state로 이 때의 *coup*는 cope와 그 어원이 같다.
[동계어] **coupon**[kú:pɔn] [명] (짤라 내게 되어 있는)표, 회수권의 한장, 할인권. 〔《프》 *coupon←couper*←cut 자르다←*coup* blow; cope 참조〕

copious[kóupjəs] 형 풍부한(plentiful), 남아 돌아가는(ample). 7
[(고프) copieux ←(래틴) *cōpiōsus* plentiful←*cōpia* plenty 다량]
☞ copy, opera

copper[kɔ́pə] 명 구리(銅), 동전. 동 구리를 입히다. 2
[(고영) *copor*←(래틴) *cuprum*←(그) *Kyplios* Cyprian ← *Kyplos* Cyprus; 지중해의 Cyprus 섬에서 좋은 구리를 얻었으므로]
참고 속된 말로 순경을 copper 또는 cop라고 한다.
주의 coper[kóupə] 명 (사기)도박과 혼동하지 않도록 하라.
☞ canary, cannibal

copy[kɔ́pi] 명 복사(複寫 reproduction), (몇)권, (몇)통(通). 동 복사하다, 본뜨다, 모방하다. 2
[(래틴) *cōpia* plenty←*co-* together+ *op-*(*opēs* wealth의 어근); 사본을 많이 해서 장수를 풍부히한다(plenty)고 해서] 「교본.
copybook[kɔ́pibuk] 명 습자 책, 습자
copyright[kɔ́pirait] 명,동 저작권(의), 판권(이 있는). 동 판권을 갖다.
☞ copious, opera

coral[kɔ́r(ə)l] 명 산호(珊瑚). 형 산호의. 5
[(고프) coral ← (래틴) *corallum* ← (그) *korallion*]
주의 choral[kɔ́:r(ə)l] 형 "합창의, 합창대의"와 혼동하지 않도록 하라.
coral-island[kɔ́r(ə)l-àilənd] 명 산호도(珊瑚島).

cord[kɔ:d] 명,동 줄(로 묶다), 끈(으로 매다). 3
[(프) corde←(래틴) *corda* thin rope 가는 줄← *chorda* ← (그) *chordē*(악기의 줄)]
통계어 chord[kɔ:d] (악기의)줄. 동 줄을 달다.
[(래틴) *chorda*←(그) *chordē*]

cordial[kɔ́:diəl] 형 진심을 다한(hearty), 간곡한(sincere). 명 강장제. 2
[(프) cordial hearty 진심의←(래틴) *cordi* heart+ *-ālis*(어미)]
☞ accord, concord

core[kɔ:] 명 (과실의)속, 응어리, 고갱이, (부스럼, 티눈의)근, 핵심(核心). 동 속을 빼다. 7
[(래틴) *cornu* horn 뿔 또는 *cor* heart]

to the ~ 철저하게, 순수한.

cork[kɔ:k] 명 콜크(cork-oak의 껍질), 콜크 마개. 형 콜크제의. 동 콜크로 마개를 하다. 3
[(래틴) *quercus* oak와 *cortex* bark 의 혼성어]

corn[kɔ:n] 명 (주로 집합명사) 곡식(grain), 곡물(cereals); (영) 밀(wheat); (스콜·아일) 연맥(燕麥), 귀리(oats); (미) 옥수수(maize); 곡식의 낱알. 1
[(고영) *corn* seed, grain; *cf*. (독) *korn*]
참고 corn은 그 지방에 주로 나는 곡식을 말하기 때문에 영국, 스코틀런드, 아일런드의 각 지방에 따라 그 뜻하는 바가 다르게 되었다. 옥수수의 뜻을 특히 분명히 해 두려는 때에는 Indian corn 또는 maize 라고 한다. 이 때 Indian은 American Indian을 뜻한다. 미국이나 오오스트렐리아에서는 보통 corn 이라고만 해도 옥수수를 뜻한다.
pop ~ (미) 튀긴 옥수수.
☞ grain, kernel

corner[kɔ́:nə] 명 모퉁이, 지방(地方). 동 구석에 두다, 궁지에 빠뜨리다, 《상업》 매점(買占)하다. 1
[(래틴) *corna* angle 모← *cornua*← *cornū* horn 뿔의 복수; 뿔처럼 튀어나온 것]
cut ~ 지름길로 가다, 시간과 돈을 절약하다. *turn the* ~ 모퉁이를 돌다, (병 따위가)고비를 넘다.

coronate[kɔ́rəneit] 동 대관(戴冠)하다.
[(래틴) *corōnātus*←*corōnāre* crown]
☞ crown

coronation[kɔ̀rənéiʃ(ə)n] 명 대관식, 즉위식(卽位式), 완성. 8
통계어 **corona**[kəróunə] 명 (*pl.* coronas, coronae[-i:]) (천문) 코로나 (태양의 무리(白光)); 작은 관, 무리.
coronet[kɔ́rənit] 명 (귀족 따위의)보관(寶冠), 작은관, 화관(花冠). 7
☞ crown

corporal[kɔ́:p(ə)r(ə)l] 명 (군대) 상병(上兵). 형 신체상의, 개인적인. *cf*. sergeant 병장(兵長). 6
[(래틴) *corpor-* *corpus* body의 어간 형 (고프)*corporal*←(래틴) *corporalis* bodily 신체의]
~ *punishment* 체형(體刑) (주로 태형(笞刑)).

corporeal[kɔːpɔ́ːriəl] [형] 신체상의, 육체적, 물질적. 〔《래틴》 *corpore(us)* of the nature of body+ *-al*〕

corporate[kɔ́ːp(ə)rit] [형] 법인조직(法人組織)의, 단체적, 공동의, 합성적(合成的). 〔《래틴》 *corporātus* embodied ←*corporāre* form into a body 단체를 만들다←*corpor*←*corpus*〕

corporation[kɔ̀ːpəréiʃ(ə)n] [명] 《법률》 사단법인, 법인단체, 《미》 (주식)회사, 《경제》 협동조합, 《속어》 불룩한 배(potbelly). 5

[주의] co-operation[ko(u)-ɔ̀pəréiʃ(ə)n] [명] 협력과 혼동하지 않도록 하라.

☞ corps, corpse, corporal, co-operate

corps[kɔː] [명] (*pl.* corps [kɔːz]) 군단(軍團) 《2개 사단으로 편성》, …대(隊), 단체, 반(班), 단(團). 9

〔《프》←《중영》 *cors* ← *corps* ← 《고프》 *cors* body←《래틴》 *corpus*〕

Marine Corps 《미》 해병대.

☞ corporal

corpse[kɔːps] [명] (보통 사람의)시체(dead body). 〔corps와 같은 어원〕 6

☞ corpse, corporal

correct[kərékt] [동] 고치다(set right), 교정(矯正)하다(admonish). [형] 정당한(proper), 정확한(exact). [반] incorrect 부정확한. 2

〔《래틴》 *correctus*←*corrigere* correct ← *cor- con-* together + *regere* rule〕

[동의어] "사실, 표준, 규칙 따위에 어김이 없는"이라는 뜻을 나타내는 일반적인 단어는 **correct**이다. correct보다 뜻이 강한 단어에 **accurate**가 있는데, "사실이나 표준에 잘 일치하는"이라는 뜻이 있다. accurate 보다 뜻이 강한 단어 **exact**는 "사실, 진리, 표준 따위에 완전히 일치하는"이라는 뜻이다. "사람이 자세한 면까지 exact한", "너무나 결벽한"의 뜻을 갖는 말에 **precise**가 있어 가장 뜻이 강하다.

correction[kərékʃ(ə)n] [명] 정정(訂正), 수정(修正), 교정(矯正), 교정(校正). 6

[동계어] **rectum**[réktəm] [명] (*pl.* recta) 직장(直腸).

correspond [kɔ̀rispɔ́nd] [동] 일치하다(agree), …에 해당하다(answer) 〔to〕, 편지하다, 통신하다〔with〕. [반] differ 다르다. 4

〔《래틴》 *cor- con-* together + *re-* again+*spondēre* answer〕

correspondence[kɔ̀rispɔ́ndəns] [명] 일치(agreement), 상통함, 통신, 편지(하는 것). 〔correspond+ *-ence*(추상명사 어미)〕 4

correspondent[kɔ̀rispɔ́ndənt] [형] = corresponding. [명] 통신을 하는 사람, 통신원. 8

special ～ 특파원. ***war*** ～ 종군기자(從軍記者).

corresponding[kɔ̀rispɔ́ndiŋ] [형] 일치하는, 비슷한, 해당하는, 통신관계의.

corridor[kɔ́ridɔː] [명] 낭하, 복도, 골마루. *cf.* passage 통로, 낭하. 7

〔《프》 *corridor*←《이태》 *corridore* a gallery←《래틴》 *currere* run; 길게 뻗친(run) 골마루〕

[동계어] **courier**[kúriə] [명] 급사(急使), …신보(新報). 〔《래틴》 *correre* run〕

corroborate[kərɔ́bəreit] [동] (믿는 바를) 굳게 하다, 확증하다. 10

〔《래틴》 *corrōborāre* strengthen 강하게 하다←*cor- con-* together+*rōbor-* ←*rōbur* strength 힘〕

corroboration[kərɔ̀bəréiʃ(ə)n] [명] 확실히 하는 것, 확증.

corrode[kəróud] [동] 썩히다, 삭여들다, (마음을)좀먹다. 9

〔《프》 *corroder*←《래틴》 *corrōdere*← *cor- con-* wholly + *rōdere* gnaw 씹다〕

corrosion[kəróuʒ(ə)n] [명] 부식(작용), 침식(侵蝕).

〔《래틴》 *corrōsiōnem*←*corōsus*〕

corrosive[kəróusiv] [형] 썩어 드는, 부식성의. 〔《래틴》 *corōsus*; *corrode*+ *-ive* (형용사 어미)〕

corrupt[kərʌ́pt] [형] 썩은(rotten), 타락한(depraved), 불순한(vicious). [동] 타락하다. [반] uncorrupt 썩지 않은, pure 순수한. 〔《래틴》 *corruptus*← *corrumpere* ← *cor- con-* wholly + *rumpere* break〕 4

corruption[kərʌ́pʃ(ə)n] [명] (시체의) 부패, 타락. 6

〔corrupt+ *-ion*(명사 어미)〕

☞ rupture, abrupt, interrupt, bankrupt

cosmopolis[kɔzmɔ́pəlis] [명] 국제 도시.

〔《그》 *cosmos* order, world + *polis*

state, city]
cosmopolitan[kɔ̀zməpɔ́litən] 형 세계주의의, 세계 공통의, 전세계적인. 9
cosmos[kɔ́zmɔs] 명 (질서 정연한 한 덩어리의)우주, 천지 만물, 체계, 질서(order); 《식물》 코스모스. ⓐ chaos 혼돈.
cost[kɔ(ː)st] 동 (cost)(비용이)들다, 소비하게 하다. 명 비용(expense), 값(price), 원가(原價), 손실, 고통. 1
[《고프》 coster cost←《라틴》 constāre cost←con- together+stāre stand]
at all ~s 어떠한 희생을 해서라도 (by all means). *at any* ~ 어떤 일이 있더라도. *at the* ~ *of*… …을 희생해서.
costly[kɔ́(ː)stli] 형 비싼(expensive), 사치한(sumptuous). 3
동의어 사치함, 진귀함, 정밀·교묘함 따위의 뜻이 있으면서 "비싼"이라는 뜻을 나타내는 말 costly는 많은 돈과 노력을 희생해야 한다는 뜻을 나타낼 때도 있다. "물건의 가치보다 많은 가격의" 또는 "살 수 있는 힘에 겨운 가격의"의 뜻이 있는 단어에는 **expensive**가 있다. expensive보다 뜻이 강하여 "터무니 없는 값의", "보통 이상의 가격의"라는 뜻을 나타내려면 **dear**를 쓰면 된다. "비싼 값을 부를 만큼 가치가 있는"은 **valuable**로, "돈으로 평가할 수 없을 만큼 귀중한"은 **invaluable**로 각각 나타낼 수 있다.
costume[kɔ́stjuːm, kɔstjúːm] 명 (국민, 시대, 지방, 계급에 따라 특수한)복장 (服裝) 부인복, 의상. 5
[《고프》 costume ← 《이태》 costume; custom과 자매어] ☞ custom
cot[kɔt] 명 (양, 비둘기 따위의)집, 우리(cote), 《시》 오막살이 (cottage). 4
[《중영》 cote←《고영》 cot(e)]
cote[kout] 명 (가축, 새의)집, 외양간, (특히) 양의 우리.
[cot와 같은 어원]
cottage[kɔ́tidʒ] 명 오막살이, 농가, 문화 주택. 2
[《중영》 cotage (cot+ -age)의 변형]
cotton[kɔ́tn] 명 솜, 목화, 무명실, 무명베. 2
[《중영》 《고프》 cotoun ← 《프》 coton ←《스페》 coton, algodon←《아라》 al the+qut(u)n cotton] 9
cotyledon[kɔ̀tilíːd(ə)n] 명 《식물》떡잎

[《그》 *kotylēdōn* cup-shaped hollow ←*kotylē* hollow vessel, cup 빈 그릇]
couch[kautʃ] 명 침대(bed), 긴 의자 (lounge, sofa)《고상하게 말할 때 씀》. 동 눕히다(lay). *cf.* sofa, lounge. 3
[《중영》 *couchen* set, arrange 정리하다←《고프》 *coucher, colcher* place 두다 ←《라틴》 *col-* ←*cum-* together + *locāre* 두다←*locus* 장소]
cough[kɔ(ː)f] 명, 동 기침(을 하다). 4
[《중영》 *coughen, cowhen*←《고영》 *cohhetan* make a noise 떠들다; *cf.*《독》 *keuchen*] 「百日咳」.
통계어 **chincough**[tʃínkɔːf] 명 백일해.
hiccough, hiccup[híkʌp] 명, 동 딸꾹질(하다).
council[káuns(i)l] 명 회의, 심의회, 평의원회. *cf.* counsel 충고, 상의, 협의.
[《라틴》 *concilium* assembly called together 소집된 회의 ← *con-* together +*calāre* summon 소집하다] 2
council(l)or[káuns(i)lə] 명 고문관, 참사관.
council-school 명 《영》 공립국민학교.
counsel[káuns(ə)l] 명 상담, 협의(consultation), 권고, 충고, 의견(views), 계획(plan). 동 충고하다. 3
[《라틴》 *consilium* deliberation←*consulere* consult; consult 참조]
counsel(l)or[káuns(ə)lə] 명 고문(顧問), 상담자(adviser), 《미》 소년 소녀 지도원. 8
참고 council은 상의해서 일을 결정하기 위한 사람들의 모임, counsel은 "상담, 상의"의 추상적인 뜻. council-(l)or는 council 속의 한 사람 "참사관, 고문관"을 뜻하고 counsel(l)or는 상담의 상대, 특히 법률고문, 변호사를 뜻한다. ☞ consult
count¹[kaunt] 동 세다, 계산하다, 계산에 넣다 (include), …라 생각하다(account), 세어 보면(얼마가)되다(amount to), 중요해지다. 명 계산, 회계; 고려 (考慮); 총계. 1
[《프》 *conter, compter*←《라틴》*computāre* compute; compute 참조]
~ *for little*(또는 *nothing*) 보잘 것 없다, 대수롭지 않다. ~ *on*(또는 *upon*) … …을 기대하다(expect), …을 믿다(rely on). *take* (또는 *no*) ~ *of* … …을 중요시하다 (또는 하지 않다).

countless[káuntlis] 형 셀 수 없는, 수많은(innumerable). 6
☞ compute, counter

count²[kaunt] 명 ((여성) countess) (영국 이외의) 백작(伯爵).
[(래틴) comitem←comes companion 동료—com- cum- together + itum— ire go]
주의 comte, conte, graf 따위의 작위를 영어로 번역한 단어로 영어의 earl에 해당하나 여성형은 모두 countess를 쓴다.

countess[káuntis] 명 백작부인(earl, count의 처, 미망인, 딸), 여자 백작.
☞ county, viscount

countenance[káuntinəns] 명 얼굴(표정), 안색, 침착함, 찬조(贊助), 지지(支持). 동 찬조하다. 4
[(고프) contenance gesture, look 태도, 표정←(래틴) continentia continence 금욕, 절제←continēre←continere; continent 참조] ☞ contain

counter[káuntə] 형 반대의. 부 반대쪽으로. 동 역행(逆行)하다. 명 계산기, 계산대.
[(프) contre against←(래틴) contrā against, facing, opposite to]
☞ contrary

counteract[kàuntərǽkt] 동 방해하다, 좌절시키다. 8
[counter- against+act]

counteraction[kàuntərǽkʃ(ə)n] 명 중화작용(中和作用), 저지, 반작용.
☞ counter, act

counterfeit[káuntəfi(ː)t] 형 위조의(forged), 거짓의. 명 위조물. 동 위조하다(forge). [(고프) contrefait ← contrefaire imitate 모방하다←(래틴) contrā against+facere make] 8
☞ counter, fact

counterpart[káuntəpɑːt] 명 대단히 비슷한 것, 짝을 이룬 한 쪽.
[counter- against+part]
☞ counter, part

country[kántri] 명 나라(state), 시골(rural districts), 국민, 조국(motherland), 고향. 1
[(고프) contrée ← (래틴) contrāda, contrāta region 지역←contrā opposite 반대쪽의]
주의 "시골"의 뜻으로 쓸 때에는 정관사 the를 같이 쓰며 보통 단수가 된다.

보기 : God made *the country*, and man made the town. 신이 시골을 만드시고 사람은 도시를 만들었다.

countryman[kántrimən] 명 동국인(同國人), 고향 사람, 시골 사람(rustic). ((여성) countrywoman) 7

countryside[kántrisáid] 명 (어떤)시골, 지방, (어떤)지방의 주민. 「적인.

country-wide[kántri-wáid] 형 전국

county[káunti] 명 (영) 주(州), (미) 군(郡), 주(군)민. 3
[(래틴) comitātum ←comit ← comes count]
주의 country와 혼동하지 않도록 하라.
☞ count²

couple[kápl] 명 한 쌍, 한 벌, (특히)부부. 동 잇다(link), 결혼시키다, 연상하다(associate), 결혼하다(marry). cf. pair 한쌍.
[(래틴) cōpula band 띠←coapula← co- cum- together + apere join 합하다; join together]

통계어 **copula**[kɔ́pjulə] 명 계사(繫詞) (보어를 필요로 하는 be 동사 따위).
[(래틴) cōpula] **copulate**[kɔ́pjuleit] 동 교미(交尾)하다. [(래틴) copulātus ←copulāre] 「接」, 교미(交尾).

copulation[kɔ̀pjuléiʃ(ə)n] 명 교접(交

courage[kə́ridʒ] 명 용기(bravery), 배짱. 반 timidity, cowardice. 2
[(프) courage ← (고프) cor heart + -age ((래틴) -āticum) ←(래틴) cor heart; cf. (프) cœur]
동의어 어떠한 위험, 곤란, 고통도 무릅쓰고 당해 내는 정신적인 힘을 나타내는 말이 courage라 하면, 대담하고 끔찍한 행동으로 나타낸 courage라는 뜻을 갖는 것이 bravery라 하겠다. 특히 bravery에는 courage와는 달리 도덕적인 면이 결핍되어 있는 것이 큰 차이이다.

courageous[kəréidʒəs] 형 용기 있는, 용감한(brave). 6
courageously[kəréidʒəsli] 부 용감하게.

discourage[diskə́ridʒ] 동 실망하게 하다, 못하게 하다. 4
[dis- not+courage]

encourage[inkə́ridʒ] 동 격려하다, 장려하다, 조장하다. 3
[(프) en- ((래틴) in)+courage]

encouragement[inkə́ridʒmənt] 명

장려, 격려. 8
course[kɔːs] 명 진행(progress), 코오스, 과정(passage), 방침, 과목. 동 쫓아 다니다(run). 1
[((래틴)) *cursum, cursus* course←*currere* run; 달리는 길]
in ~ of … …하는 중. *middle ~* 중용(中庸). *of ~* 물론.
courser[kɔ́ːsə] 명 (시) 준마(駿馬), (일반적으로) 말(horse).
☞ concur, occur, recur, current
court[kɔːt] 명 뜰(yard), 궁정(royal palace), 재판소(law court), (회사 따위의)역원(회),중역(회); 아첨. 동 (사랑을) 구하다, 비위를 맞추다. 1
[((중영)) *cort*←*curt*←(고프)←((래틴)) *co- cum-* together+*hort(em)* garden, yard]
~ of justice(또는 *law, judicature*) 재판소. *laugh out of ~* 일소(一笑)에 붙이다, 문제로 삼지 않다. *pay*(또는 *make*) *one's ~* (여자에게)구혼(求婚)하다, 아첨하다. *as a matter of ~* 당연히, 마땅히. *in due ~* 차차, 얼마 후. *in the ~ of* … … 하는 동안에.
courteous[kə́ːtiəs, kɔ́ːtiəs] 형 예의 바른, 공손한. 5
courtesy[kə́ːtisi, kɔ́ːtisi] 명 예의, 공손함(politeness), 호의(favour); 절(curtsy), 인사. 5
courtier[kɔ́ːtjə] 명 조신(朝臣); 아첨하는 사람. 4
courtly[kɔ́ːtli] 형 고상한, 우아(優雅)한. 부 궁정식으로.
courtship[kɔ́ːtʃip] 명 (남자가 여자에게 하는)구혼. 10
cousin[kʌ́zn] 명 사촌, 먼 친척(any distant relative), 경(卿) (국왕이 다른 나라 왕, 자기의 귀족 따위를 부를 때 씀). 2
[(고프) *cosin*←((래틴)) *consobrīnus* the child of a mother's sister, cousin ←*con- cum-* together+*sobrīnus* belonging to a sister←*soror* sister 여자 형제; *cf.* (프) *cousin*]
~ german=first(또는 *full*) *~* 사촌. *second ~* 육촌, 재종형제. *third ~* 팔촌. *first ~ once* (twice) *removed* 사촌의 아들(손자).
통계어 **sorority**[sərɔ́riti] 명 (교회 따위의)부인회, ((미)) (대학의)여학생회

(club of women). *cf.* flaternity 남자 대학생 클럽. [((래틴)) *sorōritātem* ←*soror* sister+ -*ity*] ☞ sister
cove[kouv] 명 포구(浦口), (험한 산 허리의) 오목한 곳. 9
[((고영)) *cofa* chamber, cave 방, 동굴]
covenant[kʌ́vinənt] 명 계약, 서약(contract). 동 계약하다. 6
[((고프) *co(n)venant* agreement 합의←(고프) *co(n)venant* ← *co(n)venir* assemble, agree ← ((래틴)) *convenīre* assemble 모이다; convene 참조]
cover[kʌ́və] 동 덮다, 씌우다(enwrap), 칠하다(coat), 엄호(掩護)하다(shield, protect), …에 이르다(extend over), (어떤 거리를)지나가다(travel). 명 덮개, 표시, 숨는 곳(shelter). 반 expose 폭로하다, uncover 벗기다. 1
[(고프) *co(u)vrir*←((래틴)) *coö perīre* cover ← *co- cum-* wholly + *operīre* shut, hide 감추다]
coverlet[kʌ́vəlit], **coverlid**[kʌ́vəlid] 명 이불, 홀이불. 10
[((중영)) *coverlite*←(앵글로 프) *coverlet* bed-cover←(고프) *covrir*]
통계어 **discover**[diskʌ́və] 동 발견하다. [((래틴))*dis-* apart+*couvrir* cover]
recover[rikʌ́və] 동 회복하다, 다시 바르다. [((래틴)) *recuperāre* recover ←*re-* again+*cupere* desire]
uncover[ʌnkʌ́və] 동 벗기다, (모자를)벗다. [*un-* apart+*cover*]
covet[kʌ́vit] 동 (특히 남의 것을) 몹시 탐내다(desire unlawfully). 반 dislike.
[((중영)) *coueiten, coveiten* ← (고프) *coveiter*←((래틴)) *cupere* desire 바라다; cupid 참조] 5
covetous[kʌ́vitəs] 형 몹시 탐내는, 탐욕한. [((래틴)) *cupiditas* 욕심←*cupere*; *covet*+ -*ous*(형용사 어미)] 8
covetously[kʌ́vitəsli] 부 탐내어서.
통계어 **Cupid**[kjúːpid] 명 (로마 신화) 큐피드 (Venus의 아들로 연애의 신. 보통 나체에 날개가 돋친 아름다운 소년이 활과 화살을 든 모습), 아름다운 소년. [((래틴)) *cupīdo* desire 욕망←*cupere* desire 바라다]
cupidity[kju(ː)píditi] 명 탐욕(貪慾)
cow¹[kau] 명 암소, (미, 복수)축우(畜牛 cattle), (외뿔소, 코끼리, 바닷범, 고래 따위의)암컷. 반 ox(거세한)숫소, bull (거세하지 않은) 숫소. 1

[《고영》 cū, (pl. cy); cf. 《독》 kuh]
cowboy[káuhɔi] 명 목동(牧童).
cow²[kau] 타 위협하다(make afraid).
[《아이스》 kūga tyrannize over 압박하다]
coward[káuəd] 명 겁쟁이, 비겁한 사람. 형 겁이 많은. ⓑ brave.
[《고프》 coe tail 꼬리 + 《프》 -ard ← 《래틴》 cauda tail]
참고 show the white feather 겁을 내다 (수탉의 꼬리에 흰 것이 있으면 싸움에 약하다고 해서).
cowardice[káuədis] 명 겁, 비겁함.
[《고프》 couardise; coward+ -ice]
cowardly[káuədli] 형 겁이 많은, 비겁한.
cowl[kaul] 명 (중의) 두건이 붙은 겉옷, 고깔.
[《중영》 cūle ← coule ← 《고영》 cug(e)le←《래틴》 cuculla cowl]
coy[kɔi] 형 부끄러워 하는, 수줍은, 사람의 눈에 띄는.
[《고프》 coi, quei quiet, still 고요한← 《래틴》 quætum←《래틴》 quiētus still]
☞ quiet
crab[kræb] 명 게(蟹). 타 손톱으로 긁다(scratch); 흑평하다.
[《고영》 crabba; cf. 《독》 krabbe]
crack[kræk] 자 날카로운 소리가 나다 (소리를 내다), 금가다, 쪼개(지)다. 명 탁! 하는 소리, 틈, 혐, 목청의 바꾸어짐, 일류의(first-rate). 부 탁!, 날카롭게(sharply).
[《고영》 cracian] ☞ crash
cracker[krækə] 명 폭죽(爆竹), 딱총, 파쇄기(破碎器), 《미》 비스켓.
[crack+ -er(명사 어미)]
crackle[krækl] 자 탁탁 소리를 내다. 명 탁탁 하는 소리.
[crack+ -le (반복어미)]
cradle[kréidl] 명 요람(搖籃), 어릴 때, 발상지(發祥地).
[《고영》 cradol]
from the ~ to the grave 일생 동안 내내.
craft[krɑːft] 명 교활, 술책(cunning), 기능, 수예, (특수한 기술을 요하는)직업; 교묘함(skill); 배, 비행기.
[《고영》 cræft; cf. 《독》 kraft force]
crafty[krɑ́ːfti] 형 교활한(cunning), 교묘한(skilful).
craftsman[krɑ́ːftsmən] 명 공장(工匠

artisan), 명공(名工).
⦿통계어⦿ handicraft[hǽndikrɑːft] 명 수예(手藝), 수공업, 손끝 재간.
[《고영》 handcræft]
crag[kræg] 명 가파른 비위, 단애(斷崖), 낭떠러지.
cram[kræm] 타 쓸어넣다, 처넣다(fill very full). 명 주입식 학습, 쓸어 넣음.
[《고영》 crammian stuff]
crammer[krǽmə] 명 주입식 교육을 하는 교사, (무조건 외워 나가는)수험생.
cramp[kræmp] 명 (근육의)경련(痙攣), 구속(물). 타 (보통 수동태) 경련이 나다, 쥐가 나다; 속박하다.
[《프》 crampe ← 《홀런드》 kramp cramp; 원 뜻은 안으로 구부러진]
crane[krein] 명 (새) 학(鶴); 기중기 (起重機). 타 (목을)길게 뽑다; 기중기로 운반하다, 주저하다.
[《고영》 cran; cf. 《독》 kranich]
crank[kræŋk] 명 (기계) 크랑크; 굽음. 타 굽히다, (기계, 건물 따위가)찌그러지다; 촬영하다.
[《중영》 cranke bent 구부러진]
~ in (영화)촬영 개시.
crankily[krǽŋkili] 부 제멋대로, 혼들혼들.
cranky[krǽŋki] 형 (기계, 건물 따위가)찌그러진, 혼들혼들 하는, 구불구불한, 이상한 성질의.
cranny[krǽni] 명 틈, 금, 쪼개진 곳.
[《중영》 crany←《프》 cran notch 금 +《영》 -y(어미)]
crash[kræʃ] 자 와지끈하고 무녀지다, 와장창하고 깨어지다, (비행기가)추락하다, (자동차가)파괴되다. 명 굉장한 소리, 파멸, 도피(倒壞).
[소리를 본 딴 단어; cf. clash, dash]
☞ craze
crate[kreit] 명 나무가지로 엮은 바구니.
[《래틴》 crātes hurdle 장애물]
crater[kréitə] 명 (화산의)분화구.
[《래틴》 crātēr bowl 그릇←《그》 krātēr a large bowl in which things were mixed ← kerannumi I mix]
cravat[krəvǽt] 명 (상점)넥타이, (부인용)스카프;(의학) 삼각건(三角巾).
[《프》 cravate; 1636 년 프랑스에 처음 들어온 넥타이의 일종. 북 아드리아 해의 Croatians가 매던 것임]
crave[kreiv] 타 간절히 바라다 (ask eagerly for), 열망하다, 필요로 하다

(require). 4
[《고영》 crafian crave]
craving[kréiviŋ] 명 갈망, 동경, 간청.
craven[kréivn] 형 겁이 많은, 비겁한.
명 겁장이, 비겁한 사람. 9
[《중영》 cravant beaten 언어 맞은←《고프》 cravante overthrown+recreant recreant의 혼성어]
crawl[krɔ:l] 동 기어가다, 느릿 느릿 가다. 명 포복(匍匐), 서행(徐行); 크롤수영법(水泳法). 3
[《중영》 crulen ← 《아이스》 krafla crawl]
[통의어] 발이 없는 벌레나 뱀처럼 배를 땅에 대고 몸을 끌면서 기는 것이 **crawl**이며, 비유해서 쓸 때에는 비열하다거나 더러운 마음으로 일한다는 뜻이 포함된다. 애기, 다리가 있는 파충류, 곤충 따위가 기는 것은 **creep**라고 하는데, 이것은 비유해서 쓸 때에는 느리게 나아간다거나 남의 눈을 속여가며 행동한다는 뜻을 갖는다.

craze[kreiz] 동 《보통 과거분사형》 미치(게 하)다. 명 발광, 열광, 대유행(rage). 5
[《중영》 crased cracked 깨어진←《스웨덴》 krasa crackle; cf. 《프》 écraser break in pieces]
crazy[kréizi] 형 미친, 흥분한, 열중한, 열광적인. 반 sane. 5
[통의어] 격정이나 심한 충격을 받고 정신이상이 생긴 것을 **crazy**라고 하며, 이에 비해 "제정신이 아닌 것 같은, 저돌적인"의 뜻으로 **mad**를 사용한다. 한편 "완전히 이성을 잃은"의 뜻으로 **insane**을 쓰며 이 단어는 법률용어로 쓰이는 것이 보통이어서 대단히 딱딱한 표현이 된다.

cream[kri:m] 명 크림, 유지(乳脂); 정수(精髓). 동 크림을 넣다, 크림을 바르다, 크림 모양으로 굳(히)다. 2
[《고프》 cresme←《래틴》 chrisma consecrated oil 성유(聖油)←《그》 chrísma; cf. 《프》 crème]
☞ chrism, christen
creamery[krí:məri] 명 버터(치이즈) 제조소; (우유, 크림, 버터) 판매소. 10
[《프》 crèmerie; cream+ -ery]
creamy[krí:mi] 형 크림이 많은, 크림색의. 9
[통계어] **chrism**[krízəm] 명 성향유(聖香油)(천주교의 의식에 쓰는 향유).

[《래틴》 chrisma ← 《그》 chrīsma ← chriō I rub, anoint]
☞ Christ, christen
create[kri(:)éit] 동 창조하다 (bring into being), 산출하다(produce), (국가, 회사 따위를) 세우다(constitute), 야기(惹起)하다(cause). 반 destroy. 2
[《래틴》 creātus←creāre make]
creation[kri(:)éi∫(ə)n] 명 창조, 창작, 건설; 창조물, 우주, (지력, 상상력의)산물. 4
[create+ -ion(명사 어미)] 「창제인」
creative[kri(:)éitiv] 형 창조적인, 독
creator[kri(:)éitə] 명 창조자, 창설자.
the Creator 조물주 (God). 6
creature[krí:t∫ə] 명 생물, (특히)동물, 녀석, 놈, 년, 노예, 산물, 창조물.
[create+ -ure] 2
credit[krédit] 명 신용(trust), 명성(reputation and honour); 세력; 대변(貸邊); 《미》(학과목의)합격증명. 동 신용하다, (…한 성질, 감정을)갖고 있다고 믿다. 반 discredit, debt 빚, 차변(借邊). 3
[《프》 ←《이태》 credito←《래틴》 crēditus what is believed ← crēdere believe]
~ *sale* 외상, 신용거래. *give* ~ *for* ……의 공임을 인정 받다. *give* ~ *to* ……을 믿다. *have* ~ 신용이 있다. *letter of* ~ 《상업》 신용장(信用狀). *on* ~ 외상으로. ~ (a person) *with*…= ~ *to*(a person)(사람이)…을 갖고 있다고 생각하다.
credible[krédibl] 형 믿을 수 있는, 믿을만한.
creditable[kréditəbl] 형 명예가 되는, 칭찬할만한(praiseworthy), …으로 돌릴 수 있는(ascribable).
creditor[kréditə] 명 채권자(債權者), 《부기》 대변(貸邊)《Cr.로 생략함》.
반 debtor 6
credo[krí:dou] 명 신조(信條 creed).
[《래틴》 =I believe; 래틴어의 사도행전 처음에 나오는 말]
credulity[kridjú:liti] 명 믿기 쉬움, 경신(輕信). [《중영》credulite←《래틴》 crēdulitātem←crēdulus] 7
credulous[krédjuləs] 형 믿기 쉬운, 속기 쉬운. 반 incredulous. 8
[《래틴》 crēdulus too confiding 너무 잘 믿는←crēdere]

creed[kri:d] 图 (종교상의)신조(信條). [《중영》 crede←《고영》 crēda←《래틴》 crēdo I believe] 8

creek[kri:k] 图 개, (바다, 강, 호수의) 물굽이, 작은 강(small stream), 지류 (支流), 끝짜기. 4
[《중영》 creke←crike←《아이스》 kriki crack, nook]

creep[kri:p] 图 (crept). 图 기어 가다 (crawl), 몰래 닥아 오다. 图 포복(匍匐), 서행(徐行); 《보통 the creeps》전율(戰慄). cf. crawl. 2
[《중영》 crepen←《고영》 crēopan]

creeper[krí:pə] 图 기는 사람, 비굴한 사람, 곤충, 길 동물, 짐덩굴.
[creep+ -er(명사 어미)] ☞ crawl

crescent[krésnt, kréznt] 图 초생달, 초생달 무늬; 터어키; 회교(回教). 图 초생달 모양의. 7
[《래틴》 crēscent ← crēscere grow, increase 증가하다]

crest[krest] 图 닭의 벼슬(comb), 새깃 장식(plume); 꼭대기(top). 4
[《고프》 creste ← 《래틴》 crista; cf. 《프》 crete]

crevice[krévis] 图 (좁고 깊은)틈, 깨어진 금. 8
[《중영》 crevice ← 《고프》 crevasse← crever burst 터지다←《래틴》 crepāre crackle, burst] 긴.

creviced[krévist] 图 균열(龜裂)이 생

crew[kru:] 图 (총칭) 승무원(전원),《보통 멸시해서》패 (gang), 패거리, 《주로 미》(같은 일을 하는)노동자의 조(組 group). 2
[《래틴》 accrescere grow to ← ac- ad- to+crescere grow 커지다; 예전에는 crue라 적었다. (ac)crue의 준말]
☞ crescent

crib[krib] 图 구유, (통나무)집(hut), 작은 방. 图 좁은 곳에 밀어 넣다; 표절하다, 컨닝하다; 주해서를 보다. 6
[《고영》 crib; cf. 《독》 krippe]

cricket[kríkit] 图 《곤충》귀뚜라미,《운동》크리켙《영국의 국기(國技)라고 하며 11사람씩 두 팀이 되어 하는 야외 경기》, 공명 정대한 태도. 图 크리켙을 하다. 4
[《곤충》《중영》 criket←《고프》 crequet, criquet←criquer creak, rattle←《홀런드》kriek a cricket, krikkraken rattle 딸깍거리다: 《운동》《고프》 criquet ←

《중 홀런드》 krick(e) crutch; 구부러진 막대기로 경기했기 때문에]

crime[kraim] 图 (법률상의)죄, (일반의)죄악(sin). 3
[《프》 crīme ←《래틴》 crīmen accusation, fault; 《래틴》 crenere decide← 《그》krinein decide와 관계가 있다]
criminal[krímin(ə)l] 图 범죄(성)의, 형사상(刑事上)의. 图 법인(犯人).《래틴》crīminālis←crīmen 5
동의어 사회의 안녕과 질서를 유지하기 위하여 마련된 법을 어기는 행위, 특히 사회나 개인에게 해를 끼치는 죄를 crime이라고 하며, sin에 비하면 법적인 뜻이 있다. 중대한 crime이라고 말할 수는 없으나 도덕적 또는 사회상의 모든 규법을 깨뜨리는 모든 행위는 offence 또는 offense로 불리어진다. 특히 종교, 도덕상의 죄는 sin이라고 한다. 죄악, 특히 부도덕적인 습관이나 행위는 vice라고 하는데 sin이 되는 일이 crime이나 vice는 되지 못하는 때가 있다.

crimson[krímzn] 图 심홍색(深紅色)의, 진 빨강의. 图 진 빨강. 图 진 빨강이 되다, 얼굴을 붉히다(blush). 4
[《중영》 cremosin←《고프》 cramoisin ←《래틴》 cramesnus crimson ←《아랍》 qirmizī crimson ← qirmiz 선인장에 기생하는 붉은 벌레 ← krmi(s) worm 벌레]

cripple[krípl] 图 앉은뱅이, 절름발이, 불구자, 폐인(廢人). 图 불구가 되게 하다, 다리를 절(게 하)다(hobble). 4
[《중영》 crepel ← crupel←《고영》crup- creōpan creep+ -el of the agent 행위자의; 기는 사람→절름발이]

crisis[kráisis] 图 (pl. crises[kráisi:z]) 위기(危機 moment of great danger), (재수, 병의)고비. 2
[《그》 krisis discerning 식별, crisis ←krinein decide 결정하다, 판정하다]
☞ critic

crisp[krisp] 图 (음식물이)바삭바삭한, (종이가)바삭바삭 소리나는, 곰슬곰슬한(curly), 상쾌한. 图 (머리를)지지다, 바삭바삭 굽(히)다, 꽁꽁 얼(리)다. 5
[《고영》 crisp←《래틴》crispus curled]
to a ~ 바삭바삭 하게.

critic[krítik] 图 비판자, (특히)혹평하는 사람, 평론가. 5
[《그》 kritikos able to discern 알아

critical[krítik(ə)l] 휑 비평의, 평론의, 비판적인, 혹평의, 위태로운. 8
[critic+ -al(형용사 어미)]
critically[krítik(ə)li] 🖳 비평적으로, 혹평하며, 위태롭게.
criticism[krítisiz(ə)m] 휑 비평, 평론(문), 비난. [critic+ -ism] 7
criticize[krítisaiz] 📉 비평하다, 평론하다, 비난하다. 8
통계어 **criterion**[kraitíəriən] 휑 (pl. criteria, -s) (비평의)표준, 기준.
[《그》 kritērion means for judging 판단의 기준←kritēs decider 결정자← krinein decide, judge] ☞ crisis
croak[krouk] 휑 개굴개굴 (또는 까욱까욱)우는 소리 《개구리, 까마귀 우는 소리》, 목쉰 소리. 📉 개굴개굴 울다, 까욱까욱 울다, 목쉰 소리로 말하다, 불길한 소리로 말하다. 5
[《중영》 croken; 소리를 본 딴 단어]
croaky[króuki] 휑 개굴개굴 (또는 까욱까욱)우는, 음산한.
crocodile[krɔ́kədail] 휑 《동물》《아프리카 및 남아시아의》악어. cf. alligator 《아메리카 및 중국의》악어. 7
[《프》 crocodile←《라틴》 crocodīlus← 《그》 krokodeilos lizard 도마뱀, crocodile ← krokē pebble 껍질이 울퉁불퉁해지다 + drilos earthworm 지렁이]
crook[kruk] 휑 구부러진 것, 굴곡(屈曲), 굴절. 📉 굽(히)다. 9
[《중영》 crok←《아이스》 krōkr hook, bend, angle]
crooked[krúkid] 휑 굽은 (curved, twisted), 부정(不正)의. [krukt] 휑 굽은 손잡이가 있는. ⓐ straight 곧은. 4
crop[krɔp] 휑 농작물, (새의)모이 주머니; 수확(收穫); (자꾸만 생기는)무리, 속출(續出). 📉 베다(cut short), 수확하다; (곡식을)심다, 농작물이 (잘)되다.
[《고영》 cropp the top of a plant, the craw of a bird; 원 뜻은 bunch 다발] 2
참고 원 뜻은 다발이던 것이 crop (cut off the tops 머리를 베다)의 동사가 생기고, 또 harvest(추수)의 뜻이 되었다.
통의어 곡식류 및 그 외의 농작물을 거두어 들인 것, 또 자라고 있는 농작물을 보통 crop라 한다. crop와는 달리 비유해서 사용할 수 있는 말에 **harvest**가 있는데 이것은 곡식의 수확 절차나 시기를 강조할 때에 사용하고 있다. crop의 수량이나 액수는 **yield**라고 하며, 농작물을 주로 뜻하면서도 일반적으로 노동의 산물을 가리키기도 하는 말에 **produce**가 있다. 일반적인 산물, 정신적 산물, 작품은 **product**라고 하며 생산 작용이나 과정을 강조할 때에는 **production**이라고 말하기도 한다.

cross[krɔ(ː)s] 휑 십자가, 십자형. 📉 교차(交叉)시키다(하다), 횡단하다. 1
[《중영》 cros←《아이스》 kross←《라틴》 crucem←crux cross 십자가]
참고 십자가처럼 두 작대기가 "교차하다"에서 동사로 쓰이게 되고, 내가 하고 싶은 일을 다른 사람이 가로 막아서 "기분 나쁜, 화난"이라는 형용사의 뜻도 생기게 되었다.
crossing[krɔ́(ː)siŋ] 휑 횡단(橫斷), 교차로, 건느는 길.
crossly[krɔ́(ː)sli] 🖳 옆으로, 비뚤어지게, 심술궂게, 거꾸로. 「불유쾌.
crossness[krɔ́(ː)snis] 휑 심술궂음,
crossways[krɔ́(ː)sweiz], **crosswise**[krɔ́(ː)swaiz] 🖳 열십자로, 어긋나게, 옆으로, 비뚤어지게, 심술궂게.
crouch[krautʃ] 📉 웅크리다 (bend down), 작아지다. 휑 웅크리고 앉음. 5
[《중영》 crouchen stoop, bend ← 《고프》 croc(he) crook←《라틴》 croccum ←croccus hook]
crow¹[krou] 휑 까마귀. 1
[《고영》 crāwe cf. 《독》 krähe]
crow²[krou] 휑 수탉 우는 소리, 애기가 기분이 좋아 내는 소리. 📉 (수탉이)홰치며 울다, (애기가 좋아서)환성을 지르다. 2
[《고영》 crāwan to crow; cf. 《독》 krähen]
crow-bar[króu-baː] 휑 쇠지렛대.
crowd[kraud] 휑 군중, 혼잡, 대중(the masses), 다수. 📉 혼잡을 이루다, 쇄도(殺到)하다, …에 꽉 차다. 1
[《고영》 crūdan push 밀다, 몰려 오다 ← croda crowd, throng 군중]
통의어 사람이나 물건의 떼, 군중의 뜻으로 일반적으로 쓰이는 단어가 **crowd**이다. crowd만큼 밀집하여 있지 않거나 혼잡을 이루고 있는 군중은 **throng**이라 한다. 모인 사람이나 물건이 많음을 강조한 단어로서 crowd나 throng보다 큰 집단이면서 덜 혼잡한 것은

multitude라고 한다. 연이어 움직이는 큰 집단은 swarm이라고 하며, 무질서하고 형편 없는 crowd를 mob라 한다. 특히 통제가 되어 있는 큰 단체는 host라고 하는데 이 단어는 단순히 많음을 뜻하는 때도 있다. 무엇을 찾아 헤매는 큰 무리는 horde, 상놈들의 시끄러운 crowd는 rabble이라고 한다.

crowded[kráudid] 형 사람 많은, 혼잡한, 만원의, (물건이)가득한. 분주한. 8

crown[kraun] 명 관(冠), 왕관, 왕위(王位); 꼭대기(top); 크라운 화폐《영국의 5실링 은전》. 통 관을 씌우다, 꼭대기에 얹다, 왕위에 오르게 하다. 1
[《라틴》 *corōna* wreath 화환 ← 《그》 *korōnē* end, tip-*korōnis* wreath ← *kolōnos* bent 구부러진]
be ~ed with(success)(성공)의 영광을 차지하다. *to ~ all* 게다가, 마침내는(as a climax).
☞ corona, coronate

crucifix[krú:sifiks] 명 크리스트 수난의 상(像), 십자가. 10
[《중영》←《라틴》 *crucifixus* fixed to the cross ← *cruci-* cross + *fixus* ← *fīgere* fix]
통계어 **crucial**[krú:ʃ(ə)l] 형 결정적 (decisive), 극히 중대한(critical); 곤란한(difficult); 《의학》 십자형의.
[*cruci*-《라틴》 *crux* cross + -*al*(어미)]
crucible[krú:sibl] 명 도가니(melting pot), 엄한 시련(severe test).
[《라틴》 *crucibulum* hanging lamp, melting pot←*cruci-* cross-shaped 십자형의 + -*bulum*; cf. *thūribulum* censer 향로]
☞ crucify, cruise, cross

crucify[krú:sifai] 통 십자가에 못 박다; (정욕 따위를)억누르다. 9
[《중영》 *crusifien*←《프》 *crucier*←《라틴》 *crucifīgere*←*cruci-* cross + *fīgere* fix]
통계어 **crux**[krʌks] 명 (*pl*. cruxes 또는 cruces[krú:siz]) 《고상한 표현》 십자가, 십자형; 난문(難問), 난점.
[《라틴》 *crux* cross, torture]
☞ crucial, cruise, cross

crude[kru:d] 형 자연 그대로의, 생으로의(raw), 미숙한(unripe), 조잡한(rough), 노골적(bare). 반 refined 세련된. 6
[《라틴》 *crūdus* raw] ☞ cruel

cruel[krúəl, krúil] 형 잔인한(merciless), 무정한(unfeeling). 반 humane 인정 있는, merciful 자비로운. 2
[《라틴》 *crūdēlis* cruel←*crūdus*]
통의어 남의 불행이나 고통에 냉정하고 오히려 남에게 불행이나 고통을 주려는 것을 **cruel**이라 한다. cruel에 "폭력을 가하여 야만적으로 구는"의 뜻을 갖는 것이 **brutal**이고, 문명인으로서의 동정, 자비심 따위의 좋은 성질이 하나도 없는 것이 **inhuman**, 남이 괴로워하는 것을 보아도 느끼지 않는, "무정한"의 뜻이 있는 말이 **pitiless**이고, 자기의 목적을 위해서는 남의 권리나 복지 따위를 잔인한 만큼 "무시하는"의 뜻이 있는 말에는 **ruthless**가 있다.

cruelty[krú:lti] 명 잔인함, 잔인성, 잔인한 짓, 무자비. 4
[cruel + -*ty*(추상명사 어미)]
☞ crude

cruise[kru:z] 통 순항(巡航)하다(sail), (차에 손님을 태우기 위하여)몰고 다니다, 해상을 순라(巡邏)하다. 명 순항, 배회.
[《홀란드》 *kruisen* cruise, cross the sea←*kruis* cross 십자형←《라틴》 *crūcem*←*crux* cross]
cruiser[krú:zə] 명 순양함(巡洋艦), 순항 비행기, 대형 발동기선, 《미》 경찰용 대형 자동차; 빈 택시. 10
☞ crucial, crucify

crumb[krʌm] 명 《보통 복수》 작은 조각, 가루, 빵 부스러기, 빵의 속; 약간. 반 crust 빵 껍질. 4
[《고영》 *crūma*; *cf*. 《독》 *krume*]
참고 어미의 -b-는 아무 뜻이 없이 덧붙인 글자.
crumble[krʌ́mbl] 통 부스러기로 만들다, 가루를 내다, 가루가 되다, 무너지다. [crumb + -*le*(반복 어미)] 5
☞ cramp, crimp

crusade[kru:séid] 명 십자군, 개혁 운동(campaign). 통 십자군에 가담하다, 개혁 운동에 참가하다. 8
[《라틴》 *cruciāta* a marking with the cross 십자표시 ← *cruci-* *crux* cross; 지금의 형태는 《프》 *croisade*와 《스페》 *cruzada*를 혼동한 것]
crusader[kru:séidə] 명 십자군 군인, 개혁 운동자. 10
☞ crucify, crucial, cruise

crush[krʌʃ] 통 눌러 부수다, 압착(壓搾)

하다; 터뜨리다, 박살하다; 꾸겨지다; 쇄도하다. 圀 분쇄, 압도. 2
㊟ crash와 혼동하지 않도록.
〔《고프》 crusir, cruis(s)ir crack, break〕

crust[krʌst] 圀 빵의 껍질, 딱딱한 껍질, 부스럼딱지(scab). 圄 껍질로 덮다, 껍질이 생기다. ㉾ crumb. 4
〔《라틴》 crusta crust of bread〕
☞ crystal

crutch[krʌtʃ] 圀 (보통 a pair of crutches)목발, 나무다리; 지탱(support). 圄 지탱할 나무를 받치다(prop). 5
〔《중영》 crucche←《고영》 crycc crutch, staff 지팡이; cf.《독》 krücke〕

cry[krai] 圄 소리 지르다, 외치다(call loudly); (큰 소리로)울다, 울며 …하다. 圀 부르짖음, (야단스런) 소문. ㉾ laugh 웃다, whisper 속삭이다. 1
〔《중영》 crien ←《프》 crier ←《라틴》 quirītāre shriek, cry, lament; Quirites (공민으로서의 로마 시민)나 Romani (군사, 정치상의 로마 시민)의 도움을 애원하다가 원래의 뜻〕

㊁㊞ 슬픔이나 아픔을 표시하여 슬프게 소리지르거나 눈물을 흘리고 우는 것은 보통 일상용어로 cry라고 한다. 이에 비하여 목이 막혀 가며 신음하듯 흐느끼는 것은 sob, 눈물을 흘리며 우는 것은 보통 weep, 누를 수 없이 터져 나오는 울음은 wail, 애기가 보채면서 낮고 구슬픈 소리로 피엄 피엄 우는 것은 whimper, 슬픔이나 아픔으로 길게 애절하게 우는 것은 moan, 짧고 급격히 내는 신음소리는 groan, 오만상을 찌푸리고 넋두리를 하면서 우는 것은 blubber라고 한다.

It is no use crying over spilt milk.
《속담》 엎지른 물은 다시 담을 수 없다.

crystal[krístl] 圀 수정(水晶), 결정(結晶);《무선》광석(鑛石). 圈 수정의, 맑고 투명한. 4
〔《그》 krystallos ice, crystal←krystainein freeze 얼다←kryos frost 서리; 얼음 같은 것〕

crystalline[krístəl(a)in] 圈 수정으로 된, 결정을 이루는. 圀 결정체, (눈의) 수정체(水晶體). 〔《그》 krystallinos of crystal; crystal + -ine〕

crystallize[krístəlaiz] 圄 결정시키다, 결정이 되다.
〔crystal + -ize (동사 어미)〕

cube[kju:b] 圀 입방체, 정육면체;《수학》입방, 세제곱. 圄 세제곱하다; 체적(부피)을 구하다. 5
〔《프》 cube←《라틴》 cubum←《그》 kubos a cube〕

cubic[kjú:bik] 圈 입방의, 삼차의, 세제곱의. 圀《수학》삼차 방정식, 삼차 함수. 〔cube + -ic〕 7

cubical[kjú:bik(ə)l] 圈 입방체의, 정육면체의. 〔cubic + al〕 〔파(立體派)〕

cubism[kjú:biz(ə)m] 圀《미술》입체

cuckoo[kúku:] 圀 뻐국새(의 울음 소리); 바보. 4
〔《프》 coucou; 새의 울음 소리를 본 딴 단어〕 ☞ cock

cucumber[kjú:kəmbə] 圀《식물》오이.
〔《라틴》 cucumerem←cucumis cucumber; -b-는 아무 뜻 없이 덧붙인 글자〕
(as) cool as a ~ 침착하기 짝이 없는. 8

cuddle[kʌdl] 圄 (어린이 따위를)꼭 껴안다(hug), 껴안고 자다, 꼭 옆에 붙어 자다. 圀 포옹. 7
〔《영》 couthle to be familiar ←couth familiar, well-known←《고영》 cūth←cunnan know〕 ☞ can

cuddlesome [kʌdls(ə)m], cuddly [kʌ́dli] 圈 껴안고 싶은.

cuff[kʌf] 圄 (주먹 따위로)치다, 때리다. 圀 (딱 하고)치는 것; (장식용의)소매부리, (와이샤쓰)카프스, 끝동. 4
〔圄 cf.《스웨덴》 kuffa thrust, push; 圀《중영》 cuffe←coffe hand covering, glove〕

cull[kʌl] 圄 (꽃 따위를)꺾다, 따 모으다(pick), 뽑다(select). 圀 (보통 복수)(뽑아 낸)찌꺼기, 낙오자. 8
〔《라틴》 colligere collect; coil, collect 참조〕

culminate[kʌ́lmineit] 圄 최고점에 달하다, 전성을 이루다; 마침내 …이 되다, 끝내다. 10
〔《라틴》 culminātus←culmināre come to a top 최고에 이르다 ← culmin- ← culmen, columen top〕 ☞ column

culmination[kʌ̀lmineiʃ(ə)n] 圀 최고점, 전성(全盛), 한창.

cultivate[kʌ́ltiveit] 圄 경작하다(till), 재배하다, 기르다(grow, develop), (마음, 학예를)닦다. ㉾ devastate 황폐케 하다. 3
〔《라틴》 cultivātus ← cultivāre till-

cultīvus fit for tilling←《래틴》*cultus*
←*colere* till 경작하다]

cultivated[kʌ́ltiveitid] 형 경작된, 재배된, 세련된.

cultivation[kʌ̀ltivéiʃ(ə)n] 명 경작, 재배, 배양(균), 양성; 교양. 7

cultivator[kʌ́ltiveitə] 명 경작자, 재배자, 양성자; 농경기계. 3

culture[kʌ́ltʃə] 명 교양, 문화; 재배. 동 교화하다; (세균을)배양하다. 6
[《프》*culture*←《래틴》*cultūra* care, cultivation ← *colere* till 경작하다]
☞ cultivation

cultural[kʌ́ltʃər(ə)l] 형 배양상(培養上)의, 수양상의, 문화의.

cunning[kʌ́niŋ] 형 교활한(crafty, wily), 간사한, 교묘한(skilful). 명 교활함, 간사한 지혜(craft), 교묘함(skill). 3
[명 《중영》 *cunning*←*conning* ← *cunnen* know←《고영》 *cunnan* know; 형 《중영》 *cunninge*←《고영》 *cunnan*]

cunningly[kʌ́niŋli] 부 교활하게, 교묘하게.
참고 우리 나라에서 시험 때에 부정행위하는 것을 "컨닝한다"고 말하나 영어에서는 cheat를 사용한다.
☞ know, uncouth, can

cup[kʌp] 명 컵, 잔, 우승배(優勝盃). 1
[《고영》 *cuppe* cup←《래틴》 *cuppa*-*cūpa* tub 통, drinking-vessel 잔; *cf.* 《프》 *coupe*]

cupboard[kʌ́bəd] 명 찬장, 그릇장. 5
[《중영》 *cupborde*; cup+board; 원뜻은 컵을 얹어 두는 선반]

cur[kəː] 명 잡종의 개, 깡패, 건달, 비겁한 놈. 10
[《중영》 *kur-dogge*(1225 년 경 사용); 《스칸디》 *kurra* grumble 투덜대다에서 생긴 말]

curb[kəːb] 명 (말의)재갈, 고삐, 구속. 동 고삐를 달다, 재갈을 물리다, 억제하다. 4
[《중영》 *courben* bend 굽히다 ←《프》 *courber*←《래틴》 *curvus* bent]
☞ curve

curd[kəːd] 명 응결된젖(凝乳), 응결물. 9
[《중영》 *curd*←*crud*; *cf.* 《고영》 *crud* ← *crūdan* crowd 모우다, press together 집결시키다]
bean ~*s* 두부(豆腐).

curdle[kə́ːdl],동 응결하다, 응결시키다. [curd+ -le(반복 어미)] 10

cure[kjuə] 명 치료(법), 고치는 법. 동 치료하다, 낫다. 2
[《프》 *cure*←《래틴》 *cūra* attention 주의, 관심]
~ *a patient of*(a disease)(환자의 병을) 치료하다.

curative[kjúərətiv] 형 병에 듣는, 낫는. 명 약, 치료법. [《프》 *curatif*; cure + -ate+ -ive]

통계어 **curate**[kjúərit] 명 (교구의)목사보(牧師補). [《래틴》 *cūrātus* priest, curate←*cūra*]

curator[kju(ə)réitə] 명 (박물관, 도서관 따위의)관리자, 주사(主事), 대학평의원. ☞ accurate, curious

curfew[kə́ːfjuː] 명 만종(晚鐘), 저녁 인경소리, 야간 통행금지(의 신호).
[《앵글로 프》 *coeverfu* ← *coverefeu*, *curfeu* ←《고프》 *covrir* cover + *feu* fire; 불을 덮으라는 신호]
☞ cover, focus
참고 원 뜻은 Cover fire! "불을 덮어라". 중세기에 불을 덮어 끄고 잘 시각을 알린 인경 소리. 지금은 거리에서 노는 아이들에게 집으로 돌아가라고 치는 저녁 종소리.

curious[kjúəriəs] 형 호기심이 많은(eager to learn or know), 기묘한(strange), 진기한(odd), 면밀한(exact). ⊕ common 평범한. 3
[《중영》←《고프》 *curious*←《래틴》 *cūriōsus* attentive 주의하는, 관심을 기울이는←*cūra* attention] ☞ cure

curio[kjúəriou] 명 (특히 동양의)골동품 (curiosity). *cf.* photo ← photo(graph), auto←auto(mobile).

curiosity[kjùəriɔ́siti] 명 호기심, 진기(珍奇)함, 골동품.

curiousness[kjúəriəsnis] 명 이상한 것(을 좋아 하는 성질).
참고 curious의 원래 뜻인 "면밀한(careful)"은 오늘 날 특별한 경우를 빼고는 별로 쓰이지 않는다. *curious* research(또는 inquiry), *curious* design, a jewel of *curious* workmanship (면밀하게 세공한 보석).
☞ care, curate, accurate

curl[kəːl] 명 곱슬머리, 비비 꼬인 것. 동 (머리 털을)지지다, 비틀다, 꼬(이)다, 말(리)다(捲). 2
[《중영》 *crul* curly 곱슬 거리는]

currant[kʌ́r(ə)nt] 명 (씨 없는)작은 건

포도, 검은 딸기.
주의 current와 혼동하지 않도록.
[(중영) raysyns of coraunt ← (프) raisins de Corinthe; 그리이스 남부의 Corinth 시의 포도의 Corinth가 변한것]

current[kə́r(ə)nt] 형 통용되는(in common or general use), 오늘날의, 현대의(now passing). 명 흐름, 조류(潮流), 기류(氣流), 전류(電流), 진행(passing of time), 추세(趨勢) tendency). 2
[(중영) currant←(고프) curant←cur- re run←(래틴) currere run; running 달리는]
~ *English* 시사영어(時事英語). ~ *money* 통화(通貨). *the* ~ *price* 시가(時價).

currency[kə́r(ə)nsi] 명 유통(流通), 통화(액); 유포(流布); 시세(時勢); 기간. [current+ -cy(명사 어미)] 7

통계어 **curriculum**[kəríkjuləm] 명 (pl. curricula) (전)교육과정, 교과과정. [(래틴) = race, course 경주, chariot 전차←currere run]
~ *vitae*[váiti:] 이력서.
☞ course, concourse, occur, recur

curry[kə́ri] 명 카레, 카레 요리. 동 카레 가루로 요리하다.
[(타밀) *kari* sauce 소오스, 양념; 타밀어는 인도 남부와 실론 섬에서 쓰는 말]
~ *and rice* 카레·라이스.

curse[kə:s] 명 저주(咀呪 damn), 욕; 재난. 동 저주하다, 욕하다. 반 bless 축복하다. 2
[(고영) *cursian* to curse]
동의어 사람이나 물건에 불행이나 재난이 오기를 비는 가장 보편적인 단어는 curse, curse보다 뜻이 강한 것으로 저주의 말 속에 쓰이는 것이 damn이다. 한편 "맹세하다"는 뜻에서 "더럽게 욕을 하다"의 뜻으로 swear를 쓰는데 이것은 curse나 damn보다는 부드러운 느낌이 있다.

통계어 **accursed**[əkə́:sid] 형 저주받은, 저주스러운. [(중영) *acorsien* curse extremely←a-(고영) ā- very+ curse+ -ed]

curtail[kə:téil] 동 줄이다(cut down), 단축하다.
[(고프) *courtault*←*cour* short+ -*ault* ←(래틴) *curtus* short]

curtailment[kə:téilmənt] 명 줄임.
curtain[kə́:t(ə)n, kə́:tin] 명 커어튼, 장막(帳幕). 동 막을 치다. 반 straighten 똑바로 하다. 2
[(중영) *cortin* ← (고프) *cortine* ← (래틴) *cortina* screen ← *cŏrs* court 뜰; 원 뜻은 작은 뜰]

curve[kə:v] 명 곡선, 굴곡. 동 굽(히)다, 곡선을 그리다. 3
[(래틴) *curvus* bent ← *curvāre* to bend, curve]

cushion[kúʃ(ə)n, kúʃin] 명 방석, 쿳숀. 동 쿳숀을 놓다. 3
[(고프) *coissin, coussin* cushion 방석←(래틴) *coxīnum* a support for the hip 엉덩이를 받치는 것 ← *coxa* hip 엉덩이]

custody[kʌ́stədi] 명 보관, 관리; 구속, 감금. 7
[(래틴) *custōdia* keeping guard 보호 ←*custōd(i)*- *custos* guardian, hider 보호자, 숨기는 사람]
in ~ 구속 중인.

custodian[kʌstóudiən] 명 관리인.
custom[kʌ́stəm] 명 습관, 판례; 단골; *pl.* 관세, 세관. 2
[(래틴) *consuētus* ← *consuescere* ac- ucstom 적응하다←*con- cum-*together, very+*suescere* to be accustomed; to be accustomed with ⋯에 길들다]
the Custom 세관 (the custom service).

customary[kʌ́stəm(ə)ri] 형 습관적인, 일반적인, 관습상의, 판례에 따르는. 6
[(래틴) *customārius*]

customer[kʌ́stəmə] 명 단골 손님, 거래처. 3

custom-house[kʌ́stəmhaus] 명 세관.
☞ accustom, costume

cut[kʌt] 동 끊다, 재단하다, (머리를) 깎다; (비용을)줄이다. 명 베는 것, 절단, 삭제; 상처; 횡단로; 칼. 형 벤, 삭감한. 1
[(중영) *cutten*←(스칸디); *cf.* (스웨덴 방언) *kuta* cut]

cutlass[kʌ́tləs] 명 (굽고 폭이 넓은) 단검(短劍)
cutlery[kʌ́tləri] 명 칼 종류, 칼 대장장이. 10
cutlet[kʌ́tlit] 명 카틀리트(용의 엷은 고기).
cutter[kʌ́tə] 명 베는 사람, 재단사,

베는 도구, 캇타(군함용 소정(小艇)).
cute[kjuːt] 혤 영리한(clever), 《미》 귀여운(pretty).   9
[*acute*의 a-가 없어진 것] ☞ acute
cycle[sáikl] 몡 주기(周期), 《무선》 주파(周波); 한 시대; 한 떼(群); 자전거. 통 순환하다; 자전거를 타다.   9
[《프》 *cycle*←《래틴》 *cyclum* ← *cyclus* ←《그》 *kuklos* circle 원, cycle]
통계어 **bicycle**[báisikl] 몡 자전거. [1868년 이후 사용; *bi-* two + *cycle* wheel] **tricycle**[tráisikl] 몡 세발자전거, 삼륜차. [*tri-* three+*cycle*]
cyclic [síklik, sáiklik], **cyclical** [síklik(ə)l, sáiklik(ə)l] 혤 순환기의, 주기적인. **cycling**[sáikliŋ] 몡 자전거타기. **cyclone**[sáikloun] 몡 선풍(旋風), 회오리 바람(tornado). [《그》 *kuklon*←*kukloun* circle round←*kuklos*]
cyclotron[sáiklətrɔn] 몡 사이클로트론. [*cyclo-* + *-tron* (과학기구명 뒤에 붙이는 어미); 속에서 원자가 선회운동을 한다고 해서]
cylinder[sílində] 몡 원통(圓筒), 기통(汽筒), 씰린더. [《그》 *kulindros* roller, cylinder←*kulindein* roll 구르다]   5
cymbal[símb(ə)l] 몡 《보통 복수》《악기》

심발.   8
[《중영》 《고프》 *cimbale*←《래틴》 *cymbalum* ←《그》 *kumbalon* cymbal ← *kumbē* cup; 컵저럼 생겼다고 해서]
 ☞ cup, comb
cynic[sínik] 혤 견유학과적(犬儒學派的). 몡 견유학파의 사람, 빈정거리는 사람. [《그》 *kunikos* dog-like, Cynic←*kunkuōn* dog; 원 뜻은 개 같은 사람] 10
cynical[sínik(ə)l] 혤 비웃는, 빈정거리는.
cynicism[sínisizəm] 몡 냉소하는 버릇, 빈정대는 말; (C-) 견유주의.
Czar[zɑː], **Tsar**, **Tzar**[zɑː, tsɑː] 몡 러시아 황제, 전제군주(autocrat).   6
[《러시아》 *tsar(e)*←《젤만》 *Kaisar*←《래틴》*Cæsar*; Julius Caesar의 성에서]
통계어 **Caesar**[síːzə] 몡 Julius Caesar (100~44 B.C.); 로마 황제, 전제군주.
Caesarean, **Caesarian**[siːzέəriən] 혤 시이자의; 로마 황제의, 전제군주의.
 the Caesarean operation(또는 *section*) 제왕 절개술수(帝王切開手術), (배를 갈라 애기를 낳는 수술; Julius Caesar가 이 방법으로 났다고 함).
Kaiser[káizə] 몡 황제(emperor), 독일 황제.

D

dabble[dǽbl] 통 (물 따위를) 튀기다 (splash about in water).   9
[*dab* blow+*le*(반복 어미)]
daddy[dǽdi] 몡 《속어》 =dad.   9
[*dad*+*-y*(애정을 표시하는 축소어미)]
dad[dǽd] 몡 아빠.
[《고영》 *dadde* 애기 말]
daffodil[dǽfədil] 몡 《식물》 수선(水仙) (Wales의 나라꽃).
[《중프》 *fleur d'affrodile* daffodil flower ←《래틴》 *asphodelus* ←《그》 *asphodelos* a kind of lily 백합의 일종; daffodil의 첫 글자 d-는 나중에 덧붙인 듯]
dagger[dǽgə] 몡 단검(短劍 pointed knife with two sharp edges), 비수. 6
[《중영》 *daggere*←*daggen* pierce 찌르다]
dahlia[déiljə,《미》dɑ́ːljə] 몡 《식물》 다

리아.   10
[1791년 스웨덴 식물학자 *Dahl*의 이름을 딴 것]
daily[déili] 혤 매일의, 나날의. 뷘 날마다. 몡 일간(日刊).
[*day*+*-ly*] ☞ day
dainty[déinti] 혤 맛있는; 우아한; 까다로운. 몡 맛있는 것.   4
[《고프》 *daintie* agreeableness 적합함, 유쾌함←《래틴》*dignus* worthy 값있는]
 ☞ dignity
dairy[dέəri] 몡 (농장내의)젖 짜는 곳, 버터 제조소(판매점); 《집합적》 젖소들 (dairy-cattle).   3
[《중영》 *deyerye* a room for a *deye* ← *deye* a milk-woman, farm-servant 젖 짜는 여자←《고대 노르웨》 *deigja* maid, bread-maker; 원 뜻은 kneader of dough 가루 반죽을 짓이기는 사람]

주의 diary "일기"와 혼동하지 않도록. ☞ dough

daisy[déizi] 명 《식물》 실국화. 형 멋있는.
[《중영》 dayesye←《고영》 dæges ēage eye of day 낮의 눈; 낮의 눈 즉 해와 비슷한 모양의 꽃] ☞ day, eye

dale[deil] 명 《시》 골짜기(valley).
[《중영》 dale←《고영》 dæl; cf. 《독》 thal]

dalesman[déilzmən] 명 《북부 영국》 골짜기에 사는 사람.

dally[dǽli] 자 희롱하다(play or trifle), 허송하다(waste time).
[《고프》 dalier converse 잡담하다; 잡담으로 시간을 보낸다고 해서]

dam[dæm] 명 둑, 댐, 방축. 타 둑을 막다(block).
[《고영》 damm←for-deman to dam up; cf. 《독》 damm]

damage[dǽmidʒ] 명 손해, 손상(harm or injury). 타 해치다(spoil or hurt). 반 repair 배상, 수선.
[《고프》 damage←《라틴》 damnātus←damnāre condemn 유죄 선고를 하다; cf. 《프》 dommage] ☞ damn

dame[deim] 명 귀부인.
[《라틴》 domina lady; cf. 《라틴》 dominus lord]

damn[dæm] 타 저주하다(curse), 욕하다. 명 저주, 욕. 반 bless
[《라틴》 damnāre condemn 비난하다, 벌 주다←damnum loss, penalty 손해, 벌]
Damn (또는 God damn)it! 젠장! 빌어먹을! I'll be (또는 I am) ~ed if... 결코 ...하지 않는다.

damnation[dæmnéiʃ(ə)n] 명 천벌, 파멸, 욕, 악평. 감 젠장!, 빌어먹을!.
[damn+ -ation(명사 어미)] ☞ condemn

damp[dæmp] 명 물기, 증기, 수증기(vapour), 의기소침(意氣銷沈). 형 젖은, 축축한(wet). 타 축축하게 하다(make slightly wet), (기를)꺾다(discourage). 반 dry.
[《중영》 dampen suffocate 질식시키다, 끄다; cf. 《독》 dampf]

damsel[dǽmz(ə)l] 명《고어》처녀, 아가씨.
[《고프》 dameisele girl←《라틴》 domicellus page 사환, 시동(侍童)←dominus lord; dame+ -sell(축소어미)]

☞ dame

dance[dɑ:ns] 자 춤추다, 뛰다. 명 무용, 무도회.
[《고대 독》 dansōn drag along 잡아당기다]

dancer[dɑ́:nsə] 명 댄서, 무용가, 춤추는 사람.

dance-music [dɑ́:ns-mjú:zik] 명 무용곡.

dandelion[dǽndilaiən] 명 민들레.
[《프》 dent de lion[dɑ̃ də liɔ̃] tooth of a lion 사자의 이빨 ← 《라틴》 dens tooth+dē of+leo lion 민들레의 잎이 사자 이빨처럼 생겼다고 해서. cf. 《독》 löwenzahn] ☞ dental, dentist, lion

dandle[dǽndl] 타 (애기를)무릎 위에 안고 얼르다; 귀여워하다.
[dance와 handle의 혼성어; cf. 《이태》 dandolare to dandle]

dandy[dǽndi] 명 멋장이(fop), 하이칼라. 형 멋장이의.

danger[déindʒə] 명 위험(상태), 위험물. 반 safety.
[《고프》 dangier absolute power 절대권력←《라틴》 dominium power, lordship←dominus lord 주인; 주인 특히 군왕의 권력→위험하게 만들 수 있는 힘→위험의 뜻의 변천에 주의하라]

dangerous[déindʒrəs] 형 위험한, 위태한.

동의어 danger(형 dangerous)는 가장 보편적으로 씀. peril(형 perilous)은 당장 닥쳐올 가능성이 있는 위험을 뜻하며 danger보다 격식을 갖추어 말할 때 씀. jeopardy(형 jeopardous)는 최고의 위험에 처하여 있음을 나타내는 말로, 품위 있는 단어. hazard(형 hazardous)는 미리 알 수 있으나, 피할 수 없는 위험을 말한다.

dangle[dǽŋgl] 자 매달(리)다 (hang or swing loosely).
[《덴마》 dangle swing about]

dapple[dǽpl] 형 얼룩진. 타 얼룩지(게 하)다.
[《중영》 dappel-grai dapple-grey 에서←《아이스》 depill spot]

dare[dɛə] 타 (dared 또는 《고어》 durst, dared) 감히 ...하다, 용기를 내어 ...하다, ...할 용기가 있다, 도전(挑戰)하다. 반 shrink.
[《중영》 dar I dare←《고영》 ic dearr I dare]

I ~ say 아미 …일것이다(perhaps).
[동의어] **dare**([형] daring)는 특히 중요한 일에 있어서 모든 위험이나 고난을 무릅쓰고 …한다는 뜻. He *dared* into the burning building. 그는 타고 있는 건물 속으로 용감히 들어 갔다. **venture** ([형] venturesome, venturous)는 승부를 결단 내려고 모험을 해본다는 뜻이다. He *ventured* into a new business. 그는 새로운 일에 감연히 착수하였다.
daring[déəriŋ] [명] 모험적인 기상. [형] 용감한; 간이 큰. 6
daringly[déəriŋli] [부] 대담하게, 뻔뻔스럽게, 감히.
dark[dɑ:k] [형] 어두운, 거무스름한, 우울한, 몽매한, 애매한(obscure). [명] 어두움, 암흑, 밤 (night); 비밀, 불분명, 무지(無知). [반] light. 1
〔《고영》 *deorc* gloomy〕
~ *horse* 다아크 호오스《경마에서 실력을 추측할 수 없는 말; 정치, 선거, 경기 따위에서의 의외로 유력한 경쟁 상대》. *the Dark Ages* 암흑시대《중세기》. *the Dark Continent* 암흑대륙《아프리카 대륙》. *at ~* 저녁 나절에. *in the ~* 어둠 속에.
[동의어] **dark**는 전혀 또는 부분적으로 빛이 비춰지지 않아서 어둡다는 일반적인 단어. **dim**은 희미해서 분명히 보이지 않는 경우. **dusky**는 약간 dark, dim하나 빛이나 색이 전혀 없지 않고 어스름한 경우. **murky**는 공중에 안개, 연기, 먼지 따위가 짙어서 캄캄함. **gloomy**는 흐리고 음산하게 어두운 경우.
darken[dɑ́:k(ə)n] [동] 어둡게 하다, 어두어지다, 애매하게 하다, 애매해지다, 우울하게 되다(하다). 〔dark + *-en*〕 4
darkness[dɑ́:knis] [명] 어두움, 암흑, 무지, 애매함. 2
darky, darkey[dɑ́:ki] [명] 《속》 밤; 암등 (dark lantern); 흑인 (negro).
darling[dɑ́:liŋ] [명] 귀여운 사람(favorite). [형] 가장 귀여워하는. 3
〔《고영》 *dēoring* favourite ← *dēore* dear+ *-ling*(축소 어미)〕
my ~ 《애칭》 여보!《부부간이나 애인간에》.
[참고] suckling[sʌ́kliŋ] [명] 젖먹이, 풋나기. 〔suck+ *-ling*〕
foundling[fáundliŋ] [명] 기아(棄兒). 〔found + *-ling*〕 duckling [dʌ́kliŋ] [명] 새끼 오리. 〔duck+ *-ling*〕
hireling[háiəliŋ] [명] 피고용인. 〔hire+ *-ling*〕
darn[dɑ:n] [동] 깁다, 꿰매다. [명] 깁기. 6
〔《중영》 *derne* secret, hidden 숨겨 놓은 ← 《고영》 *derne, dyrne* secret, hidden; 구멍을 감추다(hide)가 원 뜻〕
dart[dɑ:t] [동] 돌진하다, 던지다(shoot, send). [명] 창던지기, 돌진(突進). 3
〔《중영》 *dart*←《고프》 *dart*; *cf.* 《프》 *dard*〕
dash[dæʃ] [동] 던지다(fling, hurl), (물따위를)퍼붓다(sprinkle), 돌진하다, 부딪치다. [명] 돌진, 충돌, 기력(氣力 vigour), 댓쉬(—). 2
〔《중영》 *daschen* rush or strike with violence 격돌하다〕
~ against(또는 *upon*) … …에 부딪치다. *a ~ of* … …의 약간. *make a ~ for* … …을 향하여 단숨에 돌진하다.
data[déitə] [명] 《datum의 복수; 단 미국에서는 단수로 쓰는 때도 있다》 자료 (things certainly known), 시실 (facts), 기지수(既知數). 10
〔《래틴》 *data* given←*dare* give〕
[참고] 단수형 datum은 별로 쓰이지 않으며 data는 어원적으로 보면 복수이나 보통 단수로 취급하는 때가 많다. The actual *data* of history consists of contemporary facts. ☞ datum
date¹[deit] [명] 날짜, 기일, 《미 속》 만나기 약속. [동] 날짜를 적다, …에서 시작하다〔from〕; 《미 속》 약속하다《특히 남녀간에》. 1
〔《래틴》 *data*←*dare* give; a given point of time 지정된 날짜〕
down(또는 *up*)*to ~* 오늘날 까지 (till now), 《속어》 최신식. *of early ~* 초기의, 고대의. *out of ~* 철늦은, 시대에 뒤떨어진, 구식의. *~ back to* … …에 소급(溯及)하다.
☞ data, donation, dot
date²[deit] [명] 대추 야자(의 열매).
〔《그》 *daktulos* finger. 손가락 모양의 열매라는 뜻〕
[동계어] **dactylogram**[dǽktiləgræm] [명] 지문(finger-print). 〔《그》 *daktulos* finger+*-gram*←*gramma* something written〕
datum[déitəm] [명] data의 단수. 10
☞ data
daughter[dɔ́:tə] [명] 딸, 여식. 1

〔《고영》 *dohtor* daughter; *cf.* 《독》 *tochter*〕 「리.
daughter-in-law[dɔ́:tərinlɔ:] [명] 며느
daunt[dɔ:nt] [동] 위압하다(frighten), 기를 꺾다(discourage). [반] stir. 8
〔《레틴》 *domitāre*←*domāre* tame〕
dauntless[dɔ́:ntlis] [형] 대담무쌍한, 꺾일줄 모르는. 〔daunt+ *-less*(형용사어미; without의 뜻〕 ☞ tame 8
dawn[dɔ:n] [동] 싹이 트다, 나타나기 시작하다(begin to appear). [명] 새벽, 여명(黎明), 단서, 시작, 서광. 2
[주의] down "아래로"와 혼동하지 않도록 하라.
〔《고영》*dagian* become day←*dæg* day〕
at ~ 새벽에, 동이 틀 무렵에. ☞ day
day[dei] [명] 날, 낮, 하루, 일주야, 승부(勝負); *pl.* 시대, 시절, 생애, 전성(시대). [반] night. 1
〔《고영》 *dæg*; *cf.* 《독》 *tag*〕
all ~ (long)=*all the* ~ 종일토록. *by* ~ 낮에는, 한나절은. ~ *after* ~ 날마다. ~ *and night* 밤낮으로. ~ *by* ~ 나날이, 날이 갈수록. ~ *in* ~ *out* 자나깨나. *from* ~ *to* ~ 나날이, 날이 갈수록. *have one's* ~ 제때를 만나다, 제철이 되다. *in a* ~ 하루에, 하루 아침에, 일조 일석에. *in broad* ~ 백주에, 대낮에. *in one's* ~ 한창 때에는. *in these* ~*s* 요즈음(nowadays). *in those* ~*s* 그 당시(then). *one* ~ (과거의)어느 날. *one of these* (fine) ~*s* 가까운 장래에, 얼마 안 있어서. *some* ~ 언젠가는. *the* ~ *after tomorrow* 모레《미국에서는 the를 빼는 때도 많다》.
daybreak[déibreik] [명] 동틀 무렵, 새벽(dawn). 8
daylight[déilait] [명] 햇빛, 볕, 낮, 새벽, 서광. 3
daytime[déitaim] [명] 낮, 한나절, 주간(晝間). 5
daze[deiz] [동] 현혹(眩惑)하다, 어리둥절하게 하다(confuse). [명] 현혹. 5 ☞ dazzle
〔《중영》 *dasen* stupefy, confuse←《스웨덴》 *dasa* lie idle〕
dazzle[dǽzl] [동] 눈부시게 하다, 어지럽게 하다, (배 따위에)색칠하여 잘 못 알아보게 하다. [명] 섬광, 현혹. 5
〔daze+ *-le*(반복을 나타내는 어미)〕 ☞ daze
dead[ded] [형] 죽은(lifeless), 생명이 없는, 완전한(absolute), (죽음처럼)필연적인, 죽은 듯이 고요한, 생기 없는, 쓸모 없는, 둔한(dull), 쓰지 않는(not in use). [부] 전연(absolutely). [명] (the dead) 죽은 사람, 고인(故人), 죽음과 같은 고요. [반] living, alive. 1 ☞ death, die
〔《고영》 *dēad* dead; *cf.* 《독》 *tot*〕
[동의어] **dead**는 가장 보편적으로 쓰이는 단어. **deceased**는 특히 최근에 죽은 사람에 대하여 말하며 주로 법률용어로 쓰인다. **departed**는 deceased와 뜻은 같으나 주로 종교용어로 쓰인다. **late**는 최근에 죽은 사람이나, 직책의 전임자의 이름이나 직명(職名) 또는 칭호(稱號) 앞에 붙여 쓴다. **extinct**는 종족이나 인종이 아주 죽어 없어졌음을 뜻한다. **inanimate**는 원래 생명이 없는 것 또는 생기가 없음을 나타낸다. **lifeless**는 현재 실제로 생명이 없거나 없는 것처럼 보임을 말한다. 이 단어는 무생물에도 사용한다.
deaden[dédn] [동] 죽(이)다, 약하게 하다, 힘이 빠지다.
〔dead+ *-en*(동사 어미)〕
deadline[dédlain] [명] 마감(시간), 최종 한계.
dead-lock[dédlɔk] [명] 정돈(停頓). [동] 정돈하(게 하)다. 9
deadly[dédli] [형] 치명적인(fatal), 죽도록 달라 붙는, 죽음과 같은(deathlike), 《속어》 심한(excessive). [부] 죽은 것같은; 《속어》 굉장한. 4
deaf[def] [형] 귀머거리의(not able to hear), 귀를 기울이지 않는(not willing to listen)〔to〕. 3
〔《고영》 *dēaf*; *cf.* 《독》 *taub*〕
the ~ 귀머거리.
deafen[défn] [동] 귀먹게 하다, (방음장치 따위로)소리가 들리지 않게 하다.
deal[di:l] [동] (dealt[delt])분배하다(distribute), 거래하다(do business with), 관계하다, 처리하다. [명] 처치, 거래(bargain), 분량, 정책. 1
〔[동] 《고영》 *dǣlan* ← *dǣl* share; [명] 《중영》 *deel*←《고영》 *dǣl* a share 몫; *cf.* 《독》 *theil*, *theilen*〕
a ~ 《속어》=*a good*(또는 *great*) ~ 다량(多量), 상당히 많이. *a good* (또는 *great*) ~ *of* 다량의, 많은.

dean

a vast ~ 막대하게. ~ in …… 을 취급하다(거래하다)(buy and sell).
dealer[díːlə] 몡 장사꾼, …상(商).
dealing[díːliŋ] 몡 (남에게 대한)행동, 교섭, 거래.
dean[diːn] 몡 과 주임(the head of a department), 학부장, 학장; 《종교》부감독; 《미》서기관.
[《라틴》 *dacānum* one set over ten soldiers 열명의 병졸을 거느린 자 ← *decem* ten]
dear[diə] 匌 친애하는(beloved), 귀여운(charming), 소중한(precious), 비싼(expensive), 몡 사랑하는 사람. 閅 비싸게. 閅 저런! ☞ cheap 싼.
[《고영》 *dēore* dear; cf. 《독》 *theuer*]
Dear Sir = (*My*) *Dear Mr.* …. (회화에서는 공손함을 나타내거나 눌려 주는 뜻이 있는데 편지의 첫 머리에 사용하면 "근계(謹啓)"정도의 뜻을 나타낸다. My를 쓰면 더 친밀한 느낌을 주는 것이 보통이나 미국에서는 그 반대가 된다). 비싸게.
dearly[díəli] 閅 깊이(사랑하는 따위).
dearth[dəːθ] 몡 결핍(scarcity), 기근. [《중영》 *derthe* dearness 값 비쌈; dear + -*th*(명사어미); cf. warmth (warm + -*th*), health(heal + -*th*)]
dearness[díənis] 몡 고가(高價), 소중함, 친밀한 정. ☞ darling
death[deθ] 몡 죽음, 파멸(destruction), 죽는 모습(또는 원인), 사형, (Death) 죽음의 신. ⓐ birth.
[《고영》 *dēath*; cf. 《독》 *tod*]
put to ~ 사형에 처하다. *to* ~ 극단적으로, 죽을 지경으로. *to the* ~ 죽도록, 최후까지.
deathbed[déθbed] 몡 임종.
deathly[déθli] 匌 치명적인, 죽음의. 閅 죽은 것처럼. ☞ dead, die
debase[dibéis] 동 품위를 떨어뜨리다, (질이) 낮아지다.
[《라틴》 *dē-* down + base]
debate[dibéit] 동 논쟁하다, 토론하다 (argue, discuss), 잘 생각하다(consider). 몡 토론, 논쟁.
[《라틴》 *dē-* down + *battere* beat]
☞ battle, batter
debt[det] 몡 빚, 채무(liability), 은혜, 덕택. ☞ credit.
[《라틴》 *dēbita* a sum due ← *dēbēre* owe – *dē-* down + *habēre* have]

get(또는 *run*)*into* ~ 빚을 내다. *get out of* ~ 빚을 갚다. *keep out of* ~ 빚을 안지고 살다. *the National Debt* 국채.
debtor[détə] 몡 채무자, 빚진 사람, 차변(借邊).
debit[débit] 몡 차변(借邊). 동 차변에 기입하다. [《라틴》 *dēbitum* something owed ← *dēbēre*] ☞ habit
debut[déibuː, dibjúː] 몡 (사교계에) 처음 나가는 것, (음악가, 배우 따위의) 첫 무대, 데뷰, 첫 출연.
[《프》 *début* first stroke, first cast or throw at dice ← *dé-*, *dis-* from + *but* goal] ☞ butt
decade[dékəd, dékeid, dikéid] 몡 열개로 된 한 벌, 십년간, 열 권(卷).
[《그》 *dekada* a company of ten ← *deka* ten]
통이 **decagon**[dékəgən] 몡 십변형(十邊形). [《그》 *deka-* ten + *gonia* corner, angle; 모가 열군데 있으므로]
decahedron[dèkəhíːdrən] 몡 십면체 (十面體). [《그》*deka-* ten + *hedra* base]
Decameron[dikǽmər(ə)n] 몡 데카메론 《Boccaccio의 열흘 동안 이야기 (1353년); 유행병이 창궐하던 열흘 간을 지내기 위해 Florence 사람들이 이야기를 차례로 했다는 이야기에서》.
[《그》 *deka* ten + *hēmera* day]
decay[dikéi] 동 썩다(rot), 시들다, 쇠퇴하다(decline), 타락하다. 몡 부패, 쇠퇴.
[《라틴》 *dē-* down + *cadēre* fall; fall down 내려앉다 → 썩다]
~*ed tooth* 충치(蟲齒).
☞ cadence, accidence
deciduous[disídjuəs] 匌 빠지는; 낙엽지는. ⓐ evergreen [《라틴》 *dēciduus* that falls down + -*ous*(어미) ← *dēcidere* fall down ← *dē-* down + *cadere* fall]
~ *tooth* 젖니(乳齒).
통의어 **decay**는 보통의 건전한 상태에서 천천히 자연적으로 퇴화(退化)한다거나 썩음을 나타낸다. **rot**은 decay 보다 뜻이 강하여 생물질이 세균 따위에 의하여 부패함을 말한다. **putrefy**는 동물질 (動物質)이 썩어서 독한 냄새를 피우는 것, **spoil**은 일상 용어로 음식물의 썩음을 말한다. **moulder**는 차차 부패하여 없어짐을 뜻한다.

decease[disí:s] 명, 동 사망(하다)(die, death).
　[《래틴》 *dēcessus←dēcēdere* depart← *dē-* from+*cēdere* go away]
　the ~ed 고인(故人).
　☞ cede, cease, access

deceive[disí:v] 동 속이다, 기만하다, 사기하다.
　[《래틴》 *dēcipere←dē-* away+*capere* take; take away 뺏아가다→속이다]
　~ oneself 잘못 생각하다, 오해하다.
　[동의어] **deceive**는 가장 보편적으로 쓰이는 말. **mislead**는 고의로이든 아니든 간에 그릇된 길로 인도한다거나 행동을 그르치게 함을 뜻한다. **beguile**은 수단을 부리거나 미끼를 던져 속이거나 꾀임을 뜻한다. **delude**는 회화에서는 쓰이지 않는 단어인데, 사람을 놀려서 그릇된 생각을 정당하다고 생각하게 한다는 뜻. **betray**는 충실한 척 하고 사람의 신뢰를 어긴다는 뜻이다.

deceit[disí:t] 명 사기, 허위.
　[《고프》 *deceit ← deceveir* deceive← 《래틴》 *dēcipere*]

deceitful[disí:tf(u)l] 형 사기적인, 거짓의(false).

deceiver[disí:və] 명 사기군.

deception[disép∫(ə)n] 명 기만, 사기 수단; 오해.
　cf. conceive 동→ conception 명, receive 동→reception 명, assume 동→ assumption 명.
　☞ captive, receive, conceive

December[disémbə] 명 12월. (약) Dec.
　[《래틴》 *December← decem* ten; 고대로마의 달력은 삼월(March)이 신년 초이었기 때문에 지금의 12월은 열번째 달이 된다]
　☞ September, October, November

decent[dí:s(ə)nt] 형 적당한(proper and suitable), 점잖은(modest), 고상한, 《속어》 상당한.
　[《고프》 *decent ← 《래틴》 decēre* become, befit]

decency[dí:s(ə)nsi] 명 단정함, 체면, *pl.* 예의범절. [《프》 *décence←*《래틴》 *decentia←decēre*]

decently[dí:s(ə)ntli] 부 보기 싫지 않게, 고상하게, 관대하게.

indecent[indí:s(ə)nt] 형 버릇 없는, 못마땅한, 보기 싫은, 음탕한, 추잡한.
　[*in-* not+decent]
　☞ decorous

decide [disáid] 동 결정하다 (settle a question or a doubt), 결심하다(make one's mind up), 판결하다.
　[《래틴》*dēcīdere←dē* off+*cædere* cut]
　~ against ……안하기로 결정하다, ……에 불리하게 결정하다. *~ for*(또는 *in favor of*) ……에 유리하게 결정하다. *~ on*(또는 *upon*) ……으로 결정하다.

　[동의어] **decide**(명 decision)는 결정하다의 가장 보편적인 단어. **determine** (명 determination)은 decide보다 뜻이 강하여 어떤 일이나 물건의 형식, 성격, 용도, 범위 따위를 정확히 결정하여 좀처럼 그 결정을 고치지 않는다는 뜻이 있다. 이 단어와 같은 뜻으로 회화에서는 make up one's mind를 쓴다. **settle**(명 settlement)은 최종적인 결정, 특히 의혹이나 논쟁이 끝남을 강조한다. **conclude**(명 conclusion)은 신중한 조사나 추리에 의하여 결정한다는 뜻. **resolve** (명 resolution)는 어떤 일을 하고 안 함에 대하여 굳게 결심한다는 뜻을 나타낸다.

decidedly[disáididli] 부 분명히(undoutedly), 단단히.

decision[disíʒ(ə)n] 명 결심, 결의 (resolution), 결정, 해결.
　come to a ~ 결정하다. *~ by majority* 다수결. *man of ~* 결단성 있는 사람.

decisive[disáisiv] 형 결정적, 단호적, 명확한.

decisively[disáisivli] 부 결정적으로, 단연.

indecision[]ndisíʒ(ə)n] 명 우유부단.
　[*in-* not+decision]

　[동계어] **concise**[kənsáis] 형 간결한.
　[《래틴》 *concīsus* brief ← *con- cum* 강조+*cædere* cut]　「간결함.

concision[kənsíʒ(ə)n] 명 분리, 분열.

decipher[disáifə] 동 (암호, 상형문자 따위를)해독하다(decode).
　[*de-* +*cipher*; *cf.* 《프》 *déchiffrer*]

deck[dek] 명 갑판(甲板); 《미》(트럼프의)한 벌(《영》 pack). 동 갑판을 지르다, 《시》 꾸미다(adorn).
　[《홀런드》 *dekken* cover 덮다, *dek* cover]
　[동계어] **bedeck**[bidék] 동 장식하다, 꾸미다 (adorn).

declare[dikléə] 통 선언하다, 포고하다(proclaim), 인명하다(affirm), (세관에서)신고하다. ⓐ deny. 2
[《래틴》 dēclārāre make clear, declare ←-dē fully+clārus clear; make clear 분명히 하다]
동의어 declare(뗑 declaration)는 공공연하고 강력한 자신을 갖고 어떤 일을 선언한다거나 반대에 대항해서 싸울 것을 선언함을 뜻한다. announce(뗑 announcement)는 흥미있는 일, 특히 뉴우스가 될만한 것을 공표한다거나 약간 격식을 갖추어 발표한다는 뜻이다. publish (뗑 publication)는 특히 인쇄물에 의하여 공식적으로 발표한다는 뜻이며, proclaim (뗑 proclamation)은 특히 중대한 사항을 격식에 치우친 방법으로 발표한다는 뜻이다.
declaration[dèklərēiʃ(ə)n] 뗑 선언, 발표, 포고, 신고. 7
decline[dikláin] 통 기울어지다, 타락하다, 쇠약하다(fall off), 거절하다(refuse). 뗑 기울어짐, 쇠약, 타락, 감퇴. [《래틴》 dēclīnare←-dē- from+ -clīnāre lean; lean or bend aside from 옆으로 기대다] 3
동의어 decline은 초대, 제안 따위를 예의를 갖추어 거절하는것, refuse는 보통으로 쓰이는 단어로, decline보다도 뜻이 강하여 단호히 거절한다는 뜻이 있다. reject는 수락(受諾), 사용, 신용 따위를 적극적으로 거부한다는 것 특히 거부적인 또는 적대적인 태도를 강조한다. repudiate는 권위, 가치, 효력, 진리 따위가 없다고 하여 어떤 사람이나 사물과 자기와의 관계를 부인, 비난하며, 거부한다는 뜻. spurn은 경멸이나 혐오를 느끼며 거절 또는 부인한다는 뜻이다.
declension[diklénʃ(ə)n] 뗑 기울어짐, 타락; 《문법》 격변화. 10
declination[dèklinēiʃ(ə)n] 뗑 경사, 편위(偏位), 《미》 사퇴.
declivity[diklíviti] 뗑 내리막 길. ⓐ acclivity. ☞ incline, lean
decompose[dì:kəmpóuz] 통 분해하다, 부패하(게 하)다, 분석하다(analyse). 8
[《프》 décomposer ← de-(접두사)+composer compose]
decomposition[dì:kɔmpəzíʃ(ə)n] 뗑 분해, 부패(decay). ☞ compose
decorate[dékəreit] 통 꾸미다, 장식하다(adorn), 훈장을 주다[with]. 6

[《래틴》 decorāre adorn ← decor-, decus honour 명예, ornament 장식; 《래틴》 decēre be fit]
decoration[dèkəreiʃ(ə)n] 뗑 장식(법), 훈장, pl. 징식물. 5
decorative[dék(ə)rətiv] 휑 장식직인, 장식의. 「실내 장식업자.
decorator[dékəreitə] 뗑 꾸미는 사람,
decorous[dék(ə)rəs, dikɔ́:rəs] 휑 예의 바른, 단정한, 근엄한.
decorum[dikɔ́:rəm] 뗑 단정함, (훌륭한)예의범절. ☞ decent
decoy[dikɔ́i] 뗑 꾀어내는 물건(lure), 미끼(bait). 통 꾀어내다, 유혹하다. 10 [《영》 de-(접두사) + coy ← 《홀런드》 kooi cage 새장; 들오리를 잡는 장치라는 뜻]
decrease[dikrí:s] 통 줄(이)다, 감하다. [dí:kri:s] 뗑 감소, 축소. ⓐ increase. [《래틴》 dēcrescere diminish 줄이다 ←-dē- down+crescere grow] 4
☞ crescent, increase
'ecree[dikrí:] 뗑 법령(法令), 포고, 판결. 통 (운명 따위가)정하다, 포고하다, 판결하다. 4
[《중영》 decree←《래틴》 dēcernere decree, separate 분리하다 ←-dē- away+cernere distinguish 식별하다]
☞ certain, concern, critic
dedicate[dédikeit] 통 봉납(奉納)하다, 헌납하다, 바치다. 5
[《래틴》 dēdicātus←dēdicāre devote←-dē- down+dicāre proclaim 선언하다] ~ oneself to …에 골몰하다.
dedication[dèdikéiʃ(ə)n] 뗑 봉납, 헌신(獻身). 10
deduct[didʌ́kt] 통 빼다, 공제하다(take away). 10
[《래틴》 dēductus ← dēdūcere bring down] ☞ deduce
deduce[didjú:s] 통 연역(演繹)하다, 추리하다 (infer), 끌어내다 (derive). ⓐ induce 유도하다, 귀납하다.
[《래틴》 dēdūcere←-dē- down+dūcere bring] 「추리, 연역법.
deduction[didʌ́kʃ(ə)n] 뗑 공제(액);
deed[di:d] 뗑 행위(action), 공적(exploit), 사실(reality), 《법률》증서(證書). 통 (미) 증서를 만들어 양도하다. 2
[《중영》 deed←《고영》 dǣd] ☞ do
deem[di:m] 통 …라고 보다, …라고 생각하다(think, consider). 3

deep

[《중영》 demen ← 《고영》 dēman give a doom, judge 판단하다←dōm doom 운명)

deep[di:p] 혱 깊은, 심원(深遠)한(profound), 심각한(intense), 충심으로 행한(heartfelt), 장중한(grave), 짙은. 명 심연(深淵 abyss). 부 깊이. 1 ⊕ shallow.

[《중영》 deep←《고영》 dēop; cf. 《독》 tief]

deepen[di:p(ə)n] 동 깊게, (굵게, 짙게, 낮게)하다(되다), 심각해지다, 심각하게 하다. 5

deeply[dí:pli] 부 깊이, 짙게, 굵고 낮게, 철저히, 심각하게. [원함.

deepness[dí:pnis] 명 깊이(depth), 심

depth[depθ] 명 깊이, pl. 깊은 곳. 3 cf. wide→width, long→length, etc.

deer[diə] 명 사슴.

[《중영》 deer an animal←《고영》 dēor a wild animal 야수; 원래 동물의 뜻으로 쓰이던 것이, 사슴을 뜻하게 되었다. 이런 현상을 어의(語義)의 특수화라고 한다. 비슷한 예로는 fowl, meat, shroud 따위가 있다. cf. 《독》 thier, tier 동물]

참고 ① 숫사슴은 stag, hart, buck, 암사슴은 hind, doe, roe, 새끼 사슴은 calt, fawn 따위로 말한다. ② deer=animal 이 되는 보기; But mice and rats, and such small *deer*, have been Tom's food for seven long year. 그러하오나 이 칠년의 긴 세월을· 생쥐며 들쥐 따위의 작은 짐승이 톰의 식량이 었아오이다.

—King Lear, Act Ⅲ, Sc. iv, *Shakespeare*—

주의 복수형도 deer; 미국에서는 deers 를 쓰는 수도 있다.

deface[diféis] 동 (외관을)보기 싫게 하다(spoil the appearance of). 9

[《고프》 des- apart+face face]

defeat[difí:t] 동 무찌르다, 패배시키다 (beat), (남의 계획 따위를)좌절시키다. 명 타파(打破), 좌절. ⊕ victory. 3

[《중영》 defaiten defeat←《래틴》 dis- apart+facere make; make apart]

☞ defect, fact, feat

defect[difékt] 명 결함, 결점(fault), 험(blemish). ⊕ perfection. 5

[《래틴》 dēfectus want 부족←dēficere ←dē- away+facere make]

defective[diféktiv] 혱 결점(결함)이 있는, 불완전한. 7

defection[difékʃ(ə)n] 명 배반, 탈당, 태만함.

☞ fact, defact, feat, deficient

defend[difénd] 동 방비하다, 수비하다 (guard), 막다,변호하다. ⊕ attack. 2

[《래틴》dēfendere defend←dē- down+ fendere strike; strike down or away]

동의어 defend는 현실에 있어서의 공격, 위험, 침입 따위에 방비한다는 뜻. guard는 있을 수 있는 공격이나 손해를 막아, 안전을 보장하기 위하여 경계한다는 뜻. protect는 현재뿐이 아니고, 미래의 위험이나 해에 대하여 영구적인 방위 조처를 취한다는 뜻이다. defend가 임기 응변적인 조처를 뜻함과 대조가 된다. shield는 현재 당장에 닥쳐온 공격이나 해로운 짓을 하는 자에게서 지켜낸다는 뜻이고, preserve 는 파괴나 위해(危害)를 막고 보호한다는 뜻이다.

defence[diféns] 명 방어, 수비(protection), 방어물, 변명, 변호; pl. 방어시설. 3

[《래틴》 defensus←dēfendere defend]

주의 《미》 defense.

defenceless[difénslis] 혱 방비가 없는, 방어하지 못하는.

defendant[difénd(ə)nt] 명,혱 피고(被告)(의). ⊕ plaintiff 원고(原告).

defender[difénd(ə)] 명 방어하는 사람, 옹호하는 사람.

defensive[difénsiv] 혱 방어의, 수비의. 명 수세(守勢), 변호. 10

☞ defend, fend

defer[difə:] 동 (deferred), 연기하다 (put off), 지연되다(delay), (남의 의견에)따르다[to]. 8

["연기하다"《래틴》 differre bear different ways, delay ←dif- apart 따로+ferre bear. "따르다"《래틴》 dēferre bring down←dē down+ferre bear]

deference[déf(ə)r(ə)ns] 명 복종, 존경(respect).

blind ~ 맹종(盲從). *in* ~ *to* ……을 존중해서, …에 따라.

deferment[difə:mənt] 명 연기(延期)

☞ differ

defiance[difáiəns] 명 도전(challenge), 무시. 5

[defy+ -ance (명사 어미)]

in ～ *of* … …을 무릅쓰고, …을 무시하여.
defiant[difáiənt] [형] 도전적인, 방약무인(傍若無人)의. [defy+ *-ant*] 9
be ～ *of* … …을 무시하다.
☞ defy
deficiency[difíʃ(ə)nsi] [명] 부족(shortage), 결핍(lack), 부족량, 결손, 결함. [반] sufficiency 7
[deficient+ *-cy*(명사어미)]
deficient[difíʃ(ə)nt] [형] 부족한[in], 불충분한(not having enough), 결함이 있는(defective). 8
[《래틴》 *dēficere* fail에서]
deficit[défisit, dí:f-, difís-] [명] 부족(액), 적자(赤字). [반] surplus 여분, 잉여(금). [《래틴》 *dēficit* it fails← *dēficere*의 3인칭 단수 현재]
☞ defect, defeat
defile[difáil] [동] 더럽히다(make dirty or impure), 모독(冒瀆)하다. 6
[《중영》 *defoulen* trample under foot 발로 짓밟다←《래틴》*dē-* down+《고영》 *fylan* make foul←*fūl* foul]
defilement[difáilmənt] [명] 모독, 불결(물). ☞ foul
defiler[difáilə] [명] 더럽히는 사람.
define[difáin] [동] (경계, 범위를)한정하다, 정의를 내리다, 밝히다(make clear). [반] confuse 혼란하게 하다. 7
[《래틴》 *dēfinīre* limit 제한하다←*dē-* down+*fīnīre* end 끝내다←*fīnis* end 끝]
definite[déf(i)nit] [형] 한정된, 일정한, 명확한. 6
definitely[définitli] [부] 한정적으로, 명확하게. 「명확함.
definiteness[définitnis] [명] 한정됨,
definition[dèfiníʃ(ə)n] [명] 한정, 정의, 명확함. 8
indefinite[indéfinit] [형] 한정없는, 부정의, 불명료한. 8
[*in-* not+definite]
[동계어] **finis**[fáinis] [명] (책, 영화의)끝, 최후. ☞ finish, confine
deform[difɔ́:m] [동] 추하게 하다, 기형으로 만들다, 변형시키다, 병신이 되게 하다. 6
[《래틴》 *dēformis* ugly←*dē-* away+*forma* shape 모양, beauty 아름다움]
deformation[dì:fɔ:méiʃ(ə)n] [명] 모양을 보기 싫게 만드는 것, 기형, 추악함.
deformity[difɔ́:miti] [명] 병신, 기형, 불구, 결함. 9
☞ form, reform, inform
defraud[difrɔ́:d] [동] 사기하다, 횡령하다(deprive), 속이다 (cheat). 9
[《래틴》 *dēfraudāre* deprive by fraud ←*dē-* away+*fraud- fraus* fraud 속임수]
defy[difái] [동] 도전하다, 덤비다(challenge), 무시하다(show no respect for), (사물이)거역하다(refuse). [반] obey 순종하다. 3
[《래틴》 *dif- dis-* apart+*-fīdāre* trust 신뢰하다←*fīdus* faithful]
～ *description* 말이나 글로 나타낼 수 없다. ☞ defiance, fidelity, faith
degenerate[didʒén(ə)rit] [형], [명] 퇴화(退化)한(것), 타락한(사람), 변질한(사람). [didʒénəreit] [동] 타락하다, 퇴화하다. [반] evolve 하다.
[《래틴》 *dēgenerāre* become base ← *dēgener* base 천한←*dē-* down+*gener genus* race 종족 ; 원 뜻은 *genus* race 의 특성을 잃고 퇴화한다]
degeneration[didʒènəréiʃ(ə)n] [명] 타락, 퇴보, 퇴화, 변질.
☞ genus, generate, generation
degrade[digréid] [동] 지위를 낮추다, 품위를 떨어뜨리다 (lower), 퇴화(하게)하다, 지위가 내려가다, 타락하다. 6
[《래틴》 *dēgradare* reduce in rank 지위를 낮추다 ← *dē* from + *gradus* rank]
degradation[dègrədéiʃ(ə)n] [명] 좌천, 파면, 면직, 저락(低落), 타락(墮落).
☞ grade
[동의어] **degrade**는 인격이나 자존심을 낮추어 부패케 한다는 뜻. **abase**는 위엄이나 존엄성을 잃게 한다는 뜻으로 일시적으로 자진해서 하는 행동에 대하여 쓸 때도 있다. **debase**는 가치, 성질, 품위 따위를 저하시킨다는 뜻이다. **humble**은 사람의 자존심을 꺾어 겸손하는 뜻을 나타내며 abase보다 뜻이 약하여 감정적으로 쓰이는 단어이다. **humiliate**는 공공연히 모욕하여 사람을 괴롭힌다는 뜻이다.
degree[digrí:] [명] 정도(extent), 등급(grade), 계급, 학위(學位). 2
[《래틴》 *dē-* down+*gradus* step; 원 뜻은 내려가는 층계]
by ～*s* 차차(gradually). ☞ grade

deity[díːiti] 명 신위(神位 the state of being a god), 신성(神性), 신격(神格), 신(神 a god or goddess). 6
[《래틴》 *deitās* divinity ← *deus* God] *the Deity* 천제(天帝), 옥황상제(玉皇上帝).

deify[díːifai] 통 신으로 모시다, 신과 같이 공경하다. [《래틴》 *deificus* accounting as gods←*deus* God+-*fy* ← *facere* make; a god of] 10
☞ Zeus, Jupiter, Diana

deject[didʒékt] 통 실망하게 하다(특히 과거분사형을 많이 씀).
[《래틴》 *dējectus* ← *dē(j)icere* cast down 팽개치다 ← *dē-* down+*jacere* throw]

dejected[didʒéktid] 형 실망한, 기가 죽은(sad, gloomy). 7

dejection[didʒék∫(ə)n] 명 실망, 기가 죽은 모습, 배설(물).
☞ jet, inject, reject, abject, project

delay[diléi] 통 지연시키다, 늦추다(retard), 연기하다(postpone), 우물쭈물하다(be slow). 통 지체, 지연, 연기, 유예. ⓐ hasten 재촉하다. 2
[《래틴》 *dīlātāre* defer, delay와 같은 뜻←*differre* defer←*dif-* dis- apart+ *ferre* carry]
without ~ 지체 없이, 즉시(at once).
[동의어] **delay**는 어떤 이유로 적당한 시기까지 또는 무한정하게, 당장 해야할 일을 늦춘다는 뜻으로 비난의 뜻이 가미된 단어이다. **defer**는 보통 좋은 시기를 기다려 연기한다는 약간 형식적인 단어이다. **postpone**은 defer보다도 뜻이 강하여 미래의 어떤 시기까지 연기한다는 뜻으로 결정적인 조처를 말한다. 회화에서는 이 뜻으로 **put off**를 쓰기도 한다. ☞ defer, differ

delegate[déligeit] 통 (대리인, 대표자를)파견하다, 대표를 위임하다. [déligit] 명 대리인(deputy), 대표(representative), 사절(使節), 《미》대의원. 5
[《래틴》 *dēlēgātus* ← *dēlēgāre* ← *dē-* away+*lēgāre* depute]

delegation[dèligéi∫(ə)n] 명 대표임명, (권력의)위임, 대표 파견(전체적인), 대표 위원(단). 10

[동계어] **legate**[légit] 로마교황 사절. [《래틴》*lēgātus* deputy ← *lēgāre* appoint 임명하다←*lēg- lex* law 법률]

legation[ligéi∫(ə)n] 명 공사관, 공사 관원(전체).

deliberate[dilíbəreit] 통 숙고하다(consider carefully), 심의하다(talk about with others) [on, over, about]. [dilíb(ə)rit] 형 신중한, 잘 생각한. 6
[《래틴》 *dēliberātus dēliberāre* consult 상의하다←*dē-* thoroughly 철저히 +*līberāre* weigh 저울질하다 ← *lībra* balance 저울]

deliberateness[dilíb(ə)reitnis] 명 신중함, 고의.

deliberation[dilìbəréi∫(ə)n] 명 숙고(熟考), 심의, 고의, 완만(緩慢)함. 8
☞ libra

delicate[délikit] 형 정교(精巧)한, 섬세한, 우미한(fine), 가냘픈(tender, frail), 허약한(feeble), 부드러운(soft), 민감한. ⓐ rough 거칠은, 조잡한. 3
[《래틴》 *dēlicātus* luxurious 화사한← *dēlicia* pleasure, delight 쾌감←*dēlicere* amuse 즐겁게 하다]
☞ delicious

delicacy[délikəsi] 명 우미(優美), 우아함, 섬세함, 미묘함, 예민함; 맛있는 것. 7

delicately[délikitli] 부 우미하게, 섬세하게, 정교하게.

delicious[dilí∫əs] 형 맛 있는, 상쾌한, 재미나는. 4
[《래틴》 *dēlicia* pleasure ← *dēlicere* amuse 즐겁게 하다 ← *dē* away + *lacere* entice 유혹하다]

delight[diláit] 통 기쁘게 하다, 기뻐하다(please), 즐겁게 하다, 즐기다. 명 기쁨(great pleasure), 즐거움(enjoyment), 즐거움의 원인, 기쁨의 원인. ⓐ sorrow 슬픔. 1
[《래틴》 *dēlectāre* delight 즐겁게 하다←*dēlicere* amuse] ☞ delicious
take ~ *in* ……을 기뻐하다, ……을 즐기다. *to one's great* ~ 몹시 기뻐하는 바로는.

delightful[diláitf(u)l] 형 기쁜, 즐거운, 애교 있는. 3
[동계어] **delectable**[diléktəbl] 형 《서고어》 기분 좋은, 즐거운. [《래틴》 *dēlectābilis* delightful←*dēlectāre*]

delectation[diːlektéi∫(ə)n] 명 환락(歡喜), 쾌락.

deliver[dilívə] 통 구출(救出)하다(relieve)[from], 인도(引渡)하다, 배달하

다, (연설, 설교 따위를)하다(utter), (타서을)가하다. 팽개치다(set free). ⓑ capture 포획하다. 2
[《라틴》 dēlīberāre set free 해방시키다←dē- from + līberāre free 자유롭게 하다←līber free 자유의]
~ oneself of …(의견 따위를)공표하다.

deliverance[dilív(ə)r(ə)ns] 명 구출, 구조(rescue), 석방(release); 진술, (의견의)공표. 5

deliverer[dil.v(ə)rə] 명 구해 내는 사람, 배달인. 8

delivery[dilív(ə)ri] 명 인도(引渡), 교부(交付), 배달, 방출, 배급; 분만(分娩), 강연 태도. 4
special ~ 《미》속달. ☞ liberate

dell[del] 명 산골짜기, 협곡(峽谷)(small valley). 6
[《중영》 delle←《고영》 dell] ☞ dale

delta[déltə] 명 델타, 삼각주(三角洲). 6
[《그》 delta (Δ) ← 《헤브류》 daleth the fourth letter of the alphabet; 원 뜻은 천막의 입구(a door of a tent)]

delude[dil(j)ú:d] 타 속이다(deceive), 홀리다(mislead). 9
[《라틴》 dēlūdere mock at 속이다 ← dē- down + lūdere play 놀리다]

delusion[dil(j)ú:ʒ(ə)n] 명 기만, 현혹(眩惑), 망상(妄想). [《라틴》 dēlūsus ← dēlūdere + -ion(어미)] 8

동의어 **delusion**은 오해, 무지, 기만, 정신 이상 등으로 사실에 반대되는 일을 믿음을 말하고, **illusion**은 현실 또는 진실처럼 보이나 실제로는 존재하지 않거나 외관과는 아주 다른 것, 또는 병적인 상상으로 생긴 생각 따위를 말한다. **hallucination**은 신경이 혼미해져서 실제로는 없는 일을 듣거나 보는 것처럼 느낌을 말하며, **mirage**는 신기루 같은 시각적인 illusion이나 실현할 수 없는 희망 따위를 뜻한다.

delusive[dil(j)ú:siv] 형 기만적인, 애매한, 믿을 수 없는.

deluge[délju(:)dʒ] 명 대홍수(great flood), 쇄도(殺到). 타 범람(氾濫)하다, 쇄도하다. 9
[《라틴》 dēluvium a washing away← dīluere wash away←dī- dis- apart + luere wash]
After me(또는 *us*) *the Deluge!* 짐

과가 어떻게 되든 알 바 아니다. *the Deluge* 노아의 대홍수. ☞ lave, alluvion

demagog(ue)[déməgɔg] 명 (옛날의)민중(또는 군중)의 괴수, (악질적인)선동가, 선동 정치가. 10
[《그》 dēmagōgos popular leader 대중의 지도자←dēmos people + agōgos leading←agein lead 지도하다]

demagogic(al)[dèməgɔ́gik(əl)] 형 선동적인, 데마의.

demagogism[déməgɔgiz(ə)m] 명 데마를 퍼프림, 선동.

demand[dimá:nd] 타 요구하다(ask for), (일의 숙련, 인내, 시일 따위를)필요로 하다(need), 힐문(詰問)하다. 명 요구(claim), 청구(request), 수요(需要 need). ⓑ supply 공급(하다). 1
[《라틴》 dēmandāre entrust, demand ←dē- away + mandāre to commission, order←manus hand 손 + dāre give, 주다]
be in ~ 수요가 있다.

demandant[dimá:ndənt] 명 《법률》 원고(原告).

동의어 **demand**는 요구할 수 있는 권리를 단호히 요구한다는 뜻이고, **claim**은 왕위, 재산, 배상 따위를 자기의 것으로 주장하며 요구한다는 뜻이다. 또 **require**는 규칙상 또는 의무상, 당연한 일로서 특히 어떤 행동을 요구함을 말하며 demand보다 뜻이 약하고 요구된 사항이 요구를 받은 사람에게 필요한 일임을 강조한다. **exact**는 어떤 행동을 강요한다는 뜻이 있다.

동계어 **mandamus**[mændéiməs] 명《법률》(상급 재판소에서 하급 재판소로의) 명령서. [《라틴》 *mandāmus* we command←*mandāre* command 명령하다]

mandate[mǽnd(e)it] 명 명령, 지령, 위임(委任). [《라틴》 *mandātum* ← *mandāre*] ☞ command

demean [dimí:n] 타 《고어》 (demean oneself) 처신하다(behave).
[《라틴》 *dē*- down, fully + *mener* conduct 지도하다]

demeano(u)r[dimí:nə] 명 처신, 품행, 태도.
[《중영》 *demenure* ← *demenen* demean] 7

demesne[diméin] 명 사유지, 영지.

democracy[dimɔ́krəsi] 명 민주정치, 민주주의, 민주국. 7

〔본래 democraty로 썼음. 《그》 *dēmokratia* popular government 대중의 정부←*dēmo- dēmos* the people + *kratein* rule 통치하다〕

democrat[déməkræt] [명] 민주주의자; 《미》(D-) 민주당원. 6

democratic[dèməkrǽtik] [형] 민주주의의; 《미》(D-) 민주당의; 평민적인. 8

☞ aristocracy, plutocracy, technocracy, etc.

demolish[dimɔ́liʃ] [동] 파괴하다(destroy), 분쇄하다, 먹어치우다. 10

〔《래틴》 *dēmōlīrī* pull down←*dē-* from +*mōles* heap〕

demon[dí:mən] [명] (《여성》 demoness) 《그리이스 신화》(god와 men 사이에 있는) 수호(守護)의 혼령, 악마, 귀신같은 사람 (동물), 도깨비(devil). 7

〔《래틴》 *dæmon*←《그》 *daimōn* god, genius〕

the little ~ 장난꾸러기.

demonetize[di:mʌ̀nitaiz] [동] 화폐의 통용을 폐지하다.

demonstrate[démənstreit] [동] 실증(實證)하다(prove), 시위 운동을 하다, 데모하다. 6

〔《래틴》 *dēmonstrāre* show fully←*dē-* down, fully+*monstrāre* show〕

demonstration[dèmənstréiʃ(ə)n] [명] 증명, 증거, 실증(實證), 시위 운동, 데모; 연구수업. 7

to ~ 명확하게, 결정적으로.

demonstrative[dimɔ́nstrətiv] [형] 실증적인, 지시하는, 시위적인. [명] 《문법》 지시사(指示詞; that, this 따위). 9

demonstrator[démənstreitə] [명] 증명하는 사람, 시위 운동자. ☞ monster

demur[dimə́:] [동] (demurred) 이의를 제기하다(object). [명] 이의의 제기. 9

〔《래틴》 *dēmorārī* delay fully 완전히 지연시키다←*dē-* fully+*morārī* delay ←*mora* delay〕

[동계어] **moratorium**[mɔ̀rətɔ́:riəm] [명] (*pl.* -ria) 지불정지, 지불연기, 모라토리엄. 〔《래틴》 *morātōrius* delaying ←*morārī*←*mora*〕

demure[dimjúə] [형] 진지한, 침착한(modest, quiet, serious). 9

〔*de-* +《중영》 *mure* mature, calm← 《래틴》*mātūrus;* 14세기 이후 사용〕

demurely[dimjúəli] [부] 진지하게.

☞ mature

den[den] [명] (야수, 도적의)소굴, 《속어》 (아늑한)사실(私室). 3

〔《중영》 *den*←《고영》 *denn* cave 굴〕

denote[dinóut] [동] 표시하다(be a sign of or a name for), 뜻하다. 7

〔《래틴》 *dēnotāre* mark out 표시하다 ← *dē-* down+*notāre* mark ← *nota* mark〕

denotation[dì:no(u)téiʃ(ə)n] [명] 표시, 표(mark), 명칭; 《논리》 외연(外延).

[반] connotation 내포(內包). ☞ note

denounce[dináuns] [동] (공공연히)비난하다(speak against in public), 고발하다, (조약 따위의)종결을 통고하다. 6

〔《래틴》 *dēnuntiāre* declare 선언하다 ←*dē-* down, fully+*nuntiāre* tell〕

denouncement[dináunsmənt] [명] 비난, 고발.

denunciation[dinʌ̀nsiéiʃ(ə)n] [명] 비난, 고발, 경고; *cf.* pronounce →pronunciation, renounce → renunciation, announce→annunciation.

dense[dens] [형] 조밀한, 짙은(thick), 우둔한(stupid). 4

〔《래틴》 *densus* thick〕

densely[dénsli] [부] 울창하게, 밀집하게, 짙게.

denseness[dénsnis] [명] 밀집(密集), 우둔(愚鈍).

density[déns(i)ti] [명] 밀도, 농도, 비중, 우둔함. 9

[동계어] **condense**[kəndéns] [동] 압축하다, 응결시키다. 〔*con-*(강조의 접두사) +dense←《래틴》 *densus*〕 6

dental[déntl] [형] 이의, 칫과(용)의.

〔《래틴》 *dent- dens* tooth 이+*-al*(어미)〕

dentist[déntist] [명] 칫과 의사. 8

[참고] -ist는 사람을 나타내는 명사 어미; ocular[ɔ́kjulə] [형] 눈의. →oculist [ɔ́kjulist] [명] 안과의사. piano[pjǽnou] [명] 피아노→pianist[pjǽnist] [명].

☞ dandelion

deny[dinái] [동] 부인(부정)하다, 거절하다(refuse to give), 면회를 거절하다.

[반] approve, acknowledge 인정하다. 2

〔《래틴》 *dēnegāre* deny fully ← *dē-* fully+*negāre* deny〕 ☞ negation

~ *oneself* 자제(自制)하다, (쾌락 따위)단념하다.

[동의어] **deny**는 어떤 사항을 분명히 거부 또는 부정한다는 뜻이고, **gainsay**는

다른 사람의 말을 반박하여 그 사람에게 도전한다는 뜻이다. **contradict**는 말하여진 사실을 강력히 부정하여 때로는 그 반대된 일이 성냥하다고 말한다는 뜻이다.

denial[dináiəl] 명 부정, (진술 따위의) 부인, 거부, 극기(克己). 9
[deny+ -al]

depart[dipá:t] 동 떠나다(leave), 죽다(die), 멀어지다(deviate), (기차 따위가)출발하다(start). ⓑ arrive 도착하다, 벗어나다, 빗나가다. 2
[((라틴)) dis- away from + partīre part 갈라지다; part away from]
☞ part

department[dipá:tmənt] 명 부문, 국(局), …부(部), ((미)) 성(省). 3
[depart+ -ment]
~ store 백화점. the Department of State ((미)) 국무성.

departure[dipá:tʃə] 명 출발(going away), 이탈(離脫), 탈출. 5
take one's ~ 출발하다.

depend[dipénd] 동 …에 의하다, …여하에 달리다[on, upon]; 믿다(rely). 2
[((라틴)) dēpendēre hang down or from ← dē- down from + pendēre hang] ☞ pendant

dependant[dipéndənt] 명 하인, 식객(食客); 도움을 받는 사람. 8

dependence[dipéndəns] 명 의뢰, 의존상태, 신뢰(trust). 8

dependency[dipéndənsi] 명 의존물, 종속물, 속국(屬國), 보호령(保護領). 10

dependent[dipéndənt] 명 (남에게)의존하는[on], 종속적, …여하에 따른[on, upon]. 명= dependant. ⓑ independent 독립의. 7

주의 depend, dependent의 뒤에 오는 전치사는 on, 또는 upon, independent의 뒤에는 of가 온다. 보기: Italy depends on foreign countries for oil. 이탈리아는 석유를 다른 나라에 의존하고 있다. If you earn a good salary, you can be independent of your parents. 월급이 많으면 부모의 혜택을 입지 않아도 된다. ☞ pendant, independent

depict [dipíkt] 동 묘사하다 (describe carefully), 그리다. 8
[((라틴)) dēpictus←dēpingere depict ←dē- fully+pingere paint]
☞ picture

depiction[dipíkʃ(ə)n] 명 묘사, 서술.

deplore[dipló:] 동 애통하다 (express sorrow or regret for), 슬퍼하다(be sorry about), 후회하다. ⓑ rejoice 기뻐하다. 7
[((라틴)) dēplōrāre lament over 애통하다←dē-fully+plōrāre cry out 통곡하다]

deplorable[dipló:rəbl] 형 한탄스러운, 불쌍한. ☞ implore

deport[dipó:t] 동 수송하다, 추방하다; (deport oneself) 처신하다, 행동하다 (behave).
[((라틴)) dēportāre carry down, remove 옮기다]

deportation[dì:pɔ:téiʃ(ə)n] 명 ((법률)) 유형(流刑); 수송, 추방.

deportment[dipó:tmənt] 명 (기거)행동, 예의, 품행(bearing). 8
☞ import, export, port, transport

depose[dipóuz] 동 (고관을)면직시키다, (왕을)폐(廢)하다(remove from office, dethrone), ((법률)) 공술(供述)하다, 증언하다(give evidence). 7
[((라틴)) dē- from+poser place]
☞ pose

deposition[dèpəzíʃ(ə)n] 명 파면, 폐위(廢位); 증언; 침전(물), 퇴적(堆積).
☞ compose, impose, position, repose

deposit[dipózit] 명 침전물(沈澱物), 광상(鑛床), 예금, 보증금, 보관. 동 두다(place), (알을)낳다, 침전시키다, 맡기다, 예금하다. 3
[((라틴)) dēpositum thing laid down ←dēpōnere←dē down+pōnere lay]

depot[dépou, ((미)) dí:pou] 명 저장소, 창고(warehouse); ((미)) 정거장; ((군대)) 연대 본부. 5
[((프)) dépot←((라틴)) dēpositum]
☞ deposit

deprecate [déprikeit] 동 잘못이라 생각하다, 불찬성이라고 하다(feel and express disapproval of). 10
[((라틴)) dēprecārī pray against, pray to remove ← dē- away + precārī pray] ☞ precarious

deprecation[dèprikéiʃ(ə)n] 명 불찬성, 탄원, 애원.

depreciate[diprí:ʃieit] 동 (특히 시장)가격이 내리다 (make or become less in value), 얕보다(undervalue). 10
[((라틴)) dēpretiāre lower the price

depress 138 **desert**

of 가격을 내리다←*dē-* down+*pretium* price]

depreciation[diprìːʃiéiʃ(ə)n] 圀 가치 저락, 하락(下落), 멸시.

동계어 **appreciate**[əpríːʃieit] 圄 올바르게 평가하다, (예술품 등을) 감상하다. [((래틴)) *appretiāre* value at a price ←*ap-*, *ad-* at+*pretium* price] 5
appreciation[əprìːʃiéiʃ(ə)n] 圀 감상, 감사, 평가. ☞ price

depress [diprés] 屠 억압하다 (press down), 저하 (低下)하다(make sad or low in spirits), 불경기가 되게 하다. ⓟ elevate 북돋우다, 울리다. 7
[((래틴)) *dēpressus*←*dēprimere* ←*dē-* down+*premere* press 누르다]

depression[dipréʃ(ə)n] 圀 억압, (땅의)함몰; 부진(不振), 낙심, 불경기; 저기압; (기압의) 강하. 7
☞ press, compress, impress, repress

deprive[dipráiv] 屠 빼앗다(take away from), 박탈하다. 5
[((래틴)) *dē-* fully+*prīvāre* deprive]
be ~d of …을 빼앗기다. *~ a person of*… 사람에게서 …을 빼앗다.
deprival[dipráiv(ə)l] 圀 박탈(剝奪).
deprivation[dèprivéiʃ(ə)n] 圀 박탈, (목사직의)파면, 상실, 아까운 손실. ☞ private

depth[depθ] 圀 깊이, 농도(濃度), 깊은 곳, 한창, 바다. 3
[deep+ *-th*(명사 어미); *cf.* breadth, width] ☞ deep

depute [dipjúːt] 屠 대리가 되게 하다, 위임하다(commit). 10
[((래틴)) *dēputāre* cut off←*dē-* down +*putāre* cut off]
deputy[dépjuti] 圀 대리인, …대리, …관보(官補). 5

deride[diráid] 屠 조롱하다(make fun of), 놀리다, 비웃다(laugh at). 8
[((래틴)) *dērīdere* laugh down, laugh at←*dē* down+*rīdēre* laugh]
derision[diríʒ(ə)n] 圀 조소, 비웃음, 비웃음거리. 7
derisive[diráisiv] 휑 비웃는, 조롱하는.
동계어 **risible**[rízibl] 휑 웃을 수 있는, 웃기는(amusing). [((래틴)) *rīdēre* laugh+ *-ible*(가능성을 나타내는 어미)]

derive[diráiv] 屠 유래(由來)하다(come from), 근원을 찾다(trace), 끌어내다 (draw)[from]. 4

[((래틴)) *dērīvāre* drain off water 물을 끌어 오다← *dē-* from+*rīvus* stream]
be ~d from … …에서 나오다, 파생하다.

derivation[dèriveiʃ(ə)n] 圀 유도(誘導), 유래, 파생(派生)(물), 어원.
derivative[dirívətiv] 휑 (근원에서) 끌어낸, 파생적인. 圀 유도체(誘導體), 파생물, 파생어. ☞ river, rivulet

descend[disénd] 屠 내리다(come or go downwards), 경사하다, 계통을 잇다, 전(傳)하다. ⓟ ascend 오르다. 2
[((래틴)) *dēscendere* climb down 내려 가다←*dē-* down+*scandere* climb]
☞ scan
be ~ed (from) …의 자손이다.
~ upon 습격하다(attack suddenly).
descendant[disénd(ə)nt] 圀 자손. 7
descent[disént] 圀 강하(降下), 내리막(길), 내리받이, 가계(家系), 혈통, 상속, 유전, 자손. 5
*lineal ~*직계 비속(直系卑屬). *a man of high ~* 고귀한 집안의 사람.
☞ ascend

describe[diskráib] 屠 기술(記述)하다 (give an account of), 묘사하다, (사라을)평하다[as], 그리다(draw). 2
[((래틴)) *describere*←*dē-* down+*scribere* write]
description[diskríp;(ə)n] 圀 기술, 기재, 묘사, 해설, 설명(서), 종류 (kind), 등급(class). 3
descriptive[diskríptiv] 휑 기술(記述)적, 서술적, 도형 묘사의. 10
descry[diskrái] 屠 멀리 눈에 띄다(be able to see), 발견하다. 6
[((래틴)) *describere* write down; discern 알아보다]

desert[dézət] 휑 불모(不毛)의, 사막 같은. 圀 사막, 황무지. [dizə́ːt] 屠 버리다 (abandon), 탈주하다. 2
[((래틴)) *dēsertum* ← *dēserere* desert ←*dē-* away+*serere* join]
주의 **dessert**[dizə́ːt] 데저트와 혼동하지 않도록.
desertion[dizə́ːʃ(ə)n] 圀 유기(遺棄), 탈주, 탈당, 황폐(荒廢). 10
esert[dizə́ːt] 圀 ((deserve의 명사))(상벌을 받을 만한)가치(what is deserved), 공적(merit). 2
[((고프)) *desert*←*deservir* deserve]
☞ deserve

deserve[dizə́ːv] 통 …할 가치가 있다(be worthy of), …할 만하다(have a right to). 2
[((라틴)) *dēservīre* serve fully ← *dē* fully + *servīre* serve]

deservedly[dizə́ːvidli] 뵘 당연히, 마땅히. ☞ serve

design[dizáin] 통 계획하다(plan), (어떤 용도에)쓸 예산이다(destine), 설계하다, 뜻하다(intend). 몡 계획(scheme), 의도(intention), 설계(plan), 도안. 3
[((라틴)) *dēsignāre* mark down ← *dē* down + *signāre* mark 표시하다 ← *signum* sign 표시]

by ~ 고의로. *have* ~*s upon*……에 해를 끼치려고 한다.

designate[dézigneit] 통 지적하다, 지명하다, 임명하다. [dézign(e)it] 뼝 지명을 받은. 8

designation[dèzignéiʃ(ə)n] 몡 지적, 지명, 명칭, 칭호.

designer[dizáinə] 몡 설계자, 도안가, 음모자(plotter). 10

designing[dizáiniŋ] 몡 설계, 도안, 계획. 뼝 설계의, 도안의, 계획이 있는.
☞ sign, consign, resign

desire[dizáiə] 통 간절히 바라다(wish earnestly for), 구하다(require). 몡 욕망, 요구. ④ detest 싫어하다. 1
[((라틴)) *dēsiderāre* long for 바라다 ← *dē* - from + *sīdus* star 별; 원 뜻은 별이 안 나와 있으므로 별에서 시선을 돌리다 → 별이 없음을 서운해 하다 → 별이 있었으면 좋겠다고 바라다]

at one's ~ 바라는 대로. *leave much* (*nothing*) *to be* ~*d* 유감되는 점이 많다(없다).

동의어 **desire**는 wish보다 뜻이 강하고 형식적인 단어로서 강렬하게 바란다는 뜻이 있다. wish는 특히 이루기 어려운 일을 바란다는 뜻으로 want보다 현실적인 뜻이 약하고 형식적인 단어이다. want는 특히 결핍한 것 또는 필요한 것을 바란다는 뜻으로 desire, wish에 비하여 회화에서 많이 쓴다. crave는 육체상의 욕구나 필요성을 만족시키고자 크게 바란다는 뜻이 있고, long for 나 long after는 어떤 사람이나 사물을 열심히 찾아 그리워한다는 뜻이 있다. hanker after 또는 hanker for는 특히 손이 미치지 못하는 것이나 금지된 것을 끈덕지게 요구한다는 뜻

이 있다.

desirable[dizáiərəbl] 뼝 바람직한, 바라는, 욕망을 채울 수 있는, 요구하는. 5

desirous[dizáiərəs] 뼝 바라는, 원하는 [of, to do, that]. ☞ consider 6

desk[desk] 몡 책상, 사무, ((미)) 설교단(pulpit), 편집부. 2
[((라틴)) *discus* disc, table]
☞ disc, dish, disk

desolate[désəlit] 뼝 황량한(waste), 사는 사람이 없는(uninhabited), 쓸쓸한(dreary), 외로운(lonely), 버림받은(forsaken). [désəleit] 통 황폐하게 하다, 쓸쓸하게 하다. 4
[((라틴)) *dēsolātus* forsaken ← *dēsolāre* forsake 포기하다 ← *dē* - fully + *sōlāre* make lonely 외롭게 하다 ← *sōlus* alone]

동의어 **desolate**는 사람이나 장소가 고독하고 위안이 없다는 뜻이고, **disconsolate**는 위로하며 격려해주는 자가 있지만 그렇다고 해서 마음을 놓거나 기분이 나아지지 않는다는 뜻으로 쓰인다. **forlorn**은 "벗들에게 버림 받은 느낌을 갖는, 또는 주는"이라는 뜻이 있다.

desolation[dèsəléiʃ(ə)n] 몡 황폐함, 폐허, 쓸쓸함. ☞ sole, solitary 5

despair[dispɛ́ə] 통 절망하다(lose all hope). 몡 절망, 단념, 포기, 절망의 원인. ④ hope 희망(하다). 3
[((라틴)) *dēspērāre* lose all hope ← *dē* - from + *spērāre* hope 희망하다]

abandon oneself to ~ 자포자기가 되다. *in* ~ 절망해서, 자포자기가 되어.

동의어 **despair**는 회화에서 많이 쓰이는 말로 절망, 실망, 낙심의 뜻이 있고, **desperation**은 절망에서 오는 자포자기를 뜻하여 despair보다 능동적이고 적극적인 말이며 회화에서보다도 글을 쓸 때 많이 쓰이는 말이다.

desperate[désp(ə)rit] 뼝 절망적인, 처참한, 자포자기의. 4

desperation[dèspəréiʃ(ə)n] 몡 자포자기, 절망, 죽을 기를 쓰는 것. 10

despise[dispáiz] 통 업신여기다, 깔보다(feel contempt for, look down upon). ④ admire 숭배하다, honour 존경하다. 3
[((라틴)) *dēspicere* look down on ← *dē* - down + *specere* look]

동의어 **despise**는 가장 보편적으로 쓰이는 단어이다. **scorn**은 가장 강한 뜻을 나타내며 경멸해야 할 일에 대하여

염오를 느끼거나 비난, 조소의 감정을 포함할 때 사용된다. 또 경멸하며 거절하는 경우에도 쓸 수 있다. **disdain**은 비열한 것에 대하여 존대하는 기분을 갖고 대하며 경멸하는 생각을 갖는다는 뜻으로 쓰인다. **contemn**은 회화체에는 쓰지 않는 말로 사람이나 사물에 대하여 심한 경멸과 비난의 감정을 품는다는 뜻이다.

despicable[déspikəbl] 형 비열한, 천대할 만한. [《라틴》 *dēspicārī* look down on; despise + -*able*]

despite[dispáit] 명 경멸(contempt), 악의(spite), 원한. 전 《고어》 ···에도 불구하고(in spite of). 4
[《라틴》 *dēspectus* ← *despicĕre* ← *dē*- down + *specere* look] ☞ spy, species

despot[déspɔt] 명 전제군주, 독재자. 8
[《그》 *despotēs* master of the house 가장] 9

despotic[despɔ́tik] 형 전제적인, 포학(暴虐)한.

despotism[déspətiz(ə)m] 명 전제정치, 독재제도, 독재국가. 10
☞ potent, possible, power

dessert[dizə́:t] 명 데저트 (dinner의 마지막 course에 나오는 과실, 호도 《미국에서는 파이, 아이스크림, 치이즈도 포함한다》) 7

주의 desert "사막, 공훈, 탈주하다" 와 혼동하지 않도록.
[《고프》 *dessert* the last course at dinner ← *desservir* do ill service to, take away the courses at dinner ← *des*-《라틴》*dis*- away + *servīre* serve]

destine[déstin] 동 운명을 정하다, 예정해 두다.
[《라틴》 *dēstināre* destine ← *dē*- down + *stanāre* cause to stand ← *stāre* stand]
be ~*d for* ··· ···으로 갈 예정이 되어 있다.

destination[dèstinéiʃ(ə)n] 명 목적지, 갈 데, 예정. 7

destiny[déstini] 명 운명, 숙명. 5

destitute[déstitju:t] 형 결핍한(in want) [of], 빈곤한. 7
[《라틴》 *dēstitūtus* left alone ← *dēstituere* place alone ← *dē* away + *statuere* place ← *stāre* to stand]

destitution[dèstitjú:ʃ(ə)n] 명 결핍 (상태), 궁핍, 빈곤. ☞ statute

destroy[distrɔ́i] 동 파괴하다(ruin), 멸하다, 죽이다(kill), 없애다, 부서뜨리다. ⓑ construct 건설하다. 1
[《라틴》 *dēstruere* pull down, overthrow 넘어뜨리다 ← *dē*- down + *struere* pile up]

동의어 **destroy**는 가장 보편적으로 쓰이는 단어이다. **demolish**는 destroy 보다도 폭력적인 뜻이 많고 회화에는 별로 쓰이지 않는다. 원형을 알아보지 못할 정도로 완전히 분해한다는 뜻이 있다. **raze**는 건물 따위를 완전히 도괴시킨다는 뜻. **annihilate**는 존재를 없앨 만큼 완전히 파괴해버린다는 뜻이며, **collapse**는 허물어서 넘어 뜨린다는 뜻으로 쓰인다. 10

destroyer[distrɔ́iə] 명 파괴자, 구축함(torpedo-boat destroyer를 줄인 말).

destruction[distrʌ́kʃ(ə)n] 명 파괴, 구제(驅除), 멸망, 타파(打破), 파멸의 원인. 3

destructive[distrʌ́ktiv] 형 파괴적인, 파괴주의의. 10

destructor[distrʌ́ktə] 명 파괴자, 폐물 태우는 기계.
☞ structure, construct, instruct

detach[ditǽtʃ] 동 떼어놓다(remove), 해방하다, 분견(分遣)하다(dispatch). 9
[《라틴》 *dis*- apart + *tache* nail, tack 못박다]

detachment[ditǽtʃmənt] 명 분리, 분견대, 파견대. ☞ attach

detail[dí:teil, ditéil] 명 세부(細部), 항목(項目 item), 사소한 일(trifle), 상설(詳說), *pl*. 명세(明細). [ditéil] 동 자세하게 설명하다, 열거(列擧)하다, 《군대》특파하다. 4
[《라틴》 *dē*- down, fully + *tailler* cut *go*(또는 *enter*) *into* ~ 상세히 설명하다. *in* ~ 자세하게.
☞ tailor, tally

detain[ditéin] 동 만류하다 (prevent from going), 보류하다(keep back), 구속하다. 4
[《라틴》 *dētinēre* hold back 보류하다 ← *dē*- down + *tenēre* hold]

detainment[ditéinmənt] 명 《별로 쓰지 않음》억류, 차압.

detention[ditén∫(ə)n] 명 저지(阻止), 억류, 구류, 구속.
☞ tenable, maintain, retain, contain

detect[ditékt] 동 발견하다(discover),

알아내다. 6
[《래틴》 dētectus dētegere uncover, expose 폭로하나 ← dē away+tegere cover 덮다]
detective[ditéktiv] 웹 탐정(용)의. 웹 탐정, 형사.
detector[ditéktə] 웹 발견자; 《무선》 검파기(檢波器), 검출기.
determine[ditə́:min] 툅 결심하다(make up one's mind), 결정하다 (fix, decide), 결심하다 하다, 한정(限定)하다.
[《래틴》 dēterminäre bound, end ← dē down, fully+terminäre bound 한정 하다 ← terminus boundary 한계] 2
determinate[ditə́:m(i)nit] 웹 결정된, 한정된, 일정한, 결정적인. 10
determination[ditə̀:minéiʃ(ə)n] 웹 결심, 결단력, 결정, 판결(判決), 종결, 한정(限定). 7
☞ terminate, interminable
detest[ditést] 툅 미워하다(hate), 몹시 싫어하다(dislike strongly). 7
[《래틴》 dētestärī curse by calling God to witness 신에게 맹세코 욕하다 ← dē- down+testärī witness 증언하 다]
detestable[ditéstəbl] 웹 몹시 싫어하 는, 싫어하고 미워하는.
☞ testament, contest
dethrone[diθróun] 툅 (제왕을) 폐(廢) 하다, (위엄있는 자리에서) 밀어내다.
[《래틴》 dis- apart+thronus ← 《그》 thronos throne] 10
dethronement[diθróunmənt] 웹 폐 위, 제거. ☞ throne, enthrone
devastate[dévəsteit] 툅 황폐하게 하다 (make waste). ⓗ develop 발전 시키다.
[《래틴》 dēvastäre lay waste 황폐하 게 하다 ← dē-down+vastäre lay waste ← vastus waste 황폐한] 10
devastation[dèvəstéiʃ(ə)n] 웹 황폐 (荒廢); 참화. ☞ vast, waste
develop[divéləp] 툅 발전시키다(하다), 개발(開發)하다, 보이다(reveal), 《사 진》 현상(現像)하다; 발휘하다, 밝혀지 다. ⓗ condense 압축하다. 3
[《래틴》 dis- apart+velop wrap]
development[divéləpmənt] 웹 발달, 발육, 성장, 진전, 개발; 현상. 4
☞ envelop
device[diváis] 웹 고안(plan), 궁리, 도 안(design), 고안물(invention), 책략. 4

[《래틴》 divīsum division 분할 ← dī- vidēre divide 나누다]
☞ devise, divide
devil[dév(i)l] 웹 악마, 극악한 인간 (wicked person); 투쟁심. ⓗ God 2
[《그》 diabolos slanderer, devil ← diaballein ← dia- through, across+ ballein throw]
the ~ 《의문사와 함께 써서》 도대 체, 《강한 부정》 결코 … 안하다.
devilish[dévliʃ] 웹 악마 같은, 저주 스러운, 극악무도한. 튀 《강조·속어》 굉장히, 무섭게. 8
devilishly[dévliʃli] 튀 극악무도하게, 《속어》 굉장히; 무섭게.
[동계어] **diabolic(al)** [dàiəbɔ́lik(əl)] 웹 (보통 diabolic로 쓰면) 악마의, 마성 (魔性)의; (보통 diabolical로 쓰면) 악 마 같은, 극악무도한.
ballistic[bəlístik] 웹 탄도(彈道)(학) 의. [《그》 ballein throw]
대륙간 탄도탄은 ICBM, 즉 Inter-continental Ballistic Missile.
devise[diváiz] 툅 고안하다(think out), 발명하다(invent); (법률)(부동산을)유 증(遺贈)하다. 8
[《래틴》 divīsum division ← dīvidere divide]
devisee[dèvizí:, diváizí:] 웹 《법률》 (부동산) 수증자(受贈者)
deviser[diváizə] 웹 고안자.
devisor[dèvizɔ́:] 《법률》(부동산) 유증 자(遺贈者). ☞ device, divide
devote[divóut] 툅 …에 (몸·노력·시간 따위를) 바치다(give up), 맡기다, 전 용(專用)하다; 저주하다(curse). ⓗ avert 피하다. 3
[《래틴》 dēvōtus dēvovēre devote, vow fully 맹세하다 ← dē-fully+vovēre vow 맹세하다]
~ oneself to …에 몸을 바치다, …에 골몰하다. **be ~ed to** …에 골몰 하고 있다.
[동의어] **dovote**는 어떤 일에 몸을 바치고 골몰하여 일한다는 뜻이며, **dedicate** 는 종교상의 의식에서 어떤 중요한 목적 을 위하여 물건을 바치거나, 때에 따라 서는 정신적으로 봉사한다는 뜻이 있고, **consecrate**는 물건을 어떤 종교상의 또는 신성한 용도에 바친다는 뜻이며, 가장 엄숙한 의미를 갖는다. **hallow**는 어떤 대상을 본질적으로 신성한 것으로

숭앙(崇仰)한다는 뜻이 있다.
devoted[divóutid] 혱 골몰한, 헌신적인; 몹시 사랑하는; 저주된.
devotedly[divóutidli] 閉 충실하게, 헌신적으로.
devotee[dèvo(u)tí:] 몡 (광신적인)신자(信者), 헌신적인 사람.
devotion[divóuʃ(ə)n] 몡 헌신, 골몰, 애착, 신앙심. 5
devout[diváut] 혱 신앙심이 많은, 경건한, 헌신적인, 열렬한. 6
동의어 **devout**는 "신앙에 골몰한"의 뜻이고, **pious**는 교회에 다니는 것과 같은 종교상의 의무를 다하는 경우, 특히 신앙심이 깊은 태도나 행동을 강조하거나 또는 반대로 위선적임을 암시할 때 쓰는 말이다. **religious**는 어떤 특정한 종교를 믿으며 그 교의(敎義)에 끊임 없이 귀의(歸依)함을 뜻한다. **sanctimonious**는 보통 빈정대서 말하는 경우에 쓰이며 신앙심이 대단한 척 한다든지 거드름 피운다는 뜻이 된다.
devoutly[diváutli] 閉 경건하게, 헌신적으로. ☞ vote, vow
devour[diváuə] 태 탐식하다(eat greedily), 삼켜 버리다, 멸하다(destroy); 탐독하다(read eagerly). 4
[《래틴》 *dēvorāre* consume, eat up 다 먹어버리다 ← *dē*- fully + *vorāre* gulp down]
be ~ed by ……으로 안절부절하다 (be moved deeply by…).
☞ voracious
dew[dju:] 몡 이슬, (눈물·땀)방울. 2
[《고영》 *dēaw*; *cf.* 《독》 *thau*]
dewy[djú:i] 혱 이슬이 많은, 이슬에 젖은, 눅눅한; 이슬이 내리는. 7
dexter[dékstə] 혱 오른쪽의, 재수 있는. ⓐ sinister 불길한, 왼편의.
[《래틴》 *dexter* on the right hand side]
dexterity[dekstériti] 몡 교묘함; 민첩함. 8
dext(e)rous[dékst(ə)rəs] 혱 교묘한, 솜씨 좋은; 민첩한, 오른손 잡이의. ⓐ clumsy 서투른.
diadem[dáiədem] 몡 《시》 왕관(crown), 영락(瓔珞), 왕권(王權). 8
[《그》 *diadēma* fillet 가는 끈, 리본 ← *dia*- apart, across + *deō* I bind]
diagonal[daiǽgən(ə)l] 혱 맞모금의, 대각선의. 몡 맞모금, 대각선. 9

[《그》 *diagōnios* ← *dia*- through, between + *gōnia* angle 모서리]
diagram[dáiəgræm] 몡 그림표, 도표(圖表), 도해(圖解). 8
[《그》 *diagramma* figure, plan 도표 ← *diagraphein* mark out by lines ← *dia*- through + *graphein* write]
☞ telegram, grammar, diameter
dial[dáiəl] 몡 (시계·저울·나침반 따위의)글자판, 지침면(指針面), (라디오·자동전화기의) 다이얼. 태 (dialled) 다이얼을 돌려서 전화를 걸다. 6
[《래틴》 *diālis* relating to a day; a plate for showing the time of day ← *diēs* day]
☞ diary, journey, journal
dialect[dáiəlekt] 몡 사투리, 방언. 7
[《그》 *dialektos* discourse, language, dialect ← *dialegomai* I discourse ← *dia*- between + *legein*; speak with]
동의어 **dialect**는 어떤 지방이나 계급에 특유한 언어의 형식, 즉 표준어에 대하여 발음, 구문이 다른 것을 말한다. **vernacular**는 보통 격식을 찾지 않는 회화에서 많이 쓰이는 말이고, **cant**는 특별한 종파(宗派), 학파, 계급 따위에 사용하는 보통 언어를 말한다. **jargon**은 특별한 계급이나 직업 단체 따위가 사용하는 특수한 어휘 또는 관용어구를 말하고, **lingo**는 자기가 모르는 언어나 방언 또는 jargon (빈정대거나 우스꽝스럽게 쓴다)이고, **argot**는 특히 도적이나 걸인들이 쓰는 jargon이다.
dialectal[dàiəléktl] 혱 사투리의.
dialectic[dàiəléktik] 혱 변증법적(辯證法的), 사투리의. 몡 논리(logic), 논리적 토론술.
☞ legend, lecture, logos, dialogue
dialog(ue)[dáiəlɔg] 몡 문답, 대화 (conversation); 대화체, 대화극. ⓐ monolog(ue) 독백(獨白). 7
[《그》 *dialogos* conversation 회화 ← *dialegomai* I discourse]
☞ dialect, logos, catalogue
diameter[daiǽmitə] 몡 지름, 직경(直徑), (배율 단위) …배(倍). *cf.* radius 반지름(半徑). 8
[《그》 *diametros*←*dia*- through *metron* measure 척도]
☞ barometer, thermometer, etc.
diamond[dáiəmənd] 몡 다이어몬드, 금강석, (트럼프의)다이어의 카드;《야구)) 내(內野), 야구장. 圈 금강석의, 마름모꼴의, 능형(菱形)의. 동 다이어 몬드로 꾸미다, 금강석을 박다. 2
[《래틴》 adamas←《그》 adamas diamond; cf.《독》 diamant, demant]

Diana[daiǽnə] 圈 《로마 신화》 다이아나 《달의 여신으로 처녀성(處女性)과 사냥의 수호신》; 《시》 달. 6
[《래틴》 diana]

diaphragm[dáiəfræm] 圈 《해부》 횡격막(橫隔膜); 장벽(障壁); (전화기의)진동판; (사진기의)조리개. 10
[《그》 diaphragma partition, midriff ←dia- between+phrassō I fence in]

diary[dáiəri] 圈 일기(장), 일지(日誌).
[《래틴》 diārium daily allowance; diary←diēs day] 8

  keep a ~ 일기를 적어 두다.

  ☞ dial, journal, journey 주의 dairy 착유장(搾乳場)과 혼동하지 않도록.

dice[dais] 圈 die(주사위)의 복수. 동 주사위를 가지고 놀다, 노름으로 잃다; 잘게 저미다. 7

dictate[díkteit] 동 받아쓰게 하다, 불러주다; (강화조건, 방침 따위를)명령하다; 지도하다. [díkteit] 圈 《신·이성·양심의》명령. ⓟ follow 따르다. 5
[《래틴》 dictātus← dictāre ←dictāre dictate←dicere say]
참고 명사로 쓰일 때에는 복수형으로 할 때도 있다.

dictation[diktéiʃ(ə)n] 圈 받아쓰기, 명령, 지도.

dictator[diktéitə] 圈 지령을 내리는 사람, 독재자; 받아 쓰게 불러주는 사람.

dictatorship[diktéitəʃip] 圈 독재자의 지위, 독재권.

dictionary[díkʃ(ə)n(ə)ri] 圈 사전, 자전. cf. encyclopaedia 백과사전. 7
[《래틴》 dictionārium ← diction- ← dictio saying, word 단어 ← dictus← dicere say]

die¹[dai] 동 《(현재분사) dying》죽다, 시들다, 없어지다, 죽을 고생을 하다; 하고 싶어 못 견디다[for, to do, to be]. ⓟ live 살다. 1
[《중영》dyen, deyen←《아이스》deyja]

  ~ away 사라지다(disappear), 힘이 없어지다(lose strength). ~ down 사라지다(fade), 약해지다(become weak), (소동이)진정되다. ~ from a wound 상처로 말미암아 죽다. ~ hard 좀처럼 죽지 않는다(die not without struggle). ~ of illness 병으로 죽다. ~ out 사멸(死滅)하다, 완전히 없어지다 (come to a complete end).

  동의어 die는 가장 보편적으로 사용되는 단어이다. 이에 비하여 문학적으로 쓰이는 말에 expire가 있는데, 이것은 "숨을 거두다"의 뜻이다. die에 대하여 회화시에 흔히 쓰는 "돌아가다"에 해당하는 말에는 pass away가 있고, 또 die보다 뜻이 강하며 형식적인 말에는 perish가 있는데, 이것은 굶주림, 추위 따위로 죽음을 뜻한다.

  ☞ dying, death, dead

die²[dai] 圈 (pl. dice) 주사위, 주사위 노름, 잘게 저민 것.
[《래틴》 datus←dare give] ☞ dice

diet[dáiət] 圈 (일본·덴마크·스웨덴 따위의)국회; (명소의)음식물(usual food and drink), 규정된 음식. 동 (환자에게)규정된 음식을 먹이다. 5
[《그》 diaita mode of life 생활 양식, diet]

  on a ~ 식이요법(食餌療法)을 하고 있는.

  참고 각국 국회의 명칭:《한국》National Assembly,《미국》Congress,《영국》Parliament,《프랑스》National Assembly,《스페인, 포르투갈》Cortes[kɔ́ːtes],《일본》the Diet,《소련》Supreme Soviet.

differ[dífə] 동 다르다, 달라지다, 의견을 달리하다. ⓟ agree 동의하다, accord 일치하다. 3
[《래틴》 differre carry apart; differ ←dif- dis- apart←ferre bear]

  ~ from (another) in (a point) (어떤 점에서) (다른 사람과)다르다, 의견이 다르다.

difference[dif(ə)rəns] 圈 차이, 의견 차이, 불화(不和). 1

different[dif(ə)rənt] 圈 다른, 딴 (separate), 같지 않은(not the same), 여러 가지의(various). ⓟ same 1
[differ+ -ent(형용사 어미)]

  동의어 different는 가장 보편적인 단어로 사람이나 물건이 서로 다름을 뜻하고, diverse는 different보다 그 차이가 뚜렷함을 나타낸다. divergent는 서로 융화(融化)되지 못하고 점점 딴 방향으로 멀어져 감을 나타낸다. 또

distinct는 둘 또는 그 이상의 것이 서로 명확히 식별할 수 있을 정도로 다름을 말하며, **dissimilar**는 외관, 성질 따위의 비슷한 점이 없음을 뜻한다. **disparate**는 본질적으로 완전히 다르고 때에 따라서는 상호간에 아무 관계가 없음을 강조해서 나타낸다. **various**는 종류, 형태가 다르고 "여러가지의"라는 뜻이다.

differently[díf(ə)rəntli] 튀 달라지게, 같지 않게, 따로이.

differentiate[dìfərénʃieit] 통 차별하다, 구별이 생기다.

differentiation[dìfərenʃiéiʃ(ə)n] 명 차별(대우), 분화(分化), 파생(派生), 《수학》미분.
☞ defer, infer, refer, prefer

difficult[dífikəlt] 형 어려운(not easy), 곤란한, 까다로운(not easily pleased, managed or controlled). ⓐ easy. 2
[《라틴》 *difficultas* difficulty←*difficilis* difficult←*dif- dis-* apart+*facilis* easy]

difficulty[dífik(ə)lti] 명 곤란, 어려운 일; 고장, 이의(異議). 3
동의어 **difficulty**는 일반적인 곤란을 뜻한다. **hardship**은 고통, 난삽(難澁)함, 힘듬을 나타내는데 도저히 견뎌내지 못할 정도인 경우에 쓴다. **rigo(u)r**는 바깥 사정이나 엄한 규율로 과하여진 심한 hardship을 뜻하고, **vicissitude**는 사태의 추이(推移)에 따라 일어나는 곤란을 암시하는 격식을 갖춘 단어이다.

diffuse[difjú:z] 통 퍼뜨리다, (빛·열·냄새 따위를)발산하다. [difjú:s] 형 퍼뜨려진(widely spread);지루한(using too many words). ⓐ concise 간결한. concentrate 집중시키다. 5
[《라틴》 *diffūsus, diffundere* shed abroad 퍼뜨리다 ← *dif- dis-* apart+*fundere* pour 쏟다]

diffusion[difjú:ʒ(ə)n] 명 산포(散布), 보급(普及); 산만(散漫).

diffusive[difjú:siv] 형 퍼뜨려진, 보급하기 쉬운, 산만한. ☞ fuse

dig[dig] 통 (dug)(땅·굴·우물 따위를)파다, 파내다; 탐구하다(work or study hard); 《속어》찌르다(poke). 명 《속어》한번 파냄; 빈정댐. 2
[《프》 *diguer* make a dike ← *digue* dike 둑←《홀런드》 *dijk* dike]

☞ dike, digger

digest[didʒést, daidʒést] 통 소화하다, 소화를 돕다; 잘 생각하다, 정리·분류하다; 견디다; 이해하다. [dáidʒest] 명 적요(摘要), 강령(綱領). 7
[《라틴》*digetus dīgerere* carry apart ←*dī- dis-* apart+*gerere* carry]

digestion[didʒéstʃ(ə)n,dai-] 명 소화(작용), 소화력. 7

digestive[didʒéstiv, dai-] 형 소화를 돕는. 명 소화제. 8

digger[dígə] 명 파내는 사람, (특히 금광의)갱부, 채굴기(採掘器). 7
☞ dig, dike

dignify[dígnifai] 통 위엄 있게 하다, 고귀하게 하다. 5
[《라틴》 *dignificāre* make worthy← *digni-* ← *dignus* worthy 값 있는+ *-ficāre-facere* make]

dignitary[dígnit(ə)ri] 명 고관, 지위가 높은 스님.

dignity[dígniti] 명 위엄, 품위, 고위(高位), 고관. 4
[《라틴》 *dignitatem*←*dignus* worthy *be beneath one's* ~ 체면에 관한 일이다. *stand*(또는 *be*) *upon one's* ~ 거드름 피우다. *with* ~ 거드름 피우며, 위엄 있게. ☞ dainty

dike, dyke[daik] 명 도랑, 수로, 둑, 방벽. 통 둑을 쌓다.

dilate[dailéit, di-] 통 확장하다, 팽창하다, 길게 말하다. 6
[《라틴》 *dilātāre* widen 확장하다 ← *dī- dis-* apart+*lātus* broad]

dilemma[dilémə, dai-] 명 《논리》딜레마, 진퇴양난.
[《그》 *dilēmma* ← *di-* twice, double 이중의 +*lēmma* assumption, premiss 전제 조건]

diligence[dílidʒ(ə)ns] 명 근면, 부지런. [díliʒɑ̃:(n)s] 명 (프랑스·스위스 따위의)합승 마차, 버스. 7
[《라틴》 *dīligens* careful, diligent← *dīligere* love 좋아하다 ← *dī- dis-* apart+*legere* choose; 합승 마차의 뜻]

diligent[dílidʒ(ə)nt] 형 부지런한. 5
☞ legend

dim[dim] 형 어둑컴컴한(not bright), 희미한(not clear); (이해력이)둔한(not keen). 통 어둑컴컴하게 하다. ⓐ bright 밝은, clear 분명한, keen 날카로운. 3

[《중영》 dim←《고영》 dim dark]
dimly[dímli] 부 어두컴컴하게, 희미하게, 몽롱하게.
dimness[dímnis] 명 어둑컴컴함, 몽롱함.
dimension[diménʃ(ə)n, dai-] 명 (길이, 넓이, 두께의)치수(measurement), pl. 넓이, 들이, 범위; 《수학》차원. 7
[《래틴》 dīmensiōnem measuring ← dīmensus ← dīmētīrī measure off ← di- dis- apart+metīrī measure 재다]
of great ～s 대단히 큰.
dimensional[diménʃ(ə)n(ə)l, dai-] 형 치수의, …차원의.
참고 입체 영화는 3-D 또는 three-D 라고 하는데, 이것은 three dimensional (3차원의; 길이, 넓이, 두께가 있는)을 줄인 말이다. Cinema-Scope, Vista-Vision, Cinerama 따위는 모두 상표 이름이며, 대형 영화는 wide-angle(넓은 각도의)이라 한다. ☞ measure
diminish[dimíniʃ] 통 줄(이)다(make or become less or smaller). ⓐ increase 증대하다, enlarge 확대하다. 5
[《래틴》 dīminuere diminish를 본따서 만든 말] ☞ diminution
diminution[dìminjúːʃ(ə)n] 명 감소 (減少), 축소. 10
[《래틴》 dīminūtiōnem ←dīminūtus← dīminuere lessen 줄이다←dī- dis-apart+minuere lessen]
diminutive[dimínjutiv] 형 작은, 꼬마의. 명 《문법》축소형. 8
dimple[dímpl] 명 보조개, 잔물결. 통 보조개가 파이다; 잔 물결이 일다. 6
[《중영》 dympell; cf. 《독》 dümpfel]
din[din] 명 시끄러운 소리(a loud, confused noise that continues). 통 (귀가 먹을 만큼)시끄럽게 떠들다. 5
[《중영》, dine, dune←《고영》 dyn(e)]
dine[dain] 통 정찬을 먹다(보통 have dinner라 말함), 식사 대접을 하다(give a dinner to). 2
[《래틴》 disiūnāre break one's fast 단식을 중지하다←dis- apart+ieiūnāre fast 단식하다; cf. 《프》 diner]
diner[dáinə] 명 식사하는 사람, 《속어》식당차(dining-car).
dinner[dínə] 명 정찬, 오찬, 만찬, 공식적인 식사(formal or public dinner). cf. supper 저녁밥. 5
참고 dinner는 the chief meal of the day "하루에 제일 잘 차려 먹는 식사" 의 뜻으로 사회 계급에 따라 dinner를 먹는 시간은 다르다. 영·미 제국의 중류 이하의 가정에서는 점심을 dinner라고 하며, breakfast — dinner — (tea) — supper의 순서로 식사를 한다. 이에 비하여 중류 이상의 가정에서는 저녁을 dinner라고 부르며 breakfast—lunch—tea—dinner—(supper)의 순서로 식사한다. 이런 식사를 나타내는 말들은 식사 시간(meal time)이나 식사의 분량(quantity of meal)을 뜻할 때는 관사가 필요 없으나, "맛있는 식사"처럼 식사 자체(meal itself)를 말할 때는 보통명사로 쓰인다. 9

dingy[dín(d)ʒi] 형 거무스레한 (dark and discoloured), 더러운 (dirty looking). 9
[《영》 dung+ -y(형용사 어미); 동이 묻은이 원 뜻] ☞ dung
dint[dint] 명 (두드려서)들어간 자리, 오목함. 통 (두드려서)오목하게 하다. 9
[《중영》 dint, dunt ← 《고영》 dynt blow 타격]
dioxide[daióksaid, dáioksaid] 명 《화학》이산화물(二酸化物). 9
[di- twofold, double 이중의+oxide]
dip[dip] 통 적시다, 살짝 담(기)다; 푸다; 내리다, 내려가다. 명 담금; 떠내기; 내려감, 가라앉음. 3
[《중영》 dippen←《고영》 dyppan] ☞ deep
dipper[dípə] 명 적시는 사람; 국자. 6
[dip+ -er(명사 어미)]
a Dipper 침례교도(浸禮敎徒). **the Great Dipper** 《미》북두칠성.
diphtheria[difθíəriə] 명 디프테리아. 9
[《그》 diphthera leather 가죽; 피부의 증상이 가죽과 비슷하다고 해서]
diploma[diplóumə] 명 (pl. diplomas, diplomata) 졸업증서; 면허장; 칙허장 (勅許狀); 공문서; 감사장. 9
[《그》 diplōma a thing folded double 둘로 겹친 것 ← diploos double ←di- dis- double+-ploos folded]
diplomacy[diplóuməsi] 명 외교(술), 외교적 수완, 권모술수.
[외교라는 뜻은 둘로 겹친 것→공문서 (diploma)에 관계한다는 뜻에서 생긴 말]
diplomat[díploumæt], **diplomatist** [diplóumətist] 명 외교관, 외교가. 10

diplomatic[dìpləmǽtik] 형 외교의, 외교 수완이 있는, 면허장의. ☞ dip
dire[daiə] 형 무서운(terrible), 끔찍한 (dreadful), 비참한. 6
[《래틴》 *dīrus* fearful 무서운]
direful[dáiəf(u)l] 형 끔찍한, 비참한.
direct[dirékt, dai-] 형 직접의(immediate), 곧은, 직계의, 똑 바로 나아가는 (straight), 솔직한(frank and sincere), 정면의. 부 똑바로(in a straight line), 직접. 동 지시하다(order), 길을 가리키다, 향하게 하다(point to, aim at), 지도하다(guide). 반 indirect 간접의, curved 굽은. 1
[《래틴》 *directus←dirigere* direct← *di-dis-* apart+*regere* rule 통제하다]
direction[dirék∫(ə)n, dai-] 명 방향, 지휘, 《보통 복수》지시, 주소. ☞
in all ~s =in every ~ 사방 팔방으로. *in the ~ of* ……의 방향으로.
directly[diréktli, dai-] 부 똑바로, 일직선으로, 직접, 꼭, 곧, 얼마 안 되어. 접 《속어》…하자 마자(as soon as).
director[diréktə, dai-] 명 지휘자, 관리인, 국장, 취체역. 《영화》감독. 4
directory[dirékt(ə)ri] 형 지휘의, 지도적. 명 주소록; 상공(商工) 인명사전.
telephone ~ 전화 번호부.
dirge[də:dʒ] 명 만가(挽歌), 비가(悲歌), 애가(哀歌), 장송가(葬送歌).
[장송가 "*dīrige Dominus meus*"의 첫 말에서; 《래틴》*dīrige* direct thou← *dīrigere* direct] 8
dirt[də:t] 명 더러운 것(unclean matter), 뻘, 값 없는 것, 욕. 3
[《아이스》 *drit* dirt; excrement o birds 새똥]
dirty[də́:ti] 형 더러운(unclean); (날씨가)사나운(stormy); 누추한, 천한 (base, mean). 동 더럽히다, 더러워지다. 반 clean 깨끗한, 깨끗이 하다. 3
[dirt+ -*y*(형용사 어미)]
동의어 **dirty**는 가장 보편적으로 쓰이는 말이다. **soiled**는 보통 청결, 신선함을 손상할 정도로 표면이 더러움을 나타내는 말로서 dirty보다 더 문학적인 단어이다. **grimy**는 그을음 따위의 얼룩이 거죽에 배어서 더러워짐을 나타낸다. **filthy**는 구역이 날 만큼 더러움을 말하고, **foul**은 filthy보다 뜻이 강하여 악취, 부패, 타락 따위로 심한 불쾌감이나 염오를 느낄만큼 더러움을 말한다. **nasty**는 foul보다 통속적인 말로 보통 비유해서 사용한다.

disable[diséibl, dizéibl] 동 무능하게 하다(make useless), 무력하게 하다(make unable to do anything), 손상하다, 불구가 되게 하다. 9
[《래틴》 *dis-* not, apart+able]
a ~ed soldier 상이군인.
disablement[diséiblmənt] 명 무능력 (하게 되는 것, 하게 만듬), 불구(不具).
☞ able, enable 9
disadvantage[dìsədvá:ntidʒ] 명 불리, 손해, 손실, 불리한 입장. 동 불리하게 하다. 반 advantage 이익. 7
[《래틴》 *dis-* not apart,+advantage]
sell (goods) *to ~* 밑져서 팔다.
☞ advantage
disagree [dìsəgrí:] 동 일치하지 않다 (be different), 의견이 다르다(differ); 다투다(quarrel). 반 agree 일치하다. 9
[《래틴》 *dis-* not, apart +agree]
disagreeable[dìsəgríəbl] 형 불쾌한 (unpleasant), 기분나쁜, 마음에 들지 않는 (displeasing). 명《보통 복수》불쾌한 일, 마음에 들지 않는 일. 6
☞ agree
disappear[dìsəpíə] 동 보이지 않게 되다(go out of sight), 없어지다(vanish). 반 appear 나타나다. 2
[《래틴》 *dis-* not, apart+appear]
동의어 **disappear**는 갑자기 또는 천천히 보이지 않게 되거나 없어짐을 나타내는 말이다. **vanish**는 돌연히 또는 완전히 없어지거나 보이지 않게 됨을 나타내며, disappear 보다 품위가 있는 말이다. 이 단어는 또 신비하게 없어진다는 뜻도 있다. **fade**는 특히 색이나 빛이 차차 열어져서 완전히 또는 부분적으로 없어진다는 뜻을 나타낸다.
disappearance[dìsəpíərəns] 명 소실 (消失), 실종(失踪). ☞ appear
disappoint[dìsəpɔ́int] 동 실망시키다, (약속・기대 따위를) 어기다 (baffle), (계획 따위를) 좌절시키다 (upset). 반 encourage 북돋우다. 3
[《래틴》 *dis-* not, apart+appoint]
be ~ed in ……에 실망하다. *be ~ed of* …(희망・목적)의 기대에 어긋나다.
disappointment[dìsəpɔ́intmənt] 명 실망(의 원인), 의외의 사람(사물). 4
☞ appoint, point

disapprove[dísəprúːv, dìs-] [동] 마땅치 않다고 하다, 비난하다; 불찬성하다. [반] approve 시인하다, 찬성하다. 9
〔《래틴》 *dis-* not, apart+approve〕
disapproval[dìsəprúːv(ə)l, dís-] [명] 비난, 불찬성, 마땅치 않음. 8
☞ approve

disarm[disáːm, diz-] [동] 무기를 빼앗다, 무장 해제하다, 군비를 축소하다. [반] arm 무장하다. 7
〔《래틴》 *dis-* not, apart+arm〕
disarmament[disáːməmənt,dizáːm-] [명] 무장 해제, 군비 축소.
☞ arm, armament, rearm

disaster[dizáːstə] [명] 재해(a great or sudden misfortune), 천재(天災), 재난(terrible accident), 불행, 참사(慘事). [반] blessing 천혜(天惠), 행복. 5
〔《래틴》 *dis-* not + *astrum* star; ill-starred 나쁜 별의가 원뜻. 중세에 점성학(astrology)에서는 별의 위치에 따라 일의 길흉(吉凶)을 판단하였기 때문에 위치가 나쁜 별은 불길함을 뜻하게 되었다〕
[동의어] **disaster**는 인위적으로 또는 자연의 힘으로 불의에 일어나는 큰 불행을 말한다. **calamity**는 보통 자연의 힘에 의하여 일어나는 중대한 불행으로 사람들에게 고통이나 슬픔을 가져오는 일을 뜻하며, disaster 보다 뜻이 강하다. **catastrophe**는 특히 극심한 재해로 도저히 회복할 수 없음을 나타내므로 가장 뜻이 강하다. **cataclysm**은 특히 정치적, 사회적인 돌발적 격변으로 고통이나 재해를 수반할 때 쓰인다.
disastrous[dizáːstrəs] [형] 재해의, 비참한, 손해가 큰. 7
disastrously[dizáːstrəsli] [부] 비참하게. ☞ lunatic, moonstruck, influence, star, ill-starred, moon

disband[disbǽnd] [동] 해산하다(dismiss, break up), 제대시키다. 9
〔《래틴》*dis-* apart, from+band 묶다〕
disbandment[disbǽndmənt] [명] 제대, 해산(解散). ☞ band

discard[diskáːd] [동] 버리다(throw away); 그만 두다(give up); (쓸데없는 카아드를)내어 던지다. 9
〔《래틴》 *dis-* away+card; 트럼프에서 쓸모 없는 패(card)를 버리는(throw away) 일에서〕 ☞ card

discern[disə́ːn, dizə́ːn] [동] 구별하다, 가려내다(distinguish). 4
〔《래틴》 *discernere* separate 구분하다←*dis-* apart+*cernere* separate〕
[동의어] **discern**은 육안 또는 마음으로 인식하거나 식별한다는 뜻이며, **perceive**는 오감각(五感覺)으로 인식한다는 뜻으로 예민한 이해나 통찰을 뜻할 때도 있다. **distinguish**는 보거나 듣고서 분명히 다른 것과 구별하여 인식한다는 말이다. **observe**는 주의하여 깨닫거나 알아본다는 뜻으로 notice 보다 형식적인 말이다. **notice**는 감각에 느껴지는 것을 마음에 유의해 둔다는 뜻이다.
discernment[disə́ːnmənt, diz-] [명] 알아보는 눈, 통찰력, 총명, 혜안(慧眼).
☞ concern, certain, discreet

discharge[distʃáːdʒ] [동] 발사하다(fire, shoot); 면제하다, 면직하다(dismiss), 해방하다(set free), 방출하다, (짐을) 내리다(unload); 지불하다(pay out). [명] 발사, 짐을 풀음, 해방; 제대; 수행. [반] charge 쌓아 올리다, 재다. 3
〔《래틴》 *dis-* from + *carrus* wagon; 차(wagon)에서 짐을 내린다(unload)는 것이 원 뜻〕 ☞ charge, car

disciple [disáipl] [명] 제자 (a follower of any great leader or teacher), 문하생(門下生), (특히) 예수의 12 사도(Apostles)의 한 사람. 8
〔《래틴》 *discipulum* learner 배우는 사람←*discere* learn; *cf.* 《프》 *disciple*〕
discipline[dísiplin] [명] 훈련(training), 교련(drill), 규율(order), 징계(懲戒 chastisement), 고행. [동] 훈련하다, 징계하다(punish). 5
〔disciple+ *-ine*(명사 어미)〕

disclose[disklóuz] [동] 들추어 내다(uncover), 노출시키다(reveal), 폭로하다, 적발하다(bring to light). [반] conceal 숨기다. 5
〔《래틴》 *disclaudere* unclose ← *dis-* apart+*claudere* close 닫다〕
disclosure[disklóuʒə] [명] 폭로, 발각(된 사물); 《법률》 개진(開陳). 10
☞ clause, close

discomfort[diskʌ́mfət] [명] 불쾌, 불안, 불편, 곤란. [동] 불쾌(불안)하게 하다. 10
〔《래틴》 *dis-* away+comfort〕
☞ comfort

disconsolate[diskɔ́ns(ə)lit] [형] 기분이 좋지 못한, 슬픔에 잠긴(sad). 9

discontent [dískəntént, dìs-] 명 불평(의 원인). 통 《보통 과거분사》 불만을 품게 하다[with]. 반 content 만족(하게 하다). 4
[《래틴》 *dis*- apart + *con*- *cum* with + *sōlārī* comfort] ☞ console

[《래틴》 *dis*- not + content] 「불만의」
discontented [dískənténtid] 형 불평의,
discontentment [dìskənténtmənt] 명 불만이 있음, 불만. ☞ content

discontinue [dìskəntínju(:), dìs-] 통 중 단하다(interrupt), 중지하다, 그치다 (stop), 중지되다. 반 continue 9
[《래틴》 *dis*- not + continue]

discontinuity [dìskɔ̀ntinjú(:)iti, dìs-] 명 불연속(不連續), 지리멸렬(支離滅裂), 끊어진 곳. ☞ continue 6

discord [dískɔːd] 명 불일치(disagreement), 불화, 《음악》 불협화음(不協和音), 소음 (騷音). [diskɔ́ːd] 통 일치 안하다.
[《래틴》 *discordāre* ← *dis* apart + *cord*- *cor* heart 마음이 일치 안하는; *cf.* disagree] 6

discordance, cy [diskɔ́ːd(ə)ns, -si] 명 불일치, 불화, 불협화.

discordant [diskɔ́ːd(ə)nt] 형 조화하지 않는, 일치하지 않는.
☞ accord, concord

discount [dískaunt] 명 할인(割引), 할인 액. 통 할인하다. 10
[본래 *discompt* ← (고프) *des*- (《래틴》) *dis*- away + *comter* count 계산하다]
give a ~ 할인을 하다[on]. ~ *rate* 어음 할인율. ☞ count

discourage [diskʌ́ridʒ] 통 낙심시키다 (cause to lose courage), 막다(prevent)[from]. 반 encourage 격려하다. 4
[《래틴》 *dis*- apart + *corage* heart]
discouragement [diskʌ́ridʒmənt] 명 낙심, 의기소침.
discouraging [diskʌ́ridʒiŋ] 형 낙심시키는, 뜻과 같지 못한.
☞ courage, encourage

discourse [dískɔːs, dískɔːs] 명 강화(講話 speech or lecture), 강연; 논설. [diskɔ́ːs] 통 연설(강연, 설교)하다. 5
[《래틴》 *discursus* running about; conversation ← *dis*- apart + *currere* run 좋아 다니다→이야기가 이것저것 미치다→회화] ☞ course

discover [diskʌ́və] 통 발견하다(find out), 나타내다. 반 conceal 감추다. 1

[《래틴》 *dis*- apart + *couvrir* cover]
discovery [diskʌ́v(ə)ri] 명 발견(물), 밝힘. ☞ cover, recover 3

discredit [diskrédit, dís-] 명 불신임, 의혹(doubt); 불명예. 통 신용 안하다, 의심하다, 평이 나빠지게 하다. 10
[《래틴》 *dis*- apart + credit] ☞ credit

discreet [diskríːt] 형 분별 있는(careful in speech and action), 신중한(prudent). 반 indiscreet 분별없는. 6
[《래틴》 *discrētus discernere* discern ☞ discern

주의 **discrete** [diskríːt] "따로따로 떨어진, 추상적"와 혼동하지 않도록.

discretion [diskréʃ(ə)n] 명 사려분별 (思慮分別), 신중함, 행동(판단, 선택) 의 자유, (자유)재량(裁量). 7
discretional [diskréʃ(ə)n(ə)l] 형 임의의, 자유재량의.

discriminate [diskrímineit] 통 식별(識別)하다(distinguish), 구별하다(make a difference), 차별대우하다. 9
[《래틴》 *discrīminātus discrīmināre* separate 구별하다 ← *discernere* distinguish ← *dis*- apart + *cernere* separate]

discrimination [diskrìminéiʃ(ə)n] 명 구별, 차별, 차별대우; 식별, 식별력.
☞ recriminate, crime, discern, discreet

discuss [diskʌ́s] 통 토론하다(debate), 논의하다(talk about together), 음미(吟味)하다(examine). 4
[《래틴》 *disussus discutere* shake asunder 흔들어 떨어지게 하다 ← *dis*- apart + *quatere* shake]

discussion [diskʌ́ʃ(ə)n] 명 토의, 심의, 음미, 변론; 논문. 5

동의어 **discuss** (명 discussion)는 진리 또는 최선의 조처를 찾아내기 위하여 심의·토론한다는 뜻으로 보통 우호적인 경우에 쓴다. **argue** (명 argument)는 단언(斷言), 신앙, 제안 따위를 지지 또는 반박하기 위하여 이유나 증거를 들며 논의한다는 뜻으로 쓰이며, **debate** (명 debate)는 보통 대립된 의견을 갖는 두패 간에서 공적인 문제를 토론한다는 뜻으로 discuss에 비겨 형식에 치우친 단어이다. **dispute** (명 dispute, disputation)는 대립된 의견 사이의 충돌이 있는 토론으로 열광적으로 토론하거나 화를 내며 토론하는 때

disdain[disdéin, diz-] 타 경멸하다(look down on, contempt). 명 경멸(의 태도), 멸시. ⊕ respect 존경(하다). 4
[《라틴》 *dis*- apart ǀ *degnier* think worthy←*dignus* worthy]

disdainful[disdéinf(u)l, diz-] 형 거드름 피우는(proud), 멸시하는. 9

disease[dizí:z] 명 (사람, 식물의)병, 불건전(상태), 병폐. ⊕ health 건강. 2
[《라틴》*dis*- apart+*aise* ease 편하다]
family ~ 유전병.

[동의어] **disease**는 일반적인 병의 뜻으로, 병든 상태와 특정한 병 자체를 각각 가리키기도 한다. **illness**, 《미》 **sickness**는 병든 상태를 말하는 일반적인 단어이다. **affection**은 특수기관(器官)이나 부분의 상태가 좋지 못함을 말하며, **malady**는 특히 난치하고 목숨을 빼앗기도 하는 만성병을 말하고, **ailment**는 몸의 만성적인 불편을 말하나 보통 별로 심하지 않는 것을 말한다.

diseased[dizí:zd] 형 병에 걸린, 병적인(morbid). ☞ ease, easy

disfigure[disfígə] 타 …의 미관(가치)을 손상하다(spoil the appearance, shape or value). 8
[《라틴》 *dis*- not+figure 자태]

disfigurement[disfígəmənt] 명 미관을 손상하는 것, 흠.
☞ figure, deform, deface

disgrace[disgréis] 명 불명예 (dishonour), 치욕(恥辱 shame), 오명(汚名); 타 부끄럽게 하다, 〜을(를)더럽히다; 사랑을 잃다. ⊕ honour 명예. 3
[《라틴》 *dis*- apart+*grātia* grace 우아함]
be ~ *to* …의 망신감이 되다. *fall into* ~ 총애를 잃다. ~ *oneself* 창피 당하다. *in* ~ 면목을 잃어.

[동의어] **disgrace**는 자기 또는 남의 행동으로 생긴 굴욕감을 나타낸다. **dishono(u)r**는 자기의 행동으로 말미암은 명예, 명성, 또는 자존심의 상실을 뜻한다. **shame**은 체면 손상에 대한 굴욕감을 강조하고, **disgrace**보다 뜻이 강하다. **infamy**는 심한 disgrace 때문에 악명이 높은 상태를 말하고, **ignominy**는 공공연한 disgrace, dishonour를 말하며, 특히 치욕과 경멸을 강조하는 뜻을 나타낸다. **scandal**은 부끄러운 행동 또는 불명예로운 행동으로 말미암은 신랄한 비판이나 소문을 말한다.

disgraceful[disgréisf(u)l] 형 부끄러운, 굴욕적인, 창피한, 불명예한.
☞ grace

disguise[disgáiz] 타 변장하다(change the appearance, etc.), (사실을)숨기다(hide), 가장하다. 명 변장, 기만, 가면, 핑계. ⊕ expose 폭로하다. 3
[《라틴》 *dis*- apart+*guise* guise 복장; change the guise of 복장을 바꾸다]
~ *oneself as* … …으로 변장하다. *in* ~ 변장한, 가장의. *in*(또는 *under*) *the* ~ *of* …을 구실로, …이라 속이고. ☞ guise

disgust[disgʌ́st] 타 구역질나게 하다, 싫증나게 하다. 명 (구역질 날 정도의) 싫증(strong feeling of dislike), 구토증. ⊕ relish 기호(嗜好), 좋아하다. 5
[《라틴》 *dis*- apart+*gouster* taste← *gustāre* taste 맛을 뱃다] ☞ gusto
be(또는 *feel*) ~*ed* [by, at, with] … …(으로)기분이 나빠지다, …(에)싫증나다, …(에)진절머리 나다.

disgustful[disgʌ́stf(u)l] 형 구역질 나는, 진절머리 나는.

dish[diʃ] 명 접시, 쟁반; (쟁반에 담은) 요리. 타 접시에 담다. 2
[《라틴》 *discus* platter, disk 원반]
☞ disk

dishearten[dishá:tn] 타 의기를 꺾다, 낙심시키다(cause to lose hope, courage, or confidence). ⊕ hearten 기운나게 하다. 10
[*dis*- not+*heart* + -*en*(동사 어미); heart (용기)를 꺾다]
feel ~*ed at* … …에 낙심하다.

dishonest[disɔ́nist] 형 (사람이)정직하지 못한, (언행이)성실하지 못한, 부정의(unjust). ⊕ honest 정직한. 9
[《고프》 *dishonesté*; *dis*- not+honest]

dishonesty[disɔ́nisti] 명 부정직, 부정, 성의 없음. 10

dishono(u)r[disɔ́nə] 명 불명예, 수치, 굴욕(shame), 모욕(insult). 타 (…의)명예를 더럽히다, 부끄럽게 하다(disgrace). ⊕ honour 명예. 5

dishono(u)rable[disɔ́n(ə)rəbl] 형 불명예스러운, 부끄러운, 비루한(base).
☞ honour, honest

disinterested[disíntristid, disínt(ə)restid] 형 무관심의, 공평한, 사심이 없는. ⊕ interested 관심 있는. 9

disinterestedly[disíntristidli] 🔲 무관심으로, 사심이 없이.

disinterestedness[disíntristidnis] 🔲 무관심, 무사(無私). ☞ interest

disk, disc[disk] 🔲 평원반(平圓盤), 원반; (미) 레코드. 9

[(그) diskos quoit 쇠고리 ← dikein cast, throw 던지다]

참고 비행 접시는 flying disk 또는 flying saucer.

dislike[disláik] 🔲 싫어하다, 미워하다. 🔲 혐오(嫌惡). ④ like 좋아하다. 5
[(래틴) dis- not+like]

dismal[dízm(ə)l] 🔲 음산한(sombre), 우울한(dark and sad), 섬뜩한, 기분 나쁜. 🔲 pl. 상복(喪服). ④ jovial 유쾌한. 4

[(래틴) diēs mali evil days 나쁜 날들; 처음에는 명사로 쓰이다가 나중에 형용사로 쓰이게 됨]

dismay[disméi] 🔲 깜짝 놀라게 하다 (fill with fear, alarm), 낙심시키다. 🔲 깜짝 놀람(alarm), 공포(fright). 4

dismiss[dismís] 🔲 해고하다(discharge), 해산하다, (생각을)깨끗이 잊다; (법률) 각하(却下)하다. 🔲 해산. ④ employ 고용하다. 3

[(래틴) dīmissus ← dī, dis- apart, away+mittere send; send away 내어 보내다]

dismissal[dismís(ə)l] 🔲 퇴거(退去), 퇴학, 파면; (상소)기각. 10
☞ mass, mission, commit

dismount[dismáunt, dis-] 🔲 내리다 (get off), 하마하다, 낙마(落馬)하다.
[(래틴) dis- not+mount 오르다] 7
☞ mount

disobey[dìsəbéi, dìs-] 🔲 복종하지 않다, 명령을 무시하다. 5
[(래틴) dis- not+obeir obey]

disobedience[dìsəbí:djəns, dìs-] 🔲 불복종(不服從); 불효(不孝); 위반, 반칙. 10

disobedient[dìsəbí:djənt, dìs-] 🔲 거역하는; 불효의; 위반하는. ☞ obey

disorder[disɔ́:də] 🔲 혼란(lack of order, confusion), 난잡; pl. 소동(tumult). 🔲 난잡하게 하다; 건강을 해치다. 5
④ arrange 정리하다. order 질서.
[(래틴) dis- apart+order]

disorderly[disɔ́:dəli] 🔲 무질서한, 난폭한, 풍기문란의. 🔲 풍기 문란자, 행패를 부리는 사람. ☞ order 10

disparage[dispǽridʒ] 🔲 깔보다, 비난하다. 10

[(고프) des- apart+parage rank ← (래틴) dis- apart+parāticium rank ←par equal] ☞ per, par

dispatch[dispǽtʃ] 🔲 급송하다, 급파하다(send off), 재빨리 해치우다(finish quickly). 🔲 급송, 급파, 지급보(至急報), (처리 따위의)신속(迅速). 7

[(래틴) dis- away+pactāre fasten,fix 붙들어 매다; 붙들어 맨 것을 제거하고 쉽게 한다는 것이 원 뜻]

with ~ 빨리빨리, 아주 급하게.
happy ~ 할복(割腹).

dispel[dispél] 🔲 (dispelled) 쫓아버리다(drive away), (걱정, 의심 따위를) 없어지게 하다, 흩어버리다(scatter). 9
[(래틴) dispellere drive asunder 쫓아 버리다←dis- apart+pellere drive]
☞ impel, compel, pulse

dispense[dispéns] 🔲 나누어 주다(distribute); 시행하다(administer); 면제하다(exempt)[from]; (약을)짓다. 5
[(래틴) dispensāre weigh out 저울질하여 나누어 주다 ← dispendere← dis- apart+pendere weigh]

~ with …을 폐지하다, …없이 넘기다, 소용없게 만들다.

dispensable[dispénsəbl] 🔲 없어도 되는(not necessary).

indispensable[ìndispénsəbl] 🔲 없어서 안되는, 필수의, 피할수 없는. 8

dispensary[dispéns(ə)ri] 🔲 약국, 시료원, 조제소(調劑所).

dispensation[dìspenséiʃ(ə)n] 🔲 갈라 줌, 처방(處方), 처리, 섭리(攝理), 견디기[with]. 9

dispenser[dispénsə] 🔲 약제사, 나누어 주는 사람.
☞ pension, spend, depend

disperse[dispə́:s] 🔲 흩뜨리다(scatter), 흩어지다, 퍼뜨리다(spread about), 해산시키다, 살포(撒布)하다(diffuse).④ collect 모으다. 4

[(래틴) dispersus dispergere ← di- dis- apart+spargere scatter; scatter abroad 널리 퍼뜨리다]

displace[displéis] 🔲 바꾸어 놓다(put something or someone else in the place of), (관리를)해임하다, 대신 들

어가다(take the place of).
[《래틴》 dis- apart+place 놓다; 한번 둔 장소를 옮긴다는 뜻]
displacement[displéismənt] 명 배제(排除), 치환(置換), 해직(解職); 배수(량). ☞ place, replace
display[displéi] 타 전람하다(exhibit), 보이다(show); 발휘하다; 진열하다. 명 진열, 표시, 과시. 반 conceal 숨기다. 3
[《래틴》 dis- apart+plicāre fold; 접어 놓은 것을 열어서 보여준다는 뜻]
displease[displí:z] 타 화나게 하다(offend), 기분 나쁘게 하다. 반 please 기쁘게 하다. 4
[《래틴》 dis- not+please]
be ~d with (또는 at, by) (a person or a thing) (사람 또는 물건)이 마음에 안들다.
displeasure[displéʒə] 명 불쾌, 불만, 노여움, 기분나쁨. 7
☞ please, pleasure
dispose[dispóuz] 타 배열하다(arrange), (군대를)배치하다; …할 마음이 내키게 하다; 처리하다. 3
[《래틴》 dis- apart+(프)poser place; place here and there 여기저기 두다]
disposal[dispóuz(ə)l] 명 배치, 처분, 정리; 처분의 자유. 6
at(또는 in) one's ~ (사람의)마음 대로. 「마음이 있는.
disposed[dispóuzd] 형 배치된, …할
disposition[dìspəzíʃ(ə)n] 명 배열(排列), 처분, 정리, 《법률》양도(讓渡); 경향, 성질, 기질. 5
[동의어] disposition은 원래 타고난 보통의 성질을 뜻하나, temperament는 행동이나 생각에 나타나는 그 사람 특유의 성질을 뜻한다. temper는 감정의 면에서 본 사람의 기질을 나타내거나 특히 노여움을 암시하며, character는 개인의 특성에 관련된 도덕적 성질의 총합을 말한다. 수식어가 없을 때에는 도덕상의 힘 또는 자기 수양을 암시한다. personality는 어떤 사람의 신체적, 정신적, 감정적인 특성의 총합을 말하거나 남의 눈에 보이는 인품을 표시한다.
dispute[dispjú:t] 자 논쟁하다, 논하다 (discuss), 논박하다(argue against), 다투다(contend), 대항하다(oppose). 명 논쟁, 싸움(quarrel). 반 agree 화합하다. 3

[《래틴》 disputāre argue ← dis- apart +putāre think; think differently 의견을 달리하다]
beyond(또는 past, without, out of) ~ 논쟁할 여지도 없이. ~ the prominence with …와 우열을 겨루다.
disputable[dispjú:tǝbl, díspjutǝbl] 형 다툴 수 있는, 토론할 여지가 있는; 의심스러운.
indisputable[ìndispjú:tǝbl, indíspjutǝbl] 형 의론의 여지없는, 명백한, 확실한.
disqualify[diskwɔ́lifai, dis-] 타 실격시키다, 부적당하게 하다. 반 qualify 자격을 주다. 10
[《래틴》 dis- away, not+qualify]
disqualification[diskwɔ̀lifikéiʃ(ə)n, dìs-] 명 자격박탈, 자격상실, 실격, 불합격. ☞ qualify
disregard[dísrigá:d, dìs-] 타 무시하다 (ignore). 명 무시. 반 regard 주의하다.
[《래틴》 dis- not+regard] 9
dissatisfy[dí(s)sǽtisfai, di(s)-] 타 불만을 품게 하다(fail to satisfy); 불평하게 하다(make discontented). 10 반 satisfy 만족시키다.
[《래틴》 dis- not+satisfy]
be ~ied with(또는 at) … …에 불만을 품다.
dissatisfaction[dí(s)sætisfǽkʃ(ə)n, dì(s)sæt-] 명 불만, 불평(의 원인).
☞ satisfy, satisfaction
dissect[disékt] 타 잘게 썰다(cut up), 해부하다; 음미하다(examine). 9
[《래틴》 dissectus ← dissecāre ← dis- apart+secāre cut; cut apart 절단하다]
dissection[disékʃ(ə)n] 명 절개(切開), 해부(체). ☞ sect, section
dissent[disént] 자 의견을 달리하다(disagree). 명 불찬성, 의견차이. 반 agree 동의하다. 9
[《래틴》 dissentīre differ in opinion 의션을 달리하다 ← dis- apart+sentīre feel, think]
dissension[disénʃ(ə)n] 명 의견 차이, 의견 충돌, 알력, 분쟁. 7
dissenter[diséntə] 명 반대자, 《보통 D-》 국교(國敎)반대자.
☞ sense, consent, sensitive
dissipate[dísipeit] 타 (구름·안개 따위를)흩뜨리다(dispel); (시름·걱정을)

없애다(drive away), 낭비하다(waste), 탕진하다.
[《래틴》*dissipātus←dissipāre* disperse←*dis-* apart+《래틴》*supāre* throw 던지다; throw apart]

dissipation[dìsipéiʃ(ə)n] 몡 소실(消失), 낭비, 산재(散財); 유흥.

dissolve[dizɔ́lv] 통 녹(이)다, 풀다(undo), 해산하다, 소멸하다.
[《래틴》*dissolvere* dissolve ← *dis-*apart+*solvere* loosen 풀다]

dissolution[dìsəl(j)ú ʃ(ə)n] 몡 분해, 용해(溶解), 해산, 소멸(消滅).
☞ solve, solution, resolve, resolution

dissuade[diswéid] 통 단념하게 하다, 그만두게 하다(divert).
[《래틴》*dissuādēre* persuade from 설복시켜서 못하게 하다 ← *dis-* apart+*suādēre* persuade 설복하다]

dissuasion[diswéiʒ(ə)n] 몡 간언(諫言), 못하게 하는 충고.
☞ persuade, suasion

distance[díst(ə)ns] 몡 거리, 간격, 소원(疎遠). 통 사이를 두다, 멀리 두다, 능가하다.
[《래틴》*distantia* ← *distāre* stand apart 떨어져 있다←*dī-* apart+*stare* stand]

at a (great) ~ (멀리)떨어져서.
in the ~ 멀리에 (far away). *keep one's* ~ 거리를 두다 (keep away from), 서먹서먹하게 굴다(not be too friendly).

distant[díst(ə)nt] 몡 먼(far off), 떨어져 있는(away), 먼 촌수의, 서먹서먹한(not friendly); 때가 경과한. ⊕ adjacent 인접한.

[동의어] **distant**는 거리가 멀고 가까움을 막론하고 공간적으로나 시간적으로 떨어져 있음을 나타내는 일반적인 단어이다. **remote**는 장소나 시간이 멀리 떨어져 있음을 강조하며 변두리에 있어서 쓸쓸하다는 뜻을 품는다. **far-off**는 distant와 같은 뜻이나 다소 문학적으로 표현한 말이고, **far-away**는 far-off와 같은 뜻을 가지면서 비유해서 쓰는 때가 많다. **far**도 far-off와 같은 뜻이나 글 쓰는 데 많이 쓰인다.

☞ instance, station, stationary, statue, stand, state

distaste[distéist, dis-] 몡 싫증(dislike).
[《래틴》*dis-* apart+taste; 맞이 없는 (것)]

distasteful[distéistf(u)l] 혱 재미 없는, 싫은; 맛없는, 불유쾌한.
☞ taste, tasteful

distemper[distémpə] 몡 디스템퍼(강아지의 병), (심신의)병; 사회적 불안, 소요(騷擾). 통 병들게 하다.
[《래틴》*dis-* apart+*temprer←temperāre* regulate 제한하다] ☞ temper

distil(l)[distíl] 통 (distilled) 증류하다 증류해서 만들다, (물방울을)듯드리다 (give out or fall in drops).
[《래틴》*distillāre, dēstillāre* drop or trickle down 똑 똑 떨어지다←*dē* down+*stillāre* drop 떨어지다←*stilla* drop 물방울]

distillation[dìstiléiʃ(ə)n] 몡 증류(법), 증류수. ☞ still

distinct[distíŋ(k)t] 혱 분명한(clear), 별개의, 딴(separate), 독특한(individual), …과는 성질이 다른[from]. ⊕ indistinct 불분명한.
[《래틴》*distinctus←distinguer edi*dis-apart+*stinguere* prick 쿡쿡 찌르다; 바늘(prick)로 찔러 표시하다가 원 뜻]

distinction[distíŋ(k)(ə)n] 몡 구별, 차별, 차이, 특색; 우수성, 영예(榮譽), 저명함; 특징, 개성.
with ~ 공훈을 세워.

distinctive[distíŋ(k)tiv] 혱 구별되는, 특수한, 특색이 있는.

distinctly[distíŋ(k)tli] 부 분명히, 잘라서.
☞ distinguish, stick, stigma, sting

distinguish[distíŋgwiʃ] 통 식별(識別)하다(discern), 구별하다, 구별되다, 특색을 나타내다, 현저하게 하다(make famous).
[《래틴》*distinguere* mark with a prick 바늘로 표시해서 구별하다]
~ *oneself* 현저하게 되다, 유명하게 되다.

[동의어] **distinguish**는 "구별하다"는 뜻의 가장 보편적으로 쓰이는 단어이고, **discriminate**는 서로 비슷한 것 사이의 미묘한 차이를 식별한다는 뜻으로 지적(知的) 노력을 기울인다는 뜻을 암시한다. **differentiate**는 특성이나 특징을 상세히 비교해서 같은 종류에 속하는 것들 사이의 특수한 차이를 검토한다는 뜻으로 쓰인다.

distinguished[distíŋgwiʃt] 혱 현저한

저명한, 이름난.
☞ distinct, stick, stigma

distort[distɔ́:t] 동 비틀다(twist), 외곡하다, 곡해하다. 9
[((래틴)) *distortus*← *distorquēre* twist aside 옆으로 비틀다←*dis*- apart+*torquēre* twist]

distortion[distɔ́:ʃ(ə)n] 명 외곡(된 상태), 비뚤어짐, 찌그러짐.
☞ torture, tortoise

distract[distrǽkt] 동 (정신을)흘리다 (draw away the mind or attention), 어수선하게 하다(perplex), 산란하게 하다. 반 compose 진정시키다. 5
[((래틴)) *distractus*←*distrahere* draw apart←*dis*- apart+*trahere* draw; 다른 방향으로 관심을 끌다]

distraction[distrǽkʃ(ə)n] 명 주의산만, 어수선함; 오락, 소동. 10
☞ contract, detract, extract, trace, subtract, tract

distress[distrés] 명 걱정(worry), 근심 (grief), 고통(pain), 피곤; 빈곤, 난난 (艱難), 피로(exhaustion). 동 괴롭히다; 약하게 하다, 억지로 시키다. 3
반 comfort 위안, 위로하다.
[((래틴)) *districtus*←*distringere*←*dis*-asunder+*tringere* pull; pull asunder 당겨서 떼어내다]
be in ~*ed* 곤란을 겪다, (배가)조난 (遭難)하다. *be* ~*ed* 피로워하다, 슬퍼하다, 걱정하다. ~ *oneself* 걱정하다, 안절부절하다.
동의어 피로움을 나타내는 뜻으로서,
distress는 고통이나 피로움으로 말미암은 정신적 또는 육체적인 긴장을 뜻한다. **suffering**은 고통, 고뇌, 또는 재난을 실제로 겪고 있으면서 견디어 나감을 뜻한다. **agony**는 심신을 몹시 피롭히는 정신적, 육체적 고통을 말하고, **anguish**는 특히 급격한 정신적인 agony를 뜻한다.

distressful[distrésf(u)l] 형 피로움이 큰, 비참한.
☞ strict, stringent, strain, district astringent, constrict

distribute[distríbju(:)t] 동 나누어 주다, 분배하다(deal out),퍼뜨리다(scatter), (분류)배치하다(classify). 반 collect 모으다. 5
[((래틴)) *distribūtus*←*distribuere*←*dis*- apart+*tribuere* assign 배당하다]

~*ing board* 배전반(配電盤).
distribution[dìstribjú:ʃ(ə)n] 명 분배, 배급(품), 배치, 분포. 5
동의어 **distribute**는 분배하다를 뜻하는 가장 보편적인 단어인데 비해서,
dispense는 단체의 각 구성원에게 당연한 권리나 몫을 나누어준다는 뜻이다.
divide는 나누어 주기 위하여 전체의 분량을 나누어 놓는다는 뜻을 나타내며,
dole은 금전이나 식량을 자선하기 위하여 또는 아까워하면서 distribute 한다는 뜻이다.

distributor[distríbjutə] 명 나누는 사람, 배달인, 분배기.
☞ tribute, attribute, contribute

district[dístrikt] 명 지구(地區), 지역, 관할구역(region, area), 지방. 동 지역으로 나누다. 2
[((래틴))*districtus*←*distringere* ← *di*-*dis*- apart+*stringere* draw tight; 따로 따로 꼭 눌러두다←그 힘이 미치는 범위→지역, 지방]
congressional ~ 국회의원 선거구.
District of Columbia 콜럼비아 특별지구 (미국의 연방 정부 소재지로 국회가 직할하는 구역; Washington시도 이 구안에 있다) [D. C.[dí: sí:]로 생략함]
☞ distress, strict, constrict

distrust[distrʌ́st, dístrʌ́st] 명 불신임, 의혹(doubt, suspicion). 동 신용 안하다, 의심하다. 반 trust 신용(하다). 8
[((래틴)) *dis*- not+trust]

distrustful[distrʌ́stf(u)l, dís-] 형 의심이 많은, 의심스러운. ☞ trust

disturb[distə́:b] 동 교란(攪亂)하다, 혼란하게 하다, 방해하다(hinder).
반 calm 진정시키다. 3
[((래틴)) *disturbāre* disturb ← *dis*-apart+*turbāre* disorder 혼란을 일으키다←*turba* tumut 혼란, crowd 군중]
동의어 **disturb**는 정신적인 평정이나 주의력을 방해, 혼란시킨다는 뜻이고, **discompose**는 침착성을 잃게 한다는 뜻이며, **perturb**는 몹시 disturb 해서 당황하고 낭패해 할을 뜻한다. **agitate**는 심한 정신적 또는 감정적 흥분을 일으킨다는 뜻이다. 「방해.

disturbance[distə́:b(ə)ns] 명 교란,
☞ perturb, turbid 6

disuse[dísjú:z, dis-] 동 폐지하다(use no longer) ((보통 과거분사형)).
[dísjú:s, dis-] 명 폐지, 사용하지 않음,

ditch 154 **do**

⑨ use 쓰다, 사용. 10
[《래틴》 *dis*- not+use]
a ~ed car 폐차(廢車). *fall into ~* 폐지되다.

ditch[ditʃ] 몡 도랑, 수채. 튕 도랑(수채)을 내다, 도랑을 치다. 3

dive[daiv] 튕 (물속으로) 뛰어들다 (go down head first), 자맥질하다, 잠수하다, 급강하하다(go quickly downwards through the air), 몰두하다. 몡 잠수, 다이빙, 급강하, (요리점·여관 따위의) 지하실; 《미속》 대포집. 4
[deep, dip와 같은 계통의 말]

diverge[daivə́:dʒ, di-] 튕 갈라지다(separate); 벗어나다; (의견 따위가) 달라지다(differ). 빵 converge 모이다. 9
[《래틴》 *di*- *dis*- apart+*verge* 굽히다]

divergence[daivə́:dʒ(ə)ns, di-], **-cy** [-si] 몡 갈래, 분기(分岐), 상위. ☞ verge

diverse[daivə́:s, div-, dáivə:s] 휑 성질 또는 질이 서로 다른(entirely unlike in character, quality, etc.), 아주 다른(quite different), 여러가지의(various). 8
참고 **divers**[-z] "약간의"와 같은 어원, 발음이 다른데 주의.
[《래틴》 *diversus* various←*divertere* turn asunder, separate ← *di*- *dis*- apart+*vertere* turn; turn different ways; 여러 방향으로 향하다→여러 가지의]

diversity[daivə́:s(i)ti, div-] 몡 상위 (相違); 여러 가지(variety). 8

divert[daivə́:t, div-] 튕 전화하다(turn aside), 유용(流用)하다; (관심을 다른 데로)돌리다, 기분전환하다(amuse).
[《래틴》 *divertere*← *di*- *dis*- apart+ *vertere* turn] 7

diversion[daivə́:ʃ(ə)n,div-, 《미》 -dʒ (ə)n] 몡 전환, 유용; 기분전환, 오락 (recreation). 9
☞ version, divorce

divide[diváid] 튕 나누다, 쪼개다(split up), 분배하다(distribute), 떼어놓다 (set apart), 분류하다, 나누어지다, 쪼개지다. 몡 분배, 분계(分界), 《미》 분수령(分水嶺). 빵 unite.
[《래틴》 *dividere* divide ← *di*- *dis*- apart+*videre* separate ; set apart, separate 갈라놓다]
~ and rule 분할지배.

a ~ed car 폐차(廢車).

dividend[dívidend, -d(ə)nd] 몡 (이익)배당금, (파산 청산의)분배금; 《수학》 피제수. 빵 divisor 제수. 7

divider[diváidə] 몡 나누는 사람; 분열의 원인; 분할기(分割器). (pair of) dividers 분할 콤파스.

divisible[divízibl, -zəb-] 휑 나눌 수 있는, 나누어지는.

division[divíʒ(ə)n] 몡 분할, 분배 (distribution), 불일치(discord), 구분, 부분, 경계선(boundary), 칸막이, 분류(分類), 《군대》 사단(師團), 《미》(중앙 관청의)국(局), 과(課). 3
~ of labour 분업(分業). *~ of powers*(입법·사법·행정의) 삼권분립. *second ~* 전(全)하급문관.

divisor[diváizə] 몡 《수학》 제수(除數) 약수(約數). 빵 dividend 피제수.
☞ individual

divine[diváin] 튕 점치다(foretell), 예견하다(foresee), 예측하다. 휑 신의, 신성한(holy). 몡 신학자, 목사. 2
[《래틴》 *divinus* divine, god-like ← *divus* godlike, *deus* god]

divination[dìvinéiʃ(ə)n] 몡 점, 예언, 예측.

divinity[divíniti] 몡 신성(神性), 신의 위력, (이교의)신(god), 신학. 6
☞ deity

divorce[divɔ́:s] 몡 이혼, 결혼해소, 분리, 절연. 튕 이혼시키다, 이혼하다. 4
[《래틴》 *divortium* separation ← *divertere* turn aside, separate *di*- *dis* aside+*vertere* turn] ☞ divert
~ oneself from …와 이혼(절연)하다.

divorcement[divɔ́:smənt] 몡 이혼, 분리, 절연. ☞ divert, diverse

dizzy[dízi] 휑 어질어질한(giddy), 눈이 도는, 현기증이 나는. 튕 어지럽게 하다, 현혹하다. 6
[《고영》 *dysig* foolish]

dizzily[dízili] 튁 어지럽게.

dizziness[dízinis] 몡 어지러움.

do[du:] 튕 (did, done[dʌn])하다, 수행하다(carry out), 다하다(perform), 조 《긍정의 강조》(보통 부사를 덧붙여 해석한다) I *do* [dú:] think it's a pity. 정말 안 되었읍니다. 《부정》 I *do* not know. 《의문》 *Do* you hear? 《강조》 Never *did* I see such a fool. 아직껏 저런 멍청이는 본 적이 없다. 1
[《고영》 *dōn*; 원 뜻은 두다 (put, place),

dock 155 **dome**

cf. 《독》 tun]
~ **away**(with) (을)제거하다, (을) 폐지하다(get rid of). ~ **for** 대신이 되다(act for), 죽이다. ~ **with** 처치 하다(deal with), 적당히 하다(manage with), …으로 만족하다(could do with). ~ **without** … …없이 해나가다, …이 없어도 좋다. *have to* ~ *with* … …과 관계가 있다.
☞ doings, doer

dock[dɔk] 图 독크(船渠), 부두, 《보통 복수》 조선소. 图 독크에 넣다, 독크에 들어가다. 4
[《중홀런드》 *docke* harbour←《홀런드》 *dok*]
be in the ~ 피고석에 앉아 있다.

doctor[dɔ́ktə] 图 박사, 의학박사, 의사. 图 (나쁜 것을)섞다, 치료하다, 박사칭 호를 주다 (Dr. 로 줄임). *cf.* physician 내과의, surgeon 외과의. 1
[《래틴》 *doctōrem*←*docēre* teach 가르 치다 teacher 교사)

doctress[dɔ́ktris] 图 박사 부인(또는 영양), 《드물게》 여자 의사.

doctrine[dɔ́ktrin] 图 교의(敎義), 주 의(主義), 학설(theory). [《래틴》 *doctrīna* a teaching 가르침←*docēre*） 4

document[dɔ́kjumənt] 图 문서, 서류 (papers), 증서(deed), 교훈(lesson). [dɔ́kjument] 图 증거서류를 제출하다, 서류로 증명하다. 6
[《래틴》 *documentum* proof 증거 ← *docēre* teach, show 가르치다, 보여주 다]

documentary[dɔ̀kjumént(ə)ri] 图 문 서의, 서류의. 图 기록영화.

dodge[dɔdʒ] 图 피하다(avoid), 빠져 나 가다(escape by cunning), 살짝 몸을 비키다. 图 갑자기 몸을 비킴; 속임수 (trick); 묘안(妙案 plan). [《스콜》 *dod* jog의 변형 *cf.* 《독》 *duken*） 7

doe[dou] 图 암사슴, 암토끼 《fallowdeer 의 암컷》. ⓐ buck 숫사슴. 8

doer[dú(:)ə] 图 행하는 사람, 실행가; 자라는 식물. 9
[do+ -*er*(명사어미)) ☞ do

dog[dɔg] 图 개, 수캐, 놈, 녀석(fellow); 꺾쇠, 삼발이. 图 미행하다(follow close behind as a dog does); 삼발이 에 올려놓다. 1
[《중영》 *dogge*←《고영》 *docga*]
lead(또는 *lead one*) *a* ~'*s life*

죽어라 죽어라 한다(be troubled all the time; trouble and worry him all the time). *go to the* ~*s* 파멸하다, 몰락하다 (be ruined), *a cat and* ~ *life* 두사람(특히 부부)이 항상 싸우며 사는 생활.

참고 bitch 암캐, puppy, whelp 강아 지, litter 한 배의 강아지, hound 사 냥개, cur 들개. 《개의 우는 소리》 bark, howl, whine, yelp, snarl, growl. kennel 개집, canine 개의.

dog-days[dɔ́gdeiz] 图 *pl.* 삼복(三伏), 대서(大暑). 8

dogged[dɔ́gid] 图 완고한(stubborn).

dole¹[doul] 图 시주할 물건; 분배물 (something given or paid out), 《영속》 실업수당. 图 (dole out) 나누어 주 다 (아까워 하며).
[《중영》 *dol, dale*←《고영》 *dāl* division 나눈 부분)

dole²[doul] 图 (고어 · 시) 슬픔, 수심 (woe), 비탄(悲嘆).
[《래틴》 *dolium* grief 슬픔 ← 《래틴》 *dolēre* grieve 슬퍼하다]

doleful[dóulf(u)l] 图 슬픈듯한, 우수 에 젖은(mournful), 슬픈(sad), 수심에 잠긴. 8

doll[dɔl] 图 인형, 예쁘나 머리가 나쁜 소녀, 《미》 소녀, 여학생. 图 곱게 차 려 입다. 2
[《그》 *Doll* 《*Dorothy*(여자 이름)의 애 칭》]

dollar[dɔ́lə] 图 달러(弗, 100 cents 미 국 또는 캐나다의 화폐 단위; 기호 $》.
[《엣 어형》 *daler* ← 《저지 독》 *daler*, 《고지 독》 t(h)*aler Joachimsthaler* coin of Joachimsthal; 주교소가 있는 Bohemia 지방의 Joachimsthal 시에서 만든 돈) 2
참고 미국 화폐는 보통 다음과 같이 불리어지는 때가 많다. penny=1 cent, nickel=5 cents, dime = 10 cents. quarter=25 cents.

domain[dəméin] 图 영토(territory), 세력 범위, 영역(field). 8
[《래틴》*dominicus* belonging to a lord 영주(領主)에 속하는 ←*dominus* lord, master 주인, 영주; 영주로서 지배하며 권력을 부릴 수 있는 범위)
☞ dominion

dome[doum] 图 둥근 지붕, 둥근 천장, 《시》 큰 집. 图 둥근 지붕을 이다, 반

구(半球)형으로 부풀다. 4
[《라틴》 *domus* house, building; 처음에는 공공 건물을 뜻하던 것이 그 건물의 둥근 지붕을 가리키게 되었다]

domestic[dəméstik] 형 가정의, 가사의, 국내의, 국산의(home-made), 길들여진(tame). 명 하인, 하녀, 식모. ⑫ exotic 외국(제)의, foreign 외국의. 3
[《라틴》 *domesticus* belonging to a household 가정내의←*domus* house]

domesticate[dəméstikeit] 통 길들이다(tame); 자기 나라에 받아 들이다.
[domestic+ -*ate*(동사어미)]

dominant[dɔ́minənt] 형 권력을 쥔(having control or authority).

dominate[dɔ́mineit] 통 지배하다(govern), 통치하다(rule); 조절하다(control); 우위를 차지하다(have a commanding position), …의 위에 솟아나다(rise above and overlook). 10

domination[dɔ̀minéiʃ(ə)n] 명 통치, 지배, 우세(優勢). 10

dominical[dəmínik(ə)l] 형 주(그리스도)의, 주일(主日)의. [《라틴》 *dominicālis* belonging to the Lord's day, or to the Lord←*dominicus*]

dominion[dəmínjən] 명 지배(권), 통치권, 주권, 소유권, 영토. 4
[《라틴》 *dominiōnem*←*dominio* lordship 소유권←*dominus* master, lord 주인] ☞ domain

domino[dɔ́minou] 명 도미노 가장복(假裝服)(무도회에서 쓰는 두건과 작은 가면이 붙은 옷옷), 도미노 가면(얼굴의 상반부를 가리는 복면), 도미노 패(牌)(뼈 또는 상아로 만든 긴 네모꼴의 패), *pl.* 도미노 놀이(28장의 패로써 접수내기를 하는 놀이). 9
[《프》 *domino* masquerade-dress ← *dominus* master; domino라고 경칭을 받는 사람들의 옷에서]

donkey[dɔ́ŋki] 명 당나귀(ass의 속된 말), 바보. *cf.* ass 당나귀. 4
[남자 이름 *Duncan*의 애칭에서 온 것 *dun* greyish brown(말의 이름)의 파생어에서 온 것. 이상 두가지 경우가 있겠으나 모두 monkey와 rime을 맞춘 것]

참고 donkey는 미국 민주당의 상징으로 쓰일 때가 많다. elephant가 공화당을 상징하는 것과 비교하라.

doom[du:m] 명 (보통 나쁜)운명(fate), 파멸(ruin), (신이 내리는)최후의 심판. 통 운명을 정하다; 사형을 선고하다. 3
[《고영》 *dōm* a thing set or decided on 결정된 것←*dōn* do, set; 결정된 것]

door[dɔ:, dɔə] 명 문, 호(戸), 출입구 (doorway). 1
[《중영》 *dore, dure*←《고영》 *dor*; *cf.* 《독》 *tür*]

in ~*s* 집안(실내)에서(로). *next* ~ 옆집(에), *next* ~ *but one* 한집 건너서 옆집. *next* ~ *to* … …의 이웃에, …에 아주 가까이, 거의 …할 것같은. *out of* ~*s* 바깥에서, 실외에서, 야외에서. *show a person the* ~ 문을 가리켜서 사람을 쫓다.

dormant[dɔ́:mənt] 형 자는(것 같은) (sleeping), 잠복하고 있는; 고정적인, 휴식상태의(not active). ⑫ active 활동하는.
[《라틴》 *dormīre* sleep]
a ~ *volcano* 휴화산(休火山) (*cf.* active volcano 활(活)화산, extinct volcano 사(死)화산).

dormitory[dɔ́:mitri] 명 기숙사, 교외 주택지.
[《라틴》 *dormītōrium* sleeping-chamber 자는 방←*domītor* a sleeper←*dormīre* sleep]

참고 미국 속어로 기숙사를 dorm [dɔ:m]이라고 하는 것은 이 dormitory가 준 말. ☞ cemetery

dose[dous] 명 (약의)한 모금, 복용량(服用量), (형벌 따위 싫은 일의)일회분. 통 약을 쓰다; 혼합하다[with]. 7
[《그》 *dosis* giving 주는 것←*didōmi* I give←*dō-, do*-(어간); the quantity of medicine given to be taken at one time 한번에 복용하도록 주어진 약의 양]

dosage[dóusidʒ] 명 투약(投藥), 조제, 적량. [dose+ -*age*(명사어미)]

dot[dɔt] 명 작은 점(very small round spot or mark), 꼬마. 통 점을 찍다, 점재(點在)시키다. 2
[《고영》 *dott* head of a boil, speck]

dote[dout] 통 노망들다, 망녕나다; 지나치게 사랑하다(love blindly) [on, upon]. 7
[《중영》 *dot(i)en* to be foolish]

dotage[dóutidʒ] 명 노망, 망녕. 10
[《중영》 *doten*+ -*age*]

dotard[dóutəd] 명 늙은이.

double[dʌ́bl] 형 두배의(twice as much), 이중의(twofold), 짝지은(in a pair). 부 두배로, 이중으로, 짝을 지어. 명 두배; 아주 닮은 사람(또는 물건). 동 두배(이중)로 하다, 겹치다; 회항(回航)하다(sail round).   1
[《래틴》 *duplus* two-fold 두배의←*duo* two+ *-plus* folded 겹쳐진]

doublet[dʌ́blit] 명 아주 닮은 것의 한 쪽; pl. 쌍동이; 짝지은 것(pair, couple), 《언어》 이중어(동어원의 이형 또는 이의의). [《프》 *double* double+ *-et*(어미)]   「두가지로.

doubly[dʌ́bli] 부 두배로, 이중으로,
doubt[daut] 명 의심(unsettled question). 동 의심하다(be unable to believe or trust). 반 trust 신임, 믿다.   1
[《래틴》 *dubitāre* be of two minds 두 마음을 먹고 있다←*dubius* doubtful, moving in two directions←*duo* two 의견이 혼들리다]

 beyond(또는 *out of*) ~ 의심할 여지 없이, 물론. *in* ~ 의심하여, 불확실하게(not certain). *make no* ~ (또는 *that; but that*) …을 조금도 의심하지 않다, …을 확신하다. *no* ~ 의심할 여지 없이, 말할 것도 없이 (certainly), 아마(probably), *without* ~ 틀림 없이(certainly).

동의어 doubt는 의혹을 나타내는 일반적인 단어이다. suspicion은 증거가 불충분하여 상대방에게 혐의를 건다는 뜻이다. distrust는 특히 사람에 대한 신뢰가 없음을 말하며, 죄가 있다거나 허위임이 확실하다는 것을 암시한다.

doubtful[dáutf(u)l] 형 의심을 품고 있는(full of doubt), 불확실한(uncertain), 애매한, 어찌 될지 모르는(hesitating). [doubt+ *-ful*(어미)] 4
doubtless[dáutlis] 형 《드물게》 의심하지 않는. 부 틀림 없이, 아마.   4
[doubt+ *-less* without]
dough[dou] 명 (가루)반죽, 반죽할 가루; 생빵.   6
[《중영》 *dah, dogh*←《고영》 *dāh*; cf. 《독》 *teig*]
doughboy[dóubəi] 명 찐 만두.
doughnut[dóunʌt, dóunʌt] 명 도나쓰, 《미》 자동차 타이야.
dove[dʌv] 명 비둘기(pigeon) 《평화의 상징》.   3

[《고영》 *dūfe*(*dūfe-doppa* diver의 합성어로만 쓰임). *cf.* 《독》 *taube*]
참고 pigeon과 같은 뜻이나 특히 작은 것을 말할 때가 많다.   ☞ pigeon
down¹[daun] 명 (드넓은)고원(高原), 사구(砂丘 dune).   1
[《고영》 *dūn* hill 언덕 ← 《아일랜드》 *dūn* fortified hill 요새화된 언덕]
    ☞ town

down²[daun] 명 솜털(the first, soft feather or hair).
[《중영》 *down*←《아이스》 *dūnn*]
downy[dáuni] 형 솜털의, 솜털이 많은, 부드러운.   10
down³[daun] 전 …을 내려 가서, 아래로, 밑에, …이후로. 형 아래의, 내려 가는. 부 밑으로, 내려서, 넘어져서; 힘이 빠져서. 동 넘어뜨리다, 때려 눕히다. 명 아래, 내리막, pl. 몰락. 반 up 위로.   1
[《고영》 *dūne* (*adūne* adown의 *a*-가 줄어든 것) ← 《고영》 *ofdūne* off the hill←*of* off+*dūn* hill]   ☞ down
 come ~ *on* ……을 비난한다, …을 벌하다. ~ *at heel*(구두의)뒤축이 다 닳은, 남루한. ~ *in the mouth* 맥이 빠진, 불만의. ~ *in the world* 몰락한. ~ *on*(또는 *upon*) …에 화나서 …에 원한을 품고, 공격하여. ~ *to* …(에 이르기)까지. ~ *with* …(병으로)누운, 《명령》 당장에 내어 놓아라(*Down with* your money! 돈을 당장 내어 놓아!); 타도하라, (*Down with* tyrant! 폭군 타도!). *up and* ~ 을 이리 저리. *the ups and* ~*s*(of life)(인생의)흥망 성쇠. ~ *to date* 가장 현대적인.
downcast[dáunkɑ:st] 형 (눈을)내려 깐, 맥이 풀린, 기운 없는. 명 《광산》 통풍갱(通風坑).
downfall[dáunfɔ:l] 명 급격한 낙하, 전락(轉落), 몰락, 실패.   8
Downing Street[dáuniŋ stri:t] 명 다우닝가(街)(White hall에서 St. James Park 까지의 런던의 거리; 수상과 재무부 장관 관저가 있어서 영국 정부의 뜻으로 쓰이는 때가 많다).
downright[dáunrait] 부 《형용사 뒤에 쓰일 때의 발음은 [daunráit]》 철저히 (thoroughly), 정말. 형 일직선의 (straightforward), 솔직한(frank), 노골적, 철저한(thorough).   9

downstairs[dáunstéəz] 문 아래층으로(에서). 명 아래층. 7
down-stream[dáunstríːm] 형, 문 하류(下流)(에), 흘러 내려가서.
down-town[dáuntáun] 형, 형, 문 번화가(의)(로), 상업구역(의)(으로).
downward[dáunwəd] 형 아래로 향하는, 내려 가는, … 이후의(later).
downwards[dáunwədz] 문 아래쪽으로, 내려가서, 타락하여, 이래로. 3
doze[douz] 동 꾸벅꾸벅 졸다(sleep lightly), 선잠 자다(be half asleep). 명 선잠, 졸음. 9
[《멘마》 *dōse*; *cf.* 《고영》 *dwǣsian* become stupid]
~ *off*(또는 *over*) 꾸벅꾸벅 졸다 (fall lightly asleep). *fall into a* ~ (자기도 모르게)선잠이 들다.
dozen[dʌzn] 명 (같은 종류의 물건)열 두개, 한 타(打). 2
[《고프》 *doze* twelve+ *-aine* 《래틴》 *-ēna* ← 《래틴》 *duodecim* twelve ← *duo* two+*decem* ten]
~ *s* of 몇십개(명)의 …, 수십개(명)의 … ☞ two, ten
draft[drɑːft] 명 《draught의 변형》 분견대(分遣隊), 징집, 초안(sketch or outline), 도안; 어음, 환어음. 동 선발하다, 징병하다; 기초(起草)하다. 3
☞ draught
drag[dræg] 동 (dragged) (무거운 것을)끌다(pull along a heavy object), 질질 끌다, 천천히 움직이다(move or pass slowly), 준설(浚渫)하다. 명 견인(牽引). ⓐ push 2
[《중영》 *draggen*, 《아이스》 *draga* draw 끌다] ☞ draw, draught
dragon[dræg(ə)n] 명 (날개, 발톱이 있고 불을 뿜는)용(龍), (젊은 여자의)엄격한 감시자《용이 보물을 지킨다는 전설에서》. 3
[《그》 *drakōn* dragon ← *drak-* ← *derkomai* I see; 원 뜻은 날카로운 시력을 지닌 것; 용의 시력이 날카롭다는 말에서]
dragon-fly[dræg(ə)nflai] 명 잠자리.
drain[drein] 동 물을 빼다(draw or carry away water), 마르(게 하)다, 유출시키다. 명 배수 도랑, *pl.* 하수도(시설); 배출(排出), 소모. 2
[《고영》 *drēhnian* drain away, strain off]

drainage[dréinidʒ] 명 배수(排水), 배수장치, 수채. ☞ dry 8
drake[dreik] 명 숫오리(male duck). *cf.* duck 오리. 7
[《중영》 *drake*]
dram[dræm] 명 1/16온스, 《약국》 1/8 온스, (위스키 따위의)약간. 10
[《중프》 *dra(ch)me* ← 《래틴》 ← 《그》 *drachmē* handful 한 줌]
have not one ~ *of learning* 낫 놓고 기역 자도 모른다, 일자 무식이다. *fond of* ~ 음주를 즐기는.
drama[drɑːmə] 명 희곡(戲曲 play), 각본, 연극, 극적인 사건. 5
[《그》*drama* drama← *draō* I perform]
dramatic[drəmætik] 형 희곡의, 각본의, 연극의, 극적인. 8
[동의어] **dramatic**은 현실이면서도 극적으로 감정이나 상상력을 자극하는 힘을 가짐을 나타낸다. **theatrical**은 대단히 통속적이고 직접 감정에 호소하는 힘이 있다는 뜻으로 외관이나 비현실성을 강조한다. **melodramatic**는 특히 권선징악(勸善懲惡)식으로 선정적인 특색을 가지고 있음을 말하며 허위나 과장임을 강조한다. 「ter of plays」.
dramatist[dræmətist] 명 극작가(writer of plays).
drape[dreip] 동 (옷, 이불 따위로)덮다, (옷 따위를)걸치다. 8
[《프》 *draper* make cloth ← *drap* cloth] 「목상(布木商).
draper[dréipə] 명 나사점(羅紗店),
drapery[dréipəri] 명 포목, 옷감(textile fabrics), 포목상, 포목점, 나사점, 주름(잡은 천), 옷. 〔《프》 *draperie*; *drap*+ *-ery*] 7
draught[drɑːft] 명 당김(the act of pulling or drawing), 견인(牽引), 흡인(吸引), 한 모금(의 양), (물약의)일회분, 도안, 초안, (환)어음. 동 선발하다《보통 draft로 적음》, 초안을 잡다. *cf.* draft. 4
[《중영》 *draught*, *draht* ← 《고영》 *dragan*+ *-t*(어미)]
beer on ~ 생맥주(통에 든)
draw[drɔː] 동 (drew[druː], drawn [drɔːn]) 끌다(pull), 질질 끌다(drag, haul), (칼, 제비 따위를)뽑다, (타래박으로)퍼 올리다(raise), 느르뜨리다, (줄을)긋다, (문서를)작성하다, (시합을)비기다, 가까워지다. 명 잡아 당김; 제비; 무승부; 복권 판매. ⓐ push 밀다.

[《중영》 *drawen*←《고영》*dragan; cf.* 《독》*tragen*] 1

~ **on** …(장갑, 구두 따위를) 착용하다; 유인하다, 가까이 가다, 임박하다. ~ **one's last breath** 숨을 거두나(죽다). ~ **oneself up** 똑바로 서다, 위의(威儀)를 바로하다. ~ **to** … …에 가까이 가다. ~ **up** … 물러가다, 바치다, 정렬시키다(하다), (문서를)작성하다, 뒤쫓다, (마차 따위가)서다.

drawback[drɔ́:bæk] 圈 결점 (disadvantage), 장애, 고장; 공제(控除). 10

drawer[drɔ́:ə] 圈 draw하는 사람, (특히)제도가(製圖家). [drɔ:, drɔə] 서랍 *pl.* 장롱, 속옷 바지, 즈로오스. 4

[draw+ -*er*(명사어미)]

a chest of ~s 의롱(衣籠)한짝.

drawing[drɔ́:iŋ] 圈 제도, 도화, 사람. 발검(拔劍), 추첨.

drawn[drɔ:n] 圈 draw의 과거분사. 圈 칼을 뽑은, 무승부의, 뽑아 놓은, 느러뜨려진. 4

dread[dred] 圄 무서워하다(fear very much), 두려워하다(feel afraid of). 圈 공포, 두려움(anxious fear). 2

[《고영》 *drǣdan*(*ondrǣdan* dread처럼 합성어로 쓰임)]

be(또는 *live*) *in* ~ *of* ……을 언제나 두려워하다(be in constant fear or anxiety).

dreadful[drédf(u)l] 圈 두려운, 끔찍한(terrible, fearful), 지긋지긋할 정도의, 대단히 불쾌한. 2

dreadfully[drédfuli] 圉 무섭게, 끔찍하게, 굉장히 나쁘게, 무서워하면서.

dream[dri:m] 圈 꿈(나라), 몽상, 꿈같은 일. 圄 (dreamt[dremt] 또는 dreamed[dremt, dri:md]) 꿈꾸다, 꿈에 보다; 환상에 잠기다. 1

[《고영》 *drēam* joy 기쁨, happiness 행복; 《고영》에서의 뜻이 바뀌어짐은 북구(北歐)어의 영향을 받은 것; *cf.* 《아이스》 *draumr* dream, 《독》 *traum*]

~ *away one's time* 꿈꾸듯이 지내다. *read a* ~ 꿈을 판단하다.

dreamful[dri:mf(u)l] 圈 꿈이 많은.

drear(y)[dríər(i)] 圈 (경치 등이)쓸쓸한, 음산한(gloomy). 5

[drear는 dreary가 준 말; 《고영》 *drēorig* sad-*drēosan* drip]

drearily[dríərili] 圉 쓸쓸하게, 황량하게.

dreg[dreg] 圈 《보통복수》 찌꺼기, 잔재 (殘滓). 9

[《중영》 *dreg*←《아이스》 *dregg*]

dreggy[drégi] 圈 찌꺼기의, 탁(濁)한, 너더분.

drench[drentʃ] 圄 (특히 소나 말에) 물을 먹이다, 물에 흠빡 젖게 하다(make thoroughly wet),흠빡 적시다. 圈 (한꺼번에 많이 마시는)물약, 폭우(暴雨). *cf.* draft 8

[《중영》 *drenhen*←《고영》 *drencan*-*drincan* drown] 「다.

be ~ed to the skin 흠빡 물에 젖

dress[dres] 圄 옷을 입다(put on clothes), 옷을 입히다(clothe), 꿈기 꾸미다(adorn), 성장하다(put on evening dress), (머리, 나무, 상처 따위에)손질하다. 圈 의복(clothing), 드레스(outer garment worn by a woman or child). 圆 undress (옷을)벗다. 1

[《고프》 *dresser* erect 세우다, dress ←《래틴》 *directus*-*dīrigere* direct] ☞ direct

~ *down* (말을)타을로 닦다, 꾸짖다 (scold). ~ *out* 꾸미다, (상처에)손을 보다, 잘 입다. ~ *up* 성장하다, 가장하다, 옷을 입다.

[동의어] dress는 일반적으로 곁에 입는 옷 또는 특수한 경우에 입는 옷을 말하며 보통명사로 쓸 때에는 부인용 원피스를 말한다. costume은 무대, 무도회, 궁정 따위 특수한 목적이 있는 곳에서 입는 dress로 그 style을 강조한 것이다. gown은 보통의 dress보다 비싸고 특수한 경우에 입는 것이라는 뜻이 있다. apparel은 영국에서는 회화에 쓰는 말이 아니며 곁에 입는 옷 일습을 말한다. attire는 옷으로 말미암은 일반적인 인상을 나타내는 품위 있는 말이다. clothes는 옷을 뜻하는 일반적인 말이며, clothing은 각종 clothes를 통틀어 말한 것이며, garments는 clothes보다 고상한 말이다.

dresser¹[drésə] 圈 (선반과 서랍이 있는)조리대(調理臺), 찬장, 《미》 경대, 화장대(dressing-table). [《고프》 *dresseur*←《프》 *dresser* to dress] 6

dresser²[drésə] 圈 옷을 입혀 주는 사람, (극장의)의상계(衣裳係), 외과 수술 조수. 6

dressy[drési] 圈 《속어》 치장을 좋아하는, 맵씨 있는.

drift[drift] 명 표류(물), 추세(tendency), (바람에 의한)느린 흐름. 동 표류하다 (carried along by air or water), 불려 싸이다, 아무 것도 모르고 빠지다.
[《중영》 *drift* act of driving←《고영》 *drīfan* drive]   4

drill[dril] 명 송곳, 구멍 뚫는 기구, 교련(training), 엄격한 훈련(thorough training). 동 구멍을 뚫다, 교련하다.
[《홀런드》 *dril* boring tool 구멍 뚫는 기구←*drillen* bore; 송곳으로 비빈다는 뜻에서 무기 조종→교련]   2

drink[driŋk] 동 (drank, drunk 또는 (시) drunken) 마시다, 깊이 들이 키다, 흡수하다(absorb), 음식을 마시다, 취하다. 명 음료(飲料), 술, 한모금.
[《고영》 *drincan, drunc* (과거형), *druncen*(과거분사); cf.《독》*trinken*]
☞ **drunk**   1

drip[drip] 동 (dripped). (물 방울이)떨어지다(fall in drops), 똑똑 떨어지다. 명 방울짐, 똑똑 떨어지는 물방울.   4
[《중영》 *dryppen*←《덴마크》 *dryppe*; cf.《독》 *triefen*]
in a ~ 젖어서.

drive[draiv] 동 (drove, driven)몰다, 운전하다, 돌진하다(rush); 혹사하다, 열심히 일하다. 명 (차를)모는 것, 드라이브, 차도(車道); 정력, 경향.   1
[《중영》 *driuen*←《고영》 *trīfan*; cf.《독》 *treiben*]
~ at ……을 추구(追求)하다, …을 뜻하다. *~ hard* 혹사하다. *~ home* (못 따위를)박아 넣다, (의론, 사실을)철저히 추진하다, 차로 보내다. *let ~* 날라가게 하다; 겨누어 쏘다; 덤벼들다.

driver[dráivə] 명 운전수, 마부(馬夫), (노예 따위의)감독, 기관사.   4
☞ **drove, drift**

drizzle[drízl] 명 이슬비, 가랑비. 동 이슬비가 나리다.   10
[《중영》 *dresen*←《고영》 *drēosan* drip, fall]

drone[droun] 명 (꿀벌의)숫벌, 벌의 붕붕거리는 소리. 동 (벌이)붕붕거리다, 무위도식(無爲徒食)하다. cf. worker 일벌. queen-bee 여왕벌.   7
[붕붕거리다《중영》 *dronen*; 숫벌《중영》 *dran*]

droop[dru:p] 동 수그러지다(hang, bend or sink down), 시들다. 명 수그러짐, 기운이 약해짐.   3
[《중영》 *droupen*←《아이스》 *drūpa* droop]   ☞ drop

drop[drɔp] 명 (물)방울, 미량(微量), 강하(降下). 동 (물방울이)떨어지다, 방울지다. 반 rise 오르다.   1
[《중영》 *drope, droppen*←《고영》*dropa, dropian;* drip와 같은 어원]
~ across 우연히 … 과 만나다, 꾸짖다, 벌주다. *~ away* 한 방울씩 떨어지다, 한 사람씩 가다. *~ in*(한 사람씩)들어가다, 우연히 들리다, 우연히 만나다. *Drop it!* 그만 두어! *drop off*(차차)떠나가버리다, 잠들다, 쇠약해지다. ☞ drip, droop

dross[drɔs] 명 찌꺼기(특히 금속을 녹였을 때 용액 표면에 뜨는 불순물).   9
[《중영》 *dros*←《고영》 *drōs*]

drought[draut], (시) **drouth**[drauθ] 명 가뭄.   8
[《고영》*drūgath* drought←*drūgian* to be dry←*dryge* dry]   ☞ dry

drove[drouv] 명 (소, 돼지, 양의)움직이는 무리,(석수의)정. 동 (가축 떼의) 뒤를 쫓아가다.
[《고영》 *drāf* act of driving herd←*drīfan* drive]

drover[dróuvə] 명 가축떼를 시장으로 몰고 가는 사람, 가축상; (석수의)정.
☞ drive

drown[draun] 동 익사하다, 익사하게 하다(die or cause to die in water), 물에 잠그다; (소리가)안 들리게 하다.
[《중세 덴마》 *drukne* sink;《고영》 *druncnian* to be drunk, get drowned ←*drincan* drink]   2
be ~ed 익사하다. *~ oneself* 투신 자살하다. *~ oneself in drink* 음주에 빠지다.

drowsy[dráuzi] 명 잠이 오는, 졸리는 (sleepy). 반 awake 잠을 깬.   4
[drowse+ -y(형용사 어미)]

drowse[drauz] 동 꾸벅꾸벅 졸다. 명 졸음. [《고영》*drūsian* be sluggish]

drowsily[dráuzili] 부 졸린 듯이, 지겨운 듯이.

drowsiness[dráuzinis] 명 졸음.

drug[drʌg] 명 생약(substance used in making medicine), 약종, 약품. 동 약을 섞다.   3

druggist[drʌ́gist] 명 약종상, 《미·스콧》 약제사 (《영》 chemist).   8

drugstore[drʌ́gstɔ:] [명] 미국에서 약을 처방하거나 파는 상점《화장품, 잡화, 담배, 잡지, 문방구 따위도 팔고 간단한 식사를 할 수 있는 다방을 겸하고 있다. 큰 drugstore에는 post-office(우편국)가 있을 때도 있다》(《영》chemist's shop).

drum[drʌm] [명] 북, 북소리, 고막(鼓膜). [동] 북을 치다. 2
〔16세기이후 사용; 《중세 홀런드》 *tromme(l)* drum의 오용〕
drummer[drʌ́mə] [명] (특히 군대의)고수(鼓手), 북치는 사람.

drunk[drʌŋk] [동] drink의 과거분사. [형] 취한(overcome by strong drink), (기쁨에)취해버린(deeply moved). [반] sobber 제정신의. 4
〔《고영》 *druncen←drincan*〕
[동의어] **drunk**는 "(술에)취한"을 뜻하는 가장 보편적인 단어로 보어로만 쓰인다. **drunken**은 보통 부가적(attributive)으로만 쓰이며 때에 따라서는 습관적인 음주를 뜻하기도 한다. **intoxicated**는 "때때로 약간 취해있는"이라는 뜻이고 **tipsy**는 회화시에 많이 쓰이며 "거나할 정도의"라는 뜻이다.
drunkard[drʌ́ŋkəd] [명] 대주가(大酒家), 술 주정꾼. 〔《고영》 *drunc-(drincan)*+《프》 *-ard*(어미)〕
drunkenly[drʌ́ŋk(ə)nli] [부] 취해서, 술을 먹고서. ☞ drink

dry[drai] [형] 마른(not wet), 건조한, 금주(禁酒)의. [명] 건조한 상태(dryness). [동] 마르다(make or become dry). 1
[반] wet.
～ *ice* 드라이 아이스《고체 이산화 탄소를 압축 냉동한 것》. ～ *law* 금주법(禁酒法). *run* ～ (젖 또는)물이 마르다. *with* ～ *eyes* 눈물 한 방울 흘리지 않고, 냉정하게. ～ *one's tears* 눈물을 닦다, 슬퍼하기를 그치다.
dryly[dráili] [부] 건조하게, 무미 건조하게, 냉정하게. 「냉담(冷淡).
dryness[dráinis] [명] 건조, 무미건조,

dual[djú(:)əl] [형] 둘의(of two), 이중의(double, twofold). 10
[주의] duel [명] 결투와 혼동하지 않도록.
〔《래틴》 *duālis* dual←*duo* two〕
☞ two

dubious[djú:biəs] [형] (사람이)의심하는(feeling doubt or uncertainty), 수상한(inspiring doubt). 9
〔《래틴》 *dubiōsus* doubtful ← *dubium* doubt←*dubius* doubtful, moving in two directions←*duo* two〕
☞ two, doubt

duchess[dʌ́tʃis] [명] 공작(公爵)부인, 여자 공작, 맵씨 있는 부인. [반] duke 공작. 7
〔《고프》 *duchesse* 《래틴》 *ducissa duc* duke〕 ☞ duke

duck[1][dʌk] [명] 오리, 암오리; 귀여운 것(darling). [반] drake 숫오리. 2
〔《중영》 *duke, doke* diver ← 《고영》 *dūce*〕

duck[2][dʌk] [동] (홱 하고)물 속에 들어 가다, 머리를 살짝 내리다, (머리를)끄덕끄덕하다(bob), (머리를)물 속에 넣다.
〔《중영》 *duken, douken* dive, bob: *cf.* 《독》 *tauchen*〕

due[dju:] [형] 지불해야 할(owing, payable), 당연한(proper), … 으로 말미암은(caused by). [부] 《방향명 앞에 붙여 써서》정(正)…(exactly). [명] 세금, 수수료. [반] undue 과도한. 2
〔《고프》←《래틴》 *dēbēre* owe〕
duly[djú:li] [부] 마땅히, 정식으로; 적당히, 충분히. ☞ duty, dutiful 6

duel[djú(:)əl] [명] 다툼, 결투, 투쟁; 《미》시합. [동] 결투하다. 8
〔《래틴》 *duellum* a fight between two men *duo* two〕 ☞ two

duke[dju:k] [명] (유럽의 공국 또는 작은 나라의) 군주, 공(公), 대공(大公); 《영》공작(公爵). *cf.* duchess 3
〔《래틴》 *dux* leader 지도자 ← *dūcere* lead 지도하다〕 9
dukedom[djú:kdəm] [명] 군주령(君主領), 공국(公國), 공작의 지위(또는 신분). 〔duke+ *-dom*(추상명사 어미)〕
[참고] marquis 후작(侯爵), marchioness 후작부인. earl 백작(伯爵), countess 백작 부인. viscount 자작(子爵), viscountess 자작 부인. baron 남작(男爵). baroness 남작 부인. prince 왕자. (영국 외의)공작, 소국의 통치자. princess 왕녀, 공주, 공작부인.

dull[dʌl] [형] 둔한, 희미한(dim), 흐린(cloudy), 어리석은(stupid), 날카롭지 않은(not sharp). [동] 둔하게 하다. 3
[반] sharp 예리한.
〔《중영》 *dul(le)* dull, stupid; *cf.* 《고영》 *dol* foolish, dull-witted; 《독》 *toll* mad〕

dul(l)ness[dΛlnis] 명 둔함, 불활발, 지겨움. 9
dully[dΛl(l)i] 부 둔하게, 지겹게, 불활발하게. 「않도록.
주의 duly[djú:li] "마땅히"와 혼동치
dumb[dΛm] 형 벙어리의(mute), 말을 못하는(unable to speak), 《미속》 우둔한(stupid). 통 말 못하게 하다. 3
〔《중영》 domb←《고영》 dumb mute 벙어리의; 원 뜻은 우둔한(stupid)이고 이 뜻으로 쓰이는 경우가 미국에서 더러 있다. cf.《독》 dumm 우둔한, 벙어리의, 어리석은〕
dummy[dΛmi] 명 《속어》 벙어리; 《비유》 허수아비, 피뢰; 바보. 형 가짜의. [dumb+ -y(형용사 어미)]
dump[dΛmp] 동 (쓰레기를)내어다 버리다(empty out), 쾅하고 떨어뜨리다, 싸구려로 팔다. 명 쾅(소리); 《미》 쓰레기 버리는 곳; 짧고 굵은 것. 8
〔《스칸디나비아》 dump←《스웨덴 방언》 dumpa fall down plump〕
dumper[dΛmpə] 명 《미》 쓰레기 치는 사람, 쓰레기 차(dump-cart), 싸구려로 파는 사람.
dumping[dΛmpiŋ] 명 (쓰레기 따위의) 내다 버림, (상품의)담핑.
dunce[dΛns] 명 둔재, 바보, 열등아, 지진아(遲進兒). 6
〔스코라 학파의 신학자 John Duns Scotus(?~1308)의 학도를 문예부흥기의 인문학자가 Dunsman, Dunses라고 놀린 일에서〕
dune[dju:n] 명 (해변의)모래 언덕(low sand-hill). 9
〔《프》 dune←《중 홀런드》 dūne;down¹과 같은 어원〕 ☞ down¹
dung[dΛŋ] 명 (소, 말 따위의)똥, 똥거름. 동 똥 누다. 9
〔《고영》 dung; cf. 《독》 dung〕
dunghill[dΛ́ŋhil] 명 똥거름, 퇴비; 누옥(陋屋).
dungeon[dΛ́n(d)ʒ(ə)n] 명 지하 감옥(dark, underground room), 아성(牙城) great tower of a castle). 동 가두다.
〔《래틴》 domnion chief tower ← dominio〕 ☞ dominion
duplicate[djú:plikit] 형 중복의, 이중의(double), 꼭 같이 생긴. 명 사본, (꼭 같이 생긴)둘 중의 하나. [djú:plikeit] 동 이중으로 하다(double), 복사하다(make a copy of). 8

〔《래틴》 duplicātus ← duplicāre double 이중으로 하다←duplic- ←duplex two-fold ← duo two + plicāre fold 접다〕
duplication[djù:plikéiʃ(ə)n] 명 이중, 중복, 복사, 사본.
durable[djúərəbl] 형 영속성 있는(lasting a long time), ⑮ unstable 불안정한; frail 부서지기 쉬운. 7
〔《래틴》 dūrābilis lasting ← durāre harden, last+-able〕 「久性)
durability[djùərəbíliti] 명 내구성(耐
durably[djúərəbli] 부 영속적으로, 항구적으로.
duration[dju(ə)réiʃ(ə)n] 명 지속(持續)(기간), 존속(기간). 9
during[djúəriŋ] 전 …하는 동안, …중. 〔《래틴》 durante를 번역한 것; vita durante while life last〕
dusk[dΛsk] 명 황혼(twilight), 저녁놀. 동 《시》 어스레해지다. 6
〔《고영》 dosk, dux, dox; 음위전환(音位轉換)에 의하여 생긴 말〕
at ~ 해 질 무렵에.
dusky[dΛ́ski] 형 어스레한, 거무스레한. [dusk+ -y(형용사 어미)] 6
dust[dΛst] 명 먼지, 티끌, (금)가루; 소동(騷動); 시체, 인간. 동 (먼지를)털다, 뿌리다. 1
bite(또는 eat, kiss) the ~ 넘어져 죽다, 수모를 겪다. cosmic ~ 우주진(宇宙塵). honoured ~ 유해(遺骸). raise(또는 kick up, make) a ~ 소동을 일으키다, 먼지가 나게 하다. lick the ~ 절절매다, 엎드리다.
duster[dΛ́stə] 명 먼지를 터는 사람(또는 도구), 총채. 10
dusty[dΛ́sti] 형 먼지 투성이의; 무미건조한; 티끌 같은. 4
Dutch[dΛtʃ] 형 홀런드의, 화란(인, 어)의. 명 홀런드어(또는 인). 9
〔《중 홀런드》 dutch Hollandish, Netherlandish, Germanic ←《독》 Deutsch German; 원래 "독일인"의 뜻. 1600년 이후에 the Netherlanders의 뜻으로만 쓰이게 됨〕
참고 이 말은 고지 독어 diutisch 즉, "국민의, 대중의"란 뜻을 가진 말에서 시작되었다. 그러나 slav란 말이 그 민족들에겐 영광을 표시하던 것이 점점 당하고 생포되어 노예로 쓰이게 되면서 slave 즉 노예란 말이 나왔듯이 홀런드인 (영국인의 해상권 경쟁자)을 미워하여 영국에서는 욕하는 말로도 쓰이게 되었다.
~ anchor 뒤에 두고온 중요한 물저(이 말은 우리 말에서 장사 치르며 가는 놈이 시체 두고 간다는 말과 비슷한데, 그 유래는 홀렌드의 어떤 선장이 닻을 두고 떠나서 그 배를 잃었다는 데서 나왔음). ~ gold 구리와 주석의 합금으로 금의 모조품. ~ treat 각자의 부담으로 하는 회식. ~ concert 제각기 다른 노래로 하는 합창, 시끄러운 것.

Dutchman[dʌ́tʃmən] 명 홀렌드인;((미속)) 도위치인: I'm a *Dutchman* if I do it. 그따위 일은 절대 안한다. It is true, or I'm a *Dutchman*. 만일 그것이 사실이라면 내 목이라도 주겠다.

duty[djú:ti] 명 의무, 직책, 임무, 본분, 공경, 경의; (관)세(稅). 1
[((앵글로·프렌취))*duetē* duty ← *d(e)u* due+ -*tē*(래틴)-*tātem*] ☞ due
do ~ *for* ……의 대용이 되다(serve for, be used instead of). *off* ~ 비번(非番)의. *on* ~ 당직의. *pay*(또는 *send*, *present*)*one's* ~ *to* …에 공손히 경의를 표하다.
동의어 duty는 "의무"를 뜻하는 일반적인 말이다. **obligation**은 특별한 계약, 맹세, 약속 또는 사회적 관습에 의하여 사람에게 과하는 필요 조건을 뜻한다. 또한 duty는 자기와 남의 양 쪽에 대한 의무이며 obligation은 남에게 대한 의무를 말한다. **responsibility**는 사람이 책임져야 하는 특별한 일이나 신임을 받은 일에 대하여 말한다.

duteous[djú:tiəs] 형 ((시, 수사학)) 본분을 지키는, 잘 복종하는.

dutiful[djú:tifəl] 형 본분을 지키는, 잘 복종하는, 공손한. ☞ due

dwarf[dwɔ:f] 명 소인, 난쟁이. 형 왜소(矮少)한. 통 작게 하다(되다). 4
반 giant 거인.
[((고영))*dweorg* dwarf; *cf*. ((독))*zwerg*]

dwell[dwel] 통 (dwelt) 살다, 자세히 말하다, 마음에 거리끼다. 명 ((기계의)) 운전을 잠시 중단함. 반 wander 방황하다. 2

[((고영)) *dwellan* lead astray, hinder, delay]
~ *on*(또는 *upon*) … …을 마음에 두다, 골몰히 생각하다, 거리끼다, 우울거리나.

dweller[dwélə] 명 주민, 거주자. 9
dwindle[dwíndl] 통 점점 작아지다(적어지다, 약해지다). 6
[((중영)) *dwinen* dwindle의 반복형에서 ← ((고영)) *dwīnan*]

dye[dai] 명 물감, 염료, 염색. 통 (dyeing)물 들(이)다. 4
주의 die "죽다"의 현재 분사는 dying; dye의 현재분사는 dyeing. 「염색」
[((고영)) *dēagian* to dye ← *dēah* 물감,

dying[dáiiŋ] 명 죽음, 임종(death). 형다 죽어 가는. ☞ die¹, death 3

dynamic[dainǽmik] 형 동력의, 동적인, 역학(상)의. 명 ((원))동력. 반 static 정적(靜的)인.
[((그)) *dunamikos* powerful *dunamis* power ← *dunamai* I am strong]

dynamical[dainǽmik(ə)l] 형 동력상의, 역학적, 원동력이 되는, 효력이 있는, 기계력의. 「동력.

dynamics[dainǽmiks] 명 역학(力學), [dynamic+ -*ics*(학문 science를 나타내는 명사어미)]

dynamite[dáinəmait] 명, 통 다이나마이트(로 폭파하다). [((그)) *dunamis* power+ -*ite*(명사어미); 발명자 Alfred Bernhard Nobel(1833 ~ 96)이 지은 이름] 10

dynamo[dáinəmou] 명 직류발전기. [*dynamoelectric machine*을 줄인 말]

dynast[dínəst, ((미)) dái-] 명 (세습적인) 주권자(主權者).
[((그)) *dunastes* ruler ← *dunasthai* be able]

dynasty[dínəsti, ((미)) dái-] 명 왕조(王朝). ((래틴))*dynastia*←((그)) *dunnasteia* lordship, sovereignty] 9

dysentery[dís(ə)ntri] 명 ((의학)) 이질, 적리(赤痢).
[((그)) *dusenteria* ← *dus-*(나쁜 뜻을 갖는 접두사) + *entera* the inwards, bowels 내장 ← *entos* within, *en* in; 내장의 나쁜 상태]

E

each[iːtʃ] 형 각각의, 각자의, 매(每)….
대 각자. 부 각자 (apiece). 1
〔《중영》 *eche, elch,* 《고영》 *ǣlc←ā-gi-līc* aye-like, ever alike〕

~ *one*(of us) (우리들) 각자. ~ *time*
(they come) (그들이 올)때 마다. ~ *and all* 각자가 모두. ~ *other* 서로서로
(one another).

eager[íːgə] 형 열심의(keen), 간절히 바라는 (very much wanting), 몹시…하고저 하는 (impatient) 〔for, to do〕. 2
〔《중영》《앵글로·프렌취》 *egre* ← (래틴) *ācrem ←ācer* sharp〕

동의어 eager (명 eagerness)는 어떤 일에 대한 희망이나 추구(追求)에 골똘하다는 뜻으로 때에 따라서는 성미가 급하다는 뜻이 된다. avid (명 avidity)는 어떤 것을 갖고 싶은 강력한 욕망이 있다는 뜻으로 탐욕을 뜻할 때가 있다. keen(명 keenness)은 eager보다 뜻이 강하며, 어떤 일을 이룩하고저 열망한다는 뜻이다. anxious (명 anxiety)는 결과에 대하여 분안을 느끼면서도 희망한다는 뜻이다.

eagerly[íːgəli] 부 열심히, 간절히 바라며.

eagerness[íːgənis] 명 열심, 열망. 8

eagle[íːgl] 명 독수리(표), 솔개, 《미》 10 달라 금화.
〔《중영》《앵글로 프렌취》 *egle* ← (래틴) *aquila* eagle〕

ear[iə] 명 귀(바퀴), 청력(聽力), (물병 따위의)손잡이, (보리의)이삭.
〔《중영》 *ere,* 《고영》 *ēare; cf.*《독》 *ohr*〕
be all ~*s* 충심으로 귀를 기울이다 (be very anxious to hear). *have an* (또는 *no*) ~ *for music* 음악을 이해하다(못하다).

ear-ache[íəreik] 명 귀앓이.
ear-cap[íəkæp] 명 (방한용의)귀결이.
ear-corn[íəkɔːn] 명 《미》 옥수수.
ear-drum[íədrʌm] 명 중이(中耳), 고막.
ear-ring[íəriŋ] 명 귀결이.
earphone[íəfoun] 명 청취기, 수화기.
ear-wax[íəwæks] 명 귀지.

earl[əːl] 명 (《여성》 countess) 《영》 백작 (伯爵) 《유럽 대륙의 count에 해당한다》; *cf.* count, duke, marquis, viscount. 4
〔《중영》 *erl,* 《고영》 *eorl* warrior 무사〕

earldom[əːldəm] 명 백작의 지위, 《고어》 백작명(伯爵領). 10

early[əːli] 형 이른, 초기의, 가까운 장래의. 부 일찍, 초기에. 반 late 1
〔《중영》 *erly,* 《고영》 *ǣrlīce←ǣr* soon 곧+*līc* like〕 ☞ ere

~ *habits* 일찍 일어나고 일찍 자는 습관. *the* ~ *bird* 일찍 일어나는 사람; It is *the early bird* that catches the worm. 《속담》 일찍 일어나는 새가 벌레를 잡는다(부지런하면 여러모로 먹이 있다는 뜻). ~ *or late* 조만간(早晩間)에.

earliness[əːlinis] 명 빠름.

earn[əːn] 동 벌다, (감사 따위를) 받음 만하다(deserve). 반 spend 2
〔《중영》 *ernien,* 《고영》 *earnian*〕

earnings[əːniŋz] 명 *pl.* 벌이, 소득, 수입. 9

earnest[əːnist] 형 진지(眞摯)한, 열렬한(ardent), 진정한(serious), 중대한. 명 진정(seriousness). 반 idle 태만한, 게으른. 2
〔《중영》 *ernes←*(래틴) *arrha*(*bo*)*←*《그》 *arrabōn* pledge 보증, 서약←(헤브류) *ārab* give security 보증하다〕
in ~ 진정으로.

earnestly[əːnistli] 부 진정으로. 10
earnestness[əːnistnis] 명 진정, 진지함, 열성.

earth[əːθ] 명 (the ~) 지구(상의 주민), 땅, 이 세상(this world), 《흔히 복수》 흙(soil), 접지(接地). 동 흙을 덮다, 굴로 도망치다,《무선》 접지(接地)하다. 반 heaven 하늘, 천국. 1
〔《중영》 *erthe,* 《고영》 *eorthe; cf.*《독》 *erde*〕

on ~ 지상에서; (강조)(의문사와 함께 써서) 도대체(*What on earth is the matter?* 도대체 어떻게 된거냐?), 《부정》 전혀 (at all) (*It's no use on earth* 전혀 소용 없다).

earthen[əːθ(ə)n] 형 흙으로 빚은, 토

ease 165 **eccentric**

제(土製)의. 8

earthenware[ə́:θ(ə)nwɛə] 명, 형 토기(土器)(의), 질그릇(의). 9

earthly[ə́:θli] 형 이 세상의, 속세의; (속어)(강조)=on earth. ⓤ heavenly [(고영) *eorthlic*; earth+-*ly*] 3

[동의어] **earthly**는 지구 또는 이 세상에 속하거나 관련된 것을 나타내고 (ⓤ heavenly), **terrestrial**은 과학 용어로 많이 쓰이며, 특히 유성으로 본 지구상의 것에 대한 형식적인 말이다(ⓤ celestial). **worldly**는 쾌락, 성공, 허영 따위 특히 인간의 물질면에 관련된 뜻이 있다(ⓤ spiritual). **mundane**은 worldly와 같다.

earthquake[ə́:θkweik] 명 지진, 대변동. [earth+quake] 4

☞ quake

earthworm[ə́:θwə:m] 명 땅속에 사는 벌레, (특히)지렁이. [earth+worm] 8 ☞ worm

earthy[ə́:θi] 형 흙의, 땅속에 사는, 지상의.

ease[i:z] 명 안락(comfort), 안심, 안일(安逸), (옷 따위가) 헐렁함, 쉬움. 타 (고통 따위를)덜다, 편안하게 하다. 자 care 걱정, difficulty 곤란. 2

[(중영) *ese* ← (고프) *aise* ease ← (래틴) *adjacentem* near←*adjacēre*←*ad* near+*jacēre* lie; 바로 옆에 있는→손을 대기 쉬운→쉬운] ☞ adjacent *at*(one's) ~ 편안히. *ill at* ~(불안해서)안절부절하는. *with* ~ 용이하게.

[동의어] **ease**는 곤란, 고통, 압박에서 해방됨을 뜻하며 주관적으로 보면 안일함과 휴식의 상태를 나타낸다. **easiness**는 보통 일 자체의 성질이 쉬움을 말한다. **facility**는 ease보다 문학적인 말로서 ease가 상태와 동작에 대하여 말할 수 있는 데 비하여, 동작에 대해서만 쓸 수 있다. **comfort**는 모든 긴장, 고통, 불행에서 해방되어 편안하고 완전히 만족한 상태를 뜻한다.

easily[í:zili] 부 쉽게, 용이하게, 수월하게, 편안히. 2

easiness[í:zinis] 명 용이함, 편안함.

easy[í:zi] 형 쉬운, 편안한, (옷이)헐렁한, 누긋누긋한. 부 《주로 속어》=easily. 명 《속어》 휴식. ⓤ difficult 1 [(중영)*aisie*←(고프)*aisie*; ease+-*y*]

take things ~ = *take it* ~ 누긋하게 굴다, 천천히 해나가다.

uneasy[ʌní:zi] 형 불안한, 걱정되는. [*un*- not+*easy*] 5

easy-going[í:ziɡòuiŋ] 형 (말 따위의) 느린 걸음의, 누긋한, 느려빠진. ☞ adjacent

east[i:st] 명 동쪽; (the E~)(영) 동양 [(미) the Orient], (미) 동부지방. 형 동쪽의. 부 동쪽에(으로). ⓤ west. 1 [(고영)*ēast* in the east, *ēastan* from the east; *cf.* (독) *osten*]

Easter[í:stə] 명 부활제(復活祭)(예수의 부활을 기념하여 3월 21일 이후 만월(滿月)후의 맨 처음 일요일 또는 그 날 하는 행사). 4

[(중영) *ester*, (고영) *ēastre*←(고영) *Eostre* goddess of light and spring 빛과 봄의 여신; *cf.* (래틴) *aurora* dawn] ☞ east

eastern[í:stən] 형 동쪽의(east, easterly), 동향(東向)의, (Eastern) 동양(식)의. 명 (an Eastern) 동양인, 동양인. 3

eastward[í:stwəd] 명, 형 동쪽(으로)의, 동향의. 부=eastwards. [east+-*ward*(방향을 나타내는 어미)] 6

eastwards[í:stwədz] 부 동쪽에(으로).

eat[i:t] 타 (ate, eaten) 먹다, 파괴하다, 침식하다, 식사하다, (…의)맛이 있다. 1

[(중영)*eten*, (고영) *etan; cf.* (독) *essen*]

eatable[í:təbl] 형 먹을 수 있는. 명 (보통 복수)식료품. ☞ edible

eaves[i:vz] 명 *pl.* 처마, 추녀. 6

[주의] eve 전야(前夜).

[(중영) *euese*←(고영) *efes* edge of thatch]

ebb[eb] 명 썰물, 쇠퇴(衰退 decline), 쇠퇴기(期). 자 조수가 빠지다(flow back), 쇠퇴하다. ⓤ flood. 6

[(중영) *ebbe*, (고영) *ebba* ebb of the tide 썰물]

~ *and flow* (조수의) 간만(干滿).

ebony[ébəni] 명, 형 흑단(黑檀)(의), 흑단처럼 새까만. 8

[(중프) *ebene*←(래틴) (*h*)*ebenus*←(그) *ebenos*, *ebene*←(헤브류) *hovnīm* ebony wood]

ebon[ébən] 형 (시)=ebony.

ebonite[ébənait] 명 에보나이트, 경질(硬質)고무.

eccentric[ikséntrik] 형 괴벽한(unusual

echo [ékou] 명 반향, 메아리, 흉내. 동 반향하다, 울리다, 똑같이 되풀이하다. 2
[《중영》 *ecco*←《라틴》 *ēchō*←《그》 *ēchō* sound, echo]

참고 《그리이스 신화》 공기와 흙 사이에 태어난 숲의 정(精) nymph) Echo가 Narcissus를 짝 사랑하다가 몸이 말라 없어져 소리만 남았다는 이야기가 있다.

eclipse [iklíps] 명 (일·월)식(蝕), 빛의 상실, 실추(失墜). 동 (천체가)잠식하다; 덮어 씌우다(hide), 어둡게 하다(darken), 능가하다(surpass). 6
[《라틴》 *eclīpsis*←《그》 *ekleipsis* failure, esp. of light of the sun←*ekleipein*← *ek* out+*leipein* leave; leave out 생략하다, 빠트리다]

partial(또는 *total*) ~ 부분(개기)식.
lunar(또는 *solar, annular*)~ 월(일, 금환)식. ☞ relinquish

economy [i(:)kɔ́nəmi] 명 경제, 절약 (frugality). 7
[《그》 *oikonomia* management of a house-hold 살림←*oikonomos* steward 집사(執事) ← *oiko-, oikos* house+*nemein* deal out 처리하다]

economic [ì:kənɔ́mik] 형 경제학의, 경제(상)의, 경제적인, 실용적(practical). [*economy*+ *-ic*] 9

economical [ì:kənɔ́mik(ə)l] 형 경제적인, 절약하는(thrifty), 경제상의, 경제학에 관한. ⊕ extravagant 사치스런 8

economics [ì:kənɔ́miks] 명 경제학, (일국의)경제상태.

economist [i(:)kɔ́nəmist] 명 경제학자, 경제가, 절약하는 사람. [*economy* + *-ist*(사람을 뜻하는 어미)] 8

economize [i(:)ɔ́nəmaiz] 동 경제적으로 쓰다, 절약하다.

ecstasy [ékstəsi] 명 광희(great delight), 황홀(rapture), 법열. 6
[《라틴》 *ecstasis*←《그》 *ekstasis* displacement, trance←*ek* out+*stasis* standing; put out (his senses) 이성을 잃게 하다]

동의어 **ecstasy**는 감각을 압도하여 어쩔 줄 모를 만큼 기쁘게 하는 상태를 말하며, **bliss**는 더 할 나위 없는 행복과 만족의 상태를 뜻한다. **rapture**는 커다란 기쁨이나 즐거움에 정신을 빼앗긴 상태를 뜻하는 ecstasy보다 더 보편적으로 쓰이는 말이다. **transport**는 강한 감정에 급격히 지배됨을 뜻하며 기쁨이나 노여움, 고통을 뜻한다.

ecstatic [ikstǽtik] 형 광희의, 황홀한. 10

eddy [édi] 명 소용돌이, (바람·물·연기 따위의)회오리. 동 소용돌이 치다. 7
[《중영》 *ydy*, 《고영》 *ed-* turning 맴도는 +*ēa* stream 흐름]

Eden [í:dn] 명 에덴 동산 《인류의 시조 Adam과 Eve가 살던 낙원》, 낙원, 극락상태. 5
[《헤브류》 delight, pleasure 쾌락의 뜻]

edge [edʒ] 명 칼날, 날카로움(sharpness), 가, 끝, 변, 가장자리, (비유) 위기(危機). 동 날카롭게 하다(sharpen), 날을 세우다, 변을 두르다, 조금씩 나아가다.
[《중영》 *egge*, 《고영》 *ecg* edge, border; *cf.* 《독》 *ecke*] 1

~ (a person) *on*… …하도록 장려하다. *set one's teeth on* ~ 불쾌하게 하다.

edging [édʒiŋ] 명 선 두르기, 가장자리의 장식.

edible [édibl] 형 먹을 수 있는, 식용의. 명 《보통 복수》 식료품. 8
[《라틴》 *edibilis* eatable←*edere* eat] ☞ eat

edifice [édifis] 명 건물(building), (당당한) 큰 건물, (심격) 구성물, 체계. 5
[《프》 *édifice*←《라틴》 *ædificium* building←*ædificāre* build, edify←*ædis* temple] ☞ edify

edify [édifai] 동 계몽하다(improve morally or intellectually). 8
[《고프》 *edifier*←《라틴》 *ædificāre*← *ædi-, ædēs* building, hearth←*fic*← *facere* make]

edit [édit] 동 편집하다, 편찬하다, 교정(校正)하다.
[《라틴》 *ēditus, ēdere* give out←*ē* out +*dare* give; give out, publish 출판하다]

edition [idíʃ(ə)n] 명 …판(版), 총서(叢書). 6

editor [éditə] 명 편집자, 편집 발행인, 교정자. 8
the chief ~ 주필(主筆).

editorial[èditɔ́:riəl] 형 편집인의, 편집(상)의. 명 (신문·잡지의) 사설(社說), 논설. 8

educate[édjukeit] 타 교육하다, 육성하다(bring up), 훈련하다, …의 교육비를 내다. 6
[《라틴》 ēducātus←, ēducāre educate ←ēdūcere bring out 끌어내다←ē out +dūcere bring; 끌어내다→사람의 능력을 끌어내다→교육하다]
~ *oneself* 독학하다, 수양하다.

education[èdjukéiʃ(ə)n] 명 교육(법), 훈육, 길들이기. 3

educational[èdjukéiʃən(ə)l] 형 교육상의, 교육적. 8

educator[édjukeitə] 명 교육자, 교육가. ☞ conduct, duke, induce, reduce, introduce

eel[i:l] 명 뱀장어, (뱀장어처럼) 매끄러워 붙잡을 수 없는 것. 10
[《중영》 ēl, 《고영》 æl; cf.《독》 aal]

efface[iféis] 타 지우다(rub or wipe out), 두드러지지 않게 하다. 10
[《라틴》 ex out+《라틴》 facies face; destroy the face of 표면을 파괴하다]
☞ face

effect[ifékt] 명 결과, 효과, 영향, 광경, 취지(purport), 의미(meaning), pl. 동산, 물품. 타 (변화 따위를)일으키다, 완수하다. ⊕ cause 2
[《라틴》 effectus, efficere work out ←ef- ex thoroughly+facere do: do thoroughly 완전히 하다: -fect는 perfect, infect, fact와 같은 뜻]
☞ perfect, infect, fact
bring to ~ =*carry into* ~ 실행(완수)하다. *come*(또는 *go*) *into* ~ 유효하게 되다, 실시시키다. *for* ~ 효과를 노리고. *in* ~ 사실상, 실제적으로는 (really, in fact). *take* ~ 효력이 생기다, 실시하다, 들어맞다. *with* ~ 효과 있게, 힘차게.

effective[iféktiv] 형 효과 있는, 유효한, 유력한, 실제의, 사실상의(actual). 명 《군대》 pl. 정예(精銳). 7

effectual[iféktju(ə)l] 형 유효의, 효과 있는. 7
[동의어] **effectual**은 특히 사물이 결정적인 소기의 효과나 결과를 얻는다는 뜻이고, **effective**는 예기한 효과나 결과가 생긴다는 뜻이다. **efficacious**는 effective보다 뜻이 강하며 사물이 바라고 있는 효과나 결과를 갖게 된다는 뜻이다. **efficient**는 능률적임을 나타내며 사람이나 기계가 그다지 많지 않는 시간과 정력을 소모해서 바라는 대로 될 수 있음을 뜻한다.

effectually[iféktju(ə)li] 부 유효하게, 효과 있게.

efficacy[éfikəsi] 명 효능, 효험, 유효. [《라틴》 efficācia←effective power← efficere to effect] 8
☞ effect

efficiency[ifíʃ(ə)nsi] 명 능력, 실력, 능률. [efficient+-cy(명사 어미)] 9

efficient[ifíʃ(o)nt] 형 효과 있는, 유능한(capable). [《라틴》 efficientum accomplishing←efficere] 8
☞ effect

inefficiency[ìnifíʃ(ə)nsi]명무능(효).
inefficient[ìnifíʃ(ə)nt] 형 무능한, 쓸모 없는. ☞ effect

effeminate[ifémìnit] 형 여성적인, 나약한. 8
[《라틴》 effēminātus, effēmināre make womanish ← ef- ex- thoroughly+ fēmina woman] ☞ feminine

effort[éfət] 명 노력, 애씀(trying hard), 노력의 성과, 역작(力作). 2
[《프》 effort←《중영》 ex fortiāre use force 힘을 쓰다. ←《라틴》 ex out + fortis strong; 힘을 쓰는 (것)]
make an ~ =*make* ~s 노력하다.
[동의어] **effort**는 어떤 특별한 목적을 달성하려고 전력을 다하여 힘씀을 말하며 보통 한번의 행동을 뜻한다. **exertion**은 난폭하리만큼 격렬한 계속적인 노력을 뜻하며, 특정한 목적이 없는 경우에도 쓰인다. **endeavo(u)r**는 보통 훌륭한 목적을 달성하기 위한 진지하고도 끊임 없는 노력을 뜻하는 effort보다 형식적인 단어이다. **pains**는 힘이 드는 일이나 그 일을 하는데 드는 노력을 뜻하며 **struggle**은 곤란이나 장애와 다투면서 어떤 목적을 위하여, 계속해서 기울이는 노력을 뜻한다. ☞ force, fort

egg[eg] 명 알, 달걀, 타 선동하다(urge), 격려하다(incite). 1
[《중영》 eg; pl. egges ←《아이스》 egg; cf.《고영》 æg《독》 ei]

ego[égou] 명 자아(自我). 《라틴》=!

egoism[égo(u)iz(ə)m] 명 이기주의, 이기심, 자기중심.

egoist[égo(u)ist] 명 이기주의자, 자기

본위인 사람.
egotism[égo(u)tiz(ə)m] 명 자기중심의 버릇, 자부심, 이기(利己).
eight[eit] 형 여덟의. 명 여덟(개, 사람), 8.
[《중영》 *eightė*, 《고영》 *eahta*; *cf.* 《독》 *acht*, 《라틴》 *octo*, 《그》 *oktō*]
eighteen[éití:n] 형 열 여덟의. 명 열 여덟, 18. [《고영》 *eahtatēne*; eight +-*teen*]
eighteenth[éití:nθ] 명,형 열 여덟 번째(의), 18분의 1(의). [eighteen+-*th*]
eighth[eitθ] 명,형 여덟번째(의), 8분의 1(의), 여드렛째.
eighty[éiti] 형 여든의, 80의. 명 여든(살), 80(년). [《고영》 *eahtatig*, eight + -*ty*]
either[áiðə,í:ðə] 형,대 (둘 중에서) 《궁정》 어느쪽(의…)이라도; 《부정》 어느쪽(의…)도; 《의문·조건》 어느쪽(의…). 부 《부정의 구문》 …도 또한: If you do not go, I shall not *either*. 네가 안간다면 나도 안간다. 반 neither
[《중영》 *either*, *aither*,《고영》 *ǣgther* ←*ā*-*a-gi-hwæther*←*ā*-aye+*gi*-(접두사)+*hwæ her* whether; *cf.* 《독》 *jeder*]
〜… or … 이거나 (둘중의 어느것이라도).He is *either* in London *or* Paris. 그는 런던이나파리에있다. ☞ whether
eject[i(:)dʒékt] 동 쫓아내다, 배척하다 (expel), 배출하다.
[《라틴》 *ējectus*, *ējicere* cast out 내어 던지다←*ē*- *ex* out+*jacere* cast]
통의어 **eject**(명 ejection)는 일반적으로 내부에서 배출한다거나 배앝음을 나타내는 형식적인 단어이다. **expel**(명 expulsion)은 폭력으로 또는 강제적으로 쫓아낸다거나, 특히 단체에서 불명예스럽게 쫓아냄을 뜻하며, **evict**(명 eviction)는 법률상의 수속을 거쳐 토지, 전물 따위에서 억지로 쫓아낸다는 뜻이다. **dismiss**(명 dismissal)는 고용인을 그만두게 한다는 뜻이고, **discharge**(명 discharge)는 정식으로 허가하여 그만두게 한다는 뜻으로 dismiss 보다 형식적인 말이며 군대나 법률용어로 많이 쓰인다. **oust**(명 oust)는 좋지못한 것을 폭력이나 법률의 힘으로 제거한다는 뜻이고, **release**(명 release)는 직무에서 해방한다는 뜻이다.

ejection[i(:)dʒékʃ(ə)n] 명 방출, 배출, 분출(물); 《법률》 추방.

ejectment[i(:)dʒéktmənt] 명 축출(逐出), 추방. ☞ project, inject, subject, deject, object, reject
elaborate[ilǽb(ə)rit] 형 애써서 만든, 공이 든, 정성들인. [ilǽbəreit] 동 애써서 (공들여) 만들다, 정교(精巧)하게 만들다, 추고(推敲)하다, 잔잔한 데까지 언급하다(on).
[《라틴》 *ēlabōrātus*, *ēlabōrāre* labour greatly 크게 힘들이다←*ē* out, greatly +*labōrāre* work←*labor* labour]
통의어 **elaborate**는 세부에 이르기까지 세심한 주의를 기울여 만든다는 뜻이고, **studied**는 미리부터 잘 생각하여 고의로 행하여졌음을 강조하는 말이다. **labo(u)red**는 긴장된 보통 아닌 노력을 강조해서 하는 말이다.
elaboration[ilǽbəréiʃ(ə)n] 명 공(들임), 추고, 정교함, 고심작(苦心作). ☞ labo(u)r
elapse[ilǽps] 동 (시간이)경과하다(pass).
[《라틴》 *ēlapsus*←*ēlabī* glide away←*ē* away+*lābī* glide; glide away 미끄러지듯 흘러가다]
elastic[ilǽstik] 형 탄력있는(springy), 신축성이 있는, 반발력이 있는, 융통성이 있는. 명 고무 줄. 반 inelastic 탄력이 없는.
[《그》 *elastikos* impulsive 충동적인←*elaunein* propel 충동하다, 추진하다]
elasticity[ĕlǽstísiti] 명 탄력(彈力), 탄성, 신축성, 융통성. [elastic+-*ity* (추상 명사 어미)]
elate[iléit] 동 원기를 북돋우다, 의기양양하게 하다. 형 의기 양양한. 반 depress
[《라틴》 *ēlātus* lifted up 올려놓은←*ē* out+*lātus* (*ferre*의 과거분사로 쓰이나 *tollere* lift에서 온 말); lifted up (기분을)올려 놓은→의기 양양한
☞ translate, dilate, delay, latitude
elbow[élbou] 명 팔꿈치(모양의 굴곡). 동 팔꿈치로 밀다.
[《중영》 *elbowe*, 《고영》 *elboga*—*eln* arm 팔+*boga* bow, bending 굽힘; *cf.* 《독》 *ellenbogen*] ☞ bow
elder[éldə] 형 손위의(born earlier). 명 연장자, 선배, 장로. 반 younger
[《고영》 *eldra* older; *ald*의 비교급; *cf.* 《독》 *älter*]
elderly[éldəli] 형 상당히 나이든, (rather old) 중늙은이의.

eldest[éldist] 형 장자의, 맏… (oldest or first-born). [(고영) *eldest*(*a*) (*ald* old+ -*est*); *cf*. 《독》*ältest*(*e*)] 4

elect[ilékt] 통 선거하다 형 선발된, 선출된. 명 선출된 사람. ⑩ reject 배척하다. 2
[《라틴》*ēlectus, ēligere* choose out 골라내다←*ē*- out+*legere* choose 골라내다]

election[ilékʃ(ə)n] 명 선거, 선출. 3

elector[iléktə] 명 선거인, 선거유권자.
☞ select, elegant, legend, legible, lecture, college, collect

electric[iléktrik] 형 전기의, 전기를 띤 (일으키는), 전기장치의. 명 전기를 일으키는 물체(호박·유리 따위). 3
[《그》*ēlektron* amber 호박, shining metal 빛나는 금속←*ēlektōr* gleaming 번쩍이는; 호박(琥珀)을 마찰해서 생기는 전기 현상에서 생긴 말, William Gilbert(1544～1603)에 의하여 호박을 마찰하듯이 마찰하면 다른 물건을 끌수 있게 되는 힘에 붙여진 이름]

electrical[iléktrik(ə)l] 형 전기에 관한, 전기적인. 6
~ *transmission* (사진)전송.

electrician[i(ː)lektríʃ(ə)n] 명 전기학자, 전기기사.

electricity[i(ː)lektrísiti] 명 전기, 전기학.

electrify[iléktrifai] 통 대전(帶電)시키다, 충전(充電)하다, 전화(電化)하다, 깜짝 놀라게 하다(startle). 10

electron[iléktrɔn] 명 전자(電子), 엘렉트론; (마그네슘 함금, 또는 소이탄을 만드는 데 사용하는) 경합금.
[《그》*ēlektron* ambor 호박]

electrum[iléktrəm] 명 호박(琥珀).

elegant[éligənt] 형 우아한(graceful), 고상한, 고매한. 4
[《라틴》*ēlegant*←*ē*- +*legere* choose; choose out 골라내다→까다롭게 따져서 골라내다→복장, 태도, 취미 따위를 까다롭게 따지다→훌륭하게 하다→우아한]
☞ elect, select

elegance, -cy[éligəns, -si] 명 우아함, 아치(雅致), 우아한 사물.
[《프》*élégance*; elegant+ -*ce*]

element[élimənt] 명 요소, 성분, 원소 (元素); *pl.* (학문의)초보. 3
[《라틴》*elementum* first principle 제일 원리, natural element 원소]

the four ~ *s* (천지 만물을 형성하고 있는 것으로 옛 사람들이 믿었던) 4대(四大)《즉 easth (地), water (水), air (風), fire (火)》.

동의어 **element**는 구체적 또는 추상적인 요소, 또는 긴요하고 근본적인 부분을 나타내는 일반적인 말이며, **component**는 복합물 또는 혼잡한 것의 구성요소를 말한다. **constituent**는 특히 복합체의 있어서 긴요한 component를 말하고 **ingredient**는 식료품, 약품 따위를 만들 때 섞는 물질을 말한다. **factor**는 복합체나 복합체로 취급되는 사물의 성질을 결정하는데 중요한 요소를 뜻한다.

elemental[eliméntl] 형 요소가 되는, 기본적인, 4대(大)의, 원소의, 자연력의. 10

elementary[elimént(ə)ri] 형 기본의, 초보의, 초등의, 원소의. [element+ -*ary*] 7

동의어 **elementary**는 사물의 제일요소가 되는 사실이나 원리에 대하여 사용하고, **primary**는 elementary보다 "최초"의 뜻을 강조한 것이다. **rudimentary**는 특히 지식이나 연구의 최초의 부분이나 원리에 관하여 미완성을 강조하는 딱딱한 말이다.

elephant[élifənt] 명 코끼리, 《미》공화당(the Republican Party)의 상징으로서의 코끼리; *cf*. donkey 당나귀. 4
참고 trunk 코끼리의 코. tusk 이빨. ivory 상아. trumpet 코끼리가 울다.

elevate[éliveit] 통 높이다(raise), 올리다(lift up), 받들다, 등용(登庸)하다 (exalt). ⑩ degrade 4
[《라틴》*ēlevātus*←*ē*- out+*levāre* lift 가볍게 하다, 올리다←*levis* light가벼운]

elevation[èlivéiʃ(ə)n] 명 높임, 등용, 향상, 고매함, 높은 곳. 6

elevator[éliveitə] 명 들어올리는 장치 (또는 사람), 지레, 양수기(揚水機); 《미》엘레베타, 승강기(《영》 lift). 7
참고 elevator 《미》, lift《영》는 둘 다 "엘레베타"를 말하는 단어로 앞의 것은 래틴계통의 파생어이고, 뒤의 것은 앵글로 색슨계의 단어이다.

eleven[ilévn] 명, 형 열 하나(의), 열한 사람, 열한 개, 11(의). 2
[《중영》*eleuen*, 《고영》*en*(*d*)*leofan*, *endlufon*; 《겔만》*ain*- one+ -*lif*-《리투아니아》-*lika* remaining 남는; 원 뜻은 열을 세고 하나 남은→열하고 하나→

열하나; cf. 《독》 elf]
eleventh[ilévnθ] 图,图 제11(의), 열 한번째(의), 10분의 1(의), 그 달의 열 하루. 6
elf[elf] 图 (pl. elves) 작은 요정(妖精) (fairy), 난장이(dwarf), 장난꾸러기. 5
[《중영》elf←《고영》elf, ælf; cf.《그》 alp nightmare 꿈속의 귀신, 악몽]
elicit[ilísit] 图 (진리 따위를) 끌어내다 (draw out), 꾀어내다. 10
[《라틴》ēlicitus←ēlicere draw out←ē out+lacere entice 유혹하다] ☞ lace
eliminate[ilímineit] 图 제거하다 (get rid of), 삭제하다(remove), 배제(排除)하다(expel), 무시하다(ignore). 7
[《라틴》ēlimināātus←ēlimināre thrust out of 쫓아내다 ←ē forth+limin ←līmen threshold 문턱; turn out of doors 실외로 쫓아내다]
[참고] illuminate[iljú:mineit] "비추다"와 혼동치 말 것.
elimination[ilìminéiʃ(ə)n] 图 제거, 삭제, 배제, 축출. ☞ limit
~ *match(contest race)* 예선시합.
elm[elm] 图 느티나무. 《고영》 elm] 3
eloquent[éləkw(ə)nt] 图 웅변의, 말 잘 하는, 사람을 움직일 힘이 있는. 7
[ēloquentem, ēloquī speak eloquently ←ē out+loquī speak; speak out 분명히 말하다]
eloquence[éləkw(ə)ns] 图 웅변(법), 능변(能辯). 5
eloquently[éləkw(ə)ntli] 图 웅변적으로.
else[els] 图 그 밖에, 따로이(besides), 그 대신으로 (instead), (보통 or else 로) 그렇지 않으면 (otherwise). 1
[《고영》 elles otherwise, el- other]
anyone ~ 누구든지 딴 사람.
elsewhere[éls(h)wɛ́ə] 图 어디 다른 데 [else+where] 4
☞ bar
elude[il(j)ú:d] 图 (교묘하게)몸을 피하다, 도망치다(avoid, escape), 회피하다 (evade). 9
[《라틴》 ēlūdere mock, deceive 속이다, ←ē out+lūdere play; play out 놀려먹다]
elusion[il(j)ú:ʒ(ə)n] 图 도피, 회피. [《라틴》ēlūsus←ēlūdere+-ion]
elusive[il(j)ú:siv] 图 잘 피하는, 잘 잊어버리는. [《라틴》ēlūs-+-ive(형용사 어미)]

emaciate[iméiʃieit, iméisieit] 图 초췌 (憔悴)하게 하다, 말라 빠지게 하다 (make thin).
[《라틴》ēmaciātus←ēmaciāre make thin←ē very+maciēs leanness 야윔]
emaciation[imèisiéiʃ(ə)n, imæ̀si-] 图 초췌, 파리함. 9
emancipate[imǽnsipeit] 图 해방하다 (set free), 석방하다.
[《라틴》ēmancipātus←ēmancipāre set free ←ē out+manceps one who takes property in hand 재산을 지닌 사람←manus hand+capere take]
emancipation[imæ̀nsipéiʃ(ə)n] 图 해방, 석방, 이탈, 해탈. ☞ manual, captive, participate, conceive, receive 9
embark[imbá:k] 图 승선시키다, 승선하다, 배에 싣다, 투자하다(사업에), 한 몫 끼다(take part in). ⓐ diembark
[《프》 embarquer ←《라틴》 im-←in in +barca bark 배] ☞ bark 7
~ *oneself in* … 을 시작하다.
embarkation[èmba:kéiʃ(ə)n] 图 승선, 적재(積載).
disembark[dísimbá:k,dis-] 图 상륙하다, 하선시키다. [dis- off+embark]
[동계어] **bark, barque**[ba:k] 图 (보통 barque) 돛을 셋 또는 넷 단 배, 《시》 배(ship). [《라틴》 barca←《고대 아일랜드》 barc a sort of ship]
embarrass[imbǽrəs] 图 당황하게 하다, 곤란하게 하다(hinder). ⓐ extricate 구출하다. 6
[《스페》 embarazar ←em-《라틴》 im- in in+barra bar 막대기; put bars in one's way 훼방하다]
embarrassing[imbǽrəsiŋ] 图 난처하게 하는, 곤란한, 귀찮은.
embarrassment[imbǽrəsmənt] 图 당황, (재정상의)곤란, 군색; 방해. 9
☞ bar
embassy[émbəsi] 图 대사관(원 전원), 대사 일행, 사절(使節)(의 사명). 7
[《라틴》ambactia service←ambactiāre go on a mission 사절로 가다]
☞ ambassador
[참고] envoy, minister 공사. legation 공사관. consul 영사, consulate 영사관.
embellish[imbéliʃ] 图 아름답게 하다 (beautify), 꾸미다(adorn). 10
[《고프》 embeliss- ←embellir beautify ←《라틴》 em- in+bel fair]

embellishment[imbéliʃmənt] 명 꾸밈, 장식, 윤색(潤色). ☞ belle, beauty

ember[émbə] 명 《보통 복수》 타다 남은 것, 여진(餘燼). 8
[《중영》 *emeres* 《고영》 *æmyrgean* embers]

emblem[émblem] 명 상징(symbol), 휘장(徽章 badge), 전형(典型 type). 9
[《그》 *emblēma* ornament←*em* in, on+*ballein* throw, put; a thing put on 붙여 놓은 것]

동의어 **emblem**은 사상이나 국가 따위의 성질을 암시하여, 그것을 대표하는 상징적인 물건을 뜻하고, **symbol**은 보통 사람들간에 인정 받은 표준적인 emblem을 뜻하며 보다 깊은 뜻이 있는 말이다.

embody[imbódi] 타 구체적으로 나타내다, (정신에) 형태를 부여하다, 포함시키다(include). 7
[*em- en-* +*body*; form into a body 육체를 형성하다] ☞ body

embrace[imbréis] 타 포옹하다, 포함하다(include), 받아 들이다(adopt, accept). 명 포옹. 3
[《고프》 *embracer* grasp in the arms 두 팔에 안다 *em- en-* 《래틴》in+*brace* the grasp of the arms; *brace* 는《프》 *bras*[bra] arms와 같은 것] ☞ brace

embroider[imbrɔ́idə] 타 수 놓다, 윤색(潤色)하다(embellish). 5
[*em*+*broider*←《고프》 *broder*, border work the edge of 가장자리를 장식하다, 수놓다]

embroidery[imbrɔ́id(ə)ri] 명 자수(刺繡), 수놓기, 윤색. 5

embryo[émbriou] 명 태아(胎兒), 배(胚), (발달의)초기(beginning). 형 배(胚)의, 초기의, 미발육의.
[《그》*embruon* embryo←*em- en* within +*bruon*, *bruein* be full of, swell out; 속에서 커지는 것→태아]

emerald[émər(ə)ld] 명 에메랄드(빛). 형 에메랄드(색)의, 선록색의. 7
[《중영》 *emeaude*←《고프》*esmer- aude* 《스페》 *esmeralda*←《래틴》 *smarag- dus*←《그》 *smaragdos* emerald]

emerge[iməːdʒ] 자 (물 속 또는 어둠에서)나오다, 나타나다(appear), (새로운 사실이)밝혀지다, (문제 따위가)생겨나다(raise). 6
[《래틴》 *ēmergere* rise out of water←

ē out+*mergere* dip 물속에 적시다]

emergence[iməːdʒ(ə)ns] 명 출현, 탈출, 급변(急變).

emergency[iməːdʒ(ə)nsi] 명 비상시, 급변, 사태. [《래틴》 *ēmergentia* coming out 출현] 7

동의어 **emergency**는 조급한 행동을 필요로 하는 예측하지 않았던 돌발 사고나 사태를 뜻하며, **crisis**는 우연한 사고나 사태로 사회문제가 되며 개인이나 국가의 생존이나 존재의 전환기가 되는 것을 말한다. **exigency**는 긴급사태(emergency)를 뜻하거나, 그 사태에서 생긴 필요나 위기를 말한다. **contingency**는 먼 장래에 일어날 가능성이 있는 emergency를 말하고 **strait**(s)는 빠져 나가기 힘드는 피로운 사태를 뜻한다.

emergent[iməːdʒ(ə)nt] 형 빠져나가는, 긴급의(urgent), 떠오르는.
☞ merge, submerge

emigrate[émigreit] 자 (다른 나라에) 이민하다, 이민시키다. ⓑ immigrate 9
[《래틴》 *ēmigratus*←*ēmigrāre* wander forth←*ē-* out+*mīgrāre* wander 헤매 wander out of one's native country 조국에서 헤매어 나오다]

emigrant[émigr(ə)nt] 형 이민의, 이주하는. 명 이민, 이주민. 9

emigration[èmigréiʃ(ə)n] 명 (다른 나라에의) 이민, 이주. 10

참고 **emigrate**는 자기 나라를 떠나서 남의 나라에 정착함을 말하고 **immigrate**는 낡은 토지에서 새 토지로 옮겨 산다는 뜻으로 새 토지에 도착함을 강조한다. 따라서 한국인이 미국으로 이민하는 경우 한국측에서 보면 emigrate, 미국측에서 보면 immigrate하는 셈이 된다. [migratory
☞ migrate, m grator, migrant,

eminent[éminənt] 형 (지위, 신분이)높은 (lofty), 고위층의(distinguished), 이름난(famous). 6
[《래틴》 *ēminent- ēminēre* project 돌출하다 ← *ē-* out+*minēre* project; projecting out 불쑥 튀어나온]

eminence[éminəns] 명 높은 곳, 고위층, 탁월함, 고명(高名). 8

eminently[éminəntli] 부 뛰어나게, 현저히. ☞ prominent

emit[i(ː)mít] 타 (emitted)(빛, 열, 향기 따위를) 발하다(give out), (소리를)

내다(utter), (지폐, 수표 따위를) 발행하다(issue). 9

emissary[émis(ə)ri] 명 사자(使者 messenger), (특히) 밀사, 간첩. 〔(래틴) ēmissus←ēmittere+-ary〕

emission[i(:)míʃ(ə)n] 명 방사(放射), 발사, 발행(고).

☞ commit, mission, submit, missile

emotion[imóuʃ(ə)n] 명 감격, 감동(strong feeling), 감정, 정서. 5
〔(래틴) ēmōtiōnem←ēmōtus←ēmovēre←ē- out, much+movēre move; move much 몹시 움직이다→감격시키다〕
with ~ 감격하여.

emotional[imóuʃən(ə)l] 형 감정의, 정서의, 감정적인. ☞ move, motion

emperor[émp(ə)rə] 명 ((여성) empress) 황제. 3
〔(래틴) imperātor ruler 통치자←imperāre rule 통치하다←im- in- upon, over+parāre make ready, order〕
참고 이 단어는 처음에 로마 군대에 의하여 공훈이 있는 장군에게 주어진 칭호이던 것이, 뒤에 로마의 상원(上院)에 의하여 시이자나 아우구스투스에게 주어지고, 그 뒤에는 로마 교황에 의하여 살르마뉴 대제에게 주어진 칭호다.

empire[émpaiə] 명 제국(帝國), 황제의 통치, 절대주권. 〔(래틴) imperium command 지배←im- in- upon, over+parāre order〕 2

empress[émpris] 명 황후(皇后), 여제(女帝), 절대적 권한이 있는 여자. 〔((중영)emp resse←(고프)emperres(e); emperor+-ess(여성 어미)〕 6

emphasis[émfəsis] 명 (감정, 표현 따위의) 강도(强度), 무게, 강조(accent). 7
〔(그)emphasis declaration, emphasis←em- en in+phainomai I appear; 원 뜻은 "나타남"(appearance)이었다〕

emphasize[émfəsaiz] 타 (사실 따위를) 강조하다, 역설하다. 〔emphasis+-ize(동사어미)〕 8

emphatic[imfǽtik] 형 힘이 있는, 강조된, 현저히 드러나는. 10

emphatically[imfǽtikəli] 부 강조하여, 힘 있게, 단연. ☞ phase

employ[implói] 타 쓰다(use), 소비하다(spend), 부리다, 고용하다. 명 고용(雇傭), 근무. ⓐ dismiss 2

〔(래틴) implicāre enfold 싸다 ←im- in in+plicāre fold; fold in 싸다〕
~ oneself in…=be ~ed in … 에 종사하다. out of ~ 실직하여.

employee[èmplóii:] 명 피고용인, 용인(傭人), 종업원. 〔employ+-ee(사람을 뜻하는 어미)〕 4

employer[implóiə] 명 고용주(雇傭主), 사용자. 7

employment[implóimənt] 명 사용, 고용, 일, 직업(work, occupation) 5
out of ~ 실직하고 있는.

unemployed[ʌnimplóid] 형 실직하고 있는, 실업자의, 활용하지 않는. 〔un- not+employ+-ed〕 9

unemlopyment[ʌnimplóimənt] 명 실직, 실업, 실업상태.
~ *benefit* 실직수당. ~ *insurance* 실직보험. ☞ imply, implicate

empower[impáuə] 타 권한을 부여하다(give power to), (…할) 권력을 위임하다, …할 수 있게 하다(enable). 8
〔em- en-, +power〕 ☞ power

empty[ém(p)ti] 형 빈, 텅 빈, 뜻이 없는(meaningless). 명 빈 상자(빈 그릇, 빈 차 따위). 타 비우다(다른 그릇에), 옮기다(transfer). ⓐ full, fill 2
〔(고영) ǣmtig, ǣmetig full of leisure 한가한←ǣmta, ǣmetta leisure 여가〕
동의어 empty는 안에 아무것도 없음을 뜻하는 보통 단어이며, vacant는 적당한 사람이나 물건이 차지하고 있지 않음을 뜻하는데 "빈 지위나 역할"은 vacant를 써서 말할 수는 있으나 empty를 써서 말하지는 못한다. void는 특히 완전한 공허(空虛)를 강조하고, vacuous는 물리적인 진공을 뜻하며, blank는 표면에 아무것도 없다거나 공간이 비어 있음을 나타내는 일반적인 단어이다.

emptiness[ém(p)tinis] 명 텅 빔, 공허함; 무지; 공복(空腹). 10

emulate[émjuleit] 타 다투다, 맞서다, 지지 않으려고 애쓰다.
〔(래틴) æmulātus, æmulārī try to equal 맞서려고 애쓰다←æmulus striving to equal〕

emulation[èmjuléiʃ(ə)n] 명 대항, 경쟁; 본받기. 8

enable[inéibl] 타 …할 수 있게 하다, (…할)힘을 주다. ⓐ disable 4
☞ able, disable

[*en-* in +*able*; make able 가능하게 하다] ☞ *able*

enact[inǽkt] 〔동〕 제정(制定)하다, 상연하다(act), (…역을) 맡아하다(play). 7
[*en- in* +act; put in act 정하다]
☞ act, react

enamel[inǽm(ə)l] 〔명〕 에나멜 《도료(塗料)》. 〔동〕 에나멜을 씌우다. 6
[《앵글로 프렌취》 *enameller*, *enamailler* 에나멜을 씌우다 ← 《프》*en* 《라틴》 *in* on+《고프》 *esmail* enamel]

enamo(u)r[inǽmə] 〔동〕 매혹하다, 반하게 하다(charm) 《보통 수동형》. 9
[《고프》 *enamorer* inflame with love 사랑에 불타게 하다← 《프》 *en amour* in love←《라틴》 *amōrem* love]
be (또는 *become*) *~ed of* … …에 반하다.

encamp[inkǽmp] 〔동〕 《군대》 야영(野營)하(게 하)다, 진을 치다. 6
[*en-*(동사를 만드는 접두사)+camp]
☞ camp

encampment[inkǽmpmənt] 〔명〕 야영, 진영(陣營). ☞ camp

enchant[intʃɑ́:nt] 〔동〕 홀리게 하다, 요술을 걸다, 매혹시키다(charm). 5
[《라틴》 *incantāre* repeat a chant← *in-* upon+*cantāre* sing; say a charm over 주문(呪文)을 외우다]

enchanted[intʃɑ́:ntid] 〔형〕 마법에 걸린, 마력을 지닌.

enchanter[intʃɑ́:ntə] 〔명〕 마술장이, 마법사, 요술장이(magician). 10

enchanting[intʃɑ́:ntiŋ] 〔형〕 매혹적, 황홀하게 하는.

enchantment[intʃɑ́:ntmənt] 〔명〕 매혹, 황홀함, 마법, 요술(magic, spell), 요염함, 매력. 7

enchantress[intʃɑ́:ntris] 〔명〕 마귀할멈, 요녀(妖女); 매혹하는 여자. 9
☞ chant, cant

encircle[insə́:kl]〔동〕둘러싸다(surround), 일주하다. 8
[*en-* +circle 원; make into a cirle]
☞ circle

encirclement[insə́:klmənt] 〔명〕 포위, 둘러쌈, 일주(一周). ☞ circle

enclose[inklóuz]〔동〕둘러싸다(surround), 동봉하다(put in). ⑩ disclose 3
[*en-*(동사를 만드는 접두사)+close]
☞ close

enclosure[inklóuʒə] 〔명〕 울타리를 하는 것《특히 공유지(公有地)를 사유지로 만들기 위하여》, 구내(構內), 봉입(封入), 동봉한 물건. 9
☞ close, clause, closet, disclose, include

encompass[inkʌ́mpəs] 〔동〕 포위하다(surround, encircle), 둘러싸다. 9
[*en-* +compass]

encounter[inkáuntə]〔동〕(우연히)만나다, 충돌하다, 대항하다(oppose). 〔명〕 조우(遭遇), 충돌, 시합. 3
[《고프》 *encontrer* meet in combat 전투중에 만나다 ←*en-*《라틴》*in* in+*contrā* against; run counter or against 충돌하다]

encourage[inkʌ́ridʒ] 〔동〕 용기를 북돋우다(hearten), 격려하다(incite), 장려하다. ⑩ discourage 실망시키다 3
[《프》 *encourager* ← *en-*《라틴》 *in* + *courage*]

encouragement[inkʌ́ridʒmənt] 〔명〕 장려, 격려, 자극(stimulus). 8
☞ courage, discourage

encroach[inkróutʃ] 〔동〕 침입하다(intrude), 침해하다(infringe), (바다가)침식(侵蝕)하다. 9
[《고프》 *encrochier* seize upon← 《프》 *en* in+*crok* hook←《라틴》 *in* in+《중세 홀런드》 *kroke*]

encroachment[inkróutʃmənt] 〔명〕 침입, 침해, 침략지, 침식지. ☞ crook

encumber[inkʌ́mbə] 〔동〕 방해하다(hamper, hinder), (장애물로 장소를)막다(chock up), (빚을)지우다(burden). 9
[《고프》 *encombrer* block up 막다←《라틴》 *incombrāre* obstruct 방해하다 ← *in-* in+*combrus* an obstacle]
☞ cumber

encumbrance[inkʌ́mbr(ə)ns] 〔명〕 방해물, 귀찮은 것.

encyclop(a)edia[ensàikləpí:diə] 〔명〕 백과전서, 백과사전; *cf.* dictionary 사전.
[《그》 *egkuklo*, *paideia* ← *egkuklios* circular 둥근, complete 완전한+*paideia* instruction 지도, 지시←*paidia* bringing up a child←*pais* boy; 지식의 모든 면에 의한 교육이라는 뜻] 8

〔통계어〕 **pedagogue**[pédəgɔg] 〔명〕 《보통 멸시해서》 선생, 접장, 훈장, 촌부자(村夫子). [《그》 *paidagōgos* a slave who led a boy to school 교복(教僕) ← *paid- pais* boy+*agein* lead 이끌다]

pedagogics[pèdəgɔ́dʒiks], **pedagogy** [pédəgogi] 명 교육학.

pediatrican[pi:diətríʃ(ə)n] 명 소아과 의사. ☞ cycle, bicycle, synagogue

end[end] 명 끝, 말단, 목적(purpose), 결말(close), 멸망(destruction). 동 끝나다, 끝내다, 마치다. 반 begin. 1
[《중영》《고영》 ende; cf.《독》 ende]
 bring to an ~ 끝내다, *come to an ~* 끝나다. *in the ~* 마침내, 결국(finally, after all). *on ~* 바로 서서(upright), 계속해서(continuously). *put an ~ to* …을 끝내다, 중단시키다(stop).

ending[éndiŋ] 명 종결(conclusion), 최후(death). 5

endless[éndlis] 형 끝없는, 무한한(infinite), 영원히 계속되는(lasting forever); 이은자리가 없는. 4

endlessly[éndlisli] 부 끝 없이, 쉴 새 없이; 정처없이. 4

endlessness[éndlisnis] 명 무한(無限), (그칠 줄 모르는) 연속.

endear[indíə] 동 사랑을 받게 하다(cause to be loved), 소중하게 만들다. 8
[*en-* +dear 사랑하는; make dear 소중하게 만들다]

endearment[indíəmənt] 명 애무, 친애(親愛), 총애. ☞ dear

endeavo(u)r[indévə] 명 노력. 동 노력하다, 애쓰다(try hard) [to do]. 4
[《고프》 *en-* 《래틴》*in-* +*devoir* duty; do one's duty 의무를 다하다]

endorse[indɔ́:s], **indorse**[in-] 동 이서(裏書)하다, 보증하다(confirm).
[《고프》 *endosser* put on the back of 뒤에 두다 ← 《프》 *en* on +*dos* back 뒤 ← 《래틴》 *dorsum* back]

endorsement[indɔ́:smənt] 명 이서(裏書); 보증; 시인(是認).
[동계어] **dorsal**[dɔ́:(ə)l] 형 등의. 명 (해부) 등지느러미, 등배.

endow[indáu] 동 재산을 물려 주다, 기금을 기부하다, (주로 과거 분사)(사람에게 재능, 특권 따위를) 부여하다(equ-·p) 반 spoliate 약탈하다. 5
[《래틴》 *in-* + *dōtāre* give a dowry 지참금을 주다 ← *dōs* dowry 지참금]

endowment[indáumənt] 명 기증, 기부(금), (보통 복수) 재질. 9
[동계어] **dower**[dáuə] 명 과부의 유산(遺産), 타고난 재주. **dowry**[dáu(ə)ri]

명 결혼지참금.

endure[indjúə] 동 견디다(bear bravely), 참다, (곤란 따위를) 겪다, 지속하다(last). 3
[《프》 *endurer* ← *en*《래틴》 *in* + *durer*《래틴》 *dūrāre* last 지속하다 ← 《래틴》 *dūrus* hard 견고한]

endurance[indjúər(ə)ns] 명 인내(력), 내구성(耐久性), 지속(持續). 8

enduring[indjúəriŋ] 형 인내성 있는, 오래 계속되는, 항구적인. ☞ durable

enemy[énimi] 명 적(敵), 적군, 적국. 형 적의. 반 friend 1
[《고프》 *enemi* ← 《래틴》 *inimīcus* unfriendly *in-* not +*amīcus* friendly 우호적인 ← *amāre* love] ☞ enm ty

energy[énədʒi] 명 정력, 원기(vigour), 에너지, 세력, 《흔히 복수》 활동력. *cf.* work. 4
[《그》 *energeia* vigour, action 활동 ← *enegros* at work 일하고 있는 ← *en* in + *ergon* work] ☞ work

energetic[ènədʒétik] 형 정력이 왕성한, 활기에 찬, 활동적인. 8

energetically[ènədʒétikəli] 부 정력적으로, 힘차게.

enfeeble[infí:bl] 동 약하게 하다(weaken). 10
[《중영》 *enfeblen* ← 《고프》 *enfeblir* ← *en* + *feble* feeble 연약한] ☞ feeble

enforce[infɔ́:s] 동 (법률 따위를) 실시하다, 시행하다, 강요하다(compel), 강하게 주장하다. 5
[《중영》 *enforcen* ← 《고프》 *enforcier* ← 《래틴》 *infortiāre* ← *in-* +*fortis* strong; *en-* +force]

enforced[infɔ́:st] 형 강제적.

enforcement[infɔ́:smənt] 명 시행(施行), 실행, 강제. ☞ force, reinforce

enfranchise[infræn(t)ʃaiz] 동 석방하다, 해방하다(set free), 참정권을 주다. 10
[《고프》 *enfranchiss* ← *enfranchir* ← *en-* 《래틴》 *in-* + *franc* free, frank]

enfranchisement[infræntʃizmənt] 명 해방, 석방, 참정권 부여.

engage[ingéidʒ] 동 약속(계약)으로 속박하다(bind oneself, promise), 고용하다(hire), 예약하다, 종사하다(occupy), 약혼하다, 보증하다. 반 disengage. 2
[《고프》 *engager* bind by a pledge 맹세로 속박하다 ← 《프》 *en-* 《래틴》*in-* in +

gage pledge 맹세, 약속]
~ *oneself in* …에 종사하다.
engagement[ingéidʒmənt] 圀 약속, 약혼, 용무, 교전(交戰); *pl.* 채무(債務). ⑲ disengagement 약혼취소. 5
engaging[ingéidʒiŋ] 圀 매력 있는(attractive), 남의 마음을 끄는.
☞ gage, disengage

engender[indʒéndə] 圄 (감정 따위가) 생기다, 발생시키다(produce), (고상한 표현) 낳다(beget). 9
[《라틴》*ingenerāre* produce←*in-* in+ *generāre* breed 발생시키다 ← *genus* race 종족]

engine[én(d)ʒin] 圀 기계, 기관차. 圄 (증기)기관을 설치하다. [《라틴》*ingenium* natural capacity 천부의 재능← *in-* in+*geni- genius* 타고난 재능← 그 재능으로 만들어진 것. genius "천재", ingenius "발명의 재주가 있는"과 같은 어원] 2

engineer[èn(d)ʒiníə] 圀 기사(技師), 공학자, 기관사(機關士). 圄 기사로 일하다, 공사를 감독하다. [engine+*-eer* (사람을 나타내는 명사 어미)] 4

engineering[èn(d)ʒiníəriŋ] 圀 공학 (工學), 기관학; 토목공사.

enginery[én(d)ʒinəri] 圀 기계류(machines), 기관류(engines), 술책(術策).
☞ genius, ingenious

England[íŋglənd] 圀 잉글런드(Great Britain섬의 남부의 땅), 영국(Great Britain). 1
[《중영》*Engeland* ← 《고영》*Englaland* the land of the Angles 앵글족의 나라]
참고 England의 원 뜻은 Great Britain 섬의 Scotland, Wales를 제외한 부분의 이름이며 거기 사는 사람을 Englishman, 형용사형이 English이다. England를 "영국(Great Britain)"의 뜻으로 쓰는 경우는 속된 뜻일 때이고, Englishman도 보통 "영국인"의 뜻으로 사용된다.

English[íŋgliʃ] 圀 잉글런드(인)의, 영국(인)의, 영어의. 圀 (관사없이) 영어, (the English) 영국인, 영국민, 영군.
[《고영》*Englisc*←*Engle*, Angles+ *-isc* -ish] 1

engrave[ingréiv] 圄 (금속, 돌 따위에) 조각하다, 명심하다. 7
[*en-* 《라틴》*in-* + *grave* carve 새기

다; 《고프》*engraver*를 본따서 생긴 말]
engraving[ingréiviŋ] 圀 조각(술), 판화(版畵). ☞ grave

engross[ingróus] 圄 (문서를) 큰 글자로 쓰다, 정서하다, 독점하다, 《과거분사로 써서》 골몰하게 하다. 9
[《앵글로·프렌취》*engrosser*←《프》*engrosse* in large character 큰 글자로 ←《라틴》*in-* in+*grossa* large writing ←grossus thick 굵은; 큰 글자로(공문서 따위를 쓰다)→관심을 끌다→골몰하게 하다] 「하다.
be ~ed in … 에 골몰하다, 열중
engrossment[ingróusmənt] 圀 정식 글씨체로 크게 씀, 정서(淨書)(한것), 독점, 매점(買占), 골몰.
☞ gross, grocer

enhance[inhá:ns] 圄 (질, 능력 따위를) 높이다, 증가하다, 과장하다(exaggerate). ⑲ depreciate 가격을 내리다. 9
[《앵글로·프렌취》*enhauncer*←《고프》 *enhauc(i)er* lift 높이다←《라틴》*in-* + *altiāre* lift←*altus* high 높은]
enhancement[inhá:nsmənt] 圀 높임, 증진, 강화(强化).
☞ altitude, altar, alto

enjoin[indʒɔ́in] 圄 (침묵, 순종 따위를) 명령하다(impose), (교황 따위가) 훈명 (訓令)을 내리다. 6
[《라틴》*injungere* bid 명령하다←*in* in +*jungere* join; join into 묶어 놓다→누르다→명령하다]

enjoy[indʒɔ́i] 圄 즐기다, 향락하다. ⑲ deplore 비탄하다. 1
[《프》*en-*《라틴》*in-*+《고프》*joie* joy; give joy to… …에 기쁨을 주다]
~ *oneself* 유쾌하게 지내다(have a good time).
enjoyable[indʒɔ́iəbl] 圀 즐길 수 있는, 즐거운(pleasant).
enjoyment[indʒɔ́imənt] 圀 향유, 향락(delight), 즐거움. 7
take ~ in … 을 즐기다. ☞ joy

enlarge[inlá:dʒ] 圄 확대하다(되다), 커지다, 자세히 말하다. ⑲ diminish 감(減)하다 4
[《고프》*enlarger*←*en-*+*large* large; make large 크게 하다]
enlargement[inlá:dʒmənt] 圀 확대, 증대(增大), 증보.

enlighten[inláitn] 圄 계발(啓發)하다, 교화(敎化)하다(instruct), 계몽하다

[반] darken. 7
[《프》 *en-* (《래틴》 *in*)+*lighten* 밝게 하다; give light to… …에 빛을 주다 →계몽하다]
enlightenment[inláitnmənt] [명] 계몽. [참고] the Enlightenment 계몽 사상(啓蒙思想)《18세기 유럽의 합리주의적 문화운동》 *cf.* 《독》 *Aufklärung* 〔*auf* to +*klär* clear+*-ung* ing 밝히는 일〕
☞ light, lighten

enlist[in'íst] [동] 병적에 넣다, 징병에 응하다, …의 지지를 얻다, 일에 가담하다(join). 6
[《프》 *en-* (《래틴》 *in*)+*list;* put on a list 명부에 싣다]
enlisted man 《미》 하사관병(下士官兵) 《EM으로 생략》.
enlistment[inlístmənt] [명] 병적 편입, 징병, 입대. ☞ list

enliven[inláivn] [동] 활기가 있게 하다, 원기를 북돋우다(cheer up), 번창하게 하다, 경기가 있게 하다. [반] depress.
〔*en-*+live+ *-en*(동사 어미)〕 9

enmity[énmiti] [명] 적의(hatred), 증오, 반목. 6
〔*en-*(《래틴》 *in-* not, against)+*amistie(t)* amity 우호←《래틴》 *inimīcus* enemy 적〕
[동의어] **enmity**는 적대하는 자 끼리 서로 음으로 양으로 느끼고 나타내는 증오를 뜻하고, **hostility**는 보통 적극적인 저항이나 공격 따위로 드러나는 enmity를 말한다. **animosity**는 보통 상대방에 대한 대단한 분노 또는 복수심 따위를 뜻하고 **antagonism**은 개인 또는 계급, 국가 따위 간의 hostility를 말하며 특히 대립 관계를 강조한 말이다.
☞ enemy, inimical

ennoble[inóubl] [동] 고상하게 하다, 귀족으로 만들다. 6
〔*en-* +noble; make noble 고귀하게 하다〕
ennoblement[inóublmənt] [명] 품위를 높임, 작위(爵位) 수여.

enormous[inɔ́:məs] [형] 거대한(huge),막대한(immense). 3
〔《래틴》 *ēnormis* out of rule 규격에 안맞게 큰, huge←*ē-* out of + *norma* rule 규격〕
[동의어] **enormous**는 보통의 크기, 액수, 정도를 훨씬 넘는다는 뜻이다. **immense**는 측정할 수 없을 만큼 크다거나 많음을 뜻하며, 그럼에도 이상하다는 생각이 들지 않는 경우에 사용한다. **huge**는 덩어리나 부피가 큼을 말하고 **gigantic**은 거인(giant)처럼 큼을 뜻한다. **colossal**은 Rhodes의 거상(巨像 Colossal)만큼 크다는 뜻이다. **mammoth**는 전세기의 거상(巨象) 맘모스처럼 크다는 뜻이고, **tremendous**는 공포나 경탄을 느낄만큼 거대하다는 뜻으로 쓰이며 회화에서는 강조적 용법으로 쓰일 때도 있다.
enormously[inɔ́:məsli] [부] 터무니 없이, 막대하게, 굉장히.
enormousness[inɔ́:məsnis] [명] 터무니 없음, 막대함, 거대함.
enormity[inɔ́:miti] [명] 극악(extreme wickedness), 범죄 행위, 큰 죄(great and serious crime).
☞ norm, abnormal

enough[inʌ́f] [형] 필요한 만큼의, 충분한(sufficient), … 할만큼의. [명] 충분(한 양, 수). [부] 필요한 만큼. [반] scanty. 1
〔《고영》 *gēnoh genōg(e) cf.* 《독》 *genug*〕
be kind (또는 ***good***) ~ ***to*** … 친절하게도 …하다. ***can not*** ~ 아무리 해도 모자라다. ~ ***and to spare*** 남아 돌아갈 만큼.

enrage[inréidʒ] [동] 화나게 하다 (make very angry). 6
〔*en-*(《래틴》 *in*+rage 노여움; put in a rage 화나게 하다〕
be ~***d at***(일), ***with***(사람)(…에)화내고 있다. ☞ rage

enrich[inrítʃ] [동] 풍부하게 하다. [반] impoverish. 5
〔《프》 *enrichir* ← *en-* +*riche* rich; make rich〕
enrichment[inrítʃmənt] [명] 풍부하게 함, 짙게 함, 장식. ☞ rich

enrol(l)[inróul] [동] (enrolled) 명부에 넣다,(특히)병적등록을 하다, 기록하다.
〔《고프》 *enroller*←*en-* +*rolle* roll; put in a roll 장부에 기입하다, 명부에 기입하다; *cf.* 《프》 *enroler*〕 6
enrol(l)ment[inróulmənt] [명] 기재(記載), 등록. ☞ roll

ensign[énsain] [명] 휘장(徽章 badge), (군)기(flag), 《군대》 기수(旗手), 《미》 해군 소위. 6
〔《래틴》 *insignis* remarkable 현저한 ←*in-* upon+*signum* mark〕
☞ sign, insignia

enslave[insléiv] 图 노예로 하다, 포로로 하다.
[*en-* +*slave*; make a slave 노예로 만들다] ☞ slave

ensue[insjúː] 图 계속하여 일어나다(follow), 결과로 일어나다(result), (성경) 찾다(seek after).
[(고프) *ensu-* ←*ensivre* follow after 잇달아 일어나다←(래틴) *in* on+*sequi* follow] ☞ sue, pursue, suit, suite, sequence

entangle[intǽŋgl] 图 얽히게 하다, (곤란, 함정 따위에) 빠뜨리다(entrap).
[*en-* +*tangle*] ☞ tangle

entanglement[intǽŋglmənt] 图 얽힘, (사태의)분규. ☞ tangle
wire ~*s* 철조망.

enter[éntə] 图 (…에)들어가다(come or go into), 넣다(insert), 가입하다(enrol).
[(중영) *entren*←(고프) *entrer*←(래틴) *intrāre* go into ← *in* in+*trāre* go through] ☞ entrance, entry

enterprise[éntəpraiz] 图 기획(plan), 기업, 모험심, 기업심(企業心).
[(래틴) *interprendre*←*inter* among +*prehendere* lay hold of 붙들다; what is taken hold of 붙들린 것→착수한 것→기업]

entertain[èntətéin] 图 환대(歡待) 하다 (receive as a guest), 즐겁게 하다 (amuse), 받아 들이다, (감정·의견·희망 따위를) 품다(harbour).
[(고프) *entretenir*←(래틴) *intertenēre* entertain←*inter* among+*tenēre* hold; hold or keep among … …가운데 유지해 나가다]

entertaining[èntətéiniŋ] 图 재미나는(amusing).

entertainment[èntətéinmənt] 图 환대, 잔치, 오락, 여흥. ☞ maintain, sustain, abstain, detain, contain

enthrone[inθróun] 图 왕위에 오르게 하다, 등극하게 하다.
[*en-* +*throne*; put on a throne 왕위에 두다] ☞ throne

enthronement[inθróunmənt] 图 즉위(식), 주교(主敎) 추대식.

enthusiasm[inθjúːziæz(ə)m] 图 감격, 열광, 광신(狂信). ⓗ apathy.
[(래틴) *enthūsiasmus*←(그) *enthousiasmos* inspiration 격려, 영감(靈感)

←*entheos* full of the god, having a god within 신(神)이 붙은←*en* in+*theos* god]

enthuse[inθjúːz] 图 골몰하나, 열광적이다.

enthusiast[inθjúːziæst] 图 열심인 사람, …팬, …광(狂).

enthusiastic(al)[inθjùːziǽstik(əl)] 图 열렬한, 열광적인.

enthusiastically[inθjùːziǽstikəli] 图 열광적으로. ☞ theo-, theology

entice[intáis] 图 사주하다, 유혹하다 (tempt away).
[(고프) *enticier* excite 자극하다←(래틴) *initiāre* kindle, set on fire 불지르다→(래틴) *in*+*titio* firebrand 타다 남은 것]

enticement[intáismənt] 图 유혹(물), 사주(使嗾).

enticing[intáisiŋ] 图 마음을 끄는, 유혹적인.

entire[intáiə] 图 전체의(whole), 완전한(complete), 전적인(utter). 图 순수한 것, 종마(種馬).
[(래틴) *integer* whole←*in* not +*tangere* touch; untouched 손을 안 댄; whole 전체의]

entirely[intáiəli] 图 전혀, 전적으로, 오직.

entireness[intáiənis] 图 완전(무결).

entirety[intáiəti] 图 완전, 전체, 전액(全額).
☞ integral, integrate, integrity

entitle[intáitl] 图 (…의)칭호를 주다, (…라)제목하다(give a title to), (…할) 권리를 주다(give a right to).
[(고프) *entiteler*←(래틴) *intitulāre* ←*in-* +*titulus* title 제목; give a title to… …에 제목을 붙이다]

entrails[éntreilz] 图 *pl.* 내장(內臟), 내부(內部).
[(중영) *entraile*←(프) *intraill(e)*←(래틴) *intrāliam* inwards 안쪽으로←*inter* within 내부에]

entrance[éntr(ə)ns] 图 입장(入場), 등장, 입학, 입회, 입장권, 입장료, 입구, 현관. ⓗ exit.
[*enter*+ *-ance* (명사 어미)] ☞ enter

entreat[intríːt] 图 탄원하다 (pray or beg earnestly).
[(고프) *entraiter* treat of 취급하다 ←(프) *en* (래틴) *in* in, concerning+

entrust

((프) traiter ((레틴) tractāre treat)]

entreaty[intríːti] 명 간청, 탄원. 8
☞ treat

entrust[intrʌ́st] 타 위임하다 (confide, charge). 9
[en- +trust; give in trust 신임하여 주다) ☞ trust

entry[éntri] 명 들어가기, 입장(entrance), 입구, 등록, 기입. 4
[((중영) entre(e)←(프) entrée←entrer enter]
make an ~ 기입(등록)하다.
☞ enter

enumerate[injúːməreit] 타 (하나씩) 세다(count up), 들추어 내다, 열거(列擧)하다. 8
[((레틴) ēnumerātus ← ēnumerāre count up←ē- out, fully + numerāre count, number 세다←numerus number] ☞ numerous, number

envelop[invéləp] 타 싸다(wrap up), 덮다(cover).
[((중영) envolupen←(고프) envoluper wrap in 싸다←(프) en ((레틴)in in) + (고프) voluper wrap]
☞ develop

envelope[énviloup, ɔ́nvələup] 명 봉투, 덮개(wrapper). 4

envelopment[invéləpmənt] 명 포장(包裝), 싸개, 덮개. ☞ develop

environ[inváiər(ə)n] 타 둘러 싸다, 포위하다(enclose, surround). 10
[(레틴) in- in+(고프) viron circuit 원, 순환←virer turn]

environment[inváiər(ə)nmənt] 명 포위, 주위, 외계(外界). 7

envoy[énvɔi] 명 사절(使節), 전권 공사(全權公使).
[(고프) envoy sending 파견←(프) en voie on the way←(레틴) in viam on the way (보내는) 도중인 것]
참고 envoy는 보통 minister라고 불리어지며 그 정식 이름은 envoy extraordinary and minister plenipotentiary "특명 전권 공사"로서 ambassador 다음 가는 지위로 minister resident "변리 공사(辨理公使)"의 바로 윗 자리이다. embassy를 참조하라.
☞ via, voyage, convoy, convey

envy[énvi] 명 질투, 부러움. 타 부러워하다, 질투하다. 3
[((레틴) invidia envy ←in upon+vidēre look; look maliciously upon… …을 악의를 가지고 보다]
동의어 envy (명 envy, 형 envious)는 남이 갖고 있는 것을 자기도 갖고 싶어서 부러워한다는 뜻이며, grudge는 남이 필요로 한다든지 마땅히 가져도 좋은 것을 주지 않으려고 아까워 한다는 뜻이며 covet(형 covetous)는 특히 남이 갖고 있는 것을 열렬히 또는 불법적으로 탐낸다는 뜻이다.

envious[énviəs] 형 시기심이 많은, 질투심이 강한, 부러운 듯한. [envy+-ous(형용사 어미)]
be ~ of… …을 부러워하다.

enviously[énviəsli] 부 질투하여, 부러워서.

epic[épik] 명,형 서사시(敍事詩)(의), 웅장한. cf. lyric 서정시(의). 10
[((그) epikos narrative 이야기←epos word, narrative, song] ☞ voice

epidemic[èpidémik] 형 유행성의(prevalent). 명 유행병. cf. endemic 그 지방 특유의(병), 풍토병. 8
[((그) epidēmos among the people, general 일반적으로 퍼진←epi among +dēmos people; 사람들 속에→일반적인(사람들 사이에 유행하는) 병. -demic 는 demos people의 뜻으로 democracy 의 demos와 같은 어원이다]

epidermis[èpidə́ːmis] 명 (해부) 표피(表皮), 겉 가죽, cf. endermic 피부 조직중의, 피부에 적합한. 9
[((그) epidermis upper skin 표피←epi upon+derma skin]

episcopal[ipískəp(ə)l] 형 bishop (주교, 감독)의, (교회) 감독파(監督派)의. 9
[(레틴) episcopālis belonging to a bishop←episcopus bishop←(그) episcopos over-seer 감독, bishop←epi upon+skopos one that watches 지켜 보는 사람.] ☞ bishop, scope
E~ Church (영국)감독파교회.

episode[épisoud] 명 삽화(揷話), 에피소드. 9

episodic[èpisɔ́dik] 형 삽화적인; 우연의.
[((그) epeisodios coming in besides …이외에 들어 오는 것←ep(epi besides)+eisodios coming in←eis in+ odos way]

참고 고대 그리이스의 비극에서 코오라스의 중간에 변화를 주기 위하여 삽입한 이야기를 가리켰다.

epistle[ipísl] 圈 편지(letter); (the E~) (신약 성서의) 사도 서간(使徒書簡), 사도서(使徒書). 8
[《그》 *epistolē* message, letter←*epistellein*←*epi* upon)+*stellein* send 보내다, 부치다: 보내어진 것←편지]

epitaph[épitɑːf] 圈 비명(碑銘), 비문(碑文). 7
[《그》 *epitaphios* upon a tomb 표위에←*epi* on+*taphos* tomb 묘; *cf.*(프) *épitaphe*]

epoch[íːpɔk, épɔk] 圈 신기원(新紀元), 신시대(new era), (중요한 사건이 일어난) 시대, 《지질》 기(期, 紀). 9
[《그》 *epochē* stop, pause, fixed date 정해진 시일←*ep*(*epi* upon)+*echein* hold, check 막다; 원 뜻은 저지(沮止 check), 휴지(休止 pause)]

epoch-making[íːpɔkmèikiŋ], **-marking**[-màːkiŋ] 劇 획기적인.

equal[íːkw(ə)l] 劇 같은, 동등한, 맞먹는, 평등한, 대등한. 圈 같은 도래. 圈 (equalled) ···과 같다 (be equal to), 맞먹다. ⑱ unequal. 1
[《래틴》 *æquālis* equal←*æquus* even, flat 평평한, 고른]
be ~ to anything 어떤 일이라도 할 수 있다.

equality[i(ː)kwɔ́liti] 圈 동등, 균등.

equalize[íːkwəlaiz] 圈 같게 하다, 평등하게 하다, (경기에서 상대편과) 동점이 되다.

equate[ikwéit] 圈 (···과) 같은 말(생각)을 하다, 동등시 하다. [《래틴》 *æquātus*(*æquāre*의 과거분사); equation 참조]

equation[ikwéiʒ(ə)n] 圈 같게 함, 균분법(均分法), 《수학》 방정식, 《천문》 오차(誤差). 8
[《래틴》 *æquātionem* equalizing 같게 함←*æquātus*←*æquāre* make equal 같게 하다←*æquus* equal]
first(*second*) ~ 일차(이차) 방정식. *simple* ~ 일원 일차 방정식. *simultaneous* ~ 연립 방정식.

cquator[ikwéitə] 圈 적도(赤道). 6
[《래틴》 *æquātor* equalizer 똑같이 나누는 것←*æquus*; 적도는 북반구와 남반구로 똑 같이 지구를 나눈다고 해서]

equatorial[èkwətɔ́ːriəl] 劇 적도 (부근)의. 圈 적도의(赤道儀). [equator+*ial*(형용사 어미)] 10

Ecuador[èkwədɔ́ː] 圈 에콰도르 《남미 북서부의 공화국》. [《스페》 *equator*; Republic of the Euqator "적도(적하에 있는) 공화국"이라는 뜻]

equinox[íːkwinɔks] 圈 밤 낮의 길이가 같은 시(時), 춘분, 추분. [《래틴》 *æquinoctium* time of equal day and night←*æqui*-(*æquus*) + *nocti*-(*nox* night의 격변화 어간)]

equip[ikwíp] 圈 (equipped) (사람에게 필요한 것을)갖추어 주다(provide), (군대를)장비하다(fit out), 차려 입히다(dress), (학문, 지식, 교육 따위를)보급하다(supply). 5
[《프》 *équiper*← (고프) *esquipper*← *ex*- +(아이스) *skipa* fit up a man or a ship 갖추다, 장비하다←*scip* 배]

equipage[ékwipidʒ] 圈 장비, 필수품 한 벌. [equip+ -*age*(명사 어미)]
a dressing ~ 화장 도구 세트.

equipment[ikwípmənt] 圈 준비, 《가끔 복수》 비품, 설비, 장비. [equip+ -*ment*(명사 어미)] 6

equity[ékwiti] 圈 공평함, 공정(公正), 정당함. 6
[《고프》 *equité*←《래틴》 *æquitas* equity←*equus*] ☞ equal

equivalent[ikwívələnt] 劇 동등한. 圈 동등한 것. 7
[《래틴》 *æquivalent* ←*æquivalēre* be of equal force 같은 힘을 갖는다←*æqui*- *æquus* equal + *valēre* be worth 가치가 있다; value 참조]

equivalence[ikwívələns], -**cy**[-si]圈 동등, 등가(等價). ☞ equal, value, valiant, prevail, prevalent

era[íərə] 圈 기원(紀元 a period in history), 시대(epoch). 8
[《래틴》 *æra* era, fixed date 기원]

eradicate[irǽdikeit] 圈 뿌리채 뽑아 버리다(root up), 근절(根絶)시키다 (root out). 9
[《래틴》 *ērādicātus* ← *ērādicāre* root out←*ē*- out+*rādicāre* root 뿌리를 뽑다←*radix* root 뿌리; root out 뿌리를 뽑다]

eradication[irædikéiʃ(ə)n] 圈 근절 (根絶). ☞ radical

erase[iréiz, 《미》 iréis] 圈 지우다(rub, wipe, scratch or scrape out), 닦아서 없애다, 삭제하다. 10
[《래틴》 *ērāsus*←*ērādere* scratch ou

긁어 없애다←ē- out+rā- dere scrape 긁다]

[동의어] **erase**는 쓰거나 그린 것을 닦아서 지운다는 뜻으로 기억에서 사라지게 한다는 뜻으로도 쓰인다. **expunge**는 형식적인 단어로 완전히 (지워서) 없앤다는 뜻이며, **efface**는 erase보다 뜻이 강하며 표면에서 문질러 지운다는 뜻이다. **obliterate**는 완전히 지워서 흔적도 남기지 않게 한다는 뜻이며, **delete**는 쓴 것이나 인쇄한 것을 지우는 표시를 하거나 인쇄한 부분을 긁어 없앤다는 뜻이다.

eraser[iréizə,(미)-sə] 명 지우는 사람, 지우개.

erasure[iréiʒə] 명 삭제, 말소.

ere[ɛə] 《시·고어》 전 before. 접 …하기 전에(before), …하느니 차라리(rather). [《중영》 *er* 《고영》 *ǣr* soon, before 곧 …하기 전에. cf. 《독》 *eher*] 2

erect[irékt] 형 바로 선(upright), 긴장한. 동 세우다, 건설하다(construct), 창설하다(establish), 승격하다(raise). 2 ⊕ destroy 파괴하다.

[주의] elect "선출하다"와 혼동치 않도록. [《라틴》 *ērectus* set up straight 똑바로 세우다←ē- out, up+*regere* make straight, rule]

erection[irékʃ(ə)n] 명 직립(直立), 건물. ☞ right, rectum, correct, direct

erosion[iróuʒ(ə)n] 명 부식(腐蝕), 침식(浸蝕). 10

[《라틴》 *ērodere* eat away 먹어 없애다←ē out+*rōdere* gnaw 씹어 먹다]

erosive[iróus.v] 형 부식성의, 침식하는.

erotic[irɔ́tik] 형 성적(性的) 사랑의. 명 연애시(戀愛詩).

[《그》 *erōtikos* relating to love 사랑에 관한←*erōs* love←*eramai* I love]

Eros[íərɔs,érɔs] 명 《그리이스 신화》 에로스(Aphrodite의 아들로 연애의 신; 로마 신화의 Cupid에 해당함).

[《그》 *Erōs* god of love 사랑의 신]

eroticism[erɔ́tisiz(ə)m] 명 성애적 기분, 정욕. [erotic+ -ism 추상명사 어미]

erotism[érətiz(ə)m] 명 《의학》 성욕앙진.

err[ə:] 동 그릇치다(make a mistake), 실수하다, 저질르다, 죄를 범하다. 3

[《라틴》 *errāre* wander 헤매다]

To ~ is human, to forgive di-vine. 실수는 인간지 상사(常事)요, 용서하는 것은 신의 일이다.

erroneous[iróunjəs] 형 그릇된. 8

erroneously[iróunjəsli] 부 잘 못하여.

error[érə] 명 실수, 틀림(mistake), 과오, 착오. [《라틴》 *error* mistake←*errāre* wander] 2

[동의어] **error**는 진실 또는 정확한 것에서 어긋난다는 뜻이다. **mistake**는 부주의나 오해에서 생기는 error로서 비난의 대상이 안 되는 때도 있는 보편적으로 쓰이는 말이다. **blunder**는 우둔하거나 졸렬하거나 효과가 없음을 강조하며 mistake 보다 통속적인 말이며 심한 비판이나 비난을 받게 된다는 뜻을 암시한다. **slip**은 이야기나 글에서 부주의 해서 생기는 가벼운 mistake이며 *faux pas*는 예의에 관한 사교상의 blunder로 당사자가 무안을 느끼게 되는 비교적 품위가 있는 단어이다.

errand[ér(ə)nd] 명 심부름(의 용건). [《중영》 *erende* 《고영》 *ǣrende* message, business 용건] 4

go (on) ~s =run (on) ~s 심부름 가다. *on an ~ of—* …의 사명을 띠고.

erupt[irʌ́pt] 동 (화산의 재, 간헐 온천의 물 따위가)분출하다(burst forth), (화산이)폭발하다, (이가)생기다.

[《라틴》 *ēruptus* break out 터져 나오다←ē- out+*rumpere* break]

eruption[irʌ́pʃ(ə)n] 명 (화산의)폭발, 분출, 이(齒)가 남. 9

eruptive[irʌ́ptiv] 형 폭발적인, 폭발성의, 분출하는. 「ture, bankrupt

☞ abrupt, corrupt, interrupt, rup-

escape[iskéip] 동 도망치다(get free), 피하다(avoid), (액체, 깨스 따위가)새어나오다(flow away). 명 탈출, 도망, 피난 장치, 도망칠 수단, (깨스의)누출 (漏出).

[《라틴》 *ex* out of+*cappa* cape 외투; out of one's cape 자기 외투를(벗다) →(외투만 벗어 놓고)도망치다]

☞ cape

[동의어] **escape**는 위험, 해, 구속 따위에서 빠져 나옴을 뜻하며 **avoid**는 의식적으로 노력해서 좋지 못한 것이나 해로운 것을 피한다는 뜻이다. **evade**는 책략을 써서 잘 escape, avoid 하는 뜻으로 병역을 기피한다는 말도 이 말로 표현할 수 있다. **elude**는 사람이나 물건에서 몸을 잘 피한다거나, 상대방의

계획을 쳐부수고 escape한다는 뜻이다.

escort[éskɔːt] [명] 호위자, 호위대, 호위선(船). [iskɔ́ːt] [동] 호위 (경호)하다, 호송하다, 따라 가다. 6
〔《중영》 *escorte*←《이태》 *scorta* guide 호위←*scorgere* guide 호위하다, set right 바르게 고치다←《래틴》 *ex* entirely 완전히＋*corrigere* correct 고치다〕 ☞ correct

Eskimo[éskimou] [명] 에스키모 인(人), 에스키모 말(語), 에스키모 개(犬). [형] 에스키모의. 10
〔《덴마》, 《프》 *Esquimaux pl.* ←《북미 인디안》 *eskimantik* eaters of raw flesh 날 고기를 먹는 자; 북미의 알곤킨족이 북쪽의 인디안에게 붙인 이름〕

especial[ispéʃ(ə)l] [형] 특별의, 특수한. [반] general. 2
〔《고프》 *especial*←《래틴》 *speciālis* belong to a special kind 특종에 속하다←*speciēs* kind 종류〕

especially[ispéʃəli] [부] 특히, 별도로. ☞ special, species

[동의어] **especially**는 다른 것보다 두들어지게 특별하다는 뜻으로 specially 보다 형식적인 말이다. **specially**는 especially보다 다소 뜻이 약하고 회화에 많이 쓰이는 말이다. **particularly**는 비슷한 것 가운데서 특히 현저한 것을 가려내어 말할 때 쓴다. **principally**는 대개의 것 또는 대개의 경우보다 뛰어났다는 뜻이며, **chiefly**는 principally와 같은 뜻이나 더 흔히 쓰는 말이다.

espouse[ispáuz] [동] 아내로 삼다, (주의, 설을)취하다 (adopt), 지지하다 (support). 7
〔《고프》 *espouser* espouse ← 《래틴》 *sponsāre* betroth 약혼하다←*spondēre* promise 약속하다〕 ☞ spouse, sponsor

espy[ispái] [동] 찾아 내다 (catch sight of), (결점 따위를)발견하다. 8
〔《중영》 *espyen*←《고프》 *espier*←《고대 독》 *spehōn* spy 찾아 내다. 염탐하다; *cf.* 《독》 *spähen*〕 ☞ species

essay[ései, -si] [명] 평론, 수필, 논문, 시도(試圖 attempt). [eséi, ései] [동] 해보다, 시험하다. 6
〔《래틴》 *exagium* trial of weight 무게를 달아 보기←*ex* out＋*agere* drive, impel, move 몰다; trial 시도, drive out 몰아 내다〕

essayist[éseiist] [명] 수필가. ☞ agent, examination

essence[ésns] [명] 본질, 요소(element), 정(精 extract), 정유(精油), 향수(perfume). 6
〔《래틴》 *essentia* being 존재←*esse* be 있다〕

essential[isénʃ(ə)l] [형] 본질의, 본질적인(distinctive), 필수의(indispensable),정제(精製)의. [명] 《보통 복수》본질적 요소,주요점(主要點). [반] accessory. 5

[동의어] **essential**은 사물의 절대적 요소가 되거나 또는 본질적인 부분을 이룬다는 뜻의 말이다. **indispensable**은 어떤 목적을 위하여 없어서는 안 된다는 뜻이다. **requisite**는 사정에 따라 또는 목적을 위하여 필요하다는 뜻으로 보통 외부에서 과하여진 필요성을 암시하는 형식적인 말이다. **necessary**는 긴급히 쓸모가 생긴 것을 뜻하며 반드시 절대적으로 필요하다는 뜻은 아닌 일반적인 말이다. **needful**은 부족이나 결핍을 보충하는데 필요하다는 뜻.

essentially[isénʃəli] [부] 본질적으로, 본래, 실질상. ☞ am

establish[istǽbliʃ] [동] 확립하다, 설치하다, 제정하다(constitute), 입증(立證)하다. 2
〔《고프》 *establir*←《래틴》 *stabilīre* establish←*stabilis* firm 확고한〕 ☞ stable

～ ***oneself***… …에 정착하다, …으로 몸을 일으키다.

establishment[istǽbliʃmənt] [명] 확립, 설립, 회사, 점포, 건물, 세대. ☞ stable

estate[istéit] [명] 재신(권), 재산으로서의 토지, 신분, 계급, (생존의)상태. 3
〔《래틴》 *status* state 상태; state 참조〕

personal (또는 ***real***) ～ (부)동산. ☞ state

esteem[istíːm] [동] 존중하다(regard),소중히 하다,생각하다(consider). [명] 존중, 존경. 3
〔《고프》 *estimer*←《래틴》 *æstimāre* value highly 크게 평가하다〕

estimate[éstimeit] [동] 평가하다. [명] [éstimit] 견적, 평가.
〔《래틴》 *æstimāre* value 평가하다〕

[동의어] **estimate** ([명] estimation)는 가치나 수량에 대하여 개인적인 지식, 경험 또는 취미에 따라 판단을 내린다는

뜻으로 그 판단이 옳지 못할지도 모른다고 암시하는 말이다. **evaluate**(圈 evaluation)는, appraise와 마찬가지로 가치에 대하여 정확한 판단을 하려는 것을 뜻하나 금전상의 평가에는 잘 쓰이지 않는다. **rate** (圈 rating)는 비교해서 본 가치, 성질 따위를 측정한다는 뜻이며, **appraise**(圈 appraisal, appraisement)는 전문적인 지식으로써 정확하게 평가한다는 뜻이다.

estimation[èstiméiʃ(ə)n] 圈 견적, 평가, 개산(概算), 판단, 의견, 존중, 존경. [estimate+ -ion(명사 어미)] 8

estrange[istréin(d)ʒ] 圈 (두 사람 사이를)이간질하다, 서먹서먹하게 하다, 정이 떨어지게 하다. 10

[(고프) *estranger* make strange 낯설게 하다←*estrange* strange 서먹서먹한←(래틴) *extrāneus* foreign 외국의, on the outside 바깥의←*extra* without] ☞ extra

estrangement[istréin(d)ʒmənt] 圈 이간(離間), 소격(疎隔).
☞ strange, extraordinary

etc. (약자) et cetera[it sétrə, et sét(ə)rə] ···등등, 따위. 4
[(래틴) *et cetera* and the rest]

eternal[i(:)tə́:nl] 圈 영원한(everlasting), 불후(不朽)의(immutable). 때 영원한 것. ⓑ transient 3
[(중영)(고프) *eternel* ← (래틴) *æternālis* eternal←*æuiternus* lasting for an age 오랫 동안 계속되는 ← *æuiævum* age 시대]

eternally[i(:)tə́:nəli] 틧 영원히 (forever), 끊임없이.

eternity[i(:)tə́:niti] 圈 영원, 영원한 세상, (끝없이 보이는) 장기간, 내세. 5
☞ age

ether[í:θə] 圈 에에테르(빛, 열, 전자기의 복사 현상의 가상적인 매개체); 정기(精氣), 창공. 7
[(래틴) *æther*← (그) *aithēr* upper air 윗쪽의 공기←*aithein* glow 빛나다; 빛을 발하는 윗쪽(공기)]

ethereal[i(:)θíəriəl] 圈 에에테르의, 공기 같은, 가벼운, 영묘(靈妙)한, 《시》 천상(天上)의. 7
~ *oil* 정유, 휘발유.

ethics[éθiks] 圈 *pl*. (보통 단수 구문) 윤리(학), 도덕, 수신.
[(래틴) *ēthicus* moral 윤리←(그) *ēthi-* *kos* moral←*ēthos* custom 관습, moral nature 도덕성]

ethical[éθik(ə)l] 圈 도덕상의, 윤리적, 윤리학적.

etiquette[ètikét,(미) étiket] 圈 예법(禮法), 예의범절.
[((프) *étiquette* ticket 표, label 딱지 ←*etiquer* stick 붙이다]
 It is not ~ to do so. 그렇게 하는 것은 예의에 어긋난다.
☞ stick, ticket
참고 ticket와 같은 어원에서 생긴 말. 프랑스어에서 étiquette[etikét]는 "부전, 첨표"의 뜻이었는데 이것을 영국인들이 ticket로 잘 못 듣고 영어에서 사용하게 되었다. 후에 프랑스어에서 étiquette가 "예법"을 뜻하게 되어 영어에 그대로 수입되었다. 한편 영어의 ticket는 프랑스어로 역수출(逆輸出)되어 "표, 입장권"의 뜻을 갖게 되고 [tikέ]로 발음하게 되었다.

etymology[ètimɔ́lədʒi] 圈 어원(연구), 어원학.
[(그) *etumologia* etymology←*etumos* true+ *-logia* account 설명←*legein* speak, etymon (단어의 진실한 뜻 또는 그 꼴)을 연구하는 것]

etymologic(al)[ètiməlɔ́dʒik(əl)] 圈 어원적, 어원(학)의.

eunuch[júːnək] 圈 환관(宦官), 내시(內侍), 고자, 유약한 남자. 7
[(래틴) *eunūchus*←(그) *eunouchos* chamberlain 내시←*eunē* couch 잠 의 자+*echein* keep, have in charge 돌보다; 내시는 궁전의 침전을 돌본다 고 해서]

Europe[júərəp] 圈 유럽, 구라파. 2
[(래틴) *Eurōpa*←(그) *Eurōpē*←*eurūs* wide, broad; 남북으로 좁고 동서로 넓다고 해서]
참고 (그리이스 신화) Zeus신의 사랑을 받았던 Phoenicia의 왕녀의 이름도 Europa((그)Eurōpē)이다. Zeus신은 흰 소로 몸을 바꾸어 그녀를 Crete섬까지 데리고 갔다 한다.

European[jùərəpí(:)ən] 圈 유럽의. 圈 유럽인. 4

evade[ivéid] 圈 (교묘히) 피하다 (escape), 빠져 나가다, 기피하다, (노력을)헛되게 하다. ⓑ confront.
[(래틴) *ēvādre* escape ← *ē-* away + *vādere* go; go away 가버리다→도망

evaporate 183 **every**

치다→피하다]
~ *the* (*military*) *service* 병역을 기피하다.

evasion[ivéiʒ(ə)n] 图 (책임, 의무 따위의)회피, 기피, 탈출. ☞ wade

evaporate[ivǽpəreit] 图 증기로 화하다, 증발하다, 발산하다(disappear). 8
[《래틴》 ēvaporātus pass off in vapour 증발하다←ē- out+vapor vapour 증기]

evaporation[ivæpəréiʃ(ə)n] 图 증발(작용), 발산, 증기. ☞ vapour 8

eve[i:v] 图 축일(祝日)의 전야(前夜)(또는 전날), (중요한 사건 따위가)일어날 무렵, 《고어》 밤, 저녁(evening). 3
[even이 줄어서 eve가 됨;(《중영》 eue(n), 《고영》 æfen, ēfen; cf. 《독》 abend]

Christmas Eve 크리스마스 전야(12월 24일 밤). *on New Year's Eve* 섣달 그믐에. *on the ~ of* (*revolution*)(혁명)직전에.

통개어 **even**[í:v(ə)n] 图 (시) 저녁, 밤(evening). ☞ evening

even[í:v(ə)n] 图 평평한(flat), 미끈한(smooth), 규칙적인, 동등한, 동일한(identical), 단조로운(monotonous); 《수학》 작수의. 图 평평하게 하다, 평등하게 하다. 图 …조차도, …일지라도, 한층(still), 꼭(just), 즉(that is), 똑같이(evenly). ☞ uneven 1
[《중영》 euen even 《고영》 ef(e)n]
~ *if* (또는 *though*) … 비록 …라하더라도(although…).

evenly[í:vənli] 图 평평하게, 골고루(equally), 공평하게(impartially).

evenness[í:v(ə)nnis] 图 평탄(平坦)함, 평등, 공평함.

eventide[í:v(ə)ntaid] 图 저녁나절.

evening[í:vniŋ] 图 저녁, 밤, …의 밤(soirée), 만년, 말로. ⑨ morning 1
[《중영》 euening 《고영》 æfnung← æfnian grow towards evening 저녁이 다가오다 + -*ung*(어미)←æfen even 저녁]

event[ivént] 图 사건(incident), 대사건, 결과, 결국(result), 경기의 한 승부(item). 2
[《래틴》 ēventus come out 나오다, result 결과를 초래하다←ē- out+venīre come; that which comes out 결과로서 일어나는 것]

at all ~(*s*) 어쨌든, 어떤 일이 있더라도(in any case). *in the* ~ 결국, 마침내(finally). *in the* ~ *of* 만일…의 경우에는 (in case of…). *main* ~ 주요 승부(경기). *pull off the* ~ 상을 획득하다. 2

eventful[ivéntf(u)l] 图 파란곡절이 많은, 사건이 많은. 10

eventless[ivéntlis] 图 (특기할 만한) 사건이 없는, 무사한.

eventual[ivéntʃuəl] 图 결과로 생겨날, 최후의, (장래에) 혹시 일어날지도 모르는. 8

eventually[ivéntʃu(ə)li] 图 결과에 있어서, 결국, 마침내.

eventuate[ivéntʃueit] 图 …한 결과가 되다(turn out), 결국 …으로 끝나다(end), 《미》 일어나다(happen).
☞ avenue, revenue, venture

ever[évə] 图 언제든지, 여태껏(at any time), 언제나(always). ⑨ never 일찍이 …없다(…안 하다). 1
[《중영》 euer ever,《고영》 ǣfre ever]
~ *and again* 때때로, 가끔. ~ *so* 대단히(very). *for* ~ 영원히(eternally). *seldom if* ~ (있다고 하더라도)극히 드물게(seldom or never).

evergreen[évəgri:n] 图 상록의, 늘푸른. 图 상록수. cf. deciduous 낙엽의.
[*ever* always+green] 7
☞ ever, green

everlasting[èvəlá:stiŋ] 图 영원히 계속되는, 불후의, 내구성(耐久性)의(durable), 끝없는. 图 영원(eternity). 4
[*ever* always+*last* + -*ing*(현재분사어미)] ☞ ever, last

evermore[èvəmɔ́:] 图 언제나(always), 영원히(forever). [ever+more;《고프》 ǣfre ma any longer, ever again] 5

every[évri] 图 모든, 하나도 남기지 않는(each of all), 각각의; (not와 함께 써서) 모두가 …이지는 않는; 매(每)… 마다(each). ⑨ none 1
[《고영》 ǣfre ever+ǣlc each; every =ever-each의 뜻] ☞ ever, each
~ *inch* 구석구석 남기지 않고. ~ *moment* (또는 *minute*) 시시각각으로. ~ *now and then* (또는 *again*) = ~ *once in a while* (또는 *way*) 때때로, 가끔. ~ *one*[évri wʌn] 모두들, 각자가 (everybody); [évri wʌn] 이것 저것 모두(each). ~ *other* (또는 *second*) *day* 하루 걸러, 격일로,

~ time (…할)때마다 (whenever), **(미)** 예외 없이. *(in)* **~ way** 모든 방법을 다하여, 어떤 면에서나, 전적으로.

evidence[évid(ə)ns] 명 명백함(obviousness), 증거, 형적(形跡 sign). 통 증명하다, 증거가 되다. 4

[《래틴》 ēvidēntia clearness 분명함←ēvidens←ē- out, clearly+vidēre see; see clearly 분명히 보다→분명히 드러나다]

　give (또는 *bear, show*) **~(s) of**… …의 형적이 있다. *in* **~** 분명히, 드러나게, 증인으로서.

evident[évid(ə)nt] 형 명백한,명료한 (plain, clear). 반 doubtful 3

동의어 **evident**는 추상적인 일이 논리상 분명하여 의심할 여지가 없다는 뜻이며, **apparent**는 겉보기나 생각해 보면 분명해진다거나, 논리상 있을 법 하다는 뜻이다. **manifest**는 감각 특히 시각상 분명하다는 뜻이고, **obvious**는 두드러져서 쉽게 알아볼 수 있다거나 설명이나 지시가 필요 없을 만큼 분명하다는 뜻이다. **patent**는 obvious보다 형식적인 말이며, **palpable**은 특히 시력 이외의 감각 즉 육감 따위로 알아볼 수 있음을 나타낸다. **clear**는 가장 일반적인 말로 이해를 방해하는 애매함이 없다는 뜻이고, **plain**은 쉽사리 잘못 아는 일이 없을 만큼 단순하다는 뜻이다.

evidently[évid(ə)ntli] 부 명백하게, 분명히. 　　　　　　　[dence, provide

☞ vision, television, view, provi-

evil[íːv(i)l] 형 나쁜, 흉악한, 불길한(unfortunate). 명 악, 재해(disaster), 불행. 반 good 2

[(중영) *euel* (고영) *yfel(u)*; *cf*. (독) *übel*; over (독) *über* 에서 온 말이다; 초과하다(over) → 지나친 (excessive) → 나쁜]

evilly[íːvili] 부 흉악하게, 악질적으로, 나쁘게.

evilness[íːv(i)lnis] 명 악(惡), 사악 (邪惡). ☞ ill

evince[ivíns] 통 (감정 따위를) 나타내다(show), 증명하다(prove). 9

[(래틴) *ēvincere* conquer 정복하다, prove beyond doubt 증명하다←ē- out +*vincere* conquer]

evolution[iːvəl(j)úːʃ(ə)n] 명 전개 (展開 opening out), 발전, 방출; (생물) 진화(進化); (군대)(육, 해군의)기동 연습. 반 devolution 퇴화. 9

[《래틴》 ēvolūtiōnem unrolling of a book←ēvolvere unroll 펴다; 두루말이로 된 책을 펴다(unroll) →펴지다→발전하다→진화하다]

evolve[ivólv] 통 열다, 진화하다, (열,빛,깨스 따위를)방출하다;《미》판명하다. [《래틴》 ēvolvere ← ē- out+volvere roll 굴리다; roll out 굴려서 펴다]

☞ revolve, revolution, involve

ewe[juː] 명 (암컷의) 양(羊). 4

exact[igzǽkt] 형 정확한, 엄밀한(precise), 까다로운(strict). 통 강요하다 (insist upon), 강청(强請)하다(extort), 싫어도 …하게 하다(demand). 반 inexact 부정확한. 2

[《래틴》 exactus drive out, weigh out 몰아내다, 철저히 무게를 달다←*ex*- out +*agere* drive; drive out 몰아내다→강요하다]

exactly[igzǽktli] 부 정확하게, 엄밀히, 꼭 (just, quite), 《yes 대신 써서》 그렇구 말구요, 그럼요(quite so).

☞ act, agent

exaggerate[igzǽdʒəreit] 통 과장하다, 과장해서 말하다, 과대시하다. 반 belittle 얕잡다, 작게 하다. 7

[《래틴》 *exaggerātus* heap up, amplify 과장하다 ← *ex*- very+*agger* heap 멍어리←*ag*- *ad*- to+*gerere* bring heap up 쌓아 올리다 → 크게 하다→과장하다]

exaggeration[igzǽdʒərèiʃ(ə)n] 명 과대시, 과장(한 표현). [exaggerate + -ion(추상명사 어미)]

exalt[igzɔ́(ː)lt] 통 (신분,계급, 권력을) 높이다(promote), 고상하게 하다(ennoble), 칭찬하다(extol), (어조를)강하게 하다. 반 degrade 4

[《래틴》 exaltāre lift out, exalt←*ex*- out, up+*altus* high; make high or lift up 높이다]

exaltation[ègzɔːltéiʃ(ə)n] 명 높임, 올림(elevation), 의기 충천, 의기 양양, 대단한 흥분, 승진(promotion).

☞ altitude

examine[igzǽmin] 통 검사(조사, 심사)하다, 시험하다(test), (법률) (증인을) 심문하다. 2

[《래틴》 *exāmināre* weigh carefully 조심해서 무게를 달다←*exāmen* tongue

of a balance 천칭(天秤)의 바늘; 천칭의 바늘을 써서 조사하다. →시험하다]
examination[igzæminéi∫(ə)n] 명 검사, 조사, 심사, 시험, 심문. 3
주의 회화에서는 **exam**[igzǽm]이라고 한다.

examinee[igzæminí·] 명 수험자.
examiner[igzǽminə] 명 시험자, 시험위원, 고시위원, 심사원, 검사관, 증인취조관. 9

example[igzá:mpl, ((미)) -ǽ-] 명 실례(實例), 보기, 견본(sample), 표본(specimen), 모범(model), 전례(precedent), 본보기(warning). 2
[((라틴)) *exemplum* sample 견본←*eximere* take out+ *-lum*(어미)←*ex-* out +*emere* take, produce; that which is taken out as a specimen 견본으로 뽑아 놓은 것]
for ~ 예를 들면 (for instance).
☞ sample, exempt, exemplify

exasperate[igzá:sp(ə)reit] 동 화나게 하다, 분격하게 하다(irritate), 화나서 …하게 하다(provoke). 10
[((라틴)) *exasperātus* provoke ← *ex-* very+*asper* rough; make very rough 매우 사납게 만들다→화나게 하다]

exasperation[igzà:spəréi∫(ə)n] 명 격노, 분격(憤激), 악화.

excavate[ékskəveit] 동 파다, 발굴하다 (dig up).
[((라틴)) *excavātus* hollow out ← *ex-* out+*cavāre* hollow]

excavation[èkskəvéi∫(ə)n] 명 발굴, 동굴, 함몰, 파냄. 9
☞ cave, cavity, concave

exceed[iksí:d] 동 (…의 한도를) 넘다 (go beyond), 초과하다, 능가하다(surpass), 도를 넘다.
[((라틴)) *excēdere*←*ex-* out, beyond+ *cēdere* go; go beyond 지나쳐 버리다, 초과하다]

exceeding[iksí:diŋ] 형 비상한, 굉장한(very great), 이상한. 5
exceedingly[iksí:diŋli] 부 굉장히, 몹시(extremely). 「succeed
☞ excess,proceed, precede,recede,
excel[iksél] 동 (excelled) 남을 능가하다(be superior to), 빼어나다, 탁월하다(surpass over). 4
[((라틴)) *excellere* rise up, surpass 능가하다←*ex-* out,beyond+*cellere* rise; 합성어로만 사용함; rise beyond …을 넘어가다→초과하다]

동의어 **excel**은 우수성, 숙련, 성과 따위가 뛰어나다는 뜻이고, **surpass**는 다른 사람이나 사물보다 정도, 양, 질에 있어서 탁월함을 나타낸다. **transcend**는 극단적으로 빼어남을 나타내는 딱딱한 말이며, **outdo**는 다른 무엇보다도 또는 지금까지의 기록보다 나은 것을 한다는 뜻이다.

excellence[éks(ə)ləns] 명 탁월함, 우수(優秀), 장점, 미덕. 반 inferiority 열등. [excel+ *-ence*(명사 어미)] 7
excellency[éks(ə)lənsi] 명 각하((장관, 대사 따위에 대한 존칭)), ((고어))= excellence.[excel+*-ency*(명사어미)]10
참고 대통령, 지사, 대사, bishop 및 그 부인들에게 사용한다. 직접 대하고 말할 때는 Your Excellency, 간접적으로 언급할 때에는 His (또는 Her) Excellency라고 하며, 또 두 사람 이상이면 Their Excellency라고 한다.

excellent[éks(ə)lənt] 형 탁월한, 우수한, 우량한. 2
excellently[éks(ə)ləntli] 부 우수하게, 멋 있게.

except[iksépt] 동 제외하다, 이의를 말하다. 전 …을 제외하고는, …외에는(but). 접 ((고어·성경)) …이 아니면 (unless). 반 include 포함하다. 1
[((라틴)) *exceptāre*←*ex-* out+*capere* take; take out 들어내다, 제거하다]
~ for … …이 없으면(but for) …이 있을 따름이고. *~ that* … …인 것을 제외하고는, …이외에는.

exception[iksép∫(ə)n] 명 제외(exclusion), 예외, 이의(objection). 4
exceptionable[iksép∫(ə)nəbl] 형 이의를 말할 만한, 반대의 여지가 있는 (objectionable).
exceptional[iksép∫(ə)n(ə)l] 형 예외적인, 예외의, 이상한(unusual), 드문 (rare). 6
exceptionally[iksép∫(ə)nəli] 부 예외적으로, 비상하게(unusually).
☞ concept, accept, precept, receive, reception, captive

excess [iksés] 명 과잉(too much), 초과(량), 부절제, *pl.* 폭음폭식. 반 lack
[((라틴)) *excess-* ←*excessus*←*excēdere* exceed] 4
in ~ of… …보다 초과해서 (more

than …). **to ~** 지나치게, 극단적으로.
excessive[iksésiv] 圈 과도의, 지나 친, 과대한.　5
excessively[iksésivli] 凰 지나치게, 터무니 없이, 《속어》 굉장히.
excessiveness[iksésivnis] 圈 과도, 지나침.　☞ exceed, success, recede
exchange[ikstʃéindʒ] 圈 교환, 교환물, 환(換), 증권시세, (전화의) 중앙전화 국. 동 교환하다, 교대하다.　2
[《고프》 *eschange*(*r*)←*es*- 《라틴》 *ex*-(강조의 접두사)+*change*(*r*)]
　　　　　　　　　　　　　☞ change
in ~ for … 과 교환으로.
동의어 exchange는 일반적인 의미에 서 교환한다는 뜻이고, interchange는 대등한 사이에서 교대해서 하는 행동을 말한다.

exchequer[ikstʃékə] 圈 《영》재무부, 국 고(national treasury);《속어》재원.　9
[《중영》*eschekere*←《고프》*eschequier* chess-board 장기판←*eschek* check; 장 기판→회계를 할 때에 사용하는 격자(格子)무늬의 테이블 클로스→재무부, 재원]
excite[iksáit] 동 (신경을) 자극하다, 흥 분시키다(stimulate), (애정, 질투 따위 를)일으키다(rouse up), 고무하다, 야 기하다. ⑩ calm 진정시키다.　3
[《라틴》 *excitāre*←*ex*- out + *citus ciēre* set in motion 움직이게 하다]
excitement[iksáitmənt] 圈 흥분, 동 요(agitation), 자극(물).
exciting[iksáitiŋ] 圈 자극적인, 흥분 시키는.　☞ cite, recite, incite
exclaim[ikskléim] 동 (감탄적으로)외치 다(cry out or speak suddenly),절규 (絕叫)하다.　3
[《프》 *exclamer*←《라틴》 *exclāmāre*←*ex*- out+*clāmāre* call; call out 외치 다, 큰 소리로 부르다]
exclamation[èkskləméiʃ(ə)n] 圈 절 규, 감탄, 감탄사, 감탄문.　7
exclamatory[ikskl金mət(ə)ri] 圈 감 탄적인 어조의.　☞ claim
exclude[iksklúːd] 동 배척하다(expel), 제외하다(shut up), 물리치다(reject). ⑩ include 포함하다.　4
[《라틴》 *exclūdere*←*ex*- out+*claudere* shut; shut out 제외하다, 못들어 오게 문을 닫다]　☞ close, clause
exclusion[iksklúːʒ(ə)n] 圈 제외, 배 제(expulsion).　9

exclusive[iksklúːsiv] 圈 배타적, 독점 적, 전문적, 유일한, 독특한. 圈 독점 기사(또는 상품, 영화). ⑩ inclusive 포 함한.　4
exclusively[ikskĺuːsivli] 凰 배타적 으로, 독점적으로, 전적으로, 오로지 (solely, only).
exclusiveness[ikskĺuːsivnis] 圈 배타, 제외, 독점.
　☞ include, preclude, close, clause
excommunicate[èkskəmjúːnikeit] 동 (종교) 파문(破門)하다. [èkskəmjúːnikit] 圈 파문된.　8
[《라틴》 *excommūnicāre* put out of the community 공동사회에서 추방하 다←*ex*- out+*commūnis* common]
excommunication[èkskəmjùːnikéiʃ(ə)n] 圈 《종교》 파문.　「munity
　☞ communicate, common, com-
excrement[ékskrimənt] 圈 배설물, 똥.
[《라틴》 *excrēmentum* refuse 찌꺼기, ordure 똥←*excrētus* sift out 배섫하 다←*ex*- out+*cernere* sift]　9
excrete[ikskríːt] 동 《생리》 배설하다, 분비(分泌)하다. [《라틴》 *excrētus*(*excernere*); excrement 를 참조하라]
excretion[ikskríːʃ(ə)n] 圈 배설(작 용), 배설물.
excursion[ikskə́ːʃ(ə)n] 圈 소풍, 원족, 수학 여행, 유람, 탈선.　6
[《라틴》 *excursiōnem, excursio* running out 밖으로 뛰어 나감←*excurrere*←*ex*- out+*currere* run; run out 밖으 로 뛰어 나가다]　「concur, recur
　☞ current, course, concourse,
excuse[ikskjúːz] 동 변명하다(apologize for), 용서하다(forgive), (의무 따위를) 면제하다(exempt). [ikskjúːs] 圈 변 명(apology), 핑계, 구실(pretext), 용 서(pardon) ⑩ accuse 책하다.　2
[《라틴》 *excūsāre* release from a charge 비난에서 놓여나게 하다←*ex*- out +*causa* charge 비난, cause 소송]
~ me 실례합니다《최송합니다《남의 행동이나 말을 가로막는다거나 의견을 달리한다거나 예의에 어긋나는 일을 하 였을 때 쓰는 말》.
execute[éksikjuːt] 동 (계획, 명령 따위 를)실행하다(carry out),(직무 따위를) 다하다(fulfil), 사형을 집행하다, 처형 하다.　4
[《라틴》 *exsequī* follow out, perform

이룩하다, 실행하다 ← *ex-* out+*sequī* follow]

execution[èksikjúːʃ(ə)n] [명] 완성(accomplishment), 성취, (만들어 놓은) 솜씨, 《음악》 연주(performance); (직무·재판·처분·유언 따위의) 집행(enforcement), 처형. 5

executioner[èksikjúːʃ(ə)nə] [명] 사형 집행인. 10

executive[igzékjutiv] [형] 집행력이 있는, 행정상의. [명] 행정부, 행정관, 《미》 지배인; 실행 위원회. 5

executor[igzékjutə] [명] (《여성》 executrix) 《법률》지정 유언 집행인. [éksi kjuːtə] 집행인(執行人). 8

☞ prosecute, sequence

exempt[igzém(p)t] [동] (사람의 의무를) 면제하다(release). [형] 면제된(free), 면역의. [명] (의무 특히 납세 의무)면제자. [《래틴》 *eximere* take out 들어내다← *ex-* out+*emere* take; taken out 들어낸→제거한→면제된] 6

exemption[igzém(p)ʃ(ə)n] [명] (납세, 병역 따위의)면제.

[동의어] **exemption** ([동] exempt)은 사람이나 사물을 특별히 어떤 의무나 규칙에서 면제한다는 뜻이고, **immunity** ([동] immunize)는 사람이 당하기 쉬운 불쾌한 일이나 위협적인 일(의무, 제한, 형벌 따위)에서 자유롭고 보호를 받고 있다는 뜻이다. **impunity**는 특히 형벌을 면제함을 말한다.

☞ example, sample

exercise[éksəsaiz] [명] (정신력 따위의) 사용(employment),(미덕,역할 따위의) 실행(practice), (신체의)운동, 체조, 연습, 훈련, 실습, 연습 문제, 근행, 예배; *pl.* 《미》식의 차례. [동] 사용하다 (employ), 행사하다, 움직이다, 훈련하다(drill), 괴롭히다(perplex,worry), 연습하다, 운동하다. 1

[《래틴》 *exercitium* exercise← *exercēre* drive out of an enclosure←*ex-* out+*arcēre* enclosure 가두다;(가축을 우리에서) 몰아내다→훈련하다, ercise 는"둘러 싸인 것"의 뜻으로 ark "방주(方舟)와 같은 어원]

***the graduation* ~(s)** 졸업식. ***take* ~** 운동하다. ☞ ark

exert[igzə́ːt] [동] (힘 따위를)쓰다(use), (위력 따위를) 발휘하다(put forth). 8

[《래틴》 *ex(s)ertus* ← *exserere* thrust out 내어 던지다 ←*ex-* out + *serere* put, join; put forth 발휘하다]

~ *oneself* 노력하다 (try make an effort)

exertion[igzə́ːʃ(ə)n] [명] 힘을 냄,발휘, 노력, 진력, 분발(奮發 endeavour). 8

☞ series

exhale[ekshéil, egzéil] [동] (숨·공기 따위를) 내쉬다(breathe out), (증기 따위를) 발산하다(give off), 증발하(게 하)다, (노기 따위를) 나타내다. 8

[《래틴》 *exhālāre*←*ex-* out + *hālāre* breathe; breathe out 내 쉬다; *cf.* 《프》 *exhaler*]

exhalation[èks(h)əléiʃ(ə)n, ègzəl-] [명] 발산, 증발.

☞ inhale, animate, animal

exhaust[igzɔ́ːst] [동] (공기·깨스 따위를) 배출하다(draw off), 다 쓰다(use up), (그릇을)비우다 (empty), 소모시키다 (consume). [명] (기체의) 배출(장치). [반] replenish 채우다. 4

[《래틴》*exhaurīre*←*ex-* out+*haurīre* draw water; draw out(물을) 끌어내다→배출하다→마르게 하다→소모시키다]

exhaustion[igzɔ́ːstʃ(ə)n] [명] 소모, 피로; 배기(排氣). 7

inexhaustible[inigzɔ́ːstəbl] [형] 무진장의, 지칠 줄 모르는. [*in-* not+exhaust+*-ible*(형용사 어미)] 8

exhibit[igzíbit] [동] 보이다(show), (전람회 따위에)출품하다(show publicly), 진열하다. [명] 출품, 진열품; 《법률》 증거품(물). 4

[《래틴》 *exhibēre* hold forth 내어 놓다 ←*ex-* out +*habēre* have]

exhibition[èksibíʃ(ə)n] [명] 공개, 전람회, 박람회, 출품; 《영》 장학금. 6

***make an* (또는 *a regular*) ~** (어리석은 짓을 해서)웃음거리가 되다, 온 세상에 창피하게 되다.

☞ habit, inhabit, prohibit

exhort[igzɔ́ːt] [동] 열심히 권하다 (beg or advise earnestly), 권고하다(urge), 훈계하다(admonish). 9

[《래틴》 *exhortārī* ← *ex-* out, very, greatly 몹시← *hortārī*←encourage 권하다, 격려하다]

exhortation[ègzɔːtéiʃ(ə)n] [명] 권고.

[동계어] **hortation**[hɔːtéiʃ(ə)n] [명] 권고, 종용(慫慂). **hortative**[hɔ́ːtətiv],

hortatory[hɔ́:tət(ə)ri] 형 권고의.
exile[éksail, éɡz-] 명 추방, 귀양, 유형, 유랑(流浪), 귀양 간 곳, 추방 받은 사람, 망명객. 동 추방하다(banish). [《래틴》 *ex(s)ilium* banishment← *ex-* out+*sedēre* abide 살다] 4

exist[iɡzíst] 동 존재하다, 현존하다, (특수한 조건 또는 장소에)있다(be, occur), 생존하다(live). 4
[《래틴》 *ex(s)istere* stand forth, arise, be← *ex-* out+*sistere* set, stand← *stāre* stand; stand out 존재하다]

existence[iɡzíst(ə)ns] 명 존재(being), 생존, 생활(life), 존재물. 4
☞ stand, state, insist, persist, consist, resist

exit[éksit] 명 외출(의 자유) (egress), 출구(出口 way out), (배우의)퇴장, 별세(death). 반 entrance 입구, 입장. 8
[《래틴》 *exit* he goes out ←*ex-* out+ *īre* go; go out 나가다]

expand[ikspǽnd] 동 펴다(spread out), 팽창시키다, 확장하다(enlarge), 넓어지다, 팽창하다, 발전하다(develop). 6
반 contract 축소하다.
[《래틴》 *expandere* spread out←*ex-* out+*pandere* spread out←*patēre* lie open]

동의어 expand(명 expansion)는 "확장하다"를 뜻하는 일반적인 말로 길이, 넓이, 깊이 따위를 크게 한다는 뜻이 있다 (*cf.* extend). swell (명 swell, swelling)은 보통 내부의 압력으로 인하여 이상한 크기로 부풀어 오름을 뜻한다. distend(명 distension)는 납작해진 물건 따위에 압력을 가하여 팽창하게 한다는 뜻이며, inflate (명 inflation)는 공기나 깨스로 distend 한다는 뜻인데 비유적으로 쓰이는 때도 있다.

expanse[ikspǽns] 명 드넓은 구역 (broad extent or area), 확장. 9
expansion[ikspǽnʃ(ə)n] 명 확장, 전개(展開). ☞ patent 7
expect[ikspékt] 동 예기하다, 예상하다, 기대하다, (…라고) 생각하다 (think, suppose). ⓑ realize 실현하다. 1
[《래틴》 *ex(s)pectāre* look for anxiously←*ex-* thoroughly+*spectāre* look ←*specere* see; look for anxiously 기대하다]

동의어 expect (명 expectation)는 어떤 일이 일어남을 상당ㅎ 확신을 갖고 예기하거나 희망을 갖는다는 뜻이며, **anticipate**는 어떤 일을 기쁘게 또는 고통스런 마음으로 예측하여 이에 대한 대책을 강구한다는 뜻이다. **hope**는 어떤 일이 실현될 것을 확신을 가지고 기다린다는 뜻이며, **await**는 틀림 없이 올 사람이나 일어날 사물을 기다린다는 문학적인 말이다. **wait for**는 await에 대한 회화체의 말이다.

expectancy[ikspékt(ə)nsi] 명 예상, 기대, 확신.
expectant[ikspékt(ə)nt] 형 기대하는 (expecting), 예상하는. 명 기대하는 사람. 8
expectation[èkspektéiʃ(ə)n] 명 기대, 예상(anticipation), 가능성(probability); *pl.* 유산 상속의 가능성. 5
☞ spectacle, inspect, aspect, respect, prospect, suspect

expedient[ikspí:diənt] 형 편리한(convenient), 이로운(advisable), 정략적 (政略的 politic). 명 수단(means), 방편(device). 7
[《래틴》 *expedīere* foot, release←*ex-*out+*ped* (*pēs* foot의 어간); release foot 발에 걸리는 것을 제거하다→편리하게 하다→편리한]

expedience[ikspí:diəns], **expediency** [-si] 명 편의, 방편.
inexpedient[ìnikspí:diənt] 형 불편한, 부적당한. ☞ pedal
expediently[ikspí:diəntli] 부 편의상.
expedite[ékspidait] 동 촉진 시키다 (speed up), 재빨리 해치우다, 급송하다 (dispatch). 형 지장이 없는, 신속한 (rapid). [《래틴》 *expedīre*]
expedition[èkspidíʃ(ə)n] 명 원정(遠征)(대); 탐험대; 신속(迅速 promptness). [expedient+ -*ion*] 4
expel[ikspél] 동 (expelled) 쫓아 내다 (send out or away), 구축하다(drive out), 발사하다(eject), 놓아 주다(dismiss). 반 welcome 환영하다. 5
[《래틴》 *expellere*←*ex-* out+*pellere* drive; drive out 구축하다] 「propel
☞ pulse, compel, impel, repel
expend[ikspénd] 동 (돈을)쓰다(spend) (이 뜻으로는 보통 spend를 씀),(시간, 노력 따위를) 들이다, 소비하다 (use up). 8
[《래틴》*expendere*←*ex-*out+*pendere*

experience 189 **explicit**

weigh; weigh out (money) (돈을)달 아서 내어 주다→(돈을) 낭비하다]

expenditure[ikspénditʃə] 명 지출, 소비, 비용(expense). [《래틴》*expenditure ← expenditus*(*expendere*를 잘 못 적음); expend+ *-iure*] 8

expense[ikspéns] 명 소비, 지출,《보통 복수》지출금, …비(費), 손실(의 원인). ⊕ income 수입. 2

expensive[ikspénsiv] 형 비용이 드는, 값 비싼(costly). 4

expensively[ikspénsivli] 부 비용을 들여서, 비싸게.

expensiveness[ikspénsivnis] 명 비용이 듬, 고가(高價).

참고 물품의 가격이 비싼 것은 expensive, 싼 것은 inexpensive를 쓰는 경우가 많다. cheap는 싸서 별로 좋은 것이 아니라는 뜻이 있어서 일반적으로 사용하지 않으려는 경향이 있다.

☞ spend, suspend, ponder, depend

experience[ikspíəriəns] 명 경험(의 내용), 체험한 것. 동 경험하다, 경험하여 알다. ⊕ inexperience 무경험. 2 [《래틴》*experientia* proof 증거, trial 시도 ← *experīrī* make a thorough trial of 철저히 시험해 보다]
☞ expert

experienced[ikspíəriənst] 형 경험이 있는, 노련한.

inexperienced[ìnikspíəriənst] 형 경험이 없는. [*in-* not+experience+ *-ed* (과거분사 어미)]

experiment[ikspérimənt] 명 실험. [ikspérimènt] 동 실험하다. [experience+ *-ment* (명사 어미)] 5

experimental[ekspèrimént(ə)l] 형 실험에 의한, 실험적인, 경험에 의한, 경험적인(experiential). 9

expert[ékspəːt, ekspáːt] 형 숙련한, 노련한(skilful, deft), 전문가의, 교묘한. [ékspəːt] 명 숙련한 사람, 전문가(specialist). ⊕ inexpert. 4
[《래틴》*expertus ← ex-* thoroughly+ *perīrī*; *perītus* be common의 폐어(廢語)] ☞ peril

동의어 **expert** (명 expertness)는 훈련과 경험으로 탁월한 또는 이상한 능력을 가지고 있다는 뜻을 나타내고, **proficient** (명 proficiency)는 특히 훈련의 결과 고도로 숙달되었음을 뜻한다. **skil(l)ful** (명 skil(l)fulness)은 지식이 있고 숙련함을 뜻하는 가장 보편적인 말이다. **skilled**는 숙련해서 어떤 기술에 정통하다는 뜻이며, skilful이 현재의 능력에 대하여 말하는데 비하여, 과거의 숙련의 결과에 대한 말이다.

expire[ikspáiə] 동 숨을 내 쉬다(exhale), (불 따위가)꺼지다, (법률, 특허권 따위가)만기가 되다, (기한이) 만료되다. ⊕ inspire 숨을 들이 쉬다. 4
[《래틴》*ex(s)pirāre←ex-*out+*spirāre* breathe; breathe out 숨을 내어 쉬다, die 죽다]

expiration[èkspai(ə)réiʃ(ə)n] 명 내쉬는 숨, (기한의)만료(滿了), 만기(滿期 termination). 10

expiry[ikspáiəri] 명 (기한의)종료, 만기. 「spirit
☞ inspire, aspire, conspire, respire,

explain[ikspléin] 동 (사실·입장 따위를) 설명하다(make clear), (행동 따위를) 변명하다(account for), 해명하다. 2 ⊕ obscure 애매하게 하다.
[《래틴》*explānāre← ex-* thoroughly +*plānāre* make plain 쉽게 하다, make flat 평평하게 하다 ← *plānus* flat 평명한] ☞ plain

동의어 **explain** (명 explanation)은 "설명하다"를 뜻하는 가장 많이 쓰이는 말이다. **expound**는 계통을 세워서 전문적인 설명을 한다는 형식적인 말이며, **explicate** (명 explication)는 난해한 사상이나 원리를 차례 차례 전개하여 나가며 해명한다는 뜻의 문어체(文語體)의 말이다. **elucidate**(명 elucidation)는 자세하고 분명한 설명이나 보기, 실험 따위로 밝혀지지 않았던 것을 밝힌다는 뜻이며, **interpret**(명 interpretation)는 특히 곤란한 일의 뜻을 특수한 지식이나 이해력 또는 상상력으로 분명히 하다는 뜻이다.

explanation[èksplənéiʃ(ə)n] 명 설명, 해석, 변명, 해명. 5

explanatory[ikspl金nət(ə)ri] 형 설명적인, 해석상의. ☞ plain

explicit[iksplísit] 형 명백한(clear), 다 털어 놓는(outspoken). ⊕ implicit 함축성이 있는.
[《래틴》*explicitus←ex-* out+*plicāre* fold; unfold, make plain 털어 놓다]
동의어 **explicit**는 분명하게 표현해 두었기 때문에 의문이 생기지 않는다는 뜻이며, **express**는 explicit의 뜻에 "솔

직하여 적극적"이라는 뜻을 덧붙인 말이다. **exact**는 precise보다 흔히 쓰이는 말로 "엄밀하고 정확하다"는 뜻이다. **precise**는 아주 세밀한 곳에 이르기 까지 정확하다는 뜻이다. **definite**는 명백하고 정확하여 애매한 곳이 하나도 없다는 뜻이며, **specific**는 세부를 특히 분명히 밝혀 놓았다거나 상세히 참조하여 말함을 뜻한다.

explode[iksplóud] 통 폭발하다, 폭발시키다, 폭로하다(expose), 타파(打破)하다. 8
[《래틴》 *explōdere←ex-* away+*plōdere, plaudere* clap hands 박수하라; drive off the stage by clapping 박수를 쳐서 무대가 폭발하게 하다 → 폭발하다]

explosion[iksplóuʒ(ə)n] 명 폭발, 폭음. [《래틴》 *explōdere* + *-ion*(명사 어미))] 8

explosive[iksplóusiv] 형 폭발적인, 폭발성의. 명 폭발물. 8

explosively[iksplóusivli] 부 폭발적으로.

explosiveness[iksplóusivnis] 명 폭발성. ☞ plaudit, applaud

exploit[éksploit, iksplóit] 명 공적. [iksplóit] 통 (자원을) 개발하다(make full use of, develop), 이용해 먹다(use selfishly), 착취하다. 5
[《래틴》 *explicitum* thing settled, ended or displayed 결정된 것←*explicitus*; explicit 와 같은 어원]
☞ explicit

exploitation[èksploitéiʃ(ə)n] 명 개발, 이기적인 이용, 착취, 채굴.
☞ explicit

explore[iksplɔ́:] 통 (나라를) 탐험하다, 답사(踏査)하다, 조사하다(examine). 4
[《래틴》 *explōrāre* search out 답사하다←*ex-* out + *plōrāre* make to flow 흐르게 하다]

exploration[èksplɔ:réiʃ(ə)n] 명 (실지)답사, 탐험, 탐색. 5

ex lorer[iksplɔ́:rə] 명 탐험가. 7
☞ deplore, implore

export[ekspɔ́:t] 통 수출하다. [ékspɔ:t] 명 수출(품). 반 import 수입(하다). 5
[《래틴》 *exportāre ←ex-* away+*portāre* carry; carry away 가지고 나가다→수출하다]

exportation[èkspɔ:téiʃ(ə)n] 명 수출.

반 importation 수입(輸入).
☞ porter, import

expose[ikspóuz] 통 들어 내다(uncover), 폭로하다(disclose), 가게에 물건을 내 놓다(exhibit). 반 cover 감추다, 덮다.
[《래틴》 *ex-* out + 《프》 *poser* lay; lay out 들어 내다] 3

exposition[èkspəzíʃ(ə)n] 명 해석, 설명, 박람회(exhibition), 폭로, 노출. 8
[《래틴》 *expositiōnem←expōnere* set forth] ☞ expound, pose, position, impose, dispose, compose, propose

expositor[ekspɔ́zitə] 명 설명하는 사람, 해설자.

exposure[ikspóuʒə] 명 (일광, 비, 바람에) 쏘임, 폭로, 노출, 진열(陳列), 적발. 8

expound[ikspáund] 통 자세하게 설명하다. 9
[《고프》 *expondre* explain←《래틴》 *expōnere* set forth←*ex-* out+*pōnere* put; put out 내어놓다→벌리다→설명하다]

expounder[ikspáundə] 명 해설자.
☞ compound

express[iksprés] 통 (감정 따위를) 나타내다(show, reveal), (사상 따위를) 표현하다(represent), 지급편(至急便)으로 보내다. 형 명확한(definite), 명백한(clear), 특수한, 꼭 그대로의, 급행의. 부 특별히(specially), 지급편으로, 급행으로. 명 급사(急使), 지급편(至急報), 급행열차. 1
[《래틴》 *experssus* distinct 분명한←*ex-* out+*premere* press; press out 밀어내다→나타내다]

~ *oneself* 생각을 말하다. 말씨를 쓰다.

expression[ikspréʃ(ə)n] 명 표현, 표정, 말 솜씨, (음성의)억양. 5

expressive[iksprésiv] 형 (감정 따위를) 나타내는, 표현에 찬, 의미 심장(意味深長)한(significant). 9

expressively[iksprésivli] 부 의미 있게, 표정적으로.

expressiveness[iksprésivnis] 명 표정의 풍부함, 의미 심장.

expressly[iksprésli] 부 명백히(definitely), 특별히(specially). 「suppress
☞ press, compress, depress, impress,

exquisite[ékskwizit, ikskwízit] 형 절묘(絶妙)한(having great excellence

or beauty), 기가 막히게 잘된, 정교(精巧)한(delicate), 예민한(keen), 극렬한(acute).
[《래틴》 *exquīrere*←*ex*- out+*quærēre* seek; sought out 다들 갖고 싶어 하는 →절묘한]
☞ quest, conquest, inquest

extend[iksténd] 동 펴다(stretch out), 연장하다(prolong), (범위, 영토 따위를) 확대하다(enlarge), …까지 미치다(reach). 1
[《래틴》 *extendere* stretch out←*ex*-out+*tendere* stretch; stretch out 펴다]
동의어 **extend**는 면적, 범위, 세력, 뜻 따위를 넓힌다는 뜻으로 길이와 넓이를 증가시킨다는 뜻이다 (*cf*. expand). **lengthen**은 공간적으로 또는 시간적으로 길게 한다는 뜻이며, **prolong**은 보통의 또는 기대한 이상으로 오래 가게 한다는 뜻이며, **protract**는 불필요하게 또는 싫증날 만큼 시간을 오래 끈다는 뜻이다.

extension[iksténʃ(ə)n] 명 확장(enlargement), 신장(伸長), 연장(된 부분), 《미》증축. 5

extensive[iksténsiv] 형 광대한(spacious), 광범한. 5

extensively[iksténsivli] 부 넓게, 광범위하게.

extensiveness[iksténsivnis] 명 광대함, 대규모.

extent[ikstént] 명 넓이, 크기(size), 범위(scope), 정도(degree), 한도(limits).
[《래틴》 *extentus*← *extendere*] 4
to a certain ~ 다소, 어느 정도, 얼마간. ☞ tend, contend, intend

extenuate[ksténjueit] 동 (범죄, 죄과를) 경감하다, (가볍게 하려고) 변명하다.
[《래틴》 *extenuāre*←*ex*- out, very+*tenuis* thin; make thin 엷게 하다→가볍게 하다] 10

extenuation[ekstènjuéiʃ(ə)n] 명 정상 참작, (죄의)경감.

exterior[ikstíəriə] 형 외부의(external), 외관상의(outward), 대외적, 외교적. 명 외부, 외면(outside), 외관. ⓐ interior 내부(의). 7
[《래틴》 *exteriōrem* (*exterus, exter* 의 비교급; outer)←*ex*- out+ -*tero*- (비교급 어미); outer, outward]
☞ extra, extreme, external

exterminate[ekstə́:mineit] 동 근절하다 (destroy completely), 절멸하다(root out).
[《래틴》 *extermināre* put or drive beyond bounds←*ex*- out+*terminus* boundary 경계선; 경계선 너머로 쫓아내다→근절하다]

extermination[ekstə̀:minéiʃ(ə)n] 명 근절, 절멸. [minable
☞ terminate,term, terminal, inter-

external[ekstə́:n(ə)l,ékstə́:-] 형 외부의, 외면의(external), 대외의. 명 외부(outside); *pl*. 외형, 외관, 외모. 8
ⓐ internal.
[《래틴》 *externus* outward ← *exterus* outward ☞ exterior, extra

extinct[ikstíŋ(k)t] 형 (불, 희망 따위가) 꺼진(extinguished), 단절된, 없어진. 7
[《래틴》 *ex*(*s*)*tinctus* quenched 꺼진 ←*ex*- out+*stinguere* prick, quench; quench out 완전히 끄다]
an ~ *volcano* 사화산(死火山).

extinction[ikstíŋ(k)ʃ(ə)n] 명 소화, 사멸, 소멸.

extinguish[ikstíŋgwiʃ] 동 (불, 빛 따위를) 끄다(put out), 박멸(撲滅)하다(destroy), (반대자를)침묵시키다(silence). [《래틴》 *ex*(*s*)*tinguere*+ -*ish* (어미); *ex*- out + *stinguere* prick, quench; extinct 를 참조하라] 6

extinguisher[ikstíŋgwiʃə] 명 불끄는 도구, 소화기(消火器).

extinguishment[ikstíŋgwiʃmənt] 명 소화, 소등(消燈), 절멸(絶滅), 소멸(消滅).

extol(l)[ikstɔ́l] 동 (extolled) 격찬하다 (praise very highly),찬양하다. 6
[《래틴》 *extollere*←*ex*- out, up+*tollere* lift; lift up 높이 올리다]

extort[ikstɔ́:t] 동 강요하다(exact), 억지로 붙이다(force).
[《래틴》 *extorquēre*←*ex*- out+*torquēre* twist; twist out 억지로 시키다]

extortion[ikstɔ́:ʃ(ə)n] 명 강요, 강탈, 터무니 없는 에누리. ☞ torture

extra[ékstrə] 형 여분의(additional), 특별한(special). 부 여분으로, 특별히 명 여분의 것, 호외, 엑스트라(배우). 4
[《래틴》 *extrā* beyond, beyond what is necessary←*exter* outward]

extraordinary[ikstrɔ́:dnri, èkstrəɔ́:di-

n(ə)ri] 형 보통 아닌, 비범한, 특별한 (exceptional), 괴상한(peculiar); [보통 ĕkstrə-ɔ́:dinəri]임시의(additional), 특파의. 완 ordinary 보통의. 4
[((라틴)) *extrā-ordinārius* beyond what is ordinary 보통 이상의 것←*extrā* beyond+*ordinārius* ordinary]

☞ exterior, external, ordinary

extract[ikstrǽkt] 타 (이 따위를) 빼다 (pull out), 뽑다, 얻다 (obtain).
[ékstrækt] 명 추출물(抽出物), 발췌, 인용문, 완 insert 삽입하다. 5
[((라틴)) *extrahere* ← *ex-* out + *trahere* draw; draw out 빼다]

동의어 extract (명 extraction)는 잡아 당기거나 빨아 당겨서 뽑는다는 뜻이며, educe (명 eduction)는 잠재적인 것이나 발달이 덜 된 것을 끌어내거나 발전하게 한다는 형식적인 말이다. elicit (명 elicitation)는 숨어 있거나 묻혀 있는 것을 끌어 낸다는 뜻으로 곤란이나 숙련이 따른다는 뜻이 있다. evoke (명 evocation)는 감정을 자극하여 생각 등을 불러일으킨다는 뜻이며 extort (명 extortion)은 폭력으로 또는 위협해서 빼앗거나 강요한다는 뜻이 있다.

extraction[ikstrǽkʃ(ə)n] 명 발췌(拔取), 발췌(물), 혈통.

☞ tract, contract, subtract, trace

extravagant[ikstrǽvigənt] 형 함부로 하는(wild, excessive), 터무니 없는 (exorbitant), 사치한(profuse). 7
[((라틴)) *extravagant*←*extrā* beyond +*vagārī* wander 헤매다; 원뜻은 wandering beyond bounds 경계선을 넘어서 헤매다→한도를 넘다→터무니 없는]

extravagance[ikstrǽvigəns] 명 사치, 방종(한 언행).

☞ extra, vagary, vague

extreme[ikstrí:m] 형 맨끝의, 맨 끝으머리의(outermost, endmost), 극도의 (utmost), 극단적인, 과격한(very severe). 명 극단(적인 수단).
완 moderate 적당한. 2
[((고프)) *extreme*←((라틴)) *extrēmus* (*exterus*의 최상급) ← *exterus* outward; outermost 맨 끝의]

go to ~ = *run to an* ~ 극단으로 흐르다.

extremely[ikstrí:mli] 부 극단적으로, 극히.

extremeness[ikstrí:mnis] 명 극단성, 과격성.

extremity[ikstrémiti] 명 선단(先端), 말단, 극단, 궁지(窮地); *pl.* 사지, 최후 수단. 6

☞ exterior, extra, external

exult[igzʌ́lt] 자 펄쩍 뛰며 좋아 하다 (rejoice greatly)[in], (이겨서)의기 양양해지다(over). 7
[((라틴)) *exsilīre* leap out 펄쩍 뛰어 나가다←*ex-* out+*salīre* leap]

exultant[igzʌ́lt(ə)nt] 형 기뻐 날뛰는, 의기 양양한.

exultation[ègzʌltéiʃ(ə)n] 명 환희(歡喜), 대만족. 8

☞ salient, insult, desultory, result

eye[ai] 명 눈, 눈의 표정(look), 주목 (glance, gaze),시각, 시력(sight), 견해(point of view), (감자 따위의)눈. 타 (eying 또는 eyeing) 잘 보다(watch carefully). 1

be all ~*s* 열심히 주시하다. *by*(the) ~ 눈대중으로. *give an* ~ *to* ……에 주목하다. *have an* ~ *to* ……을 돌여겨 두다. *have an* ~ *upon* ……에서 눈을 떼지 않는다. *make* ~*s at* ……에 추파를 보내다. *the mind's* ~ 기억(記憶). *the green* ~ 질투의 눈 (길). *with an* ~ *to* ……할 생각으로, ……하려고(with a view to……). *with dry* ~*s* 조금도 눈물을 흘리지 않고, 태연하게.

통계어 **daisy**[déizi] 명 실국화, [((고영)) *dæges ēage* eye of day 낮의 눈; 낮의 눈 즉 해와 비슷한 꽃] **window** [wíndou] 명 창문. [wind+eye 바람의 눈; 바람을 넣기 위한 눈]

☞ daisy, window

eyeball[áibɔ:l] 명 눈알, 눈동자(해부) (pupil). [eye+ball] ☞ ball 10

eyebrow[áibrau] 명 눈썹. 타 (눈썹을 찌푸리고) 노려보다. [eye+brow] 6

☞ brow

eyelet[áilit] 명 작은 구멍 (small hole), 소총 구멍(loop-hole). [((중영)) *oilet*←((중프)) *oeillet* little eye; eye +*-lit*(축소 어미)]

eyelid[áilid] 명 눈까풀. [eye+lid] 6

☞ lid

eyesight[áisait] 명 시각, 시력. 9 [eye+sight] ☞ sight

F

fable[féibl] 몡 우화(寓話), 꾸민 이야기(fiction), 거짓말(lie). 4
[《래틴》 *fābula* narrative 이야기←*fāri* speak]

fabulous[fǽbjuləs] 몡 가공의, 전설적인(legndary), 허무맹랑한. [fable+ -*ous*(형용사 어미)] ☞ fate 8

fabric[fǽbrik] 몡 구조(structure), 건물(building), 직물(織物). 6
[《래틴》 *fabrica* workshop, fabric←*faber* workman 직공; 직공에 의하여 만들어진 것]
cotton (또는 *silk*) ~s 면직물(또는 견직물).

face[feis] 몡 얼굴(countenance), 표정(look), 표면(suaface), 외모(appearance), 정면(front). 통 …을 향하다, 대항하다, 맞서게 하다. 1
[《래틴》 *faciēs* face]
[동의어] **face**는 얼굴을 뜻하는 가장 보편적인 단어이다. **countenance**는 보다 형식적인 말로 생각, 감정 인품 따위를 나타내는 얼굴이나 얼굴의 표정을 뜻한다. **visage**는 face의 모습, 균형 및 표정을 뜻하며 특히 엄숙하거나 엄격함을 나타내는 말이다. **physiognomy**는 얼굴의 일반적인 특색, 특히 인종, 성격, 기질등을 나타내는 특징을 말한다.
~ to ~ (with) …과 얼굴을 맞대고, 직면하여. *in the ~ of* …을 눈 앞에 두고, …에도 불구하고. *make ~s* 얼굴을 찌푸리다. *to one's ~* 공공연하게, 얼굴에 대고.

facial[féiʃ(ə)l] 몡 얼굴의. [face+ -*al*(형용사어미)] 10

façade[fəsáːd] 몡 건물의 정면(front).
[《래틴》 *facies* face+ -*ade*]

facile[fǽs(ə)il] 몡 용이한(easy), 간편한, 경솔한(hasty). ⑱ difficult 어려운
[《래틴》 *facilis* do-able←*facere* do; 쉽게 하다] 10

facilitate[fəsíliteit] 통 쉽게 하다 (make easy), 촉진하다(promote). 10
[facility+ -*ate*(동사 어미)]

facility[fəsíliti] 몡 용이함(easiness), 교묘함, 재간, *pl.* 편리, 시설. 7
⑱ difficulty 곤란. [《래틴》 *facilis* (easy)+ -*ity*; easiness 용이함]

fact[fæ⁀kt] 몡 사실, 진상, (범죄의) 현행(現行), 1
[《래틴》 *factum* something done 행해진 것←*facere* do]
as a matter of ~ 사실은 (in fact). *in ~* 실제로, 실로(in truth).

factor[fǽktə] 몡 요소, 요인(要因), 인수(因數), 원동력, 대리인, [《래틴》 *fact* do, make+ -*or;* a doer, maker ←*facere* do, make] 7

factory[fǽkt(ə)ri] 몡 공장,제작소. 3
[factor+ -*y*] ☞ factor, feat, feature, satisfaction, effect, perfect

faculty[fǽk(ə)lti] 몡 능력, 기능, 학부(學部), 교수회, 교직원 전체《영국에서는 college staff라고 한다》. 5
[《래틴》 *facultas, facilitas* facility ←*facilis* easy; facility와 같은 어원]

fade[feid] 통 시들다(wither), 쇠퇴하다 (droop). ⑱ intensify 강하게 하다. 2
[《프》 *fade* tasteless, weak, faint← 《래틴》 *vapidus* vapid 맛이 없는, 힘빠진] ☞ vapour, vapid

fail[feil] 통 실패하다[in], 잘못하다, 약해지다, 못하다(miss) [to do], 실망시키다(disappoint). ⑱ succeed. 2
[《래틴》 *fallere* deceive 속이다, disappointed 실망한←*fallī* err 실수하다]
cannot (또는 *never, don't*)*~ to* … 반드시 … 하다.

failing[féiliŋ] 몡 쇠약해지는. 몡 실패, 결점. 젼 … 이 없어서(lacking), …이 없는 때에는 (in default of).
[fail+ -*ing*(현재분사 어미)]

failure[féiljə] 몡 실패(자), 부족, 불이행(不履行). ⑱ succeed 성공. 5
[fail+ -*ure*(명사 어미)]

fain[fein] 몡 기꺼이 … 하는(glad) [to do]. 튀 《would와 함께 써서》 기꺼이 (gladly). 6
[《중영》 *fayn* 《고영》 *fægen*]

faint[feint] 몡 기력이 없는(feeble), 희미한(dim). 몡,통 기절(하다)(swoon). ⑱ strong 강한. 2
[《고프》 *feint* weak←*feindre* feign 위조하다, … 척하다]

faintly[féintli] 튀 가냘프게(feebly), 희미하게, 약하게. ☞ feign

fair[fɛə] 형 아름다운(beautiful), 맑은(clear), 공평한(just). 부 공평하게, 얌전하게. 명 정기 시장(定期市場), 자선 시장(慈善市場), 품평회(competitive exhibition); (the fair) 여성(女性). 1
[(중영) *fayr* (고영) *fæger* fair; "자선 시장"의 뜻은 (래틴) *fēria* holiday 휴일, fair 시장← *fēsiæ* feast, holiday 축제일에서] ☞ feast

None but the brave deserves the ~ 용사가 아니고서는 미녀를 얻을 자격이 없다(Dryden).

fairly[fέəli] 부 공정하게, 상당히(moderately), 깨끗이(속다). 7

fairy[fέəri] 명 요정(妖精), 선녀(仙女). 형 선녀 같은. 2
[(고프) *faerie* enchantment 요술, 매혹←*fae* fay 요정, 선녀]

fairyland[fέərilænd] 명 이상한 나라, 선경(仙境). 5

fairy-tale[fέəriteil] 명 이상한 이야기, 동화.

faith[feiθ] 명 신앙(belief), 신뢰(trust), 성실, 충성(loyalty). 반 doubt 2
[(래틴) *fides* faith←*fīdere* trust]

faithful[féiθf(u)l]형 성실한, 충실한. 2

faithfully[féiθfuli] 부 충실하게, 정확하게.

동의어 **faithful**은 결혼, 우정, 의무, 책임, 맹세 따위에 충실함을 나타내는 가장 보편적인 말이나. loyal은 faithful 의 뜻 외에도 사람이나 주의(主義), 제도 따위를 위하여 싸울 듯이 있음을 나타낸다. **constant**는 벗이나 애인에 대하여 변함 없는 애정이나 충성을 품고 있음을 뜻한다. **sta(u)nch**는 주의나 목적에 골몰하여 결코 굽힐을 모름을 나타내는 loyal 보다 뜻이 강하고 품위가 있는 말이다. **steadfast**는 구준히 나아간다거나 변함 없는 주의 또는 성격을 뜻하며, **resolute**는 확고한 결의가 있다거나 자기 뜻을 고집함을 뜻한다.

faithless[féiθlis] 형 불성실한, 믿을 수 없는(unreliable). 6
[faith+ -less without]

동의어 **faithless**는 결혼, 우정, 맹세, 책임, 의무 등을 충실히 지키지 않는다는 뜻이고, **false**는 faithless와 같은 뜻이면서 특히 성의를 다하여야 할 사람이나 사물에 대하여 불성실히 대함을 나타낸다. **traitorous**는 반역 행위를 한다거나 남의 신임에 어긋남이 있음뿐만

이 아니라는 뜻이며, **treacherous**는 반역하거나 기대를 저버리는 경향이 있음을 나타낸다. **perfidious**는 treacherous하면서 특히 그 동기가 야비하고 타락된 데가 있을 때 쓰이는 말이다.

falcon[fɔ́ː(l)kən] 명 (매 사냥에 쓰이는) 매(鷹). 6
[(래틴) *falcōnem* falcon←*falx* sickle 낫; 발톱이 낫처럼 구부러졌다고 해서]

fall[fɔːl] 자 (fell, fallen) 떨어지다, 넘어지다, 빠지다. 명 낙하(落下), 함락(陷落), 와해(瓦解), 폭포(waterfall); (미) 가을(autumn). 반 rise 상승하다.
[(중영) *fallen* (고영) *feallan; cf.* (독) *fallen*] 1

~ back upon (또는 *on*) … …에 의지하다. *~ behind* 늦어지다(be late). *~ ill* (또는 *sick*) 병에 걸리다 (be taken ill). *~ in with* … …와 우연히 만나다(come across). *~ on* (또는 *upon*) 급히 시작하다, (날이) …에 해당하다. *~ short of* … …에 미치지 못하다, 부족하다. *~ to* 시작하다(begin). *~ to the ground* 땅에 떨어지다, (계획 이) 실패하다.

통계어 **befall**[bifɔ́ːl] 자 일어나다(occur, happen). ☞ befall

fallacy[fǽləsi] 명 오류(誤謬 error), 허위.
[(래틴) *fallācia* deceit 허위, 사기← *fallax* deceitful 틀리기 쉬운←*fallere* deceive←*falli* err] ☞ false

fallow[fǽlou] 형 개척하지 않은, 묵히고 있는 (밭 따위). 명 묵혀 놓은 땅, 묵힘. 9
[(고영) *fælging* fallow-land←*fealh* harrowing 약탈]

false[fɔːls] 형 거짓의(untrue), 잘못된(wrong), 부정의, 가짜의(counterfeit). 반 true 진실의. 2
[(래틴) *falsus* false←*fallere* deceive 속이다]

falsehood[fɔ́ːlshud] 명 허위, 거짓말(lie). 반 truth 진실. 4
[false+ -hood(추상 명사 어미)]

동의어 **falsehood**는 행동으로서 본 거짓말이나, 사실이나 진실에 어긋나는 진술을 뜻한다. **falseness**는 진술한 내용이 사실에 반대되거나 사람의 됨됨이 성실하지 못함을 나타낸다.

falter[fɔ́ːltə] 자 더듬다(stammer), 비틀거리다(stagger), 걸려서 넘어지다

fame 195 far

[((중영)) *faltren* totter 넘어지다]
fame[feim] 圀 명성(good name), 풍문(風聞 rumour). 圄 유명하게 하다(make famous). 2
[((레틴)) *fāma* report←*fārī* speak 이야기하다; 이야기하러 →보고→평→명성]
famed[feimd] 圀 이름난(famous), 유명한(well-known), …라고 평이 자자한(popularly believed)[as, to be…].
famous[féiməs] 圀 유명한[for], (회화)멋 있는(excellent); cf. notorious 악명이 높은. [fame+ -ous(형용사 어미)] ☞ fable 1
참고 시사 영어 또는 신문 영어에서는 famed를 famous 또는 well-known의 뜻으로 쓴다. the *famed* Nobel prize winner 잘 알려진 노벨상 수상자. "유명한 사람"이라고 할 때 *famous* people 또는 *famed* people이라고 말하는 것은 좋지 않고 보통 *well-known* people 이라고 하는 것이 좋다.

familiar[fəmíljə] 圀 잘 알려진(well-known), 친한(intimate), 혼한(common), 염치 없는, 잘 알고 있는. 2
[((레틴)) *familiāris* domestic 가정적인, private 사적인, friendly 친근한; family + -ar(형용사 어미); of a family 가정의→친한→잘 알려진]
familiarity[fəmìliǽriti] 圀 친교(intimacy), 정통(精通), 후안무치(厚顏無恥). [familiar+ -ity] 10
Familiarity breeds contempt.
《속담》 친할 수록 예의를 지키어야 한다.
family[fǽmili] 圀 가족, 일가, 가문, 종족. 圀 가족의, 가정의. [((레틴)) *familia* household 가정 ←*famulus* servant 하인]
famine[fǽmin] 圀 기근(飢饉), 영양 부족, 굶주림(starvation). ⑫ plenty 풍부. 3
[((레틴)) *famēs* hunger 굶주림]
famish[fǽmiʃ] 圄 굶주리(게 하)다(starve), 굶어 죽다. 8
[famine+ -ish(동사 어미)]
fan[fæn] 圀 부채, 선풍기(electric fan); (미) 팬(enthusiast; fanatic의 준말). 圄 부채질하다. [((고영)) *fann*←((레틴)) *vannus* fan 부채; "팬"의 뜻은 fanatic "광신자"의 준말] ☞ fanatic 2
참고 "저 사람은 Elizabeth Taylor의 팬이다"를 영역하면 "He is an Elizabeth Taylor *fan*."이라고 말해도 되지만 "He is an (ardent) *admirer* of Elizabeth Taylor." 라고 하는 것이 일반적이다.

fanatic[fənǽtik] 圀 열광적인, 광신적(壯信的)인. 圀 광신자, …광(狂). 9
[((레틴)) *fānāticus* belonging to a temple 신전의, inspired by a divinity 신의 영감을 받은, enthusiastic 열광적인←*fānum* temple 신전]
통계어 **fane**[fein] 圀 ((시)) 신전, 사원(temple). [((레틴)) *fānum* temple]
fancy[fǽnsi] 圀 공상, 환상(illusion), 일시적 기분(whim), 기호(嗜好), 취미(hobby). 圄 공상하다(imagine), 좋아하다. 圀 터무니 없는(extravagant), 공상적인. ⑫ ideal 이상(理想). 2
[fantasy의 준말] ☞ fantasy
catch (또는 *strike, please, suit, take*) *the ~ of* … 을 좋아하다, … 이 마음에 들다.
fanciful[fǽnsif(u)l] 圀 공상적인, 일시적 기분의(whimsical), 묘한. [fancy + -ful(형용사 어미)] 9
fancifully[fǽnsifuli] 團 공상적으로, 일시적 기분으로, 묘한 생각을 다하여. ☞ fantasy
fang[fæŋ] 圀 어금니, 이빨, 독아(毒牙).
[((고영)) *fang* seizing 꽉 잡음]
fantasy[fǽntəsi, -zi] 圀 공상, 환상, 일시적 기분. 9
[((그)) *phantasia* a making visible 눈에 보이게 함←*phantazein* display 나타내다; (실제로는 없는 것을) 보이게 함→상상→환상]
fantastic[fæntǽstik] 圀 일시적 기분의, 괴상한(grotesque), 환상적인. [fantasy+ -ic(형용사 어미)] 6
fantastically[fæntǽstikəli] 團 괴이하게, 환상적으로, 일시적 기분으로.
통계어 **phantom**[fǽntəm] 圀 유령, 환상, 착각. 6
☞ phase, emphasis, phantom
far[fɑ:] 圀, 團 (비교급 farther 또는 further; 최상급 farthest 또는 furthest) 먼, 멀리, 아득한, 아득히. ⑫ near 가까운. 1
[((중영)) *feor*; cf. ((독)) *fern*]
as ~ as … …까지, …인 한. *by ~* 훨씬. *~ and wide* 널리. *~ from* (… ing) (…하기는) 커녕, 얼토당토 않다. *go ~* 성공하다, 유명해지다. *go*

farce 196 fast

~ towards … …하는데 효과가 크다. *in so ~ as*… …인 한은. *so ~* 지금까지는, 거기까지는. *so ~ as concerns* …에 관한 한. *the Far East* 극동(極東).

faraway[fáːrəwéi] 혱 먼, 아득한, 멍한(abstracted).

far-off[fáːrɔ́(ː)f] 혱 먼 저편의. 6

farce[faːs] 명 익살, 익살로 된 극(劇), 어릿광대. 7
[《래틴》 *farcīre* stuff 꽉 막다, 잔뜩 넣다; 원뜻은 "잡아 넣다"→(희극의 막간에 넣은 익살]

fare[fɛə] 명 운임, 차삯, 승객(passenger), 음식(food). 통 먹고 마시다, 날을 보내다, 되어 나가다(turn out). 2
[《고영》 *faran* go, travel 가다, 여행하다; *cf.* (독) *fahren*]
All ~s, please! (차장이) 차표 끊으세요, 차비 주세요.

farewell[fɛ́əwél] 감 안녕! 잘 가! (good-bye). 명 고별(인사). 혱 고별(告別)의. [fare go +well; 잘 가거라. 옛날에는 떠나는 사람에게는 Farewell 을 쓰고 떠나는 사람이 남아 있는 사람에게 하는 인사는 Goodbye를 썼다] 2
☞ thoroughfare, welfare

farm[faːm] 명 농장, 사육장(飼育場), 농가(farmhouse). 통 경작하다(till). 1
[《래틴》 *firmus* firm, fixed 고정된; 원뜻은 땅세와 같은 정기적으로 지불되는 "정해진 금액(a fixed sum)"을 뜻하는 것]

farmer[fáːm] 명 농장주(農場主), 농부, 소작농; *cf.* peasant 자작농. [farm + *-er*(사람을 뜻하는 어미)]

farming[fáːmiŋ] 명, 혱 농사(의).

farm-house[fáːmhaus] 명 농가.

farm-yard[fáːmjaːd] 명 농가의 뜰.

farther[fáːðə] 혱, 부 (far의 비교급) 더 멀리(에)(more distant or distantly); 더욱(more), 덧붙여(additional, in addition). 2
[further의 자매어]
참고 격식을 갖춘(formal) 영어에서는 farther를 거리나 시간에만 사용하고 further를 추상적인 경우에만 쓰지만 회화에서나 격식을 가리지 않는 (informal) 영어에서는 이 구별은 지켜지지 않고 어느 경우에나 further를 쓰는 경향이 있다. ☞ far, further

farthing[fáːðiŋ] 명 《영국화폐》 1 penny의 1/4(짜리 동전). 9
[《고영》 *fēortha* fourth+ *-ing*(축소 어미); penny의 1/4]
I don't care a ~ 전혀 괜찮다.

fascinate[fǽsineit] 통 매혹하다, 황홀하게 하다(charm). 7
[《래틴》 *fascinātus* fascinated ← *fascinum* spell 마력(魔力); 마력을 걸다 → 매혹하다]

fascinating[fǽsineitiŋ] 혱 매혹적인 (charming). [fascinate+ *-ing*(현재분사 어미)]

fascination[fæ̀sinéiʃ(ə)n] 명 매혹, 매력(charm), 마력.
[fascinate+*-ion*(추상명사 어미)]

fashion[fǽʃ(ə)n] 명 유행(vogue), 형식, 양식(style), 방법, 상류사회(의 풍습). 통 형성하다(shape). 2
[《래틴》 *factiōnem*← *factio* making← 만들기, 만드는 것← *facere* make 만들다]

동의어 **fashion**은 어떤 장소에서 어떤 때에 또는 어떤 단체에서 옷, 예법, 관습, 말하는 태도 따위의 유행을 뜻하며, **style**은 현저한 fashion, 특히 유행의 표준에 맞는 양식을 뜻한다. **mode**는 어떤 시기의 옷, 생활 양식 등 fashion 의 첨단을 가는 것을 말하며, **vogue**는 어떤 fashion이 일시적으로 인기가 있어서 유행하는 것을 가리킨다.

fashionable[fǽʃ(ə)nəbl] 혱 유행의, 시대에 맞는, 유행계의, 상류의. [fashion+ *-able*(형용사 어미)] 6

fashionably[fǽʃ(ə)nəbli] 부 유행에 따라, 멋을 내어.
☞ fact, factor, factory

fast[faːst] 혱 빠른(rapid, quick), 민첩한; 방탕한; 정착(定着)한(stable), 단단한. 부 꽉, 단단히, 빨리, 척척. 통, 명 단식(하다). 반 slow 느린.
[《고영》 *fæst* firm 정착한]
break one's ~ 단식을 중지하다.《고어》 아침을 먹다 (*cf.* breakfast). *~ asleep* 깊은 잠이 들어. *lead a ~ life* 방탕한 생활을 하다.
참고 fast는 종교적으로 정해 놓은 계율을 준수하는 것. 즉 음식을 삼간다는 뜻에서 생긴 것이다.

동의어 **fast**는 사람이나 물건이 빨리 움직임을 나타내는 가장 보편적인 말이다. **rapid**는 주로 동작이나 운동에 대해서 "급속함"을 뜻하고, **swift**는 운동이 대단히 빠르고 또 원활하다는 문장 용어이다. fleet는 시적인 말로 재빠르고 민첩하다는 뜻이나 경쾌하다는 뜻을 나타내며, quick는 행동이 민첩하고 기민(機敏)함을 뜻하는 일상 용어이다. speedy는 quick보다 뜻이 강하며 특히 속도를 강조해서 나타내는 말이다.

☞ firm, fasten, breakfast

fasten[fǽsn] 똥 동이다, (열쇠 따위가) 걸리다, 닫히다. [(고영) fæstnian make fast←fæst firm; fast+-en] 2

fastener[fǽsnə] 똉 잠그는 사람, 잠그는 도구, 걸쇠.

fastness[fǽstnis] 똉 견고함, 고착; 빠르기, 요새(要塞 fortress). [fast+-ness (추상명사 어미)]

fat[fæt] 똉 둥둥한(well-fed), 짧고 굵은(stumpy), 기름진, 둔한(dull). 똉 지방(脂肪). 똥 살찌우다, (땅을) 기름지게 하다. ⓐ lean, thin 여윈. 1 [(중영) fatt (고영) fætt]

fatten[fǽtn] 똥 살찌우다(make fat), 살이 찌다. 8

fate[feit] 똉 운명, 비운(悲運 doom), 멸망. 2 [(래틴) fātum what is spoken 말해진 바←fārī speak 말하다; 말해진 바 →예언→운명]

[동의어] fate는 사람의 힘으로 어쩔 수 없는 원인으로 사건이나 사태의 진행이 결정적이어서 피할 수 없는 운명을 뜻하며, destiny나 doom보다 뜻이 약한 일반적인 말이다. destiny는 초자연적으로 또는 필연적으로 사건의 계속이나 진행이 피할 수 없음을 말하며, 좋은 결과를 암시하는 수가 많다. doom은 fate나 destiny로 말미암아 생기는 불행한 또는 끔찍한 결과를 뜻한다. lot는 추첨할 때처럼 맹목적인 운, 특히 일생 동안 계속되는 운수를 뜻하는 말이다.

fatal[féitl] 똉 운명의, 숙명적, 치명적(mortal). [fate+-al] 3

fatally[féitəli] 띈 숙명적으로, 치명적으로(mortally). ☞ fable, fame

father[fáːðə] 똉 아버지, 조상; 신부(神父). ⓐ mother 어머니. 1 [(중영) fader, (고영) fæder; cf.(독) vater [fɑtə], (래틴) pater, (그) patēr]

father-in-law[fáːð(ə)rinlɔː] 똉 (pl. fathers) 시아버지, 장인.

fatherland[fáːðəlænd] 똉 조국(mother country라고 하는 것이 보통이다).

fathom[fǽðəm] 똉 (물 깊이 따위의)한 길(약 1.83 m); 깊이(depth). 똥 물 깊이를 재다. 6 [(고영) fæthm the two outstreched 두 팔을 펼친 거리]

fathomless[fǽðəmlis] 똉 깊이를 모르는, 대단히 깊은(very deep), 알 수 없는.

fatigue[fətíːg] 똉 피로, 노고(勞苦 toil). 똥 피곤하게 하다(tire). 6 [(래틴) fatīgāe weary 피곤하게 하다]

faucet[fɔ́ːsit] 똉 (통·수도 따위의) 물뿌리, 꼭지, 물마개(tap). 10 [(래틴) falsāre falsify 위조하다 ← falsus false 가짜의]

fault[fɔːlt] 똉 결점(defect), 실수; (지질) 단층(斷層). ⓐ merit 장점. 2 [(고프) faute fault←(래틴) fallere deceive 속이다]

find ~ *with*··· ···의 흠을 들추다, ···을 비난하다. *without* ~ 확실히.

[동의어] fault는 크게 비난할 것 까지는 못되는 성격상의 결점을 뜻하며, failing 은 fault보다 작은 흔히 있을 수 있는 결점을 뜻한다. weakness는 자제심이 없기 때문에 생기는 사소한 결점이며 foible은 오히려 멋 있는 특질로 간주되기도 하는 조그마한 약점을 뜻한다. 이에 비하여 vice는 fault보다 도덕적 결함의 뜻이 강하며 정말 나쁜 버릇을 말한다. ☞ fail, false

faultless[fɔ́ːltlis] 똉 흠 없는, 결점이 없는. [fault+-less without] 9

faulty[fɔ́ːlti] 똉 결점이 있는, 불완전한, 비난할만한. [fault+-y(형용사 어미)] 9

favo(u)r[féivə] 똉 호의, 총애(寵愛), 지원(support), 유리함(advantage); (상업) 편지. 똥 호의를 보이다, 편의를 제공하다, 혜택을 입히다(oblige), 총애하다. 1 [(래틴) favor favour←favēre befriend 다정히 굴다, venerate 존경하다]

ask a ~ *of* ··· ···에게 부탁하다. *in* ~ *of* ··· ···를 위하여 유리하게.

favo(u)rable[féiv(ə)rəbl] 똉 호의적인, 유리한, 편의한. 3

favo(u)rably[féiv(ə)rəbli] 띈 호의적으로, 유리하게, 편리하게.

favo(u)red[féivəd] 똉 혜택 받은, 행복한, 호감을 갖는.

fávo(u)r+ -ed(과거 분사 어미)〕
favo(u)rite[féiv(ə)rit] 휑 퍽 좋아하는, 총애하는. 휑 총애하는 것(사람), 인기 있는 사람, 총아. 〔(이태) favorito←favore favour←(래틴) favor〕
fawn[fɔ:n] 휑 새끼 사슴. 통 (사슴이) 새끼를 낳다. 7
〔(래틴) fētus offspring 새끼〕
☞ future
fear[fiə] 휑 공포(terror), 걱정(anxiety). 통 두려워하다. 1
〔(고영) fær a sudden peril 갑작스런 위험, fear←(고영) faran go, travel; 원 뜻은 여행 중에 겪는 위험을 뜻하였다〕
be (또는 stand) in ~ of… …을 두려워하다. …을 걱정하다. for ~ of … ing=for ~ (that)… …하는 것을 두려워 해서.
통의어 **fear**는 위험을 느낄 때 생기는 무서움이나 불안을 나타내는 일반적인 말이며, **dread**는 위험이나 불쾌한 일이 있을 것을 미리 짐작할 때 느끼는 fear 나 두려움을 나타낸다. **fright**는 갑자기 순간적으로 강하게 느끼는 fear를 말하고, **alarm**은 위험을 실감(實感)할 때 생기는 fright를 뜻한다. **panic**은 미친 것같이 까닭 없는 fear를 말하는데, 때로 군중 심리에 작용하여 맹목적인 행동으로 끌어 가기도 하는 그런 fear이다.
fearful[fíəf(u)l] 휑 무서운(terrible), 두려운(afraid). 3
fearfully[fíəfuli] 분 겁을 내면서, 무서워하면서; (회화) 크게, 대단히.
feast[fi:st] 휑 잔치(banquet), 제일(祭日), 축일(祝日). 통 음식을 대접하다, 즐겁게 하다. 2
〔(래틴) festa festivals 잔치←festus joyful 즐거운〕
통계어 **fete**[feit] 휑 축제(祝祭), 잔치. 〔(프) fete←(고프) feste←(래틴) festa〕 ☞ fair, festival
feat[fi:t] 휑 공적, 업적, 묘기(妙技). 5
〔(고프) fait made ← (래틴) factum deed 행위←facere do, make〕 ☞ fact
feather[féðə] 휑 털 깃, 깃털(羽毛). 통 깃털로 덮다. 2
〔(고영) fether; cf. (독) feder〕
feathery[féðəri] 휑 털이 난, 깃 같은, 깃처럼 가벼운. 10
〔feather+ -y(형용사 어미)〕

feature[fí:tʃə] 휑 얼굴의 생김새(이목구비 따위); pl. 용모 (the face), 특색 (characteristic), 요점; 장편 영화 (a long motion picture). 통 …의 특색을 이루다, 특종(뉴우스 따위)가 되다. 〔(래틴) factūra formation 작성←facere make; fact+ -ure(명사 어미)〕 2
featureless[fí:tʃəlis] 휑 특징이 없는, 평범한. ☞ fact, feat
February[fébruəri] 휑 2월(약자 Feb.). 〔(래틴) februārius 속죄의 달 ←februa 2월 15일의 속죄의 제일(祭日)←februāre expiate 속죄하다〕 2
참고 애초에 로마 달력에는 January와 February는 들어 있지 않았다.
☞ January, March
federal[féd(ə)r(ə)l] 휑 연합의(allied), 연방(聯邦)의; (Federal)(미) 연방국가의, 미국의. 5
〔(래틴) fædus treaty 조약+ -al(형용사 어미); 조약을 맺어 하나가 된→연합의〕
federate[fédərit] 휑 연합의, 연방(제도)의. [fédəreit] 통 (독립 제주를)중앙정부에 연합하다. 〔(래틴) fæderātus leagued together 연합된 ← fæderāre establish by treaty 조약을 맺어 세우다〕
federation[fèdəréiʃ(ə)n] 휑 연합, 연방 정부. [federate+ -ion] 8
fee[fi:] 휑 요금, 수수료, 수업료, 축의 (祝儀 gratuity), 영지(領地 fief). 통 요금을 지불하다. 4
〔(앙글로 프렌취) fee fee, fief←(래틴) fevum fief 영토〕 ☞ feudal
feeble[fí:bl] 휑 가냘픈(having no strength), 맥 없는(faint), 미약한. ⓐ strong 강한. 3
〔(래틴) flēbilis doleful 슬픈←flēre weep 울다; →슬픈→힘 없는→가냘픈〕
feed[fi:d] 통 (fed) 음식(먹이)을 주다, 젖을 주다(suckle), 만족시키다(satisfy), (연료를)공급하다(supply). 휑 식량 공급, 사료(飼料 fodder), 식사(meal). cf. food 음식. ⓐ starve 굶기다. 1
〔(중영) feden (고영) fēdan←(고영) fōda food 음식물; food와 같은 어원. cf. tooth 휑 → teeth 통 brood 휑 →breed 통 blood →bleed〕
feeder[fí:də] 휑 먹는 사람 또는 짐승, 사육자(飼育者), 포유병(哺乳瓶). 6
[feed+ -er] ☞ food, fodder

feel[fi:l] [동] (felt) 느끼다, 어루만져 보다(touch),…같이 느껴지다. [명] 촉감. 1
〔《고영》 *fēlan*; *cf.* 《독》 *fühlen*〕
～ *at ease* 안심하다. ～ ***for***… …을 손으로 더듬어 찾다, …에 동정하다. ～ ***like***… …하고 싶어지다. I don't *feel like* eating now.
feeler[fí:lə] [명] 촉각(觸角 tentacle, antenna); 척후(scout). 9
〔feel+-*er*(사람을 뜻하는 명사 어미)〕
feeling[fí:liŋ] [명] 느낌, 감정, 촉감. [형] 다정한, 감동되기 쉬운. 2
[동의어] **feeling**은 "감정"을 뜻하는 가장 보편적인 단어이며, 보통 이성(理性)이 곁들여져 있음을 암시한다. **emotion**은 강한 feeling을 뜻하고, **sensation**은 신체의 기관이나 오각(五覺)에 의한 감각적인 인상을 뜻하며, emotion이 정신에 관한 말인데 비하여, sensation은 신체에 관한 말이다. **passion**은 이성을 잃게 하거나 판단을 그르칠 만큼 격렬한 emotion을 말하며 특히 성적 애정이나 미친 듯이 화 내는, 따위를 가리킨다. **sentiment**는 feeling보다 지적이고 고상한 말이다.
feign[fein] [동] (…인)척하다(pretend), (핑계를) 만든다, (문서를) 위조하다(forge), 속이다. 4
〔《래틴》 *fingere* form 모양을 만들다〕
[동계어] **feint**[feint] [명] 가작, 체하는 것, 견제 운동(牽制運動). [동] 가작하다, 견제 공격을 하다. ☞ figure
fellow[félo(u)] [명] 동무(companion), 동료(comrade), 놈; (학술 협회의) 특별회원, (대학의)특별 연구원. [형] 동료의. [반] stranger 모르는 사람. 1
〔《중영》 *felawe*←《아이스》 *fēlag* companionship 우의←*fē* property 재산+*lag* laying together 함께 내려 놓기, law 법률; 함께 일하는 일을 위해 돈을 함께 내는 사람이라는 뜻〕
[참고] 회화시에는 man이나 boy 대신에 fellow를 쓸 때가 많다. He is a very pleasant *fellow* man.
☞ fee, lay, law
fellowship[félo(u)ʃip] [명] 우의(companionship), 친목, 협력(participation), 특별 연구원의 지위 또는 급비액. 5
〔fellow+-*ship* (추상명사 어미)〕
female[fí:meil] [명], [형] 여성(의), 암컷(의). [반] male 남성. 3
〔《래틴》 *fēmella* young woman 젊은 여자←*fēmina* woman 부인; 원 뜻은 "젖을 먹이는 (《래틴》 *fēlare*)"에서 나온 말〕
[동의어] **female**은 생물학적으로 남성과 구별되는 여성을 뜻하며, 사람과 동식물에 두루 쓸 수 있는 말이다([반] male). **feminine**은 여자 또는 여자다운 성질(가냘픔, 상냥함 따위)을 나타내는 말이다([반] masculine). **womanly**는 여자, 특히 성숙한 여자에게서 연상할 수 있는 훌륭한 성질을 암시한다. **womanish**는 여자의 특성이라고 할만한 약점을 암시하며 보통 경멸해서 말할 때 쓰는 말이다. **effeminate**는 남자가 너무 상냥하고 고와서 남자답지 못하고 계집애 같다는 뜻이다. **womanlike**는 여자다운 약점을 뜻할 때도 더러 있으나 경멸하는 뜻은 없다.
feminine[féminin] [형] 여성의, 여자다운. [반] masculine 남성의. 6
〔《고프》 *feminin* ←《래틴》 *fēminīnus* womanly 여자 다운→*fēmina* woman〕
☞ female 2
fen[fen] [명] 소택지(沼澤地). 8
fence[fens] [명] 울(타리), 담; 검술(劍術). [동] 울타리로 둘르다, 검술을 하다, 방어하다(protect). 〔defence의 준말〕 ☞ defence 2
fencing[fénsiŋ] [명] 검술, 울타리(로 둘름). 〔fence+ -*ing*〕
fender[féndə] [명] 《영》 완충장치(緩衝裝置 《미》 bumper), (차량의) 진흙받이(mudguard); 스토브 주위의 울타리. 〔fend (defend의 준말)+-*er*〕
☞ defend
ferment[fə:mənt] [명] 효소(酵素), 발효; 소동, 동란. [fə:ment] [동] 발효하(게 하)다; 격동하다(시키다). 8
〔《래틴》 *fermentum* leaven 효소 ← *fervēre* boil 끓이다〕
fermentation[fə:mentéiʃ(ə)n] [명] 발효(작용); 격동, 소동.
〔ferment+-*ation*(명사 어미)〕
☞ fervent
fern[fə:n] [명] 《식물》 고사리류(類), 양치류(羊齒類). 4
ferocious[fəróuʃəs] [형] 흉포(凶暴)한 (fierce), 잔인한(cruel).
〔《래틴》 *ferōx* fierce 난폭한+ -ous (형용사 어미)〕
ferocity[fərɔ́siti] [명] 흉포, 잔인함, 사나움. 〔ferocious+-*ity*〕 10
☞ fierce

ferry[féri] 명 나룻배, 나룻터. 동 배로 건느다.   5
〔(고영) *ferian* convey across 건느다 ←*faran* go〕

ferryboat[féribout] 명 나룻배, 연락선. ☞ fare, boat

fertile[fə́:tail] 형 비옥한(rich), 다산(多産)의(productive), 풍부한. 반 sterile 불모의, barren 헐벗은, 메마른. 4
〔(래틴) *fertilis* fertile←*ferre* bear 낳다〕 ☞ bear

fertility[fə:tíliti] 명 비옥함, 풍부함. 〔fertile+ -*ity*〕 8

fertilize[fə́:tilaiz] 동 (토지를) 기름지게 하다, 수정(受精)시키다. 6
〔fertile+ -*ize*(동사 어미)〕

fertilization[fə̀:tilaizéiʃ(ə)n] 명 비옥하게 만듦, 수정. 〔fertilize+-*ation*〕 9

fertilizer[fə́:tilaizə] 명 비료(manure), (특히) 화학 비료; 수정 매개물(벌·나비 따위). 〔fertilize+-*er*〕 6
☞ bear, -ferous

fervent[fə́:v(ə)nt] 형 뜨거운(hot), 열렬한(ardent), 타오르는. 8
〔(래틴) *fervere* boil 끓다〕

fervently[fə́:vəntli] 부 열렬하게.

fervo(u)r[fə́:vɔ:] 명 열렬함(ardour), 열정(passion). 〔(래틴) *fervōrem* heat 열; fervent+ -*or*(명사 어미)〕 8

fester[fésta] 동 곪(게 하)다, 피부가 헐(게 하)다. 명 곪음. 10
〔(고프) *festre* ulcer 궤양(潰瘍)←(래틴) *fistula* a running sore 넘어져서 살갗이 벗겨짐〕

festival[féstiv(ə)l] 명 축제(祝祭), 축일(祝日), (정기)음악제. 형 축제(일)의, 즐거운. 2
〔(고프) *festival* festive←(래틴) *festivus*〕

festal[fést(ə)l] 형 축제의, 즐거운(gay). 〔(래틴) *festus* festive, joyful +(프) -*al*(어미)〕 10

festive[féstiv] 형 축제의, 즐거운. 9
〔(래틴) *festīvus* belonging to a feast 축제의←*festum* feast 축제〕

festivity[festíviti] 명 환락(歡樂), 축제(祝祭); *pl.* 축하의 모임. 10
〔festive+ -*ity*〕 ☞ feast

fetch[fetʃ] 동 가서 가져(데려)오다 (go and bring). 반 take 가져가다. 2
〔(중영) *fecchen* (고영) *feccan*; (고영) *fæt* pace, step, journey와 관련 있음〕

fetter[fétə] 명 속박, 고랑, 족쇄(足鎖). 동 속박하다, 고랑을 채우다. 5
〔(중영) *feter* (고영) *fetor*←*fōt* foot 발〕 *cf.* expedient 형 편리한. 〔*ex-*out +(래틴) *pedis* foot〕 impede 동 방해하다. 〔(래틴) *im* in+*pedis* foot〕 ☞ foot

feud¹[fju:d] 명 (두 집 사이의) 불화, 반목, 숙원(宿怨). 8
〔(고대 독) *fēhida* enmity 적대(敵對) (고영) *fæhth* enmity←*fāh* hostile 적대하는과 같은 어원〕

be at ~ with …과 반목하고 있다. *deadly ~* 불구대천(不俱戴天)의 원수.

feud²[fju:d] 명 영지(領地; 領主가 家臣에게 賜한), 봉토(封土 fief).
〔(래틴) *feudum* fief 영지〕

feudal[fjú:d(ə)l] 형 봉건(제도)의, 영지(領地)의. 8
〔feud+ -*al*(형용사 어미)〕

feudalism[fjú:dəliz(ə)m] 명 봉건 제도. ☞ fee

fever[fí:və] 명 열(熱), 열병, 발열; 흥분, 열광, 열중(熱中).
〔(래틴) *febris* fever 열〕

feverish[fí:v(ə)riʃ] 형 열이 있는, 열광적인 〔fever+ -*ish*(형용사 어미)〕 8

feverishly [fí:v(ə)riʃli] 부 열광적으로, 흥분하여.

few[fju:] 명, 형 (a와 함께 써서 긍정적인 뜻; 없지는 않은, 조금은 있는; a를 안 쓰고 부정적인 뜻) 소수(의), 조금밖에 없는, 거의 없는 (not many). 1 반 many 많은.

주의 a few는 복수형 명사와 함께 쓰고 a little "약간의"는 단수 물질명사나 추상명사와 함께 쓴다.

not a ~ 적지 않은, 다수(의).
quite a ~ = a good ~ 상당히 많은 수 (a good many). ☞ little

fibre(미), **fiber**[fáibə] 명 섬유(纖維); 섬유 조직; 소질, 성격, 성질. 5
〔(래틴) *fibra* thread 실〕

fibrous[fáibrəs] 형 섬유질의, 섬유가 많은. 〔fibre+ -*ous*(형용사 어미)〕

fickle[fíkl] 형 변하기 쉬운(changeable), 번덕스러운. 6
〔(고영) *ficol*←*fician* deceive 속이다〕

fiction[fíkʃ(ə)n] 명 꾸민 것(invention), 꾸민 이야기, 소설. 6
〔(래틴) *fictiōnem*←*fictio* feigning 조

fiddle 201 **fill**

자←*fictus* feigned←*fingere* feign 조작하다]

fictitious[fiktíʃəs] 혱 소설적인, 가공의(imaginary), 허위의(sham, false). [《라틴》 *ficticius* feigned←*fictilis* made+-*itious*(형용사 어미)]
☞ figure, feign, fashion

fiddle[fídl] 몡 《속칭》 바이얼린(violin). 통 바이얼린을 타다, 농하다(toy). **6**
[《중영》 *fithele*; cf. 《독》 *fiedel*; 《라틴》 *vtiula* viol 형 바이얼린 이전의 육현 악기에서 온 것]

fidelity[fidéliti] 몡 충실함, 충성, 진실, 확실함, 절개(節槪). **7**
[《라틴》 *fidēlitās* faithfulness 충실함←*fidēlis* faithful 충실한←*fidēs* faith 신앙] ☞ infidel, faith

field[fi:ld] 몡 들, 밭, 벌판; 싸움터; 분야(分野), 경기장, 시합장. **1**
[《고영》 *feld*; cf. 《독》 *feld*]

fiend[fi:nd] 몡 악마(devil), 도깨비(demon), 마왕(魔王 the Devil, Satan); 잔인한 사람; 《회화》 열심인 사람. **5**
[《고영》 *fīond*, *feond* ← *fēog(e)an* hate 미워하다; 원 뜻은 "미워하는 자"라는 뜻]
an opium ~ 아편 탐닉자(耽溺者). *a radio* ~ 라디오 광(狂). He is a *fiend* at tennis. 그는 테니스의 귀신이다.

fierce[fiəs] 혱 흉포한(ferocious), 맹렬한(violent), ⑳ gentle 얌전한. **2**
[《라틴》 *ferus* wild 야생의, 야만의]

fiercely[fíəsli] 뵘 맹렬하게, 처절(悽絕)하게.

fierceness[fíəsnis] 몡 흉포(凶暴), 맹렬함. ☞ ferocious

fiery[fá.əri] 혱 불의, 불 같은, 타는 듯한, 열렬한, 격심한. **3**
[fire + -*y*(형용사 어미)] ☞ fire

fife[faif] 몡 《군악대용의》 피리, 피리 부는 사람(fifer). 통 피리 불다. **6**
[《고대 독》 *pfifen* blow 불다, whistle 휘파람 불다←《라틴》 *pīpāre* pipe 불다] ☞ pipe

fig[fig] 몡 무화과(無花果), 보잘것 없는 것; 《병리》 숫치질. **4**
[《프》 *figue*←《라틴》 *ficus* fig]

fight[fait] 동 (fought)싸우다, 격투하다. 몡 싸움(battle, fighting), 격투(combat), 전투력. ⑳ peace 평화. **1**
[《중영》 *fihten*, *fehten* fight 싸우다; cf. 《독》 *fechten*]

fighter[fáitə] 몡 전사(戰士); 전투기. **6**
[fight+ -*er*] cf. bomber 폭격기.

fighting[fáitiŋ] 몡 전투, 격투. 혱 싸움의, 전투의, 호전적(好戰的)인. [fight+ -*ing*]

figure[fígə] 몡 자태(shape), 꼴(form), 초상, 풍채(appearance); 숫자, 도안(design), 도형(illustration). 통 그림으로 나타내다, 상상하다, 계산하다(calculate), 예산하다(estimate). **1**
[《라틴》 *figūra* a thing made 만들어진 것←*fingere* make, fashion, feign]
~ *on* 《미》 계산(고려)에 넣다, 기대하다.

figurative[fígjurətiv] 혱 비유적(比喩的)인, 상징적인. [figure+ -*ive*(형용사 어미)]

figuratively[fígjurətivli] 뵘 비유적으로, 상징적으로. ☞ feign, fiction, disfigure, transfigure

filament[fíləmənt] 몡 섬사(纖絲), 전구 심지, 필라멘트. **8**
[《라틴》 *filāmentum* thin thread 섬사←*filum* thread 실] ☞ file

file[fail] 몡 (강철로 된) 줄(鑢); 종렬(縱列) cf. rank 횡렬); 종이 끼우개, 서류철(書類綴). 통 줄로 깎다, 서류를 철하다, 종렬을 짓다. [《고프》 *file* file ←《라틴》 *filāre* wind thread 실을 감다; 《프》 *fil* thread 실←《라틴》 *filum* thread; "줄(鑢)"의 뜻은 《고영》 *feol*에서 온 것] **3**

참고 서류를 정리해서 매는 실에서 "종이 끼우개, 서류철" 따위의 뜻이 생겼고 실처럼 길게 줄지어 놓은 모양에서 "군인의 종렬"을 뜻하게 되었다.
☞ filament

filial[fíljəl] 혱 자식으로서의, 효자의(obedient). **8**
[《라틴》 *filius* son 아들, *filia* daughter 딸+ -*al*(형용사 어미)] ☞ affiliate

fill[fil] 통 채우다, 차다, …을 차지하다 몡 가득한 분량, 충분, 만복(滿腹). **1**
[《고영》 *fyllan* ← *ful* full 가득한; cf. 《독》 *füllen*]
~ *in* (구멍 따위를)채우다, (어음 따위에)써 넣다. ~ *up* 꽉 채우다(막다), (못 따위를)채우다(메워지다), 서식 따위의) 빈 간에 써 넣다.

filler[fílə] 몡 채우는 사람, (시간 채우기 위한)단편 영화. [fill+ -*er*]
☞ full

fillet[fílit] 명 가는 끈, 리본, 댕기. 타 리본을 감다, 댕기를 들이다. 9
[《고프》 *filet*←*fil* thread 실+*-et*(축소 어미)←《라틴》 *filum* thread]
☞ file, filament

film[film] 명 엷은 껍질(막); 가는 실; 필름; (the films) 영화. 타 엷은 막으로 덮다, 필름에 찍다. 5
[《고영》 *filmen* membrane 엷은 막]

filter[fíltə] 타 여과(濾過)하다, 새어 들다(나오다) (leak). 명 여과기(장치).
[《프》 *filtrer* (원뜻은 felt로 여과하다) ←*filtre* 여과기; 원 뜻은 felt] 7
동계어 **felt**[felt] 명 펠트, 모전(毛氈). 형 펠트로 만든.

filth[filθ] 명 오물(汚物); 추악함, 불결.
[《고영》 *fylth*←*ful* foul 불결한]
☞ foul

filthy[fílθi] 형 불결한, 더러운(foul), 추악한, 비외(卑猥)한 (obscene).
[filth+*-y*(형용사 어미)] 6

fin[fin] 명 지느러미; 어류(魚類 fish).
[《고영》 *finn*; cf. 《라틴》 *pinna*]
☞ pin

final[fáin(ə)l] 형 최후의(last), 결정적 (conclusive). 명 (대학 따위의) 최종시험, (단수 또는 복수) 결승전. 반 first 최초의. 2
[《라틴》 *finālis* final→*finis* end]
run (또는 *play*) *in the* ~**s** 결승에 올라가서 경주 (또는 경기)하다. *take one's* ~**s** 학기말 시험을 치르다.

finally[fáin(ə)li] 부 드디어, 결정적으로, 결국. 2

finance[finǽns,(미)fáinæns] 명 재정, *pl.* 재원. 타 재정을 맡아보다, 융자하다. [《라틴》 *finantia* payment 지불 ←*fināre* pay a fine 벌금을 물다← *finis* a settled payment] 7

financial[finǽnʃ(ə)l] 형 재정상의, 금융계의. [finance+*-al*(형용사 어미)] 5
동의어 **financial**은 금전상의 문제에 대하여 쓰이는 말로, 특히 막대한 금액을 취급할 때 쓰인다. **fiscal**은 정부의 세입, 세출 따위나 공공단체나 법인체의 재정 문제로의 처리에 대하여 사용하는 말이다. **monetary**는 화폐의 주조(鑄造), 유통(流通), 표준, 가치 따위에 관련해서 사용되며, **pecuniary**는 금전에 관하여 특히 평소의 또는 개인적인 경우에 쓸 수 있는 말이다.

financially[finǽnʃ(ə)li] 부 재정적으로, 재정상.

financier[fainǽnsiə,(미)finənsíə] 명 재정가(財政家). 재정가인 척하다. [finance+*-er* (사람을 뜻하는 어미)]
☞ fine 10

find[faind] 타 (found) 발견하다(discover after searching), …라고 알게 되다; 공급하다(supply). 명 발견(discovery), 발견물(finding). 반 lose 상실하다. 1
[《고영》 *findan*; cf. 《독》 *finden*]
~ *in* (clothes)(사람에게 옷을) 공급해 주다. ~ *out* 발견하다. 생각해 (찾아) 내다, (해답을) 내다.

finder[fáində] 명 발견자, 습득자;(사진기의) 파인더(거리를 알아낸다는 뜻에서); 탐지기. [find+*-er*]

finding[fáindiŋ] 명 (보통 복수) 조사결과, 습득물. [find+*-ing*(명사어미)]

fine[fain] 형 훌륭한, 맑은(clear); 건강에 좋은(healthy); 가느다란(slender), 날카로운(sharp); 순수한(pure), 고상한(noble), 섬세한(delicate). 명 벌금을 매기다, 맑게 하다(purify), 맑아지다 (clarify). 반 coarse 조악한. 1
[《라틴》 (형용사) *finus* fine ← *finis* end: "완전히 끝장을 보아서 완성된"의 뜻 (명사) 《라틴》 *finis* end 빚에 끝을 보이다→청산→지불→벌금] ☞ finance
the ~ *art* 미술(회화, 조각, 건축).
~ *gentlemen* 멋장이 신사.

finely[fáinli] 부 훌륭하게, 곱게; 가늘게; 정교하게.

fineness[fáinnis] 명 훌륭함, (품질의) 우량함, (금·은 따위의) 순수도, 예민함.
[fine+*-ness*] 9

finery[fáinəri] 명 아름다운 복장, 화려함, 장신구(裝身具). 9

finger[fíŋgə] 명 손가락 (cf. thumb 엄지, toe 발가락). 타 손으로 건드리다, 만지다(touch). 1
[《고영》 *finger*]
참고 finger는 보통 thumb(엄지) 이외의 손가락을 말한다. There are five *fingers* or *four fingers and one thumb* on each hand. ☞ five

finish[fíniʃ] 타 끝내다(complete), 끝나다, 완료하다. 명 종결, 완료. 1
반 begin 시작하다.
[《라틴》 *finīre* end 끝내다←*finis* end 끝; 《고프》 *finir*+*-ish* (동사어미)]
fight to a ~ 끝까지 싸우다.

finished[fíniʃt] 형 완성된(perfect),

(교양 따위에서 볼 때)완전한(polished). [finish+ -ed]

☞ fine, finance, final

finite[fáinait] 휑 한정된, 유한(有限)의(limited). ⓐ infinite 무한한.

finitely[fáinaitli] 閔 유한히(有限的)으로. ☞ fine, finish, final

fire[fáiə] 阁 불, 화재 (cf. conflagration 대화재) ; 사격 ; 열정(passion) ; 열렬함(ardour) ; 넘치는 활기(animation), 시련. 图 불을 놓다 ; 발포하다 (cf. fiery). 휑 불 같은. 1

[(고영) *fyr*; cf. (독) *feuer*]

catach (또는 take) ~ 불이 붙다, on ~ 타고 있는, set ~ to ……에 불을 놓다(set on fire).

fire-arm[fáiərɑ:m] 阁《보통 복수》화기(火器), 총포.

fireplace[fáiəpleis] 阁 난로, 벽로, 아궁이 ; 화롯가(hearth). 6

fire-proof[fáiəpru:f] 휑 방화(防火)의, 내화성(耐火性)의. 图 내화성으로 만들다.

fireside[fáiəsaid] 阁 노변(爐邊) ; 가정(home). 7

firewood[fáiəwud] 阁 장작. 10

firework[fáiəwə:k] 阁 불꽃장치, pl. 불꽃놀이.

firm[fə:m] 휑 견고한(solid) ; 꽉 째인(compact) ; 단호한(resolute) ; 견실한(steadfast). 閔 꽉, 단단히. 图 굳(히)다. 阁 상회. ⓐ weak 약한. 1

[(래틴) *firmus* steadfast 견고한]

동의어 firm은 구성이 치밀하고 잘 짜여지고 쉽게 흔들리지 않는다는 뜻이고, hard는 대단히 강하고 단단하며, 두껍다는 뜻이다. solid는 튼튼하게 만들어져서 속까지 한결같이 치밀하고 견고하다는 뜻이다.

firmly[fə:mli] 閔 굳게, 꽉, 단호하게. [firm+ -ly]

firmness[fə:mnis] 阁 견고함, 확고부동. [firm+ -ness] 8

☞ infirm, confirm, farm

firmament[fə:məmənt] 阁 창공, 하늘(sky). [(래틴) *firmāmentum* support 받들고 있는 것←*firmāre* strengthen 강화하다←*firmus* firm] 5

주의 보통 정관사 the를 붙여 쓰고 단수로 취급한다. 하늘을 시적으로 본말로 구름이나 별들을 포함한다.

first[fə:st] 휑 최초의, 첫째. 阁 제일, 초하루 ; 《야구》제일루(第一壘). ⓐ last 최후의(로). 1

[(고영) *fyrst* fore, before "앞의"의 최상급 ; 맨 앞의]

at ~ 처음에는 (ⓐ at last 마침내, 끝으로). at ~ sight 한번 보고, 얼듯 보아서는. ~ of all 무엇보다도 먼저. for the ~ time 비로소, 처음으로. in the ~ place 우선 먼저, 무엇보다도, 맨 먼저. ☞ fore

firstly[fə:stli] 閔 첫째, 먼저, 무엇보다도 ; cf. secondly.

first-aid[fə:steid] 阁 응급치료.

first-born[fə:s(t)bɔ:n] 휑, 阁 맨 먼저 태어난(자식). 7

first-class[fə:s(t)klɑ:s] 휑 일류의, 일등의. 閔 일등객으로(여행 따위).

first-hand[fə:sthǽnd] 휑 직접의. ⓐ second-hand 간접의 ; 중고의.

fiscal[fískəl] 휑 국고(수입상)의 ;(미) 재정상의(financial) ; cf. financial 재정상의.

[(래틴) *fiscus* basket of rushes, purse 지갑]

~ stamp 수입인지. ~ year 회계년도.

fish[fiʃ] 阁 물고기, 생선. 图 고기를 잡다, 낚다 ; cf. meat 고기(肉). 1

주의 다른 종류의 물고기를 뜻하는 복수형은 fishes이나, 같은 종류의 물고기는 단수나 복수 할 것 없이 fish라고 말한다. three big fish (세마리의 큰 고기) ; three fishes (세 종류의 고기).

[예 ; 정어리·갈치·조기 등]

~ for… ……을 얻으려 하다, ……을 낚으려 하다.

drunk as a ~ 몹시 취하여. feed the ~es 물에 빠져 고기밥이 되다. ~ in troubled waters 혼란한 틈을 타서 이(利)를 보다.

fisher[fíʃə] 阁 고깃배, 고기를 잡는 짐승(족제비 따위) ;《고어》어부. 6

[fish+ -er]

fisherman[fíʃ(ə)mən] 阁 어부.

fishery[fíʃəri] 阁 어업, 수산업 ; 어권(漁權) ; 어장.

fissure[fíʃə] 阁 빈틈, 균열(龜裂 crack). 图 균열이 생기게 하다. 9

[(래틴) *fissūra*←*findere* cleave 벌어지다]

fist[fist] 阁 주먹. 图 주먹으로 치다. 3

[(고영) *fyst* ; cf. (독) *faust*]

fit[fit] [형] 적합한(suitable). [동] …에 맞추다(suit); 비치하다(supply). [명] 발작(發作); 적합함, 알 맞는 맵씨. 1
[반] unfit 부적당한.
[동의어] **fit**는 어떤 목적이나 요구에 맞는 성질이나 자격이 있다는 뜻이고, **suitable**은 어떤 정세, 목적, 지위 따위에 적합하다는 뜻으로, fit보다 그 뜻이 강하다. **proper**는 어떤 사물에 올바르게 적합하다는 뜻으로, 원래 그러해야 한다는 뜻을 암시한다. **appropriate**는 어떤 사람, 목적, 지위, 경우 따위에 여지없이 들어맞는다는 뜻이며 **apt**는 목적에 꼭 적합한다는 뜻이다.
fitful[fítf(u)l] [형] 발작적인, 변덕스러운. 〔fit+ *-ful*〕
fitly[fítli] [부] 적당히, 알맞게. 〔fit+*-ly*(부사어미)〕
fitness[fítnis] [명] 적당함, 적합함(propriety); (건강상태의)양호. 8
fitting[fítiŋ] [형] 적당한(proper), 어울리는. [명] 장치, 조작, 《보통 복수》세간살이(furniture). 〔fit+ *-ing*〕
fittingly[fítiŋli] [부] 적당하게, 알맞게.

five[faiv] [명],[형] 다섯(의), 다섯 개(사람)(의). ☞ fifteen, fifty, fifth 1

fix[fiks] [동] 고정하다 (make firm); 결정하다(settle); 고치다(repair). [명] 진퇴양난(dilemma); 《미》(기계의) 조정. 1
[반] dislodge 옮기다.
〔《래틴》 *fixus* fixed←*figere* fix 고정하다〕
fixed[fikst] [동] fix의 과거(분사). [형] 고정된, 일정한.
fixedly[fíksidli] [부] 고정해서, 가만히.
fixture[fíkstʃə] [명] 고정되어 있는 것; 비품(備品). 〔fix+ *-ure*〕 7

flag[flæg] [명] 기(旗). [동] 기를 세우다. 〔《아이스》 *flögra* flutter 펄럭이다〕 2
flagship[lǽgʃip] [명] 기함(旗艦). ☞ ship

flagrant[fléigrənt] [형] 악명 높은, 극악의. 〔《래틴》 *flagrāre* burn 타다; 타다→타는 듯이 강하다 → 격렬함 → 심한 악질〕
[동계어] **conflagration** [kɔ̀nfləgréiʃ(ə)n] [명] 대화재. 〔*con-*(강조의 접두사) +*flagrant* burn+*-ion*(명사 어미)〕 ☞ flame

flake[fleik] [명] 얇은 조각, 불꽃, 눈 조각. [동] 조각 조각 떨어지다. 5

flame[fleim] [명] 불꽃, 화염; 열정; 광휘(光輝). [동] 타오르다, 벌겋게 화를 내다, (태양이) 이글이글 빛나다. 2
〔《래틴》 *flamma* flame; *flag-* burn 에서 온 말〕
in ~s 타올라서, 불꽃이 되어.
☞ flagrant, conflagration

flank[flæŋk] [명] 옆구리, 측면. [동] 측면을 돌다(공격 하다); *cf.* front 정면. 5
〔《중영》《프》 *flanc* side←《고대 독》 *hlancha, lanka,* hip, bend, loin 엉덩이, 허리, 옆구리〕

flannel[flǽn(ə)l] [명] 프란넬, *pl.* 프란넬 제품(운동복, 속옷 따위). [형] 프란넬로 만든. 6
〔《웰스》 *gwlanen←gwlan* wool 털실〕 ☞ wool

flap[flæp] [동] 찰싹 때리다; 펄럭이(게 하)다. 5
〔《중영》 *flappen* beat 때리다〕
flapper[flǽpə] [명] 가볍게 치는 사람; 파리 채(fly-flap); (돌쩌귀가 있는) 문짝; 《미속》 말괄량이. 〔flap+*-er*〕

flare[flɛə] [명] 흔들리는 불 꽃, 섬광(閃光)(신호), 《사진》 후레어. [동] (불꽃이) 너울대다, 번쩍번쩍하다. 8
〔《놀웨이》 *flara* blaze 타오르다←《스웨덴 방언》 *flasa* burn violently 활활 타다〕 ☞ flash

flash[flæʃ] [명] 섬광(閃光), 찰나(刹那 instant). [동] 번쩍하고 빛나다; 확 떠오르다(생각이), 휙 지나가다. 2
〔《중영》 *flaschen* dash 돌진하다; flare의 자매어〕
[동의어] **flash**는 갑자기 번쩍하고 빛났다가 곧 꺼지는 휘황한 빛을 뜻하며, **glance**는 어떤 표면에서 반사되어 번쩍하고 빛나는 섬광을 뜻한다. **gleam**은 어두운 배경에 비추어 드는 가느다란 광선을 뜻하고, **sparkle**은 수없이 많은 작고 밝은 깜박이는 섬광을 뜻한다. **glitter**는 어떤 표면에서 단속적(斷續的)으로 반사되는 밝은 섬광을 뜻하며, **glisten**은 축축한 표면에서 나오는 빛과 같은 번드레한 광선을 뜻한다. **shimmer**는 휘저어 놓은 수면에서 볼 수 있는 것같은 부드럽고 흔들리는 빛의 반사를 뜻하며, **glint**는 잘 닦은 표면에서 반사해 나오는 빛과 같이 강하고 휘황한 번쩍임을 뜻한다.

flask[flɑ:sk] [명] 플라스크; (휴대용)병(瓶). 9
a pocket ~ (위스키 따위의 주머니

에 넣고 다닐만큼)작은 술병.

flat[flæt] 혱 평평한 (level); 단조로운 (dull); 노골적인, 분명한. 튄 평평하게; 꼭 (exactly), 전혀 (entirely). 명 평면. 2

flatly[flǽtli] 튄 평평하게, 단조롭게; 얼빠져서; 단호하게.

flatten[flǽtn] 동 평평하게 하다(되다); 단조롭게 하다; 얼빠지다. [flat+ -en(동사 어미)]

flatter[flǽtə] 동 아첨하다, (사진 따위가)실물보다 나아 보이다. 반 insult 모욕하다. 3
[[고프]] flater smooth 매끄럽게 하다 ←(아이스) flatr flat; make flat 평평하게 하다]

~ *oneself that* ⋯ ⋯임을 자랑스럽게 생각하다, 마음 속으로 가만히 ⋯ 라 생각하다.

참고 This picture *flatters* her. 이 사진은 실물보다 좋게 찍혔다. This picture does not *do* her *justice*. 그 여자의 이 사진은 실물보다 못하다.

flatterer[flǽtərə] 명 아첨하는 사람, 추종자. [flatter+ -er]

flattering[flǽt(ə)riŋ] 혱 아첨하는, 실물 이상으로 표현한.

flattery[flǽt(ə)ri] 명 아첨, 감언이설. [flat+ -ery] 5

flaunt[flɔːnt] 동 펄럭거리다, 펄럭펄럭 (바람에)나부끼다; 우쭐대며 돌아다니다, 이것 보라는 듯이 과시(誇示)하다 (show off). 명 과시(誇示).
[*cf.* 《놀웨이》 flanta gad about 돌아다니다]

flavo(u)r[fléivə] 명 (독특한) 맛, 풍취 (風趣), 풍미. 동 풍미(향기)를 더하다. 반 insipidity 무미(無味). 4
[[라틴]] flātus blown←flāre blow 불다; 원 뜻은 나쁜 냄새; -v-가 단어에 사용된 까닭은 savo(u)r(맛, 풍취)에서 미루어 생각한 것]

flavo(u)rless[fléivəlis] 혱 풍미 없는, 풍취에 안맞는.

flaw[flɔː] 명 흠, 금(crack), 결점. 동 흠이 가다. 7
[[중영]] flawe←《스웨덴》 flaga crack 금, flake 조각 ☞ flake

flax[flæks] 명 《식물》 아마(亞麻), 아마의 섬유, 린네르(linen).

flea[fliː] 명 벼룩.
[[중영]] flee, fleen; *pl.* 《고영》 flēah flea; *cf.* 《독》 floh]

~ *in one's ear* 호되게 꾸지람함.

flee[fliː] 동 (fled) 도망치다(run away). 반 stay 머물다, stand 서있다. 3
주의 흔히 flee 대신에 fly를 쓰기도 한다, flea 벼룩, free 자유의와 혼동하지 않도록.
[[중영]] fleen 《고영》 flēon; *cf.* 《독》 fliehen] ☞ flea

fleece[fliːs] 명 한 뭉치의 양털, 한 마리 양에서 나오는 털. 동 (양의)털을 깎다; (돈 따위를)탈취하다; (양 털같은 것으로)덮다. 4
[[중영]] flees 《고영》 flēos; *cf.* 《독》 fliess]

fleecy[flíːsi] 혱 양털로 덮인, 양털같은. 7

fleet[fliːt] 명 함대, 해군(력), (비행기, 전차 따위의)대(隊). 혱 《시》빠른(swift). 동 (세월 따위가)살 같이 지나다 (fly swiftly). 2
[[중영]] fle(o)te 《고영》 flēot ship; a number of ships 선단←《고영》 flēotan float 뜨다] ☞ float

flesh[fleʃ] 명 고기, 살; 육체(the body); 육욕. 반 soul 영혼, spirit 정신. 2
주의 fresh "신선한"과 혼동치 않도록.

~ *and blood* 혈육(血肉); 인간성, 인정; 육친(肉親 near relations). *proud* ~ 새살. ☞ flee

fleshly[fléʃli] 혱 육욕에 사로잡힌, 육감적인(sensual); 육체의(of the flesh), 세속적(worldly).

fleshy[fléʃi] 혱 살의; 살이 오른, 살찐(fat).

flexible[fléksibl] 혱 잘 굽혀지는, 융통성 있는. 7
[[라틴]] flexibilis easily bent 잘 굽는←flexus bent 굽은 ←flectere bend 구부리다 + -ible(형용사어미)]

flexibly[fléksibli] 튄 녹신녹신하게, 자유자재로, 온순하게.

flexibility[flèksibíliti] 명 유연(柔軟)한 성질, 적응성. ☞ inflexion

flicker[flíkə] 동 하늘거리(게 하)다, 펄럭이(게 하)다, 깜박이(게 하)다. 명 멸멸(明滅)하는 불 빛; 산들거림, 하늘거림. 8
[[고영]] flicorian flatter 펄럭이다; *cf.* 《독》 flackern] ☞ flag

~ *out* 깜박이다가 꺼지다.

flight[flait] 명 비행, 비약(飛躍); (잇달아 있는)계단; 도망; *cf.* fly 날다, flee

도망치다.
[(고영) *flyht*←*flyge* flight; fly+ -*t* (명사어미)]

flimsy[flímzi] 薄 얄팍한, 빤한, 박약한 (weak), 연약한(frail). 名 《속어》 얇은 종이; (통신용, 신문기자용)원고(지). 10 [1702년에 처음 쓰임; *film*에서 온 말이다] ☞ film

fling[fliŋ] 動 (flung) 던지다(throw with great force), 돌진하다(rush). 名 투척(投擲), 팔매질, 돌진, 분노. ⑩ snatch 잡아 채다. 4
[(중영) *flingen* rush 돌진하다; *cf*. 《스웨덴》 *flānga* fly, race 달리다]

flint[flint] 名 부싯돌, 라이타 돌; 차돌. [(고영) *flint*; (그) *plinthos* brick 벽돌과 같은 어원] 5

flirt[flə:t] 動 휙 팽개치다(jerk); (남녀가)희롱하다; (부채를) 훨훨 부치다. 名 급격한 움직임; 놀아난 여자(coquette). 6
[던지는 모습에서 생긴 말]

flirtation[flə:téiʃ(ə)n] 名 (남녀간의) 희롱, 교태(嬌態 coquetry).

flirtatious[flə:téiʃəs] 薄 희롱하는, 놀아 남. [flirtation+-*ous*(형용사 어미)]

flit[flit] 動 쾌쾌(훨훨)날다(fly lightly and quickly), 가볍게 지나가다(pass quickly). 5
[(중영) *flitten*←(아이스) *flytja* cause to flit]

float[flout] 名 부표(浮標), 뜨개, 뗏목 (raft), 구명대(救命袋). 動 뜨다, 띄우다, 표류하다; 유포(流布)하다. 2
[(고영) *flotian* float 뜨다, *flota* that which floats 뜨는 것, ship 배]

flock[flɔk] 名 (새·양 따위의) 떼. 動 떼지어 모이다(crowd). 2

flog[flɔg] 動 매질하다(whip).

flood[flʌd] 名 홍수; 만조(滿潮 high tide); 다량(多量). 動 범람하다. 2
[(고영) *flōd* flood←*flōwan* flow 흐르다] ☞ flow

동의어 **flood**는 하천이 범람해서 생기는 홍수를 뜻하고, **deluge**는 무엇이나 떠내려 보내는 대홍수를 말한다. **inundation**은 보다 형식적인 말로 부은 일대를 물로 덮어버림을 말하며, **freshet**는 눈 녹음이나 눈의 녹음으로 말미암아 급격히 물이 많이 불어 생기는 작은 침수상태를 뜻한다.

floor[flɔ:] 名 마루(건물의)층(層 storey), 動 마루를 깔다. 1

flop[flɔp] 動 퍼덕퍼덕 움직이다(흔들리다), 어슬렁어슬렁 걷다, 펄떡 쓸어지다, 딱 때리다; 《속어》실패하다. 名 퍼덕거림, 어슬렁어슬렁 걷기.

flour[fláuə] 名 밀가루, 가루. 動 가루를 뿌리다. 2
주의 flower 꽃, floor 마루와 혼동하지 말 것.
[(프) *fleur (de farine)* flower of wheat 밀의 꽃; 밀의 가장 좋은 부분을 꽃에 비교한 것. flower의 자매어]
☞ flower

flouris[flʌ́riʃ] 動 번창하다(thrive); 꾸미다; 활약하다. 名 번영(繁榮), 문식(文飾). [(레틴) *flōrēre* blossom 꽃이 피다 ←*flos* flower 꽃; 인생의 꽃 한 창 때→번창하다] 3

floury[fláuəri] 薄 밀가루의, 가루투성이의. [flour+-*y*] 4

flow[flou] 動 흐르다; 조수가 들어오다 (⑩ ebb); 범람하다(flood). 名 유출(流出), 풍부함, 만조(滿潮). ☞ flood 1
동의어 **flow**는 "흐르다"를 뜻하는 보편적인 말이다. **gush**는 버려진 구멍에서 갑자기 많이 분출한다는 뜻이고, **spout**는 상당한 양의 액체가 갑자기 힘차게 흘러 나온다는 뜻이다. **sprout**는 spout 보다 약간 뜻이 약한 말이다. **stream**은 수원(水源)에서 끊임없이, 또 같은 방향으로 줄줄 흘러간다는 뜻이다.

flower[fláuə] 名 꽃; 청춘; 정화(精華 essence); 성시(盛時 prime). 動 꽃이 피다, 번영하다(flourish). ⑩ wither 시들다. 1
[(중영) (고프) *flour*←(레틴) *flōs* flower 꽃; *cf*. (프) *fleur*]
통계어 **floral**[flɔ́:r(ə)l] 薄 꽃의.
~ *arrangement* 꽃꽂이 (꽃을 일정한 방식으로 배열함) **florist**[flɔ́:rist] 名 꽃집, 화초 재배자.
☞ flour, flourish, florist, flora

floweret[fláuərit] 名 작은 꽃. [flower+-*et*(축소어미)] 10

flowery[fláuəri] 薄 꽃이 많은, 꽃 같은, 꽃 무늬의. [flower+-*y*(형용사 어미)] 4

fluctuate[fiʌ́ktʃueit] 動 (물결 처럼)파동하다; 동요하다, 변동하다.
[(레틴) *fluctuāre* float about 떠다니다←*fluere* flow 흐르다]

fluctuation[flʌktʃuéiʃ(ə)n] 名 파동,

변동, 성쇠(ups and downs). 9
☞ fluent
fluent[flú(:)ənt] 형 유창한, 그칠없는; 유동성의(fluid). 9
[《라틴》 *fluere* flow "흐르다"의 현재분사 어간에서; 흐르는→흘러가는 것처럼→유창하게》줄.
fluently[flú(:)əntli] 부 유창하게, 줄줄
fluency[flú(:)ənsi] 명 유창함. 능변(能辯). [fluent+-cy(추상명사 어미)]
☞ fluid, influence
fluid[flú(:)id] 형 유동성의(liquid). 명 유동체(流動體). 반 solid 고체(의).
[《라틴》 *fluidus* flowing 흐르는→*fluere* flow 흐르다] 4
~ *beliefs* 변하기 쉬운 신념. ☞ fluent
flush[flʌʃ] 통 얼굴을 붉히다(redden), (물이)콱 쏟아져 나오다; 기세를 돋우다. 명 홍조, 분출. 반 pale 8
[*flash*(번쩍하다)와 *gush*(터져 나오다)와 *blush*(얼굴을 붉히다)의 혼성어]
flute[fluːt] 명 피리, 퉁소. 통 피리를 불다; (기둥 따위에) 세로 흠을 파다. 5
[《중영》 *flowte, floite*←《고프》 *flaute* flute; fl-은《라틴》 *flāre* blow 불다에서]
flutter[flʌ́tə] 통 날개치다, 펄럭이(게 하)다(flap); 가슴이 설레다. 명 활개침, (마음의)동요. 3
[《고영》 *flotorian* float about 떠다니다←*flēotan* float] ☞ float
주의 flatter "아첨하다"와 혼동하지 말것.
fly[flai] 통 (flew, flown) 날(게 하)다, 도망치다(flee). 명 비행, 파리; 《영》(pl. flys) 경편 유람마차(輕便遊覽馬車). 반 perch (새가 홰에)앉다. 1
[《고영》 *flēogan*; cf. 《독》 *fliegen*]
foam[foum] 명 거품(froth); 바다, 파도. 통 거품이 일다. 3
[《중영》 *fome* 《고영》 *fām*]
focus[fóukəs] 명 (pl. focuses, foci [fóusai]) 초점, 중심(centre). 통 초점을 정하다, 집중하다. 7
[《라틴》 *focus* hearth 난로; 난로→불의 중심→초점]
fodder[fɔ́də] 명 (가축의)사료, 꼴. 6
[《중영》 *fodder*《고영》 *fōdor*←*fōda* food 먹이; cf.《독》 *futter*] ☞ good
foe[fou] 명 《시어》 적, 원수(enemy). 반 friend. 2
fog[fɔg] 명 안개, 오리무중. 통 안개가 끼다, 어쩔줄 모르게 하다. 4
[《중영》 *fogge* coarse grass 질이 나쁜 풀; 질이 나쁜 풀→짙은→몽몽한→안개]
foggy[fɔ́gi] 형 안개가 짙은, 몽몽한. [fog+-y(형용사 어미) much; 원 뜻은 "늪이 많은"(marshy)]; cf. snow— snowy; wind—windy; rain—rainy.
foil[foil] 통 (계획 따위를) 좌절시키다 (baffle), 격퇴하다(repel).
[《라틴》 *fullāre, folāre* full cloth 옷을 팽팽하게 하다; 옷을 팽팽하게 하다→너무 많이 넣다→짓 밟다→좌절시키다] ☞ baulk, thwart
fold[fould] 통 접다, 겹치다(bend), 싸다(wrap); (팔장을)끼다. 명 접음, 접은 주름. 반 unfold 펴다, 넓히다. 2
[《중영》 *folden* 《고영》 *fealdan* fold 접다; cf.《독》 *falten*]
with ~ed arms 팔짱을 끼고.
참고 twofold, threefold 따위의 -fold 도 같은 어원에서 온 것으로 "...배의"의 뜻이 된다. ☞ enfold
folder[fóuldə] 명 접는 사람, 접는 기구; 접은 것.
foliage[fóuliidʒ] 명 《집합격》 무성한 나무 잎(leaves). 6
[《라틴》 *folia* leaves]
folio[fóuliou] 명 한번 접은 전지(全紙) (4면이 되는 크기의 종이·책);《법률》문서류의 길이의 단위어수(영국에서는 72단어 또는 90단어, 미국에서는 보통 100단어). 9
[《라틴》 (*in*) *foliō* leaf 잎←*folium* leaf, sheet]
folk[fouk] 명 사람들(people); pl. 《속어》 가족(one's relatives), 식구들. 2
[《고영》 *folc*]
통계어 Volkswagen[fólksvɑ̀:gən] 명 ("국민의 차"라는 뜻의) 독일 소형 자동차. [《독》 *Voksl+wagen* 차] Volkslide [fólksliːd] 명 민요. [《독》 *Volks+lied* 노래]
참고 격식을 갖춘 문장이나 방언에서는 복수형도 folk이나, 그렇지 않을 때에는 folks가 보통이며, 특히 "가족들"을 뜻할 때에는 folks라고 말한다. 보기: Town *folk* are not like farmers. 도시인은 농부와 다르다. The old *folks* at home. 고향의 노인들.
folksong[fóuksɔŋ] 명 민요. [folk+song]
follow[fɔ́lou] 통 뒤따르다(go or come

after) 종사하다(engage in)…뒤를 잇다(succeed); …한 결과가 되다(result from); 이해하다; 준수하다(obey). 1
[반] lead 인도하다, 이끌다.

as ~s 다음과 같이. ***~ the plough*** 농업에 종사하다, 농부가 되다. ***it ~s that***… …과 같이 되다.

[동의어] **follow**는 가장 보편적으로 쓰이는, 말이며 나중에 일어난다거나 온다는 뜻으로 쓰인다. **ensue**는 어떤 일의 당연한 결과로 일어난다는 뜻으로 보통 잠시 계속되는 경우에 쓴다. **succeed**는 뒤를 잇는다는 뜻으로 뒷 사람이 전임자의 지위나 직함을 물려받는다는 뜻이 보통이다. 4

follower[fɔ́lo(u)ə] [명] 종자(從者), 수행원.

following[fɔ́lo(u)iŋ] [형] 다음의, 순풍(順風)의. [명] 《집합적》 수행원 일동, 부하. 1

folly[fɔ́li] [명] 우행(愚行 foolish act), 어리석음(foolishness) [반] wisdom 현명함
〔《고프》 *folie* folly←*fol* foolish 어리석은〕 ☞ fool 3

fond[fɔnd] [형] …을 좋아하는〔of〕; 다정한(tender), 애정이 깊은. [반] averse 싫어하는. 2

[주의] 동사로 취급치 말 것.
〔《중영》 *fond, fonned* infatuated 머리가 돈←*fonnen* to be foolish 어리석다 →*fon(ne)* fool 바보〕

be ~ of … …을 좋아하다.

fondle[fɔ́ndl] [동] 귀여워하다, 애무하다. 〔fond+ *-le*(동사어미)〕 ☞ fun

food[fu:d] [명] 음식, 양식. *cf.* feed. [동] 먹이다. 1

[동계어] **fodder**[fɔ́də] [명], [동] 꼴(을 주다)
☞ foster, feed, fodder

fool[fu:l] [명] 바보(simpleton), 어릿광대. [동] 우롱(愚弄)하다(make a fool of), 속이다(dupe). [반] sage 현인(賢人) 2
〔《고프》 *fol* fool←《래틴》 *follis* windbag 풀무; 어리석은 생각으로 풀무처럼 부풀어 오른것. *cf.* 《프》 *fou, fol(le)*〕

make a ~ of … …을 우롱하다. ***play the ~*** 바보 짓을 하다. ***play the ~ of***… …을 속이다.

[동의어] **fool**은 올바르게 사물을 알아보는 능력이나 판단력이 없는 사람을 멸시해서 말하는 일반적인 말이다. **idiot**는 fool 보다 뜻이 강하여 지능이 대단히 낮은 사람이나 그런 행동을 하는 사람을 뜻한다.

foolish[fú:liʃ] [형] 어리석은(silly), 바보 같은. [반] clever 현명한. 2
〔fool+ *-ish*(형용사 어미)〕 ☞ folly

foot[fut] [명] (*pl.* feet) 발; 기슭; (테이블 따위의)다리; 《집합적》 보병(infantry); (시의)운각(韻脚); 피이트(12인치 약 20센치). [동] 밟다(tread), 차다(kick) [반] head 머리 1
〔《중영》 *fot, foot, pl. fe(e)t;* 《고영》 *fōt, pl. fēt; cf.* 《독》 *fuss* 《래틴》 *pēs*〕

on ~ 일어서서, 걸어서, (착착)진행되어.

football[fútbɔ:l] [명] 축구용 공. *cf.* socker 삭카, 아식 축구. 5

footfall[fútfɔ:l] [명] 발자국 소리, 발을 내어딛는 법. ☞ footstep

foothold[fúthould] [명] 발판, 안전한 기초. 〔foot+hold〕

footing[fútiŋ] [명] 발판; 지위, 신분; 기초(basis). 9

footlights[fútlaits] [명] *pl.* 각광(脚光), 무대.

footman[fútmən] [명] (제복을 입은) 종복(從僕). 〔foot+man〕 6

footprint[fútprint] [명] 발자국, 발자취.

footstep[fútstep] [명] 걸음걸이, 발짝(소리), 발자국. 4

footstool[fútstu:l] [명] (의자에 앉았을 때 발 밑에 괴는)족대(足臺). 10
☞ pedal

for[《강》fɔ:, 《모음 앞》 fɔ(:)r; 《약》 fə, 《모음 앞》fər] [전] …때문에, …을 위하여, …쪽으로, …대신으로, …을 찾아서, …동안, …으로서는. [접] …인 까닭은 …이기 때문이다. [반] against 반대하여. 1
〔《고영》 *for, fore* before, for; *cf.* 《독》 *für,* 《래틴》 *prō*〕 ☞ fore

forbear[fɔ:béə] [동] (forbore, forborne) 참다, 견디다(endure). [fɔ́:bɛə] [명] 《보통 복수》 조상(祖上 ancestor). 5
〔《고영》 *forberan; for-*(강조의 접두사)+bear 참다〕

forbearance[fɔ:béər(ə)ns] [명] 참는 것, 인내(忍耐); 자제(自制); 관용(寬容).
〔forbear+ *-ance*〕 ☞ bear 9

forbid[fəbíd] [동] (forbade, forbidden) 금하다(prohibit); 방해하다(prevent) [반] allow 허락하다. 2
〔《고영》 *forbēodan; for-*(강조의 접두

사)+bid 명령하다; *cf.* 《독》 *verbeiten*]

[동의어] **forbid**는 보통 개인적으로 어떤 행동을 금지한다는 뜻이다. **prohibit**는 forbid 보다 딱딱한 말로 주로 법률용어로 많이 쓰이며 법률 또는 공적인 명령으로 forbid 한다는 뜻이다. **interdict**는 일시적으로 법률이나 종교상으로 금지한다는 뜻이며, 좋지 못한 경향을 방지하기 위하여 징벌로 금지하는 따위에 쓰이는 형식적인 말이다. **enjoin**은 미국에서 쓰는 말로 재판소의 명령으로 어떤 행동을 금지하며 위반할 때에는 처벌한다는 뜻이 있다. **ban**은 법률이나 종교상으로 금지한다는 뜻이며, 비난이나 견책의 뜻이 강하다. **taboo**는 원시적인 미신이나 사회적 관습으로 어떤 일을 하지 못하게 금한다는 뜻이다.

forbidden[fəbídn] 형 금지된, 금단의.

forbidding[fəbídiŋ] 형 가까이하기 어려운, 살수 없을 만큼 비싼. [forbid+ -*ing*(현재분사어미)]

a ~ *countenance* 무서운 얼굴. *a* ~ *coast*(험준하여)가까이 갈(상륙할) 수 없는 해안. ☞ for-, bid

force[fɔːs] 명 힘(strength); 병력(power) *pl.* 군대(army); 폭력(violence). 동 무리로 …하게 하다(impose); 강탈하다(extort); 밀고 나가다(impel). 1 [《고프》 *force*←《래틴》 *fortia* strength ←《래틴》 *fortis* strong 강한] ☞ fort

by (*the*) ~ *of* … …의 힘으로, …에 의하여. *in* ~ (법률) 유효하여, 실시중으로. *the* ~*s* (육·해·공군의)군비, 병력.

[동의어] **force**는 compel보다 뜻이 강한 말이며, 폭력을 쓰다싶이 하여 어떤 짓을 하게 한다는 뜻이다. **compel**은 force 보다 뜻이 약하나 oblige 보다 뜻이 강하다. **oblige**는 법률이나 주위사정, 내부의 동기 따위로 어쩔 수 없이 하게 한다는 말이다. **constrain**은 자연적인 동작이나 행위를 억누르고 억지로 어떤 일을 하게 한다는 뜻이며, **impel**은 강한 욕망이나 동기에 의하여 하도록 몰아낸다는 뜻이다.

forceful[fɔːsf(u)l] 형 《고어 고상한 말》 힘찬.

forceless[fɔːslis] 형 힘 없는.

forcible[fɔːsibl] 형 강제적인; 강력한 (powerful); 유력한, 유효한(effective) [force+ -*ible*] 7

forcibly[fɔːsibli] 부 강제적으로, 힘차게. ☞ enforce, reinforce, fort

ford[fɔːd] 명 여울, 걸어서 건널 수 있는 곳. 동 걸어서 건너다. 4 [《중영》 *ford*, 《고영》 *ford*] ☞ fare, port

fore[fɔː] 명, 형 전부(前部)(의)(fornt), 반 hind, back, aft 후방(의). 5 *come to the* ~ 유력한 역할을 하다, 대두(擡頭)하다. *to the* ~ 현장(現場)에; 곧 쓸 수 있게 준비 되어 있는 (ready to hand). ~ *and aft* 이물에서 고물까지, 배 안 어느 곳에나.

forearm[fɔːrɑːm] 명 팔목. ☞ fore, arm

forebode[fɔːbóud] 동 미리 알리다, 조짐(兆朕)이 보이다.

[*fore*- before+bode 미리 알리다]

forecast[fɔːkɑːst] 명 예측, (일기)예보. [fɔːkɑ́ːst] 동 예측하다, 예보하다. 10 [*fore*- before+cast 던지다]

☞ cast, broadcast, telecast, fore

forecastle[fóuksl] 명 앞 돛대 보다 앞의 윗 갑판; 선원실《이물의 윗 갑판 밑에 있는 것》. [*fore*- before+castle(성); 전투시에 적선을 제압하기 위하여 중세기의 배의 이물에 만들어진 성의 형태를 가진 높다락한 갑판(甲板)]

[주의] 철자법에 맞추어 [fɔːkɑːsl]로 발음 될 때도 있고, [fóuksl]이라는 발음에 따라 fo'c's'le로 적기도 한다. 6 ☞ fore, castle

forefather[fɔːfɑːðə] 명 조상(ancestor) [*fore*- before+father] ☞ fore, father

forefinger[fɔːfiŋɡə] 명 둘째 손가락, 집게 손가락, 식지(食指 first finger)《index finger라고도 한다》.

☞ fore, finger

forefoot[fɔːfut] 명 (*pl.* forefeet) (동물의)앞발. 2 [*fore*- before +foot] ☞ fore, foot

forefront[fɔːfrʌnt] 명 최전부(最前部), 첨단.

[*fore*- before+fornt 앞부분] ☞ fore, front

for(e)go[fɔːɡóu] 동 (forewent, foregone)…없이 지내다, 할애(割愛)하다; 《드물게》 앞서다(go before). 7 [*fore*- before+go] ☞ fore, go

foregoing[fɔːɡóuiŋ] 형 그 전의, 전술(前述)한.

foreground[fɔ́:graund] [명] (경치, 그림 따위의) 전경 (前景); 전면 (前面). [반] background 배경.
〔*fore-* before+ground 땅〕
☞ fore, ground

forehead[fɔ́rid] [명] 이마, 앞이마. 2
〔*fore-* before+head; 머리의 앞 부분〕
☞ fore, head

foreign[fɔ́rin] [형] 외국의, 외래의; 성질을 달리하는(irrelevant). [반] native 국내의. 2
〔《고프》 *forain* alein 외국의, strange 낯선←《래틴》 *forās* out of doors 문밖에←*forēs* doors; 문밖에 →해외의, 외국의; *-g-*는 잘 못 적은 글자〕

foreigner[fɔ́rinə] [명] 외국인, 외래품, 외국선. 〔foreign+ *-er*(사람을 나타내는 어미)〕 ☞ forest 4

forelock[fɔ́:lɔk] [명] 앞머리.
〔*fore-* before+lock 머리〕
☞ fore, lock

foreman[fɔ́:mən] [명] 직공장(職工長), 현장 감독. 9
〔*fore-* before+man; 앞장서는 사람〕

foremost[fɔ́:moust] [형] 맨 먼저의, 일류의. [부] 맨 먼저. 4
〔《고영》 *formest* (*forma*의 최상급)←*forma* (fore의 최상급 "맨 앞의")+-est; *fore* before+-most〕
☞ fore, most

forenoon[fɔ́:nu:n] [명] 오전. [반] afternoon 오후. 4
〔*fore-* before+noon 정오〕
☞ fore, noon

forerunner[fɔ́:rʌnə, fɔ́:rʌ́nə] [명] 선구자, 먼저 알리러가는 사람(harbinger); 조상(ancestor); (병 따위의)조짐(sign).
〔*fore-* before+runner〕 ☞ fore, run

foresee[fɔ:sí:] [동] 선견(先見)하다, 미리 알아 채다. 5
〔*fore-* before+see; 앞의 일이 잘 보이다〕 ☞ fore, see

foreseeing[fɔ:sí:iŋ] [형] 선견지명이 있는.

foresight[fɔ́:sait] [명] 선견지명, 통찰(洞察). 〔*fore-* before+sight〕 8
☞ fore, sight, see

foresighted[fɔ́:saitid] [형] 선견지명이 있는, 탁견(卓見)을 갖고 있는. 8
〔foresight+*-ed*(형용사어미)〕

forest[fɔ́rist] [명] 숲, 삼림(森林). 1
〔《래틴》 *forīs* out of doors 밖에서, 야외에←*forēs* doors; 원 뜻은 "문 밖에 있는 곳"의 뜻으로 park(둘러싸인 장소)와 대조가 되는 말이었다〕 ☞ park

[동의어] **forest**는 보통 사냥할 수 있는 날 짐승 따위나 야생의 동물이 사는 숲을 뜻한다. **grove**는 그리 크지 않고 또 잔 나무를 베어버린 수목의 무리를 뜻한다. **wood**(s)는 forest 보다 작고 그렇게 까지 울창하지 않은 숲을 말한다.

forester[fɔ́ristə] [명] 삼림 관리인, 숲의 새와 짐승. 〔forest+-er〕 9

forestry[fɔ́ristri] [명] 삼림(지대), 임학(林學), 임업. 〔forest+ *-ery*〕 10
☞ foreign

foretell[fɔ:tél] [동] (foretold) 예언하다, 예고하다. 10
〔*fore-* before+tell; 미리 말해주다〕
☞ fore tell

[동의어] **foretell**은 "예언한다"는 뜻의 가장 보편적인 말이다. **predict**는 이미 알려진 사실로 미루어서, 또는 과학적인 추측으로 예언함을 뜻하는, foretell 보다 형식적인 말이다. **forecast**는 일기예보와 같이 자연 현상을 예측한다는 뜻이다. **prophesy**는 특히 신과 같은 영감(靈感)이나 눈으로 보고 안 지식따위로 예언한다는 뜻이다. **presage**는 특히 어떤 현상이 어떤 일의 조짐이 된다는 뜻이며 **forebode**는 portend와 뜻이 같으며, 특히 사람이 예감이나 꿈으로 말미암아 나쁜 일이 있을 것을 미리 안다는 뜻이 있다. **portend**는 (어떤 현상 따위가) 나쁜 일의 조짐이 된다는 뜻이다.

forever[fərévə] [부] 《주로 미국》 영원히 (영국에서는 보통 for ever로 적는다).
〔*for* … 하는 동안 +*ever* always; 항상; 언제까지나〕
☞ for, ever, everlasting

forfeit[fɔ́:fit] [명] 벌금(fine); (권리 따위의)상실; 몰수품. [동] (벌로) 몰수하다. 권리를 상실하다. [형] 몰수된, 상실한. [반] reward 보수를 주다. 5
〔《래틴》 *forisfacere* tresspass 침범하다. ←*forīs facere* do or act beyond or abroad←*forīs* out of doors 문밖에 +*facere* do; 하다; do beyond 지나친 행동을 하다 →범하다; 원 뜻은 문밖에서 하다→나가다→범하다〕

forfeiture[fɔ́:fitʃə] [명] 몰수, (권리 따위의)상실, (계약 따위의)실효〔of〕; 몰수 품, 벌금(penalty, fine) 10
☞ foreign, forest, fact

forge[fɔːdʒ] 图 단련하다; (고안하여)만들어 내다(invent), 위조하다. 图 철공소, 대장간, 용광로(鎔鑛爐), 풀무. 4
〔((고프)) *forge* workshop 철공소→((래틴)) *fabrica* workshop←*faber* workman 지공; the workshop of a workman in hard materials 딱딱한 물질을 써서 일하는 직공의 작업장〕

forgery[fɔ́ːdʒəri] 图 위조, 위조문서.
〔forge+-*ery*(명사 어미)〕

forget[fəgét] 图 (forgot, forgotten)잊다, 등한히 하다(neglect). 伅 remember 기억하다, 상기하다. 1
〔((고영)) *forgetan, forgitan; for-* from+get; get away from the memory 기억에서 빠뜨리다; *cf.* ((독)) *vergessen*〕

forgetful[fəgétf(u)l] 图 잊기 쉬운, 기억력이 나쁜; 태만한(neglectful). 7
〔forget+-*ful*〕

forgetfulness[fəgétfulnis] 图 건망증, 소홀함. ☞ get

forgive[fəgív] 图 (forgave, forgiven) 용서하다(pardon), 면제하다(remit). 伅 punish 벌주다. 3
〔((고영)) *forgefan; for-*(강조의 접두사)+give: give up 포기하다→용서하다. *cf.* ((독)) *vergeben*〕

forgiveness[fəgívnis] 图 용서, 관용 (寬容). 〔forgive+-*ness*(명사 어미)〕 5

forgiving[fəgíviŋ] 图 용서하는, 관대한. ☞ for-, give

fork[fɔːk] 图 포오크, 갈퀴, 분기점(分岐點). 图 분기하다, 갈라지게 하다;(갈퀴 따위로)긁다. 2
〔((고영)) *forca*←((래틴)) *furca* fork〕

forlorn[fəlɔ́ːn] 图 고독한; 절망의; 버림받은(forsaken). 5
〔((중영)) *forlorn,* ((고영)) *forloren* lost utterly 완전히 잃은←*for-* (접두사)+*lēosan* lose 잃다〕 ☞ for-, lose

form[fɔːm] 图 형, 꼴; 형태(shape); 형식; 서식. 图 형성하다(shape). 1
〔((래틴)) *forma* shape〕

formal[fɔ́ːm(ə)l] 图 형식적인, 형식상의; 정식의. 伅 informal 약식의. 6
〔form+-*al*(형용사 어미)〕

formally[fɔ́ːməli] 图 정식으로, 형식적으로.

formality[fɔːmǽliti] 图 형식; 정식 *pl.* 형식적 수속. 9
〔formal+-*ity*(추상명사 어미)〕

formation[fɔːméiʃ(ə)n] 图 구성, 형태, 형성, 구성물. 〔form+-*ation*〕 6
☞ formula, inform reform. conform, defotm

former[fɔ́ːmə] 图 이전의(earlier), 앞의 (prior), 전자의(previous). 图 (the former) 전자(前者). 伅 present 현재의, later 후자의. 1
〔((중영)) *formest* foremost의 비교급으로 만들어 쓴 말; 12세기 이후 사용〕
☞ foremost

formerly[fɔ́ːməli] 图 이전에는, 원래에는, 앞서. ☞ foremost 4

formidable[fɔ́ːmidəbl] 图 무서운(fearful); 대적하기 어려운; 방대한.
〔((래틴)) *formīdābilis* terrible 무서운 ←*formīdāre* dread 무서워하다←*formīdo* fear 두려움〕

formidably[fɔ́ːmidəbli] 图 무섭게, 감당치 못할 만큼.

formula[fɔ́ːmjulə] 图 공식, 방식, 상투문자. 8
〔((래틴)) *formula*←*forma* shape형식 + *-ula*(축소 어미): a small pattern 작은 형식→공식〕 ☞ form

formulate[fɔ́ːmjuleit] 图 공식으로 만들다; 명확하게 체계를 세워 설명하다.
〔formula+-*ate*(동사어미)〕 9

formulation[fɔ̀ːmjuléiʃ(ə)n] 图 공식화(公式化), 체계적 설명. 〔formulate+-*ion*〕 ☞ form

forsake[fəséik] 图 (forsook, forsaken) 버리다(leave, abandon, desert). 3
伅 get 얻다.
〔((중영)) *forsaken,* ((고영)) *forsacan* neglect 무시하다←*for-* (접두사)+*sacan* contend 다투다; 원 뜻은 "대항하다"〕

fort[fɔːt] 图 보루(堡壘), 성채(城砦). 2
〔((고프)) *fort* fort←((래틴)) *fortis* strong 강한〕

fortify[fɔ́ːtifai] 图 요새화(要塞化)하다, 강화하다(strengthen); 영양가를 높이다(enrich).
〔((래틴)) *forti-* strong+-*ficāre* (*facere* make); make strong 강화하다. fort +-*fy*〕

fortification[fɔ̀ːtifikéiʃ(ə)n] 图 방비, 요새화; (보통복수) 방비시설, 요새, 영양가의 강화. 〔fortify+-*ation*〕

fortress[fɔ́ːtris] 图 요새, 성채. 4
〔((중영)) *forterresse* ((프)) *forteresse*

forth

strong place ←*fort* strong ←《래틴》 *fortis*] ☞ force, fortitude

forth[fɔːθ] 團 앞으로, 앞에(forwards); 외부에. ⓦ back 후에, 뒤에. 1
 and so ~ [ən sóu fɔːθ] …따위 운 (and so on).

forthcoming[fɔːθkʌ́miŋ] 團 장차 닥처오려 하는; 손쉽게 둔(at hand). [forth+coming] ☞ come

forthwith[fɔ́ːθwíð, fɔ́ːθwíθ] 團 당장에 (at once). [forth+with] ☞ fore 5

fortitude[fɔ́ːtitjuːd] 團 불굴(不屈), 인내심이 센 것. 8
[《래틴》 *forti tūdo* strength 힘←*fortis* strong+-*tūdo* (명사 어미); fort+-*tude*] ☞ force, fort

fortnight[fɔ́ːtnait] 團 이주일, 이주간(二週間). 7
[《중영》 *fourtenight*; *fourten night* ←*fourten* fourteen 열넷+*night* nights 밤←《고영》 *fēowertyne niht*;옛날에는 세월을 말 할 때에는 밤을 표준으로 해서 헤아렸기 때문에 열나흘 밤 (fourteen nights)가 단축된 것]
[통계어] **sennight**[sénait] 團 《고어》일주일간. [seven+night; 일곱밤→일주일]

fortune[fɔ́ːtʃ(ə)n] 團 재수, (행)운(good luck); 재산(wealth); 번창(prosperity). ⓦ misfortune 불운. 2
[《래틴》 *fortūna* chance 기회←*fors* chance 기회, that which is brought 가져 온 것, event사건←*ferre* bring] ☞ fertile

fortunate[fɔ́ːtʃnit] 團 행운의, 재수좋은(lucky). [fortune+-*ate*(형용사 어미)] 3

forum[fɔ́ːrəm] 團 (*pl.* forums, fora) 대광장(大廣場)《고대 로마에서 공적인 집회에 쓰이던 곳》; 법정(law court); 재판소(tribunal); (여론의)비판, (공개) 토론회(assembly). 10
[《래틴》 *forum* public place]

forward[fɔ́ːwəd] 團, 團 앞(의)에, 앞으로(의); 장차(의); 먼저 (의). 團 촉진하다(promote). 발송하다. ⓦ backward 뒤으로(의). 1
[주의] 부사로 forwards를 쓰기도 한다. [《중영》 *forward* 《고영》 *foreweard*← *fore* before+-*weard*(방향을 나타내는 어미)] ☞ toward, fore,-ward

fossil[fɔ́sl] 團 화석(化石); 구식 사람

(very old-fashioned person), 구제도 (舊制度). 團 화석의, 구식의. 7
[《래틴》 *fossilis* dug up 파낸←*fodere* dig 파다, 파낸(것)→화석]

foster[fɔ́stə] 團 기르다(nurse); 장려하다, 촉진하다(promote). 마음에 품다 (cherish). 5
[《고영》 *fōstrian* 기르다 ← *fōstor* nourishment 영양가 높은 음식←*fōda* food 음식물] ☞ food, feed, fodder

fosterer[fɔ́stərə] 團 양육자, 양부모; 유모.

foster-father[fɔ́stəfɑ̀ːðə] 團 양부(養父), 양아버지.

foster-mother[fɔ́stəmʌ̀ðə] 團 양모, 양어머니; 유모.

foster-parent[fɔ́stəpɛ̀ərənt] 團 양부모

foster-son[fɔ́stəsʌ̀n] 團 양자.

foul[faul] 團 불결한(dirty); 부정의(unfair); 야비한(mean); 천한(vulgar). 團 불결한 것; 반칙(反則); 《야구》파울(邪球). 團 불법적으로(unfairly). 團 더럽히다. ⓦ pure 순결한. 3

found¹[faund] 團 창설하다, 설립하다; 기초를 두다. 1
[주의] found—found*ed*—found*ed*로 활용한다. find의 과거, 과거분사인 found와 혼동하지 않도록.
[《래틴》 *fundāre* to found←*fundus* foundation]

foundation[faundéiʃ(ə)n] 團 토대, 기초, 근거, 창설. [found+-*ation*] 3

founder[fáundə] 團 창설자, 개조(開祖). [found+-*er*(사람을 뜻하는 어미)] ☞ fun, fundamental 4

found²[faund] 團 주조(鑄造)하다.
[《래틴》 *fundere* to pour 쏟다, cast metals 주조하다] ☞ fuse

fount[faunt] 團 《시·고어》샘(spring), 분수(fountain); 원천(源泉 source);《인쇄》활자 한 벌(font). 7
[《래틴》 *fons* fountain; mount가 mountain에서 만들어 진 식으로 fountain 에서 유추하여 만든 말]

fountain[fáuntin] 團 분수(탑); 저장용기; 수원(水源), 원천(source); 《고어시》샘(spring). 2
[《래틴》 *fontāna* ← *fons* a fountain 샘, 분수]

fountain-pen[fáuntinpen] 團 만년필.

fowl[faul] 團 닭《보통 다 큰 cock, hen 을 말함》; 가금(家禽); 《총칭》조류(鳥

fox 〔fɔks〕 圈 여우(가죽); 교활한 자. ⑩ vixen 암 여우.
〔(고영) *fox; cf.* 《독》 *fuchs*〕

fraction〔frǽkʃ(ə)n〕 圈 조각. 단편;《수학》 분수(分數); 끝수. ⑩ integral 정수(整數).
〔(래틴) *fractiōnem* breaking 깨어짐 ←*fractus* broken 깨어진 ←*frangere* break 깨다〕

fracture〔frǽktʃə〕 圈 좌절(挫折 breaking); (외과) 골절(骨折); 깨어진 금 (crack). 图 부러뜨리다, 부러지다; 부수(어 지)다. 〔(래틴) *fractūra* breach 금←*fractus*←*frangere* break〕

fragile〔frǽdʒail〕 圈 부수어지기 쉬운 (brittle); 허약한(frail). ⑩ strong 강한, solid 굳은.
〔(래틴) *fragilis* easily broken 쉽사리 깨어진←*frangere* break + *-ile*〕

동의어 **fragile**은 구조가 섬세하고 연약하여 쉽게 부수어진다는 뜻이며, **frangible**은 쓰기만 하면 부수어질 경향이 있다는 뜻이다. **brittle**은 탄력이나 부드러운 성질이 없어서 압력이나 타력에 쉬 부수어진다거나 박살이 나기 쉽다는 뜻이다. **crisp**는 비스킷처럼 섭으면 기분 좋게 잘 부수어 진다는 뜻이 있다.
☞ fraction, frail

fragment〔frǽɡmənt〕 圈 파편, 단편(斷片).
〔(래틴) *fragmentum* broken piece 파편 ← *frangere* break + *-mentum*(명사 어미)〕 ☞ fragile, -ment

fragmentary〔frǽɡmənt(ə)ri〕 圈 파편의, 단편적인, 토막토막의. 〔fragment + *-ary*(형용사 어미)〕 ☞ frail

fragrant〔fréiɡrənt〕 圈 향기로운, 향긋한 〔(래틴) *fragrantem*←*frāgrāre* emit an odour 향기를 피우다〕

fragrance〔fréiɡrəns〕, **fragrancy**〔-si〕 圈 향기, 방향(芳香 pleasant smell). 〔fragrant + *-ce*〕

frail〔fréil〕 圈 가냘픈, 연약한(weak); 허무한. ⑩ strong 강한, 튼튼한.
〔(고프) *fraile* brittle 잘 깨어지는← 《래틴》 *fragilis* easily broken〕 ☞ fragile

frailty〔fréilti〕 圈 가냘픔, 연약함; 허무함. 〔frail + *-ty*(추상명사어미)〕

Frailty, thy name is woman. 약한 자여 그대의 이름은 여자로다. (Shakespeare: *Hamlet*) 6
☞ fragile, fraction, fragment

frame〔freim〕 图 형성하다(shape), 구성하다(compose); 틀에 맞추어 넣다. 圈 구조, 골격; 틀.
〔(고영) *framian* be profitable 유익하다←*fram* strong, good; 좋게 하다→ 틀에 맞추다→구성하다〕
~ *of mind* 기분.

framework〔fréimwə:k〕 圈 골격, 조직, 구조. 〔frame+work〕 ☞ work

franc〔frænk〕 圈 《불화폐》 프랑《100 centimes》. 10
〔(고프) *franc; Francorum Rex* King of the Franks《1300년대의 동전에 쓰여 있던 글》을 줄인 말〕

France〔fra:ns〕 圈 프랑스, 불란서 1
〔(래틴) *Francia* the land of the Franks 프랑크인의 토지←*Francus* a Frank 프랑크 사람; 프랑스는 예전에 Gallia라고 불리던 것이 6세기경에 겔만계통의 프랑크인이 정복하여 후로는 Francia라고 불리게 되어 오늘 날의 France가 되었다〕 ☞ frank

franchise〔frǽnt∫aiz〕 圈 시민권, 선거권(right to vote); 특권(privilege), 독점권. 〔frank+*-ise*〕 ☞ frank

disfranchise〔disfrǽn(t)ʃaiz〕 图 (국민으로 부터)선거권을 뻬앗다.
〔*dis-* apart + franchise〕

disfranchisement〔disfrǽn(t)ʃizmənt〕 圈 선거권 박탈.

frank〔frænk〕 圈 솔직한, 정직한(honest), 담백(淡白)한(candid), 꾸밈없는. 圈 우편의 무료 송달. 图 우편을 무료로 부치다; 무료로 통하다. 2
〔(고프) *franc*← 《래틴》 *francus* free 자유의←《고대 독》 *franko* a Frank 프랑크 사람: 프랑크인이 갖고 있던 무기 이름에서 비롯한 말. *cf.* 《고영》 *franca* javelin 창〕
to be ~ with you 솔직히 말하자면, 실은.

참고 프랑크 민족(the Franks)은 골(Gaul)지방을 지배하던 유일한 자유민족이었다. 이 민족의 이름 Frank가 자유롭다 거나 아무런 구속을 받지 않는다는 뜻을 갖게 된 까닭은 이러한 역사적 사실에서 온 것이며, 차차 여러가지 의의를 갖게 되어 남을 고려에 넣지 않고 말할 수 있는 상태. 즉 "솔직한, 담백한"의 뜻을 갖게 되었다. cf. slave 노예. 〔《래틴》 Sclavus Slav 슬라브사람, 포로〕

frankly[fræŋkli] 부 솔직하게, 털어놓고 말한다면.

frankness[fræŋknis] 명 솔직함, 담백(淡白)함.

frantic[fræntik] 형 미친; 열광적인; (희화) 지독한(terrific). 8
〔《래틴》 phrenēticus, phrenīticus mad 미친←《그》 phrenitikos mad←phrenitis frenzy 광란(狂亂)〕 ☞ frenzy

frantic(al)ly[fræntik(ə)li] 부 미친듯이, 광포(狂暴)하게.

fraternal[frətə́:n(ə)l] 형 형제의, 형제다운; 우애있는. 7
〔《래틴》 frāternus brotherly←frāter brother 형제+-al(형용사 어미)〕

fraternity[frətə́:niti] 명 형제지간(brotherhood); 우애; 동업자 끼리, 공제조합(共濟組合); 《미》 (남학생의) 친목회 《그리이스 문자를 그 회의 이름으로 삼기 때문에 보통 Greek-letter fraternity 라 부른다》. 8

참고 brother 명→fraternal 형; father 명 →paternal 형; mother 명→maternal; tooth 명 →dental 형; eye 명→ocular 형; nose 명→nasal 형; hand 명→manual 형 etc.. 형용사는 모두 래틴어에서 바로 유래한 것이다.

☞ brother, friar

fraud[frɔ:d] 명 사기(trick); 사기군(swindler); 사기수단. 5
〔《고프》 fraude←《래틴》 fraus deceit 사기〕

fraught[frɔ:t] 형 《시》 실은(laden)[with], 적재(積載)한; 가득한. 7
〔《중영》 frahten, fragten 《형제지간》 운송하다. load with cargo 짐을 싣다의 과거분사 fraught에서〕 ☞ freight

fray[frei] 명 소동, 난투극. 동 문질르다 (rub). 6
〔명 affray(소동, 난투)의 접두사 af-가 줄어서 생긴 말; 《고프》 effraier frighten 위협하다→《래틴》 ex away+《고대 독》 fridu peace평화; 동 《래틴》 fricāre rub 문질르다〕

freak[fri:k] 명 변덕(caprice), 장난(prank); 기형(奇形), 변종, 괴물. 형 색다른(unsuual). 동 얼룩이 되게하다.
〔《중영》 frek quick 빠른, vigorous 힘찬←《고영》 frec bold 대담한, rash 성급한〕 9

freakish[fri:kiʃ] 형 변덕을 부린; 기형의, 괴이한. 〔freak+-ish (형용사어미)〕

freckle[frékl] 명 죽은 깨, 기미, 얼룩 (stain). 동 죽은 깨가 생기다. 7

free[fri:] 형 자유의; 독립된(independent); 무료의(free of charge); 한가한(not busy). 자유로이; 무료로(gratis). 동 (freed) 석방(해방)하다(make free). 반 bound 속박된. 1

～ from… …이 없다, …을 면하다. ～ of… …가 면제되어. get ～ 벗어나다, 자유가 되다. set ～ 해방하다, 석방하다.

동의어 free 는 구속, 분규, 부담 따위에서 해방한다는 일반적인 말이다. release는 사람이나 물건에 가해진 압력에서 해방시켜 다시금 자유롭게 해 준다는 형식적인 말이다. liberate는 속박을 받고 있는 사람이나 물건을 자유롭게 한다는 뜻이며 emancipate는 노예 상태나 이와 비슷한 사회제도나 풍습에서 자유로운 신분이 되게 한다는 뜻이다. discharge는 특히 종속적인 입장에 있는 사람의 제한이나 속박을 풀어준다는 법률 또는 군대 용어이다. dismiss는 실수를 한 사람 따위를 해고(解雇)한다는 뜻이 있다.

freedom[fri:dəm] 명 자유(liberty); 방종; 면제; 특권. 〔《고영》 frēodōm←frēo free+-dōm(명사 어미)〕 2
동의어 freedom은 방해, 제한, 억압 따위가 없는 상태를 나타낸다. liberty는 사람이 억제되는 일이 없이 행동할 수 있는 권리를 뜻하며 과거에는 제한, 구속, 억압이 있었거나 현재에도 잠재적으로 있음을 암시하는 말이다. licence, license는 liberty를 남용해서 보통 규칙, 법률, 관례 따위를 깨뜨리는 방종을 뜻한다.

freely[fri:li] 부 자유롭게, 버릇 없이, 아낌없이; 꺼리낌 없이.

freeman[fri:mən] 명 공민(公民), (노예가 아닌) 자유민; 정회원; 정사원. 5 〔free+man〕 ☞ man

freeze[fri:z] 동 (froze, frozen) 얼(게)다, 동결하다. 반 melt 녹(이)다. 2 ☞ frozen

freight[freit] 명 화물(cargo);운임;《미》 화물 열차 《《영》 goods train》. 동 (화

물로서) 운송하다. 3
[(프) *fret* fraught 화물, hire paid for a ship 배삯←(고대 독) *frēht* earnings 벌이, hire 삯] ☞ fraught

frenzy[frénzi] 통 광란을 일으키게 하다. 명 격노(激怒), 광란(狂亂). 1
[(래틴) *phrenēsis*←(그) *phrenitis* inflammation of the brain 두뇌의 염증 ←*prēn* heart 마음, senses 제정신 midriff 횡경막]

frequent[frí:kwənt] 형 잦은(heppening very often), 빈번한; 상습적인(habitual). [frikwént] 통 …에 자주 가다(go often to); …에 언제나 모이다. 반 rare 드문. 2
[(래틴) *frequentum*←*frequens* crowded 혼잡한, frequent]

frequently[frí:kwəntli] 부 자주, 번번히; 언제나.

frequency[frí:kwənsi] 명 빈번함, 빈도(頻度)(수); 주파수(周波數). [frequent+-*cy* (명사 어미)]

fresh[freʃ] 형 신선한, 새로운(new), 생생한; 《미속》 건방진(pert), 잘 나서는 (forward). 반 stale 진부한. 1
[(고영) *fersc*←(고대 독) *frisc* fresh; *cf.* (독) *frisch*, (프) *frais*]

freshly[fréʃli] 부 새로이, 상쾌하게, 신선하게.

freshman[fréʃmən] 명 (고교나 대학의) 신입생, 신출내기. [fresh+man] ☞ man

참고 미국의 4년제 대학교나 고등학교에서는, 1학년생 freshman, 2학년생 sophomore, 3학년생 junior, 4학년생 senior라고 부르며, 3년제 고등학교에서는 freshman, junior, senior로 불려 sophomore를 빼게 된다.

☞ sophomore, junior, senior

freshness[fréʃnis] 명 신선(新鮮)함, 생생함. [fresh+-*ness*(추상명사어미)]

fret[fret] 통 초조하게 하다(irritate), (바람이) 물결일(게 하)다(ruffle). 명 초조(irritation), 고뇌(worry), 불안(anxiety). 3
[(고영) *fretan* devour entirely 완전히 파먹다; 갉아먹다→(마음을) 갉아먹다→초조하게 하다]

fretful[frétf(ə)l] 형 초조한, 물결이는. [fret+-*ful*] 6

friar[fráiə] 명 《카톨릭》 수도사, 탁발승 (托鉢僧); *cf.* monk 수도승. 5
[(래틴) *frāter* brother 형제] ☞ fraternal, brother

friction[fríkʃ(ə)n] 명 마찰(rubbing), 알력(軋礫 disagreement). 7
[(래틴) *frictiōnem* rubbing←*fricāre* rub 문지르다]

Friday[fráidi] 명 금요일; 《약자》 Fri. 2
[(고영) *frīge-dæg*←*Frīg* Woden's wife+*dæg* day: the day of the Goddess Frig: Frig 여신(女神)의 날 Frig 여신은 Woden 주신(主神)의 아내]

fried[fraid] 형 튀긴, 프라이 요리의. 7
[fry+-*ed*] ☞ fry

friend[frend] 명 벗, 동지, 후원자(patron), 지지하는 사람 (supporter). 반 enemy 적. 1
[(고영) *frēond* loving 사랑하는←*frēōgan* love 사랑하다; 사랑하는 이; *cf.* (독) *freund*]

friendless[fréndlis] 형 벗이 없는, 자기 편이 없는. [friend+-*less* without]

friendly[fréndli] 형 우정있는; 친절한 (kindly).

friendship[fréndʃip] 명 우의, 우정, 친목. [friend+-*ship* (추상명사어미)] 3

frigate[frígit] 명 순양함(巡洋艦), 프리게트 함 《상하의 갑판에 25 내지 50문(門)의 대포를 비치했던 옛날의 쾌속 순양함이나 오늘날의 소형 구축함을 말한다》.

fright[frait] 명 놀라움, 공포(sudden terror); 괴물. 2

frighten[fráitn] 통 깜짝 놀라게 하다 (terrify); 위협하여 …하게 하다. 2
[fright+-*en*(동사어미)]
be ~*ed at*… …에 깜짝 놀라게 하다.

[동의어] **frighten**은 갑작스럽게 일시적인 또는 오래 가는 공포감을 느끼게 한다는 뜻으로 특히 육체적인 위험을 느끼게 할 때 쓰는 말이다. **scare**는 frighten과 같이 쓰이나 엄밀한 뜻은 위험해서 도망치게 한다거나, 하던 짓을 그만 두게 한다는 뜻이다. **alarm**은 축박한 위험이나 예상외의 위험을 느끼게 하여 갑자기 무서움이나 불안을 느끼게 한다는 뜻이며, **terrify**는 압도적인 강한 공포감을 느끼게 한다는 뜻이다.

frightful[fráitf(u)l] 형 끔찍한(dreadful), 무서운, 두번 다시 못 볼. 6
[fright+-*ful* (형용사 어미)]

frigid[frídʒid] 형 한냉한(very cold);냉

정한, 냉담한(indifferent); 딱딱하고 어색한(stiff). 9
〔《래틴》 *frīgidus* cold 차거운←*frīgere* be cold 차거워지다←*frīgus* cold〕
frigidly[frízidli] [부] 차거웁게, 딱딱하고 어색하게. ☞ refrigerator
fringe [frindʒ] [명] 술, 변두리(border), 끝동(outside edge) [동] 술을 달다. 4
〔《래틴》 *filmbria* fringe 변두리〕
frippery[frípəri] [명] (천박한) 장식품; 허식. 9
〔《고프》 *freperie* old clothes 낡은 옷 ←*frepe* rag 누더기〕
frisk[frisk] [동] (경쾌하게) 뛰어 다니다, 좋아서 멈비다. [명] (경쾌한) 도약(跳躍 gambol); 《미속》(시체) 수사. 9
〔《고대 독》 *frisc* brisk 활발한, fresh 신선한; *cf.* 《독》 *frisch* fresh, brisk〕
☞ fresh
frivolous[frív(ə)ləs][형]시시한(not serious), 경박한. [반] grave 위엄 있는, serious 엄숙한. 8
〔《래틴》 *frīvolus* silly 어리석은+*-ous* (형용사 어미)〕
frivolity[frivɔ́liti] [명] 경박(輕薄)함, 시시한 일.〔frivolous+*-ity*(명사어미)〕
fro[frou] [부] 저쪽에, 저쪽으로(away).
〔《아이스》 *frā* from〕 ☞ from 4
to and ~ 이리저리, 왔다가 갔다가 (back and forth).
frock[frɔk] [명] 부인복, 드레스; 법의(法衣);(농부 따위의) 작업복(smock-coat); 남자예복(frock-coat). 5
〔《고대 독》 *hrock* cloak 외투〕
frog[frɔg] [명] 개구리; (Frog) 불란서 사람 (개구리를 잘 먹는다고 해서). 3
〔*cf.* 《독》 *frosch*〕 「희.
frolic[frɔ́lik] [동] 장난하다. [명] 장난, 유
〔《홀런드》 *vrolijk* frolic; *cf.* 《독》 *fröhlich* merry 즐거운〕 5
frolicsome[frɔ́liksəm] [형] (장난하며) 뛰어다니는.
from[《강》frɔm,《약》frəm] [접] …부터, …이 원인으로, …에서, …않도록. [반] to …에, …로. 1
front[frʌnt] [명] 정면(正面), 전선(前線), 얼굴(face). [형] 정면의, 전방의. [동]…에; 면하다(face). [반] rear, back 배후, 뒤, flank 측면. 1
〔《래틴》 *frontem*←*frōns* forehead 이마, brow 눈썹〕
in ~ (of) (…의)앞에, (…의) 표면에, 정면에.
frontier[frʌ́ntjə,frɔ́ntjə] [명] 국경지대, 경계(境界).〔front+*-ier*(명사어미)〕 6
☞ confront
frost[frɔst] [명] 서리, 결빙(結氷). [동] 서리로 덮다, 얼게 하다(freeze). 2
〔*cf.* 《독》 *frost*〕
frostbite[frɔ́(:)s(t)bait] [명] 동상(凍傷), 상해(霜害). 〔frost+bite 물다〕
☞ bite
frosty[frɔ́(:)sti] [형] 서리가 오는, 서리의, 차가운; 서리를 인(머리 따위), 백발의. 〔frost+*-y*〕 ☞ freeze 5
froth[frɔ(:)θ] [명] 거품(foam), 흰소리. [동] 거품이 일(게 하)다.
frothy[frɔ́(:)θi] [형] 거품이 많은, 거품 투성이의(foamy), 공허한(empty).
〔froth+*-y* (형용사 어미)〕 ☞ foam
frown[fraun] [동] 눈살을 찌푸리다. [명] 찡그린 얼굴. 3
〔《고프》 *frongnier* frown; *cf.* 《프》 *refrogner* frown 눈살을 찌푸리다〕
frugal[frú:g(ə)l] [형] 검소한(thrifty), 절약하는. 8
〔《래틴》 *frūgālis* economical 경제적인 ←*frūgī* frugal←*frux* fruit of the earth 땅에서 수확되는 것〕 ☞ fruit
fruit[fru:t] [명] 과실; 수확(收穫), (…의 산물(product); 성과(result); 수익(收益 profit). [동] 열매를 맺다. 1
〔《고프》 *fruit*←《래틴》 *frūctus* enjoyed←*fruī* enjoy 즐기다; 즐기다→자식을 낳다→생산하다→열매〕
fruitful[frú:tf(ə)l] [형] 다산(多産)의 (prolific), 수확이 많은. 4
〔fruit+*-ful*(형용사 어미)〕
fruitless[frú:tlis] [형] 열매를 맺지 않는, 헛된(vain). 7
〔fruit+*-less* without〕 ☞ frugal
frustrate[frʌ́streit] [동] (계획 따위를)좌절시키다(baffle), 실패하게 하다; 훼방하다(thwart). 7
〔《래틴》 *frustrārī* render in vain 헛되게 하다←*frustrā* in vain 헛 된〕
frustration[frʌstréiʃ(ə)n] [명] 타파, 좌절, 차질(蹉跌). 〔frustrate+ *-ion* (명사 어미)〕
fry[frai] [동] 프라이를 만들다, 기름에 튀기다. [명] 프라이(요리), 튀김. 5
〔《래틴》 *frīgere* roast 굽다, 불에 올리다〕
frying-pan[fráiiŋpæn] [명] 프라이 팬,

☞ pan

fuel[fjuəl] [명] 연료, 신탄(薪炭). [동] 장작을 때다, 연료를 공급하다. 3
〔《래틴》 *focāle* fuel←*focus* hearth 난로, 아궁이〕 ☞ focus

fugitive[fjú:dʒitiv] [명] 도주자, 탈주자(deserter); 망명자(refugee). [형] 도주한(escaping); 정처없는; 일시적인. 5
〔《래틴》 *fugitīvus* fleeing away 도망치기←*fugere* flee 도망치다〕 ☞ flee

fulfil(l)[fulfíl] [동] (의무·약속 따위를) 다하다, 성취하다(complete). 4
[반] frustrate 좌절시키다.

fulfilment[fulfílmənt] [명] 이행(履行), 실천, 실현. 〔fulfil+-*ment*(명사어미)〕
☞ full, fill

full[ful] [형] 가득찬 〔of〕, 충분한; 완전한(perfect). [명] 전부(whole); 충분; 절정(絕頂 height). [부] 충분히(fully); 꼭(exactly). [반] empty 빈, 공허한. 1
〔《고영》 *ful*(*l*); *cf.* 《독》 *vol*〕
~ *of*… …으로 가득찬(be engrossed with). *to the* ~ 충분히, 마음껏.

fullness[fúlnis] [명] 충만(充滿), 충분; 풍부함(richness); 살찜(corpulence).
〔full+-*ness*(명사어미)〕 ☞ fulfill

fumble[fʌ́mbl] [동] 손으로 더듬다(grope about), 서투르게 다루다, (당황해서) 실수하다(bungle). [명] 《야구》 펌블. 10
〔《덴마크》 *fommelen* fumble; 16세기 이후 사용〕

fume[fju:m] [명] 《보통 복수》 (자극성)연기, (강한)냄새; 노기(怒氣). [동] 연기나게 하다, 증발하다, 노기를 띠우다.
〔《래틴》 *fūmus* smoke 연기〕 6

fun[fʌn] [명] 농(joke),장난, 재미(amusement). [동] 《속어》 희롱하다(make fun).
[반] earnest 성실함. 2
〔《폐어》 *fon* a fool 바보의 변형; fond와 같은 어원에서〕
for(또는 *in*) ~ 농으로(as a joke); 재미삼아(playfully). *make* ~ *of*=*poke* ~ *at*… …을 놀리다(ridicule).

funny[fʌ́ni] [형] 재미 있는(amusing), 우스운(comical); 기묘한(queer, strange). 〔fun+-*y*(형용사 어미)〕 3
[주의] fun에는 관사를 쓰지 않는다. 보기; Sailing a boat is great *fun*. He is good *fun*. (재미나는 사람이다).
☞ found
[동의어] **funny**는 회화에 많이 쓰이는 말로서, 우스꽝 스럽다거나 기분을 경쾌하게 한다는 뜻이 있다. **laughable**은 우습고 비웃음을 받은 것같음을 나타내며 **amusing**은 "유쾌히 즐길 수 있는, 재미있고 우스운"의 뜻을 나타낸다. **interesting**은 흥미를 북돋운다거나 재미 있고, 이익이 있음을 나타낸다. **comic**은 희극적인데가 있어서 사람을 웃길 수 있음을 뜻하고, **comical**은 보기만 해도 웃음이 절로 나올 만큼 우습다는 뜻으로 comic보다 더 보편적으로 쓰인다.

function[fʌ́ŋ(k)ʃ(ə)n] [명] 기능, 작용, 직무, 제전(祭典), 향연; 《수학》 함수(函數). [동] 작용하다(act). 5
〔《래틴》 *functiōnem* performance 실행←*fungī* perform 실행하다; 원 뜻은 "사용(use)"에서〕

fund[fʌnd] [명] 자금, 기금(基金); 적립금(stock); *pl.* 소지금(所持金 money); (the funds) 국채. 4
〔《래틴》 *fundus* bottom 바닥, 기반; bottom과 같은 계통의 말〕
☞ found, fundamental

fundamental[fʌ̀ndəméntl] [형] 기초의, 근본적인, 주요한. 7

fundamentally[fʌ̀ndəméntəli] [부] 근본적으로. ☞ fund, found

funeral[fjú:nər(ə)l] [명] 장례(obsequies). [형] 장례의. [반] festival 축제(의). 5
〔《래틴》 *fūnerālis* funeral 장례의←*fūnus* burial 매장, 장례〕

fungus[fʌ́ŋgəs] [명] (*pl.* funguses, fungi [-gai, -dʒai]) 버섯(종류); 《의학》 균상종(菌狀腫). 8
〔《래틴》 *fungōus*; sponge와 같은 계통의 말〕 ☞ sponge

fungous[fʌ́ŋgəs] [형] 버섯같은, 버섯처럼, 갑자기 생기는. 〔《래틴》 *fungōsus* spongy 해면 같은+-*ous*〕

funnel[fʌ́nl] [명] 깔때기; (기선 따위의) 연통. [동] (정력 따위를) 집중하다.
〔《중영》 *fonel*←《고프》←《래틴》 *in* in +*fundere* pour; pour in 쏟아 넣는 (도구)〕

fur[fəː] [명] 모피(毛皮); 부드러운 털. [동] 모피로 덮다. 2
〔《고프》 *forre, fuerre* case 상자, sheath 꼬투리←*furrer* line with fur 모피로 두르다〕

furry[fə́:ri] [형] 모피로 뒤덮인, 부드러운 털의. 〔fur+-*y*(형용사 어미)〕

furious[fjúəriəs] [형] 노하여 뛰는, 격렬한

(fierce). 3
[fury+-*ous*(형용사 어미)]
furnace[fə́:nis] 명 난로, 아궁이; 가마, 용광로. 3
[《라틴》 *fornus* oven 아궁이, 가마, *formus* warm과 관련 있는 말]
furnish[fə́:niʃ] 타 공급하다(supply), 갖추어 놓다(provide), 세간을 갖다 놓다. ⊕ dismantle 세간을 치우다.
[《고프》 *furnir* furnish 비치하다←《고대 독》 *frumjan* provide 마련하다← furnish 비치하다]
동의어 furnish는 어떤 시설이나 행동에 필요한 것을 공급한다는 뜻이다. supply는 부족하거나 결핍한 것을 보급한다는 뜻이다. equip는 효과 있게 행동 또는 활동하는 데 필요한 장치나 비품을 furnish 한다는 뜻이고, outfit는 어떤 특수한 기업이나 직업 따위에 필요한 것을 완전히 equip 한다는 뜻이다. appoint는 어떤 시설에 필요한 모든 것을 equip 한다는 형식적인 말이다.
furniture[fə́:nitʃə] 명 (집합적) 세간, 가구, 설비(equipment); 내용(contents). [《프》 *fourniture*←*fournir* supply 공급하다←《고프》 *furnir*; furnish +-*ure*(명사 어미)] 2
There isn't much *furniture*. 세간이 얼마 없다. *a piece* (또는 *an article*) *of* ∼ 가구 하나. *the* ∼ *of one's pocket* 돈(money). *the* ∼ *of one's mind* 지식(知識). *the* ∼ *of a bookshelf* 책(books).
furrow[fə́:rou] 명 (밭)이랑, 도랑; (배나 차가 지나간)자취(rut); (얼굴의)깊은 주름. [cf. (독) *furche*] 5
further[fə́:ðə] 형,부 더 저쪽의(에, 로); 더 멀리, 덧붙인(additional), 한층 더(more). 타 조장하다(promote). 2
☞ farther, fore, forth
furthermore[fə̀:ðəmɔ́:] 부 게다가, 그 위에 또(moreover). [further+more]
☞ more 6
furthermost[fə́:ðəmoust] 형 가장 먼. [further+most]
furthest[fə́:ðist] 형, 부 = farthest. [forth의 최상급으로 further에 맞추어 만든 말]
☞ far, farther, fore. farthest
furtive[fə́:tiv] 형 몰래 하는(sly), 내밀한(secret), 교활한(shifty). 10
[《라틴》 *furtivus* stolen 도적 맞은, secret 비밀의←*furtum* theft 도적질←*fūrāri* steal 도적질하다←*fūr* thief 도적; 도적질은 "살짝"한다 해서]
fury[fjúəri] 명 격노(激怒 rage); 격렬함(violence). 3
[《라틴》 *furia* rage←*furere* to rage 크게 화내다]
furious[fjúəriəs] 형 성난; 격렬한. 3
[fury+-*ous*]
furiously[fjúəriəsli] 부 광포(狂暴)하게; 무시무시하게.
fuse[fju:z] 타 녹(이)다(melt); 융합하(게 하)다, 제휴하(게 하)다. 명 (전기) 퓨우즈; 신관(信管), 도화선. 9
[《라틴》 *fūsus* melted 녹은 ←*fundere* pour 쏟다, melt 녹이다] ☞ futile
blow a ∼ 퓨우즈를 터뜨리다.
fusion[fjú:ʒən] 명 융해(融解), 용해; (당파 따위의)합동, 제휴(提携); 원자핵의 결합. [fuse+-*ion*(명사어미)] 9
∼ *bomb* 수소폭탄(hydrogen bomb 핵융합반응을 이용해서 만든 데 기인한 것이다).
fuss[fʌs] 명 대소동(ado); 공연히 떠드는 것. 자 대소동을 일으키다, 공연히 떠들다, 안절부절하다. 7
[소동의 소리를 본뜬 말]
futile[fjú:tail, (미)fjú:til] 형 쓸 모 없는(useless), 보잘 것 없는(trifling), 무효의(vain). 10
[《라틴》 *fūtilis, futtilis* leaky 새기 쉬운, brittle 깨어지기 쉬운, vain 헛된, worthless 가치없는←*fundere* pour]
☞ fuse, confuse, diffuse, transfuse, profuse, infuse, refuse, confound
futility[fju(:)tíliti] 명 (정신·성격의) 공허, 경박 (emptiness), (행위의) 무익, 무용, 무가치 (ineffectiveness).
future[fjú:tʃə] 형, 명 미래(의), 장래(의). ⊕ past 과거(의).
[《라틴》 *futūrus* about to be 있으려고 하다; *esse* be] ☞ be
the Future Life 내세(來世). *in the near* ∼ 멀지않아, 가까운 장래에.
futurity[fju:tjúəriti] 명 미래, 장래; 내세; pl. 미래에 일어나는 것; 후세 사람들. [future+-*tiy*(명사어미)] 10
futurism[fjú:tʃəriz(ə)m] 명 미래파 (1910년경 이태리에서 일어난 예술상의 새로운 주의; 묵은 일체의 약속, 전통을 버리고, 동적이며 기계적인 표현을 선언하였다).

G

gabble[gǽbl] 통 (알 수 없는 말을) 빠르게 말하다, 재잘거리다. 명 재잘거림. ⑩
〔gab 지껄이+-le(반복을 뜻하는 어미)〕

gad[gæd] 통 돌아다니다, 제멋대로 자라다. 명 돌아다님. 7
〔《아이스》 *gadda* to goad 가축을 모는 막대기로 몰다←*gaddr* goad 가축을 모는 끝이 뾰죽한 막대기〕

gaiety, gayety[gé(i)əti] 명 유쾌함, 화려함; *pl.* 축하 소동, 환락. 9
〔gay+-*ty*(추상명사 어미)〕 ☞ gay

gaily, gayly[géili] 부 유쾌하게, 쾌활하게, 화려하게. ☞ gay 7

gain[gein] 통 얻다(obtain), 도달하다(reach)[to]; (시계가) 더 가다. ⓟ lose 시계가 덜 가다. 명 이득(profit), 증가(increase). ⓟ lose 잃다. 1

gait[geit] 명 걸음걸이, 《미》 보조. 5
〔《중영》 *gate* way 길의 변형〕 ☞ gate

gaiter[géitə] 명 각반(脚絆), 감발. ⑩

gale[geil] 명 센바람, 질풍. ⓟ calm 무풍(無風), breeze 미풍(微風). 4

gall[gɔːl] 명 (하등 동물 특히 숫소의) 담즙(膽汁) bile), 쓸개(gall-bladder); 원한; 《미속》 후안무치(厚顔無恥). 5

gallant[gǽlənt] 형 용감한 (brave); [gəlǽnt] 부인에게 친절한, 연애의. ⓟ coward 비겁한. 4
〔《고프》 *galer* rejoice 기쁘게 하다←*gale*; make merry 유쾌히 놀다〕

gallantly[gǽləntli] 부 용감하게, 씩씩하게; [gəlǽntli] 부인에게 친절하게, 은근히.

gallantry[gǽləntri] 명 용기, 용감한 행동; 부인에 대한 친절, 연애 사건 (love affair). 〔gallant+-*ry*〕 9

gallery[gǽləri] 명 베란다(balcony); 미술품 진열실, 화랑(畫廊); 회랑(廻廊); 최하급 관람석.
〔《라틴》 *galeria* long portico 긴 기둥이 서 있는 마루〕

galley[gǽli] 명 갤리 선(船)(옛날 노예나 죄수에게 젓게 하던, 노가 이단으로 양쪽에 있는 큰 돛배); 고대 그리이스 로마의 전함(戰艦); 《인쇄》 게라(교정용 인쇄). 8
〔《라틴》 *galea* (그) *galea*, *galaia*〕

gallon[gǽlən] 명 갤런 《영》 4.546 *l*. 5

gallop[gǽləp] 명 달음질, 빠른 걸음. 통 (말을) 빨리 달리다. 3

gallows[gǽlouz] 명 《보통 단수로 취급한다》 교수대, 교수형. 5
〔《고영》 *g(e)alga* cross 십자가=, gibbet 교수대; 《독》 *galgen* 교수대〕
come to the ~ 교수형이 되다(be hanged).

gamble[gǽmbl] 통 내기하다. 명 노름.
〔《고영》 *gamenian* play at games 경기하다←*gamen* game; game+-*le*(동사 어미)〕 8

game[geim] 명 놀이, 경기(sport), 농담(joke); 《집합적》 사냥(하여 잡은 짐승 또는 새). 통 경기하다, 승패를 겨루다. 1
~ *and* (*set*) 게임세트. *make* ~ *of* …… …을 놀려먹다. *the Olympic* ~*s* 올림픽 경기(1896 년부터 4년마다 개최됨). ☞ gamble

gambol[gǽmb(ə)l] 통 (특히 새끼 양이나 어린이가) 뛰어다니다. 명 뛰어다님, 장난. 9
〔《이태》 *gamata* kick 차다←*gamba* leg 다리; *cf.* 《프》 *jambe* leg, 《래틴》 *gamba* the joint of the leg 다리의 관절〕

gang[gæŋ] 명 (주로 악한, 죄수, 노예 따위의) 일당, 깽(그 한 사람은 gangster); (연장의) 한 벌(set). 5
〔《고영》 *gang* going, procession 행진〕 ☞ go
참고 이 단어의 원 뜻인 go "가다"는 다음 단어에 남아 있다. gangway

gangway[gǽŋwei] 명 (좌석 사이의) 통로.

gaol[dʒeil] 명 《영》 감옥, 유치장(《미》 jail).
주의 goal "결승점"과 혼동하지 않도록
〔《고프》 *gaole*, *geiole* prison감옥 birdcage 새장←《래틴》 *cavea* den 굴, cave 동굴←*cavus* hollow 속이 빈; *cf.* 《프》 *geole*〕
참고 이 말은 영국에서는 특히 공문서나 법률문서에 사용되고 있으며 미국에서는 jail을 쓴다. ☞ cage

gap[gæp] 명 간격, 끊어진 데, 빈 곳; 결함; (의견) 차이. 4
〔《아이스·스웨덴》 *gab* gap←*gaþa gape*〕 ☞ gape

219

gape[geip] 통 입을 크게 벌리다, 하품하다(yawn). 명 하품, 입을 크게 벌림. [《중영》 gapen←《아이스.스웨덴》 gapa; cf. 《독》 gaften] ☞ gap 6
~ after (또는 for) 탐을 내다. ~ at 멍하게 (입을 벌리고) 쳐다 보다.

garage[gǽra:ʒ; 《미》gərá:dʒ] 명 자동차 차고; (비행기 따위의)격납고(格納庫). 통 차고에 넣(어 두)다. 6
[《프》garage←garer put in shelter 실내에 넣다+-age (명사어미)]
참고 원래 프랑스 말에서 빌려 쓴 말이나 영국에서는 carriage[kǽridʒ]와 마찬가지로 완전히 영어화하여 [gǽridʒ]로 발음할 때가 많으나, 미국에서는 그렇게 하지 않는다.

☞ garret, garrison, ware, wary

garb[ga:b] 명 (특히 직업, 시대, 나라에 특유한)복장, 외관. 통 《보통 수동태 또는 재귀대명사와 함께 써서》…한 복장을 하게 하다(clothe). 8
[《고대 독》 gar(a)wī dress 옷, preparation 옷←garo ready 준비된]

garbage[gá:bidʒ] 명 (부엌에서 나오는 쓰레기(waste matter); 쓸 모 없는 것 (anything worthless). 9

garden[gá:dn] 명 뜰, 정원; 채소 밭; pl. 유원지. 1
[《독》 garten]

gardener[gá:dnə] 명 정원사(庭園師). [garden+-er (사람을 뜻하는 명사어미)] 4

gardening[gá:dniŋ] 명 정원 가꾸기, 원예(園藝). 「kindergarten
☞ gird, guard, court, horticulture.

garland[gá:lənd] 명 (머리나 목에 두르는)화환(wreath of flowers or leaves), 영관(榮冠). 통 화환을 씌우다, 장식하다. 4
[《고대 독》 wiara refined gold 제련된 금, fine ornament 훌륭한 장식]

garlic[gá:lik] 명 《식물》 마늘.
[《고영》 gārlēac←gār spear 창 +lēac leak 부추; 창처럼 뾰죽뾰죽한 부추]

garment[gá:mənt] 명 옷(article of clothing); 껍질.. 2
[《고프》 garnement robe 옷←garnir protect 보호하다] ☞ garnish

garnish[gá:niʃ]통장식하다. 명장식물. 7
[《고프》 garnir, warnir defend oneself 방위하다, garnish←《고대 프랑크》 warnjan guard against 방위하다]

☞ warn

garret[gǽrət] 명 지붕 밑의 다락 방. 8
[《고프》 garir, warir preserve 보존하다←《고대 독》 warjan defend 방위하다; cf. 《프》 guérite] ☞ war
동의어 garret는 지붕 밑의 다락방을 뜻하며 보통 가난하다거나 누추하다는 뜻을 암시한다. attic는 건축용어로 garret 같은 뜻은 없다.

garrison[gǽris(ə)n] 명, 통 수비대(를 두다). 6
[《중영》,《고프》 garnison store 저장←《고프》 garnir supply 보급하다, garnish] ☞ garnish

garter[gá:tə] 명 양말 걸이(대님); 《영》 가아터 훈장(the Order of the Garter) 《영국 Knight 작(爵)의 최고훈장》. 통 대님으로 동이다; 가아터 훈장을 수여하다.
[《웨일스》gar shank of the leg 정강이]
참고 "양말걸이(대님)"는 영국에서는 보통 suspenders. ☞ suspender

gas[gæs] 명 기체(氣體); 《미속》 개솔린(gasoline)[《영》 petrol]. 통 개스를 공급하다; 독개스 공격을 하다. 3
step on the ~ 《속어》 (자동차의) 액셀 (Accelerator 加速機)을 밟다, 스피드를 내다.
참고 벨롬의 화학자 Van Helmont (1577~1644)는 처음에 이 기체의 이름으로 gas와 blas를 생각해내었으나 일반 대중은 gas를 사용하게 된 것이다. gas는 그 정체를 파악할 수 없는 애매한 뜻에서 (그) chaos(혼돈)를 따서 만든 이름이다.

gaseous[géiziəs, gǽsiəs] 형 개스 모양의. [gas+-ous(형용사 어미)] 8

gasolene, 《미》**gasoline**[gǽsəli:n] 명 개솔린, 휘발유(《영》 petrol).[gas+-ol 《레틴》 oleum oil 석유+ -ine, -ene; -in(e)의 어미가 있는 약품 이름이 대단히 많다. 보기 penicilin, saccharin, benzine, glycerine, etc.] 5

gash[gæʃ] 명,통 심한 상처(를 입히다), (땅의)갈라진 틈. 7
[《고프》 garser scarify 여러번 찌르다←《레틴》 incaraxāre pierce찌르다]
☞ character

gasp[ga:sp] 통 헐떡이다, (놀라서)숨이 막히다, 헐떡이며 말하다. 명 헐떡거림, 숨막힘. 6

gastric[gǽstrik] 형 위(胃)의. 9

[《그》 *gastēr* belly 배(腹)+ *-ic* (형용사 어미); belonging to the belly]
~ *fever* 장 티프스. ~ *juice* 위액(胃液). ~ *ulcer* 위궤양(胃潰瘍).

gate[geit] 명 문, 수문(水門); 입장지(수), 입장료. **1**

[《고영》 *gæt, geat* gate, opening]

참고 "문"은 문짝이 둘이 있어서 여닫으므로 gates로 복수형을 써서 나타내기도 한다.

gather[gǽðə] 통 모으다, 채집하다; 붓다, 증가하다; 주름(개자)을 잡다. 반 scatter 흩뜨리다. **1**

[《고영》 *gader-* togeter 함께]

동의어 **gather**는 가장 보편적으로 쓰이는 말이다. **collect**는 보통 잡다한 것 가운데서 주의해서 가려내어 질서있게 모음을 뜻하는 gather보다 딱딱한 말이다. **assemble**은 collect보다 더 딱딱한 말로 특히 사람을 어떤 특정한 목적을 위하여 모음을 뜻한다. **muster**는 정식으로 assemble시킨다는 뜻으로 특히 군대를 검열 또는 점호하려고 모을 때 많이 쓴다. **congregate**는 사람이나 동물을 모아서 집단을 이루게 한다는 뜻이다.

gathering[gǽðəriŋ] 명 집회(meeting); 채집; 부스럼.

gaud[gɔːd] 명 값 싼 장식품; *pl.* 속되고 화려한 의식(儀式).

[《라틴》 *gaudium* gladness 기쁨, ornament 장식←*gaudēre* rejoice 기뻐하다, 즐거워하다]

gaudy[gɔ́ːdi] 명 《영국 대학》잔치. 형 야하리 만큼 화려한. [gaud+-*y* (형용사어미)] **9**

gauge[geidʒ] 명 표준 치수, 계량기, 규격. 통 측정하다, 평가하다. **9**

참고 gage로 적기도 한다.

gaunt[gɔːnt] 형 여윈, 수척한(lean); 소틈이 끼치는(grim). **6**

gauntness[gɔ́ːntnis] 명 초췌(憔悴)함; 끔찍함. [gaunt+-*ness*(추상명사어미)]

gauze[gɔːz] 명 얇은 천, 가아제; 옅은 안개(thin mist). **8**

[《스페》 *gasa*; "팔레스타인(Palestine)의 *Gaza*지방에서 처음 가져온 천"이라는 뜻]

참고 우리 말의 "가아제"는 독일어 Gaze[gɑ́ːzə]에서 온 것이다.

gay[gei] 형 쾌활한(merry), 화려한(bright or showy). 반 grave 검소한, 심각한. sullen 음산한. **2**

[《고대 독》 *wāhi* fine 훌륭한 beautiful]

gayly, gaily[géili] 부 쾌활하게, 화려하게. **7**

gayety, gaiety[géiəti] 명 쾌활함, 화려함; *pl.* 축전(祝典)소동. [gay+-*ty* (추상명사어미)] **9**

gaze[geiz] 통 응시하다(look fixedly) [at]. 명 응시(凝視). **2**

gear[giə] 명 톱니바퀴, 장치. 《고어》옷차림. 통 톱니바퀴를 맞물리게 하다. **7**

[《아이스》 *gervi, görvi* gear] ☞ garb

gem[dʒem] 명 보석, 구슬; 보배. 통 보석으로 장식하다. **2**

[《라틴》 *gemma* bud 꽃봉오리, gem 보석]

gender[dʒéndə] 명 《문법》성(性). **10**

[《라틴》 *genere*←*genus* kind 종류; *cf.* 《프》 *genre*] ☞ genus, general

general[dʒén(ə)rəl] 형 일반적인; 장(군)급의. 명 《육군》육군대장; 장군. 반 particular 특수한, special 특별한. *cf.* admiral 해군대장. **1**

[《라틴》 *generālis*←*genus* kind, class +-*al*(형용사 어미); of a specific class 어떤 종족의→그 종족 전체의→전체적, 일반적]

as a ~ *rule* 일반적으로, 대체로, 보통. ~ *affairs* 서무, 총무. *the General Staff Office* 참모 본부.

참고 ①장군, 육군 대장의 뜻은 군을 전반적으로 (in general) 지휘하는 장교 (officer), 즉 general officer "장군"에서 말미암은 말이다. *cf.* private 병졸. ② 육군 준장 brigadier general; 육군 소장 major general; 육군 중장 lieutenant general; 육군 원수 《영》 Field Marshal, 《미》 General of the Army; 대원수 generalissimo. ③ 보통 장군 하고 부를 때에는 general 로 말한다. *cf.* colonel, captain.

generalissimo[dʒèn(ə)rəlísimou] 명 대원수; 총사령. [《이태》*generalissimo* a supreme commander 최고 사령관← *general* +-*issimo*(최상급 어미)]

generalize[dʒén(ə)rəlaiz] 통 일반적으로 말하다; 보급시키다; 종합하다. [general+-*ize*(동사어미)]

통계어 **genus**[dʒíːnəs] 명 (*pl.* genera [dʒénərə], -es) 《생물》속(屬)《과 (科 family)와 종(種 species)의 중간》, 종류, 부류(部類). [《라틴》 *genus* kin

천척, race 종족]

generate[dʒénəreit] 통 발생하다, 낳다, 산출하다, 일으키다. 8
[((래틴)) *generāre* produce 낳다←*genus* kind, race]

　generation[dʒènəréiʃ(ə)n] 명 발생; 세대(世代); (사람의) 일대(一代 약30년); 자손, 동시대의 사람들. [generate +-*ion*(추상명사 어미)] 3
　☞ general, genus.

generosity[dʒènərɔ́siti] 명 너그러움, 아량(雅量); *pl.* 너그러운 행동. 7
[generous+-*ity* (추상 명사 어미)]

　generous[dʒénərəs] 형 너그러운; 아끼지 않는(giving freely); 풍부한(plentiful), 기름진; 강한. ⓐ avaricious 탐욕(貪慾)한, stingy 인색한. 3
[((래틴)) *generōsus* of noble birth 귀족 태생의←*genus* kind, race]

genial[dʒíːniəl] 형 (기후가)온화한; (사람이) 친절한. 4
[((래틴)) *geniālis* pleasant 즐거운→*genius* genius] ☞ genius

genius[dʒíːnjəs] 명 천재, 소질; 분위기; 수호신(守護神). 4
주의 "수호신"의 복수형은 genii[dʒíːniai]이고, "천재"의 경우에는 geniuses[dʒíːniəsiz].
[((래틴)) *genius* 수호신, natural ability 천부의 재질←*gignere* beget 낳다]
☞ genus, general, genial

genteel[dʒentíːl] 형 혈통이 좋은, 가정교육이 좋은; 고상한(elegant); 점잖은 체 하는. 8
[((래틴)) *gentīlis* belonging to the same clan 같은 부족의]
☞ gentle, genus

　gentility[dʒentíliti] 명 고상함, 품위 있음: 점잖은 체. [genteel +-*ity*(추상 명사 어미)] ☞ gentle

gentile[dʒéntail] 명, 형 (유태인이 본) 이방인(의); 이교도(의)(heathen). 8
[((래틴)) *gentīlis* foreign 외국의]
☞ genteel

gentle[dʒéntl] 형 점잖은; (성질이) 온화한(mild); 예의바른(courteous); 너그러운(tolerant), 온건한(moderate). ⓐ simple 천한. ☞ genteel

　gentleman[dʒéntlmən] 명 신사. 1
[gntle +man]

genuine[dʒénjuin] 형 진짜의(true, real); 성실한. ⓐ spurious 가짜의. 5

[((래틴)) *genuīnus* inborn, native 날 때부터의; 타고 난→거짓이 없는→진짜의, 순수한] ☞ genus

geography[dʒiɔ́ɡrəfi] 명 지리(학), 지세(地勢). 4
[((그)) *geōgraphia* earth-discription 지구의 설명←*geōgē* earth + *graphein* write 쓰다] ☞ geo-, -graphy, telegraph, graph, geology, etc.

geology[dʒiɔ́lədʒi] 명 지질(학). 10
[((그)) *geō* earth+-*logia, logos* discourse 논(論); the discourses on the earth 지구학→지질학]

　geologist[dʒiɔ́lədʒist] 명 지질학자.
[geology +-*est*]　　　　　[geometry
☞ geo-, -logy, geography, logic,

geometry[dʒiɔ́mitri] 명 기하학. 9
[((래틴)), ((그)) *geōmetria* land-measurement 측량← *geō*- earth + *metron* measure 척도, 치수]
참고 고대 이집트에서 Nile강 범람후에 토지를 재 측량하기 위하여 생긴 기술이 후세의 기하학의 시초가 되었다.
☞ geo-, geology, metre, measure, geography

germ[dʒəːm] 명 병균; 배(胚); 싹틈; 기원(起源). 6
[((래틴)) *germen* sprout 싹, germ
☞ genus

German[dʒə́ːmən] 명, 형 독일(의), 독일어(의), 독일 사람(의). 2
[((래틴)) *Germānus*←(켈트); 원 뜻은 the noisy man 시끄러운 자]
　Germany[dʒə́ːməni] 명 독일. [((래틴)) *Germānia*←*Germānus* German] 3
　Germanic[dʒə(ː)mǽnik] 형 독일(인)의, 게르만(튜우톤)민족(말)의. 명 게르만어, 튜우톤 어(語). [German+-*ic*]

germinate[dʒə́ːmineit] 통 싹트다, 싹트게 하다. 9
[((래틴)) *germināre* germinate ← *germen* germ]
　germination[dʒə̀ːminéiʃ(ə)n] 명 싹틈(發芽). [germinate+-*ion*(추상 명사 어미)] ☞ germ

gerund[dʒér(ə)nd] 명 《문법》동명사.
[((래틴)) *gerundium* gerund←*gerundus* that which is to be carried on or to be done←*gerere* carry on 실행하다, perform 수행하다]

gesture[dʒéstʃə] 명 몸짓; 선전; (형식적)의사표시. 6

get   223   **give**

[《래틴》 *gestūra* mode of action 동작 방식←*gestus* gesture←*gerere* carry on] ☞ gerund

get[get] 통 얻다(obtain), 벌다(earn), 《목적어와 부정사(infinitive)를 함께 써서》 …하게 하다(cause), 《형용사, 과거 분사를 함께 써서》 …이 되다(become); 《부정사(infinitive)와 함께 써서》 …하게 되다. ⊕ lose 잃다.   1
~ *along* 나아가다, 지내다. ~ *along together* (또는 *with someone*) 사이좋게 지내다. ~ *away* 떨어지다, 비켜!. ~ *back* 되돌리다. ~ *off*(말, 차 따위에서)내리다, 벗다, 치우다. ~ *on* 진보하다, 성공하다, (말, 차 따위에)타다. ~ *on with*(또는 *together*) …과 일치하다. ~ *on without* …없이 해나가다. ~ *over* 극복하다. ~ *through* 통과하다. ~ *through with* …을 완성하다. *have got*=have. *have got to do* =must do.

ghastly[gáːstli] 형 무서운, 죽은 사람같은, 파리한.   6
[《고영》 *gæstan* terrify 무섭게 하다] ☞ august

ghost[goust] 명 유령, 영혼, 환상.   2
[《고영》 *gāst*; *cf.* 《독》*geist*]

ghostly[góustli] 형 유령의, 유령같은, 영적(靈的 spiritual). [ghost+-*ly* (형용사 어미)] ☞ ghastly

giant[dʒáiənt] 명 거인. 형 거대한. ⊕ dwarf 난장이.   2
[《고프》 *giant*←《래틴》 *gigas*←《그》 *gigas* giant]

gigantic[dʒaigǽntik] 형 거인같은, 거대한.   7

giddy[gídi] 형 어지러운(dizzy); 들뜬(flighty).   7
[《고영》 *god* god 신+-*ig* (형용사 어미); possessed by a god 신이 붙은→ 황홀한]

gift[gift] 명 선물(present); 타고난 재주(talent). 통 선사하다; *cf.* give주다.
[《고영》 *gift*←*gifan* give 주다]   1
☞ give

giggle[gígl] 명 킥킥웃음. 통 낄낄대다. [소리를 본딴 말; -*le*는 반복을 뜻하는 어미]

gild[gild] 통 도금하다, 꾸미다.   4
[《고영》 *gyldan* to gild←*gold* gold]

gilt[gilt] 통 gild의 과거(분사). 형 금을 칠한. 명 도금(鍍金)(재료).   8

☞ gold

gill[gil] 명 《보통 복수》(고기의)아가미.   7

gin[dʒin] 명 진(독한 서양 술).   6
[*geneva*를 줄인 말; 《쥬프》 *genevre* juniper 노가주나무←《래틴》 *jūnipērum* 노가주 나무 열매로 향을 낸 술]

ginger[dʒíndʒə] 명 생강; 《속어》 원기, 정력(vigo(u)r).   5

gipsy, gypsy[dʒípsi] 명 집시(유랑 민족), 집시같은 사람.   9
[《중영》*Egypcien*←《고프》←《래틴》*Aegyptius* an Egyptian 이집트 사람← 《그》 *Aiguptos* Egypt; gypsy는 Egypt에서 온 민족이라는 생각에서 생긴 말; gypsy의 발상지는 인도]

giraffe[dʒirɑ́ːf] 명 기린.

주의 단수와 복수형이 같은 끝이다.
[《아랍》 *zarāfah*]

gird[gəːd] 통 (girded 또는 girt)(띠를) 조르다(fasten); 두르다(encircle); 수여하다(invest).   5
[《고영》 *gyrdan*; *cf.* 《독》 *gürten*]
~ *up one's loins* (허리를 조르고) 준비하다(prepare for action)《성서에 나온 귀절》. *a sea-girt isle* 바다에 둘러싸인 작은 섬.

참고 court, garden, girth, yard, horticulture(원예) 따위는 모두 어원이 같아서 "둘러싸인 것"이 원 뜻이다.

girdle[gə́ːdl] 명 띠(belt). 통 띠를 두르다, 둘러싸다(encircle). [《고영》 *gyrdel* that which girds 둘러싸는 것←*gyrdan* gird] ☞ gird   4

girl[gəːl] 명 소녀, 처녀; 식모. ⊕ boy 소년.   1
[《중영》 *girle*, *ferle*, *gurle* child 아이; boy(사내아이)를 뜻하는 때도 있다]

girlhood[gə́ːlhud] 명 소녀시절. [girl+-*hood*]

girlish[gə́ːliʃ] 형 소녀다운. [girl+-*ish*(형용사 어미)]

girth[gəːθ] 명 (말 따위의)뱃대끈(strap), 띠; 허리 둘레; 주위의 치수. 통 뱃대끈을 두르다; 둘레를 재다.   9
[《아이스》 *gjörth* girdle, girth; gird 와 관계 있는 말] ☞ gird, girdle

give[giv] 통 (gave, given)주다, 공급하다(supply); 산출하다(produce); 양보하다(concede); (회를)열다(hold); (갑자기) …하다. ⊕ take 취하다, receive 받다.   1
[《고영》 *gifan*←《아이스》 *gefa*]

~ **forth** (소리 냄새 따위를)발하다.
~ **in** (서류를)제출하다(hand in); 항복하다(yield). ~ **it** 꾸중하다, 벌하다. ~ **oneself up to**… …에 바치다, …에 골몰하다. ~ **out** 발표하다, 분배하다, 없어지다, 끝나다. ~ **over** 인도하다(deliver). 포기하다. ~ **up** 포기하다. 단념하다, (죄인을)인도하다.

[동의어] give는 "주다"를 뜻하는 가장 흔히 쓰이는 말이다. grant는 청구에 따라 공식적인 수속을 밟고서 준다는 뜻이다. present는 보통 상당히 가치가 있는 것을 의식(儀式) 따위를 갖추어 준다는 뜻이 있다. donate는 특히 자선적인 목적을 위하여 기부한다는 뜻으로 미국에서 많이 쓴다. bestow는 무상으로 준다는 뜻으로, 주는 사람이 겸손함을 암시할 때가 많다. confer는 grant 보다 딱딱한 말로서, 특히 특권, 명예, 은혜 따위를 의식을 갖추어 수여한다는 뜻이다.

giver[gívə] 圈 주는 사람. [give+-*er*]
glacier[gléiʃə, glǽʃə] 圈 빙하(氷河). 6
〔(프) *glace* ice 얼음←(래틴) *glaciēs* ice 얼음〕 ☞ **glance**
glacial[gléisiəl, glǽsiəl] 圈 얼음의, 빙하시대의. 〔(프) *glacial*←(래틴) *glaciālis* icy 얼음의←*glaciēs*〕
glaciate[gléisieit] 圈 얼게 하다. 6 〔(래틴) *glaciātus*←*glaciāre* turn to ice 얼게 하다←*glaciēs* ice〕
glad[glæd] 圈 기쁜(happy), 반가운(joyful). ⓐ sad 슬픈. 1
〔(고영) *glæd* shining, cheerful, glad; cf. (독) *glatt* smooth 미끄러운, 반반한〕
gladly[glǽdli] 통 기꺼이, 쾌히.
gladden[glǽdn] 圈 기쁘게 하다, 기뻐 하다. 〔glad+-*en*(동사어미)〕
gladness[glǽdnis] 圈 기쁨, 반가움. [glad+-*ness*] ☞ **glow, gold** 6
glade[gleid] 圈 숲 속의 빈터;《미》소택지(everglade). *cf.* clearing 삼림(森林) 개척지. 6
〔glad와 관계 있음; 원 뜻은 "숲 속의 밝은((고영) *glæd*)곳"〕
gladiator[glǽdieitə] 圈 (고대 로마의) 검객, 검투사(劍鬪士).
〔(래틴) *gladiātor*←*gladius* sword칼〕
gladiolus[glǽdióuləs, glədáiələs] 圈 (식물) 글라디오라스. 〔(래틴) *gladioulus* little sword 작은 칼←*gladius* sw-

ord; 모양이 칼 처럼 생겼다고 해서〕
glance[glɑ:ns] 통 흘끗 보다[at]; 죽 훑어 보다[over]; 번쩍 빛나다(flash). 圈 흘끗 봄(glimpse); 번쩍임(gleam). 2 〔(고프) *glacer, glacier* glide 미끄러지다, glance←(프) *glace* ice〕
at a ~ 첫눈에, 흘끗 보고. ☞ **glacier**
gland[glænd] 圈 《생리》선(腺). 10
〔(래틴) *glandula* a gland ← *glans* an acorn 도토리〕
ductless ~ 내분비선(內分泌腺).
glare[glɛə] 통 번쩍 번쩍 빛나다; 흘겨 보다. 圈 번쩍 번쩍 빛나는 빛; 노려보기. 4
〔(고영) *glær* amber 호박; glass와 관계 있음〕
glaring[glɛ́əriŋ]圈번쩍 번쩍 빛나는, 야한, 두드러진. 〔glare+-*ing*(현재 분사 어미)〕 ☞ **glass**
glass[glɑ:s] 圈 유리; 《집합적》유리 그릇, 거울(looking glass); 한란계(thermometer); *pl.* 안경(spectacles). 통 유리를 끼우다; 비치다(mirror). 1
ship's ~ 망원경.
〔(고영) *glæs; cf.* (독) glas, glad, glow, glare와 어원이 같아서 모두 "번쩍이는(shining)"이 원 뜻임〕
glassful[glɑ́:sf(u)l] 圈 컵 한잔(의 양). [glass+-*ful* full]
glassware[glɑ́:swɛə] 圈 《집합적》유리 제품, 유리기구류. 〔glass+ware〕 ☞ **ware**
glassy[glɑ́:si] 圈 유리 같은; 유리 처럼 맑은. 〔glass+-*y*(형용사어미)〕
glaze[gleiz] 圈 유리를 끼우다; 광택을 내다. 圈 윤내는 약. 7
gleam[gli:m] 圈희미한 빛(narrow beam of light). 통 희미하게 빛나다; 빛을 반사 하다. ☞ **glimmer** 4
a ~ *of hope* 약간의 가능성.
glean[gli:n] 통 (멀어진) 이삭을 줍다. 6 〔(래틴) *glena* handful 한 줌〕
gleaning[glí:niŋ] 圈 이삭 줍기; 수집 (收集); *pl.* 수집물.
glee[gli:] 圈 기쁨, 즐거움(delight); 무반주 합창곡. ⓐ grief 슬픔 5
〔(고영) *glēo, glīu* joy 기쁨, music 음악〕
gleeful[glí:f(u)l] 圈 즐거움(joyous) 쾌활한(merry), 대단히 기쁜.
glen[glen] 圈 작은 골짜기. 5
glide[glaid] 통 미끄러지다, 활주하다. 3

glider[gláidə] 명 글라이더. [glide+ -er; 공중에서 엔진을 쓰지 않고 미끄러지듯 날아가는 것]

glimmer[glímə] 동 희미하게 빛나다, 깜박이다. 명 깜박임. 6
[(중영) *glimeren*; cf.(독) *glimmern*, (고영) *gleomu* splendour] ☞ **gleam**

glimpse[glim(p)s] 동 흘끗 보다. 명 흘끗 봄. ☞ **glimmer** 5
catch (또는 *get*) *a ~ of*… …을 흘끗 보다.

glisten[glísn] 동 번쩍 번쩍 빛나다(glitter, sparkle). 명 번쩍이는 빛. 5

glitter[glítə] 동 번쩍 번쩍 빛나다. 명 번쩍이는 빛, 광채. 3

globe[gloub] 명 구체(球體 sphere); 지구의(地球儀); (the globe) 지구(the earth). 3
[(레틴) *globus* ball 공]
a celestial ~ 천구의(天球儀). *a terrestrial ~* 지구의(地球儀).

globe-fish[glóubfiʃ] 명 《생선》 복쟁이. [globe+fish; 숨을 불어 넣으면 공처럼 배가 불어 오르기 때문에]

globule[glɔ́bjuːl] 명 작은 알; 혈구(血球). [globe+-*ule*(축소 어미)]

gloom[gluːm] 명 어둠, 암흑(darkness), 우울(melancholy). 동 어두 컴컴 하게 하다; 얼굴을 찌푸리다. 반 *light* 밝아지다. 4
[명 (고영) *glōm* twilight 황혼. 동 *gloumen* lower 낮추다]

gloomy[glúːmi] 형 우울한(dismal); 어두운(dark). [gloom+-*y* (형용사 어미)] 5

glory[glɔ́ːri] 명 하늘의 영광(heavenly splendour); 천국(heaven); 영광; 장려함(splendour); 번영(prosperity). 동 …에 크게 기뻐하다(rejoice)[in]; 자랑하다. 반 *disgrace* 치욕(恥辱). 2
[(레틴) *glōria* 영광]

glorious[glɔ́ːriəs] 형 영광스러운, 환히 빛나는; 장려한 (magnificent). [glory+-*ous*(형용사 어미)]

glorify[glɔ́ːrifai] 동 (신에게) 영광을 돌리다; (신을)찬미하다; 영광스럽게 하다. [glroy+-*fy*(동사 어미)] 5

gloss¹[glɔs] 명 광택(brightness); 허식. 동 윤을 내다; 허식하다. 6
[(아이스) *glossi* blaze 불타다]

glossy[glɔ́si] 형 번들 번들한, 윤이 나는; 그럴듯 한. [gloss+-*y*] 8

glossary[glɔ́ːsəri] 명 어휘(語彙); 용어해 (用語解), (특수)사전.
[(레틴) *glōssārium* glossary←*glōssa* difficult word requiring explanation 난해한 단어 +-*ārium* -*ary*]

동의어 **gloss²**[glɔs] 명 어귀 해석, 주해(註解). 동 주해를 붙이다. [(레틴) *glōssa*(어려운 말)←(그) *glōssa*(언어, 어려운 말)]

동의어 **glossary**는 어려운 단어에 주석(註釋)을 달아서 책 끝에 붙인 표를 말하며, 독립된 사전을 가리키는 때도 있다. **vocabulary**는 어떤 언어에 포함된 단어의 전부, 또는 어떤 국민이나 개인이 사용하는 낱말 전부를 뜻한다.

glove[glʌv] 명 장갑, (야구 권투용)글럼.
[(고영) *glōf* glove←*g-*(*ge-* 접두사)+(아이스) *lōfi* 손 바닥] 2

주의 **globe**[gloub] 구체, **grove**[grouv] "작은 숲"과 혼동하지 않도록.

glow[glou] 동 백열(白熱)하다, (감정이) 달게 하다. 명 새빨간 빛; 열기(熱氣), 정열(passion). 2

glue[gluː] 명 아교(阿膠), 풀. 동 아교(풀)로 붙이다. 5
[(레틴) *glūs* glue← *glūten* glue]

gluey[glúː(ː)i] 형 아교의, 아교 같은. [glue+-*y*(형용사 어미)] ☞ **clay**

gnat[næt] 명 《미》 하루살이, 《영》 모기. [(고영) *gnæt*; 날개 치는 동작에서 생긴 말인 듯. cf. 《아이스》 *gnata* clash 부딪치다] 7

gnaw[nɔː] 동 (gnawed, 또는 gnawn) 쏠다, (쥐 따위가)쓸다; (산(酸) 따위가) 부식(腐蝕)하다(corrode); 피롭히다(torment). 5

go[gou] 동 (went, gone)가다, 나아가다(proceed); 지나다(pass); …이 되다(become); 통용되다(be current). 1
반 *come* 오다.
as(또는 *so*) *far as it ~es* 그 한도에서는. *as the saying ~es* 속담에도 있듯이. *~ and* … …하러 가다, 가서 …하다. *~ under* 침몰하다.

동의어 **go**는 현재 있는 곳에서 떨어져 감을 뜻하는 말이다(반 *come*). **depart** 는 사람, 장소, 물건 따위에서 떠나간 다는 뜻으로 보통 여행으로 떠남을 뜻하는 말이다. (반 *arrive*). **leave**는 depart보다 부드러운 말이며 사람이나 물

전에서 떠나감을 뜻하는 보통 말이다. quit는 leave하여 의무에서 면제된다는 뜻으로 leave 보다 뜻이 강하여 그전의 장소나 지위에 돌아갈 뜻의사가 없다는 뜻이다. withdraw는 문장 용어로 어떤 뚜렷한 이유가 있어서 사람 앞에서 물러간다는 뜻으로 retire보다 뜻이 약한 말이다. retire는 정당한 이유로 영원히 withdraw 한다는 뜻이다.

goal[goul] 圆 결승점, 목적(지); 《축구》골. 4
주의 gaol[dʒeil] 圆 "감옥"과 혼동치 말 것.

goat[gout] 圆 염소; 바보(foolish person). 2
참고 he-goat, billy goat 숫염소. she-goat, nanny goat 암 염소. kid 새끼 염소. bleat(염소 양 따위가)매애하고 울다.
통계어 **goatee**[gouti:] 圆 염소의 수염같이 자란 턱수염. [goat+-ee(축소어미)]
scapegoat[skéipgout] 圆 남의 죄를 대신 지는 사람 《성서의 이야기; 유태인의 속죄일에 사람들이 저질은 죄를 대신 지도록 염소를 고승(高僧)이 놓아 보내는 일에서》. [escape+goat; 놓아 난염소]

gobble[góbl] 圆 게걸스럽게 먹다. 6
[《고프》 gober devour 게걸스레 먹다 +-le(반복 어미)]

goblet[góblit] 圆 발 달린 컵. 6
[《고프》 gobel cup+ -et(축소 어미); cup과 어원이 같음] ☞ cup

goblin[góblin] 圆 도깨비; 요정(妖精). 9
[《래틴》 gobelīnus household god→《중세 독》 kobel hut 오막살이→kobe stall 외양간]

god[gɔd] 圆 신(神); (God) 하느님, 조물주(Creator). 1
[《고영》 god; cf. 《독》 gott]
goddess[gódes] 圆 여신(女神). [god+-ess(여성 명사 어미)]
godfather[gódfɑːðə] 圆 대부(代父)
godhead[gódhed] 圆 신성(神性 the God head), 신(divinity).[god+-head = -hood state]
godlike[gódlaik] 圆 신과같은, 거룩한. [god+-like] 7
godly[gódli] 圆 신을 공경하는, 신앙심이 대단한. [god+-ly] 10
godmother[gódmʌðə] 圆 대모(代母) 6
godparent[gódpɛərənt] 圆 대부(代父母).
참고 god의 형용사에는 래틴 계통의 말 divine[diváin]을 쓴다. cf. divine.
☞ gospel, gossip

gold[gould] 圆 (황)금, 금화(金貨); 부(富 wealth). 圆 금의. 1
[《고영》 gold; cf. 《독》 gold yellow, glow와 같은 어원에서]
golden[góuldn] 圆 금빛의; 귀중한. 1
[gold+-en]
~ *mean* 중용(中庸).
goldfish[góuldfiʃ] 圆 금붕어. [gold+fish]
통계어 **marigold**[mǽrigould] 圆 《식물》 금잔화. [Mary 성모 마리아+gold 금빛] ☞ gild

golf[gɔlf] 圆, 동 골프(를 하다). 8
cf. links 골프장.
[1457년 이후 쓰임. 《홀런드》 kolf 공치는데 쓰이는 막대기]
golfer[gólfə] 圆 골프하는 사람. [golf+-er]

gong[gɔŋ] 圆 징(의 소리).
[《마레》 agōng, gōng gong, sonorous instrument 소리나는 기구]

good[gud] 圆 (비교급; better, 최상급; best) 좋은; 유익한(beneficial); 행복한(happy), 친절한(kind); 충분한(satisfying). 圆 선(善); 행복(happiness); pl. 상품(merchandise), 동산(movables). ⊕ bad 나쁜. 1
[《중영》 good; 《고영》 gōd; cf. 《독》 gut]
as ~ *as*…… 과 마찬가지로. *for* ~ *(and all)* 영원히. *have a* ~ *time* 즐겁게 지내다. ~ *year* 풍년(豊年). *hold* ~ 효력이 있다. *make* ~ 배상하다, 달성시키다(fulfill); 실증(實證)하다(prove).

good-by(e)[gúdbái, gudbái] ⓘ 안녕! 圆 이별의 말.
[*God be with you* (farewell의 뜻의 옛 인사 말)을 줄인 말. *Gd b'w'y*로 혼히 줄여 썼음]

good-humo(u)red[gúd(h)jūːməd] 圆 기분좋은, 애교가 있는. [good+humour 기분+ -ed (형용사어미)]
☞ humour

good-looking[gúdlúkiŋ] 圆 잘 생긴, 미모의 (handsome).
goodly[gúdli] 圆 잘 생긴, 미모의(good looking); 상당한(considerable); 훌륭

good-natured[gúdnéitʃəd] 형 사람이 좋은. 〔good+nature 본 성질, 자연+-ed (형용사 어미)〕 ☞ nature

goodness[gúdnis] 명 좋은 점; 미덕(美德 virtue); 친절(kindness). 〔good+-ness(추상 명사 어미)〕 3

good-tempered[gúdtémpəd] 형 성질이 좋은, 마음씨 좋은. 〔good+temper 기질+-ed(형용사 어미)〕 ☞ temper

goodwill[gúdwíl] 명 호의(好意), 친절, 동정; (상점의) 단골 손님, 신용. 〔good+will 의사〕 ☞ will

goody¹[gúdi] 형 착한 체 하는. 명 착한체 하는 사람. 〔good+-y(형용사 어미)〕 6

goody²[gúdi] 감 이거참 유쾌하다!

goose[guːs] 명 (*pl.*geese)거위(의 암컷) (*cf.* gander 숫 거위), 거위 고기; 바보(simpleton): (*pl.* gooses) 양복점의 다리미(tailor's smoothing iron)〔생긴 모양이 거위 목아지 같다고 해서〕. 2

gosling[gɔ́zliŋ] 명 거위 새끼(young goose). 〔goose+-ling(축소어미)〕

gooseberry[gúzbəri] 명 《식물》 구스 버리(딸기의 일종). 10
〔goose+berry; goose와는 아무 관계가 없는 말. *cf.* 《독》 *krausbeere*〕

gore[gɔː, gɔə] 명 묏 덩어리, 피투성이. 5
〔《고영》 *gor* filth 오물, 더러운 것〕

gorge[gɔːdʒ] 명 협곡(峽谷); 《속어》 목 구멍 (throat). 통 게걸스럽게 먹다; 가득 채우다(choke up). 6
〔《래틴》 *gurges* whirlpool 소용돌이; 소용 돌이 처럼 아무거나 삼킨다는 뜻에서 생긴 말〕
My *gorge* rises. 속이 메스껍다.

gorgeous[gɔ́ːdʒəs] 형 찬란한, 화려한, 눈 부신. 4
〔《고프》 *gorgias* elegant 화려한; gorge+-ous(형용사 어미); 원 뜻은 "주름잡아 꾸며 놓은 목도리"→"목도리를 두르고 곱게 차린"→화려한, 현란한〕 ☞ gorge

gorgeously[gɔ́ːdʒəsli] 부 화려하게, 찬란하게. 〔gorgeous+-ly〕

gorgeousness[gɔ́ːdʒəsnis] 명 화려함, 현란(絢爛)함. 〔gorgeous+-ness(추상 명사 어미)〕

gospel[gɔ́sp(ə)l] 명 복음(福音); (Gospel) 복음서(福音書). 4
〔《중영》 *gospel*, 《고영》 *godspell*←

《고영》 *god* God, Christ+*spell* story 이야기, news 소식; narrative of God신의 말씀→life of Christ 그리스도의 생애→복음서〕

참고 원래〔《그》 *evangelion* evangel← *ev* well+*aggelia* tidings 소식←*aggelos* messenger 사자(使者); 복음〕을 번역한 것이었는데 나중에 "하느님, 즉 예수 그리스도의 이야기"로 잘 못 생각된 것. ☞ good, god, spell, gossip, angel

gossip[gɔ́sip] 명 잡담, 험담, 고십. 통 잡담하다, 험담하다. 6
〔《고영》 *gossib, godsib* related in God 신에 있어서 인연을 맺은←*god* god+*sib* related〕

참고 처음에는 세례받을 때 이름을 지어주는 대부모(代父母)를 가리키던 것이 대부모와 본인은 사이가 친하기 때문에 차차 "친한 벗, 술 친구"를 뜻하게 되고, 친한 친구끼리나 술친구 끼리는 모여 앉아 서로 아는 사람들에 대한 말을 주고 받기 쉬우므 "험담, 고십"의 뜻을 갖게 되었다.

통계어 **sibling**[síbliŋ] 명 《보통 복수》 형제, 자매. 〔《고영》 *sib(b)* relationship 친척 관계+-ling〕

☞ god, gospel

Goth[gɔθ] 명 고오트 인(人) 〈3세기에서 5세기에 걸쳐서 동, 서 양 로마 제국을 짓밟고 이탈리아와 프랑스에 왕국을 세운 겔만 민족의 일파〉: 야인(野人), 난폭한 사람.
〔《중영》 *Gothe*←《래틴》 *Gothi*; 원 뜻은 "선량한 사람들"〕

Gothic[gɔ́θik] 형 고오트인 같은; 야만의, 교양이 없는; 《건축》 고딕 양식의; 《인쇄》고딕 체(體)의. 명 고오트어(語); 《건축》 고딕 양식; 《인쇄》 고딕 체. 6
〔Goth+-ic(형용사 어미)〕

govern[gʌ́vən] 통 통치하다(rule), 다스리다; 억제하다(control, restrain); 관리하다(manage);결정하다(determine). 〔《고프》 *governer*←《래틴》 *gubernāre* steer a ship 배를 조종하다, rule 통치하다←《그》 *kubernan* steer 키를 잡다; 원래 뱃사공이 쓰던 말이 나중에 비유해서 쓰인 말〕 3

통의어 **govern**은 나라 일을 지휘하고 국민을 지배한다는 뜻으로 보통 공공질서를 유지하며 공통의 복지(福祉)를 증진시킨다는 뜻을 나타낸다. **rule**은 보

gown 228 **grail**

통 주권을 가진 자가 독단적으로, 또는 전제적으로 권리를 행사한다는 뜻이다. govern이 좋은 뜻에 많이 쓰이는데 비하여 rule은 나쁜 뜻으로 잘 쓰인다. administer는 계획적이고 질서 정연한 방식으로 국사를 처리한다는 뜻이다.

governable[gʌ́vənəbl] 형 통치할 수 있는; 억제할 수 있는. [govern+-able ("할 수 있는" 뜻의 형용사어미)]

governess[gʌ́vənis] 명 여자 가정교사. [govern+-ess(여성을 나타내는 명사어미)] 10

government[gʌ́vənmənt] 명 정치;통치; 정부. [govern+-ment(추상명사 어미)] 1

governor[gʌ́vənə] 명 통치자, 장관 (지방의), 지사(知事), 총독; 관리 위원, 간사(幹事); 소장(所長); 조정기(調整機). [govern+-or(사람을 나타내는 어미)] 2

gown[gaun] 명 가운, 긴 웃옷, (승려, 법관, 대학교수 따위의)제복(制服). 2
[((중영)) goune←(웨일스) gwn a loose robe 헐렁한 웃옷]

grab[græb] 통 (grabbed) 움켜 쥐다;잡아 채다(snatch). 8
[cf.(중세 홀런드) grabbel scramble for; (스웨덴) grabba]

grace[greis] 명 우아(優雅)함(elegance); 미덕(美德); 신의 은총, (식전 식후의) 감사기도. 통 우아하게 하다; 장식하다 (adorn). 반 disgrace 실례, 치욕. 1
[((고프)) grace←(래틴) gratia favour 은혜←gratus pleasing 기분 좋은]
His (또는 *Her, Your*) *Grace* 각하 (閣下). *with a good ~* 기분 좋게. *with a bad ~* 싫은 듯이, 기분 나쁘게.

graceful[gréisf(u)l] 형 우아한, 고상한. [grace+-ful(형용사 어미)] 4

graceless[gréislis] 형 품위 없는, 속된; 예의를 모르는. [grace+-less without]

gracelessness[gréislisnis] 명 속됨, 예의에 어긋남.

gracious[gréiʃəs] 형 우아한, 품위 있는(courteous); 정다운(affable); (신이) 자비로운. [grace+-ous] 3
Good Gracious! —Gracious me! 저런!, 저걸 어떡해.

graciously[gréiʃəsli] 부 우아하게, 다정하게, 자비롭게.

☞ grateful, gratitude

grade[greid] 명 등급, 계급, 정도; (국민학교의)학년, (미) 학년 성적 평점 (mark); 기울기. 통 등급을 매기다, 채점하다(mark). 2
[((프)) grade degree 등급←(래틴) gradus degree, step 계단←gradī walk 걷다; 발로 밟다, 걷다→계단→등급]
참고 미국에서는 국민학교(elementary school)의 "학년"을 grade 라고 하고, 국민학교를 grade(d) school, 또는 회화시에는 the grades라고도 말한다. grade "학년"은 중·고등학교에서도 사용되며 the first (eighth, twelfth) grade "국민학교 1학년(중학교 2학년, 고등학교 3학년)"으로 연달아 부른다. 영국의 국민학교에서는 "학년"을 나타내는 데에 standard를, 또 public school 에서는 form을 각각 사용한다. ☞ freshman

gradation[grədéiʃ(ə)n] 명 계단, 등급. [grade+-ation(명사어미)] 9

gradual[grǽdjuəl] 형 점차적인, 서서한. [grade+-al(형용사 어미)] 3

graduate[grǽdjueit] 통 학위를 주다 (따다), 졸업하다 [from, at]; 등급을 매기다. [grǽdjuit] 명 졸업생. *cf.* alumnus (*pl.* alumni) 동창생. 4
[((래틴)) graduātus one who has taken a degree 학위를 딴 사람←gradus degree]
참고 ① graduate는 영국에서는 대학을 졸업할 때만 사용하나 미국에서는 각종의 학교에 두루 사용할 수 있다. 보기: She *graduated from* the local high school. ② "···을 졸업하다"는 보통 능동형을 써서 graduate from ···으로 한다. *be graduated from* ···은 딱딱한 표현으로 약간 구식에 속하는 말이다.
☞ retrograde, progress, centigrade, etc,

graduation[grædjuéiʃ(ə)n] 명 졸업; 등급; 눈금. [graduate+-ion]

graft[gra:ft] 명 접붙인 새가지, 접목. 통 접붙이다, 접목하다; (의학) 식피(植皮)하다. ☞ graph 8
[((고프)) graffe a sort of pencil 연필의 일종←(그) graphein write 쓰다; 접붙이는 가지가 연필 같이 생겼다고 해서]

grail[greil] 명 술잔. 9
[((래틴)) gradāle plate접시←(래틴) crātēr bowl]

the (Holy) Grail 성배(聖杯)(그리스도가 최후의 만찬에 쓰고 그 후 십자가 아래에서 Joseph of Arimathea 가 그리스도의 피를 받은 잔. 원탁의 기사들(the Knights of the Round Table)은 이것을 찾기를 소원으로 삼았다).

grain[grein] 명 곡식, 작은 알; 미량(微量); 나뭇결; 성질(nature).　　1

〔《고프》 grain←《래틴》 grānum grain, corn; corn과 자매어〕

☞ granite, corn, kernel

grammar[grǽmə] 명 문법, 말본; 초보, 입문(入門).　　5

〔《그》 grammatikē grammar←grammatikos knowing one's letters 자기 나라 문학을 아는←gramma letter 글자 ←graphein write 쓰다〕

참고 그리이스, 로마 시대에는 단순히 문법만 가리키는 것이 아니고 문학적 연구 전반에 대한 말이었다. 그것이 중세기에 들어서는 래틴 말의 연구와 래틴 문학의 일반적인 연구를 뜻하게 되고, 마침내 래틴어 뿐이 아닌 여러 나라 말의 문법을 각각 뜻하게 되었다.

grammatical[grəmǽtik(ə)l] 형 문법상의. 〔《중프》 grammatical←《래틴》←《그》 grammatikos versed in one's letters 자기나라 글에 정통한〕

grammarian[grəmɛ́əriən] 명 문법학자. 〔grammar+-ian〕

☞ gram, graph, graphic

gramme,《미》**gram**[græm] 명 《하나치》 그람.

〔《그》 gramma written character 적어 둔 글자, small weight 적은 무게; grammar와 같은 어원; cf. 《프》 gramme〕

☞ grammar

gramophone[grǽməfoun] 명 《영》 축음기. cf. 《미》 phonograph.

〔phonogram(축음기 레코드, 음표 문자)의 두 요소 phono와 gram의 자리를 바꾸어 만든 말. 《그》 gramma letter+phone sound; letter-sound 적어 놓은 소리〕

참고 "바늘" needle; "레코드" record, disk; 레코드를 틀다 play the record
☞ gram, phone

granary[grǽnəri] 명 곡창지대; 보고(寶庫).

〔《래틴》 grānāria corns 곡식←grānum corn; grain+-ary(명사어미)〕

☞ grain

grand[grænd] 형 웅장한(magnificent), 위엄 있는(dignified), 당당한(stately); 주요한(chief). ⓓ small 작은.　　2

〔《고프》 grand←《래틴》 grandis great〕

동의어 **grand**는 크고 위엄이 있고 균형이 잡혀 있어서 사람에게 강한 인상을 준다는 뜻이고 **magnificent**는 웅대하고 화려하다는 뜻으로 grand보다 현란(絢爛)하다는 뜻이 있다. **imposing**은 grand에 비하여 외관상의 크기나 위엄 따위의 인상이 강렬함을 강조한다. **stately**는 우아하고 아름다운 가운데서도 품위가 있고 imposing하다는 뜻이며, **majestic**은 stately의 뜻에 꽤장히 위대하다는 뜻을 더한 말이다. **august**는 두렵고 존경하는 생각이 날 만큼 존엄한 기품이 엿보여서 인상적임을 뜻한다. **grandiose**는 걸치례뿐인, 또는 과장된 웅대함을 멸시해서 말할 때 쓰는 말이다. **noble**은 고상하고 당당한 위풍과 웅장하고 아름다움을 지니고 있음을 뜻하는 말이다.

grandeur[grǽn(d)ʒə] 명 장려함, 위엄, 장관(壯觀). 〔grand+-eur -ness; grandess; cf. 《프》 grandeur〕　　8

grandfather[grǽn(d)fà:ðə] 명 할아버지.　　3

grand(pa)pa[grǽn(d)(pə)pà:] 명 《애칭》 할아버지.　　4

grandmother[grǽn(d)mʌ̀ðə] 명 할머니. 통 소중히 하다.　　2

grandma[grǽn(d)mà:], **grandmam(m)a**[grǽn(d)məmà:] 명 《애칭》 할머니.　　4

grandparent[grǽn(d)pɛ̀ərənt] 명 조부모.

grandsire[grǽn(d)saiə] 명 《보통 복수》 조상; 《고어》 할아버지.　　7

grandson[grǽn(d)sʌn] 명 손자.　　7

granddaughter[grǽn(d)dɔ̀:tə] 명 손녀.

참고 "증조부" great-grandfather, "고조부" great-great-grandfather; "증손자" great-grandson.

grange[grein(d)ʒ] 명 농장이 있는 작은 별장; 《미》 농민협동조합; 대농가의 저택.　　6

〔《고프》 grange barn, farm-house←《래틴》 grānea barn 창고←《래틴》 grānum corn 곡식〕

granger[grein(d)ʒə] 명 농부(farmer); 《미》 협동조합지부 부원. 〔grange+-er

granite 230 grave

(사람을 뜻하는 어미)〕 ☞ grain
granite[grǽnit] 명 화강암. 5
〔((이태)) *granito* granite, speckled stone 작은 점이 많이 있는 돌←*granire* reduce to grains 낱 알로 만들다←*grano* grain←《래틴》 *grānum* grain〕

grant[graːnt] 타 들어 주다, 허락하다 (allow); 주다(bestow), 양도하다 (transfer); 승인하다(admit). 명 허가, 양도; 하사(금)(下賜). ⓐ refuse 1
〔((고프)) *graanter, graunter* assure 확보하다, guarantee 보증하다←《래틴》 *credere* trust 믿다〕
~*ed* (또는 *granting*) *that* … 만약 … 한다 하더라도. *take for* ~*ed* 물론 …일 것이라고 생각하다.
☞ credit, creed

grape[greip] 명 포도(열매). 2
cf. vine, grape-vine 포도 나무.
〔((중프)) *grappe* bunch or cluster of grapes 포도송이←《고대 독》 *krapfo* hook 갈구리; 갈구리처럼 매달리는 포도송이〕
참고 currant 씨 없는 말린 포도; raisin 말린 포도; vineyard 포도원; wine 포도주.

graph[graːf, græf] 명 그림표, 그래프. 타 그림표로 그리다.
〔《래틴》 *graphicus* belonging to painting 그림의←《그》 *garphikos*←*graphein* write 쓰다〕

graphic(al)[grǽfik(əl)] 형 그림표의, 그림 같은. 〔graph+-*ic*+-*al*〕
☞ telegraph, phonograph, etc.

graphite[grǽfait] 명 석묵(石墨), 흑연(plumbago). 〔《그》 *graphein* write 쓰다〕 10

grapple[grǽpl] 타 (움켜) 잡다 (grip), 격투하다(struggle). 9
〔((고영)) *grappe* hook 갈구리+-*le*(반복 어미)〕 ☞ grape

grasp[graːsp] 타 움켜 잡다; 이해하다 (understand); 파악하다. 명 파악(grip), 지배(control). ⓐ loose 놓다. 4
〔((중영)) *graspen* grope 손으로 더듬다; grab와 관계 있음〕

grasping[grǽːspiŋ] 형 움켜쥐는, 욕심꾸러기의 (greedy). 〔grasp+-*ing*; 꽉 쥐고 놓지 않는→욕심꾸러기의〕
☞ clasp, wasp

grass[graːs] 명 풀, 목초(牧草), 잔디; 목초지(牧草地 grassland). 타 풀을 먹이다. *cf*. graze¹ 풀을 먹다. 1
〔((고영)) gærs; *cf*. ((독)) *gras*〕

grasshopper[grǽːshɔ̀pə] 명 베짱이, 메뚜기. 〔grass+hopper: 풀 속에서 껑충 뛰는 것〕 ☞ hopper 4

grassy[grǽːsi] 형 풀이 무성한; 목초 (牧草) 같은. 〔grass+-*y* many 많다는 뜻의 형용사 어미〕 ☞ graze 7

grate[greit] 명 (fireplace 가운데의)쇠격자, 쇠시렁. 4
〔《래틴》 *crātes* hurdles〕

grating[gréitiŋ] 명 격자(格子). 형 삐꺼거리는; 듣기 싫은. 〔명 grate+-*ing*; 형 grate+-*ing*〕

grateful[gréitf(u)l] 형 감사하는(thankful), 즐거운(pleasing). 3
〔((고프)) *grat* pleasing+《영》 -*ful*(형용사 어미)←《래틴》 *grātus* pleasing 즐겁게 하는〕
동의어 grateful은 사람의 호의나 친절에 대해 기뻐하며 감사한다 는 뜻이고, thankful은 grateful 보다 덜 형식적이며 자기의 행운에 대하여 신이나 운명, 자연력 따위에 감사한다는 뜻이다.

gratefully[gréitfuli] 부 감사하게; 기분 좋게. ☞ grace, gratitude

gratify[grǽtifai] 타 만족시키다(satisfy), 기쁘게 하다(please). 7
〔《래틴》 *grātificāre* please←*grātus* pleasing 즐거운+*facere* make; make pleasing 기분좋게 하다〕

gratification[grǽtifikéiʃ(ə)n] 명 만족, 기쁨. 〔gratify+-*ation*〕 9

gratifying[grǽtifaiiŋ] 형 만족하게 하는, 만족한; 기분좋은. 〔gratify+-*ing*〕

gratitude[grǽtitjuːd] 명 감사; 선물 (gift). 4
〔((프)) *gratitude*←《래틴》 *grātitūdo* thankfulness 감사←《래틴》 *grātus*; *grātus*+-*tude*(명사 어미)〕
out of ~ 은혜를 갚으려고.
☞ grateful, grace

grave¹[greiv] 명 묘(tomb). 2
〔((중영)) *grauen*; ((고영)) *grafan* dig 파다〕

gravestone[gréivstoun] 명 상석(床石). 〔grave+stone〕

graveyard[gréivjaːd] 명 묘지(墓地). *cf*. churchyard (교회안의) 묘지; cemetry 공동묘지.

grave²[greiv] 형 중대한(weighty); 심

각한(serious); 장엄한(solemn); 진지한(sober). [반] light 대수롭지 않은. 2
〔《래틴》 *gravis* heavy 무거운; *cf.* 《프》 *grave*〕
gravely[ɡréivli] [부] 진지하게, 엄숙하게, 심각하게.
gravity[ɡrǽviti] [명] 중력, 중량(weight); 엄숙함(solemnity); 중대함(importance). 〔grave+*-ity*(명사어미)〕 7
gravitate[ɡrǽviteit] [동] (인력에 의하여) 끌리다, 가라앉다(sink). 〔《래틴》 *gravitāre*←*gravis* heavy〕
gravitation[ɡræ̀vitéiʃ(ə)n] [명] 중력, 인력. 〔gravitate+*-ion*(명사 어미)〕 9
gravel[ɡrǽv(ə)l] [명],[동] 자갈(을 깔다). 〔《고프》 *grave* gravel+*-el*〕
gray[ɡrei] [명],[형] =grey 회색(의). ☞ grey
graze[1][ɡreiz] [동] 풀을 먹다, 방목(放牧)하다. *cf.* grass 풀. ☞ grass 3
graze[2][ɡreiz] [동] 스치다, 갈아서 까지다. [명] 스쳐서 생긴 상처.
〔graze[1]을 빌려쓴말; 원 뜻은 come close to the grass 풀 가까이에 오다〕
grease[ɡri:s] [명] 수지(獸脂), 지방; 그리스. [ɡri:z] [동] 기름를 바르다. 5
〔《앵글로프렌취》*greisse,craiss* fatness 살찜←《래틴》 *crassus* thick, fat 살찐〕
greasy[ɡrí:si, -zi] [형] 기름으로 더러워진, 기름이 번들 번들한.
great[ɡreit] [형] 큰 (big, large); 저명한(eminent), 위대한, 고귀한(noble); 중대한(important). *cf.* large (커다란). [반] small 작은, minute 사소한. 1
greatly[ɡréitli] [부] 크게, 대단히.
greatness[ɡréitnis] [명] 거대함, 위대함. 〔great+*ness*〕 4
Greece[ɡri:s] [명] 그리이스, 희랍. 5
〔《래틴》 *Graecia*←*Graecus* Greek〕 ☞ Greek
Greek[ɡri:k] [명],[형] 그리이스의, 그리이스말(의), 그리이스 사람(의). 3
〔《래틴》 *Graecus*←《그》 *Graikos*〕
greed[ɡri:d] [명] 탐욕(貪慾).
〔greedy에서 만들어 낸 말〕 ☞ greedy
greedy[ɡrí:di] [형] 욕심이 많은; 간절히 바라는; 걸신들린. 〔greed+*-y*(형용사어미); 《고영》 *grædig, grēdig*〕 4
greedily[ɡrí:dili] [부] 욕심장이의; 걸신들어서.
green[ɡri:n] [형] 초록색의, 풀에 덮인; 창백한(pale); 익지 않은(unripe), 생생한. [명] 초록; 풀 밭; *pl.* 야채류(vegetables); 푸른 가지. 1
greengrocer[ɡrí:nɡròusə] [명] 채소 장수. 〔green+grocer〕
greengrocery[ɡrí:nɡròusəri] [명] 채소 파는 집. ☞ grocer
greenish[ɡrí:niʃ] [형] 초록빛 나는. 〔green+*-ish*(형용사 어미)〕
greenness[ɡrí:nis] [명] 초록(색); 신선함; 미숙함.
green-wood[ɡrí:nwud] [명] (봄, 여름의) 푸른 숲. ☞ grow, grass
greet[ɡri:t] [동] 인사하다, 영접하다;(귀, 눈에)띄다. 2
〔《고영》 *grētan* visit방문하다, address 말을 건네다; *cf.* 《독》 *grüssen*〕
greeting[ɡrí:tiŋ] [명] 인사; *pl.* 인사의 말, 인사장. 4
gregarious[ɡriɡέəriəs] [형] 떼 지어 사는; 사교적인.
〔《래틴》 *gregārius* belonging to a flock 집단의←*grex* flock 떼, 무리〕 ☞ aggregate, congregation, segregation
grey, gray[ɡrei] [명],[형] 회색(의); 침침한(dull); 나이 많은(old). [동] 잿 빛이 되(게 하)다; 백발이 되(게 하)다. 3
greyhound[ɡréihaund] [명] 그레이 하운드《몸이 가늘고 다리가 긴 사냥개》. 7
〔grey+hound 사냥개〕 ☞ hound
grief[ɡri:f] [명] 슬픔(deep sorrow), 비탄(悲嘆). [반] joy 기쁨. 2
〔《고프》 *gr(i)ef* sad, heavy←《래틴》 *gravis* heavy; (기분이) 무거운→슬픈→슬픔〕 ☞ grave
grievance[ɡrí:v(ə)ns] [명] 불평, 찡찡 댐. 〔grieve+*-ance*(추상 명사 어미)〕 7
grieve[ɡri:v] [동] 몹시 슬퍼(하게)하다 〔at, about, for, over〕. 〔《고프》 *grever*←《래틴》 *gravāre* burden 짐을 지우다←*gravis* heavy 무거운〕 3
grievous[ɡrí:vəs] [형] 슬픈(sad), 비통한; 지독한(atrocious); 격렬한(severe). 〔grief+*-ous*(형용사 어미)〕 5 ☞ grave
grim[ɡrim] [형] 엄한(stern); 무서운(horrible), [반] mild 온화한. 5
〔《고영》 *grim*. *cf.* 《독》 *grimm* fury 분노; *gram* hostile 적대하는〕
grimace[ɡriméis] [명],[동] 찡그린 상(을 하다). 〔《아이스》 *grimmr* angry〕 ☞ grim

grin

make ~s 얼굴을 찌푸리다.

grin[grin] 통 이빨을 들어내고 웃다. 명 이를 들어내고 웃는 웃음. 4

grind[graind] 통 (ground) (가루로)갈다, 빻다, 찧다, (칼을)갈다(whet), 비비다(rub); 억누르다(oppress); 부지런히 일하다(work or study long and hard). 명 힘드는 일. 2

grindstone[gráin(d)stoun] 명 (둥근) 숫돌. [grind+stone] ☞ stone 9

grip[grip] 명 파악(grasp); 쥐는 힘(gripping power); 터득(mental grasp); 손잡이(handle). 통 꽉 쥐다, 이해하다 (understand). ⓐ loosen 늦추다. 4

[《고영》 *grīpan* gripe 꽉 쥐다]

grippe[grip] 명 《프 속어》 독감(influenza). 9

[《프》 *gripper* seize 잡다; (병균에)잡힘→독감]

groan[groun] 통 신음하다. 명 신음소리. ⓐ laugh 웃다. 3

grocer[gróusə] 명 식료품 장사. 4

[《고프》 *grossier* wholesale dealer←*gros* great, gross; 원뜻은 a dealer in the gross 도매상] ☞ gross

grocery[gróus(ə)ri] 명 식료품 판매업, 식료품 가게; *pl.* 식료품. [grocer+-*y* (명사어미)] 6

☞ gross, engross, greengrocer

groggy[grógi] 형 《속어》 비틀거리는 (unsteady), (기둥,집 따위가) 흔들리는 (shaky).

[grog 그로그(물에 탄 럼주)+-*y*(형용사 어미); 럼주를 먹고 비틀거리는]

groom[gru:m] 명 마부(馬夫); 신랑(bridegroom). 통 말을 돌보다; 《사람에 대하여 수동태로 써서》 몸차림하다; 《미》 (사람을 관직, 선거 따위에)내 세우다.

[《중영》 *grome* boy 소년←《중 홀런드》 *grom* boy 또는 《고프》 *gromet* lad 젊은이] 5

groove[gru:v] 명, 통 홈(을 파다). 6

[《홀런드》 *groef, groeve* trench, channel 수채, 도랑←*graven* dig 파다]

☞ grave¹

grope[group] 통 손으로 더듬다; (암중) 모색하다. 6

[《고영》 *grāpian* seize, grope 잡다←*grīpan* seize] ☞ grip, grippe

gross[grous] 형 조잡(粗雜)한(coarse), 야한(vulgar); 짙은(dense), 무성한(thick); 전부의(total). 명 《단수 및 복

grove

수) 그로오스(12타(dozen));총체(總體).

[《고프》 *gros(se)* gross, great←《래틴》 *grossus* fat 살찐] 4

grossness[gróusnis] 명 지나치게 큼; 조잡함.[gross+-*ness*(추상 명사 어미)]

☞ grocer

grotesque[gro(u)tésk] 형 괴기한(strange), 이상한(odd, unusual), 기형적인. 명 괴기한 아름다움. 8

[《프》 *grotesque* ludicrous 우스운←《이태》 *grotesca* curious painted work, such as was employed on the walls of grottoes; grottoes나 고대로마의 지하실 벽에 그려진 괴상한 그림←*grotta*←《래틴》←《그》 *kryptē* vault 지하실; grotto+-*esque*(형용사 어미)]

동계어 **grotto**[grɔ́tou] 명 작은 동굴 (small cave); (더위를 피하기 위하여) 동굴을 본딴 건물(cave like summerhouse).

ground[graund] 명 흙(soil), 땅(land); 운동장; *pl.* 정원; 바탕; 근거(basis); 이유(reason), 동기(motive). 통 …에 기초를 두다(base), 세우다(establish) [on]; 좌초하다. 1

[《고영》 *grund; cf.* 《독》 *grund*]

break ~ 땅을 갈다; 일을 시작하다. *hold* (또는 *stand, keep, maintain*) *one's* ~ 《자기》 입장을 주장하다. *on the* ~ *that* … …의 이유로. *take* ~ 좌초하다.

group[gru:p] 명 무리, 그룹. 통 모이다, 분류하다(classify). 2

[《이태》 *groppo* knot 매듭, heap 덩어리, group←《고대 독》 *kropf* bunch 다발]

동의어 "무리, 떼"를 뜻하는 **group**는 사람이나 동물 또는 물건의 집합체를 뜻하는 일반적인 말이다. **herd**는 소, 말, 양 따위의 떼를 뜻하며, 기거와 행동을 같이 한다는 뜻인데 비해서, **flock**는 양이나 새의 떼를 뜻한다. **drove**는 소, 말, 돼지, 양 따위의 줄지어 몰려가는 짐승의 떼라는 뜻이다. **pack**는 사냥개, 늑대 따위의 떼를 뜻하고, **swarm**은 곤충의 떼나 움직이는 것이나 사람의 무리를 보통 경멸해서 말할 때 쓰이는 말이다. **school**은 고기, 물개, 고래 따위의 물에서 사는 동물의 떼를 뜻하고, **flight**는 함께 날고 있는 새의 떼를 뜻한다.

grove[grouv] 명 작은 숲. *cf.* wood,

forest 숲. 2

grow[grou] 돈 (grew, grown) 자라다; 차츰 …이 되다(become by and by); 나다(spring up); 재배하다(cultivate), 발달시키다(develop). ⓐ die 죽다. 1

grown-up[gróunʌp] 형 다 큰, 어른이 된 (adult). 명 어른.

growth[grouθ] 명 성장, 발달, 증가; 재배; 살아 있는 것. [grow+-th(명사 어미)] ☞ grass, green

growl[graul] 돈 으르렁거리다; (우뢰가) 울리다(rumble); 투덜거리다. 명 으르렁거리는 소리, 짖는 소리. 5
[《중영》 groule rumble 속이 꿀꿀거리다]

grub[grʌb] 돈 파헤치다(dig), 후비어 파내다; 열심히 일하다(drudge). 명 (곤충의)유충(larva). 8
[《중영》 grobben; cf. 《독》 grübeln]

grudge[grʌdʒ] 돈 아까와 하다; 샘하다; …하기를 싫어하다. 명 원한. 5
[《고프》 groucier murmur 중얼거리다; 원뜻은 중얼거리다→ 불평하다→ 아까와하다]

gruel[gruəl] 명 죽(粥), (속) 엄벌. 10

gruff[grʌf] 형 선목소리의;거친(rough).
[《홀런드》 grof big, coarse, loud] 5

grumble[grʌmbl] 돈 투덜거리다(mutter); (우뢰가) 울리다(rumble). 명 불평, 투덜댐; 우뢰 소리.
[《고대 독》 grommen grumble+-le (반복 어미)]

grunt[grʌnt] 돈 (돼지 처럼)꿀꿀거리다. 명 불평. 8

guarantee[gærəntíː] 명 보증, 보증인; 담보. 돈 보증하다. 5
[《고프》 garantie warranty, 보증← garant, warant warrant 보증, 허가] ☞ warrant

guard[gɑːd] 명 파수(watch); 파숫군, 보초(sentry); 호위자, 방어. 돈 감시하다 (watch); 방위하다(defend), 보호하다 (protect). 1
[《고프》 garder, warder to guard← 《고영》 wardōn watch 감시하다←weard] ☞ ward

guardian[gɑ́ːdiən] 명 보호자, 감시인, 후견인(後見人). 5
[guard+-ian(사람을 뜻하는 명사어미); warden의 변형] ☞ warden, ward

guer(r)illa[gərílə] 명 게릴라, 유격대 원(遊擊隊員),

[《스페》 guerrilla little war 작은 전쟁 ←guerra war←《고대 독》 werra war] ☞ war

a ~ band(war) 유격대(전).
참고 "이쁘네 세브"는《프》 aprés-guerre post war에서 빌려 쓴 말로 "전후(파)"를 뜻하며 guerre war는《스페》guerra 와 같은 뜻이다.

guess[ges] 돈 추측하다, 알아 맞추다; 생각하다(think). 명 추측, 억측. ⓐ prove 입증하다. 1
[동의어] guess는 잘 모르는 일에 대하여 판단이나 추측을 한다는 뜻인데, 가끔 정확하게 맞는 때도 있는 경우에 쓴다. guess가 단순한 것에 쓰이는데 비하여 conjecture는 복잡한 것을 불완전하거나 부정확한 증거에 의하여 추측이나, 또는 예언한다는 뜻이다. surmise는 conjecture보다도 더 부정확한 증거에 의한 추측, 즉 직관이나 상상으로 추측함을 뜻하는 문장용어이다. suppose는 진실이라고 가정한다는 뜻이다.

guest[gest] 명 손님; (호텔, 하숙 따위의) 숙박인. ⓐ host 주인. 2
참고 상점의 손님은 보통 customer 라 한다.
[《중영》 gest←《아이스》 gestr; cf.《독》 gast]

guide[gaid] 돈 인도하다(direct); 지배하다(control); 좌우하다(actuate). 명 길잡이, 안내인, 고문; 지침(指針). 1
[《프》 guider to guide←(이태) guidare←《고영》 wītan pay heed to … …에 주의하다] ☞ wit
[동의어] guide는 길을 잘 아는 사람이 같이 가서 안내한다는 뜻이며, lead는 길을 가르치기 위하여, 손을 잡고 또는 앞장서서 걷는다는 보편적으로 쓰이는 말이며, 솔선해서 사람이 어떤 행동을 하게 만든다는 뜻을 나타낼 때도 있다. steer는 탈 것의 키를 잡는다, 즉 "조종하다, 진로를 바로 잡아 잘 조종한다"는 뜻을 나타낸다. pilot는 배나 비행기를 조종한다는 뜻이며, 일반적인 의미로는 특히 장해가 많고 구불구불하여 복잡한 길을 안내한다는 뜻이다. conduct는 사람이나 물건을 인도 또는 원조하기 위하여 같이 간다는 뜻이다.

guidance[gáid(ə)ns] 명 안내, 지도 (leadership). [guide+-ance(추상명사 어미)] 9

guild, gild[gild] 명 동업조합; 길드. 9

guile [gail] 명 교활(craftness), 기만 (deceit); 간사한 꾀. 7
[《고프》 *guile*; wile과 같은 어원]
☞ wile

guileful [gáilf(u)l] 형 교활한, 꾀 많은. [guile+-*ful* (형용사어미)]

guilt [gilt] 명 죄, 유죄(有罪). ⓑ innocence 무죄. *cf.* sin 종교 또는 도덕적인 죄. crime 법률상의 죄. vice 도덕상의 죄악. 4
[《중영》 *gilt* 《고영》 *gylt* trespass 침범, a fine for a trespass 침범에 대한 벌금]

guiltless [gíltlis] 형 죄 없는 (innocent); …(의 경험)이 없는. [guilt+-*less* (without 형용사 어미)] 5

guilty [gílti] 형 죄를 범한; 유죄의 [of]. [guilt+-*y*(형용사 어미)] 3
☞ yield

guinea [gíni] 명 《영국 화폐》 기니(21실링에 해당하는 옛 금화). 6
[1663년 아프리카의 *Guinea* 해안에서 산출한 금으로 만들었다고 해서]

guise [gaiz] 명 옷 차림, 복장(garb); 가장(pretense). 8
[《고프》 *guise* way, wise, manner 태도←《고대 독》 *wīsa* wise 방식]
in (또는 *under*) *the* ～ *of* …… 을 명계로.

guitar [gitá:] 명 기타아. 10
[《프》 *guitare*←《라틴》 *cithara*←《그》 *kithara* lyre 고대 그리이스의 4현 내지 11현금(絃琴)]

gulf [gʌlf] 명 만(灣); 심연(abyss). 2
[《그》 *kolpos* bosom 가슴, bay 만]
[동계어 **engulf** [ingʌlf] 통 마시다, 빨아들이다, 들이 삼키다, 휩쓸어들다.
[*en*- (in 동사를 만드는 접두사)+gulf]

gull [gʌl] 명 갈매기, 백구(白鷗); 사기군, 속이기 쉬운 사람. 9

gulp [gʌlp] 통 (보통 gulp down) 꿀꺽 마시다, 한모금에 삼키다, (감정을) 꾹 참다. 명 한 모금, 단숨에 마신 양. 10
[《중영》 *gulpen*; 소리를 본딴 말]
at one ～ 단숨에, 한입에.

gum [gʌm] 명 수지(樹脂); 고무《넓은 뜻》, 고무 나무; 《미속》(탄력성) 고무, 껌. 《보통 복수》잇몸. *cf.* rubber 고무. 5
[《라틴》 *gummi*←《그》 *kommi* gum]

gun [gʌn] 명 대포(cannon), 소총(rifle); 《미》권총(pistol, revolver). 통 총으로 쏘다. 2
[《중영》 *gonne* ← *Gunilda* (1330～1331년에 쓴 무기 이름)←《아이스》 *Gunnhildr* (여자 이름); *gunnr, hildr* war]

gunner [gʌ́nə] 명 포수(砲手). 10
[gun+-*er* (사람을 뜻하는 명사어미)]

gunpowder [gʌ́npaudə] 명 화약.
[gun+powder 가루]

gush [gʌʃ] 통 솟아 나오다(rush out); 너무 감정적으로 얘기하다. 명 솟아 나옴, 분출; (감정의)폭발. ⓦ ooze 스며나오다. 5
[《아이스》 *gustr* gust←*gjōsa* gush]
☞ gush

gusty [gʌ́sti] 형 갑자기 바람이 잘 부는, 바람이 불어치는. [gust+-*y*] 10

gust [gʌst] 명 일진(一陣)의 바람(sudden rush of wind), 갑자기 부는 바람; 돌발(burst); 확 타오르는 불. 7

gut [gʌt] 명 창자(intestines); *pl.* 내장(bowels), 알맹이; *pl.* 《속어》용기(courage). 통 창자를 끌어내다(disembowel).
[《고영》 *gut* a channel 수로(水路)←《고영》 *gēotan* pour 쏟다]

gutter [gʌ́tə] 명 (빗물이 흘러내리는) 홈통, (길가의)작은 도랑; 빈민굴(the slums). 통 홈통을 붙이다, 도랑이 되게 하다. 5
[《고프》 *g(o)utiere*←《프》 *goutte* drop 물 방울←《라틴》 *gutta*]

guttural [gʌ́t(ə)rol] 형 목구멍의. 명 목구멍 소리(의). [《라틴》*gutturālis* belonging to the throat 목구멍의← *guttur* throat 목구멍]

guy [gai] 명 《미속》 녀석, 자식(fellow, chap); 이상한 몸차림의 사람 (queerlooking person). 통 놀려주다 (make fun of). [*Guy Fawks* (1507～1606)의 이름에서 1605년 11월 5일 영국왕 James 1세의 암살과 영국국회의 폭파를 음모한 구교도의 Gunpowder plot (화약사건)의 괴수]

gymnasium [dʒimnéiziəm] 명 체육관; (독일의)중학교. 6
[《그》 *gymnasion* athletic school 체육학교; 나체로 연습함 ← *gymnazein* train naked 나체로 훈련하다←*gymnos* naked 나체의]

gymnastic [dʒimnǽstik] 형 체조의.

habit [hǽbit] 圐 버릇(custom), 습성; 체질(constitution). 동 《보통 수동형》 차리다, 입히다(clothe). 3
[《래틴》 habitus condition 조건 dress 옷←habēre have, keep 지니다; 지니고 있는 것→습관]

 be in the (또는 *a*) ~ *of*… …하는 버릇이 있다.

동의어 habit는 특히 개인의 버릇을 뜻하며, custom은 주로 사회적인 관습을 뜻하여 사회적 전통에 의하여 강제될 때도 있음을 나타낸다. practice는 habit처럼 자동적인 버릇이 아니고 규칙적으로 반복되는 행동을 뜻한다. usage는 큰 단체에서 오랫 동안 행하여져서 공적으로 승인 받게 된 custom 또는 practice를 뜻하며, wont는 개인이나 단체의 특징이 되는 습관적인 행동을 특히 도덕적인 면에서 말할 때에 쓰이는 문장용어이다.

habitable [hǽbitəbl] 혱 살기에 알맞는. [habit+-*able*(형용사어미)] 10
habitation [hæbitéiʃ(ə)n] 圐 주소, 주택(residence), 거주. [habit+-*ation*(명사어미)] 6
habitual [həbítjuəl] 혱 습관적인, 늘 하는(customary). 8
[habit+-*al*(형용사 어미)]
habituate [həbítjueit] 동 습관들이다, 익히다[to]. [habit+-*ate*(동사어미)]
habitat [hǽbitæt] 圐 《동식물의》 산지, 사는 곳 (natural home).

hack¹ [hæk] 동 《도끼로》 패다(cut), 난도질하다; 헛 기침 하다. 圐 새긴 자국; 도끼(axe); 헛 기침. 6
hack² [hæk] 圐 세 놓는 말, 전세 마차, 승용마; 품팔이하는 사람. 혱 고용된, 돈 때문에 일하는. 동 말 타다. 7
[hackney 에서 온 말]
hackney [hǽkni] 圐 =hack². 동 써서 낡게 하다. [《중영》 *Hakeney*←《고영》 *Haccanieg* Hacca's island] 10

haggard [hǽgəd] 혱 수척한, 몹시 여윈 (gaunt). 圐 길들이 않은 매. 8
haggle [hǽgl] 동 에누리하다; (값 때문에) 승강이 하다.
[《아이스》 *höggva* hew 새기다, 깎다] ☞ hew

hail¹ [heil] 圐 싸라기 눈; 우박. 동 싸라기 눈(우박)이 오다; 빗발 치듯(하게)하다, …을 퍼붓다(끼얹다). 2
hailstone [héilstoun] 圐 싸라기 눈, 우박. [hail+stone] ☞ hail¹, stone
hail² [heil] 동 …을 보고 소리치다, 인사하다(greet); …의 출신이다[from]. 圐 인사, 환호성. 갑 만세! 2
[《아이스》 *heill* hale, sound 건전한]
 ~ *a taxi* 택시를 (소리 쳐)부르다.
 ~ *from*… 《배 따위가》 …에서 오다; (사람이) …출신이다.
hair [hɛə] 圐 《머리》털; 털 모양의 물건; 털 끝(만한 것); *cf.* 《독》 *haar* 1
hairbreadth [hɛ́əbredθ] 圐, 혱 위기일발(의)(narrow), 아슬 아슬한. [hair+breadth 넓이, 폭; 머리털 만큼의 사소한 차이]

 a ~ *escape* 구사 일생(九死一生).
haircut [hɛ́əkʌt] 圐 이발. [hair+cut 베다]

 get (또는 *have*) *a* ~ 이발하다.
hairdo [hɛ́ədu:] 圐 《미》 머리를 만지는 법; *cf.* do one's hair 머리를 만지다, 머리를 얹히다. [hair+do]
hairdresser [hɛ́ədresə] 圐 이발사, 미용사. [hair+dress+-*er*(명사 어미); hair를 만지는(dress) 사람] ☞ dress
참고 barber는 이발사, hairdresser는 특히 미용사를 가리킨다.
hairsplitting [hɛ́əspliʈiŋ] 圐, 혱 사소한 일을 지나치게 따지기(는). [hair+split+-*ing*(현재 분사 어미): 머리털 (hair)을 세세히 구별하다(split)]
☞ split
hairy [hɛ́əri] 혱 털 투성이의, 털이 많

은. [hair+-*y*(형용사어미)] 8

hale[heil] [형] 건강한 (robust),기분 좋은; 《보통 노인에 관하여 쓰인다》. 6
[《중영》 *hal*(*e*)에서 온 것; 자매어 《고영》 *hāl*은 whole로 변하였음; whole과 자매어]
~ ***and hearty*** 늙어도 기운 좋은, 몸은 늙어도 마음은 젊은.
☞ whole, heal, health

half[hɑ:f] [명] 반, 절반. [형] 반의. [부] 반쯤, 얼마쯤. [반] whole 1
[*cf.* 《독》 *halb*]
by ~ 반만; 대단히(much). ~ ***and*** ~ 반 반으로. ~ ***as much*** (또는 ***many***) ***again*** 한배 반. ~ ***as much*** (또는 ***many***) ***as***… …의 반만. ***not*** ~ ***bad*** 나쁘기는 커녕 좋은, 매우 좋은.
halve[hɑ:v] [통] 이등분하다; 반으로 줄이다(reduce to half).
halfway[hɑ́:fwéi] [형] 반쯤의, 불완전한. [부] 반쯤에서, 불충분하게.

hall[hɔ:l] [명] 공회당; 대식당, 강당; (궁전 따위의)큰 방; (주택의)넓은 방; 홀.
[《중영》 *halle*; 《고영》 *heal*(*l*); 원 뜻은 피난처(shelter)] ☞ hell,helm 1

halloo[həlú:] [통] "어어이"하고 부르다; 큰 소리로 불러 사냥개를 격려하다. [명] 큰 소리로 부르는 소리. [감] 어어이!
[소리를 본딴 말] 6

hallow[hǽlou] [통] 신성한 것으로 숭배하다; 신성하게 하다(make holy). 5
[주의] hallo(a)[həlóu] [감] 어이! 이봐! 와 혼동하지 않도록 할 것. [반] profane
[《고영》 *hālgian* make holy 성스럽게 하다 ←*hālig* holy; *cf.* 《독》 *heiligen*]
☞ holy

halt[hɔ:lt] [명] 휴지(休止 stop), 정지. [통] 멎다, 멈추다; 머뭇거리다. [반] march 행진(하다). 4
[《중영》 *halt;* 《고영》 *healt*]
halter[hɔ́:ltə] [명] 굴레; 목을 매는 밧줄. [《중영》 *halter* 《고영》 *halftre* halter; 원뜻은 something to hold by]
come to the ~ 교수(絞首)형이 되다(받다). 7

ham[hæm] [명] 햄 《돼지 뒷다리 고기를 소금에 절여 훈제(燻製)한 것》. 4
[《중영》 *hamme* 《고영》 *hamm*]
Hamburg steak[hǽmbə:g stéik] [명] 잘게 다진 쇠고기를 튀긴 요리.

hamlet[hǽmlit] [명] 작은 마을, 소 부락(小部落). 4
[《중영》 *hamlet*←《고프》*hamel* hamlet +-*et*(축소어미)←《고영》 *hēm* home 집+ -*el*(축소어미); small dwellings 작은 주택들]

hammer[hǽmə] [명] 쇠망치, 함마. [통] 함마로 치다, 두들겨 넣다, 맹렬히 포격하다, 《비유》 쫓아버리다. 2
[《고영》 *hamor; cf.* 《독》 *hammer;* 《러》 *kamen* stone과 관련이 있음]

hamper[hǽmpə] [통] 방해하다(hinder); 족쇄를 채우다. [명] 족쇄(足鎖 fetter). 8

hand[hænd] [명] 손; (시계의) 바늘; 쪽(side), 방향; 일군; 솜씨(skill); 글씨(handwriting); 손에 든 패; 손잡이(handle). [통] 수교(手交)하다; 거들다.
[반] foot 발. *cf.* 《독》 *hand* 1
a good (또는 ***bad***) ~ ***at***… …을 잘(또는 잘못)하는. ***bear a*** ~ 손을 빌려주다, 거들다. ***come to*** ~ 손에 들어오다, 닿다. ***from*** ~ ***to mouth*** 하루 벌어 하루 먹는. ~ ***in*** ~ 서로 손잡고, ~ ***over*** 건네주다, 양도하다, 전하다. ~ ***off!*** 손대지 말아! ~ ***up!*** 손들어! ~ ***to*** ~ 서로 육박해서, 뒤섞여(싸우다 따위). ***on*** ~ 가까이(within reach, near); 마련해서(ready); 《미》출석해서(present). ***on the one*** (또는 ***other***) ~ 일면 (또는 그반면)에. ***wash one's*** ~***s*** 관계를 끊다.
handbag[hǽndbæg] [명] 핸드백, 손가방. [hand+bag]
handbook[hǽndbuk] [명] 편람(便覽 manual), 안내서(guide-book). [hand +book]
handful[hǽn(d)ful] [명] 한 줌, 한 웅큼; 약간, 조금. [hand+-*ful*(형용사 어미); "손에 가득한(full) 양 또는 수"의 뜻] ☞ handle, handy 4
handicap[hǽndikæp] [명] 불리한 조건, 핸디캡. [통] 핸디캡을 붙이다. 8
[*hand i' cap* hand in the cap 맞춘 사람이 벌을 받는 제비 뽑기 놀이의 이름]
handiwork[hǽndiwə:k] [명] 수공(手工), 손으로 만든 것; 공작. [《고영》 *hand* hand+*geweorc*←*weorc* work; work by hand 손으로 하는 일. -*i*-는 《고영》 *ge*-의 변형]
handkerchief[hǽŋkətʃif] [명] 손 수건. [hand+kerchief] ☞ kerchief 2
handle[hǽndl] [명] 자루, 손잡이, 핸들. [통] 만지다, 처리하다(manage); 취

급하다(treat); 통제하다(control). 2
[hand+-*le*(동사를 만드는 어미); hand 로 쥐고, 들고, 당기는 부분의 뜻; cf. **(독)** *handeln*]

handmade[hǽndmèid] 형 손으로 만든. [hand+made]

handsome[hǽnsəm] 형 아름다운, 잘생긴(good-looking); 훌륭한(fine); 후한(generous);적지않은(considerable). [((중영)) *handsum*←(고영) *hand+-sum*(형용사 어미); 원 뜻은 easily handled 손 쉽게 다루어지는] 2
참고 handsome은 일반적으로 남자에 사용되며 당당한 대장부다운 남성미를 뜻한다. 여자에 대하여 말할 때에는 pretty나 beautiful을 쓰는 것이 보통이나, 여성적인 매력보다도 건강하고 당당한 글래머 타입의 체격의 아름다움을 뜻하는 때에는 handsome을 여자에게도 쓸 수 있다. ☞ hand

handy[hǽndi] 형 손 가까이에 있는(ready to hand); 편리한(convenient), 다루기 쉬운; 솜씨 좋은(skilful). 7
[hand+-*y*(형용사 어미); 손에 들고 곧 쓸 수 있는, 또는 손 옆에 바로 있는→ 편리한] ☞ hand, handle

hang[hǽŋ] 동 (hung) 걸(리)다, 매달(리)다, 처지다(droop); 교수형에 처하다, 머뭇거리다. 1
주의 "교살하다"의 뜻으로 쓰일 때에는 hang-, hanged-, hanged로 규칙적 활용을 한다. cf. **(독)** *hängen*

hanger[hǽŋə] 명 거는 사람; 옷거는 고랑쇠, 횃대; (미) 포스터, 교수형 집행인. [hang+-*er*(사람을 뜻하는 명사 어미)]

hangman[hǽŋmən] 명 (*pl.* -men) 교수형 집행인.

hangar[hǽŋə, hǽŋɑ:] 명 (비행기의) 격납고(格納庫). 10
[(프) *hangar* shed 곡간→격납고]

haphazard[hǽphǽzəd] 명 우연(chance). 형 우연의. 부 우연히. 7
[hap+hazard] ☞ hap, hazard

happen[hǽp(ə)n] 동 일어나다(occur); 우연히 …하다(chance); 뜻밖에 …하다.
[hap 우연+-*en*(동사어미)] 1
동의어 happen은 가장 일반적으로 쓰이는 말로, 어떤 일이 직접적인 원인도 없이 일어남을 뜻한다. chance는 항상 사전에 뚜렷한 까닭이 없는 경우에 쓰이는 구식 낱말이다. occur는 보통 특정한 사건이 특정한 때에 일어남을 뜻하고 happen보다 딱딱한 느낌을 주는 말이다. take place는 계획되었거나 예정된 일 또는 뜻밖의 일이 일어남을 나타내는 속어이다. transpire는 "알려지다"의 원 뜻에서 전용하여 신문 따위에 통속적으로 occur 대신 쓰이기도 하는 말이다.

happening[hǽpniŋ] 명 일어난 일, 사건. [happen+-*ing*] ☞ happy

happy[hǽpi] 형 행복한; 즐거운, 기쁜(glad); 다행한(lucky); (표현이)적절한(apt); 교묘한(clever). 반 unhappy [hap 우연, 행운 +-*y*(형용사 어미)] 1
be ~ *in* (다행이도)…을 가지다.

happily[hǽpili] 부 행복하게, 즐겁게, 다행히(luckily). 4

happiness[hǽpinis] 명 행복, 행운(good fortune); (표현이) 적절함(aptitude); 교묘함. [happy+-*ness*(명사 어미)] 2
동의어 happiness는 행복을 뜻하는 일반적인 말이다. felicity는 크고 기쁜 happiness를 뜻하는 형식적인 말이다. bliss는 행복감이나 기쁨이 최고에 이르렀을 때의 감정을 나타낸다.
참고 hap의 뜻은 "우연, 요행"인데 이것은 mishap 명 재난(災難) [*mis*- bad +hap]나 perhaps 부 아마 [*per*- by+ haps *pl*.] 따위에서도 찾아볼 수 있다. ☞ happen

haram[hǽərəm] 명 회교의 성지.

harangue[hərǽŋ] 명 열변. 동 열변을 토하다. 10
[((고프)) *harangue*←(고대 독) *hring* circle of audience 청중의 모임; 원뜻은 speech addressed to an assembly]

harass[hǽrəs] 동 애먹이다(trouble), 괴롭히다(worry). 8
[((고프)) *harer* set a dog at a beast 개를 덤벼들게 하다]

harbinger[hɑ́:bindʒə] 명 선구자; 미리 알림, 조짐. 동 미리 알리다.
[((고프)) *herberge* harbour, lodging← ((고대 독)) *heri* army+*bergan* shelter]

harbo(u)r[hɑ́:bə] 명 항구; 피난소(shelter). 동 숨겨주다(conceal), 보호하다(protect);(나쁜 마음 따위를)품다(entertain). [((고영)) *hereborg* lodgings← *here* army+*beorg* shelter]
☞ harbinger 2

hard [ha:d] 형 딱딱한; 힘든; 엄격한; 모진; 열심의. 부 열심히, 격렬히, 굳게; 가까이. ⓐ soft 연한, easy 쉬운. **1**
[〈고영〉 *heard*; *cf.* 《독》 *hart*]
~ **and fast** 옴쭉 달싹 않는, (규칙 따위가)엄한. ~ **fact** 엄연한 사실. ~ **times** 불경기. ~ **up** (돈이)궁하여, 옹색하여. ~ **water** 경수(硬水: 우물물 따위). **look** (또는 *gaze*, *stare*) ~ **at** … …을 뚫어지듯 쳐다보다.

동의어 **hard**는 사물이 육체적 또는 정신적 노력을 크게 필요로 한다는 뜻의 가장 보편적인 말로 회화에 많이 사용한다. **difficult**는 육체적인 노력보다 오히려 고도의 숙련, 지식, 용기, 기지(機知)가 필요하다는 뜻이다. **arduous**는 등산, 조사, 연구 따위의 수준이 높은 일을 하는데 장시간의 노력과 근면을 필요로 한다는 뜻이다. **laborious**는 오래 동안 싫증날만큼 지리한 노력을 필요로 한다는 뜻이다.

harden [há:dn] 동 딱딱하게 하다, 딱딱해지다; 단련하다. [hard+-*en*(동사 어미)] *cf.* soft 동 →soften 동; dark 형 → darken 동.

hardly [há:dli] 부 거의 …않다, 겨우, 힘들여; 가혹하게, 간신히. [hard+-*ly* (부사어미)] **2**
~ … **when** (또는 *before*)겨우 …했을 때, …하자 마자. ~ **ever** 좀처럼 안 하다, 좀처럼 없다.

동의어 **hardly**는 사물이 겨우 행하여짐을 뜻하며 특히 그 정도가 몹시 힘듦을 암시한다. **scarcely**는 특히 양적으로 여유가 없다는 뜻이 강하다. **barely**는 가까스로 해나간다는 뜻으로서, hardly나 scarcely보다 긍정적인 뜻이 강하다.

hardness [há:dnis] 명 곤란; 어려움; 피로움. [hard+-*ness*]

hardship [há:dʃip] 명 곤란; 고초. **5** [hard+-*ship*]

hardware [há:dwɛə] 명 쇠로 만든 그릇, 철기류(鐵器類). [hard+ware 그릇] ☞ hard, ware **5**

hardy [há:di] 형 건장한(robust); 대담한 (bold).
[〈고프〉 *hardir* make bold 대담하게 하다←〈고대 독〉*harti* hard]
☞ hard

hardily [há:dili] 부 대담하게(boldly), 뻔뻔스럽게.

hardihood [há:dihud] 명 대담함(boldness), 뻔뻔스러움. [hardy+-*hood* (추상명사 어미)]

hardiness [há:dinis] 명 대담성, 용기, 뻔뻔스러움; 견고함. [hardy+-*ness*(추상명사 어미)] **8**

hare [hɛə] 명 산토끼; *cf.* rabbit 집토끼
[〈고영〉 *hara*; *cf.* 《독》 *hase*] **3**

l**arem** [héərem] 명 (터어키 따위의)부인방, 후궁(後宮).
[〈아라〉 *harama* he prohibited 남자 출입 금지←*harama* prohibit 금지하다]

harm [ha:m] 명, 동 해(치다)(hurt), 손상(시키다)(damage). **2**
[〈중영〉 *harm* 〈고영〉 *hearm* grief 슬픔, harm]

harmful [há:mf(u)l] 형 해로운(hurtful). [harm+-*ful* (형용사 어미)] **9**

harmfully [há:mfuli] 부 해롭게.

harmless [há:mlis] 형 해가 없는, 죄 없는, 악의 없는. [harm+-*less*(형용사 어미 without)] **5**

harmlessly [há:mlisli] 부 해롭지 않게, 악의 없이.

harmony [há:məni] 명 화합, 조화(agreement), 일치;《음악》화음(和音), 화성 (和聲). ⓐ discord(ance) 불화. **3**
[《래틴》 *harmonia*←〈그〉 *armonia* joint, proportion, harmony←*armos* joining←*arein* fit 맞추다]
be in (또는 *out of*) ~ **with**… …과 조화되어 있(지 않)다.

harmonious [ha:móuniəs] 형 조화된; 가락이 잘 맞는; 화목한. [harmony+-*ous*(형용사 어미)] **7**

harmonize [há:mənaiz] 동 가락을 맞추다; 음조(音調)가 맞다; 조화하(게 하)다. [harmony+-*ize*(동사어미)] **10**

동계어 **harmonica** [ha:mɔ́nikə] 명 하아모니커(mouth organ). [《래틴》 *harmonicus* harmonic의 여성형]

harness [há:nis] 명 마구(馬具). 동 마구를 달다; (자연력을)동력으로 이용하다.
[〈고프〉 *harneis* armour 갑주] **3**
in ~ 나날의 일에 종사하여. *die in* ~ 집무중에 사망하다, *work* (또는

run) in double ~ 협력해서 일하다; 부부가 함께 벌다.

harp[hɑːp] 명, 동 하아프(를 타다). 4
[《중영》 harpe; 《고영》 hearpe; cf. 《독》 harfe]

harrow[hǽrou] 명 써레. 동 써레로 고르다, 써레질하다 6
[《중영》 harwe]

harry[hǽri] 동 약탈하다; 괴롭히다(harass); 유린하다. 2
[《고영》 hergian lay waste 황폐하게 하다←《고영》 here army; 군대에 의하여 약탈하다]

harsh[hɑːʃ] 형 엄한(stern), 깔깔한, 잔인한(cruel); 귀에 거슬리는. 반 gentle 부드러운, smooth 미끄러운. 4
[《중영》 harsk←《덴마》 harsk rancid 기분나쁜; cf. 《독》 harsch harsh, rough]

harshly[hɑ́ːʃli] 부 거칠게, 잔인하게.

harshness[hɑ́ːʃnis] 명 거칠음, 잔인함, 엄격함. [harsh+-ness]

hart[hɑːt] 명 숫 사슴(stag) 《특히 다섯 살 이상의 붉은 사슴》. 5
[《중영》 hert 《고영》 heort; cf. 《독》 hirsch]

harvest[hɑ́ːvist] 명 거둬들임, 수확(crop) 수확기; 결과. 동 거둬들이다, 수확하다, 수납하다. 2
[《고영》 hærfest autumn 가을, crop 곡물; cf. 《독》 herbst autumn]

hash[hæʃ] 동 잘게 저미다(chop); 엉망으로 만들다. 명 잘게 저민 고기 요리; 뒤섞임(mixture); 엉망진창.
[《프》 hache ax 도끼, hatch(et)]
☞ hatchet

haste[heist] 명 급함, 서두름(swiftness). 동 서두르다, 재촉하다. 반 delay 2
[《고프》 haste haste←《고영》 hǽst violence 난폭함, 폭력; cf. 《프》 hate]

in ~ 급히, 황급하게. make ~ 서두르다.

동의어 **haste**는 운동이나 행동이 급속히 당황해서 행해지는 상태를 나타내고 **hurry**는 특히 흥분, 소동, 혼란 따위를 암시한다. **speed**는 흥분이나 혼란의 뜻이 없이 단순히 운동이나 작용이 빠름을 뜻한다. **velocity**는 어떤 특정한 점을 향하여 고도의 speed를 냄을 나타내는 과학적인 말이다.

hasten[héisn] 동 서두르다, 촉진하다 (speed up).[haste+-en(동사어미)] 2

hasty[héisti] 형 급한, 조급한(hurried): 경솔한(rash); 성급한(quick-tempered). [haste+-y(형용사 어미)] 4

hastily[héistili] 부 조급하게, 급히.

hat[hæt] 명 (비 있는) 모자; cf. cap, bonnet. 1
[《고영》 hæt; hood와 관련 있음]
☞ hood

~ in hand 모자를 손에 들고, 공손히, 굽실거리며.

hatch[hætʃ] 명 갑판의 승강구(昇降口); 창살문, (큰 문 아래쪽에 따로 도려 낸) 밑문(wicket); (알의) 부화(孵化); 한배 (새끼). 동 알을 까다; 계획하다(plot). ["갑판의 승강구"의 뜻의 hatch는 《고영》 hæc hurdle에서; "부화"의 뜻의 hatch는 《중영》 hacchen에서 유래된 것이다] 5

hatchery[hǽtʃəri] 명 (어류) 부화장 (孵化場). [hatch+-ery(명사어미)]

hatchet[hǽtʃit] 명 손도끼. 5
[《프》 hachette←hache ax 도끼 +-ette (축소어미); a small ax 작은 도끼]

bury the ~ 싸움을 그치다, 칼을 걷우다. ☞ hash

hate[heit] 명, 동 증오(하다); 혐오(하다), 싫어하다. 반 love 2
[《중영》 hate; 《고영》 hete; cf. 《독》 hassen]

동의어 **hate**는 강한 혐오나 적의를 느낀다는 가장 평범한 말이다. **dislike**는 hate보다 소극적이며, 주로 약한 말로 문장용어로 쓰이는 경향이 있다. **detest**는 심한 혐오와 경멸을 느낀다는 뜻이고, **despise**는 굉장히 경멸하고 내려다 보는 뜻이다. **abhor**는 뿌리 깊고 강한 증오를 느낀다는 뜻이다. **loathe**는 절대적인 증오를 느낀다는 뜻의 가장 강한 말이다. **abominate**는 도덕적으로나 종교적으로 못 마땅한 일에 대하여 강한 혐오와 반발을 느낀다는 abhor보다 반성하는 뜻이 강한 말이다.

hateful[héitf(u)l] 형 미운, 미워하는. [hate+-ful] 5

hatefully[héitfuli] 부 미워해서.

hatred[héitrid] 명 증오, 원한. [hate +-red condition, state 상태; 미워하는 상태] 4

haughty[hɔ́ːti] 형 거만한, 거드름 피우는, 건방진. 4
[《고프》 haut←《라틴》 altus high+-y, (형용사 어미)]

haughtily[hɔ́ːtili] 부 거만하게, 거드름 피우며.
☞ altitude, altar, alto, exalt

haul[hɔːl] 통 세게 잡아 당기다, 운반하다, (배의 방향 따위가) 바뀌다. 명 당기기; 한 번 끌기; 한 그물에 잡힌 것. 5
〔(프) haler haul a boat 배를 끌다←《고대 독》 halōn, holōn〕

haunt[hɔːnt] 통 자주 가다(frequent); (유령 따위가) 출몰하다; 늘 마음에 떠올라 괴롭히다. 명 자주 출입하는 곳; 소굴, (동물들이)잘 나오는 곳. 3
〔(고프) hanter haunt, frequent〕

have[(강)hæv,(약)həv, əv, v] 통 (had) 가지다, 지니고 있다(possess); 얻다 (get); 먹다, 마시다(take); 경험하다 (experience); …하게 하다 [one do; it done]. 1
〔(중영) hauen; (고영) habban; cf. (독) haben〕

~ + p.p. = 완료형. ~ (또는 got) to … …해야 한다, …하지 않으면 안된다. ~ not to … = need not … …하지 않아도 좋다. ~ only to … …하기만 하면 된다. ~ something (또는 nothing) to do with … …과 관계가 있다(없다).

동의어 have 는 "갖고 있음"을 나타내는 가장 보편적인 말이다. hold 는 손에 쥐고 있다거나 보지(保持)하고 있음을 나타내며, 가지고 있는 것이 반드시 자기것이 아니라도 되는데, 때에 따라서는 have 보다 강한 통제력을 가짐을 뜻한다. occupy 는 소유권은 있든 없든 간에 물건을 hold 하고 사용한다는 뜻이고, own 은 구체적인 소유권을 갖고 있다는 뜻으로 남이 사용하는 경우에도 쓸 수 있다. possess 는 own 과 같은 뜻으로 사용하기도 하나 법적으로 소유한다거나 추상적으로 속성이나 성능이 있음을 뜻한다.

haven[héivn] 명 항구(harbour); 안식처, 피난처(shelter). 5
〔(고영) hæfen(e) ←《아이스》 hǒfn; cf. (독) hafen〕

havoc[hǽvək] 명 파괴, 황폐함. 통 크게 파괴하다. 7
〔(고프) havot plunder 약탈하다〕

Hawaii[haːwáː(i)iː] 명 하와이.
〔(옛 형태) Owhyhee; 그 재발견자 Cook가 1778년에 명명하였음〕

Hawaiian[haːwáiiən] 명 하와이(사람, 말)의. 명 하와이(사람). [Hawaii + -an (형용사 어미)]

hawk[hɔːk] 명 매; 욕심장이. 통 매사냥하다, 매처럼 덤벼들다. 3
〔(중영) hau(e)k; (고영) h(e)afoc; cf. (독) habicht〕

hay[hei] 명, 통 말린 풀(을 만들다). 2
〔(중영) hey; (고영) hīg〕
Make hay while the sun shines.
《속담》 해가 비칠 동안에 마른 풀을 만들어라. (좋은 때를 놓치지 마라).

haycock[héikɔk] 명 마른 풀을 둥글게 쌓아 올린 더미.

hazard[hǽzəd] 명 주사위 노름의 한 가지; 위험(danger), 모험(risk); 우연 (chance). 통 위험을 무릅쓰고 하다 (risk). ⓓ secure 안전하게 하다. 7
〔(프) hasard ←《스페》 azar hazard, an unlucky throw at dice ←《아라》 al-ahr the die 주사위; 주사위를 잘못던짐〕
at all ~s 모든 위험을 무릅쓰고. at ~ 되는 대로, 운에 맡겨서.

hazardous[hǽzədəs] 형 모험적인, 위태로운(risky). [hazard + -ous (형용사 어미)]

haze[heiz] 명 안개, 노을; 몽롱함. 통 흐려지다, 안개가 끼다. 6

hazy[héizi] 형 안개낀, 막연한(vague); 애매한. [haze + -y (형용사 어미)]

hazel[héizl] 명, 형 개암나무(의), 개암 열매의 색(의), 옅은 갈색(의). 6
〔(중영) hasel: (고영) hæsel; cf. (독) hasel〕

hazel-nut[héizl-nʌt] 명 개암 열매. [hazel + nut 밤, 호도] ☞ nut

head[hed] 명 머리, 두뇌; 두목(chief); 장관; 교장; 한 마리, 한 사람; 꼭대기 (top); pl. (화폐의) 겉 (⇔ tails 뒷면); 웃목 (⇔ foot 아랫목); 근원; 표제(heading); 항목(項目). 통 …으로 향하다; 앞장 서다(lead); 우두머리가 되다. 1
〔(중영) he(e)d, heued; (고영) hēafod; cf. (독) haupt〕

headache[hédeik] 명 두통. [head + ache 아픔] 6

heading[hédiŋ] 명 표제(表題); 방향; 《축구》헤딩.

headland[hédlənd] 명 갑(岬 cape); 곶. [head + land] 9

headlong[hédlɔŋ] 부 거꾸로; 무모하게. 형 무모한(rash). [head + -long (부사 어미)] cf. darkling[dáːkliŋ], 형 어두 컴컴한 곳에(의). [dark + -ling

(부사 어미)〕
headquarters[hédkwɔ́:təz] 명 《단수, 복수》본부, 사령부. 〔head+quarters〕
☞ quarter 5
general ~ 총사령부.
heal[hi:l] 타 (병, 상처 를)고치다, 치료하다(cure); 화해시키다. 자 wound 상하게 하다, 다치다. 3
주의 heel 뒷꿈치와 혼동치 않도록 할것.
〔《중영》 helen; 《고영》 hælan make whole 완전하게 하다←《고영》 hāl whole; whole, health와 같은 어원〕
☞ whole, health

health[helθ] 명 건강(상태), 위생 (hygiene). 〔《고영》 hælth health←hāl whole; heal+-th〕 1
be out of ~ 건강이 좋지 못하다.
drink (to) the ~ *of*… …의 건강을 위하여 건배하다.
cf. steal[sti:l] 명→ stealth[stelθ] 명;
weal[wi:l] 명→wealth[welθ] 명.

healthful[hélθf(u)l] 형 건강에 좋은, 위생적인, 유익한. 〔health+-ful(형용사 어미)〕 6

healthy[hélθi] 형 건강한; 건강에 좋은, 위생적인. 〔health+-y(형용사 어미)〕 4

동의어 정식 영어에 있어서는 healthy와 healthful은 각각 "건강한(having health),건강에 좋은(healthgiving)"의 두 가지 뜻으로 구별해서 쓰나, 형식을 찾지 않는 경우에는 두 가지를 구별하지 않고 쓴다. sound는 건강상태가 그럴 수 없이 좋다는 뜻으로, healthy보다 뜻이 강하다. hale은 특히 나이 많으면서도 건강한 경우를 말하고, robust는 근골이 튼튼하고 혈색이 좋으며 정력적이라는 뜻이다. well은 병이 아니라는 뜻 뿐으로 꼭 견전하다거나 건강하다는 뜻이 있어야 하는 것은 아니다. healthy와 달라 특정한 때에 건강하다는 뜻을 나타내는 속어이다. 이에 비해, wholesome은 육체적으로나 정신적으로 이익이 된다는 뜻으로 healthful보다 뜻이 강하고 신선함이나 깨끗함을 암시한다. salutary는 건강보다는 정신이나 도덕면에 유익하다거나 효과 있다는 뜻이다.

heap[hi:p] 명 (쌓아 올린) 더미, 퇴적 (堆積 pile). 타 쌓다. 2
〔《중영》 heep; 《고영》 hēap heap, crowd; *cf.* 《독》 hau*f*e〕

a ~ *of*= ~*s of* 많은.
hear[hiə] 타 (heard) 듣다, 들리다; 들어주다(grant); 심리하다(try). 1
〔《중영》 hēren; 《고영》 hyran; *cf.*《독》 hören〕
~ *from*… …에서 소식이 있다, …에서 편지가 오다.
hearer[híərə] 명 듣는 사람; 방청객. 〔hear+-er〕 6
hearing[híəriŋ] 명 듣기, 청력(聽力), 들어 주는 것; 발언의 기회, 심문(審問). 〔hear+-ing〕
hard of ~ 귀가 멀다. *within* ~ 들리는 곳에서. *out of* ~ 들리지 않는 곳에서.
hearken[há:k(ə)n] 자 《고상한 말》귀를 기울이다(listen). 〔《고영》 heorcnian listen to〕 5
heart[hɑ:t] 명 심장, 가슴, 마음; 애정; 용기. *cf.* head, mind, soul 1
〔《중영》 herte; 《고영》 heorte; *cf.*《독》 herz〕
at ~ 마음은, 마음속으로는. *by* ~ 외워서, 암기하여. *have the* ~ *to*… …할 용기가 있다. ~ *and soul* 열심으로, 죽자사자, 심혈을 기울여. *lose* ~ 낙심하다. *take to* ~ 근심하다, 슬퍼하다. *with all one's* ~ 성심성의껏, 기꺼이. *with half a* ~ 마지못해.
hearten[há:tn] 타 원기를 북돋우다(encourage), 기운이 나다. 자 dishearten 낙심시키다. 〔heart+-en(동사어미)〕
heartfelt[há:tfelt] 형 크게 마음을 움직이는, 진심의. 〔heart + felt (feel의 과거 분사)〕 ☞ feel 10
heartily[há:tili] 부 진정으로, 참으로; 양껏, 담뿍. 6
hearty[há:ti] 형 진심에서의; 성실한 (sincere); 기운찬(vigorous); 충분한, 양껏의. 〔heart+-y(형용사 어미)〕 4
kind-hearted[káindhá:tid] 형 친절한. 〔kind+-hearted (…한 마음의)〕
cf. tender-hearted, faint-hearted, etc.
hearth[hɑ:θ] 명 (벽)난로(fireplace);노변(爐邊 fireside); 가정(home); 한집 안 식구(domestic circle). 3
〔《중영》 herth; 《고영》 herthe; *cf.*《독》 herd〕
heat[hi:t] 명 열, 더위(hotness); 열정 (ardor), 격노(anger); 교미기(交尾期). 타 뜨겁게 하다, 데우다; 흥분하게 하

다. [반] cold 냉기(冷氣). 1
〔《중영》 *hete*; 《고영》 *hǣtu*←*hāt* hot; *cf.* 《독》 *hitze*〕

in the ~ of… 한창 …하는 참에. ***at a ~*** 단번에, 한숨에. ☞ hot

heathen[híːð(ə)n] [형] 이교(도)의; 《속어》 야만의(barbarous). [명] 이교도 《기독교, 유태교, 회교 이외의 종교를 믿는》; 미개인. 4
〔《고영》 *hæthen* wild creature←*hæth* heath 황야(荒野)〕

[동의어] **heathen**은 기독교를 믿지 않는 사람을 보통 뜻하나 다신교도로 우상을 숭배하는 미개인이라는 뜻으로 경멸해서 사용하기도 한다. **pagan**은 특히 기독교 이전의 다신교도를 뜻하며 경멸의 뜻은 없다. **gentile**은 보통 유태인 이외의 국민이나 몰몬 교도 이외의 사람을 뜻한다.

heave[hiːv] [동] (heaved 또는 hove)(무거운 것을)들어 올리다, 높아지다; 부풀게 하다; (한숨 따위를)토하다. [명] 들어 올리기. 3
〔《중영》 *hēuen*←《고영》 *hebban*; *cf.* 《독》 *heben*〕

heaven[hévn] [명] 하늘(sky); 천국(天國). [반] hell 지옥. 1
〔《중영》 *heuen*; 《고영》 *he(o)fon*; *cf.* 《독》 *himmel*〕

heavenly[hévnli] [형] 하늘의; 천국의, 성스러운(divine). 〔heaven+*-ly*(형용사 어미)〕 4

heavy[hévi] [형] 무거운, 묵직한(weighty); 나른한(dull); 고된, 벅찬; 슬픈(sad). [반] light 가벼운. 1
〔《고영》 *hefig* heavy, hard to heave 들어 올리기 힘든←*hebban* heave〕

[동의어] **heavy**는 상대적으로 무겁다는 뜻을 나타내는 가장 보편적인 말이다. **weighty**는 절대적인 무게에 대하여 말하며 보통 비유해서 중대하고 깊이 생각하고 신중히 판단할 필요가 있는 문제 따위에 쓴다. **momentous**는 중대한 결과를 초래한다는 뜻이고, **ponderous**는 크고 거치장 스러울 만큼 무겁다는 뜻으로 비유해서 쓸 때에는 담화, 문체 따위의 두서가 맞지 않아 답답하고 지루한 느낌을 준다는 뜻을 나타낸다. **massive**는 퍽 크기 때문에 강한 인상을 준다는 뜻으로, 무게보다도 크기, 견고함 따위를 강조하는 말이다. **cumbersome, cumbrous**는 무겁고 커서 거치장스럽다는 뜻이고, **burdensome**은 퍽 무거워 행동의 자유가 없다거나 힘들어 부담이 된다는 뜻이다.

heavily[hévili] [부] 무겁게, 심하게, 엄하게. 〔heavy+*-ly*〕 7

Hebrew[híːbruː] [명] 헤브류 사람; 《미》 유태인(Jew); 헤브류 말. [형] 헤브류 말의; 《미》 유태인의. 7
〔《그》 *Hebraios*←《헤브》 *'ibhrī* a Hebrew←*'āvar* he crossed over; 원 뜻은 Euphrates 강의 동쪽에서 건너온 사람〕

hedge[hedʒ] [명] (산) 울타리; 장벽(barrier). [동] 울타리로 에워싸다. 3
〔《고영》 *hecg*; *cf.* 《독》 *hecke*〕

hedgehog[hédʒ(h)ɔg] [명] 고슴도치. 6
〔hedge+hog〕 ☞ hog

hedgerow[hédʒrou] [명] 울타리를 이루고 선 나무. 〔hedge+row 줄〕 7
☞ row

heed[hiːd] [명] 주의 (careful attention). [동] 주의하다. 3
〔《중영》 *heden*; 《고영》 *hēdan*〕

give (또는 ***pay***) ***~ to***… …에 주의하다. ***take ~ of***… …을 마음에 두다.

heedful[híːdf(u)l] [형] 주의하는, 조심하는(careful), 조심성 있는. 〔heed+*-ful* (형용사 어미)〕

heedless[híːdlis] [형] 부주의한 (careless); 지각없는(thoughtless). 〔heed+*-less*(형용사 어미 without)〕 8

heedlessly[híːdlisli] [부] 부주의하게; 지각 없이.

heel[hiːl] [명] 발 뒷꿈치. [동] 구두에 뒷축을 대다; *pl.* (동물의)뒷다리. 2
〔《고영》 *hēla*〕

at (또는 ***on, upon***) ***one's ~(s)*** 바로 뒤따라; 바로 뒤이어.

height[hait] [명] 높이, 고도 (altitude); 언덕, 고지; 꼭대기(top).
〔《고영》 *hīehthu*, *hēahthu* height←*hēah*, *hēh* high; high+*-t*(명사어미)〕

at its ~ 절정에 달하여, 바야흐로 한창이어서. ***in the ~ of*** … 한창 …하는데, …의 절정에. 1

[동의어] **height**는 밑바닥에서 꼭대기까지의 높이를 나타내며 가끔 비유해서 쓰기도 한다(참조 : at the height of war 한창 전쟁중에). **altitude**는 각도에 의하여 정해지는 높이로 딱딱한 느낌을 주는 말이다. **elevation**은 어떤 수준에서 본 높이를 나타내는 품위 있는 말이고, **stature**는 사람이 똑바로 섰을 때

heighten[háitn] 图 높이다, 강하게 하다, 늘이다(increase). [height+-*en*(동사 어미)] 8
cf. broad 图→broaden 图; dark 图→darken 图. ☞ high

heinous[héinəs] 图 극히 나쁜, 흉악한 (atrocious). 10
[《중영》 *heinous*←《고프》 *hainos* odious 증오할←*hair* hate 증오하다]

heir[ɛə] 图 상속인, 후계자. 3
주의 h-는 발음 안한다.
[《래틴》 *hērēs* heir]

heiress[ɛ́əris] 图 여자 상속인. [heir+-*ess*(여성 어미)] ☞ heredity

helicopter[hélikɔptə;《미》hèlikáptə] 图 헬리콥터.
[《프》 *hélicoptère*←《그》 *helix* helix 나선(螺旋)+*petron* wing; 원 뜻은 뱅뱅 도는 날개]

hell[hel] 图 지옥. ⊕ heaven 3
[《고영》 *hel*←《고영》 *helan* hide 숨다; *cf.* 《독》 *hölle*]

hellish[héliʃ] 图 지옥의, 지옥 같은; 몸서리 쳐지는. [hell+-*ish*]

hello[hélou, həlóu] 图 《전화로》 여보세요, 여보, 어이 ! 5
[*hallo*, *hollo*, *hullo*가 변한 말; 소리를 본 딴 말]

helm[helm] 图 《배의》키, 타기(舵機). 5
[《고영》 *helma*]
take the ~ 키를 잡다, 지도하다.
take the ~ of state affairs 정권을 잡다.

helmet[hélmit] 图 투구, 헬메트 모자, 철모. 4
[helm 투구+-*et*(축소 어미); hell과 관련 있음]

help[help] 图 돕다, 거들다; 고치다(remedy); 《음식물을》 담아 (따라)주다; 마음대로 갖다. 图 도움, 구제; 《미》고용인. 1
[《중영》 *helpen*; 《고영》 *helpan*; *cf.* 《독》 *helfen*]
cannot ~ …ing=cannot but… … 하지 않을 수 없다. **~ oneself to** 제 힘으로 하다, …을 마음대로 집어먹다.
It cannot be ~ed =I can't ~ it. 어찌할 도리가 없다.

동의어 help는 "돕다"를 뜻하는 가장 평범한 말이며 assist 보다 뜻이 강하다.
aid는 개인이나 단체의 노력이나 도움을 뜻하는 가장 뜻이 약한 말이다. assist는 특히 그렇게 도움이 필요하지도 않는 사람에게 보조적으로 힘을 빌려준다는 뜻이다. succo(u)r는 곤란을 겪고 있는 사람을 시키를 놓치지 않고 도와준다거나 구해낸다는 뜻이 있다.

helper[hélpə] 图 거드는 사람, 조수 (assistant). [help+-*er*(사람을 나타내는 명사 어미)] 5

helpful[hélpf(u)l] 图 도움이 되는, 소용 있는, 쓸모 있는(useful). 5
[help+-*ful*(형용사 어미)]

helpfully[hélpfuli] 图 쓸모있게, 도움이 되게.

helping[hélpiŋ] 图 돕기, 거들기; 《음식물의》한 그릇.
Give me another *helping*, please. 한 그릇 더 주십시오.

helpless[hélplis] 图 어쩔 수 없는, 가망 없는, 힘 없는. [help+-*less*(형용사 어미)] 4

hem[hem] 图 《옷, 천 따위의》접어 넘긴 가장자리. 图 단을 접다, 가장자리를 접다; 에워싸다. 4
[《고영》 *hem*; 원뜻은 포위(enclosure)]

hemisphere[hémisfiə] 图 반구(半球). 6
[《그》 *hemi* 《래틴》 *semi* half+*sphere* 구체(球體); a half sphere 반구체(半球體)]

hemlock[hémlɔk] 图 《식물》독당근. 8
[《고영》 *hemlīc*, *hymlīce* ← *hymele* hop+*leac* leek 부추)]

hemp[hemp] 图 삼, 대마(大麻). 9
[《래틴》 *cannabis*←《그》 *kannabis*; *cf.* 《독》 *hanf*]

hen[hen] 图 암닭; 암컷. ⊕ 《영》 cock, 《미》 rooster. 2
[《고영》 *hen*(*n*), *hæn* ← *hana* cock; *cf.* 《독》 *henne*; 원뜻은 노래하는 자 (singer)] ☞ chant

hence[hens] 图 여기에서 (from here); 지금부터(from now); 이런 까닭에(for this reason). ⊕ thence 2
[《중영》 *hennes*; 《고영》 *heonan*←*hen* + -(*e*)*s*(부사격 제2격)]

henceforth[hénsfɔ́:θ] 图 금후, 지금부터(from now on). 3
[hence+forth] ☞ forth

herald[hérəld] 图 전달자(messanger); 선구자; 예고. 图 예고하다, 전달하다.
[《중영》 *heraud*←《고프》 *herault*] 5

heraldry[hérəldri] 图 전령관(傳令官);

문장(紋章). [herald+-ry(명사어미)]

herb[hə:b] 명 풀, 초목; 약초(simple).
[《래틴》 herba grass, herb] 4

herbage[hə́:bidʒ] 명 (집합적) 풀, 목초(牧草). [herb+-age(명사어미)]

herbal[hə́:b(ə)l] 형 풀의, 초목의.
[herb+-al(형용사 어미)]

herd[hə:d] 명 (소, 말, 고래 따위의)무리; 군중. 통 떼를 짓다, (소, 말 따위를) 지키다(tend). 2
[《중영》 herde; 《고영》 heord, hiord; cf. 《독》 herde]

참고 cowherd[káuhə:d] 명 소치는 사람. [cow+herd]. shepherd[ʃépəd] 명 양 치는 사람. [sheep+herd]. swineherd[swáinhə:d] 명 돼지 치는 사람. [swine+herd]. 이상 단어에서 볼 수 있는 -herd도 같은 어원이다. "소나 말의 떼"는 herd라 하고, "양떼"는 flock라 하기 때문에 flocks와 herds라고 하면 "양떼와 소떼(sheep and cattle)"의 뜻이 된다.

here[hiə] 부 여기에(서), 이리로; 자아, 《출석 부를 때의 대답으로》에. 명 이 곳. 반 there 저쪽에 1
[《중영》 he(e)r; 《고영》 hēr; hē he와 관련 있음; cf. 《독》 hier]
~ and there 여기 저기에. ~ goes! 자아, 시작한다. ~ you are 자아, 여기 있다. Look ~ ! 이봐!

hereabout(s)[híərəbaut(s)] 부 이 근처에(서). [here+about+(-s)]
☞ here, about

hereafter[hiərá:ftə] 부 금후, 지금부터. 명 장래. [here+after; after this 이 이후→금후] 4

hereby[hiəbái] 부 이로 말미암아, 이에 의하여, 이 기회에. [here+by; by this 이에 의하여] 7

herein[hiərín] 부 여기에, 이 속에. 6
[here+in; in this 이 속에]

herewith[híəwíð] 부 이와 함께, 동봉하여; 이 기회에. [here+with; with this 이와 함께] 7

heredity[hiréditi] 명 유전. 10
[《래틴》 hērēditātem heirship 상속←hērēs heir 상속인]

hereditary[hiredit(ə)ri] 형 유전의, 대대로 물려 받은. [heredity+-ary(형용사 어미)]

heritage[héritidʒ] 명 상속재산, 유산; 유전. [《프》 héritage←hériter in-

herit 상속하다] 7

hermit[hə́:mit] 명 은둔자(隱遁者), 속세를 버린 사람. 5
[《래틴》 herēmīta←《그》 erēmitēs dweller in a desert 사막에 사는 사람←erēmia desert 사막←erēmos desolate 황량한]

hero[híərou] 명 (전설의) 신인(神人); 영웅, 용사; (극, 소설 등의) 주인공. 2
[《래틴》 hērōs hero←《그》 ērōs hero, demi-god]

heroic[hiró(u)ik] 형 영웅적, 씩씩한, 장려한. [hero+-ic] 4

heroine[héro(u)in] 명 (《hero의 여성》) 용부(勇婦), 여장부; 여주인공. 7
[hero+-ine(여성을 뜻하는 명사 어미)]

heroism[héro(u)iz(ə)m] 명 무용, 호탕함; 영웅적인 행동. [hero+-ism] 9

herring[hériŋ] 명 청어. 8
[《중영》 heering; 《고영》 hæring]

hesitate[héziteit] 통 주저하다, 머뭇거리다. 반 determine 5
[《래틴》 hæsitāre stick fast 꽉 매달리다←hærēre stick; 헌 것에 꽉 붙어서 좀 처럼 떨어지지 못한다→주저하다]

hesitating[héziteitiŋ] 형 주저하는, 머무적거리는.

hesitatingly[héziteitiŋli] 부 주저하면서, 머무적거리며.

hesitation[hèzitéi∫(ə)n] 명 주저. 9
[hesitate+-ion] ☞ adhere, cohere

hew[hju:] 통 (hewn 또는 hewed) 베다 (cut), 베어 눕히다. 4
[《중영》 hewen; 《고영》 hēawan cut; cf. 《독》 hauen]

hide[haid] 통 (hid, hidden)감추다, 숨다; (회화) 때리다; 가죽을 벗기다. 명 가죽. cf. leather(무두질한)가죽. 1
반 seek 찾다.
[감추다; 《중영》 hīden, hūden; 《고영》 hȳdan]

동의어 hide는 "숨기다" 뜻을 나타내는 가장 보편적인 말이다. conceal은 hide 보다 약간 형식적인 말로 보통 행위자의 의도를 가르킨다. secrete는 물건을 남 몰래 알지 못할 곳이나 사람이 볼 수 없는 곳에 둔다는 뜻이다. cache는 도난, 비바람 따위에 대비해서 안원하게 보관 또는 저장해 둔다는 뜻이고, bury는 위에 흙을 덮어서 감춘다는 뜻이다.

hide-and-seek[háidənsí:k](hide-and-

hideous[hídiəs] 형 보기에도 끔찍한(frightful), 무서운(horrible); 소름이 끼치는; 지긋지긋한. 6
[《중영》 hidous←《고프》 hidos hideous]

hideously[hídiəsli] 부 끔찍하게, 무섭게, 소름이 끼치도록. 1

hie[hai] 자 《고상한 말》 급히(하게)하다(hasten). 10
[《중영》 hien, hyen; 《고영》 hīgian strive after]

high[hai] 형 높은; 고귀한, 고급의; 대단한(great); 강렬한(intense). 명 높은 곳, 천상(天上). 부 높게; 비싸게; 몹시. 반 low 얕은, 낮은. 1
[《중영》 heigh, h(e)y; 《고영》 hē(a)h; cf. 《독》 hoch]

in ~ spirits 원기 있게; 기분이 좋아서. *on ~* 높은 곳에; 하늘 높이. *~ fidelity*(라디오, 축음기가 원음을 재생하는) 높은 충실도; 하이 파이 장치.

동의어 **high**는 산, 집, 수목, 기둥, 가격, 목소리 따위가 "높다"는 뜻의 가장 일반적인 말이며, **tall**은 사람, 식물, 연돌, 첨탑 등의 상대적으로 작은 폭이나 넓이를 지닌 것에 대하여 쓴다. high의 반대어는 low; tall의 반대어는 short 이다. **lofty**는 다른 것에 비하여 크고 당당하고 높다는 뜻으로 비유해서 쓰기도 하나 사람에 대하여 쓰지는 못하다. **towering**은 우뚝 솟아 올라 퍽 높다는 뜻을 나타낸다.

hi-fi[háifái] 형, 명 《속어》 high(-)fidelity.

high-fidelity[háifidéliti] 형 하이·파이의; 고성능 원음 재생장치의.

highland[háilənd] 명 《보통 복수》 고지; 고원(高原 mountainous country). cf. lowland 저지(低地). 4

highly[háili] 부 높게, 크게, 대단히.

highness[háinis] 명 높음, 높이. cf. height. 반 lowness 낮음. [high+-ness]

His(또는 *Her*, *Your*)(*Royal*) *Highness* 전하(殿下;황족에 대한 경칭).

high school 명 《미》 중등학교(《중학교, 고등학교 따위를 한데 합친 것》
참고 특정한 학교를 가리킬 때에는 High School로 쓰며 그외의 경우에는 high school로 적는다. I graduated from *high school* at eighteen. I graduated from New York *High School* in 1962.

high seas[high는 open to everyone의 뜻] 명 공해(公海).

highway[háiwci] 명 큰 거리, 공로(公路), 국도, 신작로. [high+way; high는 open to everyone, public 공공의 길] 4

highwayman[háiweimən] 명 길도둑, 강도 《보통 말을 타고 출몰하였음》. [highway+man; highway에서 나그네를 습격했기 때문에]

hike[haik] 명, 동 《속어》 도보 여행(하다); 올리다, 억지로 움직이다.
[《방언》 *heik* pull, drag 끌다]
go on a ~ 도보여행하다.

hiking[háikiŋ] 명 하이킹, 도보여행. [hike+-ing] cf. hitch—hike; breach—break; ditch—dyke; batch—bake; watch—wake, etc. ☞ hitch

hill[hil] 명 낮은 산, 언덕 《영국에서는 양 2000 ft 이하의 높이로 mountain과 구별한다》. 1
[《중영》 hil, hul; 《고영》 hyll]

hillock[hílok] 명 작은 언덕, 흙 무더기. [hill+-ock(축소 어미)] 10

hillside[hílsáid] 명 언덕바지, 산허리. [hill+side] ☞ said 4

hilt[hilt] 명 《칼》자루; 갱부의 곡괭이.
[《고영》 helt, hilt] 10

hind[haind] 형 뒤의, 후방의. 명 암사슴; 농부. 반 fore 앞의. 3
[명 《고영》 *hindan* at the back of 뒤에 *hinder* backwards 뒤로; cf. 《독》 *hinter* behind. 형 《고영》 *hind*]

hinder¹[haində] 형 뒷부분의, 후방의. [hind+-er(비교급)]

hinder²[híndə] 동 방해하다, 막다(prevent). 4
[《고영》 *hindrian* put behind, keep back←《고영》*hinder* backwards]

hindrance[híndr(ə)ns] 명 방해(물); 고장. [hinder+-ance(명사어미)] 9
☞ hind

동의어 **hinder**는 훼방하여 전진 또는 진행을 막음을 뜻하는 가장 널리 쓰이는 말이다. **obstruct**는 진로에 장애물을 놓아, 통과나 전진을 늦춘다는 뜻이다. **block**은 방해물로 길을 막고 통과나 전진을 완전히 막는다는 뜻이다. **impede**는 정상적인 행동을 방해하고 운동이나 전진을 늦추게 한다는 뜻이며

bar는 울을 막는 따위의 장애물로 통행이나 출입을 방해 또는 금지한다는 뜻이며 비유해서 쓰일 때도 있다. 보기: be *barred* from the league 연맹에서 쫓겨나다.

hinge[hindʒ] 圀 경첩, 사북, 돌쩌귀; 요점. 통 경첩을 달다, 돌쩌귀로 움직이다; …여하에 달리다(depend). 5
〔(중영) *hengen* hang 매달다〕
☞ hang

hint[hint] 圀 암시, 힌트. 통 암시하다, 힌트를 주다, 비치다. 4
〔(중영) *henten* seize 파악하다〕
☞ hunt

hip[hip] 圀 엉덩이, 허리. 4
〔(중영) *hipe, hupe*; (고영) *hype; cf.* (독) *hüfte*〕

hippopotamus[hìpəpótəməs] 圀 《동물》 하마(회화에서는 보통 hippo로 줄여서 씀). 〔(레틴) *hippopotamus* ← (그) *ippopotamos* river-horse 하마← *ippos* horse+*potamos* river〕

hire[háiə] 통 삯 주고 빌리다; 고용하다. 圀 임대(료), 고용. 2
〔(중영) *hire*; (고영) *hyr; cf.* (독) *heuer*, hire, rent〕
[동의어] **hire**는 배상을 치르고 사람이나 물건의 고용권이나 사용권을 얻는다는 뜻의 보편적인 말이다. **charter**는 원래 선박을 계약에 의하여 사용한다는 뜻이였으나 공공의 교통기관을 빌려 쓴다는 뜻에도 쓰인다. **rent**는 집 토지 따위의 임대차를 위하여 보통 일정한 기간마다 돈을 지불하거나 받는다는 뜻이다.

hireling[háiəliŋ] 圀 (경멸해서) 하인, 고용인. 〔hire+-*ling*(경멸을 뜻하는축소 어미)〕 10

hiss[his] 통 싯!(쉬!)하다. 圀 쉿하는 소리. 4
[소리를 본 딴 말]
~ *away* (또는 *off*) 쉬이하고 쫓아버리다, 야료하여 쫓아내다.

history[híst(ə)ri] 圀 역사(학); 내력, 연혁, 경력.
〔(레틴) *historia*←(그) *istoria* a learning by inquiry 조사해서 배움; information 정보 ←*istōr* know←*eidenai* know 알다〕

historian[histɔ́:riən] 圀 역사가. 7
[history+-*an*(명사 어미)〕

historic[histɔ́rik] 圀 역사적, 역사적으로 유명한(중요한). 〔history+-*ic*(형용사어미)〕 5

historical[histɔ́rik(ə)l] 圀 역사(상)의, 역사적, 사학적. [historic+-*al*(형용사어미) 7

historically[histɔ́rikəli] 튀 역사적으로, 역사상.

[참고] **historic**은 "역사적으로 유명하(기심)다"이고 **historical**은 "역사에 의거한, 역사적 사실에 충실한"의 뜻으로 쓰인다. "역사적 사건" historic event; "역사소설" a historical novel.

hit[hit] 통 (hit)치다, 부딪치다, 맞(히) 다. 圀 타격(blow); 큰 성공(success); 맞침; 《야구의》안타(safe hit). ⨁ miss 빗나가다. 2
〔(중영) *hitten*←(아이스) *hitta* hit〕
~ *it off* 일치하다, 잘 들어 맞다.
~ *off*(몇마디로) 잘 표현하다. ~ *on* (또는 *upon*) 우연히 만나다, 생각나다.

hitch[hit∫] 통 매다(fasten), 걸다(hook); 왈칵 움직이다; 당기다. 圀 왈칵 당기기, 고장(impediment). 8
〔(중영) *hicchen* move, remove 옮기다; 갑자기 움직이다〕
~ *one's wagon to a star* (마차를 별에 걸려고 하듯이) 자기 힘보다 큰힘을 이용하려 하다; 큰 뜻을 품다.
☞ hike

hitchhike[hít∫haik] 통 《미 회화》지나가는 자동차를 무료로 타고 여행함. 통 hitchhike를 하다. *cf.* thumb 《미》
[hitch+hike〕

hither[híðə] 圀 이쪽의. 튀 이쪽으로(here)《숙어로 쓰일 때 이외에는 고어체》. ⨁ thither 저쪽에. 3
〔(고영) *hider*←(아이스) *hēthra*; (고영) *he* he+-*der* (-*ther* 방향을 나타내는 어미)〕

hitherto[híðətú:] 튀 지금까지(until now). [hither+to; up to this (time) 지금까지, 이제까지〕 ☞ hither, to 5

hive[haiv] 圀 벌집(bee-hive), 한 떼의 꿀벌. 통 벌집에 들(이)다; 떼를 지어 살다. 〔(고영) *hyf*〕 4

hoard[hɔ:d] 圀 저장, 축적. 통 저장하다, 축적하다. 〔(고영) *hord; cf.* (독) *hort*〕 6

hoarse[hɔ:s] 圀 (목소리가) 쉰(husky), 귀에 거슬리는. 7
〔(중영) *hors, hoos* hoarse; 《고영》 *hās* hoarse〕

hoary[hɔ́:ri] 圀 백발의(grayhaired), 늙

hobble

은; 오래된(ancient).
[hoar 흰+ -y(형용사 어미)]

hobble[hɔbl] 통 절뚝거리며 걷다(along, about); 아장 아장 걷다(walk unsteadily). 명 절뚝거리기; 난국.
[《중영》 hobelen]

hobby[hɔ́bi] 명 취미, 오락, 도락.
[《중영》 hobin←《고프》 hobin nag, small horse. *Hobin* (Robert 속칭 Robin의 변형인 말 이름)에서]
주의 *Hobin*은 말에 준 명칭으로 원래 hobby-horse "(말 머리가 붙은) 죽마(竹馬)"를 뜻했다. 죽마를 좋아하는 사람은 죽마 이야기만 한다는 뜻에서 자기가 잘하는 일이나 좋아하는 것을 이야기 한다는 뜻이 되었다. 이것이 나중에는 사람이 여가에 즐겨하는 것, 즉 취미를 뜻하게 되었다. 보기: His *hobby* is collecting old china. (그의 취미는 옛 도자기를 수집하는 것이다). 그러나 넥타이의 취미가 좋다거나 저사람의 취미는 좋다는 따위의 경우에는 taste를 쓰는 편이 좋다.

hockey[hɔ́ki] 명 하키이.
[《고프》 *hoquet* bent stick 굽으러진 막대기; 학키이에 쓰는 막대기에서 생긴 이름] ☞ hook

hoe[hou] 명, 통 괭이(로 파다).
[《프》 *houe* hoe←《고대 독》 *houwa* hoe, hewer←*houwan* hew 새기다, 파다; cf. 《독》 *haue*] ☞ hew

hog[hɔg] 명 (식용) 돼지(pig); 욕심장이. cf. pig, swine.
[《중영》 hogge; 《고영》 hogg]

hoist[hɔist] 통 감아 올리다, 끌어 올리다. 명 끌어(감아)올리기; 올렸다 내렸다하는 기계; 승강기(elevator). cf. crane, winch.
[hoise (들어 올리다)의 과거(분사)]

hold[hould] 통 (held) 쥐다(grasp); 담기다(contain); 손에 들다; 소유하다(possess); 개최하다; …이라 생각하다(think). 명 장악(grasp); 지속(持續); 지배력; 의지할 곳; 선창(船倉). 働 drop 떨어지다, 떨어뜨리다.
[《고영》 h(e)aldan; cf. 《독》 halten]
catch (또는 *seize*) ~ *of*… …을 잡다, …을 파악하다. ~ *back* 말리다, 삼가하다, 주저하다. ~ *good* 유효하다, 적용되다. ~ *out* 오래 견디다, 유지하다(last); 제출하다(present). ~ *to* … …을 고집하다(stick to).

holder[hóuldə] 명 소지자, 보유자;(펜 따위의)대, (칼)자루. [hold+-*er*]
a cigarette-*holder*(담배) 물부리. a pen-*holder* 펜대. ☞ behold, uphold

hole[houl] 명 구멍; (짐승의)굴; 누추한 집. 통 구멍을 파다.
[《중영》 *hol*(*e*); 《고영》 *hol* cave 굴; cf. 《독》 *hohl* hollow]

동의어 **hole**은 구멍을 뜻하는 일반적인 말이다. **hollow**는 고체 속의 빈 곳이나 손바닥 따위의 움푹 파인 곳 또는 깊고 좁은 골짜기 따위를 뜻한다. **cavity**는 특히 몸이나 물건의 hollow를 뜻하는 말로 주로 과학 용어로 쓰인다. 보기: a *cavity* in a tooth 충치의 구멍. **cave**는 옆으로 넓은 상당히 큰 동굴이고 **cavern**은 cave와 같은 뜻이며 문장용어이다. **den**은 특히 들짐승이 사는 동굴이나 도적, 부랑자 따위가 사는 소굴의 뜻이다. **excavation**은 땅을 파거나 물건을 제거해서 생긴 넓은 hole이다.

holiday[hɔ́lidi, hɔ́lədi] 명 축하일, 휴일, (보통복수)(특히 영국) 휴가(vacation). cf. holyday[hóulidei] 명 종교상의 축하일.
[holy+day; a holy day 성스러운 날] 참고 holy day[hóuli dei] → holiday [hɔ́lidi]: 두 단어가 합하여 한 단어를 이룰 때 처음 단어의 모음이 짧아질 때가 있다. cf. sheep[ʃi:p]→shepherd [ʃépəd]; heal[hi:l]+ -th → health [hélθ].

holiday-maker[hɔ́lidiméikə] 명 노는 날 교외로 놀러 가는 사람. cf. vacationist(휴가중에 놀러가는 사람).
☞ holy, day

holiness[hóulinis] 명 신성함; (Holiness) 로마 교황의 존칭.
[holy+-*ness*(추상명사어미)] ☞ holy
Your(또는*His*)*Holiness* Pope John XXIII 교황 요하네스 23세 성하(聖下).

Holland[hɔ́lənd] 명 홀런드(the Netherlands). cf. Dutch 홀런드(말, 사람)의.
[《홀런드》 *holt* wood + land; 나무가 무성한 땅]

통계어 **holt**[hoult] 명 《고어》 작은 숲(grove), 잡목림(雜木林); 잡목이 무성한 언덕.

hollow[hɔ́lou] 형 움푹한, 궁글은, 속이 빈; 공허한(empty). 명 움푹함; 구멍(hole). 부 아주, 완전히. 통 속을 파

holly 248 **honest**

내다. ⓐ convex 볼록한. 2
[《중영》 holwe; 《고영》 hloh a hollow place←《고영》 hol hollow] ☞ hole
holly[hóli] 圀 (서양 종의) 물푸레 나무과의 나무 (그 가지를 크리스머스 장식에 씀). 6
[《중영》 holin; 《고영》 hole(g)n holly] 주의 holy와 혼동하지 말것.
holy[hóuli] 圀 신성한(sacred), 거룩한; 신에게 바친. 2
[《중영》 holi, holy; 《고영》 hālig holy; cf. 《독》 heilig 《중영》 hool whole+-y; whole, heal과 관계있음]
통의어 holy는 정신적으로 순결하고 종교적으로 가장 많은 존경을 받는다는 뜻으로 그 바탕이 되는 성질에 대하여 말하는 말로 물건에 대해 말할 때에는 sacred 보다 뜻이 강하나 가장 일반적인 말이다. sacred는 holy하며 불가침적인 것으로서 어떤 숭고한 목적에 바쳐진것을 뜻한다. consecrated는 어떤 목적을 위하여 엄숙한 기분으로 전심전력을 다함을 뜻하고 hallowed는 원래 신성하다거나 본질적으로 신선하다는 뜻이다. divine은 "신의 성질을 지닌" "신에 관련된", "초자연 또는 초인간적인" 또는 이땅에서 볼 수 없을만큼 완전한"의 뜻이다.
holily[hóulili] 凰 신성하게, 거룩하게, 경건(敬虔)하게.
☞ holiness, holiday,whole, heal
homage[hómidʒ] 圀 (봉건 시대의)신하의 예; 충성의 맹세; 충순(忠順 devotion); 존경(respect). 6
[《《라틴》homo a man+-age(명사어미)》]
pay (는 do) ~ to……에 경의를 표하다, ……에 충성을 다 하다.
참고 homo-는 homo sapiens[hóumou séipienz] "현대인"의 homo와 같은 뜻이다. 중세에 신하가 자기의 영주(領主)에게 homo vester devenio (=I become your man. 나는 그대의 신하가 되다)라고 충성을 맹세한 말에서 homage라는 말이 생겼다 ☞ human
home[houm] 圀 가정, 집; 본국, 고향 (native land); 본거지, 본고장; 안식처, 수용소. 圐 가정의; 국내의. 凰 집으로; 본국으로; 가슴에 사무치게, 급소를 찔러. ⓐ abroad 밖에, 해외로. 1
[《중영》 hoom 《고영》 hām; cf. 《독》 heim]
at ~ 집에 있어; 면회일로; 본국에서;
마음 편히. be at ~ in…… ……에 정통하다. bring ~ to 절실하게 느끼게하다.
~ base 《야구의》 본루.
통의어 home은 가장 널리 쓰이는 말로 혈통과 애정의 유대가 있는 사람들이 함께 사는 곳을 뜻하는 감정적인 뜻이 많은 단어이다. house는 보온(保温)과 피난처를 제공하기 위하여 영구적으로 지어 놓은 주택을 뜻하며, habitation은 단지 사는 곳이라는 뜻을 나타내기 때문에 house처럼 영구적인 건물이 아니더라도 된다. 따라서 tent, dug-outs, cave 따위는 habitation이라고는 말할 수 있으나 house라고는 하지 못한다. residence는 웅장하다거나 멋 있는 house를 뜻한다. residence는 또 단순히 거처라는 뜻으로 쓰일 때도 있다.
homeless[hóumlis] 圐 집 없는.
[home+-less without]
homelike[hóumlaik] 圐 가정적인; 마음 편한. [home+-like]
homely[hóumli] 圐 소박한(simple); 흔히 있는, 가정에 맞는; (용모가) 변변치 않는(plain). [home+-ly] 5
homesick[hóumsik] 圐 집(고향)이 그리운, 향수에 젖은. 7
be ~ for Korea 한국이 그립다.
homesickness[hóumsiknis] 圀 향수 (郷愁 nostalgia).
homespun[hóumspʌn] 圐 손으로 짠; 소박한, 흔히 있는(homely). 圀 손으로 짠 감, 홈·스펀, 촌놈. 10
☞ home, spin
homestead[hóumsted] 圀 (부근의 전답을 포함한 농가의) 집과 터; (미국에서 이민에게 주는) 자작 농장. [home+stead, place] 圐 home, stead 7
homeward[hóumwəd] 圐 집으로 향하는, 귀로(歸路)의. 5
homeward(s)[hóumwəd(z)] 凰 집으로 향하여, 본국 쪽으로. [home+-ward+-s(부사 어미)]
☞ towards, forwards
homework[hóumwəːk] 圀 가정에서 하는 일; 숙제. [home+work]
☞ work, home
honest[ɔ́nist] 圐 정직한(upright); 성실한(sincere); 거짓없는(frank); 진정한. ⓐ dishonest 부정한, 정직하지 못한. 2
[《라틴》 honestus honourable 명예로운←honos honour 명예]
honestly[ɔ́nistli] 凰 정직하게, 속임

honesty[ɔ́nisti] 명 성실, 정직, 공정 (公正). ☞ honour 7

honey[hʌ́ni] 명 (벌)꿀;《사람을 대하여 부르는 말》내사랑(darling). 형 (벌) 꿀의, 꿀 같은; 달콤한. 2
〔《중영》 huni; 《고영》 hunig; cf.honig〕

honeycomb[hʌ́nikoum] 명 꿀벌의집; 벌집 모양의 것. 〔《고영》 hunigcamb; honey+comb 벌집〕 6

honeymoon[hʌ́nimuːn] 명 신혼여행기, 밀월(密月), 신혼 첫 달. 통 신혼여행가다. 〔honey+moon; moon은 month (달)를 뜻하여 "꿀 같은 달"이라는 뜻이라고도 하며, 결혼한 때의 사랑을 보름 달(full moon)에 비해서 사용한 것이라고도 보름 달이 곧 이지러 지듯이 사랑도 곧 식는다고 빈정댄 것이라고도 한다〕

honeysuckle[hʌ́nisʌkl] 명 인동(꽃). 〔honey+suckle〕 8

hono(u)r[ɔ́nə] 명 명예(fame), 영광 (glory); pl. 우등. 통 명예를 부여하다; 존경하다(respect); 면목을 세워 주다(with). 반 dishonour 불명예. 1
〔《래틴》 honor, honos honour; cf. 《프》 honneur〕
do ~ 영광을 주다, 면목을 세우다. in ~ of ……에 경의(축하)를 표하여, …을 기념하기 위하여. upon my ~ 명예를 걸고, 맹세코. to one's ~ 명예롭게도, 명예가 되는. with ~s 우등으로. Your (또는 His) ~ 각하(閣下).

hono(u)rable[ɔ́n(ə)rəbl] 형 존경할만한; 명예로운, 훌륭한; 고귀한(noble). 〔hono(u)r+-able(형용사 어미)〕 3

hono(u)rably[ɔ́n(ə)rəbli] 부 훌륭하게.

dishono(u)rable[disɔ́n(ə)rəbl] 형 불명예스러운; 수치 스러운(shameful). 9 〔dis- not+hono(u)rable〕

dishono(u)rably[disɔ́n(ə)rəbli] 부 불명예스럽게, 비열하게. ☞ honest

hood[hud] 명 두건, 머리 수건; (마차 따위의) 포장; (전등 따위의)갓, 덮개. 3
〔《고영》 hōd; cf. 《독》 hut hat〕

hoof[huːf] 명 말발굽. 통 말발굽으로 차다. 3
〔《중영》 hoof, huf; 《고영》 hōf; cf. 《독》 huf〕

hook[huk] 명 갈구리, 훅크; 낚시(fishhook). 통 갈구리로(에) 걸(리)다; 훅크로 걸다; (고기를) 낚다, 3

〔《중영》 hok; 《고영》 hōc〕

hoop[huːp] 명,통 테(를 끼우다), 굴렁쇠; (제조용)후우프. 5
〔《중영》 hoop, hope; 《고영》 hōp〕

hoot[huːt] 통 빈정대며 소리 치다; (올빼미 따위가)부엉부엉 울다; (기적이)뚜우 소리나다. 명 야료하는 소리; 올빼미 우는 소리; 기적. (자동차)의 경적 (警笛). 6
〔《스웨덴》 hut! begone! 가! 소리를 본딴 단어〕

hop[hɔp] 통 깡충 뛰다, 뛰어 넘다. 《희회》기차 따위에 뛰어 오르다(jump on); 이룩하다[off]. 명 앙감질; 도약 (跳躍). 3
〔《중영》 hoppen, huppen; 《고영》 hoppian leap, dance; cf. 《독》 büpfen〕
hop, step and jump 삼단도(三段跳), 삼단 뛰기.

hope[houp] 명 희망, 기대, 가망; 믿는 바. 통 바라다; 기대하다. 반 despond 낙담하다. cf. 《독》 hoffen 1

hopeful[hóupf(u)l] 형 희망에 찬; 유망한(promising). 〔hope+-ful〕 6

hopefully[hóupfuli] 부 희망을 걸고, 유망하게. 3

hopeless[hóuplis] 형 희망 없는, 가망 없는, 어쩔 수 없는. 〔hope+-less(형용사 어미; without)〕 4
통의어 hopeless는 바람직한 결과를 기대할 수 없거나, 그런 결과가 나타나지 않음을 뜻하는 말로 desperate 보다 뜻이 약하다. despondent는 실망하여 기분이 우울하다는 뜻이고 despairing은 희망을 완전히 잃고 원기를 잃어 버림을 뜻하며 desperate와 달라 일시적인 정신상태에 관한 말이다. desperate는 절망한 나머지 극단적인 수단을 부리고 싶을 정도임을 뜻하며 사람이나, 감정 또는 정세 따위에 두루 쓸 수 있는 말이다.

hopelessly[hóuplisli] 부 절망적으로.

horde[hɔːd] 명 (몽고인, 타타아르인 따위)유목민의 무리; 무리, 떼(crowd). 통 무리를 이루다. 9
〔《프》 horde←(터키) ordū camp 진영. 막사 ←(타탈) ūrdū royal camp 왕의 막사; horde of Tatars〕

horizon[həráizn] 명 지평선, 수평선, 한계; 시야. 7
〔《래틴》 horīzōn←(그) orīzōn the bounding circle 한계가 되는 원 ←oros

boundary 경계, 한계]

horizontal[hɔ̀rizɔ́ntl] ⓗ 지평선상의, 수평선상의; 수평의(level); 평면의. 7
⑬ vertical 수직의. [horizon+-al]

horizontally[hɔ̀rizɔ́ntəli] ⓟ 수평으로, 가로.

horn[hɔːn] ⓝ 뿔; 촉각(antenna); 뿔피리; 《악기》호른; 경적(警笛). 2
[《고영》 horn; cf. 《독》 horn]

horrible[hɔ́ribl, hɔ́rəbl] ⓗ 무서운, 끔찍한, 소름이 끼치는(hideous); 《속어》 진절머리 나는. 3
[《라틴》 horribilis dreadful 무서운←horrēre to dread 무서워하다] ☞ horrid

horribly[hɔ́ribli] ⓟ 무섭게; 《속어》 지독하게, 심하게.

horrid[hɔ́rid] ⓗ 무서운, 진절머리 나는, 《속어》 지독한, 정말 싫은. [《라틴》 horridus rough 거치른, bristly 꺼끄러운←horrēre bristle, dread] 5

horridly[hɔ́ridli] ⓟ 무섭게, 지긋지긋하게.

horrify[hɔ́rifai] ⓥ 무섭게 하다, 소름 끼치게 하다(terrify). [《라틴》 horrēre+-ficāre, facere make; make dread 두려워하게 하다]

horror[hɔ́rə] ⓝ 무서움, 공포(terror), 전률(戰慄); 참사(慘事); 심한 염오. [《라틴》 horror←horrēre] 4

horse[hɔːs] ⓝ 말; 《집합적》 기병(cavalry). 1
[《고영》 hors; cf. 《독》 ross]

horseback[hɔ́ːsbæk] ⓝ 말등. [horse+back] 4
on ~ 말을 타고, 말등에 올라.

horseman[hɔ́ːsmən] ⓝ 기수(騎手). 3 [horse+man]

horsemanship[hɔ́ːsmənʃip] ⓝ 마술(馬術)

horse-power[hɔ́ːspauə] ⓝ 마력(馬力)《일초 동안에 550 파운드의 중량을 일피이트의 높이로 올리는 힘; h.p.로 줄여서 쓴다》.

horsy[hɔ́ːsi] ⓗ 말의; 말을 좋아하는, 경마를 좋아하는. [horse+-y(형용사 어미)]

hose[houz] ⓝ (pl. hose, 또는 hoses) 호오스: 《상업용어》긴양말(stockings); (pl. -s) 기관. 4
[《중영》 hose 《고영》hosa hose, stockings]

참고 hose(《상업용어》)—stockings(보통용어); cravat(상업용어)—necktie(보통용어); vest(상업용어)—waistcoat(보통용어); footwear(상업용어)—boots and shoes(보통용어);

hosiery[hóuʒəri] ⓝ 양품류(장사); 양말 종류(공장). [hose+-ier+-y] 9

hospitable[hɔ́spitəbl] ⓗ 대우가 좋은, 후한; 도량이 넓은. 6
[《라틴》 hospit-, hospes host 주인+-able(형용사 어미); 주인이 되어 손님을 잘 접대하는]

hospitably[hɔ́spitəbli] ⓟ 대우를 잘 해서, 후하게.

hospital[hɔ́spit(ə)l] ⓝ 병원; 양로원, 자선시설《지금은 자선시설 이름에 붙여 쓴다》. [《라틴》 hospitālia apartments for strangers 낯선 사람들을 위한 숙소←hospes host 주인, guest 손님] 3
참고 고대 그리이스와 로마에서는 낯선 사람을 손님으로 대접하는 풍습이 있었는데, 낯선 사람을 손님으로 대접해서 집에 거처하게 한 만큼, 환자를 재워 주는 일도 퍽 혼하였다. 이리하여 이 단어의 어원인 hospitalia(=stranger's apartments)가 환자를 재워 주는 곳, 즉 병원을 뜻하게 되었다.

hospitality[hɔ̀spitǽliti] ⓝ 좋은 대접, 후한 대우. 7
[hospital+-ity(추상명사 어미)]
주의 hostility "적의(敵意)"와 혼동하지 말것.

hospitalize[hɔ́spitəlaiz] ⓥ 입원시키다. [hospital+-ize(동사 어미)]

hospitalization[hɔ̀spitəlaizéiʃ(ə)n] ⓝ 입원(시키는 것). [hospitalize+-ation(추사명사 어미)]

host¹[houst] ⓝ 주인, 주인 역할. ⑬ guest 손님. 2

hostess[hóustes] ⓝ 여주인(女主人). [host+-ess(여성 어미)] 8
참고 자기 집에서, 또는 자기 비용으로 손을 대접하는 사람을 host 또는 hostess라고 한다. 사교를 위한 파아티 따위에서의 사회자를 뜻하기도 한다. ☞ hotel

host²[houst] ⓝ 《고어》 군세(軍勢army); 많은 사람, 다수. [《고프》 host army←《라틴》 hostis enemy 적군; 원뜻은 낯선 사람, 손님] ☞ host¹
a ~ of 많은, 수 없는.

hostage[hɔ́stidʒ] ⓝ 볼모, 저당(secu-

rity), 인질.
[《고프》 *(h)ostage←o·te* guest; host²+*-age*;적군에 손님으로 남아있는 사람] 10
hostile[hɔ́stail] [형] 적의, 적의(敵意) 있는, 적대(敵對)하는. [반] friendly 우애 있는, 우호적인. 5
[《래틴》 *hostīlis←hostis* enemy, host; host+*-ile*(형용사 어미)]
[동의어] **hostile**은 정신이나 태도, 행동에 적의가 있음을 뜻하고, **unfriendly**는 우정이 없고 불친절하다는 뜻이나, 적극적인 악의를 뜻하지는 않고, **inimical**은 적의가 있기 때문에 해로운 결과가 생김을 뜻하는 형식적인 말이다.
hostility[hɔstíliti] [명] 적의(敵意), 적대(敵對); 저항(opposition); *pl.* 적대 행동, 교전(交戰). [hostile+*-ity*] 8
hot[hɔt] [형] 뜨거운, 더운; 열렬한(ardent), 격렬한(violent); 열중한(keen); 성난(angry), 흥분한. [부] 뜨겁게, 열심히, 심하게, 화나서. [반] cold 찬, 냉담한. *cf.* heat 열. 1
[《중영》 *hoot* 《고영》 *hāt* hot; *cf.*《독》 *heiss*]
hothouse[hɔ́thaus] [명] 온실(greenhouse). ☞ heat
hotel[houtél, outél] [명] 여관, 호텔; 저택, 공공건물. 3
[《고프》 *hostel*←《래틴》 *hospitale; cf.* 《프》 *hotel*] ☞ hospital
hound[haund] [명],[동] 사냥개(로 사냥하다); 《경멸》 비열한 사람. 4
[《고영》 *hund; cf.* 《독》 *hund*]
[참고] 원래 개를 뜻하는 일반적인 명사였으나, 뒤에 사냥개 만을 뜻하게 된 것이다. *cf.* fowl.
hour[áuə] [명] 한 시간, 시각; 한정된 시간; *pl.* 집무시간. 1
[《래틴》,《그》 *hōra* season, hour; year와 관련 있음]
hourly[áuəli] [형] 한 시간 마다의; 끊임 없는. [부] 시간마다(every hour); 끊임 없이(frequently). [hour+*-ly*(형용사 어미)] ☞ year 10
house[haus] [명] 집, 가옥, 주택; 일문(family); 상회; 회관; 극장; 《집합적》 청중(audience), 관객; (the House)국회. [hauz] [동] 주택을 주다, 수용하다, 숙박시키다; 모으다; *cf.* home. 1
[《중영》 *hous* 《고영》 *hūs; cf.* 《독》 *haus*]
house-breaker[háusbrèikə] [명] 낮에 들어온 강도; 《영》 가옥 철거 청부업자. [반] burglar 밤 도둑. [house+break 부수다 +*-er*(사람을 뜻하는 명사 어미)]
household[háushould] [명] 가족, 한집안, 세대(世帶). [형] 집안의, 가정용의(domestic). [house+hold] 3
☞ house, hold
housekeeper[háuskì:pə] [명] 주부(主婦), 가정부(家政婦). [house+keep+*-er*(사람을 뜻하는 명사 어미)] 6
☞ keep
housewife[háuswaif] [명] 주부; [hʌ́zif] 바느질 그릇. [house+wife] 6
housewifely[háuswaifli] [형] 주부다운; 살림 잘 하는, 아끼는. [housewife+*-ly*(형용사 어미)] ☞ husband
hover[hɔ́və] [동] 공중을 날다; 방황하다(loiter); 망서리다(waver). 5
[《중영》 *hōuen* stay 가만히 있다]
how[hau] [부] 어떻게, 어찌하여; 얼마나; 《감탄적으로》 야; 참; …의 방법[to do]. [명] 방법. 1
[《중영》 *h(o)u* 《고영》 *hū; hwā*(who)와 관련 있음] ☞ who
How are you? 안녕하십니까? ***How do you do?*=*How d'ye do?*** 《초면인사》 처음 뵙겠읍니다; = *How* are you? ***How do you like it?*** 마음에 드십니까? 어떻습니까?
howbeit[háubí:it] [접] 《고어》 …한다고는 하나, …에도 불구하고(nevertheless). [how+be 《가정법》+it]
☞ albeit
however[hauévə] [부] (비록) 암만…해도; 《속어》 도대체 어찌하여. [접] …이라 하지만, 그러나(nevertheless). 1
[주의] howe'er[hauέə] 로 흔히 주려쓰기도 한다. [how+ever] 6
howsoever[hàuso(u)évə] [부] 《고어》 아무리 …라도.
[주의] how…soever로 끊어 쓰기도 한다.
[동의어] **however**는 but 보다 뜻이 약하고 형식적인 말이며, 두번째 말한 내용이 첫번째 말한 내용에 대하여 양보 또는 제한을 표시하거나 단순한 추이(推移)를 나타낸다. **but**는 두가지 관념을 대등하게 견주어서 분명히 대조 또는 반대됨을 뜻한다. **yet**는 앞에 말한 것에 대하여 양보할 점은 있으나, 전적으로 인정할 수는 없음을 나타내며 but 보다 뜻이 강한 말이다. **still**은 첫번째

말한 내용을 인정하면서도 두번째 말한 내용이 그 영향을 받지 않는다는 뜻으로 yet 보다 뜻이 강하다. **nevertheless**는 양보할 바는 충분히 있으나 그것이 문제의 핵심에는 관계가 없고 결정적이 아님을 뜻하며 가장 뜻이 강한 말이다.

howl[haul] 匣 (개, 이리 따위가)목청을 뽑아 짖다, (사람이) 신음하다; 울부짖다. 㾴 짖는 소리, 고함치는 소리. 3
〔《중영》 houlen; cf. 《독》 heulen〕

huddle[hʌ́dl] 匣 뒤죽박죽으로 모으다; 되는대로 해치우다; 급히 입다; 떼 지어 다니다. 㾴 뒤죽박죽 쌓은 것; 혼잡. 7
〔《중영》 hod(e)ren put out of sight 의 변형〕

hue[hju:] 㾴 색채, 빛(colour); 빛깔(tint); (뒤쫓는) 고함소리. 5
〔《중영》 hewe 《고영》 hiw, heow, heŏ appearance 모습〕

hug[hʌg] 匣 껴안다; 다랑거 뛰다(hold ·ast); 고집하다(cling to). 㾴 껴안기, 포옹. 5
〔16세기 이후 사용; cf.《아이스》 hugga soothe〕

huge[hjuːdʒ] 㷸 거대한(extremely large), 막대한(enormous). 龜 tiny 마의, 작은. 2
〔《중영》 h(o)uge←《고프》 ahug(u)e」

hulk[hʌlk] 㾴 낡아 못 쓰게 된 배; 거치장스럽게 큰 것(사람). 9
〔《그》 holkas a heavy ship← helkein draw 끌다〕

hull[hʌl] 㾴 선체(船體); 껍데기, 꼬투리. 匣 껍질을 벗기다. 8
〔《홀런드》 hol hold 에서」

hum[hʌm] 匣 윙윙 소리나다, 붕붕 소리내다; 콧노래하다; 경기(景氣)가 좋다. 㾴 윙윙(붕붕) 소리; 웅성웅성 (멀리서 들리는) 잡음. 㾴 흥! 《의심, 불찬성 따위를 표시하는 소리》 3
〔《중영》 hummen; 소리를 본딴 말〕

human[hjúːmən] 㷸 인간의, 인간적인. 龜 animal 동물의. 2
〔《프》 humain humane, manly ←《래틴》 homo man←humus ground 땅; 원뜻은 흙으로 만든 생물 (a creature of earth)〕

humane[hju(ː)méin] 㷸 인정이 있는(compassionate); 자비로운(merciful); (학문이) 사람을 고상하게 만드는. 7

humanely[hju(ː)méinli] 㾪 자비롭게.

humanism[hjúːmənìz(ə)m] 㾴 인도주의(人道主義), 인문주의. 〔human+ -ism〕

humanity[hju(ː)mǽniti] 㾴 인간성; 인도(人道), 인정; 인류(mankind); (the humanities) 고전(그리이스, 래틴)문학, 인문학. 〔human+-ity〕 5

humanly[hjúːmənli] 㾪 사람으로서, 사람답게; 인력으로. ☞ homage

humble[hʌ́mbl] 㷸 (신분 따위가) 천한(lowly); 겸손한(modest); 변변치 않은. 匣 천하게 하다; 욕보이다.
龜 noble 고상한. 3
〔《래틴》 humilis humble, near the ground←humus ground; 땅에 가까운→천한〕

[동의어] **humble**은 사람을 욕보여서 긍지를 꺾고 자존심을 손상한다는 뜻이며, **degrade**는 계급이나 지위를 낮춘다는 뜻으로 비유해서 쓰면, 그 인품이나 덕성, 자존심 따위를 저하시킨다는 뜻으로 쓰인다. **demote**는 미국영어에서 쓰이며 degrade의 뜻으로 특히 지위, 계급에 대하여 말할 때 사용된다. **humiliate**는 남이 분하고 원통해하며 부끄러워하게 한다는 뜻이다. 〔서.

humbly[hʌ́mbli] 㾪 겸손해서; 황송해

humiliate[hju(ː)mílieit] 匣 자존심을 해치다, 창피를 주다. 〔《래틴》 humiliāre to humble 천하게 하다←humilis humble〕 9

humiliating[hju(ː)mílieitiŋ] 㷸 창피한, 굴욕적(屈辱的)인.

humiliation[hju(ː)mìlièiʃ(ə)n] 㾴 창피, 모욕, 굴욕; 굴복(屈服). 10
〔humiliate+-ion(추상명사 어미)〕

humility[hju(ː)míliti] 㾴 겸손, 비하(卑下), 비천(卑賤). 〔《래틴》 (h)umilitās humility←humilis humble〕

humid[hjúːmid] 㷸 습기가 있는, 축축한(moist). 龜 dry
〔《래틴》 (h)ūmidus moist←(h)ūmēre to be moist〕

humidity[hju(ː)míditi] 㾴 습기; (대기 속의) 습도. 〔humid+-ity〕 9

humo(u)r[(h)júːmə] 㾴 기분(mood); 변덕(whim); 기질(temperament); 익살, 유우모어. 匣 비위를 맞추다, 잘 다루다; 만족시키다. 3
〔《래틴》 (h)ūmor moisture 습기←(h)ūmēre to be moist; 원래는 인간의 체액(體液)을 가리키며 그 체액에 따라

humorist[(h)júːmərist] 명 익살을 잘 하는 사람, 유우머어 작가, 만담가. [homour+-*ist*]

humorous[(h)júːm(ə)rəs] 형 우스운, 악살맞은. [humour+-*ous*(형용사 어미)] 7

hump[hʌmp] 명 (동위의) 혹. 통 (등을) 둥글게 하다. [*cf.* 《홀런드》 *homp* *lump*]

over the ~ 고비를 넘어서.

humpback[hʌ́mpbæk] 명 새우등, 꼽추. [hump+back]

humpbacked[hʌ́mpbækt] 형 새우등의, 꼽추의. ☞ hunch

hunch[hʌntʃ] 명 혹(hump); 두꺼운 조각(chunk), 덩어리(lump); 《속어》예감, 육감. 통 (등을) 둥글게 하다. 9

hundred[hʌ́ndrəd] 명, 형 100(의), 백개(의); 다수(의). 1
[《중영》 *hundred* 《고영》 *hundred←hund* hundred 백 +-*red* rate; *cf.* 《독》 *hundert*]

hundredth[hʌ́ndrədθ] 명, 형 100번째 (의); 100분의 일(의). [hundred+-*th* (형용사 어미)] 8

Hungary[hʌ́ŋgəri] 명 항가리.

Hungarian[hʌŋgɛ́əriən] 명, 형 항가리인(말), 항가리(인, 말)의. 8
[Hungary+-*an*]

hunger[hʌ́ŋgə] 명 공복, 시장기; 굶주림; 열망. 통 굶주리다(starve); 갈망하다(crave)[for, after]. 3
[《고영》 *hungor*; *cf.* 《독》 *hunger*]

hunger cure 명 단식 요법, 기아요법.
hunger march 명 실업자의 시위운동.
hunger marcher 명 실업자의 시위운동 참가자.
hunger strike 명 항스트, 단식동맹. 통 항스트를 하다, 단식동맹을 하다.

hungry[hʌ́ŋgri] 형 배고픈, 굶주린; (땅이) 척박한; 갈망하는 [for, after]. [hunger+-*y* (형용사 어미)] 2
[동의어] **hungry**는 "배고픈"을 뜻하는 일반적인 말이다. **ravenous**는 배가 고파서 허덕허덕한다는 뜻을 나타낸다.
famished는 병들 정도로 배가 고파서 괴로워 한다는 뜻으로 hungry를 과장해서 말할 때 쓰기도 하는 말이다.
starved는 굶어 죽을 만큼 심한 공복으로 피로워한다는 뜻으로 회화에 쓰면 famished 보다 더 과장적인 말이다.

hungrily[hʌ́ŋgrili] 부 굶주려서, 질신들린 섯같이; 열망하여.

hunt[hʌnt] 통 사냥하다; 찾다(search) [for, after], 몰아내다(drive) [away, out]. 명 사냥(hunting); 찾기. 1
[《중영》 *hunten*; 《고영》 *huntian* capture 잡다]

참고 영국에서는 여우, 토끼, 사슴 따위의 짐승을 사냥하는 것은 hunt, 꿩, 뇌조(雷鳥)등의 엽조(獵鳥 game birds)를 총으로 잡는 것은 shoot 라고 하나 미국에서는 둘 다 hunt라고 한다.

~ *the hare*= hare and hounds 아이들 놀이의 일종《토끼가 된 아이가 도망하며 뿌리는 종이 조각을 목표로 사냥개가 된 아이들이 쫓아감. paper chase 라고도 한다》. ~ *the slipper* 실내 유희의 일종《둥글게 둘러 서서 돌리는 신을 술래가 빼앗는다》. ~ *the squirrel* 실내 유희의 일종《놀잇군이 둥글게 늘어선 사이를 드나들며 달아나는 사람을 술래가 쫓는다》. ~ *heads* 사람 사냥을 하다. ~ *ivory* 상아를 얻으려고 코끼리를 사냥하다. ~ *down* 몰다, 몰아서 잡다. ~ *out* 뒤를 쫓아서 찾아내다. ~ *up* 끝내 찾아내다.

hunter[hʌ́ntə] 명 사냥군; 찾는 사람, 탐구자(after); 사냥개, 사냥 말; (사냥할 때 쓰는) 양쪽에 두껑이 있는 회중시계. [hunt+-*er*(사람을 뜻하는 명사 어미)]

참고 영국에서는 말을 타고 여우 사냥을 하는 사람 또는 새를 총으로 쏘는 사람은 hunter라고 하지 않고 huntingman, shooter라고 한다.

hunting[hʌ́ntiŋ] 명 사냥; 수색, 탐구. [hunt+-*ing*] *cf.* shooting 총사냥.

huntsman[hʌ́ntsmən] 명 (여우 사냥에서) 사냥개를 맡는 사람; 《고어》 포수, 사냥군. [hunt's+man] 8

hurdle[hə́ːdl] 명 장애물; *pl.* 장애물 경주(hurdle-race). 통 (장애물을) 뛰어넘다(jump over); (곤란, 장애를) 이겨내다. 4
[《중영》 *hurdel* 《고영》 *hyrdel*; *cf.* 《독》 *hürde*]

hurl[həːl] 명 힘껏 던지기; 퍼붓기. 통 힘껏 던지다, (욕 따위를) 퍼붓다. 4

hurrah [《중영》 hurlen, horlen; 소리를 본딴 말]

hurrah[hurá:], **hurray**[huréi] 감 만세! 후레이! 명 만세소리. 동 만세 부르다; 응원하다. ⓑ alas 슬프도다! 아아! 5 [《독》 hurra; 《중세 독》 hurrā; 소리를 본딴 말] *Hurrah* for the King! 국왕 만세!

hurricane[hárikən, hárik(e)in] 명 폭풍, 태풍 (특히 서인도 제도 부근에 부는 것). *cf.* typhoon 태풍 (특히 동남 아에서 한국, 일본, 중국으로 부는 것). 8 [《스페》 huracan←《서인도》 huracan]

hurry[hári] 명 화급, 조급, 지급(至急). 동 서두르다, 급히 굴다; 재촉하다. 1 ⓑ delay 지체, 늦춤. [소리를 본딴 말] *in a* ~ 부랴부랴, 황급히, 서둘려서; 당황해서.

hurried[hárid] 형 황급한, 서두르는; 당황한. [hurry+-*ed*]

hurriedly[háridli] 부 황급히; 당황해서, 허둥지둥.

hurt[hə:t] 동 (hurt) 해치다, 상처내다 (injure); 아프게 하다(pain), 아프다. 명 부상(wound), 해, 고통. ⓗ heal 낫게 하다. 1 [《고프》 hurter strike] **hurtful**[hə́:tf(u)l] 형 해가되는(injurious). [hurt+-*ful*(형용사 어미)]

hurtle[hə́:tl] 명 《고어》 부딪치는 소리; 던짐, 부딪침; 충돌. 동 《고어》 심하게 때리다, 던지다, 부딪치다; 덜거덕거리며 움직이다. [hurt+ -*le*(동사를 만드는 어미)] ☞ hurt

husband[házbənd] 명 남편. 동 검약(儉約)하다. ⓑ wife. 1 [《아이스》 hūsbōndi the master of a house 집주인← hūs house + būandi dwelling in 안에 거주하는←būa dwell 거주하다; 한 집안의 주인→남편]

husbandman[házbən(d)mən] 명 《고어》 농부. [husband 경작하다 +man: 논밭을 가는 사람] 9

husbandry[házbəndri] 명 농업, 경작 (耕作 farming); 절약. [husband 경작하다 +-*ry*(명사 어미)] 7

hush[haʃ] 동 침묵시키다(silence), 조용하게 하다. 감 쉿!, 조용히! 명 침묵 (silence); 고요함, 정적 (stillness). ⓑ roar 소리치다. 3 [《중영》 husht silent 고요한; 소리를 본딴 말] ☞ hiss

husk[hask] 명 껍데기, 꼬투리, 껍질; 《미》 옥수수 껍질. 동 껍질을 벗기다. 6 [《중영》 huske←《고영》 hūs house 집 + -*ke*(축소 어미); house+-*k*(축소 어미)]

husky[háski] 형 껍질의, 껍질이 많은; (목소리가) 쉰(hoarse). [husk+-*y*(형용사 어미)] ☞ house 10

hustle[hásl] 동 밀어대다, 난폭하게 밀다; 억지로 시키다, 강박하다(impel); 《속어》 원기 있게 하다. 명 밀쳤다 밀렸다 하기; 법석(bustle). 7 [《홀런드》 hutselen shake and down, huddle together←hotsen shake+-*le*]

hut[hat] 명 작은 집, 오막집, 막사. 3 [《프》 hutte cottage 오막사리←《고대 독》 hutta hut; *cf.* 《독》 hütte]

hutch[hatʃ] 명 저장함, (작은 동물·가금용)집. 동 작은 함에 넣다. [《중영》 huche chest, 《래틴》 hūttic box]

hyacinth[háiəsinθ] 명 《식물》 히아신스. [《래틴》 hyacinthus←《그》 huakinthos iris 붓꽃; 그리이스의 huakinthos 는 오늘날의 히아신스와는 다르다] 9

hybrid[háibrid] 형 명 잡종(의), 혼성(의); 혼성물, 혼혈아. 8 [《래틴》 hibrida, hybrida]

hybridism[háibridiz(ə)m] 명 잡종성 (雜種性), 교배(交配), 혼성, 혼종.

hybridize[háibridaiz] 동 교배시키다 (cross), 혼혈아를 낳다, 잡종 번식하다 (interbreed).

hydrant[háidrənt] 명 소화전(消火栓). [《그》 hudōr water 물]

hydraulic[haidrɔ́:lik] 형 수력의; 수압의. 명 *pl.* 수력학. [《그》 hudraulikos belonging to an organ worked by water 물 힘으로 움직이는 기관에 속하는 ← *hudor* water + *aulos* pipe, tube]

hydro[háidrou] 명 (*pl.* -s) 《속어》 수치료원(水治療院, hydropathic establishment의 약어), 수상비행기 (hydroplane의 약어).

hydrous[háidrəs] 형 물을 지닌(watery), 함수의, 수소를 지닌. [hydro-+*us* (형용사 어미)]

hydrocarbon[háidroukɑ́:bən] 명 탄화수소. [hydro-+carbon 탄소]

hydrogen[háidrədʒən] 명 수소. 7

[《그》 hudro- hudōr water+-gen- produce; the generator of water 물을 발생 시키는 것; 1787 년에 프랑스의 화학자 G. de Morveau에 의하여 연소에 의해 물을 생성하는 성질을 따라 이렇게 이름 지은 것] 7

참고 -gen은 genus, genius와 같은 어원에서 생긴 것.

~ **bomb** 수소 폭탄 《H-bomb으로 줄여서 말하기도 한다》.

☞ oxygen, nitrogen

hydrography[haidrɔ́grəfi] 명 수리학 (水理學), 수로측량. [hydro-+graphy]

hydrolysis[haidrɔ́lisis] 명 가수분해 (加水分解). [hydro- +lysis]

hydromechanics[háidroumikǽniks] 명 유체역학(流體力學) hydrodynamics).

hydrometer[haidrɔ́mitə] 명 액체비중계 (液體比重計). [hydro- +meter]

hydrophobia[hàidrəfóubiə] 명 공수병 (恐水病), 광견병 (狂犬病 rabies).

[《그》 hudro- water+phobos fear 두려움←phebomai I flee 나는 도망치다]

hygeian[haidʒíːən] 형 건강의, 위생의 (sanitary); (H-) 건강의 여신의.

[의약과 의술의 심볼인 Aesculapius의 딸 Hygeia여신에서 온 말. 《그》 Hugeia health 건강]

hygiene[háidʒiːn] 명 위생(학);건강법

[《프》 hygiène←《그》 hugieinē, tekhnē (art) of health; 건강의 (방법)] 8

hygienic(al)[haidʒíːnik(əl)] 형 위생학의, 위생적인. [hygiene+-ic(al)(형용사 어미)]

Hymen[háimen; -mən] 명 《그리이스 신화》 휘멘 《결혼의 신》; 결혼; (hymen) 《해부》 처녀막(virginal membrane).

[《래틴》, 《그》 Humēn]

hymn[him] 명 찬미가(讚美歌), 찬송가, 성가. 통 성가를 부르다. 4

[《래틴》 hymnus-《그》 humnos song, hymn]

동의어 hymn은 보통 교회에서 신도들이 합창하는 찬송가로 성서의 일부가 아닌 점이 psalm과 다름. **anthem**은 성서에서 취한 산문으로 지은 가곡으로 성가대가 음악에 맞추어 부르는 노래나, 영웅을 찬미하거나 조국을 찬미하는 장중(莊重)한 노래를 뜻하며, national anthem하면 "애국가"의 뜻이 된다. **psalm**은 예배식에서 불리어지는 성가이다. **carol**은 특히 크리스머스에 불리어지는 축가이다. 보기: Christmas carol 크리스머스 축가.

hyphen[háif(ə)n] 명 하이폰 《·또는 -》. 통 하이폰으로 연결하다.

[《래틴》 hyphen←《그》 huphen under one 하나로←huph hupo under+hen, eis one]

hypnotic[hipnɔ́tik] 형 최면(催眠)의, 최면술의. 명 최면약.

[《그》 hupnōtikos←hupnoein lull to sleep 잠들게 하다]

hypnotism[hípnɔtiz(ə)m] 명 최면술, 최면상태(hypnosis); (비유) 매력. [hypnotic+-ism]

hypnotize[hípnətaiz] 통 최면술을 걸다, (비유) 매혹하다. [hypnotic+-ize (동사어미)]

hypocrisy[hipɔ́krisi] 명 위선(僞善). 7

[《래틴》 hypocrisis←《그》 hupokrısıs reply 답하다←hupokinomai I reply; play a part 역할을 맡다←hupo under + krinomai I contend ← krinō I judge]

hypocrite[hípəkrit] 명 위선자, 협잡군. 6

[《그》hupokritēs dissembler 위선자]

참고 고대 그리이스의 합창 무용대에서 합창시에 지휘자의 질문에 답하는 사람을 hypokrites라고 하였다. 이는 뒷날의 배우에 해당하며, 배우는 자기가 그렇지 않음에도 그런 척 해야 한다는 뜻에서 위선자가 된 것이다.

hypothesis[haipɔ́θisis] 명 (pl. —ses [-siːz]) 가설(假說), 억설(臆說).

[《래틴》 hypothesis←《그》 hupothesis a placing under, supposition 가설←hupo under+thesis placing 놓기; placing under 밑에 놓기→ …을 기초로 하다→가설]

hysteria[histíəriə] 명 히스테리, 《비유》 병적 흥분.

[《그》 hystera womb 자궁; 남자 보다 여자에 흔한 것이기 때문. 고대인은 히스테리는 자궁이 이상해져서 생기는 것이라고 생각헸다]

hysteric(al)[histérik(əl)] 형 히스테리의; 병적 흥분의. [hysteria+-ic(al)(형용사 어미)]

hysterics[histériks] 명 《속어》 히스테리의 발작(a fit of hysteria).

go off (또는 *fall*) *into* ~ 히스테리를 일으키다.

ICBM, I.C.B.M. 《준말》대륙간 탄도탄(大陸間彈道彈). [*Inter-Continental Ballistic Missile*의 준말] 《5000마일 이상의 사정거리를 갖고 있다》.
☞ IRBM, missile

ice[ais] 명 얼음; 《영》아이스 크림(icecream). 동 얼리다(freeze); 얼음에 채우다 (cool with ice); 얼음이 깔리다[over]. 1

iceberg[áisbə:g] 명 빙산, 냉정한 사람. [ice+-*berg* mountain; ice mountain 빙산] 9

icebox[áisbɔks] 명 《미》냉장고 《특히 얼음을 쓰는 것》. *cf.* refrigerator 냉장고. [ice+box]

ice-cream[áiskri:m] 명 아이스 크림. [ice+cream]

참고 영국에서는 ice 만으로도 아이스 크림을 뜻할 때가 있는데 이 뜻으로 쓰일 때에는 보통명사로 취급해서 수를 가질 수 있다. Will you take an *ice*? 아이스 크림 잡수시겠읍니까? two strawberry *ices* 딸기가 든 아이스 크림 둘. 미국에서 ice는 frappé (얼음에 채운 음료), sherbet (과실 즙으로 만든 아이스 크림) 따위를 뜻하기도 한다. 또 영국에서는 보통 ice-cream으로 불려 쓰며 미국에서는 ice cream으로 떼어 쓴다.

icicle[áisikl] 명 고드름. [ice+-*le*(축소어미); small ice]

Iceland[áislənd] 명 아이슬런드 《북대서양 속의 섬》. 10

icily[ái·ili] 부 얼음 같이, 차갑게.

icy[áisi] 형 얼음이 많은, 얼음에 덮인; 얼음같이 찬, 냉담한, 쌀쌀한. 9 [ice+-*y*(형용사 어미)]

idea[aidíə] 명 이념, 생각(notion), 사상(thought), 궁리, 고안(plan), 계획(scheme), 의도(intention). 2
[《그》 *idea* the look or appearance of a thing 사물의 모습 또는 외관← *idein* to see 보다]
동의어 idea는 마음 속에 지식이나 사상의 대상으로 존재하는 관념을 뜻하는 일반적인 말이며 철학용어이다. concept는 어떤 범주에 속하는 사물을 사유(思惟)에 의하여 규정하고 보편화한 idea를 뜻하는 철학용어. conception은 개념작용을 뜻하며 마음 속에 그려진 것으로서의 concept(개념)를 뜻한다. thought는 추리하거나 착 생각할 때 마음 속에 생기는 생각을 뜻하는 일반적인 말이다. notion은 idea의 뜻외에 일시적인 생각이나 목적이 애매하고 불완전한 착안 따위를 뜻한다.

ideal[aidí(:)əl] 형 이상의, 이상적; 완전한(perfect); 상상의. 환상의(visionary). 명 이상; 극치. [ideal+-*al*] 4

idealism[aidíəliz(ɔ)m] 명 관념론, 이상주의. [ideal+-*ism*]

idealist[aidíəlist] 명 관념론자, 이상주의자. [ideal+-*ist*]

idealize[aidíəlaiz] 동 이상적으로 만들다. [ideal+-*ize*]

idealization[aidìəlaizéiʃ(ə)n] 명 이상화(理想化). [idealize+-*ation* (추상명사 어미)]

identity[aidéntiti] 명 동일함, 동일성, 신원, 정체.
[《라틴》 *identi-* repeatedly 반복되게+-*tas*(명사 어미)←*idem* the same; sameness 동일성]

identical[aidéntik(ə)l] 형 아주 동일한 (the very same), 동등한, 같은. 7
[《라틴》 *identicus*←identity+-*al* (형용사어미)]

identification[aidèntifikéiʃ(ə)n] 명 동일하다는 것, 동일하다는 입증(立證). [identify+-*ation* (명사어미)]

identify[aidéntifai] 동 동일하다고 생각하다, 동일함을 인정하다; 신원을 밝히다; 이해를 같이하다, 한패가 되다. 8 [identity+-*fy* make; make the same 똑 같게하다]

idiom[ídiəm] 명 관용어귀(慣用語句), 숙어; 방언. 7
[《그》 *idíōma* peculiarity of language 독특한 말씨←*idióō* I make my own ←*idios* own 내것]

idiomatic(al)[ìdiəmǽtik(əl)] 형 관용적인(어귀 따위), 관용구가 많은.
[《그》 *idiōmatikos*←*idioma;* idiom+-*atic*]

idiot[ídiət] 명 백치(白痴), 바보, 천치.
[《그》 *idiōtēs* a private person 평민, one who is inexperienced 경험 없는 사람←*idioō* I make my own←*idios*

peculiar 독특한] 5

idle[áidl] 휑 게으른(lazy), 일 없는, 쓸 데 없는(useless). 튱 게으름 부리다. ⓐ busy dilligent 부지런한. 2

주의 idol[áidl] 우상(偶像)과 혼동하지 말 것.

[((고영)) *idel* vain 헛된; *cf.* ((독)) *eitel* vain]

~ *bread* 하는 일이 없이 놀고 먹음.

idleness[áidlnis] 명 게으름, 안일(安逸). [idle+-*ness*(추상명사 어미)]

idler[áidlə] 명 게으름뱅이. [idle+-*er* (명사어미)] 10

idly[áidli] 튱 게으르게; 할일 없이.

idol[áidl] 명 우상(偶像)(처럼 숭배 받는 것 또는 사람). 4

주의 idle "게으른"과 혼동하지 말 것.

[((그)) *eidōlon* image, likeness 모습←*idein* to see 보다)

make an ~ *of* …… 을 우상화하다.

idolatry[aidɔ́lətri] 명 우상숭배. [idol +-*latry* worship 숭배; the worship of idols 우상숭배] 8

통계어 **Mariolatry**[mɛ̀əriɔ́lətri] 명 성모 마리아 숭배. [*Maria* Mary+-*latry* worship] **bibliolatry**[bìbliɔ́lətri] 명 서적(특히 성서)숭배. [*biblio-* Bible +-*latry* worship]

idolize[áidəlaiz] 튱 우상화하다; 맹목적으로 숭배하다 (worship blindly). [idol+-*ize* (동사어미)]

if[if] 쥅 만일…이라면, 비록…이라 할지라도(even if, although); …인지 아닌지(whether). 1

[*cf.* ((독)) *ob* whether]

~ *any*(*thing*) 있다고 하더라도, 어느편이냐 하면, 만약 있다고 하면. ~ *it were not for* … 만약…이 없었더라면(but for…). ~ *you please* 아무쪼록; 좋으시다면.

ignoble[ignóubl] 명 비열한(base), 천한 (mean); 면목없는 (dishonourable). ⓐ noble 고상한, 고귀한. 6

[((래틴)) *ignōbilis*←*i-*, *in-* not+*nōbilis* noble; not noble 고귀하지 못한]

ignobly[ignóubli] 튱 비열하게, 천하게. [ignoble+-*ly*] ☞ noble

ignore[ignɔ́:] 튱 무시하다 (neglect), 돌보지 않다(disregard). ⓐ know 알다, care 주의하다, 돌보다.

[((래틴)) *ignōrāre*←*i-*, *in-* not+*gnō-*, (*g*)*nōscere* know; not to know 알지 못하는]

ignorant[ígn(ə)r(ə)nt] 명 무지한, 무식한, …을 모르는 [of, that]. [ignore +-*ant*(형용사어미)] ⓐ knowing 알고 있는. 3

동의어 ignorant는 일반적인 사실이나 특수한 문제에 대하여 전혀 알지 못한다는 뜻이며, 대학자일지라도 어떤 분야에 대하여 ignorant 한 때도 있을 수 있다. illiterate는 일정한 교육 수준에 도달하지 못함을 뜻하는데, 특히 글을 읽고 쓰지 못한다는 뜻이다. unlettered는 illiterate나 마찬가지이나 뜻이 약간 부드러운 말이다. uneducated는 교육을 받지 못했다는 뜻이고, untaught는 uneducate와 같은 뜻이나 때에 따라서는 지식이나 기술을 자연적으로 습득했음을 뜻하기도 한다. unlearned는 일반적인 또는 특수한 문제에 대하여 아는 바가 없다는 뜻이다.

ignorantly[ígn(ə)r(ə)ntli] 튱 배우지 못하여, 몰라서.

ignorance[ígn(ə)r(ə)ns] 명 무지, 무식, 알지 못함. [ignore+-*ance*(명사어미)] ☞ know, can 4

ill[il] 명 앓는(unwell, sick); 나쁜(bad), 악의 있는(evil); 좋지못한(unfavourable); 서투른(awkward). 명 악(evil); 해(harm);((보통 복수))흉사. 튱 나쁘게, 서투르게. *cf.* sick 앓는. ⓐ well 빙없는, 잘. 1

be ~ *at ease* 걱정하다, 불안해하다. *be taken* (또는 *fall*) ~ 병들다. *speak* ~ *of* …을 나쁘게 말하다.

ill-bred[ílbréd] 명 막 자란, 버릇 없는(rude).

illness[ílnis] 명 병; 불쾌함. [ill+-*ness* (명사 어미)] 5

illegal[ilí:g(ə)l] 명 불법의, 위법의. ⓐ legal 합법적. 9

[((래틴)) *il- in-* not+legal; not legal 합법적이 아닌] ☞ legal

illiterate[ilítərit] 명 읽고 쓸줄 모르는, 무식한. 명 문맹(文盲). ⓐ literate 읽고 쓸 줄 아는. 10

[((래틴)) *il- in-* not+literate; not literate] ☞ literate

illogical[ilɔ́dʒik(ə)l] 명 비논리적인, 불합리한. ⓐ logical.

[((래틴)) *il- in-* not+logical; not logical] ☞ logical

illumine[il(j)ú:min] 튱 불을 비추다

밝게 하다(light up), 계발(啓發)하다. [《래틴》 illūmināre light up 밝혀 주다←il- in upon + lumen light; throw light upon … 빛을 … 위에 던지다] 9

illuminate[il(j)ú:mineit] 통 비추다, 조명하다, 전기 장식을 하다, 해명하다 (make clear), 계발하다 (enlighten). [illumine+-ate (동사 어미)] 7

illuminating[il(j)ú:mineitiŋ] 형 해명하는.

illumination[il(j)ù:minéiʃ(ə)n] 명 조명, 전기 장식, 해명(解明). [illuminate +-ion (추상 명사 어미)] 9

☞ luminous

illusion[il(j)ú:ʒ(ə)n] 명 환영, 환상 (unreal image), 착각; 번뇌(煩惱). 7
[《래틴》 illūsiōnem←illūdere illude 속이다, mock at 조롱하다← il- in upon, at+lūdere jest, play 놀리다, play at 놀려먹다, deceive 속이다→속이는 것]

illusive[il(j)ú:siv], **illusory**[il(j)ú:s(ə)ri] 형 환상적인, 어지럽게 하는. [《래틴》 illūsus←illūdere+-ive (형용사 어미)]

illustrate[íləstreit] 통 (실례, 그림 따위를 들어) 설명하다, 예증하다(explain by examples); 분명히하다; 삽화따위를 넣다, 도해하다. ⑮ obscure 몽롱하게 하다. 5
[《래틴》 il- in upon+lustrāre shine; shine upon… …의 위에 빛나다, make ligh 밝게 하다]

illustrated[íləsteritid] 형 삽화를 그린, 도해된. [illustrate+-ed (과거분사 어미)]

illustration[ìləstréiʃ(ə)n] 명 삽화, 도해, 실례(實例), 설명, 예증(例證). [illustrate+-ion] 6

illustrative[íləstreitiv; 《미》 ilástrətiv] 형 실례가 되는, 예증(例證)이 되는, 분명히 하는, 설명하는(of). [illustrate +-ive(형용사 어미)]

illustrator[íləstreitə] 명 삽화 화가. [illustrate+-or]

illustrious[ilástriəs] 형 유명한(famous); 현저한, 저명한(outstanding). [《래틴》 illustris lighted up 밝혀진, famous 유명한 + -ous (형용사 어미)]

image[ímidʒ] 명 상(像), 개념(conception). 통 상상하다(imagine), (像)을 만들다. 3
[《래틴》 imāgo likeness 비슷한 것← im- imitārī imitate 본 뜨다 -āgo (명사 어미)]

imagery[ímidʒ(ə)ri] 명 심상 (心像 pictures in the mind); 비유적 묘사 (표현), (《집학적으로》) 상(像 image), 초상(statues). [image+-ery (명사 어미)]

imagine[imǽdʒin] 통 상상하다 (suppose), 생각하다(think). [《래틴》 imāginārī imagine←imāgo image] 2

imaginable[imǽdʒ(i)nəbl] 형 상상할 수 있는(한의), 모든. [imagine+ -able (형용사 어미)]

imaginary[imǽdʒin(ə)ri] 형 상상으로써의, 가상의, 공상의. 7
[imagine+-ary(형용사 어미)]
[동의어] **imaginary**는 어떤 사물이 상상으로만 존재하거나 비현실적이어서 신용할 수 없음을 뜻하고, **imaginable**은 사물이 상상될 수 있음을 뜻한다. **imaginative**는 사람이 상상력이 풍부하다는 뜻이고 **fanciful**은 사물이 공상으로서 마음속에 그려진다는 뜻으로 보통 유별나고 우스운 것임을 뜻한다. **visionary**는 비현실적인 사물이 환상속에서 사실처럼 생각됨을 뜻한다. **fantastic**은 이상할 만큼 fanciful하여 우습기보다 괴이하다는 뜻이 있다.

imagination [imǽdʒinéiʃ(ə)n] 명 상상(력); 공상 (fancy). [imagine + -ation(추상 명사 어미)] 3
[동의어] **imagination**은 구상력, 상상을 뜻하여 fancy 보다 적극적인 심적 능력을 뜻하며 무게가 있는 말이다. **fancy**는 공상 이라는 뜻이며, imagination 보다 일시적이고 피상적(皮相的)인 말이다.

imaginative[imǽdʒinətiv] 형 상상적인, 상상에 잠기는, 상상력이 풍부한. [imagine+ -ative (형용사 어미)] 9

imbibe[imbáib] 통 빨아 들이다(drink in), 흡수하다(absorb), (사상을)받아 들이다. 10
[《래틴》 im- in- in + bibere drink; drink in 빨아 들이다]

imitate[ímiteit] 통 모방하다, 흉내내다, 본 따다; 모조하다. 4
[《래틴》 imitārī imitate 흉내 내다. cf. image]

imitative[ímiteitiv] 형 모방의, 흉내내

는[of]. [imitate+-*ive* (형용사 어미)]
imitation[imitéiʃ(ə)n] 명 모방, 흉내, 모조(품), 가짜. 8
[imitate+-*ion* (추상명사 어미)]
imitator[ímiteitə] 명 모방자. [imitate+-*or*] ☞ image, imagine
immaculate[imǽkjulit] 형 티 하나 없는, 순결한; 결점(오점)이 없는. 9
[((라틴) *im-* *in-* not + *maculātus* spotted; not spotted 점 하나 찍혀 있지 않는]
immaterial[ìmətíəriəl] 형 물질적이 아닌; 실체가 없는, 중요하지 않은(unimportant). ⊕ material 물질의, 중요한.
[((라틴) *im-* *in-* not+*materiālis* material; not material 물질적이 아닌]
☞ material
immature[ìmətjúə] 형 미숙한(unripe) 미완성의. ⊕ mature.
[((라틴) *im-* *in-* not + *matūrus* mature; not mature 성숙하지 못한]
immaturity[ìmətjúəriti] 명 미숙함, 미완성. [immature+-*ity*]
☞ mature, premature
immeasurable[iméʒ(ə)rəbl] 형 잴 수 없는, 한량 없는, 무한한(boundless). ⊕ measurable 9
[((라틴) *im-* *in-* not + measure + -*able* (형용사 어미); not measurable 측정할(measure) 수 없는]
☞ measure, mearurable
immediate[imí:djət] 형 직접의(direct); 바로의, 당장의; 바로 인접한(very near). ⊕ mediate 간접의, 중간의. 2
[((라틴) *im-* *in-* not+*mediātus*←*mediāre* be in the middle←*medius* middle; not to be in the middle 한 가운데에 아무것도 없다는 뜻→직접적인]
immediately[imídjətli] 부 곧, 바로, 즉시; (접속사) … 하자 마자(as soon as).
[동의어] **immediately**는 at once나 instantly보다 급한 느낌이 강하지 않다. **instantly**는 일분 일초의 지체도 없다는 뜻이고, **presently**는 "얼마 안 있어서, 오늘이라도, 《미》 곧"의 뜻으로 쓰임. **instantaneously**는 계속해서 일어나는 짬이 느껴지지 않을 만큼 순간적이라는 뜻의 비교적 형식적인 말. **directly**는 at once, immediately의 뜻으로 영국에서 쓰이며 미국에서는 "얼마 후에"의 뜻을 나타낸다. **at once**는 in-

stantly와 같은 뜻이면서 회화에 많이 쓰이며, **right away**는 at once와 같은 뜻이나 미국에서 많이 쓴다.
☞ mediate, mediation, medium intermediate
immemorial[ìmimɔ́:riəl] 형 아득한 옛날의(very old), 태고적 부터의. 9
⊕ memorable 기억에 남는 수 있는.
[((라틴) *im-* *in-* not+*memoriālis* memorial; not memorial 기억(memory) 할 수 없을 만큼 먼 옛날의. *cf.* time out of m·nd 어떤 사람의 mind(memory)도 초월할만큼 먼 옛날]
☞ memorial, memorable, memory
immense[iméns] 형 광대한(vast), 막대한(huge). ⊕ minute. 3
[((라틴) *im-* *in-* not+*mensus*←*metīrī* measure; not measurable 측정할 수 없을 만큼 넓은]
immensely[iménsli] 부 광대하게, 막대하게.
immensity[iménsiti] 명 드넓음, 막대함; 넓함. [immense+-*ity* (추상명사 어미)]
☞ measure, mete
immerse[ǝmə́:s] 동 잠그다, 빠뜨리다(plunge), 골몰하게 하다(absorb), 적시다(put into water). 10
[((라틴) *immersus*←*im-* in- into+*mergere* dip; 적시다; dip into 적시다]
~ *oneself in* … …에 골몰하다.
☞ merge
immigrate[ímigreit] 동 (다른 나라에서)이주해 오다, 이주시키다. ⊕ emigrate 이주해 가다.
[((라틴) *im-* *in-* in+*migrāre* migrate, move; move in 옮겨 들다→이주해 오다]
immigrant[ímigr(ə)nt] 명 (다른 나라에서의) 이(주)민. [((라틴) *immigrantem*←*immigrāre* immigrate; immigrating(people) 이주해오는(사람)] 7
immigration[ìmigréiʃ(ə)n] 명 (다른 나라에서 오는)이주.[immigrate+-*ion* (추상명사 어미)]
☞ migrate, migratory, emigrate
imminent[íminənt] 형 곧 일어날 것 같은(about to happen), 위급한, 촉박한. 8
[((라틴) *im-* *in-* upon+*minēre* project; projecting upon… …의 위에 불쑥 튀어나온 → 곧 터질 것 같은 → 촉박한]

immoderate [imɔ́d(ə)rit] 형 과도의(excessive), 무절제한. ⓑ moderate 온당한, 중용의.
〔《래틴》 *im- in-* not+*moderātus* moderate; not moderate 온당하지 못한 → 과도의〕 ☞ moderate

immodest [imɔ́dist] 형 무례한, 버릇 없는, 주제 넘은. ⓑ modest 조심성 있는, 겸손한.
〔《래틴》 *im- in-* not+*modestus* modest; not modest 겸손하지 못한〕 ☞ modest

immodesty [imɔ́disti] 명 버릇 없음, 불근신(不謹愼). 〔*im-*+modest+*-y*(명사 어미)〕

immoral [imɔ́r(ə)l] 형 비도덕적인, 패륜의, 행실이 나쁜. ⓑ moral 도덕적인.
〔《래틴》 *im- in-* not+*mōrālis* relating to conduct 행동에 관련된; not moral 비도덕적인〕

immorality [ìmərǽliti] 명 비도덕, 나쁜 행실. 〔*im-*+moral+*-ity*(명사 어미)〕 ☞ moral

immortal [imɔ́:(r)t(ə)l] 형 불사(不死)의 (undying), 불후(不朽)의, 불멸의. 명 영생 불사의 사람. ⓑ mortal 죽어야 하는, 인간의. 3
〔《래틴》 *im- in-* not+*mortāris* mortal; not dying 죽는 일이 없는〕

immortally [imɔ́:təli] 부 영원히, 언제나, (속어) 굉장히(very).

immortality [ìmɔ:tǽliti] 명 불사, 불멸, 불후. 〔*im-*+mortal+*-ity*(추상 명사 어미)〕 6

immortalize [imɔ́:t(ə)laiz] 통 불후하게 하다, 불멸하게 하다. 〔*im-*+mortal+*-ize*(동사 어미)〕 ☞ mortal

immovable [imú:vəbl] 형 부동의(firm), 꿈쩍도 안하는; 확고한(unyielding) 무감동한(unfeeling). 명 (보통 복수) 부동산. ⓑ movable 움직일 수 있는, 동산. 9
〔《래틴》 *im- in-* not+move+*-able* (형용사 어미); not to be able to move 움직일 수 없는〕

immune [imjú:n] 형 (세금 따위가) 면제된 (exempt) [from]; 면역(免疫)의 [from].
〔《래틴》 *im- in-* not+*mūnis* serving, obliging; not serving 봉사하지 않아도 되는 → 면제된; *cf.* common〕

immunity [imjú:niti] 명 면제, 면역 (exemption) [from]. 〔immune+*-ity* (명사 어미)〕 50

immunize [ímjunaiz, imjú:naiz] 통 면역(면제)시키다. 〔immune+*-ize*(동사 어미)〕 ☞ municipal

impair [impɛ́ə] 통 손상하다 (damage), 감하다(make weak), 해하다(harm). 명 손상, 훼손(毀損). 7
〔《래틴》 *im- in-*(강조의 접두사)+*peior* worse; make worse 더 나쁘게 하다, 악화하다〕

impairment [impɛ́əmənt] 명 손상, 훼손. 〔impair+*-ment*〕

통계어 **pessimism** [pésimiz(ə)m] 명 비관(주의), 염세(주의).
〔《래틴》 *pessimus* worst+*-ism*(명사 어미)〕

impart [impɑ́:t] 통 나누어 주다, 알리다 (tell), 전하다(communicate). 4
〔《래틴》 *im- in-* to, upon+*partīre* to part 나누어 주다〕

impartation [ìmpɑ:téiʃ(ə)n] 명 나누어 줌, 수여, 전달. 〔impart+*-ation* (명사 어미)〕 ☞ part

impartial [impɑ́:ʃ(ə)l] 형 치우치지 않는 (not biassed), 공평한(fair). 7 ⓑ partial 불공평한.
〔《래틴》 *im- in-* not+part+*-ial*;(형용사 어미); not partial 부분(part)에 치우치는 일 없는〕

impartiality [ìmpɑ:ʃiǽliti] 명 공평함. 〔impartial+*-ity*〕

impartially [impɑ́:ʃəli] 부 공평하게, 치우치지 않게(fairly).

☞ part, apartment, depart, compartment, etc.

impatient [impéiʃ(ə)nt] 형 성급한, 참을 성 없는(intolerant), 조바심하는, 안달하는[for, to do]. ⓑ patient 참을성 있는. 5
〔《래틴》 *im- in-* not+patient; not patient 참을성 없는〕

impatience [impéiʃ(ə)ns] 명 참을 수 없는 것, 성급함, 안타까움, 초조. 8
〔《래틴》 *im- in-* not+patience〕
☞ patient, patience

impeach [impí:tʃ] 통 탄핵(彈劾)하다, 비난하다(accuse). 8
〔《래틴》 *im- in-* on, upon+*pedica*

fetter 족쇄(足鎖) ←*pes* foot 발; 발을 묶다 → 방해하다 비난하다, 탄핵하다]
☞ impede

impede[impíːd] 圄 방해하다(hinder), 훼방놓다. 7
[《래틴》 *im- in-* in+*-pede*←*pes* foot; entangle the feet 발에 얽히게 하다→ 방해하다; impeach와 같은 어원]

impediment[impédimənt] 圄 장해, 고장; 방해(obstacle).
[impede+*-ment*(명사 어미)]
동계어 **pedal**[pédl] 圄, 圄 발판(을 밟다), 페달(을 밟다). [《래틴》 *pedalis* belonging to the foot 발에 속한← *ped-* ←*pēs* foot 발]

impel[impél] 圄 추진하다(propel), 재촉하다; 강제하다(force)[to]. 7
[《래틴》 *im- in-* on+*pellere* drive; drive on 재촉하다, 몰아 대다] ☞ pulse compel, expel, impulse, propel, repel

impend[impénd] 圄 길려 있다 (overhang), 내려 걸리다(hang); (위험, 날짜 따위가)촉박하다. 8

impending[impéndiŋ] 휑 내려 걸린 (overhanging), 절박한(imminent), 촉박한. [impend+*-ing*(현재 분사 어미)]
☞ pendant, depend, independent

imperative[impérətiv] 圀 명령적인, 엄연한; 절대 필요한, 긴급한(urgent). 圄 《문법》명령법(의). 7
[《래틴》 *imperātīvus* due to a command 명령에 의한←*imperāre* to command 명령하다]
☞ emperor, empire, imperial

imperceptible[ìmpəséptibl] 휑 감지(感知)할 수 없는, (알지못할 만큼) 미미한. ⓟ perceptible 10
[《래틴》 *im- in-* not+*perceptus* percept 지각(知覺)의 대상+*-ible*;(형용사 어미); perceive(지각) 할 수 없는]
imperceptibly[ìmpəséptibli] 튄 눈에 안뜨이게, 미미하게.
☞ perceptible, perception, perceive

imperfect[impə́ːfikt] 휑 불완전한, 미완성의. ⓟ perfect 5
[《래틴》 *im- in-* not+*perfectus* perfect; not perfect 완전하지 못한]
imperfection[ìmpəfékʃ(ə)n] 圄 불완전; 결점(defect). [imperfect+*-ion*(명사어미)]
imperial[impíəriəl] 휑 제국(帝國)의, 황제의; 당당한(majestic). 4

[《래틴》 *imperiālis* belonging to an emprie 제국의←*imperium* an empire 제국+*-al*(형용사 어미)]
imperialism[impíəriəliz(ə)m] 圄 제국주의. [imperial+*-ism*]
imperialist[impíəriəlist] 圄 제국주의자. [imperial+*-ist*]
☞ empire, emperor, imperative

imperious[impíəriəs] 휑 거만한(arrogant); 전제적인; 긴급한(urgent). 8
[《래틴》 *imperiōsus* commanding 명령하는 ← *imperium* empire 제국+*-ous*(형용사 어미) 명령하는]

impersonal[impə́ːs(ə)n(ə)l] 휑 개인에게는 관계 없는; 《문법》 비인칭(非人稱)의. ⓟ personal 개인적인.
[《래틴》 *im- in-* not+person+*-al*(형용사 어미); not personal 특정한 개인 (person)과 관계 없는]
impersonate[impə́ːsəneit] 圄 구현(具現)하다(embody); 인격화하다(personify); 대표하다(typify); … 의 역을 맡아 하다. [《래틴》 *im- in-* not+person+*-ate*(동사 어미);인간화하다, 모든 것에 인간의 모습을 주다]
☞ person, personal

impertinent[impə́ːtinənt] 휑 주제넘은, 건방진(impudent); 무례한, 엉뚱한, 부적절한(irrelevant). ⓟ pertinent 적절한. 10
[《래틴》 *im- in-* not+pertinent; not pertinent 부적절한]
impertinence[impə́ːtinəns] 圄 부적절함, 건방(짐), 무례한 언동. [impertinent+*-ce*(명사 어미)]

impervious[impə́ːviəs] 휑 (물 따위를) 통과시키지 않는; 감동하지 않는, 받아들이지 않는. ⓟ pervious 9
[《래틴》 *impervius*← *im- in-* not+*pervius* pervious; not pervious 통과시키지 않는]

impetuous[impétjuəs] 휑 맹렬한(violent), 열렬한(ardent), 성급한. 8
[《래틴》 *impetuōsus* impetuous 맹렬한←《래틴》 *impetus* attack 공격←*im-*, *in-* on+*petere* fall, fly, seek]
impetuously [impétjuəsli] 튄 성급하게, 충동적으로, 맹렬하게.
impetus[ímpitəs] 圄 원동력, 추진력; 자극(excitement); … 결. [《래틴》 *impetus* falling on, rush, attack←*im- in-* on+*petere* to fall; falling upon

위에 떨어지는→충격을 주는→자극, 원동력〕

impious[ímpiəs] [형] 신을 믿지 않는, 경건하지 못한. [반] pious 경건한. 6
〔《래틴》 *im-* *in-* not + *pius* holy, pious; not pious 경건하지 못한〕

impiety[impáiəti] [명] 신을 믿지 않음, 경건하지 못함; 불효. 10

implacable[impléikəbl] [형] 달래기 힘든, 앙심 깊은. [반] placable 달래기 쉬운. 10
〔《래틴》 *im-* *in-* not+*plācābilis* placable←*plācāre* to appease 달래다; not placable 달래기 힘든〕

implacability[implèikəbilíti] [명] 달래기 힘듦; 앙심. 〔implacable+*-ity* (명사 어미)〕

implacably[impléikəbli] [부] 달래기 힘들어; 앙심을 품고; 가차없이.

implement[ímplimənt] [명] 도구, 기구(instrument). [동] 실행하다. 5
〔《래틴》 *implēmentum* an accomplishing, means for accomplishing←《래틴》 *im-* *in-* in+*plēre* fill; fill in 채우다. →fulfil 성취시키다→성취시키는 기구〕

[동의어] **implement**는 어떤 일이나 목적을 위하여 고안되고 사용되는 연장을 뜻하며, 보통 간단하고 소박한 것을 가리키는 가장 일반적인 말. **tool**은 보통 목수 따위 장인(匠人)이 손으로 쓰는 연장을 뜻하며, **instrument**는 특히 섬세한 솜씨를 요하는 일이나 과학, 미술 따위에 사용하는 기구, **appliance**는 특히 기계력, 전력을 주동력으로 하고 약간 손을 사용하여 움직이는 가정기구이며, **utensil**은 보통 요리, 소제 따위 가정용의 implement 또는 그 그릇을 의미한다. ☞ plenty, complement, supplement, supply

implicit[implísit] [형] 암암리의, 함축있는(implied); 절대적(absolute).
[반] explicit 뚜렷히 밝혀둔.
〔《래틴》 *implicitus*← *im-* *in-* in+*plicāre* fold; fold in 속에 접어 넣다→포함하다→함축성이 있다〕
☞ imply, comply, reply

implore[implɔ́:] [동] 탄원하다, 간청하다(entreat). 5
〔《래틴》 *im-* *in-* on, upon+*plōrāre* wail; wail on 소리치고 울다 → 탄원하다〕

imply[implái] [동] 암시하다(hint), 시사하다(suggest); 의미하다(mean). 8
〔《래틴》 *im-* *in-* in+*plicāre* fold; fold in 접어넣다, 포함하다→분명히 말로 나타내지 않고 속에싸 넣어 숨긴다는 뜻〕

implication[ìmplikéiʃ(ə)n] [명] 관련; 함축(含蓄). 〔implicate 얽히게하다, 함축시키다, 관련하다 +*-ion*〕

implied[impláid] [형] 함축성 있는, 암암리의 드러내어 말하지 않는. [반] expressed 겉으로 드러난. 〔imply+*-ed*〕
☞ implicit

impolite[ìmpəláit] [형] 실례되는, 버릇없는(rude). [반] polite 공손한, 예의 있는.
〔《래틴》 *im-* *in-* not+polite; not polite 공손하지 않은〕

impolitely[ìmpəláitli] [부] 버릇없이, 실례되게.

impoliteness[ìmpəláitnis] [명] 버릇 없음, 실례. 〔impolite+*-ness*(추상 명사 어미)〕
☞ polite

import[impɔ́:t] [동] 수입하다, 집어 넣다; 의미하다 (imply). [ímpɔ:t] [명] 수입, *pl.* 수입품, 중요성, 의미. [반] export 수출(하다). 3
〔《래틴》 *im-* *in-* in+*portāre* carry; carry in 운반해 들이다→수입하다〕

importation[ìmpɔ:téiʃ(ə)n] [명] 수입(품). 〔import+*-ation*(명사 어미)〕

importer[impɔ́:tə] [명] 수입업자. 〔import+*-er*〕
☞ export, deport, important

important[impɔ́:t(ə)nt] [형] 중요한, 중대한; 거드름 피우는. [반] unimportant 중요하지 않은. 1
〔《래틴》 *importantem*←*importāre* bring in(consequences, etc.); import+*-ant*(형용사 어미); import(운반해 들이다)에 래틴어의 현재분사어미 *-ant*가 붙은 꼴로 bring in much(많은 것을 들여오는), 따라서 "소중한"의 뜻〕

importance[impɔ́:t(ə)ns] [명] 중요함, 중요성, 중대함; 유력함, 지위가 높음; 거드름. 〔important+*-ce*〕 3

with an air of ～ 거드름 피우며.

[동의어] **importance**는 사람이나 물건의 가치, 의미, 세력 따위가 중대하다는 뜻이며, **consequence**는 importance 보다 뜻이 약하고 형식적인 말이다. **moment**는 importance보다 뜻이 강하고

문장에 많이 쓰는 말이다. **weight**는 사물을 비교했을 때 상대적으로 중요하다는 뜻이며, **significance**는 특별한 뜻이 있어서 중요하다는 뜻으로 importance보다 더 격식을 갖춘 말이다. **import**는 significance 보다 문장에 많이 사용된다. ☞ import, export

impose[impóuz] 튼 (세금 따위를)과하다, (lay)[on, upon]; 이용하다, 속이다 (deceive)[on, upon]. [(프) *im-* (래틴) *in-* upon (프)+*poser* lay; lay upon… …의 위에 놓다, (책임 따위를)지우다] 4

imposing[impóuziŋ] 형 당당한(stately), 위엄이 있는. [impose+ *-ing*]

imposition[ìmpəzíʃ(ə)n] 명 (세금 따위의)부과, 부담; 사기. [impose+ *-ition*(명사 어미)] 10

impostor[impɔ́stə] 명 사깃군. [impose+ *-or*] 9

imposture[impɔ́stʃə] 명 사기. [impose+ *-ure*(명사 어미)]

☞ pose, position

impossible[impɔ́səbl] 형 불가능한, 있을 수 없는; (속어)참을 수 없는(intolerable). ⓐ possible 가능한. 2
[((래틴) *im- in-* not+possible; not possible 불가능한]

impossibility[impɔ̀səbíliti] 명 불가능(한 일). [impossible+ *-ity*(명사 어미)]

impossibly[impɔ́səbli] 부 불가능하게, 터무니 없이. ☞ possible

impotent[ímpət(ə)nt] 형 노쇠한, 무력한, 생식능력이 없는. ⓐ potent 유력한. 9
[((래틴) *im- in-* not+*potent* able; not able 능력이 없는]

impotence[ímpət(ə)ns] 명 무력함, 노쇠; 성교불능. [impotent+ *-ce* (명사 어미)]

impoverish[impɔ́v(ə)riʃ] 튼 가난하게 만들다(make poor); (토지가)메마르게 하다. 10
[((고프) *empovrir* to impoverish←(고프) *em-* (래틴) *in* extremely + (고프) *povre*←(래틴) *pauper* poor; make poor 가난 하게하다]

impregnable[imprégnəbl] 형 난공불락의, 이겨내기 어려운, 견고한(firm). ⓐ pregnable 점령할 수 있는.
[((프) *imprenable* impregnable←*im-*

(래틴) *in-* not+(프) *prendre* (래틴) *prehendere* take; can not take]

impregnate[ímpregneit, imprégneit] 튼 임신시키다(make pregnant); 수정(受精)시키다, 주입하다(imbue); 배어들게하다(inspire). [imprégnit] 형 임신한; 포화(飽和)한.
[((래틴) *im- in-* in+*prægnans* pregnant; make pregnant 임신하게하다]

impress[imprés] 튼 누르다, 찍다(imprint); 감동시키다, 인상을 주다. [ímpres] 명 날인, 각인(刻印); 자국; 특징. 5
[((래틴) *im- in-* on+*premere* press; press upon… …의 위에 누르다]

*be favo(u)rably(unfavo(u)rably)
~ed* 좋은(나쁜)인상을 받다. *be ~ed by*(또는 *with*)… …에 깊은 인상을 받다, …에 감동하다.

impression[impréʃ(ə)n] 명 인상, 감상, 의견, 생각(notion); 날인; 인쇄, 증판(增版) reprint); 효과. 4
[impress+ *-ion*(명사 어미)]

make an ~ on …에 인상을 주다.

impressionable[impréʃ(ə)nəbl] 형 인상을 받기 쉬운, 감동하기 쉬운(easily influenced); 감수성이 센(sensative). [impression+ *-able*(형용사 어미)]

impressionism[impréʃ(ə)niz(ə)m] 명 인상주의, 인상파. [impression+ *-ism*]

impressionist[impréʃ(ə)nist] 명 인상파의 작가. [impression+ *-ist*]

impressive[imprésiv] 형 인상적인, 감명 깊은. [impress+ *-ive*] ☞ press 8

imprint[imprínt] 튼 찍다, 날인하다 (stamp); 감명을 주다(impress). [ímprint] 명 날인; 자국.
[((래틴) *imprimere* impress; impress 와 같은 어원] ☞ impress

imprison[imprízn] 튼 투옥하다(put into prison), 가두다 (confine). 5
[(고프) *em-* (래틴) *in-* in+(고프) *prison* a prison 감옥; put into prison 투옥하다]

imprisonment[imríznmənt] 명 투옥, 금고(禁錮), 유치. [imprison+ *-ment* (명사 어미)] ☞ prison

improbable[imprɔ́bəbl] 형 있을 법 하지 않은, 정말 같지 않은. ⓐ probable 있을 법한.
[((래틴) *im- in-* not + *probābilis* probable; not probable 있을 법하지 않은]

improbability[imprɔ̀bəbíliti] 명 있음 직하지 않음; 정말 같지 않음. [improbable+-ity(명사 어미)]

improbably[imprɔ́bəbli] 부 있을 법하지 않아서, 믿기 어려워서. ☞ probable

improper[imprɔ́pə] 형 부적당한(unfit), 온당치 않은, 버릇 없는, 상스러운(indecent). 반 proper 적당한. 8
[《라틴》 im- in- not+proper; 적당하지 않은]

improperly[imprɔ́pəli] 부 부적당하게, 버릇 없이.

impropriety[ìmprəpráiəti] 명 부적당함; 부정; 버릇없음, 상스러움. [improper+-ety(명사 어미)]
☞ proper, property, propriety

improve[imprúːv] 통 개량하다(make better); 진보하다, 좋아지다; 이용하다 (make good use of). 반 retrograde 퇴보하다. 2
[본래 emprove←《고프》empro(u)wer ←《고프》em- in- in+prou, pros profit 이익 ←《라틴》prō for; make profit of… …을 이용하다]

improvement[imprúːvmənt] 명 개량, 개선; 진보, 향상. 4
[improve+-ment (명사 어미)]

improvise[ímprəvaiz] 통 (시, 음악 따위를)즉석에서 짓다(extemporize); 임시 변통으로 만들다.
[《라틴》 imprōvīsus unforeseen 예측치 못한←im- in- not+prō before+vīdsus←vidēre see; 미리 보지 않고]

improvisation [ìmprəv(a)izéiʃ(ə)n] 명 즉석에서 만드는 것, 즉흥시(곡, 그리), 즉흥 연주. [improvise+-ation]
☞ provide, provision

imprudent[imprúːd(ə)nt] 형 지각없는, 경솔한, 부주의한. 반 prudent 지각있는, 신중한.
[《라틴》 im- in- not + prūdentem← prōvidens←prō- before+vidēre see; not seeing before 미리 알아서 하지못하는]

imprudence[imprúːd(ə)ns] 명 부주의, 경솔함. [imprudent+-ce(명사 어미)]

mpudent[ímpjud(ə)nt] 형 뻔뻔스러운, 녀살 좋은. 반 modest 겸손한. 9
[《라틴》 im- in- not+pudent- modest; not modest]

impudence[ímpjud(ə)ns] 명 뻔뻔스러움, 녀살.
[《라틴》 im- in- not+pudens modest; impudent+-ce]

impulse[ímpʌls] 명 충동; 한때 생각; 자극(stimulus). 7
[《라틴》 impulsus urged on 격려받은, 재촉받은←im- in- on+pellere drive 몰다]

impulsion[impʌ́lʃ(ə)n] 명 추진; 충동(impulse); 자극(impetus). [impulse+-ion(명사 어미)]

impulsive[impʌ́lsiv] 형 추진하는(impelling); 충동적인. [impulse+-ive (형용사 어미)] ☞ impel, pulse, compel, propel, repel, propulsion

impunity[impjúːniti] 명 형벌을 받지않게 됨, 무난함. 7
[《라틴》 impūnitās impunity←impūnis without punishment 형벌이 없는 ←im- in- not + pæna punishment 벌] ☞ punish, punitive

impure[impjúə] 형 불결한(dirty); 불순한(filthy); 음란한(unchaste). 반 pure 순결한.
[《라틴》 im- in- not + pūrus pure; not pure 불순한]

impurity[impjúəriti] 명 불결, 불순, 음란; pl. 불순물. 9
[impure+-ity(명사 어미)]
☞ pure, purity

impute[impjúːt] 통 돌리다, 탓으로 하다(attribute) [to]. 6
[《라틴》 imputāre to ascribe 탓으로 돌리다←im- in- towards+putāre to reckon 간주하다]

imputable[impjúːt(ə)bl] 형 (죄를)돌릴 수 있는, 탓으로 할 수 있는 [to]. [impute+-able] 9

imputation[ìmpju(ː)téiʃ(ə)n] 명 돌림, 전가; 비난. [impute+-ation(명사 어미)]

in[in] 전 (장소, 위치, 방향)…의 속에, …에; (시간)…중에, 경과하여; (상태, 복장)…으로, …하여, 입고; (방법)…으로;(형성, 재료)…(으)로써; (범위)…의 점에서는. 부 속에(으로); 집속에 (indoors). 반 out 밖에, out of …의 밖으로. 1
[《고영》 in; cf. 《독》, 《라틴》 in]
be ~ for …을 피할 수 없다, …으로 어쩔 수 없다. be ~ with … …과 친하다. ~ and out 안팎이;

들락 날락하여; 구비 구비. ~ that … …이라는 점에서. the ~s and outs 여야당(與野黨); 우여곡절(迂餘曲折); 상세(詳細).

inability[inəbíliti] 명 불능, 무능, 무력함. ⓐ ability 능력. *cf.* unable … 할 수 없는.
〔(래틴) *in*- not+*habilitātem* ability; no ability 불가능, 무능; *in*- + *able*+-*ity*(명사 어미)〕 ☞ able, ability, unable, disable, disability

inaccessible[inəksésibl] 형 가까이 하기 어려운, 얻기힘든. ⓐ accessible 가까이 하기 쉬운. 10
〔(래틴) *in*- not+accessible〕
☞ access, accessible

inactive[inǽktiv] 형 활발하지 못한(dull); 나태한 (idle). ⓐ active 활발한.
〔(래틴) *in*- not+active: not active 활발치 못한〕 9

inactivity[inæktíviti] 명 무활동; 활발하지 못함; 휴지(休止). 〔inactive+-*ity*(명사 어미)〕 ☞ act, action, active, actor, react, etc.

inadequate[inǽdikwit] 형 부적당한, 불충분한(insufficient). ⓐ adequate 적당한. 9
〔(래틴) *in*- not+*adequātus* adequate; not adequate〕

inadequately[inǽdikwitli] 부 부적당하게, 불충분하게. ⓐ adequate

inanimate[inǽnimit] 형 생명이 없는 (lifeless),죽은;무정한;활기없는(dull).
〔(래틴) *inanimātus* lifeless←*in*- not +*animātus* animate 생명이 있게하다; without life 생명이 없는〕 9
.**nanimation**[inænimèi∫(ə)n] 명 생명이 없음; 무활동; 무기력. 〔inanimate+-*ion*(명사 어미)〕 ☞ animate, animal

inasmuch[inəzmʌ́tʃ] 부 〈as와 함께 아래와 같이 쓰인다〉 8
~ *as*… …하므로(because, since).
〔in+as+much〕

inaudible[inɔ́:dibl] 형 들리지 않는. ⓐ audible 들을 수 있는.
〔(래틴) *in*- not+*audībilis* audible; not audible 들을 수 없는〕
☞ audible, audience

inaugurate[inɔ́:gjureit] 동 취임식을 하다; 개시하다, 시작하다(begin). 9 ⓐ terminate 종결하다.
〔(래틴)〕 *inaugurāre*←*in*- in, upon+ *augur* augur, fortuneteller 점장이; 고대 로마 시대에 관직에 취임하는 식에서 augur[ɔ́:ɡə] "점장이"에게 점을 친 일에서 augury[ɔ́:ɡəri] "점"을 쳐서 신에게 바치는 일이 "취임식을 올리다, 개시하다"의 뜻이 되었다〕

inauguration[inɔ̀ːɡjuréi∫(ə)n] 명 취임(식); 개시; 개통(식). 〔inaugurate +-*ion*(명사 어미)〕 ☞ augur

inborn[ínbɔ́:n] 형 천생의, 타고난.
〔in+born: 태어 날때부터의〕
☞ born, in

incalculable[inkǽlkjuləbl] 형 셀 수 없는, 무수한, 무한한, 예산하기 어려운; 믿을 수 없는. ⓐ calculable. 10
〔(래틴) *in*- not+calculate+-*able*(형용사 어미); not calculable 셀 수 없는〕 ☞ calculable, calculate

incapable[inkéipəbl] 형 무능한, …이 안되는. ⓐ capable 유능한, …할 수 있는. 9
〔(래틴) *incapābilis*←*in*- not+*capābilis* capable; not capable 유능하지 못한〕

incapability[inkèipəbíliti] 명 무능, 불능. 〔incapable+-*ity*〕

incapacity[inkəpǽsiti] 명 무능(inability), 부적당, 무자격.
☞ capable, capacity, captive

incarnate[inkáːnit] 형 사람의 꼴을 한, 화신(化身)의. [inkáːneit, inkáːneit] 동 육체를 주다, …의 화신이 되다, 실현 시키다(realize).
〔(래틴) *incarnātus* clothed with flesh ← *in*- upon *caro* flesh; clothed with flesh 육체로 덮인〕

incarnation[inkɑːnéi∫(ə)n] 명 육체화, 화신(化身); 구체화. 〔incarnate +-*ion*(명사 어미)〕

참고 "카아네이숀 꽃"은 그 색이 *caro* (=flesh 사람의 살)와 비슷하기 때문에 carnation 이라고 한 것.
☞ carnal, carnation

incendiary[inséndiəri] 형 방화(放火)의; 선동적인. 명 방화범(放火犯); 소이탄 (燒夷彈); 선동자.
〔(래틴) *incendiārius* setting on fire 방화하는←*in* upon+*candēre* glow 훨훨 타오르다〕

incense[insén's] 동 격분시키다(enrage). [ínsens] 명 향; 아첨 (flattery). 동 향을 피우다. 4

[《래틴》 incendere set on fire 불을 질르다←in- upon+candēre glow; incendiary 와 같은 어원. 사람 마음에 불을질르다→격분시키다; 향←향료를 태운 것(burnt spices)←불을 질르다; 아첨은 향처럼 좋은 냄새로 상대방의 기분을 좋게하는 태도나 말이라는 뜻이 되어 그것이 또 "아첨"의 뜻으로 변한 것] ☞ incendiary, candid

incentive[inséntiv] 형 자극적, 선동적. 명 자극(stimulus); 유인(motive). **9**
[《래틴》 *incentīvus* striking up a tune, inciting←*in-* into+*canere* sound, sing 노래하다; 곡조를 노래하기 시작하는→자극하는] ☞ chant

incessant[insés(ə)nt] 형 끊임없는 (continual), 간단없는. 반 intermittent 단속(斷續)하는. **7**
[《래틴》*incessant-* ←*incessans* unceasing 끊임없는←*in-* not+*cessans* ceasing←*cessāre* cease 중단하다←*cēdere* yield 항복하다, 양보하다] ☞ cease, cede

inch[intʃ] 명 인취 (1/12 ft.); *pl.* 키, 신장; 약간. **1**
[《중영》 *inche* 《고영》 *ynce*←《래틴》 *uncia* an inch, an ounce, tewelfth part 1/12; 원 뜻은 하나치(unit)] ☞ unit

by ~*es*= ~ *by* ~ 조금씩 (slowly). *every* ~ 아주, 완전히. *to an* ~ 조금도 안틀리고, 정밀하게. *within an* ~ *of* 조금만 더 하면. *gather up one's* ~*es* 똑바로 일어서다.

ncident[insíd(ə)nt] 형 흔히 일어나는 (apt to occur), 부대적(附帶的)인. 명 사건, 일(event); 사변. **5**
[《래틴》 *incident-* ←*incidere*←*in-* on + *cadere* fall; falling upon… …위에 떨어지는 (것)→사건] ☞ cadence

incidence[insíd(ə)ns] 명 추락, 낙하; (병, 사건 따위의) 발생; 부담; 투사(投射).
☞ accident, coincidence cadence

incidental[insidént(ə)l] 형 겹처 일어나기 쉬운, … 하기 쉬운 [to]; 우발적 (偶發的)인. 명 부대적인 일.

incidentally[insidéntəli] 부 부수적으로; 우연히.

incite[insáit] 동 자극하다, 장려하다 (urge); 선동하다(stir up) [to].
[《래틴》 *incitāre* urge on 장려하다← *in-*on+*citāre* urge] **10**

incitement[insáitmənt] 명 장려, 선동; 자극물. [incite+-*ment* (명사 어미)] ☞ excite, recite, cite

incline[inkláin] 동 기울다 (lean), 기울이다; (마음 따위가)쏠리다(tend), …하고 싶다 [to]. [ínklain] 명 경사, 비탈 (slope). **3**
[《래틴》 *inclināre*←*in-* towards+*clināre* lean; lean towards … …쪽으로 기울다]

be(또는 *feel*) ~*ed to*… …하고 싶다, … 하기 쉽다, …하는 경향이 있다.

inclination[inklinéiʃ(ə)n] 명 경향 (tendency); 기호(嗜好 liking); 비탈 (slope). [incline+-*ation*] **7**

[동의어] inclination은 어떤 사물에 기울어지는 마음의 경향이나 개인적인 기호를 뜻한다. leaning은 어떤 일에 대한 일반적인 경향이다. bent는 자연적인 경향이나 타고난 경향을 뜻한다. propensity는 거의 억누를 수 없는 타고난 경향으로, 때때로 나쁜 경향을 뜻하기도 한다. proclivity는 보통 습관이 되어버린 무절제한 생활에서 굳어버린 강한 버릇을 뜻하며 보통 나쁜 뜻이다.
☞ decline, clinical, recline

inclose, enclose[inklóuz] 동 둘러싸다, 동봉하다. **4**
[《래틴》 *inclūdere*←*in-* in+*claudere* shut; shut in 둘러 싸다 가두어 넣다]
☞ close, clause, include, exclude

include[inklú:d] 동 포함하다, 품다(contain); 넣다. 반 exclude 제외하다. **2**
[《래틴》 *inclūdere*; inclose와 같은 어원]

[동의어] include (명 inclusion)는 전체의 일부분으로, 포함함을 뜻하고, comprise는 전체를 구성하는 부분으로 포함한다는 뜻이다. comprehend (명 comprehension)는 전 범위내에 포함한다는 뜻이며, embrace (명 embracement)는 특히 여러가지를 comprehend한다는 뜻이다. implicate (명 implication)는 사람을 보통 나쁜 일에 물아넣는다는 뜻이다.

including[inklú:diŋ] 전 포함하여, …을 넣어서.

inclusive[inklú:siv] 형 포함한, 모든 것을 넣은. 반 exclusive 배타적, 제외하는. [include+-*ive*(형용사 어미)]

inclusively[inklú:sivli] 분 통틀어, 포괄해서. ☞ close, conclude, exclude, preclude, inclose, etc.

income[ínkəm] 명 수입(收入), 소득. ⊕ outgo 지출.
[*in+come*; that which comes in 들어오는 것. *cf.* outcome 명 결과(result) *out + come*; that which comes out 나오는 것] ☞ come, in, outcome

incomparable[inkɔ́mp(ə)rəbl] 형 비교할 수 없는 [to, with]; 견줄 수 없는 (matchless). ⊕ comparable 서로 견주는, 맞먹는.
[《라틴》 *in*- not+compare+*-able* (형용사 어미); not comparable 비교할수 없는] ☞ compare, comparable, par, peer

incompatible[ìnkəmpǽtibl] 형 성질이 안 맞는, 양립할 수 없는; 모순되는 (inconsistent) [with]. ⊕ compatible 양립하는.
[《라틴》 *in*- not+compatible; 양립 할 수 없는]

incompatibility[ìnkəmpætibíliti] 명 양립하기 어려움, 공존하지 못함. [incompatible+*-ity*] ☞ compatible

incompetent[inkɔ́mpit(ə)nt] 형 무능한, 무자격의, 적임이 아닌. ⊕ competent 해낼 수 있는, 자격 있는.
[《라틴》 *in*- not+competent; not competent 능력이 없는]

incompetence[inkɔ́mpit(ə)ns], -*cy* [-si] 명 무능, 무자격. [*in*- not+competence] ☞ competent, compete

incomplete[ìnkəmplí:t] 형 불완전한, 불충분한. ⊕ complete 완전한.
[《라틴》 *in*- not+*complētus* complete; not complete]

incomprehensible[ìnkɔmprihénsibl] 형 이해할 수 없는(impossible to understand). ⊕ comprehensible 이해할 수 있는.
[《라틴》 *in*- not + *comprehensibilis* comprehensible; not comprehensible 이해 할 수 없는]
☞ comprehend, comprehension

inconsistent[ìnkənsíst(ə)nt] 형 일치하지 않는, 조화되지 않는; 모순된; 이랬다 저랬다 하는. ⊕ consistent 일치하는.
[《라틴》 *in*- not+consistent; not consistent 일치 않는]

inconsistency[ìnkənsíst(ə)nsi] 명 불일치, 모순. [inconsistent+*-cy*(명사어미)] ☞ consist, consistent insist, insistent, etc.

inconstant[inkɔ́nst(ə)nt] 형 변하기 쉬운(changeable); 변덕스러운(fickle). ⊕ constant 일정한, 변치 않는.
[《라틴》 *in*- not+*constant*- constant; not constant] ☞ constant

inconvenience[ìnkənví:njəns]. 명 불편, 거북함, 부자유 (disadvantage) 동 불편을 느끼게 하다, 폐를 끼치다. ⊕ convenience 편리, 편의.
[《라틴》 *in*- + *conveniens* suitable]

inconvenient[ìnkənví:njənt] 형 불편한; 귀찮은 (troublesome). ⊕ convenient 편리한. [《라틴》 *in*- not+*convenient*- ←*conveniens*)]

inconveniently[ìnkənví:njəntli] 분 불편하게; 폐스럽게; 귀찮게.
☞ convene, convenient

incorporate[inkɔ́:p(ə)rit] 형 법인 조직의; 합동된 (united). [inkɔ́:p(ə)reit] 동 통합하다, 병합하다 (unite); 법인 조직으로 하다. *cf.* corporate 단결한; 법인 조직의.
[《라틴》 *incorporātus* ← *incorporāre* furnish with a body, form into a body←*in*- in+*corpus* body; form into a body(육체를 주어서) 한 덩어리가 되게 하다. (법률상의)단체 (body)를 이루게 하다]

incorporation[inkɔ̀:pəréiʃən] 명 결합, 합동, 합병, 편입; 회사설립. [incorporate+*-ion*(명사 어미)]
☞ corpus, corporate, corporation

incorrect[ìnkərékt] 형 부정확한, 옳지 못한, 틀린. ⊕ correct 정확한.
[《라틴》 in- not+*correctus* correct; not correct]

incorrectly[ìnkəréktli] 분 부정확하게, 옳지 못하게. ☞ correct

increase[inkrí:s] 동 늘다, 불다, 증가시키다; 확대하다. [ínkri:s] 명 증가 (량, 액). ⊕ decrease 줄다,
[《라틴》 *in*- on+*crescere* grow; grow on 계속해서 붇다]

increasingly[inkrí:siŋli] 분 차츰, 점점; 더욱 더. [increase+*-ing*(현재 분사 어미)+*-ly*(분사 어미)]
☞ decrease, crescent

incredible[inkrédibl] 형 믿을 수 없는

(unbelievable), 믿기 어려운; 《속어》 터무니 없는. [반] credible 믿을 만한. 7
[《래틴》 *in-* not+credible; not credible 믿을 수 없는]
incredibly[inkrédibli] [부] 믿을 수 없을 만큼; 《속어》 퍽.
incredulous[inkrédjuləs] [형] 쉽사리 믿지 않는(not ready to believe), 의심이 많은. [반] credulous. 9
[*in-* not+credulous]
[참고] **incredible**(=unbelievable)은 이야기나 사건 따위에 대하여, **incredulous**(=unbelieving)는 사람에 대하여 사용한다. 보기; The story is *incredible* 그 이야기는 믿을 수 없다. I am *incredulous* of = I do not believe Mr. Kim. 나는 김군을 믿을 수 없다.
incredulity[ìnkridjú:liti] [명] 쉽사리 믿지 않음, 의심이 많음; 회의(懷疑).
incur[inkə́:] [동] (위험, 비난 따위를) 초래하다; (빚, 손실 따위를)지다, 당하다. [반] avoid 피하다. 5
[《래틴》 *in-* upon+*currere* run; run upon… …위를 달리다→ …을 초래하다] ☞ current
incurable[inkjúərəbl] [형] (병 따위가) 불치의, 고칠 수 없는. [명] 고질이 된 환자. [반] curable 고칠 수 있는. 8
[《래틴》 *in-* not+curable; not curable 고칠 수 없는] ☞ cure
indebted[indétid] [형] 빚을 진, 은혜를 입은 (obliged). 6
[《프》 *endetté* involved in debt 빚을 진←*en-* in+*dette* debt 빚; *in-* +debt + *-ed* (과거 분사 어미)]
indebtedness[indétidnis] [명] 부채; 혜택, 은혜. [indebt+*-ed*+*-ness* (명사 어미)] ☞ debt
indecent[indí:s(ə)nt] [형] 버릇 없는, 보기 흉한, 예의에 어긋나는; 음란한(obscene). [반] decent 품위 있는.
[《래틴》 *in-* not+*dicēre* decent; not decent] ☞ decent
indeed[indí:d] [부] 실로, 정말(truly, really). [indí:d, índí:d] [감] 《관심, 의심, 분개, 빈정댐, 의문 따위를 나타냄》 그래요? 설마? 1
[*in*+deed; in deed 정말, 사실 (in fact)] ☞ deed
indefinite[indéfinit] [형] 부정(不定)의, 분명하지 못한. [반] definite 일정한. 8
[《래틴》 *in-* not+*dēfinītus* definite; not definite] ☞ definite
indemnify[indémnifai] [동] 보증하다(ensure) [against, from]; 배상하다(compensate) [for].
[《래틴》 *indemnis* unharmed 해를 입지 않은, free from loss 손해를 입지 않은+《프》 *-fier* 《래틴》 *facere* make←《래틴》 *in-* not+*damnum* loss 손해; make free from loss 손해를 입지 않게 하다]
indemnity[indémniti] [명] 보장; 면책(免責); 배상(금).
[《래틴》 *indemnitātem* ← *indemnis*; indemnify+ *-ity*] ☞ damn, damage, condemn
indent[indént] [동] 톱니 모양으로 만들다; (증서를) 정부(正副) 두 통으로 작성하다; 새 paragraph 의 첫 말을 몇 자 들여서 쓰기 시작하다. [명] 톱니 모양의 홈. 8
[《래틴》 *in-* in+*dent* ←*dens* tooth 이빨; cut into points like tooth 이빨 모양으로 만들다]
indentation[ìndentéiʃ(ə)n] [명] 톱니 모양의 홈을 내는 것, 톱니 모양의 홈, 야긋야긋한 홈; (해안선의)굴곡.
[indent+ *-ation*(명사 어미)]
indention[indénʃ(ə)n] [명] paragraph 의 첫 말을 들여쓰기. [indent+*-ion*(명사 어미)]
independent[ìndipéndənt] [형] 독립의,자유의; 독립심이 강한. [명] 무소속의 사람. [반] dependent 종속의. 3
[《래틴》 *in-* not+depend+ *-ent*(형용사 어미); not dependent 의존하는(depend)일 없는] ☞ depend
independently[ìndipéndəntli] [부] 독립해서, 자주적으로.
independence[ìndipéndəns] [명] 독립(심), 자주(自主). [《래틴》 *in-* not+depend+ *-ence*(명사 어미)] 4
indescribable[ìndiskráibəbl] [형] 글이나 말로 표현할 수 없는, 무어라 말할 수 없는(beyond description). 9
indeterminate[ìnditə́:m(i)nit [형] 부정의, 한정할 수 없는, 막연한, 확정되지 않은. [반] determinate 확정된. 10
indetermination [índitə:minéiʃ(ə)n] [명] 부정, 확정 안 됨, 결정을 못냄.
[indeterminate+ *-ion*] ☞ determine
index[índeks] [명] (*pl.* —es 또는 indices[índisi:z]) 지시하는 것; 둘째 손가

락(食指 forefinger); 지수(指數); 색인(索引). 图 색인을 붙이다. 6
[(래틴) *index* something that indicates 가리키는 것←*indicāre* point out 지적하다←*in-* in, to+*dicāre* appoint, declare 선언하다]
☞ indicate, diction

India[índjə, índiə] 图 인도(印度).
[(래틴) (그) *India*←*Indos* the Indus 인더스 강←(펠샤) *Hind*, (쌍 스크릿) *Indus*←(쌍 스크릿) *sindhua* large river←*syand* flow 흐르다; 원 뜻은 river 강] 3

Indian[índjən, índiən] 图 인도의; 아메리카 토인의; 인도인. 图 인도 사람; 아메리카 토인. 1

Indies[índiz] 图 *pl.* (the Indies)인도 제도. [*Indie, Indy* 의 복수←(래틴) *India*] 5
the East(West) ~ 동(서)인도제도.

indicate[índikeit] 图 지시하다, 가리키다 (point out), 나타내다 (show). 2
[(래틴) *indicāre* ← *in-* in, to+*dicāre* appoint, declare 선언하다; point out 지적하다]

indication[ìndikéiʃ(ə)n] 图 지시, 지적; 징후(徵候). [indicate+ *-ion*(명사 어미)] 9

indicative[indíkətiv] 图 지시하는, 표시하는. [indicate+ *-ive*] 8

indicator[índikeitə] 图 지시자, 표시기. [indicate+ *-or*(명사 어미)]
☞ diction

indict[indáit] 图 (법률) 기소하다, 고발하다.
[(고프) *enditer* indict←(래틴) *indictāre* point out 지적하다←*indicere* appoint 지정하다; *indicāre* 와 혼동된 말]

indictment[indáitmənt] 图 기소 (수속), 기소장(起訴狀). [indict+*-ment* (명사 어미)] ☞ indicate 9

indifferent[indíf(ə)r(ə)nt] 图 무관심한, 냉담한, 아무래도 좋은(unimportant); 공평한 (fair). 图 significant 소중한. ☞ different 7
[(래틴) *in-* not + *differentem* differing; not differing 의견이 다르지 않는→어떠해도 좋은→무관심의]

indifference[indíf(ə)r(ə)ns] 图 무관심, 냉담; 상관 안함. 7
[indifferent+ *-ce*(명사 어미)]

동의어 **indifferent** 는 사람이나 사물에 대하여 특별한 관심을 갖지 않거나, 특히 좋고 나쁨을 선택하는 마당에서 어느 쪽도 아님을 뜻한다. **unconcerned**는 담백(淡白)하고 불안이 없이 침착 냉정하다는 뜻이다. **incurious**는 흥미나 호기심이 없음을 뜻하며 무기력함을 암시할 때도 있다. **aloof**는 내성적인 성질이나 우월감에서 어떤 사람이나 사물에서 초월해 있음을 뜻한다. **detached** 는 어떤 사물에 관계가 없기 때문에 공평하다는 뜻이고, **disinterested**는 이기적인 동기나 욕망이 없고 공평 무사하다는 뜻이다.

indigestible[ìndidʒéstibl] 图 소화가 안되는; 이해하기 어려운. 图 digestible 소화할 수 있는. 9
[(래틴) *in-* not+digestible; not digestible]

indigestion[ìndidʒést(ʃ)(ə)n] 图 소화 불량. [indigest + *-ion*(명사 어미)] 9

indignant[indígnənt] 图 분개한, 화난 (at a thing with a person). 6
[(래틴) *indignantem* deeming unworthy←*indignāri* regard as unworthy 적합하지 않다고 생각하다 ← *in-* not + *dignus* worthy 가치 있는; 적합하지 못하다고 기분 나쁘다]

indignantly[indígnəntli] 图 분연(慣然)히, 분개해서.

indignation[ìndignéiʃ(ə)n] 图 분노, 분개, 분격. [indignant+ *-ation*(명사 어미)] 4

indignity[indígniti] 图 부당한 대우, 모욕. [(래틴) *indignitātem←in-* not + *dignus* worthy; *indign* 가치 없는, 부끄러운 + *-ity*; not worthiness 적합하지 못하다→모욕적 대우] 10
☞ dignity, dignant

indigo[índigou] 图 쪽(빛), 남색. 6
[(프) *indigo*←(스페) *indico*←(래틴) *indicum*←(그) *indikon* indigo←*Indikos* Indian; Indian die 인도 물감이 원 뜻] ☞ India, Indian

indirect[ìndirékt] 图 간접의; 에두르는. 图 direct 직접의. 7
[(래틴) *in-* not+*directus* direct; not direct]

indirectly[ìndiréktli] 图 간접적으로, 에둘러서. ☞ direct

indiscreet[ìndiskrí:t] 图 지각 없는, 무분별한; 경솔한, 무모한. 图 discreet

지각 있는.
[《라틴》 *in*- not+*discrētus* discreet; not discreet 지각 없는]

indiscretion[ìndiskréʃ(ə)n] 명 무분별, 경솔. [indiscreet+ -*ion*(명사 어미)] ☞ discreet, discretion

indiscriminate[ìndiskrímənit] 형 차별 없는, 분간 없는. ⓟ discriminative 식별력이 있는, 차별의. *cf.* discriminate 분간하다. 10
[《라틴》 *in*- not+*discrīminātus* separated; not separated 구별되지 않는, 차별 받지 않는] ☞ discriminate

indispensable[ìndispénsəbl] 형 없어서는 안 될 [to], 필수의, 피할 수 없는. 명 필요불가결한 것. ⓟ dispensable 없어도 되는. 8
[《라틴》 *in*- not+dispensable; not dispensable 없어서는 안 되는] ☞ dispensable

indispose[ìndispóuz] 동 싫증나게 하다, …하지 않도록 설복하다; 부적당하게 하다.
[《라틴》 *in*- not+《고프》 *disposer* arrange 정리하다; 정리 안하다→산란하다→부적당하게 하다→싫증나게 하다]

indisposed[ìndispóuzd] 형 기분이 좋지 않은, …할 마음이 없는, 마음이 내키지 않는 [to do, toward).
[indispose+ -*ed*(형용사 어미)]

indisposition[ìndispəzíʃ(ə)n] 명 가벼운 병; 불쾌, 마음이 안내킴(disinclination), 싫증. [indispose+ -*ition* (명사 어미)] ☞ dispose, disposition

indisputable[ìndispjú:təbl] 형 토론의 여지가 없는, 명백한. ⓟ disputable 다툴 여지가 있는.
[《라틴》 *in*- not+dispute+ -*able*(형용사 어미); 토론(dispute)할 수 없을 만큼 확실한]

indisputably[ìndispjú:təbli] 부 토론의 여지 없이, 확실히. ☞ dispute, disputable

indistinct[ìndistíŋ(k)t] 형 불명확한, 분명하지 않은. ⓟ distinct 분명한, 명확한.
[《라틴》 *in*- not+*distinctus* distinct; not distinct 불분명한]

indistinctly[ìndistíŋ(k)tli] 부 불분명하게. ☞ distinct, distinction

individual[ìndivídju(ə)l] 형 단독의 (single); 개인의, 독특한 (peculiar).
명 개체, 개인;《속어》 사람 (person). ⓟ general 일반의, collective 집합적. 3
[《라틴》 *indīviduālis*←《라틴》 *indīviduus* undivided 나누어 지지 않은←*in*- not+*dividuus* divisible; *in*- not+divide+ -*al*(형용사 어미); 이 이상 더 나누지(divide) 못하는 단위. 이 낱말의 원 뜻은 not divisible "나누어지지 않는"이었다]

individualism[ìndivídju(ə)lizm] 명 개인 주의. [individual+ -*ism*]

individuality[ìndivìdjuǽliti] 명 개성 (personality); *pl.* 특성. 9
[individual+ -*ity*(명사 어미)]

individually[ìndivídju(ə)li] 부 개인으로서; 낱낱이, 개별적으로.

indivisible[ìndivízibl] 형 불가분의, 나눌 수 없는. [《라틴》 *in*- not+*dividuus* divisible;*in*-+divide+ -*ible*(형용사 어미); 나눌 수 없는]

indivisibility[ìndivìzibíliti] 명 나누어지지 않음. [indivisible+ -*ity*] 8 ☞ divide, divisible

indolent[índələnt] 형 나태한(lazy), 게으른(idle). ⓟ diligent 부지런한. 9
[《라틴》 *in*- not+*dolentem* feeling pain←*dolēre* feel pain, grieve; not feeling pain 고통을 느끼지 않는→일도 안하고 전들거리는→나태한]

indolence[índələns] 명 게으름, 나태 (懶怠 idleness). [indolent+ -*ce*]

indomitable[indómitəbl] 형 지기 싫어하는, 굴복시키기 어려운, 불굴의(unyielding).
[《라틴》 *indomitābilis*←《라틴》*in*- not +*domitāre* tame 길들이다+ -*able*(형용사 어미); 길들이지 못하는→지기 싫어하는]

indomitably[indómitəbli] 부 꿋꿋하게, 굳건하게.

Indonesia[ìndo(u)ní:ʃə, -ʒə] 명 인도네시아.
[《그》 *Indos* Indus+*nēsia* islands; Indian islands 인도 근처의 섬들]

Indonesian[ìndo(u)ní:ʃən, -ʒən] 형 인도네시아의. 명 인도네시아 사람.
[Indonesia+ -*an*(형용사 어미)] ☞ India

indoor[índɔ:ɹ] 형 집안의, 실내의 (to the interior of a building. ⓟ outdoor 집밖의. [in+door]

indoors[indɔ́əz] [부] 집안에서, 실내에서. [반] outdoors 집밖에서, 야외에서. 〔*in-* +door+ *-s*(부사적 용법의 소유격)〕 6

[참고] *-s*는 towards, once, twice, hence 따위의 *-s* 또는 *-ce*와 같이 옛날의 소유격 어미. ☞ in, door

indorse[indɔ́:s] [동] =endorse. 10

☞ endorse

induce[indjú:s] [동] … 하도록 권하다 (persuade); 일으키다, 생기게 하다 (bring about), 유도하다, 귀납(歸納)하다. [반] deter 만류하다, deduce 연역(演繹)하다. 4

〔《래틴》 *in-* in, to+*dūcere* lead 이끌다; lead into…·…의 속으로 끌어 넣다〕 ☞ duke

inducement[indjú:smənt] [명] 유인(誘因), 유도, 동기. 〔induce+ *-ment*(추상명사 어미)〕 9

induct[indʌ́kt] [동] 도입(導入)하다, (자리에) 앉히다 (install), 취임시키다 (a person to an office).

〔《래틴》 *inductus* led into 도입된← *indūcere*; induce〕 ☞ induce

induction[indʌ́kʃ(ə)n] [명] 유도(誘導); 귀납(歸納); 서론. [반] deduction 공제(控除), 연역(演繹). 〔induct+ *-ion*〕

inductive[indʌ́ktiv] [형] 귀납적인; 유도의. 〔induct+ *-ive*(형용사 어미)〕

☞ duct, duke, produce, reduce, conduct, etc.

indulge[indʌ́ldʒ] [동] …에 빠지다 (give oneself up to); 실컷 하게 하다; 응석받다. 6

〔《래틴》 *indulgēre* be kind to… …에 대하여 친절히 하다; 원 뜻은 be long-suffering or patient〕

～ *in*(alcoholic liquors)(술)에 빠지다.

indulgence[indʌ́ldʒ(ə)ns] [명] 탐닉(耽溺); 방종(放縱), 제멋대로 하기; 너그럽게 보아줌. 〔indulge+*-ence*〕 7

indulgent[indʌ́ldʒ(ə)nt] [형] 응석 받는, 귀여워 하는; 관대한 (lenient). 10

〔indulge+ *-ent*(형용사 어미)〕

indulgently[indʌ́ldʒ(ə)ntli] [부] 너그럽게, 귀여워 해서.

industry[índəstri] [명] 산업, 공업, 《집합적》산업 경영자 ([반] labor 노동자); 근면, 부지런함 (diligence). 2

〔《래틴》 *industria* diligence 부지런함 ← *indostrum*←*indu-* within + *struere* build; building within 안에서 세우는→diligent 부지런한〕

industrial[indʌ́striəl] [형] 산업의; 공업의. 〔industry+*-al*〕 *cf.* agricultural 농업의. 9

industrialist[indʌ́striəlist] [명] 생산업자; 산업 주의자; 산업 노동자. 〔industrial+*-ist*(사람을 뜻하는 명사 어미)〕

industrialize[indʌ́striəlaiz] [동] 산업(공업)화 하다. 〔industrial+*-ize*(동사어미)〕

industrialization[indʌ̀striəl(a)izéiʃ(ə)n] [명] 공업화. 〔industrialize+*-ation*(명사 어미)〕

industrially[indʌ́striəli] [부] 산업상, 공업상.

industrious[indʌ́striəs] [형] 부지런한 (diligent), 힘써 일하는(hard-working). 〔industry+ *-ous*〕 4

industriously[indʌ́striəsli] [부] 부지런히, 죽자 사자.

[참고] ① industry가 "산업, 공업"의 뜻일 때의 형용사형은 industrial이고, "부지런함"의 뜻일 때의 형용사형은 industrious이므로 주의해서 혼동하지 않도록 하라. ② industry가 "산업, 공업"의 일반적인 뜻일 때에는 관사가 필요 없고 또 복수형도 없다. 그러나 특수 부문으로서의 공업 또는 산업을 나타낼 때에는 관사가 필요하며 복수형을 가질 수 있다. 보기; *the* steel industry (강철 공업), *the* automobile industry(자동차공업), *the* cotton and woolen industries(면·모직 공업).

ineffective[ìniféktiv] [형] 효과 없는, 무력한.

〔《래틴》 *in-* not + effective; not effective 효과적이 아닌〕

ineffectual[ìnifέktju(ə)l] [형] 효과 없는; 실패의, 성공하지 못하는, 소용 없는 (useless). [반] effectual 효과 있는.

〔《래틴》 *in-* not+effectual; not effectual 효과 없는〕

inefficiency[ìnifíʃ(ə)nsi] [명] 무능, 비능률; 무효력. [반] efficiency 능률.

〔《래틴》 *in-* not+efficiency〕

inefficient[ìnifíʃ(ə)nt] [형] 소용 없는, 비능률적인. [반] efficient 유효한, 능률적인. 〔《래틴》 *in-* not+efficient〕

inefficiently[ìnifíʃ(ə)ntli] [부] 비능률적으로, 효과 없이.

☞ effect, effectual, efficient

inequality[ni(:)kwóliti] 명 같지 않음, 불평등. ⑩ equality 평등, 동등. *cf.* unequal 같지 않은.
[(래틴) *in-* not+equal+ *-ity* (명사 어미); 평등(equal)하지 않음]
☞ equal, equality, unequal

inert[inə́:t] 형 자동력이 없는; 활발치 못한(inactive), 둔한(dull), 느린(sluggish). 8
[(래틴) *inert-* ←*iners* unskilful 기술이 없는, inactive 불활발한←*in-* not + *ars* skill 기술; without art 몸에 지닌 기술이 없는→아무것도 하지 못하는→움직이는 힘이 없는]

inertia[inə́:ʃiə] 명 관성, 타성(惰性); 불활발, 둔함. [(래틴) *inertia* want of art or skill, inactivity 불활발← *inert-* ←*iners*] ☞ art

inestimable[inéstiməbl] 형 헤아릴 수 없는, 평가할 수 없는(정도로 귀중한). 10
[(래틴) *in-* not+estimate+ *-able* (형용사 어미); 측정할(estimate) 수 없는]
☞ estimate, estimable

inevitable[inévitəbl] 형 피할 수 없는, 면할 수 없는(unavoidable), 필연적인 (sure to happen); (속어) 여전한. ⑩ avoidable. 5
[(래틴) *in-* not+*ēvītābilis* avoidable ←*ēvītāre* avoid 피하다; not avoidable 피할 수 없는]

inevitability[inèvitəbíliti] 명 필연성, 불가피함. [inevitable+ *-ity* (추상명사 어미)] ☞ evitable

inexhaustible[ìnigzɔ́:stibl] 형 무진장의, 지칠줄 모르는. 8
[(래틴) *in-* not+exhaust+ *-ible* (형용사 어미); 다하지(exhaust) 않는=무진장의] ☞ exhaust, exhaustible

inexperienced[ìnikspíəriənst] 형 경험없는, 미숙한. ⑩ experienced. 9
[(래틴) *in-* not+experience+ *-ed* (과거분사 어미); not experienced 경험이 없는] ☞ experience

inexplicable[inéksplikəbl] 형 설명할 수 없는, 알 수 없는.
[(래틴) *in-* not+explicable; not explicable 설명할 수 없는] ☞ explicable

infallible[infǽlibl] 형 (사람이) 실수가 전혀 없는 (free from error), 절대로 옳은, (효능 따위가) 절대로 확실한 (reliable). ⑩ fallible 실수하기 쉬운. 9
[(래틴) *in-* not+*fallibilis* fallible;

not fallible 실수하지 않는]
☞ fallible, fail, false

infamous[ínfəməs] 형 악명 높은(notorious), 불명예스러운(disgraceful). 7
⑩ famous 유명한.
[(래틴) *infāmis* notorious 악명 높은 ←*in-* not+*fāmōsus* famous; not famous 유명하지 않은]

infamy[ínfəmi] 명 불명예, 악명, 오명(汚名), 추행. [(래틴) *infāmia* ill fame 불명예 ← *in-* not, bad + *fāma* fame] ☞ fame, famous 9

infant[ínfənt] 형 유아의, 초기의. 명 유아(幼兒), 어린이; 《법률》 미성년자 (minor) 《20세 미만》. 3
[(래틴) *infantis*←*infans* not speaking 말하지 않는, a very young babe 아주 어린 아이←*in-* not+*fans* speaking←*fāri* speak 말하다; 말하지 못하는→아주 어린 아이. *-fant* is fable, fate와 같은 어원에서]

infancy[ínfənsi] 명 어릴 적, 유년 시대; 초기. [infant + *-cy* (명사 어미)] 6

infantry[ínfəntri] 명 《집합적》 보병 (步兵 foot-soldiers). 10
[(프) *infanterie*←(이태) *infanteria* foot-soldiers 보병, 원 뜻은 a band of "infants" as young men were called ←(래틴) *infans* not speaking; 보병은 그 당시 infants 라고 부르던 젊은이의 집단 이기 때문]

infect[infékt] 타 전염시키다, 감염시키다. *cf.* disinfect 소독하다. 7
[(래틴) *infectus* dyed 물들여진←*in-* in+*facere* put; put in, dye… …의 속에 넣다, …에 적시다, …을 물들이다]

infection[infékʃ(ə)n] 명 전염(병), 공기 전염; 악영향. *cf.* contagion (접촉) 전염. [inflect+ *-ion* (명사 어미)] 8

infectious[infékʃəs] 형 전염(성)의. *cf.* contagious (접촉해서) 전염하는. [infect+ *-ious* (형용사 어미)]
☞ fact, perfect, confection

infer[infə́:] 타 추론(推論) 하다(deduce),의미하다(imply), 표시하다(show). 8
[(래틴) *inferre* bring in, introduce … 속으로 가져오다, 도입하다←*in-* in+*ferre* bring 가져오다]

[동의어] **infer**(명 inference)는 이미 아는 사실이나 증거에 의하여 추론한다는 뜻이고, **deduce**(명 deduction)는 논리적 추리에 의하여 일반 원리에서 결론

을 끌어낸다는 뜻임. conclude (명 conclusion)는 추리의 과정으로 결론을 낸다는 뜻. judge (명 judgement)는 관계사항을 세세히 생각한 후 판정을 내리다는 뜻이다. gather(명 gathering)는 infer, conclude에 맞먹는 말이나 덜 딱딱한 말이다.

inference[ínf(ə)r(ə)ns] 명 추리, 추론. [infer+-*enc*'] 9

☞ confer, defer, refer, prefer, etc.

inferior[infíəriə] 형 하위의 (lower), 열등한. 명 손아랫 사람. ⓐ superior. 4
[((래틴)) *inferior* lower 하위의←*inferus* low 낮은; 어미 -*ior*은 래틴어의 비교급을 표시하며 이때 than 대신 to 를 비교하는 상대 앞에 사용한다. *cf.* superior, junior, senior, exterior, interior]

inferiority[infəriɔ́riti] 명 열등; 하급. ⓐ superiority. [inferior+ -*ity*]

☞ infernal, superior, junior, senior, etc.

infernal[infə́:n(ə)l] 형 지옥의; 악마같은. *cf.* hell 지옥. 「((래틴))*infernālis* belonging to the lower regions 더 낮은 구역의←*infernus* lower←*inferus*; inferior와 같은 어원] 7

infest[infést] 통 (벌레, 도적 따위가) 꾀다, 메짓다, 발호하다, 횡행하다. 8
[((래틴)) *infestāre* attack 공격하다← *infestus* attacking 공격하는, hostile 적대하는]

infidel[ínfid(ə)l] 형 신앙이 없는, 이교도의.명 신앙이 없는 사람 (unbeliever); 이교도. 9
[((래틴)) *infidēlis* faithless←*in-* not+ *fidēlis* faithful ←*fidēs* faith; not faithful 신앙심이 없는]

infidelity[ìnfidéliti] 명 신앙심이 없음; (부부간의)부정 (不貞 unfaithfulness), 불의(不義 adultry); 배신. [infidel+ -*ity*(명사 어미)]

☞ fidelity, hi-fi, high-fidelity

infinite[ínfinit] 형 무한한 (limitless), 무수한 (countless), 막대한. ⓐ finite 유한의. 4

infinitely[ínfinitli] 부 무한정, 무궁하게, 끝 없이.

infinitive[infínitiv] 형 《문법》 부정(不定)의 《인칭, 수, 시제의 제한을 안받는 동사 원형을 뜻함》. 명《문법》부정사(不定詞).

[((래틴)) *in-* not + *finītus* ended ← *finīre* end 끝내다; not ended, not finite 무한(無限)의, 부정(不定)의]

infirm[infɔ́:m] 형 허약한(weak), 병약한(sickly). ⓐ firm 튼튼한.
[((래틴)) *in-* not+*firmus* firm; not firm]

infirmary[infə́:məri] 명 진료소(診療所 hospital), (학교 따위의 부속) 병원. [infirm+-*ary*]

infirmity[infə́:miti] 명 허약함; 병(sickness); 결점(weakness). 6
[infirm+ -*ity*(명사 어미)] ☞ firm

inflame[infléim] 통 타오르게 하다, 불붙이다(kindle), 격하(게 하)다(excite) [with]. 5
[((래틴)) *inflammāre* set on fire 불지르다←*in-* in+*flama* flame 불꽃; put in to flame 불꽃 속에 넣다]

inflammatory[inflǽmət(ə)ri] 형 염증(炎症)이 생기는; 격동시키는. [inflame+ -*atory*(형용사 어미)]

inflammation[ìnfləméiʃ(ə)n] 명 연소(燃燒); 염증(炎症). 10
[inflame+ -*ation*(명사 어미)]

☞ .lame

inflate[infléit] 통 부풀게 하다 (swell out); 뻐기게 하다 (puff up); 통화를 팽창시키다. ⓐ deflate 수축시키다. 10
[((래틴)) *inflātus* blown into 바람을 넣은←*in-* in+*flāre* blow 불다; blow into…의 속에 불어 넣다→부풀게 하다. "뻐기게 하다"는 의기 양양한 사람의 태도를 풍선이 팽창한 것에 비한 데서]

inflation[infléiʃ(ə)n] 명 (통화 따위의) 팽창, 인플레(이순). ⓐ deflation (통화)수축, 디플레(이순). [inflate+ -*ion*(명사 어미)]

☞ deflate, flatulent

inflect[inflékt] 통 (안으로)굽히다; 《문법》어미 변화를 시키다; 굴절시키ㄷ; (음성을)조절하다.
[((래틴)) *in-* in+*flectere* bend; bend in 안으로 굽히다]

inflection, inflexion[inflékʃ(ə)n] 명 어미 변화; 음성의 조절. [inflect+ -*ion*(명사 어미)]

inflexible[infléksibl] 형확고한(firm), 불굴의. [((래틴)) *inflexibilis*←*inflexus* bent ← *inflectere* bend; *in-* not + *flex* bend+ -*ible* (형용사 어미);

not flexible]
inflexional[inflékʃən(ə)l] 〖형〗 굴곡(屈曲)의; 《문법》 굴절(屈折)의, 어미 변화의, 억양(抑揚)의. [inflectional과 같음←inflect+ -ion+ -al]
☞ flexible, reflect
inflict[inflíkt] 〖동〗 (타격 따위를) 주다, 과(課)하다(impose). 5
[《라틴》 *inflictus* inflicted←*in*- on+ *fligere* strike; strike on… …에 타격을 주다]
infliction[inflíkʃ(ə)n] 〖명〗 과(課)함; 벌; 고통. [inflict+ -ion(명사 어미)]
☞ conflict, afflict
influence[ínfluəns] 〖명〗 영향, 감화(感化), 세력. 〖동〗 영향을 주다, 감화하다; 좌우하다. 2
[《라틴》 *influentia*←《라틴》 *influentem* flowing in←*in*- in+*fluere* flow in …속으로 흘러들다. in+fluence]
〖참고〗 중세기에 유행하던 점성학에서는 인간의 운명과 성질은 그 인간이 태어나던 때의 천체의 위치와 별에서 "흘러오는(flowing in)" 신비스럽고도 묘한 정기(精氣)의 영향을 받는다고 생각했다. 그리하여 flow in 을 뜻하는 influence가 "영향"을 뜻하게 된 것이다. 이와 비슷한 유래의 단어로는 lunatic (= of the moon) 미치광이의; moonstruck (달빛을 맞아서) 머리가 돈; disasterc(= unlucky star) 참사(慘事)
influential[ìnfluénʃ(ə)l] 〖형〗 세력있는, 유력한. [《라틴》 *influentia* influence + -al (형용사 어미)]
influenza[ìnfluénzə] 〖명〗 유행성 감기, 독감. [《이태》 *influenza* influence: an influence 영향 받은 것; 점성학에 의하면 influenza는 별의 영향으로 생기는 것이라고 생각되었다] 8
☞ moonstruck, lunatic, disaster, fluent, confluence, affluence
inform[infɔ́ːm] 〖동〗 알리다(tell), 통지하다; 밀고하다. 2
[《라틴》 *informāre* put into form 형성하다←*in*- into+*forma* form; 형성하다→알려 주다]
informant[infɔ́ːmənt] 〖명〗 통지인, 고발인, 밀고인. [inform+ -ant (사람을 뜻하는 명사 어미)]
information[ìnfəmèiʃ(ə)n] 〖명〗 정보 (news), 소식; 지식(knowledge), 견문(見聞); 고발(charge), 통지. 3

[inform+ -ation(명사 어미)]
〖동의어〗 **information**은 독서, 관찰, 정보 따위로 알 수 있는 사실로서 반드시 그 사실이 확실하다는 뜻은 아니다. **knowledge**는 공부, 관찰, 조사 따위로 알 수 있는 사실로서 정확하고 조직적인 것을 말한다. **learning**은 공부하여 얻은 knowledge로 특히 어학, 문학, 철학 따위에 대하여 쓰이는 말이다. **erudition**은 보통 사람은 이해할 수 없는 심원하고 난해한 learning을 뜻하는 품위 있는 말이다. **wisdom**은 넓은 지식과 경험에 의하여 훌륭한 판단을 내릴 수 있는 지혜를 뜻한다.
informer[infɔ́ːmə] 〖명〗 (경찰 따위에의) 밀고인, 고발인. [inform+ -er (사람을 뜻하는 명사 어미)]
informative[infɔ́ːmətiv] 〖형〗 지식을 주는, 견문을 넓히는; 정보의; 《법률》 고발(告發)의. [inform+ -al (형용사 어미)] ☞ form
informal[infɔ́ːm(ə)l] 〖형〗 비공식의, 약식(略式)의; 허물 없는. 〖반〗 formal 정식의, 공식적인.
[《라틴》 *in*- not+form+ -al(형용사 어미); not formal 정식이 아닌, 비공식의]
informality[ìnfɔːmǽliti] 〖명〗 비공식, 약식. [informal+ -ity] 8
☞ form, inform
infringe[infríndʒ] 〖동〗 범하다, 어기다 (violate); 침해하다 (trespass) [on, upon].
[《라틴》 *infringere* break into, violate law 침해하다←*in*- in+*frangere* break; break into 깨뜨리고 들어가다]
infringement[infríndʒmənt] 〖명〗 위반, 침해(侵害). [infringe+ -ment (명사 어미)]
infuse[infjúːz] 〖동〗 쏟아 넣다; (약 따위를) 달여내다; 주입(注入)하다; 물들이다, 취입(吹入)하다. 10
[《라틴》 *infūsus* poured in←*in*- in+ *fundere* pour; pour in 쏟아 넣다]
infusion[infjúːʒ(ə)n] 〖명〗 주입(注入)(물); 취입(吹入); 우려낸 물, 달인 물. [infuse+ -ion(명사 어미)]
ingenious[indʒíːniəs] 〖형〗 영리한 (clever); 교묘한; 독창력이 있는. 6 〖반〗 unskilful 서투른.
[《라틴》 *ingeniōsus* clever← *ingenium* natural capacity 자연 능력, 타고

난 능력←*in*- in+*gignere* beget 낳다; (날 때부터의) 재능 →천재의]
ingenuity[ìndʒinjú(ː)iti] [명] 발명의 재주; 교묘함; 재치; 창의성(創意性). 7
[ingenious+ -*ity*(명사 어미)]
[참고] 이 말은 형태상으로는 ingenuous의 명사형이나 뜻은 ingenious와 관련이 있다.
ingenuous[indʒénjuəs] [형] 솔직한(frank); 순진한, 천진 난만한(innocent).
[《래틴》 *ingenuus* inborn 타고 난, frank 솔직한 + -ous (형용사 어미)← *in*-in+*gen*- →*gignere* beget; 사람은 날때부터의(inborn) 성격은 솔직하므로 frank, innocent 따위의 뜻이 생겼다]
☞ genus, engine
inglorious[inglɔ́ːriəs] [형] 이름 없는; 불명예스러운, 부끄러운. [반] glorious 영예로운.
[《래틴》 *inglōriōsus*←*in*- not+*glōriōsus* glorious]
ingloriously[inglɔ́ːriəsli] [부] 불명예스럽게. ☞ glory, glorious
ingratitude[ingrǽtitjuːd] [명] 배은 망덕(背恩忘德). [반] gratitude 감사. 8
[《래틴》 *in*- not+gratitude; not gratitude 감사하지 않음] ☞ gratitude
ingredient[ingríːdiənt] [명] 성분, 요소(component). 6
[《래틴》 *ingredientem* entering upon←*in*- in+*gradī* go; something that goes into(a compound) (복합물) 속에 들어 가는 것→성분]
[동계어] **ingress**[íngres] [명] 들어감, 입구; 들어갈 권리(허가). [《래틴》 *ingressus* entering← *ingredi*]
☞ gradus, constituent, component
inhabit[inhǽbit] [동] 살다(live in). 4
[반] migrate 이주하다.
[《래틴》 *in*- in+*habitāre* dwell; dwell in 살다]
inhabitant[inhǽbit(ə)nt] [명] 주민, 거주자; 살고 있는 동물. 5
[inhabit+ -*ant*(사람을 뜻하는 명사 어미)] ☞ habit
inhale[inhéil] [동] 흡입(吸入)하다, 빨아들이다. [반] exhale 발산하다. 10
[《래틴》 *in*- in+*hālāre* breathe; breathe in 흡입하다]
inhalation[in(h)əléiʃ(ə)n] [명] 흡입(제).
[inhale+-*ation*] ☞ exhale
inhere[inhíə] [동] (성질 따위가) 본래부터 있다, 타고 나다; (권리 따위가)부여되어 있다.
[《래틴》 *in*- in+*haerēre* stick, cling, adhere 매달리다; stick in (원래)붙어 있나]
inherence[inhíər(ə)ns], **-cy**[-si] [명] 고유, 타고남. [inhere+ -*ence*, -*ency* (명사 어미)]
inherent[inhíər(ə)nt] [형] 타고난, 고유의. [inhere+ -*ent* (형용사 어미)] 10
☞ adhere, cohere
inherit[inhérit] [동] 상속하다, 유전하다, 이어받다. 4
[《래틴》 *in*- in+*hērēdem*←*hērēs* heir 상속인; appoint an heir 상속인을 지명하다]
inheritance[inhérit(ə)ns] [명] 계승, 상속(재산); 유전. [inherit+ -*ance*] 5 어미)] ☞ heir, heredity
inheritor[inhéritə] [명] (유산) 상속인, 후사(後嗣). [inherit+ -*or*(사람을 뜻하는 명사 어미)]
inhibit[inhíbit] [동] 금하다(prohibit); 억제하다 (suppress).
[《래틴》 *inhibitus* kept in, held in 속으로 억제된←*in*- in+*habēre* have, keep]
an ~ed person (잠재 의식에 억눌려서) 감정을 표현하지 못하는 사람.
inhibition[ìn(h)ibíʃ(ə)n] [명] 금지; 《심리, 생리》 억제. [inhibit+ -*ion* (명사 어미)] ☞ habit
inhospitable[inhɔ́spitəbl] [형] 냉대하는, 불친절한; 깃들일 데 없는(providing on shelter); 황량한(barren).
[반] hospitable 대접을 잘 하는.
[《래틴》 *in*- not + hospitable; not hospitable] ☞ hospitable
inhuman[inhjúːmən] [형] 인정 없는, 무정한(unfeeling), 잔인한(brutal); 인간적이 아닌(not human). [반] human 인간적인.
[《래틴》 *in*- not+*humānum* human; not human]
inhumanity[ìnhjuːmǽniti] [명] 무정(한 행위); 잔인(한 짓). [inhuman+ -*ity* (명사 어미)] ☞ human, humanity
inimical[inímik(ə)l] [형] 적의 있는(hostile), 화목하지 못한(unfriendly); 불리한 (unfavourable), 유해한.
[《래틴》*inimīcālis*←*in*- not+ *amīcus* friendly; not friendly 우호적이 아닌]

☞ enemy, amiable
iniquity[iníkwiti] 图 부정(不正), 불법(행위). ⓓ equity 공정함, 정당함, 공명함. 7
[(래틴) *iniquitas* injustce 부정←*in-* not+*æquitas* equity; not equity 공정하지 못함]
initial[iníʃ(ə)l] 图 처음의, 최초의(first), 첫 머리의; 첫 글자의, 图 첫 글자. ⓓ last 최후의. 7
[(래틴) *initialis* beginning 시작의, 처음의←*initium* a beginning 시초←*in-* in+*ire* go; going into… …에 들어가는, beginning 시작하는, 최초의]
initiate[iníʃieit] 图 시작하다 (begin); 가입시키다 (admit); (비법 등을)전해주다, 초보를 가르치다. [(래틴) *initiāre* ←*initium*]
initiation[inìʃiéiʃ(ə)n] 图 개시; 입회(식); (비법 따위의) 전수(傳授).
[initiate+ *-ion* (명사 어미)]
initiative[iníʃiətiv] 图 처음의, 발단의 (beginning). 图 시작; 발의권(發議權); 창시(創始); 기업심, 독창력.
[initiate+ *-ive*] 8
on one's own ~ 자진하여.
inject[indʒékt] 图 주사하다, 투입하다 (throw in). 4
[(래틴) *injectus* cast on, thrown in 투입된←*in-* in+*jacere* throw 던지다]
injection[indʒékʃ(ə)n] 图 주사(액).
[inject+ *-ion*] ☞ abject, deject, eject, object, reject, subject, etc.
injunction[indʒʌ́ŋ(k)ʃ(ə)n] 图 명령(order), 지령, (금지)명령.
[(래틴) *injunctionem* order 명령←*injunctus* bidden 명령된←*injungere* bid←*in-* in+*jungere* join; enjoin 명령하다, 금하다] ☞ enjoin, junction
injure[ín(d)ʒə] 图 해치다(hurt), 손상하다(impair). ⓓ benefit 이익이 되게 하다. 3
[(래틴) *injūriāre* hurt 해치다← *injūrius* wrong 틀린←*in-* not+*jūr*←*jūs* just law 법; 옳지 않은 일을(not just) 하다. *-jure*는 just, jurist "법률학자"와 같은 어원]
동의어 **injure**는 외관, 건강, 성공, 상쾌한 기분 따위를 해침을 뜻하는 사람이나 사물에 대하여 두루 쓸 수 있는 일반적인 말이다. **harm**은 괴로움, 고통, 손실 따위를 준다는 뜻으로 injure

보다 뜻이 강한 말이다. **damage**는 가치, 쓸모, 신용 따위를 손상시킨다는 뜻으로 보통 무생물에 대하여 쓴다. **hurt**는 육체적 또는 감정적으로 상처를 낸다는 injure보다 덜 형식적인 말이다. **impair**는 어떤 물건의 가치, 역량, 품질 따위를 저하 또는 감소시킨다는 뜻이며 **mar**는 보기싫게 한다거나 손상을 주어서 불완전하게 한다는 뜻이다. **spoil**은 물건의 가치, 쓸모 따위를 손상할 만큼 큰 손상을 가한다는 뜻으로 mar보다 뜻이 강한 말이다.

injured[ín(d)ʒəd] 图 부상한; 감정이 상한, 비위에 거슬린. [injure+ *-ed*] 3
injurious[indʒúəriəs] 图 해로운, 유해한(harmful)[to]; 중상적인, 부당한 (unjust). [injure+ *-ous* (형용사 어미)] 6
injuriously[indʒúəriəsli] 图 불법으로, 해롭게.
injury[ín(d)ʒ(ə)ri] 图 (손)해, 손상, 위해(危害). ☞ just, jurist 4
injustice[indʒʌ́stis] 图 불법, 부정(不正), 불공평; 비행(非行). ⓓ justice 정의, 공평. 4
[(래틴) *injustitia* ←*injustus* ←*in-* not+*justus* just; not justice 옳지 않은 것]
동의어 **injustice**는 남에 대한 부당한 대우나 남의 권리에 대한 침해를 뜻하며 **injury**는 각종의 해악이나 손상 또는 손실을 뜻한다. **wrong**은 개인의 권리에 대한 침해나 사회에 영향을 주는 범죄나 비행을 뜻한다. **grievance**는 피해자가 부당하다고 생각하며 불평이나 걱정거리가 되는 것을 뜻한다.
ink[iŋk] 图 잉크. 图 잉크로 쓰다, 잉크로 더럽히다. 3
[(래틴) *encaustum* the purple-red ink used by the later Roman emperors 로마 황제의 서명용 잉크←*encaustus* burnt in 부식(腐飾)한←(그) *egkaustos* burnt in←*en-* in+*kaiō* I burn]
ink-stand[íŋkstænd] 图 잉크 스탠드 (받침 있는 잉크 병).
ink-well[íŋkwel] 图 책상에 파 놓은 잉크 병. [ink+well]
inlaid[ínléid] 图 박아 넣은, 상감(象嵌)한(embeded). [inlay(파 넣다, 박아 넣다)의 과거분사 에서] ☞ in, lay
inland[ínlənd] 图 내륙(內陸)(의), 내지(의), 오지(奧地)(의) (interior); 국

내(의)(domestic). [부] 내지로, 국내에. [반] foreign 외국의. 〔in+land; 육지(land) 속에(in)〕 ☞ land 5

inlet[ínlet] [명] 후미, 포구(creek); 입구. [반] outlet; 상감(象嵌). 〔in+let〕 9 ☞ let

inmate[ínmeit] [명] 동거인, 집안 사람; 수용자, 재소자(在所者). 〔in+mate〕 10 ☞ mate

inmost[ínmoust] [형] 가장 속의(most inward), 충심의.
〔《고영》 *inne* within +-*m*(최상급 어미)+-*est* (최상급 어미); 가장 속의(within), 2중 최상급〕

inn[in] [명] 여인숙; 주막, 술집(tavern)
〔《중영》 *in*(*n*)←《고영》 *in*(*n*) room방 ←*in*(*n*) within 안으로 indoors 실내 ←*in* in…안에〕 3
[동의어] **inn**은 시골이나 길 (highway) 가에 있는 여인숙, 즉 주막을 뜻하며 유서 깊은 건물과 예대로의 시중과 가정적인 분위기를 나타내는 수가 많다. 이에 비하여 **hotel**은 보통 근대적인 설비를 갖추어 비교적 큰 규모의 여관을 뜻하며 오늘 날 대부분의 inn은 hotel로 바뀌어지고 있으나 옛 풍취를 나타내기 위하여 큰 호텔을 **inn**이라고 일컫는 때도 있다. 호화한 호텔이라는 뜻으로 **house** 라고 칭할 때도 있다. "술집"의 뜻의 inn은 오늘날 술집 이름의 일부로 쓰이는 것이 보통이다.
inn-keeper[ínkìːpə] [명] 여관 주인, 주막 주인. 9

innate[inéit,íneit] [형] 타고난(natural), 선천적인(inborn),
〔《래틴》 *innātus* inborn 타고난←*in*- in+*nātus* born〕
[동의어] **innate**는 어떤 사람이나 물건의 성질이나 조직의 일부로서 특유하다는 뜻이며, **inborn** 은 innate 에 비하여 덜 형식적인 말이다. **inbred**는 길들여서 완전히 몸에 배었다는 뜻이다. **congenital** 은 특히 나기전의 환경으로 말미암아 나자마자 갖추어짐을 뜻하는 형식적인 말이다. **hereditary** 는 병, 본능, 믿음 따위가 부모나 조상에게서 유전적으로 물려 받았다는 뜻이다. **inherited** 는 hereditary 와 같은 뜻이다. 특히 재산, 작위, 특성 따위의 유전이나 상속을 뜻한다.
☞ natal, cognate, renaissance

inner[ínə] [형] 안의, 속에 있는(internal), 내부의(interior). [반] outer 밖의. 4
〔《고영》 *in*(*ne*)*ra* *inn*(*e*) in "안에, 안으로"의 비교급〕
innermost[ínəmoust] [형]=inmost. 10
〔《중영》 inner+most〕 ☞ inmost

innocent[ínəsnt] [형] 천진난만한, 순진한(artless), 결백한(not guilty); 해 없는 (harmless); 무지한(ignorant); 단순한(simple). [반] guilty 죄있는. 3
〔《래틴》 *in*- not+*nocens* harm←*nocēre* hurt 해치다; harmless 해가 없는→악의 없는→천진난만한〕
[동의어] **innocent**는 도덕, 사회, 또는 법률상의 죄를 전혀 범하지 않고 결백함을 뜻하며, **blameless**는 잘못이 있든 없든 도덕상으로 죄가 없다거나 비난 받을 까닭이 없다는 뜻이다. **guiltless** 는 법률, 도덕, 또는 종교상의 벌을 받을 만한 행동을 하지 않았다거나, 생각을 갖지 않았다는 뜻이다.
innocence[ínəsns] [명] 천진난만; 결백, 무죄. 〔innocent+ -*ce* (명사 어미)〕 4
☞ noxious, obnoxious

innovate[ínəveit] [동] 혁신하다 〔in, on, upon〕.
〔《래틴》 *innovāre* renew 새롭게 하다 ←*in*- in+*novus* new; make new 새롭게 하다〕
innovation[ìnəvéʃ(ə)n] [명] 혁신, 쇄신(刷新). 〔innovate+ -*ion* (명사 어미)〕 ☞ novel, renovate 10

innumerable[injúːm(ə)rəbl] [형] 이루 셀 수 없는, 무수한 (countless). *cf.* numerous 다수의, [반] numerable 셀 수 있는. 6
〔《래틴》 *in*- not+*numerābilis* numerable; not numerable 셀수 없는; *in*-+number+-*able*〕
innumerably[injúːm(ə)rəbli] [부] 무수히, 셀 수 없이.
☞ number, numerable, numerous

inorganic[ìnɔːgǽnik] [형] 무기(無機)의, (유기적) 조직이 결핍된 (사회 따위). [반] organic 유기적(有機的).
〔《래틴》 *in*- not+organic; not organic 유기적이 아닌〕
☞ organ, organic

inquire, en-[inkwáiə] [동] 묻다, 심문하다(question)〔about,of, for〕; 조사하다(search) 〔into〕. [반] answer 3
〔《래틴》 *inquīrere* search into 조사하다←*in*- in+*quærere* seek; seek into

… …을 찾아 가다→조사하다]
~ after… …의 안부를 묻다. ~ for
…(물건을)구하다 (ask for); 사람의 안
부를 묻다.
inquiring[inkwáiəriŋ] 웹 묻고 싶어
하는, 알고 싶어하는. [inquire+ -ing
(현재 분사 어미)]
inquiringly[inkwáiəriŋli] 閉 알고 싶
은 듯이, 묻고 싶은듯이.
inquiry, en-[inkwáiəri] 웹 질문, 문의,
조회, 조사. [inquire+ -y(명사 어미)] 3
inquisition[ìnkwizíʃ(ə)n] 웹 조사, 심
사; (the I ~) 종교재판. [《래틴》 *inqu-
īsītiōnem* a search into 탐색, 조사←
inquīrere inquire] ☞ inquire 9
inquisitor[inkwízitə] 웹 조사자, 심문
자; (I~)종교 재판관. [《래틴》 *inqīsī-
tōrem* detective, investigator 조사자
←*inquīrere* inquire]
inquisitive[inkwízitiv] 웹 알고 싶어
하는(asking many questions), 호기심
이 강한(too curious) [《래틴》 *inquīsī-
tīvus*←*inquīrere*; inquisit-+-*ive*] 8
inroad[ínroud] 웹 내습(來襲), 입구(入
寇), 침략, 침해. [in+《페어》 *road*
riding; riding in 타고 들이옴→침입]
☞ in, road
insane[inséin] 웹 미친 (mad), 미친듯
한. ⓐ sane 본정신의. 8
[《래틴》 *in-* not + *sānus* healthy,
sane; not sane 제 정신이 아닌]
insanity[insǽniti] 웹 정신이상, 광증
[insane+ -*ity*(명사 어미)]
[동의어] **insanity**는 원래 견전한 정신을
갖고 있는 사람의 정신착란을 뜻하며
법률용어로는 쓰이나 의학용어는 되지
못한다. **lunacy**는 특히 주기적으로 일
어나는 정신착란을 뜻하는 문장 용어로
법률용어로도 사용한다. **dementia**는
신체 기관의 후천적 장해에 말미암은 정
신적 착란이나 건망증을 뜻하는 정신병
학 용어이며 **psychosis**는 여러가지 기
능이나 기관의 장해로 인한 정신 착란
으로 개성을 크게 혼란시키는 것을 말
하는 정신병학 용어이다. ☞ sane
inscribe[inskráib] 통 쓰다 (write), 기
록하다; 새기다(carve); (기하) 내접원
을 그리다. 8
[《래틴》 *in-* upon+*scrībere* write;
write upon… …위에 쓰다]
inscription[inskríp(ə)n] 웹 기입,
기명(記名), 제명(題名); 비명(碑銘). 7

[《래틴》 *inscriptiōnem*←*inscrībere;*
inscribe+ -*ion*(명사 어미)] *cf.* sub-
scribe→subscription. ☞ scribe, sub-
scribe, prescribe, describe, ascribe
insect[ínsekt] 웹 곤충;《통속적으로》벌
레, 벌레와 같은 사람. 3
[《래틴》 *insectum* thing cut into i.e.
nearly divided 거의 둘로 쪼개어진 것
←*in-* into+*secāre* cut 베다; 곤충의
몸둥이가 거의 둘로 쪼개 진듯한 모양
이기 때문에]
☞ sect, section, segment, dissect
insensible[insénsibl] 웹 무감각한, 의식
이 없는 (unconsicous), 알아채지 못하
는(unaware), 무신경한. ⓐ sensible
감각이 있는. 7
[《래틴》 *insensibilis*←*in-* not+*sen-
sus* feeling 느낌+ -*ible* (형용사 어미);
not sensible 느낄 수 없는]
insensibly[insénsibli] 閉 눈에 안 띄
게, 알아챌 수 없을 만큼, 천천히.
☞ sense, sensible
inseparable[insép(ə)rəbl] 웹 가르지 못
할, 분리하지 못할, 불가분의. 7
ⓐ separable 뗄 수 있는.
[《래틴》 *insēpaṟābilis* ← *in-* not +
sēparāre sever 분리하다 +-*able* (형
용사어미); not separable]
inseparably[insép(ə)rəbli] 閉 떨어지
지 않게. ☞ separate, separable
insert[insə́:t] 통 삽입 (揷入)하다; 적어
넣다. 5
[《래틴》 *insertus* introduced, put in
삽입된←*in-* *in*+*serere* put; put in…
…속에 삽입된]
insertion[insə́:ʃ(ə)n] 웹 삽입 (물);신
문광고. [insert+ -*ion* (명사 어미)] 9
☞ series
inside[ínsáid, insáid, ínsaid] 웹 내부,
내면, 안쪽. [ínsáid] 웹 내부의, 안에
있는. [insáid] 閉 안으로, 안에; [ínsái-
d]…의 내부에, …의 안으로. ⓐ out-
side. [in+side 쪽, 측(側)] 2
insidious[insídiəs] 웹 음험한 (treach-
erous), 교활한(cunning);(병 따위가)
모르는 사이에 심해지는.
[《래틴》 *insidiōsus* treacherous음험
한←*insidēre* lie in wait 잠복하다←
in- in+*sedēre* sit; sit in… …속에 앉
다→ …을 대기하고… …속에 앉다→상대방
을 속이다→음험한, 교활한]
insight[ínsait] 웹 통찰(洞察) (력), 식

견(識見), 안식(眼識).
[《중영》 *in* (부사)+sight; 속을 들여다 보는 시력 (sight)]
gain(또는 *have*) *an* ~ *into*… …을 알아내다; …을 통찰하다.
☞ in, sight

insignificant[ìnsignífikənt] 휑 무의미한(meaningless), 보잘 것 없는 (trifling), 중요치 않은(unimportant). ⑮ significant 의미 있는, 중요한. 6
[《라틴》 *in*- not+significant; not significant]

insignificance[ìnsignífikəns] 명 무의미, 보잘것 없음, 무가치. [insignificant+-*ce* (명사 어미)]
☞ significant, signify

insinuate[insínjueit] 동 살며시 들어가다, 얼렁얼렁해서 환심을 사다; 은연 중에 언급하다, 빈정대다(hint). 9
[《라틴》 *insinuāre* introduce by winding or bending 구불구불 굽으러지며 안으로 들어가다→*in*- into+*sinus* a bend 굽다]

동계어 **sinuate**[sínjuit] 휑 구불 구불한. 동 [sínjueit] 구불거리다. [《라틴》 *sinuātus* bent 굽으러진←*sinuāre* bend 굽다←*sinus* a bend] **sinuous**[sínjuəs] 휑 구불구불한 (serpentine); 사악(邪惡)한 (crooked). [《라틴》 *sinuōsus*←*sinus* curve 굽이 +-*ous*(형용사 어미)]

insist[insíst] 동 주장하다 (persist); 졸라대다; 세게 주장하다, 강요하다, 고집하다(on, upon). ⑮ desist 단념하다, 그치다. 3
[《라틴》 *in*- on+*sistere* set, stand←*stāre* stand; stand on… …위에 서다→…위에 발을 꽉 밟고 요지부동이다→자기 주장을 끝까지 고집하다]

insistence[insíst(ə)ns],-**cy**[-si] 명 주장, 역설(力說), 고집. [insist+-*ence*, -*ency* (명사 어미)]

insistent[insíst(ə)nt] 휑 주장하는, 고집하는, 끈덕진, 치근치근한. [insist+-*ent* (형용사 어미)] ☞ consist, persist, state, resist, subsist

insolent[íns(ə)lənt] 휑 거만한, 무례한, 건방진. 8
[《라틴》 *insolent*-←*insolens* insolent ←*in*- not+*solēre* be accustomed; not accustomed; 길들지 않은 관습이나 기성 권위에 대하여 가까이하지 않고 반발하다→거만한]

insolently[íns(ə)ləntli] 분 거만하게, 건방지게, 무례하게.

insolence[íns(ə)ləns] 명 거드름, 오만, 불손; 무례함. 9

insoluble[insóljubl] 휑 녹지 않는, 풀 수 없는, 설명할 수 없는. ⑮ soluble 녹는, 녹기 쉬운. 9
[《라틴》 *insolūbilis*←*in*- not+*solūbilis* soluble; not soluble 녹지 않는]
☞ solve, soluble, solution

insomuch[ìnso(u)mʌ́tʃ] 분 …의 정도까지, …만큼(that, as). 9
[《중영》 *in* (전치사)+so+much]

inspect[inspékt] 동 검사하다, 검열하다, 시찰하다. 7
[《라틴》 *inspectāre* observe 관찰하다 ←*in*- into+*specere* look; look into … …을 들여다 보다]

inspection[inspék(ə)n] 명 검사, 시찰. [inspect+-*ion*] 7

inspector[inspéktə] 명 시찰관, 검사관, 장학관, 경감. [inspect+-*or*] 6
☞ spectrum, species, spectator, spectacle, expect, respect, prospect, suspect

inspire[inspáiə] 동 숨을 들이 쉬다 (breathe in air);(사상·감정을) 주입(注入)하다(infuse);고취하다(encourage); 영감(靈感) 주다. ⑮ expire 숨 내쉬다. 4
[《라틴》 *in*- into+*spīrāre* breathe; breathe into 숨을 들이 쉬다]

inspiration[ìnspəréiʃ(ə)n] 명 영감(靈感); 흡기(吸氣); 고취(鼓吹). [inspire+-*ation* (명사 어미)] 5

inspiring[inspáiəriŋ] 휑 불어 넣는, 고취하는, 북돋우는. [inspire+-*ing*]
☞ expire, respire, spirit

install[instɔ́:l] 동 임명하다, 자리에 앉히다, (장치 따위를) 설치하다. 5
[《중래》 *installāre*←《라틴》 *in*- in+*stallum* stall, seat 자리; place (a person) in a stall (사람을) 자리에 앉히다]

installation[ìnstɔ:léiʃ(ə)n] 명 취임, 임명(식); 장치. [install+-*ation* (명사 어미)]

a heating (*lighting*) ~ 난방(조명)장치.

instal(l)ment[instɔ́:lmənt] 명 분납(금), 한번 치; 《고어》=installation. [install+-*ment* (명사 어미)] 8

~ *plan* 《미》분납 판매법 (《영》hire purchase). buy a car and pay for it by monthly *installments* of $ 100. 100달러 월부로 자동차를 사다. a serial story in a magazine in six *installment* 잡지의 6회 연속물. *in*(또는 *by*) ~ 분납제로. ☞ stall

instant[ínstənt] 圀 즉시, 순간 (moment). 圐 즉시의(immediate), 긴급의 (urgent); 이달의(inst. 로 줄여 씀). 2 [《라틴》*instantem* standing upon or near← *in-* upon, near+*stāre* stand; stand upon or near… …의 가까이에 서다→바로 가깝다→긴급하다]

instantly[ínstəntli] 鳯 즉시(at once), 당장. 8

instance[ínstəns] 圀 보기, 실례(example); 경우 (case); 의뢰 (request); 제의(suggestion). 툉 예를 들다. 3 [instant+*-ce* (명사 어미)]

[동의어] **instance**는 어떤 일반적인 진술의 예증이 되는 구체적인 것이나 사람을 뜻하며 example 에 비하여 개별적인 뜻이 세며 대표적인 모범의 뜻은 약하다. **case** 는 일반적인 사실이나 사정을 실지로 증명하는 하나하나의 사건을 말한다. **example**은 어떤 한 떼의 사실이나 사건, 사정 따위의 대표적인 보기로서 인용되는 것을 뜻한다. **sample** 은 어떤 종류 가운데에서 하나를 골라 잡아 놓은 하나의 본보기로서 전체의 성질을 대표할 수 있는 것을 말한다. **illustration**은 어떤 사실이나 진리를 밝히는데 도움이 되는 example이다.

instantaneous[ìnst(ə)ntéiniəs] 圐 순간의; 즉시의, 즉석의; 동시에 일어나는. [instant+*-aneous* (형용사 어미)]

instantaneously[ìnst(ə)ntéiniəsli]鳯 즉시, 당장, 즉석으로.
☞ state, stand, insist, persist

instead[instéd] 鳯 (그)대신, 그렇게 하지 않고. [in+stead 장소; in the place of… …의 자리에] 1

~ *of* … …대신, 않고서. ☞ stead

instep[ínstep] 圀 발등, 발잔등. ⓑ sole 발바닥. [*in-* in+*step* 또는 *in-* in+ stoop bend 굴곡]

instigate[ínstigeit] 툉 추기다, 선동하다 (incite).
[《라틴》*instigātus*← *in-* on+*stigāre* prick, goad; goad on 계속해서 자극하다, 몰아대다]

instigation[ìnstigéiʃ(ə)n] 圀 선동, 교사(敎唆). [instigate+*-ion* (명사 어미)]

instigator[ínstigeitə] 圀 선동자, 교사자. [instigate+*-or* (명사 어미)]
☞ distinguish

instinct[ínstiŋ(k)t] 圀 본능, 직감(直感). [instíŋ(k)t] 圐 가득한, 넘치인(filled) [with]. ⓑ reason 이성(理性) 5 [《라틴》*instinctus* impulse 충동←*in-* on+*stinguere* prick; prick on 자꾸 찌르다→몰아대다] ☞ instigate

instinctive[instíŋ(k)tiv] 圐 본능적인, 직감적인. [instinct+*-ive* (형용사 어미)] ☞ distinguish, extinguish, distinct, extinct 7

institute[ínstitju:t] 圀 학회, 협회; 연구소, 강습회. 툉 설립하다(establish); (조사를) 시작하다 (begin). 4 [《라틴》*institūtus*← *in-* on+*statuere* place←*stāre* stand; place on… …에 두다, 설립하다]

institution[ìnstitjú:ʃ(ə)n] 圀 설립, 제정; 제도, 관습; (희화)명물(남자); 학교, 병원, 학회, 협회. [institute+*-ion* (명사 어미)] 4

Giving presents on Christmas is an *institution*. 크리스머스에 선물을 하는 것은 관습이다.

instruct[instrʌ́kt] 툉 가르치다(teach), 지시하다(direct). 3 [《라틴》*instructus* instructed, built into← *in-* in+*struere* build; build in … …속에 세우다

~ *a person* (또는 *class*) *in English* 사람(또는 학급)에게 영어를 가르치다. *be ~ed to*… …에 밝다. …에 잘 통하다.

instruction[instrʌ́kʃ(ə)n] 圀 교수; *pl.* 지령, 명령 (orders); 지시 (direction). [instruct+*-ion*] 3

instructive[instrʌ́ktiv] 圐 (교육상)이익이 되는, 교훈적인, 유익한. [instruct+*-ive* (형용사 어미)] 10

instructor[instrʌ́ktə] 圀 교사(teacher); 《미》대학의 전임강사. [instruct+*-or* (사람을 뜻하는 어미)] 8
☞ structure, construct, destruction

instrument[ínstrumənt] 圀 도구, 연장 (tool, implement); 악기 (musical instrument); 수단 (means). 3 [《라틴》*instrūmentum* tool 도구←*in-*

struere instruct +*mentum* -ment(명사 어미)〕
instrumental[ìnstruméntəl] [형] 기계의, 기계를 쓰는; 수단이 되는, 도움이 되는. 〔instrument+-*al* (형용사 어미)〕 ☞ instruct
insufficient[ìns(ə)fíʃ(ə)nt] [형] 불충분한, 부족한, 부적당한. [반] sufficient 충분한. 〔《래틴》 *in-* not+sufficient; not sufficient 충분하지 못한〕 10
insufficiently[ìns(ə)fíʃ(ə)ntli] [부] 불충분하게.
insufficiency[ìns(ə)fíʃ(ə)nsi] [명] 불충분, 부족(lack). 〔*in-* not+sufficiency〕 ☞ sufficient, sufficiency
insular[ínsjulə] [형] 섬의; 섬나라 특유의, 섬나라 근성의, 편협(偏狹)한 (narrow-minded).
〔《래틴》 *insulāris* insular ← *insula* island 섬〕
insulate[ínsjuleit] [동] 섬으로 만들다; 고립시키다 (isolate), 격리하다. 〔《래틴》 *insulātus* made into an island ← *insula* island; make into an island 섬으로 만들다〕 ☞ isle, peninsular, isolate
insult[ínsʌlt] [명] 모욕 (scornful abuse), 무례(無禮). [insʌ́lt] [동] 모욕하다. [반] respect 존경(하다). 4
〔《래틴》 *insultāre* leap upon, insult ←*in-* on+*salīre* leap; leap upon… …의 위에 덤비다→공격→말 또는 행동의 공격→모욕〕
insulting[insʌ́ltiŋ] [형] 모욕적, 모욕하는. 〔insult+-*ing*〕
insultingly[insʌ́ltiŋli] [부] 모욕해서, 무례하게. ☞ salient, salmon, exult, result, desultory, assail, assault
insure[inʃúə] [동] 보험을 걸다, 보험에 넣다; 보증하다 (guarantee), 보증이 되다. *cf.* ensure 확실하게 하다.
〔ensure의 변형〕 7
~ ***one's house against fire*** 집을 화재보험에 넣다. ~ ***oneself*** (또는 ***one's life***) ***for*** $10,000 : 10,000 달라의생명 보험에 들다. ***the ~d*** 보험에 든 사람, 피보험자(被保險者).
insurance[inʃúər(ə)ns] [명] 보험, 보험계약(서); 보험금, 보험료 (premium). 〔insure+-*ance* (명사 어미)〕 5
☞ sure, assure, assurance, ensure
insurgent[insə́:dʒ(ə)nt] [형] 봉기(蜂起)한, 반란을 일으킨, [명] 폭도 (rioter), 반란자.
〔《래틴》 *insurgentem* rising up←*in-* on+*surgere* rise; rising up 봉기하는〕
insurrection[ìnsərékʃ(ə)n] [명] 폭동, 봉기(蜂起), 난동. 7
〔《래틴》 *insurrectiōnem*←*in-* on+*surgere* rise; insurgent 와 같은 어원〕 ☞ insurgent
insurrectional[ìnsərékʃən(ə)l] **insurrectionary**[ìnsərékʃ(ə)nəri] [형] 폭동의, 난동의, 모반의. 〔insurrection+-*al*, -*ary* (형용사 어미)〕
insurrectionist[ìnsərékʃ(ə)nist] [명] 폭도, 반도(叛徒). 〔insurrection+-*ist* (명사 어미)〕
intact[intǽkt] [형] 손을 안댄, 하나도 상하지 않은.
〔《래틴》 *intactus* untouched←*in-* not +*tactus* touched←*tangere* touch 손대다; untouched 손 안댄〕
integral[íntigr(ə)l] [형] 완전한 (whole), 없어서 안되는 (necessary); 정수(整數)의. [명] 전체; 《수학》 정수(整數), 적분.
〔《래틴》 *integrālis* whole, complete 완전한←*integer* untouched 손 안댄+*al* (형용사 어미)←*in-*+*tangere*〕
~ ***calculus*** 적분학.
integrate[íntigreit] [동] 통합하다; 완전히 하다 (complete); 총합을 보이다; 《미》 인종차별을 없애다. 〔《래틴》 *integrātus* made whole 완전해진 ←*integrāre* make whole 완전히 하다←*integer*←*in-*+*tangere*〕 ☞ intact
integration[ìntigréiʃ(ə)n] [명] 완성, 통합; 《수학》 적분법. *cf.* differentiation 미분(微分).
[참고] 흑인과 백인 사이에 인종적 차별을 하여 사회에서 흑인만 백인에서 분리된 집단을 이루게 하는 것을 segregation라 한다. 이런 차별을 없애는 것을 desegregation 이라고 한다. 인종차별을 없애고 흑백의 구별없이 어떤 장소를 개방하는 것을 integrate ([명] integration)라고 한다.
☞ segregation
[참고] a ***segregated*** school 인종 차별이 있는 학교, an ***integrated*** school 흑인이나 백인이 다 입학할 수 있는 학교.
integrity[intégriti] [명] 완전 (completeness); 청렴함, 정직함 (honesty);

(영토 따위의) 보전(保全). 7
[《래틴》 *integritātem* wholeness, completeness←*integer* ← *in-* +*tangere*; integral] ☞ integral

integer[íntidʒə] 명 완전한 것; 《수학》 정수(整數). *cf.* fraction 분수. [《래틴》 *integer* whole, entire 완전한← *in-* not +*tag-* ← *tangere* touch; untouched 손대지 않은→완전한(것)]

intellect[íntilekt] 명 《(의지나 감정(will or feelings)에 대한) 지성(知性), 이지(理知); 지식인, 인텔리. 8
[《래틴》 *intellectus* perception 지각(知覺), discernment 식별 ← *intel-*, *inter-* between + *legere* choose; choose between … 사이에서 고르다→많은 것 속에서 골라내는 힘→식별력, 지력]

intellectual[ìntiléktju(ə)l] 형 지적이(intelligent), 지력(知力)을 요하는, 지력이 있는. 명 지식인, 인텔리. 7
[intellect + *-al* (형용사 어미)]

동의어 **intelligence**는 지능을 뜻하며, 사람, 동물이 모두 그 정도의 차이는 있을 망정 지니고 있다 하겠으나 **intellect**는 추리력, 이해력을 뜻하며 인간 특유의 것임을 뜻한다. 그렇다고 누구나 훌륭한 inte'lect를 지니고 있다고 말할 수는 없다.

intelligent[intélidʒ(ə)nt] 형 총명한 (bright), 영리한 (clever); 지적인, 이해력 있는. [《래틴》 *intelligere* discern 알아보다←*intel-*, *inter-* between + *legere* choose; intellect와 동 어원] 5

intelligence[intélidʒ(ə)ns] 명 지능, 이지(理知); 보도(news), 정보 (information). [intelligent + *-ce*(명사 어미)] 4

참고 ① 정보의 뜻으로 intelligence를 쓰면 중요한 사건, 특히 군 따위에 관한 기밀 정보를 뜻하는 때가 많다. *intelligence* department (또는 bureau) 정보부; *intelligence* officer 정보장교.
② 지능지수(知能指數)를 뜻하는 IQ는 *intelligence quotient*[kwóu´(o)nt]의 첫 글자를 따서 쓴 말이다. Dr. I. Q. (라디오 따위에서의) 척척 박사.

intelligible[intélidʒibl] 형 이해할 수 있는, 알기 쉬운. [《래틴》 *intelligibilis* ← intelligent + *-ible* (형용사 어미)]

intelligentsia[intèlidʒéntsiə, intèligéntsiə] 명 《(보통 the와 함께 써서 집합적인 뜻)》인텔리 (겐쳐), 지식계급, 지식층. [《러시아》 *intelligentsiya* ← 《래틴》 *intelligentia* intelligence 지능, 이지; *cf.* 《독》 *intelligenzia*]
☞ intellect

ntend[inténd] 타 …할 작정이나, …하고자 하다(purpose) [to do]; 기도 하다 (plan); 의미하다 (mean). 2
[《래틴》 *in-* in, to + *tendere* stretch; stretch out to… …쪽으로 뻗다→…겨누다→…할 작정이다]

동의어 **intend**는 어떤 일을 꾀하고 있다는 뜻으로 mean보다 격식에 맞는 말이다. **mean**은 intend보다 뜻이 약하며 intend처럼 잘 생각한 뒤에 생긴 의도라는 뜻은 없다. **design**은 어떤 목적을 위하여 면밀히 계획을 세운다는 뜻이다. **propose**는 자기의 생각을 제시한다는 뜻이며 어떤 일을 마음 속에 기대한다는 뜻도 있다. **purpose**는 propose의 뜻에 의도를 달성하겠다는 강한 결심을 덧붙인 정도의 형식적인 말이다.

intent[intént] 명 의지, 의향(intention). 형 열심의, 골똘한[on, upon]. 3
[명 《프》 *entente* intention ← *entendre* intend. 형 《래틴》 *intentus* ← *intendere*] ☞ intend

intention[inténʃ(ə)n] 명 의지, 의향, 의도, 목적 (purpose), 취지. [intend + *-ion*(명사 어미)] 4

ntentional[inténʃ(ə)n(ə)l] 형 고의의. [intention + *-al*]

intentionally[inténʃ(ə)n(ə)li] 부 고의로, 일부러.
☞ tend, attend, extend, pretend

intense[inténs] 형 격렬한, 열렬한, 열정적인. 6
[《래틴》 *intensus* stretched out 펼쳐진, 꾀하고 있는 ← *intendere* intend 꾀하다] ☞ intend

intensely[inténsli] 부 격렬하게 (acutely), 열렬히.

intensify[inténsifai] 타 강하게 하다, 강해지다; 격렬해지다. [intense + *-fy* (동사 어미); make intense]

intensity[inténs(i)ti] 명 강도(强度), 강렬함; 효력. [intense + *-ity*(명사 어미)] 7

intensive[inténsiv] 형 강한, 격렬한, 《문법》 강의(强意)의, 강조의. [intense + *-ive*(형용사 어미)]

☞ intend, pretence

inter[intə́ː] 동 (interred) 묻다, 매장하다(bury). 8
[《래틴》 *in-* in+*terra* ground; put in the ground 매장하다]

interment[intə́ːmənt] 명 매장, 토장(土葬). [inter+ -ment]

intercept[íntə(ː)sépt] 동 (사람, 물건 따위를)도중에서 잡다(빼앗다), 가로채다, (빛 따위를)가로 막다(cut off)[from]. [《래틴》 *interceptus* caught between 중간에 붙잡힌←*inter-* between+*capere* take 잡다] 8

nterception[íntə(ː)sép∫(ə)n] 명 도중에서 잡음, 가로챔; 차단(遮斷), 방해. [intercept+ -ion(명사 어미)]

intercession[ìntə(ː)sé∫(ə)n] 명 중재(仲裁), 조정, 알선. 9
[《래틴》 *intercessiōnem*←*intercēdere* intercede 알선하다←*inter-* between+*cēdere* go; 사이에 가다]
make an ~ (to A for B) (B를 위하여 A에게) 주선하여 주다, 알선하다.

nterchange[ìntə(ː)t∫éin(d)ʒ] 동 교환하다, 교대시키다. 명 [íntə(ː)t∫éin(d)ʒ] 명 교환, 교대, 주고 받기. 7
[《래틴》 *inter-* between+change 바꾸다; change between 교환하다]

in:ercourse[íntə(ː)kɔːs] 명 교제, 교통, 통상; 성교. 7
[《래틴》 *intercursus* commerce 상업←*inter-* amongst 사이에+*cursus* running 달리기, course 진로←*currere* run;run amongst… …가운데를 달리다]

interdict[ìntə(ː)díkt] 동 금지하다(prohibit), 막다(forbid). [íntə(ː)dikt] 명 금지(명령).
[《래틴》 *interdictus*←*interdīcere* pronounce a judgement between two parties 두 단체 사이에 판결을 선고하다←*inter-* between+*dīcere* say]

interdiction[ìntə(ː)dík∫(ə)n] 명 금지, 정지(停止). [interdict+ -ion(명사 어미)]

interest[íntrist, ínt(ə)rest] 명 흥미, 관심(concern) [in]; 권리(right), 이익(advantage), 이자; 투자(investment); 동업자들; 세력(influence). 동 흥미를 느끼게 하다 [in]; 관계시키다. *cf.* principal 원금, capital 자본금. 1
[《래틴》 *inter-* between+*esse* be: be between… …의 사이에 있다→사이에 있기 때문에 관심이 생기고 흥미를 갖게 되고 이해 관계를 갖게 되다→ 이해(관계)→이자]
in the ~(s) of … …을 위하여. *take an ~ in* … …에 투신하다, …에 흥미를 가지다.

interested[íntristid, ínt(ə)restid] 형 흥미를 가진; 이해관계가 있는; 사심(私心)이 있는. [interest+ -ed]
be ~ in … …에 흥미가 있다, …에 이해관계가 있다. *~ parties* 이해 관계가 있는 사람들, 당사자들.
참고 interested의 반대어는 둘 있다. uninterested "흥미가 없는; 이해관계가 없는"과 disinterested "사심이 없는, 공명한"인데, 격식을 찾아서 말하는 경우 외에는 혼동해서 쓸 때가 많다.

interesting[íntristiŋ, ínt(ə)restiŋ] 형 흥미있는, 재미나는. [interest+ -*ing* (현재분사 어미)] 5

nterfere[ìntəfíə] 동 간섭하다(meddle) [in]; 훼방하다 (hinder); 저촉(충돌)하다 [with]. 6
[《래틴》 *inter-* between+*ferīre* strike; strike between, exchange blows 서로 때리다]
동의어 **interfere** (명 interference)는 행동방해를 위하여 활발하게 interpose 한다는 뜻이다. **interpose** (명 interposition)는 비평, 의견 따위를 이야기 중간에 삽입한다거나 중간에 들어 간섭한다는 뜻이 있는 일반적으로 쓰이는 말이다. **intervene** (명 intervention)은 행동이나 다른 의견을 조절하기 위하여 interpose한다는 뜻이다. **intercede** (명 intercession)는 남을 변호한다거나 남을 위하여 탄원하려고 intervene한다는 뜻이다. **mediate** (명 mediation)는 싸움을 화해시키기 위하여 intervene 한다는 뜻이고 **meddle**은 권리나 허가 없이 남의 일에 간섭한다는 뜻이다.

interference[ìntəfíər(ə)ns] 명 간섭, 훼방, 저촉(抵觸). [interfere+ -ence (명사 어미)] 7

interim[íntərim] 명 잠시, 그 동안, 사이. 형 당장의, 임시의, 중간의.
[《래틴》 *interim* in the mean time 당분간←*inter-* between+-*im*(부사 어미)] ☞ inter

interior[intíəriə] 형 내부의, 내륙의; 국내의, 오지의. 명 내부, 실내; 내지, 오지(奧地); 내정(內政). 반 exterior 밖의, 외부(의). 4

interject [intə(:)dʒékt] 통 (말을)갑자기 중간에 넣다, 덧붙여 말하다.
[《래틴》 *interjectus* cast between 사이에 던져진←*inter-* between+*jacere* cast 던지다]

interjection [intə(:)dʒékʃ(ə)n] 명 《문법》간투사(間投詞), 감탄사; 뜻밖에 소리를 지름. [interject+ *-ion*]

interlace [intə(:)léis] 통 엮어 꼬다, 얽다(entwine),섞어짜다(interweave). 10
[*inter-* between+lace 짜다, 엮다]
☞ inter, lace

intermediate [intə(:)mí:djət] 형 중간의. 명 중간 것, 중간 시험. 9
[《래틴》*inter-*between+*medius* middle+-*ate*(형용사어미); 사이의 가운데있는]

intermediately [intə(:)mí:djətli] 부 중간에 있어서, 개재하여.

intermediation [intə(:)mi:diéiʃ(ə)n] 명 중개(仲介), 매개, 알선. [intermediate+ *-ion*(명사 어미)]

intermedium [intə(:)mí:diəm] 명 (*pl.* -dia, -s)중간 매개물. [《래틴》 *inter-medium←inter-+medius*]

interminable [intə́:m(i)nəbl] 형 끝없는, (싫증날 만큼) 기다란. 10
[《래틴》 *interminābilis*←*in-* not+*termināre* terminate 끝내다; not terminable 끝낼 수 없는]
the ~ 무한한 실재(實在),신(God).

intermingle [intə(:)míŋgl] 통 섞(이)다, 혼합하다. [*inter-*+mingle 섞다] 10
☞ inter, mingle

intermit [intə(:)mít] 통 (intermitted) 중단하다, 중단시키다, 중절(中絶)하다.
[《래틴》 *inter-* between + *mittere* send, let go; send apart 떨어져 나가게 하다, interrupt 방해하다]

intermission [intə(:)míʃ(ə)n] 명 중절, 중단, (열, 발작의) 간헐기(間歇期). 9
[intermit+ *-ion*(명사 어미)]

intermittence [intə(:)mít(ə)ns] 명 때때로 중단됨, 단속(斷續), 간헐(間歇). [intermit+ *-ence*(명사 어미)]

intermittent [intə(:)mít(ə)nt] 형 가끔 중단되는, 단속되는, 간헐성의. 명 간헐열(間歇熱). [intermit+ *-ent*] 9

intern [intə́:n] 통 (포로 따위를 일정한 구역내에) 감금하다, 구류하다. 명 《미》 병원내 거주 의사, 병원내 거주 조수, 인턴 《견습생으로 근무하는 의사》.
주의 명사로 쓸 때는 interne으로 적기도 함.
[《래틴》 *internus* inward ← *inter-*within+ *-nus*(어미)]

internal [intə́:n(ə)l] 형 내부의, 안쪽의(inner); 국내의, 내정의; 심적인.
반 external 외부의. [《래틴》*internus*+ *-ālis -al* (형용사 어미)] 5

internally [intə́:nəli] 부 내부에, 내면적으로, 심적으로.
☞ interior, exterior, external

international [intə(:)nǽʃən(ə)l] 형 국제적인, 여러 나라 사이의. [《래틴》 *inter-* between 사이의+nation 국가+ *-al* (형용사 어미)] 8

internationalize [intə(:)nǽʃən(ə)laiz] 통 국제화하다, (영토를)국제적 공동관리하에 두다. [international+ *-ize*]
☞ nation, national

interpose [intəpóuz] 통 삽입하다, 사이에 들다, 간섭하다. 7
[《래틴》 *inter-* between+ 《프》 *poser* put; put between] ☞ pose

interposition [intəpəzíʃ(ə)n] 명 개재(介在), 삽입(물). [interpose+ *-ion* (명사 어미)] ☞ pose, position

interpret [intə́:prit] 통 해석하다, 설명하다(explain); 통역하다, 연출(演出)하다. 5
[《래틴》 *interpretārī* explain 설명하다←*interpres* agent 대리인, broker 중개인, translator 통역 ← *inter-* between+*pretium* price 가치; 원 뜻은 매매 계약의 중개인]

interpretation [intə:prit́éiʃ(ə)n] 명 해석, 설명, 연출, 연주; 통역. [interpret+ *-ation*(명사 어미)] 7

interpreter [intə́:pritə] 명 해석자, 설명자; 통역(관). [interpret+ *-er*(명사 어미)] 7

interrogate [intérəgeit] 통 질문하다, 심문(審問)하다.
[《래틴》 *interrogātus* ← *interrogāre* ask, examine ←*inter-* thoroughly 철저히+*rogāre* ask 묻다]

interrogation [intèrəgéiʃ(ə)n] 명 의문,질문,심문. [interrogate+ *-ion*(명사 어미)]

interrogative [intərógətiv] 형 의문의, 수상해 하는. 명 《문법》의문사. [inter-

rogate+ -ive(형용사 어미)]
☞ inter, arrogate, arrogant
interrupt[ìntərʌ́pt] 통 방해하다 (hinder), 막다 (obstruct); 중단하다. ⓓ prosecute 수행(遂行)하다. 3
[《래틴》 interruptus←inter- amongst +rumpere break; break amongst 중단하다]
interruption[ìntərʌ́pʃ(ə)n] 명 차단, 방해. [interrupt+ ·ion(명사 어미)] 9
☞ rupture, corrupt, abrupt
interval[íntəv(ə)l] 명 틈, 간격, 사이, 휴게시간; 차이 (difference); (음악)음정(音程). ⓓ continuity 연속. 5
[《래틴》 inter- between + vallum wall; space between two walls 두 벽 사이의 공간]
~ *at ~s* 가끔, 간혹, 때때로(now and then). *at ~s of* (two hours) (두시간) 마다. *at regular ~s* 일정한 시간을 두고. ☞ inter, vallum
intervene[ìntəvíːn] 통 사이에 들어가다, 개입하다, 간섭하다; 방해하다. 8
[《래틴》 inter- between + venīre come; come between 개입하다]
intervention[ìntəvénʃ(ə)n] 명 개입, 간섭, 방해. [intervene+ -ion(명사 어미)] ☞ convene, convention
interview[íntəvjuː] 명, 통 회견(하다), (신문기자의)방문(하다); 회담(하다). 5
[《프》 entrevue←entre- inter+voir see←《래틴》 vidēre see; meeting between two persons 회견] ☞ view
intestine[intéstin] 명 (보통 복수) 장(腸), 창자. 형 내부의(internal), 국내의(civil). 9
[《래틴》 intestīnus inward 안쪽의←intus within 안에←in in; 사람의 몸 안에 있는 것]
intestinal[intéstin(ə)l] 형 장의, 창자의. [intestine+ -al(형용사 어미)]
~ *appendix* 《해부》 충양돌기, 막창자 꼬리.
intimate[íntimit] 형 친한, 친밀한; 충심의 (inmost); 개인적인(personal), 사사로운. 명 친구. [íntimeit] 통 알리다, 고시(告示)하다 (announce); 암시하다 (hint). 5
[통 《래틴》 intimātus←intimāre bring within 안으로 가져오다, announce 고 시하다←intimus inmost 제일 안의. 《래틴》 intimus inmost] ☞ inmost

intimacy[íntiməsi] 명 친밀함, 친교 (親交). [intimate+ -cy(명사 어미)]
intimation[ìntiméiʃ(ə)n] 명 통고; 암시, 시사. [intimate+ ion(명사 어미)] ☞ interior
into[《강》íntu(ː),《약》íntə] 전 …의 속에, …속으로; …으로(만들다). ⓓ from, out of… …부터, 밖으로. 1
[《중영》 into←(고영) in(부사) tō(전치사)] ☞ in, to
intolerable[intɔ́l(ə)rəbl] 형 참을 수 없는, 견딜 수 없는. ⓓ tolerable 참을 수 있는. 8
[《래틴》 intolerābilis; in- not+tolerable; 견딜 수 없는]
intolerably[intɔ́l(ə)rəbli] 부 참을 수 없을 만큼.
intolerance[intɔ́lər(ə)ns] 명 견디지 못함, 아량이 없음. [《래틴》 intolerantia; in- not+tolerance]
intolerant[intɔ́lər(ə)nt] 형 용납하지 않는, 편협한, 견딜 수 없는. [《래틴》 intolerantem; in- not+tolerant]
☞ tolerate, tolerable, tolerance, tolerant
intonation[ìntounéiʃ(ə)n] 명 억양(抑揚), 어조(語調), (시 따위를 가락을 붙여)읊기.
[《래틴》 in- in+tone+-ate(동사어미) +-ion(명사어미); "단조한 가락으로 읊다 (intone)"에서 생긴 파생어로서, 발음 용어로 쓰면 글자를 읽어 갈 때에 어조를 울리고 내림 및 그 상하 작용을 뜻한다] ☞ tone
intoxicate[intɔ́ksikeit] 통 취하게 하다 (make drunk): 흥분시키다 (excite), 도취시키다. 7
[《래틴》 intoxicātus made drunk 취 하게 된←in- into+toxicum poison; dip into poison 독(毒)에 적시다]
intoxication[intɔ̀ksikéiʃ(ə)n] 명 술 취함, 황홀함. [intoxicate+ -ion(명사 어미)]

intransitive[intrǽns(i)tiv] 형 《문법》 자동(自動)의. 명 자동사. ⓓ transitive 타동의.
[《래틴》 intransitivus not passing over (동작이) 건느지 않는←in- not+ transitivus transitive; not transitive] ☞ transitive
intrepid[intrépid] 형 무서움이 없는, 겁이 없는 (fearless), 대담한 (bold), 용

감한(brave).
[《래틴》 in- not+trepidus alarmed; not alarmed 놀라지 않는]

intricate[íntrikit] 형 복잡한 (complicated), 착잡(錯雜)한. ⓐ simple 간단한.   9
[《래틴》 intrīcātus perplexed 착잡한 ←in- in+trīcārī play tricks 속임수를 쓰다←trīcae tricks]

intrigue[intríːg] 명 음모(陰謀), 밀통(密通). 통 음모하다, 밀통하다; (독자의) 흥미나 호기심을 끌다.   9
[《프》 intriguer ← (이태) intrigare intricate 복잡한 ← 《래틴》 intrīcāre; intricate 와 같은 어원]

ntrinsic[intrínsik] 형 본래의(inherent), 본질적 (essential). ⓐ extrinsic 외적인, 비본질적.
[《래틴》 intrinsecus ←intrā- within+secus following←sequī follow 뒤쫓다; following inwards 안으로 뒤쫓는]
☞ sequence

introduce[ìntrədjúːs] 통 소개하다 [to], 안내하다; (의안 따위를) 제출하다 (bring forward); 도입하다, 끌어 넣다 (bring in).   3
[《래틴》 intrō- within+dūcere lead: lead into… …으로 도입하다]

introduction[ìntrədʌ́kʃ(ə)n] 명 소개; 첫 수입(輸入); 도입(導入); 머릿말; 입문(서), 개론; 서론, 서곡.   6
[introduce+-ion(명사 어미)]

introductory[ìntrədʌ́kt(ə)ri] 형 소개의; 머릿말의; 입문의. [introduction+-ory(형용사 어미)]
☞ produce, reduce, deduce, conduct, duke, etc.

intrude[intrúːd] 통 침입하다 [into]; 강제하다 [on, upon]; 무리로 넣다 (force …into). ⓐ extrude 쫓아내다.   7
[《래틴》 in- in, into+trūdere thrust; thrust in 투입하다]

동의어 intrude (명 intrusion)는 초청, 허가, 환영 따위를 받지 않고 이쪽에서 자발적으로 사이에 끼어든다는 뜻이며, obtrude (명 obtrusion)는 intrude 보다 훨씬 뻔뻔스럽게 나선다는 뜻이다. **interlope**는 사람의 권리나 특권을 침해하여 손해를 끼친다는 뜻의 형식적인 단어이다. **butt in, butt into** 는 회화에서 쓰는 말로 간섭해서 남의 방해를 한다는 뜻이다.

intruder[intrúːdə] 명 침입한 사람, 방해자. [intrude+-er(명사 어미)] 8

intrusion[intrúːʒ(ə)n] 명 침입; 방해. [intrude+-ion]   8

intrusive[intrúːsiv] 형 침입하는; 방해하는; 주제넘은. [intrude+-ive(형용사 어미)] ☞ thrust, threat 8

intuition[ìntju(ː)íʃ(ə)n] 명 직관(直觀), 직각(直覺).
[《프》 intuition ← 《래틴》 in- upon+tuērī look; look upon 바라보다]

intuitive[intjúː(ː)itiv] 형 직관적, 직감적. [《래틴》 intuitīvus intuition+-ive (형용사 어미)]

invade[invéid] 통 침해하다 (encroach upon), 침입하다; 습격하다 (attack). ⓐ vacate 물러가다, 내어놓다.   4
[《래틴》 in- in+vādere go; go in 들어가다, 침입하다]

invader[invéidə] 명 침입자, 침략자. [invade+-er]

invasion[invéiʒ(ə)n] 명 침입, 침략 (incursion); 침해 (violation).   7
[invade+-ion(명사 어미)]

invasive[invéisiv] 형 침략적 (aggressive). [invade+-ive(형용사 어미)] ☞ wade

invalid[ínvəliːd] 형 병약(病弱)한 (feeble). 명 병자. [invǽlid] 형 무효의, 근거가 박약한.   7
[《래틴》 in- not+validus strong: not strong 강하지 못한; cf. 《프》 invalide]

invaluable[invǽlju(ə)bl] 형 값을 헤아릴 수 없는 (inestimable), 대단히 귀한(priceless). ⓐ worthless 가치없는.
[《래틴》 in- not+valuable 평가할 수 있는; not valuable 평가할 수 없을만큼 귀중한] ☞ value, valuable 9

invariable[invɛ́əriəbl] 형 불변의 (unchangeable), 일정한 (constant). ⓐ variable 변화하는.   7
[《래틴》 in- not+vary 변경하다+-able (형용사 어미); not variable 변할 수 없는]

invariably[invɛ́əriəbli] 부 변함 없이, 한결같이. ☞ vary, variable

invent[invént] 통 발명하다, 안출(案出)하다; 지어내다 (make up).   3
[《래틴》 inventus found out, come upon←in- upon +venīre come; come upon… …에 봉착하는, find out 발견하다]

invention[invénʃ(ə)n] 명 발명(품); 신안(新案); 지어낸 것. [invent+-ion (명사 어미)] 3

inventive[invéntiv] 형 발명하는, 재주가 있는, 발명의; 창의성이 있는. [invent+-ive(형용사 어미)]

inventor[invéntə] 명 발명한 사람, 발명가. [invent+-or(사람을 뜻하는 명사 어미)] 6

inventory[ínvənt(ə)ri] 명 (상품)목록 (detailed list); 재고품(stock). 동 목록을 만들다, 재고품을 전부 들어 내다. [《라틴》 inventārium list of property found in a person's possession at his death 사람 후의 재산 목록; invent+-ory(명사 어미)]
☞ convention, avenue, revenue, venture

inverse[invə́:s] 형 반대의, 거꾸로의 (inverted). [í:nvə:s] 명 역(逆), 반대. [《라틴》 inversus inverted 거꾸로의←invertere invert 거꾸로 하다]
☞ invert

inversion[invə́:ʃ(ə)n] 명 역(逆), 반대; 도치(倒置), 전도(轉倒). [inverse+-ion(명사 어미)]

inversive[invə́:siv] 형 반대의, 역의.

invert[invə́:t] 동 거꾸로 하다, 전도 (轉倒)하다. [《라틴》 in- towards+vertere turn; turn towards… …쪽으로 돌다] 「revert, etc.
☞ verse, version, convert, reverse,

invest[invést] 동 입히다 (clothe); 수여하다; 투자하다 [in]; 포위하다 (besiege). 반 divest 벗기다, 박탈하다. [《라틴》 in- in+vestīre clothe; clothe in 입히다] 5

investment[invés(t)mənt] 명 투자(액); 포위(包圍). [invest+-ment(명사 어미)] 7

investiture[invéstitʃə] 명 임명(식), 서임(叙任)(식). [invest+-ure(명사 어미)]

investor[invéstə] 명 투자한 사람, 포위자. [invest+-or(명사 어미)]

investigate[invéstigeit] 동 조사하다 (search into); 연구하다. 6
[《라틴》 investigātus←in- in+vestigāre trace←vestigium foot-track 발자욱; trace out 자취를 찾아내다]

investigation[invèstigéiʃ(ə)n] 명 조사; 연구. [investigate+-ion(명사 어미)] 6

동의어 investigation은 질서정연하고 정밀, 복잡한 검사나 조사를 뜻할 때가 많고 probe는 미국에서 독직관계의 사전에 대하여 특별히 임명된 국회의 조사위원회가 하는 철저한 조사를 뜻한다. inquest는 재판상의 조사 특히 검시관 (檢屍官)이 의심스러운 사인을 조사하기 위하여 행하는 것을 말한다. inquisition은 보통 잔인하고 심하게 상대방을 추구하는 철저한 조사를 뜻한다. research는 보통 (과)학자에 의한 정밀하고 지속적인 investigation이며, examination은 어떤 일이나 사람에 관련하여 정보를 입수하고 그 사실이나 가치를 판정하기 위한 검사나 시험이다. inquiry는 질문에 의한 investigation이나, 증거나 자료에 의한 연구를 뜻한다.

investigator[invéstigeitə] 명 조사자, 연구자. [investigate+-or(사람을 뜻하는 명사 어미)] ☞ vestige

invincible[invínsibl] 형 정복할 수 없는(unconquerable); 무적(無敵)의; 필승(必勝)의. 9
[《라틴》 invincibilis←in- not+vincibilis easily overcome←vincere conquer 정복하다; not vincible 정복할 수 없는]

invincibility[inv)nsibíliti] 명 정복할 수 없음, 무적(無敵). [invincible+-ity(명사 어미)] ☞ vincible

invisible[invízibl] 형 눈에 안보이는; 안보일만큼 작은. 반 visible 눈에 보이는. [《라틴》 in- not+-videre see+-ible (형용사 어미); not able to see 볼 수가 없는] ☞ vision, visible 4

invite[inváit] 동 초청하다, 권유하다 (위험 따위를) 초래하다 (bring on); 꾀다 (tempt). [ínvait] 명 《속어》 초대 (장) (invitation). 반 exclude 내쫓다, 배척하다. 2
[《라틴》 invītāre ask, request 묻다, 청하다; invītus unwilling과 관련 있음]

invitation[ìnvitéiʃ(ə)n] 명 초대, 안내. [invite+-ation(명사 어미)] 3

inviting[inváitiŋ] 형 유인하는(tempting), 유혹적인 (enticing); 초청하는, 초래하는 [invite+-ing]

invoke[invóuk] 동 (신에) 호소하다 (call upon), (법에) 호소하다 (appeal

to): 불러내다; 간청하다(implore).
[(라틴) in- upon+vocāre call; call
upon 호소하다]

invocation[ìnvəkéiʃ(ə)n] 명 기도,
기원(祈願); (법의) 발동(發動).
[invoke+-ation (명사 어미)]
☞ convoke, vocation, provoke,
evoke, avocation, convocation,
provocation, etc.

involuntary[ìnvɔ́lənt(ə)ri] 형 무의식
중의, 저절로의; 본의아닌; 강제적(compulsory). ⑨ voluntary 자발적, 고의
의. 7
[(라틴) involuntārius; in- not voluntary 자발적이 아닌]

involuntarily[ìnvɔ́ləntərili] 부 부지
불식간에, 엉겁결에, 본의는 아니지만.
☞ volition, voluntary

involve[invɔ́lv] 타 휩쓸어 넣다 (entangle); 포함하다 (include); 복잡하게 하
다(complicate). 4
[(라틴) in- in+volvere roll; roll in
···속에 감아 넣다]
☞ volute, revolve, evolve

inward[ínwəd] 형 속의, 내부의, 마음
속의. 부 안(쪽)으로. 명 내부. 4
⑨ outward(s) 밖에, 밖으로.
주의 부사로 쓸 때 어미 "-s"를 붙여쓰
기도 한다.
[(고영) inn(e), innan within+-weard -ward (방향을 나타내는 어미).
inwards←(중영) inward (부사)+-es,
-s(부사 어미)]
동의어 **inward**는 물건의 내부나 안쪽에
있음을 뜻한다 (⑨ outward). **inner**는
inward 보다 더 안쪽에 있는, 즉 더 중
심에 가까움을 뜻한다 (⑨ outer). **inside**는 물건의 안쪽을 나타내는 보통단
어이다 (⑨ outside). **internal**은 inner, inside 보다 추상적이고 전문적인
말이다 (⑨ external).

inwardly[ínwədli] 부 내부에, 안쪽
에; 남몰래. 「toward(s), besides
☞ in, -ward, outward, homeward,

IRBM, I.R.B.M. (준말) 중거리 탄도탄
(彈道彈)(Intermediate Range Ballistic Missile의 준말) (1500마일에 달하
는 탄도탄 즉 유도탄을 뜻한다. ICBM
보다 사정거리가 짧다).
☞ ICBM, missile, devil, diabolic

iris[áiəris] 명 (눈의)홍채(虹彩); (I-)무
지개(rainbow)의 여신; 《식물》 붓꽃 속
(屬)의 식물(꽃창포 따위). 6
[(라틴) iris←(그) iris rainbow 무지
개]

Irish[áiəriʃ] 형 아일랜드(사람, 말)의.
명 아일랜드 말, 아일랜드 국민. 4
[(중영) Iris(c)h, Irisc←(고영) Iras
the Irish 아일랜드 민족]

Ireland[áiələnd] 명 아일랜드(愛蘭).
주의 **island** "섬"과 혼동하지 말 것.
[(고영) Ir(a)land land of the Irish
←(아일) Eire Ireland+land]

Irishman[áiəriʃmən] 명 (pl. -men)
아일랜드 사람. 10

Irishwoman[áiəriʃwùmən] 명 아일
랜드 여자.

irksome[ə́ːksəm] 형 따분한, 귀찮은(tiring and uninteresting). 10
[irk (동사) 지치게 하다+-some (형용
사 어미)]

iron[áiən] 명 쇠(鐵); 철기(鐵器); 다리
미. 형 쇠의; 튼튼한 (strong), 확고한
(firm); 굽히지 않는(unyielding). 동
다리미질 하다. 1
[(중영) ire(n) (고영) īren; cf. (독)
eisen]
have many ~s in the fire 한 꺼
번에 여러가지 일에 관계하다. ~ age
철기시대. ~ curtain 철의 장막(1946
년 3월 5일 영국수상 Winston Churchill
이 그의 연설 가운데서 서부 유럽에
인접한 소련 공산권을 가리켜 처음 쓴
말). ~ out 다리미로 다려 구김살을
펴다; (장애를) 제거하다 (eliminate)..
made of ~ 의지가 굳은 사람. Strike while the iron is hot. 《속담》 쇠붙
도 단결에 맨다라(원뜻은 쇠는 뜨거울 때
쳐라; 즉 시기를 놓치지 말고 하라).

irony¹[áiəni] 형 쇠의, 쇠 같은, 쇠로
만든. [iron+-y]

irony²[áiərəni] 명 반어(反語), 풍자(諷
刺); 빈정대는 말; 비꼬는 짓.
[(라틴) īrōnia←(그) eirōneia 모르는
척 함←eirōn dissembler in speech 마
음 먹은 바를 솔직하게 말 않는 사람]

ironic(al)[ai(ə)rɔ́nik(ə)l]형 반어의,
빈정대는, 풍자적인. [irony+ -ic(al)
(형용사 어미)]

irrational[irǽʃ(ə)n(ə)l] 형 불합리한
(unreasonable); 《수학》 무리(無理)의.
명 《수학》 무리수. ⑨ rational 합리적
인.
[(라틴) irrationālis ← ir- in- not+

ratiōnālis rational; not rational 합리적이 아닌]

[통의어] **irrational**은 이지적이고 불건전하고 합리적이 아님을 뜻하고, **unreasonable**은 불합리할 만큼 이치에 안 맞고 터무니 없고 극단적임을 뜻한다.

☞ rational, ration, reason

irregular[irégjulə] 혱 불규칙적인; 보통 아닌 (abnormal); 울퉁불퉁한 (uneven). 몡 《보통 복수》유격대원,게릴라, 의용군. ⓐ regular 규칙적인. 4

[《중래》 *irregulāris* ←《래틴》 *ir- in-* not + *regulāris* regular; not regular 규칙적이 아닌]

irregularly[irégjuləli] 튀 불규칙적으로, 고르지 않게.

irregularity[irègjuláriti] 몡 불규칙, 변칙. [irregular + -*ity* (명사 어미)]

☞ regular

irresistible[rizístəbl] 혱 저항할 수 없는, 억제할 수 없는. ⓐ resistible 저항할 수 있는. 8

[《래틴》 *ir- in-* not resist + -*ible* (형용사 어미); not able to resist 저항할 수 없는]

irresistibly[rizíst(ə)bli] 튀 저항할 수 없게. ☞ resist, resistible

irresolute[irézəl(j)u:t] 혱 결단력 없는, 우물쭈물하는(hesitating). ⓐ resolute 단호한. 10

[《래틴》 *irresolūtus* ← *ir- in-* not + *resolūtus* resolute; not resolute 결단력 없는]

☞ resolute, resolve, resolution

irresponsible[rispónsəbl] 혱 무책임한 [for], 책임없는. ⓐ responsible 책임있는.

[《래틴》 *ir- in-* not + respond + -*ible* (형용사 어미); not able to respond 답할 수 없는→책임 있는 답을 할 수 없는→무책임한]

☞ respond, responsible

irrigate[írigeit] 통 물을 대다, 관개하다, 축이다(water).

[《래틴》 *irrigātus* flooded 홍수진 ← *in-* upon + *rīgāre* wet, moisten 축이다]

irrigation[irigéiʃ(ə)n] 몡 관개(灌漑). [irrigate + -*ion*]

irritate[íriteit] 통 화를 돋우다, 짜증나게 하다 (vex); 자극하다 (excite). 7 ⓐ appease 달래다, 위로하다.

[《래틴》 *irrītātus* incited, excited 자극된 ← *irrītāre* excite, stimulate 자극하다]

irritable[írītəbl] 혱 화를 곧잘 내는, 발끈발끈하는, (자극에 대하여)과민한. [irritate + -*able* (형용사 어미)] 9

irritability[irìtəbíliti] 몡 성급함, 예민함. [irritable + -*ity* (명사 어미)]

irritation[iritéiʃ(ə)n] 몡 성급함, 격노(激怒); 자극. [irritate + -*ion* (명사 어미)] 9

[통의어] **irritate**는 (일시적으로)화를 돋우고 초조하게 만든다는 뜻의 가장 널리 쓰이는 말이다. **provoke**는 갑자기 심한 초조나 화를 내게 한다는 뜻으로 이 때의 화는 좀처럼 풀리지 않는 법이다. **nettle**은 자극해서 못 견디게 한다는 뜻이다. **exasperate**는 견디지 못할 만큼 심한 분노를 느끼게 한다는 가장 강한 뜻을 냄. **peeve**는 회화에 많이 쓰는 말로 "초조하게 만들다, 기분 나쁘게 하다"를 뜻한다.

island[áilənd] 몡 섬; (길 가운데의)안전 지대. 1

[주의] **Ireland**[áiələnd], **Iceland**[áislənd]와 혼동하지 말 것.

[《중영》 *iland*; 《고영》 *igland* ← *ig* island + *land* land; 《고영》 *ealand* water-land와 혼동해서 쓴 듯. 원래 -*s*-자는 없었는데 《고프》 *isle*(섬)과 혼동해서 생긴 것]

islander[áiləndə] 몡 섬 사람들, 도민(島民). [island + -*er*]

isle[ail] 몡 섬, 작은 섬(시에서나 또는 고유 명사의 일부분으로 씀). [《고프》 *isle* ←《래틴》 *insula* island 섬; *cf.*《프》 *île* ☞ insular 3

islet[áilit] 몡 작은 섬 (small island). [isle + -*et* (축소 어미); small isle 작은 섬]

isolate[áisəleit] 통 분리하다; 고립시키다; 격리하다; 절연(絶緣)하다. [《이태》 *isolato* detached 고립된 ←《래틴》 *insula* island 섬; isle, insular 와 같은 어원] 7

isolation[àisəléiʃ(ə)n] 몡 고립; 격리, 분리; 절연. [isolate + -*ion*] 10

isolationist[àisəléiʃ(ə)nist] 몡, 혱 고립주의자(의). [isolation + -*ist* (명사 어미)] ☞ insular, peninsula

isotope[áisətoup] 몡 동위 원소(同位元素), 아이소토우프.

[《그》 *iso-* equal + *topos* place; 같은

자리(同位)]

【참고】 iso-는 《그》 *isos*에서 생긴 접두사로 equal, similar, alike의 뜻이며 주로 과학용어를 만드는 데 쓰인다.

보기: isobar 등압선, isogloss 등어선 (等語線), isotherm 등온선.

Israel[ízrei(ə)l; ízriəl] 명 《성서》 야콥(Jacob)의 다른 이름 《창세기 32장 28절》; 《복수 구문》 (야콥의 후손, 즉) 이스라엘 사람, 유태인; 신의 선민. 4
[《래틴》, 《그》 *Israël*←《헤브류》 *Yisrā'ēl* one who strives with God 신의 편이 되어 싸우는 자, God fights]

Israelite[ízriəlait, -re(i)əl-] 명 이스라엘 사람, 유태인.

issue[íʃju,: íʃu:] 명 유출(流出)(물); 출구(out-let); 자손(children); 결과(result); 논쟁점(dispute), 발행(부수), 판(版). 동 나오다(emerge); 발행하다 (publish); 배부하다 (circulate); 발표하다 (make public); (명령 따위를) 내다 (give out); …의 결과가 되다(result). ☞ exit 2
[《프》 *issue*←《래틴》 *exīre*←*ex*- out + *īre* go; go out 나아가다→발행하다]

issuance[íʃju(:)əns] 명 발행; 발포 (發布). [issue+*-ance* (명사 어미)]

isthmus[ís(θ)məs] 명 지협(地峽).
[《래틴》 *isthmus*←《그》 *isthmos* narrow passage 좁은 통로←*ithma* a step]

Italy[ítəli] 명 이탈리아(伊太利).
[《래틴》 *Italia*← *Uitalia*~*vitulus* calf 송아지; 고대 이탈리아는 가축이 많았기 때문]

Italian[itǽljən] 형 이탈리아의, 이탈리아 사람(말)의. 명 이탈리아 사람, 이탈리아 말. [Italy+*-an*] 3

itch[itʃ] 명 가려움; 《병명》 옴, 습진(濕疹); 절망(切望). 동 가렵다, 근질근질하다; …하고 싶어 죽을 지경이다. 6
[《중영》 *iken, icchen*; 《고영》 *giccan*]

item[áitem, áitəm] 명 조목(article), 조항; 세목(細目 detail), 항목. 부 하나 (무엇 무엇) 《항목을 하나 하나 드는 경우》; 또한, 마찬가지로(likewise). 4
[《래틴》 *item* likewise, also; 많은 것을 셀 적에, 하나하나 item을 앞에 붙여서 "마찬가지"의 뜻으로 쓰던 것이 차차 품목, 세목 따위를 뜻하게 되었다]

itself[itsélf] 대 (*pl.* themselves) 그 자체. [it+self; 그것 자신]
   by ~ 그것만으로, 단독으로(without he.p); (다른것과) 멀어져서, 고립해서 (alone). *in* ~ 본래, 본질적으로. *of* ~ 자연적으로, 저절로. ☞ self

ivory[áiv(ə)ri] 명, 형 상아(의), 상아제(의), 상아빛(의). 3
[《고프》 *ivurie, ivoire*←《래틴》 *eobreus* made of ivory 상아제의←*ebur* ivory 상아; 《산 스크릿》의 "*ibha*- elephant 코끼리"와 관련이 있는 듯]

ivy[áivi] 명 《식물》 담장이(넝쿨). 동 담장이 넝쿨로 덮다. 5
[《고영》 *ifig, ifegn; cf.* 《독》 *efeu*]

J

jack[dʒæk] 명 잭크(손으로 움직이게 되어있는 기중기); 선수기(船首旗), 신호기; (Jack) 수부(水夫), 수병(sailor); (Jack) (트럼프의) 잭크 (knave). 동 기중기로 올리다. 2
[《중영》 *Jacke, Jakke*; John의 애칭]

jackal[dʒǽkɔ:l] 명 재호을 (이리의 일종); 주구(走狗) 《이리가 사자를 위하여 먹이를 사냥한다고 생각되어서》. 10
[《터키》 *chakāl* jackal ← 《페르샤》 *shagāhl* jackal, fox.]

jacket[dʒǽkit] 명 웃저고리, 자켓; (감자 따위의) 껍질, (책의)카바. 5
[《고프》 *jaquette* jacket←*jaque* 소매없는 가죽 저고리+*-ette*(축소 어미). *cf.* pocket] ☞ jack

【참고】 우리 말로는 책껍질에 씌우는 종이나 비닐을 "카바"라고 하나, 영어에서는 jacket가 이에 해당한 말이고 cover는 책의 앞 뒤 표지를 뜻한다.

jade[dʒeid] 명 비취(翡翠), 구슬; 여윈 말. 동 (말을) 몹시 부리다. 9
[《프》 *jade*←《스페》 *ijada, ijar* flank 옆구리←《래틴》 *īlia* flanks 옆구리; 스페인 사람들이 아프리카에서 가져온 비취는 옆구리의 통증을 치료할 수 있는 돌이라고 해서 *piedra de ijada* 라고 한 데서]

jail[dʒeil] 명 교도소, 감옥, 형무소(gaol). *cf.* gaol 5

[주의] 영국에서는 gaol, 미국에서는 jail을 쓴다. ☞ cage, cave
[(고프) *jaol* cage 우리←(래틴) *cavea* cave 동굴←*cavus* hollow 속이 빈; *cf*. (프) *geole*] ☞ gaol, cave

jailer,-or[dʒéilə] 명 간수, 교도시.
[jail + -*or*]

jailbird[dʒéilbəːd] 명 죄수, 전과자.

jam[dʒæm] 명 잼; 혼잡. 타 꽉 채우다, 다져 넣다(cram); 막다(block up);(기계의 일부분을 막아)움직이지 않게하다, (같은 파장의 전파로) 방해하다. 8

jangle[dʒǽŋgl] 명 멀렁(거리는 소리), 시끄러운 소리; 말다툼(quarrel). 자 멀렁거리다; 왁짜지껄 다투다(wrangle).
[((스웨덴) *jangla* quarrel 싸우다; 소리를 본딴 말] 10

janitor[dʒǽnitə] 명 수위(caretaker), 문지기(doorkeeper); (학교, 회사 따위의) 사환. 9
[((래틴) *jānitor* doorkeeper 문지기← *Jānus* 로마신화의 야아누스 신(문을 맡아 본다)←*jānua* door 문]

January[dʒǽnju(ə)ri] 명 1월, 정월(Jan.으로 줄임). [((래틴) *Jānuārius* (*mensis*) (the month) of Janus 야아누스 신의(달)←*Jānus* ← *jānua* door; Janus 신에게 바쳐진 달; 고대 로마에서는 March (3월)가 그 해의 첫 달이었던 것이 뒤에 January, February가 덧붙어서 오늘날과 같이 되었다. *cf*. September, October, November, December] 2

Janus[dʒéinəs] 명 ((로마 신화)) 문간을 수호하는 양면신(兩面神) ((머리의 앞뒤에 얼굴이 있고 일의 처음과 끝을 다스리며 문이나 입구를 지키는 신)).

Janus-faced[dʒéinəsfeist] 형 얼굴이 둘 있는(twofaced); 두 마음의, 사람을 속이는(deceiving).

Japan¹[dʒəpǽn] 명,형 일본(의), 일본인의. 4
[((말라야)) *Japung* ((중국)) *Jihpun*이 와전된 것]

Japanese[dʒæpəníːz] 형 일본 (사람)의, 일본말의. 명 ((단수·복수 같음))일본 사람; 일본말. 5

japan²[dʒəpǽn] 명 옻 (lacquer), 칠기(漆器). 타 옻칠하다. 4
[일본 (Japan)에서 많이 생산되는 그 릇이라는 뜻에서] ☞ china

jar[dʒɑː] 명 항아리, 단지; 삐걱삐걱, 갈리는 소리, 잡음; 충동(shock); 심한 진동. 자 삐걱대다(grate); (신경에)거슬리다[on]; (의견 따위가) 충돌하다[with]. 3

Java[dʒɑ́ːvə] 명 자바 (Djawa로 적음); 사바 커피. 10

Javanese[dʒɑ̀ːvəníːz] 형 자바(섬사람, 말)의. 명 ((단수·복수 같음)) 자바섬 사람; 자바 말.

javelin[dʒǽvlin] 명 투창(投槍 dart).
~ *throwing* ((경기)) 창 던지기. 9

jaw[dʒɔː] 명 턱, *pl*. 입(mouth), (골짜기, 해협 따위의) 어귀; ((속어)) 장황설, 설교(lecture). 3
[((중영)) *iowe, jowe*←(래틴) *gabata, gavata* bowl 주발; 턱 모양이 주발처럼 둥근 데서. chew와도 관계가 있음]

jay[dʒei] 명 어치, 견조(樫鳥), 현소조(懸巣鳥); 수다스러운 바보(silly, stupid person). 6

jaywalk[dʒéiwɔːk] 타 ((미 속)) 교통규칙이나 신호를 무시하고 길을 건너다.
[*jay* stupid person+walk]

jaywalker[dʒéiwɔːkə] 명 교통 규칙이나 신호를 무시하고 길을 건너는 사람. [jaywalk+-*er* (명사)]

jealous[dʒéləs] 형 질투심 많은 [of], 샘내는(envious); 부러워하는[of]; 소중히 지키는 (careful)[of]; 주의 깊은 (watchful). 3
[((래틴)) *zēlōsus* full of zeal 열심의← *zēlus* zeal 열성←(그) *zēlos* zeal 열성 + *-ous* (형용사 어미)]

jealousy[dʒéləsi] 명 질투, 샘; 경계심. [jealous+ -*y*] ☞ zeal 4

jean[dʒein, dʒiːn] 명 튼튼한 능직(綾織), 면포(綿布); *pl*. 바지, 작업복 (over-alls). 5
[((중영)) *Gene*←(프) (*drap de*) *Genes* drape of Genoa; Genoa에서 생산하는 벽에 거는 융]

jeep[dʒiːp] 명 찝(차), 소형 군용 자동차; ((속어))신병(新兵). 타 찝을 몰다.
[*GP* (General Purpose Car)와 만화영화 Popeye의 Eugene이 소리 내는 "*jeep*" 소리를 연상해서 "3인승 만능 자동차"를 뜻하게 된 것]

jeer[dʒiə] 타 비웃다 (scoff)[at]. 명 비웃음; 조롱. 8
[*cheer* "갈채하다"의 변형; *cf*. ((중홀런드)) *sche(e)ren* jest, jeer]

Jehovah[dʒihóuvə] 명 ((성서)) 예호바 (구

약의 신). 10
[((헤브류) *yahōvāh* ← *yahweh* he that is; 존재하는 자; 흠정성서 (A.V.)에서 *yah weh*를 잘 못 읽은 데서 생긴 듯)

jelly[dʒéli] 명 젤리. 동 젤리 모양으로 만들다. 4
[((래틴) *gelāre* freeze 얼다; 젤리 모양이 어리어 있다구〕

jelly-fish[dʒélifiʃ] 명 해파리 ((젤리 모양으로 뼈가 없이 물렁물렁한 고기라는 뜻에서)).

jeopardy[dʒépədi] 명 위험(peril, danger, risk, hazard). 10
[((고프) *jeu parti* divided game ((래틴) *jocus* game 놀이 + *partīrī* part 가르다←*pars* part 부분; 둘로 나누어져 있는 놀이→이기고 지는 기회가 같은 놀이→위험]

jeopardize[dʒépədaiz] 동 위태롭게 하다(endanger) ((미국에서는 jeopard [dʒépəd]라고 함). [jeopardy+ -*ize* (동사 어미)] 10

jerk[dʒəːk] 동 갑자기 홱 당기다(밀다, 찌르다, 비틀다, 던지다). 명 져크놀이; 격동, 급정지. 7

jest[dʒest] 명 익살, 농담 (joke); 조롱 (mockery), 웃음거리. 동 농담하다, 희롱하다(joke). ⓐ earnest 진정. 4
[((래틴) *gesta*―*rēs gesta* thing done 행해진 일, exploit 공적←*gerere* carry on 실천하다]

jester[dʒéstə] 명 익살군; (옛날 조정에 고용된)도화사. [jest+ -*er* (사람을 뜻하는 명사어미)]

Jesus[dʒíːzəs] 명 예수, 야소(耶蘇). 5
[((헤브류) *Yēshūa* ← *Yehōshūa* Jah is salvation 에호바는 구원이로다 ← *Yah* Jehovah+*hōshīa* help 돕다; 그 당시의 유태인에게는 흔한 이름]

Jesuit[dʒézjuit] 명 ((천주교))제스위트 회원, 야소회에 속하는 수도사; 음험한 사람, 영큼한 사람. [((래틴) *Jēsuīta*; Jesus+ -*ite*(…의 신자); 예수를 믿는 사람들]

jet[dʒet] 명 (까스·수도 등의)분출(구), 분출물. 동 내뿜다, 분출하다 (gush out). 5
[((프) *jetter* throw 던지다 ← ((래틴) *jactāre* fling 팔매질 하다←*jacere* throw 던지다]

jetliner[dʒétlainə] 명 제트 여객기. [jet+(air)liner]

jetplane[dʒétplein] 명 제트기(機).
jet-propelled[dʒétprəpéld] 형 분사 추진식의.
jet-propulsion[dʒétprəpʌ́lʃ(ə)n] 명 분사 반동 추진. ☞ jut, abject, reject, object, subject, project

Jew[dʒuː] 명 유태 사람; ((속어)) 수전노, 간상배. 4
[((헤브류) *Yehūdah* Judah, son of Jacob 야쿱의 아들 유다 *yādāh* throw 던지다, praise 칭찬하다; 원 뜻은 illustrious 이름난]

Jewess[dʒúːis] 명 유태 여자. [Jew+ -*ess* (여성 어미)]

Jewish[dʒúːiʃ] 형 유태 사람의, 유태인 특유의, 유태인다운. [Jew+ -*ish* (형용사 어미)] 10

jewel[dʒúːəl,dʒúːil] 명 보석(gem); 보석 끼운 장식구; 귀중한 보배. 동 보석으로 꾸미다. 3
[((고프) *joel*←((래틴) *jocālia* jewels 보석←*jocārī* play 놀다←*jocus* play 놀이; 갖고 노는 것; *cf.* ((프) *joyau*]

jewl(l)er[dʒúːələ] 명 보석상인. [jewl+-*er* (명사 어미)]

jewl(l)ery(영), **jewelry**[dʒúː(ː)əlri] 명 보석류(jewels);보석세공(寶石細工); 패물, 노리개. ☞ joke, joy

jig[dʒig] 명 빠르고 경쾌한 일종의 댄스(곡). 동 지그를 추다, 활발히 몸을 상하로 움직이다; 선광(選鑛)하다. 7
[((고프) *gig(u)e* fiddle 바이얼린, dance 춤←(중세 독) *gīge* fiddle; *cf.*(독) *geige* fiddle]

jingle[dʒíŋgl] 명,동 (방울 따위의 소리) 딸랑딸랑 (울리다). 8
[(중영) *ginglen*←*jink* chink 쩡 소리 나다; 소리를 본딴 말〕 ☞ chink

job[dʒɔb] 명 일(a piece of work), 삯일, ((미속)) 직업 (employment), 지위 (position); ((속어)) 사건(affair). 동 삯일로 내어주다, 삯일을 하다; (지위를 이용하여) 부정행위를 하다.
참고 미국에서는 회화에서나 또는 격식을 찾지 않는 경우에 "직업"을 뜻하는 데에 job을 쓴다. 정식적인 경우에는 position을 쓴다. 보기: He got a *job* at Baker's. 그는 빵집에 일 자리를 얻었다. He got a *position* at $ 100 a week. 그는 주급 100 달라의 직업을 얻었다.

jobless[dʒɔ́blis] 형 직업이 없는, 실

업의. [job+ -less]

jocund[dʒɔ́kənd] 혱 쾌활한(cheerful), 즐거운(merry). 6

[(라틴) jōcundus pleasant 기분좋은, helpful 도움이 되는←juuare help 돕다] ☞ joke

join[dʒɔin] 통 연결하다 (fasten), 결합하다, 합치다[into]; (패에)끼다(take part)[in]; 제휴하다. ⓐ part 떨어지다, 손을 끊다. 1

[(라틴) jungere bind 결합하다; Yoke와 관련되어 있음]

통의어 join은 둘 이상의 것을 합한다는 뜻으로 unite와 달리 외면적인 결합에 대하여 쓰는 일반적인 말이다. combine은 두 가지를 결합한다는 뜻으로 때에 따라서는 각 요소가 혼합되어 서로 구별할 수 없게 된다는 뜻을 나타내기도 한다. unite는 두 가지 이상의 것을 긴밀하게 join 또는 combine 해서 통일체를 구성한다는 뜻이다. connect는 연결물이 있다거나 어떤 관계에 의하여 두 가지를 결부시킨다는 뜻이다. link는 결합이 공고함을 강조한다. associate는 교우 관계나 조합원 관계를 맺게 한다거나 마음으로 연상시킨다는 뜻이 있다. consolidate는 명확하게 분리된 단위를 하나의 통일체로 결합하여 강도나 능률을 높인다는 뜻이다.

joiner[dʒɔ́inə] 몡 가구상 (장롱 따위의 큰 것을 만들어 파는 사람); 소목(小木)장이; 결합기. cf. cabinet-maker 소목장이. [join+ -er]

joint[dʒɔint] 혱 공동의, 합동의. 몡 관절, 마디, 이은자리, (고기의)큰 조각. 통 결합하다, (벽돌 사이를)메우다.
Joint Chiefs of Staff 합동참모부. 3

[(고프) jointe←(라틴) junctus 결합된 것←jungere bind 결합하다; join+ -t (명사 어미)]

jointless[dʒɔ́intlis] 혱 이은 자리 없는, 마디가 없는. [joint+ -less(without; 형용사 어미)]

jointly[dʒɔ́intli] 뛰 공동으로, 연대적(連帶的)으로. ☞ junction, juncture

joke[dʒouk] 몡 농담 (jest), 익살. 통 농담하다, 익살부리다, 놀리다(tease). 3

[(라틴) jocus jest 농담, game 놀이]

통의어 joke는 사람이 사람의 웃음을 자아내는 행동이나 농담을 뜻하는 보편적으로 쓰이는 말이다. jest는 보통 익살궂은 말이라는 뜻으로 빈정대거나 조소하는 뜻이 많이 내포되어 joke보다 형식적인 말이다. quip는 재치 있는 jest를 뜻하는 문장용어이다. sally의 원뜻은 "출격하다"이나 jest와 마찬가지로 쓰이기도 한다. witticism은 기지와 우습강스러운 점이 많은 재치 있는 말이다.

joker[dʒóukə] 몡 농담을 하는 사람, 익살꾼; (속어)녀석(fellow); (트럼프)조우커. [joke+ -er (명사 어미)]
☞ juggle, jeopardy

jolly[dʒɔ́li] 혱 유쾌한(gay), 즐거운 (merry); (영속)기분좋은(delightful), 재미 있는. 뛰 (영 속)굉장히, 대단히 (very). 통 (미)흥을 돋우어 기뻐하게 하다. 4

[(고프) joli(f) jolly 유쾌한←(아이스) jōl great feast 큰 잔치; 원 뜻은 "잔치의" (festive)]

jolt[dʒoult] 몡 (마차 따위의) 심한 동요. 통 심히 흔들리다, 덜커덕 거리다. 7

jostle[dʒɔ́sl] 통 밀어내다, 부딪치다.
몡 밀기(push), 치기(knock). 7

[(중영) jousten push against 밀어내다+-le (반복어미); joust 마상 창시합(馬上槍試合)+-le]

jot[dʒɔt] 몡 (아주)약간, 미량(微量).
통 적어두다[down].

[(그) iōta 그리이스 글자 ← (헤브류) yōd 헤브류 글자 가운데 가장 작은 글자. 가장 작은 글자→가장 작은 것→점]
not a ~ 조금도 … 안하다.

journal[dʒə́:n(ə)l] 몡 일간 신문(newspaper); 잡지(magazine); 일지(diary), 항해 일지(logbook); (부기) 분개장(分介帳). 5

[(고프) jo(u)rnal daily 매일의←(라틴) diurnālis daily ← diēs a day+ -ālis (-al 형용사 어미)]

참고 journal의 엄밀한 뜻은 daily에서 오는 만큼 일간지를 뜻해야 할 것이나 오늘날에는 보통 "정기적으로 발행되는 신문 잡지" 즉 "주간지 (weekly)" "월간지(monthly)", "계간지(季刊紙) (quarterly)"를 모두 journal이라 부르고 있다.

journalism[dʒə́:n(ə)liz(ə)m] 몡 신문·잡지업, 신문·잡지계; 신문·잡지의 글. [journal+ -ism (명사 어미)]

journalist[dʒə́:n(ə)list] 몡 신문 (잡지) 기자, 신문업자. [journal+ -ist (명사 어미)]

journey[dʒə́:ni] 명, 통 여행 (하다) (tour). *cf.* voyage 해상의 여행. 1
[(고프) *jornee* day, day's work, journey←(래틴) *diurnāre* sojourn 체류하다←*diurnus* daily 매일의←*diēs* a day; 하루의 일→여행; *cf.* 《프》 *journée*]
참고 이 말은 비교적 먼 여행을 뜻하며 돌아오는 여정은 포함되지 않는다(비교적 형식적인 용어임). ☞ trip

Jove[dʒouv] 명 《로마신화》 조우브 신 (Jupiter) 5
[(래틴) *Jovis* Jupiter] ☞ Jupiter
by ~ 맹세코, 결코.

jovial[dʒóuviəl] 형 유쾌한 (having a good fellowship), 즐거운 (merry). 10
[(래틴) *Joviālis* pertaining to Jupiter 목성에 속한→*Jovis* Jupiter 목성+ *-ālis*(*-al* 형용사 어미); 점성학에서는 Jupiter 목성의 영향 아래 태어난 사람은 쾌활하다고 믿었기 때문]
☞ lunatic, influence, disaster, mercurial, moonstruck

joviality[dʒòuviǽliti] 명 즐거움, 유쾌함. [jovial+*-ity*(추상명사 어미)]
☞ Jupiter

joy[dʒɔi] 명 기쁨(gladness), 즐거움 (pleasure). ⓐ sorrow 슬픔. 1
[(고프) *joye*←(래틴) *gaudium* joy 기쁨→*gaudēre* rejoice 기쁘게 하다; *cf.* 《프》 *joie*] ☞ gaud

joyful[dʒɔ́if(u)l] 형 반가운, 기쁜, 즐거운. [joy+*-ful* (형용사 어미)] 2

joyfully[dʒɔ́ifuli], **joyously**[dʒɔ́iəsli] 부 즐겁게, 기쁘게.

joyless[dʒɔ́ilis] 형 기쁨이 없는, 즐거움 없는, 쓸쓸한. [joy+*-less*(without; 형용사 어미)]

joyous[dʒɔ́iəs] 형 =joyful. 5
[joy+*-ous*(형용사 어미)]

jubilant[dʒú:bilənt] 형 (환성을 올리며) 기뻐하는, 환희에 찬(triumphant).
[(래틴) *jūbilantem* shouting for joy 환성을 울리는←*jūbilāre* shout for joy ←*jūbilum* cry of joy 환성]

jubilate[dʒú:bileit] 통 환희에 넘치다.
[(래틴) *jūbilātus* shouted for joy 환성을 지른←*jūbilāre*]

jubilation[dʒù:biléiʃ(ə)n] 명 환희, 환호(歡呼). [jubilate+*-ion* (명사 어미)]

jubilee[dʒú:bili:] 명 《유태사》 50년제; 축제(festival); 환희(jubilation). 6
[(래틴) *jūbilæus* jubilee←(그) *iōbēlaios*←(헤브) *yōbēl* a blast of trumpet, shout of joy, a ram 숫 양, a ram's horn 숫 양의 뿔; 유태 나라에서 안식을 갖는 해를 알리기 위하여 나팔로 사용하던 숫 양의 뿔→나팔 소리. 환희의 뜻은 뒤에 《래틴》 *jūbilum* =cry of joy의 영향을 받아 생긴 것]
Diamond ~ 60년제; (특히 빅토리아 여왕의)즉위 60년제 (1897년 거행).
the silver ~ 25년제.

judge[dʒʌdʒ] 명 재판관; 심사원, 감정인. 통 재판 하다, 재판하다; 판단하다; (…라)생각하다(consider). 1
[(프) *juge*←(래틴) *jūdex* a judge←*jūs* law 법+*dīcāre* point out 지적하다; 원 뜻은 법을 판가림하는 사람]
동의어 **judge**는 주어진 권한이나 숙련된 지식에 의하여 논쟁이나 경기를 판정 또는 재정하는 사람을 뜻하고 **arbiter**는 특정한 사건에 대하여 특히 강한 권위를 가지고 판가름을 하는 사람을 뜻한다. **referee**는 어떤 문제의 결정이나 해결을 위임 받은 사람이나 경기의 심판(원)을 뜻하고, **umpire**는 어떤 사건에 대하여 심판들의 의견이 같지 않을 때 결정을 내리는 제 삼자를 뜻한다.

judg(**e**)**ment**[dʒʌ́dʒmənt] 명 재판, 판결; (신의)심판; 감정; 판단력; 의견(opinion). [judg(e)+*-ment*] 2

judicature[dʒú:dikətʃə] 명 재판권, 사법권; 재판관할 (구역); 사법부; 《집합적》재판관(judges). [(래틴) *jūdicātūra* office cf a judge 판사 직위, judgment 재판←*jūdicāre* judge←*jūdex*]

judicial[dʒu(:)díʃ(ə)l] 형 재판상의, 판단력이 있는; 공명한. [(래틴) *jūdiciālis* of the courts of law 재판소의 ←*jūdicium* trial 재판←*jūdex* judge]

judicially[dʒu(:)díʃəli] 부 사법 (司法)상으로, 재판에 의하여; 비판적으로, 재판관 답게.

judicious[dʒu(:)díʃəs] 형 생각이 깊은(prudent), 사려분별(思慮分別)이 있는(sensible); 현명한(wise). ⓐ imprudent 무분별한. [(프) *judicieux*→(래틴) *jūdex*] 8

judiciously[dʒu(:)díʃəsli] 부 현명하게, 사려분별이 있게.
☞ just, jury, jurisdiction

jug[dʒʌg] 명 물병; (맥주 마시는) 족기,

손잡이 달린 항아리. 7

juggle[dʒʌgl] 围,囲 요술(부리다); 속이다(cheat). 8

[《고프》 *jogler*←《래틴》 *jocuīāre* joke 농담하다←*jocus* joke 농담]
~ (a person) *out of* (a thing)속여서(사람)에게서 (물건을)빼앗다.
☞ joke

juggler[dʒʌglə] 囲 요술사; 사기군. [juggle+ -*er*]

juice[dʒuːs] 囲 즙(汁), 액(液); 《미속》 동력원(動力源), 개설린(gasoline), 전기(electricity). 4

[《고프》 *jus* juice 즙, broth 묽은 수우프←《래틴》 *jūs* broth; 원 뜻은 혼합물 (mixture)]

juicy[dʒúːsi] 囲 즙이 많은(succulent); 《속어》 재미 있는. [juice+ -*y* (형용사 어미)]

July[dʒu(ː)lái] 囲 7월. 2

[《래틴》 (*mēnsis*) *Jūlius* (the month) of Julius (Cæsar); 원래 *Quintīlis* 5월이라고 했는데 Julius Cæsar가 죽은뒤에 원로원에서 그를 기념하기 위하여 그의 태어난 달 5월을 Julius 라 부르기로 했다. 뒤에 1년의 첫 달이던 March 앞에 January와 February 가 덧 붙여 짐에 따라 7월이 되었다]
☞ August, January, March

jumble[dʒʌmbl] 囲,囲 뒤범벅(을 만들다)(mix). 9

[《중영》 *jumbelen*; jump, tumple, fumble 이 섞여서 생긴 말] ☞ jump

jump[dʒʌmp] 囲 뛰다, 도약(跳躍)하다, 뛰어 넘다[over]. 围 도약, 점프; 비약(飛躍); 약동. 2

[《중영》 *jumpen*; 소리를 본딴 말]
~ *at*……에(덤비듯이) 기꺼이 응하다(accept eagerly); (미리 앞질러)속단(速斷)하다. ~ *for joy* 깡충 뛰며 기뻐하다. ~ *to*(또는 *at*) *a conclusion* 속단하다. ~ *to one's feet* 깡충 뛰어 오르다, 급히 일어서다. ~ *a claim* 다른 사람이 미리 차지한 곳(광구 따위)을 횡령하다. ~ *the rails*(또는 *track* (기차, 전차 따위가)탈선하다.

junction[dʒʌŋ(k)ʃ(ə)n] 囲 결합, 접합점(接合點); (철도의) 갈아 타는 역. 9

[《래틴》 *junctus* joined+ -*ion* (명사 어미)←*jungere* join 결합하다]

juncture[dʒʌŋ(k)tʃə] 囲 이은자리, 접합(접)(junction); 시기(point of time), 위기(crisis).

at this ~ 이(중대한) 때를 당하여 (at this time). ☞ join, joint

June[dʒuːn] 囲 유월, 6월. 2

[《래틴》 (*mēnsis*) *Jūnius*(the month) of Junius (로마의 부족 이름)]

jungle[dʒʌŋgl] 囲 장글, (열대성)밀림.

[《힌두》 *jangal* waste land 황무지←《산·스크릿》 *jangala* dry 마른, desert 사막] 9

junior[dʒúːnjə] 围 손아래의, 나이 어린(younger); 하급의;(4년제 학교) 3학년생의, (3년제 학교) 2학년 생의. 囲연소자, 후배, 3학년생(또는 2학년생);(아버지와 이름이 같은 아들을 뜻하는)2세. 囲 senior 선배. *cf.* freshman 신입생. 5

[《래틴》 *jūnior* younger 더 젊은 ← *juvenis* young 젊은. 어미의 -*ior*은 래틴어의 비교급을 나타낸다; senior, inferior, superior, interior, ect. 의 -*ior* 도 같다. 「senior
☞ juvenile, freshman, sophomore,

junk¹[dʒʌŋk] 围 덩어리(lump); 소금에 절인 고기(salt meat); 《속어》 쓰레기(rubbish), 못쓸 물진. 围 《속어》 내어 버리다(cast aside). 9

[《폴튜걸》 *junco* a rush 쓰레기, junk ←《래틴》 *juncus* a rush]

junk²[dʒʌŋk] 围 (중국 목선) 쟝크 선 《중국 근해의 돛이 셋 달리고 바닥이 넓은 배》

[《포르튜》, 《스페》 *junco* a junk←《마레이》 (*a*)*jōng*; 《중국》 *chwan* ship 에서 온 말이라는 학설도 있음]

Juno[dʒúːnou] 围 (로마 신화) 쥬우노우 여신(Jupiter의 아내); 고상한 귀부인(그리이스 신화의 Hera와 같음). 9

Jupiter[dʒúːpitə] 围 (로마 신화) 쥬피터 신 (그리이스 신화의 Zeus에 해당하는 로마 신화의 최고신; 그 아내가 Juno); (천체) 목성(木星). 8

[《래틴》 *Juppiter*←*Jovis Pater* father Jove 아버지 죠우브 신] ☞ Jove

juridical[dʒuərídik(ə)l] 围 사법상의, 재판상의; 법률상의(legal).

[《래틴》 *jūridicus* judicial 재판상의← *jūs* law+*dīcere* say+ -*al* (형용사 어미)]

jurisdiction[dʒùərisdíkʃ(ə)n] 围 재판권, 관할권, 지배권(control); 사법권, 관할 구역. [《래틴》 *jūris* of law 법의 (←*jūs* law)+*diction* saying(←*dīcere*

say)] 9
☞ diction, dictionary, contradict interdiction

jurisprudence[dʒúərisprùːdəns] 명 법률학, 법리학(法理學) science and philosophy of law); 법률지식; 한 나라의 법(system of laws). 〔《래틴》 jūris of law+prudence 사려, 분별〕
medical ~ 법의학(法醫學).
☞ prudent, prudence

jurist[dʒúərist] 명 법학자; 《미》변호사(lawyer). 〔《래틴》 jūr- ←jūs law 법 +-ista(-ist 명사 어미)〕

jury[dʒúəri] 명 배심(陪審) (보통 시민으로 부터 선정된 12명의 배심원으로 구성됨); 여론; (콩쿨 따위의) 심사원단 (審査員團). 〔《고프》 jurēe oath 맹세 ←《래틴》 jūrāre swear 맹세하다 ← jūs law 법〕 6

juror[dʒúərə] 명 배심원 (a member of a jury). 〔《래틴》 jūrātor one who swears 맹세하는 사람 ← jūrāre swear 맹세하다〕

참고 jury는 집합명사로 배심원 전체를 뜻하며 그 한 사람인 배심원을 뜻하려면 juror 나 juryman을 사용한다.
☞ just, justice, ect.

just[dʒʌst] 형 올바른(right), 정의의; 공명정대한 (fair); 당연한 (proper).
부 꼭, 막, 가까스로(barely), 겨우 (only). ④ unjust 부정의, 불공평한. 1 〔《프》 juste←《래틴》 justus lawful 법에 맞는←jūs law 법〕
☞ judge, juridical

justly[dʒʌstli] 부 공명 정대하게, 정당하게, 올바로게.

unjust[ʌndʒʌst] 형 부당한, 부정의. [un- not+just] 3

justice[dʒʌstis] 명 정의, 공정함, 공명함, 정당함; 재판, 처벌; 재판관;(최고 재판소)판사, 대법관. ④ injustice 부정(행위), 불공명.
〔《프》 justice←《래틴》 jūstitia justice ←justus just; just+-ice (명사 어미)〕
bring to ~ 처단하다. *court of* ~ 재판소, 법정. *do* ~ *to*··· =*do*··· ~ ··· 에게 올바른 판단을 내리다, ···을 공명하게 처리하다, ···을 공평하게 평하다;

충분히 묘사하다(맞보다). *do oneself* ~ 충분히 자기(의 능력)를 발휘하다. *in all* ~ =*with perfect* ~ 극히 당연하게. ~ *of the peace* 치안판사 (J.P.로 줄임).

참고 justice는 영국에서는 주로 최고법원(the Supreme Court of Judicature)의 재판관을 가리키며, 미국에서는 연방 또는 주(州)의 최고 재판소 또는 고등법원의 판사를 가리킨다.
☞ justify, judge, jury, judicial

justify[dʒʌ́stifai] 타 정당화하다, 올바르다고 하다, 변명하다. 〔《프》 justifier←《래틴》 jūstus just+ -ficāre(-facere make); make just을바르게하다〕 4

justifiable[dʒʌ́stifaiəbl] 형 정당화 할 수 있는, 그럴듯한. 〔justify+-able (형용사 어미)〕

justification[dʒʌ̀stifikéiʃ(ə)n] 명 정당화(正當化), 변명. 〔justify+-ation (명사 어미)〕 ☞ just, judge, jury 9

jut[dʒʌt] 명 돌출(부), 내민 끝(projection). 자 돌출하다, 뾰죽히 튀어 나오다(project). 6
[jet의 변형] ☞ jet

juvenile[dʒúːvin(a)il] 형 나이어린 (young), 소년 소녀의 (youthful); 어린이다운(childish); 소년(소녀)에 맞는. 명 소년소녀 (young person); 아동(child); 아동용 도서; 소년역(을 하는 사람). ☞ junior, young
〔《프》 juvenil←《래틴》 juvenīlis youthful 청춘의→juvenis young+ -īlis (-ile 형용사 어미)〕
~ *court* 소년재판소. ~ *literature* 소년 문학. ~ *part* (또는 *role*) 아역 (兒役), 소년역, 소녀역. ~ *delinquency* 소년 범죄, 10대의 범죄.

juvenescence[dʒùːvinésns] 명 젊음, 청년(youth); 다시 젊어짐(rejuvenescence).

juvenescent[dʒùːvinésnt]형청년답게 되는(becoming young); 젊음에 넘치는(youthful); 다시 젊어지는(growing young). 〔《래틴》 juvenescent←juvenescere to grow up to youth 청년이 되다〕
the ~ *period* 소년기(少年期).

K

kangaroo[kæ̀ŋgərúː, kǽŋgərúː] [명] 《동물》 캥거루.
〔오오스트레리어의 토어에서; 원 뜻은 뛰는 것(jumper)〕

keel[kiːl] [명] (배, 비행선 따위의)용골(龍骨); (물고기의)등지느러미. 8

keen[kiːn] [형] 날카로운(sharp), 예민한(acute); 격렬한 (intense), 준엄한(severe); 열심의(eager)〔on〕. 3
[반] dull 둔한.
keenly[kíːnli] [부] 날카롭게; 강하게, 열렬하게; 빈틈없이.
keenness[kíːnnis] [명] 날카로움; 열심, 격렬함. 〔keen+ *-ness* (명사 어미)〕

keep[kiːp] [동] (kept) 가지고 있다, 지니다(hold), 보존하다(preserve); 지키다(observe, guard); 기르다; 경영하다, 기입하다; 계속해서 …하다(continue)〔doing, warm, etc.〕; (…의 상태로) 있다 (remain), 지속하다(last); …못하게 하다 (prevent)〔from〕. 1
 ~ ***away*** 멀리하다, 가까이 안가다. ~ ***back*** 눌러 놓다, 넣어 두다, 들어가 있다. ~ ***down*** 진압하다. ~ ***in*** 가두어 놓다, 갇혀 있다, 억류하다. ~ ***in with*** 사이좋게 지나다. ~ ***on*** 계속하다, 입고(쓰고, 신고)있다. ~ ***out*** 배척하다, 피하다, 막다, 참가 안하다. ~ ***to …*** …을 고수하다. ~ ***up*** 지탱하다. 유지하다, 자지 못하게 하다. ~ ***up with…*** …에 뒤떨어지지 않고 따라가다 ([반] fall behind).
[참고] keep on …ing는 짧은 간격을 두고 어떤 동작을 되풀이해서 하는 경우, keep …ing는 어떤 상태의 계속을 뜻한다. 보기: Don't *keep on asking* such silly questions! 이런 어리석은 질문만 자꾸 하지 마라! (동작의 반복); He *kept waiting* for her. 그는 그 여자를 사뭇 기다렸다(상태의 계속). keep on standing 은 틀린다. 그 대신 keep on standing up "자꾸 섰다 앉았다 한다" (동작의 반복); 또는 remain standing(keep standing 계속해 서 있다. 줄곧 서 있다) (상태의 계속)으로 말해야 한다.
keeper[kíːpə] [명] 지키는 사람, 관리인; 소유주. 〔keep+ *-er* (명사 어미)〕 4

keepsake[kíːpseik] [명] 기념품; 유물(memento). *cf.* souvenir 기념품, 유물. 〔namesake "같은 이름의 사람 또는 물건"을 본따서 만든 말〕
☞ namesake, upkeep

ken[ken] [명] 시계(視界 sight); (지식 따위의)한계, 범위(range). 10
〔《고영》 *cennan* make known 알려지게 하다; *cf.* 《독》 *kennen* know〕
☞ can

kennel[kén(ə)l] [명] 개집. *cf.* dog 개. [동] 개집에 넣다. 8
〔《중영》 *kenel*←《래틴》 *canīle*← *canis* a dog; canine [형] "개의"와 같은 어원〕
☞ canine

kerchief[kə́ːtʃif] [명] (부인들이 머리에 쓰는)마후라; =handkerchief. 10
〔《고프》 *covrechef* head-covering 머리 쓰개 ← *covrir* cover 덮다 + *chef* head 머리〕 ☞ cover, chief

kernel[kə́ːn(ə)l] [명] (복숭아, 앵도 따위의) 핵(核); 곡식의 낟알(grain); 요점, 핵심. 7
〔《고영》 *cyrnel*←*corn* seed 씨, grain 곡식 알+ *-el*(축소 어미); corn과 같은 어원〕 ☞ corn

kerosene[kérəsiːn] [명] 등잔용 석유. *cf.* petroleum 석유. 6
〔《그》 *kēros* wax 밀초, 백랍+ *-ene* (탄화 수소 화합물 이름에 붙여 쓰는 어미)〕

kettle[kétl] [명] 솥, 주전자, 남비. 3
〔《중영》 *ketel*: 《래틴》 *catillus* small bowl 작은 주발에서 빌려 쓴 말; *cf.* 《독》 *kessel*〕

key[kiː] [명] 열쇠; 해답(solution); 해결의 열쇠: (피아노의)키이(鍵); (음악의) 가락. [동] 열쇠를 채우다; 가락을 맞추다; 고무(鼓舞)하다. [형] 《미》 중요한. 2
keynote[kíːnout] [명] 주조음(主調音), 기음(基音); (연설 따위의)요지(要旨); (행동, 정책, 성격 따위의) 바탕.
〔key+note 곡조, 음표〕 ☞ note
keystone[kíːstoun] [명] 홍예문 꼭대기의 종석(宗石), 홍예돌; 요지, 근본 원리. 〔key+stone〕 ☞ stone

kick[kik] [동] 차다; 반항하다. [명] 차는 것; 반동. 2

kick-up[kíkʌp] 图《속어》떠듬, 소동.

kickshaw[kíkʃɔː] 图《보통 경멸해서》성찬(fancy dish); 양두 구육(羊頭狗肉); 기발하지만 쓸모 없는 것.
[(프) *quelque chose*←《래틴》*quālis* of what sort 어떤 종류의+*-quam*(어미)+*caussa* cause, thing 물건; 어떤 종류의 물건→어떻건→보잘 것 없는것]

kid[kid] 图 염소 새끼(의 고기); 키드 가죽; 《속어》아이(child). 動 놀리다.
[《중영》*kid*←《덴마크》*kid*; *cf*. (독) *kitze*] 2
참고 goat 염소, billy-goat 숫 염소, nanny-goat 암 염소, goatee 염소 수염, bleat 매애하고 울다.

kiddy, **kiddie**[kídi] 图 염소새끼, 《속어》어린이.

kidnap[kídnæp] 動 유괴하다, (어린이를) 훔치다 (steal).
[《덴마》*kid* a kid 염소 새끼, 아이+*nappe* nab 잡다; catch a child 아이를 잡아 가다]

kidnapper[kídnæpə] 图 유괴자.
[kidnap+ -*er*]

kidney[kídni] 图 신장(腎臟), 콩팥; 성질(nature), 종류 (kind).
[《중영》*kidenei*←*kiden*- +*eg* egg]

kill[kil] 動 죽이다; (기세 따위를) 꺾다; 취소하다 (cancel), 말살하다; 망쳐버리다 (spoil); (의안 따위를) 부결하다 (veto); (시간을) 보내다(use up). 1
동의어 **kill**은 사람, 동물 또는 식물을 "죽이다, 시들게 하다"의 뜻을 나타내는 일반적인 말이다. **slay**는 고의로 살해한다는 뜻으로 영국에서는 문장용어로만 쓰인다. **murder**는 사람을 불법적으로 죽인다는 뜻으로 보통 계획적이다. **assassinate**는 자객이 정치적으로 중요한 인물을 갑자기 죽이는, 즉 암살한다는 뜻이다. **execute**는 법률의 판결에 따라 죄인 따위를 사형에 처한다는 뜻이고, **dispatch**는 찌르거나 쏘아서 죽이 듯이 직접 행동으로, 특히 신속하고 기민하게 죽인다는 뜻이다.

kilocycle[kíləsàikl] 图《무선 주파수의 단위》킬로 싸이클. 10
[《그》*khilioi* thousand 천+cycle]
☞ cycle

kin[kin] 图 혈족;(집합적으로)친척(relatives). 形 동류의 (related), 혈족의, 동족의. 6

kindred[kíndrid] 图 혈연(血緣);《집합적》혈족, 친척 (relatives). 形 동족의; 비슷한(similar). [《고영》*cynn* kin ´족+ -*rǣden* state 상태;-*red*는 ready와 같은 어원] 4

kinship[kínʃip] 图 친척관계; 비슷함.
[kin+ -*ship*]

kinsman[kínzmən] 图 친척의 남자 (male relative). [kin+ -'*s*+man] 6
☞ king

kind[kaind] 形 친절한, 정다운. 图 종류(sort); 종족(race); 본질. 反 unkind 불친절한, hard 가혹한, 무정한. 1
[《고영》*cynd*←*cynn* kin 친척]

kindly[káindli] 形 친절한 (kind); 온화한(agreeable), 기분 좋은. 圓 친절하게; 아무쪽록; 기분 좋게(agreeably), 마음 속으로부터.

kindness[káin(d)nis] 图 친절(한 행위); 호의(好意). [kind+ -*ness*(명사어미)] 2

kindred[kíndrid] 图 친척, 혈족, 유사. 形 혈연의.

kindergarten[kíndəgɑːtn] 图 유치원.
[《독》*kinder* children's + *garten* garden: a garden of children 어린이 놀이터; *cf*. (독) *kind* child] 10

kindle[kíndl] 動 태우다(set on fire), 불을 붙이다; 불 붙다 (catch fire); 빛나 (게 하)다; 선동하다(stir up). 4
[《중영》*kindlen* ← 《아이스》*kynda* inflame 불붙이다 + -*le*(동사 어미); 《래틴》*candēla* candle과 관련이 있는 말]
동의어 **kindle**은 나무 따위에 불을 붙여서 천천히 태운다는 뜻이다. **ignite**는 아주 마른 나무, 풀, 개스, 기름 따위를 고열로 타오르게 한다는 뜻이다. **inflame**은 불을 지른다는 뜻으로 비유해서 쓸 때에는 화 따위의 센 감정을 돋운다는 뜻으로도 쓰고 또 몸 안이 뜨겁게 하거나, 아프게 부어오른다는 뜻을 나타내는 말이다. ☞ candle

kine[kain] 图 《방언, 시》*pl*. cow의 복수. 10

king[kiŋ] 图 (국)왕. *cf*. queen 여왕, regal, royal. 1
[《고영》*cyning* a king←*cynn* kin+ -*ing*(아버지 계통의 성뒤에 붙이는 어미); 원 뜻은 man of good birth 혈통(kin)이 좋은 사람 → 왕; *cf*. (독) *könig*]

kingdom[kíŋdəm] 图 왕국; 왕토

(realm); 《박물》…계(界). 2
[《고영》 cyne- royal 왕가의+dōm(명사 어미)]
kingly[kíŋli] 휑 왕의, 왕자(王者)다운. [king+ -ly(형용사 어미)] 5
kiss[kis] 톰,囘 키쓰(하다), 입맞추다; 살짝 대다. 1
[동《고영》 cyssan; cf. 《독》 küssen. 명《고영》 coss; cf. 《독》 kuss]
~ *the dust* 굴복하다, 살해 당하다.
kit[kit] 囘 (군인의) 의낭(衣囊 kit-bag); (여행, 운동 따위의)준비물; (직공의) 도구 상자, 도구 한 벌. 9
kitchen[kítʃin] 囘 부엌, 취사장. 2
[《중영》 kichene←《래틴》 coquina kitchen 부엌←coquere cook 요리하다]
kite[kait] 囘 연; 소리개; 사깃군 (sharper). 4
kitten[kítn] 囘 고양이 새끼(young cat); 말괄량이. cf. cat 고양이. 3
주의 kit로 줄여 쓰기도 함.
[《중영》 kitoun ← 《고프》 chatton young cat← chat cat←《래틴》 cātus cat고양이; cat와 같은 어원]
kitty[kíti] 囘 (어린이들의 말) 새끼 고양이(kitten). [kit(ten)+-y(애칭으로 쓰이는 축소 어미)] ☞ cat 4
klaxon[klǽksn] 囘 자동차의 경적(electric motor-horn), 클락슨. 톰 《속어》 클락슨을 울리다. ☞ clang
[*Klaxon* (제조 회사의 이름) ←《그》 *klagein* make a sharp, quick sound 날카롭고 빠른 소리를 내다; clang 과 비교]
knack[næk] 囘 요령, 비결(trick); 솜씨(skill); 습관(habit); 호흡. 9
have the ~ *of* (또는 *have a* ~ *for*) (doing it) (그것을 할)요령을 알고 있다.
knapsack[nǽpsæk] 囘 배낭(背囊); (어깨에 메는)책 가방.
[《홀런드》 *knapzak*←*knap* eating 먹는것+*zak* a sack 주머니←*knappen* eat 먹다; eating bag 식량 주머니]
knave[neiv] 囘 악한, 불량배(rascal, rogue); 《고어》사내아이, 머슴. 4
[《중영》 *knaue, knave* boy 소년, servant 하인 ←《고영》 *cnafa, cnapa* boy; cf. 《독》 *knabe* boy]
동의어 **knave**는 성질이나 마음이 비열한 사내라는 뜻이고, **rascal**은 정직하지 못하고 교활한 행동으로 남을 잘 속이는 사내를 뜻한다. **rogue**는 주로 사기로 세상 사람들을 속여서 살아 나가는 사나이라는 뜻이다. **scoundrel**은 rascal이나 rogue보다 훨씬 악질을 뜻한다. rascal, rogue는 별로 나쁜 뜻이 없이 장난 삼아 쓸 때도 있다.
knead[ni:d] 톰 (가루, 흙을)반죽하다, 개다; (어깨 따위를) 주무르다(massage); 혼합하다. 8
주의 need와 같은 발음.
[《중영》 kneden; 《고영》 cnedan; cf. 《독》 kneten]
knee[ni:] 囘무릎(관절). 톰 무릎을 대다. [《중영》 kne(es); 《고영》 cnēo; cf. 《독》 knie] 1
fall (또는 *go down*) *on one's* ~*s* 무릎을 꿇다.
kneel[ni:l] 톰 (knelt 또는 kneeled) 무릎을 꿇다 [down, to, etc.]. 4
[knee+ -l(e) (동사 어미)]
knell[nel] 囘 사람의 죽음을 알리는 종, 조종(弔鐘); 흉조(凶兆). 톰 조종을 울리다, 흉사를 알리다. 4
주의 복수형은 사용하지 않는다.
knickerbockers[níkəbɔkəz] 囘 *pl.* 헐렁하고 짧은 바지(knickers 라고도 함); (Knickerbocker) New York에 사는 초기 홀런드 이민의 후손, (일반적으로) 뉴우요오크 사람(New Yorker). [*Diedrich Knickerbocker* 미국 작가 Washington Irving이 "A History of New York"(1809)를 썼을 때의 필명에서. 그 삽화에 짧은 바지를 입은 홀런드계 이민이 그려져 있었다] 9
knife[naif] 囘 (*pl.* knives) 칼, 나이프, 주머니칼. 톰 단도로 찌르다. 2
[《중영》 knif; 《고영》 cnif]
knight[nait] 囘 (중세의) 기사(騎士); 《영》 나이트 작(爵) (baronet에 버금가는 작위, "Sir"의 칭호를 받는다). 2
[《중영》 knight; 《고영》 cniht a boy, servant 소년, 하인; cf. 《독》 knecht]
knighthood[náithud] 囘 기사의 신분; 기사 기질; 기사도; 나이트 작위(爵位); 《집합적》 나이트 전체. 9
[knight+ -hood (state; 명사 어미)]
knightly[náitli] 휑 기사의, 나이트의; 기사다운, 의협심 많은. [knight+ -ly (형용사 어미)]
knit[nit] 톰 (knit 또는 knitted) 짜다, 뜨(개질하)다; (눈썹, 이맛살을) 찌푸리다; 접합(결합)하다. 3

knob

[《고영》 *cnyttan* form into a knot 매듭을 맺다←*cnotta* knot 매듭]
☞ knot

knob[nɔb] 명 혹, 혹 같은 마디; (문의) 손잡이. 7

knock[nɔk] 동 두들기다, 치다, (문을) 녹크하다; 부딪치다. 명 치기, 치는 소리; 녹크. 2
~ *against* 부딪치다, 마주 치다. ~ *down* 쳐 넘기다, 때려 눕히다; (경매에서) 낙찰하다 [to]; (기계를) 해체하다. ~ *off* 쳐 멀어뜨리다, 털어 없애다; 중지하다(stop); 해치우다 (finish); 할인하다 (deduct). ~ *out* 두들겨 내쫓다; (담뱃 재를)툭툭 털다; (권투에서)녹아우트하다.

knocker[nɔ́kə] 명 두드리는 사람; (현관의) 녹커 《방문한 사람이 두들겨 내방을 알리는 금속 판》; 《미 속》 혹평가(酷評家). [knock+ *-er*(명사 어미)]

knoll[noul, nɔl] 명 작은 언덕; 《고어》 종소리. 동 (종이) 울리다; (시각을 알리는)종을 치다. 6
[《증영》 *knol*, 《고영》 *cnol*; *cf*. 《독》 *knolle(n)*]

knot[nɔt] 명 매듭; 혹, 마디; 어려운 일; 떼(group); 분규, 문제점; 놋트; 해리 (海里) (1,852 km). 3
[《증영》 *knotte*; 《고영》 *cnotta*; *cf*. 《독》 *knoten*]

know[nou] 동 (knew, known) 알다; 이해하다(understand); 알아보다 (distinguish); 인정하다(recognize). 1
[《증영》 *knowen*; 《고영》 *cnāwan*; can 과 같은 어원]
have ~*n better days* 옛날에는 지체가 높았다. ~ *A from B* A와 B를 구별하다. ~ *of*··· ···을 알고 있다, ···을 듣고 있다.

~ *one's way about*=~ *what's what* 《속어》 무엇이나 알고 있다, 사리에 밝다. *you* ~ 그렇지? ···하던 말야.

knowing[nóuiŋ] 형 아는게 많은(informed), 빈틈 없는 (shrewd);아는 체하는; 맵시 있는(smart).

knowingly[nóuiŋli] 부 아는 체하고, 알면서도, 잘 아는 듯이.

knowledge[nɔ́lidʒ] 명 아는 것; 지식, 학식, 학문. 2
[know+ *-ledge*(명사 어미)] 반 ignorance 무식.
come to one's ~ 알게 되다. *to the best of one's* ~ 알고 있는 한(as far as one knows). *not to my* ~ 내가 아는 한은 그렇지 않다(not so far as I know). ☞ can, uncouth, cunning

knuckle[nʌ́kl] 명 손가락의 마디(finger joint); *pl*. 격투시에 손가락 마디에 끼우는 쇠붙이. 동 주먹을 쥐다, 낙코로 치다. 10
[《증영》 *knokil*; *cf*. 《독》 *knöchel*]
~ *down* 몸을 들여(일에) 착수하다, 열심히 일하다 (work energetically) [to]; 항복하다(yield). ~ *under* 굴복하다(submit), 항복하다.

kodak[kóudæk] 명 코댁(카메라); 소형 카메라.
[미국 the Eastman *Kodak* Co.에 의하여 쓰인 상표 이름]

Korea[kəríə] 명 한국, 조선.
[《중국》 *Kaoli* 고려(高麗)가 변한 것]
Korean[kəríən] 명 한국인 (말), 조선 사람 (말). 형 한국인(말)의.
[Korea+ *-an*(형용사 어미)]

Kremlin[krémlin] 명 《러시아 도시의》 위성(衛城); (the Kremlin) 크렘린 궁전, 소련 정부.
[《러시아》 *Kreml* citadel (시가를 내려다 보는) 성채]

L

label[léibl] 명, 동 딱지, 부전(附箋), 렛테르(을 붙이다). 5
[《고프》 *la(m)bel*; *cf*. 《프》 *lambeau*]
참고 우리 말의 "렛테르"는 흘런드 말 letter "글자"에서 유래된 것이다.

labo(u)r[léibə] 명 노동, 근로; 노고;일 (task); 《집합적》 노동자(계급). 동 일하다(work); 노력하다(strive); 고생하

다(suffer)〔under〕. [반] capital 자본(가들). 1
〔《래틴》 *labor, labōs* toil 노고〕

labo(u)rer[léibərə] [명] 노동자, 노무자, 인부. 〔labo(u)r+ *-er*(명사 어미)〕 5

laborious[ləbɔ́:riəs] [형] 힘드는 (difficult); 부지런한 (industrious); 고심하여 만든. 〔labo(u)r+ *-ous*〕 10
☞ elaborate, collaborate

laboratory[ləbɔ́rət(ə)ri, 《미》 lǽb(ə)rət(ə)ri] [명] (특히 화학의) 실험실, 연구소. [형] 실험실(용)의. 8
〔《래틴》 *ē-* out+*labōrāre* work 일하다 ←*labor* labour 노동; work out. 《래틴》 *labōrātus* worked+*-ōrium* (*-ory* 명사 어미); workshop 작업장〕

labyrinth[lǽbərinθ] [명] 미궁(maze), 미로(迷路). 8
〔《그》 *laburinthos* maze 미궁; 그리이스에서 생긴 말〕

labyrinthine[læbərínθain] [형] 미궁의, 미궁 같은; 착잡한(intricate). 〔labyrinth+ *-ine*〕

lace[leis] [명] 레이스; 엮은 끈, 짠 끈. [동] 레이스로 꾸미다; 끈으로 매다, 꿰다〔through〕; 가미하다(flavour). 2
〔《고프》 *la(q)s* ← 《래틴》 *laqueus* a noose 올가미〕

lack[læk] [명] 결핍, 부족 (shortage). [동] (…이) 없다, 결핍하다. 2
for(또는 ***by, from, through***) ~ ***of*** … …이 부족하기 때문에. ***no ~ of*** … 많은…. ***be ~ing in***… …이 없다.
[동의어] **lack**는 긴요한 것이나, 희망하는 물건이 없다거나 불충분하다는 뜻이다. **want**는 필요한 것이 결핍되었기 때문에 그것을 보충하고자 한다는 뜻으로 뜻이 need보다 약하고 lack보다 강한 회화에 많이 쓰이는 말이다. **need**는 부족이나 결함 때문에 필요로 한다는 뜻이다. **require**는 want, need보다 필요성을 강조하나 demand보다 뜻이 약한 말이다. **demand**는 가장 뜻이 강하고 딱딱한 말이다.

lacquer[lǽkə] [명],[동] 랙커(칠 하다); 옻(칠 하다); 칠기(漆器).
〔《포르투》 *lacre* sealing-wax 봉랍(封蠟)←《페르샤》 *lak* gum-lac 수지(樹脂)모양의 라크〕

lad[læd] [명] 젊은이(youth), 소년(boy). [반] lass 처녀. 2

ladder[lǽdə] [명] 사닥다리; (출세 따위의) 연줄, 수단; (양말의)올이 터져 생긴 홈(run). [동] 《영》 (양말의)올이 길게 터지다 (develop ladder). *cf.* rung (사닥다리의)단(段). 3
〔《중영》 *laddre;* 《고영》 *hlæd(d)er* ladder; 사닥다리; *cf.* 《독》 *leiter*〕
kick down the ~ 출세의 은인이 된 사람을 저바리다, 출세에 도움이 된 직업을 그만 두다. ***climb a rung of the social ~*** 사회적 지위가 오르다. ***mend ~s in a stocking*** 양말의 올이 터진 것을 고치다.

lade[leid] [동] (laded, laden) (짐을) 신다(load) 《이 뜻으로는 보통 load를 쓴다》; (무거운 짐을)지우다; (국자 따위로)푸다. 4
〔《중영》 *laden;* 《고영》 *hladan;* *cf.* 《독》 *laden*〕

laden[léidn] [형] …을 실은(loaded); …을 진〔with〕. [동] lade의 과거분사.

ladle[léidl] [명], [동] 국자(로 떠내다) 〔out〕; (무턱대고) 주다(give out). 10
〔lade+ *-le*(명사 어미); 물을 lade 하는데 쓰는 것→국자〕

lading[léidiŋ] [명] 적재(積載); 적하(積荷 freight); 배에 실은 짐(cargo). 〔lade+ *-ing*(명사 어미)〕 10

lady[léidi] [명] 귀부인, 숙녀; (Ladies)부인용 화장실 《게시해 둔 말》. [반] gentleman=Gentlemen 신사용 화장실. 1
〔《고영》 *hlǣfdige* lady 숙녀←*hlāf* a loaf 빵+ *-dīgé* kneader 반죽하는 사람; a loaf kneader 빵을 반죽하는 사람→가정 주부→숙녀〕
☞ loaf, lord, dike, dairy

lag[læg] [동] 느리게 걷다(go slowly); 처지다, …에 뒤떨어지다〔behind〕. 5

laggard[lǽgəd] [명], [형] 굼벵이(의), 느림보(의). 〔lag+ *-ard*(사람을 뜻하는 명사 어미)〕

lair[lɛə] [명] 짐승의 소굴(den); 사람이 쉬는 곳. 8
〔《중영》 *leir;* 《고영》 *leger* ← 《고영》 *licgan* lie down 들어 눕다; 들어 눕는 (곳)〕
☞ lie

lake[leik] [명] 호수. *cf.* pond 연못. 1
〔《고프》 *lac*←《래틴》 *lacus* 호수〕

lamb[læm] [명] 새끼 양(의 고기); 얌전한 사람. [동] (양이)새끼를 낳다. 2
〔《중영》 *lamb, lomb;* 《고영》 *lamb;* *cf.* 《독》 *lamm*〕
the Lamb 예수 그리스도 (Jesus

Christ).
참고 sheep 양; ram (거세하지 않은) 숫 양; ewe [ju:] 암 양; whether (거세한) 숫 양; baa 매애애 (양의 우는 소리); bleat (양이)울다; mutton 양고기; sheepcote 양우리.

lambkin[lǽmkin] 명 새끼 양, 사랑하는 자식. [lamb+ -kin (축소 어미); small lamb 새끼 양]   10

lame[leim] 형 절름발이의, 절뚝거리는; 불충분한. 동 절름발이로 만들다(cripple).   3
[《중영》 lame; 《고영》 lama; cf. 《독》 lahm]

lament[ləmént] 동 슬퍼하다 (grieve), 울다(weep), 애도하다(mourn for). 명 비탄; 비가(悲歌) dirge).   4
[《래틴》 lāmemtum a mournful cry 슬픔에 잠긴 울음←lā- utter a cry 소리치다; cf. lātrāre bark]

lamentable[lǽməntəbl] 형 슬픈(mournful), 통탄할(regrettable). [lament + -able (형용사 어미)]   8

lamentation[læˌmentéiʃ(ə)n] 명 비탄; 통곡; 애가(哀歌).   5
[lament+ -ation (명사 어미)]

lamp[læmp] 명 남포, 등잔, 등불.   2
[《래틴》,《그》 lampas torch 횃불, light 등불←lampein shine 비추다]
☞ lantern

lamp-post[lǽmppoust] 명 가로등 주(街路燈柱). [lamp+post(기둥)]
☞ post

lance[lɑːns] 명 창(槍). 동 창으로 찌르다; lancet로 찌르다(쎄다).   4

lancet[lɑ́ːnsit] 명 (수술용) 란세트; 바소, 대패침. [《프》 lancette←lance lance 창+ -ette (축소 어미); small lance 작은 창]

land[lænd] 명 땅, 육지; 지면(ground), 토지(soil); 나라(country). 동 상륙하다, 착륙하다; 육태질하다. 반 sea   1

landing[lǽndiŋ] 명 상륙, 착륙; 육태질; 층계 참(站) (계단 중간의 좀 넓은 데). [land+ -ing (명사 어미)]

landlady[lǽn(d)leidi] 명 (여관 따위의) 여주인; 여자 집 주인; 《드물게》여자 지주. 반 land lord [land+lady]

landlord[lǽn(d)lɔːd] 명 (하숙, 여관 따위의) 주인, 지주, 집 주인. [land+lord] cf. tenant 땅 빌린 사람, 소작인, 전세 든 사람.   ☞ lord   8

landmark[lǽn(d)mɑːk] 명 경계표 (境界標); 역사상 획기적인 사실.   8
[land+mark]   ☞ mark

landowner[lǽndoune] 명 지주. [land+owner (소유자)]

landscape[lǽn(d)skeip] 명 경치; 풍경화; 경관(景觀).   5
[landskip 로 적기도 했다. 《홀런드》 landschap a landscape, province 현 (縣)←land land 육지 +-schap; -scape는 -ship (영) (명사 어미)와 같음]   ☞ land, -ship

landslide[lǽn(d)slaid] 명 (미) (산의) 사태 (《영》 landslip); (정당의)압도적 득표(승리). [land+slide]

lane[lein] 명 좁은 길, 시골 길, 골목길; (비행기, 기선 따위의) 항로; 《미》 자동차 통로; (경주장 따위의)코우스.   3
It is a long *lane* that has no turning. 《속담》 구부러지지 않는 골목은 없다《쥐구멍에도 볕들 날이 있다》.

language[lǽŋgwidʒ] 명 언어 (speech), 말씨; 국어; 용어.   2
[《프》 langage←langue tongue 혀←《래틴》 langua tongue]
☞ lingual, linguistic

languid[lǽŋgwid] 형 나른한(fatigued), 생기 없는. 반 vigorous 활발한.   8
[《래틴》 languidus feeble 약한←*languēre* be weak]

languish[lǽŋgwiʃ] 동 늘어지다, 약해지다, 풀이 죽다(droop); 고민하다; 몹시 그리다(pine)[for].   5
[《중영》 languishen←《래틴》 *languēre* be weak]

languor[lǽŋgə] 명 무기력; 고달픔;피로, 쇠약; 우울함. [《래틴》 languor←*languēre* be weak]

languorous[lǽŋgərəs] 형 나른한; 고달픈; 우울한. [languor+ -ous (형용사 어미)]

lank[læŋk] 형 야윈(thin), 호리 호리한(slender); 홀쭉한.   9

lanky[lǽŋki] 형 멋 없이 홀쭉한. [lank+ -y (형용사 어미)]

lantern[lǽntən] 명 제등(提燈), 간데라; (등대의) 등실(燈室); 환등(magic lantern).   4
[《래틴》 lanterna, lāterna a lantern←《그》 *lamptēr* light 등불, torch 횃불 ←*lampein* shine 비추다]

Chinese ~ 초롱. ~ *slide* 환등 슬

lap 라이드. ☞ lamp

lap[læp] 图 (앉은 때의) 무릎; (스카아트의) 무릎 부분, 겹치는 부분; (실의) 한 감개; (경기장의) 일주. 图 감다, 두르다(wrap); 겹치(어지)다[over]; 핥(아 먹)다; (파도기 기슭을)씻다. 2
in the ~ *of luxury* 온갖 사치를 다하여.

lapel[ləpél] 图 (코오트, 웃 옷 따위의) 접은 옷깃. [lap+ -*el* (축소 어미)]

lapse[læps] 图 (시간의) 경과; 타락(backsliding); 과실, 실책(slip); (권리 따위의) 상실. 图 시간이 경과하다; 잘 못빠지다, 타락하다; 무효가 되다; (남의 손에) 넘어가다[to]. 7
[《래틴》 *lapsus* falling 멸어짐←*lapsāre* slip 미끄러져 내려가다←*lābī* slip] ☞ collapse, relapse, elapse

larch[lɑːtʃ] 图 낙엽송(落葉松)(재목). 9
[《래틴》 *larix* larch]

lard[lɑːd] 图 돼지 기름, 라아드. 图 (맛을 좋게 하기 위하여 요리하기 전에)베이콘이나 돼지 기름을 끼우다; (글이나 이야기를) 꾸미다 (enrich). 4
[《고프》 *lard*←《래틴》 *lardum* lard, fat of bacon 베이콘의 기름기]

larder[lɑ́ːdə] 图 (가공을 아직 안한) 식료품 저장소; 저장된 식료품. *cf.* pantry 식료품실, 식기 두는 방.
[lard+ -*er*; 육류(肉類) 저장소]

large[lɑːdʒ] 图 큰 (big); 넓은(broad); 충분한(sufficient); 관대한(generous).
⑨ small 작은. 1
[《프》 *large*←《래틴》 *largus* great 큰, liberal 자유로운]
at ~ 상세히, 충분히(fully); 자유로(at liberty); 널리, 일반적으로. *in (the)* ~ 대규모로(on a large scale).

largely[lɑ́ːdʒli] 图 크게; 매우; 널리; 대부분, 주로; 너그럽게. 9

[동의어] **large**는 형태, 분량, 비율이 크다는 뜻이나. **big**은 특히 부피, 무게, 정도에 대하여 큼을 나타내며 **great**는 **large**에 비하여 회화에 많이 쓰이고, **large**처럼 품위는 없는 말이나 뜻은 강하다. **great**는 크기나 정도가 뛰어나고 인상적임을 뜻하며 **large** 와는 달리 칭찬의 기분이 섞인 말이다. 따라서 "뉴우요오크가 크다"고 할 때에 "New York is a *large* place"라고 하면 그저 크다는 뜻이고, "New York is a *big* place" 라고 하면 같은 뜻을 좀더 부드럽게 표현한 것이며 "New York is a *great* place"라고 하면 그 크고 혼잡하고 화려한 생활 따위에 놀랬다는 뜻이 덧붙여 진다.

lark[lɑːk] 图 종달새(skylark); 희롱(frolic). 图 희롱하다. 3
[《중영》 *larke*, *laverock*; 《고영》 *lāwerce*; *cf.* 《독》 *lerche*]

larva[lɑ́ːvə] 图 (*pl.* larvae[lɑ́ːviː])유충, 애벌레. 7
[《래틴》 *larva* ghost 유령, mask 가면; 애벌레 (caterpiller)의 과학명]

lascivious[ləsíviəs] 图 음탕한; 도발적인. 10
[《래틴》 *lascīvus* lustful 음탕한←(쌍스크릿》 *lash* desire 욕망]

lasciviously[ləsíviəsli] 图 음탕하게.

lash[læʃ] 图 채찍의 휘청거리는 부분; 채찍질; 속눈섭(=eyelash). 图 채찍질하다, 몹시 꾸짖다. 5

lass[læs] 图 계집애, 처녀, 소녀(girl). ⑨ lad 젊은이. 5

last¹[lɑːst] 图 《late의 최상급》 최후의; 최근의, 지난…; 결코 …할 것 같지 않은[to be, to do]. 图 최후; 죽음. 图 최후로 (lastly), 요전번에, 최근. 1
⑨ first 최초의.
[《중영》 *last*(e), *lat*(e)*st*←《고영》 *latost*(læt late 늦은의 최상급)] ☞ late
at ~ 결국, 마침내 (finally, at length). ~ *but one*(two) 끝으로 두(세)번째. ~ *but not least* 끝으로 대단히 중요한 말인데. (*the*) ~ …*to do* 아무래도 할 것 같지 않는….

last²[lɑːst] 图 계속하다(continue);견디다, 지속하다; 충분하다(suffice). 图 지구력(持久力), 내구력(耐久力), 끈기.
[《중영》 *lasten*, *lesten*; 《고영》 *læstan* follow in the track of… …의 자취를 쫓다 ←*lāst* foot-track 발자욱]

lasting[lɑ́ːstip] 图 계속하는(enduring); 영구한(permanent), 오래가는 (durable). [last+ -*ing*]

latch[lætʃ] 图, 图 걸쇠, 빗장(을 걸다). 5

late[leit] 图 (때)늦은; 최근의; 요전의, 후기의; 작고한, 고(故)…; 먼저의. 图 늦어서; 밤 늦게. ⑨ early 이른, 초기의; 일찍. 1
[《중영》 *lat*; 《고영》 *læt* slow 느린, ltae 늦은]

lately[léitli] 튄 최근에, 요즈음(recently). 7
참고 회화에서는 부정문과 의문 문에 lately를 쓰고, 긍정문에는 다른 어귀를 쓰는 때가 많다. 보기: I haven't seen him *lately*. I saw him *a short time* (또는 *a few days*) ago.

later[léitə] 혱,튄 (late의 비교급) 더 늦은, 그 뒤의; 뒤에. [late+ -er(비교급 어미)]
~ **on** 나중에; 더 나아가서.

latest[léitist] 혱 (late의 최상급) 최근의, 최신의. [late+ -est (최상급 어미)] cf. last.
at (the)~ 늦어도.

latter[lǽtə] 혱 뒤의, 후반의, 후자의; 마지막의. ⓐ former 전자의.
[later의 또 하나의 형태]
참고 late—later—latest는 시간적으로 늦다는 뜻이 있고, late—latter—last는 공간적으로 떨어져짐을 원칙적으로 나타내는 두 가지 변화이다.

latent[léit(ə)nt] 혱 숨은(concealed), 잠복해 있는. 8
[《라틴》 *latentem* hidden 숨은←*latēre* lie hid 잠복하다]
~ *period* (병의) 잠복기.

latence, -cy[léit(ə)ns, -si] 몜 잠복, 잠재(潜在). [latent+ -ce, -cy (명사 어미)]

lateral[lǽt(ə)r(ə)l] 혱 옆의, 옆으로 (부터)의; 측면의. 8
[《라틴》 *laterālis* belonging to the side 옆의←*latus* side 옆]

lathe[leið] 몜 선반(旋盤). 10

Latin[lǽtin] 혱 래틴(어)계의. 몜 래틴어; 래틴 사람. 3
[《라틴》 *Latīnus* of Latium; 지금의 Rome 남동쪽에 있다가 BC 5세기쯤부터 로마에 압도된 네이션 국의]

latitude[lǽtitjuːd] 몜 씨줄,위도(緯度); (견해, 행동, 사상 따위의)자유; 범위 (scope). ⓐ longitude 날줄, 경도. 7
[《라틴》 *latitūdo* breadth 넓이←*latus* broad 넓은]

lattice[lǽtis] 몜 격자(格子) (구조). 튈 …에 격자를 달다. 10

laud[lɔːd] 몜,튈 칭찬(하다) (praise), 찬미(의 노래). 10
[《라틴》*laudāre* praise 칭찬하다←*laus* praise 칭찬]

laudable[lɔ́ːdəbl] 혱 칭찬할만한, 훌륭한. [laud+ -*able* (형용사 어미)] 10
☞ applaud

laugh[lɑːf] 튈 웃다; 비웃다(jeer) [at]. 몜 웃음. ⓐ cry 울다. 1
[《중영》 *laughen, lehghen;* 《고영》 *hlihan; cf.* lachern]
~ *away* 웃고 지내다, 일소에 붙이다. ~ *in one's sleeve* 낄낄거리다, 몰래 웃다. ~ *off* 웃어 넘기다. ~ *out* 웃음보를 터뜨리다.
동의어 laugh는 쾌활하게 소리치며 웃는다는 뜻의 보편적으로 쓰이는 말이고, laughter는 laugh보다 오래 계속되는 웃음이라는 뜻으로 행동이라는 점을 특히 강조한 말이다. chuckle은 낮으막하고 부드러운 laugh로 아늑한 재미나 남몰래 느끼는 만족을 암시한다. giggle은 높고 빠르면서도 약간 억누르는 듯한 웃음으로 당황하거나 어리석음을 암시한다. titter는 giggle보다 고상하고 고요하게 우수꽝스러움을 참는 듯이 웃는 웃음이다. snicker는 남의 낭패나 음담 패설에 비굴하게 히히덕거림을 뜻하고 guffaw는 소리 높이 천하게 웃는 것을 뜻한다.

laughable[lǽfəbl] 혱 우스운, 웃을 만한, 가소로운. [laugh+ -*able*(형용사 어미)]

laughter[lǽftə] 몜 웃음(소리). [laugh+ -*ter*(명사 어미)] 3
burst into ~ 웃음을 터뜨리다 (burst out laughing).

launch[lɔːntʃ] 튈 진수(進水)하다, 진수시키다; 착수하다; (로케트, 인공 위성 따위를) 발사하다. 몜 진수(進水); 발사; 란티《군함에 싣고 다니는 대형 보오트》. 5
[《중영》 *la(u)nchen*←*lancen* shoot 쏘다]
☞ lance

laundry[lɔ́ːndri] 몜 세탁소, 빨래터;《속어》(the laundry) 빨래감. *cf.* drycleaning 화학 약품을 써서 하는 세탁, 드라이 클리이닝. laundry는 물로 씻는 세탁. 5
[《프》 *lavanderie;* launder 세탁하다 + -*y*(명사 어미)]

laundry-man[lɔ́ːndrimən] 몜 세 탁소 사람(주인 또는 고용인). [laundry+ man] ☞ lava

laurel[lɔ́(ː)r(ə)l] 몜 월계수(月桂樹); 《보통 복수》월계관, 영예(honour). 4
[《고프》 *lor* 월계수 + -*ier*(명사 어미)]

←《래틴》 *laurus* laurel-tree 월계수]
laureate[lɔ́:riit] 휑 월계관을 쓴. 10
[《래틴》 *laureātus* crowned with laurel 월계관을 쓴←*laurus* 월계수]
Poet Laureate 《영》 계관시인 (桂冠詩人).

lava[láːvə] 명 (화산의)용암(溶岩). 9
[《이태》 *lava* stream(of molten rock) (용암의)흐름←《래틴》 *lavāre* wash 씻다] ☞ lavish

lavish[lǽviʃ] 동 아낌 없이 주다, 낭비하다. 형 아끼지 않는, 낭비하는[of]; 풍부한(abundant). 5
[《래틴》 *lavāre* wash 씻다] ☞ lava

law[lɔː] 명 법률, 법칙(principle); (the law) 변호사직; 법(률)학 소송. *cf.* legal 법률의. 1
[《중영》 *lawe*；《고영》 *lagu*←《아이스》 *lög*; something laid down or settled 결정된 것.《게르만》 *ligjan* lie에서 온 말] ☞ lie
go to ~ (against, with) 고소하다.
lay down the ~ 명령적으로 언도하다; 꾸짖다.
[동의어] law는 "법률, 법칙"을 뜻하는 일반적인 말이다. rule은 질서나 통일을 위하여 일반적으로 지켜지는 규칙이다. regulation은 집단이나 조직체가 갖는 rule로서 당국에서 장려하는 것을 말한다. statue는 입법기관에 의하여 제정된 law나 성문률이다. ordinance 는 국회가 제정하지 않은 law, 즉 법령 따위이다. 미국에서는 시, 군, 마을 따위의 law를 뜻한다. canon은 교회의 계율이나 진실하고 선량한 관례에 일치한다고 인정되는 규칙이나 방칙이다.

lawful[lɔ́:f(u)l] 형 합법의; 정당한, 적출(嫡出)의. 반 unlawful 불법의, 부당한. [law+ *-ful* (형용사 어미)] 5

lawless[lɔ́:lis] 형 법이 없는, 법을 안 지키는; 불법의, 무법의. [law+ *-less* (without; 형용사 어미)] 6

lawmaker[lɔ́:mêikə] 명 입법자(立法者).

lawyer[lɔ́:jə] 명 법률가, 변호사. *cf.* attorney 대리인, 변호사. [law+ *-ier* (명사 어미)] ☞ fellow, lie, lay 3

lawn[lɔːn] 명 잔디(밭); 풀밭; 숲 사이의 빈 터. 2
[《중영》 *laund*←《고프》 *lande* heath 황야, wooded land 숲이 있는 곳; 켈토어에서 온 말]

lawn-mower[lɔ́:nmô(u)ə] 명 잔디 깎는 사람(기계).
lawn-tennis[lɔ́:ntếnis] 명 정구.
lawny[lɔ́:ni] 형 잔디의, 잔디가 많은. [lawn+ *-y*]

lax[lǽks] 형 느슨해진(loose), 헐렁한; 갱충적은; 애매한(vague); 설사하는. 반 tight 꽉 조인.
[《래틴》 *laxus* loose 느슨한] ☞ lease

lay¹[lei] 동 (laid) 두다 (place, put); 눕히다 (cause to lie); (계획을)세우다; (알을) 낳다; (책임 따위를)과하다(impose); (바람, 의혹 따위를)진정시키다. 반 raise 일으키다. 1
[《중영》 *leien, leggen*;《고영》 *lecgan*; *cf.*《독》 *legen*]
주의 lie "눕다"의 과거형 lay와 혼동하지 말 것.
~ about 마구 때리다. *~ aside* (또는 *away, by*) 떼어 두다, 모아 두다. *~ down* 내려놓다, 팽개치다; 규정하다, (계획을)세우다; 저축하다 (store); (돈을)걸다(bet); 재우다. *~ hold of* (또는 *on*)… …을 잡다, 쥐다. *~ in* 구입하다; 저축하다(save). *~ off* 취하여 두다; (잠시) 그만 두(게 하)다; 휴양하다; 구별하다(mak off). *~ on* (공격을) 가하다; (수도 따위를)끌다, (세를)과하다, (명령을)내리다. *~ out* 펴다(spread out); 설계하다 (plan); 쓰다(spend). *~ up* 저축하다, 떼어 놓다; 자게 하다.

layer[léiə] 명 쌓는 사람, 까는 사람; 알 낳는 닭; [lɛə] 층(層), 한 꺼풀; 꺾꽂이. [lay+ *-er* (명사 어미)]

lay²[lei] 형 (승려에 대하여) 속인(俗人)의; (전문가에 대하여) 초대의 (amateur), 문외한의(nonprofessional). 반 clerical 성직의, 승려의, professional 전문적인.
[《고프》 *lai* secular 속된←《래틴》 *lāicus*←《그》 *laikos* belonging to the people 속인에 속하는←*laos* the people 일반 사람들]

layman[léimən] 명 속인(俗人); 초대, 문외한의. 반 priest, clergyman 목사. expert 전문가. [lay²+man] 8

lazy[léizi] 형 태만한, 게으른(idle); 굼뜬. 반 diligent 근면한, industrious. 2

lead¹[liːd] 동 (led) 인도하다(conduct); 안내(지도)하다 (guide); 지휘하다, 인솔하다(direct); 앞장 서다(precede);

(남을)리이드하다. 圈 지도; 솔선, 앞장섬; 이기고 있음, 리이드. ⓐ follow 쫓다, 따르다. 1

주의 lead [led] 납과 혼동치 말 것.
[《중영》 leden; 《고영》 lǣdan; cf. 《독》 leiten]

~ *a quiet life* 고요한 생활을 보내다. ~ *off* 솔선하다; 시작하다(start). ~ *on* 꾀어내다. ~ *up to*… …까지 끌고 가다. *take the* ~ 선두에 서다, 솔선하다.

leader[líːdə] 圈 지도자, 지휘자, 영도자; 수령 (chief); (신문의)사설(leading article). [lead+ -*er* (명사 어미)] 2

leadership[líːdəʃip] 圈 지휘자의 지휘권, 영도권; 지도(력), 통솔(력). 7
[leader+ -*ship* (명사 어미)]

leading[líːdiŋ] 圈 주요한 (chief, principal), 일류의; 앞장서는, 지도 하는. 圈 선도(先導 guidance), 지도(direction). [lead+ -*ing*]

lead²[led] 圈 납; 신문기사의 첫줄; (연필의) 심; 흑연(black lead).
[《중영》 leed; 《고영》 lēad; cf. 《독》 lot]

leaden[lédn] 圈 납의, 납 같은; 무거운(heavy); 둔한 (dull); 음산한(gloomy). [《고영》 lēaden; lead+ -*en*]

leaf[liːf] 圈 (*pl.* leaves) (나무)잎, (책의)한 장; 문짝, (병풍의)한 쪽. 5
[《중영》leef; 《고영》 lēaf; cf. 《독》 *lauh*]

fall of the ~ 낙엽이 지는 때, 가을.

leafless[líːflis] 圈 잎이 없는. [leaf+ -*less*] 9

leaflet[líːflit] 圈 작은 잎사귀, (겹잎의)한 조각; 삽입광고. 9

leafy[líːfi] 圈 잎이 무성한, 잎이 많은, 잎으로 된. [leaf+ -*y*] 8

league[liːg] 圈 동맹(union), 연맹(association); 리이그 《옛적 거리 단위로 약 3마일》. 圈 동맹하다, 단결하다. 2
[《래틴》 *liga* league←*ligāre* bind 맺다]

in ~ *with*… …과 동맹하여 (allied with).

leak[liːk] 圈 새는 데, 새는 구멍. 圈 새다; 스미다(ooze). 6
[《중영》 leken; 《아이스》 leka drip 새다; cf. 《독》 lecken]

leaky[líːki] 圈 새는, 새기 쉬운. [leak+ -*y*]

lean[liːn] 圈 여윈 (thin); 빈약한 (scant); 흉작의. 圈 지방분 적은 고기. 圈 기대(게 하)다; 의지하다(rely)[on]; 기울다(incline), …의 기미가 있다 (tend), …에 치우치다. ⓐ fat 살찐, 기름기 많은. 2

통의어 lean은 사람이나 동물이 날 때부터 여윔을 뜻하나 건강하지 못하다는 뜻은 아니다. spare는 군살이 없고, 근골이 튼튼하다는 뜻이다. lanky는 "키가 늘씬하게 크고 여윈, 뼈 마디에 힘이 없어 보이는"의 뜻이다. skinny 는 (뼈와 가죽뿐으로) 몹시 여윔을 뜻하고 외관상 보기 싫고 기운이 없어 보인다는 뜻을 암시한다. scrawny는 skinny와 같은 뜻이면서 주로 미국에서 회화시에 사용되고 있는 말이다. gaunt 는 굶주림, 고통 따위로 초췌하고 여원다는 뜻이다.

leap[liːp] 圈 (leaped 또는 leapt) 뛰(어 넘)다(jump); 일약…이 되다[into]. 圈 뛰기, 도약(跳躍). 2

by ~*s and bounds* 급속도로, 일거에. ~ *in the dark* 무모한 행동.

leap-year[líːpjəː] leap year 圈 윤년(閏年).

learn[ləːn] 圈 (learned 또는 learnt) 배우다, 익히다; 외우다 (memorize); 알게 되다(find out). ⓐ teach 1
[《중영》 lernen 《고영》 leornian; cf. 《독》 lernen]

~ *by heart* (또는 *rote*) 암송하다, 암기하다.

learned[lə́ːnid] 圈 학식이 있는, 박학한; …에 통달한 [in]. [learn+ -*ed*]
주의 과거(분사) learned의 발음은 [ləːnt 또는 ləːnd]이다.

learner[lə́ːnə] 圈 학습자, 배우는 사람; 초보자. ⓐ teacher [learn+ -*er* (사람을 뜻하는 명사어미)]

learning[lə́ːniŋ] 圈 학식, 학문; 박학. [learn+ -*ing*] ☞ lore

lease[liːs] 圈 (토지, 가옥 따위의)임대차 계약(賃貸借契約); 삯주고 빌린 권리, 전세권; 사용 기한. 圈 (토지, 가옥 따위를)빌리다, 빌려 주다. *cf.* rent 땅세, 집세. 7
[《프》 *laisser* let go 놓아주다←《래틴》 *luxāre* slacken 헐렁하게 하다←*laxus* loose 헐렁한]

by(또는 *on*) ~ 임대차 계약에 의하여, 전세로. *take a new* ~ *of life*

(병이 완쾌하여) 목숨을 건지다, 수명이 길어지다.　☞ lax

least[li:st] (little의 최상급) 명, 형 최소(의), 가장 적은. 부 가장 적게. ⓐ most 가장 많은.　　1
[(고영) læst, læsest (læssa less의 최상급)]

at(the) ~ 적어도. ~ *of all* 그중에서도 가장(특히)…않는(not at all). *not in the* ~ 조금도 … 안하다. *to say the* ~ (of it) 극히 좋게 (너그럽게) 말해서.

leather[léðə] 명 무두질된 가죽; 가죽제품; pl. 승마용 가죽 바지. 통 가죽을 대다; cf. skin, hide.　　2
[(고영) lether; cf. (독) leder]

leathern[léðən] 형 가죽으로 만든. 10

leave¹[li:v] 통 (left) 떠나다, 가버리다 (depart); 남기다, 두고 가다; 내버려두다, …을 시켜두다(allow).
~ *alone* 간섭 안하다, …을 안 건드리다. ~ *behind* 남겨 두고 가다, 잊어버리고 가다. ~ *hold of* … …을 놓다. ~ *off* 그만 두다(stop) [-ing]; 벗다. ~ *out* 빼다, 생략하다(omit). ~ *over* 뒤에 남기다, 후로 미루다. ~ *to himself* 마음대로 하게 내버려 두다, 방임하다.　　1
[(중영) *leuen, leven* (고영) *læfan* leave behind 뒤에 남기다)]

leave²[li:v] 명 허가 (permission); 휴가 (기간); 작별, 하직.　　1
[(고영) *læaf* permission; 원 뜻은 pleasure 즐거움]

by your ~ 실례를 무릅쓰고, 실례입니다마는. ~ *of absence* 휴가, 사가 (賜暇). *on* ~ 휴가로. *take* (one's)~ (…에) 작별을 고하다, (…에) 하직하다. *take French* ~ 인사도 안하고 가다, 말도 없이 물러가다(18세기 프랑스 사교계에서는 파아티에서 주인(host, hostess)에게 인사도 안하고 가버리는 풍습이 있었기 때문). *take* ~ *of one's senses* 정신이 돌아버리다, 미쳐버리다 (go mad).　☞ love

leaven[lévn] 명 효모(酵母), 누룩; 잠재력. 통 띄우다, 발효(發酵)시키다; 영향을 미치다; cf. yeast 효모.　7
[(래틴) *levāmen* that which raises 높이는 것←*levāre* raise 올리다←*levis* light 가벼운; 땅을 부풀게 하는 것]

lecture[léktʃə] 명 강의, 강연, 강화; 설유 (admonition). 통 강의하다, 강연하다; 설유하다, 꾸짖다(scold).　4
[(래틴) *lectūra* commentary 주서←*lectus* read 읽어진←*legere* read 읽다]

lecturer[léktʃ(ə)rə] 명 강연자, 강사. [lecture+ -er (명사 어미)]　10
☞ lesson, legend

ledge[ledʒ] 명 (벽에서 내민) 좁은 선반 (shelf); 암초; 광맥.　5
[(중영) *legge* support, bar 지주(支柱)←(고영) *lecgan* lay 놓다; 원 뜻은 "받들어줌, 지지"(support)]

'e:[li:] 명 바람이 불어 가는 쪽; 보호; 응달.　4
[(중영) *lee* shelter 피난처←(아이스) *hlē*; cf. (독) *lee*]

leech[li:tʃ] 거머리; 착취자.　8

left[left] 형, 부 왼쪽의(에). 명 왼쪽, 좌측; (the Left) 좌익, 급진파, 과격파. ⓐ right 오른 쪽(의); 우익.　1
[(중영) *left, lift, luft* ←(고영) *lyft* weak 약한; 보통 힘이 약한 쪽(의 손) →왼쪽]

leftist[léftist] 형, 명 좌익의 (사람). [left+ -ist]

leg[leg] 명 다리, 정강이; 각부(脚部); cf. foot 발. ⓐ arm 팔.　1

leggings[léginz] 명 pl. 각반(脚絆). 7

legacy[légəsi] 명 유산; 대대로 전하여 오는 것.　8
[(래틴) *lēgātium* bequest 유산←*lēgāre* bequeath 남기다, 전하다 ← *lex* law 법; 법률에 따라 물려주다]

legal[li:g(ə)l] 형 법률(상)의; 합법적인 (lawful); 법정(法定)의. ⓐ illegal 불법의. cf. law 법률.　5
[(래틴) *lēgālis* legal←*lex* law; *leg-*law+ -al (형용사 어미); loyal의 자매어]

동의어 **legal**은 성문률(成文律)이나 그 집행에 관계가 있거나 일치한다는 뜻을 나타내며, lawful보다 딱딱한 말이다. **lawful**은 법률의 조문보다도 그 주의(主義)에 맞는다는 뜻으로 legal보다 일반적인 말이다. **legitimate**는 (자격이나 권리에 대한 요구 따위가) 합법적이고 정당하다고 인정된다는 뜻이며, **licit**는 특히 직업이나 개인적 관계에 있어서 엄밀하고 합법적임을 뜻하나 드물게 쓰인다.

☞ illegal, legislation, legitimate, loyal, legation

legalize[lí:gəlaiz] [동] 법률화하다; 법률상으로 인정하다; 합법화하다.
〔legal+ *-ize* (동사 어미)〕
legalization[lì:gəlaizéiʃ(ə)n] [명] 합법화, 법률화. 〔legalize+ *-ation* (명사어미)〕 「loyal, legate
☞ illegal, legislation, legitimate,
legate[légit] [명] 로마 교황 사절; 《고어》 대사, 사절. [ligéit] [동] 유증(遺贈)하다. 10
〔《래틴》 *lēgātus* deputy 대리인←*lēgāre* appoint 지명하다←*leg- lex* law 법률, contract 계약〕 ☞ legal
legation[ligéiʃ(ə)n] [명] 공사관; 《집합적》 공사관원 전원. *cf.* embassy 대사관, minister, envoy 공사.
〔legate+ *-ion* (명사 어미); 계약(contract)을 맺은사람〕 ☞ legal
legend[lédʒ(ə)nd] [명] 전설; (메달 따위의)제명(題銘 motto); (도표·삽화 따위의) 표제(caption); 설명문구. 5
〔《래틴》 *legenda* things to be read 읽혀지는 것←*legere* read 읽다〕
legendary[lédʒ(ə)nd(ə)ri] [형] 전설의, 전설 같은. 〔legend+ *-ary* (형용사 어미)〕 9
☞ lecture, legion
legion[lí:dʒ(ə)n] [명] 군대, 군세; 대군(大軍); 다수; (고대로마의)군단. 4
〔《고프》 *legion*←《래틴》 *legio* 4200명에서 6000명 으로 구성된 로마 군단←*legere* gather 모으다; 모은 사람들〕
British ～ 영국 재향군인회.
☞ lecture, legend
legislate[lédʒisleit] [동] 법률을 제정하다; 《미》 법률로…하다.
〔legislator, 또는 legislation 에서 거꾸로 만들어낸 말〕
legislation[lèdʒisléiʃ(ə)n] [명] 입법; 법률, 법제(法制). 〔《래틴》 *lēgislātiōnem*←*lēgis* of law+*lātio* proposing; proposing of law 법률의 제안〕 7
legislative[lédʒisleitiv] [형] 입법의, 입법부의; *cf.* administrative 행정부의 judicial 사법부의. 9
〔legislate+*-ive* (형용사 어미)〕
legislator[lédʒisleitə] [명] 입법자. 9
〔《래틴》 *lēgis* of law+*lātor* proposer, 제안자←*lex* law; *lātum* bear 가져가다; proposer of law〕
legislature[lédʒisleitʃə] [명] 입법부; (특히 미국의) 주의회. 5
〔legislate+ *-ure* (명사 어미)〕
☞ legal, legate, legitimate
legitimate[lidʒítimit] [형] 합법의(lawful); 정통의; 정당한 (proper); 도리에 맞는(logical); 적출(嫡出)의.
〔《래틴》 *lēgiti mātus* declared to be lawful 합법적이라고 선포된←*lēgi-lex* law+ *-timus* (형용사 어미)〕
legitimacy[lidʒítiməsi] [명] 정당성, 합법성; 정통, 적출.
〔legitimate+ *-cy* (명사 어미)〕
☞ legal, legislation
leisure[léʒə, 《미》 lí:ʒə] [명] 짬, 여가 (spare time). [형] 한가한, 틈이 있는, 짬이 많은. [반] busyness 바쁨, 분주함. 5
〔《고프》 *leisir* leisure 짬←《래틴》 *licēre* be permitted 허락 받다, 허락되다〕
at ～ 한가하여(free); 천천히 (with no hurry); 일을 하지 않고. ***at one's*** ～ 한가할 때, 짬이 있을 때. ***the ～d class*** 유한 계급.
leisurely [léʒəli, 《미》 lí:ʒəli] [형] 유유한, 침착한. [부] 유유히, 천천히.
〔leisure+ *-ly*〕 ☞ license
lemon[lémən] [명] 레몬(색); 《미 속》 쓸데 없는 것(사람). 4
〔《프》 *limon* ← 《페르샤》 *līmūn(ā)* lemon 레몬; 말라야에서 온 말〕
lemonade[lèmənéid] [명] 레몬수(水).
〔lemon+ *-ade* (재료의 결과를 뜻하는 명사어미)〕 4
lend[lend] [동] (lent) 빌려주다; (힘 따위를)가하다. [반] borrow 빌리다. 3
〔《중영》 *lenen* 《고영》 *lǣnan* lend 빌려주다←《고영》 *lǣn* loan 빚, 빌려줌; *cf.* 《독》 *lehnen*〕 ☞ loan
length[leŋ(k)θ] [명] 길이, 세로; 기한; 거리; (보오트·말)하나의 길이; *cf.* long 긴. 1
〔《중영》 *lengthe*《고영》 *length*←《고영》 *lang* long 긴; long+ *-th* (명사 어미)〕
at full ～ 상세히, 큰 댓자로. ***at*** ～ 드디어; 장황히, 상세히(at full length).
[참고] long → length; heal → health; broad→breadth; etc.
lengthen[léŋθ(ə)n] [동] 길게 하다, 연장하다(extend, prolong); 길어지다.
〔length+ *-en* (동사 어미)〕 6
lengthwise[léŋθwaiz] [형],[부] 세로의, 세로로; 길이의. 〔length+ -wise〕 10

lens[lenz] 명 (*pl.* lenses) 렌즈; (눈의) 수정체(水晶體). 10
[《라틴》 *lens* lentil 불콩(扁豆); 볼록 렌즈의 모양이 불콩처럼 양쪽이 볼록하다고 해서; *cf.* 《독》 *lenz*]

lentil[léntil] 명 편두(扁豆).
[《고프》 *lentille* ← 《라틴》 *lenticula* little lentil ← *lens* lentil]

leopard[lépəd] 명 표범(panther). 8
[《그》 *leo- leōn* lion 사자 + *pardos* pard 표범]
동계어 **pard**[pa:d] 명 《고어》 표범. [《그》 *pardos*]

leper[lépə] 명 문둥이, 나병환자. 9
[《그》 *lepra* leprosy 문둥병 ← *lepros* scaly 비늘모양의 ← *lepos* scale 비늘 ← *lepein* peel (껍질 따위가) 벗겨지다; 문둥병환자의 피부가 벗겨진다고 해서]

leprosy[léprəsi] 명 문둥병, 나병(癩病). [《라틴》 *leprōsus* leprous 문둥병의 + -*y* (명사 어미)] 10

leprous[léprəs] 형 문둥병의, 나병의.
[《라틴》 *leprōsus* ← *lepra* leprosy 문둥병 + -*ous*]

less[les] (little의 비교급) 형, 부 더 작은, 더 적은, 더 적게; 더 못한(inferior). 명 보다 적은 수량(액수). 전 …만큼 모자라는(minus). 반 more 1
[《중영》 *lesse lassè* 형; *les* 부; 《고영》 *lǣssa* 형; *lǣs* 부; little의 비교급이나 어원이 다르다]

in ∼ *than no time* 곧. *little* ∼ 거의 비슷할만큼. *much* (또는 *still*) ∼ 더군다나 … 은 아니다: I do not say that he is negligent, *much* (*still*)*less*, that he is dishonest. 나는 그가 태만하다고 하지는 않는다, 하물며 정직하지 못하다고 할 리가 없지. *no* ∼ *than* … 다름아닌 … 이다; *cf*. no more than. *no* ∼ *useful than* … …과 같이 유용하여. *none* (또는 *not*) *the* ∼ 그래도(역시).

lessen[lésn] 동 적게(작게) 하다: 줄(이)다; 적어(작아)지다. [less + -*en* 동사 어미] 5

lesser[lésə] 형 더욱 작은; 작은 쪽의.
[《중영》 less + -*er*] 6

lesson[lésn] 명 학과, 과업; 교훈; (흔히 복수) 수업. 1
[《프》 *leçon* ← 《라틴》 *lectio* reading 읽기, 읽을 거리 ← *legere* read 읽다; lecture와 같은 어원] ☞ lecture

lest[lest] 접 …하지 않도록, …하면 안되니까 (for fear that); …하지나 않을까하고 두려워한다(fear)는 뜻을 나타내는 명사, 동사 뒤에 쓰면 that과 같다.
[《중영》 *lestè*, *lest* 부; 《고영》 *lǣsest, lǣst*] 3

Be careful *lest* you *should* fall from the tree. 나무에서 떨어지지 않도록 조심해라. we were afraid *lest* (that) he *should* get here too late. 우리는 그가 늦는 것이 아닌가 하고 걱정하였다.
주의 미국에서는 lest 뒤에 should를 안쓰고 가정법 현재를 쓰는 때도 있다.

let[let] 동 …하게 하다, 시키다(allow); 빌려주다(rent); 새어나가게 하다(allow to escape). 조 《일인칭, 이인칭의 명령에 써서 "권유, 명령, 가정" 따위를 나타낸다》; *Let's* go 갑시다. *Let* it be done. 그걸 해버려라. *Let* the two lines be parallel. 두 직선이 평행이라고 하자. 1
[《중영》 *leten* 《고영》 *lǣtan, lētan*; *cf.* 《독》 *lassen*]

House (또는 *Room*)*to* ∼ 셋집 [셋방] 《광고》. ∼ *in* 들어오게 하다, 안내하다, 속이다. *Let me see* 그런데.

동의어 **let**는 상대방이 하는 대로 내버려둔다는 뜻인데, 적극적 동의를 표시하면서 반대나 저항을 않는다는 뜻도 포함된 일반적인 말이다. **allow**는 상대방의 하는 것을 인정하고, 그대로 내버려둔다는 뜻으로 permit나 let 보다 소극적 동의를 암시한다. **permit**는 allow보다 형식적이고 적극적인 동의나 허가를 준다는 뜻이고, **suffer**는 수동적으로, 또는 싫어하면서도 참고 allow 한다는 뜻이나 비교적 드물게 쓰인다.

let's[lets] let us 6

letter[létə] 명 글자; 편지; *pl*. 학문(learning), 문학(literature), (학문·문학적)교양; *cf.* literal 글자의. 1
[《프》 *lettre* ← 《라틴》 *littera, litera* letter 글자, 편지]

a man of ∼*s* 문학자, 저술가(author), 학자(scholar). *to the* ∼ 글자그대로. ☞ literal, literature

lettered[létəd] 형 학식이 있는; 글자가 들어 있는.

letter-box[létəbɔks] 명 우편함.

letter-card[létəka:d] 명 봉함엽서.

letter-paper[létəpèipə] 명 편지용지.

lettuce[létis] [명] 상치, 양 상치. 6
〔《래틴》 *latūca* lettuce 상치← *lact-lac* milk 젖; 젖같은 즙이 많이 나는 식물〕

level[lévl] [명] 수평, 평면; 평지; 수준(기); 높이. [형] 평평한(even), 수평의 (horizontal); 동등한〔with〕; 평온한. [부] 수평으로, 평평히; 우열이 없이, 동등하게. [동] 수평으로 하다(make level). 같은 수준으로 만들다; (성·도시 등을) 파괴하다, 넘어뜨리다; 겨누다(aim). 2
〔《고프》 *livel, liveau*←《래틴》 *lībella* level 수평←*lībra* balance 천칭(天秤); *cf.* 《프》 *niveau*〕
***find one's* ～** 분에 맞는 지위에 앉다, 알맞는 자리에 들다. ***on a* ～ *with* …** …과 같은 수준으로, …과 동등하게.
☞ libra, equilibrium

lever[lí:və] [명],[동] 지레(로 움직이다). 9
[주의] liver[lívə] 간장(식용), river [rivə] 강과 혼동하지 않도록.
〔《래틴》 *levātor* lifter 드는 사람, 뜨는 기구←*levāre* lift 들다←*levis* light 가벼운〕
[동계어] **levity**[léviti] [명] 경솔, 부박(浮薄), 경거망동. 〔《래틴》 *levitas* lightness 가벼움←*levis* light 가벼운〕
elevator[éliveitə] [명] 엘레베터, 승강기. 〔《래틴》 *ē-* out+*levāre* lift+ *-or* (명사 어미)〕 7
☞ levy, elevator, elevate, leaven

levy[lévi] [명] 과세(課稅), 징세, 세금; 《군인》징집, 소집(인원). [동] 소집하다, 징발하다; (전쟁을)일으키다. 6
〔《프》 *levée* levy 징세, 징집←《래틴》 *levāre* lift 들다, raise 올리다; →일으키다→군사를 일으키다→징집하다〕
☞ lever
～ *a tax on* … …에 세금을 부과하다. ***the* ～*ies*** 소집군대.

lewd[lju:d] [형] 음탕한, 호색의. 7

liable[láiəbl] [형] 책임있는(responsible) 〔for〕; … 하기쉬운(apt)〔to〕. 6
〔《래틴》 *ligāre* bind 속박하다+*-able* (형용사 어미)〕
liability[làiəbíliti] [명] 책임, 의무 〔for〕; *pl.* 부채(debts); 빠지기쉬움. 〔liable+ *-ity* (명사 어미)〕
liaison[li(:)éizɔ̃:(ŋ)] [명] 《프》 간통, 밀통; 연락, 연결. 〔《프》←《래틴》 *ligātiōnem* binding 연결←*ligāre* bind〕
～ *officer* 연락장교.
☞ obligation

libel[láib(ə)l] [명] 모욕이 되는 것, 불명예스러운 것; 명예훼손 문서. [동] 비방하다. 10
〔《래틴》 *libellus* a little book 작은책←*liber* book 책; 비난 문서〕

liberal[líb(ə)rəl] [형] 아끼지 않는; 풍부한(plentiful); 자유로운(free); 관대한 (generous). 4
〔《래틴》 *līberālis* befitting a freeman 자유인에게 어울리는←*līber* free 자유의 +*-ālis-al*〕
liberalism[líb(ə)rəlizm] [명] 자유주의. 〔liberal+*-ism*〕
liberality[lìbərǽliti] [명] 관대함, 도량; 활수(滑手), 시주한 물건, 연보. 〔liberal+*-ity* (명사 어미)〕 9
liberally[líb(ə)rəli] [부] 아낌없이, 풍부하게; 개방적으로, 자유롭게.
liberate[líbəreit] [동] 해방하다, 석방하다(set free), 자유롭게 하다. 8
[반] restrict 속박하다, 제한하다.
〔《래틴》 *līberātus* set free 해방된←*līber* free; *līber*+*-ate* (동사 어미)〕
liberation[lìbəréiʃ(ə)n] [명] 해방, 석방. 〔liberate+*-ion* (명사 어미)〕
liberty[líbəti] [명] 자유(freedom); 제멋대로 함; *pl.* 특권(privileges). 2
[반] slavery 속박, 노예의 신분.
〔《프》 *liberté*←《래틴》 *lībertās* freedom 자유←*līber* free+*-ty* (명사 어미)〕
at* ～** 자유로, 마음대로; 한가로이. **～ *hall 예의 범절을 무시하고 마음대로 행동할 수 있는 집. ***set at* ～** 해방하다, 석방하다. ***take* ～*ies with*…** …에 너무 무람 없이 굴다, 어려움 없이 굴다; 제멋대로 바꾸다.

library[láibrəri] [명] 도서관, 도서실; 장서; 서재; 문고, 총서(series). 2
〔《프》 *librairie* ← 《래틴》 *librāria* book-shop 책점←*librārius* of books 책의←*liber* book 책; *liber*은 원래 나무 껍질(bark)을 뜻하며 옛날에는 그위에 글을 썼다. 그래서 *liber*이 책을 뜻하게 되었다〕
☞ book, beech, Bible, papyrus
librarian[laibréəriən] [명] 도서관원, 도서계. 〔library+*-an* (사람을 뜻하는 명사 어미)〕

license, licence[láis(ə)ns] [명] 면허(장), 인가(permission); 감찰(鑑札); 자유, 특권, 방종(licentiousness). [동] 면허하

lichen 311 **lift**

다, 인가하다(authorize). ⓟ restraint 억제, 자제. 4
[《프》 *licence*←《래틴》 *licentia* freedom to act 행동할 자유←*licere* be permitted 허락되다] ☞ leisure
lichen[láiken] 몡 바위옷(地衣), 이끼. 9
[《래틴》 *lichēn*←《그》 *leihhēn* lichen 바위옷]
lick[lik] 통 핥다; 《속어》 때리다(beat). 몡 핥기, 한 번 핥기; 소량(少量)[of]. 4
[《중영》 *likken* 《고영》 *liccian; cf.* 《독》 *lecken*]
～ *one's lips* 입맛을 다시다. ～ *the dust* 굴복하다, 넘어지다.
lid[lid] 몡 뚜껑(cover); 눈까풀(eyelid). 4
참고 rid "벗어나다"와 혼동하지 말것.
[《중영》 *lid* 《고영》 *hlid* lid 뚜껑←《고영》 *hlīdan* cover 덮다]
lie[lai] 몡,통 거짓말(하다). ⓟ truth
참고 lied 과거(분사)형; lying 현재분사형. 1
[《중영》 *līzen, lezen* 《고영》 *lēogan; cf.* 《독》 *lügen*]
liar[láiə] 몡 거짓말장이. [lie+*-ar* (사람을 뜻하는 어미)]
lie²[lai] 통 (lay, lain; lying)눕다, 누워있다, 자고 있다(rest); (…에)있다 (consist)[in], 놓여 있다(be placed), 위치하다(be situated). 몡 위치, 방향; 상태. ⓟ rise 일어나다. 1
[《중영》 *lyen, liggen* 《고영》 *licgan; cf.* 《독》 *liegan*]
lief[li:f] 몡 기꺼이 자진하여(willingly).
[《중영》 *leef* 《고영》 *lēof; cf.* 《독》 *lieb*] 10
would as ～ … (*as*…) (…보다) … 하는 편이 좋다. ☞ love
liege[li:dʒ] 몡 신하된; 군주된. 몡신하 (liege subject); 군주 (liege lord). 7
[《고프》 *li(e)ge, liege*←《중세 독》 *ledic, lidic* free(especially from all obligation of service); (모든 봉사 의무에서) 자유로운; 《래틴》 *ligatus* bind와 혼동한 것]
liegeman[lí:dʒmən] 몡 신하, 부하.
lieu[l(j)u:] 몡 (in lieu of…) …의 대신으로 (instead of). 10
[《《프》 *lieu*←《래틴》 *locus* place 장소] ☞ local
lieutenant[《영육군》 lefténənt; 《영해군》 lu:t-또는 lət-; 《미》 lju:t-] 몡

(Lieut. 로 줄여 쓰거나 Lt. 로 합성어를 만듬) 상관 대리, 부관; 육군 중위; 《미》 해군대위, 《영》 해군소령. 4
[《《프》 *lieutenant* lieutenant←《래틴》 *locum tenens* one who holds another's place 다른 사람의 자리를 차지하는 자, 대리←*locus* place 장소; *tenēre* hold 차지하다, 갖고 있다]
참고 먼저 부관의 뜻이던 것이 차차 육·해군에서 전문적인 뜻으로 쓰이게 된 것이다. lieutenant colonel (colonel 의 대리역할을 하는 장교) 육군중령, lieutenant general(general 대리의 역할을 하는 장군) 육군중장, lieutenant commander (commander 해군 중령의 대리 역할을 하는 장교)해군 소령. captain이 "육군 대위, 해군 대령"을 각각 뜻하는 것은 육군과 해군의 조직이 다르기 때문에 생긴 것이다. ☞ lieu, tenant, tenable
life[laif] 몡 목숨, 생명; (집합적) 살아 있는 것, 생물(living things); 생애, 일생, 인생; 생활; 세상; 활기(vigor); 실물(크기). ⓟ death 죽음; *cf.* live 살다. 1
[《중영》 *lif, lyf* 《고영》 *līf; cf.* 《독》 *leib* body]
come (또는 *bring*)*to* ～ 소생하다, 소생시키다. *for* ～ 종신(終身). *for one'* (또는 *dear, very*) ～ 목숨을 걸고. *for the* ～ *of me* 《속어》 아무래도 …(안하다) (부정문에 쓴다); I can't *for the* ～ *of me* remember what happened. 아무래도 무엇이 일어났는지 알 수 없군요. *from* ～ 실물을 보고 (그리다). ～ *insurance* 생명 보험. *take* ～ 목숨을 빼앗다(kill). *this* ～ 이승. *to the* ～ 판에 박은 듯이, 산 것 같이. *true to* ～ 꼭 정말같음. *upon my* ～ 맹세코, 꼭.
lifeless[láiflis] 몡 생명없는; 활기 없는(dull). [life+*-less* (without; 형용사 어미)] 9
lifelong[láiflɔŋ] 몡 일생의, 종신의. [life+long]
lifetime[láiftaim] 몡 일생, 생애. 7 ☞ **live, alive, enliven**
lift[lift] 통 들어 올리다(raise), 높이다 (elevate); 올라가다, 높아지다; 걷어 치우다(remove). 몡 들어올리기, 높아짐; (걸어가는 사람을)태워 주기; 《영》엘레베터, 승강기〔《미》 elevator〕. 1

[동의어] lift는 물건을 보다 높은 위치에 들어 올린다는 뜻으로 raise보다 통속적인 말이다. raise는 특히 한 쪽을 들어서, 바로 세워서 수직이 되게 한다는 뜻의 일반적인 말이다. elevate는 raise보다 품위 있는 말로, 때때로 비유해서 사용된다. rear는 raise와 같은 뜻으로 문장 용어이다. hoist는 무거운 것을 도르래, 기중기 따위로 서서히 힘을 들여서 lift한다는 뜻이고, boost는 뒤나 아랫쪽에서 미는 것처럼 해서 lift한다는 뜻이며, heave는 천천히 노련하게 lift한다는 뜻이다.

light¹[lait] 圈 빛; 대낮(daytime), 새벽(dawn); 불빛, 등불, 영창; (성냥 따위의)불; 지식; 관점(viewpoint); 모양(aspect); 이채(異彩) shining figure). 圈 밝은, 옅은(pale). 圈 불을 붙이다, 타다, 태우다(kindle); 조명하다(illuminate); 명랑해지다(up). ⑩ dark 1 [《중영》 light←《고영》 lēoht light 빛; cf. 《독》 licht]

bring (또는 *come*) *to* ~ 명백히 하다, 명백해지다. *in the* ~ *of*··· ···에 비춰 보면, ···으로서. *man of* ~ *and leading* 능히 세상을 계발하고 지도해 나갈 만한 사람, 일세의 사표(師表). *see the* ~ *(of day)* 세상에 나오다, 태어나다. *strike a* ~ (성냥 따위의) 불을 켜다.

lighten¹[láitn] 圈 비추다, 밝게 하다, 빛나다(brighten), 번쩍이다(flash). 4 [light¹+ *-en*(동사 어미)]

lighthouse[láithaus] 圈 등대.

lightning[láitniŋ] 圈 전광(電光), 번개. [lighten+ *-ing*] 3
☞ enlighten

light²[lait] 圈 가벼운, 손쉬운(handy); 사소한(trivial); 즐거운(cheerful); 기민한(nimble); 경망한(wanton); 변덕스런(fickle). 囝 가볍게, 경쾌히(lightly). 圈 우연히 만나다 [on, upon]. ⑩ heavy 무거운. 1 [《중영》 light 《고영》 lēoht; cf. 《독》 leicht]

lighten²[láitn] 圈 가볍게 (편하게)하다; 가벼워지다. 4 [light²+ *-en*(동사 어미)]; make light]

lightly[láitli] 囝 가볍게, 경쾌하게.
☞ alight

like¹[laik] 圈 비슷한, 흡사한(similar); ···같은. 囝 《속어》 아마, 말하자면. 囵 ···처럼, ···과 같이. 囼 《속어》(···이 하는 것)같이 (as). 圈 비슷한 것, 맞먹는 것(equal). ⑩ unlike 닮지 않은. 1 [《중영》 *lyk, lik* 《고영》 *gelīc*; *cf.* 《독》 *gleich*]

and the ~ 등등, 따위 (and so forth). *feel* ~ ···*ing* ···하고 싶다. *look* ~ ···같다. *look* ~ ···*ing* ···할 것같다. *there's nothing* ~ ··· ···처럼 좋은 것은 없다.

likely[láikli] 圈 있을 법한(probable); ···할 것같은; 유망한(promising); 적당한(suitable). 囝 (보통 very, quite, most를 붙여) 아마. ⑩ unlikely 있을 법하지 않은. 3

as ~ *as not* 아마, 어쩌면 ···일지도 모른다. ~ *enough* 아마.

[동의어] likely는 일어날 가능성이 있다거나 기대할 수 있다는 뜻으로, 보통 좋은 예상에 대하여 사용된다. liable은 좋지 못한 것이나 위험 또는 화 따위를 초래하기 쉽다거나 쉽사리 느껴다는 뜻이다. apt는 타고난 경향이나 성벽(性癖) 또는 습관을 뜻하는데 보통 좋지 못한 경우에 사용된다. prone은 apt보다 뜻이 강하고 형식적인 말이다.

likelihood[láiklihud] 圈 가능성(probability). [likely+ *-hood* (명사 어미)] 10

in all ~ 아마, 십중 팔구는(probably).

liken[láik(ə)n] 圈 ···에 비유하다, 비기다(compare). [like¹+ *-en*(동사 어미)]

likeness[láiknis] 圈 비슷함(resemblance), 닮음; 초상화(portrait). 5 [like+ *-ness*(명사 어미)]

[동의어] likeness는 외관이나 자격, 성질 따위가 대단히 비슷함을 뜻하는 일반적인 말이다. similarity는 사정, 성질, 정도 따위가 부분적으로 비슷하다는 뜻이다. resemblance는 보통 외관상 또는 표면상의 모습이 비슷하다는 뜻으로 likeness 보다 뜻이 약하고 형식적인 말이며, analogy는 본질적으로 다른 것 사이에 찾아볼 수 있는 속성(屬性)이 비슷한 점을 말한다.

likewise[láikwaiz] 囝 마찬가지로;또한(also), 그 위에(moreover). 4 [like+ *-wise*] ☞ alike

like²[laik] 圈 좋아하다, ···이 좋다; 바

라다(wish for), …하고 싶다(wish) [to do]. [명] *pl.* 기호 (嗜好 likings). [반] dislike 싫어하다. 1
[《중영》 *liketh* it pleases 좋아지다← 《고영》*līcian* please 즐겁게 하다←-*līc*, *gelīc* like[1]]

liking[láikiŋ] [명] 기호, 취미 (taste) [for]. [like+-*ing*]
to one's ~ 마음에 들어.

lilac[láilək] [명],[형] 자주 정향나무, 라일락; 엷은 자주 (빛의). 10
[《아랍》 *līlak* lilac←《페르샤》 *līlaj*←*nīlak* bluish 곤색의←*nīl* blue 푸른; 꽃의 색에서]

lily[líli] [명] 백합(꽃), 나리. 3
[《고영》 *lilie*←《래틴》 *līlium* ←《그》 *leirion* lily 백합]

limb[lim] [명] 수족(의 하나); 날개, 큰 가지(bough); *cf.* branch 가지. 2
[《중영》《고영》 *lim*; -*b*는 나중에 붙게 되었다]

lime[laim] [명] 석회(石灰); 새잡는 끈끈이(birdlime); 레몬 비슷한 과실; 보리수(limetree). [동] 석회를 뿌리다; 끈끈이로 바르다(잡다). 4
~ *and water* 석회수.

limelight[láimlait] [명] 석회광(石灰光) 《옛날 무대 조명, 특히 주요 인물에 집중 조명하는 데 쓰였다》; 사람들의 눈을 끎(center of public attention).

limestone[láimstoun] [명] 석회석. 7

limit[límit] [명] 한계 (border); 범위 (confide), 제한 (restriction); *pl.* 경계 (boundary). [동] 한정하다, 제한하다 (restrict). 2
[《프》 *limite* a limit 한계←《래틴》 *līmes* boundary 경계]
age ~*s* 정년제(停年制).
[동의어] **limit**는 공간, 시간적으로 한정 또는 국한한다는 뜻의 일반적인 말이다. **bound**는 범위의 한계나 경계를 결정한다는 뜻이다. **restrict**는 명확하게 정해진 경계내로 제한한다는 뜻으로, limit 보다 뜻이 강하다. **circumscribe**는 경계내의 것을 외계와 분리 또는 격리한다는 뜻으로 restrict보다 뜻이 강하다. **confine**은 일정한 범위로 제한한다는 뜻으로 범위내에 억제한다는 뜻을 강조한다.

limited[límitid] [형] 유한의, 한정된; 근소한 (scanty); 좁은(narrow). [limit+ -*ed*]
~ (또는 *liability*) *company* 《영》 유한 책임 회사(사명의 뒤에 Limited 또는 Ltd. 로 약해서 쓴다). *cf.* 《미》 Incorporated (Inc. 로 줄여 쓴다).

limitation[lìmitéiʃ(ə)n] [명] 제한, 한도, 한계. [limit+ -*ation*] 8

limitless[límitlis] [형] 무제한의 (infinite). [limit+ -*less*]

limp[limp] [명] 절름발이. [동] 절다. [형] 연약한. 5

line[lain] [명] 선, 줄, 행; 줄무늬(streak); 주름살 (wrinkle); 짧은 편지(note); *pl.* 짧은 시, 방침; 실(string), 끈, 밧줄(rope), 새끼(cord), 전선(wire), 한계, 한도; 표준(standard); 진로(course); 직업, 전문; 취미, 기호; 항로(航路). [동] 줄을 긋다; 한 줄로 세우다(서다); (의복 따위의) 안을 대다. 1
[《래틴》 *līnea* a string made of flax 삼으로 만든 실←*līnum* flax 삼(麻)]
all along the ~ 전선에 걸쳐, 도처에. *bring*(또는 *come*) *into* ~ 일치시키다, 일치하다. *drop a* ~ 한 줄 적어 보내다. *in*(또는 *out of*) ~ 일직선으로(또는 일직선이 안 되고). *read between the* ~*s* 말 뒤에 숨은 뜻을 알아보다. ~*d paper* 괘지(罫紙).

lineage[líniidʒ] [명] 혈통; 집안, 가문. [line+ -*age*(명사 어미)]

lineament[líniəmənt] [명] 《보통 복수》 외형, 윤곽; 생김새, 외모. [《래틴》 *līneāmentum* a drawing 그리기← *līneāre* draw a line 줄을 긋다←*līnea* line 줄] 10

linear[líniə] [형] 선(모양)의, 직선의; 길이의. [line+ -*ar*]

liner[láinə] [명] 정기선(定期船), 정기항공기(air liner); 《야구》 직구(直球). [line+ -*er*]

lining[láiniŋ] [명] 안을 대기; 안(감); (지갑 따위의)알맹이. [line+-*ing*] 5
☞ outline, linen

linen[línin] [명] 아마포 (亞麻布), 린네르; 《집합적으로》 린네르 제품(시이트, 샤쓰, 테이블 클로스 따위). 2
[《중영》 *lin* 《고영》 *līn* flax 아마← 《래틴》 *līnum* flax] ☞ line

linger[líŋgə] [동] 머무적거리다, 질질 끌다; 주저하다, 빈들빈들 거닐다. 4
[반] quicken 빠르게 하다.
[《중영》 *lengen* tarry 늦어지다, 체재하다←《고영》 *lengan* prolong 늦추다

lang long 오랜, 긴]

lingual[líŋgw(ə)l] 혱 혀의; 언어의. 몡 설음(舌音).
[《라틴》 *lingua* tongue 혀+ *-al*(형용사 어미); 혀의]

linguist[líŋgwist] 몡 언어학자; 여러 나라 말을 하는 사람. [《라틴》 *lingua* tongue 언어 + *-ista -ist*(명사 어미)]
  He is a good (또는 bad, poor) *linguist.* 그는 어학을 잘(못) 한다. I'm no *linguist.* 나는 어학은 못한다.

linguistic(al)[liŋgwístik(ə)l] 혱 언어의,언어학상의. [linguist+ *-ic(al)*]

linguistics[liŋgwístiks] 몡 언어학. *cf.* philology. [linguist + *-ics*]
☞ language

link¹[liŋk] 몡 (쇠사슬의) 고리;연결, 연쇄; 커프스 단추(cuff link). 통 잇다 (connect), 연결되다. 3

link²[liŋk] 몡 횃불(torch).

links[liŋks] 몡 골프장(golf course). *cf.* rink 스케이트 장.
[《중영》 *lynkys* slopes 경사지(傾斜地) ←(고영) *hlincas* ridges 산등, slopes 경사지]
참고 단수로 취급해서 a links라고 할 때도 있다. links는 해변의 골프장, golf course는 그 외의 골프장을 뜻한다고 구별해서 쓰는 사람도 있으나 일반적으로는 통용되지 않고 있다. 오늘날 미국에서는 links보다 golf course라고 말하는 경향이 많아졌다.

linoleum[linóuljəm] 몡 (lino. 로 줄여 쓰기도 함) 리노륨.
[《라틴》 *linum* flax 아마(亞麻)+ *oleum* oil 기름] ☞ linen, line, oil

linseed[línsi:d] 몡 아마(亞麻 flax) 의 씨, 아마인(亞麻仁). 8
[《중영》 *lin* 《고영》 *lin* flax + 《영》 seed]
 ~ *oil* 아마인유(亞麻仁油).
☞ line, linen, seed

lion[láiən] 몡 사자; 명물, 인기 있는 사람; *pl.* 명소. ⓗ lioness 암사자.
[《프》 *lion*←《라틴》 *leo* lion←(그)*leōn* lion; 《이집트》 *labai, lawai* lioness 암사자에서 온 말로서, Leo [líːou], Leon[líːən], Leonard [lénəd] (남자 이름), Leona [lióunə] (여자 이름)은 모두 lion과 관계가 있다.

lioness[láiənis] 몡 암사자. [lion+ *-ess* (여성 명사 어미)]

☞ dandelion, leopard

lip[lip] 몡 입술; (잔, 공기 따위의)언저리; *pl.* 입(mouth). 통 입술을 대다 (kiss); (물이 기슭을) 철석철석 씻다.
혱 말 뿐인(not heartfelt).
[《중영》 *lippe* 《고영》 *lippa, lippe*; *cf.* 《독》 *lippe, lefze*] 1
  hang on one's ~*s* 감탄하여 듣다, 입을 딱 벌리고 듣다. *pay* ~ *service* 입으로만 섬기다.
참고 labial[léibiəl] 혱 입술(소리)의; 몡 입술소리([p],[b],[m] 따위).
[《라틴》 *labium* 입술+ *-al*(형용사 어미); of the lips 입술의]

lipstick[lípstik] 몡 입술 연지(막대기 형의). [lip+stick]
참고 rouge는 화장용 연지를 뜻하며 입술이나 뺨에 칠할 수 있다. 이 rouge를 막대기(stick) 모양으로 굳혀서 특히 입술에 바르도록 만들어진 것을 lipstick 라고 한다. ☞ rouge

liquid[líkwid] 몡,혱 액체(의); 움직이기 쉬운; (소리나 시 따위가) 유창한; 유동성의. *cf.* solid 고체(의); gaseous 기체(의); fluid 유동체(의). 3
[《라틴》 *liquidus* liquid←*liquēre* be clear 맑아지다, be fluid 유동체이다]
동의어 **liquid**는 "액체"를 뜻하는 보통의 말이다. **fluid**는 액체이든 기체이든 모든 유동 물질을 뜻하는 과학용어이다. **liquor**는 특히 위스키, 브랜디, 람주 따위 알콜분이 많은 증류주(蒸溜酒)를 가리킨다.

liqueur[likjúə, (미) likə́ː] 몡 리큐어 (강한 술). [《프》 *liqueur* liquor 술]

liquor[líkə] 몡 술, 알콜음료(alcoholic drink); (각종의) 액체(any liquid).
[《프》 *liqueur* moisture 액체 ←《라틴》 *liquor* moisture 수분←*liquēre* to be moist 축축하다] 4
  be in ~ =*be the worse for* ~ 술에 취하고 있다(more or less drunk).

list[list] 몡 (일람)표; 명부(roll), 목록 (catalogue). 통 (표, 목록 따위에) 기입하다, 기재하다. 1
[《프》 *liste* list 일람표←《고대 독》*lista*; 《독》 *leiste* border 경계, 가장자리]
  close the ~ 모집을 마감하다.
  lead (또는 *head*) *the* ~ 수위(首位) 에 있다. *make a* ~ *of* …을 표로만들다.
동의어 **list**는 일반적으로 명칭, 숫자, 항목 따위를 일람표식으로 표시한 표

를 뜻하며 가장 많이 쓰이는 말이다.
catalog(ue)는 보통 알파벳 순으로 차례를 맞추어 배열시킨 상품, 진열품, 도서관의 책 따위의 상세한 내용까지 적은 lits이고, **inventory**는 화물이나 재산 따위의 항목별의 list로 특히 재고품 조사표를 말한다. **register**는 명칭, 사건, 항목 따위가 정해진 양식에 따라 정확하게 기록된 장부이다. **roll**은 단체 따위의 정식 명부, 특히 출근부나 출석부이다. **schedule**은 일정한 또는 공식적인 사항의 시간이나 순서 따위를 표시하는 조직적인 list이다.

listen[lísn] 圄 듣다, 귀를 기울이다[to]; (유혹, 충고 따위에) 좇다[to]; (들으려고)귀를 기울이다[for]; (라디오를) 청취하다[in].　　　　　　　　1
listener[lísnə] 圕 듣는 사람, 청취자 (listener-in). [listen+ -er(사람을 뜻하는 명사어미)]
listless[lístlis] 圉 생각 없는, 관심 없는 (indifferent); 기운 없는(languid). 10 [list lust 열망하다+ -less(형용사 어미); having no lust or desire 욕망이 없는]　　　　　　　　☞ lust
literal[lít(ə)r(ə)l] 圉 글자 그대로의, 글자의; 축어적(逐語的); 융통성이 없는, 엄밀한.　　　　　　　　　　7 [《래틴》 *literālis* of letter 글자 그대로의←*litera* letter 글자; letter+ -al (형용사 어미)]　　　　　　☞ letter
literally[lít(ə)rəli] 圕 글자 그대로; 축어적으로; 정말(virtually).
　　　　　　　　　☞ letter, literature
He *literally* flew into the room. 그는 글자 그대로 방으로 날아갔다.
literary[lít(ə)rəri] 圉 문학(상)의, 문학적. [《래틴》 *literārius*←*littera*, *litera* letter 글자, learning 학문] 5
literate[lítərit] 圉, 圕 읽고 쓸 수 있는(사람), 학식이 있는 사람(educated person). ⓐ illiterate 무식한. [《래틴》 *līt(t)erātus* lettered 학식이 있는←*littera*]
literature[lít(ə)rit∫ə] 圕 문학, 문예 (작품); 저술, 문학 연구, 문필업; (어떤 분야에 관한)문헌; 《속어》 (넓은 뜻에서의) 인쇄물(printed matter). 4 [《래틴》 *literātūra* scholarship 학문, 조예, 문학←*literātus*]
　　　　　　　　　☞ literal, letter
litre, liter[líːtə] 圕 리터 (약 5홉 5작)

(*l*로 줄여 씀).
[《프》 *litre*←《래틴》《그》 *lĩtra* pound]
litter[lítə] 圕 (외양간의)깃, 까는 풀; 난잡(한 상태), 난맥; 들것(stretcher), 가마; (가축의)한 배 새끼; 산란히 늘어놓은 쓰레기. 圄 짚을 깔아 주다[down]; 어지르다[up]; (가축이) 새끼를 낳다. 5 [《고프》 *litiere*←《래틴》 *lectica* litter ←*lectus* bed 침대]　　　　☞ lie
Always pick up your *litter* after a picnic. 피크닉이 끝나면 꼭 휴지를 주우세요.

in a (state of) ~ 산란하게, 난잡하게.
little[lítl] 圉 《(비교급) less, (최상급) least) 작은(small); 보잘것 없는; 양이 적은(not much), 조금의, 약간의, 거의 없는. 圕 (a little) 얼마간, 조금; (little)거의 없는, 거의 …안하는. 圕 조금; 잠간. ⓐ big 큰, much 많은. *cf.* few(수가)적은.　　　　　　1
[《중영》 *litel*, *lutel*←《고영》 *lytel*; less 와는 관련 없음]

for a ~ 잠간 동안. ~ *by* ~ 조금씩. ~ *or nothing* 거의 아무것도 없다. *make* ~ *of* … …을 얕보다, …을 경시하다 (ⓐ make much of). *not a* ~ 적지 않게, 크게, 대단히(much; very).
圃교 little의 반대어는 big 이므로 big and little이라고는 말할 수 있으나, large and little이라고는 말하지 못한다. great and small, large and small 이라고는 할 수 있다. little은 small에 비하여 작다는 뜻 외에도 귀여다는 뜻이 더 있는 셈이다.
live[liv] 圄 살다, 생존하다(subsist); (생활을) 하다 (pass); 거주하다 (dwell). [laiv] 圉 살아 있는; 활기있는(energetic); 불 붙고 있는; 전류가 통해 있는; (녹음이 아닌) 생(生)…. ⓐ die 죽다, dead 죽은.　　　　　　　　　　1
[圄 《중영》 *livien* 《고영》 *libban*; *cf.* 《독》 *leben*]

~ *from hand to mouth* 하루살이 생활을 하다. ~ *on*(또는 *upon*)… …을 먹고 살다; …(의 수입 따위)로 살다. ~ *out*(또는 *through*)… …을 극복하고 살아남다, 빠져나가다. ~ *up to* … …에 알맞게 살다, …에 부끄럽지 않는 행동을 하다, …을 다하다.
livelong[lívlɔŋ] 圉 《시어, 고상한 말》 오랜, 오래가는. [lifelong 과 같은 뜻이

나 더 오래된 맞춤법] 9

lively[láivli] 휑 생생한(animated), 활발한(vigorous); 예민한(keen); 쾌활한(cheerful), 신나는(gay). 3

동의어 lively는 생기와 정력이 있고 활동적이라는 뜻을 나타내는 일반적인 말이다. animated는 사물이 살아 있는 듯이 활발하고 민첩하다는 뜻인데 비해, vivacious는 쾌활하고 명랑하다는 뜻으로 lively보다 품위 있는 말이고, sprightly는 vivacious보다 뜻이 강하며, gay는 쾌활하고 명랑하며 즐겁다는 뜻으로 떠들썩하다거나 들떠 있음을 암시할 때가 많다.

livelihood[láivlihud] 명 생계(living). [lively+ -hood (명사 어미)] 8

livelily[láivlili] 분 원기 있게, 힘차게; 생생하게; 떠들썩하게, 쾌활하게. [lively+ -ly (부사 어미)]

liver¹[lívə] 명 생활하는 사람. [live+ -er] 4

a good ~ 덕이 있는 사람; 미식가(美食家). *a hearty ~* 대식가(大食家).

living[lívíŋ] 휑 살아 있는(alive); 산 것같은(lifelike); 판에 박은 듯한, 자연 그대로의; 활기 있는(vigorous). 명 생존, 생활; 생계(livelihood). [live+ -ing]

동의어 ① 명 "생계"를 뜻하는 동의어. living은 단순히 생계를 뜻하는 일반적인 말이나, livelihood는 사람이 생활을 위하여 일해서 버는 급료를 뜻하며 living보다 품위 있는 말이다. support는 다른 사람의 의하여 부양되는 경우의 living을 뜻한다.

② 휑 "살아 있는"을 뜻하는 동의어. living은 "살아 있는"을 뜻하는 일반적인 말이나, alive는 보통 서술적(predicative)으로 쓰이며 living과 같거나 또는 "활발하고 기운찬"을 뜻한다. animate는 무생물, 무기물에 비하여 생물, 유기물에 관해 사용되고, vital은 생명의 유지에 긴요하다는 뜻으로 정력, 활동력에 대하여 쓰이는 말이다.

living-room[lívíŋrum] 명 안방, 거실(居室). 《영》 sittingroom.

liver²[lívə] 명 간장(肝臟); (식용의)간, 리버. 4

주의 lever[líːvə] "지레" 와의 발음의 차이에 주의하라.

[《중영》 *liver, liuer* 《고영》 *lifer*; *cf.* 《독》 *leber*]

livery¹[lívəri] 휑 간을 닮은, 간 같은; 간장병(肝臟病)의. [liver²+ -y (형용사 어미)]

livery²[lívəri] 명 녹(祿); (특히 말의) 정해 놓은 먹이; 세마(貸)업(자); (동업 조합원 따위의)제복; 보우트(자전거) 빌려 주는 업. 5

[《래틴》 *līberāre* set free 놓아 주다, give freely 그냥 주다→녹, 세마업]

the Livery 런던 자유시민. *the ~ of grief* (또는 *woe*) 《비유해서》 상복(喪服). ☞ liberal

livid[lívid] 휑 (피부 따위) 납빛의, 검푸른, 흙색의.

[《래틴》 *līvidus* bluish 푸르스름한← *līvēre* be bluish 푸르스름해지다]

lizard[lízəd] 명 도마뱀. 9

[《고프》 *lesarde*←《래틴》 *lacerta*]

☞ alligator

lo[lou] 감 《고어》 보라 ! 자(behold) ! 4

[《중영》 *lo*; 《고영》 *lā*; 감탄사]

load[loud] 명, 동 짐(을 싣다)(burden); (화약의) 장전(裝塡)(하다). 반 unload 짐을 풀다. 4

[《중영》 *lāde* 《고영》 *lād* course, way 길←*lǣdan* lead 이끌다; lead와 load의 형태가 비슷해서 뜻은 lade의 영향을 받아 변했다] ☞ lade

동계어 **lode**[loud] 명 수로(水路); 광맥(鑛脈); 《고영》 *lād* way 길←*lǣdan* lead 이끌다

lodestar[lóudstaː] 명 길을 가리키는 별, (특히) 북극성; 지도 원리. [waystar의 뜻] ☞ lead, lode

loaf¹[louf] 명 (*pl.* loaves) 한 번 구운 빵, 빵의 한 덩어리; (원추형의)설탕 한 덩어리(sugar loaf). 4

[《중영》 *lo*(*o*)*f* 《고영》 *hlāf* bread; 원래는 이 말이 빵을 뜻하면 것이 차차 빵의 뜻으로 bread를 쓰게 되었다; *cf.* 《독》 *laib*; 어원에 대해서는 lord, lady를 참조. *cf.* fowl, hound, meat, wade]

a ~ of bread 빵 한 개.

Half a *loaf* is better than no bread. 반 조각의 빵도 없는 것보다는 낫다.

☞ lady, lord

loaf²[louf] 동 빈둥빈둥 지내다[away], 빈들빈들 돌아다니다 [about].

[*cf.* 《독》 *laufen*]

loafer[lóufə] 명 게으름뱅이, 부랑자(浮浪者). [loaf+ -er (사람을 뜻하는 명사 어미)]

loan[loun] 명 대부(금), 빌려줌(lending); 공채(公債), 차관(借款). 동 빌려주다(lend), 대부하다(make a loan).
[《중영》 lone 《고영》 lān 대부금 ←《아이스》 lān; cf. 《독》 leihe, leihen] 7
public(또는 *government*) ~ 공채.

loath, loth[louθ] 형 싫은, 싫어하는 (unwilling). 8
[《중영》 loth 《고영》 lāth hateful 미워하는, hostile 적의 있는]

loathe[louð] 동 몹시 싫어하다(detest). 반 like 좋아하다. [《고영》 lāthian be hateful 미워하다←lāth] 6

loathsome[lóuðsəm] 형 몹시 싫어하는(disgusting), 넌더리 나는. [loath+-some (형용사 어미)] 7

lobby[lóbi] 명 (공공 건물의) 현관(홀); 복도(대합실, 면회실, 휴게실, 사교실 따위로 씀), 로비, 명 (의회의) 원외단(院外團)《원의 유지로써 구성됨》. 동 (미) (lobby에 서) 의안 통과 (또는 부결)운동을 하다. 8
[《라틴》 lobia portico 현관←《중세 독》 loube arbour 정자, 숲이 우거진 길← loub leaf 잎; cf. 《독》 laub leaf]

lobbyist[lóbiist] 명 (의원에 대한)원외 운동자. [lobby+-ist (사람을 뜻하는 명사 어미)]

lobster[lóbstə] 명 큰 새우(의 살). 10
[《고영》 loppestre, lopustre ← loppe spider 거미 ←《라틴》 lōcusta locust 메뚜기; 메뚜기나 거미처럼 생겼다고]

local[lóuk(ə)l] 형 국부(局部)의; 토지의; (열차, 뻐스 따위) 보통의; 그곳의. 명 (조합 따위의) 지부(chapter); 보통 열차(local train).
[《라틴》 locālis← locus place 장소+-ālis -al (형용사 어미)] 3
~ *habitation* 거주지.
참고 local은 of particular place "그 지역에 있어서"의 뜻이고, "시골의"의 뜻은 아니다. 따라서 the local doctor 하면 지방의 의사 즉 시골 의사를 뜻하는 것이 아니라, 그 지역의 또는 자기가 사는 지역의 의사를 뜻한다.
☞ locust, locomotion

locality[loukǽliti] 명 소재지; 장소 (place); 지방(region). [local+-ity (명사 어미)]

localize[lóukəlaiz] 동 장소를 정하다, 위치를 밝히다; (지방, 국부적으로)한정하다, (군대 따위를) 분치하다; 지방으로 분권하다; 집중하다(concentrate). [local+-ize(동사 어미)]

locate[loukéit, 《미》 lóukeit] 동 위치를 가리키다; 소재를 찾아내다, (건물 따위를) 두다(place). [《라틴》 locātus placed 놓여잔←locāre place 두다←locus place 장소; locus+-ate(동사 어미)] 3
be ~*d* 위치하다, 있다(be situated).

location[loukéiʃ(ə)n] 명 위치의 선정, 배치; 위치, 소재(position); 장소 (place); 《영화》 야외 촬영(지). 4
[locate+-ion (명사 어미)]
on ~ 야외 촬영 중, 로케 중.

locomotion[lòukəmóuʃ(ə)n] 명 이동 (력); 교통, 여행; 교통기관(means of travelling). [loco- ←《라틴》 locus place 장소+motion 운동; motion from place to place 장소의 이동]

locomotive[lóukəmoutiv, lòukəmóutiv] 명 기관차(locomotive engine). 형 운동의; 이동성의; 운전력이 있는. [loco- +motive moving; moving from place to place 장소에서 장소로 이동하는] ☞ motion, move, motive

lock¹[lɔk] 명 자물쇠(bolt); (운하 따위의) 수문, 독; 총기(銃機). 동 자물쇠를 채우다, 잠그다, 폐쇄하다, 감금하다. 반 unlock 자물쇠를 열다. 2
[《중영》 loke 《고영》 loc fastening 자물쇠]
on ~ 자물쇠를 채우고.

lock²[lɔk] 명 (머리) 채, 한 다발의 머리털; pl. 머리털.
[《중영》 lok 《고영》 locc; cf.《독》 locke; 원 뜻은 곱슬머리]

locket[lɔ́kit] 명 로케트《사진, 기념품, 추억의 머리카락(lock) 따위를 넣어서 목에 거는 장식》.
주의 rocket "로케트(무기)"와 혼동하지 말 것.

locust[lóukəst] 명 메뚜기; 《미》 매미 (cicada). 6
[《중영》 locuste ← 《라틴》 locusta shell-fish 조개, 새우, 게 따위, locust 메뚜기] ☞ local

lodge[lɔdʒ] 명 파숫집, 문지기집; (비밀 결사 따위의) 지부(집합소). 동 숙박하(게 하)다; 하숙하다[at, in, with]; 맡기다(deposit)[with]; 제기하다. 2
[《중영》 log(g)e←《고프》 loge ←《중세 독》 loube arbour 정자, 숲이 우거

진 길←《고대 독》 *loub* leaf 잎; *cf.* 《독》 *laub* leaf〕

lodger[lɔ́dʒə] [명] 숙박인, 하숙생. 〔lodge+ *-er*〕

take in ~s 하숙 치다. The widow makes a living by *taking in lodgers.* 그 과부는 하숙을 쳐서 생계를 유지한다.

lodging[lɔ́dʒiŋ] [명] 숙박, 숙소; 하숙, *pl.* 하숙집, 셋방. ☞ lobby

loft[lɔ(:)ft] [명] 고미 다락(attic); (교회, 강당 따위의) 윗층(gallery); 외양간 이층의 꼴 넣는 곳(hayloft). 8

〔《중영》 *loft* air 공기, 하늘, attic 고미 다락←《아이스》 *lopt*; *cf.* 《독》 *luft* air〕

lofty[lɔ́(:)fti] [형] 대단히 높은(very high), 우뚝 솟은; 고상한(noble); (태도가) 거만한(haughty). [반] lowly 낮은. 〔loft+ *-y*(형용사 어미)〕 3

☞ lift, aloft

log[lɔg] [명] 통나무; 항해 일지; 측정기(배의 속도를 재는). 2

logic[lɔ́dʒik] [명] 논리(학); 조리. 7

〔《그》 *logikē (tekhnē)*logic(art) 이야기하는 법, 또는 추리법←*logos* speech 연설←*legein* say 말하다; logos (로고스)와 같은 어원에서. biology, etymology 따위의 *-logy*도 같은 어원〕

logical[lɔ́dʒik(ə)l] [형] 논리(학)의, 논리적; 필연의. 〔logic+ *-al* (형용사 어미)〕 ☞ -logy

loin[lɔin] [명] *pl.* 허리; 허리 고기. 4

〔《중영》 *loine*←《고프》 *log ne*←《래틴》 *lumbus* loin 허리〕

[동계어] **lumbago**[lʌmbéigou] [명] 요통(腰痛). 〔《래틴》 *lumbāgo* pain in the loins 요통←*lumbus*〕

loiter[lɔ́itə] [동] 배회하다 〔about〕; 빈둥거리다; 어슬렁거리다. 6

〔《중영》 *loteren* ←《중 홀런드》 *loteren* wag about 이리저리 흔들다〕

London[lʌ́ndən] [명] 런던. 2

〔《켈트》 *london*←*londo-* wild 거치른, bold 대담한〕

Londoner[lʌ́nd(ə)nə] [명] 런던 사람. 〔London+ *er*〕

lone[loun] [형] 고독한 (alone), 쓸쓸한 (solitary); 독신의(single); 인적이 없는(isolated). 3

〔alone의 a-가 없어진 꼴〕

lonely[lóunli] [형] 고독의(alone), 쓸쓸한(lonesome). 4

〔lone+ *-ly*(형용사 어미)〕

~ ***flight*** 단독비행.

loneliness[lóunlinis] [명] 고독, 쓸쓸함. 〔lonely+ *-ness*〕 9

lonesome[lóunsʌm] [형] 쓸쓸한, 인적이 없는, 외로운. 〔lone+*-some* (형용사 어미)〕 5

long[1][lɔŋ] [형] 긴, …의 길이의; 지루한(tedious). [명] 오랫동안. [부] 길게, 오래, 쭉. [반] short. 1

〔《중영》 *long* 《고영》 *lang, long*; *cf.* 《독》 *lang*〕

as(또는 ***so***) ~ ***as***… …하는 한, …하는 동안은, …이면(provided that…). ***before*** ~ 얼마 안 되어. ***in the*** ~ ***run*** 결국(ultimately). ***not*** … ***any*** ~***er*** =***no*** ~***er*** … 이미 …이 아니다.

longevity[lɔndʒéviti] [명] 장수, 장명(long life). 〔《래틴》 *longævitas* long life 오랜 생명 ←*longus* long+*ǣvitas* age←*ǣvum* life 수명〕

☞ age, medi(a)eval

longitude[lɔ́ndʒitjuːd] [명] 경도(經度), 씨줄. [반] latitude 위도, 날줄. 7

〔《래틴》*longitūdō* length 길이←*longi-longus* long+ *-tūdō -tude* (명사 어미)〕

longhand[lɔ́ŋhænd] [명] (속기에 대한) 보통 쓰는 법. [반] shorthand, stenography 속기. 〔long+hand; 짧게 쓰는 법, 즉 생략해서 쓰는 속기에 비하여 생략하지 않고 쓴다고 하여〕

☞ long, hand

long[2][lɔŋ] [동] 갈망하다 〔for, to do〕; 그리워하다(yearn) 〔for〕. 1

〔《중영》 *longen* 《고영》 *langian* long after 갈망하다〕

longing[lɔ́ŋiŋ] [명] 그리움, 갈망. [형] 그리워하는, 갈망하는.

☞ length, linger, prolong, longitude

look[luk] [동] 보다, 주의하다; …에 면(面)하다(face); 기대하다 〔for〕; 조심하다(take care); …으로 보이다(seem, appear). [명] 외관, 보기; 눈짓, 일별(一瞥); *pl.* 안색(appearance). 1

~ ***after*** 돌보다, 보살피다 (take care of); 주의하다 (attend to). ~ ***down on*** 경멸하다(despise), 내려다 보다(scorn) 〔[반] look up to… …을 존경하다, …을 쳐다보다(respect)〕. ~ ***forward to***… …을 기대하다, 기대를 갖고 기다리다 (anticipate with pleasure). ~ *into* 들여다보다; 조사하다(investigate).~ *on* 방관하다, 구경하다, 간주하다. ~ *out* 밖을 내다보다; 주의하다, 경계하다 [for]. ~ *over* 위에서 들여다보다. 넘겨다 보다; 조사하다 (examine, inspect); 간과(看過)하다. ~ *to* …… 을 믿다, 의지하다 (rely upon) [for]; 조심하다, 주의하다(attend to); …을 돌보다(take care of). 동의어 ① "보다"를 뜻하는 동의어. **look**는 시선을 돌려 본다는 뜻의 가장 많이 쓰이는 말이다. **gaze**는 의혹, 기쁨, 흥미 따위의 감정을 품고 가만히 본다는 뜻이고, **stare**는 놀라움, 호기심 따위에 사로잡혀서 멍해지면서 눈을 크게 뜨고 응시한다는 뜻이며, **watch**는 (감시, 경계 따위를 목적으로 하여) 주목한다는 뜻이고, **gape**는 (무지, 순진한 놀라움, 또는 호기심에서) 입을 멍하게 벌리고 stare한다는 뜻이다. **glare**는 험한 눈초리로, 또는 사나운 눈으로 stare한다는 뜻이다. **peek**는 구멍이나 장해물의 뒤에서부터 보지 못하던 것을 힐끗 숨어 본다는 뜻이며 **peer**는 눈을 가늘게 뜨고 살피듯이 본다는 뜻이다. ② "…으로 보이다"의 뜻의 동의어. **look**는 눈에 실제 그대로 보인다는 뜻이고, **appear**는 외관적인 인상을 강조하는 말로 look보다 형식적이다. **seem**은 (말하는 사람이나 글 쓴 이에게) 진실성이나 가능성이 있어 보인다는 뜻으로 appear가 객관적인데 비하여, seem은 주관적이다.

looker-on[lúkərɔ́n] 명 방관자, 구경군(spectator); *cf.* onlooker 방관자.

lookout[lúkàut] 명 파수(보는 곳); 전망(outlook); 경치(view).   9
☞ outlook, onlooker

loom[lu:m] 명 (피륙을 짜는)베틀. 동 어렴풋이 보이다.   5
[《중영》 *lome* tool 도구 《고영》 *gelōma* tool, instrument 도구]
통계어 **heirloom**[éəlu:m] 명 전해내려 오는 가보(家寶), 또는 법적 상속 재산. [*heir* 상속+*loom* tool 도구]

loop[lu:p] 명 (실, 끈 따위로 만든)동그라미, 고리; 8자형의 매듭; 만곡(curve). 동 고리 모양으로 만들다; 묶다[up]. 4
[《중영》 *loupe*; *cf.* 《아일런드》 《게일》 *lub* bend 굽히다]

loop-hole[lú:phoul] 명 (성벽의) 총구멍(銃眼); (법망 따위를) 빠져 나가는 구멍.   8
[《중영》 *loupe* + hole; *cf.* 《중 흘런드》 *lūpen* peer]

loose[lu:s] 형 풀린, 느슨한, 헐렁헐렁한; 애매한, 흐리멍덩한; 단정치 못한 (uncontrolled), 난잡한(wanton). 동 놓아 주다, 풀다; 늦추다; (총 따위를) 쏘다. 명 방임, 해방; 발사. 반 tight 굳게 맺은, 확고한, bind 묶다.   2
break ~ …탈주하다, 속박을 벗어나다. *cast* ~ 풀다, 흩뜨리다, *let*(또는 *set, turn*) ~ 자유로이 하다, 해방하다 (release). *on the* ~ 자유로, 속박되지 않고.
주의 lose[lu:z]와의 발음 차이에 주의.

loosen[lú:sn] 동 느슨해지다, 느슨하게 하다; 풀다(unfasten), 풀리(게 하)다. [loose+-*en* (동사 어미)]   6

loosely[lú:sli] 부 느슨하게; 헐겁게; 단정치 않게.

looseness[lú:snis] 명 느슨함, 헐렁함; 산만함; 방탕. [loose+-*ness*(명사 어미)]   ☞ lose, loss, -less

lop[lɔp] 동 (가지 따위를)베다, 다듬다, 치다[off, away]; 처지다. 명 가지치기, 전정(剪定); 잘른 가지.   10

lord[lɔ:d] 명 영주, 군주; (Lord) 천주 (天主 God); (보통 Our Lord) 주(主 Christ); …경(卿). 동 군림하다; 위압하다(domineer) [over]. 반 lady. 1
[《고영》 *hlāford* lord ← *hlāf* loaf, bread 빵+*weard* guardian, keeper 지키는 사람; a loaf keeper 빵을 모라지 않게 얻어 들이는 사람]
☞ lady, ward
~ *it over* … …에 대하여 뽐내다; 군림하다, 위압하다. *Lord's day* 주일 (일요일). *Lord's Prayer* 주기도문. *Lord's supper* 성찬. *my* ~ [miló:d] 각하! 《후작 이하의 귀족, bishop, lord mayor (대도시의 시장), 고등 법원 판사의 경칭; 오늘날에는 bishop과 법정에서의 고등법원 판사에 대하여 주로 쓰고, 그 밖의 경우에 쓸 때에는 격식을 찾는 셈이 된다》. *the* (House of) *Lords* 《영》 상원.

lordly[lɔ́:dli] 형 귀족다운(noble); 당당한; 거만한.   9
[lord+-*ly* (형용사 어미)]

lordship[lɔ́:dʃip] 명 영주의 신분; 주권(sovereignty); 지배(rule) [over]; 영지(domain).   6

〔lord+ *-ship* (명사 어미)〕
☞ loaf, ward, lady

lore[lɔː] [명] (어떤 제목에 대한)지식, 학문(learning); (민족, 지방의) 전승(傳承). 10
〔《중영》 *lore* 《고영》 *lār* lore 지식; *cf.* 《독》 *lehre*〕

lose[luːz] [동] (lost) 잃(게 하)다; 손해를 보(이)다, 실패하다(fail); 허비하다(waste); (시계가) 늦게 가다; 줄다. 1
[반] find. gain(시계가)더 가다.
be ~ in… …에 골몰하다, …에 몰두하다(be deeply occupied in). ***be ~ to*** 이미 …의 영향을 받지 않다. …을 느끼지 않다(be no longer affected by). ***~ oneself= ~ one's way =be*** (또는 ***get***) ***lost*** 길을 잃다. ***~ one's place***(in a book) (책을) 어디쯤 읽고 있었는지 잊어 버리다.
lost[lɔ(ː)st] [동] lose의 과거(분사). [형] 잃어 버린, 행방불명의; 죽은; 길을 잃은. [반] found 발견한. ☞ loss 1

loss[lɔ(ː)s] [명] 상실, 손실(고), 손해(액). [반] gain 수익, 이익. 1
at a ~ 곤란하여, 어쩔 줄을 몰라; 손해 보고. ☞ lose

lot[lɔt] [명] 제비, 추첨; 운명(fate); 몫(share); (한 구획의) 토지(plot); 떼; *pl.* 다수(량) 〔of〕. 1
a ~ of 많은 (a lagre amount of) 《***~s of***라고도 함》. ***sell by***(또는 ***in***) ***~s*** 나눠 팔다.
lottery[lɔ́təri] [명] 복제비, 복권; 재수(chance). 〔lot+ *-ery* (명사 어미)〕

lotion[lóuʃ(ə)n] [명] 씻는 약; 화장수; 《속어》 술.
〔《래틴》 *lōtio* washing 씻는 것←*lōtus* washed←*lauāre* wash 씻다〕
☞ lava, lavish, lavatory, laundry

lotus[lóutəs] [명] 연(蓮); 《그리이스 신화》그 열매를 먹으면 속세를 떠나 꿈같은 행복을 맛볼 수있다고 하는 식물. 9
lotus-eater[lóutəsìːtə] [명] 꿈같은 생활에 빠지는 사람, 쾌락 주의자.

loud[laud] [형] 큰 소리의, 시끄러운(noisy); 《속어》 (색 따위가) 난한(showy). [부] 큰 소리로. [반] low. 1
〔《중영》 *loud* 《고영》 *hlūd*; *cf.* 《독》 *laut*〕
loudly[láudli] [부] 큰 소리로; 현란하게, 사치하게.
aloud[əláud] [부] 소리 내어(audibly), 고성으로(loudly). 1
〔*a-*(접두사)+loud〕 ☞ a-, loud

lounge[laundʒ] [동] (의자 따위에)축 늘어져 기대다〔on〕; 번둥거리다, 빈들빈들 지내다(idle) 〔away〕. [명] 어슬렁거리기; 침상, 긴 걸상(couch, sofa);(호텔, 기선 따위의)휴게실, 사교실. 9

louse[laus] [명] (*pl.* lice) 이; (새, 물고기, 식물 따위의)기생충.
〔《중영》 *lous* 《고영》 *lūs*; *cf.* 《독》 *laus*〕

love[lʌv] [명] 사랑, 애정, 연애; 애호〔for〕; 애인 (darling); 연인 (sweetheart); (Love) 연애의 신(Cupid). [동] 사랑하다; 좋아하다 (like); 즐거워하다(delight in). [반] hate 증오, 미워하다.
〔《중영》 *loue* love 《고영》 *lufu* love 사랑; *cf.* 《독》 *liebe*〕 1

[동의어] **love**는 마음을 다 바치는 강한 사랑을 뜻한다. **affection**은 따뜻하고 다정한 감정으로 보통 love처럼 강하거나 깊지 않으나 오래가는 것을 뜻한다. **attachment**는 애정, 헌신 따위의 유대에 의하여 맺어진 사랑이나 그리움을 뜻하는 말로 물건에 대한 애착을 뜻하기도 한다. **infatuation**은 일시적으로 빠진 어리석으나 뜨거운 애정임. **devotion**은 헌신적인 강한 love로 사람이나 물건에 대해 품는 확고 부동의 충성을 뜻한다.

lovely[lʌ́vli] [형] 사랑스러운, 예쁜(beautiful); 《속어》 기분좋은. 2
〔love+ *-ly* (형용사 어미)〕
loveliness[lʌ́vlinis] [명] 사랑스러움, 예쁨, 귀여움.
〔lovely+ *-ness* (명사 어미)〕
love-match[lʌ́vmætʃ] [명] 연애 결혼. *cf.* mariage de convenance 정략결혼.
lover[lʌ́və] [명] 애인, 정부(情夫); *pl.* 애인들; 애호가. 〔love+ *-er* (사람을 뜻하는 명사 어미)〕
[참고] lover는 여자 쪽에서 본 남자 애인 (a man who is in love with a woman)이란 뜻이며 때에 따라서는 육체적 관계가 있는 남자를 뜻하기도 하기 때문에 점잖은 좌석에서는 다른 말을 쓰는 수도 있다. lovers는 서로 사랑하는 한쌍의 남녀의 뜻이다.

low[lou] [형] 낮은; 지위가 낮은(humble); 야비한(vulgar); 싼(cheap); 기운 없는(depressed). [부] 낮게; 천하게; 값싸게.

loyal 321 **lunch**

통 소가 울다(moo), 명 소의 울음소리. ⓑ high 높은. 1
[《중영》 *louh, lah*←《아이스》 *lāgr* low 낮은←*lāg*- -*liggja* lie 눕다] ☞ lie²

lower[lóuə] 형, 부 low의 비교급. 통 낮추다, 떨어뜨리다. 1
[low + -*er* (비교급 어미)]
☞ low, -er

lowland[lóulənd] 명, 형 저지(低地) (의). ⓑ highland 고지(의). 5
[low + land] ☞ land

lowly[lóuli] 형 신분이 낮은, 천한 (humble); 겸손한(modest). 부 천하게; 초라하게; 겸손하게. [low + -*ly*] 6

loyal[lɔ́i(ə)l] 형 충성스러운, 성실한, 충실한(faithful). ⓑ disloyal 불충한. 4
[《프》 *loyal*←《라틴》 *lēgālis* legal 법률상의, 합법적→공정한→잘 지키는→충실한; legal의 자매어]

loyalness[lɔ́i(ə)lnis], **-ty**[-ti] 명 충성, 충실(fidelity). [loyal + -*ness* 또는 -*ty* (명사 어미)]
☞ legal, legislation

lucid[l(j)ú:sid] 형 《시》 빛나는, 밝은 (bright); 맑은, 선명한 (clear); 제정신의(sane). 10
[《라틴》 *lūcidus* clear 맑은, bright 밝은←*lūc*-, *lūx* light 빛]

luck[lʌk] 명 운(運), 요행, 행운 (fortune), 운명(運命). 3
[《중영》 *lucke*←《홀런드》 *luk, geluk* fate 행운, happiness 행복; cf. 《독》 *gelük* happiness]

lucky[lʌ́ki] 형 운이 좋은 (fortunate), 요행의, 재수 좋은. [luck + -*y*(형용사 어미)] ⓑ unlucky. 4

luckily[lʌ́kili] 부 재수 좋게, 요행히.

luckless[lʌ́klis] 형 불운한(unlucky). [luck + -*less*(형용사 어미)] 9

ludicrous[l(j)ú:dikrəs] 형 우스운 (ridiculous); 어리석은, 바보 같은(absurd); 익살스런 (comical). cf. ridiculous 우스운. 10
[《라틴》 *lūdicrus* done in sport 장난삼아 한 + -*ous*(형용사 어미)←*lūdus* sport 장난←*lūdere* play 놀다]

luggage[lʌ́gidʒ] 명 수하물 (《미》 baggage), 성가신 것. 6
[lug 끌다, 힘껏 당기다 + -*age* (명사 어미)]

lull[lʌl] 통 달래다(soothe); 진정시키다 (quiet), 진정하다; 잠을 재우다. 명 소강 상태(小康狀態). 4
[《중영》 *lullen*; 기분 좋게 노래할 때 la! la! 하고 소리 치는 것은 아이를 재울 때 즐게 부른 소리에서]

lullaby[lʌ́ləbai] 명 자장가. 통 달래서 재우다. 8
[《페어》 *lulla* 라! 라! 소리치다 + *by*; bye-bye 참조]

lumber[lʌ́mbə] 명 재목(timber); 폐물 (useless things). 통 (장소 따위를)차지하다, 채우다(cumber); 재목을 벌채하다; 무거운 걸음으로 걷다.
[《프》 *Lombard*←《라틴》 *Longobardus*←《독》 *Longbart*; 전당포는 보통 롬발디 사람이 경영하고 폐물을 모았기 때문]

lumberman[lʌ́mbəmən] 명 재목상, 재목 벌채인, 재목 운반선. [lumber + man]

luminous[l(j)ú:minəs] 형 빛을 발하는, 밝은(bright); 명쾌한 (clear). 7
[《라틴》 *lūminōsus* bright 밝은←*lūmin*-, *lūmen* light 빛 + -*ous*(형용사 어미)]
☞ illuminate

lump[lʌmp] 명 덩어리; 돌기(突起), 혹; 《속어》 바보. 통 덩어리로 만들다; 총괄하다; 어슬렁어슬렁 걷다; 털썩 앉다. 4

lunar[l(j)ú:nə] 형 달의; 달의 작용에 의한. cf. solar 해의.
[《라틴》 *lūnāris* of the moon 달의←*lūna* moon 달 + -*ar*(형용사 어미) ←*lūcēre* shine 비추다]
참고 solar 태양의. [《라틴》 *sol* the sun + *ar*]

lunatic[l(j)ú:nətik] 형 정신 이상의 (insane), 미친. 명 미치광이.
[《라틴》 *lūnāticus* mad 미친, affected by the moon 달의 영향을 받은←*lūna* moon 달]
참고 중세의 점성학자는 달의 기울고 참에 따라 정신 이상의 정도가 심해지고 약해진다고 생각했다.
☞ moonstruck, influence, disaster, lucky, stars

lunch[lʌntʃ] 명, 통 점심(을 먹다); 《미》 (시각에 상관없이) 가벼운 식사 (light meal), 도시락. cf. breakfast, dinner. 3

luncheon[lʌ́n(t)ʃ(ə)n] 명 (특히 접대하기 위한 공식적인)점심; (노동자의) 오전의 도시락 《빵과 치이즈, 또는 베이콘 따위의 간단한 것》. 6

[주의] luncheon은 lunch보다 형식적인 단어.

lung[lʌŋ] 폐(肺), 허파. *cf.* chest 흉곽. 4
[《중영》 *lunge* 《고영》 *lungen*; 원 뜻은 가벼운(light) →가벼운 것은 몸의 다른 부분의 내장보다 가벼운 것→폐. lights 가축의 폐 《식료품으로 사용》도 같은 어원에서; *cf.* 《독》 *lunge*]

lurch[ləːtʃ] 卧 비틀거리다; 갑자기 기울다. 몡 갑작스러운 경사(傾斜); 비틀거림; 《고어》《경기의》 대패(大敗).
leave a person in the ~ 사람을 곤경에 버려두고 오다.

lure[l(j)uə] 卧 유혹하다. 몡 유혹물, 미끼; 매력. 5
[동의어] **lure** (몡 lure)는 욕망, 탐욕, 호기심에 편승해서 남을 유혹한다는 뜻이고, **allure** (몡 allurement)는 보통 감정이나 감각에 호소하거나 기쁨이나 이익을 제공해서 사람의 마음을 끈다는 뜻으로 lure 같은 나쁜 의미는 없다. **entice** (몡 enticement)는 교활하게 또는 교묘하게 유혹한다는 뜻이며, **inveigle** (몡 inveiglement)은 속였다가 추어 주었다가 하며 entice한다는 뜻의 두툭한 말이다. **decoy** (몡 decoy)는 동물이나 사람을, 장치를 쓰거나 미끼를 던져서 유인하여 함정에 빠뜨린다는 뜻이고, **beguile** (몡 beguilement)은 교활하게 연구하여 사주(使嗾)한다는 뜻이다. **tempt** (몡 temptation)는 강하게 유혹해서 신중성이 없는 행동을 하게 한다거나 판단을 그릇되게 한다는 뜻으로 lure보다 뜻이 강하다. **seduce** (몡 seduction)는 유인해서 그릇된 행동을 하게 한다거나 특히 여자에게 정조를 잃게 한다는 뜻이다.

lurk[ləːk] 卧 숨다(hide); 잠복하다 (be hidden). 몡 밀행(密行). 4

luscious[lʌʃəs] 閔 맛좋은(delicious), 감미한; 《형용, 몸차림이》지나친; 끈덕진, 《냄새 따위가》 달콤한. 9

lust[lʌst] 몡 육욕(肉慾); 욕망, 번뇌(煩惱). 卧 열망하다[for, after]. 4
[《고영》 *lust* pleasure 쾌락; *cf.* 《독》 *lust* pleasure]

lustful[lʌstf(u)l] 閔 호색의, 음탕한.
[luse+ -*ful*]

lustre, -er[lʌstə] 몡 광택, 윤; 빛남 (brightness); 영광(brilliance). 4
[《이태》 *lustro* luster 윤, glass 유리,

shining 빛나는←《래틴》 *lustrāre* shine 비추다, 빛나다]

lustrous[lʌstrəs] 閔 광택이 있는, 윤이 번들번들한.
[lustre+ -*ous*(형용사 어미)]
☞ listless

lusty[lʌsti] 閔 강장(强壯)한 (strong and healthy); 활발한, 기운찬(vigorous). [lust+ -*y*(형용사 어미)] 5
☞ lust

luxe[luks] 몡 《프》 사치, 호화.
[《프》 *luxe*←《래틴》 *luxus* abundance 풍부, 과잉]
articles de ~ 사치품. *train de* ~ 특별 열차. *de* ~ [dəlú(ː)ks, dəlʌ́ks] 호화로운 (of luxury), 사치스러운(sumptuous).

luxury[lʌ́kʃ(ə)ri] 몡 사치 (품); 쾌락. ⓐ economy 절약. 3
[《래틴》 *luxuria* luxury←*luxus* abundance; luxe+ -*ry*(명사 어미)]

luxurious[lʌgzjúəriəs] 閔 사치스러운, 호화로운. 7
[luxury+ -*ous*(형용사 어미)]

luxuriant[lʌgzjúəriənt] 閔 무성한, 풍부한, 화려한(florid). 8
[luxury+ -*ant*(형용사 어미)]

luxuriance[lʌgzjúəriəns],**-cy**[-si] 몡 무성함, 풍부; 《문체의》 화려함. [luxury+ -*ance*, -*ancy*(명사 어미)]

luxuriate[lʌgzjúərieit] 卧 무성하다; 사치하다; 살다; 즐기다, …에 빠지다 [in]. [《래틴》 *luxuriātus* grown rank 무성한←*luxuriāre* grow rank 무성히 자라다←*luxuria* luxury; luxury+ -*ate*(동사 어미)]

lye[lai] 몡 잿물; 세탁용 알칼리액.

lynch[lintʃ] 몡, 卧 사형(私刑)(을 가하다), 제재(制裁)(를 가하다).
[*Lynch's law*; Captain William Lynch (1742~1820) 미국 독립 전쟁(The American Revolution) 당시의 미국 Virginia 주의 보안관]

lynch-law[lintʃlɔː] 몡 사형(私刑).

lyre[láiə] 몡 《고대 그리스의》칠현금 (七絃琴). 6
[《래틴》 *lyra*←《그》 *lurā* lyre 칠현금]

lyric[lirik] 몡,閔 서정시(의); 서정적 (抒情的). *cf.* epic 서사시(의). 9
[lyre+ -*ic* (형용사 어미); 칠현금에 맞추어 노래하는 →서정시를 읊는→서정시의]

M

ma[mɑː] [명] =mamma. *cf.* pa. 6
〔애기가 소리지르는 *ma*를 본 따서 생긴 말〕

mace[meis] [명] 지권을 표시하는 지팡이, 권리의 표지(標識). 8

machine[məʃíːn] [명] 기계, 기관, 기구(機構 machinery); 《미》 (정당 따위의) 간부진, 흑막. 2
〔《래틴》 *māchina*← 《그》 *mēchanē* device 고안〕
the Democratic ~ 민주당 간부진. ***a political*** (또는 ***party***) ~ 정당 간부회. ***a washing*** ~ 세탁기.
[참고] 회화에서는 모든 기계로 움직이는 승용물(乘用物)을 뜻한다. 즉 자전거(bicycle), 비행기 (airplane), 특히 자동차 (automobile)를 machine이라고 한다.

machinery[məʃíːnəri] [명] 《집합적》 기계류(machines); 기구(機構); 기계장치(mechanism); 조직(organization). 〔machine+-*ery*〕(명사 어미)〕 3
[주의] machinery=machines이므로 집합적 뜻이 있으니까 machinery를 복수로 만들면 안된다. equip a factory with new *machinery* (machines)공장에 새 기계를 장치한다. *cf.* scenery

machinist[məʃíːnist] [명] 기계공(機械工); 틀질 하는 사람. 〔machine+-*ist* (사람을 뜻하는 명사 어미)〕 She is a good *machinist* 그 여자는 틀질을 잘 한다. ☞ mechanic, mechanism

mackerel[mǽk(ə)rəl] [명] 고등어 (북대서양 산).
〔《래틴》 *maquerellus*에서; *cf.* 《프》 *maquereau*〕
[주의] 보통 여러 마리를 뜻하는 복수형은 무변화이고 종류를 나타낼 때에만 -*s*를 붙인다: three *mackerel* (세마리의 고등어); three *mackerels* (세 종류의 고등어).

mad[mæd] [형] 미친; 열중한; 무모한(wild, rash); 격분하여〔about, at〕. [반] sane 본정신의. 2
drive (또는 ***send***) ***a person*** ~ 사람을 발광하게 하다. ***go*** ~ 발광하다. ***as*** ~ ***as a hatter*** (또는 **a March hare**), 《회화》 완전히 머리가 돈(very mad) 굉장히 화난(very angry).

madden[mǽdn] [동] 미치게 하다; 성나게 하다 (irritate). 〔mad+-*en* (동사 어미)〕

madman[mǽdmən] [명] 미치광이. 6
[주의] a mad man [ə mǽd mǽn]과는 발음과 뜻이 다르다. a mad man이라고 하면 미친 사람 또는 화난 사람 (angry man) 의 뜻이 된다.

madness[mǽdnis] [명] 광증; 열광. 〔mad+ -*ness*〕 4

madam[mǽdəm] [명] 부인, 마님. 3
〔《프》*madame*←*ma dame* my lady←《래틴》 *mea domina* my lady 부인, 마님〕 ☞ dame

magazine[mæ̀gəzíːn, mǽgəzin 《미》 (특히 잡지의 뜻일 때)] [명] 잡지; 화약고, 탄창(彈倉), (군수품 따위의) 창고; 보고(寶庫). 4
〔《아랍》*makhāzin* storehouses 창고들 ←*khasn* lying up in store 저장해 두기; "잡지"의 뜻은 지식을 저장해 두는 창고 (storehouse)라는 뜻에서〕

maggot[mǽgət] [명] 구더기. 8

magic[mǽdʒik] [명] 마법; 요술, [형] 마법의; 불가사의한. 3
〔《그》 *magike* (*techne*) magic (art) ←*magicos* of the Magi 메이자이 (고대 페르샤의 스님)의〕
[참고] 이 말은 예수·그리스도 탄생시에 동방에서 예물을 가지고 찾아 온 세 박사 the (three) Magi [méidʒai]와 관계 있다. Magi는 고대 페르샤의 승려로 마술적인 힘이 있는 것으로 생각되었다, 그래서 magi→magic로 마술의 뜻이 생기게 되었다.

magician[mədʒíʃ(ə)n] [명] 마술사, 요술장이. 8
〔magic+ -*ian* (사람을 뜻하는 명사어미)〕

magical[mǽdʒik(ə)l] [형] 마술적; 불가사의한. 〔magic+ -*al* (형용사 어미)〕

magistrate[mǽdʒistrit] [명] 행정장관;

치안판사(justice of the peace). *cf.* justice 판사. 4
[《라틴》*magistrātus* magistrate←*magister* master 주인]
☞ master, majesty

magnanimous[mægnǽniməs] 圈 너그러운(generous); 고결한(high-souled). ⑮ narrow-minded 도량이 좁은.
[《라틴》 *magnus* great + *animous*←*animus* mind; great-minded 큰 마음을 지닌]
주의 *magna*-는 래틴어 *magnus*(great)에서 파생한 말의 요소로서 Magna Charta [mǽgnə kάːtə] "대헌장(大憲章) 1951 년"의 Magna도 같은 뜻이다, 이는 영어로 말하면 Great Charter의 뜻이 된다.

magnanimity [mægnənímiti] 圈 너그러움; 고결. [magnanimous + -*ity* (명사 어미)] ☞ unanimous

magnet[mǽgnit] 圈 자석, 자철(磁鐵). 7
[《그》*Magnētēs*← (*lithos*) *Magnēsios* (stone) of Magnesia; 그리스 북동부의 Magnesia에서 나는 돌→loadstone (천연자석)]
☞ calico, cannible, copper

magnetic[mægnétik] 圈 자력의, 자기의; 매력 있는. [magnet + -*ic*(형용사 어미)] 8

magnetism[mǽgnitizəm] 圈 자력, 자기. [magnet + -*ism* (명사 어미)]

magneto[mægníːtou] 圈 자기 발전기 (특히 내연기관에 붙은). [《그》*magnēt*←*magnēs* magnet]

magnificent[mægnífisnt] 圈 광대한(grand), 장려한(splendid); 당당한(imposing); 훌륭한(splendid). 3
[《라틴》*magni*- ←*magnus* great + -*ficens*←*facere* do, make; make great 당당하게 만들다]

magnificence[mægnífisns] 圈 광대함, 장려함, 웅대함. [magnific + -*ence* (명사 어미)] 6

magnify[mǽgnifai] 图 확대하다, 과장해서 말하다(exaggerate). [《라틴》 *magnificāre* make large←*magnus* great + -*ficāre* *facere* make, do] 5
~*ing glass* 확대경, 돋보기.

magnitude [mǽgnitjuːd] 圈 크기; 광대함; 중대함; (떠돌이 별의) 광도(光度). 9
[《라틴》*magnitūdo* size 크기 ←*mag-*

nus great 큰]

magpie[mǽgpai] 圈 《동물》까치; 말이 많은 사람.
[Mag(Margaret의 변형)+pie 파이; 파이는 과실, 고기따위를 섞어서 만든다. 까치는 무엇이나 모아 오는 습성이 있어서 파이 처럼 잡다한 것이 많다고 해서]

mahogany[məhɔ́gəni] 圈 《식물》마호가니; 마호가니의 목재; 마호가니 색(적갈색). 6
[《하이티》 *mahagoni* 에서]

maid[meid] 圈 소녀; 처녀, 미혼여자 (spinster); 하녀(maidservant). 2
⑮ servant 하인.
a ~ of hono(u)r 여관(女官)(고귀한 신분의 미혼 부인; 여왕, 왕 따위에 시중든다); 《미》신부 둘러리가 되는 미혼 처녀.
주의 우리말의 "올드 미스"는 영어로 old maid라고 한다. 또 보통 "하녀"의 뜻으로는 barmaid, housemaid, kitchenmaid, parlourmaid, lady's-maid 따위 처럼 복합어를 이루어서 사용한다.

maiden[méidn] 圈 《주로 문장 용어로》소녀, 처녀(virgin). 圈 처녀의, 미혼의(unmarried); 아직 안해 본. 2

maidenhood[méidnhud] 圈 처녀임, 처녀성; 미혼 시대. [maiden + -*hood* (명사 어미)]

maiden name[méidnneim] 圈 결혼 전의 여자의 성; 옛 성 《보통 다음과 같이 표시한다. Mrs.Jones, née Smith 존스씨 부인, 본성 스미즈》

mail¹[meil] 圈 우편(물). 图 《미》우송하다 (《영》post). 2
[《고프》*male* bag, wallet 지갑←《고대독》*malaha* a leathern wallett 가죽지갑; *cf.* 《프》 *malle*]
by ~ 《미》우편으로 (《영》by post). *send*(a letter)*by air* ~ 편지를 항공편으로 부치다: *I had a lot of mail last week* 나는 지난 주에 편지를 많이 받았다.

mail box[méilbɔks] 圈 《미》우체통 (《영》pillar box); (가정용) 우편함.
mail a letter at a ~ 우체통에 편지를 넣다.

mailman[méilmən] 圈 우편 배달부 (《영》postman).

mail²[meil] 圈 쇠사슬로 엮은 갑옷.
[《고프》*maille*←《라틴》*macula* spot 점,

mesh of a net 그물의 눈]
main[mein] 형 주요한 (chief); 최대의 (utmost). 명 (수도, 까스 따위의) 본관(本管 main pipe); 주요 부분; 본선(本線). 2
[(중영)*mayn*←(아이스)*megn* strong 강한]

in the ~ 대체로 (on the whole), 주로(chiefly).

mainland[méinlænd] 명 본토; 대륙 (부근의 도서·반도와 구별해서). 8

mainly[méinli] 부 주로, 대개.

☞ may, might

maintain[meintéin] 타 유지하다(keep up);(건물,도로 따위를) 보존하다(keep in repair); 부양하다(support); 주장하다(assert); 지탱하다. 반 abandon 포기하다. 2

[(프) *maintenir*←(래틴)*manū tenēre* hold in the hand 손에 쥐다←*manus* hand + *tenēre* hold]

maintenance[méint(i)nəns] 명 지속, 유지; 지지; 부양; 주장; 생계. [maintain +-*ance*(명사 어미)] 8

☞ manual, manufacture, tenacious, entertain, contain, detain, retain, obtain

majesty[mǽdʒisti] 명 장엄함, 위풍, 존엄; 가장 높음; 폐하(Majesty). 3
[(래틴)*majestās* dignity 위엄←*major* greater←*magnus* great; greatness]

His(또는 *Her, Your*) *Majesty* 폐하.

majestic[mədʒéstik] 형 위엄 있는, 장엄한(stately). [majesty+ -*ic* (형용사 어미)]

majestically[mədʒéstikəli] 부 위풍당당히, 장엄하게.

major[méidʒə] 형 (둘 가운데서) 큰 쪽의; 한층 더 중요한(more important), 주요한; (음악) 장음계의. 명 성년자(成年者); (음악) 장조(長調); 육군 소령; (미) 전공과목. *cf.* minor, 전공학생. 자 전공하다. (영) specialize[in]. 반 minor 소수의, 미성년의. 4

major-general[méidʒədʒén(ə)r(ə)l] 명 육군 소장. *cf.* general; rear admiral 해군소장.

majority[mədʒɔ́riti] 명 다대수, 과반수, 성년(full age). 반 minority 소수. [major+ -*ity*(명사 어미)] 3

참고 major의 -*jor*는 래틴어의 형용사 비교급 어미로 -*ior*로도 적는다. inferior, superior, senior, junior, interior, exterior와 마찬가지이다. 래틴어에서는 -*i*-와 -*j*-를 같이 취급했다.

☞ mayor, majesty, magnanimous, magnitude

make[meik] 타 (made) 만들다; …이 되다(become);하다(perform);얻다(get); …으로 계산하다(reckon to be); 이해하다(understand); …하게 하다, …으로 하다. 명 짜임새, 구조; 체격; 모양 (figure, shape); 기질; 제품. 1
[(중영)*maken*; (고영)*macian*; *cf.*(독) *machen*]

~ *away* (또는 *off*) *with* … …을 가져가 버리다, 훔치다(steal);살해하다(kill). ~ *for* … …을 향해 나아가다; …을 습격하다; …에 기여하다. ~ *much* (또는 *little*) *of* … …을 중(경)시하다. ~ (*a thing, person*) *of* … (물건을)…으로 만들다(재료의 성질이 제품에 남아 있는 경우에); …을 …으로 만들다; …을 …로 생각하다. ~ (*a thing*) *from* … …을 재료로하여 만들다. 《재료의 성질이 제품에서 달라진 경우》; wine is *made from* grapes. 포도주는 포도로 만들어진다. ~ *one's way* 나아가다. ~ *the best* (또는 *most*) *of* … …을 최대한으로 이용하다. ~ *up* … …을 보상하다; …을 배상하다. ~ *up for one's mind* 결심하다 (decide). ~ *up with* … …과 화해하다.

malady[mǽlədi] 명 병(disease), 병환; (사회의) 병폐. 8
[(프)*maladie*←(래틴) *male habitus* out of condition 건강 상태의 비정상적인←*male* badly←*malus* bad+*habitus*←*habēre* have; 신체의 나쁜상태를 갖다] ☞ habit

malaria[məléəriə] 명 말라리아; 학질. 8
[(이태)*mal'aria*←*mala* bad *aria* air ←(래틴)*malus* bad+*āēr* air; 나쁜 공기에서 전염된다고 생각해서]

male[meil] 명, 형 남자(의), 수컷(의). 반 female 여자(의). 3
[(프)*male*←(래틴)*masculus* male 남성의]

동의어 male은 사람과 동식물에 대하여 "남성, 수컷"을 뜻하는 말이다. **masculine**은 남성의, 남자다운 성질이나 힘, 원기를 지니고 있다는 뜻으로 여자에 대해서 이렇게 말할 때도 있다. **man-**

ly는 용기나 독립심이 있어서 한사람 몫의 일을 할 수 있는 사나이다운 성질을 뜻하고, **manlike**는 보통 겉모습이 남자 같다거나 여자가 남자에 못지 않다는 뜻이다. **manful**은 특히 남자의 용기, 근면, 힘 따위를 나타낸다. **mannish**는 주로 경멸해서 말할 때 쓰이는 말로 여자나 아이가 남자나 어른의 특성이나 옷을 흉내낸다는 뜻이다. **virile**은 원기 왕성하고 건강하며 생식력이 왕성한 따위 육체적으로 성숙한 남자의 성질을 강조해서 말할 때 쓰이는 말이다.

malefactor[mǽlifæktə] 몡 악인 (evildoer), 죄인(criminal). ⑩ benefactor 선인.
[《래틴》*male* badly + *factor* doer←*facere* do]

maleficent[məléfis(ə)nt] 혱 해로운. ⑩ beneficent.
[《래틴》*maleficenti-* ← *maleficus* ← *male* badly + *facere*]

malevolent[məlév(ə)lənt] 혱 악의 있는 (malicious) [to]. ⑩ benevolent 선의의.
[《래틴》*malevolentem* ←*male* badly +*volle* wish; wishing badly 악의를 갖는] ☞ volition

malice[mǽlis] 몡 악의, 적의 (illwill); 원한. [《중영》, 《프》*malice*←《래틴》*malitia* badness←*malus* bad] 5

malicious[məlíʃəs] 혱 악의 있는. [malice+-*ous*] 7

malign[məláin] 혱 악의의; 해로운, (병 따위가) 악성의. 통 비방하다(slander). ⑩ benign 온화한, 양성의. [《래틴》*malignus*←*mali-*, *malus* bad+*gen-* ←*gignere* produce 생산하다; born bad 나쁘게 태어난←성질이 나쁜←악의의]

malignant[məlígnənt] 혱 악의 있는; (병이)악성의. ⑩ benignant 인자한, 온화한, 악성의. [malign+-*ant*] 7

malignity[məlígniti] 몡 악의, 악성. ⑩ benignity 인자함, 온화함. [malign + -*ity* (명사 어미)]
☞ malady, malice

mallet[mǽlit] 몡 (보통 나무) 망치. [mall 큰 망치 +-*et*(축소 어미);small mall 작은 망치]

malt[mɔːlt] 몡, 통 엿기름(을 만들다).

mam(m)a[《영》məmάː, 《미》mάːmə] 몡 (어린이 말) 엄마. *cf*. papa 아빠. 3
[애기가 자연적으로 내는 소리 *ma*에서 *ma*를 두번 되풀이해서 *mama*로 했던 것이다. *cf*. pa, papa; mom, mam 이라고 하기도 한다. 《프》*mammam*; 《스페》, 《홀런드》, 《독》*mama*; 《이태》《래틴》*mamam*도 모두 같은 이유에서. *cf*. 《굴조아 어》 *mama*=father; 《치리토어》 *papa*=mother 《일본》 haha =mother ← fafa← papa; 《한국》 umma.

mammal[mǽm(ə)l] 몡 젖먹이 동물. 포유(哺乳)동물. 8
[《래틴》*mammālis* of the breasts 젖의 *mamma* breast 유방(乳房)]

mammon[mǽmən] 몡 부(富) (의 신). [《그》 mamōnas ← 《시리아》 mamōnā riches 재산]

mammonist[mǽmənist] 몡 배금(拜金) 주의자. [mammon + -*ist* (사람을 뜻하는 명사 어미)]

man[mǽn] 몡 (*pl*. men) 사람, 인간, 사나이, 성년남자, 어른; 남편(husband); 부자; (장기의)패. 통(승무원으로) 태우다; 사람을 배치하다. ⑩ woman 여자.
[《중영》*man*; 《고영》*mann*; *cf*.《독》*mann*; 《래틴》*mens* mind (*cf*. mental), *commentus cf*. comment 와 같은 계통의 말로 원 뜻은 the one who thinks 생각하는 자]

Man is a thinking reed. (Pascal) 사람은 생각하는 갈대다.

manhood[mǽnhud] 몡 (한 사람의) 남자다운 자격, 어른; 인격, 남자다운 용기. [man+-*hood* (명사어미)] 5

manikin[mǽnikin] 몡 왜인(矮人), 난장이 (dwarf); (미술가, 양장점 따위의) 모델인형, 매니킨(mannequin). [《홀런드》 manneken ← man; man+ -*ken*; small man→dwarf 난장이]

동계어 **mannequin**[mǽnikin] 몡 《프》 (미술가, 양장점 따위의) 모델 인형, 매니킨, 팻손 모델(model). [《프》 *mannequin*←《홀런드》 *manneken*; manikin의 프랑스어형]

mankind[mǽnkáind] 몡 인간 (all human beings); [mǽnkind] (여자에 대한) 남자(men). ⑩ womankind[wúmənkáind, wúmənkaind] [《고영》*man* man+*cynn* kind, race] ☞ kin 3

manly[mǽnli] 혱 사나이다운, 남성

적인. [man+-*ly* (형용사 어미)] 5
☞ man, male
manlike[mǽnlaik] 혱 사람 비슷한; 남자다운. [man+-*like* (형용사 어미)]
☞ man, male
mannish[mǽniʃ] 혱 남자 비슷한, 여자답지 못한. [man+-*ish* (형용사 어미)]
man-of-war[mǽnəvwɔ́ː] 명 (*pl*.men-) 군함(warship).
참고 merchantman 상선. Indiaman 인도 무역선. Dutchman 홀랜드 배. *cf*. the Flying Dutchman 방황하는 홀랜드선; 유령선. Guineaman 기니 무역선.
manage[mǽnidʒ] 타 취급하다(handle); 관리하다; 처리하다(deal with); 이럭저럭 해내다(contrive) [to do]. 2
[(이태)*maneggio* managing, handling 취급←*mano* hand+←(라틴) *manus* the hand손; 손으로 다루다]
주의 "그들은 그 대학에 입학할 수 있었다"를 They could enter the college로 써도 되나 "노력의 보람이 있어서"라든지 "고생해서" 따위로 "…할 수 있었다"의 뒤에 노력이나 곤란이 있었다는 뜻을 나타내려 할때에는 manage to[do]라든가 succeed in -ing을 사용해서 They *managed* to enter the college라든지 They *succeeded in* entering the college로 작문한다.
manageable[mǽnidʒəbl] 혱 다루기 쉬운, 유순한. [manage+ -*able* (형용사 어미)]
management[mǽnidʒmənt] 명 지배, 관리, 경영; (기업의)경영자, 《집합적》 (기업의) 경영자측, 경영간부;처리. [manage+-*ment* (명사 어미)] 5
 Labor and ~ 노동자측과 경영자 (또는 회사) 측.
manager[mǽnidʒə] 명 지배인, 경영자; 감독; 수완가. [manage+-*er*(사람을 나타내는 명사 어미)] 6
manageress[mǽnidʒ(ə)ris] 명 여자 지배인, 여자 간사. [manage+-*ress* (여성 명사 어미)] ☞ manual
Manchuria[mæntʃúəriə] 명 만주(滿洲).
mandate[mǽndeit] 명 명령; 위임통치; 선거구민이 의원에게 하는 요구. 타 …의 통치를 위임하다.
[(라틴)*mandātus* enjoined 명령된← *mandāre* enjoin 명령하다. put into

ones hand 손 아귀에 넣다 ← *manus* hand+*dāre* give]
mandatory[mǽndət(ə)ri] 혱 명령의, 위임의. 명 명령받은 사람, 위임통치국. [mandate+-*ory* (형용사 어미)]
☞ command, demad
mane[mein] 명 (소, 말의) 갈기. 5
[(고영)*manu*; *cf*. (독)*mähne*]
maneuver, manoeuver[mənúːvə] 명, 통 연습(演習) (하다); 계략 (을 베풀다) 책략(을 써서…하게 하다).
[(프)*manœuvre* handiwork 손 세공, 수공업←(라틴) *manopera* working with the hand 손으로 하는 일 ←*manus* hand+*opera* work]
☞ manual, maintain, manure, opera, operation
manger[méindʒə] 명 (소, 말의) 여물통, 구유. 5
[(프) *manger* eat 먹다→(라틴) *mandūcāre* eat]
 a dog in the ~ 심술꾸러기 《이솝 우화에서》
mangle[mǽŋgl] 타 난도질하다(hack); 망치다(spoil). 명 (세탁물의 주름을 펴고 윤을 내는) 압착 로울러. 8
mania[méiniə] 명 열광; …열 (craze)[of, for]; 광증.
[(라틴), (그)*mania* mental excitement 정신적 흥분]
통계어 -*mania*는 mania의 뜻의 명사 어미로, -*phobia* "…공포증. …염오증"의 반대이다. 이 어미를 지닌 명사로는 **bibliomania**[bìbliəméinjə] 명 장서광, 도서 수집광, [*bibli*- book +-*mania*]. **kleptomania**[klèpto(u)méinjə] 명 도벽, 절도광. [*clept* thief 도+-*mania*], **megalomania** [mègəlo(u)méinjə] 명 과대망상증. [*megalo* great+-*mania*]. ☞ mind, mental
manicure[mǽnikjuə] 명 매니큐어 (를 하다), 손톱 단장(을 하다).
[(라틴) *manus* hand+ -*cure*, *cūra* care 손질]
 have a ~ (남에게 시켜서) 매니큐어를 하다.
☞ manual, manufacture, manure
manifest[mǽnifest] 타 명백히 하다; 나타내다; (유령 따위가) 나타나다. 혱 명백한 (clear), 명확한 (evident). 명 적하 목록(積荷目錄). 4
[(라틴)*mani*-, *manus* hand+-*festus*

manifold   328   **many**

struck; struck by the hand 손으로 맞은 → 접촉 → 구체적인 것 → 명백한으로 뜻이 변한 것]

manifesto[mæniféstou] 圀 (*pl.* manifestoes, 《영》-s) 선언, 성명(서) (proclamation). [《이태》*manifesto*←《래틴》*manifestus* evident 분명한; 분명한것→선언]

manifestation[mænifestéiʃ(ə)n] 圀 표명, 표시; 나타남. [manifest+*-ation* (명사 어미)]

☞ manual, manufacture

manifold[mænifould] 囿 여러 가지의, 다방면의.   5

[*mani-* many+*-fold* part]

~ *writer* 복사기.

[통계어] tenfold[ténfould] 囿 십배의.
hundredfold[hándrədfould] 囿 백배의. ☞ many, fold

manner[mǽnə] 圀 방법 (method), 방식 (way, style); 태도, 거동; *pl.* 예의 (범절), 풍습(custom); 종류(kind). 1
[《래틴》*manēria*←《래틴》*manus* hand; method of handing 취급 방법]

after the ~ *of*…… …에 따라. *in a* ~ *of speaking* 말하자면. It is *bad manners* to stare at people. 사람을 물끄럼이 쳐다보는 것은 실례이다.

☞ manual, manufacture

mannerism[mǽnəriz(ə)m] 圀 매너리즘 [문제, 예술창작 따위가 기교적인 냄새가 나는 것]; (언행, 몸짓 따위의) 버릇. [manner+*-ism*; *cf.* 《프》*maniérisme*]

manor[mǽnə] 圀 《영》장원(莊園), (영주의) 영지(領地). [《고프》*manoir* mansion 저택←*maneir* dwell 살다←《래틴》*manēre*] ☞ mansion

mansion[mǽnʃ(ə)n] 圀 큰 저택. 4
[《래틴》*mansiōnem* abode 주택, 거주←*manēre* remain 머물다; dwell 거주하다; manor와 같은 어원]

the Execuitve Mansion 미국 대통령 관저 (the White house의 정식 이름); (각주의) 지사 관저. ☞ manor

mantel[mǽntl] 圀 **mantelpiece**[mǽntl(pi:s)] 圀 벽로 가의 장식; 벽로 위의 선반.
[mantle+piece; 벽로 위의 선반이 씌우개 같다고]

mantle[mǽntl] 圀 만토, 외투; 씌우개 (covering). 동 씌우다(cover); 만토로 싸다;(얼굴이)붉어지다.   3

[《래틴》*mantellum* napkin 냅킨; cloak 외투]: Her cheeks *mantled* at the praise 칭찬받아서 그 여자의 두 뺨이 발개졌다.

manual[mǽnju(ə)l] 囿 손의, 손으로하는. 圀 편람(便覽), 안내서 (handbook); 《군》집총훈련.   8
[《래틴》*manuālis* of hand 손의←*manus* hand]

☞ manufacture, maneuver, manure

manufacture[mænjufǽktʃə] 동 제조하다, 제작하다;(문예작품을) 남작(濫作)하다; (얘기 따위를) 지어내다 (invent). 圀 제조; 제작; 제품. [《래틴》*manū*←*manus* hand+*factūra* making 만들기←*facere* make; making by hand 손으로 만들기]   2

manufactory[mænjufǽkt(ə)ri] 圀 제조공장 (factory). [《래틴》*manū facere* make by hand; manual+factory]

manufacturer[mænjufǽktʃ(ə)rə] 圀 제조 업자, 공장주인. [manufacture+*-er* (사람을 뜻하는 명사 어미)]   5

☞ manual, fact, satisfaction

manure[mənjúə] 圀, 동 비료(를 주다). *cf.* fertilizer (특히) 화학비료. [maneuver의 준 말: work with the hand 손으로 조작한다]   6

☞ maneuver, manual

manuscript[mǽnjuskript] 圀 원고; 수기(手記); 사본.   7
주의 MS. (*pl.* MSS.)로 약자를 쓰는 때가 많다.
[《래틴》*manū*←*manus* hand + *scriptum*←*scrībere* write; written by hand 손으로 쓰인것→원고, 수기]

☞ manual, manure, manufacture, script, scribe, subscription, description, inscription.

many[méni] 囿, 圀 많은, 다수 (의). ⊕ few 적은.   1
[《중영》*mani*, *moni*; 《고영》*manig*, *monig*; *cf.* 《독》*manch*]

참고 many a는 문장용어로나 쓰이는 딱딱한 말이이 회문에 회화에는 쓰이지 않는다. 또 many a는 단수로 일치한다;《문장》*Many a* man *has* come to an end = 《회화》*Many* people *have* died

[동의어] **many**는 (상대적으로) 많다는 뜻으로 가장 일반적으로 쓰는 말이다. **manifold**는 many의 뜻에다가 또한

가지 각색이 섞여 있음을 특별히 강조하거나, 단수 명사를 수식할 때에는 구성 요소가 퍽 복잡하다는 뜻이 있다. **multifarious**는 manifold보다 변화가 크고 때때로 조화를 잃는 수가 있을 만큼 여러가지가 섞여 있음을 강조하는 말이며, **innumerable**은 셀 수 없을 만큼 많다는 뜻으로서 numerous보다 뜻이 강하고 과장적인 말이다.

map[mæp] 圈 지도; 천체도. 图 지도에 그리다, 지도를 작성하다; (계획 따위를)세우다(plan)[out]; *cf.* atlas 지도책, chart 해도(海圖). 2
[《래틴》 *mappa, mundi* map(of the world)←*mappa* napkin, cloth; 옛날의 세계 지도는 천에 그려졌기 때문에 천(cloth)을 뜻하는 *mappa*라고 불리어 지게 된 것] ☞ napkin, mop, apron

maple[méipl] 圈 단풍나무. 4

mar[mɑː] 图 손상하다, 망치다(spoil). 5

Marathon[mǽrəθən] 圈 (보통 26마일의) 마라톤 경주(Marathon race); Athens의 북쪽에 있는 그리이스의 옛 싸움터; 올림픽 경기의 한 종목(種目). [*marathon race*의 준 말]
참고 *Marathon*의 싸움에서 아테네의 병사 *Pheidippiodes*가 자기편의 승리를 전하기 위하여 Marathon으로부터 Athens까지 달려갔던 옛 일을 기념해서 1896년 4월 아테네에서 최초로 거행되었다. 경기거리는 그때의 거리에 맞추어 26마일 385야드를 정식으로 한다

marble[mɑ́ːbl] 圈 대리석; *pl.* 대리석 조각; 마아블 놀이에 쓰는 공깃 돌; *pl.* 마아블 놀이(엄지 손가락으로 공깃 돌을 튀기며 노는 놀이).
주의 marvel 놀라움과 혼동치 말것. 2

march[mɑːtʃ] 圈 행진, 전진; 발전(progress); 행진곡. 图 행진하(게 하)다; (사건이) 진행하다; 끌고 가다. ⓐ halt(행군 따위의) 정지. 1
be on (또는 *in*) *the* ~ 진행중.

March[mɑːtʃ] 圈 3월. 1
[《래틴》 *Martius* (*mensis*) (month) of Mars ← *Mars* Mars; 군신(軍神) Mars에 바쳐진 달]
참고 고대 로마에서는 일년이 10개월이었으며 3월이 첫달이 었다. 즉 March 1월, April 2월, May 3월, June 4월, Quintilis 5월, Sextilis 6월, September 7월, October 8월, November 9월, December 10월 이었다. 뒤에 January, February의 두달이 덧붙여져서 12개월이 되었으나, 이 두달은 일년의 휴식기간으로 취급되고 일년의 첫 달은 여전히 March였다. BC 153년부터 그 때까지의 달력제도를 고쳐서 일년이 January에 시작하게 되고 Quintilis, Sextilis는 각각 July, August로 고쳐지고 그 때까지 이름과 실제가 잘 맞던 September, Octoper, November, December는 각각 2월씩 늦추어지게 되었다. 각 달의 이름의 어원을 참조해보도록 하라. ☞ Mars, martial

mare[mɛə] 圈 암말, 노새의 암컷; *cf.* horse 말. 4
[《중영》 *mere* 《고영》 *mere, mearh* horse 말; *cf.* 《독》 *mähre*]
Money makes the mare *go.*《속담》 돈만 있으면 무엇이나 될 수 있다.
The gray mare *is the better horse.*《속담》 엄처시하(嚴妻侍下), 여인 천하. ☞ marshal

margarine[mɑ̀ːdʒəríːn, mɑ̀ːɡəríːn,《미》 mɑ́ːdʒəri(ː)n] 圈 인조(人造) 버터; 마아가린.
[《그》 *margaron* pearl 진주 + *-ine*; 모든 지방이나 유지(油脂)에는 진주산(眞珠酸 margaric)이 포함된 것으로 믿은 데서 그 화학용어를 잘 못 쓴 것]

margin[mɑ́ːdʒin] 圈 변두리(edge), 가장자리(border), 한계(limit);여백, 여유; 판매 수익. 5
[《래틴》 *margin*- ← *margo* border 가장자리]

marigold[mǽriɡould] 圈 금잔화. 8 [Mary 성모 마리아 + gold; 그 꽃 색이 금빛이기 때문]

marine[məríːn] 圈 바다의, 해상의;《집합적》(한 나라의) 전 선박(全船舶 all the ships); 해운, 함대; 해병. 6
[《래틴》 *marinus* belonging to the sea 바다의 ← *mare* sea]
Marine Corps (미국의)해병대. ~ *transportation* 해운(海運).

mariner[mǽrinə] 圈 뱃사람, 수부(sailor), 해원(海員 seaman). [marine + *-er* (사람을 뜻하는 명사 어미)] 5
~*s card* 해도(海圖).
참고 현대 영어에서는 이 낱말은 시나 아취가 있는 말 또는 공식 문서에 쓰이고 그 외의 경우에는 sailor를 쓰는 것이 보통이다.

maritime[mǽritaim] 圈 바다의, 해

변의, 해상의, 바다에 관계 있는. [《래틴》 *mari-* ← *mare* sea + *-timus* (어미)] 8

mark[mɑːk] 명 표, 기호(sign); 목표(target); 접수; 자취(trace); 특징(trait). 동 표적을 내다; 눈에 띄게 하다(distinguish); 특색을 부여하다(characterize); 주의하다(notice); (담안을) 채점하다, (축구 따위) 마아크하다. 1
[《중영》*merke*; 《고영》*mearc*; *cf.*《독》*marke*]

marked [mɑːkt] 형 저명한(prominent); 기호(표적) 있는. [mark+ -ed (과거분사 어미)]

marksman[mɑ́ːksmən] 명 사수(射手), 사격의 명수. [mark's+man]

marksmanship[mɑ́ːksmənʃip] 명 사격의 기술.

market[mɑ́ːkit] 명 저자, 시장; 판로; 거래(traffic); 시세. 동 시장에 내놓다; 장보러 가다. 1
[《래틴》*mercātus* traffic 교역, market 시장 ← *mercāri* trade 무역하다 ← *merx* merchandise 상품] ☞ mercantile

marquis[mɑ́ːkwis] -**quess**[-kwes] 명 후작(候爵). ⓐ marchioness 후작 부인. 9
[《래틴》*marchensis* prefect of a frontier town 변경(邊境) 지방의 도시의 시장(市長)] ☞ count, duke

marry[mǽri] 동 결혼하다, 결혼시키다; 굳게 결합시키다. ⓐ divorce 이혼하다.
[《래틴》*maritāre* marry ← *marītus* husband 남편 ← *mari- mās* man; husband] ☞ masculine

marriage[mǽridʒ] 명 결혼(식). [marry+ *-age*] ⓐ divorce(ment) 이혼. 3
동의어 marriage는 결혼을 뜻하는 가장 보편적인 말로 전혀 감정을 나타내는 바가 없다. matrimony는 특히 종교상의 예식을 올려서 marriage의 정신적 결합이나 결혼에 따르는 권리·의무를 강조하는 형식적이고 종교적인 말이다. wedlock는 결혼한 상태를 뜻하는 법률용어로 많이 쓰인다. wedding은 결혼식이나 그 피로연을 뜻하는데 marriage와는 달리 감정이 들어 있는 고상한 말이다.

married[mǽrid] 형 기혼의, 부부의. ⓐ single 미혼의. [marry+ *-ed* (형용사 어미)] 2

marital[mǽrit(ə)l, mərǽitl] 형 결혼의; 부부의. [《래틴》*marītālis* of husband 남편의 ← *marītus* husband]

marrying[mǽriiŋ] 명 결혼함. 형 결혼할 듯한.

marrow[mǽrou] 명 (뼈의)골; 정수(精粹 essence). 7
to the ~ 골수에 까지; 순수한.

Mars[mɑːz] 명 《로마 신화》 군신(軍神), 전쟁(war); 화성(火星). 8

martial[mɑ́ːʃ(ə)l] 형 전쟁의 (of war), 군의 (ⓐ civil 민간의); 호전적 (warlike), 용감한 (brave). [《래틴》*Martiālis* dedicated to Mars, god of war; 전쟁의 신 Mars에게 바쳐진 → 전쟁의] 6
~ *law* 계엄령. ~ *song* 군가. the ~ *rule* 군정(軍政).
동의어 martial은 "전쟁의, 군대의"의 뜻으로 특히 그 특색이 나타나는 경우 즉 굉장한 규모, 규율 따위를 암시하는 말이다. warlike는 전쟁하기 좋아하는 침략적 성질이나 기분을 강조하는 말이다. military는 군대와 군인에 관계됨을 뜻하는 일반적인 말이다.

Martian[mɑ́ːʃiən] 형 화성의, 명 화성인(火星人). [*Mart-* of Mars+ *-ian*]

marsh[mɑːʃ] 명 습지(濕地), 늪(swamp). [《고영》*mersc* marsh ← *mere* mere, lake 호수] 5

marshy[mɑ́ːʃi] 형 늪의, 늪같은, 습지의. [marsh+ *-y*]

marshal[mɑ́ːʃ(ə)l] 명 (육군)원수; 경찰(소방)서장; (영국 궁전의)전례관(典禮官). 동 배열하다(arrange in order); 안내하다 (conduct); *cf.* fleet admiral (해군)원수. 5
[《고대 독》*marascalh* horse-servant, groom 마부 ← *marah* horse + *scalh* servant; 마부(馬夫); 차차 명예로운 칭호로 쓰이게 되었다. mare[mɛə] 암말은 marshal의 *mar*와 같은 어원이다]

field-marshal[fíːldmɑːʃ(ə)l] 명 육군 원수; 경기장내 사령.

provost-marshal[prəvóustmɑːʃ(ə)l] 명 헌병 사령관.

mart[mɑːt] 명 시장(market); 상업중심지, 대시장. 9
[market를 줄인 말]

martyr[mɑ́ːtə] 명 순교자. 동 (신앙 때

문에) 박해하다, 죽이다. 5
[(그) *martyr, martys* witness 증인]
martyrdom[mɑ́:tədəm] 图 순교, 순사(殉死): 고통, 고난. [martyr+-*dom* (명사 어미)] 8
marvel[mɑ́:v(ə)l] 图 놀랄만한 사람(또는 물건). 图 경탄하다(wonder)[at]. 4
[(래틴)*mirābilis* wonderful 놀라운←*mīrāri* wonder 놀라다]
marvel(l)ous[mɑ́:v(i)ləs] 图 경탄할 만한(surprising); 불가사의한(wonderful). [marvel+-*ous*(형용사 어미)] 3
☞ miracle
mascot(te)[mǽskət] 图 마스코트, 행운을 가져오는 것; 수호신.
[(프) *mascotte*←《프로방살》 *masco* witch 마녀]
masculine[mǽskjulin] 图 남자의, 남자다운; 《문법》 남성의. ⓑ feminine 여자의, 여성의. ☞ male 5
[(래틴) *masculīnus*←*masculus* male 남성←*mas*- *mās* male+-*culus* (이중 축소 어미)]
mash[mæʃ] 图 엿기름 물(맥주의 원료); 밀기울 따위를 더운 물에 탄 마소의 먹이; 미음같이 만든 것 (감자를 으깨어 놓은 것 따위). 图 (감자 따위를) 짓찧다; (엿기름에) 더운 물을 섞다. 7
mask[mɑːsk] 图 탈, 가면, 마스크. 图 가면을 씌우다; 가리다(conceal). 4
[(스페) *mascara* masker, masquerader 가면을 쓴 사람←《아랍》*mascharat* jester 어릿광대, man in masquerade 가면 무도회의 사람, anything ridiculous 우습광스러운 것 ← *sakhira* he ridiculed 그는 조롱했다]
masked[mɑːskt] 图 탈을 쓴, 복면을 한; 감춘. [mask+-*ed*(과거분사 어미)]
~ *ball* 가장무도회. *under the ~ of* …의 가면을 쓰고, 올핑게로.
masquerade[mæ̀skəréid] 图,图 가면 (또는 가장)무도회 (에 참가하다); 가면(을 쓰다); 가장(하다). [(스페) *mascarada*; mask+-*ade*] 7
mason[méisn] 图 석수, 석공(石工). 图 돌을 쪼아 만들다. 5
masonry[méisnri] 图 석수의 일, 석수의 기술; (건물의)석조 부분, 돌(벽돌)로 쌓은 것. [mason+-*ry* (명사 어미)] 9
mass¹[mæs] 图 덩어리; 모임, 집단; 다수, 대부분; 질량; 부피(bulk). 图 한 덩어리로 만들다, 집결하다, 집중하다. ⓑ bit 조금. 2
[(래틴) *massa*←(그) *maza* barley cake 보리가루로 된 과자←*massein* knead 반죽하다]
the ~es 일반 대중 (the common people); 서민 (ⓑ the classes 상류 계급). *in the ~* 통틀어, 통체로. *~ production* 대량생산.
massive[mǽsiv] 图 무겁고 큰, 목직한; 단단한, 커다란 덩치의. [mass+-*ive*(형용사 어미)] 7
massively[mǽsivli] 图 목직하게, 단단히.
massy[mǽsi] 图 무거운, 목직한. [mass+-*y* (형용사 어미)] 6
Mass, mass²[mæs, mɑːs] 图《카톨릭교》 미사(곡). 2
[(래틴) *missa* dismissal 해산 ←*mittere* send away 보내어 버리다; 예배가 끝났을 때 목사가 신도들에게 *ite, missa est* (go, the congregation is dismissed. 돌아 가십시오, 예배는 끝났읍니다)하고 말한 데에서 유래한 말]
read (또는 *say*) ~ 미사를 올리다; *Masses were said* for his soul. 그의 영혼을 위해 미사가 올려졌다.
〖통계어〗 **Candlemas**[kǽndlməs] 图 성축절(聖燭節;2월2일). [Candle+-*mas*]
Christmas[krísməs] 图 성탄절(聖誕節; 12월 25일). [Christ+-*mas*]
Hallowmas[hǽloumæs] 图 만성절(萬聖節 11월1일). [*Hallow* holy, saint +-*mas*]. **Michaelmas** [míklməs] 图 미카엘 제(祭) (St. Michael의 기념일로 9월 29일; quarter-days의 하나). [Michael+-*mas*]
massacre[mǽsəkə] 图,图 학살(하다). 8
massage[mæsɑ́ːʒ, mæsɑ́ːʒ] 图, 图 안마(하다), 맛사아지(하다).
[(프) *massage*←(래틴) *mass* lump 덩어리, 반죽을 하듯이 문지르다]
☞ mass¹
mast[mɑːst] 图 돛대; (무전 따위의)철탑, 쇠기둥. 3
[(중영) *mast* (고영) mæst; *cf.* (독) *mast*]
master[mɑ́ːstə] 图 지배자; 주인; 교사 (schoolmaster), 선생; 능한 사람;(Master)(소년의 경칭) 님, 군; (Master) 석사(碩士); *cf.* bachelor 학사, doctor 박사. 图 지배하다, 정복하다,

이기다(overcome); 습득하다, 숙달하다. [형] 지배자의, 최상의. [반] servent 하인, pupil 생도. 1
[《래틴》*magister* master 주인]
☞ magistrate

masterful[mɑ́:stəf(u)l] [형] 주인인 체하는, 거만한 (imperious); 솜씨가 훌륭한(masterly). [master+*-ful* (형용사 어미)]

masterly[mɑ́:stəli] [형] 대가 다운, 능란한, 훌륭한. [master+*-ly* (형용사 어미)]

masterpiece[mɑ́:stəpi:s] [명] 걸작, 명작. [master 최고의+piece 작품 하나] 7

mastery[mɑ́:st(ə)ri] [명] 지배; 통제(control); 우월 (superiority); 정통(thorough acquaintance); 숙달(skill). [master+*-y* (명사 어미)]
☞ magistrate

mat[mæt] [명] 거적, 돗자리, 멍석; (접시 그릇 따위의)깔개. [동] 거적을 깔다, 엉클어지(게 하)다 (entangle). 3
[《래틴》 *matta; cf.* 《독》 *matte*, 《프》 *natte*]

match[1][mætʃ] [명] 성냥, 《고》 화승(火繩).
[《그》 *myxa* the nozzle of a lamp 램프의 심지 주둥이] 2

match-box[mǽtʃbɔks] [명] 성냥갑, 성냥통.

match-wood[mǽtʃwud] [명] 성냥개비.

match[2][mætʃ] [명] 맞적수; 잘 어울리는 한쌍; (혼인의) 상대; 시합. [동] (경쟁을) 붙이다(with, against); (남녀를) 짝지우다 (mate); 어울리다 (suit); 맞먹다. 2
[《고영》 *-mæcca* ← *gemæcca* comrade 동지, 동무]

matchless[mǽtʃlis] [형] 유례가 없는, 비길수 없는 (unequaled). [match+*-less* without (형용사 어미)] 7

mate[meit] [명] 패, 동아리 (companion), 동료 (fellow); 배우자; 한 짝(장갑 따위의); (상선의) 항해사, (배의)조수. [동] 짝지우다; 한 패가 되다. 2

the chief (또는 ***first***) ~ 일등 항해사 (부 선장격). ***the second*** (또는 ***third***) ~ 이등(삼등) 항해사.
☞ meat, match

material[mətíəriəl] [형] 물질의, 물질상의; 중요한 (important); 실질상의(substantial). [명] 재료, 원료; 자료, 교재. [반] spiritual 정신적. immaterial 비물질적; 중요하지 않은. 2
[《래틴》 *māteriālis* ←*māteria* matter 물질 + *-ālis* *-al* (형용사 어미)]

materialism[mətíəriəlizm] [명] 유물론, 물질 주의; 실리주의. [반] idealism 유심론, 이상주의. [material+*-ism*]

historical ~ 유물사관(唯物史觀).

materialist[mətíəriəlist] [명] 유물론자, 유물주의자, 물질주의자; 실리주의자. [반] idealist 관념론자, 이상주의자. [material+*-ist*(사람을 뜻하는 명사 어미)]

materialize[mətíəriəlaiz] [동] 구체화하다, 실현하다. [material+*-ize* (동사 어미)]

materialization[mətìəriəlaizéiʃ(ə)n] [명] 구체화, 실현. [materialize+*-ation* (명사 어미)] ☞ matter

maternal[mətə́:n(ə)l] [형] 어머니 (쪽)의; 어머니다운 (motherly). [반] paternal 아버지(쪽)의. 8
[《래틴》*māternālis* ← *māter* mother +*-ālis* *-al* (형용사 어미); *māter*는 래틴어로 mother의 뜻이므로 영국 학생들은 자기 어머니를 흔히 mater [méitə] 엄마라고 부른다]
☞ paternal

~ ***association*** 어머니 회. ***the*** ~ ***love*** 어머니의 사랑, 모성애.

maternity[mətə́:niti] [명] 어머니 임, 어머니다움(motherliness); 모성(motherhood); 분만하는 것. [반] paternity
[《래틴》*māternus* belonging to a mother 어머니의 +*-ity* (명사 어미)]

~ ***hospital*** 산원 (產院 lying-in hospital). ~ ***nurse*** 조산원(助產員).
☞ mother, ma(mma), matron, metropolitan

mathematic(al)[mæ̀θimǽtik(ə)l] [형] 수학상의, 수학적; 극히 정확한.
[《그》*mathēmatikos* disposed to learn 배우고저 하는, of the sciences, especially of mathematics ← *mathēma* lesson 학과 ←*manthanein* learn 배우다; 배운 것]

mathematics[mæ̀θimǽtiks] [명] 수학 《단수로 취급》. [mathematic+*-s*] 6
[참고] arithmetic 산술, algebra 대수, geometry 기하, trigonometry 삼각법, analysis 해석.

mathematician[mæ̀θimətíʃ(ə)n] [명]

수학자. [mathematics+-*ian*]

matrimony[mǽtrim(ə)ni] 명 결혼(marriage); 결혼 생활 (married life).
[《래틴》*mātrimōnium* marriage 결혼, motherhood 모성 ← *mātri-*, *māter* mother +-*mōnio* (어미)]

matrimonial[mæ̀trimóunjəl] 형 결혼의, 부부의. [matrimony+-*al* (형용사 어미)]

matron[méitrən] 명 (품위 있고 나이가 든)기혼 부인, 미망인; (공공시설의 기혼 또는 미혼의)여자 감독 《여자 죄수 감독, 가정 부장, 간호부장, 요모 (寮母)따위》. [《래틴》*mātrōna*←*mātr- māter* mother 어머니(역)] 6

~ **of hono(u)r** 《미》신부 둘러리 역의 기혼 부인. *cf.* maid of hono(u)r.
☞ mother, maternal

matter[mǽtə] 명 물질; 물체; 실질(substance); 사건(affair); 문제(question); 중대사, *pl.* 사태 (circumstances); 액 (amount). 동 《대개 의문·부정에 사용하여》 상관있다, 중대하다. 1
[《래틴》*māteria* stuff, materials 물질, 실질]

a ~ *of course* 말할 것도 없는 것. *as a* ~ *of fact* 실은, 정확하게는. It doesn't *matter* 아무 상관없다. What is the *matter* with you? 도대체 어떻게 된 것입니까?, 무슨 일이냐?
☞ material

|동의어| **matter**는 정신과 구별하여 일반적으로 물질을 뜻하는 말이며, **material**은 보통 일정한 종류, 성질, 용적을 지니고 있고 특정한 물건을 만드는데 사용되는 matter라는 뜻이다. **stuff**는 material보다 흔히 회화에 쓰이는 말로 전문적인 특수성이 별로 없는 말이고, **substance**는 물건의 구성 요소로서의 물질을 뜻하는 과학적 용어이다.

mattress[mǽtris] 명 (짚·용수철이 든) 침대용 요, 매트리스. 7
[《이태》*materasso* ← 《아람》*almatrah* mat 요, cushion 방석; *cf.* 《프》*matelas*]

mature[mətjúə] 형 익은 (ripe); 만기의; 성숙한. 동 익(히)다 (ripen); 만기가 되다. 반 immature 미숙한, 미완성의.
[《래틴》*mātūrus* ripe 익은] 4

maturity[mətjúəriti] 명 성숙, 원숙 (圓熟); 완성; 만기. [mature+-*ity* (명

maudlin[mɔ́:dlin] 형 눈물싼, 툭하면 우는; 지나치게 감상적인.
[(*Mary*)*Magdalene* (그리스도가 갱생시킨 여자); 우는 모습으로 그려진 그림이 많다] 9

maxim[mǽksim] 명 격언, 금언, 처세훈(motto). 7
[《래틴》*maxima* (sententiārum) (opinion of) the greatest importance 가장 중요한 의견←*magnus* great; 가장 중요한 의견→격언, 속담]

maximum[mǽksiməm] 명, 형 최대한(의), 최고점(의). 반 minimum 최소한 (의). 9
[《래틴》*maximum* greatest ←*magnus* great]

☞ majesty, major, mayor, May

may[mei] 조 …인지도 모른다; …해도 좋다; …할 수 있다; …할 수 있도록; 아무쪼록 …하도록 《기원(祈願)》. 1
[《중영》*mowen*; 《고영》*mugan*; *cf.* 《독》*mögen*]

~ *as well* (do) (…)해도 좋다. ~ *well* (ask) (묻는 것)도 당연하다. *that*… ~ … …하도록.
☞ mechanic, main, might

May[mei] 명 5월; 《식물》 아가위 나무 (의 꽃) [hawthorn (blossom)]. 1
[《래틴》*Māius* (*mensis*) (month) of May←*Māia* (증식 「增殖」의 여신)← *magnus* great] ☞ March, January

Mayflower[méiflauə] 명 《영》 오월에 피는 아가위 나무 (hawthorn); 메이 플라워 호 (1620년 영국의 청교도가 미국으로 건너갈 때 탔던 배). [May +flower] 10

maybe[méibi(:), 《미》 méibi] 부 《특히 미국》 아마 (perhaps), 혹시 (possibly). [it+may+be] 4

mayor[mɛə] 명 시장(市長).
|주의| mare 암말과 발음이 같다.
[《래틴》 *mājor* greater ← *magnus* great] 3
Lord ~ 런던 기타 대도시의 시장.

maze[meiz] 명 미로, 미궁; 낭패. 동 어쩔 줄 모르게 하다. 6

mazily[méizili] 부 구불구불하여,
mazy[méizi] 형 미궁에 빠진, 어쩔줄 모르는 (puzzled). [maze+-*y* (형용사 어미)]

mead[mi·d] 명 《시》 meadow; 벌꿀술. 5

meadow[médou] [명] 목초지(牧草地), 초원(草原), 풀이 나 있는 냇가의 낮은 지대; *cf.* pasture 목장. 2
〔mow와 동계어〕 ☞ mow

meagre, meager[mí:gə] [형] 여윈 (lean); 근소한 (scanty); 빈약한 (poor). [반] plump 뚱뚱한, plentiful 풍부한. 7
〔《래틴》 *macer* thin, lean 여윈〕
[동계어] **maigre**[méigə] [형] 《카톨릭교》 육미(肉味)를 쓰지 않는.

meal[1][mi:l] [명] 식사, 식사시간. 2
〔《중영》*mele* 《고영》 *mæl* fixed time 일정한 시간; 모두 모이는 일정한 시간 →식사시간→식사; *cf.* 《독》 *mahl*〕
make a hearty ~ of …을 배불리 먹다.

meal[2][mi:l] [명] (곡물, 콩 따위의) 체질 안한 가루, 굵은 가루; 《미》 옥수수가루 (corn meal); *cf.* flour 고운 가루.
〔《중영》 *mele* 《고영》 *melu, meolo; cf.* 《독》 *mehl*〕

mean[1][mi:n] [형] 야비한, 천한(low, base); 인색한(stingy); 평범한. [반] noble 고귀한. 1
〔《중영》*mene* 《고영》*mǣne, gemǣne* common 공통의 →누구나 가지고 있는 →평범한→천한〕 ☞ common

mean[2][mi:n] [형] 중간의, 평균의. [명] 중간; 중용(中庸); *pl.* 수단, 방편(way); 자력(資力), 부 (wealth). 1
〔《래틴》 *mediānus*←*medius* middle 중간, 평균〕 ☞ mid
by all ~s 반드시, 꼭. ***by no ~s*** 결코…안하다.
meantime [mí:ntáim], **meanwhile** [mí:n(h)wáil] [부] 그 동안, 그 사이에; 한편. 〔*mean* middle+while, time〕 4

mean[3][mi:n] [동] (meant) 의미하다(signify); …할 생각이다(intend)〔to do, for〕. 1
〔《중영》 *menen;* 《고영》 *mǣnan* intend 의도하다; *cf.* 《독》 *meinen*〕
~ ***much*** (또는 **a great deal**) 의미 심장하다, 중요하다.
meaning[mí:niŋ] [명],[형] 의미(있는 듯한); 의도(가 있는). 6
〔mean[3]+*-ing* (현재분사 어미)〕
meaningly[mí:niŋli] [부] 의미 있는 듯이; 일부러.

measles[mí:zlz] [명] 《보통 단수 취급》 홍역; 홍역의 꽃. 10
〔《고영》*mæsle-* spot 점 ← 《고대 독》 *māsa* spot; 얼굴에 점이 수 없이 나타난다고 해서〕

measure[méʒə] [명] (어떤 단위에 의한) 무게, 부피, 크기, 치수; 도량형(의 단위); 기준(standard); 계량기(되, 자 따위); 측정; 한도(limit), 정도 (degree), 수단(means), 방법, 조처; 정책, 법안. [동] 측정하다, 평가하다; (길이, 두께, 넓이가)…이다. 1
〔《래틴》*mensūra* measure←*mētīrī* to measure 측정하다〕
above(또는 ***beyond, out of***) ~ 터무니, 굉장히 (exceedingly). ***in a*** (또는 ***some***) ~ 약간, 다소. ***take*** ~ 처치하다; 수단을 강구하다.
measurement[méʒəmənt] [명] 측량; 크기; 치수, 넓이, 깊이, 도량법. 〔measure+ *-ment* (명사 어미)〕 5
☞ meal, menses

meat[mi:t] [명] (식용)짐승고기, (호도·알·조개 따위의) 속; *cf.* fish 물고기; chicken 닭고기; (지적인) 내용; 《고어》 식사(meal), 먹을 것(food). 1
〔《중영》 《고영》 *mete* food 식사; 예전에는 "먹을 것" 일반에 두루 쓰이는 말이었으나, 뒤에 음식물 가운데서도 특히 "식육(食肉)"의 뜻으로만 쓰이게 되었다. 오늘날에도 다음과 같은 표현에서 옛 뜻을 찾아볼수 있다. ***meat and drink*** 음식물, 만족. **grean** ~ vegetables 채소. one man's meat (=foot) is another man's poison. 《속담》 갑에게 약인 것이 을에게는 독이 된다. 또 "식사"를 뜻하는 경우; ***at*** (또는 ***before after***)~식사(식전·식후)에; ***sit at*** ~ 식탁에 앉다.
☞ mate, deer, fowl, hound, starve, shroud, etc.

mechanic[mikǽnik] [명] 직공, (특히) 기계공; *pl.* 기계학. 4
〔《그》*mechanikē* science of machines 기계학←*mēchanē* device 고안, 장치〕 ☞ machine
mechanical[mikǽnik(ə)l] [형] 기계의, 기계적; 무의식적인. 〔mechanic+ *-al* (형용사 어미)〕 7
mechanically[mikǽnikəli] [부] 기계적으로.
mechanism[mékəniz(ə)m] [명] 기계작용; 기계; 기구(機構), 조직; (예술의) 기교. 〔mechanic+*-ism* (명사어미)〕 8
mechanize[mékənaiz] [동] 기계화하다

〔mechanic+ *-ize*〕

mechanization[mèkən(ə)izéiʃ(ə)n] [명] 기계화. ☞ machine, machinery

medal[médl] [명] 메달, 훈장. 5
〔《래틴》 *medalla* small coin 작은 동전← *metallum* metal 금속〕
[주의] metal 금속과 혼동하지 말 것.

meddle[médl] [동] 만지작거리다 〔with〕; 간섭하다(interfere) 〔in, with〕.
〔《고프》 *medler*←《래틴》 *miscēre* mix 섞다〕 ☞ medley

meddlesome[médlsəm] [형] 간섭적인, 참견 잘 하는. 〔meddle+ *-some* (형용사 어미)〕 ☞ mix, miscellaneous

mediaeval, medieval[mèdiíːv(ə)l] [형] 중세기의.
〔《래틴》 *medium* middle+*aevum* age + *-al* (형용사 어미); of the Middle Ages 중세기의〕
[참고] 중세기는 The Middle Ages로 대문자를 쓰고 Ages처럼 복수로 한다. *cf.* middle age 중년.
☞ medium, age, longevity

medial[míːdiəl] [형] 중간에 있는(median); 보통의(average).
〔《래틴》 *mediālis* ←*medius* middle+ *-al* (형용사어미)〕

median[míːdiən] [형] 중앙의 (in the middle), 중간의. 〔《래틴》*mediānus* in the middle←*medius* middle+*-an*〕

mediate[míːdieit] [동] 사이에 들다, 중재(仲裁)하다.
〔《래틴》 *mediātus*←*mediāre* be in the middle 사이에 있다←*medius* middle 가운데〕

mediation[mìːdiéiʃ(ə)n] [명] 조정, 중재. 〔mediate+ *-ion*〕

mediator[míːdieitə] [명] 조정하는 사람, 중재하는 사람. 〔mediate+ *-or*(사람을 뜻하는 명사 어미)〕
☞ middle, medial, medium

medicine[méd(i)s(i)n] [명] 의학, (특히)내과; 약, (특히) 내복약. *cf.* surgery 외과. lotion 바르는 물약. ointment 연고(軟膏). pill 환약. 2
〔《래틴》*medicīna*←*medicus* physician 의사←*medērī* heal 고치다〕

medical[médik(ə)l] [형] 의학의, 내과(內科)의; 의약의. [반] surgical 외과의.
〔《래틴》*medicus* physician+ *-al*〕 5

medicinal[medísin(ə)l] [형] 약의, 약으로 쓸 수 있는; 병을 낫게 하는.
〔medicine+ *-al* (형용사 어미)〕

meditate[méditeit] [동] 명상하다〔on〕;잘 생각하다; 계획하다(plan). [반] execute 실행하다. 5
〔《래틴》 *meditārī* ponder 잘 생각하다〕

meditation[mèditéiʃ(ə)n] [명] 심사 숙고, 명상; *pl*. 명상록. 6
〔meditate+ *-ion* (명사 어미)〕

meditative[méditeitiv] [형] 명상에 잠긴, 심사 숙고하는. 9
〔meditate+ *-ive* (형용사 어미)〕

Mediterranean[méditəréinjən] [명], [형] 지중해(의). 6
〔《래틴》 *mediterrāneus* situate in the middle of the land 육지 사이에 위치하다←*medius* middle+ *terra* land+ *-an* (명사, 형용사 어미); 유우럽 대륙의 한 가운데 있기 때문에〕
[동계어] **subterranean**[sʌbtəréinjən] [형] 지하의; 비밀의. 〔*sub-* under+ *terra* land+ *-an* (형용사 어미); underground〕 ☞ medium,mediaeval, terra, terrace

medium[míːdiəm] (*pl*. -ums, media [míːdiə]) [명] 매개물, 중간; 수단(means). [형] 중간의, 보통의. [반] extreme 극단의. 4
〔《래틴》 *medium* midst 가운데, means 수단←*medius* middle〕
☞ mid, medial, mediate, mediaeval

medley[médli] [명] 잡동산이, 혼합(mixture); 잡집(雜集 miscellany).
☞ meddle meddlesome

meed[miːd] [명] 《시》 보상(reward), 상여(賞與), 충분한 몫. 10

meek[miːk] [형] 유화한, 온유한 (gentle). [반] self-assertive 염치없는, 아무데나 나서는. arrogant 거만한. 4

meekly[míːkli] [부] 얌전하게, 겸손하게, 온순하게.

meet[miːt] [동] (met) 만나다; 회합하다, 맞이하다, 마주치다; (요구에) 응하다(satisfy). [명] 모임, 대회(meeting). [반] part 헤어지다. 1
an athletic ~ 운동회. ~ *with*… …과 우연히 마주치다(come across);(찬성 따위를)얻다.

meeting[míːtiŋ] [명] 회합, 회견; 집회(assembly); 회전(會戰 encounter); 결투(duel). 〔meet+ *-ing*〕 6

megaphone[mégəfoun] [명], [동] 메가폰, 확성기(로 알리다).

melancholy 336 memoir

[《그》 *megas* large+ *phōnē* voice; large voice 큰 소리(를 내는 것)]

동계어 megalomania[mègəlo(u)méinjə] 명 과대망상증. [《라틴》 *megalo-* great+*mania* madness 자기를 위대하다고 생각하게 되는 정신상태]

megalomaniac[mègəlo(u)méiniæk] 형, 명 과대망상증의(사람). [megalomania+ -*ac*(형용사 어미)]

참고 *mega-*, *megalo-*는 《그》 *megas* (great)에서 나온 접두사로 "큰, 강력한; 100만(배)"를 뜻한다. 보기; megacycle 메가사이클, megaton 메가톤(원자력의 단위).

melancholy[mélənkəli] 명 우울(병). 형 우울한. 5

[《그》 *melagcholia* melancholy←*melagcholos* jaundiced 황달병에 걸린←*melan- melas* black+*cholē* bile, gall 담즙(膽汁); 옛날에는 black bile이 많아서 우울하다고 했다]

동계어 Melanesia[mèləní:ziə] 명 멜라네시아(남 태평양의 군도). [《그》 *melās* black+*nesos* island 섬 + -*ia*; black island 검은 섬의 뜻. 바다 위에 많이 있는 섬이 새까맣게 보이기 때문에 붙여진 말]

mellow[mélou] 형 (과실, 인품 따위가) 무르익은; 감미로운; 풍성하고 아름다운; 부드러운. 통 부드럽게 하다(되다); 무르익(히)다. 5

melody[mélədi] 명 선율; 음률; 아름다운 음조; 가곡; 곡조. 4

[《그》 *melōdia* singing 노래하기←*melos* song←-*ōdē* song, ode 노래] ☞ ode

동의어 melody는 음악에서 운율(韻律)에 맞도록 질서정연하게 배열한 소리의 선율(旋律)이다. air는 특히 작곡의 주요 melody이고, tune은 melody에 대한 통속적인 말이다.

melodious[milóudjəs] 형 곡조가 아름다운, 음악적인. 9

[melody+ -*ous*] ☞ ode

melon[mélən] 명 멜론《참외 비슷한 남방의 과실》. 6

[《라틴》 *mēlō* apple-shaped melon 사과 꼴의 멜론←《그》 *mēlon* apple 사과; 사과(apple)는 모든 과실 중에서 가장 대표적인 것이기 때문에 이 말은 사과 외에도 다른 과실을 뜻하였던 것]

melt[melt] 통 녹(이)다, 용해하다(dissolve); (감정 따위가) 녹(이)다(soften), 융합하다(blend)[into]; 소멸하다(vanish). 2

동의어 melt는 녹인다 는 뜻을 나타내는 널리 쓰이는 말이다. dissolve 는 특히 고체를 액체 속에 넣어서 녹여 그 성분을 한결같이 고루 풀리게 한다는 뜻으로, 화학적 용어로 많이 쓰인다. liquefy는 고체나 기체를 액화한다는 전문적인 말이다. thaw는 동결한 것 (얼음, 냉과 따위)을 온도를 높여서 녹인다는 뜻이다. fuse는 보통 금속에 고열을 가하여 용해시킨다는 뜻으로 쓰인다. ☞ malt, mild, mill, mould

member[mémbə] 명 신체의 일부, 수족 (limb); (단체의)일원, 회원. 1

[《프》*membre*←《라틴》*membrum* member 일부]

a Member of Parliament 《영》 하원의원 《M.P.로 줄여서 쓴다》.

membership[mémbə∫ip] 명 회원, 회원으로서의 자격; 《부정관사와 함께 써서》 회원 수; 전회원(all members). 7 [member+ -*ship* (명사 어미)]

membrane[mémbrein] 명 《해부》 막(膜); 《고어》 양피지(羊皮紙). 7

[《프》 *membrane*←《라틴》 *membrāna* skin covering a member of the body 몸의 일부를 덮은 살갗 ← *membrum* member 일부]

memoir[mémwa:] 명 전기(biography); *pl.* 회고록, 회상기; 연구 논문집.

[《고프》 *memoires*←《라틴》 *memoria* memory←*memor* mindful 주의하는, remembering 기억하는]

memoire[memwá:r] 《프》《외교상의》각서. [《프》 *memoire*[memwá:r]기억]

memory[méməri] 명 기억(력); 추억, 기념, 회상, 고인의 명성. 2

[《라틴》 *memoria* memory ←*memor* mindful 주의하는, 기억하는]

have a good (또는 *bad, poor*) ~ 기억력이 좋다(나쁘다). *in* ~ *of*… …의 기념으로. *within living* ~ 아직도 사람들에 의하여 기억되고 있는.

memorable[mém(ə)rəbl] 형 잊기 어려운; 기억할 만한, 중대한. 8 [memory+ -*able*(형용사 어미)]

memorandum[mèmərǽndəm] 명 (*pl.* —*da*, —*dums*) 비망록, 메모. 《회화에서는 memo (*pl.* —*s*)로 줄여 쓴다》.

[《라틴》*memorandum* something to be remembered 외워야 할 것←*memorāre*

call to mind 상기시키다]
memorial[mimɔ́:riəl] 형 기념의, 기억의. 명 기념물, 기념비; pl. 기록; 청원서; 각서. [memory+ -al] 4
immemorial[ìmimɔ́:riəl] 형 비고력부터의; 기억에 없는. 9
[im- not+memorial]
memorize[méməraiz] 동 기억하다, 암기하다(learn by heart); 기념하다. 7
[memory+ -ize(동사 어미)]
memorization[mèməraizéiʃ(ə)n] 명 암기, 기억.
menace[ménəs] 명 위협(threat). 동 위협하다(threaten). 8
[《래틴》 minācia threats 위협←minæ 불쑥 나온 것, 멀어질듯한 것 →위험·위협←ēminēre project 튀어 나오다]
mend[mend] 동 고치다, 낫다, 개정하다(amend); 나아지(게 하)다. 명 수선한 곳. ⓑ break 깨뜨리다. 3
[《중영》 amenden amend; amend의 a-가 없어진 것]
동의어 mend는 (비교적 작은 것을) 수선한다는 뜻을 갖는 일반적인 말이며 repair는 비교적 크고 복잡한 것으로 사용, 세월, 소모 따위로 인해 파손된 것을 수리한다는 뜻이다. patch는 같은 종류의 재료를 써서 떨어진 곳을 때우거나 일시적인 미봉책으로, 수선해 둔다는 뜻이 있다. darn은 양말 따위가 터진 것을 꿰맨다는 뜻이고, fix는 mend, repair와 뜻이 같은 미국 속어이다.
menses[ménsi:z] 명 월경 (月經). cf. monthlies, periods.
[《래틴》 mensēs monthly discharges 달마다 나오는 것 ←mensis month; 원래 mensēs는 mensis의 복수형; cf. 《프》 mois[mwa](속어) months]
menstruation[mènstruéiʃ(ə)n] 명 월경 기간; 통경(通經). [menstruate (동사) 월경을 치르다. +- ion(명사어미)]
menstruous[ménstruəs] 형 월경이 있는, 월경의.
menstruum[ménstruəm] 명 (pl. -strua) 용매(溶媒), 용제(溶劑 solvent).
[《래틴》 menstruum solvent 용제; 연금술(鍊金術 alchemy) 용어로서; menstrual blood 월경의 용해력에 비한 말]
통계어 **menopause**[ménəpɔ:z] 명 월경 폐지; 갱년기(更年期). [《래틴》 mēnopausis←meno- mensēs+《그》 pausis←pauein cause to cease 멈추게 하다]

mental[mént(ə)l] 형 마음의, 정신의; 지능의. ⓑ physical 육체의, 물질적. 7
[《래틴》 mentālis mental ←mentmens mind 마음]
~ **age** 정신 연령. ~ **arithmetic** (또는 **calculation**) 암산. ~ **patient** (또는 **case**) 정신병 환자. ~ **test** 지능 측정.
mentality[mentǽliti] 명 지성; 심적 태도; 심리(心理), 심사. [mental+ -ity (명사 어미)]
참고 **mens sāna in corpore sāno** [menz séinə in kɔ́:pəri séinou] 《래틴》 건전한 육체속에 건전한 정신 (a sound mind in a sound body) (Juveneal (60?~140? A.D.)의 Satires 속에 있는 문귀이나 와견되어 "건전한 정신은 건전한 육체에 깃든다"로 인용되고 있다). mens mind; sāna sānus sound (cf. sane, insane, sanity, sanitary, sanitation); corpore body (cf. corporal, corporate, corporation, corps).
mention[ménʃ(ə)n] 동 …에 관하여 말하다 (또는 쓰다), 언급하다(refer to). 명 언급; 기재(記載). 2
[《래틴》 mentiōnem← menti- mens mind 마음+ -ion(명사 어미)]
honorable ~ 등의상(等外賞), 노력상. *not to* ~ *of*……은 말할 것도 없이. ☞ **man**
menu[ménju:] 명 메뉴우, 요리 종목표 (bill of fare); 요리(foods served).
[《프》menu detailed list 자세한 표, (원뜻) small←《래틴》 minūtum minute 미세한←*minor* less 더 작은; 식사 내용을 자세히 적은 표; minute와 자매어]
☞ minute, minister
mercenary[mə́:sin(ə)ri] 형 돈이 목적인, 보수를 바라는. 명 (외국인) 용병(傭兵). 8
[《래틴》 mercēnnārius hired 고용된← mercēs hire 고용하다, wage 삯]
mercantile[mə́:k(ə)nt(ə)il] 형 상업의, 상업에 종사하는. [《래틴》 mercantem trading 장사하는 ←mercārī trade]
~ **marine** 《집합적》 (한 나라의)상선대 (ships and men).
mercantilism[mə́:k(ə)ntailiz(ə)m] 명 중상주의 (重商主義 mercantile sys-

merchant[mə́:tʃ(ə)nt] 명 상인; (영) 도매상인 (wholesale dealer); (미) 소매상인 (storekeeper). 형 상업의. 2 [(고프) *marcheant*←(라틴) *mercātāre* ←*mercārī* trade 장사 하다←*merx* merchandise 상품의 반복형]

merchandise[mə́:tʃ(ə)ndaiz] 명 상품 (goods). [merchant+-*ise*] 4

merchantman[mə́:tʃ(ə)ntmən] 명 상선. cf. man-of-war 군함, Dutchman (=Dutch ship). [merchant+man]

mercury[mə́:kjuri] 명 수은(水銀)(quicksilver); 온도계; (Mercury) 수성(水星); 머어큐리 신(神). [(라틴) *Mercurius* Mercury, god of traffic 교역(交易)의 신 머어큐리← *merx* merchandise]

참고 Mercury는 로마 신화에 있어서 상인, 도둑, 장인(匠人), 웅변 따위를 수호하는 신인데, 로마 사람들이 이것을 떠돌이별(planet)의 이름에도 사용하였다. 떠돌이별의 이름을 금속에 붙였던 연금술자(鍊金術者 alchemist)의 습관에서 수은(quicksilver)은 수성(Mercury)의 이름을 따서 mercury 라고 하게 되었다. ☞ Jupiter, Mars, Venus, Saturn, merchant

mercurial[mə:kjúəriəl] 형 수은의; 수성의; 쾌활한 (sprightly), 활발한 (lively); 변덕스러운(fickle). [mercury+ -*al* (형용사 어미)]

참고 처음에는 born under the planet Mercury 즉 "수성을 타고난"의 뜻이었는데 Mercury의 딴 뜻인 수은에서 수은의 변하기 쉬운 성질을 생각하게 되어 변덕스러운, 흥분하기 쉬운 따위의 quick의 뜻을 지니게 되었다.

mercy[mə́:si] 명 자비, 인자함, 인정; 고마움; 행운. ⑮ cruelty 잔혹(殘酷). 2 [(라틴) *mercēs* pay, reward; 처음에 봉급, 보상 따위의 뜻이던 것이 뒤에 mercy, pity, favo(u)r의 뜻이 되게 되었다. merchant, mercantile, etc. 와 같은 어원]

at the ~ of … …이 하는 대로,(바람, 물결, 운명 따위에) 맡겨져서. *have ~ on* (*upon*) 측은하게 생각하다.

merciful[mə́:sif(u)l] 형 자비로운, 인자한. [mercy+-*ful*] 6

merciless[mə́:silis] 형 무자비한, 무참한. [mercy+ -*less*] 6

☞ merchant, mercantile

mere[miə] 형 단순한, …에 불과한. 2 [(라틴) *merus* pure 순수한]

of ~ motion (법) 자발적으로.

merely[míəli] 부 단지, 다만(simply, only).

merge[mə:dʒ] 동 흡수하다 (absorb), 흡수되다 (be absorbed); 몰입하다; 합병하다, 융합하다. 9 [(라틴) *mergere* dip 적시다]

merger[mə́:dʒə] 명 합병 (combination); (토지·회사 따위의) 접수, 병합. [merge+ -*er*] ☞ emerge, submerge

meridian[mərídiən] 명, 형 자오선 (상의); 정오(의); 절정(의). [(라틴) *merīdiānus*← *merīdiēs* midday 정오←*medius* mid+*diēs* day]

☞ medium, mediaeval, Mediterranean

merit[mérit] 명 가치 (worth); 장점; (보통 복수)공적, 상벌; 진가(眞價). 동 (상벌, 감사 따위를) 받을 만하다 (deserve). ⑮ fault, demerit 단점. 3 [(라틴) *meritum* thing deserved 받을 만한 것←*merēre* deserve 받을 만하다]

make a ~ of … …을 자기 공로인체 하다.

동의어 **merit**는 칭찬, 감사, 보수 따위를 받을 만큼 훌륭한 공적을 뜻하고, **desert**(s)는 당연한 보답을 받을 만한 자격을 뜻하므로, 상이든 벌이든 어느 쪽에나 쓸 수 있는 말이며 **worth**는 사람이나 물건에 특유한 우수성이나 가치를 뜻하는 말이다. **exploit**는 휘황찬란하고 대담한 사업을 뜻한다.

meritorious[mèritɔ́:riəs] 형 공적이 있는, 가치 있는. [merit+-*ory*+-*ous*]

mermaid[mə́:meid] 명 인어(人魚);(미) 여자 수영 선수(expert woman swimmer). 9 [(중영) *mermaid*←(고영) *mere* sea, lake+*mægden* maiden; sea maiden 바다의 처녀] ☞ maid, marine

merman[mə́:mən] 명 (남자의) 인어; (미)남자 수영 선수(expert swimmer). [(고영) *mere* sea, lake+*mann* man]

merry[méri] 형 유쾌한 (cheerful), 즐거운; 얼근한. ⑮ sad 우울한, 슬픈. 2

merrily[mérili] 부 즐겁게, 쾌활하게.

merriment[mérimənt] 명 유쾌하게 떠들기, 환락, 웃고 즐김. 9

mesh 339 metre

[merry+-ment (명사어미)] ☞ mirth
mesh[meʃ] 圈 그물의 눈; pl. 그물(net), 올가미 (snare). 롱 그물로 잡다; (톱니바퀴가) 맞물다 (engage). 8
mess[mes] 圈 혼란, 뒤죽박죽 (confusion); 《군대》 회식(會食), 회·식사. 图 엉망 진창을 만들다; 식사하다. 5
[《고프》 mes dish 요리, course at table←mettre send 보내다← mittere send 보내다]
mess-hall[méshɔːl] 圈 (사관, 하사관의) 식당(食堂).
message[mésidʒ] 圈 통신, 전갈; (예언자 따위의) 경고; (영) 치어(勅語); (미) 대통령이 국회에 보내는 교서. 2
[《프》 message←《래틴》 missāticum a message 통신←mittere send 보내다; 보내어진 것→전갈→통신]
messenger[mésindʒə] 圈 사자(使者); 선구(先驅)자. 3
[《고프》 messager← me ssage+-er; -n-이 들어간 것은 passenger와 마찬가지로 소리를 부드럽게 하기 위한 것]
☞ mission, mess
Messiah[misáiə] 圈 (유태의) 구세주, (구세주로서의) 그리스도.
[《헤브류》 māshīah anointed 머리에 기름을 발라 신성해진←māshakh anoint 머리에 기름을 발라 신성하게 하다]
Messrs. [mésəz] 圈 =Messieurs(Mr.의 복수형으로 쓰인다).
Messrs Smith, Kennedy and Lusk. S. K. L. 의 삼씨(三氏). Messrs. H. O. Houghton and Company. H.O. Houghton 사 귀하(社 貴下) (미국에서는 별로 안 쓰이게 된 용법).
metal[métl] 圈 금속; pl. 레일(railway lines); (사람 따위의) 기질(mettle), 근성, 바탕. 2
주의 medal 메달과 혼동하지 말 것.
[《래틴》 metallum mine 광산, metal 금속←《그》 metallon cave 동굴, mine 광산, mineral 광물]
metalic[mitǽlik] 圈 금속의, 금속성의. [metal+-ic] ☞ medal
metamorphosis[mètəmɔ́ːfəsis] 圈 (pl. -ses[-siz]) (마력이나 자연력에 의한) 변형(작용), 변태, 변질. 8
[《그》 metamorphōsis a change of form 변형←meta change 변화+morphoō I shape 나는 형성한다← morphē shape 형태]

metaphor[métəfə] 圈 은유 (隱喩). ⑩ simile 직유(直喩). 10
[《래틴》,《그》 metaphora transferring of a word from its literal signification 글자 뜻에서 변경된 뜻←metapherein transfer 옮기다← meta change 변화+pherein bear]
☞ bear
metaphysics[mètəfíziks] 圈 《주로 단수 취급》 형이상학(形而上學), 순수철학. [《그》 meta ta physika after physics; 형이상학은 물리학 (physics) 이나 자연 과학 (natural science)을 연구한 뒤에 할 수 있는 학문이라고 해서: Aristotle의 작품에 언급하여 외적(外的) 물리적 세계를 취급한 the physics 뒤에 오는 작품이라는 뜻]
metaphysical[mètəfízik(ə)l] 圈 형이상 (학)의, 대단히 추상적인. [metaphysic+ -al (형용사 어미)]
☞ physics
meteor[míːtjə] 圈 별똥별 (shooting star); 운석(隕石 meteorite). 6
[《그》 meteōron meteor←meta among beyond+aeirein lift 올리다; soaring in the air 공중에 솟음]
method[méθəd] 圈 방법, 방식; (규칙적인) 순서, 체계; 질서(orderliness). 3
[《그》 methodos method, system← meth- meta among, after+odos way; a way after, a following after 뒤따라 가는 것]

동의어 **method**는 어떤 일을 하기 위한 질서 있고 논리적인 방법을 말한다. **mode**는 관습적으로 또는 버릇으로 확립된 보통의 방법을 뜻하며 method보다 형식적인 말이다. **manner**는 특수한 방식이나 남에게 대하는 사교면의 태도를 뜻한다. **way**는 가장 간단하고 일반적인 일상 용어이다. **fashion**은 어떤 일을 하는 경우에 특징이 있는 방법을 뜻하며, 어떤 시기나 그룹에 유행되는 관습을 뜻할 때도 있는, way 보다 고상한 말이다. **system**은 면밀한 고찰에 따라 조직된 비교적 복잡한 method를 뜻한다.

methodical[miθɔ́dik(ə)l] 圈 질서 정연한 (orderly); 조직적인 (systematic); 규율 있는. [method+ -ical (형용사 어미)]

metre, meter[míːtə] 圈 《길이의 하나치》 미이터 《보통 m으로 줄여서 씀》;

metropolis 340 **mid**

계량기; (시의)운율(韻律) (법). 4
[《그》 *metron* rule 자, measure 척도]
metric[métrik] 🈷 미이터 (법)의.
[meter+ -*ic* (형용사 어미)]
~ *system* 미이터 법. ~ *ton*=1000 kg.
metronome[métrənoum] 🈷 《음악》메트로노움, 박자 조절기. [《그》 *metron* measure 척도 +*nomos* law 법]
metropolis[mitrɔ́pəlis] 🈷 수도, 서울; 주요 도시; 대주교구. 7
[《그》 *mētropolis* mother state 모국 ←*mḗtēr* mother+*polis* city; mother city, capital]
metropolitan[mètrəpɔ́lit(ə)n] 🈷 수도의, 서울의; 주요 도시의. 🈷 도회지 사람; 수도 대주교(또는 대감독). 10
[《래틴》 *metroplītānus*; *mētropolis* +- *an*(형용사 어미)]
[동의어] **Metro, metro**[míːtrou, métrou] 🈷 (Paris, Madrid 따위의 유럽 도시의) 지하철도(subway). [*Metro(politan)* railway의 준말]
☞ mother, maternal, matron, police
mettle[métl] 🈷 성미, 기질(disposition); 열정; 기운 (spirit); 기개(氣槪), 용기 (courage).
[metal을 달리 적었던 것; 칼날이나 쇠붙이(metal)를 단련(鍛鍊) 다다는 뜻에서 성미의 뜻이 생긴 것. 전에는 metal과 구별하지 않고 사용하던 것이나 후에 비유적인 뜻만 남게 되었다]
a man of ~ 기개(氣槪)가 있는 사람. *be on one's* ~ 분발하다.
mettled[métld], **mettlesome** [métlsəm] 🈷 기운찬, 혈기 왕성한, 용기 있는. ☞ metal, medal
Mexico[méksikou] 🈷 멕시코우.
Mexican[méksikən] 🈷 멕시코우(인)의. 🈷 멕시코우 사람. 6
[Mexico+ -*an* (형용사 어미)]
microbe[máikroub] 🈷 미생물, 세균(특히 병균, 효모균).
[《그》 *mīkros* small+*bios* life; small life 작은 생물]
~ *bomb* 세균탄. ~ *warfare* 세균전.
microfilm[máikro(u)film] 🈷 《축소 사진용》 소형 필름; 축사사진(縮寫寫眞). [*micro-* small+film] ☞ film
micron[máikrən] 🈷 미크론 (1/1,000,000 *m*; 부호 μ). [《그》 *mīkron* small 작은]

microphone[máikrəfoun] 🈷 확성기, 마이크로폰 《속어에서는 mike라고 한다. *cf.* bicycle→ bike》. 7
[《그》 *mīkros* small+*phōnē* voice; small voice 작은 소리→작은 소리를 확대한 것]
☞ megaphone, microbe, telephone
microscope[máikrəskoup] 🈷 현미경.
[《그》 *mīkros* small+*skopein* see; see small objects 작은 것을 보는것]
☞ scope
microscopic[màikrəskɔ́pik] 🈷 (현미경이 아니면 안 보일만큼) 작은 (extremely small); 현미경적인. 8
[microscope+ -*ic*]
mid[mid] 🈷 중앙의, 중간의(middle). 4
[《중영》 *mid* 《고영》 *mid(d)*; *cf.*《독》 *mitte*]
midday[míddei, míddéi] 🈷,🈷 대낮(의), 정오(의). [mid+day] 8
middle[mídl] 🈷 중앙(의), 한가운데(의), 중간(의). ⓑ extreme 극단의. [《고영》 *midd*+ -*le*] 1
~ *age* (보통 40~60 살의)중년.
Middle Ages 중세기.
[동의어] **middle**은 공간적, 시간적으로 중앙을 나타내는 일반적인 말이다. **centre, center**는 각종의 평면이나 입체물의 경계선 또는 표면에서 중앙으로 향한 거리가 같은 중심에 있는 점을 뜻하는 middle보다 엄격한 뜻을 나타내는 말이다. **midst**는 사람이나 물건으로 완전히 둘러싸여 있음을 나타내며 middle보다 위치의 관념이 정확하지 않다.
midnight[mídnait] 🈷,🈷 한밤중(의), 암흑(의). [mid+night] 2
midst[mídst] 🈷 《고상한 말》(둘러싸인) 한 가운데. 🈷 속에. 3
[mid+ -(*e*)*s* (부사적 소유격 어미)+ -*t*(덧붙인 글자)]
midsummer[mídsʌ̀mə] 🈷 한 여름, 하지 전후. [mid+summer] 7
midway[mídwéi] 🈷 중도의, 반쯤의(halfway). 🈷 중도에, 반쯤에. 🈷 《미》 (박람회, 축제 따위에서의) 한 가운데 길 (오락장, 여흥 따위가 있는 곳). 7
[mid+way]
midwife[mídwaif] 🈷 산파. *cf.* obstetric 산부인과의. [《고영》 *mid* together, with 함께 +*wīf* woman, wife: 원 뜻은 a woman with another 여자 옆에 있는 여자→ a woman assisting

분만을 거드는 여자 ; -*wife*는 woman 이라는 옛 뜻을 보존하고 있다]

midwinter[mídwintə] 명 한 겨울; 동지 전후. [mid+winter]

mien[mi:n] 명 《고상한 말》 풍채, 태도 (bearing). 7
[demean (처신하다)의 준말; 《프》 *mine* aspect의 영향을 받아서 생긴 말]

might[mait] 조 may의 과거. 명 힘 (power, strength); 세력, 위력. 1
[《중영》 *mizt* 《고영》 *miht*; cf. 《독》 *macht*]
~ *as well* ... *as* ... …한 바에야 …하는 것이 낫다. ~ *have* ... …하고 있을 법한데. *with all one's* ~ = *with* ~ *and main* 힘을 다하여, 힘껏.

mighty[máiti] 형 강한 (strong); 위대한 (great). 부 《속어》지독히 (very). [might+ -*y*(형용사 어미)]
동의어 mighty는 powerful보다 뜻이 강한 문장용어이다. powerful은 위대한 일을 한다거나 위대한 힘이 있다는 뜻을 나타내며, 영향력이나 권위가 대단하다는 뜻이다. potent는 문장 용어이며 powerful과 뜻이 같은 말이다.

mightily[máitili] 부 강하게; 《속어》 지독하게. ☞ may, main

migrate[maigréit, 《미》máigreit] 동 이주하다; (새나 고기가 철을 따라) 동하다. cf. emigrate, immigrate 7
[《라틴》 *migratus*←*migrāre* change place 이동하다]

migration[maigréiʃ(ə)n] 명 이주; 이민군(移民群). 9
[migrate+-*ion* (명사 어미)]

migratory[máigrət(ə)ri] 형 이주하는, 이주성의; 방랑성의 (roving).
[migrate+-*ory* (형용사 어미)]
☞ emigrate, immigrate

mild[maild] 형 유순한 (tender); 상냥스러운(gentle); 온화한; 부드러운(soft), 호되지 않은; (기후 따위가) 따뜻한 (temperate). 와 wild 거칠은. 2
[《중영》*mild*(*e*) 《고영》 *milde*; cf. 《독》 *mild*(*e*)]

mildly[máildli] 부 온화하게, 상냥스럽게, 삼가해서.

mildness[máildnis] 명 온화함, 온후(溫厚)함. [mild+-*ness*(명사 어미)]

mildew[míldju:] 명, 동 (식물이 곰팡이에 의해) 흰 가루 모양의 것이 생기는 병; 곰팡이(가 나다). 8

mile[mail] 명 마일 《약 1.609 km》. 1
[《라틴》 *millia* a thousand (things) 천(개)←*mille passus* one thousand paces 천 발짝(의 거리)]

mileage[máilidʒ] 명 (진행)마일 수; 마일 당 여비(또는 부임 수당). [mile + -*age*(명사 어미)]

milestone[máilstoun] 명 이정표(里程標); 획기적 사전. [mile+stone]
☞ mile, stone

military[mílit(ə)ri] 형 군(대)의, 군사(상)의,군용의;육군의.명(the military) 《집합적》군인 (soldiers); 군부(대) (the army). 3
[《라틴》 *militāris* of a soldier 군인의←*milit*- *miles* soldier 군인; militia+ -*ary* (형용사 어미)]
The *military* took the control of the government. 군부(또는 군벌 「軍閥」)가 정권을 장악하였다.

militate[míliteit] 동 작용하다 (operate);영향을 주다 (act).[-against, in favo(u)r of]. [《라틴》 *militātus*←*militāre* serve as a soldier 군인으로 복무하다←*miles* soldier 군인]

militant[mílitənt] 형 전투적인 (warlike), (특히 종교와 관련해서) 싸우고 있는. 명 투사. [《라틴》 *militantem* serving as a soldier←*militāre*]

militarism[mílitəriz(ə)m] 명 군국주의. [military+ -*ism*]

militarist[mílitərist] 명 군국주의자. [military+ -*ist*]

militarize[mílitəraiz] 동 군국주의를 고취하다, 군국화하다; 군대화하다. [military+ -*ize* (동사 어미)]

militia[milíʃə] 명 의용군, 민병대. cf. militaryman 전투군의 한 사람.
[《라틴》 *militia* military service 군복무, warfare 전투; *milit*-, *miles* soldier+ -*ia*]

militiaman[milíʃəmən] 명 국민병.

milk[milk] 명,동 젖,우유(를 짜다). 1
[《중영》*milk* 《고영》 *milc*; cf. 《독》 *milch*]

milch[miltʃ] 형 젖이 나는.
~ *cow* 젖소; 큰 수입의 근원 (source of profit).

milky[mílki] 형 젖의, 젖같은; 젖같이 흰. [milk+ -*y* (형용사 어미)]

the Milky Way 은하수.

mill[mil] 圏 방아, 맷돌, 제분기; 제분소, 방앗간; 제조 공장(factory). 動 빻다, 찧다(grind).
[《래틴》 *molina* mill 방앗간←*mola* millstone 맷돌]

miller[mílə] 圏 방앗간 주인.
[mill+ -*er*(명사 어미)] ☞ molar

millstone[mílstoun] 圏 맷돌; 《성서》무거운 짐.

milliner[mílinə] 圏 부인 모자 장사, 부인 모자 제조인.
[《폐어》*Milaner* inhabitant of Milan, dealer in articles from Milan; 원 뜻은 이탈리아 Milan에서 수입한 물건을 파는 장사 였으나, 오늘날에는 부인 모자상의 뜻으로만 쓰인다]

millinery[mílinəri] 圏 부인용 모자와 그 부속; 부인 모자상.
[milliner+ -*y*(명사 어미)]

million[míljən] 圏 백만; (the million) 대중. 形 백만의.
[《프》 *million* ←《이태》 *milione*←《래틴》*millīōnem* great thousand←*mīlle* thousand; 천보다 큰 것]

milliard[míljɑ:d] 圏 십억(프랑).
[《래틴》 *mille* thousand 천+ -*ard*]

millionaire[mìljənɛ́ə] 圏 백만장자, 부호. *cf.* billionaire
[million+ -*aire*(명사, 형용사 어미)]
[통계어] **billion**[biljən] 圏 《영》조(兆), 《미, 프》십억; 1000의 세제곱. [*bi*- two+million] **trillion**[tríljən] 圏 《영》 100만의 세제곱; 《미, 프》 1000의 네제곱, 조(兆). [*tri*- three+million] **quadrillion**[kwɔdríljən] 圏 《영》 100만의 네제곱; 《미, 프》 1000 조(兆); 1000의 다섯 제곱. [*quadr*- four+million] **quintillion**[kwintíljən] 圏 《영》 100만의 다섯 제곱;《미, 프》 1000의 여섯 제곱. [*quintus*- five+million] **googol**[gúːgɔl] 圏 1에 0이 100 붙은 수 (=10¹⁰⁰). [미국의 수학자 Dr. Edward Kasner(1878 ~) 가 만든 말]
googolplex[gúːgɔlpleks] 圏 1에 0이 googol이 붙은 수. [*googol*+(*multi*) *plex* manifold 여러 곱절]

mimeograph[mímiəgrɑːf] 圏, 動 등사판(으로 인쇄하다). *cf.* stencil(paper) (등사) 원지.
[《그》 *mīmeisthai* imitate 복사하다, 모방하다 +-*graph* write 쓰다]

☞ graph, geography

mimic[mímik] 動 《과거(분사) mimicked; 현재분사 mimicking》 흉내 내다; …에 꼭 닮다. 形 흉내 (잘)내는; 모조의 (imitative), 가짜의. 圏 흉내장이 (mimicker).
[《그》*mīmikos* belonging to mimes 어릿광대극의; mime 어릿광 대극+ -*ic* (형용사 어미)]

mimicry[mímikri] 圏 흉내내기, 의태(擬態). [mimic+ -*ry*(명사 어미)]
protective ~ 의태(擬態).

mince[mins] 動 잘게 썰다; 조심스레 말하다. 圏 다진 고기.
[《프》 *mincer*←《래틴》 *minūtia* small piece 작은 조각←*minūtus* small 작은]
☞ minute

mincemeat[mínsmiːt] 圏 민스미이트 《건포도, 설탕, 사과, 향료 따위에 다진 고기를 섞은 것으로 민스파이의 재료》.

mince-pie [mínspai] 圏 민스파이 《mincemeat를 넣은 파이》.

mind[maind] 圏 마음, 정신; 기억; 생각, 의견; 의향 (intention); 기분; 지력(知力). 動 마음에 두다, 마음에 걸리다; 주의하다(regard); 돌보다 (look after); 《의문문, 부정문에서》 싫어하다, 꺼리다. ☞ body 육체.
[《중영》 *mind*; 《고영》 *gemynd* memory 기억←《고영》 *munan* think 생각하다, *gemunan* remember 기억하다; *cf.*《래틴》 *mens* mind]

bear (또는 *keep, have*) *in* ~ 기억하고 있다. *cross*(또는 *enter*) *one's* ~ 생각나다. *Do you* ~ *coming again?* 또 오시지 않으시렵니까? *give* (aperson) *a piece* (또는 *bit*) *of one's* ~ 바른 말을 하다, 꾸짖다. *have a good* (또는 *great*) ~ *to* (*do*…) 퍽 …하고 싶어 하다. *have a* ~ *to* (*do*…) …해볼까 한다. *make up one's* ~ 결심하다(decide, determine). *Never* ~! 걱정 말게, 상관 없어! *time out of* ~ 사람의 기억이 미치지 못하는 아득한 옛날 (time immemorial); 까마득한 옛날부터. *Out of sight, out of mind.* 《속담》보지 않으면 정도 없어진다: 이웃사촌. *So many men; so many minds.*《속담》열길 물 속은 알아도 한 길 사람 속은 모른다.

mindful[máindf(u)l] 形 마음에 두는,

잊지 않는, 주의하는. 〔mind+*-ful*(형용사 어미)〕 7

mindless[máindlis] [형] 생각이 없는, 분별이 없는, 우둔한, 부주의한 〔of, how, what〕. 〔mind+*-less* (형용사 어미)〕 ☞ mental, man

mine[main] [대] 내것. [명] 광산; 기뢰(機雷), 지뢰; 부원(富源), 보고(寶庫). [동] 채굴하다; 지뢰 (또는 기뢰)를 부설하다; 전복시키다 (undermine). 1

miner[máinə] [명] 광부, 갱부(坑夫). 〔mine+*-er*〕 6

mineral[mín(ə)r(ə)l] [명],[형] 광물(의); 무기물(의). 〔《래틴》 *minerāle←minera* mine 광산; mine+*-al* (형용사 어미)〕 4

Minerva[minə́:və] [명] 《로마 신화》 지혜와 무용(武勇)의 여신《그리이스 신화의 Athena와 같음》; 일종의 소형 인쇄기.

mingle[míŋgl] [동] 섞(이)다 (mix). 3 [반] single 뽑아내다.
〔《고영》 *mengan* mix, become mix(ed) 섞(이)다←*mang* mixture 혼합; among과 같은 어원 *cf.*《독》 *mengen*〕 ☞ among

miniature[mínjətʃə] [명] 미세 화상(微細畫像); 소모형(小模型), 축도. [형] 소형의, 모형의. 8
〔《래틴》 *miniātus* painted in red lead or vermilion←*miniāre* 의 과거분사←*minium* red lead; 원고의 첫 머리 글자를 표가 나게 장식적으로 크게 쓴다는 것으로 나중에 minimum, minor와 혼동되어 "작은 (그림)"을 뜻하게 된것이다〕

minimum[míniməm] [명],[형] 최소한(의), 최저(의). [반] maximum 8
〔《래틴》 *minimum* least, smallest 최소의; *cf.* minor〕

minimize[mínimaiz] [동] 최소(한도)로 하다, 최소한도로 평가하다. 〔minimum+*-ize* (동사 어미)〕

minister[ministə] [명] 장관, 대신; 공사; 목사; 대리인; 하인. [동] 봉사하다, 섬기다 (service) 〔to〕; 기여하다 (contribute) 〔to〕. 〔《래틴》*minister* servant 하인←*minor* smaller 작은. *cf.* master 주인 ←*magister* ←*magnus* great 큰〕 2

[동의어] **minister**는 보통 비국교파 교회 (Nonconformist)와 장로교회 (Presbyterian)의 목사이다. 영국국교회 (the Church of England)의 목사는 **vicar, rector, curate**라고 한다. 카톨릭교의 신부는 **priest**라고 한다.

ministration[ministréiʃ(ə)n] [명] (특히) 목사의 직무; 봉사; 구조(救助), 급여(給與). 〔minister+ *-ation*〕

ministry[mínistri] [명] 장관 (또는 목사)의 직무; 《집합적》 성직자, 목사(the clergy); 《집합적》 내각 (the Cabinet); (정부의) 부(部), 성(省) (의 건물). 〔minister+*-y* (명사 어미)〕 6

minor[máinə] [형] 작은 쪽의; 보다 못한 (lesser); 하급의, 손아래의. [명] 미성년자; 《음악》 단조(短調). [반] major 큰 쪽의; 성년자; 장조(長調). 8
〔《래틴》*minor* less, smaller 더 작은〕

minority[mainɔ́riti] [명] 미성년; 소수(당). [반] majority 다수(당); 성년. 〔minor+*-ity* (명사 어미)〕 8
☞ minimum, minister, minute

mink[miŋk] [명] 족제비(의 털가죽).

minster[mínstə] [명] 수도원 부속 교회당, 대사원. 9
〔《고프》 *mynster*←《래틴》 *monastērum;* monastery와 자매어; *cf.* 《독》 *munster*〕 ☞ monastery

minstrel[mínstr(ə)l] [명] 《시》 시인, 가수; *pl.* 흑인 합창단. 6
〔《프》 *ménestrel*←《래틴》 *ministeriālem* servant 하인, retainer 부하, jester 익살군〕 ☞ minister

minstrelsy[mínstr(ə)lsi] [명] 음송(吟誦) 시인들; 그 시. 〔minstrel+*-(s)y* (명사 어미)〕

mint[mint] [명] 《식물》 박하; 조폐국(造幣局); 거액의 돈. [동] (화폐를)주조하다; (신어를)만들어내다 (coin). 6
〔《고영》 *minte*← 《래틴》 *menta*←《그》 *minthē* 조폐국; 《고영》 *mynet*←《래틴》←*monēta* mint, money 돈← *monēre* remind 기억하다, warm 따뜻하게 하다; money와 자매어〕 ☞ money

minus[máinəs] [전] 마이너스, 빼기; 《속어》 …을 없앤 (lacking), …없이(without). [명] 마이너스 부호; 부수(負數). [형] 마이너스의. [반] plus …을 보태어, 정수(正數). 10
〔《래틴》 *minus* (*minor*의 중성)〕 ☞ minor

He came back from the war *minus* a leg. 그는 전쟁에서 한 다리를 잃고

돌아 왔다.

minute[mínit] 명 분(分) 《한시간·일도의 1/60》; 순간; 각서 (note); pl. 의사록. [mainjúːt] 형 미세한 (very small), 정밀한 (precise). 1
[《래틴》 *minūtus* ←*minuere* make smaller 축소하다 ←*minor* smaller, less; 한시간을 잘게 나눈데서 "분"의 뜻이 생겼다. *cf.* second]
[동의어] minute는 원 뜻이 일분인 만큼 측정할 수 있는 극히 짧은 시간을 뜻한다. moment는 측정할 수 없는 극히 짧은 시간을 뜻하며, minute 보다 그 뜻이 강하다. instant는 그의 알 수 없을 만큼 짧은 시간의 일 점을 뜻하며 moment보다 그 뜻이 훨씬 강한 말이다. ☞ minor, minister, minimum

miracle[mírəkl] 명 기적, 놀라운 일. 4
[《래틴》 *mīrāculum* wonderful thing 놀라운 일←*mīrāri* wonder at 놀라다 *mīrus* wonderful 놀라운》
do ~*s* 기적을 행하다.

miraculous[mirǽkjuləs] 형 기적적인, 초자연의. [miracle+-*ous* (형용사 어미)] ☞ admire, marvel 8

mirage[mírɑːʒ, mirɑ́ːʒ] 명 신기루(蜃氣樓); 망상. [《프》(*se*) *mirer* look at (oneself) in a mirror 거울 속에 보다←《래틴》 *mīrāre* look at 보다]
☞ mirror, marvel, admire

mire[maiə] 명 진흙 (mud), 진창, 수렁. 통 진창에 빠지다(빠뜨리다); 진흙으로 더럽히다. 5

mirror[mírə] 명 거울 (looking-glass); 전형(典型 pattern). 통 거울에 비치다; 반사하다, 반영하다. 3
[《고프》 *mireour*←《래틴》*mīrāre* look at 보다←*mīrāri* wonder at 놀라다]
☞ admire, marvel, miracle, mirage

mirth[məːθ] 명 환락 (merriment); 환희, 웃고 떠듬.

mirthful[məˊːθf(u)l] 형 유쾌한, 들뜬 기분의. [mirth+-*ful* (형용사어미)] 9
☞ merry

miscellaneous[mìsiléiniəs] 형 잡다한, 다방면의, 여러가지. 9
[《래틴》 *miscellāneus* ← *micellus* mixed 섞인, 잡다한←*miscēre* mix 혼합하다 +-*ous* (형용사 어미)]

miscellany[miséləni, mísiləni] 명 pl. 잡록(雜錄), 잡기(雜記). [miscellanea 에서 변한 것←*miscellāneus*]

mischance[mistʃɑ́ːns] 명 불행,불운. 10
[*mis*- 그릇된 + chance 행운, 기회]

mischief[místʃif] 명 해 (harm), 손해 (damage); 위해 (injury); 고장, 장난, 익살. 3
[《고프》 *meschever* succeed ill 손해 보다←*mes*-, *mis*- 그릇된 + *chever* come to an end 끝나다← *chief* head 우두머리, end 끝] ☞ mis-, chief
mean ~ 악심을 품다.

mischievous[místʃivəs] 형 유해한; 장난 꾸러기의. [mischief+-*ous* (형용사 어미)] 7
☞ mis-, chief, handkerchief

miser[máizə] 명 구두쇠. 6
[《래틴》 *miser* wretched 비참한, 처참한]

miserable[míz(ə)r(ə)bl] 형 처참한, 비참한 (wretched); 가엾은 (pitiable); 변변찮은 (mean); 창피한 (shameful). [《래틴》 *miserābilis* pitiable 불쌍한 ←*miserāri* pity 불쌍히 여기다←*miser* wretched 비참한 +-*able*] 4

miserably[míz(ə)r(ə)bli] 부 비참하게, 볼품 없이, 굉장히.

misery[mízəri] 명 정신적 고통, 불행; 비참함(wretchedness);빈곤 (poverty); 고생 (distress). [《래틴》 *miseria* wretchedness 비참; miser+-*y*] 3

misfortune[misfɔ́ːtʃ(ə)n] 명 불운, 불행 (bad luck), 재난. ⊕ fortune 호운(好運). 5
[《래틴》 *mis*- bad+fortune]
☞ fortune

misgive[misgív] 통 의심(근심 따위)을 일으키게 하다.
[《래틴》 *mis*- bad, wrong+give]

misgiving[misgívin] 명 의혹; 불안, 걱정. [misgive+ -*ing*] 9

mishap[míshæp, mishǽp] 명 불행; 재난. 6
[《래틴》*mis*- bad, wrong+hap 우연, 운]
[동의어] mishap는 보통 개인에게 일어나는 사소한 사고나 불행을 뜻하며, mischance는 보통 개인에게 일어나는 뜻밖의 사고를 의미한다. adversity는 주로 연속적인 대단한 불행으로 중대한 사고나 큰 고통을 수반한다.

mislead[mislíːd] 통 (misled) 그릇치다, 잘못 지도하다; 오해하게 하다; 속이다 (deceive); 길을 잃게 하다 (lead as-

tray). 8
[((라틴))*mis-* wrong+lead] ☞ lead
misleading[mislí:diŋ] 혱 그릇치는, 잘못 인도하는; 오해하게 하는. [mislead+-*ing*]

miss¹[mis] 몡 (Miss)···양(孃); 영양(令孃); 소녀(girl), (특히)여생도. *cf.* Mrs. Mr. ((mistress의 준 말). 1

참고 ① "Bronte씨 자매"라는 뜻으로 Miss Brontes ((속어)), the Misses Bronte ((별로 안 쓰이는 격식에 맞춘 표현))의 두가지로 말을 할 수 있다. 한편 Miss의 복수 Misses[mísiz]는 Mrs. [mísiz]와 발음이 같기 때문에 혼동을 피하기 위하여 [mísi:z]로 발음할 때도 있다. ② 예를 들어 Bronte 3 자매의 경우 큰 언니인 Charlotte Bronte는 Miss Bronte, 즉 성 앞에 Miss를 붙여 부르기만 해도 되나 Emily와 Anne 두 동생의 경우에는 각각 Miss Emily Bronte, Miss Anne Bronte로 이름까지 반드시 같이 부르는 것이 보통이다. ③ Miss는 또 이름을 모르는 경우 미혼 부인을 보고 Good morning, Miss! 식으로 쓸 수 있으나 뭘 수 있으면 Miss 뒤에 성을 붙여 부르는 것이 예의에 맞는다. ☞ mistress

miss²[mis] 통 놓치다; 잃다; 실패하다; (사람,물건 따위가) 없어서 섭섭해하다. 몡 실패, 빗나감; 미스; 분실; 없어서 섭섭함. ⓐ find, get 1
[((중영)) *missen*; ((고영)) *missan* miss 놓치다; *cf.* ((독)) *missen*]

missing[mísiŋ] 혱 없는, 결핍한(lost); 행방불명의. [miss+-*ing* (현재분사 어미))] 9
the ~ (사상자에 대한) 행방불명인자. There is a page *missing* from this book. 이 책에는 한 페이지가 없다.

missile[mísail, mísil] 몡 쏘는 무기(의); 탄환(의); 유도탄(의).
[((라틴)) *missilis* capable of being thrown 던져질 수 있는 ←*missus* thrown ←*mittere* throw 던지다]
guided ~ 유도탄. *cf.* I.C.B.M., I.R.B.M.

mission[míʃ(ə)n] 몡 사절(일행); 전도 단체; 사명, 임무; 천직(天職); 파견; 전도(傳道)(구). 5
[((라틴)) *missiōnem* sending 파견, delegation 대표단←*missus* sent←*mittere* send 보내다]

missionary[míʃn(ə)ri] 몡 선교사. 혱 전도의. [mission+-*ary* (형용사 어미))] 6
☞ commit, commission, admit, submit, etc.

mist[mist] 몡, 통 안개(가 끼이다). 3
동의어 **mist**는 fog보다 엷고 haze보다 짙은 안개를 뜻한다. **fog**는 mist 보다 수분이 훨씬 많아서 시야를 가리지 못할 만큼 짙어질 때도 있는 짙은 안개를 뜻한다. **haze**는 수증기나 먼지 따위가 지면 가까이에 퍼지고 때때로 기온이 더울 때에 생기기 쉬운 극히 엷은 mist 로 습기를 암시하지 않는 말이다. **smog**는 대공업지대 따위에 생기는 연기 (smoke)와 안개 (fog)가 혼합된 것.

misty[místi] 혱 안개짙은, 안개 낀; (안개 낀 것 같이) 몽롱한, 어렴풋한 (vague). [mist+-*y* (형용사 어미))] 6

mistake[mistéik] 통 잘 못하다; 잘못 알다, 오해하다. 몡 실수, 착오(error); 오해. [((라틴)) *mis-* wrong+take; take wrongly 잘 못 취하다] 2
by ~ 잘못하여, 실수로. ~ *A for B* A를 B로 잘 못 알다. ☞ take

mister[místə] 몡 ···씨, ···군. ((생략 Mr.)) 6
[master의 약한 형태] ☞ master

mistress[místris] 몡 여자 주인, 주부; 지배권이 있는 여자; 여교사; 정부, 첩. ⓐ master 남자 주인, 남자교사. 2
[((중영)) *maistresse*←((고프)) *maistre* master 남자 주인; master+-*ess* (여성 어미))] ☞ master

mistrust[mistrʌ́st] 몡, 통 불신(하다), 의혹(을 품다). ⓐ trust 신용(하다). 6
[((라틴)) *mis-* bad+trust; trust badly 나쁘게 신용하다→신용않다] ☞ trust

misunderstand[mísʌndəstǽnd] 통 오해하다. ⓐ understand 이해하다. 7
[((라틴)) *mis-* bad,wrong+understand; understand wrongly 잘 못 이해하다]

misunderstanding[mísʌndəstǽndiŋ] 몡 오해. ☞ understand

misuse[misjú:z] 통 오용하다, 남용하다; 학대하다 (treat ill). [mísjú:s] 몡 오용, 남용; 혹사(酷使). 8
[((라틴)) *mis-* bad, wrong+use; use wrongly 그릇 되게 사용하다] ☞ use

misusage[misjú:sidʒ] 몡 오용(誤用), 남용; 혹사, 학대. [misuse+-*age* (명사 어미))]

mitigate[mítigeit] 통 진정시키다 (appease); 완화하다 (alleviate). ⑮ aggravate 가중하다, 더욱 악화시키다. 9
[《라틴》 *mītigātus* made soft← *mītigāre* make soft 부드럽게 하다← *mītis* mild 온화한, gentle 얌전한 + *-igāre*, *agere* make 만든다]

mitt[mit] 명 (야구용)밋트; (부인용) 벙어리 장갑.
[mitten의 줄인 꼴]

mitten[mítn] 명 (겨울용) 벙어리 장갑; pl. 《속어》권투용 장갑(boxing gloves). cf. glove 장갑. [《프》 *mitaine* half glove 벙어리 장갑←《라틴》 *medietāna*← *medius* middle 중앙; 엄지와 다른 손 가락 사이에서 갈라진 장갑] 5

mix[miks] 통 섞(이)다; 조합(調合)하다, 조화하다. 2
[《라틴》 *miscēre* mix 섞다]

동의어 mix (명 mixture)는 "섞는다"는 뜻의 일반적인 말이다. mingle은 보통 분리해서 가려 낼 수 있는 요소들을 섞는다는 뜻이다. blend (명 blending)는 서로 다른 두가지 이상의 것을 섞어서 원하는 성질로 만든다는 뜻으로 혼합물 속에 각 요소의 성질이 약간 남아 있음을 암시한다. 또 이 말은 서로 다른 성질의 것을 합하여 완전히 조화된 것을 만든다는 뜻도 있다. merge (명 merger)는 혼합해서 각 요소를 분간할 수 없게 한다거나 한 가지가 다른 것 속에 완전히 흡수되게 한다는 뜻이 있다. amalgamate (명 amalgamation)는 merge처럼 완전한 융합이나 흡수를 뜻하지 않고 그저 균형이 잡힌 합동이나 혼합을 뜻한다. fuse (명 fusion)는 녹여서 결합시킨다는 뜻으로 각 요소가 분해되지 못할만큼 긴밀한 융합을 뜻한다.

mixture[míkstʃə] 명 혼합(물); 혼합(물)약; 감정의 교차. [《라틴》 *mixtūra* mixing 혼합; mixed+*-ure* (명사 어미)] 4

moan[moun] 명 신음소리, 꿍꿍거리는 소리. 통 신음하다, 꿍꿍거리다. 4

moat[mout] 명 참호. 통 참호를 파다. 8

mob[mɔb] 명 폭도; 대중, 군중 (masses). 통 메지어 몰려오다. 5
[《라틴》 *mōbile* (*vulgus*) movable (crowd)"마음이 변하기 쉬운 (군중)"의 처음 낱말만 남고 그것이 또 축소된 것;

17세기 및 18세기 초기에는 *mobile* [móubili, mɔ́bili]라는 단축하지 않은 형태를 쓰고 있었다]

mobile[móub(a)il] 형 자유로 움직이는, 변하기 쉬운. [《라틴》 *mōbilis* movable 움직일 수 있는← *mōvēre* move 움직이다]

mobility[moubíliti] 명 가동성(可動性), 기동성(機動性). [mobile+*-ity* (명사 어미)]

mobilize[móubilaiz] 통 동원하다.
[mobile+*-ize* (동사 어미)]

mobilization[mòubilaizéiʃ(ə)n] 명 동원, 출병. [mobilize+*-ation*]

☞ move, automobile, motion, movie

moccasin[mɔ́kəsin] 명 (북미 토인의)사슴 가죽 신; (남미의) 독사의 일종. 7

mock[mɔk] 통 놀려대다, 조롱하다[at]; 속이다. 형 가짜의 (sham), 거짓의 (false). ⑮ respect 존경하다.
mocker[mɔ́kə] 명 조롱하는 사람; 우습광스럽게 흉내내는 사람. [mock+*-er* (사람을 뜻하는 명사 어미)]

mockery[mɔ́kəri] 명 조롱; 모방; 조소의 대상. [mock+*-ery* (명사 어미)] 6
make a ~ of ……을 비웃다, …을 조소하다.

mode[moud] 명 방식 (method); 양식 (manner); 유행 (fashion). 3
[《라틴》 *modus* measure 척도, manner 양식, way 방법]

model[mɔ́dl] 명 모형, 본 (pattern); 본 보기, 모범; 모델, 마네킹; (의상, 자동차 따위의)…형(型), 스타일. 형 모범적인, 모형의. 통 (진흙 따위로)만들다; 원형(또는 모형)을 만들다;…를 본뜨다[on, upon, after]. [《프》*modéle* ←《이태》 *modello* model ←《라틴》 *modus* mode 방식] 2
after the ~ of ……을 모범으로 하여, …을 본따서.
동의어 model은 모방할 만한 가치가 있는 모형이나 본보기를 뜻하고, example은 선악을 불문하고 어떤 까닭이 있어서 모방하게 되는 사람이나 행위이다. pattern은 꼭 그대로 모방해도 좋을만큼 훌륭한 model이라는 뜻이다. archetype는 제작하기 위한 원형으로서의 model이고, prototype는 특히 생물학 용어로 쓰이며 뜻은 archetype와 같다.

moderate[mɔ́d(ə)rit] 형 알맞은; 온

전한; 절도 있는; 중간쯤의. [módəreit]
⑤ 알맞게 하다, 알맞게 되다; 완화하다(되다); 절제하다. ⑲ immoderate 과도의. agitate 교란하다. 3
[((라틴)) *moderātus* ←*moderārī* moderate ←*modu:* measure 척도; regulate 규칙에 맞게 하다]

moderatism[módərətizəm] ⑲ (특히, 정치, 종교상의) 온건(穩健)주의.

moderatist ⑲ 온건주의자.

moderator[módəreitə] ⑲ 조정자(mediator); (토론회 따위의) 의장, 사회자; 조정기. [moderate+ -*or* (명사 어미)]

moderation[mòdəréiʃ(ə)n] ⑲ 절도(節度), 절제(節制); 중용(中庸); 적당한 정도; 온화함. [moderate+-*ion*] 7
☞ modest

modern[módən] ⑲ 근대의, 현대의. ⑲ 현대인. ⑲ ancient 고대의. 2
[((라틴)) *modernus* ←*modo* just now 이제 막, lately 최근에←*modus* mode]

modernism[módə(:)nizm] ⑲ 현대사조; 근대적 방법; 현대주의; 현대어귀. [modern+ -*ism*]

modernity[modə́:niti] ⑲ 현대식; 근대적인 것; 시체(時體). [modern+-*ity* (명사 어미)]

modernize[módənaiz] ⑤ 근대화하다, 현대화하다. [modern+-*ize* (동사 어미)]

modernization[mòdənaizéiʃ(ə)n] ⑲ 현대화, 근대화. [modernize+-*ation*]
☞ mode

modest[módist] ⑲ 겸손한; 수줍은(shy); 온당한(moderate), 수수한. ⑲ immodest 불손한. 3
[((라틴)) *modestus* keeping due measure 적당한 분수를 지키는 ←*modus* mode]

modestly[módistli] ⑨ 겸손하게; 수줍게; 온당하게, 삼가하여.

modesty[módisti] ⑲ 겸손; 조심(성); 수줍음. [modest+-*y* (명사 어미)] 6

immodest[imódist] ⑲ 예의 없는, 불손한; 삼갈줄 모르는. [*im- in-* not+modest]
☞ mode, moderate

modify[módifai] ⑤ 완화하다; 변경하다(change), 조정하다; 한정하다(qualify); ((문법)) 수식하다. 9
[((라틴)) *modificāre* set limits to 한정하다←*modi-, modus* measure 척도+-*ficare, facere* make; make measure 척도를 정하다→한정하다]

modifier[módifaiə] ⑲ 수정하는 것; ((문법)) 수식어 (귀). [modify+-*er* (명사 어미)]

modification[mòdifikéiʃ(ə)n] ⑲ 변경; 수정, 가감; 수식. [mdify+-*ation* (명사 어미)]
☞ mode

modulate[módjuleit] ⑤ 조절하다(adjust); 주파수를 바꾸다; ((음악))전조(轉調)하다. [((라틴)) *modulātus*←*modulāri* measure 규정하다, 재다←*modulus* small measure 작은 자←*modus* measure]

modulation[mòdjuléiʃ(ə)n] ⑲ 조절, 조정; 억양, 변화; ((음악)) 전조(轉調). [modulate+-*ion* (명사 어미)]
☞ mode, modern

mohair[móuhɛə] ⑲ Angora 염소의 털, 모헤어 모직 (또는 털실).
[((아라)) *mukhayyar* choice haircloth 우량 모직물←*khayyara* choose 선택하다; 지금의 끝은 hair를 본뜬 것]

Mohammedan [mo(u)hǽmid(ə)n] ⑲ Mohammed의, 마호메드교(회교)의. ⑲ 마호메드교도, 회교도 (Moslem). *cf.* Moslem
㊟ Mahomet는 프랑스 어형.
[Mohammed ←(아라) *Muhammed* (much) praised←*hamada* he praised; 대단히 명법한 아랍인의 이름으로 그 뜻은 (크게) 칭찬 받는(사람)]
the ~ *era* 회교기원(紀元).

moist[moist] ⑲ 축축한 (damp), 젖은; 눈물을 머금은. ⑲ dry 마른. 4

moisten[móisn] ⑤ 축축하게 하다, 적시다. [moist+-*en* (동사 어미)] 6

moisture[móistʃə] ⑲ 습기, 수분, 수증기. [moist+-*ure*] 4

molasses[məlǽsiz] ⑲ ((단수 취급))당밀(糖蜜 treacle). *cf.* ((영)) treacle 당밀. 8
[((라틴)) *mellāceum* like honey 꿀 같은←*mel* honey]

mole[moul] ⑲ 사마귀, 검은 점; 두더지. 5

molecule[mólikju:l] ⑲ 분자(分子). *cf.* atom 원자, electron 전자, proton 양자, neutron 중성자.
[((라틴)) *mōlēcula* small mass 작은 덩어리←*mōlēs* mass 한 덩어리]

molecular[mo(u)lékjulə] ⑲ 분자의, 분자간의, 분자내의. [molecule+-*ar* (형용사 어미)]

molest[mo(u)lést] 통 괴롭히다(annoy); 방해하다(disturb). 7
〔《래틴》 *molestāre* annoy 괴롭히다, trouble 애먹이다←*molestus* troublesome 애먹이는←*mōlēs* mass 덩어리, a heavy burden 무거운 짐〕

molestation[mòulestéi∫(ə)n] 명 괴롭힘; 방해. 〔molest+-ation (명사 어미)〕

moment[móumənt] 명 순간(instant); 중요(importance); 기회(occasion); 목하, 현재; (기계의)능률. 1
〔《래틴》 *mōmentum* movement 운동 moment of time 순간 ←*movēre* move 움직이다; 움직임→쉬지않고 움직이는 시간의 한 순간→중요〕

☞ momentum

at any ∼ 언제든지, 지금이라도. *every* ∼ 이제나 저제나 하고, *for the* ∼ 당분간, 지금으로 봐서는. *in a* ∼ 당장에, 곧. *the* ∼ *(that)*…= as soon as…하자 마자 곧.

momentary[móumənt(ə)ri] 형 순식간의, 순간적인, 일시적인; 허무한. 7
〔moment+-ary (형용사 어미)〕

momentous[mo(u)méntəs] 형 중대한(very important). 〔moment+-ous(형용사 어미)〕

momentum[mo(u)méntəm] 명 (*pl.* -ta) 운동량; 기운(impetus), 추세, 타력(惰力). 〔《래틴》 *momentum* movement 운동; moment와 자매어〕

monarch[mónək] 명 독재군주, 국왕. 3 ⓟ subject 신민(臣民).
〔《그》 *monarkhos* one who rules alone 전제군주, 독재자 ← *mon- monos* alone + *arkhos* chief〕

monarchy[mónəki] 명 군주국, 군주정치. 〔monarch+-y〕 7

☞ mono-, arch-, monk, monopoly

monastery[mónəst(ə)ri] 명 (특히 남자의) 수도원. ⓟ convent, nunnery 수녀원. 9
〔《그》 *monastērion* solitary dwelling 혼자 사는 것←*monastēs* living alone 혼자 사는, monk 중← *monazein* live alone← *monas* alone; minister와 자매어〕

monastic[mənǽstik] 형 수도원의; 금욕적, 은둔(隱遁)한. 〔《그》*monastikos* living in solitude 혼자 사는〕 9

☞ minister, monarch, monk

Monday[mʌ́ndi] 명 월요일 《Mon. 으로 줄여서 적음》. 2
〔《중영》 *monenday*; 《고영》 *mōnan dæg* day of the moon←*mōna* moon; 《래틴》 *diēs lunæ* "달의 날"을 번역한 말〕 ☞ moon, month

money[mʌ́ni] 명 돈, 화폐; 재산(財産), 부(富 wealth). 1
〔《래틴》 *monētam* mint, money←*Jūno Monēta* Juno the Adviser (그 신전에서 화폐를 만들었기 때문. mint와 자매어〕

monetary[mʌ́nit(ə)ri] 형 화폐의, 금전의, 재정상의(financial). 〔《래틴》 *monētārius* ←*monēta* mint, money; money+-*ary* (형용사 어미)〕

monitor[mónitə] 명 학급위원, (학교의)반장; 감시자, 감시기; (외국)방송 청취계원. 통 (외국)방송을 청취하다.
〔《래틴》 *monēre* advise 충고하다; make to think 생각하게 하다〕

monk[mʌŋk] 명 수도승. ⓟ nun 수도녀. *cf.* friar (카톨릭교의) 탁발(托鉢) 수도승. 5
〔《그》*monachos* solitary 고독한, monk 수도승←*monos* alone 혼자〕

☞ monastary

monkey[mʌ́ŋki] 명 원숭이. 통 장난치다; 만지작거리다 〔with〕; 흉내내다. 4
주의 복수형 monkeys

monopoly[mənópəli] 명 독점(권); 전매(회사), 전매품. 7
〔《그》 *monopōlion* right of exclusive sale 전매권←*mono-*, *monos* alone + *pōlein* sell〕

monopolize[mənópəlaiz] 통 독점하다. 〔monopoly+-*ize*〕

☞ monarch, monk

monotone[mónətoun] 명, 형 단조음(單調音)(의).
〔mono- sole 혼자의, 하나의 + tone 음조〕

monotonous[mənót(ə)nəs] 형 단조로운, 변화 없는, 지루한. 〔monotone +-*ous* (형용사 어미)〕 8

monotony[mənótəni] 명 단조로움, 천편일률. 〔monotone+-*y* (명사 어미)〕 10

☞ mono-, tone, monopoly, monk

monsieur[məsjə́] 명 (*pl.* messieurs[mesjə́:, mésəz] 《Mr. 또는 부를 때 쓰는 sir에 해당하는 경칭》

…씨,…군,…님; 여보세요; 《멸시해서》프랑스 사람. 9
[《프》 mon my+sieur sir; my sir, my lord 나으리. 원래 신분이 높은 남성에게 쓴 칭호] ☞ seigneur, sire
monster[mɔ́nstə] 명 괴물, 도깨비. 형 거대한 (huge). 4
[《라틴》 monstrum omen 징조, 껌새, monster 괴물←monēre warn 주의시키다]
monstrous[mɔ́nstrəs] 형 기괴한, 괴물 같은; 거대한; 끔찍한; 극악 무도한; 《속어》 터무니 없는. [monster+-ous (형용사 어미)] 4
month[mʌnθ] 명 (한) 달. 1
[《중영》moneth 《고영》 mōnath month (한)달←mōna moon 달; cf. 《독》 monat]
this day ~ 지난달 (또는 내달)의 오늘.
monthly[mʌ́nθli] 형 매월의, 한달에 한번의. 부 한달에 한번, 매월. 명 월간 잡지; pl. 월경 (menses). 6
[month+ -ly (형용사 어미)]
☞ moon, Monday
monument[mɔ́njumənt] 명 기념비, 기념물; 불후의 공적 (또는 저작). 3
[《라틴》 monumentum that which reminds 상기시키는 것←monēre remind 상기시키다]
monumental[mɔ̀njuméntl] 형 기념비의, 기념적인; 불후의, 중요한 (important); 《속어》 지독한 (stupendous). [monument+-al (형용사 어미)] 8
mood[mu:d] 명 기분, 심사; pl. 신경질, 언짢은 기분; 《문법》 법(法). 4
[《중영》 mood 《고영》 mōd mind, spirit, mood; cf. 《독》 mut spirit, courage 용기]
동의어 mood는 일시적인 기분으로 어떤 감정이나 욕망에 의하여 결정되는 마음의 상태이고, 그 기분이 일어난 때의 언행을 전적으로 영향한다. humo(u)r 는 번덕스러운 mood이다. temper는 단 하나의 강한 감정으로, 특히 화에 북받쳐 어쩔줄 몰라 할 때의 mood를 뜻한다. vein은 어떤 mood의 순간적임을 특히 강조하는 말이다.
moody[mú:di] 형 변덕스러운; 기분이 언짢은, 심술난. [mood 기분+-y] 10
☞ mode
moon[mu:n] 명 달; (떠돌이 별의)위성

(satellite); 지구 인공위성 (artificial earth satellite). 동 (실성한 것 처럼) 정신 없이 헤매다; 멍하게 바라다 보다 [about, around]; 멍하게 지내다. 1
⑲ sun 해. cf. lunar 달의.
[《중영》 mōne 《고영》 mōna cf. 《독》 mond] ☞ Monday, month
moonbeam[mú:nbi:m] 명 (한 줄기의)달 빛. [moon+beam] ☞ beam
moonlight[mú:nlait] 명, 형 달빛(의). [moon+light] 4
moonlit[mú:nlit] 형 달 밝은. [moon + lit(light의 과거분사)]
moonshine[mú:nʃain] 명 달빛, 월광; 실없은 계획, 헛소리(nonsense); 밀주 (密酒). 형 달밤의, 실없는. 10
[moon+shine] ☞ shine
moonstruck[mú:nstrʌk] 형 실성한 (lunatic), 머리가 멍청한 (dazed). [moon+struck, strike 치다; 점성학에서는 광증은 달 빛의 영향으로 일어난다고 생각했기 때문]
☞ lunatic, strike
moor[muə] 명 《영》(특히 heather가 무성한)황야(荒野), 황무지 (grouse 뇌조 (雷鳥) 따위를 사냥하는 곳); (Moor) (아프리카의)무어 사람. 동 (배 따위를) 멈추다, 매다, 정박(碇泊)하다. 4
[(무어 사람);(그)Mauros inhabitant of Mauretania 모레타니아 지방민← mauros very dark 새까만]
Moorish[múəriʃ] 형 무어 사람(식)의. [Moor+-ish]
moorish[múəriʃ] 형 황야의, 황무지의. [moor+-ish]
moorland[múələnd] 명 황무지. [moor+land] ☞ land
mop[mɔp] 명, 동 긴자루 달린 걸레(로 닦다); 소제하다. 10
[《고프》 mappe←《라틴》 mappa napkin] ☞ map
moral[mɔ́r(ə)l] 형 도덕상의, 윤리적; 품행단정한; 교훈적; 정신적 (mental, spiritual). 명 교훈, (이야기 속에 함축된)가르침; pl (특히 남녀간의). 품행, 행실. ⑲ immoral 부도덕한. 3
[《라틴》 mōrālis relating to manners, customs 예의, 도덕에 관련된←mōrmōs manner, habit] ☞ mood
동의어 moral은 행위나 성품이 도덕에 맞음을 뜻하며 특히 남녀간의 품행이 훌륭하다는 뜻이다. ethical은 도덕을

morale[mɔrǽ:l] 명 (특히 군대의) 사기(士氣); 풍기. [《프》 *moral* 형 의 여성형에서; moral 참조]

moralism[mɔ́rəliz(ə)m] 명 도덕주의, 도의; 격언(格言). [moral+*-ism* (명사 어미)]

moralist[mɔ́rəlist] 명 도덕 철학자, 도학자, 도덕가. [moral+*-ist* (사람을 뜻하는 명사 어미)]

moralize[mɔ́rəlaiz] 통 도를 가르치다, 교화하다; 교훈을 얻다. [moral+*-ize* (동사 어미)]

morally[mɔ́rəli] 부 도덕상, 도덕적으로; 실질적으로 (practically).

morality[mərǽliti] 명 도덕(률); (단정한)품행; 덕행; 정절; 교훈. 8 [moral+*-ity* (명사 어미)] ☞ mood

morbid[mɔ́:bid] 형 병적인; 무시무시한 (gruesome); 병으로 말미암은. 10 [《라틴》 *morbidus* sickly 병적인←*morbus* disease 병← *mori* die 죽다]
☞ mortal

moribund[mɔ́ribʌnd] 형 죽어가는 (dying). [《라틴》 *moribundus*←*mori* die 죽다] ☞ mortal

more[mɔ:] (much, many의 비교급) 형, 부 보다 (더)많은, 더욱 더; 더욱 더 많이, 한층 더. 명 더 많은 것 (양, 수, 사람). ⑱ less 더욱 적은, 더욱 적게. 1 [《고영》 *mōra* greater in size and number 더 큰, 더 많은; *cf.* most] *all the* ~ (그 만큼) 더 (많이), 오히려. ~ *or less* 약간, 다소간. *much* (또는 *still*) ~ 더군다나, 하물며 (긍정문에 사용한다; ⑱ much (또는 still) less). *no* ~ 죽은(dead); 이미…이 아니다. *no* ~ *than* … 겨우… (only); …에 지나지 않다. *not* ~ *than* … 많아도 … (at most); not *more than* five 많아도 다섯(다섯 또는 그 이하).

moreover[mɔ:róuvə] 부 그 위에, 더욱이 (besides, also). 3 [more+over] ☞ more, over

Mormon[mɔ́:mən] 명 (일부 다처 주의의) 몰몬교도 (1830년 Joseph Smith가 시작한 기독교의 일파); 일부다처주의자; *pl.* 미국 Utah 주민의 별호. 10 [more+《이집트》 *mon* great, good]

morn[mɔ:n] 명 (시) 아침 (morning), 새벽 (dawn). ⑱ even 밤. 4 [《중영》 *morwen*; 《고영》 *morgen*; *cf.* 《독》 *morgen*]

morning[mɔ́:niŋ] 명 아침, 오전; 초기. ⑱ evening. [morn+*-ing*] 1

morning-glory[mɔ́:niŋglɔ̀:ri] 명 나팔 꽃.

morrow[mɔ́rou] 명 (시)이튿날 (next day); (사건의)직후. ⑱ eve (축제일의) 전날 밤. [《중영》 *morwe(n)*←《고영》 *morgen* morning 아침] 4

morsel[mɔ́:s(ə)l] 명 한입, 한조각, 조금 (small piece). 6 [《고프》 *mors* bite 물어 뜯음 +*-el* (축소 어미)←《라틴》 *morsus* biting, bite]

mortal[mɔ́:t(ə)l] 형 죽어야 할; 치명적인 (fatal, deadly); 인간의; (속어)대단한. 명 인간 (human being). 2 ⑱ immortal 불사(不死)의, 불후의. [《라틴》 *mortālis* subject to death 죽어야 하는←*mort-*, mors death 죽음; *mort* 죽은 +*-al*]

mortally [mɔ́:təli] 부 치명적으로 (fatally); (속어)지독하게 (seriously).
☞ morbid, moribund, murder

mortality[mɔ:tǽliti] 명 죽어야 할 운명, 죽음 (death); 인류 (humanity); 사망률 (death-rate). [mortal+*-ity*] 7

mortar[mɔ́:tə] 명 (약)절구; 박격포; 회반죽, 모르타르. 통 모르타르를 바르다. [《라틴》 *mortārium* mortar; 절구, 회반죽을 만드는 그릇] 8

mortgage[mɔ́:gidʒ] 명, 통 저당(잡히다); 내어던지고 덤비다. 6 [《고프》 *mort* dead+*gage* pledge; 계약을 위반하면 담보물을 잃게 되므로 "잃은 담보물"이라는 뜻에서]
☞ gage, engage

mortify[mɔ́:tifai] 통 (욕정을) 누르다; 모욕을 주다 (humiliate); 분하게 하다. [《라틴》 *mortificāre* kill 죽이다←*mortis* death +*facere* make; make death 죽이다] 8

mortification[mɔ̀:tifikéiʃ(ə)n] 명 고행; 분함 (chagrin); 굴욕(屈辱 humiliation); 실망 (disappointment). 10 [mortify+*-ation* (명사 어미)]

mortician[mɔːtíʃən] 명 《미》 장의사 (undertaker). [mortuary +-ician; physician 의사 에서 유추한 말]
☞ mortuary

mortuary[mɔ́ːtjuəri] 명 시체실, 시체를 임시로 두는 곳. 형 죽음의, 매장의. [《라틴》*mortuārius* belonging to the death 죽은 사람의 ← *mortuus* dead 죽은; mortal +-*ary*].
참고 morgue[mɔːg] 명 시체실; 《미》 신문사의 참고자료실 (reference library). [《프》 *morgue*; 이 목적을 위한 건물 이름에서]

mosaic[məzéiik] 명 모자이크 (세공). 형 모자이크의. *cf.* Mosaic[mo(u)zéiik] 모세(Moses)의. 9
[《라틴》 *mōsaicus, mūsaicus* of the Muses 뮤으즈신의, artistic 예술적 ←《그》 *Mousa* Muse 뮤으즈신]

Moslem[mózlem] 명, 형 마호메드교도 (의), 회교도(의) (Muslem, Muslim 이라고도 한다). *cf.* Mohammedan.
[《아랍》 *muslim* one submitting 복종하는 자←*aslama* submit 복종하다; 회교(Islam)를 신봉하는 자]

mosquito[məskíːtou] 명 모기. 8
[《스페》 *mosca* a fly 파리 +-*ito* (축소 어미)←《라틴》 *musca* a fly; a small fly 작은 파리→모기]
~ *net* (또는 *curtain*) 모기장.
☞ musket

moss[mɔs] 명 이끼. 3
[《중영》 *mos* (고영) *mōs* bog 소택, 늪; *cf.* 《독》 *moos* bog, moss]
A rolling stone gathers no *moss*. 《속담》 굴러다니는 돌은 이끼가 끼지 않는다 (자주 직업이나 자리를 옮기면 손해만 나고 이익은 없다는 뜻).

mossy[mɔ́si] 형 이끼낀; 이끼 같은. [moss +-*y*] 7

most[moust] (many, much의 최상급) 명, 형, 부 최대(의), 최다수 [량](의); 대부분(의); 대개(의); 가장. ⑱ least 가장 적은; 가장 적게. 1
[《중영》 *most, mēst;* (고영) *mǣst* ←*micel* great]
at (the) ~ 많아야, 기껏해야 *cf.* at least 적어도. *for the* ~ *part* 대체로. *make the* ~ *of* ⋯ ⋯을 가장 잘 이용하다; 가장 많은 고려를 하다; 가장 잘 보이다; 가장 좋게 말하다.

mostly[móustli] 부 대체로, 대개; 주로.
☞ more

motel[moutél] 명 《미》 자동차 여행자의 숙박소; 모텔.
[*mo(torists') (ho)tel*에서; 자동차 여행자의 호텔] ☞ motorist, hotel

moth[mɔθ] 명 나방이; (옷에 생기는) 좀 (clothes-moth). 5
[《중영》 *mothe;* 《고영》 *moththe, mohthe; cf.* 《독》 *motte*]
~ *ball* 구슬 모양의 제충제(除虫劑) 《나프탈린 따위》. ~ *eaten* 벌레 먹은, 좀먹은.

mother[mʌ́ðə] 명 어머니; 수녀원장.
⑱ father 1
[《중영》 *moder;* (고영) *mōdor; cf.* (독) *mutter*]
Mother's Day 어머니날 《5월의 제 2 일요일, 학교에서는 그 전 금요일》.
~ *tongue* 모국어 (native language).

motherly[mʌ́ðəli] 형 어머니의, 어머니와 같은. [mother +-*ly* (형용사 어미)] ☞ maternal, mamma

motion[móuʃ(ə)n] 명 동작, 운동; 몸짓 (gesture); 동의(動議 proposal), 통변 (通便); *pl.* 배설물(排泄物). 동 몸짓으로 나타내다; (몸짓으로) 신호하다 [to do]. ~ *rest* 휴직(休止) 2
[《라틴》 *mōtiōnem* moving 움직임; move + -*ion*]
~ *picture* 영화 (moving picture, cinema, movie 따위로 말하기도 한다).
☞ movie
동의어 motion은 쉬지 않고 움직이고 있는 상태를 뜻하는데, 특히 동작 자체의 개념을 강조한다. movement는 어떤 사람이나 특정한 방향을 향하여 움직이는 motion이다.

motive[móutiv] 명 동기; 목적; 유인 (誘因); (예술 작품의) 주제 (motif). 형 동기의, 원동력이 되는. 동 동기를 주다. [《라틴》 *mōtīvus* serving to move 움직이게 하는←*mōtus* moved←*movēre* move 움직이다] 3
~ *power* 원동력, 추진력 (impelling force).

동계어 **motif**[moutíːf] 명 《프》 모티프 《음악, 미술, 문학 따위의 주제》.
[《프》 *motif;* motive 참조]

motivate[móutiveit] 동 자극을 주다, 움직이다; ⋯에 동기를 주다. [motive + -*ate* (동사 어미)]

motivation[mòutivéiʃ(ə)n] 명 동기;

자극, 유도. 〔motivate+-*ion* (명사 어미)〕

motley[mɔ́tli] [형] 얼룩의; 잡다한. [명] (옛날 어릿광대가 입었던) 여러가지 색갈의 옷. 9

wear (the) ~ 도화사(광대) 역할을 맡아하다.

mottle[mɔ́tl] [명],[동] 얼룩(지게 하다), 반점(이 생기게 하다).

motor[móutə] [명] 발동기; 자동차. [동] 자동차로…에 가다, 자동차에 태우다. 4

〔《래틴》 *motor* mover 움직이는 자← *mōtus* moved← *movēre* move; move+-*or* (명사 어미)〕

motorcar[móutəkɑ:] [명] 《영》 자동차 (automobile). *cf.* car, automobile 자동차. 〔motor+car〕

motorcycle[móutəsaikl] [명], [동] 오오토바이(를 타다). 〔motor+(bi)cycle〕 ☞ cycle

motorist[móutərist] [명] (특히 상습적인)자동차 여행자. 〔motor+ -*ist* (사람을 뜻하는 동사 어미)〕

motorman[móutəmən] [명] (전차, 전기 기관차의)운전수. *cf.* engineer (기차의)기관사. 〔motor+man〕

[통계어] **motel**[moutél] [명] 《미》 모텔 《자동차 여행자용 숙박소》.

☞ move, motion, motive

motto[mɔ́tou] [명] 표어, 못토, 금언(金言). 7

〔《이태》 *motto*←《프》 *mot* word, saying 말 ← 《래틴》 *mottum* uttered sound 말한 소리 ←*muttīre* mutter 중얼거리다〕 ☞ mutter

mo(u)ld[mould] [명] 곰팡이; 부식토(腐植土); 형 (型), 주형 (鑄型); 형상 (shape); 성격 (character). [동] (틀에 넣거나 부어서) 만들다; (성격 따위를) 형성하다. 4

mo(u)lder[móuldə] [명] 조형자(造型者); 주형공(鑄型工). [동] 썩어 무너지다(crumble), 타락하다. 〔《폐어》 mold 무너지다 +-*er* (반복 어미)〕 9

mo(u)ldy[móuldi] [형] 곰팡이난, 곰팡냄새 나는; 진부한 (stale). 〔mo(u)ld 곰팡이 +-*y* (형용사 어미)〕 9

mound[maund] [명] 방축; 동산 (small hill), 돈대. [동] 언덕 (동산)을 쌓다; 방축으로 막다. 4

mount[maunt] [명] 산 《Mt.로 줄여 씀》. [동] 오르다 (ascend, climb); 말에 타다. [반] dismount 말에서 내리다. 1

〔《프》 *mont* ← 《래틴》 *mont- mons* hill 언덕 《프》 *monter* ascend 오르다 ←*mont*〕

mountain[máuntin] [명] 산. 〔《고프》 *montaigne*←《래틴》*montānea (regio)* mountain (region) 산악(지대)←*mons* hill 산; *cf.* 《프》 *montagne*〕 1

mountaineer[màuntiníə] [명] 산에 사는 사람; 등산가. [동] 등산하다. 8

〔mountain+-*eer*〕

mountaineering [màuntiníəriŋ] [명] 등산.

mountainous[máuntinəs] [형] 산이 많은, 산 같은. 〔mountain+-*ous* (형용사 어미)〕 5

mountainside[máuntinsaid] [명] 산허리.

mountebank[máuntibæŋk] [명] 사깃군, 협잡군; 엉터리 의사; (특히 길에서 연설이나 요술을 부리고 이상한 약을 파는)엉터리 장삿군.

〔《이태》 *montambanco* ← *montare* mount 올라가다 + -*in* on +*banco* bench; (연설하기 위하여) bench (걸상) 위에 올라서는(사람)〕

mourn [mɔ:n] [동] 슬퍼하다, 애도하다 (lament). [반] rejoice 기뻐하다. 2

[주의] morn 아침과 혼동하지 말것.

mournful[mɔ́:nf(u)l] [형] 슬픔에 잠긴 (sad). 〔mourn+-*ful*〕 5

mourner[mɔ́:nə] [명] 슬퍼하는 사람; 문상군. 〔mourn+-*er* (사람을 뜻하는 명사 어미)〕 7

chief ~ 상주(喪主). ~***'s bench*** 참회자의 좌석.

mouse[maus] [명] (*pl.* mice[mais]) 새앙쥐, 생쥐; 겁장이 (coward). [mauz] [동] 쥐를 잡다. *cf.* rat 쥐. 2

〔《중영》 *mous;* 《고영》 *mūs pl. mys; cf.* 《독》 *maus; mūs*가 mouse로 *mys*가 mice로 되었다. 원 뜻은 "훔치다 (steal)"〕

Our cat *mouses* well. 우리 고양이는 쥐를 잘 잡는다.

m(o)ustache[məstɑ́:ʃ] [명] 입수염, 코수염. *cf.* beard 턱수염, whisker 구레나룻.

〔《프》 *moustache*←《이태》 *mostaccio* ←《그》 *mustax* jaw 턱, upper lip 윗입술, moustache 코수염〕

mouth[mauθ] [명] 입; 입구. [mauð] [동]

떠들어 대다; 입에 넣다, 입을 우물 거리다. 1
[《중영》 *mouth* 《고영》 *mūth* cf. 《독》 *mund*]

주의 복수형 mouths의 발음은 [mauðz]
mouthful[máuθful] 명 한 입, 입에 가득; 약간의 음식). [mouth+ *-ful* full; (형용사 어미)]

move[mu:v] 동 움직이다; 옮(기)다 (remove); 감동시키다; 제의하다(propose) [for]. 명 움직임, 운동; 이동, 이사; (장기의)수; 수단 (step), 방책(方策 measure). ⓟ stop 멈추다. 1
[《고프》 *mo(u)voir*←《래틴》 *movēre* move; cf. 《프》 *mouvoir*]

동의어 **move** (명 movement)는 옮기다를 뜻하는 일반적인 말이다. **remove** (명 removal)는 사람이나 물건을 원래의 장소, 위치, 지위, 직업에서 옮긴다는 뜻이다. **shift** (명 shift)는 위치나 소재를 바꾼다는 뜻으로 불안, 불안정을 뜻할 때가 많다. **transfer** (명 transference)는 어떤 그릇, 승용차, 소유권, 부임지 따위에서 다른 데로 옮기게 한다는 뜻을 나타내는 형식적인 말이다.

movable[mú:vəbl] 형 움직일 수 있는; 동산의(personal). 명 *pl.* 동산. 6
ⓟ real 부동산의, immovable 부동의.
[move+*-able* (형용사 어미)]

movement[mú:vmənt] 명 운동, 이동, 행동, 동정(動靜); (소설 따위의) 사건의 진전; 기계장치; 대변의 배설; 《음악》 악장(樂章). [move+*-ment* (명사 어미)] 3

mover[mú:və] 명 움직이는 사람 (물건); 이전자; 발동기; 발기인.
[move+ *-er* (명사 어미)]
the first (또는 *prime*) ~ 원동력; 발동기; 주동자.

movie[mú:vi] 명 《속어》 영화 (motion picture); 영화관 (motion picture theatre).
the ~s 《속어》《집합적》 영화 (전체 motion pictures); 영화 제작업 (motion picture industry); (하나의) 영화. 보기: Let's go to *the movies* tonight 오늘 밤에 영화보러 갑시다.
동의어 영화를 뜻하는 말은 대단히 많다. 예를 들면 motion picture, moving picture, movie, cinema, film, picture, picture show, etc.이다. 이 중에서 cinema는 주로 영국에서 사용되고, picture와 picture show는 주로 미국에서 쓰이는 것 같다.
☞ motion, motor

mow[mou] 동 (mowed, mown) (풀을) 베다, 베어 넘기다; (군대 따위를 총화(銃火)로) 쓰러드리다. 7
[《중영》 *mowen*; 《고영》 *māwan*; *cf.* 《독》 *mähen*]

mower[móuə] 명 풀베는 사람, 풀베는 기계. [mow+*-er* (행위자를 뜻하는 명사 어미)] 6
a lawn ~ 잔디 베는 기계. *a power ~* 자동(또는 전기)잔디 베는 기계 (power-driven mower).

Mr., Mr[místə] 명 《남자의 경칭》…군, …씨, …님. 1
[mister를 생략한 것]

Mrs.[mísiz] 명 《기혼 부인에 대한 존칭》…부인; 마님. 1
[mistress를 생략한 것]

much[mʌtʃ] ((비교급) more, 《최상급》 most), 형 많은(것), 대단한. 부 대단히, 꽤; 많이. ⓟ little 조금, 거의 없는. 1
make ~ of… …을 소중히하다. *~ less …*하물며…에 있어서랴, 더구나… 은 아니다(still less).
too ~ for… …의 힘에 겨웁다, … 보다 훨씬 뛰어나다.

muck[mʌk] 명 퇴비, 거름; 더러운 물건. 동 …을 더럽히다(soil). 6

mucous[mjú:kəs] 형 점액을 분비하는, 점액질(粘液質)의. 10
[《래틴》 *mūcōsus ← mūcus*; mucus+ *-ous* (형용사 어미)]
the ~ membrane 점막(粘膜).

mucus[mjú:kəs] 명 (동식물의) 점액 (粘液). [《래틴》*mucus* 점액]

mud[mʌd] 명 진흙; 보잘 것 없는 것. 2
muddy[mʌ́di] 형 진흙투성이의, 질척거리는. 동 진흙으로 더럽히다. [mud+ *-y* (형용사 어미)]

muddle[mʌ́dl] 동 (머리를) 혼란시키다 (bewilder); 뒤범벅을 만들다 (mix up), 망쳐놓다 (bungle). 명 뒤죽박죽, 혼란 (mess).
[mud+*-le* (동사 어미); 원 뜻은 마음 속으로 물장난을 치다]

muff[mʌf] 명 마프 《부인용 털토시》; 서투른 사람 (bungler); 겁장이. 동 실수하다(bungle). 6

muffle[mʌfl] 图 따뜻하게 싸다, 잘 덮다 (wrap up). [(프) *moufle* mitten 벙어리 장갑←(라틴) *muffula* mitten; *cf.* (프) *emmouflé* 감싼]   8

muffler[mʌflə] 图 목도리 (scarf); (피아노 따위의) 소음장치(消音裝置). [muffle+-*er*]

mug[mʌg] 图 (손잡이가 달린)큰 컵; 둥근 통 모양의 찻종.   6

mulberry[mʌlb(ə)ri] 图 뽕나무; 오디. *cf.* berry 딸기.   7
[(중영) *moolbery*; (고영) *mōrberie* ←(라틴) *mōrum* mulberry + *berie* berry 딸기의 변형]

mule[mju:l] 图 노새; (속어) 고집장이; 잡종 (mixed breed). *cf.* donkey 당나귀.   4
[(라틴) *mūlum* she-mule ← *mūlus* mule; *cf.* (프) *mulet*]

multiple[mʌltipl] 图 복합의; 배수(倍數)의.   10
[(라틴) *multiplus* manifold 여러 곱의←*multiplicāre* ←*multi-* many + *-plex-* *plicāre* fold 접다]

multiply[mʌltiplai] 图 증가하다, 늘이다; (수학) 곱하다. ⓐ divide   3
[(라틴) *multiplicāre*; multiple 참조]

multiplication[mʌltiplikéiʃ(ə)n] 图 증가; 번식; 곱셈. [multiply+-*ation* (명사 어미)]   6

multiplicity[mʌltiplísiti] 图 다수; 여러가지, 다양성. [multiply+-*ity* (명사 어미)]

multitude[mʌltitju:d] 图 다수; 군중. [(라틴) *multitūdō* ← *multus* much, many; *multi-* + *-tude*]   3

mumble[mʌmbl] 图 웅얼거리다, 우물우물 씹다. 图 중얼거림.   8

mummy[mʌmi] 图 미이라; 냉혈한(冷血漢), 목석 같은 사람. 图 미이라를 만들다.
[(라틴) *mumia* ←(아랍) *mūmiya*← (펠샤) *mūmiyā* mummy←*mūm* wax 봉랍, 초]

munch[mʌntʃ] 图 아삭 아삭 씹다, 와삭 와삭 먹다.   10
[소리를 본딴 말]

municipal[mju:nísip(ə)l] 图 시(市)의, 자치도시의, 시영(市營)의; 내정의, 국내의.
[(라틴) *mūnicipālis*← *mūniceps* citizen of a free town 로마와 관계를 맺어 특권을 갖고 때때로 자치제를 실시한 도시←*mūnia* civic duties 시민의 의무 +*cep-*, *capere* take; take civic duties 시민의 의무를 갖다]

munition[mju:níʃ(ə)n] 图 (보통 복수) 군수품; (특히) 탄약 (ammunition). 图 …에 군수품을 공급하다.   10
[(라틴) *mūnītiōnem* fortification 요새화, defence 방위←*mūnītus* ←*mūnīre* defend 지키다]
a ~ *plant* (또는 factory) 군수공장.
☞ ammunition

mural[mjúər(ə)l] 图 벽(위)의. 图 벽화 (mural paintings).   9
[(라틴) *mūrālis* of a wall←*mūrus* wall 벽]

murder[má:də] 图, 图 살인 (하다), 살해(하다); 망가뜨리다.   3
[(라틴) *mors* death 죽음과 같은 계통의 말]

murderer[má:d(ə)rə] 图 살인자, 살인범. ⓐ murderess 여자 살인범. [murder+ -*er*]   5

murderous [má:d(ə)rəs] 图 살인(용)의; 잔인한. [murder+-*ous* (형용사 어미)]   ☞ mortal   8

murmur[má:mə] 图 속삭이다, 중얼거리다; (바람, 냇물 따위가) 살랑(찰랑)거리다; 투덜거리다 (complain). 图 속삭임, 중얼거림; 투덜댐 (complaint). ⓐ clamour 시끄러움, 소리지르다.   2
[(라틴) *murmur* (명사); *murmurāre* (동사)]

동의어 **murmur**는 비난, 애정, 불만 따위를 거의 안들릴 만큼 낮은 소리로 말한다는 뜻이고, **mutter**는 낮게 투덜거린다는 뜻으로 주로 불평을 충분히 알아 들을 수 없는 소리로 말한다는 뜻이며, **mumble**은 입을 거의 다물고 거의 안들리는 소리로 분명하지 않게 중얼거린다는 뜻이다.

muscle[mʌsl] 图 근육, 힘살, 힘줄; 완력.   6
[(라틴) *mūsculus* little mouse 작은 쥐; muscle 힘줄 ←*mūs* mouse 쥐; 근육의 운동이 쥐가 움직이는 것과 비슷하다고 해서]

muscular[mʌskjulə] 图 근육의, 근육이 억센, 기운센. [muscle+-*ar* (형용사 어미)]   ☞ mouse   7

muse[mju:z] 图 깊이 생각하다, …을 명상하다 [on, upon, over]. 图 (Muse)

mushroom 355 **mutton**

《그리이스 신화》문예. 학술을 맡아 보는 여신의 한 사람《모두 아홉 신이 있어서 여러가지 분야를 나누어 맡아 봄》(muse) 시상(詩想). 3
[《동사》《프》 *muser* ponder 생각에 잠기나 loiter 이리저리 다니다. (명사)《래틴》 *Mūsa* 《그》 *Mousa*]

museum[mju(:)zíəm] 囤 박물관; 《미》 미술관. 4
[《그》 *mouseion* temple of the Muses 뮤즈 제신의 신전, place of study 학당←*Mousa* Muse]

mushroom[mʌ́ʃrum] 囤,囹 버섯(같은); 우후 죽순 (같은). 囹 버섯캐러 가다; (버섯 처럼)빨리 생기다, 빨리 퍼지다. 8
[《고프》 *moucheron* ← *mousse* moss 이끼; *cf.*《프》 *mousseron*]

music[mjú:zik] 囤 음악; 악곡; 악보. 1
[《그》 *mousikē (tekhnē)* (art) of the Muses 뮤우즈 제신의 기술←*Mousa*; muse+-*ic*]

musical[mjú:zik(ə)l] 囹 음악의, 음악적. [music+-*al* (형용사 어미)] 3

musician[mju(:)zíʃ(ə)n] 囤 음악가. [music+-*ian*] 4

musk[mʌsk] 囤 사향(麝香)(의 향기); 궁노루. 9
[《래틴》 *muscus* ←《그》 *mosk(h)os*←《페르샤·아랍》 *mushk* ←《쌍·스크릴》 *mushka* testicle 불알]

musket[mʌ́skit] 囤 마스키트 총 《총강(銃腔)에 선조(旋條)가 없는 구식 보병총》. *cf.* rifle 소총. 8
[《이태》 *moschetto*; 원 뜻은 sparrow hawk, hand gun←*mosca* fly 파리←《래틴》 *muscam* 파리; 초기의 화기(火器)는 매나 구렁이나 괴물의 이름으로 불리어졌다]

musketeer[mʌ̀skitíə] 囤 마스키트 총병(兵); 총사(銃士). [musket+-*eer* (사람을 뜻하는 명사 어미)]《프랑스의 소설가 Dumas의 *Les Trois Mousquetaires* (=The Three Musketeers 삼총사)의 *Mousquetaire*도 같은 말이다). ☞ mosquito

must[《강》mʌst, 《약》məst] 囷 …해야한다, …임에 틀림 없다. 《부정》…해서는 안된다. 囹 절대 필요한, 긴요한. 囤 절대 필요한 것(일). 1
[《중영》 *mo(o)t*; 《고영》 *mōste mōt*, ←《고영》 *mōt* may, can, am free to 해도 좋다; *cf.*《독》 *müssen*]

mustard[mʌ́stəd] 囤 겨자(芥子). 7
[《래틴》 *mustum* fresh wine 신선한 포도주 +-*ard* (형용사 어미); 원 뜻은 신선한 포도주에 탄 겨자]

muster[mʌ́stə] 囹 불러 모으다(collect), 소집하다; 분기(奮起)하다; 모이다. 囤 소집; 점호, 점열. 6
[《고프》 *mostrer*←《래틴》 *monstrāre* show 보여주다; 《프》 *montrer*]
~(up) *one's courage* (또는 *energies, strength*) 용기(또는 정력, 힘)를 북돋우다. *pass* ~ 점열을 통과하다; 표준에 합격하다. ☞ monster

mutation[mju(:)téiʃ(ə)n] 囤 변화(change), 변경;《생물》돌연 변이;《언어학》모음변화 (umlaut). 10
[《래틴》 *mūtātiōnem*←*mūtāre* change 번하다] ☞ commute, commutation

mute[mju:t] 囹 말없는 (silent); 벙어리의 (dumb); 묵음(默音)의. 囤 벙어리; 무언 배우; 묵자(默字). 囹 loud 큰 소리의. 4
[《래틴》 *mūtus* silent, dumb; *cf.*《프》 *mute*]

mutilate[mjú:tileit] 囹 (손 발을) 절단하다 (cut off), 불구로 만들다(main); 삭제하여 불완전하게 만들다. 9
[《래틴》 *mutilātus*← *mutilāre* mutilate]

mutilation[mjù:tiléiʃ(ə)n] 囤 절단, 불구자로 만들기. [mutilate+-*ion* (명사 어미)]

mutiny[mjú:t(i)ni] 囤, 囹 반란 (을 일으키다), 폭동(을 일으키다); 상관에게 반항하다. 7
[《페어》 *mutin* mutinous+-*y* (명사 어미)]

mutinous[mjú:t(i)nəs]囹반항적인; 불온한. [mutiny+-*ous* (형용사 어미)]10

mutter[mʌ́tə] 囤 중얼거림; 투덜댐. 囹 중얼거리다; 투덜대다 (grumble). 4

mutton[mʌ́tn] 囤 양고기. *cf.* lamb 새끼 양 고기; sheep 양. 5
[《래틴》 *multōnem* sheep 양; *cf.*《프》 *mouton*]
활고 pig, hog, swine 돼지: pork 돼지고기. [《래틴》 *porcus* pig 돼지]. cow, bull, ox 소: beef 쇠고기 [《래틴》 *bos* ox 소]. 요리 용어는 프랑스어를 거쳐서 래틴어에서 들어온 단어가 쓰였다. 그리고 이런 단어들은 원래의 영어 단어보다 훨씬 고상한 것으로

mutual[mjú:tjuəl] 형 상호의, 공통의; 상호 조직의. 4
[《라틴》 *mūtuus* borrowed 빌린, exchanged 교환된, reciprocal 상호의←*mutāre* change 바꾸다; mutable+-*al* (형용사 어미)]
[동의어] **mutual**은 상호간의 관계가 균등함을 강조한 말로 감정이나 의무 따위가 둘 또는 그 이상의 사이에서 상호간에 교환되고 있음을 뜻한다. 상호간의 교환을 별로 강조하지 않을 때에는 common을 쓰는데, **common**은 다른 모든 사람에게도 공통적으로 분담되고 있다는 뜻이다. **reciprocal**은 상호간의 관계를 강조하고 보복, 대상의 뜻이 포함된다.

muzzle[mʌ́zl] 명 (짐승의)코와 입 부분; 재갈, 입마개; 총구, 포구(砲口). 타 재갈을 물리다; 말내지 못하게 하다, 언론을 탄압하다. 5
[《라틴》 *mūsellum* small snout 작은 코←*mūsus* snout]

myriad[míriəd] 명, 형 무수 (한); 일만 (一萬)(의). 6
[《그》 *muriad-, murias* ten thousand 일만←*myrios* countless 무수한]

mystery[míst(ə)ri] 명 신비, 불가사의; 비밀(secrecy); *pl.* 비결; 비밀의 의식 (儀式). 3
[《라틴》 *mystērium*←《그》 *mustērion*←*muein* close (lips or eyes 입, 눈을) 닫다]
[동의어] **mystery**는 인간의 지식이나 이해를 넘은 신비를 뜻한다. **enigma**는 특히 뜻이 숨겨져 있거나 암시가 애매하게 주어진 사항을 뜻한다. **riddle**은 수수께끼 형식의 enigma로 역설적인 것도 포함된다. **puzzle**은 그 해결이나 설명에 뛰어난 재주나 연구가 있어야 하는 사정이나 문제이다. **conundrum**은 특히 대답에 말겠간을 부렸거나 재치문답 식으로 꾸며 놓아서 해답하는 사람을 어리둥절하게 만드는 riddle이다.

mysterious[mistíəriəs] 형 신비한, 불가사의한; 수상한. [mystery+-*ous* (형용사 어미)] 4

mystic[místik] 형 비법(秘法)의; 신비한, 유현(幽玄)한. 명 신비주의자.
[《라틴》 *mysticus*←《그》 *mustikos* mystic 신비한, secret 비밀의; mystery +-*ic* (형용사 어미)] 8

myth[miθ] 명 신화; 지어낸 일, 꾸민 이야기. 10
[《라틴》 *mythus*←《그》 *muthos* word, speech, fable 얘기]

mythology[miθɔ́lədʒi] 명 신화(학); 신화집. [《그》 *muthologia*← *muthos* story 이야기 +*logia* speak; a telling of tales 이야기 하기] 10

mythologic(al)[mìθəlɔ́dʒik(ə)l] 형 신화의, 신화학의. [mythology+-*ic*(*al*) (형용사 어미)]

N

nail[neil] 명 못; 손톱, 발톱. 타 못을 박다; (속어) (거짓말 따위를) 캐어서 폭로하다. *cf.* claw, talon. 2
[《중영》 *nayl* 《고영》 *nægel*; *cf.* 《독》 *nagel*]

naked[néikid] 형 벌거벗은 (without clothes); 있는 그대로의, 꾸밈 없는. 명 나체. 타 clothe 옷을 입은. 3
[《고영》 *nacod; cf.* 《독》 *nackt*]
with the ~ eye 육안으로.

nakedly[néikidli] 부 나체로, 적나라하게.

nakedness[néikidnis] 명 벌거숭이, 노출. [naked+ -*ness* (명사 어미)]

[주의] naked, crooked, wretched, cragged, wicked, learned 따위의 어미 -*ed*는 모두 [-id]로 발음한다.
☞ nude

name[neim] 명 이름, 명칭, 명의; 명성 (fame). 타 이름 짓다; 부르다; 지명하다. 1
[《고영》*nama; cf.* 《독》 *name*; 《라틴》 *nōmen*]
call(a person) *~s* 남의 욕을 하다, …을 욕하다. *in the ~ of* … …의 이름으로; …의 권위를 가지고 (with the authority of); …에 맹세하여. *in the name of* common sense, what

are you doing? 도대체 무얼하고 있나?
~ ***after*** (《미》 또는 ***for***)… …의 이름을 따서 명명하다.

nameless[néimlis] [형] 무명의; 익명의 (anonymous); 무어라 할 수 없는 (indescribable). 〔name+ *-less*〕 6

namely[néimli] [부] 즉 (that is to say) 《회화에서는 별로 쓰이지 않는 말이다》. 5

nameplate[néimpleit] [명] 명패; 문패; 명찰.

namesake[néimseik] [명] 같은 이름의 사람; (특히) 남의 이름을 따서 지은 이름의 사람. 〔*name's sake*에서〕

nap[næp] [명] 낮잠; 졸음(short sleep), [동] 낮잠자다, 잠간 졸다 《현재 분사로 쓰일 때 외에는 드물다》. 4

be caught ~ing 기습을 당하다. ***have*** (또는 ***take***) ***a*** ~ 낮잠자다.

napkin[nǽpkin] [명] 나프킨(table-napkin); (육아용) 기저귀(diaper); 입 닦는 수건. 3

〔《고프》 *nape* cloth 베←《래틴》 *mappam* cloth napkin〕 ☞ map, mop

lay up in a ~ 수건으로 싸다.

narcissus[nɑ:sísəs] [명] (N~) 《그리이스 신화》 나아시서스; 수선(水仙). *cf.* daffodil.

〔《그》 *narkissos*←*narkē* numness 무감각, 마비; 이 식물의 마비시키는 성질에서〕

[참고] Narcissus는 그리이스 신화에 나오는 미모의 청년으로 연못에 비친 자기의 아름다운 모습을 보고 그것이 연못의 정령(精靈)으로 오해하고 이를 사모하다가 익사하였다고 하며 그청년의 죽은 자리에서 고운 꽃이 핀 것이 수선이라고 한다.

narcotic[nɑ:kɔ́tik] [명] 마취제; 마취제 중독자. [형] 마취성의. 〔《그》*narkōtikos*, *narkun* benumb 마취되다 ← *narke* numbness 마비상태〕 8

narrate[nærέit, 《미》 nǽreit] [동] 말하다, 서술하다; 이야기하다.

〔《래틴》 *narrātus* ←*narrāre* relate, tell 말하다←(*g*)*nārus* knowing 알고 있는〕 ☞ know

narration[nærέiʃ(ə)n] [명] 서술 (양식); 이야기; 《문법》 화법(話法). 〔narrate+ *-ion* (명사 어미)〕

narrative[nǽrətiv] [명] 이야기. [형] 이야기체의. 〔narrate+ *-ive* (형용사 어미)〕 7

narrator[nærέitə, 《미》 nǽreitə] [명] 이야기하는 사람, 담화자, 설화자(說話者). 〔narrate+ *-or*〕 ☞ know

narrow[nǽrou] [형] 좁은, 가느다란; 가까스로의; 인색한; 정밀한; 궁핍한(impoverished). [명] 해협, 좁은 곳, 산협(山峽). [동] 좁게 하다, 좁아지다. 1
[반] broad, wide 넓은.

narrowly[nǽrouli] [부] 좁게; 간신히; 엄밀히 (closely).

nasal[néiz(ə)l] [형] 코의. *cf.* nose 코. 〔《래틴》 *nāsālis* beloging to the nose 코의←*nāsus* nose 코〕 9

nasalize[néizəlaiz] [동] 콧소리로 내다. 〔nasal+ *-ize*〕 ☞ nose

nasty[nɑ́:sti] [형] 더러운, 불결한(dirty); 불쾌한(unpleasant); 험악한 (threatening); 추잡한(obscene). [반] clean 깨끗한. 10

nation[néiʃ(ə)n] [명] 국민; 국가, 나라; 민족, 인종. 1

〔《래틴》 *nātiōnem* stock, race 종족←*nātus* be born 태어나다〕

the League of Nations 국제 연맹. ***the United Nations*** 국제 연합 《U. N. 또는 UN으로 줄여 쓴다》.

national[nǽʃ(ə)n(ə)l] [형] 국민의; 국가의; 전국적인; 국유의. [명] 국민 (한 사람); *pl.* 교포(僑胞). 〔nation+ *-al* (형용사 어미)〕 2

nationalism[nǽʃ(ə)n(ə)liz(ə)m] [명] 국가 주의, 민족주의. 〔national+ *-ism*〕

nationalist[nǽʃ(ə)n(ə)list] [명] 국가주의자, 민족주의자.

nationality[næ̀ʃənǽliti] [명] 국민성; 국적; 국민. 〔national+ *-ity* (명사 어미)〕 8

nationalize[nǽʃ(ə)nəlaiz] [동] 국유화하다; 한 국민(또는 독립국가)을 이루다. 〔national+*-ize* (동사 어미)〕

nationalization [næ̀ʃ(ə)nəlaizéiʃ(ə)n] [명] 국유화.

native[néitiv] [형] 출생지의, 토착의; 타고난(inborn); 자연 그대로의(natural); (백인 편에서) 토착민의. [명] 그 지방사람; …태생의 사람; (백인 편에서 본)토인; 토산물. [반] foreign 외래의. 2

〔《래틴》*nātīvus* innate 타고 난←*nātus* be born〕

one's ~ land (또는 ***country***) 모국, 본국. ***one's ~ language*** 모국어,

국어《사람이 날 때부터 쓰던 언어》: a *natural speaker* of English 영어를 모국어로 하는 사람.

참고 A native of Australia의 뜻에는 두가지가 있다. ① 호주 태생의 백인. ② 호주 토인.

nature[néitʃə] 명 자연; 성질, 천성; 질, 종류. 반 artificiality 인구. 1
[(라틴) *nātūra* birth 탄생, character 성질←*nātus* be born]
in the course of ~ 자연적으로.

natural[nǽtʃ(u)r(ə)l] 형 자연의; 타고 난; 당연한; 보통의(normal). 반 artificial 인공의; acquired 습득한. [nature+ -al (형용사 어미)]

naturalism[nǽtʃ(u)r(ə)liz(ə)m] 명 자연주의. [natural+ *ism*(명사 어미)]

naturalist[nǽtʃ(u)r(ə)list] 명 생물학자; 자연주의자. [natural+ -*ist* (명사 어미)]

naturalize[nǽtʃ(u)r(ə)laiz] 타 귀화시키다; 옮겨심다; 받아 들이다. [natural+ -*ize* (동사 어미)]

naturalization [nǽtʃ(u)rəlaizéiʃ(ə)n] 명 귀화; 이식(移植). [naturalize+ -*ation*]
~ *papers* 귀화 서류.

naturally[nǽtʃ(u)rəli] 부 자연스럽게; 힘들이지 않고; 타고 나서(by nature); 당연히 (of course).

naught[nɔ:t] 명 무(nothing); 영, 제로(zero). 6
[(고영)*nāht*, *nāwiht*← *nā* no+*wiht* thing; nothing]
all for ~ 무익하게. *set at* ~ 무시하다(defy). ☞ nought

naughty[nɔ́:ti] 형 장난꾸러기의; 행실이 좋지 못한. [naught+ -*y* (형용사 어미)] 4
주의 주로 어린이에 대하여, 또 어린이에 의하여 쓰이는 말이나 어른이 어린이의 말씨를 흉내 내며 농담으로 말할 때 흔히 사용한다. ☞ nought

nausea[nɔ́:siə] 명 구역질, 욕지기, 메스꺼움; 싫은 생각(loathing).
[(그) *nausia* seasickness 배멀미←*naus* ship 배]

nauseate[nɔ́:sieit] 타 메스껍게 하다, 메스꺼워 오다. [(라틴) *nauseātus*←*nauseāre* feel sick 메스꺼워 오다←(라틴) *nausea*←(그) *nausia*]

nautical[nɔ́:tik(ə)l] 형 바다의; 항해의; 선박의. [(그) *nautikos* of ships or sailors 수부의← *naus* ship 배]
~ *terms* 해원용어(海員用語).

nautilus[nɔ́:tiləs] 명 (*pl.* nautili) 앵무조개; 종모양의 잠수 상자. [(그) *nautilos* sailor 수부←*naus* ship] 10
☞ navy, navigate

nave[neiv] 명 (교회당의) 회중석, 본당(本堂); 바퀴통(hub). 10
[(라틴) *nāvis* ship 배; 기독 교회의 회중석의 긴 모양이 이물에서 고물까지의 배의 긴 모양과 비슷해서]
☞ navy, navigate

navigable[nǽvigəbl] 형 항행에 적합한(배, 항공기, 강, 바다, 기구 따위가). [(라틴) *nāvigābilis* ←*nāv-*, *nāvis* ship+-*igāre*, *agere* drive; driving a ship 배를 모는] 6

navigate[nǽvigeit] 자 항행하다. 10
[(라틴) *nāvigātus*← *nāvigāre*← *nāvis* ship+*agere* drive] ☞ navigable

navigation[nǽvigéiʃ(ə)n] 명 항해, 항행; 항해술. [navigate+ -*ion* (명사 어미)] 7

navigator[nǽvigeitə] 명 항행자, 항해장(航海長). [navigate+ -*or* (명사 어미)] ☞ nave, nautical 8

navy[néivi] 명 해군. *cf.* army 육군, marine corps 해병대, air force 공군.
[(라틴) *nāvis* ship 배] 7

naval[néiv(ə)l] 형 해군의; 군함의. 7
[(라틴) *nāvālis* of ships 배의←*nāvis* ship; navy+ -*al* (형용사 어미)]
☞ navigate, nave, nautical

navel[néivl] 명 배꼽; 중심, 중앙(center).
[(중영) *nauel*, *navel*; (고영) *nafela*, *nabula; cf.* ((독)) *nabel*]
~ *orange* 네이블《껍질에 배꼽처럼 튀어 나온 것이 있어서》.

nay[nei] 부 (고어) 아니 (no). 《시》그뿐 아니라(not only that, also). 명 부정(denial), 반대 투표. 반 yea(=yes) 4
[(중영) *nai*, *nei*; (아이스) *nei* no←*ne* not+*ei* ever]

near[niə] 부 가까이; (미) 거의다 (nearly). 전 …의 근처에. 형 가까운, 친밀한(intimate). 자 가까이하다. 반 far 먼, 멀리. 1
[(중영) *nerre* (형용사), *ner* (부사) nigher 더 가까운; (고영) *nēar* nigher ←*nēah* nigh; nigh의 비교급]

~ *at hand* 손닿는 곳에. ~ *by* 바로옆에.

near-by[níəbai] 형 《주로 미국》 근처의. [near+ by]

nearly[níəli] 부 거의(almost), 3

nearness[níənis] 명 가까움, 접근; 친함; 인색함. [near+ -ness (명사 어미)] 4

통계어 **nigh**[nai] 형 가까운. 부 가까이에. [《중영》 ne(i)h, ney; 《고영》 nē-(a)h nigh 가까운]

neat[ni:t] 형 깨끗한 (tidy), 조촐한 (nicely arranged); 균형이 잡힌 (well formed). 반 dirty 더러운, 야비한. 3
[《프》 *net* clean 깨끗한←《래틴》 *nitidum* clear, fine←*nitēre* shine 빛나다]

동의어 **neat**는 정돈이 잘 되어 있고 깨끗하다는 뜻이다. **tidy**는 야무지게 잘 정돈이 되어 있으나 neat만큼 깨끗하다는 뜻에 이르러 있지 않는 말이다. **trim**은 neat의 뜻에 다가 보기에 기분이 좋다거나 작으만한 것이 빠릿 빠릿하고 균형이 잡혔다는 뜻이 덧붙여진 정도의 뜻이다.

neatly[ní:tli] 부 조촐하게, 깨끗하게; 교묘하게.

necessary[nésis(ə)ri] 형 필요한; 필연의. 명 필수품. 반 unnecessary 필요하지 않은. 1
[《래틴》 *necessārius*←*necesse* needful 필요한← *ne-* not+*cēdere* yield 양보하다; 양보할 수 없는]
if ~ 필요하다면.

necessarily[nésis(ə)rili] 부 필연적으로, 물론.
not ~ 반드시 …은 아니다.

necessity[nisésiti] 명 필요(물); 필연성. [《래틴》 *necessitātem* exigency 급한 사정; necessary+ -*ity* (명사 어미)] 3
of ~ 필연적으로(necessarily).

necessitate[nisésiteit] 동 …을 필요로 하다, 필요하게 하다. [《래틴》 *necessitātus* ← *necessitāre* make necessary 필요하게 하다] 8

neck[nek] 명 목; 해협, 지협(地峽). 1
[《중영》 *nekke*; 《고영》 *hnecca*; *cf.*《독》 *nacken*; 원뜻은 목덜미 (nape of the neck)]

necklace[néklis] 명 목걸이. [neck+lace 사슬] 6

necktie[néktai] 명 넥타이. [neck+tie] ☞ tie 7

need[ni:d] 명, 동 필요(로 하다)(necessity); 결핍 (want), 궁핍 (poverty). 조 …할 필요가 있다《부정문이나 의문문에서는 삼인칭단수 현재에도 -s를 붙이지 않고 원형부정사를 뒤따르게 한다》. 주의 조동사로 쓸 때의 과거 및 미래형에는 have to 또는 necessary를 대용한다. 1
[《중영》 *need* 《고영》 *nied, nēad* necessity 필요성; *cf.*《독》 *not*]
A friend in *need* is a friend indeed. 딱할 때 도와 주는 친구가 정말 친구다.

동의어 **need**는 결핍되기 때문에 절실히 느껴지는 필요성을 뜻하며 necessity 보다 주관적인 요소가 강한 말이다. **necessity**는 need보다 감정적인 면이 덜 나타나고 객관적인 요소가 강하다. **exigency**는 어떤 긴급상태나 위기에 의해서 생긴 necessity를 뜻한다.

needful[ní:df(u)l] 형 필요한 (necessary) [*to, for*]. [need+ -*ful* (형용사 어미)] 5

needless[ní:dlis] 형 불필요한 (unnecessary). [need+ -*less* (형용사 어미)] 5
~ *to say* 말할 것도 없이.

needy[ní:di] 형 빈곤한(very poor). [need+ -*y*] 8

needle[ní:dl] 명 바늘, 침, 자침(磁針). 동 바느질하다, 바늘로 집다, 누비다, 괴롭히다. 2
[《중영》 *nedle, nelde*; 《고영》 *nædel, nǣthl*; *cf.*《독》 *nadel*]

needlewoman [ní:dlwùmən] 명 침모 (針母), 재봉부.

needlework[ní:dlwə:k] 명 바느질; 자수. 8

negate[nigéit] 동 부정하다(deny); 취소하다(nullify). 반 affirm 시인하다, 확인하다.
[《래틴》*negātus*← *negāre* deny 부인하다]

negation[nigéi∫(ə)n] 명 부정; 취소. 반 affimation 시인. [negate+ -*ion* (명사 어미)]

negative[négətiv] 형 부정의; 소극적. 반 affirmative 긍정의, positive 적극적. [negate+ -*ive* (형용사 어미)] 6

neglect[niglékt] 명 태만; 무시. 동 태만하게 굴다; 무시하다(ignore), 소홀

히 하다. ⓓ respect 고려(하다). 2
[《라틴》*neglectus* neglected ←*negligere* neglect ← *neg*- not + *legere* gather 모으다; 모으지 않는다→보잘 것 없다→무시하다]

동의어 neglect는 의무나 일 따위를 소홀히 한다는 뜻이 있고, omit는 부주의하기 때문이거나 또는 너무 열중한 까닭에 어떤 행동을 안해 버린다는 뜻이 있다. overlook는 부주의 하거나 관대하기 때문에 남의 과실을 알아내지 않는 다거나 어떤 조처를 취하지 않는다는 말이다. disregard는 보통 고의로 주의를 게을리 한다는 뜻이고, ignore는 고려하기를 거절한다는 뜻으로 disregard보다 그 뜻이 강하다. slight는 냉담하게 또는 거만하게 무시하거나 또는 깔본다는 뜻이다.

negligent[négligd͡ʒ(ə)nt] 형 태만한; 소홀한, 부주의한. [《라틴》 *negligentem* neglecting 무시하는, 태만한←*negligere* neglect]

negligence[négligd͡ʒ(ə)ns] 명 태만; 과실; 부주의, 소홀함. [negligent+ -ce (명사 어미)] ☞ neglect 9

negotiate[nigóuʃieit] 동 교섭하다, 담판하다[with]. [《라틴》 *negōtiātus*←*negōtiārī* trade 무역하다 ← *negōtium* business 사업 ← *neg*- not + *ōtium* leisure 여가, 한가한 시간; without leisure 여가가 없는] 8

negotiation[nigòuʃiéiʃ(ə)n] 명 상담, 담판, 교섭, 협상. [negotiate+ -ion (명사 어미)] 7

Negro[níːɡrou] 명, 형 흑인(의); 검은. *cf.* Negress 흑인여자. 3
[《스페》 *negro* black ←《라틴》 *niger* black 검은]

참고 nigger[nígə] 검둥이나 Negress는 경멸의 뜻이 있는 말이니 Negro 또는 Negro woman, Negro girl이라고 하는 것이 좋다. 그리고 미국내에서의 일반적인 호칭은 Negro이나 에둘러 말할 때에는 colored[kʌ́ləd] "유색의"를 쓰는 경향이 많다. 미국 남부의 철도, 역, 여관, 백화점, 휴게실, 변소, 기차, 뻐스, 전차 따위에 "Colored"라고 게시되어 있는 때가 있는데 그것은 "For Negroes" 즉 "흑인용"이라는 뜻이다. 미국 북부에서는 남자 여자 할 것 없이 모두 Negro이고 이 Negro는 European, Malayan, Eskimo 따위와 같이 종족 명으로 취급되므로 첫 글자를 언제나 크게 쓰는 것이 보통이다.

neigh[nei] 명 말 우는 소리. 동 말이 울다. 5
[소리를 본 딴 말]

neighbo(u)r[néibə] 명 이웃 사람; 동포. 동 인접하다. 1
[《중영》 *neighebour*; 《고영》 *nēahgebūr nēahbūr*←《고영》 *nēah* nigh 가까운 +*būr, gebūr* husbandman 농부; near dweller, peasant 가까이 사는 농부; *cf.* 《독》 *nachhar*]

neighbo(u)rhood[néibəhud] 명 근처, 이웃; 이웃 사람들. 형 근처의. [neighbo(u)r+ *-hood* (명사 어미)] 3
in the ~ *of* …《속어》… 가까이에 (near); 약… (about).

neighbo(u)rly[néibəli] 형 이웃사람다운, 친절한(friendly).
☞ near, nigh, boor

neither[níːðə, níːðə] 대 어느쪽(의…)도…아니다. 형 어느쪽(의…)도…이 아닌. 부 …도 아니고…도 아니다 [nor와 함께 써서]. ⓓ either 어느 편이나, 어느 것이나(둘 중 하나). 1
[《중영》 *neither* ← *ne*- not+*either*←《고영》 *nāwther nāhwæther*←*nā*- not + *hwæther* either, whether; not either of two 둘 중 어느 하나도 아니다]

nephew[névjuː, 《미》néfjuː] 명 조카. ⓓ niece 조카 딸. 4
[《라틴》 *nepōs* grandson 손자, nephew 조카]

nepotism[népətiz(ə)m] 명 (특히 임용시의) 친척관계를 중용함; 정실 인사. [《라틴》 *nepōs* nephew + *-ism*; 중세기에 로마 교황 (the Pope) 이 자기의 사생아를 조카(nephew)라고 말하여 특히 돌봐 주어서 좋은 자리를 주었던 일에서]

Neptune[néptjuːn] 명 《로마 신화》 바다의 신; 해왕성.
[《라틴》 *Neptūnus* sea-god 바다의 신; sea 바다]

nerve[nəːv] 명 신경; 정력(energy); 대담성(boldness); 《속어》 후안 무치(厚顏無恥). 4
[《라틴》 *nervus* sinew 힘줄, 정력; *cf.* 《그》 *neuron*]
get on one's ~*s* 신경이 날카로워지다, 기분 잡치다.

nervous[ná:vəs] 형 신경(과민)의, 신경질의(excitable). 〔nerve+ -ous (형용사 어미)〕 4

nervousness[ná:vəsnis] 명 신경과민, 신경질. 〔nervous+ -ness (명사 어미)〕

nest[nest] 명 새집; 보금자리, 피난소, 소굴; (동물의) 떼; 한배 새끼. 통 (새가) 보금자리를 만들다, 보금자리에 들어 앉다. 1
〔((고영) *nest*; cf. (독) *nest*, (래틴) *nidus*〕

nestle[nésl] 통 웅크리고 앉다; (새 따위가)집에 들다; 편히 쉬다; 곁에 달라붙다. 〔nest+ -le (동사 어미)〕 6

net[net] 명, 통 그물(로 잡다). 형 그물 모양의; 순…, 에누리 없는. 2
〔((고영) *net(t)*; cf. (독) *netz*〕

network[nétwə:k] 명 그물 세공, 그물모양의 조직; 방송망. 8

nether[néðə] 형 (고어) 밑의 (lower), 아래의. 6
〔((고영) *neothera* ni(o)ther(r)a ←*nither* downward 아래로. 어미의 *-ther* 는 비교급 어미로 other, neither의 *-ther*와 같은 것. nether는 *ne* downward+ *-ther* (비교급 어미)〕

Netherlands[néðələndz] 명 *pl.* 홀런드, 화란(和蘭) (홀런드(Holland)의 공식적인 이름). 〔*Nether* lower+ lands; lowerlands 저지(低地)〕
cf. Holland 명 홀런드. 〔*holt* wood+ land 숲이 많은 땅〕
☞ beneath, underneath

nettle[nétl] 명 쐐기 풀. 통 짜증나게 하다(irritate); 노하게 하다(vex); 신경질 나게 하다 (annoy). 8
〔((중영) *netle* (고영) *netele*; cf. (독) *nessel*〕

neuter[njú:tə] 명, 형 중성(의); (문법) 중성(명사).
〔(래틴) *neuter* neither 어느 쪽도 아닌→sexless 성이 없는←*ne* not+*uter* whether 어느 쪽〕 ☞ whether

neutral[njú:tr(ə)l] 형 중립의; 어느 쪽도 아닌. 〔neuter+ -al (형용사 어미)〕 8

neutrality[nju:træliti] 명 (국외) 중립. 〔neutral+ -ity〕
armed (또는 *strict*) ~ 무장(또는 엄정) 중립.

neutralize[njú:trəlaiz] 통 중립 시키다(make neutral), …의 중립을 선언 하다, 중화하다, 중성으로 만들다. 〔neutral+ -ize (동사 어미)〕 8

neutralization[njù:trəlaizéiʃ(ə)n] 명 중립; 중화.

neutron[njú:trɔn] 명 뉴우트론, 중성자(中性子). 〔neutr(al)+ -on; 전기가 음도 양도 아닌 중성의; -on은 electron 전자, proton 양자와 맞추어 만든 것〕 ☞ electron, proton

never[névə] 부 절대로 …안 하다, 결코 …안 하다; 전에…한 적이 없다. ↔ever 항상 …하다, …한 적이 있다. 1
〔((중영) *neuer*, *never*; (고영) *nǽfre* ← *ne* not+*ǽfre* ever; not ever〕
~ *…but* …하면 반드시 … 하다. ~ (또는 *not*) *…without* … …하면 반드시 … 하다. ~ *fail to* … 반드시…하다. ~ *mind* 걱정마라.

nevertheless[nèvəðəlés] 부 그럼에도 불구하고. 〔never+the+ -less〕 4
☞ ever

new[nju:] 형 새로운. 부 새롭게. ↔old 낡은. 1
〔((중영) *newe*; (고영) *nīwe*, *nēowe*; cf. (독) *neu*〕
[동의어] new는 새 것을 뜻하는 가장 일반적인 말이다. fresh는 원래의 외관, 성질, 정력 따위가 그대로 변함이 없고 신선한 맛이 풍기는다는 뜻이 있다. novel 은 new하고도 진기하다는 뜻으로서 보통 기분도 좋은 경우에 사용될 수 있다. modern은 사람이나 사물이 현재이거나 또는 최근의 시기에 속한다는 뜻이며, modernistic은 modern과 뜻이 같으나 때때로 "신식을 찾는다"는 뜻을 나타낼 때가 있는 말이다. original은 새로 나온 것, 즉 그 부류에서는 처음 나온 것임을 뜻한다.

newborn[njú:bɔ:n] 형 갓 태어난, 신생의; 재생의. 〔new+born〕 10
☞ bear, new

newcomer[njú:kʌmə] 명 신입생, 신인(新人). 〔new+come+ -er (사람을 뜻하는 명사 어미)〕

news[nju:z] 명 《단수 취급》보도, 정보, 뉴우스. 〔((중영) *newes* things which are new 새로운 것 (new의 복수형)←*newe* new; *newe* new라고 하는 형용사가 명사로 변하고 그것이 또 복수형이 된 것〕 2
break the ~ 나쁜 소식을 알리다

(tell a person bad news).
[주의] 형용사와 함께 쓸 때에는 부정관사를 필요로 하지 않는다: It is indeed *good* (또는 *bad, big, happy, sad*) *news.*
newspaper[njú:spèipə, 《미》 njú:zpèipə] [명] 신문. 2
next[nekst] [형] 다음의, 옆의 〔to〕. [부] 다음에, 가장 가까이. [전] …의 다음에, …에 붙어서. [명] 다음 사람 (물건), 가장가까운 사람. 1
〔《고영》 *nēhst* (*nēh, nēah* nigh의 최상급)〕
～ (door) ***but one*** 하나 건너서 옆(집), 다음 다음(집). ～***to impossible*** 거의 불가능한. ☞ nigh, near
nib[nib] [명] 펜 촉(pen point); 끄트머리(tip); (새의)부리(bill). [동] 펜 촉을 끼우다.
nibble[níbl] [동] 조금씩 물(어 뜯)다. [명] 약간 물기 (small bite). 6
〔nip 뜯다, 따다+ *-le*(반복을 나타내는 동사어미)〕 ☞ nip
nice[nais] [형] 좋은, 즐거운(delightful); 맛 있는(delicious); 상냥한(kind); 《반어적》 틀려먹은, 싫은; 까다로운 (precise); 미묘한 (delicate); (구별하기) 어려운. [반] coarse 불쾌한, 거치른. 1
〔《고프》 *nice* silly, foolish 어리석은←《래틴》 *nescius* not knowing 알지 못하는, ignorant 무식한←*ne-* not+*scīre* know〕
～ ***and*** … 퍽으나 …한 (nice because it is); …해서 참 좋은.
[주의] 회화에서 nice는 막연하게 좋다는 뜻을 나타내며 찬성, 용인의 뜻이 있다. 형식적인 글 외에는 "미묘한, 까다로운" 의 뜻으로 쓰이지 않는다. 보기: *nice* shade of meaning 미묘한 뜻의 차이, a *nice* distinction 엄밀한 차이, 미세한 구별.
nicety[náisti] [명] 미묘한 점(subtlety); 정밀(precision); *pl.* 미묘한 차이. 〔nice+ *-ty* (명사 어미)〕
to a ～ 정밀하게 (exactly), 꼭 맞추어. ☞ science
nick[nik] [명] 새긴 자리, 새긴 눈금; 저울 눈; 톱니 모양. [동] 새김 눈을 내다, 톱니 모양을 만들다. 7
nickel[níkl] [명] 닉켈; 《미》 5센트 백동전. *cf.* penny, dime, quarter. 4
〔《스웨덴》 *kopparnickel* niccolite 홍비(紅砒) 닉켈광; 《독》 *kupfelnikel* coppor demon 구리의 악마; 스웨덴의 광물학자 Cronsted가 1754년에 이름 지은 것〕
nickname[níkneim] [명] 별명, 별호. [동] 별명을 붙이다.
〔《중영》 *a nekename* ←*an ekename* an additonal name 덧붙여진 이름←*eke* addition+*name* 이름; 원래 ekename 이던 것이 부정관사 an의 *-n*이 붙어 nekename으로 되어 nickname이 된것. *cf.* newt, ammunition; adder, azure〕
niece[ni:s] [명] 조카 딸. [반] nephew 조카. 6
〔《래틴》 *neptis* granddaughter 손녀, niece; *cf.* 《프》 *nièce*〕 ☞ nephew
niggard[nígəd] [명] 구두쇠 (miser). [형] 구두쇠의 (stingy). 10
〔《중영》 *nigard* ←《아이스》 *hnöggr* niggardly 구두쇠의〕
niggardly[nígədli] [형] 구두쇠의 (stingy); 극히 적은, 부족한 (scanty). [부] 인색하게.
nigger[nígə] [명] 검둥이 (negro). *cf.* negro.
〔《고영》 *neger* 《프》 *nègre;* 《스페》 *negro*의 변형〕
nigh[nai] [부], [전] 《시, 방언》=near. [반] far 먼. 4
〔《중영》 *neh, neih, ney;* 《고영》 *nē(a)h* nigh 가까운, 가깝게; *cf.* 《독》 *nah(e); nach*〕
night[nait] [명] 밤, 저녁; 어둠(darkness); 노년(old age). [반] day 낮; 일광. 1
〔《중영》 *ni(g)ht;* 《고영》 *niht, neaht; cf.* 《독》 *nacht*〕
nightfall[náitfɔ:l] [명] 일몰(日沒), 해질 녘. 〔night+fall〕
night-gown[náitgaun] [명] (부인 또는 아이의)잠옷 (night-dress). 〔night+gown〕 ☞ gown
nightingale[náitiŋgeil] [명] 나이팅게일, 밤 꾀꼬리. 〔《중영》 *nightyngale* (nightegale을 콧 소리로 낸 것)←《고영》 *nihtegale*←*nihte* night+*gale* singer←*galan* sing 노래하다; 밤에 노래하는 것; *cf.* 《독》 *nachtigall*〕
nimble[nímbl] [형] 민첩한 (quick); 영민한(clever). 5
〔《중영》 *nymel*←《고영》 *numol* quick at taking 민첩하게 갖는←*niman* take

nine[nain] 몡, 휑 아홉(의), 아홉개(시)(이); 아구 팀. 1
주의 ninth 아홉째의 spelling에 주의할 것.
[((고영)) *nigon, nigen; cf.* ((독)) *neun*]

nip[nip] 툉 꼬집다, (pinch), 깨물다 (bite), (가위로) 베다, 따다; 다치다 (injure); 망치다 (spoil). 몡 꼬집기, 따기; 상해(霜害); 혹평; 심한 풍자 (sarcasm); 한번 마시기(dram). 6
~ *in the bud* (일을) 미연에 막다.
☞ nibble

nipple[nípl] 몡 젖꼭지 (teat) (모양의 물건).

nitrate[náitreit] 몡 질산염(硝酸鹽). 10
[((그)) *nitron* niter 초석(硝石)+-*ate*]
nitre, -er[náitə] 몡 (치리이) 초석(硝石). [((그)) *nitron*]

nitric[náitrik] 휑 질소의; ((고어)) 초석(硝石)의. [nitre+-*ic* (형용사 어미)]
~ *acid* 질산. ~ *oxide* 산화질소.

nitrogen[náitridʒən] 몡 질소(窒素). 7
[((프)) *nitrogène*←*nitro* neiter 초석+-*gen, gignein* produce 생산하다; 초석에서 생산되는 것]
nitrogenous[naitrɔ́dʒinəs] 휑 질소를 포함한. [nitrogen+-*ous* (형용사 어미)]
~ *manure* 질소비료.

no[nou] 휑 없는. 퀴 아니 조금도 …아니다 (않다) (not any). 몡 부결 (denial), 거절 (refusal). ⓐ yes 1
[((형)) ((고영)) *nān*←*ne* not+*ān* one; *cf.* none. ((부)) ((고영)) *nā*←*ne* not+*ā* ever]
nobody[nóubədi] 떠 아무도…않다 (아니다). 명 변변치 않은 사람. 2
[no+body] ☞ body

noble[nóubl] 휑 고상한, 고귀한; 웅대한 (stately); 귀중한 (precious); 귀족의. 몡 귀족. ⓐ humble 천한. 2
주의 Nobel prize "노오벨 상금"의 Nobel은 Alfred Bernhard Nobel(1833～96)의 이름에서 따온 것이고 noble과는 관계 없다.
[((래틴)) *nōbilis* well-known 잘 알려진 ←(*g*)*nōscere* know 알다; 유명한→고귀한. know와 같은 어원]

nobility[no(u)bíliti] 몡 고귀함; 명문; (the nobility) 귀족 계급. [noble+-*ity* (명사 어미)] 5
nobleman[nóublmən] 몡 (*pl.*-men) 귀족. 6
nobleness[nóublnis] 몡 고결함, 고귀함; 고상함; 당당함. [noble+-*ness* (명사 어미)]
ignoble[ignóubl] 휑 천한, 비열한. [*ig*- *in*- not+noble] 6
☞ know, ignoble, notion

nod[nɔd] 툉 끄떡이다, 인사하다; 꾸벅꾸벅 졸다; 펄럭거리다. 몡 끄떡임, 인사; 꾸벅 꾸벅 졸기. 2
[((증영)) *nodden; cf.* ((독)) *notteln* shake 흔들다]

noise[nɔiz] 몡 소음; 떠들석함(clamour); 소문 (rumor). ⓐ stillness, quietness 고요함. 2
[((래틴)) *nausea* sea-sickness 배 멀미; (배멀미) 소동]
make a ~ 떠들다, 떠들어 대다.
☞ nausea

noiseless[nɔ́izlis] 휑 소리나지 않는, 고요한 (quiet). 6
[noise+-*less* (without;형용사 어미)]
noisy[nɔ́izi] 휑 시끄러운. [noise+-*y* (형용사 어미)] 6

nomad[nóməd, nóumæd] 몡 유목민; 방랑자. 휑 유목의; 방랑의. 9
[((그)) *nomas*←*nemein* pasture 놓아 먹이다]
nomadic[noumǽdik] 휑 유목민(생활)의; 유랑의. [nomad+-*ic* (형용사 어미)]

nomenclature[nouménklətʃə, nóumənkleitʃə] 몡 조직적 명명법; 술어(術語 terminology).
[((래틴)) *nōmenclātura* calling of names 이름 붙이기←*nōme* name+*cālare* call 부르다; *cf.* clamour, claim]
the ~ *of music* (또는 *chemistry*) 음악 (또는 화학) 전문 어휘. *botanical* ~ 식물 전문 어휘.

nominal[nɔ́min(ə)l] 휑 명의상의, 이름뿐인. [((래틴)) *nōminālis* belonging to a name 이름의←*nomin*-, *nōmen* name+-*al* (형용사 어미)] 9
nominate[nɔ́mineit] 툉 지명하다; 추천하다; 임명하다. [((래틴)) *nōminātus* nominated 지명된←*nōmināre* nominate 지명하다←*nōmin*- *nōmen* name

nomination[nɔ̀mині́ʃ(ə)n] 명 지명, 임명(권); 추천(권). [nominate + -ion (명사 어미)] ☞ name

nominative[nɔ́minətiv] 명, 형 《문법》주격(의). [(라틴) nōminātivus of a name 이름의, serving to name 이름 역할을 하는 ←nōmin- nōmen name+ -ive (형용사 어미); nominate + -ive]

none[nʌn] 때 누구나 …않다. 부 조금도 …않다. 1
[(중영) no(o)n (고영) nān←(고영)ne not+ān one; not one 하나도 없다]
~ the less 에도 불구하고. ~ but … 이 아니면 아무도 …않다.
☞ no, nothing, nobody

nonsense[nɔ́nsəns] 명 무의미한 것, 어리석은 짓. 5
[non- not+sense; cf. 《프》 nonsens]
☞ sense.

nook[nuk] 명 구석(corner); 으슥한 데. 5

noon[nu:n] 명 정오, 대낮(midday). 1
[(고영) nōn ← (라틴) nōna (hōra) ninth (hour) 제 9시(오후 3시); 교회의 예배시각이 변경됨에 따라 정오를 뜻하게 되었다] ☞ November

noonday[nú:ndei] 명 정오, 대낮. 5
as clear (또는 plain) as ~ 극히 분명한. ☞ day

noontide[nú:ntaid] 명 =noonday.
☞ tide 7

nor[nɔ:,nər] 접 …도…않다(아니다) 《보통 neither와 함께 쓴다》. 1
[(중영)nor(nōther neither 의 단축형) ←(고영) nāhwæther neither←nā not +hwæther whether; 어느쪽도 …않다; neither와 같은 어원에서] ☞ neither

normal[nɔ́:m(ə)l] 형 정상적인(regular); 보통의(ordinary); 전형적 (typical); 수직의(perpendicular); 명 정상; 평균; 보통 상태. 반 abnormal 이상한. 5
[(라틴) normālis ← norma a carpenter's square, rule 자; norma 척도 + -al (형용사 어미); 자의, 자에 맞는→정상적인]

동의어 **normal**은 확립된 일정한 규범(規範)이나 표준에 일치한다는 말이며, **native**는 후천적으로 획득한 것에 비하여 날 때부터 지니고 있었음을 뜻한다. **regular**는 규정된 규칙이나 일반적으로 인정받고 있는 형에 일치한다는 뜻이다. **typical**은 어떤 형이나 종류의 전형적인 성질을 지니고 있음을 뜻한다. **natural**은 사물의 원래의 성질이나 선천적인 성질과 일치한다는 뜻을 나타낸다. **usual**은 보통 일반적으로 쓰인다거나 생기는 것을 뜻하며, **average**는 정상적이라고 생각됨을 뜻한다.

normally[nɔ́:məli] 부 정상적으로; 보통 상태로, 전형적으로.
☞ abnormal, subnormal

north[nɔ:θ] 명 북(쪽); 북부(지방) 《약자 N.》. 반 south 남쪽. 1
[(중영) north; cf. 《독》 nord]
참고 우리 나라에서는 동·서·남·북이라고 하나, 영어에서는 north, south, east, west 즉 북·남·동·서의 순서로 말한다. 따라서 서북 항공 회사는 Northwest Airlines라고 하겠고, 또 the Northeast라고 하면 (미국의)북동지방 특히 New England를 가리킨다.

northern[nɔ́:ðə(:)n] 형 북쪽에 있는, 북쪽의; 북부지방 특유의; 북부에 사는. [north+ -ern (형용사 어미)] 반 southern[sʌ́ðən] 남쪽의. 2

Norwegian[nɔ:wí:dʒ(ə)n] 형 노르웨이의. 명 노르웨이 사람(말). 9
[(라틴) Norvegia+ -an(형용사 어미) ←(노르웨이) Norvegr←nor, northr north+vegr way; north way 북쪽의 길]

nose[nouz] 명 코; 후각. 통 냄새 맡다, 대항하다. cf. nasal 코의. tooth→dental; eye→ocular; lip→labial, etc. 1
[(중영) nose (고영) nosu; cf. 《독》 nase; (라틴) nāsus]
blow one's ~ 코를 풀다.

nostril[nɔ́stril] 명 콧구멍. [(고영) nosthyrl←nosu nose 코+ thyrel hole 구멍→thurh through 관통된;nose hole 코의 구멍. -tril은 thrill, through와 같은 어원에서] 4
☞ thrill through, thorough, nozzle, nuzzle

not[nɔt] 부 …이 아니다, …안하다. 1
[nought, naught 무(無)의 준 말]
~ a bit 조금도…는 아니다(not in the least). ~ a little 적지 않게, 대단히. ~ all 모조리 그렇다고는 할 수 없다. ~ always… 반드시…인 것은 아니다. ~ at all 조금도…이 아니다 (not in the least); 무얼요, 괜찮습니

다 (you are welcome). ~ … but … …이 아니고 …이다. ~ only … but (also) … …뿐만 아니고 …도 또한. ~ (또는 never) … without … 하면 반드시 … 하다. ☞ naught, nought

notch[nɔtʃ] 명, 타 새긴 금, 톰니모양 (을 내다). 8

note[nout] 명 각서; 주석; 초고; 약식의 짧은 편지; 명성 (distinction); 특징, 주목 (notice); 지폐; 음표. 타 주의하다; 써 놓다 [down]; 주를 달다 (annotate). 1
[((라틴)) *nota* mark 표적]

notable[nóutəbl] 형 저명한 (eminent), 현저한 (remarkable). [note+ -*able* (형용사 어미)] 5

notary[nóutəri] 명 공증인(公證人) notary public. [note+-*ary* (명사 어미)] 9

note-book[nóutbuk] 명 공책; 비망록; 약속어음 책.

nothing[nÁθiŋ] 대 아무것도…않다(아니다); 하나도…않다; 무(無), 영(zero); 쓸 데 없는 일(물건). 부 조금도…이 아니다 (not at all). 1
[((고영))*nā(n)thing;* no+thing]
for ~ 헛되이 (in vain, uselessly): He has not travelled the world *for nothing*. 그는 과연 세계 일 주를 한 보람이 있다. ; 무료로(free); 이유 없이 (without reason): They quarrelled *for nothing* 이유도 없는데 싸웠다. *have ~ to do with…* …과는 아무 관계가 없다. *make ~ of…* …을 아무렇지도 않게 생각하다, 예사로…하다; 이해할 수 없다 (cannot understand); 이용 못하다. *~ but…* …에 지나지 않다. *~ less than …=~ short of…* …에 지나지 않다. *think ~ of…* …을 아무렇지도 생각 안하다, 업신여기다.

notice[nóutis] 명 주의, 주목 (attention), 통지 (intimation); 예고 (warning); 게출; 삐라(placard); 보도; 비평 (comment). 타 보다(perceive); 주의하다 (take notice of); 언급하다 (refer to). 1
[((라틴)) *nōtus* known ←(*g*)*nōscere* know]

noticeable[nóutisəbl] 형 눈에 띄는 (easily noticed);현저한 (remarkable). [notice+-*able* (형용사 어미)] 8
[통의어] **noticeable**은 현저히 드러나서 눈에 잘 뜨인다는 뜻이며. **remarkable**은 보통이 아니거나 예외적인 것이기 때문에 noticeable하다는 뜻이다. **prominent**는 배경에 비하여 한결 잘 도리난나는 뜻이며, **outstanding**은 같은 종류의 것 가운데서도 특히 두드러져 보임을 뜻한다. **conspicuous**는 극히 분명해서 곧 알아 볼 수 있다는 뜻이며, **striking**은 보통과 다르기 때문에 인상에 많이 남는다는 뜻이다.

notify[nóutifai] 타 통지하다 (inform); 계출하다. [((라틴))*nōtificāre* make known 알려지게 하다←*nōtus* known 알려진←(*g*)*nōscere* know] 5

notification[nòutifikéiʃ(ə)n] 명 통지, 공고; 계출. [notify+-*ation* (명사 어미)]

notion[nóuʃ(ə)n] 명 관념(concept); 생각(idea), 의견(view); 의도 (intention); *pl*. 잡화. 일용품.[((라틴))←*nōtiōnem* (*g*)*nōcere* know 알다] 3

notorious[noutɔ́:riəs] 형 이름난, 유명한(well-known) (보통 나쁜 뜻으로 쓰임). *cf.* famous. [((라틴)) *nōtōrius* well known 이름난←*nōtus* known←(*g*)*nōscere* know] 7

notoriety[nòutəráiəti] 명 (나쁜)명; (나쁜 뜻으로)유명함. *cf.* fame 유명함. [notorious+-*ity*] ☞ know, ignore

notwithstanding[nɔ̀twiðstǽndiŋ] 전 …에도 불구하고. 부 그럼에도 불구하고 (nevertheless). 5
[not+withstand 저항하다, 견디다 + -*ing*]
[통의어] **notwithstanding**은 어떤 방해가 있는데 대하여 "그럼에도 불구하고"를 나타내는 비교적 형식적인 말이다. **in spite of**는 notwithstanding 보다 흔히 쓰이며 뜻이 강하여 보다 적극적인 방해나 반대가 있음을 암시한다. **despite**는 in spite of 와 같은 뜻이나 약간 그 어세가 약하고 고상한 말이다.

nought[nɔ:t] 명 ((시·고어)) 무 (無 nothing); 제로(zero). 5
[naught와 같음]
come(또는 *bring*) *to ~* 실패하(게 하)다, 폐멸(廢滅)하(게 하)다. *set at ~* 무시하다(defy). ☞ not

noun[naun] 명 명사. 10
[((라틴)) *nōmen* name; *cf.* (프) *nom*]

nourish[nÁriʃ] 타 기르다(feed), 자양분을 주다, 걸음을 주다; (감정을) 품다

(cherish). ⑨ starve 굶기다.
[《고프》*noriss*←《래틴》*nūtrīre* feed 기르다]

nourishment[nʌ́riʃmənt] 명 자양분; 음식물(food).
☞ nutrition, nutriment, etc.

novel[nɔ́v(ə)l] 형 참신한, 진기한 (unusual), 색다른. 명 (장편) 소설. *cf.* romance, fiction.
[《이태》*novella*←《래틴》*novellus* new ←*novus* new 새로운; 소설은 "새로운"의 뜻으로, 종래의 이야기 romance (비교적 긴 소설)에 대하여 Boccaccio 따위에 의하여 쓰이기 시작된 새로운 형식의 짧은 이야기를 뜻하였으나 뒤에 일반적으로 소설을 novel이라고 부르게 되고 또 일정한 형식을 갖추게 되었다]

novelist[nɔ́v(ə)list] 명 소설가. [novel+-*ist*]

novelty[nɔ́vlti] 명 새로움, 진기함. [novel+-*ty*]

novice[nɔ́vis] 명 견습하는 수도사 또는 수녀; 초보자 (beginner). *cf.* monk 수도자, nun 수녀. [《래틴》*novus* new 새로운]

November[no(u)vémbə] 명 11월.
[《래틴》*Novembris* (*mēnsis*) the ninth (month)←*novem* nine 아홉 글자 그대로 9월의 뜻; 처음의 로마 달력에서는 그대로이던 것이 뒤에 11월이 되었다. March, January 참조]
☞ noon

now[nau] 부 지금(은 벌써), 지금 막 (just now); 지금쯤은 (by this time); 그런데; 자아. 명 지금, 현재. 접 《보통 that와 함께 써서》…하니까 (since). ⑨ then 그때(에), before 전에, hereafter 장차.

by ~ 지금쯤은 벌써. *from* ~ *on* 지금부터는, 금후로는. (*every*) ~ *and then* 가끔. ~ (*that*) …… …한 이상, …하니까.

nowadays[náuədeiz] 부 요즈음에는, 지금은. [now+on+day+-*s* (부사적 소유격 어미)]

nowhere[nóu(h)wɛə] 부 아무 데도…이 없다. [no+where] ☞ where

noxious[nɔ́kʃəs] 형 유독한 (poisonous), 해로운 (harmful).
[《래틴》*noxius* hurtful 해로운 ←*noxa* hurt 상처, 해←*nōcere* hurt 다치게 하다] ☞ obnoxious, nuisance

nozzle[nɔ́zl] 명 (호오스 따위의) 주둥이 (mouthpiece); 《속어》 코 (nose, snout).
[nose+-*le* (축소 어미)]

nucleus[njúːkliəs] 명 (*pl*.-clei[-kliai]) 핵, 원자핵; 중심 (centre).
[《래틴》*nucleus* kernel 핵←*nuc- nux* nut 견과(堅果); 밤, 호도 따위)+-*leus* (축소 어미)]

nuclear[njúːkliə] 형 핵의, 핵을 이루는, 원자핵의. [《래틴》nucleus+-*ar* (형용사 어미)]

~ *fission* 원자핵 분열. ~ *fuel* 원자핵 연료. ~ *physics* 원자핵 물리학. ~ *reactor* 원자로 (atomic furnace) (atomic pile은 옛 이름).

nucleon[njúːkliɔn] 명 핵자(核子)(원자핵을 이루는 양자와 중성자). [nucle(us)+(electr)on의 복합어]

nucleonics[njùːkliɔ́niks] 명 원자 핵 물리학. [(nucle(ar)+(electr)onics 전자학의 복합어]

nude[njuːd] 형 나체의(naked). 명 나체상, 나체화.
[《래틴》*nūdus* bare 알몸의]
the ~ 나체상, 나체화; 나체의 상태. *in the* ~ 나체로; 숨김없이.

nudism[njúːdiz(ə)m] 명 (건강을 위한) 나체주의. [nude+-*ism*]

nudist[njúːdist] 명 나체주의자. [nude+-*ist*]

nudity[njúːditi] 명 나체, 나체의 상태. [nude+-*ity*]

nuisance[njúːs(ə)ns] 명 폐(되는 행동); 방해, 장해(물); 성가신 것.
[《프》*nuisance* hurt 해←*nuire* harm 해치다←《래틴》*nōcere* hurt 해치다]

numb[nʌm] 형 저린, 마비된 (paralyzed), 무감각한 (insensible). 동 저리게 하다 (benumb).

number[nʌ́mbə] 명 수; (잡지의)…호, 번호. 동 셈하다 (count), 번호를 붙이다. 주의 약어 No.는 《래틴》 numero의 첫 글자와 끝 글자를 따서 쓴 것이다.
[《프》 *nombre* ← 《래틴》 *numerus* number 수]

a great(또는 *large*) ~ *of* 굉장히 많은. *a* ~ *of* 약간의, 다수의 (many). *without* ~ 수 없이, 무수히.

numberless [nʌ́mbəlis] 형 무수한 (countless). [number+-*less* (형용사 어미)]

numeral[njú:m(ə)r(ə)l] 명 숫자, 수사(數詞). 형 수의. 8
[《라틴》*numerālis* belonging to number 숫자의←*numerus* number 숫자]
numerical[nju:mérik(ə)l] 형 숫자상의, 수의, 수로 나타낸. [numeric 수 + -*al*(형용사 어미)←《프》*numérique* ←《라틴》*numerus*]
~ *strength* 인원수. ~ *order* 번호순.
numerous[njú:m(ə)rəs] 형 다수의, 수 없는. [number+ -*ous*(형용사 어미)] 3
nun[nʌn] 명 수녀, 여자 중. *cf*. monk 수도사. 5
[《라틴》*nonna* old lady; 경의를 표시하는 칭호로 쓰이던 것으로 최초의 뜻은 mother]
☞ mam(m)a, papa, daddy
nunnery[nʌ́nəri] 명 수녀원(修女院). 10 *cf*. monastery 수도원. [nun+ -*ery*(집합을 뜻하는 명사 어미) ☞ abbey
nuptial[nʌ́p∫(ə)l, 《미》nʌ́pt∫(ə)l] 형 결혼(식)의. 명 *pl*. 결혼식 (marriage, wedding). 7
[《라틴》*nuptiālis* of marriage 결혼의 ←*nuptiæ* wedding 결혼 ←*nuptus*← *nūbere* marry 결혼하다]
nurse[nə:s] 명 유모 (wet-nurse); 보모 (dry-nurse); 간호부, 간호인. 동 간호하다(attend on); 젖먹이다(give suck); 기르다 (foster); (마음 속에)품다(cherish); 애무하다 (fondle). 2
[《고프》*norrice* ←《라틴》*nūtrīcia* a nurse← *nūtrīc- nūtrīx* nurse←*nū- trīre* nourish 영양을 주다]
nurseling[nə́:sliŋ] 명 젖먹이(baby); 묘목(young plant); 동물의 새끼. [nurse+ -*ling*(축소 어미)]
nursery[nə́:sri] 명 아이 방, 육아실; 탁아소(day-nursery); 묘목장; 양어장; 온상(nursery garden). 6
[nurse+ -*ry*(명사 어미)]
nurseryman[nə́:srimən] 명 묘목장 주인.
nurture[nə́:t∫ə] 동 기르다(bring up), 양성하다. 명 양육, 양성; 교육; 영양. [《라틴》*nūtrītūra* nourishment 양육 ←*nūtrītus*←*nūtrīre* nourish] 9
☞ nutrition
nut[nʌt] 명 (밤·호두 따위의) 견과(堅果); 낫트, 암나사; 《속어》머리 (head). *cf*. bolt 숫나사, 볼트, 빗장. 2
[《중영》*note, nute* 《고영》*hnutu*; *cf*. 《독》*nuss*]
a hard ~ *to crack* 난문제, 어려운 일.
nutrition[nju:trí∫(ə)n] 명 영양(섭취); 자양물, 음식물 (food). 8
[《라틴》*nūtrītus*+ -*ion*(명사 어미)← *nūtrīre* nourish 영양분을 주다]
☞ nurse
nutrient[njú:triənt] 형 =nutritious. 명 음식물; 영양제, 자양물. 9
[《라틴》*nūtrientem* nourishing←*nū- trīre* nourish; 영양분을 주는 (것)]
nutritious[nju:trí∫əs] 형 영양가 있는.
[《라틴》*nūtrīcius, nūtrītius* ← *nūtrīx* nurse+ -*ous*(형용사 어미)←*nūtrīre*]
nutritive[njú:tritiv] =nutritious; 영양의. 명 영양분 있는 것.
[《라틴》*nūtrītivus* ←*nūtrītus*+ -*ivus* (형용사 어미)←*nūtrīre*]
nuzzle[nʌ́zl] 동 코로 구멍을 파다; 코를 비벼대다; 달라붙어서 자다(nestle). [nose+ -*le*(반복을 나타내는 동사 어미), nestle의 영향이 있음]
☞ nozzle, nose
nylon[náilən] 명 나일론(합성섬유); *pl*. 나일론 양말. [rayon, tetron처럼 만들어 낸말]
nymph[nimf] 명 님프 (숲, 내, 바다 따위의 여자 요정); 아름다운 처녀. 5
[《그》*nymphē* bride 신부, maid 처녀]

O

oak[ouk] 명 떡갈나무, 참나무, 상수리나무. *cf*. acorn 도토리. 1
[《중영》*ook* 《고영》*āc*; *cf*. 《독》*eiche*]
a heart of ~ 떡갈나무 속 부분의 가장 굳은 부분; 견인 불발(堅忍不拔)의 사람, 용사. *Hearts of Oak* 영국 해군(군함 또는 장병) 《옛날의 목조함은 참나무로 만들어져 있었기 때문에;

hearts는 목재의 심이 되는 제일 단단한 부분》(*cf*. wooden walls). *the Oaks* 오우크스 경마 (London 근처의 Epsom에서 행해진다. Derby, St. Leger와 함께 영국 삼대 경마의 하나》.
oaken[óuk(ə)n] 휑 《고어》 떡갈나무의, 떡갈나무로 만드는. 8
[oak+ *-en*(형용사 어미)]
참고 형용사 형은 oaken보다 oak를 많이 쓴다; oak chest 떡갈나무의 농, oak door 떡갈나무 문.
oar[ɔːr, ɔə] 명 노(櫓), 삿대, 오오르; 사공(oarman). 통 《시》 노를 젓다. 4
oasis[ouéisis] 명 (*pl*. -ses[-siːz]) 오아시스 《사막 속의 녹지대(綠地帶)》. 7
[《그》 *oasis, auasis* a fertile islet in the Libyan desert 리비아 사막의 비옥한 녹지대; 이집트어에서 온 말]
oat[out] 명 (보통 복수) 귀리, 연맥(燕麥); 《시》 목가(牧歌). 3
sow one's wild ~s 젊은 시절에 실컷 놀아 두다.
oatmeal[óutmiːl] 명 타 놓은 귀리, 오우트미일 《축》. [oat+meal] 7
☞ meal
참고 oats는 말의 사료이고 사람이 먹는 것은 oatmeal.
oath[ouθ] 명 맹세, 선서(宣誓); 저주(curse), 욕설. 7
obey[əbéi] 통 (법률, 명령에) 복종하다, 따르다. 반 resist 반항하다. 2
[《라틴》 *obēdīre ← ob-* to +*audīre* listen; listen to… …의 말을 잘 듣다]
obedience[əbíːdjəns] 명 순종, 복종. [obey+ *-ence*] 4
in ~ to… …에 따라.
obedient[əbíːdjənt] 휑 순종하는, 온순한. 5
[obey+ *-ent* (형용사 어미)]
obediently[əbíːdjəntli] 부 순순히, 온순히, 순종하여.
disobedience[dìsəbíːdjəns] 명 불복종, 불효; 위반, 반칙(反則). 10
[*dis* -not+obedience]
☞ disobey, audience
obeisance[əbéis(ə)ns] 명 존경, 복종; 《고어》 절; 인사.
[《고프》 *obeisance* obedience 복종← *obeisant ← obeir ← obēdīre* obey 복종하다]
make an ~ to… …에게 경례하다.
☞ obey

object[ɔ́bdʒikt] 명 물체, 물건; 대상; 목적(물)(purpose); 객관. [əbdʒékt] …에 반대하다(oppose)[to]; 이의를 말하다. 반 subject 주체(主體), consent, agree 동의하다. 1
[《라틴》 *objectus ← objicere* throw against 대항해서 던지다, put forth 내어 놓다←*ob-* towards+*jacere* throw 던지다]
동의어 **object** (명 objection)는 몹시 싫어한다거나 불만을 느끼고서 반대한다는 말이다. **protest** (명 protest, protestation)는 형식적인 방법, 즉 서면 따위로 강하게 반대한다는 뜻이다. **remonstrate** (명 remonstration)는 사람 특히 아이, 친구, 제자 따위의 잘못이나 좋지 않은 행동에 대하여 반대 또는 충고한다는 뜻이다. **expostulate** (명 expostulation)는 사람의 의견이나 행동을 변경시키려고 열심히 타이르고 권한다는 뜻이다. **demur** (명 demur)는 반대한다거나 이의를 제창하여 훼방한다는 뜻으로 object보다 좀 형식적인 말이라 하겠다. **reason**은 사람에게 이치를 따져서 잘 타일러 본다는 뜻이다.
objection[əbdʒékʃ(ə)n] 명 반대, 이의. [object+ *-ion*] 5
have no ~ to… …에 이의가 없다.
make an ~ to… …에 이의를 말하다.
objectionable[əbdʒékʃ(ə)nəbl] 휑 이의 있는, 찬성할 수 없는, 못마땅한; 싫은 (disagreeable). [objection+ *-able* (형용사 어미)]
objective[əbdʒéktiv] 휑 실물의; 사실적(realistic); 객관적; 목적의. 명 목적(aim), 목적지, 목표. 반 subjective 주관적. ☞ jut, adjective, abject, subject, inject, project
oblige[əbláidʒ] 통 할 수 없이…하게 다(compel); 강제하다(force); 은혜를 베풀다; 만족하게 하다. 반 release 면제하다. 2
[《라틴》 *obligāre ←ob* -near +*ligāre* bind; bind together 묶어 놓다]
be ~d to (do) 할 수 없이 …하지 않으면 안 된다. *~ oneself to*… 서약하다, 의무를 지다.
obligate[ɔ́bligeit] 통 (법률상, 도덕상의)의무를 지우다. [《라틴》 *obligātus* obliged← *obligāre* to oblige)
obligation[ɔ̀bligéiʃ(ə)n] 명 의무(duty); 책임(responsibility); 채무(debt);

계약(contract). 5
〔obligate+ *-ion* (명사 어미)〕

obligatory[əblígət(ə)ri,ɔ́blig-] [형] 의무적(compulsory), 강제적, 필수의(required). 〔obligate+ *-ory*(형용사 어미)〕 *cf.* permissive, optional 수의의.

obliging[əbláidʒiŋ] [형] 친절한(kind). 〔oblige+ *-ing*〕 ☞ liable

oblique[əblí:k] [형] 기울어진, 경사진 (slanting); 부정의 (unjust); 에워싼 (roundabout), 간접의 (indirect). [동] 기울어지다(slant). 9
〔《래틴》 *oblīquus* slanting 기울어진← *ob-* +*liquis* awry 굽은〕
～ ***angle*** 사각(斜角).

obliterate[əblítəreit] [동] 지우다, 말소하다(blot out). 10
〔《래틴》 *oblit(t)erātus* erased 지워진 ← *oblit(t)erāre* erase something written 쓰인 것을 지우다 ←*ob-* over +*littera* letter 글자〕
☞ letter, literate

oblivion[əblíviən] [명] 망각; 인멸(湮滅), 매몰(埋沒). 8
〔《래틴》 *oblīviōnem* forgetfulness 건망증 ←*oblīviscī* forget 잊다〕

oblivious[əblíviəs] [형] 잘 잊어버리는(forgetful);멍청한. 10
〔《래틴》*oblīviōsus* forgetful ←*oblīviscī* forget 잊다〕

oblong[ɔ́blɔŋ] [명], [형] 장방형(의).
〔《래틴》 *oblongus* rather long 약간 긴←*ob-* over+*longus* long 긴〕
☞ long

obnoxious[əbnɔ́kʃəs] [형] 불쾌한 (disagreeable), 싫은(nasty). 10
〔《래틴》 *obnoxius* exposed to harm 해를 입게 들어 내어 놓은←*ob-* against +*noxius* hurtful〕 ☞ noxious

obscene[ɔbsí:n] [형] 외설(猥褻)의 (indecent); 불결한 (filthy). 9
〔《래틴》 *obscēnus* filthy←*obs- ob-*+ *ceanum* filth 더러움〕
～ ***pictures*** 춘화(春畵).

obscenity[ɔbsí:niti,ɔbséniti] [명] 외설(猥褻 indecency), 외설 행동. 〔obscene + *-ity*(명사 어미)〕

obscure[əbskjúə] [형] 어둠침침한 (dim): 모호한 (vague); 세상에 알려지지 않은. [동] 어둡침침하게 하다; 애매하게 하다; 감추다; 무색케 하다(outshine). 5
[반] obvious 분명한.
〔《래틴》 *obscūrus* dark 어두운, unknown 알려지지 않은←*ob-* +*-scūrus* covered 덮인←《산·스크릿》 *sku* cover 덮다〕

obscurity[əbskjúəriti] [명] 몽롱함, 불명, 애매한 뜻; 세상에 알려지지 않음; 미천(微賤). 〔obscure+ *-ity*〕 7

observe[əbzə́:v] [동] 관찰하다; 준수하다; 말하다(remark); (식을) 거행하다, 축하하다. 2
〔《래틴》 *observāre* watch, observe← *ob-*towards +*servāre* heed, watch 주의하다, 바라다보다, 지키다〕

observance[əbzə́:v(ə)ns] [명] (법률 따위의) 준수; 관습(custom); 의식(service). 〔observe + *-ance*〕 7

observant[əbzə́:v(ə)nt] [형] 주의 깊은(attentive), 관찰력이 예민한; 엄수하는. 〔observe+ *-ant*〕

observation[ɔ̀bzəvéiʃ(ə)n] [명] 관찰(력), 관측; 전망; 지식; 소견, 말. 4
〔observe+ *-ation*(명사 어미)〕

observatory[əbzə́:vət(ə)ri] [명] 관측소, 천문대; 전망대. 〔observe+ *-ory*〕

observer[əbzə́:və] [명] 관찰자; 감시자, (회의의)옵서어버 《방청을 위하여 파견된 것으로 정식으로 회의에 참석하는 것이 아님》; 준수하는 사람. 8
〔observe+*-er*〕
☞ serve, conserve, preserve

obsess[əbsés] [동] (악마, 망상 따위가) 들다, 사로잡다, …의 마음에 붙어 떨어지지 않는다(haunt).
〔《래틴》 *obsessus*←*obsidēre*←*ob-* by+ *sedēre* sit; sit by… …의 곁에 앉다→ 가까이에 있어서 안 떨어지다→언제나 붙어 있다〕
be ～***ed with*** (또는 ***by***) (a demon) (악마)에 사로잡혀 있다; 귀신이 들어 있다.

obsession[əbséʃ(ə)n] [명] 붙어 다님; 집착(執着); 강박관념 (强迫觀念).
〔obsess+ *-ion*(명사 어미)〕

obsolete[ɔ́bs(ə)li:t] [형] 퇴폐한(disused); 구식의(out of date).
〔《래틴》 *obsolētus* worn out 다 낡은← *obsolēscere* wear out 낡아 떨어지게 하다←*ob-* against + *solēre* become acquainted 잘 알려지다, 익숙해지다〕

obstacle[ɔ́bstəkl] [명] 장해 (물), 방해 (hindrance). 5

[《래틴》 ob- against+ -stacle ←stāre stand; stand against… …에 대항하다 →방해하다; -stacle은 stand, state, station과 같은 어원에서] ☞ stand, state, station, constant, obstetric

obstetric(al)[ɔbstétrik(əl)] 형 산부인과의, 산파의.
[《래틴》 *obstetrīx* stander-near 옆에 있는 사람 ←*obstāre* ←*ob-* near+ *stāre* stand+ *-trix* (여성을 나타내는 어미); 산모 옆에 있는 사람. *cf.* midwife]

obstetrics[ɔbstétriks] 명 산과학(産科學), 조산술(助産術).

obstetrician[ɔ̀bstetríʃ(ə)n] 명 산부인과 의사. [obsteric+-*ian*(사람을 뜻하는 명사 어미)]

☞ midwife, stand, state, obstacle

obstinate[ɔ́bstinit] 형 완고한 (stubborn), 고집이 센, 외고집의. 반 docile 솔직한. 5
[《래틴》 *obstinātus* persisted in 고집부린←*obstināre* persist in 고집하다 ←*ob-* near+*stanāre* place oneself]

obstinacy[ɔ́bstinəsi] 명 고집, 완고함. [obstinate+ -*cy*] 8
☞ destiny, stand, station

obstruct[əbstrʌ́kt] 통 막다, 봉쇄하다 (block up), 방해하다. 8
[《래틴》 *obstructus* ←*obstruere* ←*ob-* in the way of 방해되게, 통로에+*struere* build 쌓다, block 막다]

obstruction[əbstrʌ́kʃ(ə)n] 명 방해, 저지(阻止 hindrance).[obstruct+-*ion* (명사 어미)] 9
☞ construct, destruction, instruct, structure

obstructive[əbstrʌ́ktiv] 형 방해가 되는. 명 (의사진행 따위를) 방해하는 사람. *be ~ of*… …의 방해가 되다.

obtain[əbtéin] 통 입수하다, 얻다(get); 달성하다; 행해지다. 반 lose 2
[《래틴》 *obtinēre* take hold of 입수하다←*ob-* to+*tenēre* hold 쥐다; -*tain*은 maintain, contain에서와 같다]

obtainable[əbtéinəbl] 형 얻어지는, 얻을 수 있는; 달성할 수 있는. [obtain + -*able* (형용사 어미)] ☞ contain, detain, maintain, sustain, tenant

obtrude[əbtrúːd] 통 내밀다 (thrust); 강제하다(force).
[《래틴》 *obtrūdere* push forward 내밀다,←*ob-* towards+*trūdere* thrust 밀치다, 던지다]

obtrusive[əbtrúːsiv] 형 주제넘게 구는 (intrusive), 아무데나 나서는.
[obtrude+ -*ive*(형용사 어미)]
☞ intrude, intrusion

obviate[ɔ́bvieit] 통 (위험, 장애 따위를)제거하다(remove); 미연에 방지하다(prevent).
[《래틴》 *obviātus* met 만난←*obviāre* meet in the way 길에서 기다리다 ←*ob-* against+*via* way]

obvious[ɔ́bviəs] 형 분명한, 명백한 (evident), 뻔한, 일목요연한. 반 obscure 애매한. 7
[《래틴》 *obvius* in the way 길에서, at hand 가까이에, obvious 분명히←*ob-* near+*via* way+ -*ous* (형용사 어미); lying in the way 길에 누운→누구나 보는→분명한]

obviously[ɔ́bviəsli] 부 명백히, 분명히. ☞ via, voyage, previous, previous, devious, deviate

occasion[əkéiʒ(ə)n] 명 기회, 경우; 원인 (cause); 필요 (need). 통 일으키다 (cause), 야기하다(bring out). 2
[《래틴》 *occāsiōnem* ←*occidere* ← *oc ob-* in the way of+*cadere* fall; fall in the way of… …의 도중에 떨어지는 (것)→사고]

on ~ 가끔, 기회가 있을 때마다. *rise to the ~* 난국에 잘 대처하다. *on one ~* 언젠가, 전에.

occasional[əkéiʒn(ə)l] 형 때때로의, 기회가 있을 때마다의. 4
[occasion+-*al* (형용사 어미)]

occasionally[əkéiʒnəli] 부 때때로, 가끔. ☞ case, cadence, occident

occident[ɔ́ksid(ə)nt] 명 《시》(the O~) 서양; 서반구(西半球); 서양 문명. 반 the Orient 동양.
[《래틴》 *occidentem* quarter of the setting sun 해지는 지역, west 서쪽←*occidere* fall down 떨어지다, set 지다←*oc- ob-* down+*cadere* fall; fall down 떨어지다→해가 지다→서쪽]

Occidental[ɔ̀ksidént(ə)l] 형 서양의. 명 서양 사람. 반 Oriental 동양(인)(의). [Occident+-*al*]
☞ occasion, case

occupy[ɔ́kjupai] 통 차지하다(take possession); 점령하다;…에 살다; 종사하

게 하다. 2
[《래틴》 occupāre take possession of 차지하다 ← oc- ob- near + capere seize 잡다]

be ~ied in …ing=be ~ied with (명사 또는 동명사)…에 종사하고 있다; …으로 바쁘다.

occupant[ɔ́kjupənt] 명 (토지, 가옥, 지위 따위를) 차지한 사람; 현거주자. 8
[oacuru+ -ant (명사 어미)]

occupation[ɔ̀kjupéiʃ(ə)n] 명 점령, 차지; 직업; 볼 일. 3
[occupy+ -ion(명사어미)]

동의어 occupation은 직업을 뜻하는 일반적인 말이다. 또한 이것은 employment를 뜻할 때도 가끔 있지만, 원칙적으로 사람이 밥벌이를 하려고 또는 규칙적으로 종사하는 일이면 그 종류의 어떠함을 가리지 않고 occupation이라 말할 수 있다. business는 보통 영리를 목적으로 하는 직업을 말한다. employment는 원 뜻이 고용 관계인만큼 고용 관계에 있어서의 occupation을 뜻한다. calling은 원 뜻이 천직(天職)이며 occupation에 대한 고상한 표현 방법이라 하겠다. vocation은 calling 보다 좀더 고상한 말이다. profession은 원래는 전문적인 지식을 요하는 직업을 일컬은 말이나 통속적으로는 일반 직업을 뜻한다. trade는 상공업에서 손재주나 특수한 기술을 필요로 하거나 영리를 목적으로 하는 occupation을 말한다. ☞ captive, preoccupy

occur[əkə́ː] 통 일어나다(happen); 있다 (be found); 마음에 떠오르다 (come to mind) [to].
[《래틴》 occurrere run to meet 충돌하다, occur 일어나다 ←oc- ob- against+currere run 달리다]

occurrence[əkʌ́r(ə)ns] 명 발생, (사건이) 일어남 (happening); (광물 따위의) 산출; 사건 (event). 7
[occur+ -ence(명사 어미)]

동의어 occurrence는 우연이나 천명에 의하여 일어나는 사건을 뜻하는 일반적인 말이다. event는 비교적 중요한 occurrence, 특히 전에 일어났던 사건이나 상황의 영향으로 생기게 된 사건을 뜻한다. incident는 비교적 중요하지 않은 occurrence이며, 때때로 중요한 event에 관련해서 생기는 것이나 또는 독립된 적은 사건, episode 따위를 말

한다. episode는 그 자체가 완전한 event이면서 보다 큰 event의 일부분이 되어 있는 것이고, circumstance는 다른 사건에 부수적(附隨的)으로 일어나거나 또는 결정적인 요인이 되는 사건을 말한다. 「recur, etc.
☞ current, course, concur, incur,

ocean[óuʃ(ə)n] 명 대양(大洋), 해양, 넓은 바다, 외양(外洋 open sea). 1
[《그》 ōkeanos 지구를 둘러싸고 있는 큰 해류]
~ bed 해저(海底).

Oceanian[ouʃiéiniən] 형, 명 대양주 (Oceania)의 (사람). [Oceania+ -an (형용사 어미)]

o'clock[əklɔ́k] 부 …시(of or by the clock). 2
[(of the) clock의 준말] ☞ clock

October[ɔktóubə] 명 11월. 2
[《래틴》 Octōber (mēnsis) eighth (month) 여덟째 달←octō eight 여덟]
☞ March

octave[ɔ́kteiv, 《음악》 ɔ́ktiv] 명 옥타브, 8도 음정(音程). [《래틴》 octāvus eighth←octō eight]

octopus[ɔ́ktəpəs] 명 문어. [《그》 oktō-pous←octō eight+pous foot; 발이 여덟 개 (있는 것)]

ocular[ɔ́kjulə] 형 눈의 (of the eye); 눈에 의한 (by the eye). cf. eye
[《래틴》 oculus eye 눈]

oculist[ɔ́kjulist] 명 안과의사 (eye-doctor). [ocular+ -ist(사람을 뜻하는 명사 어미)]

odd[ɔd] 형 기묘한(queer); 이상한(strange), 때때로의(occasional); 홀수(奇數)의; 여분의 (additional). 반 even 한결같은, 짝수(偶數)의. 2
~ and ends 찌꺼기(remnants).

odds[ɔdz] 명 pl. 불평등, 불화 (不和); 우열의 차이; 승산(advantage), 이길 가망(possibility).

ode[oud] 명 엄숙하고 고아(高雅)한 사상을 장중하고 평정(平靜)한 표현으로 엮은 서정시, 부(賦); 송시(頌詩). 8
[《그》 ōdē song 노래 ←aeidein sing 노래하다]

odious[óudjəs] 형 밉살스러운(hateful); 싫은(offensive). 6
[《래틴》 odiōsus hateful←odium hatred 증오←ōdī I hate 나는 미워한다]

odo(u)r[óudə] 명 냄새(smell); 좋은 향

기 (fragrance); 명성 (reputation). 3
[《라틴》 *odōrem* 향기]

주의 order "명령하다"와 혼동하지 말것.
활고 이것은 좋은 냄새, 나쁜 냄새를 가리지 않고 사용되나 형용사가 없을 때에는 불쾌한 냄새(an unpleasant smell)의 뜻을 나타내기 쉽다. *cf*. scent

odoriferous[ōudəríferəs] 형 향내 나는, 향기를 풍기는. [《라틴》 *odōrifer* spreading odours 향기를 풍기는; odour + -*ferous* (형용사 어미)]

odorous[óudərəs] 형 (시) =odoriferous. [odour+ -*ous*(형용사 어미)] 10

of [(강) ɔv, (약, 보통) əv] 전 …의, …이라고 하는. 1
[《중영》 *of* 《고영》 *of*; *cf*. 《독》 *ab*]

off [ɔ(:)f] 전, 부 (…에서) 멀어져서(이동, 정지); 벗어나서, 끊어져서, 그쳐서 《절단, 단절》; 없어져서; 온통 …해 버리다; 줄어서, 쇠약해져서, 중단된; 먼, 저쪽의; 옆길의; 당번이 아닌. 반 on 위에, 붙어서. 1
[of와 같은 말; 옛날에는 of의 강조된 꼴로 쓰였다]

be well (또는 *badly*) ~ 사는 형편이 좋다(나쁘다). *Off Limits* 《미》 출입금지 (구역) 《반 On Limits 출입자유 (구역)》. ~ *and on*=*on and* ~ 가끔 (now and then); 단속적(斷續的)으로.

offend[əfénd] 동 기분을 나쁘게 하다 (displease);노하게 하다(make angry); 죄를 범하다 (sin). 반 please 기쁘게 하다. 3
[《라틴》 *offendere* dash or strike against 충돌하다←*of*- *ob*- against+ *fendere* strike 치다]

offence, 《미》-se[əféns] 명 죄과 (罪科); 범죄(crime), 죄(sin); 무례 (insult); 성냄(anger); 공격(attack). 반 defence 방어. 3
[offend+ -*ce*(명사 어미)]

offender[əféndə] 명 범죄자, 위반자; 무례한 놈. 6
[offend+-*er* (사람을 뜻하는 명사 어미)]

a first ~ 초범자. *an old* ~ 상습범. *a juvenile* (또는 *sexual*) ~ 소년(또는 성)범죄자.

offensive[əfénsiv] 형 불쾌한 (disagreeable); 싫은(disgusting); 무례한 (insulting); 공격적인. 명 공격. 7

[offend+ -*ive*(형용사 어미)]

offer[ɔ́fə] 명, 동 제공(하다) (present); 제의 (하다) (propose); 신청 (하다). 반 accept 받다, refuse 거절하다, demand 요구(하다). 1
[《라틴》 *offerre* to offer 제공하다←*of*- *ob*- near + *ferre* bring; bring near 가까이 가져가다]

offering[ɔ́f(ə)riŋ] 명 신청, 제의; 제공; 헌납물, 선물(gift), 기부금 (contribution). [offer+ -*ing*]

☞ confer, defer, infer, refer

office[ɔ́fis] 명 직무, 관직 (job), 임무 (duty); 사무소, 사무실; *pl*. 알선; 의식(service). 1
[《라틴》 *officium* duty 의무, service 봉사← *opus* work 일]

officer[ɔ́fisə] 명 관리, 공무원; 역원; 장교; 고급 선원. [office+ -*er*(명사 어미)] 1

official[əfíʃ(ə)l] 형 공적인 (public), 공식적(formal); 직무상의. 명 관(공)리, 역원, 직원. [office+ -*al*] 3

officially[əfíʃəli] 부 관공리로서; 공식적으로, 정식으로.

동의어 official은 보통 공무원 특히 하급 행정 공무원을 가리키고 officer는 공무원에만 한정되지 않고 모든 조직, 단체에 있어서 직무를 맡아보는 사람을 가리키며 특히 구락부나 회(會) 따위에서는 간사·역원을 뜻한다.

officiate[əfíʃieit] 동 직무를 수행하다; 근무하다; 사회를 맡아보다. [office+ -*ate*(동사 어미)]

officious[əfíʃəs]형 참견하기 좋아하는, 잘 나서는; 비공식적인 (informal). 10
[office+ -*ous*(형용사 어미)]

offset[ɔ́(:)fset] 동 상쇄하다 (balance), 메꾸다 (make up for). 명 상쇄 (set-off); 옵셋트 인쇄. 9
[off+set; *cf*. set off 상쇄하다, 떼다]

☞ off, set

offspring[ɔ́:fspriŋ] 명 《단수, 복수 같음》 자녀 (child or children), 자손(progeny); 결과 (result). 5
[off+spring;that which springs from another …에서 태어난 자]

☞ off, spring

often[ɔ́(:)fn] 부 가끔, 종종. 1
[oft 종종+ -*en*(형용사 어미)]
as ~ *as* …할 때마다. *as* ~ *as not*=*more* ~ *than not* 종종, 대체로.

참고 -t-를 발음해서 [ɔ́:ft(ə)n]이라고 하는 수가 있다. 이것은 지방적인 특징이거나 일부러 멋을 부린 것이다. 노래에서는 이음절(二音節)이라는 것을 특히 강조하기위하여 -t-를 소리 내는 때가 있다.

《-t-를 발음하지읺는 말》 soften, fasten, listen, glisten, whistle, etc.

통의어 often은 자주 일어나는 동작이나 사건에 대하여 쓰이는 말로 여러번 행해짐을 특히 강조하는 말인데 비해서, **frequently**는 규칙적으로 반복된다거나 특히 비교적 짧은 사이를 두고 단속적으로 반복됨을 뜻하는데, often보다 뜻이 강하며, 반복을 강조하는 말이다. **generally**는 usually보다 통속적이고 뜻이 강하며, **usually**는 동작이 아주 흔할 만큼 빈번히 일어남을 뜻한다.

oft[ɔ(:)ft] 團 (고어·시) often. 3
[《고영》 *oft, cf.* 《독》 *oft*]
many a time and ~ 몇 번이고(되풀이해서).

oftentimes[ɔ́(:)fntaimz] 團 《고어》 종종, 때때로, 가끔. 9
[often+time+ -s]

oil[ɔil] 團 기름, 석유(petroleum); 올리이브 기름(olive oil); 유화(油畫 oil painting); 유화구(oil-colo(u)r). 團 기름을 바르다(치다); 뇌물을 쓰다(bribe). 2
[《래틴》 *oleum* ← 《그》 *elaion* olive tree 올리이브 나무]
painted in ~(*s*) 유화의.

참고 보통 셀 수 없으나 종류(different kinds of oil)를 ;나타낼 때에는 복수형이 된다. 보기; vegetable *oils* (몇 종류의) 식물성 기름.

ointment[ɔ́intmənt] 團 연고(軟膏). 6
[《고프》 *oignement* anointing 기름을 바르는←《래틴》 *unguere* anoint 기름을 칠하다; anoint의 영향을 받아 현재의 끌이 되었다]

통계어 **unguent**[ʌ́ŋgwənt] 團 연고 (ointment). [《래틴》 *unguentum*←*unguere* anoint 기름을 바르다]

OK, O.K.[óukéi] 團 《미》승인, 시인(approval). 團, 團 좋다, 틀림 없다 (all right). 團 승인하다, 시인하다.
〔여러 설이 있다. 예를들면 all correct를 잘못 적어 *oll korrect*로 했다는 말도 있으나 Martin Van Buren을 지지하는 민주당 사람들이 그의 출생지 Kinderhook, N.Y.에 따라 이름 지었다는 O.K.(*Old Kinderhook*) Club(1840년)에 유래한다는 설이 옳은 것으로 되어 있다〕

old[ould] 團 늙은(aged), …살의 (of age); 낡은, 옛날의; 전의(former); 시대에 뒤멀어진 (antiquated). 團 young 젊은, new 새로운. 1
[《중영》 *old*; 《고영》 *eald*; *cf.* 《독》 *alt*]

통의어 ① "늙은"을 뜻하는 경우: **old**는 "늙은"을 뜻하는 가장 보편적인 단어이다. **aged**는 old보다 글에 많이 쓰이는 말이다. 이것은 또한 나이가 많아서 쇠약해졌음을 암시한 때가 많다. **elderly**는 중년 (40~60)을 지나서 노년이 가깝다는 말로 보통 만족한 느낌을 암시한다. ②"낡은"을 뜻하는 경우: **old**는 "옛날의 "를 뜻하는 일반적인 말이다. **ancient**는 old보다 훨씬 먼 옛날을, 뜻하며 현재에는 존재하지 않음을 암시한다. **antique**는 특히 물건이나 양식이 옛날 또는 전(前)시대에 시작된 것이라는 뜻이다. **antiquated**는 시대나 유행에 뒤떨어졌다는 뜻이고, **archaic**는 전 시대의 특색을 지니고 있다는 뜻이며 특히 고어처럼 언어가 특수한 목적을 위하여 보존되고는 있으나 실제로 사용되지 않고 있다는 뜻이다. **obsolete**는 사물이나 어휘가 퇴폐하여 쓰이지 않게 되고 시대에 뒤떨어진다는 뜻이다.

olden[óuld(ə)n] 團 옛날의(ancient). 10
[old+ -*en*]
in(the) ~ *times*=*in the* ~ *days* 옛날에는.

old-fashioned[óuldfǽʃ(ə)nd] 團 구식의. ☞ old, fashioned 9

olive[ɔ́liv] 團 올리이브 (나무, 열매, 재목, 가지). 團 올리이브의, 올리이브 빛 (황록색)의. 3
[《래틴》 *olivam* 올리이브; *cf.*《그》*elaia*]
the ~ *branch* 올리이브의 가지《평화의 상징》; 평화의 제의; 《보통 복수》 어린이 (child(ren)) 《회롱하는 말》.

Olympiad[o(u)límpiæd] 團 국제 올림픽 대회; 올림피아 기(紀)《고대 그리이스에서 한 올림피아 경기가 끝난 뒤에 다음 올림피아 경기까지의 4 년 간》.
[《그》 *Olympias*(고대 그리스에서 올림피아 경기가 거행되던 지방)←*Olympos* 올림포스의 산《그리스 북부의 Thessaly의 높은 산으로 태고적에 그리이스의 여러 신이 그 꼭대기에 살고 있었

Olympics[o(u)límpiks] 몡 (the ~)올림픽 경기회(the Olympic games).

omen[óumen] 몡 전조(前兆 presage), 예언(foreboding), 징조, 점새. 통 징조를 보이다, 예시(豫示)하다. 8
[(래틴) omen 전조]

ominnus[óminəs] 혱 불길한 (inauspicious); 전조의. 8
[omen+ -ous (형용사 어미)]

omit[oumít] 통 빠뜨리다 (leave out); 생략하다, 게을리 하다, (…하는 것을) 잊다(fail) [to do]. 4
[(래틴) omittere let go 보내다, lay aside 치워두다, disregard 무시하다←o- ob- by.+mittere send 보내다]

omission[o(u)míʃ(ə)n] 몡 생략, 빠짐; 태만. [omit+ -ion (명사 어미)] 7
☞ mission, commit, submit

omnibus[ɔ́mnibəs] 몡 합승마차, 합승 자동차, 버스; (영) (여관의) 여객 전용 버스 (hotel omnibus); (철도 회사가 경영하는)전용 연락 버스; 한 작가의 선집 (omnibus book). 혱 잡동산이의; 총괄적인.
[(래틴) omnibus for all 모든 사람을 위하여←omnis all 모든]

an ~ bill 총괄적 의안(議案). an ~ book(또는 volume) (보통 한 작가의) 염가판 선집. an ~ train (영) (각역에 정차하는) 보통열차, 완행열차(omnibus =for all stations 모든 역에 정거하는). ☞ bus

omnipotent[ɔmnípət(ə)nt] 혱 전능의 (almighty), (the Omnipotent) 신 (God). 10
[(래틴) omnipotentem←omni- omnis all+potentem potent 유력한←posse be able 할 수 있다; all potent 모두 할 수 있는] ☞ potent

omnipotence[ɔmnípət(ə)ns] 몡 전능. [omnipotent+ -ce (명사 어미)] ☞ potent

on[ɔn] 전 …의 위에(붙어 있는 경우); …에 관하여; …으로, …에 따라; (시간) …에. 부 위에; 앞으로; 계속해서; 나아가서, 통하여; 몸에 붙이고. 혱 beneath …의 밑에, off 떠나서.
[(중영) o(n), a(n)←(고영) on, an on, in, to; cf. (독) an] 1

and so ~ [ənd sóu ɔn] =and so forth=so ~ and so forth 등등, 따위 (et cetera). ~ and ~ 계속해서, 쉬지 않고(without stopping).

once[wʌns] 부 한번; 전에 (ever); 일단. 몡 한번. 1
[(중영) ones (고영) ānes, ǣnes an one]

one[wʌn] 수,혱 하나(의) (single), 한쪽 (의); 어떤(a certain); 유일의(only);불가분의;동일한. 때 (일반 인칭) 사람, 누구든지 (anyone);(명사 대신으로) 것. 1
[(중영) oon, o(o) (고영) ān; cf. (독) ein. 발음 [wʌn]은 남(서)부 방언에서]

~ after another 차례 차례로, 연달아서, 속속 (successively). ~ after the other 교대하여 (by turns), 번갈아. ~ and all 모두, 모조리, 누구 할 것 없이. ~ another 서로 서로(each other). the ~ …the other … 전자 … 후자…(the former… the latter…).

oneness[wʌ́nnis] 몡 단일 (singleness); 통일(unity); 조화(agreement); 동일(sameness). [one+ -ness (명사 어미)] ☞ a, an, alone, only, onion

oneself[wʌnsélf] 때 (자기)자신(one's self). [one's self; itself, himself에서 미루어 만든 형태]

by ~ 혼자서, 독력으로. for ~ 스스로, (남을 믿지 않고)혼자. in spite of ~ 자기도 모르게. ☞ one, self

onion[ʌ́njən] 몡 양파. 4
[(래틴) unōnem large pearl 큰 진주, rustic Roman name for onion; 원뜻은 한 덩어리(oneness)] ☞ one, union

only[óunli] 혱 단 하나의 (sole), 하나뿐의 (single). 부 단지, 오로지 (solely); …뿐(merely); 겨우 (just). 접 다만, …하나 단지 (but it must be added that); …한 일이 없다면(except that). 1
[(중영) oonlich ←(고영) ānlīc ←ān one+-līc, -ly; one+ -ly (부사 어미) 하나(뿐)으로]

not ~ …but(also) …뿐만 아니고 …도 또한. ~ too 뜻밖에, 대단히(exceedingly). I'd help you with pleasure, only I'm too busy. 반갑게 거들어 드리고 싶습니다만 몹시 바빠서. I would have gone only you objected. 네가 반대만 안했으면 가는 건데. ☞ one

onlooker[ɔ́nlukə] 몡 방관자 (bystander), 구경군(spectator). [on+look+

-er (사람을 뜻하는 명사 어미); *cf.* look on 구경하다, looker-on 방관자] ☞ look

onset[ɔ́nset] 명 공격, 습격 (attack); 개시 (beginning). 9
[on+set; *cf.* set on 착수하다; 공격하다] ☞ set

onward[ɔ́nwəd] 형 전진하는, 향상하는. 부 《onwards로 적기도 한다》전방으로, 앞으로; 나아가서. 3
[on+ -ward(s) (방향을 뜻하는 어미); -s는 옛날의 소유격으로 부사의 역할을 하는 어미. *cf.* forward(s), backward(s), homeward(s), etc.]

ooze[u:z] 동 스며 나오다; 분비하다. 명 배어 나옴(slow flow); (강 밑바닥의) 진흙(slime, mud); 분비물. 9
[《중영》 *wose* 《고영》 *wōs* moisture 습기, juice 국물, 즙]

opal[óup(ə)l] 명 단백석(蛋白石); 오우팔 (보석).
[《래틴》 *opalus* an opal 오우팔←《쌍스크릳》 *upala-* stone 보석]

opaque[o(u)péik] 형 불투명한; 모호한 (obscure); 우둔한 (stupid); 광택이 없는; 부전도체의. ⊕ transparent 투명한, translucent 반투명의. 9
[《래틴》 *opācus* dark, shady 그늘진, 어두운; *cf.* 《프》 *opaque*]

open[óup(ə)n] 동 열다, 개시하다, 시작하다(begin). 형 열린; 공개의 (public), 공공연한 (not secret); 빈; 넓다란(unbounded); 개방된 (free to all). 명 바깥, 야외; 광장(廣場). ⊕ shut 닫다, closed 닫힌. 1
[《형용사》《고영》 *open*, 《동사》《고영》 *openian*; *cf.* 《독》 *öffnen*]
be ~ to(temptation, etc.) (유혹 따위)에 빠지기 쉬운, …을 피할 수 없는, …당하기 쉬운. *in the ~ air* 실외에서. 야외에서. *with ~ hands* 관대하게, 기분 좋게.

openly[óupnli] 부 공공연하게; 털어놓고, 숨김 없이.

opener[óupnə] 명 여는 사람, 개시자; 여는 연장. [open+ -er (행위자를 뜻하는 명사 어미)]

opening[óupniŋ] 명 여는 것, 개시 (beginning); 틈(gap); 구멍(hole); 빈 터(open space); (취직)자리; 좋은 기회(opportunity). 형 개시의, 벽두의.

opera[ɔ́p(ə)rə] 명 가극, 음악극. 4
[《래틴》 *opera* service 봉사, pains 노고, work 일; *cf.* 《래틴》 *opus* work 일]

operate[ɔ́pəreit] 동 작용하다, 효과가 생기다;조종하다(work);경영하다(manage); (기계를) 운전하다; 수술하다. 5
[《래틴》 *operātus* worked ← *operāri* work 일하다 ← *oper -opus* work 일]

operation[ɔ̀pəréiʃ(ə)n] 명 작용, 효력 (effect); 운전, 작업; 수술; 시행, 실시 (execution); 《흔히 복수》 작전. 2
[operate+ -ion (명사 어미)]
come(또는 *go*) *into ~* 유효하게 되다; 실시되다. *in ~* 실시되어(effective); 운전 중인(working).

operative[ɔ́p(ə)rətiv] 형 운전하는 ; 작업의, 공작의; (법률이)효력 있는 (effective); 수술의. 명 직공(worker); 《미》 탐정(detective). [operate+ -ive (형용사 어미)]

operator[ɔ́pəreitə] 명 운전자, 교환수, 기사(技士); 수술자; 중개인. 8
[operate+ -or (명사 어미)]

opine[o(u)páin] 동 《방언》 의견을 갖다, 의견을 말하다; 생각하다 (think).
[《래틴》 *opīnārī* think 생각하다]

opinion[əpínjən] 명 의견; 설, 견해 (view), 생각 (idea); 여론 (public opinion); 소신(conviction).
[opine+ -ion (명사 어미)] 2
be of(the) *~ that …* …이라는 의견을 갖다. *act up to one's ~s* 믿고 있는 바를 행하다. *have the courage of one's ~s* 대담하게 자기 의견을 말하고 실행하다. *public ~* 여론.

[동의어] opinion은 사람이 어떤 일에 대하여 품는 생각을 나타내는 일반적인 말이나 그 속에 포함된 판단이나 결론이 반드시 올바른 것은 아니다. belief는 어떤 관념이나 결론을 믿음을 뜻하거나 신념을 뜻한다. view는 특히 성벽(性癖)이나 감정의 영향을 받은 개인적인 opinion이다. conviction은 어떤 일의 진실성을 확인한 후에 갖는 확고한 belief이며 이지(理知)와 이해력이 있음을 암시한다. sentiment(s)는 잘 생각한 후에 갖는 opinion이나 판단으로 감정의 영향을 많이 받는다. persuasion은 어떤 일의 진실성에 대한 강한 belief 이지만, 확인이나 확증에 의한 것이 아니라 개인적 감정에 의한 것임을 암시한다

opinionated[əpínjəneitid] 휑 자기 소신을 굽히지 않는, 독선적인(dogmatic). [opinion+ -ate (동사 어미) + -ed (과거분사 어미)]

opium[óupjəm] 명 아편. 7
[((그) opion poppy juice←opos vegetable juice 식물의 즙)
an ~ den 아편굴. eat ~ 아편(액체)을 마시다 (cf. opium-eater). smoke ~ 아편을 피우다 (cf. opium smoker).

통계어 **opiate**[óupiit] 명 아편제(劑); 마취제(narcotic). [((래틴) opiātus← opiāre treat with opium 아편으로 처리하다←opium←(그) opion]

opponent[əpóunənt] 형 적대하는, 반대하는(opposing). 명 반대자, 적수 (enemy). 반 adherent 자기편(의). 7
[((래틴) oppōnentem opposing ←oppōnēre oppose 반대하다←op- ob- to, against+pōnere place 두다]

통의어 **opponent**는 격투, 경기, 토론 따위에서 적대하는 상대편으로 감정적인 색채는 없는 말이다. **antagonist**는 특히 지배나 권력을 다투는데 있어서 opponent보다 적극적으로 대항하는 사람이다. **adversary**는 보통 어떤 투쟁에 있어서 현실적으로 서로 적의를 품고 있는 opponent이다. **enemy**는 실제로 증오감을 가지고 상대편을 때려눕히려 하는 opponent나 적을 말하며 특히 상반하는 집단이나 국민 또는 그 한 사람을 가리킨다. **foe**는 enemy보다 뜻이 강하여 도저히 화해해질 가망이 없음을 말하며 문장 용어이다. **competitor**는 분명한 공통적인 목적에 대하여 남과 경쟁하는 사람이며, **rival**은 보통 두 사람 사이에서 같은 목적을 달성하려고 죽자 사자 다투는 사람을 말한다.
☞ deponent, component, opposite, position

opportune[ɔ́pətjuːn, ɔ̀pətjúːn] 형 알맞은 때의, 시기가 맞는. 9
[((래틴) opportūnus fit 알맞는, convenient 편리한 ←op- ob- near + portūnus the protecting god of harbours 항구를 보호하는 신←portus harbour 항구; 항구 가까이에 있는→편리한→알맞은]

opportunism[ɔ́pətjuːniz(ə)m, ɔ̀pətjúːniz(ə)m] 명 기회주의. [opportune + -ism (명사 어미)]

opportunist[ɔ́pətjuːnist, ɔ̀pətjúːnist] 명 기회주의자. [opportune+ -ist(명사 어미)]

opportunity[ɔ̀pətjúːniti] 명 기회, 좋은 기회 (good chance). 2
[opportune+-ity] ☞ port

oppose[əpóuz] 동 반대하다, 저항하다 (resist); 방해하다(hinder). 반 agree 동의하다. 3
[((프) opposer←(래틴) oppōnere set against 반대하다 ←op- ob- against+pōnere place 두다; (래틴) oppōnere와 (프) poser (pose 자세를 취하다)의 혼성어]

통의어 **oppose**는 위협이나 간섭에 반대한다는 뜻으로 가장 일반적인 말이다. **resist**는 현실적으로 가해지고 있는 공격이나 강요에 대하여 저항하고 적극적으로 항쟁한다는 말로 oppose보다 뜻이 센 말이다. **withstand**는 보통 저항해서 상대방의 공격을 무찌른다는 뜻으로 resist보다 뜻이 강하다.
be ~d to… …에 반대하다.

opposite[ɔ́pəzit] 형 반대의, 맞은 편의, 거꾸로의(contrary). 명 반대의 것, 반대의 말; 반대자. 전 …의 맞은 편에. 2
[((래틴) oppositus← oppōnere]

통의어 **opposite**는 두 물건의 위치, 방향, 성질이 의미상으로 서로 반대되다는 뜻이고, **contrary**는 opposite의 뜻에다가 투쟁이나 적대한다는 뜻을 덧붙인 정도의 뜻으로, opposite가 정적인데 비하여 contrary는 동적이다. **antithetic(al)**은 대조되는 물건이 아주 상반될 만큼 다르다는 뜻이다. **reverse**는 반대 방향으로 향한다거나 움직인다는 뜻이며, **antonymous**는 말의 뜻이 서로 반대되어 상호간에 모순되거나 부정한다는 뜻이다.

oppositely[ɔ́pəzitli] 부 반대의 위치에, 맞은 편에서; 거꾸로.

opposition[ɔ̀pəziʃ(ə)n] 명 반대, 대립(antagonism); 저항 (resistance); 대조 (contrast). [opposite+ -ion] 5
☞ pose, position, impose, suppose, opponent
in ~ to… …에 대항하여, …에 반항하여.

oppress[əprés] 동 압박하다, 괴롭히다 (burden); 우울하게 하다 (depress). 반 support 원호하다. 4
[((래틴) oppressus←opprimere press

against 압박하다 ←*op- ob-* against +*premere* press 누르다]

oppression[əpréʃ(ə)n] [명] 압박, 억압; 권태(languor). 5
[oppress+ *-ion*(명사 어미)]

oppressive[əprésiv] [형] 압제적(壓制的); 답답한. 10
[oppress+ *-ive*(형용사 어미)]

oppressor[əprésə] [명] 억압하는 사람, 압제자; 박해자. [oppress+ *-or*(사람을 뜻하는 명사 어미)] 8

☞ press, compress, depress, express; impress, repress, suppress

optic[ɔ́ptik] [형] 눈의. [명] 《속어》 눈(eye). 9
[《프》 *optique*←《래틴》 《그》 *optikos* of sight 시력의←*optos* seen 보이는]

optical[ɔ́ptik(ə)l] [형] 눈의; 시각의(visual); 광학상의. [optic+ *-al*(형용사 어미)]

～ ***instruments*** 광학기계.

optician[ɔptíʃ(ə)n] [명] 안경 장사, 광학기계 장사. [optic+ *-ian*(사람을 뜻하는 명사 어미)]

[동계어] **optometry**[ɔptɔ́mətri] [명] 시력검정, 검안(檢眼). [*opto-* sight 시력 + *-metry* measure 측정]

optimism[ɔ́ptimiz(ə)m] [명] 낙천주의. [반] pessimism 염세주의.
[《래틴》 *optimismus* ←*optimus* best 최상의 ← *op-* choice 선택; *optimus*는 *bonus* good의 최상급. 모든 것이 가장 좋은 방향으로 되어 간다고 믿는 것]

optimist[ɔ́ptimist] [명] 낙천 주의자. [반] pessimist. [optimism+ *-ist*(사람을 뜻하는 명사 어미)]

optimistic[ɔ̀ptimístik] [형] 낙천적인. [반] pessimistic. [optimism+*-ic* (형용사 어미)]

optimum[ɔ́ptiməm] [명] 최선의 조건, 가장 적합한 조건. [형] 가장 적합한, 가장 좋은. [《래틴》 *optimus* best 가장 좋은]

option[ɔ́pʃ(ə)n] [명] 취사(取捨), 선택(choice); 마음대로.
[《래틴》 *optiōnem* choosing 선택←*optāre* choose 선택하다]

optional[ɔ́pʃ(ə)n(ə)l] [형] 선택의; 마음대로의. [반] compulsory 의무적인. [option+ *-al*(형용사 어미)]

or[《강》 ɔ:, 《약》 ɔ,ə] [접] 혹은, 또는; 즉, 바꾸어 말하면 (that is to say); 《명령법 뒤에》 그렇지 않으면(or else). 1
[《중영》 *or* other의 준말; *cf.* oder]

oracle[ɔ́rəkl] [명] 신탁(神託), 탁선(託宣 divine revelation); 현인 (wise man); 현명한 말 (wise saying). 5
[《래틴》*ōrāculum*←*ōrāre* speak 말하다, pray 기도하다←*ōr- ōs* mouth입]

oracular[ɔrǽkjulə] [형] 신탁(神託) 같은; 명령적인; 독단적인 (dogmatic). [oracle+ *-ar*(형용사 어미)]

oral[ɔ́:r(ə)l] [형] 구두(口頭)의 (spoken); 입의. [반] written 서면의. 8
[《래틴》 *ōr- ōs* mouth 입+ *-al*]

[참고] aural[ɔ́:r(ə)l] [형] 청각의; 귀의. [《래틴》 *auris* ear 귀 + *-al* (형용사 어미)]

orator[ɔ́rətə] [명] 연설가; 변사; 웅변가(public speaker). 6
[《래틴》*ōrātor* speaker 말하는 사람←*ōrātus* ←*ōrāre* pray 기도하다, speak 말하다]
☞ oracle

oratorical[ɔ̀rətɔ́rik(ə)l] [형] 연설의; 웅변을 토하는; 수사적(修辭的)인 (rhetorical). [orator+ *-ical*]

an ～ contest 웅변 대회.

oration[ɔ:réiʃ(ə)n] [명] 연설, 식사(formal address). 6
[《래틴》 *ōrātiōnem* speech 연설, prayer 기도 ←*ōrāre* speak 말하다, pray 기도하다←*ōr- ōs* mouth]

oratorio[ɔ̀rətɔ́:riou] [명] 《음악》 성담곡(聖譚曲), 오라토리오 《동작이나 분장을 하지 않는 오페라식의 종교 음악》.
[《이태》 *oratorio*← 《래틴》 *ōrātōrium* oratory 작은 예배당; 로마의 교회 Oratory of St. Philip Neri에서 처음으로 연주되었기 때문]

oratory[ɔ́rət(ə)ri] [명] 연설법, 웅변술; 작은 예배당. [《래틴》 *ōrātōrium* place of prayer 기도실 ←*ōrātōrius* ←*ōrāre* speak, pray]

orange[ɔ́rindʒ] [명] 귤. [형] 오렌지(색)의, 적황색의. 2
[《래틴》 *arangia* ← 《아라》 *nārānj*, *nārinj*←《페르샤》 *narāng*←《산·스크릿》 *nāranga* 오렌지 나무; 《고프》 *or* (gold 금)와 연상해서 *n*-이 없어진 것]

orb[ɔ:b] [명] 구체(球體 sphere, globe); 천체(heavenly body); 《영》 (왕위를 상징하는) 보주(寶珠); 《시》눈(알)(eye, eyeball). 5
[《래틴》 *orbis* circle 고리, 원, 동그

orbit[ɔ́:bit] 명 《천문》궤도(軌道);(해부)눈구멍(eye-socket). [《라틴》*orbita* path 진로, 통로←*orbis* circle 동그라미, 원(圓) 원 뜻은 차바퀴의 자취]

~ *motion* 공전운동.

통계어 **exorbitant**[igzɔ́:bitənt] 형 터무니 없는; 엄청난 (가져 따위). [*ex-*out of +*orbit* track 길 + *-ant*(형용사 어미); out of the track 보통 다니는 길에서 벗어난→보통이 아닌]

orchard[ɔ́:tʃəd] 명 과수원. 2
[《고영》 *orceard, ortgeard* ←《라틴》 *ort- hortus* garden 정원 + 《고영》 *geard* yard 뜰]

orchestra[ɔ́:kistrə] 명 오오케스트라; 악단, 악단석; 《미》(극장의) 아랫층 맨앞 자리 (orchestra pit). 5
[《그》*orchēstra* dancing place 노래하고 춤추는 곳←*orkheesthai* dance 춤추다]

참고 고대 그리스의 극장은 ① 배우의 연기를 의원 장소, 즉 오늘날의 무대에 해당하는 *proskēnion* (proscenium) 또는 *skēnē*(scene)와, ② 합창 무용대 (chorus)가 노래하고 춤추는 곳인 *orchestra*와, ③ 관람석인 *theātron* (theatre)의 세 부분으로 되어 있었다. orchestra는 무대의 앞쪽 하반에 있었고 원형 또는 반원형이었다. 뒤에 로마시대가 되자 본래 노래와 춤의 장소였던 orchestra는 그리스극이 없어짐에 따라 원로원 의원 따위의 귀빈석으로 변하였다. 오늘날에는 무대 앞의 악단석의 뜻으로 쓰이는 한편 악단 자체를 뜻하기도 하고, 그 악단이 쓰는 관현악기를 총괄적으로 부르는 말이기도 하다. 더우기 미국에서는 악단석에 가장 가까운 아랫층 앞쪽의 특등석도 orchestra라고 한다. ☞ chorus, hypocrite, amphitheatre, scene

orchid[ɔ́:kid] 명 《식물》난초(蘭草).
[《그》 *okhis* testicle 불알; 뿌리의 모양이 불알 같다고 해서]

ordain[ɔːdéin] 통 (신, 운명 따위가)정해지다; 명령하다 (order); (성직에)임명하다 (appoint). 4
[《라틴》*ōrdināre* order 명령하다←*ōrdō* order 명령]

ordinance[ɔ́:d(i)nəns] 명 법령 (decree), 포고; 제식(祭式 religious rite). 4

[ordain+ *-ance* (명사 어미)]
ordination[ɔ̀:dinéiʃ(ə)n] 명 성직 수여. [ordain+ *-ation*]
☞ ordinary, order

order[ɔ́:də] 통 명령하다(command); 임명하다(appoint); 주문하다. 명 명령, 지휘; 주문(품); 《미》(음식점 따위의)한 사람분 음식; 질서, 순서, 규율, 정돈; (흔히 복수) 계급; 승단(僧團), 훈장; 종류; 위체(爲替); (극장 따위의)무료 입장권. 1
[《라틴》 *ōrdinem, ōrdō* row 줄, order 질서]

in (*good*) ~ 정돈되어, 정연하게, 건강하게. *in* ~ *to*(또는 *that*)… …하기 위하여(so that…), ~ (some new books) *from*(the United States) (미국에)(신간 서적을) 주문하다. *made to*~ 주문해서 만든. ⓐ ready-made, custom-made 기성품의.

orderly[ɔ́:dəli] 형 정돈된 (tidy); 규율 있는; 행실이 좋은 (well-behaved); 당직의 (on duty). 명 전령병(傳令兵); (육군 병원의) 간호병. [order+*-ly*]

ordinal[ɔ́:din(ə)l] 형 차례의. 3
~ *number* 서수(序數) (*cf.* cardinal number 기(본)수).
[order + *-al*; 《라틴》*ōrdinālis* ←*ōrdinem*←*ōrdō*]

ordinary[ɔ́:d(i)n(ə)ri]형 보통의(normal), 통례의(usual); 평범한 (commonplace). ⓐ extraordinary 보통 아닌. [《라틴》 *ōrdinārius* of regular order 정규적인, usual 보통의; *cf.*《프》*ordinaire*] 3

ordinarily[ɔ́:din(ə)rili] 부 보통, 대개.
통계어 **extraordinary**[ikstrɔ́:d(i)n(ə)ri] 형 보통 아닌, 비범한.
[*extra* beyond+ordinary; beyond the usual order 보통의 차례에 어긋나는]
☞ disorder, ordain

ordnance[ɔ́:dnəns] 명 《집합적》 대포 (cannon); 군수품 (military stores). [ordinance의 변형; 《고프》*ordenance* ←*ordener* order 명령하다; ordain+ *-ance*]

ore[ɔ:] 명 광석. 10

organ[ɔ́:gən] 명 기관; 오르간, 풍금; 기관지(機關誌). 2
[《그》 *organon* an instrument 기구, 연장←*ergon* work 일하다]

organic[ɔːgǽnik] 형 기관(器官)의;

유기체(有機體)의; 조직적(systematic). ⓐ inorganic 무기체의. [organ+-*ic* (형용사 어미)]

organism[ɔ́:gənizm] 뗑 유기체; 조직; 생물. [organ+-*ism* (명사 어미)]

organist[ɔ́:gənist] 뗑 (교회의) 풍금 치는 사람. [organ+-*ist*]

organization[ɔ̀:gən(a)izéiʃ(ə)n] 뗑 조직, 기구(機構); 단체; 유기체. [organize+-*ation* (명사 어미)] ☞ energy

organize[ɔ́:gənaiz] 통 조직하다(systematize), 편성하다; 창립하다; 유기적으로 만들다. [organ+-*ize* (동사 어미)]

organizer[ɔ́:gənaizə] 뗑 조직자; 창립자, 발기인; 주최자. [organize+-*er* (사람을 뜻하는 명사 어미)]

orient[ɔ́:riənt] 뗑 (the Orient) 동양. 匓 동양의. 통 [ɔ́:rient] = orientate. ⓐ the Occident 서양.

[《래틴》 *orientem* rising sun 솟아 오르는 해, east 동쪽 ← *orīrī* rise 솟아 오르다]

Oriental[ɔ̀(:)riéntl] 匓 동양의. 뗑 동양인. ⓐ Occidental [Orient+-*al*]

orientate[ɔ́:rienteit] 통 (교회당 건축에서) 성단(聖壇)이 동쪽 끝에 오게 설계하다; (건물 따위를) 방위에 맞추다; (새로운 환경 따위에) 적응시키다. [orient+-*ate*]

~ *oneself* 일의 진상을 규명하다.

orientation[ɔ̀:rientéiʃ(ə)n] 뗑 (교회당을) 서향으로 지음; (시체의 말이) 동쪽을 향하게 놓음; (기도시에) 동쪽으로 향함; 방향측정; (외교)방침; (새로운 환경에 대한) 적응; 자기 입장의 인식. [orientate+-*ion*]

orifice[ɔ́rifis] 뗑 구멍; (동굴, 굴뚝, 상처 따위의) 입(mouth).

[《래틴》 *ōrificium* opening 구멍←*ōris ōs* mouth 입 + *facere* make; make a mouth 입을 열게 하다]

origin[ɔ́ridʒin] 뗑 기원(source), 근원; 출처; 시원; 태생(birth). ⓐ result 결과.

[《래틴》 *originem←orīgo* beginning 시작←*orīrī* rise 솟다, 일어나다]

동의어 **origin**은 사람이나 물건이 발생하는 근본원인이다. **source**는 어떤 것이 발생 또는 발달하는 점, 또는 장소로 origin은 단 한번밖에 존재하지 못하는데 비하여 source는 오래 지속된다는 뜻을 암시한다. **beginning**은 사물의 발단이 되는 점이나 시기를 뜻하는 보통 낱말이다. **inception**은 특히 계획이나 조직 따위의 beginning을 뜻하는 형식적인 말이고, **root**는 어떤 것이 유래하는 제일 원리가 되는 기본적인 origin이다.

original[əridʒən(ə)l] 匓 본래의; 최초의 (first); 원시적 (primitive); 원작의, 원문의; 독창적인 (creative). 뗑 원문; 원형 (archetype); 원서. [origin+-*al* (형용사 어미)]

originality[ərìdʒinǽliti] 뗑 독창(력), 창의(력); 신기(新奇 novelty). [original+-*ity* (명사 어미)]

originate[ərídʒineit] 통 시작하다; 일으키다(cause); 생기다(arise) [in]; 창작(발명)하다. [origin+-*ate*]

originator[ərídʒineitə] 뗑 창시자, 창작자(creator), 창설자(founder); 발기인(promoter). [originate+-*or*]

Orion[ɔráiən] 뗑 《천문》 오리온 성좌; 《그리이스 신화》 오리온.

참고 《그리이스 신화》 Boethia의 거대한 사냥군인 Orion은 Pleiades를 쫓아서 Artemis에 의하여 살해되었다. 죽은 후 하늘에 올라가서 북쪽하늘의 별이 되었다고 한다.

ornament[ɔ́:nəmənt] 뗑 장식(품). 통 [ɔ́:nəment] 장식하다 (adorn).

[《래틴》 *ornāmentum* equipment 장비, ornament 장식←*ornāre* equip, adorn 꾸미다]

ornamental[ɔ̀:nəmént(ə)l] 匓 장식적인, 장식의. [ornament+-*al* (형용사 어미)]

ornate[ɔ:néit, ɔ́:neit] 匓 장식해 놓은; (문제가) 화려한. [《래틴》 *ornatus* ←*ornāre* adorn 꾸미다]

orphan[ɔ́:f(ə)n] 뗑, 통 고아(가 되게 하다). 匓 고아의.

[《그》 *orphanos* bereaved 박탈당한; 부모를 박탈당한 (아이)]

children ~*ed by the war* 전쟁 고아.

참고 부모의 한 쪽이 없는 아이 (child whose father or mother is dead)도 orphan이라고 한다.

orphanage[ɔ́:f(ə)nidʒ] 뗑 고아원. [orphan+-*age*]

orthodox[ɔ́:θədɔks] 匓 정통(파)의; 승

ostensible 380 **out**

인된; (Orthodox) 정교회(正敎會)의, 그리이스 교회의. *cf.* Roman 로마 교회의. Western 서교회의. ⓟ heterodox 이단의. 9

〔((그) *orthodoxos* ← *ortho-*, *orthos* straight 똑 바른 +*doxa* opinion 의견; having right opinions 올바른 의견을 가지고 있는〕

orthodoxy[ɔ́ːθədɔksi] 명 정교(正敎); 정교 신봉(信奉); 정통적인 설. 〔orthodox+ -y (명사 어미)〕

통계어 **heterodox**[hétə(ə)rədɔks] 형 이교의, 이설의, 이단의. 〔((그) *hetero-* other 다른 +*doxa* opinion 의견; having other opinions 다른 의견을 지닌〕

☞ dogma

orthography[ɔːθɔ́grəfi] 명 정자법(正字法), 철자법, 맞춤법.

〔((그) *orthographia* correct writing 올바른 서법 ← -*ortho-*, *orthos* right+ *graphia*← *graphos*← *graphein* write 쓰다〕 ☞ graph

ostensible[ɔstɛ́nsəbl] 형 표면적인(apparent); 걸치레의 (not real). ⓟ real 진실의, actual 실제의.

〔((래틴) *ostensibilis*←*ostendere* show 보이다 ← *os-* *ob-* before + *tendere* stretch; stretching before 앞에 내어 놓는→표면적〕

ostentation[ɔ̀stentéiʃ(ə)n] 명 드러내어 자랑하기 (showing off); 허례, 허식.

〔(래틴) *ostentātiōnem* ← *ostentāre* show off 과시하다; *ostentāre*는 *ostendere*의 강조형〕

ostentatious[ɔ̀stentéiʃəs] 형 드러내어 자랑하는; 허식을 부리는. 〔((래틴) *ostentātus* ←*ostentāre*〕 10

☞ tend, attend, contend, extend, intend

ostrich[ɔ́stritʃ] 명 타조. 6

〔(고프) *ostruce*←(래틴) *aviss trūthiō* ←*avis* bird +*strūthiō* ostrich 타조← ((그) *strouthiōn* 타조〕

other[ʌ́ðə] 형 다른 (different), 딴; 저 쪽의 (opposite); 또 하나의(additional). 대 다른 것, 다른 사람. 부 그렇지 않으면 (otherwise), 달리(differently); …와 달라서 (than과 함께 써서).
〔(중영) *other*; (고영) *ōther* other 다른; *cf.* ((독) *andre*〕 1

among ~ *things*=*among* ~*s* 그 가운데서도; 그 중에서도: Smith *among others*, was there. (많은 사람 들이 있었으나) 그 중에서도 스미스가 있었다. *each* ~ 서로서로(one another). *every* ~ *day* 하루 걸러. *some time or* ~ 언젠가(는).

otherwise[ʌ́ðəwaiz] 부 다른 방식으로; 그렇지 않고; 그렇지 않으면(or else). 〔other+wise (=way 수단, 방법)〕 ☞ other, wise 3

ought[ɔːt] 조 …하는 것이 당연하다 〔to do〕; …하지 않으면 안된다 〔to do〕. 1 〔(고영) *āthe* *āgan* possess, own 소유하다〕

~ *to have*+ *p.p.* …해야 했다, …해 주었으면 했다; …했을 터.

☞ owe, own

ounce[auns] 명 온스 《무게의 단위(보통 28.4 그람, 약 7 돈중)》; 소량, 조금. 《약자 oz.》 3
〔((고프) *once*←(래틴) *unciam* 십이분의 일; inch와 자매어〕

An *ounce* of practice is worth a pound of theory. 《속담》 이론보다 실천이 중하다. ☞ inch

out[aut] 부 밖에, 밖으로; 육지를 떠나서; (불이)꺼져서; (꽃 따위가)피어서; (비밀이) 새어서; 없어져서; 소리 높이 (aloud); 끝까지, 완전히(completely). 명 외부. 형 밖의. ⓟ in 안에. 1
〔(중영) (*o*)*ute* (고영) *ūte*, *ūtan; cf.* ((독) *aus*〕

leave ~ 생략하다; 빠뜨리다.

outbound[áutbáund] 형 외국행의(outward bound). ⓟ inbound, homeward bound 국내 행의. 〔out+bound〕
a ship *outbound* for Europe. 유럽 행의 배. ☞ out, bound

outbreak[áutbreik] 명 발발(勃發), 발생; 폭동. 〔out+burst〕 8
☞ out, burst

outcome[áutkʌm] 명 결과. 10
〔out+come; *cf.* income 명 (정기) 수입, 소득. →in+come〕 ☞ out, come

outcry[áutkrai] 명 고함, 부르짖음; 법석(clamour). 〔out+cry〕 ☞ cry 8

outdo[autdúː] 동 이기다; …보다 낫다 (excel). 〔out+do〕 ☞ out, do

outdoor[áutdɔː] 형 집 밖의, 실외의, 야외의. ⓟ indoor 실내의.
〔out+door〕 ☞ out, door

outdoors[áutdɔ́ːz] 부 집밖에서(로), 실외에서(로). ⓟ indoors 실내에(로).

[outdoor+-s(부사적 소유격)] 6
outer[áutə] 형 바깥(쪽 면)의, 외부의. 6
반 inner 안(쪽)의. [out+-*er* (비교급 어미)]; utter의 새로운 꼴

the Outer Bar(왕실 변호사가 아닌 보통 변호사) ☞ utter, out

outfit[áutfit] 명 (어떤 목적을 위한)준비물 전부; 연장 한벌(equipment). 동 용구를 공급하다 [with]. 6
[out+fit; *cf.* fit out 장비를 갖추게 하다]

outfitter[áutfitə] 명 장신구 장사, 여행용품상, 운동구상. [outfit+-*er* (명사 어미)]

a gentleman's ~ 신사용 양품 장사.
☞ fit, out

outgo[áutgou] (outwent, outgone) 동 더 멀리 가다, 능가하다. 명 출비(出費), 지출(expenditure). 반 income. 10
[out+go] ☞ out, go

outgoing[áutgouiŋ] 형 나가는(going out); 가버리는(leaving). 명 출발(departure); 《보통 복수》 지출(expenditure). [outgo+-*ing*]

an ~ *ship* 나가는 배. *incomings and* ~*s* 수입과 지출. ☞ out, go

outgrow[autgróu] 동 …보다 커지다(become too big for); (옷이) 안맞게 되다; 커서 나쁜 버릇이 없어지다.
[out+grow]

~ *one's strength* 나이에 비하여 키가 너무 커져서 체력이 미치지 못하다.

outgrowth[áutgrouθ] 명 자연적인 발달; 결과(result); 다른 데서 생긴 것; 혹(excrescence). [outgrow+*th*]
☞ out, grow, growth

outing[áutiŋ] 명 원족, 소풍; 들놀이. 9
[out+-*ing*] ☞ out

outlandish[autlǽndiʃ] 형 외국적인; 기이(奇異)한 (queer). [out+land+-*ish* (형용사 어미)]

outlaw[áutlɔː] 명 법률의 보호를 박탈당한 사람, 추방자(outcast); 무법자; 상습범. 동 법률의 보호를 박탈하다; 추방하다; 금지하다 (prohibit); 비합법화하다(make illegal). [out+law] 10

~ *war* (또는 *H-bombs*) 전쟁 (또는 수속폭탄)을 금지하다. ~*ed debt* 시효에 걸린 빚.

outlawry[áutlɔːri] 명 불법행위; 법률보호 정지; 추방. [outlaw+-*ry* (명사 어미)] ☞ out, law

outlet[áutlet] 명 출구; 문호; 판로(販路). 반 inlet 입구. 4
[out+let] ☞ out, let

outline[áutlain] 명, 동 윤곽(을 그리다); 약도(sketch); 개요(概要)(를 말하다). 5
[out+line] ☞ out, line

outlive[autlív] 동 …보다 오래 살다; …후 까지 살아 남다(survive). 8
[out+live] ☞ out, live

outlook[áutluk] 명 조망(view); 견해; 전망(prospect); 경계. [out+look]
☞ out, look

outlying[áutlaiiŋ] 형 멀리 떨어진, 외딴(remote). [out+lie+-*ing*]
☞ out, lie

outnumber[autnʌ́mbə] 동 …보다 수가 많다, …을 수적으로 압도하다(be greater in number than). [out+number]
☞ out, number

out-of-date[áutə(v)déit] 형 시대에 뒤떨어진, 퇴폐한(disused).

out-of-the-way[áutə(v)ðəwéi] 형 인적이 없는; 이상한.

outpatient[áutpeiʃ(ə)nt] 명 외래환자.
반 in patient 입원환자. [out+patient]
☞ out, patient

output[áutput] 명 생산고, 생산품; 발전력; 출력. 반 input 든 힘. [out+put; *cf.* put out 산출하다] ☞ out, put

outrage[áutreidʒ] 명 폭행(violation); 모욕(insult). 동 폭행하다; (법률, 도덕을)어기다 (break). 6
[《프》 *outrage*←《고프》 *oltre* beyond 넘어의, 초과하는+-*age* (명사 어미)←《래틴》 *ultra* beyond; going beyond 지나친 행동]

outrageous[autréidʒəs] 형 난폭한(furious); 지독한 (shocking); 언어도단의.
[outrage+-*ous* (형용사 어미)] 8
☞ ultra

outright[autráit] 부 즉시 (at once); 완전히(entirely); 공공연하게(openly).
형 철저한 (thorough); 솔직한. 10
[out+right] ☞ out, right

outrun[autrʌ́n] 동 (outran, outrun) 앞지르다, 뒤좇아 앞서다; 도주하다(escape); 능가하다 (exceed). 6
[out+run; *cf* run out 흘러나오다, 돌발하다] ☞ out, run

outside[áut-sáid] 명 바깥; 외관; 《영》 (빼스 따위의) 옥상석(의 손님). 형, 부

outskirts

외부의(에, 로); 《영》옥상석(屋上席)의(에, 로). 전 …의 바깥에. 반 inside 안쪽. [out+side] 1

at the (very) ~ 《속어》많이 보아서, 고약해야 (at the most). ~ *in* 길을 안으로, 뒤집어서.

outsider[áut-sáidə] 명 외부의 사람; 문외한; 경마에서 이길 가능성이 적은 말; 《속어》(고상한 사람들이 상대할 수 없는) 쩐한 사람. [outside+-er]

outskirts[áut-skə:ts] 명 pl. 주변; 교외 (suburbs). [out+skirts 교외]
☞ out, skirt

outspread[áut-spréd] 통 퍼지다, 퍼프리다. 명 퍼짐. 형 퍼진; 늘어난. 10 [out+spread; spread out 퍼뜨리다]
☞ spread

outstanding[aut-stǽndiŋ] 형 눈에 띄는 (conspicuous); 미해결의 (unfinished); [áutstǽndiŋ] (귀가) 삐쭉 나온. [out+stand+-ing; cf. stand out 눈에 띄다] ☞ out, stand

outstretched[aut-strétʃt] 형 내뻗친; (넓게)퍼진; 죽 뻗은. 6 [out+stretch+-ed; cf. stretch out 쭉 펴다]

with ~[áutstretʃt] *arms* 팔을 쭉 편. *lie* ~[autstrétʃt] *on the grass* (풀위에) 큰 대자로 눕다.

outstrip[aut-stríp] 통 앞지르다; 능가하다(surpass). [out+strip; cf. strip out 벗기다, 박탈하다←승리해서 무장해제하다←능가하다] ☞ strip

outward[áutwəd] 형 외부의 (external), 외면의, 바깥의. 부 (outwards로 적기도 함) 밖으로, 바깥으로; 국외로. 명 외관; pl. 외계. 반 inward(s). 4 [out+-ward(s) (방향을 나타내는 어미); cf. inward(s), homeward(s), onward(s), etc.]

outwardly[áutwədli] 부 외관상으로; 표면적으로; 바깥에. 「ward(s), etc.
☞ out, -ward(s), inward(s), to-

outweigh[autwéi] 통 …보다 더 무겁다; 보다 낫다. 10 [out+weigh] ☞ out, weigh

oval[óuv(ə)l] 명, 형 달걀 꼴(의) (egg-shaped); 타원형(의). 10 [《레틴》 *ōvālis* of an egg 달걀의 ← *ōvum* egg 달걀]

ovary[óuvəri] 명 《해부》난소(卵巢); 《식물》씨 방. [《레틴》 *ōvārium*←*ōvum* egg 알] 8

ovum[óuvəm] 명 (pl. ova)난자. [《레틴》 *ōvum*←*ōvus* egg 알]

oven[ʌ́vn] 명 솥, (서양식)가마; 화로, 화덕. 3 [《중영》 *ouen, oven* 《고영》 *of(e)n; cf.* 《독》 *ofen*]

over[óuvə] 부 넘어서; 가로 질러서(across); 위에; 전면(全面)에; 끝나서; 되풀이 해서; 남아서; 지나치게 (too much). 전 …의 위에; …을 넘어서; …이상; …에 관하여; …동안 (during). 1 [《중영》 *ouer, over* 《고영》 *ofer; cf.* 《독》 *über*]

~ *again* 몇번이나 (with repetition); 한번 더 (once more). ~ *and* ~ *(again)* 몇번이나 (repeatedly), 재삼재사.

overall[óuvərɔ:l] 명 (의사들이 입는 따위의)겉옷; pl. (가슴까지 오는 긴)작업복 바지. 형 포괄적인. [over+all] 9
☞ over, all

overbear[òuvəbéə] 통 (overbore, overborn(e)) 위압하다; 열매가 많이 열다. [over+bear]

overbearing[òuvəbéəriŋ] 형 거드름 피우는 (domineering), 건방진. [over+bear+-ing] ☞ over, bear

overboard[óuvəbɔ:d] 부 배에서 물속으로, 배밖으로. 10 [over+board 뱃전]

throw ~ 배에서 물 속으로 내던지다; 《속어》제거하다; 포기하다 (abandon, discard): throw a scheme overboard 계획을 포기하다.

overcast[òuvəka:st] 통 구름으로 덮다, 흐려지다. 형 (하늘이 온통)흐린(cloudy), 음산한. 10 [over+cart] ☞ over, cast

overcharge[òuvətʃá:dʒ] 통 부당한 값을 요구하다; 짐을 너무 많이 싣다. [óuvətʃa:dʒ] 명 부당한 값; 지나치게 싣기. [over+charge]
☞ over, charge

overcoat[óuvəkout] 명 외투, 오바. 4 [over+coat] ☞ over, coat

overcome[òuvəkʌ́m] 통 (overcame, overcome) 정복하다(conquer); 《보통 수동태》압도하다 (overpower) [with, by]. 3 [over+come]

be ~ *with liquor* 술에 녹아 멸어

overcrowd[òuvəkráud] 타 (좁은 곳에) 사람을 빽빽이 채우다; 터지게 밀어 넣다, 너무 혼잡하다. 9
[over+crowd]
~ *a bus* 뻐스에 승객을 터져라 하고 싣다. ~*ed theatres* (또는 *classrooms*) 초만원의 극장(또는 교실).
~*ed profession* 사람이 남아 돌아가는 직업.

overeat[óuvərí:t] 타 (overate, overeaten) 과식하다 [oneself].
[over+eat] ☞ over, eat
Don't *overeat* yourself. 과식하지 말라.

overflow[òuvəflóu] 자 (overflowed, overflown) 범람하다 (flood), 넘치다; 가뜩 차다. [óuvəflou] 명 홍수, 범람; 과잉. 4
[over+flow] ☞ over, flow

overgrow[òuvəgróu] 타 (overgrew, overgrown) (주로 수동태) (잡초 따위가)표면 전체에 나다 (grow over); 덮다(cover); 너무 많이(grow too much) 자라다. 10
[over+grow]
a garden ~*n with weeds* 일면에 잡초가 무성한 정원. *an* ~*n boy* 너무 자라서 도리어 이상한 아이.

overgrowth[óuvəgrouθ] 명 표면 전체에 난 것; 무성함; 지나친 발육부착물.
[overgrow+-*th* (명사 어미)]
☞ over, grow

overhang [óuvəhǽŋ] 타 (overhung, overhanged) …위에 걸리다; 위협하다; 임박하다.
[over+hang] ☞ over, hang

overhaul[òuvəhɔ́:l] 타 (기계를) 정밀검사하다, 분해검사하다; (의사가) 전강 진단을 하다; 뒤쫓아 미치다 (overtake). [óuvəhɔ:l] 명 분해검사; 개조, 개혁.
[over+haul] ☞ over, haul

overhead[òuvəhéd] 부 머리위에, 높은 곳에, 머리가 안 보일 때 까지; 윗층에서. [óuvəhed] 형 머리 위의; 고가(高架)의; 전반적인, 총…의. 명 *pl.* 잡비. 4
[over+head]
plunge ~ *into the water* 물에 풍덩하고 뛰어들다. ☞ over, head

overhear[òuvəhíə] 타 (overheard) 엿듣다, 우연히 들려오다. 7
[over+hear] ☞ over, hear

overland[òuvəlǽnd] 형 육상(육로)의. [òuvəlǽnd] 부 육로로 (by land). 8
[over+land]
the ~ route 육로로 인도에 이르는 길(영국에서 시중해를 거쳐서 동양에 이른다. 희망봉 앞 바다로 돌아가는 것에 대조가 되는 길); 미 대륙 횡단 통로 (대서양에서 태평양까지).

overlap[òuvəlǽp] 타 포개 놓다, 포개 어지다; (시간 따위가) 중복되다. [óuvəlæp] 명 중복(된 부분). [over+lap] ☞ over, lap

overload[òuvəlóu:d] 타 짐을 너무 싣다 (load over). [óuvəloud] 명 과중한 짐.
[over+load] ☞ over, load

overlook[òuvəlúk] 타 내려다보다; 감독하다 (oversee); 빠뜨리고 못보다 (fail to see); 용서하다(excuse). 4
[over+look; *cf* look over 봐주다. 못 본척 하다] ☞ over, look

overmuch[óuvəmʌ́tʃ] 명, 형 과다(한), 과분(한). 부 너무 많이 (too much).
[over+much] ☞ over, much

overnight[óuvənait] 부 밤새도록, 하루 밤 내내; 전날밤에; 갑자기, 하룻 밤 새에. [óuvənait] 형 밤에 행해지는; 밤을 새는. 10
[over+night]
~ *millionaire* 벼락부자. *make preparations* ~ 전날 밤에 (당황해서) 준비하다. *stay* ~ 하룻밤 자다.
☞ over, night

overrule[òuvərú:l] 타 압도하다 (prevail over); 무시하다(disregard). 9
[over+rule] ☞ over, rule

overrun[òuvərʌ́n] 타 (overran, overrun) (풀 따위가) 무성하다; 침략하다; 황폐하게 하다; 초과하다. 9
[over+run] ☞ over, run

oversea(s)[óuvəsí:(z)] 부 해외로, 해외에, 외국에(로) (abroad). [óuvəsi:(z)] 형 해외용의; 외국의(foreign). 10
[over+seas] ☞ over, sea

overshadow[òuvəʃǽdou] 타 …에 그림자를 던지다;무색하게 하다(outshine); …보다 중요하다. 10
[over+shadow; throw shadow over]
☞ over, shadow

overshoe[óuvəʃu:] 명 (보통 복수) 덧신, 오오바·슈우. 10
[over+shoe] ☞ over, shoe

oversight[óuvəsait] 명 못 보고 빠뜨림;

실수(slip); 감독(supervision).　9
[over+sight] ☞ over, sight, oversee

overspread[òuvəspréd] 톰 (overspread) 전면에 퍼지다; 덮다(spread over).　9
[over+spread; spread over]
☞ over, spread

overtake[òuvətéik] 톰 (overtook, overtaken) 뒤쫓아 미치다 (come up with); 엄습하다.　4
[over+take; take over 회복하다, 따라 먹다] ☞ over, take

overthrow[òuvəθróu] 톰 (overthrew, overthrown) 뒤 집어 엎다(overturn); 전복하다, 타도하다(destroy). [óuvəθrou] 명 전복, 타도; 멸망(ruin).　4
[over+throw] ☞ over, throw
　give (*have*) *the* ~ 전복(시키다)(하다); 멸망시키다(하다).

overtime[óuvətaim] 명 초과근무(수당); 시간외 노동. 형 시간외의, 초과근무에 대한. [òuvətáim] 부 시간외에. 톰 …에 시간을 너무 소모하다.
[over+time]
　be on ~ 잔무 처리중이다, 초과근무중이다. *earn* ~ 초과근무 수당을 벌다. ~ *a camera exposure* 노출에 시간을 너무 주다.

overture[óuvətʃuə,óuvətʃə] 명 《보통복수》(교제,정전 따위의) 제안(proposal); 신청 (offer); 《음악》 서곡(序曲). 톰 제의(신청)하다; 서곡을 연주하다.　10
[《고프》 overture, ouverture opening 시작, 개시←*overt* open 열린←*ovrir* open 열다←《레틴》*aperire* open 열다]
　make ~*s to* …에 제의하다.

동계어 **overt**[óuvə:t, o(u)vә́:t] 형 명백한; 공공연한. ⓐ covert 내밀한.
[《고프》 *ovrir* open←《레틴》 *aperire* open 열다]

overturn[òuvətə́:n] 톰 뒤집어 엎(어지)다 (overthrow), 전복시키다 (upset); 전복되다. [óuvətə:n] 명 전복; 타도.　5
[over+turn; *cf.* turn over 전복시키다] The boat *overturned*. 그 보오트는 전복되었다. ☞ over, turn

overwhelm[òuvə(h)wélm] 톰 압도하다 (overpower); 물속에 가라앉히다; 기를 꺾다.　5
[over+whelm 물에 가라앉히다]

overwork[óuvəwə́:k] 자 과로하다(oneself); 혹사하다.
[óuvəwə́:k] 명 과로 (excessive work);
[óuvəwə:k] 여분의 일, 초과 노동 (extra work). [over+work]
☞ over, work

owe[ou] 톰 빚지고 있다; …을 지고 있다. 주의 awe[ɔ:] 두려움과 혼동치 말 것. [《중영》*azen, awen, owen* 《고영》 *āgan* have 가지고 있다]　2
　~*ing to* … …때문에 (due to…); …덕택으로 (on account of…): His death was *owing to an accident*. 그의 죽음은 사고 때문이었다. *Owing to the rain, we did not go outdoors.* 비때문에 밖에 나가지 못했다.
☞ ought, own

owl[aul] 명 올빼미; 점잔 빼는 사람.　2
[《중영》*oule* 《고영》 *ūle*; *cf.*《독》*eule*]

own[oun] 톰 소유하다(possess); 시인하다(admit); 자백하다(confess). 형 자기 자신의; 독자적, 혼자서 하는. 명 자기 자신의 것.　1
[《고영》 *āgen* own 자신의; *āgen-āgan* possess 소유하다] ☞ owe
　be one's ~ *man* (또는 *master*) 독립된 자유의 몸이다(free and independent); 자기 마음대로하는, 남에게 고용되지 않은. *hold one's* ~ 자기의 입장을 유지하다; (토론 따위에서) 지지 않는다, 면목을 지키다; (병 따위로)쇠약해지지 않다 (not lose length). *of one's* ~ 자기 자신의 (belonging to oneself). *on one's* ~ 《속어》자기 혼자서, 독립해서; 자기가 책임지고: He's (living) *on his own* now. 그는 이제는 독립하고 있다 (부모와 함께 안 산다는 뜻). **owner**[óunə] 명 소유자 (possessor).
[own+*-er*] ☞ owe　9

ox[ɔks] 명 (*pl.* oxen) 숫소(특히 거세된 소, 우차 끄는 소, 식용의 소), 황소; *cf.* bull 거세 안된 소, cow 암소; calf 송아지; beef 쇠고기.　2
[《중영》*ox*(*e*) 《고영》 *oxa*; *pl.* 《중영》*oxen,*《고영》*oxan*; *cf.*《독》*Ochs*(*e*)]
　the black ~ 불행; 노년(老年).

oxygen[ɔ́ksidʒ(ə)n] 명 《화학》산소.　8
[《그》 *oxus* sharp, acid 산 +*gen-* produce 생산하다←*gignomai* I am born; acid-generator 산(酸)을 만드는 것]
☞ hydrogen, nitrogen

oyster[ɔ́istə] 명 굴.　4
[《고프》 *oistre*←《레틴》*ostrea, ostreum*←《그》*ostreon*←*osteon* bone 뼈; 껍질이 뼈처럼 단단하다고 해서]

P

pa[pɑ:] 몡 《어린이 말》 아빠 (papa의 준말). 6

pace[peis] 몡 걸음걸이, 한 거름(step) (의 거리); 보조 (gait); 속도(speed). 동 천천히 걷다, 보조를 맞추어 걷다; 걸어서 재다; (말이 앞뒤의 한 편 다리를 한 껴번에 들고) 좀 빠르게 뛰다. 2 [《래틴》 *passum* step, stride, pace 보조, 걸음; *cf.* 《프》 *pas*]

Keep ~ with… …과 보조를 맞추어 가다. *put a person through his ~* (사람의)역량 (또는 기술)을 시험하다; (지지 않고) 어깨를 견주어 나아가다. *make one's ~* 보조를 빨리하라, 서두르다. ☞ apace

pacific[pəsifik] 형 평화적(peaceful), 평온한; 온화한 (mild); 고요한(quiet); (Pacific) 태평양의, 미국 태평양 연안의; *cf.* the Coast 대서양 연안의.

몡 (the Pacific) 태평양 (the Pacific Ocean). ⑩ turbulent 소동의, Atlantic 대서양의. 3
[《래틴》 *pācificus* peacemaking 평화롭게 하는 ←*pāci-*, *pāx* peace 평화 + *-ficāre, facere* make]

참고 the Pacific (Ocean): 포르투갈의 항해자 Magellan(1440? ~ 1521)이 세계일주 항해를 하는데 거칠고 사나운 물결이 이는 바다만 지나오다가 오늘날의 the Strait of Magellan을 지나자 아주 잔잔한 바다가 앞에 있는 것을 보고 이것을 "평화로운 바다", 즉 the Pacific Ocean이라고 불렀다고 한다.

pacification[pæsifikéiʃ(ə)n] 몡 강화, 화해. [pacify+-*ation*]

pacificatory[pəsifikət(ə)ri] 형 화해적인 (conciliatory); 진정시키는. [pacify+-*atory*]

pacifism[pǽsifiz(ə)m] 몡 평화주의. ⑩ militarism 군국주의. [pacify+-*ism*]

pacifist[pǽsifist] 몡 평화주의자. ⑩ militarist 군국주의자. [pacify+-*ist*]

pacify[pǽsifai] 동 평화롭게 하다(give peace to); 진정시키다 (make calm). [《래틴》 *pācificāre* make peace 평화

롭게 하다 ← *pāci-*, *pāx* peace 평화 + -*ficāre, facere* make]

pack[pæk] 몡 짐, 고리, 꾸러미; 통조림 출하량(出荷量); (사냥개・이리 따위의) 떼; (화투) 한 벌(set); 《보통 경멸해서》 한패, 한 짐. 동 포장하다; 채우다 (fill up); 짐을 꾸리다; 짐을 싣다(load). 2
⑩ unpack 짐을 풀다.

be ~ed with passengers 승객으로 만원이다. *~ off* (또는 *away*) (사람을) 쫓아보내다, 해고하다; 허둥지둥 나가다. *send* (a person) *~ing* (사람을)그만 두게 하다.

package[pǽkidʒ] 몡 짐; 꾸러미(parcel). 동 《미》 포장하다. [pack+-*age* (명사 어미)]

~ tour 드는 경비를 미리 내고 하는 여행. 3

packer[pǽkə] 몡 짐 꾸리는 사람;《주로 미국》통조림 업자; 포장기. [pack+-*er*(사람을 뜻하는 어미)]

packet[pǽkit] 몡 소포 (small package); 뭉치(bundle); 우편선(packet boat); (사람・물건의) 적은 떼. 7

~ boat 우편선(mail boat).

pact[pækt] 몡 계약, 협정(agreement); 조약(compact).
[《래틴》 *pactum* agreed 합의된←*pacisci* make an agreement 협약하다← *pax* peace 평화] ☞ pacify, pacific
a peace ~ 평화조약.

pad[pæd] 몡 메우는 물건; 덧대는 물건, 인주(inker); 편지지 한 권, 압지 (壓紙) 한 첩(帖). 동 메워넣다, 속을 넣다. 5

paddle[pǽdl] 몡 노(櫓). 동 노를 젓다; 물장난 치다. 6

paddy[pǽdi] 몡 벼, 겨; 논 (rice field). [《말라야》 *pādī* rice in the husk 벼]
paddy-field[pǽdifi:ld] 몡 논(rice field).

pagan[péigən] 몡 이교도(heathen); 신앙심이 없는 자; 미개인(barbarian). 형 이교도의, 사교의. 8
[《래틴》 *pāgānus* village rustic 시골뜨기←*pāgus* country 시골: 로마 병

사 간에서는 일반 시민이나, 또는 무능한 병사를 경멸해서 *pagānus* 시골뜨기 라고 불렀다. 초기의 기독교인들도 이교도들을 무능한 전사(戰士)라고 생각하여 *pagānus*라 부르고 자기네 자신은 *miles(Christi)* ((soldiers (of Christ))라고 불렀다]

참고 pagan은 그리스도교, 유태교, 회교의 신자가 각각 자기네의 종교를 믿지 않는 사람을 가리킨 말이다. 특히 다신교를 믿고 있던 고대 그리이스나 로마 사람들을 가리켜 쓴 말이다. 오늘날 이 말은 종교의 차이보다는 종교를 믿지 않는다거나, 신앙심이 없다거나, 정신적인 것에 대한 무관심이나, 물질적 향락을 좋아하는 생활 태도를 가리켜 쓰는 경향이 많다.

☞ pact, compact, peasant

page¹[peidʒ] 몡 페이지, 면(面);《시》기록; 책. 통 페이지 수를 매기다(paginate). 1

[《래틴》 *pāginam* leaf page 페이지 ← *pangere* fasten 붙여 놓다, 붙들어 매다]

page²[peidʒ] 몡 (봉건 시대의)몸종, 방자, 기사후보(騎士候補); (호텔·영화관·사무소·의회 따위의) 보이, 사환(boy servant), 제복을 입은 보이. 통 보이로서 근무하다; 《미》(호텔·구락부 따위에서) 보이에게 이름을 부르게 하여 사람을 찾다.

[《이태》 *paggio* ← 《그》 *paidion* boy 소년, servant 하인 ← *pais* child 아이]

☞ pedagogue, encyclopaedia

pageant[pǽdʒ(ə)nt] 몡 화려한 행렬, 성대한 의식; 야외극; 장관(壯觀); 허식(empty show). 7

[《중영》 *pagen(t), pagyn* ← 《래틴》 *pāgina* stage for show 여흥을 위한 무대]

pageantry[pǽdʒ(ə)ntri] 몡 장관(splendid display); 허식(pomp).
[pageant+-*ry* (명사 어미)]

pail[peil] 몡 물통, 들통, 양동이(bucket); 양동이에 가득함. 3

[《고영》 *pægel* wine vessel 술통. *cf*. 《독》 *pegel*]

pain[pein] 몡 아픔, 고통; *pl*. 고심, 수고(efforts); 형벌 (penalty). 통 괴롭히다, 아프게하다; 슬프게 하다. 1
ⓐ ease 안락, pleasure 쾌락.

[《래틴》 *poenam* ← 《그》 *poinē* penalty 벌]

at ~ 애를 쓰고 있는, 수고하고 있는. *take* ~ 애를 쓰다, 고심하다 [with]. *under* (또는 *on*) ~ *of* (death) 위반 하면 (사형에) 처한다는 조건으로.

동의어 **pain**은 육체적 또는 정신적인 고통을 뜻하는 일반적인 말이다. 육체적 고통을 뜻할 때에는 특히 날카로운 아픔을 암시한다. **ache**는 계속적인 둔한 pain이다. **agony**는 도저히 참을 수 없을 만큼 심하고 몸 전체에 계속적으로 엄습하는 pain이다. **anguish**는 통렬하고 계속적인 pain이면서 비통하다는 뜻이 내포되어 있는 말이다.

painful[péinf(u)l] 혱 아픈, 고통스러운; 힘드는. [pain+-*ful*] 5

painfully[péinfuli] 倶 애써서, 고생하여, 고통스럽게.

pain-killer[péinkìlə] 몡 진통제. 5

painstaking[péinztèikiŋ] 혱 부지런히 애쓰는(industrious); 공들인 (very careful); 힘 드는, 고심한. 몡 고심, 공들이기. [pains+take+-*ing* (현재분사 어미)]
☞ penal

paint[peint] 몡 채료(彩料); 페인트; 연지(rouge); 화구(畫具). 통 페인트 칠하다, 채색하다; 그리다; 화장하다. 1

[《프》 *peint, peindre* paint 그리다 ← 《래틴》 *pingere* paint 칠하다, adorn 꾸미다]

painter[péintə] 몡 화가(artist); 칠장이. [paint+-*er*] 3

painting[péintiŋ] 몡 회화(繪畫), 화법(畫法); 그림 그리기; 칠하는 법; 그림(picture). [paint+-*ing*] 6

pair[pɛə] 몡 한쌍, 한 켤레; 한쌍의 남녀, (특히) 부부; 한데 맨 두마리의 동물. 통 짝을 이루(게 하)다; 결혼하다 (시키다). 1

[《프》 *paire* ← 《래틴》 *pār* an equal 맞먹는 것]

in ~ 둘씩 짝을 이루고, 쌍쌍이 (in twos). ~ *off* 둘씩 짝을 짓다, 둘씩 나누다; 《속어》 결혼하다 [with].

☞ par, peer

참고 ①상업문에서나 또는 부드러운 표현을 하는 경우에서는 수를 나타내는 말 뒤에 오는 pair의 복수형은 pair를 그대로 쓰는 경향이 있다. 보기: four ~ *of* shoes 구두 네 켤레, 그러나 그 이외의 위치에는 pairs를 보통 쓴다.

보기 : How many *pairs of* shoes do you have ? 신 몇 컬레나 있으세요 ? ② a pair of … 가 주어가 될 때에는 그 술어동사는 단수가 보통이다. *A pair of* gloves *is* a nice present. There *is a pair of* scissors.

동의어 **pair**는 둘로서 짝을 이룬다거나, 둘이 없으면 쓸 수 없게 된다거나, 아주 비슷한 두가지로 이루어져 있는 것을 말한다. **couple**은 부부나 비슷한 물건이 둘 연이어 있음을 뜻한다. **set**는 보통 둘 이상의 것이 한 벌을 이루고 있음을 말한다. **brace**는 특히 어떤 종류의 새나 동물의 한 쌍을 뜻한다. **yoke**는 마차나 수레를 끌기 위하여 멍에에 매어 놓은 한쌍의 동물이란 뜻이고, **span**은 미국이나 남아프리카에서 쓰이는 말로 멍에에 매어 놓은 한 쌍의 말이나 노새, 소를 뜻한다.

pajamas[pədʒɑ́ːməz] 圄 *pl*. 파자마, 잠옷; (회교도의)헐렁한 바지. 10
[《페르샤》 *pajāmah*←*pāce* leg 다리, *pā* foot발+*jāmah* clothing 옷; 발과 다리에 감치는 헐렁한 바지]

pal[pæl] 圄 《속어》친구, 동무, 짝패 (chum), 동료(comrade).
[《짙시》 *plal, pral* brother 형제; *cf*. 《쌍 스크릴》 *bhrātar* brother 형제]

palace[pǽlis] 圄 궁전; (bishop 따위의) 관사; 대저택; 대궐; 대극장 (따위). 2
[《고프》 *palais*←《래틴》 *palātium* palace ← *Palātium* (Augustus의 저택이 있던 로마의 Palatine Hill)]

palatial[pəléiʃ(ə)l] 圄 대궐 같은;굉장한 (magnificent). [《래틴》 *palātium* palace 대궐+-*al*(형용사 어미)]

palate[pǽlit] 圄 입천장, 웃턱; 미각 (sense of taste); 기호(liking). 10
[《중영》 *palat*←《래틴》*palātum* palate 입천장]

palatable[pǽlətəbl] 圄 입에 맞는, 취미에 맞는; 기분 좋은 (pleasant). [palate+-*able*(형용사 어미)]

pale[peil] 圄 창백한(pallid); 빛이 엷은 (faint); 몽롱한(dim). 圄 창백 해지다, 안색이 변하다, 무색해지다. 圄 (울타리의) 뾰족한 말둑;경계 (境界 boundary). 주의 pail 물통과 발음이 같으니 혼동하지 않도록. 2
[《프》 *pal*←《래틴》 *pālus* stake 말뚝. 《프》 *pale*←《래틴》 *pallidum* pallid←*pallēre* grow pale 새파래 지다]

pall[pɔːl] 圄 관 덮개; 장막. 圄 덮다. 9
[《래틴》 *pallium* cloak 웃옷, covering 덮개]

pall-bearer[pɔ́ːlbɛ̀ərə], **-holder**[-hòuldə] 圄 관 옆에 붙어 있는 사람. [pall+bear 가지고 가다+-*er*]

pallid[pǽlid] 圄 창백한 (wan, pale).
[《래틴》 *pallidum* pale←*pallēre* grow pale]

pallor[pǽlə] 圄 창백함; 혈색이 나쁨 (paleness). [《래틴》 *pallēre* grow pale] ☞ pale

palm[pɑːm] 圄 손 바닥; 종려(잎) 《승리, 환희의 상징》, 승리, 영예; 상. 圄 속이다; 손 바닥에 감추다. 3
[《래틴》 *palma*; 종려(잎)의 뜻은 그 잎 모양이 손바닥 (palm)과 비슷하다고 해서]

palmer[pɑ́ːmə] 圄 팔레스타인 순례자 《기념으로 종려의 가지나 잎으로 만든 십자가를 가지고 왔다》; 순례자(pilgrim). [palm+-*er* (사람을 뜻하는 명사 어미)] 8

palmy[pɑ́ːmi] 圄 종려(棕櫚)와 같은, 종려의, 번영하는 (flourishing). [palm+-*y* (형용사 어미)]

~ days 전성기.

palpable[pǽlpəbl] 圄 닿는; 감지 되기 쉬운; 명백한 (obvious).
[《래틴》 *palpābilis*←*palpāre* touch 손대다 + -*able*(형용사 어미)]

palsy[pɔ́ːlzi] 圄 중풍 (paralysis); 무능. 圄 마비시키다 (paralyze). 9
[《래틴》 *paralysis* paralysis 중풍] ☞ paralysis

paltry[pɔ́(ː)ltri] 圄 시시한 (petty), 가치 없는(worthless). 9

pamper[pǽmpə] 圄 과식하게 하다; 멋대로 하게 하다; 응석받다 (overindulge). 10

pamphlet[pǽmflit] 圄 (임시로 묶어 놓은) 작은 책; 팜플렛, 소론문(小論文)《특히 시사 관계의》. 8
[《중영》 *pamflet*; *Pamphilet*의 변형 (12세기의 *Pamphilus seu de Amore* 라는 래틴말로된 연애시의 통속적인 이름에서)]

pan[pæn] 圄 (납작한) 남비;천칭(天秤)의 접시;(Pan) 《그리이스 신화》목신(牧神) 《염소의 뿔, 다리를 가진 들,목축의 신》. 圄 (남비로)금을 씻다; 《영화》 펜하다 《카메라를 수평으로 움직이다》. 2

pancrease 388 **pants**

["남비":(고영) panne; cf.(독) pfanne. "목신": (그) Pan feeder 먹이는 사람 ← pa- feed 먹이다. "팬하다": panorama의 준말]

pancake[pǽnkeik] 圀 과자의 일종(달걀, 밀가루, 설탕, 우유 따위를 섞어서 남비에 볶은 것). 6

pancreas[pǽnkriəs] 圀 《해부》 지라. [(그) pagkreas sweet-bread 단 빵← pan- all+kreas flesh 살 고기; 지라의 외관이 단 빵 같다고 해서] 10

Pandora[pændɔ́:rə] 圀 《그리이스신화》 판도라 (Zeus가 Prometheus를 벌 주기 위하여 지상에 내려 보낸 여자). [(그) Pandōra all-gifted 모든 것을 선사 받은 ←pan- all+doron gift 선물]

~'s box 판도라의 상자 《Jupiter가 선사 한 상자; 뚜껑을 여니까 여러가지 해독이 나와 세상에 퍼지고 희망만 남았다고 한다》.

참고 Pandora는 그리이스 신화에 나오는 인류 최초의 여자로 Epimetheus의 아내이다. Prometheus가 천상세계의 불을 훔쳐서 인간에게 주었기 때문에 Zeus신은 인류를 벌하기 위하여 모든 악을 넣은 상자를 인류에게 주며 열지 못하게 했으나 Pandora가 호기심에 못이겨 열었기 때문에 이 세상에 여러가지 악과 질병이 퍼지게 되었다고 한다.

pane[pein] 圀 창 유리 (의 한장). cf. glass 유리. 4

주의 pain 고통과 혼동하지 말 것.

[(라틴) panum a piece of cloth 천 조각]

panel[pǽn(ə)l] 圀 판벽널,청판, 화판 (畵板); 배심원 명부, (총칭해서) 배심원; 토론회의 일단; 《영》 보험의사 명부. 囲 판벽널을 대다. 8

[(라틴) panellus (pannus a piece of cloth의 축소사)]

~ discussion 《미》 패널디스카션, 공청회(公聽會): a panel discussion on racial discrimination 인종 차별에 대한 공청회.

pang[pæŋ] 圀 심한 고통 (sharp pain); (양심의) 가책. 4

[(중영) prange, pronge sharp pain 날카로운 고통과 pain의 혼성어]

panic[pǽnik] 圀 황겁함 (sudden alarm); (경제계의) 공황; 공포 (terror); 낭패. 휑 낭패한, 공황한; 지나친. 7

[(그) pānikos of Pan 팬 신의 ← Pan Pan; Pan 신에 「의하여 일으켜 진다고 믿어지는 공포에서」] ☞ Pan

panorama[pæ̀nərǽ:mə] 圀 파노라마; 전경(全景); 개관(槪觀).

[(그) pan- all+horāma view; view of all 전경]

pansy[pǽnzi] 圀 《식물》 꼬까 오랑캐 꽃 《사랑의 괴로움을 낫게 한다고 믿어졌기 때문에 heartease 또는 heart's ease 라고 불리어지기도 한다》; 《경멸해서》 동성애를 하는 남자. cf. forget-me-not 물망초. 5

[(프) pensée thought 생각 ←penser think 생각 하다 ←(라틴) pensāre think; 이 꽃을 보면 사람을 생각하게 된다고 한다] ☞ pensive

pant[pænt] 囲 헐떡거리다; 열망하다 (yearn) [for, after]; 헐떡거리며 말하다 [out]. 圀 헐떡임; 고동(throb). 3

[(고프) pantasier be breathless 숨가빠하다←(라틴) phantasia fantasy 환상, 악몽; 악몽으로 숨이 헐떡거림]

pantaloon[pæ̀ntəlúːn] 圀 어릿광대 (clown); (P~) 팬터룬 《옛날에 이태리 희극에 나오는 인물로 보통 발 까지 내려가는 가느다란 바지를 입은 야윈 늙은이》; 《고어》 《단수 또는 복수》 바지와 양말이 붙은 것, 발목까지 닿는 가느다란 바지; pl. 《미국》 바지 (trousers) 《보통 줄인 말 pants를 쓴다》. 9

[(이태) Pantalone 《옛날 이태리 희극에 나오는 노희극 배우인 베니스 사람 이름》←Pantaleone 《베니스의 수호신의 이름, 베니스 사람의 이름으로 많이 쓰임》; 바지를 뜻하게 된 것은 pantaloon이 입고 있던 바지에서; cf. knicker-bockers]

pants[pænts] 圀 pl. 《미속》 바지 (trousers), 속 바지 (drawers), 팬티 (panties); 《상업》 팬쓰, 내복 바지 (man's drawers) 《《미》 under pants). [pantaloons의 준 말]

She wears the pants in that family. 저집에서는 여자가 남편을 엉덩이에 깔고 있다(wear breeches도 같은 뜻).

참고 ① 미국 에서는 남자가 입는 바지를 점잖은 좌석에서는 trousers라고 하나 그 의의 경우나, 일상 회화시에는 pants라고 말한다. 미국에서 바지의 뜻 외에 pants를 쓰면 여자용 또는 어린이용 팬티를 뜻하게 되나 이런 경우에는 보통 panties라고 한다. ②영국에서는 pants는 남자용의 빤쓰, 내복 바지를 뜻하고 drawers에 대한 상업용어 또는 속어이다. 영국에서의 뜻에 맞는 미국어는 under pants라 하겠다. ③ pants는 한 벌의 바지를 가리키는 데도 동사는 복수형을 쓴다: These pants are new. (이 바지는 새 것이다). 단 pair를 써서 a pair of pants로 하면 동사는 단수형이고 pairs of pants (여러 벌의 바지)로 하면 동사는 복수형이 된다.

panties[pǽntiz] 图 pl. (여자, 어린이용) 팬티(short underpants). [pant(s)+-y (축소어미) +-es (복수어미)]

panther[pǽnθə] 图 《동물》 표범(leopard). [《래틴》 *panthēra*←《그》 *panthēr* panther 표범] 10

pantry[pǽntri] 图 식량 저장실; 식기실 (butler's pantry). *cf.* larder 고깃간, 고기두는 장, 식료품실. 5
[《래틴》 *pānētāria* bread-shop 빵가게←*pānis* bread 빵]
☞ companion, company, accompany

papa[pəpá:] 图 (영), pá:pə (미)] 图 《어린이말》 아빠(father). 卿 mamma 엄마.
[《래틴》 *pāpa* father; 애기가 맨처음 자연적으로 발하는 소리에서 온말; *cf.* mamma] 3
갑고 이 외에도 속어 또는 방언으로 pa, paw, pop 따위가 있다.

papal[péip(ə)l] 图 로마 교황의; 교황직의; 교황 정치의. 9
[《래틴》 *pāpalis*←*pāpa* bishop 주교, spiritual father]

papacy[péipəsi] 图 로마 교황직(임기 또는 지위); 교황 정치, 교황제도. [《래틴》 *pāpātia*←*pāpa* 교황] ☞ pope

paper[péipə] 图 종이; 신문 (newspaper); 논문(essay); 시험 문제, 답안; *pl.* 서류; 신분 증명서; 지폐 (paper money). 图 종이의; 책상머리의. 圖 종이를 바르다. 1
[《래틴》 *papyrus*←《그》 *papyros* 파피루스; 고대 에짚트에서 파피루스의 속 껍질에 적었던 일에서; *cf.* book, Bible, library]
put pen to ~ 쓰기시작하다.

par[pa:] 图 동등 (equality); 같은 값 (equal value); 평가(平價), 액면 가격; 보통 상태. 图 평균의; 정상적; 액면의.
[《래틴》 *par* equal 동등한]

above (또는 *below, under*) ~ 액면 이상 (또는 이하)로. *at* ~ 액면 가격으로. *below* ~ (특히 건강에 대하여) 기분이 좋지 못한. *on a* ~ 동등히게, 미찬가시로 (equally) [*with*].

parity[pǽriti] 图 같은 가치, 같은 분량; 동등(equality), 일치(agreement); 비슷함(analogy). [par+-*ity*]
by ~ *of reasoning* 유추하여.
☞ compare, peer, compeer

parable[pǽrəbl] 图 우화(寓話), 비유. 9
[《그》 *parablē* comparison 비교←*paraballein* throw beside 옆에 던지다, 옆에 놓다 ← *para*- beside+*ballein* throw 던지다] ┌IRBM
☞ devil, diabolic, ballistic, ICBM,

parachute[pǽrəʃu:t] 图, 图 낙하산(으로 내리다).
[《프》 *parachute*←*para*-←《이태》 *parare* defend against 방비하다←《래틴》 *parare* prepare 준비하다 +《프》 *chute* fall 떨어지다 ←《이태》 *caduta* fall←《래틴》 *cadere* fall; 떨어지는 것을 막는 것]

parade[pəréid] 图 행렬 (procession); 과시(display); 사열(査閱), 분열, 열병(장). 圖 행진하다; 열병하다; 과시하다.
[《프》 *parade* show, display 과시 ← 《래틴》 *parāre* prepare 준비하다]
make a ~ *of* (one's knowledge, etc.) (지식 따위를)과시하다. 5
☞ prepare

paradise[pǽrədais] 낙원, 천국(heaven), 극락; (the Paradise)에덴 동산 (the Garden of Eden). 卿 hell. 3
[《그》 *paradeisos* garden 정원←《고대 페르샤》 *pairidaēza* park 공원, 동산 ← *pairi* around+*diz* form 형성하다; 주위에 만든 것→담→정원→낙원]
Paradise Lost 실락원(밀튼의 시).

paradox[pǽrədɔks] 图 역설(逆說); 모순; 생활 따위가 모순된 사람.
[《그》 *paradoxos* ← *para*- contrary to 반대 되는←*-doxos*←*doxa* opinion 의견; 일반적으로 용납되고 있는 의견과 반대되는 의견→역설]
☞ dogma, orthodox, heterodox

paragon[pǽrəgən] 图 모범;전형(典型); 100 캐럿 이상의 완전한 다이어몬드. 圖 (시) 비교하다(compare); 모범으로 하다; 능가하다. 10
[《이태》 *paragone* ←《그》 *para* agai-

paragraph[pǽrəgrɑ:f] 圀 글의 귀절; (신문 따위의) 표제 없는 작은 기사. 6
〔((그)) *paragraphos* ←*para*- beside+*graphein* write 쓰다; 뜻의 끊어지는 곳을 표시하기 위하여 행의 옆에 줄을 친 것을 paragraph라고 하면 그것이 뒤에 뜻이 한 덩어리가 되는 귀절을 뜻하게 되었다〕

parallel[pǽrəlel] 圀 평행의; 비슷한 (similar); 대등한 (corresponding). 圀 평행(선); 비슷한 것; 대등한 자(것); 비교(comparison); 날줄(緯線). 圄 맞먹(게 하)다; 비교하다(compare). 4
〔((그)) *parallēlos*←*para*- beside+*allēlos* one another←*allos* other; beside one another 서로서로의 옆에〕
☞ paragraph

paralysis[pərǽlisis] 圀 (*pl.* paralyses) 마비; 중풍 (palsy); 무력함, 무기력; 정돈(停頓).
〔((그)) *paralysis*←*para*- beside+*lyein* loosen 헐렁하게 하다; loosen aside 헐렁해져 가다→힘이 빠져 가다→중풍〕 ☞ palsy

paralyze, -se[pǽrəlaiz] 圄 마비시키다; 무력하게 하다. 〔((프)) *paralyser*←*paralysie* palsy←((그)) *paralysis*+ *-ize* (동사 어미)〕 8

paramount[pǽrəmaunt] 圀 최고의(supreme); … 을 능가하는 (superior); 지상(至上)의. 10
〔((고프)) *par amont* at the top 꼭대기에 ←*par*← *per* by+((고프)) *amont* upward ←((래틴)) *ad montem* to the hill 언덕으로; uphill, at the top 꼭대기에〕 ┌mount
☞ mount, mountain, amount, dis- *the lady* ~ 과년맞추기에서 최고점을 얻은 부인, 여왕.

paramour[pǽrəmə] 圀 정부, 애인. 10
〔((프)) *par amour* by love 사랑으로 ←*par* per by + *amour* ← ((래틴)) *amor* love 사랑; 본래 "love par amour (sexually 성욕적)" 즉 다른 사랑의 방법에 대하여 성적 또는 육욕적인 사랑을 뜻하였다〕

paraphrase[pǽrəfreiz] 圀 주석(註釋); 의역(意譯)(한 것). 圄 주석하다; 다른 말로 바꾸다.
〔((래틴)) *paraphrasis*←((그)) *para*- be-side+*phrazein* say; say in other words 다른 말로 말하다〕 ☞ phrase

parasite[pǽrəsait] 圀 기생물; 식객 (hanger-on). 7
〔((그)) *parasitos* ←*para*- beside+*sitos* food; one who eats beside or at the table of another 남의 식탁에서 같이 먹는 사람〕

parasitic(al)[pǽrəsítik(əl)] 圀 기생하는; 기생충의. 〔parasite+ *-ic* (형용사 어미)〕

parasol[pǽrəsɔ́l, pǽrəsɔl] 圀 파라솔, (부인용) 양산 (sunshade).
〔((이태리)) *parasole* 파라솔 ← *para* ward off 막다+*sole* sun 태양←((래틴)) *sōlem* sun; 해를 막는 것→햇빛을 가리는 것〕 ☞ parachute

parcel[pɑ́:sl] 圀 소포 (package); 소하물, 메(pack); 다수, 다량(lot); (땅의) 한 때기 (piece), 일부분. 圄 (작은 부분으로) 나누다. 3
〔((래틴)) *particella*←*pars* part (부분의 축소사)〕

~ *post* 소포 우편. *part and* ~ 가장 중요한 부분(essential part) 〔of〕.
☞ practice, part

parch[pɑ:tʃ] 圄 바삭바삭하게 말리다; 볶다; (불에) 쬐다. 6

parchment[pɑ́:tʃmənt] 圀 양피지(羊皮紙). 7
〔((중영)) ((고영)) *parchemin*←((래틴)) *pergamēna*←((그)) *pergamēnē* parchment 양피지←*Pergamos;* 처음 이 종이를 만든 소 아시아의 Mysia에 있는 *Pergamus* 라는 도시 이름에서〕

pardon[pɑ́:dn] 圀 용서함; 면죄 (indulgence). 圄 용서하다 (forgive); 봐주다 (excuse). ⓐ punish 벌주다. 2
〔((래틴)) *perdōnāre* grant 허락하다, concede 양보 하다 ←*per*- fully+*dōnāre* give; give fully 완전히 주다→허락하다→용서하다; *cf.* ((프)) *pardonner*〕

pare[pɛə] 圄 (과실 따위의) 껍질을 벗기다 (peel); (손톱을) 자르다; 베어내다 〔down〕. 6
〔((래틴)) *parāre* prepare 준비하다〕
☞ parry

parent[pɛ́ər(o)nt] 圀 어버이, 양친; 조상 (forefather); 원천 (source); 근원 (origin). 2
〔((래틴)) *parentem* ←*parens* parent← *parere* beget 애를 낳다〕

[주의] parent는 father나 mother 한 쪽 뿐일 때 쓰이고, parents는 father and mother를 뜻한다.

Parent-Teacher Association 사친회(P.T.A.로 생략한다)

parentage[pɛ́ərəntidʒ] 명 태생(birth), 혈통(ancestry); 가문; 부모됨. [parent+ -age (명사 어미)] 9

parental[pərént(ə)l] 형 어버이의, 부모의. [parent+ -al (형용사 어미)]

parenthesis[pərénθisis] 명 (*pl.* parentheses[-z]) (문법) 삽입구; (보통 복수) 괄호, 묶음표 (보통 ( )); 삽화(挿話), 막간극.
[(그) parenthesis←parentithenai insert 사이에 끼우다 ←para- beside+en in + thesis placing 놓기; place in beside 사이에 끼워넣다] ☞ thesis

Paris[pǽris] 명 파리(巴里); (그리이스 신화) 패리스 (Troy 왕 Priam의 아들로 Sparta 왕자 Menelaus의 비(妃)Helen 을 빼앗아 Troy 전쟁을 일으켰다). 3

Parisian[pərízjən] 형 파리 (사람)의, 파리 식의. 명 파리 사람. [Paris+-ian (사람을 뜻하는 어미)] 9

Parisienne[pərlzién] 명 ((프) 파리 여자. [((프) Paris+ -ienne (여성 명사 어미)]

parish[pǽriʃ] 명 교구(敎區); 교구민(전체); (영) 행정 교구 (교구를 따라 갈라놓은 최소 행정 단위); (미) (Louisiana 주의) 군(county). 6
[((프) *paroisse*←(래틴) *parochiam*, *paroecia* parish 교구←(그) *paroikia* ecclesiastical district 교회의 지역← *paroikos* neighbouring 이웃하는 ← *para-* near+*oikos* house,abode 주택]

parishioner[pəríʃənə] 명 교구민.

parochial[pəróukiəl] 형 교구의; 지방적인(local), 편협한(narrow); (생각 따위가) 좁은 (limited). [((래틴) *parochiālis*←*parochia paraecia* parish]

parochialism[pəróukiəliz(ə)m] 명 애향심(愛鄕心), 지방근성; 편협(偏狹). [parochial+ -ism(명사어미)]

park[pɑːk] 명 공원, 유원지; 주차장; 군용지; 사냥터. 통 주차하다, (포차 〈砲車〉 따위를) 한 군데 늘어놓다. 2

No ~ing 주차 금지.

parley[pǽːli] 명 담판, 토론; (특히 싸움터에서의)회담. 통 담판하다, 회담하다, (특히 외국어를) 유창하게 말하다. 10

[((고프) *parlée* speech 연설←*parler* speak 말하다←(래틴) *parabola* parable 비유] ☞ parable

parliament[pɑ́ːləmənt] 명 국회; (Parliament)영국의회 ((the House of Lords (상원)과 the House of Commons (하원)으로 구성된다); *cf.* (미) Congress. 4

[주의] "영국의회"의 뜻으로 쓸 때에는 관사를 쓰지 않는다.

[(중영) *parlement* ← (프) *parler* speak 말하다; parley+ -ment (명사어미)지금의 -lia-는 (래틴) *Parliamentum*의 영향으로]

parliamentary[pɑ̀ːləmént(ə)ri] 형 의회(제도)의; (속어) 공손한 (civil). [parliament+ -ary (형용사 어미)]
☞ parlo(u)r

parlo(u)r[pɑ́ːlə] 명 거처 방(sitting-room); (공공 건물의) 응접실(drawing room); (호텔·구락부 따위의) 휴게실; (여관의) 특별실(private room); (미) 영업실, 상점. 3
[((고프) *parleor*←(래틴) *parlātōrium* ←*parlāre* talk 이야기 하다; 이야기하는 방이라는 뜻]

a beauty ~ 미장원. *a hairdresser's* ~ 이발관. *a shoe-shine* ~ 구두 닦는 가게. *a tensorial* ~ 이발관.

parlo(u)rmaid[pɑ́ːləmeid] 명 잔 심부름하는 하녀.

parlor car 명 (미) (주간 여행용의) 특별객차(보통 객차〈coach〉보다 호화롭다).

parrot[pǽrət] 명 앵무새; 뜻도 모르고 남의 말을 되풀이 하는 사람. 통 기계적으로 흉내내다; 기계적으로 되풀이 하다. 5

[((프) *Perrot* little Peter ←*Pierre* Peter; 이 새에게 주어진 별명에서]

parry[pǽri] 통 (타격 따위를) 받아 넘기다(ward off), 피하다(evade). 명 받아 넘김, 회피하는 말.

[(이태) *parare* ward off 받아 넘기다 ←(래틴) *parāre* prepare]

parson[pɑ́ːsn] 명 (교구) 목사 (rector, vicar), (일반적으로) 목사. 4
[(중영) *persone* person 사람←(래틴) *persōna* person; *ecclēsiae persōna* ecclesiastical person "교구 교회의 사람"의 뜻; 한 교구의 교회의 전권을 전 사람; person "사람"의 자매어]
☞ person

personage[pá:snidʒ] 图 목사 사택. [parson+-*age*]

part[pa:t] 图 부분; 몫(share); 역할(role); 직분(duty); 방면(direction); 쪽(side); *pl.* 재능(abilities); 지역(region), 지방(district). 图 나누다(divide), 헤어지다; 잘라지다 (break), 관계를 끊다. ⓐ whole 전체. 1
[图(래틴) *partem* ← *pars* portion, part 부분. 图 (프) *partir* ← (래틴) *partīrī* divide 나누다←*pars*]

for my ~ 나로서는. *for the most* ~ 대개는, 대부분은. *in* ~ 일부분, 약간(partly), *on the* ~ *of* … 의 편에서는, … 을 대신하여 (on one's ~). ~ *with* …을 내어 주다, …에서 헤어지다 (~ from). *take* ~ *in* ……에 관계하다, 참가하다.

parting[pá:tiŋ] 图 이별, 분리; 분기점. 图 작별하는, 최후의. 6

partly[pá:tli] 阁 부분적으로, 일부분 (in part), 조금은, 약간. 2

part-time[pá:ttáim] 图 시간제의, 겸임의. ⓐ full-time 전일(全日) 근무의.

~ *teacher* (시간)강사.

partake[pa:téik] 图 (—took, — taken) 참여하다; (약간) 먹다 (마시다) [of]; (…의) 기미가 있다 [of]. [part+take]

partaker[pa:téikə] 图 참여자, 관계자. [partake+-*er*] 10

partial[pá:ʃ(ə)l] 图 일부의, 국부적인; 불공명한(unfair). [part+-*ial* (형용사 어미)] ⓐ impartial. 5

~ *eclipse* 《천》부분식(部分蝕).

~ *to* … …을 좋아하다 (fond of).

partially[pá:ʃəli] 阁 부분적으로, 일부분; 불공평하게.

partiality[pà:ʃiǽliti] 图 불공평; 편애(偏愛 particular liking); 기호, 취미. [partial+-*ity* (명사 어미)]

participate[pa:tísipeit] 图 참여하다, 참가하다 [in]; …의 기미가 있다[of]. 7
[(래틴) *participātus* ← *participāre* partake of 참여하다←*parti*- *pars* part 부분+*capere* take; take part in 참여하다]

participation[pa:tìsipéiʃ(ə)n] 图 관여, 참가; 협동. [participate+-*ion* (명사 어미)] 9
☞ part, captive

participle[pá:t(i)sipl] 图 《문법》 분사. [《고프》 *participle*←《래틴》 *participium* sharing 분담 ← *participāre* participate 참가하다]

particle[pá:tikl] 图 극소량, 아주 약간; 미립자(微粒子); 《문법》불변화사. 6 [(래틴) *particula* small part 작은 부분←*pars* part 부분]

particular[pətíkjulə] 图 특색의; 특수한(special); 독자의(individual); 상세한(detailed). 图 각개의 사항, 상세. ⓐ general miscellaneous 여러가지의. [(래틴) *particulāris* of part 부분의 ← *particula* particle 극소량] 2

in ~ 특히(especially). *go* (또는 *enter*) *into* ~*s* 세부까지 마치다. *give* ~*s* 상술(詳述)하다. *London* ~ 런던 명물(fog 안개)

particularly[pətíkjuləli] 阁 특별히; 따로따로; 특히(especially); 현저히, 자세하게.

partisan[pà:tizǽn] 图 당원; 당파심이 강한 사람; 유격병, 빨치산. 图 당파의. [(프) *partisan* ← (이태) *partigiano*←*parte* part←(래틴) *partem*] 8

partition[pa:tíʃ(ə)n] 图,图 구획(division); 분할(하다), 칸을 막다, 칸막이. [(래틴) *partītiōnem* division 구획←*partītus*←*partīrī* divide] 7

☞ apartment, depart, compartment, impart, part

partner[pá:tnə] 图 상대, 배우자, 짝; 동료; 동업자. 3
[《중영》 *partener* ← *parcener* coheir 공동 상속인; part (동사) 와의 연상에서]

partnership[pá:tnəʃip] 图 협동, 제휴; 조합, 협동 경영, 합자 회사, 합명 회사. [partner+-*ship*](명사 어미)] 9
☞ part, partition

party[pá:ti] 图 당파; 회합; 일행, 한패; 관계자, 당사자. 1
[《프》 *partir* divide 나누다←(래틴) *pars* part 몫, 부분; 할 일을 나누어 하다←한패]

a third ~ 제삼자. *be* (또는 *become*) *a* ~ *to* … …에 관계하다, ~ *interested* 이해관계인. ☞ part

pass[pa:s] 图 지내다; 지나다; 경과하다 (spend); 사라지다(vanish), 끝나다 (end); …이 되다(change); 합격하다. 图 무료입장권, 무료 승차권(free tick-

et); 산길; 위기, 곤란한 경우; 합격. [반] fail 낙제하다. 1
〔《래틴》 *passus* a step 걸음〕
bring to ~ 일으키다, 실현시키다. ***come to*** ~ 일어나다(pass). ~ ***by*** 지나치다; 못본 척하다; 무시하다(ignore). ~ ***for*** … …으로 보이다, …으로 통용되다. ~ ***over*** 넘겨 주다, 못본 척해 주다(over look). ~ ***through*** 통과하다, 경험하다(experience).

passable[pá:səbl] [형] 통과하는; 통용되는; 지날 수 있는; 상당한(fairly good); (법률 따위가) 통과될 수 있는.
〔pass+ *-able*(형용사 어미)〕

passage[pǽsidʒ] [명] 통과, 이동(passing); 항해 (voyage); 통행권; 통로 (passage way); 좁은 길, 복도 (corridor); 가결; (글의)일절. 3
〔pass+ *-age* (명사 어미)〕
make a ~ 항해하다.

passenger[pǽs(i)ndʒə] [명] 승객, 여객, 선객. 〔passage+ *-n-* +*-er* (사람을 뜻하는 명사 어미)〕 3

passer-by[pá:səbái] [명] (*pl.* passers-by)통행인. 〔pass+ *-er* (사람을 뜻하는 명사 어미)+by〕 ☞ pace, past

passion[pǽʃ(ə)n] [명] 격정, 열정(strong emotion); 격노(rage); 열심 〔for〕; 정욕, 열렬한 연애, 격분; (Passion) 그리스도의 수난. 3
〔《래틴》 *passiōnen* suffering 괴로움, 고초←*passus* suffered←*patī* suffer 겪다, 괴로워하다〕
be in a ~ 화를 내고 있다. ***fly into a*** ~ 벌컥 화를 내다.
[동의어] **passion**은 냉정한 이성을 지니지 못할 만큼 격렬한 감정 즉 분노, 증오, 연애 따위를 뜻하는 말이다. **fervo(u)r**는 불타는 듯한 강렬한 감정이나 열성을 뜻하며, 침착성을 잃지 않고 있음을 암시한다. **ardo(u)r**는 불덩이같이 타며 침착성이 없는 열성을 뜻한다. **enthusiasm**은 목적이나 주의를 추구하는데 열성을 내려는 의욕을 암시하는 말이다. **zeal**은 결코 굽힐 줄 모르는 활동력을 암시하는 enthusiasm 이다.

passionate[pǽʃ(ə)nit] [형] 열정적인; 감정의 지배를 받는, 화를 잘 내는. 6
〔passion+ *-ate*(형용사 어미)〕
[동의어] **passionate**는 강하고 맹렬한 감정을 지니고 있음을 뜻하는 말이다 **impassioned**는 마음 속에서부터 울어나오는 깊은 감정의 표현을 암시한다. **ardent**는 불타오를 만큼 열심이거나 열렬하다는 뜻이고, **fervent**는 ardent보다 침착한 열정을 뜻한다. **fervid**는 이상하게 강한 감정이 폭발될 때가 가끔 있음을 암시한다. fervent보다 그 뜻이 강하고 점잖은 말이다.

passive[pǽsiv] [형] 수동의; 소극적인. [반] active 능동적, 적극적. 6
〔《래틴》 *passīvus* capable of feeling 느낄 수 있는←*passus*←*patī* suffer 겪다, 괴로워 하다〕

passport[pá:spɔ:t] [명] 여권, 통항권(通航權), 수단, 보장. 10
〔pass+port〕 ☞ pass, port

past[pɑ:st] [형] 과거의 (bygone), 지나간; 지금까지의; 막 지난. [명] 과거. [전] …넘어(beyond); …지나서(after). 1
〔pass의 과거분사 형〕 ☞ pass

paste[peist] [명], [동] 풀(칠하다); 풀로 붙이다(stick); 반죽 (dough). 5
〔《그》 *pastē* barley porridge 보리죽←*passein* sprinkle 뿌리다〕

pasteboard[péistbɔ:d] [명] 두꺼운 종이, 마분지. [형] 마분지로 만든; 텅 빈; 가짜의.

pastry[péistri] [명] 반죽으로 만든 과자(pie, tart 따위); (넓은 의미의)과자(pie, tart, cake 따위). 8
〔paste+ *-ry* (명사 어미)〕
~ ***cook*** 빵집 주인, 과자 직공.

pasteurize[pǽstəraiz, 《미》pǽstʃəraiz] [동] 저온 살균을 하다, …에 파스투르 살균법을 실시하다.
〔(*Louis*)*Pasteur* (1822~1895; 프랑스 화학자)+ *-ize* (동사 어미)〕

pastime[pá:staim] [명] 오락, 소일거리 (recreation); 유희(game, sport). 4
〔pass+time; that which serves to pass away the time 시간 보내는데 쓰이는 것〕 ☞ pass, time

pastor[pá:stə] [명] (교회나 congregation을 돌보는) 목사《영국에서는 주로 신교의 비국교파 목사나, 루터파 또는 칼빈파의 목사》; 정신적 지도자. 5
〔《래틴》 *pastor* shepherd 목동←*pascere* feed 먹이다, graze 풀을 뜯게 하다; *past-* feed+ *-or*; 풀을 뜯게 하는 사람〕

pastoral[pá:str(ə)l] [형] 목동 (shepherd)의; 전원생활의; 목사의. [명] 목가,

전원시; 목사의 교서(敎書). 7
[pastor+ -al (형용사 어미)]
pasture[pá:stʃə] 명 목초(지), 목장. 통 방목하다; 풀을 먹이다(graze). 2
[《라틴》 *pāstūram* 목장 ← *pascere* graze 풀을 먹이다]

동의어 pasture는 가축이 풀을 먹는 장소를, meadow는 주로 가축에 먹이는 풀, 즉 마른 풀(hay)를 만드는 장소를 가리킨다. ☞ pastor

pasturage[pá:stʃəridʒ] 명 목초; 목장; 방목; 목축업. [pasture+ -age (명사 어미)]

pat[pæt] 명 가볍게 두드리기, 가볍게 두드리는 소리, (버터 따위의) 작은 덩어리. 통 가볍게 두드리다. 형 적합한, 꼭 맞는. 부 꼭; 즉시에(readily). 3
[소리를 본딴 말]

patch[pætʃ] 명 헝겊 조각; (상처에 붙인) 헝겊; 안대(眼帶); 땜마지기, 밭; 얼룩. 통 헝겊을 대다, 수선하다 (mend); (싸움 따위를) 가라앉히다. 3

patchwork[pætʃwə:k] 명 조각 붙이기; 잡동산이(medley).

pate[peit] 명 《속어》 머리(head); 놈, 녀석. 10

patent[péit(ə)nt, pæt(ə)nt] 명 (전매) 특허(품, 증). 형 특허의; 명백한 (plain); 열려 있는(open). 통 …의(전매) 특허를 내다. 5
[《라틴》 *patentem* lying open 열려 있는 ← *patēre* lie open]

paternal[pətə́:n(ə)l] 형 아버지 (쪽)의, 아버지다운; 선조 대대의. ⑩ maternal 어머니(쪽)의. 7
[《라틴》 *paternālis* of father 아버지의 ← *pater* father 아버지 + *-ālis -al* (형용사 어미); pater[péitə]는 학생들 간에는 아버지(father)의 뜻으로 쓰인다. *cf.* maternal] ☞ patron

path[pɑ:θ] 명 (*pl.* paths[pɑ:ðz]) 작은 길; 통로; 인도(footway). 1
[《고영》 *pæth; cf.* (독) *pfad*]

pathless[pá:θlis] 형 길 없는; 미개척의. [path+ -less]

pathos[péiθɔs] 명 애달픔, 비애, 애수. [《그》 *pathos* suffering 괴로움, experience 경험 ← *pathein* suffer 겪다, 고생하다]

pathetic[pəθétik] 형 애수를 느끼게 하는, 감상적(感傷的); 불쌍한. 8
[《그》 *pathētikos* sensitive 감상 ← 적

pathein suffer 겪다, 고생하다]

patient[péiʃ(ə)nt] 형 인내력이 센, 참을 성 있는. 명 환자. ⑩ impatient 참을 성 없는.
[《라틴》 *patientem ← patiens* suffering 겪음, 피로움 ← *patī* suffer 겪다, 피로워 하다]
~ *of*… …을 참고 견디는.
patience[péiʃ(ə)ns] 명 인내 (심); 불요불굴(不撓不屈), 끈기. ⑩ impatience 급한 성미. 3
[patient+ -ce(명사 어미)]
have on ~ *with*… …에 참지 못하다. *be out of* ~ *with*… …에 정떨어지다. *the* ~ *of Job*[dʒoub] 요브와 같은 비상한 참을성(patience without end).

동의어 patience는 인내를 뜻하는 일반적인 말이다. endurance는 정신적, 육체적 고통을 견뎌낼 수 있는 능력을 말한다. fortitude는 확고하고 굴복할 줄 모르는 강한 endurance를 뜻한다. forbearance는 남이 도발한 데 대하여 자기를 억누름으로써 상대방의 비행에 대한 보복을 삼가한다는 뜻이다. stoicism은 스토아 철학자처럼 고통이나 기쁨에 대하여 자기를 억누르고 무관심한 태도를 보인다는 뜻이다.

patriarch[péitriɑ:k] 명 가장, 족장(族長); 주교(특히 Constantinople, Alexandria, Antioch, Jerusalem 또는 Rome의); 원로, 장로. 9
[《그》 *patriarkhēs* head of family 가장 ← *partia* family 가족 ← *patr-, patēr* father+ *-arkhos* leader 지도자 ← *arkhein* lead 지도하다]

patriot[péitriət, pǽtriət] 명 애국자, 지사(志士), 의사. 5
[《그》 *patriōtes* fellow countryman 동포 ← *patrios* of one's father ← *patris* fatherland 조국 ← *patēr* father]

patriotic[pæ̀triɔ́tik] 형 애국심이 강한, 우국(憂國)의. ⑩ traitorious 매국의, 반역의. 6
[patriot+ -ic (형용사 어미)]

patriotism[pǽtriətiz(ə)m] 명 애국심. [patriot+ -ism] 7

통계어 **compatriot**[kəmpǽtriət] 명 동국인, 동포. [*com-* with+patriot]
☞ paternal, expatriate, repatriate

patrol[pətróul] 명 순찰, 순시(대), 순시자; Boy Scouts의 반(班). 통 순시

하다, 순회하다.
[((프))*patrouiller* go through paddles ←*patouiller* paddle 노를 저어 가다←*pate* paw 발톱]

patron[péitr(ə)n, pǽtr(ə)n] 똉 (예슬의)보호자, 후원자, 지지자; (가게 따위의)단골(regular customer); 수호신(guardian saint). 4
[((래틴)) *patrōnus* protector 보호자←*pater* father; one acting as a father 아버지처럼 구는]

patronage[pǽtrənidʒ] 똉 후원; 단골; 애고(愛顧). [patron+ -*age*] 8
under the ~ *of*…… …에 비호하에.

patroness[péitrənis] 똉 patron의 여성. [patron+ -*ess* (여성 명사 어미)]
☞ patternal, pattern

patter¹[pǽtə] 동 펄떡펄떡 뛰어가다, 투덕투덕 소리내다, 후두둑 비가 내리다. 똉 펄떡펄떡 뛰어가는 소리, 후두둑 비 떨어지는 소리. 7
[pat+ -*t*- + -*er*(반복 어미)] ☞ pat

patter²[pǽtə] 똉 빠른 말; 알아 들을 수 없는 소리. 동 빠른 말로 지껄이다, 재게 말하다.
[((래틴)) *paternoster* (Our Father 하느님 아버지)의 처음 부분에서; 기도할 적에 *paternoster*를 빠르게 되풀이하기 때문]

pattern[pǽtən] 똉 모범(model); 본보기(example); 형(型 type); (종이에 뜬) 도안, 무늬(design). 동 모조(模造)하다 [after]. 2
[((중영)) *patron* patron 보호자; patron의 자매어] ☞ patron
~*onself after* …을 모방하다.

pause[pɔːz] 똉 휴식, 쉼, 중지; 구두(句讀); 귀절귀절에서 끊어 읽기. 동 휴식하다, 숨을 돌리다; 주저하다(linger). ⓐ continue 계속해서 하다. 3
[((그)) *pausis* cissation 중단←*pauein* cause to cease 그치게 하다]

pave[peiv] 동 (도로 따위를) 포장(舗装)하다; 준비하다(prepare). 4
[((래틴)) *pavire* beat down]
~ *the way for*… …을 위하여 길을 열다(prepare for); …을 용이하게 하다.

pavement[péivmənt] 똉 포장 (재료); ((영))(포장한) 인도(sidewalk). 4
[pave+ -*ment*(명사 어미)]

pavilion[pəvíljən] 똉 (원유회, 운동회 따위에서 쓰는)큰 천막, (경기장의) 관람석, 선수석; 병동(病棟); 정자; 장식적인 건물. 6
[((중영)) *pavilloun*←((래틴)) *papiliōnem* tent; 원뜻은 나비(butterfly). tent의 형태가 나비와 비슷한 데서]

paw[pɔː] 똉 (개, 고양이의) 발, 손. 동 앞발로 건드리다; (말이)발굽으로 땅을 굵다. *cf.* hoof 말 발굽, (짐승의)발굽. 3
[((중영)) *pawe* ((고프)) *powe*; *cf.*((독)) *pfote*]

pawn¹[pɔːn] 똉 (장기의) 졸; 남의 손발 노릇을 하는 사람.
[((래틴)) *pedōnem* foot soldier 보병←*pēs* foot 발]

pawn²[pɔːn] 똉 저당(抵當), 전당; 저당물(pledge), 볼모. 동 저당 잡히다; (명예 따위를)걸다(risk). 10
[((고프)) *pan* piece of cloth 천 조각]
in (또는 *at*) ~ 전당에 잡혀 있다.

pawnbroker[pɔ́ːnbroukə] 똉 전당포 주인.

pawnshop[pɔ́ːnʃɔp] 똉 전당포(pawnbroker's shop).

pay[pei] 동 (paid) 지불하다; 갚다(reward); (주의, 존경 따위를)하다(render); (벌을) 받다(suffer); 보복하다(revenge). 똉 지불; 급료(wages), 봉급(salary). 형 유료의; 지불해야 할(due). ⓐ owe 빌리다. 1
[((프)) *payer*←((래틴)) *pācāre* pacify 평화롭게 하다←*pac*←*pax* peace 평화; 마음을 평화롭게 하다]
~ -*as-you-earn* ((영)) 원천 과세(방식)(약자 P.A.Y.E.[píːeiwaiíː]). ~ *as you go* ((미)) (외상 거래를 하지 않고) 현금 거래로 해나가다. ~ *a visit to* 방문하다. ~ *back* 빚을 갚다; 보복하다. ~ *down* 현금으로 지불하다; 즉석에서 지불하다. ~ *for* …의 대가를 치르다, …에 보답하다. ~ *off* 남김 없이 지불하다; 급료를 주어서 그만 두게 하다. ~ *one's way* 빚 내지 않고 살아 가다.

payable[péi(i)əbl] 형 지불해야 하는, 지불할 수 있는; 벌이가 될 것 같은. 9
[pay+ -*able*(형용사 어미)]

payday[péidei] 똉 월급날.

payment[péimənt] 똉 지불(금); 보수, 급료; 상환(償還); 복수; 징벌. 3
[pay+ -*ment*(명사 어미)]
☞ peace, pacify

pea[pi:] [명] (*pl.* peas, 《고어, 영 방언》 pease[pi:z]) 완두(豌豆). 3
[주의] 복수 peas의 발음은 [pi:z].
〔*pease* a pea 를 복수로 생각하고 잘못 만든 말. 《중영》 *pese* (*pl. pesen*), *peses* 《고영》 *pisa*, (*pl. pisan*)←《래틴》 *pīsum* a pea 완두콩; 옛 형태 pease는 오늘날에는 peas(e)cod 완두 껍질, pease-pudding 콩가루 푸딩 따위에 남아 있는 것을 볼 수 있다〕
as like as two ~s 쌍동이 같다, 꼭 닮았다(exactly alike).
pea-soup[pí:sú:p] [명] (특히 말린) 완두로 만든 진한 수우프; 《속어》=pea-souper.
pea-souper[pí:sú:pə] [명] 《영속》 (특히 London의) 황색의 짙은 안개.
pea-soupy[pí:sú:pi] [형] 《영속》 (안개가)노랗고 짙은.
peanut[pí:nʌt] [명] 땅콩, 낙화생 《영국 속어로는 monkey-nut 또는 ground-nut[gráun(d)nʌt]라고도 말한다》. 7
~ ***butter*** 땅콩 버터 《인조 버터》.
peace[pi:s] [명] 평화; 평온, 안심; 《보통 복수》 강화(講和). [반] war 전쟁. 1
〔《중영》 《고프》 *pais* ←《래틴》 *pācem* ←*pax* peace; 원 뜻은 협약(compact). *cf.* 《프》 *paix*〕
at ~ 사이 좋게; 평화롭게. ***in*** ~ 평안히, 안심하고. ***keep the*** ~ 치안을 유지하다. ***make*** ~ ***with***… …와 화목하게 지내다, …와 화해하다.
peaceable[pí:səbl] [형] 평화를 좋아하는; 온전한. 〔peace+ *-able*〕 6
peaceful[pí:sf(u)l] [형] 평화로운, 평온한, 평화적; 평상시용의. 3
〔peace+ *-ful* (형용사 어미)〕
☞ pay, pacify, pacific
peach[pi:tʃ] [명] 복숭아 (의 나무), 복숭아 빛깔; 《속어》기가 막히게 좋은 사람(물건); 굉장한 여자. (*cf.* lemon 형편 없는 여자). 3
〔《래틴》 *persicum* a peach 복숭아← *Persicum* (*Mālum*) Persian (apple) ←《페르샤》 *Pārs* Persia 페르샤; 페르샤 사과〕
peacock[pí:kɔk] [명] (수컷의)공작; 허영부리는 사람. [반] peahen(암)공작. 5
〔《중영》 *pecok* ←*pe*←《고영》 *pēa*←《래틴》 *pavō* peacock 공작+ 《중영》 *cok* cock〕
peak[1][pi:k] [명] 봉우리, 산꼭대기; 최고점, 첨단; 모자; 앞차양. [반] foot 산기슭. 4
〔pike와 같은 말〕 ☞ pike
peak[2][pi:k] [동] 살이 빠지다, 수척해지다.
peal[pi:l] [명] (종, 우뢰, 대포 따위의) 울림(loud sound); (음악적으로 음률을 조절한)종, 종악(鍾樂 chime). [동] 울리다, 울려 나오다. 4
〔《중영》 *pele*← *apele* appeal의 첫소리가 없어진 것〕 ☞ appeal
pear[pɛə] [명] (조롱박 모양의) 서양 배(나무). 3
〔《고영》 *pere*←《래틴》 *pirum* pear← *pirus* pear tree 배나무〕
pearl[pə:l] [명], [동] 진주 (로 꾸미다); 진주를 캐다. 2
〔《중영》 *perle*←《래틴》 *perla*←*perna* (a kind of mussel 섭조개의 일종)와 *sphaerula* (globule 작은 구슬)의 혼성어〕
throw(또는 ***cast***) ***~s before swine.*** 《속담》 돼지 앞에 진주 던지기.
pearly[pə́:li] [형] 진주 같은. 9
〔pearl+ *-y* (형용사 어미)〕
peasant[péz(ə)nt] [명] 소작농, 시골뜨기, 농삿군 (*cf.* farmer 농부). [반] townsman 도회인. 4
〔《고프》 *paisant*←*pais* country 시골 ←《래틴》 *pagensem* of district 지역의←*pāgus* district 지역; 《프》 *paysan*〕
[주의] 이 말은 극히 적은 토지 밖에 없는 유럽의 농부들을 가리키는 말로 가난에 쪼들려서 비참한 유럽의 시골 농부라는 뜻이다. 영·미 양국의 농부는 farmer 라고 말하며 아무리 가난하더라도 peasant라고는 하지 않는다.
peasantry[péz(ə)ntri] [명] 《집합적》 농민 (peasants); 시골 풍속. 〔peasant+ *-ry*(명사 어미)〕 ☞ pagan
peat[pi:t] [명] 이탄(泥炭)
pebble[pébl] [명] (둥근) 자갈, 조약돌. 5
〔《중영》 *pobble, pubel*, etc. ←《고영》 *popel*, *papol*, *stān*〕.
peculiar[pikjú:ljə] [형] 독특한, 특유의; 특별한 (special); 이상한 (strange). [반] general 일반적인. 3
〔《래틴》 *pecūliāris* 사유재산의←*pecūlium* private property 사유재산←*pecus* cattle 가축, property 재산; 개인 재산의→ 자기 자신 것의→ 특별한→ 독특한〕
~ ***institution*** 《미 속》 노예제도.
peculiarity[pikjù:liǽriti] [명] 특색, 특

질, 피상한 버릇; 독특함. 8
[peculiar+ -ity] ☞ pecuniary
pecuniary[pikjú:njəri] 혭 금전상의.
[《래틴》 *pecūniārius* of money←*pecunia* money 돈←*pecus* cattle 가축; 옛날 사람에게는 가축이 재산이며 돈이었다. *cf.* cattle, chattels]

pedagog(ue)[pédəgɔg] 혭 선생 (teacher, schoolmaster); (아동)교육자; 학자인체 하는 사람(pedant).
[《그》 *paidagōgos*←*paid-*←*pais* boy +*agōgos* leader←*agein* lead; leader of a boy]

pedagogic(al)[pèdəgɔ́dʒik(l)] 혭 교육학의; 교사의. [《그》 *paidagōgikos*←*paidagōgos* pedagogue; pedagogue + *-ic* (형용사 어미)]

pedagog(u)ism[pédəgɔgiz(ə)m] 혭 교사기질, 현학(衒學).

pedagogy[pédəgɔ̀gi,pédəgɔ̀dʒi] 혭 교육(학), 교수법. [《프》 *pédagogie*← 《그》 *paidagōgia* education 교육; pedagogue + *-y* (명사 어미)]
☞ encyclopaedia, pediatrics, synagogue

pedal[pédl] [또는 pí:dl] 혭 발의(of the feet or foot); 페달의. 혭 발판, 페달. 통 페달을 밟다.
[《래틴》 *pedalis* (thing) of the foot 발의 (것)←*pēs* foot 발] ☞ pawn[1], impede, pedestrian, pedestal
~ *pusher* 《미》 자전거 경기선수.

pedant[péd(ə)nt] 혭 학자인체 하는 사람; 학문을 자랑하는 사람.
[《이태》 *pedante* schoolmaster 교사← 《래틴》 *paedagōgantem* educating 교육하는←*pedagōgāre* educate 교육하다; *cf.* pedagogue]

pedantic[pidǽntik] 혭 학자인체 하는, 학식을 뽐내는. [pedant+ *-ic*]
☞ pedal, pawn[1], impede, pedestrian, peddle

peddle[pédl] 통 도부치다, 행상하다; 쓸데없는 일에 애를 쓰다.
[peddler에서 만들어 낸 말]

pedlar, ped(d)ler[pédlə] 혭 행상인.
[《중영》 *pedlere*←*pedle, ped* basket (for fish) (생선 광주리)의 축소형]7
☞ pedal, pedant, pawn[1], impede, pedestrian

peddlery[pédləri] 혭 행상.

pedestal[(pédistə)l] 혭 (동상 따위의) 대좌(臺座); (꽃병, 남포 따위의) 대(臺), 토대; 기초(foundation). 8
[《이태》 *piedistallo* threshold of a door 문지방←*pie*←《래틴》 *pēs* foot 발 + *di* ←《래틴》 *dē* of + *stallo* stall]
set (a person) *on a* ~ (사람을)손윗 사람으로 존경하다.

pedestrian[pidéstriən] 혭 도보의, 보행의; 단조한 (dull). 혭 보행하는 사람; 통행인; 도보 주의자.
[《래틴》 *pedestri-* ←*pedester* on foot 걸어서←*pēs* foot 발 + *-ian*]
☞ pedal, impede, expedite, pawn[1], centipede

pedigree[pédigri:] 혭 족보, 계도 (系圖 family tree); 계통(linage); 오랜 집안 (ancient descent), 태생, 혈통; (말의) 기원(起源). 혭 혈통이 분명한 (pedigreed). 9
[《고프》 *pied de grue* foot of a crane 계도가 세 갈래로 갈라져 있는 것이 두루미의 발에다 비교한 것] ☞ pedal, pedestal, pedestrian, crane

peel[pi:l] 혭, 통 (과일의) 껍질 (rind) (을 벗기다). 5
[《이태》 *pellare* unskin 껍질을 벗기다←《고프》 *pel* skin 껍질 ←《래틴》 *pellis* skin]

peep[pi:p] 통 들여다보다, 엿보다 [at, into]; 보이기 시작하다, 나타나다 [out, forth]. 혭 엿보기; 최초의 출현. 2

peer[1][piə] 통 자세히 보다, 응시하다[into, at]; 보이기 시작하다 (peep out) [forth]. 2
[appear의 첫 소리가 없어진 꼴]

peer[2][piə] 혭 귀족(nobleman); 동배(同輩), (지위, 재능 따위가) 대등한 자 (equal). 통 ...에 맞먹다.
[혭 《중영》 *per*←《고프》 *per, pair*← 《래틴》 *pār* equal 동등한. 통 《중영》 *peren perer* ←《고프》《래틴》 *pariāre* make equal 똑같이 하다←*pār* equal]
without ~ 견줄 데 없는.

peerless[píəlis] 혭 절륜(絶倫)의; 둘도 없는. 9
[peer 대등한 자+ *-less* without 없는]

peerage[píəridʒ] 혭 《집합적》 귀족계급; 귀족의 작위; (P~) 귀족 명부.
[peer+ *-age* (명사 어미)]
☞ par, pair

peevish[pí:viʃ] 혭 노하기 잘 하는;

투덜거리는, 짜증 잘 내는(fretful).
[《중영》 *pevysh*]

peg[peg] 圏 나무못, 쐐기(못); 마개, 모자걸이; (텐트의 로오프를 동여 매는) 말뚝; 구실(excuse). 동 못을 박다; 나무못으로 죄다; 나무못으로 붙들어 매다 [down]; 부지런히 일하다[away]. 5

pelican[pélikən] 圏 《동물》 펠리칸, 사다새; (P~) 《미》 Louisiana 주민 《별명》; 어수룩한 사나이.
[《그》 *pelekan*, *pelekas* a wood-pecker 딱따구리, water-bird 물새 ← *pelekus* an ax 도끼; 부리가 큰 것이 딱따구리의 도끼처럼 파 헤치는 부리같이 생겼다고 해서]

pelt[pelt] 동 내던지다 (fling) [at]; 몹시 치다; 몹시 치기, 투척(投擲); 난사(亂射); 질주(疾走).

pen[pen] 圏 펜; 글씨, 작가; 가축의 우리. 동 (글을) 쓰다(write), 저작하다; 우리에 넣다. 1
[펜←《래틴》 *pennam* feather 새깃; 펜은 옛날에는 새의 깃을 써서 만들었다. 새깃으로 만든 펜(quill). 우리 ←《고영》 *penn*; *cf.* pin]
The *pen* is mightier than the sword.
《속담》 문(文)은 무(武)보다 강하다.
주의 펜촉은 nib, 펜대는 penholder, 만년필은 fountain-pen이다.

PEN club[pén kláb] 圏 펜 클럽 《문학에 의한 세계 사조의 교류를 목적으로 하는 협회; 본부는 London에 있다》. [International Association of Poets, Playwrights, Editors, Essayists and Novelists (국제 시인·극작가·편집인·수필 작가 및 평론가·소설가 협회)의 단축 형태]

pen-name[pénneim] 圏 펜 네임, 필명(筆名).

pen-pal[pénpæl] 圏 펜팔, 편지로 사귄 친구.

penal[píːn(ə)l] 圏 형벌의; 형사상의 (criminal); 벌을 받아야 할(punishable). [《래틴》 *paenālis* of punishment 벌의 ← *paena* punishment 벌←《그》 *poinē* penalty 형벌]

penalize[píːnəlaiz] 동 유죄를 선고하다; (경기에서 반측자에게) 벌을 주다.
[penal + -ize (동사 어미)]

penalty[pén(ə)lti] 圏 형벌(punishment), 벌금. 반 reward 보수, 상금. 7
[penal + -ty(명사 어미)]

under(또는 *on*) ~ *of*… 위반하면 …의 벌에 처한다는 조건으로. ☞ pain

penance[pénəns] 圏 참회; 고행(苦行). 7
[《고프》 *peneance*←《래틴》 *poenitentiam* penitence 후회]
do ~ 고행하다; 참회하다, 회개하다.
☞ penitent

pence[pens] 圏 penny의 복수. 7
☞ penny

pencil[pénsl] 圏 연필; (고어) 그림붓 (paintbrush). 동 연필로 쓰다 (그리다); 눈썹을 그리다. 2
[《öhゼ》 *pencel* pencil←《래틴》 *pēnicillun* (a painter's) brush (그림)붓 ←*penis* tail 꼬리; 원 뜻은 꼬리나 연필의 뜻은 tail의 영향을 받아서 생긴 것]

penicillin[pènisílin] 圏 페니실린.
[《래틴》 *pēnicillium* 푸른 곰팡이←*pēnicillum* small brush 작은 붓←*penis* tail 꼬리; 사상균(絲狀菌)의 끝이 붓처럼 되어 있다고 해서. 어미 *-in*은 화학 약품명에 많이 붙는 것. 보기; mycin, gelatin, etc.]

penis[píːnis] 圏 (*pl.* penes[píːniːz]) (해부) 음경(陰莖). [《래틴》 *penis* tail 꼬리]

pendant[péndənt] 圏 (목거리, 귀걸이 따위의) 늘어뜨린 장식; 매어 다는 남포, 샨데리어; 긴 기(旗) (pennant). 7
[《중영》 (프) *pendant* hanging 늘어뜨려진, 매달린←*pendre* hang 매달다←《래틴》 *pendēre* hang]

pendent[péndənt] 圏 늘어뜨린(hanging); 미결의(undecided); 현안 중의 (pending). 9
[《래틴》 *pendentem* hanging←*pendēre* hang 매달리다] ☞ pendant

pending[péndiŋ] 圏 미결의(undecided), 현안 중의. 전 …하는 동안(during); …까지. 반 decided 기결의.
[pend (동 hang 매달리다, wait 기다리다) + *-ing*←《래틴》 *pendēre* hang; hanging 매달리고 있는; *cf.* during 전 … 하는 동안]

pendulum[péndjuləm] 圏 시계 추, 그네 추. 9
[《래틴》 *pendulum pendulus* hanging 매달린←*pendēre* hang 매달리다]
a swing of the ~ (인심, 여론 따위의) 추향(趨向), 바꾸어지는 방향; 세력의 성쇠.

penetrate[pénitreit] 톱 관통하다(pierce through); 뚫고 나가다; 배어들(게 하)다; 알아채다
[《라틴》*penetrātus* gone into ←*penetrāre* go into 들어가다←*penitus* within +-*trāre* enter; 속으로 들어가다]
penetrating[pénitreitiŋ] 툅 뚫고 들어가는; 통찰력이 있는, 날카로운 (acute); (소리 따위가) 잘 들리는.
[penetrate +-*ing* (현재분사 어미)]
penetration[pènitréiʃ(ə)n] 툅 관통, 투철(透徹). [penetrate + -*ion*(명사 어미)]

penguin[péŋgwin; péŋgwin] 툅 펭긴새; (비행용이 아닌)연습용 활주기;《속어》영국 부인 비행회 회원.

peninsula[pinínsjulə] 툅 반도 《약자 pen(in).》; (the Peninsula) 이베리아 반도. 5
[《라틴》*peninsula*←*peni*- ←*pæne* almost+*insula* island; almost an island 거의 섬이라고 해도 될 정도로 바다에 싸인 토지] ☞ insular
peninsular[pinínsjulə] 툅 반도(형)의; (P~) 이베리아 반도의. 톱 반도의 주민. [peninsula + -*ar*(형용사 어미)]

penitent[pénit(ə)nt] 툅 후회하는, (종교상의) 참회하는. 톱 참회하는 사람, 후회하는 사람.
[《라틴》*pænitentem* repenting 후회하는←*pænitēre* repent 후회하다]
penitence[pénit(ə)ns] 톱 후회(repentance); 참회. [penitent + -*ce*(명사 어미)] ☞ penance
penitentiary[pènitén/ə́ri] 툅 후회의; 징치(懲治)의; 《미》교도소 행의. 톱 징치감(懲治監); 《미》교도소(prison); 감화원. [penitence+-*ary*]

pennant[pénənt] 톱 긴 기(旗 pennon), 작은 기, 삼각기; 《미》(운동 경기의) 우승기.
[pennon을 연상한 pendant의 변형]
pennon[pénən] 톱 긴 삼각기; (일반적으로)기.
[《라틴》*pennam* feather 새털]
penny[péni] 톱 (*pl.* 금액은 pence, 수는 pennies) 페니(영국의 청동전=1/12 shilling; 숫자 뒤에는 p.로 줄여 적는다); 《미 · 캐나다》센트(cent) (100 pennies=1 dollar; 복수형은 pennies). 2
[《고영》*penig, pening, pending*(coin) of King Penda of Mercia 메르키아의 펜다 왕의(동전); *cf.* 《독》*p. ennig* (독일의 청동전, 1/100Mark상당)
a pretty (또는 *fine*) ~ 꽤 많은 돈. *A penny saved is a penny gained.* 《속담》한푼을 저축하면 그 만큼 번 셈이 된다. *Take care of the pence, and the pounds will take care of themselves.* 《속담》작은 일을 소홀히 하지 않으면 큰 일은 결로 되는 법이다. 참고 복수에서는 pence는 2펜스에서 11펜스까지와 20펜스는 수사와 pence가 한 덩어리로 복합어를 이루고, pence에는 accent를 주지 아니한다.
보기: twopence[tápəns], threepence [θrépəns] fourpence[fɔ́:p(ə)ns], five pence[fáivpəns], elevenpence[ilévnpəns]. 그 외의 경우에는 seventeen pence[sévntí:n péns], twenty pence [twénti péns] 처럼 떼어 쓴다.

pension[pénʃ(ə)n] 톱 연금(年金). 툅 연금을 주다; [pɑ̃:(ŋ)sió(ŋ)] (프랑스 따위 유럽 대륙에서) 하숙집 (boardinghouse); 기숙학교(boarding-school). 6
[《라틴》*pensiōnem* payment 지불←*pensus* paid←*pendere* pay 치르다; 원 뜻은 "저울에 달다"→(돈을) 저울에 달아 주다→치르다→연금을 주다]
live en ~ [liv ɑ̃: pɔ̃:(ŋ) sió(ŋ)] 하숙(기숙사)생활을 하다 (live as a boarder). ~ *off* 연금을 주어서 퇴직시키다, 연금을 받고 퇴직하다. *old age* ~ 양노(養老)연금.

pensioner[pénʃ(ə)nə] 톱 연금 따위를 받는 사람; 남에게 의지하는 사람. 9
[pension + -*er*(사람을 뜻하는 어미)]

pensive[pénsiv] 툅 생각에 잠긴(thoughtful), 묵상하는(musing); 구슬픈(melancholy). 5
[《중영》*pensif*←《프》*pensif, pensive* thoughtful 생각에 잠긴 ← *penser* think 생각하다]
동의어 pensive는 깊은 생각에 잠겨 있음을 뜻하며, 슬픔이나 걱정이 있음을 암시할 때가 많다. contemplative는 추상적인 것에 대하여 생각을 강력히 집중시킨다는 뜻으로 습관적인 행동을 뜻할 때가 많다. reflective는 뚜렷한 이해나 결론에 도달하려고 골똘히 생각한다는 뜻이고, meditative는 고요하고 꾸준히 생각에 잠겨 있음을 뜻하며 reflective처럼 이해나 결론에 도달한다는 뜻은 없다. ☞ pension, pansy

people[pí pl] [명] 사람들(persons); 국민(nation), 민족(race); (한 지방의) 주민(inhabitants); 집안 사람들, 가족(family); 서민(common people); 세상 사람들(they). [동] 사람을 살게 하다, 주민을 채우다(populate). 1
〔《프》 *peuple* ←《래틴》 *populum* people←*populus*〕
as ~ *go* 일반적으로 말하면, 다른 사람들식으로 말한다면. ~ *say that* … 세상에서는… 이라고들 한다.
of all ~ 하도 많은 사람중에.
[참고] a people = a nation 국민, a race 민족; peoples=nations 여러나라 사람들, races 여러민족.

pepper[pépə] [명], [동] 후추(를 뿌리다); (탄환·질문 따위를) 퍼붓다. 4
〔《그》 *peperi* pepper 후추 ←《산스크릿》 *pippalī*; 원 뜻은 무화과 나무의 열매〕
peppercorn[pépəkɔ:n] [명] (말린)후추 열매; 시시한 것. 〔《고영》 *piporcorn*; pepper+corn〕 ☞ corn
peppery[pépəri] [형] 후추의, 후추 같은; 매운(pungent); 신랄한; 성미가 급한(hot-tempered). 〔pepper+*-y*〕

per[pə:] [전] …에(대해); …으로, …에 의하여(through). 2
〔《래틴》 *per* through, by …에 의하여〕
~ *annum*[-ǽnəm] 일년에 (by the year). ~ *centum*[séntəm] 백에 대하여. ~ *usual* 전대로.
percent[pəsént] [명] 퍼센트 《기호 %; 약자 p.c.); 《속어》 100분율 (percentage); *pl.* (…부 이자의)공채(bonds). 〔《래틴》 *per centum* per hundred; 100에 대하여〕
percentage[pəséntidʒ] [명] 백분율; 할(割), 비율; 수수료; 《미속》이익 (profit). 〔*per*+*cent* hundred 백+ *-age* (명사 어미)〕 9
[참고] per cent에는 생략부호 ( )를 그 끝에 붙이지 않는 것이 보통이다. 또 percent로 이어서 적는 수도 있다.

peradventure[p(ə)rədvéntʃə] [명] 걱정; 의문; 불안. [부] 《고어》 우연히, 혹시; 아마. 〔《중영》 *peraventure*←《고프》 *par avanture*←*par*←《래틴》 *per* by, +*aventure* adventure; by adventure 모험으로, 우연히〕 7
lest ~ …하는 일이 없도록. *out of* (또는 *without*) ~틀림없이, 확실히.

perceive[pəsí:v] [동] 지각하다, 느껴 알다; 이해하다(understand); 알아채다. [반] overlook 못 보고 넘기다. 3
〔《래틴》 *percipere* ←*per-* through+*caper* take; take through, perfectly 완전히 파악하다〕
perceptible[pə(:)séptibl] [형] 느껴 알 수 있는; 명백한; 알아챌 만큼의. 9
〔perceive +*-ible* (형용사 어미)〕
perception[pəsépʃ(ə)n] [명] 지각 (작용); 감지(感知); 인지(認知); 이해.
〔perceive+ *-ion* (명사 어미)〕 8
☞ captive, conceive, deceive, receive

perch[pə:tʃ] [명] (새의) 횃대. [동] (새가) 앉다(alight)〔on〕; (높은 곳에) 앉(히)다, 놓다. 3
〔《프》 *perche*←《래틴》 *pertica* rod 작대기, bar 막대기〕
come off your ~ 거만하게 굴지 마라.

perchance[pə(:)tʃá:ns] [부] 《고어》 우연히; 아마. 5
〔《중영》 *per chance* ←《고프》 *par* by +*chance* chance; by chance 우연히〕
☞ peradventure

perdition[pə:díʃ(ə)n] [명] 파멸; 지옥에 떨어짐; 지옥(hell). 9
〔《래틴》 *perditiōnem* act of destroying 파괴 행위 ←*perditus* lost 잃어진 ←*perdere* lose 잃다, throw away 팽개치다←*per-* away, by +*dare* give; give away 포기하다→잃다→파괴하다→파멸, 지옥〕

peremptory[pərém(p)t(ə)ri] [형] (명령 따위가) 절대적인, 왈가왈부하지 못하는; 단호한(decisive); 뱃장좋은 (positive). 9
〔《래틴》 *peremptōrius* destructive 파괴하는, decisive 결정적 ←*peremptus* prevented 방지된←*perimere* prevent 막다, destroy 파괴하다←*per-* utterly +*emere* take; take away entirely 완전히 없애다→파괴하다→꼼짝 못하게 하다→절대적인〕
peremptorily[pərém(p)t(ə)rili] [부] 단호하게; 독단적으로.

perennial[pərénjəl] [형] 영구히 계속 되는; 일년 내내 시들지 않는; (식물이) 다년생의; *cf.* annual 일년생의, biennial 이년생의.
〔《래틴》 *perennis* lasting through the year 일년 내내 계속되는 ←*per-*

perfect[pə́:fikt] 형 완전한(complete), 완전무결한(faultless); 이상적(ideal); 순전한(utter); 《문법》 완료의. [pə(:)fékt] 동 끝마치다, 이행하다(complete). ⓐ defective, imperfect 불완전한.
[《라틴》 *perfectus* completed 완성된 ←*perficere* complete 완성하다←*per*- thorougly 완전히 ←*facere* do; done thoroughly 철저히 한→완전히 한]
~ oneself in… …에 아주 익숙하다.
perfectly[pə́:fik(t)li] 부 완전히; 이상적으로; 전적으로.
perfection[pəfékʃ(ə)n] 명 완전, 완성; 숙달; 극치, 전형. 4
[perfect+-*ion* (명사 어미)] ☞ fact
be the ~ of …의 극치이다.
perforate[pə́:fəreit] 동 구멍을 내다, 꿰뚫다(pierce)[into, through]; (종이 따위에) 바늘 구멍을 뚫다.
[《라틴》 *perforātus* bored 구멍이 뚫린←*per*- through+*forāre* bore 구멍을 내다; bored through 꿰뚫린]
~*d stamps* 절취선에 바늘 구멍을 내어 놓은 우표.
perforation[pə̀:fəréiʃ(ə)n] 명 구멍을 뚫기; 바늘 구멍. [perforate+-*ion*]
perform[pəfɔ́:m] 동 하다, 실행하다(do); 수행하다(carry out); 연주하다(play), (어떤 역을)하다(act). 2
ⓐ neglect 태만하다.
[《고프》 *parfournir* ← *par*-←《라틴》 *per*- thoroughly 철저히 + *fournir* furnish 장비하다; 《고프》 *fourme* ← 《라틴》 *foram*의 영향으로 변한 것]
동의어 perform (명 performance)은 보통 노력이나 숙련이 필요한 일을 수행한다는 뜻이나, execute (명 execution)는 계획이나 제안 또는 명령받은 일을 실행에 옮긴다거나 완성한다는 뜻이다. discharge (명 discharge)는 책임이나 자기 본분을 다한다는 뜻이고, accomplish (명 accomplishment)는 계획이나 목적을 완전히 수행한다는 뜻이며, achieve (명 achievement)는 장해를 극복하고 가치 있는 일을 accomplish한다는 뜻이다. effect는 큰 노력의 결과 achieve 한다는 뜻이나, 이 뜻으로는 별로 쓰이지 않는다. fulfil(l)은 기대되는 일이나 요구된 바를 충분히 실현시킨다는 뜻이다.
performance[pə(:)fɔ́:məns] 명 실행, 수행, 이행; 업적; 일, 작품(work); 연주, 연기; 흥행. [perform+-*ance*] 5
performer[pə(:)fɔ́:mə] 명 실행자, 이행자; 연기자, 연주자. [perform+-*er* (사람을 뜻하는 어미)] ☞ furnish
perfume[pə́:fju:m] 명 향기, 방향(芳香 sweet smell); 향수, 향료. [pəfjú:m] 동 향수를 바르다, 향기를 풍기다. 4
ⓐ stench 악취.
[《프》 *parfum*←*parfumer* scent 냄새 피우다 ←*par*-←《라틴》 *per*- thoroughly+*fumer* 《라틴》 *fūmāre* smoke 연기 피우다 ←*fūmus* smoke 연기; 온통 연기 피우다]
perhaps[pəhǽps, 《속어》 præps] 부 아마 (possibly); 혹시나 (maybe). ⓐ certainly 확실히. 1
[《중영》 *per* by+*happes* chances; by haps or chances 우연히, 아마; *cf.* hap[hæp] 우연; 우연히…하다]
☞ hap, happen, happy
peril[péril] 명 위험(danger), 위난; 손실; 모험. 동 위태롭게 하다(imperil); 걸다(risk). ⓐ safety 안전. 4
[《프》 *peril*←《라틴》 *periculum* trial 시도, danger 위험←*perīri* try 해보다]
at the ~ of …을 걸고.
perilous[périləs] 형 위험한; 모험적인. ⓐ safe 안전한. [peril+ -*ous* (형용사 어미)] 5
[통계어] **parlous**[pá:ləs] 형 《주로 고어》 위험한(perilous); 빈틈 없는(shrewd). 부 심하게(extremely).
[perilous의 준 말].
period[píəriəd] 명 기(期), 기간, 시기; 시대(age), 세대(era); 종지부, 생략부호;《보통 복수》 월경(menses). 명 어떤 시대 특유의, 어떤 과거시대의. 2
[《라틴》 *periodus* ← 《그》 *periodos* going round 빙빙 돌기, cycle 순환, period 기간 ←*peri*- round +*hodos* way 길; 빙빙 → 도는 길, 순환→기간]
at fixed ~s 정기적으로, *put a ~ to*… …에 종지부를 찍다; 끝장을 내다.
periodical[pìəriɔ́dik(ə)l] 형 주기적인; 정기 간행의. 명 정기 간행물.
[period+- *ical* (형용사 어미)] 6
통의어 period는 시간의 한 구획이라는 원 뜻에서 시대를 뜻하는 일반적인 말이다. epoch는 근본적인 변화나 새

로운 발견에 의하여 특징지워지는 시기나 또는 시기의 시작을 뜻한다. **era**는 보통 특수한 사건으로 대표되는 역사상의 한 시대로서, epoch에서 시작되어 진전되는 한 period이다. **age**는 중심 인물이나 현저한 특징에 의하여 구분되는 시대로 역사상, 또는 고고학상으로 크게 나누어 놓은 시대이다. **aeon**(또는 **eon**)은 막연히 오랜 period를 뜻하는 문장 용어이다.

periscope[périskoup] 圀 잠망경.
[((그) *periskopein* look around 주위를 보다←*peri-* around+*scopos* mark, to shoot at 겨냥하다 ← *skeptesthai* look out 내다 보다] ☞ scope

perish[périʃ] 圄 죽다, 말라 죽다; 멸망하(게 하)다; 썩다. 3
[((프) *periss- perir* perish 멸망시키다←((라틴) *perīre* pass away 사라지다 ← *per-* away+*īre* go; go away 가버리다→사라지다→멸망하다]
be ~ed (굶주림·추위 따위로) 쇠약하다, 시달리다.

perishable[périʃəbl] 圀 썩기 쉬운; 멸망하기 쉬운; 죽어야 되는. 圀 *pl.* 썩기 쉬운 음식. [perish+-*able*]

permanent[pə́:mənənt] 圀 영구한; 불변의(durable); 언제나 두는. 圀 (미속) 파마(permanent wave).
ⓐ transient 무상(無常)의, temporary 일시적, 임시의. 4
[((라틴) *permanentem* enduring, continuing 계속 되는 ←*permanēre* endure 계속하다 ←*per-* through+*manēre* remain; "계속해서 남아 있는"이 원뜻]
~ wave 파아마(영국속어로는 perm 이라고 줄여서 말한다). *~ way* 철도의 레일.

permanence[pə́:mənəns] 圀 영구(성), 항구불변, 영속(성). [permanent+-*ce* (명사 어미)]

permit[pə(:)mít] 圄 허락하다(allow); 용납하다(admit)[of]. [pə́:mit] 圀 허가(증), 증명서. ⓐ prohibit, forbid 금하다. 2
[((라틴) *permittere* let go through 통과하게 하다 ←*per-* through +*mittere* send 보내다]
weather ~ting 날씨 여하에 따라서.
permission[pəmíʃ(ə)n] 圀 허락, 허가(leave), 면허(license). 4
[permit+-*ion* (명사 어미); *cf.* omit→omission; admit→admission, etc.]
☞ mission, missile, commit, omit, admit

pernicious[pə:níʃəs] 圀 해로운(injurious); 파괴적인(destructive). 8
[((라틴) *perniciōsus* destructive 파괴적인←*pernicies* destruction 파괴←*per-* throughly+*nex* death 죽음; 원뜻은 완전한 죽음→완전히 죽이는→파괴적]

perpendicular[pə̀:p(ə)ndíkjulə] 圀 수직의(vertical); 꼿꼿이 선(upright); 깎아 세운 듯한 (very steep). 圀 수직(선). ⓐ horizontal 수평선(의). 8
[((라틴) *perpendiculāris* according to the plumbline 추가 떨어지는 줄에 따른←*perpendiculum* plummet 추, careful measurement 세심한 측정←*perpendere* weigh or measure carefully 조심해서 달다←*per-* thoroughly +*pendere* weigh 달다]

perpendicularly[pə̀:p(ə)ndíkjuləli] 旣 수직으로; 꼿꼿이.

perpetual[pəpétju(ə)l] 圀 영구적(eternal); 끊임 없는 (incessant); 종신(終身)의. ⓐ momentary 잠시의. 4
[((라틴) *perpetuālis* universal, general 일반적인←*perpetuus* unbroken 깨어지지 않은, permanent 영원한←*per-* through+*petere* go; going through 계속 가는]

perpetually[pəpétjuəli] 旣 영구히, 끊임 없이, 영속적으로.
perpetuate[pəpétjueit] 圄 영속시키다, 영원히 남기다. 10
[((라틴) *perpetuātus* ←*perpetuāre*←*perpetere;* perpetual+ -*ate*(동사 어미)]

perplex[pəpléks] 圄 어쩔 줄 모르게 하다(puzzle), 괴롭히다. ⓐ simplify 간단하게 하다. 4
[((라틴) *perplexus* entangled 엉클어진, confused 혼란된←*per-* thoroughly 완전히 +*plexus* entangled←*plectere* weave 짜다]

perplexed[pəplékst] 圀 어쩔 줄 모르는, 곤란한; 당황한. [perplex+ -*ed* (과거분사 어미)]

perplexing[pəpléksiŋ] 圀 당황하게 하는 (embarrassing); 복잡한(complicated). [perplex+-*ing*(현재분사 어미)]
perplexity[pəpléksiti] 圀 어리둥절함, 난처함; 당황. 8

persecute[pə́:sikju:t] 동 (이교도 따위를) 박해하다; 귀찮게 괴롭히다(annoy) [with]. ⓑ support 옹호하다.
[《래틴》 *persecūtus* pursued 추구된← *persequī* pursue 추구하다←*per*- thoroughly+*sequī* follow; "끝까지 따라가다"가 원 뜻]

persecution[pə̀:sikjú:ʃ(ə)n] 명 학대, 박해; 졸라댐. [persecute+ -ion (명사 어미)] ☞ sequence

persevere[pə̀:sivíə] 동 견디다(endure); 굴하지 않고 계속하다(persist) [in, with]. ⓑ effeminate 나약해지다.
[《래틴》 *persevērāre* continue steadily 꾸준히 계속하다←*persevērus* very strict 대단히 엄격한←*per*-thoroughly+*sevērus* earnest 성실한]

persevering[pə̀:sivíəriŋ] 형 참을성 있는; 끈기 있는. [persevere+ -ing (현재분사 어미)]

perseverance[pə̀:sivíər(ə)ns] 명 인내; 끈기, 불굴(不屈). [persevere+ -ance (명사 어미)]

persimmon[pəsímən] 명 감(나무). [《북미 인디안》 *pasimenan* (artificially) dried fruit (인공적으로) 말린 과실]

persist[pə(:)síst] 동 고집하다(insist); 지속하다. ⓑ desist 단념하다.
[《래틴》 *persistere* continue steadfastly 꾸준히 계속하다←*per*- through+*sistere*←*stāre* stand; stand through 계속 남아 있다)
~ **in** ··· ···을 주장하다(insist on).

persistence[pə(:)síst(ə)ns] 명 고집; 영속성. [persist+ -ence]

persistent[pə(:)síst(ə)nt] 형 고집하는; 끈기 있는 (persevering); 끊임없는(lasting). [persist+ -ent (형용사 어미)]

person[pə́:sn] 명 사람, 인물; 신체(body); 풍채, 용자(容姿); 법인(法人); 《문법》 인칭(人稱).
[《래틴》 *persōnam* face mask used by actors 배우에 의하여 쓰이던 탈→그 탈을 쓰는 사람→단순히 사람; parson 과 자매어]
in ~ 몸소, 친히. *in his* (또는 *her*) ~ 의 대리인으로서. *artificial* ~ 《법》 법인. *in one's* (*own*) ~ 자기 자신으로서 (남의 대리가 아니고).

personable[pə́:s(ə)nəbl] 형 풍채가 좋은; 품위 있는. [person+ -able]

personage[pə́:s(ə)nidʒ] 명 명사, 인물. [person+ -age (명사 어미)]

personal[pə́:sn(ə)l] 형 개인적(individual); 사적(private); 신체의, 풍채의; 개인에 관한; 《문법》 인칭의. [person+ -al (형용사 어미)]

personality[pə̀:sənǽliti] 명 개성(individuality); 인격, 인품; *pl.* 인신비평(personal remarks). [personal+ -ity (명사 어미)]

personally[pə́:snəli] 부 몸소, 친히 (in person); 자기로서는; 개인적으로.

personate[pə́:səneit] 동 ···역을 맡아 하다(act); ···인체 하다(pretend). [person+ -ate (동사 어미)]

personation[pə̀:sənéiʃ(ə)n] 명 역을 맡아 하기; 분장(扮裝). [personate+ -ion (명사 어미)]

personify[pə:sɔ́nifai] 동 의인화하다, 인격화하다; 구현하다; ···의 화신(化身)이다. [person+ -ify (동사 어미)]

personification[pə:sɔ̀nifikéiʃ(ə)n] 명 의인화(擬人化); 구현(embodiment); 화신(化身); 인격화. [person+ -fication]

personnel[pə̀:s(ə)nél] 명 (관청·군대·회사 따위의) 전 종업원, 직원 전부.
[《프》 *personnel* personal (형용사의 명사적 용법)←《래틴》 *persona* person] ☞ impersonate

perspective[pə(:)spéktiv] 명 원근법, 투시 화법; 원경(遠景 distant view); (장래의) 전망(prospect).
[《래틴》 (*ars*) *perspectīva* (science) of optics 광학(光學) ← *perspectus* looked through 투시된←*per*- through←*specere* look 보다]

perspire[pəspáiə] 동 땀이 나다(sweat).
[《래틴》 *perspīrāre* breathe through ···을 통해서 호흡하다 ←*per*- through +*spīrāre* breathe 숨 쉬다]

perspiration[pə̀:spiréiʃ(ə)n] 명 발한 (發汗); 땀(sweat). [perspire+ -ation (명사 어미)]

[동의어] 점잖은 좌석에서는 **perspire**, **perspiration**을 사용하며, **sweat**를 쓰지 않는 경향이 있으나, 동물의 땀이나 물건에 이슬이 맺힌 것은 **sweat**를 써야 된다. 보기: Iced glasses *sweat* in hot weather. 날씨가 더우면 냉각해 놓

은 유리잔에는 이슬이 서린다. "맘이 나다"를 Victoria 여왕 때에는 그 흘리는 대상에 따라 다음과 같이 갈라 말하기도 하였다. Horses *sweat*, gentlemen *perspire*, ladies *glow*. cf. sweat.
☞ aspire, inspire, expire, respire, spirit

persuade[pə(:)swéid] 통 설복하다; 믿게 하다(convince). ⑩ dissuade 단념시키다. 3
[(래틴) *persuādēre*←*per*- thoroughly 완전히+*suādēre* advise 충고 하다]
~ *oneself* 믿다. *be* ~*d of* (또는 *that*)… …을 믿다.

persuasion[pə(:)swéiʒ(ə)n] 명 설복, 설득(력); 확신(conviction); 신앙(religious belief); 종파(sect). 7
[persude+ -*ion*(명사 어미)]

persuasive[pə(:)swéisiv] 형 설득할 수 있는, 설복을 잘 하는. [persuade+ -*ive*(형용사 어미)] 8
☞ suasion, suave, dissuade

pert[pə:t] 형 건방진(impertinent); 《미속》활발한(lively). 10
[(중영) *apert*←(고프) *apert* open "열린"과 (고프) *aspert* skilled "숙련한"의 혼성어]

pertain[pə(:)téin] 통 속하다(belong) [to], 관계하다 (relate) [to]; 알맞다 (be appropriate) [to]. 6
[(래틴) *pertinēre* extend←*per*- thoroughly+*tenēre* hold; hold thoroughly 꽉 쥐고 있다]

pertinent[pə́:tinənt] 형 적절한(appropriate); 관계 하는 (related) [to]. ⑩ impertinent 적절하지 못한.
[(래틴) *pertinentem* extending 연장하는, relating 관계하는 ← *pertinēre* extend, relate; pertain+ -*ent*]
☞ abstain, contain, detain, entertain, maintain, retain, sustain, tenant

peruse[pərú:z] 통 숙독하다(read through carefully); (안색 따위를) 살피다 (scan). 7
[(래틴) *per*- thoroughly + *use*; use up 철저히 쓰다]
참고 peruse는 read carefully or thoroughly "숙독하다, 정독하다"의 뜻이나 일반적으로는 단순히 read "읽다"의 점잖은 말, 또는 거드름 피우는 말로 쓰인다. 엄밀히 구별하면, 간판이나 광고 따위는 read하고 보험증서나 법률문서, 또 자기가 특히 관심을 갖는 광고따위는 peruse 한다고 말할 수 있겠다.

perusal[pərú:z(ə)l] 명 숙독, 정독; 통독. [peruse+-*al*] ☞ use

pervade[pə(:)véid] 통 확장하다, 퍼지다(spread); 배어들다. 8
[(래틴) *pervādere* spread ← *per*-through+*vādere* go; go through 침투하다, 퍼지다]

pervasion[pə(:)véiʒ(ə)n]명 침투; 확장; 보급.[pervade+-*ion*(명사 어미)]

perverse[pəvə́:s] 형 터무니 없이 고집하는, 외고집의; (성질이) 비꼬인; 제멋대로의(wayward); 사악한(wicked). 7
[(래틴) *perversus* overthrown 뒤집어진←*per*- thoroughly+*vertere* turn; turn wrong 나쁘게 비틀어지다]

perverseness[pəvə́:snis] 명 외고집, 비꼬인 성질, 심술궂음.
[perverse+ -*ness*(명사 어미)]

perversity[pə(:)və́:siti] 명 고집, 외고집; 심술, 비꼬인 성질. [perverse+ -*ity*(명사 어미)]

pervert[pə(:)və́:t] 통 곡해하다(misinterpret); 악용하다 (abuse); 나쁜 길로 이끌다(lead astray), 나쁜 길에 빠지다. [pə́:və:t] 명 배교자(背教者); 성욕도착자(性慾倒錯者), 변절자. 8
[(래틴) *pervertere* overthrow 뒤집다 ←*per*- +*vertere*]

perversion[pə(:)və́:ʃ(ə)n] 명 곡해, 악용; 악화; 성욕도착(性慾倒錯).
[pervert+ -*ion*(명사 어미)]

pessimist[pésimist] 명 염세주의자, 비관론자. ⑩ optimist
[(래틴) *pessimus* worst←*pējor* worse, + -*ist* (사람을 뜻하는 명사어미); 모든 것이 최악의 상태로 되어간다고 슬퍼하는 사람]

pessimism[pésimiz(ə)m] 명 비관론, 염세(주의). [(래틴) *pessimus* worst + -*ism* (명사어미)]

pessimistic[pèsimístik] 형 염세적인. ⑩ optimistic ☞ optimist

pessimize[pésimaiz] 통 비관하다.

pest[pest] 명 페스트, 흑사병(pestilence); 악역(惡疫 plague); 재해, 해독, 해로운 사람(짐승). 9
[(래틴) *pestis* plague 악역]
Pest on (또는 *upon*) *him* 염병할자식!

pestilence[péstiləns] 명 유행병(epidemic); 페스트; 해독.

[《래틴》 *pestilentia*←*pestis* plague+ -*ce*(명사 어미)]

pestilent[péstilənt] 혱 해로운(noxious); 치명적인(fatal), 위험한.

[《래틴》 *pestilentem* infectious 전염성의, unhealthy 건강하지 못한←*pestis* plague]

pester[péstə] 통 괴롭히다(annoy); 애먹이다(trouble). 혱 귀찮은것.

[《고프》 *empestrer* hobble (a horse) (말을) 발을 잡아 매다←《래틴》 *pāstōrium* tether 매는 쇠사슬; pest의 뜻이 뒤에 덧붙여진 것]

pet[pet] 혱 귀여워 하는 것; 마음에 드는 것(사람)(favorate). 혱 마음에 드는 (favorate), 특히 좋아하는. 통 귀여워 하다, 애무하다(fondle). 4

petal[pétl] 혱 꽃잎. 6

[《래틴》 *petal* metal plate 금속판← 《그》 *petalon* leaf 잎]

주의 pedal "발판"과 혼동치 말 것.

petition[pitíʃ(ə)n] 혱 소원(訴願), 청원, 탄원. 통 청원하다, 탄원하다. 5

[《래틴》 *petītiōnem*←*petere* seek 추구하다]

petrify[pétrifai] 통 돌로 화하다; (놀라움·공포 따위로) 움직이지 못하게 되다, 무감각하게 하다(되다). 10

[《프》 *petrifier* petrify ← *petri-* ← 《래틴》 *petra* rock 바위, stone 돌 ← 《그》 *petra* + -*fier* ←《래틴》 *facere* make 만들다; make stone 돌로 만들다]

petrol[pétr(ə)l] 혱 휘발유 ((미) gasoline).

petroleum[pitróuljəm] 혱 석유. 6

[《그》 *petra* rock, *petros* stone 돌 +《래틴》 *oleum* oil 기름; rock oil 바윗기름, 석유]

참고 *petro-*(←《그》 *petra* rock 바위; *petros* stone 돌)는 그리스도의 제자 성 베드로(St. Peter)의 Peter와 같은 말이다. 마태 복음 16장의 예수 그리스도의 말씀을 보면 "Thou art *Peter*, and upon this *rock*, I will build my church. (그대는 베드로 (바위의 뜻)이니, 이 바위에 내 교회를 지으리라"함도 이런 까닭에서이다. ☞ oil

petticoat[pétikout] 혱 (여자·아동용의) 스커어트, (특히) 속치마(underskirt), 페티코우트; 《속어》 부인(woman), 소녀(girl). 혱 부인의(female), 여성적인(feminine). 5

[*petty* little+coat; little coat]

~ *government* 엄처시하(嚴妻侍下), 여인천하; 수렴청정(垂簾聽政).

(*cf.* wear the breeches). *be in* ~*s* 어리다, 아이다.

petty[péti] 혱 작은 (small); 사소한(trivial); 인색한(mean); 하급의(inferior). 반 great 커다란. 5

[《고프》 *petit* little 작은; *cf.*《프》 *petit*] ☞ petticoat

동의어 **petty**는 비교적 작고 중요하지 않다는 뜻으로, 흔히 천하고 속됨을 나타내기도 한다. **trivial**은 petty하고도 평범해서 정말 보잘것 없다는 뜻이다. **trifling**은 trivial 보다 경멸의 뜻이 좀 더 강하며 아주 시시함을 뜻한다. **paltry**는 경멸할 만큼 trivial 하다는 뜻이고, **picayune**은 《미속》으로 작고 보잘 것 없다는 뜻이다.

pew[pju:] 혱 (교회의 벤취 형의)좌석, (상자식으로 칸을 막은) 교회의 가족 전용석(family pew); 《영국속어》 의자(chair), 좌석(seat). 8

[《래틴》 *podia*, *podium* balcony ← 《그》 *pous*, *podos* foot 발; 발밑에 놓인것]

Take a ~ (손님을 향해서) 앉으세요.

동계어 **podium**[póudiəm] 혱 (기둥의) 주춧돌; 벽에서 튀어 나와 있는 긴 의자; (악단 지휘자 용의) 단;《동물》 발 (foot). [《래틴》 *podium* balcony ← 《그》 *pous*, *podos* 발; 발 밑에 놓는것]

pewter[pjú:tə] 혱 백랍(白鑞) (납과 주석의 합금); 백랍으로 만든 기구;《속어》 상금, 상배(賞盃). 10

phantom[fǽntəm] 혱 유령, 도깨비, 허깨비(ghost); 환상; 착각. 혱 유령의. 6

[《래틴》 *phantasma* appearance←*phainein* show 나타나다; 나타나는 것→유령]

pharmacy[fá:məsi] 혱 약학, 조제술, 제약업; 약방(drugstore).

[《래틴》 *pharmacīa*←《그》 *pharmakeia* practice of pharmacy 조제술(調製術), *pharmakon* drug 약]

pharmaceutic(al)[fà:məsjú:tik(l)] 혱 조제(調劑)의, 제약의; 약제사의.

[《그》 *pharmakeutikos*←*pharmakeutēs* druggist 약제사←*pharmakeuein* give drugs 약을 주다←*pharmakon* drug 약]

pharmacist[fá:məsist] 圈 약제사; 약장사(druggist, chemist). 〔pharmacy+-ist(사람을 뜻하는 명사어미)〕

pharmacology[fà:məkólədʒi] 圈 약학, 약물학.
〔《그》 *pharmakon* drug 약 + -*logy* (학문을 뜻하는 명사 어미)〕

phase[feiz] 圈 형상, 면(aspect); (변화 발달의)단계(stage); 국면; 형세; 위상(位相).
〔《그》 *phasis* phasis 면 ← *phainein* show 보여주다〕

동의어 phase는 변화하는 모습이 눈에 보이거나 마음에 느껴지는 상태를 뜻하며 흔히 발달과정의 한 단계를 뜻하기도 한다. aspect는 어떤 특별한 입장에서 본다거나, 고찰한 어떤 것의 외관이며 phase보다 일반적으로 많이 쓰인다. facet는 원 뜻이 다면체(多面體)의 임의의 어느 한 면이다. angle은 어떤 각도에서 명확한 관점을 가지고 본 특수한 aspect이머, 때에 따라서는 대단히 날카로운 관찰력이 있는 사람이 아니면 볼 수 없는 aspect이다.

pheasant[féznt] 圈 (*pl.*—s, pheasant) 꿩. 10
〔《래틴》 *phāsiānum* ←《그》 *phāsiānos* Phasian←*Phasis*(혹해 연안에 있던 나라 *Colchis*[kólkis]의 강의 이름); 꿩은 이 *Phasis* 강 어귀에 많이 있었다고 하기 때문〕

phenomenon[finómənən]圈(*pl.*-mena) 현상, 사건; 기이한 사람 (물건), 이상한 것(wonder). 7
〔《그》*phainomenon*←*phainesthai* appear; 출현하는 것; phantom과 자매어〕
☞ phantom, phase

philanthropy[filǽnθrəpi] 圈 박애 (주의), 자선(행위).
〔《그》 *philanthrōpia*←*philanthrōpos* loving mankind 인류를 사랑하는 ← *phil*- ← *philos* friendly 다정한 + *anthrōpos* 인류〕

philanthropist[filǽnθrəpist] 圈 박애주의자, 자선가.
〔philanthropy+ -*ist* (사람을 뜻하는 명사 어미)〕 ☞ anthropology

philharmonic[fìlɑ:mónik, fìləmónik] 圈 음악을 좋아하는 (fond of music) (주로 음악 단체의 이름에 쓴다). 圈 (Philharmonic) 음악 애호회; 《속어》 (P~) (음악 애호회가 여는) 연주회 (concert).
〔《프》 *philharmonique*←*phil*-←《그》 *philos* friendly 다정한, fond of 좋아하는 +*harmonique*←《래틴》 *harmonica*←《그》 *harmonia* musical concord 음악적 일치, 조화〕
~ *orchestra* 교향 악단.
☞ harmony, harmonic

Philippine[fílipi:n, 《영》 -pain] 圈 필리핀(사람)의. 6
〔《스페》 *Filipino*〕

Philippine Islands = Philippines [fílipi:nz] 圈 필리핀(비율빈) 군도.

Philistine[fíləstain; 《미》 fíləstin, fíləsti:n] 圈 펠리시테 사람 (팔레스타인에 살며 다년간 이스라엘 사람을 압박한 비(非) 셈 족); 잔인한 적; 실리주의자, 교양 없는 속된 사람(uncultured person). 圈 펠리시테 사람의; 실리적인, 교양 없는.
〔《그》 *philistinoi*, *palaistinoi* ←《해브류》 *p'lishtīm* (복수의 종족 이름); palestine과 같은 계통의 말; "교양 없는 사람" 이라는 뜻은 "townspeople, outsider(대학생에 대한)도시 사람"을 뜻하는 독일어의 *Philister*를 Matthew Arnold(1822~1888)가 영어에 들여 온 것; *cf.* M. Arnold, Culture and Anarchy:1869〕

philology[filólədʒi] 圈 언어학(linguistics); 문헌학.
〔《그》 *philologia* love of learning 배움에의 애착 ←*philos* loving + *logos* word, speech 말〕

philosophy[filósəfi] 圈 철학; 원리, 지혜(wisdom). 4
〔《그》 *philosophos* lover of wisdom 지혜를 좋아하는 자―*philos* loving+*sophos* wise 현명한〕

philosopher[filósəfə] 圈 철학자.
[philosophy+-*or*] 4

philosophic(al)[fìləsófik(əl)] 圈 철학상의, 철학적인; 냉정한. 10
[philosophy+ -*ic(al)* (형용사 어미)]
philosophically[fìləsófikəli] 圖 철학적으로, 철학자 답게; 냉정하게.

Phoebe[fí:bi] 圈 《시》 달의 여신; 달(moon); *cf. Artemis* (그리이스 신화); 달과 수렵의 신=(로마 신화) Diana.
〔《그》 *phoibē* (여성형) ← *phoibos* bright 밝은; 밝은 것→달〕 10

Phoebus [fí:bəs] 圈 《그리이스신화》

Apollo 신, 해의 신(sun-god); (시) 태양. [((그)) *phoibos* bright; 밝은→해]
phone[foun] 명, 동 《속어》 전화(를 걸다) (telephone). 5
[(*tele*)*phone*의 준 말; *cf*. photo ← photo(graph); curio ← curio(sity); memo ← memo(randum); mike ← microphone; bus ← (omni)bus; plane ← (air)plane, etc.] ☞ telephone, photo
Ph(o)enix[fí:niks] 명 〔이집트 신화〕 불사조(不死鳥)《아라비아의 사막에서 600년 마다 스스로 연료를 쌓아 놓고 타죽고, 그 재 속에서 다시 젊은 모습으로 변하여 나타난다고 하는 영조(靈鳥)》; 대천재, 절세의 미인(따위); 모범. [((그)) *phoinix* Phoenician bird 페니키아의 새]
  Chinese ~ 봉(鳳), 봉황(鳳凰).
phonograph[fóunəgrɑ:f] 명 《미》 축음기 (《영》 gramophone). 9
[phono- + -graph ← *phono* ← ((그)) *phōnē* sound 소리+*graphein* write; write sounds 소리를 적다)
  ☞ graph, gramophone
photo[fóutou] 명 (*pl.* —s) 《속어》 사진(photograph). 10
〔photograph의 준말〕
참고 이 말이 phone처럼 널리 안 쓰이는 까닭은 photo에는 picture라는 쉬운 말이 이미 같은 뜻으로 쓰이고 있는데 비하여 phone은 그런 말이 없기 때문이다.
photogenic[fòutədʒénik] 형 (사람이) 사진에 잘 나오는, 사진에 적합한.
[*photo-* + *-gen* + *-ic* ← ((그)) *phōs* light 빛 + *gen-* produce 생산하다; 빛을 발생하는]
photograph[fóutəgrɑ:f] 명, 동 사진(을찍다). 6
[*photo-* + *-graph* ← ((그)) *phōto-*, *phōs* light 빛 + *graphein* write 쓰다; 빛으로 쓰는 것]
photographic(al)[fòutəgrǽfik(əl)] 형 사진의; (사진처럼) 정밀한; 사실적인. [photograph + *-ic(al)*]
photographer[fətɔ́grəfə] 명 사진사, 사진관.
[photograph+*-er* (사람을 뜻하는 명사 어미)]
  ☞ telegraph, photo, phonograph
phrase[freiz] 명 귀(句), 어귀(語句), 성귀(成句); 말씨. 4

[((그)) *phrazein* speak 말하다]
physic[fízik] 명 의술, 의업(醫業); 약, 하제. 동 (physicked, physicking) 약을 먹이다; 하제를 지다; 치료하다. 8
[((래틴)) *physica* natural science 자연과학 ← ((그)) *phusikē* ← *phusis* nature 자연]
physical[fízik(ə)l] 형 육체의(bodily); 물질의(material); 자연의(natural); 물리학(physics)의. 반 spiritual 정신적인; chemical 화학의. [physic+*-al*]
physician[fizíʃ(ə)n] 명 의사(doctor), (특히) 내과의사. 반 surgeon 외과의사. [physic+ *-ian*(사람을 뜻하는 명사 어미)] 3
physics[fíziks] 명 물리학.
  [physic+ *-s*]
physiology[fìziɔ́lədʒi] 명 생리학. 10
[*physio-* + *-logy* ← *physio-* ← ((그)) *phusis* 자연 + *-logy* ← *-logia* ← *logos* discourse 토론 ← *legein* speak 말하다]
piano[pjǽnou, pjɑ́:nou] 명 피아노. 부 약하게(softly). 4
[*piano(forte)* 피아노 ← (이태) *piano* soft 부드러운(← (래틴) *plānus* flat 평평한, smooth 미끄러운)+*forte* strong 강한 (← (래틴) *forti* strong 강한); 피아노의 전신인 harpsichord, clavichord는 변화가 많은 소리를 내지 못하였으나, 피아노는 강약의 변화를 일으킬 수 있는 악기라는 뜻으로 piano e forte (=soft and strong)이라고 일컫었던 것이 pianoforte, piano로 변천한 것이다] ☞ fortification, comfort, plain, forte
piazza[piǽ(d)zə] 《이태》 명 광장, 네거리(square); 시장; 《미》 뒷마루. 5
[(이태) *piazza* ← (래틴) *platēam* ← ((그)) *plateia* broad street 넓은 거리; place, plaza와 자매어]
pick[pik] 동 찌르다, 쑤시다, 파다, 후비다; 비틀다, (과일 따위를) 따다; (새의 털을) 쥐어뜯다 (pluck); 골라내다 (choose). 명 선택(권)(choice); 가장 좋은 곳(the best part); 곡괭이(pickaxe); 이쑤시개 (toothpick). 1
[《중영》 *picken, pikken* prick찌르다; *cf.* 《독》 *picken*]
  ~ *one's pocket* 소매치기하다. ~ *out* 골라내다(select); 뜻을 이해하다 (make out); 분간하다(distinguish).
  ~ *up* 줍다; (우연히) 얻다(get casual-

ly); …을 자연적으로 배우다; (무선 따위에서) 청취하다, 접수하다; (차 따위에) 도중에서 태우다; 속력을 증가하다 (speed up); (원기 등을) 회복하다(recover).

pickpocket[píkpɔkit] 명 소매치기.
[*pick (one's) pocket* "소매치기 하다"에서. cf. hangman 명 교수형 집행인 [hang+man]]

pick-up[píkʌp] 명 《미속》 임시변통한 (음식 따위); 선발한. 명 (전축의) 픽앞; 진보, 개량.

pickle[píkl] 명 (물고기·야채를 절이는) 간국 《소금물·초 따위》; pl. 절인것; 초절임, 소금절임; 김치. 통 절이다. 5

picnic[píknik] 명 산놀이, 들놀이, 원유회, 피크닉. 통 (picnicked, picnicking) 피크닉 가다, (피크닉 식으로) 간단히 먹다. 4
[《프》 *pique-nique* ← *piquer* pick; 조금씩 집어 먹는다는 뜻에서]

picture[píktʃə] 명 그림 (drawing, painting); 초상 (portrait); 사진(photograph); 흑사(酷似 likeness); 《미》영화 (motion picture); (the ～s) 《영속》 영화(moving pictures); 마음속의 모습(image); 묘사; 그림처럼 아름다운 것 (사람). 화신(化身 embodiment). 통 그리다, 묘사하다(describe); 마음에 그리다, 상상하다(imagine). 1
[《래틴》 *pictūra*←*pictus* painted 그려진←*pingere* paint 그리다]
～ *to oneself* 상상하다.

picturesque[pìktʃərésk] 형 그림처럼 아름다운; 생생한; (사람이) 독창적인 (original); 재미있는 (interesting). [pitucre+-esque(형용사 어미)]

pictorial[piktɔ́:riəl] 형 그림의; 그림이 있는, 그림으로 나타내는 (illustrated). 명 화보(畫報).
[《래틴》 *pictōrius* of painter←*pictor* painter 화가←*pingere* paint 그리다]

pie[pai] 명 파이 《고기나 과일을 밀가루 반죽 (paste)으로 싸서 구은 것》. 2
[《래틴》 *picam* magpie 까치; 아무 것이나 물어다 놓는 까치의 습성에서; 뒤죽박죽이 된 것이 비슷하므로]

piece[pi:s] 명 조각, 일부분, 한개; 파편 (fragment); 작품 한폭; 화폐(coin); 일(한 분량). 통 잇다, 깁다. 1
[《고프》 *piece*←《래틴》 *pettiam* fragment 조각]

in one ～ 잊지 않고, 이은 곳 하나 없이, 한줄기로. *in* ～ 따로따로, 조각조각, 산산이. *of a* ～ (with) (…과) 같은 종류의, (…과)동형의; 두서가 맞는(consistent), 조화된. ～ *by* ～ 조금씩. *to* ～*s* 산산이, 조각조각으로, 갈갈이.

piecemeal[pí:smi:l] 부, 형 조금씩(의) (piece by piece), 점차 (gradually); 단편적인(fragmentary).
[《중영》 *pecemele*←*pece* piece 조각+*mele*←《고영》 *mǣl* measure 척도; 조각을 척도로 해서→ 조각조각]

pier[piə] 명 선창, 부두(quay, wharf); 방파제(break-water), 바다둑, 교각(橋脚), 흥예대; 창 사이 벽. 6
[《중영》《고영》 *pere* stone 돌←《래틴》《그》 *petra* rock 바위, stone 돌; 돌로 만든 것]

pierce[piəs] 통 찌르다, 뚫다, 꿰뚫다; 통찰하다. 3
[《프》 *percer* ← 《래틴》 *pertūsu*: beaten through←*pertundere* beat through 뚫고 들어가다]

piety[páiəti] 명 경건함, 신심(信心 piousness). 6
[《래틴》 *pietātem*; pity와 자매어]
☞ pity, pious

pig[pig] 명 돼지(swine, hog); 《미》 새끼 돼지(young hog); 돼지 고기(pork); 《속어》 돼지같은 사람; 금속을 녹인 덩어리. 2
[《고영》 *picg-*←*picg-bread* acorn 도토리; 글자 그대로 pig-bread (food for pigs)의 뜻]

piggy[pígi] 명 새끼돼지; 새끼. 형 돼지같은, 탐욕한. [pig+ -y(형용사 어미)]

pigeon[pídʒən] 명 비둘기; 《속어》 속기 쉬운 사람. 통 속이다(swindle); 사취 (詐取)하다(cheat). 4
[《고프》 *pijon* ← 《래틴》 *pīpīonem* young cheeping bird 어린 짹짹이는 새; cf. 《프》 *pigeon*]
a carrier ～ =*a homing* ～ 연락용 비둘기.

참고 pigeon은 야생 비둘기와 집에서 기르는 비둘기를 통틀어 부르는 이름이며, 작은 종류의 비둘기는 dove라고 하고, 큰 쪽을 pigeon이라고 할 때가 많다. 시나 수사학적인 경우를 제외하면 pigeon이 dove보다 널리 쓰이는 말이다.

pigment[pígmənt] 圏 채료(彩料 paint), 색소, 물감, 화구. 8
[《래틴》 *pigmentus* spice 향료]

pike[paik] 圏 창 (spear); 창끝; 가시; 《동물》꼬치어. 圄 찔러 죽이다. 7

pile[pail] 圏, 圄 퇴적(堆積)(하다); 《속어》대량; 《속어》부, 재산 (fortune); 말뚝(을 박다). 2
[《래틴》 *pila* pillar 기둥, mole 방파제]
a ~ of… = *~s of…* 많은. *make a ~* =*make one's ~* 《속어》돈을 벌다, 한 재산 만들다. ☞ pillar

pilgrim[pílgrim] 圏 순례자. 圄 순례하다. 4
[《중영》 *pelegrim*←《래틴》 *peregrīnus* foreigner 외국인 ←*per-* outside+*ager*(*Rōmānus*) the(Roman) territory; outside the Roman territory 로마제국 영토 밖의(사람);-*grim*은 *agr-* (보기: agriculture), *acre*와 같은 어원에서 온 말이다]

pilgrimage[pílgrimidʒ] 圏 순례(巡禮). [pilgrim+ -*age*] 6
圄계어 **peregrinate**[périgrineit] 圄 여행하다(travel). [《래틴》 *peregrīnātus* traveled←*peregrīnarī* travel 여행하다←*peregrīnus* foreign 외국의. *cf.* pilgrim] **peregrine**[périgri:n] 圏 외국의; (새가) 이동하는 (migratory). 圏 새매(peregrine falcon).
[《래틴》 *peregrīnus* coming from abroad 외래의]

pill[pil] 圏 환약; 싫은 사람(물건). 5
[《래틴》 *pilula* little ball 작은 공← *pila* ball 공]

pillage[pílidʒ] 圏,圄 약탈(하다) (plunder). 2
[《중영》 *pilage*←《프》 *pillage*←*piller* 약탈하다]

pillar[pílə] 圏 기둥; 석주(石柱); 《영》 우체함(mailbox); 중심이 되는 인물.
[《래틴》 *pila* column 기둥] ☞ pile
driven from ~ to post 이리저리 몰려다니다(가는곳마다 배척받다).

pillory[píləri] 圏 형틀의 하나《머리와 손을 판자 사이에 끼우든 사람들에게 구경시키던 형틀》; 오명(汚名), 웃음거리. 圄 웃음거리가 되게 하다. 9
be in the ~ 웃음거리가 되다.

pillow[pílou] 圏, 圄 베개(를 피다); 베개가 되다. 3
[《고영》 *pyle, pylu*←《래틴》 *pulvīnus* cushion 방석]
take counsel of one's ~ = *consult with one's ~* 하루 밤 내내 누어서 생각하다.

pillowcase, pillowslip 圏 베갯잇. ☞ case, slip

pilot[páilət] 圏 수로 안내인; (비행기·기구 따위의) 조종사; 지도자, 안내인 (guide). 圄 수로(水路)를 안내하다; 인도하다(lead). 6
[《프》 *pilote*←《이태》 *pilota*←《그》 *pēdon* oar 노←*pēda* rudder (배의 고물에 있는)키]

pin[pin] 圏, 圄 핀(으로 매달다); 옷깃 핀 (brooch); 못(nail, peg), 빗장 (bolt); 내려 누르다(hold fast). 2
[《고영》 *pinn; cf.* 《독》 *pinne*]

pincers[pínsəz] 圏 *pl.* 집게; 쪽집개;못 빼는 펜치; (게 따위의)가위발.
[《고프》 *pincier* pinch 꼬집다]

pinch[pintʃ] 圄 꼬집다 (nip); 따(내)다; 긴축하다 (stint); 여위게 하다; 괴롭히다 (afflict); 훔치다. 圏 꼬집기(nip); 한줌; 약간; 곤란, 고통, 위급. 4
be ~ed for money 돈에 옹색을 당하고 있다.

pine¹[pain] 圏 솔, 소나무 (재목); 《미속》파인애플(pineapple). 2
[《래틴》 *pīnus* pine솔]
~ cone 솔방울. *~ needle* 솔잎.

pineapple[páinæpl] 圏 파인애플. 9 (pine+apple; 처음에는 pine cone "솔 방울"의 뜻이 있었으나, 파인 애플의 꼴이 솔방울을 닮았다고 해서 파인 애플을 뜻하게 되었다]

pine²[pain] 圄 그리워하다(long), 사모하다(for, after, to do); 파리해지다.
[《고영》 *pīn* pain 고통←《래틴》 *poena* pain, punisment 고통, 벌←《그》 *poinē* penalty 벌] ☞ pain

pingpong[píŋpɔŋ] 圏 탁구(table tennis).
[*Pingpong* (상표 이름)에서; 공을 치는 배터의 소리에서]

pinion[pínjən] 圏 새의 날개의 끝부분, 죽지, 날개 깃. 圄 날개 끝을 자르다(날지 못하게 하기 위하여); 뒷짐지워 결박하다. 8
[《중영》《프》 *pignon* feather 깃←《래틴》 *pinna* pinnacle 첨탑; pinnacle과 같은 어원]

pinnacle[pínəkl] 圏 첨탑; 높은 봉우리

pink[piŋk] 명, 형 패랭이꽃; 핑크색, 연분홍빛(의); 극치, 꼭대기(acme). 2

pint[paint] 명 파인트(《영》20온스, 약 3홉 1작; 《미》 16온스, 약 2홉 4작); 파인트 들이의 그릇. 4

pioneer[paiəníə] 명 개척자, 선구자. 동 개척하다; 앞장서다. 5
[《프》 *pionnier*←(고프) *peon* foot soldier 보병←《라틴》 *pedōnem* foot soldier←*ped-, pēs* foot 발]
☞ pawn, pedal

pious[páiəs] 형 경건한, 신앙심이 많은 (devout). 반 impious 4
[《라틴》 *pius* good 착한, pious경건한]

piety[páiəti] 명 경건함, 신심(信心) piousness); 효행, 애국심. [pious + -ty (명사 어미)] 6
☞ piety, pity

pipe[paip] 명 파이프; 관(tube); 담뱃대; 피리, 관악기(wind-instrument). 2
[《라틴》 *pīpāre* chirp 쩨쩨 울다]

piper[páipə] 명 피리 부는 사람. [pipe + -er] 6

pique[pi:k] 명 골내기, 분개함 (resentment). 동 감정을 해치다; (호기심 따위를) 돋우다, 자랑하다(pride). 8
[《프》 *piquer* prick 찌르다]

pirate[páiərit] 명 해적(선); 표절한 사람, 저작권 침해자. 동 표절하다, 저작권을 침해하다. 6
[《라틴》 *pīrāta*←(그) *peirātēs* one who attacks 공격하는 자←*peiran* attempt 시도하다, attack공격하다]
a ~ d edition 해적판(海賊版).

pistil[pístil] 명 (꽃의) 암술. 반 stamen 수술. 8
[《라틴》 *pistillus* pounder 찧는 사람 pestle 공이]

pistol[pístl] 명, 동 권총(으로 쏘다). *cf*. revolver. 4
[《이태》 *pistola* dag 비수, 단검 ← *pistolese* dagger made at Pistoia 피스토이아에서 만든 단검]
동의어 오늘날의 **pistol**은 대개 revolver 아니면 자동총(automatic)이다. **revolver**는 연발권총으로 전신축(全身軸)상을 회전하는 여러 개의 약실이 있어서 연발 발사의 장치가 있는 것이며, 보통 38, .32, 22, 45 인치 구경(口徑)이 보통이다(보기: six-chambered revolver 육연발 권총). 보통 권총이라고 할 때에는 revolver를 뜻한다. **automatic**는 automatic pistol(자동권총)을 뜻하며, 보통 자동 또는 반자동식 권총을 뜻한다.

piston[pístən] 명 피스톤.

pit[pit] 명 구멍, 함정(pitfall); (광산의) 세로로 판 갱(坑 shaft); 《영》 (극장의) 일층 뒷 자리(의 손님); 《미》 (극장의) 악단석(orchestra pit); (the ~) 지옥(hell). 동 (채소 따위를) 굴속에 넣다; 움푹 들어가게 하다, 곰보를 만들다; 구멍을 파다; 대항시키다 (match).
[(고영) *pytt*←《라틴》 *puteus* well 우물, pit 구멍]

pitfall[pítfɔ:l] 명 함정; 유혹; 실패. [pit+fall] ☞ fall

pitch[pitʃ] 동 던지다 (throw, fling); (배가) 앞뒤로 흔들리다; (텐트를) 치다(set up), 노영하다(encamp); 가락을 맞추다. 명 높이(height); 정도(degree), 강도(intensity); 가락; 핏취.
@ catch 받다, roll 옆으로 흔들리다. 3
[《라틴》 *pic-*←*pix* pitch 던지다]

pitcher[pítʃə] 명 《야구》 투수(投手); 물병(=《영》jug). 4
[(투수) pitch+ -er. (물병) (고프) *pichier; cf.* beaker]

pith[piθ] 명 (나무나 풀의)고갱이; 가장 중요한 부분, 정수(精髓 essence); 정력 (energy), 원기(vigour); 중요성. 8

pithy[píθi] 형 심의, 고갱이의; 간결한(concise); (표현이) 힘찬. [pith+ -y (형용사 어미)]

pity[píti] 명 동정(compassion), 불쌍함; 애석함, 유감지사.
동 동정하다, 애처롭게 생각하다. 2
@ cruelty 학대.
[《라틴》 *pietātem* piety 경건함, compassion 동정←*pius* devout 경건한]
out of ~ 불쌍히 여기고.
☞ piety, pious

동의어 **pity**는 남의 고통이나 불행에 대하여 느끼는 동정심에서 울어나는 슬픔을 뜻하며, 때에 따라서는 약간 경멸한다는 뜻을 내포하기도 한다. **compassion**은 상대편을 용서해주려는 충동을 느끼면서 불쌍히 여긴다는 뜻으로

pity 보다 그 뜻이 강하다. **commiseration**은 깊이 느꼈거나 공식적으로 표명한 pity로 형식적인 말이다. **sympathy**는 남의 슬픔을 마음 속에서 부터 이해하고 스스로 그 슬픔을 함께 하려는 삼성이다. **condolence**는 보통 슬퍼하고 있는 사람에게 정식으로 sympathy를 표명함을 뜻하는 형식적인 말이다.

piteous[pítiəs] [형] 불쌍한, 애처로운. [pity+ *-ous*] 7

pitiable[pítiəbl] [형] 불쌍한, 애처로운(piteous); 가소로운, 보잘 것 없는. [pity+ *-able*]

pitiful[pítif(u)l] [형] 불쌍한, 애처로운(piteous); 인정 많은, 동정적인; 동정할만한. [pity+ *-ful*] 6

[동의어] **pitiful**은 사람이 자비심이 강하다거나 어떤 것이 사람의 동정을 일으키게 한다는 뜻이며 때로는 경멸의 뜻이 암시되기도 하는 가장 일반적인 말이다. **pitiable**은 사물에 대하여 사용하는 말로 pitiful보다 뜻이 강하며, 경멸의 뜻이 내포된다. **piteous**는 pitiable 보다 뜻이 부드러운 말로 문장 용어이다.

pitiless[pítilis] [형] 무자비한. [pity+ *-less*(형용사 어미)] 6

☞ piety, pious

pivot[pívət] [명] 축(軸), 돌대; 중심, 요점. [동]…에 따라 결정되다 [on, upon]; (돌쩌귀를 중심으로)돌다 (turn); …에 축을 달다. 8

placard[plǽka:d] [명] 게시, 삐라, 포스터(poster), 플라카아드. [동] [plǽka:d, 《미》 pləká:d] 게시하다, 광고를 내다. [《프》 *plaque* 액자 ← 《홀런드》 *plak* flat board 편평한 판자]

place[pleis] [명] 장소, 곳; 주소, 저택(residence); 위치(position); 좌석(seat); 직책(position); 신분(station); 일자리 (employment). [동] 두다(put); 임명하다; 투자하다(invest) (장소나 소재를) 알아내다(locate), (신분을) 알아내다(identify). 1

[《래틴》 *platēa* street 거리. open space 넓은 광장 ←《그》 *plateia* (*hodos*) broad(way) 넓은(길); plaza, piazza 와 자매어]

***give* ~ *to*…** …에게 양보하다, …과 교대하다. ***in* ~ *of*…** …대신에. ***out of* ~** 부적당한. ***take* ~** 일어나다, 행하여지다. ***take the* ~ *of*…** …에 대신하다. ***the other* ~** 지옥.

☞ plate, plain, plaza

placid[plǽsid] [형] 평온한(calm), 고요한 (quiet), 침착한. 7

[《래틴》 *placidus* smooth 매끄러운, level 편평한, pleasing 즐겁게 하는← *plācere* please 즐겁게 하다]

☞ please

placidly[plǽsidli] [부] 평온하게, 침착「하게.

plague[pleig] [명] 악역(惡疫), 전염병 (epidemic); 천벌, 천재(天災); (the ~) 페스트(pestilence). 3

[《래틴》 *plāga* pestilence 전염병 ← 《그》 *plēgē* stroke 타격]

plaguesome[pléigsəm] [형] 《속어》귀찮은, 달갑지 않은.

plain[plein] [형] 명백한 (clear); 쉬운 (easy); 단순한(simple); 소박한; 솔직한(frank); 평범한(homely); (여자가) 못생긴(not pretty). [명] 평원, 평야. [반] hard 힘드는, hill 언덕, mountain 산. 1

[《래틴》 *plānum* flat level 편평한, plan, piano와 자매어]

in* ~ *words (또는 ***terms***) 솔직히 말해서. ***to be* ~ *with you*** 털어 놓고 말하자면. ***in* ~ *English*** 쉬운 영어로, 쉽게 말하자면.

plainly[pléinli] [부] 분명히; 솔직하게; 소박하게; 평탄하게.

☞ piano, place, plate, plank, plan

plaintive[pléintiv] [형] 슬픈(sad), 애달픈(mournful). 8

[《프》 *plaintif* complaining 불평하는 ← 《래틴》 *planctus* ← *plangere* bewail 슬퍼하다]

plait[pleit] [명] 꼬은 끈, 엮은 끈, 밀짚을 땋은 끈; 땋아 느린 머리; 주름(pleat). [동] (밀짚 따위를) 꼬다, 땋다; 주름을 잡다. 3

[《래틴》 *plicitum* folded 꼬인, 땋아진 ←*plicāre* fold 엮다, 겹치다] ☞ ply

plan[plæn] [명] 계획(scheme); 고안(design); 설계(도); 방식, 평면도. [동] 계획을 세우다, 설계하다; 《미》 … 할 작정이다(intend). 1

[《래틴》 *plānus* level, flat 편평한; 평면상에 도면을 그린다고 해서→설계도→계획] ☞ piano, place, plate, plank, plain

plane¹[plein] [명] (평) 면 (surface); 수준(level); (비행기의) 날개판; 비행기

(airplane); 대패《목수가 쓰는》. 동 대패질하다; (비행기가) 활주하다[down].
[(라틴) *plānum* level ground 평평한 땅]
~ *surface* (수학) 평면.

plane²[plein] 명 플라타나스 (plane-tree 라고도 한다).
[(라틴) *platanum*←(그) *platanos*←*platys* broad 넓은; 잎사귀가 넓다고 해서]

동계어 **platan**[plǽtən] 명 플라타나스 (plane-tree).

planet[plǽnit] 명 떠돌이별, 혹성(惑星), 유성(遊星), (⑮ fixed star 제자리 별, 항성(恒星)); moon 달, 위성(衛星 satellite). 4
[(그) *planētēs* wanderer 돌아다니는 사람←*planasthai* wander 헤매다; 헤매고 다니는 것→돌아 다니는 별]

planetary[plǽnit(ə)ri] 형 혹성의; 헤매는(wandering); 이승의(terrestrial, mundane), 이 세상의. [planet + -*ary* (형용사 어미)]

interplanetary[ìntəplǽnit(ə)ri] 형 혹성간의.
[*inter-* between+planetary]

planet-struck, planet-stricken 형 혹성의 영향을 받은; 저주되는; 공황(恐慌)을 초래하는. *cf.* moonstruck.

planetarium[plæ̀nitɛ́əriəm] 명 플래니태리움; 혹성의(惑星儀)《실내에서 별의 자리를 연구 학습하게 만든 집》.

plank[plæŋk] 명 판자, 두꺼운 널판(*cf.* board 판자); (정강(政綱) 따위의) 일항목; (*cf.* platform) 5
[(라틴) *plancam* a flat board 평평한 판자]

plankton[plǽŋktən] 명 플랭크톤《부유생물(浮遊生物)》.
[(그) *planktos* wandering 헤매는←*plazesthai* wander 헤매다]
☞ planet

plant[plɑːnt] 명 식물, 초목; 묘목; 작물; 공장(factory), 설비, 건물과 시설. 동 심다; 설치하다; 위치하다; 이민하다(migrate); 정주하다. 1
[(라틴) *planta* sprout 싹 ← *planus* level, fat 편평한; level ground for sowing 씨를 뿌리기 위하여 땅을 고르게 하다]
☞ plan, plain

plantation[plæntéiʃ(ə)n] 명 재배; 농원《열대나 아열대에서 대규모로 솜, 설탕, 담배, 커피 따위를 재배하는 농장》; 식림지(植林地); 식민지. 5
[plant+ -*ation* (명사 어미)]

planter[plɑ́ːntə] 명 재배자, 심는 사람, 농장 주인; 파종기; 식민자, 개척자. [plant+ -*er* (사람을 뜻하는 명사 어미)]

plasma[plǽzmə] 명 혈장(血漿), 플래스머; 원형질(protoplasm). 10
[(그) *plasma* something moulded 영겨서 만든 것←*plassein* form 형성하다, mould 주조하다] ☞ plastic

plaster[plɑ́ːstə] 명 회반죽; 고약. 동 반죽을 바르다; 고약을 바르다. 5
[(라틴) *plastrum* plaster 회 반죽,고약 ←*emplastrum* ←(그) *emplastron* salve 고약←*emplassein* daub on 찍어 바르다]

plastic[plǽstik] 형 빚어서 만드는, 마음대로 형태를 만들 수 있는; 유연(柔軟)한 (pliant); 감수성이 강한(impressionable). 명 (흔히 복수) 마음대로 빚어낼 수 있는 것, 플래스틱. 10
[(그) *plastikos* that may be moulded 빚어서 만들 수 있는것←*plassein* mould 빚어서 만들다] ☞ plasma
~ *surgery* 정형외과.

plate[pleit] 명 접시; 《집합적으로》 금은제 식기류; (경마의) 상배 (prize cup); (성명, 비명 등을 판) 표찰, (특히 의사의) 간판, 얇은 금속판, 판유리;《야구》 본루(本壘). 동 (금, 은 따위를) 입히다, 도금하다; (철판 따위를)대다. 2
[(그) *platus* broad 넓은]

plateau[plǽtou] 명 (*pl*.plateaux[-z], -s) 고원(高原 tableland); 큰 쟁반.
[(프)*plateau*←(고프) *plat* flat←(그) *platus* flat] 5

platform[plǽtfɔːm] 명 연단(演壇), 강단(講壇), 교단; 플랫포옴; (정당의) 정강(政綱). *cf.* plank.
[(프) *platforme*←*plate* flat 편평한 +*forme* form 형태; flat form 편평한 꼴(을 한 것)] ☞ form

platinum[plǽtinəm] 명 (*pl*. platina) 백금. 10
[(스페) *platina* ←*plata* silver 은 ← (고프) *plate* hammered plate 매려서 평평하게 한 금속판; plate와 자매어]
☞ plate

play[plei] 동 놀다;(유희, 운동 따위를) 하다; 희롱하다, 가지고 놀다(trifle

[with]; 연주하다(perform); (…역을) 하다(act). 圈 놀이, 장난(frolic), 유희(sport), 경기(game); 농담(joke); 연극(drama), 희곡; 활동(activity), 작용(operation). 1
~ a part = ~ the part of… (…의) 역을 하다. ~ at …(어린이들이) …놀이를 하다. ~ (up)on… …을 연주하다; 이용하다, 틈타다. ~ into the hands of …의 형편에 맞게 행동하다, …에 이기도록 만들다, ~ with… …을 가지고 놀다.

player[pléi(i)ə] 圈 유희하는 사람, 경기자, 선수, 운동가; 연주자; 배우(actor). [play+ -er (사람을 뜻하는 명사 어미)] 5

playfellow[pléifelou] 圈 놀이 동무, 소꿉동무.

playful[pléif(u)l] 圈 희롱하는, 장난을 좋아하는(fond of playing); 익살맞은(joking). [play+ -ful(형용사 어미)]

playground[pléigraund] 圈 운동장. 6
☞ ground
the *playground* of Europe=Switzerland 스위스.

playhouse[pléihaus] 圈 극장. [play+ house] ☞ house

playmate[pléimeit] 圈 =playfellow. [play+mate 동료, 짝] ☞ mate 4

plaything[pléiθiŋ] 圈 장난감. 5
[play + thing] ☞ thing

playwright[pléirait] 圈 극작가, 희곡 작가. [play+wright 직공]

playwriter[pléiraitə] 圈 =playwright.

plead[pli:d] 圈 변명하다, 변호하다; (이유를) 말하다, 진술하다; 탄원하다; 설복하다(persuade). 3
[《고프》 *plaidier* go to law 법에 호소하다←《래틴》 *plactium* court법정, plea 탄원; plea 참조]
~ *against* …을 반박하다, 경고하다.

plea[pli:] 圈 탄원; 변명, 변호; 항변, 진술. 6
[《래틴》 *plactium* court plea←*placēre* please 즐겁게 하다; 원 뜻은 좋다고 생각되는 것]
hold ~s 소송을 취급하다. *common* ~s 민사소송

please[pli:z] 圈 기쁘게 하다; 마음에 들다; 좋아하다, 하고져 하다(like); 부디, 아무쪼록 《명령법; 원래 May it please

you》. 圈 offend 끝나게 하다. 1
[《고프》 *plaisir*←《래틴》 *placēre* be pleasing 즐겁게 하고 있다] ☞ plead
be ~d with… …이 마음에 들다, 을 좋아하다; …을 기뻐하다. *if you ~* ①아무쪼록 《보통 please로 줄인다》 ②실례하고서, 실례지만 : I will take another cup, *if you please* 실례지만 한잔만 더 들겠읍니다. ③놀란것은, 놀라운 말이지만: And now, *if you please*, he exacts me to pay for it. 놀란 것은 그사람이 나더러 그 대금을 치르라는 것이 아니겠읍니까. ~ *oneself* 《속어》제멋대로 행동하다. Such beauty cannot fail *to please* 이 아름다움이 마음에 안들리 없다.

pleasant[pléz(ə)nt] 圈 유쾌한, 기분 좋은, 즐거운, 쾌활한. 1
圈 unpleasant. [please+ -*ant*]
[동의어] **pleasant**는 마음이나 감각에 쾌감을 준다는 뜻으로 보통 구체적인 것에 대하여 쓰는 보통 단어이다. **pleasing**은 pleasant 한 효과를 줄 능력을 강조하는 말이다. **agreeable**은 사물이 사람의 기호나 기분에 맞다는 뜻으로 pleasant 보다 뜻이 약한 말이다. **enjoyable**은 기쁨이나 즐거움을 맛볼 수 있음을 뜻하며, pleasant, agreeable에 비하여 문장에 많이 쓰인다. **gratifying**은 사람의 소원을 성취시켜서 만족이나 기쁨을 준다는 뜻이다.

pleasantry[pléz(ə)ntri] 圈 익살, 농담, 희롱; (기분의) 고기압. [pleasant + -*ry*(명사 어미)]

pleasing[plí:ziŋ] 圈 유쾌한, 기분 좋은, 애교 있는. 7
[please+ -*ing* (현재 분사 어미)]

pleasure[pléʒə] 圈 즐거움, 만족; 오락, 희망; 친절. 圈 pain 고통, anger 노여움, disgust 증오, 유감. 1
[please+ -*ure*(명사 어미)]
[동의어] **pleasure**는 고요한 만족감에서 적극적인 행복감에 이르는 넓은 의미에서의 "즐거움"을 뜻하는 가장 많이 쓰이는 말이다. **delight**는 표면에 드러난 강한 pleasure이다. **joy**는 대단한 행복감을 나타내는 환희를 강하게 나타내는 말이다. **enjoyment**는 마음을 즐겁게 하는 것에 대하여 갖는 만족감을 뜻하며 joy 보다 뜻이 약한 말이다.
take (*a*) ~ *in* …을 즐기다, …을 좋아하다. *for* ~ 심심풀이로,

with ~ 기꺼이, 쾌히. ☞ displeasure

plebeian[plibí(ː)ən] 휑 평민의, 하층계급의; 하등의, 천한. 명 《고대 로마》 평민. 8

[《래틴》 *plēbēius* belonging to plebs 평민의 ← *plēbs* the common people 평민]

pledge[pledʒ] 명, 통 담보(하다), 저당(잡히다) (security); 증거(proof); 축배(하다) (toast). ⓟ redeem 담보물을 찾다. 3

[《고프》 *plege* surety 담보 ← 《래틴》 *plevire* warrant 보증하다]

plenary[plíːnəri] 휑 충분한 (full), 완전한 (complete); (회의 따위) 전원 출석의 (attended by all members).

[《래틴》 *plēnārius*←*plēnus* full 충분한, 가득찬]

a ~ session 총회.

plenty[plénti] 명 풍부 (abundance), 부유 (opulence); 다량, 다수[of]. 閅 《속어》 정말 (quite). ⓟ scarcity 부족.

[《래틴》 *plēnitatem* fullness 가득함 *plēnus*←full] 2

in ~ 많이, 풍부하게. *~ of…* 많은 …, 풍부한….

plenteous[pléntiəs] 휑 《시》=plentiful. [plenty+ *-ous*] 7

plentiful[pléntif(u)l] 휑 많은, 풍부한, 충분히 있는. 5

[plenty+ *-ful*(형용사 어미)]

동의어 **plentiful**은 생산량이나 공급량이 풍부하다는 뜻이다. **abundant**는 남아 돌아 갈 만큼 plentiful 하다는 뜻이다. **copious**는 주로 생산이나 소비하는 양이 풍부해서 없어지지 않는다는 뜻이다. **profuse**는 넘칠 만큼 풍부하다는 뜻이고 **ample**은 모든 요구에 고루 응할 수 있을 만큼 크거나 풍부하다는 뜻이다.

plight¹[plait] 명 상태 (condition); (특히 a sorry, evil, hopeless, sad 따위를 붙여 써서) 곤경. 5

[《증영》 *plit*←《고프》 *pleit* manner of folding 접는 법, condition 상태]

in a miserable ~ 비참한 상태에.

plight²[plait] 명 맹세; 약혼 (engagement). 통 맹세하다 (pledge); (plight oneself) 약혼하다[to].

[《고영》 *pliht* danger 위험, risk 모험; *cf.* 《독》 *pflicht* duty]

plod[plɔd] 통 뚜벅 뚜벅 걷다 (trudge); 끈기 있게 일하다. 9

[소리를 본 딴 말]

plodding[plɔ́diŋ] 휑 끈기 있게 일하는, 부지런히 일하는.

plot[plɔt] 명 음모 (conspiracy), 계략, (소설 따위의) 줄거리; 지면(地面); 지도(map), 도면(diagram). 통 음모를 꾸미다(conspire); 설계하다, 계획하다(plan); 도면을 작성하다; 소구획으로 만들다[up]. 3

["음모"—complot의 준 말←《프》 *complot* conspiracy 음모. "지면"—《고영》 *plott*]

동의어 **plot**는 비밀의 의도로 세워진 계획이나 음모를 말하며, 보통 나쁜 의도를 뜻한다. **scheme**은 자기의 목적을 달성하기 위하여 음험한 방법으로 세우는 계획이다. **intrigue**는 plot보다 더 복잡하고, 내밀히 꾸미는 비열한 음모를 뜻한다. **machination**은 특히 사람을 해치기 위한 계획이나 음모가 음험하고 교활함을 암시한다. **conspiracy**는 많은 사람들이 불법적인 목적으로 비밀히 계획하거나 서로 뜻을 맞추어 행동함을 뜻한다. **cable**은 몇몇 사람들이 꾸미는 정치적 음모이다.

plough(영), **plow**(미)[plau] 명 가래; 경작지(ploughland); 가래 모양을 한 것(snow-plough 제설차); (the Plough) 북두칠성. 통 (가래로) 갈다; (배가) 물결을 헤치고 나아 가다; 《속어》 낙제하(게 하)다(《미속》 flunk).

~ one's way 힘들여 나아가다. 4

ploughman[pláumən] 명 (*pl.* -men) 농부; 시골드기. [plough+man]

☞ man

pluck[plʌk] 통 (새털 따위를) 잡아 뜯다; (열매 따위를) 따다(pick); (용기 따위를) 북돋우다(summon)[up]; 속여 빼앗다(swindle); 낙제시키다. 명 잡아 당기기; 《속어》 (동물의) 내장; 용기(courage). 휑 용기 있는(courageous), 기운 있는(spirited). 2

[《중영》 *plukken* 《고영》 *pluccian*; *cf.* 《독》 *pflücken*]

~ up one's courage 용기를 내다.

plucky[plʌ́ki] 휑 용기 있는, 힘찬; 《사진》 선명한. [pluck+ *-y* (형용사 어미)]

plug[plʌg] 명 마개, 틀어 막는 것; (전기의) 플라그; 소화전(消火栓 fireplug); 《미속》 (라디오 프로 중간의) 상품 광고

plum

방송. 통 마개를 하다, 막다, 채우다; 《속어》 주먹으로 치다; 부지런히 일하다[away, at]; 플라그를 끼우다. 7

plum[plʌm] 명 서양자두; 건포도(raisin); 골라 뽑은 좋은 물건; 요직(要職); 특별배당. 3
[《고영》 plūme ← 《래틴》 prūnum a plum]
~ **cake** 건포도(raisin)가 든 케이크.
~ **pudding**[púdiŋ] 건 포도가 든 푸딩《영국의 국민요리로 Christmas 에는 꼭 만든다. 처음에는 서양자두를 넣었다》. ☞ prune

plumb[plʌm] 명 (납으로 만든) 추(plummet); 측연(測鉛 sounding-lead); 수직. 형 수직의(vertical); 철저한(downright). 부 수직으로; 정확히(exactly), 전혀(quite). 통 수직되게 하다; 물 깊이를 재다(sound); (사람의 마음을) 추측하다. 10
[《래틴》 plumbum lead 납]
준의 plum 서양자두와 혼동치 않도록.

plumber[plʌmə] 명 연관공(鉛管工) 《까스, 수도 따위를 시공, 수리하는 기술자》. [plumb+ -er(사람을 뜻하는 명사 어미)]

plumbing[plʌmiŋ] 명 연관 부설업, 연관 수리업; 연관류(鉛管類). [plumb + -ing]

plume [plu:m] 명 (큰) 깃털; (모자 따위의)깃 장식. 통 (새가 깃을) 고르다(trim); 깃으로 장식하다; (plume oneself) 자랑하다(pride) [on]. 4
[《프》 plume←《래틴》 plūma down 새털, feather깃]
borrowed ~**s** 빌린 것, 빌려 입은 옷; 들은 풍월. 《공작의 것을 단 새까마귀(jackdaw)의 우화에서 생긴 숙어》.

plumage[plū:midʒ] 명 《집합적》 깃, 깃 털(feathers). 9
[plume+ -age(집합 명사 어미)] ☞ fleece

plump[plʌmp] 형 통통하게 살찐. 통 살찌(우)다; 쿵하고 떨어지다 (뜨리다). 부 털썩하고, 별안간, 갑자기(abruptly). 명 쿵하고 떨어지는 소리. 5

plunder[plʌndə] 명, 통 약탈(하다) (spoil); 약탈품(booty). 5
[《독》 plündern plunder ← plunder lumber 재목, 찌꺼기]

plunge[plʌndʒ] 통 (…에) 파고 들다, 찌르다(thrust); 가라 앉히다(sink);뛰어들다(jump), 돌진하다(rush). 명 돌진, 돌입. 3
[《프》 plonger plunge, dive←《래틴》 plumbum plumb, lead 납]

plural[plúər(ə)l] 명, 형 《문법》 복수(의), 두개 이상으로 된. 10
[《래틴》 plūrālis plural ← plūr- plūs more 더 많은]

plurality[pluəræliti] 명 복수인 것; 다수(large number);대다수(majority); 《미국 정치》 득표 차이 (최고점 자와 차점자의 표수 차). cf. majority.
[plural +-ity(명사 어미)]
참고 예를 들어 Kennedy가 1000표, Nickson이 900표, Stevenson이 50표라고 한다면 Kennedy의 majority는 50 표 (1000-(900 + 50)이고, plurality는 100표 (1000 - 900)이다.

plus[plʌs] 형 플라스의, 양(陽)의;(동등급에서) 보통 이상의(B plus … B 특급). 전 …을 보탠, 게다가(and also). 명 플라스 기호 (+); 나머지; 이익. 8
반 minus 마이나스의, negative 음(陰)의. [《래틴》 plūs more 더 많은]

Pluto[plū:tou] 《로마 신화》 명부(冥府)의 왕(Hades); 《천문》 명왕성《태양계 혹성 가운데 태양에서 가장 먼 별, 1903년 발견》. 10
[《래틴》, 《그》 ploutōn]

ply¹[plai] 통 (일 따위를) 열심히 하다; (도구 따위를) 부지런히 놀리다(사용하다) (wield); (질문 따위를) 퍼붓다; (음식 따위를) 억지로 권하다; (교통 기관이) 다니다, 왕복하다[between]. 5
[apply의 준 말] ☞ apply

ply²[plai] 명 (밧줄의)가닥, 오리(strand); 경향(bent); 중복(fold), 층(layer).
[《래틴》 plicāre fold 겹치다]

p.m., P.M.[pí:ém] 명 오후. 반 a.m. 오전.
[《래틴》 post after + meridiem noon 정오]
참고 post는 postwar "전후의", postmortem "사후의, 시체해부" 따위에서도 볼 수 있는 요소로서 after의 뜻이다. pre-는 그 반대로 before의 뜻이 된다: prewar "전쟁전의", prehistoric "유사 이전의".

pneumatic[nju(:)'mætik] 형 공기의, 기체의; 공기 작용에 의한, 공기가 든. 명 공기가 든 타이어 (pneumatic tire) (차); pl. 기학(氣學).

pocket 416 **pole**

[《그》 *pneumatikos* ← *pneuma* wind 바람]

pneumonia[nju:móunjə] 명 폐염(肺炎). [《그》 *pneumonia* 폐의 병 ← *pneumōn* lung 폐] 9

pocket[pɔ́kit] 명, 동 포키트(에 넣다), 호주머니(에 넣다). 2
[《고프》 *pokete* a little pouch, bag 작은 주머니; *cf*. 《프》 *poche* bag]
a deep ～ 충분한 자력, 부(富).

pocketbook[pɔ́kitbuk] 명 (보통 가죽제의) 지갑(billfold), 서류가방; 《영》 수첩(small notebook); 《미》 부인용 지갑(purse), 핸드백(handbag).
☞ pouch, poke

pod[pɔd] 명 (완두 따위의) 꼬투리. 동 꼬투리를 까다(shell); 꼬투리가 생기다. 10

poem[póuim] 명 시, 노래. ⓑ prose 산문. 3
[《그》 *poiēma* something made ← *poiein* make; anything made 만들어진 것→시문(詩文)]

poet[póu)it] 명 시인. ⓑ proser 산문 쓰는 사람. 2
[《그》 *poiētēs* one who makes 만드는 사람 ← *poiein* make 만들다]
동의어 **poet**는 시인을 뜻하는 일반적인 말이다. **rhymer, rhymester**는 운문 작가라는 원 뜻에서 versifier와 뜻이 같다. **versifier**는 그 원 뜻이 "작시가"인데 경멸해서 엉터리 시인을 뜻하기도 한다. **poetaster**는 rhymer와 같은 뜻이나 가장 경멸적인 뜻이 강하다.

poet laureate[póu)it lɔ́:riit] 명 (*pl.* poets laureate) 《영》 계관시인 《국왕이 임명하는 왕실 전속 시인; 시의 신 Muses의 월계관(laurel)을 머리에 쓸 자격이 있는 시인이라는 뜻; 왕실이나 국가에 큰 사전이 있을 때 마다 국민 감정을 표시하는 시를 짓는 것이 그 임무이다》; 《미》 그 주 출신의 시인 또는 그 주에 정주하고 있는 시인에게 주는 공식 칭호.

poetic(al)[pou)étik(əl)] 형 시 적인. [poet + -ic(al) (형용사 어미)] 6, (9)

poetics[pou)étiks] 명 시론, 시학(詩學).

poetry[pó(u)itri] 명 시(가), 운문; 《집합적》시 (poems); 작시(법); 시정(詩情), 시적 감흥. 4
[poet + -ry (명사 어미)]

point[pɔint] 명 (시간, 공간의) 점; 소숫점(decimal point); 정도(degree); 끝, 곶(岬) (cape); 요점, 주안점(主眼點). 동 뾰죽하게 하다(sharpen); 점을 찍다; 가리키다.
[《프》 *point* dot 점 ← 《래틴》 *punctum* point 점 ← *pungere* prick 찌르다, 점을 찍다] 1
a ～ of (hono(u)r) 일신의(명예)에 관련된 문제. *a ～ of view* 관점, 견지 (viewpoint) (*cf*. standpoint, angle). *in ～ of* …에 대하여, …에 관하여. *make a ～ of …ing* 반드시 …하다. *～ out* …에 주의를 기울이다, 지적하다, 가리키다. *to the ～* 요령껏, 요령있게, 적절하게.
☞ punctual, pungent

poise[pɔiz] 명 균형(balance); 안정; 태도(bearing). 동 균형을 잡다, 평형이 되게 하다. 6
[《고프》 *poiser* weigh ← 《래틴》 *pensāre* weigh 무게를 달다 ← *pendere* weigh]

poison[pɔ́izn] 명 독(약); 해독. 동 독을 넣다, 독살하다. 3
[《프》 *poison* draught, poison ← 《래틴》 *pōtiōnem* a drink, draught 마실 것, 물약; 특히 독약(poisonous draught)을 가리켰다. potion 물약, 독약의 한 첨과 자매어]
hate like ～ 대단히 미워하다.
aerial ～ 말라리아.

poisonous[pɔ́iznəs] 형 유독한, 유해한; 불쾌하기 짝이 없는. [poison + -ous (형용사 어미)] ☞ potion, potable 7

poke[pouk] 동 찌르다, 밀다; 더듬어 보다, 참견하다. 명 찌르기; 《속어》게으름뱅이. 8
～ one's nose into (another's affairs) (남의 일에) 참견하다. *～ fun at* …을 눌려주다.

poker[póukə] 명 찌르는 사람(물건), 부지깽이; 포우커 《일종의 트럼프 놀이》. [poke + -er]
～ face 《미속》 무표정한 얼굴 《포우커하는 사람의 얼굴에서》

pole[poul] 명 기둥; 장대, 막대기(rod); 극(極), 극지(極地). [기둥, 막대기 ← 《고영》 *pal* ← 《래틴》 *palus* stake 말뚝; *pale*(말뚝)과 자매어. "극, 극지" ← 《중영》 *pol* ← 《래틴》 *polus* ← 《그》 *polos* pivot, axis, pole] 2

polar[póulə] ⓐ 극지(極地)의, 극의; 정반대의, 거꾸로의.　　　6
[pole+ -ar (형용사 어미)]

polarize[póuləraiz] ⓥ …에 극성(極性)을 주다; (생각·사상 따위에) 특수한 방향이나 목적을 갖게 하다.
[polar+ -ize (동사 어미)]

Pole[poul] ⓝ 폴란드 사람.　　　2
[《폴란드》 *Poljane* field-dwellers 들에 사는 사람←*pole* field 땅; 폴란드에는 들이 넓기 때문]

Poland[póulənd] ⓝ 폴란드.

Polish[póuliʃ] ⓐ 폴란드(사람, 말)의. ⓝ 폴란드 말.
[Pole+ -ish (형용사 어미)]

police[pəlí:s] ⓝ 경찰; (the police)(집합적) 경찰관.　　　4
[《라틴》 *politia* policy 정책←《그》 *polis* city 도시; policy, polity와 자매어]

policeman[pəlí:smən] ⓝ 경관 (부르는 말로는 officer를 쓴다).　5
[police+man]　　　☞ man

policy[pɔ́lisi] ⓝ 정책, 방책; 계략; 보험증서.　　　3
[《라틴》*politia*←《그》 *politeia* citizenship 시민권←《그》 *polis* city 도시]
☞ metropolis, politic

polio[póulɔu] ⓝ 《미속》 소아마비(infantile paralysis).
[(acute anterior) polio(myelitis)의 준 말←acute 급성+aterior 전(前), 앞쪽의 +*poliomyelitis* 회백수염(灰白髓炎)←《그》*polios* grey +*muelos* marrow 수(髓) + -*itis*]

polish[pɔ́liʃ] ⓥ 닦다, 윤을 내다, 윤이 나다; 세련되(게 하)다. ⓝ 광택, 윤; 광택내는 약, 닦는 약; 세련, 우미(優美).　3
[《프》 *poliss-, polir* ←《라틴》 *polire* polish 닦다]

동의어 polish는 연마제나 윤내는 약을 가지고 닦아서 윤을 낸다는 뜻의 가장 보통으로 쓰이는 말이다. **burnish**는 특히 금속을 닦아서 빛을 낸다는 뜻이다. **buff**는 수우 가죽이나 가공한 가죽을 바른 막대기로 닦아서 윤을 낸다는 뜻이다. **shine**은 구두나 쇠붙이를 닦아서 빛나게 한다는 뜻이다.

polite[pəláit] ⓐ 공손한; 품위 있는(refined), 교양있는. ⓑ rude 무례한, impudent 건방진.　　　3
[《라틴》 *politus* polished 닦여진←*polire* polish 닦다]

politeness[pəláitnis] ⓝ 공손함; 고상함, 품위 있음, 우아함. [polite+ -ness (명사 어미)]

politic[pɔ́litik] ⓐ 지각있는(judicious), 분별 있는; 교활한, 표독한, 시기에 맞는, 정책적.　　　4
[《그》 *politikos* of a citizen 국민의, 시민의 ← *politēs* citizen 시민 *polis* city 도시]

political[pəlítik(ə)l] ⓐ 정치(상)의, 정치학(상)의; 정치적인; 국정의(에 관한). [politic+ -al (형용사 어미)]　4

politician[pɔ̀litíʃ(ə)n] ⓝ (나쁜 뜻으로)정객, 정당정치가; 정치가(statesman). [politic+ -ian]　　8

동의어 politician은 국민과 국가의 이익을 도모하는 정치가를 뜻하나, 미국에서는 흔히 일정한 주의가 없고 자기나 소속당파의 이익만을 위하고 책략을 부린다는 뜻으로 경멸해서 쓰기도 한다. **statesman**은 좋은 뜻에서의 정치가로 나라일을 처리함에 있어 필요하고 건전한 판단, 현명, 선견지명, 숙련 따위를 특히 강조하는 말이다.

politics[pɔ́litiks] ⓝ 정치학; 정치. [politic+ -s]　　　9
☞ metropolis, police

poll[poul] ⓝ 투표(voting) (수); 《미》 《보통 복수》 투표장; 선거인 명부; 여론 조사; 《고어·방언》 머리(head). ⓥ 투표하다(vote), 득표하다; (머리털·양털·뿔·가지 따위)를 짧게 자르다(깎다). 4
[《홀랜드》 *pol* head 머리]
go to the ~ 선거장으로 가다. *at the head of the* ~ (투표)최고점에서.

pollen[pɔ́lin] ⓝ 꽃 가루.　　10
[《라틴》 *pollen* fine flour 고운 가루, dust 먼지]

pollinate[pɔ́lineit] ⓥ …에 수분(受粉)하다. [pollen+ -ate (동사 어미)]

pollute[pəlú:t] ⓥ 더럽히다(make dirty); 모독하다(defile); 타락시키다(corrupt).　　　7
[《라틴》 *pollutus* washed over 범람한 ←*polluere* ~*pol- pro* forth 앞으로 +*luere* wash 씻다; *cf.* 《라틴》 *lues* filth 더러움]

pollution[pəlú:ʃ(ə)n] ⓝ 오염(汚染). [pollute+ -ion (명사 어미)]　　8
☞ launder, lava

Polynesia[pɔ̀liní:zjə] ⓝ 폴리네시아(호주의 동쪽에 있는 태평양상의 군도).

[《그》 polys many + -nesia ← nesos islands; many islands 많은 섬]

참고 Melanesia[mèləni:zjə] 명 멜라네시아(남태평양상의 군도). [《그》 melas black + -nesia←nesos island; black islands 바다에 섬이 떠 있는 것이 새까맣게 보인다고 해서]
Micronesia[màikrəni:ʃiə] 명 미크로네시아(적도의 북쪽, 필리핀의 동쪽에 있는 태평양상의 군도). [《그》 micro little + -nesia←nesos]

pomade[pəmá:d, 《미》 pouméid] 명, 동 포마드(를 바르다).
[《이태》 pommata←pomo apple 사과, fruit ←《래틴》 pōmum apple, fruit; 포마드는 처음에 사과로 만들어졌다고 한다; cf. 《프》 pomme 사과]

pomp[pɔmp] 명 화려함 (splendor), 장려(壯麗)함(magnificence); pl. 허식. ⓐ simplicity 순박함, quiet 고요함. 4
[《그》 pompē solumn procession 장엄한 행렬]

pompous[pɔ́mpəs] 형 화려한, 장려한, 점잔빼는. [pomp + -ous (형용사 어미)] 9

pond[pɔnd] 명 못(池) (lake보다 작고 흔히 인공적인 것이 많음). 동 못으로 만들다. cf. lake 호수. 2
[pound (수용소·유치장·동물의 우리)의 변한 꼴]

ponder[pɔ́ndə] 동 (…에 관하여) 숙고(熟考)하다[on, over]. 6
[《래틴》 ponderāre weigh 무게를 달다←pondus weight 무게; 마음속에서 무게를 달아본다는 뜻에서]

ponderous[pɔ́nd(ə)rəs] 형 묵직한, 무겁고 주체스러운 (heavy and clumsy); 답답한, 둔중한. [ponder + -ous] 7
☞ pension, pound

pony[póuni] 명 포우니 (키가 1.5m 쯤 되는 작고 강건한 말); 《미속》 (학생들이 사용하는) 자습서(crib). 3
[《고프》 poulenet←《래틴》 pullus young animal 어린 동물]

pool¹[pu:l] 명 작은 못, 물웅덩이; (시냇물의) 소(沼); 수영푸을 (swimming pool). 3
[《중영》 po(o)l [고영] pōl; cf. 《독》 pfuhl]

pool²[pu:l] 명 (승부에) 거는 돈(stake), 내기 당구; 기업자 합동, 자금 합동 계정; (자동차) 두는 곳 (motorpool).

동 공동이익을 위하여 자금 따위를 합동하다; (투표를) 한 사람에게 집중시키다.
[《프》 poule hen 암탉←《래틴》 pulla hen ← pullus young animal; 내기의 뜻은 달걀을 걸고 내기를 한데서]

poor[puə] 형 가난한; 서투른, 졸렬한; 빈약한, 가련한. ⓐ rich 부유한, prosperous 번영하는, wealthy 재산이 많은, 풍부한. 1
[《고프》 povre poor ←《래틴》 pauper poor 가난한; cf. 《프》 pauver]

동의어 **poor**는 "가난한"을 뜻하는 일반적인 말이다. **penniless**는 일시적으로 무일푼이 된 가난을 강조하는 말이고, **impoverished**는 원래는 유복하던 사람이 가난을 겪고 있다는 뜻이다. **destitute**는 먹고 사는 데에도 부자유스러울 만큼 poor하다는 뜻이며, **impecunious**는 언제나 빈곤상태에 빠져 있음을 뜻하고, 본인이 초래한 운명임을 암시하는 형식적인 말이다. **indigent**는 특히 영락하여 부자유하고 곤란한 형편을 견뎌나가지 않으면 안되게 됨을 암시하는 말이다.

poverty[pɔ́vəti] 명 가난, 빈곤; 빈약, 결핍(lack). 3
[《고프》 poverte ←《래틴》 paupertātem ← paupertās poverty ← pauper poor 가난한] ☞ pauper

동의어 **pauper**[pɔ́:pə] 명 빈민. [《래틴》 pauper poor]

pop[pɔp] 동 펑하고 소리나다, (뻥하고 소리내어) 발포하다; 마개를 펑하고 뽑다; (옥수수를) 뒤기다; 쾍 하고 가다 (나오다). 명 펑하고, 뻥하고, 탁하고, 갑자기. 5
[소리를 본딴 말]

pope, Pope[poup] 명 로마 교황.
[《래틴》 papa pope 교황←《그》 papas father 아버지]

popery[póupəri] 명 (경멸해서) 카톨릭교 (제도). [pope + -ery (명사 어미)] ☞ papal

poplar[pɔ́plə] 명 포플러 (나무); 사시나무. 7
[《고프》 poplier←《래틴》 pōpulus poplar; cf. 《프》 peuplier]

poplin[pɔ́plin] 명 포플린(옷감).
[《이태》 papalina papal 교황의←《래틴》 papa 교황 ←《그》 papas father; 교황이 있던 Avignon[ǽvi:njō:(ŋ)]에

poppy[pɔ́pi] 團 《식물》 양귀비. 6
[《고영》 popig←《래틴》 papāver poppy]

populace[pɔ́pjuləs] 團 민중, 대중(the common people). 9
[《이태》 popolaccio←《래틴》 populus people 사람, 민중] ☞ public

popular[pɔ́pjulə] 㦱 인기 있는, 명이 좋은; 민중의, 일반 대중이 행하는; 통속적인; 민간의. ⑳ unpopular 인기 없는, 유행하지 않는. 3
~ *ballads* 민요. ~ *edition* 보급판.
[《래틴》 populāris 민중의←populus people 민중]

popularity[pɔ̀pjulǽriti] 團 대중성, 보편성, 보급; 인기, 평판; 통속적임.
[popular+ -ity (명사 어미)] 8

popularly[pɔ́pjuləli] 튀 세상에, 일반적으로; 통속적으로, 쉽게.

populate[pɔ́pjuleit] 동 …에 살(게 하)다.
[《래틴》 populāre inhabit 살다←populus people 민중]

population[pɔ̀pjuléi∫(ə)n] 團 주민, 인구. [populate+ -ion] 3

populous[pɔ́pjuləs] 㦱 인구 조밀한.
[popular+ -ous (형용사 어미)] 8

porcelain[pɔ́:slin] 團 자기(磁器). 團 자기제(磁器製)의. 7
[《이태》 porcellana little pig (porcella pig의 축소사)←《래틴》 porca pig 돼지: 원 뜻은 "안을 윤이 나게 갈고 닦은 깨끗한 조개 껍질"이다. 조개의 표면이 돼지의 등과 비슷한 데서 돼지를 뜻하는 porcellana가 조개 껍질을 뜻하게 되고, 나중에는 자기(磁器)를 뜻하게 되었다]
참고 china는 일반적인 말이고, porcelain은 품위 있는 말이다. ☞ pork

porch[pɔ:t∫] 團 현관; 《미》 베란다 (verandah). 2
[《래틴》 porticus←porta gate 대문, entrance 입구; portico와 자매어]
통계어 **portico**[pɔ́:tikou] 團 《건축》 현관; 주랑(柱廊 colonnade). [《래틴》 porticus←porta gate 대문]
☞ port, portal, porter

porcupine[pɔ́:kjupain] 團 바늘 다람쥐, 고슴도치의 일종. 9
[《고프》 porc espin spiny pig 가시 돋힌 돼지←porcus 돼지 + spina thorn 가시; thorn pig 가시 돋힌 돼지]
☞ pork, porpoise

pore¹[pɔ:] 團 털 구멍; 기공(氣孔). 6
[《그》 poros passage 통과, 통로]

porous[pɔ́:rəs] 㦱 구멍이 있는, 기공(pore)이 있는. 10
[pore+ -ous (형용사 어미)]

pore²[pɔ:] 동 잘 보다, 잘 읽다; 잘 생각하다[at, on, upon, over]; 몰두하다[over].
[《중영》 p(o)uren]

pork[pɔ:k] 團 돼육, 돼지고기; 《미속》 정부에서 정책적으로 받는 지위, 보조금 따위. 4
[《래틴》 porcum pig 돼지]
☞ porcelain, porpoise, porcupine

porpois[pɔ́:pəs] 團 돌고래.
[《고프》 porpeis←porcus pig 돼지 + piscis fish; pig-fish 돼지 고기(豚魚); 바다에 사는 돼지라는 뜻. 돌고래 모양이 돼지와 비슷하기 때문]
☞ porcupine, porcelain, pork

porridge[pɔ́ridʒ] 團 죽, 오오트밀 죽. [pottage가 변한 말] 10
통계어 **pottage**[pɔ́tidʒ] 《고어》 진한 수우프; 뜨거운 국. [《프》potage←《고프》 pot pot 남비 + -age(명사 어미)]

port¹[pɔ:t] 團 항구(harbour), 개항장(開港場); 항시(港市) 《보통 seaport 또는 seaport town이라 한다》; 피난소(haven). 2
[《래틴》 portus harbour 항구, entrance 입구]

port²[pɔ:t] 團 좌현(左舷 larboard). 㦱 좌현의. 동 (배를) 좌현으로 돌리다. ⑳ starboard 우현(右舷).
[port¹(harbour 항구)의 전용; 항구에 배를 대는 것은 보통 좌현이 되므로]

port³[pɔ:t] 團 현창(舷窓 porthole); (배 옆의) 짐푸는 출입구.
[《래틴》 porta gate 문]

port⁴[pɔ:t] 團 달고 붉은 포도주(port wine).
[Oporto 포르투갈의 포도주 수출항구의 이름←《포르투》 o porto the port 항구←o the + port port 항구]

portable[pɔ́:təbl] 㦱 휴대용의. 9
[《래틴》 portābilis 운반할 수 있는←portare carry+ -able (형용사 어미); be able to carry 운반할 수 있는]
종의 potable[póutəbl] 마셔도 좋은

portal 과 혼동하지 말 것.

portal[pɔ́:t(ə)l] 图 (특히 웅장한)입구; 정문, 대문. 6
[《래틴》 *portāle*←*porta* gate 대문]

porter¹[pɔ́:tə] 图 운반인, 정거장의 화물 운반인; 《미》 (침대차 따위의)사환, 급사; 문지기(gatekeeper, janitor). 4
[운반인 ←《고프》 *porteour* ←《래틴》 *portāre* carry 운반하다 + *-er*(사람을 뜻하는 명사 어미); one who carries things 물건을 나르는 사람. 문지기 ← 《래틴》 *portārium* ← *portā* gate, entrance 문, 입구]
☞ port, porch
swear like a ～ 고래 고래 소리치다.

porter²[pɔ́:tə] 图 검은 맥주.
[*ponter('s ale)* ale for a porter 짐꾼을 위한 맥주; 처음에 London의 짐 운반인들이 마셨기 때문에]

porterhouse[pɔ́:təhaus] 图 《미》 검은 맥주(porter) 따위를 마시게 하는 선술 집, 간이 요리점(chophouse); 질이 좋은 쇠 허리 고기로 만든 스테이크(porterhouse steak) 《1814년 경 New York의 어떤 porterhouse의 경영자에 의하여 널리 퍼지게 된 요리》.
☞ porter¹

portfolio[pɔ:tfóuljou] 图 서류 넣는 곳, 접는 식의 손가방(brief case); 장관자리, 장관직(職).
[《이태》 *portafoglio*←《래틴》 *portare* carry 운반하다 + *folium* leaf, sheet; carry-leaves 종이를 나르는 것]
a minister without ～ 무임소장관.

portierre[po:tjéə] 图 (문간에 치는) 포장(curtain). 9
[《프》 *potière* ← 《래틴》 *portam* gate 문]

portion[pɔ́:ʃ(ə)n] 图 일부분(part); 몫(share); 지참금(dowry), 운명(destiny), 신분(lot). 图 분배하다(divide) [out]. 2
[《래틴》 *portiōnem*←*portis* share 몫; 《래틴》 *pars* (part 부분)과 관계있는 말] ☞ part

portrait[pɔ́:trit] 图 초상화(또는 사진).
[《래틴》 *prōtrahere* portray←*prō* forth + *thahere* draw; draw out forth 끌어 내다] 9

portray[pɔ:tréi] 图 그리다, 표현하다.
[《래틴》 *prōtrahere* depict 표사하다 ←*prō* forth + *trahere* draw] 9

Portugal[pɔ́:tjug(ə)l] 图 포르투갈(葡萄牙).
[《래틴》 *Portus Cale* port of Cale]

Portuguese[pɔ:tjugí:z] 图 포르투갈의, 포르투갈 사람(말)의. 图 포르투갈 사람, 포르투갈 말. 6

pose[pouz] 图 자세, 외양. 图 자세를 취하다, 포오즈를 잡(게 하)다; 태를 부리다; …인체 하다; (문제 따위를)제출하다. 9
[《프》 *pose* attitude 태도←《래틴》 *pausāre* lay down 눕히다←*pausa* pause 휴식 ← 《그》 *pausis*← pause *pauein* make to cease 그치게 하다]

position [pəzíʃ(ə)n] 图 위치, 장소; 자세(posture); 형세(situation); 입장, 신분(status); 역, 직(office); 입장, 처지; 태도(attitude). 3
[《래틴》 *positiōnem* placing 놓기 ← *positus* placed 놓인 ← *pōnere* place 놓다]
in ～ 적소에. *out of* ～ 부적당한 곳에.

[동의어] **position**은 봉급이나 급료를 탈 수 있는 특정한 직업으로서 전적으로 월급에만 의지해서 살고 있음을 뜻할 때가 있다. **situation**은 비교적 천한 일자리로서 보통 구직, 구인 관계를 암시하는 말이다. **office**는 특히 정부나 자치단체 따위에서의 권위나 책임 있는 position이며 때때로 추상적인 뜻에 쓰이기도 한다. **post**는 무거운 책임이 있는 position을 뜻하며, 특히 그 자리에 있는 사람이 임명 받은 것임을 나타낸다. **job**은 위의 모든 뜻을 일반적으로 나타내는 속어다.

positive[pɔ́zitiv] 图 결정적인; 확신 있는(confident); 명확한(definite); 긍정적인; 적극적. 图 negative 소극적, 부정적; relative 상대적. 5
[《프》 *positif*←《래틴》 *positīvus* settled 결정된 ←*pōnere* set, settle 놓다, 결정하다] ☞ position

possess[pəzés] 图 소유하다(own), 보지하다(hold); (욕망 따위에) 사로잡히다; (악령 따위에) 사로잡히다. 2
[《래틴》 *possessus* possessed 소유한 ←*possidēre* possess 소유하다←*pot-*, *potis* having power 힘이 있는 + *sedēre* sit 앉다; 앉을 수 있는]
be ～*ed by* (또는 *with*)…… …에 사로잡히다, …에 흘리다. *be* ～*ed of*…… …

을 소유하고 있다. ~ *oneself of*… …을 입수하다, …을 소유하다(take and keep). ☞ potent

possession[pəzéʃ(ə)n] [명] 소유(권); 점령(occupation); 소유지, 영토; *pl.* 재산(property); (어떤 감정 따위에) 사로잡힘; 자제(自制 self-control). 2
〔possess+ *-ion* (명사 어미)〕
be in ~ *of*… …을 소유하고 있다 (possessing, holding). *in the* ~ *of* … …에 의하여 소유되고 있는, …이 차지하고 있는(held by). *take* ~ *of*… …을 차지하다, …을 점령하다. *come into one's* ~ 손에 넣다.

possessive[pəzésiv] [형] 소유의. [명] 《문법》 소유격(possessive case), 소유대명사(possessive pronoun).

possible [pɔ́sibl,pɔ́səbl] [형] 가능한, 있을 수 있는; 견딜만한. [반] impossible 불가능한. 1
〔《프》 *possible* ← 《래틴》 *possibilis* that may be done 될수 있는 일 ← *posse* be able 가능한〕

possibility[pɔ̀səbíliti] [명] 가능성, 될 수 있음; 가능성이 있는 것, 예상.
〔possible+*-ity* (명사 어미)〕 5

possibly[pɔ́sibli, pɔ́səbli] [부] 아마도 (perhaps), 혹시; 《보통 can과 함께 써서》 어떻게 해서든지, 아무리 해도… (않다); 될 수 있는 한. 〔possible+ *-ly* (부사 어미)〕 6
☞ potent, power, probable

post[1][poust] [명] 기둥. [동] 내붙이다, 게시하다〔up〕. 1
〔《래틴》 *postis* post 기둥←*postus*← *positus*←*pōnere* set 놓다; 원 뜻은 놓인 것←꽂힌것〕 ☞ position

post[2][poust] [명] 진지, 성채(fort); 수비대; 책무, 지위(position). [동] (군대를) 배치하다.
〔《프》 *poste* carrier 운반자 ← 《래틴》 *postus* post, station 역, 진지←*positus*←*pōnere* set〕 ☞ position

post[3][poust] [명] 우편(물) (mail); 우체통(postbox), 우체국(post-office). [동] 우편으로 부치다; 역마(또는 파발마로) 여행하다; (정보를) 제공하다(inform). [부] 역마(파발마)로 (with post-horses), 아주 급히(posthaste).
〔《프》 *poste*←《래틴》 *positus*←*pōnere* place〕 ☞ position

postage [póustidʒ] [명] 우편료. 〔post +*-age*〕 4
~ *due* (우편)요금 부족.

postage-stamp[póustidʒstæmp] [명] 우표. ☞ stamp

postal[póust(o)l] [형] 우편의. [명] 《미》 우편엽서. 〔post+*-al* (형용사 어미)〕 5
~ *card* 우편엽서; 《미》 관제엽서. ~ *course* 통신교수. ~ (또는 *money*) *order*=《미》 ~ *note* 우편환 (P.O.로 생략해서 적음).

postcard[póus(t)kɑ:d] [명] 우편엽서; 《미》 사제엽서 ([반] postal 관제엽서).
〔post+card〕
return ~ 왕복 엽서.
[참고] 영국에서는 관제와 사제의 구별 없이 post card로써 엽서를 뜻한다.

postdate[póustdéit] [동] 실제보다 날자를 늦추어 달다, …의 뒤에 오다. [명] 늦은 일부. [반] predate 〔post+date〕

postman[póus(t)mən] [명] (*pl.* -men) 우체부(《미》 mailman). 〔post+man〕 ☞ man 7

postmaster[póus(t)mɑ̀:stə] [명] 우체국장. 〔post+master〕 ☞ master

postmaster-general [명] (*pl.* -s-general) 《영》 체신부장관.

post-office[póustɔ̀fis] [명] 우체국, 우편국. 5
general ~ 중앙 우체국. ~ *box* 사서함(私書函)(보통 P.O.B.로 줄여 씀).

poster[póustə] [명] 포스터, 삐라(광고); 삐라 바르는 사람. [동] 삐라를 바르다; 포스터로 선전하다. 8
〔post[1]+*er* (명사 어미)〕
☞ post[1], position

posterior [pɔstíəriə] [형] (위치가) 뒤의 (hinder); (시간·순서가) 나중의. [반] anterior 앞의, prior 먼저의. 10
〔《래틴》 *posterior*←*posterus* coming after ←*post* after; 더 나중에 오는〕

posterity[pɔstériti] [명] 《집합적》 자손 (descendants); 후세(의 사람들)(future generations). 5
〔posterior+ *-ity* (명사 어미)〕

postgraduate [póus(t)grǽdjuit] [형] 대학 졸업 후의; 대학원의. [명] 대학원생, 연구과생. 〔*post-* after+graduate 졸업하다〕 ☞ graduate

posthumous[pɔ́stjuməs] [형] 유복자의; 저자 사망 후에 출판된; 사후의(happening after death).
〔《래틴》 *postumus* last 최후의 ←*post*

after 후에; h-는 매장을 뜻하는 《(래틴)》 humus earth 와의 연상으로 가해진 것]

post-mortem[póus(t)mɔ́:tem] 형 사후의(after death). 명 검시(檢屍), 시체해부(post-mortem examination).
[《(래틴)》 post after+mortem death←mors, mortis death] ☞ mortal

postpone[pous(t)póun] 타 연기하다(put off), 뒤로 미루다. 반 despatch 빨리 끝내다. 9
[《(래틴)》 postpōnere put after, delay 뒤로 미루다←post after+pōnere put 두다] ☞ position

postponement[pous(t)póunmənt] 명 연기.

postscript[póus(t)skript] 명 (편지의) 추서(追書), 추기(追記) 《보통 P.S.로 줄여 씀》. 6
[《(래틴)》 postscriptum that which is written after 나중에 쓰여진 것←post after+scrībere write 쓰다]
☞ script, conscription, describe, subscribe

posture[pɔ́stʃə] 명 자세(attitude); 상태(state). 타 자세를 취하(게 하)다, 포오즈를 취하다(pose). 8
[《(래틴)》 postūra arrangement 정리←positus←pōnere put] ☞ position
[동의어] posture는 감정의 표현과는 전혀 관계 없는 태도나 자세이다. attitude는 어떤 감정의 표현으로서 무의식 중에나 또는 고의로 취하는 posture이고, pose는 미술적 효과를 위하여 보통 의식적으로 취하는 posture임에 비하여, stance는 특수한 자세를 뜻하며 특히 운동경기에서 선수 각자가 취하는 자세 따위를 뜻한다.

pot[pɔt] 명 항아리, 독, 병; 깊숙한 냄비; cf. pan 납작한 냄비. 2
for the ~ 요리용(식용)으로. keep the ~ boiling 생계를 꾸려나가다.

potable[póutəbl] 형 마실 수 있는(drinkable).
[《(프)》 potable←《(래틴)》 pōtābilis drinkable←pōtāre drink]

potation[poutéiʃ(ə)n] 명 음주(drinking); 주연(酒宴). [《(래틴)》 pōtatiōnem drinking 음주←pōtāre drink 마시다]

potato[pətéitou] 명 감자; 양말에 뚫린 구멍. 2
[《(스페)》 potata potato 감자←《(하이티)》

batata yam 마]
sweet (또는 Spanish) ~ 고구마.
white (또는 Irish) ~ 《(미)》 감자.

potent[póut(ə)nt] 형 유력한, 강한(powerful); 사람을 수긍하게 하는(convincing). 반 impotent 무력한. 6
[《(래틴)》 potentem being able 할 수 있는 posse be able 할 수 있다]
☞ possible

potency[póut(ə)nsi] 명 효력, 힘; 권력, 권위; 세력; 효능. [potent+ -cy (명사 어미)]

potentate[póut(ə)nteit] 명 유력자, 주권자; 군주. 7
[potent+ -ate (명사 어미)]

potential[pətén∫(ə)l] 형 가능한(possible); 잠재하는(latent). 명 가능성; 잠재세력. [potent+ -ial (형용사 어미)] 9
war ~ 전투능력.

potentiality[pətén∫iǽliti] 명 가능성, 잠재력. [potential+ -ity (명사 어미)] ☞ possible

potentially[pətén∫əli] 부 가능하게; 혹시.

potion[póu∫(ə)n] 명 (독·약 따위의) 한 모금(draft), 한 첩. 10
[《(프)》 potion←《(래틴)》 pōtiōnem draft 한 모금←pōtus drunken 마신←pōtāre drink 마시다]

potter[pɔ́tə] 명 도자기 만드는 사람, 도공(陶工). 8
[pot 항아리, 독+ -er (사람을 뜻하는 명사 어미)]

pottery[pɔ́təri] 명 도기제조(소), 도기류. [pot+ -ery (집합명사 어미)]
☞ pot

pouch[paut∫] 명, 타 작은 주머니 (bag, sack) (에 넣다); 웃옷의 바깥 쪽에 붙인 포키트(에 넣다). 6
[《(중영)》 pouche→《(고프)》 pouche; pocket 참조]

poultry[póultri] 명 《(집합적)》 가금(家禽), 집에서 기르는 새. 반 game 사냥해서 잡는 새. 4
[《(중영)》 pult(e)rie←《(고프)》 poletrie←poulet pullet 암평아리←《(래틴)》 pulla hen 암탉 ←pullus young animal 어린 동물]

pounce[pauns] 자 별안간 위에서 덮치다(whop) [upon]. 명 별안간 위에서 덮치기.

pound¹[paund] 명 《무게의 단위》 파운드 《약자 lb. 래틴말 *libra* 에서; 보통 16 온스, 약 453.6그람》,《영국 화폐 단위》 파운드 《20 shilling; 약자 £》.   1
[《고영》 *pund*←《래틴》 *pondō* pound ←(*libra*) *pondō* a pound in weight 무게 (일 파운드)←*pondus* weight 무게]   ☞ ponder

~ **sterling** 영국 화폐 1 파운드. Penny-wise and *pound*-foolish.《속담》한 푼을 아끼고 천냥을 잃는다. 싼 것이 싼 것이 아니다. In for a penny, in for a *pound*.《속담》내친 걸음에 끝까지 가자.

참고 shilling이나 pence가 있을 때에는 pound만으로도 복수의 역할을 할 때가 많다. 보기: five *pound* ten (shillings)=five *pounds* ten (shillings). five *pound* ten & four(pence)

pound²[paund] 명 (소, 말 따위를 가두는) 우리, 울타리. 타 우리에 넣다.
[《고영》 *pund* enclosure 포위]

pound³[paund] 타 부수다(crush), 빻다, 찧다; 계속해서 치다; (피아노 따위를) 쾅쾅 치다; 커다란 발 소리를 내며 걷다[along]..
[《고영》 *pūnian* bruise 멍들게 하다, 찌부러뜨리다]

pour[pɔː] 타 붓다, 쏟다, 흘리다; (탄환 따위를) 퍼붓다; 흘러 들어가다 (flow). 명 유출; 호우, 억수.   2

pout[paut] 타 입을 삐죽 내밀다, 뾰루퉁해지다. 명 입을 삐죽거림.   10

poverty[pɔ́vəti] 명 가난, 빈곤(being poor); 결핍(lack). 반 wealth   3
[《고프》 *poverte* poverty←《래틴》 *paupertātem* poverty 빈곤 ← *pauper* poor 가난한; *cf*. 《프》 *pauvreté*]

powder[páudə] 명 가루, 분(face-powder); 가루약; 화약(gunpowder). 타 가루로 만들다; 분을 바르다; 가루를 뿌리다.   1
[《중영》,《프》 *poudre*←《래틴》 *puluerem*←*puluis* dust 먼지]

통계어 **pulverize**[pʌ́lvəraiz] 타 가루를 만들다; 분쇄하다. [《래틴》 *pulverizāre* ←*pulverāre* =reduce to dust 먼지로 만들다←*puluer-, puluis* dust 먼지]

power[páuə] 명 힘(strength); 능력(ability); 권력(authority), 세력(influence) [over], 전력(電力);《때때로 복수》강국, 나라; 제곱, 자승.   1
[《고프》 *pooir* be able 가능하다 power 힘←《래틴》 *potére* be able ←*posse* be able]

in one's ~ 힘에 미치는, 자유로운 (*within the* ~ *of*···).

powerful[páuəf(u)l] 형 강력한 (strong); 효능있는; 세력 있는. [power+ -*ful* (형용사 어미)]   3

powerless[páuəlis] 형 무력한, 약한 (weak), 무능한. [power+ -*less* (형용사 어미)]   ☞ potent, possible   9

power-station[páuəstèiʃ(ə)n] 명 발전소(發電所).

practice[præktis] 명 연습(exercise); 실행; 습관(habit), 관습(custom); (의사, 변호사 따위의) 업무; *pl*. 계략.   1
[《래틴》 *practica* 《그》 *practikos* fit for business 직업에 맞게 하다←*prassein* do, accomplish 완성하다]

in ~ 실제로는; 연습을 계속하여; 개업하고. *make a* ~ *of*··· 언제나 ··· 하다. *out of* ~ 훈련이 부족하여, 서투러서. *put in* (또는 *into*) ~ ···을 실행하다, ···을 실시하다.

practicable[præktikəbl] 형 실행할 수 있는; 사용할 수 있는; 실용적인(useful). [practice+ -*able*]   10

practical[præktik(ə)l] 형 실지의, 실제적인; 실용적; 실질상의(virtual). 반 theoretical 이론적인.   3
[practice+ -*al* (형용사 어미)]

for ~ *purpose* 실제적으로는.

practically[præktik(ə)li] 부 실제적으로, 실지로; 사실상, 실질상;《속어》거의(almost).

practise《영》, **practice**《미》 [præktis] 타 실행하다, 경영하다(carry out); 연습하다(exercise), 훈련하다(drill); (의사, 변호사업 따위를) 하다; 속이다 (impose); 이용하다 (take advantage of). [《고프》 *pra(c)tiser*←《래틴》 *practicāre*←*practicus*←《그》 *practikos*]
☞ practice   1

통의어 **practise**는 숙달하기 위하여 되풀이해서 연습한다는 뜻이다. **exercise**는 주어진 문제를 해 내기 위하여서나 몸을 단련하기 위하여 마음과 몸을 계속해서 규칙적으로 움직인다는 뜻이다. **drill**은 특히 단체에 대하여 규칙적으로 반복하여 어떤 일을 훈련시킨다는 뜻이다.

practitioner[præktíʃ(ə)nə] 명 개업

의사; 변호사.
〔《고영》 *practicioner* practician 실행가, 경험자 + *-er* (명사 어미)〕
a medical **~** 개업의사. ***a general*** **~** (전문의사에 대한) 일반의사.

pragmatic(al)[prægmǽtik(l)] [형] 실천적인, 실제적인; 실용주의 (pragmatism)의; 활동적인 (active); 독단적인 (dogmatic).
〔《래틴》 *pragmaticus*←《그》 *pragmatikos* active 활동적인, versed in state affairs 나라 일에 정통한←*prassein* do 하다〕

pragmatism[prǽgmətiz(ə)m] [명] 《철학》 실용주의; 독단.
〔《그》 *progmat-, pragma* act 행동, business 사업 + *-ism* (주의를 뜻하는 명사 어미)〕

prairie[prέəri] [명] (특히 미국의) 대초원(大草原); 목장. 5
〔《프》 *pré* field 들 ← 《래틴》 *prātum* meadow 초원〕
~ *comedian* 《미》 하등 배우. **~** ***value*** 자연지가(地價).

praise[preiz] [명], [동] 찬양(하다). 2
[반] blame 비난(하다).
〔《고프》 *preisir* ← 《래틴》 *pretiāre* value 평가하다 ← *pertium* price 값; *cf.* 《프》 *priser*〕 ☞ price, prize

prance[præns] [동] (말이) 날 뛰며 나아가다, 의기 양양하게 걷다. [명] 도약(跳躍); 의기 양양한 태도. 7

prank[præŋk] [명] 농담(frolic), 장난(playful trick). [동] 꾸며 놓다(adorn) 〔with〕, 멋 부리다. 6

prate[preit] [동] 쓸데 없이 지껄이다. [명] 객설, 군소리(idle talk). 7

prattle[prǽtl] [명], [동] 혀 짧은 소리(를 하다); 객설(을 하다).
〔prate+ *-le* (반복 어미)〕 10

pray[prei] [동] 기도하다, 청하다, 간절히 원하다(entreat); 부디(please) 《I pray 의 준말》. 2
〔《고프》 *preier*←《래틴》 *precāre, precārī* beg, pray 빌다; *cf.* 《프》 *prier;* 《독》 *fragen* ask〕

prayer[prεə] [명] 기원, 기도(문); [pré(i)ə] 기도 드리는 사람. 2

preach[pri:tʃ] [동] 설교하다, 전도하다; 창도(唱導)하다 (advocate). 2
〔《래틴》 *proedicāre* declare 선언하다 ←*proe-* before 앞에 + *dicāre* tell 말하다〕 ☞ predicate

preacher[prí:tʃə] [명] 설교자, 전도자, 목사(clergyman). 〔preach+ *-er* (사람을 뜻하는 명사 어미)〕 5
☞ diction

precarious[prikέəriəs] [형] 불안정한(uncertain), 위험한(risky). 8
〔《래틴》 *precārius* doubtful 의심스러운, uncertain 불확실한←*precārī* pray 기도하다←*prec-, prex* prayer 기도; 원뜻은 gained by begging or prayer 애걸 또는 기도에 의하여 (비로소)얻어지는→불확실한〕

precaution[prikɔ́:ʃ(ə)n] [명] 조심, 경계 〔against〕; 예방 수단. 8
〔《래틴》 *praecautiōnem* ←*praecavēre* guard against방비하다←*prae-* against +*cavēre* beware 조심하다〕

precede[prisí(:)d] [동] 앞서다, 선행하다; …보다 뛰어나다; 시작하다〔by, with〕.
[반] succeed 뒤따르다. 6
〔《래틴》 *praecēdere* ←*prae-* before+ *cēdere* go; go before 먼저 가다〕

precedence[prisí:d(ə)ns,prési-] [명] 선행(先行), 앞서기; 우선(권); 상석, 상위(上位); 석차. 〔precede+*-ence*〕

precedent[présid(ə)nt, 《드물게》 prí:sid(ə)nt] [명] 선례(先例), 전례(前例); 판례(判例). 〔precede+ *-ent*〕 7

precedented[présidentid] [형] 선례가 있는, 전례가 있는. [반] unprecedented 전례 없는. 〔precedent+ *-ed*〕

preceding[prisí:diŋ] [형] 앞의, 상기의, 이상의. 〔precede+ *-ing* (현재 분사 어미)〕
☞ cede, accede, concede, exceed, proceed, recede, succeed, etc.

precept[prí:sept] [명] 교훈, 격언(maxim); 《법률》 명령. 6
〔《래틴》 *præcipere* take beforehand 먼저 갖다, instruct 가르치다 ← *præ-* before+*capere* take〕

precinct[prí:siŋkt] [명] 구내(構內), 경내(境內); *pl*, 주위, 부근(environs).
〔《래틴》 *praecinctum* encircled 둘러싸인(것)←*praecingere* encircle 둘러싸다 ← *præ-* in front+*cingere* gird 두르다〕 7

precious[préʃəs] [형] 귀중한, 값진(valuable); 귀여운(dear). [반] worthless 무가치한. 2
〔《고프》 *precios* ← 《래틴》 *pretiōsus*

costly 비싼 ← *pretium* price 값; *cf.* 《프》 *précieux*] ☞ price

precipice[présipis] [명] (내려다 보는)낭떠러지(cliff or rockface that is very steep), 절벽; 위기. [반] cliff 올려다 보는 절벽. 7
〔《래틴》 *praecipitium* ← *praecipitāre* throw down headlong 거꾸러 떨어뜨리다 ← *præceps* headlong 거꾸로 ← *præ-* before+*caput* head; 머리로 부터 먼저〕

precipitate[prisípiteit] [동] 거꾸로 던지다 (떨어뜨리다); 촉진시키다 (hasten); 침전시키다(하다). [prisípitit]; [형] 경솔한 (rash), 갑작스러운(sudden) 거꾸로 떨어지는. [명] 침전(물). 7
〔《래틴》 *praecipitātus* thrown headlong←*praecipitāre* throw headlong〕 ☞ precipice

precipitation[prisìpitéiʃ(ə)n] [명] 낙하, 투하; 황급함; 거꾸로 떨어뜨림; 침전; 응결(물); 강우(량), 강설(량).
〔precipitate+ *-ion* (명사 어미)〕

precipitous[prisípitəs] [형] 깎아 세운 듯한 (steep), 험악한, 경솔한(rash), 성급한(hasty). 10
〔precipitate+ *-ous* (형용사 어미)〕

precise[prisáis] [형] 정확한, 정밀한(accurate); 꼼꼼한(scrupulous). [반] vague 애매한. 6
〔《래틴》 *praecīsus* cut short 짧게 벤 ←*praecīdere* cut short 짧게 베다← *prae-* before+*cadere* cut〕

precisely[prisáisli] [부] 정밀하게, 정확하게; 꼭 맞게.

precision[prisíʒ(ə)n] [명] 정확성(exactness), 정밀성(accuracy). 〔precise + *-ion* (명사 어미)〕 8
☞ cement, concise, decisive, incise

precocious[prikóuʃ(ə)s] [형] 조숙한, 숙성한. 10
〔《래틴》 *praecōc-*, *praecox*+ *-(i)ous* (형용사 어미)←*prae-* before+*coquere* cook 익히다 ripen익다; ripen before time 때가 오기 전에 익은〕

predecessor[príːdisesə] [명] 전임자, 선배; 조상(forefather). 7
〔《래틴》 *praedēcessor*←*prae-* before +*dēcēssor* retiring official 은퇴하는 관리←*dēcēdere* go away 가버리다←*dē* away+*cēdere* go〕 [precede, succeed
☞ decease, cede, exceed, recede,

predicament[pridíkəmənt] [명] 곤경, 궁지(trying situation). 10
〔《래틴》 *praedicāmentum*←*praedicāre* proclaim, declare 선언하다; 원 뜻은 논리적인 범주(範疇)〕 ☞ predicate

predicate[prédikeit] [동] 서술하다, 단정하다. [prédikit] [명] 《문법》 술어, 술부(述部). [반] subject 주어, 주부(主部).
〔《래틴》 *praedicātus* proclaimed 선언된←*praedicāre* proclaim, publish 공표하다←*prae* before+*dicere* say; say before 발표하다〕 ☞ diction

predict[pridíkt] [동] 예언하다(foretell); 예보하다. 7
〔《래틴》 *praedictus* said before 미리 말하여진 ← *praedīcere*←*prae* before +*dīcere* say; predicate와 자매어〕
☞ diction

prediction[pridíkʃ(ə)n] [명] 예언(prophecy), 예보. 8
〔predict+ *-ion* (명사 어미)〕
☞ diction, contradict, dictionary, interdict

predictive[pridíctiv] [형] 예언적인.

predominate[pridɔ́mineit] [동] 지배하다 〔over〕; 우세하다, 우위를 차지하다;… 이 많다.
〔*pre-* before 먼저 ←《래틴》 *prae-* + *dominātus* dominated 지배된←*dominâre* dominate←*dominus* lord, master 주인〕

predominant[pridɔ́minənt] [형] 우세한; 주되는; 탁월한 (distinguished), 현저한(prevailing). 10
～ ***colour*** (또는 ***idea***) 주색(주의).

predominance[pridɔ́minəns] [명] 우세; 탁월함; 지배. 〔predominant+ *-ce* (명사 어미)〕 ☞ dominate

pre-eminent[pri(ː)éminənt] [형] 빼어난, 뛰어난(superior); 현저한.
〔*pre-* before+eminent 훌륭한〕
☞ eminent

pre-eminence[pri(ː)éminəns] [명] 탁월함. 걸출(傑出). 10
〔pre-eminent+ *-ce* (명사 어미)〕
☞ eminence

preface[préfis] [명] 서문, 머리말(foreword). [동], 서문을 붙이다. 8
〔《프》 *préface*← 《래틴》 *prēfātia* *praefātiō* saying beforehand 미리 말하기←*praefārī* say beforehand 미리 말하다←*prae-* before+*fārī* say〕

☞ fate, fable, fabulous, fame
prefect[príːfekt] 圕 (옛 로오마의) 장관; (프랑스의) 지사(governor); (프랑스의)경시총감(the prefect of police); (영국의 public school의) 감독생, 급장(monitor).
[《래틴》*praefectus* overseer 감독자 ←*praeficere* set over←*prae*- before +*facere* make, set; one set over others 다른 사람들 위에 놓인 사람]
prefecture[príːfektʃə] 圕 prefect의 직위 (또는 임기); 도, 현(縣), 부(府). [prefect+ -*ure* (명사 어미)]
prefer[prifə́ː] 働 (오히려 …을) 택하다 (choose rather); 좋아 하다(like better); 승진시키다 (promote, advance) [to]; 제출하다(put forward) [to, against]. ⓑ reject 거절하다. 2
[《래틴》*praefere* bear or set before 제출하다, prefer 좋아하다 ← *prae*-before+*ferre* bear; bear before 먼저 가지고 오다→좋아 하다]
~ *A to B* B보다 A가 좋다, B보다 오히려 A를 택하다. 보기: He *prefers* going to plain *to* going by ship. 그는 배로 가는 것 보다 비행기로 가는 것을 좋아한다. 《prefer 뒤에 rather 가 있을 때에는 prefer rather than 이 된다》 I *prefer* to watch television *rather than* sit idle. 가만히 앉아 있느니 보다 텔레비전이라도 보고 싶다.
참고 prefer… to 보다 속된 표현으로 had rather …than 이 더 많이 사용되고 있다: He *had* (또는 He'd) *rather* go by train *than* by plane. 그는 비행기 편 보다 기차편으로 가고저 한다.
preferable[préf(ə)rəbl] 圏 바람직한, 오히려 나은, 취하고 싶은. [prefer+ -*able* (형용사 어미)] 10
preferably[préf(ə)rəbli] 團 차라리, 오히려, 될 수 있으면.
preference[préf(ə)r(ə)ns] 圕 기호(嗜好), 편애(偏愛 partiality) [to, over, above]; 선택(물); 우선(권); (관세의) 특혜. [prefer+ -*ence* (명사 어미)]
have a ~ *of*… …쪽을 좋아하다.
in ~ *to* …보다 우선적으로, …에 앞서.
preferment[prifə́ːmənt] 圕 승진, 승급, 등용; 고관, 고위층, 상관. [prefer 의 원 뜻 앞으로 놓다 +-*ment* (명사 어미)] [refer, prelate
☞ fertile, infer, confer, defer,

prefix[príːfiks] 圕 《문법》접두사. [priːfíks] 働 앞에 두다, 접두사로 붙이다. ⓑ suffix 접미사.
[《래틴》*praefixus* fixed before 앞에 붙여지는(것)←*praefīgere* fix before 앞에 붙이다; pre-+fix] ☞ fix
pregnant[prégnənt] 圏 임신한 (with child); 가득 찬(filled, loaded); 상상력이 풍부한(imaginative); 함축성 있는, 심각한(significant). 7
[《래틴》*praegnantem* with child 임신한 ← *praegnāre* be about to give birth 해산할←*prae*- before+(*g*)*nāscī* be born 태어나다]
pregnancy[prégnənsi] 圕 임신; 함축(含蓄). [pregnant+-*cy* (명사 어미)]
prehistoric[príː(h)istɔ́rik] 圏 유사 이전의, 선사시대의, 태곳적의.
[*pre*- before+historic] ☞ historic
prejudice[prédʒudis] 圕 편견, 선입관; 불리(不利 disadvantage). 働 편견을 갖게 하다; 불리하게 하다. 6
[《래틴》*praejūdicium*←*prae*- before +*judicium* judgement 판단←*jūdicāre* judge 판단하다] ☞ judge
be ~*d against* … …에 대하여 반감을 갖다. *be* ~*d in favo*(*u*)*r of*… …에 대하여 호감을 갖다(품다).
☞ judge, judicial
prelate[prélit] 圕 고위 성직자 《archbishop, bishop 따위》. 7
[《프》*prélat*←《래틴》*praelātum* set above 위에 놓인←*praeferre* prefer← *prae before* + *lātus* born, set←*tollere* lift 들다, bear 가져오다]
☞ tolerate
prelacy[prélasi] 圕 prelate의 직위(지위); (the prelacy) 《집합적》=prelates.
☞ prefer
preliminary[prilím(i)nəri] 圏 예비의 (preparing for); 서문의, 임시의. 圕 《흔히 복수》예비행위, 준비(preparation); 《속어》예비시험. 6
[《래틴》*praelīmināris* ←*prae*- before +*līmināris* of threshold 문지방의← *limen* threshold 문지방, before, set before the threshold of …의 문간에 놓인] ☞ limit, subliminal
prelude[préljuːd] 圕 전주곡, 서곡, 서막. 働 서막이 되다.
[《래틴》*praelūdere*←*prae*- before+ *lūdere* play 연극] ☞ ludicrous

premature[prèmətjúə] 형 조숙한, 시기 상조의, 때아닌(untimely). 9
[《래틴》 *praemātūrus* very early 대단히 이른 ← *prae-* before+*mātūrus* ripe; ripe before the proper time 적당한 시기보다 먼저 익은] ☞ mature

premier[prémjə] 《영》, píːmiə, primíə 《미》] 명 국무총리, 수상(首相) (prime minister); 《미》 국무장관, [príːmiə] 형 제일의, 수위의
[《프》 *premier* first←《래틴》 *prīmus* first 제일의] ☞ prime, primary

première[prémiəə] 명 (연극의) 첫날; (여자) 주연 배우.
[《프》 *premiére* first (premier의 여성형)]

premise[prémis] 명 전제(前提); *pl.* 《법률》 근거; *pl.* 토지, 부동산, 건물.
[primáiz] 통 전제로 하다; 가정하다.
[《래틴》 *praemissa*←*praemittere* put out before 먼저 제출하다←*prae-* before+*mittere* send 보내다; 먼저 제출 된것↔먼저 말한 바→전제] 9
☞ missile, mission, commit, promise

premium[príːmjəm] 명 상(品) (prize); 보험료; 증가할당금, 프레미엄; 상여(賞與 bonus); 사례금(fee); 수업료(tuition fee). 7
[《래틴》 *praemium* reward 보수←*prae-* before + *emere* buy, take; take before 미리 갖다]
at a ~ 프레미엄을 붙여서, 액면 이상으로, 높이 평가해서. *put a* ~ *on* (fraud, lying, etc.) (사기, 거짓말 따위를) 장려하다, 유발하다. ☞ exempt

prepare[pripέə] 통 준비하다(for), 각오하다; 조제(調製)하다, 조리하다. 1
[《래틴》 *praeparāre* ← *prae-* before + *parāre* make ready 준비하다]

preparedness[pripέədnis] 명 준비, 용의, 각오; 군비, 전비(戰備).
[prepare+-*ed*(과거분사 어미)+-*ness* (명사어미)]

preparation [prèpəréiʃ(ə)n] 명 준비, 용의; 예습; 각오; 조제(調製), (조제된) 약; 식료품. [prepare+ -*ation*(명사 어미)] 3
in ~ *for*… …의 준비로.

preparatory[pripǽrət(ə)ri] 형 준비의, 예비의. 9
[prepare+-*atory* (형용사 어미)]

~ *to*… 《부사적》 …의 준비로 (in readiness for); …보다 먼저(before).
☞ pare, repair, separate, reparation

preposition[prèpəzíʃ(ə)n] 명 《문법》전치사. ⓑ postposition 후치사(後置詞).
[《래틴》 *praepositiōnem; pre-* before +*position* 위치] 10
☞ position, composition, disposition, imposition

preposterous[pripóst(ə)rəs] 형 터무니없는(absurd). 9
[《래틴》 *praeposterus* with the hinder part foremost, inverted 뒤가 앞으로 나온; *pre-* before+*posterior*+ -*ous* (형용사 어미)]
☞ posterior, post-mortem

prerogative[prirógətiv] 명 대권(大權 sovereign right), (일반적으로) 특권(privilege); 특전; 특성. 형 특권이 있는. 8
[《래틴》 *praerogātiva* voting first 먼저 투표하는 ← *prae-* before+*rogāre* ask; ask before 먼저 질문하다]

presage[présidʒ] 명 전조(前兆 omen); 예감(presentment);[priséidʒ] 통 미리 알다(foresee); 미리 나타내다 (foreshadow); 예언하다(predict). 9
[《래틴》 *præsāgium* a divining beforehand←*præsāgīre* perceive beforehand 미리 알아보다←*præ-* before + *sāgīre* observe, perceive] 깨닫다.
☞ sagacious

presbyter[prézbitə] 명 《장로 교회》장로 (elder); 《영국 국교》목사; 《카톨릭교》신부.
[《그》 *presbuteros* older 나이 더 많은 ←*presbus* old 늙은; priest와 자매어]

presbyterian[prèzbitíəriən] 명 장로교회파의 사람; 장로제 주의자. 형 장로제의, 장로교파의. 9
[presbyter+ -*ian* (형용사 어미)]
the ~ *church* 장로교회.

prescribe[priskráib] 통 (법률 따위로) 규정하다; 명령하다(order); (약을) 처방하다, 화제를 지어주다. 4
[《래틴》*praescrībere*←*prae-* before+ *scrībere* write; write beforehand 미리 적어놓다]

prescription[priskrípʃ(ə)n] 명 명령, 규정; 처방, 화제. 9
☞ scribe, ascribe, describe, inscription, subscribe

present¹[prizént] 图 선사하다, 기증하다; 소개하다(introduce); 나타내다(show); 겨누다(aim)[at]; 출석하다[oneself]; 상연하다. [préznt] 图 선물(gifts). 1
[图 《프》 présenter ←《라틴》 praesentāre set before 내어 놓다 → prac- before+-sens being.图 《프》 présent]
presentable[prizéntəbl] 图 선사할 수 있는, 소개할 수 있는; 남 앞에 내어 놓을 수 있는; 부끄럽지 않은. [present+-able (형용사 어미)]
presentation[prèzentéiʃ(ə)n] 图 증정(식); 소개, 배알(拜謁); 제출; 공개, 상연. [present+-ation(명사 어미)] 8
present²[préznt] 图 현재의; 출석하고 있는. 图 현재. ⓑ absent 결석의; past 과거(의); future 미래(의). 《라틴》 praesentem being before앞에 있는← prae- before+esse be 있다]
    for the ~ 당분간, 지금으로 봐서는. up to the ~ 지금 까지, 이제까지. ~ sir (또는 Ma'cm) 네. 《출석 부를때의 대답》. ~ to the mind 잊지 않는. ~ wit 주변, 돈지(頓智). the ~ writer 필자, 저자. the ~ volume 본서(本書).
presence[prézns] 图 존재; 출석, 참석; 풍채; 면전(面前); 태도(bearing); 유령(ghost). ⓑ absence 결석, 부재. [present+-ce(명사 어미)] 2
    in the ~ of… …의 앞에, 눈앞에서, 앞에 두고, 면전에서. *~ of mind* 침착, 명정(平靜) ⓑ absence of mind 방심). *saving your ~* 당신 앞이지만.
presently[prézntli] 图 얼마 안 되어, 이내(soon). 7
preserve[prizə́:v] 图 보존하다(keep safe), 유지하다(maintain); 절여 놓다. 图 《보통 복수》 저장해 둔 식료품; 설탕 절임, 쩸(jam); 금렵지구(禁獵地區).
[《라틴》 praeservāre ← prae- before +servāre keep, save; keep before 미리 보존하다]
preservation[prèzə(:)véiʃ(ə)n] 图 보존, 보관; 저장; 방부(防腐). 8 [preserve+-ation(명사 어미)]
preservative[prizə́:vətiv] 图 보존의; 저장의; 예방적. 图 예방법, 예방약; 방부제(防腐劑).
[preserve+-ative (형용사 어미)]

☞ serve, conserve, reserve
preside[prizáid] 图 사회하다; 지배하다, 통솔하다[over]. 5
[《라틴》 praesidēre sit before 앞에 앉다, preside over 사회하다 ← prae- before+sidere sit]
president[prézid(ə)nt] 图 (때때로 President) 대통령; 의장(chairman); 사장, 총재, 총장. [presie+-ent (명사 어미)] 2
presidency[prézid(ə)nsi] 图 president의 직함(지위, 임기); (때때로 Presidency) 미국 대통령직.
[president+-cy (명사 어미)]
presidential[prèzidénʃ(ə)l] 图 president의, 대통령의. [president + -ial (형용사 어미)] ☞ sedentary 8
press[pres] 图 누르다, 밀다; 짜다(squeeze); 압박하다(bear down), 괴롭히다(oppress); 조르다(urge) [for], 강요하다(force) [upon]; 주장하다. 图 밀기; 압박; 사람의 떼(crowd); 절박(urgency), 긴급함; 찬장(cupboard); 압착기, 인쇄기(printing-press), 인쇄소, 출판부; (the press)출판물, 신문 (newspapers). 1
[《라틴》 pressāre premere press] *be ~ed for*… …에 궁하다, …에 곤란을 겪다.
pressing[présip] 图 긴급한; 당장 급한; 굳이 조르는(insistent). [press+-ing (현재분사 어미)]
pressure[préʃə] 图 압력, 압박; 긴급, 절박함; 난삽, 곤란(trouble); 강제. [press+-ure (명사 어미)] 5
☞ compress, depress, express, impress, suppress
prestige[préstidʒ, prestí:ʒ] 图 위신(dignity), 신망(credit), 명성(fame).
[《프》 prestige illusion 환상, glamour 마력←《라틴》 praestigium illusion 환상→praestigiae juggler's trick 요술장이의 속임수←praestringere bind fast 꼭 묶다, dazzle 현기증나게 하다
← prae- before+stringere bind]
presume[prizjú:m] 图 추정하다(infer), 가정하다; 생각하다, 믿다(believe); 감히 …하다(dare) [to do], 뻔뻔스럽게 … 하다; 기회를 타서 하다 [on, upon]. 4
[《라틴》 praesūmere take beforehand 미리 갖다, venture ← prae- before+

sūmere take; 미리 가지다 → 미리 정해놓다→추정하다]
presumable[prizjúːməbl] 혱 추정되는, 예상되는, 있음직한. 10
[presume+ -able (형용사 어미)]
presumption[prizʌm(p)ʃ(ə)n] 몡 추정, 가정; 가능성(probability); 외람, 무례, 뻔뻔스러움(assurance). 8
[《래틴》praesumptiōnem←praesumptus ← praesūmere ← prae- before+sūmere take]
presumptuous[prizʌm(p)tjuəs] 혱 뻔뻔스러운, 건방진(impudent), 주제넘은(forward). 6
[《래틴》praesumptuōsus←praesumptiōsus←praesumptus] ☞ assume, presumption, consume, resume
pretend[priténd] 통 …인체 하다, 가장하다 (make believe); 자부하다 (lay claim)〔to〕, 요구하다〔to〕, (구혼자 따위를) 희망하다(aspire)〔to〕. 3
[《래틴》praetendere put forward 제시하다, pretend …인체 하다 ← prae- before+tendere stretch 펴다; stretch out before… …앞에 내어 놓고 펴다]
~ to (또는 that)… …인체 하다, 꾸미다, 자칭하다; 요구하다.
pretence《영》, **pretense**《미》[priténs] 몡 구실(pretext); 가장, 허위(make-believe); 자부, 자칭 (pretension). 5
[pretend+ -ce, -se (명사 어미)]
under (또는 on) the ~ of… …을 구실로, …의 미명하에.
pretension[priténʃ(ə)n] 몡 주장, 요구(claim); 《흔히 복수》자부, 권리, 자처; 가면, 잘난체하기, 가장. 10
[pretend+ -ion (명사 어미)]
pretentious[priténʃəs] 혱 뽐내는, 자부심이 센; 건방진; 의양을 꾸민; 가짜의. [pretend+ -ious]
☞ tend, extend, intend
pretext[príːtekst] 몡 구실(excuse), 핑계, 변명. 10
[《래틴》praetextus ← praetexere ← prae- before+texere weave 짜다; 앞에서 짜다→앞에서 꾸미다→핑계 하다 →구실] ☞ text, context
pretty[príti] 혱 고운, 아름다운, 예쁜, 귀여운; 애교 있는, 훌륭한(fine); 《속어》상당한 (considerable). 閉 꽤(fairly). 반 ugly 추한. 1
prettily[prítili] 閉 예쁘게, 곱게, 얌

전하게.
prevail[privéil] 통 유행하다, 보급하다; 한창이다; 우세하다〔over, against〕; 설복하다(persuade)〔on, upon, with〕. 3
[《래틴》prævalēre ← prae- before+valēre have power 힘이 있다; have power (힘이 있다)보다 더 앞(before) →더 힘이 있다→우세하다]
prevailing[privéiliŋ] 혱 널리 행하여지는, 유포된, 유행하는; 일반의 (common); 우세한(victorious). [prevail+ -ing]
prevalence[prévələns] 몡 (보통 the prevalence) 널리 퍼짐; 유행; 우세(優勢), 탁월(卓越). 9
[prevail+ -ence (명사 어미)]
prevalent[prévələnt] 혱 널리 행해지는, 유포된, 유행하는; 효과 있는. 7
[prevail+ -ent (형용사 어미)]
☞ value, valiant, avail, equivalent
prevent[privént] 통 막다(stop,hinder), 예방하다. 반 aid 돕다, incite 격려하다, 자극하다. 2
[《래틴》preventus prae- before+vēnīre come; come before 앞에 오다 →방해하다→막다]
~ him from …ing= ~ him …ing= ~ his …ing 방해하여 … 하지 못하게 하다.
preventive[privéntiv] 혱 예방의, 예방적. 몡 예방법, 예방약. 9
[prevent+ -ive (형용사 어미)]
prevention[privénʃ(ə)n] 몡 예방, 방지, 예방법(책) 〔against〕; 방해. 8
[prevent+ -ion]
☞ invent, convent,avenue,advent
previous[príːvjəs] 혱 이전의, 앞의(foregoing). 閉 =previously. 반 following 다음의, subsequent 그 후의. 4
[《래틴》previus going before+ -ous (형용사 어미)←prae- before+via way 길; going before 앞에 가는]
동의어 previous는 시간이나 순서에 관하여 쓰는 말로서 앞에 온다는 뜻이며 때때로 예비적인 일에도 사용되는 말이다. **prior**는 previous의 뜻에다가 다른 것 보다 중요하다는 뜻을 덧붙인 정도의 문장 용어이다. **preceding**은 시간이나 준비에 대하여 먼저 한다는 뜻이다. **antecedent**는 뒤따라 오는 것에 대한 직접적인 원인이 됨을 나타내며 그 밖의 뜻은 previous와 비슷한 말이

prey

다. **foregoing**은 형식적인 말이며 "앞에 말한, 앞에 적은" 따위의 뜻이다. **former**는 시간적으로 과거, 옛날을 뜻하는 한편 latter와 같이 써서 "전자의"를 뜻하기도 한다.

previously[príːvjəsli] 🖲 먼저, 미리, …보다 먼저(before) [to]. [obviate ☞ devious, deviate, obvious,

prey[prei] 🖲 모이, 밥; 희생(victim) [to]; 약탈품(spoil). 🖲 《on, upon과 함께 써서》 잡아먹다, 밥으로 하다; 피롭히다(worry); 약탈하다(plunder). 3 [(고프) preie←(라틴) praedam prey; cf. (프) proie]

bird (또는 *beast*) *of* ~ 맹조(猛鳥) (맹수). *make a* ~ *of* …을 밥으로 하다, …을 잡아먹다. *become* (또는 *fall*) *a* ~ *to* …의 희생이 되다. 참고 이 말은 주로 맹수나 맹조 따위 육식 동물에 대하여 말할 때 쓰인다. 초식 동물의 경우에는 "…을 먹고 산다"는 feed on으로 나타내는 것이 보통이고, 사람인 경우에는 live on으로 나타낸다.

price[prais] 🖲 가격, 시세, 값; 대가(cost), 대금, 비용; 희생(sacrifice); 대상(代償), 상금(reward). 1 [(고프) pris ←(라틴) pretium price 값; cf. (프) prix]

at any ~ 어떠한 대가를 치르더라도, 어떤 희생을 해서도. *at the* ~ *of* … …을 걸고, …을 희생하고.

priceless[práislis] 🖲 돈으로 살 수 없는, 매우 귀중한(invaluable). [price+ -less without (형용사 어미)] ☞ precious, prize

prick[prik] 🖲 (바늘 따위로)찌르다, 작은 구멍을 내다(pierce); 괴롭히다(sting), 아프(게 하)다. 🖲 찌르기; 찌른 상처; 가시; 질러 낸 작은 구멍; (마음의) 괴로움, 프끔프끔 쑤심. 3

prickly[príkli] 🖲 가시 투성이의, 바늘이 있는, 프끔프끔 쑤시는.

~ *heat* 땀띠.

pride[praid] 🖲 긍지, 자존심(self-respect); 오만; 만족(satisfaction); 한창(prime). 🖲 자랑하다 [oneself on]. ⓐ modesty, humility 겸손. 2

proud[praud] 🖲 자존심 있는, 긍지있는, 명예를 존중하는(self-respecting); 거만한 (haughty); 득의 만면한(exultant); 뽐내는, 당당한 (imposing).

ⓐ ashamed 부끄러운, modest 겸손한. 1

priest[priːst] 🖲 목사(clergyman); 신부; 승려, 성직자. ⓐ **priestess**, nun 수녀, 여승. 3
[(라틴) presbyter←(라틴) presbuteros an elder 장로, elder 나이 위인←presbus old 나이 많은; presbyter와 자매어] ☞ presbyter, Presbyterian 참고 priest는 영국교회에서는 clergyman의 정식 이름으로 사용된다. 그 외의 기독교 일반에 쓰일 때에는 보통 카톨릭교의 신부(神父)를 뜻한다.

priesthood[príːsthud] 🖲 승직(僧職), 성직자(聖職者)의 신분; 《집합적》 전(全)성직자. 9
[priest+ -hood (명사 어미)]

prime[praim] 🖲 제일의(first); 수위(首位)의 (chief); 일등의(first-rate); 최량의(best). 🖲 초기; 전성기; 최량 부분. ⓐ wane 감퇴, 쇠퇴.
[(라틴) prīma(hōra) first(hour) 첫(시간)←prīmus first ← prior former 그 전의]

~ *minister* 국무총리, 수상(premier). ~ *of life* 한창 젊을 때, 청춘.

primary[práiməri] 🖲 본래의, 근원의(original); 기본적(basic); 제일의, 초보의(elementary); 주요한(chief). 5
[prime+ -ary (형용사 어미)]

primarily[práimərili] 🖲 첫째, 주로, 먼저, 본래.

primer[práimə, príːmə] 🖲 입문서(入門書), 초보 독본. 9
[prime+ -er (명사 어미)]

primitive[prímitiv] 🖲 원시적, 초기의, 태고의; 근본적; 유치한; 구식의. 7
[(라틴) prīmitīvus first or earliest of the kind 같은 종류 중에서 맨 처음의←prīmus first]

primeval, primaeval[praimíːv(ə)l] 🖲 원시(시대)의, 태고의. [(라틴) prīmaevus young 젊은, 어린 ← prīmus first 처음의 +aevum age 시대 + -al (형용사 어미); of the first age 맨 처음 시대의]

primrose[prímrouz] 🖲 (식물) 프리뮬라(의 꽃), 프리뮬라 빛깔; 앵초(櫻草). [(라틴) prīma rosa first rose 맨 처음 장미] 8

evening (또는 *night*) ~ 달맞이 꽃. ~ *path* 환락의 길.

prince[prins] 🖲 왕자; 왕, 군주;《영국

이외의 나라의) 공작. ⓐ princess. *cf.* duke 《영국의》 공작. 1

[《래틴》 *princeps* first, chief, principal 우두머리←*primus* first 첫째의+ -*cipere, capere* take 잡다; one taking the first place 첫째를 차지하는 자]

Prince of Wales 영국 황태자.

princely[prínsli] 圏 왕자의, 왕후(王侯)의; 위엄 있는, 고귀한, 장엄한. 8
[prince+ -*ly* (형용사 어미)]

princess[prinsés, 《미》 prínses; 《사람이름 앞에 붙일 때》 prínses] 圏 왕녀, 공주; 왕자비(王子妃); 왕비;《영국 이외의 나라의》공작부인. [prince+ -*ess* (여성명사 어미)] 3

principal[prínsip(ə)l] 圏 주(主)요한 (chief), 선두의 (leading), 주체의, 본체의, 제일의. 圕 우두머리; 《미》(국민학교, 중고교의) 교장; 《법률》 정범(正犯); 원금; 본인. *cf.* accessory 종범(從犯); interest 이자; surety 보증인; second (결투시의) 보조인. 2
[《래틴》 *principālis* first, chief 주요한←*princeps*]

principality[prìnsipǽliti] 圏 수위(首位), 군주의 자리, 주권; 공국(公國), 후국(侯國). [principal+ -*ity*] 8

principally[prínsip(ə)li] 凰 주로, 대체로. [principal+ -*ly*] 10

☞ principle

principle[prínsipl] 圏 원리, 원칙; 절조(節操 uprightness); 본체(essence); 본질, (화학적) 요소(constituent). 3
[《프》 *principe*+ -*le* (명사 어미) ← 《래틴》 *principium* beginning 시초←*princeps* first 최초의]

☞ prince, principal

print[print] 圕 자국을 내다, 눌러서 표적을 내다; 인쇄하다; 간행하다(publish); 찍다; 감명을 주다(impress). 圏 자국; 영향; 인쇄(물); 인쇄체; 사진(의 양화)(photograph); 신문(newspaper); 날염(捺染)한 천. 2
[《고영》 *preinte, priente* impression 인상, print←*preindre*←《래틴》 *premere* press 누르다]

printer[príntə] 圏 인쇄업자. 9
[print+ -*er*]

a ~'s *devil* 인쇄소의 사환.

prior[práiə] 圏 앞의, 전의(previous), 보다 전의, (…보다) 앞자리의, 보다 중요한[to]. 凰 …보다 먼저(before)[to]. 7

ⓐ **posterior** 나중의.
[《래틴》 *prior* former 더 먼저의, superior 더 우수한] ☞ prime

priority[praiɔ́riti] 圏 먼저임, 우선(優先), 윗 자리.《법률》선취권(先取權). [prior+ -*ity* (명사 어미)]

☞ premier, prime

prism[prízm] 圏 프리즘; 삼릉경(三稜鏡); 분광(分光); *pl.* 일곱가지 색; 각주(角柱). 7
[《그》 *prisma* something sawed 톱으로 자른 것 ← *prizein* saw 톱질하다; 톱으로 잘라 만든 각주]

prismatic[prizmǽtik] 圏 프리즘의, 무지개 색의; 각주(角柱)의. [prism+ -*atic* (형용사 어미)]

prison[prízn] 圏 교도소, 형무소, 감옥; 금고; 《미》=state prison. 圕 《시》 투옥하다(imprison), 감금하다(confine). 2
[《래틴》 *prehensiōnem* seizure 체포← *prehendere* seize 잡다]

state ~ 《미》 주(州) 형무소 (*cf.* reformatory 감화원(感化院), penitentiary 형무소).

prisoner[príznə] 圏 죄수; 포로(captive); 잡은 것, 자유를 빼앗긴 자. 2
[prison+ -*er*(명사 어미)]

a ~ *of love* 사랑에 병든 자, 사랑에 사로잡힌 자. *a* ~ *to one's room* (또는 *chair*) 방(의자)에서 떠나지 못하는 자 (환자). I made her ha*n*d *a prisoner*. 나는 그 여자의 손을 잡고 놓지 않았다. ~ *of war* 포로(POW 또는 P.O.W.로 줄여 씀).

☞ comprehension, apprehension

private[práivit] 圏 개인의, 사적인, 사립의; 비공개의 (not public); 사람 눈에 안 띄는. 圕 병졸; *pl.* 음부. 2

ⓐ **public** 공공연한, 공공의.
[《래틴》 *privātus*←*privāre* set apart 따로 놓다 ← *privus* single 단일의, alone 혼자의; privy와 자매어]

privately[práivitli] 凰 남몰래, 살짝; 개인적으로.

privacy[práivəsi] 圏 은퇴(seclusion); 비밀(secrecy); 사생활(private life). 9
[private+ -*cy*(명사 어미)]

privation[praivéiʃ(ə)n] 圏 박탈, 몰수; 결핍, 궁핍(destitution). [private+ -*ion* (명사 어미)]

privy[prívi] 圏 《법률》 숨은(hidden), 비밀의(secret); 개인용의(private); 국

왕 사용의. 圖 멀어진 변소. 6
[《프》 privé ← 《라틴》 prīvātum ← prīvātus] ☞ private
~ counsellor (또는 councillor) 《영》 추밀고문관(樞密顧問官). Privy Council 《영》 추밀원(樞密院). ~ to 비밀리에 관련하고 있는, 내밀히 통하는.

privilege[prívilidʒ] 圖, 圖 특권(을 주다), 특전(을 주다). 3
[《라틴》 prīvilēgium ← prīvus private 개인적인 ← lēg- lex law 법 + -ium (명사 어미); a private law 개인에게만 적용되는 법률] ☞ private, legal

prize[praiz] 圖 상품, 현상, 당첨, 경품(景品); 전리품. 圖 소중히 하다. 2
[《라틴》 pretiāre prize 소중히 하다 ← pretium price 값]
play one's ~ 사리(私利)를 꾀하다.

probable[prɔ́bəbl]圖 있을 법한(likely), 그럴듯한; 유망한. 圖 무엇을 할 것 같은 사람, 뽑힐 만한 사람. 2
[《라틴》 probābilis ← probāre prove 증명하다] ☞ probation
[동의어] probable은 당연한 일인 것 같으면서도 확실히 증명되지는 않았다는 뜻이다. possible은 probable 처럼 "당연히 그럴듯하다"는 뜻은 아니지만 어떤 사물이 일어나거나 존재할 가능성이 있다는 뜻이다. likely는 possible보다 가능성이 크나 probable보다는 확실하지 못함을 뜻한다.

probability[prɔ̀bəbíliti] 圖 있을 법한 것, 가망; 공산(公算), 확률. 8
[probable+ -ity (명사 어미)]
in all ~ 아마, 십중 팔구는(probably).

probably[prɔ́bəbli] 圖 아마, 대개는, 십중 팔구는.
[동의어] probably는 "십중 팔구는"을 뜻하는 말이며 likely보다 큰 가능성을 나타낸다. possibly 는 probably보다 뜻이 약하고 perhaps나 maybe보다 가능성이 적은 경우에 사용된다. perhaps 는 가능성이 있는 쪽보다 없는 쪽에 중점을 두고 말할 때 쓰인다. maybe는 영국에서는 구식 말로 취급되나 미국에서는 perhaps보다 더 회화에 많이 쓰이는데 그 뜻은 perhaps보다 가능성이 적음을 나타낸다. likely는 주로 영국에서 most likely, very likely 식으로 써서 probably와 같은 정도의 뜻을 나타낸다.

probation[proubéiʃ(ə)n] 圖 시험, 검정; 임시 채용 기간; (집행 유예의) 보호감찰.
[《라틴》 probātiōnem a trial 시험, proof 증명 ← probātus ← probāre test 시험하다, prove 증명하다]

problem[prɔ́bləm] 圖 문제(question); 난문; 의문. 3
[《라틴》 problēma ← 《그》 problēma something thrown forward for discussion 토론을 위하여 투입된 것 ← pro-ballein throw before 앞에 던지다 ← prō- before + ballein throw]

problematic(al)[prɔ̀bləmǽtik(l)] 圖 문제의, 미정의, 의심스러운(doubtful).
[problem+ -atic(형용사 어미)+ -al (형용사 어미)] [emblem, ICBM ☞ devil, diabolic, ballistic]

proceed[prəsíːd] 圖 나아가다; 발하다(issue); 계속하다(continue); 유래하다 [from]. 圖 recede 후퇴하다. 2
[《라틴》 prōcēdere go forward 나아가다 ← prō- before + cēdere go; 나아가다 ← 발하다]

proceeds[próusiːdz] 圖 매상고, 수익, 소득; 결과.

procedure[prəsíːdʒə] 圖 (행동, 상태, 사정 따위의) 진행; 수속; 순서; 처치.
[proceed + -ure (명사 어미)] 9

proceeding[prəsíːdiŋ] 圖 행위, 처치; pl. 회보(會報); 소송, 수속, 의사록(議事錄). [proceed+ -ing]

process[próuses] 《영》, próses 《미》] 圖 진행, 과정; 경과(course); 순서, 방법(method); 영장(令狀). 圖 가공하다, (식료품 따위를) 처리하다. [prəsés] 《영속》 행진하다. [《라틴》 prōcessus ← prōcēdere] 3
in (the) ~ of ……중, 진행중.
in ~ of time 시간이 경과함에 따라.

procession[prəséʃ(ə)n] 圖 행렬, 행진. 圖 행진하다. 4
[《라틴》 prōcessiōnem religious procession 종교 행렬 ← prōcessus ← prōcēdere go forward; process+ -ion]
☞ cede, concede, precede, recede, succeed

proclaim[prəkléim] 圖 선언하다(declare), 공포하다(publish); 나타내다(reveal); 보이다; 금지를 선고하다. 3
[《라틴》 prōclāmāre ← prō- forth +

proclamation[prɔ̀kləméiʃ(ə)n] 圈 선언, 포고, 발포, 성명(서). 7
[proclaim+ -ation(명사 어미)]
☞ claim, acclaim, etc.

procure[prəkjúə] 圄 얻다(obtain); 초래하다(bring about); (매춘부를) 데리고 있다(알선하다). 4
[《래틴》 prōcūrāre take care of 돌보다←prō- before+cūrāre take care← cūra care]

procurement[prəkjúəmənt] 圈 획득, 조달(調達); 알선; 《미》(정부의) 매상(買上). [procure+-ment(명사 어미)]

procuration[prɔ̀kju(ə)réiʃ(ə)n] 圈 획득; 매춘부의 알선 (또는 고용); 《법률》대리, 위임(장). [procure+ -ation]
☞ cure, curate, curator, manicure

prodigal[prɔ́dig(ə)l] 圈 방탕한, 낭비하는(wasteful), 통이 큰, 아낌 없이 주는 (lavish); 풍부한. 圈 방탕자, 낭비자. ⓟ frugal 아끼는. 8
[《래틴》 prōdigālis←prōdigus lavish 낭비하는 ←prōd- forth + agere do, drive; drive forth 쫓다→낭비하다]
the ~ son (성경) 방탕한 아들 《누가 복음 15장 11～32》.

prodigality[prɔ̀digǽliti] 圈 낭비, 방탕, 오입; 풍부함. [prodigal+-ity(명사어미)]

prodigy[prɔ́didʒi] 圈 천재, 신동; 놀랄만한 사람(물건) (wonder).
[《래틴》 prōdigium portent 놀라운 존재, 전조(前兆)]

prodigious [prədídʒəs] 圈 거대한 (enormous); 경이적인(marvelous). 7
[prodigy+-ous (형용사 어미)]

produce[prədjú:s] 圄 생산하다(yield); 제조하다(manufacture); 만들다(make); 내다(bring out); 제출하다; 연출하다 (stage). [prɔ́dju:s] 圈 (농)산물, 제품, 생산액. 2
[《래틴》 prōdūcere bring forward 내어놓다←prō- forward +dūcere lead 인도하다; 앞으로 끌어 내다]

producer[prədjú:sə] 圈 생산자; 영화 제작자, 연출가. ⓟ consumer 소비자. [produce+ -er (명사 어미)] 10

product[prɔ́dəkt] 圈 (생) 산물, 제작품 (manufacture); 결과, 성과. 2

[《래틴》 prōductus produced 생산된 (것)←prōdūcere] ☞ produce

production[prədʌ́kʃ(ə)n] 圈 생산, 제작, 제품; 저작물 (work); 제공. ⓟ consumption 소비. 5
[product+ -ion (명사 어미)]

productive[prədʌ́ktiv] 圈 생산적인, 생산력이 있는; 많이 산출하는; 비옥한 (fertile). [product+ -ive] 8
☞ duke, duct, conduct, deduce, induce, reduce

profane[prəféin] 圈 신성을 모독하는, 불경의, 모독적; 이단적(이교적) (heathen); 세속적(secular). 圄 신성을 모독하다. ⓟ hallow 신성하게 하다. 5
[《래틴》 profānus unholy 신성하지 않은←prō- before + fānum temple; before (outside of) the temple 신전 밖에 있는→ 신성하지 못한]

profanity[prəfǽniti] 圈 모독, 불경 (不敬). [profane+ -ity]

profess [prəfés] 圄 공언하다 (declare openly); (신앙을)고백하다; … 인 체하다(pretend); (…을) 직업으로 삼다; 교수하다. ⓟ suppress 은폐하다, 싸서 숨기다. 5
[《래틴》 professus avowed 공언한←profitērī avow 공언하다←prō- forth +fatērī speak; speak forth]

profession[prəféʃ(ə)n] 圈 (특히 지적) 직업; (the profession) 지적 직업인; 공언, 고백, 신앙고백. 5
[profess+ -ion(명사어미)]

professional[prəféʃ(ə)n(ə)l] 圈 직업적, 전문의. 圈 지적 직업인;직업선수 《속어로는 pro로 줄여 사용한다》. ⓟ amateur 아마추어. 7
[profession+ -al(형용사 어미)]

professor[prəfésə] 圈 교수; 신앙고백서. [profess+ -or] 3
☞ confess

proffer[prɔ́fə] 圈, 圄 제공(하다), 신청(하다) (offer). 8
[《고프》 por-《래틴》 prō- before+of-(f)rir←《래틴》offere offer 제의하다; offer before]

proficient[prəfíʃ(ə)nt] 圈 익숙한(skilled), 노련한 (expert). 圈 명인(名人 expert), 통달한 사람. ⓟ deficient 부족한.
[《래틴》 proficientem advancing 진보하는←prōficere←prō- forward+fa-

cere do, make; make forward 전진하다→진보하다→익숙한]

proficiency[prəfíʃ(ə)nsi] 圀 숙달(熟達), 능숙함. ⑳ deficiency 결함, 부족. [proficient+-cy (명사 어미)]
☞ fact, effect, deficient, efficient, profit

profile[próufi:l 《영》, próufail 《미》] 圀 (얼굴의) 옆모습, 측면; 윤곽(outline); 소전(小傳);(인물)소묘(sketch); 측면도. 동 …의 측면도를 그리다, 인물 소묘를 하다.
[(이태) *profilo* sketch of a picture 소묘, outline 윤곽←(래틴) *prō-* before 앞에+*filum* a thread 실←*filāre* spin 실을 뽑다; 베 짜는 일에 기초가 되는 실뽑기→그림의 기초가 되는 소묘 → 윤곽]

profit[prófit] 圀 이득(gain), 이익;《흔히 복수》이윤. 동 먹이 되다, 이익이 되다(benefit) [by]. ⑳ deficit 결손, loss 손실. 2
[(프) *profit* ← (래틴) *prōfectum* ← *prōficere* make progress 진보하다]
make a ~ on … …으로 벌다. *make one's ~ of* … …을 이용하다. *~ and loss* 손익(계산서). *to one's ~* 이익이 되도록.

profitable[prófitəbl] 휑 유리한, 유익한(useful). 5
[profit+ -able (형용사 어미)]

profitably[prófitəbli] 凰 유리하게.

profiteer[prɔ̀fitíə] 圀 부정 축재자, 폭리를 보는 사람. 동 폭리를 취하다.
[profit+-eer] ☞ proficient

profound[prəfáund] 휑 깊은 (deep); 심원한; 마음 속에서 울어나는. ⑳ shallow 천박한. 5
[(프) *profond* ← (래틴) *profundum* deep 깊은←*pro-* forward, downward+*fundus* bottom 밑바닥]

profoundly[prəfáundli] 凰 깊이, 마음 속으로부터.

profundity[prəfʌ́nditi] 圀 심원(深遠), 오묘, 깊은 곳. [profound+-ity (명사어미)]
☞ fund, found, fundamental

profuse[prəfjú:s] 휑 아낌 없이 주는(lavish) [of, in]; 풍부한(abundant); 할 수 있는. ⑳ economical 아끼는. 8
[(래틴) *profūsus* poured forth 쏟아져 나오는←*profundere*←*prō-* forth+ *fundere* pour 쏟다]
[동의어] **profuse**는 남을 만큼 쏟아 놓는다거나 내어 보낸다는 뜻으로 지나치게 낭비한다는 뜻을 나타낼 때도 있다. **lavish**는 제한이 없이 너그럽게 주어버린다는 뜻으로 profuse보다 낭비의 뜻이 강하며 지나친 지출을 뜻할 때가 많다. **extravagant**는 지나치게 불경제적인 소비를 한다는 뜻이다. **prodigal**은 너무 무절제한 생활이나 사치를 했기 때문에 이제는 가난해졌음을 뜻한다. **luxuriant**는 활발하고 풍부하게 성장함을 뜻하는 말이다. **lush**는 지나칠 만큼 싱싱하고 무성하게 자라고 있음을 뜻한다.

profusion[prəfjú:ʒ(ə)n] 圀 풍부, 다량(多量); 사치. [profuse+ -ion (명사 어미)]
☞ fuse, confuse, refuse,confound

progenitor[pro(u)dʒénitə] 圀 《시》선조(ancestor); 선배; 원본(original). 9
[(래틴) *prōgenitor* ancestor 선조← *prō-* before+*genitor* a parent 부모 ←*gignere* beget 낳다]

progeny[prɔ́dʒini] 圀 《집합적》자손(offspring), 후예, 배후. 8
[(래틴) *prōgenies* offspring 자손← *prō-* forth + *genus* kin ← *gignere* beget 낳다] 8

program(me)[próugræm] 圀 프로그람, 상연 목록, 상점 목록; 예정 계획(schedule). 5
[(래틴) (그) *programma* a public notice in writing 공고문←*prō-* beforehand + *graphein* write 쓰다; something written beforehand 미리써 둔것]
☞ gramophone,telegram,grammar

progress[próugres 《영》, prɔ́gres 《미》] 圀 진행, 전진(advance); 진보, 발달(development). [prəgrés] 동 진행하다, 진보하다, 향상하다. ⑳ regress 퇴보(하다). 3
[(래틴) *prōgressus* advance 전진← *prōgredī* go forward 전진하다←*prō-* forward+*gradī* walk]
in ~ 진행하고 있는, 진행 중. *make ~* 향상하다, 진보하다, 나아지다.

progressive[prəgrésiv] 휑 진보적인, 진보주의의. 圀 진보주의자, (Progressive) 진보당원. 6
[progress+ -ive (형용사 어미)]

progressively[prəgrésivli] 튀 진보적 으로, 누진적(累進的)으로.
☞ grade, aggression, congress, egress, regress

prohibit[prəhíbit] 唇 금하다(forbid); 방해하다(prevent); 예방하다. ⊕ permit 허가하다. 5
[((래틴) *prohibitus* held before one 앞에 놓여 있는 ←*prohibēre* hold before one, prohibit ← *prō-* before+*habēre* have, keep; 앞에 놓다→가로 막다]

prohibition[pròu(h)ubíʃ(ə)n] 튀 금지, 금지령; (미) 금주령(禁酒令). 7
[prohibit+ -*ion*(명사 어미)]
☞ habit, exhibit, inhibit

project[prɔ́dʒekt] 튀 계획, 기획; 설계. [prədʒékt] 唇 내어 던지다, 사출하다; 투사하다, 투영하다; 툭 튀어 나오다 (jut out); 계획하다(plan). 5
[((래틴) *projectus* ← *prōjicere* throw out 사출하다←*prō-* forth+*jacere* cast 던지다]

projectile[prədʒéktail] 휑 투사하는, 발사하는, 추진하는. [prɔ́dʒektail] 튀 투사물; 발사체.
[((래틴) *prōjectilis* projecting 투사하는←*prōjicere*]

projection[prədʒék(ə)n] 튀 투사, 발사; 돌출, 돌기; 계획; 투영, 영사(映寫). [project+ -*ion* (명사 어미)] 8

projector[prədʒéktə] 튀 계획자, 설계자; 영사기, 투영기(投影機).
☞ jet, abject, inject, object, reject, subject

prolific[prəlífik] 휑 아이를 많이 낳는, 많이 산출되는; …이 풍부한 [in]. 8
[((래틴) *prōlificus*←*prōles* offspring 자손 ← *prō-* forth+*olēre* grow 자라다+ -*ficus*←*facere* make; make offspring 아이를 만들다(낳다)]

proletarian[pròulitéəriən] 튀,휑 프 롤레타리아(의), 노동자 계급(의).
[((래틴) *prōlētārius* one who served the State not with property but with offspring. 나라에 재산으로 봉사하지 못하고 자식을 낳아서 봉사하는 자← *prōles* offspring 자손]

proletariat(e)[pròuletéəriət] 튀 하층(노동) 계급, 프롤레타리아(무산) 계급. ⊕ bourgeoisie 부르조아(유산) 계급.

[((래틴) *prōlētārius* (proletarian 참조)+ -*ate* (명사 어미)]

prolog(ue)[próuləg] 튀 머리말, 서막, 서장(序章). ⊕ epilogue 결어(結語). 9
[(그) *brologos*←*pro-* before +*logos* a speech; fore-speech 머리말]

prolong[prəlɔ́ŋ] 唇 연장하다(extend), 오래 끌게 하다. ⊕ curtail 단축하다. 4
[((래틴) *prolongāre* prolong 연기하다 ←*pro-* forward+*longus* long; make long forward 앞으로 길게 하다]

prolongation[pròulɔŋgéiʃ(ə)n] 튀 연장(부분), 늘어드리기. [prolong + -*ation* (명사 어미)] ☞ long

promenade[prɔ̀miná:d, -néid] 튀, 唇 산보(하다), 소풍(하다), 드라이브(하다), 행렬(기마 또는 자동차의), 산보 장소; (미) 춤추는 사람들의 행진. 7
[(고프) *promener* walk 걷다 + -*ade* ←(래틴) *-atā-←prō-* forwards+*mināre* drive 몰다, lead 이끌다←*mināri* menace 위협하다] ☞ menace

~ *about* 점잔 빼고 활보하다.

prominent[prɔ́minənt] 휑 돌출한(projecting), 양각(陽刻)으로 된; 뚜렷한, 탁월한(distinguished). 4
[((래틴) *prōminentem* jutting out 튀어 나온← *prōminēre* project forward 앞으로 나오다←*prō-* forward+ -*minē-re* project 튀어 나오다] ☞ menace

prominence[prɔ́minəns] 튀 돌출(물); 눈에 띄는 장소; 눈에 드임, 현저, 탁월함. [prominent+ -*ce* (명사 어미)]
☞ eminent, imminent, promontory

promise[prɔ́mis] 튀 약속, 계약; 가망, 희망(hope). 唇 약속하다, 계약하다; …할 가망이 있다, …인 것같다. 1
[((래틴) *prōmissus* sent or put forth 제출된, promised 약속된←*prō-* forward+ *mittere* send; 앞으로 보내다 →제출하다/약속하다]

break one's ~ 약속을 깨뜨리다.
keep one's ~ 약속을 지키다.

promising[prɔ́misiŋ] 휑 가망 있는, 유망한(hopeful), 믿음직한. [promise + -*ing* (현재분사 어미)]

promissory[prɔ́misəri] 휑 약속의, 지불을 약속하는. [promise+ -*ory* (형용사 어미)]

~ *note* 약속 어음.
☞ mission, missile, compromise, commit, premise

promontory[prɑ́mənt(ə)ri] 명 갑(岬), 곶; 융기(隆起).
[《래틴》 prōmunturium ← prōminēre be prominent 돌출하다 ← prō- forward + -minēre project]
☞ prominent

promote[prəmóut] 통 촉진하다, 조장하다; 승진시키다, 진급시키다; 장려하다, 발기(發起)하다. ⓐ degrade, demote 지위를 낮추다, 격하하다. 6
[《래틴》 prōmōtus moved forward← prōmovēre move forward 전진하다← prō- forward + movēre move]

promotion[prəmóuʃ(ə)n] 명 촉진, 증진, 장려; 승급, 진급. ⓐ demotion 격하(格下). [promote + -ion(명사 어미)] 6
☞ move, motion, remove, remote, demote, commote, mob, locomotion

prompt[prɑmpt] 형 민속한 (quick); 기민한(alert), 즉석의(ready). 통 자극하다, 촉진하다(incite), 생각나게 하다; (배우 따위에게) 대사를 뒤에서 읽어 주다. ⓐ slack 완만한. 2
[《래틴》 promptus, promtus brought to light, at hand, ready ← prōmere bring forward 앞으로 가져오다 ← prōd- forward + emere take]

promptly[prɑ́m(p)tli] 부 재빠르게, 즉각적으로, 민속하게.

promptitude[prɑ́m(p)titjuːd] 명 재빠름, 민속(敏速)함, 기민함. [《래틴》 promptitūdō; prompt + -tude(명사 어미)]

prone[proun] 형 수그린, 엎드린(prostrate); 험한, 내리받이의, 경사진(sloping); …하는 경향이 있는(inclined), …하기 쉬운(apt)[to]. ⓐ supine 반듯이 누운. 7
[《래틴》 prōnus leaning forward 앞으로 수그러진 ← prō- before 앞에]

pronoun[próunaun] 명 《문법》 대명사.
[《래틴》 prō- for + 《영》 noun 명사; 《프》 pronom ← 《래틴》 prōnōmen(pronoun 대명사)에서 본딴 말; noun 대신(for) 쓰는 말] ☞ noun 7

pronounce[prənáuns] 통 발음하다; 선고하다, 단언하다(declare); 의견을 말하다, 판단을 내리다. 2
[《래틴》 prōnuntiāre pronounce 발음하다, tell forth 선언하다 ← prō- forth + nuntiāre tell 말하다]

pronounced[prənáunst] 형 명백한, 확실한, 현저한; 단호한(decided).
[pronounce + -ed (과거분사 어미)]

pronouncement[prənáunsmənt] 명 선고, 공고, 선언, 발표; 의견; 결정.
[pronounce + -ment(명사 어미)]

pronunciation[prənʌ̀nsiéiʃ(ə)n] 명 발음. 7
주의 pronounce와의 철자법 차이에 주의할 것. [pronounce + -ation (명사 어미)]
☞ announce, denounce, renounce

proof[pruːf] 명 입증, 증명(demonstration); 증거(evidence); 시험(test); (술의) 표준 강도; 교정 인쇄. 형 (물·불 따위에) 견디는; (유혹에) 빠지지 않는. 2
[《고프》 preuve ← 《래틴》 probam proof 증명 ← probāre prove 증명하다; probe(시험하다)와 자매어, 지금의 형태는 prove의 영향에서] ☞ prove
in ~ of… …의 증거로. water-proof 내수성(耐水性)의. fire-proof 내화성(耐火性)의.
동의어 proof는 사실이나 문서의 내용에 관한 증거를 뜻하는 일반적인 말이며, evidence보다 그 확실성이 강한 말이다. evidence는 어떤 일을 확신하는 데 충분한 근거를 뜻하는 말이며, 법률 용어로 쓰일 때에는 법정에서의 증인의 증언이나 물적 증거를 통틀어 말할 때 쓰는 말이며, proof 보다 권위가 있는 말이다. testimony는 증인이 선서한 후에 행하는 증언을 뜻하고, exhibit는 법정에서 evidence로서 제출되는 문서나 물건을 말한다.

prop[prɑp] 통 버티다 (support)[up]. 명 지주(支柱), 버팀목; 지지하는 사람, 의지. 6

propagate[prɑ́pəgeit] 통 번식시키다; 보급시키다; 선전하다. ⓐ eradicate 근절시키다. 6
[《래틴》 prōpāgātus multiplied 여러 곱이 된 ← prōpāgāre multiply plants from layers 꺾꽂이를 하여서 식물을 번식시키다 ← prō- forth + pangere fasten 묶다; 꺾꽂이 가지를 묶어서(fasten) 잘 자라게 하다]

propagation[prɑ̀pəgéiʃ(ə)n] 명 번식, 선전; 보급, 전파. [propagate + -ion (명사 어미)] 10

propaganda[prɑ̀pəgǽndə] 명 선전; (주의·사상 따위의) 선전 단체, 선전 계획.

[《래틴》 (*congregātiō dē*) *prōpāgānda* (*fidē*) (congregation for) propagating (the faith) (신앙을) 선전하기 위한 신도의 모임 ← *prōpāgāndus* be propagated← *prōpāgāre*] ☞ page

propel[prəpél] 图 추진히디, 나아가게 하다, 몰다. 9
[《래틴》 *prōpellere* drive forward 몰고 나가다 ← *prō*- forward + *pellere* drive 몰다] ☞ pulse

propeller[prəpélə] 图 프로펠러, 추진기. [propel+ -*er*]

propulsion[prəpʌ́lʃ(ə)n] 图 추진, 추진력(propelling force). [《래틴》 *prōpulsus*←*prōpellere*+-*ion*]

propulsive[prəpʌ́lsiv] 图 추진력이 있는, 추진하는. [《래틴》 *prōpulsus* ←*prōpellere*+ -*ive*(형용사 어미)]
☞ pulse, impel, compel, dispel, expel, repel

proper[prɔ́pə] 图 적당한(fit), 당연한 (right), 올바른(correct); 예절 바른 (decent); 독자적인(own); 특유한(particular); 엄밀한 의미에서의, 진정한. 伵 improper 부적당한. 1
[《중영》《프》 *propre*←《래틴》 *proprius* one's own 자기 자신의, particular 특유한]

properly[prɔ́pəli] 图 적당히; 마땅히; 올바르게.

property[prɔ́pəti] 图 《집합적》재산(possessions), 소유물(a possession), (특히) 소유지(landed estate); 소유권;(한 종류의)특성; *pl.* (연극의) 잔 도구. 2
[proper+ -*ty*; that which is proper to anything …에게 특유한(proper) 것 →특성→소유→소유권→소유물→재산]

propriety[prəpráiəti] 图 알맞음, 적당함; 예의 바름. 9
[proper+ -*ity*(명사 어미); -*e*-와 -*i*-의 위치 전환]

proprietary[prəpráiət(ə)ri] 图 소유(권)의; 재산이 있는; (제조·판매의)독점의, 전매의(patent). 图 소유자(owner); 소유권(ownership). [propriety + -*ary* (형용사 어미)]

proprietor[prəpráiətə] 图 소유주(owner), 경영자(經營者). 6
[propriety+ -*or* (명사 어미)]

prophet[prɔ́fit] 图 예언자. 3
[《그》 *prophētēs* one who declares 선언하는 사람, prophet 예언자 ←*pro*-

publicly 공공연하게, before 앞에 + *phēmi* I speak 나는 말한다]

prophecy[prɔ́fisi] 图 예언. 5
[prophet+ -*cy* (명사 어미)]

prophesy[prɔ́fisai] 图 예언하다(predict). 5
[prophecy가 동사 용법으로 변한 것]

prophetic(al)[prəfétik(l)]图예언의, 예언적, 예언자의. 7
[prophet+ -*ic(al)* (형용사 어미)]
☞ fame, fate

propitiate[proupíʃieit] 图 달래다(appease), 비위를 맞추다; 화해하다(conciliate).
[《래틴》 *propitiātus* made favourable 비위에 맞게 된 *probitāre* make favourable 좋아 하게 하다 ← *propitius* favourable, falling forward 앞으로 넘어지는←*prō*- before+*petere* go toward]

propitious[prəpíʃəs] 图 복 받은(favourable); 행운의; 상서로운. 9
[propitiate+-*ous*]

proportion[prəpɔ́ːʃ(ə)n]图비율(ratio); 부분(part), 몫(share); 어울림(symmetry); *pl.* 크기(size), 용적(dimensions); 《수학》 비례. 图 균형을 맞추다; 할당하다; 나누어 주다. 3
[《프》 *proportion*←《래틴》 *prōportiōnem* comparative relation 비교 관계 ←*prō*- before 앞에 in relation to…과 관련되어 + *portio* portion 부분; 부분과 관련되어]
in ~ *to* (또는 *as*)… …에 비례해서, …에 따라(as 뒤에는 clause). *be in* ~ (*to*)… (…에 대하여) 균형이 잘 잡혀 있다. *out of* ~ (*to*)… (…에 대하여) 균형이 안 잡힌.

proportional[prəpɔ́ːʃ(ə)n(ə)l] 图 균형이 잡힌; 비례하는, 비례의. 图 비례수(량). [proportion+-*al*]

proportionally[prəpɔ́ːʃ(ə)nəli] 图 비례해서, 맞추어서; 비교적.

proportionate[prəpɔ́ːʃ(ə)nit] 图 비례하는, 균형이 잡힌. 伵 disproportionate 균형이 안 맞는.
[proportion+-*ate*] ☞ portion

propose[prəpóuz] 图 제의하다 (offer); 뜻하다(intend); 계획하다; 추천하다(recommend). 3
[《프》 *proposer*←《래틴》 *prō*- before+ 《프》 *poser* place 놓다← 《그》 *pauein*

make to cease 그치게 하다; place before 앞에 놓다→제의하다]
proposal[prəpóuz(ə)l] 圕 제안, 제의; 결혼 신청.　　　　　　　　7
[propose+ -al (명사 어미)]
proposition[prɔ̀pəzíʃ(ə)n] 圕 제의, 안(案 plan); 계획; 《논리》 명제(命題); 《수학》 정리(定理 theorem); 《속어》 사업; 계획.　　　　5
[《프》 proposition ← 《래틴》 prōpositiōnem statement 설명 ← prōpōnere put forth 제출하다←prō- forth+pōnere put]　　　　　　　　[purpose
☞ pose, position, compose, impose,
proscribe[prouskráib] 圕 인권을 박탈하다, 추방하다; 금지하다; 배척하다, 비난하다(condemn).
[《래틴》 prōscrib -(ere) to write]
prose[prouz] 圕, 圕 산문(적, 의); 평범한, 단조로운; 지리한 이야기. ⓟ verse 운문(韻文)(의).　　　　　　　6
[《래틴》 prōsa←prorsa(orātio) direct-(speech) 직접(연설) ← prōversus turned forward 앞으로 돌려진←prō- forward+vertere turn]
prosaic[pro(u)zéiik] 圕 산문의; 평범한, 단조로운, 흥미없는, 지리한.
[prose+-ic(형용사 어미)]
prosecute[prɔ́sikjuːt] 圕 수행하다(pursue), 추구하다, 속행하다; (장사 따위를) 경영하다, 종사하다; 기소하다, 소추(訴追)하다, 구형하다. ⓟ exonerate 면죄(免罪)하다.　　　　　　9
[《래틴》 prōsecūtus←prōsequī pursue ← prō- forward+sequī follow; follow forward 앞으로 끝까지 따라가다→완수하다]
prosecution[prɔ̀sikjúː∫(ə)n] 圕 수행, 실행; 종사, 경영; 기소, (the prosecution) 검찰 당국.　　　　　　9
[prosecute+ -ion(명사 어미)]
prosecutor[prɔ́sikjuːtə] 圕 실행자, 경영자; 검사. [prosecute+ -or (사람을 뜻하는 명사어미)]　　　[execute
☞ sequence, pursue, consequence,
prospect[prɔ́spekt] 圕 조망, 내려다 뵈는 범위, 경치(view); 가망(expectation), 예상, 기대, 전망.
[prəspékt] 圕 답사(踏査)하다 (explore); 시굴(試掘)하다[for].　　3
[《래틴》 prospectus a view 경치 ← prōspicere look forward 바라다 보다

←prō- forward+specere look]
☞ species
in ~ (of)… …(을) 예기하여, …(을) 바라보고.
prospector[prəspéktə] 圕 《미》 투기자; 시굴자(試掘者). [prospect+ -or (사람을 뜻하는 명사 어미)]
prospective[prəspéktiv] 圕 예기된, 가망 있는, 미래의(future).　　9
[prospect+ -ive(형용사 어미)]
prospectus[prəspéktəs] 圕 설립 취지서, 내용 설명서; 내용 견본; 학교 안내.
[《래틴》 prospectus prospect, outlook 외관]　　　　　　[inspect, suspect
☞ spectacle, spy, aspect, expect,
prosper[prɔ́spə] 圕 번영하(게 하)다, 성공하(게 하)다.　　　　　　4
[《래틴》 prōsperāre make prosperous 번영하게 하다←prōsperus prosperous 번영하는←prō for, according to + spēr- ~ spēs hope 희망]
prosperity[prɔspériti] 圕 번영; 성공 (success); 행운(good fortune); 부(富), 재산(wealth).　　　　　　4
[prosper+ -ity (명사 어미)]
prosperous[prɔ́sp(ə)rəs] 圕 번영하는 (thriving), 부유한, 성공하는(successful); 행복한, 순조로운.　　　3
[prosper+ -ous(형용사 어미)]
prostitute[prɔ́stitjuːt] 圕 매춘부, 비열한 인간. 圕 매춘하게 하다, 몸을 팔다 [oneself]; (능력 따위를) 이익을 위하여 팔다, 악용하다.
[《래틴》 prōstitūta ← prōstituere expose openly 공개적으로 내어 놓다← prō- forth+stauere place 놓다 ← stāre stand 서다; 몸을 팔기 위하여 공개적으로 내어 놓다] ☞ state
prostitution[prɔ̀stitjúː(∫)(ə)n] 圕 매춘; 매절(賣節); 악용. [prostitute+ -ion (명사 어미)]
prostrate[prɔ́streit] 圕 납작 엎드린 (lying flat); 기진맥진한(exhausted).
[prɔstréit] 圕 넘어뜨리다, 부복(俯伏) 하게 하다; 타도하다.　　　　　6
[《래틴》 prōstrātus thrown forward 내어 던져진←prōsternere throw forward on the ground 땅에 넘어 뜨리다←prō- forward+sternere spread 펴다; -strate=stratum 층(層), street 시가와 같은 어원]
☞ stratum, street

protect[prətékt] 동 보호하다, 수호하다 (shield);방어하다(defend). 반 expose 드러내다, attack 공격하다, assail 습격하다. 2
[《라틴》 *prōtectus* protected 보호를 받는←*prōtegere* protect←*prō*- in front 앞에 + *tegere* cover; 원 뜻은 앞 부분을 덮어 씌우다(cover in front)]

protection[prətékʃ(ə)n] 명 보호 (인물), 옹호; 방위 (from, against). 3 [protect+ *-ion* (명사 어미)]

protective[prətéktiv] 형 보호하는; 보호무역의. [protect+ *-ive*]
~ *system* 보호무역 제도.

protector[prətéktə] 명 보호자; 보호장치. [protect+*-or*] 6

protectorate[prətékt(ə)rit] 명 보호령, 보호국. [protector+ *-ate*(명사 어미)] ☞ detect

protein[próuti:n] 명 단백질(蛋白質).
[《그》 *prōteios* primary 으뜸 가는 + *-in*(화학 물질 명사어미); 독일 과학자들이 명명한 것] 7

protest[prətést] 동 항의하다(dissent); 단언하다(affirm), 주장하다. [próutest, prótest] 명 항의(서), 불복, 단언. 4
[《프》 *protester* ←《라틴》 *prōtestārī* protest, bear public witness 공공연하게 증언을 하다←*prō*- before+*testārī* witness 증언하다←*testis* ɑ witness 증인] ☞ testament
under ~ 투덜거리며, 마지못해.

Protestant[prɔ́tist(ə)nt, prətést(ə)nt] 명, 형 신교도(의), 신교(의); (protestant) 이의를 제출하는 (사람). 7 [protest+ *-ant*(명사 어미)]

protocol[próutəkɔl] 명 조약 원안, 의정서(議定書); 외교 의례(外交儀禮), 외교상의 예식.
[《그》 *prōtokollon* a first leaf (with date and contents) glued onto a book 책 안에 붙여놓은 날자와 차례가 있는 맨 첫 장←*protos* first+*kolla* glue 아교]

protract[prətrǽkt] 동 (시간 따위를)오래 끌게 하다(lengthen), 연장하다.
[《라틴》 *prōtractus* drawn forward 앞으로 끌린 ← *prō*- forth + *trahere* draw; draw forth 앞으로 끌다→오래 끌다→연장하다]

protraction[prətrǽkʃ(ə)n] 명 오래 끌게 함, 연장, 연기; (비폐자에 맞춘) 제도. [protract+ *-ion*(명사 어미)]

protractor[prətrǽktə] 명 오래 끌게 하는 사람; 분도기. [protract+ *-or*(명사 어미)] 「tract, subtract
☞ tract, contract, detraction, ex-

protrude[prətrú:d] 동 튀어 나오(게 하)다 (stick out). 9
[《라틴》 *prōtrūdere* thrust forth 투출하다←*prō*- forth + *trūdere* thrust 던지다] ☞ intrude

protrusion[prətrú:ʒ(ə)n] 명 돌출;삐져 나옴; 돌기(突起), 융기(隆起). [protrude+ *-ion*(명사 어미)]

protrusive[prətrú:siv] 형 돌출한, 튀어나온; 참견하는. [protrude+ *-ive* (형용사 어미)]
☞ extrude, intrude, obtrude

proud[praud] 형 자존심 있는, 긍지를 가진 (self-respecting); 명예로 아는 [of]; 거만한(haughty) ; 자랑스러운 (exultant); 당당한(imposing). 1
반 ashamed 부끄러운.
[동의어] **proud**는 올바른 자존심에서 오만 불손에 이르기까지의 여러 가지 뜻을 나타내는 일반적인 말이다. **arrogant**는 자기의 신분이나 권력을 믿고 오만 불손하게 군다는 뜻이다. **haughty**는 자기의 신분이나 계급을 지나치게 의식하여 자기보다 낮은 사람에 대하여 멸시하는 태도를 나타낸다는 뜻이다. **insolent**는 haughty하면서도 특히 남에게 대하여 경멸적이고 모욕적인 언동을 한다는 뜻이다. **overbearing**은 남에게 대하는 태도가 거만하고 멸시함을 뜻한다. **disdainful**은 자기보다 못하다고 생각되는 사람에게 대하여 강하고 뚜렷하게 경멸하는 마음을 품는다는 뜻이다. ☞ pride
as ~ *as Punch* 득의 양양하여.

prove[pru:v] 동 증명하다; 검인하다; 보이다(show); 시험하다(test); …이 되다 (turn out), …임이 판명되다. 1
[《고영》 *prōfian*←《라틴》 *probāre* test 시험하다←*probus* excellent 훌륭한]
☞ probable, proof

proverb[prɔ́və(:)b] 명 속담, 금언(金言), 격언(maxim). 6
[《프》 *proverbe*←《라틴》 *prōverbium* a common saying 속담←*prō*- publicly 공중의 + *verbum* a word 말]
☞ word

proverbial[prəvə́:biəl] 형 속담의; 유

provide 440 **prowl**

명한(well-known). [proverb+ -ial (형용사 어미); 속담의 →누구나 아는 속담의→누구나 알고 있는→유명한]
☞ verb, word

provide[prəváid] 통 준비하다, 마련하다(get ready) [for, against]; 공급하다 (supply) [with]; 규정하다 (stipulate) [that]. 2
[《래틴》 *prōvidēre* foresee 예견하다, act with fore sight 미리 알고 행동하다←*prō-* before+*vidēre* see]
be ~ed with… …의 설비가 있다, …을 기다리고 있다. ☞ vision

provided[prəváidid] 접 …의 조건으로 (on condition) [that], 만약 …이라면 (if). [provide+ -ed (과거분사 어미)]
I will go, *provided* my expenses are paid. (= I will go, it being *provided* that my expenses are paid). 내 비용을 치러준다면 가지.

providing[prəváidiŋ] 접 …의 조건으로, 만약 …이라면 (provided). [provide+ -ing (현재분사 어미)]
I shall go *providing* it doesn't rain. 비가 안 오면 갈 것이다.

providence[prɔ́vid(ə)ns] 명 신의 섭리; 천우(天佑);(Providence) 신(God); 심려(深慮); 검약(儉約). 4
[provide+ -ence (명사 어미)]

provident[prɔ́vid(ə)nt] 명 선견 지명이 있는; 신중한(precautious); 검약한(thrifty). [provide + -ent (형용사 어미)]

provision[prəvíʒ(ə)n] 명 준비;설비; 규정; pl. 양식(food); 규정(stipulation). 통 양식을 공급하다. [《래틴》 *prōvīsiōnem←prōvīsus* provide + *-ion* (명사 어미)] ☞ provide 3

provisional[prəvíʒ(ə)n(ə)l] 명 임시의(temporary), 일시적, 잠정적. [provision+ -al (형용사 어미)]; provided for the time being 일시적으로 비치된, 또는 공급된]

proviso[prəváizou] 명 단서(但書), 조건. [《래틴》 *prōvīsō(quod)* it being provided (that)… 한다면← *prōvīsus* ☞ provide 10

province[prɔ́vins] 명 주, 성(省), 도(道), 지방; 대주교구; pl. 시골; 영역, 분야; 직분, 본분. 2
[《래틴》 *prōvincia* a territory brought under Roman government 로마 정부 하에 들어온 영토]

provincial[prəvínʃ(ə)l] 명 주(州)의, 영토의; 지방의, 시골의; 야비한, 편협한(narrow). 명 시골뜨기. 10
[province+ -al (형용사 어미)]

provoke[prəvóuk] 통 노하게 하다; 일으키다, 자극하다 (incite); 환기하다 (call forth). ⊕ appease 진정시키다.
[《래틴》 *prōvocāre* call forth 불러 내다, 환기하다 *prō-* forth+*vocāre* call]
☞ vocal 3

[동의어] **provoke** (명 provocation)는 보통 상대편을 자극해서 화를 내고 어떤 행동을 하게 함을 뜻한다. **excite** (명 excitement)는 provoke 보다 강하게 사상이나 감정을 충동한다는 뜻이다. **stimulate** (명 stimulation)는 상대방을 자극해서 침체 상태나 무관심한 상태에서 빠져나오도록 한다는 뜻이다. **pique** (명 pique)는 사람의 호기심이나 흥미를 돋구어 자극한다는 뜻이다.

provocation[prɔ̀vəkéiʃ(ə)n] 명 화 내게 함; 성가시게 함, 화 내게 하는 까닭; 자극(incitement); 분통이 터짐, 도발(挑發) (하는 것). 7
[provoke+ -ation (명사 어미)]

provocative[prəvɔ́kətiv] 명 (사람을) 화 나게 하는, 자극하는, 도발하는; 환기하는. [provoke+ -ative] [revoke ☞ vocal, convoke, evoke, invoke,

provost[prɔ́vəst] 명 (영) (대학의) 학장; 《스코틀란드》 시장; 헌병 사령관 (provost marshal).
[《고영》 *prāfost*←《래틴》 *praepositus* prefect 장관, one set over 위에 배치된 사람 ← *prae-* before+*pōnere* put 놓다] ☞ position

prow[prau] 명 뱃머리, 이물(bow); (항공기의) 기수(機首). ⊕ poop 고물, 선미(船尾). 10
[《고프》 *proue*←《래틴》 *prōra* a prow ←《그》 *prōra* a prow ←*pro-* before, in front; *cf.* (프) *proue*]

prowess[práuis] 명 용기(courage), 용감성(valour); 훌륭한 솜씨(skill). 6
☞ proud
[《고프》 *prec(c)e*←*prou* good 착한, brave 용감한 ← 《래틴》 *prōdesse* be useful 유용하다; *cf.* (프) *preux* good, brave]

prowl[praul] 통 배회하다[about]; 《미》 도둑질 하다. 명 배회. 9

proximate[prɔ́ksimit] 형 (장소,시간적으로) 가장 가까운(nearest), 바로 앞(또는 다음)의.
[《래틴》 *proximātus* drawn near 가까이 끌려온←*proximāre* draw near 가까이 끌어오다←*proximus* nearest 가장 가까운←*prope* near 가까운]

proximity[prɔksímiti] 명 가까움, 근접(近接). [《래틴》 *proximus* nearest 가장 가까운 + *-ity*(명사 어미)]
in close ~ 아주 접근하여. ~ *of blood* 근친(近親)

proximo[prɔ́ksimou] 형 내월의 (약자 prox. [prɔks]); *cf*. ultimo 지난 달의. instant 이달의. [《래틴》 *proximō* (*mense*) in the next(month)다음(달)에←*proximus* next 다음의, nearest 가장 가까운] ☞ approximate

prudent[prúːd(ə)nt] 형 조심 스러운(careful), 신중한(cautious);지각 있는(discreet), 총명한; 타산적인. 반 imprudent 경솔한. 5
[《프》 *prudent* ←《래틴》 *prūdentem* foreseeng 미리 하는←*prōvidēre* foresee 미리 알다 ←*prō-* before + *vidēre* see] ☞ provide, provident, vision

prudently[prúːd(ə)ntli] 부 신중히, 지각 있게, 빈틈 없이.

prudence[prúːd(ə)ns] 명 조심, 신중, 지각, 사려(discretion). 6
[prudent+ *-ce*(명사 어미)]
☞ provident, providence

동의어 prudence는 행동과 계획에 있어서 신중하다는 것이며, 보통 조심, 경계, 절약의 뜻을 나타낸다. **foresight**는 일어날 가능성이 있는 일을 미리 알고, 이에 대하여 잘 생각하여 준비하는 재능과 현명함을 뜻하는 말이다.

prune[pruːn] 타 (소용이 없는 나무 가지들) 치다 [down, off, away]; 깎아 다듬다(trim); (비용을) 절약하다; (문장 따위를) 간결하게 하다. 명 말린 자두(dried plum). 4
[《프》 *prune*←《래틴》 *prūnum* plum ←《그》 *pro(m)non* plum 자두]
full of ~*s* 골나운, 이상한.

pry[prai] 자 들여다보다(peep), 캐어 듣다[into], 형편을 살피다, 맡아 내다[out]; 파고들다. 8
[《고프》 *prier*, *preër* search for plunder 약탈하려고 물색하다 ← 《래틴》 *prēdāre* plunder 약탈하다, investigate 조사하다←*praeda* prey 먹이, 미끼] ☞ prey

prying[práiiŋ] 형 들여다보는 (peeping), 꼬치꼬치 캐기를 좋아하는 (inquisitive). [pry+ *-ing*(현재 분사 어미)]

psalm[sɑːm] 명 찬송가, 성가(聖歌). 5
[《래틴》 *psalmus* ← 《그》 *psalmos* a touching, twitching the harp strings 하아프의 줄을 퉁기기, a song 노래, a psalm 성가←*psallein* touch a harp 하아프를 퉁기다; 악기를 퉁기면서 노래한 데서]
주의 *p*-가 소리나지 않는 다른 보기: **psychology**[(p)saikɔ́lədʒi]명심리학.
Ptolemy[tɔ́ləmi] 명 톨레미 (이집트 왕의 이름; 서기 2세기의 Alexandria의 천문, 지리, 수학자로 천동설을 주장한 Claudius Ptolemy).

pseudonym[(p)sjúːdənim] 명 아호(雅號 pen-name), 익명.
[《그》 *pseudōnumon* false name 가짜 이름←*pseud-*, *pseudos* falsehood 거짓 +*onuma*, *onoma* name 이름]

psychology[(p)saikɔ́lədʒi] 명 심리학.
[《그》 *psucho-*, *psukhē* soul 영혼, life 생명+ *-logia*, *logos* discourse 학문←*legein* speak 말하다; 영혼의 학문]
통계어 **Psyche**[(p)sáiki(ː)] 명 《그리이스, 로마 신화》 사이키 《Cupid가 사랑한 아름다운 처녀》.
[《그》 *psūkhē* breath 숨, life 생명, 영혼]
☞ anthropology, archaeology, etc.

psychoanalysis[sàiko(u)ənǽləsis] 명 정신분석(학). [*psycho-* *psūkhē* soul 영혼, 정신+analysis 분석]
☞ analysis

psychiatry[saikáiətri] 명 정신병학.
[《래틴》 *psychiātria* ← psych- ←《그》 *psūkhē* soul 영혼, 정신+《그》 *iātreia* healing 치료]

psychiatrist[saikáiətrist] 명 정신병 의사. [psychiatry+ *-ist*(사람을 뜻하는 명사 어미)]

public[pʌ́blik] 형 공공의, 공적의; 공중의; 공공연한, 공설의, 공개의. 명 국민, 공중;사회, 세상; …계(界) 《영속》 (~로) 술집(public house). 반 private 개인의. 1
[《프》 *public*←《래틴》 *publicus* belong-

ing to the people 대중의 ← *populus* the people 대중, 국민]
　in ~ 공공연히, 남이 보는 데에서 (openly). *make* ~ 공표하다, 발표하다. ~ *house* 《영》(목로) 술집(bar); 여관 (inn) 《속어로는 pub라고 한다》. ~ *school* 《영》 파블릭 스쿨《상류 계급의 자제를 위한 대학 입학 예비 교육을 실시하는 기숙사 제도의 남자 사립 중고교》; 《미》 공립 학교. ~ *good* (benefit) 공익. ~ *opinion* 여론.
publicly[pΛ́blikli] 퇺 공적으로, 공공연히, 여론으로.
publican[pΛ́blikən] 똉《영》(목로)술집 주인, 여관 주인;《고대 로마》세금 징수원(tax-collector). 10
[public+ -an (사람을 뜻하는 명사 어미)]
publication[pΛ̀blikéiʃ(ə)n] 똉 공포 (公布), 발표; 발행, 출판(publishing), 출판물. 6
[《프》 *publication*←《래틴》 *publicātiōnem*←*publicāre* make public 공포하다←*publicus* public; public 참조]
publicity[pΛblísiti] 똉 알려져 있음, 주지(周知); 공표; 선전(advertisement); 명판(reputation). 9
[public+ -ity (명사 어미)]
publish[pΛ́bliʃ] 툉 발표하다, 공포하다(make public); 출판하다, 발행하다.
[《중영》 *publishen*←《프》 *publier* publish를 본 따서 만든 말←《래틴》 *publicāre*] ☞ publication 3
publisher[pΛ́bliʃə] 똉 출판업자, 발행인; 발표자; 《미속》 신문업자. 7
[publish+ -er(사람을 뜻하는 명사 어미)]
pucker[pΛ́kə] 똉,툉 주름(을 잡다), 주름살(을 짓다)(draw into wrinkles). 10
[poke (bag 주머니)의 반복형]
☞ purse
pudding[púdiŋ] 똉 푸딩 《밀가루 따위에 단맛이나 향기를 넣어 구어 만든, 식후에 먹는 과자》. 3
puddle[pΛ́dl] 똉 물응덩이. 툉 흙을 이기다, 흙투성이가 되게 하다, 흙탕물을 휘젓다;《미속》뒤죽박죽, 엉망진창. 10
puff[pΛf] 똉 (연기 따위를) 한번 혹 불기(whiff). 툉 혹 불다, 푹푹 나오다; 헐떡이다(pant); 부풀어 오르(게 하)다 (swell); 칭찬하다(praise). 3
[《고영》 *pyffan*; 소리를 본딴 말]

pull[pul] 툉 당기다(draw), 끌다[at]; 젓다; (과실 따위를) 따다, (털을) 뜯다; (마개 따위를) 빼다. 똉 당기기, 끌기; (배를) 젓기; 한번 젓기; 한 잔, 한 모금; 수고(effort); 이익(advantage); 손잡이(knob); 연고, 연줄. 툉 push 밀다, 밀기. 1
　~ *a face* 얼굴을 찌푸리다. ~ *a person's leg* 사람을 조롱하다; 바보 취급하다. ~ *in* 움츠리다; 바짝 삭감하다(reduce); (기차 따위가) 들어오다, 도착하다. ~ *out* 빼내다, 뽑아 내다; 저어 나가다; (기차 따위가) 역을 떠나다. ~ *oneself together* 기운을 내다, 정신을 차리다, 회복하다. ~ *through* (곤란, 위험 따위를) 뚫고 나가다, 해 나가다. ~ *wires* 뒤에서 조종하다.
[통의어] pull은 끌다, 당기다를 뜻하는 가장 평범한 말이다. draw는 pull 보다 매끄러운 운동을 암시하는 일반적인 말이다. drag는 무거운 것 따위를 힘껏 천천히 pull한다는 뜻이다. tug는 오랫동안 꾸준히 계속되는 노력을 가하여 pull한다는 뜻이나, 반드시 물건을 움직일 수 있을 때에만 쓰이는 것은 아니다. haul은 무거운 것을 기계의 힘을 빌린다든지 하여 천천히 pull한다는 뜻으로 drag 보다 더 많은 힘이 필요한 때에 쓰인다. tow는 새끼나 강색(鋼索)으로 haul한다는 뜻이다.
pulp[pΛlp] 똉 과실의 살; (제지 원료의) 팔프; 값싼 잡지; 녹진녹진해진 것. 7
[《프》 *pulpe*←《래틴》 *pulpa* flesh or pulp of fruit 과실의 살]
pulpit[púlpit] 똉 설교단(說敎壇); 강단, 연단(演壇 the pulpit);《집합적》목사 (preachers), 설교. 6
[《래틴》 *pulpitum* platform, stage of actors 무대]
pulse[pΛls] 똉 맥박; 고동(鼓動); 생기.
[《프》 *pouls*←《래틴》 *pulsus* the beating of the pulse 맥이 뛰는 것←*pullere* drive 몰다; compel, impel과 같은 어원에서] 4
　feel a person's ~ 맥을 짚다; 사람의 의향을 알아보다.
pulsate[pΛlséit, pΛ́lseit] 툉 고동하다, 맥이 뛰다. 6
[《래틴》 *pulsātus*← *pulsāre* push]
☞ compel, expel, impel, propel, repel, push

pump[pʌmp] 图, 통 펌프(로 물을 긷다), 양(흡)수기.　　　　　3
[소리를 본딴 말; cf. 《독》 *pumpe*]

pumpkin[pʌ́m(p)kin] 图 호박.　4
[*pumpion*이 변한 것; 《프》 *pompon* melon 멜론 ← 《라틴》 *pepōnem* ← 《그》 *pepoū* melon + *-kin*]

pun[pʌn] 图 재담, 결말; 동음이의어(同音異義語)를 써서 장난하는 말. 图 재담을 하다(play on words).
[《고영》 *pundigrion* ← 《이태》 *puntigolio* cavil 쓸데없는 잔소리, small point 작은 구멍 ← 《라틴》 *punctum* point 점]

punch¹[pʌntʃ] 图 구멍 뚫는 기구, 표끓는 가위, 펀취; (주먹으로 치는) 한대 (blow). 图 (표를) 펀취로 개찰하다; (구멍을) 뚫다; 주먹으로 때리다. 5
[구멍(을 뚫다) — pounce (구멍을 뚫다)의 변형; 주먹질(하다) — (갑자기 덤벼들다)의 변형]　　　☞ pounce
beat to the ~ 기선(機先)을 제하다.

punch²[pʌntʃ] 图 펀취 (술, 설탕, 우유, 레몬, 향료 따위를 뒤섞은 음료수).
[puncheon (큰 통)의 변형]

punctual[pʌ́ŋ(k)tju(ə)l] 형 시간을 지키는; 꼼꼼한.　　　　　　　6
[《라틴》 *punctuālis* ← *punctus* pricking 찌르기, point 점]　☞ point

punctuality[pʌ̀ŋ(k)tjuǽliti] 图 시간엄수; 꼼꼼함. [punctual + *-ity* (명사어미)]

punctually[pʌ́ŋ(k)tju(ə)li] 图 시간에 맞추어; 꼼꼼하게.

punctuate[pʌ́ŋ(k)tjueit] 图 구두점을 찍다; 중단하다, 강조하다. [《라틴》 *punctuātus* ← *punctuāre* fix by points ← *punctus* point 점; 구멍으로 고정하다]

punctuation[pʌ̀ŋ(k)tjuéiʃ(ə)n] 图 구두법, 구두(句讀). [punctuate + *-ion* (명사 어미)]
~ *marks* 구두점 (. , ; : ! ? 따위).
참고 우리말에 펀트가 안 맞는다는 말을 하는 것을 더러 듣는데 이것은 《네델란드말》 punt에서 빌려 온 것이며 이 punt는 point, punctual과 같은 계통의 말이다.　☞ point

puncture[pʌ́ŋktʃə] 图 찌르기, (절러서 생긴) 구멍; (타이어의) 빵크. 图 …에 구멍을 뚫다, …에 구멍이 뚫리다; 빵크하다. [《라틴》 *punctūra* ← *punctus* picked 구멍이 뚫린, 절린 ← *pungere* prick 찌르다]
참고 미국속어로 "빵크"는 a flat tire 라고 하는 때가 많다. My car got (또는 had) *a flat tire.* (내 차는 빵크가 났다).

punish[pʌ́niʃ] 图 벌 주다, 응징하다, 처형하다. ⑲ excuse 용서하다.　　2
[《프》 *puniss-, punir* punish ← 《라틴》 *pūnīre* punish ← 《라틴》 *paena* 벌 주다 ← penalty 벌 ← 《그》 *poinē* penalty]

punishment[pʌ́niʃmənt] 图 벌, 처벌, 징벌; (권투의) 강타(强打).　　　3
[punish + *-ment* (명사 어미)]
disciplinary ~ 징계(懲戒).
☞ penalty, pain

pupil[pjúːp(i)l] 图 생도, 아동 (국민 학교, 중학교 학생을 보통 뜻하는 말이다), 제자; 눈동자. ⑲ master 교사. *cf.* student (고등학교 이상의) 학생. 2
[《라틴》 *pūpillus* ← *pūpus* boy와 *pūpa* girl의 축소사; a little boy or girl 어린 소년 소녀. "눈동자"의 뜻은 눈에 비치는 영상(映像)이 아이들 처럼 작기 때문에 작은 영상이 비치는 곳이라는 뜻으로 "작은 아이들"(*pupillus*)을 쓰게 된 것이다]
동의어 **pupil**은 학교에 다니는 아동이나 교사의 지도나 감독을 받고 있는 어린이를 뜻한다. 미국에서는 보통 14세 이하, 즉 high school에 입학할 때쯤의 어린이를 뜻하나, high school 학생을 가리킬 때도 있다. **student**는 그 원뜻이 전문적인 문제를 연구하는 사람이며, 영국에서는 대학생, 미국에서는 high school 이상의 학생을 주로 뜻한다. **scholar**는 원 뜻은 pupil이며, 보통 박식한 사람이나 어떤 특별한 학문에 정통한 사람을 뜻한다. **savant**는 훌륭한 지식과 지혜로 유명한 학자를 뜻하며, 형식적인 말이다.

pup[pʌp] 图 (개·여우·늑대·너구리 따위의) 새끼, 강아지. [pup(py)의 준말이니]

pupa[pjúːpə] 图 (*pl.* pupae[pjúːpiː]) (곤충) 번데기. [《라틴》 *pūpa* girl 소녀, doll 인형]

puppet[pʌ́pit] 图 꼭두각시(marionette), 앞잡이, 괴뢰.
[《고프》 *poupette* little girl ← 《라틴》 *pūpa* girl 소녀, doll 인형]

puppy[pʌ́pi] 图 강아지(young dog). [(프) poupée doll 인형 ←(라틴) pūpa girl 소녀]

purchase[pə́:tʃəs] 图 사다(buy); (노력하여) 얻다(obtain); (지레로) 일으키다(raise). 图 구입(한 것), 산 물건. [(고프) purchacer pursue eagerly 열심히 추구하다, acquire 획득하다←(고프) pur- ←(라틴) prō- +(고프) chaser chase 쫓다; cf. (프) pourchacer] ☞ chase

pure[pjuə] 图 순수한, 맑은; 순결한 (chaste); 단순한(mere), 순전한 (sheer); …이 없는[of, from]. ⊕ foul 불결한, impure 더러운. [(프) pur(e)←(라틴) pūrus pure]

purely[pjúəli] 图 맑게, 순결하게; 전적으로, 오로지, 다만.

pureness[pjúənis] 图 맑음, 순수함, 무구(無垢); 순정(純正). [pure + -ness (명사 어미)]

purify[pjúərifai] 图 맑게 하다, 깨끗이하다; 정제(精製)하다. [pure+ -fy(동사 어미)]

purification[pjùərifikéiʃ(ə)n] 图 정화(淨化); 정제(精製); 재계(齋戒). [purify+ -ion]

Puritan[pjúərit(ə)n] 图 《종교》청교도. 图 청교도 같은; 엄격한.

purity[pjúəriti] 图 맑고 깨끗함, 순수함; 결백; 순수도. [pure+ -ity(명사어미)]

purge[pə:dʒ] 图 깨끗이 하다(purify) [away]; 무죄를 증명하다(clear) [of]; 숙청하다, 추방하다; 배설을 시키다 (evacuate). 图 정화(淨化), 숙청, 추방; 하제(下劑). [(라틴) purgāre cleanse 깨끗이 하다←pūrus pure] ☞ pure

purgatory[pə́:gət(ə)ri] 图 《카톨릭》연옥(煉獄) 《죄를 지고 죽은 사람의 영혼이 천국에 가기 전에 죄를 씻기 위하여 피로움을 받고 정화되는 곳》. 图 맑게 된, 정화된. [(라틴) purgātōrius ←purgāre] ☞ purge

purple[pə́:pl] 图, 图 자색(의); 왕후의, 고관(의), 고귀한; 자주빛 옷. [(라틴) purpura ←(그) porphura purple-fish 자주빛 물감의 원료가 되는 조개 이름]

be born in (또는 *to*) *the* ~ 제왕 (또는 귀족)의 집에 태어나다《자주빛은 고귀한 신분을 뜻하였다》. *be raised to the* ~ 왕 (또는 추기경「樞機卿」)이 되다.

purport[pə́:pət] 图 취지(main idea); 의미(meaning). [pə:pɔ́:t, pə́:pət] 图 의미하다(mean); …라고 일컫다(claim to be). [(고프) purporter, porporter convey 전하다 ← pur- ←(라틴) prō- according to …에 의하여 + porter ←(라틴) portāre carry; 전달하는(취지)]

purpose[pə́:pəs] 图 목적(object), 의도 (intention); 결심 (resolution); 효과 (effect); 의의. 图 뜻하다(intend), 결의하다. [《동사》: (고프) purposer ← proposer propose 제의하다←(라틴)prō- before +(프) poser place; place before 내어 놓다, 제의하다. 《명사》: (고프) pour pos ← propos purpose 목적 ←(라틴) prōpositum a thing proposed 제안된 것← prō- before + pōnere place] ☞ position

for the ~ *of* …*ing* …하기 위하여. *on* ~ 고의로(intentionally) 《⊕ by accident 우연히》. *on* ~ *to* (*do*) …할 생각으로. *to the* ~ 적절히, 요령 있게(to the point).

purposeful[pə́:pəsf(u)l] 图 목적이 있는; 의미 있는, 중대한. [purpose+ -ful (형용사 어미)]

purposely[pə́:pəsli] 图 고의로(intentionally), 일부러(on purpose). ☞ propose, position, dispose, impose, repose

purr[pə:] 图 (고양이가) 고르륵 하고 목구멍을 울리다. 图 (고양이가) 목구멍을 울리는 소리. [소리를 본딴 말]

purse[pə:s] 图 지갑; 금전(money), 재원(財源 funds); 부(富 wealth); 기부금, 현상금. 图 오므리다. [《고영》 purs←(라틴) bursa a purse 지갑←(그) bursā a hide, skin 껍질; 지갑은 가죽으로 만들었기 때문]

make up a ~ *for*… 을 위하여 기부금을 모집하다. *Who holds the purse rules the house.* 《속담》 돈 전놈이 제일이다.

purser[pə́:sə] 图 (선박의) 사무장. [purse + -er; a purse-bearer, treasurer 회계원]

통계어 bourse[buəs] 명 (파리 따위의) 증권거래소. bursar[bə́:sə] 명 (대학 따위의) 회계과(treasurer).

pursue[pəɔjúɪ] 동 추직하나; 주구하다 (seek); 종사하다(follow); 계속하다 (continue). **2**
[((고프)) *porseu*←((래틴)) *prosequi* follow 뒤따르다←*prō*- forth+*sequi* follow; follow forth in order to overtake 뒤따르기 위하여 쫓아가다]

pursuance[pəs(j)ú(:)əns] 명 추구; 종사; 수행(遂行).
[pursue+ *-ance* (명사 어미)]
in ~ *of* …을 손에 넣으려고, 수행하여.

pursuant[pəs(j)ú(:)ənt] 형 (…에) 따른 [to].
[pursue+ *-ant* (형용사 어미)]

pursuit[pəs(j)úːt] 명 추적, 추구; 수행; 직업; 일; 연구. **4**
[((중영)) *pursut*, ((고프)) *purseute*←*pursuer* pursue 뒤쫓다←*porseu*; pursue 참조]
in ~ *of* … …을 쫓아서, …을 추구하여. ┌consequence
☞ prosecute, sue, sequence, ensue.

push[puʃ] 동 밀다, 떠밀다; 강제하다 (force), 조르다(urge). 명 (떠) 밀기, 돌진; 노력, 분발(effort); 위기(crisis); 기력(energy). ㉯ pull 당기다. **2**
[((프)) *pousser* ←((고프)) *poulser* push ←((래틴)) *pellere* beat 치다; pulsate 와 자매어]
be ~*ed for time* (*money*) 시간 (또는 돈)이 없어서 쩔쩔 매다. ~ *one's way* 분투해서 출세하다. ☞ pulse

puss[pus] 명 (애칭) 고양이; ((속어)) 어린이, 소녀; ((수렵 용어)) 토끼, 호랑이.
[소리를 본딴 말] **6**

pussy[púsi] 명 고양이; 소녀; 범; ((미)) 여성적인 청년. **3**

put[put] 동 (put) 놓다(place), 넣다; 얹다(lay); (말로) 표현하다(express); 번역하다(translate) [into]; 평가하다 (estimate); …되게 하다(cause); 향하게 하다(direct). **1**

~ *aside* (또는 *away*, *by*) 치우다, 떼어 두다, 피하다(evade). ~ *down* 내려 놓다; 억누르다; 진압하다(suppress); 찍 소리 못하게 하다(silence); 섞어 놓다; 축소하다(reduce). ~ *forth* 제의하다; 싹트다; (힘을) 내다. ~ *off* 연기하다(postpone); 기다리게 하다; 벗다. ~ *on* 입다, 신다, 쓰다; …인체 하다. ~ *out* 내다; (불을) 끄다; 발행하다, 완성하다; 출항하다. ~ *through* 성취하다(carry out). ~ *together* 짜맞추다, 모아서 만들다; 합계하다. ~ *up* 올리다, 게시하다; 세우다 (build); 추천하다; 제출하다; 저장하다; 치우다. ~ *up at*… …에 숙박하다. ~ *up with*… …을 참다(tolerate), …과 잘 해나가다.

puzzle[pʌ́zl] 동 곤란하게 하다, 어찔줄 모르게 하다(perplex); 생각해 내다, 풀다[out]. 명 난처함; 난문, 수수께끼 (riddle). **4**
in a ~ 어찔줄 몰라서, 곤란해 하며. ~ *out* 어려운 문제를 풀다.

puzzling[pʌ́zliŋ] 형 어찔 줄 모르게 하는; 까닭을 알 수 없는, 기가 막히게 하는. [puzzle+ *-ing* (현재 분사 어미)]

PX, P.X.[píːéks]=Post Exchange 명 ((미군))물품 판매소, 매점, 주보 (酒保).

pyjamas[pədʒɑ́ːməz] ((영)), pajamas [pidʒɑ́ːməz] ((미)) 명 *pl*. 파자마 (잠옷). (회교도의) 헐렁한 바지.
[((페르샤)) *pāejāmah* ← *pāe* leg 다리, *pā* foot 발+ *jāmah* clothing 옷; 발을 싸는 옷]

Pygmy, pigmy[pígmi] 명 중앙 아프리카, 서남 아시아의 난장이 흑인족; 난장이(small person, dwarf). 형 난장이의; 대단히 작은(very small).
[((래틴)) *pygmaeus* (*pl. pygmaei*)← ((그)) *pugmaios*← *pugmē* length from elbow to knuckles 팔길이, fist 주먹]

pyramid[pírəmid] 명 피라미드, 금자탑 (金字塔); 첨탑형(尖塔形)의 물건. **7**
[((래틴)) *pyramidis*← ((그)) *pūramidos* ← *puramis* a pyramid← ((이짚트)) *pimar*]

Q

quack[1][kwæk] [동] (집오리가) 꽥꽥 울다. [명] (집오리가) 꽥꽥 (우는 소리). 〔소리를 본딴 말〕 5

quack[2][kwæk] [명] 엉터리 의사, 사깃군 (charlatan). [형] 엉터리의, 가짜의. 〔*quack(salver)*[kwǽksælvə]엉터리 의사←《홀런드》 *kwaksalver* ← *quacken* boast of +*zalf* salve; 자기가 파는 고약을 자랑하는 (사람)〕

~ ***advertisement*** 가짜광고.

quadruped[kwɔ́druped] [명], [형] 네발 짐승(의).

〔《래틴》 *quadrupedem* ← *quadrupēs* having four feet 네발의 ← *quadru-quattuor* four+*ped- pēs* foot 발〕

[동계어] **quadrangle**[kwɔ́dræŋgl] [명] 네모꼴, 사각형; (건물 따위에 둘러싸인 대학 따위의) 안뜰, 안뜰을 둘러싸고 있는 건물 (quad[kwɔd]로 줄여 말하기도 한다). 〔《래틴》 *quadr- quattuor* four+*angulus* angle 모퉁이〕 **centiped**[séntiped] [명] 지네. 〔《래틴》 *centi- centum* hundred + *ped- pēs* foot; 백개의 발〕 **milliped**[míliped] [명] 노래기. 〔《래틴》 *milli- mille* thousand+*ped- pēs* foot; 천개의 발〕

☞ pedal, pedestrian, quarantine, quarry.

quail[kweil] [명] 메추라기. 6

quaint[kweint] [형] 기묘한(eccentric), 이상하고도 재미 있는, 고아(古雅)한.

〔《중영》 *queint, cointe* well known 잘 알려진 ← 《래틴》 *cōgnitum* well-known←*cōgnōscere* known 알다〕 5

quake[kweik] [동] 흔들리다, 진동하다 (shiver); 떨다(tremble). [명] 진동; 지진(earthquake). 5

Quaker [kwéikə] [명] 퀘이커 교도 《George Fox(1624~91)가 목사 계급이나 의식(儀式)을 거치지 않고 직접 신과 교통하려고 꾀한 기독교의 한파인 "벗의 모임(Society of Friends)의 한 사람》; 《미》 필라델피아 사람. 8

〔교도가 예배중에 영감(靈感)을 받아 몸을 떤데서 이것을 조롱하노라고*Quaker* (떠는 사람)이라고 했다고도 하며 또는 교조 George Fox의 말 "*Quake at the Word of the Lord* (주의 말씀을 듣고 떤다)"에서 1650년에 영국의 어느 판사가 명명한 것이라고도 함〕

qualify[kwɔ́lifai] [동] 자격을 주다(얻다); 제한하다; 완화하다(moderate), (술 따위를) 약하게 하다; 면허(인가)를 얻다; 수식하다(modify). 8

〔《래틴》 *quālificāre* attribute a quality to 어떤 종류로 돌리다←*quālis* of what kind 어떤 종류의〕

~ ***oneself*** 자격(권능)을 얻다.

qualification[kwɔ̀lifikéiʃ(ə)n] [명] 자격, 면허장; 한정, 제한(limitation). 〔qualify+ *-ation* (명사 어미)〕 8

qualified[kwɔ́lifaid] [형] 자격이 있는, 적임의; 한정된, 조건부의; 수정된. 〔qualify+ *-ed* (과거 분사 어미)〕

quality[kwɔ́liti] [명] 질, 품질; 특질 (characteristic); 우수 (excellence); 상류, 명문; (the ~) 상류계급. 2

[반] quantity 양(量).

〔《래틴》 *quālitātem*←*quālis* of what king 어떤 종류의〕

[동의어] **quality**는 인(물)의 근본 성질 및 행위를 결정하는 특질, 유형, 무형, 개별적 또는 대표적을 구별하지 않고 쓰임. **property**는 어떤 물적인 것의 성질. **character**는 개인 또는 계급, 종족 등의 특질로 과학, 철학 용어이다. **attribute**는 어떤 것이 당연히 지니고 있음을 인정하는 근본적인 성질인데, 법률, 철학에서는 그것에 적당하다고 생각되는 성질로 형식적인 말. **trait**는 특히 사람의 특색있는 성격. **feature**는 다른 것보다 특히 눈에 띄는 성질을 뜻함.

qualitative[kwɔ́litətiv] [형] 질적인, 성질상의. [반] quantitative 양적인. 〔quality+*-ive* (형용사 어미)〕

qualm[kwɑːm, kwɔːm] [명] 메스꺼움, 속이 울렁거림; 의심, 불안(uneasiness).

quantity[kwɔ́ntiti] [명] 수량, 분량; 《흔히 복수》 다수, 다량 〔of〕. [반] quality 질. 2

〔《래틴》 *quantitātem* ←*quantus* how much, how many, how great; 얼마만

한 양, 수, 크기]
a large ~ of … 다량의…. *a small ~ of* … 소량의 …. *buy* (flour) *in ~* (또는 *quantities*) (가루를) 다량 구입하다.
quantitative[kwɔ́ntitətiv] 형 양적인, 수량에 관한. ⑨ qualitative 질적인. [quantity+ -*ive* (형용사 어미)]
~ analysis 정량분석(定量分析).
quarantine[kwɔ́r(ə)nti:n] 명 검역 정선기간(檢疫停船期間), 검역(소); 격리, 교통차단. 동 검역하다; 격리하다(isolate), 교통차단하다. **10**
[((이태) *quarantina* forty days←(래틴) *quadrāgintā* forty ← *quattuor* four; 처음에는 검역 기간이 40일 간이었다] ☞ quadruped
quarrel[kwɔ́r(ə)l] 명 싸움, 말다툼; 불평(complaint). 동 싸우다; 사이가 틀리다(fall out); 투덜거리다, 트집 잡다(find fault). ⑨ amity 친목, agreement 일치. **2**
[((프) *querelle* ←(래틴) *querēllam* complaint 불평←*querī* complain 불평하다]
make up a ~ 화해하다. *pick* (또는 *seek*) *a ~ with*… …에게 싸움을 걸다. *~ with a person about* (또는 *for, over*) 어떤 일로 사람과 말다툼하다. *~ with one's bread and butter* 자기의 직업을 싫어하다. A bad workman *quarrels* with his tools. 《속담》 선 무당이 장고 나무란다.
quarrelsome[kwɔ́r(ə)lsəm] 형 시비 걸기 좋아하는, 싸우기 잘하는. **8**
[quarrel+ -*some* (형용사 어미)]
동계어 **querulous**[kwérulǝs] 형 투덜대는(complaining); 불평많은(fretful, peevish). [((래틴) *querulōsus* ←*querulus*←*querī* complain 불평하다+ -*ous* (형용사 어미)]
동의어 **quarrel**은 싸움 즉 격심한 언쟁으로 분노와 원한을 나타냄이 특징이고, 때때로 그 결과 계속해서 적의(敵意)를 품음을 암시하는 말. **wrangle**은 각자가 자기 주장을 고집하는 소란스러운 의론. **altercation**은 격렬한 말다툼으로 서로 때리고 싸울 수도 있다는 암시의 뜻. **squabble**은 쓸데없는 일에 어린애처럼 시끄럽게 입씨름(wrangle)하는 것으로, 반드시 분노나 격한 감정을 암시하지는 않는다. **spat**는 회화에서 서로간에 그리 중대한 영향을 주지 않을 정도의 격정의 폭발을 뜻함. **bickering**은 끊임없이 성내고 말다툼하는 것이나, 또는 서로 통렬한 비평을 함을 뜻한다.

quarry[kwɔ́ri] 명 채석장; 지식의 원천. 동 (돌을)깎아 내다; 애써 찾아내다. **5**
[((프)) *quariere* ←(래틴) *quadrāre* make square 네모나게 하다←*quadrus* square 네모의; 돌을 네모나게 만드는 곳; cf. (프) *carrière*]
☞ quadruped, quadrangle
quart[kwɔ:t] 명 쿼어트 (액체는 1/4 gallon, 약 6홉 3작; 곡량(穀量)은 1/3 peck, 즉 2 pints); 1쿼어트들이 그릇 (되, 항아리 따위). **3**
[((프)) *quarte* ←(래틴) *quarta*(*pars*) fourth (part) 4분의 1의(부분)←*quartus* fourth 4분의 1] ☞ quarter.
quarter[kwɔ́:tə] 명 4분의1; 15분; 3개월에 한번의 회계; (미) 1/4달라 (=25 cents); 방향, 방위(point of the compass); 지역, 지구(area); (정보 따위의)출처(source); *pl.* 숙소(lodgings); (행복한 자를) 살려 주기, 자비(慈悲). 동 사(등)분하다; 능지처참하다; 숙영(宿營)시키다. **1**
[((프)) *quartier* ←(래틴) *quartārium* fourth part 4분의 1의 부분←*quartus* 4분의 1] ☞ quart
quarterly[kwɔ́:təli] 형 일년에 네번의. 부 일년에 네번. 명 계간지(季刊誌). [quarter+ -*ly* (형용사 어미)]
quay[ki:] 명 부두, 선창; 암벽.
queen[kwi:n] 명 여왕, 왕비. ⑨ king 왕. 동 여왕이 되(게 하)다. **1**
[((고영)) *cwēn* wife 아내, queen 왕비]
동계어 **quean**[kwi:n] 명 뻔뻔스러운 계집, 저저분한 여자; 갈보; 말괄량이 (jade). [((고영)) *cwene* woman 여자]
queer[kwiə] 형 묘한, 괴상한(odd); 별난(eccentric); 몸 콘디슌이 나쁜(out of sorts), 기분이 언짢은;《속어》수상한. **3**
quell[kwel] 동 《시》 (반란 따위를) 진압하다(suppress); (공포 따위를) 진정시키다. **6**
quench[kwentʃ] 동 《주로 시》 끄다(put out); 《시》 물로 식히다, (희망, 속력, 동작 따위를) 없애다. **3**
quenchless[kwéntʃlis] 형 누를 수 없는, 꺼지지 않는. [quench+ -*less* (형용사 어미)]

query 448 **quill**

query[kwíəri] 명 의문, 질문(question). 동 의심하다, 캐어묻다(ask). 10
[《래틴》 *quaere* (*quaerere* ask 묻다, seek 찾다의 명령법)]

quest[kwest] 명 탐구, 추구(pursuit); 수색(search). 동 탐구하다, 추구하다.
[《래틴》 *quaesītus* (*quaerere* ask, seek의 과거분사); *cf.* 《프》 *quete*) 5
in ~ *of*… …을 찾아서.
☞ question, conquer, request

question[kwéstʃ(ə)n] 명 질문, 의문(문); 문제(problem); 사건(case); (회의의) 의제(議題). 동 질문하다(interrogate), 묻다(ask); 의심하다(doubt); 연구하다(study). 반 answer (대)답(하다). 1
[《래틴》 *quaestiōnem*←*quaesītus*; quest+*-ion*]
beyond (all) ~ 의심할 여지도 없이. *call in* ~ (진술 따위에) 의문을 갖다, 이의를 걸다. *in* ~ 심의중인(under consideration), 문제의; *the man in* ~ 당사자, 장본인. *out of* (또는 *past, without*) ~ 의심할 여지도 없이. *out of the* ~ 문제가 안된다(beyond question); (불가능해서) 문제도 될 수 없다(impossible).

questionable[kwéstʃ(ə)nəbl] 형 의심스러운, 수상한(doubtful). 9
[question+ *-able* (형용사 어미)]

questionnaire[kwèstiənɛ́ə, kwèstʃənɛ́ə] 명 질문서; (조목별로 쓰게 되어 있는) 질의표(質疑表).
[《프》 *questionaire*←*question* 질문]

queue[kju:] 명 변발(pigtail); (차례를 기다리는) 사람이나 차의 줄. 동 《특히 영국》 줄을 짓다; 줄을 지어서 차례를 기다리다[up].
[《프》 *queue* ← 《래틴》 *cōdam, cauda* tail 꼬리]

quick[kwik] 형 빠른, 신속한(swift); 기민한(alert); 예민한(sensitive); 슬기로운(clever); 성급한(hasty). 명 생살, 손톱이나 발톱밑의 생살; 급소(急所). 부 =quickly. 반 slow 느린. 1
~ *at*… …이 빠른; 잘 하는, 익숙한. ~ *hedge* 산울타리. *the* ~ *and the dead* 산 사람과 죽은 사람. *to the* ~ 속살까지; 아프도록, 통절히. ~ *with child* (아이 낸 여자가) 태동을 느끼고.
동의어 quick는 후천적이라기 보다는 오히려 타고난 재질이 빠르고 활발하다는 뜻이다. **prompt**는 훈련이나 실행의 결과로(또는 자발적으로) 요구를 즉시 응할 수 있게 된다는 뜻이다. **ready**는 prompt보다 준비적이라거나 자발적이라는 뜻이 강하며, 유창하고 숙달되었음을 암시하는 말이다. **apt**는 훌륭한 지혜나 특별한 재능이 있어서 대답을 곧 할 수 있음을 뜻한다.

quickly[kwíkli] 부 빨리; 바삐. 반 slowly 느리게.

quicken[kwík(ə)n] 동 빠르게 하다, 빨라지다; 촉진하다, 자극하다; 활기 띠(게 하)다; 살(리)다. 4
[quick+ *-en* (동사 어미)]

quickset[kwíkset] 형 《영》 생울타리의. 명 (주로 아가위로 만든) 울타리; 아가위(hawthorn).
[quick (living 살아 있는)+set]

quicksilver[kwíksilvə] 명 수은(mercury).
[《고영》 *cwicseol for* living silver;(《래틴》 *argentum vīvum*(←*vīvus* living)의 번역]

quiet[kwáiət] 형 고요한; 정지한(still); 온순한(gentle); 명온한(calm); 젊잖은(색의), 수수한. 명 고요함(stillness); 명온(tranquility); 침착, 안정(repose). 동 고요하게 하다(calm); 진정시키다(soothe); 조용해지다(down). 1
반 noisy 시끄러운; alarm 소란케 하다, 공황(恐慌).
주의 quite[kwait] "아주, 퍽"과 혼동하지 말 것.
[형 《래틴》 *quiētus* calm ← *quiēscere* quiesce 조용하다; coy, quit (명)와 자매어. 명 《래틴》 *quiētem, quiēs* rest 휴식]

quietly[kwáiətli] 부 조용히; 침착하게; 진정하여.

quietude[kwáiətju:d] 명 조용함(quietness); 명온(tranquility). [quiet+ *-tude* (명사 어미)]

quiescent[kwaiés(ə)nt] 형 고요한(quiet); 정지한, 꼼짝 안하는(motionless).
[《래틴》 *quiēscentem* (*quiēscere* rest, cease의 현재분사)] ☞ quit

quill[kwil] 명 (날개, 꼬리의 뻣뻣한)깃(feather), 깃촉; 깃촉으로 만든 펜(quill-pen); (깃촉으로 만든)낚시찌, 이쑤시개; (고슴도치의) 바늘. 9
[《중영》 *quille; cf.* 《독》 *kiel*]

quilt[kwilt] [명] (누비)이불 (coverlet); 홑이불(bedcover). [동] 누비다. **5**
[《고프》 *cuilte*←《래틴》 *culcitam* mattress 요]

quinine[kwiní:n, kwíni:n; 《미》 kwáinain] [명] 키니이네; (특히) 황산 키니이네 《말라리아 특효약》. **8**
[《스페》 *quina* (←《케추아 말》 *kina* bark 나무 껍질)+*-ine* (화학 약품명을 뜻하는 명사 어미)]

quit[kwit] [동] 물러가다(leave); 그만 두다(stop), 포기하다(give up); 놓아 주다(let go). [형] (의무, 책임 따위를)면한(rid) 〔of〕, 자유로운; 허락된. **2**
~ *oneself of* …을 면하다.
[《프》 *quitter*←《래틴》 *quittāre, quiētāre* release 놓아 주다←*quiētus* quiet 고요한; 고요한→쉬고 있는, 놓여 나서 쉬고 있다→놓아 주다]

quite[kwait] [부] 아주, 완전히(entirely, wholly); 정말, 거의; 제법, 상당히, 꽤 (rather), 퍽(very). **1**
[주의] quiet "고요한"과 혼동하지 말것.
[《중영》 *quite* (paid 지불된, freed 놓여난, satisfied 만족한)의 부사적 용법; quit ([형]) 에서]
not ~ proper 도저히 적당하다고는 말할 수 없는 (rather improper).
~ *a few* 《속어》 상당히 많은 (a good many). ☞ quiet

quiver[kwívə] [명] 떨림, 진동. [동] 떨(리게 하)다, 흔들(리게 하)다. **4**
[동계어] **quaver**[kwéivə] [동] 진동하다.

quiz[kwiz] [명] 《원래 미국에서》 퀴즈, 질문;(비공식적) 경험; 놀려주는 사람; 조롱(practical joke), 속임(hoax). [동] 야유하다, 놀리다(chaff); 시험하다, 테스트하다(test).
〔18세기에 유행된 속어; *cf.* 《래틴》 *quis* who, which, what; *quid* how, why〕

quorum[kwɔ́:rəm] [명] 《법률》 의결정수(議決定數); 정족수(定足數).
[《래틴》 *quōrum* of whom←*quī* who; It was usual to nominate members of a committee, of whom (*quōrum*) a certain number must be present to form a meeting.]

quote[kwout] [동] 인용하다, 참조하다; 예를 들다(cite); 시세를 놓다, 값을 놓다. [명] 인용문(quotation); 《보통복수》 인용부(引用符 quotation marks). **5**
[《고프》 *quoter, coter* quote←《래틴》 *quotāre* mark off into chapters and verses, for references 참조 하기 위하여 장과 행을 표시한다; give a reference 참조하다 ← *quotus* how many, how much, with allusion to chapters←*puot* how many; 얼마나 많이→얼마나 많은 장(章)과 행(行)이 있나→어느장 어느 행에 무엇이 있나 참조하다 →참조, 인용하다]
quotation[kwoutéiʃ(ə)n][명] 인용(문); 시세, 싯가. **7**
[quote+ *-ation* (명사 어미)]
[동계어] **quota**[kwóutə] [명] 할당(량, 액, 수), 몫.
[《래틴》 *quota* (*pars*) how great (a part) 얼마나 큰 (부분), *quotus* how great의 여성형]
quotient[kwóuʃ(ə)nt] [명] 《수학》 상(商), 계수(係數) (어떤 수를 나눈)답; 지수(指數). [반] product 적(積). **9**
[《프》 *quotient* the part which falls to each man's share 각자의 몫으로 떨어지는 부분 ←《래틴》 *quotiens* how many times 몇 번이나 ← *quot* how many]

quoth[kwouθ] [동] 《고어》 말했다, 왈(曰) (=said) 《1·3 인칭 직설법 과거이며 주어보다 앞에 온다》.
[《중영》 *quoth, quod* ←《고영》 *cwæth* (*cwethan* say의 과거)]
"Very true," *quoth* he. "정말이고 말고"라고 그는 말했다.

R

rabbi[rǽbai] 몡 (유태의) 율법 박사; 유태교의 승려(Jewish priest).
[《헤브류》*rabbi* my master 나의 주인 ←*rabh* master 주인, great one 위대한 사람]

rabbit[rǽbit] 몡 (집) 토끼; 겁보(coward). ⓑ hare 산토끼, 들토끼. 2

rabble[rǽbl] 몡 어중이떠중이 (mob); (the rabble) 하류 사회. 8
[《홀런드》*rabbelen* chatter 지껄이다; 모여서 지껄이는 어중이떠중이]

race¹[reis] 몡 경주; 경마; 질주; 서두름 (hurry); (해·달의) 운행(course); 인생행로(course of life); 급류, 여울. 동 경주하다(시키다); 경마에 미치다; (엔진 따위를) 헛돌리다. 1
[《중영》*ras*←《아이스》*rās* running 달리기, race]

race²[reis] 몡 인종, 민족, 종족; 가문; 자손(descendants); 부류(class); (술·문제 따위의) 특징.
[《프》*race*←《고프》*rasse*]

racial[réiʃ(ə)l] 몡 종족의, 인종의. [race+ -al] 10
~ *discrimination* 인종 차별.
racially[réiʃəli] 튀 인종상, 인종적으로.

rack¹[ræk] 몡 (기차 따위의) 그물선반, 시렁; (모자·칼 따위의) 걸이; (수족을 잡아 당겨서 괴롭히는) 고문(대). 동 괴롭히다; (머리 따위를) 무리하게 쓰다 (strain); 착취하다(exact). 3
[《중영》*rakken, rekken*←《중 홀런드》*recken* stretch 펴다]

rack²[ræk] 몡 파멸(wreck), 파괴(destruction).
[wrack (폐허, 파멸)와 같은 말]
go to ~ (*and ruin*) 파멸하다.

racket¹[rǽkit] 몡 라켓트; (=racquet) *pl*. 두 사람이 벽에 공을 되치는 공놀이. 튄의 racquet로도 적음.
[《프》*raquette* 라켓트←《스페》*raqueta* ←《아라》*rāhat* the palm of the hand 손바닥]

racket²[rǽkit] 몡 소음(騷音 noise); 야단법석; 《미속》 협박, 강매.
[떠드는 소리를 본딴 말]

racketeer[rækitíə] 몡 《미속》 (상점 따위의) 협박군, 공갈 취재하는 자. 동 공갈하다, 갈취하다. [racket+ -*eer* (행위자를 뜻하는 명사 어미)]

radar[réida:] 몡 전파 탐지기, 레이더. [*ra*(*dio*) *d*(*etecting*) *a*(*nd*) *r*(*anging*)의 준말]

활고 sofar[sóufɑ:] 몡 수중음(水中音) 측정기. [*so*(*und*) *f*(*ixing*) *a*(*nd*) *r*(*anging*)의 준말]

radiant[réidiənt] 몡 번쩍거리는 (dazzling); 환한(beaming); 방사하는(radiated). 몡 방사점. 5
[《래틴》*radiantem*← *radiāre* shine 비추다]

radiance[réidiəns], -**cy**[-si] 몡 광휘 (光輝), 빛남. [radiant+ -*ce*, -*cy* (명사 어미)]

raidate[réidieit] 동 (빛, 열 따위를) 발사하다; 방사하다; 발산하다. 몡 방사하는, 방사상(放射狀)의.
[《래틴》*radiātus*← *radiāre* shine 비추다]

radiation[rèidiéiʃ(ə)n] 몡 방사, 방열. [radiate+ -*ion* (명사 어미)]
~ *sickness* 방사능 병.

radiator[réidieitə] 몡 난방장치, 방열기; 냉각기; 라디에이터. [radiate+ -*or* (명사 어미)]

활고 우리 나라의 스티임장치에 볼 수 있는 꾸불꾸불한 증기 파이프도 radiator이다. ☞ ray, radium

radical[rǽdik(ə)l] 몡 근본의 (fundamental); 급진적인 (extreme); 《수학》 근(根)의. 몡 급진론자; 어근(語根 root); (화학) 기(基); (수학) 근(根). ⓑ conservative 보수적. 7
[《래틴》*radīcālis* belonging to a root ←*rādix* root 근(본)]

radicalism[rǽdik(ə)liz(ə)m] 몡 급진주의. [radical+ -*ism* (명사 어미); radical의 원 뜻이 "뿌리의"이기 때문에 시기를 기다리지 않고 뿌리채 뽑아서 바꿔지기 한다는 "급진주의"를 뜻하게 된 것이다]

동계어 **radish**[rǽdiʃ] 몡 무우.

450

radio[réidiou] 명 라디오 ((영)) wireless). 통 무선전신으로 보내다.
[*radio* telegraphy "무선전신", *radio* telephony "무선전화"의 *radio*-를 독립해서 사용한 말]

radioactive[rèidio(u)ǽktiv] 형 방사성의, 방사능의. [*radio*- 방사의+*active*] ☞ active

radioactivity[rèidio(u)æktíviti] 명 방사능, 방사성. [radioactive+ -*ity* (명사 어미)]

radio-gramophone[réidio(u)grǽməfoun] 명 전축. [radio+gramophone 축음기] ☞ radio, gramophone

radium[réidiəm] 명 라듐(방사성 금속 원소). [((래틴)) *radius* ray 방사선; 방사능이 있기 때문]

radius[réidiəs] 명 (*pl*. radii[réidiai], radiuses) 반지름, 반경(半徑); 활동범위, 행동범위; 행동 반경; 복사선(輻射線); (바퀴의)살; 지역(area), 범위 (range). 8

[((래틴)) *radius* ray] ☞ radiate, ray

radish[rǽdiʃ] 명 무우. 10

[((래틴)) *rādīcem* ←*rādix* root 뿌리] ☞ radical

raft[rɑ:ft] 명, 통 뗏목(으로 엮다), 뗏목을 타고 가다. 8

[((중영)) *rafte* beam, rafter 서까래 ← ((아이스)) *raptr* log 통나무]

rafter¹[rɑ́:ftə] 명 뗏목을 타는 사람. [raft+ -*er* (명사 어미)]

rafter²[rɑ́:ftə] 명 (집의)서까래. 통 서까래를 올리다. 6

[((고영)) *ræfter*; raft에서 발전한 말]

rag[ræg] 명 넝마조각; *pl*. 넝마, 단편. 3
glad ~s ((미속)) 나들이 옷(best clothes), 단벌옷. *not a ~ of* 조금도 없다.

ragged[rǽgid] 형 누더기를 입은 (in rags); 다 떨어진(tattered), 텁수룩한 (shaggy). 4

참고 어미 -*ed*의 발음이 [-id]로 소리나는 다른 형용사를 들면 crooked, cragged, learned, naked, wicked, wretched 따위가 있다.

rage[reidʒ] 명 격노(violent anger); 격렬(violence); 열광(enthusiasm); 맹위 (the rage), 대인기, 대유행 (the fashion). 통 격노하다; (바람·파도 따위가) 거칠어지다; (전쟁·유행·병 따위가) 아주 심해지다. 3
[((프)) *rage* ← ((래틴)) *rabiem rabiēs* rage 격노 ← *rabere* to rage 격노하다]
in a ~ 격노하여.

동계어 **rabid**[rǽbid] 형 맹렬한; 미친 듯한; 광견병의. [((래틴)) *rabidus* mad 미친←*rabere* rage 격노하다] **rabies**[réibi:z] 명 공수병(恐水病), 광견병 (狂犬病). [((래틴)) *rabiēs* madness 광증 ← *rabere* to rage 격노하다]

raid[reid] 명, 통 침입 (하다), 급습(하다) (sudden attack). .
[((영)) road의 북부지방 형태] ☞ road, ride
air ~ 공습. *air ~ shelter* 방공호. *make a ~* 습격하다.

rail[reil] 명 레일, 횡목(橫木); 난간. 통 횡목(난간)을 달다, 울타리로 막다; 철도를 부설하다, 철도로 운송하다 (send by rail). 2
[((고프)) *reille* a rail, bar ← ((래틴)) *rēgulam* a bar 횡목; *cf*. ((독)) *regel*]
by ~ 기차로.

railing[réiliŋ] 명 (혼히 복수) 난간, 목책(木柵), 철책. [rail+ -*ing*]

railroad[réilroud] 명 ((주로 미국))철도. 통 철도편으로 보내다; ((미)) 의안을 급히 통과시키다. 2

railway[réilwei] 명 ((영)) 철도. 3 [rail+way] ☞ rule

raiment[réimənt] 명 ((고어·시)) 의복 (clothing). 7
[array+ -*ment*(명사 어미)가 줄어든 것] ☞ array

rain[rein] 명 비; …의 비; (the rains) 우기(雨期), 장마철. 통 비가 오다; 비 오듯 내리(게 하)다. 1
주의 reign 통치, rein 고삐와 혼동하지 말 것.
[((중영)) *rein*; ((고영)) *regn, rēn*; *cf*. ((독)) *regen*]
It never rains but it pours. ((속담)) 비가 오기만 하면 소나기다; 설상가상; 흉년에 윤달. *It rains cats and dogs.* ((속어)) 비가 억수같이 쏟아진다(It rains heavily). *rain or shine* 비가 오든 날이 개든, 청우를 막론하고, 제 만사하고, 꼭 (whether it rains or not).

rainbow[réinbou] 명 무지개. 3
[rain+bow 비의 활; 무지개 모양이 활

처럼 굽어 있기 때문에〕
raindrop[réindrɔp] [명] 빗방울. **7**
〔rain+drop〕
rainfall[réinfɔːl] [명] 강우(량). **6**
〔rain+fall〕
rainy[réini] [형] 비의, 비가 오는. **4**
〔rain+ *-y*(형용사 어미)〕
raise[reiz] [동] 일으키다, 세우다(set up); 분기시키다(rouse); 높이다; 승진시키다(promote); 모집하다(collect); 야기하다(give rise to); 재배하다(grow), 기르다(rear); 소생시키다, 영혼을 불러내다. [명] 《미》 높인데, 둔덕; (봉급·가격 따위의) 인상(引上). [반] lower 내려가다, 떨어지다. **9**
〔《중영》 ***reisen*** ←《아이스》 ***reisa*** make to rise 일어나게 하다 ← ***risa*** rise 올라 가다, 일어나다〕
raiser[réizə] [명] 재배자, 사육자, 기르는 사람. **1**
〔raise+ *-er*(사람을 뜻하는 명사어미)〕
raisin[réizn] [명] 말린 포도 《보통 씨가 없다》; *cf.* currant (씨가 없는) 작은 건포도. **5**
〔《고프》 ***raisin*** a grape 포도 ←《래틴》 ***racēmus*** a cluster 송이; (포도)송이에서〕
rake[1][reik] [명] 갈퀴 (모양의 기구). [동] (갈퀴 따위로) 긁어 모으다, 긁다(scratch). **4**
〔《고영》 ***raca; cf.*** 《독》 ***rechen***〕
rake[2][reik] [명] 탕객(蕩客 libertine), 오입장이(dissolute man).
〔***rakehell***← ***rake*** gather 모으다+ ***hell*** 지옥; 지옥에서 모아온 것처럼 형편 없다고 해서〕
rakish[réikiʃ] [형] 방탕한, 탕객의; (배가) 경쾌한(smart). 〔rake+ *-ish*(형용사 어미)〕
rally[1][rǽli] [동] 다시 모으다, 규합하다; 원기를 북돋우다, 회복하다. [명] 재모집; 회복; 대회(mass meeting). 〔《프》 ***rallier***←***re-*** again+***allier*** ally〕 **8**
rally[2][rǽli] [동] 놀리다(banter), 희롱하다. [명] 희롱, 조롱.
〔《프》 ***rallier*** rail 욕하다〕
ram[ræm] [명] 숫 양(male sheep); (성벽을 깨뜨리는데 쓰이는) 망치(battering ram); (땅을 쳐 다지는) 달굿대(rammer). [동] 망치로 치다, 쳐 박다; 부딪치다(butt); 다지다, 쑤셔 넣다(cram). [반] ewe 암양. **4**
〔《고영》 ***ramm; cf.*** 《독》 ***ramm***〕
ramble[rǽmbl] [동] 어슬렁거리다(wander about); 한담하다. [명] 어슬렁거리기, 한담(閑談). **8**
〔roam의 반복형〕
rampart[rǽmpɑːt] [명] 성벽; 방어, 수비(defence). **9**
〔《프》 ***remparer*** fortify 방어하다 ←《래틴》 ***re-*** again + ***im- in-*** in + ***parāre*** get ready 준비하다〕
☞ pare, prepare, repair
ranch[rɑːntʃ] [명] 《미국 서부의》 목장, 목축장(cattlefarm). [동] 목장을 경영하다, 목장에서 일하다. **7**
〔《스페》 ***rancho*** group of persons who eat together 식사를 함께 하는 사람들의 집단〕
random[rǽndəm] [명] 손에 잡히는 대로 함. [형] 되는대로의. **5**
〔《고프》 ***randon*** the force and swiftness of a great stream 강물의 힘과 속력 ←《독》 ***rand*** brim 변두리〕
at ～ 손에 잡히는 대로.
range[reindʒ] [동] 늘어놓다, 배치하다; 분류하다; 분포하다; …에 미치다(extend)〔over〕; 어깨를 겨루다(rank)〔with〕; 배회하다(roam). [명] 범위(extent); 산맥, 구역; 사정(射程), 사격장; 열(列 row); 방목지(land for grazing); (요리용) 화덕(cooking stove). **2**
〔《프》 ***ranger***←***rang*** rank, row 열〕
☞ rank, row
[동의어] **range**는 마음, 눈, 기계 따위가 미칠 수 있는 범위로서 그 내부에 변화가 일어나고 있음을 암시하는 말이다. **reach**는 유효 또는 능력 따위의 최고 한도를 뜻한다. **scope**는 이해, 시력, 적용 따위가 미칠 수 있는 한계를 뜻하는 말이다. **compass**는 scope와 마찬가지로 어떤 것이 행동 또는 작용하는 범위를 뜻한다. **gamut**는 원래 음악 용어로 색채나 가락 따위의 전 범위를 뜻한다. **latitude**는 판단, 의견, 행동 따위에 있어서 어떤 일정한 한도를 넘어서 자유롭게 굴 수 있는 한계를 뜻한다.
ranger[réindʒə] [명] 《미》 삼림 경비원; 유격병, 무장 경비원; 배회자. 〔range + *-er*(사람을 뜻하는 명사 어미)〕
rank[ræŋk] [명] 지위, 계급(grade); 신분(station); 열(row), 횡렬; *pl.* 사병(common soldiers). [동] 위치하다; 등급을 매기다. [반] file 종렬. **2**

[《고프》 *renc, reng* row 줄←《고대독》 *hrinc* ring(of men)]

the ~ and file 사병들, 군사; 일반 대중. ☞ rank

rankle[rǽŋkl] 圓 (원한·실망 따위가) 마음을 괴롭히다, 사무치다, 끊임 없이 괴롭히다. 10

[《고프》 *rancler* fester 곪다, 아프게 하다←*draoncle* festering sore 쑤시는 상처←《래틴》 *dracunculum* ulcer 궤양 ←*draco* dragon 용, snake 뱀]

ransom[rǽnsəm] 圓 몸값, 몸값을 치르고 구해 내기; 공갈 협박. 圓 몸값을 치르다, …에서 몸값을 받다, …에서 배상금을 받다; 속죄하다. 5

[《고프》*ranson*←《래틴》*redemptiōnem* redemption 배상←*redimere* buy back 도로 사오다] ☞ redeem

rap[ræp] 圓 톡톡 두드리다, 치다(knock); 방언(放言)하다. 5

~ one's fingers 심하게 벌 주다.
take the ~ 《속어》 비난을 받다, 벌금을 물다.

rape[reip] 圓, 圓 《시》 강탈(하다), 강간(하다). 9

[《중영》 *rāpen*←《래틴》 *rapere* seize 잡다]

rapine[rǽpain] 圓 《시》 강탈(plundering). 7

[《래틴》 *rapina* ← *rapere* plunder 강탈하다] ☞ rapid

rapid[rǽpid] 圓 신속한(swift), 빠른; (비탈이) 가파른(steep). 圓 *pl*. 급류, 여울. 圓 slow, tardy 느린.

[《래틴》 *rapidus* quick 빠른←*rapere* seize 잡다; 잡기 위해서는 빨리 달리지 않으면 안된다는 데서]

rapidity[rəpíditi] 圓 신속, 빠르기, 속도. [rapid+ -*ity* (명사 어미)] 7

rapt[ræpt] 圓 넋을 잃은(enraptured), 황홀한, 골몰한(absorbed), 열심인(intent). 6

[《래틴》 *raptus*←*rapere* seize (마음을 어떤 것에) 사로잡힌→황홀한]

rapture[rǽptʃə] 圓 황홀함(ecstasy), 환희; 미칠 듯이 기쁨. 4

[rapt+ -*ure*(명사 어미)]

be in ~s 황홀하다, 기쁨에 넘치다.
go into ~s 황홀하게 되다, 기쁨에 넘치게 하다. ☞ ravish, ravage

rare[rɛə] 圓 드문, 진귀한, 희한한; 희박한(thin); 훌륭한(splendid); 《미》 (고기를) 설구운, 설 익은(underdone). 2

[《프》 *rare*←《래틴》 *rārus* rare 드문]

in ~ cases 드물게, 때로는.

[동의어] **rare**는 귀한 존재로 값이 비싸다는 뜻이다. **infrequent**는 오랜 간격을 두고서만 일어난다는 뜻이다. **unfrequent**는 infrequent와 뜻이 같으나 혼히 그 앞에 부정어가 붙는다. **uncommon**은 보통은 일어나지 않으므로 예외적이고 현저하다는 뜻이다. **unusual**은 uncommon 보다 약간 뜻이 약하나 보다 일반적인 말이다. **scarce**는 특정한 때에 충분히 공급되지 않아 적다는 뜻.

rarely[rɛ́əli]圓별로 …안하다(seldom); 매우 드물게(unusually), 대단히 훌륭하여(exceptionally); 아름답게(beautifully), 교묘하게(skillfully), 굉장하여. 圓 often 종종, 흔히. [rare+ -*ly*(부사 어미)]

~ ever 《속어》별로 …안 하다, 좀처럼 …안 하다.

rarity[rɛ́əriti] 圓 회박함; 진기함, 진품(珍品). [rare+ -*ity*(명사 어미)] 10

rascal[rǽsk(ə)l] 圓 악한(rogue), 불한당. 5

[《고프》 *rascaille* ← 《래틴》 *rādere* scratch; 긁어 모은 (어중이 떠중이)→악한; *cf*. 《프》 *rascaille*]

rascally[rǽːskəli] 圓 악당의, 불한당의; 간사한, 교활한. [rascal+ -*ly*(형용사 어미)]

rash[ræʃ] 圓 무모한(reckless), 성급한(too hasty), 경솔한. 圓 careful 주의 깊은. 4

[《중영》 *rasch*; *cf*. 《독》 *rasch* quick, hasty]

rashly[rǽʃli] 圓 무모하게, 무분별하게.
rashness[rǽʃnis] 圓 무모함, 무분별. [rash+ -*ness*(명사 어미)]

rat[ræt] 圓 (들)쥐; 비겁한 자, 배반자, (곤란할 때의) 탈당자. 圓 쥐를 잡다; 배반자가 되다, 탈당하다. 2

[《중영》 *rat* (고영)*ræt*; *cf*.《독》*ratte*]

참고 ① rat는 mouse보다 약간 크고 보통 광, 창고, 배 따위에 살며 털은 다색, 쥐색, 또는 검정색이다. ② "탈당자, 탈당하다" 따위의 뜻은 쥐가 불이 일어나기 전의 집이나 침몰 직전의 배에서 떠난다는 전설에서 나온 것이다.

rate[reit] 圓 율, 비율(proportion); 시세, 가격(price); 요금; 등급(grade); *pl*. 《영》 지방세(local tax); 속도(spe-

ed). 图 평가하다(estimate); …이라고 생각하다; 과세하다; 《미》채점하다. 2
[《고프》 *rate* price, value ←《래틴》 *rata, ratus* determined 결정된 ← *reor* I think, judge, deem]

at any ~ 어쨌든. *at the* ~ *of* …의 비율로. *birth* ~ 출산률. *death* ~ 사망률. *marriage* ~ 결혼률.

rating[réitiŋ] 图 평가; 등급; 할당; 평점. [rate+ -*ing*]
☞ reason, ratio, ratify

rate²[reit] 图 꾸짖다(scold), 호통치다.
[《고프》 *reter, rateir, areter, aratter* accuse 비난하다←《래틴》 *ad-* to + *re putāre* count] ☞ repute

rather[rá:ðə] 囝 오히려,도리어,차라리; 약간, 좀(somewhat); [rá:ðə:]《속어》 《대답에 사용하여》 확실히 그래, 그렇고 말고(certainly). 1
[*rathe* quick+ -*er*(비교급 어미); m-ore quickly 더 빨리] I would *rather* drink tea than coffee. 커피보다는 홍차를 마시겠다.

[통계어] **rathe**[reið] 톙 《고어·시》 (꽃 따위가) 일찍 피는. [《고영》 *hrathe* quickly, *hræth* quick]

ratify[rǽtifai] 图 비준하다, 재가(裁可)하다. 8
[《프》 *ratifier* ←《래틴》 *ratificāre-ratus* settled, fixed 결정된 +*facere* make]

ratification[rǽtifikéiʃ(ə)n] 图 비준 (批准). [ratify+ -*ation*(명사 어미)]
☞ rate

ratio[réiʃiou] 图 (*pl.* ratios) 비(례), 비율, 율. 7
[《래틴》 *ratio* calculation 계산, 셈← *ratus←reor* I think]

ration[rǽʃ(ə)n] 图 하루치의 식량, 배급량; *pl.* 양식. 图 배급하다. 7
[《프》 *ration* ←《래틴》 *ratiōnem* ← *ratio* calculation 계산; ratio+ -*ion*]

rational[rǽʃ(ə)n(ə)l] 톙 이성적인 (reasonable), 합리적인; 도리를 아는. ⊕ irrational 불합리한. 9
[ration (reason)+ -*al*]

[통계어] **rational**은 이성적 또는 합리적이고 추리력이 있다는 뜻이다. **reasonable**은 결정이나 선택 따위에 있어서 실제적인 이성을 움직인다는 뜻으로 rational 보다 일반적으로 쓰이는 말이다. **sensible**은 상식이나 건전한 판단력을 사용함을 뜻한다.

rationalize[rǽʃ(ə)nəlaiz] 图 (산업을)합리화하다, 이론적으로 설명하다; 《수학》유리화(有理化)하다. [rational + -*ize*(동사 어미)]

rationalization[rǽʃ(ə)nəlaizéiʃ(ə)n] 图 합리화. ☞ reason

rattle[rǽtl] 图 덜걱덜걱거리다. 图 덜걱덜걱(소리). 3
[《중영》 *ratelen* (《고영》 *hrætelan; cf.* 《독》 *rasseln*; 소리를 본딴 말]

rattlesnake[rǽtlsneik] 图 꼬리로 소리내는 뱀. [rattle+snake] ☞ snake

ravage[rǽvidʒ] 图 황폐(desolation), 파괴(destruction); *pl.* 파괴의 자취, 참해. 图 황폐하게 하다(lay waste); 약탈하다(plunder). 8
[《프》*ravage* ravage←*ravir* bear away suddenly 갑자기 가져가 버리다←《래틴》 *rapere* seize 잡다]

[통의어] **ravage**는 군대나 나쁜 전염병 따위에 의하여 연이어 일어나는 약탈 행위나 장기간에 걸친 파괴 행위를 뜻하는 것이 보통이다. **devastate**는 ravage 해서 전면적으로 파멸시키고 약탈한다는 뜻이다. **plunder**는 침입군 특히 승리한 군대가 무리로 전리품을 약탈한다는 뜻이다. **sack**는 침입한 군대가 도시에서 귀중한 것을 송두리째 뺏아간다는 뜻이다. **pillage**는 sack와 같은 뜻이며 더 흔히 쓰이는 말이다. **despoil**은 보통 건물이나 시설을 sack함을 뜻한다.

rave[reiv] 图 (미쳐, 미친 사람같이) 헛소리를 하다, 소리 지르다; (바다, 바람 따위가) 노호하다.
[《중영》 *rave*(*n*) 《고프》 *rav-*(*er*)《프》 *rever* to dream]

~ *itself out*(폭풍우 따위가)그치다.

raven¹[réivn] 图 까마귀의 일종, 갈까마귀(일반적으로 불길한 일이 있을 징조라고 생각하고 있다). 톙 까마귀처럼 새까만.
[《중영》 *raven* 《고영》 *hræfn, hrefn; cf.* 《독》 *rabe*]

~ *locks* (*hair*) 칠흑같은 머리(털).

raven²[rǽvn] 图 모이를 찾아 다니다, 약탈하다(plunder); 게걸스럽게 먹다.
[《고프》 *raviner* ravage 황폐하게 하다 ←《래틴》 *rapīna* rapine 강탈] 3
☞ rapine

ravenous[rǽvinəs] 톙 굶주린,게걸스

러운(greedy). 9
[raven+ -ous(형용사 어미)]
ravine¹[rǽvin] 명 《시》 약탈, 강탈; 강탈물, 잡아먹는 것. [《고프》 ravine rapidity, plunder 약탈←《래틴》 rapina]
ravine²[rəvíːn] 명 협곡, 계곡, 산골짜기. [《프》 ravine a hollow worn by floods 홍수로 씻겨 내려간 골짜기←《고프》 ravine rapidity]
ravish[rǽviʃ] 타 《시》 빼앗아 가다; (부녀자를) 능욕하다(violate); 황홀케 하다(charm). [《프》 raviss-(ravir의 어간)←《래틴》 rapere seize 잡다] 7
☞ rapt, rapid, rape, rapture
raw[rɔː] 형 요리하지 않은 (uncooked), 날…; 가공하지 않은, 무경험한(inexperienced); 얼얼 아리는, 쓰라린; 축축하고 차가운, 서늘한. 명 살갗이 벗겨진 데, 아픈 곳. 반 ripe 익은. 3
[《중영》 raw 《고영》 hrēaw, hrǣw; cf. 《독》 roh]
~ *material* 원료. ~ *silk* 생사(生絲). *touch one on the* ~ 아픈 데(약점)를 건드리다.
rawhide[rɔ́ːhaid] 명, 형 (가축의) 생 가죽(의). ☞ hide
ray[rei] 명 광선(beam), 열선, 방사선, 번쩍임(gleam). 2
[《고프》 ray 《프》 rai(s)←《래틴》 radium←radius ray]
☞ radius, radium, radiation
X ~ *s* X광선. 뢴트겐선
rayon[réiɔn] 명 레이온, 인조견사.
[광택이 빛과 비슷하다고 해서 ray, 《프》 rai(s) 광선에 비하여 지어낸 이름]
☞ nylon
raze[reiz] 타 (동네・집 따위를) 파괴하다(destroy), 쓰러뜨리다, 지워버리다 (wipe out). 9
[《프》 raser←《래틴》 rādere scrape 긁다, 문질르다]
razor[réizə] 명 면도칼. 6
[raze+ -or(명사 어미)]
참고 safety razor 안전 면도칼; shaver 면도칼; electric shaver 전기면도.
be on a ~*s edge* 위험에 이르다.
reach[riːtʃ] 자 도착하다; 뻗치다(stretch), 미치다(extend). 명 손을 뻗치기, (손 따위가) 미치는 거리(range), (힘이 미치는) 범위(scope); 구역, 유역(流域). 1

[《고영》 rǣcan, rǣcean; cf. 《독》 reichen]
beyond (또는 *out of*) *one's* ~ 도달 할 수 없는 곳에, 힘이 미치지 않는 곳에. *within* (*easy*) ~ (쉽게) 도달하는, (쉽게) 도달 할 수 있는.
동의어 reach는 "도착한다"를 뜻하는 말로 어떤 지점이나 목적지에 도달함을 뜻하고 arrive at와 거의 같은 뜻이나 reach 다음에는 전치사 없이 직접 도착 지명을 사용하며 arrive 다음에는 반드시 at나 in을 써야 한다는 것, 즉 전자는 타동사이고 후자는 자동사라는 큰 차이가 있다. reach to (또는 for)로 쓸 때에는 도착한다는 뜻이 아니고 뻗쳐서 미친다는 뜻을 나타낸다. (보기) He *reached for* the knife. 그는 칼을 잡으려고 손을 뻗쳤다.
*get to*는 arrive나 reach가 형식적인 (formal) 말인 데에 비하여 통속적인 (familiar) 말이다. 먼 곳에 도착할 때에는 get to 보다 arrive at를 쓰는 것이 좋다. *be due*는 be to arrive (도착할 예정이다)를 뜻하는 말로서 회화 용어로 많이 쓰인다.
react[riǽkt] 자 (자극 따위에 대하여) 반응하다, 반동하다, 반작용하다. 10
[《래틴》 re- back+act 작용하다]
reaction[riǽkʃ(ə)n] 명 반동, 반작용.
[re- +act+ -ion] 9
reactionary[riǽkʃ(ə)nəri] 형 반동의, 반동적인. 명 반동주의자.
[reaction+ -ary(형용사 어미)]
☞ act, action
read[riːd] 타 (read[red])읽다, 낭독하다, 이해하다(understand); (꿈 따위를) 해석하다(interpret); …라고 읽다, …라고 씌어 있다; 읽을 수 있다; 연구하다(study). 1
~ *aloud* 소리내어 읽다, 낭독하다(반 read silently). ~ *a person out of* (*a party*, etc.) 그 취지를 선언하고서 (당 따위에서) 제명하다. ~ *between the lines* (글 따위에 담긴) 숨은 뜻을 알아내다. ~ *through* 통독하다. ~ *to oneself* 묵독하다.
readable[ríːdəbl] 형 재미있게 읽을 수 있는. [read+ -able(형용사 어미)]
reader[ríːdə] 명 독본; 읽는 사람, 독자, 독서가; 출판업자의 고문 《원고 출판의 가부를 판정한다》; 교정계원(proof reader); (까스・수도・전기 회사 따위의)

미이터 검사원; 《영》 대학의 강사(lecturer), 《미》 (대학교수의) 조수(assistant). 4
[read+ -er(사람을 뜻하는 명사 어미)]
reading[ríːdiŋ] 图 독서(력); 낭독(recital); (의회의) 독회(讀會); 학식(scholarship); 읽을 거리; 해석(interpretation). [read+ -ing]

good (또는 *poor*) ~ 읽어서 재미있는 (재미 없는) 것, 재미있는 (재미 없는) 책.

ready[rédi] 圈 준비가 된, 각오한(prepared); 기꺼이 …하는(willing), 언제나 …하는; 바야흐로 …하려 하는(be about) [to]. 働 hesitating 주저하는. 1
[《중영》readi←《고영》geræde ready; *cf.*《독》bereit]

get ~ *for* …의 준비를 하다. ~ *money* 현금(cash).

readily[rédili] 圕 섭사리(easily); 쾌히(willingly); 곧 (quickly). 4
[ready+ -ly (부사 어미)]

readiness[rédinis] 图 준비; 신속함; 용이함; 쾌락(快諾). [ready+ -ness] 7

ready-made[rédiméid] 圈 (옷 따위) 기성품의; (사상·의견 따위) 들은 풍월인, 빌려 온. [ready+made] ☞ make 참고 ready to wear 《미》=ready-made; made to wear 주문해서 만든 《미》 custom-made ☞ ride, road

real[ríəl] 圈 현실의(actual), 실재(實在)하는; 정말의, 진실한(genuine); 부동산의. 働 ideal 이상적인, personal 동산의. 1
[《라틴》*realis* belonging to the thing itself 사물 자체의←*res* thing+ *-alis* (형용사 어미)]

realism[ríəliz(ə)m] 图 현실주의, 사실성, 현실성.

realist[ríəlist] 图 현실 주의자, 사실주의자, 사실론자.

reality[riǽliti] 图 현실, 실재, 사실. [real+ -ity (명사 어미)] 5

in ~ 정말은, 사실은, 실제로는.

realization[rìəlaizéiʃ(ə)n] 图 현실화, 실현, 체득, 깨달음; 현금화. 9
[realize+ -ation (명사 어미)]

realize[ríəlaiz] 働 실현하다, 깨닫다, 사실적으로 나타내다; 벌다, 돈으로 바꾸다, 팔려서 …의 돈이 되다. 3
[real+ -ize(동사 어미)]

really[ríəli] 图 정말, 참으로, 실제로.

통계어 **rebus**[ríːbəs] 图 그림 수수께끼. [《라틴》 *rebus* by things ← *res* thing 실체(實體)] **re**[riː] 囿 (법률·상업) …에 관하여(concerning); 《속어》…에 대하여(about). [《라틴》 *re-* *in re* in the matter of …에 관하여← *res* thing]

realm[relm] 图 왕국(kingdom), 국토(country), 영역, 범위(sphere), 부문. 3 匿의 "왕국, 국토"의 뜻은 주로 시, 법률, 수사학적 용어이다.
[《중영》 *roialme*, *realme* ←《고프》 *realme* kingdom 왕국←《라틴》 *rēgālis* royal, regal 왕의]
☞ regal, republic

reap[riːp] 働 베다, 베어들이다; 수확하다; 얻다. 3

reaper[ríːpə] 图 베는 사람 (기계). 8
[reap+ -er]

reappear[rìːəpíə] 働 재현하다, 재발하다. [re- again+appear 나타나다] 8
☞ appear

rear[ríə] 图 뒷쪽, 후방, 배후; 후위, 후진. 働 추론(推論)하다, 논하다 (discourse)[about, of, upon, why, etc.]. 働 front 전방. 2
[《고프》*riere* backward 뒷쪽의←《라틴》 *retro* backward; *cf.*《프》 *arriére*←《라틴》 *ad retro*]

rear²[ríə] 働 올리다(uplift), 일으키다(raise), 세우다(build); 기르다(bring up), 재배하다(cultivate).
[《중영》 *reren* 《고영》 *ræran*]

rearm[ríːáːm] 働 재무장하(게 하)다, 재군비하(게 하)다.
[re- again+arm 무장시키다]

rearmament[ríːáːməmənt] 图 재무장, 재군비(再軍備). [re- +arm+ -a- + -ment(명사 어미)]
☞ arm, armament

reason[ríːzn] 图 이유, 원인; 도리, 이성(理性), 지각(知覺 sense). 働 추론하다[about, of, upon]; 논하다(discourse) [why, etc.]. 働 passion 감정. 1

in all ~ 도리상, 당연히.
[《고프》 *reison*←《라틴》 *ratiōnem*← *ratio* calculation 계산, reason 이성; *cf.*《프》 *raison*] ☞ ratio

reasonable[ríːznəbl] 圈 합리적, 이치에 맞는; 지각 있는, 온당한(moderate); (값이) 알맞은, 비싸지 않은. 4
[reason+ -able(형용사 어미)]

reasonably[ríːzənəbli] 🗨 합리적으로, 당연히, 알맞게.

reasoning[ríːzniŋ] 🗨 추리, 추론, 이론. [reason+ -ing]
☞ ratio, rate, ration

rebel[rébl] 🗨 반역자. [ribél] 🗨 반역하다, 역모하다. 3
[《래틴》 *rebellis* renewing war 전쟁을 새로 일으키는←*re-* again + *bellum* war 전쟁] ☞ duel

rebellion[ribéljən] 🗨 모반, 반란, 역모. [rebel+ -*ion*(명사 어미)] 5
동의어 rebellion은 확립된 권위나 정권에 대한 무장 또는 조직적 저항으로 공공연히 투쟁함을 뜻한다. rebellion은 대규모의 rebellion에 의하여 구정부를 넘어뜨리고 새 정부를 세움을 뜻한다. 또 이 말은 사회적 대변혁을 뜻하기도 한다. insurrection은 rebellion보다 규모가 작고 조직이 약한 소동을 뜻한다. revolt는 insurrection보다 소규모의 반항으로 충성을 저버리고 확립된 권위에 복종하기를 거부함을 말한다. mutiny는 사병 특히 수병이 상관에 대하여 행하는 강력한 revolt이다. riot는 소범위에 국한된 폭동으로 자칫 잘못하면 rebellion으로 발전할 징조가 보이는 것을 뜻하며 흔히 쓰이는 말이다.

rebellious[ribéljəs] 🗨 모반의, 반항적인, 역모의, 다루기 어려운(unmanageable). 6
[rebel+ -*ous*(형용사 어미)]
동계어 **bellicose**[bélikous] 🗨 호전적인, 싸우기 잘하는. [《래틴》 *bellicōsus* warlike 호전적인←*bellum* war 전쟁]
belligerent[bilídʒər(ə)nt] 🗨, 🗨 교전 중의, 교전국(의). [《래틴》 *belligerantem*←*belligerāre* carry on war 전쟁을 수행하다←*bellum* war+*gerre* carry on] ☞ revel, duel

rebound[ribáund] 🗨 공이 되뛰다(bound back) [from], 되돌아가다. 🗨 되튐, (감정 따위의) 반동, 반발(reaction). [*re-* back+bound 뛰다]
marry on the ~ (실연 따위의) 반동을 이용하여 결혼하다. *take* (또는 *catch*) *a person on* (또는 *at*) *the* ~ 감정의 반동을 이용하여 반대의 행동을 취하게 하다. ☞ bound

rebuff[ribʌ́f] 🗨, 🗨 거절(하다), 퇴짜(놓다). 8
[《이태》 *rebuffo* check 저지←*ribuffare* to check 막다, to chide 꾸짖다←*ri-* (래틴) *ri-* back+*buffare*(소리를 본따 만든 말)]

rebuild[ríːbíld] 🗨 (rebuilt) 재건하다, 개축하다. 7
[*re-* again +build; build again 다시 세우다] ☞ build

rebuke[ribjúːk] 🗨 꾸짖다(scold), 비난하다(reprove). 🗨 비난, 꾸지람(reproof). 5
[《고프》 *rebuchier* beat back 격퇴하다←*re-* back + *buschier* beat 치다←*busche* log 통나무] ☞ ambush

recall[rikɔ́ːl] 🗨 다시 불러 들이다 (call back); 상기하다(recollect); 취소하다(annul), 철회하다(withdraw). 🗨 (대사 따위의) 소환; 취소; 상기(想起). 3
[*re-* again+call; call again 다시 불러 오다] ☞ call
~ *to one's mind* 회상하다(recall to memory).

recede[risíːd] 🗨 물러가다(go back); 손을 떼다; (영토 따위를) 반환하다; (품질·가치 따위가) 떨어지다; 취소하다, 철회하다(withdraw). 🔄 advance, progress 진행하다, 나아가다. 10
[《래틴》 *recēdere* go back 물러가다←*re-* back+*cēdere* go]

recess[risés, 《미》 ríːses] 🗨 휴게, 쉬는 시간, 휴회; 은퇴소; 내부, 구석진 데(secluded spot), 움푹 들어간 곳(hollow). 🗨 (집을) 길보다 들어 오게 하다, 움푹 들어간 곳을 마련하다; 《미》휴회하다. 3
[《래틴》 *recessus* retreat 후퇴←*recēdere* go back]

recession[riséʃ(ə)n] 🗨 퇴장; 일시적 불경기. [recess+ -*ion*(명사 어미)]
☞ cede, accede, concede, exceed, precede, succeed

receive[risíːv] 🗨 받다; 영접하다(welcome); 수용하다; 용인하다, 인정하다 (admit). 🔄 give 주다. 1
[《고프》*reçoivre*←《래틴》*recipere* take back 받아 들이다←*re-* back+*capere* take; *cf.*《프》*recevoir*]
동의어 receive(🗨 receipt, reception)는 "받다"를 뜻하는 일반적인 말이다. accept (🗨 acceptance)는 기꺼이 receive하거나 호감을 가지고 receive한다는 뜻으로 특히 분명한 승인보다는 묵인해준다는 뜻을 암시하는 말이다. admit

(圈 admission, admittance)는 사실 따위를 인정하고 받아들인다는 뜻이다. **take**는 제공 또는 제시된 것을 accept 함을 뜻하는 일상용어이다.

receiver[risí:və] 圈 영수인, 받는 사람; 수화기. [receive+-er (사람을 뜻하는 명사 어미)] 7

receipt[risí:t] 圈 영수, 영수증; 제법, 처방(recipe). [《고프》 receite←《래틴》 receptam← recipere take back; cf. 《프》 recette] ☞ receive 3
be in ~ of …을 받다.

reception[risép∫(ə)n] 圈 영수, 받아들임, 수용; 초대, 환영(회), 접견(接見); 용인(acceptance); 수신(受信) (을); cf. transmission 송신. [《프》 réception←《래틴》 receptiōnem a taking back 도로취하기←receptus←recipere take back] 5
~ day 연회일. **~ report** 수신보고.

receptive[riséptiv] 圈 (잘) 받아 들이는, 감수성이 예민한.
[《래틴》receptīvus; reception+-ive (형용사 어미)]

receptacle[riséptəkl] 圈 용기, 그릇, 저장소. [《프》réceptacle←《래틴》receptāculum a place to store away 저장소←receptus←recipere take back] 7
☞ recipe, recipient, conceive, deceive, captive

recent[rí:snt] 圈 근래의, 요즈음의(late); 새로운(new). 때 ancient 옛날의.
[《래틴》 recentum fresh, recent←re- again+-cent-; -cent-는 《그》 kainos new와 관련 있음] 3

recently[rí:sntli] 團 요즈음, 요사이 (lately), 최근.
참고 영국에서는 일반적으로 긍정문에는 recently를, 부정·의문문에는 lately를 사용한다. ☞ lately

recipe[résipi] 圈 처방(prescription), 요리법; 비결, 방책(expedient). 9
[《래틴》 recipe take thou 가져라← recipere; receive] ☞ receive

recipient[risípiənt] 圈 받아 들이는 (receptive). 圈 영수인, 받는 사람.
[《래틴》recipientem (repciere의 현재분사)] ☞ receive, conceive, captive

reciprocal[risíprək(ə)l] 圈 상호의(mutual), 호혜적(互惠的)인; 보답하는. 9
[《래틴》 reciprocus returning 돌아가는 +-al(형용사 어미)←reco- backwards ←re- back +proco- forwards; 원뜻은 "앞과 뒤를 향한"]
~ trade (또는 **treaty**) 호혜 통상, 호혜조약(互惠條約).

reciprocate[risíprəkeit] 圈 교환하다 (exchange); 보답하다; 왕복 운동을 하 (게 하)다. [《래틴》 reciprocātus, reciprocāre come and go]

recite[risáit] 圈 암송하다, 외우다; 이야기 하다(narrate). 4
[《래틴》recitāre recite←re- again+citāre quote 인용하다; quote again 한번 더 인용하다→한번 더 읽다]

recital[risáit(ə)l]圈상설(詳說 detailed account); 음송(吟誦); 독주(회), 독창(회). [recite+-al(명사 어미)]

recitation[rèsitéi∫(ə)n] 圈 암송; 낭독; 상술(詳述); (미) (교사 앞에서의) 암송; (교실)파업. [recite+-ation(명사어미)] ☞ cite

reck[rek] 圈 《고어·시》 (부정 또는 의문 구문) 개의하다(care); 상관하다; 관계하다(concern) 《비인칭의 it와 함께 씀》. 10
It ~s not=What ~s it? 아무래도 좋다; **They reck not of** danger. 그들은 위험을 상관하지 않는다. **They recked little of** hardship and distress. 그들은 곤란과 궁핍에 개의치 않았다.

reckless[réklis] 圈 무모한(rash); 개의치 않는 (of). [reck+ -less(형용사어미)] 8

recklessly[réklisly] 團 무모하게.

reckon[rékən] 圈 세다(count); 단정하다(conclude); 간주하다(regard); 고려하다(consider); (미) 생각하다. 4
[《중영》 rekenen; 《고영》gerecenian explain 설명하다; cf. 《독》 rechnen]

reclaim[rikléim] 圈 반환을 요구하다, 되찾다, 마음을 고치게 하다(reform); 교화하다(civilize); 메우다. 圈 교화, 개심; 바로잡음. 7
[《래틴》re- back+clāmāre call out 불러내다; call out back 되불러 내다]
☞ claim

reclamation[rèkləméi∫(ə)n] 圈 매축(埋築), 매립(埋立); 개선, 교정. [reclaim+-ation(명사 어미)]
☞ claim, declaim, exclaim

recline[rikláin] 圈 기대(게 하)다, 의지하다. 7

[((래틴))*reclināre* lean back, lie down 뒤로 기대다, 들어눕다 ← *re-* back+*clināre* lean]

☞ lean, incline, decline

recognize[rékəgnàiz] 통 인·식하다, 확인하다, 승인하다(admit). ⓐ repudiate 부인하다.   3

[((래틴))*recōgnōscere* know again 다시 알다←*re-* again+*cōgnōscere* know, learn알다; 다시 알다→다시 승인하다]

recognition[rèkəgníʃ(ə)n] 몡 인식, 승인. [((래틴)) *recōgnitiōnem*; recognize+*-ion*(명사어미)]   8

in ～ *of* … …을 인정하여.

recoil[rikɔ́il] 몡 움추림, 반동; 후퇴. 통 움추리다, 주춤하다(shrink); (총 따위가) 반동하다(kick).   6

[((프)) *reculer* go back 물러가다←*re-* back+*cul* the hinder part 등←((래틴)) *culum* posterior 뒤쪽; 물러가다→몸을 뒤으로 물리다→움추리다]

recollect[rèkəlékt] 통 회상하다(call to mind), 생각나다; [rí:kəlékt] 다시 모으다; (마음 따위를) 진정시키다(compose). ⓐ forget 잊다.   6

[*re-* again+*collect* 모으다; collect again 다시 모으다]

recollection[rèkəlékʃ(ə)n] 몡 회상, 추억. [recollect+*-ion*(명사어미)]   7

to the best of one's ～ 자기가 기억하는 한은 (if one remembers aright).

☞ collect, collection

recommend[rèkəménd] 통 추천하다; 권고하다(advise); 마음에 들게 하다(make acceptable); 맡기다(commend).   3 ⓐ discommend 반대하다, 비난하다.

[((래틴)) *re-* (강조의 접두사)+*commend* 칭찬하다, 권고하다; commend favourably 추천하다. ((프)) *recommander* recommend 를 본따서 만든 것]

recommendation[rèkəmendéiʃ(ə)n] 몡 추천(장); 권고; 장점. [recommend +*-ation*(명사 어미)] ☞ commend   5

recompense[rékəmpens] 통 갚다, 보답하다(reward); 변상하다(make amends). 몡 변상(compensation); 보답, 보수.   4

[((래틴)) *re-* again+*compensāre* compensate 배상하다; compensate again, reply 갚다]   ☞ compensate

reconcile[rékənsàil] 통 화해시키다(to, with), 조정하다; 단념시키다 조화시키다(harmonize).   4

[((래틴)) *re-* again+*conciliāre* conciliate 위로하다, 조정하다; conciliate again 한번더 조정하다]

reconciliation[rèkənsìliéiʃ(ə)n] 몡 화해, 조정, 일치, 복종, 체념. [reconciliate+*-ion*(명사 어미)]   9

☞ conciliate

reconstruct[rì:kənstrʌ́kt] 통 재건하다, 부흥하다, 개조하다.

[*re-* again+*construct* 건설하다; construct again 다시 세우다]

reconstruction[rì:kənstrʌ́kʃ(ə)n] 몡 재건, 부흥, 개조. [reconstruct+*-ion* (명사 어미)] ☞ construct   9

record[rikɔ́:d] 통 기록하다. [rékə:d(영), rékəd (미)] 몡 기록, 성적, 경력; (축음기의)판, 레코드; 최우수 기록.   2

[((래틴)) *recordāre*, *recordāri* recall to mind 생각나게 하다 ←*re-* again+*cor* heart 마음; 마음에 다시 생각나게 하다→기억하다→기록하다]

beat(또는 *break*) *the* ～ 기록을 깨뜨리다.

recorder[rikɔ́:də] 몡 기록자, 기록기, 녹음기(tape recorder). [record+*-er* (행위자를 뜻하는 명사 어미)]

a (magnetic) tape ～ 녹음기.

recording[rikɔ́:diŋ] 몡 녹음; 레코드 (phonograph record). [record+*-ing*]

☞ accord, concord, cordial, discord

recount[rikáunt] 통 이야기하다(narrate), 상세히 말하다(tell in detail); [rí:káunt] 다시 세다, 고쳐 세다.   6

[((프)) *raconter* relate 이야기하다←((래틴)) *re-* again+*aconter* account 설명하다←*a-*((래틴)) *ad* to+*conter* count 세다; account again 한번 더 설명하다]

주의 "다시 세다"의 뜻일 때에는 보통 re-count로 적고 [rí:káunt]로 액센트를 두번 준다. ☞ count, recreate, recover

recourse[rikɔ́:s] 몡 믿는 것, 의뢰하는 바; 의뢰; 수단.   9

[((프)) *recours*←((래틴)) *recursus* running back 되돌아 뛰어가기←*re-* back+*currere* run 뛰다; (급하면) 뛰어 돌아오는 곳→믿는 곳→수단]

have ～ *to* …에 의뢰하다, …을 쓰다.

☞ course, intercourse, current

recover[rikʌ́və] 통 회복하다, 되찾다(regain), 메우다; (병이)낫다; 보상하다. ⓐ relapse 재발하다.   2

[((고프)) *recovrer*←((래틴)) *recuperāre*

get back 되 찾다←*cupere* desire 바라다; get back one's health 건강 따위를 회복하다]

주의 re-cover[rí:kávə]는 "cover again (한번 더 덮다)"의 뜻이다. 발음의 차이에 주의하라.

☞ cover, recreate, recount

recovery[rikÁvəri] 图 회복, 완쾌; 되찾음. [recover+-*y*(명사 어미)] 8

recreate¹[rékrieit] 图 휴양시키다, 휴양하다(refresh); 즐기(게 하)다(amuse). [《래틴》*recreātus*←*recreāre* revive 소생시키다← *re-* again+*creāre* make; 한번 더 (기분을) 만들다]

recreation¹[rèkriéiʃ(ə)n] 图 휴양, 기분전환, 오락, 유희(play). [recreate +-*ion*(명사 어미)] 7

re-create²[rí:kriéit] 图 개조하다. [《래틴》*re-* again+create 창조하다; create again 다시 만들다]

re-creation²[rí:kriéiʃ(ə)n] 图 개조. [*re-* create+-*ion*(명사 어미)]

주의 recreate[rékrieit] "휴양하다"와 re-create[rí:kriéit] "개조하다"의 accent 위치의 차이를 주의하라.

☞ create, recover, recount

recruit[rikrú:t] 图 신병, 신입생; 풋나기. 图 신병(신회원, 신입생 따위)을 넣다, 모집하다, 보충하다(replenish); (건강을) 회복하다, 휴양하다. 7 [《프》*recruter* levy troops 군사를 모집하다←*recrue* a levy of troops 군대의 모집, a new growth 새로운 성장 ←*recroitre* grow again 다시 자라다 ←《래틴》*crescere* grow]

rectangle[réktæŋgl] 图 (직) 네모꼴, 구형, 장방형. 5 [《래틴》*rectangulus* right-angled 네모 반듯한←*rectus* right 바른+*angulus* angle 모서리, 각도]

☞ angle, triangle, quadrangle

rectangular[rektǽŋgjulə] 圈 (직) 네모꼴의, 구형의, 장방형의. [rectangle +-*ar*(형용사 어미)] 8

rectify[réktifai] 图 고치다(correct), 수정하다(amend); 조정하다. 10 [《프》*rectifier* ← 《래틴》*rectificāre* make right 똑바로 하다 ← *recti-*. *rectus* right, straight 곧은, 바른 ← -*ficāre, facere* make; make right 바르게 하다]

rectification[rèktifikéiʃ(ə)n] 图 개정, 수정; 정류(精溜). [rectify+-*ation* (명사 어미)]

rectitude[réktitju:d] 图 공정함, 정직함, 방정(方正)함 (righteousness); 청렴결백(integrity).

[《프》 *rectitude*←《래틴》 *rectitūdo* uprightness 올바름← *recti-, rectus* right +-*tūdo* (=-*tude* 명사 어미)]

통계어 **rectilinear**[rèktilíniə], **rectilineal**[rèktilíniəl] 圈 직선의.

[《래틴》*rectilineus* formed by straight lines 직선으로 형성된←*recti-, rectus* right, straight+*linea* a line 선]

rectum[réktəm] 图 (*pl.* recta) 《해부》 곧은 창자, 직장(直腸). [《래틴》*rectum* (*intestīnum*), straight (intestine) 곧은 (창자)]

rector[réktə] 图 (영국 교회의) 교구 목사 (교회재산의 수입이나 10분의 1세(稅) (tithes) 따위를 영수한다); 《미》 (감독 교회의) 교구목사; 교장, 학장, 총장. *cf.* vicar, parson, priest 9

[《래틴》*rector* ruler, leader 지도자← *regere* rule 지배하다]

rectory[rékt(ə)ri] 图 rector의 주택 (rector's house); 《영》 rector의 수입 (맡은 구역). [rector+-*y*(명사 어미)]

☞ correct, direct

recur[rikə́:] 图 (recurred) 재발하다; 회상하다, 다시 마음에 떠오르다; (이야기 따위가) 되돌아 가다. 9 [《래틴》*recurrere* run back 도로 달려오다← *re-* back+*currere* run 달리다; 도로 달려오다→되돌아 가다]

recurrenrce[rikÁr(ə)ns] 图 재발, 재기(再起), 재현; 회상. [recur+-*ence* (명사 어미)] *cf.* occur→occurrence.

recurrent[rikÁr(ə)nt] 图 재발하다, 주기적으로 일어나는. [recur+-*ent*(형용사 어미)] 「occur

☞ current, courier, concur, incur,

red[red] 圈 붉은; 피투성이의(bloody); 과격한, 혁명적인(revolutionary); (혼히 Red) 빨갱이의, 공산주의의(communistic). 图 빨강(물감); 붉은 옷; 빨갱이, 공산주의자(communist); 《속어》 적자(赤字). 1

~ *hat* 추기경(cardinal)의 모자.

[《중영》*reed*; (고영)*rēad; cf.*《독》*rot*; 《래틴》 *ruber* red와 관련 있는 말]

redbreast[rédbrest] 图 울새, 구조(駒鳥) robin). 7

[red+breast 가슴; 가슴이 붉기 때문에]
redden[rédn] 통 붉게 하다, 붉어지다. *cf.* whiten, blacken, darken, madden, sadden, etc. [red(d)+-*en*] 7

통계어 **ruby**[rú:bi] 명 루비, 홍옥(紅玉)(짙은 빨간 빛의 보석).
[《고프》 *rubi*(s)←《레틴》 *rubīnus* ruby ←*rubeus* red 붉은←*rubēre* be red 붉다] **rubicund**[rú:bikənd] 형 얼굴이 붉은(red-faced). [《프》 *rubicond* ← 《레틴》 *rubicundus* very red←*rubēre* be red 붉다]. **russet**[rʌ́sit] 명, 형 팥죽 빛(의) (reddish-brown). [《중영》 *russet*←《중프》 *rousset* russet, ruddy 불그스름한←《레틴》 *russus* redish]
rouge[ru:ʒ] 명 연지, 루우즈. [《프》 *rouge*←《레틴》 *rubeum* red; 《레틴》 *ruber*과 관련된 말]
reddish[rédiʃ] 형 불그스름한. [red+-*ish*(형용사 어미)] 9

redeem[ridí:m] 통 되사다, 되받다; 회복하다(recover); 몸값을 치르다, 속죄하다; 보상하다, (국채 따위를) 상환하다. [《레틴》 *redimere* buy back 되사다←*red*- back+*emere* buy; *cf.* 《프》 *rédimer*] 4
~ *oneself* 속전을 내고 생명을 건지다.
redeemer[ridí:mə] 명 되사는 사람, 구조자(the R~). [redeem+*er*]
redemption[ridém(p)](ə)n] 명 되사기, 되받기; 몸값을 치르기; (그리스도에 의한) 속죄, 구원; 상환; (약속의) 이행. 9 [red*e*em+-*ion*(명사 어미)]
☞ exempt

redouble¹[ridʌ́bl] 통 강화하다, 증가하다; 반향하다(re-echo). 9
[《프》 *redoubler*←*re*- again+*doubler* double 두배로 하다]
redouble²[rí:dʌ́bl] 통 배가(倍加)하다, 두배로 올리다.
[*re*- again+double 두배로 하다]
redress[ridrés] 명 개선, 교정; 제거; 구제; 배상(reparation). 통 구제하다; (부정, 폐해 따위를) 바로잡다; 교정하다; 제거하다; (부족을) 보상하다(make up for). 6
[《프》 *redresser* put straight again 다시 바르게 하다←*re*- again+*dresser* erect 바로 세우다, dress 옷입히다]
☞ dress
reduce[ridjú:s] 통 바꾸다(change); (…으로) 화하다, 환원하다; 줄(이)다(decrease); 내리다(lower), 약하게 하다 (weaken); 어쩔 수 없이 …하게 하다. [《레틴》 *reducere* bring back 환원하다, 도로 가져오다←*re*- back+*ducere* lead 이끌다] 3
be ~*d to* …이 되다.
reduction[ridʌ́kʃ(ə)n] 명 변형, 환원; 축소, 삭감, 할인; 항복. 5
[《레틴》 *reductiōnem*; reduce+-*ion*(명사 어미)] ☞ duct, duke, adduce, conduce, deduce. induce, etc.
reed[ri:d] 명 (식물) 갈, 갈대; (악기의) 혀; (시) 갈대피리, 목가(牧歌). 3
[《중영》 *reed*; 《고영》 *hrēod*; *cf.* 《독》 *ried*, *riet*]
reedy[ri:di] 형 갈대 많은, 갈대 같은; 삐익삐익 소리나는. [reed+-*y*(형용사 어미)]
reef[ri:f] 명 사주(砂洲), 모래 발, 암초 (暗礁); 광맥. 7
reek[ri:k] 명 (시) 김(vapour), 연기 (smoke); 악취(foul smell). 통 김이 나다, 연기 나다; 악취가 나다, …의 냄새가 나다. 9
[《중영》 *reke*, 《고영》 *rēc* vapour; *cf.* 《독》 *rauch*]
reel[ri:l] 명 실패, 물레; (쇠줄, 필름, 종이, 호오스 따위를 감는)틀; (영화의) 한 권(卷); (낚싯대의) 낚싯줄 얼레; 갈지자 걸음. 통 실을 감다, 잣다; 빙빙돌다; 비틀거리다(stagger). 3
re-establish[rí:istǽbliʃ] 통 복직하다, 재건하다, 복구하다. 10
[《레틴》 *re*- again+establish 설립하다]
☞ establish
refer[rifə́:] 통 (referred) 언급하다, 참조하다, 문의하다, 조회하다, (…으로) 돌아가다, (…의) 탓으로 하다(assign); 위탁하다, 부탁하다(submit). 3
[《레틴》 *referre* bear back 도로 데려가다←*re*- back+*ferre* bear 가져가다, 데려가다] ☞ fertile
~ *to* …에 언급하다, 설명해서 …에까지 미치다; …에 귀착시키다.
referee[rèfərí:] 명 조정관, 중재인; (football 따위의) 심판원(umpire). [refer+-*ee*(사람을 뜻하는 명사어미)]
reference[réf(ə)r(ə)ns] 명 언급(allusion), 참고, 참조; 관계(relation); 인용문(quotation); 조회, 신원조사(서); 위탁. [refer+-*ence*] 5
in(또는 *with*) ~ *to*… …에 관하여

(about, concerning).

referendum[rèfəréndəm] 圀 (*pl.* -s, -da) 국민 투표.
[《래틴》 *referendum* that which is to be referred 문의(問議)되어야 하는 것; *referre* refer의 동사상 형용사]
☞ confer, defer, infer, offer, proffer, suffer

refine[rifáin] 图 정제하다, 세련하다; 순화하다(purify); 세련하다; 연마하다, 개량하다(improve); 고상하게 하다. [*re*-(강조의 접두사) + *fine* 훌륭한; make fine 훌륭하게 하다. 《프》 *raffiner* refine을 본따서 만든 것. 《프》 *raffiner* ←《래틴》 *re*- again + *af*- *ad*- to +《프》 *fin* fine] 3

refined[rifáind] 圈 정제한; 세련된; 품위 있는, 말쑥한; 미세한, 정교한. [refine + -*ed* (과거분사 어미)]

refinement[rifáinmənt] 圀 정제(精製), 제련(製鍊); 순화(純化); 세련; 고상함, 우아함. [refine + -*ment*] 7

refinery[rifáinəri] 圀 정련(精鍊)소, 제련소. [refine + -*ry*(명사 어미)] 10
☞ fine

reflect[riflékt] 图 반사 (반영)하다; 반성하다; 초래하다(bring); 나쁜 영향을 미치다; 비난하다(blame). 4
[《래틴》 *reflectere* bend back 뒤로 굽히다, return rays 반사하다 ←*re*- back + *flectere* bend 굽히다]
☞ flexible

reflection, reflexion[riflékʃ(ə)n] 圀 반사, 반영; 모습; 반성, 회고; 의견[on, upon]; 비난; 불명예(의 원인) [on, upon]. [reflect + -*ion*(명사 어미)] 5
on (또는 *upon*) ~ 깊이 생각끝에.
<u>참고</u> reflexion은 과학적 용법 즉 "반전(부)(反轉[部])", "굴절(부)(屈折[部])" 따위의 뜻을 나타낼 때 외에는 별로 안 쓰이는 sp3lling이다.

reflex[rí:fleks] 圈 반사적, 내성적. 圀 반사, 반영(reflection); 영상(影像); (생리》 반사작용. ☞ inflect, deflect 9

reform[rifɔ́:m] 图 개량하다, 개선하다, 개혁하다; 수정하다(correct). 4
[《프》 *reformer* shape anew 새로이 형성하다 ←《래틴》 *re* -again + *formāre* form 형성하다] ☞ form

reformation[rèfəméiʃ(ə)n] 圀 개량, 혁신; (the R~) 종교 개혁. [reform + -*ation*(명사 어미)] 8

reformative[rifɔ́:mətiv] 圈 개량하는, 개혁하는, 혁신적. [reform + -*ative*(형용사 어미)]

reformatory[rifɔ́:mət(ə)ri] 圈 교정(矯正)하는, 감화(感化)하는. 圀 감화원. *cf.* prison, penitentiary. [reform + -*atory*(형용사 어미)]

reformer[rifɔ́:mə] 圀 개혁자, 혁신가. [reform + -*er*(명사 어미)]
<u>주의</u> reform [rifɔ́:m] "개량하다"와 reform [rí:fɔ:m] "재형성하다"의 accent 의 차에 주의하라. ☞ form, deform, inform, recreate, recover, etc.

refrain¹[rifréin] 图 참다(forbear), 삼가다(restrain) [from]; 피하다, 멀리하다. 웹 indulge 빠지다. 5
[《래틴》 *refrēnāre* bridle 억제하다, 굴레를 씌우다 ←*re*-back + *frēnum* bit, curb 재갈; 재갈을 물려서 꼼짝 못하게 하다]
<u>동의어</u> refrain은 보통 충동을 누르고 어떤 행동을 삼간다는 뜻이다. abstain 은 해로운 일 따위를 극기 정신으로, 또는 잘 생각한 나머지 자발적으로 그만둔다는 뜻이다. forbear는 특히 화가 나는 것을 참고 refrain 한다는 뜻으로 쓰인다.

refrain²[rifréin] 圀 (노래의) 후렴. 5
[《프》 *refrain* ←《래틴》 *refringere* break back 부셔지다, repeat 거듭하다 ←*re*- back + *frangere* break; 꺾여들다, 거듭하다 → 거듭하는 귀절 → 후렴]

refresh[rifréʃ] 图 새롭게 하다(renew), 새로와지다; 원기를 돋우다, 상쾌하게 하다, 웹 weary, tire 지치게 하다. 5
[《고프》 *refreschir* ←《래틴》 *re*- again +《고대 독》 *frisc* fresh 신선한, 새로운; make fresh again 다시 신선하게 하다] ☞ fresh
~ *oneself* 원기를 돋우다.

refresher[rifréʃə] 圈 복습의. 圀 원기를 회복케 하는 사람 (또는 물건); 《속어》 청량음료; 생각나게 하는 것; 《법률》 (사건이 오래 끌었을 때 barrister에게 지불하는) 초과보수. [refresh + -*er*]

refreshing[rifréʃiŋ] 圈 (정신을) 상쾌하게 하는, 청신하게 하는. [refresh + -*ing*(현재분사 어미)]

refreshment[rifréʃmənt] 圀 원기회복 (하게 하는 물건), 피로회복; (흔히 복수) (특히) 음식물(food or drink), 다과(茶菓). [refresh + -*ment*(명사어미);

something that refreshes 피로한 때에 심신을 상쾌하게(fresh)하는 것〕 ☞ fresh

refrigerate[rifrídʒəreit] [동] 차게 하다, 냉동하다, 냉장하다.
〔《래틴》*refrigerātus* made cold again ←*refrigerāre* make cold again 한번 더 차게 하다 ←*re-* again+*frīgerāre* make cold 차게 하다←*frīgus* cold 찬〕 ☞ frigid

refrigeration[rifrìdʒəréiʃ(ə)n] [명] 냉각, 냉동, 냉장. 〔refrigerate+ *-ion* (명사 어미)〕

refrigerator[rifrídʒəreitə] [명] (전기) 냉장고, 빙고(氷庫), 냉동장치. 9
〔refrigerate+ *-or* (명사 어미)〕 *cf.* icebox(얼음을 넣는) 냉장고. ☞ frigid

refuge[réfju:dʒ] [명] 피난소; 숨은 장소; 피난(shelter); 보호. 3
〔《프》*refuge*←《래틴》*refugium* escape 도망, 피난←*re-* back+*fugere* flee 도망치다; flee back 뒤로 도망하다〕 ☞ fugitive

refugee[rèfju(:)dʒí:] [명] 피난민, 망명자. 〔refuge+*-ee*(사람을 뜻하는 명사 어미)〕 9

[동계어] **subterfuge**[sʌ́btəfju:dʒ] [명] 핑계; 궤변. 〔《래틴》 *subterfugere* escape by stealth 살짝 도망치다←*subter* stealthily 살짝 (*sub* under의 비교급) +*fugere* flee 도망치다〕

refuse[rifjú:z] [동] 거절하다, 사퇴하다. [réfju:s] [명] 쓰레기(waste), 찌꺼기, 폐물(rubbish). [형] 버려진; 쓸모 없는, 폐물의. [반] offer 제공하다, accept 받아들이다. 2
〔《프》 *refuser*←《래틴》 *refūsus* poured back←*refundāre* pour back, give back 돌려주다 ←*re-* back+*fundere* pour 쏟다〕
～ ***consumer*** 쓰레기 태우는 난로.

refusal[rifjú:z(ə)l] [명] 거절, 사퇴. 〔refuse+*-al*(명사 어미)〕 8
buy the ～ of …계약금을 치르다.

[동계어] **refund**[ri:fʌ́nd] [동] 되돌려 주다, 갚다(pay back). [rí:fʌnd] [명] 반환, 상환. 〔《래틴》 *refundere* pour back, restore, give back 돌려주다← *re-* back+*fundere* pour 쏟다〕 ☞ fuse, confuse, infuse

refute[rifjú:t] [동] 반박하다, 논파하다; 반증(反證)하다(disprove). 7
〔《래틴》*refūtāre* repel 반박하다; 원 뜻은 "반격하다(beat back)"〕 ☞ confute

refutation[rèfju:téiʃ(ə)n] [명] 반박, 논파(論破). 〔refute+ *-ation*(명사 어미)〕

regain[rigéin] [동] 되찾다(get back); 회복하다, 수복하다; 다시 도착하다, 되돌아오다(get back). 4
〔《프》 *regagner* ← 《래틴》*re-* back+ 《프》*gagner* gain; gain back 되찾다〕 ☞ gain

regal[rí:g(ə)l] [형] 왕의, 왕자다운; 당당한(stately). 5
[주의] legal[lí:g(ə)l] "법률의, 합법적"과 혼동하지 말것.
〔《래틴》*rēgālis* royal 왕의←*reg-*, *rex* king 왕+ *-ālis* (*-al* 형용사 어미); royal과 자매어〕 ☞ royal

regard[rigɑ́:d] [동] 주시(注視)하다, 응시하다(gaze at); (…로) 간주하다, 생각하다(consider)〔as〕; 존중하다, 중요시하다(respect); 관계하다(concern). [명] 주시; 주의, 고려(heed); 존경(respect)〔for〕; 관계(relation); *pl.* (안부 전해 달라는) 인사말(compliments). [반] disregard 무시(하다). 2
〔《프》*regarder* look, view 보다←《래틴》*re-* back+ 《프》*garder* guard 지키다, observe 지켜보다〕
as ～s … …에 관하여(concerning). ***Give him my best ～s*** 그 사람에게 안부 전하여 주시오. ***have a great ～ for***… …을 존중하다. ***in*** (또는 ***with***) ***～ to***… …에 관하여(about, concerning). ***in this ～*** 이점에 대하여서는. ***～ him as a hero*** 그를 영웅으로 보다. ***without ～ to***… …에 관계 없이, …은 상관치 말고(not considering).
[동의어] **regard** ([명] regard)는 사람이나 사물의 중요성을 평가한다는 가장 뜻이 소극적인 말이다. **respect** ([명] respect)는 사람이나 사물에 경의를 표하거나 명예를 주어서 그 가치를 높이 평가한다는 뜻이다. **esteem** ([명] estimation)은 사람이나 사물을 respect하고 크게 존중한다는 뜻이다. **admire** ([명] admiration)는 사람이나 사물의 훌륭한 진가를 인정하고 칭찬한다는 뜻이다.

regarding[rigɑ́:diŋ] [전] …에 관하여(concerning). 〔regard+*-ing* (현재분사 어미)〕 9

regardless[rigɑ́:dlis] [형] 부주의한,

(…에)개의치 않는. [regard+ -less (형용사 어미)] ☞ guard
regent[rí:dʒ(ə)nt] 명 섭정(攝政);《미》(주립대학의) 평의원. 형《보통 명사 뒤에 두어서》섭정을 맡아 보는. [《라틴》 *regentem* ruling 통치하는 ← *regere* rule 통치하다] ☞ right
the Prince Regent 섭정 황태자.
the Queen Regent 섭정 황후, 수렴청정하는 대비마마.

regime, régime[re(i)dʒí:m] 명 정체(政體), 제도; 관리(管理), 섭생법(攝生法). [《프》 *régime*←《라틴》 *regimen* guidance 지도, rule 통치 ← *regere* rule 통치하다] *ancient regime*[ɑ̃:sjɛ̃reʒim] 구제도(舊制度)(특히 1789년의 프랑스 대혁명 이전의 정치, 사회제도).

regimen[rédʒimen] 명 섭생, 영양법, 양생법(養生法), 식이요법(食餌療法); 《고어》지배, 통치, 정체, 제도. [《라틴》 *regimen* guidance, rule: regime과 자매어]

regiment[rédʒimənt] 명 연대(聯隊); 《보통 복수》다수 (large number)[fo]. 통 연대로 편성하다, 조직하다. [《프》 *regiment* a regiment of soldiers, a government←《라틴》 *regimentum* rule 통치, government 정부←*regere* rule 통치하다]
참고 company 보병중대, battery 포병중대, flight 비행중대, troop 기병중대.

regimentation[rèdʒimentéiʃ(ə)n] 명 연대 편성(聯隊編成); 편성, 조직화; 규격화, 통제. [regiment+-*ation*(명사 어미)] ☞ regal, realm, rector

region[rí:dʒ(ə)n] 명 지방, 지역(district), 지구, 구역; …계(界); 영역(sphere). [《라틴》 *regiōnem*←*regio* territory 영토←*regere* rule 통치하다; 통치하는 구역]

regional[rí:dʒən(ə)l] 형 지방의, 지역의; 국부의. [region+-*al* (형용사 어미)] ☞ regent, regal, realm, rector

register[rédʒistə] 명 기록(부), 등록(부), 장부. 통 기록하다(record), 등록하다; 표시하다(indicate), 자동적으로 기록하다; 등기하다, 등기 우편으로 부치다. [《라틴》 *registrum* a book in which things are recorded 기록부←*registum* recorded←*regerere* bring back 뒤로 가져오다, record 기록하다←*re-* back+*gerere* carry 운반하다]

registration[rèdʒistréiʃ(ə)n] 명 기입, 등기, 등록; 등기우편; (온도계 따위의) 기록 표시. [register+-*ation*]

registrar[rédʒistrɑ́:, rédʒistrɑ:] 명 기록계(원), 등록관, 호적계(원); (대학의) 서기관. [register+-*ar*]

registry[rédʒistri] 명 기입, 등기(소), 등록(소); 직업소개소. [register+-*y* (명사 어미)] ☞ gerund

regret[rigrét] 통 후회하다, 슬퍼하다; 애석해 하다, 유감스럽게 여기다. 명 후회, 한, 유감[for]; 애석함; 후회[at]; 비탄, 낙담; *pl.* 공손한 거절(의 편지). 반 content 만족(을 주다).
[《중영》*regretten*;《프》*regretter*; cf. (고영)*grǣtan* weep 울다]
to my ~ 유감이지만, 유감천만입니다만.

regretful[rigrétf(u)l] 형 후회하는, 유감된; 애석한; 불만스러운. [regret+-*ful*(형용사 어미)]

regrettable[rigrétəbl] 형 애석한, 유감스러운, 후회하는. [regret(t)+-*able* (형용사 어미)]

동의어 regretful은 주로 사람에 대하여 쓰며 유감스럽게 생각하고 있음을 뜻한다. regrettable은 사물에 대하여 애석하다거나 유감스럽게 생각할 만하다는 뜻이다. 보기: I am most *regretful* for my apparent discourtesy. 나는 내가 분명히 예의에 어긋난 짓을 한 데 대하여 한없이 유감스럽게 생각합니다. This is a *regrettable* error. 이것은 유감스러운 실수입니다. 영어로써 두 말의 뜻을 서로 비교가 되게 풀이해 보면 regretful은 "full of sorrow or regret"이고 regrettable은 "deserving of regret"라 생각해도 된다.

regular[régjulə] 형 규칙적(orderly); 정규의; 계통적(systematic); 일정한; 《속어》완전한(thorough). 반 irregular 불규칙적.
[《라틴》*rēgulāris* according to rule 규칙에 일치하는←*rēgula* a rule 규칙←*regere* 규정하다, 통치하다]

regularly[régjuləli] 부 규칙적으로, 꼼꼼하게; 정기적으로, 정식으로.

regularity[règjulǽriti] 명 규칙적임, 꼼꼼함; 정규적임; 조화(調和). [regular

+-ity(명사 어미)]　10
regulate[régjuleit] 통 규정하다, (규칙적으로) 취체하다; 조절하다, 조정하다(adjust).　5
[((래틴)*regulātus←regulāre←regula* rule 규칙; regular 참조]
regulation[règjuléi∫(ə)n] 명 취체; 조절, 조정; 규칙, 법규. 형 (군대) 정규의, 표준의; 보통의. [regulate+-ion (명사 어미)]　6
of the ~ size 규정에 맞는 크기의, 보통 크기의. *~ cap* (uniform, etc.) 제모 (복 따위).
☞ rule, rectum, regal, rector
rehearse[rihə́ːs] 통 (극 따위를)연습하다; 열거하다(enumerate).　6
[((고프) *reherser, rehercer* harrow over again 다시 써레로 고르다 go over the same ground 같은 땅을 다시 건너다, 되풀이하다←(래틴) *re-* again + (고프) *hercer* harrow 써레로 고르다←*herce* harrow 써레]
rehearsal[rihə́ːs(ə)l] 명 (극, 음악 따위의)연습, 시연(試演). [rehearse+-*al* (명사 어미)]
reign[rein] 명 통치, 지배(rule); 치세(治世); 주권; 전성(全盛), 유행. 통 지배하다, 군림하다[over].　2
주의 rain 비, rein 고삐와 같은 발음이니 혼동치 말것.
[(중영), (중프) *regne*←(래틴) *regnum* kingdom 왕국←*regere* rule 통치하다]　☞ rector, regime, regal, realm, regent
rein[rein] 명 고삐; (혼히 복수) 통어(統御), 억제(control). 통 고삐를 당기다, 고삐를 매다.　3
[(고프) *reine, resne*←(래틴) *retinēre* hold back 억제하다←*re-* back + *tenēre* hold]
assume(drop) the ~s of government 정권을 장악하다(버리다). *hold the ~s* (정권 따위를) 장악하고 있다.
reindeer[réindiə] 명 (단수, 복수 같은 꼴) 순록(馴鹿).
[(중영) *raynedere*←(아이스) *hreinn* a reindeer+*dyr* deer, animal; 순록을 뜻하는 rein에 다가 동물, 사슴을 뜻하는 deer를 덧붙여서 생긴 말]
☞ deer
reinforce[rìːinfɔ́ːs] 통 증원하다, 보강하다, 강화하다(strengthen).　8

[*re-* again + inforce = enforce 강화하다; enforce again 한층 더 강화하다]
reinforcement[rìːinfɔ́ːsmənt] 명 원병(援兵), 원군(援軍); 보강. [relnforce +-*ment* (명사 어미)]
☞ enforce, force
reiterate[riːítəreit] 통 되풀이 하다(repeat), 되풀이 해서 말하다(행하다).　8
[*re-* again + iterate 되풀이하다; iterate again 한번 더 되풀이하다]
reiteration[riːìtəréi∫(ə)n] 명 되풀이, 반복. [reiterate+-*ion* (명사 어미)]
☞ iterate
reject[ridʒékt] 통 물리치다, 거절하다(refuse), 버리다; 토하다(vomit).
⊕ receive 받아 들이다, entertain 대접하다.　4
[(고프) *re-* back + *get(t)er* throw ← (래틴) *jactāre* throw; throw back 뒤로 던지다 → 물리치다; *cf.* (프) rejeter]
rejection[ridʒék∫(ə)n] 명 거절; 배제(排除); 각하(却下), 불인가(不認可); 구역질. [reject+-*ion* (명사 어미)]
☞ abject, deject, eject, inject, interject, subject
rejoice[ridʒɔ́is] 통 기쁘게 하다, 기뻐하다. ⊕ grieve 슬프게 하다.　2
[(고프) *rejoiss-, rejoir*←*re-* again +*esjoir* rejoice 기쁘게 하다←(래틴) *ex* much, very+*gaudēre* rejoice; be very glad 대단히 기뻐 하다] ☞ joy
relapse[rilǽps] 통 되돌아가다, 퇴보하다; 재발하다. 명 되돌아감, 퇴보; 재발.
[(래틴) *relapsus* slipped, fallen back 뒤로 넘어진 ← *relabī* slide back 뒤로 미끄러지다←*re-* back+*labī* slide 미끄러지다]　☞ lapse, collapse
relate[riléit] 통 이야기하다(tell); 자세히 설명하다(recount); 관계하다[to], 친척이 되게 하다[with, to].　3
[(프) *relater* relate←(래틴) *relātus* ←*re-* again+*lātus, tlātus* ← *tollere* beer; borne again 한번 더 가져온; *relātus*가 *referre* relate "이야기 하다"의 과거 분사로 쓰였기 때문에 지금과 같은 뜻을 지니게 된것이나 그 원 어원은 다르다; -*late* elate, prelate, translate의 -*late*와 같은 것으로 "운반된"의 뜻. *cf.* translate]
be ~d to … …과 관계가 있다, …과 친척 관계이다.

related[riléitid] 휑 …과 관계 있는, 관련된; 친척의. [relate+-ed (과거분사 어미)]

통의어 **related**는 (사람이) 혈족 관계에 있다거나 결혼에 의하여 친척 관계가 생겼음을 뜻한다. **kindred**는 원래부터 혈족 관계가 있다는 뜻으로 더 나아가서는 같은 성질, 취미, 목적 따위로 말미암아 더 밀접한 관계가 있음을 뜻하기도 한다. **cognate**는 사물이 공통의 근원에서 즈음하였기 때문에 관계가 있다는 뜻이다. **allied**는 (사람이) 자발적인 교제로 결합했음을 뜻하거나 (사물이) 같은 범주(範疇)에 속하기 때문에 관련이 있다는 뜻이다. **affiliated**는 보통 작은 단체가 큰 것과 결합해서 그 지부(支部)가 됨을 뜻한다.

relation[riléiʃ(ə)n] 휑 관계; 친척(relative); 이야기, 설화(說話 account). [relate+-ion (명사 어미)] 3
in (또는 *with*) ~ *to* ⋯에 관하여 (as regards). *have* ~ *to* ⋯ ⋯에 관하여 말하고 있다.

relationship[riléiʃ(ə)nʃip] 휑 관계 (connection); 친척관계. [relate+-ion+-ship] 8

relative[rélətiv] 휑 ⋯에 관계 있는, 관련된(related); 상대적인, 비교적인(comparative); ⋯에 비례한 (proportioned) [to]. 휑 친척; 《문법》 관계사. [relate+-ive (형용사 어미)] 3

통의어 **relationship**은 엄밀한 뜻으로는 출생이나 혼인으로 인하여 관계가 있음(being related by birth or marriage), 즉 친척관계에 한하여 사용되나 흔히는 단순히 관계(connection)를 뜻하는데도 사용한다. **relation**은 특히 친밀한 관계(friendly or cordial relations)를 암시하며, **relative**는 단순히 친척임을 뜻하는 가장 흔히 쓰이는 말이다. 또 먼 친척을 말할 때에는 relative를 쓰는 경향이 있다. 미국에서는 relation을, 영국에서는 relative를 많이 쓰는 경향이 있다. 다음에 든 글 중에 relationship 보다는 relations를 쓰는 것이 옳은 것으로 되어 있다: the good *relationship* between the public and the police 세상 사람들과 경찰과의 좋은 관계. 다음에 relationship을 올바르게 사용한 보기를 들면: Our close *relationship* makes it necessary for me to help him; We are first cousins. 우리는 가까운 친척간이기 때문에 나는 그를 도와주지 않으면 안된답니다. 우리는 사촌간이거든요. What is your wife's *relationship* to him? 당신의 부인과 그 사람과는 어떤 친척관계이십니까?

relatively[rélətivli] 휑 상대적으로; 비교적; ⋯의 비례로.
relativity[rèlətíviti] 휑 상대성; 관련성. [relative+-ity (명사 어미)]
relax[riléks] 휑 늦추다(loosen), 느슨해지다; (변히)쉬다; 완만하게 하다; 노곤하게 하다, 쇠약해지다(weaken). 휑 tighten 조이다, 죄다. 7
[《레틴》 *relaxāre* relax-*re*- again+*laxāre* slacken 늦추다, 느슨하게 하다]

relaxation[rìːlækséiʃ(ə)n] 휑 이완 (弛緩), 완화; 경감(輕減); 기분 전환, 오락(recreation). [relate+-ation (명사어미)] ☞ lax, release 10

relay[riléi, ríːlei] 휑 바꾸어 탈 말; 교대자; 바꿀 재료; 역전(驛傳), 릴레이; [ríːléi] 중계(방송), 《전기》 계전기(繼電器). 휑 중계하다; 중계(방송)하다. [《프》 *relais* a relay; *chiens de relais, chevaux de relais* dogs or horses kept in reserve 확보해서 대기시켜 놓은 개나 말들←《고프》 *relaissier* relinquish 그만두다, 단념하다←《레틴》 *relaxāre* relax; 원 뜻은 사냥하는 길의 여러 지점에 배치시켜 놓은 예비의 사냥개나 말을 뜻하였다. relax 참조]
~ *race* [ríːlei reis] 리레이 경주, 역전 경기, 계주(繼走). ~ *broadcast* 중계방송. ~ *station* (라디오의) 중계방송국.

release[rilíːs] 휑 석방, 해방; 해제, 포기, 양도; 위안; 공개(물), (영화의) 개봉; 방출(품). 휑 석방하다, 해방하다 (set free) [from], 면제하다; (권리를) 포기하다; (영화를) 개봉하다; 발표하다 (publish). 휑 confine 감금하다. 3
[《고프》 *relesser* remit 용서하다, 면제하다←《레틴》 *relaxāre* relax 늦추다] ☞ relax

relent[rilént] 휑 마음이 누그러지다, 화가 풀리다; 불쌍히 여기다. 7
[《레틴》 *relentescere* slacken 늦추다 ←-*re*- +*lentus* soft 부드러운; make soft 부드럽게 하다, 녹게 하다]
relentless[riléntlis] 휑 냉혹한, 무자

비한 (pitiless). 〔relent+*-less* (형용사 어미)〕

reliable[riláiəbl] [형] 믿을 수 있는(trustworthy), 신용할 만한. 6
〔rely+*-able*(형용사 어미)〕
[동의어] **reliable**은 기대나 요구에 대하여 의지할 수 있음을 뜻하며 trustworthy, trusty 보다 그 뜻이 약하다. **dependable**은 필요할 때나 위급할 때에 의지할 수 있음을 뜻하며 때때로 침착성이나 착실함을 암시하기도 한다. **trustworthy**는 사람이나 사물의 진실성, 청렴, 결백, 분별 따위가 믿을수 있음을 뜻한다. **trusty**는 주로 고어나 농담에 쓰이는 말로 사람이나 사물이 오랜 경험에 비추어 볼 때 충분히 신용할 수 있음을 뜻한다. **infallible**은 틀리지 않음, 틀린 일을 하지 않음을 뜻하는 말이다.
reliability[rilàiəbílti] [명] 믿을 수 있음, 신빙성, 확실성. 〔reliable+*-ity* (명사 어미)〕
reliance[riláiəns] [명] 신뢰(trust), 믿는 사람, 믿는 바; 의뢰. 〔rely+*-ance* (명사 어미)〕 ☞ rely 10
in ~ on… …을 신뢰하여.

relic[rélik] [명] 유물; 기념품; *pl.* 유골 (remains). 5
〔《프》 *relique* ←《래틴》 *reliquiae* remains 유골, 유물←*relinquere* leave behind 남겨 두고 가다←*re-* back + *linquere* leave 떠나다〕
☞ relinquish, licence

relieve[rilí:v] [동] 구조하다; 안심시키다, 완화하다; 제거하다, 해임하다, 교대하다; 눈에 띄게 하다. [반] oppress 압제하다. 3
〔《프》 *relever* raise up, relieve←《래틴》 *relevāre* raise again 다시 올리다, make light 가볍게 하다←*re-* again+*levāre* raise 올리다, 들다←*levis* light 가벼운; 가볍게 하다, 완화하다〕
relief[rilí:f] [명] 구제, 구조, 원조(aid); 경감(輕減); 휴식, 위자(慰藉); 교대; 양각(陽刻).
〔《프》 *relief* [명] ←*relever* [동]〕 3
☞ levity, levant

religion[rilídʒ(ə)n] [명] 종교, 신앙. 3
〔《래틴》 *religiōnem* reverance for gods신에 대한 숭상, fear of God 신의 두려움←*religāre* bind strongly (to one's faith) (신앙에) 튼튼하게 묶어 놓다←*re-* back+*ligāre* bind 묶다〕
religious[rilídʒəs] [형] 종교의, 신앙심이 두터운. 3
〔《래틴》 *religiōsus;* religion+*-ous*(형용사 어미)〕 ☞ neglect

relinquish[rilíŋkwiʃ] [동] 포기하다(abandon), 단념하다. 9
〔《고프》 *relinquiss-*, *relinquir* leave 버리고 가다←《래틴》 *relinquere* leave behind 뒤에 두고 가다, 포기하다←*re-* back+*linquere* leave〕

relish[réliʃ] [명] 맛, 풍미(風味); 좋은 향기(good flavour); 식욕(appetite); 기호(liking); 양념, 조미료. [동] 좋아하다(like); 즐기다(enjoy); (…의) 기미가 있다(smack) 〔of〕. [반] loathe 싫어하다. 6
〔《고프》 *reles, relais* that which is left behind 뒤에 버려진 것, aftertaste 뒷맛←*relaisser* release; release와 같은 계통의 말〕
have no ~ for… …에 흥미가 없다.

reluctant[rilʌ́ktənt] [형] 싫어하는, 기분이 내키지 않는(unwilling), 마지못해 하는. 7
〔《래틴》 *reluctantem*←*reluctārī* struggle 싸우다←*re-* against+*luctārī* struggle; struggling against… …에 대항하여 싸우는〕
[동의어] **reluctant**는 혐오를 느낀다거나 결단을 내리지 못하여 어떤 일을 하는데 마음이 내키지 않는다는 뜻이다. **disinclined**는 취미에 맞지 않거나 찬성하지 않기 때문에 어떤 일에 대하여 의욕이 생기지 않는다는 뜻이다. **hesitant**는 무서워서나 결정을 하지 못했기 때문에 행동을 삼가고 있음을 뜻하는 말이다. **loath**는 적극적이고 강한 혐오를 느낀다는 뜻이다. **averse**는 혐오증, 싫증, 또는 마음이 안내키는 상태가 오래 계속됨을 뜻하며 loath보다 그 뜻이 약하다.
reluctantly[rilʌ́ktəntli] [부] 마지 못해서, 싫은듯이, 마음이 내키지 않아서.
reluctance[rilʌ́ktəns] [명] 혐오, 기분이 안내킴, 본의아님; 저항. 〔reluctant+*-ce* (명사 어미)〕.

rely[rilái] [동] 의지하다, (…을)믿고 있다(depend) 〔on, upon〕 6
〔《프》 *relier* bind together 함께 묶다←《래틴》 *religāre*←*re-* back+*ligāre* bind 묶다〕

[동의어] rely는 자기의 기대대로 한다거나 됨을 믿고 있다는 뜻이다[on, upon]. trust는 사람을 신임 또는 신용해서 어떤 일을 맡겨 놓는다는 뜻으로 rely 보다 적극적인 뜻이 강한 말이다. depend는 사람이나 사물이 자기를 지지 또는 원조해줄 것을 기대한다는 뜻으로, rely 보다 소극적인 뜻의 말이다[on, upon]. count는 사물이 확실한 것으로 기대한다는 뜻이다 [on, upon]. reckon (up) on은 count (up) on과 뜻이 같으나 보다 통속적인 말이다.

☞ reliable, reliance

remain[riméin] 동 남다, 머무르다(stay); 존속하다(continue). 명 pl. 유물, 유고(遺稿), 나머지, 유적(ruins), 유물. 반 perish 파멸하다. 1

[《고프》 remanoir←《라틴》 remanēre remain 남다 ←re- behind + manēre stay; stay behind 뒤에 남다]

remainder[riméində] 명 나머지, 잉여, 잔여(殘餘). 3

[《중영》 remaindre to remain; 부정사(infinitive)의 명사적 용법]

[동의어] **remainder**는 일부를 제거한 나머지를 뜻하는 일반적인 말이다. rest는 제거한다거나 줄인다는 뜻은 나타내지 않는 점이 remainder와 다르며 remainder 보다 흔히 쓰이는 말이다. **residue**는 특히 증발 또는 연소 후에 남는 것을 뜻한다. **residuum**은 residue와 뜻이 같으면서도 보다 전문적으로 쓰이는 학술 용어이다. **remnant**는 대부분을 들어낸 후에 남는 조각, 흔적, 또는 작은 부분을 뜻하며 remainder 보다 고상한 말이다. **balance**는 대변(貸邊)이나 차변(借邊)에 남은 금액을 뜻하며 흔히 통속적으로 써서 remainder와 같은 뜻을 나타내기도한다. **surplus**는 필요한 양을 채우고 남은 분량, 즉 과잉상태의 분량을 뜻하는 말이다.

remnant[rémnənt] 명 나머지, 잔여, 유물, 자취, 남은 모습(relic). [《고프》 remanant ← 《라틴》 remanentem, remanēre remain] ☞ remain 4

remark[rimá:k] 동 말하다(say); 논평하다(comment) [on, upon]; 알아채다 (notice), 보다(observe). 명 의견, 논평(comment), 말; 주목, 주의; 비고(備考). 3

[《프》 remarquer (동사), remarque (명사) →《라틴》 re- again+marquer mark 표시하다; mark again 다시 주의하다]

remarkable[rimá:kəbl] 형 현저한 (striking); 주목할 만한; 비범한(unusual). [remark+-able] 3

remarkably[rimá:kəbli] 부 비상하게, 현저히, 대단히. ☞ mark

remedy[rémidi] 명 치료(약)(cure), 약 (medicine); 구제책; 배상(reparation). 동 치료하다; 변상하다; 고치다. 3

[《라틴》 remedium remedy, that which heals again 다시 낫게 하는 것 ←re- again+medērī heal 치료하다] ☞ medicine

remember[rimémbə] 동 기억하고 있다 (keep in mind), 잊지 않다; 생각나다(recall); 안부의 말을 전하다. 반 forget 잊다. 1

[《라틴》 rememorārī remember 기억하다←re- again+memorāre make mention of 언급하다←memor mindful 주의 하는]

[동의어] **remember**는 특히 기억에 남아 있어서 쉽사리 생각난다거나 거의 무의식적으로 생각난다는 뜻이다. **recall**은 노력해서 기억을 불러 일으킨다는 뜻으로 흔히 생각난 바를 남에게 전달한다는 뜻을 암시한다. **recollect**는 특히 의식적인 노력을 가하여, 잊었던 일을 생각해낸다는 뜻으로 recall 보다 점잖은 말이다. **remind**는 어떤 일이 다른 것을 생각나게 하는 원인이나 자극이 된다는 뜻이다. **reminisce**는 사람이 자기의 생애나 사건이나 경험을 회상하며 이야기한다는 뜻으로 별로 쓰이지 않는 말이다.

remembrance[rimémbr(ə)ns] 명 기억, 회상, 추억.

[remember+-ance (명사 어미)] 4

remind[rimáind] 동 생각나게 하다, 주의하게 하다[of]. 4

[re- again+mind (명사); bring to mind again 마음에 다시 가져 오다, 불러 일으키다]

~ a person of … 사람에게 …을 생각나게 하다.

reminder[rimáində] 명 생각나게 하는 사람 (또는 물건), 추억거리; 재촉장, 주의. [remind+-er (행위자를 뜻하는 명사 어미)] ☞ mind

reminiscence[rèminísns] 명 회상, 추억, 기억, pl. 회고록, 회상기(回想記);

생각나게 하는 것.
〔《래틴》 *reminiscentia*←*reminiscī* remember 기억하다←*re-* again+*meminī* I remember 나는 기억하다〕
reminiscent[rèminísnt] [형] 추억에 잠기는, 옛날을 회고하는, 상기시키는.
〔《래틴》 *reminiscenten* (*reminiscī* 의 현재분사형)〕
remiss[rimís] [형] 부주의한(careless), 태만한(negligent), 기력없는(languid).
〔《래틴》 *remissus* relaxed 해이한 + *-ous* (형용사 어미)←*remittere* relax 해이해지다, 풀어놓다〕
remission[rimíʃ(ə)n] [명] 사면, 면제, 용서; 진정(鎭靜); 경감(輕減). 10
〔remiss+*-ion* (명사 어미)〕
remit[rimít] [동] (죄를) 용서하다(forgive); 면제하다, 경감하다(decrease); 완화하다(slacken); 하급재판소에 (소송을) 반송하다; 회송하다; 송금하다(transmit). 5
〔《래틴》 *remittere* send back 돌려 보내다, slacken 헐렁하게 하다, abate 줄이다←*re-* back+*mittere* send〕
remittance[rimít(ə)ns] [명] 송금(액), 지불(금액). 〔remit+*-ance* (명사 어미)〕 9
☞ mission, missile, dismiss, commit, omit, submit
remnant[rémnənt] [명] 나머지, 잔여(殘餘); 유물; 자취, 남은 모습(relic). 4
〔《래틴》 *remanentem* remaining 남아 있는←*remanēre* remain 남다〕
☞ remain
remodel[rí:mɔ́dl] [동] (-l(l)ed[-ld]) 형(型)을 고치다, 개조하다, 개작하다; (행실 따위를) 고치다. 8
〔*re-* again+model 형, 본〕
remonstrate[rimɔ́nstreit] [동] 충고하다, 간(諫)하다, 항의하다(against a course, with a person, on, upon a matter).
〔《래틴》 *remonstrātus*←*remonstrāre* expose 폭로하다, produce arguments against 항의하다←*re-* again+*monstrāre* show 보여 주다 ← *monstrum* sign 표적〕
remonstrance[rimɔ́nstr(ə)ns] [명] 간언(諫言), 항의〔against〕. 10
〔《래틴》 *remonstrantia*←*remonstrantem*←*remonstrāre*; remonstrate 참조〕 ☞ monster
remorse[rimɔ́:s] [명] 후회, 회한(悔恨regret), 자책(自責). 6
〔《래틴》 *remorsus* remorse←*remordēre* bite again 다시 물다←*re-* again +*mordēre* bite 물다; 몇번이고 물리는 것처럼 마음이 아픈〕
remorseful[rimɔ́:sf(u)l] [형] 몹시 뉘우치는, 양심의 가책을 받는, 후회하는.
〔remorse+*-ful* (형용사 어미)〕
remorseless[rim:ɔ́slis] [형] 무자비한, 냉혹한, 무정한; 후회하는. 〔remorse +*-less* (형용사 어미)〕 ☞ mordant
remote[rimóut] [형] 먼(far away), 멀어진; 외딴(secluded); 미약한(slight). 4
〔《래틴》 *remōtus* far-removed 멀리 옮겨진←*removēre* remove 이동하다〕
☞ remove, motion, motive
remove[rimú:v] [동] 옮(기)다, 이전하다; 이사하다; 치우다, 제거하다(take away); 훔치다; 씻어내다; 벗다, 떼어 놓다, 해임하다(dismiss). [명] 거리; 단계(stage); (학교에서의)진급. [반] restore 회복하다, 복귀시키다. 2
〔《래틴》 *removēre* take away 들어내다, 제거하다 ← *re-* again +*movēre* move, take〕
removal[rimú:v(ə)l] [명] 이동, 이전; 이사; 해임, 면직; 제거, 철퇴; 살해.
〔remove+*-al* (명사 어미)〕 8
☞ movement, motion
renaissance[rənéis(ə)ns, -sɑ̃:(n)s;《미》 rènesɑ̃:(n)s] [명] (문예, 종교 따위의) 부활, 부흥; (the R～) 문예부흥.
〔《프》 *renaissance* re- birth 재생←*renaitre*←*re-* again+*naitre* be born; be born again 재생하다. *naitre*←《래틴》 *nascentia* birth 탄생←*nascī* be born〕
☞ native, nature, natural, natal
[참고] renascence[rinǽsns]는 갱생, 재생, 부활, 부흥; (R～) 문예부흥을 뜻하는 동어원 이철어(異綴語)이다.
rend[rend] [동] (rent) 찢(어 지)다(tear), 쪼개(어 지)다 (split); 강탈하다 〔off, away〕. [반] mend 수선하다. 4
render[réndə] [동] 돌려주다(give back), 치르다(pay), 내어놓다(submit); …으로 만들다(make), …하게 하다; 표현하다(express); 번역하다(translate); 바꾸다(convert). 2
〔《프》 *rendre*←《래틴》 *renddere* give back 돌려주다←*red-* back+*dare* give〕 ☞ date, donation

rendezvous[róndivu:, rɑ̃:(n)deivu:, (미) rɑ̃:(n)devu:] 영 pl. ([-vu:z]) 약속한 회합(장소); 회합의 약속; (군함, 군대 따위의) 집결점. 통 (약속하고) 회합하다, (지정된 곳에) 집결하다 (assemble).
[((프) rendezvous←rendez vous←(라틴) reddite vōs render yourselves 몸소 바쳐라←reddere give back 돌려주다; 직접와서 바쳐라→회합하다, 집결하라→회합(하다). ☞ date, donation

renew[rinjú:] 통 일신하다, 갱신하다, 다시 시작하다(begin again); 바꾸다 (replace). ⓑ decay 부패하다. 3
[(라틴) re- again+new; new again 다시 새롭게 (하다) ☞ new, anew
|동의어| renew는 헌것이나 닳아 없어진 것을 갈고 새롭고 활기 있는 상태로 복귀시킴을 뜻하는 일반적인 말이다. renovate는 손상된 부분을 수리 또는 회복하여 새롭고 깨끗한 상태로 회복시킨다는 뜻이다. restore는 심한 피로나 병이나 퇴폐한 생활을 보낸 뒤에 본래의 상태로 돌아가게 한다는 뜻이다. refresh는 필요한 것을 공급해서 잃었던 체력이나 원기를 회복시킨다는 뜻이다. rejuvenate는 젊은 모습이나 원기를 회복시킨다는 말이다. repair는 손해, 쇠퇴 따위에서 회복시켜서 양호하고 전전한 상태를 만든다는 뜻.

renewal[rinjú(:)əl] 영 일신, 갱신; 부흥, 부활, 소생, 갱생; 재개. [renew +-al (명사 어미)] 9

renewedly[rinjú(:)idli] 부 새로이.

renounce[rináuns] 통 정식으로 포기하다(abandon formally); 부인하다 (disown); 관계를 끊다. 5
[(프) renoncer←(라틴) renuntiāre←re- back, again+nuntiāre tell, bring news 소식을 전하다←nuntius messenger 심부름꾼]
|통계어| **nuncio**[nʌ́nʃiou] 영 (pl. -s) 교황사절. [(이태) nuncio←(라틴) nuntius messenger 사절]
☞ announce, denounce

renown[rináun] 영 명성(fame). 3
[(고프) renon←renommer make famous 유명하게 하다←(라틴) re- again +nōmināre name; name again 한번 더 이름을 붙이다→유명하게 하다]
renowned[rináund] 형 유명한(famous) [for], 명성있는. [renown+-ed

(형용사 어미)]
☞ noun, nominate, nominal, name

rent¹[rent] 영 지세(地稅), 집세, 임대료. 통 세들다(hire), 세주다(lease). 2
[(프) rente←(라틴) reddita (pecunia) paid (money) 지불된 (돈)←reddere render 주다, 제공하다]
☞ render

rent²[rent] 영 (옷 따위의) 해어진 데 (tear), 떨어진 데, 구멍난 데(hole), (구름, 바위 따위의) 갈라진 틈(gap); (의견 따위의) 분열(split). 통 rend 의 과거, 과거분사. [rend의 변형의 명사적 용법]
☞ rend

reopen[rí:óup(ə)n] 통 다시 열다, 다시 시작하다. 10
[re- again+open] ☞ open

reorganize[rí:ɔ́:gənaiz] 통 재편성하다. [re- again+organize 조직하다; organize again 재조직하다] ☞ organize

repair¹[ripɛ́ə] 영, 통 수선(하다)(mend); 배상하다(make up for). ⓑ impair 해치다, 손상하다. 2
[(라틴) reparāre repair 수리하다, make ready again 다시 준비하다←re- again+parāre prepare 준비하다]
in good (또는 *bad*) ~ 손질이 잘 되어 있는 (또는 못 되어 있는). *under* ~ 수리중.

reparation[rèpəréiʃ(ə)n] 영 배상, 보상(補償); 《보통 복수》전쟁배상(금).
☞ pare, prepare

repair²[ripɛ́ə] 통 가다(go)[to]; 다니다, 자주 가다(go often).
[(라틴) repatriāre repair to one's own country 조국에 가다←re- back +patria native country 모국←patri -, pater father 아버지] ☞ father
repatriate[ri:pǽtrieit] 통 (포로, 망명자 따위를) 본국으로 송환하다.
[(라틴) repatriātus returned to one's country←repartriāre return to one's country 조국에 돌아오다; repair²와 자매어]
repatriation[rí:pætriéiʃ(ə)n] 영 본국 송환. [repatriate+-ion (명사 어미)]
☞ patriotic

repast[ripǽ:st] 영 식사(meal), (한번의)식량, 음식물. 8
[(라틴) repastus ← repascere ←re- again + pascere feed 먹이다; feed regularly again 규칙적으로 다시 먹

repay[ri:péi] 동 (repaid) 갚다, 도로 지불하다; 보복하다. 4
[re- again+pay; pay again 한번 더 지불하다] ☞ pay

repeal[ripí:l] 명, 동 (법률 따위) 폐지(하다), 폐기(하다), 무효(로 하다). 7
[《프》 rappeler←re-《래틴》 re- back+appeler call; call back 뒤로 부르다, 돌아오게 하다→폐지하다]
☞ appeal

repeat[ripí:t] 동 되풀이하다, 반복하다. 명 반복, 재연. 2
[《래틴》 repetere do or say again 반복하다, 반복해서 말하다←re- again +petere attack 공격하다]
~ oneself 같은 말을 되풀이 하다; 거듭 나타나다. ☞ petition

repeated[ripí:tid] 형 반복된, 거듭하는. [repeat+-ed]

repeatedly[ripí:tidli] 부 되풀이 해서, 거듭, 재삼.

repetition[rèpitíʃ(ə)n] 명 반복, 7
[《래틴》 repetitiōnem←repetitus← repetere←re- again+petere attack]
☞ petition, compete

repel[ripél] 동 격퇴하다(drive back), 물리치다(reject); 반박하다; 불쾌하게 하다(displease); 튀기다 반 attract 끌어 당기다. 7
[《래틴》 repellere drive back 격퇴하다←re- back+pellere drive]

repellent[ripélənt] 형 가까이하기 힘든, 싫은(unattractive); (물 따위를) 튀기는. 명 반발력; 방수 가공을 한 베. [repel+-ent] 「pulse, repulse
☞ compel, expel, impel, propel

repent[ripént] 동 …을 후회하다(regret) [of], 참회하다; 애석해 하다. 3
[《프》 repnetir←《래틴》 re- again+ pænitēre cause to repent 후회하게 하다]

repentance[ripéntəns] 명 후회, 참회, 회개. [repent+-ance (명사 어미)] 6

repentant[ripéntənt] 형 후회하는, 참회의; 유감으로 생각하는. [repent+ -ant (형용사 어미)] 10
☞ penitent

repertoire[répətwɑ:] 명 (언제나 할 수 있게 준비된) 연예목록, 연주곡목, 상연 종목.
[《프》 repertoire←《래틴》 repertōrium inventory 재산목록←reperīre find out 찾아내다←re- again+parīre, (보통) barere produce 생산하다]

repertory[répət(ə)ri] 명 창고(storehouse), 보고(寶庫); =repertoire.
[repertoire의 영어화한 단어]
☞ parent

repine[ripáin] 동 투덜대다(complain, murmur); 한탄하다(grieve) [at, against]. 7
[《래틴》 re- again+pine 초조해하다, 괴로와하다] ☞ pine

replace[ripléis] 동 (제자리에) 돌리다 (put back), 복직시키다; 대신 들어 앉다(take the place of), 갈다, 교대하다. 반 displace 바꾸어 놓다,
[re- again+place 놓다; place again 다시 놓다, 그전 자리에 놓다] 5
~ A by (또는 with) B A 대신에 B를 두다. ☞ place substitute

replacement[ripléismənt] 명 복직; 교대; (병역의)보충. [replace+-ment]

replenish[riplénij] 동 보충하다; (다시금) 채우다[with]; 보급하다[with] 7
[《고프》 repleniss-, replenir←re- again+plenir←plein←《래틴》 plēnum full 가득한; fill again]

reply[riplái] 명, 동 대답(하다), 응답(하다)(answer). 1
반 question 질문(하다).
[《프》 replier←《래틴》 replicāre replicate 재현하다, 베끼다. reply 대답하다←re- back+plicāre fold; fold back 뒤로 접다, reply 대답하다]
in ~ (to…) (…에) 대답하여.
make ~ 대답하다.

통계어 **replica**[réplikə] 명 (원작자의 손을 거친) 복사, 모사, 사본; (음악) 반복. [《이태》 replica←repricare←《래틴》 repricāre reproduce 모사하다, 낳다]
☞ play, deply, imply, implicate

report[ripɔ́:t] 동 보고하다, 신고하다, 계출하다; 상신하다; 알리다, 전하다; 발표하다, 보도하다; 출두하다. 명 보고(서), 통보, 통지; 발표, 보도, 기사; 소문(rumour); 총소리, 폭음; 성적통지표. 1
[《래틴》 reportāre←re- back+portāre carry; carry back 가지고 돌아가다]

reporter[ripɔ́:tə] [명] 통신원, 탐방기자(探訪記者). 9
〔report+*-er* (사람을 뜻하는 명사 어미)〕 ☞ port

repose[ripóuz] [동] 쉬(게 하)다(rest); 눕히다(lay), 눕다(lie). [명] 휴식(rest), 수면(sleep); 평정, 평안(peace); 침착.
[반] tumult 소동. 3
〔《프》 *reposer*←《래틴》 *repausāre* pause, rest←*re-* again + *pausāre* pause 휴식하다〕 ☞ pose, pause

represent[rèprizént] [동] 표현하다; 묘사하다(describe); 대표하다(stand for), 상징하다(symbolize). 2
〔《래틴》 *repraesentāre* bring before again 한번 더 앞에 가져오다, exhibit 전시하다 ←*re-* again + *praesentāre* present 내어 놓다〕 ☞ present

representation[rèprizentéiʃ(ə)n] [명] 표시, 묘사; 연출; 대표, 진술. 〔represent+*-ation*〕 5

representative[rèprizéntətiv] [형] 대표적, 전형적(typical); 묘사하는 〔of〕. [명] 견본(sample), 전형; 대리인(agent); 대표(자), 대의원. 〔represent+*-ative*〕 ☞ present 3

repress[riprés] [동] (폭동 따위를) 진압하다(suppress); (욕망 따위를) 억압하다(put down). [반] incite 선동하다. 9
〔《프》 *re-* again +*presser* press 누르다 ← 《래틴》 *re-* again + *premere* press; press again 다시 누르다〕

repression[ripréʃ(ə)n] [명] 진압; 억제, 억압. 〔repress+*-ion*〕 10

reprimand[réprimɑ:nd] [명], [동] 징계(하다), 비난(하다), 견책(하다).
〔《프》 *réprimande*←《래틴》 *reprimenda* a thing that ought to be repressed 억제되어야 하는 것, check 저지(阻止)←*reprimere* repress 억제하다, 정복하다〕
☞ press, compress, depress, express, impress, oppress, suppress

reproach[ripróutʃ] [동] 비난하다(rebuke); 체면을 손상시키다. [명] 꾸짖음, 불명예(disgrace). 3
〔《프》 *reprocher* reproach 비난하다 ←*re-* again+ *propius* nearer←*prope* near; bring nearer to… …에 더 가까이 가져오다→ …을 목표로 (비난 따위를) 던지다〕

reproachful[ripróutʃf(u)l] [형] 나무라는, 불명예스러운(shameful). 〔reproach+*-ful* (형용사 어미)〕 ☞ approach

reprobate[réprо(u)beit] [형] 타락한, 신의 버림을 받은. [명] 타락한 자, 깡패. [동] 비난하다(disapprove).
〔《래틴》 *reprobāre* reprove 비난하다 ←*re-* dis+*probāre* approve; not approve 찬성 안하다. reprove 의 자매어〕
☞ prove, probate, probity, approve, disprove, reprove

reproduce[rì:prədjú:s] [동] 재생하다; 모조하다(copy); 생식하다. 7
〔《래틴》 *re-* again+produce 생산하다〕

reproduction[rì:prədʌ́kʃ(ə)n] [명] 재생, 모조(품), 번안; 연출(演出). 7
〔*re-* again +production 생산〕 ☞ produce, production

reprove[riprú:v] [동] 꾸짖다, 비난하다(blame). [반] praise 칭찬하다, approve 찬성하다. 6
〔《고프》 *reprover*←《래틴》 *reprobāre* reject 반발하다, reprove 비난하다← *re-* back+*probāre* prove 증명하다; prove back …이라고 증명해서 돌리다 → …이 아니라고 하다〕

reproof[riprú:f] [명] 꾸중, 비난(blame).
☞ prove, proof, approve, disprove, reprobate 6

reprovingly[riprú:viŋli] [부] 비난하듯.

reptile[réptail] [명] 파충류(爬虫類); 비열한 자(mean person). [형] 기어 다니는; 비열한. 8
〔《프》 *reptile* crawling 기어다니는← 《래틴》 *reptilis* creeping 기어가는← *rēpere* creep〕

republic[ripʌ́blik] [명] 공화국; 사회.
[반] monarchy 군주정체. 3
〔《래틴》 *rēspublica* public thing 공공의 물건←*rēs* thing+*publicus* public 공공의〕

republican[ripʌ́blikən] [형] 공화국의, 공화주의의. [명] (R～) 공화당원.
〔republic+*-an*〕 4
☞ public, people, real

repugnant[ripʌ́gnənt] [형] 마음에 안드는; 모순된; 반항하는, 적의있는(hostile).
〔《래틴》 *repugnantem* ← *repugnāre* fight against 반항하다←*re-* back+*pugnāre* fight 싸우다〕

repugnance[ripʌ́gnəns], **-cy**[-si] [명]

반감, 증오(aversion); 모순. [repugnant+*ce*, -*cy* (명사 어미)]
repulse[ripʌ́ls] 图 격퇴하다(repel); 논박하다(defeat); 거절하다(reject). 图 격퇴; 논박; 거절.　　　　　8
[《래틴》 *repulsus*←repellere←*re*- back+*pellere* drive; drive back 격퇴하다]
repulsion[ripʌ́lʃ(ə)n] 图 격퇴; 반박; 거절; 반발작용. ⓟ attraction 인력. [repulse+-*ion* (명사 어미)]
repulsive[ripʌ́lsiv] 图 싫은, 정떨어지는(disgusting); 반발하는. [repulse+-*ive* (형용사 어미)]
☞ repel, pulse
repute[ripjúːt] 图 명성(good fame), 신망. 图 생각하다(consider).　6
[《래틴》 *reputāre* repute, reconsider (다시) 생각하다←*re*- again+*putāre* think 생각하다]
reputable[répjutəbl] 图 명이 좋은(of good reputation), 훌륭한(respectable). [repute+-*able* (형용사 어미)] 10
reputation[rèpjutéiʃ(ə)n] 图 세평, 평판; 명성, 호평(fame). [repute+-*ation* (명사 어미)]　4
reputed[ripjúːtid] 图 명이 좋은, 명성이 있는; (실제야 어떻든) 세상에서 소위 …라고 불리어지는. [repute+-*ed*]
[통계어] **putative**[pjúːtətiv] 图 일반적으로 …라고 보는 (reputed). [《프》 *putatif*←《래틴》 *putātīvus* presumptive 가정의, 추정하는 ←*putāre* think 생각하다, suppose 상상하다]
☞ compute, computation, impute
request[rikwést] 图 의뢰; 요구, 간청; 수요(demand). 图원하다, 청하다(ask); 구하다. ⓟ grant 승락(하다).　2
[《래틴》 *requīsīta* a thing asked 요청된 것←*requīrere* ask back 도로 청하다←*re*- back+*quærere* ask, seek 청하다, 찾다; *cf.* 《프》 *requete*]
☞ require, quest, conquest, inquest
require[rikwáiə] 图 요구하다(demand), 구하다; 명하다(order); 필요로 하다(need).　　　　　1
[《래틴》 *requīrere*←*re*- back+*quærere* ask, seek] ☞ request
requirement[rikwáiəmənt] 图 요구; 필요조건; 자격. [require+-*ment*] 7
[동의어] **requirement**는 필요조건으로서 요구되는 것을 뜻하는 일반적인 말이다.

requisite는 어떤 목적을 위하여서는 절대적으로 필요한 것이나, 사물의 본질상 필요한 것을 뜻하는 말로 requirement 처럼 외부에서 요청하는 것은 아니다.
requisition은 권리 따위에 의하여 행하여지는 정식 요구.
requisite[rékwizit] 图 필요한. 图 필요물, 요건, 필수품.　　　　　7
☞ require
requisition[rèkwizíʃ(ə)n] 图 (권력 따위에 의한) 요구, 강청(强請), 명령; 징발, 필요조건; 청구서, 명령서; 수요. 图 《군대》 징발하다, 요구하다; 강제사용하다. [requiste+-*ion*(명사 어미)] 7
☞ acquire, conquest, inquire, inquest
requite[rikwáit] 图 갚다(repay), 보상하다(recompense); 보복하다.　7
[*re*- back+《폐어》 *quite*(quit의 변형); quit back]　　☞ quit
requital[rikwáitl] 图 갚음(return), 보상(recompense); 앙갚음, 보복; 처벌(punishment). [requite+-*al*]
rescue[réskjuː] 图, 图 구조(하다)(save), 탈환(하다).　　　　　3
[《래틴》 *rescutere* drive away again 한번 더 몰아내다←*re*- again +*ex*- out +*quatere* shake 혼들다]
[동의어] **rescue**는 재빠르고 힘찬 행동으로, 닥아오는 위험이나 해악에서 사람을 구출한다는 뜻. **deliver**(图 deliverance, delivery)는 특히 사람을 감금, 압박, 고통, 유혹 따위에서 해방한다는 뜻. **redeem** (图 redemption)은 사람을 속박이나 죄의 결과에서 해방시킨다는 뜻이나, 물건을 전당잡힌 상태나 악화된 상태에서 끌어낸다는 뜻을 나타낸다. **ransom**은 특히 포로가 된 사람을 위하여 상대방이 요구하는 것을 치르고 자유롭게 해준다는 뜻. **save**는 구출하다를 뜻하는 일반적인 말이다.
research[risə́ːtʃ, 《미》 ríːsəːtʃ] 图, 图 연구(하다), 조사(하다), 탐구(하다). 9
[*re*- again + search 찾다, 탐색하다; search again]　　☞ search
researcher[risə́ːtʃə] 图 학술연구자 (research worker).
resemble[rizémbl] 图 닮다, 비슷하다. 4
[《고프》 *resembler*←*re*- again+*sembler* seem, be like …같아 보이다←《래틴》 *similāre* make like 비슷하게 하다←*similis* similar 비슷한; make like again 한번 더 비슷하게 하다.

resent[rizént] 통 분개하다; 원망하다. ⓓ submit 감수하다. 7

[《중프》 *se resentir* have a deep sense of 심각한 느낌을 겪다←《라틴》 *re-* again + *sentire* feel 느끼다]

resentful[rizéntf(u)l] 형 분개한, 성난, 성마른. [resent + -*ful*] 7

resentment[rizéntmənt] 명 분개, 화냄; 원한. [resent + -*ment*] 8

☞ assent, consent, dissent, sense

reserve[rizə́:v] 통 보존하다; 예약하다; 남겨두다(keep back); 따로 떼어 두다 (set apart) [for]; 보류하다; 연기하다 (hold over). 명 준비(금); 예비군; 보류, 저장; 보결 선수; 삼가함, 사양. 3

[《프》 *réserver* ←《라틴》 *reservāre* keep back 쓰지 않고 넣어두다, 보존하다 ← *re-* back + *servāre* keep]

without ~ 사양치 않고, 무조건. *with* ~ 조건을 붙여서, 사양해서.

reserved[rizə́:vd] 형 겸사한, 말이 적은, 수줍은; 예약해 놓은, 대절한, 지정의, 예비의. [reserve + -*ed*]

reservation[rèzəvéiʃ(ə)n] 명 보류(된 권리); 조건, 제한(limitation); 겸사, 사양; (좌석 따위의) 예약, 지정, 대절; (미국·캐나다) (인디안을 위한) 정부의 지정 보류지. 7

[reserve + -*ation* (명사 어미)]

make ~ (좌석 따위를) 예약하다 (*cf.* 《영》 reserve a room, etc.). *with* ~(*s*) 조건부로, 보류조항이 붙은. *without* ~ 사양하지 않고, 솔직하게, 무조건.

reservoir[rézəvwɑː] 명 저수지, 저장소; (남포의) 기름통; 저장, 축적. 8

[《프》 *réservoir* ←《라틴》 *reservātōrium* store-house 창고 ← *reservāre* reserve 보존하다]

reside[rizáid] 통 거주하다(dwell); 주재하다; (권력 따위가) 있다(exist) [in].

[《라틴》 *residēre* sit or remain behind 뒤에 남다 ← *re-* back + *sedēre* sit 앉다; sit back 움직이지 않고 가만히 앉아 있다 → 움직이지 않고 거주하다] 4

동의어 reside는 live(살다)를 뜻하는 점잖은 말이며 흔히 훌륭한 집이나 중요한 저택에 삶을 뜻하나, reside를 보통의 "살다"를 뜻할 때에 사용하는 것은 될 수 있는한 피하는 것이 좋다. live는 "살다"를 뜻하는 가장 보편적인 말이고, dwell은 좀 구식내가 나는 말이나 신문이나 시 용어로 쓰이는 때가 있다.

residence[rézid(ə)ns] 명 거주(dwelling), 주재; 저택. [reside + -*ence* (명사 어미)] 3

resident[rézid(ə)nt] 형 거주하는; 체류하는, 주재하는; 고유의 (inherent). 명 거주자, 거류민; 주재관, 변리공사 (辨理公使 resident minister). [reside + -*ent*] 5

residential[rèzidénʃ(ə)l] 형 주택의, (특히 고급) 주택에 맞는; 거주의. [resident + -*al*] ☞ sedentary

residue[rézidjuː] 명 나머지, 남은 재산. 10

[《라틴》 *residuum* remaining 나머지 ← *reidēre*; reside 참조]

residuum[rizídjuəm] 명 잔여(殘餘 residue); 나머지(remainder), 잔재.

resign[rizáin] 통 사직하다; 포기하다 (give up); 넘기다(hand over); 은퇴하다 (retire). 3

[《프》 *résigner* ←《라틴》 *resignāre* cancel 취소하다, sign back 도장을 눌러 고치다 ← *re-* back + *signāre* sign]

~ *oneself to ···* = *be* ~*ed to ···* ···에 몸을 맡기다, ···에 따르다; 단념하다.

resignation[rèzignéiʃ(ə)n] 명 사직, 사표; 포기, 단념; 체념. 8

[resign + -*ation* (명사 어미)]

☞ sign, asign, consign

resin[rézin] 명 수지(樹脂), 진. 10

[《라틴》 *rēsīna* ←《그》 *rētínē* resin 진]

통계어 rosin 수지, 송진.

resist[rizíst] 통 저항하다; 반항하다 (oppose); 막다, 견뎌내다. ⓓ submit 복종하다. 4

[《라틴》 *resistere* withstand 저항하다 ← *re-* back + *sistere* cause to stand 일어서게 하다 ← *stāre* stand 서다; stand back 뒤에 서다]

resistance[rizíst(ə)ns] 명 저항(력), 대항(opposition); 방해. [resist + -*ance*]

☞ stand, station, statue, state, assist, consist, desist, exist, insist, persist, subsist 7

resolve[rizɔ́lv] 통 용해하다 (dissolve)

[into]; (문제·의혹 등을) 풀다(solve), 결심하다(determine);결의하다(decide) [on, upon]. 圓 결심, 결의, 각오. ⑬ combine 결합하다. 3
[(라틴) *resolvere* loosen, solve 녹(이)다, decide 결정하다, resolve←*re*-back+*solvere* solve 녹(이)다]
resolute[rézəlu:t] 圈 굳게 결심한(determined); 단호한(firm). 4
[(라틴) *resolūtus*←*resolvere*]
resolutely[rézəlu:tli] 團 굳게 결심하고, 단호하게.
resolution[rèzəlú:ʃ(ə)n] 圓 결의(決意), 결심; 과단성; 결의(안). 5
[resolute+-*ion*] ☞ solve, solution
esort[rizɔ́:t] 憩 자주 다니다(frequent); …에 의지하다, …에 호소하다[to]. 圓 사람이 많이 모이는 곳, 유원지;자주 드다드는 곳; 믿는 바, 의뢰; 수단. 3
[(라틴) *resortīre* resort to a tribunal 법정에 호소하다←*re*- again+*sortīrī* obtain←*sorti*-, *sors* lot 운명; obtain again by appeal 호소하여 다시 차지하다→호소하다→(법정에) 자주 가다]
  have ~ *to*… …에 의지하다, …에 호소하다.
[통의어] **sortie** [sɔ́:ti] 圓 돌격.
rescund[rizáund] 憩 울리다, 메아리치다(echo). 5
[(라틴) *resonāre* sound back 소리가 되돌아 오다←*re*- back+*sonāre* sound 소리나다←*sonus* sound 소리]
  ☞ sound
resource[risɔ́:s, (미) rí:sɔ:s] 圓 《보통 복수》 자원, 재원, 자력(資力), 자산, 물자; 수단, 심심풀이. 6
[(프) *re*- again+*source* source 원천]
  ☞ source
resourceful[risɔ́:sf(u)l] 圈 재간있는, 지모(知謀)에 뛰어난; 자원이 풍부한. [resource+-*ful*]
resourceless[risɔ́:slis] 圈 자력이 없는, 도리 없는.
respect[rispékt] 憩 존경하다,존중하다. 圓 존경(esteem) [for]; *pl.* 인사, 경의(regards); 관계, 관련(reference); 점(point). ⑬ contempt 경멸. 2
[(라틴) *respicere*←*re*- back+*spicere* look at; look back at 돌아보다]
  in all ~*s* 어느 점으로 보나(in every respect). *in many* ~*s* 많은 점에 있어서, 모든 점에서. *in no* ~ 어

느점에 있어서나 …않다, 결코… 않다.
  in ~ *of*… …에 관해서(with respect to). *without* ~ *to*… …을 무시하고, …을 고려하지 않고.
respectable[rispéktəbl] 圈 존경할만한; 고상한. [respect+-*able*; able to be respected 존경을 받을만한] 7
respectful[rispéktf(u)l] 圈 정중한, 공손한. [respect+-*ful*; full of respect 존경심에 찬, showing respect 존경을 표시하는] 5
resspectfully[rispéktfuli] 團 정중하게, 공손히.
repecting[rispéktiŋ] 쩐 …에 관하여, …에 대하여 (about, concerning). [respect+-*ing*]
respective[rispéktiv] 圈 각자의, 각각의(several). [respect+-*ive*] 5
respectively[rispéktivli] 團 각각, 각자.
  참고 Tom and Dick were given a model engine and a teddy bear *respectively*.=Tom was given a model engine and Dick (was given) a teddy bear. (Tom과 Dick은 각각 모형 기관차와 장난감 곰을 받았다). *cf.* Tom and Dick were given a model engine and a teddy bear. =Tom and Dick were given a model engine and a teddy bear apiece. (Tom과 Dick은 모형 기관차와 장난감 곰을 (각자 둘다) 받았다). ☞ species
respire[rispáiə] 憩 호흡하다(breathe); 한숨 돌리다, 안심하다.
[(프) *respirer*←(라틴) *respīrāre* breathe again or back←*re*- back+*spīrāre* breathe 숨쉬다; spirit 참조]
respiration[rèspəréiʃ(ə)n] 圓 호흡 (breathing), 한숨 (a single breath). [respire+-*ation* (명사 어미)] 7
  artificial ~ 인공호흡.
respirator[rèspəréitə] 圓 (베로 만든) 마스크, (영) 방독면(gas-mask); (미) 인공호흡 장치. [respirate+ -*or*]
respiratory[rispáiərət(ə)ri, réspirət(ə)ri] 圈 호흡(작용)의. [respire+-*atory* (형용사 어미)]
  the ~ *organs* 호흡기.   「suspire
  ☞ aspire, conspire, expire, inspire,
respite[réspait] 圓 휴식, (고통 따위의) 일시적 정지; 연기; (사형의) 집행 유예 (reprieve). 憩 (사형을)집행유예하다;

유예하다. 7
[《래틴》 *respectum* delay 연기, 지연 ←*respectāre* wait for 기다리다]
put in ~ 유예하다, 연기하다.

resplendent[risplέndənt] [형] 눈부시게 빛나는, 혁혁한. 7
[《래틴》 *resplendentem* glittering 번쩍이는 ←*resplendēre* glitter 번쩍이다←*re-* again+*splendēre* shine 빛나다, 비추다] ☞ splendour, splendid
resplendence, -cy[risplέndəns],[-si] [명] 광휘(光輝), 찬란함, 혁혁함.
[resplendent+*-ce, -cy*]

respond[rispɔ́nd] [동] 대답하다(answer), 응하다. 5
[《래틴》 *respondēre* answer 대답하다 ←*re-* in return 답하여 + *spondēre* promise; promise in return 응하여 약속하다]
response[rispɔ́ns] [명] 대답; 반응. 5
in ~ *to*… …에 답하여, …에 응하여.
responsive[rispɔ́nsiv] [형] 응답하는 (answering); 반응하는, 감동되기 쉬운 (easily moved).

responsible[rispɔ́nsəbl] [형] 책임 있는, 책임져야 할 (answerable); 신용할 수 있는 (reliable). [반] irresponsible 무책임한. 6
~ *for*… …에 대한 책임을 져야할. *make no* ~ 응답하지 않다.
[동의어] **responsible**은 권한을 쥔 사람에게서 책임을 위임받았기 때문에 게을리 하면 처벌됨을 암시한다. **answerable**은 법률상의, 또는 도덕상의 의무에서 책임을 추궁당함을 뜻하는 말이다. **accountable**은 자기의 행동에 대하여 해명할 책임이 있음을 뜻한다.
responsibility[rispɔ̀nsəbíliti] [명] 책임, 부담. [responsible+*-ity* (명사 어미)] 8

rest[1][rest] [명] 휴식, 수면(sleep); 휴식소, 숙박소(lodging-place); 받침, 대(support); 《음악》 쉼자리(표) (休止「符」 pause). [동] 쉬(게 하)다, 잠자다; 정지하다(be still); 근거하다(be based); 기대(어 두)다(against). [반] work 일(하다). 1
[《고영》 *rest, ræst; cf.* 《독》 *rast*]
at ~ 정지하여; 편안히; 잠자코(asleep); 영면하여(dead). *go to* ~ 자다.
restful[réstf(u)l] [형] 평온한, 고요한. [rest+*-ful*]
restless[réstlis] [형] 쉬지 않는, 잠잘 수 없는 (sleepless); 침착치 못한, 불안한(uneasy); 끊임없는 (unceasing). [rest+*-less* (형용사 어미)] 3

rest[2][rest] [명] (the ~) 나머지 (the remainder); 그외의 것(사람)들 (the others). [동] 여전히 …이다(continue to be); …에 달려있다(lie) [with].
[《프》 *rester* remain 남아 있다←《래틴》 *restāre* stop behind, remain←*re-* back+*stāre* stand 서다]
for the ~ 다른 점에 있어서는.
restive[réstiv] [형] (말이) 고집이 센, 다루기 힘든, (사람이) 고집센(unmanageable); 침착치 못한(restless).
[rest+*-ive* (형용사 어미); restless(쉬지 않는, 불안한)와 혼동되었으나 원뜻은 stubborn (고집이 센); 《중프》 *restif* stubborn 고집이 센, drawing backward 뒤로 끄는←《프》 *rester* remain 남아 있다; rest[2] 참조]

restaurant[rést(ə)rɔ̃:(ŋ), 《미》 réstərənt] [명] 요리집, 레스토랑. 4
[《프》 *restaurant*[restɔrɑ̃] restoring 회복하는←*restaurer*[restɔre] restore 회복하다←《래틴》 *restaurāre* restore ←*re-* again+*staurare* make strong 튼튼하게 하다; 원 뜻은 "회복케 하는 restoring"으로 피로한 사람들이 커피나 맛있는 것을 먹고 회복하는 (restoring) 곳을 뜻한다. *cf.* refreshment (s) 피로한 사람을 refresh 한다는 뜻에서 "음식물, 다과"의 뜻이 되었다]
restore[ristɔ́:] [동] 회복시키다, 부흥시키다; 복위시키다. 2
[《고프》 *restorer, restaurer*←《래틴》 *restaurāre* restore←*re-* again+*staurare* make strong, set up; make strong again 한번 더 튼튼하게 하다]
restoration[rèstəréiʃ(ə)n] [명] 회복; 복구, (the R~)(1660년 영국의) 왕정복고. [restore+*-ation* (명사 어미)] 7

restrain[ristréin] [동] 억압하다 (keep down); 막다(check); 감금하다(imprison). 3
[《래틴》*restringere* draw back tightly 뒤로 힘껏 끌다, bind back 뒤로 묶다 ←*re* -back+*stringere* bind 묶다]
☞ stringent
[동의어] **restrain**은 강한 힘으로 어떤 행동을 방해, 억압, 또는 통제한다는 뜻을 나타내는 일반적인 말이다. **curb**는

어떤 것을 급격하게 제지한다는 뜻이고, check는 행동이나 진보를 방해하여 늦추어지게 한다는 뜻이다. bridle은 감동이나 감정 따위를 억제한다는 뜻이고 inhibit는 어떤 행동이나 사상 또는 감동을 억누른다는 뜻을 나타내는 심리학 용어이다.

restraint[ristréint] 명 억제(check); 자제(self-control); 감금(confinement); 사양(reserve). 5
☞ strain, stringent, constrain, constraint, distrain

restrict[ristríkt] 타 제한하다(limit), 구속하다(confine) [to, within]. 10
~ed area 통행금지 구역.
☞ restrain

restriction[ristrík∫(ə)n] 명 제한, 구속(물). 8
[restrict+-ion] ☞ strict, disirtct

result[rizʌ́lt] 명 결과, 효과, (시험의) 성적. 자 결과로서 생기다 (일으키다) [from]; …으로 끝나다(end). ⓑ cause 원인. 2
[《래틴》 *resultāre* spring back 튀어돌아오다←*re*- back+*sultāre* dance 춤추다; spring back 튀어 돌아오다 →튀어 돌아오는 것→결과]
as a ~ *of*… …의 결과로서. ~ *from* … …에서 생기다, …에 기인하다. ~ *in*… 결국 …으로 끝나다.
☞ salient, desultory, exult, insult, assail, assault

resume[rizjúːm] 타 회복하다(recover); 다시 시작하다(recommence), 계속하다 (continue); 대강 말하다(summarize). 4
[《래틴》 *resūmere* ←*re*- again+*sūmere* take up; take up again 다시 잡다] *Resume your seat.* 《얼마 동안 서 있은 후에 하는 말》 (도로) 앉아주십시오.

resumption[rizʌ́m(p)∫(ə)n] 명 (중단했던 것의) 재개, 속행(續行); 회복.
[《래틴》 *resumptiōnem* ←*resumptus* ←*resūmere*; resume 참조; resume + -ion (명사 어미)] ┌ptuous
☞ assume, consume, presume, sum-

resurrection[rèzərék∫(ə)n] 명 소생(蘇生); 그리스도의 부활; 부흥, 재유행; 시체의 도굴(盜掘). 9
[《래틴》 *resurrectiōnem*←*resurrectus* ←*re*- again+*surgere* rise; rise again (from the dead) 다시 일어나다, 소생

하다. -*surrection*은 surge "파도, 파도치다"와 같은 어원에서] ☞ surge

retail[ríːteil] 명, 형 소매(의). 부 소매로. [ri(ː)téil] 타 소매하다; (딴 사람의 말을) 받아 옮기다. ⓑ wholesale 도매하다. 6
[《고프》 *retail* shred 작은 조각→*retailler* shred, cut small 잘게 자르다← *re*-, 《래틴》 *re*- again+*tailler* cut 베다; cut again 다시 자르다→몇번씩 잘라 작게 하다→잘게 자른 조각→작은 조각을 내어 팔다(sell by small pieces) →소매하다]
☞ tailor, detail, entail, tally

retailer[ríːtéilə] 명 소매 상인, (딴 사람의 말을) 받아 옮기는 사람.
[retail+-*er*]

retain[ritéin] 타 보지(保持)하다, 유지하다(maintain); 기억해 두다(keep in mind); (변호사·하인 따위를) 고용하다. 3
[《프》 *retenir*←《래틴》 *retinēre*←*re*- back+*tenēre* hold; hold back 보류하다, 뒷쪽으로 꽉 쥐다] [retain+-*er*].

retained[ritéind] 형 보류된.
retainer[ritéinə] 명 하인, 시종; 보유자. [retain+-*er*]

retention[ritén∫(ə)n] 명 보류, 보지 (保持), 지속(력); 기억(력).

retentive[riténtiv] 형 계속해서 지니고 있는; 기억력이 강한. [retain+-*ive*]

retinue[rétinjuː] 명 (집합적) (왕이나 귀족 따위의) 하인, 수행원.
[《프》 *retenue*←*retenir* retain 보존하다] ☞ abstain, contain, detain, entertain, maintain, obtain, sustain, tenable, detention, retain

retire[ritáiə] 자 물러나다(withdraw), 퇴각하다(retreat); 잠자리에 들다(go to bed); 은퇴하다. ⓑ advance 전진하다.
[《프》 *retirer*←*re*- back+*tirer* draw; draw back 물러나다] 2

retired[ritáiəd] 형 인적이 없는; 퇴직한, 은퇴한. [retire+-*ed*]

retirement[ritáiəmənt] 명 퇴거; 은퇴, 퇴직; 은둔. [retire+-*ment* (명사 어미)] 8

retort[ritɔ́ːt] 타 (말) 대구하다, 보복하다. 명 날카로운 말대꾸, 반박, 응수 (應酬); (화학 실험용) 레토르트. 9
[《래틴》 *retortus* ← *retorquēre* ←*re*- back+*torquēre* twist; twist back 틀

어서 물려주다, 비틀어 돌리다; "레토오트"는 그 모양이 비틀어져 있다고 해서]
☞ torture, tortoise, contort, distort, extort

retrace[ritréis] 图 거슬러 올라가다; …의 근원을 더듬다; 회고하다(recollect); 되돌아가다. 9
〔(래틴) *re*- back + *trace* 쫓아가다; trace back〕 ☞ trace

retract[ritrǽkt] 图 들어가게 하다, 뒤로 끌다; 취소하다, (약속, 명령 따위를) 철회하다.
〔(래틴) *retractus*←*re*- back + *trahere* draw; draw back 뒤으로 끌다. "취소하다"는 *retractāre* revoke←*retrahere* 에서〕☞ tract, abstract, contract, detract, extract, protract

retreat[ritríːt] 图 퇴각(신호), 은퇴, 피난소. 图 퇴각하다, 물러가다. ⓐ advance 전진(하다). 3
〔((프) *retraite retraire*←*retraire*←(래틴) *retrahere* draw back〕
☞ retract

retrieve[ritríːv] 图 회복하다, 만회하다(recover); 구출하다(rescue); 배상하다(repair), 상기하다(recollect).
〔((고프) *retroev*-, *retro*(*u*)*ver*←*re*- again + *trover* find; find again 다시 찾아내다〕

return[ritə́ːn] 图 돌아가다 (오다) (go or come back); 대답하다(reply); 선출하다(elect); 보고하다(report). 图 귀환; 반환; 대답(reply); pl. 이익(profit), 보고(서)(report). ⓐ depart 출발하다.
〔(프) *retourner* ←*re*- (래틴) *re*- back + *tourner* turn; turn back 돌아오다〕 ☞ turn 1
in ~ (for)… …(의) 답례로, …(의) 보수로. ~ to oneself 제정신으로 돌아가다. small profits and quick ~s 박리다매.

reunite[ríːjuːnáit] 图 재결합하다 (시키다); 화해하(게 하)다. 10
〔*re*- again + *unite* 결합하다〕☞ unite

reunion[ríːjúːnjən] 图 재결합, 화해; (가족, 친척 따위의) 화합, 친목회(social gathering). 〔*re*- again + *union* 결합, 연합〕 ☞ union

reveal[rivíːl] 图 보이다(show), 나타내다(disclose); 알리다, 게시하다. 3
〔(래틴) *revēlāre* draw back a veil 베일을 뒤로 끌다, 베일을 벗기다←*re*-

back + *vēlum* veil 베일; -*veal*은 veil과 같은 어원〕

revelation[rèvəléiʃ(ə)n] 图 게시, 묵시(divine disclosure); 의외의 발견; 폭로; (the R~) 〈성서〉 묵시록 (the Apocalypse). 〔*reveal* + -*ation*〕 7
☞ veil

revel[révl] 图 술을 마시고 흥청거리다, 빠지다(indulge) 〔in〕. 图 《보통 복수》 연락(宴樂 merry making). 5
〔(고프) *reveler* riot 소동을 일으키다←(래틴) *rebellāre* rebel 모반하다←*re*- again + *bellum* war; rebel의 자매어〕

revelry[révlri] 图 주연(酒宴); 환락, 흥청거리고 놀기. 〔*revel* + -*ry*〕 8

revenge[rivéndʒ] 图, 图 복수(하다). *cf.* avenge, vengeance. 3
〔(고프) *revengier*←(래틴) *revindicāre*←*re*- again + *vindicāre* take vengeance; take vengeance again 한번더 원수를 갚다〕 ☞ vindicate
in ~ for… …에 대한 복수로서, …에 대한 앙갚음으로. ~ oneself on (또는 upon)… = be (또는 upon)…를 복수하다. take (또는 have) one's ~ on (또는 upon)… …에 복수하다. take ~ for one's father's death. 피살된 아버지의 원수를 갚다.

revengeful[rivéndʒf(u)l] 图 복수심에 불타는. 〔*revenge* + -*ful*〕
☞ avenge, vindicate, vengeance

revenue[révinjuː] 图 세입(歲入), 수입(income), 소득; 세무서. 5
〔(중프) *revenu*–*revenir* come back 돌아오다←(래틴) *re*- back + *venīre* come; 돌아 오는것. -*venue*는 avenue (양쪽에 가로수가 서는) 거리의 -*venue*와 같은 것으로 (프) *venir* come〕
☞ avenue

revere[rivíə] 图 숭상하다, 존경하다. 7
〔(래틴) *reverērī* revere, stand in awe of… …을 두려워 하며 서있다 ←*re*- again + *verērī* feel awe; 두려움을 새삼스러이 느끼다〕
동의어 **revere**는 사람이나 사물에 대하여 강한 존경, 애착, 경의를 느끼고 있다는 뜻으로 reverence, venerate 보다 그 뜻이 강하다. **reverence**는 보통 사람에게 대하여서 보다 물건이나 추상적인 개념에 대하여 사용하는 말로 흔히 단순한 외형상의 존경을 뜻하는 형식적인 말이다. **venerate**는 신성한 것으로 존경 또는 숭배한다는 뜻이 있다. **worship**은 신성한 것에 예배한다거나 어떤 것에 대하여 격렬한 애정을 느끼거나 크게 감탄하고 칭찬한다는 뜻이 있다. **adore**는 신을 숭상하고 받든다는 뜻이며 나아가서는 사람에 대하여 대단한 애정을 느꼈다거나 존경과 사모의 느낌을 갖는다는 뜻으로 worship 보다 그 뜻이 강하다.

reverence[rév(ə)r(ə)ns] 명 존경, 숭배. 동 존경하다, 숭배하다(revere). [reverent+-ce] 4

reverend[rév(ə)r(ə)nd] 형 거룩한, 존경하고 숭상할 만한 (worthy of reverence); (the R~)… 대사(大師) 《종교가에 대한 존칭》. 4

[《라틴》 *reverendus* be reversed 존경을 받다(*reverērī*의 동사적 형용사)]

참고 존칭으로서의 Reverend는 Reved 또는 Rev로 생략되어 (the) Rev. John Smith, (the) Rev. J. Smith, the Rev. Mr. (또는 Dr.) Smith 따위로 쓰여진다. Christian name이나 initial을 쓰지 않고 (the) Rev. Smith로 성만 함께 쓰는 것은 좋지않는 것으로 되어 있다. ☞ ware

reverent[rév(ə)r(ə)nt] 형 공손한, 경건한(feeling or showing reverence). [《라틴》 *reverentem*] 7

reverently[révərəntli] 부 경건하게.

reverie, revery (미) [révəri] 명 공상, 환상(곡), 몽상. 9

[《프》 *reverie reverie*←《프》 *rever rave* 열광적으로 지껄이다]

reverse[rivə́ːs] 타 거꾸로 하다 (turn inside out); 자리를 바꾸다(invert); (자기 설을) 취소하다(revoke). 형 역(逆), 반대; (화폐 따위의) 뒷면; 역전(逆轉), 불행(misfortune), 재난(disaster); 패배(defeat). 형 반대의(contrary), 역의. 7

[《라틴》 *reversus* turned back 뒤으로 돌려진 ←*revertere* turn back←*re-* back+*vertere* turn]

동의어 reverse는 반대의 위치, 방향, 순서 따위로 바꾼다는 뜻의 가장 보편적인 말이다. **invert**는 안팎을 뒤집는다는 뜻이 있으나 The image is *inverted* by the lens. "영상(映像)은 렌즈로 전도된다"의 경우에서 처럼 쓰이기도 한다. **transpose**는 연속된 요소의 순서를 거꾸로 뒤바꾼다는 뜻이다.

reversion[rivə́ːʃ(ə)n] 명 역전(逆轉), 복귀; 《생물》 격세 유전; 전환; 재산의 복귀, 상속권. [reverse+-ion] 10

revert[rivə́ːt] 자 (앞 소유자나 그 상속인에게) 복귀하다 [to]; (먼젓번 이야기로) 되돌아 가다(return) [to]; 회고하다(look back). ☞ verse, version, avert, converse, convert, invert 9

review[rivjúː] 명 열병, 관병식, 회고 (retrospect); 비평; 복습; 서평(書評); 재조사. 동 review 하다. 2

[《라틴》 *re-* again+view 보다; view again 다시 보다]

☞ review, preview, vision

revile[riváil] 동 욕설하다, 악평하다(abuse). 7

[《프》 *re-* again+*vil*. 《라틴》 *vīlis* cheap; cheapen 싸게하다→악평하다]

☞ vile

revise[riváiz] 동 개정(改訂)하다, 교정(校訂)하다, 수정하다. 명 교정, 수정. [《프》 *reviser*←《라틴》 *revisere* see again 한번더 보다←*re-* again+*vīsere* survey 검사하다. 돌아보다←*vīsus*←*vidēre* see] 7

the Revised Version (*of the Bible*) 개역 성서(改譯聖書) 《약자 R. V.》 *cf.* the Authorized Version 흠정성서(欽定聖書)

revision[rivíʒ(ə)n] 명 교정, 수정, 개정(판)(revised edition). [revise+-*ion*] 10

revive[riváiv] 동 소생하다(시키다), 부활(게 하)다. 4

[《라틴》 *revīvere* live again, revive ←*re-* again+*vīvere* live; live again 다시 살다→살아나다. *Vive* la France (Long) *live* France! 프랑스 만세!) 의 *vive*와 같은 어원]

revival[riváiv(ə)l] 명 부활, 부흥, 재흥. [revive+-*al*] 9

☞ survive, convivial, vivid, vital

revoke[rivóuk] 동 취소하다(cancel), 폐지하다(repeal), 무효로 하다(nullify). ⓑ decide 결정하다. 9

[《라틴》 *revocāre* recall 도로 부르다 ←*re-* back+ *vocāre* call; call back 도로 불러오다]

revocation[rèvəkéiʃ(ə)n] 명 취소, 폐지, 폐기. [revoke+-*ation*]

☞ vocal, avocation, convoke, evoke,

invoke

revolt[rivóult] 동 배반하다, 반항하다 [against]; 불쾌감을 느끼다, 기분이 나빠지다. 명 반역, 반란(rebellion); 싫은 생각(loathing), 불쾌(displeasure). ⊕ submit 복종하다. 4
〔《프》révolte←(이태) rivolta revolt ←rivoltare←(래틴)revolvere revolve 돌리다←re- back+volvere turn; 뒤로 돌다←동을 돌리다←배반하다〕

revolve[rivólv] 동 회전하다, 순환하다(rotate); 생각을 여러 모로 해보다. ☞ voluble 5

revolver[rivólvə] 명 (회전식) 연발권총. cf. pistol. [revolve+-er (명사어미); 회전식 연발(revolving) 탄창을 지닌 pistol 이라는 뜻] 9

revolution[rèvəl(j)ú:ʃ(ə)n] 명 회전; 순환(revolving);주기(周期 cycle); (천체의) 공전(公轉). ⊕ rotation 자전; 혁명, 대개혁. [revolve+-ion]

revolutionary[rèvəl(j)ú:ʃ(ə)nəri] 형 혁명의, 혁명적인. 명 혁명가. [revolution+-ary] ☞ involve, involution

reward[riwɔ́:d] 명 보수(return), 상여(償與 prize); 사례. 동 갚다(repay), 사례하다. 3
〔《고프》rewarder, regarder look back on; regard의 자매어〕
in ~ for… …의 상으로, …에 보답하여. ☞ regard, guard, ward

rhapsody[rǽpsədi] 명 (고대그리이스) 서사시(의 일절); 열광적인 문장 (또는 시가); 《음악》광상곡(狂想曲).
〔《그》rhapsōdia verse-composition, part of an epic poem 서사시의 일부 ←papsōdos one who strings songs together, reciter of epic poetry 서사시 낭송자←paptein stitch together 한데 꿰매다 +ōde ode 노래〕

rhetoric[rétərik] 명 수사학, 화려한 문체(文體). 8
〔《그》rhētorikē (tekhnē) the rhetorical (art) 수사법←rhētōr orator 웅변가〕

rhetorical[ritɔ́rik(ə)l] 형 수사학의; (문체가) 화려한, 과장적인. [rhetoric +-al]

rhetorician[rètəríʃ(ə)n] 명 수사법에 통달한 사람, 웅변가. [rhetoric+-ian]

rheumatism[rú:mətiz(ə)m] 명 류우마티스. 7

〔《래틴》rheumatismus←《그》rheumatismos liability to rheum 류우마티스 통증이 나기 쉬움←rheuma flow 흘러내림〕

통계어 **rheum**[ru:m] 명 《고어》(눈물, 침, 콧물 따위) 점막(粘膜) 분비액; pl. 류우마티스 통증. 〔《그》rheuma flow, stream 흐름, 물줄기〕

rhinoceros[rainɔ́s(ə)rəs] 명 무소 《속어로는 rhino[ráinou]라고 말하기도 함》8
〔《그》rhīnokeros←rhino- rhis nose 코+keras horn 뿔; 코위에 뿔이 있다고 해서〕

rhomb[rɔm], **rhombus**[rɔ́mbəs] 명 마름모꼴(lozenge).
〔《그》rhombos rhomb 마름모꼴←rembein revolve 순환하다; 마름모꼴은 북(spindle)을 돌려 놓은것 같은 모습이라고 해서〕

rhyme, rime[raim] 명 (시의) 운(韻), 압운(押韻); (시); 운어(韻語 rhyming word). 3
〔《고프》rime←(래틴) rhythmus rhythm 리듬; rime으로 적음은 《고프》에서, rhyme은 래틴말에서 각자 영향을 받은 것이며 문학상의 용어로는 rhyme이 일반적으로 쓰이고 있으나 최근에는 rime을 쓰는 경향이 커져가고 있다〕
nursery ~s 자장가.

rhythm[ríð(ə)m] 명 리듬, 율동, 운율, 선율. 10
〔《래틴》rhythms←《그》rhythmos←rheein flow 흐르다〕

rib[rib] 명 늑골, 갈빗대; (양산의)살.
〔《중영》ribbe; 《고영》ribb; cf. 《독》rippe〕 3

ribbon[ríbən] 명 리본; 가느다란 조각, 《속어》pl. 고삐(reins). 2

rice[rais] 명 쌀; 벼; 쌀밥. 3
〔《프》riz←(이태) riso←(래틴) oryza ←《그》oruza rice 쌀〕

rich[ritʃ] 형 부유한; 기름진(fertile); 풍성, (향기가)되게 풍기는(strong); 《속어》재미있는(amusing). ⊕ poor 가난한. 1
〔《중영》riche←《고영》rīce powerful, rich; cf. 《독》reich〕

riches[rítʃiz] 명 pl. 부(富 wealth), 풍부.
〔《프》richesse wealth 부 ←《고대독》ríhhi rich 풍부한; 원래 단수였는데 어미의 -ess를 복수형 어미로 오해하

richly[rítʃli] 🗐 풍부하게, 충분히(fully); 농후하게.

rid[rid] 🗐 (rid) 제거하다, 벗어나게 하다. 3
〔《중영》 ridden; 《고영》 hreddan snatch away; cf. 《독》 retten〕
be ~ of… …을 면하다, 벗어나다, …이 빠지다 (be free from). get ~ of… …에서 빠지게 하다, 면제하다(get free from), 없애다(do away with).
riddance[ríd(ə)ns] 🗐 면제, 제거, 축출. 〔rid+-ance (명사 어미)〕

riddle¹[rídl] 🗐 수수께끼 (같은 사물, 또는 사람). 4
〔《중영》 redels←《고영》 rædels, rædelse a riddle←rædan explain 설명하다; 설명이 필요한 것(something requiring explanation)→수수께끼. cf. 《독》 rätsel〕 *Riddle* me a *riddle*, what's this?=*Riddle* me, *riddle* me what it is. 수수께끼, 수수께끼, 무엇일까요? 《수수께끼를 낼 때 흔히 하는 말》

riddle²[rídl] 🗐 도드미, 어레미. 🗐 도드미 (어레미)로 치다(sift); (탄환 따위가) 구멍 투성이로 만들다.
〔《중영》 *ridil* 《고영》 *hridder* sieve 체〕

ride[raid] 🗐 (rode, ridden) 타다, 태우다; 말에 타다, 정박하다; 타는 기분이 …이다; 지배하다(dominate). 🗐 타기, 태우고 가기; 숲사이의 기마도로. 1
〔《중영》 *riden*; 《고영》 *rīdan*; cf. 《독》 *reiten*; road, ready 따위와 같은 계통의 말〕
give a person a ~ 사람을 태우다.
~ *away* 타고가다.

rider[ráidə] 🗐 타는 사람, 기수(騎手). 〔ride+-er (명사 어미)〕 4
☞ road, ready

ridge[ridʒ] 🗐 산등(성이); 산봉우리; 분수선(watershed); (지붕의) 마룻대. 3
〔《고영》 *hrycg* the back of a man or beast 등; cf. 《독》 *rücken*〕

ridicule[rídikjuːl] 🗐 조롱(하다). 8
〔《라틴》 *rīdiculus* laughable 우스운+-*ous* (형용사 어미)←*rīdēre* laugh 웃다〕

ridiculous[ridíkjuləs] 🗐 우스운(laughable), 어리석은(absurd). 〔ridicule+-*ous* (형용사 어미)〕 6

ridiculously[ridíkjuləsli] 🗐 우스꽝스럽게, 어리숙하게.

통계어 **risible**[rízibl] 🗐 웃을 수 있는, 웃기 잘하는. 〔《프》 *risible*←《라틴》 *risibilis* laughable 우스운←*rīsus*←*rīdēre* laugh〕

rifle[ráifl] 🗐 라이플 총, 선조총(旋條銃) (cf. musket); 소총; pl. 라이플 총대 〔연대의 이름 따위에 사용한다〕. 5
〔《고대 독》 *rifeln* to groove 가는 홈 (선조(旋條))을 파다 *rive, riefe* groove 가는 홈〕

rifled[ráifld] 🗐 (총포에) 총선에 있는.

rift[rift] 🗐 깨진 틈, 금(cleft, crack); 분열. 9

rig[rig] 🗐 (배가 떠날) 준비를 하다(equip); 장비를 갖추다, 《속어》 몸치장하다. 🗐 범장(帆裝), 준비(outfit), 《속어》 옷(dress), 《미 속》 말을 맨 마차. 6

rigging[rígiŋ] 🗐 《집합적》 (배의) 삭구(索具) (all the ropes, sails and masts); 준비, 장비(equipment). 〔rig+-*ing*〕

right[rait] 🗐 바른(just), 적당한(suitable); 올바른 정신의(sane),건강한(healthy); 오른편의. 🗐 올바르게(justly); 바로; 마땅히(properly), 완전히(completely), 줄곧(all the way); 대단히(very); 오른편 (쪽)에. 🗐 정의(justice); 권리, 오른 쪽 (편). 🗐 고치다(correct), 다시 일어나다. 🕲 wrong 그릇된, crooked 굽은, left 왼쪽의. 1
〔《중영》 *right* 《고영》 *riht, ryht; cf.* 《독》 *recht*〕
All ~ 좋다, 그래라(O.K.). *by* ~(s) 정당하게 (justly), 당연히(properly). *in one's own* ~ 자기의 권리로, 타고 나서, 원래부터 있는 권리로. *in the* ~ 올바른, 도리에 맞는(right, correct). ~ *off* (또는 *away*) 당장, 지금 곧 (at once). ~ *or wrong* 좋든 나쁘든, 옳든 그르든. *the* ~ *man in the* ~ *palce* 적재 적소(適材適所).

rightabout[ráitəbaut] 🗐 반대방향;

righteous[ráitʃəs] 🗐 정의의; 당연한 덕 있는(virtuous). 〔right+-*eous*〕 5

righteousness[ráitʃəsnis] 🗐 공정, 방정(方正), 염직(廉直). 6
〔righteous+-*ness*〕

rightful[ráitf(u)l] 🗐 정의에 의한; 합법의; 당연한. 〔right+-*ful*〕 8

right-handed[ráithǽndid] 🗐 오른손

잡이의, 오른편으로 도는. ⓑ left-handed 왼손 잡이의, 왼편으로 도는.
☞ rectum, rule, regular

rigid[rídʒid] 웹 굳은, 뻣뻣한(stiff); 엄정한(strict). ⓑ pliant 유연한, flexible 휘기 쉬운. 7
[《래틴》 *rigidus* stiff 뻣뻣한←*rigēre* be stiff 뻣뻣하다]

rigo(u)r[rígə] 웹 엄함(harshness), 엄격(strictness); 《혼히 복수》 (기후의) 혹독함(severity); 극도의 곤란. 6
[《래틴》 *rigor*; *rigēre* stiffen 뻣뻣하게 하다; *cf.* 《프》 *rigueur*]

rigorous[ríg(ə)rəs] 웹 엄한(severe), 엄격한(strict); 엄정한(exact). [rigo(u)r+-ous]

rim[rim] 웹 테두리, 변두리(border, edge). 5

rind[raind] 웹 (나무 과실 따위의) 껍질 (bark, peel); 외관. 匽 …의 껍질을 벗기다.
[《중영》 *rind(e)*; 《고영》 *rinde*; *cf.* 《독》 *rinde*] 8

ring¹[riŋ] 웹 바퀴, 고리(circlet); 반지, (나무의) 나이테; (원형의) 경기장, (정계, 시장을 어지럽히는) 도당, 패거리. 匽 싸다, 둘러싸다(encompass); 반지를 끼다. 1
[《중영》 *ring*, 《고영》 *hring*; *cf.* 《독》 *ring*]

ringleader[ríŋli:də] 웹 주모자, 괴수. [ring=group+leader 지도자]
☞ leader

ringlet[ríŋlit] 웹 곱슬 머리(curl); 《드물게》 작은 고리. [ring+-*let* (축소 어미)] 9

ring²[riŋ] 匽 (종, 방울 따위를) 울리다; (장소가) 반향하다(resound); 평판이 높다. 웹 벨 소리; 전화.
[《중영》 *ringen*, 《고영》 *hringan*; *cf.* 《독》 *ringen*; 소리를 본딴 말]

rinse[rins] 匽 헹기다, 씻어내다; (음식물 위에) 흘려넣다[down]. 웹 헹기기.
[《고프》 *reincer*←《래틴》 *recens* fresh 신선한; *cf.* 《프》 *rincer*]

riot[ráiət] 웹 소동(tumult); 폭동(disturbance); 방종(dissipation); 굉장히 풍부함(profusion). 匽 소동을 일으키다; 방탕하다. ⓑ peace 평화. 4
[《고프》 *riote*―*r(u)ihoter* quarrel 다투다; 《래틴》 *rugīre* roar와 관계가 있다]
☞ roar

run ~ 난폭하게 굴다; (꽃이) 무성히 자라다.

riotous[ráiətəs] 웹 폭동의; 떠들썩한 (boisterous), 마시고 떠드는; 방종한. [riot+-*ous*] 9

rip[rip] 匽 찢다(tear), 째다; 젖어지다 (split); 벗기다(strip) [off, out, away]. 웹 잡아 찢기; 길게 째진 금. 3
[《중영》 *ripen*←《놀웨이》 *ripa* scratch 긁다]

ripe[raip] 웹 익은, 충분히 발달한(fully developed). ⓑ raw 날것의. 2
[《중영》 *ripe*; 《고영》 *rīpe*; *cf.* 《독》 *reif*]

ripeness[ráipnis] 웹 성숙, 원숙(圓熟). [ripe+-*ness*]

ripen[ráip(ə)n] 匽 익(히)다. 4
[ripe+-*en*]
cf. widen 넓히다←wide 넓은 +-*en*; broaden 넓히다←broad 넓은 +-*en*; shorten 짧게하다←short 짧은 +-*en*; etc.

unripe[ʌnráip] 웹 덜 익은; (시기) 상조의(premature). [*un*- not+ripe 익은]

ripple[rípl] 웹 잔물결, (머리 털의) 물결 모양, 잔 주름(curl); (물의) 찰랑거림(babble). 匽 잔물결이 생기다; 물결 모양으로 지지다; 쏴쏴 소리내다. 5
a ~ *of laughter* 떠들썩한 웃음소리. *a* ~ *of talk* 응성 응성하는 이야기 소리.

rise[raiz] 匽 (rose, risen) 일어나다(get up), 오르다(ascend), 뽓다, 늘다(increase); 반항하다. 웹 오름, 치받이(upward slope); 둔덕(hill); 승급, 출세; 증대, 등귀(騰貴); 발생(start). ⓑ fall 떨어지다, 실패하다, 내려 가다. 1
[《중영》 *risen*; 《고영》 *rīsan*; *cf.* 《독》 *reisen* travel 여행하다]
give ~ *to* …을 발생시키다, …을 일으키다. ~ *in the world* 출세하다. ~ *to one's feet* 일어서다. ~ *to the occasion* 난국에 잘 대비하다.

riser[ráizə] 웹 일어나는 사람; 반도, 폭도(暴徒). [rise+-*er* (사람을 뜻하는 명사 어미)]
☞ raise, rear

risk[risk] 웹 위험(danger); 위험률; 보험 가입자. 匽 내기하다; 모험해 보다 (venture on). ⓑ safety 안전. 4
[《프》 *risque* peril 위험←《이태》 *risco* peril←《래틴》 *resecāre* cut back 베어

돌리다←re- back+secāre cut; 원 뜻은 바다에 뾰죽 뾰죽하게 잘라져(cut) 솟은 바위→암초→위험]

at all ～ 만난을 무릅쓰고 (at all costs). **at the** ～ **of** … …을 걸고. **run** ～**s** 위험을 무릅쓰다 **take no** ～**s** 무리한 짓은 안하다, 신중히 하다.

risky[ríski] 휑 모험적, 위험한(dangerous); 아슬아슬한. [risk+-y (형용사 어미)]

rite[rait] 똉 의식(儀式); 제식(祭式); 관습. 5

[((래틴) rītus custom 관습]

ritual[rítjuəl] 휑 의식의. 똉 의식, 예식, 식전; 의식서(儀式書).

[((래틴) rītuālis←rītus; rite+-al (형용사 어미)]

rival[ráiv(ə)l] 똉 경쟁자(competitor), 적수, (특히 사랑의) 라이발. 휑 경쟁하는. 통 경쟁하다(try to equal); 맞서다(match). 3

[((래틴) rīvalis←rīvus stream 강물; 원래 강의 양쪽 기슭에 사는 사람들을 뜻하였다]

rivalry[ráiv(ə)lri] 똉 경쟁(competition), 대항, 맞서기. [rival+-ry (명사 어미)] 9

참고 같은 강의 근처에 살면서 그 강을 이용하는 사람들은 고기를 잡는다든지 배를 띄워 다니는 따위 여러가지 면에서 자연히으로 서로 경쟁하게 되었기 때문에 "강가에 사는 사람들"을 뜻하는 rival이 경쟁자의 뜻으로 변해 간 것이다. 로마의 법률기록을 보면 강 기슭의 사용권을 둘러싼 격렬한 싸움이 흔히 일어 났었음을 알 수 있다.

river[rívə] 똉 강, 내. 1

[(고프) rivere←(래틴) rīpārius belonging to a shore 한 쪽 기슭의←rīpa shore 해안, 기슭, bank 둑; 처음에는 강가나 해안의 토지를 뜻하였다. arrive (도착하다)는 ar- ad- to + -rīpa shore로서 come to shore "해안에 닿다"의 뜻이었다. -rive와 river는 같은 것]

참고 강의 명칭을 river와 함께 적는 법은 영국과 미국이 서로 다르다. 영국에서는 river를 고유명사 앞에 붙인다. 미국에서는 보통 River 처럼 큰 글자로 쓰기 시작하고 반드시 고유명사 뒤에 두나 통속적인 표현에서는 river로 적는 때도 있다.

보기: 《영》 the *river* Thames, the *River* Thames. 《미》《정식》 the Mississipi *River*. 《통속적》 the Mississipi *river*.

riverside[rívəsaid] 똉, 휑 강변(의), 강가(의). [river+side 가장자리] 7
☞ side

rivulet[rívjulit] 똉 시내(brook), 개천. 7

[((래틴) vīvulus, vīvus stream 강 + -et (축소어미)]

통계어 **riparian**[raipέəriən] 휑 강변의, 호반의, 호숫가의.

[((래틴) rīpārius ← rīpa river bank 강의 둑 + -an]

the Riviera[rìviέərə] 리비에라 해안 지방(지중해 Genoa 만의 연안으로 프랑스의 Nice에서 이태리의 Spezia까지의 경치가 좋은 피한지).

[(이태) riviera sea cost 해안←(래틴) rīpa shore]

rivet[rívit] 똉 (철판 따위에 박는) 머리 큰 못, 리벳트. 통 리벳트로 죄다; (눈, 주의 따위를) 집중시키다. 8

[(프) rivet a rivet←river to rivet, fix 고정시키다→(래틴) rīpāre make firm 확고하게 하다, come to shore 육지다 닿다←rīpa shore 해안]
☞ river

road[roud] 똉 도로, 길, 가로(街路); 《미》 철도(railroad); (보통 복수) (의항의) 정박지(停泊地) (roadstead); 방법 (way), 수단. 1

[(중영) ro(o)de←(고영) rād road← rīdan ride 타고 가다; 배나 말을 타고 가는 곳→길. ride, raid, ready와 같은 어원]

on the ～ 여행하고 있는(travelling); 《미》 (장사군, 판매원 따위가) 주문을 맡으러 지방을 돌고 있는; (극단이) 지방공연을 하고 있는. ～ **show** (연극, 영화의) 순회공연(물).

roadside[róudsaid] 똉 길가. 7
[road+side]

roadstead[róudsted] 똉 (의항의) 정박지(停泊地) anchorage. [road+ stead, place] cf. ride at anchor 닻을 내리다, 배가 정박하고 있다.

roadway[róudwei] 똉 도로(road), (특히) 차도. cf. pavement, 《영》 sidewalk 《미》 인도(人道). [road+way]
☞ ride, raid, ready

roam[roum] 동 돌아 다니다(wander). 명 배회(徘徊). 3
〔《중영》 romen 《고프》 romier (a pilgrim to Roam 로마에의 나그네)에서 만든 말←《래틴》 *Rōma* Rome〕
☞ Rome

동의어 **roam**은 정처 없이 넓은 지역을 돌아다닌다는 뜻이나, **ramble**은 "자유로운 기분으로 오락을 위하여 이리저리 거닐다"의 뜻으로 roam보다 마음이 더 편하고 거리낌이 없는 태도를 나타내는 말이다. **rove**는 넓은 지역을 헤맨다는 뜻으로, 보통 특수한 목적이나 활동을 암시하고, **stray**는 일정한 장소나 진로에서 이탈해서 헤맨다는 뜻이다. **meander**는 물줄기, 오솔길 따위나 사람이나 동물이 꾸불꾸불 굽어지면서 나아간다는 뜻이며, **stroll**은 걸음이 내키는 대로 이리저리 돌아 다님을 뜻하는 통속적인 말이다.

roar[rɔː, rɔə] 동 짖다, 으르렁거리다, 고함지르다(bellow), 굉장히 울리다. 명 으르렁거림, 굉장히 울림. 2
〔《중영》 *roren* 《고영》 *rārian* bellow 고함지르다; *cf.* 《독》 *rehren*; 소리를 본딴 말〕

roast[roust] 동 (고기를) 굽다, (콩을) 볶다, (불에) 데우다. 2

rob[rɔb] 동 (robbed) 강탈하다, 훔치다(steal). 2
〔《고프》 *robber* disrobe 옷을 벗기다 ←《프》 *robe* robe 옷; *cf.* 《독》 *rauben*〕

~ *a person of*... 사람에게서 ...을 빼앗다.

robber[rɔ́bə] 명 도적, 강도. 〔rob+-er(사람을 나타내는 명사 어미)〕 3

robbery[rɔ́bəri] 명 강도(죄), 강탈, 약탈. 〔rob+-ery (명사 어미)〕 6

robe[roub] 명 길고 헐거운 옷,《흔히 복수》예복, 관복(官服)《교수복, 승려복, 법관복 따위》. 동 입다. 3
〔《프》 *robe* ←《고대 독》 *raup* booty, spoil 전리품〕; 원 뜻은 살해된 자에게서 뺏은 옷(a garment taken from the slain); rob와 같은 계통의 말〕
disrobe[dísroub] 동 옷을 벗기다(undress), 박탈하다(strip) 〔of〕. 〔dis-+robe〕 ☞ rob

robin[rɔ́bin] 명 울새, 구조(駒鳥). 2
〔《프》 *Robin* (Robert의 애칭); 가슴이 붉다고 해서 redbreast라고도 한다〕

robot[róubɔt] 명 인조인간, 로보트.
〔《체코》 *robota* work 일, *robotnik* workman 일군, 노동자, slave 노예; Karel Capek [kárel tʃápek] (1890~1938)의 희곡 R. U. R.(*Rossum's Universal Robots*) (1929)에서 사용한 이 름이 유명해져서 영어에 들어오게 된 말이다. robota는《독》 *arbeit* work와 같은 계통의 말이다〕

robust[ro(u)bʌ́st] 형 억센(sturdy), 강한(strong), (운동 따위가) 심한(vigorous), (상식 따위가) 건전한(sound). 반 delicate 허약한.
〔《래틴》 *rōbustus* strong 강한←*rōbur* strength 힘, a tough tree 딱딱한 나무, oak〕

rock¹[rɔk] 명 바위,《미 속》암초(暗礁), 돌(stone). 1
〔《고프》 *roke*, *ro(c)que*, *roche*〕

rock²[rɔk] 동 흔들다, 흔들리다.
〔《중영》 *rokken* 《고영》 *roccian*; *cf.* 《독》 *rücken*〕

rocky[rɔ́ki] 형 바위가 많은; 부동의, 태연한; 무정한; 불안정한. 〔rock+-y (형용사 어미)〕 4

참고 미국 속어로는 rock를 크고 작고 간에 단순히 "돌(stone)"이라는 뜻으로 사용하고 있다. 특히 돌팔매질할 때의 돌은 rock라고 하는 것이 보통이다.

The boys threw *rocks* (=stones) through the window and then ran away. 그 소년들은 창으로 돌을 던지고 도망쳤다.

rocket[rɔ́kit] 명 봉화, 화전(火箭); 분사 비행기, 로켓트. 동 봉화를 울리다, 화전을 쏘다, (꿩 따위가) 꼿꼿이 날아오르다. 9
〔《프》 *roquet* 또는《이태》 *rocchetta* bobbin 실패, 괘 또 실감개 대←*rocca* 실감개 대; 그 모양이 원통형으로 생겨서 실감는 대와 비슷하므로〕

rod[rɔd] 명 가늘고 긴 막대, 낚싯대, 채 찍(stick); 《척도》 로드 (5.5yds.). 2
Spare the *rod* and spoil the child. 《속담》매를 아끼면 아이를 버린다. 미운 자식은 먹으로 다스리고 예쁜 자식은 매로 다스려라.

give the ~ 매질하다.

rodent[róud(ə)nt] 명, 형 설치류(齧齒類)(의).
〔《래틴》 *rōdentem* gnawing 씹는 ← *rōdere* gnaw 씹다〕

roe[rou] 圀 어란(魚卵), 곤이(鯤鮧). 6
rogue[roug] 圀 악한(rascal), 장난군 (urchin). 5
[《폐어》 *roger* begging vagabond 거지, 부랑자]
role[roul] 圀 (배우의) 역할(part), 임무 (duty). 9
[《프》 *role* a roll 두루마리; roll과 같은 어원. 처음에는 배우의 역할을 적어둔 두루마리(roll)를 가리키던 것이 뒤에 "역할"이라는 뜻이 된 것] ☞ roll
roll[roul] 圀 굴리다(revolve); (배가) 옆으로 흔들리다; 감다, 회전하다; 옮겨가다; (녀성 따위가) 울리다. 圀 회전; 두루마리 (scroll), 명부, 표(list), 둥글게 만 빵, 나울거림(undulation), (녀성, 북 따위의) 울림. Ⓟ pitch 앞뒤로 흔들리다. 1
[《고프》 *roller*←《래틴》 *rotula* (*rota* wheel 바퀴의 축소형); cf.《프》 *rouler*]
  call the ~ 점호(點呼)하다, 출석을 부르다; cf. roll-call[róulkɔ:l] 점호, 출석 조사. *make a* ~ *call* 출석을 부르다.
roller[róulə] 圀 로울러, 땅고르는 기계, 흥두깨, 압연기(壓延機), (폭풍 따위가 있을 때의) 큰 파도. [roll+-*er*] 5
통계어 **rotate**[ro(u)téit] 圀 회전하다.
roulette[ru(:)lét] 圀 루울레트 (원반 중앙에 회전하는 작은 원반이 있어서 그 위에 공을 굴려 승부를 하는 노름도구), 우표 자르는 (금을 박는) 기계.
[《프》 *rouelle* wheel 바퀴 + -*ette*(축소 어미)←*rota* wheel 바퀴]
Rome[roum] 圀 로마. 2
  Do in *Rome* as *Rome* does (또는 as the Romans do). 로마에서는 로마 사람들이 하는 대로 하여라; 어디를 가나 그 곳 풍속에 따라 하여라. *Rome* was not built in a day. 로마는 하루에 이루어진 것이 아니다. All roads lead to *Rome*. 같은 목적을 달성하는 데도 방법은 여러가지가 있다.
Roman[róumən] 圀 로마의, 로마인의, 로마 카톨릭교의. 圀 로마 사람, 로마 카톨릭 교도(Roman Catholic). 2
[Rome + -*an*(형용사 어미); Rome은 "로마"의 영어 이름이고, 이탈리아어 이름은 *Roma*이다]
romance[ro(u)mǽns] 圀 중세 기사 이야기, 전기(傳奇)소설; 소설; 연애(love affairs), 모험; (R~=Romance languages) 로맨스 말, 래틴계 언어. 6
[《고프》 *romanz* (*escrire*) (write) in Roman←《래틴》 *Rōmānicē* (*scrībere*) ←*Rōmānus* Roman←*Rōma* Rome]
romantic[ro(u)mǽntik] 圀 공상적인 (imaginative), 소설적인, 낭만주의의. 6
[《프》 *romantique* ← 《고프》 *romant* tale, romance 이야기←*romanz*]
참고 romance는 *romanz* (*escrire*) (write) in Roman "로맨스 말로 (쓰다)"의 뜻에서 book-Latin (문장용 래틴어)에 대하여 평소에 사용하는 회화용 래틴어 즉 로맨스 말(Romance languages)을 써서 지은 작품을 가리켰다. 그런데 이런 작품에는 황당무계한 기사도 이야기를 제재로 하고 지은 것이 많았기 때문에 차차 그런 이야기를 뜻하게 되고 나중에는 그런 따위의 공상적인 이야기나 사랑이나 모험을 중심으로 한 소설을 뜻하게 되었다. 오늘날에는 그런 소설 속에 볼 수 있는 사랑이나 모험을 가리키기도 한다.
roof[ru:f] 圀 지붕, 집. 동 지붕을 덮다 (cover).
rook[ruk] 圀 (유럽산의) 떼까마귀; (트럼프 도박의) 사깃군. 동 (트럼프 따위에서) 속임수로 …에서 돈을 뺏다, (손님에게서) 부당한 대금을 받다. 7
[《고영》 *hrōc*; cf.《독》 *ruch*; 소리를 본딴 말]
room[ru(:)m] 圀 방, *pl*. 하숙, 셋방 (lodgings); 여지, 여유, 장소(space) [for]. 동 《미》 유숙하다 (시키다) (lodge). 1
[《고영》 *rūm*; cf.《독》 *raum* 장소, 공간, 방; 원 뜻은 space, place인데 이런 뜻으로 쓰일 때에는 단수이고, 관사를 필요로 하지 않는다. There is *room* on the shelf for another book. 선반에 책 하나 더 놓을 수 있는 장소가 있다]
  make ~ *for* …… …을 위하여 자리를 비우다. ~ *and board* 식사를 제공하는 하숙.
roost[ru:st] 圀 (닭 따위의) 홰(perch), 새장; 《속어》 (사람의) 잠자리. 동 홰에 앉다, 잠자리에 들다(go to bed).
  at ~ 자리에 든, (사람이) 쉬고 있는 (in bed). *go to* ~ 잠자리에 들다(go to bed). *rule the* ~ 지배하다, 마음대로 다스리다(be master) (rule the roast 라고도 함).

rooster[rúːstə] 图 수탉(cock). ⓑ hen 암탉. [roost+ -er(명사 어미)] 5

root[ruːt] 图 뿌리, 근원(source), 바닥(bottom); 어근(語根). 图 뿌리 박(히)다(strike root), 고착시키다(fix firmly), 근절하다, 《미 속》 (운동 선수 따위를) 응원하다. ⓑ branch 가지. 2
{주의} route[ruːt] "길", rout [raut] "쾨로 파다"와 혼동하지 말 것.

rope[roup] 图 밧줄, 로오프; *pl.* (the ropes) 비결, 요령. 2
[《중영》 *roop* (고영) *rāp* cord, rope 줄; *cf.* 《독》 *reif* circle 고리, hoop, rope]

rose[rouz] 图 장미(꽃). 图 장미(색)의.
[《라틴》 *rosa*←《그》 *rhodon* rose] 1
통계어 **rhododendron**[ròudədéndr(ə)n] 图 석남(石南)(꽃).
[《그》 *rhodon* rose 장미 +*dendron* tree 나무]

rosary[róuzəri] 图 장미꽃밭; 《카톨릭교》 염주(念珠), 로자리오, 염주를 세며 올리는 기도.
[《라틴》 *rosārium* rose garden 장미밭, chaplet 염주←*rosa* rose+ *-arium*]

rosebud[róuzbʌd] 图 장미의 꽃봉오리; 묘령의 미녀; 《미》 사교계에 처음 나오는 처녀(débutante). [rose+bud 봉오리] 7

rosemary[róuzm(ə)ri] 图 《식물》 만년초, 로우즈메리 《지중해에서 나는 상록 관목, 잎에서 향료를 채취한다; 기억과 정조의 상징이다》.
[《라틴》 *rōs marīnus* dew of sea 바다의 이슬; 뒤에 rose와 Mary (the Virgin)의 연상으로 지금과 같이 쓰게 된 것이다]
There's *rosemary* that's for remembrance. 이 만년초는 잊지 말라는 표적이니. (Shakespeare, Hamlet, IV.5.).
☞ rose, Mary, marine, pansy

rosy[róuzi] 图 장미빛의, 혈색이 좋은, 유쾌한 (cheerful), 낙천적인 (optimistic), 유망한 (promising). [rose+ -y(형용사 어미)] 4

rot[rot] 图 (rotted) 썩(히)다, 부패하다; 《속어》망치다(spoil). 图 부패(decay); 《주로 영 속》 어리석은 소리(nonsense, rubbish). 6

rotten[rɔ́tn] 图 썩은(decayed), 남루한, 《속어》 불쾌한(disagreeable); 쓸데없는; 흑독한(beastly). [rot+-en (동사 어미)] 5

rotate[ro(u)téit 《영》, róuteit 《미》] 图 회전하(게 하)다, 순환하다; 윤작(輪作)하다. 9
[《라틴》 *rotātus*←*rotāre* turn like a wheel 바퀴처럼 돌다←*rota* wheel 바퀴]

rotation[ro(u)téiʃ(ə)n] 图 회전, (지구의) 자전, 순환. ⓑ revolution 공전 (公轉). 7
[rotate+ -ion (명사 어미)]
in (또는 *by*) ~ 교대로(in turn).
~ *of crops* 윤작(輪作).

rotatory[ro(u)téitəri, róutət(ə)ri] 图 회전하는, 순환하는. [rotate+ *-ory* (형용사 어미)] 7

rotary[róutəri] 图 회전하는(식의).
图 (the R~=Rotary Club) 로우터리 클럽 《각 클럽이 교대로 회의를 개최한 데서 이런 이름이 생긴 것이다》. 7
[《라틴》 *rotārius*←*rota* wheel 바퀴]
☞ round, roll

rouge[ruːʒ] 图, 图 (입술) 연지(를 바르다).
[《프》 *rouge* red 붉은←《라틴》 *rubeum* red; 《라틴》 *ruber* red와 관계 있음]
☞ red, ruby

rough[rʌf] 图 껄껄한(coarse), 텁수룩한(shaggy); 난폭한. 图 난폭한 사람; 자연 그대로; 깡패(hooligan). 图 거칠게 만들다, 난폭하게 다루다. ⓑ smooth 평탄한. 2
[《중영》 *r(o)ugh, row, ruh* (고영) *rūh* rough; *cf.* 《독》 *rauh*]
동의어 **rough**는 표면이 울퉁불퉁하다거나 꺼칠꺼칠하다는 뜻을 나타내는 일반적인 말이고, **harsh**는 물건이, 손을 대면 기분이 나빠진다는 뜻을 나타낸다. **uneven**은 높이나 폭이 똑 같지 않다는 뜻임에 비해, **rugged**는 땅의 표면에 불규칙적으로 날카로운 것이 튀어나와 있어서 교통의 방해가 된다거나, 얼굴이 우락부락하고 피부가 꺼칠꺼칠하여 무섭고 사납게 생겼다는 뜻이다. **jagged**는 부서진 유리쪽처럼 변두리가 톱니 모양이 되어 있다는 뜻이다.

roughly[rʌ́fli] 图 거칠게; 난폭하게, 예의 없이; 대강, 건듯.

roughness[rʌ́fnis] 图 거칠음, 울퉁불퉁함, 무례함. [rough+ *-ness* (명사 어미)]

round[raund] 图 둥근, 일주의, 완전한

(entire); 토실토실한(plump). 명 원; 일주, 한번 승부. 부 돌아서, 빙빙. 전 …을 둘러싸고, …근처에. 타 둥글게 하다(되다), 돌다; 완성하다.   1
[〈고프〉 roōnd 〈프〉 rond←〈레틴〉 rotundus round 둥근←rota wheel 바퀴] ☞ rotary, roll
동의어 round는 원, 타원, 원기둥처럼 생겼다거나 그 일부분처럼 둥글다는 뜻을 나타내는 가장 흔한 말이다. spherical은 원형 또는 구형(球形)의 물체에 대하여 쓰는 말이고, globular는 구형(球形)이긴 하나 spherical처럼 완전한 구형이 아닌 것을 가리켜 쓰며, circular는 고리나 원반, 쟁반 따위의 둥근 선이나 둥글고 평평한 평면에 대하여 쓰는 말이다.

roundabout[ráundəbaut] 형 우회하는, 에두르는(indirect); 뚱뚱한(plump), 튼튼한(stout). 명 에움길; (도로의) 순환 교통로(traffic circle); 에두르기; 회전 목마(merry-go-round). [round + about] ☞ about

roundly[ráundli] 부 둥글게, 명백히, 무뚝뚝하게(bluntly), 엄하게(severely); 충분히(fully). ☞ rotate, rotary

rouse[rauz] 타 눈뜨게 하다(wake), 일으키다, 북돋우다.   4
~ *oneself* 분기하다.

rout[raut] 명 지리멸렬, 패주(敗走), 폭도(mob). 타 패주시키다.   6
[〈중영〉 route crowd 군중←〈레틴〉 ruptam broken 깨어진 ← rumpere break 깨뜨리다]

route[ruːt] 명 길(way), 항로(course). [raut] 〈군대〉 행군명령(marching order). 타 (어떤 노선을 거쳐) 발송하다 (send).   3
[〈프〉 route←〈레틴〉 ruptam (viam) broken (path) 열려진 (길)←rumpere break 깨다, 개척하다]
en ~ [ãː(n)ruːt, aːnruːt] 〈프〉 도중, 여행 중(on the way).

routine[ruːtíːn] 명 일상의 일, 일정한 절차. 형 일상의, 명소의; 정해 놓은, 틀에 박힌. [route+ -ine(축소 어미)] small route, small path]   8

rove[rouv] 자 배회하다, 돌아다니다 (wander). 명 방랑.   4

rover[róuvə] 명 방황자, 유랑자(wanderer). 해적(pirate).   5
[rove+ -er(사람을 뜻하는 명사 어미)]

row¹[rou] 명 줄, 열(rank), 행(line). 1
[〈중영〉 rowe 〈고영〉 rāw; cf. 〈독〉 reihe row]

row²[rou] 명 배를 젓다. 명 (배)젓기, 배 놀이.
[〈중영〉 rowen←〈고영〉 rōwan row]

row³[rau] 명 소동(disturbance), 법석, 논쟁(squabble), 말다툼. 타 싸우다, 언쟁하다, 꾸짖다(scold).
[rouse에서 만들어진 말] ☞ rouse

royal[rɔ́i(ə)l] 형 왕의, 왕가의, 왕립의, 왕자다운(kingly), 훌륭한(splendid), 위엄 있는(majestic), 당당한.   2
[〈고프〉 roial←〈레틴〉 rēgālem←rēx king 왕; regal과 real (옛날 스페인 화폐 단위)의 혼성어]
~ *road to* …에의 빠른 길.

royally[rɔ́iəli] 부 왕으로서, 왕답게, 훌륭히, 당당히.

royalty[rɔ́i(ə)lti] 명 왕으로 있음, 왕위, 왕족; 인세(印稅); 광구(鑛區) 사용료, 상연료. [royal+ -ty(명사 어미)] 7 ☞ regal

R.S.V.P. 답장해 주십시오(please answer) 《초대장에 쓰는 말》.
[〈프〉 *Répondez s'il vous plaît* [repɔ̃de sil vu plɛ] Reply, if you please]

rub[rʌb] 타 문지르다, 훔치다(wipe), 닦다(polish), 닳다.   2

rubber[rʌ́bə] 명 탄성 고무, 고무 지우개(eraser), *pl.* 고무신. 타 〈미 속〉 구경하려고 목을 길게 빼다. [rub+ -er (명사 어미)]   3

rubberneck[rʌ́bənek] 명 〈미 속〉 목을 길게 뽑고 자꾸만 보고 싶어하는 사람 (관광객 따위). 자 목을 길게 뽑고 자꾸만 보고 싶어하다. [rubber+neck]
a ~ *bus* 관광뻐스(sight-seeing bus).

rubbish[rʌ́biʃ] 명 쓰레기(trash), 헛소리(nonsense).   7

ruby[rúːbi] 명 루비, 홍옥(紅玉), 루비색, 루비색인 굴레; 빨간 포도주.   5
[〈레틴〉 *rubeus* red 붉은]

rouge[ruːʒ] 명 〈화장용〉 연지, 입술 연지, 볼 연지; *cf.* Moulin Rouge 붉은 풍차(Red Windmill; 파리에 있는 고급 요정 이름).

rubicund[rúːbikənd] 형 붉은 얼굴의. [〈레틴〉 *rubicundus←rubēre* be red 붉다←*rubeus* red 붉은] ☞ red

rucksack[rʌ́ksæk] 명 룩새크, 배낭(背囊).

[《독》 *rucken* (*rücken* back의 남독일 방언) +*sack* sack 주머니] ☞ sack
~**ed** [-t] 룩새크를 맨.

rudder[rʌ́də] [명] (배의) 키, (비행기)의 방향타(方向舵), 지도원리, 지도자. 9
[《중영》 *roder, rother* 《고영》 *rōther*; *cf.* 《독》 *ruder*]

ruddy[rʌ́di] [형] 붉은, 혈색이 좋은. 6
[《고영》 *rudig*←*rudu* red 붉은]
☞ red

rude[ru:d] [형] 야만의(barbarous), 무례한(impolite), 난폭한(violent), 조야한, 자연 그대로의, 가공하지 않은, 막 만든, 거친(rough). [반] civil 문명의. 2
[《프》 *rude*←《래틴》 *rudis* raw 날고기의, 가공하지 않은]
rudely[rú:dli] [부] 난폭하게, 조야하게, 버릇없이, 거칠게.
rudeness[rú:dnis] [명] 무례함, 조야(粗野), 야만, 마구 만듦. [rude+ *-ness*]
rudiment[rú:dimənt] [명] *pl.* 기초, 초보, 《생물》 퇴화 기관. 8
[《래틴》 *rudīmentum* beginning 시작 ←*rudis* unwrought 가공되지 않은; a thing in the first rough state 맨 처음의 조잡한 상태의 물건]
rudementary[rù:diméntəri] [형] 기초의, 초보의, 미발달의. [rudement+ *-ary* (형용사 어미)]

rue[ru:] [동] 후회하다(regret), 슬퍼하다. [명] 《고어》 후회, 슬픔, 《시》 불쌍함. 6
[《중영》 *rewen* 《고영》 *hrēowan*; *cf.* 《독》 *reuen*]
rueful[rú:f(u)l] [형] 후회하는, 슬퍼하는, 애석해 하는. [rue+ *-ful*] 10
ruefully[rú:fuli] [부] 후회하여, 애석해 하며, 기가 죽어서. ☞ ruthless

ruffian[rʌ́fjən] [명] 폭한, 악한, 불량배. [형] 흉악한. 6

ruffle[rʌ́fl] [동] 구기다, 주름잡다, (털 따위를) 흩뜨리다, 물결을 일게 하다(disturb), (마음을) 어지럽히다, 노하(게 하)다. [명] 주름 장식, 잔물결. 5

rug[rʌg] [명] 무릎 덮는 담요, 작은 양탄자; 두터운 모직물. 3
[《스웨덴》 *rugg* rough entangled hair 거칠고 엉클어진 머릿털]

rugged[rʌ́gid] [형] 울퉁불퉁한, 엄격한(severe), 튼튼한(sturdy), 귀에 거슬리는. [*rug* rough+ *-ed*] 5

ruin[ruin] [명] 파멸(destruction), 파산(bankruptcy), *pl.* 유적, 폐허. [동] 파멸하다, 몰락하(게 하)다, 파산하(게 하)다. 2
[《프》 *ruine*←《래틴》 *ruīna* overthrow 파괴, 전복←*ruere* rush 돌진하다, fall down 떨어지다]
[동의어] **ruin**은 썩어 무너지는 상태나 허물어진 상태를 뜻하는 말로, 특히 외적인 원인에서가 아니고 자연적으로 생긴 것을 가리킨다. **destruction**은 화재, 홍수, 폭발 따위로 생긴 파괴나 전멸이다. **havoc**은 지진이나 태풍에 따르는 파괴나 전멸을 뜻하고, **dilapidation**은 태만이나 등한하게 함으로써 생기는 파괴 상태나 빈약한 상태를 뜻하는 형식적인 말이다.
ruinous[rúinəs] [형] 파멸적인, 몰락하게 하는, 황폐한. [ruin+ *-ous*] 9

rule[ru:l] [명] 규칙, 법칙(law); 관례(custom); 지배(권)(government); 자. [동] 지배하다, 억제하다(control); 결재하다(decide), 줄을 긋다. 1
[《고프》 *riule*←《래틴》 *rēgulam* straight stick 곧은 작대기, ruler 자←*regere* rule 통치하다; *cf.*《프》 *règle*]
☞ regent, rail, rector, rectum, correct
as a ~ 일반적으로, 대개, 보통(usually). ***by*** ~ 규정대로. ~ ***of thumb*** 경험에서 얻은 법칙, 주먹구구.
ruler[rú:lə] [명] 지배자, 통치자; 자. 3
[rule+ *-er*(명사 어미)]

rumble[rʌ́mbl] [동] (우뢰나 포성이) 우르르 소리 나다, 울리다. [명] 우르르, 덜컥덜컥, 울림. [소리를 본딴 말] 7

ruminate[rú:mineit] [동] 되새기다, 반추(反芻)하다(chew the cud); 여러 가지로 생각하다(meditate). 9
[《래틴》 *rūminātus, rūminārī* chew the cud←*rūmen* throat 목구멍]
ruminant[rú:minənt] [형] 되새김질하는, 심사 숙고하는. [명] 되새김 동물.

rumo(u)r[rú:mə] [명] 풍설, 평판, 유언비어. [동] 소문 내다. 4
[《래틴》 *rūmōrem* noise 시끄러운 소리; *cf.* 《프》 *rumeur*]
It is ~ed that…이라는 소문이다.
☞ rumble, ruminate

rump[rʌmp] [명] (새, 짐승의)궁둥이(살), 나머지, 잔당(殘黨). 7

run[rʌn] [동] (ran, run) 뛰다, 움직이다, 계속하다, 경영하다; 써어 있다; 입후보하다; 흐르다. [명] 달리기, 뛰기,

(한 번 계속되는) 항해, 여정(旅程); 팔리는 경향; 연속(공연); 경마; 득점. ⓐ walk 걷다, standstill 정지. 1
~ *across* 우연히 만나다(meet by chance). ~ *against*… …에 충돌하다, …과 우연히 만나다(run across). ~ *away* 도수하다, 탈주하다(flee, escape). ~ *in debt* 빚을 지다. ~ *on* 막 달아나다(run continuously), 계속하다(continue). ~ *out* 흘러 나오다, 새어 나오다, 돌출하다, 서다, 그치다. ~ *over* (차가) 사람을 치다; 급히 훑어보다(read through quickly). ~ *short* (*of*…) (…이) 결핍되다. *in the long* ~ 드디어, 결국(in the end).
runaway[rʌ́nəwei] ⓑ 도망친 사람, 도망. ⓗ 도망친. [run+away] 8
runner[rʌ́nə] ⓑ 경주자, (썰매, 스케이트 따위) 활주부(滑走部), 심부름군. [run+ -*er*(명사 어미)] 5
running[rʌ́niŋ] ⓑ 경주. ⓗ 달리는, 흐르는. [run+ -*ing*]
rupture[rʌ́ptʃə] ⓑ 파열, 단절, 불화; 탈장(脫腸), 헤르니아(hernia). ⓥ 깨뜨리다(break), 결교하다.
[《래틴》 *ruptūra* ← *rumpere* break]
☞ bankrupt, corrupt, interrupt, disrupt, route
rural[rúər(ə)l] ⓗ 시골(식)의, 전원의, 농촌의. ⓐ urban 도시의. 3
[《래틴》 *rūrālis* ←*rūr-*, *rūs* country 시골+-*ālis*,-*al* (형용사 어미)]
[동의어] **rural**은 시골의 생활에 관하여 말하는 일반적인 말이다. **rustic**는 시골의 소박함이나 투박함을 특히 강조한 말이다. **rural**에는 나쁜 뜻이 없으나 **rustic**에는 나쁜 뜻과 좋은 뜻이 다 있는 셈이다. **pastoral**은 원래 목동의 생활을 뜻하였으나 지금은 이상적으로 된 전원 생활의 원시적이고 간소함을 뜻한

다. **bucolic**은 약간 멸시조로 하는 말로 시골뜨기에게 따라다니는 투박스러움을 특히 강조한다.
rustic[rʌ́stik] ⓗ 시골의, 시골식의 (rural), 소박한(uncouth), 시골뜨기의. ⓑ 시골뜨기, 농부(peasant). ⓐ urbane 세련된. 4
[《래틴》 *rūsticus*←*rūs* country 시골]
rush¹[rʌʃ] ⓥ 돌진하다(사키다), 쇄도(殺到)하다; 경솔히 하다; 재촉하다. ⓑ 돌진, 서두름(hurry); 대수요(pressing demand). 1
[《중영》 *ruschen*; *cf.* 《독》 *rauschen*]
~ *hours* (출 퇴근시의) 혼잡한 시간.
rush²[rʌʃ]ⓑ(자리 따위를 만드는) 골풀.
[《중영》 *rusche*, 《고영》 *risce*; *cf.* 《독》 *rush*]
Russia[rʌ́ʃə] ⓑ 러시아. 3
[《프》 (*la*) *Russie* ←《러시아》*Rus* Russians 러시아인+ -*ia*(국토를 뜻하는 명사 어미)]
Russian[rʌ́ʃ(ə)n] ⓑ,ⓗ 러시아(의), 러시아 사람(말) (의). [Russia+ -*an*]
rust[rʌst] ⓑ 녹. ⓥ 녹슬(게 하)다. 3
[《고영》 *rūst*; *cf.* 《독》 *rost*]
rusty[rʌ́sti] ⓗ 녹슨(rusted), 색이 낡은(faded); 쉰 목소리의(hoarse). 5
[rust+ -*y*] ☞ red, russet, rubric
ruthless[rúːθlis] ⓗ 무자비한(pitiless), 잔인한(cruel). 8
[ruth 불쌍히 여김 +-*less* (형용사 어미); without pity 불쌍히 여기지 않는]
rye[rai] ⓑ 라이 보리 《검은 빵(black bread), 위스키의 원료 또는 가축의 사료로 씀》; 《미》 라이 보리로 만든 위스키(rye whisky). *cf.* wheat 밀, barley 보리. 4
[《중영》 *reye* 《고영》 *ryge*; *cf.* 《독》 *roggen*]

S

sabbath[sǽbəθ] ⓑ 안식일 《유태교에서는 토요일, 기독교에서는 일요일, 회교에서는 금요일》. 4
[《헤브류》 *shābath* to rest 쉬다]
sabbatic(al)[səbǽtik(əl)] ⓗ 안식일의, 안식의, 휴식의.

[《그》 *sabbatikos* ← *sabbaton* rest 휴식←《헤브류》*shabbāth* rest 휴식←*shā-bath* to rest 휴식하다]
~ *leave* 《미》 안식휴가 《미국 대학에서는 7년에 한번씩 휴양을 위해 대학 교수들에게 1년이나 반년의 휴가를 준다;

sabbatical year 라고도 함)).

sabre, saber[séibə] 图 기병용 지휘도, 세이버; (the saber) 무력. 10
[((프) *sabre* (*sabel*의 변형)←(독) *sabel*, *säbel*]

sack¹[sæk] 图 큰 자루, 부대(large bag), (젖먹이 따위의) 헐렁한 저고리(sack coat). 图 자루에 넣다; 《속어》해고(解雇)하다(dismiss). 2
[((헤브류) *saq* sack-cloth 부대용 마포, a sack of corn 곡식 부대]

give (또는 *get*) *the* ~ 《속어》 파면하다 (또는 파면되다), 퇴짜 주다 (퇴짜 맞다).

sackcloth[sǽkklɔ:θ] 图 부대용 마포 (麻布), 참회복 (처음에는 염소털로 만들어졌다).

in ~ *and ashes* 슬픔에 잠겨서, 몹시 후회하여. [《성서》 창세기 (Genesis xxxvii, 34]

sack²[sæk] 图, 图 약탈(하다)(plunder).
[((프) *sac* ruin 파괴, 약탈←(래틴) *saccāre* put in a sack 부대에 넣다←*saccus* sack 부대←(그) *sakkos*←(헤브류) *saq*]

sacrament[sǽkrəmənt] 图 《종교》 성례전(聖禮典) (세례, 성찬 따위), (the Sacrament) 성찬(식), 만찬(식) (the Eucharist; Lord's Supper); 성체(聖體), 성찬용 빵 (흔히 the Blessed 또는 Holy Sacrament라고 함); 신비, 비적(秘蹟), 서약. 3
[((래틴) *sacrāmentum* engagement 약속, military oath 군사상의 서약←*sacrāre* render sacred 신성하게 하다← *sacr-, sacer* sacred 신성한]

☞ **sacred**

sacred[séikrid] 图 신성한(holy), 신에게 바치는(dedicated). ⓐ profane 신성하지 않은. 3
[((래틴) *sacrāre* render sacred 신성하게 하다←*sacr-, sacer* sacred 신성한]

sacrifice[sǽkrifais] 图, 图 제물(로 바치다), 희생(하다). 2
[((래틴) *sacrifice*←(래틴) *sacrificium* rendering sacred 신성하게 하기←*sacrificāre* sacrifice 제물로 바치다←*sacri-, sacer* sacred 신성한 +*-ficāre* ←*facere* make; make sacred 신성하게 하다]

the last (또는 *great, supreme*) ~ 최후의 (또는 위대한, 최고의) 희생 (조국을 위한 전사; death for one's country).

sacrificial[sækrifíʃ(ə)l] 图 제물의, 희생의. [*sacrifice* + *-ial* (형용사 어미)]

sacrilege[sǽkrilidʒ] 图 신성 모독, (성직, 성물에 대한) 불경한 행동(profanation).
[((래틴) *sacrilegium* stealing of sacred things 성물을 훔침←*sacri-, sacer* sacred 신성한 + *leger* gather 모으다, steal 훔치다; 성물을 훔치기]

sacrilegious[sækrilídʒəs] 图 신성을 모독하는, 교회 도적의, 신앙심이 없는.
[*sacrilege* + *-ous* (형용사 어미)]

☞ **saint**, **sanctuary**, **fact**, **edifice**

sad[sæd] 图 슬픈(sorrowful), 서러운; 《속어》(강조하는 말로 써서) 괘씸한(bad), 지독한. ⓐ glad 기쁜. 1
[(고영) sæd sated; 배부르게 먹은, 배가 부른←싫증난→슬픈; *cf*. (독) *satt* full of stomach 배부른]

[동의어] **sad**는 가벼운 순간적인 불쾌감에서 격렬한 슬픔에 이르기까지의 감정을 나타내는 일반적인 말이다. **sorrowful**은 어떤 것을 손실해서나 실망에 의하여 생기는 슬픔을 뜻하며, **melancholy**는 만성적인 슬픔이나 우울, 애수를 암시한다. **dejected**는 실패나 실망에 의한 낙심이나 사기가 저하됨을 암시한다. **depressed**는 심신이 피로해서 기분이 저조됨을 뜻하고, **doleful**은 sad의 뜻에 melancholy의 뜻을 포함한 문장 용어이다.

sadden[sǽdn] 图 슬프게 하다, 슬퍼하다. [*sad* + *-en* (동사 어미)] 9

sadness[sǽdnis] 图 슬픔, 비탄(sorrow). [*sad* + *-ness*] 4

saddle[sǽdl] 图 (말, 자전거 따위의) 안장; 새들. 图 안장을 얹다; (책임) 지우다(burden). 2
[(고영) *sadol*; *cf*. (독) *sattel*]

safe[seif] 图 안전한, 무사한 [from]; 확실한(secure), 조심성 있는(careful). 图 금고(strongbox), (환기 장치가 있는 식료품) 찬장. ⓐ dangerous, unsafe 위험한. 1
[((프) *sauf* safe 안전한←(래틴) *salvus* safe; salvation 참조]

[동의어] **safe** (图 safety)는 손해나 위험, 상해 따위를 받는다거나 줄 위험이 없다는 뜻이고, **secure** (图 security)는

보통 어떤 사물에 대하여 걱정할 필요성이 없다는 뜻이다.

safely[séifli] [부] 안전하게, 무사히; 단단히, 틀림없이.

safety[séifti] [명] 안전, 무사. [반] danger 위험. 〔safe+ *-ty*(명사 어미)〕 2

☞ save, salvation, salvage

sagacious[səgéiʃəs] [형] 현명한(wise),지혜로운(intelligent), 기민한(shrewd). [반] idiotic 우둔한. 10

〔《래틴》 *sagāci-*, *sagax* of quick perception 쉽사리 알아듣는+ *-ous* (형용사 어미)←*sāgīre* perceive by the sense 감각으로 알다〕

sagacity[səgǽsiti] [명] 현명함, 총명. 〔《래틴》 *sagācitātem*←*sagax*; sagacious+ *-ity*〕 ☞ seek 8

sage[1][seidʒ] [명] 성인, 현인. [형] 현명한(wise); 《빈정대는 말》 현인인 체하는, 점잖은 체하는. [반] fool 바보, foolish 어리석은. 4

〔《프》 *sage*←《래틴》 *sapius*←*sapere* be wise 현명하다; 이말은 *homo sapiens* [hóumou séipiənz] (인간)에서 볼 수 있는 *sapiens* knowing "아는"과 같은 것〕

sage[2][seidʒ] [명] 《식물》 (약용 또는 식용) 쎌비아(의 잎), 《미》 =sagebrush.

〔《고프》 *sauge*←《래틴》 *salviam* sage 약용 쎌비아←*salvāre* to heal 치료하다←*salvus* safe 안전한, sound 건전한, hale 건강한; 이 식물이 병을 낫게 하는 힘이 있다고 생각했기 때문〕

sagebrush[séidʒbrʌʃ] [명] 《집합적》 (북미 불모지에 나는) 사재발쑥.

☞ safe, salvage

sail[seil] [명] 돛; 배(ship), (특히) 돛단배, 《집합적》 선박(ships), …척(隻); (바람개비, 풍차 따위의) 날개; 항해. [동] 돛을 달고 달리다, 항해하다, 출범(出帆)하다(set sail); 당당하게 나아가다, (특히 부인이) 거드름피우며 걷다.

〔《고영》 *segel*; *cf.* 《독》 *segel*〕 1

~ ***against the wind*** 바람에 거슬러 항해하다, 여론에 어긋나는 짓을 하다. ~ ***before the wind*** 순풍에 돛을 올리다, 척척 잘 되어 가다. ***set*** ~ 출범하다, 돛을 올리고 떠나다. ***take the wind out of a person's*** ~ 다른 배의 웃목에 가서 바람을 막다, 남을 앞지르다. ***under*** ~ 돛을 올리고, 항해 중이어서.

sailor[séilə] [명] 수부(seaman, mariner), 수병, 선원. 〔sail+ *-or*(사람을 뜻하는 명사 어미)〕 2

a good (또는 ***bad***) ~ 배멀미를 잘 안 하는 (또는 잘히는) 사람.

[참고] sailer라는 말도 있으나 이것은 기선(steamer)에 대하여 "돛단 배, 범선"을 뜻하는 말이다. 또 이 말에 형용사를 붙여서 속력을 나타내기도 한다. good (또는 fast, swift) *sailer* 속력이 빠른 배, a bad (또는 poor, slow) *sailer* 속력이 느린 배.

saint[《강》seint, 《약》s(ə)n(t)] [명] 성도(聖徒), 성… 《St. S.; *pl.* Sts., SS.로 줄여 씀》. [반] saintess 성녀. 2

〔《프》 *saint*←《래틴》 *sanctus* holy 신성한←*sancīre* render sacred 신성하게 하다〕

[주의] 단독으로는 [seint]로 발음되나, 다른 말 앞에 올 때에는 [sənt, sint, snt, sən, sin, sn] 따위로 발음된다. 이런 발음 경향은 영국에 많다. St. Agnes[sntǽgnis], St. Paul[snt pɔ́:l, sn pɔ́:l]

saintly[séintli] [형] 성도다운, 덕이 높으신. 〔saint+ *-ly*(형용사 어미)〕 2

☞ sacred

sake[seik] [명] 위함, 이익, 목적, 이유. 〔《고영》 *sacu* contention 경쟁, cause 목적; *cf.* 《독》 *sache* thing, affair 일, 사건〕 2

for conscience' ~ 마음을 편하게 하려고. ***for God's*** (또는 ***goodness', mercy's***) ~ 제발, 아무쪼록. ***for the*** ~ ***of…=for …'s*** ~ …을 위하여.

salad[sǽləd] [명] 샐러드, 생채, 샐러드용 야채, (특히) 양상치(lettuce). 5

〔《프》 *salade*←《중 이태》 *salata* a salad of herbs 약초의 소금절임←*salare* to salt 소금에 절이다←《이태》*sale* salt 소금←《래틴》 *sāl* salt 소금〕

salary[sǽləri] [명] 봉급, 샐러리. [동] 《주로 과거분사로 쓰임》 봉급을 치르다. 〔《프》 *salaire*←《래틴》 *sālarium* salt-money 소금 돈←*sāl* salt 소금; 고대 로마 시대에 소금을 사기 위하여 병정에게 지불된 돈→병사의 봉급→봉급; *cf.* soldier〕

Miners are wage-earners, whereas teachers are *salaried* men. 광부는 급료를 받는 사람들이나, 교사는 월급을 받는 사람들이다. *cf.* wage.

☞ salad, salt, sauce, sausage

sale[seil] [명] 판매, 매상고, 《보통 복수》 특매, 헐값에 팔기(clearance sale). [반] purchase 구입. 2
for (또는 *on*) ~ 팔려고 내놓은.
salesman[séilzmən] [명] 판매원, 점원, 외교원. 6
〔sale 판매 + -*'s* (소유격 어미)+man; *cf.* craftsman〕 ☞ sell, wholesale

salient[séiljənt] [형] 튀어나온, 현저한 (prominent).
〔《래틴》 *salientem*←*salīre* leap 뛰다〕
sally[sǽli] [동] (문을 열고) 출격하다 (rush out), (산책 따위에) 나가다. [명] (포위된 군대의) 출격, 소풍 (excursion). 5
〔《프》 *saillir* issue forth 나아가다, leap 뛰어 오르다←《래틴》 *salīre* leap〕
☞ salmon, exult, desultory, insult, result

saliva[səláivə] [명] 침(spittle), 타액. 8
〔《래틴》 *salīva* spittle 침〕
salivate[sǽliveit] [동] 침을 흘리다.
〔《래틴》 *salīvātus*←*salīvāre* spit 침뱉다; saliva+ -*ate*(동사 어미)〕

sallow[sǽlou] [형] (얼굴이 병적으로) 누르스름한, 혈색이 나쁜, 흑색의. 10

salmon[sǽmən] [명] 《단수와 복수가 같음》 연어, 연어고깃빛. 6
〔《래틴》 *salmōnem*←*salmo* a salmon 연어←*salīre* leap 뛰어오르다; leaping fish 뛰는 고기〕 ☞ salient

salon[sǽlɔ̃:(ŋ)] [명] (프랑스 따위의 대저택의) 넓은 방, 객실, (특히 빠리 상류사회의 부인 객실에 있어서의) 초대회, 《비유》 상류사회.
〔《프》 *salon*←《이태》 *salone* saloon 넓은 홀←*sala* hall 넓은 방, saloon과 같은 어원〕
the ~ 살롱 《매년 개최되는 빠리의 현대 미술협회》.
saloon[səlú:n] [명] (호텔 따위의) 넓은 홀(hall), (배 속의) 휴게실, 《미》 특별객차(saloon-car), 여객기의 객실, 《영》 오락장 (따위), 세단형의 자동차의 일종(《미》 sedan). 〔salon의 변한 꼴, salon+ -*oon*(명사 어미); 어미 -*oon*에는 언제나 액센트가 있음; *cf.* baloon〕
a billiard ~ 당구장. *a dancing* ~ 댄스홀. *a dining* ~ 식당차. *a sleeping* ~ 침대차. *a hair-dresser's* (또는 *shaving*) ~ 이발소. ~ *cabin* 일등선실. ~ *passenger* 일등선객. ~ *pistol* 《영》 사격장 용 권총.
[참고] saloon을 오락장의 뜻으로 쓰는 것은 영국에서의 일이고, 미국에서는 parlor, hall을 많이 쓴다. 미국에서는 saloon은 술집을 뜻하기도 한다.

salt[sɔ:lt] [명] 소금; 기지(機知 wit), 자극; (보통 old salt) 수부(sailor). [형] 짭잘한, 소금에 절인. [동] 소금에 절이다. *cf.* sugar 설탕, soy 간장, bean paste 된장, vinegar 초, pepper 후추, red pepper 고추, cayenne pepper, hot bean paste 고추장, ground red pepper 고추가루. 1
〔《고영》 *sealt*; *cf.* 《독》 *salz*, 《래틴》 *sāl*〕
saline[séilain] [형] 염분이 있는. [명] 짠물; 호수; 염류(鹽類).
〔《프》 *salin(e)* ←《래틴》 *salīnus* salt; pits 염전←*sāl* salt 소금〕
saltish[sɔ́:ltiʃ] [형] 약간 짠, 건건한.
〔salt+ -*ish*〕
salty[sɔ́:lti] [형] 건건한, 짭잘한. 〔salt + -*y*(형용사 어미)〕
☞ salary, salad, sauce, sausage

salute[səlú:t] [명], [동] 인사(하다), 경례(하다); 예포(를 놓다). 4
〔《래틴》 *salūtāre* wish health to 건강을 축원하다, greet 인사하다←*salūt-salūs* health 건강; 건강을 축원하다 →기분이 어떠냐고 말하다→인사하다〕
salutation[sælju(:)téiʃ(ə)n] [명] 인사(의 말). 〔salute+-*ation*(명사 어미)〕 7

salve[1][sɑ:v, sælv] [명] 《시》 고약 (*cf.* lip salve), (상처 입은 감정, 양심의 괴로움 등을) 낫게 하는 것 (for); 《속》 아첨. [동] (상처에) 고약을 바르다, (감정, 자존심 따위를) 가라앉히다(soothe). 10

salve[2][sælv] [동] (해난, 화재 따위에서) 구조하다, 구출하다(salvage). 10
〔《래틴》 *salvāre* save 구조하다←*salvus* safe 안전한〕
salvage[sǽlvidʒ] [명] 해난 구조, (침몰선의) 인양(작업), (화재 따위의) 재산 구조, 구조된 재산, 구조금. [동] (해난이나 화재에서) 구조하다. 〔salve+ -*age*〕
salvation[sælvéiʃ(ə)n] [명] 영혼의 구제, 구제자, 구제수단. 〔salve+ -*ation* (명사 어미)〕 5
salvo[sǽlvou] [명] (*pl.* -s, -es) 일제사격 《인사나 전투를 위한 것》, 일제히 하는 박수갈채(round of cheers).

same 493 sane

[《이태》 salvo←《래틴》 salvē hail! be in good health 만세! 건강하시기를← salvere be safe 안전하다]
☞ save, safe
same[seim] 혱 (the same) 같은, 동일한(identical), 앞에 쓴. 명 (the same) 같은 사람, 같은 일, 같은 것; 먼저 쓴 것 (말한 것). 븟 똑같게(in the same manner). 빈 other 다른, different 다른. 1
  all (또는 *just*) *the* ~ 전적으로 같은, 아주 같은, 아무래도 좋은(indifferent), 그래도(still). *much the* ~ 거의 마찬가지인. *one and the* ~ 동일한. *the* ~ *as* … …과 같은 종류의. *the* ~ *that* … …과 동일한. ☞ similar
sameness[séimnis] 명 동일성, 같음, 꼭 비슷함, 개성, 단조로움. [same+ -ness (명사 어미)]
sample[sá:mpl] 명, 통 견본(을 뜨다), 표본(을 취하다), 시식(試食)(하다). 4 [example의 준말] ☞ example
sanction[sǽŋ(k)ʃ(ə)n] 명 재가(裁可), 인가, 승인(approval), 상벌, 제재. 통 재가하다, 인가하다(approve). 7 [《래틴》 sanctiōnem ← sanctio a rendering sacred 신성하게 하기←sanctus sancīre render sacred 신성하게 하다; sacred 참조]
sanctify[sǽŋ(k)tifai] 통 신성하게 하다, 죄를 깨끗이 씻다(purify), 정당화하다(justify). 6
[《프》 sanctifier←《래틴》 sanctificāre make holy 신성하게 하다←sancti, sanctus holy 신성한+ -ficāre facere, make]
sanctity[sǽŋ(k)titi] 명 신성함(sacredness), 존엄성, 맑고 깨끗함, pl. 신성한 의무 (또는 감정). 8
[《래틴》 sanctitās holiness 신성함← sanctus holy 신성한; cf. 《프》 sainteté]
sanctuary[sǽŋ(k)tju(ə)ri] 명 성당, 성역(聖域), 피난소(refuge, asylum), 보호 구역,《사냥》 수렵금지 기간 (또는 구역). [《래틴》 sanctuārium a shrine 성당, 신전←sanctus holy 신성한; cf. 《프》 sanctuaire] 5
sanatorium[sæ̀nətɔ́:riəm] 명 (pl. -s, -ria) (특히 결핵 환자를 위한) 요양소(sanitarium), 요양지(health resort). [《래틴》 sānātōrius sanatory 병을 낫게 하는←sānātivus←sānātus, sānāre cure 치료하다← sānus healthy 건강한]

sanitarium[sæ̀nitɛ́əriəm] 명 (pl. -s, -ria) (결핵 환자를 위한) 요양소(sanatorium), 요양지. [sanitary 위생적인 + -arium(명사 어미)]
☞ sane, sanitary
참고 영국에서는 sanatorium을, 미국에서는 sanitarium을 보통 쓴다. 미국에서는 둘을 구별하지 않고 동의어로서 쓰기도 하나, 쾌적한 자연환경 속에서 휴식이나 병의 회복을 목적으로 하는 요양소적인 성격을 가진 것을 sanatorium이라 하고, 결핵 따위의 특정한 병을 치료하기 위하여 그 환자를 수용하는 곳을 sanitarium이라고 구별해서 쓰기도 한다.
sand[sænd] 명 모래, pl. 모래밭, 모래사장, 사막, 사주(砂洲); pl. 모래시계의 모래알,《미·속》용기(courage). 1 [《고영》 sand; cf. 《독》 sand]
sandstone[sǽn(d)stoun] 명 사암(砂岩). [sand+stone] 8
sandy[sǽndi] 혱 모래가 많은, 모래밭의. [sand+ -y(형용사 어미)] 3
sandal[sǽnd(ə)l] 명 (옛날 그리이스, 로마의) 짚신 모양의 가죽신, (부인용) 샌들. 7
[《프》 sandale←《래틴》 sandalia←《그》 sandalion, sandalon (가죽끈으로 묶어 놓은 나무로 된 신바닥)의 축소형]
sandwich[sǽnwitʃ《영, 미》, sǽnwidʒ《영》, sǽndwitʃ《미》] 명 샌드위치 (모양의 물건), =sandwichman. 통 사이에 끼우다. 5
[4th Earl of Sandwich인 John Montague (1718~1792)가 식사하는 시간도 아까워서 빵조각 사이에 차게 식힌 쇠고기를 끼운 것 이외에는 아무 것도 먹지 않고 스물네 시간 계속해서 노름을 한 일에서 그의 영지인 Sandwich를 딴 말; 《고영》 Sandwic Sandwich Kent주 (州)의 한 도시]
sandwichman[sǽndwidʒmæn] 명 샌드위치맨 《몸의 앞뒤에 광고판을 걸치고 다니는 광고꾼》
sane[sein] 혱 제정신의, 정당한(reasonable), 온건한. 빈 insane, mad 미친. [《래틴》 sānus of sound mind 건전한 정신의, whole 온전한, safe 안전한] 8
sanity[sǽniti] 명 제정신, (사상 따위

의) 건전성. [반] insanity 발광, 실성. 〔sane+ *-ity*(명사 어미)〕

sanitary[sǽnit(ə)ri] [형] 위생의, 위생적인, 청결한(clean). 6
〔《래틴》 *sānitās* health 건강 +*-ary* (형용사 어미)←*sānus*〕

sanitation[sæ̀nitéiʃ(ə)n] [명] 공중위생, 위생시설; 하수도 설비. 〔sanitary + *-ation* (명사 어미)〕 8
☞ sanatorium, sanitarium

sanguine[sǽŋgwin] [형] 혈색이 좋은(ruddish), 희망에 찬(hopeful), 낙관적, 확신하는(confident) 〔of〕, 다혈질인, 피처럼 붉은(blood-red). 8
〔《프》 *sanguin* bloody 피 같은←《래틴》 *sanguineus* bloody←*sanguis* blood 피〕

sanguinary[sǽŋgwinəri] [형] 피비린내 나는(bloody), 피에 주린, 잔인한(blood thirsty). 〔sanguine+ *-ary*〕

Santa Claus[sǽntə klɔ:z] [명] 산타클로오스 (할아버지) 《크리스머스 전야에 순록이 끄는 썰매를 타고 와서 굴뚝으로 집안에 들어와 아이들이 달아 놓은 양말 속에 선물을 넣고 간다고 전해지는 노인》. 4
〔《홀런드》 *Sint Klaas*, St. Nicholas (소아시아 Myra의 주교; 러시아를 수호한 성인이며 나그네, 어린이의 보호자)〕

sap[1][sæp] [명] 진, 수액(樹液); 원기(vigour), 정력(energy). [동] 수액을 빼다, 정력을 소모시키다. 4
〔《고영》 *sæp*; *cf.* 《독》 *saft*〕

sapling[sǽpliŋ] [명] 어린 나무(young tree), 풋나기, 젊은이(youth). 〔sap+ *-ling* (축소 어미)〕

sappy[sǽpi] [형] 수액이 많은 (lull of sap), 위세 좋은, 원기 있는(energetic), 《속어》 어리석은(foolish, silly).〔sap+(p)+*-y*(형용사 어미)〕

sap[2][sæp] [명] (적진에 접근하기 위하여 파는)굴, 참호(trench). [동] 참호를 파다, 서서히 약화시키다.
〔《프》 *saper*←*sape* a kind of hoe 일종의 괭이←《래틴》 *sap(p)a* a hoe 괭이〕

sapphire[sǽfaiə] [명] 사파이어, 청옥(靑玉), 사파이어 색. 7
〔《프》 *saphir*←《래틴》 *sappīrus*←《그》 *sappheiros* a sapphire ← 《헤브류》 *sappīr* a sapphire 사파이어〕

Saracen[sǽrəsn] [명] 사라센 사람 《시리아와 아라비아의 사막 지대에 사는 유목 민족》, (특히 십자군 시대의) 아라비아 사람 (회교도). 8
〔《래틴》 *Saracēnus*←《그》 *Sarakēnos* ←《아랍》*sharqīn* eastern 동쪽의←*sharq* east 동쪽의, rising 솟아 오르는 해 ← *sharaqa* it rose; 동쪽 해돋는 나라〕

sarcasm[sɑ́:kæz(ə)m] [명] 비꼬는 말(bitter irony), 빈정대는 말(rub).
〔《프》 *sarcasme*←《래틴》 *sarcasmus* ←《그》 *sarkasmos* sneer 경멸, 냉소← *sarkazein* tear flesh 살을 찢다, bite the lips in rage 화나서 입술을 깨물다, sneer 냉소하다←*sark- sarx* flesh살〕

sarcastic[sɑ:kǽstik] [형] 빈정대는, 비꼬는. 9
〔《그》 *sarkstikos* sneering 빈정대는 ←*sarkasmos*〕

[동의어] **sarcastic**는 조소한다거나 에둘러서 경멸의 뜻을 표시한다거나 하여 사람을 해치려고 한다는 뜻인데 반하여, **satirical**은 남의 결점, 어리석은 행동, 어리석은 생각 따위를 폭로해서 공격하려 한다는 뜻이다. **ironical**은 어떤 표현이, 그 뜻한 바가 글자 그대로 해석한 보통의 뜻과 반대가 되어 우습고도 풍자적인 효과를 드러낸다는 뜻이고, **sardonic**는 말이나 태도가 조소적이고 신랄하다는 뜻이며, **caustic**는 기지(機知)가 유별나게 뛰어남이나 폐부를 찌르는 풍자를 함을 뜻한다.

sardine[sɑ:dí:n] [명] 정어리. 10
〔《프》 *sardine*←《래틴》 *sardīna, sarda*←《그》 *sardinē, sarda* a kind of fish 일종의 물고기〕

sardonic[sɑ:dɔ́nik] [형] 냉소적인, 빈정대는(sarcastic).
〔《프》 *sardonique*← 《래틴》 *Sardoni(c)us*←《그》 *Sardonios* Sardinian (herb); 사르디니아의 풀→먹으면 웃으면서 죽는다고 전해진 사르디니아 산의 식물에서. 사실은 위경련이 일어나서 쓴 웃음을 웃게 됨〕

sash[1][sæʃ] [명] (아래 위로 움직이는) 창(틀), 내리닫이 창; *cf.* casement 밀어 여는 창, window (보통의) 창. 4
〔《프》 *chassis* a frame of wood for a window 나무로 된 창틀←《래틴》 *capsa* case 틀 상자〕

sash-window 아래 위로 여는 창, 내리

달이 창. ☞ case

sash²[sæʃ] 圐 장식 띠, (훈장을 받은 사람이 걸치는)띠. [원래 *shash*←(아랍) *shāsh* muslin, muslin turban 면(綿) 머슬린으로 된 터어번]

Satan[séit(ə)n] 圐 마왕(魔王), 사탄. 凾 angel 천사. 4
[《헤브류》*satan* enemy적 ← *satan* persecute 박해하다]

satchel[sǽtʃ(ə)l] 圐 학생 가방,(특히 등에 메는) 학생 가방.
[(고프) *sachel* a little bag 작은 주머니←(래틴) *saccellus*, *saccus* a sack 의 축소형] ☞ sack

satellite[sǽtəlait] 圐 추종자(dependent); 위성(衛星).
[(프) *satellite* a sergeant 부하, satelite 위성←(래틴) *satelles* an attendant 시종하는 자]

satin[sǽtin] 圐 수자(繻子), 사아멩, 공단. 혱 공단으로 만든, 비단결 같은. 4
[《프》 *satin*←(래틴) *sātinus* satin← *seta* silk 명주←*sæta* silk 명주, bristle, hair 털, 원 뜻은 "털"]

satire[sǽtaiə] 圐 풍자, 비꼼(irony). 7
[(프) *satire*←(래틴) *satira*, *satura* medley 잡동산이←*satur* full 가득찬, 원래는 "여려가지가 가득히 담긴 접시" 의 뜻] ☞ sate

sate[seit] 图 배부르게 하다, 물리게 하다. 9
[sated (=satisfied 배가 부른, 만족한) ←(래틴) *satiātus*, *satiāre* satisfy 만족하게 하다←*satur* full 가득 찬]

satiate[séiʃieit] 图 충분히 만족시키다 (satisfy fully), 물리게 하다. [sate+ *-ate* (동사 어미)] 10

satisfy[sǽtisfai] 图 만족시키다, 이행하다, 수행하다(fulfill), 갚다(pay), 납득시키다(convince). 凾 dissatisfy 불만케 하다. 2
[(래틴) *satisfacere* make enough 충분하게 하다←*satis* enough 충분한 + *facere* make]

 be ~ied with … …에 만족하다.

 [동의어] **satisfy** (圐 satisfaction)는 희망, 기대, 필요 따위를 완전히 달성하여 만족하게 한다는 뜻으로 그 결과 쾌감을 느끼게 함을 암시한다. **content** (圐 contentment)는 사람의 필요를 만족시킨다는 뜻으로 그 결과 더 많은 것이나 그 외의 것을 바라지 않게 됨을 암시한다. satisfy가 능동적인데 비하여 content는 수동적인 뜻을 표시한다.
 gratify (圐 gratification)는 사람의 희망을 satisfy하여 기쁘게 한다는 뜻으로 쓰인다.

satisfaction[sætisfǽkʃ(ə)n] 圐 만족 (시키는 것), (빚 따위를) 갚음, 배상 (payment), 의무의 이행(fulfilment). 凾 dissatisfaction 불만족. 3
[(래틴) *satisfactiōnem*; satis(fy) + *-faction* (명사 어미)]

satisfactorily[sætisfǽktərili] 囘 만족하게, 충분히, 더할 나위 없이.

satisfactory[sætisfǽkt(ə)ri] 囘 만족한, 더할 나위 없는(good enough), 적절한(adequate). 凾 dissatisfactory, unsatisfactory 불만의. [satisfaction+ *-ory* (형용사 어미)] 5
☞ dissatisfaction

Saturday[sǽtədi] 圐 토요일. 2
[(고영) *Sæternes-dæg* ← *Sætern* Saturn+ *dæg* day←(래틴) *Sāturnus* Saturn+(고영) *dæg* day; day of Saturn (Saturn 신에게 바친 날); *cf.* Sunday, etc.]

[통계어] **Saturn**[sǽtə(ː)n] 圐 《고대로마》이탈리아의 농업신 (Jupiter 이전의 황금시대의 주신(主神)》, 《천문》 토성 (土星).
[(래틴) *sāturnus* the sower 씨뿌리는 사람, (래틴) *sāt-* 에서 *serere* sow를 연상한 듯]

satyr[sǽtə] 圐 《그리이스 신화》 숲의 신 (술의 신 Bacchus를 따라다니는 반은 사람, 반은 짐승인 괴물, 술과 여자를 대단히 좋아 함), 색골.
[(프) *satyre*←(래틴) *satyrus*←(그) *saturos* a satyr, a sylvan god 숲의신]

sauce[sɔːs] 圐 소오스, 양념(relish), 흥미, 《속어》 건방짐(sauciness). 4
[(프) *sauce*←(래틴) *salsa* a thing salted 소금을 친것←*salsus* salted 소금 을 친] ☞ salt

saucer[sɔ́ːsə] 圐 (찻종의) 받침 접시.
[sauce+ *-er*; 원래에는 소오스를 넣는 그릇을 뜻함, 18세기에 차(tea)를 마시는 습관이 일반적으로 퍼지면서 지금과 같은 뜻이 생김] 6

saucy[sɔ́ːsi] 혱 건방진(impudent),《속어》 약바른, 멋있는(smart). [sauce+ *-y* (형용사 어미)] 6
☞ salad, sausage, salami, salary

saunter[sɔ́:ntə] 통 산보하다, 어슬렁거리다(stroll). 명 산보, 어슬렁거림.

sausage[sɔ́sidʒ] 명 소시지, 순대. 5
[((프)) saucisse←((라틴)) salsicius made of salted or seasoned meat 소금을 치거나 간을 맞춘 고기로 만든←salsus salted 소금을 친←sāl salt 소금]

savage[sǽvidʒ] 명 야만인; 잔인한 사람; 예의를 모르는 사람. 형 야만의(barbarous); 맹렬한(fierce); 잔인한(cruel). 2
[((프)) sauvage←((라틴)) silvāticus belonging to woods 숲의, wild 야성의 ←silva wood 숲]

savant[sǽvənt, səvɑ́:(ŋ)] 명 ((프)) 학자, (특히 저명한) 과학자(scientist). 5
[((프)) savant knowing←savoir know 알다←((라틴)) sapere be wise 현명하다] ☞ sage

save¹[seiv] 통 구조하다(rescue); 절약하다, 저장하다(store up). ⊕ waste 낭비하다. 1
[((중영)) saven←((프)) sauver←((라틴)) salvāre save 구조하다←salvus safe 안전한] ☞ safe, salvation

savings[séiviŋz] 명 저금. [save+-ing+-s]

savio(u)r[séiviə] 명 구조자, 구제자; (the S~) 구세주. 5
[save+-or (사람을 뜻하는 명사 어미)]
참고 중미의 El Salvador[elsælvədɔ:] "엘살바도르"도 같은 어원에서. El Salvador은 스페인 말이며 the Saviour "구세주"의 뜻. 스페인의 장군 Perdo de Alvarado가 험한 산길을 넘어서 이 땅에 도달했을 때에 구세주에게 감사를 드리는 뜻으로 이름지은 것. 수도 San Salvador은 "Saint Saviour"의 뜻이다.
☞ safe, salvation, salvage

save²[seiv] 접 ((고어)) …이 아니면(unless), …인 것 이외에는. 전 ((고어·시)) …이외에는(except), …은 따로 하고.
[((고프)) sauf safe←((라틴)) salvus safe; safe의 변형으로, (어떤 것에서) 안전한→면해 있는, 상관없는→제외되고 있는→제외한]

savo(u)r[séivə] 명 맛, 풍미(風味 flavour). 통 …의 기미가 있다(smack) [of], 맛보다(relish). 6
[((고프)) savour←((라틴)) sapōrem←sapor taste 맛←sapere to taste 맛보다]

savo(u)ry[séiv(ə)ri] 형 맛좋은; 평판이 좋은(reputable). [savo(u)r+-y(형용사 어미)] 7

saw[sɔ:] 명, 통 톱(으로 켜다), (재목이) 켜지다. 1
[((중영)) sawe ((고영)) sagu cutter 베는 기구; cf. ((독)) säge]
주의 see의 과거형인 sawㅏ saw"속담, 격언"과 동음 이어 임에 주의할 것.

sawdust[sɔ́:dʌst] 명 톱밥. [saw+dust 먼지]

sawmill[sɔ́:mil] 명 제재소. [saw+mill 제분소] 10

seesaw[sí:sɔ:] 명 시이소오. 형 시이소오 같은, (톱처럼) 앞뒤로 움직이는, 일진일퇴하는. 통 상하로 움직이다, 동요시키다. [saw의 반복형; 톱질하는 동작을 닮았다고 해서 생긴 말]
☞ section, segment

Saxon[sǽksn] 명, 형 색슨 사람 《독일 북부의 고대 민족》(의), 색슨 말; 잉글런드 사람(Englishman). 8
[((라틴)) Saxōnem Saxons 색슨 사람들←((고영)) Seaxan Saxons←seax a knife 칼; 원뜻은 짧은 칼을 차고 다니는 사람들]

say[sei] 통 (said[sed]; 3인칭 단수 현재 직설법 says[sez]) 말하다; 암송하다; ((시)) 얘기하다(speak, talk); ((명령법으로)) …라 한다면, 이를 테면, 이른바 (let us say), ((속어)) 여보, 여보세요, 이봐! 1
[((고영)) secgan say; cf. ((독)) sagen] not to ~ … …라고는 말할수 없더라도. so to ~ 이른바, 소위. Say it were true, what then? 가령 정말이라면 어떻다는거야? that is to ~ 즉, 다시 말하면 (in other words). to ~ nothing of … …은 말할 것도 없이. What do you ~ to (a game of tennis)? (테니스) 안하겠어요?

saying[séiiŋ] 명 말, 설(說); 속담, 격언(proverb). [say+-ing]

동의어 **saying**은 지혜나 진실에 대한 강력하고 간결한 속담이나 경험이고, **saw**는 여러번 써먹어서 진부하게 된 오래되고 소박한 saying으로, 별로 쓰이지 않는 말이다. **maxim**은 경험에 의하여 얻어진, 행동의 표준이 되는 일반 원칙을 표현한 saying이다. Honesty is the best policy. (정직한 것이 제일 좋은 방책이다). **adage**는 오래동안 일반 사들에 의하여 받아 들여진 saying이고, **proverb**는 일반적으로 쓰이는 말로 실제적인 지혜를 나타낸 소박하고 구체적 saying이다. **motto**는 인생의 지도원리나 행동의 이상으로 받아들인 maxim이며, **aphorism**은 일반적인 신리나 원리를 구체화한 간결한 saying이다. He is a fool that cannot conceal his wisdom. (지혜를 자랑하는 자는 바보다). **epigram**은 간결하고 기지(機知)가 있어서 신랄한 말을 함으로써 교묘히 대조시켜서 효과를 올린다는 말이다. The only way to get rid of a temptation is to yield to it. (유혹에서 벗어나는 유일한 길은 유혹에 져버리는것).

scabbard[skǽbəd] 圕 칼집. 圄 칼집에 넣다. 9
[(중영) *scauberd*←(고프) *escalberc* ←(고대 독) *scâr* blade 칼날+*bergan* hide 감추다; 칼을 감추는 것]

scaffold[skǽf(ə)ld] 圕 (건축장의) 비계, 교수대, 7
[(중영) *scafold*←(고프) *escafalt* a scaffold←*es*-(래틴) *ex*-+*cadafalt*]
bring(send) to the ~사형에 처하다.

scaffolding[skǽf(ə)ldiŋ] 圕 비계, 비계를 만드는 재료. [scaffold+-*ing*]
참고 scaffold가 scaffolding이 "비계" 를 뜻하는 말로 널리 쓰인다.

scald[skɔːld] 圄 (끓는 물에) 데이다; (기구를) 끓는 물로 헹구다; (우유, 그릇 따위를) 끓이다, 삶다. 圕 (뜨거운 물 따위에 의한) 화상. 8
[(래틴) *excaldāre* wash in hot water 뜨거운 물에 씻다←*ex*- out, very+*caldus*, *calidus* hot 뜨거운]

scale¹[skeil] 圕 비늘, (비늘 모양의) 얇은 조각, 물때, 이똥(tartar). 圄 비늘을 벗기다, 비늘처럼 벗겨지다, 이똥을 없애다. 2
[(고프) *escale* 《프》 *écale*←(고대 독) *scala* 《독》 *schale* 껍질]

scale²[skeil] 圕 천칭(天秤)의 접시, *pl.* 천칭 (보통 pair of scales). 圄 무게가 …이다(weigh).
[(고프) *escale* a cup 컵←(아이스) *skāl* bowl 주발]

scale³[skeil] 圕 (자, 저울, 계량기 따위의) 눈 (금), 자, 척도, 비례, 율, 규모, 단계, 음계(音階), 등급, (지도 따위의) 축척(縮尺). 圄 기어 오르다(climb), 일정한 비율로 그리다.
[(래틴) *scāla* ladder 사다리 ← *scandere* climb 기어 오르다] ☞ scan
on a large ~ 대규모로. *on a small* ~ 소규모로.

scallop[skɔ́lǝp, skǽləp] 圕 가리비 (껍데기), 가리비 요리; *pl.* 圕 (가리비 껍데기 같은) 물결 무늬. 圄 가리비 남비로 찌다; (가장자리를) 물결 모양으로 하다. 10
[(고프) *escalope* a shell 껍질, 조개 ←(중세 홀런드) *schelpe* a shell, scallop-shell 가리비] ☞ scale, shell

scalp[skælp] 圕 머리 털이 붙은 머리가죽(skin and hair); 머리 꼭대기(top of head); 승리의 표적, 전리품 (북미 토인들이 전리품으로 적의 머리 가죽을 벗겨 갔기 때문에). 圄 (적의) 머리 가죽을 벗기다; (미속) 적은 이익을 붙여서 팔다, (극장표, 경기장 입장권 따위를) 이문을 붙여서 팔다. 5
[(중영) *scalp*←(아이스) *skālpr* sheath 주머니, 칼집] ☞ scallop

scamper[skǽmpə] 圄 (동물이) 질겁을 하고 도망치다(run quickly); (어린이나 동물의 새끼가) 뛰어 다니다. 圕 질겁해서 도망치기; 황급한 여행. 7
(폐어) *scamp* go 가다+-*er* (반복을 뜻하는 어미);←(고프) *eschamper* decamp 진(陣)을 거두다, 도망치다←(래틴) *ex*- out+ *campus* battlefield전장] ☞ camp, campus

scan[skæn] 圄 《정확한 용법》 세밀히 조사하다(study), 잘 살펴보다(look at carefully); (앞의 것보다는 정확하지 못한 보편적인 용법) 《속어》 흘끗 보다 (glance at), 죽 훑어보다(run through hastily); (시) 운율(韻律)을 조사하다, 시각(詩脚)으로 나누다. 6
[*scand*의 준말←(래틴) *scandere* climb 올라가다, scan a verse 운율을 조사하다]

scansion[skǽnʃ(ə)n] 圕 시의 운율을 조사하는 것.
[(래틴) *scansiōnem*←*scansus*, *scandere*; scan+-*ion* (명사 어미)]

scandal[skǽnd(ə)l] 圕 치욕(disgrace); 추문, 악평 (evil gossip); 독직, 의혹 (疑獄); 반감. 6
[(고프) *scandale*←(래틴) *scandalum*←(그) *skandalon* snare 덫; 원 뜻은 덫에 쓰이는 스프링] ☞ slander
become ~ 《세상의》 끌의를 자아내다.

scandalize[skǽnd(ə)laiz] 圄 분개하게

하다; 수치스럽게 하다. [scandal+-ize (동사 어미)]

　　be ~d at… …에 분개하다, 진절머리를 내다.

scandalous[skǽnd(ə)ləs] 형 추악한(disgraceful), 남듣기 흉한; 으스스해지는(shocking); 중상적(slandering). [scandal+-ous (형용사 어미)]　9

scant[skænt] 형 불충분한, 부족한(deficient) [of]. 타 내놓기 싫어하다, 절감(節減)하다(stint).　6
〔((중영)) *skant* insufficient 불충분한 ←((아이스)) *skamt, skammr* short 부족한, 짧은〕

scantily[skǽntili] 부 불충분하게, 아껴서, 아까와서.

scanty[skǽnti] 형 모자라는, 불충분한(insufficient); 아주 적은. [scant+-y] 반 ample 남아 나는.　5

scar[ska:] 명, 타 흠집(을 내다), 흉하게 하다.　4
〔((중프)) *escare*←((래틴)) *eschara* scar esp. of a burn (특히 불에 데인) 흠집 ←((그)) *eskkara* hearth 아궁이〕

scarce[skɛəs] 형 적은, 결핍된(scanty), 귀한(rare). 부 ((시))=scarcely.
〔((중영)) *scars*←((고프)) *esc(h)ars* scarce←((래틴)) *scarpsus*←*excarpsus, excerpere* select 고르다; 원뜻은 "골라낸 picked out"〕

scarcely[skɛ́əsli] 부 겨우, 간신히(barely); 거의… 안하다.　7

　　~ *ever* 아주 드물게, 거의 …않다.
　　~ …*when* …… 하자 마자…(hardly… before)

scarcity[skɛ́əsiti] 명 부족, 결핍, 기근. [scarce+-ity (명사 어미)]　8
☞ excerpt, harvest

scare[skɛə] 타 겁나게 하다(frighten). 명 (소문 따위로 말미암은) 공포, 공황(恐慌 panic).　3

scarecrow[skɛ́əkrou] 명 허수아비. [scare+crow 까마귀; 까마귀를 놀라게 하는(자)]

scarf[ska:f] 명 목도리, 스카아프; 벡타이(necktie).　4
〔((고프)) *escarpe* ((프)) *écharpe* 멜빵, 견대(肩帶)〕

scarlet[skáːlit] 명, 형 주홍 빛(의), 짙은 빨강(의).　3
〔((고프)) *escarlate* scarlet ←((페르샤)) *saqalāt* scarlet cloth 주홍빛 천〕

　　~ *fever* 성홍열(猩紅熱).

scatter[skǽtə] 타 뿌리다, 흩뜨리다(sprinkle). 반 gather 모으다.　2
동의어 **scatter**는 물건을 난잡하게 이리저리 팽개쳐서 산란하게 한다는 말이고, **disperse**는 군중을 완전히 분산시킨다는 말로, scatter 보다 분산되는 범위가 더 넓고 철저적이며, 흔히 질서유지의 뜻이 포함된다. **dissipate**는 뿌려서 완전히 없애버린다는 말로 흔히 산재, 낭비 따위의 뜻을 나타내며, **dispel**은 애매한 것, 난잡한 것, 귀찮은 것 따위를 단메로 쫓아버린다는 뜻이다.
☞ shatter

scavenger[skǽvindʒə] 명 거리 청소부; 썩은 고기를 먹는 짐승.
〔((중영)) *scavager* inspector of imports 수입품 검사관←((고프)) *escauver* inspect 검사하다←((고영)) *skawōn* behold 보다, 수입품 검사관→청소 검사관→청소부〕　☞ show

scene[si:n] 명 장면, 경치, 배경; 무대(면), 무대 장치; 현장; 대소동.　2
〔((래틴)) *scēna, scaena*←((그)) *skēnē* a sheltered place 피난소, stage 무대, tent 천막; *cf.* ((시)) *scène*〕

scenario[siná:riou] 명 시나리오, 영화 대본.

scenery[síːnəri] 명 (어떤 지방 전체의 자연의)경치, (무대의) 배경(stage scenes). [scene+-ery (명사 어미)] 7

scenic[síːnik, sénik] 형 풍경의, 무대의. [scene+-ic]　10

동의어 **scenery**는 보통 단수이고, 자연의 경치에 대해서만 사용하나, **scene**은 어떤 한 장소를 바라본 모습을 뜻하며, 자연, 실의, 실내에 두루 쓰인다. The *scenery* in Naples is beautiful. 나폴리의 경치는 아름답다. The sunrise was a beautiful *scene*. 해돋이는 아름다운 광경이었다. "여러가지의 경치"는 scenery를 복수로 쓸 수 없기 때문에 scenes 또는 views로 나타내지 않으면 안된다. town *scenes* 도시의 풍경.

scent[sent] 타 (냄새를) 맡아내다, (비밀 따위를) 알아내다[out]; 향수를 뿌리다(perfume); 풍기다. 명 냄새(smell), 향기, 향수(perfume); 단서; 후각(sense of smell).　4
〔*sent*를 잘못 적은 것←((프)) *sentir* feel 느끼다 ←((래틴)) *sentire* feel 느끼다,

perceive 지각(知覺)하다]
☞ sense, sentiment, smell

sceptic(al)[sképtik(əl)] 형 회의적(懷疑的)인. 명 (sceptic) 회의론자.
[((프) *sceptique*←(래틴) *scepticus*←(그) *skeptikos* thoughtful 생각이 깊은←*skeptomai* I consider 나는 생각한다] ☞ species, spectator

sceptre,scepter[séptə] 명 (임금의) 홀(笏); (the sceptre) 왕권(王權 sovrignty). 통 …에게 홀을 주다, 왕위에 오르게 하다. 6
[((프) *sceptre*←(래틴) *sceptrum*←(그) *skeptron* a staff to lean on 기대는 지팡이←*skeptein* prop 버티다; *cf.*(래틴) *scāpus* shaft 축, stem 줄기]

schedule[ʃédju:l (영), skédʒul (미)] 명 표(table), 일람표, 시간표, 예정(표). 통 표로 만들다; 예정하다. 6
[원래 *cedule*←(중프) *schedule*, *cedule*←(래틴) *schedula* a small leaf of paper 작은 종이 조각←*scheda* a strip of papyrus-bark 파피루스 껍질]

scheme[ski:m] 명 계획(plan), 안(案), 조직, 기구(機構 system), 계략, 음모(plot); 개략(outline); 표(table), 도표(diagram). 통 계획을 세우다[out], 음모하다. 4
[본래 *schema*←(래틴) *schēma*←(그) *skhēma* form 형태, appearance 외관]

scholar[skólə] 명 학자; 학생(pupil), 배우는 사람(learner), 장학생. 4
[(래틴) *scholāris*←*sc(h)ola* school 학교] ☞ school
참고 현재 가장 널리 쓰이는 뜻은 "학자"이다. "장학생"의 뜻은 미국에서 보다도 영국에서 많이 쓰인다. "학생"의 뜻으로 이 말을 쓰는 것은 고어 또는 속어이다. The *scholars* (school boys) were all out in the playground. (학생들은 모두 운동장에 나와 있었다).

scholarly[skóləli] 형 학자의, 학자다운; 박학한(learned). [scholar+-*ly*(형용사 어미)]

scholarship[skóləʃip] 명 학식(learning); 장학금. [scholar+-*ship* (명사 어미)]

scholastic[skəlǽstik] 형 학교의, 교육의. 명, 형 스콜라 철학자(의).
[(래틴) *scholasticus* of a school 학교의←(그) *skholastikos*←*skholazein* be at leisure 한가하다 ← *skholē* leisure 여가]

school¹[sku:l] 명 학교, 교사(schoolhouse), ((미) 학부, 대학원, 과업, 수업(lesson); 훈련(discipline), 수양; 도장, 연습장; 학피, 유파. 통 교육하다(teach), 훈련하다(train). 1
[(고영) *scōl* ← (래틴) *schola*←(그) *skholē* leisure 여가, employment of leisure 여가의 사용; that in which leisure is employed 여가를 쓰는 것; discussion 토론, philosophy 철학, school 학교; 여가와 그 여가를 이용해서 토론하거나 공부하기 또는 그렇게 하는 장소]
a gentleman of the old ～ 구파의 사람, 구식인 사람. *after* ～ 방과후. *at* ～ 재학중; 학교에서 수업중. *go to* ～ *to* … …에게서 배우다

schoolboy[skú:lbɔi] 명 학생 (국민학교, 중학교 학생), 남학생. 7
[school+boy 소년]

schoolfellow[skú:lfelou] 명 학우(schoolmate), 동창생.[school+fellow 패(거리), 동료]

schoolgirl[skú:lgə:l] 명 여학생. [school+girl]

schoolhouse[skú:lhaus] 명 교사(특히 마을의 작은 교사를 뜻한다); 국민학교 교원의 주택, school house ((영) (어떤 public school의) 교장주택, 기숙생 전체. [school+house] 3
☞ house

schoolmaster[skú:lmɑ̀:stə] 명 남자교사, 교장. [school+master 주인] 6
☞ master

schoolmistress[skú:lmìstris] 명 여자 교사. [school+mistress 여교사, 여자주인] ☞ mistress

schoolroom[skú:lru:m] 명 교실; (아이들의) 공부방. [school+room 방] 5

school²[sku:l] 명 고깃떼, 무리(shoal). 통 (고기가) 떼를 짓(고 가)다.
[((홀런드) *school* (*visschem*) a shoal of fish; shoal의 자매어] ☞ shoal

science[sáiəns] 명 과학; 자연과학(natural science); (권투술의) 기술(technique), 숙련(skill). 3
[((프) *science*←(래틴) *scientia* knowledge 지식←*scient*- *scīre* know 알다, discern 식별하다; skill과 관련이 있는 말]

scientific[sàiəntífik] 형 과학적. 7

scion 500 **Scotland**

[《래틴》 *scientificus*; science+-*ic*(형용사 어미)]

scientifically[sàiəntífikəli] 부 과학적으로. [scientific+-*al* (형용사 어미) + -*ly* (부사 어미)]

scientist[sáiəntist] 명 과학자. 7
[《래틴》 *scientia*+-*ist* (명사어미)]
☞ conscience

scion[sáiən] 명 (접목의) 접붙이는 가지, 햇가지; 자손 (특히 귀족 명문의 자손).
[《고프》 *cion* (프) *scion*←(고프) *sier*, (프) *scier* cut 베다←(래틴) *secāre* cut 베다]

scissors[sízəz] 명 *pl.* 가위. 5
[《고프》 *cisoires* shears 큰 가위←(래틴) *cisōrium* cutting instrument 베는 연장←*caesus caedere* cut; *sc*-는 《래틴》 *scissor* one who cuts 베는 사람과 혼동한 탓]
참고 형태는 복수형이나 뜻은 한 개의 연장을 뜻한다. 보통 복수형으로 다루며, 특히 "한 자루의 가위"를 뜻하고저 할 때에는 a pair of scissors라고 말하고 동사는 pair와 일치시켜서 단수로 한다. These *scissors* are sharp. Where *are* my *scissors*? A pair of scissors *is* lying on the table.

scoff[skɔf] 명, 동 냉소(하다) (taunt) [at], 비웃다. 5

scold[skould] 동 꾸짖다, 잔소리하다.
명 잔소리가 심한 사람 (특히 여자).
④ laud, praise 칭찬하다. 3
[《중영》 *scald*←《아이스》 *skāld* poet 시인 "풍자시를 쓰는 사람"에서; *cf.* 《독》 *schelten*]

scoop[sku:p] 명 (곡식, 가루, 석탄 등을 푸는) 됫박, 국자, 큰숟갈, 작은 삽; 한번 푼 양, (아이스크림 따위의) 한컵; (신문의) 특종. 동 푸다, 파다; 특종으로 다른 신문사를 앞지르다. 6
[《중영》 *scope*←《중세 홀런드》 *schoepe* bucket와 *schoppe* shovel의 혼성어; *cf.* 《독》 *schöpfen* draw water]

scooter[skú:tə] 명 스쿠우터 (한쪽 발을 울려 놓고 딴쪽 발로 땅을 차며 가는 장난감); (안장이 낮은) 바퀴 작은 자동 자전거.
[scoot 동 달리다 + -*er* (행위자를 뜻하는 명사어미); the darter 내닫는 사람. scoot는 shoot가 변한 꼴]

scope[skoup] 명 범위, 활동 범위; 여지 (space); 기회(opportunity); 시야(outlook). 7
[《이태》 *scopo* a mark to shoot at 과녁, scope 범위←(그) *skopos* a mark 표적, watcher 관찰자 ←*skeptomai* I see 나는 보다]
give ~ *to*…에 충분한 기회를 주다. *within the* ~ *of* …의 범위내에, …이 미치는 곳에. ☞ species

scorch[skɔ:tʃ] 동 태우다, 눋(게 하)다; (깨 따위를) 볶다; 《속어》(자동차 따위를) 전속력으로 달리다. 5
[《고프》 *escorcher* flay 껍질을 벗기다 ←《래틴》 *ex*- out, off+*cortex* bark 껍질; 《중영》 *scorklen* burn 태우다 와 혼동한 것]

scorcher[skɔ́:tʃə] 명 《속어》 타는 듯이 더운 날(a very hot day); (자동차 따위를) 무모한 속도로 달리는 사람.
[scorch+-*er* (사람을 뜻하는 명사어미)] ☞ shrink

score[skɔ:] 명 득점(point); 눈금; 스물; *pl.* 다수(great number); 이유(ground); 악보. 동 득점하다, 이기다; …에 눈금을 긋다; 《미 속》 비난하다(blame severely). 2
[《고영》 *scoru* twenty←《아이스》 *skor* a cut, notch 새기는 금, twenty; 양떼를 셀 때에 소리를 내어 세다가 스무 마리 마다 한번 씩 나무 토막에 새겼던 일에서]
~*s of people* 많은 사람들. *on the* ~ *of* …때문에. ☞ shear

scorn[skɔ:n] 명, 동 경멸(하다)(despise), 웃음거리. 3
[《중영》 *scrornen*←(고프) *escarn* mockery 조롱←*escarnir* mock 조롱하다 ←《래틴》 *ex*- out+*cornu* horn 뿔; 원 뜻은 "뿔을 떼기(deprive of horns)"→ "놀리기, 조롱"; 《고프》 *escorner* disgrace 모욕하다와 혼동한 것]

scornful[skɔ́:nf(u)l] 형 경멸하는, 냉소적인(mocking). [scorn+-*ful* (형용사 어미)] 6

Scotland[skɔ́tlənd] 명 스코틀랜드. 4
[Scot=Scotchman 스코틀랜드 사람+land 땅; 《고영》 *Scot(tas)*←《래틴》 *Sottus* the Irish]
~ *Yard* 런던 경시청.

Scotch[skɔtʃ] 명 스코틀랜드 사람(말).
형 스코틀랜드의. [Scottish의 준말] 4

Scottish[skɔ́tiʃ] 명, 형 =Scotch. 9
[Scot+-*ish* (형용사 어미)]

scoundrel[skáundr(ə)l] 명 악당(villain). 형 비열한(mean). 8

scour¹[skáuə] 타 (금속, 마루청 따위를) 갈고 닦다; 문지르다(rub); 씻어내다 (clear out). 명 갈고 닦기; 씻어 내리기; *pl.* (가축의) 설사. 5
[((고프)) *escurer* scour←((래틴)) *excūrāre* take great care of 몹시 조심하다←*ex*- very+*cūrāre* take care←*cūra* care 주의]

scour²[skáuə] 자 찾아 다니다, 쫓아 내다[about]; 질주하다(scamper).
[((고프)) *esco(u)rre* run out 뛰어나가다←((래틴)) *excurrere* ←*ex*- out+*currere* run 뛰다]
☞ current, course, concourse, occur

scourge[skə:dʒ] 명 ((고어)) (징벌에 쓰는) 매, 회초리(whip); 벌(punishment), 천벌; 괴로움(거리). 타 ((고어)) 매질하다(whip), 응징하다(chastise), 괴롭히다(afflict).
[((중영)) *scourgen*←((고프)) *escorgier* ←((래틴)) *excoriāre* strip off the hide 껍질을 벗기다←*ex*- out, off+*corium* hide (짐승의) 가죽; 껍질을 벗기다, 몹시 벌주다]
the white ~ 폐결핵.

scout[skaut] 명 소년단원; 척후. 자 정찰하다, 찾다. 4
[((중영)) *scoute*←((고프)) *escoute* spy 간첩←*escouter* listen 듣다←((래틴)) *auscultāre* listen to 귀를 기울이다; 엿듣는 사람, *cf.* ((프)) *écoute* 청취, *ecouter* 듣다]

scowl[skaul] 자 상을 찌푸리다(frown), 짜증난 얼굴을 하다(look sullen). 명 우거지상.

scramble[skræmbl] 자 기(어 오르)다; 다투어 빼앗다[for]; (달걀을) 휘저어 찌다. 명 기어 오르기, 다투어 빼앗기.
[scrabble (긁적이다, 뒤지고 찾다)의 변한 말]

scrap[skræp] 명 작은 조각, 파편(fragment); 찌끼, 쓰레기(rubbish); *pl.* (신문 따위에서) 오려낸 것(cutting). 타 찌끼로 버리다, 폐기하다.
[((아이스)) *skrap* scraps, trifies 조각, 찌끼←*skrapa* scrape 긁다]

scrapbook[skrǽpbuk] 명 (신문 따위에서) 오려낸 책. [scrap+book]
☞ scrape

scrape[skreip] 타 긁다, 문지르다(rub), 스치다(graze) [against, past]; 베걱베걱 소리를 내다(grate); 긁어 모으다[up, together]; 발을 끌다. 명 문지르기; 베걱거리는 소리, 문지르는 소리; 고생, 궁지(窮地). 3
[((아이스)) *skrapa* scrape]
get into a ~ (자기의 실수로) 궁지에 빠지다. ☞ scrap, sharp

scraper[skréipə] 명 긁는 (또는 문지르는) 도구; 신발을 문질러 흙을 떨어뜨리는 것. [scrape+*-er* (명사 어미))9

scratch[skrætʃ] 타 긁다, 할퀴다; 긁어 모으다; 갉죽갉죽소리 나다; (펜이) 긁히다(catch); (긁히는 소리를 내며) 쓰다. 명 긁기, 긁는소리; 긁힌 상처; (경주의) 출발선(starting-line). 3
[((페어)) *scrat* to scratch와 ((페어)) *cratch* to scratch의 혼성어]

scrawl[skrɔ:l] 명 갈겨쓰기, 갈겨 쓴 편지; 난필. 타 갈겨쓰다; 끼적거리다.
[scrabble, scribble 따위의 영향에 의한 ((페어)) *scrawl* (crawl 기다)의 뜻이 바뀐 것이거나, 또는 crawl, scroll의 변한꼴] 10

scream[skri:m] 자 비명을 지르다; 꽥꽥 울다, 깔깔 웃다; (기적이) 삐익 소리나다. 명 날카롭게 외치는 소리, 비명; 삐빽한 목소리; 웃음소리; 기적소리. 3
[동의어] **scream**은 화, 고통, 공포 따위로 날카롭게 소리 지른다는 말로 shout 보다 날카로운 소리를 뜻한다. **shriek**는 scream 보다 격렬하고 갑작스러운 외침이나 날카롭고 억누를 수 없는 웃음소리를 발한다는 뜻이다. **screech**는 듣는 사람에게 고통스럽고 귀에 거슬리는 삐빽한 소리를 지른다는 뜻이다. **cry**는 일반적으로 많이 쓰는 말로 슬픔이나 고통으로 말미암아 큰 소리를 내고 운다는 뜻이며, **shout**는 기쁨, 놀라움, 경고, 칭찬을 표현해서 큰 소리를 지른다는 뜻으로 cry 보다 남성적인 고함을 뜻하는데, **exclaim**은 놀라움, 감동 따위로 갑자기 격렬하게 소리지른다는 뜻으로 cry나 shout 보다 감정을 더 잘 나타낸 품위 있는 말이다.
~ *with laughter* 배를 안고 깔깔웃다.

screech[skri:tʃ] 명 삐빽한 목소리(shriek). 자 날카로운 소리로 외치다, 끼익끼익거리다. 8
[소리를 본딴 말] ☞ shriek

screen[skri:n] 명 병풍; 막, 휘장; 미닫이; 발; 차폐물; 영사막(the screen),

영화(motion pictures); (자갈, 석탄 따위를 거르는) 체(sieve). 倒 차폐하다; 체로 치다(sift); 심사하다; 영사하다, 영화화하다. 4

[((중영)) *scren*←(고프) *escren*, *escran* fire screen 난로 앞의 열을 차단하는 가리개]

screw[skru:] 圀 나사(못); 추진기(screw-propeller). 倒 (나사를)죄다; (마개를) 돌리다(turn); 틀다(twist); 압박하다(oppress); 착취하다(extort); 긴장시키다. 5

[((중영)) *screu*←(고프) *escroue* nut 암나사, 낫트←(래틴) *scrōfa* sow 암퇘지; (래틴) *scrobis* ditch 도랑, vulva 의 영향을 받은 말]

scribble[skríbl] 倒 갈겨 쓰다; 흘려 쓰다. 圀 갈겨쓰기, 난필; 흘려쓰기. 9

[((래틴)) *scrībillāre* ← *scrībere* write 쓰다; 원 뜻은 "긁적이다(scratch)"; 어미 -*le* 는 반복을 나타냄]

No ~*ing*. 낙서 엄금.

scribe[skraib] 圀 서기, 필경생(筆耕生 copyist); 서예가; (유태의) 법학자; (미 속) 작가, 저작자(writer), 신문기자(newsman). 9

[((래틴)) *scrība* clerk 서기, secretary 비서←*scribere* write 쓰다]

script[skript] 圀 (copy에 대하여) 정본(正本), 원본; (print에 대하여) 손으로 쓴 것(handwriting); 필기체 활자; (영화) 대본(dialogue script), (방송)원고.

[((중프)) *escript* writing 쓴 것←(래틴) *scriptum, scrībere* write 쓰다]

scripture[skríptʃə] 圀 성전(聖典), 경전(經典); (the S~)성서(the Bible). [script+-*ure*] 5

참고 성서를 뜻할 때에는 Scripture, the Scriptures, Holy Scripture, the Holy Scripture 따위로 말한다.

☞ subscription, conscription, inscribe, prescription

scrimmage[skrímidʒ], **scrummage**[skrámidʒ] 圀 (보통 scrimmage) 난투; 격론; (럭비) (보통 scrummage) 스크럼 (양쪽의 전위(前衛) 전부가 굳게 짜고서 지상의 공을 끼고 서로 빼으려고 하는 것). 倒 난투하다; 스크럼을 짜다. [skirmish 의 변한 꼴] 4

☞ skirmish

scroll[skroul] 圀 두루마리 (책), 족자;

소용돌이 꼴 무늬. 6

[((중영)) *scrowle ← scrowe*←(고프) *escroue*] ☞ screw

Scrooge[skru:dʒ] 圀 늙은 수전노, 구두쇠 영감 ((Dickens의 소설 a Christmas Carol 중에서).

scrub¹[skrʌb] 倒 북북 문지르다(갈다). 圀 북북 문지르기 (갈기). 5

[((중영)) *scrobben* rub down a horse 말을 문지르다 ← (중세 홀런드) *skrubben* rub hard 몹시 문지르다]

☞ brush, broom

scrub²[skrʌb] 圀 관목(灌木), 성장이 그친 나무; 신통치 않은 사람(것). [shrub의 변한 꼴]

scruple¹[skrú:pl] 圀 아주 적은 양; 스루우플 (약(藥) 분량의 단위로 20grains, 약 3푼 5리).

[((래틴)) *scrūpulus* small sharp stone, the twenty-fourth part of an ounce ←*scrūpus* sharp stone 날카로운 돌; 어미 -*le* 는 축소형을 뜻함]

scruple²[skrú:pl] 圀 《부정문이나 숙어에 쓰일 때 외에는 보통 복수》 (일의 옳고 그름에 대한) 의혹(doubt); 주저(hesitation), 꺼림. 6

[(프) *scrupule* a little sharp stone in a man's shoe 구두 속의 작고 뾰죽한 돌←(래틴) *scrūpulus*; scruple¹ 참조. 작고 뾰죽한 돌이 들어 있으면 의혹이 생기고 주저하게 되므로]

a man of no ~*s* 예사로 나쁜 짓을 하는 사람. *make no* ~*s to do* 예사로 하다. 아무렇게도 생각 않고 하다. *without* ~ 주저없이; 예사로.

scrupulous[skrú:pjuləs] 圀 깐깐한, 꼼꼼한, 양심적인, 신중한. [scruple+-*ous* (형용사 어미)] 7

scrutinize[skrú:t(i)naiz] 倒 자세히 보다, 면밀히 조사하다(examine closely), 음미하다. [scrutiny (동) 자세히 보기, 정밀한 검사)+-*ize* (동사어미)]

동의어 **scrutinize**는 면밀하고도 철저히, 그리고 세부에 이르기 까지 조사한다는 뜻이고, **inspect**는 특히 과오나 결점을 찾아내려고 면밀하고 비판적인 관찰을 한다는 말이다. **examine**은 사물의 성질, 상태, 효력 따위를 결정하기 위하여 면밀하게 조사한다는 뜻이고, **scan**은 표면적인 조사를 신속히 한다는 뜻이다.

scrutiny[skrú:t(i)ni] 圀 자세히 보기; 면밀한 조사(close examination), 음미

(吟味). [반] neglect 등한(히 하다).
[《래틴》 *scrūtinium* close examination←*scrūtāri* search into carefully as if among broken pieces 파편속을 수색하듯이 조심해서 수색하다←*scrūta* broken pieces 깨어진 조각]

scuffle[skʌ́fl] [명], [동] 난투(하다). 10
[scuff (동사) 발을 끌다 +-*le*는 (반복어미)] ☞ shuffle

sculpture[skʌ́lptʃə] [명] 조각 (술); 조상(彫像). [동] 조각하다. 7
[《래틴》 *sculptūra*←*sculptus, sculpere* carve 조각하다. *cf.* 《프》 *sculpture*]

sculptor[skʌ́lptə] [명] 조각가. 8
[반] scultress 여자 조각가.

scum[skʌm] [명] 걸찌끼; 거품; (인간 따위의) 찌끼, 쓰레기. [동] …에서 걸찌끼를 떠내다, 걸찌끼가 생기다; 거품을 들어내다; 웃껍질이 생기다. 10
[《덴마크》 *skum* froth 거품; *cf.* 《독》 *schaum* froth]
you filthy ~! 이 벌레같은 놈아!

scurry[skʌ́ri] [동] 당황해서 (종종 걸음으로) 뛰다, 질주하다. [명] (당황해서) 급히 걷는 것, 질주(scamper); 허둥지둥(hurry); 별안간 오는 비 (눈).
[scour² (급히 쫓아 다니다)+ -y (형용사어미)또는 hurry-scurry의 준 말] 10

scurvy[skə́:vi] [명] 《의학》 괴혈병(壞血病). [형] 천한(contemptible); 비열한(mean). [scurf [명] 비듬 +-*y* (형용사어미); 비듬이 많은→천한, 비열한→괴혈병]

scuttle[skʌ́tl] [명] 석탄 넣는 그릇(에 하나 가득). 8
[《고영》 *scutel* dish 그릇←《래틴》 *scuttela* salver 둥근 금속 쟁반←*scutra* tray 쟁반의 축소형; -*le*는 축소 어미]

scythe[saið] [명], [동] 자루가 긴 큰 낫(으로 베다). 8
[《중영》 *sith* 《고영》 *sīthe; s*-가 *sc*-로 된 것은 《래틴》 *scindere* to cut 베다를 연상한 것]

sea[si:] [명] 바다; (굽이치는 바다의) 놀(swell), 파도(billow); 다량, 다수[of]; 바다 같이 넓은 것(vast expanse)[of]. [반] land 육지. 1
[《고영》 *sǣ*; *cf.* 《독》 *see*]
all at ~ 어찌할 바를 모르는. ***a*** ~ ***of*** 많은, 산더미 처럼 많은. ***at*** ~ 해상에서, 항해중에, 어찌할 바를 모르는. ***beyond*** (또는 ***over***) ***the*** ~(***s***) 해외에(서). ***by*** ~ 해로(海路)로, 배로(by ship). ***follow the*** ~ 선원이 되다, 뱃사람이 되다. ***go to*** ~ 선원이 되다, 뱃 사람이 되다; (배가) 항해하다. ***put*** (***out***) ***to*** ~ 출항하다.

seacoast[sí:kóust] [명] 바닷가, 해변, 해안. [sea+coast 해안] 7
☞ coast

seafaring[sí:fɛəriŋ] [형] 항해의, 뱃사람의. [명] 항해; 선원 생활. [sea+fare 지내다 +-*ing*]

seaman[sí:mən] [명] (*pl.* seamen) 항해자; 뱃사람, 수부, 선원, 수병.
[sea+man] 8

sea-mew[sí:mju:] [명] 갈매기(gull).
[sea+mew 갈매기]

seaport[sí:pɔ:t] [명] 해항(海港), 항구도시. [sea+port 항구] 6

sea-scout[sí:skaut] [명] 해양소년단원, *pl.* 해양소년단. [sea+scout 소년단원] ☞ scout

seashore[sí:ʃɔ́:, -ʃɔ́ə] [명] 해안, 해변; 《법률》 해안 《고조선(高潮線 high-water)과 저조선(低潮線 low-water) 사이의 땅》. [sea+shore 해안] 8

seasick[sí:sik] [형] 뱃멀미 나는.
[sea+sick 앓는]

seasickness[sí:siknis] [명] 뱃멀미.
[seasick+-*ness*]

seaside[sí:said] [명], [형] 해안(의), 해변(의). [sea+side 옆, 가] 8

seaward[sí:wəd] [형] 바다를 향한. [명] 바다쪽. [부] seawards[sí:wədz] 바다쪽으로. [sea+-*ward* (방향을 뜻하는 어미)+-s (부사적 소유격어미)] 8
☞ towards, forwards, once

seal¹[si:l] [명] 바다표범(가죽). [동] 바다표범 사냥을 하다.

seal²[si:l] [명] 도장; 봉인(지); 징후(token); 표적; 보증, 확증(confirmation). [동] 도장을 찍다, 조인하다; 봉(인)하다; 밀폐하다, 꽉 잠그다[up]; 보증하다(certify); 운명을 정하다(destine), 결정하다(determine). 2
[《중영》 *seel*← 《고프》 *seel* signet 도장←《래틴》 *sigillum* little sign 작은 서명←*signum* sign] ☞ sign

seam[si:m] [명] 솔기, 이은 자리; 갈라진 금(fissure); 흠집(scar). [동] 꿰매다; 흠집을 내다. 4

seamstress[sémstris 《영》, sí:mstris

《미)] 圈 재봉부(裁縫婦), 침모(sewing-woman) ((sempstress로도 적는다)).
[((페어)) *seamster* tailor, *seamstress* 재봉사+-*ess* (여성명사 어미)]

sear[siə] 통 《시》 시들게 하다(wither); 눋게 하다(scorch); 태우다(burn); 낙인을 찍다(brand). 혱 시든(withered). 10
[((고영)) *sēarian* wither 시들다←*sēar* withered 시든]

search[sə:tʃ] 통 찾다(seek); 조사하다(examine); (상처, 마음 따위를) 알아보다(probe). 명 수색; 조사(examination) [after, for]. 2
[((고프)) *cerchier*←((래틴)) *circāre* go round 돌아가다, explore 탐험하다←*circus* a ring 고리, 원형; *cf.* ((프)) *chercher*]

in ~ of …을 찾아서. *~ after* …을 찾아다니다. *~ for* …을 찾다.
☞ circus, research

season[sí:zn] 명 계절; 시기(suitable time), 절기; 한창때; (영속) 정기승차권(season-ticket); ((미)) commutation ticket). 통 조미(調味)하다; …의 맛을 가하다(flavour); (재목 따위를) 말리다; 익히다(mature), 익숙하게 하다. 1
[((고프)) *seson*←((래틴)) *satiōnem* sowing (time)씨 뿌리는 (시기)←*satus-serere* sow 씨를 뿌리다; *cf.* ((프)) *saison*]

seasonable[sí:z(ə)nəbl] 혱 철에 맞는, 한 물의; 시기를 얻은(timely). [season+-*able* (형용사 어미)]

unseasonable[ʌnsí:z(ə)nəbl] 혱 철에 안맞는, 시기가 아닌, 한물 간; 그 자리에 맞지 않는. [*un-* not+season+ -*able* (형용사 어미)]

seasonal[sí:z(ə)nəl] 혱 계절적인, 철마다의, 주기적. [season+-*al* (형용사 어미)]

seasoning[sí:zniŋ] 명 조미(료). 익히기, 단련. [season+-*ing*]
☞ seed, sow

seat[si:t] 명 좌석, 의자; 엉덩이(buttocks); 소재지(site); 위치(location); (시골의) 저택(countryhouse); 의원의 지위(membership). 통 착석시키다; 고정시키다(set firm). 1
[((중영)) *sete*←((아이스)) *sœti* a seat←*sāt-*←*sitja* sit 앉다] ☞ sit

be ~ed 앉다, 착석하다(sit down): *Please be ~ed.* 자 착석해 주십시오. *~ing capacity* 좌석수. *~ of government* 관청 소재지. *~ oneself* 다. *take a ~* 착석하다.

seclude[siklú:d] 통 격리하다(separate); 잡아떼다; 가두어 넣다; 은퇴시키다. ⑮ adhere 붙이다.
[((래틴)) *sēclūdere*←*sē-* apart+*clūdere*, *claudere* shut 닫다; shut apart 따로 가두어 넣다]

secluded[siklú:did] 혱 들어앉은; 외딴; 격리한; 은퇴한. [seclude+-*ed* (과거분사어미)]

seclusion[siklú:ʒ(ə)n] 명 격리; 한거(閑居), 은퇴(retirement).
☞ clause, conclude, include, exclude, preclude

second[sék(ə)nd] 혱 두번째의; 열등한(inferior) [to]; (a second) 딴(another); 부(副)…, 종(從)…(secondary). 명 초(秒); (권투, 결투 따위의) 보조인; *pl.* 이급품. 통 찬성하다(support); (결투자 따위의) 보조역할을 하다. 1
[((프)) *second*←((래틴)) *secundus* second 둘째의←*sequī* follow 뒤따르다. 초(秒)의 뜻은 ((래틴)) (*minūta*) *secunda* secondary (minute) 즉 한시각의 두번째 1/60 이라는 데서; *cf.* minute←((래틴)) *minutus* 세분(細分)한]

a ~ time 두번, 다시. *in a ~* 곧, 즉시. *in the ~ place* 두째로, 다음으로(secondly). *on ~ thoughts* 다시 생각하여. *~ sight* 천리안(千里眼), 투시(透視). *~ to none* 어떤것에도 지지 않는, 누구에게도 못지 않는, 독보적(unsurpassed).

secondary[sék(ə)nd(ə)ri] 혱 제 2위의; 종속적(subordinate); 중등의. [second+-*ary* (형용사 어미)] 7

second-hand¹[sék(ə)nd-hænd, ((명사 앞에서))-hænd] 혱 헌, 중고의; 간접의, 한다리 건너 들은. 튀 고물로서, 중고로; 간접으로, 건너 들고서. [second 두번째+hand 손; 두번째 손을 거쳐서, 건너 들은]

second-hand²[sék(ə)ndhænd] 명 초침(秒針). [second 초+hand 침] *cf.* minute-hand 분침; hour-hand 시침(時針).

secondly[sék(ə)ndli] 튀 둘째로.

second-rate[sék(ə)ndréit] 혱 (제)이류의; 못한(inferior); 보잘것 없는. first-rate 일류의. [second+rate 등급]
☞ sequence, sequel, consequent, sect

secret[sí:krit] 명, 혱 비밀(의), 비결(의)

(key); 신비한(mysterious), 신비(mystery). ⓐ open 공개의, frank 숨김없는. 2
[((프) secret←(래틴) sēcrētus←sēcernere separate 분리하다 ←sē- apart+cornere sift 옮기나; 따로 옮겨 놓은 → 숨겨 둔)
in ~ 살짝, 비밀히. open ~ 공공연
secrecy[síːkrisi] 몡 비밀. [secret+-cy (명사 어미)] 8
secretary[sékrit(ə)ri] 몡 서기(관), 비서(관); 간사; 장관(minister); 차관(undersecretary). [secret+-ary; 원뜻은 one entrusted with sectrets 비밀을 위임받은 자] 3
the Secretary of State (미) 국무장관; (영) 국무대신.
☞ crisis, critic, concern, discern
sect[sekt] 몡 종파; 교파; 학파; 분파(faction). 6
[((래틴) secta path 길, method 방법, school 학교←sectārī follow 따라가다]
☞ sequence, second
section[sékʃ(ə)n] 몡 절단; 부분; (책의) 절(節); 지구(地區); 과(課), 국(局). 2
[((래틴) sectiōnem a cutting (off) 절단←sectus←secāre cut 베다]
sectional[sékʃ(ə)n(ə)l] 몡 부분의; 부문의; 한 지방의; 과의; 짜 맞추는 식의; 단면의. [section+-al (형용사 어미)]
section mark 몡 절표(節標) (§).
section paper 몡 방안지(方眼紙).
sector[séktə] 몡 부채꼴, 부채꼴 지구, 부채꼴 전투지구.
[((래틴) sector cutter←sectus←secāre cut 베다]
segment[ségmənt] 몡 (분할된) 구분, 구획(section); 부분; 선분(線分), 원의 호(弧). 통 나누다(divide). 7
[((래틴) segmentum←seg- ←secāre cut 자르다] ☞ saw
secular[sékjulə] 몡 속된(lay); 현세의; 세속적(worldly); 비종교적인 (ⓐ religious 종교적, spiritual 정신적); 수도원 밖의 (ⓐ regular 수도원에 속하는); 오래 계속되는(lasting for a long time) (ⓐ periodical 일시적). 몡 교구목사; (미국) (흑인) 대중가요. 6
[((래틴) sæculāris belonging to an age 시대에 속하는←sæculum age 시대, the world 세상]
secularize[sékjuləraiz] 통 속되게 하다, 일반화하다; 종교에서 분리하다. [secular+-ize (동사 어미)]
secure[sikjúə] 몡 안전한(safe), 확실한. 통 안전하게 하다, 지키다(protect); 담보를 하다; 보증하다(guarantee); 붙들어 걸다(insure) [against]; 꽉 닫다(fasten), 감금하다(confine); 획득하다(obtain). ⓐ anxious, insecure 불안한.
[((래틴) sēcūrus free from anxiety 걱정이 없는←sē- apart from+cūra anxiety 걱정; sure의 자매어] 2
security[sikjúəriti] 몡 안전(safety); 방심(carelessness); 보호(protection); 담보(pledge); 보증(인)(surety); *pl*. 증권류(類). [secure+-ity 명사어미)]
Security Council (국제 연합의) 안전보장 이사회. 3
☞ cure,curate,accurate,sure,assure
sedan[sidǽn]몡교의, 가마(sedan-chair); (원래 미국에서)세단형 자동차 《운전수까지 네사람이 타고 지붕이 달린 승용차; (영) saloon).
[(① (이태) sedan← sede seat 자리←(래틴) sedēre sit 앉다. ② Sedan (프랑스 북동부, Meuse 강변의 요새도시)에서 온 말; sedan chair (가마)를 여기에서 처음 썼다고 해서]
sedentary[sédnt(ə)ri] 몡 앉아있는, 앉기 잘하는, 앉아서 일하는; 정착성의. 9
[((래틴) sedentārius ever sitting 언제나 앉아있는←sedentem←sedēre sit]
sedge[sedʒ] 몡 사초(莎草). 8
[(고영) secg cutter 베는 기구; 모양이 톱(saw) 처럼 생겼기 때문] ☞ saw
sediment[sédimənt] 몡 침전물; 앙금(dregs). 10
[((래틴) sedimentum setting 가라 앉은←sedēre sit 앉다] ☞ sedentary
sedition[sidíʃ(ə)n] 몡 치안 방해, 소요; 선동, 교사(教唆).
[((래틴) seditiōnem a going apart 떨어져 나감 ← sē- apart 따로+īre go 가다; 떨어져 나감→분리→분렬→소요]
seditious[sidíʃəs] 몡 치안방해의; 선동적인. [sedition+-ous(형용사 어미)]
seduce[sidjúːs] 통 유혹하다; (여자 따위를) 속이다; 호리다(attract); (좋은 뜻에서) 매혹하다. 6
[((래틴) sēdūcere lead aside 옆으로 끌고 가다, 유혹하다←sē- apart 따로+dūcere lead 인도하다]
seduction[sidʌ́kʃ(ə)n]몡 유혹; 《보통

복수) 매혹(魅惑 attraction).
[(프) séduction←(래틴) sēductiōnem; seduce+-tion (명사 어미)]
seductive[sidÁktiv] 형 유혹적인, 매혹적인, 매력있는.
[(래틴) sēductus←sēdūcere+-ive (형용사 어미)]
☞ adduce, conduce, conduct, deduce, deduct, induce, duke, reduce
see[si:] 통 (saw, seen) 보(이)다, 만나다(meet); 알다(understand); 배웅하다; 조심하다(take care) [that]; 경험하다; 참조하다. 1
[(고영) sēon; cf. (독) sehen]
I ~ 알겠다; 그래. *let me ~* 그런데. *~ about* 생각해 보다; 조심하다. *~ after*… …을 보살펴 주다, 조심하다. *~ a person off* 사람을 전송하다, 사람을 배웅하다. *~ into* 조사하다; 간파(看破)하다. *~ing that*… …이므로 (since). *~ out* 배웅하다; 최후까지 보다, 끝장을 보다(finish). *~ to* 조심하다; 돌보아 주다(look after); (일 따위를)하다(attend to). *~ (to it) that*… 꼭…하도록 하다. *You ~* 알겠지요; 그렇지.
동의어 see는 특히 주의하지 않아도 보임을 뜻하는 보편적으로 쓰이는 말이다. behold는 가만히 한참 바라봄을 뜻하며 보는 태도에서 느끼게 되는 인상을 특히 강조한 형식적인 말이다. espy는 보통 먼것, 작은 것, 일부가 안 보이는 것 따위를 발견한다는 뜻이고, descry 는 어떤 것을 멀리에서나 어둠이나 안개를 뚫고 알아 본다는 뜻이다. view는 관찰 또는 조사할 목적으로 눈 앞에 있는 것을 본다거나 바라다 봄을 뜻하는 형식적인 말이다. ☞ look
seer[síːə] 명 보는 사람; 환상가, 천리안(千里眼); 예언자. [see+-er (사람을 뜻하는 명사 어미)] 8
seed[siːd] 명 씨, 종자; (식물의) 근원(source); 자손(offspring). 통 씨를 뿌리다(sow); 씨를 받아내다; 열매를 맺다, 씨를 떨어뜨리다.
[(고영) sēd, sǣd seed 씨; cf. (독) saat] ☞ sow
seedling[síːdliŋ] 명 (씨에서 난) 싹, 묘(苗). [seed+-ling (축소 어미)] 8
seek[siːk] 통 (sought) 찾다(search), 구하다(after, for); (사람의 목숨 따위를) 노리다; (충고, 건강, 행복 따위를 구하여)…에 가다(resort to…); …하려고 애쓰다[to do]. ⓑ hide 숨다. 1
[(중영) seken, sechen←(고영) sēcan; cf. (독) suchen]
seem[siːm] 통 …인듯이 보이다, …인 것 같다, …으로 여겨지다. 1
seemly[síːmli] 형 적당한(suitable); 점잖은(decent). [seem+-ly (형용사 어미)]
seemingly[síːmiŋli] 부 외관은, 보기에는, 적어도 걸보기만으로는. [seem+ -ing (현재 분사어미)+-ly (부사 어미)]
segment[ségmənt] 명 (분할된) 구분, 구획(section); 단편; 《기하》 선분(線分), (원의) 호(弧). 7
[(래틴) segmentum←seg- ←secāre cut 베다] ☞ section
segregate[ségrigeit] 통 분리하다(separate), 격리하다(isolate). [ségrigit] 형 분리된, 격리된. ⓑ integrate 통합하다, desegregate 인종 차별을 없애다.
[(래틴) sēgregātus← sēgregāre ←sē- gregāre set apart from the flock 무리에서 따로 떨어지게 하다←sē- apart 따로+greg- grex flock 무리]
☞ gregarious
segregation[sègrigéiʃ(ə)n] 명 분리, 격리; (미) (학교, 극장 따위에서의) 흑인의 차별 대우, 흑인과 백인의 분리. ⓑ desegregation 인종 차별의 폐지, integration 통합. [segregate+-ion (명사 어미)]
seize[siːz] 통 붙잡다(catch), 쥐다(grasp); 이해하다(understand); 빼앗다; (병 따위가) 덮치다; (법률) (보통 seise)차압하다, 압수하다. ⓑ loose 놓다. 1
[(프) saisir give seizin 소유권을 주다, 파악하다, 붙잡다←(래틴) sacīre take possession of 갖다]
seizure[síːʒə] 명 잡기; 차압, 압수; (병의) 발작(fit). [seize+-ure (명사 어미)] 9
seldom[séldəm] 부 별로 …안하다, 거의 …않다; 드물게(rarely), 간혹 (not often). ⓑ often 종종, 가끔. 2
[(고영) seldum, seldan ←seld rare 드문; cf. (독) selten]
select[silékt] 통 골라내다(choose), 선발하다. 형 선발된, 제일 좋은(choice); 까다롭게 선택하는, 임회 조건이 까다로운(exclusive); 상류의. 2

[(라틴) sēlectus←sēligere←sē- apart 따로 + legere pick; pick apart 따로 취하다→골라내다]
selection[silékʃ(ə)n] 圀 선택(물); 발췌(拔萃). [select+-ion ('명사 어미)]
selective[siléktiv] 圀 선택의. [select+-ive (형용사 어미)]
☞ lecture, elect, collect, intellect
self[self] 圀 (pl. selves) 자기, 자아; 사리, 사욕, 사심(私心). 圀 한가지 색의 (uniform), 단색의; 순수한. 3
[(고영) self; cf. ((독) selb]
　one's better ~ 양심(conscience).
self-conceit[sélfkənsíːt] 圀 자부심; 허영심. [self+conceit 기만]
☞ conceit
self-confidence[sélfkɔ́nfid(ə)ns] 圀 자신(自信). [self+confidence]
☞ confidence
self-confident[sélfkɔ́nfid(ə)nt]圀 자신이 있는. [self+confident]
☞ confident
self-control[sélfkəntróul] 圀 자제 (自制), 극기(克己 self-command). [self+control] ☞ control
selfish[sélfiʃ] 圀 이기적인, 자기본위의. [self+-ish (형용사 어미)] 4
selfishness[sélfiʃnis] 圀 자기본위, 이기주의. [selfish+-ness(명사 어미)] 9
☞ selfish
self-made[sélfméid] 圀 자기 힘으로 이룩한. [self+made] ☞ make
self-possessed[sélfpəzést] 圀 냉정한, 침착한(composed). [self+possess 소유하다+-ed (과거분사 어미)]
self-reliance[sélfriláiəns] 圀 남에게 의존하지 않음, 독립독행. [self+reliance 의존] ☞ rely
self-respect[sélfrispékt] 圀 자존(심), 자중(自重). [self+respect]
☞ respect
selfsame[sélfseim] 圀 ((same의 강조형)) 똑같은, 하나도 안틀리는, 동일한 (identical). [self+same] 5
☞ same
self-support[sélfsəpɔ́ːt] 圀 자활(自活), 자급(自給). [self+support 지지]
☞ support
self-taught[sélftɔ́ːt] 圀 독학의, 독습의. [self+taugh] ☞ teach
sell[sel] 통 팔(리)다; 배반하다(betray); (사상 따위를) 선전하다. ⓐ buy 1

[(고영) sellan give 주다, give up 포기하다, sell 팔다]
참고 원 뜻은 give(주다)이던 것이 차차 돈과 교환해서 준다는 팔다의 뜻으로 한정년 것; cf. starve, fowl, hound, shroud, wade
seller[sélə] 圀 파는 사람; 팔리는 물건. [sell+-er (명사 어미)] 8
　best ~ 베스트 셀러 ((대단히 잘 팔리는 물건 (특히 책)).
semblance[sémbləns] 圀 외관, 모습, 겉치레; 비슷함(resemblance). 7
[((프) semblance←sembler seem …으로 보이다←(라틴) simulāre simulate 흉내내다, …인 체하다]
☞ simulate, similar, same
semester[siméstə] 圀 (일년에 2학기 제도인 대학의) 학기(學期); cf. session ((미)) 학기, term 학기.
[((독) semester ← ((라틴) sēmenstris six-monthly←sex six+mensis month; 육개월씩의 (기간)] ☞ menses
seminar[séminɑːr] 圀 (교수 지도하에서 특수한 연구를 하는) 대학의 연구 그룹; 세미나, (대학의) 연구실; 연구과.
[((독) seminar→((라틴) sēminārium of or for seed 씨의, 씨를 위한 (곳) ← sēmen seed 씨; 씨 를 위한 묘판 (nursery); seminary의 자매어]
seminary[séminəri] 圀 (특히 여자를 위한 중등 이상의 사립) 학교(school); ((미)) (각파의) 신학교, ((영)) (카톨릭교의) 신학교, (죄악 따위의) 온상[of], 발상지; 세미나(seminar).
[((라틴) sēminārium seed plot 묘판, of or for seed 씨의, 씨를 위한; 묘판 →온상→학교]
참고 현재 신학교의 뜻으로 제일 많이 쓰인다. 전에는 school 대신에 멋을 부리려고 썼으나 그런 뜻으로는 이미 쓰이지 않게 되었다. 우리말의 세미나는 seminar가 보통이다.
senate[sénit] 圀 원로원(元老院); (Senate) ((미)) 상원; 평의원회; 이사회. ⓐ the House of Representatives 하원. cf. Congress ((미)) 국회. 3
[((라틴) senātus council of elders 원로원←senex old 나이 많은]
senator[sénətə] 圀 상원의원; 평의원, 이사; 원로원 의원. ⓐ Representative 하원의원, Congressman 국회의원 (특히 하원의원). [senate+-or] 4

동계어 **senile**[síːnail] 형 노쇠한.
[《래틴》 senīlis old 나이 많은←senex old] **senility**[siníliti] 명 노쇠.
[senile+-ity] ☞ senior

senior[síːnjə] 형 연장자의, 상석의, 손위의, 상급의. 명 연장자, 선배, 상급생; 《미》 (고교, 대학의) 최상급생. 반 junior 손아랫사람; cf. freshman, sophomore, junior.
[《래틴》 senior older (senex old의 비교급); -ior은 래틴어의 형용사의 비교급 어미. cf. junior, superior, inferior, major, mayor, interior, exterior, etc.]
~ **high school** 《미》 대학예비교.

send[send] 동 보내다, 부치다; (신이) 허락하다(grant); …되게 하다(cause to be); 사람을 보내다, 편지를 부치다.
반 call 부르다.   1
[《고영》 sendan; cf. 《독》 senden]
~ **away** 쫓아버리다, 해고(解雇)하다.
~ **down** 내려가게 하다; 퇴학시키다.
~ **for** …가지러 보내다, 데리러 보내다, 가져오게 하다, 불러 오게 하다.
~ **in** (참가를) 신청하다; (선수를) 보내다; 출품하다. ~ **off** 내다, 발산하다 (emit); 우송하다; 배웅하다. 내쫓다.

sensation[senséiʃ(ə)n] 명 감각(feeling) 느낌, 기분; 대소동, 쎄세이션.   7
[《래틴》 sensātiōnem←sensātus←sensus sense 감각; sense+-ate (동사 어미)+-ion (명사 어미)]

sensational[senséiʃ(ə)n(ə)l] 형 세상을 떠들썩하게 하는, 선전적, 인기 끄는. [sensation+-al (형용사 어미)]

sense[sens] 명 감각(기관); 눈치; 의식, 사려, 의미(meaning); pl. 제정신 (sanity); 생각(general opinion). 동 느끼다, 깨닫다.   2
[《래틴》 sensus sense 감각←sentīre feel 느끼다, perceive 지각(知覺)하다]
come to one's ~ 제정신으로 돌아오다, 본심으로 돌아오다. **common** ~ 상식. **in a** ~ 어떤 의미로는, 어느정도. **in no** ~ 결코 …않다, 결코 …이 아니다. **make** ~ 뜻이 통하다.

senseless[sénslis] 형 감각이 없는, 의식이 없는(unconscious); 상식적이 아닌, 지각 없는. [sense+-less (without 형용사 어미)]   7

sensible[sénsibl] 형 지각할 수 있는 (perceptible); 상당한 (appreciable); 알아 챈(conscious) [of]; 지각 없는 (judicious). [sense+-ible (형용사 어미)]   4

sensibility[sènsibíliti] 명 감각(력), 감수성; 감도. [sensibile+-ity (명사 어미)]   9

sensitive[sénsitiv] 형 감성이 예민한, 민감한(impressionable) [to]; 신경과민의. [sense+-itive (형용사 어미)] 7

sensory[sénsəri] 형 감각(상)의, 지각 (知覺)의. [sense+-ory (형용사 어미)]

sensual[sénsju(ə)l] 형 관능적인, 음란한(lustful). [sense+-(u)al (형용사 어미)]   9

sensuous[sénsjuəs] 형 감각적인, 심미적(審美的)인 (aesthetic). [sensual+-ous (형용사 어미)]
☞ sentimental, sentence

sentence[séntəns] 명 문(文), (형의)선고, 형벌(punishment). 동 선고하다, 판결하다, 처형하다.   3
[《프》 sentence←《래틴》 sententia a way of thinking 생각하는 법←sentientia opinion 의견←sentientem, sentīre be of opinion …의 의견을 갖다]
pass ~ **upon**… …에 형의 선고를 하다. ~ **a person to death** 사람에게 사형을 선고하다. **serve one's** ~ 복역(服役)하다.   ☞ sense

sentiment[séntimənt] 명 감정, 정서; 의견; pl. 감상. 반 intellect, intelligence 이지(理知).   5
[《래틴》 sentimentum←sentīre feel 느끼다, be of opinion …의 의견이다]

sentimental[sèntimént(ə)l] 형 정에 무른, 감상적인. [sentiment+-al (형용사 어미)] ☞ sense, sensation 8

sentinel[séntin(ə)l] 명, 동 보초(서다), 위병(을 두다).   10
[《프》 sentinelle ←《이태》 sentinella a watch 파수병; 어원은 불확실하나, 《래틴》 sentīre perceive 보다, 지각하다 에서 유래한 것이다]
stand ~ **over** 보초를 서다, 번을 서다 (guard).

sentry[séntri] 명 보초, 위병(sentinel) (sentinel의 군대용어).

separate[sépəreit] 동 나누다, 가르다 (sever); 간막다; 분리하다; 헤어지다 (part company). [sép(ə)rit] 형 따로 따로의, 분리된. 반 unite 결합하다.   1
[《래틴》 sēparātus ← sēparāre ← sē- apart 따로+parāre arrange 정리하다,

준비하다; 따로 정리해 두다→나누다]
[동의어] separate는 통일된 것, 결합 또는 집합한 것을 떼어 놓는다는 뜻이다. separate machine parts. (기계의 부품을 떼어 놓다). divide는 절단, 분렬, 또는 파생시켜서 각 부분으로 나눈다는 뜻이다. divide one's property among one's children, 재산을 아이들에게 나누어 주다. 따라서 separate는 분리의 행동에, 또 divide는 분리된 상태나 개체에 그 중점이 있다. part는 밀접히 결합 또는 교제하고 있는 사람이나 물건을 떼어 놓는다는 뜻이고, sever는 어떤 물건의 일부분을 잘라낸다는 뜻이다. sunder는 난폭하게 잡아 떼다거나 잡아쨈, 비틀어서 떼어냄을 뜻하는 문장용어이다.

separately[sép(ə)ritli] 🕮 갈라져서; 따로따로, 단독으로 [from].

separation[sèpəréi∫(ə)n] 🕮 분리, 이별; 부부 별거. [separate+-ion (명사 어미)] 5

seperative[sép(ə)rətiv] 🕮 분리적인, 독립적;(동·식물)구별적인. [seperate+ive (형용사 어미)]

separator[sép(ə)reitə] 🕮 선광기(選鑛器), (액체) 분리기. [separate+-or (행위자를 뜻하는 명사 어미)]

☞ several, pare, prepare, sever

September[septémbə] 🕮 9월. 2
[(레틴) *September* the seventh month of the Roman year 로마 력의 일곱째 달←*septem* seven 일곱]
☞ January, March, October, November, December

sepulchre, -er[sépəlkə] 🕮 묘(tomb, grave), 매장지, 산소. 🕮 매장하다. 7
[(프) *sépulcre*←(레틴) *sepulcrum* grave 묘←*sepultus* buried 묻힌←*sepelīre* bury 매장하다]

sepulchral[sipʌ́lkr(ə)l] 🕮 묘의, 산소의; 음침한(gloomy). [sepulchre+-al (형용사 어미)] 9

sequel[síːkw(ə)l] 🕮 계속, 속편(continuation); 결과(result); 결국. 9
[(레틴) *sequēla* a result 결과←*sequī* follow 쫓다]

sequence[síːkwəns] 🕮 연속(succession), 연쇄(連鎖 unbroken series); 결과(result); (문법) 때의 일치. 🕮 severance 단절(斷絕), precedence 선행(先行). 8

[(레틴) *sequentia* a following 뒤따르기←*sequentem*←*sequī* follow 뒤따르다, 계속하다.]
~ *of tenses* (문법) 때의 일치.

sequent[síːkwənt] 🕮 잇달아 일어나는(following); 결과인 [on, upon, to]. 🕮 결과, 결론.
[(레틴) *sequentem sequī* follow 뒤따르다] ☞ consequence, consecutive

seraph[sérəf] 🕮 (*pl.* seraphim) 최고 위천사, 천사. 10
[*pl. seraphim*에서 만들어낸 끝←(헤브류)*serāphīm* seraphs; 원뜻은 exalted ones 고귀한 자].

serene[sirí:n] 🕮 고요한(calm), 온화한(peaceful), 맑게 개인(clear). 🕮 furious 광포(狂暴)한. 5
[(레틴)*serēnus* bright 밝은,clear맑은]

serenity[siréniti] 🕮 맑고 개임, 고요함, 침착함. [serene+-ity (명사 어미)]

serenade[sèrənéid] 🕮, 🕮 세레나데 (를 부르다), 소야곡(을 부르다) (야간에 애인의 창 결에서 부르는 노래).

serf[sə:f] 🕮 농노(農奴). 8
[(레틴) *serf*←(레틴) *servus* a slave 노예] ☞ serve

serge[sə:dʒ] 🕮 사아지, 세루. 8
[(프) *serge* a silken stuff 명주 직물←(레틴) *sēricus* silken 명주의←*Sēricus Sēres* 에 속하는←(그) *Sēres* Chinese 중국인들←(중국) *se, sei* silk 명주; *cf.* (그) *sēr* a silkworm 누에]

[동계어] **sericulture**[sérikʌlt∫ə] 🕮 양잠, 누에치기. [sericiculture의 준말←(프) *séri(ci)culture* 양잠(업)←(레틴) *sēricum* silk 명주+*cultūra* culture 재배] ☞ silk

sergeant[sá:dʒ(ə)nt] 🕮 병장(兵長)(약 Sergt., S/gt), 경사(警査)(inspector와 constable의 중간). 8
[(프) *sergent* ← (레틴) *servientem* serving 봉사하는←*servīre* serve 봉사하다] ☞ serve, service, servant

series[síəri:z] 🕮 (단수·복수 동형) 연속(sequence), 계속; 한벌(set), 조(組), 총서(叢書); (경기의 우승권) 쟁탈전. 4
[(레틴) *seriēs* row 줄, 열, series 연속←*serere* join 합하다]
in ~ 연속하여; (전) 직렬로. *geometrical* ~ 등비급수.

serial[síəriəl] 🕮 연속적인, 연재의, 분책(分冊) 출판의. 🕮 연재 소설, 연속

영화, 분책 간행서.
[《라틴》 *seriālis*←*seriēs*; series+-*al* (형용사 어미)]

serious[síəriəs] 🔲 진지한(earnest), 엄숙한(grave); 중대한(important).
🔲 frivolous 진실치 않은.   2
[《라틴》 *sēriōsus*←*sērius* heavy 무거운, grave 엄숙한, earnest 진지한; cf. 《독》 *schwer* heavy 무거운]

동의어 **serious** (🔲 seriousness)는 깊이 생각하고, 정말 중요한 것에 골몰해 있다는 뜻이고, **grave** (🔲 gravity)는 마음이나 외관이 무거운 책임 따위를 반영해서 위엄이나 무게가 있음을 뜻한다. **solemn** (🔲 solemnity)은 진지하고 꼼꼼한 것이 인상적이거나 두려워하고 존경하는 생각이 울어나오도록 할 만큼 엄숙하다는 뜻이다. **sedate** (🔲 sedation)는 인품이나 말씨가 침착하고 품위 있고 진지하다는 뜻을 나타내는 품위있는 말이다. **sober** (🔲 sobriety)는 감정이나 격정을 억제하고 침착성이 있거나 특히 술을 마시지 않아 정신이 말똥말똥하다는 뜻이다.

seriously[síəriəsli] 🔲 진지하게, 진정으로; 심하게, 중대하게.
be ~ *ill* 중병을 앓고 있다. be ~ *offended*(또는 *affected*) 몹시 화내다(또는 영향을 받다). be ~ *wounded* 중상을 입고 있다.

seriousness[síəriəsnis] 🔲 진지함, 진정; 신중함; 중대성. [serious+-*ness* (명사 어미)]

sermon[sə́:mən] 🔲 설교, 훈계, 꾸지람.   5
[《프》 *sermon*←《라틴》 *sermōnem*←*sermo* speech 연설, discourse 강의]

serpent[sə́:p(ə)nt] 🔲 뱀(snake); 내숭한 사람(treacherous person).
주의 snake 보다 고상한 말이며, 또 문장용어로 쓰인다.   4
[《프》 *serpent*←《라틴》 *serpentem*←*serpens* serpent 뱀 ← *serpens* creeping 기어가는←*serpere* creep 기다]

serve[sə:v] 🔲 섬기다, 봉사하다; 근무하다, 복무하다; (…에) 유용하다(be useful to); 시중들다; 공급하다(supply); 다루다(treat).   1
[《프》 *servir*←《라틴》 *servīre* to serve ←*servus* slave 노예; cf. 《라틴》 *servāre* keep, protect 보호하다]
It ~*s* you (또는 *him*, *etc.*) *right!*= Serve(*s*) you (또는 *him*,

etc.) *right!* 그것 봐! 그래 싸다; 잘 됐다(빈정대는 말).

servant[sə́:v(ə)nt] 🔲 하인, 고용인, 하녀, 심부름군; (공공사업의) 종업원; 공복(public servant), 관(공)리.   2
[serve+-*ant* (사람을 뜻하는 명사 어미)]
Fire and water may be good *servants* but bad masters. 《속담》 불과 물은 좋은 하인이나 나쁜 주인이다. 《잘 다루면 쓸 모가 많으나 통제하지 못하게 되면 횡포한 주인 행세를 한다는 뜻》.

service[sə́:vis] 🔲 봉사, 봉공; 공로; 예배; 효용(use); 식기 한 벌; 송달(送達); 진력; 근무(employ), (군) 복무; 일반 공공사업, 시설; …편, 운전; 써어비스. 🔲 공급하다; 판매 후 수리 따위의 써어비스를 하다.   1
[《프》 *service*←《라틴》 *servitium*←*servus* a slave 노예]

serviceable[sə́:visəbl] 🔲 유용한(useful); 오래가는(lasting). [service+-*able* (형용사 어미)]
활용 보통은 "하녀, 식모"의 뜻으로 사용되나 이 말을 안 쓰고 maid 라든지 cook, laundress 따위의 다른 명칭으로 쓰는 때가 많다. 신문 광고의 구인란에는 servant라는 말을 안 쓰고 maid, waitress, nurse, help 따위의 말을 쓰며, 직접 대하고 부를 때에도 servant라고 하지는 않는다.

serviceman[sə́:vismən] 🔲 군인. [service+man]

service-station[sə́:vis-stèiʃ(ə)n] 🔲 (자동차의) 주유소, (라디오의) 수선소, (비행기의) 정류소.

servile[sə́:vail] 🔲 노예의, 노예근성의(slavish); 비천한(mean), 비굴한. [serve+-*ile* (형용사 어미)]   6

serviette[sə̀:viét] 🔲 내프킨(table napkin)
[《프》 *serviette*←*servir* serve 봉사하다, 시중들다]
주의 호텔이나 레스토랑 따위에서 쓰이는 말이며, 가정에서는 보통 table-napkin 이라고 한다.

servitude[sə́:vitju:d] 🔲 노예의 신분(slavery); 고역, 징역. [serve+-*tude* (명사 어미)]   7
penal ~ 중징역(重懲役)《3년 이상》.
☞ sergeant, conserve, deserve, preserve

session[séʃ(ə)n] 명 개회, 개정(開廷 sitting); 회기(會期); 《미》 학기 cf. semester 수업기간.　6
[《프》 session←《래틴》 sessiōnem←-sedēre sit 앉다] ☞ sit

in session 개회중 (meeting).

동계어 **sedentary**[séd(ə)nt(ə)ri] 형 앉아 있는, 앉아서 일하는. 명 앉아서 일하는 사람, 앉기 잘하는 사람.
[《래틴》 sedentārius ever sitting←sedentem←-sedēre sit 앉다]

set[set] 동 (set) 두다, 놓다(put); 배치하다(place); 정하다(fix); 고정하다, 결정하다 (decide); …쪽으로 기울다 (tend); 굳(히)다; (해가)지다; 착수하다 (begin); (옷이) 맞다(suit). 형 고정된 (fixed); 확고한, 부동의(determined). 예정의(prearranged). 명 조(組), 한짝(series), 한벌(assortment); 자세; 방향(direction); (해, 달의) 짐(setting).
[《고영》 settan; cf. 《독》 setzen]　1
~ *about* 시작하다(begin), 착수하다 (set to work). ~ *aside* 곁에 두다; 폐기하다; 무리하다; 거절하다. ~ *forth* 말하다, 설명하다; 출발하다. ~ *free* 해방하다, 석방하다. ~ *in* 시작하다.
~ *off* 출발하다(start), 드러나게 하다; 상세하다; (불꽃 따위를) 쏘아 올리다; 발사하다. ~ *out* 출발하다(start); 착수하다(set to work);장식하다(adorn).
~ *up* 짜맞추다; (장사를) 시작하다; 독립시키다. ☞ sit, settle

settle[sétl] 동 가라 앉히다, 진정시키다; 결정하다(decide); 정주하(게 하)다; 결산하다, 지불하다(pay); 처리하다(dispose of); 맑게 하다(clarify); 앉다(sit), 앉히다.　1
[《고영》 setlan fix 고정하다←setl a seat 자리; settle의 또 하나의 뜻 "긴의자"에서]

settlement[sétlmənt] 명 정주(定住), 식민(migration); 식민지(colony); (사전의) 낙착, 해결(solution); 인보사업 (隣保事業); 청산, 결산. [settle+-ment (명사 어미)]　3

settler[sétlə] 명 (초기의) 식민자, 이민; 개척자; 《속어》 결정적인 타격, 의론, 사건 따위). [settle+-er]　4

seven[sévn] 명, 형 일곱(의), 7(의). 1
[《고영》 seofon; cf. 《독》 sieben, 《래틴》 septem, 《그》 hepta]

the ~ *seas* 7대양(大洋) 《세계의 전 해역: 남북 태평양, 남북 대서양, 인도양, 남북빙양(南北氷洋)》.

the ~ *wonders of the world* 세계의 일곱가지 불가사의. 《이집트의 피라미드(Pyramids), Alexandria의 파로스 등대(Pharos), Babylon의 낭떠러지에 만들어 놓은 공중에 뜬 정원(Hanging Gardens), Ephesus Artemis의 신전, Olympia의 Zeus 신의 상(像), Haricarnassus의 영묘(靈廟 Mausoleum), 및 Rhodes의 거상(巨像 Colossus)의 철대 건축물을 뜻함》.　4

seventeen[sévntí:n] 명, 형 열일곱 (의), 17(의). [seven+-teen (ten을 뜻하는 어미)]　4

sweet ~ 표령, 이팔 청춘.

seventeenth[sévntí:nθ] 명, 형 열일곱째(의), 17분의 1(의). [seventeen+-th (차례를 나타내는 어미)]　10

seventh[sévnθ] 명, 형 일곱(번)째(의), 이레; 7분의 1(의). [seven+-th (차례를 나타내는 어미)]　3

the ~ *day* 일주의 제7일 《유태교회와 안식교회에서는 토요일이 안식일》.

seventy[sévnti] 명, 형 일흔(의), 70 (의). [seven+-ty (ten을 뜻하는 어미)]　2

~ *times seven* 《성서》 무수(無數) 《Matt. xviii, 22》.

sever[sévə] 동 분리하다(separate), 절단하다(cut off); 멀어지다, 헤어지다.
주의 severe "엄격한"과 혼동치 말 것. 반 unite 결합하다.　5
[《프》 sevrer 젖을 떼다, 박탈하다, 분리하다←《래틴》 sēparāre separate 분리하다] ☞ separate

several[sévr(ə)l] 형 네다섯(개)의; 따로따로의(separate), 각자의(individual), 각기의(respective). 대 네다섯 사람(개), 몇몇.　1
[《고프》 several←《래틴》 sēparāle a thing set apart 따로 떼어 놓은 것←sēparāre separate]

severe[sivíə] 형 맹렬한(violent); 심한, 엄격한(stern); 엄숙한(austere); 중대한(serious); 간소한(simple). 반 jocose 농담의, gentle 상냥한.　2
[《고프》 severe ←《래틴》 sevērus severe, serious, grave]

severely[sivíəli] 부 맹렬하게; 무겁게, 엄하게; 용서없이.

severity[sivériti] 명 엄격, 엄정; 격

련함; 고달픔; 엄숙. [severe+-ity (명사 어미)] 7

sew[sou] 동 (sewed, sewn) 깁다, 꿰매다, 바느질하다. 2

sewing[sóuiŋ] 명 재봉, 바느질. [sew+-ing]

sewing-machine[sóuiŋ-məʃíːn] 명 재봉틀.

sewage[sjúːidʒ] 명 하수, 수채찌끼. 10 [sewer+-age (명사 어미)]

sewer[sjuə] 명 하수도, 수채; 시궁창. [((고프)) seuwiere sluice for draining a pond 못에 물대기 위한 배수구, 도랑 ←(레틴) exaquāriam←ex- out+aqua water; 물을 내보내는 (도랑)]

sewerage[sjúəridʒ] 명 하수도 시설, 수채 공사, 시궁창. [sewer+-age (명사 어미)] 4

sex[seks] 명 성(性). 4
[(프) sexe←(레틴) sexus, 원뜻은 division 분할, 구분←secāre cut 베다]
the female(또는 fair, gentle, gentler, weaker, softer) ~ 여성. the male (또는 stronger, sterner) ~ 남성. ~ appeal (여성의) 성적 매력.

sexual[séksju(ə)l] 형 남녀의, 암수컷의; 성의, 성적인. 8
[(레틴) sexuālis←sexus; sex+-al(형용사 어미)]
~ appetite 성욕(sexual desire, carnal desire). ~ intercourse 성교.

sexton[sékst(ə)n] 명 불목하니, 절머슴, 역승(役僧). 10
[(증영) sextein grave-digger 표를 파는 사람; 원뜻은 성의(聖衣 sacred vestments)를 지키는 사람←(중프) sacristain sexton, vestry-keeper←(레틴) sacrista sacristan 성기(聖器) 보관인+-anus←sacr-, sacer holy 신성한 +-ista] ☞ sacred

shabby[ʃǽbi] 형 초라한(seedy), 낡아빠진, 누추한, 천한(mean), 인색한. ⓑ decent 고상한, smart 날씬한, new 새것의. 9
[(고영) sceabb scab 부스럼 딱지+-y (형용사 어미)]

shackle[ʃǽkl] 명 ((보통 복수)) 족쇄(足鎖), 수갑; pl. 방해물, 구속(restraint). 동 수갑을 채우다(fetter); 구속하다; 훼방하다(hamper). 9
[(고영) sceacul loose bond 헐렁한 칼(械)←sc(e)acan shake 흔들다]

☞ shake

shade[ʃeid] 명 그늘, 응달; 색도; 아주 약간, 조금의 차이; 차양(blind), (남포 따위의) 갓, 양산. 동 그늘지게 하다; 가리다, 덮다; 어둡게 하다(darken), 희미하게 하다(되다). ⓑ sun 양지. 1
[주의] 형용사와 함께 쓸 때 외에는 부정관사 불필요. [ten]
[((고영)) scead, sceadu; cf. (독) schat-
The shadow of ~ 환영(幻影).
delicate ~s of meaning in words 말뜻의 약간의 차이. I feel a shade better today. 오늘은 약간 기분이 낫다. I want the same colour in a lighter shade. 같은 색으로 좀 더 옅은 것이 필요하다.

shady[ʃéidi] 형 응달진, 그늘이 있는; 수상한(disreputable). [shade+-y (형용사 어미)] 4

shadow[ʃǽdou] 명 그림자; (거울 따위에 비친) 영상(映像 image), 모습;(늘 따라 다니는) 미행자, 유령(ghost).동그늘지게 하다; 미행하다(follow closely). 2
[(고영) scead(u)we ← sceadu shade cf. (독) schatten]

shadowy[ʃǽdoui] 형 그늘이 많은, 희미한(vague), 어두운(dark); 유령 같은(ghostly). [shadow+-y] 6

shaft[ʃɑːft] 명 (창, 도끼 따위의) 자루; 창(spear), 화살(arrow); 광선(ray of light), 번갯불(bolt of lightning); (기계의) 축, 굴대(axe); 엘레베터의 통로; 깃대; 굴뚝; ((광업)) 종갱(縱坑); cf. tunnel 횡갱(橫坑). 4

shag[ʃæg] 명 북슬북슬한 털; 품질 나쁜 살담배.

shaggy[ʃǽgi] 형 털이 많이 난(hairy), 텁수룩한; 초목이 무성한. [shag+-y (형용사 어미)] 7

shake[ʃeik] 동 (shook, shaken) 흔들(리)다(tremble); (뒤)흔들다(jolt); 진동하다(quake), 혼란시키다(disturb), 소란케 하다(agitate); 요동시키다(unsettle); 약화하다(weaken); 분기시키다(stir up); (목소리 따위를) 떨다(trill). 명 흔들기, 진동, 동요; ((미속)) 지진(earthquake); 밀크셰이크(milk shake); (the ~) 학질(ague). ⓑ fix 고정하다. 1
[((고영)) seacan shake 흔들다, brandish (칼 따위를) 휘두르다]
[동의어] shake는 짧은 동작으로 급격히

전후 상하로 움직임을 뜻하는 보편적으로 쓰이는 말이다. tremble은 공포, 피로 따위로 말미암아 몸을 무의식 중에 떠는 듯을 나타내는 흔히 쓰이는 말인데 비해, quake는 비교적 심하게 tremble함을 뜻하는 약간 점잖은 말이다. quiver는 팽팽한 줄을 퉁기 듯이 파르르 떨린다는 뜻이다. shiver는 추위나 무서움 따위로 순간적으로 tremble 한다는 뜻이다. shudder는 공포나 혐오(嫌惡)로 인하여 발작적으로 급격하게 tremble 한다는 뜻이다. wobble은 흔들흔들 불안하게 흔들린다는 뜻이다. shaker[ʃéikə] 명 흔드는 사람, 흔드는 물건; (칵텔을 만드는 셰이커); (Shaker) 《미》 셰이커 신도 (기독교의 일파). [shake+-er(행위자를 뜻하는 명사 어미)]

shaky[ʃéiki] 형 흔들리는, 덜커덕거리는, 비틀거리는, 위태로운, 불안정한(unsteady); 믿을 수 없는(unreliable). [shake+-y (형용사 어미)] 10

shall [《강》ʃæl, 《약, 또는 보통》ʃ(ə)l] 조 (should) ① 《단순미래; 1인칭에 있어서 단순한 미래를 나타냄》…할 것이다: I shall be back. 곧 돌아올거야. ② 《의지미래; 2인칭, 3인칭에 있어서 말하는 사람의 의지, 의향을 나타냄》…하게 된다: You (또는 He) shall die. 죽여 버리겠다. ③ 《의문문; 1인칭, 3인칭에 붙여서 상대방의 의사를 물음》…할까요: Shall I open the window? 창문을 열까요? Shall it be first? 그것을 먼저 할까요? ④ 《각 인칭을 통하여 명령, 의무, 필요, 예언 따위를 나타냄》…해야한다, …하게 된다: Every man shall do his best. 각자 전력을 다해야 한다. *cf.* will 1
[《고영》*sceal*; *cf.* 《독》*sollen*]

shallow[ʃǽlou] 형 얕은; 천박한, 피상적인. 명 물이 얕은 데, 여울. 통 얕아지다, 얕게 하다. 반 deep 깊은 (곳), deepen 깊게 하다. 3
[《고영》*sceald* shallow 얕은]
☞ shoal, shelve

sham[ʃæm] 명 가짜, 사기군(imposter); 겉치레(pretense). 형 가짜의, 겉치레의. 통 …인 체하다, 가장하다(feign). 반 truth 진실, true 진짜의. 9
[shame의 북부 방언형; 원뜻은 delude (a person) 기만하다]

shame[ʃeim] 명 치욕(恥辱), 수치, 부끄러움; 창피, 무색. 통 부끄럽게 하다, 모욕하다; …의 면목이 없게 하다. 반 hono(u)r 명예. 2
[《고영》*scamu* shame 치욕; *scamian* feel ashamed 부끄러워하다; *cf.* 《독》 *scham*]

shameful[ʃéimf(u)l] 형 부끄러워해야 할; 면목없는(disgraceful); 수상한; 음탕한. [shame+-*ful*] 5

shameless[ʃéimlis] 형 창피를 모르는, 뻔뻔스러운(impudent). [shame+-*less* (형용사 어미)] 9

shank[ʃæŋk] 명 정강이, (닻, 열쇠, 숟가락 따위의) 손잡이 (또는 자루)의 가는 부분; 발(leg). 10
[《고영》*sc(e)anca* leg 발; *cf.* 《독》 *schenkel, schinken*]

shape[ʃeip] 명 꼴, 형태(form); 모양 (figure); 자태(appearance); 형(型 pattern). 통 형성하다(form); 적합시키다(adapt)[to]; 상상하다(imagine). 1
[《고영》(*ge*)*sceap* creation 창조, creature 창조물←*scieppan* create 만들다 form 형성하다; landscape (경치)의 -*scape*나 friendship (우정)의 -*ship*도 같은 어원]

shapeless[ʃéiplis] 형 꼴없는, 모양없는; 보기 흉한(deformed). [shape+-*less* (형용사 어미)] 6

shapely[ʃéipli] 형 모양 좋은 (있는) (well-formed), 본있는, 우아한(graceful). [shape+-*ly* (형용사 어미)]
☞ reshape

share[ʃɛə] 명 몫, 할당(portion); 역할 (part); 주(株); 참가. 통 분담하다, (…을) 함께 하다; 분배하다, 할당하다(distribute) [between, among]; 참가하다. 2
[《고영》*scearu* a cutting 절단←*sceran* shear 베다]
go ~*s* (*with*…) (…과) 똑 같이 나누다, 공동으로 하다, 한 몫 거들다, 부담하다. *on* ~*s* 이해를 같이하여.

동의어 share는 어떤 물건을 남과 함께 쓴다거나 갖는다거나 즐김을 뜻하며, 보통 그 물건의 일부를 준다거나 받음을 암시하는 가장 널리 쓰이는 말이다. participate는 어떤 활동이나 기업에 함께 참가한다는 뜻이다[in]. partake는 식사나 책임을 함께 한다는 뜻으로 보통 전치사 of를 지배한다: *partake of a friend's hospitality* 친구의 대접에 한 몫 끼다.

shareholder[ʃέəhouldə] 圏 주주(株主). [share + hold 지니다, 가지다 + -er (사람을 뜻하는 어미)] ☞ shear

shark[ʃɑːk] 圏 상어; 사기꾼(swindler), 고리대금업자; (미속) 명수, 전문가. 圄 협잡을 하다. 9

sharp[ʃɑːp] 圏 날카로운(keen), 예민한; 뾰족한(pointed); 가파른(steep); 뚜렷한(distinct); 재빠른(quick); 빈틈없는(vigilant); 살을 에이는 듯한(biting); 매운, 신; (목소리가) 빽빽한(shrill). 튀 정각에 꼭(exactly). ⑤ dull 둔한, blunt 무딘, 둔한. 2
[((고영)) *scearp*; *cf*. ((독)) *scharf*]
[동의어] sharp (圏 sharpness)는 몸에는 듯이 날카로움을 뜻하는 흔히 쓰이는 말이며, keen (圏 keenness)은 흔히 유쾌한 흥분을 일으키게 할 만큼 날카롭다는 뜻이다: *keen delight* (아기자기한 기쁨). acute (圏 acuteness)는 "끝이 뾰족한"의 원 뜻에서 찌르는 듯이 통렬하다거나 신랄하다는 뜻으로 쓰이게 되었다.

sharpen[ʃɑ́ːp(ə)n] 圄 날카롭게 하다, 날카로와지다; 깎(이)다; 뾰족하게 하다, 뾰족해지다(point); (칼 따위를) 갈(아지)다. [sharp+-*en* (동사 어미)] 4

sharpness[ʃɑ́ːpnis] 圏 날카로움; 격렬함; 비꼼; 선명함; 교활함. [sharp+-*ness* (명사 어미)] 10

shatter[ʃǽtə] 圄 분쇄하다 (break in pieces); 손상하다, 해치다(impair). [scatter와 같은 어원에서; (중영) *schateren*] ☞ scatter

shave[ʃeiv] 圄 면도하다, 깎다(pare), 스치다(graze). 圏 면도; 깎기; 스침, 위기 일발. 4
[((고영)) *sceafan* scrape 긁다; *cf*. ((독)) *schaben*]

shaving[ʃéiviŋ] 圏 면도; (흔히 복수) 대팻밥. [shave+-*ing*]

shawl[ʃɔːl] 圏 쇼올, 어깨 걸이. 7
[((페르샤)) *shāl*[ʃɔːl] shawl 쇼올]

sheaf[ʃiːf] 圏 (*pl*. sheaves) (곡식의) 단. 圄 단으로 묶다. 6
[((고영)) *scēaf*; *cf*. ((독)) *schaub*]

shear[ʃiə] 圏 *pl*. 큰 가위 (large scissors), 전정(剪定)용 가위. 圄(sheared, shorn 또는 sheared) (털을)깎다, 베다 (clip), 벗겨내다(strip) [off]. 4
[((고영)) *sceran*; *cf*. ((독)) *scheren* 깎다, 베다, 괴롭히다] ☞ share

sheath[ʃiːθ] 圏 칼집(scabbard), (가위 따위의) 주머니(cover); ((식물)) 대(莖)의 겉집, 꼬투리, 대(竹) 껍질. 6
[((고영)) *scēath*; *cf*. ((독)) *scheide*]
☞ shed¹

sheathe[ʃiːð] 圄 칼집에 넣다; 덮다, 씌우다. ☞ shed¹

shed¹[ʃed] 圏 오두막(hut), 헛간, 까대기(penthouse); (자동차, 기관차 따위의) 차고; (화물을 싣고 부리는) 창고; (유리 지붕의) 공장. 2
[((고영)) *scead*] ☞ shade
a cattle ~ 외양간. *a tool* ~ 연장을 넣어 두는 광. *a train* (또는 *an engine*) ~ 기차 (또는 기관차) 차고.

shed²[ʃed] 圄 (shed) (피, 눈물 따위를) 흘리다; 흔들어 떨어뜨리다; (옷을) 벗어버리다; (향기, 빛 따위를) 발산하다. 3
[((고영)) *scēadan, sc(e)ādan* divide 나누다, part 헤어지다; *cf*. ((독)) *scheiden*]
~ *much blood* 많은 사람을 죽이다.

shedder[ʃédə] 圏 흘리는 사람, 흘리는 것. [shed+-*er* (명사 어미)]

sheen[ʃiːn] 圏 광휘(光輝 brightness); 광택 (luster). 10
[((고영)) *scēne* bright 밝은; *cf*. ((독)) *schön*]

sheep[ʃiːp] 圏 (단·복수 동형)양(羊). 1
[((고영)) *scē(a)p*; ((독)) *schaf*]

sheepcot[ʃíːpkɔt], **sheepcote**[ʃíːpkout], **sheepfold**[ʃíːpfould] 圏 양 우리. [sheep+cot 우리] ☞ cottage, cot

shepherd[ʃépəd] 圏 양치는 사람; 목동; (교회 신자를 양으로 생각하고) 목사(pastor); 지도자(spiritual guide). 圄 인도하다(guide). [sheep+herd (가축을) 지키는 사람] 2

sheepish[ʃíːpiʃ] 圏 (양과 같이) 약한; 수줍어하는; 어리석은.

sheer[ʃiə] 圏 (직물 따위가) 얇은(very thin); 거의 투명한(almost transparent); 순전한(utter); 수직의(perpendicular), 험한. 튀 순전히, 아주(quite); 수직으로, 똑바로. 圏 (속치마 위에 걸치는) 얇은 옷. 8
[((중영)) *shere* bright 밝은←((아이스)) *skærr* bright; ((독)) *schier* (튀 거의, …할 것같은, 아주, 전연. 圏 순수한. 고운, 순전한]

sheet[ʃiːt] 圏 요잇, 이불잇, 시이트; 한 장 (종이 따위); 신문(newspaper); 엷은 판 (plate 보다 얇은 것); ((흔히 복

수) 널리 번진 것(broad expanse); 일면의…, …의 바다; 《시》 돛(sail), (바람에 대하여) 돛의 방향을 조절하는 바. 图 시이트를 깔다; 널리 뒤덮다.   2
[《고영》 scēte, scīete piece of linen cloth 린넬천 조각←scēat projecting corner 튀어나온 모퉁이←scēotan shoot]
a ~ of fire (또는 flame) 불바다.
a ~ of water (또는 ice, snow) 일면의 물 (얼음, 눈). get between the ~s 자리에 들다(go to bed) 《한장의 sheet를 깔고 그위에 눕고, 다른 한장의 sheet를 덮고 자는 것이 보통이기 때문에》. ~s of rain 크게 내리는 비. The rain came down (또는 fell) in sheets. 비가 크게 왔다; 비가 마구 쏟아졌다. The book is in sheets. 책은 인쇄된 채 아직 제본전이다. ☞ shoot

sheik, sheikh[ʃeik 또는, ʃiːk (미)] 图 (아람인의) 가장, 족장, 이장(里長), 추장; (회교의) 지도자; 《미속》 색골 (ladykiller).   4
[《아랍》 sheikh, shaikh old man 노인, elder 장로, chief 추장]

shelf[ʃelf] 图 (pl. shelves) 선반; 암초(reef); 모래톱(砂州 sandbank); (산중턱의) 오솔길.   4
[《중영》 s(c)helfe; 《고영》 sclife story (of a building) 층(層), a thin piece 얇은 조각; shell, skill과 관련 있는말]

shelve[ʃelv] 图 선반에 올리다, …에 선반을 달다; 보류해 두다, 팽개쳐 두다 (lay aside); 무기 연기하다; 해직하다(dismiss). ☞ shell, skill   7

shell[ʃel] 图 껍데기, 꼬투리; 조가비; 포탄; 탄피(cartridge case); 외관, 걸치레(appearance). 图 …의 껍데기를 벗기다, …의 꼬투리를 벗기다; 포격하다.
[《고영》 scell, scyll; 원뜻은 thin flake 얇은 조각] ☞ scale, skill   2

shellfish[ʃélfiʃ] 图 조개; 갑각류(甲殻類) (게, 새우 따위). [shell+fish 물고기] ☞ fish

shell-heap[ʃélhiːp] 图 조개무지(貝塚). ☞ heap

shelter[ʃéltə] 图 은신처; 피난소(refuge), 비바람을 피하는 곳; 비호(庇護 protection). 图 숨기다(shield); 보호하다 (protect); 비바람을 피하다(take shelter).   2
[《중영》 sheldtrume a body of guards 경호대, 호위대←《고영》 scild truma shield-troop, guard 호위대 ← scild shield 방패 +truma band of men 사람의 집단] take ~ 피난하다.

sheriff[ʃérif] 图 (영) country의 장관 《지금은 보통 High Sheriff라고 부르며 임기 1년의 명예직(honorary official); under-sheriff와 sheriff's officers가 실지로 일함》; (미) 군(郡) 치안관 《군민의 선거에 의하여 임명되며, 사법권, 경찰권을 쥐고 있는 군의 중요한 관리》.   6
[《고영》 scīr-gerēfa←scīr shire 주(州) +gerēfa reeve 장관] ☞ shire

shew[ʃou] 图 《고어, 성서》=show.
☞ show   7

shield[ʃiːld] 图 방패; 보호물(shelter), 보호자(protector). 图 보호하다(protect), 방위하다(defend).   3
[《고영》 scild, scēld; cf. 《독》 schild]
☞ shelter

shift[ʃift] 图 옮기다, 바꾸다(exchange), 변통하다(contrive). 图 방편(expedient), 변통, 궁리(contrivance); 교대(relay), 교대시간, 교대반; 변화, 변천.   3
[《고영》 sciftan divide 나누다; cf. 《독》 schichten] make (a) ~ 그럭저럭 변통하다. ☞ makeshift

shilling[ʃíliŋ] 图 실링 《영국의 화폐단위; =1/20 pound, =12 pence; s.로 줄여 씀》.   7
[《고영》 scilling; cf. 《독》 schilling] 6s.=6 shillings. 1/6=a shilling & sixpence 《/는 S의 옛 글씨에서》. £10. 19s. 5d.=ten pounds nineteen shillings and five pence (10 파운드 19 실링 5 펜스).
참고 shillings와 pence의 사이에는 and를 넣는다. 3s. 6d.=three and six pence 《속어로는 three and six라고 말함》. 또 pound와 함께 쓰이고 그 뒤에 pence가 없을 때에는 shillings를 생략하는 때가 많다. two pound ten (shillings). ☞ pound

shin[ʃin] 图, 图 정강이 뼈(를 차다); 기어오르다(climb) [up]. cf. calf 장딴지; shank 정강이; 윤.   9
[《고영》 scinu; cf. 《독》 schien]

shine[ʃain] 图 (shone) 빛나다, 번쩍이다; (구두 따위를) 닦다 (polish). 图 광택(luster); 닦기(polishing); 햇볕(sunshine), 청천(晴天); 윤.   1
[《고영》 scīnan; cf. 《독》 scheinen] rain or ~ 비가 오든 날이 개이든(상

판 없이).

참고 "닦다"의 뜻은 속어의 경우이고 정규적인 말은 polish이다. 이때의 과거(분사) 형은 shined가 된다: I *shined* my shoes yesterday. He has *shined* my shoes.

shiny[ʃáini] 휑 빛나는, 번쩍거리는(shining); 광택이 나는(glossy); 닳아서 반질반질한(worn smooth). [shine +-*y* (형용사 어미)]

shingle[ʃíŋgl] 명 지붕 이는 널빤지;(미) (의사 따위의) 작은 간판 (small signboard). 통 지붕 이는 널판지로 잇다. 8 [《중영》 shingle ←shindle ←《라틴》 *scindula* shingle ←*scandula* a shingle]

hang out one's ~ 《속어》개업하다.

ship[ʃip] 명 배(vessel); (배의) 전 승무원; 원양 항해선. 통 배에 싣다; 배를 타다(embark), 태우다; 수송하다; (수부를) 고용하다. 1
[《고영》 *scip; cf.* 《독》 *schiff*]

shipbuilding[ʃípbìldiŋ] 명 조선(업). [ship+build 건조하다+-*ing*]

shipment[ʃípmənt] 명 배에 싣기;적재수송품, 적하(積荷). [ship+-*ment*(명사 어미)] 5

shipper[ʃípə] 명 배에 싣는 사람, 하주(荷主), 운송업자. [ship+-*er* (사람을 뜻하는 명사 어미)]

shipping[ʃípiŋ] 명 (한 나라 또는 한 항구 소속의) 총선박, 선박 톤수; 배에 싣기, 적하(積荷); 해운(海運). [ship +-*ing*]

shipwreck[ʃíprek] 명, 통 난파(하다), 파선(하다); 파멸하다, 파멸시키다. [ship+wreck 파선, 파멸] 7
☞ wreck, skipper

shire[ʃáiə] 명 《영》 주(州 county) (최대의 행정구); (the shires) -shire를 어미로 하는 지방, (특히) 영국 중부지방. **주의** 주명(州名)의 어미로 쓰일 때 발음은 [ʃ(i)ə]
[《고영》 *scīr* shire 주(州); 원 뜻은 employment, government와 같다.
참고 Hampshire[hǽmpʃiə], Devonshire[dévnʃiə,-ʃə].

shirt[ʃəːt] 명, 통 샤쓰(를 입[히]다). 2 [《고영》 *scyrte* skirt 치마←*scort* short 짧은; skirt의 자매어, short garment (짧은 옷)이 원 뜻; 샤쓰는 짧기 때문에. *cf.* 《독》 *schürze*] ☞ skirt, short

shiver[ʃívə] 명 떨림. 통 떨다(tremble). [《중영》 *chiveren*←《고영》 *ceafl* a jaw 턱] 3

shoal¹[ʃoul] 명 여울, 물이 얕은데, 모래톱(砂洲); 《보통 복수》 숨어 있는 위험. 통 얕아지다(become shallow). 8 [《고영》 *sceald* shallow 얕은; shallow의 변형]. ☞ **shallow**

동의어 shoal은 바다나 하천 따위에서 얕아서 배를 움직이기 힘든 장소이다. shallow는 하천, 호수, 바다 따위의 얕은 곳을 뜻한다. bank는 바다, 호수 따위에서 소형선박이 항해할수 있을 정도의 깊이를 지닌 장소로 보통 모래, 자갈 따위로 메워져서 얕아진 것을 말한다. ford는 하천 따위에서 사람이나 동물 또는 차마가 건늘 수 있는 얕은 곳을 뜻한다. reef는 해면이나 이에 가까이 암석이나 산호가 좁다랗게 연이어 솟아 있는 것을 말하고, bar는 하천이나 항구의 입구를 가로 막고 있는 모래 밭으로 배가 다니는데 방해되는 것을 말한다.

shoal²[ʃoul] 명 다수, 떼, (특히) 고기떼(school). 통 (특히 고기가) 떼짓다.
[《고영》 *scolu* schoal (of fishes) (고기) 떼] ☞ school

shock[ʃɔk] 명 충격(violent sensation); 충돌(violent collision); 진동, 격동(violent shake); 타격; 감전. 통 심한 타격을 주다, 깜짝 놀래다; 소름 끼치다(horrify). 2

shocking[ʃɔ́kiŋ] 휑 질급할, 소름 끼칠만한; 괘씸한; 《속어》아주 몹쓸(very bad), 말도 안되는, 대단한. 튀 몹시(very). [shock+-*ing*]

shoe[ʃuː] 명 구두, 단화(短靴); 편자. *cf.* boot 장화. 1
[《고영》 *scōh; cf.* 《독》 *schuh*]
동의어 영국에서는 발목까지 오지 않는 구두만을 shoe라고 하고 발목위에 까지 오는 구두를 boot라 하는데, 미국에서는 이것들을 모두 shoe라 하고, boot는 적어도 장딴지의 중간이나 무릎근처 또는 이상에 까지 구두 목이 닿는 것을 가리킨다. 일반적인 뜻에서 구두라고 할 때에는 영국, 미국 할것 없이 모두 shoe라 한다.

shoeblack[ʃúːblæk] 명 구두닦이, 구두 닦는 사람(bootblack).[shoe+black 검은]
참고 미국에서는 오늘날 shoe-shine boy

shoemaker[ʃú:meikə] 阁 구두 만드는 사람; 구두 고치는 사람. 4
[shoe+make+-er (사람을 뜻하는 명사 이미))] ☞ make

shoot[ʃu:t] 동 (shot) 쏘다, 사격하다 (discharge); 싹트다(sprout); 분출하다 (dart);촬영하다. 阁 새싹, 햇 가지; 흠통; 여울(rapid). 2
[《고영》 scēotan dart 돌진하다, 분출하다; cf. 《독》 schiessen]

shooter[ʃú:tə] 阁 쏘는 사람, 사수(射手), 사냥군. [shoot+-er (사람을 뜻하는 명사어미)]

shooting[ʃú:tiŋ] 阁 사격, 발사; 총사냥 (구역). [shoot+-ing]
~ **star** 유성(meteor), 별똥(별).

shot[ʃɔt] 阁 탄환; 사정(射程); 사수(marksman); 추측(guess); 찌르기 (stroke), 주사; 스냅사진(snapshot), 촬영. 동 shoot의 과거(분사). 2

shop[ʃɔp] 阁 상점, 소매점; 작업장(workshop), 공장(factory). 동 (가게에서) 물건을 사다, 장보러 가다 《주로 shopping의 형태로 사용됨》.
[《고영》 sceoppa stall, booth 막사, 매점; cf. 《독》 shopf 헛간, 머리털]
주의 《미》 store 상점, shop 공장. 1
go (out) ~**ping** 장보러 (나)가다, 물건 사러 (나)가다. **talk** ~ (때와 장소를 가리지 않고) 직업상의 (또는 전문적인) 얘기를 하다.

shopkeeper[ʃɔ́pki:pə] 阁 가게 주인, 소매상인; 장사치. [shop+keep 지키다, 경영하다+-er (사람을 뜻하는 명사어미)] ☞ keep

shopping[ʃɔ́piŋ] 阁 물건사기, 장보기. [shop+-ing]
do one's (또는 **some**) ~ 물건을 사다, 장을 보다.

shoplifter[ʃɔ́pliftə] 阁 가게 좀도둑. [shop+lift 집다+-er]

shoplifting[ʃɔ́pliftiŋ] 阁 가게에서 하는 도적질. [shop+lift+-ing (명사어미)]

shore[ʃɔ:] 阁 기슭, (바다, 호수 따위의) 가, 해안, 해안지방. 1
go on ~ 상륙하다. **in** ~ 기슭 가까이. **off** ~ 기슭에서 떨어져서, 바다 가운데에, 배래(沖)에. **on** ~ 육지에, 육지로.

동의어 **shore**는 바다, 호수, 하천가를 뜻하는 일반적인 말이다. **seashore**는 바닷가를 뜻하며 좁은 뜻으로 쓰일 때에는 밀물때의 바닷물이 닿은 자리와 썰물때에 바닷물이 끌려간 자리와의 사이에 있는 땅을 가리킨다. **seaside**는 보통 휴양지, 관광지역으로서 막연히 넓은 범위의 seashore이다. **coast**는 바다에 면한 연안(沿岸)으로 특히 육지와의 경계가 되는 해안선을 뜻한다. **beach**는 모래나 자갈이 많고 평탄한 seashore나 호수의 shore로서 보통 밀물 때에는 바닷물에 씻기는 지역을 가리키는 말이다. **strand**는 shore, beach 대신으로 시에서 흔히 쓰는 말이고, **bank**는 강가에 높이 지어진 둑을 뜻한다.

short[ʃɔ:t] 형 짧은; 키가 작은; 간결한 (brief); 무뚝뚝한(curt); 부족한(deficient). 阁 단축, 짧음(shortness); pl. 반즈봉, (운동용) 빤쓰;《야구》유격수. 반 **long** 긴, **tall** 키 큰. 1
[《고영》 sceort short 짧은; cf. 《독》 kurz]
a ~ **cut** 지름길. **be** ~ **of**… …에 미치지 못하다(not reach), …이 부족이다. **come** (또는 **fall**) ~ (**of**) …(…까지) 닿지 않는다, …에 도달하지 않다, (…에) 부족하다. **for** ~ 줄여서, 단축하여. **in** ~ 요컨대, 단축하면. **little** ~ **of**… 거의 …의, …에 가까운. **nothing** ~ **of**… 전혀 …의. **run** (**of**…) (…이) 결핍되다, …이 없어지다, (…을) 떨어지게 하다. ~ **sight** 근시. ~ **story** 단편 소설. ~ **way** (라디오) 단파(短波).

shortage[ʃɔ́:tidʒ] 阁 부족; 《미》 결점, 결핍(lack). [short+-age]

shortcoming[ʃɔ́:tkʌmiŋ] 阁 결점, 부족. [short+coming]

shorten[ʃɔ́:tn] 동 짧게 하다(되다); 줄(이)다; 잘 부숴지게 하다. [short+-en (동사어미)] 6

동의어 **shorten**은 길이, 넓이, 범위 따위를 줄인다는 뜻이고, **curtail**은 필요상, 또는 편의상 적당하게 잘라내서 작게 한다는 뜻이다. **abridge**는 압축, 응축, 생략하여 범위를 주리되 보통 긴요한것은 건드리지 않고 내용을 변경하지 않음을 뜻한다. **abbreviate**는 보통 어귀의 생략이나 기호를 써서 단축한다는 뜻을 나타낸다.

shorthand[ʃɔ́:thænd] 阁 속기술(ste-

should 518 **shrine**

nography). [short+hand]
short-sighted[ʃɔ́:t-sáitid] 휑 근시의 (near-sighted); 선견지명이 없는. [short+sight+ -ed (형용사 어미)]
short-stop[ʃɔ́:t-stɔp] 몡 《야구》 유격수. ☞ stop, shirt, skirt
should[(강) ʃud, (약) ʃəd, ʃd] 조 (shall 의 과거); 《현재용법》 ① (가정 또는 양보)…한다면; …하더라도; ② (주장, 겸손) I *should* hardly think so. 그렇게 생각할 수가 없다. ③ (의무)…해야 한다. ④ (의외) It is strange he *should* say so. 그가 그런 말을 한다니 이상한 일이다. 1
[《고영》 *sceolde*] ☞ shall

shoulder[ʃóuldə] 몡 어깨; 어깨 부분; pl. 웃잔등, 어깨살. 통 짊어지다, (책임 따위를) 맡다; 어깨로 밀다. 1
[《고영》 *sculder, sculdor*; cf. 《독》 *schulter*]
give (또는 *show, turn*) *the cold* ~ *to*… …에게 차거운 태도를 취하다; 냉대하다; 피하다. *have broad* ~*s* 무거운 짐 (세금, 책임 따위)을 잘견디다. ~ *to* ~ 어깨를 서로 맞대고; 힘을 합하여. ~ *arms!* 어깨 총!

shout[ʃaut] 통 외치다, 큰 소리로 부르다. 몡 외침(loud call or cry), 환성. 1
[《중영》 *shouten*]

shove[ʃʌv] 통 밀다, 밀어 움직이다; (속어) 두다, 쑤셔 넣다(put). 몡 밀기 (push), 쑤시기. 5
[《고영》 *scufan*; cf. 《독》 *schieben*]

shovel[ʃʌ́vl] 몡 샤벨, 삽. 통 삽질하다. [shove 밀다, 쑤시다 +-*le* (명사 어미)] 4

show[ʃou] 통 (showed, shown) 보이다; 나타나다(appear); 진열하다(exhibit); 안내하다(guide); 지시하다, 설명하다(explain). 몡 보이기(showing), 진열(exhibition); 광경; 외관; 겉치레; 행렬(parade); 구경거리. 1
[《고영》 *scēawian* see보다, make see 보게 하다; cf. 《독》 *schauen* look at]
for ~ 자랑삼아 내보여. ~ *a person in* (또는 *out*) 사람을 안내해 들이다(내보내다). ~ *a person over* (또는 *round*) 사람을 안내하고 다니다. ~ *a person the door* 사람에게 나가라고 하다. ~ *off* (역량, 학문 따위를) 자랑삼아 내보이다, 드러나게 하다, 잘보여주다.

[통의어] **show**는 사람이 볼수 있도록 보기 쉬운 자리에 '놓고 보여준다는 뜻으로 가장 많이 쓰이는 말이다. **display**는 남의 앞에서 사물이 유리하게 되도록 벌인다는 뜻이다. **exhibit**는 대중의 주목을 끌기 위하여 눈에 잘 띄게 진열해 놓는다는 뜻이고, **expose**는 덮여 있는 것을 벗겨서 보여준다거나 감추어진 것이 밖으로 드러나게 되는 것을 뜻하고, **flaunt**는 거만하게 또는 배포 좋게 display 한다는 뜻이다.

showdown[ʃóudaun] 몡 《미속》대결, 마지막 단계, 끝판, 폭로, (포우커에서) 손에 쥔 표를 보이기. [show + down; show down 《속어》낙착하다, 폭로하다. 포우커에서 마지막에 손에 쥔 표를 내려(down) 놓고 보이는(show) 데서]

shower[ʃáuə] 몡 소낙비. 통 소나기가 오다; 소나기처럼 퍼붓다. cf. shower 보이는 사람 (물건). 2
[《고영》 *scur*; cf. 《독》 *schauer*]

shred[ʃred] 몡 파편(scrap), 넝마(rag); 티끌(particle). 통 갈기갈기 찢다(베다), (천이) 찢어지다. 1
[《고영》 *scrēade*; cf. 《독》 *schrot* chips 나무조각, 대패밥]

shrew[ʃru:] 잔소리가 많은 여자; 뒤쥐 비슷한 쥐(shrewmouse). 8
[《고영》 *scrēawa* shrewmouse 뒤쥐 비슷한 쥐]

shrewd[ʃru:d] 휑 빈틈 없는, 약은(clever); 날카로운(sharp), 기민한, 재치있는. 반 dull 둔한. 5
[《고영》 *shrēwed, shrēwen* curse 욕하다, 저주하다]

shriek[ʃri:k] 통 꽥 소리 지르다, 악을 쓰다. 몡 악을 쓰는 소리, 꽥 지르는 소리, 비명. 3
[소리를 본 딴 말. cf. screech 끼이끼이 소리치다] ☞ shrill

shrill[ʃril] 휑 날카로운, 빽빽한 소리의. 통 빽빽한 소리를 내다, 날카롭게 소리지르다. 반 deep 굵은 소리의, dull 무딘, 희미한, low 낮은. 4
[소리를 본 딴 말; cf. 《독》 *schrill*]
☞ shriek

shrine[ʃrain] 몡 (성인의 유골이나 유물을 안치한) 사당, 신전, 절; 성지(聖地); (성물을 담는) 상자. 4
[《고영》 *scrīn* box 상자←《래턴》 *scrinium* chest, box 상자; cf. 《독》 *schrein*]

shrink[ʃriŋk] 통 (shrank, shrunk) 줄어들(게 하)다; 움찔하다, 움츠리다(draw back) [at, from]. ⊕ expand 팽창하다, bloat, swell 부풀다. 5
[《고영》 scrincan contract 줄이다]
~ from … …에서 주저하다, …에서 움추리다, …을 피하다.
[통계어] shrimp[ʃrimp] 명 (식용의) 작은 새우; 작다리. [《중영》 schrimpe; cf. 《독》 schrumpfen shrink 줄어들다, 움찔하다. 원뜻은 "움찔하는 동물"]
shroud[ʃraud] 명 수의(壽衣 winding sheet); 보, 덮개; pl. (배의) 돛대 버팀 줄(《돛대 꼭대기에서 양쪽 뱃전으로 매어진 밧줄》. 통 수의를 입히다, 염습하다; 씌워가다(conceal). 5
[《고영》 scrūd garment 옷, clothing 의류]
shrub[ʃrʌb] 명 관목 (a low dwarf tree) (속으로는 bush). 4
[《고영》 scrob shrub; scrybb underwood, underbrush 큰 나무 밑의 관목 수풀]
shrubby[ʃrʌbi] 형 관목(성)의; 관목이 우거진. [shrub+-y (형용사 어미)]
shrubbery[ʃrʌbəri] 명 (집합적) 관목숲; 관목을 심은 길. [shrub+-ery (집합명사 어미)]
shrug[ʃrʌg] 통 어깨를 으쓱해 보이다(경멸, 냉소, 절망, 의혹 따위를 나타내는 몸짓). 명 어깨를 으쓱하기. 8
[《중영》 shruggen shiver 떨다; 원뜻은 shrink] ☞ shrink
shudder[ʃʌdə] 명, 통 몸을 떨다(tremble), 몸을 떨기; 전율(戰慄)(하다). 6
shuffle[ʃʌfl] 통 (발을) 질질끌다(drag); 섞다; 밀치다; 급히 입다[on], 급히 벗다[off]; 어물쩍하다(equivocate); 트럼프를 섞다. 명 혼합; 발을 끌기; 얼버무리기. [shove의 반복형] 8
shun[ʃʌn] 통 (shunned) 피하다, 멀리하다(avoid). 3
[《고영》 scunian shun 피하다; 원뜻은 급히 가다(hurry away)]
shut[ʃʌt] 통 (shut) 닫다, 막다(close); 잠그다, 잠기다; 접다; 접어넣다. 형 닫힌. ⊕ open 1
[《고영》 scyttan bolt (a door) (문을) 잠그다]
~ down 내려닫다; (공장 따위를) 폐쇄하다; 내려 덮다. ~ in 가둬 넣다, 둘러싸다(enclose), 가로막다. ~ into

(방 따위에) 가둬 넣다; (손가락 따위를) 문틈에 끼우다. ~ off (가스 따위를) 막다, 끊다; (소리 따위를) 차단하다; 제외하다. ~ out 쫓아내다(exclude); 차단하다, 영폐시키다.
shutter[ʃʌtə] 명 덧문; (사진기의) 샷터. [shut+-er (명사 어미)] 6
☞ shoot
shy[ʃai] 형 겁많은(timid); 수줍은(bashful)[of]; 조심성 있는(wary) [of, at]. 통 움츠리다, 뒷걸음질하다. ⊕ bold 대담한. 4
[《고영》 scēoh timid 겁이 많은; 《독》 scheu]
shyly[ʃáili] 부 수줍게, 겁이 많게. 4
Siam[sáiæm] 명 샴 (Thailand "태국"의 옛 이름).
[《샴》 Saiam←(버마) Shan (버마 동쪽의 주민 이름)]
Siamese[ʃàiəmí:z] 명, 형 샴의, 샴 사람(의), 샴 말(의). [Siam+-ese (형용사 어미)]
Siberia[saibíəriə] 명 시베리아.
[《러시아》 Sibir (Tobolsk 근처의 지명) +-ia (나라 이름의 어미)]
Sicilian[sisíljən] 형 시실리아섬 (또는 왕국, 사람, 방언)의. 명 시실리아 사람. [Sicily+-an (형용사 어미)] 7
Sicily[sísili] 명 이탈리아의 남쪽에 있는 지중해 가운데의 최대의 섬.
[《레틴》 Sicilia Sicily 시실리]
sick[sik] 형 병난(ill), 앓는; 구역질나는 (vomiting); 물린(tired), 넌더리나는 [of]; 탐내는(craving) [for]; (속어)화나는, 신경질 나는. ⊕ well, healthy 튼튼한, 건강한. 1
[《고영》 sēoc sick, ill 앓는; cf. 《독》 siech]
be ~ (of)=be ~ and tired (of) = be ~ to death (of) 싫증이 몹시 나다, 진절머리나다. be ~ for… …을 동경하다(long for…). ~ and sorry 병들어서 가엾은 ~ at heart 비관하여 고민하여.
[동의어] sick는 주로 미국에서는 병으로 인하여 건강이 좋지 않다는 뜻이나, 영국에서는 구역질이 나는 속이 메스꺼운 (nauseating)의 뜻으로 쓰인다. 미국에서도 속어로 sick를 쓰면 영국에서와 같은 뜻을 나타낼 때도 있다. 따라서 영국에서 sick를 "앓고 있는"의 뜻으로 쓸때는 한정되어 있어서 약간의 숙어와

부가적 용법(Attributive)으로 쓰인 때에 있어서 뿐이다. 그러한 데 비하여서 **ill**은 주로 영국에서 서술적인 용법으로 쓰일 때에 "앓고 있는"의 뜻이 되고, 이것을 부가적으로 쓰면 "심술궂은, 나쁜"의 뜻이 된다. an *ill* boy (나쁜 아이). He is *ill*. (그는 앓고 있다). This is the *sick* girl. (이 소녀가 환자입니다.) I am *sick*. (속이 매스껍군) (이상 영국식). **sickly**는 병을 뜻하지 않더라도 단순히 몸이 약하다는 뜻으로 사용되는 말이다. **ailing**은 오랫동안 또는 만성적으로 건강하지 못하다는 뜻이고, **indisposed**는 일시적으로 기분이 좋지 않음을 뜻하는 품위 있는 말이다. **unwell**은 indisposed와 같은 뜻이나 여자가 경도가 있을 때에 이것을 에둘러서 말할 때 쓰인다.

sicken[síkn] 동 병이 나다; 구역질이 나다[at]; 진절머리나게 하다. [sick+ -en (동사 어미)] 6

sickly[síkli] 형 병약한; 건강에 나쁜 (unhealthful); 창백한; 매스꺼운 (nauseous); 싫증나는; 감상적인(mawkish). [sick+ -ly (형용사 어미)] 6

sickness[síknis] 명 병(disease); 구역질, 욕지기(nausea). [sick+ -ness (추상명사 어미)] 3

sickliness[síklinis] 명 병약함, 허약함. [sickly+ -ness]

sickle[síkl] 명 (작은) 낫. *cf.* scythe 큰 낫. 6
[《고영》 *sicol*←《라틴》 *secula* sickle, cutter 베는 기구, 낫←*cecāre* cut 베다. *cf.* 《독》 *sichel*]

side[said] 명 옆, 곁; 쪽, 편; (안과 거죽의) 면, 방면(direction); (누구 누구의) 편(party); 산허리, 옆구리; 한쪽 배. 동 편들다[with]. 1
[《고영》 *sīde* side; *cf.* 《독》 seite [《고영》 *sīd* long, wide와 관련이 있는 말]
 on all ~s 사방팔방에, 전후좌우에, 사면에. *on the ~ of*…에 편들어, …편이 되어, …과 짜고서. *~ by ~* 나란히, 병행하여; 결탁해서 [with]. *take ~s (a side)* 편들다.

sideboard[sáidbɔːd] 명 (식당의) 식기 선반. [side+board; 식당의 벽 한 옆(side)에 두는 식기선반의 뜻) 9

sidelong[sáidlɔŋ] 형 비스듬한(oblique), 옆의. 부 비스듬히(obliquely), 옆으로. [side 옆+-*long*(부사 어미)]

sidewalk[sáidwɔːk] 명 《주로 미국》인도, 보도(pavement). [side+walk] 4
☞ walk

sidle[sáidl] 동 옆으로 걷다, 옆으로 다가오다[along, up]. 명 옆으로 다가옴. [*sideling* sidelong에서 만든 말]

siege[si:dʒ] 명 포위, 공격, 포위공격. 5
[《프》 *siege*←《라틴》 *sedicum* seat 좌석←*sēdes* seat←*sedēre* sit 앉다]
 lay ~ to…을 포위(공격)하다; 끈덕지게 조르다. *raise the ~ of*…의 공격을 중지하다, …의 포위망을 풀다.
☞ sedentary

sift[sift] 동 체로 치다, 체로 쳐서 가리다, 정사(精査)하다(scrutinize); (눈, 모래, 빛 따위가) 들어오다. 4
[《고영》 *siftan* sift←*sife* sieve 체; 《독》 *sichten*]

sieve[siv] 명 체. 동 체로 치다.
[《고영》 *sife*; *cf.* 《독》 *sieb*]
 a head (또는 *memory*) *like a ~* 기억력이 나쁜 머리, 멍텅구리 (외운 것이 체에서 빠지듯이 다 빠져버린다고).

sigh[sai] 명 한숨, 탄식. 동 한숨짓다; 동경하며 슬퍼하다(yearn); (바람 따위가) 산들거리다. 2
[《고영》 *sīcan* sigh; 소리를 본딴 말]
 give (또는 *heave*) *a ~* 한숨짓다. *~ for*…을 그리워 애타다, …을 사모하다.

sight[sait] 명 보는 것, 일람; 광경, 구경거리(spectacle), 명승지(noted place); 시력, 시각(vision); 시야(range of vision); 조준, 겨냥(aim); 가늠자; 《속어》 다량(large quantity). 동 보다, 발견하다(catch sight of); (천체 따위를) 관측하다(observe); 겨냥을 맞추다. 1
[《고영》 (*ge-*)*siht* vision 시각←*sēon* see 보다; *cf.* 《독》 *gesicht*]
 at ~ 척 보아서. *catch ~ of*…을 찾아내다. *lose ~ of* … …을 놓치다. *in~* 보이는 곳에. *know by ~* 안면이 있다. *out of ~* 안 보이는 곳에. *a perfect ~* 구경거리(웃음거리). *Out of sight, out of mind* 《속담》 헤어지면 마음도 멀어진다, 이웃 사촌. I cannot bear the *sight* of him. =I hate the very *sight* of him. 나는 그 사람이 보기도 싫다. He is sick for a *sight* of home. 그는 고향을 한 번만이라도 보고 싶어하고 있다.

sightseeing[sáit-si:iŋ] 圐, 圐 구경(의), 관광(의), 유람(의). [sight+see+-*ing*]
☞ see

sign[sain] 圐 부호, 기호(mark); (신호의) 몸짓, 손짓; 표, 징후(symptom); 기적(miracle); 간판(signboard), 게시. 圐 서명하다; 계약하다; 손짓 (또는 몸짓)으로 알리다; 신호하다. 1
[《프》 *signe*←《래틴》 *signum* mark 표적, 기호]
~ **on for** …에 조인 계약하다.

signature[sígnətʃə] 圐 서명. 5
[《프》 *signature*←《래틴》 *signātūra* sign←*signātus* marked 표시된←*signāre* mark 표시하다; sign+-*at*+-*ure*]
활고 sign 서명하다의 명사형은 signature이다. 인기 배우에 대한 싸인 공세니 하는 뜻에서의 싸인은 영어로는 autograph라고 한다. an autograph fan 《속어》인기배우의 싸인을 모으는 사람. an autographed picture 싸인을 한 사진.

signboard[sáinbɔ:d] 圐 간판. [sign+board 판자]

signal[sígn(ə)l] 圐, 圐 신호(하다), 몸(손)짓(하다). 圐 신호의; 현저한(remarkable), 눈부신(notable). 4
[《프》*signal*←《래틴》*signālis* belonging to a sign 신호의←*signum* sign 신호; sign+ -*al*(형용사 어미)]
distress ~ 조난신호.

signet[sígnit] 圐 도장(seal), 사인(私印); 흔적; 상(相). 8
[《프》 *signet*←*signe*+-*et*(축소 어미)]
☞ consign, design, resign, designate, signify, sign

signify[sígnifai] 圐 나타내다, 표시하다; 의미하다(mean); 예시하다(portend); 영향하다(matter). 5
[《프》 *signifier* betoken 나타나다←《래틴》 *significāre* show by signs 기호로 보이다←*signi*-, *signum* sign 신호+ -*ficāe*, *facere* make]

significant[signífikənt] 圐 의미심장한; (의미를) 나타내는(expressive)[of]; 중요한(important). 8
[《래틴》 *significantem* showing by sign 기호를 나타내는 ← *significāre*; signify+ -*ant*(형용사 어미)]

significance[signífikəns] 圐 의미심장(expressiveness); 의의, 의미(meaning); 중요성(importance). 7
[significant+ -*ce*(명사 어미)]

☞ sign

silent[sáilənt] 圐 침묵의, 잠잠한, 조용한(quiet); 발음되지 않는(mute). ⓐ noisy, clamorous 떠들썩한. 2
[《래틴》 *silentem* being silent 말없는 ←*silēre* be silent 말이 없다, 조용히 하다]

silence[sáiləns] 圐 침묵; 무언; 정적(stillness). 圐 침묵시키다, 입을 다물게 하다; 억압하다. [silent+-*ce*] 2
ⓐ noise 시끄러운 소리; clamour 소요.
keep ~ 침묵을 지키다. *break* ~ 침묵을 깨뜨리다.

silhouette[silu(:)ét] 圐 반면영상(半面影像), 실루에트; 윤곽. 圐 《보통 수동태》 반면영상으로 그리다, …의 그림자를 비치다; …의 윤곽만 드러내다.
[(Etienne de) *Silhouette*(1709~67); 프랑스 재무부 장관(1759)으로, 우연히 아주 맞지 않는 옷에 오르게 된 데서부터 "잘못된, 불완전한"의 뜻을 거쳐 지금의 뜻이 된 것]

silk[silk] 圐 명주(실); 비단; *pl.* 비단옷(silk garments). 1
[《고영》 *sioloc, seol*(*o*)*c* ← 《슬라브》 *shelkŭ* (러시아) *shelk*←《그》 *sērikos* silken 명주의←*Sēres* the Chinese 중국 사람←《중국》 *se, sei* silk 명주; 중국의 옷감이라는 뜻; serge와 같은 어원에서]

silken[sílk(ə)n] 圐 명주의, 비단의; 명주같은, 비단옷 입은. [silk+ -*en*(형용사 어미)] 6

silkworm[sílkwə:m] 圐 누에. [silk+worm 벌레]

silky[sílki] 圐 명주의, 명주같은; 부드러운, 매끄러운; 비위를 맞추는 듯한. [silk+ -*y*(형용사 어미)] ☞ serge

sill[sil] 圐 토대; 문지방, 하인방(下引枋); 《광산》 갱도(坑道). 7
[《고영》 *syll* base 토대; *cf.* 《독》 *schwelle*

silly[síli] 圐 어리석은(foolish). 圐 《속어》 바보(a silly person) 《주로 아이들이 쓰는 말; 어른이 아이들을 보고 쓸 때도 있음, *cf.* naughty》. 4
[《고영》 *sǣlig, sælig* blessed 축복된, timely 시기에 맞는←*sǣl, sæl* happiness 행복, time 시기; 원 뜻은 시기에 맞는 →행복한, 운이 좋은→축복된→결백한→단순한→어리석은]

silver[sílvə] 圐 은; 은화(silver coins);

은식기(table silver), 은제품. 형 은의, 은으로 만든.
[《고영》 siolfur, seolfor; cf. 《독》 silber] Every cloud has a silver lining. 《속담》 모든 구름 안쪽은 (햇빛을 받아) 은빛으로 빛난다 (쥐구멍에도 볕들 날이 있듯이, 어떤 불행한 일에도 낙관할 수 있는 밝은 면이 있다는 뜻).

silverware[sílvəwɛə] 명 《미》식탁용 은식기. [silver+ware 기명]
☞ ware

silvery[sílv(ə)ri] 형 은 같은, 은백색의; (음성이) 은방울을 굴리는 듯한, 은을 지닌.
[silver+ -y(형용사 어미)]

similar[símilə] 형 비슷한(like), 서로 닮은. ⓐ different 다른.
[《프》 similaire←《라틴》 similis like 비슷한]

similarity[sìmilǽriti] 명 비슷한 점, 닮음. [similar+ -ity(명사 어미)]

통계어 **simile**[símili] 명 《수사학》 직유(直喩); 보기: brave as a lion.
ⓐ metaphor 은유(隱喩).
[《라틴》 similis의 중성형]

similitude[simílitjuːd] 명 비슷함(resemblance), 같은 모양, 닮은 사람; 외모; 비유. [《프》 similitude←《라틴》 similitūdō likeness 비슷함←similis like; similar+-tude (명사 어미)]
☞ same, assimilate, dissimilar

simple[símpl] 형 용이한(easy); 단일의(single), 간단한 (ⓐ complex); 간소한, 소박한; 정직한(honest), 솔직한(straightforward); 순진한, 천진난만한(innocent) (cf. simple-hearted); 어리석은(foolish), 생각 없는; 사람이 좋은(easily deceived)(cf.simple-minded); 순진한(mere); 신분이 낮은. 1
[《프》 simple←《라틴》 simplus, simplex onefold, single 단일의←sim- one+plic-←plicāre fold 접다]

참고 honest, straightforward의 좋은 뜻과 foolish, easily deceived의 나쁜 뜻이 서로 엇갈리기 쉽기 때문에 뜻이 분명하지 못한 때가 많다. 따라서 a simple soul은 정직한 사람의 뜻과 어리석은 사람, 또는 속기 쉬운 사람의 뜻이 있다. ☞ simultantous, ply

simple-hearted[símplháːtid] 형 순진한, 천진난만한. [simple+heart 마음+ -ed (형용사 어미)]

simple-minded[símplmáindid] 형 어리석은(foolish), 우둔한(stupid), 사람이 좋은(easily deceived), 호락호락한; 천진난만한, 순진한(simple-hearted), 저능아의. [simple+mind 마음+ -ed(형용사 어미)]

simplicity[simplísiti] 명 간단함; 소박함, 간소함, 천진난만, 우직(愚直).
[simple+ -icity(명사 어미)] 4

simplify[símplifai] 통 간단히 하다, 간소화하다. [simple+ -fy (make 동사 어미); make simple] 9

simply[símpli] 부 간단히, 쉽게; 꾸밈없이, 소박하게, 간소하게; 천진난만하게; 어수룩하게; 단지, 다만(only); 정말, 퍼으나(absolutely).

simultaneous[sìməltéinjəs, sàim-] 형 동시에 일어나는, 동시의[with]. 9
[《라틴》 simultāneus simulated가장된, 비슷하게 만들어진; 본뜻←simultim at the same time 동시에←simul together 함께, at the same time 동시에; simulate+ -ous(형용사 어미)]

simultaneously[sìməltéinjəsli, sàim-] 부 동시에, 일제히 [with].

sin[sin] 명, 통 (도덕, 종교상의) 죄(를 범하다), 죄악; 위반(offence)(하다); cf. crime, vice. 2
[《고영》 synn; cf. 《독》 sünde]

sinful[sínf(u)l] 형 죄 있는, 죄 많은; 죄받은. [sin+ -ful(형용사 어미)] 8

since[sins] 전 …이후, …이래, …한 때 부터 (내내); …이므로, …하므로(because). 접 …이래, …에서, 이후(내내). 부 이후, 이래, 그 후; (보통 ever since 의 형태로) 그후 죽(지금까지), 이래로; 전, 이전에(ago). 1
[《중영》 sithen(e)s←《고영》 siththan then←sith after+than (←that)+-es (부사적 소유격 어미)]
☞ thence, hence, once, twice, etc.

sincere[sinsíə] 형 진실한, 성실한(honest), 진정의. ⓐ insincere 성의 없는, 진실하지 못한. 3
[《라틴》 sincērus pure 순진한, 순수한 ←sine without+caries decay; without decay 썩지 않은. -cere는 caries [kɛ́əriːz] 카리에스와 같은 어원으로 decay 썩다의 뜻]

sincerely[sinsíəli] 부 진정으로, 마음에서 우러나와.
Yours ∼《편지》경구(敬具),이만 총총.

sincerity[sinsériti] 圕 성실, 성의, 정직(honesty). [sincere+ -ity(명사 어미)] 6

sinew[sínju:] 圕 진(腱), 힘줄(tendon); pl. 근력, 정력(精力 energy); 힘(strength); 근육(muscles); 자력(資力), 원동력, 자금. 5
[《고영》 sinu; cf. 《독》 sehne]
the ~*s of war* 군(軍)자금.

sinewy[sínju:i] 圕 근골이 건장한, 튼튼한(vigorous);(고기가)딱딱한(tough). [sinew+ -y (형용사 어미)] 9

sing[siŋ] 图 (sang, sung) 노래하다; 울다, 지저귀다; (귀가) 윙윙 울리다; cf. song 노래. 1
[《고프》 singan; cf.《독》singen]
~ *a person's praises*= ~ *the praises of a person* 사람을 극구 칭찬하다.

singer[síŋə] 圕 가수, 성악가; 우는 새; 시인. [sing+ -er(사람을 뜻하는 명사 어미)] ☞ song 4

single[síŋgl] 圕 단 하나의, 단일한; 일인용의;한 가족용의;한겹의;한쪽 길의; 일대 일로 싸우는; 독신의(unmarried); 성실한(sincere), 순진한. 图 선발하다 (select)[out]. 圕 단일(only one), 한개; (영)(왕복이 아닌) 단회 승차권; pl. (테니스) 단식 (⑮ doubles 복식). ⑮ double 이중의, 이인용의; married 부부의. 1
[《래틴》 singulus single, separate 단일의, 분리된←singuli one by one 하나씩; simple과 관련 있음]

[동의어] single 은 다른 것과 결합한다거나 다른 것에 따라오지 않음을 뜻한다 (⑮ double). only 는 하나뿐임을 뜻하는 가장 뜻이 강하고 많이 쓰이는 말이다. sole 은 only 보다 점잖고 품위가 있는 말로 당면한 것 중에서 유일한 것임을 나타낸다. unique 는 존재하고 있는 같은 종류의 것 가운데 유일하다는 뜻으로 통속적으로는 "진귀하다"거나 "보통이 아니다"는 뜻을 암시한다. solitary 는 sole 의 뜻에다가 멀리 떨어져 있다라가 떼어 놓는다는 뜻을 한꺼번에 나타내는 말이다.

singly[síŋgli] 圕 혼자서(by oneself), 단독으로; 홀로(by itself); 하나씩(one by one).

singular[síŋgjulə] 圕 이상한(extraordinary), 진귀한, 별난(queer); 《문법》 단수의. 圕 《문법》 단수(어). ⑮ ordinary 보통의; plural 복수(의). 5
[《래틴》 *singularis*←*singuli* one by one 하나씩; single+ -ar(형용사 어미)]

singularity[sìŋgjulǽriti] 圕 단일; 진귀함, 기묘함, 특이성. [singular+ -ity (명사 어미)] ☞ simple

sinister[sínistə] 圕 불길한 (inauspicious); 인상이 나쁜(ill-looking); 사악(邪惡)한 (wicked), 험상궂은. ⑮ good, lucky, auspicious 경사스러운. 9
[《래틴》 *sinister* left 왼쪽, left hand 왼손(쪽); 왼쪽은 불길하다고 생각되었다. cf. dexterous←*dexter* right]

sink[siŋk] 图 (sank, sunk) 가라앉(히)다, 함몰하다; 체력이 쇠약해지다(decline); (목소리 따위를) 낮추다, 낮아지다; 진정되다(subdue); (자본 따위를) 투입하다(invest); 부수다(crush); 감추다(conceal). 圕 (부엌의) 수채; (악의) 소굴. 2
[《고영》 sincan; cf. 《독》 sinken]
~ *a swim* (부사구) 되든 안되든, 죽이 되든 밥이 되든. He is *sinking* fast. 임종이 가깝다(He is becoming weaker, or dying).

sinker[síŋkə] 圕 가라앉는 것(사람); (그물, 낚시) 추(lead weight);《미 속》 도우나쓰(doughnut).
[sink+ -er; 낚시줄, 가라앉히는 것]
hook, line, and ~ 《속어》 완전히 (completely), 온통(altogether) 《낚시질 용어로 쓰이던 것이 변한 것으로 낚시바늘, 낚싯줄, 추를 온통의 뜻》.

sip[sip] 图 조금씩 마시다. 圕 홀짝거리기, 조금씩 마시기. 4
[《고영》 *sypian* absorb moisture 수분을 흡수하다] ☞ sup

sir[《강》 sə:, 《약》 sə] 圕 (남자에 대한 존칭이나 형식적인 건네는 말) 선생님 《모르는 사람에게나, 하인이 주인에게, 손아랫 사람이 윗 사람을 보고, 학생이 선생을 대할 때 사용한다》; (Sir) 준남작 (準男爵 baronet)에 대한 존칭;《미》 단순히 긍정 또는 부정을 강조하기 위하여 첨부하여 쓴다 (보기 Yes, sir; No, sir). 图 사람에게 sir라고 부르다. ⑮ madam, ma'm 1
[sire의 준말]

참고 baronet, knight에 대한 존칭으로 쓸 때에는 언제나 Christian name 또는 그 initial과 성을 함께 쓴다.

siren 524 **skill**

Sir Winston Churchill, *Sir* W. Churchill. 일상적인 용법 특히 말을 건네는 경우에는 단지 Christian name 만 사용한다. *Sir* Winston.

sire[sáiə] 명 《고어, 호칭》 폐하; 《시》 아버지(father), 조상(ancestor); 가축의 애비(male parent), 특히 종마(種馬 stallion). 통 (말이) 새끼를 낳다.
ⓐ dam 가축의 어미. 3
[《프》 *sire* sir←《라틴》 *senior* older 더 나이 많은, 손위의; senior 의 자매어]
~*d by*··· 종(種)의. ☞ senior

sirloin[sə́:lɔin] 명 소의 등심.
[《고프》 *surlonge* surloin←《프》 *sur* upon, above←《라틴》 *super + longe* loin 허리; upper part of the loin 허리의 윗 부분; 접두사 sir-는 허리 부분의 쇠고기가 대단히 훌륭하기 때문에 knight 칭호를 주어 sir loin "허릿 살 경(卿)"이라고 불렀던 것 이 어원이라는 속설(俗說)이 있다; *cf.* baron of beef 소의 허리고기(double sirloin)]
☞ sir, loin, senior

siren[sáiərin] 명 《그리이스신화》 *pl.* 사이렌, 바다의 요정 《반은 사람이고 반은 새의 몸을 지닌 마녀들로서 아름다운 노래로 근처를 지나는 뱃사공들을 유인하여 죽였다고 한다》; 훌륭한 가수; 요부, 마녀; 유혹(물); 사이렌, 경보기(警報器). 형 사이렌 같은, 매혹적인. 8
[《프》 *sirène*←《라틴》 *sīrēn*←《그》 *seirēn*]

sister[sístə] 명 자매(姉妹); 수녀(nun); 《영》 간호부(장). ⓐ brother 형제. 1
[《중영》 *sister* 《고영》 *sweostor, swuster*; *cf.* 《독》 *schwester*]

sit[sit] 통 (sat)앉다; 개회하다; (옷이) 어울리다; (음식물이) 체하다(on one's stomach); 부담이 되다. ⓐ stand 1
[《고영》 *sittan*; *cf.* 《독》 *sitzen*, 《라틴》 *sedēre*] ☞ set, seat, sedentary
~ *up late* 늦게까지 일어나 있다.

site[sait] 명 위치, 대지; 유적. 4
[《프》 *site*←《라틴》 *situs* place 장소, position 위치←*situs, sinere* permit 받아 들이다]

situate[sítjueit] 통 (별로 안 쓰임) 두다(place), 위치하다. 형 《고어》 situated.
[《라틴》 *situātus* ← *situāre* ← *situs* place 장소, position 위치; *situs* + *-ate*(동사 어미)]

situated[sítjueitid] 형 위치하고 있는 (located), 있는, ···에 있는; ···의 입장에 있는. [situate + *-ed*(과거분사 어미)] 3

situation[sìtjuéiʃ(ə)n] 명 위치(site), 경우, 사정(circumstance); 형세(condition), 사태(state of affairs); 일자리(post). [situate + *-ion*] 4
☞ position

size[saiz] 명 크기, 치수(measurement); 형(型), 사이즈. 통 대소로 분류하다; 크기를 재다. ⓐ weight 무게. 1
[assize의 준말; assize의 옛 뜻 "양을 재는 기준을 정하다" 에서] ☞ assess

skate[skeit] 명 《보통 복수》 스케이트화(靴). 통 얼음을 지치다. 3
[《고영》 *skates*←《홀란드》 *schaatsen skates*←《고프》 *escac(h)e* stilt 죽마(竹馬)←《고대》 *schake* shank 정강이, leg 다리; *skates*의 *-s*가 없어진 것은 복수형의 인상을 주므로]

skeleton[skélitn] 명 해골; 뼈대(framework); 개요(outline), 골자. 7
[《그》 *skeleton* dried body 말린 시체 ← *skeletos* dried up 바싹 말린, parched 태운, mummy 미이라←*skellein* dry 말리다]

skeptic[sképtik] 명, 형 = sceptic(al).
☞ sceptic(al)

sketch[sketʃ] 명 사생(도), 초안; 약도; 소품; 개략(outline). 통 사생하다; 약도를 그리다, 간단히 묘사하다; 약술(略述)하다. 5
[《홀란드》 *schets* draught, sketch 약도 ←(이태) *schizzo* first rough draught 초안←《라틴》 *schedius* hastily made 조급히 작성한←《그》 *skhedios* sudden 갑작스러운]

ski[ski:, ʃi:(영)] 명, 통 (*pl.* -s, ski) 스키이(를 하다).
주의 현재분사형은 skiing.
[《노르웨이》 *ski; cf.* 《독》 *scheit* thin board 얇은 판자; 스키는 얇은 나무판자 둘을 가지고 만들었다고 해서]

skill[skil] 명 숙련, 수완, 솜씨[in]. 3
[《아이스》 *skil* discernment 식별(識別)←*skilja* separate 가려내다, 메어놓다]

skilled[skild] 형 (일이) 숙련 요하는; 숙련된(skillful) [in] 《오늘날에는 다음과 같은 숙어로 밖에 안 쓰임》. [skill + *-ed*(형용사 어미)]

a ~ *workman* 숙련공. ~ *labour* 숙련노동; 《집합적》 숙련공 (trained workman).

skil(l)ful[skílf(u)l] 혱 숙련된[at,in]; 교묘한, 솜씨있는 (dexterous) [at,in]. [skill+-*ful* (형용사 어미)] **4**

skil(l)fully[skílfuli] 튀 교묘하게.

skim[skim] 톱 (표면을) 스쳐가다, 미끄러지다; 대강 훑어보다, 거흡거흡 읽다; (걸쩌꺼기 따위를) 떠내다[off]. **4**

skin[skin] 몡 피부; (짐승의) 털 가죽; (과일 따위의) 껍질(rind); (술 따위를 넣는) 가죽 부대. 톱 껍질을 벗기다 (peel), 가죽을 벗기다; 홀렁 뒤집어 쓰다;(상처 따위에) 새 가죽이 생기다. **1**
[《중영》 *skin, scinn*←《아이스》 *skinn*; *cf.*《독》 *schinden* to skin 껍질을 벗기다]

[동의어] **skin**은 사람이나 동물의 피부, 또는 어떤 종류의 과실이나 채소의 얇고 팽팽한 겉껍질을 뜻한다. **hide**는 마소나 코끼리 따위의 튼튼한 생가죽으로 leather의 원료가 된다. **leather**는 구두, 장갑 따위를 만들려고 손질한 가죽이다. **fur**는 부드럽고 짧은 털이 붙은 skin이고, **pelt**는 여우, 양 따위의 짧은 털이 있는 동물의 가죽으로, 특히 무두질하지 않은 것을 가리킨다. **rind**는 수박 같은 종류의 과실이나 치이즈, 베이콘 따위의 단단한 껍데기를 뜻한다. **peel**은 과실의 skin이나 rind이고,**bark**는 나무의 딱딱한 껍질이다.

skip[skip] 톱 가볍게 뛰다(leap); 뛰어 돌아 다니다; 줄넘기 하다; 거흡거흡 읽다; 날리다. **3**

skipper[skípə] 몡 (소형의 상선, 어선 따위의) 선장;《속어》(일반적인) 선장 (captain).
[《홀런드》 *schipper* mariner 선원, 수부←*schip* ship 배; ship와 같은 어원] ☞ ship

skirmish[skə́:miʃ] 몡 작은 충돌. 톱 옥신각신 하다. **7**
[《중영》 *skirmischen*←《고프》 *eskermir* fence, fight 싸우다←《고대 독》 *scirman* fight 싸우다←*scirm* shield 방패, shelter 가리개] ☞ screen, scrimmage

skirt[skə:t] 몡 스커어트, 치마; 자락; *pl.* 교외(郊外). 톱 변두리를 돌다, 둘러싸다; 돌아가다. **2**
[《중영》 *skyrt*←《아이스》 *skyrta* shirt 샤쓰; shirt의 자매어. short와 같은 계통의 말이며 short garment (짧은 옷)의 뜻이나 shirt는 웃옷, skirt는 밑의 옷을 뜻하게 된 것; 100년쯤 전에는 숙녀 앞에서 이 말을 쓰지 않았나] ☞ shirt, short

skull[skʌl] 몡 해골 바가지, 두개골. **5**
[《중영》 *skulle, scolle*←《스웨덴》 *skul* shell (of an egg or a nut) (달걀이나 굴밤의) 껍질]

skulk[skʌlk] 톱 살금살금 걷다(sneak); 살그머니 도망하다, 숨다; 꾀부리다. **9**
[《중영》 *skulken*←《덴마》 *skulke*←*skule* scowl 얼굴을 찌푸리다] ☞ scowl

sky[skai] 몡 (흔히 복수) 하늘(heaven), 창공; (보통 복수) 기후(climate). **1**
[《중영》 *skie* cloud 구름 ←《아이스》 *sky* cloud 구름]

skylark[skáila:k] 몡 종달새; 야단법석. 톱 야단법석하다. [sky+lark 종달새] ☞ lark

skyscraper[skáiskreipə] 몡 고층건물, 마천루(摩天樓). [sky+scrape 긁다+ -*er* (행위자를 뜻하는 명사 어미); 하늘을 긁는 자→하늘에 닿을 만큼 높은 것 (건물)]

slab[slæb] 몡 석판(石板); 죽더끼, 두꺼운 널빤지. **7**
[《중영》 *slabbe, sclabbe*←《고프》 *esclape* thin fragment of wood 얇은 나무 판자←*ex*-, 《래틴》 *ex*- +《고대 독》 *klappen* clap (as in splitting wood) (나무를 쪼갤 때처럼) 짝 빼개지다]

slack[slæk] 혱 헐렁한, 느슨한(loose), 느린(slow); 꼼꼼하지 못한; 활발하지 못한, 불경기의(dull). 톱 늦추다[off]; 느슨해지다, 축처지다. 몡 *pl.* 헐렁한 바지, 갈아 입을 바지, 슬랙스; (밧줄 따위의) 축처짐; 불경기. ⓐ tight 단단한, 팽팽한. **6**

slacken[slǽkn] 톱 늘어지(게 하)다, 느슨해지다, 늦추다; (일 따위) 시시해지다. [slack+ -*en*(동사 어미)] **7**

slacker[slǽkə] 몡 게으른 사람; 책임을 회피하는 사람, 병역기피자. [slack + -*er* (행위자를 뜻하는 명사 어미)]

slam[slæm] 톱 꽝(탁) 하고 닫(히)다; 털썩 놓다[down]. **7**
[소리를 본딴 말]

slander[slá:ndə] 몡, 톱 중상(하다), 비방(하다);《속어》(말에 의한) 명예훼손;

slang

cf. libel 문서비방. ⓐ eulogize 칭찬하다.

주의 slender와 혼동치 말 것. 6

[((중영)) *scla(u)ndre*←(고프) *esclandre*←(래틴) *scandalum* stumbling block, scandal; scandal의 자매어]

☞ scandal

slanderous[slǽnd(ə)rəs] 휑 중상적인, 입이 건. [slander+ -*ous*(형용사 어미)]

slang[slæŋ] 몡 속어, (어떤 사회만의) 통용어. 10

[18 세기의 은어(隱語)에서 ← (방언) *slang* slung(language) ← sling; sling 은 속어로 쓰이면 지껄이다 의 뜻]

☞ sling

slant[slɑːnt] 휑 경사진. 몡,통 경사(지다)(slope); 경향(이 있다). 4

[((중영)) *slenten* slope 경사지다, glide 미끄러지다←(스웨덴방언) *slenta*←*slinta* slide 미끄러지다]

slap[slæp] 몡 (손바닥 따위로) 찰싹 치기. 통 찰싹 치다. 뮈 찰싹; 갑자기(suddenly); 딱, 꼭(just). [소리를 본딴 말]

slash[slæʃ] 몡 삭감; 난도질; 길게 벤 상처(gash); 길다란 구멍. 통 난도질하다; 매질하다(lash); 가느다랗게 베다; 혹평하다; 삭감하다. 8

[((중영)) *slaschen*←(고프) *esclachier* break in pieces 잘게 부수다←*es-* (래틴) *ex-* very + (중세 독) *klecken* break with 깨뜨리다]

slate[sleit] 몡 석판(石板), 돌기와; (미) 후보자 명단(list of candidates). 통 슬레이트로 지붕을 잇다; (미) 입후보자 명단에 등록하다; ((속어)) 예정하다. 5

[((중영))*s(c)late*←(고프)*esclate* wooden tile or shingel 나무 기와, 지붕잇는 널빤지←*esclater* split into splinters 여러 쪽으로 쩨개다←*ex-* (래틴) *ex-* + (고대 독) *klapp* clap, loud noise 큰 소리]

slaughter[slɔ́ːtə] 몡,통 도살(하다), 학살(하다). 4

[((중영)) *slaghter*←(아이스) *slātr* butcher's meat 푸줏간의 쇠고기→*slātra* slaughter cattle 소를 잡다] ☞ slay

slay[slei] 통 (slew, slain) 살해하다 (kill, murder). 4

[(고영) *slēan* smite 갈기다, 치다; *cf.* (독) *schlagen* 치다, 싸우다]

526

sleep

참고 이 말은 우아한 문체에나 시, 신문용어 이외에는 보통 별로 안 쓰인다. kill이 보통 쓰이는 말이다.

slayer[sléiə] 몡 살해자(killer). [slay+ -*er* (명사 어미)]

Slav[slɑːv] 몡 슬라브 사람(Russians, Bulgarians, Czechs, Poles 따위). 휑 슬라브족의, 슬라브말의. 8

[((래틴)) *S(c)lāvus* Slavonian 슬라브족←(그) *sklabos* Slav 슬라브족]

☞ slave

slave[sleiv] 몡 노예. 통 노예처럼 부려먹다; 죽어라고 일하다(drudge)[at]. 2

[((중영)) *sclave*←(프) *esclave*←(래틴) *sclāvus* slavonian slave or captive 슬라브족 포로 또는 노예←(그) *sklavos* Slav 슬라브족; 많은 슬라브 사람들이 노예로 혹사되었기 때문]

slavery[sléivəri] 몡 노예상태, 노예제도; 고역. [slave+ -*ery*(명사어미)]5

slavish[sléiviʃ] 휑 노예의, 노예 같은; 비열한(mean), 비굴한(servile).

[slave+ -*ish*(형용사 어미)] 10

a ~ imitation 독창성이 없이 모방만 함.

sled[sled], **sledge**[sledʒ], **sleigh**[slei] 몡,통 썰매(를 타다, 로 나르다); 큰 썰매(특히 sledge). 5

[((중영)) *sled(de)*←(중 훌란드) *sledde*; *cf.* (독) *schlitten* sledge 썰매]

동의어 **sled**는 영국에서는 보통 농업용의 운반용 썰매이고, 미국에서는 대형의 sled는 운반용, 소형의 sled는 미끄럼탁기 같은 아이들의 스포오츠용으로 사용된다. **sleigh**는 주로 말이 끄는 승객용 썰매의 간편한 것을 뜻하며, **sledge**는 sled, sleigh의 어느 쪽 뜻도 다 나타내며 영국에서는 가장 보편적인 말이다.

sleep[sliːp] 통 (slept)자다; 유숙하(게 하)다(lodge); 영면(永眠)하다. 몡 잠. ⓐ wake 깨다. 1

[(고영) *slǣpan*, *slēpan*; *cf.* (독) *schlafen*]

~ one's last ~ 죽다.

sleeper[slíːpə] 몡 자는 사람; 침대차 (sleeping-car); (영) 철도의 침목(沈木) ((미)) tie). [sleep+ -*er*] 8

sleeping-car[sliːpiŋkɑː] 몡 침대차 (sleeper라고도 한다).

sleepy[slíːpi] 휑 졸리는, 졸리게 하는; 멍하고 있는(dull). [sleep+ -*y*(형용사

어미)]

[동의어] **sleepy**는 사람이 잠이 온다거나 비유적으로 써서 졸리움게 하는, 잠자는(듯한) 따위의 뜻을 나타낸다. 그리고 **drowsy**는 졸리워서 행동이 활발치 못하다거나 맥이 빠져 있다는 뜻이다.
somnolent는 sleepy를 좀더 점잖게 말하는 말이고, **slumberous**는 sleepy에 대한 문장 용어로 특히 잠에 수반하는 정적(靜寂)이나 안정감을 암시하는 말이다.

sleepily[slí:pili] 뷔 졸리운 듯이, 졸려서. [sleepy+ -ly]

sleet[sli:t] 몜, 통 진눈깨비(가 내리다). [《중영》 *slete*; cf. 《독》 *schlosse* hailstone 우박] 7

sleeve[sli:v] 몜 소매. cf. cuff 소맷자락. 3
[《중영》 *slēf*; 《고영》 *slyf*; slip와 관계 있는 말] ☞ slip

slender[sléndə] 혭 가날픈; 날씬한(slim); 불충분한(unadequate); 결핍한(scanty); 빈약한. ⓐ stout 튼튼한. 3
[《중영》 *s(c)lendre* ←《고프》 *esclendre* ←《중 홀랜드》 *slinder* slender 가날픈, water-snake 물뱀 (가늘다고 해서) ← *slinderen*, *slidderen* drag 끌다; slide가 쿳소리 나서 변한 꼴]
[주의] slander "중상(하다)"와 혼동치 말 것.

slice[slais] 몜 (얇게 베어낸) 한 조각, 한 점; 부분(part); 몫(share). 통 얇게 베다; 쪼개다(split). 4
[《고프》 *esclice* splinter 얇은 조각← *esclicier* split 쪼개다←《고대 독》 *sli-zan* split 쪼개다; cf. 《프》 *éclisse* splint 얇은 널빤지] ☞ slit

slide[slaid] 통 (slid) 미끄러지(게 하)다. 몜 미끄러짐, 활주 (환등·현미경 따위의) 슬라이드. 3
[《고영》 *slīdan* slide] ☞ sled, slip
~ *away* 슬며시 떠나다.

slight[slait] 혭 미미한, 조금의(inconsiderable); 결핍한(scanty). 몜 경시 (neglect) [to,upon]. 통 업신여기다 (despise). ⓐ respect 존경하다. 2
[《고영》 *sliht* smooth 매끈한; cf. 《독》 *schlecht* bad 나쁜, *schilicht* smooth 매끈한]

slightly[sláitli] 뷔 아주 적게, 연약하게; 경멸해서.

slim[slim] 혭 날씬한(slender); 불충분한

(insufficient); 빈약한; 약은(cunning). 통 (음식을 적게 먹고) 체중을 줄이다. 10
[《중 홀랜드》 *slim* awry 비뚤어진, crafty 간사한; 원뜻은 had (나쁜), crooked(구부러진). cf. 《독》 *schlimm* bad, cunning]

slime[slaim] 몜 개흙; (달팽이, 물고기 따위가 내어놓은) 끈적끈적한 것. 통 끈적끈적하게 되다. 8
[《고영》 *slīm*; 《독》 *schleim* slime]

slimy[sláimi] 혭 끈적끈적한; 진흙투성이의; 더러운, 비열한. [slime+ -y (형용사 어미)] 10

sling[sliŋ] 통 (slung) (돌팔매질 끈으로) 던지다; (허리 따위에) 차다. 몜 돌팔매질 끈, 새총(slingshot); 멜빵. 5
[《중영》 *slynge* ←《아이스》 *slyngva* sling 먼지다; cf. 《독》 *schlingen* entwine 감(기)다, 얽(히)다]

slip[slip] 통 미끄러지(게 하)다; 살짝 빠져나가다, 도망치다(escape); 놓치다, 실수하다. 몜 미끄럼; 실수(error); 기름칠한 종이 쪽, 전표; 한 조각; 여자 속옷, 슬립. 2

slipper[slípə] 몜 슬리퍼, 덧신; (마차의) 바퀴 멈추개. [slip+ -er(명사 어미)] 3

slippery[slíp(ə)ri] 혭 쭐쭐 미끄러지는; 믿고 있을 수 없는(unreliable). [slip+ -ery(형용사 어미)] 4

slit[slit] 통 째다, 길이로 째(지)다. 몜 길게 벤 자국(long cut), 길쭉하게 젠 구멍. 9
[《고영》 *slītan* slit 째다, rend 찢다; cf. 《독》 *schleissen* slit, *schlitzen* slice]

slope[sloup] 몜 비탈, 사면; 둔덕, 경사지; 경사. 통 경사하다, 비탈지다. 2
[《중영》 *slope, aslope*←a- on+*slope* slope←《고영》 *slūpan* slip 미끄러져 내려가다; aslope의 a-가 줄어든 말]

sloth[slouθ] 몜 나태, 게으름(laziness, indolence). 8
[《고영》 *slǣwth*←*slǣw*, *slāw* slow; slow+ -*th*(명사 어미)]

slow[slou] 혭 느린, 굼뜬; (시계가) 늦게 가는; 우둔한(stupid); 활기가 없는 (inactive). 뷔 느리게, 늦게, 천천히. 통 늦추다, 늦어지다; 속력을 줄이다. ⓐ fast, quick, rapid 빠른. 1
[《고영》 *slāw* dull 둔한, sluggish 굼뜬]

slowly[slóuli] 뷔 천천히, 느리게, 늦

게, 꿈지럭거리며.

㊟ 부사로는 slow보다도 slowly가 보통으로 쓰이나 특히 동사보다도 부사의 뜻하는 바에 중점을 두고 말할 때나 아래에 든 몇가지 관용적 표현에서는 slow를 쓴다 : How *slow* he climbs! Sing as *slow* as you can. Speak *slow* over the telephone. When you pass a school, you had better drive *slow*. I advise you to go *slow*(with caution) in what you are doing. 마찬가지로 교통표시 문귀로 쓰일 때도 drive *slow* (천천히)가 보통이다.

slovenly[slʌ́vnli] ⓐ 깔끔하지 못한, 단정치 못한; 아무렇게나 하는, 어물쩍 하는. [sloven 단정치 못한 남자 + -ly(형용사 어미)]

slug[slʌg] ⓝ 《동물》 민달팽이, 괄태충(括胎蟲); 굼뜬 사람 (동물, 배, 차). 7 [《중영》 *sluggen* (동사) *slwgge* sluggard 굼뜬 자←(덴마) *slug*; *cf.* (스웨덴 방언) *slugga* be sluggish 굼뜨다]

sluggard[slʌ́gəd] ⓐ 게으른(lazy). ⓝ 게으름뱅이(lazy person). [slug+ -*ard*(명사 어미)]

sluggish[slʌ́giʃ] ⓐ 굼뜬, 더딘(slow moving); 활기 없는(inert); 게으른 (lazy). [slug+ -*ish*(형용사 어미)] 9

slum[slʌm] ⓝ (흔히 복수) 빈민굴. ⓥ (보통 ~ing의 형식으로) 구제사업으로 빈민굴을 찾아가다.

[① room이 변한 말; ② 또는 slumber 에서; ③ 또는 《독》 *schlamm* mire 뻘, 진흙과 관련이 있는 말]

go ~ing 빈민굴에서 구제사업에 종사하다.

slumber[slʌ́mbə] ⓝ 잠. ⓥ 《고상한 말》 졸다(sleep). 3
[《고영》 *slumerian*←*slūma* slumber 잠; *cf.* 《독》 *schlummern*]

slump[slʌmp] ⓝ, ⓥ (주로 미 속) (물가 따위) 폭락(하다); 부진상태; 인기 폭락. [멀어지는 소리를 본딴 말]

sly[slai] ⓐ 교활한, 약은(crafty); 내밀의. ⓐ frank 솔직한. 4
[《중영》 *sligh, sleih, slēh*←(아이스) *slægr* sly, cunning; *cf.* 《독》 *Schlau*]

smack¹[smæk] ⓝ 맛, 향기; 기미. ⓥ 맛이 나다, 기미가 있다. 6
[《고영》 *smǣc* taste 맛; *cf.* 《독》 *(ge)schmack*]

smack²[smæk] ⓥ 혀를 차다; 소리나게 입맞추다; 살짝 치다(slap); (채찍을) 휙휙 소리내다(crack). ⓝ 입맛다시기, 혀를 차기; 쪽하고 소리나는 키쓰; 채찍소리. ⓐ 찰싹; 별안간; 정통으로. [소리를 본딴 말; 《스웨덴》 *smacka*]

small[smɔːl] ⓐ 작은, 약소한; 시시한 (trifling); 속이 좁은(narrow-minded), 인색한(mean). ⓝ 작은 부분; *pl.* 반쓰봉. ⓐ large 커다란, big 큰. 1
[《고영》 *smæl*; *cf.* 《독》 *schmal* narrow 좁은]

㊨ **small**은 상대적인 의미에서 양, 크기, 액수, 가치, 중요성 따위가 덜하다는 뜻을 나타내는 가장 흔히 쓰이는 말이다(ⓐ large). **little**은 대상에 대하여 애정을 느끼고 있음을 나타내므로 귀여운의 뜻을 암시한다(ⓐ great, big). **diminutive**는 극단적으로 작다는 뜻으로, small보다 뜻이 강하고 흔히 경멸하는 경우에 쓰이는 말이다. **minute**는 흔히 자세히 보지 않으면 볼 수 없을 정도로 잘다는 것을 뜻한다. **tiny**는 minute와 뜻은 비슷하나, 그보다 약간 뜻이 약하고 어감이 부드러운 말이다. **miniature**는 사본, 모형, 조각, 그림 따위가 대단히 소규모임을 뜻하고 **petite**는 특히 여자가 자그만하고 깔끔하여 귀여움을 뜻하며 약간 멋을 부려 말할 때 쓸 수 있다.

smallpox[smɔ́ːlpɔks] ⓝ 천연두. 9
[small+pox 매독(syphilis); the great pox 큰 부스럼=매독(syphilis)에 대하여 작은 매독=부스럼] *cf.* chickenpox 수두(水痘), cowpox 우두(牛痘), vaccination (for smallpox) 우두(예방 접종), be vaccinated (for smallpox) 우두를 맞다. ☞ pock, pox

smart[smaːt] ⓐ 멋진(fashionable), 하이칼라의; 옷차림이 단정한; 영리한(bright), 약삭빠른; 활발한(lively); 호된(severe), 날카로운(sharp); 아픈(painful). ⓥ 쑤시다, 아프다; 고민하다; 피로워 하다(suffer). ⓝ 심한 고통 (sharp pain); 고뇌(suffering). ⓐ shabby 초라한, blunt 둔한. 3
[《고영》 *smeortan* give pain 고통을 주다; *cf.* 《독》 *schmerzen*]

smash[smæʃ] ⓥ 때려부수다(break to pieces); (테니스) 맹렬히 내려치다; 충돌하다(collide); 격파하다(defeat). ⓝ 분쇄; 충돌; 파괴(ruin); 강타(強打). 9

smear[smiə] 타 칠하다, 바르다; 더럽히다. 명 오점. 8
[《고영》 *smerian* anoint 기름을 바르다, *sme(o)ru* fat 기름기; *cf.*《독》 *schmieren* anoint, *schmer* fat]

smell[smel] 명 냄새; 후각(嗅覺); 향기. 타 (smelt) 냄새 풍기다, 냄새 맡다. 2
[《중영》 *smelle(n)*←《고영》 *smyllan*; "give off smoke 연기를 내뿜다"가 원뜻이다]
[동의어] smell은 냄새를 뜻하는 가장 보편적인 말이다. scent는 특히 짐승, 꽃, 과실, 마른 풀 따위에 특유한 희미하게 풍겨오는 냄새를 뜻하는 일반적인 말이며 흔히 예민한 후각으로 비로소 식별할 수 있음을 암시한다. odo(u)r는 scent 보다 짙어서 분명히 알 수 있는 냄새이며 smell 보다 품위 있는 말이다. perfume은 기분 좋은 비교적 강한 냄새이며 바람으로 널리 퍼짐을 뜻한다. fragrance는 기분 좋고 정답고 청신한 향기로 특히 자라나고 있는 생물에서 풍기는 것을 말한다.

smell¹[smelt] 동 smell의 과거(분사).
smelt²[smelt] 타 (금속을) 용해시키다, (용해하여) 제련하다. 6
[《스웨덴》 *smälta* smelt; 《독》 *schmelzen*]

smile[smail] 명, 자 미소(하다); 방긋(웃다), 방긋웃기. 1
[《스웨덴》 *smila* to smile; 《래틴》 *mirari* wonder at …에 놀라다 와 관계가 있다]

smite[smait] 타 (smote, smitten) 치다 (hit); 벌주다(chastise); 격 파하다(defeat); 죽이다(kill); 침노하다. 4
[《고영》 *smītan*; *cf.*《독》 *schmeissen*]
smitten[smítn] 동 smite의 과거 분사. 형 세게 친; 크게 감동한, 흘딱 반한. 6
[smite+-*en* (과거분사 어미)]

smith[smiθ] 명 대장장이(blacksmith); 금속 세공인(metalworker). 3
[《고영》 *smith*; *cf.*《독》 *schmied*]
참고 이 말은 보통 아래와 같은 복합어로 쓰이며 대장장이를 뜻할 때에는 blacksmith라고 한다. a blacksmith 대장장이, a silversmith 은 세공장이, a goldsmith 금 세공장이, a tinsmith 함석장이.

smithy[smíði, smíθi] 명 대장간.

[smith+-*y*]
smock[smɔk] 명 (아동용) 덧옷, 늘 때 입는 옷; 《고어》여자속옷(chemise); 농부의 일복, 작업복(smock-frock). 7
[《고영》 *smoc(c)* woman's shirt 여자 속옷; 원뜻은 "머리로부터 둘러쓰는 옷"; *cf.*《고영》 *smūgan* creep into 기어들다]

smoke[smouk] 명 연기; 담배, 담배 한 대. 자 연기를 내다(emit smoke); 그을다; 담배 피우다. 1
[《고영》 *smocian* (동사), *smoca* (명사); *cf.*《독》 *schmauch*]
smoker[smóukə] 명 담배 피우는 사람; 끽연차(smoking carriage); 《미》남자끼리의 모임. [smoke+-*er*] 9
smoking[smóukiŋ] 명 끽연, 흡연. [smoke+-*ing*]
smoky[smóuki] 형 연기 나는, 매운, 그을은; 연기 같은. [smoke+-*y* (형용사 어미)]
[통계어] **smog**[smɔg] 명 (도시의 상공의) 연기가 섞인 안개. [sm(oke)+(f)og (안개)의 합성어]

smooth[smu:ð] 형 매끄러운, 반들반들한. 동 미끄럽게 하다(되다), 부드럽게 하다; (곤란 따위를) 없애다. 2
in ~ water 장해, 난관을 돌파하고.
smoothly[smú:ðli] 부 매끄럽게; 원활하게; 유창하게; 평온하게.
smoothness[smú:ðnis] 명 매끄러움; 유창함; 사교성. [smooth+-*ness* (명사 어미)] 9

smother[smʌ́ðə] 동 숨막히(게 하)다 (choke, suffocate); (불을) 재를 덮어 끄다; 진압하다(suppress). 7

smuggle[smʌ́gl] 동 밀수하다; 밀항하다. [《고대》 *smuggeln*; *cf.*《독》 *schmuggeln*] 9
smuggler[smʌ́glə] 명 밀수업자, 밀수선. [smuggle+-*er*]

snail[sneil] 명 달팽이. 6
[《고영》 *snegel*, *snægl* (*snaca* snake 뱀의 축소형); *cf.*《독》 *neckeschn*. *-l*은 축소어미]

[통계어] **snake**[sneik] 명 뱀; 내숭한 사람. [《고영》 *snaca*; *cf.*《독》 *schnake* ringed snake 일종의 뱀]

snap[snæp] 명, 동 재깍(딱, 뚝)하는 소리(를 내다); 스냅 사진(을 찍다); 덥석 물다[at]; 잡아 채다[at up]; 혹한 (酷寒). 명 재깍, 뚝, 딱. *cf.* spell 3

[《홀런드》 *snappan* to snap; *cf.* 《독》 *schnappen*]

snapshot[snǽp/ɔt] 圀 속사(速射), 즉석사격; 속사 사진, 스냅. 통 (snapshotted) 스냅 사진을 찍다. [snap+shot 사격] ☞ shot

snare[snɛə] 圀, 통 덫(으로 잡다)(trap). [《고영》 *sneare* cord 줄, noose 올가미; *cf.* 《독》 *schnur*] 4

snarl[snɑːl] 통 (개 따위가) 이빨을 드러내고 으르렁거리다; 심히 잔소리하다, 호통치다. 圀 으르렁거리기; 잔소리하기, 호통치기. 6
[《고영》 *snar(re)*의 반복형; *cf.* 《독》 *schnarren*] ☞ sneer, snore

snatch[snætʃ] 통 채어가다, 빼앗다[off, away]; 움켜쥐다; 붙잡으려고 하다[at]. 圀 잡아 채기, 강탈; 조금; 조각 조각(bit);(흔히복수) 한차례(short spell), 잠시(short period). 3

sneak[sniːk] 통 살금살금 가다(들어가다, 나오다); 《속어》 훔치다(steal). 圀 비열한 놈. 8
~ *thief* (빈집을 노리는) 좀도둑.

sneakers[sníːkəz] 圀 *pl.* 《미》 소리가 안나는 고무창의 농구화 (canvas shoes with soft rubber soles). [sneak+-er+-s (복수형 어미)]

sneer[sniə] 圀, 통 냉소(하다), 경멸(하다), 조소(하다). 7
[《중영》 *sneren; cf.* 《홀런드》 *snærre* grin like a dog 개처럼 이빨을 드러내고 웃다] ☞ snarl

sneeze[sniːz] 圀, 통 재채기(하다). 7
[《중영》 *snese, fnese*←《고영》 *(ge)fnēosan; cf.* 《홀런드》 *fniezen* breathe 숨쉬다. fn-이 sn-으로 된것은 잘못 읽은 데서]

sniff[snif] 통 코로 숨을 들이키다; 홍홍(냄새) 맡다(smell) [at]; 코방귀 뀌다[at]. 圀 홍홍 내말기. 10
[소리를 본딴 말]

snip[snip] 통 (snipped) (가위로) 싹둑 베다(clip) [off]. 圀 가위질 한번; 베낸 조각; *pl.* (금속판을 자르는) 가위. 10

snipe[snaip] 圀 《단수 복수 같은 꼴》 도요새. 통 도요새 사냥을 하다; 숨어서 쏘다. 9
[《중영》 *snype*←《아이스》 *snípa* snipe 도요새; 도요새의 부리는 길어서 탁하고 소리내기(snap) 잘하므로; snap와 관련있는 말; *cf.* 《독》 *schnepfe*]

snob[snɔb] 圀 (신사인체 하는) 속물(俗物); (윗사람에게는 아첨하고 아랫사람에게는 거드름 피우는) 눈꼴 사나운 사람, 구두장이.

snobbery[snɔ́b(ə)ri] 圀 속물 근성; 신사인체 하는 행위. [snob+-ery (명사 어미)]

snobbish[snɔ́biʃ] 圀 사람됨이 속된; 신사 기분의. [snob+-ish (형용사 어미)]

snooze[snuːz] 圀, 통 《속어》 낮잠(자다)(doze), 잠(자다).

snore[snɔː] 圀 코골기. 통 코를 골다. 6
[《중영》 *snoren*; 소리를 본딴 말] ☞ snort

snort[snɔːt] 통 콧숨을 세게 내쉬다; 코방귀 뀌며 말하다 (경멸, 노여움 따위로); (기관이) 씩씩 소리내며 김을 뿜다. 圀 코방귀, 거친 콧숨; 김을 내뿜는 소리. 7
[《중영》 *snorten* snore ←《고대 독》 *snorten; cf. schnarchen*] ☞ snore

snout[snaut] 圀 (개·돼지 따위의) 코, (호오스) 주둥이(nozzle). 7
[《중영》 *snoute; cf.* 《독》 *schnauze* muzzle 코]

snow[snou] 圀 눈; *pl.* 내린 눈, 쌓인 눈; 《시》 설백(雪白), 백발. 통 눈이 내리다, 눈으로 덮다. 1
[《고영》 *snāw; cf.* 《독》 *schnee*]

snowball[snóubɔːl] 圀 (눈 싸움의) 눈덩어리. [snow+ball] ☞ ball
play at ~ 눈싸움하다.

snow-capped[snóukæpt] 圀 눈을 인. [snow+cap+-ed]

snow-clad[snóuklæd] 圀 《시》 눈 덮인. [snow+clad]

snowflake[snóufleik] 圀 눈송이. 9
[snow+flake 송이]

snowslide[snóuslaid] 圀 눈사태. [snow+slide]

snowy[snó(u)i] 圀 눈이 많은, 눈이 쌓인. [snow+-y] 6

snuff[snʌf] 통 코로 들어 마시다; 홍홍 (냄새) 맡다(sniff). 圀 코담배, 냄새 맡는 담배. 5
주의 보통 sniff를 쓴다.
[《중세 홀런드》 *snuffen* clear the nose 코를 홍홍거리다; *cf.* 《독》 *schnauben, schnaufen, schnieben* snuff, snort]

snuff²[snʌf] 圀 초심지의 타다 남은 부

분. [동] (초) 심지를 자르다; 멸하다(destroy) 〔out〕.
〔《중영》 *snuffen* snuff out a candle 초심지를 자르다〕

snug[snʌg] [형] (아늑하고) 편안한(comfortable), 깨끗이 정돈되고 산뜻한; 아담한 (집 따위). 4
〔선원 용어에서 온 말 *cf.* 《아이스》 *snöggr* smooth 매끄러운, short-haired 단발의〕

snuggle[snʌ́gl] [동] 다가들다(앉다, 서다). 〔snug+*-le* (반복 어미)〕

so[《강; 보통》 sou, 《약》 so] [부] 그대로, 그렇게, 퍽; 그러므로; 그럼; 그처럼; 정말로; 그와 같이. [접] 그래서, 그러므로, 따라서. 1
〔《중영》 *so* 《고영》 *swā*; *cf.* 《독》 *so*, 《래틴》 *suus* his own〕
and ~ 그래서. ***and ~ on*** [end sóu ɔn]=***and ~ forth***= ***~ on and ~ forth*** 등등, …따위, ***as***…, ~… …인거나 마찬가지로…. ***ever ~*** 대단히(very). (***not***) ***~ …as…*** …만큼은 …이 아닌 《as…as의 부정형》. ***~ as to***…①…하기 위하여 (in order to…): we hurried *so as* not *to* miss the traim. 우리는 기차를 놓치지 않으려고 서둘렀다; ② …하도록 (in such a way as to): We arranged matters *so as to* suit everybody. 우리는 모두에게 맞도록일을 정하였다. ***~ long***! 《속어》 안녕 ! (good-bye). ~ (또는 ***as***) ***long as***… …하기만 하면. …하는 한은, …하는 이상은. …하는 동안은.~ …***that***…대단히 …해서…이다, …일 만큼…이다 : It is *so* big(*that*) you can not put it in this room. 대단히 크기 때문에 이방에 넣을 수 없다; 이방에 넣지 못할 만큼 크다; *cf* 《속된 표현》 He couldn't speak, he was *so* angry. 《격식에 맞는 표현》 He was *so* angry(*that*) he couldn't speak. 말을 못할만큼 화가 났다; 너무 화가 나서 말도 못했다. ~ ***that…may*** (또는 ***can***)… …이 …할 수 있도록 (in order that). ~ ***that … may not*** … …이 …하지 못하도록(lest… should…).

so-called[sóukɔ́:ld] [형] 소위, 이른바 《그렇게들 말하고 있으나 실제로는 그렇지 않다는 불신하는 기분이 내포됨》. We went to the *so-called* circus.우리들은 소위 써어커스라는 데를 가 보았다. [참고] 명사 앞에서 수식할 때에는 hyphen (-)이 필요하나 명사 뒤에서 쓰일 때에는 필요하지 않다: He is a *so-called* liberal. 그는 소위 자유 당원이다. Their justice, *so called*, smacked of partiality. 소위 그들의 정의라는 것은 약간 불공평한 기미가 보였다. 좀더 표현을 부드럽게 하려면 so-called 대신에 quotation marks를 써서 the "liberal" (=the *so-called* liberal)이라고 하면 된다.

soak[souk] [동] 담그다, 잠기다(steep) 〔in〕; 적시다, 함빡젖다; 배어들다, 빨아들이다(suck) 〔in, into, through〕. [반] dry 말리다. 5
〔《고영》 *socian* to soak 담그다←*soc-* ←*sūcan* suck 빨다; suck와 같은 어원에서〕 ☞ suck

soap[soup] [명], [동] 비누(로 씻다). *cf.* lather 비누 거품, suds 거품 인 비누물. 3
〔《고영》 *sāpe* soap 비누; *cf.* 《독》 *seife*, 《래틴》 *sāpo*〕
a tablet (또는 ***cake, bar***) ***of ~*** 비누 한개. ~ ***opera*** 《미》 낮에하는 라디오 또는 텔레비존의 연속극 《원래 비누회사에서 제공 했기 때문에; 보통 가벼운 멜로 드라마나 감상적인 멜로드라마》
soapbox[sóupbɔks] [명] 비누의 빈 상자 《가두 연설할 때에 연단으로 쓰여짐》. [동] 가두 연설하다《비누 상자 위에 서서 연설한 데서》. *cf.* stump(orator).

soar[sɔ:, sɔə] [동] 날아 오르다, (하늘로) 솟아 오르다; 상승하다. 5
〔《중영》 *soren*←《프》 *essorer* soar 솟아 오르다←《래틴》 *exaurāre* expose to air 공기에 쐬다←*ex-* out + *aura* breeze 미풍, air 공기〕 ☞ air

sob[sɔb] [동] 흐느껴 울다, 목메어 울다, 울며 말하다. [명] 흐느낌, 목메어 울기. 5
〔《중영》 *sobben*; 소리를 본 딴 말; *cf.* 《독》 *seufzen* sigh 한숨 쉬다〕

sober[sóubə] [형] 취하지 않은(not drunk); 술을 안먹는(temperate); 점잖은 (quiet); 온건한 (moderate), 진지한 (serious). [반] drunken 술취한. 3
〔《프》 *sobre*←《래틴》 *sōbrius* sober← *sē-* apart from+*ēbrius* drink; apart from drinking 마시는 것에서 거리가 먼→술을 마시지 않은〕
sobriety[so(u)bráiəti] [명] 절주(節酒), 금주(temperance); 절제; 진심(serious-

ness); 온건(soundness); 제정신, 온 정신.
[《래틴》 sōbrietātem←sōbrius; sober +-ity (명사 어미)]

soccer[sɔ́kə] 명 《속어》 사카(socker로 도 적음).
[association football 협회식축구, 아식 축구; association은 the National Football Association (전 영국 축구 협회) 에서 나온 말; soccer는 association의 assoc.의 부분을 바꾼것에 -er (명사 어미)를 붙여 만든 것]
☞ association, social

sociable[sóuʃəbl] 형 사교적인, 붙임성 있는 (friendly); 애교있는; 친절한; 친목의. 명 《미》 친목회(social gathering). ⑩ unsociable 비사교적인.
[《프》 sociable←《래틴》 sociābilem companionable 붙임성 있는←sociāre accompany 같이 가다←socius companion 동반자, 동료; social+-able (형용사 어미)]

sociability[sòuʃəbíliti] 명 사교성; 붙임성 있음. [sociable+-ity (명사 어미)]

social[sóuʃ(ə)l] 형 사회의, 사회적인; 사교의. ⑩ individual 개인의. 3
[《래틴》 sociālis ← socius company, fellow+-al (형용사 어미)]

socialism[sóuʃəlìz(ə)m] 명 사회주의.
[social+-ism]

socialist[sóuʃəlist] 명 사회주의자.
[social+-ist] 9

socialistic[sòuʃəlístik] 형 사회주의 (자)의, 사회주의적. [social+-istic(형용사 어미)]

society[səsáiəti] 명 사회; 사교계, 상류사회; 사교, 교제(companionship); …회, 협회(association), 학회; 조합. 2
[《래틴》 societātem←societās fellowship 교제, 동료관계 ←socius companion, fellow; cf. 《프》 société]

sock[sɔk] 명 (남자용) 짧은 양말. cf. stocking 긴 양말. 5
[《고영》 socc←《래틴》 soccus comic actor's shoe 희극 배우의 구두(슬리퍼)]

통계어 bobbysocks[bɔ́bisɔks] 명 《속어》 (여자의 발목까지 밖에 안 오는)짧은 양말(ankle-length socks). [bob 단발(머리)+-y (형용사 어미) + socks; 대단히 짧은 양말]

bobbysoxer[bɔ́bisɔ̀ksə] 명 《속어》 (특히 유행에 섬사리 따르는)십대의 여자.
[bobbysox+-er]

socket[sɔ́kit] 명 (끼워 맞추는) 구멍, 꽂는 데, 소켙. 6
[《중영》 soket←《고프》 soc ploughshare 가랫날+-《켙트》; a small ploughshare 작은 가랫날; 눈구멍 모양에서. -et는 축소 어미]
the ~ of the eye 눈구멍(眼窩).

sod[sɔd] 명 잔디(로 덮다) (turf), 메(를 입히다). 5

soda[sóudə] 명 소오다, 탄산 소오다; 가성 소오다; 소오다수. 6
[《이태》 soda, sodo←solido solid 딱딱한←《래틴》 solidus solid 딱딱한; 유리를 만드는 재료로 썼기 때문이다]

soda-fountain[sóudə-fáuntin] 명 소오다수 그릇(이 있는 점방); 소오다 수 (얼음 과자 따위를 파는)매점. 6
☞ solid

sodden[sɔ́dn] 형 물에 적신, 함빡 젖은; 술에 젖은, (주독으로) 명한; (빵이) 설 굽힌, 물에 붙은. 10

soft[sɔ(:)ft] 형 부드러운, 연한; 유연한 (⑩hard); 고요한(quiet); 약한(weak); 상냥한(gentle); 우미한(delicate); (날씨가) 습한(moist); 어리석은(silly);관대한(lenient). 부 부드럽게; 조용히; 폭신하게(softly). ⑩ hard 딱딱한, 굳은; rigid 굳은. 1
[《고영》 sōfte; cf. 《독》 sanft]
~ drink 알콜분이 없는 음료《root beer, ginger》
be ~ on (upon) …을 사모하고 있다.

soften[sɔ́(:)fn] 동 부드럽게 하다(⑩hard); 누그러지(게 하)다. ⑩ harden 굳게 하다. [soft+-en (동사 어미)] 4

softly[sɔ́(:)ftli] 부 부드럽게; 고요히, 살짝; 상냥하게; 너그럽게.

softness[sɔ́(:)ftnis] 명 부드러움; 상냥함; 너그러움. [soft+-ness (명사 어미)] ⑩ hardness 딱딱함. 9

soil[sɔil] 명 흙(earth), 토지(ground), 나라. 동 더럽히다, 더러워지다. 1
[명 《중영》 soyle←《고프》 soile←《래틴》 solium seat자리; 《래틴》 solum ground땅의 영향을 받아 뜻이 변함. cf. 《프》 sol. 동 《중영》soilen←《고프》soyler 《프》 soiller to soil 더럽히다←souille pigsty 돼지우리←《래틴》 suillum of swine 돼지의←sūs sow 암돼지; sow[sau]와 같은 어원] ☞ sow

sojourn[sódʒəːn] 图 체재, 머물음. 图 체재(滯在)하다. 5
[((고프)) *sojo(u)rner*←((래틴)) *sub-* under 아래에+*diurnāre* stay 머물다←*diurnus* daily 날마다의→*diēs* day날]
☞ journey, journal, adjourn, diary

solace[sólis] 图, 图 위로(하다). 6
[((중영)) *solas*←((고프)) *solaz*←((래틴)) *sōlātium* a comfort 위로←*sōlātus* consoled 위안 받은←*sōlāri* console 위로하다]

solar[sóulə] 图 태양의. cf. lunar 달의, sun 해. 9
[((래틴)) *sōlāris* solar 태양의←*sōl* sun 해]
~ *calendar* 태양력. ~ *eclipse* 일식. ~ *system* 태양계.

solstice[sólstis] 图 지(至)(하지 또는 동지).
[((프)) *solstice*←((래틴))*sōlstitium*←*sōl* sun 해+*sistere* cause to stand still 가만히 서 있게 하다←*stāre* stand서다; 원뜻은 해가 가만히 서있게 되는 시점]
summer (또는 *winter*) ~ 하지 (또는 동지).

solder[sóldə, sɔ́(ː)də, sóudə, ((미)) sódə] 图 (땜) 납; 접합물(接合物). 图 납땜하다; 결합시키다; 수선하다. 9
주의 soldier "병정"과 혼동치 말 것.
[((프)) *soudure*←((고프)) *soldure*←*solder* to solder 납 땜하다←((래틴)) *solidāre* make firm 굳게하다 ←*solidus* solid 딱딱한] ☞ solid

soldier[sóuldʒə] 图 군인, (육군의) 병정, 병졸, 병사. 图 군인이 되다, 병역에 복무하다. cf. sailor 수병. 1
[((고프)) *soldier, soudoier* one who fights for pay 보수를 바라고 싸우는 자←((래틴)) *soldārius*←*soldum* pay보수←*solidus* a piece of money, a solid piece of money, 돈←*solidus* solid 딱딱한; 영어의 hard cash 경화(硬貨)와 비교하라]
☞ solid, solder, shilling

sole¹[soul] 图 유일한(one and only); 단독의; 총…, 독점적인(exclusive). 2
ⓑ corporate 공동의, 단체의.
[((고프)) *sol*←((래틴)) *sōlus* alone 혼자의; cf. ((프)) *seul*]
☞ solitary, sullen

sole²[soul] 图 발바닥; 구두창 (또는 안창).

[((고영)) *sole*←((래틴)) *sol(e)a* sole of the foot or shoe 발 또는 구두 바닥←*solum* ground 땅; 땅에 닿는 부분]
☞ soil

solemn[sóləm] 图 신성한(sacred); 장중한(grave); 거드럭 거리는(pompous). ⓑ frivolous 경박한. 3
[((래틴)) *sōlemnem*—*sōlemnis* annual 매년의, occurring yearly like a religious rite 종교 의식처럼 해마다 일어나는, solemn 신성한←*sollus* entire 완전한+*annus* a year 일년; 꼭 일년이 지나면 다시 하는→종교 의식←(그런때와 같이) 신성한]

solemnity[səlémniti] 图 장엄(solemness); 거드럭거림(pomposity); 의식(儀式), 제전(祭典 rite). 7
[solemn+-*ity* (명사 어미)]
☞ solicit, annual

solicit[səlísit] 图 간청하다(ask earnestly); 청하다(request); (주의들을) 끌다(invite). 5
[((래틴)) *sollicitāre* agitate 선동하다, solicit 간청하다←*sollicitus* wholly agitated 완전히 들뜬←*solli-*=*sollus* whole전부의, 완전한+*citus* aroused 일으켜진←*ciēre* shake 흔들다, agitate 선동하다; wholly moved 크게 마음이 움직여진→동요하고 있는→선동하다→간청하다]

solicitation[səlìsitéiʃ(ə)n] 图 간청; 권유; 유혹. [solicit+-*ation* (명사 어미)] 10

solicitor[səlísitə] 图 ((영)) 사무 변호사 ((법정 변호사(barrister)와 소송 의뢰인 사이에서 소송 사무를 보는 하급 변호사. cf. barrister)); 간청하는 사람; ((미)) 외교원. [solicit+-*or*] 8
~ *General* 법무차관 ((법무장관(Attorney General)의 다음자리)); ((미)) 주 법무총장.

solicitous[səlísitəs] 图 걱정하는(anxious) [about, for]; 원하는(desirous) [of doing], 열망하는(eager) [to do].
[solicit+-*ous* (형용사 어미)]

solicitude[səlísitjuːd] 图 근심; 열망. [solicit+-*ude* (명사 어미)] 10

solid[sólid] 图 고체의; 속이 든; (도금이 아니고) 속까지 같은 물질의; 견고한(strongly built); 실한(sound); 진실의(real); 확실한(reliable); 단결한(undivided); 한결 같은. 图 고체. ⓑ fluid,

liquid 액체; **vapour** 증기, **gas** 기체, **soft** 부드러운. 3

solide←《래틴》**solidus** firm 견고한, whole 완전한》

solidarity[sòlidǽriti] 명 공동 일치, 결속, 단결; 연대책임. [solid+-*arity* (명사 어미)]

solidify[səlídifai] 동 고체로 만들다, 굳게 하다(make solid); 단결시키다. [solid+-*fy* (동사 어미)]

~*ing point* 응고점.

☞ solder, soldier

solitary[sɔ́lit(ə)ri] 형 고독한(living alone), 적적한(lonely); 단독의(single), 유일한(sole). ⓐ companionable 친하기 쉬운, combined 결합된. 4

《프》 *solitaire* ← 《래틴》 *sōlitārius* solitary←*sōlitās* loneliness 외로움←*sōlus* alone 혼자의》

solitaire[sɔ̀litéə, sɔ́litèə] 명 (반지 나 귀걸이의) 한알박이 보석(a single gem) (보통 diamond); 혼자서 하는 놀이 (트럼프 따위; 지금은 보통 patience라고 한다). [《프》 *solitaire*]

solitarily[sɔ́litərili] 부 홀로, 쓸쓸히, 고독하게.

solitude[sɔ́litjuːd] 명 고독, 독거(獨居);적적함(loneliness); 외딴 곳(lonely place). ⓐ company 동반, association 교제. 《프》 *solitude*←《래틴》*sōlitūdo*←*sōli-*, *sōlus* alone+ *-tūdo* (*-tude* 명사 어미)》 4

solo[sóulou] 명, 형 독창(의), 독주(의); 단독비행(의).

[《이태》 *solo* alone 혼자의 ← 《래틴》 *sōlus* alone》

solve[sɔlv] 동 풀다, 해결하다. 3

《래틴》 *solvere* loosen 풀다←*so-*, *sē-* apart+*luere* loosen; loosen apart 따로 풀다; *cf*. lose》

soluble[sɔ́ljubl] 형 용해할 수 있는 (dissolvable); 해결할 수 있는(solvable). 《프》 *soluble*←《래틴》 *solūbilis* dissolvable 용해할 수 있는 ← *solvere* loosen 풀다 + -*bilis* (-*ble* 형용사 어미)》

solution[səlúːʃ(ə)n] 명 용해; 용액; 해결(법), 해답. 《프》 *solution* ← 《래틴》 *solūtio* a loosing←*solvere* loosen 풀다; solve+-*ion*(명사 어미)》 5

sombre,-er[sɔ́mbə] 형 어둠침침한(dimly lighted); 거무스름한(dark); 음산한 (gloomy), 침울한. 7

《프》 *sombre* gloomy 음산한←《래틴》 *subumbrāre* to darken; *sub* under+ *umbra* shade 그늘》

some[sʌm(강), səm(약)] 형 얼마간의, 어느, 어떤(certain); 약(about). 대 어떤 사람들; 얼마간, 다소. 부 all 1

[《고영》 *sum* some one, a certain one; same과 관련있는 말》 ☞ same

somebody[sʌ́mbədi] 대 어떤 사람, 누가. 명 상당한 인물. ⓐ nobody 아무 것도 아닌 자. [some+body] 3

☞ body

somehow[sʌ́mhau] 부 어떻게 해서든, 이럭저럭; 왜 그런지; 암만해도. 8

[some+how 어떻게] ☞ how.

someone[sʌ́mwʌn] 대 =somebody. [some+one] 3

something[sʌ́mθiŋ] 대 뭣, 어떤 것, 어떤 일. 부 다소, 얼마간(somewhat); 꽤(rather). [some+thing] 1

sometime[sʌ́mtaim] 부 어떤 때, 한때, 이전에, 언제고. 형 전…(former). [some+time] 1

sometimes[sʌ́mtaimz,s(ə)mtáimz] 부 때로는, 때때로 (occasionally). [some +time+-*s* (부사적 소유격 어미)]

☞ once, twice, towards, forwards, etc.

somewhat[sʌ́m(h)wɔt] 부 약간, 다소, 조금. [some+what] 2

☞ what

somewhere[sʌ́m(h)wɛə] 부 어디인가로, 어디인가에(서); 어떤 때, 언젠가는. [some+where] 3 ☞ where

son[sʌn] 명 아들. ⓐ daughter 딸. 1

주의 sun "해"와 혼동치 말것.

[《중영》 *sone*; 《고영》 *sunu*; *cf*. 《독》 *sohn*]

song[sɔŋ] 명 노래, 창가; 시가(poem). *cf*. sing 노래하다. 1

[《중영》 *song* 《고영》 *sang*, *singan* sing; *cf*. 《독》 *sang*]

songster[sɔ́ŋstə] 명 가수(singer); 가객(poet), 우는 새. [song+-*ster* (사람을 뜻하는 명사 어미)] 10

songstress[sɔ́ŋstris] 명 여자가수; 여류시인. [song+-*stress* (여자를 뜻하는 명사 어미)] ☞ sing

sonnet[sɔ́nit] 명 소네트,《보통 10음절 약강격(弱强格)의》 14행시; 단시(短詩). 7

[《프》 *sonnet* ←《이태》 *sonetto* sonnet

←*sono* sound 소리, tune 가락+-*etto* (축소어미)←(래틴)*sonus* sound 소리]

sonneteer[sɔ̀nitíə] (보통 멸시해서)소네트의 작자, 서투른 시인.

sonorous[sənɔ́ːrəs, sɔ́nərəs] 형 울리는, 우렁우렁한, 낭랑한. **10**
[((래틴)) *sonōrus* loud-sounding 크게 울리는 소리←*sonor* sound 소리←*sonāre* to sound←*sonus* sound]
☞ sound

soon[suːn] 부 곧(shortly), 얼마 안 있어 (in a short time); 좀 빠르게; 섬사리; 오히려. ④ late 뒤늦게. **1**
as (또는 *so*) ∼ *as*… …하자마자. *as* ∼ *as possible* (또는 *may be*) 될 수 있는 대로 빨리. *No sooner said than done.* 《속어》 말하자 마자 실행한 (또는 실행된), 번개처럼 해 치운. *no ∼er …than…* …하자 마자 (곧)… (as soon as). *∼er or later* 조만간에. *The ∼er the better.* 빠르면 빠를수록 더 좋다. *would* (또는 *should, had*) *∼er …than …*=would as ∼ as… …하느니 차라리 …하겠다: *I would just as soon* stay at home (*as* go) if I'm not wanted. 할 일이 없다면 차라리 집에 머무르고 있고 싶다.

soot[sut] 명 동 검댕(으로 더럽히다), 그을음 (투성이로 하다). **9**

sooth[suːθ] 명 형 (고어) 진실(의) (truth), 사실(의). **6**
[((고영)) *sōth* true 진실의, the truth 진실; 원 뜻은 존재(being)]
in (*good, very*) *∼* 정말, 참으로.

soothe[suːð] 타 진정시키다 (calm), (고통 따위를) 완화하다, 덜다 (relieve), 달래다. ④ enrage 노하게 하다. **5**
[((중영)) *sothien* verify 증명하다←(고영) *gesōthian* confirm 확인하다←*sōth* true; 원뜻은 assent to as being true]

soothsayer[súːθsèi(i)ə] 명 점장이, 예언자. [sooth+say+-*er* (사람을 뜻하는 명사 어미))

sophomore[sɔ́fəmɔ̀ː,-mɔ̀ə] 명 형 《미》 4년제 대학의 2학년생(의). *cf.* freshman 1학년생, junior 3학년생, senior 4학년생.
[((그)) *sophos* wise+*mōros* foolish; 현명하고도 어리석은 (시절)]

sorcerer[sɔ́ːs(ə)rə] 명 마술장이(magician), 마법사. ④ sorceress 여자 마법사.

[(고프)) *sorcier*←(래틴) *sortiārius* a teller of fortunes by lots 제비를 뽑아서 점치는 점장이, sorcerer←*sorti*-, *sors* a lot 제비] **8**

sorcery[sɔ́ːs(ə)ri] 명 마술, 요술; 마법. **8**
[((고프)) *sorcerie* casting of lots, magic 마법←*sorcier* sorcerer]

sordid[sɔ́ːdid] 형 더러운(filthy); 인색한(mean), 천한(base). ④ clean 깨끗한, generous 관대한. **8**
[((프)) *sordide*←(래틴) *sordidus* dirty 더러운←*sordi*-, *sordēs* dirt]

sore[sɔə] 형 아픈(painful), 쓰라린 (smarting), 슬픈(sad); 끝난(vexed) 호된(severe). 명 터진 데, 벗겨진 데; 불쾌한 기억, 옛 상처. **2**
[((중영)) *sor*; (고영) *sār* painful 아픈; *cf.* (독) *sehr* very 몹시, sorely 호되게, 모질게]

sorrow[sɔ́rou] 명 슬픔(sadness), 비탄 (grief); 불행(misfortune). 자 슬퍼하다(grieve), 비탄에 젖다(mourn) [at, for, over]. ④ joy 기쁨, happiness 행복, pleasure 즐거움. **2**
[((고영)) *sorge*←*sorh, sorg* sorrow, anxiety 걱정; *cf.* 《독》 *sorge*]
[동의어] **sorrow**는 심각하고 오래 계속되는 심적인 고통으로 손실이나 실망 따위에서 생기는 것을 뜻하며 sadness 보다 뜻이 강한 일반적인 말이다. **grief**는 어떤 특수한 불행이나 재난으로 일어나는 심각한 슬픔을 뜻하며 sorrow 보다 격렬하나 비교적 단기간에 그치는 괴로움을 뜻하며, sorrow는 마음속에 숨겨둘 수 있으나 grief는 겉에까지 드러날 정도로 격렬한 것을 말한다. **sadness**는 어떤 특수한 원인이나 일반적인 실망, 낙심, 절망 따위로 말미암은 슬픔을 뜻한다. **woe**는 결코 위로될 수 없는 정도의 괴로움이나 심한 비탄을 뜻하는 말이다.

sorrowful[sɔ́rou(u)l] 형 슬픈(sad), 슬퍼 보이는; 비참한; 애석해 하는. [sorrow+-*ful* (형용사 어미)) **5**

sorry[sɔ́ri] 형 가엾게 여기는, 유감인 [for, at]; 죄송한, 미안한; 애석한; 비참한(wretched), 애처로운, 불쌍한. ④ joyous, pleased 즐거운. **2**
[((중영)) *sory*←(고영) *sārig* sorry,sore in mind 마음이 쓰라린←*sār* sore 쓰린, 아픈+-*y* ((고영)-*ig*) (형용사 어미)];

sort[sɔ:t] ⓝ 종류(kind), 부류(의 사람); 품질. ⓥ 분류하다, 가려내다; 어울리다.
[《프》 *sort(e)* sort 종류, luck, fate 운명←《래틴》 *sortem, sors* lot 운명, 제비] 1

all ~s and conditions of men. 각계각층의 사람들. *a ~ of*…일종의…, …같은 것. *in* (또는 *after*) *a ~* 얼마간, 어느정도. …*of a ~* 일종의, 명색만 …의. *of the ~* 그러한. *out of ~s* 기분이 나쁜. *~ of* 《속어》 얼마간 (somewhat), 말하자면《속어로 sorter, sorta로 적는 일이 있다》: I *sort of* expected. 얼마간 예상은 했었지. 〔*cf.* kind of[káinə(v)], kinder, kinda: He looks *kind of* pale. 약간 파리해 보인다)《점잖게 말할 때에는 somewhat, rather 따위를 쓴다》.

참고 ① sort of를 속어로 써서 부사적인 역할을 시킬 때에는 강세(強勢) stress를 두지 않는다: He *sort of* slipped [hi: sɔ:t əv slípt]. ② What *sort of* a hat do you want?에서의 a처럼 관사를 함께 쓰는 것은 속어적인 표현이고 보통은 What *sort of* hat 라고 하는 것이 좋으며, 이것은 kind of에도 마찬가지로 말할 수 있는 현상이다.

soul[soul] ⓝ 영혼, 정신(spirit); 정수(精髓 essence), 핵심; 생명(life); 인간(person); 전형(pattern), 화신(化身 personification). ⓐ body 육체. 1
[《고영》 *sāw(e)l; cf.* 《독》 *seele*]

in my ~ of ~s 마음속으로. *upon* (또는 *by*) *my ~* 맹세코.

sound¹[saund] ⓝ 소리, 음향. ⓥ 소리나다, 울리다, …으로 들리다, 생각되다; (종, 나팔 따위로) 알리다(announce); 타진하다, …의 뜻을 살피다. 1
[《프》 *son*←《래틴》 *sonus* a sound 소리; 어미 *-d*는 나중에 덧붙인 것〕
☞ bound, round, etc.

동의어 **sound**는 "소리"를 뜻하는 일반적인 말이다. **noise**는 보통 높거나 격렬하다거나 귀에 거슬려서 불쾌한 sound 이고, **tone**은 가락이 일정하고 진동이 규칙적이어서 듣기 좋은 (음악적인) sound이다. **sonance**는 주로 음성학상으로 "유성음"을 뜻하는 말이다.

sound²[saund] ⓐ 건전한(healthy); 완전한(perfect); 맞는(correct); 확실한(reliable); 늘배해질만한, 견실한; 족한(enough). ⓐ 깊이, 푹(thoroughly). ⓐ unsound 건전치 못한. 1
[《중영》 *sund*; 《고영》 *gesund; cf.* 《독》 *gesund*]

soundness[sáundnis] ⓝ 건강, 견전, 온당함, 온건함. [sound+-*ness* (명사어미))]

soup[su:p] ⓝ 수우프, 고기국, 곰국. 3
[《프》 *soupe*←*souper* sup 마시다, 빨다←《고대 독》 *supen* drink 마시다]
drink ~ from a cup 공기에서 (직접) 수우프를 마시다. *eat ~ from a plate* (스푼 따위로) 수우프를 접시에서 떠 먹다. *in the ~* 《속어》 곤란에 빠져서, 곤란해서. ☞ sup

sour[sáuə] ⓐ 신(acid); 골난(peevish), 심술난; (날씨가) 습하고 추운. ⓝ 신것; 싫은 것. ⓥ 시게 하다(되다); 골나(게 하)다. ⓐ sweet 달콤한. 4
[《고영》 *sūr; cf.*《독》 *sauer*]

동의어 **sour**는 맛이나 냄새가 시다는 뜻으로 흔히 발효(醱酵), 부패를 암시하는 말이다. **acid**는 과실 따위가 원래 시다는 뜻으로 sour 보다 과학적인 말이다. **acidulous**는 약간 신 맛이 있다는 점잖은 말이고, **tart**는 혀가 쓰라릴 정도로 맵다거나 시다는 뜻이나 보통 맛이 좋음을 암시하는 말이다.

source[sɔ:s] ⓝ 근원, 수원(지), 원천(fountainhead); 원인(cause); (소문 따위의) 출처. 3
주의 sauce와 혼동치 말 것.
[《래틴》 *surgere* rise 일어나다; *cf.* 《프》 *sourae* source, *sourdre* rise]
☞ surge, insurgent

south[sauθ] ⓝ, ⓐ 남쪽(의), 남부(의); (the South) 《미》 남부. ⓐ 남으로. ⓥ

남으로 향하다. [반] north 북. 1
[참고] S.로 줄임.
[《고영》 *sūd*; *cf.* 《독》 *süd*]
southeast[sáuθí:st] [명] 동남(지역, 나라). [형] 동남(으로)의, 동남풍의. [부] 동남으로; 동남에서. 7
[south+east]
[주의] 동(east)과 남(south)의 순서가 거꾸로 배치된 점에 주의하라.
[참고] S.E.로 줄임.
south-eastern[sauθí:stən] [형] 동남방의, 동남에 있는, 동남에서의, 동남으로의. [south+east+ *-ern*(방향을 뜻하는 어미)] 9
southern[sʌ́ðən] [형] 남쪽의, 남쪽 나라의; 남에서부터의; (Southern)《미》 남부 제주(諸州)의. [south+ *-ern*(방향을 뜻하는 어미)] 2
[주의] 발음에 주의할 것.
southward[sáuθwəd] [부] 남(쪽)으로 (southwards). [형] 남쪽(으로)의. [명] 남쪽, 남부. 5
[south+ *-ward*(방향을 뜻하는 어미)]
southwest[sáuθwést] [명] 서남(부). [형] 서남(으로)의; 서남에서 불어 오는. [부] 서남(쪽)으로. [south+west] 5
[참고] S.W.로 줄여 씀.
the Southwest 《미》 서남 지방(New Mexico, Arizona 및 South California).
southwestern[sauθwéstən] [형] 서남의, 서남에서의, 서남으로의; 《미》 서남 지방의. [south+west+ *-ern*] 9
souvenir[sú:v(ə)niə, sù:v(ə)níə] [명] 기념, 기념품 [of].
[《프》 *souvenir* remembrance 기념←《래틴》 *subvenīre* occur to one's mind 마음에 떠오르다←*sub-* under +*venīre* come]
sovereign[sɔ́vrin] [명] 주권자(ruler), 군주, 주권국; 《영》 1파운드 금화 《속어 sov.로 줄여 씀; 금화의 표면에 (여)왕의 얼굴이 새겨져 있으므로》. [형] 주권이 있는, 군주의; (자주)독립의(independent); 지상의(highest); 특효가 있는 (most efficacious), 탁월한. 4
[《고프》 *souverain*←《래틴》 *superānus* chief 우두머리←*super* above 위의; reign(통치)을 연상하여 *-g-*가 들어감]
sovereignty[sɔ́vr(ə)nti] [명] 주권(主權), 통치권. 7
[sovereign+ *-ity*(명사 어미)]

[동계어] **soprano**[səprá:nou] [명] 《음악》 (여자의) 최고음부, 소프라노(가수).
[《이태》 *soprano* supreme 최고의←*sopra* 위의←《래틴》 *super* above 위의 높은] ☞ supreme, superior
sow¹[sou] [동] (sowed, sown) (씨를) 뿌리다, 흩뿌리다(scatter), 심다. [반] reap 베어 들이다. 2
[《고영》 *sāwan*; *cf.* 《독》 *säen*]
☞ seed
sow²[sau] [명] 암퇘지. [반] boar 수퇘지.
[《중영》 *sowe* 《고영》 *sugu*, *sū*; *cf.* 《독》 *sau*]
space[speis] [명] 공간, 장소; 빈 칸; 《속어》 우주(공간), 대기권 밖 (정식으로는 outer space; *cf.* universe); 여백(blank); (시간의) 사이(period); 거리(distance), 간격(interval). [동] 사이를 띄우다. [반] time 시간. 1
[《프》 *espace* ← 《래틴》 *spatium* a space 공간; span 과 관련 있는 말]
☞ span
[참고] 우주여행이라고 할 때의 우주는 정확히 말하려면 대기권 밖의 혹성간의 공간이라고 일컬어야 하며, 우주 그 자체를 뜻하는 the universe와는 다른 뜻이다. 이러한 대기권 밖의 혹성간의 공간은 outer space 또는 통속적으로 space라고 불리어지며, 그에 따라 다음과 같은 여러 가지 말들이 생기게 되었다: space fiction 우주(모험) 소설; spaceman[spéismən] (우주 모험 소설 속의) 우주선 승무원, 우주인; spaceship[spéisʃip] 우주선; space station 우주 정거장; space travel 우주여행 (interplanetary travel).
spacious[spéiʃəs] [형] (충분한 면적이 있는) 넓고 넓은, 광대한(vast); 활달한. [space+ *-ous*(형용사 어미)] 5
spatial[spéiʃ(ə)l] [형] 공간의, 공간적인, 장소의.
[《래틴》 *spati(um)* space+ *-al*(형용사 어미)]
spade[speid] [명] 가래 삽; (트럼프의) 스페이드. [동] 가래질하다. 3
[《고영》 *spædu*, *spada* a spade; *cf.* 《독》 *spaten*; (트럼프의) 스페이드는 《스페》 *espada* sword 칼에서]
call a ~ a ~ 콩은 콩이고 팥은 팥이라 하다, 꾸미지 않고 사실대로 말하다, 분명히 말하다.
Spain[spein] [명] 스페인《스페인 이름은

Espana). **2**
[《중영》 *Spaine*←《프》*Espagne*←《래틴》*Hispānia*←*Hispānus* Spanish 스페인의]
  castle in ~ 공중누각, 공상.
Spaniard[spǽnjəd] 명 스페인 사람. **4**
[《고프》 *Espaignard* ← *Espaign* Spain+ -*ard*(명사 어미)]
spaniel[spǽnjəl] 명 《동물》스패널 개 《털이 곱고 귀가 길다》;발바리;추종자. **10**
[《고프》 *espaigneul* a spaniel,Spanish dog←《스페인》*Español* Spanish 스페인의←*Espana* Spain←《래틴》*Hispānia* Spain]
Spanish[spǽniʃ] 형,명 스페인 말(의), 스페인 사람(의), 스페인의. **2**
참고 Spaniard의 어미 -*ard*는 원래 경멸의 뜻을 나타내는 어미였으나 지금은 그런 뜻이 없어졌다. 이 Spaniard 는 six Spaniards처럼 복수로 쓰이기도 하며 스페인 사람 전체를 뜻하는 the Spaniards라고도 쓰이나 오늘날에는 보통 전체를 나타내는 말로 the Spanish를 쓴다.
span[spǽn] 명 한 뼘(길이)(보통 9 in.), 작은 거리; 잠시; 전장(全長). 동 뼘으로 재다; (다리 따위를) 놓다, …에 걸치다. **5**
[《중영》 *spannen* 《고영》*spannan* bind 매다, 연결하다; space, spin과 관련 있는 말] ☞ space, spin
spangle[spǽŋgl] 명 《보통 복수》(연극, 의상 따위에 다는) 번쩍번쩍 빛나는 장식. 동 (보석 따위를) 박아 넣다, 번쩍번쩍하는 장식을 달다[with]. **5**
[《중영》 *spangel* a metal fastening 금속 장식 ← 《고영》 *spange* a metal clasp, buckle 금속 걸쇠; -*le*는 축소 어미]
spank[spǽŋk] 동 (손바닥이나 슬리퍼 따위로 볼기를) 찰싹 치다(slap); (재찍질 하여) 달리다[along]. 명 찰싹치기. [소리를 본딴 말] **5**
spare[spɛə] 동 절약하다; 나누어 주다; 용서하다, 살려주다(save). 형 여분의 (extra), 예비의(reserved); 결핍한 (scanty); 야윈(lean). 명 (기계 따위의) 예비품, 스페어. **5**
[《고영》 *spær* spare 예비품; *cf*. 《독》 *sparsam*, *spärlich* thrifty 절약하는, *sparen* to spare]
spark[spɑːk] 명 불똥; 섬광(閃光 gleam);

생기, 활기(animation); 약간[of]; (전기의) 스파이크. 동 불똥이 튀다, 불똥을 튀기다, 스파아크 하다. **3**
[《고영》 *spearca* 《그》 *spharagos* a crackling 튀는 소리, 파열에서 온 말. 불에 튄다는 뜻]
sparkle[spɑːkl] 동 불똥을 튀기다; 번쩍거리다; (포도주 따위가) 거품 일다. 명 불똥; 번쩍거림(glitter). **3**
[spark+ -*le*(반복 어미)]
sparrow[spǽrou] 명 참새. **3**
[《고영》 *spearwa*; *cf*. 《독》 *sperling*; 원 뜻은 "날개를 치는 새(flutter)"]
sparse[spɑːs] 형 (인구 따위가) 희박한, 드문드문 있는 (thinly scattered); 빈 약한(scanty). **10**
[《래틴》 *sparsus*← *spargere* scatter 살포하다] ☞ sperm
spasm[spǽz(ə)m] 명 《의학》경련(痙攣), 발작. **10**
[《프》 *spasme* cramp 경련 ←《그》 *spasmos* ← *span*, *spaein* draw 당기다, pluck 뜯다]
  have a ~ *of industry* 가끔 공부하다. *facial* ~ 안면(顔面)경련.
spawn[spɔːn] 명 (물고기, 개구리, 조개, 새우 따위의)알. 동 산란(產卵)하다. **7**
[《중영》 *spa(w)nen* spawn 산란하다 ←《고프》 *espandre* shed out in great abundance 아주 많이 내어 놓다←《래틴》 *expandere* spread out 벌리다; expand와 같은 어원] ☞ expand
speak[spiːk] 동 (spoke, spoken) 말하다, 이야기하다(talk); 연설하다(make a speech); 나타내다(express). **1**
[《중영》 *speken*, *spreken* (1200 년대 이전)←《고영》 *sprecan*; *cf*. 《독》 *sprechen*]
  nothing to ~ *of* 이렇다 말할 만한 것이 없는. *not to* ~ *of*… …은 말할 것도 없이. *roughly* (또는 *strictly, generally*) ~*ing* 대강 (또는 정확히, 일반적으로) 말하자면. *so to* ~ 말하자면. ~ *ill* (또는 *well*) *of* … …을 나쁘게(또는 좋게) 말하다. ~ *of*…에 대해서 말하다(mention), (…의) 이야기를 하다(talk about). ~ *out* (또는 *up*) 까놓고 말하다, 거침없이 말하다; 큰 소리로 말하다. ~ *to*… …에게 말을 걸다(address); 꾸짖다; 언급하다(mention); 확증하다. ☞ speech
동의어 speak는 사회적인 활동으로서

말하다를 뜻하는 일반적인 말이며, talk는 계속적으로 say함을 암시하고, speak보다 통속적으로 쓰이며 일상회화에서 쓰이는 말이다. converse는 의견이나, 생각, 정보 따위를 교환하기 위하여 둘 이상의 사람들이 서로 말을 주고 받는다는 뜻이다. discourse는 상세하고 광범위하게 이야기한다는 뜻을 나타내는 비교적 점잖은 말이며, say는 tell이 이야기의 취지를 전하는데 비하여, 들은 말 그대로 전한다는 뜻을 나타내는 일반적인 말이다. state는 이유를 들어서 상세히 말한다는 뜻으로 say에 대한 보다 점잖은 말이다. remark는 생각한 바를 그대로 간단 명료하게 말한다거나 비평한다는 뜻을 나타낸다.

speaker[spí:kə] 몡 말하는 사람, 연설자; (하원의) 의장; 확성기(loudspeaker). [speak+ -er(행위자를 뜻하는 어미)] 3

spear[spiə] 몡, 통 창(으로 찌르다). 3
[((고영)) *spere*; cf. ((독)) *speer*]

special[spéʃ(ə)l] 몡 특별한; 전문의; 임시의; 특수한(particular). 몡 특별열차 (전차, 버스 따위); 호외; 특파원. 2
ⓑ ordinary 보통의, general 일반적인. [especial의 준말] ☞ especial

specialist[spéʃəlist] 몡 전문가, 전문의사[in]. [special+ -ist(사람을 뜻하는 명사 어미)] 10

specially[spéʃəli] 몡 특별히, 일부러, 임시로. 6

speciality[spèʃiǽliti] 몡 특색, 특성 (characteristic);전문, 전공(specialty); 명산, 특산(물); 특별 사항. [special+ -ity (명사 어미)]
주의 specialty와 혼동하지 말 것.
make a ~ of… …을 전문으로 하다; …을 전공하다.

specialty[spéʃ(ə)lti] 몡 전문, 전공 (speciality); 명산, 특산(물); 특질, 특색, 특별사항(detail); (법률) 날인 증서(捺印證書); 신형(新型). [special+ -ty(명사 어미)]
make a ~ of… …을 전문으로 하다, …을 전공하다. The store *makes a specialty of* children's clothes. 그 상점은 아동복 전문이다.
참고 speciality와 specialty는 법률 용어로서 쓰인 specialty의 뜻 "날인증서"를 제외하고 거의 구별 없이 사용된다: What is his *speciality* (또는 *specia-*

lty)? 그 사람의 전문은 무엇입니까? 대체로 영국에서는 speciality를, 미국에서는 specialty를 쓰는 것이 보통이다.

specialize[spéʃəlaiz] 통 특수회하다, 전문화하다; 전공하다(major) [in]; (뜻 따위를) 한정하다(limit). ⓑ generalize 일반화하다. 8
[special+ -ize(동사 어미)]

specialization[spèʃəlaizéiʃ(ə)n] 몡 특수화, 전문화, 한정. [specialize + -ation (명사 어미)]
☞ species, especial

species[spí:ʃi:z] 몡 (단수, 복수 같은 꼴) (생물) 종(種), 종속(種屬); 종류. 7
[((라틴)) *speciēs* look, appearance, kind, sort 모습, 종류←*specere* look 보다; cf. ((독)) *spähen* spy]
the (또는 *our*) ~ 인류.

specific[spisífik] 몡 특수한, 특정한, 독특한(special); 특효 있는; 명확한 (precise). 몡 특효약[for]. [((라틴)) *specificus* specific 특수한 ← *species* kind + -*ficus*←*facere* make; making a specific kind 특수한 종류를 이루는]
~ *gravity* 비중(比重).

specify[spésifai] 통 명백히 기록하다, 일일이 이름을 들다, 상세히 기입하다. [((라틴)) *specificāre* make specific 특수하게 하다←*speciēs*+*facere* make]

specification[spèsifikéiʃ(ə)n] 몡 ((보통 복수)) 명세서. [specify+ -ation(명사 어미)]

specimen[spésimin] 몡 견본(sample), 표본, 작은 모형(pattern); 실례(typical example); (속어) (보통 나쁜 뜻으로) 인물. [((라틴)) *specimen* example 본보기, something shown 보여진 것← *speci-*, *specere* look, see 보다+ *-men*; (명사 어미); species (kind 종류)를 표시하기 위하여 보여진 것] 6

specious[spí:ʃəs] 몡 허울 좋은, 그럴 듯한(plausible). [((라틴)) *speciōsus* fair to see 보기 좋은←*speciēs* appearance 모습+ -*ōsus* (형용사 어미)]
☞ special, especial

speck[spek] 몡 작은 점, 작은 흠, 얼룩; 미분자(particle). 통 얼룩을 내다. 6
[((고영)) *specca* a spot 점, mark 표적]

speckle[spékl] 몡, 통 작은 반점(을 내다). [speck+-*le* (축소 어미)] 5

spectacle[spéktəkl] 몡 광경(sight); 구경거리, 장관; *pl.* 안경(glasses). 4

spectacle [(프) *spectacle* sight←(래틴) *spectāculum* a show 구경거리←*spectāre* behold 보다←*specere* see 보다]

spectacular[spektǽkjulə] 혱 눈부신, 볼만한, 장관의.
[(래틴) *spectācul(um)* + -*ar*(형용사 어미)] ☞ spectacle

spectator[spektéitə, spékteitə (미)] 몡 구경군, 방관자(looker-on), 목격자 (eye-witness). 7
[(래틴) *spectātor* beholder 보는 사람←*spectāre* behold+ -*tor*(명사 어미) ←*specere* see 보다]

spectre,-er[spéktə] 몡 유령(ghost).
[(프) *spectre* image 환상, ghost 유령 ←(래틴) *spectrum* vision 환상←*specere* see 보다; spectrum과 같은 어원에서. *cf.* apparition 유령, 환상] 7

spectral[spéktr(ə)l] 혱 유령의, 유령같은; 스펙트럼(spectrum)의. [spectre + -*al*(형용사 어미)]

spectrum[spéktrəm] 몡 (*pl.* spectra [spéktrə]) 스펙트럼, 분광(分光); 잔상 (殘像 after-image).
[(래틴) *spectrum* vision 환상]
☞ species, specimen

speculate[spékjuleit] 통 사색하다, 깊이 생각하다(meditate) [on]; 투기(投機)하다[in].
[(래틴) *speculātus* ← *speculāri* behold 보다 ←*specula* a watch-tower 감시탑←*specere* see 보다]

speculation[spèkjuléiʃ(ə)n] 몡 사색; 억측; 투기(投機). [speculate + -*ion* (명사 어미)] 8

speculative[spékjulətiv] 혱 사색적, 사색에 잠기는; 이론적(theoretical);투기적. [speculate + -*ive*(형용사 어미)]
☞ species, spectre, spectacle, specimen 8

speech[spiːtʃ] 몡 언어, 말; 담화(talk); 말씨(speaking); 연설(address); 국어 (language). 2
[(중영) *speche* (고영) *sprǣc* speech 연설←*sprecan* speak 말하다; *cf.* (독) *sprache* speech]

speechless[spíːtʃlis] 혱 말못하는, 말이 없는; 입이 딱벌어진. [speech + -*less* (형용사 어미)] 8

[통의어] **speech**는 청중을 향해서 행해지는 연설이나 강연을 뜻하는 일반적인 말이다. **address**는 격식을 갖추고 면밀히 준비해서 행하는 speech이며 보통 말하는 사람이나 연설 (강연) 내용이 중요시될 때 쓰인다. **oration**은 수사적 (修辭的)이거나 단순히 과장된 speech이며 특히 어떤 특별한 경우에 행해지는 speech이다. a Liberation day oration 해방 기념일 연설. **lecture**는 특수한 문제에 대해 면밀히 준비한 speech로서 청중에게 어떤 것을 알리기 위한 것을 뜻함. **talk**는 말하는 사람이 간단한 회화식으로 즉석에서 행하는 speech이다. **sermon**은 보통 목사가 행하는 설교. ☞ speak

speed[spiːd] 몡 속력, 속도; 신속(rapidity). 통 급히 가다(hasten) [along]; 진행하다, 되어가다; 속력을 더 내다, 질주(疾走)하다; 촉진하다(promoter).
[(고영) *spēd* haste 서두름, success 성공←*spōwan* succeed 성공하다] 2
top(또는 *maximum*) ~ 전속력.

speedy[spíːdi] 혱 신속한(rapid); 즉시의(prompt), 유예하지 않는. [speed+ -*y*(형용사 어미)] 4

spell¹[spel] 통 (spelt 또는 spelled) 철자(綴字)가 …이 되다; 의미하다(mean); …이 되다(lead to); …으로 적다. 2
[(중영) *spellen*←(고프) *espeler* to spell←(홀런드) *spellen* to spell 또는 (고대 독) *spellōn* tell 말하다]

spell²[spel] 몡 주문(呪文); 마력(魔力), 매력(charm).
[(중영) *spel* (고영) *spell* story 이야기, saying 말하기]
cast a ~ *on*… …에 마법을 쓰다, 호리다(fascinate). ☞ gospel

spell³[spel] 몡 한참, 한 차례; (날씨 따위의) 연속; 교대, 순번(turn).
[(고영)*spelian* supply another's room 다른 사람의 자리를 채우다; *cf.* (독) *spielen* play a game, *spiel* game]
a ~ *of fine weather* 좋은 날씨의 연속 (*cf.* a cold snap 갑자기 닥친 추위). *for a* ~ 잠시 동안.

spend[spend] 통 (spent) (돈 따위를) 쓰다(use), (시간을) 보내다; (정력 따위를) 소비하다(use up); 녹초가 되게 하다(exhaust). 앤 save 저축하다, spare 아끼다. 1
[(고영) *spendan*←(래틴) *dispendere* spend 소비하다←*dis-* away, part +*pendere* weigh out pay 치르다]
☞ expend

sperm[spə:m] 명 정액(精液 semen).
[《프》 *sperme* sperm 정액 ← 《래틴》 《그》 *sperma*←《그》 *speirein* sow 씨를 뿌리다] 9

sphere[sfiə] 명 구(球 globe), 구면(球面); 천체(heavenly body); 지구의(地球儀); 활동 범위, 세력 범위(scope), 영역(province). 3
[《래틴》 *sphæra* ←《그》 *sphaira* ball 공; cf. 《프》 *sphère*]
~ *of influence* 세력 범위.

spherical[sférik(ə)l] 형 구형(球形)의 (globular); 구(면)의. [sphere+ -*ical* (형용사 어미)] ☞ hemisphere

sphinx[sfiŋks] 명 (pl. sphinxes, sphinges[sfíndʒi:z]) (그리이스 신화) (the Sphinx) 스핑크스《여자 머리에 사자 몸을 하고 날개가 있는 괴물; 통행인에게 수수께끼를 걸어서 풀지 못하면 목을 졸라 죽였다 한다》; 수수께끼의 인물.
[《래틴》 *sphinx* ←《그》 *sphigx* the strangler 목졸라 죽이는 자 ← *sphiggein* throttle 질식시키다; 스핑크스가 수수께끼를 못 푸는 자를 목을 졸라 죽였다고 해서]

spice[spais] 명 양념, 향료; 풍미, 기미 (touch) [of]; 정취(情趣). 동 양념(또는 향료)을 치다, 조미하다. 3
[《중영》 *spice* 《species 또는 kind의 뜻으로도 썼음》←《고프》 *espice* spice ←《래틴》 *speciēs* a kind 종류, spice 양념, drug 약; species와 자매어] ☞ species

spider[spáidə] 명 거미. cf. cobweb 거미집. 4
[《고영》 *spīder*; cf. 《독》 *spinne* spin 에서 유래된 말; 원 뜻은 "실을 잣는 사람(spinner)"] ☞ spin, spindle, spinster

spike[spaik] 명 왕못, (구두 바닥에 박는) 스파이크. 동 스파이크를 박다. 9
[《아이스》 *spīk* nail 못 《래틴》 *spīca*와 관련 있는 말]

spill[spil] 동 (spilt 또는 spilled) 흘리다(shed), 쏟아(아 지)다; (말이나 차에서) 떨어뜨리다(throw out), 떨어지다. 5
[《중영》 *spillen* destroy 파괴하다, mar 망가뜨리다←《아이스》 *spilla* destroy; cf. 《독》 *spalten* split]
It is no use crying over spilt milk.
《속담》 엎지른 물은 도로 담을 수 없다, 저지른 일은 어쩔 도리가 없다.

~ *the blood of* …을 죽이다.

spin[spin] 동 (spun 또는 span; spun) (실을) 잣다; (거미가) 줄을 걸치다; 길게 이야기하다; (팽이 따위를) 돌(리)다. 명 회전, 선회(whirling), 질수; 차 타기(short ride or drive). 3
[《고영》 *spinnan*; cf. 《독》 *spinnen*] ☞ spider
~ *a yarn* (또는 *story*) 얘기를 해주다(tell a story). cf. yarn.

spindle[spíndl] 명 북, 방추(紡錘); (기계의) 굴대. 5
[《고영》 *spinl* spinner 실을 잣는 자 ← *spinnan* spin; -*d*-는 아무 뜻 없이 덧붙여진 것. cf. 《독》 *spindel*]

spinster[spínstə] 명 미혼 여자, 노처녀(old maid). ④ bachelor 총각, 독신 남자. [spin+ -*ster*《사람을 나타내는 명사 어미》 a woman who spins 실을 잣는 여자; 옛날에는 미혼 여자는 실을 자아서 시간을 보내는 것이 보통 관습이었다. 그러던 것이 17세기 이후에 들자 spinster는 원 뜻인 실을 잣는 여자를 뜻하지 않고 미혼의 여자를 뜻하게 된 것이다] 10
참고 올드미스는 한국식 영어이다. 영어에서는 spinster, old maid 따위로 말한다.

spine[spain] 명 척추(backbone); (지붕, 산맥의) 마루; 바늘, 가시(thorn). 8
[《래틴》 *spīna* thorn 가시, back-bone 척추; cf. 《프》 *spinnel* small thorn잔 가시, *spinal* spinal 척추의]

spinal[spáin(ə)l] 형 척추의, 척수(脊髓)의; 가시의, 바늘의. [spine+-*al*(형용사 어미)] 8

spinach, spinage[spínidʒ《미》, spínitʃ] 명 시금치.
[《고프》 *espinache*←《스페인》 *espinaca*←《아랍》 *aspanākh, isfānāj*; 《래틴》 *spīna* thorn 가시와 연상한 데서]

spire¹[spáiə] 명 첨탑(尖塔), 뾰족한 꼭대기; 가느다란 줄기(잎, 싹). 동 뾰족하게 나오다; 싹트(게 하)다. 4
[《고영》 *spīr* spike 큰 못, stalk 줄기 spire²에서 온 말; cf. 《독》 *spier* 풀의 끝머리]

spire²[spáiə] 명 나사의 한번 감긴 줄, 소용돌이.
[《프》 *spire*←《래틴》 *spīra* coil, twist, wreath 비틀린 것, 화환←《그》 *speira* coil 돌돌 감기, 사리, 코일]

spiral[spáiər(ə)l] 명,형 나선(꼴)(의), 선회(하는); (물가, 임금의) 급상승 (또는 급하락). [spire+ -al]   9

spirit[spírit] 명 영혼(soul); 정신; pl. 기분(mood); 원기, 기력, 기운(vigour); 악마(demon), 요정(妖精 fairy); 유령(ghost);인물(person);《단수 또는 복수》알코올(용액). 화주(火酒). 통 (사람을) 유괴하다[away, off]; 기운 돋우다(cheer) [up]. 웹 body, flesh 육체. [《래틴》 spīritus breath 숨←spīrāre breathe 숨쉬다; cf. 《프》 esprit spirit 숨→생명→정력→영혼→정신]   1
 in (high) ~s 기분이 좋아서, 활기 있는. in low (또는 poor) ~s 기분이 죽어서, 기가 꺾여서. out of ~s 기분이 상해서, 풀이 죽어서: Though old in years, he is in spirits. 그는 나이는 많으나 마음은 젊다.

spiritual[spíritʃu(ə)l] 형 정신의, 영적(靈的)인; 종교적(religious). 웹 material 물질적인, secular 세속적인. [spirit+ -al(형용사 어미)]   4

spiritually[spíritʃuəli] 부 정신적으로, 영적으로; 고상하게.

sprite[sprait] 명 요정(妖精 fairy,elf). [《중영》 sprit(e)←《프》 esprit sprit←《래틴》 spīritus breath 숨; spright(←spirit)를 잘못 적은 것]   6

☞ aspire, conspire, expire, inspire, respire, suspire, spright, sprightly

spit[spit] 통 (spat) 침을 뱉다; (침, 음식, 피 따위를) 토하다(eject); (욕설 따위를) 퍼붓다[out]; (비, 눈 따위가) 뿌리다. 명 침(saliva); (비, 눈이) 조금씩 내림.   4

spite[spait] 명 악의(ill will); 원한(grudge); 적의(malice). 통 심술 부리다, 괴롭히다(annoy). [despite의 준말] 2
 in ~ of… …에도 불구하고, …을 무릅쓰고. in ~ of oneself 자기도 모르게. ☞ despite

splash[splæʃ] 통 (물, 흙탕물 따위를) 튀(기)다, 끼얹다; 풍덩하고 소리내다. 명 튀기기, 튄 물. [소리를 본딴 말] 5
 make a ~《속어》입이 벌어지게 하다; 대단한 인기를 획득하다.

spleen[spli:n] 명 《해부》 비장(脾臟), 지라; 기분 나쁨, 울화(통) (ill temper). [《래틴》 splēn ←《그》 splēn spleen 비장]   6

splendid[spléndid]형찬란한(brilliant), 장려한(magnificent), 《속어》 훌륭한(excellent). 웹 shabby 보잘것 없는. [《래틴》 splendidus←splendēre shine 비추다, 빛나다]   2

splendo(u)r[spléndə] 명 광휘,광채; 훌륭함, 장려함, 당당함, 탁월함.   4
 [《프》 splendeur ←《래틴》 splendor brightness 밝음 ← splendēre shine 비추다, 빛나다]

splinter[splíntə] 명 (돌, 나무의) 얇은 조각; (나무, 대 따위의) 가시. 통 찢(어 지)다, 빠개(어지)다, 쪼개(지)다. [splint 명 얇게 쪼갠 널빤지+ -er (물질을 나타내는 명사 어미); splint는 뼈가 부러졌을 때 대는 부목(副木)의 뜻도 있음]   7

split[split] 통 (split) (길이로) 째(어 지)다; 찢(어 지다); 분열하다; 얇게 벗기다; 분배하다(divide); 분리하다(disunite). 명 쪼개진 틈, 갈라진 금(crack); 분열, 분리. 형 (길이로) 찢어진, 금이 간; 분리된, 분열한.   3
 [《중 홀렌드》 splitten to split에서 온 말]

spoil[spoil] 통 (spoilt 또는 spoiled)손상하다(damage, be damaged), 망가뜨리(어 지)다; 응석을 받아서 버릇 없게 만들다; 빼앗다(plunder). 명 노획품, 전리품; pl. 《미》 관직, 이권.   2
 [《프》 spolier plunder 약탈하다←《래틴》 spoliāre strip off 빼앗아 가다←spolium spoil 전리품; 원 뜻은 죽은 병사의 옷, 동물의 벗긴 가죽]
 [동의어] spoil(s)은 전쟁에 이긴 자가 진 자에게서 빼앗은 재산이나 토지이다. pillage는 특히 약탈 행위가 난폭하고 파괴적임을 암시한다. plunder는 산적, 비적, 노상 강도 따위가 사람에게서 빼앗은 재산으로 특히 약탈한 것의 분량이나 가치가 큼을 암시한다. booty는 특히 깽이 빼앗아서 공모자와 나누어 갖는 재산이다. prize는 특히 해상에서 탈취한 spoils로 특히 적의 군함이나 또는 그 화물을 가리키는 말이다. loot는 행위의 비도덕성이나 약탈성을 강조하는 말이다.

spokesman[spóuksmən] 명 대변자, 대표자; 《군대》 보도과장.   10
 [spoke ←speak+ -s(소유격 어미)+ man; craftsman 따위에서 유추(類推)해서 -s를 넣음]

☞ speak, man, craftsman, sportsman, etc.

sponge[spʌn(d)ʒ] 명 갯솜, 해면(海綿) (같은 것); 카스테라식의 과자. 동 (스폰지로) 닦다, (스폰지로) 훔쳐내다 [out]; 색겨이 되다[upon]. 5
[《고프》 esponge←《래틴》 spongia← 《그》 spoggia sponge 갯솜; cf. 《프》 éponge]

spongy[spʌn(d)ʒi] 형 해면상(海綿狀) 의, 해면질(海綿質)의; 구멍이 많은. 9
[sponge+ -y(형용사 어미)]

sponsor[spɔ́nsə] 명 보증인, 후원자; 발기인; (상업 방송의) 광고주; 대부모(代 父母). 동 발기하다, 지지하다, 후원하다, (신희원을)소개하다.
[《래틴》 sponsor surety 담보, 보증물 ←sponsus←spondēre promise 약속하다]

spontaneous[spɔntéinjəs] 형 자발적인, 자연적인; 무의식적(환상 따위). ⓐ compulsory 강제적인, 의무의. 8
[《래틴》 spontāneus willing 하고 싶어 하는 + -ous (형용사 어미)←spont-sponte of one's own accord 자발적으로]

spool[spu:l] 명 실패, 실감개(bobbin, reel). 동 실패에 감다. 7
[《중영》 spole←《홀런드》 spoel; cf. 《독》 spule]

spoon[spu:n] 명 숟가락 (모양의 것), 스푼. 동 숟가락으로 뜨다. 2
[《고영》 spōn chip 나무조각, splinter of wood 대패밥, 톱밥]
be born with a silver ~ in one's mouth 고귀한 집안에 태어나다, 행운을 지니고 태어나다. *He should have a long spoon that sups with the devil.* 《속담》 악마와 함께 식사하는 자는 긴 숟가락을 가져야한다 (교활한 상대는 보통 수단으로는 끄떡도 않는다).

sport[spɔ:t] 명 오락(amusement), 운동경기(game); pl. 운동회(athletic meeting); 사냥놀이, 즐거운 놀이(fun); 희롱(jest); 희롱 당하는 것; (운동가다운) 공정 명랑한 사람, 좋은 녀석(good fellow). 동 희롱하다(trifle), 놀다 (play); 즐기다(amuse oneself); 장난치다(gambol); 운동하다; 《속어》 내 보이고 자랑하다. 2
[disport (동 놀다, 명 오락)의 준말← 《고프》 desporter amuse 즐기다←《래틴》 dis- away+ portāre carry 운반하다; carry or remove oneself away from one's work 자기 자신을 일에서 떼어서 운반하다→일을 그만 두다→일을 키우고 즐기다→놀다, 오락→운동경기]

sportive[spɔ́:tiv] 형 장난 치는(playful), 쾌활한. [sport+-ive (형용사 어미)]

sportsman[spɔ́:tsmən] 명 운동가; 유렵가(遊獵家); 정정당당히 하는 사람. [sport+-s(소유격 어미)+man; -s에 대해서는 spokesman, craftsman 참조]
☞ porter, export, import, report

spot[spɔt] 명 지점, 장소; 현장; 얼룩, 티 (small stain); 뾰루지(pimple); 흠 (blemish). 동 얼룩지다, 더럽히다;《속어》발견하다(find out); 골라내다(pick out). ☞ spout 1
[《중영》 spot; spout와 관련 있는 말]
on the ~ 즉석에서, 현장에서 즉시. *a tender* ~ 약점, 찔리는 점.

spotless[spɔ́tlis] 형 티하나 없는, 결백한, 순결한(clean). [spot+-less without; 형용사 어미)] 9

spouse[spauz] 명 배우자; pl. 부부. 5
[《고프》 espouse spouse ←《래틴》 sponsa betrothed woman 약혼녀←spondēre promise 약속하다]
☞ sponsor

spout[spaut] 동 뿜어 내다;《속어》거침 없이 말하다. 명 (주전자 따위의) 주둥이; (물, 피 따위의) 분출, 분수. 6
[《중영》 spouten]

sprawl[sprɔ:l] 동 사지를 쭉펴고 눕다, 큰 댓자로 눕다; (글씨, 육지, 넝쿨 따위가) 보기 싫게 뻗다. 10

spray¹[sprei] 명 작은 가지 (특히 끝이 잘게 갈라지고 꽃, 잎 따위가 달린 가늘거나 예쁜 것). cf. sprig, twig, bough, branch, limb 3
[《중영》 spray (고영) sprǣg←sprǣc shoot 새 가지]

spray²[sprei] 명 물안개, 분무(기); (분무용) 살충제. 동 살포하다, 안개처럼 뿜(기)다, 물안개를 뿌리다; (분무기로) 살충제를 뿌리다.

spread[spred] 동 (spread) 퍼지다, 펴다; 넓히다 (expand); 퍼뜨리다(scatter); 전면을 뒤덮다(cover); 미치다 (extend). 명 넓이, 퍼짐(expanse); 범위(extent); 유포, 보급; 《속어》 식사

spree 544 **square**

(meal), (특히) 연회(feast); 《미》 책상보, 침대보.　　　　　　　　　**1**
[《고영》 *sprǣdan* extend 미치다; *cf.* 《독》 *spreiten*]

spree[spri:] 圈 흥청망청 노는 판(gay frolic), 주연(酒宴). 　　　　　**10**

sprig[sprig] 圈 작은 가지(twig), 가지, (작은 가지모양의)무늬 자손(offspring); (경멸적) 젊은이 (young man). 　**7**
[《중영》 *sprigge* 《고영》 *sprǣc* a shoot 새가지 와 관련 있는 말]
　　　　　　　　　☞ spray

sprightly[spráitli] 圈 쾌활한, 기운찬 (lively). 　　　　　　　　　　**6**
[sprite 요정+-*ly* (형용사 어미); sprite 같은]　　　☞ spirit, sprite

spring[spriŋ] 圈 (sprang, sprung) 뛰다(jump); 솟아 오르다(well) [up]; …에서 비롯하다(originate) [from]; 나타나다(appear) [up]; 튀기다, 되 튀다. 圈 봄; 샘(fountain); 원천(source); 도약(跳躍 leap); 용수철, 태엽, 스프링; 탄성, 탄력(elasticity).　　　　**1**
[《고영》 *springan*; 원 뜻은 찢어지다 (split), 금이 가다(crack), 터지다(burst)→(물이) 터져 나오는 것 (분수), (새싹이) 터져 나오는 시절 (봄); 봄의 뜻은 16세기 경부터]

sprinkle[spríŋkl] 圈 뿌리다. 圈 지나가는 비; 조금. .　　　　　　　**3**
[《중영》 *sprenkle, sprenkelen*; *cf.* 《독》 *sprenkeln*; -*le*는 반복 어미]

동의어 sprinkle은 물질을 미립자(微粒子) 상태로 떨어뜨린다는 말이고 scatter는 사방 팔방으로 불규칙적으로 살포한다는 말이다. strew는 특히 표면을 덮어 씌우기 위하여 (불)규칙적으로 scatter 한다는 뜻이다. ☞ spring

sprite[sprait] 圈 요정(fairy, elf).　**6**
[spirit의 변한 말]
　　　　　　　☞ spirit, sprightly

sprout[spraut] 圈 눈, 싹, 새싹(shoot). 圈 싹트(게 하)다.　　　　　**6**
[《중영》 *spruten* 《고영》 *sprūtan* *cf.* 《독》 *spriessen* to sprout 싹트다]
　　　　　　　　　☞ spout

spur[spə:] 圈 박차(拍車); (수탉의) 며느리 발톱; 자극(물) (stimulus), 격려 (incitement). 圈 박차를 가하다; 고무하다(urge), 격려하다(incite) [on, to do].　　　　　　　　　　　**4**
[《고영》 *spura, spora*; 원 뜻은 차는 것(kicker)]　　☞ spurn
　　on the ~ *of the moment* 일시적 기분으로, 순간적인 생각으로, 흥에 겨워, 갑자기.

spurn[spə:n] 圈 일축하다; 차던지다. 타박하다. 圈 일축, 거절; 타박.　**5**
[《중영》 *spurnen* kick against 일축하다, reject 타박하다; 《고영》 *spurnan* kick against; spur와 관련된 말]

sputum[spjú:təm] 圈 침; 《의학》 가래침.
[《레틴》 *sputum* 침←*spuere* spit 침을 뱉다]

spy[spai] 圈 간첩, 스파이;《군대》 척후. 圈 몰래 염탐하다, 탐정하다; 찾아내다 (catch sight of).　　　　　　**2**
[《중영》 *spie*←《고프》 *espier* espy 엿보다←《고대 독》 *spehōn* search out 찾아내다]

squad[skwɔd] 圈 《군대》 반(班), 분대, 《미》 (운동 선수의) 일단.
[《프》 *escouade, esquadre*의 변형←《이태》 *squadra*]

squadron[skwɔ́drə)n] 圈 소함대; 기병중대; 《영》 비행중대.　　　　**6**
[《이태》 *squadrone*←*squadra* a squadron, square 네모난; 사각으로 편성한 다는 뜻]　　　　　☞ square

squall[skwɔ:l] 圈 돌풍(突風), 스코올; 소동, 싸움.　　　　　　　　**9**
[*cf.* 《스웨덴》 *skval-regen* sudden downpour of rain 갑자기 쏟아지는 비]

squander[skwɔ́ndə)]圈낭비하다(waste), (시간, 금전 따위를) 헛되이 쓰다. **10**

square[skwɛə] 圈 바른 네모꼴, 정방형; 광장(廣場); (T, L자형)자, 곡척(曲尺) 평방, 제곱. 圈 네모꼴의, 정방형의; 네모 반듯한, 모난(angular); 곧은(straight); 수평의(level); 맞먹는(even); 공정한(fair), 정직한(honest); 평방의,제곱의. 圈 바른 네모꼴로 만들다(make square); 청산하다(settle) [with]; 적응시키다; 항로를 정하다. ⓑ round 동근.　　　　　　　　　**1**
[《중영》 *square* ←《고프》 *esquarré* squared, esquarre a square 네모꼴←《레틴》*exquadāre* make square 네모로 만들다←-*ex*- out+*quadāre* to square 네모로 하다←*quadrus* four-cornered 네모난←*quattuor* four 넷]

squarely[skwɛ́əli] 厠 직각으로, 직각을 이루어; 바로 정면으로, 딱 잘라; 공정히.

squash[1][skwɔʃ] [동] 찌부러지(게 하)다; 몰아 넣다(crowd); 욱박지르다(snub). [명] 찌부러진 것; 호물호물, 철벅 《무겁고 몰랑몰랑한 것이 떨어지는 소리》; 군중, 혼잡; 스쿼시, 과일즙 (으로 만든 음식). 8
〔《중영》 *squachen*←《고프》 *esquacher* ←《래틴》 *ex-* (강조의 뜻의 접두사)+ *quatere* shake 흔들다; 소리를 흉내낸 것이다〕

squash[2][skwɔʃ] [명]《식물》 호박. *cf.* pumpkin.
〔《아메리칸 인디안》 *askūtasquash* vegetable eaten green 생으로 먹는 채소〕

squat[skwɔt] [동] 쭈그리다, 웅크리다 (crouch); 《원래 미국》 공유지에 허가 없이 정착하다. [형] 쭈그린; 땅딸막한 (dumpy). 10
〔《고프》 *esquatir*←《래틴》 *ex-*+《고프》 *quatir* flatten 평평하게 하다←《래틴》 *coāctus*←*cōgere* compress 압축하다← *co-* together+*agere* drive 몰다〕
☞ squash

squeak[skwi:k] [명], [동] (쥐 따위) 찍찍 소리(나다), (애기 따위) 응애응애 (울다);(돌쩌귀, 구두 따위) 삐걱소리(나다). 〔소리를 본딴 말; 또는 squeal과 shriek의 합성어〕 5

squeeze[skwi:z] [동] 찌부러뜨리다(compress); 쥐어 짜다(wring); 압박하다 (constrain); 억지로 빼앗다(extort); 꽉 쥐다(grip). [명] 압착(壓搾 pressure). 4
〔《고영》 *cwésan, cwysan* bruise 찌부러 뜨리다, 멍들게 하다; *s-*는 강조를 뜻하는 접두사〕

squint[skwint] [명] 사팔뜨기 눈, 사시 (斜視); 곁눈질; 《속어》 일별(一瞥 glance); 경향(tendency) 〔to, towards〕. [동] 사팔 뜨기이다; 곁눈질하다; 한번 보다; 기울어지다. 10

squire[skwáiə] [명] 《영》 지방의 대지주, 시골 신사(country gentleman); 《미》 치안판사(justice of the peace); 지방 판사(local judge); 기사의 시종, 부인에게 친절한 사람. [동] (부인에) 따라다니다(escort). 〔esquire의 준 말〕 4
***the* ～** (그 땅의) 대지주.
[동계어] **esquire**[iskwáiə] [명] 《고어·경칭》 (Esquire) …님, …귀하 《편지 따위에 쓰는 어귀》. 〔《중영》 *esquier*← 《래틴》 *scūtārium* shieldbearer 방패를 드는 사람←*scūtum* shield 방패〕

squirrel[skwír(ə)l,《미》 skwə́:r(ə)l] [명] 다람쥐. 3
〔《중영》 *squirel*←《고프》 *esquirel*←《래틴》 *sciūrus*의 축소형←《래틴》←《그》 *skiouros* ← *skia* shadow 그림자 + *oura* tail 꼬리; 꼬리가 커서 그림자가 되는 (동물)〕

stab[stæb] [동] 찌르다, 쏘다. [명] 찌르기, 쏘기. 5

stable[1][stéibl] [형] 안정된, 확고한(firm); 착실한(steady); 불변의(constant). [반] unstable 불안정한. 2
〔《고프》 *estable* ← 《래틴》 *stabilem* firm 확고한←*stāre* stand still 가만히 서 있다〕 ☞ stand, state

stable[2][stéibl] [명] 마구간, (특히) 외양간; 《집합적》 (어떤 마구간 전부의) 말, (한 소유주의) 경마용 말 전부. [동] 마구간에 넣다.
〔《고프》 *estable* ← 《래틴》 *stabulum* stable 마굿간←*stāre* stand 서 있다; stable[1]의 자매어〕
stability[stəbíliti] [명] 안정, 확고함, 안정성. 〔stable+*-ity* (명사 어미)〕 8
☞ unstable, stand, state

stack[stæk] [명] 낟가리; (쌓아 놓은) 더미(pile); 여러개 모여 있는 굴뚝, (기차의) 연통. [동] 쌓다. 6

stadium[stéidiəm] [명] (*pl.* stadia, stadiums) (관람석에 둘러싸인) 경기장; 《고대 그리이스》 도보 경기장; 《의학》 병의 제(몇) 기(期).
〔《래틴》 *stadium*←《그》 *stadion*←*sta-* stand; 서있는 곳〕

staff[stɑ:f] [명] (*pl.* staffs) 직원, 참모, 막료(幕僚); 지팡이(stick), 막대기 (rod), 장대(pole); 버팀(stay), 의지; 《음악》 보표(譜表) (*pl.* staves). [동] 직원 (부원)을 두다. 3
〔《고영》 *stæf; cf.* 《독》 *stab*〕
the* ～ *of life 상식 《빵 따위》.

stag[stæg] [명] (특히 5세 이하의) 숫사슴; 다른 동물의 수컷; 거세한 숫소; 무도회 파아티 따위에 여자를 안 데리고 혼자 참석한 남자. [반] hind 암사슴. *cf.* hart, buck. 6
～ ***party*** 남자만의 파아티 (또는 정찬회)(party for men only) 《hen party "여자만의 파아티"에 대하여서, cock party라고 할 것인데 cock는 penis의 뜻이 있기 때문에 이것을 쓰는 것을 피하여 stag party라 한 것》. ***go*** ～ 《미속》

여자를 안 메리고 파아티에 가다.

stage[steidʒ] 명 무대, 극; 활동무대 (scene of action); 발판(scaffold); (발달 따위의) 단계(step), 기(期 period); 주막; 역마차(stagecoach). 동 상연하다, 상연할 수 있다; 계획하다(plan), 모든 일을 꾸며 놓다(arrange); 행하다 (carry out). 3
[((고프)) estage stage, dwelling-house 주택←(래틴) statum←stāre stand 서 있다; 원뜻은 서 있는 건물]
bring (또는 *put*) *on the* ~ 상연하다. *go on the* ~ 배우가 되다.
☞ stand, state

stagecoach[stéidʒkoutʃ] 명 역마차. [stage+coach 마차]

stagger[stǽɡə] 동 비틀거리다 (sway, reel); 깜짝 놀래다(astonish). 명 비틀거림, pl. 현기증(giddiness). 4
[((중영)) stakeren←((아이스)) stakra push 밀다, stagger 비틀거리다(staka push 밀다의 반복형)]

stagnant[stǽɡnənt] 형 괸, 흐르지 않는; 불경기의, 침체한. 7
[((래틴)) stagnantem becoming a pool 물웅덩이가 되어가는 ←stagnāre become a pool ←stagnum pool 못, 물웅덩이]

staid[steid] 형 침착한(sedate). 8
[stayed, stay의 옛 형태] ☞ stay

stain[stein] 동 때묻(히)다(soil); 물들이다(dye, colour). 명 때, 흠(blemish) [on]; 착색(着色) (제). 3
[((중영)) disteinen의 di-가 준 말←((고프)) desteindre take away the colour 색을 없애다←((래틴)) dis- away+tingere dye 물들이다] ☞ tincture
~*ed glass* 색 유리.

stair[stɛə] 명 (계단의) 단(step); ((보통 복수)) 계단, 층계(staircase). 2
a pair (또는 *flight*) *of* ~*s* 한줄의 계단. *below* ~*s* 지하실에서(in the basement), 하인들 방에서(in the servant's quarters).

staircase[stɛ́əkeis] 명 난간 달린 층계. [stair+case 상자]

stairway[stɛ́əwei] 명 층계, 층층대, 계단. [stair+way 길; 층계로 되어 있는 길]

stake[steik] 명 말뚝; 화형주(火刑柱); (the stake) 화형(火刑); 내기(wager); pl. (경마 따위에서) 거는 돈(prize); 내기 경마; 이해관계(interest); 위험. 동 말뚝으로 둘러싸다; (돈 따위를) 걸다(risk) [on]. 3
[((고영)) staca; cf. ((독)) stake]
at ~ 걸리어 있어(risked); 위태로워서; 문제가 되어서. ☞ stick

stale[steil] 형 신선하지 못한; 진부한 (trite); 썩어가는. 반 fresh 신선한. 4

stalk¹[stɔːk] 동 활보하다, 거들먹거리며 걷다; (유행병, 죽음, 재앙 따위가) 퍼지다; (격, 짐승 따위에) 살금살금 다가가다, 몰래 살그머니 다가가다. 4
[((고영)) -*stealcian* walk cautiously 조심해서 걷다] ☞ steal

stalk²[stɔːk] 명 (식물의) 줄기, 대; 잎자루.
[((고영)) stæla stalk 줄기 +-k (축소어미); cf. ((독)) stiele]

stall[stɔːl] 명 매점, 노점(stand); 마구간, 외양간의 간막이. 동 외양간에 넣다; 외양간을 간막다; 움쭉 못하다; (진행을) 방해하다(hinder); 갑자기 서다 (또는 세우다). 3
[((고영)) *steall* a stable, station 마굿간, 장소; cf. ((독)) *stall*]
☞ stand, station, state

stamen[stéimən] 명 ((식물)) (꽃의) 수술. [((래틴)) *stāmen* warp, thread 날, 올, 실] 9

stamina[stǽminə] 명 원기, 정력, 근기(根氣 vigour).
[((래틴)) *stāmina stāmen* thread 실; 특히 수명을 맡아보는 신인 Fates가 잣는 사람의 수명을 뜻하는 실→생명→원기, 정력]

stammer[stǽmə] 동 말을 더듬다. 명 말더듬이. 6
[((고영)) *stamerian* stammer 말을 더듬다; cf. ((독)) *stammeln*]
☞ stumble

stamp[stæmp] 동 도장을 찍다; 우표(인지)를 붙이다; 인상 짓다(impress); 표시하다(indicate); 짓밟다, (발을)구르다. 명 도장; 스탬프, 표, 자국; 우표, 소인(消印); 특색(characteristic); 종류 (kind), 형(type); 발구르기. 2
[((고영)) *stempan* to stamp; cf. ((독)) *stampfen* ((프)) *estamper* impress 찍다의 영향이 있는 말]
~ *down* 밟아 짓 이기다. ~ *on* ...을 거절하다, 밟아 부수다.

stanch[stɑːn(t)ʃ] 동 (피를) 멈추다; (고

통을) 진정시키다. 8
[《중영》 *stanchen*←《고프》 *estanchier* ←《래틴》 *stagnāre* stagnate 흐르지않다, 정체하다; stagnant와 동계어]
☞ stagnant

stand[stænd] 동 (stood) 서다, 있다 (exist); 위치하다 (be situated); 서면 키다...이다; 지속하다 (endure); 견디다 (bear); 한 턱 내다 (treat to). 명 정지 (stop); 저항 (resistance); 입장 (situation); 위치 (position); 노점 (stall), 매점; 주차장 (cabstand); 증인대. 반 sit 앉다. 1
[《고영》 *standan* to stand 서다; *cf.* 《독》 *stehen*, 《래틴》 *stāre*]
~ *by* 방관하다 (*cf.* bystander); 원조하다 (support), 대기하다; 고수하다 (adhere to). ~ *for*... 대표하다 (represent), ...을 나타내다, ...에 편들다, ...에 입후보하다. ~ *out* 눈에 띄다; 돌출하다 (project); 끝까지 버티다. ~ *up* 일어서다; 뛰어나다; 지속하다 (last); 옹호하다 (defend), 대항하다 [to].

standpoint[stǽn(d)pɔint] 명 관점, 견지 (point of view).
[《독》 *standpunkt*←*stand* stand 입장 +*punkt* point 점]

standstill[stǽn(d)stil] 명 정지, 휴지; 교착. [stand+still 고요히, 가만히; 꼼짝 않고 서다]
come (또는 *bring*) *to a* ~ 서다 (또는 세우다), 교착하다 (또는 교착하게 하다).
☞ stable, state, station, understand

standard[stǽndəd] 명, 형 표준(의); 모범; 군기 (軍旗); (램프 따위의) 대(臺).
[《고프》 *estandard* banner 군기 (軍旗) *cf.* 《독》 *standort* standing place 서 있는 곳←stand 발판+place 장소] 2
the gold ~ 금본위제 (金本位制).
up to the ~ 표준에 달하여, 합격하여. ~ *of living* 생활 수준. ☞ stand

stanza[stǽnzə] 명 (시의) 절(節), 연(聯). 9
[《이태》 *stanza* chamber 방, stanza 시의 절←《래틴》 *stantia* abode 거주소, 주택←*stans* standing서 있는←*stāre* stand 서다] ☞ stand, state

staple¹[stéipl] 형 주요한 (principal); 섬유질의. 명 주요산물, 중요상품; 주요요소 (chief element); (양털, 목화의) 섬유 (fibre); 원료 (raw material). 7

[원 뜻은 주요 시장 (chief market);《고프》 *estaple* staple, a chief market ←《고대 독》 *stapel* heap 더미, store 창고]

staple²[stéipl] 명 U자형 꺾쇠, U자형 고리 못. 동 staple로 죄다 (또는 매다).
[원뜻은 꼭 붙드는 것, 버팀;《고영》 *stapol* post, pillar 기둥←*stap*-←*stæppan* strong 튼튼한]

stapler[stéiplə] 명 (U자형 꺾쇠를 쓰는) 제본기, 서류 매는 기구. [staple +-*er*]

star[sta:] 명 별, 항성, 제자리 별 (fixed star); 별표; 인기 있는 사람, 스타아.
동 별표를 하다; 주연하다. 1
[《고영》 *steorra; cf.* 《독》 *stern*, 《래틴》 *stella*, 《그》 *astēr*]

starry[stá:ri] 형 별이 많은, 별이 총총한; 별이 비치는 (starlit). [star+-*y* (형용사 어미)]

starboard[stá:bəd,-bɔ:d] 명 우현 (右舷). 형 우현의. 동 (배의 키를) 우현으로 돌리다. 반 part, larboard 좌현.
[《고영》 *stēorbord*←*stēor* rudder (고물의) 키+*bord* board 널빤지, side of a ship 뱃전; -*star*= steer (키를 잡다)와 같은 어원]
☞ steer, board, aboard

starch[sta:tʃ] 명 녹말; 풀. 동 풀을 먹이다. 8

stare[stɛə] 동 응시하다 (gaze), 눈을 동그랗게 뜨다. 명 응시, 눈을 동그랗게 뜨기, 노려보기. 3

stark[sta:k] 형 (특히 시체에 대하여) 굳어진 (stiff); 완전한 (complete), 순전한 (utter). 부 전적으로 (wholly), 완전히 (completely). 9
[《고영》 *stearc* strong 강한; 《독》 *stark* strong]

start[sta:t] 동 출발하다 (set out), 움직이기 시작하(게 하)다; 갑자기 ...하다, 깜짝 놀라(게 하)다. 명 깜짝 놀람, (놀라서) 펄쩍 뜀; 출발, 출발의 신호, 개시 (commencement), 편리; 기선 (機先). 반 reach 도착하다. 1
[《중영》 (Kent 방언) *sterten*←《고영》 *strytan* to start 출발하다; *cf.* 《독》 *stürzen* fall, rush]
give a ~ 깜짝 놀라 움씰하게 하다. ~ *out* 뛰어 나오다, 두드러지다, 눈에 띄다. *to* ~ *with* 무엇보다 먼저.
☞ startle

starve 548 **statue**

startle[stá:tl] 통 깜짝 놀래다, 움찔하게 하다. [start+-*le* (반복을 나타내는 어미)] 4

starve[sta:v] 통 굶다, 굶어 죽게 하다; 갈망하다(hunger) [for]. 3
[《고영》 *steorfan* die 죽다; cf. 《독》 *sterben* die]
~ *to death* 굶어죽(게 하)다.
참고 원 뜻은 일반적으로 "죽다"의 뜻으로 die와 같은 말이었으나 차차 그 뜻이 특수화되어 지금은 음식이 부족해서 죽는다는 뜻으로만 쓰이게 되었다.
☞ sell, wade, meat, hound, deer, butcher, shroud, etc.

starvation[sta:véiʃ(ə)n] 명 굶주림, 기아(飢餓), 굶어 죽음, 아사(餓死).
[starve+-*ation* (명사 어미)] 8

state[steit] 명 상태, 형편(condition); 형세, 정황(situation); (보통 State) 국가(nation); (미국의) 주(州); 신분, 지위(rank); 위엄(dignity). 형 국가의; 공식의(formal); 《미》 주(州)의. 통 진술하다, 말하다(say); 명시하다(specify).
[《고프》 *estat* ← 《라틴》 *stătus* posture 자세, 상태 ← *stāre* stand서다; cf. 《프》 *état*] ☞ estate 1
동의어 state는 사람이나 물건이 존재하는 상태, 어떤 시기에 있어서의 사람이나 사물의 성질 또는 형태 따위를 뜻하는 일반적인 말이다. condition은 특히 어떤 원인이나 상황에 의하여 생성되는 특수한 state이다. situation은 일정하고 구체적인 일에 있어서 서로 중요한 관계에 있음과 그 속에 처하고 있는 사람의 입장을 뜻한다: be in a difficult *situation* (곤란한 입장이다). status는 남과의 법률 관계(결혼, 계약 따위)로 결정되는 state이다.

stately[stéitli] 형 당당한(imposing), 위엄있는(dignified). [state+-*ly* (형용사 어미)] 4

statement[stéitmənt] 명 진술, 성명(서); 명세서. [state+-*ment* (명사 어미)] 4

statesman[stéitsmən] 명 정치가 cf. politician. [state+-*s* (소유격 어미)+man; 《프》 *home d'état*의 번역] 3
☞ stall, station, stand, statistics

station[stéiʃ(ə)n] 명 역, 정거장; 정지; 직무, 부서(post); 지위(position); 장소; 본서(本署), 지서, 주둔소. 통 배치하다, 두다[at, on]. 1

[《라틴》 *statiōnem* standing still 정지(하는) ← *stāre* stand서다; cf. 《프》 *station*]

stationary[stéiʃ(ə)nəri] 형 정지(靜止)한; 고정된(fixed); 상비의, 변동이 없는. [station+-*ary* (형용사 어미)] 7
주의 stationary와 stationery "문방구"를 혼동하지 않도록.

stationer[stéiʃ(ə)nə] 명 문방구 장사.
[《라틴》 *statiōnāius* bookseller 서적상, stationary 움직이지 않는 ← *stāre* 서 있다; a bookseller who had a fixed station or stall in a market-place. 시장에 고정된 station(장소)이나 stall (점포)를 가지고 있는 서적상이라는 뜻. 이 말은 원래 peddler (행상인)에 대하여 "일정한 매점을 가지고 있는 장사"의 뜻으로 쓰였던 것]

stationery[stéiʃ(ə)nəri] 명 문방구; (특히) 편지지. [stationer+ -*ery*; a stationer가 파는 것] 9
☞ stall, stand, statue, state

statistics[stətístiks] 명 통계학; 《복수 취급》 통계. 9
[statist 명 통계 학자, 국가통계 주의자+-*ics* (학문을 뜻하는 어미) ← state 국가+-*ist* (사람을 뜻하는 어미) ← 《라틴》 *stătus* state 국가]
☞ state, stand, estate

statue[stǽtju:] 명 상(像), 조각상, 동상, 석상. 3
[《라틴》 *statua* statue 상(像) ← *stătus* position 위치, standing ← *stāre* stand 서 있다]

statuary[stǽtjuəri] 명 《집합적으로》 조상(statues); 조각가(sculptor); 조상술(彫像術 statuary art). 형 조상(彫像)의. [statue+-*ary* (형용사 어미)] 10

stature[stǽtʃə] 명 신장(身長); 발전, 성장. 5
[《라틴》 *statūra* standing posture 서 있는 자세 ← *stătus* ← *stāre* stand 서 있다]

status[stéitəs] 명 신분, 지위(rank); 자격; 현상, 형세.
[《라틴》 *stătus* standing, position 위치 ← *stāre* stand]

statute[stǽtʃu:t] 명 법령, 법규; 정관(定款). 6
[《프》 *statut* ← 《라틴》 *statūtus*, *statuere* establish 설치하다; that which is established 설립된 것→제정된 것→

법령, 법규, 정관]
☞ stand, state, statue, station

staunch[stɔːn(t)ʃ, stɑːn(t)ʃ] 혱 =stanch. 혱 믿음직한; (체격 따위가) 튼튼한(sturdy); 확고한(steadfast); 충실한(faithful). 9
[((고프)) *estanche*] ☞ stanch

stave[steiv] 몡 통 만드는 널; (사다리의) 단(rug); 시의 귀절(verse, stanza); ((음악)) 보표(譜表 staff). 툉 (staved 또는 stove) 통 널을 부수다, 두들겨 부수다(smash); 막아내다(ward) [off]. 6
[((중영)) *stares* (staff 의 복수형)에서 만든 말]

~ *off* 간신히 막아내다, 피하다, 멀리하다(keep off). ☞ staff

stay[stei] 툉 머무르다(remain, stop), 체류하다(lodge), 여전히 …이다(continue to be). 몡 체재, 지구력; 지지(support), 의지, 버팀(staff); *pl.* 코르셋(corset). 1
[((중영)) *staien* ((고프)) *ester*←((레틴)) *stāre* stand]

~ *supper* 저녁 먹을 때까지 머물다.
☞ stand, state, stationer, etc.

[동의어] **stay**는 어떤 일정한 장소에 계속해서 있음을 뜻하는 일반적인 말이다. **remain**은 모양, 성질 따위를 변하지 않고 어떤 장소나 상태에 계속 있음을 뜻하며 특히 다른 사람과 갈라져서 남아 있다는 뜻이다. **wait**는 사람이나 사물을 대기하고 있다는 말이고, **abide**는 비교적 오랫동안 한 곳에서 stay함을 뜻하는 말로서 구식에 속하는 말이다. **tarry**는 문장용어로 출발할 때나 예기된 것임에도 불구하고 stay한다는 말이고, **linger**는 특히 떠나기를 원하지 않고 일부러 stay 한다는 뜻이며, **loiter**는 도중에서 멈추고 우물쭈물하면서, 슬슬 나아간다는 뜻이다. **lag**는 필요한 속도나 보조를 지속하지 못하여 남에게 뒤진다거나 일이 늦어진다는 뜻이다.

stead[sted] 몡 대신; 장소; 이익. 5
[((고영)) *stede* place 장소; *cf.* ((독)) *statt* place] *in* ~ *of* … = *instead of*… …대신에. *stand* (a person) *in good* ~ (사람에게) 대단히 유용하다.

steadfast[stédfəst] 혱 완고한, 불변의(constant); 부동의(immovable). 5
[stead (a place)+fast; firm; firm in its place 그 장소에 단단히 붙어 있다]

steady[stédi] 혱 고정된(firmly, fixed), 착실한, 침착한; 한결같은(steadfast). 툉 견고하게 하다, 안정시키다. 3
[stead, a place+ -y (형용사 어미); firm in a place 장소에 고정된→흔들리지 않고 단단히 붙은; *cf.* tidy]

steadily[stédili] 曱 착실히, 꾸준히, 견실하게, 착착. ☞ state, statue

steak[steik] 몡 불고기용으로 두껍게 벤 고기, 구운 고기, (특히) 비프스테이크(beefsteak). 5
[((중영)) *steike*←((아이스)) *steik*; 불고기는 꼬챙이에 꿰어서 굽기 때문에]
☞ stick

steal[stiːl] 툉 (stole, stolen) 훔치다; 살그머니 …하다. 2
주의 steel "강철"과 혼동치 말 것.
[((고영)) *stelan*; *cf.* ((독)) *stehlen*]

stealth[stelθ] 몡 몰래 가기, 살그머니 하기; 비밀, 내밀(內密). [steal+ -th (명사 어미)] *cf.* health←heal (동사)+ -th; wealth←weal+ -th.
by ~ 살그머니, 은밀히. 8

stealthy[stélθi] 혱 몰래하는, 비밀의(secret). [stealth+ -y (형용사 어미)]

steam[stiːm] 몡 증기 (힘으로 움직이다), 김(을 쐬다); 찌다, 김을 올리다; 증발하다. 2

steam-boat[stíːmbout] 몡 기선. 6
[steam+boat 배]

steamer[stíːmə] 몡 기선, 증기 펌프; 시루. [steam+ -er (명사 어미)] 3

steamship[stíːmʃip] 몡 증기선, 기선 ((배 이름과 함께 쓸 때에는 S.S.로 줄여 쓴다). [steam+ship 배] 6

steed[stiːd] 몡 ((시)) 군마(軍馬); (희롱의 말) 말. 4
[((고영)) *stéda* stallion (튼튼한) 말← *stōd* stud (사냥, 경마용) 말의 떼]

steel[stiːl] 몡 강철; ((시)) 칼, 검(sword). 혱 강철의. 툉 강철같이 단단하게 하다; 무감각하게 하다. 2
주의 steal "훔치다"와 혼동치 말것.
[((고영)) *stēle*; *cf.* ((독)) *stahl*]

steep[stiːp] 혱 가파른, 험준한; ((속어)) 엄청난(unreasonable). 몡 경사면, 가파른 비탈, 절벽. 툉 잠그다, 담그다(soak); 잠기다, 담기다; 몰입하다. 2
[동의어] **steep**는 오르막이나 비탈이 몹시 급하여 오르내리기가 퍽 곤란함을 뜻하고, **abrupt**는 steep 보다 한층 더 급한 각도로 기울어져 있다는 말이다.
precipitous는 절벽이 깎아 지른 듯이

steeple[stí:pl] 명 (교회 따위의) 첨탑 (尖塔). cf. spire 4
[《고영》 *stypel, stēpel* steeple 높은 첨탑←*stēap* steep 가파른, high 높은]

steer[stiə] 타 키를 잡다, (배를) 조종하다; 나아가다; 향하다; 지도하다; 침로를 취하다. 3
[《고영》 *stēoran*←*stēor* rudder (고물의) 키; cf. 《독》 *steuern*]
☞ starboard

stem[stem] 명 (초목의) 줄기, 대; 잎꼭지; 가계(家系); 어간(語幹); 인물. 타 (나)라, 생기다[from]; 막(아 내)다(check); 물결을 거슬러 올라가다, 저장하다. 자 stern 고물. cf. stalk 3
[《고영》 *stemn, stæfn* stem (of tree, ship, family); cf. 《독》 *stamm*]

stencil[sténsil] 명 (등사용) 원지(stencilpaper); 등사 원형. 타 등사하다.
[《고프》 estenceler sparkle 반짝이다, cover with stars 별로 덮다←《래틴》 scintilla spark 불똥, 불꽃]

stenograph[sténəɡrɑːf] 명 속기 (문자), 속기물, 속기 기계.
[《그》 *stenos* narrow 좁은+*graphein*; 좁게 쓰기→줄여 쓰기→빨리 쓰기→속기 (문자)] ☞ graph

stenographer[stenɔ́ɡrəfə] 명 속기자. [stenograph+-*er*] 10

step[step] 자 걸음을 옮기다, 걷다(walk); 밟다; 춤추다(dance). 명 한 걸음, 한 발짝(footstep); 계단, 사닥다리; 승급, 진보; 수단, 조처; 발자국. 《접두사》 계(繼)….
in ~ 보조를 맞춰, 조화시켜서. *keep* ~ *with*…… 과 보조를 맞추다. *make a false* ~ 헛디디다, 실수를 저지르다. ~ *by* ~ 한 걸음 한 걸음, 점차(gradually).

stepmother[stépmʌðə] 명 계모. [*step*-+mother] cf. stepbrother 이 형제, 이복 (또는 의붓) 형제; stepfather 계부.

steppe[step] 명 스텝 (특히 시베리아나 러시아의 대초원 지대); cf. savanna(h)

[səvǽnə] (미국 남부의) 대초원. 10
[《러시아》 *step'*]

sterile[stérail] 형 불임(不姙)의 (barren); 불모의; 균이 없는; 효과없는 (fruitless); 취미가 없는 빈약한. 10
[《래틴》 *sterilis* barren 불임의]

sterility[steríliti] 명 불임(증); 불모(不毛); 무균(無菌); (사상, 취미의) 빈약. [sterile+-*ity* (명사 어미)]

sterilize[stérilaiz] 타 불임(불모)케 하다; 살균(소독)하다; (사상을) 무갈시키다. [sterile + -*ize* (동사 어미)] 자 fertilize 기름지게 하다. 9

sterilization[stèriləizéi[(ə)n] 명 단종(斷種); 불모(不毛); 살균, 소독. [strialize+-*ation* (명사 어미)]

sterling[stə́:liŋ] 형 《영》 법정의 순금 또는 순은을 함유하는 《 s. 또는 stg.로 줄여 쓰며 형식적으로 파운드 다음에 함께 적음: five pounds stg. 정화(正貨) 5파운드》; 진정한, 훌륭한, 확실한. 명 영국 화폐; 순은. 8
[《고영》 *stēorling* sterling penny← *steorra* star 별+-*ling* (축소 어미); small star→은화에 작은 별표를 찍었던 일에서]

stern[stə:n] 형 엄격한(severe); (태도, 눈초리 따위가) 엄한(harsh). 3
[《고영》 *styrne* stern; cf. 《독》 *störrig* (완고한, 다루기 힘드는)]

stern[stə:n] 명 고물, 선미(船尾); 엉덩이 부분. 자 bow, stem 인물.
[《아이스》 *stjörn* steering, helm 키 (舵); steer와 관계 있는 말]

stew[stju:] 타 약한 불로 끓이다; (무더운 곳에서) 땀흘리다; 애태우다. 명 스튜우 요리; 《속어》 애태우기, 조바심. 7
[《중영》 *stu(v)e(n)*←《고프》 *estuver*←《래틴》 *extūfāre* perspire 땀 흘리다← *ex*- out+ *tufus* vapour 물기 ← 《그》 *tuphos* vapour]

steward[stjúəd] 명 (큰 집의) 청지기, 집사(執事); (상선, 여객기 따위의) 급사, 보이. 7
[《고영》 *stīweard, stigweard*←*stig* sty 돼지 우리+*weard* ward, keeper 관리인; 원뜻은 돼지우리 관리인]

stewardess[stjúədis] 명 steward의 여자; 스튜어디스. [steward+-*ess* (여성 명사 어미)] ☞ sty, ward

stick[stik] 타 (stuck) 찌르다; 올려붙이다; 고착시키다(adhere); 서다, 튀어나

stiff

오다; 고수하다. 圕 막대기, 가지, 단장(cane); *pl*. 세간살이, 가구(furniture); 회초리; (초코레이트 따위의) 한 자루. 1
[(명사) (고영) *sticca* peg 쐐기, 말뚝; *cf*. (독) *stecken* 찌르다] ☞ sting
~ **to** …고집하다, …에 충실하다.

동의어 **stick**는 어떤 것을 풀 따위로 다른 것에 부착시킨다는 뜻을 나타내는 일반적인 말이며, **adhere** (圕 adhesion)는 꽉 붙어 있게 한다거나 사람이 어떤 생각, 주의, 우두머리 따위에 자발적으로 충성을 바치거나 헌신한다는 stick 보다 점잖은 말이다. **cohere** (圕 cohesion)는 각 부분이 대단히 밀접하게 stick해서 한 덩어리가 되어 있음을 뜻하는 형식적인 말이다. **cling**은 팔이나 넝쿨 따위로 매달리거나 감겨든다는 뜻이 있다. **cleave**는 옛 말이며 밀접하게 stick함을 뜻한다.

sticky[stíki] 圕 끈적끈적하는, 달라붙는; 우물쭈물하는. [stick+ -*y*] (형용사 어미)]

stiff[stif] 圕 빳빳한, 굳은(rigid); 되게 끈적거리는; 부자연한, 어색한(not graceful), 강한, 시세가 오르는. ⓐ limp 녹실녹실한, 부드러운. 2
[((고영) *stíf*; *cf*. (독) *steif*]

stiffen[stífn] 통 빳빳해지다(하게 하다), 굳게 하다, 굳어지다; 딱딱해지다 (하게 하다). [stiff+-*en*] 8

stifle[stáifl] 통 질식시키다, 질식하다(smother); (불을)끄다; (사건 따위를) 말소하다(suppress). 6
[16세기에 사용. 〈아이스〉 *stífla* choke 질식시키다]

stigma[stígmə] 圕 (*pl*. —s, —ta) 오명, 치욕(disgrace); 《식물》(암술의) 주두(柱頭). 8
[《그》 *stigma*←*stizein* brand 오명을 씌우다]

stigmatize[stígmətaiz] 통 …에 오명을 씌우다(brand); 비난 (또는 규탄)하다(reproach).
[《그》 *stigmatizein*; stigmatic+-*ize*(동사 어미)]

stile[stail] 圕 (울타리 따위를 넘어가기 위한) 층층다리, 사이문. 8
[(고영) *stigel*←*stígan* climb 올라가다; *cf*. (독) *steigen*]

still[still] 圕 정지한(motionless), 고요한(quiet); (포도주가) 거품이 일지 않는 (*cf*. sparkle). 圕 (시) (the still)정적(靜寂 deep silence); (영화의) 스틸 《광고용으로 쓰는 필름의 한 장면》, (보통의) 사진. 통 고요하게 하다, 고요해지다. 閧 아직, 상기; 그래도(yet); 너욱 더. ⓐ noisy 시끄러운, disturbed 방해된. 1
[(고영) *stille*←*stillan* be still 고요히 하다; *cf*. (독) *stillen* (동사)]
Still waters run deep. (속담)고요한 냇물은 깊다 《아는 것이 많을수록 말이 없다》.

stillness[stílnis] 圕 고요함, 정적, 정숙, 침묵; 정지(靜止). [still+ -*ness* (명사 어미)] 5

stimulus[stímjuləs]圕자극(물); 격려. 8
[(《라틴》 *stimulus* a goad 찌르는 막대기; 가축을 모는 막대기→찌르기→자극]

stimulant[stímjulənt] 圕 흥분시키는, 자극성의. 圕 자극물, 흥분제. 10
[(《라틴》 *stimulantem* stimulating 자극하는←*stimulāre* prick 찌르다←*stimulus* a goad 찌르는 막대기; stimulus+-*ant* (형용사 어미)]

stimulate[stímjuleit] 통 자극하다, 격려하다(spur); 흥분시키다(excite). 7
[(《라틴》 *stimulātus* pricked←*stimulāre* prick 찌르다, 자극하다←*stimulus*]

sting[stiŋ] 통 (stung) 쏘다; 따갑다, 쑤시다; 자극하다; 괴롭히다, 고뇌하다. 圕 독충 따위의 침, 바늘; 격통(sharp pain); 양심의 가책; 비꿈. 3
[(고영) *stingan*]

stingy[stíndʒi] 圕 인색한; 결핍한 (meager). ⓐ generous 너그러운.
[sting+-*y* (형용사 어미); 바늘의→쏘는→아프게 하는→심술궂은→인색한]

stink[stiŋk] 圕, 통 악취(를 풍기다). 7
[(고영) *stincan*; *cf*. (독) *stinken*]

stint[stint] 통 제한하다(limit); 절감(節減)하다; 아끼다, 아까와 하다. 圕 아까와 하기; 절감, 절약. 9
without ~ 아낌 없이; 충분히.

stir[stə:] 통 (휘)젓다; 움직이다(move); 감동시키다; 분기시키다(rouse) [up]. 圕 움직임, 동요, 소란; 휘젓기. ⓐ still 진정시키다. 2
[(고영) *styrian*; *cf*. (독) *stören* disturb] ☞ storm, bestir

stirrup[stírəp, stə́:rəp]圕등자(鐙子). 6
[(고영) *stigrāp*←*stige*←*stígan* climb 기어 오르다+*rāp* rope 줄; *cf*. (독)

stitch[stit∫] 명 한 뜸, 꿰매는 법, 시치기, 감치기; (상처를 꿰매는) 한 바늘, (달음질하고 난 뒤 따위의) 옆구리의 결림, 쑤심. 명 (한 뜸 한 뜸) 꿰매다. 4
[《고영》 *stice* a pricking 찌르기 ← *stician* pierce 꿰다; cf. 《독》 *stich* prick]

drop a ~ (뜨개질 따위에서) 코를 하나 빼다. *put* ~*es in a wound* 상처를 몇 바늘 꿰매다. *have not a* ~ *on* 몸에 실 한 오라기 안걸치다, 홀딱 벗고 있다(be quite naked): A *stitch* in time saves nine. 《속담》 호미로 막을 것을 가래로 막는다(늦기전에 손을 봐두면 나중에 수고를 던다).
☞ stick

stock[stɔk] 명 재고품, 구입품; 저장물; 가문(family), 혈통, 종족; (도구 따위의) 대(臺), 대목(臺木), 자루; *pl.* 조선대(造船臺); 줄기(trunk), 그루터기(stump); 주식(share); 채권(bond). 명 재고의; 진부한(hackneyed); 가축 사육의. 통 구입해 두다 [with]; 저장하다; (농장에) 가축을 갖추다. 1
[《고영》 *stoc(c)*; cf. 《독》 *stock*]

in ~ 재고품이 있어. *on the* ~*s* (배 따위가)건조 중이어서(being built). *out of* ~ 재고품이 없어서, 다 팔려버린. *take* ~ *in*… 《속어》 …에 관심을 갖다; 소중히 하다, 신용하다(trust).

stocking[stɔ́kiŋ] 명 (보통 복수) 긴 양말; cf. sock 짧은 양말. [stock+-ing (축소 어미); hose라고 부르던 양복 바지를 무릎에서 둘로 잘라서 위의 부분을 *upper-stocks* 라 하고 아랫 부분을 *nether-stocks* 또는 stocking 이라 한데서] 2

stockade[stɔkéid] 명 (성채 따위의) 목책(木柵); 가축우리; 형무소, 영창. 통 목책을 두르다. 10
[《프》 *estocade*← 《스페》 *estacada*← 《고대 페르샤》 *estaca* stake 말뚝. stock와 관계없음] ☞ stake

stomach[stʌ́mək] 명 위; 《속어》 배(belly); 식욕(appetite), 욕망(desire); 기호(liking); 기분(inclination) [for]. 통 먹다; 참다(endure). 4
[《그》 *stomakhos* mouth 입, gullet 목구멍, stomach 위 ← *stoma* mouth 입]

stomach-ache[stʌ́məkeik] 명 복통, 위통(胃痛). [stomach+ache 고통]
☞ ache

stone[stoun] 명 돌, 석재; 보석(gem); (의학) 결석(結石 calculus); (딱딱한) 씨; 스토운 (체중 단위; 14파운드). 명 석조의, 자기(磁器)의. 통 돌을 던지다; 과일의 씨를 뽑다; 돌을 쌓다. 1
[《고영》 *stān*; cf. 《독》 *stein*]
leave no *stone* unturned 모든 수단을 다하다.

stony[stóuni] 형 돌이 많은; 돌같은; 무감각한; 냉혹한; 부동의(motionless). [stone+-y (형용사 어미)] 5

stoop[stu:p] 통 구부리다(bend)[down], 웅크리다; 굴복하다; (굽히어) …하다 (condescend) [to do]. 명 구부정함, 웅크림; 새우 등; 비굴함; 《미》 현관 (porch). 3
[《고영》 *stūpian*; steep와 관련 있는 말]
☞ steep

stool[stu:l] 명 세발 의자; (등받이가 없는) 접는 의자; 변기(便器 commode), 요강; (새 가지가 나오는) 그루터기. 4
[《고영》 *stōl*; cf. 《독》 *stuhl*]

stop[stɔp] 통 멈추다; 그치다(cease); 그만 두(게 하)다; 말리다(prevent); 중지하다(시키다)(suspend); 메우다, 막다(stuff up); 《속어》 머무르다(stay). 명 정지, 중지(pause); 끝(close); 체재(stay); 장해(obstacle); 마개, 쐐기; 정류소; 구두점(punctuation mark). 1
[《고영》 *stoppian*←《래틴》 *stuppāre* stuff 채우다, stop up 막다 ←*stuppa* tow 거친 삼, oakum 뱃밥; cf. 《독》 *stopfen* 막다]

bring to a ~ 멈추게 하다. *come to a* ~ 멈추다. *put a* ~ *to*… …을 끝내다. ~ *off* 도중에서 체재하다. 들르다. ~ *over* 도중 하차하다, 착륙하다. 〔동의어〕 stop은 어떤 동작, 행동, 진행 따위가 정지하거나 정돈 상태에 빠져 있음을 뜻하는 가장 흔히 쓰이는 말이고, cease는 어떤 상태나 존재가 중지 또는 종결됨을 뜻하는 stop 보다 점잖은 말이다. quit는 미국에서 stop, cease 대신에 많이 사용된다 (*quit* working 일을 그만 두다, 은퇴하다, 퇴직하다). discontinue는 습관적인 행위나 직업 따위를 그만둔다거나 중지한다는 말이다. desist는 성가시게 구는 것, 귀찮은 것, 해로운 행동, 쓸데없는 짓 따위

를 그만 둔다는 뜻이며, **pause**는 일시적으로 중지한다는 뜻이다.

store[stɔ:] 圀 저축, 저장(stock); 《미》 가게(shop); 《영》 pl. 백화점(department store), 창고(warehouse); 풍부함(abundance) [of]; pl. 필수품(necessaries). 圄 저축하다(lay up) [up]; 공급하다 (supply); 창고에 넣다. *cf.* shop 가게, 공장. 1
[《중영》 *stor*, *stoor* (*astore*의 준말) ← 《고프》 *estor* provisions 저장물 ← *estorer* build 세우다, stock 저장하다 ← 《래틴》 *instaurāre* renew 보충하다, 갱신하다, restore 회복하다← *in-* in + *staurāre* set up 세우다] 7
storage[stɔ́:ridʒ] 圀 저장 보관(료); 창고(료). [store + *-age* (명사 어미)]
storehouse[stɔ́:haus] 圀 창고; 보고 (寶庫). [store + house 집] 8
☞ house, restore

stork[stɔ:k] 圀 황새. 5
[《고영》 *storc*; *cf.* 《독》 *storch*]

storm[stɔ:m] 圀 폭풍(우); 동란; 강습 (强襲). 圄 폭풍우가 일다; 야단치다; 강습하다(attack violently), 쇄도하다. 《《고영》 *storm*; *cf.* 《독》 *sturm*》 1
참고 *Sturm und Drang* [ʃtúrm unt dráŋ] storm and stress 슈트룸운트 드랑 《18세기 말에 프랑스의 신 고전주의에 대항하여 독일에서 일어난 문예사조로 독일 낭만주의의 초기》.
stormy[stɔ́:mi] 휑 비바람치는, 폭풍우의; 거칠고 거센, 격렬한(violent). [storm + *-y* (형용사 어미)] 3

story[stɔ́:ri] 圀 이야기(tale); 꾸민 이야기; (단편) 소설(short story); 경력; 소문(rumour); 《어린이말》 거짓말장이(liar). 1
[《중영》 *storie* ← 《프》 *estoire* history, tale 역사, 이야기 ← 《래틴》 *historiam* history ← 《그》 *historia* information 정보] ☞ history
동의어 story는 보통 어떤 것에 관련된 여러가지 사건을 쓰거나 말하는 것으로 실제로 있었던 일과 꾸며낸 가공의 이야기를 두루 쓰며는 가장 흔히 쓰이는 말이며, narrative는 흔히 가공의 이야기가 아닌 실화를 뜻하는 story보다 약간 점잖은 말이다. narration은 주로 경험이나 일련의 사건을 취급한 이야기이다. tale은 다소 산만하고 간단하며 급히 서둘러 하지 않는 story를 뜻하는 약간 고상한 말이다. anecdote는 어떤 사건을 볼 수 있는 한 재미나고 짧게 이야기한 것으로, 혼히 저명한 인사의 일신상의 이야기나 전기적인 이야기를 뜻힌다. legend는 오래된 전설적인 story이다.

story-teller[stɔ́:ritèlə] 圀 이야기하는 사람; 단편 소설작가; 《속어》 거짓말장이. [story + tell + *-er* (사람을 뜻하는 어미)]

stor(e)y²[stɔ́:ri] 圀 (집의)충. [story 이야기와 같은 어원에서; 건물의 서로 다른 층을 표시하기 위하여 그 층의 바깥에 박혀있던 storied windows (역사적으로 유명한 이야기를 그려놓은 창문) 에서 온 말]
참고 story는 주로 미국에서, storey는 영국에서 쓰임. ☞ history

stout[staut] 휑 힘센(strong); 단호한, 용감한 (brave); 살찐(fat); 일종의 검은 맥주. 圑 thin 약한, 야윈. 3
[《중영》 *stout* ← 《고프》 *estout* brave 용감한, proud 거만한 ← 《중 흘런드》 *stolt*, *stout* stout, bold 대담한; *cf.* 《독》 *stolz* proud]
참고 이 말은 에둘러서 말하기(euphemism) 위하여 fat, fleshy (살찐) 대신에 쓰인다. 이와 같은 용법으로서 corpulent가 있다.

stove[stouv] 圀 스토우브, 난로 (난방, 요리용). 3
[《고영》 *stofa* room for a warm bath 따뜻한 물의 목욕실; *cf.* 《독》 *stube* room]
The *stove* is well burning. 스토우브가 잘 타고 있다. 《"스토우브를 때다"는 보통 *burn coal* (or *wood*) *in a stove* 라 하며 *burn a stove*라고 하지 못한다. "스토우브에 불을 피우다"는 make a fire in a *stove*》.

straggle[strǽgl] 圄 (어수선하게) 흩어지다; 따로따로 되다; 길을 잃다(stray); 낙오하다. 10
주의 struggle "다투다, 싸우다"와 혼동치 말 것.
straggler[strǽglə] 圀 낙오자; 얼기설기된 가지, 우거진 잡초. [straggle + *-er* (명사 어미)]

straight[streit] 휑 똑바른, 곧은; 정직한(honest), 솔직한(frank); 《미》 순수한, 물을 안탄(undiluted). 圄 일직선으로(in a line); 똑 바로; 직접적으로

(directly); 솔직하게. ⓑ crooked 구부러진, 부정의.
[《고영》 streht streccan←stretch] ☞ stretch
~ away (또는 off) 당장에(at once).
straighten[stréitn] 图 똑바로 하다(되다); 정리하다. [stright+-en (동사어미)] 6
straightforward[strèitfɔ́:wəd] 图 똑바로 향하는(direct), 곧은; 정직한(honest), 솔직한(frank); 간단한. [straight+forward 앞으로] ☞ forward
straightway[stréitwei] 图 《미, 고어》 당장에. [straight 와 away의 합성어] ☞ way 5
strain[strein] 图 당기다(pull as much as possible); 과로시키다(overwork); 무리하게 써서 부수다; 몹시 노력하다(try hard). 图 긴장, 과로; (뼈 따위의) 뼘; (노래의) 곡조, 선율; 어조(語調) 혈통, 가문. ⓑ relax 늦추다. 3
[《중영》 streynen←《고프》 estreign, estreindre bind tightly 꽉 묶다←《래틴》 stringere draw tight 꽉 잡아 당기다]
on the ~ 긴장해서. ~ *after* 애써서 …을 구하다, …에 골몰하다. ~ *oneself* 무리하다, 과로하다. ~ *every nerve* 죽자사자한다, 전력을 쏟다.
strainer[stréinə] 图 여과기(濾過器). [원 뜻은 팽팽하게 당기는 기구(stretcher)←strain+-er] ☞ strict
strait[streit] 图 (혼히 복수) 해협; pl. 곤란; 궁경, 궁박, 난국 (distress); 궁핍 (need). 图 좁은(narrow), 거북살스러운. ⓑ broad 넓은. 3
[《고프》 estreit tight, narrow 좁은←《래틴》 strictum drawn together, bound 묶인←stringere draw together 한데 당기다, bind 묶다; cf. 《프》 étroit narrow]
straiten[stréitn] 图 《보통 과거분사를 사용한다》 곤란하게 하다; 한정하다(restrict). [strait+ -en]
in ~ed circumstances 궁핍하여, 곤경에 빠져서.
strand[strænd] 图 좌초(坐礁)시키다; 음짝 못하게 하다. 图 《시》 물가(shore), (새끼 따위의) 가닥.
[《고영》 strand; cf. 《독》 strand 가닥… 《홀런드》 streen rope 줄 →《고대 독》 streno cord 줄; -d는 덧붙여 쓴 글자]

strange[streindʒ] 图 미지의; 진귀한, 낯이 선(unfamiliar); 이상한(queer); 타처의, 외국의(foreign); 익숙하지 못한, 생소한. ⓑ familiar 낯익은. 1
[《고프》 estrange←《래틴》 extrāneum external 외부의, foreign 외국의←extrā on the outside 외부에; extraneous와 자매어; cf. 《프》 étrange]
make one's ~ 모르는 사람인 체하다; 미심쩍은(놀란) 체하다.
〖동의어〗 **strange** (图 strangeness)는 혼하지 않고 생소해서 친숙한 느낌이 없음을 뜻하는 일반적인 말, **peculiar** 는 사람으로 하여금 기이한 느낌을 갖게 하거나, 독특한 성질을 지닌 것을 뜻한다. **curious** (图 curiousness, curiosity)는 특히 사람의 주의나 관심을 끄는 것을 말한다. **odd** (图 oddity)는 색다르고 혼히 기피한 느낌을 주는 것을 이르는 말이고, **queer** (图 queerness)는 odd의 뜻에 유별나다거나 이상하다거나 수상함을 덧붙여 강조하는 말이다. **quaint** (图 quaintness)는 특히 캐캐묵고 기묘하고 우숩꽝스러움을 뜻하고, **outlandish**는 아주 색다르다거나, 어딘지 유별나고 기묘하다는 뜻을 나타낸다. **singular** (图 singularness, singularity)는 같은 종류에 속하는 다른 어느 것과도 다르고 기이한 느낌을 갖게 한다거나 호기심을 불러 일으킴을 뜻한다.
stranger[stréindʒə] 图 안면이 없는 사람, 모르는 사람; 남; 타국인. [strange+-er(사람을 뜻하는 명사어미)] 2
Poverty is a stranger to industry. 《속담》 부지런한 집에는 가난도 들지못한다. *He is no stranger to sorrow.* 그는 슬픔의 쓰라림을 잘 안다. *I am a stranger here* (또는 *in these parts*). 나는 이곳 지리는 잘 모른다. *You are quite a stranger.* 참 오래간만입니다. ☞ extra, extraneous
strangle[strǽŋgl] 图 목 졸라 죽이다; 억압하다(suppress). 6
[《고프》 estrangler←《래틴》 strangulāre ←《그》 stragalan halter 고삐, 목을 조르는 끈←straggos twisted 비틀린]
strap[stræp] 图 가죽끈; (전차 따위의) 손잡이 끈; (면도칼 따위를 가는) 가죽 머(strop). 图 가죽 끈으로 묶다; 가죽 머에 갈다(strop); 가죽끈으로 때리다;

stratagem 555 **street**

반창고를 바르다. 4
[《고영》 *strop*←《래틴》 *stroppus, struppus* strap 끈←《그》 *strophus* band 떠, cord 줄]

straphanger[strǽphæ̀ŋə] 몡 《속어》 (만원전차 또는 뻐스의) 손잡이 끈에 매달린 승객. [strap+hang 매달리다+ -*er* (사람을 뜻하는 명사 어미)]

통계어 **strop**[strɔp] 몡, 통 (면도날 세우는) 가죽 끈(에 갈다).

stratagem[strǽtidʒəm] 몡 전략; 모략, 책략. *cf.* tactics 술책. 7
[《프》 *stratagème*←《래틴》 *stratēgēma*←《그》 *stratēgēma* the device of a general 장군의 고안, 계책←*stratēgein* be leader of an army 군대의 지휘자이다←*stratēgos* a general 장군+ *agein* lead 지도하다]

strategist[strǽtədʒist] 몡 전략가; 전술가, 모사(謀士). [strategy+ -*ist* (사람을 뜻하는 명사 어미)]

strategy[strǽtidʒi] 몡 전략, 작전; 병법(兵法). *cf.* tactics 전술. [《프》 *stratégie*←《래틴》 *stratēgia*←《그》 *stratēgia* generalship 장군직위, 장군의 권리←*stratēgos* a general 장군]

통계어 **stratocracy**[strətɔ́krəsi] 몡 군인정치, 군벌정치, 무인정치(武人政治) (government by the military). [《그》 *stratos*- army 군대 + *kratos* rule; army rule]

straw[strɔː] 몡 짚, 보릿 짚; 맥고모자 (strawhat); (사이다 따위를 마실 때 쓰는) 스트로오. 2
[《고영》 *strēaw*; *cf.* 《독》 *stroh*]
☞ strew

a man of ~ 짚으로 만든 인형; 꾀뢰(puppet); 가상의 적. *catch* (또는 *clutch, grasp*) *at a* ~ 짚 오라기도 붙들다; (괴롭다 못하여) 아무것에나 의지하려 하다. *not care a* ~ 조금도 상관하지 않는다. *the last* ~ (그것 때문에 부담을 이기지 못하고 넘어지는) 최후의 극히 적은 첨가물.

strawberry[strɔ́ːb(ə)ri] 몡 딸기. 3
[《고영》 *strēawberige*; straw+berry 딸기; 딸기 넝쿨이 짚과 비슷하게 생긴 데서, 또는 딸기 열매가 땅에 떨어지지 않도록 짚을 밑에 깔았기 때문에]
☞ berry

stray[strei] 통 헤매다(wander), 길을 잃다. 혱 길 잃은; 떼에서 멀어진; 가끔 나타나는. 3
[《중영》 *astray*의 *a*-가 준 말←《고프》 *estraier* wander 헤매다←《래틴》 *extrā* (*vagārī*) (wander) outside 밖으로(돌아나니다)] ☞ astray, street

streak[striːk] 몡 줄, 줄무늬, 선(line); 기미(氣味 strain), 기질(vein). 통 …에 줄이 가게 하다, 줄무늬를 내다, 줄무늬가 생기다; 《속어》 질주하다 (move swiftly). 6
[《고영》 *strica* stroke 타격, 한번 갈긴 줄, line 줄] ☞ strike

stream[striːm] 몡 물줄기, 시내(brook); 흐름, 풍조, 추세(tendency); …의 흐름, …의 물결(a stream of men 인파). 통 흐르다, 흘러나오다(flow out); 속속 나오다; (깃발 따위가) 나부끼다(float, wave), 펄렁거리다. 1
[《고영》 *strēam*; 《독》 *strom*]

streamer[stríːmə] 몡 기다란 기; (펄렁거리는) 리본 장식; (배 떠날 때 서로 던지는) 테이프; 톱, 전단(全段)에 실은 큰 제목(headline). *cf.* banner 7
[stream+ -*er* (명사 어미)]

stream-line[stríːmlain] 몡, 혱 유선(형)(의). [stream+line 선; 흐르는 선(流線) ☞ line

street[striːt] 몡 거리, 가로(街路) 《한쪽, 또는 양쪽에 전물이 서 있고 인도가 한쪽 또는 양쪽에 있는 보통 포장된 시가의 공로(公路)》 (*cf.* avenue); …가(街), …로(路) 《보통 St.로 줄여 쓰고 stress (强勢)를 주지않음: Downing Street (또는 St.) [dáuniŋ striːt]; *cf.* York Road (또는 Rd.) [jɔ́ːkróud]》; 차도(車道). ⓑ sidewalk 인도. 1
[《고영》 *strǣt*; *cf.* 《홀런드》 *straat*, 《독》 *strasse*←《래틴》 *strāta*←*strāta* (*via*) paved (way) 포장된 (길)←*sternere* pave 포장하다, spread out 펼치다]

man in the ~ 일반 사람, 문의한. *on the* ~*s* 매춘부의 생활을 하고, 갈보가 되어; *cf.* streetwalker 매춘부(prostitute). ~ *cries* 도부장사의 외치는 소리. ~ *door* (거리에 직접 통해 있는) 현관 (거리에 직접 통해 있지 않고 거리와 현관 사이에 뜰이 있을 때에는 front door라고 한다). *the* ~ (한 도시의) 상업 경제의 중심지구 《Wall Street 《미》; Fleet Street 《영》 따위》. 참고 미국에서는 street와 avenue가 직

각으로 교차되어 있는 도시가 많은데 (예를 들면 New York 따위), 동서로 달리는 거리는 street라 하고 남북으로 달리는 거리는 avenue라 한다.
☞ avenue

streetcar[strí:tkɑ:] 圈 시가 전차 (《영》 tramcar).

strength [streŋ(k)θ] 圈 힘 (power, force), 새기, 강도(强度); 이점, 장점; 인원수, 병력(force). *cf.* strong 센. 1
[《고영》 *streccan←stræc* strong 강한 +*-th* (명사 어미)]
on the ~ of… …을 믿고(relying on), …을 근거로.
동의어 strength는 어떤 일에 작용하는 본질적인 능력으로서 인내, 저항 따위를 할 수 있는 육체적인 힘이나 정신적인 힘을 뜻한다. power는 어떤 일을 할 수 있는 잠재력이나 실제로 발휘한 능력으로 strength 보다 더 일반적인 말이다. force는 보통 실제로 발휘된 power를 뜻하며 특히 운동에 의한 또는 저항을 무찌르는 활동적인 힘이다. might는 위대하거나 압도적인 strength 또는 power이다. vigo(u)r는 건강하고 튼튼한 육체나 정신이 지니는 활동력이고, energy는 특히 일을 하거나 영향을 줄 수 있는 잠재적인 power를 뜻한다. potency는 어떤 일을 성취하기 위한 본질적인 능력이다.

strengthen[stréŋ(k)θ(ə)n] 图 강해지다, 강화하다. 4
[strength+*-en*] ☞ strong

strenuous[strénjuəs] 圈 분투하는, 불요불굴의, 열렬한. 7
[《래틴》 *strēuus* vigorous 힘찬, active 활동적+*-ous* (형용사 어미); *cf.* 《그》 *strēnēs* strong]

stress[stres] 圈 노력 (effort), 긴장 (strain); 강조; 강세, 액센트 (*cf.* pitch), 압박 (pressure); 중점. 图 강조하다(emphasize); 액센트를 붙이다 (accent). 9
[일부는 distress의 *dis-*가 줄어서 생긴 말이기도 하고 일부는 《고프》 *estrecier* ←《래틴》 *strictiāre ←strictus* tightened 꽉 죄인 *←stringere* bind tight "꽉 묶다"에서]
lay ~ on… …에 중점을 두다, …을 강조하다. *under ~ of poverty* 가난에 쪼들려서. *under ~ of weather* 날씨가 험악하기 때문에.
☞ strain, strict, distress

stretch[stretʃ] 图 뻗다, 펴다, 펼치다 (extend); 무리한 해석을 하다; 남용하다; 때려 눕히다(knock out). 圈 잡아 늘이기, 펼치기; 긴장(tension); 연장; 범위(extent); 단숨, 한꺼번; 여정(旅程). ⊕ shrink 수축하다. 2
[《고영》 *streccan←stræc* strong 강한, severe 혹독한; *cf.* 《독》 *strecken* stretch]

stretcher[strétʃə] 圈 펼치는 기구, 팽팽하게 하는 기구; 들것. [strech+*-er* (명사 어미)] 10

strew[stru:] 图 (strewed, strewn 또는 strewed) (모래, 꽃 따위를) 뿌리다 (scatter), 흩뜨리다. 6
[《고영》 *strēwian*; *cf.* 《독》 *streuen*]
☞ straw

strict[strikt] 圈 엄격한, 엄한; 정확한 (exact); 완전한(perfect); 절대적(absolute). ⊕ lenient 관대한. 4
[《래틴》 *strictus* tightened←*stringere* bind tight 꽉 묶다, strain 꽉 죄다; strait의 자매어]

strictly[stríktli] 用 엄밀하게, 단호하게; 완전히.
~ speaking 엄밀히 말하면.
☞ strait, strain, stress

stride[straid] 图 (strode, stridden) 성큼성큼 걷다, (한번에)건너다. 圈 (한번에) 건너기, 성큼성큼 걷는 걸음. 4
[《고영》 *strīdan*; *cf.* 《독》 *streiten* contend, quarrel 다투다]
make great (또는 *rapid*) *~s* 장족의 진보를 이루다(make rapid progress). *take … in one's ~* …을 섬사리 해내다.

strife[straif] 圈 투쟁 (conflict), 싸움 (fight), 다툼(quarrel). 3
[《고프》 *estrif*의 *e-*가 없어진 꼴]
☞ strive

strike[straik] 图 (struck, struck 또는 stricken) 치다, 맞히다(hit), 부딪(치)다 [against]; 생각나다, 찌르다(thrust); 파업하다; 인상을 주다(impress); 울리다(sound); 그만 두다(cease). 圈 타격; 파업; 《야구》 스트라이크. 1
[《고영》 *strīcan* rub 문지르다, go 가다, proceed 나아가다; *cf.* 《독》 *streichen*]
go on (a) *~* 파업하다. *It ~s me* (*that*) …라고 생각하다. *stricken in*

years 퍽 늙은(very old). ~ *against* (longer hours) (시간 연장)에 반대하는 파업을 하다. ~ *for* (higher wages) (임금을 올리라)는 요구를 하여 파업하다. ~ *off* 킬다버리다, 삭세하나, 취소하다(cross out); 인쇄하다(print); (길을) 옆으로 꺾어들다. ~ *up* 시작하다(begin); 주악(奏樂)하다; (계약, 교제 따위를) 맺다.

참고 "파업하다"의 뜻이 생긴 까닭은 다음과 같다. 옛날의 선원들은 못마땅한 것이 있으면 배의 돛을 내리고 떠나가기를 거부하였는데 이것을 strike sail이라고 하였다. 이 때의 strike의 뜻은 lower (내리다)의 뜻이었으며 이런 일에서 불평을 말하고 대책을 강구해 주기를 청하며 연장을 걷어치우는 것을 strike tools라고 말하게 되고 이것이 차차 파업을 뜻하게 된 것이다.

striking[stráikiŋ] 형 눈에 띄는, 눈부신, 현저한 (noticeable). [strike + -*ing* (현재분사 어미)] ☞ **stroke**

string[striŋ] 명 실, 줄, 끈; 일렬(一列); 한차례; 한줄로 이어진 것. 동 (strung) 실을 매다; 실로 묶다; 줄을 치다; 긴장하다; 흥분하다. **2**
[(고영) *streng; cf.* (독) *strang*, (래틴) *stringere* bind 묶다, (그) *straggalē* halter 고삐]
☞ **strong, straggle, strict**

strip¹[strip] 동 벗기다, 까다; 발가벗(기)다; (옷을) 벗다; …에서 …을 빼앗다[of]. 반 clothe 옷을 입히다. **2**
[(고영) *strypan; cf.* (독) *streifen*]
~ *a person of his wealth* (또는 *honours*) 사람에게서 그 재산 (또는 명예)을 빼앗다. ~ *tease* (미) 스트립쇼. ~ *teaser* (미) 스트립 댄서.

동의어 **strip**은 옷, 껍질 따위를 벗기거나 박탈한다는 뜻으로 흔히 강제적임과 완전히 벗김을 암시한다. **denude**는 보다 점잖은 말로, 벗겨서 알몸으로 만든다는 뜻이다. **divest**는 사람이 몸에 지닌 것이나 또는 부여받은 것을 제거한다는 뜻이다. **bare**는 덮개를 벗기거나 나체로 만들어서 남이 볼 수 있도록 한다는 뜻으로 흔히 비유해서 사용한다 (*bare* one's heart to another). 남에게 자기의 마음을 고백하다. **dismantle**은 집이나 배에서 가구, 의장품(艤裝品)을 전부 제거한다는 뜻이다.

stripper[strípə] 명 껍질 벗기는 사람 (도구); 옷벗기는 사람, 스트리퍼(stripteaser); 털가리는 빗; 떼앗는 사람.

strip²[strip] 명 가느다란 조각 (베, 종이, 나무 껍질, 땅 따위); (미) 활주로; 신문의 연재 만화(comic strip). 동 가느다란 조각으로 자르다.
[(중세 독) *strippe* strap 끈]
☞ **stripe**

stripe[straip] 명, 동 선, 줄 (무늬)(를 긋다); 매맞은 자리, 《보통복수》 매질. **4**
[(중영) *stripe* ← (중 홀런드) *stripe*]

strive[straiv] 동 (strove, striven [strívn]) 노력하다(try hard); 다투다; 애쓰다. 반 neglect 게으름 피우다. **3**
[(중영) *striven* ← (고프) *estriver* quarrel 싸우다 ←*estrif* strife 투쟁; *cf.* strife]

stroke[strouk] 명 타격(blow); 발작; 맥박; 한번 적음; 일필(一筆), 글씨 쓰는 법; 시계치는 소리. 동 만지다, 쓰다듬다, 문지르다. **2**
[(고영) *strāc; cf.* (독) *streich*.]
☞ **strike**

stroll[stroul] 동 어슬렁거리다(ramble), 산보하다. 명 산보, 방황. **6**
[*s-* ← (고프) *es-* (래틴) *ex*) + troll, 구르다, 회전하다]

strong[stroŋ] 형 강한, 센(powerful); 튼튼한, 건강한(healthy); 질은; 격렬한 (severe); 견고한(firm); 득의의. 반 weak 약한. *cf.* strength 힘. **1**
[(고영) *strang; cf.* (독) *streng* strict 엄격한]

stronghold[strɔ́ŋhould] 명 성채, 요새(要塞); 근거지, 본거. **10**
[strong+hold 요새, 의지할 곳]
☞ **hold, strength, strengthen, string**

structure[strʌ́ktʃə] 명 구조, 조직, 구성(construction); 구조물, 건물(building), 건조물. **7**
[(프) *structure*←(래틴) *structūra* mode of building 건축양식←*structus* built 세워진←*struere* build 세우다]

structural[strʌ́ktʃ(ə)r(ə)l] 형 구조(상)의; 건축의. [structure+-*al* (형용사 어미)] **10**
☞ **construct, destruction, instruct, obstruct**

struggle[strʌ́gl] 동 버둥거리다, 몸부림치다; 고투하다; 노력하다. 명 몸부림; 노력, 분투, 고투: 투쟁; 격투. **2**

strut 558 **stump**

[《중영》 struglen, strogelen; strive 투쟁하다 와 huggle (←hug 껴안다) 의 합성어] ☞ strive, hug
~ *for existence* 생존경쟁. ~ *for breath* 단말마의 고민을 하다.

strut[strʌt] 图 거드럭거리며 걷다, 거드름 피우며 걷다(about, along). 图 거드럭거리며 걷기, 활보. 6
[《고영》 *strūtian* stand stiff 꼿꼿하게 서다]

stub[stʌb] 图 그루터기, 등걸(stump); (연필, 초 따위의 쓰다 남은) 동강이, (담배)꽁초(butt); (미)(수표, 송금수표, 입장권 따위의) 떼어주고 남은 쪽지(counterfoil). 图 (발가락 따위를)…에 부딪치다; (담배의) 끝을 부벼서 끄다[out]; (연필 따위를) 닳도록 쓰다.
[《고영》 *stybb* a stub 그루터기; stump 와 관련 있음]

stubby[stʌ́bi] 图 그루터기 같은; 땅딸막한(stocky). [stub+-y(형용사 어미)]

stubble[stʌ́bl] 图 (보리의) 그루터기, 그루터기만 남은 밭; 짧게 깎은 머리 (또는 수염). 7
[《고영》 (*e*)*st*(*o*)*uble* ←《라틴》 *stipula* stalk 줄기]

stubborn[stʌ́bən] 图 완고한, 고집이 센(obstinate); 버거운, 다루기 힘든(hard to manage). 빤 docile 온순한. 4
[《중영》 *stoburn, stiborne*←《고영》 *stybb* stub 그루터기; 오래된 등걸(stub) 처럼 들어 내기 힘들다는 뜻]

stucco[stʌ́kou] 图 고운 회반죽. 图 …에 고운 회반죽을 바르다.
[《이태》 *stucco* hardened 굳게한, stucco 회반죽←《고대 독》 *stucchi* crust 굳은 껍질]

stud¹[stʌd] 图 장식 단추, 장식용 압정(押釘). 图 장식용 압정을 박다; 점점이 박다(with). 8
[《고영》 studu a post 기둥; *cf.* 《독》 *stütze* prop 버팀나무]

stud²[stʌd] 图 말 (전체); 말의 사육장; 《미》 종마(種馬 stallion).
[《고영》 *stōd*; *cf.* 《독》 *gestüte*] ☞ steed

study[stʌ́di] 图, 图 공부(하다), 학습(하다), 연구(하다); 조사(하다); 힘써 …하다(try hard); 생각하다(consider); 서재, 연구실; 노력(endeavour); 연습곡, 습작(étude). 1
[《라틴》 *studium* zeal 열성, study 연구; studio와 자매어; *cf.*《프》 *étude*]

student[stjú:d(ə)nt] 图 (대학, 전문학교 따위의) 학생, 생도 (*cf.* scholar, pupil); 학자, 학생. 2
[《라틴》 *studentem* being eager 열심인, studying 공부하는←*studēre* be eager, study]

studio[stjú:diou] 图 스튜디오 《미술가, 사진사, 음악가, 영화인 따위의 작업장》, 아틀리에(atelier, workshop); (방송국의) 방송실; (영화) 촬영소.
[《이태》 *studio* school 학교←《라틴》 *studium* zeal 열성, study 연구, 학습; study와 자매어]

studious[stjú:djəs] 图 열심히 공부하는, 열심인; 애쓰는; 고의의. [study+-*ous* (형용사 어미)] 6

studiously[stjú:djəsli] 图 열심히, 부지런히; 공들여서, 고의로.

stuff[stʌf] 图 재료, 원료(material); 물질(substance); 소지물(goods); 모직물(woolen fabric); 요소. 图 채워 넣다(pack), 틀어넣다(cram); (요리하는 새 따위에) 속을 넣다; (틀어)막다(chock)[up]. 2
[《고프》 *estoff* material 물질, provision 저장←*estoffer* provide 저장하다 ←《라틴》 *stup*(*p*)*a* tow 거친 삼]

stuffy[stʌ́fi] 图 바람이 잘 안통하는, 숨막히는, 답답한(close). [stuff+-y(형용사 어미)]

stumble[stʌ́mbl] 图 (찟에 걸려) 넘어지다(over); (…에) 우연히 마주치다[on]; 말을 떠듬다, 떠듬거리다. 4
[《중영》 *stumblen, stomblen; cf.* stammer]

stumbling-block[stʌ́mbliŋblɔk] 图 장해물.
[stumble+-*ing* (현재분사)+block 덩어리] ☞ stammer

stump[stʌmp] 图 그루터기; (부러진 이 따위의) 뿌리, (손이나 발의) 잘리고 남은 부분; (여송연의) 꽁초, (연필, 초 따위의) 동강(stub); 의족(義足 wooden leg); 《속어》 두다리(legs); 정견 발표의 연설대, 유세 《옛날 개척지에서는 그 루터기를 연단대신에 쓰였기 때문》. 图 터벅터벅 걷다; 의족으로 걷다; 유세(遊說)하다; (질문 따위로) 괴롭히다, 애먹이다(puzzle); 감행하다. 3
[《중영》 *stumpe, stompa; cf.*《독》 *stumpf*]

stun[stʌn] 타 (쳐서) 기절하게 하다; 되게 놀래다, 혼이 빠지게 하다(bewilder); 먹먹하게 하다. 8
[고영) *stunian* resound 울리다, 반향하다; cf. (고프) *estoner* resound 울리다, stun 기절하게 하다←(라틴) *ex-*(강조의 접두사)+*tonāre* thunder 울리다,뇌성치다; cf. (프) *étonner* stun]
☞ thunder, astonish, astound

stunt¹[stʌnt] 명 (속어) 묘기(feat), 아슬아슬한 재주; 곡동비행. 타 아슬아슬한 재주를 부리다, 곡동비행을 하다. 9
[원래 미국 학생용어; cf. (독) *stunde* lesson 학습, 학과]

stunt²[stʌnt] 타 발육(발달)을 방해하다. 명 발육의 저지.
[(고영) *stunt* dull 우둔한]

stunted[stʌ́ntid] 형 발육이 그친, 발육(발달)이 잘 안된. [stunt+ed (과거 분사 어미)]

stupid[stjúːpid] 형 어리석은(foolish), 우둔한(dull); 바보같은, 시시한(uninteresting); 무감각한(senseless).
반 clever 영리한. 4
[(프) *stupide* ← (라틴) *stupidus* senseless 의식이 없는, ←*stupēre* be amazed 깜짝 놀라다]

stupefy[stjúːpifai] 타 마취시키다, 무감각하게 하다; (놀라서) 넋을 잃게 하다(astound).
[(프) *stupéfier*←(라틴) *stupefacere* ←*stupēre* be amazed+*facere* make; make amazed 깜짝 놀라게 하다;stupe +*-fy* (동사 어미)]

stupendous[stju(ː)péndəs] 형 엄청난, 터무니 없는; 놀라운(amazing); 거대한(immense). 8
[(라틴) *stupendus* ← *stupēre* be amazed]

stupidity[stjuːpíditi] 명 바보, 멍텅구리; 우둔; 어리석은 짓 (또는 말).
[stupid+*-ity* (명사 어미)]

stupor[stjúːpə] 명 무감각, 인사불성; 혼수(상태); 크게 놀람.

sturdy[stə́ːdi] 형 근골이 건장한(robust), 강건한(stout); 완강한(unyielding).
반 weakly 약한. 5
[(중영) *sturdi, stordi* rash 무모한,

성급한←(고프) *estourdi* ←*estourdir* amaze 깜짝 놀라게 하다; 성급한, 무모한→용감한, 대담한→강건한, 건장한]

stutter[stʌ́tə] 타 말을 더듬다, 더듬거리며 말하다(stammer). 명 말더듬이.
[((예어)) *stut* stutter+*-er* (반복을 뜻하는 어미)]

sty¹[stai] 명 돼지 우리(pigsty); (돼지 우리처럼) 더러운 곳; 소굴, 매음굴.
[((고영)) *stigu* sty; cf. (독) *steige* pen 우리] ☞ steward

sty(e)²[stai] 명 (눈에 나는) 다래끼.
[((고영)) *stigend* rising←*stīgan* rise 오르다+(중영) *ye* eye 눈; 눈의 더러운 곳]

style[stail] 명 문체(文體); 형(型 pattern); 양식, …식, …풍; 유행(fashion); 기품(good style). 타 …라 부르다(call), 일컫다(name). 2
[(고프) *stile*←(라틴) *stilus* style or writing instrument 문체, 글쓰는 도구; -*y*-로 쓴 것은 (그) *stylos* pillar 기둥과 혼동해서]
dress in good ~ 품위 있게 차리다.

stylish[stáiliʃ] 형 유행의; 날씬한(smart); 고상한, 품위 있는(elegant).
[style+*-ish* (형용사 어미)]

stylist[stáilist] 명 명문가(名文家), 문장가; (미) (실내장식, 의복 따위의) 메자이너(designer). [style+*-ist*]

Styx[stiks] 명 ((그리이스 신화)) 저승과 이승을 가르는 강, 삼도천(三途川). 8
[((그)) *Stux*; 저승에 있는 강으로서 저승의 둘레를 일곱번 감싼 이 강을 죽은 사람이 뱃사공 Charon의 배를 타고 건너서 죽음의 나라로 들어갔다고 함]

subdue[səbdjúː] 타 정복하다(conquer); 억제하다 (control); 길들이다; 부드럽게 하다(soften). 3
[(중영) *subduen*←(고프) *so(u)duire* seduce 유혹하다←(라틴) *subducere* remove by stealth 살짝 옮기다←*subduere* subdue ←*sub-* under+*dere* put 의 영향을 받은 말] ┌etc.
☞ duke, deduce, reduce, conduct,

subject[sʌ́bdʒikt] 명 신민, 국민 (cf. citizen); 주제, 제목(theme), 화제(topic); 학과; 주관; (문법) 주어 (cf. predicate, object, complement); 연구대상, 실험재료; 환자. 형 …에 속하는; …을 받기 쉬운; …에 걸리기 쉬운[to]; 지배를 받는; 《부사적으로》…을 조건으로, 가정

하여. [səbdʒékt] 통 복종시키다[to]; 당하게 하다; 제출하다, 위임하다(submit). ⑨ object 목적어, 객체(客體). 1 [((라틴)) *subjectus*←*subjicere*←*sub*- under + *jacēre* throw, place 두다= place under 밑에 두다→복종시키다, 종속시키다; cf. ((프)) *sujet* subject] ~ *to*… …에 걸리기 쉬운, …을 당하기 쉬운, …이 되기 쉬운; …에 종속하여, …을 받아야 할; 필요로 하는.

subjection[səbdʒékʃ(ə)n] 명 정복, 복종. [subject+-*ion* (명사 어미)] 8
in ~ 종속되어, 복종하여.
☞ eject, inject, reject, jet

subjective[sʌbdʒéktiv] 형 (철) 주관의(⑨ objective); (문) 주어의. 명 주격.

subjugate[sʌ́bdʒuɡeit] 통 정복하다, 복종시키다(subdue). ⑨ 복종하다.
[((라틴)) *subjugātus* brought under the yoke 멍에를 씌운 ← *subjugāre* bring under the yoke 멍에를 씌우다← *sub*- under+*jugum* yoke 멍에]
☞ yoke

subjunctive[səbdʒʌ́ŋ(k)tiv] 명, 형 ((문법)) 가정법(의); 접속법(의).
[((라틴)) *subjunctīvus* connecting 연결하는←*subjunctus* ←*subjungere* subjoin추가하다←*sub*- beneath+*jungere* join 합하다; 종속절에 가정법이 쓰였기 때문]

sublime[səbláim] 형 웅대한(exalted); 숭고한; 장엄한(majestic). ⑨ low 낮은, lowly 천한. 5
[((라틴)) *sublīmāre* elevate 높이다← *sublīmus* sublime←*sublīmen* reaching up to the lintel 상인방에 닿는← *sub*-+*līmen* lintel 상인방; 상인방에 닿을 만큼 높은]

sublimity[səblímiti] 명 장엄함, 숭고함, 웅대함; 숭고한 사람(것); 절정, 극치. [sublime+-*ity* (명사 어미)]

submarine[sʌ́bməri:n] 명 잠수함. 형 해저의; 잠수함으로 행하는. 9
[*sub*-←((라틴)) *sub*- under+marine(← ((라틴)) *maarīnus* belonging to the sea 바다의←*mare* sea 바다); under the sea 바다 밑의]
☞ marine, mariner, subway

submerge[səbmə́:dʒ] 통 물속에 가라앉(히)다(sink); 물에 잠그다; 잠항(潛航)하(게) 하다. 7
[((라틴)) *submergere*←*sub*- under+ *mergere* dip 적시다, 잠그다; dip under 밑에 잠그다]

submergence[səbmə́:dʒ(ə)ns] 명 침몰; 침수, 잠항. [submerge+-*ence*(명사 어미)]
☞ merge, merger, emerge, emergency

submit[səbmít] 통 복종하(게 하)다; 굴복하(게 하)다(yield); 감수(甘受)하다; 저항하다. ⑨ resist 저항하다. 3
[((라틴)) *submittere* put under 밑에 놓다←*sub*- under+*mittere* send 보내다; put under 밑에 놓다→복종하게 하다]

submission[səbmíʃ(ə)n] 명 굴복, 복종; 순종, 온순; 중재부탁. [submit+ -*ion* (명사 어미)] 7

submissive[səbmísiv] 형 온순한, 순종하는. [submit+-*ive* (형용사 어미)]
☞ mission, missile, admit, commit, omit, remit

subordinate[səbɔ́:dinit] 형 아래의, 하급의; 차석의; 종속하는. 명 부하, 아랫사람. [səbɔ́:dineit] 통 아래에 두다; …의 다음으로 하다; …보다 아래를 보다; …에 종속시키다. ⑨ co-ordinate 동격의, master 주인. 9
[((라틴)) *subordinātus* placed in a lower order 낮은 계급에 놓인←*sub*- under+*ordināre* order 배열하다]

subordination[səbɔ̀:dinéiʃ(ə)n] 명 종속; 하위(下位); 복종. [subordinate +-*ion* (명사 어미)] 7
☞ ordain, co-ordinate

subscribe[səbskráib] 통 (동의하여) 서명하다(sign), (…에) 동의하다[to]; (…을) 예약하다[to, for]; 응모하다, 기부하다(contribute) [to]. 7
[((라틴)) *subscrībere*←*sub*- under+ *scrībere* write; write under 밑에 쓰다→자기 이름을 밑에 쓰다→서명하다]

subscriber[səbskráibə] 명 기부자; 가입자, 예약자. [subcribe+-*er* (사람을 뜻하는 명사 어미)] 8

subscription[səbskríp(ə)n] 명 응모, 가입; 기부금, 거출금; 예약(구독). 7
[((라틴)) *subscriptiōnem*←*subscriptus*←*subscrībere* subscribe 서명하다; subscript (아래에 쓴)+-*ion*]
raise a ~ *for*(a new school) (새 학교를 위한) 기부금을 모집하다.
☞ scribe, ascribe, conscript, describe inscribe

subsequent[sʌ́bsikwənt] [형] (그) 뒤의, 다음의, 잇달아 일어나는; 결과로 일어나는〔upon〕. [반] antecedent 앞선, former 이전의. 6
〔《래틴》*subsquentem*←*subsequī*←*sub-* under, near+*sequī* follow; follow near 바로 뒤따르다〕
~ to… …에 다음가는, …후의.
subsequently[sʌ́bsikwəntli] [부] 그뒤에, (그) 다음에, …에 이어서.
☞ sequence

subside[səbsáid] [동] 가라앉다(sink); 물러가다; 진정되다(abate). 8
〔《래틴》*subsīdere*←*sub-* under+*sīdere* sit down; sit down under 가라앉다〕
subsidence[sʌ́bsid(ə)ns] [명] 진정(鎭靜); 내려 앉음. 〔subside+*-ence* (명사 어미)〕 ☞ sit, sedentary

subsist[səbsíst] [동] 생존하다(exist), 생활하다(live)〔on〕; 남아있다, 존재하다, …에 있다(consist)〔in〕. 8
☞ state, stand, assist, consist, insist, resist

substance[sʌ́bst(ə)ns] [명] 물질(material); 실질, 내용; 요지(element); 재산; 본질(essence). [반] semblance 외형. 3
〔《래틴》 *substantia* ← *substantem* standing firm 확고히 서 있는←*substāre* stand firm ← *sub-* near + *stāre* stand+*-ce* (명사 어미)〕
in ~ 실질적으로는, 내용은; 실제로는.
substantial[səbstǽnʃ(ə)l] [형] 실질의(material); 실재하는(actual); 실질적인; 상당(相當)한 (considerable); 견고한(strong), 든든한(firm); 사는것이 넉넉한(well-to-do). 〔substance+*-al* (형용사 어미)〕 4
substantially[səbstǽnʃəli] [부] 풍부하게, 넉넉히; 크게; 단단히.
substantive[sʌ́bstəntiv] [형] 존재를 표시하는; 독립의(independent); 현실의(real). [명] 《문법》 실명사(實名詞), 명사. 〔substance+ *-ive* (형용사 어미)〕

substitute[sʌ́bstitju:t] [명] 대리인, 대용품. [동] 바꾸다, 대용하다; 대리하게 하다〔for〕. 4
〔《래틴》 *substitūtus*←*substitere* substitute←*sub-* near, instead of 대신에 +*statuere* place 두다; place instead of 대신에 두다〕
substitute margarine ***for*** butter. 버터 대신에 마아가린을 쓰다.
substitution[sʌ̀bstitjú:ʃ(ə)n] [명] 대치(代置), 대용. *cf.* replacement 반환, 교체. 〔substitute+ *-ion* (명사 어미)〕
[참고] A ***is substituted for*** B=B ***is replaced by*** A; ***substitute*** A ***for*** B= ***replace*** B ***by*** A: the ***substitution*** of margarine ***for*** butter=the ***replacement*** of butter ***by*** margarine (마아가린을 버터 대신에 쓰기). substitute와 replace는 그 뒤에 오는 전치사가 다르고 대치하는 대상의 어순이 서로 거꾸로 되는 점에 주의하라. ☞ statue

subtle[sʌ́tl] [형] 미묘한(delicate); 포착하기 어려운; 예민한; 약한. [반] simple 단순한, 소박한. 5
〔《래틴》 *subtīlis* fine 섬세한, thin 가냘픈←*sub-* under, closely 빼곡하게+*tēla* web 그물←*texere* weave 짜다; finely woven 섬세하게 짠〕
subtlety[sʌ́tlti] [명] 예민함; 섬세한 구별(fine distinction); 교묘함; 음험함; 미묘함. 〔subtle+*-ty* (명사 어미)〕
☞ textile

subtract[səbtrǽkt] [동] 감하다, 빼다, 덜다(deduct)〔from〕; 공제하다. 6
〔《래틴》 *subtractus* ← *subtrahere* ← *sub-* beneath+*trahere* draw off 당겨서 빼다; draw off under 밑으로 끌어당겨서 빼다〕
subtraction[səbtrǽkʃ(ə)n] [명] 삭감, 공제 〔from〕, 《수》 빼기; 뺄셈. 〔subtract+*-ion* (명사 어미)〕 「detract
☞ tract, trace, attract, contract,

suburb[sʌ́bə:b] [명] 《흔히 복수》 교외, 시외; *pl.* 부근(neighbourhood). 5
〔《래틴》*suburbium* suburb←*sub-* near 가까이+*urbi-*, *urbs* town 도시; near the town 도시 주변에 (있는 곳). *-urb* 는 urban[ə́:bən] [형] "도시의"와 같은 어원이다〕
the ~***s*** 교외 주택 지구.
suburban[səbə́:b(ə)n] [형] 교외의; (흔히 경멸해서) 변두리의, 편협한; 지적인 것에 관심이 없는. [반] urban 도시의. 〔suburb+*-an* (형용사 어미)〕 8
☞ urban
[동계어] **exsurbs**[éksə:bz] [명] 도시 위성지대, 교외지대와 전원지대의 중간지대 《도심지에서 이주한 사람들이 사는 지구로 도시적이면서 동시에 전원적인 생활 감정이 있음》. 〔*ex-* out of+(sub)

urbs]

subway[sʌ́bwei] 명 지하도, 《미》 지하 철도 (《영》 underground). 10
[*sub*- under+*way*]
☞ *way*, *submarine*

succeed[səksíːd] 동 성공하다[in] (*cf.* success, successful) 계속해서 일어나다; 상속하다, 계승하다[to] (*cf.* succession, successive). 반 fail 2
[《래틴》 *succēdere* go(from)under, follow 뒤따르다, prosper 번영하다←*suc*- *sub*- next, under + *cēdere* go; go (from) under 밑으로 (또는 밑에서나) 가다→이어가다→상속하다]
동의어 succeed (명 success)는 사업이나 직업에서 좋은 결과를 얻는다거나 목적을 달성함을 뜻한다. prosper (명 prosperity)는 계속적인 행운이나 성공을 얻는다는 뜻이며 때로는 보다 나은 행운이나 성공을 얻는다는 뜻을 나타내기도 한다. flourish는 발달이나 세력이 최고조가 된 상태를 강하게 암시한다. thrive는 좋은 사정하에 힘차게 성장 또는 발달한다는 뜻이다.

success[səksés] 명 성공(한 사람). 반 failure 2
[《래틴》 *successus succēdere*]
☞ *succeed*
with ~ 성공적으로, 운 좋게.
make a ~ *of* …을 잘 해가다.

successful[səksésf(u)l] 형 성공한, 잘 된; 대성공의, 대성황의; 합격한; 번창하는. [success+-*ful*] 3

succession[səkséʃ(ə)n] 명 연속, 계속; 상속, 계승(권)[to]. 5
[《래틴》 *successiōnem* coming into the place 자리에 들어가기←*successus* ←*succēdere*; success+-*ion*]
in ~ 계속해서, 잇달아 (one after another). *in rapid* ~ 쉴새 없이 계속해서, 연이어.

successive[səksésiv] 형 잇달은, 연속적인; 대대의; 연달아 일어나는. 5
[《프》 *successif*; succeed+-*ive* (형용사 어미)]

successively[səksésivli] 부 연달아, 연속적으로.

successor[səksésə] 명 뒤에 오는 (일어 나는)것, 대체되는 것; 후임자, 후계자; 상속자, 계승자. 반 predecessor 6
[《래틴》 *successor*; succeed+ -*or*]

☞ cede, cease, concede, precede, proceed, recede

succo(u)r[sʌ́kə] 명, 동 구조(하다), 원조(하다), 원조자. 7
[《프》 *secours secourir*←《래틴》 *succurrere* run to the assistance of 도와주러 뛰어가다 ← *suc*-, *sub* near + *currere* run; run near 가까이 뛰어가다 (도와 주려고)] [recur
☞ current, concur, incur, occur,

such[《보통》 sʌtʃ, 《약》 sətʃ] 형 이러한 (of that kind); 그러한, 대단한, 심한; 비상한. 때 그런 사람(것, 일). 1
주의 부정관사가 있는 명사에서는 such a 의 어순. ☞ so, like
[《고영》 swylc, swilc, swelc; *cf.* 《독》 *solch* so]
as ~ 그런 것으로, 그런 자격으로; 그것 만으로(는). ~ *and* ~ 이러 이러한, 누구 누구의. ~ *as* …와 같은, …의 모양의 것, …하는 것과 같은, 예를 들면. ~… *as* …같은…. ~ *being the case* 이런 (그런) 까닭에.

suck[sʌk] 동 빨다, 흡수하다(absorb). 명 (젖) 빨기, 한번 빨기. 4
주의 sack "자루"와 혼동치 말 것.
[《고영》 *sūcan*; *cf.* 《독》 *saugen*, 《래틴》 *sūgere*]
~ *in* (지식 따위를) 흡수하다.

sucker[sʌ́kə] 명 빠는 사람(물건); 빨아 올리는 장치; 흡반(吸盤). 9
[suck+ -*er* (행위자를 뜻하는 어미)]

suckle[sʌ́kl] 동 젖먹이다; 키우다. 8

suction[sʌ́k(ə)n] 명 빨기; (펌프 따위의) 빨아 올리기. 10
[《래틴》 *suctiōnem*←*suctus*←*sūgere* suck]

sudden[sʌ́dn] 형 별안간의, 불의의, 돌연한. 명 갑작스러움, 돌연. 반 gradual 점차적인, slow 서서히 하는. 1
[《중영》 *soden*←《고프》 *sodein* 《프》 *soudain*←《래틴》 *subitāneus* sudden 벼란간의←*subitus* sudden, that which has come stealthily 살짝 온것←*sub*- *ire*←*sub*- stealthily 살짝+*ire* go; 원 뜻은 살짝 가다]
(*all*) *of a* ~=*on a* ~ 불의에, 갑자기(suddenly).

suddenly[sʌ́dnli] 부 불의에, 갑자기, 별안간, 돌연.

sue[sjuː] 동 (사람을) 고소하다, 소송하다(take into court); 간청하다(entreat);

…에 구혼하다. 6
[(중영) *suen*-(고프) *sivre* (프) *suivre* follow 뒤쫓다 ← (래틴) *sequi* follow]

☞ ensue, pursue, sequence, suit

suffer[sʌ́fə] 동 …으로 괴로워하다 [from]; 겪다; 참다(endure); 손해를 입다; 허락하다(allow). 1
[(래틴) *sufferre*←*suf*-, *sub*-+*ferre* bear, go; bear under 밑에서 견디다, undergo 겪다]

sufferance[sʌ́f(ə)rəns] 명 관용, 허용; (세관의) 선적허가(船積許可), 양륙허가(揚陸許可); (고어) 인내(력). [suffer+-*ance* (명사 어미)] 7

sufferer[sʌ́f(ə)rə] 명 수난자, 이재민, 환자(patient). [suffer+-*er* (사람을 뜻하는 명사 어미)] 8

☞ confer, defer, infer, prefer, refer, offer

suffice[səfáis] 동 만족시키다(satisfy); 충분하다[for]. 3
[(래틴) *sufficere*←*suf*-, *sub*- under+*facere* make; make or put under 밑에 만들다 (또는 놓다)→지배하에 두다→만족시키다]
~ (it) *to say that*… …라고 말하는 것으로 그치다.

sufficiency[səfíʃ(ə)nsi] 명 충분, 풍부. [sufficient+-*cy* (명사 어미)]

sufficient[səfíʃ(ə)nt] 형 충분한, 풍족한. [suffice+-*ent* (형용사 어미)] 3
[동의어] **sufficient**는 물건의 분량이 어떤 요구나 목적에 완전히 일치함을 뜻하는 점잖고 품위있는 말이다. **enough**는 sufficient 보다 흔히 쓰이는 말이며, sufficient 가 어떤 필요를 충족하는데 충분하다는 뜻인데 비하여, enough는 어떤 욕망을 충족하는데 충분하다는 뜻이라고 구별해서 쓸 때도 있다: He is not getting *sufficient* sleep. 그는 잠을 충분히 못자고 있다; A growing child never has *enough* time to play. 자라는 아이는 노는 시간이 아무리 많아도 충분하다.

sufficiently[səfíʃəntli] 부 충분히(enough). ☞ fact

suffocate[sʌ́fəkeit] 동 질식하(게 하)다 (choke); (불 따위를) 끄다.
[(래틴) *saffōcātus suffōcāre*, choke 질식시키다 *suf*-, *sub*- under+*fauc-faux* throat 목; 목을 조르다; -*fo ca-*

*te*는 faucal[fɔ́:k(ə)l] "목(구멍)의"와 같은 말]

suffocation[sʌ̀fəkéiʃ(ə)n] 명 질식, 숨이 막힘. [suffocate+-*ion* (명사 어미)]

suffrage[sʌ́fridʒ] 명 투표(vote); 선서권, 참정권; 찬성(consent). 7
[(래틴) *suffrāgium* vote 투표, voting-tablet 투표판←*suf*-, *sub*- under+*frangere* break 부수다] ☞ suffer

sugar[ʃúgə] 명 설탕; 아첨, 사탕발림 (flattery). 동 설탕을 넣다, 설탕을 씌우다. 1
[(프) *sucre*←(스페인) *azucar*←(아랍) *assokkar*←-*al* the+*sokker* sugar 산 스크릴) *çarkara* gravel 자갈]

suggest[sədʒést, (미) səgdʒést] 동 암시하다(hint), 넌지시 비치다; 시사(示唆)하다; 연상하게 하다; 제안하다(propose). 3
[(래틴) *suggestus* placed under 밑에 놓인←*suggere* place under←*sub*- under+*gerere* bring 가져 오다, hold 갖다; 밑에 놓다]

~ *itself to* …의 마음에 떠오르다.

[동의어] **suggest** (suggestion)는 제 안에서 어떤 일을 사람이 생각하게 한다거나 어떤 사물을 보면 어떤일이 생각나게 함을 뜻한다. **hint** (명 hint)는 상대편이 자기 뜻을 알아 주기를 바라면서 넌지시 suggest 한다는 뜻이고, **imply** (명 implication)는 말 뒤에 숨은 뜻을 suggest 한다는 뜻으로, 그 뜻을 이해하려면 추리해야 함을 암시한다. **intimate** (명 intimation)는 아주 간단한 힌트로써 간접적으로 알린다는 뜻이다. **insinuate** (명 insinuation)는 어떤 기분 나쁜 일이나 도저히 말할 용기가 없는 것을 교활하게 hint 한다는 뜻이다.

suggestion[sədʒéstʃ(ə)n] 명 시사, 암시; (울어난) 생각; 제안, 제의(proposal). [suggest+ -*ion* (명사 어미)] 6

suggestive[sədʒéstiv] 형 암시적인, 시사하는; (…을) 생각나게 하는[of]. [suggest+-*ive* (형용사 어미)] 10

☞ gest, gesture

suicide[sjúisaid] 명 자살(자). 영 murder 살인. [1750년대 이전에 England에서 만든 말; (래틴) *suī of* himself 자기 자신의+ -*cīda* a slayer 살해자 ←*cædere* slay 죽이다와 맞춘 말]

commit ~ 자살하다(kill oneself).

suit 564 **sum**

[동계어] homicide 살인(법). fratricide 형제 살해(법). infanticide 유아(영아) 살해(법). insecticide 살충(제). matricide 친모(親母) 살해(법). parricide 친부(親父) 살해(법), 존속 살해(법). regicide 시역(弑逆)(자), 국왕시해(법).

suit[s(j)u:t] 명 (양복의) 한 벌, 한 셋트(set);탄원(petition); 소송(lawsuit); 구혼(wooing). 동 적합하(게 하)다,형편에 맞다(agree with), 일치시키다(adapt); 잘 어울리(게 하)다; 마음에 들다.

[주의] shoot "쏘다"와 혼동치 말 것. suite[swi:t]와 발음 및 철자법의 차이를 비교할 것.

[《고프》 sieute 《프》 suite following 뒤 쫓는←s(u)ivre forrow 뒤쫓다; suite와 자매어]

[참고] 양복 한벌, 두벌 하고 말하려면 a suit (또는 two suits) of clothes 따위로 한다. a suit (of clothes)는 남자의 옷을 가리키며, 보통 저고리(coat), 바지(trousers), 조끼(vest,waistcoat)를 뜻하고, 여자옷 한벌은 a dress라고 말하는 것이 보통이나 때로는 저고리, 스커어트의 한 벌을 스으쓰(suit)라 하기도 한다.

suitable[s(j)ú:təbl] 형 적당한; 어울리는; …에 맞는[to, for]. [suit+-able (형용사 어미)] 반 unsuitable 4

suitably[s(j)ú:təbli] 부 어울리게, 상당히, 맞게.

suite[swi:t] 명 일행, 시종자 일행; 조(組), 한벌(set) [of]; 한데 이어진 방; (음악) 조곡(組曲).

[《프》 suite; suit와 자매어] 9
a dining-room ~ 식당용 가구 일습(한 셋트).

suitor[s(j)ú:tə] 명 소송인, 원고(plaintiff); 탄원자(petitioner); 구혼자(wooer). [suit+-or] 7

☞ sequence, sue, ensure, pursue

sulk[sʌlk] 동 시무룩해지다. 명 시무룩해지기, 심술.

sulky[sʌ́lki] 형 시무룩한, 기분 나쁜, 우울한, 심술난. [sulk+-y (형용사 어미)]

sullen[sʌ́lən] 형 뚱한(dull), 시무룩한, 퉁명스러운, 우울한(gloomy). 반 jovial 유쾌한, gay 즐거운. 4

[《고프》 solain←《레틴》 sōlus alone 혼자의]

☞ sole, solitary, solitude, solo

sulphur,sulfur[sʌ́lfə] 명 유황. 6
[《레틴》 sulfur, sulphur 유황]
sulphureous,sulfureous[sʌlfjúəriəs] 형 유황(질)의. [sulphur+ -eous (형용사 어미)]

sultan[sʌ́ltən] 명 회교국 군주; (the Sultan) 터어키 황제. 반 sultana 회교국 왕비, 후궁. 8
[《프》 sultan←《아랍》 sultēn victorious 승리의, ruler 통치왕자, prince 자; 원 뜻은 영토, 통치권(dominion)]

sultry[sʌ́ltri] 형 무더운, 찌는듯이 더운; (햇빛 따위가) 따가운; 끔찍한. 9
[《중영》 swlten faint, die 넘어지다, 죽다+-y (형용사 어미)]

sum[sʌm] 명 합계,총액(total amount); 금액; 요점, 개요(summary); 산술의 문제, pl. (어린이 말) 산술계산(arithmetic). 동 합계하다; 적요(摘要)하다, 간추리다. 반 part 부분, 나누다; divide 나누다. 2
[《레틴》 summa sum, chief part 주요 부분, amount 분량; 원래에는 summus highest sub sup above의 최상급의 여성형]

be good at ~s 계산을 잘하다. do a (rapid) ~ in one's head 암산을(아주 빨리)하다. do ~ 계산을 하다, 산술 문제를 풀다. ~ total 총계. ~ up 요약하다(summarize). to ~ up 요컨대.

[동의어] sum은 하나 하나의 수를 보태어서 얻은 수나 액수를 뜻한다. mount는 어떤 액수나 분량의 세목(細目)을 다 합해서 얻은 결과이다. aggregate는 하나 하나의 항목으로 이루어진 집합체의 전체이다. total은 흔히 큰 수량을 나타내며 합계한 결과 속에 모든 필요항목이 포함되어 있음을 강조한 말이다. whole은 합쳐진 것이 체재가 잡혀 있음을 강조하는 말이다.

summarize[sʌ́məraiz] 동 적요하다, 간추리다, 개괄(概括)하다; 줄여 말하다. [summary+-ize (동사 어미)]

summary[sʌ́məri] 명 경개(梗槪), 적요, 일람(一覽). 형 간결한(concise), 적요의, 간추린; 약식의; 즉결의(prompt). [sum+-ary] 10

summit[sʌ́mit] 명 꼭대기(top), 절정(絶頂). 반 bottom 바닥. 5

〔《프》 *sommet* top←《고프》 *som* top of a hill 산꼭대기+-*et* (축소 어미)←《래틴》 *summum* highest point 제일 높은 지점←*summus* highest 최고의←*sub, sup* above〕

summer[sʌ́mə] [명] 여름. [동] 여름을 지내다, 피서하다. [반] winter 겨울. *cf.* spring 봄; autumn, fall 가을. 1
〔《고영》 *sumer, sumor; cf.* 《독》 *sommer*〕

summon[sʌ́mən] [동] 호출하다(send for), 소환하다, 소집하다; (항복 따위를) 요구하다(call upon); (욕기를) 내다〔up〕.
〔《래틴》 *summonēre* remind privily 남몰래 상기시키다←*sum- sub* under +*monēre* warn 주의 시키다; warn secretly 살짝 주의시키다〕 3

summons[sʌ́mənz] [명] 호출(장), 소환(장), 소집(영장).
〔《중영》 *somonse*←《고프》 *semonse*←*semondre* summon 호출하다←《래틴》 *summonēre*〕
☞ admonish, monition

sumptuous[sʌ́mptjuəs] [형] 사치한(luxurious), 값비싼(costly). [반] parsimonious 인색한. 6
〔《래틴》 *sumptuōsus* expensive 돈이 많이 드는, 비싼←*sumptus* cost 값←*sumptus, sūmere* trke 취하다, use 쓰다, spend 소비하다〕〔sume, resume
☞ assumption, consumption, pre-

sun[sʌn] [명] 해, 태양; 햇빛(sunlight), 볕; 양지. [반] moon 달, shade 응달. *cf.* solar 해의. 1
〔《고영》 *sunne; cf.* 《독》 *sonne*〕
see the ~ 출생하다

sunbeam[sʌ́nbi:m] [명] 광선; *pl.* 햇빛.
〔sun+beam 광선〕 ☞ beam 4

sunburn[sʌ́nbə:n] [명] 볕에 탐. [동] (sunburned, sunburnt) 볕에 태우다, 볕에 그을게 하다. 〔sun+burn〕

Sunday[sʌ́ndi] [명] 일요일, (기독교의) 안식일. 〔sun+day; of the sun 해의 날. *cf.* 《독》 *sonntag*: 《래틴》 *diēs sōlis* sun's day, 《그》 *hēmera hēliou*를 번역한 것〕 2

sunflower[sʌ́nflàuə] [명] 해바라기.
〔sun+flower 꽃〕 10

sunlight[sʌ́nlait] [명] 햇빛, 일광. 〔sun +light 빛〕 4

sunny[sʌ́ni] [형] 양지 바른; 햇빛이 잘 들어오는; 쾌활한(cheerful). 〔sun+-*y* (형용사 어미)〕 3

sunrise[sʌ́nraiz] [명] 해돋이, 일출(日出); 아침; 동방. 5
〔sun+rise 상승〕 ☞ rise

sunset[sʌ́nset] [명] 일몰(日沒); 해질녘; 서방(西方); 저녁놀; 만년, 말로. 3
〔sun+set 지다〕 ☞ set

sunshine[sʌ́nʃain] [명] 햇빛, 볕; 양지; 좋은 날씨; 쾌활함. 2
〔sun+shine 비추다〕 ☞ shine

sunder[sʌ́ndə] [동] 가르다, 떼다(separate), 찢다(sever). 7
〔《고영》 *syndrian* put asunder 떼어 놓다←*sundor* asunder, apart 따로; *cf.* 《독》 *sondern*〕

sundry[sʌ́ndri] [형] 여러 가지의(various), 잡다한. 〔sunder+-*y* (형용사 어미); separate 분리된→따로 따로의→여러 가지의〕 8
all and ~ 각자 따로 따로(every body). ☞ asunder

sup[sʌp] [동] 홀짝거리다(sip); 맛보다, 경험하다; 저녁을 먹다(take supper). 6
〔《고영》 *sūpan; cf.* 《독》 *saufen* drink: 지금의 발음은 supper의 영향으로〕 ☞ supper

superb[sjupə́:b] [형] 장려한(magnificent), 당당한; 훌륭한(splendid), 기가 막히게 좋은. 9
〔《래틴》 *superbus* proud 거만한←*supre* above 위의; 다른 사람 보다 위에 (above) 있다고 생각하는〕

superficial[s(j)ù(:)pəfíʃ(ə)l] [형] 표면(만)의, 피상적인, 천박한(shallow). [반] substantial 실질적인. 9
〔《래틴》 *superficiiālis*←*superfiiciēs* surface 표면; *superficies* 표면 +-*al* (형용사 어미)〕
☞ face, facial, surface

superfluous[s(j)u(:)pə́:fluəs] [형] 과잉의, 여분의(excessive). [반] scanty 모자라는. 6
〔《래틴》 *superfluus* overflowing 넘쳐 흐르는←*super-* over, above+*fluere* flow 흐르다〕

superfluity[s(j)ù(:)pəflúiti] [명] 여분(의 사람, 물건), 없어도 되는것, 과잉.
〔superfluous+-*ity* (명사 어미)〕
☞ fluent, influence, confluent

superintend[s(j)ù:pərinténd] [동] 감독하다. 9
〔《래틴》 *superintendere* ← *super-*

above+*intendere* attend to 마음을 쓰다→관리하다]

superintendence[s(j)ù:pərinténdəns] 圆 감독. [superintend+-*ence* (명사 어미)]

superintendent[s(j)ù:pərinténdənt] 圆 감독자, 관리자; 부장, 국장, 원장, 소장, 교장, 공장장. 5
[superintend+-*ent* 명사 어미]
☞ intend, attend,extend,contend

superior[s(j)u(:)píəriə] 圆 우월한; 더 좋은(better); 보다 위의, 우세한; 고급의, 우수한(excellent); 거만한(proud). ⊕ inferior 열등의, 보다 못한. 2
[《라틴》 *superior superus* high -*ior*은 《라틴》의 비교급을 나타 내는 어미]
☞ inferior, senior, junior, major, exterior, interior, anterior, posterior, etc.

superiority[s(j)u(:)pìəriɔ́riti] 圆 우월, 우세, 우수. [superior+-*ity* (명사 어미)] ☞ supreme

superlative[s(j)u(:)pə́:lətiv] 圆, 圈 최고(의); 《문법》 최상급(의).
[《라틴》 *superlātīvus* excessive 과잉의←*superlātus* carried beyond←*super*- beyond, above+*lātus* (*ferre* carry의 과거분사); carried beyond… …을 넘어서 운반된. -*lat*-는 translate 따위의 -*late*와 같아서 borne, carried (운반된)의 뜻]
speak in ～s 몹시 과장해서 말하다.
☞ elate, prelate, relate, translate

supernatural[s(j)ù:pənǽtʃ(ə)r(ə)l] 圆 초자연적인, 신비한.
[《라틴》 *super*- above+natural; above natural 자연의 힘을 초월한]
☞ natural, nature

superstition[s(j)ù(:)pəstíʃ(ə)n] 圆 미신, 미신적 관습. 5
[《라틴》 *superstitiōnem*←*super*- above, over+*stāre* stand; stand still over (in fear, dread) (무서워서) 꼼짝 못하고 서 있다]

superstitious[s(j)ù(:)pəstíʃəs] 圆 미신적인. [superstition+-*ous* (형용사 어미)] ☞ station, institution 7

supervise[s(j)ú:pəvaiz] 圖 감독하다, 지휘하다, 관리하다.
[《라틴》 *supervīsus supervidēre* oversee←*super*- above, over + *vidēre* see; oversee 감독하다]

supervision[s(j)ù:pəvíʒ(ə)n] 圆 감독, 지휘, 관리, 감시.
[supervise+-*ion* (명사 어미)] 9
☞ vision, television, provision, revise, survey

supper[sʌ́pə] 圆 저녁밥. *cf.* dinner 만찬, 정찬. 2
[《고프》 *soper* supper 저녁 *soper* ← take supper 저녁을 먹다, sup 홀짝거리다; *cf.* 《프》 *souper*]
[동의어] supper는 특별히 요리하지 않아도 될 정도의 비교적 간단한 저녁 식사로서 낮에 dinner를 먹는 가정에서나, 일요일에 dinner를 점심으로 먹는때의 저녁식사이다. 잔치 따위에서 supper라고 할 때에는 dinner를 뜻한다. dinner는 정찬이라는 뜻으로 하루의 식사 가운데 가장 주되는 식사이며, 주로 영국에서는 만찬을 뜻하고, 미국에서는 오찬(午餐)을 뜻한다. 영국에서는 중류 이하에서는 점심을 dinner라고 하는데, 이것은 도시락을 먹더라도 그 음식의 질에 구애치 않고 dinner라고 부르고 있다. 영국 상류계급에서는 낮에는 lunch를, 저녁에는 dinner를 먹는 것이 보통으로 되어 있다. 중류 이상의 가정에서의 dinner는 적어도 대여섯 가지의 차례 (five or six courses)로 음식이 나오는 법이다.
[참고] supper, dinner, breakfast, lunch(eon) 따위는 보통 관사를 붙이지 않으나, 식사의 질을 말한다든지 만찬회, 오찬회를 뜻할 때에는 관사를 붙여 쓴다: An elaborate *dinner* was served. 공을 들여 맛있게 마련한 식사가 제공되었다. They held a *dinner* at the New William Prince Hotel. 뉴우 윌리엄 프린스 호텔에서 만찬회가 열렸다.

supple[sʌ́pl] 圆 가냘픈, 하늘거리는 (pliant); 대가 약한, 굽실거리는(yielding). 9
[《프》 *souple*←《라틴》 *supplicem*←*supplex* submissive 굴복하는, bending under 아래로 구부러지는←*sup*-under+*plex*←*plicāre* fold 접다; 밑으로 구부러지는→굴복하는→가냘픈]

supplant[səplǽnt] 圖 대신 들어서다 (displace), …에 대신하다; 밀어내다. 8
[《라틴》 *supplantāre* trip up one's heels 남의 발뒤꿈치를 낚우어 채다←*sup*- under+*plantāre*, *planta* sole

발뒤꿈치]
supplement[sʌ́plimənt] 명 보충, 부록.
[sʌ́pliment] 동 보충하다, 추가하다.
〔《라틴》 *supplēmentum*←*supplēre*
fill up 채우다←*sup*- up+*plēre* fill 채
우다; supply+-ment (명사 어미)〕 9
supplemental[sʌ̀plimént(ə)l], **supp-lementary**[sʌ̀pliméntəri] 형 보충하는;
추가의, 부록의, 증보(增補)의. [supplement+-*al*, -*ary* (형용사 어미)]
supply[səplái] 동 공급하다(furnish)
[with], 지급하다, 배급하다; 충당하다,
보충하다. 명 공급, 보충, 지급품(支給品); *pl.* 식량; 저장 (store), 재고
(stock). ⓐ demand 수요. 1
〔《라틴》 *supplēre* fill up 보충하다←
sup- up+*plēre* fill 채우다〕
~ *the place of* …에 대신하다.
☞ complement, complete, compliment, implement, plenary, replenish

suppliant[sʌ́pliənt] 형 탄원하는, 애원
하는. 명 탄원자, 애원자. 9
〔《프》 *suppliant supplier* entreat 탄
원하다←《라틴》 *suppl*- *icāre* supplicate 애원하다〕 ☞ supplicate
supplicate[sʌ́plikeit] 동 탄원하다,
애원하다. 10
〔《라틴》 *supplicātus*, *supplicāre* b-
eg 빌다 ← *supplex* supple 굽신 거리
는〕; ☞ supple
supplication[sʌ̀plikéiʃ(ə)n] 명 탄원,
애원; 《종교》 공식적인 기도. 8
[supplicate+-*ion* (명사 어미)]
support[səpɔ́ːt] 동 지지하다, 버티다
(hold up); 부양하다(provide), 후원하
다(back up). 명 지지(자), 버팀; 원조
(자); 부양; 후원(자), ⓐ subvert 전복
시키다. 2
〔《라틴》 *supportāre* carry on 운반해
가다←*sup*- under+*portāre* carry 운
반하다; carry to a place 어떤 곳까지
운반하다→지다, 버티다→지지하다〕
~ *oneself* 자활하다.
supporter[səpɔ́ːtə] 명 지지자, 후원
자; 부양자; 버팀. [support+-*er* (명
사 어미)] 8
☞ porter, deport, export, import, report
suppose[səpóuz] 동 상상하다(imagine);
가정하다(assume); 《명령법》 만약 …이
라면. 1

〔《고프》 *sup(p)oser* imagine 상상하다
←《라틴》 *sup*- under+《프》 *poser*
place, put 두다; place or lay under
…의 아래에 두다〕
supposition[sʌ̀pəzíʃ(ə)n] 명 상상, 추
측; 가정, 가설. 10
[suppose+-*ition* 명사 어미].
☞ pose

suppress[səprés] 동 진압하다(put down);
억제하다; 금지하다; 누르다; (하품을)
억누르다; 판매금지하다. 5
〔《라틴》 *suppressus* ← *supprimere*
put down 진압하다, restrain 억제
하다←*sup*- under, down+*premere*
press 누르다; press under 아래로 누
르다〕
suppression[səpréʃ(ə)n] 명 억압, 억
제; 진압; 은폐; 판매금지; 말살.
[suppress+-*ion* (명사 어미)]
☞ press, compress, depress, impress, express
supreme[s(j)u(:)príːm] 형 최고의; 절
대(絶大)의; 주권을 가지고 있는.
ⓐ lowest 가장 낮은. 4
〔《프》 *supreme*←《라틴》 *suprēmus*
←*superus* high, above 위의〕
at the ~ *hour* 가장 중요한 고비에.
supremacy[s(j)u(:)préməsi] 명 지고
(至高), 무상(無上); 최고위; 주권, 패
권, 지배권(domination). 9
[supreme+-*acy* (명사 어미)]
☞ superior

sure[ʃuə] 형 확실한(certain), 틀림없는
(unfailing); 확신하는(convinced), 자
신있는(confident) [of, that]; 꼭…(하
는)[to do]; 안전한. 부 《속어》 반드시,
꼭; 《미》 그래(yes). ⓐ uncertain 불확
실한. 1
〔《고영》 *sēur* 《프》 *sur* ← 《라틴》 *sē-cūrum* secure 확실한—*sē* aside, without+*cūra* care; without care 걱정
없는〕
be ~ *to*… 반드시 (또는 꼭) …하다.
make ~ 확인하다; 확신하다.

surely[ʃúəli] 부 꼭(certainly); 설마.
surety[ʃúəti] 명 보증(인); 저당, 담
보(물). [sure+-*ty* (명사 어미)] 7
☞ secure, assure
surf[səːf] 명 (가에) 밀려오는 파도, 밀
려와서 부서지는 파도. 9
surface[sə́ːfis] 명, 형 표면(만)(의), 외
부(의), 외관(의); 겉보기만(의), 피상적

인. *cf.* superficial. [반] interior 내부. [《프》 *surface* 표면←*sur-* above 위의 +face 얼굴, 표면] 2

☞ face, superficial

surfeit[sə́:fit] [명], [동] 과식(하다), 포식(하다); 과잉(too much). 10

[《고프》 *surfait, sorfait* excess 과잉 ←*sorfaire* overdo 지나치게 하다←*osr-*, *sur-* above, over+*faire* do하다← 《래틴》 *facere* do; overdo 지나치게하다]

surge[səːdʒ] [동] 파도치다; 밀려오다, 쇄도하다. [명] 놀(billow), 노도(怒濤); 쇄도; 동요. 6

[《프》 *surgir* ←《래틴》 *surgere* rise 일어나다, 올라가다←*sur-* up 위으로+ *regere* direct 이끌다]

☞ source, insurgent, resurgent

surgeon[sə́:dʒən] [명] 외과의사; 군의관, 선의(船醫). [반] physician 내과의사. 7

[*chirurgeon* (《고어》 외과 의사)의 준말←《프》 *chirurgien* surgeon 의사, 군의관←*chirurgie* surgery 욋과 수술← 《래틴》 *chīrurgia*←《그》 *cheirourgia* working with the hands 손으로 하는 일, skill with the hands 손으로 하는 기술←*cheiro-*, *cheir* hand 손+ *ergein* work 일하다; work with hand 손으로 일하다]

surgical[sə́:dʒik(ə)l] [형] 외과의, 외과적인; 수술상의. [*chirurgical*의 준말←*chirurgeon;* surgeon+*ical*]

surly[sə́:li] [형] 시무룩한, 무뚝뚝한(gruff); 심술이 난. 9

[*sirly* lordly "귀족다운, 왕후의"가 변한 말←*sir*+*-ly;* (형용사 어미)]

☞ sir

surmise[sə:máiz] [명], [동] 억측, 추측(하다)(conjecture). 8

[《고프》 *surmise*←*surmettre* accuse 비난하다←*sur* above+*mettre* put← 《래틴》 *super* above 위의+*mittere* send, put; put above 위에 놓다]

☞ mission, missile, compromise, promise

surmount[sə(:)máunt] [동] 극복하다, 이겨내다(overcome); 위에 얹(히)다, 씌우다(cap). 7

[《프》 *surmonter*←*sur* 《래틴》 *super* above 위에+*monter* mount 올려놓다, 오르다; mount above 위에 올리다] ☞ mount

surname[sə́:neim] [명], [동] 성(姓 family name); 별명(을 붙이다, 으로 부르다). *cf.* christian name 세례명; given name 이름. 7

[《프》 *sur* (《래틴》 *super* above 위에)+《영》 name; above name→family name 성] ☞ name

surpass[sə(:)pά:s] [동] …보다 낫다, …을 능가하다(excel). 5

[《프》 *surpasser* excel 능가하다←*sur-* (《래틴》 *super* beyond 위에)+*passer* pass 지나다; pass beyond …을 초과하다] ☞ pass

surplus[sə́:pləs] [명], [형] 여분(의), 잉여(금)(의). [반] deficit 부족. 7

[《프》 *surplus*←《래틴》 *superplūs* residuum 나머지, 찌꺼기←*super* above 위에 + *plūs* more 더 많은; amount over and above 남아날 정도의 분량]

☞ plus

surprise[səpráiz] [명] 놀람, 놀라운 사건; 기습(sudden attack). [동] 기습하다; 놀라게 하다, 놀라서 …하게 하다. 1

[《프》 *surprise* taking unawares 기습←*sorprendre, surprendre* surprise 기습하다←《래틴》 *super* upon 위에+*prehendere* seize 쥐다←*præ* before+*-hendere* seize; take unawares 갑자기 치다]

be ~d at… …에 놀래다. ***take a person by ~*** 기습하다, 깜짝 놀라게 하다. ***to one's ~*** 놀란 것은.

[동의어] **surprise**는 뜻밖의 일, 보통 아닌 일 때문에 사람을 놀라게 한다는 가장 흔히 쓰이는 말이다. **astonish**는 사물이 도저히 믿지 못할 만큼 의외이기 때문에 사람을 놀라게 한다는 뜻이다. **amaze**는 당황이나 혼란을 일으킬 만큼 강한 놀람을 뜻하며, astound가 감정에 대하여 말하는데 비하여, amaze는 지적(知的) 혼란에 대하여 쓰이는 말이다. **astound**는 충격적으로 크게 놀라서 생각이나 행동을 할 수 없는 상태가 된다는 뜻이다. **flabbergast**는 도저히 말도 못할 만큼 astound 한다는 통속적인 말이다. 이상의 말들은 아래의 것일수록 그 뜻이 강하다.

☞ prize, prison, compromise, apprehend, comprehend

surrender[səréndə] [명] 항복; 함락; 양도, 넘겨줌. [동] 항복하다(yield); 인도하다(hand over); 포기하다(give up);

빠지다, 탐닉하다, 몸을 내맡기다. 4
〔《고프》 *surrendre* give up 포기하다 ←《프》 *sur-* (《래틴》 *super* above 위에)+*rendre* give; give up 포기하다〕
☞ render

surround[səráund] [동] 둘러싸다, 포위하다, 두르다(enclose). 3
〔원래 *suround* overflow 넘쳐 흐르다← 《고프》 *suronder*←《래틴》 *superundāre* overflow 범람하다←*super* over, above 위으로+*undāre* flow 흐르다←*unda* wave 물결; 원뜻은 범람하다(overflow)이나 round(둥근, 둘러싸다)의 영향을 받은 것〕
surrounding[səráundiŋ] [명] *pl.* 주의(environment); 환경(circumstances); 주위의 사람들. [형] 주위의, 부근의.
〔surround+*-ing* (명사 어미)〕 8
☞ abound, rebound

survey[sə(:)véi] [동] 내려다보다 (look over); 검사하다(examine), 검토하다, (review); 측량하다. [sə́:vei] [명] 측량; 검사, 조사; 개관(槪觀 general review).
〔《고프》 *sur-* over+*veeir* see 보다← 《래틴》 *vidēre* see 보다; see or look over …의 위를 보다→내려다 보다→검사하다〕 4
☞ supervise, vision, television, provide

survive[sə(:)váiv] [동] 살아남다(remain alive after), …에도 불구하고 살아 있다, …에서 살아나다(outlive); 무사히 지나다(come safe through). 5
〔《프》 *survivre*←《래틴》 *supervīvere* live beyond 넘어서 살다←*super* beyond 넘어서, 초과해서+*vīvere* live 살다; 넘어서 살다→더 오래살다(outlive) →살아남다〕
~ *an accident* 사고를 모면하다, 사고에서 살아남다. **~ *one's usefulness*** 오래 살아서 아무 것도 못하다, 쓸모없이 되어도 살아 있다. He *survived* his wife by three years 그는 아내가 죽은 뒤 3년간 살아 있었다. He is *survived* by his wife and their daughter. 그는 아내와 딸을 남겨 두고 죽었다. The crops *survived* the drought. 곡식은 가뭄도 타지 않고 그대로 되었다.
survival[sə(:)váiv(ə)l] [명] 생존자, 남은 사람; 옛 풍습, 옛적 신앙, 고대의 유물. 〔survive+*-al* (명사)〕 10
~ *of the fittest* 적자생존.
survivor[sə(:)váivə] [명] 생존자; 유족.
〔survive+*-or* (명사 어미)〕 7
☞ vital, convivial, revive, vitamin, victuals

susceptible[səséptibl] [형] 민감한(sensitive); …하기 쉬운(liable) 〔to〕; …이 가능한, …할 수 있는〔of〕; 허락하는 (admitting). [반] unmoved 감동되지 않는. 8
〔《프》 *susceptible*←《래틴》 *susceptibilis* ready to receive 쉽게 받는, 받을 준비가 된←*sus-*, *sups* under+*capere* take; receive or undertake 인수하다〕
☞ captive, perceive, conceive, deceive, receive

suspect[səspékt] [동] 수상하게 여기다, 의심하다; 알아 채다, …이 아닌가 하고 생각하다. [sʌ́spekt] [명] 용의자, 주의 인물. *cf.* doubt 의심하다. [반] trust 신용하다. 4
〔《래틴》 *suspectus* suspected 의심받는←*suspicere* suspect 의심하다←*susus-*, *sup-* under 밑에 + *specere* look; look under …의 밑을 보다〕
~ *a person of*(murder, lying,etc.) 사람에게 (살인, 거짓말)의 혐의를 품다.
suspicion[səspíʃ(ə)n] [명] 의심, 혐의; (…같은) 느낌, 낌새; 《속어》 소량, 기미(slight trace). 5
〔《래틴》 *suspiciōnem* ← *suspīciō* suspicion 의심←*suspicere* suspect 의심하다; suspect+*-ion* (명사 어미)〕
suspicious[səspíʃəs] [형] 의심스러운, 수상한; 의심이 많은. 6
〔《래틴》 *suspīciōsus*←*suspīcio* 의심; suspicion+ *-ous*(형용사 어미)〕
☞ aspect, expect, inspect, prospect, respect

suspend[səspénd] [동] 달아매다 (hang up); 연기하다(put off); 중지하다, 보류하다; 정착시키다. 5
〔《래틴》 *suspendere* hang up 달아매다 ←*sus-* ←*sub* under 밑으로+*pendēre* hang 매달다〕
suspense[səspéns] [명] 미결, 이도저도 아님; 불안, 걱정. 9
〔《래틴》 *suspensum suspendere* hung up 달아 맨 (상태)→이리 저리 흔들리는 상태→불안〕
***keep a person in* ~** 사람을 애타게 하다, (일이)어떻게 될까 걱정시키다,

sustain [səstéin] 타 버티다(hold up), 유지하다(maintain); 부양하다; 견디다(stand); 계속하다(keep up); 겪다, 받다, 입다(suffer). 4

[((라틴)) *sustinēre* uphold 받치다, 버티다←*sus-* ←*sups-* up+*tenēre* hold; hold up 버티다, 유지하다, 견디다]

sustenance [sʌ́stinəns] 명 생계(livelihood); 식물(food); 영양(nourishment); 유지. 10

[((고프)) *sostenance*←*sostenir* sustain ←((라틴)) *sustinēre*; sustain+ *-ance* (명사 어미)] 「tain, maintain, etc.
☞ abstain, contain, detain, enter-

swain [swein] 명 ((시)) 시골 젊은이(young rustic), 애인. 5

[((아이스)) *sveinn* boy 소년; *cf.* boatswain, coxswain]

swallow [swɔ́lou] 타 삼키다, 빨아 들이다(absorb) [up]; 통채로 먹다; 참다, 견디다(put up with). 명 한번에 삼킴, 한번에 삼킨 분량; 식도(食道 gullet);(새) 제비. 2

[((고영)) *swealwe*; *cf.* ((독)) *schwalbe*]

swamp [swɔmp] 명 습지, 소택지(marsh). 타 물에 담그다, 수렁에 틀어박히게 하다, 습지에 빠뜨리다; 침수하다, 쇠도하다; 궁지에 빠뜨리다. 4

[((엔마)), ((스웨덴)) *svamp* sponge 갯솜; 갯솜처럼 물이 붙은 땅]

swampy [swɔ́mpi] 형 소택이 많은, 늪 같은, 질퍽질퍽한. [swamp+ *-y* (형용사 어미)]

swan [swɔn] 명 백조. 3

[((고영)) *swan*; *cf.* ((독)) *schwan*]

swarm [swɔ:m] 명 (집을 나누는) 벌떼, 무리(crowd). 자 떼짓다, 꾀다; (…으로) 꽉 차다(be crowded) [with]. 3

[((고영)) *swearm*; 원뜻은 윙윙 거리는 것 that which hums; *cf.* ((독)) *schwirren* buzz 윙윙 울다]

swarthy [swɔ́:ði, -θi] 형 얼굴이 거무틱틱한, 햇볕에 그을은. 9

[본래 형태는 *swart*←((고영)) *sweart*; *cf.* ((독)) *schwarz* black]

sway [swei] 자 흔들(리)다(waver); 지배하다(rule over). 명 동요, 통치(rule), 세력(influence). 3

under the ~ of …의 통치하에 있는

swear [swɛə] 자 (swore, sworn) 맹세하다, 선서하다; 단언하다(declare); 벼락 맞을 소리를 하다; 욕하다, 악담하다. 명 저주, 악담, 욕설. 3

[((고영)) *swerian*; 원 뜻은 "말하다 (speak)": *cf.* ((독)) *schwören*]
☞ answer, sermon

sweat [swet] 명 땀, 발한(發汗); 고역. 자 땀을 흘리다; 착취하다; 땀흘려 일하다(drudge). *cf.* perspire. 4

[(명사)—((고영)) *swāt*;*cf.*((독))*schweiss* (동사)—((고영)) *swǣtan* ← *swāt*; *cf.* ((독)) *schweissen*]

sweater [swétə] 명 싼 품삯으로 직공을 혹사하는 사람; 털 쟈켙, 쉐터. 6 [sweat+*-er*] (명사 어미)]
☞ perspire

Swede [swi:d] 명 스웨덴 사람. 9

[((중 홀런드)) *Swede*; *cf.* ((독)) *Schwede*]

Sweden [swí:dn] 명 스웨덴(瑞典). 9

[((중 홀런드)) *Sweden* ← ((홀런드)) *Zweden*]

sweep [swi:p] 타 (swept) 쓸다, 소제하다; 일소하다(clear) [away, off]; 휙 지나가다(speed along); (파도, 바람 따위가) 씻어가다, 불어 날리다; 내다보다; 퍼지다; 쓰다듬다. 명 소제, 한번 쓸기; (굴뚝) 소제인(sweeper); 일소; 내다기; 불어 붙임, 밀어 붙임; 소탕(구역); 일대; 범위. 2

[((고영)) *swāpan* sweep 쓸다; *cf.* ((독)) *schweifen*]

make a clean ~ of …을 일소하다; 한꺼번에 처리 (또는 정리)하다.

sweet [swi:t] 형 단; 맛 있는; 향기로운 (fragrant); 마음을 끄는(attractive); 즐거운(pleasing); 상냥한(gentle). 명 *pl.* 단것 (과자 따위); *pl.* 쾌락; ((호칭)) 귀여운 사람. ⓟ bitter, sour.

[((고영)) *swēte*; *cf.* ((독)) *süss*] 1

sweeten [swí:tn] 타 달게 하다, 달아지다; (소리, 향기 따위를) 좋게 하다; (고통 따위를) 가볍게 하다(lighten); 즐겁게 하다, 즐거워 하다. [sweet+ *-en* (동사 어미)] 7

sweetheart [swí:tha:t] 명 애인(love,

lover). 6
[sweet+heart 심장, 가슴; 애정]
☞ heart

sweetness[swí:tnis] 명 단맛, 감미로움; 아름다움. [sweet+-ness (명사 어미)] 4

swell[swel] 동 (swelled, swollen) 부풀다; 증대하다(시키다)(increase); 가슴이 가득해지다; 뻐기(게 하)다. 명 팽창, 증대; 볼록함, 융기(隆起); 넘실거리는 놀; 《속어》명사, 대가. 형 멋진(smart), 훌륭한, 일류의. 2
[《고영》 swellan; cf. 《독》 schwellen]

swelling[swélip] 명 종기; 융기; 팽창; 부풀어 오름, 기복(起伏). [swell+-ing (명사 어미)]

swerve[swə:v] 동 빗나가(게 하다); (공을) 커어브시키다; 방향을 변하게 하다 [from]. 명 빗나감; (공의) 커어브. 7

swift[swift] 형 빠른, 속한(quick); 민속한, 재빠른(prompt). 명 칼새. ⑨ slow 느린. 2

swim[swim] 동 (swam, swum) 헤엄치(게 하)다, 뜨다(float); 눈이 돌다. 명 수영, 헤엄. 2
[《고프》 swimman swim 수영하다; cf. 《독》 schwimmen]
in the ～ 실정을 잘 아는. out of the ～ 실정에 어두운.

swimmer[swímə] 명 헤엄치는 사람.
swimming[swímiŋ] 명 수영, 헤엄.
[swim+-ing]

swindler[swíndlə] 명 사깃군.
[《독》 schwindler visionary projector 유령회사의 발기인, swindler 사깃군← schwindeln be dizzy 눈이 돈다, 어안이 벙벙하다, 현기증이 나다]

swindle[swíndl] 동 속여서 (돈 따위를) 취하다, 사기하다. 명 사기(fraud). [swindler에서 만든 말]

swine[swain] 명 《단수, 복수 같음》 돼지(pig, hog); 탐이 많은 사람. ⑨ sow [sau] 암돼지. 5
[《고영》 swin; cf. 《독》 schwein]
활고 이 말은 시, 문장, 법률, 농학, 동물학 따위에서 쓸 뿐이고 일반적으로는 별로 안 쓰인다. 돼지를 뜻하는 일반적인 말은 《영》 pig, 《미》 hog 이다. swine 은 집합적인 뜻으로 많이 쓰임.
☞ hog, pig, sow²

swing[swiŋ] 동 (swung) 흔들(리)다; 그네에 타다; 휘두르다(brandish); 《속어》교살하다. 명 진동, 동요, 회전; 그네(타기); 진폭(振幅); 범위(sweep); (힘찬) 곡조(tone), 율동(rhythm); 자유 활동. 2
[《고영》 swingan scourge 매질하다. fly 날다, flutter 펄럭거리다; cf. 《독》 schwingen]

Swiss[swis] 명 스위스 사람. 형 스위스(사람)의. 5
[《프》 suisse←《중세 독》 Swíz]

Switzerland[switsələnd] 명 스위스(瑞西). 6
[《중 훌런드》 Switserland ←Switse a Swiss 스위스 사람+land land 땅]

switch[switʃ] 명 (나무에서 잘라낸) 회창회창한 어린 가지; 회초리; (전기의) 스윗취; (철도의) 전철기(轉轍器). 동 회초리로 때리다; 스윗취를 틀다; 전철하다; 전환하다; (화제 따위를) 바꾸다. 5

swoon[swu:n] 동 졸도하다, 기절하다, 실신하다(faint); 차차 꺼져 가다(fade gradually). 명 졸도, 기절. 7

swoop[swu:p] 동 (사나운 새가) 별안간 덥치다[down, on, upon]. 명 불의의 습격; 급강하; 낱치기.
[《고영》 swāpan sweep along 쫙 지나가다 (swoop); cf. 《독》 schweifen rove 배회하다, sweep 쓸다]

sword[so:d] 명 검(劍), 칼; (the ～)무력, 전쟁. 2
주의 sward[swɔ:d] "잔디"와 혼동치 말 것.
[《고영》 sweord; cf. 《독》 schwert]

sycamore[síkəmɔ:] 명 《미》 플러터너스의 일종; 《영》 큰 단풍 나무, (이짚트 지방의) 무화과. 8
[《래틴》 sycomcrus←《그》 sūkomoros ←sukon fig 무화과+moron mulberry 뽕나무 오디←《헤브류》 shigmah sycamore]

syllable[síləbl] 명 음절(音節), 철자(綴字); 말 한마디, 일언반구. 5
[세번째 -l- 은 공연히 들어간 글자. 《고프》 sillab(l)e←《래틴》 syllaba←《그》 syllabē syllable 음절, holding together 함께 지니고 있는 ← syl-, syn- together+lab- ←lambanein take 갖다; that which holds together 함께 지니고 있는 것: 한 말말 속에서 함께 뭉쳐져 하나의 소리를 이루는 것]
☞ dilemma

sylvan[sílvən] 형 삼림(森林)의, 숲의.

[《래틴》 *silvānus* belonging to a wood 나무의←*silva* wood 나무]

symbol[símb(ə)l] 명 상징, 표상; 부호, 기호.

[《프》 *symbole*←《래틴》 *symbolum*←《그》 *sumbolon* token 상징, 표적, mark 표, 기호 ←*sum-*, *syn-* together +*ballein* throw 던지다, put 두다; throw together 함께 던지다. -*bol*은 ICBM← Intercontinental *Ballistic* Missile (대륙간 탄도탄)의 ballistic와 같은 것으로 throw의 뜻이다]

symbolic(al)[simbɔ́lik((ə)l)] 형 상징의, 상징(주의)적; …을 상징하는, …을 나타내는(of); 기호적인. [symbol+-*ic* (*al*) (형용사 어미)]

symbolize[símbəlaiz] 타 상징(화)하다, 나타내다.
[symbol+-*ize* (동사 어미)]
☞ devil, diabolic, ballistic

symmetry[símitri] 명 균형, 어울림, 좌우대칭(左右對稱).

[《그》 *summertria* due proportion 알맞는 비율←*sum-*, *syn-* with 함께, …을 가지고←*metron* measure 척도; of the same measure with… …과 같은 치수의] ☞ metre

sympathy[símpəθi] 명 동정(compassion), 불쌍히 여김; 공감, 공명, 찬성. ⑱ antipathy 적의, 반감. 3

[《그》 *sympatheia* fellow-feeling←*sym-*, *syn-* together, with + *pathein* suffer; suffer together 함께 괴로워하다] ☞ pathos

sympathetic[sìmpəθétik] 형 동정하는, 인정 많은; 마음이 맞는, 동조하는[with].

[《그》 *sympathetikos*; *sym-* + pathetic] ☞ pathetic

sympathize[símpəθaiz] 자 동정하다; 공명하다, 동조(同調)하다[with]. 7
[sympathy+-*ize* (동사 어미)]
☞ pathos, apathy

symphony[símfəni] 명 《음악》 교향악; 화음, 조화.

[《프》 *symphonie*←《래틴》 *symphōnia*←《그》 *sumphōnia* music 음악, 화음←*sumphōnos* harmonious 조화된, 화음의←*sum-*, *sun-* together + *phōnē* sound 소리; concord of sound 소리의 일치→harmony 소리의 조화]
☞ telephone, phonograph, megaphone, gramophone

symptom[sím(p)təm] 명 징후, 징조, 표. 8

[《래틴》 *symptōma*←《그》 *sumptōma* chance 기회, anything that befalls one 사람에게 부닥치는 일←*sumpiptein* fall in with 함께 빠지다←*sum-*, *sun-* together 함께+*piptein* fall 떨어지다]

synagogue[sínəgɔg] 명 유태 교회, 유태교 집회에 모인 신도. 10

[《프》 *synagogue*←《래틴》 *synagōga*←《그》 *sunagōgē* bringing together 함께 모으기, congregation 모인 신도들←*sun-* together 함께+*agōgē* bringing 데려오기←*agein* bring 데려오다, drive 몰다; 함께 데려 오기→집회]
☞ pedagogue, demagogue, encyclopaedia

synonym[sínənim] 명 동의어, 비슷한 말. ⑱ antonym 반대어.

[《프》 *synonyme*←《래틴》 *synōnyma*←《그》 *sunōnumos* of like naming 비슷하게 이름지은 ← *sun-* together + *onoma* name 이름]

synonymous[sinɔ́niməs] 형 비슷한말의, 뜻이 같은. [synonym+-*ous* (형용사 어미)]

synthesis[sínθisis] 명 (*pl.* -ses[-siːz]) 종합, 합성, 짜 맞추기. ⑱ analysis 분석.

[《래틴》 *synthesis* ← 《그》 *sunthesis* putting together 함께 놓기, 짜 맞추기←*sun-* together+*thesis* putting 놓기←*tithemai* set 놓다]

synthetic[sinθétik] 형 종합의, 종합적인; 합성의. ⑱ analytic 분석적인.

[《그》 *sunthetikos*←*sunthetos* skilled in putting together 짜 맞 추기에 숙련된] ☞ thesis

syrup[sírəp] 명 당밀(糖蜜), 씨럽. 6
[《고프》 *sirop*←《아라》 *sharāb*, *shurāb* wine 술, beverage 음료←*shariba* he drank 그는 마셨다]

system[sístim] 명 조직, 제도, 체계, 계통, 질서; 신체; 방법(method). 2
[17세기 이후에 사용됨. 《래틴》 *systēma*←《그》 *sustēma* a complex whole put together 함께 모아서 만든 복합물의 전체←*sus-*, *sun-* together 함께+*histanai* place 두다; whole formed of parts placed together 하나 하나의 부분을 함께 모아서 만든 전체]

T

tabernacle[tǽbə(:)nækl] 圆 (이스라엘 사람이 황야를 유랑할 때에 성전으로 쓴) 막사(tent), 유태 신전; 예배당, (임시로 지은) 예배당. 6
[《래틴》 *tabernāculum* tent←*taberna* hut 오막살이; cf. 《프》 *tabernacle*)
☞ tavern

table[téibl] 圆 식탁, (식탁을 가운데 두고) 한 자리에 앉은 사람들; 대(臺), 목록; 요리. 1
[《프》 *table*←《래틴》 *tabula* plank 평명한 판자]

at ~ 식사중. *keep a good* (또는 *poor*) ~ 언제나 걸게 (또는 빈약한) 식사를 하다. *lie on the* ~ (의안 따위가) 묵살되다. *sit* (down) *at* ~ 식탁에 앉다, 상을 받다. *turn the* ~s 형세를 일변하게 하다, 주객 전도하다. *under the* ~ 술에 녹초가 되다.

table-cloth[téiblklɔ(:)θ] 圆 책상보, 식탁보.

table-spoon[téiblspu:n] 圆 숟갈, (수우프용) 큰 숟갈.

table-spoonful[téiblspu(:)nf(u)l] 圆 한숟갈의 분량.

tablet[tǽblit] 圆 (나무, 상아, 진흙 따위로 만든) 서판(書板); 현판; (메어 쓰게 된) 편지지(첩); 정제(錠劑).
[table+-*et* (축소 어미); a small board 작은 널] 4

tabulate[tǽbjuleit] 동 표를 만들다.
[《래틴》 *tabulātus* boarded, planked 평면의; table+-*ate* (동사 어미)] 10

tabulation[tæbjuléi(ə)n] 圆 표를 만들기. [tabulate+-*ion* (명사 어미)]

tabular[tǽbjulə] 圆 표의, 표로 만든; 평평한 (flat); 평평한 판자 위의.
[《래틴》 *tabulāris*←*tabula* table]

taboo[təbú:] 圆 금기(禁忌), 타부우; 금제(禁制 ban). 圆 금하는 (prohibited). 동 금하다(ban, prohibit) (tabu로 적기로 한다).
[《폴리네시아 말》 *tapu*]

tacit[tǽsit] 圆 말없는(silent), 암암리의 (implied); (실내 따위가) 바스락 소리도 안나는.

[《래틴》 *tacitus* silent 고요한←*tacēre* be silent 고요하다]
~ *approval* 묵인(黙認). ~ *consent* 말없는 승낙.

taciturn[tǽsitə:n] 圆 말없는, 말 수가 적은. [《래틴》 *taciturnus* silent 고요한]

tack[tæk] 圆 대가리 큰 못, 가봉(假縫); 방침(course of action), 정책(policy). 동 대강 못으로 박아 붙이다, 시침질하다; 방침(정책, 침로)을 바꾸다. 6

tack driver 圆 못박는 자동식 기계.

tackle[tǽkl] 圆 맞붙잡다(grapple with), (일에)부딪치다, 논전하다. 圆 감아 울리는 기구 (밧줄, 도르래 따위), 도구, 낚시 도구; (럭비) 택클. 7
[《스웨덴》 *tackel* tackle of a ship 배의 감아 울리는 기구 ←《아이스》 *taka* grasp 꽉 쥐다 +-*le*(반복을 뜻하는 동사 어미) ☞ take

tact[tækt] 圆 솜씨; 호흡; 변통. 8
[《래틴》 *tactus* touch 접촉, 기미, delicacy 미묘한 점, 요령←*tangere* touch 손대다, 살짝 대다]

tactful[tǽktf(u)l] 圆 재주 있는, 변통 잘하는. [tact+-*ful*]

tactless[tǽktlis] 圆 변통성 없는, 둔한, 메퉁스러운.
[tact+-*less* (형용사 어미)]

tactics[tǽktiks] 圆 *pl.* 용병법, 전술.
[《그》 *taktika* tactics←*taktike* (technē) (the art) of arranging 배열상의 (기술) *tassein* arrange 배열하다] 10
[동의어] **tactics**는 주로 개별적인 전투에 있어서의 전술을 뜻하고, **strategy**는 전쟁 전반에 걸친 작전, 계획, 즉 전략(戰略)을 뜻하는 말이다.

tactical[tǽktik(ə)l] 圆 전술적인; 잘 획책(劃策)한. cf. strategic 전략의.
[tactic+-*al* (형용사 어미)]

tadpole[tǽdpoul] 圆 올챙이. 10
[《고영》 *tadde* toad 두꺼비+*pol* poll, head; a toad that seems all head 몸 전체가 머리로 보이는 두꺼비]
☞ toad, poll

tag¹[tæg] 圆 늘어진 끝; (동물의)꼬리;

tag 《미》 부전(附箋), 정가표, 이름표; 언제나 쓰는 문귀(stock phrase); 《장식의》 술, 리본. 圖 첨부하다(append); 《속어》 부르다(call); 뒤따라 다니다(follow persistently). 6
[《스웨덴》 *tagg* prickle 침, 가시, point, tooth 이]

tag²[tæg] 圈 술래잡기 《술래는 "it" 라고 한다》. 圖 술래가 잡다, 술래가 건드리다
[tag¹의 전용(轉用); *cf.* 《래틴》 *tangere* touch]
play ~ 술래잡기하고 놀다.

tail[teil] 圈 꼬리, 후부(rear part); 《속어》 연미복(燕尾服 tail coat); *pl.* 나머지, 《보통 복수》 화폐의 뒷면 (head(s) 화폐의 겉). 圖 꼬리를 달다; 맨 뒤가 되다; 《속어》 뒤따라가다(follow closely); 점점 가늘어지다(dwindle). 1
go into ~ 연미복을 입다. *head(s) or* ~(s) 겉이냐 안이냐 《화폐를 공중에 던져서 결정할 때에 하는 말》.

tail-light[téillait], **tail-lamp**[téillæmp] 圈 《자동차, 기차 따위의》 꼬리에 달린 등. 6

tailor[téilə] 圈 양복짓는 이, 재봉사(주로 남자 복을 주문 받아서 짓는다). 圖 양복을 짓다; 양복점을 경영하다. *cf.* dressmaker 양재사, 부인, 소아복 직공. 圈 tailoress 여자 재봉사. 2
[《고프》 *tailleor* a cutter 재단사 베는 사람←《프》 *tailler* cut 베다 ← 《래틴》 *tāliare* cut 베다; a cutter (of cloths) 《천을》 재단하는 사람. retail(소매하다)의 -*tail*도 같은 어원에서 나온 말]
Nine tailors go to (또는 *make*) *a man.* 《속담》 양복직공은 아홉 사람이 합해야 한 사람 몫을 한다.
The tailor makes the man. 《속담》 옷이 날개다.

tailor-made[téiləmeid] 圈 양복점에서 지은; 《세간 따위》 주문을 받아서 만든. ☞ retail, entail, tally

taint[teint] 圈 오점, 흠(stain); 《병 따위의》 징조(trace); 타락, 부패(corruption). 圖 더럽히다; 썩(히)다(decay).
[《프》 *teint* stain←*teindre* tinge 더럽히다←《래틴》 *tingere* dye 물들이다]
☞ tinge 6

take[teik] 圖 (took, taken) 취하다; 얻다(gain); 《시간, 비용 따위가》 걸리다 (require); 먹다(eat, drink); 타다; …라고 생각하다(consider); 《병에》걸리다. 1
圈 give 주다, bestow 부여하다.
[《중영》 taken ← 《아이스》 taka seize 잡다]
~ *A for B* A를 B로 생각하다. ~ *after*… …을 닮다(resemble), 모방하다(imitate). ~ *a walk* 산보하다. ~ *care of*… …에 주의하다(care for), …을 돌보아 주다(have the care of), …을 소중히 여기다. ~ *charge of*… …을 인수하다, …을 맡아 보다, …을 감독하다. ~ *into account* (또는 *consideration*) 참작하다. ~ *it easy* 마음 편하게 생각하다, 서서히 대비하다. ~*off* 벗다 (圖 put on 입다); 제거하다; 《비행기 따위가》 이륙(離陸)하다(圖 land 착륙하다). ~ *on* 인수하다, 《책임을》 지다; 꾸미다; 고용하다. ~ *part in* 참가하다. ~ *place* 일어나다(happen). ~ *to*… …을 좋아하다, …을 하기 시작하다. ~ *over* 《사무 따위를》 인계하다, 인수하다.
☞ tackle
동의어 take는 "취하다"를 뜻하는 일반적인 말이다. seize는 급히 또는 힘으로 take 한다는 뜻으로 비유적으로 썼을 때에는 특히 잡기 힘듦을 암시한다. grasp는 seize해서 꽉 쥔다는 말이며, 비유해서 썼을 때는 충분히 파악하다는 뜻이다. grip는 grasp 보다 뜻이 강한 말이다. clutch는 갖고 싶은 것을 꽉 grasp 한다거나 발작적으로 grasp한다는 뜻이다. snatch는 갑자기 또는 살짝 seize 한다는 뜻이다. grab는 난폭하게 snatch 한다는 뜻으로 흔히 수치나 부끄러움을 모르는 정도로 누추함을 뜻한다.

tale[teil] 圈 이야기(story), 동화; 지어낸 얘기; 《악의 있는》 소문(rumour), 욕; 거짓말(lie). 2

talent[tǽlənt] 圈 재능(ability), 《집합적》 인재(人材), 재능 있는 사람. 4
[《그》 *talanton* balance 천칭(天秤), sum of money 돈의 분량, talent 재능; 천칭(天秤)→무게의 단위→《그무게만큼의》 은의 분량 → 고대 그리스의 화폐 단위(타렌트); "재능"의 뜻은 다음의 글에서 생긴 것. "And unto one he gave five *talents*, to another two, and to another one; to every man according to his several *ability*. Bible,

Matthew xxv, 15.]
talented[tǽləntid] 혱 유능한.
[talent+-*ed*]
talk[tɔːk] 몡, 동 얘기(하다), 소문(얘기 하다), 상의(하다); 화제(topic) 1
~*ing of* …으로 말하면.
talkative[tɔ́ːkətiv] 혱 떠벌리는, 수다스러운. [talk+-*ative*(형용사 어미)]
talker[tɔ́ːkə] 몡 얘기하는 사람, 떠버리. [talk+-*er*]
tall[tɔːl] 혱 키가 큰, 높은(high); 《속어》과장한, 엄청난(extravagant). 1
ⓑ short 키가 작은.
tally[tǽli] 몡 (빌리고 빌려준 금액을 금을 새겨서 표시한) 부목(符木); 한쌍의 한쪽; 할인(割引); 부합; 계산(서). 동 부합하다. 10
[《프》 *taille* cutting, notch 새겨 놓은 금←*tailler* cut 새기다, 베다←《레틴》 *tāliāre* cut 새기다, 베다; 어미의 -y는 《프》 -é와 같은 것으로 《프》 *taillé* (notched 금을 새긴; tailler의 과거분사형)가 많이 사용되었기 때문에 그것을 본 것이다] ☞ tailor, entail, retail
tame[teim] 혱 (동물 따위가) 길든(domesticated); 온순한(gentle); 무기력한(spiritless). 동 (동물 따위를) 길들(이)다, 억누르다(curb), 약하게 만들다(weaken). ⓑ wild 사나운, 야성의, untamed 길이 안든, 억제되지 않는. 3
[《증영》 *tame* 《고영》 *tam* tame; *cf.* 《독》 *zahm*. 《레틴》 *domāre* tame ← *domus* house와 관계 있는 말이다. "집에 것들게 하다"가 원 뜻]
☞ domestic, domesticate, dome
tamper[tǽmpə] 동 만지작거리다(meddle) [with]; (문서 따위를) 마음대로 고치다; (유권자 따위를) 매수하다; 간섭하다. 9
[temper 의 변형]
tan[tæn] 동 (가죽을) 무두질 하다; 햇볕에 태우다. 몡 탠 껍질(떡갈나무 따위의 껍질을 바순 것으로 탠닌이 포함되어 있어 가죽을 무두질하는데 쓰이고 찌끼는 승마도로(乘馬道路) 따위에 깐다); 황갈색(黃褐色). 혱 황갈색의. 5
[《프》 *tan* 탠 껍질←《독》 *tanne* fir-tree 전나무]
tangle[tǽŋgl] 동 얽히(게 하)다. 몡 얽힘, 분규, 다시마의 한 가지. 8
[《북부 영어 방언》 *tang* sea-weed 해

초←《덴마크》 *tang* kelp 해초의 재, sea-weed 해초 +-*le* (동사 어미); 해초에 얽혀 있게 하다] ☞ entangle
tank[tæŋk] 몡 탱크, 물통; 저수지; 전차(戰車). 동 탱크에 넣다. 4
[《플류결》 *tanque* ←《레틴》 *stagnum* pool, pond 못; *cf.* 《프》 *étang* pond]
tanker[tǽŋkə] 몡 석유 운송선(石油運送船), 탱커.
[tank+-*er* (명사 어미)]
tap¹[tæp] 동 가볍게 두드리다. 몡 가볍게 두드리는 소리, 똑똑. 3
[《프》 *taper* tap, hit 치다.←《고대 독》 *tappen* grope 손으로 더듬다, *tappe* paw (개나 고양이의) 발; 소리를 본딴 말인듯]
~ *up* 문을 두드려서 깨다.
tap²[tæp] 몡 (통 따위에 달린) 주둥이, (수도 따위의) 꼭지(faucet); 마개(plug); (통에서 낸) 술. 동 (통에)주둥이를 달다; 나무의 진을 받다; (통신을) 가로 채다; (지식 따위의) 길을 열다(exploit); 졸라대다(solicit) [for].
[《증영》 *tappe*; 《고영》 *tæppa*; *cf.* 《독》 *zapfen* 마개]
tape[teip] 몡 테이프, 가늘고 긴 끈; 줄자(卷尺tape-measure, tape-line); 전보 수신지. 동 끈으로 매다(묶다); 줄자로 재다. 6
[《증영》 *tap*(*p*)*e*; 《고영》 *tæppe*; 《레틴》 *tapēte* cloth 베, 천에서 빌려 쓴 말] ☞ tapestry
tape recorder[teiprikɔ́ːdə] 몡 녹음기, 테이프 레코오더.
tapeworm[téipwəːm] 몡 촌백충.
[tape + worm 벌레, 지렁이, 기생층; 테이프 처럼 생겼다고]
taper[téipə] 몡 작은 양초; 약한 빛을 내는 것. 동 점점 가늘어지다[off], 차차 줄어들다. 4
tapestry[tǽpistri] 몡 색이 다른 씨와 날로 짠 직물(織物); 색 무늬를 짜 넣은 융단; (장식용) 양탄자. 6
[《프》 *tapisserie* tapestry ← *tapisser* furnish with tapestry 양탄자를 비치하다← *tapis* tapestry, hangings 벽에 거는 양탄자←《레틴》 *tapēte* cloth 베, hangings←《그》 *tapēt*-, *tapēs* carpet 양탄자, woolen rug 마루에 까는 모직물] ☞ tape
tar[tɑː] 몡, 동 타아르(를 칠하다)《유기물을 전류할 때 생기는 검고 찐득찐득한

기름 같은 액체). 4

tardy[táːdi] 웹 느린(slow), 늦은(late). ⑲ quick 빠른. 4
[《래틴》 *tardus* slow 느린 + *-ivus* =-*y* (형용사 어미); cf. 《프》 *tard* slow, late]

target[táːgit] 몡 과녁, 목표. 8
[《프》 *targe* a shield 방패 +- *et* (축소 어미) ← 〈아이스〉 *targa* target, small shield; 작은 방패]

tarriff[tǽrif] 몡 관세, 세율표;(호텔 따위의) 요금표. 7
[《프》 *tarif* a casting of accounts 요금표, 정가표 ←〈스페〉 *tarifa* a list of prices 정가표 ←〈아랍〉 ta'*rif* giving information 정보 제공 ←'*irf* knowledge 지식 ←'*arafa* he knew 그는 알았다]

tarry¹[tǽri] 통 꾸물거리다(linger), 늦어지다; 기다리다(wait) [for]. 5
[《중영》 *tarien* delay 늦추다; cf. 《래틴》 *tardāre* delay]

tarry²[táːri] 휑 타아르(tar)를 칠한, 타아르 투성이의.
[tar + -*y*(형용사 어미)] ☞ tar

task[tɑːsk] 몡 직무(lesson); 의무(duty). 통 일을 과하다, 무거운 짐을 지우다(burden). 2
[《래틴》 *tasca taxa* tax 세금 ←*taxāre* to tax 세금을 부과하다; 원래 세금을 뜻하였다; cf. 《프》 *tache* task] ☞ tax

참고 일반적으로 힘드는 일, 고된 일을 task라 한다.

tassel[tǽs(ə)l] 몡 술 (장식); (옥수수 따위의) 술모양의 털. 6

taste[teist] 몡 맛; 취미, 기호(liking); …의 기미(flavour) [of]. 통 맛보다; …의 맛이 나다[of]; 체험하다. 1
[《고프》 *taster* feel, taste ← 《래틴》 *tastāre* ← *taxāre* touch 건드리다; cf. 《프》 *tater*]

tasteful[téistf(u)l] 휑 취미가 좋은, 품위 있는, 아취가 있는, 눈이 높은.
[taste+-*ful* (형용사 어미)]

tasteless[téistlis] 휑 맛이 없는, 아취가 없는; 품 없는.
[taste+-*less* (형용사 어미)]

tatter[tǽtə] 몡 넝마(rags). 통 누더기로 만들다, 갈갈이 찢다. 6

tattoo[tətúː] 몡 문신(文身), 먹실 넣음, 자자(刺字).

[《타히티 말》 *tatau*]

taunt[tɔːnt] 통 꾸짖다, 책망하다(reproach); 조롱하다(mock). 9

tavern[tǽvən] 몡 선술집(saloon), 주막(inn). 4
[《래틴》 *tabernam* hut, booth, tavern 주막; 《래틴》 *tabula* board 판자와 관련이 있는 듯] ☞ table, tablet

tawny[tɔ́ːni] 휑 황갈색의 (yellowish brown). 8
[《프》 *tanné*←*tanner* tan] ☞ tan

tax[tæks] 몡 세(금); 무거운 부담(strain). 통 세를 부과하다; 과하다 (task), 강요하다; 책하다(charge) [with]. 2
[《프》 *taxe*← *taxer* to tax 세를 부과하다←《래틴》 *taxāre* handle 다루다, value 평가하다, tax 과하다; task의 자매어]
income ~ 소득세.

taxation[tækséiʃ(ə)n] 몡 과세(課稅), 징세(徵稅). 7
[tax+-*ation* (명사 어미)] ☞ task

taxicab[tǽksikæb] 몡 택시(taxi) (보통 taxi 또는 cab으로 불리어진다).
[*taxi(meter) cab*의 준 말; *taximeter*←《프》 *taxi-mètre*←*taxe* tax 세금, fare 요금+*mètre* a meter 계량기; 요금 표시기; 전체의 뜻은 "요금 표시기가 붙은 전세 자동차"로 1907년 미국인 Harry N. Allen이 처음으로 생긴 택시를 그렇게 이름지은 것이다. cab는 그 때까지는 "마차"를 뜻하였으나 이 이후로는 자동차를 뜻하게 되었다]

taxi[tǽksi] 몡, 통 택시(로 가다); (비행기가 이륙하기 전에) 활주하다. cf. cab. [taxi(cab)의 준말]
☞ tax, cab, cabriolet.

tea[tiː] 몡 차, 홍차; (영) 오후의 티이 《차와 함께 드는 가벼운 식사, afternoon tea, five o'clock tea라고도 한다》; (오후의) 다과회(afternoon reception).
[《중국 아모이 방언》 *tē* ← 《중국 표준어》 *ch'a, ts'a* 차(茶); cf. 《프》 *thé*, 《독》 *thee*] 1

teach[tiːtʃ] 통 (taught) 가르치다, 교수하다, 지도하다; (경험 따위가 …을) 가르치다. ⑲ learn 배우다. 1
[《고영》 *tǣcan* shew how to do, shew 보여 주다←*tāc-*, *tācen* token 표적, 증거] ☞ token

[통의어] **teach**는 "가르치다"의 뜻이며 보통은 배우는 사람에게 다소간에 개인

적인 관심을 갖는다는 뜻을 나타낸다.
instruct는 특정한 과목을 체계적으로 교수한다는 말로 teach보다 형식적인 말이다. **educate**는 사람이 지니고 있는 잠재적인 능력이나 재능을 정식적이고 규칙적인 교수법으로 발달시킨다는 뜻으로, 특히 고등학교 정도 이상에 쓰는 말이다. **train**은 특정한 능력이나 기술을 발달시키거나 특정한 직업에 맞도록 조직적인 훈련을 가한다는 뜻이다. **school**은 곤란한 일을 견디어내는 훈련을 강조하는 말이다.

teacher[tíːtʃə] 명 교사, 선생. 1
[teach+-*er* (명사 어미)]
주의 편지 따위에서 Dear teacher나 Dear my teacher로 부르는 것은 좋지 않고 Dear Mr.—, Dear Miss—, Dear Mrs.—로 하는 것이 좋다. 직접 대하고 부를 때에도 teacher라고 부르지 않고 남자 교사에게는 Sir, 여자 교사에게는 Miss—, Mrs.—로 부르거나 Ma'am이라고 부르는 것이 보통이다, 단 미국에서는 Teacher! 하고 부를 때도 있다.

team[tiːm] 명 패, 팀; 일단; 한떼 모인 소나 말. 통 (소나 말 따위를)한 수레에 매다; 청부인을 내다; 공동작업을 하다, 짝짓다. 2
be on the ~ 선수이다. ~ *up with* … …과 협동하다, …과 공동으로 하다.

teamster[tíːmstə] 명 한떼 맨 짐승을 부리는 사람 (driver of a team), 마차 모는 사람.
[team+-*ster* (사람을 뜻하는 명사 어미)]

tear¹[tiə] 명 눈물(방울); 물방울; 손시; *pl.* 비탄, 슬픔(sorrow). 1
burst into ~*s* 울음보를 터뜨리다, 와락 울기 시작하다. *in* ~*s* 눈물을 흘리면서, 울면서.

tearful[tíəf(u)l] 형 눈물어린, 눈물을 흘리는, 슬픈, 불쌍한(mournful).
[tear+-*ful* (형용사 어미)]

tearless[tíəlis] 형 (흔히 극도로 슬퍼서) 눈물이 안나오는.
[tear+-*less* (형용사 어미)]

tear²[tɛə] 통 (tore, torn) 찢(어지)다, 잡아 뜯(기)다; 분열시키다(disunite). 명 찢어진 곳, 해어진 데.
주의 tear[tiə] "눈물"과 tear[tɛə] "찢다" 의 발음이 다른 점에 주의하라.

tease[tiːz] 통 놀리다, 건드리다(annoy), 졸라 대다(for, to do). 명 건드리는 사람, 놀리는 사람. 6

teat[tiːt] 명 젖꼭지(nipple of the female beast). 10
[((프) *tette*←(고대 독) *titte*; *cf.* (독) *zitze*]

technique[tekníːk] 명 (예술의) 수법, 화풍(畫風), (음악의) 연주법; 기교, 기술. 10
[((프) *technique* technic←(그) *tekhnikos* of art, technical 기술의←*tekhnē* art 기술]

technic[téknik] 명 수법, 기교(technique); *pl.* 전문용어, 전문기술; *pl.* 공예(학).

technical[téknik(ə)l] 형 공업의, 공예의, 전문의; 전문적인; 기술의, 기술적인, 기술상의. [technic+-*al*] 7

technician[tekníʃ(ə)n] 명 기술자, 전문가. [technic+-*ian*]

tedious[tíːdiəs] 형 지리한(tiresome), 싫증나는; 굼뜬(slow). 5
[((레틴) *taediōsus* irksome 지루한 ← *taedium* irksomeness 싫증 ←*taedet* it irks one 싫증 나게 하다]

teem[tiːm] 통 가득하다, 풍부하다, 많이 있다. 7
~ *with* … …이 많다, …이 풍부하다 (be full of). ☞ team

teens[tiːnz] 명 *pl.* (나이가)십대(-teen 의 어미가 있는 13세에서 19세까지).
[(고영) -*tēne*, -*tyne* ten; *cf.* (독) -*zehn*] ☞ ten
in one's ~ 십대의; *cf.* She is *out of her teens*. 그여자는 겨우 십대를 벗어났다(갓 스무살이 되었다).

teenager[tíːneidʒə] 명 십대의 소년 소녀.
[teen+age 연령+-*er* (사람을 뜻하는 명사 어미)] ☞ ten

telegram[téligræm] 명 전보. 4
[((그) *tēle*- far off 멀리 멀어진 *gramma* letter 글자←*graphein* write 쓰다; 멀리서 써 보내는 글자. -*gram*은 grammar(문법)과 같은 어원에서 생긴 말이다] 「television, telescope
☞ gram, grammar, telegraph, *send a* ~ 전보를 치다.

telegraph[téligrɑːf] 명 전신기; …전보 (주로 신문 이름 따위에). 통 전보치다; 신호하다, 눈짓하다. 4
[((그) *tēle*- far off 멀리 멀어진+*gra*-

telephone 578 **tempest**

phein write; 멀리서 쓴 것. 원래에는 멀리서 볼 수 있도록 만든 신호기(semaphore)를 가리킨 말이다]

☞ graph, telegram, television

telephone[télifoun] 명, 통 전화(를 걸다), 전화로 이야기하다. 3

[(그) *tēle*- far off 멀리 멀어진+*phōné* sound 소리; 멀리에서 들리는 소리; 전화의 발명자 Alexander G. Bell (1847~1922)은 처음에는 소리를 내는 다른 기구를 telephone이라 부르다가 뒤에 지금의 전화에 이 명칭을 붙였다 (1876)]

참고 속어로는 phone "전화(를 걸다)"라고 줄여 말하기도 한다. *cf* phone; bus←omnibus; plane←airplane.

call … on the ~ 전화로 …을 부르다.

☞ phone, megaphone, symphony telegram

telescope[téliskoup] 명 망원경. 8

[(그) *tēle*- far off 멀리 멀어진+*skopein* behold 보다; 멀리에서 보는 것; Galileo(1564~1642)는 telescopio 라는 말을 썼다(1611)]

통계어 **periscope**[périskoup] 명 (잠수함의) 잠망경.

[(그) *peri*- around+*skopein* behold 보다; see around 주위를 보는 것]

☞ scope, microscope, periscope, bishop

television[télivlʒən] 명 텔레비젼.

[(그) *tēle*- far off 멀리 멀어진 (래틴) *vīsiōnem vīsio* sight 보는 것 ← *vidēre* see 보다; 멀리서 보내어진 것을 보는 것] 「telegram

☞ vision, provision, telescope

tell[tel] 통 (told) 얘기하다, 알리다 (inform), 명령하다(order), 알다(make out); 식별하다(distinguish) [from]; 효과 있다(take effect) [on, upon], 영향을 주다. 1

[(고영) *tellan* count 세다, narrate 얘기하다←*talu* number 수, narrative 얘기; 원 뜻은 "세다(count)" 이다. tale과 같은 어원; *cf*. (독) *zählen* count]

all told 전부 합계해서. *~ off* 세어서 나누다; 분견(分遣)하다, 특파하다; 꾸짖다.

This hard work is telling *on my health.* 이 격무는 내 건강에 영향을 준다.

통의어 **tell**은 "말하다, 얘기하다"의 뜻. **relate**는 tell보다 점잖은 말로 사람이 체험했거나 목격한 일을 순서 있게 상세히 tell한다는 뜻. **recount**는 사건의 자초 지종을 순서 있게 자세히 tell한다는 뜻으로 고상한 말이다. **narrate**는 소설의 수법, 즉 plot의 전개, climax의 조성 따위 수법을 씀을 뜻하는 말로 relate 보다 더 형식적인 말. **report**는 자기가 목격 또는 조사한 바를 남에게 알리기 위하여 recount한다는 말이다. **describe**는 사람이나 사물의 외관, 성격을 자세하게 이야기하거나 써서, 듣는 사람이나 읽는 사람으로 하여금 분명한 개념을 가질 수 있도록 한다는 말이다.

teller[télə] 명 얘기하는 사람, 일러 주는 사람; (은행따위의) 계산계, 출납계; 의회의 투표 계산계. 6

[tell+-*er* (사람을 뜻하는 명사 어미)]

참고 "출납계, 계산계" 따위의 뜻에는 tell(=count)의 원뜻이 남아 있는 셈이다. "a person who counts"의 뜻이다. ☞ tale

temper[témpə] 명 성미(disposition), 기질; 기분(mood); 성화(anger). 통 가감(加減)하다; 약하게 하다, 완화하다, 조절하다(modify). 3

[(래틴) *temperāre* regulate, mix properly 조절하다; 적당이 섞다←*tempus* time, interval 시간]

fly (또는 *get*) *into a ~* 발끈 성내다. *in a good ~* 기분이 좋아서, *in a ~* 화(짜증)내어서. *out of ~* 화가 나서 (기분이 나빠서). *lose one's ~* 화내다.

temperament[témp(ə)rəmənt] 명 기질, 성미, 소질.

[temper+-*ment* (명사 어미)]

temperance[témp(ə)r(ə)ns] 명 절제; 절도(節度), 절주(節酒), 금주주의. 5

[temper+-*ance* (명사 어미)]

temperate[témp(ə)rit] 명 절제하는, 도를 넘기지 않는, 온건한(moderate); 중용의. 3

[temper+-*ate* (형용사 어미)]

temperature[témp(ə)rit∫ə] 명 온도, 기온, 체온. 3

[temperate+-*ure* (명사 어미)]

☞ temporal, contemporary

tempest[témpist] 명 (시) 대폭풍우; 대소동. 4

[(래틴) *tempestas* portion of time, season, weather, storm ← *tempus* time]

[참고] tempest 라는 말은 대부분의 영국 사람에게 Shakespeare의 작품 *The Tempest* (1611)를 연상하게 한다고 한다.
tempestuous[tempéstjuəs] 혱 대폭풍우의(stormy); 격렬한(violent). 6
[tempest+-*ous* (형용사 어미)]
☞ temporal

temple¹[témpl] 몡 신전, 사원, 교회(church). 2
[(래틴) *templum* a temple 신전; *cf.* (프) *temple*]

temple²[templ] 몡 관자놀이.
[(고영) *temples* the temples 관자놀이 ←(래틴) *tempora* the temples; *cf.* (프) *tempes*]

temporal¹[témp(ə)r(ə)l] 혱 관자놀이의.
[(래틴) *temporālis* ← *tempora* the temples 관자 놀이; temple +-*al* (형용사 어미)] 8

temporal²[témp(ə)r(ə)l] 혱 시간의, 시간을 나타내는; 이 세상의, 현세의(earthly); 속세의(secular); 잠시의. ⓐ spatial 공간의, spiritual 정신적; ecclesiastical 교회의. 8
[(래틴) *temporālis←tempor-, tempus* time 시간+ -*alis* (-*al* 형용사 어미); *cf.* (프) *temporel*]

temporary[témp(ə)r(ə)ri] 혱 일시적인, 허무한, 잠정적인, 임시의. 5
ⓐ permanent 영구한.
[(래틴) *temporārius* lasting only for a time 일시적으로 계속되는←*tempor-, tempus* time+-*ary*(형용사 어미)]

~ *account* 가계정(假計定). ~ *magnet* 일시자석(一時磁石). ~ *punishment* 유기형(有期刑). ~ *star* 신성.
[통계어] **tempo**[témpou] 몡 템포; 《음악》 속도, 박자; 빠르기. [(이태) *tempo* time 시간←(래틴) *tempus* time; 의 자매어]   「extempore
☞ tense, contemporary
[동의어] **temporary**는 지위나 직업이 임시라거나 물건을 임시적으로 대용하는 것임을 뜻한다. **provisional**은 특히 새 나라에서 정식 정부가 성립될 때까지의 과도적인 것임을 뜻한다. **ad interim**은 전임자의 사망 또는 퇴직후의 임기를 채우는 임명에 대하여 쓰는 말이다. **acting**은 정식으로 그 직함에 있는 사람이 부재중에 그 권한을 일시적으로 대행한다는 뜻이다.

tempt[tem(p)t] 탄 유혹하다, 꾀다(attract), …하고 싶은 생각이 나게 하다(allure). 3
[(래틴) *temptāre* attempt 시도하다, 꾀다; *cf.* (프) *tenter* try, attempt]
temptation[tem(p)téiʃ(ə)n] 몡 유혹(물). [tempt+-*ation* (명사 어미)] 4
fall into ~ 유혹에 빠지다.
tempter[tém(p)tə] 몡 유혹하는 사람(물건); (the T~) 악마(satan). 9
[tempt+ -*er* (행위자를 뜻하는 명사 어미)]   ☞ attempt

ten[ten] 몡, 혱 10(의), 열(개)(의). 1
[(고영) *tyn, tīen; cf.* (독) *zehn*, (래틴) *decem*, (그) *deka*]
~ *to one* 십중 팔구, 대개(nine cases out of ten).

tenfold[ténfould] 혱, 旦 10배의(로).
[ten+-*fold*]

tenth[tenθ] 몡, 혱 열째(의), 10분의 1(의). [ten+-*th*] 3

tithe[taið] 몡, 탄 (교회 유지를 위하여 수입의 10분의 1을내는) 10분의 1세(를 과하다). [(고영) *teogotha, tēotha* tenth part 10분의 1; ten +-*th*]

tenant[ténənt] 몡 집을 빌린 사람, 땅을 빌린 사람; 소작인, 전세 든 사람; 거주자(dweller). 탄 (땅, 집 따위를) 빌리다; 살다[in]. ⓐ landlord 지주, 집주인, lessor(땅, 집 따위를) 빌려 준 사람. 5
[(프) *tenant* holding ←*tenir* hold←(래틴) *tenēre* hold 지니고 있다; 지니고 있는 사람]

tenure[ténjuə] 몡 (부동산의) 보유(권), 보유기간; 재임기간. [(프) *tenure*←(래틴) *tenūra* a holding (of land) (토지의) 보유 ← *tenēre* hold 지니다 +-*ure* (명사 어미)]
The president's *tenure* of office is four years. 대통령의 임기는 4년이다.
☞ obtain, contain, detain, entertain, maintain, retain, sustain, lieutenant

tend¹[tend] 탄 돌보다, 간호하다(look after); 시중들다(attend) [on]. 3
[attend의 준 말]   ☞ attend

tend²[tend] 탄 (…쪽으로) 향하다, 기울다[to]; 경향이 있다, …하기 쉽다(be

tender 580 **tense**

apt) [to do]; 이바지하다(serve) [to].
[((프) *tendre*←(래틴) *tendere* stretch 펼다, tender 제공하다, 내 놓다; tender와 자매어]

tendency[téndənsi] 圓 경향(inclination), 풍조(風潮 trend); 성향(性向), 성벽(性癖). 6
[tend + -*ence*(명사 어미)+ -*cy*(명사 어미)] ☞ attend, tender, extend

tender¹[téndə] 動 제출하다, 제공하다 (offer); 입찰하다[for]. 名 제출, 제공(물); 신청; 법정 화폐; 입찰(서).
[((프) *tendre* tend 향하다, tender 내어 놓다←(래틴) *tendere* stretch out 내어 뻗다; tend와 자매어] 2

legal ~ 법정(法定) 화폐. Dimes are *legal tender* for any sum up to ten dollars. 다임 화폐(10 센트 화폐)는 10달라까지는 법정 화폐로 유효하다.

~ *engine* 탄수차 달린 기관차.

tender²[téndə] 形 부드러운(soft), 연약한(delicate); 부숴지기 쉬운(fragile), 가냘픈, 친절한, 상냥한; 느끼기 쉬운(sensible). 反 tough 단단한.
[((프) *tendre*←(래틴) *tenerum*←*tener* tender, thin 부드러운, 야윈, 빈약한; (래틴) *tenuis* thin과 관련 있는 말; thin 참조]

동의어 **tender**는 남에게 대하여 고요하고 상냥하며 다정함을 뜻하는 말로 온정, 인정 따위를 암시하는 말이다. **compassionate**는 남의 고생이나 피로움, 고통 따위에 쉽사리 감동되어 동정이나 자비심을 보여주기 잘 한다는 뜻이다. **sympathetic**은 남의 기분을 잘 알아보는 재능이나 성질이 있어서 그 슬픔, 기쁨, 희망 따위를 함께 한다는 뜻이다. **warm**은 진심으로 동정적인 관심이나 애정을 표시한다는 말로 열성이나 관대함을 암시한다. **warm-hearted**는 warm 보다 뜻이 강한 말이다.

tenderloin[téndəlɔin] 名 (미) (소·돼지의) 허리 부분의 부드러운 살; = the tenderloin district.
[tender 부드러운+loin 허리]

the ~ *district* (뉴우요오크 기타 도시의) 환락가. ☞ loin

tenderness[téndənis] 名 부드러움, 상냥함, 다정함, 친절, 애정. 5
[tender+ -*ness* (명사 어미)]

tenement[ténimənt] 名 (법률) (tenant가 보유하는) 토지, 가옥; 여러간으로된 셋집(dwelling-house); 아파아트《건물 내의 한방이나 연이어 있는 방》; =tenement-house. 7
[((프) *tënement* 소작지←(래틴) *tenëmentum* fief 봉토(封土) ← *tenëre* hold 지니다.

~ *house* (미국에서는 특히 대도시의 상가 주변에 있는 불결하고 낡아빠진) 싸구려 아파아트, (하층민이 사는) 공동 주택. *cf.* apartment house, flat.
☞ tenant, lieutenant, tenure, contain, maintain

tenet[tí:net, ténit] 名 (종교, 철학, 정치상의) 주의(principle), 설(opinion), 교의(敎義 doctrine).
[(래틴) *tenet* he holds 그는 가지고 있다←*tenëre* hold 지니다] 「maintain ☞ tenant, tenure, lieutenant,

tenfold[ténfould((미), -fould] 形, 副 십배의, 10겹으로.

tennis[ténis] 名 테니스, 정구. 6
[(고프) *tenetz* hold! receive! 받아라 ←*tenir* hold 지니다←(래틴) *tenëre* hold; 서어브를 넣는 사람이 상대방에게 "받으세요", "시작합니다"하고 소리친 데서] 「tenant
☞ contain, detain, maintain, tenet,

tenor[ténə] 名 방침; (인생의) 행로, 진로(course); 취지(purport); 상규(常規 routine); 《음악》테너(가수). 6
[((프) *teneur* content of a matter 취지, 내용 ← (래틴) *tenörem*←*tenor* a holding on← *tenëre* hold 보유하다; "테너"는 주선율(主旋律)을 지니고 있는 성역(聲域)이라는 뜻에서; *cf.* (프) *ténor*[tenɔ́:r] 테너] 「tain, tenant
☞ contain, detain, maintain, tenet,

tenner[ténə] 名 (영속) 10파운드 지폐.

tense¹[tens] 名 (문법) 시제(時制).
[((프) *temps* time ← (래틴) *tempus* time; tempo와 자매어]

at prime ~ 시초에. 「rary
☞ tempo, temporal, contempo-

tense²[tens] 形 팽팽한, 긴장한(strained). 反 lax, loose 헐렁한.
[(래틴) *tensus* stretched 뻗친 ← *tendere* stretch 뻗다; tend² 참조]

tension[tén∫(ə)n] 名 긴장, 절박(切迫), (정신적) 분발, 노력, 《물리》장력. 動 긴장시키다.
[tense+ -*ion*(명사 어미)] 「extend ☞ tend, attend, intense, intend,

tent[tent] 圈 천막, 텐트. 통 텐트를 치다, 텐트에서 살다. 2
[((프) tente ←(래틴) tenta a tent ← tendere stretch 뻗치다, spread out 펴다; something stretched 펴진 것]
☞ tend, tender, extend, intend

tentacle[téntəkl] 圈 촉수(觸手 feeler).
[(래틴) tentaculum ← tentāre feel + -culum(명사 어미); cf. feeler 촉수, tempt]
the ~s of the law 법망(法網).

term[tə:m] 圈 기간; 학기; 말(word), 술어, 전문 용어; 항(項); pl.말하는 법(way of speaking), 표현; pl. 조건(conditions); pl. (교제하는) 사이(personal relations), 관계. 통 일컫다(call), 이름짓다(name). 2
[((래틴) terminus boundary, limit 한계; 원래 기간의 처음 또는 마지막의 한 점을 가리키는데 쓰이는 말이나, 뒤에 처음과 끝의 사이, 즉 기간을 뜻하게 되었다]
come to ~s with, make ~s with …과 타협이 되다, …과 화해하다.
on good (또는 *bad*) *~s* 사이가 좋은 (나쁜)[with]. *on speaking ~s* 말을 주고 받을 정도의 사이 [with]. *on visiting ~s* 서로 내왕할 정도의 사이 [with].

terminology[tə̀:minɔ́lədʒi] 圈 술어론(術語論); 술어, 용어.
[((래틴) terminus with -logy←(그) logos discourse 논의, 학문 ← legein speak 말하다]

terminal[tə́:min(ə)l] 圈 종말; (미) 종점, 종착역; 학기말 시험 (terminal examination). 阌 마지막의, 종결의, 종착역의; 한 기간의, 매기(每期)의.
[((래틴) termināis← terminus; terminus+ -al]

terminate[tə́:mineit] 통 끝내다; 폐지하다; 기한이 다 되다;…으로 끝나다 (end). 7
[((래틴)*termināre* bound 한계가 되다, end 끝내다←*terminus* boundary 한계; term+ -ate (동사 어미)]

termination[tə̀:minéiʃ(ə)n] 圈 종말, 종결; 말단. 8
[terminate+ -ion (명사 어미)]

terminus[tə́:minəs] 圈 종점, 종착역; 철도가 끝나는 도시.
[((래틴) terminus boundary 한계, end 끝]
참고 주요 역, 큰 규모의 역 구내 및 상점 시설 따위가 있는 철도의 시발점, 종착점 또는 그 철도역이나 그 철도역을 포함하는 도시를 미국에서는 terminal 이라고 하고 영국에서는 terminus라고 한다. 미국에서도 terminus를 쓸 때도 있으나 그런 때에는 주로 지점을 가리키는 경우이며 terminal은 건물을 뜻하는 경향이 있다.

terrace[térəs] 圈 (층층이 쌓인) 대지(臺地); 층층이 된 공원이나 정원의 일부, 테러스; (영) 언덕 중턱에 있는 동네. 통 단을 만들다, 축대를 쌓다. 6
[((프) terrace ← (이태) terra earth 땅←(래틴) terra earth; Mediterranean (지중해(의))의 -terra와 subterranean(지하의)의 -terra와 같은 어원이다.]
☞ territory, Mediterranean, subterranean

terrible[téribl] 閁 무서운 (dreadful); 굉장한, 끔찍한. 2
[((프) terrible ← (래틴) terribilis causing terror 무섭게 하는 ←terrēre frighten 무섭게 하다]
in a ~ hurry (속) 무섭게 서둘러.

terribly[téribli] 閁 무섭게, 끔찍하게; (속어) 심하게.

terrify[térifai] 통 무섭게 하다, 위협하다. 6
[terror+ -fy (동사 어미)]

terror[térə] 圈 공포, 위협, 무서운 것(사람). 2
be a ~ 골치아픈 일을 하다.

territory[térit(ə)ri] 圈 영토, 판도(版圖); 광대한 지역, 지방; 영역(scope), 분야; (미) 준주(準州). 3
cf. state 주(州).
[((프) territoire←(래틴) territōrium land round a town 도시 주위의 토지 ←terra land, earth 땅]
☞ terrace, Mediterranean, subterranean

territorial[tèritɔ́:riəl] 閁 영토의; 지방의. 圈 국방병.
[territory+ -al (형용사 어미)]
~ waters (또는 *seas*) 영해(領海).
~ air 영공(領空).

test[test] 圈 시험, 검사(examination); 시금석(touchstone); 표준 (standard). 통 시험하다. 2
[((래틴) testum an earthen vessel 흙으로 빚은 그릇; 옛날 연금술에서 어떤

금속이 금인지 아닌지를 시험하기 위하여 넣었던 시험용의 그릇을 가리킨 말. 뒤에 시험, 시련 따위의 뜻으로 변하게 되었다. 《프》 tete[tɛt] head 머리 (← 《래틴》 testa 흙으로 빚은 그릇)는 그 릇의 모양이 머리와 비슷했기 때문에 생긴 말이다]

put to the ~ …을 시험하다, … 을 음미하다. *stand* (또는 *bear*) *the ~* 시험에 견디다, 검사에 합격하다.

testify[téstifai] 통 입증하다, 증명하다; 증언하다; (동의·희망·유감 따위의 뜻을) 표명하다.　5

[《래틴》 *testificārī* bear witness 입증하다←*testis* witness + *-ficārī, facere* make; test+ *-ify* (동사 어미)]

testament[téstəmənt] 명 (신과 사람사이의) 계약; (T~) 성약서(聖約書); 유언(서)(will); (T~) 《속어》 신약성서 (New Testament).　7

[《프》 *testament* a will 유언서 ←《래틴》←*testārī* be a witness 증인이 되다←*testis* witness 증인]

the Old(또는 *New*) *Testament* 구약 (또는 신약) 성서 《신과 사람 사이의 낡은 (또는 새) 계약의 뜻》.

참고 testament를 유언의 뜻으로 쓸 때는 last will and testament로서 숙어를 이루어 쓰며, 보통 경우에는 그저 a will이라고만 해도 유언을 뜻하게 된다.

testimony[téstiməni] 명 증언, 증명, 입증(witness); 증거(evidence); 언명 (declaration).　4

bear ~ 증언하다, 입증하다.
☞ testament

testimonial[tèstimóunjəl] 명 (인물, 자격 따위의) 증명서, 추천장; 감사장, 표창장; 기념품. 형 증명서의; 감사의. [testimony+ *-al*]

tether[téðə] 명, 통 (말·소를) 참바(로 매다); (지식·재원(財源)·인내 따위의) 한계, 범위.　10

at the end of one's ~ 참을 수 없게 되어, (지혜 따위가) 다하여, 그 이상 더 못할 정도로.

text[tekst] 명 원문, 본문; 주제, 논제 (論題); 교과서(textbook).　3

[《프》 *texte*←《래틴》 *textum* a thing woven 직물, style of an author 문체, text of a book 책의 주제 ← *textus* woven 짜여진←*textere* weave 짜다]

textual[tékstju(ə)l] 형 본문의, 원문의. [text+ *-al*]

a ~ error 원문의 착오. *~ criticism* 본문 비평.

textile[tékstail] 명 직물 (원료). 형 직물의, 짠(woven).　10

[《래틴》 *textīlis* woven←*textus texere* weave]

~ industries 직조 공업. *the ~ art* 직물 공예.

texture[tékstʃə] 명 직물; 짜는 방식; 감; 짜임새; 감촉; 조직, 구조.　9

[《프》 *texture* ←《래틴》 *textūra* web 그물 ←*textus*] ☞ context

than[《강》 ðæn, 《보통·약》 ðən] 접 …보다. 전 (than whom, than which에 한하여) …보다도, …에 비하여 (compared to).　1

주의 부주의해서 than을 then으로 쓸때가 있으니 조심하도록.

[《고영》 *thonne, thenne* then, 원래 then과 같은 말] ☞ then

thank[θæŋk] 통 감사하다. 명 *pl.* 감사 [《고영》 *thanc, thonc* thought 생각, favour 호의, content 만족, thank 감사; *cf.* 《독》 *danken* to thank]　1

have oneself to ~ 《빈정대는 말》 자기 탓이다, 자기가 나쁘다 (be to blame). *You have only yourself to blame* for that. 그것은 너의 자업자득이다 (It is entirely your own fault). *~ oneself* 자기 탓이다: *He may thank himself* for that. 그것은 그의 자업자득이다. *~s to…* …덕분에, …에 의하여. *Thank you.* 고맙습니다. *Thank you* for the ball. 미안하지만 그 공 주워 주십시오.

thankful[θǽŋkf(u)l] 형 감사하는, 고마워하는.　9

[thank+ *-ful* (형용사 어미)]

thankless[θǽŋklis] 형 배은 망덕한; 감사 받지 못하는.　9

[thank+ *-less* (형용사 어미) without]

thanksgiving[θǽŋksɥiviŋ] 명 감사, 사은(謝恩); (T~ Day) 《미》 추수 감사절《보통 11월의 제4 목요일》.

[thanks + give + *-ing* (현재분사 어미)]

that[ðæt] 대 (*pl.* those[ðouz]) 저, 그. 대 저것, 그것; 《this와 상관적으로 써서》 전자(the former). [ðət] …하는 바. [ðǽt] 부 그만큼. [ðət] 접 …이

라는 것. ⓑ this 이(것).
[《중영》 that 《고영》 thæt; cf. 《독》 das the, dass that]

and ～ 《앞에 나오는 귀절 전체를 반복하는 대신에》(…간에) 느섰노. at ～ 게다가, 그리고 또, 더구나. for all ～ 그럼에도 불구하고. in order～ …may … …이 …하도록. not ～…but ～ …이 아니고 …이다. in ～ … 라는 점에서, …하기 때문에(because). ～ is (to say) 즉, 다시 말하자면. That's ～! 그것으로 끝났어, 그것으로 그만이야; 그건 그렇고. with ～ 그렇게 말하고는, 그러고서.

thatch[θætʃ] 图 (지붕을) 이다 (roof), 지붕을 덮다. 图 이엉, 떠, 초가 지붕.
[《중영》 thak 《고영》 thæc; cf. 《독》 dach] 8

thaw[θɔː] 图 (눈이나 얼음이) 녹다 (melt); (사람의 태도가) 누그러지다(become genial). 图 눈의 녹음, 눈녹는 날씨; 화창함. ⓑ freeze 얼다. 5

the[《자음 앞》 ðə, 《모음 앞》 ði, 《강》 ðiː] 冠 《정관사》 그, 저; 문제의; 그런, 이런. 副 …이면 그만큼…. 1
[《중영》 the, 《고영》 the; that의 변형]
all ～ better 그만큼 더 좋다. ～ moment (that) … …하자 마자 (as soon as). ～ more… ～ more — …함에 따라 …이다, …하면 할수록 …이다. ～ pen 문(필), 펜의 힘. ～ rich 부유한 사람들(rich people).
☞ that

theatre 《영》, **theater** 《미》[θíətə, θjɔ́ːtə] 图 극장(play-house), 영화관(movies); (극장식으로 좌석이 되어 있다고 해서 특히) 계단 교실 (또는 강당); 활동 무대 (place of action), (중요한 사건의) 현장 (scene); (the ～)극, 연극 (the drama). 2
[《그》 theatron a place for seeing, show 관람을 위한 장소 ←theaomai I see; cf. 《그》 thea sight 시력, 시야]
the ～ of war 전쟁의 무대 싸움터.
the Pacific theatre of war 태평양전투 지역. Belgium has often been a theatre of war. 벨기에는 여태까지 몇번이나 싸움터가 되었다.

theatrical[θiǽtrik(ə)l] 图 극장의; 연극적인; 일부러 꾸며 보이는(showy), 신파조의. 图 pl. 연극, (특히) 아마츄어 연극; 연극 같은 수작. 10

[theatre+ -ic+ -al]
private (또는 amateur)～s 아마추어 연극. give ～s 소인극을 하다.

theft[θeft] 图 절도, 훔치기(stealing); cf. thief 도적. 7
[《중영》 thefte; 《고영》 thiefth theft ← théof thief 도적]
동의어 theft는 "훔치기"를 뜻하는 가장 흔히 쓰이는 말이다. larceny는 theft에 대한 법률 용어이다. robbery는 남의 재산을 폭행이나 공갈에 의하여 강탈한다는 뜻이고, burglary는 theft나 다른 중한 죄를 범할 뜻으로 남의 집에 침입한다는 뜻으로, 흔히 야간의 행동을 뜻한다.

theme[θiːm] 图 논제 (subject), 화제 (topic), 제목, 주제(主題), 테마; 논문, 작문; 어간, 어근. 5
～ song 주제가(主題歌).
[《그》 thema that which is laid down 놓여진 것, a theme for argument 논제←the- ←tithēmi I place 나는 놓다; do 참조]

then[ðen] 副 그 때, 그 후(after that), 다음에(next); 그러면 (in that case); 그래서, 图 당시의. 图 그 때, 당시. ⓑ now 지금. 1
[원래 than과 같은 말이었음; cf. 《독》 dann, denn]
now and ～ 가끔, 때때로. ～ and there 그 때 그 자리에서, 즉석에서 (on the spot). well ～ 자 그럼, 그러면. and ～ 그 다음에. ☞ than

thence[ðens] 副 《고어》 거기서(from there), 그것부터 (from that), 그러므로(therefore). 3
[《중영》 thennes←《고영》 thanan thence; -ce는 부사 어미 -s와 같은 것]
☞ hence, once, twice, thrice, forwards

theology[θiɔ́lədʒi] 图 신학(神學). 8
[《그》 theologia a speaking about God 신에 대한 말←theos a god 신 + legein speak 말하다]
통계어 **theism**[θíːiz(ə)m] 图 유신론 (有神論). [《그》 theos a god+-ism— (그) -ismos] **atheism**[éiθiiz(ə)m] 图 무신론(無神論). [《그》 a- (부정의 접두사)+theos god; no god] **pantheism** [pǽnθi(ː)iz(ə)m] 图 범신론 (汎神論). [《그》 pan- all+theos god + -ismos, -ism]

theocracy[θi(:)ɔ́krəsi] 명 신권(神權) 정치 국가; (신의 위임에 의한) 승직 (僧職) 정치. [[그] *theos* God+*kratia* government 정부 ← *kratein* govern 지배하다 ←*kratus* strong 강함; 신의 정부] **theosophy**[θi(:)ɔ́səfi] 명 신지학(神知學), 접신학(接神學). [[그] *theosophia* knowledge of divine things 신성한 것에 대한 지식←*theos* god+*sophia* wisdom←*sophos* wise]

☞ logos, monotheism, polytheism

theological[θiəlɔ́dʒik(ə)l] 형 신학 (상)의; 신학적(성질)의. 9
[theology + -ic (형용사 어미) + -al (형용사 어미)]

theory[θíəri] 명 이론, 학설; 의견(view), 생각; 가정설; 《속어》 지론(持論), 사견(私見). 반 practice 실지. 5
[[그] *theōria* beholding 의견, contemplation 생각←*theōros* spectator 보는 사람←*theaomai* I see; theatre 참조]

theoretical[θìərétik(ə)l] 형 이론(상)의; 비현실적인, 관념적인, 비실제적인 (unpractical); 이론을 좋아하는. 10
반 practical 실제적인.
[[그] *theōrētikos* contemplative 생각에 잠긴; theory+ -ic (형용사 어미) + -al (형용사 어미)]

theorist[θíərist] 명 이론가, 공론가.
[theory+ -ist (사람표시의 명사 어미)]

theorize[θíəraiz] 자 학설을 세우다, 이론을 세우다.
[theory+ -ize (동사 어미)]

☞ theatre

there[ðɛə] 부 거기에(로, 에서), 저기로 (에, 서); 그 점에서; (담화·사건·동작 따위의 진행 중에) 그래서, 감 저봐! 저런! 반 here 여기에(서, 로). 1
[(중영) *ther*, *thar* (고영) *thǣr*; cf. (독) *da*. *the-*는 that와 같은 어원]
Are you ~? (전화용어) 여보세요 당신입니까?
~ *is*(또는 *are, etc.*)… …이 있다.
~ *is no* …*ing* …하지 못한다(it is impossible to…). *There is no knowing* when we shall meet again. 우리가 또 언제 만날지 모른다.

thereabout(s)[ðɛ́ərəbàut(s), -báut(s)] 부 그 근처에; 그 때쯤; 대략, 그 쯤.
[there+about+ -s(부사 어미)]

thereafter[ðɛərɑ́ːftə] 부 《고어》 그 후로는; 그에 의하여, 그리하여. 8
[there+after]

thereby[ðɛ́əbái] 부 그리하여, 그러므로; 그것에 관하여; 《고어》 그 근처에; 대략. [there+by] 4

therefor[ðɛ́əfɔ́ː] 부 《고어》 그 때문에, 이 때문에; (부정어와 함께 써서) 그렇다고 해서(…은 아니다); 그 대신. 6
[there+for]

therefore[ðɛ́əfɔ̀ː, -fɛ̀ə] 부, 접 그러므로; 그 결과. [there+fore] 1

therein[ðɛəerín] 부 그 속에, 거기에; 이 점에서, 그 점에서. 6
[there + in]

thereof[ðɛərɔ́v, -rɔ́f] 부 그것을; 거기에서, 그것으로부터. 3
[there+of]

thereon[ðɛərɔ́n] 부 그 후 곧; 《고어》 그 위에, 게다가, 더우기 4
[there+on]

thereto[ðɛətúː] 부 《고어》 그 위에, 거기에(to that place), 게다가; 더우나. 9
[there+to]

thereupon[ðɛ̀ərəpɔ́n] 부 그래서, 당장. 4
[there+upon]

therewith[ðɛəwíθ, -wíð] 부 즉시; 그와 함께. 7

therm[θəːm] 명 《물리》 데름 열량(熱量) (최대 밀도의 물 1g을 섭씨 1도 올리는데 소요되는 열량으로 약 252 칼로리에 해당한다).
[[그] *thermos* warm 따뜻한, 뜨거운]

thermal[θə́ːm(ə)l] 형 열의, 열량의; 뜨거운(hot); 온천의, 목욕탕의; 정열적인. [therm+ -al (형용사 어미)]
~ *springs* 온천 (hot springs).

thermometer[θəmɔ́mitə] 명 한란계, 온도계, 검온기(檢溫器). 5
[[그] *thermos* warm 뜨거운, 따뜻한 +*metron* a measurer 측정기; 뜨거운 정도를 측정하는 기구]
clinical ~ 체온계.   ☞ meter

thesaurus[θi(:)sɔ́ːrəs] 명 (*pl*. -es,-ri) (고고학) 보고(寶庫 treasury), 지식의 보고 (사전 따위).
[(래틴) *thēsaurus* a treasure 보고←*thēsauros* treasure 보고, store 창고←*thē(s)- ←tithēmi* I place 나는 두다; treasure와 같은 어원에서]
☞ treasure, theme

thesis[θíːsis, θésis] 명 (*pl*. -ses[-siz]) 논문; 학위 청구(또는 졸업)논문; 논제

(論題 theme).
[(그) *thesis* a thing laid down 놓여진 것, theme 주제 ← *the-* ← *tithēmi* I place] ☞ theme

thick[θik] 휑 두꺼운, 굵은; 빽빽한, 깊은(dense); 무성한; 안개 짙은(foggy); (목소리가) 쉰; 우둔한(dull); 《속어》 친밀한(intimate). 명 가장 무성한 곳, 가장 많이 모이는 곳; (팔꿈, 정강이, 방망이 따위의) 가장 굵은 곳. 閈 두껍게, 짙게, 빽빽하게. ⓐ thin 얇은. 1
[《중영》 *thikke*; 《고영》 *thicce* thick 두꺼운; *cf.* 《독》 *dick*; thatch와 관련 있는 말] ☞ thatch
  in the ~ of it 한창 …할 때에. *~ and fast* 자꾸 자꾸, 끊임 없이. *through ~ and thin* 좋은 때고 나쁜 때고 간에, (세월이) 좋든 나쁘든 만난을 제하고.

thickly[θíkli] 閈 두껍게; 짙게, 빽빽하게; 무성하게; 쉰 목소리로.

thickness[θíknis] 명 두꺼움; 두께; 농도; 밀집(密集); 혼탁함; (일정한 두께의 물건) 한 장. 4
[thick+ *-ness* (명사 어미)]

thicken[θík(ə)n] 톰 두껍게 하다(되다); 짙게 하다, 짙어지다; 빽빽하게 하다, 빽빽해지다. 7
[thick+ *-en* (동사 어미)]

thicket[θíkit] 명 (깊은) 숲, 수풀, 잡목림(雜木林). 4
[《고영》 *thiccet* a thick set of bushes 우거진 숲← *thicce* thick+ *-t* (명사 어미)]

thickset[θíksét] 휑 무성한, 빽빽한; 땅딸막한, 굵고 짧은(stumpy). 명 수풀, 무성한 산울타리. ⓐ slim 가는, tall 큰.
[thick 빽빽하게 +set 자란, 무성한] ☞ set

thieve[θi:v] 톰 훔치다(steal), 도둑질하다. 3
[《고영》 *theofian*← *theof* thief 도적]
  as thick as ~s 떨어질 수 없는 사이로서.

thief[θi:f] 명 (*pl.* thieves) 절도, 도둑. *cf.* robber, burglar, housebreaker. [《중영》 *theef* 《고영》 *thēof*; *cf.* 《독》 *dieb*] 3
  Set a thief to catch a thief. 《속》 도둑은 도둑으로 (냉은 냉으로 따위).
  thieves' Latin 도적들의 변.

thievish[θí:viʃ] 휑 손버릇이 나쁜, 훔치는 버릇이 있는; 도둑같은, 남몰래하는(stealthy).
[thieve+ *-ish* (형용사 어미)]

thigh[θai] 명 넓적다리. 4

thimble[θímbl] 명 (재봉용) 골무. 6
[《중영》 *thimbil*← 《고영》 *thymel* 골무← 《고영》 *thūma* thumb 엄지; thumb + *-le*; *cf.* 《독》 *däumling*] ☞ thumb

thin[θin] 휑 얇은; 가는, 여윈(slender), 빼빼 마른(lean), 드문드문한(scanty), 약한, 희박한; 빈약한, 조금밖에 없는. 톰 얇게 하다, 얇아지다, 가늘게 하다, 가늘어지다; 성기게 하다, 성기어지다; 야위게 하다; 약하게 하다, 약해지다. ⓐ thick 두꺼운, 굵은, 짙은; fat 뚱뚱한; stout 튼튼한. 1
[《중영》 *thinne*; 《고영》 *thynne*, *cf.* 《독》 *dünn*]

thing[θiŋ] 명 물건(object), 일(matter); 사람; 놈(경멸·애정 따위를 표시); *pl.* 세상사; 소지품(belongings), 옷; 짐(baggage), 도구(implements). 1
[《고영》 *thing, thinc, thincg* thing; *cf.* 《독》 *ding*]
  make a good ~ of… 《속어》 …으로 이익을 보다. *one ~…, and another* (一)…과 一은 아주 딴 일, …과 一은 딴 문제. *It is one thing to speak much, and another to speak pertinently.* 말을 많이 하는 것과 적당한 시기에 말을 하는 것은 아주 다르다.

think[θiŋk] 톰 (thought) 생각하다, 사고하다; 생각나다; …하려고 생각하다 [*to do*]; …이라 생각하다(consider), 판단하다(judge). 1
[《중영》 *thenken*; 《고영》 *thencan* 《고영》 *thanc* (a thought 생각)과 관련 있는 말; *cf.* 《독》 *denken*]
  ~ aloud 혼잣말을 하며 생각하다. *~ better of* (사람이나 어떤 안을) 다시 보다, 고쳐 생각해서 그만 두다. *~ fit* (또는 *good, proper, right*) *to do*… …을 할만한 가치가 있다고 생각하다, …해도 좋다고 생각하다. *~ highly* (또는 *much*) *of*… …을 존중하다, …을 우러러 보다. *~ little* (또는 *nothing*) *of*… …을 깔보다. *~ of* …의 생각이 나다; …을 생각하다. *~ out* 생각해 내다. *~ over*…

…을 잘 생각하다.
☞ thought

third[θəːd] 형,명 제3(의), 세번 째(의), 3분의 1(의). 1
[원례 thrid;로 적었음; (중영) thrid(d)e←(고영) thridda third ←(고영) thri-, thrēo three; cf. (독) dritte]
☞ three

thirst[θəːst] 명 갈증; 갈망(craving). 동 갈망하다. [for, affer] 3
[(중영) thurst; (고영) thurst, thyrst thirst 갈증, thyrstan to thirst 갈망하다; cf. (독) durst]

thirsty[θə́ːsti] 형 갈증이 난, 목마른; 건조한(dry); 갈망하는(eager)[for]. 4
[thirst+ -y (형용사 어미)]
☞ torrid, torrent

thirteen[θəːtíːn] 명, 형 열셋(의), 열세(사람, 개)의. 3
[(중영) threttene (고영) thrēotyne-thrēo three+tyn ten+-e cf. dreizehn]

the ~ superstition 13의 숫자를 불길하게 여기는 미신. ☞ three

thirty[θə́ːti] 형,명서른(의), 30(의). 2
[(중영) thritti (고영) thrītig←thrī thrēo three+ -tig (ten을 뜻하는 어미); cf. (독) dreissig] ☞ ten

this[ðis] (pl. these [ðiːz]) 형 이, 지금의, 금…. 대 이것; 지금, 오늘; 여기; 지금 말한 것, 다음에 말하는 것;(that와 상관적으로 써서) 후자(the latter). 부 (양을 표시하는 말과 더불어) 이만큼, 이 정도로 (to this degree). 접 that 저 (것), 그 (것). 1
[(중영) this, thes, pl. these, thuse, thos, etc.; (고영) thes, thēos, this, pl. thas; cf. (독) dieser]

at ~ 이것을 보고, 이것을 듣고, 이에. for all ~ 이럼에도 불구하고. ~ …, that… 후자는…, 전자는— (the latter… the former—). ~ day week 내주의 오늘, 전주의 오늘. ~ much 이만큼. with ~ 이렇게 말하고.

thistle[θísl] 명 엉경퀴(스코틀랜드의 국장(國章)). 4

thither[ðíðə] 부 (고어) 저리로, 저쪽으로. ⓐ hither 이리로, 이쪽으로. 4

thong[θɔŋ] 명, 동 가죽끈(을 달다). 9

thorn[θɔːn] 명 가시 (prickle), 침; 아가위나무(hawthorn); 고통의 원인. 3
[(고영) thorn; cf. (독) dorn]

crown of ~s(그리스도의) 형극(荊棘)의 관.

thorny[θɔ́ːni] 형 가시 돋은, 가시가 많은; 아픈, 고통스러운(painful); 까다로운, 성가신(troublesome). 8
[thorn+ -y (형용사 어미))]

thorough[θʌ́rə] 형 완전한, 충분한(complete), 철저한. 2
[through (전치사)가 변한 것; (고영) thuruh, thurh through의 강조된 꼴에서 I got soaked through(=completely). "나는 속까지(=완전히) 젖었다"에서의 through의 뜻이 thorough로 변한 것. 이 단어 속의 -r- 자의 자리가 바뀌는 것은 third를 참조하라)

thoroughfare[θʌ́rəfɛə] 명 도로, 왕래, 통행; 수로(水路); 통행권. 10
[(중영) thurghfare; thorough+fare 운임; 원뜻은 정세, 통행]

No ~ ! (게시 문귀) 통행금지.
☞ through, thrill, nostril

thou[ðau] 대 ((소유격) thy, (목적격) thee, (소유대명사) thine) (고어) 그대. 1
[(고영) thū, thou; cf. (독) du, (레틴) tu]

though[ðou] 접 …하지만(although), 비록 …하더라도 (even if). 부 (속어) (문장 끝에 두어서) 역시, 그렇기는 하지만. 1
[(중영) thogh←(아이스) thō; cf.(독) doch]

as ~ … 마치 …인 것처럼 (as if).

thought[θɔːt] 명 사고(idea), 사고(thinking); 사상, 사조;고려;(consideration); (보통 복수) 소견, 의견. 1
[(중영) thoght; (고영) thōht, gethōht thought 생각 ←(고영) thōht ←thencan think]

a ~ (부사적 용법) 아주 조금, 약간 (a little bit, a trifle). The colour is a thought too black. 그 색은 아주 약간 검다. Head a thought higher, please. 고개 든 듯이 하십시오. at the ~ of (또는 that)… …을 생각하면, …을 생각하고. be lost (또는 sunk, buried, absorbed) in …사색에 잠겨 있다, …을 골몰히 생각하고 있다. no ~ of doing… …할 생각은 없다(no intention of…). on second ~(s) 다시 생각해서, 고쳐 생각해서.

thoughtful[θɔ́ːtf(u)l] 형 생각이 깊

은, 남의 입장을 잘 알아 주는; 생각에 잠긴(pensive).
[thought+ -ful (형용사 어미)]
동의어 thoughtful은 남의 요구나 희망을 알아 주고 그에 대한 이해와 동정을 표시한다는 뜻이다. considerate는 남의 감정이나 환경, 입장 따위를 존중해서 고통이나 기분 나쁜 일이 없도록 해준다는 뜻이다. attentive는 언제나 한결같이 정신을 써서 친절이나 호의를 베푼다는 뜻이다.

thoughtless[θɔ́:tlis] 형 생각이 얕은, 지각 없는, 경솔한(careless)[of]; 남의 사정을 알아 주지 않는.
[thought+ -less (=without, 형용사 어미)] ☞ think

thousand[θáuz(ə)nd] 명, 형 천(의), 1000(의); 다수의(many). 1
[《중영》 thousand 《고영》 thūsend; cf. 《독》 tausend]
  one in a ~ 천에 하나, 천사람에 하나, 극히 드문 것(사람), 굉장한 것(사람); 절세의 미녀 (따위). (*a*) ~ *and one* 무수한, 수없는(numberless). ~*s of*··· 수천의···. *It is a thousand to one.* 거의 절대적이다.

thrall[θrɔ:l] 명 노예(slave)[of, to]; 노예의 신분, 속박(thralldom). 7
thral(l)dom[θrɔ́:ldəm] 명 노예의 신분(slavery); 속박(bondage). [thrall + -dom (명사 어미)]

hrash[θræʃ] 통 (채찍 따위로) 치다 (beat); 타작하다, 탈곡하다; (안을)짜다. cf. thresh. 5
[《중영》 threshen ← 《고영》 therscan thrash; cf. 《독》 dreschen; thresh는 옛 형태]

thread[θred] 명 실, 섬유; 나사 줄(the spiral edge of a screw); 연속, 맥락 (脈絡). 통 실을 꿰다; 누비듯이 지나가다, 요리 조리 헤치며 나아가다. 2
[《중영》 threed, thrēd that which is twisted 끈 것←《고영》 thrawan twist 꼬다; cf. 《독》 draht]
threadbare[θrédbɛə] 형 닳아서 실밥이 나오는, 피폐한, 낡아빠진(hackneyed); 허름한. [thread 실+bare 폭로된, 벗은] 2
☞ thread, bare

threat[θret] 명 협박(의 말), 위협; (날씨 따위가)거칠어질 기세. 영 entreaty 간청, 탄원. 5

threaten[θrétn] 통 위협하다, 협박하다(menace) [with, to do]; ···할 듯하다, ···의 위험성이 있다. 2
[threat+ -en (동사 어미)]
동의어 threaten은 "위험하나, 협박하다"를 뜻하는 일반적인 말이며 비유적으로 쓰면 사건, 상태, 징조 따위가 닥쳐 올 위험이나 곤란을 암시하고 있다는 뜻을 나타낸다. menace는 threaten 보다 뜻이 강하고 품위 있는 말이며 threaten하는 사람이 적의를 이만 저만 품고 있는 것이 아님을 특히 강조한 말이다.

threatening[θrétniŋ] 형 위험하는;(일기 따위가) 험악한; (비, 폭풍우 따위가) 곧 닥쳐 올 것 같은. [threaten+ -ing (현재 분사 어미)]
~ *weather* 사나와질 것 같은 날씨. ☞ thrust

three[θri:] 명, 형 셋(의), 3(의);세 개(의), 세 사람(의). 1
[《중영》 thre; 《고영》 thrī, thrīo three; cf. 《독》 drei]
threequarter(s) 명, 형 4분지 3(의).
threescore[θrí:skɔ́:] 명,형 예순(의), 육십(의). [three+score 20; 20이 세 번→육십] ☞ score 7

thresh [θreʃ] 통 (도리깨 따위로) 두드리다, 탈곡하다; (안 따위를) 짜다, 검토하다[out, over]. 명 탈곡.
[thrash의 옛 형태] ☞ thrash
참고 "탈곡하다"의 뜻으로는 thresh가 보통 쓰이고, "매질하다"의 뜻으로는 thrash가 보통이다.

threshold[θréʃ(h)ould] 명 문지방;입구; 시작. 5
[《고영》 therscwald, therscold ← therscan thresh 두드리다 + -old (명사 어미); 드나 들며 발로 밟고 가는 곳]
  on the ~ *of*··· ···의 처음에, 막 ···하려고 하여, ···에 들어 가려 하여.
☞ thrash

thrice[θrais] 부 《고어》세번, 세곱(three times), 퍽으나 (very much), 굉장히 (highly). 4
[《중영》 thries ← thrie thrice (←《고영》 thrīga thrice) + -s (부사적 소유격 어미)]
  ~*-blessed* 매우 축복 받은. ~*-favoured* 굉장히 운이 좋은. ~*-happy* 굉장히 행복한.
참고 "세번"의 뜻으로는 보통 three

thrift[θrift] 명 검약(儉約), 절약; 번영, 성장. 반 waste 낭비. 9

thrifty[θrífti] 형 검약하는, 절약하는 (economical); 번영하는. [thrift+-y (형용사 어미)] 6

thrive[θraiv] 자 (throve, thriven) 번영하다(prosper);(동·식물, 사람 따위가) 잘 자라다(grow strong), 무성하다, 만연하다. [(중영) thriven ←《아이스》 thrifa grasp 꽉 쥐다]

thrill[θril] 타 (기름, 무서움 따위로) 오싹하다, 두근두근하다; 감동시키다, 흥분하게 하다; 스릴을 느끼게 하다. 명 오싹하는 느낌, 두근거림, 전율(戰慄), 스릴. 4
[《중영》 thrillen pierce 뚫고 들어가다;《스코틀랜드 방언》 thirl "뚫다"가 변해서 된 것 《고영》 thyrel, thyrel hole 구멍에서 온 말]

thrilling[θríliŋ] 형 오싹오싹해지는, 두근거리는, 소름이 끼치는.
[thrill+-ing (현재 분사 어미)]
[동계어] nostril[nɔ́stril] 명 콧구멍.
[《고영》 nosthyrl ← nosu nose 코 + thyrel a hole 구멍 ←thurh through 뚫어진; nose hole 콧구멍; -tril 은 thrill과 같은 것]
☞ through, thorough, nostrill

throat[θrout] 명 목; 목소리(voice); 좁은 통로(narrow passage). 2

throttle[θrɔ́tl] 명 《속어》 목(throat); 기관(氣管), 조리개, 판(辨). 타 목을 조르다(strangle), 질식시키다(choke), 억누르다(suppress); 속도를 줄이다.
[《중영》 throte (throat 목의 축소형). 명 《중영》 throtelen (throte strangle의 반복형)←throte throat]

throb[θrɔb] 명, 자 고동(치다), 가슴이 울렁거리다, 두근두근(하다). 9

throne[θroun] 명 옥좌(玉座), 왕좌; 왕위, 제위(帝位); 주교(主敎)의 지위. 자 =enthrone. 2
[《래틴》 thronus←《그》 thronos seat 자리, support 지지, 지주(支柱); cf. 《프》 trone]

come to (또는 mount) the ~ 즉위하다, 등극하다(become king).
[동계어] enthrone[inθróun] 타 왕위에 나아가게 하다, 즉위하게 하다, 등극하게 하다. [en-+throne] **dethrone**[di(:)θróun] 타 폐위하다; (지위 따위에서) 끌어 내리다. [de- down+throne]
☞ enthrone, dethrone

throng[θrɔŋ] 명 군중(crowd), 사람의 떼; 밀치락 달치락 떼를 지음.
타 메지다(crowd), 모이다, 군집하다; 혼잡하다, 밀치락 달치락하다. 3
[《중영》 throng; 《고영》 ge-thrang throng 군중←thringan crowd모이다]

through[θru:] 전 …을 통하여, …을 뚫고, …의 끝에서 끝까지, …중 내내;…에 의하여, …때문에, …덕택에. 부 통하여, 꿰뚫고; 끝까지, 모조리. 1
[《고영》 thurh; cf. 《독》 durch]

throughout[θru:áut] 전, 부 (…을)전부, 모조리, 구석구석까지. 2
[through+out]
☞ through, thrill, nostril

throw[θrou] 타 (threw, thrown) 던지다, 팽개치다(cast, hurl); 내던져 넘어뜨리다(overturn); (어떤 상태로) 빠뜨리다, …이 되게 하다. 명 던지기;던져서 닿는 거리; 기회; 운. 1
반 hold, catch 잡다.

~ *away* 버리다; 낭비하다(waste). ~ *back* 되던지다; 반사하다; (동물들이) 선조를 닮다. ~ *down* 내던지다, 넘어뜨리다, 뒤집어 엎다(overthrow). ~ *in* 던져 넣다, 끼어 넣다(insert); 덤으로 첨부하다. ~ *off* 내던지다, (옷 따위를)훌쩍 벗어 던지다; …과의 관계를 끊다, (병을)고치다. ~ *oneself on* (또는 *upon*) …을 믿다, 몸을 …에 맡기다. ~ *over* 버리다, 포기하다(abandon). ~ *up* (창 따위를)밀어 올리다 (lift); 《속어》 토하다(vomit); (직위를) 사임하다(resign); (일 따위를) 내던지다(give up).
[동의어] throw는 "던지다"를 뜻하는 일반적인 말이다. cast는 throw 보다 구식인 말로 주로 문장을 쓸 적에 쓰이나 숙어를 이루고 있을 때에는 회화시에도 사용할 수 있다. toss는 보통 위로나 옆으로 가볍게 던진다는 뜻이다. hurl은 세게 throw 한다는 뜻으로 던져진 물건이 어떤 거리를 신속하게 날라감을 암시한다. fling은 급격히 던진 것이 상대편에게 상당히 세게 부딪침을 암시한다. 이 말은 화난 짓이나 경멸한 행동일 때에 특히 사용된다. pitch

thrush 589 **tickle**

는 야구에서 공 따위를 잘 겨냥해서 일정한 방향으로 힘껏 throw 한다는 뜻이다. ☞ thread

throwaway[θróuəwei] 명 광고 삐라.

throw-off[θróu-ɔ́:f] 명 (사냥, 경기 따위의) 시작, 출발. [throw+off; throw off 《고어》 사냥을 시작하다] 6

thrush[θrʌʃ] 명 개똥지빠귀. 6

thrust[θrʌst] 동 (thrust)찌르다(stab), 절러 꿰다(pierce); 밀다(push). 밀르기; 밀기; 절러 넣기; 돌격;혹평;(기계의) 추진력. 3

[《중영》 thrusten, thristen←《아이스》 thrysta thrust 찌르다, press 밀다; threaten과 관련 있는 말이다. extrude, intrude 따위의 어미 -trude와 같은 어원]

thumb[θʌm] 명 엄지 손가락(cf. finger 손가락). 동 (책장의 구석을 엄지손가락으로) 더럽히다, (책장을 엄지손가락으로) 빨리빨리 넘기다; (미) 엄지 손가락으로 갈 곳을 가리키고 지나가는 자동차에 편승하다(thumb a ride). 3 cf. hitchhike.

[《중영》 thombe; 《고영》 thūma thumb 엄지; cf.《독》 daumen]

His fingers are all ～s 그는 참 손 재주가 없다. *The books were badly thumbed.* 그 책들은 손 때가 몹시 묻었었다.

thumbtack[θʌ́mtæk] 명 (미) 압정 (押釘=《영》 drawing-pin).

thimble[θímbl] 명 골무.[《중영》 thimbil ←《고영》 thymel←thūma thumb 엄지; thumb+-le (축소 어미); small thumb 작은 엄지]

thump[θʌmp] 명 (주먹으로) 쾅(치기), 센 주먹, 쿵(소리). 동 (주먹으로) 쾅치다; (심장 따위가) 두근두근하다; 쿵쿵 소리 내며 걷다. 5

thunder[θʌ́ndə] 명 뇌성, 우뢰, 벼락, 크게 울림(rumble); (보통 복수) 위협 (threats). 동 우뢰가 치다; 우뢰처럼 울리다; 호통을 치다, 몹시 비난하다. 2

[《고영》 thunor←《고영》 thunian rattle 울리다; thunder 천둥치다. cf.《독》 donner; 이 단어는 Thursday cf.《독》 Donnerstag, astound와 같은 계통]

thunderbolt[θʌ́ndəboult] 명 벼락, 낙뢰(落雷), 벽력. [thunder+bolt 화살, 빛] ☞ bolt 6

thunder-storm[θʌ́ndə-stɔ̀:m] 명 뇌우

(雷雨). [thunder+storm 폭풍우] ☞ storm

thunderstruck[θʌ́ndəstrʌk] 형 벼락맞은; 깜짝 놀란(amazed). [thunder + struck (strike 치다의 과거 분사형)] ☞ strike

thundery[θʌ́ndəri] 형 천둥의.

Thursday[θə́:zdi] 명 목요일. 2

[《고영》 *thūres dæg* Thor's day 번개의 신 Thor의 날 (Thor[θɔ:]는 번개, 전쟁, 농업 따위를 맡아 보는 북유우럽 신화의 신); 《레틴》 *diēs Jovis* (=day of Jupiter)를 번역한 말; cf.《프》 *jeudi* Thursday. Thurs-의 -s-는 Tuesday, Wednesday 에서와 마찬가지로 명사 소유격 어미를 표시한다]
☞ astound

thus[ðʌs] 부 이와 같이, 이렇게(하여); 이정도로. 1

～ *far* 여기까지(는). ～ *much* 이만큼.

thwart[θwɔ:t] 동 가로질르다; 방해하다, 좌절시키다, 실패시키다(baffle); 꺽다(foil). 명 (보오트의) 걸터 앉는 판자. 부 가로 질러서, 가로 놓여서. 형 가로 놓인, 가로의, 횡단의. 전《시》…을 가로질러서, …에 반항하여. 6

tick¹[tik] 명, 동 (시계 따위가) 똑딱 똑딱 (하다); 장부에 체크하다, 체크하여 맞추다. 3

[《중영》 *tek* little touch 가볍게 건드림; 소리를 본 딴 말]

tick²[tik] 명 진드기.

[《고영》 *ticia*; cf.《독》 *zecke*]

tick³[tik] 명 《주로 영속》 신용(trust), 의상(거래) (credit).

[ticket의 준말]

buy goods on ～ 의상으로 사다. *I bought a coat on tick.* 나는 의상으로 옷을 샀다. ☞ ticket

ticket[tíkit] 명 차표, 승차권, 입장권; (꼬리표, 정가표 따위의) 딱지(tag, label), 정찰(正札). 동 표를 달다, 정찰을 붙이다. 3

[《프》 *étiquette* ticket 표, label 딱지; etiquette 와 같은 어원에서 생긴 말; etiquette 참조]

ticket-office[tíkit-ɔ̀fis] 명 《미》 매표구 (《영》 booking office).
☞ etiquette

tickle[tíkl] 동 간질이다, 간지럽다; 기분 좋게 만들다; 즐겁게 하다(please),

만족시키다(gratify). 몡 간지럼. [tick¹+-le (반복을 뜻 하는 어미); keep on touching lightly 가볍게 손대는 것을 계속하다→간지럽게 하다]
☞ tick

tide[taid] 몡 조수, 조류(current); 《고어》 철, 계절(time, season); 경향(tendency); 기회, 시기. 툉 조수를 타고 가다, 돌파하다; (곤란을) 이겨나가다, 타개하다.
[《고영》 tīd time 때. cf. 《독》 zeit time. 이 말의 원래의 뜻은 지금도 eventide 《시》 "저녁 때", Christmastide "크리스마스의 계절" yuletide[júːltaid] "크리스마스의 계절", Whitsuntide [hwítsntaid] "성령강림절"의 -tide와 Time and tide wait for no man. "세월은 사람을 기다리지 않는다《속담》"에서의 tide(=time)에서 볼 수 있을 뿐이다]
go with the ~ 시세를 좇다, 시속 (時俗)에 따르다. ~ *over* 돌파하다, 타개해 나가다.

tidal[táidl] 몡 조수(潮水)의 (영향을 받는); 간만의 차이가 있는. [tide+-al (형용사 어미)]

tidings[táidiŋz] 몡 pl. (보통 단수 취급) (고상한 말) 통지(information), 소식(news). [tide+-ing+-s (복수 어미)]
참고 주로 문장용어나 시에 사용된다. 오늘날은 news를 보통 사용한다.

tidy[táidi] 囹 단정한(neat), 말쑥한(trim); 깨끗한 것을 좋아하는; 《속어》 상당한(considerable), 상당히 큰 (fairly large), 상당히 좋은(fairly good). 몡 의자(따위)의 등 카바; 넝마자루. 툉 단정하게 치우다, 정돈하다(put in order) [up]; 몸치장하다[oneself].
[《중영》 *tidy* seasonable, timely 시기에 맞는 ←*tid*(*e*) time 시기; tide (=time)+-y (형용사 어미); 시기에 맞는→때를 맞춘→입어야 될 때 입는→복장이 단정한→말쑥한]

tie[tai] 툉 매다(bind), 묶다; 동여매다 (fasten); 속박하다; (교통이) 두절되게 하다. 몡 매기; 매듭(knot); 끈; 넥타이 (necktie); 무승부, 동점; 《미》 침목 (沈木) (《영》 sleeper).
반 untie 풀다.

tier[tiə] 몡 줄, (계단식 관람석의) 단 (段), 층(層). 툉 층을 이루고 있다 [《고프》 *tiere* row 줄←*tirer* draw(줄을) 그리다]
five ~*s of seats* 다섯 단으로 늘어놓인 좌석. *in* ~*s* 계단식으로.

tiger[táigə] 몡 범; 잔인한 사나이, 난폭한 사람.
[《그》 *tigris*←《고대펠샤》*tigra* arrow 화살; 범이 화살처럼 날쌔다고 해서]

tight[tait] 몡 팽팽한(fully stretched); 단단히 맨; 빽빽한(closely packed);꼭 끼는, 빠듯한; (금융 따위가) 핍박한, 군색한. 튄 꽉, 단단히(firmly).
반 slack 풀린, 느슨하게.
동의어 tight는 갑갑할 정도로 꽉 묶어 두었거나 감아 놓았다거나 각 부분이 대단히 치밀하게 짜여 있어서 다른 것이 사이에 끼지 못함을 뜻하는 일반적인 말이다. taut는 특히 새끼, 노끈, 줄, 돛 따위를 팽팽하게 끌어 당기거나 잡고 있음을 뜻한다. tense는 tight 또는 tout한 상태로 있기 때문에 긴장해 있음을 뜻한다.

tighten[táitn] 툉 조르다, 죄다; 켕기다; 빠듯하게 하다(해지다).
반 loosen 헐렁하게 하다. [tight+-en (동사 어미)]

tights[taits] 몡 pl. (곡예사, 무희 따위가 입는 살에 꼭 끼는) 속옷, 타이쓰.

tile[tail] 몡 기와, 타일. 툉 기와를 이다, 타일을 바르다.
[《고영》 *tigele* a tile ←《래틴》 *tēgula* a tile←*tegere* cover 덮다; tegument 몡 "껍질"도 같은 어원에서]

till¹[til] 젼, 젭 (…할 때)까지 (until). cf. until.
[《고영》 *til*←《아이스》 *til;* 원래의 뜻은 point aimed at goal, end 목표로 정한 일점 또는 종점 따위]

till²[til] 툉 갈다(plow), 경작하다(cultivate).
[《고영》 *tilian* labour 일하다, cultivate 경작하다; 원뜻은 work for…을 목적으로 일하다. cf. 《독》 *zielen* aim at]

tillage[tílidʒ] 몡 경작(지), 농경, 농작물. [till+-age (명사 어미)]
☞ till

tilt¹[tilt] 몡 (배, 차 따위의) 차일(遮日 awning).

tilt²[tilt] 몡 기울음, 경사(slope); (중세의) 말타고 하는 창시합; (창으로) 찌르기(thrust); 논쟁(dispute), 다툼

timber[tímbə] 圀 재목. 용재(用材); 삼림, 숲(woods, forest); 체격, 소질. 4
[《고영》 *timber* timber 재목, *building* 건물; *cf.* 《독》 *zimmer* room 방. 이 말은 dome, tame과 같은 계통]
☞ dome, tame, domestic

time[taim] 圀 때, 시간, 시기, 기간(period); 시절, 계절(season); 《속어》 형기(刑期); 《보통 복수》시대(age); 시세, 경기(景氣); 짬, 여가(leisure); …번, …회, …배; 박자; 속도 (tempo). 동 시기에 맞추다, 시간을 정하다; 박자를 맞추다; (경주 따위의) 시간을 재다. ⑲ space 공간. 1
[《고영》 *tīma* time; tide와 관련이 있는 말]
all the ~ 그 동안 내내; 《미》언제든지, (at all times). *at any ~* 언제든지. *at ~s* 때때로 (now and then). *for a ~* 한동안, 한 때는. *for the first ~* 처음으로. *for the ~ being* 당분간. *in ~* 머지 않아, 조만간에, 시간에 맞춰 [for], 박자가 맞아. *keep good* (또는 *bad*) *~* (시계가) 꼭꼭 맞다 (안맞다). *lose ~* (시계가) 덜 가다, 시기를 놓치다. *make ~* (기차 따위가) 서둘러서 늦어진 것을 회복하다, 급히 가다. *on ~* 시간대로, 정각에. *pass the ~ of day* 《속어》(아침 저녁의) 인사를 하다[with]. *~ after ~* =*~ and again* 몇번이나, 자꾸만. *~ out of mind* 까마득한 옛날; 굉장히 오랫 동안.

timer[táimə] 圀 시계; 시간 기록계; (자동차의) 시속계(時速計); 시간제로 일하는 사람. [time+ -*er* (명사어미)]

timely[táimli] 圀 시기에 맞는, 마침 좋은 때의, 꼭 좋은(seasonable).
[time+ -*ly* (형용사 어미)] 9

timetable 圀 시간표. [time+ table 표] ☞ table, tide

timid[tímid] 圀 겁이 많은, 겁보의, 소심한; 수줍어하는. ⑲ bold 대담한. 4
[《프》 *timide*←《라틴》 *timidus*←*timēre* fear 두려워 하다]

timidity[timíditi] 圀 (=timidness) 겁이 많음; 수줍어함.
[timid+ -*ity* (명사 어미)]

timorous[tímərəs] 圀 겁이 많은(timid). [《라틴》 *timor* fear 무서움+-*ous* (형용사 어미)←*timēre* fear 두려워

하다] 10

tin[tin] 圀,圀 주석 (으로 만든), 양철 (의); 양철통, 깡통 (《미》 can). 동 주석도금을 하다; 《영》 통조림으로 만들다(《미》 can). 3
[《고영》 *tin*; *cf.* 《독》 *zinn*]
~ned food 통조림으로 된 식료품 (=《미》 canned food).

tincture[tíŋ(k)tʃə] 圀 빛깔(tint); …의 기미(tinge); 《의학》 정기(丁幾). 동 엷게 물들이다, 착색하다; …의 기미가 있게 하다[with]. 10
[《라틴》 *tinctūra* a dyeing 물들이기 ←*tinctus* ← *tingere* dye 물들이다]
a ~ of iodine 옥도(沃度) 정기.
☞ tinge

tinge[tindʒ] 圀 (붉으스레한, 노르스름한 따위의) 기(tint), 색갈; 기미(trace). 동 엷게 물들이다, 착색하다;…에 가미하다, …의 기미가 있게 하다. 8
[《라틴》 *tingere* dye 물들이다]

tingle[tíŋgl] 동 (추위, 상처 따위로) 얼얼하다, 아리다, 따끔따끔하다; 근질근질하다; 여운(餘韻)이 남다. 圀《관사를 함께 쓰고 단수》아림, 얼얼함;근질근질함; (귀 따위가) 울림; 흥분. 8
[《중영》 *tinglen*; tinkle의 변형, 또는 ting 찌르릉 소리나다의 반복형]

tinkle[tíŋkl] 圀 (관사와 같이 쓰고 단수) 찌르릉(하고 울리는 소리). 동 찌르릉하고 울(리)다. 5
[《폐어》 *tink* (소리를 본 딴 말)+-*le* (반복형)]

tinsel[tíns(ə)l] 圀 번쩍거리는 금속 조각; 금은 실로 짠 것; 값 싸고 번지르르한 물건. 圀 값싸고 번지르르한, 허식의(showy). 동 번쩍거리다; 겉치레만 하다. 9
[《프》 *étincelle* spark, flash 번쩍하다 ←《고프》 *estencele* spark←《라틴》 *scintillam* a spark 불 꽃, 번쩍임]

tint[tint] 圀 색갈, 색; (붉은, 노란 따위의)기; 농담(濃淡); 엷은 빛 (faint colour); 색채의 배합. 동 …의 색갈이 나게 하다, 엷게 물들이다. 6
[원래에는 *tinct*로 적었던 것. *tinct*= dyed 물들인←《라틴》 *tinctus*, *tingere* dye 물들이다] ☞ tinge

tiny[táini] 圀 조그마한, 아주 작은 (very little). ⑲ bulky 거치장스러운, 큼직한. 2
[《고프》 *tan-tinet* very little 에서

-tinet가 변한 말; cf. 《래틴》 *tantillus* ever so little 아주 작은] 2

tip[tip] 图, 图 (가느다란 것의) 끝, 첨단 (point, end); 끝을 달다[with]; 팁(을 주다); 행하(行下)(를 주다); 기울(이)다(slant); 뒤집다(overturn); 기울음; 충고, 비결(을 가르쳐주다). 2
[《중영》 *tip*; cf. 《독》 *zipfel*]

tipsy[típsi] 图 얼근한, 비틀거리는, 갈짓자 걸음의; (집 따위가) 기울어진.
[tip 기울어지게 하다, 넘어뜨리다 + *-sy* (형용사 어미)]

tiptoe[típtou] 图, 图 발끝(으로 걷다). 图 발끝으로 걷는; 크게 기대하는. 10
[tip+toe; the tip of a toe 발가락의 끝]

on ~ 발 끝으로; 잠잠하게; 긴장하여, 열심히. ☞ tip, toe

tire[táiə] 图 피로하(게 하)다[with]; 지치(게 하)다[with]; 진력나게 하다[of]. ⓑ refresh 휴양하다, 원기를 회복시키다. 1

Children ~ easily. 어린이 들은 쉬 진력이 난다. *~ of*⋯ ⋯이 싫어지다, ⋯에 흥미를 잃다, 지치(게 하)다.

tired[táiəd] 图 피로한, 지친; 싫증난, 진력난, 물린.
[tire+ *-ed* (과거분사 어미)]

be ~ of⋯ ⋯이 싫어지다, ⋯에 싫증나다: *I am tired of* boiled eggs. 삶은 달걀에는 물렸다. *be ~ with*⋯ ⋯으로 피곤하다. *~ out* 완전히 피로하다, 녹초가 되다(very exhausted).

동의어 tired는 피곤함을 뜻하는 보편적인 단어이다. weary는 하고 있는 일을 계속하지 못할 만큼 또는 계속하기를 원하지 않을 정도로 정력이나 흥미를 잃고 있다는 뜻으로 tired 보다 감정적인 요소가 강조된 문장에 많이 쓰이는 말이다. wearied는 weary와 같으나 특히 노력의 결과를 강조하는 말이다. exhausted는 오랜 곤란이나 등산 뒤처럼 체력이나 정력이 완전히 소모되어버렸다는 뜻이다. fatigued는 오랜 노력으로 인하여 정력이 많이 소모되어 휴양과 수면이 절대로 필요하다는 뜻으로, tired 보다 뜻이 강하고 품위 있는 말이다. fagged는 힘든 일이나 노력을 계속해서 휘청거릴 정도로 피곤하다는 뜻을 나타내는 통속적으로 쓰이는 말이다.

tireless[táiəlis] 图 지칠줄 모르는, 정력적인 (energetic); 끊임 없는(ceaseless). [tire+ *-less* (형용사 어미)]

tiresome[táiəsʌm] 图 피로해지는, 성가신, 귀찮은; 진력나는(boring). 6
[tire+ *-some* (형용사 어미)]

tissue[tíʃuː] 图 얇은 직물, 얇은 비단, 얇은 종이(tissue paper); 조직, 그물 모양의 조직; (거짓말) 투성이 (a tissue of lies). 8
[《프》 *tissu* woven(fabric) 짜여진(직물) ←《고프》 *tistre* weave 짜다 ←《래틴》 *texere* weave]

Titan[táit(ə)n] 图 《그리이스신화》 타이탄신 (Uranus "하늘"과 Gaea "땅"의 사이에 난 6남 6녀 중의 한 사람); (시) 해의 신; (titan) 거인, 장사(壯士), 지혜로운 자. 10
[《그》 *Tītan*]

tithe[taið] 图 (교회 따위를 유지하기 위하여 수입의 10분의 1을 바치는) 10분의 1세(稅) (보통 물품을 바침); (시) 10분의 1; (속어) 작은 부분. 9
[《고영》 *teogotha, tēotha* tenth part 10분의 1; ten+ *-th*] ☞ ten

title[táitl] 图 제목, 표제(subject, heading); 책 이름; 칭호, 작위(爵位), 직함; 정당한 권리(claim). 2
[《고프》 *title*←《래틴》 *titulus* superscription on a tomb or altar 묘에 적힌 글; 《프》 *titre*]

man of ~ 직함이 있는 사람; 귀족.

to[(자음 앞) tə, (모음 앞) tu, (강음, 또는 문이나 절의 끝에 오는 때 tuː] 图 (명사를 이끌음) (방향) ⋯으로, ⋯에, ⋯까지; (결과) ⋯(이 되)도록;(도화) ⋯에 맞추어; (비교) ⋯에 대하여. [tuː] (동사를 이끌어서 부정법이 된다). 图 정상의 상태로, 닫혀. ⓑ from 1
[《중영》 *to* 《고영》 *tō*; cf. 《독》 *zu*]

~ and fro [túːənfróu] 여기 저기에, 우왕 좌왕하여.

toad[toud] 图 두꺼비; 싫은 녀석. 5

toadeater[tóudiːtə] 图 아첨하는 사람. [toad+eater; 두꺼비를 먹는 사람. 원래에는 두꺼비를 먹는 척 불을 삼키는 척 하는 사깃군의 조수나 동료를 뜻한 말이다] ☞ tadpole

toast[toust] 图 구운 빵, 토오스트; 축배(의 말), 축사; 축배를 받는 사람. 图 (빵 따위를) 굽다; 축배를 올리다.
["구운 빵의 뜻"—(프) *toast* ←《고프》 *tostée* a toast of bread ←《래틴》 *tos-*

tus ← torrēre parch, roast 굽다. "건배(하다)의 뜻"은 원래 맞을 향긋하게 하려고 포도주 속에 향료가 든 토오스트 빵 한조각을 넣어서 건배했던 풍습에서 유래된 것이나》 **4**
 drink (또는 *propose*) *a ~ to* ……을 위하여 축배를 올리다. *propose the ~ of* (the king) (왕)을 위하여 축배를 올리다. *~ oneself* (before the fire) 불을 쬐다, 몸을 녹이다.
toastmaster[tóustmɑ:stə] 圕 축배를 제의하는 사람, (연회석의) 사회자 (*cf.* master of ceremonies).
☞ torch, torrent, torrid, thirst
tobacco[təbǽkou] 圕 담배 《영국 속어로는 baccy [bǽki]라 한다》. **3**
[《스페》 *tabaco*←《하이티》 *tabaco*; 원뜻은 카리브 사람들이 피우던 담뱃대의 이름]
today[tədéi, tudéi] 圕, 圉 오늘(은), 오늘 낮(은); 현대(에는). **1**
[《고영》 *tō dæge* for the day, to-day; *to-* for +day] ☞ day
toe[tou] 圕 발가락; (양말, 구두 따위의) 발끝. 圕 finger 손가락. **3**
[《고영》 *tā*; *cf.* 《독》 *zehe*]
together[təgéðə] 圉 함께, 같이, 서로; 일제히; 연달아 (on end). 圕 apart 따로 따로. **1**
[《중영》 *togedere* ← 《고영》 *tōgædre, tōgædere* ← *tō-* to +*gador, geador* together] ☞ gather
toil[tɔil] 围 힘써 일하다, 노력하다. 圕 수고, 노고 (severe labour), 고역 (drudgery). 圕 rest 휴식(하다). **2**
[《고프》 *toillier* entangle 얽히게 하다←《래틴》 *tudiclāre* stir up 잘 젓다]
toiless[tɔ́ilis] 圕 힘들지 않는, 편한. [toil+-*less* (=without 형용사어미)]
toilsome[tɔ́ilsəm] 圕 힘드는 (laborious). [toil+-*some* (형용사 어미)]
toilet[tɔ́ilit] 圕 화장(도구), 화장대; 의상 (costume); 《미》 욕실 (bathroom), 변소. **5**
[《프》 *toilette*←*toile* cloth 베+-*ette* (축소 어미); a small cloth 작은 천 조각; 원래에는 수염을 깎는다든지 머리를 손질할 때에 썼던 천 조각이나 잠옷을 넣어두는 주머니를 뜻하던 것인데 뒤에 변해서 화장대 따위의 뜻이 생겼다.]
make one's ~ 화장하다, 몸치장하다 《목욕, 옷 입기, 머리 손질 따위》.
圖고 toilet에는 단순히 화장의 뜻만이 아니고 목욕이나 이발 따위의 동작도 포함된다.
tollette[tɔ̀ilet,twɑ:lét] 圕 (여자에 대하여) 화장, 몸단장(목욕, 머리 만지기, 화장, 옷 입기를 포함한 것); 복장 (attire).
token[tóukn] 圕 표(sign); 증거(evidence), 보증(pledge); (이별의) 기념품 (keepsake). 圕 보증으로서 주어진, 이름뿐인. **4**
[《중영》 *token* 《고영》 *tac(e)n*; *cf.* 《독》 *zeichen*]
in ~ of…… ……의 증거로서, ……의 기념으로.
tolerate[tɔ́ləreit] 围 견디다, 참다; 너그럽게 다루다, 잘 봐 주다.
[《래틴》 *tolerātus* ← *tolerāre* endure 참다]
tolerable[tɔ́l(ə)rəbl] 圕 참을 수 있는 (endurable, bearable); 꽤 좋은 (passible). 圕 intolerable. [《래틴》 *tolerābilis* bearable 참을 수 있는 ← *tolerāre* endure 견디다 + -*abilis* -able] **8**
tolerance[tɔ́lər(ə)ns] 圕 너그러움, 관용, 관대함.
[tolerant+-*ce* (명사 어미)]
tolerant[tɔ́lər(ə)nt] 圕 너그러운, 관대한. **1**
[《래틴》 *tolerantem*←*tolerāre* endure]
be ~ of …… ……을 견디는.
toleration[tɔ̀ləréiʃ(ə)n] 圕 묵인; (특히 종교상의)관용. [tolerate+-*ion* (명사 어미)] **9**
toll¹[toul] 围 (만종, 조종 따위를) 치다, 울(리)다; 종으로 알리다. 圕 종을 치기; 종 치는 소리. **7**
[《중영》 *tollen* stir 젓다, draw 당기다]
toll²[toul] 圕 통행세, 통행료금; 사용세; 장거리 전화료;(시장 따위의) 텃세;(대상으로 징수되는 것이라는 뜻에서) 희생(자), 사상자수 (a death toll).
[《고영》 *toll* tribute 공물, 세←《래틴》 *tolōnium*, 《그》 *telōnion* tollhouse 통행세를 받는 집]
We pay a *toll* when we use the bridge. 우리들은 그 다리를 건널 때 통행세를 치른다.
tomato[təmɑ́:tou, təméitou] 《미》 圕

토마토. 5
[《스페》 *tomate*←《멕시코》 *tomatl* tomato]

tomb[tu:m] 명 묘, 무덤(grave); 묘표(墓標), 묘석(墓石). 동 묘에 안치하다.
[《프》 *tombe*←《래틴》 *tumba* ← 《그》 *tumbos* tomb] 3

tombstone[tú:mstoun] 명 묘석, 묘비. ☞ stone 10

tomcat[tɔ́mkæt] 명 수코양이. ⓑ tabby 암코양이.

tomorrow[təmɔ́rou] 명, 부 내일(은).
[《고영》 *tō morgen* on the morrow, in the morning (뒷날) 아침에; cf. today *to*-+morrow] 1
☞ morrow, morning

ton[tʌn] 명 톤 《중량 단위로는 영국톤(long or gross ton)은 2440 lb. 이고 미국톤(short or American ton)은 1000 kg; 용적단위로서는 배수(排水) 톤(displacement ton)은 40입방 피이트, 등록톤(register ton)은 100입방 피이트》; 《속어》 큰 중량, 많은 양, 무더기 [of]. [tun 술통의 변한 끝; 톤 수는 처음에 포도주 술통을 기준으로 계산되었다] 3

tonnage[tʌ́nidʒ] 명 톤 수; 한 나라의 상선의 총 톤 수; (배, 화물의) 톤세(稅). [ton+-*age*] 6

통계어 **tun**[tʌn] 명 큰 술통(large cask); 술의 용량 단위《252 갤런》.

tone[toun] 명 소리, 음조(音調 musical sound); 음색(音色); 어조(語調), 말투, 색조(色調); 기풍. 동 음조(박자)를 맞추다, 색을 조화시키다; 부드럽게 하다, 부드러워지다. 2
[《프》 *ton*←《래틴》 *tonum*←《그》 *tonos* a thing stretched 펼쳐진 것, a string (악기의) 줄←*teinein* stretch 펼치다; 펼쳐진 것→악기의 줄→가락)]

tonic[tɔ́nik] 명 강장제(强壯劑); (음악의) 주조음(主調音). 형 튼튼하게 하는 (bracing), 기운을 북돋우는; 주조음의. [tone+-*ic* (형용사 어미)]
☞ tune 9

tongs[tɔŋz] 명 pl. 화젓가락, 집게. cf. chop-sticks 젓가락. 5
주의 흔히 a pair of tongs 라고 말한다.
[《고영》 *tange*; cf. 《독》 *zange*]

tongue[tʌŋ] 명 혀; 말, 국어(language); 변설(speech), 구변; 혀 모양의 것, 악기의 혀, 곶(岬). 1

[《고영》 *tunge*; cf. 《독》 *zunge*]
참고 형용사로서는 래틴계의 말 *lingual* "혀의"를 사용한다. cf. tooth.
☞ lingual

too[tu:] 부 …도 또한; 게다가 또 (besides); 그 위에 (moreover); 너무 …한(exceedingly). 1
[전치사 to의 강조된 형태에서; cf. 《독》 *zu*]

only ~ ① 유감이나; It is *only too* true. 그것은 유감이지만 정말이다. ② 더 할 나위 없이, 몹시. ~ *for* …에게는 너무…하다: *too* beautiful *for* words 말로 표현하지 못할 정도로 아름답다. ☞ to

tool[tu:l] 명 도구, 연장(implement); 끄나불, 앞잡이. 2

tooth[tu:θ] 명 (pl. teeth) 이. 2
[《고영》 *tōth*, pl. *teth*, *tōthas*; cf 《독》 *zahn*]

fight (또는 *defend*) ~ *and nail* 물어 뜯고 할퀴고 하여 죽음을 힘을 다하여 싸우다(또는 지키다). *in the* ~ *of*… …에 직접 대하고, …의 눈앞에서, …에도 불구하고(in spite of).
참고 형용사로는 래틴계통의 말 dental "이의"를 사용한다.
☞ dental, tongue, eye, etc.

toothache[tú:θeik] 명 이 앓이, 치통(齒痛).
[tooth+ache 고통] ☞ ache

teethe[ti:ð] 동 이가 나다(cut one's teeth). cf house [haus] 명, [hauz] 동; bath[ba:θ] 명, bathe[beið] 동 etc.

top[tɔp] 명 꼭대기, 절정(summit); 수위(首位 head); 표면(surface); 극치(climax); 뚜껑(cover). 동 꼭대기를 덮다, 씌우다(crown) [with]; 꼭대기에 다다르다; …의 끝을 자르다; 보다 높다, …보다 낫다(excel). ⓑ foot 기슭, bottom 바닥. 1
[《고영》 *top*; cf. 《독》 *zopf* tuft, top]
from ~ *to toe* 머리 끝에서 발끝까지. ~ *to bottom* 거꾸로. *the* ~ *of the market* 최고가격.

topple[tɔ́pl] 동 흔들거리다, 흔들리게 하다; 무너지다(tumble down); 넘어지다, 넘어뜨리다. 10
[top+-*le* 반복을 뜻하는 동사어미)]

top[tɔp] 명 팽이.
[《고영》 *top*; cf. 《독》 *topf*]

topic[tɔ́pik] 명 화제(subject), 제목, 논제

〔《그》 *topikos* local 지방의, 위치의← *topos* place 장소;원 뜻은 yield place to…(…에게 장소를 주다)로서 좌담따위를 할 적에 이야기를 위하여 자리를 비켜 주는 것, 즉 화제를 뜻하게 된것 같다〕 5

current* ~*s 오늘의 화제.

☞ Utopia

torch[tɔ:tʃ] [명] 횃불; (지식의) 등불. 4

〔《프》 *torch*←《래틴》 *torqua, torquis* twisted necklace 비틀어 놓은 목걸이 wreath 화환←*torquēre* twist 꼬다〕

torment[tɔ:mént] [동] 괴롭히다, 고문하다; 책하다, 애먹이다(annoy). [tɔ́:ment] [명] 고통, 고뇌(agony), 가책 (torture); 고통거리. [반] delight 유쾌, 기쁘게 하다. 3

〔《프》 *tormenter* to torment←*torment* torment 고통←《래틴》 *tormentum* torture고문, pain 고통 ← *torquēre* twist 비틀다〕

[동의어] **torment**는 "고문하다"라는 원뜻에서 고생이나 고통을 자주 또는 끊임없이 겪게 해서 상대를 약하게 한다는 뜻으로 비교적 그 뜻이 약한 말이다. **torture**는 몸이 뒤틀리고 기절할 만큼 격렬한 육체적 또는 정신적 고통을 가한다는 말이다. **rack**는 고문대에 얹어서 손발을 끌어당긴다는 원뜻에서 안절부절할 만큼 심한 육체적 또는 정신적 고통을 준다는 말이다.

tornado[tɔ:néidou] [명] (*pl.* -es, -s) 대선풍(大旋風); (박수 갈채, 비난, 탄환 따위의) 폭풍.

〔《스페》 *tornar* to turn 돌다+*tronada* thunderstorm 폭풍우 ← *tronar* thunder 뇌성이 울리다←《래틴》 *tonāre* to thunder〕

torpedo[tɔ:pí:dou] [명] (*pl.* -es) 어뢰, 지뢰, 공뢰(空雷), 수뢰(水雷); 화통, 분격. [동] (어뢰 따위로) 파괴하다, 공격하다; 무력하게 하다, 무효로 하다. 10

〔《래틴》 *torpēdo* numbness 마비, cramp-fish 전기 넙치 ← *torpēre* benumb 마비되다〕

torpid[tɔ́:pid] [형] 움직이지 않는, 불활발한 ; 둔한, 마비된, 무감각한 (numb); 동면하는 (dormant). 〔《래틴》 *torpidus* ← *torpere* benumb 무감각하게 하다〕

torrent[tɔ́r(ə)nt] [명] 급류, 분류(奔流), 격류(rushing stream); *pl.* 억수 (갈이 쏟아짐); (질문 따위의) 연발, (감정의) 분출. 5

〔《프》 *torrent* ← 《래틴》 *torrentem* a raging stream 성난 강물 ← *torrens* raging 성난, hot 열렬 ←*torrēre* heat 뜨겁게 하다; "뜨거움"을 뜻하는 말이 성난 물결을 뜻하게 된 것〕

torrid[tɔ́rid] [형] 타는 듯이 더운(burning); (태양 열에) 탄(hot and dried by the sun); 메마른. [반] frigid 한랭한. (《래틴》 *torridus* scorched 태운 ← *torrēre* heat 열하다, scorch 태우다, dry 건조하다〕 ☞ thirst 8

tortoise[tɔ́:təs] [명] 거북 《특히 물에 사는 것》. *cf.* **turtle** 거북 《특히 바다에 사는 것》. 5

〔《래틴》 *tortus* twisted 비틀어진 ← *torquere* twist 비틀다; 거북의 발이 비틀어졌기 때문. 다른 학설에 의하면 《래틴》 *tartaruca*←《그》 *tartaruchos* evil demon 악마; 그리시아 사람들은 거북을 demon으로 생각했다〕

[주의] 어미의 발음에 주의할 것. *cf.* porpoise[pɔ́:pəs] 돌고래).

☞ turtle, torture, torment

torture[tɔ́:tʃə] [명] 고문; 고민, 고통, 고뇌(agony); 가책. [동] 괴롭히다(torment), 고문에 걸다; 의곡(歪曲)하다, 비틀다(twist). 4

〔《프》 *torture*← 《래틴》 *tortūra* torture→고문 *tortus torquēre* twist 비틀다〕

tortuous[tɔ́:tjuəs] [형] 꾸불 꾸불한 (winding), 에두르는(roundabout). 〔《래틴》 *tortuōsus*←*tortus torquēre* twist 비틀다〕

☞ tortoise, turtle, torment

Tory[tɔ́:ri] [명], [형] 《영》 왕당원(王黨員)(의); 《보통 tory》 보수당원(의), 보수주의자(의). 10

〔《아일런드》 *toiridhe* pursuer 추구하는 사람, plunderer 약탈자 ←*toirighim* I pursue, I search 내가 찾다; 처음 정치용어로 쓰인 것은 1656년〕

toss[tɔs] [동] 위로 던지다(throw up); 팽개치다(fling); 돈 던지기하다 《동전이 엎어지느냐 젖혀지느냐로 차례 따위를 결정한다》; (아래 위로) 흔들(게 하)다. [명] 던져 올리기; 돈 던지기;(배 따위의) 상하 동요. *cf.* roll(배가)좌우로 흔들리다, pitch (배가) 앞뒤로 흔들리다. 2

total[tóutl] 명, 형 총계(의) (entire), 전체(의); 총력적(인); 순전한, 완전한 (complete), 철저적. 통 합계하다, 합계 …이 되다(amount to). ⓐ partial 부분의, 국부의.　**2**

[《프》 *total*←《래틴》 *tōtālis* entire 전체의←*tōtus* entire 전체]

totality[toutǽliti] 명 전체, 총액. [total+-*ity* (명사 어미)]

totalitarian[tòutæ̀litɛ́əriən] 형, 명 전체주의의(사람). [totality+-*arian*(사람을 뜻하는 명사어미)]

a ~ *state* 전체주의 국가.

totalitarianism[tòutæ̀litɛ́əriəniz(ə)m] 명 전체주의. [totalitarian+-*ism* (명사 어미)]

totter[tɔ́tə] 통 비틀거리다; 아장아장 걷다(stagger); (건물 따위가) 뒤흔들리다(tremble).　**6**

touch[tʌtʃ] 통 닿다, 건드리다, 대다, 당도하다(reach); 감동시키다; 간단하게 논하다 (treat lightly), 언급하다 (mention); 기항(寄港)하다; 《속어》 (남에게서) 돈을 빌리다(borrow). 명 접촉; 촉감; 일필(一筆), 필치(筆致), 솜씨 (skill); 기미 (tinge) [of], 암시(hint); (a touch) 조금[of]; 특징.

[《고프》 *tochier*←《래틴》 *toccāre*←*toklight blow* 가벼운 타격(소리를 본 딴 말); *cf.* 《독》 *zucken* twitch]

bring (또는 *put*) *to the* ~ 시험하다. *keep in* ~ *with* …과 접촉을 유지하다; (시대에) 뒤떨어지지 않는다. *within* (또는 *in*) ~ 손으로 만질 수 있을 정도로 가까운 곳에, 이를 수 있는 곳에 [of].

touching[tʌ́tʃiŋ] 형 감동시키는(moving); 비장한(pathetic). 전 《시》 …에 관하여 (concerning). [touch+ -*ing*]

touchstone[tʌ́tʃstoun] 명 시금석 (試金石). ☞ stone

tough[tʌf] 형 단단한, 휘어도 안 부러지는, 강인한(hardy), 튼튼한; 완고한 (stubborn); 끈기 있는(sticky); 힘에 겨운; 《미》 난폭한(rough). 명 《미》 결렬패. ⓐ flexible 굽히기 쉬운.　**6**

[《중영》 *tough* 《고영》 *tōh*; *cf.*《독》*zäh*]

tour[tuə] 통 주유(周遊) (하다), 여행(을 하다), 만유(漫遊) (하다).　**7**

[《프》 *tour*←《래틴》 *tornum*←《그》 *tornos* tool for making a cicle 원을 그리는 도구; *cf.* 《프》 *tourner* turn; turn과 같은 기원]

tourist[túərist] 명 여행자, 관광객. [tour+-*ist*]　**8**

tournament[túənəmənt, tɔ́:-] 명 (중세기 기사의) 마상 시합, 시합, 경기 (contest), 토오너먼트.　**10**

[《고프》 *torneiement*←*torneier* tourney 마상시합←*torner* turn 돌다]

tout[taut] 통 《속어》 (투표 따위를) 권유하다, (손님을) 끌다. 명 손님 끌기.

tow[tou] 명 밧줄로 끌기, 예인선(曳引船). 통 밧줄로 끌다.　**6**

toward(**s**)[tɔwɔ́:d(z),tɔ:d(z)] 전 …의 쪽에, …의 쪽으로; …에 대하여; …쯤, …즈음, …가까이; …을 위하여.　**1**

주의 현재는 toward보다 towards를 많이 쏜다.

[to+-*ward*+-*s* (부사적 소유격 어미); -*ward*는 homeward, backward, forwards, eastward 따위의 -*ward*와 마찬가지로 방향의 뜻을 나타내는 어미; -*s*에 대해서는 once, twice, hence, afterwards, forwards, upwards의 -*ce*나 -*s*와 마찬가지로 부사적 역할을 하는 소유격 어미이다] 「afterwards, etc.

☞ to, twice, hence, forward

towel[táu(ə)l] 명 수건, 타올. 통 타올로 닦다.　**4**

tower[táuə] 명 탑, 누각; (탑이 있는) 성루(fortress). 통 솟다(rise high up); 곧장 날아오르다(soar).　**2**

[《고프》 *tur*←《래틴》 *turris* tower ←《그》 *tursis, turris* tower 탑]

~ *of ivory* 상아탑(象牙塔).

동의어 **tower**는 탑이나 성루를 뜻하나 동양인이 생각하는 탑과는 그 개념이 일치하지 않는다. 보기: the Tower(of London) 런던 탑. a **bell-tower** 종루; a **water-tower** 배수탑; a **watch-tower** 망루; a **clock-tower** 시계탑. **pagoda**는 한국, 중국, 일본, 인도 따위의 동양의 탑을 뜻한다. 보기: 오층탑 five-storied pagoda. **monument**는 기념탑을 뜻하고, **steeple**은 첨탑(尖塔), 특히 뚜렷한 목표(landmark)가 되는 교회의 첨탑을 뜻하며, 혼히 종루 (鐘樓)로 쓰이고 있다. **spire**는 첨탑의 꼭대기 부분(top part of a steeple) 이다. **pinnacle**은 가늘고 긴 탑이나 작은 첨탑(slender turret or spire)이며 혼히 장식적으로 세운다. **turret**는 건

town[taun] 명 읍, 도회; (the town)읍 사람들, 도회 생활; 《관치사와 함께 보통 관사 없이 써서》 도회의 중심가, 상업지구, 도심지. ⓐ country 시골. 1
[《중영》 *toun* enclosure 포위, town; 《고영》 *tūn* fence 울, farm 농장, town; Newton (=New town), Norton (=North town), Preston (=Priests' town), Potterton (=Potters' town) 등의 -ton으로 끝나는 지명은 town을 뜻하는 같은 말이다]
  a man about ~ 도회의 한량(구락부, 극장 따위에 출입하며 놀고 지내는 부자). *go to town* 도심지(상업지구)로 가다, 물건 사러 가다, 장보러 가다. *on the ~* 방탕을 일삼고.
참고 village 보다 크고 city 보다 작은 것을 town 이라고 한다. 영국에서는 city 보다 town 을 더 많이 사용하며, 사실상 city인 경우에도 town 이라고 부르는 것이 보통이다. city라는 말은 주로 지방 행정에 관하여 쓰는 말이며, 영국에서는 칙허(勅許)에 따라 만들어진 도시로 보통 cathedral을 포함하는 것을 뜻한다. town은 관사 없이 쓰면 말하는 사람의 사는 지대의 주요도시나 중심도시를 가리키며, 특히 영국에서는 서울(London)을 뜻한다.

townsman[táunzmən] 명 (*pl.* -men) 도회인, 읍인, (같은)마을의 사람들.
[town+-'s (소유격 어미)+man] 10

toxin[tóksin] 명 독소(毒素). 10
[《중영》 *toxic*←(그)*toxicon* connected with a bow 활과 관련 있는 (독약)+ -*in(e)*(약품명을 나타내는 명사 어미)]

toy[tɔi] 명 장난감 (plaything); 쓸데없는 것, 희롱거리. 형 장난감의. 동 가지고 놀다(play) [with], 희롱하다. 2
[원뜻은 stuff (to play with 가지고 노는) 물건; *cf.* (독) *zeug* stuff; *spielzeug* plaything]

trace[treis] 명 발자국 (footprint); 자취, 형적(形跡) vestige); 아주 약간 (tinge). 동뒤를 밟아 쫓아가다(follow), 탐색하다, 찾아내다(detect) [out]; (유래를)조사하다; 그리다(draw). ⓐ lose 잃다. 2
[《래틴》 *tractus*←*trahere* draw 끌다; *cf.* (프) *tracer* trace]

  ~ back to… …으로 소급하다, …으로 거슬러 올라가다.
동의어 *trace*는 동물이나 차량이 지나간 후에 남는 자국이나 발자국을 뜻하며, 비유적으로 쓰이기도 하는 말이다: a *trace* of fog in the valley 골짜기에 남아 있는 안개. *vestige*는 퍽 형식적인 말로 없어진 것의 희미한 흔적을 뜻한다. *track*는 특히 연이어 있는 흔적으로 이것을 따라가면 뒤쫓아갈 수 있음을 뜻한다.   「extract, subtract
☞ track, contract, detract,
track[træk] 명 지나간 자국, 형적(vestige); 진로; (미) 철도의 선로 (railway line), 궤도; (경기의) 트랙. 동 뒤를 밟다(follow), 뒤쫓다(hunt). 2
[《프》 *trac* track, beaten way 많이 다녀서 생긴 길←《홀런드》 *trek* draught 끌기, 당기기]
  keep ~ of …을 놓치지 않는다, 끊임 없이 …과 접촉(또는 교섭)하고 있다. *lose ~ of…* …을 놓치다, …을 알지 못하게 되다, …과 교섭을 안 갖게 되다. *the beaten ~* (사람이나 짐승이) 많이 다니기 때문에 저절로 생긴 길; 보통 방법. *on the ~ of* …을 추적하여; 《비유》 …수색의 단서를 얻어.

trackless[trǽklis] 형 발자국이 없는, 길이 없는.
[track+-*less* (형용사 어미)]

tract¹[trækt] 명 (넓고 큰) 토지; 지역 (area); (하늘·바다 따위가) 광막한 것; 《해부》 계통. 4
[《래틴》 *tractus* drawing 끌기, extent 범위, region 지역←*trahere* draw 끌다; trait와 자매어]
  the digestive ~ 소화기 계통.

traction[trǽkʃ(ə)n] 명 끌기, 견인 (牽引) (력) (drawing force); 마찰 (friction).
[tract+-*ion* (명사 어미)]

tractor[trǽktə] 명 트랙터, 견인차.
[tract+-*or*; 끄는 것] 9
☞ trace, trait

tract²[trækt] 명 (종교·정치 선전용의) 팜플레트, 작은 책자.
[《래틴》 *tractātus* tractate 논문, handling 취급←*tractāre* handle 다루다; (종교·정치)논문]

tractable[trǽktəbl] 형 다루기 쉬운, 가르치기 쉬운; 유순한(docile).
[《래틴》 *tractābilis* ← *tractāre* touch

trade 598 **train**

건드리다, manage 다루다 + *ābilis*
-*able*] ☞ treat

trade[treid] 圀 장사, 상업(commerce),
무역; 소매업; 가업(家業), 직업(occu-
pation, business); (미속) 단골, 거래
선(customers); (the trades) 무역풍
(trade winds). 图 장사하다, 매매하다;
교환하다(barter). 1
[원 뜻은 path(길)인데 여기에서는 "늘
다니는 길(beaten track)"→"늘 하는
일(regular business)"의 뜻이 생기게
되었다. 《고영》 *tredan* tread "밟다"에
서 나온 말. tread와 동계통의 말이다]
~ *in* (미) 신품 구입 대금(의 일부)
으로 중고 자동차, 라디오 등을 제공하
다: He traded in his 1959 Ford car
for a new model. 그는 1959 년형의
포오드 차를 신형차 구입 대금의 일부
로 제공하였다.

trader[tréidə] 圀 장사, 무역업자;(미
개지역에서 원주민과 물물 교환하는)교
역상인; 무역선. [trade+-*er*] 5

trade-in[tréidin] 圀 (미) 신품 구입
대금(의 일부)으로 제공하는 물품 《중
고 자동차, 라디오 따위》.

tradesman[tréidzmən] 圀 소매 상인
(shopkeeper).
[trade+-'*s*+man=trade's man]

trademark[tréidma:k] 圀 상표.
[trade+mark 표] ☞ tread

tradition[trədíʃ(ə)n] 圀 전통; 전설, 구
비(口碑). 4
[《래틴》 *trāditiōnem* delivery 전달,
배달, handing down 수교(手交) 하는
것. ←*trādere* hand over 전해주다·
trā- trans across + -*dere, dere*
give; give across or over 넘겨 주다.
tra- 는 transatlantic "대서양 건너편"
의 *trans*-와 같은 것; treason과 자매
어 이다]

traditional[trədíʃ(ə)n(ə)l] 圀 전통
적인; 전설의.
[tradition+-*al* (형용사 어미)]
☞ traitor, treason, date, donat-
ion, dower.

traffic[tréfik] 圀 (사람·차마 따위의)
왕래; 교통; (사람의) 교통량, 운송(량),
통화량, 전보량; (주로 부정) 거래, 매
매. 图 거래하다(trade)[in], 매매하다;
팔다. 4
[《이태》 *trafficare* to trafic 거래하다
←*tras*- across (←《래틴》 *trans*-) +

ficcare shove 밀다, stick 달라붙다←
《래틴》 *figere* fix 고착하다]
human ~ 인신 매매(人身賣買). ~
control 교통정리. ~ *light*(또는 *sig-
nal*) 교통신호. ~ *policeman* 교통
순경.

tragedy[trǽdʒidi] 圀 비극; 참사(cala-
mity), 흉변, 비극의 창작(연출). 4
⑳ comedy 희극.
[《그》 *tragōdia* tragedy 비극←*tragō-
dos* tragic singer 비극 가수 ← *tragos*
he-goat 숫염소+*ōdos* singer 가수; 원
뜻은 the song of the goat (염소의 노
래)이다. "염소의 노래"가 비극을 뜻하
게 된 데 대해서는 다음의 두가지 설명
이 있다. ① 그리이스 시대의 비극 배
우들은 염소 가죽으로 지은 옷을 입고
있었기 때문. ② 그리이스 비극에서의
상(prize)으로 숫염소(he-goat)를 주었
기 때문]

tragic[trǽdʒik] 圀 비극적인, 비극의;
비장한; 비참한. 7
[《프》 *tragique* ← 《래틴》 *tragicus*←
《그》 *tragikos* goatish 숫염소의; tra-
gedy를 참조하라.]
☞ ode, comedy, melody

trail[treil] 图 (옷자락 따위를) 질질 끌
다, 끌고 가다; (구름 따위가)길게 퍼지
다; 구불구불 나아가다; 기다(creep); 축
쳐지다; 뒤쫓다(track); (미) 헤치고
나아가다. 圀 옷자락; 자국(track), 발
자국(footprint), 남긴 냄새; 사람이 다
녀서 생긴 길, 작은 길 (path). 3
[《고프》 *trailler* tow (a boat) (배를)
끌다←*trāgulam* dragnet 끄는 그물←
trahere draw, drag 끌다]

trailer[tréilə] 圀 끌고 가는 사람(물
건); 뒤쫓는 사람(물건), 추적자; 덩굴
풀(creeper); (자동차 따위의) 뒤에 붙
은 차, 트레일러; 《영화》 예고편.
[trail+-*er*]

train[trein] 圀 열차; 행렬(procession);
수행원, 일행(suite); 연속(succession);
옷자락; (혜성, 공작 따위의) 꼬리(tail).
图 양성하다(instruct); 길들이다(tame),
훈련하다(drill). 1
[《래틴》 *tragīnāre*←*trahere* draw 끌
다; *cf.* 《프》 *trainer* drag 끌다]
by ~ 기차로. *in* ~ 준비가 되어
(ready) 정돈되어.

training[tréiniŋ] 圀 훈련(drill), 양
성, 연습. 7

[train+-*ing*] ☞ tract¹, trace
trait[trei, (미)treit] 圈 특성, 특색(characteristic); 기미.
[((프)) *trait* [trɛ] stroke 특징←((래틴)) *trahere* draw 끌다; tract¹과 자매어]
☞ trail, trace, tract¹

traitor[tréitə] 圈 배반자, 반역자; 역적. 4
[((래틴)) *trāditor* one who betrays 배반 하는 자←*trādere* betray 배반하다] ☞ tradition, treason

tram[træm] 圈 《영》 시가 전차 ((미))= streetcar); 전차 선로; 궤도차, 탄차 (炭車).
tramcar[trǽmkɑː] 圈 《영》 =tram. [tram+car 차]

tramp[træmp] 圄 (쾅쾅 디디며) 걷다, 밟다, 짓밟다; (부랑자로서) 돌아 다니다. 圈 발맞추어 가는 소리, 구두 소리; 방랑자(vagabond); 도보여행; 부정기 화물선(cargo boat). 4
on (the) ~ (직장을 구하려) 헤매고,

trample[trǽmpl] 圄 짓밟다, 유린하다 [down]; 박해하다 [on, upon]; 무시하다. [tramp+-*le* (반복을 뜻하는 동사 어미)]

trance[trɑːns] 圈 무아지경, 황홀; 혼수 (상태), 실신. 7
[((프)) *transe* passage 통과 ←*transir* go across 건너다 ←((래틴)) *transīre* ← *trans*- across+*ire* go 가다; 건너다→ 밀리가다 →가버림→(특히) 죽어버림]
☞ transit

tranquil[trǽŋkwil] 圈 고요한(quiet), 평온한(calm), 편안한. ⓐ unquiet 6
[((래틴)) *tranquillus* at rest 쉬고 있 는, 멈춘←*trans*- across + *quiēs* rest 휴식, quiet 고요함] 4

tranquility[trǽŋkwíliti] 圈 고요함, 평안, 침착함. 6
[tranquil+-*ity* (명사 어미)]

tranquilize[trǽŋkwilaiz] 圄 고요하게 하다(되다), 진정하(게 하)다, (마음을) 가라앉히다. [tranquil+-*ize* (동사 어미)] ☞ quiet

transact[trænzǽkt] 圄 처리하다(manage); (…과) 거래하다 [with]. 8
[((래틴)) *transigere* carry out 처리하다 ←*trans*- through+*agere* drive, act, do; carry through 수행하다]

transaction[trænzǽkʃ(ə)n] 圈 처리, 거래; *pl*. (학회 따위의) 회보(會報), 의사록(reports). [transact+-*ion*] 9

☞ act, action, agent

transcribe[trænskráib] 圄 베끼다, 복사하다(copy out); 녹음하다, 녹음방송하다.
[((래틴)) *transcrībere* write 쓰다, copy off 베끼다 ←*trans*- across+*scrībere* write; 한쪽에서 다른쪽으로 옮겨쓰다]

transcriber[trænskráibə] 圈 사자생 (寫字生), 전사(轉寫)하는 사람, 전사기.

transcript[trǽnskript] 圈 베낀 것, 복사, 사본, 등본.

transcription[trænskríp∫(ə)n] 圈 베낌, 복사, 등사, 사본, 녹음, 녹음방송. [transcript+-*ion* (명사 어미)]
~ *machine* 녹음(재생)기.
☞ ascribe, conscribe, describe, inscribe, subscribe

transfer[trænsfə́ː] 圄 옮(기)다; 바꿔 타다; 전임(전근)하(게 하)다, 전학하(게 하)다, 운반하다; 양도하다.
[trǽnsfə(ː)] 圈 이동; 전임(轉任), 바꿔 타기, 바꿔 타는 차표; 양도. 4
[((래틴)) *transferre* convey across 저쪽으로 전달하다←*trans*- across+*ferre* bear 가져가다]
☞ infer, confer, defer, refer, suffer, translate, bear

transform[trænsfɔ́ːm] 圄 변형하다(시 키다), 변화하(게 하)다;(전기) 변압하다. 5
[((프)) *transformer*←((래틴)) *transformāre* change the shape of 모양을 바꾸다 ← *trans*- across + *formāre* form 형성하다←*forma* shape 형태]
동의어 **transform**은 의면적으로나 내면적으로 아주 바꾸어버린다는 뜻으로 가장 광범위하게 쓰이는 말인데 비해서, **transmute**는 물건이나 사람의 성질을 기적으로 생각될 정도로 바꾼다는 어감이 퍽 점잖은 말이다. 본래 연금술에서 쓰던 말인 만큼, 좋은 것으로 변형할 때에 많이 사용된다. **metamorphose**는 마술이라도 건 것처럼 놀라운 변형을 일으킨다는 뜻이다. 또 이와 좀 다른 것으로 **transfigure**는 물건이나 사람의 외관이나 자태를 아름답거나 숭고한 것으로 바꾼다는 뜻이다.

transformation[trænsfəméiʃ(ə)n] 圈 변형, 변화, 변태; 《전기》 변압; (여자용) 가발(wig worn by women). 8
[transform+-*ation* (명사 어미)]
☞ form, formal, deform, inform,

transfuse[trænsfjúːz] 타 (액체를) 옮겨 붓다; 수혈하다; 배어들게 하다(imbue) [into, with].
[《라틴》 *transfūsus* 옮겨붓다←*trans*- across+*fundere* pour 붓다, 쏟다]

transfusion[trænsfjúːʒ(ə)n] 명 주입(注入), 수혈. [transfuse+-*ion* (명사 어미)] ☞ fuse, confuse, infuse, profuse.

transgress[trænsgrés] 타 (제한·범위를) 넘다(outstep); (법 따위를) 범하다, 어기다(violate), 위반하다. 6
[《라틴》 *transgressus* go across 건너다←*trans*- beyond+*gradi* step 걷다 go 가다]

transgression[trænsgréʃ(ə)n] 명 위반, 법을 어김, 죄(sin). 9
[transgress+-*ion* (명사 어미)]
☞ grade, aggression, congress, egress, ingredient, progress, regress

transgressor[trænsgrésə] 명 위반자; 범인, 죄인(sinner).
[transgress+-*or* (사람을 뜻하는 명사 어미)]

transient[trǽnziənt] 형 잠시간의, 순식간의 (fleeting); 짧은 (brief); 《미》 (호텔 객 따위가) 얼마 머물지 않는. 명 《미》 (호텔 따위의) 잠시 체재하는 손님. 6
[《라틴》*transientem*←*transiens* passing away←*transīre*←*trans*- across+*īre* go; 지나가는]

transit[trǽnsit] 명 통과, 통행(passage); 경과; 운반, 수송(conveyance); 통로(route). 타 (천체가) 통과하다. 8
[《라틴》 *transitus* passing across 넘어 가기←*transīre* pass across 건너다]
in ~ 수송중. ~ *company* 운송회사. ~ *messenger* 통과여객.

transitory[trǽnsit(ə)ri] 형 휙 지나가는, 일시적인, 덧없는(brief).
[transit 통과 +-*ory*]

transition[trænsíʒ(ə)n, -zíʃ(ə)n] 명 변천, 변화(change), 추이(推移); 과도기. ⑳ permanence 영구 불변. 7
[transit 통과 +-*ion* (명사 어미)]

translate[traːnsléit] 타 번역하다, 해석하다(interpret); …으로 옮기다, 고치다. 4
[《라틴》 *translātus* trasferred 옮겨진 ←*transferre* transfer 옮겨놓다←*trans*- across, beyond+*lātus* borne 가져 가진 ←*ferre* bear 가져가다; bear across 건너편으로 가져가다→한 언어에서 다른 언어로 옮기다. transfer와 같은 어원에서. -*late*는 《라틴》 *ferre* 의 과거분사로 쓰이던 것으로 "borne" 의 뜻. elate, prelate, relate, oblate 따위의 -*late*도 같은 것]
be ~*ed into heaven* 산채로 승천하다(천국에 옮겨지다) 《이 숙어에서의 translate=carry over》.

translation[traːnsléiʃ(ə)n] 명 번역, 해석; 번역문. 8
[translate+-*ation* (명사 어미)]
motion of ~ 《물리》 전진운동.
☞ transfer, elate, prelate, relate

translucent [trænzlúːs(ə)nt, traːns-] 형 반투명의. 9
cf. transparent 투명한, opaque 불투명의.
[《라틴》 *translūcentem* ←*translūcēre* shine through 빛이 통과하는←*trans*- beyond+*lūcēre* shine 비추다]

translucence, -cy[trænzlúːsns, -si] 명 반투명. [translucent+-*ce*, -*cy* (명사 어미)] ☞ transparent

transmit[trænzmít] 타 보내다, 전달하다; 송파(送波)하다, (열 따위를) 전도하다(conduct); (무전을) 발신하다. 9
[《라틴》 *transmittere*←*trans*- across+*mittere* send; send across 건너 보내다]

transmission[trænsmíʃ(ə)n] 명 전달, 송달; 전도(傳導); 유전. [trans+ mission) [submit
☞ missile, mission, commit, omit, ~ *gear* 전동장치, 변속장치.

transparent[trænspɛ́ər(ə)nt] 형 투명한; (직물을) 올 사이가 투시되는; 솔직한(frank); 분명한(clear), (문제 따위) 쉽고 명료한. 7
⑳ opaque 불투명의, translucent 반투명의.
[《라틴》 *trans*- through +*pārēre* appear 나타나다; appear through …을 통해서 나타나는, 분명히 보이는]
☞ appear, apparent, disappear

transplant[trænsplá:nt] 타 이식(移植)하다; 이주하다(시키다). 10
[《라틴》 *trans*- across+*plantāre* plant 심다; plant across 옮겨심다]

transplantation[trænsplɑ:ntéiʃ(ə)n] 圖 이식; 식민; 이주(민).
[transplant+-ation (명사 어미)]
☞ plant, implant

transport[trænspɔ́:t] 동 수송하다(convey); 좋아서 넋을 잃게 하다. [trǽnspɔ:t] 圖 수송, 운수; 수송선, 수송기; 황홀, 환희(rapture).　3
[(라틴) *transportāre* carry across 건너서 가져오다 ←*trans-* across+*portāre* carry 운반하다]
be ~ed with… …때문에 황홀해지다. *in a ~ of rage* 노발대발하여.
transportation[trænspɔ:téiʃ(ə)n] 圖 수송, 운수; (미) 운수기관; (미) 운임(fare), 차표; 추방.　4
[transport+-ation (명사 어미)]
Our *transportation* was a camel. 우리를 싣고 온 것은 낙타였다.
☞ port, portable, import, deport, export, report

trap[træp] 圖 덫(snare); 함정(pitfall); 계책, 계략(trick). 동 덫으로 잡다, 함정에 빠뜨리다.　2

trapper[trǽpə] 圖 덫을 놓는 사람.
[trap+-er (명사 어미)]

trash[træʃ] 圖 쓰레기(rubbish), 티끌; 헛소리 (nonsense); 태작(駄作); 보잘 것 없는 사람(것).

travail[trǽveil] 圖 진통, (고상한 말) 낳을 때의 괴로움, 노고. 동 (고상한 말) 낳는 괴로움을 겪다, 고생하다.　9
[(프) *travail* toil 수고하다, labour 일하다←(라틴) *trepālium* a kind of rack for torturing martyrs. 순교자를 고문하는 일종의 고문대←*trēs* three+*pāli* stakes 말뚝; 세개의 말뚝으로 된 고문대→그 고문의 고통에 비유해서 애 낳는 괴로움을 뜻하게 되었다]

travel[trǽvl] 圖 여행, (보통 복수) (외국이나 먼 곳으로의 오랜) 여행, 여행기, 기행(紀行); (별·빛·소리 따위의)진행, 운행. 동 여행하다(make a journey); 주문 받으러 다니다; 자꾸 자꾸 다음 것을 보다; (빛·소리 따위) 나아가다, 전하다.　1
[travail과 같은 말. 원래 여행은 고된 것으로 생각되었기 때문에 "고된것"→ "여행"으로 뜻이 변하게 된 것이다]

travel(l)er[trǽvlə] 圖 여행자, 여객; 순회 판매원 (commercial traveller).
[travel+-er (명사 어미)]　2

☞ pale

traverse[trǽvə(:)s] 동 가로 지르다(go across), 횡단하다; 논하다(discuss), 다루다(deal with); 통과하다; 반대하다 (oppose), 거부하다(deny). 圖 횡단, 통과, 여행(journey); 횡목(橫木); 반대.　5
[(프) *traverser* cross건너다 ←*travers* traverse 횡단(하는)←(라틴)*transversus*←*trans-* across+*versus*←*vertere* turn 돌다] ☞ verse, averse, converse, convert, divert, invert

tray[trei] 圖 쟁반, 접시, 재털이;(트렁크·농·서랍 따위 속에) 칸을 막아 놓은 상자.

treachery[trétʃ(ə)ri] 圖 반역, 모반(treason); 배신(행위).　6
[(고프) *trecherie* treachery 반역←*trechier* trick 속이다, 술책을 쓰다←(라틴) *trīcare* dally 희롱하다, 우물쭈물하다, *trīcārī* make difficulties 곤란하게 하다 ← *trīcae* difficulties 곤란]

treacherous[trétʃ(ə)rəs]형 배신하는, 두 마음을 갖는, 믿을 수 없는; (물건이) 겉보기 만큼 좋지 않은.　5
[treachery+-ous (형용사 어미)]
~ rocks 안전해 보이나 사실은 위태로운 바위. *a ~ branch* 안전해 보이 나사는 약한 가지. *~ ice* 단단해 보이나 사실은 깨어지기 쉬운 얼음.
☞ trick

tread[tred] 동 (trod, trodden) 밟다, 짓밟다(trample); 걷다(walk); (시) 통과하다(traverse). 圖 밟기; 걷는 모양, 발짝 소리; (계단의) 디디는 판자.　2
[(고영) *tredan; cf.* (독) *treten*]

treadle[trédl] 圖, 동 (자전거·재봉틀 따위의) 발판, 페달(을 밟다).
[tread+-le (반복을 나타내는 동사 어미)] ☞ trade

treason[trí:zn] 圖 반역, 모반.　4
[(고프) *traison*←(라틴) *trāditiōnem*←*trāditus* deliver over 인도하다, betray 배반하다←*trans-* across+*dare* give; give over 저 쪽으로 주다 → 팔아 먹다. tradition과 같은 어원]
☞ tradition, traitor

treasure[tréʒə] 圖 보배, 보물, 보물같은 사람. 동 비장(秘藏)하다, 저축하다(store) [up]; 마음에 두다.　2
[(그) *thēsauros* treasure 보물, store

treat[tri:t] 图 취급하다, 대우하다; 한턱 내다; 논하다; 처리하다, 치료하다; 거래하다. 图 (훌륭한) 대접, (드물게 맛보는) 즐거움, 만족; 위안회(entertainment); 《속어》 한턱 낼 차례. 2
[(프) *traiter*←(래틴) *tractāre* drag 끌다, handle 다루다, *trachere* draw 당기다]

~ *oneself to* (a bottle of champagne) (한병의 샴페인을) 큰 마음 먹고 내다. ~ *of* …을 다루다, …을 논하다, …을 화제로 하다(deal with, discuss).

treatment[trí:tmənt] 图 취급, 처리; 논술; 대우; 치료. 3
[treat+-ment (명사 어미)]

treatise[trí:tiz,-tis] 图 (학술) 논문 [on]. 8
[(고프) *tretis*, *traitis* a thing well handled or nicely made, 잘 작성 또는 취급 된 것←*traiter*] ☞ treat

treaty[trí:ti] 图 조약, 협정,교섭, 담판(negotiation). 5
[(고프) *traite* treaty 조약 ← *traiter*; treat+-y(명사 어미)]
☞ tract, trace, contract, abstract

treble[trébl] 图 3배의, 세겹의(triple, threefold); 《음악》 최고음부(soprano)의. 图 3배로 하다(되다). 8
[(고프) *treble*←(래틴) *triplus* threefold 3배의] ☞ triple, three

tree[tri:] 图 (산) 나무,수목 (*cf.* shrub, bush, wood, timber, lumber); 목재; (나무 가지 처럼 분포된) 계통도(a family tree 가계도). 图 《미》 나무 위로 쫓다. 1

in the dry ~ 역경에, 불행하여.

tremble[trémbl] 图 떨다(shake); (나뭇잎이) 흔들거리다(quiver), 图 전율(戰慄). 2
[(프) *trembler* ←(래틴) *tremulāre* *tremere* tremble 떨다]

tremulous[trémjuləs] 图 떠는(trembling); 겁많은(coward). [(래틴) *tremulus* quivering 떨리는(←*tremere* 떨다) +-*ous* (형용사 어미)] 7

tremendous[triméndəs] 图 무서운, 끔찍한, 중대한;《속어》거대한, 대단한, 엄청난(extraordinary). [(래틴) *tremendus* dreadful 끔찍한 (← *tremere* tremble 떨다) +-*ous*]

tremendously[triméndəsli] 图 끔찍하게, 무섭게;《속어》굉장히, 심하게.
☞ tremble

tremor[trémə] 图 (공포·흥분 따위의) 스릴(thrill), 떨림(quiver). [(래틴) *tremor* trembling 떨림 ← *tremulus* trembling 떠는←*tremere* tremble 떨리다]

an earth ~ 지진.

trench[trentʃ] 图 (깊은) 도랑(ditch); 참호. 图 침범하다, 잠식(蠶食)하다;참호를 파다; 끊다(cut). 5
[(고프) *trenchier* cut 베다 ← (래틴) *truncāre* cut off 절단하다]

trend[trend] 图 경향, 형세; 방향(direction). 图 …을 향하다(tend), 기울어지다. 9

trespass[tréspəs] 图, 图 침입(하다), 침해(하다)[on]; 위반(하다); 방해(하다). 9
[(고프) *trespasser* go beyond 넘어가다 ← (래틴) *tres* ←*trans* across + *passer* pass ←(래틴) *passāre*; *cf.* (프) *trépasser*]

tress[tres] 图 (머리칼의) 한 뭉치, 한 다발(lock). 10
[(프) *tresse* tress ← (그) *trixa* in three parts 세부분으로, threefold 세겹으로 ← *tri*- thrice 세번; (그) *theis* three와 관련 있음. 머리를 땋을 때 세가닥으로 맞지는 것이 보통이기 때문] ☞ three

trial[trái(ə)l] 图 시험, 시련, 고난; 재판, 심의. 2
[try+-*al* (명사 어미)]

on ~ 시험 삼아, 시험적으로; 시험해 보고, 써보고서; 공판에 회부되어, 심의 중으로.

triangle[tráiæŋgl] 图 삼각형, 세모꼴, 세모 자; 삼각 관계; 《악기》 트라이앵글. 6
[(프) *triangle* ←(래틴) *triangulus* three-angled 삼각의 ← *tri*- thrice ←

trēs three+*angulus* angle 각; three angles]

triangular[traiǽŋgjulə] 형 삼각(형)의; 삼부의, 세사람의.
[*tri*- three 셋+*angular*] 「three
☞ angle, angular, quadrangle,

tribe[traib] 명 종족; 《멸시해서》 녀석들, 패거리. 2
[《프》 *tribu* ←《라틴》 *tribus* tribe 종족; 로마의 처음에 있던 세 부족 가운데 하나의 이름이었다고 한다]

tribal[tráib(ə)l] 형 종족의, 부족의. [tribe+-*al* (형용사 어미)]

tribune[tríbju:n] 명 인민의 보호자, 자기편; 민중정치가; (옛 로마)의 호민관(護民官); 단상(壇上), 연단(演壇 platform).
[《라틴》 *tribūnus* chief of a tribe 부족의우두머리←*tribus* tribe 부족, 종족] 참고 신문 이름에 쓰일 때는 [tribjú:n]이라고 발음된다.

tribunal[tr(a)ibjú:n(ə)l] 명 재판소, 법정(court of justice); 판사석; …의 재판. [tribune+-*al*] 8
☞ tribute

tribute[tríbju:t] 명 공물(貢物), 세(稅 tax); 선물; 경의; 찬사, 치사. 4
[《프》 *tribut* tribute ←《라틴》 *tribūtum* tribute 공물, a thing paid 지불된 것 ←*tribuere* assign 과하다, pay 치르다; tribe와 같은 어원인 듯]
~ *of praise* 찬사(讚辭).

tributary[tríbjut(ə)ri] 형 공물을 바치는; 종속하는, 부속의; 지류(支流)의. 명 속국; 지류. [tribute+-*ary*]
☞ tribe, attribute, contribute, distribute

trick[trik] 명 흉계; 장난(practical joke); 재주, 수(feat); 버릇(habit). 동 속이다(cheat); 꾸미다(deck). 2
[《중영》 *trik*←《고프》*trichier* deceive 속이다; treachery와 관련이 있는 듯]
play a ~ *on*(또는 *upon*) *a person* (사람을) 속이다, (사람에게) 장난을 하다.
~*s of fortune* 운명의 장난.

trickery[trík(ə)ri] 명 협잡; 책략. [trick+-*ery*] ☞ treachery

trickle[tríkl] 동 똑똑 떨어지다, 졸졸 흐르다; 조금씩 오다(가다). 명 방울; 작은 시내; 약간. 8
[《폐어》 *strickle* strike에서 생긴 말]

trifle[tráifl] 명 사소한 일; 약간(somewhat); 트라이플 (포도주에 적신 카스테라에 아아먼드를 넣고 크림을 바른 과자). 동 까불다, 장난치다[with]; 놀고 지내다. 3
a ~ 약간 (a little, somewhat) (부사적으로 쓰이며 보통 *too*를 같이 쓴다): This bag is *a trifle(too)* heavy. 이 푸대는 무거운 편이다. *stand on* (또는 *upon*) ~*s* 하찮은 일에 구애되다.

trifling[tráiflip] 형 보잘 것 없는, 시시한(trivial); 아주 적은.
[trifle+-*ing* (현재 분사 어미)]

trigonometry[trigənómitri] 명 삼각법.
[《그》 *trigōnon* triangle 삼각형+-*metria* measurement 측정←*metron* measure 자, 척도; 삼각형에 의한 측정법 *trigōnon*은 *tri*- three + *gōnia* angle 각도] 「gon, meter
☞ three, thrice, diagonal, penta-

trill[tril] 동 발음하다, 새가 지저귀다(warble); 떨리는 소리를 내다. 명 떨리는 소리; 새의 지저귐. 10
[《이태》 *trillo* quaver 떨다; 소리를 본딴 말]

trim[trim] 동 정돈하다; 꾸미다, 다듬다(adorn, prune). 명 정돈(order), 정비; 준비(preparation); 복장; 장식. 형 잘 정돈된 (in good order), 말쑥한 (smart). 2
[《고영》 *trymman* set firm 견고히 하다←*trum* firm 견고한, strong 강한]
~ *oneself up* 복장을 단정히 하다.

trinity[tríniti] 명 삼위 일체(三位 一體) (성부와 성자의 신 및 신적인 힘인 성령을 일체로 보는 설(說)). 10
[《라틴》 *trīnitātem* triad 3인조←*trīnus* by threes 셋씩; 《라틴》 *trēs* three와 관련 있음] ☞ three

trip[trip] 명 여행(journey); 소풍; 경쾌한 걸음; 실족, 실수(mistake), 실언; 남의 실수를 들추기. 동 사뿐사뿐 걷다, 총총걸음으로 걷다; 넘어지다 (stumble). 1
[《중영》 *trippen* step lightly 가볍게 걷다 ← *trap* tread 밟다, 밟고 가다; trap] ☞ tramp
make a ~ *to* … …으로 여행하다.
동의어 trip은 엄격한 뜻으로는 비교적 짧은 여행을 뜻하며, 때에 따라서는 journey를 뜻하기도 하는 일반적인 말. journey는 trip보다 형식적인 말이며, 보통 어느 정도의 거리를 가는 여행이

라는 뜻으로, 반드시 돌아온다는 뜻은 없다. **voyage**는 비교적 오랜 수상의 여행이나 공중의 여행이고, **jaunt**는 소풍이나 재미보기 위해서 가는 짧고 기분이 거뜬한 trip을 뜻하며, **expedition**은 조직된 단체가 탐험이나 토벌 따위의 일정한 목적을 지니고 여행 또는 행진한다는 뜻이다.

triple[trípl] 형 세부분으로 된, 삼부의, 삼중의(threefold); 세사람 사이의 ; 세 곱의. 명 삼배의 수(양). 통 삼배로 하다, 삼배가 되다. 8
〔(프) *triple*←(래틴) *triplus* three-fold 세겹의←(래틴) *tri-* three+*-plus* ←(그) *-ploos* -fold 곱〕
☞ treble, double

triumph[tráiəmf] 명 승리, 개선; 대성공(great success); 의기양양한 기색. 통 때려 눕히다(defeat) [over]; 이겨 날뛰다(exult). 반 defeat. 3
〔(그프) *triumphe*←(래틴)*triumphus* public rejoice for victory 승리에 대한 국민의 기쁨; *cf.* (프) *triomphe*; (그) *thriambos* (술의 신 Bacchus에 바치는 노래)〕

in ~ 이겨 날뛰며, 의기양양하여.

triumphal[traiʌ́mf(ə)l] 형 개선하는, 승리의. 8
〔triumph+*-al* (형용사 어미)〕

triumphant[traiʌ́mfənt] 형 승리를 얻은, 이겨서 날뛰는, 의기양양한.
〔triumph+*-ant* (형용사 어미)〕 6

triumphantly[traiʌ́mfəntli] 부 이겨서 날뛰며, 의기양양해서.

trivial[tríviəl] 형 사소한, 시시한(trifling); 평범한(commonplace); 가벼운. 반 important 중요한. 6
〔(프) *trivial* common 혼한 ← (래틴) *triviālis* belonging to three cross roads 세 교차로의 ← *trivia* a place where three roads meet 세 길이 만나는 곳←*tri-* three+*via* way;" 세 길이 만나는 곳"→ 누구나 모이는 곳→혼해 빠진 장소→평범한, 시시한〕
☞ via, devious, deviate, obvious, obviate, previous

troll[troul] 통 큰 목소리로 유쾌하게 노래하다; 윤창(輪唱)하다. 6
〔(독) *trollen* roll 구르다; *cf.* (프) *troler*〕

trolley[tróli] 명 고가이동 활차(高架移動滑車); 트롤리(전차의 포울의 끝에 달린 바퀴); (미) 시가전차, 트롤리식 전차(streetcar); 손으로 미는 차, 트럭. 5

troop[tru:p] 명 (사람·새·짐승의) 무리, 한 메; 군대, 기병중대(*cf.* company, battery). 통 메지다, 모이다, 메지어다니다. 2
〔(프) *troupe*←(래틴) *troppum* flock 한 메〕

shock ~*s* 돌격대.

통의어 **troop**는 하나의 단위로 조직된 한 메의 사람들을 뜻하거나, 밀접한 관계를 가지고 협동해서 움직이는 사람들을 뜻하고, **troupe**는 극장이나 서어커스의 배우들 일행을 뜻한다. **company**는 일시적이든 언제나 그렇든 간에 어떤 일을 함께 하고 있는 사람들을 뜻하는 가장 보편적인 말이며, **band**는 공동의 목적으로 결합한 비교적 작은 집단의 사람들을 뜻한다.

통계어 **troupe**[tru:p] 명 (극단 따위의) 일행, 한 패.
〔(프) *troupe* band, group 일단, 한메〕

trophy[tróufi] 명 전리품; (우승·사냥의) 기념품. 5
〔(프) *trophée* trophy ←(래틴) *tropaeum* sign of victory 승리의 표적 ← (그) *tropaion* trophy 전리품, monument of an enemy's defeat←*tropē* return 보수, 귀환 putting to flight of an enemy 적군을 패주시킴←*trepein* turn 돌아서다〕

tropic[trópik] 명 회귀선(回歸線); (the tropics) 열대(지방). 6
〔(그)*tropikos* 회전하다←*tropos* turning 도는 →*trepein* turn 돌다; 회귀선은 태양이 북쪽에서 남쪽으로, 또 남쪽에서 북쪽으로 도는 지점이기 때문이다〕

the T~ of Cancer 북회귀선, 하지선(夏至線). *the T~ of Capricorn* 남회귀선, 동지선(多至線).

tropical[trópik(ə)l] 형 열대 (지방)의, 열대성의, 열대적인, 열대산의.
〔tropic+*-al* (형용사 어미)〕

통계어 **heliotrope**[héljətroup] 명 해를 향하는 성질이 있는 식물, 헬리오트로우프. 〔(그) *hēlios* the sun 해 + *tropos* turning 도는; 해쪽으로 도는〕
geotropic[dʒi:ətrópik] 형 땅을 향하는. 〔(그) *geō-* ←*ge-* earth 땅+*tropos* turning 향하는〕

trot[trɔt] 뗑 (말의) 빠른 걸음, (사람의) 총총 걸음; 아장아장 걷는 아이 (toddling child). 통 빠른 걸음으로 뛰(게 하); 바쁘게 뛰어가다. 3
[두가지 학설이 있음. ① (프) *trotter* ← (레틴) *tolūtim* at a trot 빠른 걸음으로 ← *tollere* lift 들다; 발걸음도 가볍게 들며(lift)가다. ② (프) *trotter* ← (중세 독) *trotten* run 달리다; 원 뜻은 tread 밟다]

trouble[trʌ́bl] 뗑 수고(pains), 피로움; 노고, 곤란, 분쟁, 쟁의(爭議); 걱정; 재난; 병(disease). 통 폐를 끼치다, 곤란하게 하다; 피롭히다(annoy), 애먹이다; 걱정시키다(worry). ☞ relieve (고통·근심 따위를) 제거하다. 1
[(프) *troubler* ← (레틴) *turbulāre* ← *turbidāre* turbulent 떠들썩한]

ask (또는 *look*) *for* ~ 애써 고생을 겪다. *get into* ~ 사고를 일으키다, 사고에 휩쓸리다; 처벌되다, 검거되다. *go to the* ~ *of* (doing) 일부러 …하다. *have* ~ *to do* …하는 데에 힘이 들다. *in* ~ 곤란을 겪고 있는, 사고에 휩쓸려 들어서, 체포(검거, 처벌)될 번해서; (처녀가) 임신해서. *make* ~ 사고를 일으키다. *take the* ~ *of* 노고를 아끼지 않고 …하다.

troublesome[trʌ́blsəm] 뗑 귀찮은, 힘이 드는, 성가신, 시끄러운, 번거로운. [trouble+-some (형용사 어미)]
☞ turbulent

trough[trɔ(:)f] 뗑 (길쭉한) 구유; (빵집의) 반죽 그릇; (지붕의) 홈통(gutter); 두 물결 사이의 들어 간 곳; 《기상》 기압골. 6
[(고영) *trōh, trog* hollow vessel 움푹한 그릇; cf. (독) *trog*]

trouser[tráuzə] 뗑 *pl.* 양복 바지. *cf.* pants. 4
[(메어) *trouses* breeches 바지 ← (아일런드) *triubhas* trousers 바지 ← (프) *trousses* trunk-hose 중세기의 반즈봉 ← (고프) *tourse* bundle 다발, package 포장 ← *tourser* pack 싸다]
참고 흔히 a pair of trousers의 형식으로 사용된다. "양복바지 한 벌"을 a pair of trousers라고 하지 않고 a trouser라고 말하는 것은 속된 표현법이다. 보기: Here is a smart and dressy *trouser*. (여기에 낯선하고 멋 있는 바지가 한 벌 있읍니다). 복합어의 첫 요소로 쓰일 때에는 단수형이 보통이다. 보기: trouser-button(바지단추), trouser-leg(바지가랑이), trouser-stretcher(바지 주름 펴는 기구), trouser(s)-pocket (바지 호주머니). ☞ pants

trout[traut] 뗑 《단수와 복수 동형》 송어. *cf.* salmon 연어. 5
[(그) *trōktēs* nibbler 조금씩 섬는 사람, a fish with sharp teeth 날카로운 이빨이 있는 물고기 ← *trōgein* bite 물다, gnaw 섬다]

truant[trúː(:)ənt] 뗑 무단 결석한 학생; 게으름뱅이. 뗑 꾀부리는, 게으름 피우는(lazy). 통 학교를 무단 결석하다. 7
[(고프)*truant* beggar 거지, vagabond 방랑자 ← (웨일즈) *truan* wretched 영락한, wretch 비참한 사람; *cf.* (프) *truand* 무뢰한, 파락호]
play ~ 무단 결석하다; 게으름 피우다, 꾀부리다; *cf.* play hooky 학교를 태만히 하고 쉬다.

truancy[trúː(:)ənsi] 뗑 (학생 따위의) 무단 결석, 꾀부리고 놀기; 게으름 피우기. [truant+-cy (명사 어미)]

truce[truːs] 뗑 휴전(조약); 중지.
[(고영) *trēow* compact 조약, promise 약속, pledge 서약; *cf.* (고영) *trēowe* true] ☞ true

truck¹[trʌk] 뗑 (미) 화물자동차, 트럭 ((영) lorry); (영) 무개화차(無蓋貨車); 손으로 미는 차, (포오터 따위의) 운반차. 통 (트럭 따위로) 운반하다. 5
[(레틴) *trochus* wheel 바퀴 ← (그) *trokhos* runner 달리는 사람, wheel 바퀴, disc 원반 ← *trekhein* run 달리다]

truck²[trʌk] 통 (물물) 교환하다, 교역하다(barter), 거래하다. 뗑 교환, 교역(barter); (일삯 대신에) 물품 급여(제); 쓰레기(rubbish); (미) 시장으로 가는 야채; (속어) 관계(dealings) [with].
[(프) *troquer*]

trudge[trʌdʒ] 통 터벅터벅 걷다[along]. 뗑 무거운 발걸음. 7

true[truː:] 뗑 정말의, 올바른(just); 성실한(faithful). 뗑 정말, 정확하게. 반 false 가짜의, 허위의. 1
[(중영) *trewe* (고영) *treowe* faithful 성실한; *cf.* (독) *treu*]
~ *to* …와 일치하다. ~ *to oneself* 자기에게 충실한, 본분을 발휘하는.

truly[trúːli] 뗑 진실하게, 참으로, 정말로(really); 성실히(sincerely), 충실

하게(faithfully); 바르게, 정확하게(accurately). [true+-*ly* (부사 어미)]
   Yours ~ 경구(敬具), 여불비례(餘不備禮)《편지 끝에 쓰는 문귀》.
   ☞ truth, truthful

trump[trʌmp] 图 (트럼프의) 으뜸 패《딴 표의 패를 막을 수 있는);(흔히 복수) 으뜸패 한 벌; 비상 수단, 최후 수단; (속어) 굉장히 좋은 사람(good fellow). 動 으뜸 패를 쓰다, 비상 수단을 쓰다. 9
[triumph의 변형. 《프》 *triomphe* the card-game called ruffe or trump, ruffe 또는 trump 라고 부르는 트럼프놀이←《라틴》 *triumphus* triumph 승리개선] ☞ triumph

trumpet[trʌ́mpit] 图, 動 트럼피트(를 불다), 나팔(로 알리다); 나팔꼴의 물건; 떠들어 퍼뜨리다. 3
[《프》 *trompette*←*trompe* horn 뿔피리 +-*ette* (축소 어미)]

trundle[trʌ́ndl] 图 다리 바퀴, 각륜(脚輪 caster); 각륜 달린 침대 (또는 손수레). 動 굴리다, 구르다(roll) [along]; (손수레 따위를) 밀다(push), 끌다 (draw). 10

trunk[trʌŋk] 图 나무줄기(stem); (동물의) 몸통, 코끼리의 코; 여행용의 큰 가방, 트렁크; *pl.* (수영용, 경기용) 빤쓰; 《영》 장거리 전화(long distance), (전화의) 중계선; 《미》 (철도 따위의) 본선(本線). 2
[나무줄기—《프》 *tronc* ←《라틴》 *truncus* trunk, stem, bit cut off 잘라 낸 조각←*truncus* cut off; 잘라낸 줄기. 코끼리의 코—《프》 *trompe* trumpet 나팔; 코끼리는 코로 나팔부는 것 비슷한 소리를 낸다고 해서]

trust[trʌst] 图 신뢰, 신용(confidence) [in]; 위탁 (품), 신탁 (재산); 기업합동, 트라스트. 動 신뢰하다(rely on); 신용하다 (have faith in); 위탁하다 (entrust); 비밀을 터놓다(confide); 기대하다(hope). 反 distrust 불신임(하다). 1
[《중영》 *trust*←《아이스》 *traust* trust 신뢰, protection 보호; *cf.* 《독》 *trost* comfort 위안]
   on ~ 신용으로, 외상으로 (on credit). ~ *a person with* … 사람에게 …을 위임하다.

trustee[trʌstíː] 图 맡은 사람, 관재인 (管財人); 이사, (대학 따위의) 평의원. [trust+-*ee* (사람을 뜻하는 어미)] 8

trusteeship[trʌstíːʃip] 图 (유엔의) 신탁통치, 위임통치. [trustee+-*ship* (명사 어미)] *cf.* trust territory 신탁 통치 지역.

trustworthy[trʌ́stwəːði] 图 확실한, 믿을 수 있는 (reliable). [trust 신뢰+worthy 가치 있는] ☞ worthy

truth[truːθ] 图 진리, 진실; 진상, 사실 (reality); 성실, 충실(faithfulness). 反 falsehood 허위, 거짓. 1
[true+-*th* (명사 어미)] *cf.* deep 图 +-*th*→ depth 图; broad 图 + -*th*→ breadth 图.
   to tell the ~ 실은, 사실을 말하면. ~ *as gospel* 틀림없는 진실인.

truthful[trúːθf(u)l] 图 정직한, 거짓이 없는, 정말의, 사실의. [truth+-*ful* (형용사 어미)] ☞ true

try[trai] 動 해보다(attempt); 노력하다 (endeavour); 시험하다(test); 시련하다(afflict); 재판에 회부하다; 괴롭히다. 图 (속어) 시도(attempt, trial); 노력 (endeavour). 1
[《프》 *trier* cull out 뽑아 내다←《라틴》 *tritāre* pound small 작게 깨뜨리다. ponder 생각하다 ←*tritus*←*terere* rub 마찰하다] ☞ trial
   ~ *a case* 사건을 심리(審理)하다. *Do* ~ *more* 자아 더 드시오. ~ *one's best* 전력을 다하다.

trying[tráiiŋ] 图 시험하는; 고통을 주는, 피로운(distressing), 참을성 많는. [try+-*ing* (현재분사 어미)]
[동의어] **try**는 "시도하다"를 뜻하는 가장 일반적인 말이다. **attempt**는 try 보다 형식적인 말이며, 흔히 실패를 암시한다: He *attempted* to kill himself. 그는 자살을 시도했다 (그러나 실패했다). **endeavo(u)r**는 곤란을 당하여 힘껏 애쓴다는 뜻이다. **strive**는 성취하기 위하여 열심히 노력한다는 뜻이다. **struggle**은 장해를 타파하기 위하여 맹렬히 노력한다는 뜻이다 (*struggle* for living 생활고와 싸우다). **essay**는 곤란한 일이 될 수 있나 없나를 알아 보기 위하여 시험적으로 해본다는 고상한 말이다. try, attempt, essay에 비하여 endeavo(u)r, strive는 항상 노력의 반복을 뜻한다.

tub[tʌb] 图 (물) 통, 목욕통(bath-tub);

《속어》 목욕(bath); 《속어》 《경멸하는 어조》 배(boat, ship), (특히 낡아서 느린) 배. 4
tube[tju:b] [명] 관(管), 《미》 진공관 (《영》 valve); 튜우브, 통(筒); (특히 런던의) 지하철도. 4
〔《프》 *tube*←《래틴》 *tubus* tube, pipe 관(管); tuba, trumpet와 관련있는 말〕
tuber[tjú:bə] [명] 덩이 줄기, 구근(球根); 혹처럼 튀어 나온 것; 병적 융기(隆起).
〔《래틴》 *tūber* lump 덩어리〕 10
tuberculosis[tju(:)bə̀:kjulóusis] [명] 결핵(結核) 《T.B.로 줄여 씀》.
〔《래틴》 *tuberculo-* ←*tūberculum* tubercle 결핵, 결절(結節)+*-osis*←《그》 *-ōsis* (과정, 상태를 나타내며 병명에 많이 붙이는 명사 어미)〕
tubular[tjú:bjulə] [형] 관(管) 모양의.
〔《래틴》*tubulāris*←*tubulus* little pipe 작은 관(管)←*tubus* pipe, tube〕
☞ tube
tuck[tʌk] [동] 밀어 넣다, 꾸겨 넣다〔up, in〕; 싸다, 감다(fold); (옷자락, 소맷자락 따위를) 걷어 올리다; 꿰매어 넣다; 《영속》 배가 터지게 먹다(eat heartily). [명] 단, 주름; 《영속》 음식물 (food), (특히)과자(sweets). 4
tucker[tʌ́kə] [명] (옛날 부인복의) 깃에 다는 천; (재봉틀의) 단 접는 장치. [동] 《미속》 지치게 하다. 〔tuck+*-er*〕
earn (또는 ***make***) ***one's*** ～ 《속어》 겨우 먹고 입어 나갈 수 있을 만큼 번다. ***be ～ed*** 지칠대로 지치다.
Tuesday[tjú:zdi] [명] 화요일. 2
〔《고영》 *Tīwesdæg* Tiew's day; 군신(軍神) Tiew에 바치는 날; 《래틴》 *Martis diēs* (day of Mars) "군신 Mars의 날"을 영역한 것이다. *-s*는 소유격을 뜻하는 어미. *cf.* Thursday, Wednesday〕
tuft[tʌft] [명] (실, 깃털, 풀 따위의) 송이, 뭉치, 다발(bunch, clump, cluster). [동] tuft를 달다. 6
〔《프》 *touffe* tuft, lock of hair 머리털←《스웨덴 방언》 *tuppa* tuft; *cf.* 《독》 *zopf*〕
tug[tʌg] [동] 잡아 당기다(drag, haul); (배를)끌다 (tow). [명] 끌기, 당기기; 상당히 애씀, 노력. 4
tuition[tju(:)íʃ(ə)n] [명] 교수(teaching); 수업료(tuition fee). 9
〔《래틴》 *tuitōnem* guardianship, protection 보호 *tuērī* guard 지키다 protect 보호하다〕
tulip[tjú:lip] [명] 튜울립. 9
〔《중프》 *tulippe, tulipan* tulip 튜우립←《터어키》 *tulbend* turban 터어번←《페르샤》 *dulband* turban 터어번; 꽃의 색이나 꼴이 꼭 터어번 같다고〕
tumble[tʌ́mbl] [동] 넘어지다, 넘어뜨리다; 구르다(roll); 구르는 듯이 뛰어 가다; 재주를 넘다(turn somersaults). [명] 넘어짐; 자빠짐(fall); 난잡함(disorder); 재주넘기, 공중제비. 3
〔《중영》 *tumblen tumben* tumble←《고영》 *tumbian* turn heels over head 거꾸로 서다, dance 춤추다〕
tumbler[tʌ́mblə] [명] 큰 컵; 곡예사(acrobat). 9
〔곡예사— tumble 재주를 넘다+ *-er* (사람을 뜻하는 명사 어미). 큰 컵— tumble 넘어지다+ *-er* (행위자를 뜻하는 명사 어미); tumbler는 본래 밑받침이 없는 큰 컵으로 비어있지 않고서는 내려 놓을 수 없는 것이다〕
tumult[tjú:mʌlt] [명] 소동; 동란(riot); 소탕(uproar); 흥분(excitement). 5
[반] quiet 고요.
〔《프》 *tumulte*←《래틴》 *tumultum* uproar 소동←*tumēre* swell 붓다〕
tune[tju:n] [명] 가락, 곡, 선율(melody); 조화(agreement); 기분(mood). [동] 소리를 조절하다(attune), 알맞게 맞추다; 파장을 맞추다. 3
〔tone의 변한 말〕
change one's ～ =***sing another*** ～ 이야기·태도 따위를 고치다, 장단을 바꾸다. ***out of*** ～ 장단이 틀려서, 조화되지 않고〔with〕. ***put ～s to***… …에 곡조를 달다. ～ ***in*** (또는 ***on***) (라디오 따위의) 파장을 맞추다. ～ ***off*** (라디오 따위의) 파장을 떼다. ☞ tone
tunic[tjú:nik] [명] (고대 그리이스, 로마의)소매 짧은 웃옷; (군인, 경관의) 약식 웃옷; (부인용의) 짧은 웃옷. 10
〔《고프》 *tunique*←《래틴》 *tunica* undergarment 안에 입는 옷〕
tunnel[tʌ́n(ə)l] [명], [동] 턴넬(을 파다).
〔《고프》 *tonnel*←*tonne* tun 큰 술통 +*-el* (축소 어미); 처음에는 술통 같은 그릇을 가리켰다. 술통 같은 그릇의 앞 뒤를 트여서 지금의 턴넬처럼 만들어가지고 partridge (유럽 자고새)를 잡는데 사용했다. 그 후 이 통처럼 앞 뒤

turban [tə́:bən] 명 (회교도의) 터어번 《모자 위에나 머리에 칭칭 감은 천》; (19세기) 터어번식 부인 모자.
[《터어키》 tulbend, dulbend turban 터어번 ← 《페르샤》 dulband turban← dul- turn, round 일주(하는 것)+ band band 띠; tulip와 비교하라]

turbine [tə́:bi(:)n, -bain] 명 터어빈.
[《래틴》 turbinem, turbō anything that spins 빙빙 도는것]
air ～ 공기 터어빈. *steam* ～ 증기 터어빈.

turbulent [tə́:bjulənt] 형 (바람, 물결 따위가) 거센(furious); 광포한, 요란한 (disturbed).
[《래틴》 turbulentus restless 쉬지 않는←turbāre disturb 교란하다, 방해하다←turba tumult 소동]

turbulence [tə́:bjuləns] 명 소요, 소동; (날씨 따위가) 크게 거칠어짐.
[turbulent+-ce (명사 어미)]
☞ trouble

turf [tə:f] 명 잔디(lawn), 뗏장(sod); 이탄(泥炭 peat); (the turf) 경마장, 경마업(horse racing). 동 잔디로 덮다.

turfman [tə́:fmən] 명 경마에 밝은 사람, 경마에 미친 사람. [turf+man]

turkey [tə́:ki] 명 칠면조; (Turkey) 터어키.
참고 *Turkey* cock 또는 *Turkey* hen 의 준 말. 처음에 이 새가 터어키를 경유해서 수입되었기 때문에 turkey라고 불리어진 것. 처음에는 guinea fowl을 가리키던 것이 뒤에 칠면조와 혼동하게 되어 칠면조를 뜻하게 되었다. 칠면조의 원산지는 미 대륙이다.
[《프》 *Turquie* Turkey←*Turc* a Turk ←《페르샤》 *Turk* a Turk 터어키 사람; Turk의 원 뜻은 용감한(brave)]

Turk [tə:k] 명 터어키 사람; 난폭한 사람.
[《페르샤》 *Turk*; 원 뜻은 "용감한 사람 brave people"]

Turkish [tə́:kiʃ] 형 터어키의, 터어키 사람 (말)의. 명 터어키 말. [Turk+-ish (형용사 어미)]
a ～ *bath* 터어키 식 목욕, 한증막.

turmoil [tə́:mɔil] 명 소동, 소란, 난장판 (bustle).
[두가지 학설: ① turn+moil 혼란의 합성어. ②《래틴》 *tremere* tremble, shake 흔들리다]

turn [tə:n] 동 회전하다(rotate); 구르다 (roll); 변경하다(change); 향(하게) 하다; 잦히다; 굽다; 기분이 홱 뒤집어지게 하다; 선반(旋盤)으로 깎다; 번역하다(translate); …이 되다(become); …으로 만들다(make). 명 회전; 전환, 역전(逆轉), 변화, 경향(tendency); 기질 (disposition), 성향(性向); 행위; 산책 (stroll), 드라이브; 한바탕 놀기; 차례; 말투, 말씨.
[《중영》 *turnen* 《고영》 *tyrnan, turnian* ←《래틴》 *tornāre* turn in a lathe 선반(旋盤)에서 돌리다←*tornus* lathe 선반←《그》 *tornos* 원을 그리는 기구]
by ～*s* 교대대로, 번갈아. *in* ～ 차례 차례. ～ *against* … …을 배반하다, …에 대하여 화가나다. ～ *inside out* 뒤집다. ～ *off* 해고(解雇)하다(dismiss); 옆으로 빗나가게 하다;(라디오, 깨스, 수도 따위의) 꼭지를 틀어서 끄다, 멈추게 하다, (전등을) 끄다. ～ *on* (라디오, 깨스, 수도 따위의) 꼭지를 틀어서 내다; (전등을) 켜다; …여하에 달려 있다(depend on). ～ *out* 쫓아내다; 밖으로 나가다; 출동하다; 결과가 …이 되다; 생산하다. ～ *over* 뒤집어 엎다, (책장을) 넘기다; 인도하다 (hand over); 돌아 눕다; 잘 생각하다.

turncoat [tə́:nkout] 명 변절자, 배반자.

turner [tə́:nə] 명 선반공(旋盤工). *cf.* lathe 선반. [turn+-er (명사 어미)]

turning point 명 전환점, 바뀌어지는 계제.

turnout [tə́:naut] 명 나온 사람, 인파 (人波), (집합적) 출석자; 생산(고) (output); 몸치장.

turnover [tə́:nouvə] 명 거래고, 매상고; 배치; 전환.

turnstile [tə́:nstail] 명 회전식(입, 퇴장) 문. [turn+stile 통용문] ☞ stile

turntable [tə́:nteibl] 명 축음기의 회전반, 자동차 전시 (수리 따위)를 위한 회전대. [turn+table 대] ☞ tour, return, contour, detour.

turnip [tə́:nip] 명 《식물》 순무.
[《고영》 *turnepe*←turn+《중영》 *nepe* neep 순무; turn이 붙은 까닭은 순무의 모양에서 왔음]

turret [tʌ́rit] 명 작은 첨탑, 선회포탑(旋回砲塔). *cf.* tower 탑.

turtle [((고프)) *tourette* little tower 작은 탑 ←*tour* tower+*-ette* (축소 어미)←((래틴)) *turris* tower; tower+*-et*)
☞ tower

turtle[tə́:tl] 图 (특히) 바다 거북; 거북 고기. *cf.* tortoise 육지의 거북. 4
[((스페)) *tortuga* tortoise 거북; 영국의 수부들이 스페인 말의 *tortuga*를 잘 못 발음하여 turtle로 바꾸어버린 것. tortoise와 같은 어원에서] ☞ tortoise
turn ~ (특히 배가) 전복되다(turn upside down, capsize).

tusk[tʌsk] 图 (코끼리, 산돼지 따위의) 이빨《입밖으로 튀어나온 송곳니》, 상아. 图 이빨로 찌르다(후비다).

tussle[tʌ́sl] 图, 图 난투(亂鬪)(하다).

tutor[tjú:tə] 图 가정교사; (영국 대학) (학생의) 개인 지도 교사; (미) 하급 강사(instructor"강사"의 아랫 지위); (법률) 미성년자의 후견인(guardian). 图 (개인적으로) 지도하다; 훈련시키다, 길들이다; (미) 가정 교사를 하다; (미속) 가정교사에게 배우다. 5
[((래틴)) *tūtor* guardian 후견인←*tūtus* ←*tūerī* guard 보호하다] ☞ tuition

tuxedo[tʌksí:dou] 图 (*pl.* -s, -es) (미) 탁시이도우 ((영) dinner jacket) 《야회복용의 제비꼬리가 없는 (tailess) 보통 검은 웃옷으로 연미복(swallowtail coat) 보다 약식; 속어로는 단순히 tux [tʌks]라고 한다.
[*Tuxedo* (New York 시의 40마일 서북쪽에 있는 Tuxedo Lake 근처의 Tuxedo Park 근처에 있는 country club의 이름) ← ((아메리칸, 인디안)) *P'tuksit* round foot 둥근 발=wolf 늑대; 아메리칸 인디안의 종족 이름으로 "the Wolf tribe 늑대 족"이라는 뜻; *P'tuksit*라는 인디안의 말이 지명이 되고 그 지명이 백인들의 귀에 Took-seat로 들리게 되어 Tuxedo가 된 것이다. 탁시이도우의 뜻은 그 country club의 회원이 입었던 웃옷에서(1890년)]

twain[twein] 图, 图 ((고어, 시))=two. 6
[((고영)) *twegen* two; two의 남성 주격과 대격형으로 중세 영어에서는 two로 대치되고 이말은 오로지 two를 보조하는 역할만 하게 되었다. two는 ((고영))의 *twa*에서 생긴 것]
☞ two, twin, between, twilight

tweed[twí:d] 图 일종의 스콧취 직물(織物); *pl.* 스콧취 양복. 8

[*twill* 능직(綾織)의 스콧트랜드 어형 *tweel*을 잘 못 읽은 데서 생긴 말. 뒤에 이 옷감이 생산되는 지역을 흐르는 Tweed강을 연상하게 되었다]

twelve[twelv] 图, 图 열둘(의), 12(의). 1
[((고영)) *twelf*←((겔만)) *twa-* two+*-lif* left behind; 원 뜻은 "열을 세고도 둘이 남아있다(left behind)" *cf.* ((독)) *zwölf*]

twice[twais] 图 두번, 두배로(two times), 이중으로(doubly). 2

[((고영)) *twiges←twiga* two+*-es* (부사적 용법의 소유격 어미)「forwards ☞ once, thrice, hence, always, *think* ~ 재고(再考)하다.

twig[twig] 图 작은 가지, 가는 가지. *cf.* sprig, spray, branch, bough. 3
[((고영)) *twigge; cf.* ((독)) *zweig*; 가지가 둘로 갈라져 있다고 해서] ☞ two
hop the ~ 갑자기 떠나다, 죽다.

twilight[twáilait] 图 (해돋기 전, 해진 후의) 어스레함; 땅거미; 황혼(기), 여명(기). 3
[((중영)) *twi-*+*light; cf.* ((독)) *zwielicht*; 원 뜻은 "the light between" 밝지도 어둡지도 않는 중간의(between) 빛이라는 뜻에서. *twi-*는 원래 two(둘)을 뜻한 말이나 여기에서는 between의 뜻을 나타내고 있다]
☞ twin, between, twain, two

twin[twin] 图 쌍둥이의 한쪽, *pl.* 쌍둥이; 짝의 한쪽, 닮은 사람(물건). 图 쌍둥이의; 짝을 이루는 한쪽의; 짝의, 많이 닮은. 图 쌍둥이를 낳다; 한 쌍으로 만들다. 3
[((고영)) *twinn; twi-* two 둘. twain도 같은 어원에서 나온 말이다]
☞ two, twain

twine[twain] 图 (실을) 꼬다, 엮다(twist together); 얽히(게 하)다(entwine). 图 꼬은 실; 끈, 노끈. 4
[((고영)) *twin; twi-* two, double 겹친; 둘로 겹쳐서 꽈 놓은 실]
☞ two, twin, twain, twilight

twinkle[twíŋkl] 图 (별 따위가) 반짝이다(sparkle); (눈이) 깜빡하다(wink, blink). 图 반짝임. 3
[((고영)) *twincliam; -le*는 반복을 뜻하는 동사 어미]

twirl[twə:l] 图 빙빙 돌(리)다(spin), 비틀다; (미) (야구에서) 투구하다(pitch). 图 비틀기.

[twist와 whirl의 합성어]

twist[twist] 톰 비틀다; 꼬다, 엮다; 뒤틀다, 구부리다, 비뚤어지게 하다(distort); 곡해하다. 몜 비틀림, 뒤틀기, 뒤틀림(distortion); 버릇; 요령. 3
〖(중영)〗 *twisten* divide 나누다, *twist* divided object 둘로 나누어진 것, rope 새끼; 〖(고영)〗 *twist* rope 새끼 ←*twitwo* 두 가닥의 줄을 꽈서 새끼를 만든다는 뜻에서〗 ☞ two, twin, twine

twitch[twitʃ] 톰 꿈틀꿈틀하다, 경련을 일으키다; (소매 따위를) 획 잡아 당기다(pull sharply). 몜 (갑자기) 획 당김; (마음과 몸의) 격통, 경련, 쥐. 7

twitter[twítə] 톰 지저귐. 톰 (작은 새가) 지저귀다(chirp). 6
〖소리를 본딴말; *cf.* 《독》 *zwitschern*〗

two[tu:] 몜, 혱 둘(의), 2(의), 두개(사람)(의). 1
〖(고영)〗 *twā*; *cf.* 《독》 *zwei*; 《래틴》 *duo*, 《그》 *duo*〗
by ~s and threes 둘씩셋씩. *in ~* 둘로. *be in ~ minds* 망서리다.

twofold[tú:fould] 혱 두배의, 이중의. 閠 두배로, 이중으로. [two+-*fold* (곱, 겹침을 뜻하는 형용사 어미)] 10
☞ threefold, twice, twin, etc.

type[taip] 몜 형(型), 유형(類型), 모형(model), 모범; 표시, 상징(symbol); 활자. 톰 타이프로 치다. 3
〖《프》 *type*; 《래틴》 *typus* ←《그》 *tupos* blow 타격, stamp 도장, mark 표적, type 표시, 모형←《그》 *tup-* ←*tuptein* strike 치다〗
〖동의어〗 **type**는 다른 관련된 집단이나 종속(種屬)과 구별할 수 있는 분명한 특색이 있는 한 집단이나 종속을 뜻한다 (a new *type* of atomic bomb 신형의 원자탄). **kind**는 동식물 따위의 종속을 뜻하며, 일반적으로는 종류를 뜻한다. **sort**는 kind 처럼 뜻이 엄격하지는 않고, 흔히 경멸적인 뜻으로 쓰인다 (I don't like that *sort* of person). 나는 저런 따위의 사람은 좋아하지 않는다. **nature**는 엄격한 용법으로 쓰면 특이 본질적임을 뜻한다 (books of this *nature* 이런 종류의 책).

typical[típik(ə)l] 혱 대표적, 전형적. [type+-*ic*+-*al* (형용사 어미)]

typewrite[táiprait] 톰 타이프로 치다. [type 활자+write] 쓰다; 활자로 쓰다] 참고 "타이프로 치다"는 보통 type를 쓴다.

typewriter[táipraitə] 몜 타이프라이터, 타자기; 타이피스트(typist). 5 [typewrite+-*er*]

typify[típifai] 톰 대표하다(represent), (같은 종류의 특징 따위를) 나타내다; 예시(豫示)하다(foreshadow). [type+-*ify* (동사 어미)]

typist[táipist] 몜 타이피스트. [type+-*ist*]

typography[taipógrəfi] 몜 활판 인쇄(술); 인쇄체재. [《그》 *typos* type 활자+*graphia* writing 쓰기←*graphein* write 쓰다]

typographic(al)[tàipəgrǽfik(ə)l] 혱 (활판) 인쇄상의. [typography+-*ic*(형용사 어미)+-*al*(형용사 어미)]
a ~ error 오식(誤植).

typhoid[táifɔid] 혱 장티푸스성의, 장질부사의. 7
[《그》 *typhos* fever 열병+-*oid* ("…같은"의 뜻을 나타내는 형용사 어미)]
~ fever 장질부사, 장티푸스.

typhoon[taifú:n] 몜 태풍. *cf.* hurricane 태풍.
[어원적으로 두가지 설이 있다. ① 중국어 "大風"의 뜻에서 온 것; ② 《중국》 "tai"←臺←臺灣; 대만(Formosa)에서 중국 본토로 오는 바람. typhoon이라는 영어의 형태는 《그》 *typhon* hurricane 폭풍에서 영향을 받은 것]
☞ hurricane

tyrant[táiər(ə)nt] 몜 폭군, 전제 군주; 압제자. 4
[어미의 -*t*는 원래에는 없던 것. 《고프》 *tiran*, *tyrant*←《래틴》 *tyrannus* tyrant 폭군←《그》 *turannos* lord 주인, absolute sovereign 주권자; 원래에는 지금같은 나쁜 뜻이 아니고 대단히 좋은 군주를 뜻했었다]

tyrannic(al)[tirǽnik(ə)l] 혱 전제군주의, 폭군적인; 포학한, 무도한(cruel). [tyrant+-*ic*+-*al*(형용사 어미)] 10

tyranny[tírəni] 몜 폭정, 학정(虐政), 전제(정치); 포학(한 행위), 압제(壓制). [tyrant+-*y* (추상 명사 어미)] 4

U

udder[ʌ́də] 圀 (소, 양, 염소 따위의)유방, 젖통.
[((고영)) *uder*; *cf*. ((독)) *euter*]

ugly[ʌ́gli] 圀 못생긴(ill-looking), 추악한(vile), 불쾌한(unpleasant); 험악한(threatening), 위험한(dangerous); 심뽀 나쁜(ill-natured); 지독한(bad). ⓟ pretty, beautiful 아름다운.
[((중영)) *ugly*, *uglike*←(아이스) *ugliger* fearful, dreadful 무서운←(아이스) *uggr* fear 두려움+ -*ligr* (고영) -*lic* like 비슷한]

~ **duckling** 집안 식구들 간에는 추하고 바보같이 취급되던 것이 뒤에 예뻐진다거나 위대해지는 사람(처음에는 못생긴 오리 새끼라고 생각되던 것이 뒤에 백조였다는 것이 판명되었다는 H.C. Andersen의 우화에서).

ulcer[ʌ́lsə] 圀 ((의학)) 궤양(潰瘍); 폐해(弊害).
[((프)) *ulcéere*←((래틴)) *ulcus* sore 터진 데, 헌 상처]

a gastric ~ 위궤양.

ultimate[ʌ́ltimit] 휑 최후의(last), 종국적(final); 근본의(fundamental). ⓟ proximate 최근의.
[((래틴)) *ultimātus* ← *ultimus* last ← *ultrā* beyond의 이중 최상급] ☞ ultra

~ *analysis* ((화학)) 원소분석.

ultimately[ʌ́ltimitli] 閉 마침내, 최후로, 결국.

ultimatum[ʌ̀ltiméitəm] 圀 (*pl*. ultimata)최후 통고, 최후 통첩.

ultimo[ʌ́ltimou] ((래틴))圀 지난 달의 (생략 ult.). *cf*. proximo 내달에, instant 이달에.

ultra[ʌ́ltrə] 휑 (의견, 주의 따위가) 극단적인(extreme); 과격한. 圀 극단론자, 과격론자(extremist).
[((래틴)) *ultra*(부사 및 전치사)beyond]

ultraism[ʌ́ltrəiz(ə)m] 圀 (특히 정치적)극단론, 과격론; 과격한 의견(또는 행위). [ultra+ -*ism*(명사 어미)]

ultraist[ʌ́ltrəist] 圀 극단론자, 과격론자. [ultra+ -*ist*(사람을 뜻하는 명사 어미)]

umbrella[ʌmbrélə] 圀 우산; (특히 정치상의)보호(protection); 양산형 호송기대(護送機隊).
[((이태)) *umbrella*, *ombrella* parasol 양산 ← *ombra* a shade 차일 ←((래틴)) *umbra* a shade 차일]

umpire[ʌ́mpaiə] 圀 심판자, 재정자(裁定者); (경기의)심판자, 심판원. 匽 심판하다, 중재하다. *cf*. referee.
[((중영)) *numpere*←((고프)) *nonper* one who is not even, a third person 제3자←*non* not+*per* peer, even 동등한; *a numpire*(동등한 사이가 아닌 제삼자)가 잘 못 생각되어 *an umpire*로 쓰이게 되어 여기에서 umpire가 생겼다]
☞ par, peer, compare, compeer

U.N., UN[júːen]=United Nations 국제연합.

unable[ʌnéibl] 휑 할 수 없는(not able, incapable) [to do]. ☞ able
[*un*- not+able]
be ~ *to* …… 할 수 없다.

unaccustomed[ʌ̀nəkʌ́stəmd] 휑 익숙하지 않은(not used) [to]; 보통이 아닌(unusual).
[*un*- not+accustomed 익숙한] ☞ accustom

unaffected[ʌ̀nəféktid] 휑 꾸미지 않은, 진지한; 있는 그대로의; 영향을 받지 않는, 변치 않는.
[*un*- not+affected] ☞ affect

unanimous[juː(ː)nǽniməs] 휑 만장일치의, 이의가 없는; 동의하는.
[((래틴)) *ūnanimus* of one mind 한 마음의+ -*ous*(형용사 어미)←*ūnus* one +*animus* mind 마음]

unanimously[juː(ː)nǽniməsli] 閉 일치하여, 만장일치로, 이구동성으로.

unanimity[jùːnənímiti] 圀 동의, 만장일치, 합의. [unanimous+ -*ity*(명사 어미)] ☞ unity, animal

unarm[ʌnάːm] 匽 무기를 빼앗다, 무기를 버리다; 무장 해제하다. (*cf*. disarm 무장 해제하다, 군비 축소하다.
[*un*- back+arm 무장하다] ☞ arm

unaware[ʌ̀nəwɛ́ə] 휑 알아채지 못한,

모르는 〔of, that〕. 5
〔*un*- not+aware〕
unawares[ʌ́nəwέəz] [부] 뜻밖에(unexpectedly); 모르고 (unknowingly), 멋도 모르고(unintentionally).
〔unaware+ -*s*(부사적 소유격 어미)〕
☞ always, backwards, hence, once, homewards, etc.
be taken(또는 ***caught***) ~ 기습을 당하다. ***take***(또는 ***catch***) ***a person*** ~ 사람에게 기습을 가하다. He slew his father *unawares*. 그는 죽일 생각도 없이 아버지를 죽여버렸다.

unbearable[ʌnbέərəbl] [형] 견딜 수 없는, 참을 수 없는(intolerable).
〔*un*- not+bearable〕
unbearably[ʌnbέərəbli] [부] 견딜 수 없을 만큼. ☞ bear

unbelief[ʌ́nbilí:f] [명] 불신, 회의, 의혹, 불신앙(不信仰). 10
〔*un*- not+belief〕 ☞ belief
[동의어] **unbelief**는 특히 종교나 신앙에 대하여 쓰는 말로 충분한 증거가 없어서 못 믿는다는 뜻이다. **disbelief**는 확언이나 학설이 거짓일 것이라고 믿고서 적극적으로 불신임한다는 뜻이다. **incredulity**는 일반적인 회의(懷疑)를 뜻하며 믿고 싶지 않다는 말이다.

unborn[ʌ́nbɔ́:n] [형] 아직 낳지 않은, 장차 태어날; 장래의, 후세의(future). 9
〔*un*- not+born〕 ☞ bear, born

unbroken[ʌ́nbróukn] [형] 깨어지지 않은, 터지지 않은; 꺾이지 않은, 줄지 않은; 끊임 없는, 연이은(continuous); (말 따위가)길들지 않은. 8
〔*un*- not+broken〕 ☞ broken, break

uncertain[ʌnsə́:t(i)n] [형] 확신이 없는, 확실치 않은(doubtful); 변하기 쉬운(changeable). 4
〔*un*- not+certain〕 ☞ certain
uncertainty[ʌnsə́:tnti] [명] 부정, 무상(無常); 불명확, 불확정; 변하기 쉬운 것; 의혹. 9
〔*un*- not+certain+ -*ty*(명사 어미)〕
[동의어] **uncertainty**는 충분한 확실성이 없거나 또는 추측적인 일이기 때문에 생기는 애매한 느낌이나 불안을 뜻한다. **doubt**는 충분한 증거가 없기 때문에 자신이 없어서 분명한 의견이나 결정에 도달하지 못함을 뜻한다. **dubiety**는 결론에 대하여 주저하는 uncertainty이다. **dubiosity**는 애매함과 혼란이 특징이 되는 uncertainty를 뜻하는 가장 어감이 딱딱한 말이다. **scepticism, skepticism**은 충분한 증거가 없는 한 안 믿으려고 함을 뜻하며 흔히 습관적인 성격 경향을 뜻한다. ☞ certain

uncle[ʌ́ŋkl] [명] 아저씨; 《속어》 전당포 주인(pawnbroker). [반] aunt 1
〔《프》 *oncle* ← 《라틴》 *avunculus* a mother's brother 외숙부, 원 뜻은 a little grandfather 작은 조부 ← *avus* grandfather+ -*unculus*(축소 어미)〕

unclean[ʌ́nklí:n] [형] 더러운(dirty), 불결한; 순결하지 못한(impure); 음란한(unchaste). 6
〔*un*- not+clean〕 ☞ clean

uncomfortable[ʌnkʌ́mf(ə)təbl] [형] 편하지 않은; 불쾌한; (사태 따위가) 귀찮은. 〔*un*- not+comfortable〕 5
☞ comfort, comfortable

uncommon[ʌnkɔ́mən] [형] 진귀한, 이상한(unusual); 희한한; 비범한(remarkable). 8
〔*un*- not+common 보통의〕
uncommonly[ʌnkɔ́mənli] [부] 드물게, 이상하게; 터무니 없이; 굉장히.
not ~ 자주. ☞ common

unconcern[ʌ́nkənsə́:n] [명] 무관심(indifference), 태연함; 냉담(冷淡). 8
〔*un*- not+concern 관심〕
unconcerned[ʌ́nkənsə́:nd] [형] 걱정않는, 무관심한; 관계 없는, 상관치 않는 〔with, at〕. 〔*un*- not+concern+-*ed*〕
unconcernedly[ʌ́nkənsə́:ndli] [부] 무관심하게, 마음에 두지 않고, 상관하지 않고, 태연하게, 예사로.
☞ concern, concerned

unconscious[ʌnkɔ́nʃəs] [형] 무의식의 〔of〕, 인사불성의. 4
〔*un*- not+conscious 의식적인〕
unconsciously[ʌnkɔ́nʃəsli] [부] 무의식 중에, 멋 모르고.
unconsciousness[ʌnkɔ́nʃəsnis] [명] 무의식, 인사불성. ☞ conscious

uncouth[ʌnkú:θ] [형] (자태, 예법, 말씨 따위가)난폭하고 서투른(crude); 어색한(clumsy); 이상한(strange); 황폐한(desolate), 으스스한(uncanny). 7
〔《고영》 *uncūth* unknown 알려지지 않은 ← *un*- not+*cūth* known ←*cunnan* know 알다; 알려지지 않은→낯선, 기묘한. -*couth*는 can [조], cunning [형]과 같은 어원에서〕

☞ can, cunning, know
uncover[ʌnkʌ́və] 图 덮개를 벗기다, 드러내어 놓다; 폭로하다(expose), 발표하다(disclose). 5
[*un* back+cover] ☞ cover
~ *oneself*(인사 또는 경의를 표시하기 위하여)모자를 벗다. We *uncovered* (our heads) when the coffin was carried past. 관(棺)이 통과했을 때 우리들은 모자를 벗었다.
uncovered[ʌnkʌ́vəd] 图 덮개가 없는; 노출된(exposed); 보험에 들지 않은;모자 따위를 안 쓴(bareheaded).
[*un*- back, not+cover+ *-ed*(과거분사 어미)] ☞ cover
unction[ʌ́ŋkʃ(ə)n] 图 (종교) 기름을 바르기, 기름바르는 식(式), 연고(ointment), 바르는 기름; 감언; (종교적인) 열정, 거짓 감격; (이야기 따위의)흥미(gusto).
[((프) onction ← (래틴) unctio an anointing 기름 바르기←*unctus* annointed←*ungere* anoint 기름을 바르다] *extreme* ~ (카톨릭)임종시의 도유식(塗油式).
unctuous[ʌ́ŋ(k)tjuəs] 图 (말, 태도가)거침 없는; 기름 같은, 기름기 도는(greasy), 미끈미끈한; 아첨 투성이의; 성의가 없는 (insincere). 10
[unction+ *-ous*(형용사 어미)]
[통계어] **unguent**[ʌ́ŋgwənt] 图 연고(軟膏 ointment). [(래틴) *unguentum* ointment 연고←*ungere* annoint 기름을 바르다] ☞ anoint, ointment
undaunted[ʌndɔ́:ntid] 图 대담한(fearless), 불굴의. 9
[*un-* not+daunt 겁내게 하다+ *-ed*(과거분사 어미)] ☞ daunt
under[ʌ́ndə] 전 …의 밑에; …보다 아래에, …보다 못하여, …을 받아서, (권위, 지도)하에, …에 따라. 图 아래에, 지배하에. 图 아래의, 하부의; 종속하는. ⓑ over 위에. 1
[(고영) *under*; cf. (독) *unter*]
the class ~ us 우리가 지배하는 계급(cf. the class below us 우리보다 아래의 계급). ~ *construction* 건축중인, 건축 중의. ~ *repair* 수리 중. ~ *sail* 돛을 올리고 나아가는. ~ *way* 진행 중이며, 진행 중의.
underbrush[ʌ́ndəbrʌʃ], **underbush** [ʌ́ndəbuʃ] 图 (숲의 큰 나무 아래에 자란)덤불. 10
[under+brush, bush] ☞ brush, bush
undergo[ʌndəgóu] 图 겪다, 경험하다 (experience); (손해 따위를)입다(suffer); (수술 따위를)받다. 5
[under+go] ☞ under, go
undergraduate[ʌndəgrǽdjuit] 图, 图 대학생(의) ((졸업생, 대학원 학생, 연구원과 구별해서). ⓑ graduate 졸업생.
[under+graduate 학사] ☞ under, graduate
underground[ʌ́ndəgraund] 图 지하의; 지하운동의, 잠행하는; 비밀의(secret). 图 (the underground) (영) 지하철도(underground railway)((미) subway). [ʌ̀ndəgráund] 图 지하로, 지하에서; 비밀히, 숨어서. 5
[under+ground 땅]
travel by the ~ (영) 지하철도로 가다. ☞ under, ground
underlie[ʌ̀ndəlái] 图 (-lay, -lain) …의 아래에 눕다; …의 기초가 되다, …의 토대를 이루다.
[주의] underlay "밑에 깔다"와 혼동하지 않도록. [under+lie]
underlying[ʌ̀ndəláiiŋ] 图 밑에 있는; 기초적인. 图 underlie의 현재분사형.
[under+lying(lie의 현재분사)]
☞ under, lie
underline[ʌ̀ndəláin] 图 밑줄을 긋다; 강조하다(emphasize). [ʌ́ndəlain] 图 밑줄; 삽화나 사진 밑의 설명문귀. 9
[under+line 줄, 선] ☞ under, line
underneath[ʌ̀ndəní:θ] 전 …의 바로 아래에(를, 의)(under, below); …의 지배하에, …에 예속되어; …의 모습을 하고. 图 밑에(beneath, below), 낮게. 3
[under+(be)neath]
☞ under, beneath
understand[ʌ̀ndəstǽnd] 图 (-stood) 이해하다; 해석하다, 추측하다(infer); 생각하다(believe); …을 알고 있다(be informed); (말을)생략하다. 1
[(고영) *understandan* stand under or among 아래 또는 속에 서다, understand 이해하다←*under* under+*standan* stand; 사물을 볼 때에 외관에서만 관찰하지 않고 아래나 속에 들어서서 이해가 가도록 캐어본다는 뜻이다] cf. intelligence 图 이해력, 이지(理知), 총명. [(래틴) *intel- inter-* among +*legere* 선택하다, choose, read;…의

사이에서 읽다→분간하다, 이해하다→이해력〕

make oneself understood 자기가 한 말이나 기분을 남이 알도록 만들다.

[동의어] **understand**는 "이해하다, 양해하다"를 뜻하는 가장 일반적인 말이며 도달한 지식을 분명히 강조한다. **comprehend** ([명] comprehension)는 어떤 것을 완전히 understand 할 과정을 특히 강조하는 매우 고상한 말이다. **apprehend** ([명] apprehension)는 불충분하게 또는 부분적으로 understand 함을 암시한다. **appreciate** ([명] appreciation)는 어떤 것의 가치를, 예민하고도 바르게 인식한다는 뜻이다. **conceive** ([명] conception)는 하나의 개념으로서 생각해본다는 뜻이다.

understanding[ʌ̀ndəstǽndiŋ] [명] 이해(력), 사려, 지력(知力); 식별, 양해(사항). [형] 이해력이 있는, 분별이 있는.
〔understand+ *-ing*〕

☞ under, stand, misunderstand

undertake[ʌ̀ndətéik] [동] (-took, -taken) 인수하다; (일 따위를) 착수하다 (set about); 꾀하다(attempt); 약속하다(promise) 〔to do〕. 3
〔《중영》 *undertaken* ← *under+taken* take〕

undertaker[ʌ̀ndətéikə] [명] 인수자, 떠맡는 사람, 청부인(contractor); [ʌ́ndəteikə] 장의사(葬儀社 mortician).
〔undertake+ *-er*(명사 어미)〕

undertaking[ʌ̀ndətéikiŋ] [명] 사업, 일, 기업(enterprise); 보증(guarantee); 약속(promise); [ʌ́ndəteikiŋ] 장의업(葬儀業). 〔undertake+ *-ing*〕

☞ under, take

underwear[ʌ́ndəwɛə] [명] 《상업》 속옷. 7
〔under+wear 입다, 입고 있는 것; 밑에 입은 것〕 ☞ under, wear

undo[ʌndúː] [동] (undid, undone) 풀다(untie), 끄르다; 빼다, 벗다; (일단 한 것을) 본래대로 하다; 늦추다; 취소하다(annul); (남을) 멸망시키다 (destroy); 망치다(spoil). 5
〔*un-* back+do 하다〕 ☞ do

What is done cannot be *undone*. 엎질러진 물은 다시 독에 담을 수 없다.

undoubted[ʌndáutid] [형] 의심 없는, 확실한(certain); 진실한(genuine). 8
〔*un-* not+doubt 의심(하다)+ *-ed*(과거분사 어미)〕 ☞ doubt

undress[ʌndrés] [동] 옷을 벗다; 벗기다; (상처의) 붕대를 풀다. [ʌ́ndres, ʌndrés] [명] 평복, 약장, 허드레 옷; 보통 군복. [ʌ́ndres] [형] 평복차림의, 막 옷의. 5
〔*un-* back+dress 옷, 입히다〕

☞ dress

undue[ʌndjúː] [형] 부당한(improper), 과도한(excessive), 심한; 아직 기한이 안 된(not yet due). 10
〔*un-* not+due 정당한, 기한이 된〕

☞ due

undulate[ʌ́ndjuleit] [동] 물결이 일다, 파동하(게 하)다; (지면 따위가) 완만하게 기복(起伏)하다. 10
〔《래틴》 *undulātus* ←*undulāre* diversify as with waves 물결 따위로 변화를 주다←*unda* wave 물결〕

undulation[ʌ̀ndjuléiʃ(ə)n] [명] 파동, 진동, 구비침; 물결 침; (지면의) 기복.
〔undulate+ *-ion*(명사어미)〕

☞ abound, redundant, surround, inundate

unearth[ʌnə́ːθ] [동] 발굴하다, 파내다(dig up); 발견하다(discover); 세상에 소개하다; (여우 따위를) 굴에서 쫓아 내다.
[반] bury 묻다.
〔*un-* not+earth 흙, 땅〕 ☞ earth

unearthly[ʌnə́ːθli] [형] 이 세상의 것 같지 않는, 초자연적; 신비한(mysterious); 무시무시한, 으스스한(weird).
〔*un-* not+earthly 지상의, 속세의〕

☞ earthly

uneasy[ʌníːzi] [형] 불안한, 걱정되는(anxious); 어려운(difficult); 거북한(uncomfortable), 어색한(awkward). 5
〔*un-* not+easy 쉬운, 편안한〕

☞ easy

uneasiness[ʌníːzinis] [명] 불안, 걱정; 거북함.

unemployed[ʌ́nimplɔ́id] [형] 실직한; 한가한; 사용되지 않는. [명] (the unemployed) 《집합적》 실업자. 9
〔*un-* not+employed 고용된〕

unemployment[ʌ́nimplɔ́imənt] [명] 실직, 실업(失業). 〔*un-* not+employ 고용하다+ *-ment*(명사 어미)〕

～ ***insurance*** 실업보험.

☞ employ, employment

unequal[ʌ́níːkw(ə)l] [형] 같지 않은, 불평등한; 어울리지 않는; …에 적합하지 않는, …을 감당치 못하는〔to〕. 6
〔*un-* not+equal 동등한〕

unequal(l)ed[ʌníːkw(ə)ld] 혱 겨룰 데 없는, 견줄 데 없는, 무쌍한, 무적의.
[*un*- not + equal + *-ed*(과거분사 어미)] ☞ equal

unerring[ʌnə́ːriŋ] 혱 틀림 없는, 확실한(sure), 꼭 들어맞는.
[*un*- not+err 실수하다+ *-ing*(현재분사 어미)] ☞ err, error, erratic

UNESCO, U. N. E. S. C. O., Unesco
[ju(ː)néskou] 몡 유네스코, 국제연합 교육, 과학, 문화 기구.
[the *U*nited *N*ations *E*ducational, *S*cientific and *C*ultural *O*rganization 의 약자]

uneven[ʌníːvn] 혱 평탄치 않은, 울퉁불퉁한(rough); 고르지 못한, 한결 같지 않은(not uniform); 기수의(odd).
[*un*- not+even 똑같은, 고른] ☞ even

unexpected[ʌnikspéktid] 혱 뜻밖의, 예기치 않은.
[*un*- not+expect 기대하다+ *-ed*(과거분사 어미)]

unexpectedly[ʌnikspéktidli] 뮈 뜻밖에, 예기치 않게, 돌연. ☞ expect

unfair[ʌnfɛ́ə] 혱 불공평한; 부당한; 부정직한.
[*un*- not+fair 공평한, 정당한] ☞ fair

unfaithful[ʌnféiθf(u)l] 혱 불충실한, 불성실한(faithless); 정숙하지 못한.

unfavo(u)rable[ʌnféiv(ə)rəbl] 혱 불리한, 형세가 좋지 못한; 거꾸로의(adverse).
[*un*- not+favo(u)rable 유리한, 편드는] ☞ favo(u)r(able)

unfit[ʌnfít] 혱 부적당한, 맞지 않은, 어울리지 않는. 몡 (the unfit) 부적당한 자들. [ʌnfít] 통 부적당하게 하다, 어울리지 않게 하다, 무자격으로 만들다.
[*un*- not+fit 적합한] ☞ fit

unfold[ʌnfóuld] 통 열다, 펼치다(spread out); 밝히다, 발표하다(disclose).
[*un*- not+fold 싸다, 접다] ☞ fold

unfortunate[ʌnfɔ́ːtʃnit] 혱 불행한, 불운한, 재수 없는; 불운한(불행한)사람, (특히)매춘부(prostitute).
[*un*- not+fortune 행운+ *-ate*(형용사 어미)]

unfortunately[ʌnfɔ́ːtʃnitli] 뮈 불행히도, 불운하게도, 재수가 없어서.
☞ fortune, fortunate

unfrequent[ʌnfríːkwənt] 혱 귀한, 드문(infrequent).
[*un*- not+frequent 혼한, 빈번한]
☞ frequent

unfriendly[ʌnfréndli] 혱 우정이 없는; 불친절한(unkind); 적의가 있는(hostile); 형편이 나쁜(unfavourable).
[*un*- not+friendly 다정한, 친절한←friend 친구+ *-y*]
☞ friend, friendly

unfruitful[ʌnfrúːtf(u)l] 혱 효과 없는, 헛된; 《드물게》열매를 맺지 않는, 자식을 낳지 못하는.
[*un*- not+fruitful 많이 낳는, 수확이 좋은, 열매를 잘 맺는]
☞ fruit, fruitful

unfurl[ʌnfɔ́ːl] 통 펼치다(spread out), 펴지다; (기 따위를)올리다, (기 따위가)휘날리다.
[*un*- not+furl(기, 돛 따위를)감아 올리다, (우산, 부채 따위를) 접다]

ungrateful[ʌngréitf(u)l] 혱 은혜를 모르는, 일한 보람이 없는; 불쾌한(disagreeable).
[*un*- not+grateful 감사하는, 기분이 좋은]
☞ grateful

unguarded[ʌngáːdid] 혱 부주의한(careless), 마음을 놓고 있는, 방심한; 무방비의.
[*un*- not+guard 방비하다+ *-ed*(과거분사 어미)]
an ~ remark 불쑥 부주의하게 한 소리. *in an ~ moment* 방심하고 있을 때에. ☞ guard

unhappy[ʌnhǽpi] 혱 불행한; 슬픈(sad); 운수 나쁜(unlucky).
[*un*- not+happy 행복한, 기쁜, 재수 있는]

unhappily[ʌnhǽpili] 뮈 불행하게, 재수 없게, 불운하게도.

unhappiness[ʌnhǽpinis] 몡 불행.
[*un*- not+happy+ *-ness*]
☞ happy, happiness

unhealthy[ʌnhélθi] 혱 건강치 못한; 건강에 나쁜(unwholesome); 건전하지 못한(unsound).
[*un*- not + health 건강 + *-y*(형용사 어미)] ☞ health, healthy

unheard[ʌnhə́ːd] 혱 들리지 않는; 변명이 용서되지 않는; 아직 알려지지 않은(unknown), 듣지 못한.
[*un*- not+heard 들린]

unheard-of[ʌnhə́:dɔv] [형] 전대미문의, 미증유(未曾有)의. 〔*un-* not+heard+of; hear of …에 대하여 듣다, …의 소문을 듣다〕 ☞ hear

unheeded[ʌ́nhí:did] [형] 돌보아 지지 않는, 주의를 받지 않는. 8
〔*un-* not+heed 주의하다, 고려하다+ *-ed*(과거분사 어미)〕 ☞ heed

unhurt[ʌ́nhə́:t] [형] 다치지 않은, 상처 없는, 무사한. 10
〔*un-* not+hurt 다친(hurt 다치다의 과거분사)〕 ☞ hurt

uniform[jú:nifɔ:m] [형] 같은 모양의, 일률적인, 언제나 변함없는. [명] 제복, 군복. 3
〔《프》 *uniforme* ← 《래틴》 *ūniformis* having one form 하나의 형태를 가진 것 ← *ūni- unus* one 하나 + *forma* form〕

uniformity[jù:nifɔ́:miti] [명] 한결 같음, 획일(성), 일률적임.
〔uniform+ *-ity*(명사어미)〕

unify[jú:nifai] [동] 하나로 하다, 통일하다.
〔《래틴》 *ūnificāre* unify←*ūnus* one+ *facere* make; make one 하나로 만들다〕

unification[jù:nifikéiʃ(ə)n] [명] 통일, 단일화. 〔unify+ *-ation*(명사어미)〕
☞ union, unanimous, onion, unite, form

unimportant [ʌ́nimpɔ́:t(ə)nt] [형] 중요하지 않은 (insignificant), 하찮은, 시시한 (trifling). 8
〔*un-* not+important 중요한〕 ☞ important

uninterrupted[ʌ́nìntərʌ́ptid] [형] 끊이지 않는, 연달은(continuous). 10
〔*un-* not+interrupt 중단시키다+ *-ed*(과거분사 어미)〕

union[jú:njən] [명] 결합, 연합, 합동; 결혼(marriage); 일치(agreement); 동맹(league); 연방(聯邦); 노동조합(labour union). [반] division 분할(分割). 2
the Union《미》미 합중국(the United States of America). ***the Soviet Union*** 소련. (the Union of Soviet Socialist Republics 소비엣트 사회주의 공화국 연방) 《소련의 정식 이름이다. 이 외에 the Soviet Union, Soviet Russia, Russia 따위로 말한다. U.S.S.R., USSR로 줄여 쓴다. 러시아말로 CCCP로 적는다》. ***the Union Jack*** 영국국기《jack는 이물에 거는 국적을 나타내기 위한 작은 깃발이며 flag와 같다. union은 기의 연합을 뜻하고 있는 부분을 가리키는 말이다. 영국 국기의 잉글런드·스콧트런드·아일런드의 합동을 뜻하는 세개의 십자가 부분이 Union이라고 할 수 있다》. ~ ***suit*** 《미》 (샤쓰와 하의가 한데 붙어 있는) 콤비네이션 (《영》 combinations).
☞ uniform, unanimous, onion

unique[ju(:)ní:k] [형] 유일한, 둘도 없는; 견줄데 없는, 독특한. 9
〔《프》 *unique* single 유일한 ← 《래틴》 *ūnicus* single←*ūnus* one 하나〕
☞ union, uniform, unit, onion

unison[jú:nizn] [명] (소리의)조화(harmony), 일치(agreement); 제창(齊唱); 화합(和合). *cf.* solo 독창, chorus 합창. 8
〔《프》 *unisson* ← 《래틴》 *ūnisonus* having a like sound 비슷한 소리를 지닌←*ūni- ūnus* one + *sonus* sound 소리; 한 소리가 되는 것〕
in ~ 제창으로, 동음으로.
☞ union, unity, sound, consonant

unity[jú:niti] [명] 단일(성); 일치(concord); 통일; 일관성. 5
〔《고프》 *unite* ← 《래틴》 *ūnitās* unity ←*ūni- ūnus* one; *cf.* 《프》 *unité*〕

unit[jú:nit] [명] 한 사람, 한 개; 구성단위, 단위; 학과의 단위, 단원.
〔unity의 준 말〕

unite[ju(:)náit] [동] 하나로 합치다, 결합하다 (combine); 한데 잇다 (join together); 일치하다(agree). 1
〔《래틴》 *ūnitus* united 결합된←*ūnīre* unite←*ūnus* one〕
the United Kingdom 연합왕국 《Great Britain과 Northern Ireland와의 연합왕국. 공식적인 이름은 the United Kingdom of Great Britain and North Ireland; U. K.로 줄여 씀》. ***the United Nations*** 국제연합. ***the United States (of America)*** 아메리카 합중국《the States, America 따위로도 불리어지며, 약자는 U.S.A. 또는 U.S.》. ***United*** we stand, divided we fall. 《속담》 뭉치면 살고 흩어지면 죽는다.
[참고] United States에는 정관사가 붙는다. 또 국명인 때에는 단수로 취급하나, 때로는 합중국을 구성하는 여러

주(州)를 생각하여 복수로 취급하기도 한다. 그러나 보통 주를 개별적으로 가리킬 때에는 *the states of* the United States라고 말 한다. United States를 형용사 적으로 써서 *the United States* government 라든지 *the United States* elections 따위로 말하기도 하나, 보통은 the government *of the United States* 라든지 the elections *in the United States* 식으로 구를 이루게 한다. 미합중국의 뜻을 나타내는 형용사로는 American을 쓰기도 한다. *cf.* American.
☞ union, unique, uniform, onion

universe[júːnivəːs] 명 우주(cosmos); 만유, 천지, 만물; 세계(world), 전인류. *cf.* space 공간, 우주. 6
[(래틴) *universus* combined into one 한명어리가 된, whole, universal← *uni- unus* one *versus ← vertere* turn]

universal[jùː(ː)nivəːs(ə)l] 명 우주의; 만물의, 전세계의; 만인(공통)의, 전인류의, 전반적인, 보편적인, 일반의(general); 만능의. 3
[universe+ -al(형용사 어미)]
동의어 **universal**은 거의 예외없이 어떤 종류의 속에 있는 모든 개체나 경우에 적용할 수 있음을 뜻한다. **general**은 한 떼 또는 종류, 집단의 거의 전부 또는 대반에 적용할 수 있음을 뜻한다. **generic**은 어떤 종류의(특히 생물학에서는 종(種)(genus) 전부에 적용할 수 있음을 뜻한다.

universally[jùː(ː)nivəːs(ə)li] 부 일반적으로, 보편적으로. 「대학교.

university[jùː(ː)nivəːs(i)ti] 명 종합
[(래틴) *universitātem* the whole 전체, world 세계, the corporation of teachers and students 교사와 학생의)협의체; 현재의 뜻은 중세기에 발달하기 시작한 것으로 여러가지 서로 다른 학부가 한데 뭉쳐서 전체를 구성하고 거기에서 학문의 전체가 가르쳐졌다고 해서; universe+ -*ity*(명사어미)] 3
☞ union, unity, uniform, verse, version

unjust[ʌndʒʌ́st] 명 부정의, 불공평한, 부당한(wrongful). 3
[*un-* not+just 정당한, 공정한]
☞ just

unkind[ʌnkáind] 명 불친절한, 인정없는.

[*un-* not+kind 친절한] 5
unkindly[ʌnkáindli] 부 불친절하게, 몰인정하게. ☞ kind

unknown[ʌnnóun] 명 미지의, 불명의; 이름도 없는; 헤아릴 수 없는. 명 (the ~) 세상에 알려지지 않은 사람(또는 물건), 미지의 사물(또는 사람). 2
[*un-* not+known 알려진]
☞ know, known

unlearned[ʌnléːnid] 명 배우지 못한, 교양이 없는(not educated). 9
[*un-* not+learned 유식한]
☞ learn, learned

unless[ənlés] 접 만약 …이 아니면, …하지 않으면(if not); …외에는(except).
[*un-* on+less: on the less supposition than …… …보다 적다는 가정을 하고서. 원래의 형태는 on lesse that ye wait "만약 당신이 기다리지 않으면"식으로 that-clause와 함께 사용했었다]2
☞ less

unlike[ʌnláik] 명 같지 않은, 다른(different); 닮지 않은. 전 …에 닮지 않고, …과 달라서, …같지 않고. 4
주의 dislike 싫어하다와 혼동치 말것.
반 alike 비슷한.
[*un-* not+like … 같은, 비슷한]
unlikely[ʌnláikli] 명 있을 법하지 않은(improbable); 가망 없는(unpromising). [*un-* not+likely 그럴 듯한]
☞ like, likely

unlimited[ʌnlímitid] 명 한 없는, 무제한의(boundless); 굉장한. 8
[*un-* not+limit 제한하다+ -*ed*(과거분사 어미)]
unlimitedly[ʌnlímitidli] 부 무제한으로, 무한히; 굉장히 (boundlessly).
☞ limit, limited

unload[ʌnlóud] 동 (짐을)풀다, 내리다; 마음의 짐을 내리다; (총의)탄환을 뽑다; 후련해지다. 8
[*un-* back+load 싣다, (탄환을)재다]
☞ load

unlock[ʌnlɔ́k] 동 자물쇠를 열다, 열다(open);(비밀 따위를)터놓다(disclose).
[*un-* back+lock 자물쇠를 채우다] 6
☞ lock

unlooked-for[ʌnlúktfɔː] 명 예기치 않던, 뜻밖의(unexpected). 10
[*un-* not+look+ -*ed*(과거분사 어미) +for; *cf.* look for …… …을 기대하다]
☞ look

unmanly[ʌ́nmǽnli] 웹 남자답지 못한, 비겁한, 나약한, 여자같은.
[*un*- not+manly 남자다운←man+-*ly* (형용사 어미)] ☞ man, manly

unmistakable[ʌ̀nmistéikəbl] 웹 틀림이 없는, 오해의 여지가 없는; 분명한(clear).
[*un*- not+mistakable 틀리기 쉬운] ☞ mistake, mistakable

unmoved[ʌnmúːvd] 웹 부동의, 확고한, 냉정한. 8
[*un*- not+move 움직이다+ -*ed*(과거 분사 어미)] ☞ move

unnatural[ʌnnǽtʃr(ə)l] 웹 부자연스러운; 자연의 이치에 어긋나는, 있을 수 없는; 기피한(monstrous). 7
[*un*-not+natural 자연적인] ☞ nature, natural

unnecessary[ʌ̀nnésis(ə)ri] 웹 불필요한, 무익한. 5
[*un*-not+necessary 필요한] ☞ necessary

unnoticed[ʌ́nnóutist] 웹 눈에 안띄는, 돌봐지지 않는.
[*un*- not+notice 주의(하다)+ -*ed*(과거분사 어미)] ☞ notice

unobserved[ʌ̀nəbzə́ːvd] 웹 지켜지지 않는, 준수되지 않는; 관찰되지 않는, 눈에 안띄는(unnoticed). 9
[*un*-not+observe 준수하다, 관찰하다+ -*ed*(과거분사 어미)] ☞ observe

unoccupied[ʌ́nɔ́kjupaid] 웹 차지되지 않는, 사람이 살고 있지 않는, 비어 있는; 한가한, 할 일이 없는. 7
[*un*-not+occupy 차지하다, 거주하다, 종사시키다+ -*ed*(과거분사 어미)] ☞ occupy

unpaid[ʌ́npéid] 웹 아직 치르지 않은, 미불의, 미납의; 무보수의. 10
[*un*- not+paid (pay 지불하다의 과거 분사형)] ☞ pay

unpleasant[ʌ́nplézṇt] 웹 불쾌한, 싫은(disagreeable). 5
[*un*-not+pleasant 즐거운←please 즐겁게 하다+-*ant*(형용사 어미)] ☞ pleasant

unpopular[ʌ́npɔ́pjulə] 웹 인기없는, 평이 좋지 않은, 유행하지 않는. 9
[*un*-not+popular 인기있는] ☞ popular

unprecedented[ʌ̀nprésid(ə)ntid] 웹 전례가 없는, 미증유의; 비할 수 없는; 새로운. 10
[*un*- not+precedented 전례가 있는←precedent 전례, 판례+ -*ed*(형용사 어미)] ☞ precedence, precedent

unprofitable[ʌ́nprɔ́fitəbl] 웹 이익이 없는, 무익한(useless); 벌이가 안되는. 8
[*un*- not+profitable 이익이 있는 ← profit 이익+ -*able*(형용사 어미)] ☞ profit, profitable

unquiet[ʌ́nkwáiət] 웹 침착하지 못한(restless), 불온한(agitated). 9
[*un*-not+quiet 고요한, 침착한] ☞ quiet

unreal[ʌ́nríəl] 웹 실재하지 않는, 상상의, 가공의(fanciful). 10
[*un*-not+real 실재하는, 현실의] ☞ real

unreasonable[ʌ́nríːznəbl] 웹 불합리한(irrational), 터무니 없는, 엄청난, 과도한(excessive); 무리한. 6
[*un*- not+reasonable 합리적인←reason 이성, 이치+ -*able*(형용사 어미)] ☞ reason, reasonable

unruly[ʌ́nrúːli] 웹 규칙이나 구속이 따르지 않는, 제멋대로의, 통제할 수 없는(ungovernable). 3
[*un*- not+rule 규칙, 통제+ -*y*(형용사 어미)] ☞ rule

[동의어] **unruly**는 제멋대로 하기 때문에 규칙이나 구속에 순종하지 않는다는 뜻이다. **ungovernable**은 통제, 억제 따위를 할 수 없다는 뜻으로 사람에 대하여 말할 때에는 훈련이 모자랐다거나 반항한다는 뜻을 암시한다. **unmanageable**도 ungovernable과 같은 뜻이다. **intractable**은 사람이 지시나 통제에 대하여 저항한다거나, 물질이나 병이 처리하기 어려움을 나타내는 말이다. **refractory**는 intractable 보다도 저항이 더 강하고 적극적이기 때문에 그 처리가 한층 더 곤란하다는 뜻이다.

unsatisfactory[ʌ̀nsætisfǽkt(ə)ri] 웹 만족하지 못한, 불충분한. 10
[*un*- not+satisfactory 만족한, 충분한]

unsatisfied[ʌ́nsǽtisfaid] 웹 만족치 않는, 뜻에 안 찬. [*un*- not+ satisfied 만족한←satisfy 만족시키다+ -*ed*(과거분사 어미)] ☞ satisfy, satisfactory

unscrupulous[ʌnskrúːpjuləs] 웹 예사로 나쁜 짓을 하는, 파렴치한, 비양심적인. 10
[*un*- not+scrupulous 깐깐한, 꼼꼼한,

unseasonable 619 **untrod**

양심적인←scruple 의혹, 주저, 양심의 가책＋-*ous*(형용사 어미)]
☞ scruple, scrupulous

unseasonable[ʌnsíːznəbl] 휑 철에 맞지 않는; 시기가 나쁜(ill-timed), 때를 잘 못 맞춘(untimely).
[*un*- not＋seasonable 철에 맞는]
☞ season, seasonable

unseen[ʌnsíːn] 휑 눈에 안 보이는(not visible); 아직 못본, 즉석(即席)의. 4
[*un*- not＋seen 보이는(see의 과거분사)]
☞ see

unselfish[ʌnsélfiʃ] 휑 사욕이 없는, 이기적이 아닌.
[*un*- not＋selfish 이기적인]
☞ self, selfish

unsettled[ʌnsétld] 휑 결심하지 못한, 미정의(pending); 일정한 주소가 없는; (일기 따위가) 변하기 쉬운; 동요 중인; 아직 청산하지 않은(unpaid). 6
[*un*- not＋settled 결심한, 결정한, 정착한←settle 결심하다, 결정하다, 정착하다＋-*ed*(과거분사 어미)] ☞ settle

unsightly[ʌnsáitli] 휑 보기 싫은(ugly), 못 생긴, 추한.
[*un*- not＋sightly 보기 좋은←sight 보기, 시각＋-*ly*(형용사 어미)]
☞ sight, sightly

unspeakable[ʌnspíːkəbl] 휑 말로 할 수 없는, 말이 아닌, 지독한.
[*un*- not＋speak 말하다＋-*able*(형용사 어미)] ☞ speak

unstained[ʌnstéind] 휑 (성격, 명성 따위가)더럽혀 지지 않은, 오점(汚點)이 없는. 10
[*un*- not＋stain 더럽히다＋-*ed*(과거분사 어미)] ☞ stain

unsteady[ʌnstédi] 휑 비틀거리는, 흔들흔들하는; 변하기 쉬운. 9
[*un*- not＋steady 튼튼한, 확고한]
☞ steady

unsuccessful[ʌns(ə)ksésf(u)l] 휑 성공하지 못한, 실패한. 8
[*un*- not＋successful 성공한←success 성공＋-*ful*(형용사 어미)]
☞ success, successful

unsuitable[ʌns(j)úːtəbl] 휑 적합하지 못한, 어울리지 않는. 10
[*un*- not＋suitable 적합한, 어울리는 ←suit 적합하게 하다＋-*able*(형용사 어미)] ☞ suit, suitable

untie[ʌntái] 동 풀(어지)다, 끄르다

(undo); 자유롭게 하다, 해방하다. 7
[*un*- back＋tie 묶다, 매다] ☞ tie

until[əntíl] 전 …까지, … 이르기 까지, …이 되도록. 접 …할 때까지, …까지.
cf. till …까지. 1
[((중영)) *until*←*und* up to …까지＋*till* till]

동의어 until과 till은 뜻이 같은 말이나 그 용법에 있어서 약간의 차이가 있는 말이다. ① till이나 until에 의하여 인도되는 clause나 phrase가 주절보다 앞에 올 때에는, 보통 until을 많이 사용한다. ② until은 till보다 다소 차분한 맛이 있는 말이기 때문에 격식을 갖춘 문장에 많이 쓰이는 경향이 있다.
보기: *Until* he went to college, he had never thought of his speech. 대학에 가기까지는 자기의 말씨에 대하여 한번도 생각해 본 일이 없었다. He had never thought of his speech *till*(또는 *until*) he went to college.

untimely[ʌntáimli] 휑 때 아닌, 시기에(알)맞지 않는, 때를 잘 못 탄. 부 때 아니게, 시기에 안 맞게. 8
[*un*- not＋timely 시기에 맞는←time 시기, 시간＋-*ly*(형용사 어미)]
☞ time, timely

untiring[ʌntáiəriŋ] 휑 지치지 않는, 불굴의(unwearied). 10
[*un*- not＋tire 지치게 하다＋-*ing*(현재분사 어미)] ☞ tire

unto[ʌntu, ʌntə, ʌntuː] 전 (고어, 시) …에, …까지, …으로(to)((부정사 앞에는 붙이지 못하는 점이 to와 다르다)).
[((중영)) *unto*←*und* up to＋*to* to] 2
☞ until, to

untold[ʌntóuld] 휑 말하지 않은, 말로 표현하지 못하는; 수 없이 많은(countless). 9
[*un*- not＋told(tell의 과거분사)]
~ *wealth* 무한한 재산.
☞ tell, told

untouched[ʌntʌ́tʃt] 휑 손 대지 않은, 언급되지 않은; 감동되지 않은, 영향을 안 받는. 9
[*un*- not ＋ touched 손댄, 감동된 ←touch 감동 시키다, 손대다＋-*ed*(과거분사 어미)] ☞ touch

untrod(den)[ʌntród(n)] 휑 밟힌 적이 없는, 아무도 가본 적이 없는. 10
[*un*- not＋trod(den)(trod 밟다의 과거분사)]
☞ trod

untrue[ʌntrú:] 형 진실이 아닌, 허위의 (false); 불성실한(unfaithful). 7
[*un*- not+true 진실한] ☞ true

unused[ʌnjú:zd] 형 사용 안되는; [ʌnju:st]익숙치 못한(unaccustomed) [to].
[*un*- not+used 사용된, 익숙한←use 사용하다+-ed(과거분사 어미)] 9
☞ use, used

unusual[ʌnjú:ʒu(ə)l] 형 보통 아닌, 이상한(strange); 희한한(rare). 4
[*un*- not+usual 보통의]

unusually[ʌnjú:ʒuəli] 부 이상하게, 별로 없을 만큼; 현저하게; 《속어》굉장히, 지독히. [unusual+-*ly*(부사 어미)] ☞ usual

unwearied[ʌnwíərid] 형 굴하지 않는, 끈기있는(persistent); 변함 없는, 한결 같은. 9
[*un*- not+wearied 지친←weary 지치게 하다+-*ed*(과거분사 어미)]
☞ weary, wearied

unwholesome[ʌnhóulsəm] 형 건강에 나쁜, 불건전한(unhealthy); 해로운. 8
[*un*- not+wholesome 건강에 좋은, 전전한] ☞ wholesome

unwilling[ʌnwíliŋ] 형 마음이 내키지 않는, 본의 아닌. 5
[*un*- not+willing 마음이 내키는, 하고 싶어하는←will 하고싶어 하다+-*ing*(현재분사 어미)] ☞ will, willing
be ~ to(do) (…)하고 싶지 않다.
willing or ~ [ʌnwíliŋ] 좋든 싫든간에.

unwillingly[ʌnwíliŋli] 부 마지 못하여, 본의 아니게. [unwilling+-*ly*(부사 어미)] ☞ will, willing

unwise[ʌnwáiz] 형 지혜 없는, 어리석은(foolish). 7
[*un*- not+wise 현명한] ☞ wise

unworthy[ʌnwə́:ði] 형 (도덕적으로)가치 없는, 시시한, 천한(base); (… 할) 가치가 없는[of]. 5
[*un*- not+worthy 가치 있는←worth 가치+-*y*(형용사 어미)]
☞ worth, worthy

unworthily[ʌnwə́:ðili] 부 가치 없게, 불명예스럽게; 어울리지 않게.
[unworthy+-*ly*(부사어미)]
☞ worth, worthy

up[ʌp] 부 위에(로), 상류에(로), 윗층에(으로); 위에서, 올라서, 떠서; …쪽으로; (남쪽에서)북쪽으로; 아주, 완통, 완전히 끝나서. 전 …의 위에(로), …을 올라가서. 형 올라가는 (기차 따위). 명 상승(上昇). ⓐ down 1
[《중영》*up*, *vp* 《고영》 *up(p)*; *cf.* 《독》 *auf*]

~ against 《속어》 직면하여, 부딪쳐서(confronted with). *~ and down* 이리 저리로, 오며 가며. *~s and downs* (길의)오르 내리기, 고저; 변동, 영고성쇠(榮枯盛衰). *~ to* … …에 견디고 (equal to), … 할 수 있어서; 종사하고, 해나가고 있는(engaged in); …의 의무로, …의 차례로; …에 이르기까지, …에 달하여. *Up with it!* 그것을 세워라, 일으켜라, 들어 올려라. *Up with you!* 서라, 분기하라.

upbraid[ʌpbréid] 동 꾸짖다, 나무라다. [《중영》 *upbreiden* reproach 꾸짖다, 비난하다←《고영》 *up* up, upon+*bregdan* braid 꼬다, weave 짜다, seize 확보하다; 원 뜻은 파악하다(lay hold of)→공격하다→꾸짖다] ☞ braid 7

uphill[ʌphíl] 형 올라가는, 치받이의; 힘이 드는(laborious). [ʌphíl] 부 고개 위에. ⓐ downhill 10
[up+hill] ☞ up, hill

uphold[ʌphóuld] 동 (-held)들어 올리다; 받치다(support), 지지하다; 격려하다(encourage), 옹호하다(sustain), 찬성하다; 확인하다. 5
[up+hold] ☞ up, hold

upholster[ʌphóulstə] 동 (방안을)장비하다, 가구를 설치하다, …에 세간을 들여 오다(의자 따위에 쿳손, 천 따위를)대다.
[upholsterer에서 거꾸로 만든 말]

upholsterer[ʌphóulst(ə)rə] 명 실내장식인, 가구제조인. [*uphold(st)er* auctioneer 경매인, tradesman 상인; 손님들이 잘 조사해서 살 수 있도록 가구를 hold up(들어 올리다)하는 사람; uphold + -*ster*(사람을 뜻하는 명사어미); 어미의 -*er*은 필요 없는 것을 덧붙인 것으로 비슷한 보기로는 fruiterer 과일장수, poulterer 새장수 따위가 있다]

upland[ʌ́plənd] 명 고지, 높은 지대 (highland); *pl.* 고원(高原). 형 고지의, 고원의. 8
[up+land] ☞ up, land

uplift[ʌplíft] 동 들다, 들어 올리다 (raise); (의기를)북돋우다. [ʌ́plift] 명

upon[əpɔ́n, əpən] 젠 =on. 1
[《고영》 *uppon* upon←*up*(*p*) up+*on*]

동의어 **on**과 **upon**은 거의 차별 없이 쓰이고 있다. 일상 용어나 부드러운 어조에서는 on을 보통 쓰고, 동사와 함께 쓸 때와 끝에서는 보통 upon을 쓰는 경향이 있다. upon은 특수한 숙어에 쓰이기도 한다. 보기: *upon* my word 맹세코, depend *upon* it 반드시.

upper[ʌ́pə] 형 더욱 위의, 상부의, 고위의, 《보통 복수》 (구두의)등 가죽; *pl.* 베로 만든 각반; 《속어》(배, 침대차의) 윗층 침대. ⓐ lower 더 아래의. 2
[원래 up의 비교급; up+(*p*)+-*er*(비교급 어미)]
(*down*) *on ons's ~s* 《속어》 구두가 다 닳아서; 몹시 가난하여. *the ~ classes* 상류 계급. *~ story* 윗층; 《속어》 머리. ☞ up

uppermost[ʌ́pəmoust] 형 최상의, 제일 높은; (생각난)맨 처음의. 부 제일 위에, 제일 높게, 제일 먼저. 2
[upper+most] ☞ upper, up, most

upright[ʌ́práit] 형 똑바른, 직립(直立)한(erect); 정직한(honest), 고결한. 부 똑바로, 직립하여. 3
[up+right 똑 바른] ☞ up, right
동의어 **upright**는 굽힐 줄 모르는 도덕상의 정당함과 성실함이 있다는 뜻이고, **honest**는 사람을 취급함에 있어서 사기나 기만을 하지 않고 아주 솔직하고 공정하다는 뜻이다. **hono(u)rable**은 양심, 사회적 지위, 직업 따위로 인하여 과해지는 도덕상의, 또는 윤리적인 책임을 충분히 깨닫고 굳게 지킨다는 뜻이다. **just**는 높은 도덕적인 지조를 가지고 있고, 깨끗하고 바르게 행세함을 뜻하는 일반적인 말이다. **scrupulous**는 자기의 행동이나 목적이 올바른 데 대하여 소심하게 굴면서도 양심적임을 나타내는 말이다. ☞ up, right

uproar[ʌ́prɔː] 명 (대)소동(tumult), 동란, 원소(喧騷). 5
[《홀런드》 *oproer* tumult 소동 ← *op* up+*roeren* excite 자극하다, move 움직이다; a stirring up 분기, a commotion 동요, 동란. 지금의 spelling은 roar와 혼동한 것] ☞ roar

uproot[ʌprúːt] 타 뿌리 채 뽑다(root up); (집, 토지 따위에서)쫓아 내다 「from」; 단절시키다(eradicate). 7
[up+root; root up 뿌리 채 뽑다]
☞ up, root

upset[ʌpsét] 타 (upset) 뒤집다(overturn), 뒤집히다, 전복하다(되다); 혼란하게 하다(disturb); 마음이 산란하게 하다; 위장을 탈 내다. 명 전도(轉倒); 혼란; 불화. 5
[up + set; 아래를 위으로(up) 놓아 (set)로 생각한 것] ☞ up, set

upside[ʌ́psaid] 명 윗쪽, 윗편. ⓐ underside [up+side]
~ down[ʌ́psai(d) dáun] 뒤집어서, 거꾸로, 전도되어; 혼란해서(in disorder). ☞ up, side

upstairs[ʌ́pstéəz, ʌpstéəz] 부 이층에 (으로, 에서), 윗층에(으로, 에서). [ʌ́pstéəz, ʌpstéəz] 형 이층의, 윗층의. 명 윗층(upper story). ⓐ downstairs [up+stairs 계단]
참고 형용사로 쓰일 때에는 upstair라고도 한다. 보기: an *upstair*(*s*) room. ☞ up, stair, downstair(s)

upward[ʌ́pwəd] 형 위를 향하는, 상승의. 부 위로, 위를 향하여, 윗쪽으로 (upwards); (…)이상, 그 이상(more, above). ⓐ downward 형; downward(s) 부. 3
[up+ -*ward*(방향을 가리키는 어미); *cf*. downward, homeward, westward, etc.]

upwardly[ʌ́pwədli] 부 위를 향하여, 윗쪽으로.

upwards[ʌ́pwədz] 부 위로, 위를 향하여, 윗쪽으로. [up+ -*ward*+ -*s* (부사적 소유격); *cf*. downwards, backwards etc.] ☞ up

uranium[ju(ə)réinjəm] 명 우라늄.
[*Uranus* (《그리이스신화》 하늘의 인격화→(그) *Ouranos* heaven+ -*ium*(금속원소의 명사어미)]

urban[ə́ːbən] 형 도시의, 도시에 사는. 명 (도)시민. ⓐ rural 시골의.
[《래틴》 *urbānus* belonging to a city ←*urbs* city 도시]

urbane[əːbéin] 형 도회식의, 우아한, 품위 있는(elegant); 세련된(refined).
[urban과 같은 어원]
☞ suburb, suburban

urchin[ə́ːtʃin] 명 소년(boy, youngster),

(특히)장난 꾸러기(mischievous boy); 섬게(sea-urchin).   7
[《중영》 urchon, irchon←《고프》 herichon←《래틴》 ēricius←ēr hedgehog 고슴도치]

urge[ə:dʒ] 图 몰아대다(drive on) [on]; 재촉하다(hasten)[to]; 격려하다; 주장하다. 图 충동(impulse), 박력.   2
[《래틴》 urgēre urge, drive 몰다; weak와 관련 있는 말]   ☞ weak
통의어 urge는 간청, 의론, 적극적인 추천 따위로 사람을 권하여 어떤 일을 하게 한다는 뜻이다. **exhort**는 적당하다거나 정당하다고 생각되는 일을 하도록 열심으로 권한다는 뜻이다. **press**는 상대방이 거절하지 못할 만큼 끈덕지게 urge 한다는 뜻이다. **importune**은 귀찮을 만큼 꾸준히 요구한다는 뜻이다.

urgent[ə́:dʒ(ə)nt] 图 긴급한(pressing); 몹시 재촉하는; 강요하는(insistent); 귀찮게 구는.   6
[urge+ -ent(형용사 어미)]

urgently[ə́:dʒ(ə)ntli] 图 긴급히, 지급히; 몹시.

urgency[ə́:dʒ(ə)nsi] 图 긴급함; 재촉, 강요. [urgent+ -cy(명사 어미)]

urine[júərin] 图 오줌.   10
[《프》 urine←《래틴》 ūrīna urine 오줌; cf.《산·스크릿》 vāri, vār water 물. 원 뜻은 물]

 pass(또는 *discharge*) *one's* ~ 오줌싸다.

uric[júərik] 图 오줌의, 요(尿)의.
[uro-《그》 ouron urine + -ic (형용사 어미)]

urinal[júərin(ə)l] 图 오줌 그릇, 요강; 소변소. [urine+ -al]

urinary[júərinəri] 图 오줌의, 비뇨의. 图 (군대) 소변소. [urine+ -ary]

urn[ə:n] 图 (장식)항아리; 뼈 단지, 유골 단지; 묘(tomb, grave); 커피 끓이는 기구.   4
[《프》 urne←《래틴》 urna urn 항아리]

use[ju:s] 图 사용, 이용; 용법, 용도;필요(necessity); 관습(custom); 관례(usage). [ju:z] 图 쓰다; 이용하다; 사용하다(employ); 대우하다, 취급하다(treat).   1
[《래틴》 ūsus use 사용←ūsus (ūti use 쓰다의 과거분사)]

 make ~ *of* ……을 이용하다, …을 사용하다. *of no* ~ 소용이 없는(useless). ~*d* [ju:s(t)] *to* ‥‥ ① …하는 것이 보통이었다, 자주 …했었다, 버릇같이 …하다; 원래는 …이었다(to infinitive와 함께 써서 과거의 습관이나 현재와 과거를 견주어봄을 뜻한다). I *used to* smoke pipes when I was young. 젊을 때에는 파이프 담배를 자주 피웠었다. There *used to* be a cinema here. 옛날에 이 근처에는 영화관이 있었다. ② 익숙하다(accustomed to)《to 뒤에 명사를 보통 쓴다》. We are *used to* automobiles today. 오늘날 자동차는 혼한 것이다.

usage[jú:zidʒ, jú:sidʒ] 图 용법, 사용법; 대우; (언어의)관용법, 어법(語法). [use+ -age(명사어미)]   8

used[ju:st] 图 (…에)익숙한(accustomed)[to]; [ju:zd] 图 다 쓴, 중고의, 헌, 사용하던.

 get ~ *to* ……에 익숙해지다. *be* ~ *to* … *cf*. used to(use 편의 숙어).

useful[jú:sf(u)l] 图 유용한, 쓸모 있는. [use+ -*ful*(형용사 어미)]   2

usefully[jú:sfuli] 图 유효하게, 유익하게, 쓸모 있게.

usefulness[jú:sf(u)lnis] 图 쓸모 있음, 유용함; 효용.

useless[jú:slis] 图 쓸모 없는, 소용 없는. [use+ -*less*(형용사 어미)]   3

user[jú:zə] 图 사용자.
[use+ -er(명사어미)][utility, peruse ☞ misuse, unused, usual, utensil,

usher[ʌ́ʃə] 图 문지기, 수위, 접수, 접수 안내인. 图 안내하다, 접대하다.   7
[《고프》 ussier, huissier usher or doorkeeper 문직이←《래틴》 ostiārius doorkeeper ← ostium door 문 ← ōs mouth 입, 출입구]   ☞ oral

 ~ *in* 안내하다, 인도하다.

usual[jú:ʒu(ə)l] 图 평소의, 보통의(ordinary), 통례의(customary), 혼히 있는. 반 unusual 보통 아닌.   1
[《래틴》 ūsuālis←ūsus use 관용(慣用); use+ -*al*(형용사 어미); 보통 때 써서 익숙한]

 as ~ 보통때와 마찬가지로, 한결같이.
통의어 usual은 일이 과거의 경험에 비추어 볼 때 정상적이고 보통이어서 전부터 기대하고 있던 바와 같기도 하다는 뜻이다. customary는 사물이 어떤 개인의 습관이나 특히 어떤 집단의 관

례에 일치한다는 뜻이다. habitual은 어떤 행위가 습관에 의하여 굳어 버렸음을 뜻하는 말이다. wonted는 habitual이나 customary의 뜻을 나타내는 문장 용어이다. 한편 accustomed는 customary와 뜻이 거의 비슷하나 확립된 습관이라는 점을 그리 쉽게 강조하지는 않는 말이다.

usurp[juː́ːp] 图 (왕위, 직위, 직권 따위를)빼앗다, 횡령하다; 침해하다[on].
[((프)) *usurper* ← ((래틴)) *ūsūrpāre* employ 사용하다, acquire 획득하다, usurp 빼앗다; ((래틴)) *ūsus* use 쓰다 와 *rapere* take 취하다가 결합된 말이다] 6

usurpation[jùːzəːpéiʃ(ə)n] 图 권리 침해, 횡령; 통치권 찬탈.
[usurp + -*ation*(명사 어미)]
☞ use, rapid, rapture

usury[júːʒuri] 图 (법정 이율 이상의)고리(高利), 터무니 없는 고리; 고리대금; 이자(interest). 10
[((프)) *usure* usury 고리←((래틴)) *ūsūria* use 사용, enjoyment 향락, interest 이자←*ūsus*←*ūtī* use 쓰다]

usurer[júːʒ(ə)rə] 图 (터무니 없는 이자를 받는)고리대금 업자, 대금업자.
[usury + -*er*(사람을 뜻하는 명사어미)]
☞ use

utensil[ju(ː)ténsl] 图 (부엌, 젖 짜는 곳 따위의)도구, 연장(tool). *cf*. instrument 도구, 기구. 7
[((프)) *utensile*←((래틴)) *ūtensilia* utensils←*ūtensilis* fit for use 쓰기에 알맞는←*ūtī* use 쓰다] ☞ use

utility[ju(ː)tíliti] 图 유용함, 쓸모, 효용(usefulness); 실익(實益 profitableness); (흔히 *a* public utility)공익사업; *pl*. 공익 사업의 주(株)(public utilities). 7
[((프)) *utilité*←((래틴)) *ūtilitās* usefulness 효용←*ūtilis* useful 쓸모 있는←*ūtī* use 쓰다]

utilitarian[jùːtilitέəriən] 图 효용을 목적으로 하는, 공리적인; 실리(실용)주의의, 공리주의의. 图 실리(실용, 공리)주의자. [utility + -*arian*(사람을 뜻하는 명사 어미); J. Bentham(1748〜1832)이 만든 말] 7

utilize[júːtilaiz] 图 이용하다, 쓸모 있게 하다. [utility + -*ize*(동사 어미)] 8

utilization[jùːtilaizéiʃ(ə)n] 图 이용.
[utilize + -*ation*] ☞ use, utensil

utmost[Átmoust] 图 가장 먼(furthest); 극한의, 극도의 (extreme). 图 ((단수로만 써서))최대 한도, 극한. 4
[((고영)) *ūtemest* (*ūt* out의 이중 최상급)←*ūt* + -*m* + -*est*; outmost의 자매어]

at the 〜 기껏해야, 끝내. *do*(또는 *try, exert*) *one's* 〜 전력을 다하다. *to the* 〜 극력, 극도로, 더할 나위 없이. ☞ outmost, out, utter

Utopia[juːtóupjə] 图 유우토피어, 이상향(理想鄉).
[((그)) *Utopia*(an imaginary country) nowhere 아무데도 없는(공상의 나라)←*ou*- not + *topos* place 장소. Sir Thomas More가 1516 년에 출판한 책 Utopia에서 설명한 이상향이며 그 뜻은 아무데도 존재하지 않는 공상적인 섬이다] ☞ topic

utter¹[Átə] 图 순전한, 완전한(complete), 철저적(absolute), 단호한. 2
[((고영)) *ūtera* outer←*ūt* out]

utterly[Átəli] 副 전적으로, 전혀, 완전히(completely).

utter²[Átə] 图 발언하다(speak), 발하다(give out); 언명하다(express). 2
[((중영)) *uttren*←((고영)) *ūtter, ūttor* (*ūt* out의 비교급 또는 *out*(图)의 반복형); *cf*. ((독)) *äussern* declare]

[통의어] **utter**는 목소리에 의하여 어떤 감정이나 생각을 전달하는다는 뜻이다. **express**는 사상, 감정, 개성 따위를 말, 동작, 작품 따위로 표현함을 뜻하는 가장 일반적인 말이다. **voice**는 입으로 또는 글로 발표한다는 뜻이고, **broach**는 오랫동안 생각하고 있던 바를 남에게 알려준다는 뜻이다. **enunciate**는 학설 따위를 발표한다는 뜻이다.

utterance[Át(ə)r(ə)ns] 图 입 밖에 내기, 말하기; 말투, 발성, 발음(pronunciation); 말, 설(說). [utter + -*ance*] 5
give 〜 *to* … …을 말로 표현하다. ☞ out, outer, utmost

uttermost[Átəmoust] 图 =utmost. 7
[utter + most]
☞ utter, most, utmost, outmost

uxorious[ʌksɔ́ːriəs] 图 아내에게 사족을 못 쓰는, 애처가의.
[((래틴)) *ūxōrius* fond of a wife 아내를 사랑하는← + -*ous*(형용사 어미)←*ūxor-, uxor* wife 아내]

V

vacant[véikənt] 형 비어 있는, 공허한, (실내, 좌석, 집 따위가) 빈(unoccupied); 한가한; 멍한(머리가). 3
[《래틴》 *vacāre* be empty 비게 하다]

vacancy[véikənsi] 명 공허, 공간; 결원; 방심 상태. [vacant+ -cy] 6

vacate[vəkéit (영), véikeit (미)] 동 비우다; 무효로 하다; 사직하다, 퇴직하다; 철병시키다.

vacation[vəkéiʃ(ə)n, veikéiʃən] 명 휴가; 궐위(闕位). 동 휴가를 얻다. 3
[vacate+ -ion]

vacationist[vəkéiʃənist] 명 휴가를 얻어 여행하는 사람(유양지 같은 곳으로).

vaccine[væksi:n] 명 왁친, 우두(牛痘).
[《래틴》 *vaccinus* of cow *vacca* cow+ -ine; 송아지로부터 얻어지는]

vaccination[væksinéiʃ(ə)n] 명 왁친 주사(접종), 예방주사(접종). 9
[vaccine+ -ate+ -ion]

vacillate[væsileit] 동 (불안정해서)비틀거리다, 흔들거리다, 생각이 동요하다, 변동하다(fluctuate).
[《래틴》 *vacillāre* sway, waver]

vacillation[væsiléiʃ(ə)n] 명 흔들림; 우유부단, 동요(動搖).

vacuum[vækjuəm] 명 (*pl.* -ums[-əmz] -ua[-uə]) 진공, 공허, 공백; 진공소제기. 동 진공소제기로 소제하다.
[《래틴》 *vacuum* empty]
~ *bottle* (또는 *flash*) 보온병.
~ *cleaner* 진공소제기. ~ *tube* 진공관(眞空管)

vagabond[vægəbənd] 명 방랑(유랑, 부랑)자 (vagrant), 떠도는 사람, 무뢰한. 형 방랑하는, 떠도는. 8
[《래틴》 *vagāri* wander 떠돌아다니다 +-bundus (동명사 어미)] ☞ vague

vagrant[véigrənt] 명 떠도는 사람, 방랑자. 형 방랑의, 헤매는, 뜨내기의. 7
[《고프》 *waucrer* wander 떠돌아다니다; vagabond와 똑같은 어원에서 온 말은 아니나 형태는 거기에서 영향을 받은 것]

vague[veig] 형 막연한, 확실치 않은, 애매한, 희미한. 6

[《래틴》 *vagus* wandering ← *vagāri* wander]

vaguely[véigli] 부 막연하게, 희미하게.

vagary[vəgéəri] 명 변덕, 일시적 기분, 기행(奇行). [《래틴》 *vagāri* wander about←*vagus* wandering]
☞ vagabond

vain[vein] 형 무익한, 허영심이 강한, (…을)자랑하는, 공허한. 2
[《래틴》 *vānus* empty 텅빈]
be ~ *of* …… …을 자랑하다.
[동의어] **vain**은 "무익한, 헛된"따위의 뜻으로 거의 또는 전혀 가치나 의미가 없는 것을 말한다. **idle**은 일이 실현되지 않으며 또 실제적인 효과가 없기 때문에 존재근거(存在根據)나 가치가 없다는 뜻. **empty**는 사물이 실속을 잃어 다만 표면상으로만 견실하거나 성실, 또는 보람이 있는 것같이 보인다는 뜻 (empty life 덧없는 인생). **hollow**는 empty와 같은 뜻이나 그다지 쓰이지 않는 말이다.

vainly[véinli] 부 무익하게, 무계획적으로.

vainness[véinnis] 명 무익한 짓.

valentine[væləntain] 명 성(聖)발렌티누스 축제일에 선택된 애인; 이 날에 이성에게 보내는 사랑의 또는 풍자의 카아드. 6
참고 성 발렌티누스 순교의 날(2월 14일)에 익명으로 이성에게 선물을 보내는 재미나는 관습이 있었다(Won't you be my *valentine*? 축제의 애인이 되어 주시겠읍니까?). 그 행사는 조류(鳥類)의 교미기(交尾期) 가까이에 행하여졌다. 그러나 또한 성인(聖人)을 기리는 행사이기도 했다. 한편 valentine은 고대 프랑스어 *galantine* lover에서 온 말이라고도 본다.

valet[vælit, vælei, væli] 명 (주인의 시중을 드는)종, 하인, 측근자, (호텔 따위의)보이. 동 시종이 되어 섬기다.
[《프》 *vaslet*, attendant, page]

valiant[væljənt] 형 용감한, 썩썩한. 4
[《래틴》 *valēre* be strong 강한]
☞ valo(u)r, valid

valid[vǽlid] [형] 근거가 확실한, 유효한 ([반] invalid). 《법률》 정당한, 수속을 밟은([반] void). 10
[《래틴》 *validus*, ←*valēre* be strong 강한, 견고한; 이말의 옛뜻 "strong, healthy(신체가)강한, 건전한"에 어원적의미가 남아 있다. *cf.* invalid[invəli:d], *in-* not+*valid* strong; not strong, weak [형] 병약한. [명] 병자]
☞ valiant, invalid, value

[동의어] **valid**는 "정당한 이유가 있는, 유효한"따위의 뜻으로 사물이 법률, 이론, 사실 등과 일치하기 때문에 반대할 수가 없다는 뜻. **sound**는 사람 또는 사물이 확실히 사실, 증거, 이론 따위에 입각해 있다는, 따라서 잘못이나 천박함이 없다는 뜻(a sound method 유효한 방법). **convincing**은 설득력이나 의혹, 반대 따위를 물리치고 상대를 납득시키는 힘이 있다는 뜻이다.

valley[vǽli] [명] 계곡, (강의)유역, 골짜기. 2
[《고프》*valée*←*val*←《래틴》*vallis*계곡]
[동계어] **vale**[veil] [《고프》 *val* ←《래틴》 *vallis*] [명] 골짜기《이 말은 주로 지명에 잘 쓰인다. *cf.* isle》]

valo(u)r[vǽlə] [명] 용기, 씩씩함; 용사, 5
[《래틴》 *valor* worth 가치 ← *valēre* be strong 강한] ☞ valiant, value

value[vǽlju(:)] [명] 가치; 가격, 진의(眞意); 대가(對價); 의의(意義). [동] 평가하다, 존중하다. 1
[《래틴》 *valēre* be strong 강한, be worth 가치가 있는]
set a high (***little***) ～ (***up***)***on*** … …을 중히 여기다(대수롭지 않게 여기다). ～ ***oneself for*** … …(제가 한 일)을 상당한 것으로 자만하다. ～ ***oneself up***(***on***) … …을 자만하다.

[동의어] **value**는 어떤 일이나 물건이 쓸모가 있다거나 중요하다든가 하는 면에서 본 가치를 말하고, **worth**는 정신적, 문화적으로 뛰어난 특성에서 나오는 본질적인 가치를 말하며 특히 정신적, 인격적인 우수성을 시사할 때 쓰여지는 것이 보통이다.

The true *worth* of Shakespeare's plays cannot be measured by their *value* to the commercial theater. 섹스피어 극의 진가는 극장에 있어서의 상업적인 흥행 가치로서는 측정할 수가 없다.

valuable[vǽlju(ə)bl] [형] 가치 있는, 고가의; 큰 일의; 귀중한. [명] 《보통 복수》 귀중품. 〔value+*-able*(형용사 어미)〕
valued[vǽlju(:)d] [형] 존중되는, 귀중한; 평가된.
valueless[vǽljulis] [형] 가치없는, 불필요한. 〔value+*less*〕
☞ valiant, valo(u)r

valve[vælv] [명] (가스관, 수도 따위의) 판(瓣); 쪽문; 진공관. [동] 판을 붙이다. 6
[《래틴》*valva*; leaf of a folding door]

van[1][væn] [명] (군대, 함대의)전위(前衛), 선봉, 선구. 〔*van*(*guard*)〕 4
vanguard[vǽngɑ:d] [명] 전위, 선봉.
[《고프》 *avangarde*←*avant* before+*garde* guard; 앞을 지키는 것]

van[2][væn] [명] (뚜껑이 있는)짐마차, 유개트럭, 유개화차(有蓋貨車).
[(cara)van (사막의)대상, 포장마차, 의 전략형] ☞ caravan

vane[vein] [명] 바람개비(weathercock), 바람개비의 날개, 기류 따위에 의해 선회하는 날개. 8
[《고영》 *fana* flag 기]

vanish[vǽniʃ] [동] 없어지다, 보이지 않게 되다(disappear). 3
[《래틴》 *evanescere* fade←*e-* *ex-* out +*vānescere*←*vanus* empty 빈]
☞ vain

vanity[vǽniti] [명] 허영심, 허영; 공허; 덧없음, 무익한 것. 〔vain+-ty〕 3
☞ vain, vacant, vanish, vaunt

vanquish[vǽŋkwiʃ] [동] 싸워 이기다, 정복하다(conquer); 억제하다. 6
[《래틴》 *vincere* conquer 정복하다]

vapo(u)r[véipə] [명] 수증기, 김(湯氣); 안개(fog). [동] 증발하다, 발산하다. 3
[《래틴》 *vapōrem* steam 증기]
vapo(u)r-bath 증기 목욕.
vapo(u)rtrail 비행기 운(雲).
vapo(u)rize[véipəraiz] [동] 증발시키다, 기화시키다. 〔vapo(u)r+*-ize*〕
vaporous[véipərəs] [형] 증기가 꽉찬, 안개가 많은. ☞ evaporate

varnish[vɑ́:niʃ] [명] 니스, 와니스; 광택; 겉치레, 장식. [동] 니스칠을 하다; 장식하다, 허식하다. 6
[《그》 *Berenikē* 리비아(Libya)의 옛 도시명]

vary[vɛ́əri] [동] 변하다, 변경하다, 틀리다, 개조하다. 3
[《래틴》 *variāre* change; 변하다 ←

varius 여러 가지의〕
variable[véəriəbl] [형] 변하기 쉬운. [반] constant 변치 않는, 항구적인, steady 견고한, 확고한, 불변의. 〔vary + *-able*〕. ☞ invariable 8
variance[véəriəns] [명] 변화, 차이; 불화, 알력. 〔vary+ *-ance*〕 10
at ~ (사람이)서로 다투어, 알력을 일으켜서〔with, among, between, from〕.
variant[véəriənt] [형] 상위한, 틀리는; 변하기 쉬운. [명] 변체, 변형. 〔vary+*-ant*〕
variation[vɛ̀əriéiʃ(ə)n] [명] 변화; 변형물; 변차(變差); 변이(變異); 변주곡(變奏曲). 〔vary+ *-ation*〕 10
varied[véərid] [형] 종종의, 변화가 많은. 〔vary+ *-ed*〕
variegate[véərigeit] [동] …에 변화를 주다, 가지각색으로 하다.
variety[vəráiəti] [명] 다양성(多樣性), 다종다양(多種多樣), 종류(kind, sort). [반] uniformity. 〔various+ *-ity*〕 3
for ~'s sake 변화를 주기 위하여.
various[véəriəs] [형] 종종의, 다수의, 여러 가지의. 2
vase[vɑ:z, veis] [명] 꽃병, 병 모양의 장식. 〔《래틴》 *vās* vessel, dish 그릇(容器)〕 ☞ vessel 6
vassal[vǽs(ə)l] [명] 신하(臣下), 예속자; 머슴, 노예(servant). 6
〔《래틴》 *vassus* servant 하인〕
vassalage[vǽsəlidʒ] [명] 신하임; 종속, 신하의 영지, 신하의 일단(一團). 〔vassal+ *-age*〕
vast[vɑ:st] [형] 광대한, 거대한, 넓은. 2
〔《래틴》 *vāstus* immense 무한의, 광대한〕
vastly[vɑ́:stli] [부] 《주로 속어》비상하게, 대단하게(greatly).
vastness[vɑ́:stnis] [명] 광대, 광막.
vat[væt] [명] 큰 통(주로 양조장, 염색공장에서 쓰는). [동] 큰 통에다 넣다; 통에 넣어서 익히다. 9
〔《고영》 *fæt* vessel 그릇(容器)〕
vaudeville[vóudəvil, vɔ́:dəvil] [명] (무대에서 부르는) 풍자적 속요(俗謠), 《영》 속요(俗謠)나 춤을 넣은 간단한 연극. 〔《프》 *vau-de-vire*←*Vau-de-Vire* the valley of the Vire(in Normandy)〕
vault[1][vɔ:lt] [명] 둥근 천장; 《시》창공; 지하 저장실, 납골실(納骨室). 4
〔《래틴》 *volūtus*←*volvere* roll 회전하다; 지붕이 둥글다고 하는 데서부터 생긴 말〕
☞ volume, revolution, involve
vault[2][vɔ:lt] [동] 뛰어넘다, 뛰다(jump), 막대를 짚고 높이 뛰다. [명] 도약(跳躍), 뜀(jumping).
〔《고프》 *volter* ← 《래틴》 *volvere* roll 회전하다〕
~*ing-horse*(체조용)목마. *pole-* ~ =*pole-jumping* 봉고도(棒高跳).
vaunt[vɔ:nt] [동] 자만하다(boast), 호언장담하다, 자랑하다. 8
〔《래틴》 *vānus* vain 자만〕 ☞ vain, vanity
veal[vi:l] [명] 송아지 고기. 9
〔《고프》*veël*←《래틴》*vitellus*←*vitulus* calf 일 년도 못되는 송아지〕
veer[viə] [동] (바람 같은 것이)변하다, 전향하다, (배의)침로를 바꾸다. [명] 방향의 변화, 전향(轉向). 10
vegetable[védʒ(i)təbl] [명], [형] 야채(의), 식물(의). 2
〔《래틴》 *vegetus* lively 생생한, full of life, animating 생명력이 충일해 있는, 생생한 식물〕
vegetarian[vèdʒitéəriən] [명] 채식주의자. 〔vegetable+ *-arian*〕
vegetate[védʒiteit] [동] 식물처럼 성장하다, 자극이 없는 생활을 하다, 머리를 쓰지 않고 그대로 살아가다. 〔vegetable+ *-ate*〕
[참고] vegetate는 vegetable이 햇볕을 받으며 자란다는 뜻에서 유래.
vegetation[vèdʒitéiʃ(ə)n] [명] 초목, 식물의 성장. 〔vegetate+ *-ion*(명사 어미)〕 ☞ vigil, vigour 7
vehement[ví:imənt] [형] 격렬한, 열렬한(ardent). 7
〔《래틴》 *vehemens* eager 열심한〕
vehemently[ví:iməntli] [부] 격렬하게, 열렬하게. 8
vehemence[ví:iməns] [명] 격렬, 맹렬, 열의(熱意). 〔vehement+*-ence*(명사 어미)〕
vehicle[ví:ikl] [명] 차(車); 매개물, (수레, 마차 따위의) 운반 기구. 7
〔《래틴》 *vehiculum* carriage 운반 ← *vehere* carry 운반하다〕 ☞ vein
veil[veil] [명] 베일, 면사포, 수녀가 머리부터 어깨까지 드리우는 베, 막(幕). [동] 베일을 쓰다, 은폐하다(conceal). 3
〔《래틴》 *vēlum* sail, curtain, cloth

vein[vein] 圈 정맥, 혈관; 광맥; 수맥(水脈); 기질, 성분.
〔((래틴))*vēnam←vehere* carry운반하다〕
speak in a serious ~ 신중한 태도로 말하다.
I am not in the *vein* for composing. 작곡할 기분이 되어 있지 않다.
☞ vehicle

velocity[vilɔ́siti] 圈 속도, 속력.
〔((래틴)) *velox* speedy 신속한,재빠른〕

velvet[vélvit] 圈 비로도. 圈 부드러운, 사뿐사뿐한.
〔((래틴)) *villus* shaggy hair 뻣뻣하고 까칠까칠한 머리털〕
참고 한국어의 비로도는 포르투갈어의 velludo에서 왔다.

veneer[vəníə] 圈 베니어판, 베니어판 위에 붙이는 얇은 판대기; 허식, 겉치레. 圈 베니어판을 붙이다, 겉치장을 하다.
〔((프)) *fournir* furnish 비치하다〕
☞ furnish
참고 베니어 판을 영어로는 보통 plywood라고 한다.

venerate[vénəreit] 圈 존경하다(revere), 숭배하다(adore).
〔((래틴)) *venerārī* worship 숭배하다 ←*venus* love, desire 사랑, 욕망〕

venerable[vénərəbl] 圈 존경할만한, 숭배할만한. 〔venerate+ *-able*〕

veneration[vènəréiʃ(ə)n] 圈 존경, 숭배. 〔venerate+ *-ion*〕

통계어 **Venus**[ví:nəs] 圈 (로마 신화)비너스(사랑과 미의 여신); 성애; 미인, 금성(金星). 〔((래틴)) *venus* desire, love, beauty 욕망, 사랑, 미〕

venereal[vinírəl] 圈 성교(性交)의; (의학) 성병의, 성병에 걸린.
〔((래틴)) *venere-*; ((프)) *vener- venus*〕

vengeance[véndʒəns] 圈 복수(復讐), 원수를 갚다. *cf*. avenge, revenge.
〔((고프)) *venger* 복수하다+ *-ance*(명사 어미)〕
take ~ upon … …에게 복수하다.
with a ~ 《속어》 격렬하게, 짜증을 낼 정도로. The rain came down *with a vengeance*. 싫증이 날만큼 비가 왔다.

vengeful[véndʒf(u)l] 圈 복수심을 가진, 복수의, 집념(執念)이 깊은.
〔venger+-*ful*〕 ☞ avenge, vindicate

venom[vénəm] 圈 독, 독액(毒液); 악의, 원한.
venomous[vénəməs] 圈 독액(毒液)을 분비하는, 독이있는; 악의에 찬(spiteful). 〔venom+ *-ous*〕

vent[vent] 圈 새는 구멍, 출구, 구멍. 圈 구멍을 내다; 뺄다, (감정 따위를 표면에)내다, (노기를)나타내다.
〔((래틴)) *ventus* wind 바람 및 ((프)) *évent* a breaking forth← ((래틴)) *ex-out+ventus* wind의 두곳에서 영향을 받고 있음〕
find ~ for 출구(出口)를 찾다, 표현 수단을 생각해 내다. *give ~ to* … …을 누설하다, …을 말하다. *~ itself* 나오다, 나타나다.

ventilate[véntileit] 圈 바람을 통하게 하다, 공기를 바꾸다, …에 환기 장치를 하다; 발표하다, 자유롭게 검토시키다.
〔((래틴)) *ventus* a wind 바람〕

ventilation[vèntiléiʃ(ə)n] 圈 통풍, 환기, 환기 장치; (문제의)일반토의.

ventilator[véntileitə] 圈 환기장치, 통풍기. 〔ventilate+ *-or*〕

ventricle[véntrikl] 圈 《해부》 공동(空洞), 실(室) 《심장의 심실, 뇌의 뇌실 따위》.

venture[véntʃə] 圈 모험(adventure), 투기(speculation). 圈 위험을 무릎쓰고 …을 하다, 감히 …을 하다; 투기에 걸다.
〔((래틴)) *davenire* come to, happen …에 달하다, 발생하다← *ad-* to+*venire* come; ((중영)) *aventure* adventure의 전략형(前略形)〕
☞ adventure, avenue, revenue

verb[və:b] 圈 동사.
〔((래틴)) *verbum* a word 말; verb의 본래의 뜻은 a word〕 ☞ word

verbal[vɔ́:bəl] 圈 말만의, 어귀상의, 구두(口頭)의. ⑩ written.
〔((래틴)) *verbum* a word+ *-al*(형용사 어미)〕

verbalism[vɔ́:bəliz(ə)m] 圈 언어적 표현, 어귀(의 사용, 선택), 형식적 문귀. 〔verbal+ *-ism*〕

verdict[vɔ́:dikt] 圈 (배심원의)평결(評決), 판단, 의견(opinion).
〔((래틴)) *vērēdictum* thing truly said ←*vērē-* truly+*dictum* said ←*dīcere*

say ☞ very, dictionary, contradict
참고 그리스도를 처형한 유태의 총독 빌라도(Pilate)가 인식한 것처럼 진리는 어느 일개인이 결정할 수가 없는 것이므로 오늘날은 열두 사람(배심원)의 결정에 맡기고 있다. 8

verdure[vəːdʒə] 명 신록, 푸른 풀(grass); 생기, 윤성. 8
[((라틴)) *viridem* green+ *-ure*(명사 어미); cf. ((프)) *vert* green]

verge[vəːdʒ] 명 구역, 한계, 주위. 통 근접하다[on], 가까워지다. 6
on the ~ of … 바야흐로 … 하려 하여, … 할 직전에, … 할 순간에 (cf. on the brink of 바로 …(죽음 같은 것)을 앞두고).

vernacular[vənǽkjulə] 형 자기 나라 말의, 지방말로 쓰여진. 명 자국어, 방언, 은어(隱語).
[((라틴)) *vernāculus* domestic, native ← *verna* home-born slave+ *-ar*]
참고 역사는 때로 정복당한 민족이 정복자에게 그들의 관습이나, 언어를 강요하는 일이 있는 것을 우리에게 보여준다. 색손족의 노예도 그들의 주인인 노르만족에게 그들의 기본적인 언어를 쓰도록 했다. 이것이 vernacular이고 slave라는 어원을 갖게 된 유래이다.

vernal[vəːn(ə)l] 형 봄의(of spring), 봄에 일어나는, 봄에 행하는. 4
cf. autumnal.
[((라틴)) *vernālis* ← *vēr* spring]
the ~ equinox 춘분(春分); cf. autumnal equinox 추분.

versatile[vəːsətail, vəːsətil] 형 다재(多才)의, 재주가 많은, 다방면에 소질이 있는; 변하기 쉬운.
[((라틴)) *versātilis* turning ← *vertere* turn]

versatility[vəːsətíliti] 명 변하기 쉬움; 다재(多才), 다방면; 융통성이 많이 있는 것. [versatile+ *-ity*]
☞ version, verse

verse[vəːs] 명 시의 한 줄, 시, 운문(韻文 poetry). ⓐ prose 산문. 3
[((라틴)) *versus* a turning ← *vertere* turn]
give chapter and ~ for(a quotation) (인용구의)출처를 명시하다.

version[vəːʃ(ə)n, vəːʒ(ə)n] 명 번역, 역서(譯書), 소견, 설(說).
☞ averse, convert, revert, reverse

versed[vəːst] 형 숙달된, 정통한[in].
[((라틴)) *versātus* ← *versāri* be busy, engage in 바빠서, …에 종사하고 있다]
☞ verse

vertical[vəːtik(ə)l] 형 수직의, 세로(縱)의. ⓐ horizontal 수평의. 6
[((라틴)) *vertex* the top 정상+ *-al*(형용사 어미)]
동의어 vertical은 수평면과 직각이 되게 윗쪽을 향해 올라간 직선을 뜻하고, perpendicular는 특히 기하(幾何)에서 사용되는 것으로 어떠한 평면과도 직각이 되는 직선을 말한다. 전자는 대개 추상적인 비유로 사용하고, 후자는 구체적으로 사용되는 경우가 많다. plumb은 측연(測鉛)을 늘어뜨렸을 때와 같이 어떤 사물이 수직인 상태를 가리키는 것으로 보통 목공이나 석공(石工)들이 쓰며 위의 두 말보다 더 회화적인 말이다.

very[véri] 부 참으로, 아주. 형 참된, 진정한, 순전한. 1
[((고프)) *verai* ← ((라틴)) *vērus* true; cf. ((프)) *vrai* true]

verify[vérifai] 동 입증하다, 확실히 하다, 실증하다. [very+ *-fy*] 8

verily[vérili] 부 ((시)) 참으로, 실제로. [very+ *-ly*]

veritable[véritəbl] 형 진정의, 참된, 진짜의.

verity[vériti] 명 진실, 진리. ☞ verdict
[very+ *-ity*]

vesper[véspə] 명 ((천문학))(V-)개밥바라기; ((시))저녁, 저녁기도; pl. ((종교)) 만과(晚課); 저녁 기도의 종(~ bell). 9

vessel[vésl] 명 용기(容器), 관, (특히) 혈관(blood vessel); 선박, 함선. 2
[((라틴)) *vāsculum* a small vase 작은 병] ☞ vase

vest[vest] 명 ((미)) 조끼, ((영)) 샤쓰, (레이스, 명주 따위로 만든) 부인복의 웃옷. 동 …에 의복을 (특히 승복)을 입히다, (사람에게 권리, 재산 등을) 주다, 받다. 3
[((라틴)) *vestis* garment 옷]
~ a person with rights in an estate. 사람에게 재산권을 부여하다.
~ed interests (또는 *rights*) 기득수익(旣得收益) (또는 기득권).

vestibule[véstibjuːl] 명 (고대 그리스, 로마의)집 입구의 작은 방, 집 입구의 작은 앞마당, 포장으로 둘러싸인 출입구, 현관, 손님이 기다리는 방.

vestige

[((라틴)) *vestibulum* entrance]

참고 vestibule은 의복을 벗어 던지는 곳이라는 뜻으로 그리이스어의 *boulein* (to throw 던지다)에서 왔음.

vestige[véstidʒ] 명 흔적, 형적, 빌자욱, (보통 부정사와 함께 써서) 극소량.

[((라틴)) *vestigium* footprint] 8

vestment[véstmənt] 명 옷; (특히)성직자의 제의(祭衣), 식복; 옷과 같이 가리는 것. ☞ vest

Mass ~*s* 미사의 제의.

vesture[véstʃə] 명 《시》의복; 《총칭적》의상; 《시》쌔우개. ☞ vest

veteran[vét(ə)rən] 명 노련한 사람, 고참병. 형 노련한, 오랜 경험을 가진; 《미》재향군인. 6

[((라틴)) *vetus* old 연로한]

veterinarian[vètərinέəriən] 명 수의(獸醫).

veterinary[vétərin(ə)ri, vét(ə)rineri] 형 수의(학)의, 수의에 관한. [((라틴)) *veterinus* of cattle←*veterinae* cattle]

veto[víːtou] 명 (군주, 대통령, 법률안에 대한)거부권, 금지, 부인. 동 거부하다, 부인하다, 금지하다. 10

[((라틴)) *veto* I forbid←*vetāre* forbid 금하다]

vex[veks] 동 괴롭히다, 성가시게 굴다, 마음 아프게 하다. 3

[((라틴)) *vexāre* agitate 동요시키다]

vexation[vekséi(ə)n] 명 분노, 당혹, 동요. [vex+ -*ation*]

vexatious[vekséiʃəs] 형 마음을 괴롭히는, 성가시게 구는. [vexation+ -*ous*]

via[váiə] 전 …경유(by way of). 10

[((라틴)) *viā* a path, street 길, 거리]

☞ voyage, previous, convey, envoy

vial[váiəl, vail] 명 (물약 따위를 넣는) 조그마한 그릇; (특히)조그마한 유리병(phial). 10

vibrate[vaibréit váibreit] 동 진동하다, 울리다, (마음 따위가)떨리다. 8

[((라틴)) *vibrāre* 진동하다]

vibration[vaibréi(ə)n] 명 진동, 동요, 혼들림. [vibrate+ -*ion*] 9

vicar[víkə] 명 《영국 교회》교구목사(教區牧師)《교회수입의 일부 또는 봉급을 받는 자》, 대리. *cf.* rector 교구목사《교회수입은 전부 자기 것이 된다》. 10

[((라틴)) *vicārius* a substitute 대리←*vicis* change 변경]

vice[vais] 명 부도덕, 죄악, 악습; 결점.

629

victory

형 virtue 3

[((라틴)) *vitium* vice, fault 악덕, 결점; *cf.* sin, crime]

vicious[víʃəs] 형 나쁜, 악덕한, 부도덕한, 결점이 있는, 악의가 있는.

형 virtuous 5

a ~ *circle* 악순환, 순환 논증(循環論證).

[동의어] vicious는 "나쁜, 부도덕한" 따위의 뜻으로 사악, 타락, 잔인함 따위의 비난 받을 만한 나쁜 버릇이나 행위를 말한다. villainous는 vicious와 거의 같으나 그보다 한결 더 심한 비난의 뜻을 가진 말이다. infamous는 고약한, 또는 악명(惡名)이 높은, 불명예스러운, 파렴치한 따위의 뜻. nefarious는 언어도단(言語道斷)인 사악과 도덕성, 윤리의 완전한 무시를 의미한다. iniquitous는 "정당하지 않는, 도리에 맞지않는" 따위의 뜻을 가지고 있다: *an iniquitous* bargain 부정한 협정.

vicinity[visíniti] 명 근접, 이웃(neighbourhood). 6

[((라틴)) *vicinus* near+ -*ity*]

vicissitude[visísitjuːd] 명 변천; *pl.* 성쇠, 부침(浮沈). 8

[((라틴)) *vicīs* change 변화+ -*tude*(명사 어미)] ☞ vicar

victim[víktim] 명 희생(자), 피해자(조난), 신에게 바치는 산 제물. 4

[((라틴)) *victima* 희생]

fall a ~ *to* ……의 희생이 되다. ~*s of war* 전쟁 희생자. *a* ~ *of circumstances* 환경에 의한 희생자.

victory[víkt(ə)ri] 명 승리; 정복, 극복.

형 defeat 패배. 4

[((라틴)) *victōria* ←*vincere* conquer]

[동의어] victory는 승리, 전승(戰勝) 따위의 뜻을 가지며 각종의 경쟁 또는 투쟁에 있어서의 승리를 말한다. conquest는 저항하는 남을 정복하여 완전히 자기의 지배하에 두는 victory이고 triumph는 현저하고 결정적인 victory를 획득하거나, 압도적인 conquest를 성취하고 난 뒤의 자랑스런 상태이다: the *triumphs* of modern medicine 근대 의학의 승리.

victorious[viktɔ́ːriəs] 형 승리를 얻은, 승자의, 전승의. [victory+ -*ous*]

victor[víktə] 명 승리자. [*vic* conquer + -*tor*(사람을 표하는 명사 어미)] 4

☞ vanquish, convince

victual[vítl] 명 pl. 음식(food), 식료품 (provisions). 통 …에 식료품을 보급하다. 7
〔《래틴》 victus food←vivere live〕
☞ vital

vie[vai] 통 우열(優劣)을 다투다, 경쟁하다. 9
〔《프》 envier challenge ← invītāre inviet〕

view[vju:] 명 바라봄, 일람(一覽), 관찰; 견해, 의견; 목적, 조망(眺望), 시계(視界). 통 보다, 바라보다, 관찰하다.
〔《래틴》 vidēre see 보다〕 1
in ~ 보이는 곳에, 고려해서. *on* ~ 전시되어(being exhibited). *in* ~ *of* ……을 예상하여, 기대하여. *with a* ~ *to* … = *with the* ~ *of* ……하기 위해서, …의 목적으로. He has bought land *with a view to* building a house (=*with the view of* building a house). 그는 집을 지을 심산으로 토지를 샀다. 《with a view to build와 with a view of building은 저속한 용법이어서 일반에서는 쓰여지지 않고 있다. 미국에서는 with a view toward —ing 라고도 쓴다》.

동의어 view는 바라다봄, 경치 따위의 뜻으로 눈으로 볼수 있거나 시계내(視界內)에 있는 것. scene은 경치 또는 그의 묘사(描寫)에 관해서 심미적 또는 극적인 의미를 지니고 있는 말, 즉 눈앞에 전개된 view. scenery는 한 지방 또는 한 나라의 풍경. scene은 한정된 한 장소의 경치를 가리키나, scenery는 scene의 복수인 바 총체적으로 특히 자연의 풍경을 가리킨다. 따라서 보통 복수형을 취하지 않는다. landscape는 한눈에 들어오는 산수(山水) 따위의 자연의 경치(a *landscape* painter 풍경화가), vista는 가로수가 있는 길 같은 가늘고 긴 도로에서 본 view (Electric wires ruin the *vista* of Korean streets. 전선이 한국의 거리의 전망을 망쳐 놓는다). prospect는 먼 곳을 내다 볼 수 있는 데에서 얻을 수 있는 광활한 조망(view)을 뜻하며, sight는 인공적인 풍경(picturesque *sight* 그림과 같은 풍경)을 뜻한다.

viewless[vjú:lis] 형 《시》 눈에 보이지 않는; 장님의, 조망이 없는; 의견이 없는.

vigil[vídʒil] 명 불침번, 철야(徹夜); 《흔히 복수》 밤 근무. 7
〔《래틴》 vigilia watch←vigil awake〕 *keep* ~ 불침번을 서다, 철야를 하다.

vigilance[vídʒiləns] 명 불침번, 경계. 〔vigilant + -ce〕 9
☞ vegetable, vigour

vigilant[vídʒilənt] 형 방심(放心)하지 않는, 주의 깊은, 불침번을 서는. 〔《래틴》 vigil awake+-ant(형용사 어미)〕

vigo(u)r[vígə] 명 강력함; 정력(精力), 활기; 박력(迫力). 3
〔《래틴》 vigor←vigēre be strong〕

vigorous[víg(ə)rəs] 형 정력이 왕성한, 강건한, 활발한, 힘이 강한. 7
〔vigo(u)r + -ous〕 ☞ vegetable, vigil

vile[vail] 형 저속한, 졸렬한, 천한, 열등(劣等)한. 4
〔《래틴》 vilis base 저열한〕

villa[vílə] 명 별장, 벌저(別邸)(굉장히 큰). 9
〔《래틴》 villa a farm-house 농가〕

village[vílidʒ] 명 촌, 촌사람. 1
〔《래틴》 villāticus belonging to a farm-house 농가에 속하다〕

villager[vílidʒə] 명 촌민(村民), 시골 사람(rustic).

villain[vílən] 명 악한, 나쁜 놈, (극이나 소설 등)악한역. *cf.* rascal, rogue.
〔《래틴》 villānus farm-servant 농가의 일군←villa farm-house + -an〕 5

villainous[víləns] 형 (성질, 하는 짓 따위가)흉악한, (용모 따위가)악한 듯한, (말 따위가)야비한.

참고 도시인이 시골뜨기를 멸시하는 데서 왔다. 즉 농촌인의 신분이 낮음과 지각 없음, 그리고 누구나 죄에 물들기 쉬운 자를 가리킨다.

villainy[víləni] 명 악한 일, 악한 행위, 흉악. 8
동계어 villein[vílin] 명 농노, 하급지주. 〔villain의 변형〕

vindicate[víndikeit] 통 (정당한 것을) 옹호하다, …의 정당함을 표명하다; 변명하다, 주장하다.
〔《래틴》vindicāre 복수하다←vis force +dicere say〕
☞ avenge, revenge, vengeance

vindictive[vindíktiv] 형 복수심이 있는, 원한을 품은; 복수적인; 징벌의. 10
동의어 vindictive는 "복수심이 있는"의 뜻을 가진 것으로 남으로부터 받은 비행(非行), 손해 따위에 대해서 보복하려 드는 사람이, 상대를 용서하지 않는 성질을 갖는다 (*vindictive* feeling 복수심). **vengeful**은 vindictive보다도 상대에게 행위를 가하려는 강한 충동, 실제로 복수를 노리는 의미를 강조한다. **revengeful**은 vengeful과 같은 뜻이나 그다지 보편적이 아니다. **spiteful**은 비열한 또는 악의에 찬 복수심을 품을 때 쓰인다 (be *spiteful* against a person 사람에 대해서 악의 있는 복수심을 품는다).

vine[vain] 명 덩굴; 포도과의 식물, 포도나무. 2
[《래틴》 *vīnum* wine 포도주]
vinegar[víniɡə] 명 초(酢). 동 초를 치다. [《고프》*vin* wine 포도주+*aigre* sour; sour wine 신 포도주; *cf.* eager]
vineyard[vínjəd] 명 포도원. 6
[vine+yard] ☞ wine
vintage[víntidʒ] 명 포도의 수확기, (일기의)포도 수확량.
[《래틴》 *vindēmiam* ← *vīnum* wine+*dēmera* take off]
~ **wine** (특히 연호를 붙인)우량 포도주.
vintner[víntnə] 명 포도주 상인(주로 영국). [vine+-er]
violate[váiəleit] 동 (법률 따위를)범하다, 파괴하다. 4
[《래틴》 *violāre* 폭력을 사용하다←*vīs* force]
violation[vàiəléiʃ(ə)n] 명 위반, 방해; 침입, 폭행. [violat+-ion] 10
violence[váiələns] 명 맹렬, 폭력, 폭행; 강간. 3
violent[váiələnt] 형 맹렬한, 격렬한; 폭력에 의한, 난폭한, 심한. 3
[《래틴》 *violentus* violate+-ent]
violently[váiələntli] 부 격렬하게, 맹렬하게.
violet[váiəlit] 명, 형 오랑캐꽃(의). 3
[《고프》 *violette* ← *viole*+-*ette*(축소어미); *cf.* pocket←*poche*+-*ette*]
violin[vàiəlín] 명 바이올린, 제금. *cf.* fiddle(속어=violin). 5
violinist[váiəlinist, vàiəlínist]명 제금가(提琴家). [violin+-*ist*]
viper[váipə] 명 독사, 악한 사람, 마음놓고 대할 수 없는 사람. 7
[《래틴》 *vīpera*←*vīvus* alive+*parere* bring forth]

virgin[və́:dʒin] 명 처녀, 동정(童貞); (the Virgin) 성모마리아. 형 순결한, 처녀의. 3
[《래틴》 *virginem* a maiden 처녀]
~ **snow** 처녀설(處女雪). *a* ~ **forest** 처녀림(處女林). *a* ~ **peak** 처녀봉(處女峰). *a forest* ~ *of hunters* 사냥군이 가보지 못한 (깊은)숲.
virginal[və́:dʒin(ə)l] 형 처녀의, 처녀다운; 동정의, 순결한; 아주 새로운.
~ *generation* 《동, 식물》 처녀생식, 단위 생식. ~ *bloom* 한창인 처녀.
virginity[və:dʒíniti] 명 처녀성, 동정, 순결. [virgin+-*ity*] 10
virile[vírail] 형 남자의, 성년 남자의; 씩씩한, 정력적인(energetic).
[《래틴》 *vir* man+-*ile*(형용사 어미)]
virility[viríliti] 명 장년기; 남자다움, 힘참.
virtue[və́:tju:] 명 미덕, 선행, 미점, 장점; 정조; 효력. ⓑ vice 2
[《래틴》 *virtūs* manliness, worth 남성다움, 가치]
by (또는 *in*) ~ *of* …의 힘으로, …에 의해서.
virtual[və́:tjuəl] 형 사실상의, 실제상의; 효과적인. [vitue+-*al*] 9
virtuous[və́:tjuəs] 형 유덕한, 도덕적인; 정결의. ⓑ vicious. 4
virtuously[və́:tjuəsli] 부 고결하게, 소행이 단정하게.
virtuousness[və́:tjuəsnis] 명 정숙, 덕이 높음, 유덕함. 「음악의 묘미.
virtuosity[və̀:tjuósiti] 명 미술애호가;
virtuoso[və̀:tjuóusou] 명 대가(大家), 음악의 명수, 고대의 유물 따위의 연구가, (미술의)감식가.
[《이태》 *virtuoso* learned, skilful]
virus[váiərəs] 명 여과성 병원체(濾過性病原體), 유독성 장액, 해독.
[《래틴》 *virus* poison]
visa[ví:zə], **visé**[ví:zei] 명 (여권,기타 공문서의)사증(査證). 동 사증하다.
[《래틴》 (*carta*) *visa* (paper) has been seen← *vidēre* see] ☞ visage, vis-à-vis
visage[vízidʒ] 명 얼굴, 용모. 7
[《고프》 *vis* face←《래틴》 *vidēre* see]
통계어 《프》 **vis-a-vis**[vi:za:vi] = face to face. 부 얼굴을 맞대고. 명 얼굴을 맞댄 사람. ☞ vision
viscount[váikaunt] 명 자작(子爵)(백작

의 장자를 존경해서 부를 때)). cf. duke.
[((래틴)) vis vice …의 대신+count
백작 : 처음에는 백작의 대리라는 뜻]

viscountess[váikauntis] 명 자작부인
((백작의 맏머느리의 존칭)).
[viscount+ -ess]

visible[vízibl] 형 눈에 보이는, 명백한.
[((래틴)) vidēre see+ -ible(형용사 어미))] **4**

visibly[vízibli] 부 눈에 보여서, 눈에
보이게. [visible+ -ly]
☞ vision, visage, invisible

vision[víʒən] 명 시력, 시각, 시야;
목격, 상상력, 환영(幻影). **3**
[((래틴)) visus←vidēre see].

visionary[víʒ(ə)nəri] 형 환영의, 환
상적인, 가공의. [vision+ -ary] **9**

visual[víʒuəl] 형 시각의, 눈에 보이는.
cf. auditory 청각의. **10**

visualize[víʒuəlaiz] 동 눈에 보이게
하다. [visual+ -ize]

visualization[v̀iʒjuəlaiʒéiʃ(ə)n] 명
눈에 보이게 함, 시각표상(表象), 마음
에 그림. [visualize+ -ation]
☞ visible, visage, television, visit

visit[vízit] 동 방문하다; (의사)가 왕진
가다; 벌주다; (질병 따위가)사람을 엄
습하다, 괴롭히다. 명 방문; 무대; 시
찰; 왕진; 체재(滯在). **1**
[((래틴)) visere go to see←vidēresee].
pay a ~ to … …를 방문하다. on
~ing terms [with], 서로 왕래를 자
주 할 정도로 친한 사이. ~ with …를
방문하다. ~ing card 명함((미))call-
ing card).

visitation[v̀izitéiʃ(ə)n] 명 방문, 공
식예방, 시찰; 순회; 천벌; 천혜(天惠).
[visit+ -ation] **6**

visitor[vízitə] 명 방문자, 체재객, 참
관자. [visit+ -or] **4**
☞ vision, visible

통의어 visitor는 방문자, 찾아온 손님
따위의 뜻으로서 사교적이거나 용무의
여하를 막론하고 사람을 방문하거나 또
는 어느 곳에서 잠간 머무르는 사람 즉
일반적인 의미의 방문자를 가리킨다. 또
visitant는 visitor와 같으나 특히 신분
이 높거나 또는 천국(지옥) 따위의 별
세계(別世界)로부터의 방문자. **guest**
는 남의 집이나 또는 의식(外食) 따위에
초청 받은 사람, 넓게는 하숙, 호텔 따
위의 숙박인을 가리키기도 한다. **caller**
는 목적의 여하를 불문하고 남의 가정
이나 사무실을 방문하는 사람, 대개 짧
은 의례적(儀禮的) 방문을 말한다.

vista[vístə] 명 (가로수, 길 따위 사이에
서) 바라보는 조망, (숲 따위에서) 가운데
로 트인 경치, 큰 건물의 가운데로 트
임; 예상.
[((이)) visto ← vedere see ← ((래틴))
vidēre see]

vital[váitl] 형 생명의, 사활(死活)에 관
한, 치명적인, 중대한. **5**
[((래틴)) vita life +-al(형용사 어미)]

vitality[vaitǽliti] 명 생명력, 활기,
생활력. [vital+ -ity] **9**

통계어 **vitamine**[vítəmin] 명 비타민.
[((래틴)) vita life+ -amine]
☞ vivid, revive

vituperate[vitjúːpəreit] 동 비난하다, 욕
질하다, 꾸짖다.
[((래틴))vitium fault+parāre prepare]
☞ vice, parade, pare, prepare, repair

vivid[vívid] 형 생생한, 생기가 충만한,
발랄(潑剌)한. **5**
[((래틴)) vividus lively←vivere live]
☞ vital

vixen[víksn] 명 암(雌)여우, 수다스러
운 여자.
[((고영)) fyxen; cf.((독))füchsin]

vocabulary[vəkǽbjuləri] 명 어휘, 용
어 범위. **7**
[((래틴)) vocābulum a word ←vocāre
call] ☞ vocal

vocal[vóuk(ə)l] 형 소리의, 음성의. **6**
[((래틴)) vōx a voice+ -al]
~ performer 가수(歌手).

vocalist[vóukəlist] 명 성악가.
[vocal+ -ist(사람을 의미하는 명사 어
미))]

참고 ((래틴)) vōx populi, vōx Dei[vóks
pópjulai vɔks diːai]=The voice of
the people (is) the voice of the God.
국민의 소리는 신의 소리다.
☞ voice, vocation, vocabulary, vowel

vocation[voukéiʃ(ə)n] 명 신의 부르심,
천직, 직본, 직업. **10**
[((래틴)) vocāre call 부름+ -ion(명
사 어미); cf. calling 신의 부름, 직업]

vocational[voukéiʃ(ə)n(ə)l] 형 직
업(상)의. [vocation+ -al]
~ diseases 직업병. ~ education
직업교육. a ~ school 직업학교.

vogue[voug] 명 유행, 인기. **10**

voice [vɔis] 명 소리, 음성, 울음소리; 발언, 의견, 《문법》태(態). 통 소리를 내다, 표명하다. 1
[《래틴》 *vōx voice* 소리] 「치로,
with one ~ 이구동성으로, 만장일치
voiceless [vɔ́islis] 형 무언의, 소리없는. [voice+ -less]

☞ vocal, vocation

동의어 **voiceless**는 "소리없는,묵묵한, 벙어리의" 따위의 뜻으로서 선천(후천)적으로 소리를 내지 못는 것. **speechless**는 놀라움이나 분노 때문에 한동안 말을 못하는 것(be *speechless* with fear 무서워서 입을 열지 못한다). **dumb**은 발성기관이 성하지 못해서 말을 못한다는 경우와, 놀라움이나 슬픔 때문에 한때 말을 못하는데 쓴다. 지금은 흔히 동물이나 무생물에 관해서 말한다. **mute**는 공포 따위로 한동안 말을 못하거나, 선천적으로 벙어리인 경우에 쓰이며 대체로 사람에 관해서 쓰고 dumb과 서로 전용(轉用)될 수 있으나 그보다 품위가 있는 말이다.

void [vɔid] 형 공허한, 빈; 집과 집사이가 빈,사람이 살지 않는, 결원(缺員)의; 무효의(invalid). 명 (the ~) 공소(空所), 공간; 무한; 진공. 4
[《래틴》 *vaccus* empty 빈]
null and ~ 무효의, *~ of* ……가 없는(free from), …이 결(缺)한(lacking). *an aching ~ in one's heart* 통절한 외로움(슬픔).

☞ avoid, devoid, vacation, vacant

volcano [vɔlkéinou] 명 화산. 7
[《래틴》 *Volcānus* Vulcan 불의 신(神) 발칸]

참고 Vulcan은 그리이스신들의 병기공(兵器工)으로 그의 대장간은 시시릴리의 에트나 화산에 있었다.
an active (또는 *a dormant, an extinct*) *~* 활(휴, 사)화산. *submarine ~* 해저화산.
volcanic [vɔlkǽnik] 형 화산의, 격렬한. [volcano+ -ic] 「의욕.
volition [vouliʃ(ə)n] 명 의지, 의지작용,
[《래틴》 *volo* I wish]
volitional [vouliʃən(ə)l] 형 의욕의, 의

지에 관한, 의지 활동의. [volition+ -al] ☞ voluntary, volunteer
volley [vɔ́li] 명, 통 일제사격(하다), (질문을)연발(하다). 8
[《프》 *volée*: *voler* fly 날다]
volt [voult] 명 볼트(전압 단위; 약칭:V).
voluble [vɔ́ljubl] 형 슬슬 잘 움직이는, 거침없이 잘 지껄이는(talkative). 9
[《래틴》 *volvere* roll, turn]
volume [vɔ́lju(:)m] 명 권(卷), 책(冊); 대량; 용적; 음량(音量). 3
[《래틴》 *volūmen* a roll, scroll 말아놓은 뭉치, 두루마리←*volvere* roll]
참고 volume은 옛날에 양피지(羊皮紙)를 막대기에다 감아서 책을 만든 데서 생겨났다.
voluminous [vəljú:minəs] 형 큰책의, 분량이 많은, 풍부한; 권수가 많은.
[volume+ -ous]

☞ vault, evolution, volution

voluntary [vɔ́lənt(ə)ri] 형 자발적인, 임의의, 고의의, 지원의. 6
[《래틴》 *volō* I wish + -*ary*(형용사어미)]

동의어 **voluntary**는 "자발적인"의 뜻으로서 외부의 세력이 작용되든 않든 이에 불구하고, 어떤 행위에 아무런 제한이 없으며 전혀 자신의 자유 선택에 의한다는 말(voluntary work 자발적으로 하는 일). **intentional**은 어떤 행위를 우연이 아니라 분명한 목적을 가지고 일부러 하는 것. **deliberate**는 자신이 하고자 하는 일의 중요함과 효과를 충분히 인식하고 있는 경우에 쓰인다. **wil(l)ful**은 deliberate의 의미에다가 반대의 세력, 논의, 충고 따위에도 불구하고 자기자신의 의사를 따르려는 결심을 세우는 경우에 쓰인다. **willing**은 강제에 의하지 않고 기꺼이 남의 희망 또는 지시를 따르는, 또는 남이 기뻐하는 일을 하는 경우에 쓴다.

voluntarily [vɔ́lənt(ə)rili, vɔ́lənterili] 부 자발적으로,임의로.
volunteer [vɔ̀ləntíə] 명 지원자, 의용병, 유지(有志). 통 지원하다, 자진해서 제공하다. 7
[voluntary+ -*eer*(사람을 뜻하는 명사어미)] ☞ volition
voluptuous [vəláptjuəs] 형 육욕(肉慾)에 빠진, 육감적인, 관능적 쾌락을 찾는; 요염한. 「desire」
[《래틴》 *voluptās* pleasure ← *volō* I

vomit[vɔ́mit] 통 토하다, 분출하다, 내뱉다, (욕같은 것을)내뱉다. 명 구토물(嘔吐物). 8
[《래틴》 *vomere* 토해 내다]

voracious[vəréiʃəs] 형 많이 먹는, 탐식하는, 대단히 열심인.
[《래틴》 *vorāx* greedy ← *vorāre* devour; 이 말은 carnivorous(육식성)의, gramminivorous(초식의), herbivorous(초식의), omnivorous(잡식의) 등의 vorous와 같은 것으로서 devouring 탐식하는의 뜻]
☞ carnivorous, omnivorous, devour

vortex[vɔ́:teks] 명 (*pl.* -es, **vortices**[vɔ́:tisi:z]) 소용돌이.
[《래틴》 *vortex* whirl← *vertere* turn]
vortical[vɔ́:tik(ə)l] 형 선회하는, 소용돌이 치는.

vote[vout] 명 투표; 찬부(贊否), 표결, 투표용지, 표; 선거권. 통 투표하다, 투표로 결정하다. 2
[《래틴》 *vōtum*← *vovēre* 맹세]
cast a ~ 투표하다. ~ *for*(*against*) …에 찬성(반대)의 투표를 하다.
voter[vóutə] 명 유권자, 투표자. 6
[vote+ -*er*] ☞ vow

vouch[vautʃ] 통 (진술 따위가)사실임을 확언하다, 확증하다. 9

vouchsafe[vautʃséif] 통 (손아랫 사람에게 겸손하게)주다; (대답 따위를) 배수하다.

vow[vau] 명 맹세, 서약, 일신을 바치겠다는 맹세. 3
[《래틴》 *vōtum* 서약← *vovēre* 맹세]

take(또는 *make*) *a* ~ 서약을 하다.
votary[vóutəri] 명 신봉자, 열렬한 신자, 헌신적인 사람, 숭배자.
[《래틴》 *vōtum* vow + -*ary*(명사 어미)]
☞ vote

voyage[vɔ́i(i)dʒ] 명, 통 항해(하다). 3
[《래틴》 *viāticum* 여행용의 식량← *via* way, journey 길, 여행]
☞ via, convey, devious, deviate, envoy, previous
참고 래틴어의 *viāticum* voyage은 여행을 위한 준비라는 뜻을 가지고 있었으며 영국에서도 같은 뜻으로 썼다. 특히 죽어가는 사람에게 내세(來世)에 가는 여행의 최상의 준비로서 주어진 성체성사(聖體聖事)를 말했다.

Vulcan[vʌ́lkən] 명 《로마신화》 불카누스 (불과 대장일의 신); 대장장이; 《시》 불.
vulgar[vʌ́lgə] 형 일반민중의; 비속한, 통속의. 명 (the ~) 일반민중, 서민. 5
[《래틴》 *vulgus* the common people 일반 사람들]
vulgarity[vʌlgǽriti] 명 상스러움, 야비함; 버릇이 없음, 저속.
[vulgar+ -*ity*]
vulgarize[vʌ́lgəraiz] 통 통속화 하다, 야비하게 하다, 저속하게 하다.
[vulgar+ -*ize*]
vulnerable[vʌ́lnərəbl] 형 상처를 받기 쉬운, (공격, 비난 따위를) 받기 쉬운, 견고치 못한. [《래틴》 *vulnus* wound]
vulture[vʌ́ltʃə] 명 독수리; 비열하고 욕심이 많은 사람. 9
[《래틴》 *vultur*]

W

wad[wɔd] 명 (보드라운 것을 둥글게 한) 덩어리; 틈을 메우는데 쓰는 뭉치, 솜뭉치; 《미 속》 지폐뭉치(roll of paper money), 많은 돈; 부(富). 통 (솜 따위를)작은 뭉치로 만들다, (옷에)솜을 두다(line); (탄약통 따위에) 충전물을 메워 넣다.

wade[weid] 통 (물 속, 진창 따위를) 걷다, 힘들여 빠져 나가다. 명 걸어서 건너가, 도보로 건널 수 있는 얕은 물. 2
[《고영》 *wadan* go; 원래는 다만 "간다"는 뜻이었으나 뒤에 물, 눈, 모래 등의 속을 간다는 뜻으로 한정되었다. *cf.* fowl, hound, meat, starve, etc.]

waddle[wɔ́dl] 통 (물오리처럼) 아장아장 걷다. 명 아장아장 걷기.
[wade+ -*le*(반복을 나타내는 어미)]

waft[wɑ:ft, wɔ:ft] 통 (바람이 배,소리, 냄새 따위를) 불어 보내다; 표류하다; (손짓으로) 키스를 던지다. 명 바람결에 풍기는 냄새, 한바탕 부는 바람; 흔들림. 6
[《폐어》 ← *wafter* convoy ship ← 《홀런드》 ← 《독》 *wachter* guard]

wag¹[wæg] 통 흔들다, (꼬리 따위를)흔들어 움직이다, 재잘거리다, 이행(移行)하다[on, along]. 명 (머리, 꼬리 따위를)흔들기. 4

wag²[wæg] 명 익살스러운 장난을 하는 사람; 게으름뱅이.
play (the) ~ 《영속》게으름 피우다(play truant). ☞ wag¹

wage[weidʒ] 명 《보통 복수》고용인의 임금, 월급 (따위), 보수. 통 (전쟁 따위를)수행하다(engage in, carry on). 2
~ *a campaign*(선거)운동을 하다.
~ *war against* …와 싸우다. ~ *earner* = ~ *worker* 《미》임금노동자.
a living ~ 생활임금.

참고 보통 복수형으로 사용된다; His *wages* are good. 단 복합어의 요소가 될 때에는 단수형이 보통: wage earner, wage scale, wage increase; wage worker; living wage.

동의어 wages는 일급, 주급 따위와 같이 주로 육체 노동자의 임금을 가리키며, 정신 노동자의 경우를 말할 때도 있다. salary(봉급)는 월급 또는 매월 두 번에 나눠주는 보수를 가리키며 특히 사무계통 또는 지적노동자(知的勞動者)에 지불되는 금전. fee(사례금)는 의사, 변호사, 예술가, 가정교사(개인교수)등 지적 직업에 종사하는 사람들의 노력에 대해서 지불되는 보수금. stipend(봉급)는 salary보다 문장어(文章語)에 더 쓰이며, 특히 목사의 봉급을 가리키거나 은급(恩給), 기타의 정기적 수당을 가리킴. pay(급료)는 위의 어느 것에도 해당하나, 일반적으로 말할 때에 쓰이나, 특히 군인의 급료에 대해서 사용됨. emolument(보수, 수당)는 salary 나 wages의 대신으로 쓰이는 문장어(文章語)적인 말이나 지금은 농담의 성격을 띠울 때 더러 쓰인다.

wager[wéidʒə] 명 (도박에 거는)물품 또는 금전. 통 걸다(bet). 9
[《고프》 *wage* pledge+ -er]

waggle[wǽgl] 통 흔들다, 하늘거리다 (wag).
[wag¹+ -*le*(반복을 나타내는 접미어)]
☞ wag¹

wag(g)on[wǽgən] 명 사륜 짐마차;《영》 무개화차(無蓋貨車). 2
[《홀런드》 *wagen* 차. *cf.* 《독》 *wagen* [vaːgən]; *volkswagen*[folksvaːgən]은 people's car로 국민차(國民車), 대중차 (大衆車)의 뜻]
hitch one's ~ *to a star* 큰 포부 (抱負)를 품다. *on the* ~《미속》술을 끊고.

통계에 **wain**[wein] 명 《주도 시(詩), 농업》 짐마차(waggon); (the W~) 북두칠성(Charles's Wain). Charles's W~《영》 북두칠성(the Plough, the Big Dipper 《미》) [《고영》 *wægn*]

waggoner[wǽgənə] 명 사륜 짐마차의 마부; 광차(鑛車) 운반부; (W~) 《천문학》마부좌(馬夫座). 9

waif[weif] 명 방랑자(放浪者), 부랑인, (특히)부랑아; 주인이 분명치 않은 동물.
~*s and strays* 부랑아들, 잡동사니(odds and ends).

wail[weil] 통 소리를 내서 울다, 슬퍼하다(lament). 명 통곡(하는 소리); 처량한 소리. ☞ woe 4

wainscot[wéinskət] 명 《실내의 벽에 대는》널. 통 《실내의 벽에》판자를 대다.
[《중독》 *wagenschot*+ ←*wagen* wagon + *schot* partition 칸막이]

waist[weist] 명 허리, 허리의 잘록함.
[《중영》 *wast*] ☞ wax 2

waistcoat[wéis(t)kout,《구식발음》wéskət] 명 《주로 영》조끼 (《미》waist). 9

wait[weit] 통 기다리다[for]; 시중들다 [on, upon]. 명 기다림. 1

waiter[wéitə] 명 시중드는 사람, 웨이터; (음식을 나르는)쟁반(tray); 찬장 (dumb-waiter). [wait+ -*er*] 7

waitress[wéitris] 명 시중드는 여자. [waiter+ -*ess*(여성명사 어미)] 되다.

waive[weiv] 통 (권리, 주장 따위를)버리다
waiver[wéivə] 명 (권리 따위를)버림; 기권증서(棄權證書).

wake[weik] 통 (woke *or* -d, -d *or* woken)깨다; 일어나다; 깨우다, 각성시키다. 2
[《고영》 *wacian* be awake 눈을 뜨고 있다]

wakeful[wéikf(u)l] 형 자지않는; 불침번의; 방심하지 않는. 10
[wake+ -*ful*(형용사 어미)]

waken[wéik(ə)n] 통 깨우다, 각성시키다. [wake+ -*er*] ☞ watch

walk[wɔːk] 통 걷다, 산보하다. 명 보행(步行); 산보로; 직업; 방면(方面). [《고영》 *walcan* roll 이 변한 말] 1
go for a ~ 산보를 가다. ~ *out* 《미속》파업하다; (특히 하인이 여자와)

가까이 하다. ~ *out on* ··· 《미속》(사람을) 내버려 두다. ~ *of life* 신분, 직업.
[참고] 수부(水夫)나 기마병의 걸음걸이가 walk에 가장 가까운 말로서 처음에는 roll을 뜻했다.

wall[wɔ:l] 图 벽, (둘러싸는) 장벽. 1
[《라틴》 *vallus* a palisade 말뚝으로 만든 울타리].

wallet[wɔ́lit] 图 돈주머니, 지갑, (여행용의)전대. 7

wallow[wɔ́lou] 图 뒹굴다; (쾌락 따위에)흘려 빠지다. 图 (오물 따위의 속에서)뒹굴음, 물소 따위가 만드는 진창구렁.
[《고영》 *wealwian* turn, roll]

walnut[wɔ́:lnət] 图 호두, 호두나무(재목은 가구 등에 사용됨). 5
[《고영》 *wal-* ← *wealh* foreign+*nut*: foreign nut 외국 나무의 열매]
[참고] 옛날에 유럽 대륙에서 영국에 정주(定住)한 앵글로·색슨 사람들은 호두를 몰라서 토산(土産)의 나무인 호두를 외국 나무의 열매라고 불렀다. 호도(胡桃)라는 이름은 중국인이 붙인 것으로, 서방외인(西方外人)의 복숭아라는 뜻이다. walnut의 *wal-*(《고영》 *wealh*), foreign은 Wales (영국의 남서부), Welsh (of Wales)와도 같은 것으로, 이에 따라 Wales는 앵글로·색슨 사람들이 거기에 사는 브리튼 사람을 Wales(← *Wealas* foreigners ← *wealh*)"외국인들"이라고 부른 것이 그대로 지명(地名)이 된 것임. Cornwall(영국 남서단의 주)의 wall도 같은 말로, 전에는 the foreign people of the horn(곶의 외국인)이라는 뜻. Walloon[wolúːn] "월룬 사람(벨기에의 남동부 및 근처의 프랑스 령(領)에 산다), 월룬어"도 walnut의 *wal*과 동 계통의 언어이다. 그 외에 Welsh와 동계통의 언어인 독일어의 *welsch*[velʃ]에는 Welsh의 고의(古意) "foreign"이 남아 있으며 외국의 (foreign), (특히) 이탈리아의(Italian), 프랑스의(French)라는 뜻이다. 또 *welschland*는 독일에서 본 외국의 땅, 즉 "이탈리아(Italy), 프랑스(France)"를 가리킨다. 또한 *welschen*은 외국식으로 말한다는 뜻으로 "프랑스(이탈리아)어 사투리로 말한다"라는 뜻임.

walrus[wɔ́:lrəs] 图 해마(海馬), 해상(海象).
[《홀런드》 *wal-* (*visch*) whale + *ros* horse; horse whale]

waltz[wɔ(:)ls, wɔ(:)lts] 图 월쓰《3박자의 음악에 맞추어 추는 우아한 원무》; 월쓰곡. 图 월쓰를 추다.

wan[wɔn] 图 (얼굴이)창백한; 침침한. 6

wand[wɔnd] 图 지팡이, 지휘봉; 마술(魔術)지팡이. 3

wander[wɔ́ndə] 图 떠돌아 다니다; 흐르다; 배회하다, 옆길로 빗나가다 [from], (생각 따위가)종잡을 수 없게 되다. 2

wane[wein] 图 (달이)이즈러지다 (*cf.* wax); 약해지다, 쇠퇴하다. 图 (달이)이즈러짐, 작아짐. 7

want[wɔnt] 图,图 부족(하다), 욕구(하다), 필요(로 하다); ···하고 싶다 [to]; (보통 *p.p.*) (광고에서) ···을 구하다. 1

wanton[wɔ́ntən] 图 장난이 심한; 번덕스러운. 4
play the ~ 장난치다.

war[wɔ:] 图 전쟁. 图 전쟁하다, 투쟁하다. [《고프》 *werre*←《고대 독》 *werra*; *cf.* (프) *guerre*] 1

warfare[wɔ́:fɛə] 图 전쟁(war), 교전(交戰), 전쟁행위; 투쟁. [war+fare]

warlike[wɔ́:laik] 图 싸움을 좋아하는, 전쟁의. [war+like] 6

warmonger[wɔ́:mʌŋɡə] 图 전쟁 도발자. [war+monger] 3

warrior[wɔ́riə] 图 전사, 용사.
[war+ *-ior*(사람을 뜻하는 명사어미)]

warship[wɔ́:ʃip] 图 군함.

warble[wɔːbl] 图 즐겁게 지저귀다, 노래하다. 图 지저귐, 노래.

warbler[wɔ́:blə] 图 노래하는 사람; 지저귀는 새. [warble+*-er*]

ward[wɔ:d] 图 파수; 후견(後見); (도시의)구(區); 피 후견자 (영 guardian 후견인); 병동(病棟); 감방(監房). 图 《고어》 지키다, 후견하다; 피(避)하다. 3
[《고영》 *weardian* keep, watch 파수보다, 지키다; guard와 자매어(姉妹語)]
keep watch and ~ 경계를 소홀히 하지 않는다. ~ *off* 받아 넘기다 (fend off); 받아 막다, 피하다.
☞ guard, wardrobe, steward

warden[wɔ́:dn] 图 파수 보는 사람 (keeper), 감시인(guard); 《미》교도소장; 《영》학장 (學長), 교장; 교구위원 (敎區委員); =churchwarden.
[ward +*-ian*; *cf.* guardian]

warder[wɔ́:də] 图 감시인(guard), 파

ware 637 **water**

수 보는 사람(watchman); 《주로 영》 교도소의 간수(jailer). [ward+-*er*]

wardrobe[wɔ́:droub] 명 옷장, 양복장, 가지고 있는 옷 전부. 6
[ward 지키다 + robe 의상; a place for keeping robes 의상을 지키는 장소]
☞ robe

wardroom[wɔ́:dru(:)m] 명 《군함의》 사관실; 《집합적》 사관. [ward+room]

ware[wɛər] 명 《보통 복수》 상품(goods); (복합어로서)제품(製品). 형 《시》 조심성 있는. 동 조심하다; (남용을) 삼가다. 4
참고 이 단어는 주로 iron*ware* "철기(鐵器)", hard*ware* "금붙이", silver *ware* "은제품(銀製品)", stone*ware* "석기(石器)" 따위와 같이 복합어(複合語)의 요소로서 사용된다.

warehouse[wɛ́əhaus] 명 창고, 《특히 영》 도매상(wholesale store), 큰 소매점 (large retail store). [wɛ́əhauz (영), -haus (미, 영)] 창고에 넣다. 7

warm[wɔ:m] 형 따뜻한; 친절한; 열렬한. 동 따뜻하게 하다, 흥분하다, 따뜻해지다, 열중하다. 명 따뜻하게 함. 1

warmly[wɔ́:mli] 부 따뜻하게; 열심히, 흥분해서; 마음으로부터.

warmth[wɔ:mθ] 명 따뜻함; 열의. 4

warn[wɔ:n] 동 경고하다, 조심시키다. 2

warning[wɔ́:niŋ] 명 경고, 경보(警報), 예고, 통고; 전조(前兆).

warp[wɔ:p] 동 휘게 하다, 굽게 하다, 휘어지다, 비틀어지다. 명 휨;(마음씨의) 비틀림. 5

warrant[wɔ́rənt] 동 보증하다, 정당(正當)함을 내세우다. 명 정당한 이유, 보증, 영장(令狀).
[《고프》 *warant* 보증; guarantee의 변형] ☞ guarantee

warren[wɔ́rin] 명 토끼를 놓아기르는 곳.

wart[wɔ:t] 명 사마귀, 혹.

wary[wɛ́əri] 형 조심성 많은, 신중한. 8
[ware 조심하다 ← 《고영》 *warian* guard+-y] ☞ ward

wash[wɔʃ] 동 씻다; 세탁하다; (니스 따위를)엷게 칠하다; 세탁이 되다, 《주로 p.p.》흘리다(씻듯이), 나르다(運搬) 명 씻음, 세탁(물); 세척제(洗滌劑), 물기가 많은 음식물. Will this *wash*? 이 천은 세탁될 수 있읍니까? 1

washwoman[wɔ́ʃwumən] 명 빨래를 직업삼아 하는 여자.

washing[wɔ́ʃiŋ] 명 세탁; 《집합적》세 탁물; *pl*. 세탁한 물.

washout[wɔ́ʃaut] 명 (둑·철도 따위 의)흙과 모래의 유실(流失); (홍수에 의한)침식부; 《속》 큰 실패.

washy[wɔ́ʃi,wɔ́:ʃi] 형 (음식물 따위)묽은; (빛깔 따위) 너무 연한; 힘이 없는, 시시한. [wash+-y]

wasp[wɔsp] 명 말벌; 성 잘내는 사람. 참고 wasp는 이 벌이 짓는 집에서 딴 이름이다. 사람에 관해서 쓰는 것은 wasp가 곤경에 빠졌을 때 재빨리 침으로 찌른다는 데서 왔다. 6

wassail[wɔ́seil] 명 술잔치, 축배의 인사. 동 떠들며 마시다.
[《아이스》 *ves heill* be healthy!].

waste[weist] 형 황량한, 쓸모 없는; 불모(不毛)의. 동 낭비(浪費) 하다(squander); 황폐(荒廢)시키다. 명 황폐(荒廢), 낭비; 소모, 황막한 땅, 찌꺼기, 넓은 평원. 1
[《고프》 *waster*《(프)*gater* spoil》←《래틴》 *vāstus* empty 공허한] ☞ vast
동의어 **waste**는 황막한 땅이라는 뜻으로 불모(不毛)하여 경작할 수가 없는, 따라서 거주할 수 없는 토지를 말한다. **desert**는 불모하고 건조하여 식물이 전연 또는 거의 존재하지 않는 지대로 대개 사막이라는 뜻. **wilderness**는 경작도 거주도 불가능한 황무지, 특히 수목이나 잡초만으로 덮여 야생 동물만이 서식하며 길이라고는 없는 지방이다.

watch[wɔtʃ] 명 회중시계; 파수보는 사람; 야경(夜警); 당직(시간), 《집합적》 당직원. 동 파수보다, 감시하다. 1

watchful[wɔ́tʃf(ə)l] 형 조심성 있는. 4
[watch+-ful (형용사 어미)]
동의어 **watchful**은 "조심성 있는, 경계하는" 따위의 뜻으로, 예를 들면 위험을 방지하고 물실호기(勿失好機)하기 위하여 항상 주의가 깊으며 또한 만반의 준비를 갖추고 있다는 뜻: under the *watchful* eye of her guardian 그녀는 후견인의 감시하에. **vigilant**는 특히 정당한 목적을 위해 활동적이고 늘 엄중히 경계하는 데 쓰는 품위 있다. **alert**는 충분히 경계하고 있기 때문에 어떤 행동이라도 당장에 취할 수 있는 태세에 있다는 뜻이다.

watchman[wɔ́tʃmən] 명 경비원, 야경. [watch+man] ☞ wake 6

water[wɔ́:tə] 명 물; *pl*. 바다, 하천(河川), 호수; 광천(鑛泉); 홍수. 동 물

을 뿌리다, 물을 주다, (땅에) 물을 대다; (재미없게) 이야기하다. 1
[《고영》 wæter; cf. 《독》 wasser]
under ~ 수면하로 잠겨서(flooded).
watery[wɔ́:t(ə)ri] 휑 물이 많은, 빛이 엷은, 수분이 많은; 김 빠진.
waterfall[wɔ́:təfɔ:l] 명 폭포. 5
waterproof[wɔ́:təpru:f] 휑 방수(防水)의. 툉 방수하다. 명 방수포(防水布); 우비(raincoat). 8
wave[weiv] 명 물결, 파동(波動), 물결 모양의 것; 흔들림; 파장(波長). 툉 흔들리다, 파동하다; 물결치다; (손 따위를) 흔들다. 1
[《고영》 wafian wave 흔들리다]
동의어 **wave**는 물결. **ripple**은 예를 들면 미풍, 또는 돌을 던짐으로 해서 수면에 일어나는 wave의 아주 작은 것 (wavelet), 즉 잔물결. **roller**는 폭풍우 속이나 그 뒤에 해안에 덩구는 것처럼 밀려오는 크고 무거운 wave. **breaker**는 (보통 복수) 해안, 암석, 암초 따위에 부딪쳐 포말(泡沫)이 된 또는 포말이 되려는 wave. **surf**는 해안에서 부서져 뛰는 물결; breakers에 대한 집합 명사. **billow**는 크고 무거운 대해의 wave로서, 다소 시어(詩語)나 수사학적인 말이다. **surge**는 크게 휘는 물결로 billow 보다 약간 의미가 강하며 시어나 수사학적인 말이다.
waver[wéivə] 툉 흔들려 움직이다, 나부끼다, 펄럭이다; 비틀거리다. 명 주저, 망설거림. 4
wax[wæks] 명, 툉 밀랍(蜜蠟)(을 칠하다), 밀랍(으로 굳게 하다). 3
way[wei] 명 길; 방향; 방법; …식(式); 모양, 상태. 1
all the ~ 도중 내내; 멀리; 일부러. *by the* ~ 가는 길처에; 하는 김에; 그런데. *by* ~ *of* …경유하여(via); …으로서 (as, for), …할 작정으로; 《주로 영》…한 상태(지위)에 있다; …라는 것이다; I am *by way of* being an artist. 나는 화가이다. (I am artist 라는 말보다 겸손함을 나타낸다). *give* ~ 양보하다, 물러나다, 지다, 부서지다, 견디지 못해 …하다. *have one's* (own) ~ 마음 먹은 대로 하다. *in no* ~ 절대로 …않는. *win one's* ~ *in the world* 출세하다, 성공하다. *on the* (또는 *a person's*) ~ 도중에. *in one's*(own) ~ 독자적인 방법으로; 일종의;(그건)그

거라 하고. *pay one's* ~ 빚 없이 살아나가다. *pay one's* ~ *through college* 고학으로 대학을 졸업하다. *the other* ~ *about*(또는 *around*) 거꾸로. *go a long* ~ 크게 쓸모 있는, 충분한[*to, toward*]. *make one's* ~ 나아가다, 가다, (혼자 힘으로)출세하다. *one* ~ *or another* 어떻게든지. *go out of the*(또는 *one's*) ~ *to* … 일부러 …하다, 피로움을 참아가며 …하다(make a special effort to).
wayfarer[wéifɛərə] 명 도보여행자, 나그네. 1
[way+*fare* go+ -*er*; 길가는 사람]
☞ fare, farewell, welfare
wayside[wéisaid] 명 노방(路傍). 휑 노방의. [way+side] 7
wayward[wéiwəd] 휑 말을 안 듣는, 고집 센, 메를 쓰는. 7
weak[wi:k] 휑 약한, 의지가 약한(⇔strong); 불충분한; 서투른, 엷은. 1
동의어 **weak**는 "약한"이라는 뜻으로 육체적, 정신적 또는 도덕적으로 힘이 결핍되어 있다는 말이며 다음의 낱말들과 대용될 수 있다. **feeble**은 weak 보다 의미가 강한 것으로 사람이 병이나 노쇠 등으로 심히 약한 경우, 불쌍히 여기고 경시할 때 쓴다. **frail**은 생래 (生來)의, 또는 체질상의 허약 때문에 섬사리 분쇄되는 즉 "여린"의 뜻이거나, 덕성(德性)의 힘이 결핍되어 있다는 경우. **fragile**은 때때로 frail과 같이 쓰나 그것보다 더 강하며 파괴력에 대하여 퍽 저항력이 약한 것을 가리킨다. **infirm**은 질병 또는 노령으로 힘이 없다는 경우에 쓴다.
weaken[wí:k(ə)n] 툉 약하게 하다. 6
[weak+ -*en* (동사 어미)]
weakness[wí:knis] 명 약함; 결점, 약점; 《부정관사를 수반한 단수》편애(偏愛), 좋아함. 3
weakly[wí:kli] 휑 장부가 아닌, 약한, 병약한. 튀 약하게, 가냘프게, 엷게.
[weak+ -*ly*]
wealth[welθ] 명 부(富), 재산; 풍부. [*weal* 복리(福利) or *well* 행복+ -*th* (명사어미) 2
참고 옛날 영국에서는 wealth가 행복 (happiness)을 뜻했으나 돈이 행복의 척도(尺度)인 것으로 세상이 더욱 변해지자 wealth가 오늘날의 뜻을 갖게 되었다.

wealthy[wélθi] 형 재산이 많은, 부유한; 많은. [wealth+ -y] 3

[동계어] **weal**[wi:l] 명 《고어》 번영(繁榮 prosperity); 행복, 안녕(well-being). 오늘날은 《다음의 귀(句) 이외에는 사용되지 않음》 weal and (or) woe 화복(禍福); for the public(general) weal 공공(公共)의 복지를 위해서.
[《고영》*wela* prosperity 번영] ☞ well

wean[wi:n] 타 젖을 떼다; 익숙한 일에서 차차 멀어지게 하다(from). 8

weapon[wépən] 명 무기(武器). 3

wear[wɛə] 타 (wore, worn)(의류 따위를)입다 (*cf.* put on, take off); 가지고 있다; 소모(消耗)하다; 피로하게 하다; (시간이)흐르다(away, on); 사용에 견디다, 보지(保持)하다(last long). 명 착용(着用); 사용, 질김; 입는 물건; 소모. 1

be worn out 달아 없어지다; 완전히 피로한. *~ and tear* 소모, 손상(損傷). *~ the breeches* (여자가)남편을 깔고 앉다. *~ away* 닳아서 줄이다; (때가 서서히)가다(pass). *~ down* 닳아 없애다. *~ off* 닳아 없애다; (힘 따위가)차차 없어지다. A constant drip will *wear* a hole in a stone. 《속담》 물 방울도 돌을 뚫는다.

weary[wíəri] 형 피로한(tired); 싫증 나는. 타 지치다, 싫증나다(become tired) [of]; 지치게 하다(tire); 그리워 하다(long)[for, to]; 없는 것을 몹시 서운하게 여기다(miss greatly). 2
be ~ of …이 싫증나다(나 있다).
~ out 녹초가 되게 하다.

weariness[wíərinis] 명 권태(倦怠), 싫증. [weary+-ness] 5

wearily[wíərili] 부 피로해서, 싫증이 나서.

weasel[wí:zl] 명 족제비. 9
catch a ~ asleep 약바른 사람을 속이다. *~ words* 의미가 모호한 말.

weather[wéðə] 명 날씨, 기후(氣候) (*cf.* climate) 타 바람을 맞게 하다, 널어 말리다(season); 풍화(風化)하다, (위험 따위를)이겨내다. 1
~ through 폭풍우 속을 뚫고 나가다.

weathercock[wéðəkɔk] 명 (특히 수탉 꼴을 한)바람개비 (*cf.* vane). [weather+cock]

weathervane[wéðəvein] 명 바람개비. [weather+vane]

weave[wi:v] 타 (wove, woven)짜다, 좌우로 왔다 갔다 하며 나가다. 3
[web와 관계 있음] ☞ web

weaver[wí:və] 명 짜는 사람, 직조공. 참고 인명(人名)의 Webster는 web weave+ -ster(사람을 나타내는 명사어미)로서, 원뜻은 "a weaver(짜는 사람)"의 뜻. (*cf.* spinster). 6

web[web] 명 짜서 만든 것; 거미줄(cobweb); (물새의)물갈퀴. ☞ weave 3

wed[wed] 타 (wedded[wédid], wedded or 《드물게》wed) (…와) 결혼하다(marry); 결합하다(unite). 3
[《고영》*weddian* pledge]
~ simplicity to (는 *with*) *beauty* 간소한 속에 미를 나타내다. *wedded to* 집착(執着)한(devoted), 고착(固着)한(firmly attached to).
참고 이 단어는 marry와 동의어이나 과거분사형 wedded의 형용사적 용법 외에는 시어(詩語)한: a wedded pair 신혼한 두 사람; wedded life 결혼생활; wedded love(bliss)부부애(결혼의 행복).

wedding[wédiŋ] 명 결혼식. 4
[wed+(d)ing(명사어미)].

wedlock[wédlɔk] 명 결혼생활. [《고영》*wedlac* pledge ← *wedd* pledge + -*lac*(명사어미)] 10
born in lawful ~ 적출(嫡出)의.
born out of ~ 서출(庶出)의.

wedge[wedʒ] 명 쐐기; 쐐기 모양의 물건. 타 잔뜩 밀어넣다.
~ oneself in 끼어들다.

Wednesday[wénzdi] 명 수요일. 2
[《고영》*Wōdnesdæg* day of Woden or Odir 주신(主神) Woden의 날; Woden+ -s+day; -s는 소유격을 표시하는 어미. (*cf.* Tuesday, Thursday; 래틴어 *diēs Mercurii* day of Mercury)의 뜻)

wee[wi:] 형 극히 작은(very small). 3

weed[wi:d] 명 잡초; 호리호리한 사람 또는 말; 《속어》 담배(tobacco), 엽궐련(cigar), 궐련(cigarette). 타 잡초를 뽑아내다, (소용없는 것을) 제거(除去)하다.

weedy[wí:di] 형 잡초가 무성한; 호리호리하게 키가 큰.

weeds[wi:dz] 명 *pl.* 상복(喪服) 《보통 widow's weeds라고 함》.
[《고영》*wæd* garment]

week[wi:k] 명 주, 주간(週間). 1

this day ~ 《주로 영》 내주(또는 전주)의 오늘. ~ *in*, ~ *out* 매주(every week). ~ *after* ~ 매주.
weekday[wíːkdei] 명,형 일요일 이외의 날(의), 평일(의). ⓐ Sunday
weekly[wíːkli] 부,형 매주(의), 일주에 한번(의). 명 주간지(신문).
weep[wiːp] 동 (wept) 울다, 서러워하다.
weigh[wei] 동 무게를 달다, 무게가 있다; (비교) 고찰(考察)하다; 들어 올리다(raise), 무게가 나가다.
[《고영》 *wegan* carry, bear 나르다, 짊어지다]
weight[weit] 명 무게; (저울의)눈; 중압(重壓); 중요. 동 무게가 나가게 하다, 무거운 짐을 지게 하다.
 gain (또는 *lose*) ~ 체중이 늘다(줄다). *put on* ~ 뚱뚱해지다(grow fat). What is your *weight*? 몸무게가 어느 정도입니까? *give short* ~ 저울눈을 속이다. *a suit of summer* ~ 여름 옷 한벌.
welcome[wélkəm] 형 환영받는. 명, 동 환영(하다). 감 잘 오셨오, 어서 오십시오.
[《고영》 *wilcuma* an agreeable guest ← *wil*-(접두사 *willa* will, pleasure 와 동계어) + *cuma* comer← *cuman* come; a person who comes to please another 남을 즐겁게 하기 위해 오는 사람; *wil*이 well과 혼동된 것]
 You are (*You're*)~, *You are quite* ~ 《미》 천만에요. 《《영》 Don't mention it). *Welcome home*(again). 잘 다녀왔읍니다. *Welcome to Korea!* 방한환영(訪韓歡迎). ~ *to* 《명사, 대명사와 함께》 마음대로 해도 좋은(freely permitted), 마음대로 사용해도(가져도)좋은: You are *welcome to* any book in my library. 내 서재의 책은 어느거나 마음대로 사용해도 좋소. 《부정사와 함께》 마음대로 …해도 좋은: You are *welcome to* use my car. 내 자동차를 마음대로 써도 좋소.
☞ well, come
weld[weld] 명,동 용접(하다). 8
welfare[wélfɛəːr] 명 행복, 복지, 후생.
[*wel* well+*fare* go]
☞ well, fare, farewell
well¹[wel] 명 우물; 샘; 승강기가 오르내리는 통로; 잉크 통. 동 솟아나다 [up, forth, out], 솟아나게 하다. 1

well²[wel] (better, best) 부 잘, 적당히, 충분히, 아마. 형 건강한; 좋은. 감 그래서, 그런데, 자; 후유; 과연.
 may as ~ … …하는 것도 좋을게다. *might as* ~ *as* … … 한 것은 …한 거와 같다. *may* ~ … …하는 것도 지당하다. *do* ~ *to*(do) … 하는 것은 잘 하다: You *did well* leave the country before war broke out. 전쟁이 일어나기 전에 그 나라를 떠나서 잘 했다. *It's all very* ~ …, *but* 그건 퍽 좋으나…《불만, 불찬성을 뜻하는 비꼬는 말》. *Well* Begun is half done, 《속담》시작이 반이다.
well-being[wélbíːiŋ] 명 복지, 안녕.
well-bred 형 출신이 좋은, 품위가 높은; 양종(良種)의.
well-informed 형 박식한, 전문적 지식이 있는.
well-known 형 유명한, 주지(周知)의.
well-read[-réd] 형 다독의, 박식한.
well(-)off 형 유복(裕福)한(wealthy).
☞ badly off
well-to-do 유복(裕福)한.
Welsh[welʃ] 형 웨일즈(Wales)의;웨일즈 말의. 명 (the ~)웨일즈 사람;웨일즈 말. 9
west[west] 명 서(西), (the W~) 서양; (W~) 《미》 서부. ⓐ east 1
westerly[wéstəli] 형 서쪽의, 서쪽에서 부터. [west+-*ly*(형용사 어미)]
western[wéstən] 형 서쪽의; (W~)서양의. 2
westward[wéstwəd] 부 서쪽으로(= westwards). 명 서방(西方), 서부. [west+-*ward*] 4
wet[wet] 형 젖은, 축축한; 비가 오는; 《미》 금주반대의. 명 습기. 동 적시다. ⓐ dry. 2
 동의어 wet는 "젖은, 축축한"의 뜻으로 어떤 것이 물 또는 액체에 의하여 흠뻑 젖어 있다는 경우이고, damp는 얼마쯤의 습기를 가진 경우를 말하며 때때로 불유쾌함을 암시한다. moist는 damp 보다 습기를 적게 가졌을 경우의 "축축한"을 말한다. humid는 불유쾌한 정도로 공기 가운데 습기가 있는 경우. dank는 불유쾌한, 서늘한 또는 건강에 해로운 습기를 지닌 경우.
whale[(h)weil] 명,동고래(를 잡다). 6
wharf[(h)wɔːf] 명 (*pl.* -s, -ves)부두 (埠頭 quay, pier). 8

[《중영》 *hwerf* a bank to keep out water 물을 막는 둑]

what[(h)wɔt] 때 무엇, 어떤 것; …하는 것(사람, 일). 형 어떤, 무엇의. 1
~ *is worse* 더욱 나쁜 것은. ~ *with* … *and*(~ *with*) … …나 …때문에.

whatever[wɔtévə] 때 무엇이든지. 형 어떠한. 2

wheat[(h)wi:t] 명 밀, 소맥(小麥): *cf.* flour 밀가루, barley, oats.
[《고영》 *hwæte*; 종자가 희기 때문에 붙여진 이름; 원 뜻은 "하얀"이라는 뜻]
☞ white

wheel[(h)wi:l] 명 차바퀴, 자전거(bicycle); 수차의 바퀴, 회전(回轉); *pl.* 기구(機構). 통 (차를)움직이다, 운반하다; 방향을 바꾸다(round), 선회(旋回)하다; 자전거를 타다. 1

whelp[(h)welp] 명 강아지; (사자, 호랑이, 곰, 이리 따위의)새끼; 버릇없는 아이. 통 (개 따위가)새끼를 낳다. 10

when[(h)wen] 부 언제, (…)할 때. 접 …할 때에, …인데. 명 때. 1

whenever[(h)wenévə] 부, 접 언제든지, …할 때는 언제나. 1

whence[(h)wens] 부 어디로부터; 거기서부터; 왜. 2

where[(h)wɛə] 부 어디, 어디서(로); …하는 데. 1

whereabout(s)[(h)wéərəbaut(s)] *pl.* 소재(所在). 부 어디에.
[where+about+ -s]

whereas[(h)wɛərǽz] 접 《대조를 나타내는》그런데, …에 반해서; 《주로 법률 용어로서》…하는 까닭에. 7
[where+as]

whereat[(h)wɛərǽt] 부 《관계사》…하는 데에; …하면; 《의문사》무엇에 대하여. 5

whereby[(h)wɛəbái] 부 《관계사》…에 의하여; 《의문사》무엇에 의하여. 4

wherefore[(h)wéəfɔ:] 부 무슨 이유로, 왜(why); 그 이유로. 명 이유. 4

wherein[(h)wɛərín] 부 어떤 점에; 《관계사》그 점에(물건, 장소, 책 따위)…의 가운데; (시간적으로)…하는 사이에. 4

wherever[(h)wɛərévə] 부 …의 어디나, …한 곳은 어디나, 대체 어디에. 3

whet[(h)wet] 통 갈다; (식욕, 호기심 따위를)자극하다. 명 갈기, 연마(研磨); 간단한 식사; 특히 적은 술. 9

whether[(h)wéðə] 접 …인지 아닌지(if); 어느 쪽인지; 어느 쪽이든. 1
[*whe* who+ -*ther*(비교급을 나타내는 어미); which of two "둘 가운데 어느 것이든" 이라는 뜻. -*ther*에 관해서는 either, neither 따위를 참조하라]
~ *or no* 어느 쪽이든(in either case).

which[(h)wit∫] 때 어느 쪽, 어느 사람; 《관계대명사》그 …은(이, 을). 형 어느.

whichever[(h)wit∫évə] 때, 형 어느 쪽(의…)이라도; 《강세 의문구》대체 어느 쪽이(whichever). 1

while[(h)wail] 접 …하는 동안; …와 동시에, …인데; …이지마는, 그 위에 또. 명 동안, 시간, 잠시. 통 (때를)지리함을 느끼지 않고 보내다(away). 1
[《고영》 *hwil* space of time 시간]
be worth ~ *to* … (시간을 들여)…할 만한 가치가 있다. *for a* ~ 잠깐동안. *all the* ~ 시종(始終), 내내. *once in a* ~ 때때로(occasionally). *the* ~ 그러고 있는 동안(during that time). *make it worth a person's* ~ 노력에 보답하다, 적당한 사례를 하다.

whim[(h)wim] 명 변덕. 10

whimsical[(h)wímzik(ə)l] 형 변덕스러운. [whimsy 변덕+ -*ic*+ -*al* (형용사 어미)]

whirl[(h)wə:l] 통 선회하다 (시키다). 명 선회, 소용돌이; 사상의 혼란. 3

whirlwind[(h)wə́:lwind] 명 선풍. 5
[whirl+wind]

whisk[(h)wisk] 통 사뿐히 재빠르게 움직이다; (새털, 작은 브러시 따위로)싹 털다. 명 싹 한번 털기. (작은 가지, 새털 따위의)작은 비. 6

whisker[(h)wískə] 명 《보통 복수》볼수염; 고양이 따위의 수염. 8

whisky, whiskey[(h)wíski] 명 위스키.
[《아일런드》 *uisgebeatha* water of life ←*uisce* water+*bethu* life] 9
참고 지금은 whisky라고 철자하는 것이 보통. 단 미국에서는 상업상의 용법에서 미국산을 whiskey라 하고 수입품은 whisky를 사용하는 경우가 많다. 영국에서는 스코틀랜드 산의 것은 Scotch whisky라고 하며, 아일런드 산은 Irish whisky라고 쓴다.

whisper[(h)wíspə] 통 소근거리다; 귓속말을 하다; 살랑거리다. 명 소근거림, 귓속말; 살랑거리는 소리. 2

whistle[(h)wísl] 명, 통 휘파람(을 불다); 기적(을 울리다). 2

[소리를 본딴 말]

white[(h)wait] 형 흰, (얼굴 따위가)창백한, 백발(白髮)의. 명 흰색, 백의(白衣); 계란의 흰자; 백인(白人). 1

whitish[(h)wáitiʃ] 형 희끄무레한. [white+ -ish] ☞ wheat

whitewash[(h)wáitwɔʃ] 명 (벽, 천장 따위의)백색도료; 누명·비난을 씻어 벗는 수단; 걸치레. 동 (벽 따위에)백색도료를 바르다. 10

whither[(h)wiðə] 부 《고어》 어디에 (where); 어디에든지. ☞ whether 3

whiz(z)[(h)wiz] 동 휙 소리나다; 휙 소리내며 날다. 9

who[hu:] 대 (whom, whose)누구; 《관계 대명사》(…하는)사람.

whoever[hu:évə] 대 (…하는)사람은 누구든지; 누구라도; 《속》《강조 의문사로서》도대체 누가(who). 4

whole[houl] 형 전체의, 모든, 완전한; 그대로의; 《고어》 건강한(well). 명 전부, 완전한 것. 1
[《고영》 hal healthy, whole 건전한]
as a ～ 전체로서. *on the ～* 대체로.

wholly[hóulli, hóuli] 부 전연, 완전히; 오로지, 전혀, …뿐으로. 4

wholesale[hóulseil] 명 도매(의); 대대적인. 부 도매로, 대대적으로. 동 도매하다. 7
[by whole sale이 줄어서] ☞ retail

wholesome[hóulsəm] 형 건강에 좋은, 건전한. [whole+-some] 4
☞ heal, health, holy

whore[hɔ:] 명 매춘부. 동 매음하다; 오입하다, 매춘부를 사다; 사교(邪敎)에 미혹하다. 7

why[(h)wai] 부 왜; 《관계부사》…하는 (이유). 명 이유. 감 《놀람, 항의 따위의 뜻으로》어머나! 아이참. 1

wick[wik] 명 (초의)심지, 등심(燈心). 2

wicked[wíkid] 형 사악(邪惡)한, 도의 적으로 나쁜. 2
[《중영》 wikked←wikke evil+ -ed]
참고 우리는 wicked가 심히 악행을 하는 자로 생각하기 쉬우나 사실은 죄를 물리칠 힘이 적고 약한 것을 뜻한다.

wickedness[wíkidnis] 명 사악(邪惡), 부정(不正). ☞ witch, weak

wide[waid] 형 넓은; 폭이 …의; 자유스런; 엉뚱한[of]. 부 넓게, 크게 열려서; 엉뚱하게. ⓐ narrow 1

widen[wáidn] 동 넓게 하다(되다)

(broaden). [wide+ -en] 8

widely[wáidli] 부 넓게; (차이가)크게; 두루두루; 멀리. 10

widespread[wáidspred] 형 널리 퍼진, 보급된. [wide+spread] 10

width[widθ] 명 넓이, 폭. 3
[wide+ -th]

widow[wídou] 명 미망인, 과부. 동 과부로 만들다. 3
be ～ed by war 전쟁으로 미망인이 되다.
참고 결혼은 둘이 하나가 됨을 말하므로 widow는 공허하게 된(emptied) 여자를 말한다. 원 뜻은 "비게 된, 결핍된 (to lack)"이었다.

widower[wídouə] 명 홀아비
[widow+ -er(명사를 나타내는 어미)]

wield[wi:ld] 동 흔들어 돌리다; (무기, 도구, 권력 따위를)휘두르다. 6

wife[waif] (*pl.* wives[waivz]) 명 아내; 《혼히》 여자. 1
take to ～ 혼인하다. *one's wedded (lawful) ～* 본처, 정실(正室).
[《고영》 *wif*] ☞ woman
참고 옛날에 wife는 woman과 같은 뜻이었다. 그때는 신분이 낮거나 천한 직업을 가진 여자에 사용되었다. 예를 들면 *fishwife*나 또는 old와 같이 써서 *in old wives' tale* 따위로 나타냈다.

wig[wig] 명 가발(假髮). 동 《영 속》엄하게 나무라다. 5
[*periwig* "가발"의 앞을 생략한 것]

wight[wait] 명 《고어》 사람(남자, 여자); 놈, 년, 녀석. 7

wild[waild] 형 야생의; 야만적인; 멋대로의; 열광적인. 부 난폭하게, 아무렇게나. 명 《보통 복수》황지(荒地). 1
[《고영》 *wilde*]
run ～ 야생으로 나다, 난폭해지다.
the call of the ～ 황야의 매혹(魅惑).
be ～ about …에 열중하다.

wilderness[wíldənis] 명 황지, 황야 (desert). [*wildeor ← wilde* wild+ *deor* deer, animal+*-ness*(명사 어미): wild deer (animal)]
☞ deer, bewilder

wile[wail] 명 간계(奸計); 속임수; 교묘한 수단. 동 미혹하다, 속이다[away, into]. 8

will[will] 조 (would) …일 것이다, …할 작정이다; 원하다; …인 것이다(습관, 습성). 명 의지, 유언(서), 《흔히

last will 또는 testament라 함). 图 의지(意志)가 있다, 결의하다; 유언하다. 1

against one's ~ 본의는 아니지만. *at* ~ 마음대로. *of one's own free* ~ 자기 마음에서 나온 의지로써, 자진하여.

wilful[wílf(u)l] 圈 고집 센; 고의의; 변덕스런. [will+-*ful*] 6

wilfully[wílfuli] 囝 고집대로, 고의로, 변덕스럽게.

wilfulness[wífulnis] 图 고의;제 고집.

willing[wíliŋ] 圈 즐겨 …하는, 자진해서 …하는[to]. [will+-*ing*] 2

willow[wílou] 图 버드나무. 3

wilt[wilt] 图 (꽃·풀 따위가)시들다, 시들게 하다, 휘주근해지다.

win[win] 图 (won)이기다; 획득하다, 얻다; (상정 따위에)이르다, 설복시키다 [over]. 图 승리, 성공. 1

[《고영》 *winnan* fight 싸우다; *cf.*《독》 *winnen*]

참고 처음에 win은 "싸우다(struggle)" 만을 뜻했으나 혼히 전공담은 승리자 자신이나 남이 사람들에게 전했으므로 "성공적으로 싸우다"는 뜻이 되었다.

winner[wínə] 图 승리자, 수상자. [win+-(*n*)*er*] ☞ wish

wince[wins] 图 주춤하다, 움추리다, 질겁하다. 图 주춤함, 움추림. 8

wind[wind] 图 바람 (*cf.* breeze, gale, blast); 풍토(風土); *pl.* 방위; 바람에 날라온 향기, 냄새(scent); 풍문; (장내의) 개스 (break ~ 방귀를 뀌다); 숨(breath); 헛소리; (the ~, ~s)관 악기 (*cf.* the strings 현악기). 图 (winded)냄새 맡다(scent); 숨이 힐떡힐떡하다. 1

before(또는 *down*) *the* ~ 순풍에. *between* ~ *and water*(배의)수선(水線)이 닿는 가까이, 급소(急所)를(에). *in the* ~*'s eye=in the teeth of the* ~ 바람을 맞바로 안고. *near the* ~ 거의 바람머리를 향하여, 위험 또는 불온당하지 않는 한. *take* (또는 *get*) ~ 소문이 퍼지다.

windmill[wíndmil] 图 풍차(風車). [wind+mill] 4

window[wíndou] 图,图 창(을 달다). [《스칸》 *windauga* ← *vinder* wind + *auga* an eye: wind-eye 바람의 눈, 즉 바람을 넣는 구멍의 뜻] 1

☞ wind, eye

windy[wíndi] 圈 바람이 거센, 바람이 부는, 바람에 불리는; 말이 많은. 6

wind²[waind] 图 (wound[waund]) 감다, 감아 올리다; 굽(曲)다, 구불구불 나아가다; 방향을 바꾸다. 图 굽음(bend); 굴곡(屈曲 twist).

~ *up* 완전히 감다, 죄다; (시계태엽을) 감다; 그만두다, (논문 따위를) 결말 짓다.

winding[wáindiŋ] 圈 굽어진. [wind+-*ing*]

wine[wain] 图 포도주, 술. 2 [《래틴》 *vinum* 포도주] ☞ vine, vineyard

wing[wiŋ] 图 날개, 깃; 비행; 무대의 뒤. 图 …에 날개를 달다; 날(게 하)다; (깃 따위를)손상시키다. 1

on the ~ 날고 있는, 비행중의; 파닥거리며.

wink[wiŋk] 图 눈짓을 하다[at], 눈을 깜박거리다; 못 본 체하다[at], 반짝거리다. 图 깜박거림, 눈짓; 일순간. I did not get a *wink* of sleep. 한 잠도 못 잤다. 3

forty ~*s* 선잠(short nap). A nod is as good as a *wink* to a blind horse.《속담》 마이동풍(馬耳東風).

winnow[wínou] 图 키질하다; (좋은 부분을)선발하다[out].

[《고영》 *windwian*←*wind* wind] ~*ing fan*(농가에서 쓰는) 키. ☞ wind

winsome[wínsəm] 圈 사람을 끄는, 귀여운(attractive).

[《고영》 *wynsum* pleasant←*wynn* joy +-*sum* some]

winter[wíntə] 图,图 겨울(을 지내다), 추위를 피하다. 1

a man of seventy ~*s* 칠십객(七十客).

wintry[wíntri]圈겨울같은; 겨울같이 추운, 정열이 없는;《비유》차디 찬, 냉담한(미소 따위). 6

wipe[waip] 图 닦아내다, 씻어내다[off, away]. 图 닦아냄, 훔침. 2

~ *out* 《속어》전멸시키다, 완전히 닦다, 일소(一掃)하다.

wire[wáiə] 图 철사, 전선(電線);《속어》전보. 图《속어》전보를 치다(telegraph); 철사로 (잡아)매다, 전등선을 달다. 2

by ~ 전보로(by telegraph). *receive*(또는 *send*) *a* ~ 전보를 받다(치다). *pull the* ~*s*(배후에서)조종하다, 그늘에서 책동하다 (*cf.* wirepulling).
wireless[wáiəlis] 형, 명 무선전신(의), 《영》 라디오 (=《미》 radio). 통 《영》 무전을 치다. [wire+ -less]　6
over the ~ 라디오로.
wirepuller[wáiəpùlə] 명 《미》(배후에서 책동하는)흑막. [wire+puller 인형극의 실을 조종하는 사람의 뜻에서]
wirepulling[wáiəpùliŋ] 명 이면의 책동(공작).
wire tapping[wáiətæ̀piŋ] 명 전신(전화)을 몰래 듣는 것, 도청(盜聽).
wire tapper 명 wire tapping 을 하는 사람, 도청자, 《미속》정보가 나오는 데.
wiry[wáiəri] 형 철사와 같은; 힘줄이 센, 질긴; 금속성의.　8
wise[waiz] 형 현명한, 사려(思慮)깊은, 박식한; 《미속》알고 있는. 명 방법. ⓐ foolish, stupid.　1
in no ~ 조금도 …없는, *in some* ~ 어떻게든지 해서, 어떤가. *be none the* ~*er* (for) 여전히 분별이 없이.
[동의어] **wise**는 "현명한"이라는 뜻으로 넓은 지식 및 경험에 입각하여 사람 또는 사태를 옳게 판단하고 그에 의해서 적절히 행동하는 재능을 갖는 경우에 쓴다. **sage**는 넓은 지식과 경험 및 깊은 사상과 이해력이 있는 지혜를 암시하는 고상한 말, **prudent**는 실제적인 문제에 대하여 가장 적절하고 사려깊은 행동을 취하는 지혜를 갖는, 즉 "분별있는"의 뜻이다. **judicable**은 건전한 판단에 의해서 현명한 결정을 내리는 능력을 뜻하고, **sensible**은 상식(common sense) 또는 양식(良識 good sense)의 범위를 벗어나서 언행(言行)하는 적이 없다는 경우에 쓴다.
wisdom[wízdəm] 명 지혜, 예지(叡智), 분별; 《고어》학문, 지식.
☞ guise, wit, otherwise
wish[wiʃ] 통 원하다, 바라다; …을 기원하다. 명 소망, 희망.　1
If wishes were horses, beggars might ride. 세상은 뜻대로 안되는 것이다.
to one's ~ 소원대로.
wistful[wístf(u)l] 형 한결같이 기다리는, 슬픈 생각에 잠긴. [←wishful]
wit[wit] 명 지혜; 이해, 기지(機智), 기지가 풍부한 사람.　2

at one's ~*'s*(또는 ~*s'*) *end* 어찌할 바를 모르고. *out of one's* ~*s* 정신을 잃고 (mad); 심히 놀라서. *have*(또는 *keep*) *one's* ~*s about one* 지력이 충분히 작용하고 있다. *live by one's* ~*s* 일정한 직업이 없이 교묘한 재치로 생계를 세워 나가다.
[동의어] **wit**는 기지(機智)라는 뜻으로 이상스런 일이나 모순된 일을 인식하는 예민한 두뇌를 가지고 이것들을 당장에 표현, 그리고 흔히 풍자적인 말로 사람을 웃게 하는 재능. **humo(u)r**는 이상한 또는 우스운 일을 알아서 이를 표현할 수 있는 능력으로, 그 표현은 친절함과, 사람 좋음, 때로는 비애까지도 암시하여, 듣는 사람으로 하여금 이를 즐길 수 있는 반응을 나타내게 하는 것. **irony**는 말하려고 생각한 의미가 실제로 표현된 의미와는 다른 경우, 또는 인생의 의면과 현실사이의 모순을 나타내는 humor이다. **sarcasm**은 예리한, 또는 조소하는 비난으로 풍자적인 때도 있고, 그렇지 않을 때도 있으나, 항상 통렬하거나 악의가 있는 것, **satire**는 특히 문학상의 작품으로 사람의 악덕이나 우행(愚行)을 폭로, 공격하는 비난이다.
witty[wíti] 형 기지가 풍부한, 익살스러운. [wit+-(*t*)*y*]
☞ wise, witness
[동의어] **witty**는 "익살스러운"의 뜻으로 특히 빨리 오고가는 말속에 나타나는 모순을 끄집어서, 표현이 극히 현명하고 자연스런, 때로는 풍자적인 경우를 말한다. **humo(u)rous**는 일부러 우스운 일이나 사람을 즐겁게 하는 일을 말하거나 행동으로 하는 때의 인정과 친절함 따위를 암시하는 말이며, **facetious**는 "우습광 스런"의 뜻이며, 농담을 하는 습관이 있다는 뜻이다, 보통 나쁜 의미로 사용하며 서투른 wit나 humor가 잘 들어맞지 않는 것을 암시하는 말이다. **jocular**는 타인을 즐겁게 하려드는 유쾌한 성질이나 기분을 나타내는 말인데, 말이 너무 많은 것을 뜻할 때도 있고 그렇지 않은 경우도 있다. **jocose**는 농담을 할 때(우습광스럽다고 생각될 정도로)온건하나, 장난을 좋아하는 성질을 암시하는 말이다.
witch[witʃ] 명 마녀(魔女) (*cf.* wizard), 요부. 통 요술을 걸다; 홀리다.　3
☞ wicked, bewitch
witchcraft[wítʃkrɑ̀:ft] 명 요술, 마

술; 마력, 매력.

with[wið, wiθ] 전 …와 함께; …을 가지고(있는); …때문에; …을 사용해서; …에 관하여, …을 상대로.
~ *all* … 인데도 불구하고.

withal[wiðɔ́:l] (고어) 부 그 위에 또 (besides), 그 밖에 또, …인 동시에. 부 =with 《언제나 문미(文尾)에 놓이며 수단을 표시》, …으로. [with+all] What shall he fill his belly *withal*? 그는 무엇으로 그의 배를 채울 것인가? This is the sword he used to defend himself *withal*. 이것은 그가 호신용(護身用)으로 쓰던 검이다.

withdraw[wiðdrɔ́:] 동(withdrew, withdrawn) 물러나다, 되돌찾다; 뺏아버리다; 철회하다.
[*with-*, back, against + draw; draw back 물러나다, 철수하다]

withdrawal[wiðdrɔ́:əl] 명 물러남, 되로 찾음; 취소(取消), 철회.
☞ with, draw, withhold

wither[wíðə] 동 시들다, 말라 비틀어지다; 쇠퇴하다.
[《중영》 wideren expose to the weather 바람에 쐬다←*weder* weather 날씨] ☞ weather
동의어 **wither**는 "시들다"의 뜻으로 식물 따위가, 본래 가지고 있는 즙(汁)이 건조하여 활력, 생기 및 신선함 따위를 잃어서 빛깔이 바랜다는 뜻이고, **fade**는 천천히 색과 신선(新鮮)함을 잃어서 "색이 바랜다"는 뜻이다. **shrivel**은 나뭇잎이나 피부 따위가 위축하고 주름이 잡히는 것으로 wither 보다 의미가 강한 말이며, **wizened**는 고령(高齡), 영양실조 따위로 얼굴 또는 기타의 표면이 위축하고 주름이 잡힌다는 뜻으로 문장어로 잘 쓰인다.

withhold[wiðhóuld] 동 (-held) 억제하다, 억눌러 못하게 하다.
[*with-* back, against+hold; hold back 숨기다→억제하다]
☞ with, hold, withdraw

within[wiðín] 전 …안에. 부 《고어》 안에, 집 안에(indoors); 내부에, 마음은(inwardly). ⊕ without [with+in]
☞ with, in

without[wiðáut] 전 …없이, 밖에. 부《고어》밖에(으로); 외면은(externally). ⊕ within [with+out]
☞ with, out

withstand[wiðstǽnd] 동 (-stood)(사람, 힘, 곤란 따위에)반대하다(oppose), 저항하다, 잘 참다.
[*with-* against+stand; stand against …에 굽히지 않고 서다→저항하다, 견디어 내다]
☞ with, stand, withhold, withdraw

witness[wítnis] 명 증거, 증언, 증인; 목격자. 동 목격하다; 입회하다, 증언하다; 증거가 되다.
[《고영》 *wit*←*witan* know+ *-ness*(명사어미); 알고 있음, 눈치채고 있음]
bear ~ *to* …의 증언을 하다, 증인이 되다. ~ *against* (또는 *for*) …에 불리한(또는 유리한)증언을 하다. *call*(또는 *take*)… *to* ~ 증명시키다, …을 증인으로 하다. ☞ wit

wizard[wízəd] 명 (남자)요술장이, 기술사(奇術師) (*cf.* witch 여자 요술사). 귀재(鬼才), 명인(名人).
[《중영》 *wis* wise+*-ard*(사람을 나타내는 명사어미); a wise man 현명한 사내→뭐든 알고 있는 남자→요술장이]
☞ wise, wit

woe[wou] 명《고어·시》슬픔, 고뇌; 비통, 재난.
weal and ~ 행불행(幸不幸), 고락(苦樂).

woeful[wóuf(u)l] 형 비참한, 슬픈, 비통한. [woe+ *-ful*]

wolf[wulf] 명(*pl.* wolves)늑대; 굶주림.
keep the ~ *from the door* 기아(飢餓)를 면하다.

woman[wúmən] 명 (*pl.* women[wímin]) 여자, 부인; (관사없이 단수로)여성; (the ~) 여성다움, 여자의 기분(감정). ⊕ man
[《고영》 *wifman*←*wif* woman+*man* human being; wife+man]
동의어 **woman**은 여자, 부인(婦人)이란 뜻으로 남자(man)에 대하여 어른이 된 부인의 성질을 강조하는 말. **female**은 남성(male)에 대하여 성별(性別)을 강조할 때에 사용되는 말로 사람뿐만 아니라 동식물 따위에도 사용하나 인간에 대해서는 보통 woman을 사용한다. 따라서 female은 다소 경멸하는 듯이 포함되어 있다. **lady**는 gentleman의 반대어로 말씨에 결벽한 사람은, 사회적 지위가 높거나 출신이 좋은 상류의 부인에 한해서만 사용하나 일반적으로 woman 대신으로 쓴다.

참고 woman은 생식과 임신을 위해서 지어진 집이라 해서 womb-man에서 왔다는 설도 있다.

womanhood[wúmənhud] 명 여자임, 성인이 된 여자임(girlhood의 다음); 여자 다움; 《집합적》 여자, 여성. [woman+ -hood (추상 명사를 나타내는 어미)]

womanish[wúməniʃ] 형 (남자나 행동 따위가)여자와 같은, 얄미울 만큼 어린 티가 나는. [woman+ -ish]

womanlike[wúmənlaik] 형 여자와 같은. [woman+-like]

womanly[wúmənli] 형 다 큰 여자다운, 자못 여자다운, 순한. [woman+ -ly (형용사 어미)]

womb[wu:m] 명 자궁, 태내(胎內); 내부(interior). 6
[《고영》 wamb]

wonder[wʌ́ndə] 명 놀랄만 한 것, 불가사의한 사물. 동 놀라다, 불가사의하게 생각하다; 의심스럽게 여기다, 알고자 하다. 1
It is no ~ *(that)* …… …는 놀라운 일이 아니다.

wonderful[wʌ́ndəful] 형 불가사의한, 놀라운, 훌륭한. [wonder+ -ful]

wondrous[wʌ́ndrəs] 형 《시》 놀라운, 불가사의한(wonderful). 부《형용사 외에는 수식하지 않음》 불가사의한 정도로, 실로 훌륭하게. [wonder+-ous; 본래는 wonders←wonder+ -s(소유격 어미)이었으나 그것이 형용사 또는 부사로 사용된 것]

wont[wount] 형 익숙한. 명 습관(habit). **주의** wont, won't, want의 발음 및 철자에 주의할 것.

won't[wount] will not의 단축형. 2
[《증영》 *wol not* will not의 단축형에서]

woo[wu:] 동 설득하다, 구혼하다(make love to); (명예·재산 따위를)구하다; (재난 등을)가져오다. 4
[《고영》 wōgian]

wood[wud] 명 (흔히 복수) 삼림(森林); 목재, 땔나무 (fire wood); (the ~) (병과 구별하여)술초롱(cask, barrel); (the~) 목관 악기 (cf. the wind). 동 식수(植樹)하다, 땔나무를 싣다. 1
cannot see the ~ *for the trees* 나무를 보고 숲은 보지 않는다. 일부에 마음을 빼앗겨 전체를 보지 못하다.

참고 미국에서는 "삼림"이라는 뜻에 wood나 또는 woods를 다 사용하나 전자는 시적(詩的)인 연상을 주고 문장 어격인데 반하여 후자는 회화적이다. woods는 형식에 치우친 문체에서는 복수명사로서 복수동사를 취하지만(The *woods are* green. The *woods are* near the house.) 회화나 또는 일반 용법에 있어서는 단수명사로 취급하고(a woods)단수동사를 취한다(There *was a woods* near the house). 영국에는 이런 용법은 없으므로 a wood라고 단수로 한다.

wooden[wúdn] 형 목재의; 무표정한; 점내는(awkward), 넋 빠진, 멍청한 (stupid). [wood+ -en] 2
~ *walls* (옛날, 영국을 외적(外敵)으로부터 지키는 힘으로써의) 목조함 (wooden warships). (cf. Hearts of Oak 영국해군(군함, 장병); oak (시) =wooden ships).

woodenhead[wúdnhed] 명《속어》 바보(stupid person), 우매한 사람(blockhead).

woodland[wúdlənd] 명 삼림지(森林地). 형 숲의. 4

woodman[wúdmən] 명 나뭇군(woodcutter); 《주로 영》 삼림관(森林官 forester); 숲에 사는 사람.

woodpecker[wúdpekə] 명 딱다구리. 6

woody[wúdi] 형 삼림으로 덮인; 삼림의; 목질의. [wood+-y] 10

wool[wul] 명 양모, 털실, 모직물. 2

wool(l)en[wúlin, -lən] 형 양모의, 모직의. 명 모직물. [wool+-(l)len]

woolly[wúli] 형 양모와 같은, 털이 많은; 선명치 않은, 멍한. 명《속어》모사제품(毛絲製品), 스웨터 (sweater); (미속) 양(sheep). [woll+ -ly]

word[wə:d] 명 단어; 언어; 담화; 《관사 없이》 소식; 가사(歌辭); 명령 (order), 지휘(command), 약속(promise). 동 어떤 말로 진술하다.
in a ~ 한말로 말하자면, 요는. *in other* ~s 바꿔 말하면. *keep* (또는 *break*) *one's* ~ 약속을 지키다(또는 안 지키다). *send* ~ *(that)* (…라고) 전언하다. *upon my* ~ 명예를 걸고, 틀림없이. ~ *for* ~ 정확하게 한마디 한마디씩. *my* ~! 저런. *take the* ~s *out of one's mouth* 상대가 하려는 말을 미리 말해버리다. *by* ~

of mouth 구두(口頭)로(orally). ***the last*** ~ 결정적인 말; 최신유행품(발명품), 최우수품. 최고권위[in]. ***in so many*** ~ 한마디 한마디를 꼭 그대로 (literally, exactly),
☞ verb, verbal

work[wəːk] 통 일하다, 공부하다; (기계 따위를)운전하다; 생각해 내다, (계획 따위를)세우다; 천천히 …하다, 노력하다. 명 일, 직무; 작품; *pl*. 공장, 제작소; *pl*. (기계의) 움직이는 부분. 장치[of]; *pl*. 토목공사(土木工事); *pl*.방위공사(防衛工事), 보루(堡壘). 1
be out of ~ 실업(失業)한(unemployed). ***make short***(또는 ***quick***) ~ ***of*** …을 손쉽게 해치우다. ***at*** ~ (upon)… …에 종사하는 (engaged in, occupied with). ***set to*** ~ 일을 시작하다. ***All work and no play makes Jack a dull boy.*** 《속담》공부만 하고 놀지 않는 어린애는 바보가 된다. 참고 공장, 제작소의 의미로는 항상 works: an iron works, a glass works, a brick works, a big works, a large gas works. *works*가 주어인 경우에는 동사는 단수, 복수 어느 것이든 좋다: The grass *works is*(*are*) near the station. 그 유리 공장은 정거장 가까이에 있다. The *works have* been closed since February. 그 공장은 2월부터 폐쇄(閉鎖)되어 있다. 이상은 영국에서의 용법이나, 미국에서는 works의 대신 plant라는 말을 사용하므로 수의 일치는 문제가 아니다. plant는 단수형임.
동의어 work는 "일"이라는 뜻으로 어떤 일이나 사물을 하고 만들기 위한 노력으로 육체적이건 정신적이건, 또 어렵고 쉽고, 좋고 나쁘고에 관계없다. la-bo(u)r는 work보다도 힘이 드는 육체적 또는 정신적 작업으로, 큰 노력이 필요하다. 경제, 사회 용어로서는 자본(capital)의 대어(對語)이다. toil은 육체적 또는 정신적으로 지리하고 피로케 하는 일, 즉 노고(勞苦)를 뜻하고, travail은 힘드는 노력이나 또는 혹독한 노동으로 자못 문장어적인 말이다.

worker[wə́ːkə] 명 일하는 사람; 노동자, 직공; 세공사(細工師). 3

workman[wə́ːkmən] 명 노동자, 직무인, 직공. ***A ill workman always quarrel with his tools.*** 《속담》선 무당 장고 나무란다. 4

workingman[wə́ːkiŋmən] 명 노동계급의 사람; 노동자.

workmanship 명 (직공 따위의) 수완, (기술자의) 기술, 솜씨; 작품,제작품. 6

workshop 명 작업장(作業場). 9

world[wəːld] 명 세계, 세상, 사회; …계(界); 세인(世人). 1
[《고대 독》 *wer* man + 《고영》 *ald* age]
a man(또는 ***woman***) ***of the*** ~ 세상 일에 능통한 사람(또는 여자). ***a*** ~ ***of*** 대단히 많은(a great number(quantity) of). ***come into the*** ~ (세상에)태어나다(be born). ***for all the*** ~ ***like*** 어디서 보아도, …와 한가지로, 마치 …인 것 처럼(exactly like). ***not*** … ***for*** (all) ***the*** ~ 결코, 어떤 일이 있어도 …않는(not on any account). ***in the*** ~ 《강한 의문》도대체.
참고 world는 매우 오래된 것처럼 생각되나, 인류와 관계가 있은 후의 세계, 즉 man-old이다. 따라서 the age of man이라는 원뜻을 가지고 있다.

worldly[wə́ːldli] 형 이 세상의, 현세의, 세속적. [world+-*ly*]. 5

world-wide[wə́ːldwaid] 형 세계적인, 세상에 널리 알려진.

worm[wəːm] 명 (지렁이, 구더기 따위의)벌레; 해충, 멸시당할 만한 사람. 2
[《고영》*wyrm* worm, snake, 벌레,뱀]

worry[wʌ́ri] 통 괴롭히다, 피로워 하다, 걱정하다, 걱정하게 하다, 애태우다. 명 번민, 걱정(의 씨). 3

worse[wəːs] 형,부 (bad, ill의 비교급) 보다 나쁜(쁘게). 2
to make matters ~ 더욱 곤란한 일은. ***the*** ~ ***for wear*** 입어서 낡은. ***the*** ~ ***for drink***(liquor) 술에 취하여(drunk). ***be*** ~ ***off*** 불행한 환경이다(《반》 better off). ***none the*** ~ (…에도 불구하고) 같은 상태로, 역시. ***for the*** ~ 나쁜쪽으로, 악화하여 (《반》 for the better). ***for better*** (or) ***for*** ~ 좋든 나쁘든, 장래 어떤 운명에 처하여 되든.

worsen[wə́ːsn] 통 보다 나쁘게 되다(하다), 악화하다. [worse+-*en*]

worst[wəːst] 형,부 (bad, ill의 최상급) 가장 나쁜(나쁘게);가장 심한(하게). 명 가장 나쁜 것(일). 통 패배시키다 (defeat), 싸워서 지게 하다(get the better of).

~ *of all* 가장 나쁜 것은. *at* (the) ~ 아무리 나빠도. *get*(또는 *have*) *the* ~ *of it* 《속어》 패배하다(be defeated). ([반] get(have) the better(best) of it). *the* ~ *of it is that*…아주 곤란한 일은 …, 아주 난처한 것은 ….

worsted[wə́:stid] [형] 굴복한.

worship[wə́:ʃip] [명],[동] 숭배(하다), 예배(하다). 3
[《고영》 *worth*+ *-ship*(명사어미)]

worth[wə:θ] [형] …의 가치가 있는; …만큼의 재산이 있는. [명] 가치, 정가, 지덕의 높음. 1
be ~*ing* …할 만한 가치가 있다. ~ (*one's*) *while* 시간을 보낼만한 가치가 있는, (…하는 것은)헛된 일이 아닌; It is *worth while* doing it.=It is *worth while to* do it. 그것은 할만한 가치가 있다. 《It는 doing it 또는 to do it을 받는 형식주어, while은 worth의 목적어; 또한 같은 의미를 It is *worth* doing. 이라고 말해도 좋다》
worthless[wə́:θlis] [형] 무가치한, 쓸데없는. [worth+ *-less*] 4
worthy[wə́:ði] [형] 가치가 있는, 알맞는; 존경할 만한(honorable, respectable). [명] 《시》 훌륭한 사람, 명사(名士); 《풍자적으로 사용하여》 사람, 높은 사람. 2
~ *of* …에 알맞는, …의 값어치가 있는.

would[wud, wəd] [조] (will의 과거) …할 작정이다, 하고 싶다; …하는 버릇이 있었다 《과거의 습관 *cf.* used to》; 《not과 함께 사용해서》 아무래도 …하고자 하지 않다; 원하다. 1
[《고영》 *wolde* (*willan* will의 과거형)]
~ *rather* … 차라리 …하고 싶다. *Would you* …? … 해주지 않겠읍니까? 《Will you … ? 보다 정중함》. One *would* have thought that. 누구나 그렇게 생각하였을 것인데 《이러한 예는 *would* have+p.p.의 형식으로, 과거에 관한 회상을 나타낼 뿐만 아니라, 상상이나 의문의 뜻을 한층 강하게 표현하는 경우에 사용된다》. *Would* to God it were true. 정말이면 좋을텐데(소원을 나타냄) ☞ will

wound[wu:nd] [명] 부상(負傷), 상처. [동] 상처를 내다. 2

wrangle[rǽŋgl] [동] 말다툼하다, 싸우다. [명] 말다툼, 시끄러운 논쟁. 8

wrap[ræp] [동] 싸다, 덮다. [명] 《보통 복수》 몸을 싸는 것, 어깨걸이, 목도리, 무릎싸개, 외투. 2
be ~*ped up in* … …에 열중하다.
wrapper[rǽpə] [명] 싸는 것, (서적 따위를)싸는 종이, 잡지를 우송할 때 쓰는 봉투, 《주로 영》 (책의) 카바(loose paper cover), 쟈켓트(jacket); (부인의)화장옷(dressing gown). 10
[wrap+-(*p*)*er*]

wrath[rɔ(:)θ, 《미》 ræθ] [명] 분노(very great anger), 격노(激怒 rage); 복수, 천벌. 3
A soft answer turneth away *wrath*. 《속담》 상냥한 대답은 화가 풀리게 한다. *the vessels* (또는 *children*) *of* ~ 분노의 그릇(벌 받을 사람)《성경, 로마서 9; 22》. *the grapes of* ~ 《신의 노여움의 상징으로서》분노의 포도.
wrathful[rɔ́:θf(u)l] [형] 격노한. 9
[wrath+ *-ful* (형용사 어미)]

wreak[ri:k] [동] (격노 따위를)터뜨리다, (원한을)풀다[on, upon].
[《고영》 *wrecan*]

wreath[ri:θ] [명] 화환; (연기, 구름 따위의)둥근 뭉치, 고리. 3
[《고영》 *wrǣth* band 맨 것]
wreathe[ri:ð] [동] (꽃·잎 따위를)둥글게 감다; 화환으로 하다; (연기 따위를) 맴돌게 하다.

wreck[rek] [명] 파괴; 난파(難破), 난파선; 잔해(殘骸). [동] 난파하다(시키다); 파산시키다. 3

wren[ren] [명] 굴뚝새. 5

wrench[rentʃ] [동] 몹시 비틀다, 삐게 하다; (사실 따위를)의곡(歪曲)하다. [명] 비틈, 비틀림; 의곡함; 《공구》렌치. 5
☞ wrinkle

wrest[rest] [동] 비틀다; 잡아떼다; 《비유》 애써 얻다; (법·진실·의미 따위를) 의곡하다. 7
[《고영》 *wrǣstan*; *cf.* wrist].
wrestle[résl] [동] 씨름하다, 맞붙들다, 싸우다[with, against]. 6
[wrest+ *-le* (반복을 뜻하는 어미)]

wretch[retʃ] [명] 불쌍한 사람; 비열한 놈; 뻔뻔한 자. 4
You ~! 이자식! 이 더러운 놈.
[《고영》 *wræcca* one driven out 쫓겨난 자←*wrecan* drive out 쫓아내다]
wretched[rétʃid] [형] 가련한, 비참한; 천박한, 지독한. 3

wriggle[rígl] [동] 굼틀거리다, 굼틀거리

게 하다; 구비치다, 구비치게 하다; 잘 빠져 달아나다. 圏 굼틀거림, 구비침; 몸부림 침.

wring[riŋ] 图 (wrung)짜다; 비틀다; 착취하다[from, out of]; 괴롭히다, 곡해(曲解)하다, 몸부림 치다. 圏 비틀어 짬, 졸라맴; 굳은 악수(握手). 5

wrinkle[ríŋkl] 圏,图 주름(을 잡다). 4 ☞ wrench

wrist[rist] 圏 손목; 손끝으로 한 재주. 6

write[rait] 图 (wrote, written)쓰다, 편지를 쓰다, 기술하다, 저술하다. 1 [《고영》 *writan* scratch, engrave 할 퀴다, 새기다; 칼로 나무껍질을 새겨낸다는 뜻. 옛날에 종이를 알지 못했을 때 나무 껍질을 사용한 데서 유래. *cf.* paper, book, beech]

writer[ráitə] 圏 필자; 저술가, 작가; 저자; 사자기(寫字器); 작문 교본. [w-rite+ -er (사람을 뜻하는 명사어미)]

writhe[raið] 图 몸을 굽히다(비틀다), (피로운 나머지)뒹굴다, 몸부림치다. 圏 (몸을)비틀음; 고뇌. [《고영》 *writhan* twist, turn]

wrong[rɔŋ] 圏 나쁜, 부정한, 틀린(mistaken); 적절치 않은; 뒤죽박죽의, 거꾸로의; 고장난, 미친. ⑬ right. 閔 나쁘게, 그릇되어, 거꾸로; 뒤죽박죽으로. 圏 사악(邪惡), 죄; 비행(非行), 그릇됨. 图 부당한 취급을 하다, 학대하다, 누더기를 입히다, 그릇된 일을 하다; 해치다. 1
be in the ~ 그릇되게 하고 있다 (⑬ be in the right). **go ~** 길을 잘못 가다; (여자가)몸을 망치다; (일이)잘 못 되어 나가다. **on the ~ side of** (40) (40세)를 넘어서(older than 40). (⑬ on the right side of (40)). **~ side out** 안쪽을 밖으로 하여, 안팎을 뒤집어(inside out), **take a ~ train**(bus, plane, etc.) 기차(또는 뻐스·비행기 따위)를 잘 못 타다. I got out at the *wrong* station. 나는 내릴 데가 아닌 역에서 내렸다.

[동의어] **wrong**은 "해치다, 그릇된 일을 하다"라는 뜻으로, 사람 또는 그 재산, 그리고 명성이나 또는 타인이 신성시하는 것을 부당히 해침을 뜻함(*wrong* one's wife deeply. 처를 학대하다). **oppress**는 혹독한 부담을 입힌다는 뜻으로 권력을 이용해서 혹독한 또는 부당한 힘을 가한다는 뜻. **persecute**는 "박해하다"는 뜻으로, 특히 이교도(異敎徒)따위를 심히 괴롭히거나 혹독하게 취급함을 뜻하며, **aggrieve**는 비행 또는 손해를 가해서 상대에게 갑작스런 불행 또는 노여움을 일으킨다는 뜻. **abuse**는 "학대하다", 예를 들면 모욕적 또는 난폭한 언어를 써서 부당하며 상대의 기분을 해치는 경우를 뜻한다.

wrongful[rɔ́pf(u)l] 圏 부당한, 불법한; 유해한. [wrong+ -*ful*]

wroth[rouθ, rɔ(:)θ] 圏 몹시 성낸. 6

wrought[rɔ:t] 圏 만든; 가공(제작)한; 짠 또는 뜬; 때려서 만든.
[《고영》 (*ge*)*worht* worked←*wyrcan* work 일하다, 작용하다]
~ iron 연철(鍊鐵) *cf.* cast iron 주철(鑄鐵). ☞ work

wry[rai] 圏 비틀린, 비틀어진; (얼굴 따위를)찌푸린; 짐작이 틀린; 마음이 나쁜. [《고영》 *wrigian* turn; *cf.* wriggle]

wryneck[ráinek] 圏 개미 핥기(개미귀신과에 딸린 포유동물; 목을 비틀 수 있다는 데서 유래).

wrynecked[ráinekt] 圏 목이 굽은.

X

xenophobia[zènəfóubjə] 圏 외국인을 싫어 함.
[《그》 *xenos* stranger+*phobia*←*phobos* fear. fear of strangers 외국인에 대한 두려움]

X-mas[krísməs, 《속어》 éksməs] 圏 크리스머스(Christmas). 10
[그리이스 어로는 크리스트를 Christos 라 하고 그리이스 문자로 XPIΣTOΣ 라 쓴다. 그 첫 글자 X(ch에 해당)를 따서 크리스트의 뜻으로 쓴다. 또 처음의 두자를 따서 XP[káirou]라고 할 때도 있다(P는 영어의 R과 같다). 따라서 X-mas는 Christmas와 같다 (*cf.* Xtian=Christian). X-mas의 철자는 멀리 16세기부터 쓰였다. Christ의

대신에 X를 쓰는 것은 ΧΡΙΣΤΟΣ (Christ)라고 모두 말하는 것이 황송해서 그런다는 설도 있다]

X-rays[éksréiz] 명 pl. 엑스 선, 뢴트겐 선(Röntgen rays).
[X는 수학에서 쓰는 X이며 "미지수"의 뜻. 엑스선의 본질이 무엇인지 몰라서 그 발견자(Röntgen)가 X라고 이름지었다. X-rays 대신에 Röntgen란[róntgən] rays라고도 하는데, 이것은 독일의 발명자인 W. K. Röntgen의 이름에서 온 것이다]

X-ray[éksrei] 형 엑스선의. 타 엑스선으로 검사하다, 엑스선 사진을 찍다.
~ *examination* 뢴트겐 사진 검사,
~ *photograph* 뢴트겐 사진.

xylophone[záiləfoun, zíl-] 명 목금(木琴), 실로폰.
[《그》 *xylon* wood + *phōnē* sound; wood sound]

xylophonist[zailófənist,záiləfóunist] 명 목금 연주가.
[xylophone + -ist]

통계어 **xylonite**[záilənait] 명 셀룰로이드(celluloid). [《그》 *xylon* wood+ -ite] **xylophagous**[zailɔ́fəgəs] 형 (곤충 따위가)나무를 먹다, 나무에 구멍을 뚫다. [《그》 *xylon* wood+*phagos* eating←*phagein* eat; *cf.* anthropophagous 사람고기를 먹다]

Y

yacht[jɔt] 명, 타 요트(를 달리다, 에 타다).
[《홀런드》 *jacht←jaght ← jaghtschip* chasing ship(against pirates)←*jaght chase* 추적+*schip* ship 배; 원 뜻은 해적을 추적하기 위한 배]

Yankee[jǽŋki] 명,형 New England 인 (의);미국 북부 제주(諸州)의 사람(의); 《미 남부》(보통 경멸하는 뜻, 또는 적의를 품고)북부의 사람(의) (Northerner); (남북전쟁 당시의)북부의 군대 (의); (일반적으로)미국인(의)(American). 9
[《홀런드》 *Jan Kees* John Cheese(치즈의 사나이); *Jan* John+*Kees* Cheese ←*kaas* cheese 치즈; Jan Kees[jankes]의 어미의 -s를 잘못 생각하고 복수로 보아서 없어지고, 그결과 [janke] [janki] (거기서 Yankee란 철자가 나왔다)로 된 것; *cf.* cherry, sherry, pea; Chinee ← Chinese, Portugee← Portuguese. 처음에는 홀런드인에 대한 모욕적인 별명으로, 또는 홀런드인의 해적을 가리키는데 쓰인 것이, 뒤에 뉴욕에 있는 홀런드인에 의해서, Connecticut 주에 있는 영국인 이주민들에게 붙여진 별명. 남북전쟁(1861~1865)당시는 남부 사람들은 북부 사람들을 Yankee 라 하고, 다시 제일차대전 중에는 미국의 군대를 유럽에서 Yankee라 했다]

yard[jɑːd] 명 안들; 구내(構內); …제조 공장, 일터, 역구내, 야아드(길이의 단위; 3피트, 약자는 yd.). 1
[《고영》 *geard* garden, court, horticulture 따위와 같은 기원의 말]
the Yard=《영》 *Scotland Yard* 런던 경시청(구 소재지의 이름에 의함. 1890년 이래 Thames Embankment에 이전, 현재의 정식 이름은 New Scotland Yard), (특히 그)형사부.

yardstick[jɑ́ːdstik] 명 《미》 야아드자;(판단·비교 따위의)표준(standard).

yarn[jɑːn] 명 (직포용)실, 직사(織絲), 꼬은 실. (속어) 이야기(story), (믿을 수 없는)이야기. 타 이야기를 하다, 말하다. 5
spin a ~ (~*s*) (잇달아서)이야기 (모험담 따위를)하다(뱃사람들이 실을 꼬면서 이야기를 했던 데서 유래).

yawn[jɔːn] 명 하품(을 하다); 넓게 열다(open wide), 틈사이. 4

ye[jiː] 대 《고어·시》 (thou의 복수형) 너희들. 1

yea[jei] 부 《고어》 네 (yes), 그렇소. (⦿ nay); 실로(indeed), 게다가. 명 긍정, 찬성.

year[jəː, jiə] 명 해, 세(歲). 1
[《독》 *jahr* year]
all the ~ *round* 일년중, 내내. ~ *after* (또는 *by*) ~ 매년. *from* ~ *to* ~ 매년. ~ *in,* ~ *out* 연년세세, 매년 (every year). ☞ yore

yearn[jəːn] [동] 동경하다, 따르다〔for, after〕, 그리다. 5
〔《고영》*giernan*←*georn* eager 열심히〕

yeast[jiːst] [명] 효모, 이스트, 누룩; 영향을 주는 것. ☞ leaven 7

yell[jel] [명],[동] 고함(을 지르다), 소리치다; 《미》(학생이 시합에서 자기편을 응원하기 위해서 내는)고함소리. 4

yellow[jélou] [형] 노란색의;《속어》겁많은 (cowardly), 천한(mean);《비유》질투가 심한(jealous), 의심 많은(suspicious). [명] 노란색, 노란 물감, 황금색. [동] 노랗게 되게 하다. 1
[참고] yellow는 중세(中世)의 어릿광대가 지팡이에 달고 다닌 색, 즉 사랑을 상징하는 것이었으나 그후 차차 초록색이 사랑을 상징하게 되고 노란색은 욕망, 색정(色情)을 나타내게 되었다.

yelp[jelp] [동] (아픔, 노함으로)소리 치다; (개가)짖다. [명] (개가)짖는 소리; 캥캥하는 슬픈 소리. 6

yeoman[jóumən] [명] 《영국 역사》자유민(自由民);《영》자작농, 소지주;《영국 역사》왕가(王家), 귀족의 신하; (일반적으로) 하인, 의용농기병(義勇農騎兵);《미 해군》(집무계통의)하사관. 9
〔*yengman, yung man* young man 청년〕
~('s) *service* (유사시의)충성.
—Shakespeare, *Hamlet* V. ii—
[참고] yeoman은 원래 young man에서 생겼다. 젊은 사람들이 기사(騎士)의 시중을 들거나 일반 하인의 일을 했기 때문이다. ［1

yes[jes] [부](긍정·동의의 대답)네. [반] no.

yesterday[jéstədi, -dei] [부],[명] 어제. 1
the day before ~ 그저께. *all* ~ 어제 종일.

yet[jet] [부]《부정사와 함께 써서》아직(…안하다), 지금까지는 아직, 여전히, 지금까지는, 그 위에 더, 다시; 드디어는, (비교급을 붙여서)더 한층(still), 그럼에도 불구하고, 그리고 아직; (의문문에서)이미, 지금. 1
and(또는 *but*) ~ 그럼에도 불구하고, 그런데도 아직. *as* ~ (금후는 어떻든)지금까지는.

yew[juː] [명]주목(朱木)《흔히 묘지에 심기 때문에 슬픔의 표장(標章)으로 함》; 주목재《옛날에는 그 재목으로 활을 만들었음》. 6

yield[jiːld] [동] 생기다, 산출하다; 굴복하다, 따르다, 양보하다, 내어주다(to). [명] 생산(고); 수확; 이윤. 2
〔《고영》*gieldan* pay, give 지불하다, 주다〕
~ to none 누구에게도 못지 않다.
[동의어] **yield**는 "양보하다"는 뜻으로 압력, 조약, 설득 따위의 강제에 의하여 양보함을 뜻함. **capitulate**는 더 저항할 힘이나 의지가 없이 외력(外力)에 굴복하다는 뜻으로, yield보다 형식적인 말임. **succumb**은 양보하는 사람(사물)의 무력, 또는 사람을 yield시키는 힘에 저항할 수 없는 것을 강조하며 때때로 죽음, 파괴, 굴종 따위의 불행한 결과를 암시한다. **relent**는 지배적 지위에 있어서 난폭하고 딱딱하던 사람이 양보를 하거나 친절한 마음을 가지게 된다는 뜻이고, **defer**는 상대의 위엄, 권위, 지식 따위에 대해서 자기의 주장, 권리 따위를 양보하거나 경의를 표해 양보하다는 뜻.

Y.M.C.A. Young Men's Christian Association 기독교 청년회.

Y.W.C.A. Young Women's Christian Association 여자 기독교 청년회.

yoke[jouk] [명] 멍에, (멍에 메운 소의) 한 쌍; 속박, 지배. [동] 멍에를 메우다. 3

yonder[jɔ́ndə] [형],[부] 저편의(에), 저 건너의(에). 3
〔yon 저편+ *-der*← *-ther*; *-ther*는 other, hither 따위에서도 볼 수 있는 어미〕 ☞ other, hither

yore[jɔː] [명],[부]《고어》(지금은 다음 귀에서만 쓰임)옛날, 지난 날.
〔《고영》*geāra* of years←*gear* year〕
of ~ 옛날의, 옛날은(formerly). *in days of* ~ 옛(昔)(in ancient times).
☞ year

young[jʌŋ] [형] 젊은, 어린. [명]《집합적》(동물의)새끼(offspring). 1
〔《독》*jung*[juŋ]와 같은 계통에서; *cf.* *jungfrau* young woman=virgin처녀)(알프스 영봉 중의) 융프라우〕
[동의어] **young**은 "젊은"이란 뜻으로 인생의 초기에 있는, 즉 건강하고 힘은 있으나 세상일에 미숙하다는 것을 암시한다. **youthful**은 어린 시절과 성인(manhood)의 중간기에 있다는 뜻이며 young보다 형식적인 말로 보통 좋은 일에 쓰여서 청년의 특징을 암시한다, **juvenile**은 문장어로 사람이 젊은, 특히 십대(十代)의 사람들(teenagers)에 속하는, 적합한, 또는 그 사람들을 위한

이란 뜻이다. adolescent는 인생의 사춘기(puberty)로부터 성숙기(maturity)까지의 사이에 있다는 뜻. 특히 이 기간의 그리움이나 변하기 쉬운 감정 따위를 암시한다.

youngster[jʌ́ŋstə] 몡 젊은 사람, 소년.
[young+ -ster(사람을 나타내는 명사 어미)]

참고 youngster의 경멸을 나타내는 어 미는 독일어 *herr* (sir, lord) 따위의 존칭이 타락하여 된 것이다.

youth[ju:θ] 몡 젊음, 청년시대, 초기; 청년(young man); 《집합적으로》젊은 사람들(young men and women). 2
[young+ -th]

youthful[jú:θf(u)l] 몡 젊은, 청년다운. 4
[youth+ -ful]

Z

zeal[zi:l] 몡 열심, 열중. 3
[《그》 *Zelos* 열심]

zealot[zélət] 몡 열중한 사람, 열심가 (enthusiast); 열광자(fanatic)[for].
☞ jealous

동의어 zealot는 "열광적인 사람"이라는 뜻으로 지나치게 어느 주의(主義)에 전념하여 그 주의, 당파, 교회 따위를 지지하기 위하여 열렬하게 활동하는 사람. **fanatic**은 자신의 신념을 유지하고 실행하기 위해서는 어떤 일이라도 감행하는, 이유 없이 지나치게 열심인 사람. **fan**은 속어로 열광자 (a baseball *fan* 야구광). **enthusiast**는 활동, 주의 따위에 강렬한 흥미를 품고 활기에 넘치는 사람. **bigot**는 자기의 신조, 의견 따위에 완미고루하여 맹목적으로 열심인 사람, 즉 fanatic이나 zealot와는 달리 심히 관용(寬容)할 줄 모르며 자기에 동의하지 않는 사람에 대해서는 경멸하는 태도를 취하는 사람.

zealous[zéləs] 몡 열중해 있는, 열심인, 열광적인(for). 5

zebra[zí:brə] 몡,몡 얼룩말, 지브라(갈이 얼룩이 있는).
[《프》 *zebra* 아프리카, 콩고 지방의 토인들의 이 동물에 대한 명칭]

zenith[zéniθ] 몡 천정(天頂), 정점, (성공 등의)절정. ⓐ nadir[néidiə] 최하점, 밑바닥. 8
[《아라》 *semt* way 길(道)←*semt-arras* way of the head 머리 위의 길]

zephyr[zéfər] 몡 (Z〜) 서풍(西風 west wind); 《시》 연풍(軟風 gentle wind), 미풍(breeze); 가늘고 부드러운 털실 (zephyr yarn).
[《그》 *zephuros* west wind]

zero[zíərou] 몡 (*pl.* -s, -es)(아라비아 숫자의) 0 (cipher, nought); 영점, 영도; 빙점(氷點); 무(無); 최하점. 5
[《이태》 *zero*←《아라》 *sifr* cipher 숫자; cipher와 자매어]

〜 *hour* 《군대》예정 행동개시 시각.

zest[zest] 몡 풍미(風味), 향미, 향취, 묘미; 강한 흥미, 열심; 즐거움.
[《프》 *zeste*(자극적인 맛을 혀에 느끼게 하는 레몬의 껍질. *cf.* give (a) *zest* to ……에 레몬 껍질을 넣다→ …에 풍미를 더하다]

give(또는 *add*) (a) 〜 *to* …에 묘미(풍미)를 더하다.

참고 과실의 껍질에 대하여 쓰던 말이 그 효과를 나타내는 말로 변한 것이다.

Zeus[zju:s] 몡 《그리이스 신화》제우스의 신(神) 《로마 신화의 Jupiter에 해당한다》.
[《그》 *Zeus* 《래틴》 *deus* god와 관계가 있다. divine(신의), Jupiter 등과 궁극적으로 같은 기원에서]

zigzag[zígzæg] 몡,몡 Z자꼴의(로), 갈지자(之)꼴의(로), 지그재그의(로). 몡 Z자꼴. 몡 Z자꼴로 되다(하다), Z자꼴로 걷다. 6
[《독》 *zickzack* (*zacke* 톱니의 중복형)]

zinc[ziŋk] 몡 아연(亞鉛), 양철. 몡 아연으로 도금하다. 7
[《독》 *zink*]

Zionism[záiəniz(ə)m] 몡 시온주의(유태인을 팔레스타인으로 돌아가게 하려는 유태 민족의 운동). 5
[Zion[záiən] 시온 산+ -*ism*; Zion은 Jerusalem에 있는 동산인데 왕궁과 신전이 있고, 고대 유태인의 정치의 중심

지이다]
Zionist[záiənist] 图 시온주의자.
zip[zip] 图 핑핑《탄환 따위가 날으는 소리》;《속어》원기. 图 핑하고 소리를 내다;《속어》기운차게 진행하다; 샤크로 잠그다.
zipper[zípə] 图 쟈크(slide fastener); 쟈크를 사용한 일종의 고무장화.
[zip+ -(p)er]
참고 1930년에 생긴 의성어(擬聲語)로, 옷감이 젖어지는 소리(ripping), 또는 벌레나 총알이 날으는 소리에서.「쟈크.
zip-fastener[zípfá:snə] 图 =zipper
zodiac[zóudiæk] 图 황도대(黃道帶), 수대(獸帶). 8
[《그》 zōdiakos (kyklos) (circle) of animals←zōdion←zoion animal]
☞ zoo, zoological
zone[zoun] 图 지대, 구역, 지구, …대(帶);《미》(우편 소포의)동일요금 구역, 동일운임 구역. 图 띠모양의 표를 붙이다, 띠로 두르다, 구분하다. 3

[《그》 zōnē belt 띠←zōnnynai gird 띠로 조이다]
   the Frigid(또는 *Temperate, Torrid*) ~ 한(온·열)대
zoo[zu:] 图《속어》동물원, (the Zoo) 런던 동물원.
[zoo(logical garden) 동물원; 자주 쓰이는 말은 단축된다. airplane→plane; automobile→auto; telephone→phone; photograph→photo, etc.]
zoology[zo(u)ólədʒi] 图 동물학.「문」
[《그》 zoion animal 동물 + -logy 학
zoologist[zo(u)ólədʒist] 图동물학자.
[zoology -+ist]
zoological[zò(u)əlódʒik(ə)l] 图 동물학(상)의. [zoology+ -ic+ -al] 6
~ *garden*(*s*) 동물원(zoo), *cf.* botanical garden(s) 식물원.
zoologically[zòuəlódʒikəli]图동물학상, 동물학적으로.
zoom[zu:m] 图 (비행기의)급상승. 图 (비행기가)급상승하다, 붕하고 소리나다.

지이다]
Zionist[záiənist] 圄 시온주의자.
zip[zip] 圄 핑핑《탄환 따위가 날으는 소리》;《속어》원기. 圄 핑하고 소리를 내다;《속어》기운차게 진행하다; 쟈크로 잠그다.
zipper[zípə] 圄 쟈크(slide fastener); 쟈크를 사용한 일종의 고무장화.
[zip+ -(p)er]
참고 1930년에 생긴 의성어(擬聲語)로, 옷감이 찢어지는 소리(ripping), 또는 벌레나 총알이 날으는 소리에서.「쟈크.
zip-fastener[zípfá:snə] 圄 =zipper
zodiac[zóudiæk] 圄 황도대(黃道帶), 수대(獸帶).   8
[《그》 zōdiakos (kyklos) (circle) of animals←zōdion←zoion animal]
☞ zoo, zoological
zone[zoun] 圄 지대, 구역, 지구, …대(帶);《미》(우편 소포의)동일요금 구역, 동일운임 구역. 圄 띠모양의 표를 붙이다, 띠로 두르다, 구분하다.   3

[《그》 zōnē belt 띠←zōnnynai gird 띠로 조이다]
the Frigid(또는 *Temperate, Torrid*) ~ 한(온·열)대
zoo[zu:] 圄《속어》동물원, (the Zoo) 런던 동물원.
[zoo(logical garden) 동물원; 자주 쓰이는 말은 단축된다. airplane→plane; automobile→auto; telephone→phone; photograph→photo, etc.]
zoology[zo(u)ólədʒi] 圄 동물학.「문」
[《그》 zoion animal 동물+ -logy 학
zoologist[zo(u)ólədʒist] 圄 동물학자.
[zoology -+ist]
zoological[zòu)ələdʒik(ə)l] 圄 동물학(상)의. [zoology+ -ic+ -al]   6
~ *garden*(*s*) 동물원(zoo), cf. botanical garden(s) 식물원.
zoologically[zòuəlódʒikəli]圄동물학상, 동물학적으로
zoom[zu:m] 圄 (비행기의)급상승. 圄 (비행기가)급상승하다, 붕하고 소리나다.

附錄

I. 접두사 / 657
II. 수를 나타내는 접두사 / 667
III. 어미 / 669
IV. 한영사전 / 680
- 영문편지 쓰는 법 / 831
- 영문일기 쓰는 법 / 832
- 회화의 기본적인 표현 / 833
- 중요 숙어집 / 835
- 수와 수식 / 841
- 약어표 / 842

Ⅰ 접두사(接頭辭 Prefixes)

a-[ə-] ① away, on, up, out 따위의 뜻으로 강조하기 위하여 씀: *a*bide 견디다, 살다; *a*rise 일어나다; *a*wake 깨우다. 〔《고영》 ā-, ar-; 《그》 er-과 같음〕
② of, from의 뜻: *a*kin (=of kin)친척의, 비슷한; *a*new(=of new)새로운.
〔《고영》 *of* off 멀어져서, of …의〕
③ off, away의 뜻: *a*vert 돌리다, 피하다; *a*bridge 줄이다.
〔《라틴》 *ab*-〕 ☞ *ab-*
④ to, at의 뜻: *a*chieve 성취하다; *a*scend 오르다. 〔《라틴》 *ad*-〕 ☞ *ad-*
⑤ [æ-,ei-,ə-] not, without의 뜻: *a*moral 도덕에 관계 없는; *a*sexual 무성생식(無性生殖)의.
〔《그》 *a-*(자음 앞에), *an-*(모음 앞에)〕 ★《라틴》 *in-*, 《영》 *un-*과 맞먹는 접두사.

ab-[æb-,əb-] away, from, away from, off, apart 따위의 뜻 《c, t의 앞에서는 *abs-*; m,p,v의 앞에서는 *a-*》: *ab*duct 유괴하다; *ab*stract 발췌하다, 추상하다; *a*vert 돌리다. 〔《라틴》 *ab*〕

ad-[æd-,əd-] "…에, …에서, …으로"의 뜻으로 이동, 방향, 변화, 완성, 비슷함, 덧붙임, 증가, 시작, 강조의 뜻 따위를 나타낸다: *ad*mit 받아 들이다; *ad*verb 부사; *ad*apt 적응시키다; *ad*dress 말을 건네다. ★ *c,f,g,l,n,p,q,r,s,t* 의 앞에서는 *ad-*의 -*d*-가 동화(同化)되어 각각 *ac-, af-, ag-, al-, an-, ap-, ac-*(q의 앞), *ar-, as-, at-*로 된다. *ac*cede 동의를 표하다, 응하다; *af*fix 덧붙이다; *ag*gregate 모으다, 모이다; *an*nex 덧붙이다, 병합하다; *ap*prove 승인하다, 찬성하다; *ar*rive 도착하다; *as*sign 할당하다; *at*tract 끌다, 매혹하다. 〔《라틴》 *ad* to, near to, at, etc.〕

ambi-[ǽmbi-], **amb-**[æmb-], **am-**[æm-] about, (a)round, on both sides (주위에, 양쪽에)의 뜻: *ambi*guous 애매한; *amb*ition 야심; *ambi*dextrous 두손을 다 쓰는, 대단히 솜씨 좋은. 〔《라틴》 *ambi-*; cf. 《라틴》 *ambō* both 양쪽의〕

amphi-[ǽmfi-] on both sides (양쪽에), around (주위에)의 뜻: *amphi*theatre 고대 로마의 원형 투기장; *amphi*bious 물뭍동물의, 이중인격의.
〔《그》 *amphi* (圈, 屠) on both sides 양쪽에, of both kinds 두 종류의〕★《라틴》 *ambi-*와 같은 계통.

an-[æn-] ① *ad-*가 *n* 앞에 올 때의 꼴: *an*nex(e) 덧붙이다, 병합하다. 〔←《라틴》 *ad* to〕 ☞ *ad-*
② *a-*가 모음이나 *h* 앞에 올 때의 꼴: *an*archy 무정부 상태, 무질서. 〔《그》 *an-*(= *a-*) not, without〕 ☞ *a-*
③ *ana-*가 모음 앞에 올 때의 꼴: *an*ode 양극(陽極). 〔←《그》 *ana-* up〕 ☞ *ana-*

ana-[ǽnə-, ənǽ-] up, up to; again anew; backward (위로, 다시, 도로, 되돌아)의 뜻: *ana*lyse 분석하다; *ana*tomy 해부(학); *ana*gram 글자 수수께끼 《글자를 여러 가지로 자리를 바꿔 다른 말을 만드는 것: live 에서 evil을 만드는 따위》.

ante-[ǽnti-, ǽntə-] before in space or time (앞선, 먼젓번의, 전…)의 뜻: *ante*cedent 선행의, 선행자; *ante*room 옆방, 대기실; *ante*type 원형 (⑬ *post-*).
〔《라틴》 *ante* before 전에〕

anti-[ǽnti-, 《미》ǽntai-] against, in opposition to (반(反), 비(非), 역(逆), 경쟁자, 대립의)의 뜻: *anti*bomb 방탄의; *anti*-communism 반공주의; *anti*-dote 해독제; *anti*pathy 반감; *anti*toxin 항독소. (⑩ *pro*-), [《그》*anti* opposite to against 대항하는] ★ ① *anti*-가 붙은 단어는 흔히 양쪽에 액센트가 있다: ánticlímax 용두사미(龍頭蛇尾). ② *i* 나, 때에 따라서는 다른 모음의 앞, 고유명사 및 형용사 앞에서는 hyphen을 쓴다: *anti*-imperialistic 반(反) 제국주의의; *anti*-British 반영(反英)(사상)의.

apo-[ǽpo(u)-], **ap-**[ǽp-, əp-], **aph-**[ǽf-] off, from, away, detatched (떨어진, 먼)의 뜻: *apo*logy 변명, 사과; *apo*stle 사도(使徒); *apo*state 배신자; *aph*elion 원일점(遠日點); *apa*goge 삼단론법의 일종. [《그》*apo*- off, from, away] ★ 모음 앞에 오면 *ap*-가 되고 기음(氣音) h의 앞에서는 *aph*- 가 된다.

arch-[ɑːtʃ-] first, chief (제일의, 우두머리의, 원(原)…, 극심한, 대(大)…)의 뜻: *arch*bishop 대주교; *arch*liar 대단한 거짓말장이, 허풍선. [《그》*arkhi*- chief 우두머리의←*arkhos* leader 지도자] ★ *arch*angel 따위의 몇몇 단어에서 [ɑːk-]로 발음된다.

archi-[ɑ́ːki-] ① *arch*- 의 변형: *archi*tect 건축기사, 설계자. ②《생물》primitive, original (원시적, 원래의)의 뜻; *archi*plasm (수정란이 분열하기 전의)원형질. [② 의 뜻은 《그》*arkhē* (beginning 시작)에서]

auto-[ɔ́ːto(u)-] ① self (자신의, 독자적인, 자기…)의 뜻: *auto*graph 서명(署名), 자서(自署), 자필(自筆); *auto*mobile 자동차; *auth*entic 믿을 만한, 진정한. [←《그》*autos* self 자신] ② automobile (자동차의)준 말: *auto*-park 자동차 주차장.

be-[bi(ː)-, bə] ★ 원래 about, over의 뜻이었으나 다음의 여러가지 뜻으로 쓰이게 되었음.
① 강조: 타동사에 붙여서 all over(전부); completely, thoroughly (완전히, 철저히); excessively (지나치게) 따위의 뜻을 나타냄: *be*daub 온통 칠하다; *be*smirch 더럽히다, 흠칠하다.
② 자동사에 붙여서 타동사를 만든다: *be*fall 일으키다; *be*set 포위하다, 엄습하다.
③ 형용사, 명사에 붙여서 "…이 되게 하다, …라고 부르다, …으로 대우하다"의 뜻의 타동사를 만듬: *be*fit 적합하게 하다; *be*fool 바보취급하다; *be*friend …의 편이 되다, 돕다; *be*foul 더럽히다.
④ 명사에 붙여서 "…으로 둘러 싸다, 덮다"의 뜻의 타동사를 만듬: *be*cloud 흐리게 하다; *be*fog 안개에 둘러 싸이게 하다.
⑤ 명사에 붙여서 -ed를 어미로 하는 형용사를 만듬: *be*jewel(l)*ed* 보석을 박은.
⑥ "…을 뺏다"의 뜻의 타동사를 만듬: *be*head …의 머리를 자르다; *be*reave 뺏다. [《고영》*bī* (by의 약한 꼴)]

bene-, beni-[béni-] well(좋은, 건강한)의 뜻: *bene*fit 이익, 은혜; *bene*volent 인정이 많은, 자선적; *beni*gn 인자한, 온화한.

cat-[kæt-], **cata-**[kǽto-] **cath-**[kǽθ-] down, downwards (아래의, 아래로); throughout (통하여)의 뜻: *cat*ion 양(陽)이온 [《그》*kation* going down 내려가는 것; Faraday가 만든 말]; *cata*ract 대폭포; *cata*logue 목록; *cath*edral 대가람(大伽藍); *cath*olic 전반적인, 보편적인. [《그》*kata*- ←*kata* (國=down)]

circum-[sə́ːkəm-, səkʌ́m-] around (둘레, 주위에, 여기저기)의 뜻: *circum*ference 원의 둘레; *circum*stance 환경; *circu*it 주위, 순회; *circu*late 돌(리)다.
[《래틴》*circum* (*circus*의 대격)←*circus* circle 원, 순환, ring 고리; *cf*. circus]

com-[kɔm-, kəm-] together with (함께, 같이); altogether (통틀어, 전연), completely (완전히)의 뜻: *com*bine 연합하다; 결합하다; *com*mon 공동의, 공통의. ★*b, p, m* 앞에서는 *com*-: *l* 앞에서는 *col*-; *r* 앞에서는 *cor*-; 모음과 *h, gn* 따위 앞에서는 *co*-; 그 밖의 경우에는 *con*- 이 된다: *col*lect 모으다, 모이다; *cor*respond 일치하다; *co*act 함께 하다; *co*here 결합하다; *cog*nate 동족(同族)(의); *con*nect 맺다, 연결하다. 〔《래틴》 *cum* with 함께〕

contra-[kɔ́ntrə-], **contro-**[kɔ́ntrə-] against (반대), opposite(대립)의 뜻: *contra*dict 부정하다, 모순되다; *contra*st 대조하다; *contro*versy 논쟁, 토론. 〔《래틴》 *contrā* (튄, 圈) against, facing〕

counter-[káuntə-] 동사, 명사, 형용사, 부사에 붙여서 다음과 같은 뜻을 나타낸다.
① opposite (반대의), hostile to (적대하는): *counter*act 방해하다; *counter*plot 대항책.
② reversed(거꾸로의): *counter*clockwise 시계 바늘과 반대 방향의.
③ reciprocal (교호작용 「交互作用」의), relaliatory (보복의): *counter*-revolution 반(反)혁명; *counter*stroke 반격(反擊).
④ corresponding (맞먹는), complementary (보충하는), *sub*- (부(副)…): *counter*foil (수표 따위를 떼고 남은) 원부(原符), 부본(副本); *counter*part 짝을 이룬 한 쪽, 맞먹는 것. 〔←《래틴》 *contrā* (튄, 圈) against, facing, opposite to 대항하는〕 ★ 《래틴》 *contrā*에서 유래한 것으로 《프》 *contre* (圈)이나 영어로는 보통 *counter*로 적는다(*cf*. country).

de-[di-] ① down (아래로)의 뜻: *de*pose(=put down) 놓다, 낳다, 침전시키다, 맡기다; *de*scend 내려가다.
② off, away, aside 등의 《분리》의 뜻: *de*part 떠나다; *de*viate 빗나가다, 멀어지다.
③ completely (완전히), doubly (이중으로)따위의 강조의 뜻: *de*clare 선언하다; *de*nude (=make quite nude)홀딱 벗기다.
④ -*ize*, -*ify* 로 끝나는 동사에 붙여서 반대의 뜻 (=*un*-): *de*centralize (행정권, 조직따위를)분산시키다; *de*calcify 석회질을 제거하다.
〔①—④ 《래틴》 *dē* from, away from, of, out of, etc.〕 〔dí:-, dì:-, di:-〕
⑤ asunder, apart 등의 《분리》의 뜻 (화학, 식물학 용어에 많음): *de*compose (성분, 원소로)분해시키다; *de*stroy 파괴하다; *de*form 변형하다, 추하게 만들다.
〔《프》 *dé*-←《고프》 *des*- ←《래틴》 *dis*- apart 떨어져서; *cf. dis*-〕

demi-[démi-] half, semi- (반); partial(부분적); (준(準)…)따위의 뜻: *demi*god 반신반인(半神半人); *demi*lune 반월보(半月堡).
〔《프》 *demi* half 반의←《래틴》 *dīmidum* half← *dī*-=*dis*- apart 따로의+*medius* middle 중앙〕 ☞ medium

dia-[dáiə-] ① through, across (통과하여)의 뜻: *dia*phragm 횡격막(橫隔膜); *dia*meter 지름(直徑).
② two, apart, between의 뜻: *dia*lect 사투리; *dia*logue 대화(對話); *dia*gnosis 진단.
〔《그》 *dia* through, thorough(ly), apart, asunder, between, cross; *cf.* 《그》 *duo* two〕
★ 그리이스 계통의 말이나, 그리이스말에서 만든 과학용어에 주로 쓰인다.

dis-[dis-] 분리, 부정(否定), 반대 따위의 뜻을 나타낸다; ① 동사를 만듦.
ⓐ (영어에 독립된 단어로 쓰이지 않는 어간에 붙여서) away, apart (분리된)의 뜻: *dis*miss 파면하다, 해산하다; *dis*perse 흩뜨리다. ⓑ (명사에 붙여서) "제거하다, 빼앗다, 벗기다"의 뜻: *dis*arm 무장해제하다; *dis*people 인구가 줄게 하다. ⓒ (형용사에 붙여서) "반대로 하다, …못하게 하다"의 뜻: *dis*able 무능하게 하다. ⓓ (동

사에 붙여서) (i) apart, asunder 《분리》의 뜻: *dis*cern 식별하다; *dis*join 분리하게 하다. (ii) 부정(否定)이나 반대의 뜻: *dis*appear 없어지다; *dis*satisfy 불만을 품게 하다. (iii) 부정적인 뜻을 갖는 말의 뜻을 강조한다. *dis*annul 취소하다.

② 다른 형용사나 분사형에 붙여서 "부(不)…", "무(無)…", "비(非)…"의 뜻을 갖는 형용사를 만듦: *dis*honest 부정직한; *dis*honourable 불명예스러운.

③ 다른 명사에 붙여서 the opposite of, lack of "부(不)…, 무(無)…, 비(非)…" 따위의 뜻을 나타내는 명사를 만든다: *dis*ease 병, 불건전한 상태; *dis*union 분열, 불통일(不統一).

[((래틴)) *dis*-, *dī*-; ((그)) *dis*- in twain 둘로, twice 두번, *di*- apart 떼어서]
★ 합성적 요소로서는 흔히 *di*-, *dif*-, *de*-로 변한다.

en-[in-, en-]
① 프랑스 어계의 말에 붙여서 in, into의 뜻이 됨 (*b*, *m*, *p*의 앞에서는 *em*-).
ⓐ 명사에 붙여서 put into (…속으로 넣다)의 뜻의 동사를 만듦: *en*case 상자에 넣다; *en*shrine 사당에 모시다. ⓑ 명사, 형용사에 붙여서 "…하게 하다"의 뜻의 동사를 만듦: *en*slave 노예가 되게 하다; *en*danger 위험하게 하다; *en*able 가능하게 하다. (이 때 어미 -*en*이 붙는 때가 있다: *en*lighten (계발(啓發)하다, 가르치다). ⓒ 동사에 붙여서 in, into의 뜻을 덧붙임: *en*close 동봉하다; *en*liven 활기를 띠게 하다, 원기를 북돋우다. ★ *en*-은 흔히 뜻을 강조하기 위하여 붙여진다: *en*courage 용기를 내게하다. 또 흔히 *in*-으로 적는 때가 있다: *en*quire, *in*quire 묻다; *en*close, *in*close 동봉하다.

[((프)) *en*- ←((래틴)) *in*-, *im*- ←*in* (젠) in안에, into 안으로]

② 그리이스 말의 *en*-으로서 in, on, at, near 따위의 뜻을 나타냄: *en*thusiasm 감격, 열광. ★ *b*, *m*, *p* 의 앞에서는 *em*-, *l*의 앞에서는 *el*-, *r* 의 앞에서는 *er*-로 변한다.

[((그)) *en* well (*eus* good, noble의 중성형)]

es-[is-, es-] out 의 뜻: *es*cape 도망치다; *es*planade 광장(廣場). ★ *ex*-의 변형.

[((프)), ((스페)) *es*- ←((래틴)) *ex*- ←*ex*, ē out]

eu-[juː-] good, well (좋은, 착한)의 뜻: *eu*logy 찬사, 칭찬; *eu*phony 듣기 좋은 소리. (⑲ *dys*- bad, ill; *caco*- bad, poor)

[((그)) *eu* well (*eus* good, noble의 중성형)]

ex-[iks-,eks-] ① from, out of, without, thoroughly의 뜻: *ex*pel 쫓아내다; *ex*terminate 근절하다. ★ 모음자와 h, c, (p), q, (s), t의 자음자로 시작되는 단어앞에서 *ex*-; *f* 앞에서 *ef*-; *x*를 제외한 다른 자음 앞에서는 *e*- 가 된다: *ex*clude 제외하다; *ex*it 출구(出口); *ef*face 지우다; *e*ject 쫓아내다, 배척하다; *e*mit 방사하다, (빛을)내다. 또 *c*, *s* 의 앞에서 흔히 *ec*-; 프랑스 어계의 단어 앞에서는 *es*- 가 됨: *ec*centric 중심을 달리하는, 보통 아닌; *ec*stasy 황홀함; *es*cape 도망치다.

②hyphen을 써서 former, previous "전(前)…"의 뜻을 나타내는 지위, 관직, 신분 따위의 말을 만듦: *ex*-convict 전과자; *ex*-president 전 대통령.

[((래틴)) *ex*, ē out]

extra-[ékstrə-] beyond, outside (…외의, …범위를 넘어선)의 뜻: *extra*ordinary 보통이 아닌, 특별한; *extra*vagant 터무니 없는, 사치한.

[((래틴)) *extrā* (혱, 젠) outside (of), without, beyond]

for-[fɔː-, fə-] ① 금지, 제외, 무시 따위의 부정적인 뜻: *for*bid 금하다; *for*get 잊다; *for*go …없이 넘기다, 보류하다. ② 파괴의 뜻: *for*swear 맹세하여 그만 두다, (맹세를)깨뜨리다. ③ very much (퍽), intensely (강하게) 따위의 강조하는 뜻: *for*lorn 고독한, 버림받은; *for*worn 지쳐버린.

[《고프》 for-, far-; cf. 《독》 ver-, 《레틴》 per-] ☞ for, fore
fore-[fɔː-] 동사, 분사, 형용사, 명사를 만듦.
  ① before(in place or time) (앞의, 먼저의)의 뜻: *fore*runner 선구자; *fore*tell 예언하다.
  ② the front part of (…의 앞 부분)의 뜻: *fore*deck 전부갑판(前部甲板); *fore*head 이마.
  ③ superior (우두머리의)의 뜻: *fore*man 직공 감독.
[《고영》 for(e)] ☞ pro-, fore
hemi-[hémi-] half (반)의 뜻: *hemi*sphere 반구(半球).
[《그》 hēmi- half 반; cf. semi-] ☞ semi-, demi-
hyper-[háipə(ː)-] over, above, beyond, excessive (넘는, 초과하는)의 뜻 (반 hypo- under 아래의): *hyper*critical 혹평하는; *hyper*bola 쌍곡선; *hyper*sensitive(= over-sensitive) 과민증(過敏症)의.
[《그》 huper above 위의, beyond 넘어선] ☞ super-, over-
hypo-[háipo(u)-, hípo(u)-] under, beneath, below, less than (아래의, 밑의, 보다 적은)의 뜻 (반 hyper- over, beyond): *hypo*dermic 피하(皮下)의; *hypo*thesis 가설(假說).
[《그》 hupo under, below, slightly] ☞ sub-
in-¹[in-] ① "정지, 휴지"를 뜻하는 동사 앞에서는 in, upon의 뜻: *in*stall 취임시키다, 장비하다.
  ② 《운동》의 뜻을 나타내는 동사 앞에서는 into, against, towards의 뜻: *in*fuse 주입하다; *in*spire 흡입하다, 불어넣다; *in*clude 포함하다.
  ③ 강조의 뜻: *in*stigate 선동하다.
[《레틴》 in; (圈); cf. 《프》 en-, em-] ☞ en-, em-
  ★ ① l 의 앞에서는 il-; r 의 앞에서는 ir-; m, p, b 의 앞에서는 im-으로 됨: *il*luminate 조명하다; *ir*rigate 물을 대다; *im*migrate 이민하다; *im*peach 비난하다, 고소하다; *im*bibe 흡수하다, 섭취하다.
  ② 같은 꼴과 뜻을 가진 고대 영어에서 온 접두사 in- 과 구별하기 어렵다: *in*come 수입, *in*land 내륙(內陸); *in*sight 통찰력(洞察力).
in-²[in-] no, not (부(不)…); without (무(無)…); non (비(非)…)따위의 뜻: *in*sincere 불성실한, 성의 없는; *in*significant 의미 없는, 보잘 것 없는; *in*visible 안 보이는, [《레틴》 in- not; cf. 《그》 an-, a-; 《고영》, 《독》 un-]
  ★ ① l 의 앞에서는 il-; r 의 앞에서는 ir-; m, p, b 의 앞에서는 im-; 그 외의 경우에 i- 가 될 때가 있음: *il*legal 불법의; *ir*regular 불규칙적인; *im*mortal 불멸의, 죽지 않는; *im*possible 불가능한; *im*becile 저능한; *ig*noble 천한. ② 영어의 *un*-과 교환할 수 있는 때가 있다: *in*expressive, *un*expressive. ③ 영어의 *un*-, 그리이스어의 *an*-, *a*-에 해당하는 접두사로 주로 레틴어계의 단어 앞에 붙여 쓴다.
  ☞ an-, a-, un-
inter-[íntə(ː)-] ① between, among(사이에)의 뜻: *inter*national 국제(간)의; *inter*stellar 별과 별 사이의; *inter*fere 개입하다. ② with each other, mutual(ly) 《상호 관계》의 뜻: *inter*act 서로 작용하다. ★ *intel*lect 에서는 *intel*-로, 또 *enter*tain 에서는 *enter*-로 나타낸다.
[《레틴》 inter (圈) between, among, during]

intra-[íntrə-] within (이내에); inside of (…의 내부에)의 뜻: *intra*urban(=within a city)시내의; *intra*venous (=within or into a vein) 정맥내의, 정맥주사의.
[《래틴》 *intrā* (튀, 튕) within; *cf. interior* inner, *inter* between]
☞ interior, *inter-*

intro-[íntro(u)-] into (속으로), within(이내에), inward (안으로 향한)의 뜻: *intro*duce 소개하다; *intro*spect 내성(內省)하다.
[《래틴》 *intrō* to the inside 안쪽으로]

male-, mal-[mǽli-, mæl-] badly, ill(나쁜, 나쁘게)의 뜻 (⑱ *bene-* good, well): *male*volent 악의 있는; *mal*ady 병(病); *mal*adjustment 조절의 잘못.
[《프》 *mal* (튕)←《래틴》 *male* badly, ill← *malus* bad 나쁜]

meta-, met-[métə-, mètə-, met-] "뒤에, 사이에, 함께, 변화하여"의 뜻으로 주로 과학용어에 쓰임: *met*hod 방법; *meta*physics 형이상학(形而上學); *meta*phor 은유(隱喻).
[《그》 *meta* between, among, with, after; *cf.* 《고영》 *mid*]

mis-¹[mis-] (게르만어계의 단어에 붙여서) wrongly (잘못, 틀리게)의 뜻: *mis*take 실수하다; *mis*pronounce 틀리게 발음하다.
[《고영》 *mis(s)-*; *cf.* 《독》 *miss-*] ☞ miss

mis-²[mis-] badly, ill (나쁘게)의 뜻: *mis*chief 손해, 고장; *mis*nomer 잘못 부르는 이름.
[《중영》 *mes* ←《고프》 *mes-* ←《래틴》 *minus* less 더 적은] ☞ minus

multi-[mʌ́lti-] many, much (많은); multiple (여러 곱절의)의 뜻 (⑱ *mono-, uni-* single): *multi*ple 복합의, 다수의; *multi*millionaire 천만장자, 대부호.
[《래틴》 *multus* many, much]

neo-[ní:o(u)-] new (새로운), modern(현대의)의 뜻: *neo*classic 신고전주의(新古典主義)의; *neo*lithic 신석기 시대의; *Neo*-Gothic 신 고딕 양식의.
[《그》 *neos* new 새로운, recent 최근의]

non-[nɔn-] not의 뜻: *non*sense 뜻 없는 말, 어리석은 짓; *non*resident (부임지 따위에) 안 사는 (사람). ★ *non-* 은 *in-, un-* 에 비하여 그 뜻이 약하며, 단순한 "부정(否定), 결핍"의 뜻을 나타낸다: *non*-American 미국 것이 아닌, *un*-American 비 미국적(非美國的)인; *non*human 인간이 아닌, 인간외의; *in*human 비인간적인, 냉혹한; *non*moral 도덕에 관계 없는, *im*moral 비도덕적인. *non-*의 뒤에 hyphen을 쓸 때가 있는데 특히 그 뒤에 오는 단어가 capital letter로 시작할 때에는 보통 hyphen을 쓴다: *non*-American.
[《래틴》 *nōn* not]

ob-[ɔb-, əb-] ① to, toward(s), before의 뜻: *ob*ject 물체, 목표. ② against 《반대, 방해》의 뜻: *ob*struct 방해하다; *ob*stacle 장해; *ob*noxious 불쾌한, 싫어하는. ③ upon, over 《은폐》의 뜻: *ob*scure 애매한. ④ completely, totally (전적으로) 따위의 《강조》의 뜻: *ob*solete 폐지된, 진부한. ★ *c* 의 앞에서는 *oc-*; *f* 앞에서는 *of-*; *p* 의 앞에서는 *op-*; *m* 앞에서는 *o-*: *oc*cur 일어나다; *of*fer 제안하다; *op*pose 반대하다; *op*press 억압하다, 압박하다; *o*mit 제외하다.
[《래틴》 *ob* to, toward(s), upon, over, etc.]

out-[aut-] ① outside (밖앝의), external (외부의)의 뜻: *out*building 사랑채, 부속 건물; *out*patient (병원의) 외래환자. ② going away (가버리는), outward (밖으로의)의 뜻: *out*bound 외국행의; *out*cast 추방된, 추방된 사람. ③ better, greater, more than 《우월》의 뜻: *out*do 능가하다; *out*number 수적으로 우세하다. ★ *out* 는 *utt*er 에서는 *utt-*로 *ut*most 에서는 *ut-*로 변하여 있다.

[《고영》 *ūt* out; *cf.* 《독》 *aus*]

over-[óuvə-] ① over의 뜻을 포함하는 명사·형용사·부사·동사를 만든다; "위에 있는, 덮은, 넘는, 초과하는, 압바하는" 따위의 뜻: *over*coat 외투; *over*board 배밖으로 (배에서)물속으로; *over*land 육상의; *over*time 시간외 노동; *over*weight 중량초과. ② 자동사에 붙여서 타동사화 한다: *over*come 압도하다, 이기다; *over*look 내려다 보다, 감독하다, 못본 체 하다. ③ 동사·명사·형용사에 붙여서 excessive(지나친), too much (너무하는)의 뜻이 됨: *over*act 지나치게 …하다; *over*careful 지나치게 조심하는; *over*eat 과식하다.

[《고영》 *ofer*; *cf.* 《래틴》 *super-*] ☞ *super-*

pan-[pæn-] ① all (모든), universal(전체적)의 뜻: *pan*acea 만능약; *pan*theism 범신론(汎神論). ② 흔히 hyphen을 쓰고, 국적이나 신조(信條)따위를 뜻하는 말이나, *-ism, -ist, -ic* 따위로 끝나는 말에 붙여서 embracing or common to all (공통되는, 총괄적인, 범(汎)…)의 뜻: *Pan*-Americanism 범미주의(汎美主義); *Pan*-Islamism 범회교주의(汎回教主義).

[《그》 *pan* (*pas* all의 중성형)]

per-[pə:-, pə-] ① through (뚫고), throughout (통하여)의 뜻: *per*ceive 알아보다; *per*colate 여과(濾過)하다. ② thoroughly, completely, very의 뜻: *per*suade 설복하다; *per*fect 완전한; *per*ish 멸하다. ③ 화학용어로 "과(過)…"의 뜻: *per*carbonic acid 과탄산(過炭酸); *per*oxide 과산화물(過酸化物).

[《래틴》 *per* (圈) through, by; *cf.* 《그》 *para*]

peri-[péri-] ① near (가까운)의 뜻: *peri*gee 근지점(近地點) (⑱ *apo*gee 원지점(遠地點)). ② around (주위의, 주위에), beyond (넘어서)의 뜻: *peri*scope 잠망경(潛望鏡); *peri*meter 주위(周圍).

[《그》 *peri* around, about]

poly-[póli-] many, much (많은, 중복된)의 뜻 (⑱ *mono-*): *poly*gon 다각형; *poly*graph 등사기; *poly*syllable 다음절어(多音節語).

[《그》 *polus* many, much] ☞ *multi-*

post-[poust-] after, later, behind (뒤에, 나중에)의 뜻. (⑱ *pre-* before): *post*pone 뒤로 미루다; *post*humous 사후(死後)의; *post*erity 후손.

[《래틴》 *post* after, later, behind]

pre-[pri:-, pré-, pri(:)-, prə] ① before (앞에)의 뜻 (⑱ *post-* after): *pre*dict 예언하다; *pre*fer 택하다; *pre*cede 먼저 가다; *pre*-Christian 기독교 이전의. ② preliminary to, in preparation for (…의 준비의)의 뜻: *pre*school 국민학교 입학전의, 유치원.

[《래틴》 *prae* (圈, 몔) before]

pro-[①의 뜻일 때에는 prou-, ②의 뜻일 때는 prə-, pro(u)-, pru-] ① 현대 용어의 접두사로 써서 ⓐ for(…대신에), vice (부「副」…)의 뜻: *pro*cathedral 임시의 대성당(大聖堂); *pro*proctor 대학 부감사(大學副監事). ⓑ favouring or siding with (…에 찬성하는, …을 편드는)의 뜻 (⑱ *anti-*): *pro*-slavery 노예제도 찬성의; *pro*-American 친미적(親美的)인. ② 래틴계 단어의 접두사로 써서 ⓐ forth (나오는), forward (앞으로)의 뜻: *pro*ceed 전진하다; *pro*duce 산출하다; *pro*ject 돌출하다, 발사하다, 투영하다. ⓑ before (전「前」…)의 뜻: *pro*fane 세속적인, 이교(異教)의. ⓒ for(대신)의 뜻: *pro*verb 대명사. ⓓ publicly (공공연하게)의 뜻: *pro*claim 선언하다, 공포(公布)하다; *pro*nounce 선언하다, 공언(公言)하다, 발음하다. ⓔ according to(…에 따라)의 뜻: *pro*portion 비율.

[《래틴》 *pro* before, for, to]

proto-[próuto(u)-, próutə-] ① first (최초의), original (원래의), primitive (원시적)의 뜻: *proto*col 조약원안(條約原案), 의정서(議定書); *proto*plast 최초의 생물, 원형질(原形質); *proto*-Germanic 원시 겔만족의. ②chief(주되는), principal(주요한)의 뜻: *prota*gonist 주역(主役), 주인공.
[《그》 *protos* first]

re-[Ⓐ: ri-, re-, ri-; Ⓑ: ri:-] Ⓐ (주로 레틴계의 접두사로서) ⓐ mutually(서로), in return (보복으로)의 뜻: *re*act 반응하다; *re*venge 복수하다. ⓑ opposition (반대)의 뜻: *re*sist 저항하다; *re*volt 폭동을 일으키다. ⓒ behind, after (뒤의, 뒤에)의 뜻: *re*lic 유물; *re*main 남다. ⓓ retirement (은퇴), secret (비밀)의 뜻: *re*cluse 은둔한, 세상을 버린 사람; *re*ticent 말이 없는. ⓔ off (멀어져서), away (가버린), down (내려, 아래로)의 뜻: *re*miss 태만한; *re*side 살다; *re*move 옮기다. ⓕ un-(부정)의 뜻: *re*sign 사퇴하다; *re*veal 드러내다. Ⓑ (동사나 그 파생어에 덧붙이는 경우) ⓐ once more (한번 더), again (또), anew (새로이)의 뜻: *re*adjust 재정리하다; *re*issue 재발행하다. ⓑ back(도로, 원래대로)의 뜻: *re*capture 탈환하다; *re*entrance 도로 들어 감.

★《발음》 ① [ri:-]: Ⓑ의 경우와, 특히 "재차, 다시"의 뜻을 나타낼 때, *re*-의 다음에 모음이나 h소리가 올 때(단 *re*hearse[rihə́:s] 는 예외). ② [ri-]: ①에 해당하지 않는 말로 다음에 오는 음절(音節)에 액센트가 있을 때: *re*turn[ritə́:n] *re*serve[rizə́:v]. ③ [re-]: 바로 다음에 자음으로 시작하는 약음절(弱音節)이 올 때와 *re*-에 제2액센트가 있을 때: *re*collect [rèkəlékt], *re*ference[réf(ə)rəns].

《hyphen 의 용법》 ① Ⓑ 의 경우에 이미 그와 같은 꼴의 단어가 따로 있으면 그것과 구별하기 위하여 hyphen을 쓴다: *re*form[rifɔ́:m] 개혁하다 (make better); *re*-form[rí:fɔ́:m] 다시 만들다 (form again); *re*sort[rizɔ́:t] (자주)가다 (go often), *re*-sort[rí:zɔ́:t] 재분류하다; *re*collect[rèkəlékt] 기억하다, 회상하다(remember), *re*-collect[rí:kəlékt] 다시 모으다 (collect over again); *re*create[rèkrieit] 휴양하다, 기분전환을 하다(refresh), *re*-create[rí:krieit] 개조하다(create again). ② e-로 시작하는 단어의 앞에 *re*-를 붙일 때에도 hyphen을 쓴다: *re*-edit 개판하다; *re*-elect 재선거하다 (이 때 hyphen을 쓰지 않고 *re*edit, *re*elect 따위로 쓰기도 함).
[《레틴》 *re*-, (모음 앞에서) *red*- back, again, *un*-]

retro-[rétro(u),-《영》 *also* rí:tro(u)-] back, backwards (뒤로, 뒤에)의 뜻: *retro*grade 후퇴하다; *retro*spect 회상하다, 추억하다.
[《레틴》 *retrō* back, backwards, behind]

se-, sed-[se-, si-, sed-, sid-] ① without (…이 없는)의 뜻: *se*cure 안전한, 안전하게 하다(←*cura* care 걱정). ② away, apart (멀어져서, 따로)의 뜻: *se*duce 타락하게 하다, 유혹하다; *sed*ition 선동.
[《레틴》 *sē*- apart]

semi-[sémi-] half (반)의 뜻: *semi*circle 반원(半圓); *semi*civilized 반문명(半文明)의. *semi*skilled 반숙련된 (직공).
★ [sémi-, sémə-], 《미》 [sémai-]로 발음됨.
[《레틴》 *sēmi*- half; *cf.* 《그》 *hēmi*-] ☞ *hemi*-

sub-[sʌb-, 《약》 səb-] ① under, below, beneath (아래에, 밑에)의 뜻: *sub*marine 잠수함; *sub*way 지하도. ② (계급, 지위 따위가) 아래임을 나타냄: *sub*editor 편집 차장; *sub*ordinate 종속적(從屬的). ③ (분할, 분류)의 뜻: *sub*divide 세분(細分)하다; *sub*committee 분과위원회. ④ slightly (약간), almost (거의), "아(亞)…"의 뜻: *sub*acid 약간 신; *sub*urb 교외(郊外); *sub*tropical 아열대(亞熱帶)의. ⑤ addition (첨가)의 뜻: *sub*join 추가하다, 증보(增補)하다. ⑥ "역비례"를 뜻함: *sub*double

1대2의; sub triple 1대3의. ★ 모음과, b, d, j, l, n, s, t, v 앞에서는 sub-; c, f, g, m, p, r의 앞에서는 각각 suc-, suf-, sug-, sum-, sup-, sur-; sp- 앞에서는 su-가 됨: succeed 계승하다, 성공하다; suffer 겪다, 괴로워하다; suggest 암시하다, 제시하다; summon 초래하다; support 지지하다; surrender 항복하다; sustain 지지하다, 참다; suspend 걸다, 보류하다.

[((래틴)) sub under]

subter-[sʌ́btə-] under (밑의, 밑에), less than (이하의, 보다적은)의 뜻:-*subter*fuge 평계, 교활한 수단; *subter*ranean 지하의, 지하실.

[((래틴)) *subter* beneath; *sub* (=under)의 비교급]

super-[sjúːpə-, súːpə-] (형용사·명사·동사에 붙여서 다음의 뜻을 나타낸다) ① on the top (위에)의 뜻 (⑩ *subter*-): *super*impose 위에 놓다; *super*structure 상부구조. ② further (그 위에, 더욱이) *super*add 더욱 보태다. ③ exceedingly (대단히, 몹시)의 뜻: *super*excellent 탁월한, 우월한; *super*sensitive 지나치게 예민한. ④ from above (위쪽에서): *super*intend 감독하다; *super*vise 감독하다. ⑤ of higher kind (고등의), transcending (초월한), superior to (…보다 뛰어난), more than (…이상의)의 뜻: *super*class 《생물》 초강(超綱); *super*human 초인적인; *super*natural 초자연적인. ⑥ in the second degree (제2급의, 2차적인) *super*parasite 《생물》 중복 기생 생물. ⑦ extra, additional (여분의, 부가적인)의 뜻: *super*tax 특별부가세, 소득세부가세.

[((래틴)) *super* above; *cf.* sur-]   ☞ sur-

supra-[s(j)úːprə-] above (위의, 위에)의 뜻: *supra*clavicular 쇄골(鎖骨)상의; *supra*maxillary 윗턱의. ★ *super*-와 같은 뜻이나 특히 해부학상의 술어로 많이 쓰임.

[((래틴)) *supra* above 위의, 위에, on the top 위에]

sur-[sʌr-, sə-] 고대 프랑스어에서 영어로 된 단어에 붙여서 *super*-와 같은 뜻: *sur*render 항복하다; *sur*face 표면. ★ *super*-와 달라서 비유적인 뜻으로 쓰일 때가 많으며, 또 *sur*prise, *sur*vive 처럼 독립된 단어에 붙인 것이 아니라, 어간에 덧붙인 경우가 많다.

[((프)) *sur*←((래틴)) *super*- super]

syn-[sin-] *co*-와 마찬가지로 with, together (함께), at the same time (동시에), alike (비슷한) 따위의 뜻을 나타내며, 그리이스 어계의 말에 붙음: *syn*tax 구조법, 문장론; *syn*thesis 종합. ★ *l* 앞에서는 *syl*-; *m, p, b*의 앞에서는 *sym*-; *s* 앞에서는 *sys*- 또는 *sy*-가 됨: *syl*lable 음절(音節); *sym*bol 상징; *sym*pathy 동정; *sym*metry 대칭(對稱); *sys*tem 체계.

[((그)) *sun*- with, altogether, alike]

trans-[trænz-, træns-] ① over (넘어서), across (건너서)의 뜻: *trans*continental 대륙횡단의; *trans*mit 전하다, 보내다; *trans*port 수송하다. ② through (통하여, 뚫고), through and through (완전히)의 뜻: *trans*fix 꿰뚫다. ③ into a different state or place (다른 상태 또는 장소로)의 뜻: *trans*fer 옮기다; *trans*form 변형하다. ④ beyond (초월하여)의 뜻: *trans*cend 초월하다, 능가하다. ⑤ on the farther side of (…의 건너편에)의 뜻: *trans*-Caucasian 코오카사스의 건너편에; *trans* Gangetic 간지스 강 건너편에.

★ *s*의 앞에서는 보통 *tran*-이 되고, 래틴계 단어의 자음 앞에서는 흔히 *tra*-가 된다. 영국 발음으로는 [træn-] 외에도 [trɑːn-]으로 발음되기도 한다.

[((래틴)) *trans* across, over, beyond, on the farther side of]

ultra-[ʌ́ltrə-] ① extremely (극단적으로)의 뜻 (*cf. super*-): *ultra*-ambitious 극단적으로 야심이 있는; *ultra*confident 지나치게 자신이 있는; *ultra*modern 초현대

적인. ② beyond(넘어서)의 뜻(*cf. trans-*): *ultra*montane 산 넘어의, 알프스 남쪽의; *ultra*violet 자외선의. ★ 영국에서는 double stress로 [ʌ̀ltrə-]라고 발음되나, *ultra*marine[ʌ̀ltrəmərí:n], *ultra*montane[ʌ̀ltrəmɔ́ntein]의 두 단어만은 예외이다. 미국에서는 보통 [ʌ̀ltrə-]로 제2 액센트가 온다.

[《라틴》 *ultra* (묘, 젼) beyond, on the other far side of ← *ulter* (휭) that is beyond 넘어서 있는]

un-¹[ʌn-] (동사·명사에 붙어 다음의 뜻의 동사를 만듬) ① 동사의 행위의 반대행위를 뜻하거나 그 행위를 원래대로 돌림을 뜻함: *un*bend 곧게 하다, 펴다; *un*do(한번 한 것을)도로 돌이키다. ② deprive of (…을 뺏다), separate from(…에서 떼에 놓다)의 뜻: *un*man 남자 답지 못하게 하다, 거세(去勢)하다; *un*sex 여성답지 않게 하다. ③ release from (…에서 해방하다), take out from (…에서 들어내다)의 뜻: *un*earth 발굴하다; *un*horse 말에서 떨어뜨리다. ④ cause to be no longer (없어지게 하다), degrade from the position of (…의 위치에서 낮추다)의 뜻: *un*bishop…에서 bishop 직(職)을 박탈하다; *un*crown 왕위(王位)를 뺏다.

[《고영》 *un-, on-; cf.* 《독》 *ant-, ent-;* 《라틴》 *ante* (=before); 《그》 *anti* (=opposed to)]

un-²[ʌn-] 일반적으로 부정의 뜻을 나타낸다. no, not, lack of, the opposite of(…의 반대)의 뜻: *un*happy 불행한; *un*kind 불친절한; *un*employment 실직(失職); *un*consciousness 의식불명.

★ 긍정의 형용사를 그 반대의 뜻으로 만들 때에는 *un*-을 붙이는 것이 정당하나, *in*-형의 형용사가 있을 때에는 *un*-보다도 *in*-을 택하는 것이 일반적인 경향이다. 단 *in* (*il-, im-, ir-*)의 접두사가 있는 형용사가 단순한 반대의 뜻 이외의 특수한 뜻을 나타내게 될 때에는 혼동을 피하기 위하여 *un*- 형이 단순한 반대의 뜻을 나타내는데 쓰인다. *im*moral 도덕에 어긋나는, 행실이 나쁜, *un*moral 비도덕적인; *in*human 인정이 없는, 냉혹한, *un*human 초 인간적, 인간의 것이 아닌. 또 *in-, un-*이 모두 "비난, 부책"의 뜻이 있을 때에는 단순한 부정의 뜻을 나타내기 위하여 접두사 *non*- 을 쓴다: *non*moral 도덕과 관계 없는.

[《고영》 *un-; cf.* 《라틴》 *in-;* 《그》 *an-, a-*]   ☞ *in-, an-, a-, non-*

under-[ʌ́ndə-] (under의 연결형; 웹 over-) ① below, beneath, from beneath(밑에, 아래에, 밑으로 부터)의 뜻: *under*line 밑줄(을 치다); *under*clothes 속옷; *under*mine 밑을 파다, 모르는 사이에 손상하다. ② lesser (더 적은), not completely (불완전하게), insufficiently (불충분하게)의 뜻: *under*sized 보통보다 작은; *under*state 가볍게 말하다, 신중하게 말하다; *under*feed 충분히 식량(연료)을 안 주다. ③ inferior (보다 못한), subordinate (종속적인, 차위의)의 뜻: *under*secretary 차관(次官); *under*song (노래의)후렴.

[《고영》 *under* under, among; *cf.* 《독》 *unter*]   ☞ under

vice-, vis-[vais-, vai-] in place of (…의 대신의, …대리)의 뜻: *vice*roy 태수(太守); *vis*count[váikaunt] 자작(子爵); *vice*-president 부통령; *vice*admiral 《영》해군중장. ★ *vis*-로 되는 것은 viscount 뿐.

[《라틴》 *vice* in place of, a change 변동; *cf.* 《고프》 *vis*]

with-[wið-, wiθ-] ① against (반대로)의 뜻: *with*stand 대항하다; *with*hold 억제하다, 허락하지 않다. ② back(뒤로), away (멀리, 멀어져서)의 뜻: *with*draw 후퇴하다.

[《고영》 *with* against, with]

Ⅱ 수를 나타내는 접두사

uni-[júːni-] one, single (하나의, 단일의)의 뜻 (⑬ *multi*-): *un*animous 만장 일치의; *uni*form 제복; *uni*corn 뿔이 하나 있는 짐승; *uni*versity 대학.
〔《라틴》 *ūnus* one 하나〕

mono-, mon- [mɔ́no(u)-, mɔ́nə-, mən-] one, single (하나의, 단일의)의 뜻 (⑬ *poly*-, *multi*-): *mono*tonous 단조로운; *mon*ocle 외알 안경; *mono*poly 독점, 전매; *mono*gamy 일부일처(一夫一妻); *mon*arch 군주.
〔《그》 *monos* alone 혼자, single 단일의〕

duo-[djú(ː)o(u)-] two, double (둘의, 이중의)의 뜻: *duo*logue 두 사람의 대화; *duo*decimo 12절판(折判), 사륙판; *duo*denum 십이지장.
〔《라틴》 *duo* two〕

bi-, bis-[bai-, bis-] twice (두번의, 복(複)…, 쌍(双)…)의 뜻: *bi*scuit 비스킷 《두번 굽는다고 해서》; *bis*sextile 윤년(閏年)의 〔《라틴》 *bis* twice 두번+*sextus* the sixth 여섯째; Julian 역서(曆書)에서는 윤년에 3월1일의 엿새 전의 달 2월 24일을 되풀이하였기 때문〕; *bi*cycle 자전거; *bi*lingual 두 나라 말을 쓰는; *bi*gamy 중혼(重婚).
〔《라틴》 *bis* twice, again← *duo* two〕

di-[dai-] two, twice, double 의 뜻: *di*syllable[disíləbl] 2음절어; *di*phthong[dífθɔŋ, dípsɔŋ] 이중모음; *di*lemma[díləmə, dai-] 딜레머, 진퇴유곡; *di*oxide[daiɔ́ksaid] 이산화물(二酸化物).
〔《그》 *dis* twice, double; *cf* 《그》 *duo* two〕

tri-[trai-] three, triple (셋, 삼중의)의 뜻: *tri*angle 세모꼴; *tri*pod 삼각(三脚); *tri*colour 삼색기; *tri*sect 셋으로 나누다; *tri*vial [tríviəl] 보잘 것 없는; *tre*foil [tréfɔil, tríːfɔil] 클로버(clover) (형의), 잎이 셋 있는(장식).
〔《라틴》 *trēs, tria* three←《그》 *treis, tria* three, *tris* thrice〕

quadri-, quadr-[kwɔ́dri-, kwɔdr-] four 의 뜻: *quadr*angle 네모꼴; *quadr*ennial 4년에 한번의; *quadru*ped 네발 짐승; *quadru*plet 네 쌍동이; *quadri*partite 네 부분으로 된.
〔《라틴》 *quattuor* four〕

tetra-[tétrə-] four의 뜻: *tetra*gon 네모꼴; *tetra*hedron 4면체; *tetro*de 사극진공관(四極眞空管).
〔《그》 *tetra*- ← *tettares, tettara* four〕

quinque-, quinqu- [kwíŋkw(ə)-] five의 뜻: *quinqu*ennial[kwiŋkwéniəl] 5년에 한번의; *quinque*reme[kwíŋkwəriːm] 《고대로마》 5단의 노가 달린 노예선(奴隷船).
〔《라틴》 *quinque* five 〕

penta-, pent-[pént(ə)-] five 의 뜻 《자음 앞에서는 *penta*-》: *penta*gon 다섯 모꼴, 《미》 국방부 《건물이 다섯 모꼴이라고 해서》; *penta*hedron 오면체; *penta*thlon 오종(五種)경기; *pent*ode 오극(五極)진공관.

〔《그》 *pente* five〕

sex(i)-[séks(i)-] six의 뜻: *sex*centenary 육백주년 기념제; *sex*ennial 육년마다의; *sex*partite 여섯 부분으로 나누어진.
〔《라틴》 *sex* six〕

hex(a)-[héks(ə)-] six의 뜻: *hexa*chord 육음음계(六音音階); *hexa*gon 여섯모꼴; *hexa*hedron 육면체.
〔《그》 *hex* six〕

sept-, septem-, septi-[sept-, séptəm-, sépti-] seven 의 뜻: *Septem*ber 9월 (원래 7월이었음; *cf*. March, September, etc.); *sept*enary 7의; *sept*ennial 7년에 한 번의; *sept*illion million의 7제곱.
〔《라틴》 *septem* seven〕

hept(a)-[hépt(ə)-] seven의 뜻: *hepta*gon 일곱모꼴; *hepta*hedron 7면체; *hept*archy 칠두정치(七頭政治).
〔《그》 *hepta* seven〕

oct(a)-, octo-[ókt(ə)-, ókto(u)-] eight 의 뜻: *octo*pus 문어; *Octo*ber 10월(원래 8월이었음; *cf*. March, October); *octa*ve 옥타아브; *octa*gon 여덟모 꼴.
〔《그》 *oktō* eight〕

novem-[nouvém-] nine의 뜻: *Novem*ber 11월 (원래 9월; *cf*. March, November); *noven*a 9일 기도.
〔《라틴》 *novem* nine〕

decem-[disém-] ten의 뜻: *Decem*ber 12월 (원래 10월; *cf*. March, December); *decen*nial 10년마다의.
〔《라틴》 *decem* ten〕

dec(a)-[dék(ə)-] ten의 뜻: *deca*de[dékeid, dékəd] 10년간; *deca*gon 열모꼴; *Deca*logue 모세의 십계명; *Deca*meron 데카메론 (열흘 동안 이야기); *deca*hedron 십면체
〔《그》 *deka* ten〕

cent(i)-[sént(i)-] hundred (백의), 100th part of (100분의 1의)의 뜻: *centi*grade 백도 눈금의; *cent*ury 100년; *cent*enary 100년제; *cent*enarian 100살 먹는 사람; *cent*ennial 100년 마다의; *centi*ped 지네.
〔《라틴》 *centum* hundred〕

mille-, milli-[míli-] thousand (천의), 1000th part of (1000분의 1의)뜻의: *mile* 마일 *mill*ennium 천년간; *mille*pede 노래기; *milli*on(=big thousand) 100만; *milli*meter 밀리미이터.
〔《라틴》 *mīlle* thousand〕

kilo-[kíːlo(u), kílə] thousand 의 뜻 《meter 법에서 씀》: *kilo*cycle, *kilo*watt, *kilo*meter, *kilo*gram.
〔《프》 *kilo-* ←《그》 *khilioi* thousand〕

myria-[míriə-] ten thousand (만), many (많은), numerous (무수한)의 뜻: *myria*pod 다족류(多足類); *myria*d 일만(一萬), 무수(無數).
〔《그》 *muriad-* ←*murias* ten thousand←*murios* numerous〕

Ⅲ 어미(語尾 Suffixes)

(1) 명사어미로 쓰이는 것

-ade[-eid,-ɑːd,-æd] ① 《동작》: tir*ade* 오랜 이야기; gascon*ade* 자랑. ② 《행동의 참가자》: ambusc*ade* 복병(伏兵); cavalc*ade* 기마 행렬. ③ 《동작의 결과 또는 재료에서 생긴 것》 masquer*ade* 가장무도회; lemon*ade* 레몬 수(水). ★ ball*ad*, sal*ad* 따위는 이 어미의 끝 글자 -e 가 빠진 것.

[《프》-ade←《래틴》-ātam; 또는 《프》-ade ←《그》-ada; 또는 《스페》,《이태》-ado ←《래틴》-atum]

-age[-idʒ] ① 《집합 (collection)》: bagg*age* 소하물, 수하물; foli*age* 잎, 풀잎. ② 《지위, 신분, 상태》: baron*age* 남작의 지위; bond*age* 속박, 굴레; marri*age* 결혼. ③ 《동작(action)》: pass*age* 통과; leak*age* 누출. ④ 《요금, 삯(charge)》: cart*age* 짐마차 삯; post*age* 우편료금, 우표.

[《프》-age←《래틴》-āticum (중성 형용사 어미)]

-ain[-ein, -in], **-an**[-ən], **-en**[-(ə)n], **-on**[-(ə)n] man(사람)의 뜻: vill*ain* 악한; capt*ain* 대장(隊長); pag*an* 이교도; ward*en* 감시원; surge*on* 외과의사.

[《래틴》-ānus (형용사 어미)]

-ance, -ancy[-əns(i)] ① 《행동, 상태, 성질》의 뜻 ⓐ -ant를 어미로 하는 형용사에 대한 명사형을 만듬: brilli*ant* 휘황찬란한→brilli*ance*; dist*ant* 먼→dist*ance* (먼)거리. ⓑ 직접 동사에 붙여서 명사를 만듬: assist 돕다→assist*ance* 원조; persevere참다→persever*ance* 인내(忍耐). ★ -*ancy*는 -*ance*의 변형으로 "성질·상태"를 뜻하는 명사어미: ascend*ancy* 우세, 지배권.

[《래틴》-antia; cf. -ence]　　　☞ -ence, -ency

-ant[-ənt] man (사람), agent(행위자)의 뜻: serv*ant* 하인; assist*ant* 조수; stimul*ant* 자극(물).

[《래틴》-antem, -entem (현재 분사 어미)]　　　☞ -ent

-ar, -er, -or[-ə] ① place (장소)의 뜻: cell*ar* 지하실; lard*er* 식료품 실, 고기 넣어두는 곳; man*or* 장원(莊園).

[《래틴》-ārium]

② man (사람)의 뜻: treasur*er* 회계원; vic*ar* 목사; chancell*or* 장관·사법관의 칭호.

[《래틴》-ārius 또는 -āris]

-ard[-əd] "크게…하는 사람"의 뜻(비난의 뜻을 나타낼 때가 많다): cow*ard* 겁장이; drunk*ard* 주정뱅이; Spani*ard* 스페인 사람.

[《고프》-ard,-art←《독》-hart, -hard hardy 튼튼한; hard와 동계어]　　☞ hard

-ary[-əri] "…하는 사람", "…에 관련된 것", "…의 장소"의 뜻: advers*ary* 적수(敵手); diction*ary* 사전; gran*ary* 곡창지대.

[《래틴》ārius, -ārium]

-arian[-ɛəriən] "…파의 사람", "…주의의 사람", "…살의 사람"의 뜻: humanit*arian*

인도주의자; veget*arian* 채식주의자; sexagen*arian* 육십대의 사람.
[《래틴》-*āri(us)*+ -*ān(us)*]   ☞ -ary, -an

-cle, -cule[-kl,-kju:l]《축소 어미》parti*cle* 분자, 극소량; animal*cule* 극미동물(極微動物), ★ -*cle*에는 article "기사(記事)", miracle "기적", specta*cle* "광경"처럼 "작다"는 뜻이 없어진 것도 있음.
[《프》←《래틴》-*culus*, -*cula*, -*culum*]

-cy[-si]《상태, 성질, 직업》의 뜻: ① -*t*,-*n*로 끝나는 명사에 붙음: bankrup*t* 파산→bankrupt*cy* 파산상태; captai*n* 우두머리, 대장→captain*cy* captain의 직위. ②동사에 붙여 명사를 만듦: occupy 점령하다→occupa*cy* 점령. ③ -*ant*, -*ent*, -*te*,-*tic* 따위로 끝나는 명사에 붙임(*cf.* -*ce*): ascend*ant* 우세한→ascendan*cy* 우세; expedi*ent* 편리한→expedien*cy* 편의(便宜); adequ*ate* 적합한→adequa*cy* 적합; luna*tic* 미친→luna*cy* 정신이상.
[《래틴》-*tia*←《그》-*kia*, -*keia*, -*tia*, -*teia*]   ☞ -acy, -ancy, -ency

-dom[-dəm] ① 《지위, 세력범위, …계(界)》의 뜻: King*dom* 왕국; animal*dom* (동물계). ②《상태, 행위》의 뜻: free*dom* 자유, martyr*dom* 순교. ③《집단》: Christen*dom* 전기독교도, 기독교계, heathen*dom* (집합적으로) 이교(異敎)국민. ④《방식, 기질》: official*dom* 관료주의적인 방식, 관리들.
[《고영》-*dōm*-*dom* judgement 판단, dominion 영역, etc; *cf.* doom]   ☞ doom

-ee[-i:] ① 행위자 (agent)를 나타내는 -*or*에 대하여 그 행위를 "당하는 사람"을 뜻함: examin*ee* 수험자; appoint*ee* 피임자. ②《상태》를 뜻함: absent*ee* 결석자; refug*ee* 피난민.
[《프》-*é* ←《래틴》-*atum*(=-*ate*)]   ☞ -ate

-eer[-iə] "…하는 사람", "…관계자"의 뜻: auction*eer* 경매자; engin*eer* 기사(技師); profit*eer* 모리배.
[《프》-*ier*←《래틴》-(*i*)*arium*]   ☞ ary, -er

-en¹[-(ə)n]《축소 어미》: chick*en* 병아리; kitt*en* 새끼고양이; maid*en* 처녀.
[《고영》-*en*← -*in*]

-en²[-(ə)n]《복수 어미》: ox*en* 숫소들; child*ren* 아이들; kin*e* 암소들.
[《고영》-*an*]

-ence,-ency[-(ə)ns(i)] -*ent*를 어미로 하는 형용사에 대한 명사를 만듦; 《성질, 상태》: abs*ent*→abs*ence* 결석; dec*ent* 품위 있는→decen*cy* 체면, 몸가짐; frequ*ent* 빈번한→frequen*cy* 빈도, 자주 있음.
[《프》-*ance*←《고프》-*ence*←《래틴》-*entia* (명사어미); -*ance*가 《래틴》-*entia*의 영향으로 -*ence*가 된 것; -*ency*는 -*ence* 와 -*y*가 합하여 생긴 것]
☞ -ent, -ance, -ancy

-ent[-ənt] "행위자(agent)"를 뜻함: stud*ent* 학생; presid*ent* 대통령, 의장.
[《래틴》-*entem* (제 2·3·4 변화동사의 현재분사 어미)]

-er[-ə] ① 동사나 명사에 붙여서 작위명사(作爲名詞 agent noun)를 만듦: ⓐ "…하는 사람, 동물, 식물"의 뜻: hunt*er* 사냥하는 자; sing*er* 노래하는 자; walk*er* 걷는 자; woodpeck*er* 딱따구리. ⓑ "…하는 것(기계, 기구)", "…하게 할 수 있는 일": pen-hold*er* 펜대; paper-cutt*er* 종이 베는 칼; eyeopen*er* (눈이 돌 만큼) 놀라운 일. ⓒ "…하는 물질, …제(劑)" furtiliz*er* 비료; deodoriz*er* 방취제(防臭劑). ⓓ "토지, 지방의 사람", "…거주자": London*er* 런던 사람; villag*er* 마을사람. ⓔ "…에 종사하는 사람", "…제작자", "…상(商)", "…연구자", "…학자": farm*er* 농부; hatt*er* 모자 제조인, 모자장사; geograph*er* 지리학자.
② 《고프》에서 온 명사의 어미: sampl*er* 견본 검사인; carpent*er* 대목; pott*er* 도공

(陶工), 통조림 제조인; bord*er* 변두리, 가. ③《동작, 조처, 수속》의 뜻: disclaim-*er* 기권; rejoind*er* 답변; dinn*er* 정찬, 만찬; supp*er* 저녁식사.

〔①:《고영》 -*ere*; ②:《고프》 i*er*←《라틴》-*ārium*, -*ārius* (=-*ary*); ③《프》-*er* (부정법 어미)〕

★ -*ar*이 되는 때도 있음: li*ar* 거짓말장이; -*i*-나, -*y*-를 덧붙여 쓰는 때도 있음: clo-thi*er* 직물업자, 양복장사; law*yer* 변호사.

-ery[-əri] ①《성질, 습성, 상태》의 뜻: brav*ery* 용감성; slav*ery* 노예상태. ②《제조소, 상점》의 뜻: bak*ery* 빵집; brew*ery* 양조장; groc*ery* 잡화점. ③《직업, 기술, 행위》의 뜻: arch*ery* 궁술(弓術); surg*ery* 외과술; robb*ery* 강도행위. ④《집합》의 뜻: machin*ery* 기계류; jewel*ry* 보석류.

〔《고프》 -*erie*← -*ier* (=-*er*)+-*ie*(=-*y*)〕　☞ -*ier*, -*ie*

-ess[-is]《여성명사 어미》: actr*ess* 여배우; count*ess* 백작부인, godd*ess* 여신(女神); lion*ess* 암사자.

〔《프》 -*esse*←《라틴》-*issam*←《그》 -*issa*〕

-ess, -ice, -ise[-is] 형용사에 붙여서 추상명사를 만드는 어미: prow*ess* 용맹; larg*ess* 부조, 선물; just*ice* 정의; merchand*ise* 상품.

〔① -*ess*←《고프》-*esse*←《라틴》-*itiam*; ② -*ice*←《중영》-*is*(*e*), -*ys*(*e*)←《고프》-*ice*. -*ise*←《라틴》-*itius*, -*itia*, -*itium*; ③ -*ise*←《고프》-*ise*←《라틴》〕

-et[-it] 주로 프랑스어계의 말에 붙여 쓰는 축소어미; little (작은)의 뜻: rivul*et* 시냇물; isl*et* 작은 섬.

★ bull*et* 탄환, hatch*et* 손도끼, pock*et* 호주머니, sonn*et* 소네트 …따위의 단어에서는 little의 뜻이 없어졌다.

〔《프》 -*et*(남성), -*ette* (여성); *cf*. -*let*〕　☞ -*let*

-ette [-ét] ① 명사(드물게 형용사)에 붙이는 축소 어미: cigar*ette* 궐연, 담배; statu-*ette* 작은 상(像). ②《여성명사 어미》: suffrag*ette* 여자 참정권론자. ③ "(상품 따위의) …을 본딴 물건": leather*ette* 모조(模造)가죽.

〔《프》 -*ette* (-*et*의 여성형)〕　☞ -*et*

-head[-hed] 명사나 형용사에 붙여서 "상태, 성질"을 뜻하는 명사를 만듬: god*head* 신성(神性), 신(神); maiden*head* 처녀성, 처녀막.

★ 이 어미는 고어나 이미 쓰이지 않는 단어에 남아 있을 뿐이고 지금은 주로 -*hood*를 쓴다.

〔《중영》 -*hed*(*e*)←*hede* rank 서열, condition 상태; *cf*.《고영》 *hād* rank, condition, nature〕　☞ hood, -*hood*

-hood[-hud] ① 주로 사람, 생물 이름에 붙여서 "성질, 상태, 계급, 신분, 처우"따위를 뜻하는 명사를 만듬: child*hood* 어린 시절; man*hood* 인격, 남자다움. ② 형용사에 붙여서 "상태"를 뜻하는 명사를 만듬: false*hood* 거짓; likeli*hood* 비슷함. ③ "…들", "…사회", "…부류"를 뜻하는 집합명사를 만듬: brother*hood* 형제관계, 조합, 동료; neighbour*hood* 이웃 (사람들).

〔《고영》 -*hād*; *cf*. -*head*〕　☞ -*head*

-ic[-ik] 주로 학술·예술 용어의 어미로 쓰임: log*ic* 논리학; phys*ic* 물리학; rhetor*ic* 수사학; mus*ic* 음악; mag*ic* 마술.

〔《그》 -*ikos*, 《라틴》-*icus*, 《프》-*ique*〕

-ics[-iks] "…학 (science)", "…술 (art)"의 뜻의 명사어미: mathemat*ics* 수학; phys*ics* 물리학; eth*ics* 윤리학; tact*ics* 전술.

★ ① 원래에는 arithmet*ic*, log*ic*, mag*ic*따위와 같이 -*ic* 이던 것이 16세기 이후에

복수형을 취하게 된 것임. ② 과학, 학술, 학과의 이름으로 쓰일 때에는 보통 단수구문으로 사용되나 구체적인 활동, 현상, 행위, 조직, 특성 따위를 뜻할 때에는 복수구문으로 사용됨: *Mathematics deals* with number. 수학은 숫자를 다룬다. His *mathematics are* weak. 그의 수학실력은 약하다. ③ 단수·복수 두가지로 다 쓰이는 단어도 있다: *Politics is* (또는 *are*) fascinating. 정치학은 매력이 있다.
[-*ic*의 복수형; ←(그) -*ika* (=(래틴) -*ica*) (things) pertaining to……에 관계되는 (것)]　☞ -*ic*

-**ine**¹[-in] 《여성명사 어미》: hero*ine* 여자 주인공.
[《래틴》 -*ina*, 《그》 -*inē*]

-**ine**²[-in] "기술, 행동, 조처" 따위의 뜻의 추상명사 어미: discipl*ine* 훈련; doctr*ine* 주의(主義); fam*ine* 기근.
[《래틴》 -*ina*]

-**ine**³[-ain, -iːn, -in] 화학용어 중에서 "염기(鹽基) 원소" 따위의 이름이나 일반적인 화학적 성분의 이름을 만드는 명사어미: anil*ine*; caffe*ine*; iod*ine*; etc.
[《래틴》 -*ina* (-*inus*의 여성형)]

-**ion**[-(ə)n] 턴게 동사에 붙여서 "동작, 상태, 사람, 물건"을 뜻하는 명사를 만듬: (*cf*.-*tion*): fash*ion* 양식, 유행; miss*ion* 사명; quest*ion* 질문, 의문; relig*ion* 종교; un*ion* 연합.
[《프》 -*ion*←《래틴》-*iōnem*]　☞ -*tion*

-**ism**[-iz(ə)m] 《추상명사를 만듬》 ① -*ize* 로 끝나는 동사의 명사형을 만듬: bapt*ism* 세례(洗禮); catech*ism* 교리문답(敎理問答). ② 《행동, 상태, 작용》의 뜻: hero*ism* 영웅적인 기질 (또는 행위); barbar*ism* 야만성. ③ 《특성, 특징》의 뜻: American*ism* 미국식, 미국풍조; manner*ism* 만네리즘, 창작상의 버릇. ④ 《주의, 체계, 신앙》의 뜻: social*ism* 사회주의; commun*ism* 공산주의; national*ism* 민족주의. ⑤ 《중독, 병적 상태》: alcohol*ism* 알콜 중독.
[《프》 -*ism*(*e*)←《래틴》 -*ismus*←《그》 -*ismos*, -*isma* (-*izein* -ize+ -*m* 추상명사 어미)]　☞ -*ize*, -*ist*

-**ist**[-ist] "사람"의 뜻 (영어, 프랑스어, 래틴어, 그리이스어의 어근에서 새로운 단어를 형성할 때 많이 씀): ① -*ize*로 끝나는 동사의 "행위자(agent)"를 뜻함: antagon*ist* 적대하는 사람; monopol*ist* 독점자. ② 《주의, 관례, 풍습 따위의》"신봉자", "지지자"의 뜻: Buddh*ist* 불교신자; imperial*ist* 제국주의자; social*ist* 사회주의자. ③ 《특수한 연구나 직업에》"종사하는 사람": botan*ist* 식물학자; dent*ist* 치과의사; novel*ist* 소설가.
[《프》 -*ist*(*e*)←《래틴》 -*ista*←《그》 -*istēs* (-*ize* 동사어미+-*tēs*- 행위자를 뜻하는 어미)]　☞ -*ize*, -*ism*

-**ite**[-ait] ① "…에 관계 있는 사람", "…에서 온 사람", "…신봉자"의 뜻: Darwin*ite* 다아윈의 진화론을 믿는 사람; Israel*ite* 이스라엘 사람; Sem*ite* 셈 족(族)의 사람. ② 《학술용어》: 광물, 암석, 화석, 염류(鹽類), 폭약, 상품 따위의 이름: dolom*ite* 백운석(白雲石); ammon*ite* 암몬 조개; sulph*ite* 아황산염; dynam*ite* 다이나마이트; ebon*ite* 에보나이트.
[《그》 -*itus*, -*ītus*(-*īre*, -*ere*, -*ēre* 로 끝나는 동사의 과거분사 어미)]

-**ity**[-iti, -əti] "상태, 성격" 따위를 뜻하는 추상명사 어미: major*ity* 대다수; probabil*ity* 가능성; sincer*ity* 성실성.
[《프》 -*itc*←《프》 -*ité*←《래틴》-*itātem*]　☞ -*ty*

-**le**[-l] ① 《축소 어미》: icic*le* 고드름; knuck*le* 손가락 마디. ② "행위자(agent)"의 뜻: bead*le* 하급 공무원, 대학 부총장의 권표(權標)를 가지고 다니는 하급 관리

③ "도구"를 뜻함: gird*le* 띠, 허리 띠; lad*le* 국자.
[《고영》 *-el, -ela*]

-lence, -lency[-ləns(i)] 《추상명사어미》:vio*lence* 폭력, 난폭함; viru*lency* 독성(毒性).
[《래틴》 *-lentia*←*lens; cf. -lent*] ☞ *-lent*

-ling[-liŋ] ① 명사에 붙이는 축소어미 (혼히 멸시의 뜻을 나타냄): duck*ling* 새끼오리; hire*ling* 하인, 고용인.   ②명사, 형용사, 부사에 붙여서 "…에 속하는 (또는 관계 있는) 사람 또는 물건"을 뜻함:nurse*ling* 애기; dar*ling* 사랑하는 사람.
[《고영》 *-ling*← *-le*+*-ing*] ☞ *-le,-ing*

-ment[-mənt] 동사(또는 드물게 형용사)에 붙여서 명사를 만듦: ① 《결과》의 뜻: achieve*ment* 성과, 업적; improve*ment* 개선, 발전. ② 《수단》의 뜻: induce*ment* 유인(誘因); adorn*ment* 장식. ③ 《동작, 과정; 사실》의 뜻: move*ment* 운동; measure*ment* 측정; develop*ment* 발전.   ④ 《상태, 성질》의 뜻: disappoint*ment* 실망; senti*ment* 감정.
[《프》 *-ment*←《래틴》 *-mentum*←*mens* mind 마음; *cf.* 《그》 *-mato*]

-ness[-nis] 형용사, 분사, 복합형용사 따위에 붙여 명사를 만듦:《성질, 상태, 정도》의 뜻: bitter*ness* 쓸, 쓴 맛; loveli*ness* 사랑스러움; up-to-date*ness* 참신함.
[《고영》*-nes(s), -nis; -nys*]

-on[-ɔn] 물리, 화학에 쓰이는 어미: electr*on* 전자, neutr*on* 중성자; prot*on* 양자; arg*on* 알곤.

-oon[-ú:n] "크다"를 나타내는 명사어미:bal*oon* 풍선, 기구; cart*oon* (시사)만화; sal*oon* 넓은 방, 특별실. ★ accent는 *-oon*에 있음.
[《프》 *-on* (이태) *-one*]

-or[-ə] 래틴어에서 나온 동사 (특히 *-ate*의 어미를 지닌것)에 붙여서 "…하는 사람(또는 물건)"의 뜻을 나타냄: audit*or* 감사역, 방청인; elevat*or* 에레베터; invent*or* 발명가. ★ 본래 *-or*은 래틴어의 어미이므로 원측적으로 래틴계의 단어에 붙어야 하나 영어의 어근에 붙은 것도 있다. sail*or* (←《고영》 *segel*+*-or*). 반대로 *-or*가 붙어야 할 단어에 *-er*이 붙은 것도 있다: preach*er* 설교자 (《래틴》 *praedicātorem*← *praedicāre* proclaim 선언한다); barb*er* 이발사 (←《래틴》 *barbātorem*)
[《래틴》 *-or, -ātor* etc.] ☞ *-er*

-ory[-(ə)ri] "장소", "어떤 목적을 위한 물건"의 뜻: dormit*ory* 기숙사; fact*ory* 공장; laborat*ory* 실험실, 연구소.
[《고프》 *-orie* (여성형) (=《프》 *-oire*)←《래틴》 *-ōrium* (중성형)] ☞ *-or,-y,-ory* (형용사 어미)

-ship[-ʃip] 《직업, 지위, 자격, 재직기간, 상태, 성질》을 나타냄: lord*ship* 귀족(군주)의 지위(자격, 권리); governor*ship* 지사(의)직위; friend*ship* 우정; leader*ship* 지도자의 지위(임무), 지휘, 통솔력. ★ *-scape*도 같은 계통의 어미: land*scape* 경치 (←《홀런드》 *land*+*schap*(=*-ship*))
[《고영》 *-scipe* shape 형태← *scieppan* form 형성하다, make 만들다; *cf.* 《독》 *-schaft*] ☞ shape

-ster[-stə] "…하는 사람, …인 사람"의 뜻: song*ster* 가수, 시인; old*ster* 늙은이; young*ster* 젊은이; spin*ster* 노처녀. ★ *-ster*는 옛날에는 *-er*에 대한 여성형 어미였으나 (*cf.* spin*ster* [←spin+*-ster*; a woman who spins 실을 잣는 여자]) 현재에는 남녀를 막론하고 *-ster*를 붙일 수 있다. Web*ster* ([weave+*-ster*]) 같은 성에도 이 어미가 더러 쓰이고 있는 것을 볼 수 있다.
[《고영》 *-estre, -istre*]

-stress[-stris] *-ster*에 대한 여성 명사 어미: song*stress* 여자가수; seam*stress* 여자

재봉사, 침모.
[-*str*(-*ster*의 준 꼴)+-*ess* (여성명사 어미)]　　　☞ -*ster*, -*ess*

-**tude**[-tjuːd] 주로 래틴계의 형용사, 과거분사에 붙여서 "성질, 상태"를 뜻하는 추상명사를 만듬: alti*tude* 고도(高度); atti*tude* 태도; lati*tude* 위도(緯度); magni*tude* 크기; soli*tude* 고독.　★ 주로 -*ti*로 끝나는 어간에 많이 붙여 쓴다.
[((래틴)) -*tūdō*; *cf*. ((프)) -*tude*]

-**ty**[-ti] "성질, 상태"를 뜻하는 추상명사를 만듬: hones*ty* 정직; varie*ty* 다양성, 종류; quali*ty* 질.
[((중영)) -*te*(*e*)←(고프)-*te*(*t*)←((래틴)) -*tātem*]

-**ure**[-ə] ① ((동작, 과정, 존재))의 뜻: cult*ure* 문화, 교양, 배양(培養); signat*ure* 서명; expos*ure* 노출, 폭로.　② ((동작의 결과)): creat*ure* 창조물; mixt*ure* 혼성물; pict*ure* 그림.　③ ((정치조직)): legislat*ure* 입법부; prefect*ure* 현(縣).
[((프)) -*ure*←((래틴)) -*ūra*]

(2) 형용사어미로 쓰는 것

-**able**[-əbl] 동사, 명사 따위에 붙는 형용사어미; ① able to…(…할 수 있는), able to be ～ed (…될 수 있는), suitable or fit for…(…에 알맞는), worthy to be ～ed (…될만한)의 뜻: understand*able*=able to be understood 이해할 수 있는; eat*able* (=able to be eaten)먹을 수 있는, (=fit for eating 먹을만한); sal(e)*able*(= fit for sale)팔만한; lov(e)*able*(=worthy to be loved) 사랑을 받을만한.　② liable to or for (…하기 쉬운)의 뜻: change*able*(=liable to change) 변하기 쉬운.
★ 래틴계의 -*ate*로 끝나는 3음절 이상의 동사는 -*ate*를 생략하고 -*able*를 붙인다: educ*ate*→educ*able*; 또 -*able*에 대한 부사형은 모두 -*ably*가 된다: note→ not*able* →not*ably*.
[((래틴))-*ābilis*]　　☞ -*ible*, -*ble*

-**ac**[-æk] "…성(性)의", "…적인"의 뜻: ele*giac* 만가조 (挽歌調)의; il*iac* 장골(腸骨)의; demon*iac* 악마같은.　★ 이 어미는 흔히 "…의 사람"을 뜻하는 명사어미로 쓰인다: man*iac* 미치광이.
[((프)) -*aque*←((래틴)) -*acum*←((그)) -*akos*]

-**acious**[-éiʃəs] "…의 경향이 있는", "…을 좋아하는", "…이 많은" 따위의 뜻: ten*acious* 끈덕진; pugn*acious* 싸움을 좋아하는; loqu*acious* 말이 많은.
[((래틴)) -*acis*, -*ax*+-*ous*]　　☞ -*ous*

-**al**[-(ə)l] ① of the nature of (…의 성질의), characteristic (…에 특유의) 따위의 뜻: post*al* 우편의; sensation*al* 선정적인, 굉장한; tropic*al* 열대성의.
★ -*ic*로 끝나는 말에 -*al*이 또 붙으면 뜻이 약간 막연해짐: com*ic* 희극의, 우습광스러운→com*ical* 우습광스러운. 또 동사에 붙여서 그 동사의 명사형을 나타내기도한다: bestow 주다→bestow*al*; remove 옮기다→remov*al*; try 해보다 →tri*al* 시도, 재판.
[((래틴)) -*ālis* pertaining to… …에 관련된; 명사가 될 때:←((래틴)) -*āle*(-*ālis*의 중성형)]

-**an**[-ən] of (…의), of the nature of (…의 성질의); belonging to(…에 속하는)따위의 뜻: Anglic*an* 영국국교회의; Republic*an* 공화국의, 공화정체의.
★ 흔히 명사로도 쓰이며, 형용사와 같은 꼴의 명사를 만든다: histori*an* 역사가,

Americ*an* 미국의, 미국인; Christi*an* 기독교도(의).

〔《래틴》 -*ānus* (형용사 어미)〕

-**ant**[-ənt] "…성(性)의", "…을 하는"따위의 뜻: ascend*ant* 우세한, 떠오르는; malign*ant* 악의의 악성의; stimul*ant* 자극성의, 자극하는.

〔《래틴》 -*antem, -entem* (현재분사 어미)〕

-**ar**[-ə] "…의", "…같은"의 뜻: ocul*ar* 눈의, 시각상의; sol*ar* 태양의; simil*ar* 비슷한; regul*ar* 규칙적인.

〔《래틴》 -*ārius* 또는 *āris*〕　☞ -*er*(명사 어미)

-**ary**[-əri] "…의", "…에 관한"의 뜻: arbitr*ary* 마음대로의, 독단적인; milit*ary* 군대의.

〔《래틴》 -*ārius, -ārium*(중성형)〕　☞ -*ary* (명사 어미)

-**ble,-ple**[-bl,-pl] fold (곱, 배)의 뜻: dou*ble* 두곱의, 이중의; tre*ble* 세곱의, 세겹의; quadru*ple* 네곱의, 네겹의.

〔《래틴》 -*plex* 또는 -*plus* full 가득한〕

-**ed**[*d*이외의 유성음 뒤에서 -*d*; *t*이외의 무성음 뒤에서 -*t*; *t,d*의 뒤에서 -*id*로 소리남〕 ① 규칙동사의 과거, 과거분사를 만듬: call→call*ed* [kɔ:ld]; talk→talk*ed*[tɔ:kt]; mend → mend*ed* [méndid] ★ crep*t* bough*t* dream*t* 의 -*t*, 및 n,l,r,의 뒤의 -*t* (보기: gil*t*, sen*t*, gir*t*)도 이 -*ed*와 같은 계통의 어미이다. ② 명사의 어미에 붙여서 "…을 가진", "…의 특성이 있는", "…에 걸린"의 뜻의 형용사를 만듬: balconi*ed* 발코니가 있는; money*ed* 부자의; wing*ed* 날개가 있는; quick-temper*ed* 성미가 급한; diseas*ed* 병에 걸린. 〔《고영》 -*de,-ede,-ode,-ade*〕

-**en**[-(ə)n] 보통 물질을 뜻하는 명사에 붙여서 "…질(質)의" "…성(性)의" "…으로 이루어진", "…제(製)의"의 뜻: ash*en* 재의; wax*en* 밀랍 같은, 창백한; earth*en* 흙으로 빚은; wood*en* 목제의; wool*en* 털실의; silv*ern* 은으로 만든. 〔《고영》 -*en*; cf. 《래틴》 -*inus*, 《그》 -*inos*〕　☞ -*in(e)*

-**ent**[-ənt] "agent (행위자)"를 뜻하는 형용사어미로 그 뜻은 현재분사의 형용사적 용법과 같음: preval*ent*(=prevailing) 널리 행해지는, 유행하는; insist*ent* 강요하는, 끈덕진; differ*ent* 다른. 〔《래틴》 -*entem* (제 2,3,4 변화 동사의 현재분사 어미)〕 ☞ -*ent*(명사어미)

-**er**[-ə] 형용사. 부사의 비교급 (comparative)을 만드는 어미: ① 단음절어; -*y,-ly,-le, -er, -ow*로 끝나는 2음절어; 및 몇몇 다른 형용사의 비교급(특히 액센트가 최후의 음절에 오는 것에 붙임): rich*er* 더 부자의; likeli*er* 더 그럴사한; tender*er* 더 상냥한; fast*er* 더 빨리; narrow*er* 더 좁은; soon*er* 더 일찍. ★ 시에서나 의고체(擬古體)의 산문에서는 그 외의 형용사도 마음대로 -*er*을 붙일 수 있음. 〔《고영》 -*ra*(형용사) -*or*(부사)〕　☞ -*est*

-**escent**[-ésnt] growing, beginning (…하기 시작한, …이 되어 가고 있는)의 뜻: adolesc*ent* 청년기의; convalesc*ent* 회복기의; effervesc*ent* 비등성(沸騰性)의.

〔《래틴》 -*escentem, -escens;* -*escere*로 끝나는 동사의 현재분사 어미〕

-**ese**[-i:z] 《명사 어미로도 쓰임》 ① 지명에 붙여서 "언어", "주민"(단수·복수 동형)을 뜻하거나 belonging to (…에 속하는, …의)의 뜻: Chin*ese* 중국의, 중국어, 중국인 Japan*ese* 일본의, 일본말, 일본 사람; Malt*ese* 말타(섬)의, 말타 사람, 말타 말. ②독특한 작품(作風)의 작가 이름 따위에 붙여서 "…식의", "…특유의 문장, 말투"의 뜻: Carlyl*ese* 카아라일 식의; journal*ese* 신문 잡지 문체(의). ★ -*ese*[-i:z]의 마지막 소리 [-z]를 복수어미인줄로 잘 못 알았기 때문에 속어로 -*ee*로 끝나는 단수형이 생겼다: Chin*ee*, Portug*ee* 〔《고프》 -*eis*←《래틴》-*ēnsis*〕

-esque[-ésk] "…의 양식의", "…식의" 따위의 뜻: arabesque 아라비아식 도안의; burlesque 우스꽝스러운; Dantesque 단테식의, 장중(莊重)한.
   〔(프) -esque (이태) -esco; cf. (래틴) -iscus (=-ish)〕　☞ -ish
-est[-ist] 형용사·부사의 최상급 (Superlative)을 만듦: hardest 가장 딱딱한; fastest 가장 빠른; politest 가장 공손한; narrowest 가장 좁은. ★ 용법은 대체로 -er의 경우와 같다; barren, fragile 처럼 비교급에서는 -er을 붙이지 않고 more를 쓰면서도 최상급에서는 -est를 붙이는 것도 있다; 보통 beautifulest 처럼 3음절어 이상에 -est를 쓰면 약간 멋을 피워서 하는 말이거나 속어적으로 특히 그 뜻이 강조된 느낌을 줄 때가 많다. 〔(고영) -est, -ost, etc.〕　☞ -er
-ful[-f(ə)l, 드물게 -ful] full (…이 가득 한), many (…이 많은), characterized by (…의 특성이 있는)의 뜻: careful 주의하는; delightful 기쁜 좋은; merciful 자비로운; beautiful 아름다운. ② tending to, apt to (…하기 쉬운, …의 경향이 있는)의 뜻: forgetful 잘 잊어버리는; harmful 해로운. ★ 명사어미로 써서 "…가 득한 분량"을 뜻하기도 함: cupful 한잔 가득; mouthful 한 입; basketful 바구니에 가득 (복수형은 cupfuls, mouthfuls, basketfuls, etc.) 〔(고영)-full, -ful; cf. full〕　☞ full
-ible[-əbl,-ibl] -able의 변형으로 래틴계 형용사 어미: audible 들리는; edible 먹을 수 있는; terrible 끔찍한; visible 볼 수 있는. ★ ① -able, -ible의 두가지 어미가 다 붙을 수 있는 단어가 있다:admissible 시인해야 하는, admittable 허용되는; collapsible, collapsable (의자 따위가)접을 수 있는. ② 명사형을 만드려면 -ibility[-ibíliti]를 쓰면 됨: possible 가능한→possibility 가능성. 〔(프) -ible←(래틴) -ibilis, -bilis의 변형〕　☞ -ble, -able
-ic[-ik] ① "…과 같은", "…에 속하는", "…의", "…적(的)인" 의 뜻: artistic 예술적인; public 공공의, 공적인; realistic 현실적인, 사실적(寫實的). ② 《화학》 -ous 보다 원자가(原子價)가 많음을 뜻함: nitric 질소의; sulphuric 유황을 고도로 포함한 (cf. nitrous,sulphurous).
   〔(그) -ikos; (래틴) -icus;; (프) -ique〕　☞ -ic(명사어미), -ous
-ical[-ik(ə)l] "…에 관한", "…같은", "…의"의 뜻: musical 음악의; mathematical 수학적; economical 경제적인;historical 역사적. ★ 대체로 -ic로 끝나는 형용 사와 -ical로 끝나는 형용사의 뜻은 같으나, 뜻이 다른 때도 있는데 -ical이 특수한 뜻이 있는 때가 많다: economic 경제(학)의, economical 경제적인, 검약하는; classic 전통적으로 유명한, classical 고전의; historic 역사상 유명한, historical 사실(史實)에 의거한; Stoic 스토아 철학의, stoical 대연한, 〔-ic+-al; (래틴)-icālis ← -icus + -ālis〕　☞ -ic, -al
-ile[-ail,-(i)l,-əl] belonging to (…에 속하는, …의)의 뜻: gentile(유태인이 본) 이교도의; hostile 적의가 있는; servile 노예의, 비굴한. 〔(래틴) -ilis; -ilis〕
-ine[-ain,-i:n,-in] ① "…과 비슷한", "…에 관한", "…성(질)의"의 뜻: canine 개의; divine 신의; clandestine 비밀의; infantine 어린아이의, 초보의. ② 과학용어나 고유명사에서 형용사를 만드는 어미: alkaline 알카리 성(性)의; saturnine 무뚝뚝한, 토성의 영향을 받은; Byzantine Byzantium의. 〔(래틴) -īnus,-inus←(그) -inos〕
-ior[-iə,-jə] ((래틴계 형용사의 비교급 어미)): more의 뜻: superior 우월한; inferior 열등한; interior 내부의; exterior 외부의; junior 나이 어린; senior 나이 더 많은; major 주되는, minor 작은. 〔(래틴) -ior (비교급 어미)〕
-ique[-í:k] ((형용사 어미)): antique 고대의; unique 유일의, 독특한; oblique 기울어진, 굽은. 〔(프) -ique ← (래틴) -īquus, -īcus〕　☞ -ic
-ish[-iʃ] ① ((인종·국민의 이름)): Irish 아일랜드의; English 영국의, 영어; Span-

ish 스페인의, 스페인어. ② like (…같은, …인듯한)의 뜻: fool*ish* 어리석은; dev*ilish* 악마 같은; book*ish* 책에 골돌한, 학자인체 하는. ③《흔히 경멸하는 뜻으로》child*ish* 아이 같은; monk*ish* 수도승 티가 나는. ④ somewhat (약간), rather (조금)의 뜻: brown*ish* 갈색을 띄운; blu*ish* 푸르스럼한. ⑤《속어》(시간이나 연대에 붙여서) approximately, about (약…, …쯤)의 뜻: eight*ish* 여덟시 쯤; thirty*ish* 서른 안팎의. 〔《고영》 -*isc*; *cf*. 《독》 -*isch*, 《그》 -*iskos*〕

-**ive**[-iv] "…의 경향이 있는", "…의 성질이 있는"의 뜻: act*ive* 활동적; extens*ive* 광범한; recept*ive* 감수성이 센. ★ -*ive*는 명사어미로 쓰이기도 함: nat*ive* 원주민; capt*ive* 포로. 〔《래틴》 -*īvus*; *cf*. 《프》 -*if* (남성형), -*ive*(여성형)〕

-**lent**[-lənt] full of (…에 가득한)의 뜻: vio*lent* 난폭한 (《래틴》 ← *vīs* force 힘); viru*lent* 모진 독이 있는 (《래틴》 ← *vīrus* poison 독) 〔《래틴》 -*lentus*(= -*ful*)〕

-**less**[-lis] ① without, lacking (…이 없는, …이 결핍된)의 뜻: penni*less* 한 푼도없는; guilt*less* 죄 없는; value*less* 가치 없는. ② "…할 수 없는", "…하기 어려운": cease*less* 쉬지 않는; tire*less* 지치지 않는; daunt*less* 대담한. 〔《중영》 -*les* ← 《고영》 -*lēas* ← *lēas* devoid of…이 없는, free from …에서 빠져 나온; loose, lose 와 같은 어원〕 ☞ loose, lose

-**like**[-laik] 대개의 명사에 마음대로 붙여 쓸 수 있는 어미로 "…같은"의 뜻을 나타냄: god*like* 신같은, 성스러운; child*like* 어린아이 같은; home*like* 가정다운. 〔《중영》 *lik*, *lyk* ← 《고영》 *gelīc* similar 비슷한, equal 같은〕 ☞ like, -*ly*

-**ly**[-li] "비슷한", "성질을 지닌"의 뜻 (보통 명사에 붙여 씀): king*ly* 왕자다운; man*ly* 남자다운; woman*ly* 여자다운; soldier*ly* 군인다운. 〔《중영》 -*li*, -*ly*, -*lich*(*e*) ← 《고영》 -*līc*; *cf*. 《독》 -*lich*〕 ☞ like, -*like*, -*ly* (부사 어미)

-**ory**[-(ə)ri] 명사, 동사에 붙여서 "…에 관한, …의, …의 성질이 있는"의 뜻: audit*ory* 귀의, 청각의; prohibit*ory* 금지하는; preparat*ory* 예비적인. 〔《고프》 -*ori*(= 《프》 -*oir*) ← 《래틴》 -*ōrius*(남성어미)〕 ☞ -*or*, -*y*

-**ous**[-əs] ① "…이 있는, "이 많은", "…의 특징이 있는"의 뜻: fam*ous* 유명한; graci*ous* 품위있는; riot*ous* 폭동의, 떠들썩한; poison*ous* 유독한; numer*ous* 수많은. ② 《화학》 "아(亞)…"의 뜻: (-*ic* 보다 원자가가 적음을 뜻하는 형용사 어미): nitr*ous* 질소의 (*cf*. nitric), nitrous acid 아초산(亞硝酸). ★ -*ous*로 끝나는 형용사의 명사형은 보통 -*ousness* (보기: seriousness, etc.)이나 -*osity* (보기: curiosity, etc.)가 될 때도 있다. 〔《중영》 -*ous* ← 《고프》 ← 《래틴》 -*ōsum*〕

-**some**[-səm] adapted to (…에 적합한), productive of (…을 발생하는), apt to(…하기 쉬운)의 뜻: lone*some* 쓸쓸한; toil*some* 힘드는; h*a*nd*some* 잘 생긴; whole*some* 건전한; tire*some* 피곤한; quarrel*some* 말썽을 잘 일으키는. ② 수사에 붙여서 집단을 뜻함: two*some* 짝지은, 둘이 하는; three*some* 3인조의; four*some* 넷으로 이루는, 네 사람이 하는. 〔《고영》 -*sum*; *cf*. 《독》 -*sam*(보기: einsam, zweisam, etc.)〕 ☞ some

-**teen**[-ti:n] ten (10)의 뜻 (13에서 19까지의 기수의 어미): thir*teen* 13; four*teen* 14; fif*teen* 15; etc. ★ -*teen*의 액센트는 rhythm에 따라 ╱ ―, 또는 ― ╱이 된다. 〔《고영》 -*tēne*, -*tyne* ten; *cf*. 《독》 -*zehn*〕 ☞ ten, -*ty*

-**ty**[-ti] ten (10)의 배수(倍數)를 뜻하는 수사 어미: twen*ty* 20; thir*ty* 30; four*ty* 40; fif*ty* 50; etc. 〔《고영》 -*tig*; *cf*. 《독》 -*zig*〕 ☞ -*teen*, ten

-**y**[-i] ① 명사에 붙여서 형용사를 만듬: ⓐ "…을 가지고 있는", "…이 가득한"의 뜻: dirt*y* 더러운; health*y* 건강한; wealth*y* 부자의. ⓑ rather, somewhat (약간, 다소)의 뜻: yellow*y* 노르스름한; chill*y* 쌀쌀한; dusk*y* 어둠침침한. ⓒ apt to (…하

기 쉬운, …의 경향이 있는)의 뜻: drowsy 졸리운; sticky 전득전득한. ⓓ somewhat like (…의 기미가 있는, 다소 …한) wavy 파상(波狀)의; horsy 말의, 말을 좋아하는. ② 다른 형용사에 붙여서 형용사(주로 시에 쓰는 말)을 만듬: pale 창백한→ paly; steep 가파른 →steepy. 《별로 뜻의 변화는 없고 다소 강조된 느낌을 줄 뿐임》 ★ ① 어미의 발음 안되는 -e 는 -y 앞에서 없어짐: ice→ icy; stone→stony. ② 단음절어의 어미의 자음은 그 앞에 단모음(短母音)이 오면 중복해서 적음: knob→knobby; fin→finny (cf. beery, downy, etc.) [(고영) -ig]

(3) 동사어미로 쓰이는 것

-ate[-eit] ① "…이 되다"의 뜻: evaporate 증발하다; maturate 곪(게 하)다. ② "…하게 하다"의 뜻: invalidate 무효로 하다; sublimate 승화(昇華)하다, 고상하게 하다. ③ "…을 생산하다", "…이 생기다"의 뜻: ulcerate 궤양(潰瘍)이 생기(게 하)다; salivate 침이 흐르(게 하)다. ④ "…을 주다", "다루다"의 뜻: vaccinate 에방 접종(接種)을 하다; refrigerate 냉각하다. ⑤ "…을 만들다"의 뜻: triangulate 세모꼴로 만들다, 삼각 측량하다; delineate (윤곽을)그리다. ⑥ "결합하다", "주입하다"의 뜻: chlorinate 염소(塩素)로 처리하다; oxygenate 산화(酸化)하다. ★ ① 명사어미로도 써서 "직위", "…산염(酸塩)"따위의 뜻이 되게 함: senate 상원(上院); consulate 영사직(領事職); sulphate 황산염. ② 래틴계 형용사어미로도 쓰임: fortunate 운이 좋은; delicate 미묘한. ③ -ate에 대한 명사형 어미는 보통 -ation: evaporate→ evaporation; invalidate→invalidation; etc. [《래틴》-ātus, -āta, -ātum (-āre를 어미로 하는 동사의 과거분사형 어미); 또는 《래틴》-ātem (대격)의 동사화한 어미]

-en[-(ə)n] ① 형용사에 붙여서 make "…이 되(게 하)다"의 뜻: whiten 희게 하다; darken 어둡게 하다; weaken 약하게 하다, 약해지다. ② 명사에 붙여서 ①과 같은 뜻: heighten 높이다; strengthen 강화(强化)하다. [《고영》-(n)ian]

-er[-ə] 《반복, 빈번함》을 뜻함: ⓐ 동사에 붙여서: flick 가볍게 치다→ flicker 깜박거리다; wave 흔들다→waver 흔들거리다. ⓑ 소리를 본따서 만든 단어에 붙임: chatter 지절이다; glitter 번쩍이다; etc. [《고영》-r- ← -rian; cf. 《독》-(e)r-]

-fy[-fai] make (…이 되게 하다), become(…이 되다)의 뜻: purify 맑히다; glorify 영광스럽게 하다; simplify 단순하게 하다; beautify 아름답게 하다 (또는 되다). [《프》-fier ←《래틴》-ficāre do, make] ★ 명사형은 -fication이 될 때가 많다: simplify → simplification; purify→purification.

-ing¹[-iŋ] 원형동사에 붙여서 동명사 (Gerund)를 만듬: ① 동사의 "동작", "직업" 따위를 나타냄: dancing 춤추기; hunting 사냥하기; soldiering 군인이 되기, 군인 생활. ② 동작의 "결과", "산물", "재료"의 뜻: clothing 옷감; facing (벽 따위의)마지막 칠하기; building 세우기, 건물. ③ 《형용사적 용법》 a sleeping car (침대차; a looking glass 거울. 《보통 용도를 뜻함》 [《고영》-ing, -ung; cf. 《독》-ung]

-ing²[-iŋ] 원형동사에 붙여서 현재분사 (Present Participle)를 만듬: ① 형용사적, 또는 형용사로 써서: charming 귀여운, 매력 있는; striking 때리는, 뚜렷한; interesting 재미있는. ② 부사, 형용사, 목적어 따위와 결합해서 복합어를 만듬: well-meaning 선의의; strong-smelling 강한 향기의; heartbreaking 가슴을 에이는 듯한. ③ 전치사를 만듬: during…동안. [《중영》-ing(e), -inde, -ende←《고영》-ende]

-ise,-ize[-aiz] ① 《타동사》 "…으로 만들다", "…처럼 다루다", "…으로 처리하다"의

뜻: dramat*ize* 각색하다, memor*ize* 외우다; real*ize* 실현하다; American*ize* 미국화하다; organ*ize* 조직하다. ②《자동사》"…이 되다", "…으로 처리하다", "…과 결합하다", "…에 종사하다"의 뜻: apolog*ize* 변명하다, 사과하다; galvan*ize* 도금하다; oxid*ize* 산화하다; crystall*ize* 결정(結晶)하다.

★ ① -*ise*, -*ize* 어느 쪽을 쓸 것인가는 영국 영어에서는 일정하지 않으나, 미국영어에서는 대체로 -*ize*를 쓴다. ② 다음 단어들은 보통 -*ize*로 쓴다: apolog*ize* 변명하다; character*ize* 특징지우다; dramat*ize* 각색하다; memor*ize* 기억하다; real*ize* 실현하다, 깨닫다; sympath*ize* 동정하다; visual*ize* 눈에 보이게 하다. ③ 다음 단어들은 보통 -*ise*로 쓴다: adv*ise* 충고하다; ar*ise* 일어나다; desp*ise* 경멸하다; dev*ise* 고안하다; disgu*ise* 변장하다; exerc*ise* 연습하다; rev*ise* 개정하다; surpr*ise* 놀라게 하다; etc. 〔《래틴》 -*izāre* ← 《그》 -*izein*; *cf.* 《프》 -*iser*〕

-**ish**[-iʃ] 프랑스어에서 유래한 단어가 이와 비슷한 부류의 동사에 쓰이는 어미: abol*ish* 폐지하다; establ*ish* 설립하다; pun*ish* 벌하다; distingu*ish* 분간하다.
 〔《프》 -*iss*-(현재분사 어미 -*issant*의 어간) ← 《래틴》 -*isc*-〕

-**le,-el,-l**[-l] 《반복》의 뜻: cack*le* 꽥꽥거리다; sniv*el* 코를 흘리다; draw*l* 느릿느릿 말한다. 〔《고영》 -*el,-ela*〕

(4) 부사어미로 쓰이는 것

-**ce, -s**[-s;-z,-s,-iz]: always 언제나; needs 반드시; on*ce* 한번; hen*ce* 그러므로, 지금부터; whil*st*…하는 동안; betwixt 사이에. 〔《고영》 -*es* (소유격 어미)〕

-**ly**[-li] 형용사에 붙여서 부사를 만듬: bold*ly* 대담하게; feeb*ly* 가냘프게; nob*ly* 고상하게; quick*ly* 빨리. 〔《중영》 -*li*, -*ly*, -*lich*(*e*) ← 《고영》 -*lice*〕

☞ like, -*ly* (형용사 어미)

-**ward**(**s**)[-wəd(z)] 《방향》을 뜻함: home*ward*(*s*) 집으로; out*ward*(*s*) 밖으로; to*ward*(*s*)…쪽으로; back*ward*(*s*) 뒤로. ★ -*s*는 부사적 소유격 어미이며 주로 영국에서 붙여 쓴다. 〔《고영》 -*weard*, -*weardes* towards 향하여〕 ☞ -*s*, -*ce*

-**ways**[-weiz] 형용사, 명사에 붙여서 《위치, 방향, 모습》을 뜻함: length*ways* 길이로; side*ways* 옆으로; al*ways* 언제나; end*ways* 앞을 향하여, 두 끝을 맞대고.
★ 흔히 -*wise*와 마찬가지로 쓰임. 〔way+-*s* (부사적 소유격어미)〕 ☞ way, -*s*

-**wise**[-waiz] manner(방법), 방향(direction) 따위의 뜻: side*wise* 옆으로; length*wise* 길이로; any*wise* 어떻게 하더라도; like*wise* 같은 식으로; other*wise* 그렇지 않으면, 달리; clock*wise* 시계 바늘이 도는 방향과 같게 (⑩ counterclockwise).
〔《고영》 *wise* ← *wisian* show way 길을 안내하다; 원 뜻은 make wise (현명하게 만들다)〕 ☞ wise

ㄱ

가건물(假建物): a temporary building.
가게: a shop (영), a store (미); a booth (노점) *가게를 보다 tend the *shop* [*store*]/ 가게를 내다 open *a shop*(*store*)/ 가게주인 *a shopkeeper*, *a store keeper*/ 반찬가게 *a grocery store*/ 길에서 구멍가게를 벌이다 keep a small *shop* by the road-side.
가격(價格): price, cost *시장가격 *the market price*/ 가격표 *a price list* (*tag*)/ 일정한 가격으로 *at a fixed price*/ 최저가격 *the bottom price*/ 가격인상 *a price advance*/ 가격절하 *reduction, discount*/ 가격표기 *declaration of value*/ 가격표기 우편물 *mail matter with value declared*.
가결(可決): approval; adoption; passage *가결하다 pass; carry; approve; adopt; vote/ 그 동의는 2표의 차이로 가결되었다. The motion was *carried* by a majority of two.
가계(家系): a family line; lineage; pedigree *가계도 *a family* tree.
가계(家計): housekeeping; livelihood; family budget *가계부 a domestic account book; a petty cashbook/ 가계부를 적다 keep a *housekeeping* book.
가곡(歌曲): a song *가곡집(集) a collection of *songs*.
가공(加工): processing *가공하다 *process*; work up/ 가공품 *processed*[finished] goods/ 야채를 가공하다 *process* vegetables.
가공(架空): 가공의 unreal; imaginary; fictitious *가공의 인물 an *unreal* person.
가관(可觀): 가관이다 be a sight.
가구(家具): (a piece of) furniture; upholstery *가구장이 a cabinet maker/ 가구점 a furniture store [shop]
가극(歌劇): a lyric drama; [a grand] opera(대가극); an *operetta*(소가극) *가극단 an *opera* company.
가깝다: (be) near; close; (near) by; immediate; short *가까운 친구 an *intimate* friend/ 가까운 예 a *familiar* example/ 바다에 가깝다 It is *near* the sea/ 가까운 장래에 in the *near* future/ 나이가 60에 가깝다 He is *nearly* sixty.
가꾸다: cultivate; nurture; foster; grow *야채를 가꾸다 *grow* vegetables.
가끔: (every) now and then; occasionally; once in a while; from time to time. *가끔 들르다 drop in *from time to time*.
가나오나: wherever one may go [be]; always; all the time; constantly *가나오나 그는 말썽을 일으킨다 He is a *constant* troublemaker.
가난: poverty; want; penury *가난한 *poor*; in want; badly off/ 가난한 사람들 *poor* people; the *poor*/ 가난한 집에서 태어나다 be born *poor*; be born to *poverty*/ 가난해지다 become *poor*; be reduced to *poverty* 그들은 가난하지만 정직하다 They are *poor* but honest.
가냘프다: (be) slender; *slim*.
가늘다: (be) thin (소리); slender (섬세); fine (실 따위) *가는 목소리 a *thin* voice/ 가는 손 a *slender* hand/ 가는 실 a *fine* thread.
가능(可能): possibility *가능한 *possible*; within the range of *possibility*/ 가능성 *possibility*/ 가능하다면 if *possible*; if I can/ 가능한 한 빨리 as soon as *possible*.
가다: go; pass on(세월) *학교 가는 길에 on one's *way* to school/ 꺼져라 ! Get [*go*] away!/ 어디 갔다가 왔느냐? Where *have* you *been*? / 가자 Let's *go*/ 기차를 타고 가다 *go* by

train/ 한 시간에 3마일 가다 go three miles in an hour/ 시간이 감에 따라 as time *passes* by/ 세월 가는 줄도 모르다 be unconscious of the flight [elapse] of time/ 더워서 이 음식도 맛이 갔다 This food *was spoiled* by the heat.

가다듬다 : brace oneself (up) (마음을); collect oneself; (목소리를) put one's voice in tune.

가담(加擔) : *가담하다 take part in; be a party to; fall in with; take part with (원조).

가당찮다 : (be) unreasonable, unjust; improper (은당찮다) ; excessive, extravagant (엄청나다) ; tough, hard (난감하다).

가도(街道) : a highway; a road *경인가도 the Kyung-In *Highway*.

가두다 : shut in [up]; lock in [up]; confine (one) *방에 가두다 confine (one) to a room, *shut* [*lock*] one up in a room.

가득 : full; crowded *가득하다 be *full* of, be *filled* with/ 한잔 가득 a *glassful*/ 그녀의 눈에는 눈물이 가득했다 Her eyes were *filled* with tears/ 방에 사람들이 가득 차 있다 The room was *crowded* with people.

가든하다 : (be) light.

가라앉다 : sink; go down; settle down; descend; become quiet; calm down; go [die] down; subside; recover one's composure; restore the presence of mind; become calm; compose [calm] oneself; abate 배를 가라앉히다 *sink* a ship/ 바람이 가라앉다 the wind *dies down*/ 마음을 가라앉히다 *compose* [*calm*] oneself/ 부기가 가라앉았다 The swelling has *gone down*.

가락 : a key; a pitch; a tune; tone(음조)/ time; **rhythm**(박자) *가락에 맞춰 to the *time of the music*.

가락지 : paired rings.

가랑머리 : hair plaited in two pigtails.

가랑비 : a **drizzle** *가랑비가 내리다 *drizzle*.

가랑잎 : dead [withered] leave.

가래침 : **spittle** *가래침을 뱉다 *spit*; expectorate.

가량(假量) : **about**; **some**; approximately *10마일 가량 *about* [*some*] ten miles or so/ 30명쯤 *some* thirty people/ 두시간 가량 지나면 in *about* two hours.

가련하다 : (be)**poor**; **pitiful**; pathetic; sad; wretched; miserable *가련히 여기다 take *pity* on (one)/ 가련한 친구군 What a *poor* fellow he is!

가렵다 : (be) **itchy**; itching *온몸이 가렵다 I feel *itchy* all over.

가령(假令) : (**even**) if; though; although; supposing that; granted that *가령 그것이 그렇다 치더라도 *admitting that* it is so/ 가령 그가 그렇게 말했다 하더라도 *even if* he said so.

가로 : (폭)width ; (부사적) across ; sideways; horizontally; crosswise; transversely *폭의 *sidelong*; horizontal/ 가로 2피이트 two feet *wide*/ 가로쓰다 write *sideways*.

가로(街路) : a **street**; a road; an avenue; a boulevard *가로수 *street* [*roadside*] trees/ 가로등 a *street* lamp [*light*].

가로막다 : **interrupt** (one); obstruct (the view); block [bar] (the way) *길을 가로막다 *block* the way; *bar* the passage; *stand* in another's *way*.

가로세로 : (명사적) breadth and length; (부사적) breadthwise and lengthwise; horizontally and vertically.

가로지르다 : (건너지르다) **put** (a bar) **across**; (가로긋다) **draw** (a line) **across**; (건너가다) **cross**; **go across**; cut across *길을 가로질러 가다 go *across* the street.

가로채다 : snatch(a thing) from(one); seize; intercept *핸드백을 가로채다 *snatch* a handbag from(her) hand.

가로퍼지다 : grow sideways.

가루 : powder; dust; flour; meal *가루비누 powder soap/ 가루우유 powder[ed] milk; evaporated milk/ 가루음식 flour food/ 가루약 a (medicinal) powder.

가르다 : ① (분할) divide; part; sever; split *다섯으로 가르다 divide into five parts. ② (분배) distribute; divide; share; portion (out) *음식을 갈라먹다. share food with others. ③ (분류) sort(out); group; classify; assort *크게 둘로 가르다 classify into two large groups. ④ (구별·판단) discriminate; distinguish; know [tell] (A) from (B); judge *시비를 가르다 discriminate right from wrong.

가르치다 : (지식) teach; instruct; give lessons(in); educate(교육); coach (지도); enlighten(계몽) show; tell; inform; explain *수학을 가르치다 teach mathematics/ 집을 가르쳐주다. refer (one) to a house.

가르침 : (교훈) teachings; an instruction; (교의) a doctrine; (계율) a precept; (신조) a creed *소크라테스의 가르침 the teachings of Socrates.

가름 : 가름하다 divide (up); separate; discriminate.

가리개 : twofold screen.

가리다 : (선택) choose; select; make a choice of; prefer; pick out *모래에서 금을 가려내다 separate gold from sand; (막다) shield; screen; shelter; cover; shade; hide; conceal *손수건으로 얼굴을 가리다 cover one's face with one's handkerchief; (쌓다) pile up(in ricks).

가리키다 : point to; point at; indicate; show *손가락으로 사람을 가리키다 point at (a man) with (his) finger/ 방향을 가리키다 point the direction/ 자침은 북쪽을 가리킨다 The magnetic needle points to the north.

가마 : (탈것) a palanquin; a sedan-chair.

가마니 : a straw-bag [-sack].

가마솥 : a cauldron; a large iron pot/ 증기 가마솥 a steam boiler.

가만가만 : stealthily; quietly; gently; softly; lightly.

가만있자 : well; let me see.

가만히 : (넌지시) covertly; stealthily; tacitly; imperceptibly; (몰래) in secret (private); privately; secretly *가만히 집을 빠져 나오다 slip out of the house; (조용히) still; calmly; quietly; silently; motionlessly/ 가만히 있다 keep still; remain quiet.

가망(可望) : hope; promise; chance; probability; possibility; a prospect (전망) *가망없는 hopeless/ 가망이 있다 be promissing; be hopeful/ 성공할 가망 a hope [chance] of success.

가맣다 : (검다) (be) black; dark; (멀다) (be) distant; far; remote.

가매장(假埋葬) : temporary interment [burial] *가매장하다 bury temporarily.

가맹(加盟) : joining; participation; affiliation; alliance *가맹하다 join; participate in; take part in; associate oneself with/ 가맹국 a member nation.

가면(假面) : a mask; disguise *가면 a masque/ 가면무도회 a masked ball; a masquerade/ …의 가면하에 under the mask of; under the colour of/ 가면을 쓰다 mask one's face; wear a mask/ 자선이란 가면 아래 under the mask of charity.

가명(假名) : an alias *가명으로 under an assumed name; incognito.

가무(歌舞) : singing and dancing; songs and dances; all musical and other entertainments.

가문(家門) : birth; lineage (가계) *가문이 좋은 of a good stock; of high descent.

가물거리다 : (불빛이) flicker; glimm-

가물거리는 불빛 a *flickering* light/ 가물거리는 기억 a *faint*[dreamy] memory; a *faint* recollection.

가물다: (be) droughty; have a spell of dry weather.

가물치(魚): a **snakehead**.

가미(加味): 가미하다 season; flavour; add (부가).

가발(假髮): a (peri) wig; false hair *가발을 얹다 wear a *wig*.

가방: a **bag**; a satchel; a trunk (대형); a suitcase (소형) *가방 a hand*bag*.

가볍다: ① (무게) (be) **light**; not heavy; lacking in weight *가벼운 짐 a *light* load; a *light* baggage. ② (경미) (be) **slight**; not serious; trifling *가벼운 두통 a *slight* headache/ 가벼운 죄 *minor* offenses. ③ (식사따위) (be) light; not heavy; plain *가벼운 식사 a *light* meal; a snack. ④ (사람이) (be) imprudent; careless; indiscreet; thoughtless; rash. *입이 가볍다 be talkative.

가보(家寶): a family treasure; an **heirloom**.

가부(可否): (옳고 그름) right or wrong; proper or improper; (찬부) yes and no; pro and con; for and against; approval or disapproval *가부간 *right* or *wrog* (옳고 그름); *for* or *against* (찬부)/ 투표로 가부를 결정하다 decide (a matter) by vote; take a vote.

가불(假拂): an **advance**, advance payment; suspense payment *가불하다 pay in *advance*.

가쁘다: (숨이) be out of breath; breathe with difficulty.

가사(家事): household affairs; **domestic** duties; family concerns *가사과 *domestic* science[course] (학문); the department of *domestic* science (학과)/ 가사를 처리하다 manage the *house*/ 가사에 얽매어 있다 be occupied with *household* cares.

가산(加算): 가산하다 **add**; include *가산기 a *calculating*[an adding] machine/ 이자를 가산하다 *include* interest.

가상(假想): imagination; supposition *가상하다 *imagine*; suppose/ 가상적인 *imaginary*; hypothetical/ 가상의 적(敵) a *hypothetical*[potential] enemy.

가새풀【식】: a **milfoil**; a yarrow.

가설(架設): 가설하다 **build**; construct; install (전화를); span (다리를) *강에 다리를 가설하다 *build* a bridge over a river.

가설(假設): ① (일시적) 가설의 **temporary** *가설극장 a *temporary* theatre/ 가설교(橋) a *temporary* bridge. ② (상상적) hypothesis; supposition; (법) fiction/ 가설의 hypothetic(al)/ 가설연습 a *skeleton* drill.

가세(加勢): 가세하다 (조력) **help**; **aid**; assist; (지지) support; take sides (with).

가소(可笑)**롭다**: (be) laughable; ridiculous; nonsensical.

가속도(加速度): **acceleration** *가속운동 an *accelerated* motion/ 가속적인 accelerative; accelerated.

가수(歌手): a **singer**; a songstress (여자); a vocalist (성악가).

가스: **gas** *가스관(管) a *gas* pipe/ 가스요금 a *gas* rate/ 가스중독 *gas* poisoning/ 가스등 a *gas* light[lamp].

가슴: the **breast**; the chest (흉곽); the bosom (품); heart, mind (마음) *가슴이 아프다 have a pain in the *chest*/ 가슴이 터지도록 울다 cry to one's *heart* out/ 가슴이 뛰다 one's *heart* throbs(with)/ 가슴의 병 *chest* troubles/ 가슴속 깊이 간직한 생각 an idea cherished deep in one's *heart*.

가시: (장미 등) a **thorn**; (풀잎 등) a prickle; (덤불 등) a bramble; (밤송

가연성: inflammability; combustibility *가연의 combustible; inflammable/ 가연물 combustibles.

가열(加熱): 가열하다 heat; apply heat to.

가엾다: (불쌍하다) (be) pitiable; pitiful; poor; sad; miserable; (애틋하다); (be) pathetic; touching *가엾게 여기다 feel pity[sorry] for; take pity on; pity (one); have[take] compassion (on); sympathize with/ 가엾어라！ what a pity!; Alas; poor thing!/ 가엾은 고아 a poor orphan.

가옥(家屋): a house; a building *가옥세 a house tax/ 가옥의 매매에 종사하다 deal in real estate.

가외(加外): 가외의 extra; spare; excessive *가욋일을 하다 do extra work; work extra time(시간 외에).

가요(歌謠): a song; a melody/ 가요곡 a popular song.

가운데: ① (중간) the middle; the midway; (안쪽) the interior; the inside *가운데로 들어가시오 Step forward, please ② (일부분) among (them) *그 가운데서 어느 것이나 다섯만 골라라 choose any five from among the number ③ (한 가운데) the middle; the center; the heart *가운데 손가락 the middle finger.

가위: scissors; shears *가위 한 자루 a pair of scissors/ 가위로 베다 cut(a thing) with scissors/ 가위질 scissoring.

가윗날: the 15th day of August of the lunar calendar.

가을: autumn; fall (미) *가을의 autumn(al); fall/ 가을바람 autumn wind/ 가을보리 autumn-sown barley/ 가을경치 autumnal scenery.

가입(加入): 가입하다 enter(for); join; associate; affiliate oneself with; became a member of; subscribe (전화 따위) *조합에 가입하다 join in association.

가작(佳作): a fine piece (of work); a work of merit *선외가작 a fine work left out of the seletion.

가장(家長): the head of a family; a patriarch (남자); a matriarch(여자) *가장제도 patriarchism.

가장(假裝): ① (변장) disguise; masquerade *가장하다 disguise oneself; dissemble; dress up/ 가장행렬 a fancy dress parade/ 가장하여 in disguise/ 여자로 가장하다 dress up as a woman ② (거짓) pretence; semblance; simulation; camouflage/ 가장하다 feign; pretend; affect; assume; make believe.

가장: most; least (적을 때) *가장 쉬운 방법 the easiest method.

가장자리: an edge; a verge; a brink; a margin.

가정(家庭): home; a family *가정의 home; domestic; family/ 가정생활 a home life/ 가정경제 household economy/ 가정교사 a private teacher; a tutor/가정교육 home education/ 가정을 갖다 start a home; make a home.

가정(假定): supposition; assumption; hypothesis.

가져가다: take〔carry〕away; take (with); take along; make off with *누가 내 칼을 가져가 버렸다 somebody has taken away my knife.

가져오다: bring; bring(a thing) with; fetch; get; carry; take(a thing) with[along]; invite; cause; result [end] in; bring about.

가족(家族): a family; a household; members of a family *가족수당〔석〕 a family allowance[box]/ 가족동반

가죽 : skin(짐승의); a **hide**(주로 마소의); (무두질한) (tanned) **leather**; tanned[dressed] skin; buff; chamois leather; a fur ***가죽주머니** a *leather* bag/ 가죽장수 a *leather* dealer/ 호랑이가죽 a tiger's *skin*/ 가죽장갑 *leather* gloves/ 가죽을 무두질하다 tan; dress (a skin).

가중(加重) : ① 가중하다 **weight** *가중평균 *weighted* average ② (형벌을) 가중하다 **aggravate** *형을 가중하다 raise [*aggravate*] the penalty.

가지 : a **branch**; a bough(큰); a twig; a sprig(작은); a spray(꽃이 있는); a limb *가지를 꺾다 break off a *branch*.

가지 : (종류) a **kind**; a class; a set (벌) *가지 가지의 *various*; diverse; sundry/ 가지 각색의 *various*; sundry.

가지다 : (소유) **have**; posses; **own**; (손에) hold(in one's hand); (휴대 및 운반) carry(with one); have with one *돈 가진 것 있읍니까? *Have* you any money *with* you?/ 양서를 많이 **가지고** 있다 *have* many foreign books/ 나는 돈을 좀 가지고 있다 I *have* some money *with* me/ 이 꾸러미를 가지고 계십시오 *Hold* this bundle *for* me, please/ 인간은 이성을 가지고 있다 Man *is endowed with* reason.

가지런하다 : (be) in order; arranged neatly; trim; even; *가지런히 trimly; evenly/ 키가 가지런하다 be of *the same* height.

가지치다 : (자르다) lop off branches.

가짜 : (모조품) an **imitation**; a sham; a spurious article; (위조품) a forgery; a counterfeit; a fake; a bogus *가짜의 *sham*; *imitative*; bogus; spurious; forged/ 가짜보석 an *artificial* [*imitation*] stone.

가책(苛責) : **torment**; torture; pangs (양심의) *양심의 **가책**을 받다 be conscience-*stricken*; feel *remorseful*.

가축(家畜) : domestic animals; livestock *가축병원 a *veterinary* hospital/ 가축을 치다 raise *livestock*.

가출옥(假出獄) : provisional release; release on parole *가출옥하다 be released on parole; be out on bail(보석).

가치(價値) : **value**; **worth**; merit *가치판단 *valuation*; evaluation/ 가치있는 *valuable*; *worthy*/ 가치없는 *wo*rthless; of no *value*.

가칭(假稱) : ① (가정의) a **provisional** designation; a tentative name ② (사칭) **impersonation**; misrepresentation; false assumption.

가택(家宅) : a **house**; a **domicile**; a residence *가택수색 a *domiciliary* search[visit]/ 가택침입 trespass; unlawful entry.

가해(加害) : ① (손해) **harm**; **damage**; loss *가해하다 *damage*; do *harm*; inflict a loss on ② (상해) an assault; violence; murder (살해) *가해하다 commit a *violence*; assault.

가혹(苛酷) : (무참) **cruelty**; (잔인) brutality; (엄혹) severity; harshness *가혹하다 (be) severe; *cruel*; hard; harsh; rigorous; merciless/ 가혹한 벌 a *severe* punishment.

가화(佳話) : (미담) a good[fine] story.

가훈(家訓) : family precepts.

각(角) : ① (각도) an **angle**; angular measure; degrees of an angle ② (뿔) a **horn**; an antler(사슴의); a feeler (촉각); ③ (모퉁이) a corner; a turn(ing) (돌아가는) *직각 a right *angle*.

각각(各各) : each; every; all; separately; respectively.

각계(各界) : every field[sphere] of life; various circles[quarters] *각계 각층의 명사 notables representing *various departments of society*.

각고(刻苦) : hard work; close application; indefatigable industry *각고하다 work hard; apply oneself closely to/ 각고정려하다 by dint of industry.

각골난망(刻骨難忘) : **각골난망하다** have an eternal gratitude to (one).

각광(脚光) : the footlights; **highlight** *각광을 받다 be *highlighted*; make one's appearance before the *footlights*; be performed before the *footlights* (극의).

각국(各國) : every country; each nation; various countries; the world; all countries *세계각국 *all countries* of the world.

각박(刻薄) : **각박하다** (be) hard-hearted; unfeeling; heartless; cruel.

각방면(各方面) : every direction[quarter]; all **directions** *사회 각방면 *all sorts and conditions* of men; *all strata* of society.

각부분(各部分) : each[every] part; all parts(여러 부분) various parts.

각색(各色) : ① (종류) many kinds; a large **variety** *각양 각색의 *various*; diverse ② (빛깔) **various** colours; each colour.

각색(脚色) : **dramatization** *각색하다 **dramatize**; adapt for a play/ 각색가 a *dramatizer*; an *adapter*.

각서(覺書) : a **memorandum**; a memo; a note; an aide-mémoire(외교상의) *각서의 교환 an exchange of notes.

각선미(脚線美) : the beauty of leg lines.

각성(覺醒) : **awakening**; arousal; disillusion *각성하다 *awake*(from, to); wake up (to); be disillusioned(미몽에서)/ 각성시키다 *awaken*; open one's eyes; bring (one) to one's senses; arouse.

각오(覺悟) : (인식) **readiness; preparedness**; (결심) resolution; (대기) expectation; (단념) resignation; prepare (oneself) for; make up (one's) mind (to do) *각오하다 be *ready [prepared]* for; be determined; expect/ 그는 죽음을 각오하고 있다 He is *prepared* for death.

각자(各自) : **each one**, every one; (부사적) each *각자의 *each*; respective.

각종(各種) : every kind; **various kinds**; all kinds *각종의 *all sorts of*; of *all kinds*; *various*.

각주(脚註) : **footnotes** *책에 각주를 달다 give *footnotes* to a book.

각지(各地) : every place; (여러 지방) various places[quarters]; (전지방) all parts of the country *세계 각지로부터 from *every corner of* the earth.

각축(角逐) : **competition**; rivalry; contest *각축하다 *compete*(with); contend (with); vie with (for)/ 각축장 the arena of *competition*.

각층(各層) : **each class** (of society) *각계각층의 명사 notables *in [of] all walks* of life.

각항(各項) : each item[paragraph].

간 : (소금 성분) the ingredient of salt; (소금맛) a salt taste; saltiness *간하다 salt down; season/ 간보다 taste (a thing) to see how it is seasoned; test the seasoning of.

간격(間隔) : (공간) a space; an **interval**; a gap *5미터의 간격을 두고 at five-meter *intervals*; at *intervals* of five-meter.

간결(簡潔) : **brevity; conciseness; terseness** *간결한 brief; concise; terse/ 간결히 briefly; concisely/ 간결한 설명 a *brief* explanation.

간계(奸計) : a **trick**; an evil design; a vicious plan; an artifice.

간곡(懇曲) : **kindness; cordiality**; exhaustiveness (자상) *간곡(정중)한 polite; courteous; (친절) *kind*; friendly/ 간곡하게 대접하다 receive (one) *cordially*; entertain (one) *hospitably*.

간과(看過) : **간과하다** overlook; pass over; fail to notice; connive at(묵인).

간교(奸巧): 간교한 cunning; wily; crafty; artful.

간단(簡單): brevity; **simplicity** *간단한 brief; simple; light; easy(용이)/ 간단한 편지 a brief letter/ 간단히 말하다 speak in plain language/ 간단한 문제 a simple question.

간담(肝膽): ① (간과 쓸개) liver and gall ② (마음·심중) one's innermost heart *간담을 서늘케 하다 strike chill into one's heart; curdle one's blood.

간드러지다: (be) **charming**; fascinating; radiant; bright; coquettish.

간들거리다: ① (태도) act in a charming manner; coquet ② (바람) blow gently; breeze ③ (물체) shake; rock; totter.

간략(簡略): **simplicity**; brevity *간략한 simple; brief; informal (약식).

간망(懇望): an **entreaty**; solicitation *간망하다 entreat; desire earnestly.

간밤: last night; yesterday evening.

간부(幹部): the **management**; the managing staff; the executive; the leaders *간부회 a meeting of the managing staff; a directorial meeting/ 간부후보생 a cadet; an officer cadet.

간사(奸邪): **cunning**; craft; treachery; wickedness *간사한 crafty; foxy; wily; treacherous; wicked; sly/ 간사한 놈 a foxy fellow.

간석지(干潟地): a dry beach; a tideland; a beach at ebb tide.

간섭(干涉): interference; intervention; meddling *간섭하다 put (one's) nose into; interfere (in a matter) with (one); step in/ 무력 간섭 armed intervention/ 선거 간섭 official interference in an election.

간소(簡素): **simplicity** *간소한 simple; plain; simple/ 간소한 식사 a plain meal/ 간소화하다 simplify.

간수(看守): a prison guard; a turnkey; a warder; a **jailer**; a gaoler

간수하다: keep; preserve.

간식(間食): eating between meals; a snack *간식하다 eat between meals; have a snack.

간신(艱辛): **hardships**; privations; afflictions *간신히 with difficulty; narrowly; barely/ 간신히 살아가다 eke out a scanty livelihood.

간악(奸惡): **wickedness**; treachery *간악한 wicked; villainous; knavish.

간언(諫言): remonstrance; advice.

간음(姦淫): **adultery**; misconduct; illicit intercourse *간음하다 commit adultery; have illicit intercourse with/ 간음죄 adultery.

간장(肝腸): **heart**; the seat of emotion *간장을 녹이다 be heartbroken.

간절(懇切): 간절한 **earnest**; eager; fervent *간절한 소원 one's fervent desire/ 간절한 부탁 one's (an) earnest request/ 간절히 부탁하다 entreat/ 간절히 권하다 strongly advise.

간접(間接): 간접의 **indirect**; roundabout; second-hand *간접적으로 indirectly; at second hand/ 간접목적어 an indirect object/ 간접선거 indirect election/ 간접화법 indirect narration[speech]/ 간접세 an indirect tax/ 간접무역 indirect trade.

간주(看做): 간주하다 **consider**; regard; look upon (as); take (for) *농담으로 간주하다 Treat it as a joke; look upon it as a joke/ 해결된 것으로 간주하다 Look upon (a matter) as settled.

간지(奸智): **cunning**; **craft**; guile; wiles; subtlety.

간지럽다: ① (몸이) be **ticklish** *발이 간지럽다 My feet tickle ② (마음이) be thrilled; feel shameful.

간직하다: **keep**; store; put away; hoard (가슴에); hold in mind (마음에) *가슴속 깊이 간직해 두다 keep in one's heart.

간첩(間諜): a **spy**; an agent; a political[secret] agent.

간청(懇請): **entreaty**; solicitation; an

earnest request *간청하다 entreat; implore; solicit (one for); *earnestly* request [ask for]/ 간청에 의해 at a person's *earnest request*.

간파(看破) : penetration *간파하다 see through; take in; *penetrate* into/ 동기를 간파하다 *penetrate* another's motives.

간판(看板) : a **sign** [board]; a billboard; (외관) show; appearance *간판장이 a *sign* maker [painter].

간편(簡便) : 간편한 **easy**; handly; convenient.

간행(刊行) : publication *간행하다 *publish*; issue; bring out/ 간행물 a publication/ 정기 간행물 a periodical.

간호(看護) : **nursing**; tending *간호하다 *nurse*; *care for*; watch [sit up] with tend, attend/ 간호법 the art of *nursing*/ 간호병 a *nurse*; a hospital orderly/ 간호부 a (trained) *nurse*; a practical *nurse*; a head *nurse*/ 간호학교 a *nurse* training school/ 간호원 a *nurse*/ 환자를 간호하다 *Look after* a sick man.

간혹(間或) : **occasionally**; sometimes; once in a while; now and then; from time to time *간혹 오는 손님 a *casual* visitor/ 그는 간혹 우리 집에 온다 He come to see us *once in a while*.

갇히다 : be confined; be shut up; be locked in; be imprisoned (감옥에) *눈 때문에 집안에 갇히다 be *kept* indoors by snow.

갈기갈기 : in pieces; (in) to shreds *갈기갈기 찢다 tear *to pieces*; tear into *strips*; tear *piecemeals*.

갈기다 : (때리다) **beat**; hit; strike; thrash.

갈다(땅을) : till; plough; cultivate; plow.

갈다(바꾸다) : change; replace; alter.

갈다 : ① (숫돌 및 돌) whet; **sharpen**; grind; hone (면도칼을) *칼을 갈다 *sharpened* a knife; scour a knife; ② (광나다) polish; burnish; cut (광석 등) *다이아몬드를 갈다 cut [*polish*] a diamond ③ (먹 등) chafe (줄) rub; file *먹을 갈다 *rub* (down) an ink stick ④ (가루) grind (down); rub fine; reduce to powder ⑤ (이) **grind one's teeth** *이를 갈며 분해하다 *grind one's teeth* with vexation (at).

갈대(식물) : a reed; a rush *갈대밭 a *reed* blind [screen]/ 갈대 많은 *reedy*/ 여자의 마음은 갈대와 같다 Woman is as fickle as a *reed*.

갈등 : complication; trouble: discord *갈등을 일으키다 cause [give rise to] *complications*.

갈라서다 : break with; separate; part from (with); divorce (이혼) *그는 아내와 갈라(이혼)섰다 He is parted from his wife.

갈라지다 : split; cleave; crack; break; break up; fall out; be divided *둘로 갈라지다 *break* in two/ 여러 파로 갈라지다 *split into* several factions.

갈림길 : a forked road; a crossroads.

갈망(渴望) : 갈망하다 long (yearn, thirst) for; hanker after; desire eagerly *지적 갈망 an intellectual thirst [*desire*].

갈매기【조】 : a sea gull [mew].

갈비 : the ribs; the costae *소의 갈비 *ribs* of beef/ 갈빗대 a *rib*.

갈색 : brown *갈색의 *brown*/ 갈색인종 the *brown* races.

갈수(渴水) : a dearth of water/ 갈수기 a *dry* season.

갈수록 : all the more; increasingly.

갈아타다 : make change (at); change; transfer to; trans-ship(배를) *갈아타는 역 a junction [station]; a *transfer* point.

갈증(渴症) : thirst *갈증이 나다 feel *thirsty*.

갈채(喝采) : cheers; applause; an ovation *갈채하다 *applaud*; acclaim;

cheer; give *cheers*; give an ovation/ 우뢰 같은 갈채 a storm of *applause*.

갈탄: brown coal; lignite; subbituminous coal.

갈팡질팡: confusedly; in a flurry; **helter-skelter**; pell-mell; this way and that *갈팡질팡하다 run *helterskelter*; run *pell-mell*; get *flurried*; do not know what to do; be at a loss.

감각(感覺): **sense**; feeling; sensation *감각하다 *feel*/ 감각미 *sensuous* beauty/ 감각 기관 a *sense* organ; a *sensory*/ 감각력 *sensibility*/ 감각 신경 a *sensory* nerve/ 감각적 *sensible*; *sensual*/ 감각이 없는 *sense*less; *numb*/ 감각이 날카롭다(둔하다) have keen [dull] *senses*.

감감하다: ① (시간 차이) be long (before) *내가 그의 학식을 따라 가려면 아직 감감하다(멀었다) It will *be long* before I get as much knowledge as he has ② (소식) hear nothing of; learn no news of (one) *그 후로 소식이 없다[감감하다] I have *not heard from* him ever since.

감개(感慨): **deep emotion** *감개 무량하다 be full of *deep emotion*.

감격(感激): **deep emotion** *감격하다 be *deeply moved* by; be *deeply impressed* with (by); be *deeply stirred*; be *carried away with emotion* 감격의 눈물을 흘리다 *be moved* to tears.

감금(監禁): **confinement**; imprisonment; detention *감금하다 *confine*; imprison; detain; lock in/ 불법감금 illegal [unlawful] *detention*.

감기(感氣): a cold *유행성 감기 influenza*; 심한 감기 a bad *cold*/ 코 감기 a *cold* in the nose/ 감기약 medicine for a *cold*; a *cold*-cure/ 감기에 걸리다 catch (a) *cold*; have a *cold*.

감기다: (덩굴 등); twine [coil] itself round; entwine; (태엽) be wound *나무에 뱀이 감겨 있었다. A snake *coiled itself* around the tree.

감기다: (눈이) be **closed**.

감다(실 등) wind; coil; twine; bind; **round** *목에 붕대를 감다 Tie a bandage *round* the neck.

감당(堪當): 감당하다 cope with; deal well with *감당해 낼 만하다 *be equal to*; be competent for/ 적을 감당해 내다 *cope with* the enemy.

감도(感度): sensitivity; sensitiveness.

감독(監督): **supervision**; control; direction *감독하다 *superintend*; *supervise*/ 감독관청 the *competent* authorities; 감독관 an inspector; a manager; a director; a bishop/ …의 감독하에 under the *supervision* of.

감동(感動): **impression**; inspiration; **emotion** *감동하다 be *impressed* (with, by); be moved by/ 감동시키다 *impress*; move; affect; appeal to (one) / 크게 감동하다 be filled with *emotion*; be deeply *moved*/ 크게 감동하여 눈물흘리다 be deeply *moved* to tears.

감리교(監理敎): **Methodism** *감리교회 the *Methodist* Church.

감미(甘味): sweetness; **a sweet taste**.

감별(鑑別): **discrimination**; discernment *감별하다 *discriminate*; discern.

감복(感服): **admiration**; wonder *감복하다 *admire*; be struck with admiration; wonder at/ 감복할 만한 *admirable*; laudable; praiseworthy/ 감복시키다 excite one's *admiration*.

감봉(減俸): **reduction of one's salary** [pay]; *감봉하다 *reduce* [*cut*] one's *salary*.

감사(感謝): thanks; gratitude; appreciation; (신에게) thanksgiving *감사하다 thank; be thankful [grateful]; feel grateful; express one's gratitude/ 감사장 a letter of *thanks*/ 추수감사절 *Thanksgiving* Day/ 뭐라고 감사의 말씀을 드려야 좋을지 모르겠읍니다 I can never *thank* you enough.

감사(監事) : (사람) an **inspector**; a supervisor; an auditor.

감상(鑑賞) : **feelings**; thoughts; impression/ 감상담 comments; expression of one's *feeling*/ 감상문 description of one's *feeling*/ 감상을 말하다 state one's *impressions* of.

감소(減少) : **diminution**; decrease; reduction *감소하다 *diminish*; decrease; drop; dwindle.

감속(減速) : speed **reduction**/ 감속장치 *reduction* gear; a speed *reducer*.

감수(甘受) : 감수하다 submit to; put up with *모욕을 감수하다 *brook* [*pocket*, *swallow*] an insult; *eat* dust [*dirt*].

감수성(感受性) : **sensibility**; impressibility *감수성이 강한 *sensitive*.

감시(監視) : (파수) **watch**; lookout; vigil; observation; picketting *감시하다 *watch*; observe; keep an eye on; supervise; (형법상의) surveillance; police supervision.

감식(鑑識) : **judg(e)ment**; critical talent; discrimination; appreciation * 범죄감식 criminal *identification*.

감싸다 : **protect**; shield; shelter from; take one under one's wings.

감언(甘言) : honeyed (sweet) words; **flattery**; cajolery *감언으로 속이다 *coax* one to/ 감언이설로 꼬이다 talk [*cajole*, *wheedle*] (one) into.

감옥(監獄) : **a prison**; a gaol; a jail *감옥살이 imprisonment; servitude.

감원(減員) : reduction of the staff; a personnel cut *감원하다 *reduce* the personnel of.

감은(感恩) : **gratitude**; gratefulness.

감자 : a (white) **potato**.

감전(感電) : an **electric shock** *감전되다 receive an *electric shock*; be *struck by electricity*/ 감전하여 죽다 be killed by an *electric shock*; be *electrocuted*.

감정(感情) : **feeling**(s) ; passion(열정); **emotion**(정서); sentiment(정조); impulse(충동) *감정의 충돌 a collision of *feelings*/ 감정적인 sentimental; passionate; *emotional*/ 남의 감정을 해치다 hurt [wound] another's *feelings*.

감정가 : a judge; a connoisseur; a taster; an appraiser.

감지(感知) : **perception** *감지하다 *perceive*; sense; become aware of.

감지덕지(感之德之) : 감지덕지하다 heartily *appreciate*; offer cordial gratitude to (for).

감찰(鑑札) : **licence** *영업감찰 a trade *licence*/ 감찰료 a *licence* fee.

감천(甘泉) : a spring of sweet [fresh] water.

감촉(感觸) : the (sense of)**touch**; feeling; sensation.

감쪽같다 : be just as it was; be just as before; perfect(완전); complete; be as good as before; be so nicely prepared as not to allow any difference from the former state; be successful *감쪽같이 속다 be *nicely* taken in; *fall an easy victim* to a trick.

감추다 : (숨기다) **hide**; conceal; put out of sight; keep secret (드러나지 않다) **cover**; veil; cloak one's abscond(도망) *눈물을 감추다 *stifle* one's tears.

감축(減縮) : reduction; diminution; retrenchment *감축하다 *reduce*; diminish; retrench; curtail; cut down.

감탄(感歎) : **admiration**; wonder; marvel/ *감탄하다 *admire*; be struck with admiration; marvel at/ 감탄할 만한 솜씨 an *admirable* performance/ 감탄사 an interjection; an *exclamative*/ 감탄문 an *exclamative* sentence/ 감탄부호 the *exclamation* mark.

감히 : boldly; fearlessly; **daringly** *감히 ~하다 *dare* (to do).

갑갑하다 : (be) stodgy; stuffy; irksome; **feel heavy**; tedious; heavy *가슴이 갑갑하다 *feel heavy* in the chest.

갑부(甲富) : the richest man; the wealthiest.
갑옷 : a suit of on armour; a suit of mail.
갑자기 : suddenly; all of a sudden; all at once; unexpectedly *갑자기 병에 걸리다 be *suddenly* taken ill.
갑작스럽다 : (be) sudden; abrupt; unexpected *그의 죽음은 갑작스러웠다 His death was *unexpected*.
갑절(두배) : double; two times; twice.
값 : (가격) price; cost; (가치) value; worth *엄청난 값 an unreasonable *price*/ 알맞는 값 a reasonable *price*/ 값나가는 enpensive; dear/ 값없는 cheap; valueless/ 값지다 be valuable/ 값이싸다(비싸다) be cheap (expensive); be low (high) in *priec*; be low-(high)-*priced*/ 값을 치르다 pay for (an article)/ 값이 오르다(내리다) rise (fall) in *price*/ 값을 올리다(내리다) raise (lower) the *price*/ 값이 얼마입니까? What is the *price* (of this article)?; How *much* is this?/ What do you *charge for* this?
강(江) : a river *강가 a *river* side; a *river*-bank/ 강바닥 a *river*-bed; the bottom of a *river*.
강건(强健) : robust; health *강건한 *robust*; healthy; strong; hardy.
강경(强硬) : 강경한 strong; firm; vigorous; resolute *강경히 *strongly*; firmly; vigorously; resolutely/ 강경한 결의문 a *strongly*-worded resolution/ 강경한 태도를 취하다 take a *firm* attitude [stand] (against).
강구(講究) : 강구하다 consider; devise; think out; adopt(채택) *적당한 수단을 강구하다 take a proper *step*.
강남콩(식) : the common kidney bean; a French bean.
강단(講壇) : a lecture platform; a cathedra; a pulpit; a rostrum *강단 사회주의 socialism *on the chair*; *professorial* socialism.

강당(講堂) : an anditorium; an assembly hall; a lecture hall.
강대(强大) : 강대한 powerful; mighty; strong *강대국 a *powerful* country; a *power*.
강도(强盜) : a burglar; a robber; a burglary; robbery(행위) *강도질하다 *burglar*; commit *burglary*.
강등(降等) : demotion *강등하다 *demote*; reduce [degrade] to a lower rank.
강력(强力) : 강력한 strong; powerful; mighty *강력범 a crime of *violence*.
강렬(强烈) : 강렬한 severe; intense; strong *강렬한 색채 a loud [*gaudy*] colour/ 강렬한 술 *strong* liquor.
강바람 : a river wind.
강박(强迫) : coercion; duress(e); compulsion *강박하다 *coerce*; compel; force/ 강박관념 *fear* complex; an *imperative* conception; an *obsession*/ 강박관념에 사로잡히다 be obsessed (by, with).
강사(講師) : a lecturer; an instructor; (직) lectureship *서울 대학교 강사 a *lecturer* at the Seoul University.
강산(江山) : (강과 산) rivers and mountains; (땅) a land; the territory.
강세(强勢) : (음) stress; emphasis(시세); a strong [firm] tone.
강습(講習) : a short(training) course; a class *강습받다 take *a short training course*/ 강습생 a student; a lecture class(총칭)/ 강습소 a *training school*; an institute.
강아지 : a little dog; a pup; a puppy.
강압(强壓) : pressure; coercion; high-handedness *강압적 *high-handed*; coercive/ 강압정책 a *high-handed* policy.
강연(講演) : a lecture; an address; a talk *강연하다 (give a) *lecture*; address (an audience)/ 라디오 강연 a radio *talk*; an *address* given over the radio/ 강연회 a *lecture* meeting.
강요(强要) : enforcement; extortion;

exaction *강요하다 *exact*; demand; force; *compel*/ 아무에게 …을 강요하다 *force* [*compel*] one to (do)/ ~에게 ~하도록 강요하다 *force* one to do.

강우(降雨) : rainfall; **rain** *강우하다 *rain*/ 강우기 wet [*rainy*] season/ 강우량 the amount of *rainfall*; a *rainfall*.

강음(强音) : stress; **accent**; emphasis *강음부 an *accent*.

강의(講義) : a **lecture**; an explanation; an exposition *강의하다 *lecture*; give a *lecture*; explain (a book).

강의록(講義錄) : a correspondence course; a lecture magazine.

강자(强者) : **a strong man**; the strong *강자와 약자 the *strong* and the *weak*.

강적(强敵) : a great [powerful] enemy; a formidable rival(경쟁가).

강제(强制) : compulsion; constraint; enforcement *강제하다 force; enforce; compel; coerce/ 강제집행/ *compulsory* execution; *distraint*/ 강제노동 *forced* [*compulsory*] labour/ 강제수단 a *coercive* measure/ 강제적 compulsory; forced; coercive/ 강제로 by force; forcibly; by compulsion.

강조(强調) : ① (고조) stress; emphasis *강조하다 *stress*; *emphasize*; lay stress on; accentuate/ 저축의 필요를 강조하다 *stress* the need of savings ② (시세의) a strong [firm] tone.

강직(强直) : **stiffness**; rigidity.

강철(鋼鐵) : **steel** *강철판 a *steel* plate/ 강철 같은 의지 an *iron* will.

강추위 : dry cold weather.

강타(强打) : a hard blow; (야구) a **heavy hit**; a slug (속) *강타하다 deal a *heavy blow*/ 강타자 a *heavy hitter*; a slugger.

강탈(强奪) : **seizure**; extortion; robbery; plunder; plunderage *강탈하다 *seize*; extort (a thing) from (one); rob [plunder] (one) of (a thing).

강풍(强風) : a strong wind; a moderate gale(기상용어).

강하(降下) : **descent**; falling; **dropping**; depression(기압의); landing (착륙) *강하하다 *descend*; fall; *drop*; land(착륙하다)/ 급강하 a nose *dive*/ 기온의 강하 a *drop* in temperature.

강행(强行) : ① (강제적인) 강행하다 **enforce**; force *저물가 정책을 강행하다 *enforce* a low-price policy ② (마지못해) 강행하다 do against one's will; do perforce.

강화(强化) : 강화하다 strengthen; consolidate; reinforce.

갖바치 : a **shoemaker**.

갖은 : **all**, all sorts [kinds] of, every (possible) *갖은 고생 *all* sorts of hardship/ 갖은 수단 *every* means available; *every possible* means/ 갖은 수단을 다 쓰다 try *every* means available.

갖추다 : (구비) **possess**, **have** (준비) furnish [prepare] in a way to meet every need *위엄을 갖추다 *have* dignity/ 상식을 갖추다 *possess* common sense/ 상품을 갖추다 *keep* various articles in stock.

같다 : (흡사) (be) like; be alike; (동일) (be) the **same**; (동등) (be) equal; (추측) seem *거지같다 look *like* a beggar/ 꼭 같다 be the very *same*, be just the *same*/ 이 시계는 내가 잃어버린 것과 같다 This watch is the *same* as I lost/ 비가 올 것 같다 It looks *like* rain.

같이 : (함께) **together**; with; (처럼) as if; as it were; (동등하게) equally; (그대로) as; like; (흡사하게) like *같이살다 live *together*; live in the *same* house *with* (one)/ 그는 모든 것을 다 아는 것 같이 말한다 He talks *as if* he knew everything/ 똑 같이 나누다 divide (something) *equally* (among themselves)/ 운명 (기쁨)

같이하다 share one's fate [joy].

갚다: ① (금전을) repay; pay back; refund *빚을 갚다 *pay* one's debt; *pay the money back* ② (보상) **indemnify**; retrieve; compensate for ③ (죄를) atone [expiate] for ④ (은혜등) **return**; repay; requite; reward; give (something) in return *은혜를 원수로 갚다 *return* evil for good.

개(동): a dog; a hound (사냥개) *개의 canine/ 개새끼 a pup; a puppy/ 개집 a kennel/ 개같은 *dogg*ish; *do*glike/ 개를 기르다 keep a *dog*/ 개는 정말 충직한 동물이다 A *dog* is a faithful animal.

개간(開墾): **cultivation**; reclamation *개간하다 bring under *cultivation*; clear (the land); reclaim/ 개간지 *reclaimed* land.

개강(開講): 개강하다 give one's first lecture on; begin a series of one's lectures; open a course (수업개시).

개과(改過): 개과하다 **repent**; mend oneself; turn over a new leaf.

개교(開校): 개교를 하다 open a school *개교식 the opening [inauguration] ceremony of a school.

개구리: a frog *우물안 개구리 a *frog* in a well.

개국(開國): 개국하다 found a state; open a country to foreign intercourse.

개근(皆勤): **regular attendance** *개근하다 attend *regularly*/ 개근상 a reward for *regular attendance*.

개념(概念): a general idea; a **notion**; a concept *개념적 conceptional; *notional*/ 개념작용 *conception*.

개다: (날씨) **clear up**; become **clear**; (비가) hold up; stop rainng; (접다) fold.

개량(改良): **improvement**; reform; betterment *개량하다 *improve*; reform; better *사회 개량 social *reform*/ 개량종 a *select* breed/ 개량의 여지가 없다 can hardly be *improved* upon.

개막(開幕): 개막하다 raise the curtain; commence the performance; open.

개명(改名): 개명하다 change one's name; **rename**.

개미(충): an ant *개미집 an *ant hill*/ 개미핥기 an *anteater*.

개발(開發): (개척) **development**; exploitation *개발하다 *develop*; cultivate; exploit; open out.

개밥의 도토리: an acorn in a dog's feed; an outcast.

개방(開放): 개방하다 leave **open** *문호 개방주의 the *open*-door policy/ 성품이 개방적인 frank; candid; open-hearted.

개벽(開闢): the creation; the beginning of the world *개벽이래 since the *beginning of the world*.

개별적으로: individually; separately.

개봉(開封): unsealing; *opening release*(영화) *개봉하다 release a film; open a letter; break a seal/ 개봉 영화 a newly *released (first-run) film*/ 개봉관 a first-runner.

개선(改善): **improve** (-ment); make (a thing) better; better (-ment) *개선하다 *improve*; amelio rate; reform; better/ 생활의 개선 the *betterment* of living.

개설(開設): **opening**; establishment; installation *개설하다 *open*; establish; set up; install (a telephone).

개성(個性): individual character; individuality; **personality** *개성을 존중하다 respect one's *personality*.

개시(開始): start; **opening**; beginning *개시하다 *open*; start; begin *교섭을 개시하다 *open* negotiations.

개심(改心): 개심하다 **reform**; turn over a new leaf.

개업(開業): opening of business (의사·변호사) commencement of practice *개업하다 *start* (a) business/ 변호사를 개업하다 *practice* (the) law.

개요(概要) : an outline; **a summary.**
개의(介意) : 개의하다 **care about;** worry about; mind *개의치 않다* do not *care abot*; pay *no attention.*
개인(個人) : an **individual** *개인의 *individual*; personal; private/ 개인문제 a *private* affair; a *personal* matter/ 개인소득 an *individual* income/ 개인교수 *private* lesson; *individual* instruction/ 나 개인의 의견으로는 in my *personal* opinion; *individually* (speaking).
개입(介入) : **intervention** *개입하다 intervene [interfere] in (another's affair).
개정(改正) : (수정) **revision;** amendment; (변경) change; alteration *개정하다 *revise*; reform; amend; alter; change/ 개정안 an *amend*ment.
개조(改造) : reconstruction; reorganization *개조하다 reconstrut; reorganize/ 내각을 개조하다 *reorganize* [shuffle] the Cabinet.
개종(改宗) : 개종하다 found a religious sect.
개죽음 : useless death *개죽음을 당하다 die in vain.
개(札)찰 : the examination of tickets *개찰하다 *examine* tickets/ 개찰구 a platform ticket; a ticket gate.
개척(開拓) : (토지) **clearing;** reclamation of waste land *개척하다 (토지) bring (waste land) under cultivation/ 개척자 a pioneer; a colonist/ 개척민 a settler/ 자원을 개척하다 *exploit [develop]* natural resources.
개천절(開天節) : the Foundation Day of Korea.
개최(開催) : 개최하다 **open;** hold (have a **meeting**) *개최지 the site (of a *meeting*)/ 개최중이다 be *open*; be in session (회의가).
개탄(慨嘆) : 개탄하다 **deplore;** lament; grieve *개탄할만한 *deplorable*; lamentable; grievous.
개통(開通) : 개통하다 be **opened** (to traffic)*개통식 an *opening* ceremony (of a railway).
개표(開票) : **ballot** counting *개표하다 open the *ballots*; count the *votes*/ 개표소 a (*ballot*) counting place.
개학(開學) : 개학을 하다 commence school; **open;** reopen *개학식 the *opening* ceremony of the school year.
개혁(改革) : (혁신) **reform;** reformation; innovation *개혁(혁신)하다 *reform.* innovate.
개화(開化) : 개화하다 be civilized.
객관(客觀) : **objectivity**(객관성); the object (대상) *객관적 objecive/ 객관주의 *object*ivism/ 객관적으로 보다 Look at thing *objectively.*
객사(客死) : 객사하다 die while staying abroad *서울에서 객사하다 *pass away* during one's stay in Seoul.
객석(客席) : a seat for a guest.
객실(客室) : a **drawing** room; a parlour.
객지(客地) : a place where one is temporarily staying; a strange land.
객차(客車) : a passenger car.
갱(坑) : a **pit**; a shaft.
갱년기(更年期) : the turn [change] of life; the menopause (부인의).
갱생(更生) : **rebirth;** regeneration; rejuvenaion *갱생하다 make a fresh start in life; start a new life.
갸륵하다 : (be) praiseworthy; laudable; admirable; **commendable** *갸륵한 정신 a *commendable* spirit.
거국(擧國) : the whole nation *거국일치 내각 a *national* government [cabinet].
거꾸러뜨리다 : knock down; beat; defeat; **overthrow; throw down.**
거꾸러지다 : **tumble down;** fall prone; be *thrown* down; fall head first; die (죽다).
거꾸로 : **upside down;** head over heels; **headlong;** reversely; in the wrong way; the other way about;

(안팎을) inside out; (아래위) the wrong side (end) up *거꾸로 떨어지다 fall *head over heels*/ 우표를 거꾸로 붙이다 put a stamp *upside down*.

거기 : there; that place *거기까지는 인정한다 I admit *as much*.

거느리다 : have with one; head; command *많은 식구를 거느리고 have a large family to support.

거닐다 : (take a) stroll; ramble about.

거대한 : **huge**; gigantic.

거덜나다 : **collapse**; smash; fail; go bankrupt.

거동(擧動) : (행위) **action**; **movement**; doings (처신) conduct; manner; behaviour *거동이 수상하다 act suspiciously/ 거동을 감시하다 watch one's *movement*.

거두다 : ① (모으다) **gather** (up); **collect** *세금을 거두다 *collect* taxes ② (성과) **gain**; obtain *승리를 거두다 gain [win] the victory ③ (돌보다) take care of; care for; look after ④ (숨을) die, expire *숨을 거두다 breathe one's *last*.

거드름 : a **haughty** attitude; an air of importance *거드름 피우는 *haughty*.

거들다 : help; give one a hand; assist; lend a hand *일을 거들다 *help* one *with* one's work.

거들떠보다 : pay attention to; take notice of one *거들떠보지도 않다 *pay little attention to*.

거듭 : again; repeatedly *거듭하다 repeat/ 거듭거듭 over and over *again*.

거래(去來) : (상행위) **transactions**; dealings; business *거래하다 transact [do] business with; have *dealing* with; trade/ 거래소 an exchange; 증권거래소 a stock *exchange*/ 부정거래 shady *transactions*.

거류(居留) : residence *거류하다 live; *reside*; dwell/ 거류민 residents.

거리 : a street; a town.

거리(距離) : a distance; (간격) an interval; (차이) a difference; a gap *원(近)거리 a long (short) *distance*/ 서울과 부산의 거리는? What is the *distance* between Seoul and Pusan? *How for* is it from Seoul to Pusan?

거만(倨慢) : arrogance; haughtiness *거만한 arrogant; haughty; insolent/ 거만을 빼다 give *oneself airs*; ride the *high horse*.

거물(巨物) : (사람) a leading [prominent] figure; a big wig.

거미 : a **spider** *거미줄 a *spider's* thread/ 거미집 a *spider's* web; a cobweb.

거부(巨富) : a man of great wealth; a millionaire.

거부(拒否) : **refusal**; rejection; veto *거부하다 *refuse*; *reject*; turn down; disapprove of/ 거부권을 행사하다 exercise one's *veto* power.

거북하다 : be inconvenient; feel ill at ease; **feel awkward**; feel uncomfortable; (be) unwell *입장이 거북하다 be in an *awkward* position.

거사(擧事) : 거사하다 set a project on foot.

거스름돈 : **change** *거스름돈을 가지거라 You may keep the *change*.

거슬러 올라가다 : go upstream; go up (a river); go back (to the past).

거슬리다 : (비위에) be against the grain with (one).

거실(居室) : one's own room; a sitting room.

거역(拒逆) : **disobedience**; opposition; objection *거역하다 *disobey*; *object* to; *oppose*/ 부모에게 거역하다 *contradict* one's parents.

거울 : ① (모양을 보는 것) a **mirror**; a looking glass *거울을 보다 look in a *glass* ② (모범적) a **mirror**; a pattern; a model; a paragon *…을 거울로 삼다 *model* after; follow the example.

거위 : a **goose** (pl. geese) *숫 거위 a *gander*/ 거위새끼 a *gosling*.

거의 : (대체적) **almost**; nearly; **all but**; practically; (부정적) little; **hardly**; scarcely *그것은 **거의** 완성됐다 It is *all but* complete/ 나는 그와 **거의** 만나지 않았다 I *hardly* see him/ 그것을 믿는 사람은 **거의** 없다 *Few* man believe it; *Scarcely* anybody believes that.

거장(巨匠) : a great master; a great artist; a **maestro**.

거저 : **gratis**; free: for nothing *거저 일하다 work *for nothing*.

거절(拒絶) : a **refusal**; rejection *거절하다 turn down; refuse; reject; decline.

거점(據點) a **position**; a point *중요 군사 거점 a strategic *position*.

거주(居住) : **residence**; **dwelling**; live *거주하다 **dwell**; *reside*; inhabit; live/ 거주인 a *resident*; a dweller; an inhabitant.

거지 : a **beggar**; a mendicant.

거짓 : **fraud**; **falsehood**; untruth; a lie *거짓 웃음 a *feigned* smile/ 거짓 울음 *crocodile* tears.

거짓말 a lie; a falsehood; a story; tell a lie *거짓말장이 a *liar*; a *storyteller*/ 거짓말 탐지기 a *lie* detector/ 그는 너무 정직해서 거짓말을 못한다 He is too honest to tell a *lie*.

거처(居處) : one's (place of) residence: one's abode: one's whereabout *거처하다 reside; live.

거치다 : ① (통과) **pass through**; go by way of ② (걸리다) hitch; hinder; tangle.

거칠다 : (be) coarse; **rough**; harsh; violent *거친 성미 a *violent* temper.

거품 : **foam**; froth; a bubble *비누 거품 lather.

거행(擧行) : performance; **celebration** *거행하다(모임) hold; give; perform; (식을) celebrate; observe/ 졸업식을 거행하다 *hold* a graduation ceremoy.

걱정 : (근심) **worry**; anxiety; care; fear *걱정하다 be *anxious*; feel uneasy; *worry* about; feel *anxiety*; care/ 장래일에 대해서는 **걱정**말라 Don't *worry* yourself about the future.

건강(健康) : health *건강한 healthy; sound; well/ 건강이 좋지 않다 be in poor *health*, be out of *health*/ 건강에 주의하다 take good care of one's *health*/ 건강은 재물보다 낫다 *Health* is above wealth.

건국(建國) : the founding of a nation *건국하다 found a state.

건너 : go across; **cross**; go over; cross (over) *다리를 건너다 *cross* a bridge.

건너편 : the **opposite side**; the other side.

건달(乾達) : a **libertine**; a scamp.

건립(建立) : 건립하다 **build**; erect.

건물(建物) : a **building**; a structure; an edifice *목조건물 a wooden *building*.

건방지다 : be **impertinent**; saucy; overbearing, haughty; pert *건방진 소리를 하다 talk *big*.

건설(建設) : **construction**; establishment *건설하다 construct; establish/ 건설적인 constructive.

건실한 : steady; **sound**; solid; reliable; safe *건실한 사상 *sound* ideas/ 건실한 사람 a *steady* person; a *reliable* person.

건전(健全) : 건전한 healthy; sound; wholesome *건전한 사상 *wholesome* ideas/ 건전한 신체에 건전한 정신 A *sound* mind in a *sound* body.

건전지 : a' dry cell (battery).

건조한 : **dry**; become dry; dried *건조실 a *drying* room.

건지다 : (구하다) help one out of; (꺼내다) **take up**; scoop up; dip up; take out of water; **pull up**; **draw up**; **pick up** *시체를 건지다 *bring* a dead body to the land; (손해) save from; retrieve; cover up. / 그들은 물에 빠

진 아이를 **건져주었다** They *saved* the boy from drowning.

건축(建築): construction; **building**; erection *건축업자 a *builder*.

건포도: raisins; **dried grapes**.

걷다: ① (말다) **roll up**; turn up (치우다) take away; take off; remove; (돈 따위) collect; gather *소매를 걷다 *tuck up* one's sleeves ② (보행) **walk**; go on foot *걸어서 학교에 가다 go to school *on foot*; *walk* to school.

걷어치우다: put away; clear away; stop; quit; gather up and remove *물건을 걷어치우다 *gather up and remove* goods.

걷히다: ① (구름 등) clear up: vanish; lift. ② (돈) be collected ③ (곡식) be taken [gathered] in.

걸다: **hang**; put up; (말을) speak to; talk to; (전화) telephone to one; ring [call] one up (on the telephone); (영) call one (on the telephone) (미)*간판을 걸다 *put up* a signboard/ 나는 외국인에게 말을 걸었다 I *spoke to* the foreigner.

걸레: a **floorcloth**; a mop; a clout *걸레질하다 swab up.

걸리다: hang; (어긋나다) be against (a law); be contrary to; (잡히다) be **caught**; (병에) be taken ill, fall ill; catch (cold); (시간) take *벽에 풍경화가 걸려 있었다 A landscape *hung* on the wall/ 고기가 그물에 걸렸다 A fish was *caught* in a net/ 감기에 걸렸다 He *caught* a cold/ 그곳에 가려면 2시간 걸린다 It *takes* two hours to go there.

걸머지다: ① (등) carry (a thing) on one's back; **shoulder** ② (빚) be saddled with; fall into *빚을 많이 걸머지다 *make (be saddled with)* a lot of *debts*.

걸물(傑物): a great man; a master spirit.

걸음: a step; walking (걷기) *그는 갑자기 걸음을 멈추었다 He come to a sudden stop.

걸작(傑作): a **masterpiece**; a great work *걸작집 a collection of *masterpieces*.

검거(檢擧): an **arrest**; a round up *검거하다 *arrest*; round up; apprehend.

검다: (be) **black**; dark *검은 옷 a *black* robe.

검사(檢査): examination; **inspection**; test *검사하다 examine; inspect/ 검사관 an *inspector*; an examiner.

검시(檢屍): a coroner's inquest; a postmortem examination; autopsy *검시하다 examine (a corpse); hold an inquest over.

검역(檢疫): medical inspection *검역하다 quarantine; *inspect*/ 검역소 a quarantine station.

검정(檢定): (면허) offical approval [sanction] *검정하다 give *official approval* to.

검찰(檢察): examination; investigation and prosecution *검찰청 the public Prosecutor's Office.

검토(檢討): **examination**; study *검토하다 study; examine/ 재검토 *reexamination*; *review*.

겁내다: **be afraid of**; fear; dread *이 개를 겁내지 마라 Don't *be afraid of* this dog.

겁탈(劫奪): **plunderage**; rape *겁탈하다 plunder; rape.

것: one; thing; matter *이것 this one (thing; matter)/ 새 것과 묵은 것 new *one* and old *one*

겉: the surface; the face; the outside *겉으로는 outwardly; on the surface/ 겉을 보고 판단하다 judge by *appearance*.

겉늙다: look old for one's age.

겉잡다: **estimate**; guess *겉잡을 수 없는 말을 하다 talk in *rambling* way; *wander* in one's talk.

겉치레하다: show off; cut a dash; put on a fair show.

게 : a crab *게 걸음 side-crawl of a crab.

게걸 : greed; **voracity**: gluttony *게걸스러운 gluttonous; voracious.

게다가 : besides; moreover; what is more *게다가 눈까지 내렸다 To make the *matters worse* snow came on.

게릴라 : guer(r)illa *게릴라전 *guerilla* fighting/ 게릴라 대원 a guerilla; a partisan.

게시(揭示) : a notice; a notification; a bulletin *게시하다 post (put up; write up) a notice; notify/ 게시판 a *bulletin [notice]* board.

게양(揭揚)하다 : hoist; **fly**; raise; display *국기를 게양하다 *hoist* a national *flag*.

게으르다 : (be) lazy; idle; tardy; indolent *게을러 빠지다 be intolerably *lazy*.

게으름뱅이 : an idler; a lazy bones; an idle fellow.

겨 : chaff; **bran** *겨죽 rice-*bran* gruel.

겨냥 : **aim**; mark/ 겨냥하다 *aim* (at); take *aim* (at)/ 그 사냥군은 토끼를 겨냥하여 쏘았다 The hunter *aimed at* the rabbit and fired.

겨누다 : aim (at); take aim (at) *잘 겨눈 다음에 쏘아라 Take careful *aim* and fire.

겨드랑이 : the **armpit**.

겨레 : a family; kinsfolk; a race; a nation; a people.

겨루다 : **compete**; contest; match; measure *힘을 겨루다 measure oneself *against* another in strength.

겨를 : leisure; free time; spare time *바빠서 편지 쓸 겨를도 없었다 I was so busy that I had no *time* to write a letter.

겨우 : barely;narrowly; with difficulty *겨우 살아가다 make a *bare* living; live *barely*/ 겨우 목숨을 건지다 *narrowly* escape death.

겨울 : winter *겨울의 winter; wintry/ 겨울옷 *winter* clothes; *winter* wear/ 겨울방학 the *winter* vacation (holidays)/ 겨울철 *winter* (time).

격납고(格納庫) : a **hangar**; an aeroplane [aviation] shed.

격동하다 : be **stirred** up; be excited; be agitated; be convulsion *정계를 격동시키다 *stir up* political circles.

격려 : **encouragement**; urging; incitement *격려하다 encourage; urge; incite/ 격려의 말 words of *encouragement*.

격멸 : **destruction**; annihilation *격멸하다 destroy; exterminate.

격변(激變) : a violent change; an upheaval *격변하다 undergo a *sudden change*.

격식(格式) : an established form; social rules *격식을 차리다 stick to *formality*.

격심(激甚)한 : extreme; intense; **severe**; fierce; **keen** *격심한 추위 *severe* cold/ 격심한 경쟁 *keen* competition.

격언(格言) : a **proverb**; a saying.

격찬(激讚) : high praise *격찬하다 praise highly; speak highly of; praise (a man) to the skies.

겪다 : experience; go through *어려움을 겪다 *go through* difficulties.

격전(激戰) : hot fighting; a severe fight; a fierce battle *격전하다 fight hard; have a fierce battle.

격추하다 : shoot [bring] down; down (a plane).

격침하다 : **sink**; send to the bottom.

격퇴하다 : repulse; repel; drive back; beat off; dislodge.

격투하다 : **grapple**.

견고(堅固)하다 : (be) solid; **strong**; firm *견고한 위치 a *strong* position.

견디다 : **bear**; stand; endure; put up with *걱정이 돼 견딜 수 없다 be *oppressed* with anxiety/ 시련에 견디다 bear a trial/ 더위를 견딜 수 없다 be *unbearably* hot.

견마지로(犬馬之勞) : what little service

one can; one's bit *견마지로를 다하다 do one's bit for; render *what little service one* can.

견문(見聞) : **information**; knowledge; experience *견문하다 see and hear; observe/ 견문을 넓히다 enrich one's stock of *information*.

견본(見本) : a **sample**; a specimen.

견습(見習) : **apprenticeship**; probation *견습하다 learn; practise/ 견습생 an *apprentice*-student; a probationer/ 견습기간 the period of *apprenticeship*.

견실한 : **steady**; steadfast; sound; solid; reliable *견실한 사람 a *steady* person.

견주다 : **compare** (one thing) with (another) *길이를 견주어 보다 *compare* length/ 이것과 저것을 견주어 보라 *Compare* this with that.

견지(見地) : a point of view; a **standpoint**; a viewpoint *이 견지에서 보면 from this *point of view*; *viewed* in this light.

견직물(絹織物) : silk fabrics; silk goods; **silks** *견직물 공장 a *silk* mill/ 견직물 장수 a *silk* mercer.

견학(見學) : (study by) **inspection**; observation *견학하다 acquire informaton; study and observe; look on.

견해(見解) : an opinion; a **view** *그릇된 견해를 가지다 take a wrong view of (*a matter*)/ 견해를 같이하다 hold [have] the same *view*.

결과(結果) : **result**; consequence *원인과 결과 cause and *effect*/ 좋은 결과를 얻다 get a good *result*/ ～한 결과가 되다 ～*result* [*end*] *in*.

결구(結句) : the **conclusion**; the concluding part.

결국(結局) : after all; in the end; finally; in the long run; eventually.

결근 : **absence** (from) *결근하다 be *absent*/ 결근자 an *absentee*/ 결근계 a report of one's *absence*.

결내다 : become indignant; get mad; blow up; flash up.

결단(決斷) : **decision**; **determination** *결단하다 *decide*; *determine*; resolve/ 결단력이 강한 사람 a man of *decision*/ 결단성이 있다(없다) be *resolute* (irresolute).

결례(缺禮) : failure to pay one's compliments; want of respect.

결론(結論) : **conclusion** *결론으로 in conclusion/ 결론에 도달하다 come to [reach] *a conclusion*.

결박(結縛) : 결박하다 **bind**; tie; pinion *범인을 결박하다 *tie* a criminal with cords; *pinion* a criminal.

결백(潔白) : **purity** (순결); innocence (무죄); integrity (청렴) *결백한 pure; upright; innocent/ 결백한 사람 a man of *integrity*.

결빙(結氷) : **freezing** *결빙하다 *freeze* over; be *frozen* over; be icebound/ 결빙기 the *freezing* time [season].

결산(決算) : settlement of accounts; liquidation *결산하다 settle [balance] an account.

결석(缺席) : **absence** *결석하다 be absent(from); absent oneself (from)/ 왜 학교에 결석했니 ? Why did you *stay away* from school ?

결승전(決勝戰) : a final game[match]; the decision *준결승전 the semifinals.

결식(缺食) : 결식하다 go without a meal.

결실하다 : bear fruit; be successful; achieve a success.

결심(決心) : **determination**; resolution *결심하다 *determine*; resolve; make up one's mind *굳은 결심 a firm *determination*.

결여(缺如) : **lack**; want; deficiency *결여하다 lack; want; be lacking.

결원(缺員) : a **vacancy**; a vacant position; an opening *결원을 보충하다 fill (up) a *vacancy*.

결전(決戰) : a decisive battle *결전하다 fight it out; fight a *decisive* battle

결점(缺點) : a **fault**; a weakness; a **defect**; a weak point(약점) *남의 결점을 캐다 find *fault* with(a man); pick [point] out another's *defects*.

결정(決定) : **decision** *결정하다 decide/ 결정적(으로) decisively; definite(ly).

결코 : **never**; by no means; not at all; not~in the least *결코 만족하다고 할 수 없다 It is by *no means* satisfactory/ 그는 결코 거짓말을 하지 않는다 He *never* tells a lie.

결투 : a **duel**; an affair of honour *결투장 a challenge.

결판 : **decision**; settlement *결판내다 bring to a *decision*; settle.

결핍(缺乏) : want; **lack**; absence *결핍하다 lack; be wanting.

결함(缺陷) : a **defect**; a fault *성격의 결함 *defect* in one's character.

결합(結合) : union; **combination** *결합하다 unite; combine; get[join] together.

결항(缺航) : suspension of steamship service.

결행(決行) : carry out (resolutely).

결혼(結婚) : **marriage**; weeding *결혼하다 marry; get married/ 결혼기념일 a *wedding* anniversary/ 결혼식 a *marriage* ceremony.

겸비(兼備) : 겸비하다 combine (one thing with another) *재색을 겸비한 부인 a woman *combining* wit with beauty.

겸상 : a table laid for two persons *겸상하다 dine in a pair; eat(in sitting down to table) with another.

겸손(謙遜) : **modesty**; humility; self-effacement *겸손한 modest; humble; unassuming.

겹겹이 : ply on ply; in so many folds; one over another *겹겹이 쌓여 있다 be piled thick *one over another*.

겹옷 : a lined garment; lined clothes.

경(頃) : about; **around**(미)*2시경 *about* two o'clock/ 월말경에 *around* the end of month.

경건(敬虔) : piety; **devotion**; reverence *경건한 pious; devout.

경계(境界) : a **boundary**; a border *경계선 a boundary line.

경계(警戒) : guard; lookout; **watch**/ 경계하다 *guard* against; keep *watch*.

경고(警告) : **warning**/ 경고하다 *warn* (one) against; give (one) a *warning*.

경공업(輕工業) : the light industry.

경과하다 : (시간) pass; go by/ 시간의 경과에 따라 as time *goes by*; in *course of time*.

경관(警官) : a **policeman**; a constable; a cop; the police(총칭).

경구(敬具) : Sincerely yours; Yours respectfully; Yours truly.

경기(景氣) : business conditions; transactions; (the tone of) the market; the times *호경기 activity; prosperity.

경기(競技) : a **game**; a match; a contest *경기하다 have a contest [game].

경력(經歷) : a **career**; a record; personal history *경력의 소개 a *biographical* introduction.

경례(敬禮) : a bow; a salute; a greeting; an obeisance *경례하다 salute; bow; make a (respectful) salutation.

경마(競馬) : horse racing; a horse race *경마하러 다니다 go *racing*; play the *races*(미).

경매(競賣) : **auction**; public sale *경매하다 sell by [at] *auction*; put to *auction*; *auction* off/ 경매인 an *auctionee*/ 경매장 an *auction* room.

경멸(輕蔑) : *contempt* *경멸하다 despise; hold (one) in *contempt*; look down on.

경보(警報) : an **alarm**; a warning; a signal *경보기 an alarm[signal]/ 경보를 발하다 warn; sound[raise] an *alarm*.

경비(經費) : **expense**; cost *경비를 줄이다 cut down *expense*.

경비(警備): guard; defense *경비하다 guard; defend.

경솔한: rash; hasty; careless; thoughtless; imprudent *경솔한 짓을 하다 commit a *rash* act.

경영하다: **manage**; operate; run; conduct; keep *경영난 *financial* difficulty.

경유하다: **go through**; pass through; go by way of *아버지는 로마를 경유하여 영국에 가셨다 Father went to England *by way of* Rome.

경음악: light music.

경의(敬意): **respect**; regard *경의를 표하다 pay one's *respects* [*regards*] to, show one's *respect*.

경이(驚異): **wonder** *경이적인 *wonderful*.

경작(耕作): **cultivation** *경작하다 cultivate; farm; till/ 경작물 farm produce/ 경작면적 the acreage under *crops; planted* acreage.

경쟁(競爭): **competition** *경쟁하다 *compete* (with); contest/ 경쟁에 참여하다 take part in a contest [*competition*].

경제(經濟): **economy**/ 경제적으로 economically.

경종(警鐘): an alarm; (a fire) bell/ 경종을 울리다 ring [sound] an alarm.

경주(競走): a race; a run.

경지(境地): ① (상태) a state; a conditions; **a stage**; circumstances *⋯의 경지에 이르다 reach *a stage* of ② (분야) ground *새로운 경지를 개척하다 break new *ground*.

경질(硬質): **hardness** *경질의 hard/ 경질유리 *hard* glass.

경찰(警察): the **police** *경찰관 a policeman; a police officer /경찰서 a *police* station.

경청(傾聽)하다: **listen** (with attention) to; be attentive to; pay attention to; give ear to.

경축(慶祝): congratulation; **celebration** *경축하다 congratulate; celebrate.

경치(景致): a scene; **scenery** *좋은 경치 fine *scenery*.

경쾌한: light; nimble; light-hearted *경쾌한 복장을 하고 있다 be *lightly* dressed.

경탄(驚歎): **wonder**; admiration *경탄하다 *wonder* [*marvel*] at; admire/ 경탄할 만한 *wonderful*; admirable; marvellous.

경하(慶賀): **congratulation**; felicitation *경하하다 *congratulate* (one); offer one's congratulations (on).

경향(傾向): a **tendency**; a trend; a drift; an inclination *⋯한 경향이 있다 have *a tendency* to; be disposed to; be apt [inclined; liable] to (do).

경험(經驗): **experience** *경험하다 experience; go through/ 그는 선생으로서 경험이 많다 He has much *experience* as a teacher.

곁눈질: a side glance *곁눈질 주다 make a sign with *a side glance*/ 곁눈질 하다 cast *a side glance* at; glance sidewise at.

계몽하다: **enlighten**; edify *계몽운동 an *enlightenment* movement.

계급(階級): **rank**; grade.

계간지: a quarterly; a quarterly magazine.

계교(計巧): a design; a **scheme**.

계기(契機): a **moment**; an impetus; an **opportunity** *이것을 계기로 taking this *opportunity*; with this as a *moment*.

계단(階段): **stairs**; a staircase; steps.

계략(計略): a **scheme**; a design; plot; a trick *계략에 능한 사람 a *resourceful* man; a man of *resources*/ 계략을 꾸미다 lay a *plan*; concoct a *plot*; think out a *scheme*.

계발(啓發): **development**; enlightenment *계발하다 *develop*; enlighten.

계속하다: **continue**; go on *계속해서 continuously/ 일을 계속하다 *go* [*keep*] *on* with one's work/ 이야기를 계속

하다 *continue* to talk; go [keep] on talking.

계약(契約) : a **contract**; an agreement; a promise *계약하다 contract an agreement; make a contract [promise]/ 계약서 a (written) *contract*/계약자 a *contractor*/ 계약기한 the term of a *contract*/ 계약위반 a breach of *contract*.

계엄(戒嚴) : guarding against danger *계엄령 martial law/ 계엄령하에 두다 place (a city) under martial law.

계열(系列) : a faction; a clique; a party

계절(季節) : a **season** *1년에는 4계절이 있다 There are four *seasons* in a year.

계통(系統) : (조직) a **system**; (계도) a family line; lineage; (당파) a party *계통적으로 systematically; methodically; on *system*/ 계통을 세우다 *systematize*.

계획(計劃) : a **plan**; a project; a scheme; programme *계획하다 plan; make [form] a *plan*/ 계획을 실천하다 carry out the *plan*; put the *plan* into practice.

고갈(枯渴) : ① (물이) 고갈하다 be dried up; run dry; be parched ② (결핍) 고갈하다 be exhausted; be drained; give out.

고개 : ① (목의) the **nape**; the scruff (of the neck) ② (산·언덕) a **ridge**; a (mountain) pass *고개턱 the head of a pass (slope) ③ (절정) the crest; the height; the summit *물가가 고개를 숙였다 The prices are falling.

고고학(考古學) : **archaeology** *고고학의 archaeological/ 고고학자 an archaeologist.

고관(高官) : a high official [officer]; a dignitary; (직위) a high office.

고구마 : a sweet potato.

고국(故國) : one's native land [country]; one's home.

고귀(高貴) : 고귀한 **noble**; highborn; exalted.

고급(高級) : 고급의 high-class [-grade]; higher; senior *고급품 goods of superior quality/ 고급관리 higher officials/고급차 a high-class car.

고기 : **meat** (짐승의); fish(생선) *우리는 만찬에 고기를 먹게 될 것이다 We shall have *meat* for dinner.

고기압(高氣壓) : high atmospheric pressure.

고난(苦難) : distress; suffering; **hardship**; affliction *고난을 겪다 undergo *hardships*.

고단하다 : (be) **tired**; fatigued; wearied/ 고단해 보이다 look *tired*/ 몹시 고단하다 be *tired* out.

고대(古代) : ancient [old] times; antiquity *고대의 ancient; antique/ 고대인 the ancients; the antiquity.

고대하다 : wait impatiently (for); wait a long neck (for); look forward to *나는 너의 소식을 고대하고 있다 I am *looking forward to* hearing from you.

고도(高度) : **height**; altitude *고도의 high; strong; powerful; intense; advanced(전진된)/ 고도계 an *altimeter*; a *height* indicator/ 고도의 문명 a high state [standard] of civilization.

고독한 : lonely; **solitary**; isolated.

고되다 : (be) **hard**; painful *고된 일 a *hard* work/ 살기에 고된 세상 a *hard* world to live in.

고드름 : an icicle.

고등교육 : higher education *고등학교 a (senior) high school/ 고등법원 a high court of justice.

고락(苦樂) : pleasure and pain; joys and sorrows *그와 고락을 같이하다 share his *joys and sorrows*.

고래(동) : a **whale** *고래 수염 a baleen; whalebone; whalefin.

고래(古來) : 고래로 from olden [ancient] times *고래의 old; time-honoured.

고려(考慮): **consideration** *고려하다 consider; take (a matter) into account/ 고려중이다 be under *consideration*.

고로: **so**; accordingly; therefore.

고르다: ① (균일) even; **equal** ② (선택) choose; **select** *여럿 가운데서 좋은 것 하나를 고르다 *Pick* a good one out of the lot.

고리: a ring; a link; a loop.

고리(高利): high interest; **usury** *고리대금업자 a *usurer*; an extortionate creditor; a loan shark(미).

고리짝: a wicket trunk; (짐) luggage; baggage(미).

고릴라(동): a **gorilla**.

고립(孤立): **isolation** *고립하다 be *isolated*; stand alone.

고마와하다: be thankful [grateful] to.

고맙다: **thankful**; grateful *대단히 고맙습니다 *Thank* you very much.

고모(姑母): an **aunt** *고모부 the husband of one's *aunt*; an *uncle*.

고무(鼓舞): **encouragement** *고무하다 cheer up; *encourage*; inspire; stir up/ 사기를 고무하다 *stir up* the morale of the troops.

고무: **rubber**; gum *고무나무 a *rubber* tree [plantation]/ 고무신 *rubber* shoes/ 고무풀 *gum* arabic; mucilage/ 고무공 a *rubber* ball.

고문(古文): ancient [archaic] writing *고문체 an archaic style.

고문(顧問): an adviser; a **counsellor**; a consultant *고문변호사 a *consulting* lawyer/ 군사고문단 Military *Advisory* Group.

고물(古物): (골동품) a **curio**; antique objects; (낡은 것) used articles; an old article; a second-hand article *고물상 a dealer in *curios*.

고민(苦悶): **agony**; anguish *고민하다 be in *agony*; agonize; writhe (with pain)

고발하다: **accuse**; charge; **prosecute**; indict; inform *고발자 a *prosecutor*; an *accuser*; informant/ 고발장 a bill of *indictment*.

고백(告白): **confession** *고백하다 confess/ 죄상을 고백하다 *confess* one's guilt.

고별(告別): leave-taking; farewell; good-bye *고별하다 take leave (of)/ 고별사 a farewell address.

고분(古墳): an old mound; an (ancient) tomb.

고사(故事): (유래) an origin; a source; a historical.

고생(苦生): **hardship**; difficulties; troubles *고생하다 have a *hard* time; struggle with *difficulties*.

고소(告訴): **accusation**; complaint; an action *고소하다 *accuse* (one of a crime); bring a charge (against); proceed (against); sue/ 고소인 an *accuser*; a complainant/ 고소장 a written *complaint*; a bill/ 고소를 수리하다 accept a *complaint*.

고속(高速): high-speed *고속도로 an express highway; a superhighway.

고수머리: **curly hair**; maturally wavy hair.

고시하다: **notify**; give notice (of).

고심(苦心): (노력) **pains**; hard work (심로); care; anxiety *고심하다 work hard; take pains; (be) anxious; worry.

고아(孤兒): an **orphan** *고아원 an *orphanange*; an *orphan* asylum/ 전쟁고아 a war *orphan*/ 고아가 되다 be *orphaned*; be left an *orphan*.

고안(考案): **an idea**; a plan; a design; a project; a device *고안하다 conceive; plan; design; device/ 고안자 a *designer*; an originator.

고약하다: be ill-natured(성미가); offensive(냄새가); ugly(-용모가).

고양이: a **cat**; a puss(y) (애칭) *고양이 새끼 a kitten.

고역(苦役): hard work; a tough job;

toil; drudgery.

고온(高溫) : a high temperature *고온계 a pyrometer.

고요하다 : (be) quiet; still; calm *고요한 밤 a *silent* night/ 고요히 quietly; peacefully.

고용하다 : employ; hire *고용주 an employer/ 고용인(피고용자) an employee; a hired man (woman).

고위(高位) : a high rank *고위 고관들 persons *of* (*high*) *rank* and office; dignitaries.

고유(固有)**의** : peculiar (to); characteristic (of); native(특유) *고유성 peculrarity; a (peculiar) property/ 고유명사 a *proper* noun.

고의(故意) : intention; deliberation; purpose *고의의 *intentional*; deliberate; wilful.

고인돌 : a dolmen.

고작 : at(the) most; at (the) best.

고장(故障) : a breakdown; a trouble *고장나다 get out of order; break down; go wrong/ 내 시계는 고장났다 Something is *wrong* with my watch.

고전(古典) : classics *고전주의 classicism/ 고전적 classical/ 고전학파 a classical school.

고정하다 : fix; settle; be fixed.

고지(告知) : a notice; a notification; an information *고지하다 notify; inform/ 납세 고지서 a *notice for* payment of tax.

고집(固執) : persistence; obstinacy; adherence *고집장이 an *obstinate* person/ 자기설을 고집하다 *hold fast* to one's view.

고추 잠자리 : a red dragonfly.

고치다(병을) : cure; heal; make well; (수선하다)repair; mend; make good *감기를 고치다 *cure* (one) of a cold/ 나쁜 버릇을 고치다 get *rid* of a bad habit; break (oneself) of a bad habit.

고통(苦痛) : pain; suffering *고통을 느끼다 feel a *pain*.

고풍(古風) : an antique style; old fashion〔manner〕.

고하(高下) ; (지위) rank (품질) quality/ 고하를 매기다 grade; discriminate.

고학(苦學)**하다** : study under difficulties; (일하며) work one's way through school *고학생 a self-supporting student.

고행(苦行) : asceticism; penance; religious austerities(종교상) *고행하다 practise asceticism; do penance/ 고행자 an *ascetic*.

고향(故鄕) : one's home; one's home town; one's native place.

곡마단 : a circus (troupe).

곡목(曲目) : a programme; a selection; a number.

곡물(穀物) : corn; cereals; grain(미).

곡선(曲線) : a curve; a curved line.

곡절(曲折) : reason; circumstances(사정) *무슨 곡절인지 for some unknown *reason*/ 곡절을 말하다 explain the *reasons*.

곡해(曲解) : distortion; misinterpretation; strained interpretation; perversion *곡해하다 interpret wrongly; misconstrue; distort; twist.

곤경(困境) : an awkward; a hard (a difficult) position *곤경에 빠지다 be placed in an *awkward* position.

곤궁(困窮) : poverty; destitution; distress *곤궁한 poor; needy; destitute; distressed/ 곤궁한 사람들 the *poor*; the needy.

곤두서다 : stand on one's head; stand on end *그 얘기를 들으니 무서워서 머리카락이 곤두섰다 The story made my hair *stand on end*.

곤드레만드레 : drunk as a fiddler *곤드레만드레되다 drop off to sleep; sink into a slumber.

곤란(困難) : difficulty; trouble *곤란한 difficult; hard/ 곤란을 극복하다 overcome a *difficulty*/ 곤란을 받다 have *difficulty* (in).

곤욕 : extreme insult; bitter affront.
곤지찍다 : put rouge on one's forehead.
곤충(昆蟲) : insects *곤충학자 entomologist/ 곤충채집 insect collecting.
곤하다 : (be) exhausted; weary; fatigued; dog-tired *몹시 곤하다 be ready to *drop* (with fatigue)/ 곤히 자다 sleep *soundly*.
곧 : (즉시) at once; right away; (오래지 않아) soon; before long *곧 가시오 Go *at once*/ 곧 돌아 오겠다 I'll come back *before long*.
곧다 : (be) **straight**; (마음이) honest *곧은 길 a *straight* road.
곧이곧대로 : frankly; plainly; **honestly** *곧이곧대로 말하다 tell the *truth*.
곧이듣다 : take (one's story) seriously; take one at his word *남의 말을 곧이 듣다 take another's words as *truth*.
곧장 : **directly**; straight *곧장 집으로 가라 Go *straight* home.
골나다 : be **angry** *골나게 하다 make (one) *angry*; offend; stir to angry.
골고루 : evenly among all *골고루 나누어주다 divide *equally*[*evenly*] *among all*.
골라잡다 : **choose**; take one's choice *골라잡아 100원 100 won a piece at your *choice*.
골머리 : the brain; the head *골머리를 앓다 be troubled; be annoyed.
골목 : an alley; a by-street *막다른 골목 a blind *alley*/ 골목 대장 the cock of the walk; the boss of youngsters.
골몰(汨沒) : engrossment; **absorption** *골몰하다 be *absorbed* in; be *engrossed* in/ 일에 골몰하다 be *engrossed* in one's work.
골자(骨子) : **the gist**; the essence; the main point *문제의 골자 *the gist* of the question.
골짜기 : (넓은) a **valley**; a vale(협곡) a ravine; a dale.
골치가 아프다 : have a headache.
골탕먹다 : suffer heavily; sustain heavy damage; receive injuries.

곰 : a **bear** *새끼곰 a (*bear's*) cub/ 곰 가죽 *bear* skin.
곰보 : a pockmarked person.
곰팡이 : mould; mildew; must.
곱다 : (be) beautiful; lovely; fine; nice *고운 목소리 a *sweet* voice/ 그는 마음씨가 곱다 He is *pure* in heart.
곱배기 : (술) a double the ordinary cup of liquor; (요리) a double the ordinary dish; (두 번 거듭) two times.
곱셈 : **multiplication**.
곳 : a **place**; a scene(현장); a district (지역) *숨을 곳 a hiding *place*.
곳간 : a warehouse; a **storehouse** *곳간차 a box *waggon*(영); a boxcar (미).
공 : a **ball**; a handball *공을 던지다 throw a *ball*.
공(空) : **zero**; nothing; cipher.
공간(空間) : **space**; room *시간과 공간 time and *space*.
공갈(恐喝) : a **threat**; a blackmail; a menace; intimidation *공갈하다 *threaten*; blackmail.
공감(共感) : *sympathy*.
공개(公開)하다 : open (a thing) to the public; exhibit(진열).
공격(攻擊) : an **attack**; a charge(비난) *공격하다 *attack*; make an *attack*.
공경(恭敬) : **respect**; reverence *공경하다 respect; revere; hold (one) in esteem.
공고(公告) : a public [an official] **announcement** [notice] *공고하다 notify *publicly*; announce.
공금(公金) : public funds [money]; government funds *공금유용 misappropriation of public money.
공급(供給) : **supply** *공급하다 *supply* (a thing for); *supply* (one) with *수요와 공급 demand and *supply*/ 공급원 a source of *supply*.
공기(空氣) : **air**; (분위기) atmosphere *탁한 공기 foul *air*.
공덕(功德) : **charity**; a pious act *공덕을 쌓다 accumulate *virtuous* deeds.

공돈 : unearned [windfall] income *공돈은 오래 못 간다 Lightly come, lightly go.

공동(共同) : 공동의 common; joint; public *공동 화장실 a *public* lavatory/ 공동묘지 a (*public*) cemetery/ 공동성명 a *joint* statement.

공모(公募) : public subscription *공모하다 collect publicly; raise by subscription.

공모(共謀) : conspiracy; collusion *공모자 a *conspirator*; an accomplice.

공부(工夫) : study; learning; work *공부하다 study; work at (on) (one's studies); learn/ 그는 밤낮으로 열심히 공부를 했다 He *studied* very hard night and day.

공상(空想) : an idle fancy; fanciful idea; a daydream *공상하다 fancy; imagine; (day) dream/ 공상가 a dreamer; a visionary; a daydreamer.

공손하다(恭遜) ; (be) polite; civil; courteous.

공습(空襲) : an air raid [attack] *공습경보 an *air-raid* alarm.

공시(公示) : public announcement [notice].

공안(公安) : public peace (and order); public security.

공양(供養)하다 : make an offering; hold a mass for (the dead) *공양미 rice offered to a deity.

공업(工業) : industry *공업학교 a *technical* school.

공연(公然)한 : open; public; overt *공연히 *openly*; *publicly*.

공연(共演)하다 : coact; play together *공연자 a *costar*.

공용(共用) : common use *공용하다 use (a thing) in *common*.

공원(公園) : a park *국립공원 a *national park*.

공으로 : free; for nothing *공으로 얻다 get *for nothing*.

공익(公益) : the public benefit [good] *공익단체 a public corporation.

공인(公認) : authorization; official approval [recognition] *공인하다 recognize officially; authorize.

공일(空日) : Sunday; a holiday(휴일).

공자(孔子) : Confucius.

공작(工作) : work; construction; operation (행동) *공작기계 a machine *tool*/ 공작품 handicrafts/ 공작을 준비 하다 prepare the ground in advance.

공장(工場) : a factory; a plant *아버지는 저 공장에서 일하신다 My father works in that *factory*.

공저(共著) : collaboration; a joint work (책) *공저자 a *joint author*; a coauthor.

공정(公定)의 : official; legal; fixed *공정한 just; equitable; fair/ 공정증서 a *notarial* deed/ 공정한 처치 a *fair* [square] deal.

공중전화 : a public telephone *공중도덕 *public* morality.

공중(空中) : the air; the sky *공중에 in the *air*; in the *sky*/ 공중누각 a castle in the *air*.

공짜 : an article got for nothing *공짜로 for nothing; free (of charge).

공채(公債) : a public loan (debt); (증권) a public loan bond.

공출(供出) : delivery *공출하다 deliver; offer/ 공출할당 allocation of *delivery* quotas.

공통(共通)의 : common; mutual; general; public.

공평(公平) : impartiality; justice *공평한 fair; just; impartial.

공포(恐怖) : fear; dread; horror *공포에 사로잡히다 be seized with *fear*; be struck with *horror*.

공표(公表)하다 : announce officially; publish; make public.

공항(空港) : an airport *김포 국제공항 the Kimpo International *Airport*.

공허(空虛)한 : empty; vacant; void *공허감 a sense of *emptiness*.

과감한 : daring; bold; resolute.

과거(過去): the past *과거분사 a *past participle*.

과도기(過渡期): a transitional period [stage]; an age [a period] of transition.

과로(過勞)하다: overwork oneself; work too hard.

과목(科目): a subject; a lesson *시험 과목 *subjects* of examination.

과민(過敏)한: too keen; nervous; over-sensitive.

과부(寡婦): a widow *과부가 되다 be *widowed*; lose one's husband.

과분한: excessive; undue; **undueserved** *과분한 영광 an *undue-served* honour.

과식(過食)하다: overeat oneself; eat too much.

과실(過失): a fault; a mistake.

과언(過言): saying too much *…이라 해도 과언이 아니다 It is not too *much*[no exaggeration] to *say* that....

과욕한: unselfish; of few wants.

과잉(過剩): excess; surplus *과잉의 surplus; superfluous/ 인구 과잉 overpopulation; *surplus* population.

과장(誇張)하다: exaggerate.

과학(科學): science *과학자 a scientist/ 과학화하다 make *scientific*.

관객(觀客): a spectator; the audience.

관계(關係): relation *관계하다 relate; be related to; have something to do with/ 나는 그와 아무 관계도 없다 I have nothing to do with him.

관광(觀光): sightseeing *관광하다 go *sightseeing*; do [see] the *sights* of/ 관광사업 the *tourist* industry; tourism.

관념(觀念): a sense; a spirit *시간의 관념이 없다 take no *thought* of time.

관대(寬大)하다: (be) generous; liberal *관대한 마음 a broad mind.

관람(觀覽): inspection; viewing *관람하다 see; view; inspect/ 관람객 a spectator/ 관람료 admission fee.

관례(慣例): a custom; a usage; a practice; a precedent(선례).

관망(觀望)하다: observe; **watch**/ 형세를 관망하다 *watch* the course of events; sit on the fence.

관사(冠詞): (문) an **article** *정[부정] 관사 a definite [an indefinite] *article*.

광경(光景): a scene; a **spectacle**; a sight; a view *참담한 광경 a terrible *spectacle*.

광대: an **actor**; an actress(여자); a player.

광복(光復): **revival**; rehabilitation; restoration of independence *광복절 Independence [Liberation Day] of Korea.

광선(光線): **light**; a ray of light *엑스 광선 X-*ray*.

광주리: a round wicker [bamboo] basket.

괜찮다: (쓸만하다) be not bad; be all right; good; fair; (상관없다) do not mind; make no difference *나는 괜찮다 I don't mind; I am all right.

괜히: in vain; without reason.

괴나리봇짐: a traveller's pack carried on the back.

괴다: (물이) gather; collect; (받치다) support.

괴담(怪談): a ghost [weird] story.

괴력(怪力): superhuman strength.

괴로움: trouble; **hardship**.

괴롭다: (be) **painful**; (곤란하다) hard; difficult.

괴롭히다: worry [trouble]; give (one) pain *제 마음을 괴롭히다 *worry* oneself.

괴질(怪疾): a mystery disease.

교과(敎科): a course of study; the **curriculum**; (과목) a subject *교과서 a *textbook*; a school book.

교묘한: **clever**; skilful; expert; deft; tactful *교묘한 수단 a *subtle* trick.

교수(敎授): a **professor**; teaching.

교습(敎習): **training**; instruction *교습하다 train; drill; instruct.

교실(教室) : a classroom; a schoolroom.

교양(教養) : culture; education; refinement *교양학과 *cultural* subjects; liberal arts.

교역(交易) : trade; commerce; barter (교환) *교역하다 *trade* [barter] with; exchange.

교외(郊外) : the suburbs outskirts *교외생활 a *suburb* on life/ 우리 학교는 서울 교외에 있다 Our school stands in the *suburbs* of Seoul.

교우(教友) : a fellow believer; a brother in the same faith.

교육(教育) : education.

교장(校長) : a schoolmaster(국민학교); a **principal**(중학교); a director(고등학교).

교제(交際) : intercourse; **association**; friendship *교제하다 *associate* with; hold *intercourse* with; keep *company* with.

교태(嬌態) : coquetry *교태를 부리다 play the *coquet*.

교통(交通) : **traffic**; communication *교통기관 means of *communication* [transportation]/ 교통사고 a *traffic* accident/ 교통순경 a *traffic* policeman/ 교통신호 a *traffic* signal/ 교통정리 *traffic* control.

교향악(交響樂) : **symphony**; symphonic music *교향악단 a *symphony* orchestra.

교화(教化) : **education**; culture; enlightenment *교화하다 educate; enlighten; civilize/ 교화운동 an *educational* campaign.

교환(交換) : exchange *교환하다 barter; *exchange*/ 교환교수 an *exchange* professor/ 교환수 a telephone *operator*.

교활한 : **cunning**; sly; artful; crafty; **tricky** 교활한 수단 (a) *sharp* practice; a *trick*.

교황(教皇) : the **Pope**; the (Supreme) Pontiff *교황의 papal/ 교황청 the Vatican.

교회(教會) : a **church**; a religious association *교회당 a church; a cathedral(사원); a chapel/ 교회에 가다 go to *church*/ 나는 일요일에는 저 교회로 간다 I go to that *church* on Sunday.

교훈(教訓) : **instruction**; a lesson.

구경꾼 : a bystander; an **onlooker**.

구경하다 : watch; look at; enjoy seeing; see the sight of *우린 나이아가라 폭포를 구경하러 갔었다 We went to *see the sight of* Niagara Falls.

구두 : **shoes**(단화); boots(장화) *구두 한 켤레 a pair of *shoes*/ 구두를 신다 put on *shoes*/ 구두를 닦다 polish [shine; black] *shoes*.

구르다 : **roll** *공이 마당으로 굴러들어 왔다. A ball came *rolling* into the yard.

구름 : a **cloud** *구름이 낀 날씨 a *cloudy* weather/ 구름에 덮이다 be covered with *clouds*.

구멍 : a **hole**; an opening/ 구멍을 뚫다 make a *hole*/ 내 양말에 구멍이 나 있다 There are *holes* in my socks.

구미(口味) : **appetite**; taste *구미를 돋우다 stimulate one's *appetite*/ 구미가 없다 have no *appetite*.

구석 : a **corner**.

구식(舊式) : old style [fashion].

구실(口實) : an excuse; a pretext *~구실로 하여 on the *pretext* of/ 구실을 만들다 find *an excuse*[a pretext].

구(求)**하다** : look for; seek; want.

구하다 : rescue one from (danger); save one from (death).

구혼(求婚) : a proposal of marriage/ 구혼하다 propose to.

구획(區劃) : (구분) a **division**; a section; a boundary; (한계) a limit *구획하다 divide.

국 : **soup**; broth *국거리 material for *soup*/ 국물 *soup*/ 국말이 *soup* containing boiled rice/ 국밥 rice-and-meat *soup*.

국가(國家) : a **country**; a state; a nation *국가시험 a *state* examination.

국기(國旗) : the national flag *국기 게양식 a *flag* hoisting ceremony.

국면(局面) : the **situation** *국면이 일변하다 enter upon a new *phase*; take a new turn.

국문(國文) : the national language.

국민(國民) : a **nation**; a **people** *국민장 a *people's* funeral; a *public* funeral service.

국민학교(國民學校) : a **primary**〔an elementary〕school; a public school(미).

국방(國防) : national defense; the defense of a country *국방자원 *national defence* resources.

국사(國史) : a national history.

국산(國産) : home〔domestic〕production(국산품); a domestic〔home〕product; a homemade articles.

국어 : the national language; one's mother tongue *국어독본 a Korean reader.

국적(國籍) : **nationality**; citizenship(미). *국적을 취득하다 acquire *citizenship*.

국제(國際) : 국제적인 **international**.

국회(國會) : the National Assembly.

군데군데 : here and there; a places; in places.

군인(軍人) : a **soldier**; (해군) a sailor; a serviceman *군인정신 the *military* spirit/ 군인생활 *military* life.

군함(軍艦) : a **warship**.

굳다 : strong; **firm** *그는 의지가 굳센 사람이다 He is a man of *strong* will.

굴다 : **behave**; conduct (oneself); act *못살게 굴다 give (one) a hard time.

굴뚝 : a **chimney**; a (smoke) stack (기선의); a funnel *굴뚝소제 *chimney* sweeping.

굴복(屈服)하다 : give in; submit; surrender; **yield**.

굴욕(屈辱) : a **humiliation**; a disgrace; an insult *굴욕적 *humiliating*; disgraceful; ignoble/ 굴욕을 주다 humiliate; insult.

굵다 : (be) **thick**; big; deep(목소리) *굵은 목소리로 in a *thick* voice.

굶다 : starve; go **hungry** *굶어죽다 die of *hunger*; *starve* to death.

굶주리다 : starve; be〔go〕**hungry** *사랑에 굶주리다 *hungry* for love.

권리(權利) : a **right** *권리가 있다 have a *right*/ 권리와 의무 *right* and obligation.

권총 : a **pistol**; a revolver; a gun *권총강도 a burglar armed with a *pistol*; a *gun* man.

권투 : **boxing** *권투하다 *box* with/ 권투가 a boxer/ 권투 시합 *boxing* bout〔match〕/ 권투장 a ring.

귀 : the **ear**; (청각) hearing *귀가 어둡다〔밝다〕be slow〔quick〕of *hearing*/ 귀가 안 들린다 be deaf.

귀머거리 : a **deaf** (person).

귀엽다 : (be) **pretty**; lovely; sweet; cute; charming; dear *귀여운 여자아이 a *sweet*〔cute〕little girl.

규칙(規則) : a **rule**; regulations *규칙대로 according to the *rules*/ 규칙위반 violation of a *regulation*.

균등(均等)하다 : **equal**; even; uniform.

균형(均衡) : **balance**; equilibrium *세력의 균형 the *balance* of power/ 균형이 잡힌 well-*balanced*.

그 : the; **that** *그날 *that*〔the〕day/ 그때 then; *that* time/ 그 같이 thus; so; like that; in that manner.

그것 : it; that.

그냥 : as it is; as it stands; as you find it; in that condition *그냥 울고만 있다 do *nothing but* cry/ 그냥 내버려 두다 leave (a thing) *as it is*; leave (a thing) *as that*.

그때 : **then**; at that time *그때 아버지는 어린애였다 *At that time* my father was a little child.

그대로 : just like that; as it is; as it stands *그대로 하시오 Do *just like that*.

그 동안 : during that time; the while; in the meantime; these days *그 동

안 안녕하셨는지요? Have you been well all *these days*?

그래도 : nevertheless; but; still; for all that; and yet.

그래서 : so; therefore *그래서 그는 화가 났다 So he got angry/ 그래서 어떻게 했어? *Well, then*?

그러나 : but; however; still; and yet; though.

그러므로 : so; *therefore*; accordingly.

그럭저럭 : one way or another; in some way; somehow (or other) *그럭저럭 하는 동안에 in the meantime; meanwhile.

그렇게 : *so*; *so much*; that much; like that; that way *펜을 그렇게 쥐는 게 아니다 You must not hold your pen *like that*.

그르다 : wrong; mistaken; bad *자네가 그르네 You are *wrong*/ You are *to blame*/ 그런 사람을 믿다니 내가 글렀다 I was *wrong* to trust such a man/ 이젠 다 글렀다 It is *all over* now; It's *all up* with me.

그르치다 : spoil; ruin; destroy; make a failure of *매를 아끼면 아이를 그르친다 Spare the rod; and *spoil* the child/ 일생을 그르친다 make a *failure* of one's life.

그리다 : draw; paint(채색하여); picture; describe(작도); sketch (묘사) *산수(山水)를 그리다 *paint* a landscape/ 마음에 그리다 picture to oneself; imagine/ 지도를 그리다 *draw* a map.

그림 : a **picture**; a painting; a drawing(무채색); a cut(잡지 등) *피카소의 그림 a *picture* by Picasso/ 그림책 a *picture* book.

그림자 : a shadow *우리들의 그림자가 벽에 비치고 있다 Our *shadow* are on the wall/ 그림자를 감추다 conceal oneself; disappear.

그만 : as soon as; immediately *그는 나를 보더니 그만 달아났다 He ran off the moment he saw me.

그만두다 : stop; cease; quit; give up; discontinue *학교를 그만두다 *leave* school/ 장사를 그만두다 *quti* one's business.

그만큼 : that much; so much; to that extent *나도 그만큼은 했다 I too have done *that much*.

그물 : a **net**; a dragnet; a casting net; netting; network *그물을 뜨다 make a *net*.

그믐날 : the last day of a month *그믐밤 the last night of a lunar month/ 그믐께에 toward *the end of a month*.

그을음 : soot *그을음이 끼다 become *sooty*; be *soot*-covered/ 그을다 be burned; be scorched/ 해에 그을다 be sunburned; be browned.

그저께 : the day before yesterday *그저께밤 *the night before* last.

그치다 : stop; cease; halt; end; be over *그칠 새 없이 without *ceasing*/ 비가 오다 그치다 한다 It rains *off and on*.

그 후 : after that; **since then**; afterwards; later; ever since; thereafter *그 후 어떻게 지냈니? How have you been *since*?

극(劇) : a **drama**; a play *극적으로 dramatically.

극(極) : (절정) the zenith; the height; the extreme; (지구·자석의) **a pole** *북(남)극 the north(south) *pole*/ 영화의 극 *the height* of glory/ 극(절정)에 달하다 be at its *height*; reach its *climax*.

극동(極東) : the Far East.

극단(極端) : **an extreme**; an extremity; an excess; (과도) *극단한 extreme; excessive/ 극단하게 extremely/ 극단한 예 an *extreme* case/ 극단론 an *extreme* view [opinion]/ 극단론자 an extremist/ 극단으로 흐르다 go *too far*; go to *extremes*.

극비(極秘) : strict secrecy; a top secret (미).

극장(劇場) : a **theater**; a play house

*우리는 지난 일요일에 **극장**에 갔다 We went to the *theater* last Sunday.

극형(極刑) : capital punishment; the maximum penalty *극형에 처하다 condemn (one) to *capital punishment*.

극(極)히 : extremely; greatly; very; most; highly *극히 미묘한 *most* delicate.

근(根) : (수학) a root; a radical/ 평방(입방)근 a square (cubic) *root*.

근간(近刊) : recent [forthcoming] publication [issue] *근간서(書) a *recent* publication; a *forthcoming* book(예정서)/ 근간 예고 announcement of *books in preparation*.

근근(僅僅)**히** : barely; narrowly; with difficulty.

근년(近年) : recent [late] years *근년에 of *late years*; in *recent years*.

근대(近代) : modern times; the modern age; recent times *근대의 *modern*/ 근대인 *modern* people; a *modern* (er)/ 근대사 *modern* history.

근래(近來) : lately; of late; recently; recent time.

근로(勤勞) : labour; work; exertion; service *근로하다 *labour*; work; serve/ 근로소득 an *earned* income/ 근로 봉사대 a *labour* service corps.

근면(勤勉) : diligence; industry *근면한 industrious; diligent; laborious.

근무(勤務) : work; duty; service *근무하다 do *duty*; be *on duty*; *work*/ 근무처 one's place of *employment*/ 근무시간 *office* [*working*] hours.

근방이웃 : the *neighborhood*.

근본(根本) : (기초) the *foundation*; the basic;(근원) the root; the source; the origin *근본적으로 fundamentally; basically; thoroughly/ 근본문제 a *fundamental* problem.

근시(近視) : short-sightedness; myopia (사람) a short-sighted person *근시의 short-sighted; short of sight/ 근시경(鏡) spectacles for *short-sight*/ 근시안적 *short* [*near*]-*sighted*.

근심 : anxiety; fear; cares; worry; trouble; concern *근심하다 be *anxious* about; *be afraid of*; worry about [over]; be *concerned* about; feel uneasy/ 그런 것을 가지고 근심하지 마라 Don't *worry about* such a thing.

근원(根源) : (시초) the origin; the **source**(근본); the cause; the root *모든 사회악의 **근원** the *root of* all social evils/ 근원을 캐다 trace (something) to its *origin*.

근육(筋肉) : muscles; sinews *근육미 *muscular* beauty/ 근육의 발달 *muscular* development.

글쎄 : well; now; let me see; I say (단정) *글쎄 갈 생각이 없는걸 *Well*, I don't feel like going.

글씨 : a letter; a character (문자); penmanship *글씨를 잘 쓰다 He *writes* a good hand.

긁다 : scratch; rake [scrape] up; gather up; criticize; attack.

금(金) : gold; (화학) Au *금의 gold; golden/ 금종이 *gilt* paper/ 금반지 a *gold* ring/ 금 시계 a *gold* watch.

금 : (접은 자국) a fold; a crease; (줄) a line *금을 긋다 draw a *line*; (틈) a crevice; a crack/ 금을 내다 notch; nick/ 금가다 be *cracked*.

금강석(金剛石) : a diamond.

금고(金庫) : a safe; a strongbox; a cash box; a vault *돈을 금고에 넣다 put [keep] money in a *safe*.

금령(禁令) : prohibition; an interdict; a ban *금령을 내리다 issue a *ban* (on).

금물(禁物) : (a) taboo; a prohibited [forbidden] thing.

금발(金髮) : golden hair; blonde (여자); blond (남자).

금상첨화(錦上添花)**하다** : add luster to what is already brilliant; add something more to the beauty[honour; grace].

금석(金石) : minerals and rocks *금석문 a monumental; inscription/ mineralogy (광물학); epigraphy 금석학/ 금석지약(約) a *solemn* promise; a *deep* pledge.

금성(金星) : **Venus**; the daystar.

금속(金屬) : a **metal** *금속의 metal; metallic/ 금속공 a *metal*worker/ 금속판 a *metal* plate; a sheet *metal*/ 금속공업 the *metalworking* industry.

금욕(禁慾) : asceticism; **stoicism**; selfdenial; continence *금욕주의자 a stoic.

금융(金融) : monetary circulation; the money market; finance *금융계 *financial* circles/ 금융기관 a banking [*financial*] organ/ 금융업 *financial* operations; *money lending*(business).

금주(禁酒) : **abstinence**(from drink); teetotalism(절대);temperance(절주); prohibition(법령) *금주하다 *abstain* (from drink); give up drinking; go dry/ 금주법 the *prohibition* law/ 금주가 an *abstainer*; a total *abstainer*; a dry man/ 금주운동 a *temperance* movement; a dry campaign.

금품(金品) : money and other articles; cash and other possessions.

급(級) : a class; a grade; a form(영) *1년급 the first year *class*.

급료(給料) : a salary; wages; fee; pay/ 급료가 많은〔적은〕 well〔poorly〕 *paid*.

급박(急迫)하다 : (be) urgent; imminent; grow acute 〔critical〕.

급증(急增)하다 : increase suddenly.

급(急)하다 : (be) urgent; imminent(성급하다); hasty; impatient (위급하다) dangerous; serious *무엇이 그렇게 급하니? What is your *hurry*?

급행(急行) : (열차) an **express**(train). *급행요금 *express* charges.

급(急)히 : (빨리) **fast**; quickly; in haste; in a hurry;(곧) at once 학교로 급히 달려갔다 He ran *fast* to school.

기간(期間) : a **period**; a term *일정한 기간 내에 within a certain *period* of time.

기꺼이 : willingly; **with pleasure** *기꺼이 그렇게 하겠읍니다 I will do so *with pleasure*.

기껏해야 : at (the) most; at (the) best *기껏해야 1마일 a mile *at most*.

기계(機械) : a **machine**; machinery *기계에 고장이 났나 보다 Something seems to be wrong with the *machine*.

기공식(起工式) : a ground breaking ceremony.

기관차(機關車) : an **engine**(영); a locomotive(미).

기관총(機關銃) : a machine gun.

기교(技巧) : **art; skill**; a trick; technique; technical skill.

기구(氣球) : a **balloon** *관측기구 an observation *balloon*.

기구(機構) : structure; mechanism; setup; a system *기구를 개혁하다 reorganize the *system*.

기구(器具) : a **tool**; a utensil; an implement; an apparatus; fixtures(설비된).

기금(基金) : a fund; an endowment.

기념(記念) : **commemoration**; memory *기념물 a keepsake; a token; a memorial; a memory/ 기념비 a *monument*/ 기념일 a *memorial* day; a *commemoration* day/ 기념우표 a *commemorative* stamp.

기능(技能) : **skill**; ability; capacity.

기다 : **crawl**; go on all fours; creep *기어오르다 *climb* up; clamber; scale/ 기어다니다 *crawl* about.

기다리다 : **wait** (for); await; expect (기대); anticipate *기차를 기다리다 *wait for* a train/ 기다리게 하다 keep (one) *waiting*.

기대다 : **lean**(against); (의지하다) rely upon; lean on.

기도(祈禱) : a **prayer**; grace(식사때의) *기도하다 *pray*; offer a *prayer*;

say *grace*.

기도(企圖) : an **attempt**; a plan; a try; a design; a project; a plot; intend.

기둥 : a **post**; a pole; a colum; a pillar *기둥을 세우다 put up a *post*/ 나라의 기둥 the *pillar* of the state.

기력(氣力) : (기운) **energy**; spirit; vigour *기력이 왕성한 *energetic*; vigorous; full of vitality.

기록(記錄) : a **record**; a document(문서); archives(관청의); (연대기) annals; a chronicle *기록하다 record; register; *write down*; put on *record*/ 기록을 깨다 break a *record*/ 기록을 세우다 make[establish] a new *record*/ 기록보유자 a *record* holder; a title holder.

기뢰(機雷) : a **mine**.

기류(氣流) : an **air current**; a current of air.

기르다 : **bring up**; (동물을) raise; rear; breed *아이를 우유로 기르다 *bring up* a child on cow's milk.

기름 : **oil**.

기립(起立)**하다** : **stand up**; rise.

기막히다 : (어이없다) be **dumbfounded**; be struck dumb with amazement *기막힌 terrible(형편없는); disgusting(고약한); wonderful(좋은)/ 기막히게 terribly; wonderfully.

기만(欺瞞)**하다** : **cheat**; deceive; play (one) a trick; impose on.

기묘(奇妙)**하다** : (be) **strange**; curious; queer.

기민(機敏)**한** : **prompt**; smart; sharp; shrewd *기민하게 *promptly*; smartly/ 기민한 동작 quick *action*.

기밀(機密) : a **secret**; secrecy *기밀누설 leakage of *secrets*/ 기밀서류 *secret*[confidential] documents.

기뻐하다 : **be pleased with**; be delighted at; be glad for *껑충껑충 뛰며 기뻐하다 jump for *joy*; dance with *joy*/ 소식을 듣고 기뻐하다 be *pleased at* the news.

say *grace*.

기본(基本) : (기초) a **foundation**; a basis;(기준) a standard *기본금 ,a fund; an endowment/ 기본적 fundamental; basic; standard.

기부(寄附) : subscription; contribution *기부하다 contribute to; subscribe; donate/ *기부금 a contribution; a subscription; a donation money.

기분(氣分) : **feeling**; a frame of mind; humour; mood *기분을 상하게 하다 hurt one's *feeling*/ 기분전환 diversion/ 기분이 좋다 *feel* well[fine]; be pleased/ 기분이 나쁘다 *feel* unwell; be out of sorts.

기쁘다 : happy; **joyful**; **glad**; pleasant *기쁜 소식 *glad* [happy] news/ 기쁘게 하다 gladden; delight; please.

기쁨 : **joy**; **delight**; pleasure; rejoice; gladness *기쁨을 참을 수 없다 be unable to contain one's *delight*.

기사(技師) : an **engineer**; a technician/ 광산기사 mining **engineer**.

기술(技術) : skill; art; **technique**/ 기술적 technical/ 기술상 technically/ 기술자 a *technical* expert; a *technician*.

기아(飢餓) : hunger; **starvation** *기아 임금 *starvation* wages.

기어이 : by all means; under any circumstances.

기억(記憶) : memory; **remembrance**; recollection *기억하다 remember/ 나는 네가 한 말을 **기억**하고 있다 I remember what you said/ 그는 기억력이 좋다 He has a good memory/ 나의 기억력으로는 as far as I can *remember*/ 기억상실증 loss of *memory*.

기업(企業) : an **enterprise**; an undertaking *기업가 a man of *enterprise*/ 기업형태 a form [type] of *enterprise*/ 기업의 합리화 rationalization of *enterprises*.

기온(氣溫) : (atmospheric) **temperature** *기온의 변화 a change of [in] *temperature*.

기와 : a tile *기와집 a *tile*-roofed house/ 기와공장 a tilery/ 기와지붕 a *tiled* roof.

기용(起用) : **appointment** *기용하다 *appoint*; employ the service (of); promote.

기운(힘) : strength; **force**; **might**; energy *기운이 세다 be *strong*; be *mighty*/ 기운이 바치다 lose *strength*.

기울다 : **incline**; lean; (쇠퇴하다) decline *운(運)이 기울다 one's star is on the *wane*; be *down* on one's luck.

기원(紀元) : an era; an epoch *서력 기원 1860년에 in the year 1860(of the Christian era) [A. D.]/ 서력 기원전 Before Christian [B. C.].

기원(祈願) : a **prayer**; a supplication; a petition *기원하다 *pray*; supplicate; petition.

기일(期日) : the fixed [given] date; the appointed date.

기입(記入) : **entry**; filling up (용지에) *기입하다 entry; make an entry; fill up (공란에).

기자(記者) : a **reporter**; a journalist; a news man; a pressman *기자회견 a press conference[interview].

기적(奇蹟) : a **miracle**; a wonder *기적적으로 miraculously/ 기적적으로 살아나다 escape death by a *miracle*.

기적(汽笛) : a steam whistle; a siren; a syren.

기준(基準) : a **standard**; a basis *기준임금 *standard* wages/ 기준점[선·면] a *datum* [*base*] point [line, plane].

기차(汽車) : a **train** *기차로 by train/ 기차를 놓치다[타다] miss [catch] a *train*.

기체(氣體) : **gas**; a gaseous body; vapour *기체의 gaseous/ 기체연료 gaseous fuel/ 기체화하다 gasify; vaporize.

기초(基礎) : the **foundation**; the basis; the base *기초공사 ground-making; *foundation* work/ 문법의 기초지식 *elementary* knowledge of grammar.

기침 : a **cough**; coughing *기침하다 (have a) cough/ 기침약 a *cough* medicine.

기탁(寄託) : **deposition** *기탁하다 *deposit* (a thing with one); entrust (one with a thing)/ 기탁자 a depositor.

기탄(忌憚) : **reserve**; hesitation *기탄없는 frank; outspoken; unreserved/ 기탄없이 말하면 to be frank (with you); plainly speaking.

기특(奇特)한 : **laudible**; praiseworthy; commendable *기특한 행위 a *commendable* deed/ 그의 정직함이 기특해서 in *reward* of his honesty.

기포(氣胞) : an air cell; an air bladder.

기풍(氣風) : **character**; disposition; morale (단체의); spirit (정신) *국민의 기풍 the *traits* of a nation.

기피(忌避) : (징병) **evasion**; shirking *기피하다 evade; shirk; shun; avoid/ 기피자 an *evader* (of service); a *shirker*/ 징병기피 *evasion* of conscription.

기한(期限) : a period; a **term**; a time limit; a deadline *기한이 지나다 pass a fixed *term*; expire.

기회(機會) : an **opportunity**; a chance *기회를 놓치다 miss an *opportunity*/ 기회가 있는 대로 at the first *opportunity*.

기획(企劃) : **planning**; a plan *기획하다 plan; make *a plan*.

기후(氣候) : **weather**; climate.

긴급(緊急) : **emergency**; urgency *긴급한 urgent; pressing; emergent; burning/ 긴급동의 an *urgent* motion/ 긴급대책 an *urgent* countermeasure.

긴밀한 : **close**; compact *긴밀한 연락 a *close* connection.

긴장(緊張) : tension; **strain** *긴장하다 be *strained*; be on the *strain*/ 긴장한 strained; tense; serious/ 긴장상

태 a tense *situation*.

긴축(緊縮) : (경제) **economy** *긴축하다 economize; retrench; practise austerity/ 긴축정책 a *retrenchment* policy; a policy of *austerity*.

길 : a way; a **road**; a route; a highway; a **street**; (통로) a path; a passage *길을 잃다 lose one's *way*/ 길을 묻다 ask one's *way* to(a place)/ 길을 가르쳐주다 show[tell] the *way*/ 성공으로 가는 길 the *road* [*way*] to success.

길다 : (be) **long**; lengthy; protracted.

길들다 : get used to; grow accustomed to; (동물) become tame.

길모퉁이 : at [on] a street corner; a **corner**.

길이 : **length**; (부사) long; for a long time; forever *길이가 2미터이다 be 2 metres *long*.

깁다 : **sew**; stitch; mend; patch up *해진 곳을 깁다 *mend* a rip.

깊다 : (be) **deep**; profound; (밤이) be late *깊은 학문 *profound*[*deep*] learning/ 깊은 생각 a *deep* thought; deliberation.

깊이 : (명사) **depth**; deepness; (부사) deeply *깊이 6피이트이다 be six feet *deep*.

까놓다 : open one's heart(to); unbosom oneself to; confide *까놓고 말하자면 to be *frank* with you; *frankly* speaking; to speak *honestly*.

까다(벗기다) : **peel**; (부화) hatch; rind; pare; skin; shell; hull *귤을 까다 *peel* an orange/ 밤을 까다 *crack* [*shell*] a chestnut/ 암탉이 병아리를 까다 A hen *hatches* out chickens.

까다롭다(성미가) : (be) **particular**; (문제가) complicated *음식에 대해서 까다롭다 be *particular* about one's food/ 성미가 까다로운 사람 a man *hard* to please/ 이 문제는 까다롭다 This problem is *hard* to solve; This problem is *complicated*.

까마귀 : a **crow**; a raven(갈가마귀); a bird of ill omen(별명).

까맣다 : (검다) **black**; dark; (아득하다) far; far off; far away.

까지 : ① (시간) **till**; until; up to; by *다음 달까지 *till* next month(계속); *by* next month(마감) ② (장소) **to**; up to: as far as *부산까지 *to* Pusan; *as far as* Pusan ③ (정도) **to**; so far as; even *도둑질까지 하다 go *so far as* committing a theft.

깎다 : ① (물건을) shave (wood); **cut**; plane(대패로); sharpen(연필 따위) ② (머리를) **cut**; clip; (수염을) shave; (풀을) mow; (양털을) shear *머리를 깎다 have one's hair *cut*/ 수염을 깎다 *shave* oneself ③ (값 등) beat[knock] down (the price)/ 500원으로 깎다 *beat down* the price to 500 won.

깔다 : **spread**; lay; cover; pave; lay out; invest in *요를 깔다 *spread* a mattress/ 자갈을 깔다 *spread* gravel.

깔보다 : look down on; despise; make light of; hold cheap; belittle.

깜깜하다 : (be) very dark; pitch black.

깜박이다 : **wink**; blink; winkle *눈 깜박 할 사이에 in a *twinkling*(moment)/ 눈을 깜박이다 *blink* one's eyes.

깜찍하다 : be clever for one's age.

깡통 : an empty can[tin].

깨끗이 : cleanly; **clean**; neatly; fairly (공정히) *깨끗이 닦다 wipe(a thing) *clean*/ 깨끗이 이기다 win *fairly*/ 몸이 깨끗지 않다 be unwell.

깨끗하다 : (be) **clean**; **clear**(맑다); fair(공정하다) *깨끗한 물 *clear* water/ 깨끗한 승부 *fair* play/ 깨끗한 마음 a *pure* heart.

깨다 : ① (잠이) wake up; **awake** *잠이 깨다 *awake* from one's sleep ② (물건) **break**; crush; smash *주발을 깨다 *break* [*smash*] a bowl ③ (일 등) bring to a rupture; **break off**; baffle *혼담을 깨다 *break* off a proposed marriage ④ (술 등) get sober; sober

깨달다—꾸미다

(up) ⑤(개화) become civilized *망상에서 깨어나다 be *awakened* from one's illusions.
깨닫다 : see; **realize**; **awake to**; perceive; understand; sense; be aware of; be convinced of *자기 잘못을 깨닫다 *find out* one's mistake/ 형세가 심상치 않음을 깨닫다 be *awake to* the gravity of the position.
깨뜨리다 : **break** *접시를 깨뜨리다 *break* a dish.
깨물다 : **bite**; gnaw *혀를 깨물다 *bite* one's tongue.
깨우다 : **wake up**; awake; arouse *몇시에 깨울까요? When shall I *wake* you *up*?
깨지다 : be broken; **break** *깨지기 쉬운 brittle; easily *breaking*; fragile.
꺼내다 : pull out; draw out; **take out** /지갑에서 돈을 꺼내다 *take out* some money from one's purse.
꺼지다 : (불이) go out; die out; be put out; (사라지다) disappear *전등이 꺼졌다 The light has *gone out*.
꺾다 : **break off** *꽃을 꺾다 *pluck*[pick] a flower/ 나뭇가지를 꺾다 *break off* a branch of the tree/ 사기를 꺾다 *lower* the morale.
껄렁하다 : (be) **worthless**; insignificant; of no value; absurd(말이) *껄렁한 소리 nonsense.
껍질 : (나무) **bark**; (과일) rind; **peel**; (깍지) husk; shell; (얇은) skin.
껴안다 : **hug**; embrace; hold(a baby) to one's breast (in one's arms) *서로 껴안다 *embrace* [hug] each other.
꼬리 : a **tail**; a brush; a scut; a trail (혜성 등) *꼬리를 밟히다 give a *clue* (to); be found out.
꼬부라지다 : bend; **curve**; be bent; be crooked.
꼬이다 : ①(실·끈 등) get **twisted** ② (일 등) suffer a setback; go wrong; miscarry ③(마음 등) be offended.
꼭 : (단단히, 반드시) **tightly**; firmly (정확히) **just**; exactly; (반드시) surely; certainly; for sure; without fail; by all means *꼭 출석하다 attend *without fail*/ 꼭 그렇게 하게 Do so *by all means*.
꼭대기 : **the top**; the peak; the summit(정상).
꼭두새벽 : **dawn**; peep of day.
꼭둑각시 : a **puppet**; a marionette(철사로 놀리는).
꼭지 : (그릇의) a **knob**; (식물의) the stem.
꼴 : (모양) **shape**; form; (외양) appearance *그 모양이 볼 만하더라 It was a *sight*, indeed.
꼴찌 : **the last**; **the bottom**; the last man (in a race) *꼴찌에서 두번째이다 be second from *the bottom* of the class.
꼼꼼히 : **scrupulously**; meticulously.
꼼짝못하다 : be unable to move an inch *곤경에 빠지다 be in a *fix*.
꼽다 : **count** (on one's fingers) *날짜를 꼽다 count the *day*.
꽃 : a **flower**; a blossom; a bloom *꽃을 꽃병에 꽂다 put the *flower* in the vase.
꽤 : **fairly**; pretty; quite; considerably *꽤 잘한다 do *fairly* well/ 꽤 좋다 be *pretty* good.
꾀 : (슬기) resources; **resourcefulness**; (계략) a trick; an artifice; a design *꾀하다 plan; intend; attempt/ 꾀많은 사람 a *resourceful* man; a man of *resources*/ 꾀쓰다 use *sense*; *exercise* one's brain/ 꾀에 넘어가다 be *entrapped*; fall a prey to another's *stratagem*.
꾐에 빠지다 : be *lured*; be *tempted*.
꾸다 : (돈을) **borrow**; (꿈을) dream.
꾸러미 : a **bundle**; a package; a parcel.
꾸미다 : ①(치장) decorate; ornament; adorn; dress *얼굴을 곱게 꾸미다 make one's *toilet* ②(가장) feign; affect; (외면치레) gloss over *불썽을 꾸미다 put a good face (on) ③(조작) make up; invent; fabricate ④

(계획) plot; design *구며낸 얘기 an *invented* story; an *invention*. ⑤(조직) form; *organize* *회사를 꾸미다 *organize* a company.

꾸짖다 : scold; give one a scolding; chide; rebuke *그는 내가 지각한 사실을 꾸짖었다 He *scolded* me for being late.

꿀 : honey; molasses; nectar/(꽃의) *꿀물 *honeyed* water/ 꿀벌 a *honeybee*.

꿀리다 : ①(주름잡히다) be creasy; be wrinkled; be crumpled ②(형편이) be hard up; be reduced to poverty ③(켕기다) be cowed; be scared.

꿇다 : kneel(down); fall[drop] on one's knees.

꿈 : a dream(환상); a vision; an illusion *들어맞는 꿈 a true *dream*/ 꿈을 꾸다 *dream*; have a *dream*; dream a *dream*/ 불길한 꿈 an evil *dream*/ 청춘의 꿈 the *dream* of youth/ 꿈자리가 좋다[나쁘다] have a good[bad] *dream*/ 꿈결 같은 transient; uncertain/ 꿈결같이 like a *dream*; in vain; swiftly(빠르게).

꿋꿋하다 : (be) strong; firm; straight (곧다) *꿋꿋이 firmly; solidly; upright.

꿰뚫다 : ①(관통) pass[run] through; pierce; penetrate; shoot through(탄환 등) ②(통효되다) be versed in; have a thorough knowledge of.

끄다 : (불을) put out; blow out; extinguish; (전자 제품을) turn off; switch off; put off *촛불을 끄다 *blow out* a candle.

끄떡않다 : remain composed(태연) *끄떡없다 be all right[safe](안전); be calm(태연).

끈 : (줄) a string; a cord; a braid; a lace; (가죽끈) a strap; a thong *구두끈 a bootlace; a shoe *string*.

끈적끈적한 : sticky; adhesive.

끊다 : cut; cut off; break off; (금하다) stop; give up *술을 끊다 *stop*[give up] drinking/ 교제를 끊다 *sever* acquaintance with.

끊어지다 : break; be cut; break down; break off; be cut off; be broken.

끊임없다 : (be) continuous; constant; ceaseless; incessant *끊임없이 continually; constantly.

끌다 : pull; draw; (주의를) attract; (인도하다) lead; (미루다) delay *옷소매를 끌다 pull one by the sleeve/ 노인의 손을 끌다 *lead* an old man by the hand/ 인기를 끌다 *appeal* to public fancy; be popular/ 물을 끌어오다 *admit* water.

끌어내다 : take[pull, draw] out; bring [carry] out; drag forth (out).

끌어넣다 : pull[drag] in[into]; (데려오다) take [bring](one) into; (꾀어들이다) win (one) over (to one's side).

끌어안다 : hug; embrace; hold in one's arms.

끌어 올리다 : pull [draw, haul] up.

끓다 : boil; (마음) burn; glow; be aflame; (우글우글하다) swarm; be crowded with *끓어 넘치다 *boil* over/ 끓어 오르다 *boil* up.

끓이다 : boil; make hot; heart *끓여 소독하다 sterilize by *boiling*.

끔찍하다 : (be) horrible; frightful; dreadful *끔찍이 사랑하다 love *deeply*/ 끔찍이도 못생겼다 be *extremely* ugly.

끝 : end; close; (첨단) the point *끝으로 finally; in the *end*/ 끝까지 to the *end*[last]/ 끝이 나다(come to an) *end*/ 끝에서 끝까지 from *end* to *end*.

끝끝내 : to the last; to the end *끝끝내 반대하다 persist in one's opposition; be dead set against; oppose stoutly.

끝나다 : end; come to an end; close; be over; finish; be settled *시험이 끝났다 The examination *is over*/ 지금 막 식사가 끝났다 We have just *finished* our meal.

끝내다 : end; make an end of; close; finish; bring to a close; complete *일을 끝내다 finish one's work.

끝장 : (종결) a **conclusion**; (낙착) settlement *끝나다 be over[settled]/ 끝장내다 bring to a conclusion [settlement].

끼다 : (장갑·반지 따위) **put on**; pull on; (참가) join; take part in *장갑을 끼다 put[pull] on one's gloves/ 팔짱을 끼다 fold one's arms/ 일행에 끼다 join the party.

끼리끼리 : each in a group(명사적); people of like character.

끼우다 : **put**(a thing) **between**; insert; fix into; put in *창에 유리를 끼우다 fix glass in a window.

끼이다 : be **put**[held] **between**; get between *이 사이에 끼이다 get in between the teeth.

끼치다 : (원인) *cause*; make; (폐를) trouble(one); give trouble to; (영향을) influence; (손해를) injure *폐 많이 끼쳤읍니다 I *owe* you much.

끽끽거리다 : shriek; scream; screech

끽소리 못하다 : sing small; be(completely) silenced *끽소리 못하게 하다 silence; put; floor; put(one) to *silence*; beat(one) all *hollow*.

끽연(喫煙) : **smoking** *끽연하다 smoke (tabacco, a pipe)/ 끽연실 a smoke room; a smoking room.

낄낄 웃다 : giggle; titter; snicker.

낌새 : secrets; delicate signs; **hint**; a delicate turn/ 낌새 채다 sense; take *hint*(of); get *scent* (of).

ㄴ

나 : **I**; myself *나의 my/ 나에게[를] me/ 나의 것 mine/ 나로서는 as for me; for my part.

나가다 : go out; get out; (진출) go forth *강의에 나가다 attend a lecture.

나그네 : a traveler; a passenger; a stranger; **a wanderer**.

나날이 : day by day; **every day**; daily; from day to day.

나누다 : (가르다) **divide** (into); separate; (분배) divide (between, among); (함께) share (with) *점심을 나누다 have dinner together/ 세 항목으로 나누다 classify into three items.

나다 : (출생) **be born**; (발생) happen; occur; take place *너는 어디서 태어났니? Where were you born?/ 이름이 나다 become famous/ 병이 나다 get sick; become ill.

나라 : a **country**; a state; a land; a nation *나라를 위하여 목숨을 던지다 lay down one's life for one's country.

나란히 : (한 줄로) in a line[row]; side by side; (가지런히) evenly *나란히 서다 stand in a row/ 나란히 앉다 sit side by side.

나르다 : *carry*; convey; transport.

나른하다 : (be) languid; **weary**; feel tired.

나머지 : the rest; the remainder *기쁜 나머지 in the excess of one's joy; elated by joy.

나무 : a **tree**; a plant; (재목) wood; timber; (뗄나무) firewood *나무토막 a block; a chunk of wood/ 나무장수 a firewood dealer/ 나무하다 gather firewood; cut wood for fuel.

나무라다 : blame; reprove; reproach; reprimand; scold; take to task.

나쁘다 : (be) bad; wrong(잘못); inferior(품질이); (해롭다) injurious(to); harmful(to); (불쾌) disagreeable.

나사 : a **screw**; a stopcock *나사 돌리개 a screwdriver/ 나사로 죄다 screw up.

나아가다 : go forward; advance; march; proceed; move on *한걸음 나아가다 make[take] a step forward.

나아지다 : become **better**; improve; make a good progress; change for the better.

나오다 : come[go, get] out(of the

room) *집을 나오다 leave the house.

나이 : age; years *나이를 먹다 grow older; grow old/ 학교에 갈 나이다 be old enough to go to school/ 아직 결혼할 나이가 아니다 be too young to marry/ 나이에 비하여 젊어 보인다 look younger for one's age *나이 탓으로 due to[because of] one's age.

나중에 : some time later; afterwards; later(on)/ 나중 것 the latter.

나타나다 : appear; turn up; show up; come out; emerge *현장에 나타나다 appear on the scene.

나타내다 : express(표현하다); show; display *성격을 나타내다 show the character/ 두각을 나타내다 distinguish oneself.

나태 : idleness; laziness; indolence *나태한 lazy; idle; indolent; slothful; sluggish.

나팔 : a bugle; a trumpet *나팔수 a bugler; a trumpeter/ 나팔을 불다 blow[sound] a bugle.

낙(樂) : pleasure; delight; joyment; happiness *~을 낙으로 하다 delight in/ 자식을 낙으로 삼다 live for the sake of one's child.

낙관(樂觀) : optimism; an optimistic view *낙관하다 be optimistic; take an optimistic view/ 낙관론자 an optimist.

낙망(落望) : despair; discouragement *낙망하다 despair(of); lose one's heart; be discouraged.

낙서(落書) : scribbling; a scrawl *낙서하다 scribble; scrabble; scrawl/ 벽에 낙서하다 scribble on the wall.

낙선(落選) : be defeated in an election/ *낙선작 a rejected work.

낙심(落心)하다 : lose heart; be discouraged; be disappointed; be disheartened.

낙엽(落葉) : fallen leaves; dead leaves *낙엽송 a larch.

낙오(落伍)하다 : fall behind; straggle; fall away off *인생의 낙오자가 되다 make a failure of one's life.

낙원(樂園) : a paradise *지상의 낙원 an earthly paradise.

낙제(落第)하다 : fail (in an examination); flunk; failure(실패) *낙제생 a failure; a plucked student.

낚다 : fish; angle; fish with rod and line; catch.

낚시질 : fishing; angling *낚시하러 가다 go fishing[angling].

난데없다 : (be) unexpected; sudden; abrupt; to one's surprise.

난로(煖爐) : a stove; a fireplace.

난방장치(煖房裝置) : a heating apparatus[system, arrangement]; (방) a heated room.

난제(難題) : a difficult problem; a knotty subject.

난장이 : a dwarf; a pigmy.

난처(難處)하다 : (be) difficult; awkward *난처한 입장에 있다 be in an awkward position.

난치(難治) : incurability *난치의 incurable; fatal.

난타(亂打)하다 : strike violently; pommel; batter.

난파(難破) : a shipwreck *난파선 a wrecked ship.

난폭(亂暴)하다 : (be) violent; rough; wild; outrage *난폭한 자 a wild fellow; a rascal; an unruly person/ 난폭한 짓을 하다 do violence.

난필을 용서하십시오 : Excuse my writing in haste.

날가리 : a rick; a stack/ 낱알 a grain; a corn.

날 : a day; a date; weather(날씨); time(시일) *날로 day by day; every day/ 날을 정하다 fix[set] a date/ 날이 저물다 grow dark; sets; falls; closes/ 날이 좋건 나쁘건 in fair weather or foul.

날개 : the wings; a wing *날개 달린 winged.

날다 : fly; be blown off *높이 날다 fly high; hurry/ 나는 듯이 달리다 run

날마다 : **every day**; daily; day after day.

날뛰다 : act with reckless violence; **be rash**; be hasty *좋아 날뛰다 *leap* for joy/ 성이 나 날뛰다 *rush* about wildly with anger; rage/ 함부로 날뛰지 말라 You should be more careful.

날렵하다 : (be) **sharp**; acute; agile.

날쌔다 : (be) **quick**; swift; nimble; agile *날쌔게 nimbly; quickly; swiftly.

날씨 : weather condition; **the weather** *날씨가 좋으면 if *weather* permits; *weather* parmitting; if it is fine/ 오늘 날씨가 어떻니? How is *the weather* today?/ 날씨가 차차 좋아진다 The *weather* is changing for the better; The *weather* is improving.

날씬하다 : (be) **slender**; slim; supple; lithe *날씬한 여자 a *slim* woman.

날인(捺印) : seal *날인하다 *seal*; affix one's *seal*(to a paper)/ 날인자 a *sealer*.

날짜 : a **date** *날짜가 없는 un*dated*.

날조(捏造) : concoction *날조하다 forge; invent; fabricate/ 날조기사 a *fabrication*; a *fabricated* report.

날짐승 : fowls; birds; the feathered tribe.

날카롭다 : (be) **sharp**; pointed(끝이); keen; cutting; acute *날카로운 비평 *sharp* criticism/ 신경이 날카로와지다 become *nervous*.

날품(일) day **labour**[work] *날품팔이꾼 a day *lobourer*; (공전) *daily wages*.

낡다 : **old**; (be) worn; be out of date *낡아빠진 *worn*; antiquated; obsolete.

남 : others; **other people**; another *남보다야 일가가 낫다 Blood is thicker than water.

남(南) : **the south** *남의 *south*ern.

남극(南極) : **the South Pole** *남극 탐험 an *antarctic* expedition.

남기다 : **leave**; leave behind; bequeath *이름을 후세에 남기다 leave one's name to posterity/ 내것 좀 남겨놔라 *Spare* some for me.

남녀(男女) : **man and woman**; male and female *남녀 노소 할 것 없이 regardless of *sex* or age/ 남녀 동권 [관계] *sex* equality[relations].

남다 : **remain**; be left over; stay *집에 남다 *remain* at home/ 이름이 남다 be remembered.

남달리 : **extraordinarily**; unusually; exceptionally *남달리 노력했다 work harder than *others*.

남매(男妹) : brother and sister.

남발(濫發) : an **over-issue** *남발하다 issue recklessly/ 지폐의 남발 an *over-issue* of notes.

남성(男性) : **the male**(sex); the sterner sex *남성미 *musculine* beauty.

남자(男子) : **the male**; a man; a boy (사내아이); a hero(대장부) *남자옷 *men's* wear.

남존여비(男尊女卑) : predominance of man over woman.

남편(男便) : **a husband**; one's man; one's worse half *남편 있는 *married*.

납득(納得) : **understanding** *납득하다 understand/ 납득시키다 convince(one) of; persuade.

납세(納稅) : **tax payment** *납세자 a *tax-payer*/ 납세 고지서 *tax-papers*.

납작하다 : (be) **flat** *납작 엎드리다 lie down with *quick motion*.

납품(納品) : **delivery of goods** *납품하다 deliver(goods).

낫다 : **better**; (치유) get[become] well; recover from an illness *나아지다 be *improved*.

낭독(朗讀) : **reading**; recitation(암송) *낭독하다 read(aloud); recite/ 낭송법 elocution/ 시를 낭독하다 read poems.

낭떠러지 : **a cliff**; a precipice; a bluff (바닷가의).

낭만(浪漫) : 낭만적 romantic *낭만의 *romantic*ism/ 낭만주의자 a *rom-antic*ist.

낭비(浪費)하다: waste; squander; throw away.

낭설(浪說): a false rumor; a groundless.

낭자: disorder; confusion *낭자하다 (be) in wild *disorder*; in great *confusion*/ 유혈이 낭자하다 be all covered with blood.

낮: the daytime; the day *낮에 in the *daytime*/ 그는 낮에는 자고 밤에 일한다 He sleeps by **day** and works by night.

낮다: (be) low(높이); humble(비천) *낮은소리로 in a *low* voice/ 낮아지다 become *low*; lower; sink(목소리 등).

낮잠: a (midday) nap; a siesta *낮잠자다 take a *nap*; take a *siesta*.

낮추다: lower; **reduce**; degrade(품위 등); bring down; drop(목소리 등).

낮추어 보다: **look down upon**; despise; hold(one) in contempt.

낯: a face(얼굴); features(생김새); looks(표정) *성난 낯 an angry *look*/ 낯을 씻다 wash oneself one's *face*.

낯간지럽다: feel awkward; be ashamed.

낯설다: (be) strange; unfamiliar.

낱개: a piece; bulk(묶지 않은 것) *낱개로 팔다 sell in *bulk[loose pieces]*.

낳다: (출산) bear; give birth to; be delivered of *사내아이를 낳다 give *birth* to a boy.

내: (개울) a stream; (내가) I; myself.

내각(內閣): a cabinet; a ministry *내각 총사퇴 a general resignation *of the Cabinet*.

내객(來客): a visitor; a caller; a guest.

내걸다: put up; hang out *생명을 내걸다 *risk* one's life.

내기: (도박) betting; staking; gambling *내기하다 *bet*; lay a *wager*; gamble.

내내: all along; all the time; from start to finish.

내년(來年): next year; the coming year.

내놓다: (꺼내다) take out; (제공) offer; contribute *창밖에 머리를 내놓다 take [put] one's head *out of* the window/ 거액의 돈을 내놓다 *contribute* a great sum.

내다: put out; let out; take out; bring out; (제출) hand in; send in *문제를 내다 *give* a question/ 호주머니에서 내다 *take out* from one's pocket.

내다보다: look out(of, over); (앞을) look forward/ 창밖을 내다보다 *look out* of a window.

내던지다: throw away; throw down; (버리다) give up; abandon *지위를 내던지다 *throw up* one's office.

내두르다: (흔들림) brandish; **flourish**.

내디디다: step forward; set foot(on); start.

내란(內亂): a civil war; internal disturbances; an insurrection.

내려가다: go down; descend(from); fall.

내려놓다: set down; put down.

내려오다: come down; get down; descend (from).

내리긋다: draw a vertical line.

내리다: descend; come down; go down; (차에서) get off; step off *연단에서 내리다 *descend* from the platform.

내막(內幕): inside facts; private circumstances; the inside *내막 얘기 the *inside* story of.

내밀다: protrude; jut out; push-out.

내빈(來賓): a guest; a visitor *내빈석 the *visitor's* seats.

내빼다: flee; run away; fly

내뱉다: spit out.

내버려두다: leave(a matter) as it is.

내버리다: throw away; cast away.

내보내다: let out; let go out; send.

내복(內服): underwear; **underclothes**.

내복약: an internal medicine.

내색: betrayal of one's emotions *내색

하다 *betray one's emotions; give expression* to one's *emotions*.
내왕(來往) : **comings and goings**, traffic *내왕하다 *come and go*; pass.
내외(內外) : (안팎)**inside and outside**; within and without; home and abroad; (부부) husband and wife *일주일 내외 *a week or so*.
내용(內容) : **contents**; substance; import *사건의 내용 the *details* of a case.
내월(來月) : next month.
내유(來遊) : a visit *내유객 a *visitor*; a tourist(관광객).
내의(內衣) : an undershirt; **underclothes**.
내의(內意) : one's intention *내의를 알아차리다 read *one's intention*.
내일(來日) : **tomorrow**.
내조(內助) : one's wife's help *내조의 공으로 through the assistance of *one's wife*.
내쫓다 : **drive out**; force out; expel; turn out.
내주(來週) : **next week**; the coming week.
내치다 : **reject**; turn down; drive back.
내키다 : **be inclined**(to do), have an inclination; feel like(doing) *거기 가고 싶은 마음이 내키지 않는다. I don't *feel like* going there.
내후년(來後年) : the year after next.
냄새 : **smell**; odor; fragrance; perfume *냄새가 좋다〔나쁘다〕 *smell sweet*[*bad*]/ 뭔가 타는 냄새가 난다 I can *smell* something burning.
냉각(冷却) : **cooling**; refrigeration *냉각하다 *refrigerate*; *cool down*/ 냉각기 a *freezer*; a *refrigerator*.
냉랭(冷冷)하다 : (be) **chilly**; icy; cool.
냉소(冷笑) : a cold smile; **a sneer**; a derision *냉소하다 *smile derisively*; *sneer at*.
냉수(冷水) : **cold water** *냉수 마찰하다 take *a cold rubdown with a wet towel*.

냉장고(冷藏庫) : **a refrigerator** *냉장하다 keep a thing *in cold storage*.
냉정(冷靜) : **calmness**; composure; coolness; **serenity** *냉정한 *calm*; *cool*; *serene*/ 냉정하다 (be) *calm*; *cool*.
냉혹(冷酷)하다 : (be) *cruel*; coldhearted.
너그럽다 : (be) **generous**;broad-minded *너그러운 태도 *generous* attitude.
너덜너덜한 : **worn-out**; tattered;ragged
너르다 : (be) **open**; **wide**; immense; vast; extensive; **roomy**(집이).
너머 : the opposite other side *어깨 너머로 *over* one's shoulder.
너무 : **too**; too much; ever so much; excessively *너무 진하다 be *too* strong.
너비 : **width**; breadth.
너털웃음 : a loud laugh.
넉넉하다 : **enough**; sufficient; **plenty** *살림이 넉넉하다 be *well off*/ 시간이 넉넉하다 have *plenty* time/ 먹을 것이 넉넉하다 have *plenty* to eat.
넉살좋다 : **be bold**; not shy.
넋 : **a soul**; a spirit *넋을 잃다 be absent *minded*.
넌지시 : **furtively**; tacitly; covertly; indirectly; in a casual way *넌지시 말하다 *hint at*; allude.
널다 : **spread out**; **hang out to dry** *빨랫줄에 옷을 널다 *hang out* clothes on a clothesline.
널리 : **widely**; broadly; far and wide *세상에 널리 알려지다 be known *all over* the world.
넓다 : (be) **broad**; wide; large *넓은 의미로 in a *broad* sense *마음이 넓은 *broad-minded*; *generous*.
넓이(면적) : *area*; space; extent
넘겨짚다 : *speculate*; foresee
넘기다 : **bring** [**carry**] **across**; pass over; (책장을) turn; (인도하다) hand over; turn over.
넘나들다 : make free access to.
넘다 : *cross*; go across; go beyond/ (초과) be over; be above; be more

넘보다—놀다

than; (뛰어넘다) jump *산을 넘다 go over a mountain/ 마흔이 넘었다 be over forty.

넘보다 : hold(one) cheap; make light of; look down upon; think meanly of; belittle.

넘어가다 : cross; go across; (해·달 등) sink; set; go down; (남의 소유로) fall into one's hands; pass into another's hands; (속다) be cheated; be deceived; (쓰러지다) fall down.

넘어뜨리다 : throw[bring] down; knock down; (패배시키다) defeat *바람이 나무들을 넘어뜨렸다 The wind blew *down* several trees.

넘어지다 : fall; come down *돌에 걸려 넘어지다 *fall* over a stone.

넘치다 : overflow; flow over; (지나치다) be above *대야에 물이 넘치고 있었다 The basin was *running over* with water.

넝마장수 : *a ragman*; a junkman.

넣다 : put in; take in; bring in *코오피에 우유를 넣다 put milk *into* coffee/ 주머니에 손을 넣다 put one's hand *in[into]* one's pocket.

네거리 : **a crossroad**; a cross; an X-road.

넥타이 : **a necktie**; a tie *넥타이핀 *a scarfpin*; *a tiepin*.

녀석 a fellow; a boy; **a guy**.

녘 : **toward** *해뜰녘 *towards* daylight.

노(櫓) : **an oar**; a paddle; a scull *노를 젓다 pull an *oar*; *row*; work *a scull*; *scull* a boat.

노고(勞苦) : **labor**; toil; pains *노고를 아끼지 않다 spare no *pains*.

노골적(露骨的) : **blunt**; outspoken *노골적으로 bluntly; frankly; openly; broadly.

노동(勞動) : **labor**; **work**; toil *노동하다 labor; work; toil/ 노동자 *a labor*; *a work*er; a *work*ingman/ 노동조합 *a labor* union(미); a trade union(영).

노랑 : **yellow**; yellow color.

노랗다 : (be) **yellow**.

노래 : **a song** *노래하다 *sing a* song/ 피아노에 맞춰 노래하다 *sing* to a piano.

노려보다 : **glare[stare] at**; look daggers at; look sharply in the face.

노력(努力) : **effort**; **endeavor**; hard work *노력하다 *strive*; *endeavor*; exert(oneself); make an *effort*.

노련(老練)하다 : **experienced**; expert.

노름 : **gambling**; gaming *노름하다 *gamble*; *play for money*/ 노름꾼 *a gambler*.

노릇 : a job; a work; a role; a part *간사 노릇을 하다 act as a manager.

노리개 : a plaything; **a toy**.

노리다 : stare at; aim at *기회를 노리다 *watch for* a chance/ 이익을 노리다 *aim at* profitmaking.

노상 : **always**; **all the time** *그 여자는 노상 바쁘다 She is busy *all the time*.

노엽다 : be offended; feel hurt.

노예(奴隸) : **a slave**; slavery(신분) *노예매매 *slave* trade.

노인(老人) : **an old man**; the old *노인을 존경해야 한다 We should respect *the old*.

노임(勞賃) : **wages**.

노점(露店) : **a street stall**; a roadside stand; a booth *노점상인 a stall [booth]-keeper.

녹다 : **melt**; thaw *얼음은 녹아서 물이 된다 Ice *melts* into water.

녹음기(錄音器) : **a recorder**; a tape recorder; a recording machine *녹음하다 *record*; *make a recording*.

녹이다 : **melt**; dissolve; fuse; smelt.

논 : **a rice field**; a paddy field *논두렁 a ridge between *rice fields*; *a levee*.

논의(論議)하다 : **discuss**; **argue**; dispute *논의할 여지가 없다 be indisputable.

놀다 : (유희) **play**; (유흥) make merry

(허송세월) idle; be idle; be doing nothing; (실적) be out of work *어제 우리는 참으로 재미있게 **놀았다** We had a lot of *fun* yesterday.

놀라다: (be) **surprised**; astonished; amazed; shocked; (공포) frightened *그 소식을 듣고 **놀라다** be *surprised* to hear the news.

놀라운: **surprising**; wonderful(경탄).

놀라움: **surprise**; astonishment.

놀래다: **surprise**; astonish; amaze.

놀리다: **make fun of**; make sport of; laugh at; poke fun at; (유휴) have (a man, a thing) idle *그는 너를 놀리고 있다 He is *fooling* you.

놀림감: an object of ridicule; a laughing stock.

놀이: **play**; game; (소풍) a picnic.

놀이터: **a playground**.

놈: a fellow; a creature; a guy.

농구(籠球): **basketball**.

농담(弄談): **a joke**; a jest *농담하다 joke; jest/ 농담으로 for *fun*; for a *joke*/ 농담이 아니다 It's no *joke*; I am serious.

농민(農民): **a farmer**; a peasant.

농업(農業): **agriculture**; farming *농업국 an *agricultural* country.

농작물(農作物): **the crops**; a harvest.

농장(農場): **a farm**.

농촌(農村): **a farm village** *농촌문제 *farm land*[agrarian] problem.

높다: (be) **high**; lofty; tall *명성이 높은 사람 a person of *high* reputation.

높이: (be) **height**; (부사) high; highly.

높이다: **heighten**; raise; lift *음성을 높이다 *raise* one's voice.

놓다: **put**; lay; place; set; (해방) set free; release; (가설) build; construct *나는 상자를 책상 위에 **놓았다** I *put* the box on the desk/ 강에 다리를 놓다 *build*[lay] a bridge over a river

놓치다: **miss** *첫차를 **놓치다** *miss* the first train/ 기회를 **놓치다** *miss* one's chance.

뇌(腦): **the brains**.

누구: **who**(주격); whose(소유격) whom(목적격).

누누이: **repeatedly**; frequently; many-times; over and over many.

누다: **evacuate**; pass; let out/ 오줌을 누다 *make* water.

누드: a **nude** [naked] **body** *누드사진 a *nude* photo[picture].

누락(漏落): **an omission** *누락하다 *be left out*; *be omitted*; *be missing*.

누렇다: (be) **quite yellow**; golden; yellow.

누르다: **press**; push down; (억압) oppress; put down.

누명(陋名): **dishonour**; disgrace; a slur; a bad name *누명을 쓰다 incur *a bad name*/ 누명을 씻다 clear *one's name*.

누설(漏泄): **leakage** *누설하다 *leak*; let out; reveal; disclose.

누에: a **silkworm** *누에를 치다 rear [raise] *silkworm*.

누이: *a sister*.

누진(累進): **successive promotion** *누진적 *progressive*; *gradual*/ 누진세 *graduated* tax.

눈: ① an **eye**; (시각) eyesight; (주의) notice; attention ②(싹) a **bud**; sprout; a shoot ③**snow**; a snowfall (강설) *눈이 온다 It *snows*; *Snow* falls.

눈가림: **hoodwinking**; deception *눈가림하다 *hoodwink*; dissemble; patch up; cover up/ 눈가림으로 일하다 *scamp*[*fudge*] one's work.

눈감다: **close**[**shut**]; one's eyes; (죽다) die.

눈감아주다: **overlook**; pass over; connive at.

눈곱: **discharges from eyes**; gum(in the corner of an eye).

눈동자: the pupil(of the eye).

눈독들이다: have an eye upon; set one's eyes on.

눈뜨다: open one's eyes; wake up.

눈망울: **an eyeball**; the globe of an

눈물 : a tear *눈물을 흘리며 in tears/ 눈물 어린 눈으로 with tearful[swimming] eyes.

눈바람 : (풍설) wind and snow; (눈보라) a snowstorm; a blizzard; (찬바람) an icecold wind.

눈부시다 : (be) dazzling; glaring *눈부신 업적 brilliant achievment.

눈살 : the middle of the forehead; the brow *눈살을 찌푸리다 knit one's brows; frown.

눈썹 : the eyebrow *눈썹을 그리다 pencil the eyebrows.

눈알 : an eyeball.

눈짓 : winking *눈짓하다 wink at; make a sign with the eyes.

눈치 : sense; (기색) sign *눈치채다(알다) notice, sense; scent; get wind of; suspect/ 눈치보다 search(one's heart); sound; feel out(one's views); study(one's face).

눈코뜰새없다 : be very busy; fully occupied with.

눋다 : burn; be scorched *밥이 눌었다 The rice has got burned.

눌어붙다 : ①(타서) scorch and stick to ②(한곳에) stick to; remain.

눕다 : lie down; lay oneself down *쭉 뻗고 눕다 lie at full length/ 침대에 눕다 lie in bed/ 병으로 누워 있다 be laid up; keep one's bed with illness.

눕히다 : lay one down; lay down; lay on the side.

뉘앙스 : nuance *말의 뉘앙스 a shade of difference in meaning.

뉘우치다 : regret; repent of; feel remorseful; be penitent *자기가 한 짓을 뉘우치다 be sorry for what one has done.

느긋하다 : be satisfactory; enough.

느끼다 : feel; be conscious of; (감동) be moved by *느낀 바 있어 술을 끊었다 For reasons of my own I have given up drinking.

느끼하다 : be too fatty.

느낌 : an impression, feeling *～의 느낌을 주다 give an impression of.

느닷없이 : suddenly; all of a sudden; unexpectedly; without notice.

느리다 : (be) slow; dull *느리게 slowly; tardily.

느림 : a tassel.

느릿느릿 : slowly; idly; loose(성긴).

늑장부리다 : take one's time; be slow (in doing); be tardy; loiter.

늘 : always; ever; all the time; habitually.

늘그막 : old age; declining years.

늘다 : increase; gain; grow *회원이 늘다 have an increased membership.

늘리다 : increase; add to; raise.

늘비하다 : be in a row line; arrayed 늘비하게 in a row line.

늘어나다 : grow longer; extend; expand.

늘어놓다 : ①(배열) arrange; place in a row ②(진열) display; lay out ③(산란) scatter about; leave lying about ④(열거) enumerate; list ⑤(배치) post; station ⑥(사업을) carry on.

늘어서다 : stand in a row; line up; from in a line; stand abreast(옆으로).

늘어지다 : be lengthened; grow longer; extend.

늙다 : grow old *늙은이 an old man; an aged man.

늠름하다 : (be) gallant and forbidding; commanding; dignified; manly.

능가(凌駕)하다 : surpass; exceed; get ahead of.

능란(能爛)한 : skilful; proficient; adroit; expert *능란하게 well; skilfully; with skill; tactfully.

능력(能力) : ability; capability; capacity *능력 있는 사람 an able man; a man of ability.

능률(能率) : efficiency *능률적인 efficienct/ 능률을 올리다[내리다] increase[diminish] efficiency.

능수버들 : a weeping willow.
능숙(能熟)하다 : (be) **skilled**; expert.
능청스럽다 : be **cunning**; artful; sly; crafty.
늦다 : (be) **late**; behind time *밤늦게 late at night/ 아침 늦도록 잠자다 sleep *late* into the morning/ 그는 학교에 늦었다 He was *late* for school.
늦더위 : the lingering summer heat.
늦잠 : **late rising**; morning sleep *늦잠자다 *rise*[get up] *late*; *sleep late*/ 늦잠꾸러기 a *late* riser.
늦장마 : a long rain in late summer.
늦추다 : (느슨히) **loosen**; make loose; (미루다) postpone; put off; (느리게 하다) slow down.
늦추위 : the lingering cold; the after winter cold.
늪 : a **swamp**; a marsh; a bog; a pond.
님 : (존칭) Mister; Mr.; Esq. (남자); Miss(미혼 여자); Mrs. (부인).

ㄷ

다 : (모두) **all**; everything; everybody; (철저히) perfectly; fully *둘 다 both *together*/ 다 먹다 eat *up*.
다가서다 : draw near; **closer** *바싹 다가서다 *draw close* to.
다감(多感)한 : **emotional**; sensitive; sentimental *다감한 시인 a *passionate* poet.
다급하다 : (be) imminent; **urgent** *다급한 용무로 On an *urgent* business.
다능(多能)한 : many-sided; versatile; accomplished.
다니다 : go to and from(a place); go to(a place) and back; (통근·통학) go to; attend *학교에 다니다 attend school.
다다르다 : **arrive at**; reach; get to; come to.
다달이 : **every month**; monthly.
대대한 손해 : **a heavy loss**.
다독(多讀) : **extensive reading** *다독하다 *read much*[widely]; *read a great deal*.
다듬다 : **trim**(trees); plane(대패로); shave(칼로).
다락 : **a loft**; a garret *다락집 *a tower*.
다람쥐 : **a squirrel**.
다래끼 : **a sty**(in one's eye).
다량(多量) : **a large quantity**; a great deal; much *다량의 much; great quantity of.
다루다 : handle; treat; manage *다루기 쉬운 easy to *deal with*.
다르다 : **differ**(from, with); be different(from, with); vary(from) *서로 다르다 be *different from* each other.
따르다 : ①(뒤따르다. 수행하다) accompany, follow, go with. ②(복종) obey, follow, yield(to).
다리 : ①(동물) **a leg**; a limb; ②(교량) **a bridge** *다리를 놓다 build a *bridge*.
다리다 : (옷을) **iron**(clothes); press.
다리미 : **an iron**.
다림질 : **ironing** *다림질하다 iron; press; do the ironing.
다만 : only; merely; simply; nothing but.
다물다 : **shut**; **close**(one's lips) *너는 입을 다물고 있는 것이 좋다 You'd better *hold* your tongue.
다발 : **a bundle**; a bunch *꽃다발 *a bunch of* flowers.
다방(茶房) : **a tea room**; a tea house; a coffee house.
다방면(多方面)의 : **varied**; manysided; all-round; versatile.
다변(多辯) : *talkativeness* *다변의 *talkative*.
다분(多分)히 : **much**; mostly; for the most part.
다소(多少) : more or less; somewhat; **a little**; to some extent *오늘은 기분이 다소 좋다 I feel a *little* better today.
다소곳하다 : be silent with one's head

drooped; obedient *다소곳이 obediently.

다수(多數)의 : **many**; numerous; a large number of.

다수결(多數決) : decision by majority *다수결하다 decide by majority.

다스리다 : **govern**; rule[reign] over; administer; manage.

다습 : nice and warm.

다시 : **again**; over again; once again; once more; (새로) again; anew *다시 한 번 말해라 Say *once more*/ 다시는 안 하겠다 I will never do it *again*.

다식(多食)하다 : eat much heavily; **gluttonize** *다식가 *a great eater; a glutton*.

다음의 : **next**; following *다음번에는 *next time*/ 다음과 같다 It's as *follows*.

다음가다 : be next to; be second to; come after.

다음날 : the following next day; (훗날) some day.

다음달 : the next following month.

다잡다 : **supervise**; control; urge.

다정(多情)하다 : (be) **affectionate**; warm; hearted; kind-hearted; (사이가) close; friendly; intimate close friends *다정 다감한 *emotional*; *sentimental*.

다짐하다 : **assure**; guarantee; pledge.

다치다 : **hurt** (oneself); get hurt[injured]; get wounded *다치지 않도록 조심해라 Be careful not *get hurt*.

다투다 : **quarrel**; have a dispute; (겨루다) **contend**; compete; struggle *승부를 다투다 *contend* for victory/ 사소한 일로 서로 다투다 have words with each other over trifles.

다툼 : **a quarrel**; a dispute (논쟁); a contest (경쟁).

다하다 : ①(소모되다) **become exhausted**; be used up; run out ②(마치다) **finish**; go through ③ (다 들이다) exhaust; use up; run out of *최선을 다하다 *do one's best*/ 숙제를 다한 다음에 산책을 했다 I went out for a walk having *finished* my homework.

다행(多幸) : **good fortune**[luck] *다행한 *lucky*; *fortunate*/ 다행히도 ~하다 be *lucky* enough to do.

다혈질(多血質)의 : **full-blooded**; sanguine; plethoric *다혈질인 사람 a man of *sanguine* temperament; *a full-blooded* man.

닥치다 : **approach**; draw near *닥치는 대로 읽다 read whatever one can lay one's hands on.

닦다 : (빛내다) **polish**; shine (something); (훔치다) **wipe**; mop *구두를 닦다 *polish* one's shoes/ 이를 닦다 *clean*[*brush*] one's teeth.

단 : a bundle; a bunch.

단(但) : **but**; however; provided that.

단거리(短距離) : a short distance; a short-range *단거리 선수 *a sprinter*.

단결(團結)하다 : **unite** (together); **combine**; hold[band] together.

단계(段階) : **a step**; a stage *최종단계 the final *stage*.

단골 : a (regular) customer; a patron; a client; a regular visitor.

단교(斷交)하다 : cut[break] off with (a country).

단념하다 : give up; **abandon**.

단도(短刀) : **a dagger**; a short sword.

단번(單番)에 : at a stretch.

단속(團束)하다 : **control**; regulate.

단순(單純)하다 : (be) **simple**; simple-minded *단순히 *simply*/ 단순한 생활을 하다 live a *simple* life.

단숨에 : at a stretch; **at a breath**.

단위(單位) : **a unit** *기본 단위 a *standard unit*.

단정하다 : **conclude**; decide; judge.

단지(單只) : **simply**; merely; only.

단체(團體) : a body; **a group**; a company; a party *단체 생활 *a group life*/ 단체 행동 *a united action*/ 단체 여행 a travel in a *party*.

단추 : **a button**; a stud *단추를 끼우

다 button up/ 단추를 달다 sew on a button.

단축(短縮)하다: reduce; shorten *조업단축 the *curtailment* of operation.

단편(斷片): a piece; a fragment *단편소설 a *short* story.

단풍(丹楓): red[yellow] leaves; autumnal tints *단풍 구경 가다 go to see the *scarlet[maple] leaves*.

단호(斷乎)하다: (be) firm; resolute; determined.

단화(短靴): shoes.

닫다: shut; close *들어오신 뒤에 문을 닫으시오 Please *shut[close]* the door after you.

달: ①the moon *보름달 *a full moon*/ 달이 떴다 *The moon is up; The moon has risen* ② a month *한 달에 한 번 once a *month*.

달걀: an egg *달걀을 깨다 break [open] an *egg*.

달다: ①(맛이) (be) sweet; sugary ② (뜨거워지다) get hot; become heated ③ (걸다) put up; set up; fix (a thing) on/ 단추를 달다 *sew* a button on a shirt.

달라붙다: stick [cling; adhere] to.

달라지다: change; alter *달라지지 않다 remain unchanged.

달래다: pacify; calm down; quiet *우는 어린애를 달래다 *soothe* a crying child.

달려들다: jump[leap; spring] at[on]; run up.

달력[月曆]: a calendar; (책력) an almanac.

달리: differently; in a different way *달리하다 differ (from) *견해를 달리하다 have a *different* opinion.

달리다: ①(뛰다) run; rush ②(부족) run short; fall short *수도 달린 집 a house with citywater *laid on*.

달밤: a moonlit night.

달빛: moonlight; a moonbeam.

달성(達成)하다: accomplish; acheieve *목적을 달성하다 *accomplish* one's purpose.

달아나다: run away; escape; flee *~을 가지고 전속력으로 달아나다 *run away* with a thing at full speed.

달이다: boil down[into] *약을 달이다 make a medical decoction.

닭: a hen(암탉); a cock(수탉); a chicken(병아리) *닭싸움 a game [fighting]-cock.

닮다: resemble; take after; be like *그는 그의 어머니를 닮았다 He *took after* his mother.

닳다: wear out(away) *닳아서 얇아지다 *wear* thin.

담: a wall; a fence(울타리) *담을 치다 put up *a fence*.

담그다: soak[dip] in.

담다: put(a thing) in[into].

담당(擔當)하다: take charge (of); be in charge (of).

담력(膽力): courage; pluck; nerve *담력있는 courageous; plucky; bold/ 담력없는 *timid*; cowardly.

담배: tabacco; a cigarette(궐련) a cigar(여송연) *담배를 피우다 *smoke*; have a smoke; smoke a *cigarette*.

담뱃대: a tobacco pipe.

담판(談判): negotiation; a parley; a talk *담판하다 *negotiate[parley]*.

답(答): an answer; a reply *내 답이 맞았읍니까? Is my *answer* correct?

답장(答狀): an answer; a reply *답장하다 *answer* a letter; *send a reply*.

당기다: pull; draw.

당당(堂堂)하다: (be) grand; imposing; commanding; stately *당당한 풍채 a stately apperance/ 당당히 싸우다 *play fair*.

당부(當付)하다: ask[request, tell] one to (do); order; instruct.

당분간(當分間): for the present; for the time being.

당선(當選)하다: be elected; win the election; be returned *1등에 당선하

다 win the first prize.

당시(當時): those days; the time; then *당시에는 비행기 같은 것은 없었다 In *those days* there were no such things as airplanes.

당연(當然)하다: (be) proper; fair; natural *당연한 결과 a *natural* result/ 당연한 일 a matter *of course*/ 부모에게 순종하는 것은 당연하다 It is *proper* that one should obey one's parents.

당일(當日): the day; the day appointed.

당장(當場): at once; on the spot; immediately; then and there; the spot.

당첨(當籤): prize winning *당첨하다 *win a prize*; *draw a lucky number*.

당하다: (겪다) have; experience *재능에 있어서는 그를 당할 자가 없다 No one can *compare* with him in telent/ 도난당하다 *be stolen*; *have (a thing) stolen*.

당황(唐慌)하다: (be) confused; upset; lose one's presence of mind *당황케 하다 *confuse*; *upset*.

닻: an anchor *닻을 내리다 cast *anchor*.

닿다: reach; arrive at; get to *손 닿는 곳에 within one's *reach*.

대: ①bamboo *대밭 a clump of *bamboo* ②(줄기) a stem; a stalk; (담배) a smoke; (주먹 따위) a blow; a stroke.

대가(大家): a great master; an authority.

대가(代價): a price; a cost (비용).

대가족(大家族) a large family.

대강(大綱): (대충) generally; in general; an outline *대강 설명하다 give *an outline*.

대개(大概): mostly; generally; usually; mainly.

대결(對決): confrontation; a showdown *대결하다 *confront*; *have a showdown*.

대공포화(對空砲火): anti-aircraft fire.

대궐(大闕): the Imperial Palace *대궐 같은 집 a palatial mansion.

대규모(大規模)로: on a large scale.

대기(大氣): the atmosphere; the air.

대기(待機)하다: watch (for a chance); stand by.

대낮: broad daylight; the middle of the day *대낮에 in the *broad daylight*.

대다: ①(접촉) put; place; (손을) touch; lay one's hand to; (시간에) arrive on time *손대지 마시오 Hands off/ 수화기를 귀에 대다 hold the receiver to one's ear ②(공급) furnish [supply; provide] with; furnish [supply] a thing to *학비를 대다 provide [supply] one with one's school expenses ③(고백) tell (the truth); speak up [out]; confess *말해라, 누가 그랬지? Speak up who's done it?

대다수(大多數): a large majority; the greater part of.

대단하다: (be) considerable; serious *대단히 very; awfully; greatly.

대담하다: (be) bold; daring.

대령(大領): a colonel (육군); a captain (해군).

~대로(~같이·~에 따라서): like; according to; as; (~하면 곧) as soon as; directly *도착하는 대로 *as soon as* one arrives/ 내 말대로 *as* I tell you.

대류(對流): a convection [current].

대륙(大陸): a continent *대륙 횡단 철도 a trans-*continental* railway.

대리(代理): procurator; representation; agency *대리점 *an agency*.

대립(對立)하다: be opposed to (each other); be confronted with (each other).

대만원(大滿員): a full house; a large audience *대만원을 이루다 have a *crowded* audience; draw *a large house*/ 대만원 사례 *House full*!

대망(待望): expectation; anticipation

*대망하다 wait for.
대머리 : a bald head.
대면(對面) : an **interview**; **meeting** *대면하다 *interview*; *meet*; *see*; have an *interview* with.
대명사(代名詞) : **a pronoun**.
대문(大門) : the front [main] gate; **gate**.
대번에 : (곧) at once; immediately(단숨에) at a breath; at a stroke.
대변(大便) : **stool**; dung; faeces *대변을 보다 evacuate; go to stool; ease oneself.
대부(代父) : **a godfather**.
대부분(大部分) : **the majority**; the major part (of); (대개) mostly *대부분의 학생들 *most* students.
대비(對備)하다 : **provide** (for, against); prepare oneself (for) *만일의 경우에 대비하여 *against* a rainy day/ 최악의 경우에 대비하라 *Be prepared for* the worst/ 적습에 대비하다 provide *against* an enemy attack.
대사(大使) : **an ambassador**; an envoy *대사관 *an embassy*.
대상(對象) : **an object**; the subject.
대서(大書)특필하다 : write in large letters; single (it) out for special mention.
대서양(大西洋) : **the Atlantic**(ocean). *대서양헌장 *the Atlantic* Charter.
대소동 : **an uproar**; a hustle; a turmoil; a row; a tumult.
대신(代身)하다 : **take the place of**; take one's place *대신에 *in place of*; *instead of*; *on behalf of*; *for one*/ 가스 대신 전기를 쓰다 use electricity *instead of* gas/ 비싼 대신 오래 간다 *While* a bit expensive, it wears long.
대우(待遇) : **treatment**(대접); reception *대우하다 *treat*; *receive*; *entertain*/ 대우 개선 improvement of *working conditions*/ 대우가 좋다 *treat* one well; *be hospitable to*(접대가 좋다.); *pay one well*(급료가 좋다).

대위(大尉) : **a captain**(육·공군); a firstlieutenant(해군).
대장(大將) : **a (full) general** (육·공군); an admiral(해군).
대접(待接) : treat; treatment; entertainment *대접하다 *treat*; *treat* one to (a drink); *entertain*.
대체(大體) : (대체로) **generally**; in the main; on the whole; (도대체) on the earth; in the world/ 대체로 말하면 *generally* speaking/ 도대체 넌 누구냐? What *on earth* are you?
대충 : **nearly**; almost; about; roughly.
대치(對峙)하다 hold one's own against; be pitted against each other.
대통령(大統領) : **the President**.
대파(大破)하다 : be greatly damaged (파괴); defeat overwhelmingly(격파).
대포(大砲) : a gun; a cannon *대포를 놓다 fire a *gun*; tell a lie(거짓말).
대폭(大幅) : sharply; **steeply**; by a large margin *대폭 인상 *a steep raise*/ 대폭 삭감 *a sharp cut*.
대표(代表)하다 : **represent**; stand for.
대풍(大豊) : an abundant harvest; a heavy crop.
대학교(大學校) : **a university**(종합대학); **a college**(단과 대학) *대학출신 *a university* graduate.
대합실(待合室) : **a waiting room**.
대항(對抗)하다 : **oppose**; stand against *대항책 a *counter*-measure.
대형(大形) : **a large size**.
대화(對話) : **conversation**; a dialogue *대화하다 talk with; have a talk with.
대회(大會) : a mass meeting; a rally; a general meeting; a convention; a meet (tournament) (시합).
댕기 : a ribbon.
더 : **more**; some more; further *그만큼 더 as many[much] *more*/ 더 한층 *more and more*.
더군다나 : moreover; besides; further;

더럽다 : (be) dirty; filthy *더러운 손으로 with *dirty* hands.

더럽히다 : make dirty; (명예 등) bring disgrace upon; disgrace *옷을 더럽히지 않도록 주의해라 Be careful not to *soil* your dress.

더미 : a heap; a pile; a stack *쓰레기 더미 a rubbish *heap*.

더불어 : together; with; together with *편지와 더불어 사진을 보내다 Send a picture *together* with a letter.

더새다 : put up at;stay for the night.

더우기 : besides; moreover; what is more; in addition to that.

더욱 : more; still more; all the more; more and more *더욱 중요한 것은 What is **more** important/ 더욱 적어지다 grow less and less.

더위 : the heat; hot weather *더위먹다 be affected by the *heat;* suffer from *hot weather*.

더하다 : (심해지다) grow worse;grow harder; (보태다) add (up); sum up *3에 2를 더하면 5가 된다 Three *and* two make [are] five.

덕(德) : virtue; goodness; a merit *덕이 높은 사람 a man of *virtue*/ ~의 덕으로 by virtue of~; thanks to~.

덕택(德澤) : favor; grace *~의 덕택으로 due to; owing to; by one's favor.

던지다 : throw; hurl; cast; fling/ 개에게 뼈를 던져주다 *throw* a bone to a dog.

덜 : less; incompletely *덜 익은 underdone; halfcooked.

덜다(감하다) : reduce; lighten; decrease; weaken; save; remove *수고를 덜다 *save* troubles/ 고통을 덜다 *lighten* one's affliction/ 3개를 덜다 *remove* three.

덜덜 : trembling(for fear) *덜덜 떨며 all of a *trembling*.

덤비다(서두르다) : be hasty; be in a hurry *덤비지 말라 Don't be *hasty*; Take it easy;(달려들다) fall upon; fly at.

덥다 : (be) hot; heated; warm *날씨가 찌는 듯이 덥다 It's steaming *hot*

덧없다 : be all too soon; passing fleeting; vain *덧없는 인생 a transient [ephemeral] life.

덩굴 : a vine; a runner. *포도덩굴 grape*vines*.

덩어리 : a lump; a mass *얼음 덩어리 a *lump* of ice.

덫 : a trap; a snare *덫으로 잡다 catch in *a trap*.

덮다 : cover; veil; hide *책을 덮다 *close*[*shut*] a book/ 덮어 놓고 *without* any reason[cause].

덮어두다 : shut (one's) eyes *to;* overlook; wink at.

덮치다 : rush in *불행이 덮치다 have *a series* of misfortune.

데다 : get burnt; get scalded *손을 데다 *get burnt* in the hand; *burn* one's hand.

데려가다 : take one with; take one off (연행) *데려가주세요 Let me *go with* you.

데려오다 : bring one along *그를 집으로 데려오너라 *Bring* him *back* home.

데릴사위 : a husband who enters his wife's family.

데모하다 : demonstrate against.

데삶기다 : be half-done.

데우다 : warm; heat up; mull.

데워먹다 : eat hot.

뎅그렁거리다 : jangle; clang.

~도 : and; as well as; both ~ and; (역시) too; also *너도 나도 천재는 아니다 Both you *and* I are not a genius.

도가니 : a melting pot.

도공(陶工) : a ceramist.

도구(道具) : a tool; an instrument/ 도구로 삼다 use as *a tool*.

도끼 : an axe; a hatchet.

도난(盜難) : a burglary; robbery; theft *도난당하다 be robbed.

도달(到達)하다 : arrive(in, at); reach *같은 결론에 도달하다 come to [reach] the same conclusion.

도대체 : in the world; on earth; under the sun *도대체 무슨 뜻이지? What on earth do you mean?

도덕(道德) : morality; morals; virtue *도덕가 a man of virtue.

도둑 : a thief; a burglar; a robber.

도둑질 : stealing; theft *도둑질하다 (훔치다) steal (a thing) from (one); [강도질] rob (one) of (a thing).

도락(道樂) : a hobby; a pastime.

도랑 : a ditch; a drain.

도려내다 : scoop out; cut out; cleave.

도량(度量) : (마음) magnanimity; liberality.

도로(道路) : a road; a way; a street (가로).

도루하다 : steal a base.

도리(道理) : (이치) reason; (방도) a way; a means *기다릴 수밖에 다른 도리가 없다 You have nothing to do but wait/ 그런 짓을 하는 것은 학생의 도리가 아니다 It's not proper for a student to do such a thing.

도리어 : (반대로) on the contrary; instead; (오히려) all the more *그것은 도리어 해가 될 것이다. It'll do more harm than good.

도마 : a chopping board; a block *도마 위에 오른 고기 a fish on the chopping board.

도막 : a cat; a bit; a chop.

도망(逃亡) : escape *도망하다 escape; run away; flee; take to flight/ 무사히 도망하다 make good one's escape to.

도맡다 : take all on (oneself); undertake.

도매(都賣) : wholesale *도매하다 sell wholesale.

도모(圖謀)하다 : plan (계획); attempt (기도); seek; intend (의도) *사리를 도모하다 seek one's own interests.

도무지 : (전혀) at all; in the least/ 그는 도무지 내 말을 안 듣는다 He will not listen to me at all.

도미(渡美) : going to America *도미하다 go to(over) America; visit America.

도박(賭博) : gambling *도박하다 gamble/ 도박장 a gambling house; a casino.

도발(挑發) : provocation *도발하다 arouse; excite; provoke.

도서관(圖書館) : a library.

도시(都市) : cities; towns and cities *도시생활 city life; urban life.

도시락 : lunch; luncheon; a lunch box.

도안(圖案) : a design; a device; a plan *도안을 하다 design.

도약(跳躍) : a jump *도약하다 jump; leap.

도와주다 : help; assist; aid; give a helping hand *그의 숙제를 도와주다 help him in his home work.

도용(盜用) : appropriation; peculation *도용하다 steal; embezzle; peculate; appropriate.

도장(圖章) : a stamp; a seal *도장을 찍다 seal; stamp/ 도장을 파다 engrave a seal.

도저히 : (not) at all; (not) ~ possibly; by any possibility *그건 도저히 불가능하다 It is quite impossible.

도주(逃走) : flight; escape; desertion *도주하다 run away; fly.

도중(途中) : on the way; on one's way *집에 오는 도중에 친구를 만났다 I met a friend on my way home/ 도중에서 하차하다 stop over (off); break a journey.

도착(到着) : arrival *도착하다 arrive (in, at); reach; get to.

도처(到處) : everywhere; all over *쌀은 전국 도처에서 생산된다 Rice is grown all the country over.

도취(陶醉) : intoxication; fascination *자기 도취 self-intoxication.

도피(逃避) : escape; a flight/ 도피하

다 escape/ 도피주의 escapism.

독(毒) : **poison**; venom/ 독을 먹다 take [administer] poison.

독단(獨斷) : **arbitrary decision**; dogmatism/ 독단하다 decide arbitrary.

독립(獨立) : **independence**/ 독립하다 become independent; stand alone.

독백(獨白) : **a soliloquy**; a monologue *독백하다 say to oneself.

독서(讀書) : **reading** *독서하다 read/ 독서를 즐기다 be fond of reading.

독신(獨身)의 : **single**; unmarried *독신자 a bachelor(남); a spinster(여)/ 독신생활 a single life.

독자(讀者) : **a reader** *독자란 the reader's column.

독특(獨特)하다 : **(be) unique**; peculiar.

돈 : **money**; cash(현금); coin(주화) *돈 많은 사람 a rich man/ 돈을 물쓰듯 하다 squander money like water.

돈벌이 : money-making *돈벌이하다 make [earn] money/ 돈벌이를 잘 하다 be clever at making money/ 돈벌이에 재주가 있다 have a talent for money-making.

돈주머니 : a purse; a money-bag.

돈푼 깨나 있다 : have a fortune; be rich.

돋다 : (해·달) **rise**; come up;(싹이) sprout; grow; come up;(종기) form; break out.

돌 : ① **a stone**; a pebble *돌을 깐 paved with stone ② **an anniversary** *돌날 the first anniversary of one's birth.

돌격하다 : **dash at**; charge; rush.

돌다 : (회전)**go round**; turn; circulate; (정신이) go mad; run crazy *지구는 태양의 주위를 돈다 The earth moves round the sun.

돌리다 : (회전) **turn**; revolve; roll *팽이를 돌리다 spin a toy.

돌변(突變) : a sudden change *돌변하다 change suddenly.

돌보다 : take care of; look after; care for.

돌아가다 : **return**; go back;(우회하다) go round;(결과) come to; turn out; result in;(귀속하다) fall away *네 자리로 돌아가라 Go back to your seat.

돌아다니다 : **wander about**; roam about; walk about; go about *그는 돌아다니기를 좋아한다 He likes to walk about.

돌아보다 : look back at; **turn round**; reflect *그녀는 갑자기 나를 돌아보았다 She suddenly turned around and looked at me.

돌아서다 : (등지다) turn one's back on; turn against.

돌아오다 : **return**; come back home *집에 돌아오는 길에 on one's way back home.

돌연(突然)히 : **suddenly**; abruptly; all of a sudden; unexpectedly.

돌입(突入)하다 : **dash in**[into]; rush into; charge into.

돌파(突破)하다 : **break through**;**pass**; **overcome**; exceed; cross *난관을 돌파하다 overcome the difficulties.

돕다 : **help**; **aid**; give a helping hand; assist *하늘은 스스로 돕는 자를 돕는다 God helps those who help themselves.

돗자리 : a rush-mat.

동(銅) : **copper** *동을 입히다 copper; cover[coat] with copper.

동감(同感) : the same opinion; agreement.

동갑(同甲) : the same age; a man of the same age *동갑입니다 be of an age.

동강 : a piece; a bit; a cut; a scrap *동강 나다 be cut off; be cut in (two).

동거(同居)하다 : live together; live with.

동경(憧憬) : **longing**; yearning; aspiration *동경하다 long[sigh] for.

동굴(洞窟) : **a cave**; a cavern; a grotto.

동그라미 : a circle; a ring; a loop *동그라미를 그리다 describe a circle.

동그랗다 : (be) round; circular.

동냥 : begging *동냥을 주다 give arms; favour.

동냥아치 : a beggar.

동네 : a village *동네 사람 a villager; village folk.

동등(同等) : equality; parity *동등으로 하다 make equal; equalize/ 동등한 권리 equal rights.

동떨어지다 : be far (between); be wide apart; be poles apart.

동무 : a friend; a mate; a companion *여자 동무 a girl friend/ 나쁜 동무를 사귀다 fall into bad company.

동맹(同盟)하다 : ally with; be allied with; unite; combine.

동물(動物) : an animal; a beast; a brute *동물원 a zoo.

동사(動詞) : a verb.

동시(同時) : the same time *동시에 at the same time.

동안 : (기간) a period; an interval; (부사적) for; during; while *살아 있는 동안 as long as one lives/ 오랫동안 for a long time.

동의(同意) : agreement; approval.

동의하다 : agree (to); approve (of) *그는 우리의 제안에 동의했다 He agreed to our plan.

동이다 : bind; tie up; fasten.

동작(動作) : action; motions *동작하다 act; behave (oneself).

동정(同情) : sympathy; compassion *동정하다 sympathize with (one); have sympathy for (one); feel for.

동쪽 : the east.

동창(同窓) : a classmate; a school fellow; a fellow student *동창회 an old boy's association; an alumni association.

동창생(同窓生) : an old boy (미); an alumnus (영).

동트다 : (it) dawn; (the day) break.

동포(同胞) : brothers; brethren; fellow countrymen *동포애 brotherly love.

동화(童話) : a fairly tale *동화극 a juvenile play.

돛 : a sail; a canvas *돛단배 a sailing ship/ 돛대 a mast/ 돛을 올리다 hoist a sail.

돼지 : a pig; a hog (불깐); a boar (수컷); a sow (암컷) *돼지고기 pork/ 돼지 우리 a pigsty; a pigpen.

되다 : ①(빽빽하다) (be) thick ② (힘들다) (be) hard; tough ③ (변하다) become; get; make; turn [change] into ④ (성립) consist of ⑤ (결과) turn out; result ⑥ (구실) act (as) ⑦ (가능) can (do); be able to (do) *될 수 있으면 if possible; if one can.

되풀이하다 : repeat; do over again/ 되풀이하여 읽다 read (a book) all over again.

된밥 : hard boiled rice.

된서리 : a heavy frost; a severe frost.

뒷박 : a gourd bowl used as a measure.

두 : two; a couple *두 가지 two kinds/ 두 번 twice/ 두 배 double; two times.

두각을 나타내다 : cut [make] a figure; rise above one's fellows.

두다 : (놓다) put; place; lay; set; (보관·저장) keep; store; hold *그것을 도로 원 위치에 두시오 put in back where it belongs to.

두둔하다 : back; give support to.

두려움 : fear; dread; horror.

두려워하다 : be afraid of; fear; dread *그는 개를 두려워한다 He is afraid of dogs.

두루 : widely; generally; all over.

두리번거리다 : stare around; look about.

두말 할 것 없이 : of course; needless to say.

두텁다 : (be) warm; cordial; deep *두터운 우정 a close friendship.

두통(頭痛) : a headache *두통이 나다 have a headache.

둑 : a bank; a dike; an embankment;

a levee *둑을 쌓다 build *a dike; embank*.

둔재(鈍才) : **dull wit**; stupidity.

둔하다 : (be) **dull**; stupid; slow *둔한 사람 a *dull* man.

둘 : **two** *둘 다 **both**/ 한 번에 둘씩 *two at a time*.

둘러싸다 : **surround**; enclose; besiege *난로를 둘러싸고 앉다 sit *arround a stove*.

둘째 : *the second*; number two/ 둘째 손가락 a *forefinger*.

둥글다 : (be) **round**; circular; globular/ 둥근 얼굴 a *round* face.

둥치 : **the butt**; the base of a tree trunk.

뒤 : **the back**; the rear/ 뒤에 **behind**; back; backward/ 이삼일 뒤에 a few days *later*.

뒤꿈치 : **the heel**.

뒤늦다 : be behind time; be too late.

뒤돌아보다 : **look back**; **turn round**.

뒤덮다 : **cover**; overspread; hang over.

뒤떨어지다 : fall behind; backward; (남다) remain *문화가 뒤떨어지다 *be backward* in civilization.

뒤뜰 : a back garden[yard].

뒤바뀌다 : be inverted[reversed]; get mixed over.

뒤보다 : (용변)go to stool; ease nature.

뒤섞다 : **mix up**; mingle together.

뒤죽박죽으로 : topsyturvy; in disorder; in confusion; pell-mell.

뒤지다 : ①(수색) **search for** ②(처지다) **fall behind**.

뒤집다 : **turn over**; turn(a coat) inside out.

뒤척거리다 : **rummage**; ransack.

뒤통수 : the occipital region; the back of the head.

뒤틀다 : twist; wrench; baffle.

뒤틀리다 : ①(비틀어진) **be distorted** [twisted]; warp; be crossgrained (마음이) *뒤틀린 *distorted*; wry; crooked ②(일 등) go wrong; go amiss.

뒤흔들리다 : **shake violently**.

뒷맛 : an after taste.

뒷받침 : **backing**; support *뒷받침하다 *back*; *support*.

뒹굴다 : **roll about**; tumble about.

드디어 : **finally**; at last; at length *그는 드디어 그 시험에 합격했다 He passed the exam *at long last*.

드러나다 : (표면에) **show**; reveal itself; be revealed;(노출) be exposed *비밀이 드러났다 The secret *got out*/ 이름이 세상에 드러나다 become *famous*.

드러내다 : **show**; expose; disclose *본성을 드러내다 betray oneself; reveal one's real character.

드러눕다 : **lie down**; lay oneself down *그는 풀밭에 드러누웠다 He *lay himself down* on the grass.

드물다 : (be) **unusual**; uncommon.

듣다 : **hear**; listen (to); (효험이 있다) take effect (on); do one good *나는 누군가 웃는 것을 들었다/ I *heard* somebody laughing/ 이 약은 두통에 잘 듣는다 The drug *acts* wonderfully on headache.

들 : **a field** *들에서 자란 *wild*.

들끓다 : **crowd**; swarm; squirm.

들다 : ①(날씨가) **clear up**; become clear ②(날이) **cut**(well); be keen ③(나이가) **grow older**; take on years ④(손에) **hold**(in one's hands) ⑤(높이) **raise**; lift(up); hold up ⑥(음식을)eat; take; have; drink ⑦(안으로) **enter**; go in (into) *펜을 들다 *take a pen in hand*/ 이유를 들다 *give a reason*/ 손을 들다 *hold*[*lift*] *up* one's hand/ 자리에 들다 *go to bed*/ 장마가 들다 the rainy season *set in*.

들뜨다 : ①(틈이) become loose ②(살이) sallow and swell/ 들뜬 얼굴 a sallow and swollen face ③(마음이) be restless.

들러붙다 : stick to; cling to; adhere.

들려주다 : let one hear; tell(말해); read to(읽다); play for(연주);sing for (노래하다).

들르다 : drop in[at]; stop off in[at]/ 이곳에 오시게 되면 들르시오 If you happen to come this way, please *drop in*.

들리다 : (소리) be heard; be audible; (병이) suffer from.

들쑤시다 : ①(쑤시다) smart; tingle ②(충동적이다) incite; abet; instigate.

들어가다 : enter; go in[into];(포함하다) hold; include;(비용이) cost *학교에 들어가다 enter a school.

들어서다 : ①(안) step in[to]; enter; get in[to]; go[come] into ②(꽉 차다) be full (of).

들어오다 : enter; come[get] in *들어오게 하다 let one *in*/ 들어오세요 *Come in*.

들여놓다 : (발을) set foot in; step into; (물건을) bring[take] in.

들여다보다 : look into; look through *얼굴을 들여다보다 *gaze*[*stare*] one in the face.

들여오다 : ①(안으로) take[bring, carry] in ②(사는 것) get; buy.

들이다 : (안으로) let one in; admit; (물건을) take in; bring up *큰 돈을 들여서 at a great cost.

들이쉬다 : breathe in; inhale.* 숨을 크게 들이쉬다 *breathe* deeply.

들키다 : be found (out); be discovered.

들이키다 : drink up; gulp down.

듬뿍 : to the brim; to the full; much; plenty of.

듯하다 : seem; look like; appear *그 여자는 행복한 듯하다 She *looks* happy.

등 : the back.

등급(等級) : a grade; a class; a rank.

등기(登記) : registration; registry *등기편지 a *registered* letter/ 등기 우편으로 by *registered* mail.

등대(燈臺) : a lighthouse *등대지기 *lighthouse*-keeper.

등등(等等) : etc., and so on; and others.

등분(等分)하다 : divide equally.

등(燈)불 : a lamp; a lamplight.

등산(登山) : mountain climbing.

등용(登用) : (임용) appointment *등용하다 *appoint*; engage; promote.

등지다 : fall out with; be on bad terms with;(배반) *turn against (on)*/ 서로 등지다 *be on bad terms with*; be at odds with.

등한히하다 : neglect; slight; make light.

디디다 : step on; tread on *내어디디다 *step* forward; set foot on.

따다 : pick; gather(모으다); (얻다) get; take; obtain.

따돌리다 : exclude (a thing); leave one out in the cold.

따뜻이 : warmly; warm-heartedly *따뜻이 맞아들이다 receive one with *warm* hands.

따라가다 : (동반) go with; accompany; (뒤따라) follow;(뒤지지 않게) keep up with; catch up with *열심히 공부하면 그를 따라갈 수 있을 것이다 Study hard and you will *catch up with* him/ 능히 따라갈 사람이 없다 be peerless; stand unchallenged.

따라서 : (~대로) in accordance with; according to; (그러므로) accordingly; therefore; hence; so (that) *문명이 발달함에 따라서 *as* civilization progresses.

따라오다 : follow; come with; accompany *개는 내가 어디를 가나 따라온다 The dog *follows* me wherever I go.

따로 : separately; apart; aside from *따로 말할 것이 없다 have nothing *particular* to mention.

따르다 : ①follow; accompany; be followed by(수반하다); (복종) obey; follow *충고에 따르다 take[follow] one's advice ②(붓다) pour; pour (out, in); fill (a cup with coffee).

따분하다 : (be) boring; dull.

따위 : such as; the like; any such;

some such; (a thing) like that; (등등) and so forth *이 물건 따위 an article of this *kind*.

따지다: ①(수) calculate; count; compute (interest) ②(시비) inquire into (the right and wrongs of a case); distinguish (right from wrong).

딱딱하다: (be) hard; solid; stiff.

딱하게 여기다: pity; take pity on; sympathize with; regret.

딴: another(하나); other(여럿); different *딴 방법 *another* method; a *different* way.

딴 데: some other place; somewhere else; another place; other places.

딴전보다: do something else; feign ignorance.

딴판이다: be quite different.

딸: a daughter.

딸기: a strawberry *딸기밭 a *strawberry*-bed [patch].

딸꾹질하다: hiccough; hiccup.

땀: sweat; perspiration *땀 흘리다 (be in a) *sweat*; *perspire*.

땀띠: prickly heat; heat rashes *땀띠나다 have [suffer from] **prickly heat**.

땅: the earth; land(육지); the ground (땅바닥) *땅에 떨어지다 fall to the *ground*; be at a *low ebb*/ 땅을 갈다 cultivate *land*.

때: (시간) time; hour;(시기·기회) time; occasion; opportunity *모든 것은 다 때가 있는 법이다 There is a *time* for everything.

때: (더러운) dirt; filth; grime *때를 빼다 clean (a thing) of a *blot*.

때다: (불을) make [build] a fire; burn; heat with a fire *불을 때다 *make a fire*.

때리다: strike; hit; give a blow; beat *때려 눕히다 *knock* one down.

때문에: on account of; because of; owing to; due to.

떨나무: firewood.

떠나다: leave; start; depart (from)/ 아침 일찍 떠나다 *start* early in the morning/ ~을 향하여 떠나다 *leave* for~.

떠돌이: *a wanderer*.

떠들다: *make a noise*; be noisy; clamour *떠들지 마라 *Don't make a noise*.

떠벌이다: (과장) talk big; brag.

떠오르다: (해·달이) rise (up); be up; (생각이) come across one's mind; occur to one;(물 위에) rise[come up] to the surface *좋은 생각이 떠올랐다 I've a good idea.

떡: rice-cake.

떡국: rice-cake soup.

떨다: ①(몸을) tremble; shiver *아이는 추워서 떨고 있다 The child is *shivering* with cold ②(먼지를) brush[sweep] off(dust).

떨어지다: fall; drop;(낙제) fail (in the exam);(붙었던 것이) come off; come out;(분리) separate;(해지다) be worn out;(바닥나다) be exhausted; run out; run short *컵을 떨어뜨리다 *drop* a cup; drop; let fall; miss(놓치다).

떳떳하다: (be) fair; square; open *떳떳이 행동하다 act *fair* and *square*.

떵떵거리다: live in great splendour.

떼: a group; a crowd; a throng *떼를 지어 in *crowds*; in *a body*[*group*].

떼다: (붙은 것을) remove; take off [away];(떼어놓다) draw (men, things) apart; separate/ 간판을 떼다 *remove* a signboard.

또: again; once more;(게다가) and; moreover; besides *또 봅시다 See you *again*.

또래: (people of) about the same age; (people in) the same age bracket.

또한: too; also; as well.

똑똑하다: (명백) (be) clear; distinct; (영리하다) clever; bright; smart *똑똑한 아이 a *bright* child.

뚱뚱하다: (be) plump; fat (and short)

*뚱뚱한 어린아이 a chubby child.
뚜껑 : a lid; a cover *뚜껑을 덮다 put on the *lid*; *cover up*.
뚜덜거리다 : grumble; complain; murmur.
뚜렷하다 : (be) **clear**; plain; obvious.
뚝심 : staying power; latent energy.
뚫다 : (구멍을) **bore**; make a hole *뚫고 나가다 force[cut] one's way *through*; get *through*.
뚫리다 : be opened; be bored through; be drilled; be pierced; be run through.
뚱뚱하다 : (be) **fat**; corpulent; plump.
뛰놀다 : **gambol**; frisk; frolic; romp; play pranks.
뛰다 : (달리다) **run**; (도약하다) **jump**; spring; bound *뛰며 좋아하다 *jump* for joy/ ～으로 뛰어가다 *rush to*.
뛰어가다 : go at a run; run; rush.
뛰어나다 : *excel*; surpass; stand above *그 여자는 수학에 뛰어나다 She stands *above* the others in mathematics.
뜨겁다 : (be) **hot**; too warm; heated; burning.
뜨개질 : **knitting**; knitwork *뜨개질하다 *knit*.
뜨내기손님 : a casual visitor.
뜨다 : ① (느리다) (be) **slow** ② (물·하늘에) **float**; (해·별이) rise; come ③ up (사이가) be apart ④ (자리를) **leave** ⑤ (눈을) open one's eyes.
뜯어내다 : ① (붙은 것) take down(off); remove; pick off ② (남을 졸라서) take; receive.
뜸하다 : lull; abate; let up.
뜸해지다 : come to (a state of) lull *비가 뜸해졌다 The rain is *breaking*.
뜰 : a yard; a garden.
뜻 : (의미) **meaning**; (의지) a mind/ 뜻이 있는 곳에 길이 있다 Where there is a *will*, there is a way.
뜻밖에 : unexpectedly; all of a sudden *뜻밖에 ～하게 되다 happen[chance] to (do).
뜻하다 : intend (to do); plan; (의미하다) mean; aim at.
띄어쓰다 : write leaving space; space.
띄우다 : (공중) **fly**; let fly; (물에) **float**; set (a thing) afloat.
띠 : *a belt*; a girdle; a (half) wrapper *가죽띠 a leather *belt*.
띠다 : (띠를) tie (a band); girdle (oneself); (빛을) **be tinged with** *붉은 빛을 띤 *tinged* with red. *웃음을 띠다 (wear a) *smile*.
띵하다 : (머리) feel heavy in the head; have a headache.

ㄹ

～ㄹ 것 같다 : **look**; appear; (it) seems (to me) that; maybe *오늘은 비가 올 것 같다 It *looks* like raining today.

～ㄹ 뿐더러 : **not only ～ but**; as well as *그것은 경제적일뿐더러 몸에도 좋다 It is *not only* economical *but* also good for the health.

～ㄹ수록 : the more ～ the more (더); the less ～ the less (덜) *많을수록 더 좋다 *The more, the better*/ 자식은 어릴수록 귀엽다 *The younger* the child, *the dearer* it is to you.

～ㄹ 수 없다 : **cannot**; be unable (to do) *나는 피아노를 칠 수 없다 I *cannot* play the piano.

～ㄹ지 : whether (or not); if *그가 올지 안 올지 나도 모른다 I don't know *whether* he will come here.

～ㄹ지도 모른다 : **may** (be); might; perhaps; possibly *그는 가버렸을지도 모른다 He *may* have gone away.

～ㄹ지라도 : **even if**; even though; although; however *결과가 어찌될지라도 *whatever* the consequence *may be*.

～라도 : **even**; any; either ～ or *어린애라도 *even* a child/ 어느 것이라도 either one/ 어디라도 ɛny where.

라디에터 : a radiator.

라디오 : a wireless (영); radio (미) *라

~르락말락—마중하다

디오를 듣다 listen on [to] the *radio*/ 라디오를 틀다[끄다] turn on [off] the *radio*.

~르락말락 : on the brink of; (be) about to.

~로 : (수단·도구) by; by means of; with; (원인·이유) at; with; of; from; (원료·재료) from; of; (척도·표준) by; (방향) to; for; (지위·신분) as.

로비 : a lobby; a lounge; a foyer(극장).

~로서 : (신분·지위) as; for; in the capacity of *교사로서 as [in the capacity of] teacher.

~리(理) : ~리가 없다 cannot be; must not be; It is hardly possible (that) *그것은 사실일 리가 없다 It *cannot be* true.

리본 : a ribbon; a band.
리이더 : (지도자) a leader.
릴레이 : a relay *릴레이 경주 a *relay race*.
링 : the ring.

ㅁ

마(魔) : a demon; a devil; an evil spirit *마가 들다 be possessed by an *evil spirit*; be bewitched.

마감 : closing *마감하다 close; bring to a close/ 마감시간 the *closing hour*/ 마감날[일] the *closing day*; the *deadline*.

마개 : *a stopper*; a cork; a plug *마개를 빼다 uncork; unstopper.

마구(馬具) : horse-equipment; harness; trapping(장식).

마구 carelessly; at random; (심히) hard; much.

마구잡이 : a blind [reckless] act.

마다 : each; every; all; whenever *5분마다 *every* five minutes/ 해마다 *every* year.

마당 : a garden; a yard; a court; a ground.

마땅하다 : (당연) (be) right; proper; (적당) suitable *그는 칭찬받아 마땅하다 He *deserves* praise.

마도로스 : a sailor.

마디 : (관절) a joint; (낱말) a word *한 마디로 말하면 in *a word*.

마련하다 : manage; arrange; prepare; raise(돈).

마루 : a floor; a veranda(h) *마루를 놓다 *floor* a house; board the *floor*/ 마루를 쓸다 sweep the *floor*.

마르다 : (건조) (be) dry; get dry; dry up; (여위다) become thin; lose flesh; (목이) be [feel] thirsty *나는 목이 마르다 I'm thirsty.

마시다 : drink; swallow (들이키다) *차를 마시다 take (sip) tea.

마약(痲藥) : a narcotic; an anaesthetic.

마요네에즈 : mayonnaise.

마운드 : (야구) a mound.

마유(麻油) : hempseed oil.

마을 : a village; a hamlet(촌락) *마을 사람들 *villagers*; village people.

마음 : mind, heart, spirit(정신) *마음을 안정시키다 calm oneself; calm one's *mind*/ 마음이 가난한 자 복이 있나니 Blessed are the poor in *spirit*/ 마음이 큰 liberal; large *minded*/ 마음에 걸리다 weigh on one's *mind*.

마음결 : disposition; nature.

마음껏 : to one's heart's content; to the full *마음껏 즐기다 enjoy oneself *to the full*.

마음놓다 : feel easy (about); feel relieved *마음놓고 free from fear; with a sense of security.

마음대로 : as one pleases[likes] *마음대로 해라 Do as you please.

마음먹다 : (결심) resolve; determine; make up one's mind.

마음보 : disposition; nature *마음보가 고약한 ill natured; bad.

마주치다 (만나다) : meet with; come across, come upon.

마중하다 : meet (one); greet; receive.

마지막 : the last, the end *마지막까지 싸우다 fight to *the last*.

마지못하다 : be compelled; against one's will.

마차(馬車) : a carriage; **a coach**; a cab(가두마차); a cart(짐마차).

마추다 : (주문) order (at a shop); order from (a man, a shop) *나는 새로 구두를 하나 마췄다 I *had* a new pair of shoes *made*.

마치 : as if, as though *그는 마치 어른인양 말했다 He talked *as if* he were a grown-up.

마치다 : finish, complete, be through *그 책 읽기를 마치고 난 뒤에 잤다 I went to bed after having *finished* reading the book.

마침내 : finally, at last, eventually.

막 : just, just now *나는 그때 막 외출하려던 참이었다 I *was about to* go out then.

막간(幕間) : an interval (between acts)

막걸리 : cloudy and coarse liquor.

막다(차단) : **block** (up); stop check; (방어) defend; protect; (방지) keep away; (예방) prevent *길을 막다 *block* the way/ 적을 막다 *keep off* the enemy/ 전염을 막다 *prevent* infection.

막다르다 : come to the end of the road; come to a dead lock(사태가) *막다른 골목 a blind alley.

막대기 : **a stick**; a bar; a club(곤봉); a rod.

만(단지) : **only**; just simply.

만(萬) : ten thousand.

만(灣) : a bay, a gulf.

만나다(사람을) : see; **meet**; (면담) interview; (사고 따위) meet with *우연히 만나다 come across/ 소나기를 만나다 be *caught* in a shower.

만년필 : a fountain pen.

만들다 : **make**; (창조) create; (제조) manufacture; (건조) build, construst *포도주는 포도로 만든다 Wine is *made from* grape/ 계약서를 만들다 *draw up* a contract.

만원(滿員) : a full house, a capacity audience.

만월(滿月) : a full moon.

만일 : **if**; in case (of); suppose (that); by any chance.

만족(滿足) : **satisfaction** *만족하다 be satisfied (with); be content(with)/ 그는 자기 지위에 만족하고 있다 He is *content* with his position.

만지다 : finger; **touch**; feel; stroke

만찬 : **dinner**; supper.

만큼 : (비교) as~as, so~as; (어느만큼) how much[many, long, far]; (정도) so ~ that, so as~to*그는 너 만큼 키가 크다 He is *as* tall *as* you/ 그는 그런 것을 믿을 만큼 어리석지 않다 He is not *so* foolish *as to* believe it.

많다(수) : (be) **many**; (양) much; (수·양) plenty, abundant, plentiful/ 그 여자는 말이 너무 많다 She talks too *much*/ 볼 일이 많다 have *many* things to do.

많이 : **much**; lots; plenty.

말 : ①(동물) **a horse** *말을 타고 가다 go on *horseback* ②(언어) **language**, speech *말 없이 without *a word*/ 바꾸어 말하자면 that is (to say), in other *words*/ 말뿐이다 All *talk* and no deed.

말다툼 : **a dispute**, a quarrel *말다툼하다 have words (with, about).

말더듬다 : **stammer**; stutter *말더듬이 a stammerer.

말리다 : (건조) **dry**; make dry; (중지) **stop one from** (doing)*싸움을 말리다 get between the two men; *stop* a quarrel.

말썽 : **trouble**; difficulties *말썽을 일으키다 cause *trouble*; lead to a *dispute*/ 말썽군 a *trouble*maker.

말쑥하다 : (be) **clean**; neat; smart; nice; tidy, trim.

말씨 : the use of words; one's way of speaking.

말하다 : **speak**; talk; tell *말할 것도 없

이 needless *to say*. *to say* nothing of/ 말하자면 so *to speak*, as it were.

맑다 : (be) **clean; clear;** (소리) **resonant** *맑은 하늘 *clear* sky/ (살림이) (be) poor, needy/ 맑은자리 a post with *no extra income available*.

맛 : **taste,** flavor; savour *맛이 좋은 nice; tasty; palatable; delicious/ 맛이 없는 ill tasting/ 아무 맛도 없는 tasteless.

맛있다 : (be) **delicious, tasty.**

망(望)보다 : **keep watch.**

망설이다 : **hesitate; hold back; scruple; be at a loss** *망설이며 hesitatingly; with hesitation.

망신(亡身) : **shame;** a **disgrace** *망신하다 be *disgraced*; be put to a *shame*/ 망신시키다 bring *shame* on; make (one) *ashamed*.

망원경 : **a telescope;** a field glass *망원사진 a telecamera/ 망원경 사진 a telephoto.

망치 : **a hammer;** a sledge.

망치다 : **spoil; ruin;** destroy *신세를 망치다 *ruin* oneself; make *a failure* of one's life.

망(亡)하다 : be ruined, go to ruin (멸망).

맞다 : (옳다) (be) **right;** correct; (취미·음식 따위가) suit; be suitable; be agreeable; (물건이) fit; suit; be suited; (적중) hit *내 시계는 잘 맞는다 my watch *keeps* good time/ 이 옷은 내게 잘 맞는다 These clothes *fit* me well. (사람을) receive; welcome; greet/ 손님을 맞으러 문까지 나오다 come out to the door to *receive* a visitor.

맞은편 : the opposite side.

맞추다 : (조립) **assemble;** put together; (적합) adapt; adjust; (조절) regulate *시계를 맞추다 *set* a watch/ 숫자를 맞추다 *check* figures.

맞히다 : (명중) **hit** (the mark); right (알아맞히다)/ 못 맞히다 *hit* miss/ (눈·비 따위) expose/ 비 맞히다 *expose* to the rain.

맡기다 : **give** (a thing) **into** (one's) **keeping;** place (a thing) in another's custody; leave (a thing) with (one); entrust (one) with (a thing) *돈을 은행에 맡기다 *put* money in a bank/ 임무를 맡기다 *charge* (one) with a duty/ 수하물을 짐꾼에게 맡기다 *leave* a parcel with a porter.

맡다 : **keep;** receive (a thing) in trust; take (a thing) in charge *이 돈을 맡아주시오 Please *keep* this money for me/ 그 여자는 음악을 맡고 있다 She is *in charge of* music.

매 : ①a **whip** ②(새) a **hawk; falcon** ③(맷돌) a **grind mill.**

매년(每年) : **every year;** yearly *매년 이맘때면 우리는 소풍간다 We alwaysgo on a picnic at this time of *year*.

매다 : **tie; bind; fasten.**

매다 : (김) **weed** (out).

매달다 : **be hung;** hang on.

매듭 : a **knot;** a **tie;** a **joint** *매듭을 짓다 make *a knot* 매듭을 풀다 untie *a knot*.

매매(賣買) : **buying and selling;** purchase and sale *매매하다 buy and sell/ 거래 a trade/ 매매계약 *a sales* contract.

매섭다 : (be) **fierce; sharp** *매섭게 생기다 look *sharp*.

매우 : **very;** so; most; exceedingly *매우 어려운 문제 a *very* difficult question/ 매우 덥다 be *very* hot.

매일(每日) : **every day;** each day *매일 학교에 간다 we go to school *every day*.

매주(每週) : **every week;** weekly *매주 일요일 *every* sunday.

맥주 : **beer;** ale; porter (흑맥주) *생맥주 draught *beer*.

맨발 : **bare feet**/ 맨발로 on *bare feet*.

맵다 : (be) **hot,** peppery *매운 추위 the *intense* cold/ 이 국은 너무 맵다 the soup is too *hot* for me.

맹렬(猛烈)하다 : (be) **violent**, furious *맹렬히 violently; furiously/ 맹렬한 반대 strong opposition/ 맹렬히 싸우다 fight *furiously*.

맹세하다 : **swear**; pledge; vow an oath, *맹세코 upon one's honour[word]; by God.

맺다 : (결실) **bear**; (관계를) form; make; (완결) finish; conclude *계약을 맺다 make a *contract*/ 우정을 맺다 *contract* friendship/ (원한을) harbour; bear; (열매를) bear (fruit).

머리 : **head**; brain (두뇌); 머리털 *hair*/ 머리가 좋다 have a clear *head*/ 머리를 깎다 have[get] one's *hair*; cut.

머무르다 : **stay**; put up (at); stop; (남다) remain.

먹 : **an ink-stick**.

먹다 : **eat**, take, have *우리는 쌀을 먹고 산다 We live on rice/ 많이 먹었읍니다 I *had* my fill/ 먹어보다 try (food); sample; (귀가) become hard of hearing; (나이를) grow older; become old; (담배를) smoke; have a smoke.

먹이다 : **feed**; let one eat (먹게 하다); (음식을) give *food* to (one); (부양) support (one's family); (뇌물을) bribe; (겁을) frighten; terrify; scare *고양이에게 생선을 먹이다 *feed*[*give*] fish to a cat.

먼지 : **dust** *먼지떨이 a duster; *a dustering*-brush (솔)/ 먼지투성이의 *dusty*/ 먼지를 내다 raise the *dust*/ 먼지 나는 길 *a dusty* road.

멀다 : (눈이) go blind; **be blind**; (거리가) far; distant *돈에 눈이 멀어서 *blinded* by money/ 학교는 집에서 멀지 않은 곳에 있다 The school is not *far* from my house.

멀리하다 : keep one at a distance *나쁜 벗을 멀리하다 *keep away* from bad company.

멈추다 : **stop**; cease; halt *갑자기 멈추다 *stop* short; (비가) break; lull; hold[let] up; (동작) (come to a) stop; halt; pause.

멍청하다 : (be) **stupid**, dull, slow-witted.

메스껍다 : feel nausea; feel sick.

메슥메슥하다 : feel like vomiting.

메아리 : **an echo**.

메우다 : fill up (빈 데를) *빈칸을 메우라 *Fill* the blanks.

며느리 : a daughter-in-law.

면도(面刀) : **shaving** *면도하다 shave oneself; get a *shave*/ 그는 면도를 하면서 즐겁게 노래하고 있었다 He sang merrily while *shaving himself*/ 면도칼 a razor.

면접(面接) : an interview/ 면접시험 an oral test.

면(面)하다 : **face**; look out on.

면(免)하다 (벗어나다) : **escape**; avoid; get rid of; get out of *죽음을 겨우 면하다 narrowly *escape* death/ 병역의무를 면하다 be *exempted from* military duty.

면회(面會) : an interview/ 면회하다 see; meet; interview.

멸망(滅亡) : **fall**; ruin *멸망하다 *fall*; be ruined; go to ruin; be *destroyed*; *collapse*.

멸시(蔑視) : **contempt**; disregard *멸시하다 *regard* (*one*) *with contempt*; *despise*.

명란(明卵) : **pollack roe** *명란젓 salted *pollack roe*.

명랑(明朗)한 : **gay**; merry; cheerful; bright; light-hearted; jolly *명랑하다 be merry; be cheerful.

명령(命令) : **an order**; a command *명령하다 order; command; give orders[instructions]/ 나는 그에게 나가라고 명령했다 I *ordered* him out.

명목(名目) : **a title**; a name; an appellation *명목상의 *nominal*; *titular*; *in name only*.

명백(明白)하다 : (be) **plain**; clear; obvious *그가 무죄인 것이 명백하다 It is a *plain* fact that he is innocent.

명복(冥福) : **happiness in the other world**; heavenly bliss/ 명복을 빌다

pray for *the repose* of one's soul.
명부(名簿)**: a list**(of names); a register; a roll.
명분(名分)**이 서다: be justified.**
명사(名詞)**: a noun.**
명사(名士)**: a man of note**; a distinguished[noted] person; a celebrity; a notable.
명성(名聲)**: fame; reputation** *명성을 얻다 gain[win] *fame*; make a *reputation*.
명예(名譽)**: honor; glory**(영광).
명함(名啣)**: a (name) card**; a visiting card; a calling card(미) *명함을 내다 give one's *card*.
명확(明確)**한 clear; precise; definite.**
몇몇 some; several; few.
모교(母校)**: one's Alma Mater**; one's old school.
모국(母國)**: one's mother country** *모국어 *one's mother* tongue.
모금(募金)**: fund-raising; a collection** *모금하다 collect contributions; raise subscriptions.
모기: a mosquito.
모닥불: a campfire; a bonfire.
모독(冒瀆)**: defilement; blasphemy** *모독하다 profane; blaspheme; defile; desecrate.
모두: all; everyone; everybody; everything; (합계) **in all; all told;** (다 합께) **all together; altogether** *우리들은 모두 그 계획에 반대한다 We are *all* against the plan.
모든: all; every; each and every.
모래: sand; grit.
모레: the day after tomorrow.
모르다: do not know; cannot tell; do not understand; be not familiar *나는 그가 누군지 모른다 I *don't know* who he is.
모른체하다: pretend not to know; pretend innocence.
모면(謀免)**하다: escape; get rid of; avoid; tide over** *위기를 모면하다 *escape*[tide over] a crisis.

모방(模倣)**: imitate; copy; model.**
모범(模範)**: a model; an example of** *~로 모범을 삼다 follow the *example* of/ 모범생 a *model* student/ 모범을 보이다 set[give] *an example*.
모순(矛盾)**: contradiction; conflict** *모순되는 *contradictory* (to); conflicting; inconsistent; incompatible.
모습: looks; appearance; a shape.
모시다: attend[wait] upon; serve.
모양(模樣)**: shape; form; appearance** *공의 모양은 둥글다 The *shape* of a ball is round.
모여들다: come in a crowd; throng; gather about.
모욕(侮辱)**: insult; contempt.**
모으다: gather; get (things) together; collect(수집하다);(저축) save *우표를 모으다 *collect* postage-stamps/ 돈을 모으다 *save* money.
모이: feed; food *모이를 주다 *feed*; give *food* to.
모이다: gather; come together *회합에 모인 사람들 those present at a *meeting*.
모임: a meeting; a gathering; an assembly person; a reception; a party.
모자(帽子)**: a hat**(테 달린); **a cap**(차양 있는) *모자를 쓰다[벗다] put on [take off] one's *hat*.
모자라다: be short of; be not enough; be deficient *우리는 돈이 모자란다 We *are short of* money.
모조(模造)**: imitation** *모조품 *an imitation*.
모조리: all; one and all; entirely *그들은 모조리 그 계획에 찬성했다 *Every*one of them was for the plan.
모종: a seeding; a sapling(묘목) *모종하다(내다) plant a *seedling*.
모퉁이: a corner(모서리); **a turn; a turning**(길이).
모포(毛布)**: a blanket; a rug.**
모피(毛皮)**: a fur**(부드러운); **a skin** (거친) *모피외투 *a fur*(-lined) over-

coat.
모함(謀陷)하다 : trap; snare.
모험(冒險) : **an adventure**; hazard; risk *모험하다 adventure; venture.
모형(模型) : **a model**; a pattern *모형비행기 a model aeroplane.
모호(模糊)하다 : (be) **vague**; dim; obscure.
목 a neck; a throat(인후) *목을 내밀다 crane one's neck.
목각(木刻) : **wood carving** *목각활자 a block letter.
목걸이 : a necklace; **a neckchain**.
목격하다 : witness; observe; see *목격자의 이야기 an eyewitness account.
목구멍 : a throat; a gullet.
목도리 : a neckcloth; a comforter.
목록(目錄) : **a list**; a catalog(ue) *재산목록 an inventory.
목마(木馬) : **a wooden horse**; a rocking horse.
목마르다 : be thirsty; feel thirsty.
목메다 : be choked with; be stifled *목멘소리 a voice strangled widh tears.
목사(牧師) : a clergy; **a pastor**; a minister; a parson.
목소리 : **a voice** *큰 목소리 a loud voice.
목수(木手) : **a carpenter**; a wood-worker *목수일 carpenter's work.
목숨 : **life** *목숨을 걸고 싸우다 fight at the risk of one's life.
목쉬다 : become hoarse; grow husky *목쉰 소리 a hoarse voice.
목욕(沐浴) : **a bath**; bathing *목욕하다 bathe; take [have] a bath/ 목욕실 a bathroom/ 목욕통 a bathtub/ 목욕물을 끓이다 get the bath ready; make a bath.
목자르다 : (해고) **dismiss**; discharge; fire (미); 목베다 cut off one's head; behead.
목장(牧場) : **a pasture**; a meadow; a ranch
목재(木材) : **wood**; (건축용) timber; lumber (미) *목재상 a timber [lumber] merchant.
목적(目的) : **an object**; a purpose; an aim *목적을 이루다 accomplish [achieve] one's object [purpose].
목축(牧畜) : **cattle breeding**; stock raising *목축하다 raise [rear] cattle/ 목축시대 the pastoral age.
목표(目標) : (표적) **a target**; a mark; (목적) a goal; an aim; an object* 공격목표 a target for an attack/ 목표에 달하다 reach [attain] the goal.
목화(木花) : **a cotton plant**.
몫 : **a share**; a portion; a lot; a part. *한몫 끼다 have a share in/ 한 사람 몫 a per head share.
몰다 : (차·말) **drive**; urge on *(차를) 몰아 …으로 가다 drive to (a place)/ (궁지에) corner; drive.
몰골 : unshapeliness; shapelessness.
몰두(沒頭)하다 : be absorbed in; devote oneself to.
몰라보다 : cannot [fail to] recognize.
몰락(沒落) : **fall**; ruin; downfall *몰락하다 fall; go to ruin; be ruined.
몰래 : **secretly**; privately; quietly.
몰수(沒收) : **confiscation**; forfeiture; seizure.
몰아내다 : **turn** [push, drive] **out**; expel; eject.
몰입(沒入) : devotion; absorption *몰입하다 be absorbed in.
몸 : **the body**.
몸가짐 : one's behavior [conduct].
몸부림치다 : **struggle**; wriggle.
몸서리 : **an aversion**; disgust; a repugnance *몸서리치다 have an aversion to; abhor; feel repugnance.
몸소 : **in person**; personally; for oneself.
몸져눕다 : lie on a bed of illness.
몸조심 : care of health *몸조심하다 (건강에) take care of oneself; take care of; take care of one's health; (근신) behave oneself/ 몸조심하라 Take good care of yourself.
몸종 : a lady attendant; a lady's maid.

몸짓 : a gesture; motion *몸짓하다 make gestures; motion; sign.

몸치장 : dress *몸치장하다 dress oneself; equip oneself.

몹시 : very; greatly; highly *비가 몹시 온다 It is raining very hard.

몹쓸 : wicked; vicious *몹쓸 짓 an evil deed; knavery; a vice.

못 : ①(연못) a pond; a pool(작은) ② a nail; a peg(나무못) *못을 박다 drive in a nail.

못난이 : a fool; a simpleton; an ass *못난 짓을 하다 play the fool.

못생기다 : (be) plain; ugly; ill-favored; homely.

못하다 : ①(불가능) cannot; be impossible; be unable to; fail to *나는 일등상을 타지 못했다 I failed to win the first prize ②(열등) inferior; be worse than *그는 다른 아이들보다 지능이 못하다 He is beneath the other children in intelligence.

몽둥이 : a stick; a club; a cudgel.

몽땅 : all; completely; entirely; wholly.

몽유병(夢遊病) : sleepwalking; somnambulism.

묘(墓) : a grave; a tomb *묘지 a graveyard; a cemetery.

묘하다 : (be) strange; curious; mysterious.

무(無) : nothing; naught; nil; zero(영)

무감각한 : insensible; senseless.

무겁다 : (be) heavy; (신중) grave; serious *머리가 무겁다 feel heavy in the head.

무게 : weight; heaviness; burden. *무게를 달다 weigh (a thing).

무관하다 : have nothing to do (with).

무관계하다(無關係) : have nothing to do with; have no cannection with.

무궁화(無窮花) : the rose of Sharon.

무관심(無關心)하다 : be indifferent (to).

무기(武器) : arms; a weapon *무기를 들다 take up arms; rise in arms against.

무너지다 : crumble; go fall to pieces; demolish; collapse; fall down; break down.

무능(無能)하다 : (be) incapable; incompetent; lack in ability.

무늬 : a pattern; a figure; a design. *무늬없는 plain; unadorned; unfigured.

무대(舞臺) : the stage *무대인이 되다 go on the stage.

무더기 : a pile; a heap; a mountain of.

무덤 : a grave; a tomb.

무덥다 : (be) sultry; hot and damp; hot and close; muggy.

무뚝뚝하다 : (be) blunt; brusque; abrupt.

무득점의 : scoreless.

무량(無量) infinity; immeasurability *무량한 infinite; immeasurable.

무력(武力) : military power; force *문필의 힘이 무력보다 강하다 The pen is mightier than the sword.

무렵 : the time(when) *해질 무렵에 toward evening.

무례(無禮)하다 : (be) impolite; rude.

무료(無料) : free of charge; no charge; gratis. *입장 무료 "Admission free".

무릅쓰다 : risk; face; brave; dare *생명의 위험을 무릅쓰고 at the risk of one's life/ 폭풍우를 무릅쓰다 brave a storm.

무릎 : the knee *무릎을 꿇다 knee down; fall[drop] one's knees.

무리(떼) : a group; crowd; a gang; a band.

무모(無謀)하다 : (be) rash; reckless.

무방(無妨)하다 : do no harm; it is all right; it does not matter. *그렇게 해도 무방하다 You may do so.

무사(無事)하다 : (안전) safe; secure; (평온) quiet; peaceful; (건강) quite well; be doing well *그 물건들은 무사히 도착했다 The goods came to our hand in good condition.

무색(無色) : dye *무색의 dyed; colour-

less/ 무색옷 a *dyed* dress.
무서움 : **fear**; dread; fright; awe.
무서워하다 : **be afraid of**; fear; dread; be fearful *그들은 지진을 무서워하고 있다 They are in *fear* of earthquakes.
무섭다 : (겁나다) (be) **fearful**; dreadful; (무서워하다) fear; dread *무서운 죄 a *horrible* crime.
무슨 : **what**; what kind of; some; some kind of *무슨 일이냐? *What* is the matter with you?
무승부(無勝負) : **a draw**; **a tie**; a drawn game *무승부가 되다 *draw*[*tie*] *with*; *end in a draw*;
무시(無時)로 : at any time.
무시(無視)하다 : **ignore**; disregard; set at naught; defy *~을 무시하고 in *disregard* of; in defiance of.
무시험(無試驗) : no[without] examination.
무식(無識)하다 : **be ignorant**; illiterate.
무안(無顔)하다 : **be ashamed** *무안주다 *put*(*one*) *to shame*; *put*(*one*) *out of countenance*; *make*(*one*) *blush*.
무엇 : **what**; which; something; anything *무엇보다도 *above all* (things).
무역(貿易) : **trade**; commerce *자유무역 free *trade*.
무의미(無意味)하다 : (be) **meaningless**; senseless; absurd; nonsense *무의미한 말을 하다 talk *nonsense*.
무이자 : **no interest**.
무익(無益)하다 : (be) **useless**; futile; be no good use 백해무익하다 do more *harm* than good.
무인도 : a desert island.
무임(無賃) : *free* of charge. *무임 승차권 a *free*-pass/ 무임 승차를 하다 ride *free* of charge.
무자격 : **incapacity** *무자격한 선생 *unlicensed* teacher.
무자비(無慈悲)하다 : (be) **merciless**; heartless; cruel.
무작정 : **blindly**; recklessly; without fixed principle.

무장(武裝) : **arms**; armament *무장하다 *arm*; *be under arms*; *bear arms*/ 무장해제 dis*armament*.
무전여행 : go on a penniless journey; hitchhiking *무전취식하다 jump a restaurant bill; bilk a restaurant.
무정(無情)하다 : (be) **hard**; heartless.
무종교자 : an atheist; an unbeliever.
무죄(無罪) : **innocence** *무죄한 *innocent*; *guiltless*; *not guilty*/ 무죄를 언도하다 declare one *not guilty*.
무지개 : a rainbow *무지개빛 *rainbow*-colour.
무질서한 : **disordered**; chaotic; lawless.
무책임(無責任)하다 : (be) **irresponsible**.
무척 : **very**; highly; exceedingly *돈에 무척 곤란을 받다 be *very* hard up for money.
무턱대고 : **recklessly**; blindly; thoughtlessly.
무한(無限)하다 : (be) **unlimit**; infinite *무한정의 *unlimited*; *infinite*.
묵다 : ①(오래되다) **get old** ②(숙박하다) **stay** (at, in, with); put up (at); stop (at, in) *호텔에 묵다 *put up* [*stop*] *at a hotel*.
묵비권 : the right to keep silent *묵비권을 행사하다 stand mute; refuse to talk.
묵인(默認) : **tacit admission**; connivance *묵인하다 *permit tacitly*; *wink at*.
묶다 : **bind**; tie; fasten *상자를 끈으로 묶다 *bind* a box with a cord.
묶음 : **a bundle**; a bunch *묶음으로 만들다 *bundle*; tie up in a *bundle*.
문(門) : **a door**; a gate; a gateway. *문 닫는 시간 the closing-hour/ 문을 노크하다 knock at the *door*.
문답(問答) : questions and answers; a dialogue(대화) *문답하다 catechize; hold a dialogue.
문득 : **suddenly**; unexpectedly.
문란 : **disorder**; confusion *풍기문란 *an offense* against public decency.
문명(文明) : **civilization**; culture *문

문방구−물려받다

문국 a civilized country/ 문명시대 the age of *civilization*.

문방구 : **stationery**; writing materials. *문방구점 a *stationer's*; *a stationery shop*.

문법(文法) : **grammar** *그는 문법의 대가이다 He is an authority on *grammar*.

문병(問病)하다 : inquire after a sick person; go to ask after a sick person.

문서(文書) : **a document**; a paper. *문서위조 forgery of *documents*.

문소리 : a sound at the door.

문안(問安)하다 : inquire after; pay the compliments of the season.

문예부흥 : **the Renaissance**.

문외한(門外漢) : **an outsider**; a layman (비전문가).

문의(問議) : **an inquiry** *문의하다 *make inquiry about*.

문인(文人) : a literary man; a man of letters *문인사회 the literati.

문자(文字) : **letter**; a character *문자 그대로 to the *letter*.

문장(文章) : **a sentence**; a composition; a writing.

문전(門前)에 : before [in front of] a gate *문전에 걸식하다 *be a beggar*.

문제(問題) : **a question**; a problem; a subject *문제가 안 된다 be out of the *question*.

문지기 : **a gatekeeper**; a doorkeeper; a gateman.

문지르다 : **rub**; scrub; scrape.

문집(文集) : a collection of works; an anthology; analects.

문학(文學) : **literature** *문학작품 *literary of* Works.

문호(門戶) : **the door** *문호를 개방하다 open *the door*.

문화(文化) : **culture**; civilization *문화재 *cultural* assets[properties].

묻다 : ①(매장) **bury** ②(들러붙다) **stick** (to); be stuck; adhere (to) *잉크가 묻어 있다 *be stained* with ink ③(질문하다) **ask**; question; inquire of one *나는 그것이 무엇이냐고 그에게 물었다 I *asked* him what it was.

묻히다 : get buried; be buried in [under]; be covered with.

물 : **water** *그 여자는 꽃에 물을 뿌렸다 She sprinkled the flowers with *water*.

물가 : **the water's edge**; the beach.

물가(物價) : **prices** *물가등귀[하락] a rise [fall] *in prices*/ 물가통제 *price* control/ 물가지수 *the price* index/ 물가수준 *price* levels.

물거품 : **foam**; froth; a bubble.

물건(物件) : **a thing**; an article; goods. *그것은 중요한 물건임에 틀림없다 It must be *something* of importance.

물걸레 : a wet floorcloth.

물결 : a wave; a billow *물결치는 대로 at the mercy of *waves*/ 물결을 헤치고 나아가다 plough the *waves*.

물고기 : **fish**; a fish.

물고늘어지다 : bite at(입); hold on to cling.

물구나무서다 : stand on one's head; stand on end.

물권법 : the law of realty.

물끄러미 : **blankly**; vacantly; fixedly; firmly.

물놀이하다 : **ripple**; ruffle.

물다 : ① **bite**; (입에) hold in the mouth *물어 뜯다 *bite off* ②(갚다) **pay**; return.

물독 : **a water-jar**.

물들다 : dye; get dyed; take colour.

물러가다 : **retire**; withdraw; leave.

물러나다 : **withdraw**; retire; resign.

물러서다 : **stand back**; step aside. *한 걸음 뒤로 물러서다 take a *step backward*.

물레 : a reeling instrument; a spinning wheel.

물레방아 : **a water mill**.

물려받다 : **inherit** (from); take over. *어버이에게서 물려받은 *inherited* from [handed down by] one's parents.

물려주다 : hand over; make over.

물론 : of course; naturally *영어는 물론 불어도 한다 know French, *not to speak of* English.

물리(物理) : physics.

물줄기 : a watercourse; a flow of water.

물질(物質) : matter; material; substance *물질주의자 a *materialist*.

물품(物品) : (물건)a thing; an article; (상품) goods; commodities *물품세 the sale tax.

뭉치다 : lump; mass; (단결) unite; hold together *뭉치면 살고 흩어지면 죽는다 *United* we stand, divided we fall.

뭉텅이 : a lump; a mass.

뭍 : land; dry land; the shore.

…므로 : because of; as *몸이 약하므로 *because of* one's delicate health.

미(美) : beauty; the beautiful *자연의 미 natural *beauty*.

미개척지 : undeveloped land; virgin soil.

미끄러지다 : slide; glide; slip(발이); be slippery(미끄럽다).

미끄럽다 : smooth; sleek; slimy.

미끈하다 : be graceful; elegant; handsome; fine-looking.

미끼 : a bait *낚시에 미끼를 달다 *bait* a fishhook.

미납(未納)의 : unpaid; in arrears; back *미납자 a person in *arrears*.

미덥다 : (be) reliable; dependable; be trustworthy.

미덕(美德) : a virtue; a moral excellency; a noble attribute.

미래(未來) : future; time to come *미래에 in the *future*.

미량(微量) : a very small quantity.

미련(未練) : regret; attachment *미련이 있다 feel *regret*.

미련하다 : (be) stupid; clumsy; awkward *미련둥이 a *senseless* person; a *stupid* person.

미로(迷路) : a maze; a labyrinth.

미루다 : (연장) put off; postpone *오늘 할 일을 내일로 미루지 말라 Never *put off* till tomorrow what you can do today.

미리 : beforehand; in advance; previously.

미망인(未亡人) : a widow *전쟁미망인 a war *widow*.

미묘(微妙)하다 : (be) delicate; subtle.

미숙(未熟)한 : immature; inexperienced; unskilled; raw; green.

미술(美術) : art; fine arts *이것은 미술관이다 This is an *art* gallery.

미싯가루 : baked barley [rice] ground into flour.

미신(迷信) : superstition; bigotry *미신적인 *superstitious*; *bigoted*.

미아(迷兒) : a stray[lost] child.

미안하다 : (be) sorry; regrettable; repentant *늦어서 미안합니다 I am *sorry*, I am late/ 미안합니다만 I am *sorry* to trouble you that~.

미완성(未完成)의 : incomplete; unfinished *미완성교향악 the *Unfinished* Symphony.

미워하다 : hate; loathe; detest; have a spite.

미인(美人) : ①(가인) a beautiful woman[girl]; a beauty; a Helen *미인대회 a *beauty* contest.

미지(未知)의 : unknown; strange *미지수 an *unknown* quantity..

미지근하다 : lukewarm; tepid.

미천(微賤)한 : humble; obscure; ignoble.

미치광이 : a madman; a crazy man.

미치다 : ①(광기) go mad; go crazy ② (이르다) reach; get to; get at *이 성냥을 아이들의 손이 미치지 않는 곳에 두시오 Put this match out of the *reach* of children.

민며느리 : a girl who is brought up by the family of the husband-to-be.

민물 : fresh water *민물고기 *fresh w-*

ater fish.

민심(民心) : popular feeling; the minds of men *민심을 거역하면 go against *public sentiment*.

민족(民族) : **a race**; a nation; a people *민족성 *racial* characteristics.

민주(民主) : **democracy** *민주적인 *democratic*/ 민주주의 *democracy*/ 민주화하다 *democratize*.

민중(民衆) : **the people**; the masses *민중운동 *a popular* movement.

민첩(敏捷)**하다** : (be) **quick**; prompt *민첩한 *quick*; *nimble-ready*; *sharp*; *acute*.

민폐(民弊) : an abuse suffered by the public; harm inflicted upon the people.

민풍(民風) : ethnic [folk] customs.

믿다 : **believe**; (신뢰) trust; trust in; (확신) be sure of; (신앙) believe in *나는 하나님을 믿는다 I *believe in God*.

믿음 : (신뢰) **trust**; confidence; (신앙) faith; belief *믿음직하다 be *reliable*[*trusty*, *hopeful*].

밀고(密告) : **secret information** *밀고하다 inform against.

밀다 : **push**; thrust; give a push; shove *문을 밀어 여시오 *Push* open the door.

밀담(密談) : **a secret conversation** *밀담하다 *talk secretly*; *have a confidential*.

밀도(密度) : **density** *밀도측량 *densimetry*.

밀렵하다 : poach on a preserve; steal game.

밀물 : the flowing tide; **the tide**; flood tide(만조).

밀수(密輸) : **smuggling** *밀수하다 *smuggle*/ 밀수자 *a smuggler*.

밀월(密月) : **a honeymoon**.

밀입국(密入國) : smuggling *밀입국하다 *smuggle oneself into a country*.

밀접(密接)**하다** : (be) **close** (**to**); intimate (with) *밀접한 관계가 있다 be *closely* related (with).

밀짚 : **straw** *밀짚모자 *a straw* hat.

밉살스러운 : **hateful**; abominable; detestable.

밉살스럽다 : to be hateful; to be abominable; provoking.

밋밋하다 : (be) straight and long; slim; slender.

및 : **and**; also; as well as.

밑면 : **the base** *밑바닥 *the bottom*.

밑받침 : **an underlay**; an underlying object.

밑지다 : **lose**; suffer a loss *밑지고 팔다 sell *at a loss*/ 장사로 **밑지다** *lose* by one's business.

밑창 : the sole of a shoe.

밑천 : (상업 자금) **capital**; funds; (자산) resources.

ㅂ

바가지 : a dipper made of gourd *바가지를 긁다 snarl at one's husband.

바구니 : **a basket**.

바깥 : **the outside**; the exterior; (실외) the outdoors; the open *바깥양반 *one's husband*.

바꾸다 : (교환) **change**; exchange; (대신·변경) replace; change *자리를 바꾸다 *change* seats (with).

바나나 : **a banana**.

바느질 : **needlework**; sewing *바느질하다 sew; *do needlework*/ 바느질 품을 팔다 earn one's living by *needlework*.

바늘 : **a needle**; a pin; a hook *바늘귀 *a needle's* eye/ 바늘방석에 앉은 것 같다 feel very nervous.

바다 : **the sea**; (대양) the ocean *바다로 나가다 go [sail] out to *sea*.

바닷가 : **the seaside**; the beach; the seashore; the coast.

바둑 : [the game of] paduk *바둑판 a *paduk* board.

바라다 : (소원) **wish**; desire; want; (기대·예기) hope; expect; look forward to *네가 성공하기를 **바란다** I *wish* you would succeed.

바득바득 : doggedly; perversely.
바라보다 : see; look at; watch; view.
버라이어티 : variety *버라이어티 쇼 *a variety show*.
바람 : a wind; a breeze; a gale; a draught *바람이 잘 통하다 be well *ventilated*; *be airy*.
바람막이 : a windscreen; a shelter from the wind.
바로 : (바르게) rightly; properly;(정확히) just; exactly; precisely;(곧) at once; right away; immediately; (곧장) directly; straight *바로 이 웃에 살다 live *close by*/ 바로 이 근처에서 그를 보았다 I saw him *just about here*.
바로잡다 : correct; reform; remedy *틀린 곳이 있으면 바로잡아라 *Correct errors if any*.
바르다 : ①(곧다) straight;(옳다) right; true ②(붙이다) put (on); paste; apply; (칠하다) paint; plaster(회반죽을) *얼굴에 분을 바르다 *powder one's face*.
바보 : a fool; an ass; an idiot *바보 같은 소리를 하다 talk *silly*.
바쁘다 : (다망하다) (be) busy; engaged;(급하다) urgent; pressing *오늘은 대단히 바빴다 I have been very *busy* today.
바삐 : (바쁘게) busily;(급히) hurriedly; in haste.
바삭거리다 : rustle *바삭바삭 rustlingly; *with a rustle*.
…바에야 : at all; rather (…than); sooner …than *항복할 바에야 죽겠다 I would *rather* die than surrender.
바위 : a rock *바위가 많은 *rocky*.
바지저고리 : ① coat and trousers ② a fool; a stupid person(등신).
바치다 : give; offer; present *수업료를 바치다 *pay* in one's tuition fee/ 일생을 바치다 *devote*[*dedicate*] one's life.
바퀴 : a wheel *바퀴자국 *ruts*; *wheel marks*; *a furrow*.

바탕 : (기초) the foundation; the basis *바탕이 좋다 be of good *quality*.
박다 : (못 따위) drive (in); (인쇄) print; (사진) take (a photograph).
박대(薄待) : a cold treatment *박대하다 treat(one) coldly; give(one) a cold reception.
박두(迫頭)하다 : draw near; be imminent.
박람회(博覽會) : an exhibition.
박력(迫力) : force; intensity *박력있는 *strong*; *powerful*; *convincing*.
박사(博士) : a doctor *박사논문 *a doctorate*.
박색 : an ugly face; a plain woman(사람).
박수(拍手)치다 : clap one's hands *우뢰 같은 박수 a thunderous *hand clapping*/ 박수갈채 *cheers*; *applause*.
박절(迫切)한 : cold-hearted; unfeeling; heartless; inhuman.
박차(拍車) : a spur *박차를 가하다 *spur* (one's horse); give impetus to; expedite(진척).
박차다 : kick away [off]; reject.
박탈(剝奪)하다 : deprive one of a thing; take away.
박해(迫害) : persecution *박해하다 *persecute*; *oppress*; *torment*.
밖 : (바깥) the outside; (이외) the rest; the others *밖에 나가다 *go out*; 밖에서 놀다 play *outdoors*.
반(半) : a half *한 다스 반 a dozen and *a half*.
반(班) : a class; a group.
반가와하다 : be glad about.
반감(反感)을 품다 : harbour ill-feeling towards.
반갑다 : (be) happy; glad; be pleased *반가운 손님 *a welcome* guest/ 반갑게 *with joy*[*pleasure*].
반격(反擊) : a counterattack *반격하다 make *a counterattack*.
반경(半徑) : a radius.
반기를 들다 : raise the standard of revolt; be up in arms (against).

반대(反對) : opposition; objection *반대하다 be against; be opposed to; object to.

반도(半島) : a peninsula.

반드럽다 : (be) smooth; glossy.

반드시 : (확실히) certainly; surely; (꼭) without fail; by all means; at any cost; (필연적으로) necessarily *저 청년은 반드시 출세할 것이다 That young man is *sure* to succeed in life.

반들거리다 : (be) smooth[slippery].

반듯하다 : (be) straight; upright; even.

반발(反撥) : repulsion *반발하다 *repel; repulse*.

반복(反復)하다 : repeat *반복하여 *repeatedly; over again*.

반색하다 : be pleased at; rejoice at; be delighted at.

반성(反省) : reflect (on) *반성하다 *reflect on*.

반신(返信) : a reply; an answer.

반액(半額) : a half-price; half the sum *반액으로 at *half*-price.

반역(叛逆) : treason; rebellion *반역하다 *rebel[revolt]; rise in revolt*.

반영(反映)하다 : reflect; be reflected in.

반올림하다 : count as one fractions more than .5 inclusive and cut away the rest.

반원(半圓) : a half circle *반원형의 *semicircular*.

반응(反應) : reaction; response *반응을 보이다 *react; respond to*.

반찬 : a side dish; subsidiary articles of diet *반찬가게 *a grocer's shop; a grocery*.

반칙(反則) : a foul; foul play; violation. *반칙하다 *violate the rules; play foul*/ 그것은 반칙이다 It is *against the rules*.

반투명의 : semitransparent body; tranclucent.

반하다 : fall in love with; be charmed with; be enamoured of.

반합(飯盒) : a canteen.

반항(反抗) : resistance; opposition *반항하다 *resist; oppose*.

반환(返還) : return *반환하다 *return; give back; restore*.

받다 : receive; take; accept *편지를 받다 *receive*[get] a letter from/ 레슨을 받다 *take* lessons.

받들다 : ①(옹립) set up; have (a person) as one's leader; obey with respect *~의 명령을 받들고 in *obedience* to one's order.

받아쓰기 : dictation *받아쓰기하다 *do dictation; write down*.

받치다 : (괴다) support; prop; bolster up; hold.

받침 : a support; a prop.

받히다 : be struck[hit, knocked].

발 : a foot; paw (동물의); tentacles (문어) *발을 멈추다 *stop; halt*/ 발을 맞추다 *keep pace*[step] *with* (one).

발각(發覺)되다 : be detected; be brought to light; be found out.

발견(發見) : discovery *발견하다 *discover*/ *누가 아메리카를 발견했느냐? Who *discovered* America?

발길질 : kicking *발길질하다 *kick*.

발끈 화내다 : fly into a passion; get wild like a madman.

발달(發達) : development *발달하다 *develop; make progress*/ 과학은 급속히 발달했다 Science has made rapid *progress*.

발뒤꿈치 : the heel.

발등 : the instep.

발랄(潑剌)하다 : (be) lively; full of life; vigorous; fresh.

발매(發賣)하다 : sell; put on sale *발매중 *on sale*.

발명(發明) : invention *발명하다 *invent*/ 전등은 에디슨이 발명했다 Edison *invented* the electric lamp.

발목 : an ankle *발목 잡히다 be chained to one's business; give a handle to the enemy.

발뺌 : an excuse; a pretext *발뺌하다

make *an excuse*.
발바닥 : the sole of a foot.
발버둥치다 : **struggle**; stamp one's feet.
발사(發射)하다 : fire; discharge; **shoot**.
발신(發信)하다 : send; dispatch a letter[message] *발신지 the place of *dispatch*.
발언(發言)하다 : utter; speak *발언권 the right to *speak*.
발열하다 : **generate heat**.
발육(發育) : **growth**; development *발육기 the period of *development*.
발음(發音) : **pronunciation** *발음하다 *pronounce*.
발의(發議) : instance; suggestion; proposal; motion (동의) *발의하다 *propose*; *move*; *suggest*.
발자국 : **a footprint**; a footmark; a footstep; a trail.
발자취 : ①(발자국) **a footprint**; a footmark; a footstep; a trail. ②(발소리) the sound of footsteps.
발작(發作) : **a fit**; a paroxysm; a spasm *발작하다 *have a fit*.
발전(發展) : **development**; growth *발전하다 *develop*; *grow*; *advance*/ 발전성 있는 산업 industry with *futures*.
발차(發車) : **departure** *발차신호 *a starting* signal/ 발차하다 *start*; *leave*.
발표(發表)하다 : **announce**; express *그 뉴스는 오늘 아침에 **발표되었다** The news was *made public* this morning.
발톱 : a toenail (사람); a **claw** (금수의); a talon (맹금의); a hoof (말·소); a bill (고양이의).
발판 : **a footing**; a foothold; a stage; a scaffold (건축장의).
발포(發砲) : **firing**; discharge *발포하다 fire; discharge; open fire.
발행(發行) : **publication**; issue *발행하다 *publish*/ 발행금지 suppression of *publication*.

발휘(發揮)하다 : **show**; display; exhibit.
밝다 : (be) **bright**; light; dawn; break *밝게 하다 *lighten*; light up/ 밝아오는 하늘 the *dawning* sky.
밝히다 : **light** (up); brighten; lighten; (분명히 하다) make (a matter) clear.
밟다 : **step** (on); tread (on); (뒤를) follow; trail after *한국 땅을 밟다 *set foot* on Korea/ 보리를 밟다 *step* [*tread*] on the seedling of barley.
밟히다 : be stepped [trampled] on; be trod upon.
밤 : ①**night**; evening (저녁) *저녁경치 a *night* scene ②**chestnut** *밤나무 a *chestnut* tree.
밤사이 : during the night; overnight.
밤새도록 : all night; all through the night.
밤새우다 : sit up all night; keep awake all night through *밤새워 영어를 공부하다 *sit up all night* studying English.
밤이슬 : the night dew.
밥 : **boiled rice**; a meal *밥을 먹다 take *a meal*.
밥그릇 : **a rice bowl**.
밥상 : a dinner table *밥상을 치우다 clear the table.
밥줄 : one's means of livelihood *밥줄이 끊어지다 lose one's means of *livelihood*.
방(房) : **a room**; a chamber *방을 빌리다 hire [rent] a *room*.
방관(傍觀)하다 : **look on**; watch; remain a spectator *방관자 *a spectator*; *a looker-on*.
방귀 : **breaking wind**; a fart *방귀를 뀌다 *break wind*; fart.
방금(方今) : **just now**; a moment ago *어머니는 방금 나가셨읍니다 Mother went out *just now*.
방긋하다 : be ajar; slightly open.
방대(尨大)하다 : (be) **huge**; vast.
방독(防毒) : **antigas** *방독 마스크 a **gas** mask/ 방독실 an *antigas* room [shelter].

방랑(放浪)하다 : wander about; roam about *방랑객 a wanderer.

방명(芳名) : your honored name *방명록 a list of names; a visitor's list.

방문(訪問) : a visit; a call *방문하다 call on (one); call at (one's house); visit; pay (one) a visit; make a call (on)/ 나는 어제 그를 그의 집으로 방문했다 I called on him at his house yesterday.

방범 : crime prevention *방범주간 Crime Prevention Week.

방법(方法) : a way; a method; a process.

방비(防備) : defense; defensive preparations *방비하다 make defensive preparations; fortify; defend.

방송(放送) : broadcasting *방송하다 broadcast/ 전국방송 a nationwide broadcast/ 방송국 a radio [wireless] broadcasting station/ 방송중이다 be on the air.

방언(方言) : a dialect; a provincialism.

방울 : a bell *방울을 굴리는 듯한 목소리 a ringing [silvery] voice.

방위(方位) : a direction *방위각 an azimuth (angle); a declination.

방위(防衛) : defence; protection *방위하다 defend; protect/ 정당방위 legal defence.

방종(放縱) : licence; dissoluteness *방종한 self-indulgent; licentious; dissolute.

방지(防止) : prevention *방지하다 prevent; stop; check.

방치(放置)하다 : let (a thing) alone; leave (a matter) to chance; neglect (등한시).

방학(放學) : a vacation; school holidays *방학하다 go on vacation/ 여름방학 a summer vacation/ 우리는 내일 여름 방학에 들어간다 We shall break up for the summer vacation tomorrow.

방해(妨害)하다 : obstruct; disturb; interrupt *진로를 방해하다 block the passage; get in one's way.

방향(方向) : a direction *방향 탐지기 direction finder.

방황(彷徨)하다 : wander [roam] about; rove.

밭 : a field; a farm.

밭일 : farming *밭일하다 work in the field.

배 : ①(복부) the stomach; the belly ②(선박) a ship; a vessel; a boat *배편으로 by ship/ 배를 타다 get [go] on board/ 배를 내리다 leave [get off] a ship.

배경(背景) : background; backing *유력한 배경 strong backing; a strong backer(사람).

배고프다 : (be) hungry; feel hungry *배고파 죽을 지경이다 be dying with hunger.

배곯다 : have an empty stomach.

배기다 : endure; stand; withstand *나로서는 배길 수 없다 It is more than I can bear.

배달(配達) : delivery *배달하다 deliver (things to one); distribute/ 배달 증명서 a delivery receipt.

배당금(配當金) : a share; a dividened.

배반(背反)하다 : (반역) betray *조국을 배반하다 turn a traitor to one's country.

배본(配本) : distribution of books *배본하다 distribute books.

배우(俳優) : an actor (남자); an actress (여자); a player *배우가 되다 go on the stage/ 인기배우 a star.

배우다 : learn; be taught; study *음악을 배우다 take lessons in music.

배웅하다 : see off; show out. *그는 친구를 배웅하러 역에 갔다 He went to the station to see his friends off.

배은(背恩) : ingratitude.

배짱 : pluck; nerve.

배필(配匹) : a partner for life; a spouse; a mate; a consort.

배후(背後) : the back; the rear *배후 조종자 a wirepuller: a man behind *the scenes.*

백(百) : a hundred *몇 백이나 되는 *hundreds of.*

백년가약(百年佳約) : a plight of eternal love; conjugal tie *백년가약을 맺다 tie the nuptial knot; become man and wife for weal or woe.

백동(白銅) : nickel.

백만(百萬) : a million *백만장자 *a millionaire.*

백화점(百貨店) : a department store; the stores(영).

뱀 : a snake; a serpent.

뱉다 : spit out; spew.

버릇 : a habit; a way *버릇이 되다 become *a habit*; grow into *a habit*/ 버릇이 생기다 get[fall] into *a habit* of; form *a habit*/ 버릇을 고치다 cure (one) of *a habit*.

버리다 : throw [cast] away; (포기) abandon; give up *~할 생각을 버리다 *give up* the idea (of).

~버리다 : up; through *다 읽어 버리다 read *through* a book/ 돈을 다 써 버리다 spend all money.

버섯 : a mushroom; a fungus *버섯을 따다 gather[pick up] *mushrooms*.

버젓하다 : be fair and square.

벅차다 : (be) unbearable; beyond one's power *가슴이 벅차서 말이 안 나온다 My heart is too *full* for words.

번갈아 : alternately.

번개 : lightning *번개처럼 빨리 as swiftly as *lightning*; *in a flash*/ 번갯불 a bolt of *lightening*.

번거롭다 : (be) troublesome; complicated; entangled.

번식 : breeding; propagation *번식력이 왕성한 *prolific*.

번역(飜譯) : translation *번역하다 *translate* (English) into (Korean) / 번역권 right to *translate*.

번영(繁榮) : prosperity *번영하다 *prosper; thrive.*

번지(番地) : a house number; an address.

번창 : prosperity *번창한 *prosperous; flourishing; thriving.*

번철(燔鐵) : a frying pan.

번호(番號) : a number *번호를 매기다[달다] *number*/ 번호순으로 in *numberical* order.

벌 : ① (곤충) a bee; a wasp *벌에 쏘이다 be stung by a bee ② (식기, 옷 따위) a set (of dishes); a suit (of clothes); a pair. ③ (들) field; a plain.

벌(罰) : punishment; penalty *벌을 받다 be *punished*; suffer *punishment.*

벌개지다 : turn red.

벌거벗다 : strip oneself of one's clothes; strip oneself naked.

벌거숭이 : a nude; a naked body *벌거숭이의 naked; nude; bare.

벌금(罰金) : a fine; a penalty *벌금을 물다 be *fined*; pay a *penalty*/ 벌금형 punishment with *a fine*.

벌다 : earn; make (money) *너는 한 달에 얼마나 버느냐? How much do you *earn* a month?

벌떡 : suddenly; quickly *벌떡 일어나다 start[spring; jump] to one's feet; rise *with a spring*.

벌레 : an insect; a bug (속어); a worm *벌레 먹은 이 *a decayed* tooth.

벌리다 : open; widen; leave *입을 딱 벌리다 *open* one's mouth wide; gape.

벌써 : already; yet(의문문에) *그는 벌써 도착했다 He has *already* arrived here.

벌이다 : spread; arrange; display; stretch.

벌주(罰酒) : the wine forced to a person as punishment.

벌집 : a bee hive; a honeycomb *벌집을 건드리지 마라 Let sleeping dogs lie flood.

범인(犯人) : a criminal; an offender; a culprit.

범죄(犯罪) : **a crime**; an offense; a criminal act(행위) *범죄하다 commit *a crime*.

범(犯)하다 : **commit**; violate; infringe; break *죄를 범하다 commit a crime[sin].

법(法) : **a law**; a rule *법에 어긋난 *unlawful*.

법석 : **a noise**; fuss; a bustle; a row 법석하다 make a *fuss*; be in a *bustle*; clamour; kick up *a row*.

법정(法廷) : **a law court** *법정에서 in *court*.

벗겨지다 : **come off**; fall off; slip off.

벗기다 : (옷을) **unclothe**; undress; strip; (껍질을) peel; skin *감자 껍질을 벗기다 *peel* potatoes.

벗다 : **take off**; put off *장갑을 벗다 *put off* one's gloves.

벗어나다 : ① **free** (oneself) from; get out of (difficulties); escape *예의에 벗어나다 *get against* etiquette. ② (눈에) *lose* favor with.

베개 : **a pillow** *베개 머리에 앉다 sit up by *one's bedside*.

베다 : **cut**; hash; saw; shear.

베풀다 : (잔치 따위를) **give**; hold; (은혜 따위를) give; bestow.

벼 : **a rice plant**; a paddy; unhulled [rough] rice.

벼락 : **thunder**; a thunderbolt *벼락 맞다 be struck by *lightning*.

벽(壁) : **a wall**; partition(칸막이) *벽을 바르다 plaster *a wall*.

벽공(碧空) : **the blue sky**; the azure.

벽돌 : **a brick** *벽돌을 굽다 burn *bricks*.

벽화(壁畵) : **a mural painting**; a painting in fresco.

변경(變更) : **change** *변경하다 *change*/ 날짜를 변경하다 *change* the date.

변덕 : **caprice**; fickleness; fitfulness; whim *변덕장이 a man of *moods*; a fickle [*capricious*] person.

변돈 : money lent at interest.

변두리 : a outskirts; the end; a brim.

변명 : **explanation**; defense.

변소(便所) : **a water closet**(약어 W·C); a toilet room; a lavatory; a privy *변소에 가다 go to *wash one's hand*; go to pay *a call of nature*.

변심 : **change of mind**[heart].

변장(變裝) : **disguise** *변장하다 *disguise*(oneself as); *make up*.

변제(辨濟) : **repayment**.

변(變)하다 : **change**; undergo a change *마음이 변하다 *change* one's mind.

변호사(辯護士) : **a lawyer** *변호인 *counsel*; *a pleader*; *a defender*; *an advocate*.

변화(變化) : **change** *정서의 변화 a *change* in situation.

별 : **a star**.

별명(別名) : **a nickname** *별명을 짓다 *nickname*.

별빛 : **starlight**.

병(瓶) : **a bottle** *맥주 한 병 *a bottle of beer*.

병(病) : **sickness**(미); illness(영) *병을 치료하다 cure a *disease*/ 병으로 누워 있다 be *ill* in bed.

병(病)나다 : **get sick**; fall ill; be taken ill.

병아리 : **a chiken**; a chick.

병역(兵役) : **military service**; service in the army *병역면제: exemption from *service*.

병원(病院) : **a hospital** *병원차 *an ambulance*.

병합(倂合) : **annexation**; amalgamation; absorption *병합하다 *annex* (to); *amalgamate* (*into*); absorb (into); merge.

병행(並行)하다 : **go side by side**; go abreast of: keep pace with.

볕 : **sunshine**; the sun; sunlight *볕에 쬐이다 expose to *the sun*.

보강(補强)하다 : **reinforce**; stiffen; strengthen.

보고(報告) : **a report** *보고하다 *report to one* (on)/ 보고서 *a report*; ret-

보관(保管)하다 : keep; take custody [charge] of.
보급(補給) : supply *보급하다 supply; replenish.
보기 : an example; an instance.
보내다 : send; (전송하다) see (one) off; send off; (세월을) spend [pass] *편지를 보내다 write[send] a letter to (one)/ 심부름 보내다 send (one) on errand.
보다 : see; look at; witness *~을 보고 at the sight of~/ 어느 모로 보아도 in every respect; from every point of view/ 볼 만하다 worth seeing.
보리 : barley *보릿고개 the period of spring poverty/ 보리 논 a barley paddyfield/ 보리농사 barley raising.
보물(寶物) : a treasure; a treasured article *보물찾기 treasure hunting.
보복 : retaliation; reprisal *보복하다 revenge oneself on.
보살피다 : take care of; look after; attend to.
보석(寶石) : a jewel; a gem *보석류 jewellery.
보여주다 : show; let (one) see; display.
보온하다 : keep warm.
보이다 : ① (눈에) see; be seen (사물이 주어인 경우) ; (~인 것 같다) look; seem *그 여자는 키가 커 보인다 she looks tall ② (보게 하다) show; let (one) see.
보잘것없다 : (be) worthless; insignificant; trivial; trifling; good-for-nothing; useless.
보존(保存)하다 : preserve; save; keep.
보증(保證) : guarantee; security; assurance *신원을 보증하다 vouch for one.
보초(步哨) : a guard; a sentry *보초를 서다 keep [stand] sentry.
보충(補充) : supplement; replacement *보충계획 a replacement program.
보태다 : (가산) add; (보충) make up; supplement *보탬이 되다 go towards; be an aid (to)/ 모자람을 보태다 supply the deficiency.
보통(普通)의 : common; usual; normal (정상적인) *보통 있을 수 있는 일로 치다 take (a thing) as a matter of course.
복(福) : good fortune; blessing; good luck *새해 복 많이 받으십시오 (I wish you) A Happy New Year.
복간(復刊) : reissue.
복수(復讐) : revenge; vengeance *복수하다 revenge on; avenge; retaliate; take revenge on.
복수(複數) : the plural number *복수의 plural.
복잡(複雜)하다 : (be) complicated; complex *복잡한 문제 a complicated problem.
복장(服裝) : dress; clothes; attire; costume.
복종(服從) : obedience *복종하다 obey; submit (to); yield (to).
복직(復職) : reinstatement.
복판 : the middle.
복합의 : compound; composite; complex.
볶다 : parch; roast; (들볶다) tease; annoy; bully; torture.
본가(本家) : the main family; the head family(house).
본래(本來) : originally; primarily; essentially; naturally.
본인(本人) : the person oneself; the person himself; the principal.
본적(本籍) : one's (permanent) domicile; the place of register.
볼 : a cheek.
볼기 : the buttocks *볼기를 맞다 be spanked.
볼일 : a business; engagement; an errand(심부름) *볼일로 on business; on an errand (남의 부탁으로) 볼일이 있다 have something to do/ 볼일이 없다 be free; be disengaged.
볼장 다 보다 : have done with(a thi-

봄(春) : spring (time) *봄옷 *spring wear*.

봉건(封建) : (제도) **feudalism**; *the feudal system* *봉건시대 *the feudal age*.

봉급(俸給) : a salary; wages; pay *봉급으로 생활하다 live on one's *salary*/ 봉급생활자 a *salaried* man; a white-collar/ 봉급날 *a pay* day.

봉기(蜂起) : **uprising**.

봉쇄(封鎖) : a blockade; blocking; freezing *봉쇄하다 *block up*/봉쇄를 풀다 lift *the blockade*.

봉서(封書) : a sealed letter.

봉오리 : a bud.

봉우리 : a peak; a summit.

봉착하다 : face; confront; encounter *난관에 봉착하다 be *confronted* with a difficulty.

봉투(封套) : an envelope.

봉황 : a phoenix.

부끄러움 : (수줍음) shyness; (수치) shame; disgrace *부끄러움 타는 소녀 a *shy* [*bashful*] girl/ 부끄럼 모르다 be *shameless*; be lost to *shame*.

부끄럽다 : (수줍다) shy; (수치) shameful; disgraceful *나는 부끄러워서 그런 말을 못하겠다 I am *ashamed* to say such a thing.

부근(附近) : **neighborhood**; vicinity.

부닥치다 : face; confront; encounter *어려움에 부닥치다 *face* a difficulty.

부담(負擔) : a burden; charge *부담을 과하다 *burden*; *charge*; *tax*; *impose*.

부드럽다 : soft; tender *부드러운 목소리 a *soft* voice.

부디 : by all means; without fail *부디 안부 전해 주세요. *please* give him my best regards.

부딪치다 : collide with; bump against *자동차가 전주에 부딪쳤다 A car ran *aganist* a telegraph pole.

부랴부랴 : hurriedly; in a great hurry; in deadly haste.

부러워하다 : envy; be envious of; covet *행운을 부러워하다 *envy* one's good fortune.

부러지다 : break; be broken; snap; give way.

부럽게 하다 : make (others) envy; excite one's envy.

부르다 : call; call out to; hail *출석을 부르다 *call* the roll/ 의사를 부르다 *send for* a doctor.

부르짖다 : shout; cry; utter; exclaim *개혁을 부르짖다 *cry* (loudly) *for* a reform.

부리 : a bill; beak.

부모(父母) : parents; father and mother.

부문(部門) : a class; a section; a branch *부문으로 나누다 divide (things) into *classes*; classify.

부본(副本) : (복사) copy; a duplicate.

부부(夫婦) : man [husband] and wife *부부가 되다 become *man and wife*; be married.

부분(部分) : a part; a section; a portion *부분품 *parts*; accesories.

부상(負傷) : a wound; an injury *부상병[자] a *wounded* soldier [person]; *the wounded*.

부서(部署) : one's post [place, station]

부서지다 : break; be broken *부서지기 쉬운 fragile; easy to *break*.

부수다 : break; destroy; smash.

부양(扶養) : support; maintenance *부양가족 dependants.

부업(副業) : a side line; a side job; a subsidiary business.

부엉이 : an owl.

부엌 : a kitchen *부엌일 *kitchen* work /부엌세간 *kitchen* ware.

부여(附與) : grant; allowance.

부유(富裕)하다 : (be) wealthy; rich *그는 부유하다 He is *well off*.

부인(夫人) : Mrs.; Madam; wife.

부인(否認) : denial *부인하다 *deny*; *disown*.

부인(婦人) : a woman; a lady.

부자(富者): a rich [wealthy] man *부자가 되다 become *rich* (as Croesus); make a *fortune*.

부자유(不自由): **inconvenience**.

부정(不正): **injustice**; **unfairness** *부정행위 a *dishonest* act.

부정(否定)**하다**: **deny**; **negative**; **gainsay** *부정문 a *negative* sentence.

부정기(不定期)**의**: **irregular**.

부족(不足): **shortage**; **lack** *부족하다 be *short* (*of*); lack/물이 부족하다 be *short* of water.

부주의(不注意)**하다**: **be careless**.

부지런하다: (be) **diligent**; **industrious** *그는 부지런한 학생이다 He is a *diligent* student.

부채: **a fan** *부채질하다 use a *fan*; fan oneself.

부채(負債): **a debt** (빚): **liabilities**(채무) *부채가 있다 be in *debt*; be *indebted* to one/ 부채를 지다 run[get] into *debt*.

부처: **Buddha** *부처 같은 사람 a *Buddha* of a man.

부치다: (편지를) **mail**; **send** *편지를 항공편으로 부치다 *send* a letter by air.

부탁(付託)**하다**: **ask**; **request**; **beg**, ask a favor of *부탁이 있다 I have *a favor to ask of* you/ 부탁을 거절하다 refuse (one's) *request*.

부터: **from**; **since** *아침부터 저녁까지 *from* morning till evening/ (순서) beginning with; first.

부패하다: go bad; be spoiled; decay; **corrupt** *정치의 부패 the *corruption* of politics/ 부패균 a saprogeneous bacillus.

부피: **bulk**; **size**; **volume** *부피 있는 *bulky*; *voluminous*.

부호: **a mark**; **a sign**; **a symbol**; a cipher.

북: **a drum** *북 치는 사람 *a drummer*.

북(北): **the north**.

북극(北極): **the North Pole** *북극탐험 *an Arctic* [*a polar*] expedition.

북대서양: **the North Atlantic**.

분(分): **a minute** *4시 5분 five *minutes* past four.

분(粉): **face powder** *분을 바르다 *powder* [paint] one's face.

분(忿): **indignation**; **wrath**.

분간(分揀)**하다**: **know**; **tell** (from).

분개(憤慨)**하다**: be indignant (about).

분노(憤怒): **anger**; **wrath**; **rage**; **fury** *분노를 사다 bring another's *wrath* upon oneself.

분담시키다: allot a part of the work.

분량(分量): **quantity**; a dose *적은 분량 a small *quantity*.

분류(分類)**하다**: **classify**; divide things into classes.

분리(分離)**하다**: separate from; split; be divided.

분만(分娩)**하다**: give birth to; be delivered of.

분명(分明)**하다**: (be) **clear**; **plain**; **obvious**; **evident** *분명히 *clearly*; **plainly**; **obviously**; **distinctly**.

분배(分配)**하다**: **divide**(between, among); **share**(with, between) *고용자에게 이익을 분배해 주다 *distribute* the profits among one's empolyees.

분변(分辨): **discrimination**.

분석(分析): **analysis**; assay(광석의).

분수(分數): **a fraction**; **a limit** *분수를 지키다 keep to one's *sphere* in life.

분실(紛失): **loss** *분실하다 *lose*/ 분실품 *a lost* article.

분위기(雰圍氣): **an atmosphere**; **surroundings**(환경); *자유 분위기에서 in an *atmosphere* of freedom.

분홍: **pink**.

불: **fire**; **flame**; **blaze** *불을 붙이다 light[kindle] a *fire*/ 불을 끄다 put out the *fire*/ 불조심하다 look out for *fire*.

불가능(不可能)**하다**: **be impossible**.

불경기(不景氣): **hard times** *실업계의 불경기가 심하다 Business is in

serious *depression*.

불공평(不公平)**하다**: (be) unfair; partial; unjust.

불꽃: a flame; a blaze.

불구(不具): deformity *불구자 a deformed porson; a cripple.

불굴(不屈): indomitability.

불다: blow; breathe *촛불을 불어서 끄다 blow out a candle/ 휘파람을 불다 whistle/ 바람이 심하게 분다 It blows hard.

불때다: make [build] a fire; put fuel on a fire.

불량(不良): badness *불량하다 be bad/ 불량학생 a delinquent [bad] student/ 불량배 the depraved.

불로소득: an unearned income; unearned increment

불러내다: call out; call (one) to *전화로 불러내다 call (one) out by telephone.

불룩하다: be swollen; be baggy; be bulgy.

불리(不利): disadvantage; a handicap *불리하다 be disadvantageous; be unfavorable.

불만(不滿): dissatisfaction; discontent *나는 조금도 불만이 없다 I have nothing to *complain* of.

불매동맹(不買同盟): a boycott.

불면증(不眠症): insomnia; sleeplessness. *불면환자 an insomniac.

불명예(不名譽): dishonor; disgrace.

불모(不毛)**의**: barren; sterile *불모지 barren [waste] land.

불붙다: catch fire *불붙기 쉽다 It is easy to *catch fire*; be combustible.

불붙이다: kindle [light] a fire.

불쌍하다: (be) poor; pitiful *불쌍히 여기다 take *pity* on/ 불쌍한 고아 a poor orphan.

불쑥: suddenly; abruptly; unexpectedly. *불쑥 말하다 speak *bluntly*.

불씨: live coal to start a fire with.

불안(不安)**하다**: (be) uneasy; anxious *불안한 표정 an *uneasy* look.

불어나다: increase; gain; breed(번식); multiply(배가) *10배로 불어나다 *multiply* ten times.

불온당: impropriety *불온당한 *improper*; unjust.

불완전(不完全)**하다**: (be) imperfect; incomplete *불완전 동사 an *incomplete* verb.

불우하게 지내다: lead an obscure life; be in adverse circumstances.

불운(不運)**하다**: be unfortunate; be unluck *불운하게도 *unfortunately*.

불유쾌(不愉快)**하다**: (be) unpleasant; uncomfortable *남을 불유쾌하게 하다 make (one) *unhappy*.

불장난: ①(장난) playing with fire *불장난하다 play with *fire* ②(밀통) illicit intercourse; play with love.

불쬐다: warm oneself by the fire.

불지르다: set fire to (a house); set (a house) on fire; fire (a house).

불참(不參): absence *불참하다 be absent (from); fail to attend.

불충분(不充分)**하다**: (be) not enough; insufficient; short.

불충실(不忠實): disloyalty; unfaithfulness *불충실한 *disloyal*; unfaithful.

불친절(不親切)**하다**: (be) unkind; unfriendly; inhospitable.

불켜다: kindle; light; turn [switch] on (an electric lamp).

불쾌(不快)**하다**: (be) unpleasant *불쾌하게 생각하다 feel *unpleasant*; be displeased.

불타다: burn; blaze; be on fire (in flames) *배가 불타고 있다 The ship is on *fire*/ 불타기 쉽다 be easy to burn; be inflammable.

불티: sparks; fire-flakes *불티나게 팔린다 It is selling like *hotcakes*.

불펜: (야구) a bull pen.

불편(不便): inconvenience *불편하다 be inconvenient/ 휴대하기 불편하다 It is *unhandy* to carry about.

불평(不平)**하다**: complain of [about];

grumble at; make a complaint.
불평등(不平等) : **inequality** *불평등한 unequal; unfair.
불필요(不必要)**하다** : (be) **unnecessary**; needless 불필요하게 needlessly.
불합격(不合格)**하다** : fail in; fail to pass; be rejected.
불행(不幸) : **unhappiness**; misfortune; bad luck *불행하다 *be unhappy*; be *unfortunate*; be *unlucky*/ 불행은 겹치게 마련이다 *Misfortunes* never come singly.
불허(不許)**하다** : do not permit[allow]; disapprove; refuse; prohibit(금지).
불확실(不確實)**하다** : (be) **uncertain** *불확실한 보도 an *unreliable* report
붉다 : (be) **red**; crimson *붉어지다 *redden*; turn red; be flushed(술로).
붉디 붉다 : (be) ever so red.
붉히다 : blush(얼굴); turn red; blaze (with fury).
붓 : **a writing brush**; a brush; a pen *붓을 들다 take up one's *pen*.
붓꽃 : (식물) an iris; a blue flag.
붓다 : ① **swell**; become swollen; tumefy ② (쏟다) **pour** (into, out); fill (a cup) with (coffee) *얼굴이 부어 있다 He has a *swollen* face/ 부은 얼굴 a *sulky* face; a *sullen* looks.
붕괴 : **collapse**; breaking *붕괴하다 *collapse*; *crumble*; *break down*; give way/ 붕괴물 debris.
붕대(繃帶) : **a bandage** *붕대를 감다 *bandage* (the arm); dress a wound.
붕붕거리다 : hum; buzz.
붙다 : (접착) **stick** (to); adhere to; (가담) join; side with.
붙들다 : **catch**; seize; take hold of.
붙들리다 : be caught; be arrested.
붙이다 : **attach**; fix; put on; put up *우표를 **붙이다** *put* a stamp *on* a letter.
붙잡다 : **seize**; grasp; **catch**; hold; take.
비 : **rain**; a rainfall; a rain; a shower *비가 그친다 It stops *raining*; The *rain* stops.
비겁(卑怯)**하다** : (be) **cowardly**; unmanly; mean; unfair (부정) *비겁한 행동을 하다 act *cowardly*.
비고(備考) : **a note**; **a remark**; a reference.
비꼬다 : make cynical remarks; say spiteful things.
비관하다 : be pessimistic.
비교(比較) : **comparison** *비교하다 *compare* (a thing) with (another)/ 비교가 안 되다 cannot *compare* with/ ～과 비교하여 comparison (with).
비굴한 : **mean**; servile; cowardly.
비극(悲劇) : **a tragedy** *비극적 *tragic*/ 비극배우 a tragedian.
비난(非難)**하다** : **blame**; criticize; censure; reproach.
비누 : **soap** *세수 비누 한 개 a cake [bar] of (toilet) *soap*/ 비눗물 *soapsuds*; lather.
비다 : **be empty** [vacant] *빈 집 a *vacant* house/ 뱃속이 비다 *be hungry*.
비단(非但) : not only～but (also).
비둘기 : **a dove**; a pigeon *비둘기장 *a dovecot*.
비련 : disappointed love.
비로소 : for the first time; first.
비록 : though; If; even if; even though.
비리다 : fishy; smell of raw fish.
비망록 : **a memorandum**; a memo.
비명(悲鳴) : **a scream**; a shriek *비명에 죽다 die by *violence*; meet with a *violent* death; die an *unnatural* death.
비밀(秘密) : **a secret**; secrecy; privacy *비밀로 하다 keep (a matter) *secret*/ 비밀을 지키다 keep a *secret*/ 비밀이 누설되다 The *secret* leaks out.
비슷하다 : (be) like; similar.
비싸다 : (be) **expensive**; high; costly *값이 너무 비싸다 The price is too *high*; It is too *expensive*.
비서(秘書) : **a secretary**.

비석(碑石) : a tomb stone; a gravestone.
비약(飛躍)하다 : jump; leap; be active (활약) *비약적 발전을 하다 take long *strides*; make *rapid progress*.
비열(卑劣)하다 : (be) mean; base; cowardly *비열한 놈 a sneak.
비영리적(非營利的) : nonprofit.
비용(費用) : expense; cost *비용을 절약하다 cut down *expense*.
비우다 : empty; make empty.
비운(非運) : misfortune; ill luck.
비웃다 : laugh at.
비일비재(非一非再)하다 : be not infrequent; there are many such cases.
비참(非慘)하다 : be miserable.
비천(卑賤)한 : humble; lowly; obscure.
비추다 : shed light (on); light (up)
비치하다 : place; equip[furnish] with; provide with.
비치다 : shine *햇빛이 찬란하게 비친다 The sun *shines* brightly.
비치다 : (그림자가) be reflected.
비켜나다 : draw back; move aside; step aside.
비키다 : get out of the way; step aside.
비틀거리다 : stagger; totter; falter; reel *비틀거리며 일어서다 *stagger* to one's feet.
비틀걸음 : faltering steps.
비틀다 : twist; twirl; wrench; distort *팔을 비틀다 *twist* one's arm.
비판(批判) : criticism; comment *비판하다 *criticize; comment*.
비품(備品) : furniture; furnishings.
비행(飛行) : flying; a flight *비행하다 *fly*/ 세계일주 비행 around-the-world *flight*.
비행기(飛行機) : an airplane; an aeroplane *여객기 a passenger *plane*.
비행선 : an airship; a dirigible.
비행장(飛行場) : an airport[air field].
비호(庇護)하다 : protect; shield *비호하에 under the *protection* of.
빈곤(貧困) : poverty; indigence; destitution; need (궁핍) *빈곤하다 (be)

poor; needy; destitute.
빈부(貧富) : wealth and poverty; rich and poor *빈부의 차별 없이 *rich and poor* alike.
빈정거리다 : poke fun (at).
빌다 : ① (구걸) ask one's pardon; apologize (사죄) ask one's pardon; apologize (to one) for ② (차용) borrow; (힘을) have one's help *책을 빌다 *borrow* a book.
빌리다 : (대여하다) lend; let one have; (임대하다) hire[let] (out) *말을 빌리다 *hire* horses out.
빌어먹다 : beg one's bread; go begging.
빗 : a comb *빗으로 머리를 빗다 *comb* (out) one's hair/ 빗살 the teeth of *a comb*.
빗나가다 : miss; go astray; turn away aside; deviate; wander.
빗맞다 : miss the mark; go wide.
빙점(氷點) : the freezing point.
빙하(氷河) : a glacier *빙하시대 *the glacial* age.
빚 : a debt; a loan *빚을 갚다 pay off *debts*; get out of *debt*/ 빚이 없다 be free from *debt*.
빚내다 : borrow money (from)
빚다 : ① (술) brew; make ② (반죽) mould; form.
빚지다 : run into debt; owe.
빛 : light; (빛깔) a color; (안색의 표시) sign *피곤한 빛을 나타내다 show *signs* of fatigue (광명) light; (광선) a ray; (섬광) a flash.
빛깔 : a color; hue *밝은 빛깔로 그리다 paint in bright *color*.
빛나다 : (빛이) shine; be bright; (별이) twinkle; (윤나다) be lustrous.
빛내다 : light up; make (a thing) shine; brighten *이름을 빛내다 *win* fame.
빠뜨리다 : (빠지게 하다) throw into (a river); (함정에) trap; (유혹에) tempt; (빼어 놓다) omit; leave out; (잃다) lose; drop *나는 지갑을 빠

뜨렸다 I have *lost* my purse.
빠르다 : (속도가) (be) **fast**; swift; rapid; quick; (이르다) early; soon *계산이 빠르다 *quick* at figures/ 내 시계는 매일 1분씩 빨라진다 My watch *gains* a minute every day.
빠지다 : (떨어지다) **fall into**; get into; (탐닉) **indulge**; (박힌 것이) **come off**; come out; (없다) **be left out**; be missing; (제외되다) **be excluded**; (살이) become thin; lose flesh *내 이가 하나 빠졌다 One of my teeth has *fallen out*.
빠히 : staringly; with a searching look.
빨갛다 : (be) **deep-red**; crimson.
빨개지다 : turn red.
빨다 : ① (입으로) **suck**; sip; smoke; puff at; suck in ② (세탁하다) **wash**; do washing; cleanse.
빨대 : a straw; a hollow paper tube.
빨래 : **wash**; washing; laundry *빨래 하다 *wash*; *launder*; *do washing*.
빨리 : fast; rapidly; quickly *될 수 있는 한 빨리 뛰어라 Run as *fast* as you can.
빨아내다 : suck[soak] up; absorb.
빨아들이다 : (기체를) **inhale**; breathe [draw] in; (액체를) suck in; absorb.
빨아먹다 : ① (음식) **suck**; imbibe ② (우려내다) **squeeze**; exploit.
빳빳하다 : (be) **stiff**; straight; rigid *풀기가 빳빳한 *stiffly* starched.
빵 : **bread** *버터 바른 빵 *bread* and butter/ 빵만으론 살 수 없다 Man cannot live by *bread* alone/ 빵부스러기 crumbs.
빼다 : **pull out**; take out; 칼을 빼다 *draw* a sword/ 이를 빼다 *extract* a tooth.
빼앗기다 : be **taken** (a thing) **away**; be deprived of (a thing).
빼앗다 : take (a thing) away from (one); deprive (one) of (a thing).
빼어내다 : pick [single] out; select; choose; pull out [up].

빼어놓다 : **drop**; omit; leave out; pick [single] out.
빽빽하다 : (be) **thick**; **close**; dense *빽빽하게 *close*(ly); *thickly*; *compactly*; *full*(y).
뺑소니치다 : run off (away).
뺨 : a cheek.
뻐기다 : **boast**; be proud; give oneself airs; talk big.
뻔뻔하다 : (be) **shameless**; impudent; audacious; unabashed; brazen-faced *뻔뻔하게 *impudently*; *shamelessly*; *saucily*; *audaciously*.
뻔하다 : (be) **clear**; evident; obvious.
뻗다 : stretch out; spread.
뼈 : a bone; (유골) ashes; remains *뼈가 부러지다 break *a bone*.
뼈대 : **frame**; build; physique *뼈대가 단단한 stoutly-*built*.
뽐내다 : **boast**; be proud; be haughty; give oneself airs.
뽑다 : **pull out**; take out; (가려내다) pick out; single out *잡초를 뽑다 *root*[*pull*] *out* weeds/ 반장을 뽑다 *elect* a monitor.
뾰족하다 : (be) **pointed**; sharp *뾰족 하게 하다 *sharpen*.
뿌리 : *a root* *뿌리를 박다 take[strike] *root*/ 뿌리 빼다 *root* up/ 뿌리 깊은 악 deep-*rooted* evil.
뿌리다 : (끼얹다) **sprinkle**; spray; scatter *돈을 막 뿌리다 *lavish* money; *use* money *freely*.
뿐 : **only**; alone; merely; but *뿐만 아니라 *besides*; *moreover*.
뿔뿔이 흩어지다 : be scattered; scatter; disperse; break up.
삐죽거리다 : **pout** (one's lips); make a lip; stick out one's lip.
삥 둘러싸다 : **surround completely**.

ㅅ

사(四) : **four**; the fourth(제4).
사감(舍監) : **a dormitory inspector**; a dormitory superintendent.

사건(事件) : an event; an incident; (법률상의) a case; an accident (사고).

사격(射擊) : firing; shooting; gunshot *사격대회 a shooting match/ 사격장 a shooting range.

사계(四季) : the four seasons.

사고(事故) : an accident; a trouble *사고를 일으키다 cause accidents.

사고(思考) : thinking; thought *사고하다 think; consider.

사곡(邪曲)한 : crooked; wicked.

사공(沙工) : a boatman *사공이 많으면 배가 산으로 올라간다 Too many cooks spoil the broth [soup].

사과(沙果) : an apple *사과나무 an apple tree/ 사과주 apple wine.

사과(謝過) : an apology; an excuse *사과장 a written apology.

사과하다 : apologize; make [offer] an apology; beg one's pardon.

사귀다 : make friends with *그는 사귀기 어렵다 He is hard to get acquainted with.

사기(士氣) : morale; military spirit.

사기(沙器) : porcelain; china ware.

사기(詐欺) : cheat; fraudiswindle deception *사기꾼 : a swindler.

사나이 : (남자) a man ;a male.

사납다 : (be) rude; wild; fierce violent.

사내 : a man; a male.

사냥 : hunting; a hunt.

사냥가다 : go hunting *사냥개 : a hunting dog/ 사냥꾼 : a hunter; a huntsman.

사념(邪念) : evil thoughts; a vicious.

사다 : buy; purchase *천원에 사다 buy (a thing) for a thousand won.

사다리꼴 : (기하) a trapezoid.

사닥다리 : a ladder.

사라지다 : disappear; be gone; vanish.

사람(人類) : man; mankind; human beings; (개인) a man; a person; one *인간은 죽게 마련이다 All men must die/ 그것을 싫어하는 사람도 있다 Some people dislike it.

사랑 : love; (애정) affection *사랑하다 love/ 사랑스러운 lovable.

사랑니 : a wisdom tooth.

사려(思慮) : thought; prudence.

사례(射禮) : thanks; gratitude; a reward *사례하다 give thanks (to); reward; remunerate.

사로잡다 : catch (an animal) alive; take (a person) prisoner *적장을 사로잡다 capture the enemy general alive.

사료(史料) : historical materials.

사료(飼料) : fodder; feed; forage.

사립학교(私立學校) : a private school.

사막(沙漠) : a desert *사하라사막 the sahara (Desert).

사망(死亡) : death; decease *사망하다 die.

사명(使命) : a mission; an errand.

사무(事務) : business; office work.

사물(事物) : objects; things.

사상(思想) : thought; an idea; thinking *건전한 사상 healthy [sound] thoughts.

사생아 : an illegitimate child.

사생활(私生活) : a private life.

사슬 : chain *개는 사슬에 매여 있다 The dog is on the chain.

사슴 : a deer; a stag(숫사슴) a hind (암사슴).

사실(事實) : a fact; actuality; the truth *사실상 : as matter of fact; really.

사양(辭讓) : declination; courteous refusal.

사양하다 : give way to another.

사업(事業) : an enterprise; activity in industry; business; a project.

사욕(私慾) : a selfish desire; selfishness; self-interest.

사용(使用) : use; employment *사용되고 있다[있지 않다] be in[out of] use/ 사용하다 make use of.

사유(事由) : reason; cause.

사위 : a son-in-law.

사의(謝意) : thanks; gratitude.

사이 : (공간) a space; (거리) an interval; (시간) a period; a while; (관계) relation *나무 사이에 숨다 conceal(oneself) *among* the trees.

사이비(似而非): pseudo.

사전(辭典) : a dictionary *사전을 찾다 look up a word in a *dictionary*; consult a *dictionary*.

사절(謝絶) : refusal; denial *사절하다 refuse; deny.

사정(事情) : (형편) circumstances; the situation; (이유) reason.

사죄(赦罪) : (용서) pardon *사죄하다 *pardon*.

사지(四肢) : the limbs; the legs and arms.

사직(辭職) : resignation *사직하다 resign(from); quit office.

사진(寫眞) : a photograph; a picture; a photo *사진을 찍다 take a *photograph* of/ 사진을 찍히다 have(one's) *photograph* taken.

사찰(査察) : investigation.

사촌(四寸) : a cousin.

사춘기(思春期) : adolescence; puberty.

사치(奢侈) : luxury; extravagance *사치하다 indulge in luxury/ 사치스러운 luxurious/ 사치세 a luxury tax.

사탕 : (설탕) sugar; (과자) candy; sweets *사탕발림 *sugar*-coated words.

사투리 : a dialect.

사표(辭表) : a written resignation; a letter of resignation.

사형(死刑) : death penalty.

사형하다 : put to death.

사회(社會) : society; the community *사회적인 *social*/ 사회적으로 *socially*/ 사회적 지위 one's *social* status.

삭감(削減) : cut down; curtail; reduce.

삯 : (품삯) wages; pay (요금) fare; charges *인천까지 차삯이 얼마입니까? What is the *fare* to Incheon?/ 삯군 a jobber; *a wage* earner.

산(山) : a mountain; a hill *산을 오르다 climb up a *mountain*/ 산꼭대기 a *mountain* range/ 산같이 높은 mountainous.

산림(山林) : a forest.

산맥(山脈) : a mountain range.

산문(散文) : prose(writing).

산물(產物) : a product *주요산물 the staple *products*.

산산이 : (break) in pieces.

산소(酸素) : oxygen.

산수(算數) : counting; arithmetic.

산업(產業) : industry *산업의 *industrial*/ 산업가 *industrialist*/ 산업예비군 *industrial* reserve army.

산울림 : an echo.

산재한다 : be scattered about; lie scattered; lie here and there.

산중(山中) : among in the mountain.

산지(產地) : the place of production.

산책(散策) : a walk. *산책하다 take a *walk*; go far a walk.

산출(產出)하다 : produce; yield; bring forth; turn out.

산토끼 : a hare; a wild rabbit.

산파(產婆) : a midwife. *산파술 midwifery/ 산파역[비유적] a sponsor.

살 : ① (어육) flesh; (식육) meat; (근육) muscle ② (나이) years of age. *살이 많은 과일 *fleshy* fruit.

살갗 : the skin; complexion.

살구 : an apricot.

살균(殺菌) : sterilization.

살균하다 : sterilize; pasteurize.

살그머니 : secretly; by stealth; furtively *그녀는 살그머니 자리를 일어섰다 She left her seat without *a sound*.

살다 : (생존) live; exist; be alive; (생활) make a living; get along; (거주) live; inhabit; dwell *그 집은 살기 좋고 편하다 The house is pleasant and comfortable to *live* in.

살뜰하다 : (be) frugal; thrifty.

살려주다 : save; rescue; spare.

살림 : *living*; livelihood.

살림하다 : *keep house*; run a household *살림군 : *a good housewife*.

살벌하다 : (be) bloody; bloodthirsty; brutal; savage; violent.

살살 : gently; softly; lightly.
살생(殺生)하다 : take destroy.
살인(殺人) : murder; homicide.
살인하다 : commit murder. *살인범 *a murderer; a homicide*/ 살인죄 *homicide; murder*.
살짝 : (재빠르게) quickly; nimbly; (가볍게) lightly; softly.
살찌다 : put on [gain] flesh (weight); grow fat.
살충(殺蟲) : killing insects; insecticide.
살코기 : meat lean; flesh part.
살피다 : (잘 알아보다) deliberate; consider; examine; (헤아리다) judge.
삵괭이 : a wild cat; a lynx.
삶 : life; living.
삶다 : boil; cook *계란을 삶다 *boil eggs*.
삼 : hemp(식물).
삼가다 : restrain oneself; refrain(from); be cautious *말을 삼가시오 *be discreet* in word weigh your words *carefully*; Be *discreet*/ 술을 삼가다 *keep from* drinking.
삼각(三角) : triangularity *삼각형 *a triangle*/ 삼각법 *trigonometry*/ 삼각자 *a triangle*.
삼거리 : 3-way; junction.
삼등(三等) : the third class[rate] *서울행 삼등 두 장 주시오 Give me two *third* singles to Seoul.
삼륜차(三輪車) : a tricycle.
삼림(森林) : a wood; a forest.
삼발이 : a tripod; a trivet.
삼배(三倍) : thrice; three times *4의 3배는 12이다 *Three times* four is twelve.
삼삼오오(三三五五) : by twos and threes.
삼십육계(三十六計) : beat a retreat; show a clean part of heels.
삼촌(三寸) : an uncle(on the father's side) *외삼촌 *an uncle* on the mother's side.
삼총사(三銃士) : a triumvirate.
삼추(三秋) : ① (가을의 석달) the three autumn months ② (세해) three years.
삼키다 : swallow; gulp down *통째 삼키다 *swallow*/ 단숨에 삼키다 *swallow* at a gulp.
삼태기 : a carrier's basket.
삽(鍤) : a shovel; a spade.
삽입하다 : insert; put in.
삽화(揷畫) : an illustration; a cut; a figure.
상(床) : a table; a desk.
상(賞) : a prize; an award *상을 타다 get[win] *a prize*/ 상을 주다 present[give, award] *a prize*.
상금(賞金) : a prize money; a purse; a reward.
상가(商街) : the business center; downtown.
상공업(商工業) : commerce and industry.
상대대학 : a business school[collage].
상관(相關) : correlation; interrelation; concern *상관하다 *be concerned about*/ ～에 상관없이 *regardless of*/ 남의 일에 상관마라 Mind your own business.
상기하다 : remember; recollect *상기시키다 *remind* (a person) *of* (a matter).
상냥하다 : (be) kind; tender; meek; gentle; (정답다) sweet; affectionate.
상담(相談) : consultation; counsel; conversation.
상담하다 : consult; talk *상담소 *a consultation* office.
상당히 : fairly; pretty; quite.
상륙(上陸) : landing; going ashore. *상륙하다 *land*(at); get to *land*.
상반(相反) : being contrary to each other. *상반하다 : disagree with other.
상상(想像) : imagination; fancy. *상상하다 : imagine/ 상상력 the power of *imagination*; *an imagination* power.
상세(詳細) : details; particulars. *상

세하다 : be minute.

상속(相續) : succession; inheritance. *상속하다 : inherit.

상식(常識) : common sense; good sense *상식 있는 사람 a man of common [good] sense/ 상식 없는 사람 a senseless man.

상실(喪失) : loss; forfeiture.

상아(象牙) : ivory *상아탑 an ivory tower.

상어 : a shark.

상업(商業) : commerce; trade *상업에 종사하다 be engaged in commerce.

상여(喪輿) : a(funeral) bier.

상여금(賞與金) : a reward; a bonus.

상인(商人) : a merchant; a trader.

상자(箱子) : a box; a case *사과 한 상자 a box of apples.

상점(商店) : a shop; a store *그는 종로에 상점을 가지고 있다 He keeps a shop in Jong Ro.

상징(象徵) : a symbol; an emblem *상징하다 : symbolize *상징주의 symbolism/ 상징파 the symbolists.

상책(上策) : a capital plan.

상처(傷處) : a wound; a bruise *상처를 입다 get[receive] a wound.

상태(狀態) : state(of thing); a condition *건강상태 the state of health/ 정신상태 a mental state/ 생활상태 living conditions.

상표(商標) : a trademark; a brand.

상품(商品) : an article of commerce; a commodity.

상하다 : damage; injure; hurt *건강을 상하다 impair one's health.

샅샅이 : all over; everywhere; throughout.

새 : ① a bird; a fowl *새를 기르다 keep a bird ② new (형용사) ; novel.

새기다 : ① (파다) carve; engrave *도장을 새기다 engrave a seal ② (해석) interpret; translate.

새겨듣다 : listen(with attention) to; give ear to.

새끼 : ① (줄) a straw rope ② (동물) the young; (소) a calf; (말·사슴) a colt; (고양이) a kitty; (양) a lamb; (강아지) a puppy.

새끼손가락 : the little finger.

새다 : (날이) dawn; break *날이 새다 The day breaks; (액체, 비밀이) leak (out). *이 남비는 물이 샌다 This kettle is leaking water.

새댁(신부) : a bride.

새로 : newly; a new; fresh *새로 온 사람 a new comer.

새롭다 : (be) new; fresh; vivid *새로운 뉴우스 hot news.

새물 : ① (과일·생선) The first product of the season ② (옷) freshwashed clothes.

새벽 : day break; dawn.

새삼 : a dodder(식물)

새삼스럽다 : (be) new; fresh *새삼스럽게 anew; afresh; again.

새우 : a lobster; a shrimp.

새우다 : (밤을) stay[sit] up all night; keep a vigil.

새총 : an air gun; an air rifle.

새파랗다 : deep blue; (비유적) pale *추워서 손이 새파랗게 얼었다 My hands are blue with cold.

새하얗다 : snow-white.

새해 : a new year *새해를 맞이하다 greet the New year.

새해문안 : the New Year's greetings.

색(色) : a color; a hue.

색시 : an unmarried woman; a girl.

색연필 : a colored pencil.

샘 : a spring; a fountain.

샛별 : (계명성) the morning star.

생각 : (사고) thinking; (사상) thought.

생각하다 : think *내 생각에는 to my thinking/ 생각에 잠기다 be lost in thought/ 자, 네 생각은 어떠냐? What do you think?

생각나다 : come to mind; remember.

생계(生計) : livelihood; living *생계를 세우다 make one's living/ 생계비 living costs.

생기다 : come into being; happen; take place; get.

생략(省略) : omission.

생략하다 : omit *생략부호 *an apostrophe*.

생명(生命) : life.

생물(生物) : a living thing; life.

생사(生死) : life and death *생사의 문제 a matter of *life and death*.

생산(生産) : production.

생산하다 : produce *생산자 *a producer*.

생선(生鮮) : fish *생선장수 *a fish dealer*.

생성(生成)하다 : create; form; generate.

생일(生日) : a birthday *생일을 축하하다 celebrate a person's *birthday*.

생장 : growth *생장하다 grow up.

생활(生活) : life; living; existence.

생활하다 : *live*; exist *편안한 생활을 하다 *live* in comfort/ 생활필수품 necessities of *life*.

서구(西歐) : western Europe.

서기(西紀) : The Christian Era; Anno Domini (A.D.).

서늘하다 : (be) cool; refreshing *서늘한 날 *a cool* day.

서다 : stand (up); (정지) stop; halt.

서당 : a private school.

서두르다 : make haste with; hasten; rush; hurry (up) *서두를 필요 없다 There is no need for *haste*/ 서둘러 hurriedly; in haste; in a hurry.

서랍 : a drawer.

서럽다 : (be) sad; sorrowful.

서로 : mutually; each other.

서론(序論) : an introduction; introductory remarks.

서리(가루얼음) : frost.

서먹하다 : feel awkward.

서명(署名) : a signature; signing.

서명하다 : sign one's name.

서문(序文) : a preface; an introduction.

서민(庶民) : the (common) people.

서신(書信) : correspondence; a letter.

서양(西洋) : the West; the Occident.

서쪽 : the west.

서투르다 : (사물이) unfamiliar; strange (사람이); clumsy; poor; awkward.

석방(釋放) : release; discharge liberation.

석방하다 : *release*; set free.

석유(石油) : petroleum.

석탄(石炭) : coal *석탄광 *a coal* mine/ 석탄갱부 a *colal* miner; a collier.

석탑(石塔) : a stone pagoda [tower].

섞다 : mingle; mix; blend.

선(善) : good; goodness.

선(線) : a line.

선각자(先覺者) : pioneer; a leader.

선거(選擧) : election *선거하다 *elect*/ 대통령 선거 a presidential *election*/ 선거연설 *a campaign* speech.

선교(宣敎) : missionary work.

선도(善導) : proper guidance *선도하다 *lead properly; guide aright*.

선동(煽動) : instigation; agitation.

선두(先頭) : the head; the lead *선두에 서다 take *the lead*; be at *the head*.

선망 : envy *선망하다 (feel) *envy*; be *envious of*.

선명(鮮明) : clearness *선명하다 *be clear; be distinct; be vivid*.

선물(膳物) : a gift; a present *선물하다 *present*; give/ 선물을 주다 give (one) *a present*.

선미(鮮美)한 : bright; clear; fair.

선박(船舶) : a ship; a vessel.

선반 : a shelf; a rack.

선발(先發)하다 : start in advance; go ahead; precede.

선배(先輩) : a senior; a superior; an elder.

선불(先拂) : payment in advance *선불하다 pay in advance; prepay.

선생(先生) : a teacher; a master; an instructor.

선서 : an oath *선서문 *a written oa-*

th/ 선서식 administration *of a oath*.

선수(選手) : **a player**; a champion ***선수권** a *champion*ship.

선언(宣言) : declaration; proclamation.

선원(船員) : **a crew**; a ship's company; **a seaman**.

선임(先任) : **seniority** *선임자 *a senior* official.

선장(船長) : **a captain**; a commander; a skipper.

선전(宣傳) : propaganda *선전하다 *propagandize*.

선천적 : **inherent**; inborn; innate; congenital.

선택(選擇) : **selection**; choice *선택하다 *select; choose*/ 선택은 네 자유다 You have a free *choice*.

선포(宣布)하다 : **proclaim**.

선풍기(扇風機) : an electric fan; a motor fan *선풍기를 돌리다 set an *electric fan* going.

섣불리 : awkwardly; rashy.

설(새해) : the New Year(season); the New Year's Day *설 쇠다 observe *the New Year's Day*.

설경(雪景) : a snow-covered scene.

설계(設計) : **a plan**; a design *설계하다 *plan; design*.

설교(說敎) : **preaching**; a sermon *설교하다 *preach*/ 설교자 a *preacher*/ 설교단 a pulpit.

설득(說得) : persuasion *설득하다 *persuade*.

설레다 : move about uneasily; be restless *마음이 설레다 feel uneasy.

설령 : even if; even though.

설립(設立) : **foundation** *설립하다 *found; establish; set up*.

설마 : **surely** (not); (not) possibly.

설명(說明) : explanation *설명하다 *explain*.

설탕(雪糖) : **sugar** *모래 설탕 granulated *sugar*.

설화(說話) : **a story**; a tale; a narration *설화문학 *narrative* literature.

설화(雪花) : snowflakes.

섬 : **an island**; an isle *섬사람 *an islander*.

섬광(閃光) : **a flash**.

섬기다 : **serve**; wait on *부모를 섬기다 *take care of* one's parents.

섬뜩하다 : be frightened; startled.

섬멸하다 : **annihilate**; wipe out; exterminate.

섬세(纖細) : **delicacy**; fineness *섬세하다 (*be*) *delicate; fine*.

섬유(纖維) : **a fiber**; textiles *인조섬유 staple *fiber*.

섭섭하다 : (be) **sorry**; sad; regret *당신이 오지 못해 섭섭하다 We are *sorry* that you cannot come.

성 : **anger**; a rage *성이 나다 grow *anger*.

성(姓) : a family name; a surname.

성(性) : nature; **sex**; a gender *성에 눈뜨다 be awakened *sexually*.

성(城) : **a castle**; a citadel; a fortress.

성가시다 : (be) **annoying**; troublesome; irksome.

성격(性格) : **character**; personality *성격묘사 *characterization*; *character* description.

성경(聖經) : **a holy book**; a Bible *구약(신약) 성경 the Old (New) Testament.

성공(成功) : **success**; achievement *성공하다 *succeed*/ 성공을 빕니다 I wish you *success*.

성나다 : grow [become] angry; get mad; lose one's temper.

성냥 : **matches** *성냥 한 갑 a box of *matches*/ 성냥갑 a *matchbox*/ 성냥을 켜다 strike [light] *a match*/ 성냥 한갑 a box of *matches*.

성명(姓名) : **a name** *성명 미상의 *an unidentified*.

성숙(成熟) : **ripening**; maturation *성숙하다 *ripen*; mature/ 성숙기 *adolescence*; puberty.

성스럽다 : (be) holy sacred; divine.

성신(聖神) : the Holy Spirit.

성실(誠實) : sincerity; faithfulness *성실하다 (be) sincere; faithful.
성의(誠意) : sincerity; faith *성의있는 sincere; earnest; true/성의가 없는 insincere; false.
성인(成人) : an adult; a grown-up *성인교육 adult education.
성장(成長) : growth *성장하다 grow-up; be brought up.
성적(成績) : result; record; marks *성적이 좋다[나쁘다] make a good [poor] record.
성질(性質) : nature; disposition temperament *성질이 좋은 사람 a good-natured man.
성찬(成饌) : a sumptuous dinner.
성취(成就) : accomplishment; achievement *성취하다 accomplish; achieve/ 소원을 성취하다 realize one's wishes.
세(貰) : rent; loan *집세 room rent/ 세 놓습니다 For rent; To-let; hire.
세간 : household furniture; household effects.
세계(世界) : world; the earth *전 세계에서 in all over the world/ 세계적 world-wide; universal.
세금(稅金) : a tax; a duty; a charge; dues.
세기(世紀) : a century *20세기 the twentieth century.
세다 : ①(강함) (be) strong; powerful; mighty ② (수를) count; reckon; number; calculate.
세대(世代) : a generation *젊은 세대 the young generation/ 세대 교체 altenation of generation.
세력(勢力) : influence; power; force *세력이 있다 be influential.
세련(洗鍊) : refinement.
세례(洗禮) : baptism; christening *세례를 받다 be baptized.
세로 : (길이) length; (수직으로) vertically lengthwise *세로 줄 a vertical line.
세배(歲拜) : the New year's greeting *세배하다 exchange the New year's greeting.
세상(世上)에 : in the world; on earth *제 세상이라고 판친다 have one's own way.
세우다 : (서게 함) stand; make stand; (집을) build; construct; (계획을) make; form; lay down.
세월(歲月) : time and tide; time; years *세월이 유수 같다 Time flies like an arrow.
세탁(洗濯) : laundry *세탁기 a washing machine.
세포(細胞) : a cell *세포 조직 cellular tissue.
셋방 : a rented room *셋방 있음 Rooms for rent/ 셋방살이 하다 live in a rented room.
소 : a cow; an ox (숫소).
소감(所感) : one's impressions; one's thoughts.
소개(紹介) : introduction; presentation *소개하다 introduce; present/ 소갯장 a letter of introduction.
소견(所見) : one's views [opinions].
소경 : a blindman; a blind person; the blind.
소곤거리다 : whisper; talk in whispers.
소곤소곤 : in whispers.
소금 : salt *소금에 절이다 be salted; be pickled with salt.
소급(遡及) : retroactivity; retroaction.
소나기 : a shower; a passing rain *소나기를 만났다[만나다] I was caught in a shower.
소나무 : a pine (tree).
소녀(少女) : a (young) girl; a little girl *소녀시절 young girlhood.
소년(少年) : a boy; a lad; a youth *소년시절 one's boyhood.
소농(小農) : a small [petty] farmer.
소득(所得) : an income; earnings; gain *국민 총소득 gross national income.
소리 : sound; (소음) noise; (목소리) voice *나팔소리 the sound of trum-

pet.
소리(小利) : a small profit.
소리치다 : shout; cry out; call out; clamour; bawl.
소망(所望) : wish; desire; request.
소매 : a sleeve; an arm *소매에 매달리다 cling to one's *sleeve*.
소매(小買) : retail sale.
소매치기 : (사람) a pickpocket; (행위) pocket-picking. *소매치기 당하다 have one's *pocket picked*.
소멸하다 : become extinct; go out of existence; disappear; become null and void.
소모(消耗) : consumption; use up *소모하다 *consume*/ 소모품 articles for *consumption*.
소문(所聞) : a rumor; a report; hearsay *헛소문 an idle *rumor*/ 소문을 퍼뜨리다 spread a *report*.
소박(疏薄) : maltreatment.
소박(素朴)한 : simple; artless; naive.
소방서(消防署) : a fire station; a fire department *소방연습 a *fire* drill/ 소방차 a *fire* engine.
소변(小便) : urine; water; piss.
소비(消費)하다 : consume; spend *소비자 *consumer*.
소설(小說) : a novel; a story; fiction; a romance *소설가 a *novelist*/ 단편소설 a short *story; a novelette*/ 연재소설 a serial story.
소속(所屬)하다 : belong to; be attached to.
소송(訴訟) : a lawsuit; a suit; an action; a legal action.
소수(少數) : a minority; a few; a small number *소수과 the *minority; the few*.
소스라치다 : be frightened.
소시지 : a sausage.
소식(消息) : news; information *소식을 듣다 hear from (one).
소용(所用)없다 : be useless.
소원(所願) : wish; desire *소원을 성취하다 realize one's *wishes*.

소원(疏遠) : estrangement.
소위(所謂) : what is called; what we call; the so-called.
소유(所有) : possession *소유하다 *have; own; possess*/ 이 토지는 나의 소유이다 This land *belong to* me.
소작(小作) : tenancy.
소재(所在)불명의 : missing.
소중(所重)하다 : (be) valuable; important *소중히 여기다 *value; price; hold dear*.
소집(召集) : a call; a summons; convocation.
소총(小銃) : a rifle; small arms.
소탕하다 : sweep from; mop up.
소포(小包) : a parcel.
소풍(消風)하다 : go for an outing; go on an excursion; take a long walk.
소하물(小荷物) : a parcel; package.
소홀히하다 : neglect; slight; disregard.
소화(消化) : digestion *소화하다 *digest; absorb*.
속기(速記) : shorthand *속기하다 *write in shorthand; take down in shorthand*.
속눈썹 : the eyelashes.
속다 : get deceived; be cheated.
속단하다 : decide hastily.
속달(速達) : special delivery; express delivery.
속도(速度) : speed; rate.
속독하다 : read (a book) fast.
속(俗)되다 : (be) low; vulgar; worldly *속된 마음 *worldliness; worldly* ambition.
속삭이다 : whisper; murmur; speak under one's breath; talk in whispers.
속어(俗語) : a slang word; colloquial language.
속옷 : an underwear.
속이다 : deceive; cheat; defraud; take in; swindle *사람의 눈을 속이다 *delude* one.
속(屬)하다 : belong to.
속행하다 : continue; resume; go on; carry on.

손 : hand; (일손) a hand; a man *손이 닿는 곳에 있다 be within one's reach.
손가락 : a finger *엄지손가락 the thumb/ 둘째손가락 the fore finger/ 가운데손가락 the middle finger 약지 the third finger; the ring finger/ 새끼손가락 the little finger.
손금 : the lines in the palm.
손녀(孫女) : a granddaughter.
손님 : (방문객) a visitor; (고객) a customer *손님을 맞다 receive a caller.
손대다 : touch; (착수) begin; start; (때리다) hit; strike.
손등 : the back of the hand.
손떼다 : finish with; break with.
손목 : the wrist *손목을 잡다 take (one) by the wrist.
손뼉치다 : clap one's hand.
손상(損傷) : damage; injury *손상되다 be damaged; get injured.
손색이 없다 : bear comparison with.
손수 : personally; in person; with one's own hand.
손수건 : a handkerchief.
손쉽다 : (be) easy; simple *손쉽게 easily; with ease; without difficulty; simply.
손실(損失) : loss *손실을 입다 suffer a loss.
손자(孫子) : a grandson.
손잡이 : a handle; a knob.
손짓하다 : beckon to (one); (use) sign; (make a) gesture; motion.
손톱 : a fingernail *손톱을 깎다 cut one's nail; trim one's nail.
손풍금 : a hand organ; an accordion.
손해(損害) : damage; loss *손해를 입다 suffer a loss; suffer damage/ 손해보험 insurance against loss.
솔 : a pine tree(식물).
솔기 : a seam *솔기 없는 seamless.
솔깃하다 : take an interest in.
솔선하다 : lead; take the lead.
솔직(率直) : frankness *솔직하다 be frank/ 솔직이 말하자면 frankly speaking; to be frank with you.
솔질하다 : brush.
솜 : cotton; wadding *솜을 넣다 stuff with cotton.
솜사탕 : cotton candy; spun sugar.
솜씨 : skill *요리 솜씨가 좋다 be a clever cook.
솜옷 : wadded clothes.
솟다 : rise high *솟아나오다 gush〔spring〕 out; well out〔up, forth〕.
송곳 : a gimlet; an awl; auger.
송금(送金) : remittance *송금하다 remit money to; send one money.
송덕(頌德) : eulogy *송덕하다 eulogize.
송두리째 : root and branch; completely; thoroughly *송두리째 없애다 root up.
송아지 : a calf.
송장 : a corpse; a dead body, one's remains *그는 산송장이다 He is a living corpse.
송전(送電) : power transmission.
솥 : an iron pot; a kettle *가마솥 a cauldron.
쇄도(殺到) : a rush; a flood *쇄도하다 rush in; rush to/ 주문이 쇄도하다 orders come in torrents.
쇠 : iron.
쇠다(명절을) : celebrate; observe; keep.
쇠북 : a bell; a gong.
쇠사슬 : chain; a tether *쇠사슬에 매다 put in chain.
쇠약(衰弱)하다 : grow weak; weaken.
수감(收監) : confinement *수감하다 put in jail; confine.
수건(手巾) : a towel *수건으로 닦다 wipe with a towel.
수고 : toil; labor; pains *수고하다 work hard; take pains/ 수고를 아끼지 않다 spare no efforts; do not mind work.
수공(手工) : handwork; manual arts *수공업 manual trade.
수다(數多)스럽다 : (be) talkative; gli-

bly.

수단(手段) : **a means**; a measure *수단과 방법 *means* and ways.

수도(首都) : **a capital** (city); a metropolis.

수두룩하다 : (be) **abundant**; plentiful.

수량(數量) : **quantity**; volume; measure.

수리(修理)하다 : **fix** ; repair ; make repairs; mend *수리 중이다 be under [going] *repairs*.

수맥(水脈) : a water vein [route].

수면(睡眠) : **sleep**; slumber *수면 부족 lack of *sleep*.

수반(隨伴)하다 : **accompany**; be accompanied with; follow.

수병(水兵) : **a sailor**; a seaman; a bluejacket.

수비(守備) : **defense**; defensive preparations *수비가 강하다 They are strong in *defense*.

수사(修辭) : rhetoric.

수상(首相) : the prime minister.

수상(殊常)하다 : (be) **suspicious**; doubtful *수상히 여기다 have a *doubt*.

수선 : **fuss**; ado; bustle *수선을 피우다 make a *fuss*.

수선(修繕) : **repair**; mending *수선하다 *repair*; *mend*/ 시계를 수선시키다 have a watch *mended*.

수소(水素) : **hydrogen** *수소폭탄 *a hydrogen* bomb.

수송(輸送) : **transportation** *수송기 *a transportation* plane.

수수께끼 : a riddle; an enigma; a puzzle; **a quiz**.

수술(手術) : a surgical operation *수술을 받다 undergo a surgical operation.

수영(水泳) : **swimming**; a swim; bathing *수영하다 *swim*/ 수영복 *a swimming* suit/ 수영장 *a swimming* pool.

수완(手腕) : **ability**; skill; talent *수완이 있는 *able*; capable; talented.

수요(需要) : demand; requirement.

수위(首位) : **the first place**; the premier position.

수입(輸入) : **import**; importation *수입품 *imports*.

수입(收入) : an **income** *수입이 많다 [적다] He has a large [small] *income*.

수자(數字) : **a figure**; several words [characters].

수재(水災) : a flood disaster; **a flood** *수재민 *flood* sufferers.

수저 : **a spoon**; spoon and chopsticks.

수정(水晶) : **crystal** *자수정 *amethyst*.

수정과(水正果) : a fruit punch.

수정(修正)하다 : **modify**; amend; revise *수정자본주의 *revised* capitalism.

수준(水準) : **a level**; a standard *수준에 미달하다 be below the *level*; fall short of the *standard*.

수줍다 : (be) **shy**; bashful; timid *그녀는 **수줍**어서 말도 못한다 She is too *shy* to speak.

수줍음 : shyness.

수집(蒐集) : **collection**; gathering *수집하다 *collect*; gather.

수채화(水彩畫) : **a water-color**(painting) *수채화 물감 *water-color* paints; *water* colors.

수척(瘦瘠)하다 : (be) **thin**; haggard.

수첩(手帖) : a note book; **a pocketbook**; a memo.

수출(輸出) : **export**; exportation; exports *수출업[무역] the *export* business [trade].

수취(受取) : receipt.

수치(羞恥) : **shame**; disgrace; dishonour *수치스럽다 be *disgraceful*; be *dishonorabel*/ 수치를 당하다 be put to *shame*; be *humiliated*.

수탉 : a rooster; a cock.

수표(手票) : **a check**; a cheque *수표를 발행하다 issue a *cheque*.

수하물(手荷物) : **luggage**(영); baggage(미) *수하물 보관소 *a cloakroom* (영)/ 수하계 a *luggage* clerk.

수학(數學) : **mathematics**.

수해(水害): a flood; a flood disaster; damage by a flood *수해지구 a flooded district/ 수해구제 flood relief.

수행(遂行): achievement; performance; *수행하다 achieve; accomplish; perform; carry out (through); execute.

수행(隨行)하다: accompany; follow

수험생(受驗生): a candidate for an examination *수험표 an admission ticket for *examination*/ 수험료 an *examination* fee.

수혈(輸血): blood transfusion *수혈하다 give a *blood transfusion* to one.

수호(守護): protection; guard *수호하다 *protect*; guard/ 수호신 a *patron* saint.

수화기(受話器): a (telephone)receiver *수화기를 들다 pick up *the receiver*/수화기를 놓다 hang up the *receiver*.

수확(收穫): a harvest; a crop; a yield *수확이 많다[적다] have a good [bad] *harvest*.

수회(收賄): corruption; graft.

숙고(熟考): deliberation; consideration *숙고하다 think (a matter) over; *consider carefully*/ 숙고한 끝에 after careful *consideration*.

숙녀(淑女): a lady; a gentlewoman *숙녀다운 *lady*like.

숙달(熟達)하다: become skilled (in); attain proficiency.

숙련공(熟練工): a skilled worker; skilled labour.

숙모(叔母): an aunt.

숙명(宿命): destiny; fatality; predestination *숙명적인 *fatalistic*/ 숙명론자 a fatalist/ 숙명론 fatalism.

숙박(宿泊): lodging; accommodation *숙박하다 lodge (in, at);stay at(a hotel).

숙부(叔父): an uncle.

숙성한: precocious; premature.

숙소(宿所): one's place of abode; one's address *숙소를 잡다 stay [*put up*] at (a hotel).

숙식(宿食): board and lodging.

숙어(熟語): an idiom; a phrase *숙어집 a *phrase* book.

숙원(宿怨): an old grudge; long-harboured resentment; deep-rooted enmity.

숙이다: lower; drop; bow.

숙적(宿敵): an old enemy; an ancient foe.

숙제(宿題): a homework; a home-task *숙제를 하다 do one's *homework*.

순간(瞬間): a moment; an instant; a second; a twinkle *순간적 momentary; instantaneous.

순경(巡警): a policeman; a patrolman; constable; a cop *교통순경 a traffic *policeman*.

순리(順理)의: proper; regular; right; normal.

순박(純朴)하다: be simple and honest.

순산(順産): an easy delivery [birth].

순서(順序): order; sequence *순서를 세우다 *systematize*; *put in order*.

순수(純粹): purity; genuineness.

순진(純眞)하다: (be) naive; pure; sincere *순진한 마음 a *pure* and *simple* heart.

순환하다: circulate; rotate; cycle.

숟가락: a spoon *설탕 한 숟가락 a *spoonful* of sugar.

술: wine; liquor; sool *술에 취하다 *get drunk*/ 술을 끊다 give up *drinking*.

술법(術法): magic; witchcraft; conjury.

술잔: a wine cup; a goblet *술잔을 비우다 drain [drink off] *the cup*; drink *the cup* dry.

숨: a breath; breathing *숨을 죽이다 hold one's *breath*.

숨기다: conceal; hide; cover.

숨넘어가다: breathe one's last; die.

숨다: hide; conceal (oneself).

숨막히다 : suffocate; choke.
숨바꼭질 : hide and seek *숨바꼭질하다 play *hide-and-seek*.
숨쉬다 : breathe; respire; take breath.
숭늉 : scorched-rice tea.
숭배(崇拜) : worship; admiration; adoration.
숯 : charcoal *숯을 굽다 burn [make] *charcoal*.
숲 : a wood; a forest; a bush; a thicket.
쉬다 : ①(음식이) go bad; spoil ②(목소리가) get hoarse; grow husky ③(휴식하다) rest; take a rest [day] *병으로 하루 쉬다 *take a day* account of illness ④(숨쉬다) breathe; take breath.
쉬슬다 : (고기따위) flyblow.
쉰 : fifty; the fiftieth(쉰번째).
쉽다 : (용이하다) (be) easy; simple be apt to; be ready to *이 글은 읽기(경향)가 쉽다 This story is *easy* to read.
쉽사리 : easily; with ease.
스님 : a teacher of a Buddhist priest; (중) priest.
스물 : twenty; a score.
스미다 : soak [sink, leak] in; permeate *스며나오다 ooze out.
스스럽다 : feel constrained.
스스로 : (자연히) naturally; (저절로) of itself; (자진해서) of one's own accord; in person.
스펙트럼 : spectrum *스펙트럼 분석 *spectrum* analysis.
슬그머니 : furtively; by stealth *슬그머니 나가다 [들어가다] *steal out of* [into] a room.
슬기로운 : wise; intelligent.
슬프다 : (be) sad; grieved; sorrowful; pathetic; doleful *슬프도다 *Woe is me*; Alas!
슬픔 : sadness; sorrow; grief.
습격(襲擊) : an attack; an assault; a charge *불시에 습격하다 make a surprise *attack*.

습관(習慣) : a habit; way; custom; usage *습관적 *habitual*/ 습관적으로 *habitually*/ 습관을 기르다 form a *habit*/ 습관이 붙다 get into [acquire] *a habit*.
습기(濕氣) : moisture; dampness; humidity.
습득하다 : pick up; find (a thing).
승객(乘客) : a passenger; a fare(택시 등).
승낙(承諾) : consent; assent *승낙 없이 without one's *consent*.
승낙하다 : consent [agree; assent] to; comply with.
승려(僧侶) : a monk; a clergyman; the clergy.
승리(勝利) : a victory; a triumph *승리하다 take the *victory*; triumph/ 승리자 *a victor*; *a winner*.
승마(乘馬) : horse riding.
승무(僧舞) : a Buddhist dance.
승부(勝負) : victory or defeat; (시합) a contest; a match *승부를 결하다 *fight* to the finish.
승인(承認) : acknowledgement; admission *승인하다 *approve*; *consent*.
승자(勝者) : a victor; a winner.
승진(昇進) : advancement; rise *승진하다 *advance*; move up; rise.
승차(乘車) : taking a train; getting on a car *승차하다 *get into a (train)*/ 철도무임 승차권 *a railroad pass*.
시(市) : a city; a town; a municipality.
시(詩) : poetry; verse; a poem *시를 짓다 compose [write] a poem.
시간(時間) : time; (한 시간) an hour; (학교의) a class hour *시간을 낭비하다 waste one's *time*.
시꺼멓다 : (be) deep black; pitchdark.
시계(時計) : (벽시계) a clock; (회중시계) a watch; (팔목시계) a wrist watch *시계를 수리시키다 have one's *watch* mended.
시계(視界) : the field of vision.

시골 : a countryside; the country; a rural district home *시골 풍경 rural scenery/ 시골 생활 rural life/ 시골 뜨기 a country bumpkin.

시끄럽다 : (be) noisy; clamorous; boisterous *시끄럽게 noisily.

시기(時期) : the proper time; **period**; season; time.

시기(時機) : **an opportunity**; a chance; an occasion *시기에 적합한 opportune; timely/ 시기를 기다리다 wait for a ripe opportunity/ 시기를 잡다 seize [take] the opportunity.

시기(猜忌) : **jealousy**; hatred; envy *시기하다 be jealous of; be envious of/ 시기심에서 out of jealousy.

시내(市內) : **the city** *시내에 in the city.

시내 : a brook : a stream; a rivulet.

시다 : (맛이) (be) **sour**; acid; tart; (눈이) be dazzling; be tart *시어지다 turn sour.

시달리다 : (be) **harassed**; troubled with; suffur from.

시대(時代) : **a time**; an age; a period *시대에 뒤멀어지다 be behind the times.

시들다 : (초목이) **wither**; droop *인기가 시들다 lose popularity.

시력(視力) : **eyesight**; vision; sight *시력이 좋다 have good eyesight/ 시력이 약하다 be weak-eyed; have weak vision/시력검사 an eye test.

시련(試練) : **a trial**; a test; an ordeal *시련을 겪다 go through [undergo] a trial; be put to the test.

시무룩하다 : (be) **sulky**;moody;**sullen**.

시민(市民) : **the citizens**; civilians.

시비(是非) : **right and wrong**; dispute; quarrel *시비의 곡직을 가리다 distinguish between right and wrong.

시속(時速) : **speed per hour** *시속 60 마일 60 miles per hour.

시시하다 : (be) **trivial**; petty; worthless; of no account *시시한 말을 하다 talk nonsense.

시어머니 : mother-in-law; one's husband's mother.

시원하다 : (be) **cool**; refreshing.

시일(時日) : **time**; days; (날짜) the date *시일과 장소 time and place/ 시일을 정하다 fix the date; appoint the day/ 시일이 걸리다 take time.

시작(始作) : **the beginning**; the start *시작하다 begin; start.

시장(市長) : **a mayor** *서울시장 the Mayor of Seoul.

시장(市場) : **a market**; a fair *시장에 나오다 come to the market.

시절(時節) : **time**; occasion; season *젊은 시절에 in one's youth.

시집가다 : **marry** (a man); be [get] married to.

시청(視聽) : seeing and hearing *TV 시청자 a televiwer; the TV audience.

시체(屍體) : a dead body; **a corpse**; (동물의) carcass; one's remains.

시키다 : **force**(강제); **let**; **allow**(허가); (의뢰) get (a person to do); **have** (a person do).

시합(試合) : **a game**; a match *시합 하다 play (against); have a game with/시합에 이기다[지다] win [lose] a game.

시험(試驗) : **an examination**; a test *시험하다 examine/ 시험을 치르다 take an examination.

시험지(試驗紙) : test paper; examination paper.

식다 : get cold; become cool *식기 전에 먹어라 Take it before it gets cold.

식당(食堂) : **a dining-room**; a restaurant *식당차 a dining car/ 간이식 당 a cafeteria.

식량(食糧) : **food**; food stuff; provisions.

식목일(植木日) : **Arbor Day**.

식목(植木)**하다** : **plant trees**.

식물(植物) : **a plant** *식물원 a botani-

cal garden.
식별하다 : distinguish; tell apart.
식사(食事) : a meal *식사하다 eat; take a meal; dine/ 식사시간 meal time/ 식사 시간이다 It is time for dinner.
식탁 : a dinner table.
식품(食品) : food; groceries.
식후에 : after dinner [a meal].
신(神) : God *나는 신을 믿는다 I believe in God.
신 : shoes; footwear *신을 신다 put on one's shoes.
신간(新刊) : a new publication; a newly-published book.
신경(神經) : nerves *신경쇠약 nervous breakdown.
신규(新規)의 : new; fresh *신규로 anew; afresh; newly.
신기록(新記錄) : a new record.
신기원(新紀元) : a new era [epoch]; a turning point *신기원을 이룰 사건 an epoch-making event.
신나다 : get in high spirits; get elated: feel triumphant(over).
신년(新年) : a new year; New Year's Day *근하신년 Happy New Year!
신념(信念) : belief; faith.
신다 : put on one's feet; wear *이 신을 신어 보시오 Try these shoes on.
신당(新黨) : a new political party.
신대륙(新大陸) : a new continent; the New World.
신랄(辛辣)하다 : (be) bitter; biting; sharp; severe; cutting.
신랑(新郞) : a bridegroom *신랑 신부 the bridegroom and the bride/ 신랑감 a suitable boridegroom.
신력(神力) : divine power.
신뢰(信賴) : trust; confidence *신뢰하다 trust; believe in/ 그는 신뢰할 수 없다. He is not to be trusted.
신문(新聞) : a newspaper; a journal;a paper; the press *오늘 신문에 in today's newspaper.
신부(神父) : a father.

신분(身分) : a social position [status] *신분이 높은 사람 a man of position; a person of high standing.
신비(神秘) : mystery; mysticism *신비스러운 mysterious.
신사(紳士) : a gentleman *신사적인 gentlemanly; gentlemanlike.
신석기(新石器)시대 : the Neolithic era.
신선(新鮮)하다 : (be) fresh; new *신선한 과일 fresh fruits.
신설(新設)의 : new; newly-created.
신성(神聖)하다 : (be) holy; sacred; divine; hallowed.
신식무기 : a new-type weapon.
신앙(信仰) : faith; belief *신앙의 자유 freedom of religion.
신예(新銳)의 : fresh; picked; crack.
신용(信用) : trust; confidence; credit *신용하다 trust; confide in/ 세상에 신용을 잃다 lose public confidence.
신자(信者) : a believer; an adherent; a devotee *기독교 신자가 되다 become a christian
신작로 : a new road; a highway(큰길).
신장(身長) : height; stature *신장이 180센티이다. stand 180 centimeter.
신정(神政) theocracy; thearchy.
신조(信條) : an article of faith; a creed.
신중(愼重) : prudence; discretion; care *신중하다 be cautious; be careful/ 신중을 기하다 be careful.
신진(新進) : rising; promising; new *신진작가 a rising writer.
신청(申請) : an application; a petition an offer *신청하다 petition for/ 신청서 a written application.
신체(身體) : the body; the physique *신체검사를 받다 undergo a physical examination.
신축(新築)하다 : build; construct; erect.
신탁(信託) : committing; entrusting *신탁하다 trust (a person) with (a thing).

신학기(新學期): a new school term.

신호(信號): a signal; signaling *신호하다 make a signal/ 교통신호 a traffic signal.

신혼(新婚): a new marriage *신혼 부부 a newly-married couple.

신화(神話): a myth; mythology *그리스 신화 Greek mythology.

싣다: load; take on; take on board *말에 짐을 싣다 pack a load on a horse.

실: thread; yarn *실을 내다 spin thread.

실감(實感): solid sense; actual feeling; realization *실감이 나다 be true to nature.

실력(實力): real ability; capability *영어 실력이 있다[없다] be proficient [weak, poor] in English.

실례(失禮): discourtesy; impoliteness *잠깐 실례합니다 Excuse me a moment.

실례(實例): an example; an instance; a precedent *예를 들면 for example; for instance. 실례를 들다 give an example.

실로: truly; really; indeed; surely.

실록(實錄): an authentic record.

실망(失望): disappointment; discouragement *실망하다 be disappointed/ 실망하여 disappointedly/ 실망시키다 disappoint; discourage.

실명(失明): loss of eyesight.

실물(實物): the (real) thing; the object.

실수(失手): a mistake; a blunder *실수하다 make a mistake [slip]/ 큰 실수 a gross mistake.

실업(失業): unemployment *실업하다 lose one's work [job, place]; be out of work/ 실업자 an unemployed person.

실연(失戀): unrequited love; a disappointment in love.

실외(室外)의: outdoor.

실정(實情): actual circumstances; a real condition.

실제(實際): the truth; a fact *실제적인 practical; actual; real.

실존(實存): existence.

실질임금: real[substantial] wages.

실체(實體): substance; subject; essence *실체화하다 substantialize.

실컷: to one's heart's content; as much as one wishes *실컷 먹다[마시다] eat [drink] till it is coming out one's eat/ 실컷 울다 cry oneself sick.

실토(實吐): a true confession *실토하다 confess; tell the whole truth.

실파: a small green onion.

실패(失敗): a failure; a miss *실패하다 fail; go wrong/ 그는 정치가로서 실패였다 He was a failure as a statesman.

실학(實學): practical science.

실행(實行): practice; action; deed; performance *실행하다 carry out; practice; perform/ 실행에 옮기다 put in practice/ 실행불가능한 impracticable; infeasible.

실험(實驗): an experimentation; a test *실험하다 experiment (on)/ 실험실 laboratory/ 실험과학 an empirical science.

실현(實現): realization *실현하다 realize/ 실현이 가능한 realizable.

실형(實刑): imprisonment.

싫다: (사물 주어) (be) disagreeable; (사람 주어) do not like; dislike *싫든 좋든 whether willing or not; willynilly.

싫증: dislike; disgust *싫증나다 be tired of/ 싫증나게 하다 weary (one); bore; make (one) sick of.

심(심줄): sinew; tendon.

심각(深刻)하다: be serious; be grave *심각해지다 turn serious; get acute [aggravated]; deepen.

심리(心理): a mental state; the mind; psychology *그의 심리를 모르겠다 I cannot understand his psychology.

심리(審理) : trial; examination.
심리학(心理學) : psychology.
심문(審問)하다 : hear (a case); examine; try; interrogate.
심부름 : an errand; a message *심부름하다 do an *errand*/ 심부름 좀 해 주시오 Can you do a little *errand* for me?
심사숙고(深思熟考) : contemplation; meditation; reflection *심사숙고하다 give deep thought; *contemplate*.
심신(心身) : mind and body *심신을 단련하다 train both *bodies and spirits*.
심정(心情) : the heart; one's feeling.
심야(深夜) : (in) the dead of night; (at) midnight.
심오(深奧)한 : profound; abstruse.
심원(深遠)한 : deep; profound; abstruse; recondite.
심의(審議) : consideration *심의하다 consider; discuss; deliberate (on)/ 심의 중이다 be under *deliberation*.
심중(心中) : the heart; the mind *심중을 털어놓다. unburden [unbosom] oneself.
심지어 : what is worse; worst of all; even; to cite an extreme case.
심취(心醉)하다 : be fascinated [charmed] (with).
심지 : (등잔·초) a wick *심지를 올리다[내리다] turn up [down] the *wick*.
심판(審判) : judgement; trial *심판하다 judge /최후의 날 the doomsday; the *Judgement* Day.
심하다 : (지나치다) (be) severe; violent; excessive; (엄하다) strict; severe *심한 경쟁 a keen competition/ 심한 더위 *intense* heat.
심혈(心血)을 기울이다 : put one's heart; practise deep breathing.
심호흡(深呼吸) : deep breathing *심호흡하다 *breathe deeply*.
심히 : very [much]; hard; severely; heavily; greatly; terribly; bitterly; extremely.

십(十) : ten; the tenth(열번째).
십대(十代) : one's teens *십대의 아이 a *teen*-ager.
십자가(十字架) : a cross.
싯구(詩句) : a verse; a stanza.
싱거운 소리를 하다 : talk nonsense.
싱겁다 : (be) flat; tasteless; insipid/ not properly salted.
싱싱하다 : (be) fresh; new; full of life.
싶다 : want; wish; hope; would like (to) *함께 가고 싶습니다 I *would like* to go with you.
싸늘하다 : (be) cold; chilly.
싸다 : ① (값이) (be) cheap; inexpensive *싸게 at a *low price*; at a *bargain* ② (포장 등) wrap (up); pack (up) ③ (당연) deserve; merit; be due *벌받아 싸다 You well *merit* the punishment.
싸우다 : (말다툼) quarrel; dispute; (전쟁) make war; wage war; (경기) play a game *적과 싸우다 *engage* with one's enemy/ 자유를 위해 싸우다 *fight* for liberty.
싸이다 : be wrapped up; be shrouded (covered) *눈에 싸이다 be *covered with* snow.
싹 : a bud; a spout;(근원·시초) germ; (싹수) good omen. *싹트다 bud; spout/ 나무에 싹이 트기 시작했다 The trees have begun *to bud*.
쌀 : rice *쌀가게 a rice store.
쌀쌀하다 : ① (냉정) (be) cold; coldhearted; unfeeling; indifferent ② (일기가) (be) chilly; bleak; dreary.
쌍(雙) : a pair; a couple; twin *쌍을 만들다 *pair*; make *a pair of* (two things).
쌍꺼풀 : a double eyelid.
쌍둥이 : twins; twin brothers [sisters]; a twin *세 쌍둥이 *triplets*/ 쌍둥이를 놓다 give birth to *twins*.
쌓다 : (포개다) pile up; heap up; (세우다) build; erect; (모으다) gain; accumulate *쌓이다 get *accumula-*

썩다 : go bad; rot; decay.
썰매 : a sled; a sledge; a sleigh riding.
썰물 : an ebb tide; a low tide; low water.
쏘다 : (벌이) sting; (화살을) shoot.
쏜살같이 : like an arrow; at full speed.
쏟다 : (붓다) pour (into); (집중) concentrate (on) *쏟아지다 fall; drop; spill; be spilt.
쏠리다 : ① (기울다) incline (to); lean (to, toward); tilt; slope ② (경향이 있다) be inclined [disposed] to; tend to; lean toward.
쐐기 : a wedge; a chock 쐐기를 박다 drive in a wedge.
쓰다 : ① (글씨) write; (묘사) describe ② (고용) employ; hire; (소모·소비) use; spend ③ (착용) wear; put on ④ (맛이) bitter.
쓰다듬다 : stroke (one's beard); pass one's hand [fingers] over; smooth (one's hair); pat caress (애무).
쓰러뜨리다 : knock down; upset; overthrow.
쓰라리다 : (be) sore; smart.
쓰러지다 : fall (down); collapse *쓰러질 때까지 싸우다 die game; fight to a finish.
쓰레기 : sweepings; refuse; rubbish; garbage *쓰레기 버리는 곳 a refuse heap; a dump.
쓰레받기 : a dustpan.
쓸다 : sweep (up) *방을 쓸다 sweep a room.
쓸데없다 : (be) useless; of no use; fruitless (성과 없다); futile.
쓸 만하다 : (be) useful; serviceable; valuable (가치 있다).
쓸쓸하다 : (be) lonely; lonesome; solitary (고독).
씌우다 : ① (머리) put (a thing) on; (덮다) cover (a thing) with ② (죄를) lay (a guilt) on (one).
씨 : seed; a stone (열매의 단단한 씨) *사과씨 apple pips /씨를 받다 gather the seeds.
씨(氏) : Mr. (Mister); Miss; Mrs.
씨족(氏族) : a (feudal) clan; a family *씨족제도 the family system.
씨종 : a hereditary slave.
씻다 : (물로) wash; wash away (씻어 버리다); wash off [out] (씻어내다); cleanse (씻어 가시다) *손과 얼굴을 씻다 get a wash.
씻기다 : (씻어지다) be washed; (씻게 하다) let (one) wash.
씻은 듯이 : cleanlily; clean(ly); completely.

ㅇ

아 : Ah!; Oh!; O!; Alas!
아가 : a baby; an infant.
아궁이 : a fuel hole.
아까 : a (little) while ago; some time ago; a moment ago.
아깝다 : (애석) be pitiful; be regrettable *아까운 듯이 grudgingly.
아끼다 : spare; value *비용을 아끼다 spare expenses.
아낌없이 : freely; generously; lavishly.
아나운서 : an announcer; a radio announcer.
아내 : a wife; one's better half; a spouse (배우자) *훌륭한 아내가 되다 make a fine wife.
아늑하다 : (be) snug; cosy.
아니 : (부사) not; (대답) no; (놀람) why *아니라고 대답하다 say no; answer in the negative.
아담하다 : (be) nice; refined.
아동(兒童) : a juvenile; a child; a boy; a girl.
아득하다 : (be) far away; far off; remote *갈길이 아득하다 have a long way to go.
아들 : a son; a boy.
아름 : an armful.

아름답다 : (be) beautiful; pretty; lovely; fine; picturesque.

아리송하다 : (be) indistinct; dim; hazy; misty; vague.

아마 : perhaps; probably; maybe *그는 아마 올 것이다 He will *probably* come.

아명(兒名) : one's childhood name.

아무 : (사람) anyone; anybody; everybody; (부정) nobody; no one; (사물) any; (부정) no; not at all *그것은 아무나 할 수 있다 *Anybody can do that*.

아무 것 : (부정) not anything; nothing *아무 것도 없읍니다 We haven't any.

아무때 : anytime; whenever; always *아무때나 좋다 *Anytime* will do.

아무데 : anywhere; any place *아무데나 가도 좋다 You may go *anywhere*.

아무때 : when; anytime *아무때라도 *at anytime*.

아무래도 : anyway; anyhow *아무래도 그것을 할 수 없다 I can't do it *anyway*.

아무렴 : To be sure; Of course!

아무리 : however (much); no matter how.

아뭏든지 : anyway; in either case; at any rate.

아버지 : a father; papa; daddy; dad.

아베크 : a young man with his girl friend; a girl with her boy friend.

아부(阿附) : flattery *아부하다 *flatter*; *fawn upon*; curry favour (with one).

아성(亞聖) : a sage of second order.

아쉽다 : miss; feel at a loss; be short of *돈이 아쉽다 *be short of* money.

아양 : flattery; (교태) coquetry *아양 떨다[부리다] paly the coquette; flatter; cajole/아양스러운 coquettish; amorous.

아예 : from the very first; by any means *아예 그런 짓은 말아라 Never do such a thing.

아옹 : a miaow *아옹하다 miaow; mew.

아우 : a younger brother.

아우성 : shouting; a clamor; a yell *아우성치다 *raise [shout]* a war; cry; *shout*.

아이 : a child; a kid; a girl; a son; a daughter *그는 이제 아이가 아니다 He is no longer *a child*/ 아이를 보다 tend a *child*; look after a *baby*.

아저씨 : an uncle.

아주 : very; quite; really; utterly; completely.

아주버니 : one's husband's brother; a brother-in-law.

아지랭이 : a haze; a mist; a fog.

아직 : (not) yet; still; even now; so far *아직 더 있다 I have *still* more.

아직까지 : so far; up to now.

아찔하다 : feel dizzy; be giddy.

아차 : Dear me!; Gee!; My goodness!; Oh my!; Gosh; Hang it! *아차 또 속았군! *Oh my!* I have been fooled again.

아치(雅致) : artistry; good taste; elegance; grace; gusto.

아침 : morning; morn *아침밥 breakfast/ 아침 일찍 early in the *morning*.

아카데미 : academy *아카데미상 *Academy* award[prize].

아편(阿片) : opium; an opiate *아편 전쟁 the *Opium* War.

아폴로 : (그리스 신화 속의 신(神) 이름) Apollo.

아프다 : feel a pain; ache; pain *아파서 울다 cry with *pain*/ 머리가 아프다 I have a *headache*.

악(惡) : badness; evil; wrong; vice; wickedness *악을 선으로 갚다 return good for *evil*.

악극 : an opera; a musical drama.

악기(樂器) : a musical instrument *악기를 연주하다 play on a *musical instrument*/ 건반악기 a keyboard *instrument*/ 관악기 a wind *instru-*

ment/ 현[타]악기 a string [percussion] *instrument*.

악물다: clench (one's teeth) *이를 악물고 with *clenched* teeth.

악수(握手): a handshake *악수하다 shake *hands* (with)/ 악수를 청하다 offer one's *hand*.

악의(惡意): ill will; malice; spite; an evil intention *악의를 품다 bear a *malice*/ 악의가 없는 innocent.

악인(惡人): a wicked man; a knave.

악화(惡化): a change for the worse *악화하다 become *worse*; grow *worse*.

안: (내부) the interior; the inside; (미만) within; less than; inside of *안으로부터 from *within*; from the *inside*/ 안에 *within*; *inside*; *in*; *in-doors*(집 안).

안간힘: holding back an urge; indignation [restraining]

안개: fog; mist; a haze *안개 낀 아침 a *misty* morning/ 안개가 끼다 *haze* up; be *hazy*: be *misty*; be veiled in *mist*; a *mist* sets in.

안경(眼鏡): glasses; eyeglasses; spectacles; a pince-nez(비행사용) *안경을 쓰다[벗다] put on [take off] *glasses*.

안내(案內): guidance; conducting *거리를 안내하다 show (one) over the town/ 안내소 an inquiry office; an information bureau.

안녕(安寧)**하다**: be well; be all right; be uneventfully *안녕히 가십시오 goodbye.

안다: (팔에) embrace; hug; hold [carry] in one's arms *안고 있다 *have* (a baby) *in one's arms*.

안달: fretting; impatience.

안되다: (금지) must not; should not; ought not to; don't; be forbidden [prohibited] *거짓말을 해서는 안된다 You *should not* tell a lie.

안락(安樂): ease; comfort *안락하게 살다 live in *comfort*/ 안락의자 an *armchair*; an easy chair.

안마(按摩): massage; shampooing.

안부(安否): safety; health; welfare; one's state of health *안부를 묻다 inquire after/ 안부를 염려하나 worry about one's *safety*.

안색(顏色): (혈색) complexion; (표정) a look *안색이 좋다[나쁘다] *look* well [unwell]/ 안색에 나타나다 betray; show.

안심(安心): relief; peace of mind; ease of mind *안심하다 feel *relieved*; be at ease/ 안심시키다 set (one) at *ease*/ 그것을 듣고 안심했다 I was[felt] *relieved* at the news.

안위(安危): safety and danger.

안이(安易)**하다**: (be) easy; easygoing *안이한 생각 an *easygoing* way of thinking/ 안이하게 easily.

안전(安全): safety; security *안전하다 be safe; be secure; be free from danger/ 안전한 장소 a place of *safety*/ 안전보장이사회 the Security Council.

안전(眼前)**의**: immediate; imminent.

안정(安定): stability; steadiness *안정하다 be *stabilized*/ 안정성이 있다 be *stable*.

앉다: sit; take a seat; sit down; be seated *자 앉으시죠 Please *take a seat*/ 편히 앉다 *sit* at one's ease.

앉은뱅이: a cripple.

알다: know; be aware (of); can tell; learn; be informed (about) *내가 알기로는 so far as I *know*; to my *knowledge*/ 신문에서 보고 알았다 *learn* of it in a newspaper.

알려지다: be known to; become known to *널리 알려진 well-known; famous.

알리다: tell; let (one) know *내일 알려 드리겠소 I'll *let* you *know* tomorrow.

알맞다: (be) becoming; matching; fitting; suitable *그는 선생이 알맞다 He *is suited to* be a teacher.

알아내다 : find out; make out; discover; notice; take notice of *비밀을 알아내다 find out (one's) secret.

알아듣다 : hear; catch[get] the meaning; understand *말을 알아듣다 catch one's words.

알아맞히다 : guess right; make a good guess.

알아채다 : catch; understand; notice; observe.

앓다 : (be) ill; sick; suffer from; be afflicted with.

암(癌) : cancer.

암굴(岩窟) : a cave; a (rocky) cavern; a grotto.

암기(暗記)**하다** : memorize; learn by heart; commit to memory *암기하고 있다 know by heart.

암살(暗殺) : assassination *암살하다 assassinate; murder.

암시(暗示) : a hint; a suggestion *암시하다 hint at; suggest/ 암시를 주다 give one a hint.

암컷 : a female (animal); a she.

암호(暗號) : a password; a code; a cryptograph; a sign *암호를 풀다 decode.

암흑(暗黑) : darkness; blackness *암흑시대 the dark age.

압도(壓倒)**하다** : overwhelm; overcome; overpower *압도적 승리 an overwhelming victory; a sweeping victory.

압력(壓力) : pressure; stress *압력을 가하다 give pressure (to)/ 압력단체 a pressure group.

앞 : (미래) the future; (전망) the front; (면전) presence; each *한 사람 앞에 2개 two each.

앞가슴 : the breast.

앞날 : the future; the days ahead; remaining years [days]; the remainder of one's life *앞날을 위해 저축하다 save money for the future/ 앞날을 염려하다 feel anxious about one's future.

앞뜰 : a front garden.

앞발 : a paw.

앞서다 : go first; go before; go ahead; previous; before *~에 앞서서 previous to; before.

앞이마 : the forehead.

앞지르다 : pass; get ahead of; outdo; forestall; steal a march on; get the start of *앞 차를 앞지르다 pass a car ahead.

앞채 : the front building [wing].

앞치마 : an apron; a slip *앞치마를 두르다 put on an apron.

애걸(哀乞)**하다** : implore; plead [beg] for.

애국(愛國) : a love of (one's) country; patriotism.

애당초 : from the very first me.

애끊다 : feel one's heart rent [torn to pieces].

애도(哀悼) : mourning; grief *애도하다 mourn (for); grieve (over, at).

애로(隘路) : (난관) a bottleneck; difficulties.

애매(曖昧)**하다** : (be) vague; ambiguous *애매한 대답 a vague answer.

애송이 : a stripling; a green youth.

애쓰다 : exert (oneself); work hard; endeavor.

애인(愛人) : a lover (남자); a love (여자); a sweetheart.

애정(愛情) : love; affection; tenderness.

애처(愛妻) : one's beloved wife *애처가 a devoted husband.

애처롭다 : (be) pitiful; pathetic.

애첩(愛妾) : one's favourite mistress.

애초 : the very first time.

애통(哀痛)**하다** : lament; grieve; deplore.

액(液) : liquid; fluid; juice; sap.

액(額) : an amount; a sum.

액면(額面) : face value; par value *액면에 달하다 reach par.

야 : Oh!; Good heavens!; Oh my!

야간(夜間) : the night time.

야구(野球): baseball *야구를 하다 play baseball/ 야구선수 a baseball player.

야기하다: cause; bring about; arouse *문제를 야기하다 raise a problem.

야담(野談): an unofficial historical story.

야당(野黨): a party out of power; an opposition party.

야릇하다: (be) queer; strange; odd; curious; eccentric.

야만(野蠻)이다: (be) savage; barbarous *야만인 a savage; a barbarian.

야망(野望): personal ambition; aspiration(향상심).

야비(野卑)하다: (be) mean; vulgar.

야수(野手): a fielder.

야심(野心): ambition *야심적인 ambitious.

야영(野營): a camp; camping *야영하다 camp; make camp.

야위다: become thin; become lean.

야조(夜鳥): a nightbird; a nightfowl.

야채(野菜): vegetables; greens *야채를 가꾸다 grow vegetables.

야학(夜學): an evening school *야학생 an evening [night] school pupil [student].

약(約): about; some; round; mately *약 500명 about 500 people.

약(藥): a drug; medicine; a remedy; a pill (환약).

약간(若干): some; a little; an undetermined number of *약간의 돈 some money.

약관(弱冠): twenty years of age; an early age; youth.

약기(略記)하다: spring [start] up.

약다: (be) clever; shrewd; smart; wise *약은 사람 a shrewd man.

약소(略少)한: scanty; insignificant; a few.

약소(弱小)한: small and weak *약소국가 a lesser [minor] Power.

약속(約束): a promise; an engagement; an appointment *약속을 지키다 keep one's promise.

약자(略字): an abbreviation; an abbreviated word.

약점(弱點): a weak point; a weakness

약탈(掠奪): plunder; pillage *약탈하다 pillage; plunder; despoil; strip one of a thing.

약(弱)하다: (be) weak; infirm *몸이 약하다 be weak in body; have a weak constitution.

약호(略號): a code address.

약혼(約婚): engagement; betrothal *약혼하다 engage oneself to.

얌심: jealousy *얌심꾸러기 a jealous person.

얌전하다: (be) gentle; nice *얌전하게 굴다 behave oneself.

얌치: a sense of shame.

양(羊): a sheep; a ram (수컷); a ewe(암컷); a lamb(어린 양) *양고기 mutton/ 양가죽 sheepskin/ 양같이 온순한 as gentle as a lamb.

양(量): quantity; amount; volume *양이 많다[적다] be large [small] in quantity.

양가(兩家): both houses [families].

양계(養鷄): poultry farming[raising]; chicken raising *양계업자 a poultry farmer [raiser].

양녀(洋女): a Western [foreign] woman.

양돈(養豚): pig [hog] raising *양돈하다 raise [rear] hogs.

양로원: a workhouse; a public assistance institution.

양말(洋襪): socks; stockings; hoses (긴) *양말 한 켤레 a pair of socks/ 양말대님 sock-suspenders.

양민(良民): good citizens; peaceable people; law-abiding citizens.

양보(讓步): concession; conciliation; compromise *양보하다 recede(from) / 서로 양보하다 make mutual concessions; meet halfway/ 양보적 concessive; conciliatory.

양복(洋服) : **western clothes; a suit; a dress; foreign [European] clothes** *양복장이 a tailor/ 양복점 a tailor's.

양봉(養蜂) : **bee-keeping; apiculture** *양봉하다 keep bees.

양부모(養父母) : **foster parents.**

양산(陽傘) : **a parasol; a sunshade.**

양상(樣相) : **an aspect; a phase; a condition.**

양서(良書) : **a good book; a valuable work.**

양성(養成)**하다** : **train; educate** *양성소 a training school.

양식(洋食) : **foreign food; Western cookery; European dishes**

양식(良識) : **good sense** *양식 있는 사람 a sensible person.

양심(良心) : **conscience** *양심의 가책을 받다 be conscience-stricken.

양아버지(養一) : **an adoptive father.**

양어(養魚) : **fish breeding [farming]** *양어장 a fish farm.

양육(養育)**하다** : **bring up; raise; rear; educate.**

양은(洋銀) : **nickel; German silver.**

양자(養子) : **a foster child; an adopted son [daughter]** *양자로 삼다 make an adopted child.

양재(洋裁) : **foreign dressmaking.**

양조(釀造) : **brewing; brewage** *양조장 a brewery.

양쪽 : **both sides; either side.**

양주(洋酒) : **foreign wine [liquors].**

양지(陽地) : **a sunny place** *양지에 in the sun.

양초 : **a candle; a taper.**

양친(兩親) : **parents; father and mother.**

얕다 : **be shallow;** 얕은 물 a shoal; a shallow *얕게 든 잠 a light sleep.

얕보다 : **look down upon; make light of; hold cheap.**

어깨 : **the shoulder** *어깨에 메다 shoulder; carry on one's shoulders.

어군(魚群) : **a shoal [school] of fish.**

어느 : (의문) **which; what;** (어느…이나) **any; every;** (하나) **a; one.**

어느덧 : **in no time; before one knows; unnoticed**

어느 정도(程度) : **to some measure; somewhat; more or less.**

어떤 : **what kind of; what sort of** *어떤 이유로 why; for what reason; what for.

어떻게 : **how; in what manner; in what way; by what means** *어떻게 되겠지 something will turn up.

어둑하다 : (be) **a bit dark; dusky; dim.**

어둠 : **darkness; dimness** *어둠 속에서 in the dark; in darkness.

어둠침침하다 : (be) **dark; gloomy.**

어둡다 : (be) **dark; dim; gloomy** *눈이 어둡다 have dim eyes/ 어두워지기 전에 before (it gets) dark; while it is light.

어디 : **where;** what place. *여기가 어디입니까? Where are we now?

어련히 : **surely; certainly; naturally.**

어렵다 : (be) **difficult; hard** *어려운 문제 a hard question.

어르다 : **amuse; humour; coax.**

어른 : **a man; an adult; a grown-up** *어른답지 않은 unbecoming for a grown-up person; childish/ 어른이 되다 grow-up; become a man.

어리다 : (be) **very young;** (유치한) **childish; infant; juvenile** *어린마음 a childish mind.

어리둥절하다 : **become confused; be at a loss; be disconcerted.**

어리석다 : **foolish; stupid; silly; dull** *어리석은 사람 a foolish person; a fool.

어린이 : **a child; a youngster; infants** *어린이날 children's Day.

어림 : **a rough guess; an estimate.**

어릿광대 : **a comic actor; a clown.**

어머니 : **a mother;** one's real mother (生母) *어머니의 사랑 mother's love/ 어머니날 Mother's Day.

어물거리다 : **equivocate; prevaricate.**

어부(漁夫):a fisherman *어부지리(漁夫之利) fish in troubled water.
어살(魚-):a weir; a fish trap.
어색(語塞)하다:feel awkward *어색해 하다 feel awkward.
어울리다:(조화) be becoming; be suitable; match; (교제) join; mix (with) *장소에 어울리지 않다 be out of place.
어째서:why; for what reason; how *어째서 늦었느냐? Why were you late?
어쨌든:anyway; anyhow; at any rate; in any case.
어쩌다가:by chance; by accident *어쩌다가 그를 길에서 만났다 I met him by accident on the street.
어쩌면:(아마·혹시)possibly; maybe perhaps; (감탄) how; what *어쩌면 그는 안 갈 것이다 Probably he will not go.
어제:yesterday *어제 아침 yesterday morning.
어찌:(방법) how; (왜) why *어찌해야 좋을지 모르겠다 I am at a loss what to do.
어휘(語彙):vocabulary.
억누르다:oppress; hold (one) down; suppress; restrain; control; check *눈물을 억누르다 repress[keep back] one's tears.
억지로:by force; against one's will *억지로 꾸며낸 far-fetched; forced.
억측(臆測):a guess; an inference; a conjecture *억측하다 guess; suppose/ 당찮은 억측 a wrong guess.
언론(言論):speech; discussion *언론의 자유 freedom of speech.
언어(言語):language; speech; words.
언쟁(言爭):a quarrel; a dispute *언쟁하다 dispute; quarrel.
언제:when; what time; how soon; any time *언제 출발합니까? When are you going to start?
언제나:always; usually; whenever *그는 언제나 담배를 피우고 있다 He is smoking all the time.
언제든지:whenever; any time; (항상) always; all the time *언제든지 오시오 Come any time you want.
언젠가:some day; some time *언젠가 some time or other.
얻다:get; obtain; acquire; gain; win *취직자리를 얻어 주다 find a position for (one).
얼:(정신) spirit; mind; (혼) soul; (의지) will; *한국의 얼 the spirit of korea/ 얼을 빼다 captivate (a person).
얼굴:a face; features *얼굴을 씻다 wash one's face.
얼다:freeze; be frozen; be benumbed with cold *얼어 죽다 freeze to death.
얼떨결:in the confusion of the moment.
얼룩지다:become stained [blotted].
얼른:fast; quickly; rapidly *얼른 대답해라 Answer promptly.
얼마나:how many(수); how much (양); how far(거리); how long(시간) *돈이 얼마나 필요합니까? How much money do you need?
얼씬거리다:flicker; flit.
얼음:ice *얼음에 채우다 cool (a thing) with ice.
얼치기:a half-and-half person.
얽매다:①(결속) bind; tie; fasten ②(구속) bind; fetter; tie; restrict(by rule).
얽히다:be entangled; be involved *얽힌 complicated; tangled.
엄격(嚴格)하다:(be) strict; severe; rigorous *엄격한 규칙 rigid regulation/ 엄격히 말하자면 strictly speaking.
엄금(嚴禁)하다:prohibit strictly *소변 엄금 Decency forbids.
엄마:(소아어) mama; mammy; mummy.
엄밀(嚴密)하다:(be) exact; strict; close *엄밀한 exact; close.
엄선(嚴選):careful selection *엄선하다 select carefully.
엄수(嚴守)하다:observe strictly.

엄습(掩襲)**하다**: make a sudden attack [surprise]; take (the enemy) by surprise.

엄지: (손의) the thumb; (발의) the big toe.

엄한(嚴寒): intense [severe] cold.

업다: carry on (her) back.

업히다: ride [get] on one's back; be carried on one's back.

없다: (존재하지 않다) do not exist; (소유하지 않다) have not; do not have; (결여) want; lack *있는 사람과 **없는** 사람 a have and a *have not*.

없애다: remove; get rid of; do away with; (낭비) waste; spend *장애물을 **없애다** *remove* obstacles.

엉금엉금: on all fours.

엉덩이: the hips; the buttocks *엉덩이짓하다 swing *the buttocks*.

엉덩춤: a dance characterized by the swinging of the buttocks.

엉뚱하다: be extraordinary; be extravagant *엉뚱한 소리를 하다 say *extravagant* thing.

엉망진창이다: be confused; be in a muddle; be at sixes and sevens; be upset.

엉클어지다: (실·머리털이) get tangled; (일이) be entangled.

엊저녁: last night [evening].

엎다: upset; overturn; overthrow *책상을 **엎다** *overturn* a desk.

엎드러지다: fall [tumble] down.

엎드리다: prostrate (oneself); lie on the ground.

엎어지다: be upset; be turned over; be turned upside down.

엎지르다: spill; slop; drop.

…에게: to; at; for; by.

…에서: (장소) at; in; (출발점) from *서울역에서 *at* Seoul Station.

에워싸다: surround; enclose; encircle; gather about; (포위) be siege; lay siege to.

…여(餘): (이상) above; over; more than; odd *3마일여 *over* three miles.

여가(餘暇): leisure; spare time *여가가 없다 have no time to *spare*.

여간(如干)**아니다**: (be) uncommon; extraordinary; great; remarkable; unusual *아이를 기르기는 **여간** 힘든 일이 아니다 It is *no easy* thing to bring up a child.

여객(旅客): a passenger; a traveler; a tourist *여객열차 a *passenger* train [aeroplane]/ 여객계 a *passenger* agent/ 여객운송 *passenger* transport.

여관(旅館): an inn; a hotel; a lodging-house; a public-house.

여권(旅券): a passport *여권을 신청하다 apply for a *passport*.

여권(女權): women's right.

여급(女給): a waitress; a barmaid.

여기: here; this place *여기서부터 from *here*/ 여기 있거라 Stay *here*.

여기다: think; consider (as).

여념(餘念): distraction *…에 **여념이** 없다 be *absorbed* in; be *devoted* to.

여담(餘談): a digression.

여당(與黨): the government party; a party in power.

여동생(女同生): a younger sister.

여드름: a pimple.

여든: eighty; a fourscore.

여러: many; several; various *여러 사람 앞에서 in *public* (*company*)/ 여러 학교 *various* schools.

여러 가지: various; all kinds of *여러 가지 물건 *all sorts of* things.

여러 번: often; frequently; several times.

여러분: gentleman; ladies and gentlemen.

여로(旅路): a journey.

여론(輿論): public opinion; general sentiment *여론에 호소하다 appeal to *public opinion*.

여류(女流): a lady; a woman.

여름: summer; summertime *여름휴가 *summer* vacation.

여배우(女俳優): an actress.

여백(餘白) : **blank**; space; a margin *여백을 남기다 leave *space*; leave a *margin*.

여보 : **hello**; say (미); I say.

여복(女服) : **a female dress**; female attire [costume].

여부(與否) : **yes or no**; whether or not; if *성공여부 success *or* failure.

여북 : **how** (much) *여북 좋을까 How glad I shall be!

여분(餘分) : an extra; a surplus; an excess.

여비(旅費) : **traveling expenses**; travel cost.

여생(餘生) : the rest [remainder] of one's life; one's remaining years.

여성(女性) : **a woman**; womanhood; feminity *여성 해방론 feminism.

여아(女兒) : **a daughter**(딸); a (baby; young) girl.

여왕(女王) : **a queen** *여왕벌 *queen* bee.

여우 : **a fox**; a vixen *여우 같은 cunning; sly; foxy.

여울 : **a swift current**; a shoot; a rapid torrents.

여위다 : **become lean**; become thin; lose weight; lose flesh; become emaciated.

여인(女人) : **a woman**.

여인숙(旅人宿) : **an inn**; a hotel.

여자(女子) : **a woman**; a female *여자대학 *women's* college.

여장(旅裝) : travelling outfit; traveller's equipment.

여전(如前)하다 : be as before; be as usual; the same *그 여자는 여전히 아름답다 She is *as* beautiful *as ever*/ 여전히 as it used to be.

여정(旅程) : a journey; an it-inerary; a distance(거리) *하루의 여정 a day's *journey*.

여존(女尊) : **respect for woman** *여존주의 petticoatism.

여지(餘地) : **room**; space; margin; a scope *변명의 여지가 없다 There is not the slightest excuse.

여탕(女湯) : the women's [ladies] section of a bathhouse.

여태까지 : **till now**; until now; so far *여태까지 어디 있었느냐? Where have you been *all this while*?

여파(餘波) : **an aftermath**; an after effect.

여필종부(女必從夫) : **wives should follow their husbands**.

여하간(如何間) : **anyway**; at any rate *여하한 일이 있더라도 *whatever* may happen.

여학생(女學生) : **a girl student**; a schoolgirl.

여행(旅行) : **a travel**; a journey; a trip; a tour *여행하다 *travel; journey*; *go on a trip*/ 도보 여행하다 *travel* on foot.

역(驛) : **a railway**; station; a depot.

역사(歷史) : **history** *역사의 *historic*; *historical*/ 역사적 사건 a *historic* event/ 역사상의 사건 a *historical* event.

역시(亦是) : **too**; also; as well.

역풍(逆風) : an unfavourable wind; a headwind.

역할(役割) : **a part**; a role; a cast *중대한 역할을 하다 play an important *part*.

연결(連結)하다 : **connect**; combine; coin; attach.

연구(研究) : **study**; make a study of; research.

연극(演劇) : **a play**; a drama *연극을 상연하다 put *a play* on the stage.

연기(煙氣) : **smoke** *연기나는 *smoky*/ 아니 땐 굴뚝에 연기 날까 There is no *smoke* without fire.

연기(演技) : **acting**; performance *연기자 *a performer*.

연기(延期)하다 : **put off**; postpone; defer; adjourn *연기되다 be *postponed*; be *put off*.

연대(聯隊) : **a regiment** *연대장 the *regimental* commander.

연도(年度) : a year; a term; a calendar year.

연두(年頭) : the beginning of the year; New Year's Day (설날) *연두사 *New Year's* address[message].

연두 : (빛깔) light green.

연락(連絡) : connection; junction *연락을 끊다 cut off [sever] *communications*.

연령(年齡) : age; years of (age) *결혼 연령 the *age* of marriage.

연설(演說) : a speech; an address *연설자 a *speaker*; an *orator*.

연속(連續)하다 : continue; last *연속 방송극 broadcast of *dramatic series*.

연습(練習) : *practice*: exercise *연습시키다 train; teach.

연안(沿岸) : the coast; the shore *연안항로 a *coasting* service line.

연애(戀愛) : love; love making *연애하다 fall in *love* (with)/ **연애** 소설 a *romance: a love story*.

연장 : a tool; an implement; a utensil; a gadget.

연장(延長)하다 : extend; prolong *연장전 *extra* innings.

연주(演奏)하다 : play; perform *기타를 연주하다 *play* the guitar.

연착(延着) : delayed arrival *연착하다 arrive late/ 기차가 한 시간 연착했다 The train *arrived* an hour late.

연탄(煉炭) : a briquet(te).

연통(煙筒) : a smoke pipe; a smokestack; a chimney; a stove pipe.

연패(連敗) : a series of reverses; defeats in succession.

연필(鉛筆) : a pencil *연필로 쓰다 write with *pencil*.

연하(年賀)장 : a New Year's card.

열 : ten; the tenth (제10)

열녀(烈女) : a heroine; a heroic woman.

열다 : ① open; (뚜껑을) lift; (펴다) unfold; (자물쇠를) unlock; (개최) hold; give; open ② (열매) bear fruit *회의를 열다 *hold* a meeting/ 가게를 열다 *open* a shop [store]; *set up in* business.

열대(熱帶) : the tropics *열대식물 *tropical* plants [flora].

열렬(熱烈)한 : ardent(ly); fervent(ly).

열리다 : open; be opened; fruit *열매가 많이 열린 나무 a tree *laden* with (full of) fruits.

열매 : a fruit; berry; a nut *열매를 맺다 bear *fruit*.

열쇠 : a key *현관의 열쇠 a *key* to the front door/ 한다발의 열쇠 a bunch of *keys*.

열심(熱心) : eagerness *열심히 하다 be eager; be earnest; be enthusiastic/ 열심히 공부하다 study *hard*; *apply* oneself *closely to* one's studies.

열중(熱中)하다 : devote (oneself) to; be absorbed in *그는 독서에 열중하고 있다 He is *absorbed* in reading.

염려(念慮) : anxiety; worry; care *염려하다 worry (about); be anxious about; be afraid of/ **염려** 마세요. Don't worry; Never mind; Take it easy.

염색(染色) : dyeing; coloring *염색하다 dye.

염소 : a goat 수(암)염소 a hegoat (she-) *염소새끼 a kid/ 염소가죽 goatskin/ 염소수염 a goatee.

염오(厭惡) : dislike; loathing *염오하다 detest; loathe; abhor; regard with aversion.

염원(念願) : one's heart's desire; one's prayer *염원하다 desire; wish (for).

염주(念珠) : a rosary; a chaplet.

엽서(葉書) : a postcard; a postal card *엽서를 보내다 send *a postal card*/ 관제[그림]엽서 an official [a picture] *postcard*.

엽총(獵銃) : a hunting gun; a shotgun.

엿 (음식) : wheat-gluten; glutinous rice jelly.

엿듣다 : overhear; eavesdrop; listen secretly.

엿보다 : steal a glance (at); watch for; **spy on** *기회를 엿보다 watch for a chance.

영(零) : zero; nothing; a cipher.

영(靈) : the spirit; the soul; a ghost.

영감(靈感) : inspiration; extrasensory perception *영감을 받다 be inspired.

영결(永訣)식 : a ceremony of the last farewell.

영광(榮光) : honor; glory *영광스러운 glorious; honourable; honoured.

영구하다 : last; be eternal.

영리(怜悧)하다 : be clever; be bright; be wise; be smart.

영문 : (까닭) a reason; why; (형편) circumstances *무슨 영문인지 모르지만 for some unknown reason; somehow (or other).

영문(英文) : English; English writing *영문으로 쓰다 write in English.

영부인(令夫人) : your [his] wife.

영수(領收) : receipt *영수하다 receive/영수증 a receipt.

영시(英詩) : English poetry.

영양(營養) : nourishment; nutrition *영양 부족의 ill-fed; underfed.

영어(英語) : English; the English language *영어로 쓴 편지 a letter written in English.

영어(囹圄) : a prison; a jail.

영영(永永) : forever; eternally; for good (and all).

영웅(英雄) : a hero; a great man *영웅 숭배 hero worship.

영원(永遠) : eternity; permanence; perpetuity *영원히 enernally; forever.

영접(迎接)하다 : welcome; receive; meet.

영토(領土) : a territory; a domain; a possession.

영패(零敗)하다 : be nosed out; fail to score; be shut out.

영하(零下) : below zero; sub-zero *영하 16도로 내려가다 fall to 16 degress *below zero*.

영한(英韓) : England and Korea; English-Korean *영한사전 an English-Korean dictionary.

영합하다 : flatter; curry favor with.

영해(領海) : territorial waters; the closed sea.

영향(影響) : influence; an effect *영향을 받다 be *influenced* by.

영혼(靈魂) : a soul; a spirit.

영화(映畵) : a motion picture; a movie *영화 구경가다 go to the *movies*.

옆 : the side *옆에 by the *side* (of); by; beside.

옆구리 : the flank; the side.

옆집 : a next door [house] *옆집의 next; next-door.

예(例) : an example; an instance *예를 들면 for *instance*.

예금(預金) : a deposit; a bank account *예금을 찾다 withdraw one's *money* from the bank.

예닐곱 : six or seven.

예리(銳利)하다 : (be) sharp; acute; keen; pointed.

예물(禮物) : a gift; a present.

예방(豫防) : prevention *예방하다 prevent; protect.

예복(禮服) : full dress; a dress suit; a ceremonial dress.

예쁘다 : (be) pretty; lovely; nice *예쁜 소녀 *lovely* girl.

예사(例事) : a commonplace event.

예상(豫想) : expectation *예상하다 expect; anticipate/예상대로 되다 come up to one's *expectations*.

예속 : subordination.

예순 : sixty.

예술(藝術) : art; the arts *예술가 an artist/예술은 길고 인생은 짧다 *Art is long, life is short*.

예언(豫言) : a prophecy; a prediction; a forecast *예언하다 *predict*; foretell /예언자 *a prophet*/ 앞일을 예언

하다 make *predictions* of future events.

예외(例外): an exception *예외없이 without *exception* /모든 법칙에는 예외가 있다 Every rule has its *exceptions*.

예의(禮儀): courtesy; manners; good form *예의 바른 courteous; polite; civil.

옛: old *옛친구 an *old* friend/ 옛글 *ancient* writings.

옛날: ancient times; old day *옛날 옛날에 once upon a time / 옛날 옛날에 long long ago; once upon a time/ 옛날이야기 *old* tales.

오누이: brother and sister.

오늘: today; this day *오늘부터 앞으로 from *this day* forth (on) / 오늘 밤 tonight.

오다: come; (도착) arrive at; reach *미국에서 온 사람 a person from America.

오락가락하다: go back and forth; go to and forth.

오래: long; for a long time *오래전에 *long time* ago; long ago.

오랫동안: for a long time *오랫동안 소식이 없다 I hear nothing from him *so long*.

오래도록: for long; till late; forever.

오렌지: an orange.

오로지: only; solely; exclusively.

오르다: climb; go up; ascend; rise *물가가 오르다 Prices *go up*.

오른쪽: the right side.

오막살이: living in a humble cottage [hut].

오만(傲慢)하다: (be) arrogant; haughty; overbearing.

오용(誤用): misuse; wrong use; misapplication.

오이: a cucumber.

오전(午前): the morning; the forenoon *오전 아홉 시에 at nine in *the morning*.

오죽: how; how much.

오줌: urine; piss (속) *오줌을 누다 urinate; pass water; piss.

오직: only; merely; solely; wholly.

오해(誤解)하다: misunderstand *오해를 받다 be *misunderstood*.

오호: Alas!

오후(午後): afternoon *오후 여섯 시에 at 6 p.m.; at six in the *afternoon*.

오히려: rather (than).

온갖: all kinds of; every kind of; all sorts; various. *온갖 수단을 강구하다 use *all* the means in one's power.

온종일(一終日): all day (long) *온종일 책을 읽다 read books *all day* long.

온화(溫和)하다: (be) mild; gentle *온화한 기후 a *mild* climate; an *agreeable* weather.

올라가다: go up; ascend; rise *나무에 올라가다 *climb* a tree.

올리다: raise; lift up; hold up *월급을 올리다 raise salary.

올림픽: the Olympic games.

올빼미: an owl.

올해: this year; the current year *올해는 비가 많이 왔다 We have had much rain *this year*.

옮기다: move; remove; transfer *새 집으로 옮기다 *move* into a new house.

옳다: right; (정당) just; (틀림없음) correct; true; (정확) exact *옳지 않다 be wrong.

움폭하다: (be) hollow; deep; sunken.

옷: clothes; a garment *옷 한 벌 a suit of *clothes*.

옹호(擁護)하다: support; back up.

완강(頑强)하다: (be) stubborn; obstinate; dogged.

완결(完結)하다: conclude; finish; end; complete.

왁자지껄하다: (be) noisy; clamorous;

완두 : **a pea.**
완료(完了)하다 : **complete; finish.**
완벽(完璧)하다 : **(be) perfect; complete.**
완성(完成)하다 : **complete; finish.**
완전(完全)하다 : **(be) perfect; complete.**
완치(完治)하다 : **be completely cured** [recovered].
왕(王) : **a king** *왕의 royal.
왕고(往古) : **ancient times.**
왕래(往來) : **traffic; comings and goings** *왕래하다 come and go /왕래가 빈번한 거리 a bustling street.
왕위(王位) : **the throne** *왕위에 오르다 accede to [mount] *the throne* /왕위에서 쫓아내다 dethrone (a king).
왕자(王子) : **a royal prince.**
왕조(王朝) : **a dynasty** *이씨 왕조 the Lee *Dynasty*.
왕진(往診) : **a doctor's visit; a house [home] call** *왕진하다 go and see a patient at his house /왕진시간 hours for *sick calls*.
왜 : **why; for what reason; on what ground** *왜 그런지 나는 모르겠다 I cannot tell you *why*.
외과(外科) : **surgery;** (병원) **the surgical department** *외과 의사 a *surgeon*.
외곬으로 : **intently; simply.**
외교(外交) : **diplomacy; diplomatic relation** *외교 정책 a *foreign* policy/ 외교가 a diplomat/ 외교 관계를 수립하다 establsh *diplomatic* relations.
외국(外國) : **a foreign country** [land] *외국에 가다 go *abroad* /외국을 여행하다 travel *abroad*.
외국어(外國語) : **a foreign language** [tongue].
외국인 : **a foreigner.**
외근(外勤) : **outside** [field] **work** *외근하다 do *outside work*: do *canvassing*.
외따로 : **isolated;** separated; all alone.
외로이 : **all alone;** lonelily *외로이 살다 lead *a solitary* life.
외롭다 : **(be) lonely;** lonesome; solitary.
외면(外面)하다 : **turn away** (one's face); look away; avert.
외모(外貌) : **appearance;** external features.
외박(外泊)하다 : **sleep out;** stay[stop] out.
외벽(外壁) : (건축) **an outer wall.**
외부(外部) : **the outside;** the exterior *외부의 outside; external/ 외부 사람 an *outside*/ 외부로부터 from the *outside*/ 외부간섭 *outside* inference.
외사촌(外四寸) : a cousin by a maternal uncle.
외삼촌(外三寸) : an uncle on one's mother's side.
외상 : **credit;** trust *외상을 주다 give *credit*/ 외상 거래 *credit* transaction.
외숙모(外叔母) : **an aunt;** the wife of one's maternal uncle.
외신(外信) : **foreign news;** a foreign telegram.
외양간(喂養間) : **a stable** (말의); **a cowshed** (소의) *소 잃고 외양간 고치는 격이다 be looking the *stable* door after the horse is stolen.
외채(外債) : (채권) **a foreign loan** [bond]; (부채) foreign debt.
외출(外出) : **going out** *외출하다 *go out* (of doors).
외치다 : **shout; cry;** exclaim; shriek; yell *살려 달라고 외치다 *cry* for help.
외투(外套) : **an overcoat** *외투를 입다 put on *overcoat*.
왼 : **left;** left-hand.
왼손 : **the left hand.**
왼쪽 : **the left side** *길의 왼쪽에 on the *left side* of the street.
요구(要求) : **a request;** a demand *임금 인상 요구 a *demand* for higher wage.
요귀(妖鬼) : **an apparition;** a ghost.
요금(料金) : **a charge;** a fee *요금을 내다 pay a *charge*.
요람(搖籃) : **a swinging cot;** a cra-

dle; a nursery *요람시대 the cradle; the infancy.

요령(要領): **the point**; the essential [main] points; the gist *요령이 좋은 사람 a man of *sense*; a *businesslike* man.

요리(料理): (만들기) **cooking**; (음식) **a dish**; food *요리하다 *cook* (food); dress (fish); prepare (a dish)/이 요리는 맛이 없다 This is a poor *dish*.

요망(要望): **a demand**; a cry *요망하다 demand.

요사(夭死): **an early[a premature] death** *요사하다 die young [prematurely].

요새: **recently**; lately; these days; a few days ago.

요새(要塞): **a fortress**; a stronghold.

요소(要素): **an element**; a factor; an essential part; a requisite.

요술(妖術): **magic**; black art *요술장이 a juggler; a conjurer; a magician(마술사)/ 마술을 부리다 *juggle*; do conjuring tricks.

요원(遼遠)**하다**: **far away**; far off; far distant *전도 요원하다 The end is still *far distant*.

요의(要義): **a digest**; essence; quintessence.

요인(要人): **a key figure**; an important person.

요인(要因): **a factor**; an element.

요전: **the other day**; a few days ago *요전날 밤 *the other* evening.

요점(要點): **the point**; the main [essential, principal] point.

요절(夭折): **early death** *요절하다 die young [early].

요정(料亭): **a restaurant**.

요지경(瑤池鏡): **a peep-show**.

요청(要請): **request**; demand; claim *요청하다 *ask* (for); *demand*; *ask*; *claim*/요청에 의하여 On *request*: at the *request of*.

요충지(要衝地): **an important** [a strategic] **point**.

요컨대: **in short**; in a word; to sum up.

요트: **yacht**.

요(要)**하다**: **require**; need; want *휴식을 요하다 He needs *rest*.

요행(僥倖): **luck by chance**; chance luck; good luck; good fortune *요행으로 *by luck*; fortunately.

욕(辱): **abuse**; abusive language; an insult; slander *욕하다 *speak ill of* (one); *call* (one) names/ 뒤에서 욕하다 *speak ill* of (one) behind his backs.

욕구(欲求): **desire**; want; wish *욕구하다 *desire*; want; wish (long) for; crave (for)/생의 욕구 *craving* for life.

욕망(慾望): **a desire** *욕망을 채우다 satisfy one's *desire*.

욕심(欲心): **greediness**; covetousness; avarice *욕심꾸러기 *a grasping* fellow.

용기병(龍騎兵): **a dragoon**.

용감(勇敢)**하다**: (be) **brave**; courageous *용감하게 싸우다 fight *bravely*.

용궁(龍宮): the Dragon's [Sea God's] palace.

용기(勇氣): **courage**; bravery; valor *용기 있다 (be) *courageous*; *brave*.

용도(用途): **use**; service *용도가 넓다 have many *uses*.

용돈: **pocket money** *용돈이 떨어졌다 I have run out of *pocket money*.

용마름: the cover(ing) of a roofridge.

용모(容貌): **a face**; a countenance *용모가 추한 사람 an ill-*favoured* person.

용무(用務): **business**; a thing to do; a matter of business; concern *용무를 마치다 finish one's *business*.

용서(容恕)**하다**: **forgive**; pardon; overlook *용서하십시오 I beg your *pardon*; Please *pardon* me.

용의자(容疑者): **a suspect**; a suspected person; a suspicious character.

용이(容易)하다: (be) easy; simple; ready; plain *용이하게 easily; readily/ 용이하지 않은 difficult; serious; grave.

용재(用材): material; timber.

용접(鎔接): welding *용접하다 weld/ 용접공 a welder.

용품(用品): supplies; an article (for the use of).

용해(溶解)하다: melt; dissolve *용해력이 있는 solvent.

우(右): the right *우로 나란히 (구령) Right, dress!; Eyes right!

우거지다: grow thick; overgrow; be overgrown with.

우국(憂國): patriotism *우국지사 a patriot.

우글거리다: swarm; be crowded *설탕에 개미가 우글거리다 The sugar is alive with ants.

우기(雨期): the rainy season.

우기다: demand one's own way; force; persist; assert oneself *자기 의견이 옳다고 우기다 stick to one's own opinion.

우두(牛痘): vaccination.

우두커니: absent-mindedly; vacantly; blankly; with an abstracted air *우두커니 생각에 잠기다 be losting thought.

우뚝: high; aloft *우뚝하다 be high; be lofty; be prominent; be conspicuous.

우둔(愚鈍)한: stupid; silly; dullwitted.

우등생(優等生): an honor student.

우뚝: high; aloft *우뚝한 towering; lofty.

우량(雨量): rainfall; rain *우량계 a rain gauge; a hydrometer.

우러나다: soak out; come out; come off *진심에서 우러나오는 감사의 말 words of thanks from the bottom of one's heart.

우러러보다: look up at; look upward; raise the eyes *산을 우러러보다 look up at the mountain.

우려(憂慮): anxiety; concern; fear *우려할 만한 serious; grave; alarming.

우뢰: thunder; a peal of thunder *우뢰같은 박수 a storm〔thunder〕of applause.

우르르: rushingly; in a crowd.

우리: ① (맹수의) a cage; (가축) a pen; (양 등) a fold ② (인칭) we; our (우리의); us (우리를).

우매(愚昧)한: stupid; dumb (미); silly; imbecile; ignorant.

우물: a well *우물물을 긷다 draw water from a well.

우박(雨雹): hail; a hailstone.

우방(友邦): a friendly nation.

우비다: poke; scrape out; scoop out; bore.

우산(雨傘): an umbrella *우산을 쓰다 put up an umbrella.

우송(郵送)하다: post; mail; send by post〔mail〕 *우송료 postage.

우선(于先): first; first of all *우선적으로 preferentially; on the preferentialship.

우수(偶數): an even number.

우수(優秀)하다: (be) excellent; superior; predominent *우수한 성적으로 with excellent results.

우스꽝스럽다: (be) funny; ridiculous; laughable; comical.

우습다: (be) funny; amusing *우스운 이야기 a funny story.

우승(優勝): victory *그는 테니스에서 우승했다 He won the tennis championship/ 우승기 the championship flag〔banner〕; a pennant/ 우승배 a championship cup; a trophy〔cup〕/ 우승자 a winner./우승티임 a winning team.

우승열패(優勝劣敗): the survival of the fittest.

우아(優雅)하다: (be) elegant; graceful.

우애(友愛): brotherly〔sisterly〕affection.

우연(偶然): chance; accident *우연하다 be accidental/ 우연의 일치 a

우열(優劣) : superiority and [or] inferiority; merits and [or] demerits *우열을 다투다 struggle for mastery.

우울(憂鬱)**하다** : (be) gloomy; melancholy *우울증 melancholia; hypochondria.

우유(牛乳) : milk *우유를 짜다 milk a cow/상한 우유 sour milk.

우정(友情) : friendship *우정 있는 amicable; friendly.

우주(宇宙) : the universe; the cosmos *우주 여행 a space trip.

우편(郵便) : post; mail *우편으로 보내다 send by mail.

운(運) : (행운) fortune; (운명) fate *운이 좋으면 if fortune smiles upon me.

운동(運動) : (움직임) motion; movement; (체육) exercise; (경기) sports

운전(運轉)**하다** : drive (a car) *운전면허증 a driving license.

운하(運河) : a canal; a waterway *파나마[수에즈]운하 the Panama[Suez] canal.

울다 : cry; weep; sob; wail *기뻐서 울다 weep for joy.

울리다 : make (one) cry; move (one) to tears; (소리나게 하다) ring (a bell).

울음 : crying; weeping; lamenting.

울타리 : a fence; a hedge; railing.

움직이다 : move; remove; change (the position of); shift *움직일 수 없는 unchangeable.

움직임 : motion; movement.

움츠리다 : shrink back; flinch; cower.

움켜잡다 : grab; grasp; seize; clutch *멱살을 움켜잡다 grasp (one) by one's throat.

웃기다 : make (one) laugh *청중을 웃기다 move the audience to laughter.

웃다 : laugh; smile; chuckle *웃는 얼굴 a smiling face/웃지 않을 수 없다 cannot help laughing.

웃사람 : one's senior; one's elder; one's superior; one's better.

웃음 : a laugh; laughter; a smile *웃음을 참다 suppress a smile/웃음을 터뜨리다 burst out laughing.

웃음거리 : laughingstock; an object of ridicule *남의 웃음거리가 되다 be made a laughingstock.

웅변(雄辯) : eloquence; fluency *웅변대회 an oratorical contest.

웅장(雄壯)**하다** : (be) grand; magnificient; splendid.

워낙 : originally; naturally; really; from the first.

원(圓) : a circle *원을 그리다 draw a circle.

원고(原稿) : a manuscript (약어 MS., (pl.) MSS.; a copy.

원기(元氣) : energy; vigor; spirits *원기 있는 vigorous; cheerful.

원래(元來) : originally; primarily *그는 원래 정직한 사람이다 He is honest by nature.

원료(原料) : materials; raw material.

원리(原理) : a principle; a theory *경제학 원리 the Principle of Economics.

원망(怨望)**하다** : resent; reproach.

원색(原色) : a primary color *3원색 three primary colors.

원서(願書) : an application *원서를 제출하다 send in [submit] an application.

원수(怨讐) : an enemy; a foe *은혜를 원수로 갚다 return evil for good.

원숭이 : a monkey; an ape.

원유(原油) : crude petroleum oil.

원인(原因) : a cause; the origin *원인과 결과 cause and effect.

원자(原子) : an atom *원자폭탄 an atomic bomb.

원조(援助) : assistance; help; aid *원조하다 assist; help; aid; encourage.

원추(圓錐) : a cone; conical shape

원칙(原則): **a principle; a rule** *원칙적으로 as a *rule*; in *principle*.

월간(月刊): **monthly publication** *월간 잡지 a *monthly* magazine.

월급(月給): **a monthly salary [pay]**.

월요일(月曜日): **Monday**.

위: (위쪽) **the upside; upper part** *위의 *above*; up; upward; (꼭대기) *the top*; (표면) the (upper) surface/ 위에 말한 바와 같이 as mentioned *above*.

위(胃): **the stomach** *위가 약하다 have a weak *stomach*; have a weak *digestion*.

위기(危機): **a crisis; an emergency** *위기를 벗어나다 tide over a *crisis*.

위독(危篤)하다: (be) **dangerously ill**; seriously ill *그의 아버지가 위독하다 His father is in a *critical* condition.

위반(違反): **violation** *위반하다 disobey; break (a promise); be against; violate (law).

위안(慰安): **consolation; solace** *위안하다 *console*; comfort/ 음악에서 위안을 구하다 seek *comfort* in music.

위원회(委員會): **a committee; a commission** *위원회를 소집하다 call a *committee* meeting.

위치(位置): **a situation; a location**; (처지·지위) a stand; a position *그 학교는 위치가 좋다 The school stands in a good *position*.

위험(危險): **danger; risk; hazard** *위험하다 be dangerous /위험을 무릅쓰다 run a *risk*; in the face of *danger*.

위협(威脅): **threat; menace** *위협하다 threaten; menace/ 그는 나를 죽인다고 위협했다 He *threatened* to kill me.

유감(遺憾): **regret; a pity** *유감스럽게도 to my *regret*.

유고(有故)하다: **an accident happens**.

유괴(誘拐): **kidnapping; abduction** *유괴하다 *abduct*; lure away; carry off; kidnap.

유년(幼年): **infancy; childhood** *난 유년 시대를 이곳에서 보냈다 I spent my *childhood* days here.

유령(幽靈): **a ghost; a specter** *유령 같은 *ghostlike*/ 유령회사 a *bogus* company.

유리(有利)하다: (be) **advantageous**; favorable; paying; gainful.

유리(琉璃): **glass**; (창유리) a pane *유리잔 a *glass*/유리를 끼우다 glaze.

유명(有名)하다: (be) **famous**; well-known; famed *유명한 사람 a *celibrity*/ 그는 세계적으로 유명한 학자다 He is a scholar of worldwide *fame*.

유사(類似)하다: **be similar (to)**; resemble; be alike *이 문제는 그것과 유사하다 This question *is similar to* that.

유성(流星): **a shooting star; a meteor**.

유언(遺言): **one's will; one's dying wish** *유언하다 make a *will*; leave a *will*/ 유언장 a *will*; a *testament*.

유익(有益)하다: (be) **profitable**; beneficial; useful; advantageous; (교훈적) instructive; edifying *유익하게 산다 make *the most* [*best*] of).

유족(遺族): **a surviving [bereaved] family**; the survivors.

유지(維持): **maintenance** *유지하다 maintain; keep up/ 건강을 유지하다 *maintain* one's health.

유창(流暢)하다: (be) **fluent**; flowing *중국어를 유창하게 말하다 speak *fluent* Chinese; speak Chinese *fluently*.

유출(流出): **efflux**; outflow. *유출하다 *flow* [*run*] *out*; issue; discharge.

유치(幼稚)하다: (be) **childish** *유치한 *infantile*; inexperienced; childish/ 유치한 생각 a *childish* idea.

유치원(幼稚園): **a kindergarten**.

유쾌(愉快)하다 : (be) pleasant; cheerful *유쾌한 여행 a pleasant trip/ 오늘은 참 유쾌했읍니다 We have had a very good time today.

유품(遺品) : an article left by the departed.

유학(留學) : studying abroad *유학하다 study abroad; go abroad to study/유학생 a student studying abroad.

유행(流行) : fashion; vogue *유행에 따르다 follow the fashion.

유형(有形)의 : material; corporeal; tangible.

유혹(誘惑) : temptation; lure; allurement *유혹을 이겨내다 overcome a temptation/ 돈으로 유혹하다 allure (one) with money.

유효(有效) : validity; availability; effectiveness; efficiency *유효하다 be valid; be available; be effective; be good.

육교(陸橋) : a viaduct; a railway [land] bridge.

육군(陸軍) : the army; the military service *육군사관학교 the Military Academy.

육성(育成) : upbringing; rearing *육성하다 rear; nurture; bring up.

육영(育英) : education *육영사업 the educational work.

육지(陸地) : land; the shore *육지의 동물 a land animal.

육체(肉體) : the body; the flesh *육체와 정신 body and spirit/ 육체노동 manual labour.

육탄(肉彈) : a human bullet *육탄전 hand-to-hand struggle.

윤곽(輪廓) : an outline *윤곽이 바른 [뚜렷한] 얼굴 regular [clear-cut] features.

윤택(潤澤)있는 : glossy; lustrous; bright.

율(率) : a rate; a ratio; a proportion *투표율 voting rate.

으스스한 : chilly; somewhat chill.

으슥하다 : (be) secluded; retired and quiet; deserted; desolate.

윽박지르다 : intimidate; threaten; scare; suppress.

은(銀) : silver(약어 Ag) *은의 silver/ 은그릇 silverware/ 은같은 silvery.

은총(恩寵) : favour; grace *은총을 입다 stand in one's favour.

은폐(隱蔽)하다 : conceal; hide; cover up.

은하(銀河), 은하수(銀河水) : the Milky Way; the Galaxy *은하계 the galactic system.

은행(銀行) : a bank *은행에 예금하다 deposit money in the bank.

은현(隱現)하다 : appear and disappear.

은혜(恩惠) : favors; benefits *은혜를 베풀다 do (one) a favor.

음률(音律) : rhythm; meter *음률학 rhythmics.

음모(陰謀) : a plot; a conspiracy *음모에 가담하다 take part in a conspiracy.

음산(陰散)한 : cloudy and gloomy; dreary

음성(音聲) : a voice *음성학 phonetics.

음성(陰性) : negative; negativity; dormancy *음성의 negative; dormant.

음속(音速) : the velocity of sound.

음식(飮食) : food (and drink) *음식을 절제하다 eat and drink in moderation.

음신(音信) : news; correspondence; a letter(편지).

음악(音樂) : music; the musical art *음악을 이해하다 have an ear for music.

음흉(陰凶)한 : cunning; wily; tricky.

응급 치료(應急治療) : first-aid; first-aid dressing *응급치료소 a first-aid room [station].

응낙(應諾)하다 : consent.

응달 : the shade; the shady side *응달에서 in the shade.

응시(應試) : applying for an examina-

응원(應援) : (경기의) cheering *응원단장 a cheer leader.

응혈 : a clot of blood; coagulated blood.

의견(意見) : an opinion; a view; an idea *나의 의견으로는 in my *opinion*.

의과(醫科) : the medical course *의과대학 a medical college.

의당(宜當) : properly; naturally; indisputably.

의도(意圖) : an intention; a purpose.

의류(衣類) : clothing; clothes; dresses.

의무(義務) : a duty; an obligation *의무를 다하다 perform one's *duty*.

의문(疑問) : a question; a doubt *그것은 의문의 여지가 없다 There is no (room for) *doubt* about it.

의미(意味) : meaning; sense; significance *의미를 잘못 해석하다 mistake the *meaning*.

의병(義兵) : a loyal soldier; a volunteer.

의사(意思) : an intention *의사가 통하다 come to an *understanding*.

의사(義士) : a righteous person.

의사(醫師) : a doctor; a physician *의사를 부르다 send for a *doctor*.

의수(義手) : an artificial arm.

의식(衣食) : food and clothing.

의식(意識) : consciousness *의식하다 be conscious (of); be aware (of)/ 의식을 회복하다 come to one's *senses*/ 의식을 잃다 lose one's *consciousness*.

의식(儀式) : a ceremony; (예식) formality; (종교의) a rite; a ritual.

의식주(衣食住) : food, clothing and housing.

의심(疑心) : doubt *의심스럽다 be doubtful.

의역(意譯) : free translation *의역하다 translate freely; give a free translation.

의외(意外)의 : unexpected; unforeseen *의외로 unexpectedly; contrary to one's expectation.

의욕(意慾) : will; volition.

의원(議員) : a member (of the Assembly); a member of congress.

의자(椅子) : a chair *의자에 앉다 sit on [in] a *chair*.

의장(議長) : the chairman; the president.

의젓하다 : (be) dignified; weighty *의젓하게 처신하다 behave with *dignity*.

의존(依存) : dependence; reliance *의존하다 *depend* on; *rely* upon.

의증(疑症) : a suspicious nature; a distrustful temperament.

의지(意志) : will; volition *견고한 의지 a strong *will*.

의지(依支)하다 : lean on; turn to *의지할 사람이 없다 have no one to *turn to* (for help).

의탁(依託)하다 : depend upon; lean on *의탁할 곳 없다 be helpless; have no place *to go to*.

의학(醫學) : medical science; medicine *의학을 연구하다 study *medicine*.

의협심(義俠心) : a chivalrous spirit.

의혹(疑惑) : suspicion; doubt *의혹을 품다 entertain *doubts*.

의회(議會) : a national assembly *의회를 해산[소집]하다 dissolve [convoke a session of] the Assembly.

의과(醫科) : the medical department *의과대학 a medical college.

이 : ① a tooth *이를 닦다 brush one's *teeth* ② a louse; lice(복수) *이가 꾀다 become infested with *lice* ③ this; these *이 만큼 so much; so many.

이(二) : two; the second(제2).

이(利) : interest; benefit; profit; good.

이것 : this; this thing; this fact *이

것 좀 봐 I say look here.

이것저것: this and that; one thing and another *이것저것 생각한 끝에 after a great deal of thinking.

이곳: here; this place *이곳에 here; in this place.

이끌다: lead; guide.

이끼: moss; lichen *이끼낀 mossy; moss-clad.

이기다: win (a battle); gain a victory *시합에 이기다 win the game.

이내(以內): within; inside (of) *일주일 이내에 within a week.

이따금: from time to time; sometimes; occasionally *이따금 만나다 see (one) now and then.

이때: (at) this time; then; now *이때까지 untill now; up to this day.

이대로: as it is; as it stands *이대로 내버려 둘 수는 없다 I can't leave the matter as it is.

이데올로기: ideology.

이동(移動)**하다**: move; transfer *이동 도서관 a traveling library.

이래(以來): since; since then *그때 이래 since then.

이렇게: so; like this; in this way *이렇게 하라 Do it this way.

이력(履歷): one's personal history; one's career *이력서 a personal history; a curriculum vitae; one's career.

이론(理論): theory *이론과 실천 theory and practice.

이(利)**롭다**: good (for); do (one) good; (유리하다) advantageous.

이루다: (성취) achieve; accomplish; (형성) make; form.

이류(二流)**의**: second-class (-rate); minor; inferior.

이륙(離陸): a take-off; a hop-off *이륙하다 take off.

이르다: ①(시간이) (be) early; young *이른봄 early spring ②(도착) arrive (at, in); reach *오늘에 이르기까지 (up) to this day ③알리다 tell; let (one) know; inform.

이를테면: so to speak; as it were; in other words; (요컨대) in a word.

이른바: so-called; what is called.

이름: a name; (성) a surname *이름을 부르다 call one by name.

이름표: a nameplate; (옷의) a name tape *이름표를 달다 attach an identification tag (to a child).

이리: a wolf.

이리: here; hither.

이리저리: this way and that; here and there *이리저리 돌아다니다 wander[roam] about; loaf around.

이리하다: do like this.

이마: the forehead; the brow.

이만저만: in no small numbers *이만저만 놀라지 않다 be not a little surprised.

이만큼: (양) about this much; (수) about this many; (정도) to this extent *이만큼이면 된다 This much will do/ 오늘은 이만 해두자 So much for today.

이맘때: about this time; at this time of the day.

이면(裏面): the back; the reverse side *이면에서 조종하다 pull the wires behind.

이목구비(耳目口鼻): features; looks; a face *이목구비가 반듯한 of regular features.

이미: (벌써) already; now; yet; (앞서) before; previously.

이미지: an image.

이민(移民): (이주) emigration; (입국) immigration *이민하다 emigrate; immigrate.

이바지하다: contribute (to); make for; supply (공급).

이발(理髮): a haircutting; hairdressing *이발하다 have a haircut; have one's hair cut/ 이발사 a barber.

이배(二倍)**의**: double; twice; twofold.

이번: this time; (최근) recently *이번만 just this time; for this once;

once *for all*.

이변(異變) : **an accident**; **a disaster**.

이별(離別)하다 : **part** (with one); **separate** (from one) *이별을 고하다 **say** (one) **good-bye**; **bid farewell to** (one).

이복(異腹) : **a different mother** *이복 형제 **brothers** by *a different mother*.

이부자리 : **bedding**; **a mattress**; **bedclothes**(요); **a quilt**(이불).

이분(二分)하다 : **divide** (a thing) into two (parts); **halve**; **bisect** (a line) *이분의 일 **one half**.

이사(移徙) : **house-moving**; **removal** *이사하다 *change (one's) residence*; **move** [remove] (to, into).

이삭 : **an ear**; **a spike** *이삭이 나오다 **come into** [be in] **the ear**.

이상(以上) : *more than*; **over**; **above** *10년 이상 *more than* ten years; *over* ten years.

이상(理想) : **an ideal**; **the goal** (of ambition); **the ultimate object** *이상적인 남편 *an ideal* **husband**.

이상(異常) : **strangeness**; **abnormality** *이상하다 (be) **strange**; **queer**; **odd**/ 아무런 이상이 없다 **Nothing is** *the matter*.

이설(異說) : **a different opinion**.

이성(理性) : **reason**; **rationality** *이성을 잃다 **lose** (one's) **sense**.

이성(異性) : (성질) **different nature**; (남녀) *the other* [opposite] *sex* *이성을 알 만한 나이가 되다 **arrive at the age of** *puberty*.

이숙하다 : (be) **advanced**; **late** *이숙해지다 *be advanced*; **grow late**.

이슬 : **dew**; **dewdrops** *이슬에 젖다 **be wet with** *dew*.

이앙(移秧) : **rice-transplantation** *이앙하다 *transplant rice*.

이야기 : (담화) **a conversation**; **a talk**;(화제) **a topic**;(허구) **a story**; **a tale** *이야기하다 **speak**; **talk**; **say**; **tell** (a *story*)/이야기하기를 좋아하다 **be fond of** *talking*; **be talkative**.

이왕(已往) : **at all**; **already**(이미) *이왕이면 영어를 배우겠읍니다 If I must learn *at all*, I will take English.

이외(以外) : **besides**; **in addition** (to); **aside** [apart] (from) *일요일 이외에는 *except* on Sundays.

이욕(利慾) : **greed**; **avarice**; **love of gain** *이욕을 떠나서 **without any desire** *of gain*.

이용(利用) : **use**; **utilization**; **turning to account** *이용하다 *make use* (of); **make the most** (of); **utilize**/ 이용 가치 *usefulness; utility* **value**.

이웃 : **the neighborhood**; (집) **next door** *이웃사람 *a neighbor*/ 그들은 서로 이웃간이다 **They are** *neighbors*/ 그 여자는 내 이웃에서 산다 **She lives in the house** *next to me*.

이월(二月) : **February**(약어 Feb.).

이유(理由) : **a reason**; **a cause**; **why** *이유없이 **without** *reason*/ 이유를 묻다 **inquire into the** *reason* of.

이유(離乳) : **weaning**; **ablactation** *이유하다 **wean** (a child) **from the breast**; **ablactate** (a baby)/ 이유기 the *weaning* period.

이율배반(二律背反) : **antinomy** *이율배반의 **antinomic**.

이윽고 : **after a while**; (곧) **presently**; **soon after**; **in a short time**.

이의(異議) : **an objection**; **a protest** *나는 이의가 없다 I have no *objection* to that.

이익(利益) : **profits**; **gains** *이익이 있는 *profitable; paying*

이입(移入)하다 : **import**; **bring in**; **introduce**.

이자(利子) : **interest** *은행 이자는 얼마입니까? How much *interest* do they give at the bank?

이적(移籍)하다 : **remove census registration**.

이전(以前)의 : **previous**; **former**; **prior**; **old** *이전에 *before*; **once**/ 이전과 같이 *as before*.

이정표(里程表) : **a table of distances**.

이제 : now; this occasion *이제부터 after this; from now on.

이지러지다 : break (off); be broken off; chip; wane(달이).

이쪽 : this side; this way *이쪽으로 오십시오 This way, please.

이채(異彩) : brilliance *이채를 띠다 be conspicuous; show brilliance.

이층(二層) : the second floor (영); the second story (미); the upper story (영); the two floor (영) *이층에 upstairs/ 이층에 올라가다 go upstairs/ 이층에서 내려오다 come downstairs.

이핑계 저핑계하여 : on one excuse or another.

이하(以下) : less than; under; below *6세 이하의 아이들 children under six years of age.

이해(利害) : interests *이해 관계가 있다 have an interest in the matter.

이해(理解) : understanding; comprehension *이해하다 understand; make out/ 그것은 이해하기 어렵다 It is difficult for me to understand.

이행(履行) : performance (of a duty); discharge (of an obligation); execution (of a contract); observance (of a treaty) *이행하다 fulfil; perform; carry out; make good; discharge; execute *약속을 이행하다 fulfil one's promise/ 계약을 이행하다 live up to a contract/ 계약자 a performer.

이혼(離婚) : divorce; the dissolution of marriage *이혼하다 divorce/ 합의 이혼 a divorce by agreement.

이후(以後) : after this; henceforth *그 이후 since then; after that time; afterward(s).

익다 : (과일이) ripe; be ripe; mature *익지 않은 과일 unripe [green] fruit.

익명(匿名) : anonymity *익명으로 anonymously.

익사(溺死)하다 : (be) [get] drowned; drown *익사 직전의 아이 a drown-ing child/ 그는 수영중에 익사했다 He was drowned while swimming.

익숙하다 : (be) skilled; experienced; practiced; skillful; good at; familiar; at home in 곧 익숙해질 것이다 You'll soon get used to it.

익히다 : (과일을) make ripe; ripen; mature; (익숙) make (oneself) familiar with; accustom (oneself) to.

인간(人間) : a man; a human being; (인류) man; mankind *인간성 human nature [society; love].

인격(人格) : character; personality *인격자 a man of character/ 인격을 양성하다 build up one's character.

인공(人工) : art; artficiality; human work[skill, labour] *인공위성 an earth satellite/ 자연과 인공 nature and art.

인구(人口) : population; inhabitants *인구 100만의 도시 a city with a population of one million/ 인구 잉 over population.

인권(人權) : human rights; the rights of man *인권선언 the International Declaration of Human Rights.

인기(人氣) : popularity; popular favour *인기 있다 be popular/ 인기가 없다 be unpopular.

인내(忍耐) : patience; perseverance; endurance *인내성 있는 patient; persevering; stoical.

인류(人類) : mankind; man; the human race; human beings *인류애 love for humanity.

인명(人命) : a life; human life *인명의 손해 a loss of lives.

인물(人物) : a man; a person; a character; a figure *세계적 인물 a world figure.

인민(人民) : : the people; (공중) the public; citizens *인민의 권리 the people's right/ 인민 공화국 a people's republic/ 인민 민주주의 a people's democracy/ 인민당 the people's party.

인사(人事) : greetings; (절) a bow;

(감사) thanks ***인사하다** *greet*; salute; make a bow; thank.

인상(人相) : **a look**; features **인상이 좋지 않은 evil(ill)-*looking*/ 인상을 보다 judge one's character by one's *features*.

인상(印象) : **impression** **좋은 인상을 주다 *impress* favourably.

인상(引上)하다 : **raise**; increase **차운임을 **인상하다** *raise* the fare.

인생(人生) : **life**; human life **인생관 (one's) view of *life*/ 인생항로 the path of one's *life*; the road of *life*.

인쇄(印刷) : **printing** **인쇄소 a *printing* house/ 인쇄중이다 be in the press; be *printing*.

인수(引受) : **undertake**; take charge of.

인술(仁術) : **a benevolent art**; the healing art.

인식(認識) : **recognition**; cognizance **인식하다 *recognize*/ 인식 부족 lack of *understanding*.

인정(人情) : **sympathy**; humanity; kindness; tenderness **인정이 있다 (be) *humane*; *kind*; *sympathetic*.

인정(認定) : **recognition** **인정하다 *recognize*; admit; confirm.

인체(人體) : **the (human) body**; flesh **인체 기생충 a *human* parasite.

인형(人形) : **a doll**; a puppet **인형극 a *doll*-play; a *puppet* show.

일 : **work**; (직업) a job; (근무) duties **일하다 *work*; labor/ 어려운 일 a difficult *task*.

일가(一家) : **a home**; *family*.

일간신문(日刊新聞) : **daily newspaper**.

일개(一個) : **one**; a piece.

일광(日光) : **sunlight**; sunshine **일광 소독 disinfection by exposure to the *sun*.

일급(日給) : **daily wages**; a day's wage **일급으로 일하다 work *by the day*.

일기(日記) : **a diary** **일기를 적다 keep a *diary*

일등(一等) : **the first**; the first place; the first class **일등국이 되다 rank among *the greatest powers* of the world.

일란성 ; **monovular**; uniovular **일란성 쌍생아 *monovular* 〔one-egg〕 twins; identical twins.

일렬(一列) : **a line**; a row; a rank; a file **일렬로 *in a row*; in a line; in a file.

일류(一流) : **first-class**; top-ranking; foremost.

일몰(日沒) : **sunset**; sundown **일몰 전〔후〕 before 〔after〕 *sunset*.

일반(一般)의 : **general**; universal **일반적으로 말하자면 *generally* speaking/ 일반화하다 *generalize*; popularize.

일본(日本) : **Japan** **일본말 Japanese; the *Japanese* language.

일부(一部) : **a part** **일부의 partial; divisional/ 일부 사람들 some people.

일부(一夫) : **a husband** **일부다처 *polygamy*.

일부러 : **on purpose**; intentionally; purposefully.

일사천리로 : **in a hurry**; with rapidity; at a stretch.

일상(日常) : **everyday**; daily; usually **일상 생활 *everyday* life; *daily* life.

일색(一色) : (미인) **a paragon of beauty**; a rare beauty.

일생(一生) : (one's) **lifetime**; (one's) whole life;(부사) as long as he lives; through one's life **일생의 *lifelong*; for life/ 일생에 한 번 once in a *lifetime*.

일세(一世) : **the age** **헨리 일세 *Henry I* 〔the First〕.

일소(一掃)하다 : **sweep away**; wash away; make a clean sweep (of); clean up; wipe out.

일소(一笑)하다 : **laugh (at)** **일소에 붙이다 *laugh* (a matter) off 〔away, down〕.

일시(一時) : (한때) at one time;(잠시)

for a time; (임시로) temporarily; (동시에) all together.

일식(日蝕)∷**a solar eclipse.**

일어나다: (기상) **get up; rise; get out of bed;** (일어나다) **get up; stand up;** (발생하다) **happen; occur** *아침 일찍 **일어나다** *get up* early in the morning/ 자주 **일어나는** 일이다 It *occurs* very often.

일언(一言): **a** (single) **word** *일언 반사의 사과도 없이 without *a single word* of apology.

일어서다 : **stand up**; rise to one's feet; get up *벌떡 **일어서다** spring [leap] *to one's feet*

일언일행(一言一行): **every word and act.**

일요일(日曜日): **Sunday** *다음 **일요일**에 next *Sunday*; on *Sunday* next.

일위(一位): **the first [foremost] place**; **No.1**; **the first rank** *일위를 차지하다 take the *foremost* place; be at the *top of*.

일으키다: (세우다) **raise**; **get up**; (깨우다) **wake up**; **awaken**; (야기하다) **cause**; **raise**; **bring about** *아이를 **일으켜주다** help a child *to his feet*/ 전쟁을 **일으키다** *bring about* war/ 폭동을 **일으키다** *raise* a riot.

일인자(一人者): **the first man**; **the leading figure.**

일일이 : (하나하나) **one by one**; (상세히) **in detail**; **in full**; (모두) **everything**; **in everything** *일일이 조사하다 examine *one by one*.

일정(一定)**한** : **fixed**; **set**; **uniform** *일정한 수입 *a regular* income.

일종(一種): **a kind**; **a sort**; **a species** *일종의 *a kind of*; *a sort of*.

일주(一週): **a round**; **a tour** *일주하다 go round; make a round/ 세계를 **일주하다** travel *round* the world; make a *tour of* the world.

일직선(一直線): **a straight line** *일직선으로 in straight line.

일찌기: *early*; (전에) earlier; once

*일찌기 **일어나다** *get up early*/ 이런 일은 **일찌기** 들어본 적도 없다 I have never heard of such a thing.

일책(一策): **a plan**; **an idea.**

일체(一切): **all**; **everything**; (부사) **entirely**; **wholly.**

일층(一層): **the ground floor** (영); **the first floor** (미) *일층집 *a one-storeyed* house.

일치(一致): **agreement**; **unanimity**; *일치하다 **agree** (with)/ 일치단결 **union**; **solidarity**; **harmonious cooperation.**

일탈(逸脫)∷**omission** (by mistake); **deviation**; **departure** *일탈하다 **deviate**(from); omit; depart (from).

일평생 : **all one's life**; (부사적) **all one's life**; *일생을 통해서 throughout *one's life*/ 연구에 **일생을** 바치다 devote *one's life* to study.

일품(一品): **an article** *일품요리 *one-course* meal; dishes a la carte (불어)/ 천하 **일품의** *unique*.

일하다 : **work**; **labor**; **toil** *먹고 살기 위해 **일하다** *work* for living/ 지나치게 **일하다** overwork oneself.

일행(一行): **a party**; **a company**; **a suite** (수행원) *김씨 **일행** Mr. Kim and his *party*.

일확천금하다 : **make one's fortune at one stroke**; **get rich quick** 일확천금을 꿈꾸다 dream of *wealth got at a stroke*.

일회(一回): **one time**; **once**; **a round** *일주에 일회 *once* a week.

일흔 : **seventy**; **three score and ten.**

읽다 : **read** *읽기 쉽다 It is easy *to read*.

읽히다 : **let read**; **have (a book) read** (by one)

잃다 : **lose**; **miss**; **be deprived of** *기회를 **잃다** *miss* an opportunity/ 희망을 **잃다** *lose* (one's) hope.

임관(任官): **appointment**; **commission** (장교) *임관하다 *appoint* (one to office); (be) commissioned.

임금(賃金): **wages**; **pay** *임금을 지불

하다 pay *wages*/ **임금을** 올리다 raise *wages*.

임기(任期): **one's term of office**; one's tenure (of office).

임명(任命): **appointment**; commission *임명하다 *appoint*; nominate (one for a position); set up.

임목(林木): a forest tree.

임무(任務): **a duty**; an office; a task *중요한 **임무** an important *duty*.

임박(臨迫)하다: draw near; approach *기한이 **임박했다** The time *draws near*.

임석(臨席)하다: attend; be present at *임석 경관 a policeman *present*.

임시(臨時)의: **temporary**; special; extraordinary; extra *임시열차 a *special* train.

임시정부(臨時政府): **a provisional government**.

임신(姙娠): **pregnancy**; conception *임신한 여자 a *pregnant* woman/ **임신** 6개월이다 be six months gone *with child*.

임업(林業): forestry *임업시험장 a *forestry* experiment station.

임용(任用): **appointment**; employment *임용하다 *appoint* (one).

임의(任意):: **option** *임의의 free optional/ voluntary.

임자: (소유자) the owner; (경영자) the proprietor.

임종(臨終): **the dying hour**; one's last moment; one's deathbed *임종의 말 one's *last* [*dying*] words.

입: **the mouth**; lips(입술) *입을 벌리고 with one's *mouth* open/ 입을 다물다 shut (one's) *mouth*; hold (one's) *tongue*.

입고(入庫): warehousing (상품등); entering the car shed *입고하다 *enter* the car shed.

입구(入口): **an entrance**; a way in *입구에서 at the *entrance*.

입김: breath.

입다: **put on**; (입고 있다) wear; have on; dressed in *제복을 **입은** 사람 a man *in uniform*/ 옷을 입은 채 자다 sleep *in* (*one's*) *clothes*.

입맛: **appetite**; taste *입맛이 있다 have a good *appetite*/ 입맛이 없다 have no *appetite*/ 입맛을 돋우다 stimulate one's *appetite*.

입맞추다: **kiss**; give (one) a kiss *볼에 **입맞추다** *kiss* on the cheek.

입술: **the lips** *입술을 깨물다 bite one's *lips*.

입시(入試): **an examination** *입시를 준비하다 prepare for an entrance *examination*.

입영(入營)하다: **join the army**; enlist; enter barracks.

입원(入院)하다: **be taken to hospital**; be hospitalized *입원 중이다 He is *in* (*the*) *hospital*.

입장(立場): **a position**; a situation; (견지) a standpoint; a point of view *그는 괴로운 **입장**에 있다 He is in a difficult *situation*/ 자기 입장을 밝히다 make one's *position* clear.

입증(立證): **proof**; demonstration *입증하다 prove; give proof; establish (a fact)/ 유죄를 입증하다 prove (a person) guilty/ 무죄를 입증하다 establish one's innocence.

입추(立秋): **the first day of autumn**.

입춘(立春): **the first day of spring**.

입학(入學)하다: **enter a school**; be admitted into a school *입학식 *entrance* ceremony.

입후보(立候補): **candidacy** *입후보하다 stand as a *candidate* for; run for (an *election*)/ 입후보자 a *candidate*.

입히다: (옷을) **clothe**; dress; put on *오버를 **입혀주다** *help* (one) *on with* one's *overcoat*/ 어린아이에게 옷을 입히다 *dress* [clothe] a child.

잇다: (접속) **join**; connect; link; (계속) continue; follow; keep up *줄을 **잇다** *link* strings *together*.

잇몸: **a gum**; a teethridge.

있다: (존재) be; there is; exist; (위치) stand; be located; (소유) have; possess; own *그것은 지금도 **있다** It is still in *existence*.

잉여가치: surplus value.

잊다: (망각) forget; (단념) keep (one's) mind off; (놓고 오다) leave (a thing) behind *잊지 말고 without fail/ 나는 잘 잊는다 I have a *bad memory*.

잎: a leaf; a blade (칼날모양을 한); a needle(침엽); foliage(집합적으로) *나무 **잎**이 모두 졌다 The *leaves* are all gone off the trees; Trees are bare of *leaves*.

잎담배: leaf tobacco.

잎사귀: a leaf; a leaflet(작은).

ㅈ

자: ① a ruler; a measure; a square *삼각**자** a set (triangular) *square* ②(감탄사) come on!; Come now!; Here! Here you are!; well [now].

자(字): (글자) a letter; a character; an alias.

자가용(自家用): (차) a private car; an automobile for one's personal use.

자고로: from old [ancient] times; from remote ages.

자국: a mark; a trace; a track *자국나다 leave *a mark* (on).

자극(刺戟): a stimulus; an incentive; a spur *자극하다 *stimulate*; excite/ 자극제 a *stimulant*/ 자극하다 give an *impetus* to.

자금(資金): capital; funds; money *자금이 부족하다 be short of *funds*.

자기(自己): one's (own) self; oneself *자기 자신을 소개하다 introduce *oneself*/ 자기 스스로 personally; in person; oneself; for oneself.

자기(瓷器): procelain; china ware.

자꾸: constantly; incessantly; frequently.

자나깨나: awake or asleep; night and day; waking and sleeping *자나깨나 그 여자를 잊을 수 없다 I cannot get her out of my mind *awake or asleep*.

자녀(子女): sons and daughters; children

자다: sleep; go to sleep; fall a sleep *잘[못]**자다** *sleep* well [badly]; have a good [bad]/ 늦잠을 **자다** *sleep* late; oversleep.

자동(自動): automatic movement; automatism *자동판매기 a *slot machine*; an automat.

자동차(自動車): a (motor) car; an automobile; an auto *자동차를 운전하다 drive *a car*.

자라다: (손이 미치다) reach; get (to); (성장) grow; grow up; be bred *빨리 **자라다** *grow* rapidly.

자락: the skirt; the foot; the bottom; the train.

자랑: pride; boast; self-conceit *자랑하다 *brag* [boast]of; be *proud of*; *pride* oneself/ 불국사는 한국의 **자랑**이다 Bulgug Temple is the *pride* of korea.

자력(自力): one's own power [effort, ability, strength] *자력으로 by *one's own effort* [power].

자루: ①(주머니) a sack; a bag ②(손잡이) a handle ③(단위) a piece *칼**자루** the *handle* of a knife/ 연필 다섯 **자루** five pencils.

자르다: cut (off); chop; sever *나무 가지를 **자르다** *cut* branches of a tree.

자리: (좌석) a seat; (one's) place; (여지) room; space; (현장) the spot; (지위) a position; a post *자리에 앉다 take (one's) *seat; seat* (oneself) at a table; *sit* down.

자립(自立): independence; self-reliance *자립경제 autarky; *self-supporting* economy.

자만(自慢): self-conceit; self-praise

*자만하다 be proud of; brag[boast] of; make a boast of; talk big.

자멸(自滅): self-destruction *자멸하다 destroy [ruin, kill] oneself.

자명(自明)하다: (be) self-evident; obvious; self-explaing *자명한 이치 a self-evident truth; a truism; an axiom.

자물쇠: a lock; a padlock *자물쇠를 잠그다 lock the door.

자발(自發)적: spontaneous; voluntary *자발적으로 spontaneously; voluntarily.

자백(自白): confession; avowal; admission *자백하다 confess; make a confession.

자본(資本): capital; funds; assets *자본가 a capitalist/ 자본주의 capitalism/ 자본주의 국가 a capitalist country.

자부심(自負心): self-conceit; pride *자부심이 강한 self-conceited.

자비(慈悲): mercy; compassion; pity *자비를 베풀다 have [take] mercy [compassion] on.

자빠뜨리다: throw down.

자빠지다: fall on one's back; tumble down; lie down; fall backward.

자산(資産): property; a fortune; assets.

자살(自殺): suicide; self-murder *자살하다 kill oneself; commit suicide/ 자살을 기도하다 attempt suicide.

자상스러운: full; detailed; minute; particular.

자서전(自敍傳): an autobiography; one's life story.

자석(磁石): a magnet; a loadstone *막대자석 a bar magnet.

자선(慈善): charity; benevolence *자선사업 charitable work.

자세(姿勢): a pose; an attitude *자세가 좋다[나쁘다] carry oneself well [ill].

자세(仔細)하다: be minute; be detailed *자세히 설명하다 give a full explanation.

자습(自習): self-study *자습하다 teach oneself; study for oneself.

자식(子息): (one's) children; (one's) sons and daughters.

자신(自身): (one's) self; oneself *자신이 하다 do it oneself.

자신(自信): self-confidence; confidence *자신하다 be confident of; have confidence in oneself/ 자신을 가지고 with confidence/ 자신있는 태도 a confident matter/ 자신 만만하다 be full of confidence.

자실(自失)하다: lose consciousness; be stupefied; be dazed; be self-abstracted.

자아(自我): self; ego; the "I" *자아의식 self-consciousness.

자연(自然): nature *자연스럽다 be natural/ 자연히 naturally.

자영(自營)하다: support oneself *자영사업 an independent enterprise.

자욱하다: (be) thick; dense; heavy *연기가 자욱하다 The smoke is thick. 자욱하게 끼다 hang over.

자웅(雌雄): male and female; the sex; (승패) victory or defeat *자웅을 결하다 try conclusions; cross swords; fight to a finish.

자원(資源): resources *천연 자원 natural resources.

자유(自由): freedom; liberty *언론의 자유 freedom of speech.

자재(資材): material; resources *건축자재 construction materials.

자전거(自轉車): a bicycle; a cycle *자전거를 타고 가다 go by bicycle.

자제(子弟): one's son; youngsters (of one's family).

자제(自制): self-control; selfrestraint *자제하다 control (oneself)/ 자제력 the power of self-control.

자조(自助): self-help.

자존심(自尊心): pride; self-respect *그는 자존심이 강하다 He has much self-respect.

자주 : often; frequently; repeatedly *자주 있는 일 a *common* affair.

자활(自活) : self-support *자활하다 *support oneself*.

작가(作家) : a maker; a writer; **an author**.

작고(作故)**하다** : die; pass away; be dead *작고한 *the late*.

작곡(作曲) : (musical) **composition** *작곡하다 *compose music*.

작년(昨年) : **last year** *작년 여름 *last summer*.

작다 : (be) **small**; little; tiny *이 모자는 내게 너무 **작다** This hat is too *small* for me.

작대기 : **a pole**; a rod.

작문(作文) : composition; writing *작문하다 make a *composition*; write/ 영작문 English *composition*.

작법(作法) : **how to make** [compose].

작별(作別) : farewell; parting; leave-taking *작별하다 bid *farewell*; say goodbye(작별 인사를 하다).

작부(酌婦) : **a barmaid**; a waitress.

작업(作業) : work; operations; fatigue duty *작업장 a workshop; works.

작용(作用) : action; working; operation; effect *작용하다 *act* (on); work; function/ 심리적 **작용** a mental *process*.

작자(作者) : **an author**; a writer.

작전(作戰) : **military operations**; strategy *작전계획 a plan of *operations*.

작품(作品) : **a performance**; a work; a production.

잔(盞) : **a cup**; a wine cup [glass] *찻잔 *a tea-cup*/ 잔을 주다[받다] offer [accept] a *cup*.

잔금(殘金) : **the rest** (of the payment); the balance.

잔디 : grass; turf; lawn *잔디밭 *a lawn*; a grass-plot.

잔류(殘留)**하다** : **remain behind**; stay; be left behind.

잔말 : small talk; useless talk; twaddle *잔말 말아! None of your *twaddling*!

잔심부름 : **sundry jobs**; miscellaneous services.

잔인(殘忍) : cruelty;inhumanity *잔인하다 *be cruel*; be brutal;be inhuman.

잔재(殘滓) : leftovers; remnants; waste matter; dregs *봉건주의의 **잔재** *remaining vestiges* of feudalism.

잔치 : a feast; a banquet *생일잔치 *a birthday party*/ 잔치를 베풀다 give a *party*.

잘 : well; fully;thoroughly *영어를 **잘** 하다 speak English *well*.

잘다 : (be) **fine**; small; minute; tiny *잔모래 *fine* sand.

잘되다 : **go well**; come out well *모든 일이 잘 되어 가다 Everything is *going on well*.

잘못 : a mistake; a fault *잘못하다 *mistake*; make a mistake/ 그것은 나의 **잘못이다** It is my *fault*.

잘생기다 : be handsome; goodlooking *얼굴이 잘 생기다 have a *handsome face*.

잘하다 : do well; be skillful; be a good hand *말을 잘한다 He is a *good speaker*/ 영어를 잘하다 be *good* at English.

잠 : sleep; sleeping; a slumber *잠에서 깨다 awake from *sleep*/ 잠을 못 이루다 fail to go *sleep*; lie awake.

잠깐 : **a little while**; a moment.

잠꾸러기 : **a heavy sleeper**; a late riser.

잠들다 : fall asleep; sink into sleep; drop off to sleep *깊이 **잠들다** *fall fast asleep*.

잠수(潛水)**하다** : dive; diving; go underwater *잠수부 *a diver*.

잠자다 : sleep; go to bed; have a sleep; take a nap.

잠자리 : ①(곤충) **a dragonfly** ② **a bed**; a sleeping place *잠자리에 들

다 go to [into] bed.

잠자코 : without a word; silently *잠자코 있다 keep silence.

잠잠하다 : (be) quiet; still.

잠재(潛在)하다 : be [lie] latent; be dormant; lie hidden *잠재세력 potential [latent] power.

잡다 : (손으로) catch; get; (쥐다) hold; seize; take hold of; (체포) catch; arrest; capture *공을 잡다 catch a ball/ 도둑을 잡다 catch a thief.

잡아당기다 : pull; draw *귀를 잡아당기다 pull (one) by the ear.

잡지(雜誌) : a magazine.

잡채(雜菜) : chop suey; an olio.

잡초(雜草) : weeds; coarse grass *잡초를 뽑다 weed (a garden).

잡치다 : spoil; ruin; make a mess of.

잡히다 : be caught [arrested] *경관에게 잡히다 be caught by the police.

장(長) : (길이) length; (우두머리) the head; the chief.

장갑(掌甲) : gloves; a mitten *장갑을 끼다[벗다] put on [take off] gloves.

장거리(長距離) : a long distance *장거리 전화 a long distance call.

장관(長官) : a minister; a cabinet-minister; a cabinet member.

장교(將校) : an officer.

장구 : a Korean drum; a jangoo.

장군(將軍) : a general.

장기(將棋) : the game of chess *장기를 두다 play chess; have a game of chess/ 장기짝 a chessman/ 장기판 a chessboard.

장기(長期) : a long time *장기의 long (-dated); prolonged; protracted.

장난 : (놀이) a game; play; (희롱) mischief *장난하다 play; trifle; play a trick/ 장난으로 for fun [a joke]/ 장난꾸러기 a playful fellow.

장난감 : a plaything; a toy.

장님 : a blindman; the blind *장님이 되다 become [go] blind.

장도리 : a hammer *장도리로 치다 hammer.

장딴지 : the calf (of the leg).

장래(將來) : the future *가까운 장래에 in the near future.

장려(奬勵)하다 : encourage; promote; stimulate *장려금 a bounty; a subsidy; incentive wages.

장마 : the rainy spell in summer *장마철 the rainy season.

장만하다 : prepare; provide (oneself) with; (사다) buy; (만들다) make *집을 장만하다 get a house.

장미(薔薇) : a rose *가시 없는 장미는 없다 Every rose has its thorns.

장사 : trade; business; commerce *장사를 시작하다 go into a business.

장소(場所) : a place; a spot; a point; a section *장소가 좋다 be well situated.

장수 : a merchant; a trademan; a seller.

장점(長點) : a merit; a good point *장점과 단점 merits and demerits.

잦다 : (빈번하다) be frequent.

재 : ashes *재 같은 ashy.

재능(才能) : talent; ability; gift *재능이 있는 able; talented.

재다 : measure; take measurement *자로 재다 take measurements with a ruler.

재료(材料) : material; raw material *재료를 공급하다 supply (one) with materials.

재목(材木) : wood; timber.

재물(財物) : property; means; treasures; a fortune.

재미 : fun; interest; amusement *재미있다 (be) interesting; amusing.

재민(災民) : the afflicted people; the sufferer; the victims *재민 구호금 disaster relief fund.

재빠르다 : (be) quick; swift; nimble; be agile; prompt *재빨리 quickly; swiftly; promptly.

재발(再發) : relapse; recurrence; return *재발하다 *recur*; return/ 병이 재발하다 *relapse* into illness.

재배(栽培)하다 : **grow**; **cultivate** *그는 과일을 재배하고 있다 He is *raising* fruit.

재벌(財閥) : **plutocracy**; plutocrats; a money clique.

재빠르다 : (be) **quick**; **swift** *재빨리 *quickly*; swiftly.

재산(財産) : **property**; a fortune; an estate *재산을 모으다 make〔amass〕 a *fortune*.

재생(再生) : **new birth**; regeneration *재생고무 *rejuvenated* rubber.

재수(財數) : **luck**; fortune *재수가 있다 *be luck*; be fortunate.

재외(在外)의 : **abroad**; overseas *재외교포 Korean residents *abroad*.

재우다 : **put**〔one〕 **to sleep**; let〔one〕 go to sleep.

재조사(再調査)하다 : **re-examine**; reinvestigate.

재주 : **talent**; gift; ability; parts.

재채기 : **a sneeze** *재채기하다 *sneeze*.

재촉하다 : **press**; urge; dun *대답을 재촉하다 *press*〔one〕 for an answer.

재출발(再出發)하다 : **make a restart**; make a fresh〔new〕 start.

재판(裁判) : **justice**; a trial *재판장 the presiding〔chief〕 *judge*.

재판소(裁判所) : **a court of justice**; a lawcourt *순회 재판소 a circuit *court*.

저고리 : **a coat**; an upper garment.

저금(貯金) : (행위) **saving**; (돈) savings *저금하다 *save*; lay by (money); deposit/ 저금통장 *a deposit* passbook.

저급(低級) : **a low grade**; inferiority.

저기 : **there**; that place.

저녁 : **evening** *저녁놀 *the evening* glow/ 저녁에 in the *evening*.

저녁때에 : **toward evening**; in the evening.

저녁밥 : **supper**; the evening meal.

저만큼 : **that much**; so (much); to that extent.

저맘때 : **about that time**.

저명(著名)하다 : (be) **well-known**; noted; famous; prominent *저명한 인사 a *well-known* person.

저물가(低物價) : **low prices** *저물가 정책 a *low-price* policy.

저리 : (저렇게) **so**; like that; in that way: to that extent; (방향) this drection; there *이리저리 here and *there*/ 저리 가거라 Go away.

저물다 : **grow**〔**get**〕 **dark**; (the sun) set; (night) fall *저물기 전에 before *dark*.

저버리다 : (약속) **go back on**; back down(on); break (one's promise); (은혜를) lose (one's gratitude).

저속(低俗)하다 : (be) **vulgar**; base; low *저속한 취미 *low* taste.

저승 : **the other world** *저승으로 가다 go to *Heaven*; join the majority; die.

저울 : **a balance**; scales; a weighing beam *저울에 달다 weigh (a thing) in the *balance*.

저 이 : **that man**; he (남자); that woman; she (여자) *저 이들 *they*.

저임금(低賃金) : **low wages**.

저자(著者) : **a writer**; an author.

저장(貯藏) : **storage**; keeping; storing *저장고 *a storehouse*/ 냉동저장 cold *storage*; refrigeration.

저절로 : **of itself**; be itself *문이 저절로 열렸다 The door opened *of itself*.

저주(咀呪) : **a curse**; imprecation *저주받은 be doomed; cursed.

저축(貯蓄) : **saving**; savings *저축하다 *save*; lay by; store up/ 저축심 있는 saving; thrifty.

저탄(貯炭) : **a stock of coal** *저탄소 *a coal*yard.

저택(邸宅) : **a mansion**; a residence.

저편 : (저기) **there**; (저쪽) the other direction; the other side.

저항(抵抗) : **resistance**; defiance *저

저해하다 *resist*; oppose; stand against/ **저항력** power of *resistance*.
저해(沮害)하다: check; obstruct; interfere with.
적(敵): an **enemy**; a rival *적을 공격하다 attack an *enemy*.
적극(積極)적: **positive**; active; constructive *적극적으로 *positively*.
적나라(赤裸裸): **nakedness**; nudity; (솔직) frankness.
적다: ①(기록) write (down); put down; note; record; take notes ② (수가) few; (양이) little *적지 않은 not *a few* [*little*]/ 그것보다 적게 *less* than that.
적당(適當)하다: (be) **proper**; suitable; fit; adequate *적당한 때에 at a *proper* time.
적대시하다: be hostile to; regard with hostility.
적도(赤道): the **equator**; the line *적도의 an *equatorial telescope*.
적십자(赤十字): the **Red Cross** *적십자 병원 *the Red Cross* Hospital/ 적십자기 *the Red Cross* flag.
적어도: at (the) **least**; to say the least of it.
적외선(赤外線): an **infrareddray**.
적용(適用): **application**; adaptation *적용하다 *apply to*.
적응(適應)하다: fit; be fit [adapted] for *적응시키다 *fit* (one, a thing) to; *adapt* (a thing) to/ 적응성 adaptability; flexibility.
적절(適切): **pertinence**; propriety.
적자(赤字): ① **a red letter**; red figures; ② (결손) a loss; a deficit *적자를 내다 be in *the red*; have a *deficit*.
전경(全景): a **complete view**; the whole view.
전고(前古): **old days**; ancient times *전고미문의 unprecedented; unheard of (in history).
전공(專攻): a specialty; a **major** *전공하다 specialize (in); *major* (in).

전교(全校): the **whole school** *전교생 *the whole student* body.
전국(全國): the **whole country** *전국적으로 on *a national* scale.
전근(轉勤): **transference** *전근하다 be *transferred* to.
전기(電氣): **electricity** *전기요금 **electric** charges; electric rates.
전과(前科): **a previous conviction**.
전념(專念): **concentration of mind**.
전달(傳達): **delivery**; transmission; conveyance *전달하다 *transmit*; convey.
전등(電燈): **an electric light** [lamp] *회중전등 *an electric*; a flashlight (미).
전람(展覽): **exhibition**; show; display *미술전람회 an art *exhibition*.
전력(全力): **all (one's) power**; (one's) best *전력을 다하다 do one's *best*; do *everything* in one's power; do *all* one can.
전례(前例): **a precedent**; a former example *전례를 깨드리다 break the *precedent*; make a departure from the usual custom.
전망(展望): **a view**; a prospect *전망이 좋다 have a good *prospect*; command a fine *view*.
전몰(戰歿): **death on the battlefield** *전몰장병 the war dead; fallen heroes.
전문(專門): **a specialty**; a special work *전문학교 a college; a professional school.
전반(全般): **the whole**; the all.
전번(前番): **last time** *전번에 그를 만났을 때 when I saw him *last*.
전법(戰法): **tactics**; strategy.
전보(電報): **a telegram**; a telegraph *전보용지 a *telegram* form.
전보대: **a telegraph pole**; an electric pole.
전부(全部): **all**; the whole; (부사)all; in full; altogether; in all *전부 얼마입니까? How much is it *altoge-

ther?
전설(傳說): a legend; a tradition.
전세계(全世界): all over the world.
전속력(全速力): full speed; top speed *전속력으로 at *full speed*.
전승(全勝)**하다**: win [gain] a complete victory; be unbeaten
전시회(展示會): an exhibition; a public display *전시하다 *exhibit*; put on display.
전염(傳染): (접촉에서)contagion; (간접에서) infection *전염병 an *infectious* disease; an epidemic/ 전염병 환자 a case of *infectious* disease.
전용(專用): exclusive use.
전자(電子): an electron *전자공학 *electronics*.
전작(田作): dry field farming; dry field crop(농작물).
전작소설(全作小說): a complete story.
전쟁(戰爭): a war; a battle *전쟁 중이다 be at *war*[the front].
전제정치(專制政治): absolute [autocratic] government.
전진(前進): an advance; a march *전진하다 *advance*; move forward/ 전진기지 an *advanced* post.
전집(全集): a complete collection
전차(電車): a tramcar; a streetcar; a tram *전차로 가다 go by tram.
전처(前妻): one's former wife.
전철(電鐵): an electric railway.
전체(全體): the whole *전체회의 a *plenary* session/ 전체주의 totalitarianism.
전치사(前置詞): a preposition.
전택(田宅): farm and house.
전통(傳統): tradition; convention *전통적으로 *traditionally*; conventionally.
전투(戰鬪): combat; battle; a fight; an action *전투하다 fight; *battle*; have a fight/전투모 a service cap.
전파(傳播): spread; propagation; diffusion *전파하다 propagate; spread.

전하다: convey; report; deliver *비보를 전하다 *deliver* the sad news.
전(全)**혀**: entirely; completely; quite; totally *전혀 모르다 do not know *at all*/ 전혀 상관이 없다 have *nothing* to do (with)/ 전혀 거짓말이다 be *downright* lie.
전형(典型): a type; a model; a pattern *전형적인 *typical*; model; ideal.
전화(電話): a telephone *전화로 이야기하다 talk over the *telephone*.
전환(轉換): conversation; turnover.
절: ① (사찰) a Buddhist temple ② (인사) a bow; salutation *절하다 make a *bow*; make an obeisance (to).
절대(絕對): absoluteness *절대로 *absolutely*/ 절대의 진리 an *absolute* truth.
절망(絕望): despaire *절망하다 *despair* (of); lose hope (of)/ 절망적인 *hopeless*; desperate.
절벽(絕壁): a cliff; a precipice; a precipitous cliff.
절약(節約): economy; frugality; saving *비용의 절약 *economy* in expenditure.
젊다: (be) young; youthful *젊어보이다 look *young*/ 젊었을 때에는 while *young*; in one's *youth*/ 나이에 비해 젊다 look *young* for one's age.
점(點): (반점) a spot; a dot; (표기) a point *좋은 [나쁜]점 a good [weak] *point*.
점령(占領): occupation; capture *점령하다 take; *occupy*; capture.
점점(漸漸): more and more (더 많이); increasingly.
접근(接近)**하다**: approach; draw near.
접다: fold (up); wrap up; turn up [down] *우산을 접다 *fold* up [shut, close] an umbrella.
접수(接受): receipt; acceptance.
접시: a plate; a dish *굴 한 접시 *a*

plate of oysters.

접촉(接觸): **contact**; touch *접촉하다 *touch*; make contact; contact with/ 계속 접촉을 갖다 keep in *touch* [contact] with one.

젓다: (배를) row; (액체를) stir *휘젓다 stir; churn; beat; whip.

정가(定價): **a fixed price**; the price; the net price *정가표 *a price*-tag [list].

정거(停車): **stoppage**; stopping *정거하다 *stop*; halt.

정거장(停車場): **a railroad station**; a railway station *다음 정거장은 어디입니까? What is the next *stop*?

정(情)**답다**: (be) friendly; tender; intimate; affectionate; loving.

정당(政黨): **a political party.** *정당정치 *party* politics; *party* government/ 양대정당 both major *political party*.

정당(正當)**하다**: (be) right; just; proper; just and proper *정당한 이유 *a good* [just] reason.

정도(程度): **degree**; grade *정도 문제 a matter *of degree*.

정력(精力): **energy**; vigour; vitality. *정력 왕성한 *energetic*.

정렬(整列)**하다**: **stand in** ;row line up; form a line.

정리(整理): **arrangement**; regulation; adjustment *정리하다 *arrange*; adjust; put in order.

정문(正門): **the front gate**.

정보(情報): **information**; intelligence; news; a report *정보부 *the information* bureau.

정부(政府): **the government**; the administration; the ministry.

정신(精神): **mind**; spirit *정신 연령 *mental* age.

정원(庭園): **a garden**; a park *정원사 a gardener.

정월(正月): **January**.

정의(定義): **a definition** *정의하다 define/ 정의를 내리다 *define*; give a definition.

정전(停戰): **a cease-fire**; a truce *정전회담 *a ceasefire* campaign.

정전(停電): **interruption of electric power**; power failure; a shut off of electricity.

정절(貞節): **fidelity**; chastity; virtue *정절을 지키다 lead *a chaste life*.

정점(頂點): **an apex**; the summit; the peak; the top.

정정(訂正): **correction**; revision *정정하다 *correct*; revise; rectify.

정정당당(正正堂堂)**하다**: **be fair and square** *정정당당한 승부 *a fairly* contested match.

정제(精製): **refining** *정제하다 refine; purify/ 정제한 refined/ 정제상품 *choice* goods.

정조(貞操): **chastity**; constancy; faithfulness *정조를 지키다 remain *faithful*.

정직(正直): **honesty**; uprightness.

정착(定着): **fixation**; fixing *정착하다 *fix*.

정찰(正札): **a price mark**; a price label *정찰을 붙이다 *mark a price*/ 정찰가격 *the marked* price.

정치(政治): **politics** *정치단체 *a political* organization.

정통(精通): **complete knowledge**; being at home *정통하다 *be well versed*; be at home/ 그는 고전에 정통하다 He has classic literature at his *finger's ends*.

정평(定評): **a reputation**; a settled opinion *정평이 있다 enjoy an established *reputation*.

정표(情表): **a love token**; a keepsake; a memento.

정(定)**하다**: **decide** (on); fix; determine *날짜를 정하다 *fix* a date/ 값을 정하다 *set* the price.

정확(正確)**하다**: (be) **correct**; exact *이 시계는 정확하다 This clock keeps a *correct* time.

정회원(正會員): **a regular member**.

젖: milk; mother's milk *젖을 빨다 suck milk / 젖을 짜다(소의) milk a cow.

젖다: get wet *젖은 wet; damp / 젖은 옷 wet clothes.

제(祭): (제사) a religious service.

제도(制度): a system; an institution *현행 제도 the existing system.

제목(題目): a subject; a theme; a title; a headline.

제복(制服): a uniform *학교의 제복 a school uniform.

제본(製本): bookbinding *제본하다 bind (a book) / 제본소 a bookbindery.

제비: ① a lot; a lottery *제비를 뽑다 draw lots ② a swallow.

제세(濟世): salvation of the world.

제안(提案): a proposal; a suggestion; an overture *제안자 a proposer.

제일(第一): the first; number one *제일 좋은 [나쁜] the best [worst] / 제일 아름다운 the most beautiful / 안전 제일 safety first.

제자(弟子): a disciple; a pupil.

제헌(制憲)국회: the Constitutional Assembly *제헌절 Constitution Commemoration Day.

제휴(提携): co-operation; concert.

조각: a piece; a bit; a scrap *유리조각 a broken piece of glass.

조각(彫刻): sculpture; carving; engraving *조각가 a sculptor; an engraver.

조간(朝刊): a morning paper.

조개: a shellfish *조개껍데기 a shell / 조개무지 a shell-heap.

조객(弔客): a caller for condolence.

조건(條件): a condition; a stipulation; a term *필수조건 a precondition.

조교(助教): an assistant teacher; an assistant (조수).

조국(祖國): the fatherland; one's mother country *조국애 patriotism / love for one's country.

조그마하다: (be) small; tiny.

조금: a little; a few; some *조금씩 little by little; bit by bit.

조세(租稅): taxes; taxation; rates *조세를 부과하다 impose a tax upon.

조심(操心)하다: take care (of); be careful (about); look out *조심스럽게 carefully; with care.

조언(助言): advice; counsel *조언하다 advise; counsel; give (one) advice.

조용하다: (be) quiet; silent; still; calm; tranquil *조용히 해라! Keep quiet! Quiet!

족(足)하다: (be) sufficient; enough *2천 원이면 족하다 Two thousand won will do [suffice].

존경(尊敬): respect; esteem *존경하다 respect; esteem; look up to (one).

존엄(尊嚴): dignity; majesty *법의 존엄성 the dignity of law.

존재(存在): existence; being *존재하다 exist / 존재 이유 raison d'être (불어).

존칭(尊稱): an honorific title.

존함(尊銜): your name.

졸다: doze; take a nap.

졸도(卒倒): fainting *졸도하다 faint; (fall into a) swoon; collapse.

졸렬(拙劣): clumsiness; inexpertness.

졸업(卒業): graduation *졸업하다 graduate at (a school); be graduated (from) / 졸업식 a graduation ceremony.

좀도둑: a sneak (thief); a filcher.

좀처럼: (not) easily; readily.

좁다: (be) narrow *그는 마음이 좁다 He is narrow minded man / 좁은 문 a strait gate.

좁다랗다: (be) narrow and close.

종(鐘): a bell; a doorbell *종을 울리다 ring a bell.

종결(終結): a close; a conclusion *종결하다 terminate; come to an end.

종곡(終曲): (음악) a finale.

종교(宗教) : religion; a faith *종교단체 a *religious* body.

종래(從來)**의** : old; former; usual; in the past *종래에는 *up to now* (*this time*); so far.

종료(終了) : an end; a close.

종류(種類) : a kind; a sort; a class *종류가 다른 of a different *kind*.

종속(從屬) : subordination *종속하다 be *subordinate*; be subject (to).

종아리 : the calf of the leg.

종이 : paper *종이 한 장 a sheet of *paper*/ 종이로 만든 *paper*; made of paper.

종일(終日) : all day; all day long.

종합(綜合) : synthesis; generalization *종합대학 a *university*.

좋아하다 : like; be fond of; love *음악을 좋아하다 *like* [*be fond of*] music.

좌담(座談) : a table talk; conversation *좌담회 a round-table talk; a discussion meeting; a symposium.

좌석(座席) : a seat *좌석권 a ticket.

좌시(坐視)**하다** : stand idly.

좌우(左右) : right and left.

좌우간(左右間) : anyway; anyhow; at any rate.

주관(主管) : superintendence *주관하다 *superintend*; supervise.

주다 : give; present *나는 그녀에게 인형을 주었다 I *gave* her a doll.

주량(酒量) : one's drinking capacity *주량이 크다 be a heavy *drinker*.

주력(主力) : the main force *주력을 기울이다 *concentrate*.

주(主)**로** : mainly; generally; mostly.

주르륵 : copiously; in a steady stream.

주름살 : wrinkles; furrows *주름잡힌 얼굴 a *wrinkled* [*lined*] face / 주름을 펴다 *smooth out*.

주머니 : a bag; a sack; a pouch; a pocket.

주먹 : a fist *주먹을 쥐다 clench one's *fist*.

주목(注目) : attention; notice; observation *주목하다 pay *attention* to; take note [notice]; watch.

주문(注文) : an order; ordering *주문하다 *order*/주문에 따라서 만들다 make (a thing) to *order* for.

주민(住民) : inhabitants; residents.

주범(主犯) : the principal offence; the principal offender(사람).

주소(住所) : an address *현주소 the present *address* / 주소록 an *address* book.

주요(主要)**한** : important; chief; leading; main *주요산업 *major* [key] industries.

주의(注意) : attention; notice *주의하다 pay *attention* to; (조심) take care / 건강에 주의하시오 *Take care of* your health.

주장(主張) : assertion; contention *권리를 주장하다 *assert* one's rights.

주재(主宰) : superintendence.

주저(躊躇)**하다** : *hesitate*; falter *주저 않고 *without hesitation*.

주최(主催) : auspices; sponsorship *주최자 the *sponsor*; the promotor.

죽다 : die; pass away *굶어 죽다 starve to *death*/병으로 죽다 *die* from a disease.

죽마고우(竹馬故友) : an old playmate.

죽순(竹筍) : a bamboo shoot.

죽음 : death; dicease *죽음에 임하다 on one's *deathbed*/죽음을 무릅쓰고 at the risk of one's *death*.

죽이다 : kill; murder; slay.

준공(竣工) : completion *준공하다 be *completed*; be finished / 준공식 the *completion* ceremony.

준비(準備) : preparation *준비하다 *prepare*; get ready (for); make preparation / 준비가 다 되었느냐? Are you *ready*?

줄넘기 : rope skipping *줄넘기하다 skip [jump] *rope*; turn a skipping; *rope*.

줄다 : decrease; diminish *몸무게가 줄다 *lose* weight.

줄어들다 : *decrease*; diminish; lessen; dwindle.

줄이다 : **reduce**; decrease; lessen *3분의 2를 **줄이다** *reduce* by [to] two-thirds.

줍다 : **pick up**; gather; collect *주워내다 *pick* [*take*] *out*.

중간(中間) : **the middle**; halfway; midterm *중간보고 an *intermediary report*.

중금속(重金屬) : a heavy metal.

중년(中年) : **middle age**; manhood *중년의 *middle-aged*.

중대(重大)**하다** : (be) **important**; serious; grave *중대한 문제 an *important* matter.

중독(中毒) : **poisoning**; toxication *아편 중독 opiumism / 알코올 중독 alcoholism.

중심(中心) : **the center** *중심지 a *centre* / 중심점 the *central* point / 중심력 a *centripetal* force.

중죄(重罪) : **a felony**; a grave offence.

중지(中止)**하다** : **stop**; suspend *그 시합은 비 때문에 **중지했다** The match was *called off* because of rain.

중태(重態) : **a serious condition**.

중학교(中學校) : **a middle school**; a lower secondary school; a junior high school(미) *중학생 a *middle school* student.

쥐 : a rat; a mouse (pl. mice) *쥐약 *ratsbane* / 쥐덫 a *mouse* [*rat*] *trap* / 쥐꼬리 a *rat*tail.

쥐구멍 : a rathole *쥐구멍을 찾다 feel inclined to *sink into the ground* with shame; seek a *loophole* / 쥐구멍에도 볕들 날이 있다 Fortune knocks at our door by turns.

쥐다 : hold; take hold of; grasp.

즉흥(卽興) : **improvised amusement** *즉흥시 an *impromptu* (poem); an extempore verse.

즐겁다 : (be) **pleasant**; delightful; cheerful *즐거운 추억 a *pleasant* memory / 즐거이 happily; merrily.

즐기다 : **enjoy**; take pleasure in *인생을 즐기다 *enjoy* life.

즐비하다 : **stand in a continuous row**.

증가(增加) : **an increase**; a gain; a rise; growth *증가되고 있다 be on *the increase* in number / 증가하다 increase.

증강(增强) : **reinforcement**.

증거(證據) : **evidence**; proof; witness; testimony *확실한 증거 certain *evidence*; a positive *proof*.

증권(證券) : **an instrument**; a deed; a bill; a security; a bond *유가 증권 *securities* / 증권 회사 the *security* corporation.

증언(證言) : (verbal) evidence; testimony; witness *증언하다 *testify* to; bear witness to.

증원(增員) : **an increase of the staff**.

증인(證人) : **a witness**; an eyewitness; an attestor *증인석 the *witness box* [*stand*].

지각(遲刻)**하다** : (be) **late**; behind time *학교에 **지각하다** *be late* for school.

지구(地球) : **the earth**; the globe *지구는 둥글다 *The earth* is round.

지금(只今) : **now**; the present time *지금까지 *up to date* / 지금부터 *from now on*; hence.

지나다 : **pass** (by); go past; pass through / (초과) expire; terminate; be out *지나는 길에 들르다 drop in when *passing by*.

지내다 : spend [pass] one's time *요즈음 어떻게 **지내니**? How are you *getting along* these days?

지니다 : (휴대하다) **carry** (with); (소유하다) keep; preserve *나는 돈을 **지니고** 있지 않다 I *have* no money with me.

지다 : ① (패배하다) **get defeated**; be beaten; be outdone *경주에서 **지다** *lose* a race ② (등에) bear; carry on the back *짐을 **지다** bear a burden ③ (잎 꽃이) fall; bestrew

지대—쪼개다

④ (해·달이) sink; set; go down.
지대(地帶) : a zone; a region; a belt.
지도(地圖) : a map; a plan *지도를 그리다[보다] draw [consult] a map.
지도(指導) : guidance; directions; leadership *지도하다 guide; direct; coach; lead.
지랄 : an epileptic fit.
지레 : a lever; a handspike.
지루하다 : (be) tedious; boresome; dull *지루하게 하다 bore.
지류(支流) : a tributary; a branch stream.
지름길 : a shortcut; a shorter road *지름길로 가다 take a shortcut.
지방(脂肪) : fat; grease; lard *지방조직 adipose tissue.
지방(地方) : a locality; a district; a part; an area *지방자치 local administration.
지붕 : a roof; roofing; the house-top *지붕을 잇다 roof; cover with a roof.
지사(知事) : a governor.
지식(知識) : knowledge *지식인 an intellectual.
지옥(地獄) : hell; Hades; the inferno *지옥에 떨어지다 go to Hell.
지우다 : erase; rub [wipe] out *글씨를 지우다 erase [cross out] a word.
지원(支援)**하다** : support; backing.
지위(地位) : position; status; station in life *좋은 지위를 얻다 get [obtain] a good position.
지은이 : the writer; the maker.
지지(支持)**하다** : support; stand by; uphold; prop up.
지치다 : (be) exhausted; get tired *몹시 지치다 be tired [worn] out.
지키다 : defend; protect; guard *약속을 지키다 keep one's word.
직선(直線) : a straight line.
직설법(直說法) : indicative mood.
직업(職業) : an occupation; a job; a trade.
진보(進步) : progress; advance *진보하다 progress; improve.
진실(眞實) : truth; fact *진실하다 (be) true; sincere / 진실을 말하면 to tell the truth.
질(質) : quality *양보다 질 quality before quantity.
질문(質問) : a question *질문하다 ask (one) a question/ 질문이 있읍니다 I have a question to ask.
질박(質朴) : simplicity *질박하다 be simple and unadorned.
질투(嫉妬) : jealousy *질투하다 be jealous / 질투를 잘하는 jealous.
짐 : a burden; a load *짐이 되다 be a burden to (one).
짐승 : a beast.
짐작 : guess; conjecture *네 짐작이 맞다 Your guess is right.
집 : a house; a residence; a home *집을 짓다 build a house / 집으로 가다 go home.
집다 : pick up; take up; pinch.
집단(集團) : a group; a mass; a body *집단경기 a mass game.
짖다 : (개가) bark *짖는 개는 물지 않는다 A barking dog seldom bites.
짚 : straw *짚을 깔다 spread straw; litter down.
짜다 : ① (제작) assemble; construct; make; (편성) form; organize; compose *나무로 책상을 짜다 make a desk of wood ② (물·기름을) squeeze; press *수건을 짜다 wring a towel; squeeze out water from a towel ③ (맛이) (be) salty; briny. ④ (착취) exploit; squeeze; extort ⑤ (실, 끈으로) weave; spin; knit *비단을 짜다 weave silk cloth.
짝 : ① (쌍) the mate (to); the partner (to) *짝을 맞추다 (짓다) pair; make a pair of (two things) ② (편) a side; one side.
짝사랑 : unreflected [one-sided] love.
짧다 : (be) short; brief *짧게 말하면 in short; to brief.
쪼개다 : split; break; divide; rend;

(part) asunder.
쫄딱 : totally; completely; utterly.
쫓기다 : get pursued [chased; run after]; be driven.
쫓다 : drive out; expel.
쫓아가다 : go in pursuit; run after; chase *도둑을 쫓아가다 run after a robber.
쫓아내다 : (밖으로) expel; drive out; (해고하다) discharge; dismiss.
쭈그리다 : ① (눌러) crumple; crush ② (몸에) crouch; squat down.
찌꺼기 : dregs; lees; sediment.
찌다 : ① (살이) grow fat; gain weight; put on flesh ② (날씨가) get steaming hot; humid *찌는 듯한 더위 the sweltering heat.
찌들다 : ① (물건이) be stained; become dirty ② (사람) suffer hardships.
찌르다 : pierce; prick; stab; thrust.
찌푸리다 : frown; knit one's brows.
찍다 : (인쇄물·도장) imprint; stamp; (사진을) take a picture.
찜질 : a wet dressing *찜질하다 apply a wet dressing.
찡그리다 : frown; make a wry face.
찢기다 : be torn.
찢다 : tear; rend; rip *편지를 갈기갈기 찢다 tear a letter to pieces.
찢뜨리다 : (무심히) tear apart (by auident); rip up.
찢어지다 : (be) torn; (be) rent *가슴이 찢어지는 듯한 heart-rending.
찧다 : pound; hull.
차(茶) : tea; green tea *차 한 잔 a cup of tea/ 차를 내다 serve (one) tea.
차(車) : a car; a vehicle *차로 가다 go by car.
차갑다 : (be) cold; chilly.
차관(次官) : a vice-minister; an undersecretary(영); an assistant secretary(미).
차근차근 : in orderly fashion; minutely; compactly.

차다 : ① (be) cold; chilly *얼음장같이 차다 be ice cold; be as cold as ice ② (충만) full; fill up; be full of *꽉 들어차다 be jammed; be tightly packed ③ (발로) kick; give kick (at) *차이다 be kicked/찬물 cold water/ 그의 두 눈에 눈물이 가득 찼다 His eyes are filled with tears / 공을 차다 kick a ball.
차도(車道) : a road way; a car lane; a traffic lane.
차라리 : rather; preferably *치욕속에 사느니 차라리 죽고 싶다 I would rather die than live in disgrace.
차량(車輛) : a vehicle.
차례(次例) : order; turn *차례로 in order; by turns.
차별(差別) : distinction; discrimination *인종차별 racial discrimination.
차용(借用) : borrowing; loan.
차이(差異) : difference *차이가 있다 be different; be dissimilar.
차일(遮日) : a sunshade; an awning.
차점(次點) : the next mark [number]; the second largest number.
차표(車票) : a railroad [bus] ticket *차표를 끊다 buy [get] a ticket.
착상(着想) : an idea; a conception *착상하다 conceive the idea.
착수(着手)하다 : start; begin; set about; undertake.
착오(錯誤) : a mistake; an error *시대착오 anachronism.
착하다 : (be) nice; good; kind; gentle; meek; obedient.
찬미(讚美) : praise; glorification *찬미가 a hymn; a psalm.
참가(參加) : participation *참가하다 participate; take part (in).
참견(參見) : meddling; interference *참견 잘하는 officious; meddlesome.
참고(參考) : reference; consultation *참고하다 refer to.
참관(參觀)하다 : visit; inspect *참관인 a visitor; a witness.

참다 : bear; endure; put up with *웃음을 참다 keep [hold] back laughter.

참상(慘狀) : a misery; a disastrous scene.

참새 : a sparrow.

참여(參與) : participation *참여하다 participate [take part] in; (have a) share in.

참으로 : really; truly; indeed.

창문(窓門) : a window; a port.

창조(創造)하다 : create.

창창하다 : (be) bright; promising; rosy *창창한 장래 a bright [rosy] future.

창피(猖披) : shame; dishonour *창피하다 (be) ashamed; shameful/ 아이구 창피해! What a shame!

찾다 : seek for [after]; search; hunt; look for *취직 자리를 찾다 look for employment.

찾아내다 : find out.

채소(菜蔬) : vegetables; greens; green stuff *채소가게 a greengrocer's (shop).

채용(採用)하다 : employ; adopt *타이피스트로 채용하다 employ (one) as a typist.

채점(採點) : marking; scoring *채점하다 give marks; mark; score.

채찍 : a whip; a lash; a cane *채찍질하다 whip; lash; use a rod.

채택(採擇) : adoption; choice; selection *채택하다 adopt; select.

책(冊) : a book *책을 쓰다 [읽다] write [read] a book.

책략(策略) : a stratagem; an artifice.

책상(冊床) : a desk; a (writing) table *책상에 앉다 sit at one's desk.

책임(責任) : responsibility; (의무) duty *책임을 떠맡다 take charge of ; be in charge of.

처녀(處女) : a virgin ; a maid ; a maiden *처녀항해 a maiden voyage.

처럼 : like; as; as if; as ... as *평상시처럼 as usual.

처리(處理) : handling; disposal *처리 곤란한 unmanageable.

처마 : the eaves *처마끝에 at [along, under] the eaves.

처음 : the beginning; the start; the first *처음으로 for the first time/ 처음에는 at first.

처자(妻子) : (one's) wife and children; one's family.

처지(處地) : a situation; a condition *곤란한 처지에 있다 be (placed) in an awkward situation.

척도(尺度) : a (linear) measure; an index; a barometer.

척척 : quickly; rapidly *척척 일을 하다 do one's work in a businesslike way.

천거하다 : recommend; put in a good word for.

천국(天國) : Heaven; paradise.

천연(天然) : nature; spontaneity *천연기념물 a natural monument.

천재(天才) : a genius; natural gift *천재적인 talented; gifted.

천하다 : (be) humble; low.

천하장사(天下壯士) : a matchless warrior; a titan.

철(鐵) : iron; steel *철선 iron wire.

철 : (계절)a season; the time *여름철 summer; the summer season.

철 : *철이 없다 have no sense; be indiscreet/ 철들다 become sensible; know better.

철거(撤去) : withdrawal; (퇴거) removal *철거하다 withdraw; evacuate; remove; clear away.

철도(鐵道) : a railroad; a railway; a rail *철도 사고 a railway accident.

철봉(鐵棒) : an iron bar [rod].

철야(徹夜) : an all-night sitting *철야작업 all-night work.

철자(綴字) : spelling *철자하다 spell/ 철자법 spelling.

철학(哲學) : philosophy *철학자 philosopher.

첫째 : the first; the foremost; the first place ***첫째**를 차지하다 stand first; be at *the top* of.

청(請) : a request; one's wishes.

청년(青年) : a young man; a youth ***청년회** *a young men's* association.

청소(清掃) : cleaning; sweeping ***청소하다** *clean*; sweep/ 집안을 **청소하다** *clean up* a house.

체온(體溫) : temperature; the body heat ***체온**을 재다 take one's *temperature*.

체조(體操) : gymnastics; physical exercises ***체조기구** *gymnastic* apparatus.

체중(體重) : weight ***체중**을 달다 *weigh* (oneself)/ **체중**이 늘다 [줄다] gain [lose] *weight*.

체포(逮捕) : arrest; capture ***체포하다** *arrest*/ **체포장** a warrant of *arrest*.

체하다 : pretend; make believe.

초(秒) : a second.

초과(超過) : excess; surplus ***수입 초과** *excess* of imports over exports.

초급(初級) : a primary grade.

초대(招待) : invitation ***초대하다** *invite*/ **초대장** an *invitation* card.

초롱(一籠) : a lantern of gauze.

초점(焦點) : a focus (pl. -cuses) ***초점**을 맞추다 (bring to a) *focus*.

총(銃) : a gun; a rifle.

총결산(總決算) : total settlement of accounts.

총계(總計) : a total; the aggregate ***총계하다** *total*; totalize; sum [count] up.

최고(最高) : maximum ***최고도** the *highest* degree / **최고속도** a *maximum* speed / **최고가** the *maximum* price.

최대(最大) : the greatest; the biggest; the maximum ***최대 다수의 최대 행복** the *greatest* happiness of the greatest number.

추억(追憶) : memory; remembrance ***추억** 많은 full of *reminiscences*.

추위 : the cold; coldness ***살을 에는 듯한 추위** biting [piercing] *cold*.

추적(追跡) : chase; pursuit.

추측(推測) : guess; conjecture ***추측하다** *guess*; conjecture / **추측**이 어긋나다 *guess* wrong.

축구(蹴球) : football; soccer ***축구**를 하다 play *football* [soccer].

축복(祝福) : blessing ***축복하다** *bless*/ **축복받은** *blessed*.

축하(祝賀) : congratulation; celebration ***축하하다** *congratulate*/ **축하 인사**를 하다 offer *congratulations*.

춘정(春情) : sexual [carnal] desire.

출발(出發) : departure; leaving; starting ***출발하다** *leave*; start/ 일찍 **출발하다** *leave* early.

출석(出席) : attendance; presence ***출석하다** be present (at); *attend*/ **출석**을 부르다 call the *names* (roll).

출신(出身) : a native ***출신지** one's *native* place; one's home.

춤 : a dance; dancing ***춤**을 잘 추다 be a good *dancer*.

춥다 : (be) cold; chilly; feel cold ***추운 날씨** *cold* weather/ **추워서** 떨다 shiver with *cold*.

충고(忠告) : advice; counsel ***충고하다** *advise*; give (one) advice/**충고자** an *adviser*; a counsellor.

충분(充分)하다 : (be) enough; sufficient ***충분한** 시간 *plenty* of time.

취득(取得) : acquisition ***취득물** an acquisition.

취미(趣味) : hobby; interest ***취미에 따라** according to *taste*/ **취미 없는** tasteless; dull; dry.

취소(取消)하다 : cancel; retract.

취업(就業) : employment; commencement of work ***취업 중이다** be at *work*.

취(醉)하다 : (술에) get drunk ***취해 정신을 못 차리다** be dead *drunk*.

측근자(側近者) : persons close to (the

층적운(層積雲) : roll cumulus; stratocumulus.

치다 : (때리다) strike; hit; attack; (차가) run over; knock down *지고 받고 하다 fight; come to blows.

치료(治療) : medical treatment *치료하다 cure; give medical treatment.

치마 : a skirt.

치명(致命)의 : fatal; mortal; deadly *치명상을 입다 be mortally wounded.

치(齒)솔 : a toothbrush.

치안(治安) : (the public) peace *치안 경찰 the peace police.

치약(齒藥) : a toothpaste.

치욕(恥辱) : disgrace; shame; insult *치욕을 참다 pocket an insult.

친구(親舊) : a friend; a companion *나의 친구 my friend; a friend of mine/ 학교 친구 a schoolmate; classmate.

친절(親切) : kindness *친절하다 (be) kind; good; friendly.

친(親)하다 : close; intimate; friendly *아주 친한 친구 a very intimate friend.

칠월(七月) : July.

칠하다 : paint.

침(針) : a needle; a hand (시계의).

침대(寢臺) : a bed; a bedstead *간이 침대 a cot.

침략(侵略) : agression; invasion *침략하다 invade.

침몰(沈沒)하다 : sink; go down *침몰선 a sunken ship.

침묵(沈默) : silence *침묵을 지키다 keep [remain] silent.

침착(沈着) : self-possession; composure *침착하게 calmly; composedly.

칭찬(稱讚) : praise; admiration *칭찬하다 praise; applaud/그는 대단히 칭찬을 받았다 He won high praise.

칭(稱)하다 : call; name; designate; claim.

ㅋ

칼 : a knife; a sword *이 칼은 잘 든다 This knife cuts well.

캐다 : dig out; unearth

커녕 : on the contrary; far from; anything but.

커닝 : cribbing; cheating *커닝하다 crib; cheat.

커다랗다 : (be) very big; very large; huge; gigantic.

켜다 : light; kindle; turn on; strike.

케케묵은 : old and stale; oldfashioned.

코 : a nose *콧대 the bridge of the nose/ 코를 풀다 blow the nose.

코골다 : snore.

콩 : a bean; a pea (완두) *콩가루 bean flour/ 콩죽 bean and rice-gruel.

쾌감(快感) : a pleasant sensation; an agreeable feeling *쾌감을 느끼다 feel fine.

쾌락(快樂) : pleasure; enjoyment; delight.

쾌청(快晴) : fine weather.

쾌활(快活)하다 : (be) cheerful; cheery; merry.

퀴즈 : a quiz.

크기 : size *크기가 같다[다르다] be [be not] equal in size; be of the same [different] size.

크낙새 : 〖새〗 a woodpecker.

크다 : ① (be) large; great; grand *큰 재산 a large fortune ② (자라다) grow big; grow up *그는 커서 소설가가 되었다 He grew up to be a novelist.

큰마음 먹고 : resolutely; boldly.

큰비 : a heavy rain [fall].

큰소리 : tall talk; big talk; a loud voice *큰소리 치다 talk big; brag.

큰솥 : a cauldron; the biggest kettle.

큰집 : ① (종가) the head family ② (넓은) a large house.

키 : height; stature *키가 자라다 grow in *height*.
키다리 : a tall fellow; a lamppost.
키우다 : bring up; rear; raise; nurse.
킬킬거리다 : giggle; cackle.

ㅌ

타격(打擊) : a blow; a hit.
타국(他國) : a foreign country.
타다 : ①(불이) burn; (눋다) burn scorch *타서 재로 변하다 *burn* to ashes/ 타버리다 be *burnt* up [out] ②(탈것에) take; get on; get in; mount (a horse) *비행기를 타고 가다 fly in an aeroplane ③ (섞다) mix; blend *술에 물을 타다 water the liquor.
타협(妥協) : compromise.
탁송(託送) : consignment *탁송품 : *a consignment*.
탁월(卓越)하다 : (be) excellent; eminent; prominent.
탁자(卓子) : a table; a desk *탁자 위의 꽃병 a vase on the *table*.
탄력(彈力) : elasticity; flexiblity *탄력있는 *elastic*; flexible; springy.
탄생(誕生) : birth; nativity *탄생하다 be *born*.
탄성(彈性) : elasticity *탄성체 *an elastic body*.
탄식(歎息) : a sigh *탄식하다 *sigh*; heave a sigh.
탄탄대로(坦坦大路) : a broad level highway.
탄환(彈丸) : a bullet ; a shot; a ball (소총).
탈세(脫稅) : an evasion of taxes *탈세자 *a tax dodger*.
탐지(探知) : detection *탐지하다 detect; find out; search out/ 탐지기 *a detector*.
탐험(探險) : exploration; expedition *탐험대 *an expeditionary*.
탑(塔) : a tower; a pagoda.
탕진(蕩盡)하다 : squander; run through; dissipate.
태도(態度) : an attitude; manner.
태생(胎生) : (출생) birth; origin.
태양(太陽) : the sun *태양열 *solar* heat; the heat of the *sun's rays*/ 태양력 the *solar* calendar.
태어나다 : be born *부자집〔가난한 집〕에 태어나다 be *born* rich [poor].
태업(怠業) : sabotage *태업하다 go on *sabotage*.
태연(泰然)하다 : (be) cool; calm; composed.
태연자약(泰然自若)한 : perfectly calm and collected; calm and selfpossessed.
태엽 : a spring; a mainspring *태엽을 감다 wind a *spring*.
태우다 : ① (연소) burn; fire *태워버리다 *burn* up; throw into the *fire* ②(탈것) take on (board); load.
태초(太初) : the beginning of the world.
태평(泰平)한 : easy; carefree *마음이 태평한 사람 an *easy-going* person.
태평양(太平洋) : the Pacific Ocean.
택시 : a taxi *택시로 가다 go by *taxi*.
택지(宅地) : a building site; home lots.
택(擇)하다 : choose; select.
터뜨리다 : explode; detonate; blow up; blast; burst.
터무니없다 : (be) unfounded; groundless.
터지다 : explode; burst; erupt.
턱 : a jaw; a chin *턱수염 *a beard*.
턱턱 : ①(일을) *턱턱 처리하다 *do things with dispatch* ② 턱턱 숨이 막히다 be very stuffy.
털 : hair *털양말 *woolen* socks/ 양털 *wool*.
털썩 : all of a sudden; firmly.
토끼 : a rabbit(집토끼); a hare (산토끼, 들토끼).
토라지다 : turn sulky; get cross.
토로하다 : express(one's views).
토론(討論) : a debate *토론하다 deb-

ate; *discuss*.

토마토: a tomato.

토막: a piece; a bit; a cut; a block *토막나무 *a cut of* wood.

토의(討議): discussion; debate *토의중이다 be under *discussion*.

토지(土地): land; (소유지) an estate *토지개량 *land* improvement.

토착(土着)의: native (-born); indigenous.

토(吐)하다: vomit; bring up; throw up.

톡톡히: a lot; a great deal.

톱: a saw; a handsaw(손톱) *톱질하다 *saw* (wood).

톱니바퀴: a toothed wheel; a cogwheel; a gear.

통과(通過): passage; passing *통과하다 *pass by*.

통렬(痛烈)한: severe; fierce.

통로(通路): a passage; a way.

통솔(統率): command; leadership *통솔하다 *command*; lead.

통신(通信): correspondence; communication.

통역(通譯): interpretation; an interpreter(사람) *통역관 an official *interpreter*.

통일(統一): unification *통일하다 *unify*/ 나라를 통일하다 *unify* a nation.

통조림: tinned provisions [goods]; canned goods [provisions] *통조림으로 하다 tin; can.

통지(通知): notice *통지하다 *notify*; give notice/ 통지서 a *notice*/ 통지예금 deposit at call [*notice*].

통째: whole; all (together) *통째로 먹다 eat (something) *whole*.

통치(統治): rule; reign *통치하다 *rule over*; govern.

퇴직(退職): retirement; resignation. *퇴직하다 *retire from office*; go out of office; leave the service(군인).

투수(投手): a pitcher *투수판 a *pitcher's* plate.

투옥(投獄)하다: put (one) in prison; throw (one) into prison.

투자(投資): investment *투자하다 *invest*.

투쟁(鬪爭): a fight; a strife; a struggle *투쟁하다 *fight*; struggle.

투정하다: tease; importune; fret.

투철(透徹)한: transparent; clear; intelligible.

투표(投票): vote; voting; poll *투표하다 *vote*; cast a vote/ 투표하러 가다 go to the *polls*.

퉁명스럽다: (be) abrupt; brusque; curt; blunt.

튀기다: (기름에) fry.

트기: a half-breed; half-blood.

트이다: be opened; open; be clear *운이 트이다 fortune *smiles upon* (one).

트집잡다: pick on; find fault with.

특권(特權): a privilege.

특등(特等): a special class.

특별(特別)하다: (be) special; extraordinary *특별히 *especially*; specially/ 특별 열차 a *special* train.

특이(特異)한: singular; peculiar; unique.

특징(特徵): a special feature.

특파(特派)원: a (special) representative.

특허(特許): a patent.

특혜(特惠): a special favour [benefit]; a privilege *특혜관세 *preferential* tariff.

특(特)히: specially; especially.

틀리다: mistake; err; make a mistake.

틀림: an error; a mistake *틀림없이 *correctly*; without *fail*; certainly.

틀어박다: cram; stuff; fill; pack in.

틀어지다: be upset; go wrong.

틈: (사이) a crevice; a crack; (겨를) spare time *틈이 생기다 *crack*; cleave/ 틈이 없다 have no *time*/ 틈을 내다 make *time*/ 틈을 타다 seize an *opportunity*.

틈틈이 : at odd moments; in one's spare moments.

티 : a defect; a flaw; a blemish *옥에 티 a *fly* in the ointment.

티끌 : dust *~은 티끌만큼도 없다 have not a *bit* [hair; button] of~.

티눈 : a corn

팁 : a tip; a gratuity; perquisite.

ㅍ

파견(派遣) : dispatch *파견하다 *dispatch*; send.

파괴(破壞) : destruction *파괴하다 *destory*; break; ruin; wreck.

파급(波及)하다 : spread; extend.

파다 : dig *구멍[무덤]을 파다 *dig* a hole [grave].

파다하다 : be wide-spread.

파도(波濤) : waves; a swell *파도소리 the sound of the *waves*.

파랑 : blue; green(초록).

파랗다 : (be) blue; green.

파르르 떨다 : tremble.

파리 : a fly *파리를 쳐잡다 flap [swat] a *fly*.

파혼(破婚)하다 : break off an engagement with.

판권(版權) : copyright *판권소유자 a *copyright* holder.

판금(板金) : gold plate.

판단(判斷) : judgement *판단하다 *judge*/ 나의 판단으로는 in my *judgement*.

판로(販路) : a market; an outlet.

판매(販賣) : sale; selling *판매하다 *sell*/ 판매 중이다 be on *sale*; be on the *market*/ 판매원 a *salesman*/ 자동판매기 a slot machine.

판본(版本) : a book printed from wood block.

판사(判事) : a judge; a justice *부장판사 a chief *judge*.

판치다 : be the master of the situation.

팔 : an arm *팔을 끼고 걷다 walk arm in *arm*.

팔걸이 : an elbow rest.

팔꿈치 : an elbow *팔꿈치로 밀고 나가다 *elbow* one's way through/ 팔꿈치로 찌르다 jog one with one's *elbow*.

팔다 : sell; offer for sale; (배반) betray; be a traitor to *비싸게[싸게] 팔다 *sell* (a thing) dear [cheap].

팔다리 : the limbs; the legs and arms.

팔리다 : sell; be sold *가장 잘 팔리는 책 the best *seller*.

팔매질하다 : throw; hurl.

팔목 : the wrist.

팔죽 : rice gruel mixed with red beans.

패배(敗北) : defeat *패배하다 *be defeated*.

팽이 : a (toy) top.

퍼뜨리다 : spread; diffuse.

퍼붓다 : (비가) pour down; rain in torrents.

퍽 : very; very much; so.

펄펄 끓다 : boil up; seethe.

편(便)들다 : side with; take side with *아들을 편들다 *side with* his son.

편력(遍歷)하다 : travel [tour] about *편력자 a *pilgrim*.

편리(便利) : convenience; handiness *편리하다 (be) *convenient*; handy; useful; expedient.

편안(便安)한 : peaceful; tranquil; calm.

편지(便紙) : a letter; a note *편지를 보내다 write [send] a *letter*/ 편지를 받다 receive [get] a *letter* from; hear from.

편집(編輯) : editing; compilation *편집하다 *edit*; compile.

편(便)하다 : (be) comfortable; easy *편하게 앉으십시오 Please make yourself *comfortable* [at home].

평가(評價) : valuation; appraisal *평가하다 *value*; appraise.

평균(平均) : an average *평균을 잡다 take the *average*.

평년(平年) : the common year *평년

작 a normal crop.
평등(平等): **equality** *평등하다 *be equal*; even/ 만인은 법 앞에 **평등**하다 All men are *equal* under [before] the law.
평민(平民): **common people** *평민적 *democratic*.
평범(平凡)하다: (**be**) **common**; ordinary; commonplace.
평상시(平常時): **ordinary times** *평상시에는 *normally*; usually.
평생(平生): **a lifetime**; **a life** *평생을 두고 for all one's *life*.
평판(評判): **reputation**; **fame** *평판이 난 *reputed*; famed.
평화(平和): **peace** *마음의 평화 *peace* of mind.
폐업(廢業)하다: **give up** [close, quit] **one's business**.
포기(抛棄)하다: **give up**; **abandon**; **throw up** *계획을 포기하다 *give up* one's plan.
포대기: **a baby's quilt**.
포도(葡萄): **grapes** *포도밭 a vineyard.
포동포동한: **plump**; **full**.
포로(捕虜): **a prisoner of** (war) (약자 pow) *포로 수용소 *a prisoner's*.
포섭(包攝)하다: **win** (one) **over**; bring around (someone) to one's side.
포함(包含)하다: **include**; **contain** *그 소녀를 포함하여 6명이 참석했다 six were present *including* the girl.
폭(幅): **width**; **breadth** *폭이 넓은 **wide**; broad/ 폭이 좁은 *narrow*.
폭거(暴擧): **outrage**; **violence**.
폭력(暴力): **violence**; **force** *폭력행사 use of *violence*.
폭리(暴利): (make) **excessive profits**.
폭발(爆發): **explosion** *폭발하다 *explode*.
폭죽(爆竹): **a firecracker**.
폭탄(爆彈): **a bomb** *폭탄 투하 *bomb* dropping.
폭파(爆破)하다: **blast**; **blow up**.
폭포(瀑布): **a falls**; **a waterfall**.

폭풍(暴風): **a storm**; **a wild wind**.
표(票): **a ticket**; **a pass** *표 파는 창구 a *ticket* window.
표류(漂流)하다: **drift** (about); be adrift.
표본(標本): **a specimen**; (견본) **a sample**.
표어(標語): **a motto**; **a slogan**.
표정(表情): **a look**; **expression** *표정 있는 *expressive*.
표주박: **a gourd**; **a calabash**.
표준(標準): **a standard** *표준화하다 *standardize*.
표지(表紙): **a cover** *표지를 씌우다 *cover* a book.
표창(表彰): **commendation** *표창장 a letter of *commendation*.
표현(表現): **expression** *표현하다 *express*.
푸념: **a grievance** *푸념하다 *complain*; grumble.
푸대접: **cold treatment** *푸대접하다 treat (receive) one coldly.
푸드덕거리다: **flap the wings**.
푸르다: **be blue** *푸른 하늘 the *blue* sky.
푹신푹신한: **soft**; **spongy**.
풀: ① **grass**; **a weed** *풀 베는 기계 a *mowing* machine; a *mower*/ 봄이 되면 풀이 돋아난다 In spring the *grass* comes out ② **paste** *풀 먹인 셔츠 a *starched* shirt.
풀기: **starch** (iness); (활기) *풀기있는 **liveliness**; animate; vitality starchy: starched.
풀다: (끈 따위) **untie**; (문제) **solve**.
품속: **the bosom** *품속에 in one's *bosom*.
품위(品位): **elegance**; **grace**; **dignity**.
품질(品質): **quality** *품질이 좋은[나쁜] of good [bad] *quality*.
품행(品行): **conduct**; **behavior**.
풋나기: **a greenhorn**; **a novice**.
풍금(風琴): **an organ** *풍금을 배우다 take *organ* lessons.
풍기다: **give out** [off]; **shed**.

풍년(豐年) : a year of abundance.
풍뎅이 : a May beetle [bug]; a gold bug.
풍부(豊富)하다 : (be) rich; abundant; plentiful.
풍채(風采) : appearance; presence manner; air *당당한 풍채 a commanding presence.
피 : blood *피는 물보다 진하다 Blood is thicker than water.
피곤(疲困) : fatigue; weariness.
피난(避難) : refuge *피난하다 take refuge.
피다 : (꽃이) blossom : come out *활짝 피어 있다 be in full bloom.
피둥피둥한 : robust; stout.
피로(疲勞) : fatigue; weariness; exhaustion *피로한 tired; exhausted.
피뢰침 : a lightning conductor.
피리 : a pipe; a flute *피리를 불다 play a flute.
피복(被服) : clothing; clothes.
피부(皮膚) : the skin *피부병 a skin disease.
피서(避暑) : summering *피서지 a summer resort.
피우다 : (불을) make a fire; (담배를) smoke; (꽃을) bloom.
피차 일반이다 : be mutually equal [the same].
피해(被害) : damage; injury *피해를 입다 be damage [injury].
핀잔주다 : reprove (one) to his face; snub.
필요(必要) : necessity; need *필요하다 be necessary; be needed/ 책이 필요하다 We need books/ 필요하면 in[when] necessary.
필통 : a pencil case.
핏대를 올리다 : have one's blood up; get angry.
핑계 : an excuse; a pretext *…을 핑계삼아서 under the pretext of/ 핑계하다 make an excuse (of); offer an apology;; offer as a pretext/ 아프다는 핑계로 on the pretext of ill-ness.
핑퐁 : ping-pong; table tennis.

ㅎ

하(下) : the lower class.
하객(賀客) : a congratulator.
하나 : one; a; an; a unit *하나에서 열까지 from beginning to end; everything.
하녀(下女) : a maidservant; a domestic; a servant girl.
하나님 : God; the Lord.
하늘 : the sky *푸른 하늘 the blue sky.
하다 : do; act; try *잘하다 do well; make a success of.
하락(下落) : a fall [drop, decline] *하락하다 fall (off); drop.
하루 : a day; one day *하루 세 번 three times a day.
하룻밤 : one [a] night *하룻밤을 보내다 pass a night.
하루하루 : day after day; day by day *하루하루 연기하다 put off from day to day.
하마터면 : (거의) nearly; almost; (간신히) barely; narrowly *하마터면 물에 빠져 죽을 뻔했다 I was nearly drowned.
하명(下命) : orders.
하물며 : (긍정) much [still] more; (부정) much [still] less.
하소연하다 : appeal to; complain of.
하숙(下宿) : lodging; boarding *하숙집 a lodging [boarding] house.
하여간(何如間) : anyway; anyhow; at any rate; in any case.
하오(下午) : afternoon; post meridiem.
하자마자 : as soon as; no sooner... than; hardly [scarcely]... when [before] *우리가 앉자마자 막이 올랐다 The curtain rose as soon as we had sat down.
하층(下層) : a lower layer *하층사회 the lower classes.

하치않다 : be worthless; be trivial; be of little importance.
하품 : yawn; yawning *하품하다 *yawn*/ 하품을 참다 stifle a *yawn*.
하학(下學) : dismissal of a class.
하향(下向) : looking downward.
학교(學校) : a school *학교생활 school life.
학급(學級) : a (school) class; a form.
학기(學期) : a (school) term *학기시험 a *terminal* examination.
학년(學年) : a school year *학년말 시험 an *annual* examination.
학당(學堂) : a school; a village school.
학대(虐待) : cruelty *학대하다 treat (one) cruelly.
학문(學文) : learning; study.
학부형(學父兄) : parents of students.
학비(學費) : school expenses.
학사(學士) : a college graduate.
학생(學生) : a student *학생생활 student life.
학용품(學用品) : school things.
학자(學者) : a scholar.
학창생활(學窓生活) : school life *학창생활을 떠나다 leave *school life*.
한가(閑暇)하다 : (be) free; leisured; not busy; unoccupied.
한가운데 : the center; the very middle.
한가위 : August 15th of the lunar month.
한꺼번에 : at a time; (동시에) at the same time *과자를 한꺼번에 먹어 버리다 eat all the cookies *at once*.
한겨울 : the depth of winter; the mid-winter.
한계(限界) : a limit; a boundary.
한바탕 : for a time (while); for a spell.
한번 : once; one time *한번 더 해봐라 Try *once more*.
한술 : a morsel of food.
한숨 : a sigh; a long breath *한숨 쉬다 (heave a) *sigh*.
한(限)없다 : (be) unlimited; boundless; endless.

한여름 : midsummer.
한잔 : a cup (of tea); a glass (of wine) *한잔하다 have *a drink*.
한점(一點) : a dot; a speak; a spot.
한조각 : a piece; a bit; a slice.
한참 : for some time; for a time *한참만에 after *a good while*.
한창 : the height; the summit *꽃이 한창이다 be *in full* bloom.
한층 : more; still more.
할애하다 : share (a thing) with (one); part with.
할인(割引) : discount *할인하다 *discount*; reduce.
할인(割印) : a tally impression.
할퀴다 : scratch; claw.
핥다 : lick; lap (up).
함구(緘口)하다 : hold one's tongue *함구령을 내리다 impose *silence*.
함께 : together; with.
함대(艦隊) : a fleet.
함박꽃 : a peony.
함부로 : at random; indiscriminately; thoughtlessly.
함정(陷穽) : a trap; a pitfall; a pit; a snare.
합격(合格)하다 : pass [succeed in] an examination *그녀는 입학시험에 합격했다 She *passed* the entrance *examination*.
합계(合計) : the total; the sum total *합계하여 in all [total]; *all total*.
합의(合意) : mutual agreement *합의하다 come to an *agreement*.
합창(合唱) : chorus *합창하다 sing together; sing in chorus/ 합창대 a chorus.
합(合)치다 : unite; put together; combine.
항거(抗拒)하다 : resist; oppose.
항공(航空) : aviation; flight *항공우편으로 by *airmail*.
항구(港口) : *a harbor*; a port.
항목(項目) : a head; a heading; an item *항목으로 나누다 *itemize*.
항변(抗辯) : (피고의) a plea; defense.

항복(降伏): surrender.

항상(恒常): always; at all times *그는 항상 바쁘다 He is busy *at all times*.

항의(抗議): a protest; an objection.

항해(航海): voyage *항해 하다 *sail*/ 항해 중이다 be on a *voyage*.

해: ①(태양) the sun *해에 탄 sunburnt/ 해가 뜨다 the *sun* rises [comes up] ②(년) a year *해마다 every *year* ③(害) harm; injury; damage *해를 입다 suffer *damage*.

해갈(解渴)하다: (갈증을) appease [quench] one's thirst; (가뭄을) wet dry weather; be relieved from drought.

해결(解決): solution *해결하다 *solve* (a question); settle (a problem).

해고당하다: get the sack.

해군(海軍): the navy *해군 사관학교 a *naval* academy.

해답(解答): an answer (to a question); a solution (to a problem).

해(害)롭다: (be) harmful; injurious.

해바라기: a sunflower.

해방(解放): liberation *해방하다 *liberate*.

해변(海邊): the seaside; the beach; the seashore.

해보다: try; have a try (at) *누가 빠른지 해보자 Let's *try* and see who can run the fastest.

해산(解散)하다: break up; disperse.

해석(解釋): interpretation *해석하다 *interpret*; translate.

해설(解說): explanation *해설하다 *explain*; comment.

해수욕(海水浴): sea bathing.

해안(海岸): the seashore; the coast.

해약(解約)하다: cancel a contract; dissolve an engagement.

해외(海外): overseas; foreign countries. *해외로부터 from *abroad*/ 해외로 가다 go *abroad* [overseas].

해(害)치다: injure; harm; hurt *감정을 해치다 hurt (one's) *feeling*.

햇빛: sunshine; sunlight.

행군(行軍): a march; marching *행군하다 *march*.

행동(行動): action; act *행동하다 *act*; behave; conduct(oneself)/ 신사답게 행동하다 *behave* like a gentleman.

행동거지(行動擧止): bearing; manner.

행렬(行列): a parade; a procession.

행로(行路): a path; a road; a course *인생행로 the *path* of life.

행방(行方): the place (where) one has gone *행방불명의 *missing*; lost.

행복(幸福): happiness *행복하다 be *happy*/ 그 여자는 행복한 것 같다 She looks *happy*.

행진(行進): a march; a parade *행진곡 a *march*.

향교(鄕校): a Confucian school in a locality.

향기(香氣): perfume; fragrance.

향토(鄕土): one's native place; one's old home.

허가(許可): permission; leave *허가를 얻어 by *permission* of.

허락(許諾): consent; assent *허락하다 *allow*; permit; consent [assent] to/ 외출을 허락해 주십시오 Please *allow* me to go out.

허리: the waist; the loins *허리가 구부러진 노인 an old man *bent* with age.

허리띠: a belt; a girdle.

허세(虛勢): a bluff *허세부리다 *bluff*; make a show of power.

허송세월(虛送歲月): wasting [killing] time *허송세월 하다 waste [kill] time; idle one's time away.

허수아비: a scarecrow.

허실(虛實): truth and falsehood; the facts.

허약(虛弱): weakness *허약하다 (be) *weak*; feeble/ 그는 날 때부터 몸이 허약하다 He is born *weak*.

허영(虛榮): vanity; vainglory.

허용(許容)하다 : permit; grant; approve; sanction.
허위(虛僞) : falsehood; a lie.
허전하다 : miss; feel empty.
허탕 : vain effort *허탕치다 make vain effort.
헌법(憲法) : a constitution.
헐벗다 : be [clad] in rags.
헛되다 : (be) vain; futile *시간을 헛되이 보내다 pass one's time idly.
헛맹세 : an idle pledge.
헛소리하다 : talk in delirium.
헤매다 : wander about; go about.
헤어나다 : get out of.
헤어지다 : part from; divorce.
헤엄 : swimming; a swim *강으로 헤엄치러 가다 go swimming in the river.
혀 : a tongue *혀를 내밀다 stick out one's tongue.
혁명(革命) : a revolution.
현금(現金) : cash *수표를 현금으로 바꾸다 cash a cheque.
현대(現代) : the present age; modern.
현명(賢明) : wisdom *현명하다 be wise.
현물(現物) : the thing *현물 거래 spot trading.
현미경(顯微鏡) : a microscope.
현상(現像) : developing *현상하다 develop.
현실(現實) : reality; actuality.
현역(現役) : active service.
현재(現在) : the present; (부사) now; at present *현재 시제 the present tense.
혈압계 : a sphygmomanometer.
혈액(血液) : blood *혈액은행 a blood bank.
협동(協同) : cooperation *협동조합 a cooperative union.
협력(協力) : co-operation *협력하다 work together; co-operate.
협박(脅迫) : a threat; a menace *협박하다 threaten; menace.
협찬(協贊) : consent; approval *협찬하다 approve; consent to.
형(兄) : an elder brother.
형수(兄嫂) : an elder brother's wife; a sister-in-law.
형식(形式) : a form *형식적으로 formally; for form's sake/ 형식상 for form's sake.
형언(形言)할 수 없는 : indescribable.
형제(兄弟) : brothers.
혜택(惠澤) : a favour; benefit *혜택을 받다 share in the benefit.
호기심(好奇心) : curiosity *호기심이 많은 curious; inquisitive.
호되다 : (be) severe; rough; harsh.
호랑이 : a tiger.
호명(呼名)하다 : call by name *호명점호를 하다 call the roll.
호박 : a pumpkin *호박씨 a pumpkin seed.
호소(呼訴) : an appeal; a petition *호소하다 appeal to; have recourse.
호의(好意) : goodwill; favor *호의를 베풀다 do one a favor.
호텔 : an hotel.
호흡(呼吸) : breath *호흡하다 breathe.
혼란(混亂) : confusion; disorder *혼란시키다 confuse/ 혼란하다 be confused.
혼인(婚姻) : a marriage; a wedding *혼인신고를 하다 register one's marriage.
혼자 : alone; single; by oneself; for oneself; single-handed *혼자 살다 live alone/ 혼자 웃다 smile to oneself.
홈런 : a home run; a homer.
홍수(洪水) : a flood.
화가(畫家) : a painter; an artist.
화나다 : get angry *화나게 하다 enrage; provoke.
화랑(畫廊) : a picture gallery.
화려(華麗)하다 : (be) splendid; magnificent.
화로(火爐) : a brazier.
화목(和睦) : harmony; concord *화목하다 be friendly with.

화문석(花紋席): a mat with flower-patterns.

화물(貨物): goods; freight *화물요금 *goods* rates.

화보(畫報): a pictorial; a graphic; pictorial news.

화산(火山): a volcano.

화살: an arrow *화살처럼 빠르다 be as swift as *an arrow*; shoot like *an arrow*.

화상(火傷): a burn *화상을 입다 get [be] *burnt*.

화약(火藥): gunpower.

화요일(火曜日): Tuesday.

화장(化粧): toilet; make-up *화장실 a toilet; a dressing room/ 화장품 cosmetics.

화재(火災): a fire *화재가 일어나다 a *fire* breaks out.

화제(話題): a subject [topic] of conversation.

화학(化學): chemistry.

확신(確信)하다: be convinced (of); be sure (of); believe firmly; be confident (of) *나는 너의 성공을 확신한다 I am *sure* of your success.

확실(確實): certainty *확실하다 (be) *certain*; sure; secure./ 확실히 모른다 I am not quite *sure*; I don't know *for certain*.

환경(環境): environment; circumstances.

환대(歡待): a warm reception *환대하다 *receive warmly*.

환영(歡迎): welcome; reception *환영하다 *welcome*/ 따뜻한 환영을 받다 receive a warm *welcome*.

환자(患者): a patient.

환하다: (be) bright; light.

활: a bow *활에 화살을 메우다 fit [fix; put] an arrow to the *bow*.

활기(活氣): vigor; life; activity *활기를 띠다 *be animated*; become lively.

활달(豁達): magnanimity; liberality; generosity.

활동(活動): activity; action *활동적인 *active*.

활발(活潑)하다: (be) *lively*; active; brisk *활발한 소녀 a *lively* girl.

활자(活字): a printing type *활자를 짜다 set *type*.

홧김에: in a fit of anger; in the heat of passion.

황태자(皇太子): the crown prince.

황폐(荒廢)하다: be devastated; be laid waste.

황혼(黃昏): dusk; twilight.

회담(會談): a talk; a conversation *회담하다 *have a talk* (with).

회답(回答): a reply; an answer.

회복(回復): recovery *회복하다 *recover*/ 빠른 회복을 빕니다 I hope you will get *well again* soon.

회부(回附): forward; submission *회부하다 send; pass on[to]; forward; submit.

회사(會社): a company *회사를 만들다 organize *a company*.

회상(回想): recollection *회상하다 *recollect*.

회수(回數): the number of times

회원(會員): a member (of a society).

회의(會議): a meeting; a conference *회의를 소집하다 call a *meeting*.

회화(會話): conversation; talk *영어 회화에 능통하다 be fluent in English *conversation*.

획득(獲得)하다: get; acquire.

횡단(橫斷)하다: cross; go across.

효과(效果): effect; result(결과) *효과적인 *effective*.

후보자(候補者): a candidate.

후세(後世): coming age; future *후세에 이름을 남기다 hand down one's name to *posterity*.

후원(後援): support *후원하다 *support*; 후원자 a sponsor.

후추: (black) pepper.

후퇴(後退): retreat *후퇴하다 *retreat*; recede; retrograde.

후편(後篇): the second volume.

후회(後悔) : **regret**; **repentence** *후회하다 *regret*; repent of.

훈련(訓練) : **training**; **drill** *훈련하다 *train*; drill/ 군인들은 훈련 중이다 The soldiers are on *training*.

훈장(勲章) : **a medal**; **an order**.

훌륭하다 : **(be) fine**; nice; excellent.

훔치다 : **steal**; swipe.

훗날 : **later days**; some other day *훗날에 in the *future*.

훨씬 : **by far**; by a long way; for and away *이것이 훨씬 더 좋다 This is *far* [much] better.

휘다 : **get bent**; get curved.

휘돌리다 : **turn**; revolve.

휘두르다 : **brandish**; flourish.

휘파람 : **a whistle**.

휩쓸다 : **sweep over**; make a clean sweep of.

휴가(休暇) : **holidays**; a vacation *휴가를 얻다 take a *holiday*/ 여름 휴가 the summer *vacation*.

휴대(携帯)하다 : **carry (something) with (one)**.

휴식 : (休息) **rest** *휴식하다 *rest*; take a rest.

휴일(休日) : **a holiday**; an off-day.

휴전(休戰) : **a truce**; an armistice.

휴지(休止) : **pause**; stop; cease.

흉내 : **imitation** *흉내내다 *immitate*; mimic.

흉년(凶年) : **a bad year**; a year of famine.

흐르다 : **flow**; run; stream *물은 언제나 낮은 곳으로 흐른다 Water always *flows* downward.

흐리다 : **be cloudy**(날씨) *흐린 날 a *cloudy* weather.

흑심(黑心) : **an evil intention** *흑심 있는 *evil-minded*.

흑인(黑人) : **a Negro**.

흑점(黑點) : **a black spot**; a macula *태양흑점 a sun*spot*; a macula.

흑판(黑板) : **a blackboard**.

흑흑 울다 : **sob**; weep convulsively.

흔들다 : **shake**; **wave** *손을 흔들어 작별하다 *wave* a farewell/ 머리를 흔들다 *shake* one's head.

흔들의자 : a rocking chair; a rocker.

흔연(欣然)한 : **joyous**; joyful; cheerful.

흔적(痕迹) : **marks**; traces; signs.

흔쾌(欣快)한 : **pleasant**; happy; delightful.

흔하다 : **(be) common**; commonplace *흔하지 않은 *uncommon*.

흘기다 : **glare fiercely at**; give a sharp sidelong glance.

흙 : **earth**; soil.

흡수(吸收)하다 : **absorb**; suck in.

흡입(吸入)하다 : **inhale**; inspire *흡입기 *an inhaler*.

흥(興) : **fun**; pleasure; mirth *흥나다 *become interested in*.

흥망(興亡) : **rise and fall**.

흥미(興味) : **interest** *…에 흥미를 가지다 take *interest* in~/ 흥미없다 be dull; be of no *interest*.

흥분(興奮) : **excitement** *흥분하다 *be excited* / 흥분하지 마라 Dont be [get] *excited*.

흥신소(興信所) : **a credit bureau**; an inquiry office.

흥정 : **a bargain**; buying and selling *흥정하다 strike *a bargain*.

흥행(興行) : **a performance**; a run; a show *흥행하다 *perform*; run a show.

흩어지다 : **scatter (about)**; get scattered *공원에는 쓰레기가 흩어져 있다 The parks are *scattered* with rubbish.

희곡(戲曲) : **a drama**; a play *희곡화하다 *dramatize*.

희귀(稀貴)한 : **rare**; curious.

희극(喜劇) : **a comedy** *희극배우 *a comic actor*; a comedian.

희다 : **(be) white**; fair(피부) *살빛이 희다 have a *fair* complexion.

희롱하다 : **play [sport] with**; trifle with.

희망(希望) : **hope** *희망하다 *hope for*; wish/ 희망이 가득 차 있다 be full of *hope*/ 한줄기의 희망 a ray of *hope*.

희미한 : faint; dim ; vague.

희생(犧牲) : **a sacrifice** *희생하다 *sacrifice*; victimize/ 어떤 희생을 치르더라도 at all *costs* 〔any cost〕.

희소(稀少) : scarcity; rarity *희소하다 (be) scarce; rare/ 희소가치 scarcity value/ 희소성 scarcity.

힐책(詰責)**하다** : **reproach**; reprove; censure.

힘 : strength; force; might *힘을 쓰다 put forth one's *strength*.

힘껏 : with all one's might; with might and main *힘껏 일하다 work *hard as* (one) *can*; work *as hard as* possible.

힘들다 : (be) tough; painful; **hard** *힘드는 일 a *hard* work; a *tough* job.

힘쓰다 : endeavor; make efforts; try hard *학업에 힘을 쓰다 attend to one's studies with *diligence*.

힘입다 : **owe**; be indebted to *힘입은 것이 크다 be greatly *indebted* to one much.

힘줄 : a muscle; a sinew; a tendon.

힘차다 : (be) **forcible**; **powerful**.

※ 영문 편지 쓰는 법 ※

편지 왕래를 함에 있어 무엇보다도 중요한 것은 스스로가 느낀 감정을 솔직하게 그리고 진지하게 전하는 것이며 기본적으로 편지는 예의에 벗어나지 않고 간결하고 정확하며 명료해야 한다.

편지를 보낼 때에는 우선 자신이 이미 받은 편지를 다시 한번 읽어보고 답장할 내용을 정리한 다음 흥미있는 답장을 줄 수 있도록 생생한 표현으로 자연스럽게 쓰도록 해야한다.

편지의 형식은 다음을 참조하기 바란다.

```
                  두서(Heading)
            ⓐ ┌─────────────
              │
상대방 주소(Inside Address)
──────────────┐
              ├ⓑ
──────────────┘
ⓒ 인사말(Greeting)
        ⓓ 본문(Body)
──────────────────────
──────────────────────
──────────────────────
──────────────────────
        ⓔ 끝맺음말(Closing)
        ⓕ 서    명(Signature)
ⓖ 추신(P.S.)
```

* **두서**(Heading)에는 발신자 주소 및 발신 날짜를 쓰는 것이 원칙이나 약식으로 날짜만 쓰기도 한다.
* **상대방 주소**(Inside Address)는 흔히 생략한다.
* **추신**(P.S.)은 필요에 따라 쓰는 것이다. 위의 형식을 실제의 편지로 나타내면 오른쪽과 같다.

ⓐ 34 Kilmaur Terrace
   Nothingham, LR 2 7MR
   Britain
   20 March, 1984
   (March 20, 1984)

ⓑ Lee Soobin
   23 Yonhi-dong, Seodaemun-ku, Seoul, Korea

ⓒ Dear Soobin,

ⓓ Thank you very much for your letter of March 1. I was so glad that I could learn much about your country from your letter. I hope that I will be able to visit your country someday.

Now I would like to tell you about my country. England is also quite beautiful and everywhere you can see green woods, pretty flowers and lovely little birds. We had much snow last winter. Every thing was covered with white snow and it was exactly like the landscape in a fairy land. I live in the suburbs so I cannot see many buses and cars as you do in Seoul. But the fresh air and bright lights all over the field was so lovely that I nover hought of leaving here. Next time I will take a picture of my house and sorroundings and send them to you.

Thank you again for your kind letter, and I hope in your next letter you will tell me about your family and friends.

ⓔ Sincerely yours,
ⓕ Anne Harriet
ⓖ P.S. And please tell me about

your school, too.
내 친구 수빈에게

3월 1일자 네 편지 잘 받았어. 또 편지를 통해 너희 나라에 대해 많은 것을 배울 수 있어서 무척 기뻤단다. 언젠가 너희 나라를 방문할 수 있기를 바래.

그러면 우리나라에 대해서도 이야기해 줄께. 영국 역시 매우 아름다운 나라고 사방에서 푸른 숲, 예쁜 꽃들, 사랑스런 작은 새들을 볼 수 있단다.

지난 겨울에는 눈이 아주 많이 왔었어, 모든 것이 흰눈에 덮여 마치 요정나라의 풍경 같았어. 나는 교외에 살고 있어서 네가 서울에서 보듯 그렇게 많은 버스나 자동차는 구경할 수 없단다. 하지만 들판 위에 떠도는 신선한 공기와 밝은 햇살들은 어찌나 상쾌한지 나는 이곳을 떠날 생각을 조금도 해본 적이 없어. 다음에는 우리집과 주위 풍경을 사진 찍어 네게 보내 줄께.

다시 한번 너의 친절한 편지에 감사하고, 답장을 보낼 때 너의 가족과 친구들에 대해 얘기해 주었으면 좋겠다.

안녕
앤 해리엣.

추신: 그리고 너희 학교에 대해서도.

※ 영문 일기 쓰는 법 ※

일기란 나날의 사건, 혹은 관찰들을 매일 또는 얼마간의 간격을 두고 규칙적으로 기록하는 일이다. 시간이 흘렀을 때 자신이 썼던 일기를 다시 들여다 보면 보다 정확하게 자신의 경험을 판단하고, 반성할 수 있게 된다.

영어로 일기를 쓸 때 유의해야 할 점은 첫째, 한국어로 생각하여 이를 영역하려 하지 말고 처음부터 영어로 생각하며 써 나갈 것, 둘째, 쉬운 단어를 사용하여 단순한 문장에서 시작할 것, 셋째, 정확한 문장을 쓰도록 노력하는 것 등이다.

Tuesday, April 1
Today it was fine but strong wind blows all day long. In the street, papers and dirty leaves are driven by the dusty wind here and there. I usually realize the approach of spring by such a yellow wind. Out of the window, green willows are wavering from side to side. Really spring has come.

4월 1일 목요일
오늘 날씨는 화창했으나 하루 종일 거센 바람이 불고 있다. 거리에는 휴지들과 먼지낀 나뭇잎들이 바람에 여기저기 쓸려다닌다. 나는 늘 봄이 오는 것을 이런 황사바람으로 실감한다. 창밖에는 푸른 버들이 이리저리 흔들리고 있다. 정말 봄이 왔다.

Saturday, May 7. Clear and fair.
Got up almost 3 hours earlier than ever. Climbed Mt. Toham when it was still dark. On the top of the mountain, it was terribly cold. But sooner or later I could endure it. Then what a wonderful sunrise! It was like a magic and the red lights of the sun colored all of us thoroughly. None of us could speak a word.

On our way back, dropped Bulkuk temple. I was deeply impressed by its magnificence and beauty. Tomorrow we are scheduled to visit several other cultural remains in Kyungju. Hope we can learn much about Kyungju and Shilla dynasty through this excursion.

5월 7일 토요일 맑음

평소 때보다 거의 3시간 가량 일찍 일어나다. 아직 캄캄할 때 토함산을 오르다. 산 정상은 몹시 추웠다. 그러나 곧 참을만하게 되었다. 그 다음 그 멋진 해뜨는 광경이라니! 그건 마치 마술과도 같았고, 해의 붉은 빛이 우리 모두를 완전히 물들여 버렸다. 우리들 중 아무도 말을 할 수 없었다.

돌아오는 길에 불국사에 들렸다. 그 웅장함과 아름다움에 깊은 인상을 받았다. 내일은 경주의 기타 몇몇 고적지를 답사할 예정이다. 이번 수학여행을 통해 경주와 신라왕조에 대해 많은 것을 배울 수 있기를 바란다.

※ 회화의 기본적인 표현 ※

1. 말을 걸 때
Excuse me.
(실례합니다)
I Say!, Say!
(여보세요)
Hello!
(여보세요)
Hey!
(어이, 야아)

2. 만났을 때
Good morning.
(밤동안 안녕하셨읍니까)
Good afternoon.
(그새 안녕하셨읍니까)
Good evening.
(안녕하셨읍니까)
Hello.
(어이, 야아)
How are you?
(안녕하십니까)
Fine, thank you. And you?
(감사합니다. 좋습니다. 댁은 어떻습니까)
I'm fine too.
(나도 좋습니다)

3. 헤어질 때
Good-bye.
(안녕히 가십시요)
So long.
(안녕)
See you later.
(다음에 만나세)
See you tomorrow.
(그럼 내일 또 만나)
I'll be seeing you.
(또 다음에)
Good night.
(안녕히 주무세요)
Good luck.
(그럼, 몸 조심하세요)
Please remember me to your family. (댁 여러분께 안부 전해 주세요)

4. 소개할 때, 소개 받을 때.
Mr. Green, this is Mr. Brown.
(그린씨, 이분은 브라운씨입니다)
How do you do?
(처음 뵙겠읍니다)
I'm glad to see you.
(뵙게 되어 반갑습니다)
My name is Tom.
(저는 톰이라 합니다)

5. 사례하는 말과 그 대답
Thank you.
(고맙습니다)
Thank you very much.
(대단히 고맙습니다)
Thanks a lot.
(대단히 고맙다)
It's very kind of you.
(친절을 베풀어 주셔서 대단히 고맙습니다)
Not at all.
(천만에 말씀)

You're welcome.
(별 말씀을 다)
That's all right.
(뭐 좋습니다)

6. 사과하는 말과 그 대답
I'm sorry.
(미안합니다)
I beg your pardon.
(죄송합니다)
Please forgive me.
(아무쪼록 용서하십시요)
Excuse me.
(실례합니다)
Excuse me, but….
(미안합니다만)
Oh, that's all right.
(아니 좋습니다)
Don't worry about it.
(좋습니다. 염려마십시요)
Oh, never mind.
(오, 염려마십시요)

7. 부탁 말과 그 대답
May I ask a favor of you?
(저 부탁 말씀이 있는데요)
Will you please open the window?
(창문을 좀 열어 주시지 않겠습니까?)
Would you mind shutting the window?
(창문을 좀 닫아 주시겠읍니까?)
May I borrow this book?
(이 책을 빌어도 좋겠읍니까?)
What can I do for you?
(무슨 일이신데요)
Yes, certainly
(네 좋습니다)

8. 질문과 그 대답
Excuse me, but where can I find the police box?
(실례합니다만 파출소는 어디 쯤에 있을까요?)

Excuse me, but could you tell me the way to the station?
(실례합니다만 역에 가는 길을 가르쳐 주시겠읍니까?)
Would you kindly tell me ～?
(～을 가르쳐 주시지 않으렵니까?)
Yes, certainly.
(잘 알았읍니다)
Yes, with pleasure.
(네, 기꺼이 해드리죠)

9. 되 물을 때 (反問時)
I beg your pardon
(실례입니다만 한번 더 말씀해 주세요)
Will you kindly repeat that?
(다시 한번 되풀이해 주실 수 없겠어요?)
I can't follow you.
(아무래도 알아 들을 수가 없는데요)
Please speak a little more slowly.
(좀 천천히 말씀해 주세요)
Please speak in a louder voice.
(좀 큰소리로 말씀해 주세요)

10. 상대방의 말을 가로막을 때
May I interrupt you?
(말씀하시는데 죄송합니다만)
Oh, but I….
(그러나, 나는…)
Just listen.
(잠깐만 들어주세요)
No, I don't mean that.
(그런 뜻은 아닙니다만)

11. 말을 이을 때와 맞장구 치는 법
Er…
(저…)
Well, let me see….
(저, 그런데…)
The fact is….

(사실은…)
You see.
(네, 그렇지요)
Is that so?
(그래요?)
Of course.
(물론이죠)
Oh, Yes.
(그렇고 말고요)

12. 놀람과 의혹의 표현

Oh!
(어머나!)
Oh, dear! Oh, my!
(아이구!)
My goodness!, Good heaven!
(아이구 깜짝이야!)
Really?
(정말?)
You don't say so!
(설마)

13. 기쁨, 슬픔, 노여움의 표현

Wonderful!
(아이 멋져라)
I am so glad!, I am so happy!
(아이 좋아라)
How Lucky!
(아이 운이 좋아)
Alas!
(아이구머니)
Oh, poor thing!
(아이 가엾게도)
What a sad thing!
(아이 슬픈 일이야)
That's too bad.
(그건 참 안됐읍니다)
Shame on you!
(이 뻔뻔스러운 놈)

14. 시간을 말하는 법

What time is it now?
(지금 몇시입니까?)
It is fifteen minutes past nine.
(9시 15분이다)
It is a quarter to eight.
(7시 45분이다)
It is half past four.
(4시 반이다)
The 7 : 15 a.m. train.
(오전 7시 15분발의 열차)

※ 중요 숙어집 ※

above all=especially, first of all
특히, 무엇보다도

a little 조금(은 있는) 《양을 나타냄》
* I have *a little* money. 나는 돈을 조금 가지고 있다.

add to=increase ~을 증가시키다.
* The street trees *add to* the beauty of the city. 가로수가 도시의 미관을 더해 준다.

a few 약간(몇) 있는 (cf) few

a lot of (또는 lots of) 많은《수·양에 다 쓰인다》
* He has *a lot of* books. 그는 많은 책을 가지고 있다.

a great many 대단히 많은(수의)
(cf) a great(good) deal of 셀 수 없는 명사의 경우
* *a great(good) many* apples 상당히 많은 사과들

a pair of 한 쌍의, 한 켤레의
* *a pair of* shoes. 구두 한 켤레

as~as… …와 같은 정도로 ~이다.
(부정은 not so~as…)
* She is *as* tall *as* my mother. 그 여자는 나의 어머니만큼 키가 큽니다.

a piece of 한 조각의
* *a piece of* chalk. 분필 한 조각.

as~as one can=as~as possible
될 수 있는대로~하게, 가능한 한

according to ~에 의하면, ~에 따라 《명사가 따른다》
* *according to* the Bible 성경에 의하면

as far as~ ~까지(거리), ~하는 한(범위)
* *as far as* Seoul 서울까지
* *as for as* I am concerned 나에 관한 한

as if~ =**as though~**, 마치 ~인 것처럼

after all 결국. 끝내는.
* She arrived *after all*. 그 여자는 끝내 떠났다.

and so on …등등, 따위. 《약어는 etc》

as long as~ ~하는 동안(시간), ~하기만 하면(=if only~)
* I will work hard *as long as* I live. 살아 있는 동안은 열심히 일하겠다.
* You may borrow the book *as long as* you keep it clean. 그 책을 깨끗이 보관만 한다면 그 책을 빌어가도 된다.

as soon as~, ~하자 마자, 즉시
* He ran out *as soon as* he received the news. 그 소식을 받자 마자 뛰쳐 나갔다.

as a rule=**generally, on the whole** 대개, 대체로.
* *As a rule* he gets up early in the morning. 대체로 그는 아침에 일찍 일어난다.

as well as~, ~과 마찬가지로…도,
* He speaks French *as well as* English. 그는 영어뿐만 아니라 불어도 잘한다.
* He *as well as* you is good at music. 너와 마찬가지로 그도 음악을 잘 한다.

at all 조금이라도, 도대체(의문·조건의 글에서)
* Who wants to go there *at all*? 도대체 누가 거기에 가고 싶어 하느냐?
* I'm fortunate to be able to save money *at all*. 나는 조금이라도 돈을 저축할 수 있어서 다행이다.

at a loss 어쩔 줄 몰라.
* He was *at a loss* for words. 그는 어떻게 대답하면 좋을지 몰라 쩔쩔맸다.

at any rate=**anyway** 어쨌든. 좌우간
* *At any rate*, you had better consult your doctor. 어쨌든 의사의 진찰을 받는 것이 좋겠다.

at home 자기 집에, 편안히
* She is *at home* now. 그 여자는 지금 집에 있다.
* Please make yourself *at home*. 자 편히 하십시오.

at last 드디어, 마침내(=in the end)
* *At last* you have come! 마침내 오셨군요!
* He succeeded *at last*. 그는 드디어 성공했다.

at least 적어도, 최소한
* you should read *at least* one book every month. 너는 매월 적어도 책 한 권 씩은 읽어야 한다.

at once 당장에, 곧.
* Come here *at once*! 당장에 이리 와라!

be able to(do) ~할 수 있다(=can)
* I shall *be able to* swim by next year. 나는 내년에는 헤엄칠 수 있을 것이다.

be afraid of~, ~을 두려워 하다. ~할까 걱정이다.
* I'm *afraid of* dogs. 나는 개를 무서워한다.
* I'm *afraid of* being late. 나는

늦지 않을까 걱정이다.

be badly off 가난하다(=be poor)
* He seems to *be badly off* these days. 그는 요즈음 궁색하게 지내는 것 같다.

be fond of~, ~을 좋아하다(=like)
* She *is fond of* flowers. 그 여자는 꽃을 좋아한다.

be going to(do) ~하려고 한다.
* We *are going to* see movies this evening. 우리는 오늘 저녁에 영화 구경할 작정이다.

be good at~, ~에 익숙하다
* The woman *is good* at dancing. 그 여자는 춤에 능숙하다.

be used to~, ~에 익숙하다. (cf) get used to~, ~에 익숙해지다.
* I *am used to* this work. 나는 이런 일에 익숙하다.
* You will soon *get used to* our way of living. 너는 우리의 생활 양식에 곧 익숙해질 것이다.

between A and B A와 B 사이에
* The dog sits *between* Tom *and* Ann. 그 개는 톰과 앤 사이에 앉아 있다.

both A and B A도 B도, A·B 둘다.
* She is *both* beautiful *and* clever. 그 여자는 예쁘고도 영리하다.
* *Both* you *and* I are not a genius. 너도 나도 천재는 아니다.

bring up 양육(교육)하다(=educate, rear)
* She has *brought up* five children. 그 여자는 다섯 아이를 양육했다.

burst into tears 와락 울음을 터뜨리다.
* The woman *burst into tears* at the news. 그 부인은 그 소식을 듣고 울음을 터뜨렸다.

by all means 꼭, 어떤일이 있어도.
* You must keep your words *by all means*. 어떤일이 있어도 약속을 지켜야 한다.

by no means 결코~ 아닌(=not~a all)
* It is *by no means* easy to satisfy everyone. 모든 사람을 만족시키기란 결코 쉬운 일이 아니다.

by means of~, ~에 의하여
* We express our thoughts *by means of* words. 우리는 사상을 언어에 의하여 표현한다.

by way of~, ~을 지나서, 경유하여 (=Via)
* This ship got to Busan *by way of* Honolulu. 이 배는 호놀루루를 지나서 부산에 도착했다.

call up 전화를 걸다 (=telephone)
* The doctor will *call* you *up* this evening. 그 의사는 오늘 저녁 너에게 전화를 걸 것이다.

care for 돌보다 (=look after)
* The stepmother will *care for* the children. 계모가 그 아이들을 돌보아 줄 것이다.

come true 실현되다
* Everything he predicted has *come true*. 그가 예언한 것은 모두 실현되었다.

depend on(upon) ~에 의지하다.
* The man *depends on* his pen for a living. 그 사람은 생계를 문필에 의존하고 있다.

do good ~에 이익이 되다. 효과가 있다.
* This rain will *do* much *good* to the crops. 이번 비는 농작물에 무척 이로울 것이다.

be due to ~때문이다(=be caused by)
* The accident *was due to* his careless driving. 그 사고는 그의

부주의한 운전 때문이었다.

drop in 우연히 들르다.
* His brother sometimes *drops in* on me. 그의 형은 이따금 나에게 잠깐 들른다.

each other 서로(두 사람 사이에 씀)
* They love *each other*. 그들은 서로 사랑한다.

either A or B A이거나 B이거나 (둘 중 하나)
* He is *either* drunk *or* mad. 그는 술취했거나 미쳤거나 둘 중의 하나다.
* *Either* you *or* I am to go. 너든가 나든가 둘 중 누군가가 가야만 한다.

end in~ 결과가 ~로 끝나다.
* Our enterprise *ended in* a failure. 우리의 기획은 실패로 끝났다.

even if 비록 ~일지라도 (=even though)
* I will get there, *even if* I must walk all the way. 비록 끝까지 걸어가야 할지라도 나는 거기에 도착하고 말 것이다.

fall short of ~에 미달하다.
* Our exports *fall short of* imports 우리의 수출액은 수입액에 미치지 못한다.

(be) famous for ~로 유명하다.
* France *is famous for* her excellent wine. 프랑스는 질이 좋은 포도주로 유명하다.

find out 발견하다(=discover)
* Where did you *find out* the novel? 그 소설책을 어디서 발견하였느냐?

for all ~에도 불구하고 (=in spite of)
* *For all* his wealth, he wouldn't give a penny. 부자인데도 그는 돈 한 푼 주려고 하지 않았다.

for example 예를 들면, 예컨대
* *For example*, the theaters in those days had no curtains. 예컨대 그 시절의 극장은 막이라는 것이 없었다.

for my part 나로서는, 나로 말하면
* *For my part*, I have no objection. 나로서는 반대하지 않는다.

get over 회복(극복)하다 (=overcome)
* She is trying to *get over* the disease. 그녀는 그 병을 극복하려고 노력하고 있다.

give up 포기(굴복)하다.
* He *gave up* drinking and smoking. 그는 술과 담배를 끊었다.

had better(do) ~하는 것이 좋다.
* You *had better* go home now. 너는 이제 집에 가는 것이 좋다.

have nothing to do with ~와 아무 관계가 없다.
* I *have nothing to do with* that matter. 나는 그 문제와 아무 관계가 없다.

have one's own way 마음대로 하다.
* He tries to *have* his *own way* in everything. 그는 모든 일을 마음대로 하려고 한다.

have to(do) ~하지 않으면 안된다. (=must)
* I *have to* catch the first train. 나는 첫차를 타지 않으면 안된다.

hear from 편지를 받다.
* I have not *heard from* my uncle. 나는 아저씨한테서 편지를 받지 않았다.

hear of 소문으로 알다
* I have never *heard of* him lately. 나는 최근에 그에 관해 소문을 듣지 않았다.

help oneself to 마음대로 들다.

* *Help yourself to* anything you like. 아무 것이나 마음대로 들어라.

in a hurry 급히(=in haste)
* The boy went out of the room *in a hurry*. 그 소년은 급히 방을 나갔다.

in a word 간단히 말해서(=in short)
* *In a word*, the result was not good. 간단히 말해서 그 결과는 좋지가 않았다.

in fact 사실은(=in truth)
* *In fact*, I did not go there. 사실 나는 거기에 가지 않았다.

in front of ~의 앞에
* There is a pond *in front of* our summer house. 우리의 여름 별장 앞에는 연못이 하나 있다.

in order to(do) ~하기 위하여(=so as to(do))
* She went to Italy *in order to* study music. 그 여자는 음악을 공부하기 위하여 이탈리아에 갔다.

in other words 다시 말해서(=namely, that is ⟨to say⟩)
* He comes next Sunday, *in other words*, May the 1st. 그는 다음 일요일, 다시 말해서 5월 1일에 온다.

in spite of ~에도 불구하고(=with all, for all)
* She started *in spite of* the heavy rain. 그녀는 폭우를 무릅쓰고 출발했다.

look after 돌보다. 보살피다(=take care of)
* She had a lot of children to *look after*. 그녀에게는 돌보아야 할 어린애들이 많다.

look up (사전에서) 찾아보다
* *Look up* the word in your dictionary. 그 단어를 너의 사전에서 찾아보아라.

lots of 많은 (=a lot of)
* He has *lots of* money. 그는 많은 돈을 가지고 있다.

make oneself at home 편히 하다.
* I could not *make myself at home* in the country. 나는 시골에서는 편하지가 않았다.

make up one's mind 결심하다. (=decide)
* He *made up his mind* to go abroad. 그는 외국에 가기로 결심했다.

neither A nor B A도 B도 아니다.
* I am *neither* for *nor* against the plan. 나는 그 계획에 찬성도 반대도 하지 않는다.
* *Neither* I *nor* she is likely to be present at the meeting. 나도 그 여자도 그 모임에 나갈 것 같지 않다.

next to none 최고의 (=the best)
* She is *next to none* in her class in English. 그녀는 영어에 있어서는 그녀의 반에서 제일이다.

not always 반드시 ~은 아니다(부분 부정)
* The rich are *not always* happy. 부자라고 반드시 행복하지는 않다.

not~at all 조금도 ~아니다. 전혀 ~없다.
* He has *not* ambition *at all*. 그는 전혀 야망이 없다.

not only A but also B A뿐만 아니라 B도
* He is *not only* handsome *but also* very rich. 그는 미남일 뿐만 아니라 아주 부자이다.
* *Not only* he *but also* I have some faults. 그 사람 뿐만 아니라 나도 또한 약간의 결점은 있다.

now and then 가끔 (=from time to time)
* We go to the movies *now and then*. 우리는 가끔 영화 구경을 간다.

of course 물론 (=certainly)
* "Do you study hard?" "*Of corse* I do." 당신은 열심히 공부합니까? 물론이지요.

one another 서로 (세 사람 이상일 때)
* Members of our family gave presents to *one another* at Christmas. 우리 집안 식구들은 크리스마스 때 서로 선물을 주고 받았다.

out of~ ~밖으로, ~때문에
* A fish jumped *out of* the pond. 물고기가 연못 밖으로 뛰쳐 나왔다.
* She cried *out of* fear. 그 여자는 두려움 때문에 울었다.

out of date 구식의 (=old-fashioned)
* This dictionary is quite *out of date*. 이 사전은 아주 구식이다.

out of order 고장난
* My car is *out of order*. 내 차는 고장이 나 있다.

over and over 몇번이고 거듭
* He told me the same story *over and over*. 그는 똑같은 이야기를 되풀이해서 해 주었다.

pick out 고르다. 구별하다.
* My father has *picked out* the best car. 나의 아버지께서 가장 좋은 차를 고르셨다.

plenty of (충분히) 많은 (=many, much)
* We still have *plenty of* time. 우리는 아직도 많은 시간이 있다.

point out 지적하다
* The teacher *pointed out* my mistakes. 선생님께서는 내 잘못을 지적해 주셨다.

put off 연기하다 (=postpone)
* Never *put off* till tomorrow what you can do today. 오늘 할 수 있는 일을 내일로 미루지 말라.

result in ~을 가져오다 (=lead to)
* Hard work *results in* success. 열심히 공부하면 성공하게 된다.

so~that… 매우 ~하기 때문에…… 하다.
* She is *so* kind *that* all like her. 그 여자는 매우 상냥하므로 모두 그녀를 좋아한다.

(so) that~may(can)… 하기 위하여, …할 수 있도록.
* Keep quiet *so that* the baby *can* sleep a little longer. 갓난아이가 조금 더 오래 잘 수 있도록 조용히 해라.

so to speck 말하자면 (=so to say)
* A good book is, *so to speak*, the light of life. 양서는 말하자면 인생의 등불이다.

speak well of 칭찬하다 (=praise)
* Nobody *speaks well of* him in the company. 회사에서 어느 누구도 그를 칭찬하지 않는다.

such as~ ~과 같은(그러한)
* In the garden we have many kinds of flowers *such as* roses, lilies, violets, and so on. 우리는 정원에 장미, 백합, 제비꽃 등과 같은 여러 종류의 꽃들이 있다.

such~that… 매우 ~하기 때문에… 하다.
* She is *such* a kind girl *that* all like her. 그 여자는 매우 상냥하기 때문에 모든 사람들이 그 여자를 좋아한다.

the same ~as… …과 같은 ~.
* This is *the same* watch *as* I bought yesterday. 이 시계는 어제 내가 산 시계와 같은 종류의 것이다.
* This is *the same* watch *that* I lost. 이 시계는 내가 잃어버린 것과 똑 같은 것이다.

too~ to… 너무 ~하기 때문에… 할 수 없다.
* She was *too* tired *to* walk. 그 여자는 너무 피곤하였기 때문에 걸을 수 없었다.

turn off 끄다. (cf) turn on 켜다.
* He *turned off* the electric light. 그는 전등을 껐다.

turn up 나타나다 (=show up, appear)
* My typist has not *turned up* this morning. 나의 타이피스트는 오늘 아침에 나오지 않았다.

used to(do) 늘 ~하곤 했다(과거의 규칙적인 습관) (cf) would (과거의 불규칙적인 습관)
* He *used to* go for a walk in the morning. 그는 아침에 늘 산책을 하곤 했다.
* He would *often go for* a walk in the morning. 그는 아침에 자주 산책을 나가곤 했다.

work out 해결하다 (=solve)
* You must *work out* the problem for yourself. 너는 그 문제를 네 스스로 풀어야 한다.

❈ 수와 수식 ❈

1. 숫자
1) 기수와 서수

기수(基數)	서수(序數)
(Cardinals)	(Ordinals)
1…one	1st the first
2…two	2nd the second
3…three	3rd the third
4…four	4th the fourth
5…five	5th the fifth
6…six	6th the sixth
7…seven	7th the seventh
8…eight	8th the eighth
9…nine	9th the ninth
10…ten	10th the tenth
11…eleven	11th the eleventh
12…twelve	12th the twelfth
13…thirteen	13th the thirteenth
14…fourteen	14th the fourteenth
15…fifteen	15th the fifteenth
16…sixteen	16th the sixteenth
17…seventeen	17th the seventeenth
18…eighteen	18th the eighteentt
19…nineteen	19th the nineteenth
20…twenty	20th the twentieth
21…twenty-one	21st the twenty-first
30…thirty	30th the thirtieth
40…forty	40th the fortieth
50…fifty	50th the fiftieth
60…sixty	60th the sixtieth
70…seventy	70th the seventieth
80…eighty	80th the eightieth
90…ninety	90th the ninetieth
100…one hundred	100th the hundredth
101…one hundred and one	101st the(one) hundred and firsh
1,000…one thousand	1,000th the(one) thousandth

2) 천 이상의 기수

10,000…ten thousand
100,000…one hundred thousand
1,000,000…one million
10억(英) one thousand million
　　　(美) one billion
1조(英) one billion

(美) one trillion
8,467,293…eight million, four hundred(and) sixty-seven thousand, two hundred(and) ninety-three

2. 수식 (Expressions)

4+2=6 Four plus [and] two equals [makes, is] six.

9-2=7 Nine minus two equals [is equal to] seven.
Two from nine leaves seven.

3×5=15 Three times five is fifteen.
Three multiplied by five equals fifteen.

8÷4=2 Eight divided by four makes two.
Four into eight goes twice.

3. 소수와 분수 (Decimals and Fractions)

0.01 nought point nought one
38.24 thirty-eight point two four
1/2 a half, one-half
1/3 a third, one-third
1/4 a quarter, one-fourth
2/9 two-ninth
4³/₇ four and three-seventh

4. 시간 (time)

7.30 a.m. seven thirty a.m.
half past seven a.m.
2.15 p.m. two fifteen p.m.
a quarter past two p.m.

5. 연월일

1984 nineteen eighty-four
1405 fourteen five
fourteen O[ou] five
328 B.C. Three twenty-eight B.C.
43A.D. Forty-three A.D.

* 영국에서는 날을 앞에, 미국에서는 달을 앞에 놓는다.

1 May the first of May(英)

April 29 April the twenty-ninth (美)
April twenty-nine(美)

6. 전화번호 (Telephone numbers)

(251)4873 Two five one, four eight, seven three

7. 기타

World War II World war two
the second world war

Chapter V Chapter five
the fifth chapter

Room 325 room three twenty-five
Room 406 room four-O-six
Page 371 page three seventy-one

※ 약어표 ※

ad. adverb; advertisement 부사(副詞)
adj. adjective 형용사(形容詞)
Adm. Admiral 해군대장
adv. adverb 부사(副詞)
AFKN American Forces Korea Network 주한미군방송
Afr. Africa(n) 아프리카, 아프리카의
AID Agency for International Development 국제개발처
ans. answer 대답, 답변
AP, A.P. Associated Press 연합통신사
art. article; artist 품목, 기사, 관사; 예술가
Aug. August 8월
B.A. Bachelor of Arts 문학사
B.C. Before Christ 기원전
Brit. British 영국의
Cal., Calif. California 캘리포니아주 (미국 태평양 연안에 있음)
Capt. captain 장(長), 선장, 대령
Ch. China; Chinese 중국, 중국의
chap. chapter 장(章)
CIA Central Intelligence Agency 미

국 중앙정보국
conj. conjunction; conjugation 접속사 ; 동사 활용
D.C. District of Columbia 콜럼비아 특별지구(Washington D.C. 라고도 일컬음)
Dec. December 12월
dept. department; deputy 부, 부문; 대리인
div. divided; division; divisor 나뉘어진 ; 분할 ; 제수(除數)
DMZ Demilitarized zone 비무장지대
dol. dollar(s) 달라(미국화폐단위)
Dr. Doctor 박사, 의사
EEC European Economic Community 유럽 경제 공동체
Eng. England; English 영국, 영국의
etc. et cetera(Latin어로서 and the following이라는 뜻)
exam. examination 시험
FBI Federal Bureau of Investigation 미국 연방 수사국
Feb. February 2월
Fin. Finland; Finnish 핀란드, 핀란드의
Fr. France; French 프랑스, 프랑스의
Gen. General 육군대장, 장관
Ger. German; Germany 독일, 독일의
GNP Gross National Production 국민총생산고
Gov., gov. governor 통치자
Govt., govt. government 정부
Gr. Br., Gr. Brit. Great Britain (대영제국)
H-bomb hydrogen bomb 수소폭탄
H-hour 공격 개시시간(=Zero hour)
HQ., H.Q. headquarters 사령부
hr. hour(s) 시간
ht. height, heat 높이, 열
IBRD International Bank for Reconstruction and Development 국제부흥개발은행, 세계은행
IOC International Olympic Committee 국제 올림픽위원회
IQ., I.Q. Intelligence quotient(s) 지능지수
Jan. January 1월
Jr. Junior 손아래의, 후배
Jul. July 7월
KAL Korean Air Lines 대한항공
KBS Korean Broadcasting System 한국방송공사
km kilometer(s) 킬로미터
LP long-playing(record) (레코드의) 엘피판(상표이름)
Ltd. limited 한정된 (英) 유한책임회사
m., m meter 미터
M.A. Master of Arts 문학석사
Mad., Madm. Madam. 부인
Mar. March 3월
math. mathematics 수학
max. maximum 최대
mech. mechanical; mechanics; mechanism 기계적인; 기계학; 기계(장치)
med. medical; medicine 의학의; 약
memo. memorandum 비망록, 각서
mid. middle 중위의, 중앙
min. minimum; minute(s) 최소; 분(分)
Mme. madame 부인
Mr., Mr Mister …군, 선생
Mts. mountains 산(山)
NASA National Aeronautics and Space Agency 미국 항공우주국
NATO North Atlantic Treaty Organization 북대서양 조약기구
N.J. New Jersey 뉴저지(미국동부의 주)
Nor. North; Norway; Norwegian 북쪽; 노르웨이; 노르웨이의

Nos., nos numbers 숫자들
Nov. November 11월
N.Y. New York(State) 뉴욕시(주)
N.Z., N. Zeal New Zealand 뉴질랜드
obj. object; objective 물체; 객관적인
Oct. October 10월
opp. oppose(d); opposite 반대의, 반대
Pacif. Pacific 태평양
P.E.N. (Club) (International Association of) Poets, Playwrights, Editors, Essayists, and Novelists 국제 펜클럽
ph.D Doctor of Philosophy 박사
Phil. Philippians; Philippine(s) (성서) 빌립보서; 필리핀
pkg. package(s) 꾸러미
p.p. past participle 과거분사
pp. pages 페이지
Pres., pres. president 대통령, 장(長)
prim. primary; primitive 첫째의, 원시적인
prin. principal(ly); principle 원칙적(인), 원칙
Prof. professor 교수
pron. pronoun; pronunciation 대명사, 발음
P.S. postscript 추신
qr. quarter 1/4, 15분, 숙소.
qt. quantity; quart(s) 양(量); 쿼트(계량단위)
Repub. Republic; Republican 공화국; 공화정체의
ROK Republic of Korea 대한민국
sec. second(s); section(s) 분(分); 구획
Sep(t). September 9월

Sr. Senior 손위의, 연장자
St. Saint; Strait; Street 성자(聖者); 해협; 거리
Sta. Station 역, 정거장
Subj. subject 주어, 주제
syn. synonym 동의어
temp. temperature; temporary 온도; 일시의
Turk. Turkey; Turkish 터어키; 터어키의
TV television 텔리비젼
UFO Unidentified Flying Object 미확인 비행물체
U.K. United Kingdom(of Great Britain and Northern Ireland) 대영제국
Univ. University 대학
U.S.A., USA Union of South Africa 남아 공화국 연방 혹은 United States of America 미국
U.S.S.R., USSR Union of Soviet Socialist Republics 소련
vb. verb 동사(動詞)
VIP very important person 요인(要人), 거물
vol. volume 책, 권, 용적
V.P., V. Pres. Vice-President 부통령, 부회장
Wash. Washington 워싱턴(시) (미국의 수도)
w.c. water closet 수세식 화장실
Wed. Wednesday 수요일
X Christ; Christian: Cross 그리스도; 기독교도; 십자가
Xmas Christmas 크리스마스
Y.M.C.A. Young Men's Christian Association 기독교 청년회
Y.W.C.A. Young Women's Christian Association 기독교 여자 청년회

語源活用 **英韓辭典**	
重版 印刷	● 2025年 1月 3日
重版 發行	● 2025年 1月 10日
編　者	●金　永　泰
發行者	●金　東　求
發行處	●明　文　堂 (1923.10.1.창립)

서울시 종로구 윤보선길 61(안국동)
우체국 010579-01-000682
전화 (영) 733-3039, 734-4798
FAX　734-9209
Homepage www.myungmundang.net
E-mail　mmdbook1@hanmail.net
등록　1977.11.19. 제1-148 호

●낙장 및 파본은 교환해 드립니다.

●불허복제 ●판권 본사 소유

값 9,000원
ISBN 89-7270-361-3 11740